A2 ALTITUDE CORRECTION TABLES 10°-90°—SUN, STARS, PLANETS

SUN

OCT.—MAR. App. Alt.	Lower Limb	Upper Limb	APR.—SEPT. App. Alt.	Lower Limb	Upper Limb
° ′	′	′	° ′	′	′
9 33			9 39		
	+10·8	−21·5		+10·6	−21·2
9 45			9 50		
	+10·9	−21·4		+10·7	−21·1
9 56			10 02		
	+11·0	−21·3		+10·8	−21·0
10 08			10 14		
	+11·1	−21·2		+10·9	−20·9
10 20			10 27		
	+11·2	−21·1		+11·0	−20·8
10 33			10 40		
	+11·3	−21·0		+11·1	−20·7
10 46			10 53		
	+11·4	−20·9		+11·2	−20·6
11 00			11 07		
	+11·5	−20·8		+11·3	−20·5
11 15			11 22		
	+11·6	−20·7		+11·4	−20·4
11 30			11 37		
	+11·7	−20·6		+11·5	−20·3
11 45			11 53		
	+11·8	−20·5		+11·6	−20·2
12 01			12 10		
	+11·9	−20·4		+11·7	−20·1
12 18			12 27		
	+12·0	−20·3		+11·8	−20·0
12 36			12 45		
	+12·1	−20·2		+11·9	−19·9
12 54			13 04		
	+12·2	−20·1		+12·0	−19·8
13 14			13 24		
	+12·3	−20·0		+12·1	−19·7
13 34			13 44		
	+12·4	−19·9		+12·2	−19·6
13 55			14 06		
	+12·5	−19·8		+12·3	−19·5
14 17			14 29		
	+12·6	−19·7		+12·4	−19·4
14 41			14 53		
	+12·7	−19·6		+12·5	−19·3
15 05			15 18		
	+12·8	−19·5		+12·6	−19·2
15 31			15 45		
	+12·9	−19·4		+12·7	−19·1
15 59			16 13		
	+13·0	−19·3		+12·8	−19·0
16 27			16 43		
	+13·1	−19·2		+12·9	−18·9
16 58			17 14		
	+13·2	−19·1		+13·0	−18·8
17 30			17 47		
	+13·3	−19·0		+13·1	−18·7
18 05			18 23		
	+13·4	−18·9		+13·2	−18·6
18 41			19 00		
	+13·5	−18·8		+13·3	−18·5
19 20			19 41		
	+13·6	−18·7		+13·4	−18·4
20 02			20 24		
	+13·7	−18·6		+13·5	−18·3
20 46			21 10		
	+13·8	−18·5		+13·6	−18·2
21 34			21 59		
	+13·9	−18·4		+13·7	−18·1
22 25			22 52		
	+14·0	−18·3		+13·8	−18·0
23 20			23 49		
	+14·1	−18·2		+13·9	−17·9
24 20			24 51		
	+14·2	−18·1		+14·0	−17·8
25 24			25 58		
	+14·3	−18·0		+14·1	−17·7
26 34			27 11		
	+14·4	−17·9		+14·2	−17·6
27 50			28 31		
	+14·5	−17·8		+14·3	−17·5
29 13			29 58		
	+14·6	−17·7		+14·4	−17·4
30 44			31 33		
	+14·7	−17·6		+14·5	−17·3
32 24			33 18		
	+14·8	−17·5		+14·6	−17·2
34 15			35 15		
	+14·9	−17·4		+14·7	−17·1
36 17			37 24		
	+15·0	−17·3		+14·8	−17·0
38 34			39 48		
	+15·1	−17·2		+14·9	−16·9
41 06			42 28		
	+15·2	−17·1		+15·0	−16·8
43 56			45 29		
	+15·3	−17·0		+15·1	−16·7
47 07			48 52		
	+15·4	−16·9		+15·2	−16·6
50 43			52 41		
	+15·5	−16·8		+15·3	−16·5
54 46			56 59		
	+15·6	−16·7		+15·4	−16·4
59 21			61 50		
	+15·7	−16·6		+15·5	−16·3
64 28			67 15		
	+15·8	−16·5		+15·6	−16·2
70 10			73 14		
	+15·9	−16·4		+15·7	−16·1
76 24			79 42		
	+16·0	−16·3		+15·8	−16·0
83 05			86 31		
	+16·1	−16·2		+15·9	−15·9
90 00			90 00		

STARS AND PLANETS

App Alt.	Corrn
° ′	′
9 55	
	−5·3
10 07	
	−5·2
10 20	
	−5·1
10 32	
	−5·0
10 46	
	−4·9
10 59	
	−4·8
11 14	
	−4·7
11 29	
	−4·6
11 44	
	−4·5
12 00	
	−4·4
12 17	
	−4·3
12 35	
	−4·2
12 53	
	−4·1
13 12	
	−4·0
13 32	
	−3·9
13 53	
	−3·8
14 16	
	−3·7
14 39	
	−3·6
15 03	
	−3·5
15 29	
	−3·4
15 56	
	−3·3
16 25	
	−3·2
16 55	
	−3·1
17 27	
	−3·0
18 01	
	−2·9
18 37	
	−2·8
19 16	
	−2·7
19 56	
	−2·6
20 40	
	−2·5
21 27	
	−2·4
22 17	
	−2·3
23 11	
	−2·2
24 09	
	−2·1
25 12	
	−2·0
26 20	
	−1·9
27 34	
	−1·8
28 54	
	−1·7
30 22	
	−1·6
31 58	
	−1·5
33 43	
	−1·4
35 38	
	−1·3
37 45	
	−1·2
40 06	
	−1·1
42 42	
	−1·0
45 34	
	−0·9
48 45	
	−0·8
52 16	
	−0·7
56 09	
	−0·6
60 26	
	−0·5
65 06	
	−0·4
70 09	
	−0·3
75 32	
	−0·2
81 12	
	−0·1
87 03	
	0·0
90 00	

App. Alt.	Additional Corrn
2010	
VENUS	
Jan. 1–July 14	
°	′
0	
	+0·1
60	
July 15–Sept. 1 Dec. 29–Dec. 31	
°	′
0	
	+0·2
41	
	+0·1
76	
Sept. 2–Sept. 24 Dec. 5–Dec. 28	
°	′
0	
	+0·3
34	
	+0·2
60	
	+0·1
80	
Sept. 25–Oct. 9 Nov. 20–Dec. 4	
°	′
0	
	+0·4
29	
	+0·3
51	
	+0·2
68	
	+0·1
83	
Oct. 10–Nov. 19	
°	′
0	
	+0·5
26	
	+0·4
46	
	+0·3
60	
	+0·2
73	
	+0·1
84	
MARS	
Jan. 1–Mar. 27	
°	′
0	
	+0·2
41	
	+0·1
76	
Mar. 28–Dec. 31	
°	′
0	
	+0·1
60	

DIP

Ht. of Eye	Corrn	Ht. of Eye
m	′	ft.
2·4		8·0
	−2·8	
2·6		8·6
	−2·9	
2·8		9·2
	−3·0	
3·0		9·8
	−3·1	
3·2		10·5
	−3·2	
3·4		11·2
	−3·3	
3·6		11·9
	−3·4	
3·8		12·6
	−3·5	
4·0		13·3
	−3·6	
4·3		14·1
	−3·7	
4·5		14·9
	−3·8	
4·7		15·7
	−3·9	
5·0		16·5
	−4·0	
5·2		17·4
	−4·1	
5·5		18·3
	−4·2	
5·8		19·1
	−4·3	
6·1		20·1
	−4·4	
6·3		21·0
	−4·5	
6·6		22·0
	−4·6	
6·9		22·9
	−4·7	
7·2		23·9
	−4·8	
7·5		24·9
	−4·9	
7·9		26·0
	−5·0	
8·2		27·1
	−5·1	
8·5		28·1
	−5·2	
8·8		29·2
	−5·3	
9·2		30·4
	−5·4	
9·5		31·5
	−5·5	
9·9		32·7
	−5·6	
10·3		33·9
	−5·7	
10·6		35·1
	−5·8	
11·0		36·3
	−5·9	
11·4		37·6
	−6·0	
11·8		38·9
	−6·1	
12·2		40·1
	−6·2	
12·6		41·5
	−6·3	
13·0		42·8
	−6·4	
13·4		44·2
	−6·5	
13·8		45·5
	−6·6	
14·2		46·9
	−6·7	
14·7		48·4
	−6·8	
15·1		49·8
	−6·9	
15·5		51·3
	−7·0	
16·0		52·8
	−7·1	
16·5		54·3
	−7·2	
16·9		55·8
	−7·3	
17·4		57·4
	−7·4	
17·9		58·9
	−7·5	
18·4		60·5
	−7·6	
18·8		62·1
	−7·7	
19·3		63·8
	−7·8	
19·8		65·4
	−7·9	
20·4		67·1
	−8·0	
20·9		68·8
	−8·1	
21·4		70·5

Ht. of Eye	Corrn
m	′
1·0	− 1·8
1·5	− 2·2
2·0	− 2·5
2·5	− 2·8
3·0	− 3·0
See table ←	
m	′
20	− 7·9
22	− 8·3
24	− 8·6
26	− 9·0
28	− 9·3
30	− 9·6
32	−10·0
34	−10·3
36	−10·6
38	−10·8
40	−11·1
42	−11·4
44	−11·7
46	−11·9
48	−12·2
ft.	′
2	− 1·4
4	− 1·9
6	− 2·4
8	− 2·7
10	− 3·1
See table ←	
ft.	′
70	− 8·1
75	− 8·4
80	− 8·7
85	− 8·9
90	− 9·2
95	− 9·5
100	− 9·7
105	− 9·9
110	−10·2
115	−10·4
120	−10·6
125	−10·8
130	−11·1
135	−11·3
140	−11·5
145	−11·7
150	−11·9
155	−12·1

App. Alt. = Apparent altitude = Sextant altitude corrected for index error and dip.

ALTITUDE CORRECTION TABLES 0°-10°—SUN, STARS, PLANETS A3

App. Alt.	OCT.—MAR. SUN Lower Limb	OCT.—MAR. SUN Upper Limb	APR.—SEPT. SUN Lower Limb	APR.—SEPT. SUN Upper Limb	STARS PLANETS
° ′	′	′	′	′	′
0 00	−17·5	−49·8	−17·8	−49·6	−33·8
0 03	16·9	49·2	17·2	49·0	33·2
0 06	16·3	48·6	16·6	48·4	32·6
0 09	15·7	48·0	16·0	47·8	32·0
0 12	15·2	47·5	15·4	47·2	31·5
0 15	14·6	46·9	14·8	46·6	30·9
0 18	−14·1	−46·4	−14·3	−46·1	−30·4
0 21	13·5	45·8	13·8	45·6	29·8
0 24	13·0	45·3	13·3	45·1	29·3
0 27	12·5	44·8	12·8	44·6	28·8
0 30	12·0	44·3	12·3	44·1	28·3
0 33	11·6	43·9	11·8	43·6	27·9
0 36	−11·1	−43·4	−11·3	−43·1	−27·4
0 39	10·6	42·9	10·9	42·7	26·9
0 42	10·2	42·5	10·5	42·3	26·5
0 45	9·8	42·1	10·0	41·8	26·1
0 48	9·4	41·7	9·6	41·4	25·7
0 51	9·0	41·3	9·2	41·0	25·3
0 54	− 8·6	−40·9	− 8·8	−40·6	−24·9
0 57	8·2	40·5	8·4	40·2	24·5
1 00	7·8	40·1	8·0	39·8	24·1
1 03	7·4	39·7	7·7	39·5	23·7
1 06	7·1	39·4	7·3	39·1	23·4
1 09	6·7	39·0	7·0	38·8	23·0
1 12	− 6·4	−38·7	− 6·6	−38·4	−22·7
1 15	6·0	38·3	6·3	38·1	22·3
1 18	5·7	38·0	6·0	37·8	22·0
1 21	5·4	37·7	5·7	37·5	21·7
1 24	5·1	37·4	5·3	37·1	21·4
1 27	4·8	37·1	5·0	36·8	21·1
1 30	− 4·5	−36·8	− 4·7	−36·5	−20·8
1 35	4·0	36·3	4·3	36·1	20·3
1 40	3·6	35·9	3·8	35·6	19·9
1 45	3·1	35·4	3·4	35·2	19·4
1 50	2·7	35·0	2·9	34·7	19·0
1 55	2·3	34·6	2·5	34·3	18·6
2 00	− 1·9	−34·2	− 2·1	−33·9	−18·2
2 05	1·5	33·8	1·7	33·5	17·8
2 10	1·1	33·4	1·4	33·2	17·4
2 15	0·8	33·1	1·0	32·8	17·1
2 20	0·4	32·7	0·7	32·5	16·7
2 25	− 0·1	32·4	− 0·3	32·1	16·4
2 30	+ 0·2	−32·1	0·0	−31·8	−16·1
2 35	0·5	31·8	+ 0·3	31·5	15·8
2 40	0·8	31·5	0·6	31·2	15·4
2 45	1·1	31·2	0·9	30·9	15·2
2 50	1·4	30·9	1·2	30·6	14·9
2 55	1·7	30·6	1·4	30·4	14·6
3 00	+ 2·0	−30·3	+ 1·7	−30·1	−14·3
3 05	2·2	30·1	2·0	29·8	14·1
3 10	2·5	29·8	2·2	29·6	13·8
3 15	2·7	29·6	2·5	29·3	13·6
3 20	2·9	29·4	2·7	29·1	13·4
3 25	3·2	29·1	2·9	28·9	13·1
3 30	+ 3·4	−28·9	+ 3·1	−28·7	−12·9

App. Alt.	OCT.—MAR. SUN Lower Limb	OCT.—MAR. SUN Upper Limb	APR.—SEPT. SUN Lower Limb	APR.—SEPT. SUN Upper Limb	STARS PLANETS
° ′	′	′	′	′	′
3 30	+ 3·4	−28·9	+ 3·1	−28·7	−12·9
3 35	3·6	28·7	3·3	28·5	12·7
3 40	3·8	28·5	3·6	28·2	12·5
3 45	4·0	28·3	3·8	28·0	12·3
3 50	4·2	28·1	4·0	27·8	12·1
3 55	4·4	27·9	4·1	27·7	11·9
4 00	+ 4·6	−27·7	+ 4·3	−27·5	−11·7
4 05	4·8	27·5	4·5	27·3	11·5
4 10	4·9	27·4	4·7	27·1	11·4
4 15	5·1	27·2	4·9	26·9	11·2
4 20	5·3	27·0	5·0	26·8	11·0
4 25	5·4	26·9	5·2	26·6	10·9
4 30	+ 5·6	−26·7	+ 5·3	−26·5	−10·7
4 35	5·7	26·6	5·5	26·3	10·6
4 40	5·9	26·4	5·6	26·2	10·4
4 45	6·0	26·3	5·8	26·0	10·3
4 50	6·2	26·1	5·9	25·9	10·1
4 55	6·3	26·0	6·1	25·7	10·0
5 00	+ 6·4	−25·9	+ 6·2	−25·6	− 9·8
5 05	6·6	25·7	6·3	25·5	9·7
5 10	6·7	25·6	6·5	25·3	9·6
5 15	6·8	25·5	6·6	25·2	9·5
5 20	7·0	25·3	6·7	25·1	9·3
5 25	7·1	25·2	6·8	25·0	9·2
5 30	+ 7·2	−25·1	+ 6·9	−24·9	− 9·1
5 35	7·3	25·0	7·1	24·7	9·0
5 40	7·4	24·9	7·2	24·6	8·9
5 45	7·5	24·8	7·3	24·5	8·8
5 50	7·6	24·7	7·4	24·4	8·7
5 55	7·7	24·6	7·5	24·3	8·6
6 00	+ 7·8	−24·5	+ 7·6	−24·2	− 8·5
6 10	8·0	24·3	7·8	24·0	8·3
6 20	8·2	24·1	8·0	23·8	8·1
6 30	8·4	23·9	8·2	23·6	7·9
6 40	8·6	23·7	8·3	23·5	7·7
6 50	8·7	23·6	8·5	23·3	7·6
7 00	+ 8·9	−23·4	+ 8·7	−23·1	− 7·4
7 10	9·1	23·2	8·8	23·0	7·2
7 20	9·2	23·1	9·0	22·8	7·1
7 30	9·3	23·0	9·1	22·7	6·9
7 40	9·5	22·8	9·2	22·6	6·8
7 50	9·6	22·7	9·4	22·4	6·7
8 00	+ 9·7	−22·6	+ 9·5	−22·3	− 6·6
8 10	9·9	22·4	9·6	22·2	6·4
8 20	10·0	22·3	9·7	22·1	6·3
8 30	10·1	22·2	9·9	21·9	6·2
8 40	10·2	22·1	10·0	21·8	6·1
8 50	10·3	22·0	10·1	21·7	6·0
9 00	+10·4	−21·9	+10·2	−21·6	− 5·9
9 10	10·5	21·8	10·3	21·5	5·8
9 20	10·6	21·7	10·4	21·4	5·7
9 30	10·7	21·6	10·5	21·3	5·6
9 40	10·8	21·5	10·6	21·2	5·5
9 50	10·9	21·4	10·6	21·2	5·4
10 00	+11·0	−21·3	+10·7	−21·1	− 5·3

Additional corrections for temperature and pressure are given on the following page.

For bubble sextant observations ignore dip and use the star corrections for Sun, planets and stars.

ADDITIONAL REFRACTION CORRECTIONS FOR NON-STANDARD CONDITIONS

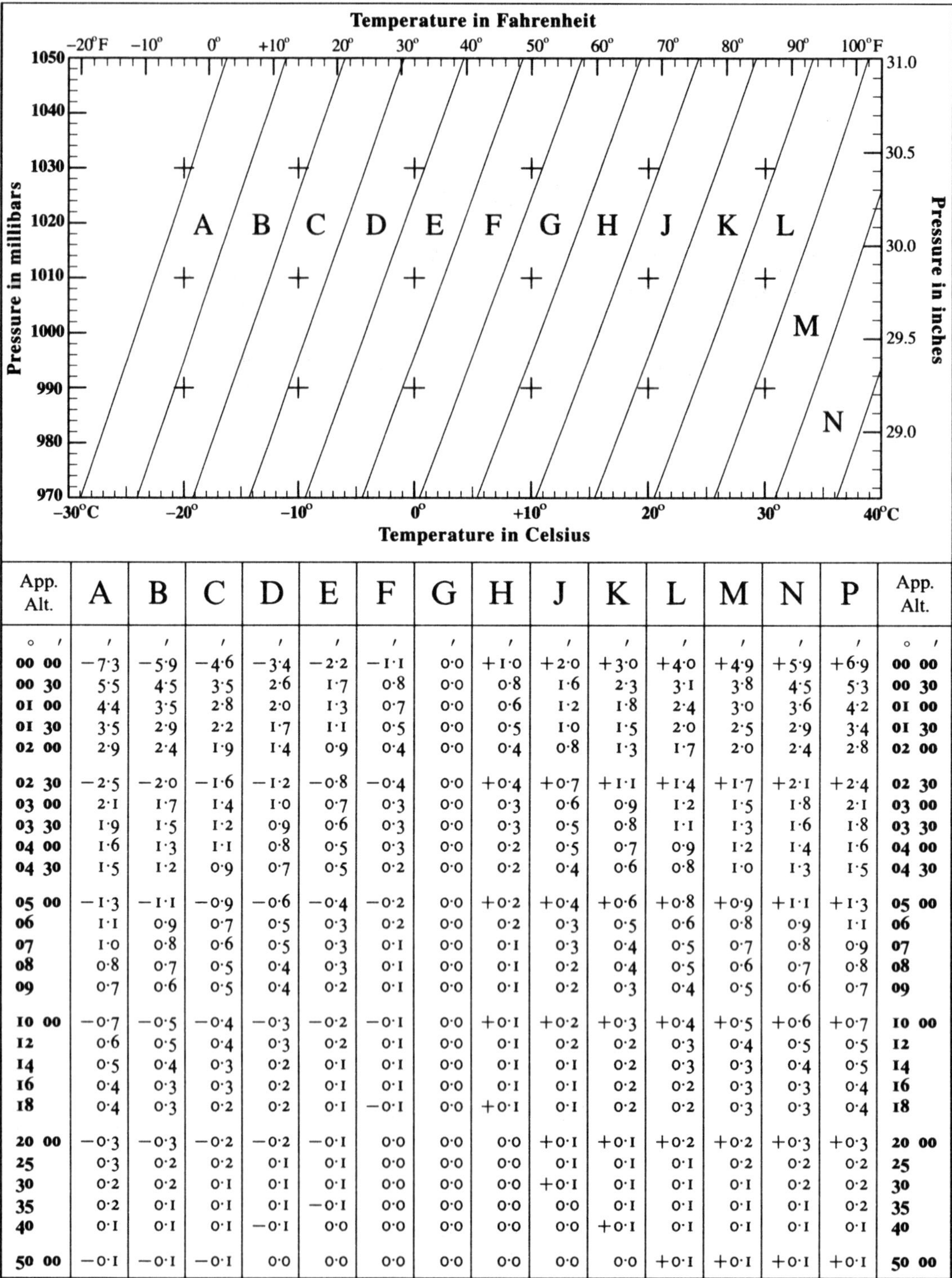

App. Alt.	A	B	C	D	E	F	G	H	J	K	L	M	N	P	App. Alt.
° ′	′	′	′	′	′	′	′	′	′	′	′	′	′	′	° ′
00 00	−7·3	−5·9	−4·6	−3·4	−2·2	−1·1	0·0	+1·0	+2·0	+3·0	+4·0	+4·9	+5·9	+6·9	**00 00**
00 30	5·5	4·5	3·5	2·6	1·7	0·8	0·0	0·8	1·6	2·3	3·1	3·8	4·5	5·3	**00 30**
01 00	4·4	3·5	2·8	2·0	1·3	0·7	0·0	0·6	1·2	1·8	2·4	3·0	3·6	4·2	**01 00**
01 30	3·5	2·9	2·2	1·7	1·1	0·5	0·0	0·5	1·0	1·5	2·0	2·5	2·9	3·4	**01 30**
02 00	2·9	2·4	1·9	1·4	0·9	0·4	0·0	0·4	0·8	1·3	1·7	2·0	2·4	2·8	**02 00**
02 30	−2·5	−2·0	−1·6	−1·2	−0·8	−0·4	0·0	+0·4	+0·7	+1·1	+1·4	+1·7	+2·1	+2·4	**02 30**
03 00	2·1	1·7	1·4	1·0	0·7	0·3	0·0	0·3	0·6	0·9	1·2	1·5	1·8	2·1	**03 00**
03 30	1·9	1·5	1·2	0·9	0·6	0·3	0·0	0·3	0·5	0·8	1·1	1·3	1·6	1·8	**03 30**
04 00	1·6	1·3	1·1	0·8	0·5	0·3	0·0	0·2	0·5	0·7	0·9	1·2	1·4	1·6	**04 00**
04 30	1·5	1·2	0·9	0·7	0·5	0·2	0·0	0·2	0·4	0·6	0·8	1·0	1·3	1·5	**04 30**
05 00	−1·3	−1·1	−0·9	−0·6	−0·4	−0·2	0·0	+0·2	+0·4	+0·6	+0·8	+0·9	+1·1	+1·3	**05 00**
06	1·1	0·9	0·7	0·5	0·3	0·2	0·0	0·2	0·3	0·5	0·6	0·8	0·9	1·1	**06**
07	1·0	0·8	0·6	0·5	0·3	0·1	0·0	0·1	0·3	0·4	0·5	0·7	0·8	0·9	**07**
08	0·8	0·7	0·5	0·4	0·3	0·1	0·0	0·1	0·2	0·4	0·5	0·6	0·7	0·8	**08**
09	0·7	0·6	0·5	0·4	0·2	0·1	0·0	0·1	0·2	0·3	0·4	0·5	0·6	0·7	**09**
10 00	−0·7	−0·5	−0·4	−0·3	−0·2	−0·1	0·0	+0·1	+0·2	+0·3	+0·4	+0·5	+0·6	+0·7	**10 00**
12	0·6	0·5	0·4	0·3	0·2	0·1	0·0	0·1	0·2	0·2	0·3	0·4	0·5	0·5	**12**
14	0·5	0·4	0·3	0·2	0·1	0·1	0·0	0·1	0·1	0·2	0·3	0·3	0·4	0·5	**14**
16	0·4	0·3	0·3	0·2	0·1	0·1	0·0	0·1	0·1	0·2	0·2	0·3	0·3	0·4	**16**
18	0·4	0·3	0·2	0·2	0·1	−0·1	0·0	+0·1	0·1	0·2	0·2	0·3	0·3	0·4	**18**
20 00	−0·3	−0·3	−0·2	−0·2	−0·1	0·0	0·0	0·0	+0·1	+0·1	+0·2	+0·2	+0·3	+0·3	**20 00**
25	0·3	0·2	0·2	0·1	0·1	0·0	0·0	0·0	0·1	0·1	0·1	0·2	0·2	0·2	**25**
30	0·2	0·2	0·1	0·1	0·1	0·0	0·0	0·0	+0·1	0·1	0·1	0·1	0·2	0·2	**30**
35	0·2	0·1	0·1	0·1	−0·1	0·0	0·0	0·0	0·0	0·1	0·1	0·1	0·1	0·2	**35**
40	0·1	0·1	0·1	−0·1	0·0	0·0	0·0	0·0	0·0	+0·1	0·1	0·1	0·1	0·1	**40**
50 00	−0·1	−0·1	−0·1	0·0	0·0	0·0	0·0	0·0	0·0	0·0	+0·1	+0·1	+0·1	+0·1	**50 00**

The graph is entered with arguments temperature and pressure to find a zone letter; using as arguments this zone letter and apparent altitude (sextant altitude corrected for index error and dip), a correction is taken from the table. This correction is to be applied to the sextant altitude in addition to the corrections for standard conditions (for the Sun, stars and planets from page A2-A3 and for the Moon from pages xxxiv and xxxv).

2010
Nautical Almanac
COMMERCIAL EDITION

PUBLISHED BY:

Paradise Cay Publications, Inc.
Post Office Box 29
Arcata, CA 95518-0029
Tel: 1-707-822-9063
Fax: 1-707-822-9163
www.paracay.com

ISBN-13: 978-0-939837-85-4
ISBN-10: 0-939837-85-4

Printed and distributed with permission by Paradise Cay Publications, Inc.

NOTE

Every care is taken to prevent errors in the production of this publication. As a final precaution it is recommended that the sequence of pages in this copy be examined on receipt. If faulty, it should be returned for replacement.

PREFACE

The first three sections of this book are a complete and accurate duplication from *The Nautical Almanac* produced jointly by Her Majesty's Nautical Almanac Office, United Kingdom Hydrographic Office, Admiralty Way, Taunton, Somerset, TA1 2DN, United Kingdom and the Nautical Almanac Office of the US Naval Observatory.

We gratefully acknowledge the United Kingdom Hydrographic Office and the United States Naval Observatory for permission to use the material contained in the almanac sections of this publication.

The 2010 Nautical Almanac
Commercial Edition

RELIGIOUS CALENDARS

Epiphany	Jan. 6	Low Sunday	Apr. 11
Septuagesima Sunday	Jan. 31	Rogation Sunday	May 9
Quinquagesima Sunday	Feb. 14	Ascension Day—Holy Thursday	May 13
Ash Wednesday	Feb. 17	Whit Sunday—Pentecost	May 23
Quadragesima Sunday	Feb. 21	Trinity Sunday	May 30
Palm Sunday	Mar. 28	Corpus Christi	June 3
Good Friday	Apr. 2	First Sunday in Advent	Nov. 28
Easter Day	Apr. 4	Christmas Day (Saturday)	Dec. 25
First Day of Passover (Pesach)	Mar. 30	Day of Atonement (Yom Kippur)	Sept. 18
Feast of Weeks (Shavuot)	May 19	First day of Tabernacles (Succoth)	Sept. 23
Jewish New Year 5771 (Rosh Hashanah)	Sept. 9		
Ramadân, First day of (tabular)	Aug. 11	Islamic New Year (1432)	Dec. 8

The Jewish and Islamic dates above are tabular dates, which begin at sunset on the previous evening and end at sunset on the date tabulated. In practice, the dates of Islamic fasts and festivals are determined by an actual sighting of the appropriate new moon.

CIVIL CALENDAR—UNITED KINGDOM

Accession of Queen Elizabeth II	Feb. 6	Birthday of Prince Philip, Duke of Edinburgh	June 10
St David (Wales)	Mar. 1	The Queen's Official Birthday†	June 12
Commonwealth Day	Mar. 8	Remembrance Sunday	Nov. 14
St Patrick (Ireland)	Mar. 17	Birthday of the Prince of Wales	Nov. 14
Birthday of Queen Elizabeth II	Apr. 21	St Andrew (Scotland)	Nov. 30
St George (England)	Apr. 23		
Coronation Day	June 2		

PUBLIC HOLIDAYS

England and Wales—Jan. 1†, Apr. 2, Apr. 5, May 3†, May 31, Aug. 30, Dec. 27, Dec. 28†
Northern Ireland—Jan. 1†, Mar. 17, Apr. 2, Apr. 5, May 3†, May 31, July 12, Aug. 30, Dec. 27, Dec. 28†
Scotland—Jan. 1, Jan. 4†, Apr. 2, May 3, May 31†, Aug. 2, Dec. 27†, Dec. 28†

CIVIL CALENDAR—UNITED STATES OF AMERICA

New Year's Day	Jan. 1	Labor Day	Sept. 6
Martin Luther King's Birthday	Jan. 18	Columbus Day	Oct. 11
Washington's Birthday	Feb. 15	General Election Day	Nov. 2
Memorial Day	May 31	Veterans Day	Nov. 11
Independence Day	July 4	Thanksgiving Day	Nov. 25

†Dates subject to confirmation

PHASES OF THE MOON

New Moon				First Quarter				Full Moon				Last Quarter			
	d	h	m		d	h	m		d	h	m		d	h	m
												Jan.	7	10	39
Jan.	15	07	11	Jan.	23	10	53	Jan.	30	06	18	Feb.	5	23	48
Feb.	14	02	51	Feb.	22	00	42	Feb.	28	16	38	Mar.	7	15	42
Mar.	15	21	01	Mar.	23	11	00	Mar.	30	02	25	Apr.	6	09	37
Apr.	14	12	29	Apr.	21	18	20	Apr.	28	12	18	May	6	04	15
May	14	01	04	May	20	23	43	May	27	23	07	June	4	22	13
June	12	11	15	June	19	04	29	June	26	11	30	July	4	14	35
July	11	19	40	July	18	10	11	July	26	01	37	Aug.	3	04	59
Aug.	10	03	08	Aug.	16	18	14	Aug.	24	17	05	Sept.	1	17	22
Sept.	8	10	30	Sept.	15	05	50	Sept.	23	09	17	Oct.	1	03	52
Oct.	7	18	44	Oct.	14	21	27	Oct.	23	01	37	Oct.	30	12	46
Nov.	6	04	52	Nov.	13	16	39	Nov.	21	17	27	Nov.	28	20	36
Dec.	5	17	36	Dec.	13	13	59	Dec.	21	08	13	Dec.	28	04	18

DAYS OF THE WEEK AND DAYS OF THE YEAR

	JAN.	FEB.	MAR.	APR.	MAY	JUNE	JULY	AUG.	SEPT.	OCT.	NOV.	DEC.
Day	Wk Yr	Wk Yr	Wk Yr	Wk Yr	Wk Yr	Wk Yr	Wk Yr	Wk Yr	Wk Yr	Wk Yr	Wk Yr	Wk Yr
1	F. 1	M. 32	M. 60	Th. 91	Sa. 121	Tu. 152	Th. 182	Su. 213	W. 244	F. 274	M. 305	W. 335
2	Sa. 2	Tu. 33	Tu. 61	F. 92	Su. 122	W. 153	F. 183	M. 214	Th. 245	Sa. 275	Tu. 306	Th. 336
3	Su. 3	W. 34	W. 62	Sa. 93	M. 123	Th. 154	Sa. 184	Tu. 215	F. 246	Su. 276	W. 307	F. 337
4	M. 4	Th. 35	Th. 63	Su. 94	Tu. 124	F. 155	Su. 185	W. 216	Sa. 247	M. 277	Th. 308	Sa. 338
5	Tu. 5	F. 36	F. 64	M. 95	W. 125	Sa. 156	M. 186	Th. 217	Su. 248	Tu. 278	F. 309	Su. 339
6	W. 6	Sa. 37	Sa. 65	Tu. 96	Th. 126	Su. 157	Tu. 187	F. 218	M. 249	W. 279	Sa. 310	M. 340
7	Th. 7	Su. 38	Su. 66	W. 97	F. 127	M. 158	W. 188	Sa. 219	Tu. 250	Th. 280	Su. 311	Tu. 341
8	F. 8	M. 39	M. 67	Th. 98	Sa. 128	Tu. 159	Th. 189	Su. 220	W. 251	F. 281	M. 312	W. 342
9	Sa. 9	Tu. 40	Tu. 68	F. 99	Su. 129	W. 160	F. 190	M. 221	Th. 252	Sa. 282	Tu. 313	Th. 343
10	Su. 10	W. 41	W. 69	Sa. 100	M. 130	Th. 161	Sa. 191	Tu. 222	F. 253	Su. 283	W. 314	F. 344
11	M. 11	Th. 42	Th. 70	Su. 101	Tu. 131	F. 162	Su. 192	W. 223	Sa. 254	M. 284	Th. 315	Sa. 345
12	Tu. 12	F. 43	F. 71	M. 102	W. 132	Sa. 163	M. 193	Th. 224	Su. 255	Tu. 285	F. 316	Su. 346
13	W. 13	Sa. 44	Sa. 72	Tu. 103	Th. 133	Su. 164	Tu. 194	F. 225	M. 256	W. 286	Sa. 317	M. 347
14	Th. 14	Su. 45	Su. 73	W. 104	F. 134	M. 165	W. 195	Sa. 226	Tu. 257	Th. 287	Su. 318	Tu. 348
15	F. 15	M. 46	M. 74	Th. 105	Sa. 135	Tu. 166	Th. 196	Su. 227	W. 258	F. 288	M. 319	W. 349
16	Sa. 16	Tu. 47	Tu. 75	F. 106	Su. 136	W. 167	F. 197	M. 228	Th. 259	Sa. 289	Tu. 320	Th. 350
17	Su. 17	W. 48	W. 76	Sa. 107	M. 137	Th. 168	Sa. 198	Tu. 229	F. 260	Su. 290	W. 321	F. 351
18	M. 18	Th. 49	Th. 77	Su. 108	Tu. 138	F. 169	Su. 199	W. 230	Sa. 261	M. 291	Th. 322	Sa. 352
19	Tu. 19	F. 50	F. 78	M. 109	W. 139	Sa. 170	M. 200	Th. 231	Su. 262	Tu. 292	F. 323	Su. 353
20	W. 20	Sa. 51	Sa. 79	Tu. 110	Th. 140	Su. 171	Tu. 201	F. 232	M. 263	W. 293	Sa. 324	M. 354
21	Th. 21	Su. 52	Su. 80	W. 111	F. 141	M. 172	W. 202	Sa. 233	Tu. 264	Th. 294	Su. 325	Tu. 355
22	F. 22	M. 53	M. 81	Th. 112	Sa. 142	Tu. 173	Th. 203	Su. 234	W. 265	F. 295	M. 326	W. 356
23	Sa. 23	Tu. 54	Tu. 82	F. 113	Su. 143	W. 174	F. 204	M. 235	Th. 266	Sa. 296	Tu. 327	Th. 357
24	Su. 24	W. 55	W. 83	Sa. 114	M. 144	Th. 175	Sa. 205	Tu. 236	F. 267	Su. 297	W. 328	F. 358
25	M. 25	Th. 56	Th. 84	Su. 115	Tu. 145	F. 176	Su. 206	W. 237	Sa. 268	M. 298	Th. 329	Sa. 359
26	Tu. 26	F. 57	F. 85	M. 116	W. 146	Sa. 177	M. 207	Th. 238	Su. 269	Tu. 299	F. 330	Su. 360
27	W. 27	Sa. 58	Sa. 86	Tu. 117	Th. 147	Su. 178	Tu. 208	F. 239	M. 270	W. 300	Sa. 331	M. 361
28	Th. 28	Su. 59	Su. 87	W. 118	F. 148	M. 179	W. 209	Sa. 240	Tu. 271	Th. 301	Su. 332	Tu. 362
29	F. 29		M. 88	Th. 119	Sa. 149	Tu. 180	Th. 210	Su. 241	W. 272	F. 302	M. 333	W. 363
30	Sa. 30		Tu. 89	F. 120	Su. 150	W. 181	F. 211	M. 242	Th. 273	Sa. 303	Tu. 334	Th. 364
31	Su. 31		W. 90		M. 151		Sa. 212	Tu. 243		Su. 304		F. 365

ECLIPSES

There are two eclipses of the Sun and two of the Moon.

1. *An annular eclipse of the Sun,* January 15. See map on page 6. The eclipse begins at $04^{h}\ 05^{m}$ and ends at $10^{h}\ 08^{m}$; the annular phase begins at $05^{h}\ 17^{m}$ and ends at $08^{h}\ 56^{m}$. The maximum duration of annularity is $11^{m}\ 04^{s}$.

2. *A partial eclipse of the Moon,* June 26. The umbral eclipse begins at $10^{h}\ 17^{m}$ and ends at $13^{h}\ 00^{m}$. The time of maximum eclipse is $11^{h}\ 38^{m}$ when 0·54 of the Moon's diameter is obscured. It is visible from western parts of the Americas, the Pacific Ocean, Antarctica, eastern Asia and Australasia.

3. *A total eclipse of the Sun,* July 11. See map on page 7. The eclipse begins at $17^{h}\ 10^{m}$ and ends at $21^{h}\ 57^{m}$; the total phase begins at $18^{h}\ 16^{m}$ and ends at $20^{h}\ 51^{m}$. The maximum duration of totality is $5^{m}\ 25^{s}$.

4. *A total eclipse of the Moon,* December 21. The umbral eclipse begins at $06^{h}\ 32^{m}$ and ends at $10^{h}\ 02^{m}$. Totality lasts from $07^{h}\ 40^{m}$ to $08^{h}\ 54^{m}$. It is visible from Europe, west Africa, the Americas, the Pacific Ocean, eastern Australia, the Philippines and eastern and northern Asia.

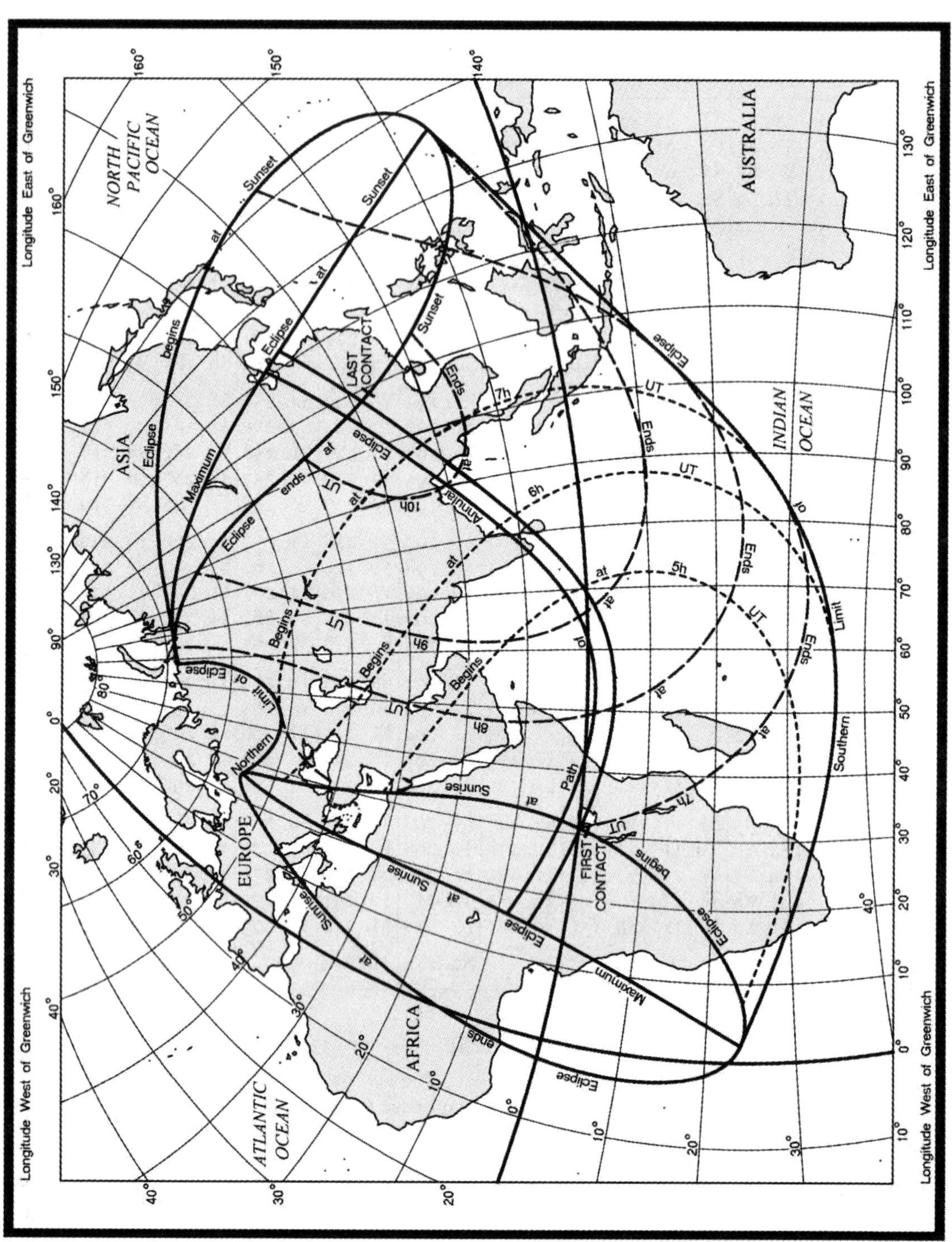

SOLAR ECLIPSE DIAGRAMS

The principal features shown on the above diagrams are: the paths of total and annular eclipses; the northern and southern limits of partial eclipse; the sunrise and sunset curves; dashed lines which show the times of beginning and end of partial eclipse at hourly intervals.

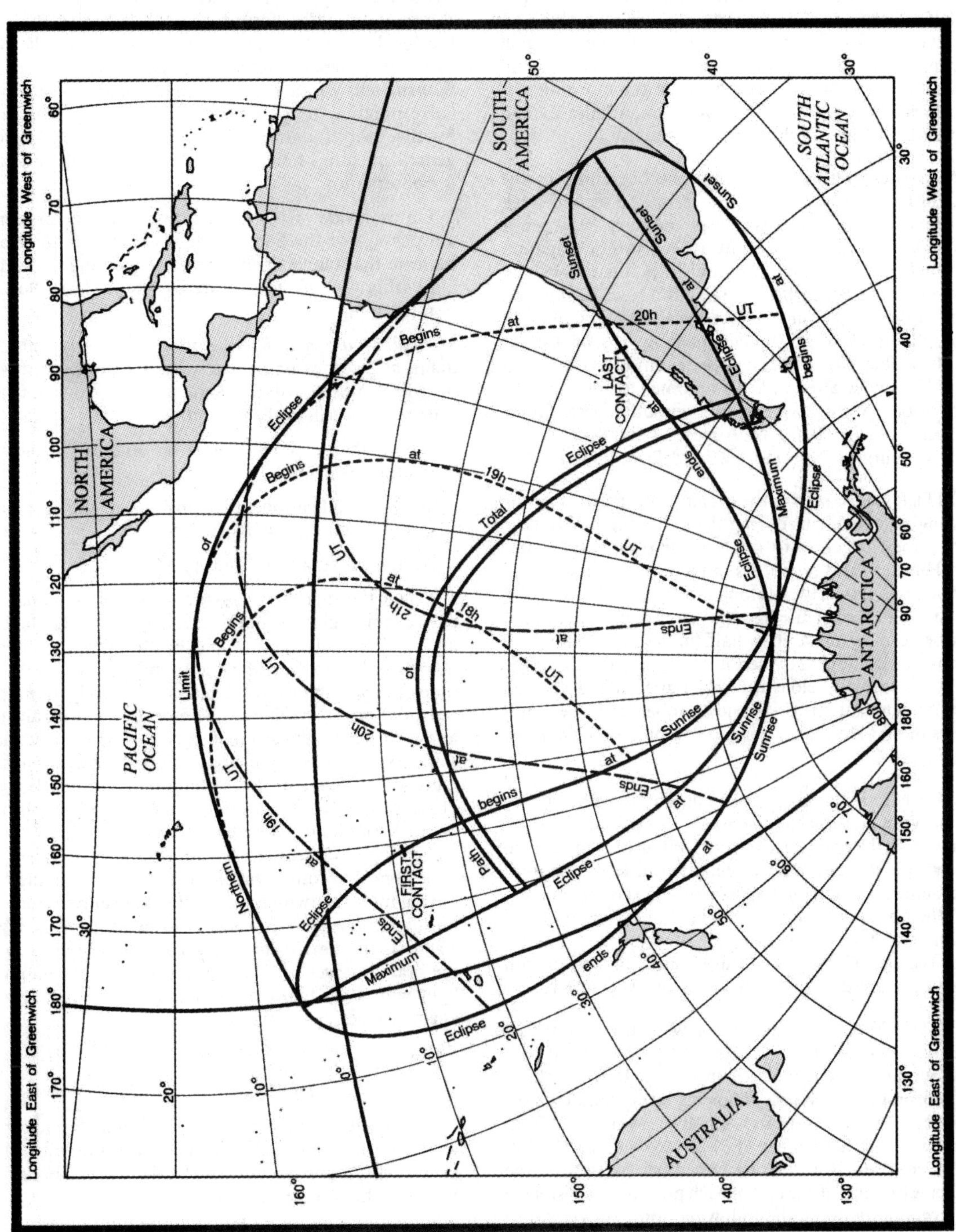

SOLAR ECLIPSE DIAGRAMS

Further details of the paths and times of central eclipse are given in *The Astronomical Almanac.*

VISIBILITY OF PLANETS

VENUS is too close to the Sun for observation until late February when it appears as a brilliant object in the evening sky. In the last week of October it again becomes too close to the Sun for observation until early November when it reappears in the morning sky. Venus is in conjunction with Mars on August 23 and September 29 and with Saturn on August 10.

MARS rises well after sunset at the beginning of the year in Leo and passes into Cancer in the second week of January. It is at opposition on January 29, when it is visible throughout the night. Its eastward elongation gradually decreases and from mid-May it is visible only in the evening sky in Leo (passing 0°9 N of *Regulus* on June 6), Virgo (passing 2° N of *Spica* on September 4), Libra, Scorpius and Ophiucus (passing 4° N of *Antares* on November 10). It then continues into Sagittarius in early December after which it becomes too close to the Sun for observation. Mars is in conjunction with Saturn on August 1, with Venus on August 23 and Sept. 29 and with Mercury on November 21 and December 14.

JUPITER can be seen in the evening sky in Capricornus passing into Aquarius during the first week of January. It becomes too close to the Sun for observation after mid-February and reappears in the morning sky during mid-March. Its westward elongation gradually increases, moving into Pisces in early May and from late June it can be seen for more than half the night. Jupiter is at opposition on Sept. 21 when it is visible throughout the night. Its eastward elongation then gradually decreases, passing into Aquarius in mid-October and then into Pisces in mid-December when it can only be seen in the evening sky.

SATURN rises shortly before midnight at the beginning of the year in Virgo and remains in this constellation throughout the year. It is at opposition on March 22 when it is visible throughout the night. From late June until mid-September Saturn is visible only in the evening sky, and then becomes too close to the Sun for observation. It can be seen only in the morning sky from mid-October until the end of the year. Saturn is in conjunction with Mars on August 1 and with Venus on August 10.

MERCURY can only be seen low in the east before sunrise, or low in the west after sunset (about the time of beginning or end of civil twilight). It is visible in the mornings between the following approximate dates: January 11 (+1·7) to March 4 (−0·9), May 8 (+3·0) to June 21 (−1·4), September 11 (+2·0) to October 5 (−1·2) and December 26 (+1·6) to December 31 (+0·2); the planet is brighter at the end of each period. It is visible in the evenings between the following approximate dates: March 24 (−1·4) to April 20 (+2·7), July 6 (−1·3) to August 27 (+2·6) and November 1 (−0·7) to December 14 (+1·5); the planet is brighter at the beginning of each period. The figures in parentheses are the magnitudes.

PLANET DIAGRAM

General Description. The diagram on the opposite page shows, in graphical form for any date during the year, the local mean time of meridian passage of the Sun, of the five planets Mercury, Venus, Mars, Jupiter, and Saturn, and of each 30° of SHA; intermediate lines corresponding to particular stars, may be drawn in by the user if desired. It is intended to provide a general picture of the availability of planets and stars for observation.

On each side of the line marking the time of meridian passage of the Sun a band, 45^m wide, is shaded to indicate that planets and most stars crossing the meridian within 45^m of the Sun are too close to the Sun for observation.

Method of use and interpretation. For any date the diagram provides immediately the local mean times of meridian passage of the Sun, planets and stars, and thus the following information:

(a) whether a planet or star is too close to the Sun for observation;

(b) some indication of its position in the sky, especially during twilight;

(c) the proximity of other planets.

When the meridian passage of an outer planet occurs at midnight the body is in opposition to the Sun and is visible all night; a planet may then be observable during both morning and evening twilights. As the time of meridian passage decreases, the body eventually ceases to be observable in the morning, but its altitude above the eastern horizon at sunset gradually increases; this continues until the body is on the meridian during evening twilight. From then onwards the body is observable above the western horizon and its altitude at sunset gradually decreases; eventually the body becomes too close to the Sun for observation. When the body again becomes visible it is seen low in the east during morning twilight; its altitude at sunrise increases until meridian passage occurs during morning twilight. Then, as the time of meridian passage decreases to 0^h, the body is observable in the west during morning twilight with a gradually decreasing altitude, until it once again reaches opposition.

DO NOT CONFUSE

Venus with Mercury from late March to mid-April, with Saturn in the first half of August and with Mars from early August to early September; on all occasions Venus is the brighter object.

Mars with Saturn from late July to early August when Saturn is the brighter object.

Mercury with Mars in the second half of November when Mercury is the brighter object.

LOCAL MEAN TIME OF MERIDIAN PASSAGE

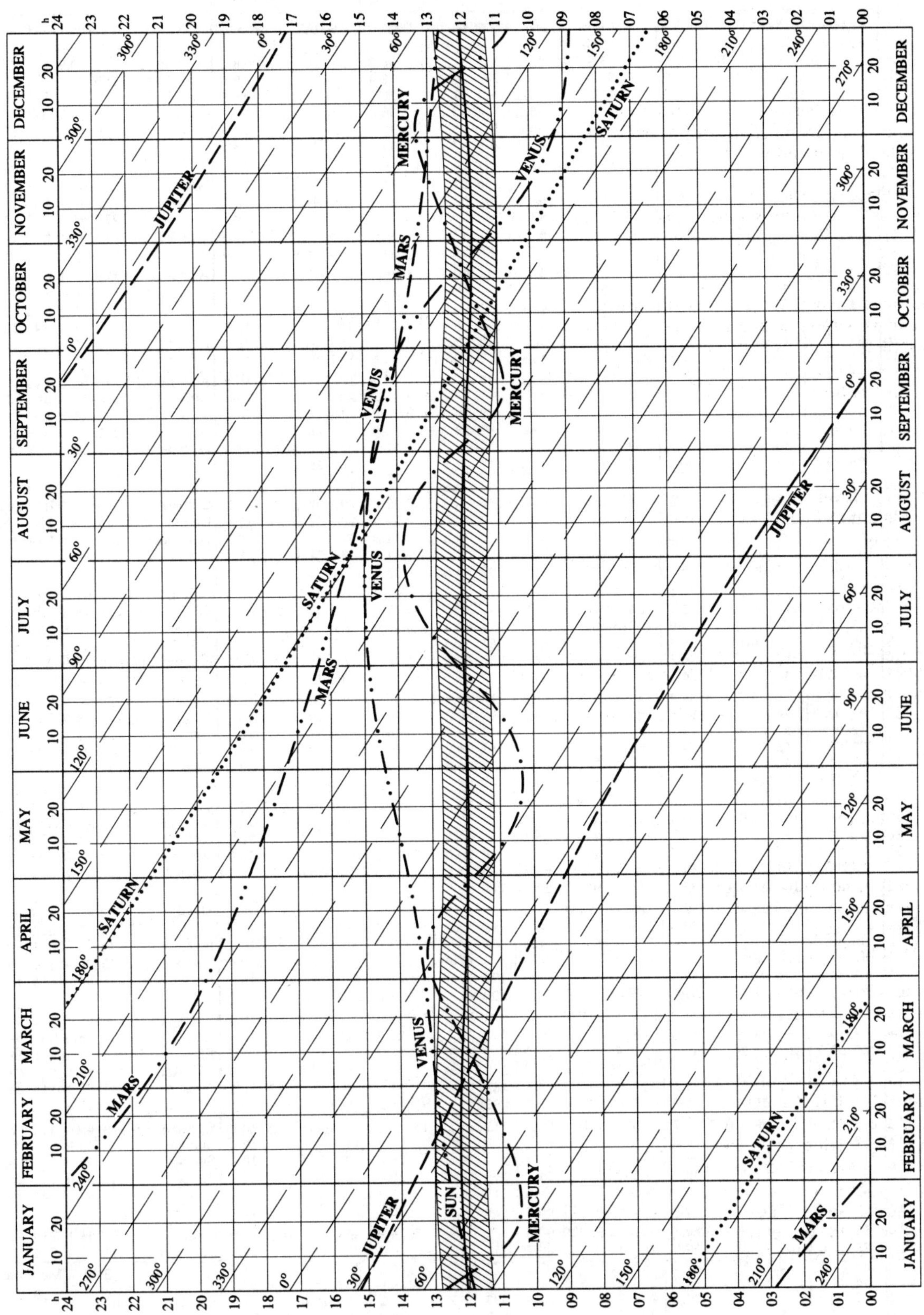

LOCAL MEAN TIME OF MERIDIAN PASSAGE

	UT	ARIES	VENUS −4.0		MARS −0.8		JUPITER −2.1		SATURN +0.9	
		GHA	GHA	Dec	GHA	Dec	GHA	Dec	GHA	Dec
	d h	° ′	° ′	° ′	° ′	° ′	° ′	° ′	° ′	° ′
	1 00	100 32.5	181 58.1	S23 38.5	318 03.9	N18 45.1	131 37.2	S13 36.5	275 29.9	N 0 18.6
	01	115 35.0	196 57.1	38.4	333 06.8	45.4	146 39.2	36.4	290 32.3	18.5
	02	130 37.4	211 56.1	38.3	348 09.6	45.6	161 41.2	36.2	305 34.7	18.5
	03	145 39.9	226 55.2	. . 38.2	3 12.4	. . 45.8	176 43.2	. . 36.0	320 37.1	. . 18.5
	04	160 42.4	241 54.2	38.1	18 15.2	46.0	191 45.1	35.8	335 39.5	18.5
	05	175 44.8	256 53.2	38.0	33 18.0	46.2	206 47.1	35.7	350 41.9	18.5
	06	190 47.3	271 52.2	S23 37.9	48 20.9	N18 46.5	221 49.1	S13 35.5	5 44.3	N 0 18.5
	07	205 49.8	286 51.3	37.8	63 23.7	46.7	236 51.1	35.3	20 46.8	18.5
	08	220 52.2	301 50.3	37.7	78 26.5	46.9	251 53.0	35.1	35 49.2	18.5
F	09	235 54.7	316 49.3	. . 37.6	93 29.4	. . 47.1	266 55.0	. . 35.0	50 51.6	. . 18.4
R	10	250 57.2	331 48.4	37.5	108 32.2	47.3	281 57.0	34.8	65 54.0	18.4
I	11	265 59.6	346 47.4	37.4	123 35.0	47.6	296 59.0	34.6	80 56.4	18.4
D	12	281 02.1	1 46.4	S23 37.3	138 37.8	N18 47.8	312 00.9	S13 34.4	95 58.8	N 0 18.4
A	13	296 04.5	16 45.5	37.2	153 40.7	48.0	327 02.9	34.3	111 01.2	18.4
Y	14	311 07.0	31 44.5	37.1	168 43.5	48.2	342 04.9	34.1	126 03.6	18.4
	15	326 09.5	46 43.5	. . 37.0	183 46.4	. . 48.5	357 06.9	. . 33.9	141 06.0	. . 18.4
	16	341 11.9	61 42.6	36.9	198 49.2	48.7	12 08.8	33.7	156 08.4	18.4
	17	356 14.4	76 41.6	36.8	213 52.0	48.9	27 10.8	33.6	171 10.8	18.4
	18	11 16.9	91 40.6	S23 36.7	228 54.9	N18 49.1	42 12.8	S13 33.4	186 13.2	N 0 18.4
	19	26 19.3	106 39.7	36.6	243 57.7	49.4	57 14.7	33.2	201 15.7	18.3
	20	41 21.8	121 38.7	36.4	259 00.6	49.6	72 16.7	33.0	216 18.1	18.3
	21	56 24.3	136 37.7	. . 36.3	274 03.4	. . 49.8	87 18.7	. . 32.9	231 20.5	. . 18.3
	22	71 26.7	151 36.8	36.2	289 06.2	50.0	102 20.7	32.7	246 22.9	18.3
	23	86 29.2	166 35.8	36.1	304 09.1	50.3	117 22.6	32.5	261 25.3	18.3
	2 00	101 31.7	181 34.8	S23 36.0	319 11.9	N18 50.5	132 24.6	S13 32.3	276 27.7	N 0 18.3
	01	116 34.1	196 33.8	35.8	334 14.8	50.7	147 26.6	32.2	291 30.1	18.3
	02	131 36.6	211 32.9	35.7	349 17.7	51.0	162 28.6	32.0	306 32.5	18.3
	03	146 39.0	226 31.9	. . 35.6	4 20.5	. . 51.2	177 30.5	. . 31.8	321 34.9	. . 18.3
	04	161 41.5	241 30.9	35.5	19 23.4	51.4	192 32.5	31.6	336 37.4	18.2
	05	176 44.0	256 30.0	35.3	34 26.2	51.6	207 34.5	31.5	351 39.8	18.2
	06	191 46.4	271 29.0	S23 35.2	49 29.1	N18 51.9	222 36.4	S13 31.3	6 42.2	N 0 18.2
	07	206 48.9	286 28.0	35.1	64 31.9	52.1	237 38.4	31.1	21 44.6	18.2
S	08	221 51.4	301 27.1	34.9	79 34.8	52.3	252 40.4	30.9	36 47.0	18.2
A	09	236 53.8	316 26.1	. . 34.8	94 37.7	. . 52.6	267 42.4	. . 30.8	51 49.4	. . 18.2
T	10	251 56.3	331 25.1	34.7	109 40.5	52.8	282 44.3	30.6	66 51.8	18.2
U	11	266 58.8	346 24.2	34.5	124 43.4	53.0	297 46.3	30.4	81 54.2	18.2
R	12	282 01.2	1 23.2	S23 34.4	139 46.3	N18 53.3	312 48.3	S13 30.2	96 56.7	N 0 18.2
D	13	297 03.7	16 22.3	34.3	154 49.1	53.5	327 50.2	30.1	111 59.1	18.2
A	14	312 06.1	31 21.3	34.1	169 52.0	53.7	342 52.2	29.9	127 01.5	18.2
Y	15	327 08.6	46 20.3	. . 34.0	184 54.9	. . 54.0	357 54.2	. . 29.7	142 03.9	. . 18.1
	16	342 11.1	61 19.4	33.8	199 57.7	54.2	12 56.2	29.5	157 06.3	18.1
	17	357 13.5	76 18.4	33.7	215 00.6	54.4	27 58.1	29.3	172 08.7	18.1
	18	12 16.0	91 17.4	S23 33.6	230 03.5	N18 54.7	43 00.1	S13 29.2	187 11.1	N 0 18.1
	19	27 18.5	106 16.5	33.4	245 06.4	54.9	58 02.1	29.0	202 13.5	18.1
	20	42 20.9	121 15.5	33.3	260 09.2	55.1	73 04.0	28.8	217 16.0	18.1
	21	57 23.4	136 14.5	. . 33.1	275 12.1	. . 55.4	88 06.0	. . 28.6	232 18.4	. . 18.1
	22	72 25.9	151 13.6	33.0	290 15.0	55.6	103 08.0	28.5	247 20.8	18.1
	23	87 28.3	166 12.6	32.8	305 17.9	55.9	118 10.0	28.3	262 23.2	18.1
	3 00	102 30.8	181 11.6	S23 32.7	320 20.8	N18 56.1	133 11.9	S13 28.1	277 25.6	N 0 18.1
	01	117 33.3	196 10.7	32.5	335 23.7	56.3	148 13.9	27.9	292 28.0	18.1
	02	132 35.7	211 09.7	32.4	350 26.5	56.6	163 15.9	27.8	307 30.5	18.1
	03	147 38.2	226 08.7	. . 32.2	5 29.4	. . 56.8	178 17.8	. . 27.6	322 32.9	. . 18.0
	04	162 40.6	241 07.8	32.0	20 32.3	57.0	193 19.8	27.4	337 35.3	18.0
	05	177 43.1	256 06.8	31.9	35 35.2	57.3	208 21.8	27.2	352 37.7	18.0
	06	192 45.6	271 05.9	S23 31.7	50 38.1	N18 57.5	223 23.7	S13 27.0	7 40.1	N 0 18.0
	07	207 48.0	286 04.9	31.6	65 41.0	57.8	238 25.7	26.9	22 42.5	18.0
	08	222 50.5	301 03.9	31.4	80 43.9	58.0	253 27.7	26.7	37 44.9	18.0
S	09	237 53.0	316 03.0	. . 31.2	95 46.8	. . 58.2	268 29.6	. . 26.5	52 47.4	. . 18.0
U	10	252 55.4	331 02.0	31.1	110 49.7	58.5	283 31.6	26.3	67 49.8	18.0
N	11	267 57.9	346 01.0	30.9	125 52.6	58.7	298 33.6	26.2	82 52.2	18.0
D	12	283 00.4	1 00.1	S23 30.7	140 55.5	N18 59.0	313 35.5	S13 26.0	97 54.6	N 0 18.0
A	13	298 02.8	15 59.1	30.6	155 58.4	59.2	328 37.5	25.8	112 57.0	18.0
Y	14	313 05.3	30 58.1	30.4	171 01.3	59.5	343 39.5	25.6	127 59.4	18.0
	15	328 07.8	45 57.2	. . 30.2	186 04.2	. . 59.7	358 41.5	. . 25.4	143 01.9	. . 18.0
	16	343 10.2	60 56.2	30.1	201 07.1	18 59.9	13 43.4	25.3	158 04.3	17.9
	17	358 12.7	75 55.3	29.9	216 10.0	19 00.2	28 45.4	25.1	173 06.7	17.9
	18	13 15.1	90 54.3	S23 29.7	231 12.9	N19 00.4	43 47.4	S13 24.9	188 09.1	N 0 17.9
	19	28 17.6	105 53.3	29.5	246 15.9	00.7	58 49.3	24.7	203 11.5	17.9
	20	43 20.1	120 52.4	29.4	261 18.8	00.9	73 51.3	24.6	218 14.0	17.9
	21	58 22.5	135 51.4	. . 29.2	276 21.7	. . 01.2	88 53.3	. . 24.4	233 16.4	. . 17.9
	22	73 25.0	150 50.5	29.0	291 24.6	01.4	103 55.2	24.2	248 18.8	17.9
	23	88 27.5	165 49.5	28.8	306 27.5	01.7	118 57.2	24.0	263 21.2	17.9
	Mer. Pass.	h m 17 11.1	v −1.0	d 0.1	v 2.9	d 0.2	v 2.0	d 0.2	v 2.4	d 0.0

STARS

Name	SHA	Dec
	° ′	° ′
Acamar	315 19.9	S40 16.0
Achernar	335 28.3	S57 11.3
Acrux	173 12.3	S63 09.1
Adhara	255 14.1	S28 59.2
Aldebaran	290 52.0	N16 31.8
Alioth	166 22.7	N55 53.9
Alkaid	153 00.9	N49 15.4
Al Na'ir	27 47.1	S46 54.9
Alnilam	275 48.6	S 1 11.7
Alphard	217 58.3	S 8 42.2
Alphecca	126 13.4	N26 40.6
Alpheratz	357 46.2	N29 09.0
Altair	62 11.0	N 8 53.7
Ankaa	353 18.1	S42 15.2
Antares	112 29.7	S26 27.2
Arcturus	145 58.1	N19 07.6
Atria	107 34.4	S69 02.6
Avior	234 18.5	S59 32.4
Bellatrix	278 34.4	N 6 21.5
Betelgeuse	271 03.7	N 7 24.5
Canopus	263 56.7	S52 42.1
Capella	280 37.7	N46 00.6
Deneb	49 33.7	N45 19.1
Denebola	182 36.1	N14 30.7
Diphda	348 58.4	S17 55.9
Dubhe	193 54.2	N61 41.4
Elnath	278 15.4	N28 37.0
Eltanin	90 47.8	N51 29.2
Enif	33 49.9	N 9 55.4
Fomalhaut	15 26.9	S29 34.2
Gacrux	172 03.9	S57 10.0
Gienah	175 54.9	S17 35.9
Hadar	148 51.9	S60 25.1
Hamal	328 03.5	N23 30.8
Kaus Aust.	83 47.5	S34 22.8
Kochab	137 20.3	N74 06.5
Markab	13 41.0	N15 15.7
Menkar	314 17.5	N 4 07.8
Menkent	148 10.8	S36 25.1
Miaplacidus	221 39.7	S69 45.4
Mirfak	308 43.7	N49 54.1
Nunki	76 01.8	S26 17.1
Peacock	53 23.6	S56 42.2
Pollux	243 30.4	N28 00.0
Procyon	245 02.0	N 5 11.9
Rasalhague	96 09.1	N12 33.1
Regulus	207 45.9	N11 54.9
Rigel	281 14.1	S 8 11.4
Rigil Kent.	139 55.6	S60 52.4
Sabik	102 15.8	S15 44.3
Schedar	349 43.6	N56 35.9
Shaula	96 25.8	S37 06.6
Sirius	258 35.6	S16 43.8
Spica	158 34.0	S11 12.9
Suhail	222 54.0	S43 28.3
Vega	80 41.1	N38 47.5
Zuben'ubi	137 08.4	S16 05.0

	SHA	Mer. Pass.
	° ′	h m
Venus	80 03.2	11 54
Mars	217 40.3	2 43
Jupiter	30 53.0	15 08
Saturn	174 56.1	5 33

	UT	SUN GHA	SUN Dec	MOON GHA	v	MOON Dec	d	HP
	d h	° ′	° ′	° ′	′	° ′	′	′
	1 00	179 10.3	S23 01.6	356 04.6	3.0	N23 30.0	7.3	61.0
	01	194 10.0	01.4	10 26.6	3.2	23 22.7	7.4	61.0
	02	209 09.7	01.2	24 48.8	3.2	23 15.3	7.6	61.0
	03	224 09.4	. . 01.0	39 11.0	3.3	23 07.7	7.8	61.0
	04	239 09.1	00.8	53 33.3	3.3	22 59.9	7.9	61.1
	05	254 08.8	00.6	67 55.6	3.4	22 52.0	8.2	61.1
	06	269 08.5	S23 00.4	82 18.0	3.5	N22 43.8	8.2	61.1
	07	284 08.2	00.2	96 40.5	3.6	22 35.6	8.5	61.1
	08	299 08.0	23 00.0	111 03.1	3.6	22 27.1	8.6	61.1
F	09	314 07.7	22 59.8	125 25.7	3.7	22 18.5	8.8	61.1
R	10	329 07.4	59.6	139 48.4	3.8	22 09.7	8.9	61.1
I	11	344 07.1	59.4	154 11.2	3.8	22 00.8	9.1	61.1
D	12	359 06.8	S22 59.2	168 34.0	4.0	N21 51.7	9.3	61.1
A	13	14 06.5	59.0	182 57.0	4.0	21 42.4	9.4	61.1
Y	14	29 06.2	58.8	197 20.0	4.1	21 33.0	9.6	61.1
	15	44 05.9	. . 58.6	211 43.1	4.2	21 23.4	9.7	61.1
	16	59 05.6	58.3	226 06.3	4.2	21 13.7	9.9	61.1
	17	74 05.3	58.1	240 29.5	4.4	21 03.8	10.0	61.1
	18	89 05.0	S22 57.9	254 52.9	4.4	N20 53.8	10.2	61.1
	19	104 04.7	57.7	269 16.3	4.5	20 43.6	10.3	61.1
	20	119 04.4	57.5	283 39.8	4.7	20 33.3	10.5	61.1
	21	134 04.1	. . 57.3	298 03.5	4.7	20 22.8	10.6	61.1
	22	149 03.9	57.1	312 27.2	4.8	20 12.2	10.7	61.1
	23	164 03.6	56.8	326 51.0	4.9	20 01.5	10.9	61.1
	2 00	179 03.3	S22 56.6	341 14.9	4.9	N19 50.6	11.0	61.1
	01	194 03.0	56.4	355 38.8	5.1	19 39.6	11.2	61.1
	02	209 02.7	56.2	10 02.9	5.2	19 28.4	11.3	61.1
	03	224 02.4	. . 56.0	24 27.1	5.3	19 17.1	11.4	61.1
	04	239 02.1	55.7	38 51.4	5.3	19 05.7	11.5	61.1
	05	254 01.8	55.5	53 15.7	5.5	18 54.2	11.7	61.1
	06	269 01.5	S22 55.3	67 40.2	5.5	N18 42.5	11.8	61.1
	07	284 01.2	55.1	82 04.7	5.7	18 30.7	12.0	61.1
S	08	299 00.9	54.8	96 29.4	5.7	18 18.7	12.0	61.1
A	09	314 00.7	. . 54.6	110 54.1	5.9	18 06.7	12.2	61.1
T	10	329 00.4	54.4	125 19.0	5.9	17 54.5	12.2	61.1
U	11	344 00.1	54.2	139 43.9	6.0	17 42.3	12.4	61.1
R	12	358 59.8	S22 53.9	154 08.9	6.2	N17 29.9	12.6	61.1
D	13	13 59.5	53.7	168 34.1	6.2	17 17.3	12.6	61.1
A	14	28 59.2	53.5	182 59.3	6.3	17 04.7	12.7	61.1
	15	43 58.9	. . 53.3	197 24.6	6.5	16 52.0	12.8	61.0
Y	16	58 58.6	53.0	211 50.1	6.5	16 39.2	13.0	61.0
	17	73 58.3	52.8	226 15.6	6.6	16 26.2	13.0	61.0
	18	88 58.0	S22 52.6	240 41.2	6.7	N16 13.2	13.2	61.0
	19	103 57.8	52.3	255 06.9	6.9	16 00.0	13.2	61.0
	20	118 57.5	52.1	269 32.8	6.9	15 46.8	13.3	61.0
	21	133 57.2	. . 51.9	283 58.7	7.0	15 33.5	13.5	61.0
	22	148 56.9	51.6	298 24.7	7.1	15 20.0	13.5	61.0
	23	163 56.6	51.4	312 50.8	7.2	15 06.5	13.6	60.9
	3 00	178 56.3	S22 51.1	327 17.0	7.3	N14 52.9	13.7	60.9
	01	193 56.0	50.9	341 43.3	7.4	14 39.2	13.8	60.9
	02	208 55.7	50.7	356 09.7	7.5	14 25.4	13.8	60.9
	03	223 55.5	. . 50.4	10 36.2	7.6	14 11.6	14.0	60.9
	04	238 55.2	50.2	25 02.8	7.6	13 57.6	14.0	60.9
	05	253 54.9	49.9	39 29.4	7.8	13 43.6	14.1	60.9
	06	268 54.6	S22 49.7	53 56.2	7.9	N13 29.5	14.2	60.8
	07	283 54.3	49.5	68 23.1	7.9	13 15.3	14.3	60.8
	08	298 54.0	49.2	82 50.0	8.1	13 01.0	14.3	60.8
S	09	313 53.7	. . 49.0	97 17.1	8.1	12 46.7	14.4	60.8
U	10	328 53.4	48.7	111 44.2	8.2	12 32.3	14.4	60.8
N	11	343 53.2	48.5	126 11.4	8.4	12 17.9	14.5	60.7
D	12	358 52.9	S22 48.2	140 38.8	8.4	N12 03.4	14.6	60.7
A	13	13 52.6	48.0	155 06.2	8.5	11 48.8	14.7	60.7
Y	14	28 52.3	47.7	169 33.7	8.5	11 34.1	14.7	60.7
	15	43 52.0	. . 47.5	184 01.2	8.7	11 19.4	14.7	60.7
	16	58 51.7	47.2	198 28.9	8.8	11 04.7	14.9	60.6
	17	73 51.4	47.0	212 56.7	8.8	10 49.8	14.8	60.6
	18	88 51.2	S22 46.7	227 24.5	8.9	N10 35.0	15.0	60.6
	19	103 50.9	46.5	241 52.4	9.0	10 20.0	14.9	60.6
	20	118 50.6	46.2	256 20.4	9.1	10 05.1	15.0	60.6
	21	133 50.3	. . 46.0	270 48.5	9.2	9 50.1	15.1	60.5
	22	148 50.0	45.7	285 16.7	9.2	9 35.0	15.1	60.5
	23	163 49.7	45.5	299 44.9	9.3	N 9 19.9	15.2	60.5
		SD 16.3	*d* 0.2	SD		16.7	16.6	16.5

Lat.	Twilight Naut.	Twilight Civil	Sunrise	Moonrise 1	Moonrise 2	Moonrise 3	Moonrise 4
°	h m	h m	h m	h m	h m	h m	h m
N 72	08 23	10 40	■	□	15 25	18 36	21 03
N 70	08 04	09 48	■	□	16 17	18 54	21 08
68	07 49	09 16	■	13 46	16 49	19 08	21 12
66	07 37	08 52	10 26	14 49	17 12	19 19	21 16
64	07 26	08 34	09 49	15 24	17 30	19 28	21 19
62	07 17	08 18	09 22	15 49	17 45	19 36	21 21
60	07 09	08 05	09 02	16 09	17 58	19 43	21 24
N 58	07 02	07 54	08 45	16 25	18 08	19 49	21 26
56	06 55	07 44	08 31	16 39	18 18	19 54	21 27
54	06 50	07 35	08 19	16 51	18 26	19 59	21 29
52	06 44	07 28	08 08	17 01	18 33	20 03	21 30
50	06 39	07 20	07 58	17 11	18 40	20 07	21 32
45	06 28	07 05	07 38	17 30	18 54	20 15	21 34
N 40	06 18	06 52	07 22	17 46	19 05	20 22	21 37
35	06 09	06 40	07 08	17 59	19 15	20 28	21 39
30	06 00	06 30	06 56	18 11	19 23	20 33	21 40
20	05 44	06 11	06 35	18 31	19 38	20 42	21 43
N 10	05 28	05 55	06 17	18 48	19 51	20 50	21 46
0	05 12	05 38	06 00	19 04	20 03	20 57	21 49
S 10	04 53	05 20	05 43	19 20	20 14	21 05	21 51
20	04 31	05 00	05 25	19 37	20 27	21 12	21 54
30	04 03	04 36	05 03	19 56	20 41	21 21	21 57
35	03 44	04 21	04 50	20 07	20 50	21 26	21 59
40	03 22	04 03	04 36	20 20	20 59	21 32	22 01
45	02 52	03 41	04 18	20 36	21 10	21 38	22 03
S 50	02 09	03 12	03 56	20 54	21 23	21 46	22 06
52	01 43	02 58	03 46	21 03	21 29	21 50	22 07
54	01 03	02 40	03 34	21 13	21 36	21 54	22 08
56	////	02 19	03 20	21 23	21 44	21 58	22 10
58	////	01 52	03 04	21 36	21 52	22 03	22 12
S 60	////	01 09	02 44	21 50	22 01	22 08	22 13

Lat.	Sunset	Twilight Civil	Twilight Naut.	Moonset 1	Moonset 2	Moonset 3	Moonset 4
°	h m	h m	h m	h m	h m	h m	h m
N 72	■	13 29	15 45	□	12 34	11 20	10 43
N 70	■	14 20	16 04	□	11 40	11 00	10 35
68	■	14 52	16 19	12 05	11 07	10 44	10 28
66	13 42	15 16	16 32	11 00	10 42	10 31	10 22
64	14 20	15 35	16 42	10 24	10 22	10 20	10 17
62	14 46	15 50	16 51	09 58	10 07	10 10	10 12
60	15 06	16 03	16 59	09 38	09 53	10 02	10 08
N 58	15 23	16 14	17 06	09 21	09 41	09 55	10 05
56	15 37	16 24	17 13	09 07	09 31	09 49	10 02
54	15 49	16 33	17 19	08 54	09 22	09 43	09 59
52	16 00	16 41	17 24	08 43	09 14	09 38	09 56
50	16 10	16 48	17 29	08 33	09 07	09 33	09 54
45	16 30	17 03	17 41	08 13	08 51	09 23	09 49
N 40	16 46	17 17	17 50	07 56	08 39	09 14	09 45
35	17 00	17 28	18 00	07 41	08 27	09 07	09 41
30	17 12	17 38	18 08	07 29	08 18	09 00	09 38
20	17 33	17 57	18 24	07 08	08 01	08 49	09 32
N 10	17 51	18 13	18 40	06 49	07 46	08 39	09 27
0	18 08	18 30	18 56	06 31	07 32	08 29	09 22
S 10	18 25	18 48	19 15	06 14	07 18	08 19	09 17
20	18 43	19 08	19 37	05 55	07 03	08 09	09 12
30	19 05	19 32	20 05	05 33	06 46	07 57	09 06
35	19 17	19 47	20 23	05 20	06 35	07 50	09 02
40	19 32	20 05	20 46	05 05	06 24	07 42	08 58
45	19 50	20 27	21 15	04 47	06 10	07 33	08 53
S 50	20 11	20 55	21 59	04 24	05 52	07 21	08 48
52	20 22	21 10	22 24	04 14	05 44	07 16	08 45
54	20 34	21 27	23 03	04 01	05 35	07 10	08 42
56	20 47	21 48	////	03 47	05 25	07 04	08 39
58	21 03	22 15	////	03 31	05 13	06 56	08 35
S 60	21 23	22 57	////	03 11	05 00	06 48	08 31

Day	SUN Eqn. of Time 00ʰ	SUN Eqn. of Time 12ʰ	SUN Mer. Pass.	MOON Mer. Pass. Upper	MOON Mer. Pass. Lower	MOON Age	MOON Phase
d	m s	m s	h m	h m	h m	d %	
1	03 18	03 32	12 04	00 16	12 48	16 99	○
2	03 46	04 00	12 04	01 18	13 48	17 96	
3	04 14	04 28	12 04	02 16	14 43	18 89	

	UT	ARIES	VENUS −4.0		MARS −0.9		JUPITER −2.1		SATURN +0.9	
		GHA	GHA	Dec	GHA	Dec	GHA	Dec	GHA	Dec
	d h	° ′	° ′	° ′	° ′	° ′	° ′	° ′	° ′	° ′
	4 00	103 29.9	180 48.5	S23 28.6	321 30.4	N19 01.9	133 59.2	S13 23.8	278 23.6	N 0 17.9
	01	118 32.4	195 47.6	28.4	336 33.4	02.1	149 01.1	23.7	293 26.0	17.9
	02	133 34.9	210 46.6	28.3	351 36.3	02.4	164 03.1	23.5	308 28.5	17.9
	03	148 37.3	225 45.7	. . 28.1	6 39.2	. . 02.6	179 05.1	. . 23.3	323 30.9	. . 17.9
	04	163 39.8	240 44.7	27.9	21 42.1	02.9	194 07.0	23.1	338 33.3	17.9
	05	178 42.3	255 43.7	27.7	36 45.1	03.1	209 09.0	22.9	353 35.7	17.9
	06	193 44.7	270 42.8	S23 27.5	51 48.0	N19 03.4	224 11.0	S13 22.8	8 38.1	N 0 17.9
	07	208 47.2	285 41.8	27.3	66 50.9	03.6	239 12.9	22.6	23 40.6	17.8
	08	223 49.6	300 40.9	27.1	81 53.8	03.9	254 14.9	22.4	38 43.0	17.8
M	09	238 52.1	315 39.9	. . 26.9	96 56.8	. . 04.1	269 16.9	. . 22.2	53 45.4	. . 17.8
O	10	253 54.6	330 38.9	26.7	111 59.7	04.4	284 18.8	22.1	68 47.8	17.8
N	11	268 57.0	345 38.0	26.5	127 02.6	04.6	299 20.8	21.9	83 50.2	17.8
D	12	283 59.5	0 37.0	S23 26.3	142 05.6	N19 04.9	314 22.7	S13 21.7	98 52.7	N 0 17.8
A	13	299 02.0	15 36.1	26.1	157 08.5	05.1	329 24.7	21.5	113 55.1	17.8
Y	14	314 04.4	30 35.1	25.9	172 11.5	05.4	344 26.7	21.3	128 57.5	17.8
	15	329 06.9	45 34.1	. . 25.7	187 14.4	. . 05.6	359 28.6	. . 21.2	143 59.9	. . 17.8
	16	344 09.4	60 33.2	25.5	202 17.3	05.9	14 30.6	21.0	159 02.4	17.8
	17	359 11.8	75 32.2	25.3	217 20.3	06.1	29 32.6	20.8	174 04.8	17.8
	18	14 14.3	90 31.3	S23 25.1	232 23.2	N19 06.4	44 34.5	S13 20.6	189 07.2	N 0 17.8
	19	29 16.7	105 30.3	24.9	247 26.2	06.6	59 36.5	20.4	204 09.6	17.8
	20	44 19.2	120 29.4	24.7	262 29.1	06.9	74 38.5	20.3	219 12.0	17.8
	21	59 21.7	135 28.4	. . 24.5	277 32.1	. . 07.2	89 40.4	. . 20.1	234 14.5	. . 17.8
	22	74 24.1	150 27.4	24.3	292 35.0	07.4	104 42.4	19.9	249 16.9	17.8
	23	89 26.6	165 26.5	24.1	307 38.0	07.7	119 44.4	19.7	264 19.3	17.8
	5 00	104 29.1	180 25.5	S23 23.9	322 40.9	N19 07.9	134 46.3	S13 19.5	279 21.7	N 0 17.8
	01	119 31.5	195 24.6	23.7	337 43.9	08.2	149 48.3	19.4	294 24.2	17.8
	02	134 34.0	210 23.6	23.4	352 46.8	08.4	164 50.3	19.2	309 26.6	17.8
	03	149 36.5	225 22.7	. . 23.2	7 49.8	. . 08.7	179 52.2	. . 19.0	324 29.0	. . 17.7
	04	164 38.9	240 21.7	23.0	22 52.8	08.9	194 54.2	18.8	339 31.4	17.7
	05	179 41.4	255 20.7	22.8	37 55.7	09.2	209 56.1	18.6	354 33.9	17.7
	06	194 43.9	270 19.8	S23 22.6	52 58.7	N19 09.5	224 58.1	S13 18.5	9 36.3	N 0 17.7
	07	209 46.3	285 18.8	22.4	68 01.6	09.7	240 00.1	18.3	24 38.7	17.7
T	08	224 48.8	300 17.9	22.1	83 04.6	10.0	255 02.0	18.1	39 41.1	17.7
U	09	239 51.2	315 16.9	. . 21.9	98 07.6	. . 10.2	270 04.0	. . 17.9	54 43.6	. . 17.7
E	10	254 53.7	330 16.0	21.7	113 10.5	10.5	285 06.0	17.7	69 46.0	17.7
S	11	269 56.2	345 15.0	21.5	128 13.5	10.7	300 07.9	17.6	84 48.4	17.7
D	12	284 58.6	0 14.1	S23 21.2	143 16.5	N19 11.0	315 09.9	S13 17.4	99 50.8	N 0 17.7
	13	300 01.1	15 13.1	21.0	158 19.4	11.3	330 11.8	17.2	114 53.3	17.7
A	14	315 03.6	30 12.2	20.8	173 22.4	11.5	345 13.8	17.0	129 55.7	17.7
Y	15	330 06.0	45 11.2	. . 20.5	188 25.4	. . 11.8	0 15.8	. . 16.8	144 58.1	. . 17.7
	16	345 08.5	60 10.2	20.3	203 28.4	12.0	15 17.7	16.7	160 00.5	17.7
	17	0 11.0	75 09.3	20.1	218 31.4	12.3	30 19.7	16.5	175 03.0	17.7
	18	15 13.4	90 08.3	S23 19.8	233 34.3	N19 12.6	45 21.7	S13 16.3	190 05.4	N 0 17.7
	19	30 15.9	105 07.4	19.6	248 37.3	12.8	60 23.6	16.1	205 07.8	17.7
	20	45 18.3	120 06.4	19.4	263 40.3	13.1	75 25.6	15.9	220 10.2	17.7
	21	60 20.8	135 05.5	. . 19.1	278 43.3	. . 13.4	90 27.5	. . 15.7	235 12.7	. . 17.7
	22	75 23.3	150 04.5	18.9	293 46.3	13.6	105 29.5	15.6	250 15.1	17.7
	23	90 25.7	165 03.6	18.6	308 49.2	13.9	120 31.5	15.4	265 17.5	17.7
	6 00	105 28.2	180 02.6	S23 18.4	323 52.2	N19 14.1	135 33.4	S13 15.2	280 19.9	N 0 17.7
	01	120 30.7	195 01.7	18.2	338 55.2	14.4	150 35.4	15.0	295 22.4	17.7
	02	135 33.1	210 00.7	17.9	353 58.2	14.7	165 37.3	14.8	310 24.8	17.7
	03	150 35.6	224 59.8	. . 17.7	9 01.2	. . 14.9	180 39.3	. . 14.7	325 27.2	. . 17.7
	04	165 38.1	239 58.8	17.4	24 04.2	15.2	195 41.3	14.5	340 29.7	17.7
	05	180 40.5	254 57.9	17.2	39 07.2	15.5	210 43.2	14.3	355 32.1	17.7
	06	195 43.0	269 56.9	S23 16.9	54 10.2	N19 15.7	225 45.2	S13 14.1	10 34.5	N 0 17.7
W	07	210 45.5	284 56.0	16.7	69 13.2	16.0	240 47.1	13.9	25 36.9	17.7
E	08	225 47.9	299 55.0	16.4	84 16.2	16.3	255 49.1	13.7	40 39.4	17.6
D	09	240 50.4	314 54.1	. . 16.2	99 19.2	. . 16.5	270 51.1	. . 13.6	55 41.8	. . 17.6
N	10	255 52.8	329 53.1	15.9	114 22.2	16.8	285 53.0	13.4	70 44.2	17.6
E	11	270 55.3	344 52.2	15.6	129 25.2	17.1	300 55.0	13.2	85 46.7	17.6
S	12	285 57.8	359 51.2	S23 15.4	144 28.2	N19 17.3	315 56.9	S13 13.0	100 49.1	N 0 17.6
D	13	301 00.2	14 50.3	15.1	159 31.2	17.6	330 58.9	12.8	115 51.5	17.6
A	14	316 02.7	29 49.3	14.9	174 34.2	17.9	346 00.9	12.7	130 53.9	17.6
Y	15	331 05.2	44 48.4	. . 14.6	189 37.2	. . 18.1	1 02.8	. . 12.5	145 56.4	. . 17.6
	16	346 07.6	59 47.4	14.3	204 40.2	18.4	16 04.8	12.3	160 58.8	17.6
	17	1 10.1	74 46.5	14.1	219 43.2	18.7	31 06.7	12.1	176 01.2	17.6
	18	16 12.6	89 45.5	S23 13.8	234 46.3	N19 18.9	46 08.7	S13 11.9	191 03.7	N 0 17.6
	19	31 15.0	104 44.6	13.5	249 49.3	19.2	61 10.7	11.7	206 06.1	17.6
	20	46 17.5	119 43.6	13.3	264 52.3	19.5	76 12.6	11.6	221 08.5	17.6
	21	61 20.0	134 42.7	. . 13.0	279 55.3	. . 19.8	91 14.6	. . 11.4	236 11.0	. . 17.6
	22	76 22.4	149 41.7	12.7	294 58.3	20.0	106 16.5	11.2	251 13.4	17.6
	23	91 24.9	164 40.8	12.5	310 01.3	20.3	121 18.5	11.0	266 15.8	17.6
	Mer. Pass. (h m)	16 59.3	v −1.0	d 0.2	v 3.0	d 0.3	v 2.0	d 0.2	v 2.4	d 0.0

STARS

Name	SHA	Dec
	° ′	° ′
Acamar	315 19.9	S40 16.0
Achernar	335 28.3	S57 11.4
Acrux	173 12.2	S63 09.1
Adhara	255 14.1	S28 59.2
Aldebaran	290 52.0	N16 31.8
Alioth	166 22.7	N55 53.9
Alkaid	153 00.9	N49 15.4
Al Na'ir	27 47.1	S46 54.9
Alnilam	275 48.6	S 1 11.7
Alphard	217 58.3	S 8 42.2
Alphecca	126 13.3	N26 40.6
Alpheratz	357 46.2	N29 09.0
Altair	62 11.0	N 8 53.7
Ankaa	353 18.1	S42 15.2
Antares	112 29.7	S26 27.2
Arcturus	145 58.1	N19 07.6
Atria	107 34.3	S69 02.6
Avior	234 18.5	S59 32.4
Bellatrix	278 34.4	N 6 21.5
Betelgeuse	271 03.7	N 7 24.5
Canopus	263 56.7	S52 42.1
Capella	280 37.7	N46 00.6
Deneb	49 33.7	N45 19.1
Denebola	182 36.1	N14 30.7
Diphda	348 58.4	S17 55.9
Dubhe	193 54.2	N61 41.4
Elnath	278 15.4	N28 37.0
Eltanin	90 47.8	N51 29.1
Enif	33 49.9	N 9 55.3
Fomalhaut	15 26.9	S29 34.2
Gacrux	172 03.8	S57 10.0
Gienah	175 54.9	S17 35.9
Hadar	148 51.9	S60 25.1
Hamal	328 03.5	N23 30.8
Kaus Aust.	83 47.5	S34 22.8
Kochab	137 20.2	N74 06.5
Markab	13 41.0	N15 15.7
Menkar	314 17.5	N 4 07.8
Menkent	148 10.7	S36 25.1
Miaplacidus	221 39.6	S69 45.4
Mirfak	308 43.7	N49 54.1
Nunki	76 01.8	S26 17.1
Peacock	53 23.6	S56 42.2
Pollux	243 30.4	N28 00.0
Procyon	245 02.0	N 5 11.9
Rasalhague	96 09.1	N12 33.1
Regulus	207 45.9	N11 54.9
Rigel	281 14.2	S 8 11.4
Rigil Kent.	139 55.6	S60 52.4
Sabik	102 15.7	S15 44.3
Schedar	349 43.6	N56 35.9
Shaula	96 25.7	S37 06.6
Sirius	258 35.6	S16 43.8
Spica	158 34.0	S11 12.9
Suhail	222 54.0	S43 28.3
Vega	80 41.1	N38 47.5
Zuben'ubi	137 08.4	S16 05.0

	SHA	Mer. Pass.
	° ′	h m
Venus	75 56.5	11 59
Mars	218 11.9	2 29
Jupiter	30 17.3	14 59
Saturn	174 52.7	5 22

UT (d h)	Day	SUN GHA	SUN Dec	MOON GHA	v	MOON Dec	d	HP
		° ′	° ′	° ′	′	° ′	′	′
4 00	MONDAY	178 49.5	S22 45.2	314 13.2	9.5	N 9 04.7	15.1	60.5
01		193 49.2	45.0	328 41.7	9.4	8 49.6	15.3	60.4
02		208 48.9	44.7	343 10.1	9.6	8 34.3	15.2	60.4
03		223 48.6	. . 44.4	357 38.7	9.6	8 19.1	15.3	60.4
04		238 48.3	44.2	12 07.3	9.7	8 03.8	15.4	60.4
05		253 48.0	43.9	26 36.0	9.8	7 48.4	15.3	60.3
06		268 47.8	S22 43.7	41 04.8	9.8	N 7 33.1	15.4	60.3
07		283 47.5	43.4	55 33.6	10.0	7 17.7	15.4	60.3
08		298 47.2	43.1	70 02.6	10.0	7 02.3	15.4	60.3
09		313 46.9	. . 42.9	84 31.6	10.0	6 46.9	15.5	60.2
10		328 46.6	42.6	99 00.6	10.1	6 31.4	15.5	60.2
11		343 46.3	42.3	113 29.7	10.2	6 15.9	15.5	60.2
12		358 46.1	S22 42.1	127 58.9	10.3	N 6 00.4	15.5	60.2
13		13 45.8	41.8	142 28.2	10.3	5 44.9	15.5	60.1
14		28 45.5	41.5	156 57.5	10.4	5 29.4	15.6	60.1
15		43 45.2	. . 41.3	171 26.9	10.4	5 13.8	15.6	60.1
16		58 44.9	41.0	185 56.3	10.5	4 58.2	15.5	60.0
17		73 44.6	40.7	200 25.8	10.6	4 42.7	15.6	60.0
18		88 44.4	S22 40.5	214 55.4	10.6	N 4 27.1	15.6	60.0
19		103 44.1	40.2	229 25.0	10.7	4 11.5	15.6	60.0
20		118 43.8	39.9	243 54.7	10.7	3 55.9	15.6	59.9
21		133 43.5	. . 39.7	258 24.4	10.8	3 40.3	15.6	59.9
22		148 43.2	39.4	272 54.2	10.8	3 24.7	15.6	59.9
23		163 43.0	39.1	287 24.0	10.9	3 09.1	15.6	59.8
5 00	TUESDAY	178 42.7	S22 38.8	301 53.9	11.0	N 2 53.5	15.6	59.8
01		193 42.4	38.6	316 23.9	10.9	2 37.9	15.6	59.8
02		208 42.1	38.3	330 53.8	11.1	2 22.3	15.6	59.7
03		223 41.8	. . 38.0	345 23.9	11.1	2 06.7	15.6	59.7
04		238 41.6	37.7	359 54.0	11.1	1 51.1	15.6	59.7
05		253 41.3	37.4	14 24.1	11.2	1 35.5	15.6	59.6
06		268 41.0	S22 37.2	28 54.3	11.2	N 1 19.9	15.6	59.6
07		283 40.7	36.9	43 24.5	11.2	1 04.3	15.5	59.6
08		298 40.5	36.6	57 54.7	11.3	0 48.8	15.6	59.6
09		313 40.2	. . 36.3	72 25.0	11.4	0 33.2	15.5	59.5
10		328 39.9	36.0	86 55.4	11.4	0 17.7	15.5	59.5
11		343 39.6	35.8	101 25.8	11.4	N 0 02.2	15.5	59.5
12		358 39.3	S22 35.5	115 56.2	11.4	S 0 13.3	15.5	59.4
13		13 39.1	35.2	130 26.6	11.5	0 28.8	15.4	59.4
14		28 38.8	34.9	144 57.1	11.5	0 44.2	15.4	59.4
15		43 38.5	. . 34.6	159 27.6	11.6	0 59.6	15.4	59.3
16		58 38.2	34.3	173 58.2	11.6	1 15.0	15.4	59.3
17		73 38.0	34.0	188 28.8	11.6	1 30.4	15.4	59.3
18		88 37.7	S22 33.7	202 59.4	11.6	S 1 45.8	15.3	59.2
19		103 37.4	33.5	217 30.0	11.7	2 01.1	15.3	59.2
20		118 37.1	33.2	232 00.7	11.7	2 16.4	15.3	59.2
21		133 36.8	. . 32.9	246 31.4	11.7	2 31.7	15.2	59.1
22		148 36.6	32.6	261 02.1	11.8	2 46.9	15.2	59.1
23		163 36.3	32.3	275 32.9	11.7	3 02.1	15.2	59.1
6 00	WEDNESDAY	178 36.0	S22 32.0	290 03.6	11.8	S 3 17.3	15.1	59.0
01		193 35.7	31.7	304 34.4	11.8	3 32.4	15.2	59.0
02		208 35.5	31.4	319 05.2	11.9	3 47.6	15.0	59.0
03		223 35.2	. . 31.1	333 36.1	11.8	4 02.6	15.0	58.9
04		238 34.9	30.8	348 06.9	11.9	4 17.6	15.0	58.9
05		253 34.6	30.5	2 37.8	11.8	4 32.6	15.0	58.9
06		268 34.4	S22 30.2	17 08.6	11.9	S 4 47.6	14.9	58.8
07		283 34.1	29.9	31 39.5	12.0	5 02.5	14.9	58.8
08		298 33.8	29.6	46 10.5	11.9	5 17.4	14.8	58.8
09		313 33.5	. . 29.3	60 41.4	11.9	5 32.2	14.7	58.7
10		328 33.3	29.0	75 12.3	12.0	5 46.9	14.8	58.7
11		343 33.0	28.7	89 43.3	11.9	6 01.7	14.6	58.6
12		358 32.7	S22 28.4	104 14.2	12.0	S 6 16.3	14.7	58.6
13		13 32.5	28.1	118 45.2	11.9	6 31.0	14.6	58.6
14		28 32.2	27.8	133 16.1	12.0	6 45.6	14.5	58.5
15		43 31.9	. . 27.5	147 47.1	12.0	7 00.1	14.5	58.5
16		58 31.6	27.2	162 18.1	12.0	7 14.6	14.4	58.5
17		73 31.4	26.9	176 49.1	12.0	7 29.0	14.4	58.4
18		88 31.1	S22 26.6	191 20.1	12.0	S 7 43.4	14.3	58.4
19		103 30.8	26.3	205 51.1	11.9	7 57.7	14.2	58.4
20		118 30.5	26.0	220 22.0	12.0	8 11.9	14.2	58.3
21		133 30.3	. . 25.7	234 53.0	12.0	8 26.1	14.2	58.3
22		148 30.0	25.3	249 24.0	12.0	8 40.3	14.0	58.3
23		163 29.7	25.0	263 55.0	12.0	S 8 54.3	14.1	58.2
		SD 16.3	d 0.3	SD 16.4		16.2		16.0

Lat.	Twilight Naut.	Twilight Civil	Sunrise	Moonrise 4	Moonrise 5	Moonrise 6	Moonrise 7
°	h m	h m	h m	h m	h m	h m	h m
N 72	08 20	10 30	■	21 03	23 19	25 36	01 36
N 70	08 02	09 43	■	21 08	23 14	25 20	01 20
68	07 47	09 12	11 30	21 12	23 10	25 07	01 07
66	07 35	08 50	10 20	21 16	23 07	24 56	00 56
64	07 25	08 31	09 45	21 19	23 04	24 48	00 48
62	07 16	08 17	09 19	21 21	23 02	24 41	00 41
60	07 08	08 04	09 00	21 24	23 00	24 34	00 34
N 58	07 01	07 53	08 43	21 26	22 58	24 29	00 29
56	06 55	07 43	08 30	21 27	22 57	24 24	00 24
54	06 49	07 35	08 18	21 29	22 55	24 19	00 19
52	06 44	07 27	08 07	21 30	22 54	24 16	00 16
50	06 39	07 20	07 58	21 32	22 53	24 12	00 12
45	06 28	07 05	07 38	21 34	22 50	24 04	00 04
N 40	06 18	06 52	07 22	21 37	22 48	23 58	25 06
35	06 09	06 41	07 09	21 39	22 46	23 53	24 57
30	06 01	06 30	06 57	21 40	22 45	23 48	24 50
20	05 45	06 12	06 36	21 43	22 42	23 40	24 36
N 10	05 30	05 56	06 18	21 46	22 40	23 32	24 25
0	05 13	05 39	06 02	21 49	22 38	23 26	24 14
S 10	04 55	05 22	05 45	21 51	22 36	23 19	24 03
20	04 33	05 02	05 26	21 54	22 33	23 12	23 52
30	04 05	04 38	05 05	21 57	22 31	23 04	23 39
35	03 47	04 23	04 53	21 59	22 29	23 00	23 32
40	03 25	04 06	04 38	22 01	22 28	22 55	23 23
45	02 56	03 44	04 21	22 03	22 26	22 49	23 13
S 50	02 13	03 16	04 00	22 06	22 24	22 42	23 02
52	01 49	03 02	03 49	22 07	22 23	22 39	22 56
54	01 12	02 45	03 38	22 08	22 22	22 35	22 50
56	////	02 25	03 24	22 10	22 21	22 31	22 44
58	////	01 58	03 08	22 12	22 19	22 27	22 36
S 60	////	01 19	02 50	22 13	22 18	22 22	22 28

Lat.	Sunset	Twilight Civil	Twilight Naut.	Moonset 4	Moonset 5	Moonset 6	Moonset 7
°	h m	h m	h m	h m	h m	h m	h m
N 72	■	13 41	15 52	10 43	10 14	09 45	09 11
N 70	■	14 28	16 10	10 35	10 14	09 53	09 29
68	12 41	14 59	16 24	10 28	10 13	10 00	09 44
66	13 51	15 22	16 36	10 22	10 13	10 05	09 56
64	14 26	15 40	16 46	10 17	10 13	10 10	10 06
62	14 52	15 55	16 55	10 12	10 13	10 14	10 15
60	15 11	16 07	17 03	10 08	10 13	10 18	10 23
N 58	15 28	16 18	17 10	10 05	10 13	10 21	10 29
56	15 41	16 28	17 16	10 02	10 13	10 24	10 35
54	15 53	16 36	17 22	09 59	10 13	10 26	10 41
52	16 04	16 44	17 27	09 56	10 13	10 29	10 45
50	16 13	16 51	17 32	09 54	10 13	10 31	10 50
45	16 33	17 06	17 43	09 49	10 13	10 36	10 59
N 40	16 49	17 19	17 53	09 45	10 13	10 40	11 07
35	17 02	17 30	18 02	09 41	10 13	10 43	11 14
30	17 14	17 40	18 10	09 38	10 13	10 46	11 20
20	17 35	17 58	18 26	09 32	10 12	10 51	11 31
N 10	17 52	18 15	18 41	09 27	10 12	10 56	11 40
0	18 09	18 31	18 58	09 22	10 12	11 01	11 49
S 10	18 26	18 49	19 16	09 17	10 12	11 05	11 57
20	18 44	19 09	19 38	09 12	10 12	11 10	12 07
30	19 05	19 32	20 05	09 06	10 11	11 15	12 17
35	19 18	19 47	20 23	09 02	10 11	11 18	12 24
40	19 32	20 05	20 45	08 58	10 11	11 22	12 31
45	19 49	20 26	21 14	08 53	10 11	11 26	12 39
S 50	20 11	20 54	21 56	08 48	10 11	11 31	12 49
52	20 21	21 08	22 21	08 45	10 10	11 33	12 54
54	20 33	21 25	22 56	08 42	10 10	11 36	12 59
56	20 46	21 45	////	08 39	10 10	11 38	13 05
58	21 01	22 11	////	08 35	10 10	11 41	13 11
S 60	21 20	22 49	////	08 31	10 10	11 45	13 18

Day	SUN Eqn. of Time 00h	SUN Eqn. of Time 12h	SUN Mer. Pass.	MOON Mer. Pass. Upper	MOON Mer. Pass. Lower	MOON Age	MOON Phase
d	m s	m s	h m	h m	h m	d %	
4	04 42	04 55	12 05	03 10	15 35	19 81	
5	05 09	05 22	12 05	04 00	16 25	20 71	
6	05 35	05 49	12 06	04 49	17 13	21 60	

UT d h	ARIES GHA	VENUS −4.0 GHA	VENUS Dec	MARS −0.9 GHA	MARS Dec	JUPITER −2.1 GHA	JUPITER Dec	SATURN +0.9 GHA	SATURN Dec
	° ′	° ′	° ′	° ′	° ′	° ′	° ′	° ′	° ′
7 00	106 27.3	179 39.9	S23 12.2	325 04.4	N19 20.6	136 20.4	S13 10.8	281 18.2	N 0 17.6
01	121 29.8	194 38.9	11.9	340 07.4	20.8	151 22.4	10.6	296 20.7	17.6
02	136 32.3	209 38.0	11.6	355 10.4	21.1	166 24.4	10.5	311 23.1	17.6
03	151 34.7	224 37.0	. . 11.4	10 13.4	. . 21.4	181 26.3	. . 10.3	326 25.5	. . 17.6
04	166 37.2	239 36.1	11.1	25 16.5	21.7	196 28.3	10.1	341 28.0	17.6
05	181 39.7	254 35.1	10.8	40 19.5	21.9	211 30.2	09.9	356 30.4	17.6
06	196 42.1	269 34.2	S23 10.5	55 22.5	N19 22.2	226 32.2	S13 09.7	11 32.8	N 0 17.6
T 07	211 44.6	284 33.2	10.3	70 25.6	22.5	241 34.2	09.6	26 35.3	17.6
H 08	226 47.1	299 32.3	10.0	85 28.6	22.7	256 36.1	09.4	41 37.7	17.6
U 09	241 49.5	314 31.3	. . 09.7	100 31.6	. . 23.0	271 38.1	. . 09.2	56 40.1	. . 17.6
R 10	256 52.0	329 30.4	09.4	115 34.7	23.3	286 40.0	09.0	71 42.6	17.6
S 11	271 54.4	344 29.5	09.1	130 37.7	23.6	301 42.0	08.8	86 45.0	17.6
D 12	286 56.9	359 28.5	S23 08.8	145 40.7	N19 23.8	316 43.9	S13 08.6	101 47.4	N 0 17.6
A 13	301 59.4	14 27.6	08.5	160 43.8	24.1	331 45.9	08.4	116 49.9	17.6
Y 14	317 01.8	29 26.6	08.2	175 46.8	24.4	346 47.8	08.3	131 52.3	17.6
15	332 04.3	44 25.7	. . 08.0	190 49.9	. . 24.7	1 49.8	. . 08.1	146 54.7	. . 17.6
16	347 06.8	59 24.7	07.7	205 52.9	24.9	16 51.8	07.9	161 57.2	17.6
17	2 09.2	74 23.8	07.4	220 55.9	25.2	31 53.7	07.7	176 59.6	17.6
18	17 11.7	89 22.9	S23 07.1	235 59.0	N19 25.5	46 55.7	S13 07.5	192 02.0	N 0 17.6
19	32 14.2	104 21.9	06.8	251 02.0	25.8	61 57.6	07.3	207 04.5	17.6
20	47 16.6	119 21.0	06.5	266 05.1	26.1	76 59.6	07.2	222 06.9	17.6
21	62 19.1	134 20.0	. . 06.2	281 08.1	. . 26.3	92 01.5	. . 07.0	237 09.3	. . 17.6
22	77 21.6	149 19.1	05.9	296 11.2	26.6	107 03.5	06.8	252 11.8	17.6
23	92 24.0	164 18.2	05.6	311 14.2	26.9	122 05.5	06.6	267 14.2	17.6
8 00	107 26.5	179 17.2	S23 05.3	326 17.3	N19 27.2	137 07.4	S13 06.4	282 16.7	N 0 17.6
01	122 28.9	194 16.3	05.0	341 20.4	27.4	152 09.4	06.2	297 19.1	17.6
02	137 31.4	209 15.3	04.7	356 23.4	27.7	167 11.3	06.1	312 21.5	17.6
03	152 33.9	224 14.4	. . 04.4	11 26.5	. . 28.0	182 13.3	. . 05.9	327 24.0	. . 17.6
04	167 36.3	239 13.5	04.1	26 29.5	28.3	197 15.2	05.7	342 26.4	17.6
05	182 38.8	254 12.5	03.7	41 32.6	28.6	212 17.2	05.5	357 28.8	17.6
06	197 41.3	269 11.6	S23 03.4	56 35.7	N19 28.8	227 19.1	S13 05.3	12 31.3	N 0 17.6
07	212 43.7	284 10.6	03.1	71 38.7	29.1	242 21.1	05.1	27 33.7	17.6
08	227 46.2	299 09.7	02.8	86 41.8	29.4	257 23.0	05.0	42 36.1	17.6
F 09	242 48.7	314 08.8	. . 02.5	101 44.9	. . 29.7	272 25.0	. . 04.8	57 38.6	. . 17.6
R 10	257 51.1	329 07.8	02.2	116 47.9	30.0	287 27.0	04.6	72 41.0	17.6
I 11	272 53.6	344 06.9	01.9	131 51.0	30.3	302 28.9	04.4	87 43.5	17.6
D 12	287 56.1	359 05.9	S23 01.6	146 54.1	N19 30.5	317 30.9	S13 04.2	102 45.9	N 0 17.6
A 13	302 58.5	14 05.0	01.2	161 57.1	30.8	332 32.8	04.0	117 48.3	17.6
Y 14	318 01.0	29 04.1	00.9	177 00.2	31.1	347 34.8	03.8	132 50.8	17.6
15	333 03.4	44 03.1	. . 00.6	192 03.3	. . 31.4	2 36.7	. . 03.7	147 53.2	. . 17.6
16	348 05.9	59 02.2	23 00.3	207 06.4	31.7	17 38.7	03.5	162 55.6	17.6
17	3 08.4	74 01.3	22 59.9	222 09.5	32.0	32 40.6	03.3	177 58.1	17.6
18	18 10.8	89 00.3	S22 59.6	237 12.5	N19 32.2	47 42.6	S13 03.1	193 00.5	N 0 17.6
19	33 13.3	103 59.4	59.3	252 15.6	32.5	62 44.5	02.9	208 03.0	17.6
20	48 15.8	118 58.5	59.0	267 18.7	32.8	77 46.5	02.7	223 05.4	17.7
21	63 18.2	133 57.5	. . 58.6	282 21.8	. . 33.1	92 48.4	. . 02.5	238 07.8	. . 17.7
22	78 20.7	148 56.6	58.3	297 24.9	33.4	107 50.4	02.4	253 10.3	17.7
23	93 23.2	163 55.7	58.0	312 28.0	33.7	122 52.4	02.2	268 12.7	17.7
9 00	108 25.6	178 54.7	S22 57.6	327 31.0	N19 33.9	137 54.3	S13 02.0	283 15.2	N 0 17.7
01	123 28.1	193 53.8	57.3	342 34.1	34.2	152 56.3	01.8	298 17.6	17.7
02	138 30.5	208 52.9	57.0	357 37.2	34.5	167 58.2	01.6	313 20.0	17.7
03	153 33.0	223 51.9	. . 56.6	12 40.3	. . 34.8	183 00.2	. . 01.4	328 22.5	. . 17.7
04	168 35.5	238 51.0	56.3	27 43.4	35.1	198 02.1	01.2	343 24.9	17.7
05	183 37.9	253 50.1	56.0	42 46.5	35.4	213 04.1	01.1	358 27.4	17.7
06	198 40.4	268 49.1	S22 55.6	57 49.6	N19 35.7	228 06.0	S13 00.9	13 29.8	N 0 17.7
07	213 42.9	283 48.2	55.3	72 52.7	36.0	243 08.0	00.7	28 32.2	17.7
S 08	228 45.3	298 47.3	54.9	87 55.8	36.2	258 09.9	00.5	43 34.7	17.7
A 09	243 47.8	313 46.3	. . 54.6	102 58.9	. . 36.5	273 11.9	. . 00.3	58 37.1	. . 17.7
T 10	258 50.3	328 45.4	54.3	118 02.0	36.8	288 13.8	13 00.1	73 39.6	17.7
U 11	273 52.7	343 44.5	53.9	133 05.1	37.1	303 15.8	12 59.9	88 42.0	17.7
R 12	288 55.2	358 43.5	S22 53.6	148 08.2	N19 37.4	318 17.7	S12 59.8	103 44.5	N 0 17.7
D 13	303 57.7	13 42.6	53.2	163 11.3	37.7	333 19.7	59.6	118 46.9	17.7
A 14	319 00.1	28 41.7	52.9	178 14.4	38.0	348 21.6	59.4	133 49.3	17.7
Y 15	334 02.6	43 40.8	. . 52.5	193 17.5	. . 38.3	3 23.6	. . 59.2	148 51.8	. . 17.7
16	349 05.0	58 39.8	52.2	208 20.6	38.6	18 25.5	59.0	163 54.2	17.7
17	4 07.5	73 38.9	51.8	223 23.7	38.8	33 27.5	58.8	178 56.7	17.7
18	19 10.0	88 38.0	S22 51.5	238 26.9	N19 39.1	48 29.4	S12 58.6	193 59.1	N 0 17.7
19	34 12.4	103 37.0	51.1	253 30.0	39.4	63 31.4	58.5	209 01.6	17.7
20	49 14.9	118 36.1	50.7	268 33.1	39.7	78 33.3	58.3	224 04.0	17.7
21	64 17.4	133 35.2	. . 50.4	283 36.2	. . 40.0	93 35.3	. . 58.1	239 06.4	. . 17.7
22	79 19.8	148 34.3	50.0	298 39.3	40.3	108 37.2	57.9	254 08.9	17.7
23	94 22.3	163 33.3	49.7	313 42.4	40.6	123 39.2	57.7	269 11.3	17.7
Mer. Pass.	h m 16 47.5	*v* −0.9	*d* 0.3	*v* 3.1	*d* 0.3	*v* 2.0	*d* 0.2	*v* 2.4	*d* 0.0

STARS

Name	SHA	Dec
	° ′	° ′
Acamar	315 20.0	S40 16.0
Achernar	335 28.4	S57 11.4
Acrux	173 12.2	S63 09.1
Adhara	255 14.1	S28 59.2
Aldebaran	290 52.0	N16 31.8
Alioth	166 22.7	N55 53.9
Alkaid	153 00.8	N49 15.4
Al Na'ir	27 47.1	S46 54.9
Alnilam	275 48.6	S 1 11.8
Alphard	217 58.3	S 8 42.2
Alphecca	126 13.3	N26 40.6
Alpheratz	357 46.3	N29 09.0
Altair	62 11.0	N 8 53.7
Ankaa	353 18.1	S42 15.2
Antares	112 29.7	S26 27.2
Arcturus	145 58.1	N19 07.6
Atria	107 34.3	S69 02.6
Avior	234 18.5	S59 32.5
Bellatrix	278 34.4	N 6 21.5
Betelgeuse	271 03.7	N 7 24.5
Canopus	263 56.7	S52 42.1
Capella	280 37.7	N46 00.6
Deneb	49 33.7	N45 19.1
Denebola	182 36.1	N14 30.7
Diphda	348 58.4	S17 55.9
Dubhe	193 54.2	N61 41.4
Elnath	278 15.4	N28 37.0
Eltanin	90 47.8	N51 29.1
Enif	33 49.9	N 9 55.3
Fomalhaut	15 26.9	S29 34.2
Gacrux	172 03.8	S57 10.0
Gienah	175 54.8	S17 35.9
Hadar	148 51.8	S60 25.1
Hamal	328 03.5	N23 30.8
Kaus Aust.	83 47.5	S34 22.8
Kochab	137 20.2	N74 06.4
Markab	13 41.0	N15 15.7
Menkar	314 17.5	N 4 07.8
Menkent	148 10.7	S36 25.1
Miaplacidus	221 39.6	S69 45.4
Mirfak	308 43.7	N49 54.1
Nunki	76 01.8	S26 17.1
Peacock	53 23.6	S56 42.2
Pollux	243 30.4	N28 00.0
Procyon	245 02.0	N 5 11.9
Rasalhague	96 09.1	N12 33.1
Regulus	207 45.9	N11 54.9
Rigel	281 14.2	S 8 11.4
Rigil Kent.	139 55.6	S60 52.4
Sabik	102 15.7	S15 44.3
Schedar	349 43.6	N56 35.9
Shaula	96 25.7	S37 06.6
Sirius	258 35.6	S16 43.9
Spica	158 33.9	S11 12.9
Suhail	222 54.0	S43 28.4
Vega	80 41.1	N38 47.5
Zuben'ubi	137 08.4	S16 05.0

	SHA	Mer. Pass.
	° ′	h m
Venus	71 50.7	12 04
Mars	218 50.8	2 14
Jupiter	29 40.9	14 50
Saturn	174 50.2	5 10

Day	UT d h	SUN GHA ° ′	SUN Dec ° ′	MOON GHA ° ′	v ′	MOON Dec ° ′	d ′	HP ′
	7 00	178 29.5	S22 24.7	278 26.0	12.0	S 9 08.4	13.9	58.2
	01	193 29.2	24.4	292 57.0	11.9	9 22.3	13.9	58.2
	02	208 28.9	24.1	307 27.9	12.0	9 36.2	13.8	58.1
	03	223 28.6	. . 23.8	321 58.9	12.0	9 50.0	13.8	58.1
	04	238 28.4	23.5	336 29.9	11.9	10 03.8	13.7	58.1
	05	253 28.1	23.1	351 00.8	12.0	10 17.5	13.6	58.0
	06	268 27.8	S22 22.8	5 31.8	11.9	S10 31.1	13.6	58.0
	07	283 27.6	22.5	20 02.7	11.9	10 44.7	13.5	58.0
T	08	298 27.3	22.2	34 33.6	12.0	10 58.2	13.4	57.9
H	09	313 27.0	. . 21.9	49 04.6	11.9	11 11.6	13.4	57.9
U	10	328 26.8	21.6	63 35.5	11.8	11 25.0	13.3	57.9
R	11	343 26.5	21.2	78 06.3	11.9	11 38.3	13.2	57.8
S	12	358 26.2	S22 20.9	92 37.2	11.9	S11 51.5	13.1	57.8
D	13	13 26.0	20.6	107 08.1	11.8	12 04.6	13.1	57.8
A	14	28 25.7	20.3	121 38.9	11.9	12 17.7	13.0	57.7
Y	15	43 25.4	. . 19.9	136 09.8	11.8	12 30.7	12.9	57.7
	16	58 25.2	19.6	150 40.6	11.8	12 43.6	12.8	57.7
	17	73 24.9	19.3	165 11.4	11.7	12 56.4	12.8	57.6
	18	88 24.6	S22 19.0	179 42.1	11.8	S13 09.2	12.7	57.6
	19	103 24.3	18.6	194 12.9	11.7	13 21.9	12.6	57.6
	20	118 24.1	18.3	208 43.6	11.8	13 34.5	12.5	57.5
	21	133 23.8	. . 18.0	223 14.4	11.7	13 47.0	12.4	57.5
	22	148 23.5	17.7	237 45.1	11.6	13 59.4	12.4	57.5
	23	163 23.3	17.3	252 15.7	11.7	14 11.8	12.2	57.4
	8 00	178 23.0	S22 17.0	266 46.4	11.6	S14 24.0	12.2	57.4
	01	193 22.8	16.7	281 17.0	11.6	14 36.2	12.1	57.4
	02	208 22.5	16.3	295 47.6	11.6	14 48.3	12.0	57.3
	03	223 22.2	. . 16.0	310 18.2	11.5	15 00.3	12.0	57.3
	04	238 22.0	15.7	324 48.7	11.6	15 12.3	11.8	57.3
	05	253 21.7	15.3	339 19.3	11.5	15 24.1	11.8	57.3
	06	268 21.4	S22 15.0	353 49.8	11.4	S15 35.9	11.6	57.2
	07	283 21.2	14.7	8 20.2	11.5	15 47.5	11.6	57.2
	08	298 20.9	14.3	22 50.7	11.4	15 59.1	11.5	57.2
F	09	313 20.6	. . 14.0	37 21.1	11.4	16 10.6	11.4	57.1
R	10	328 20.4	13.7	51 51.5	11.4	16 22.0	11.3	57.1
I	11	343 20.1	13.3	66 21.9	11.3	16 33.3	11.2	57.1
D	12	358 19.8	S22 13.0	80 52.2	11.3	S16 44.5	11.1	57.0
A	13	13 19.6	12.6	95 22.5	11.3	16 55.6	11.0	57.0
Y	14	28 19.3	12.3	109 52.8	11.2	17 06.6	10.9	57.0
	15	43 19.1	. . 11.9	124 23.0	11.3	17 17.5	10.8	56.9
	16	58 18.8	11.6	138 53.3	11.1	17 28.3	10.7	56.9
	17	73 18.5	11.3	153 23.4	11.2	17 39.0	10.7	56.9
	18	88 18.3	S22 10.9	167 53.6	11.1	S17 49.7	10.5	56.9
	19	103 18.0	10.6	182 23.7	11.1	18 00.2	10.4	56.8
	20	118 17.7	10.2	196 53.8	11.1	18 10.6	10.3	56.8
	21	133 17.5	. . 09.9	211 23.9	11.0	18 20.9	10.2	56.8
	22	148 17.2	09.5	225 53.9	11.0	18 31.1	10.2	56.7
	23	163 17.0	09.2	240 23.9	10.9	18 41.3	10.0	56.7
	9 00	178 16.7	S22 08.8	254 53.8	11.0	S18 51.3	9.9	56.7
	01	193 16.4	08.5	269 23.8	10.9	19 01.2	9.8	56.6
	02	208 16.2	08.1	283 53.7	10.8	19 11.0	9.7	56.6
	03	223 15.9	. . 07.8	298 23.5	10.8	19 20.7	9.6	56.6
	04	238 15.7	07.4	312 53.3	10.8	19 30.3	9.5	56.6
	05	253 15.4	07.1	327 23.1	10.8	19 39.8	9.4	56.5
	06	268 15.1	S22 06.7	341 52.9	10.7	S19 49.2	9.2	56.5
S	07	283 14.9	06.4	356 22.6	10.7	19 58.4	9.2	56.5
	08	298 14.6	06.0	10 52.3	10.7	20 07.6	9.1	56.5
A	09	313 14.4	. . 05.7	25 22.0	10.6	20 16.7	8.9	56.4
T	10	328 14.1	05.3	39 51.6	10.6	20 25.6	8.9	56.4
U	11	343 13.8	05.0	54 21.2	10.5	20 34.5	8.7	56.4
R	12	358 13.6	S22 04.6	68 50.7	10.6	S20 43.2	8.6	56.3
D	13	13 13.3	04.2	83 20.3	10.5	20 51.8	8.5	56.3
A	14	28 13.1	03.9	97 49.8	10.4	21 00.3	8.4	56.3
Y	15	43 12.8	. . 03.5	112 19.2	10.4	21 08.7	8.2	56.3
	16	58 12.6	03.2	126 48.6	10.4	21 16.9	8.2	56.2
	17	73 12.3	02.8	141 18.0	10.4	21 25.1	8.0	56.2
	18	88 12.0	S22 02.4	155 47.4	10.3	S21 33.1	8.0	56.2
	19	103 11.8	02.1	170 16.7	10.3	21 41.1	7.8	56.2
	20	118 11.5	01.7	184 46.0	10.3	21 48.9	7.7	56.1
	21	133 11.3	. . 01.3	199 15.3	10.2	21 56.6	7.6	56.1
	22	148 11.0	01.0	213 44.5	10.2	22 04.2	7.4	56.1
	23	163 10.8	00.6	228 13.7	10.2	S22 11.6	7.3	56.1
		SD 16.3	*d* 0.3	SD 15.7		15.5		15.4

Lat.	Twilight Naut.	Twilight Civil	Sunrise	Moonrise 7	Moonrise 8	Moonrise 9	Moonrise 10
°	h m	h m	h m	h m	h m	h m	h m
N 72	08 15	10 19	■	01 36	04 12	■	■
N 70	07 58	09 36	■	01 20	03 34	■	■
68	07 44	09 08	11 10	01 07	03 08	05 25	■
66	07 33	08 46	10 13	00 56	02 48	04 45	07 02
64	07 23	08 29	09 40	00 48	02 32	04 18	06 06
62	07 14	08 14	09 16	00 41	02 19	03 57	05 34
60	07 07	08 02	08 57	00 34	02 07	03 40	05 09
N 58	07 00	07 51	08 41	00 29	01 58	03 26	04 50
56	06 54	07 42	08 28	00 24	01 50	03 14	04 34
54	06 48	07 34	08 16	00 19	01 42	03 03	04 21
52	06 43	07 26	08 06	00 16	01 36	02 54	04 09
50	06 38	07 19	07 57	00 12	01 30	02 46	03 58
45	06 28	07 04	07 38	00 04	01 17	02 28	03 36
N 40	06 18	06 52	07 22	25 06	01 06	02 14	03 19
35	06 09	06 41	07 09	24 57	00 57	02 02	03 04
30	06 01	06 31	06 57	24 50	00 50	01 51	02 51
20	05 46	06 13	06 37	24 36	00 36	01 33	02 30
N 10	05 31	05 57	06 19	24 25	00 25	01 17	02 11
0	05 15	05 41	06 03	24 14	00 14	01 03	01 54
S 10	04 57	05 23	05 46	24 03	00 03	00 49	01 36
20	04 35	05 04	05 28	23 52	24 33	00 33	01 18
30	04 08	04 40	05 08	23 39	24 16	00 16	00 57
35	03 50	04 26	04 55	23 32	24 06	00 06	00 44
40	03 28	04 09	04 41	23 23	23 54	24 30	00 30
45	03 00	03 48	04 24	23 13	23 41	24 13	00 13
S 50	02 19	03 20	04 03	23 02	23 25	23 53	24 28
52	01 55	03 06	03 53	22 56	23 17	23 43	24 17
54	01 22	02 50	03 42	22 50	23 09	23 32	24 04
56	////	02 30	03 29	22 44	22 59	23 20	23 49
58	////	02 05	03 14	22 36	22 48	23 05	23 31
S 60	////	01 29	02 55	22 28	22 36	22 49	23 09

Lat.	Sunset	Twilight Civil	Twilight Naut.	Moonset 7	Moonset 8	Moonset 9	Moonset 10
°	h m	h m	h m	h m	h m	h m	h m
N 72	■	13 55	15 59	09 11	08 17	■	■
N 70	■	14 38	16 16	09 29	08 57	■	■
68	13 04	15 06	16 30	09 44	09 25	08 51	■
66	14 01	15 28	16 41	09 56	09 46	09 32	09 00
64	14 34	15 45	16 51	10 06	10 03	10 00	09 57
62	14 58	16 00	17 00	10 15	10 17	10 21	10 30
60	15 17	16 12	17 07	10 23	10 29	10 39	10 55
N 58	15 32	16 22	17 14	10 29	10 40	10 54	11 14
56	15 46	16 32	17 20	10 35	10 49	11 06	11 31
54	15 57	16 40	17 25	10 41	10 57	11 17	11 45
52	16 08	16 48	17 31	10 45	11 04	11 27	11 57
50	16 17	16 54	17 35	10 50	11 11	11 36	12 08
45	16 36	17 09	17 46	10 59	11 25	11 55	12 30
N 40	16 52	17 22	17 56	11 07	11 37	12 10	12 49
35	17 05	17 33	18 04	11 14	11 47	12 23	13 04
30	17 17	17 43	18 12	11 20	11 56	12 35	13 17
20	17 36	18 00	18 28	11 31	12 11	12 54	13 40
N 10	17 54	18 17	18 43	11 40	12 25	13 11	14 00
0	18 10	18 33	18 59	11 49	12 37	13 27	14 18
S 10	18 27	18 50	19 17	11 57	12 50	13 43	14 37
20	18 45	19 09	19 38	12 07	13 04	14 00	14 57
30	19 06	19 33	20 05	12 17	13 19	14 20	15 20
35	19 18	19 47	20 23	12 24	13 28	14 32	15 33
40	19 32	20 04	20 44	12 31	13 39	14 45	15 49
45	19 49	20 25	21 13	12 39	13 51	15 01	16 08
S 50	20 09	20 52	21 53	12 49	14 06	15 21	16 31
52	20 19	21 06	22 16	12 54	14 13	15 30	16 42
54	20 31	21 22	22 49	12 59	14 21	15 40	16 55
56	20 44	21 42	////	13 05	14 30	15 52	17 10
58	20 59	22 06	////	13 11	14 40	16 06	17 27
S 60	21 17	22 41	////	13 18	14 51	16 22	17 48

Day	SUN Eqn. of Time 00^h	SUN Eqn. of Time 12^h	SUN Mer. Pass.	MOON Mer. Pass. Upper	MOON Mer. Pass. Lower	MOON Age	MOON Phase
d	m s	m s	h m	h m	h m	d	%
7	06 02	06 15	12 06	05 37	18 01	22	50
8	06 27	06 40	12 07	06 26	18 50	23	39
9	06 53	07 05	12 07	07 15	19 40	24	29

2010 JANUARY 10, 11, 12 (SUN., MON., TUES.)

UT d	h	ARIES GHA ° ′	VENUS −4.0 GHA ° ′	VENUS Dec ° ′	MARS −1.0 GHA ° ′	MARS Dec ° ′	JUPITER −2.1 GHA ° ′	JUPITER Dec ° ′	SATURN +0.8 GHA ° ′	SATURN Dec ° ′
10	00	109 24.8	178 32.4	S22 49.3	328 45.6	N19 40.9	138 41.1	S12 57.5	284 13.8	N 0 17.7
	01	124 27.2	193 31.5	48.9	343 48.7	41.2	153 43.1	57.3	299 16.2	17.7
	02	139 29.7	208 30.5	48.6	358 51.8	41.5	168 45.0	57.1	314 18.7	17.8
	03	154 32.2	223 29.6	. . 48.2	13 54.9	. . 41.8	183 47.0	. . 57.0	329 21.1	. . 17.8
	04	169 34.6	238 28.7	47.9	28 58.1	42.1	198 48.9	56.8	344 23.5	17.8
	05	184 37.1	253 27.8	47.5	44 01.2	42.4	213 50.9	56.6	359 26.0	17.8
	06	199 39.5	268 26.8	S22 47.1	59 04.3	N19 42.6	228 52.8	S12 56.4	14 28.4	N 0 17.8
	07	214 42.0	283 25.9	46.7	74 07.4	42.9	243 54.8	56.2	29 30.9	17.8
	08	229 44.5	298 25.0	46.4	89 10.6	43.2	258 56.7	56.0	44 33.3	17.8
S	09	244 46.9	313 24.1	. . 46.0	104 13.7	. . 43.5	273 58.7	. . 55.8	59 35.8	. . 17.8
U	10	259 49.4	328 23.2	45.6	119 16.8	43.8	289 00.6	55.6	74 38.2	17.8
N	11	274 51.9	343 22.2	45.3	134 20.0	44.1	304 02.6	55.5	89 40.7	17.8
D	12	289 54.3	358 21.3	S22 44.9	149 23.1	N19 44.4	319 04.5	S12 55.3	104 43.1	N 0 17.8
A	13	304 56.8	13 20.4	44.5	164 26.3	44.7	334 06.5	55.1	119 45.6	17.8
Y	14	319 59.3	28 19.5	44.1	179 29.4	45.0	349 08.4	54.9	134 48.0	17.8
	15	335 01.7	43 18.5	. . 43.7	194 32.5	. . 45.3	4 10.4	. . 54.7	149 50.5	. . 17.8
	16	350 04.2	58 17.6	43.4	209 35.7	45.6	19 12.3	54.5	164 52.9	17.8
	17	5 06.7	73 16.7	43.0	224 38.8	45.9	34 14.3	54.3	179 55.3	17.8
	18	20 09.1	88 15.8	S22 42.6	239 42.0	N19 46.2	49 16.2	S12 54.1	194 57.8	N 0 17.8
	19	35 11.6	103 14.9	42.2	254 45.1	46.5	64 18.2	54.0	210 00.2	17.8
	20	50 14.0	118 13.9	41.8	269 48.3	46.8	79 20.1	53.8	225 02.7	17.8
	21	65 16.5	133 13.0	. . 41.4	284 51.4	. . 47.1	94 22.1	. . 53.6	240 05.1	. . 17.9
	22	80 19.0	148 12.1	41.1	299 54.6	47.4	109 24.0	53.4	255 07.6	17.9
	23	95 21.4	163 11.2	40.7	314 57.7	47.7	124 26.0	53.2	270 10.0	17.9
11	00	110 23.9	178 10.3	S22 40.3	330 00.9	N19 48.0	139 27.9	S12 53.0	285 12.5	N 0 17.9
	01	125 26.4	193 09.3	39.9	345 04.0	48.3	154 29.9	52.8	300 14.9	17.9
	02	140 28.8	208 08.4	39.5	0 07.2	48.6	169 31.8	52.6	315 17.4	17.9
	03	155 31.3	223 07.5	. . 39.1	15 10.3	. . 48.9	184 33.8	. . 52.4	330 19.8	. . 17.9
	04	170 33.8	238 06.6	38.7	30 13.5	49.2	199 35.7	52.3	345 22.3	17.9
	05	185 36.2	253 05.7	38.3	45 16.6	49.5	214 37.6	52.1	0 24.7	17.9
	06	200 38.7	268 04.7	S22 37.9	60 19.8	N19 49.8	229 39.6	S12 51.9	15 27.2	N 0 17.9
	07	215 41.2	283 03.8	37.5	75 23.0	50.1	244 41.5	51.7	30 29.6	17.9
	08	230 43.6	298 02.9	37.1	90 26.1	50.4	259 43.5	51.5	45 32.1	17.9
M	09	245 46.1	313 02.0	. . 36.7	105 29.3	. . 50.7	274 45.4	. . 51.3	60 34.5	. . 17.9
O	10	260 48.5	328 01.1	36.3	120 32.4	51.0	289 47.4	51.1	75 37.0	17.9
N	11	275 51.0	343 00.2	35.9	135 35.6	51.3	304 49.3	50.9	90 39.4	17.9
D	12	290 53.5	357 59.3	S22 35.5	150 38.8	N19 51.6	319 51.3	S12 50.8	105 41.9	N 0 17.9
A	13	305 55.9	12 58.3	35.1	165 42.0	51.9	334 53.2	50.6	120 44.3	18.0
Y	14	320 58.4	27 57.4	34.7	180 45.1	52.2	349 55.2	50.4	135 46.8	18.0
	15	336 00.9	42 56.5	. . 34.3	195 48.3	. . 52.5	4 57.1	. . 50.2	150 49.2	. . 18.0
	16	351 03.3	57 55.6	33.9	210 51.5	52.8	19 59.1	50.0	165 51.7	18.0
	17	6 05.8	72 54.7	33.5	225 54.6	53.1	35 01.0	49.8	180 54.1	18.0
	18	21 08.3	87 53.8	S22 33.0	240 57.8	N19 53.4	50 03.0	S12 49.6	195 56.6	N 0 18.0
	19	36 10.7	102 52.9	32.6	256 01.0	53.7	65 04.9	49.4	210 59.0	18.0
	20	51 13.2	117 51.9	32.2	271 04.2	54.0	80 06.8	49.2	226 01.5	18.0
	21	66 15.6	132 51.0	. . 31.8	286 07.4	. . 54.3	95 08.8	. . 49.0	241 03.9	. . 18.0
	22	81 18.1	147 50.1	31.4	301 10.5	54.6	110 10.7	48.9	256 06.4	18.0
	23	96 20.6	162 49.2	31.0	316 13.7	54.9	125 12.7	48.7	271 08.8	18.0
12	00	111 23.0	177 48.3	S22 30.5	331 16.9	N19 55.2	140 14.6	S12 48.5	286 11.3	N 0 18.0
	01	126 25.5	192 47.4	30.1	346 20.1	55.5	155 16.6	48.3	301 13.7	18.0
	02	141 28.0	207 46.5	29.7	1 23.3	55.8	170 18.5	48.1	316 16.2	18.1
	03	156 30.4	222 45.6	. . 29.3	16 26.5	. . 56.1	185 20.5	. . 47.9	331 18.6	. . 18.1
	04	171 32.9	237 44.7	28.9	31 29.6	56.4	200 22.4	47.7	346 21.1	18.1
	05	186 35.4	252 43.8	28.4	46 32.8	56.7	215 24.3	47.5	1 23.6	18.1
	06	201 37.8	267 42.8	S22 28.0	61 36.0	N19 57.0	230 26.3	S12 47.3	16 26.0	N 0 18.1
	07	216 40.3	282 41.9	27.6	76 39.2	57.3	245 28.2	47.2	31 28.5	18.1
T	08	231 42.8	297 41.0	27.1	91 42.4	57.6	260 30.2	47.0	46 30.9	18.1
U	09	246 45.2	312 40.1	. . 26.7	106 45.6	. . 57.9	275 32.1	. . 46.8	61 33.4	. . 18.1
E	10	261 47.7	327 39.2	26.3	121 48.8	58.3	290 34.1	46.6	76 35.8	18.1
S	11	276 50.1	342 38.3	25.8	136 52.0	58.6	305 36.0	46.4	91 38.3	18.1
D	12	291 52.6	357 37.4	S22 25.4	151 55.2	N19 58.9	320 38.0	S12 46.2	106 40.7	N 0 18.1
A	13	306 55.1	12 36.5	25.0	166 58.4	59.2	335 39.9	46.0	121 43.2	18.1
Y	14	321 57.5	27 35.6	24.5	182 01.6	59.5	350 41.8	45.8	136 45.6	18.2
	15	337 00.0	42 34.7	. . 24.1	197 04.8	19 59.8	5 43.8	. . 45.6	151 48.1	. . 18.2
	16	352 02.5	57 33.8	23.7	212 08.0	20 00.1	20 45.7	45.4	166 50.5	18.2
	17	7 04.9	72 32.9	23.2	227 11.2	00.4	35 47.7	45.2	181 53.0	18.2
	18	22 07.4	87 32.0	S22 22.8	242 14.4	N20 00.7	50 49.6	S12 45.1	196 55.5	N 0 18.2
	19	37 09.9	102 31.1	22.3	257 17.6	01.0	65 51.6	44.9	211 57.9	18.2
	20	52 12.3	117 30.2	21.9	272 20.8	01.3	80 53.5	44.7	227 00.4	18.2
	21	67 14.8	132 29.3	. . 21.5	287 24.0	. . 01.6	95 55.4	. . 44.5	242 02.8	. . 18.2
	22	82 17.3	147 28.4	21.0	302 27.2	01.9	110 57.4	44.3	257 05.3	18.2
	23	97 19.7	162 27.5	20.6	317 30.5	02.2	125 59.3	44.1	272 07.7	18.2
Mer. Pass.		h m 16 35.7	v −0.9	d 0.4	v 3.2	d 0.3	v 1.9	d 0.2	v 2.5	d 0.0

STARS

Name	SHA ° ′	Dec ° ′
Acamar	315 20.0	S40 16.0
Achernar	335 28.4	S57 11.4
Acrux	173 12.2	S63 09.1
Adhara	255 14.1	S28 59.2
Aldebaran	290 52.0	N16 31.8
Alioth	166 22.6	N55 53.9
Alkaid	153 00.8	N49 15.4
Al Na'ir	27 47.1	S46 54.9
Alnilam	275 48.6	S 1 11.8
Alphard	217 58.3	S 8 42.2
Alphecca	126 13.3	N26 40.6
Alpheratz	357 46.3	N29 09.0
Altair	62 11.0	N 8 53.7
Ankaa	353 18.1	S42 15.2
Antares	112 29.6	S26 27.2
Arcturus	145 58.1	N19 07.6
Atria	107 34.3	S69 02.6
Avior	234 18.5	S59 32.5
Bellatrix	278 34.4	N 6 21.5
Betelgeuse	271 03.7	N 7 24.5
Canopus	263 56.7	S52 42.1
Capella	280 37.7	N46 00.6
Deneb	49 33.7	N45 19.1
Denebola	182 36.0	N14 30.7
Diphda	348 58.4	S17 55.9
Dubhe	193 54.1	N61 41.4
Elnath	278 15.4	N28 37.0
Eltanin	90 47.8	N51 29.1
Enif	33 49.9	N 9 55.3
Fomalhaut	15 26.9	S29 34.2
Gacrux	172 03.7	S57 10.0
Gienah	175 54.8	S17 35.9
Hadar	148 51.8	S60 25.1
Hamal	328 03.5	N23 30.8
Kaus Aust.	83 47.5	S34 22.8
Kochab	137 20.1	N74 06.4
Markab	13 41.0	N15 15.7
Menkar	314 17.5	N 4 07.8
Menkent	148 10.7	S36 25.1
Miaplacidus	221 39.6	S69 45.4
Mirfak	308 43.7	N49 54.1
Nunki	76 01.8	S26 17.1
Peacock	53 23.6	S56 42.2
Pollux	243 30.4	N28 00.0
Procyon	245 02.0	N 5 11.9
Rasalhague	96 09.1	N12 33.1
Regulus	207 45.9	N11 54.9
Rigel	281 14.2	S 8 11.4
Rigil Kent.	139 55.5	S60 52.4
Sabik	102 15.7	S15 44.3
Schedar	349 43.7	N56 35.9
Shaula	96 25.7	S37 06.6
Sirius	258 35.6	S16 43.9
Spica	158 33.9	S11 12.9
Suhail	222 53.9	S43 28.4
Vega	80 41.1	N38 47.5
Zuben'ubi	137 08.3	S16 05.1

	SHA ° ′	Mer. Pass. h m
Venus	67 46.4	12 08
Mars	219 37.0	2 00
Jupiter	29 04.0	14 40
Saturn	174 48.6	4 58

UT d	h	SUN GHA	SUN Dec	MOON GHA	v	MOON Dec	d	HP
d	h	° ′	° ′	° ′	′	° ′	′	′
10	00	178 10.5	S22 00.2	242 42.9	10.1	S22 18.9	7.3	56.0
	01	193 10.2	21 59.9	257 12.0	10.1	22 26.2	7.1	56.0
	02	208 10.0	59.5	271 41.1	10.1	22 33.3	6.9	56.0
	03	223 09.7	. . 59.1	286 10.2	10.1	22 40.2	6.9	56.0
	04	238 09.5	58.8	300 39.3	10.0	22 47.1	6.7	55.9
	05	253 09.2	58.4	315 08.3	10.0	22 53.8	6.7	55.9
	06	268 09.0	S21 58.0	329 37.3	9.9	S23 00.5	6.4	55.9
	07	283 08.7	57.7	344 06.2	10.0	23 06.9	6.4	55.9
	08	298 08.5	57.3	358 35.2	9.9	23 13.3	6.3	55.8
S	09	313 08.2	. . 56.9	13 04.1	9.8	23 19.6	6.1	55.8
U	10	328 08.0	56.5	27 32.9	9.9	23 25.7	6.0	55.8
N	11	343 07.7	56.2	42 01.8	9.8	23 31.7	5.9	55.8
D	12	358 07.5	S21 55.8	56 30.6	9.8	S23 37.6	5.7	55.7
A	13	13 07.2	55.4	70 59.4	9.8	23 43.3	5.6	55.7
Y	14	28 07.0	55.0	85 28.2	9.8	23 48.9	5.5	55.7
	15	43 06.7	. . 54.7	99 57.0	9.7	23 54.4	5.4	55.7
	16	58 06.4	54.3	114 25.7	9.7	23 59.8	5.2	55.7
	17	73 06.2	53.9	128 54.4	9.7	24 05.0	5.1	55.6
	18	88 05.9	S21 53.5	143 23.1	9.7	S24 10.1	5.0	55.6
	19	103 05.7	53.1	157 51.8	9.6	24 15.1	4.9	55.6
	20	118 05.4	52.7	172 20.4	9.7	24 20.0	4.7	55.6
	21	133 05.2	. . 52.4	186 49.1	9.6	24 24.7	4.6	55.5
	22	148 04.9	52.0	201 17.7	9.6	24 29.3	4.5	55.5
	23	163 04.7	51.6	215 46.3	9.5	24 33.8	4.3	55.5
11	00	178 04.4	S21 51.2	230 14.8	9.6	S24 38.1	4.3	55.5
	01	193 04.2	50.8	244 43.4	9.6	24 42.4	4.0	55.5
	02	208 03.9	50.4	259 12.0	9.5	24 46.4	4.0	55.4
	03	223 03.7	. . 50.1	273 40.5	9.5	24 50.4	3.8	55.4
	04	238 03.4	49.7	288 09.0	9.5	24 54.2	3.7	55.4
	05	253 03.2	49.3	302 37.5	9.5	24 57.9	3.6	55.4
	06	268 03.0	S21 48.9	317 06.0	9.5	S25 01.5	3.4	55.4
	07	283 02.7	48.5	331 34.5	9.5	25 04.9	3.3	55.3
	08	298 02.5	48.1	346 03.0	9.4	25 08.2	3.2	55.3
M	09	313 02.2	. . 47.7	0 31.4	9.5	25 11.4	3.0	55.3
O	10	328 02.0	47.3	14 59.9	9.4	25 14.4	2.9	55.3
N	11	343 01.7	46.9	29 28.3	9.5	25 17.3	2.8	55.3
D	12	358 01.5	S21 46.5	43 56.8	9.4	S25 20.1	2.7	55.2
A	13	13 01.2	46.1	58 25.2	9.5	25 22.8	2.5	55.2
Y	14	28 01.0	45.8	72 53.7	9.4	25 25.3	2.3	55.2
	15	43 00.7	. . 45.4	87 22.1	9.4	25 27.6	2.3	55.2
	16	58 00.5	45.0	101 50.5	9.5	25 29.9	2.1	55.2
	17	73 00.2	44.6	116 19.0	9.4	25 32.0	2.0	55.1
	18	88 00.0	S21 44.2	130 47.4	9.4	S25 34.0	1.8	55.1
	19	102 59.7	43.8	145 15.8	9.5	25 35.8	1.8	55.1
	20	117 59.5	43.4	159 44.3	9.4	25 37.6	1.5	55.1
	21	132 59.3	. . 43.0	174 12.7	9.5	25 39.1	1.5	55.1
	22	147 59.0	42.6	188 41.2	9.4	25 40.6	1.3	55.1
	23	162 58.8	42.2	203 09.6	9.5	25 41.9	1.2	55.0
12	00	177 58.5	S21 41.8	217 38.1	9.4	S25 43.1	1.1	55.0
	01	192 58.3	41.4	232 06.5	9.5	25 44.2	0.9	55.0
	02	207 58.0	41.0	246 35.0	9.5	25 45.1	0.8	55.0
	03	222 57.8	. . 40.6	261 03.5	9.5	25 45.9	0.7	55.0
	04	237 57.6	40.1	275 32.0	9.5	25 46.6	0.5	54.9
	05	252 57.3	39.7	290 00.5	9.5	25 47.1	0.4	54.9
	06	267 57.1	S21 39.3	304 29.0	9.5	S25 47.5	0.3	54.9
	07	282 56.8	38.9	318 57.5	9.6	25 47.8	0.1	54.9
T	08	297 56.6	38.5	333 26.1	9.5	25 47.9	0.0	54.9
U	09	312 56.3	. . 38.1	347 54.6	9.6	25 47.9	0.1	54.9
E	10	327 56.1	37.7	2 23.2	9.6	25 47.8	0.3	54.9
S	11	342 55.9	37.3	16 51.8	9.7	25 47.5	0.4	54.8
D	12	357 55.6	S21 36.9	31 20.5	9.6	S25 47.1	0.5	54.8
A	13	12 55.4	36.5	45 49.1	9.7	25 46.6	0.6	54.8
Y	14	27 55.1	36.1	60 17.8	9.6	25 46.0	0.8	54.8
	15	42 54.9	. . 35.6	74 46.4	9.8	25 45.2	0.9	54.8
	16	57 54.7	35.2	89 15.2	9.7	25 44.3	1.1	54.8
	17	72 54.4	34.8	103 43.9	9.8	25 43.2	1.1	54.7
	18	87 54.2	S21 34.4	118 12.7	9.7	S25 42.1	1.3	54.7
	19	102 53.9	34.0	132 41.4	9.9	25 40.8	1.4	54.7
	20	117 53.7	33.6	147 10.3	9.8	25 39.4	1.6	54.7
	21	132 53.5	. . 33.1	161 39.1	9.9	25 37.8	1.7	54.7
	22	147 53.2	32.7	176 08.0	9.9	25 36.1	1.8	54.7
	23	162 53.0	32.3	190 36.9	9.9	S25 34.3	1.9	54.7
		SD 16.3	*d* 0.4	SD 15.2		15.0		14.9

Lat.	Twilight Naut.	Twilight Civil	Sunrise	Moonrise 10	Moonrise 11	Moonrise 12	Moonrise 13
°	h m	h m	h m	h m	h m	h m	h m
N 72	08 10	10 08	▬	▬	▬	▬	▬
N 70	07 53	09 29	▬	▬	▬	▬	▬
68	07 40	09 02	10 53	▬	▬	▬	▬
66	07 29	08 42	10 05	07 02	▬	▬	▬
64	07 20	08 25	09 34	06 06	07 56	09 27	09 39
62	07 12	08 11	09 12	05 34	07 03	08 10	08 48
60	07 05	07 59	08 53	05 09	06 31	07 34	08 16
N 58	06 58	07 49	08 38	04 50	06 07	07 08	07 53
56	06 52	07 40	08 25	04 34	05 47	06 48	07 33
54	06 47	07 32	08 14	04 21	05 31	06 31	07 17
52	06 42	07 25	08 04	04 09	05 18	06 16	07 04
50	06 37	07 18	07 55	03 58	05 05	06 04	06 51
45	06 27	07 04	07 37	03 36	04 40	05 38	06 26
N 40	06 18	06 51	07 21	03 19	04 21	05 17	06 06
35	06 09	06 41	07 08	03 04	04 04	05 00	05 50
30	06 01	06 31	06 57	02 51	03 50	04 45	05 35
20	05 47	06 14	06 37	02 30	03 26	04 20	05 10
N 10	05 32	05 58	06 20	02 11	03 05	03 58	04 49
0	05 16	05 42	06 04	01 54	02 45	03 38	04 29
S 10	04 58	05 25	05 48	01 36	02 26	03 17	04 09
20	04 37	05 06	05 30	01 18	02 05	02 56	03 48
30	04 10	04 43	05 10	00 57	01 41	02 31	03 23
35	03 53	04 29	04 58	00 44	01 27	02 16	03 09
40	03 32	04 12	04 44	00 30	01 11	01 59	02 52
45	03 04	03 52	04 28	00 13	00 52	01 38	02 32
S 50	02 25	03 25	04 07	24 28	00 28	01 13	02 06
52	02 03	03 11	03 58	24 17	00 17	01 00	01 54
54	01 32	02 56	03 47	24 04	00 04	00 46	01 40
56	00 30	02 37	03 34	23 49	24 29	00 29	01 24
58	////	02 13	03 19	23 31	24 09	00 09	01 04
S 60	////	01 40	03 02	23 09	23 44	24 39	00 39

Lat.	Sunset	Twilight Civil	Twilight Naut.	Moonset 10	Moonset 11	Moonset 12	Moonset 13
°	h m	h m	h m	h m	h m	h m	h m
N 72	▬	14 09	16 07	▬	▬	▬	▬
N 70	▬	14 47	16 23	▬	▬	▬	▬
68	13 23	15 14	16 36	▬	▬	▬	▬
66	14 12	15 35	16 47	09 00	▬	▬	▬
64	14 42	15 51	16 56	09 57	09 55	10 13	11 49
62	15 05	16 05	17 05	10 30	10 49	11 30	12 40
60	15 23	16 17	17 12	10 55	11 21	12 06	13 11
N 58	15 38	16 27	17 18	11 14	11 45	12 32	13 34
56	15 51	16 36	17 24	11 31	12 05	12 52	13 53
54	16 02	16 44	17 29	11 45	12 21	13 09	14 09
52	16 12	16 51	17 34	11 57	12 35	13 24	14 23
50	16 21	16 58	17 39	12 08	12 47	13 37	14 35
45	16 39	17 13	17 49	12 30	13 13	14 03	15 00
N 40	16 55	17 25	17 58	12 49	13 33	14 23	15 19
35	17 08	17 35	18 07	13 04	13 50	14 41	15 36
30	17 19	17 45	18 14	13 17	14 04	14 56	15 50
20	17 38	18 02	18 29	13 40	14 29	15 21	16 14
N 10	17 56	18 18	18 44	14 00	14 50	15 42	16 35
0	18 12	18 34	19 00	14 18	15 10	16 03	16 54
S 10	18 28	18 51	19 17	14 37	15 30	16 23	17 13
20	18 45	19 09	19 38	14 57	15 52	16 44	17 34
30	19 05	19 32	20 05	15 20	16 17	17 09	17 57
35	19 17	19 46	20 22	15 33	16 31	17 24	18 11
40	19 31	20 03	20 43	15 49	16 48	17 41	18 27
45	19 48	20 24	21 11	16 08	17 08	18 02	18 46
S 50	20 08	20 50	21 49	16 31	17 34	18 27	19 10
52	20 17	21 03	22 11	16 42	17 46	18 40	19 21
54	20 28	21 19	22 41	16 55	18 01	18 54	19 34
56	20 41	21 37	23 36	17 10	18 17	19 10	19 49
58	20 55	22 01	////	17 27	18 37	19 30	20 06
S 60	21 13	22 33	////	17 48	19 02	19 55	20 28

Day	SUN Eqn. of Time 00^h	SUN Eqn. of Time 12^h	SUN Mer. Pass.	MOON Mer. Pass. Upper	MOON Mer. Pass. Lower	MOON Age	MOON Phase
d	m s	m s	h m	h m	h m	d	%
10	07 17	07 30	12 07	08 06	20 32	25	20
11	07 42	07 54	12 08	08 58	21 24	26	13
12	08 05	08 17	12 08	09 50	22 16	27	7

	UT	ARIES	VENUS −4.0		MARS −1.1		JUPITER −2.1		SATURN +0.8	
		GHA	GHA	Dec	GHA	Dec	GHA	Dec	GHA	Dec
	d h	° ′	° ′	° ′	° ′	° ′	° ′	° ′	° ′	° ′
	13 00	112 22.2	177 26.5	S22 20.1	332 33.7	N20 02.6	141 01.3	S12 43.9	287 10.2	N 0 18.3
	01	127 24.6	192 25.6	19.7	347 36.9	02.9	156 03.2	43.7	302 12.7	18.3
	02	142 27.1	207 24.7	19.2	2 40.1	03.2	171 05.2	43.5	317 15.1	18.3
	03	157 29.6	222 23.8	. . 18.8	17 43.3	. . 03.5	186 07.1	. . 43.3	332 17.6	. . 18.3
	04	172 32.0	237 22.9	18.3	32 46.5	03.8	201 09.0	43.1	347 20.0	18.3
	05	187 34.5	252 22.0	17.9	47 49.8	04.1	216 11.0	43.0	2 22.5	18.3
	06	202 37.0	267 21.1	S22 17.4	62 53.0	N20 04.4	231 12.9	S12 42.8	17 24.9	N 0 18.3
W	07	217 39.4	282 20.2	17.0	77 56.2	04.7	246 14.9	42.6	32 27.4	18.3
E	08	232 41.9	297 19.3	16.5	92 59.4	05.0	261 16.8	42.4	47 29.9	18.3
D	09	247 44.4	312 18.4	. . 16.0	108 02.6	. . 05.3	276 18.8	. . 42.2	62 32.3	. . 18.3
N	10	262 46.8	327 17.5	15.6	123 05.9	05.7	291 20.7	42.0	77 34.8	18.4
E	11	277 49.3	342 16.7	15.1	138 09.1	06.0	306 22.6	41.8	92 37.2	18.4
S	12	292 51.8	357 15.8	S22 14.7	153 12.3	N20 06.3	321 24.6	S12 41.6	107 39.7	N 0 18.4
D	13	307 54.2	12 14.9	14.2	168 15.6	06.6	336 26.5	41.4	122 42.1	18.4
A	14	322 56.7	27 14.0	13.7	183 18.8	06.9	351 28.5	41.2	137 44.6	18.4
Y	15	337 59.1	42 13.1	. . 13.3	198 22.0	. . 07.2	6 30.4	. . 41.0	152 47.1	. . 18.4
	16	353 01.6	57 12.2	12.8	213 25.2	07.5	21 32.3	40.9	167 49.5	18.4
	17	8 04.1	72 11.3	12.3	228 28.5	07.8	36 34.3	40.7	182 52.0	18.4
	18	23 06.5	87 10.4	S22 11.9	243 31.7	N20 08.1	51 36.2	S12 40.5	197 54.4	N 0 18.4
	19	38 09.0	102 09.5	11.4	258 34.9	08.5	66 38.2	40.3	212 56.9	18.5
	20	53 11.5	117 08.6	10.9	273 38.2	08.8	81 40.1	40.1	227 59.4	18.5
	21	68 13.9	132 07.7	. . 10.4	288 41.4	. . 09.1	96 42.1	. . 39.9	243 01.8	. . 18.5
	22	83 16.4	147 06.8	10.0	303 44.7	09.4	111 44.0	39.7	258 04.3	18.5
	23	98 18.9	162 05.9	09.5	318 47.9	09.7	126 45.9	39.5	273 06.7	18.5
	14 00	113 21.3	177 05.0	S22 09.0	333 51.1	N20 10.0	141 47.9	S12 39.3	288 09.2	N 0 18.5
	01	128 23.8	192 04.1	08.5	348 54.4	10.3	156 49.8	39.1	303 11.7	18.5
	02	143 26.3	207 03.2	08.1	3 57.6	10.6	171 51.8	38.9	318 14.1	18.5
	03	158 28.7	222 02.3	. . 07.6	19 00.9	. . 11.0	186 53.7	. . 38.7	333 16.6	. . 18.5
	04	173 31.2	237 01.4	07.1	34 04.1	11.3	201 55.6	38.5	348 19.1	18.6
	05	188 33.6	252 00.6	06.6	49 07.4	11.6	216 57.6	38.4	3 21.5	18.6
	06	203 36.1	266 59.7	S22 06.1	64 10.6	N20 11.9	231 59.5	S12 38.2	18 24.0	N 0 18.6
T	07	218 38.6	281 58.8	05.7	79 13.9	12.2	247 01.5	38.0	33 26.4	18.6
H	08	233 41.0	296 57.9	05.2	94 17.1	12.5	262 03.4	37.8	48 28.9	18.6
	09	248 43.5	311 57.0	. . 04.7	109 20.4	. . 12.8	277 05.3	. . 37.6	63 31.4	. . 18.6
U	10	263 46.0	326 56.1	04.2	124 23.6	13.1	292 07.3	37.4	78 33.8	18.6
R	11	278 48.4	341 55.2	03.7	139 26.9	13.5	307 09.2	37.2	93 36.3	18.6
S	12	293 50.9	356 54.3	S22 03.2	154 30.1	N20 13.8	322 11.2	S12 37.0	108 38.7	N 0 18.7
D	13	308 53.4	11 53.4	02.7	169 33.4	14.1	337 13.1	36.8	123 41.2	18.7
A	14	323 55.8	26 52.6	02.2	184 36.7	14.4	352 15.0	36.6	138 43.7	18.7
Y	15	338 58.3	41 51.7	. . 01.7	199 39.9	. . 14.7	7 17.0	. . 36.4	153 46.1	. . 18.7
	16	354 00.8	56 50.8	01.2	214 43.2	15.0	22 18.9	36.2	168 48.6	18.7
	17	9 03.2	71 49.9	00.8	229 46.4	15.4	37 20.8	36.0	183 51.1	18.7
	18	24 05.7	86 49.0	S22 00.3	244 49.7	N20 15.7	52 22.8	S12 35.9	198 53.5	N 0 18.7
	19	39 08.1	101 48.1	21 59.8	259 53.0	16.0	67 24.7	35.7	213 56.0	18.7
	20	54 10.6	116 47.2	59.3	274 56.2	16.3	82 26.7	35.5	228 58.5	18.8
	21	69 13.1	131 46.4	. . 58.8	289 59.5	. . 16.6	97 28.6	. . 35.3	244 00.9	. . 18.8
	22	84 15.5	146 45.5	58.3	305 02.8	16.9	112 30.5	35.1	259 03.4	18.8
	23	99 18.0	161 44.6	57.8	320 06.0	17.2	127 32.5	34.9	274 05.9	18.8
	15 00	114 20.5	176 43.7	S21 57.3	335 09.3	N20 17.6	142 34.4	S12 34.7	289 08.3	N 0 18.8
	01	129 22.9	191 42.8	56.7	350 12.6	17.9	157 36.4	34.5	304 10.8	18.8
	02	144 25.4	206 41.9	56.2	5 15.9	18.2	172 38.3	34.3	319 13.2	18.8
	03	159 27.9	221 41.1	. . 55.7	20 19.1	. . 18.5	187 40.2	. . 34.1	334 15.7	. . 18.8
	04	174 30.3	236 40.2	55.2	35 22.4	18.8	202 42.2	33.9	349 18.2	18.9
	05	189 32.8	251 39.3	54.7	50 25.7	19.1	217 44.1	33.7	4 20.6	18.9
	06	204 35.2	266 38.4	S21 54.2	65 29.0	N20 19.5	232 46.0	S12 33.5	19 23.1	N 0 18.9
	07	219 37.7	281 37.5	53.7	80 32.2	19.8	247 48.0	33.3	34 25.6	18.9
	08	234 40.2	296 36.7	53.2	95 35.5	20.1	262 49.9	33.1	49 28.0	18.9
F	09	249 42.6	311 35.8	. . 52.7	110 38.8	. . 20.4	277 51.9	. . 32.9	64 30.5	. . 18.9
R	10	264 45.1	326 34.9	52.1	125 42.1	20.7	292 53.8	32.8	79 33.0	18.9
I	11	279 47.6	341 34.0	51.6	140 45.4	21.0	307 55.7	32.6	94 35.4	19.0
D	12	294 50.0	356 33.1	S21 51.1	155 48.6	N20 21.4	322 57.7	S12 32.4	109 37.9	N 0 19.0
A	13	309 52.5	11 32.3	50.6	170 51.9	21.7	337 59.6	32.2	124 40.4	19.0
Y	14	324 55.0	26 31.4	50.1	185 55.2	22.0	353 01.5	32.0	139 42.8	19.0
	15	339 57.4	41 30.5	. . 49.6	200 58.5	. . 22.3	8 03.5	. . 31.8	154 45.3	. . 19.0
	16	354 59.9	56 29.6	49.0	216 01.8	22.6	23 05.4	31.6	169 47.8	19.0
	17	10 02.4	71 28.8	48.5	231 05.1	23.0	38 07.3	31.4	184 50.2	19.0
	18	25 04.8	86 27.9	S21 48.0	246 08.4	N20 23.3	53 09.3	S12 31.2	199 52.7	N 0 19.1
	19	40 07.3	101 27.0	47.5	261 11.6	23.6	68 11.2	31.0	214 55.2	19.1
	20	55 09.7	116 26.1	46.9	276 14.9	23.9	83 13.2	30.8	229 57.7	19.1
	21	70 12.2	131 25.3	. . 46.4	291 18.2	. . 24.2	98 15.1	. . 30.6	245 00.1	. . 19.1
	22	85 14.7	146 24.4	45.9	306 21.5	24.6	113 17.0	30.4	260 02.6	19.1
	23	100 17.1	161 23.5	45.3	321 24.8	24.9	128 19.0	30.2	275 05.1	19.1
	Mer. Pass.	h m 16 23.9	v −0.9	d 0.5	v 3.3	d 0.3	v 1.9	d 0.2	v 2.5	d 0.0

STARS

Name	SHA	Dec
	° ′	° ′
Acamar	315 20.0	S40 16.0
Achernar	335 28.4	S57 11.4
Acrux	173 12.1	S63 09.1
Adhara	255 14.1	S28 59.2
Aldebaran	290 52.0	N16 31.8
Alioth	166 22.6	N55 53.9
Alkaid	153 00.8	N49 15.4
Al Na'ir	27 47.1	S46 54.8
Alnilam	275 48.6	S 1 11.8
Alphard	217 58.2	S 8 42.2
Alphecca	126 13.3	N26 40.6
Alpheratz	357 46.3	N29 09.0
Altair	62 11.0	N 8 53.7
Ankaa	353 18.2	S42 15.2
Antares	112 29.6	S26 27.2
Arcturus	145 58.0	N19 07.5
Atria	107 34.2	S69 02.6
Avior	234 18.5	S59 32.5
Bellatrix	278 34.4	N 6 21.5
Betelgeuse	271 03.7	N 7 24.5
Canopus	263 56.7	S52 42.2
Capella	280 37.7	N46 00.6
Deneb	49 33.7	N45 19.1
Denebola	182 36.0	N14 30.7
Diphda	348 58.4	S17 55.9
Dubhe	193 54.1	N61 41.4
Elnath	278 15.4	N28 37.0
Eltanin	90 47.8	N51 29.1
Enif	33 49.9	N 9 55.3
Fomalhaut	15 26.9	S29 34.2
Gacrux	172 03.7	S57 10.0
Gienah	175 54.8	S17 35.9
Hadar	148 51.7	S60 25.1
Hamal	328 03.5	N23 30.8
Kaus Aust.	83 47.5	S34 22.8
Kochab	137 20.0	N74 06.4
Markab	13 41.0	N15 15.7
Menkar	314 17.5	N 4 07.8
Menkent	148 10.6	S36 25.1
Miaplacidus	221 39.6	S69 45.4
Mirfak	308 43.7	N49 54.1
Nunki	76 01.7	S26 17.1
Peacock	53 23.6	S56 42.2
Pollux	243 30.4	N28 00.0
Procyon	245 02.0	N 5 11.9
Rasalhague	96 09.1	N12 33.1
Regulus	207 45.9	N11 54.9
Rigel	281 14.2	S 8 11.5
Rigil Kent.	139 55.5	S60 52.4
Sabik	102 15.7	S15 44.3
Schedar	349 43.7	N56 35.9
Shaula	96 25.7	S37 06.6
Sirius	258 35.6	S16 43.9
Spica	158 33.9	S11 12.9
Suhail	222 53.9	S43 28.4
Vega	80 41.1	N38 47.5
Zuben'ubi	137 08.3	S16 05.1

	SHA	Mer. Pass.
	° ′	h m
Venus	63 43.7	12 12
Mars	220 29.8	1 44
Jupiter	28 26.5	14 31
Saturn	174 47.9	4 47

UT d	h	SUN GHA	SUN Dec	MOON GHA	v	MOON Dec	d	HP
d	h	° ′	° ′	° ′	′	° ′	′	′
13	00	177 52.8	S21 31.9	205 05.8	10.0	S25 32.4	2.0	54.6
	01	192 52.5	31.5	219 34.8	10.0	25 30.4	2.2	54.6
	02	207 52.3	31.0	234 03.8	10.0	25 28.2	2.3	54.6
	03	222 52.0	. . 30.6	248 32.8	10.1	25 25.9	2.5	54.6
	04	237 51.8	30.2	263 01.9	10.1	25 23.4	2.5	54.6
	05	252 51.6	29.8	277 31.0	10.2	25 20.9	2.7	54.6
	06	267 51.3	S21 29.4	292 00.2	10.2	S25 18.2	2.8	54.6
W	07	282 51.1	28.9	306 29.4	10.2	25 15.4	2.9	54.5
E	08	297 50.9	28.5	320 58.6	10.3	25 12.5	3.1	54.5
D	09	312 50.6	. . 28.1	335 27.9	10.3	25 09.4	3.1	54.5
N	10	327 50.4	27.7	349 57.2	10.3	25 06.3	3.3	54.5
E	11	342 50.2	27.2	4 26.5	10.4	25 03.0	3.5	54.5
S	12	357 49.9	S21 26.8	18 55.9	10.5	S24 59.5	3.5	54.5
D	13	12 49.7	26.4	33 25.4	10.5	24 56.0	3.6	54.5
A	14	27 49.5	25.9	47 54.9	10.5	24 52.4	3.8	54.5
Y	15	42 49.2	. . 25.5	62 24.4	10.6	24 48.6	3.9	54.5
	16	57 49.0	25.1	76 54.0	10.6	24 44.7	4.0	54.4
	17	72 48.8	24.6	91 23.6	10.7	24 40.7	4.1	54.4
	18	87 48.5	S21 24.2	105 53.3	10.7	S24 36.6	4.3	54.4
	19	102 48.3	23.8	120 23.0	10.8	24 32.3	4.3	54.4
	20	117 48.1	23.3	134 52.8	10.8	24 28.0	4.5	54.4
	21	132 47.8	. . 22.9	149 22.6	10.9	24 23.5	4.6	54.4
	22	147 47.6	22.5	163 52.5	10.9	24 18.9	4.7	54.4
	23	162 47.4	22.0	178 22.4	11.0	24 14.2	4.8	54.4
14	00	177 47.1	S21 21.6	192 52.4	11.0	S24 09.4	4.9	54.4
	01	192 46.9	21.2	207 22.4	11.1	24 04.5	5.1	54.3
	02	207 46.7	20.7	221 52.5	11.1	23 59.4	5.1	54.3
	03	222 46.5	. . 20.3	236 22.6	11.2	23 54.3	5.3	54.3
	04	237 46.2	19.8	250 52.8	11.2	23 49.0	5.4	54.3
	05	252 46.0	19.4	265 23.0	11.3	23 43.6	5.5	54.3
	06	267 45.8	S21 19.0	279 53.3	11.4	S23 38.1	5.5	54.3
	07	282 45.5	18.5	294 23.7	11.4	23 32.6	5.7	54.3
T	08	297 45.3	18.1	308 54.1	11.4	23 26.9	5.9	54.3
H	09	312 45.1	. . 17.6	323 24.5	11.6	23 21.0	5.9	54.3
U	10	327 44.9	17.2	337 55.1	11.5	23 15.1	6.0	54.3
R	11	342 44.6	16.7	352 25.6	11.7	23 09.1	6.1	54.2
S	12	357 44.4	S21 16.3	6 56.3	11.7	S23 03.0	6.2	54.2
D	13	12 44.2	15.8	21 27.0	11.7	22 56.8	6.4	54.2
A	14	27 43.9	15.4	35 57.7	11.8	22 50.4	6.4	54.2
Y	15	42 43.7	. . 15.0	50 28.5	11.9	22 44.0	6.5	54.2
	16	57 43.5	14.5	64 59.4	11.9	22 37.5	6.7	54.2
	17	72 43.3	14.1	79 30.3	12.0	22 30.8	6.7	54.2
	18	87 43.0	S21 13.6	94 01.3	12.1	S22 24.1	6.8	54.2
	19	102 42.8	13.2	108 32.4	12.1	22 17.3	7.0	54.2
	20	117 42.6	12.7	123 03.5	12.2	22 10.3	7.0	54.2
	21	132 42.4	. . 12.3	137 34.7	12.2	22 03.3	7.1	54.2
	22	147 42.1	11.8	152 05.9	12.3	21 56.2	7.2	54.2
	23	162 41.9	11.3	166 37.2	12.3	21 49.0	7.4	54.1
15	00	177 41.7	S21 10.9	181 08.5	12.5	S21 41.6	7.4	54.1
	01	192 41.5	10.4	195 40.0	12.4	21 34.2	7.5	54.1
	02	207 41.2	10.0	210 11.4	12.6	21 26.7	7.6	54.1
	03	222 41.0	. . 09.5	224 43.0	12.6	21 19.1	7.7	54.1
	04	237 40.8	09.1	239 14.6	12.6	21 11.4	7.8	54.1
	05	252 40.6	08.6	253 46.2	12.7	S21 03.6	7.8	54.1
	06	267 40.4	S21 08.2	An annular eclipse of the Sun occurs on this date. See page 5.				
	07	282 40.1	07.7					
	08	297 39.9	07.2					
F	09	312 39.7	. . 06.8					
R	10	327 39.5	06.3					
I	11	342 39.2	05.9					
D	12	357 39.0	S21 05.4	355 29.6	13.1	S20 06.7	8.5	54.1
A	13	12 38.8	04.9	10 01.7	13.2	19 58.2	8.6	54.1
Y	14	27 38.6	04.5	24 33.9	13.3	19 49.6	8.7	54.0
	15	42 38.4	. . 04.0	39 06.2	13.3	19 40.9	8.7	54.0
	16	57 38.1	03.5	53 38.5	13.4	19 32.2	8.8	54.0
	17	72 37.9	03.1	68 10.9	13.5	19 23.4	8.9	54.0
	18	87 37.7	S21 02.6	82 43.4	13.5	S19 14.5	9.0	54.0
	19	102 37.5	02.1	97 15.9	13.6	19 05.5	9.0	54.0
	20	117 37.3	01.7	111 48.5	13.6	18 56.5	9.2	54.0
	21	132 37.1	. . 01.2	126 21.1	13.7	18 47.3	9.2	54.0
	22	147 36.8	00.7	140 53.8	13.7	18 38.1	9.3	54.0
	23	162 36.6	00.3	155 26.5	13.9	S18 28.8	9.3	54.0
		SD 16.3	d 0.4	SD	14.8	14.8		14.7

Lat.	Twilight Naut.	Twilight Civil	Sunrise	Moonrise 13	Moonrise 14	Moonrise 15	Moonrise 16
°	h m	h m	h m	h m	h m	h m	h m
N 72	08 03	09 56	■	■	■	■	11 25
N 70	07 48	09 21	■	■	■	■	10 41
68	07 36	08 56	10 38	■	■	10 43	10 11
66	07 25	08 36	09 56	■	10 30	10 02	09 49
64	07 17	08 21	09 28	09 39	09 37	09 34	09 31
62	07 09	08 07	09 07	08 48	09 05	09 13	09 16
60	07 02	07 56	08 49	08 16	08 41	08 55	09 04
N 58	06 56	07 46	08 35	07 53	08 22	08 40	08 53
56	06 50	07 38	08 22	07 33	08 05	08 28	08 44
54	06 45	07 30	08 12	07 17	07 52	08 17	08 35
52	06 40	07 23	08 02	07 04	07 40	08 07	08 28
50	06 36	07 16	07 53	06 51	07 29	07 58	08 21
45	06 26	07 02	07 35	06 26	07 07	07 39	08 06
N 40	06 17	06 51	07 20	06 06	06 48	07 24	07 54
35	06 09	06 40	07 08	05 50	06 33	07 11	07 44
30	06 02	06 31	06 57	05 35	06 20	07 00	07 35
20	05 47	06 14	06 38	05 10	05 57	06 40	07 19
N 10	05 33	05 59	06 21	04 49	05 38	06 23	07 06
0	05 17	05 43	06 05	04 29	05 20	06 07	06 53
S 10	05 00	05 27	05 50	04 09	05 01	05 51	06 40
20	04 40	05 08	05 32	03 48	04 41	05 34	06 26
30	04 13	04 46	05 13	03 23	04 19	05 15	06 10
35	03 57	04 32	05 01	03 09	04 05	05 03	06 01
40	03 36	04 16	04 47	02 52	03 50	04 50	05 50
45	03 09	03 56	04 31	02 32	03 31	04 34	05 38
S 50	02 31	03 30	04 12	02 06	03 08	04 14	05 22
52	02 10	03 17	04 02	01 54	02 57	04 05	05 15
54	01 42	03 02	03 52	01 40	02 44	03 55	05 07
56	00 56	02 44	03 39	01 24	02 30	03 43	04 58
58	////	02 22	03 25	01 04	02 13	03 29	04 48
S 60	////	01 52	03 09	00 39	01 52	03 13	04 36

Lat.	Sunset	Twilight Civil	Twilight Naut.	Moonset 13	Moonset 14	Moonset 15	Moonset 16
°	h m	h m	h m	h m	h m	h m	h m
N 72	■	14 23	16 16	■	■	■	15 01
N 70	■	14 58	16 31	■	■	■	15 44
68	13 41	15 23	16 43	■	■	14 07	16 12
66	14 23	15 42	16 53	■	12 41	14 47	16 33
64	14 51	15 58	17 02	11 49	13 34	15 15	16 50
62	15 12	16 11	17 10	12 40	14 06	15 35	17 04
60	15 29	16 22	17 17	13 11	14 29	15 52	17 15
N 58	15 44	16 32	17 23	13 34	14 48	16 06	17 25
56	15 56	16 41	17 28	13 53	15 04	16 19	17 34
54	16 07	16 49	17 33	14 09	15 17	16 29	17 42
52	16 16	16 56	17 38	14 23	15 29	16 38	17 49
50	16 25	17 02	17 42	14 35	15 39	16 47	17 55
45	16 43	17 16	17 52	15 00	16 01	17 04	18 08
N 40	16 58	17 28	18 01	15 19	16 18	17 19	18 19
35	17 10	17 38	18 09	15 36	16 33	17 31	18 28
30	17 21	17 47	18 17	15 50	16 46	17 41	18 37
20	17 40	18 04	18 31	16 14	17 07	17 59	18 50
N 10	17 57	18 20	18 45	16 35	17 26	18 15	19 03
0	18 13	18 35	19 01	16 54	17 43	18 30	19 14
S 10	18 28	18 51	19 18	17 13	18 00	18 44	19 25
20	18 45	19 10	19 38	17 34	18 19	18 59	19 37
30	19 05	19 32	20 04	17 57	18 40	19 17	19 50
35	19 17	19 46	20 21	18 11	18 52	19 27	19 58
40	19 30	20 02	20 41	18 27	19 06	19 39	20 07
45	19 46	20 22	21 08	18 46	19 23	19 52	20 17
S 50	20 06	20 47	21 45	19 10	19 43	20 09	20 30
52	20 15	21 00	22 06	19 21	19 53	20 17	20 35
54	20 26	21 15	22 33	19 34	20 04	20 25	20 42
56	20 38	21 33	23 16	19 49	20 16	20 35	20 49
58	20 51	21 54	////	20 06	20 30	20 46	20 56
S 60	21 08	22 24	////	20 28	20 47	20 58	21 05

Day	SUN Eqn. of Time 00ʰ	SUN Eqn. of Time 12ʰ	SUN Mer. Pass.	MOON Mer. Pass. Upper	MOON Mer. Pass. Lower	Age	Phase
d	m s	m s	h m	h m	h m	d %	
13	08 28	08 40	12 09	10 42	23 07	28 3	●
14	08 51	09 02	12 09	11 31	23 55	29 1	
15	09 13	09 23	12 09	12 19	24 41	00 0	

Day	UT	ARIES GHA	VENUS −4.0 GHA	VENUS Dec	MARS −1.1 GHA	MARS Dec	JUPITER −2.1 GHA	JUPITER Dec	SATURN +0.8 GHA	SATURN Dec	STARS Name	SHA	Dec
d	h	° ′	° ′	° ′	° ′	° ′	° ′	° ′	° ′	° ′		° ′	° ′
16	00	115 19.6	176 22.6	S21 44.8	336 28.1	N20 25.2	143 20.9	S12 30.0	290 07.5	N 0 19.1	Acamar	315 20.0	S40 16.0
	01	130 22.1	191 21.8	44.3	351 31.4	25.5	158 22.8	29.8	305 10.0	19.2	Achernar	335 28.4	S57 11.4
	02	145 24.5	206 20.9	43.8	6 34.7	25.8	173 24.8	29.6	320 12.5	19.2	Acrux	173 12.1	S63 09.1
	03	160 27.0	221 20.0	. . 43.2	21 38.0	. . 26.1	188 26.7	. . 29.5	335 14.9	. . 19.2	Adhara	255 14.1	S28 59.2
	04	175 29.5	236 19.2	42.7	36 41.3	26.5	203 28.6	29.3	350 17.4	19.2	Aldebaran	290 52.0	N16 31.8
	05	190 31.9	251 18.3	42.1	51 44.6	26.8	218 30.6	29.1	5 19.9	19.2			
	06	205 34.4	266 17.4	S21 41.6	66 47.9	N20 27.1	233 32.5	S12 28.9	20 22.3	N 0 19.2	Alioth	166 22.6	N55 53.9
	07	220 36.9	281 16.5	41.1	81 51.2	27.4	248 34.5	28.7	35 24.8	19.3	Alkaid	153 00.7	N49 15.4
S	08	235 39.3	296 15.7	40.5	96 54.5	27.7	263 36.4	28.5	50 27.3	19.3	Al Na'ir	27 47.1	S46 54.8
A	09	250 41.8	311 14.8	. . 40.0	111 57.8	. . 28.1	278 38.3	. . 28.3	65 29.8	. . 19.3	Alnilam	275 48.6	S 1 11.8
T	10	265 44.2	326 13.9	39.4	127 01.1	28.4	293 40.3	28.1	80 32.2	19.3	Alphard	217 58.2	S 8 42.3
U	11	280 46.7	341 13.1	38.9	142 04.5	28.7	308 42.2	27.9	95 34.7	19.3			
R	12	295 49.2	356 12.2	S21 38.4	157 07.8	N20 29.0	323 44.1	S12 27.7	110 37.2	N 0 19.3	Alphecca	126 13.2	N26 40.6
D	13	310 51.6	11 11.3	37.8	172 11.1	29.3	338 46.1	27.5	125 39.6	19.4	Alpheratz	357 46.3	N29 09.0
A	14	325 54.1	26 10.5	37.3	187 14.4	29.7	353 48.0	27.3	140 42.1	19.4	Altair	62 11.0	N 8 53.7
Y	15	340 56.6	41 09.6	. . 36.7	202 17.7	. . 30.0	8 49.9	. . 27.1	155 44.6	. . 19.4	Ankaa	353 18.2	S42 15.2
	16	355 59.0	56 08.7	36.2	217 21.0	30.3	23 51.9	26.9	170 47.1	19.4	Antares	112 29.6	S26 27.2
	17	11 01.5	71 07.9	35.6	232 24.3	30.6	38 53.8	26.7	185 49.5	19.4			
	18	26 04.0	86 07.0	S21 35.1	247 27.6	N20 30.9	53 55.7	S12 26.5	200 52.0	N 0 19.4	Arcturus	145 58.0	N19 07.5
	19	41 06.4	101 06.1	34.5	262 31.0	31.3	68 57.7	26.3	215 54.5	19.4	Atria	107 34.1	S69 02.6
	20	56 08.9	116 05.3	34.0	277 34.3	31.6	83 59.6	26.1	230 57.0	19.5	Avior	234 18.5	S59 32.5
	21	71 11.4	131 04.4	. . 33.4	292 37.6	. . 31.9	99 01.5	. . 25.9	245 59.4	. . 19.5	Bellatrix	278 34.4	N 6 21.5
	22	86 13.8	146 03.5	32.8	307 40.9	32.2	114 03.5	25.7	261 01.9	19.5	Betelgeuse	271 03.7	N 7 24.5
	23	101 16.3	161 02.7	32.3	322 44.2	32.6	129 05.4	25.5	276 04.4	19.5			
17	00	116 18.7	176 01.8	S21 31.7	337 47.6	N20 32.9	144 07.3	S12 25.4	291 06.8	N 0 19.5	Canopus	263 56.7	S52 42.2
	01	131 21.2	191 01.0	31.2	352 50.9	33.2	159 09.3	25.2	306 09.3	19.5	Capella	280 37.7	N46 00.6
	02	146 23.7	206 00.1	30.6	7 54.2	33.5	174 11.2	25.0	321 11.8	19.6	Deneb	49 33.7	N45 19.1
	03	161 26.1	220 59.2	. . 30.0	22 57.5	. . 33.8	189 13.1	. . 24.8	336 14.3	. . 19.6	Denebola	182 36.0	N14 30.7
	04	176 28.6	235 58.4	29.5	38 00.9	34.2	204 15.1	24.6	351 16.7	19.6	Diphda	348 58.4	S17 55.9
	05	191 31.1	250 57.5	28.9	53 04.2	34.5	219 17.0	24.4	6 19.2	19.6			
	06	206 33.5	265 56.7	S21 28.4	68 07.5	N20 34.8	234 18.9	S12 24.2	21 21.7	N 0 19.6	Dubhe	193 54.0	N61 41.4
	07	221 36.0	280 55.8	27.8	83 10.8	35.1	249 20.9	24.0	36 24.2	19.7	Elnath	278 15.4	N28 37.0
	08	236 38.5	295 54.9	27.2	98 14.2	35.4	264 22.8	23.8	51 26.6	19.7	Eltanin	90 47.8	N51 29.1
S	09	251 40.9	310 54.1	. . 26.7	113 17.5	. . 35.8	279 24.7	. . 23.6	66 29.1	. . 19.7	Enif	33 49.9	N 9 55.3
U	10	266 43.4	325 53.2	26.1	128 20.8	36.1	294 26.7	23.4	81 31.6	19.7	Fomalhaut	15 26.9	S29 34.2
N	11	281 45.8	340 52.4	25.5	143 24.2	36.4	309 28.6	23.2	96 34.1	19.7			
D	12	296 48.3	355 51.5	S21 24.9	158 27.5	N20 36.7	324 30.5	S12 23.0	111 36.5	N 0 19.7	Gacrux	172 03.7	S57 10.0
A	13	311 50.8	10 50.7	24.4	173 30.8	37.1	339 32.5	22.8	126 39.0	19.8	Gienah	175 54.8	S17 35.9
Y	14	326 53.2	25 49.8	23.8	188 34.2	37.4	354 34.4	22.6	141 41.5	19.8	Hadar	148 51.7	S60 25.1
	15	341 55.7	40 48.9	. . 23.2	203 37.5	. . 37.7	9 36.3	. . 22.4	156 44.0	. . 19.8	Hamal	328 03.6	N23 30.8
	16	356 58.2	55 48.1	22.6	218 40.8	38.0	24 38.3	22.2	171 46.4	19.8	Kaus Aust.	83 47.5	S34 22.8
	17	12 00.6	70 47.2	22.1	233 44.2	38.3	39 40.2	22.0	186 48.9	19.8			
	18	27 03.1	85 46.4	S21 21.5	248 47.5	N20 38.7	54 42.1	S12 21.8	201 51.4	N 0 19.8	Kochab	137 20.0	N74 06.4
	19	42 05.6	100 45.5	20.9	263 50.9	39.0	69 44.1	21.6	216 53.9	19.9	Markab	13 41.0	N15 15.7
	20	57 08.0	115 44.7	20.3	278 54.2	39.3	84 46.0	21.4	231 56.3	19.9	Menkar	314 17.5	N 4 07.8
	21	72 10.5	130 43.8	. . 19.7	293 57.5	. . 39.6	99 47.9	. . 21.2	246 58.8	. . 19.9	Menkent	148 10.6	S36 25.1
	22	87 13.0	145 43.0	19.2	309 00.9	40.0	114 49.9	21.0	262 01.3	19.9	Miaplacidus	221 39.5	S69 45.5
	23	102 15.4	160 42.1	18.6	324 04.2	40.3	129 51.8	20.8	277 03.8	19.9			
18	00	117 17.9	175 41.3	S21 18.0	339 07.6	N20 40.6	144 53.7	S12 20.6	292 06.3	N 0 20.0	Mirfak	308 43.8	N49 54.1
	01	132 20.3	190 40.4	17.4	354 10.9	40.9	159 55.7	20.4	307 08.7	20.0	Nunki	76 01.7	S26 17.1
	02	147 22.8	205 39.6	16.8	9 14.3	41.2	174 57.6	20.2	322 11.2	20.0	Peacock	53 23.6	S56 42.2
	03	162 25.3	220 38.7	. . 16.2	24 17.6	. . 41.6	189 59.5	. . 20.0	337 13.7	. . 20.0	Pollux	243 30.3	N28 00.0
	04	177 27.7	235 37.9	15.6	39 21.0	41.9	205 01.4	19.9	352 16.2	20.0	Procyon	245 02.0	N 5 11.8
	05	192 30.2	250 37.0	15.1	54 24.3	42.2	220 03.4	19.7	7 18.6	20.1			
	06	207 32.7	265 36.2	S21 14.5	69 27.7	N20 42.5	235 05.3	S12 19.5	22 21.1	N 0 20.1	Rasalhague	96 09.0	N12 33.0
	07	222 35.1	280 35.3	13.9	84 31.0	42.9	250 07.2	19.3	37 23.6	20.1	Regulus	207 45.8	N11 54.9
	08	237 37.6	295 34.5	13.3	99 34.4	43.2	265 09.2	19.1	52 26.1	20.1	Rigel	281 14.2	S 8 11.5
M	09	252 40.1	310 33.6	. . 12.7	114 37.7	. . 43.5	280 11.1	. . 18.9	67 28.6	. . 20.1	Rigil Kent.	139 55.4	S60 52.4
O	10	267 42.5	325 32.8	12.1	129 41.1	43.8	295 13.0	18.7	82 31.0	20.2	Sabik	102 15.7	S15 44.3
N	11	282 45.0	340 31.9	11.5	144 44.4	44.2	310 15.0	18.5	97 33.5	20.2			
D	12	297 47.5	355 31.1	S21 10.9	159 47.8	N20 44.5	325 16.9	S12 18.3	112 36.0	N 0 20.2	Schedar	349 43.7	N56 35.9
A	13	312 49.9	10 30.2	10.3	174 51.2	44.8	340 18.8	18.1	127 38.5	20.2	Shaula	96 25.6	S37 06.6
Y	14	327 52.4	25 29.4	09.7	189 54.5	45.1	355 20.8	17.9	142 41.0	20.2	Sirius	258 35.6	S16 43.9
	15	342 54.8	40 28.5	. . 09.1	204 57.9	. . 45.4	10 22.7	. . 17.7	157 43.4	. . 20.2	Spica	158 33.9	S11 12.9
	16	357 57.3	55 27.7	08.5	220 01.2	45.8	25 24.6	17.5	172 45.9	20.3	Suhail	222 53.9	S43 28.4
	17	12 59.8	70 26.9	07.9	235 04.6	46.1	40 26.6	17.3	187 48.4	20.3			
	18	28 02.2	85 26.0	S21 07.3	250 08.0	N20 46.4	55 28.5	S12 17.1	202 50.9	N 0 20.3	Vega	80 41.1	N38 47.5
	19	43 04.7	100 25.2	06.7	265 11.3	46.7	70 30.4	16.9	217 53.4	20.3	Zuben'ubi	137 08.3	S16 05.1
	20	58 07.2	115 24.3	06.1	280 14.7	47.1	85 32.3	16.7	232 55.8	20.3			
	21	73 09.6	130 23.5	. . 05.5	295 18.1	. . 47.4	100 34.3	. . 16.5	247 58.3	. . 20.4			
	22	88 12.1	145 22.6	04.8	310 21.4	47.7	115 36.2	16.3	263 00.8	20.4			
	23	103 14.6	160 21.8	04.2	325 24.8	48.0	130 38.1	16.1	278 03.3	20.4			
Mer. Pass.		h m 16 12.1	v −0.9	d 0.6	v 3.3	d 0.3	v 1.9	d 0.2	v 2.5	d 0.0			

	SHA	Mer. Pass.
	° ′	h m
Venus	59 43.1	12 17
Mars	221 28.8	1 29
Jupiter	27 48.6	14 22
Saturn	174 48.1	4 35

	UT	SUN GHA	SUN Dec	MOON GHA	*v*	MOON Dec	*d*	HP
	d h	° ′	° ′	° ′	′	° ′	′	′
	16 00	177 36.4	S20 59.8	169 59.4	13.8	S18 19.5	9.4	54.0
	01	192 36.2	59.3	184 32.2	14.0	18 10.1	9.6	54.0
	02	207 36.0	58.8	199 05.2	13.9	18 00.5	9.5	54.0
	03	222 35.8	. . 58.4	213 38.1	14.1	17 51.0	9.7	54.0
	04	237 35.5	57.9	228 11.2	14.1	17 41.3	9.7	54.0
	05	252 35.3	57.4	242 44.3	14.1	17 31.6	9.8	54.0
	06	267 35.1	S20 56.9	257 17.4	14.3	S17 21.8	9.9	54.0
	07	282 34.9	56.5	271 50.7	14.2	17 11.9	9.9	54.0
S	08	297 34.7	56.0	286 23.9	14.4	17 02.0	10.0	54.0
A	09	312 34.5	. . 55.5	300 57.3	14.3	16 52.0	10.1	54.0
T	10	327 34.3	55.0	315 30.6	14.5	16 41.9	10.1	54.0
U	11	342 34.0	54.6	330 04.1	14.5	16 31.8	10.2	54.0
R	12	357 33.8	S20 54.1	344 37.6	14.5	S16 21.6	10.3	54.0
D	13	12 33.6	53.6	359 11.1	14.6	16 11.3	10.3	54.0
A	14	27 33.4	53.1	13 44.7	14.7	16 01.0	10.4	54.0
Y	15	42 33.2	. . 52.6	28 18.4	14.7	15 50.6	10.4	54.0
	16	57 33.0	52.2	42 52.1	14.7	15 40.2	10.6	54.0
	17	72 32.8	51.7	57 25.8	14.8	15 29.6	10.5	54.0
	18	87 32.6	S20 51.2	71 59.6	14.9	S15 19.1	10.7	54.0
	19	102 32.3	50.7	86 33.5	14.9	15 08.4	10.7	54.0
	20	117 32.1	50.2	101 07.4	15.0	14 57.7	10.7	54.0
	21	132 31.9	. . 49.7	115 41.4	15.0	14 47.0	10.8	54.0
	22	147 31.7	49.2	130 15.4	15.0	14 36.2	10.9	54.0
	23	162 31.5	48.8	144 49.4	15.2	14 25.3	10.9	54.0
	17 00	177 31.3	S20 48.3	159 23.6	15.1	S14 14.4	11.0	54.0
	01	192 31.1	47.8	173 57.7	15.2	14 03.4	11.0	54.0
	02	207 30.9	47.3	188 31.9	15.3	13 52.4	11.1	54.0
	03	222 30.7	. . 46.8	203 06.2	15.3	13 41.3	11.1	54.0
	04	237 30.5	46.3	217 40.5	15.3	13 30.2	11.2	54.0
	05	252 30.2	45.8	232 14.8	15.4	13 19.0	11.3	54.0
	06	267 30.0	S20 45.3	246 49.2	15.4	S13 07.7	11.3	54.0
	07	282 29.8	44.8	261 23.6	15.5	12 56.4	11.3	54.0
	08	297 29.6	44.3	275 58.1	15.5	12 45.1	11.4	54.0
S	09	312 29.4	. . 43.9	290 32.6	15.6	12 33.7	11.4	54.0
U	10	327 29.2	43.4	305 07.2	15.5	12 22.3	11.5	54.0
N	11	342 29.0	42.9	319 41.7	15.7	12 10.8	11.5	54.0
D	12	357 28.8	S20 42.4	334 16.4	15.7	S11 59.3	11.6	54.0
A	13	12 28.6	41.9	348 51.1	15.7	11 47.7	11.6	54.0
Y	14	27 28.4	41.4	3 25.8	15.7	11 36.1	11.7	54.0
	15	42 28.2	. . 40.9	18 00.5	15.8	11 24.4	11.7	54.0
	16	57 28.0	40.4	32 35.3	15.9	11 12.7	11.7	54.0
	17	72 27.8	39.9	47 10.2	15.8	11 01.0	11.8	54.0
	18	87 27.6	S20 39.4	61 45.0	15.9	S10 49.2	11.9	54.0
	19	102 27.4	38.9	76 19.9	16.0	10 37.3	11.8	54.0
	20	117 27.2	38.4	90 54.9	15.9	10 25.5	11.9	54.0
	21	132 27.0	. . 37.9	105 29.8	16.0	10 13.6	12.0	54.0
	22	147 26.8	37.4	120 04.8	16.1	10 01.6	12.0	54.0
	23	162 26.6	36.9	134 39.9	16.0	9 49.6	12.0	54.0
	18 00	177 26.4	S20 36.4	149 14.9	16.1	S 9 37.6	12.1	54.0
	01	192 26.1	35.9	163 50.0	16.2	9 25.5	12.1	54.0
	02	207 25.9	35.4	178 25.2	16.1	9 13.4	12.1	54.0
	03	222 25.7	. . 34.9	193 00.3	16.2	9 01.3	12.2	54.0
	04	237 25.5	34.3	207 35.5	16.2	8 49.1	12.2	54.0
	05	252 25.3	33.8	222 10.7	16.3	8 36.9	12.2	54.0
	06	267 25.1	S20 33.3	236 46.0	16.2	S 8 24.7	12.3	54.0
	07	282 24.9	32.8	251 21.2	16.3	8 12.4	12.3	54.0
	08	297 24.7	32.3	265 56.5	16.3	8 00.1	12.3	54.0
M	09	312 24.5	. . 31.8	280 31.8	16.4	7 47.8	12.4	54.0
O	10	327 24.3	31.3	295 07.2	16.3	7 35.4	12.4	54.0
N	11	342 24.1	30.8	309 42.5	16.4	7 23.0	12.4	54.0
D	12	357 23.9	S20 30.3	324 17.9	16.4	S 7 10.6	12.4	54.1
A	13	12 23.8	29.8	338 53.3	16.4	6 58.2	12.5	54.1
Y	14	27 23.6	29.2	353 28.7	16.5	6 45.7	12.5	54.1
	15	42 23.4	. . 28.7	8 04.2	16.4	6 33.2	12.5	54.1
	16	57 23.2	28.2	22 39.6	16.5	6 20.7	12.6	54.1
	17	72 23.0	27.7	37 15.1	16.5	6 08.1	12.6	54.1
	18	87 22.8	S20 27.2	51 50.6	16.5	S 5 55.5	12.6	54.1
	19	102 22.6	26.7	66 26.1	16.5	5 42.9	12.6	54.1
	20	117 22.4	26.1	81 01.6	16.6	5 30.3	12.6	54.1
	21	132 22.2	. . 25.6	95 37.2	16.5	5 17.7	12.7	54.1
	22	147 22.0	25.1	110 12.7	16.6	5 05.0	12.7	54.1
	23	162 21.8	24.6	124 48.3	16.6	S 4 52.3	12.7	54.1
		SD 16.3	*d* 0.5	SD	14.7	14.7		14.7

Lat.	Twilight Naut.	Twilight Civil	Sunrise	Moonrise 16	17	18	19
°	h m	h m	h m	h m	h m	h m	h m
N 72	07 56	09 44	▬	11 25	10 30	09 58	09 32
N 70	07 42	09 12	11 43	10 41	10 09	09 47	09 28
68	07 30	08 49	10 24	10 11	09 52	09 38	09 25
66	07 21	08 31	09 47	09 49	09 39	09 30	09 22
64	07 13	08 16	09 21	09 31	09 27	09 24	09 20
62	07 05	08 03	09 01	09 16	09 18	09 18	09 18
60	06 59	07 52	08 45	09 04	09 09	09 14	09 17
N 58	06 53	07 43	08 31	08 53	09 02	09 09	09 15
56	06 48	07 35	08 19	08 44	08 56	09 05	09 14
54	06 43	07 27	08 09	08 35	08 50	09 02	09 13
52	06 38	07 21	07 59	08 28	08 45	08 59	09 12
50	06 34	07 14	07 51	08 21	08 40	08 56	09 11
45	06 25	07 01	07 34	08 06	08 29	08 50	09 09
N 40	06 16	06 50	07 19	07 54	08 21	08 44	09 07
35	06 09	06 40	07 07	07 44	08 13	08 40	09 05
30	06 01	06 31	06 56	07 35	08 07	08 36	09 04
20	05 47	06 14	06 38	07 19	07 55	08 29	09 01
N 10	05 33	05 59	06 22	07 06	07 45	08 23	08 59
0	05 19	05 44	06 06	06 53	07 36	08 17	08 57
S 10	05 02	05 28	05 51	06 40	07 26	08 11	08 55
20	04 42	05 10	05 34	06 26	07 16	08 05	08 53
30	04 16	04 49	05 15	06 10	07 05	07 58	08 51
35	04 00	04 35	05 04	06 01	06 58	07 54	08 49
40	03 40	04 19	04 51	05 50	06 50	07 49	08 48
45	03 14	04 00	04 35	05 38	06 41	07 44	08 46
S 50	02 38	03 35	04 16	05 22	06 30	07 37	08 44
52	02 18	03 23	04 07	05 15	06 25	07 34	08 43
54	01 53	03 08	03 57	05 07	06 19	07 31	08 42
56	01 14	02 51	03 45	04 58	06 13	07 27	08 40
58	////	02 30	03 32	04 48	06 06	07 23	08 39
S 60	////	02 03	03 16	04 36	05 58	07 18	08 38

Lat.	Sunset	Twilight Civil	Twilight Naut.	Moonset 16	17	18	19
°	h m	h m	h m	h m	h m	h m	h m
N 72	▬	14 37	16 25	15 01	17 25	19 23	21 15
N 70	12 38	15 09	16 39	15 44	17 44	19 31	21 15
68	13 57	15 32	16 51	16 12	17 59	19 38	21 15
66	14 34	15 50	17 00	16 33	18 11	19 44	21 15
64	15 00	16 05	17 08	16 50	18 21	19 49	21 15
62	15 20	16 18	17 16	17 04	18 30	19 53	21 15
60	15 36	16 28	17 22	17 15	18 37	19 57	21 16
N 58	15 50	16 38	17 28	17 25	18 43	20 00	21 16
56	16 02	16 46	17 33	17 34	18 49	20 02	21 16
54	16 12	16 53	17 38	17 42	18 54	20 05	21 16
52	16 21	17 00	17 42	17 49	18 58	20 07	21 16
50	16 29	17 06	17 46	17 55	19 03	20 09	21 16
45	16 47	17 20	17 56	18 08	19 11	20 14	21 16
N 40	17 01	17 31	18 04	18 19	19 19	20 18	21 16
35	17 13	17 41	18 12	18 28	19 25	20 21	21 16
30	17 24	17 50	18 19	18 37	19 30	20 24	21 16
20	17 42	18 06	18 33	18 50	19 40	20 28	21 16
N 10	17 59	18 21	18 47	19 03	19 48	20 33	21 17
0	18 14	18 36	19 02	19 14	19 56	20 37	21 17
S 10	18 29	18 52	19 18	19 25	20 04	20 40	21 17
20	18 46	19 10	19 38	19 37	20 12	20 45	21 17
30	19 05	19 31	20 03	19 50	20 21	20 49	21 17
35	19 16	19 45	20 20	19 58	20 26	20 52	21 17
40	19 29	20 00	20 39	20 07	20 32	20 55	21 17
45	19 44	20 19	21 05	20 17	20 39	20 58	21 17
S 50	20 03	20 44	21 41	20 30	20 47	21 02	21 17
52	20 12	20 56	22 00	20 35	20 51	21 04	21 17
54	20 22	21 11	22 25	20 42	20 55	21 06	21 17
56	20 34	21 27	23 01	20 49	20 59	21 09	21 17
58	20 47	21 48	////	20 56	21 04	21 11	21 17
S 60	21 03	22 14	////	21 05	21 10	21 14	21 17

Day	SUN Eqn. of Time 00^h	SUN Eqn. of Time 12^h	SUN Mer. Pass.	MOON Mer. Pass. Upper	MOON Mer. Pass. Lower	MOON Age	MOON Phase
d	m s	m s	h m	h m	h m	d %	
16	09 34	09 44	12 10	13 03	00 41	01 1	
17	09 54	10 04	12 10	13 46	01 25	02 4	●
18	10 14	10 24	12 10	14 27	02 06	03 9	

UT		ARIES	VENUS −4.0		MARS −1.2		JUPITER −2.1		SATURN +0.8	
		GHA	GHA	Dec	GHA	Dec	GHA	Dec	GHA	Dec
d h		° ′	° ′	° ′	° ′	° ′	° ′	° ′	° ′	° ′
19 00		118 17.0	175 21.0	S21 03.6	340 28.2	N20 48.4	145 40.1	S12 15.9	293 05.8	N 0 20.4
01		133 19.5	190 20.1	03.0	355 31.5	48.7	160 42.0	15.7	308 08.3	20.5
02		148 21.9	205 19.3	02.4	10 34.9	49.0	175 43.9	15.5	323 10.7	20.5
03		163 24.4	220 18.4	. . 01.8	25 38.3	. . 49.3	190 45.8	. . 15.3	338 13.2	. . 20.5
04		178 26.9	235 17.6	01.2	40 41.6	49.6	205 47.8	15.1	353 15.7	20.5
05		193 29.3	250 16.8	21 00.5	55 45.0	50.0	220 49.7	14.9	8 18.2	20.5
06		208 31.8	265 15.9	S20 59.9	70 48.4	N20 50.3	235 51.6	S12 14.7	23 20.7	N 0 20.6
07		223 34.3	280 15.1	59.3	85 51.8	50.6	250 53.6	14.5	38 23.1	20.6
08	T	238 36.7	295 14.3	58.7	100 55.1	50.9	265 55.5	14.3	53 25.6	20.6
09	U	253 39.2	310 13.4	. . 58.1	115 58.5	. . 51.3	280 57.4	. . 14.1	68 28.1	. . 20.6
10	E	268 41.7	325 12.6	57.4	131 01.9	51.6	295 59.4	13.9	83 30.6	20.6
11	S	283 44.1	340 11.8	56.8	146 05.3	51.9	311 01.3	13.7	98 33.1	20.7
12	D	298 46.6	355 10.9	S20 56.2	161 08.6	N20 52.2	326 03.2	S12 13.5	113 35.6	N 0 20.7
13	A	313 49.1	10 10.1	55.6	176 12.0	52.6	341 05.1	13.3	128 38.0	20.7
14	Y	328 51.5	25 09.3	55.0	191 15.4	52.9	356 07.1	13.1	143 40.5	20.7
15		343 54.0	40 08.4	. . 54.3	206 18.8	. . 53.2	11 09.0	. . 12.9	158 43.0	. . 20.7
16		358 56.4	55 07.6	53.7	221 22.2	53.5	26 10.9	12.7	173 45.5	20.8
17		13 58.9	70 06.8	53.1	236 25.6	53.8	41 12.9	12.5	188 48.0	20.8
18		29 01.4	85 05.9	S20 52.4	251 28.9	N20 54.2	56 14.8	S12 12.3	203 50.5	N 0 20.8
19		44 03.8	100 05.1	51.8	266 32.3	54.5	71 16.7	12.1	218 53.0	20.8
20		59 06.3	115 04.3	51.2	281 35.7	54.8	86 18.6	11.9	233 55.4	20.9
21		74 08.8	130 03.4	. . 50.5	296 39.1	. . 55.1	101 20.6	. . 11.7	248 57.9	. . 20.9
22		89 11.2	145 02.6	49.9	311 42.5	55.5	116 22.5	11.5	264 00.4	20.9
23		104 13.7	160 01.8	49.3	326 45.9	55.8	131 24.4	11.3	279 02.9	20.9
20 00		119 16.2	175 00.9	S20 48.6	341 49.3	N20 56.1	146 26.4	S12 11.1	294 05.4	N 0 20.9
01		134 18.6	190 00.1	48.0	356 52.6	56.4	161 28.3	10.9	309 07.9	21.0
02		149 21.1	204 59.3	47.3	11 56.0	56.8	176 30.2	10.7	324 10.4	21.0
03		164 23.5	219 58.5	. . 46.7	26 59.4	. . 57.1	191 32.1	. . 10.5	339 12.8	. . 21.0
04		179 26.0	234 57.6	46.1	42 02.8	57.4	206 34.1	10.3	354 15.3	21.0
05		194 28.5	249 56.8	45.4	57 06.2	57.7	221 36.0	10.1	9 17.8	21.1
06		209 30.9	264 56.0	S20 44.8	72 09.6	N20 58.0	236 37.9	S12 09.9	24 20.3	N 0 21.1
07	W	224 33.4	279 55.2	44.1	87 13.0	58.4	251 39.8	09.7	39 22.8	21.1
08	E	239 35.9	294 54.3	43.5	102 16.4	58.7	266 41.8	09.5	54 25.3	21.1
09	D	254 38.3	309 53.5	. . 42.8	117 19.8	. . 59.0	281 43.7	. . 09.3	69 27.8	. . 21.1
10	N	269 40.8	324 52.7	42.2	132 23.2	59.3	296 45.6	09.1	84 30.3	21.2
11	E	284 43.3	339 51.9	41.5	147 26.6	20 59.7	311 47.6	08.9	99 32.7	21.2
12	S	299 45.7	354 51.0	S20 40.9	162 30.0	N21 00.0	326 49.5	S12 08.7	114 35.2	N 0 21.2
13	D	314 48.2	9 50.2	40.2	177 33.4	00.3	341 51.4	08.5	129 37.7	21.2
14	A	329 50.7	24 49.4	39.6	192 36.8	00.6	356 53.3	08.3	144 40.2	21.3
15	Y	344 53.1	39 48.6	. . 38.9	207 40.2	. . 01.0	11 55.3	. . 08.1	159 42.7	. . 21.3
16		359 55.6	54 47.8	38.3	222 43.6	01.3	26 57.2	07.9	174 45.2	21.3
17		14 58.0	69 46.9	37.6	237 47.0	01.6	41 59.1	07.7	189 47.7	21.3
18		30 00.5	84 46.1	S20 37.0	252 50.4	N21 01.9	57 01.0	S12 07.5	204 50.2	N 0 21.4
19		45 03.0	99 45.3	36.3	267 53.8	02.2	72 03.0	07.3	219 52.6	21.4
20		60 05.4	114 44.5	35.7	282 57.2	02.6	87 04.9	07.1	234 55.1	21.4
21		75 07.9	129 43.7	. . 35.0	298 00.6	. . 02.9	102 06.8	. . 06.9	249 57.6	. . 21.4
22		90 10.4	144 42.8	34.3	313 04.0	03.2	117 08.7	06.7	265 00.1	21.4
23		105 12.8	159 42.0	33.7	328 07.4	03.5	132 10.7	06.5	280 02.6	21.5
21 00		120 15.3	174 41.2	S20 33.0	343 10.8	N21 03.9	147 12.6	S12 06.3	295 05.1	N 0 21.5
01		135 17.8	189 40.4	32.3	358 14.2	04.2	162 14.5	06.1	310 07.6	21.5
02		150 20.2	204 39.6	31.7	13 17.6	04.5	177 16.4	05.9	325 10.1	21.5
03		165 22.7	219 38.8	. . 31.0	28 21.1	. . 04.8	192 18.4	. . 05.7	340 12.6	. . 21.6
04		180 25.2	234 37.9	30.4	43 24.5	05.1	207 20.3	05.5	355 15.1	21.6
05		195 27.6	249 37.1	29.7	58 27.9	05.5	222 22.2	05.3	10 17.5	21.6
06		210 30.1	264 36.3	S20 29.0	73 31.3	N21 05.8	237 24.2	S12 05.1	25 20.0	N 0 21.6
07		225 32.5	279 35.5	28.3	88 34.7	06.1	252 26.1	04.9	40 22.5	21.7
08	T	240 35.0	294 34.7	27.7	103 38.1	06.4	267 28.0	04.7	55 25.0	21.7
09	H	255 37.5	309 33.9	. . 27.0	118 41.5	. . 06.8	282 29.9	. . 04.5	70 27.5	. . 21.7
10	U	270 39.9	324 33.1	26.3	133 44.9	07.1	297 31.9	04.3	85 30.0	21.7
11	R	285 42.4	339 32.3	25.7	148 48.4	07.4	312 33.8	04.1	100 32.5	21.8
12	S	300 44.9	354 31.4	S20 25.0	163 51.8	N21 07.7	327 35.7	S12 03.9	115 35.0	N 0 21.8
13	D	315 47.3	9 30.6	24.3	178 55.2	08.0	342 37.6	03.7	130 37.5	21.8
14	A	330 49.8	24 29.8	23.6	193 58.6	08.4	357 39.6	03.5	145 40.0	21.8
15	Y	345 52.3	39 29.0	. . 22.9	209 02.0	. . 08.7	12 41.5	. . 03.3	160 42.5	. . 21.9
16		0 54.7	54 28.2	22.3	224 05.5	09.0	27 43.4	03.1	175 45.0	21.9
17		15 57.2	69 27.4	21.6	239 08.9	09.3	42 45.3	02.9	190 47.5	21.9
18		30 59.6	84 26.6	S20 20.9	254 12.3	N21 09.6	57 47.3	S12 02.7	205 49.9	N 0 21.9
19		46 02.1	99 25.8	20.2	269 15.7	10.0	72 49.2	02.5	220 52.4	22.0
20		61 04.6	114 25.0	19.5	284 19.1	10.3	87 51.1	02.3	235 54.9	22.0
21		76 07.0	129 24.2	. . 18.9	299 22.6	. . 10.6	102 53.0	. . 02.1	250 57.4	. . 22.0
22		91 09.5	144 23.4	18.2	314 26.0	10.9	117 55.0	01.9	265 59.9	22.0
23		106 12.0	159 22.6	17.5	329 29.4	11.2	132 56.9	01.7	281 02.4	22.1
Mer. Pass.		h m 16 00.3	v −0.8	d 0.7	v 3.4	d 0.3	v 1.9	d 0.2	v 2.5	d 0.0

STARS		
Name	SHA	Dec
	° ′	° ′
Acamar	315 20.0	S40 16.0
Achernar	335 28.5	S57 11.4
Acrux	173 12.0	S63 09.2
Adhara	255 14.1	S28 59.3
Aldebaran	290 52.0	N16 31.8
Alioth	166 22.5	N55 53.9
Alkaid	153 00.7	N49 15.4
Al Na'ir	27 47.1	S46 54.8
Alnilam	275 48.6	S 1 11.8
Alphard	217 58.2	S 8 42.3
Alphecca	126 13.2	N26 40.6
Alpheratz	357 46.3	N29 09.0
Altair	62 11.0	N 8 53.7
Ankaa	353 18.2	S42 15.2
Antares	112 29.6	S26 27.2
Arcturus	145 58.0	N19 07.5
Atria	107 34.1	S69 02.6
Avior	234 18.5	S59 32.5
Bellatrix	278 34.4	N 6 21.5
Betelgeuse	271 03.7	N 7 24.5
Canopus	263 56.7	S52 42.2
Capella	280 37.7	N46 00.6
Deneb	49 33.7	N45 19.0
Denebola	182 36.0	N14 30.7
Diphda	348 58.4	S17 55.9
Dubhe	193 54.0	N61 41.4
Elnath	278 15.4	N28 37.0
Eltanin	90 47.8	N51 29.1
Enif	33 49.9	N 9 55.3
Fomalhaut	15 26.9	S29 34.2
Gacrux	172 03.6	S57 10.1
Gienah	175 54.7	S17 36.0
Hadar	148 51.6	S60 25.1
Hamal	328 03.6	N23 30.8
Kaus Aust.	83 47.5	S34 22.8
Kochab	137 19.9	N74 06.4
Markab	13 41.1	N15 15.7
Menkar	314 17.5	N 4 07.8
Menkent	148 10.6	S36 25.1
Miaplacidus	221 39.5	S69 45.5
Mirfak	308 43.8	N49 54.1
Nunki	76 01.7	S26 17.1
Peacock	53 23.6	S56 42.2
Pollux	243 30.3	N28 00.0
Procyon	245 02.0	N 5 11.8
Rasalhague	96 09.0	N12 33.0
Regulus	207 45.8	N11 54.9
Rigel	281 14.2	S 8 11.5
Rigil Kent.	139 55.4	S60 52.4
Sabik	102 15.6	S15 44.3
Schedar	349 43.7	N56 35.9
Shaula	96 25.6	S37 06.6
Sirius	258 35.6	S16 43.9
Spica	158 33.8	S11 12.9
Suhail	222 53.9	S43 28.4
Vega	80 41.1	N38 47.5
Zuben'ubi	137 08.3	S16 05.1

	SHA	Mer. Pass.
	° ′	h m
Venus	55 44.8	12 21
Mars	222 33.1	1 12
Jupiter	27 10.2	14 12
Saturn	174 49.2	4 23

UT d	UT h	SUN GHA ° ′	SUN Dec ° ′	MOON GHA ° ′	MOON v ′	MOON Dec ° ′	MOON d ′	MOON HP ′
19 TUESDAY	00	177 21.6	S20 24.1	139 23.9	16.5	S 4 39.6	12.7	54.1
	01	192 21.4	23.6	153 59.4	16.6	4 26.9	12.8	54.2
	02	207 21.2	23.0	168 35.0	16.6	4 14.1	12.7	54.2
	03	222 21.0	. . 22.5	183 10.6	16.6	4 01.4	12.8	54.2
	04	237 20.8	22.0	197 46.2	16.7	3 48.6	12.8	54.2
	05	252 20.6	21.5	212 21.9	16.6	3 35.8	12.9	54.2
	06	267 20.4	S20 20.9	226 57.5	16.6	S 3 22.9	12.8	54.2
	07	282 20.2	20.4	241 33.1	16.6	3 10.1	12.8	54.2
	08	297 20.0	19.9	256 08.7	16.7	2 57.3	12.9	54.2
	09	312 19.9	. . 19.4	270 44.4	16.6	2 44.4	12.9	54.2
	10	327 19.7	18.8	285 20.0	16.6	2 31.5	12.9	54.2
	11	342 19.5	18.3	299 55.6	16.7	2 18.6	12.9	54.3
	12	357 19.3	S20 17.8	314 31.3	16.6	S 2 05.7	12.9	54.3
	13	12 19.1	17.3	329 06.9	16.6	1 52.8	12.9	54.3
	14	27 18.9	16.7	343 42.5	16.6	1 39.9	13.0	54.3
	15	42 18.7	. . 16.2	358 18.1	16.7	1 26.9	12.9	54.3
	16	57 18.5	15.7	12 53.8	16.6	1 14.0	13.0	54.3
	17	72 18.3	15.1	27 29.4	16.6	1 01.0	12.9	54.3
	18	87 18.1	S20 14.6	42 05.0	16.6	S 0 48.1	13.0	54.3
	19	102 18.0	14.1	56 40.6	16.6	0 35.1	13.0	54.3
	20	117 17.8	13.5	71 16.2	16.6	0 22.1	13.0	54.4
	21	132 17.6	. . 13.0	85 51.8	16.5	S 0 09.1	13.0	54.4
	22	147 17.4	12.5	100 27.3	16.6	N 0 03.9	13.0	54.4
	23	162 17.2	11.9	115 02.9	16.6	0 16.9	13.0	54.4
20 WEDNESDAY	00	177 17.0	S20 11.4	129 38.5	16.5	N 0 29.9	13.0	54.4
	01	192 16.8	10.9	144 14.0	16.5	0 42.9	13.0	54.4
	02	207 16.6	10.3	158 49.5	16.5	0 55.9	13.0	54.4
	03	222 16.5	. . 09.8	173 25.0	16.5	1 08.9	13.0	54.5
	04	237 16.3	09.2	188 00.5	16.5	1 21.9	13.0	54.5
	05	252 16.1	08.7	202 36.0	16.5	1 34.9	13.0	54.5
	06	267 15.9	S20 08.2	217 11.5	16.4	N 1 47.9	13.0	54.5
	07	282 15.7	07.6	231 46.9	16.4	2 00.9	13.1	54.5
	08	297 15.5	07.1	246 22.3	16.4	2 14.0	13.0	54.5
	09	312 15.4	. . 06.5	260 57.7	16.4	2 27.0	13.0	54.6
	10	327 15.2	06.0	275 33.1	16.3	2 40.0	13.0	54.6
	11	342 15.0	05.5	290 08.4	16.3	2 53.0	13.0	54.6
	12	357 14.8	S20 04.9	304 43.7	16.3	N 3 06.0	13.0	54.6
	13	12 14.6	04.4	319 19.0	16.3	3 19.0	13.0	54.6
	14	27 14.4	03.8	333 54.3	16.3	3 32.0	12.9	54.6
	15	42 14.3	. . 03.3	348 29.6	16.2	3 44.9	13.0	54.7
	16	57 14.1	02.7	3 04.8	16.2	3 57.9	13.0	54.7
	17	72 13.9	02.2	17 40.0	16.1	4 10.9	13.0	54.7
	18	87 13.7	S20 01.6	32 15.1	16.1	N 4 23.9	12.9	54.7
	19	102 13.5	01.1	46 50.2	16.1	4 36.8	12.9	54.7
	20	117 13.4	00.5	61 25.3	16.1	4 49.7	13.0	54.7
	21	132 13.2	20 00.0	76 00.4	16.0	5 02.7	12.9	54.8
	22	147 13.0	19 59.4	90 35.4	16.0	5 15.6	12.9	54.8
	23	162 12.8	58.9	105 10.4	15.9	5 28.5	12.9	54.8
21 THURSDAY	00	177 12.6	S19 58.3	119 45.3	15.9	N 5 41.4	12.9	54.8
	01	192 12.5	57.8	134 20.2	15.9	5 54.3	12.9	54.8
	02	207 12.3	57.2	148 55.1	15.8	6 07.2	12.8	54.9
	03	222 12.1	. . 56.7	163 29.9	15.8	6 20.0	12.9	54.9
	04	237 11.9	56.1	178 04.7	15.8	6 32.9	12.8	54.9
	05	252 11.7	55.6	192 39.5	15.7	6 45.7	12.8	54.9
	06	267 11.6	S19 55.0	207 14.2	15.6	N 6 58.5	12.8	54.9
	07	282 11.4	54.5	221 48.8	15.6	7 11.3	12.7	55.0
	08	297 11.2	53.9	236 23.4	15.6	7 24.0	12.8	55.0
	09	312 11.0	. . 53.3	250 58.0	15.5	7 36.8	12.7	55.0
	10	327 10.9	52.8	265 32.5	15.4	7 49.5	12.7	55.0
	11	342 10.7	52.2	280 06.9	15.5	8 02.2	12.7	55.1
	12	357 10.5	S19 51.7	294 41.4	15.3	N 8 14.9	12.7	55.1
	13	12 10.3	51.1	309 15.7	15.3	8 27.6	12.6	55.1
	14	27 10.2	50.5	323 50.0	15.3	8 40.2	12.6	55.1
	15	42 10.0	. . 50.0	338 24.3	15.2	8 52.8	12.6	55.1
	16	57 09.8	49.4	352 58.5	15.1	9 05.4	12.6	55.2
	17	72 09.6	48.9	7 32.6	15.1	9 18.0	12.5	55.2
	18	87 09.5	S19 48.3	22 06.7	15.0	N 9 30.5	12.5	55.2
	19	102 09.3	47.7	36 40.7	15.0	9 43.0	12.5	55.2
	20	117 09.1	47.2	51 14.7	14.9	9 55.5	12.4	55.3
	21	132 09.0	. . 46.6	65 48.6	14.9	10 07.9	12.5	55.3
	22	147 08.8	46.0	80 22.5	14.7	10 20.4	12.3	55.3
	23	162 08.6	45.5	94 56.2	14.8	N10 32.7	12.4	55.3
		SD 16.3	d 0.5	SD 14.8		14.9		15.0

Lat.	Twilight Naut.	Twilight Civil	Sunrise	Moonrise 19	Moonrise 20	Moonrise 21	Moonrise 22
°	h m	h m	h m	h m	h m	h m	h m
N 72	07 48	09 31	■	09 32	09 07	08 41	08 08
N 70	07 35	09 02	11 06	09 28	09 10	08 51	08 29
68	07 25	08 41	10 10	09 25	09 13	09 00	08 45
66	07 16	08 24	09 37	09 22	09 15	09 07	08 59
64	07 08	08 10	09 14	09 20	09 17	09 13	09 10
62	07 01	07 58	08 55	09 18	09 19	09 19	09 20
60	06 55	07 48	08 39	09 17	09 20	09 23	09 28
N 58	06 50	07 39	08 26	09 15	09 21	09 28	09 35
56	06 45	07 31	08 15	09 14	09 22	09 31	09 42
54	06 40	07 24	08 05	09 13	09 23	09 35	09 48
52	06 36	07 18	07 56	09 12	09 24	09 38	09 53
50	06 32	07 12	07 48	09 11	09 25	09 41	09 58
45	06 23	06 59	07 32	09 09	09 27	09 47	10 08
N 40	06 15	06 48	07 18	09 07	09 29	09 52	10 17
35	06 08	06 39	07 06	09 05	09 30	09 56	10 24
30	06 01	06 30	06 56	09 04	09 32	10 00	10 31
20	05 47	06 14	06 38	09 01	09 34	10 07	10 42
N 10	05 34	06 00	06 22	08 59	09 36	10 13	10 53
0	05 20	05 45	06 07	08 57	09 38	10 19	11 02
S 10	05 04	05 30	05 52	08 55	09 39	10 25	11 12
20	04 44	05 13	05 36	08 53	09 41	10 31	11 22
30	04 19	04 51	05 18	08 51	09 44	10 38	11 34
35	04 04	04 38	05 07	08 49	09 45	10 42	11 41
40	03 44	04 23	04 54	08 48	09 47	10 47	11 49
45	03 19	04 04	04 39	08 46	09 49	10 52	11 58
S 50	02 45	03 40	04 21	08 44	09 51	10 59	12 09
52	02 27	03 29	04 12	08 43	09 52	11 02	12 15
54	02 03	03 15	04 02	08 42	09 53	11 05	12 20
56	01 30	02 59	03 51	08 40	09 54	11 09	12 27
58	////	02 39	03 39	08 39	09 55	11 13	12 34
S 60	////	02 14	03 24	08 38	09 57	11 18	12 42

Lat.	Sunset	Twilight Civil	Twilight Naut.	Moonset 19	Moonset 20	Moonset 21	Moonset 22
°	h m	h m	h m	h m	h m	h m	h m
N 72	■	14 52	16 35	21 15	23 07	25 09	01 09
N 70	13 17	15 20	16 48	21 15	22 59	24 50	00 50
68	14 13	15 42	16 58	21 15	22 53	24 35	00 35
66	14 45	15 59	17 07	21 15	22 47	24 23	00 23
64	15 09	16 13	17 15	21 15	22 43	24 13	00 13
62	15 28	16 24	17 22	21 15	22 39	24 05	00 05
60	15 43	16 34	17 28	21 16	22 35	23 58	25 24
N 58	15 56	16 43	17 33	21 16	22 32	23 51	25 14
56	16 08	16 51	17 38	21 16	22 30	23 46	25 05
54	16 17	16 58	17 42	21 16	22 27	23 41	24 57
52	16 26	17 05	17 46	21 16	22 25	23 36	24 50
50	16 34	17 10	17 50	21 16	22 23	23 32	24 44
45	16 51	17 23	17 59	21 16	22 19	23 24	24 31
N 40	17 05	17 34	18 07	21 16	22 15	23 16	24 20
35	17 16	17 44	18 15	21 16	22 12	23 10	24 10
30	17 27	17 52	18 21	21 16	22 10	23 05	24 02
20	17 44	18 08	18 35	21 16	22 05	22 55	23 48
N 10	18 00	18 22	18 48	21 17	22 01	22 47	23 35
0	18 15	18 37	19 02	21 17	21 57	22 39	23 24
S 10	18 29	18 52	19 18	21 17	21 53	22 32	23 12
20	18 45	19 09	19 37	21 17	21 49	22 23	23 00
30	19 04	19 30	20 02	21 17	21 45	22 14	22 46
35	19 15	19 43	20 18	21 17	21 42	22 09	22 38
40	19 27	19 58	20 37	21 17	21 39	22 03	22 29
45	19 42	20 17	21 02	21 17	21 36	21 56	22 19
S 50	20 00	20 41	21 35	21 17	21 32	21 47	22 06
52	20 09	20 52	21 53	21 17	21 30	21 44	22 00
54	20 18	21 06	22 16	21 17	21 28	21 39	21 54
56	20 29	21 22	22 48	21 17	21 25	21 35	21 46
58	20 42	21 41	////	21 17	21 23	21 30	21 38
S 60	20 57	22 05	////	21 17	21 20	21 24	21 29

Day	SUN Eqn. of Time 00^h	SUN Eqn. of Time 12^h	SUN Mer. Pass.	MOON Mer. Pass. Upper	MOON Mer. Pass. Lower	MOON Age	MOON Phase
d	m s	m s	h m	h m	h m	d %	
19	10 33	10 42	12 11	15 07	02 47	04 15	
20	10 52	11 00	12 11	15 47	03 27	05 22	
21	11 09	11 18	12 11	16 29	04 08	06 31	

	UT (d h)	ARIES GHA	VENUS −4.0 GHA	VENUS Dec	MARS −1.2 GHA	MARS Dec	JUPITER −2.0 GHA	JUPITER Dec	SATURN +0.8 GHA	SATURN Dec
		° ′	° ′	° ′	° ′	° ′	° ′	° ′	° ′	° ′
	22 00	121 14.4	174 21.8	S20 16.8	344 32.8	N21 11.6	147 58.8	S12 01.5	296 04.9	N 0 22.1
	01	136 16.9	189 21.0	16.1	359 36.3	11.9	163 00.7	01.3	311 07.4	22.1
	02	151 19.4	204 20.2	15.4	14 39.7	12.2	178 02.6	01.1	326 09.9	22.1
	03	166 21.8	219 19.3	14.7	29 43.1	12.5	193 04.6	00.9	341 12.4	22.2
	04	181 24.3	234 18.5	14.0	44 46.5	12.9	208 06.5	00.7	356 14.9	22.2
	05	196 26.8	249 17.7	13.3	59 50.0	13.2	223 08.4	00.5	11 17.4	22.2
	06	211 29.2	264 16.9	S20 12.6	74 53.4	N21 13.5	238 10.3	S12 00.3	26 19.9	N 0 22.2
	07	226 31.7	279 16.1	11.9	89 56.8	13.8	253 12.3	12 00.1	41 22.4	22.3
	08	241 34.1	294 15.3	11.3	105 00.3	14.1	268 14.2	11 59.9	56 24.9	22.3
F	09	256 36.6	309 14.5	10.6	120 03.7	14.5	283 16.1	59.7	71 27.4	22.3
R	10	271 39.1	324 13.7	09.9	135 07.1	14.8	298 18.0	59.5	86 29.9	22.4
I	11	286 41.5	339 12.9	09.2	150 10.6	15.1	313 20.0	59.3	101 32.4	22.4
D	12	301 44.0	354 12.1	S20 08.5	165 14.0	N21 15.4	328 21.9	S11 59.1	116 34.9	N 0 22.4
A	13	316 46.5	9 11.3	07.8	180 17.4	15.7	343 23.8	58.9	131 37.3	22.4
Y	14	331 48.9	24 10.5	07.1	195 20.9	16.1	358 25.7	58.7	146 39.8	22.5
	15	346 51.4	39 09.8	06.4	210 24.3	16.4	13 27.7	58.5	161 42.3	22.5
	16	1 53.9	54 09.0	05.6	225 27.7	16.7	28 29.6	58.3	176 44.8	22.5
	17	16 56.3	69 08.2	04.9	240 31.2	17.0	43 31.5	58.1	191 47.3	22.5
	18	31 58.8	84 07.4	S20 04.2	255 34.6	N21 17.3	58 33.4	S11 57.9	206 49.8	N 0 22.6
	19	47 01.3	99 06.6	03.5	270 38.0	17.6	73 35.3	57.7	221 52.3	22.6
	20	62 03.7	114 05.8	02.8	285 41.5	18.0	88 37.3	57.5	236 54.8	22.6
	21	77 06.2	129 05.0	02.1	300 44.9	18.3	103 39.2	57.3	251 57.3	22.6
	22	92 08.6	144 04.2	01.4	315 48.4	18.6	118 41.1	57.1	266 59.8	22.7
	23	107 11.1	159 03.4	00.7	330 51.8	18.9	133 43.0	56.9	282 02.3	22.7
	23 00	122 13.6	174 02.6	S20 00.0	345 55.2	N21 19.2	148 45.0	S11 56.7	297 04.8	N 0 22.7
	01	137 16.0	189 01.8	19 59.3	0 58.7	19.6	163 46.9	56.5	312 07.3	22.8
	02	152 18.5	204 01.0	58.5	16 02.1	19.9	178 48.8	56.3	327 09.8	22.8
	03	167 21.0	219 00.2	57.8	31 05.6	20.2	193 50.7	56.1	342 12.3	22.8
	04	182 23.4	233 59.4	57.1	46 09.0	20.5	208 52.6	55.9	357 14.8	22.8
	05	197 25.9	248 58.7	56.4	61 12.5	20.8	223 54.6	55.7	12 17.3	22.9
	06	212 28.4	263 57.9	S19 55.7	76 15.9	N21 21.1	238 56.5	S11 55.5	27 19.8	N 0 22.9
S	07	227 30.8	278 57.1	55.0	91 19.3	21.5	253 58.4	55.3	42 22.3	22.9
A	08	242 33.3	293 56.3	54.2	106 22.8	21.8	269 00.3	55.1	57 24.8	22.9
T	09	257 35.7	308 55.5	53.5	121 26.2	22.1	284 02.3	54.8	72 27.3	23.0
U	10	272 38.2	323 54.7	52.8	136 29.7	22.4	299 04.2	54.6	87 29.8	23.0
R	11	287 40.7	338 53.9	52.1	151 33.1	22.7	314 06.1	54.4	102 32.3	23.0
D	12	302 43.1	353 53.1	S19 51.3	166 36.6	N21 23.1	329 08.0	S11 54.2	117 34.8	N 0 23.1
A	13	317 45.6	8 52.4	50.6	181 40.0	23.4	344 09.9	54.0	132 37.3	23.1
Y	14	332 48.1	23 51.6	49.9	196 43.5	23.7	359 11.9	53.8	147 39.8	23.1
	15	347 50.5	38 50.8	49.2	211 46.9	24.0	14 13.8	53.6	162 42.3	23.1
	16	2 53.0	53 50.0	48.4	226 50.4	24.3	29 15.7	53.4	177 44.8	23.2
	17	17 55.5	68 49.2	47.7	241 53.8	24.6	44 17.6	53.2	192 47.3	23.2
	18	32 57.9	83 48.4	S19 47.0	256 57.3	N21 25.0	59 19.6	S11 53.0	207 49.8	N 0 23.2
	19	48 00.4	98 47.7	46.2	272 00.7	25.3	74 21.5	52.8	222 52.3	23.3
	20	63 02.9	113 46.9	45.5	287 04.2	25.6	89 23.4	52.6	237 54.8	23.3
	21	78 05.3	128 46.1	44.8	302 07.6	25.9	104 25.3	52.4	252 57.3	23.3
	22	93 07.8	143 45.3	44.0	317 11.1	26.2	119 27.2	52.2	267 59.8	23.3
	23	108 10.2	158 44.5	43.3	332 14.5	26.5	134 29.2	52.0	283 02.3	23.4
	24 00	123 12.7	173 43.7	S19 42.6	347 18.0	N21 26.8	149 31.1	S11 51.8	298 04.8	N 0 23.4
	01	138 15.2	188 43.0	41.8	2 21.5	27.2	164 33.0	51.6	313 07.3	23.4
	02	153 17.6	203 42.2	41.1	17 24.9	27.5	179 34.9	51.4	328 09.8	23.5
	03	168 20.1	218 41.4	40.4	32 28.4	27.8	194 36.8	51.2	343 12.3	23.5
	04	183 22.6	233 40.6	39.6	47 31.8	28.1	209 38.8	51.0	358 14.8	23.5
	05	198 25.0	248 39.9	38.9	62 35.3	28.4	224 40.7	50.8	13 17.3	23.5
	06	213 27.5	263 39.1	S19 38.1	77 38.7	N21 28.7	239 42.6	S11 50.6	28 19.8	N 0 23.6
	07	228 30.0	278 38.3	37.4	92 42.2	29.0	254 44.5	50.4	43 22.3	23.6
	08	243 32.4	293 37.5	36.6	107 45.7	29.4	269 46.4	50.2	58 24.9	23.6
S	09	258 34.9	308 36.8	35.9	122 49.1	29.7	284 48.4	50.0	73 27.4	23.7
U	10	273 37.4	323 36.0	35.2	137 52.6	30.0	299 50.3	49.8	88 29.9	23.7
N	11	288 39.8	338 35.2	34.4	152 56.0	30.3	314 52.2	49.6	103 32.4	23.7
D	12	303 42.3	353 34.4	S19 33.7	167 59.5	N21 30.6	329 54.1	S11 49.4	118 34.9	N 0 23.8
A	13	318 44.7	8 33.7	32.9	183 03.0	30.9	344 56.0	49.2	133 37.4	23.8
Y	14	333 47.2	23 32.9	32.2	198 06.4	31.2	359 58.0	48.9	148 39.9	23.8
	15	348 49.7	38 32.1	31.4	213 09.9	31.6	14 59.9	48.7	163 42.4	23.8
	16	3 52.1	53 31.3	30.7	228 13.3	31.9	30 01.8	48.5	178 44.9	23.9
	17	18 54.6	68 30.6	29.9	243 16.8	32.2	45 03.7	48.3	193 47.4	23.9
	18	33 57.1	83 29.8	S19 29.1	258 20.3	N21 32.5	60 05.6	S11 48.1	208 49.9	N 0 23.9
	19	48 59.5	98 29.0	28.4	273 23.7	32.8	75 07.6	47.9	223 52.4	24.0
	20	64 02.0	113 28.3	27.6	288 27.2	33.1	90 09.5	47.7	238 54.9	24.0
	21	79 04.5	128 27.5	26.9	303 30.7	33.4	105 11.4	47.5	253 57.4	24.0
	22	94 06.9	143 26.7	26.1	318 34.1	33.7	120 13.3	47.3	268 59.9	24.1
	23	109 09.4	158 26.0	25.4	333 37.6	34.1	135 15.2	47.1	284 02.4	24.1
	Mer. Pass.	h m 15 48.5	v −0.8	d 0.7	v 3.4	d 0.3	v 1.9	d 0.2	v 2.5	d 0.0

STARS Name	SHA	Dec
	° ′	° ′
Acamar	315 20.0	S40 16.0
Achernar	335 28.5	S57 11.4
Acrux	173 12.0	S63 09.2
Adhara	255 14.1	S28 59.3
Aldebaran	290 52.0	N16 31.8
Alioth	166 22.5	N55 53.9
Alkaid	153 00.7	N49 15.4
Al Na'ir	27 47.1	S46 54.8
Alnilam	275 48.6	S 1 11.8
Alphard	217 58.2	S 8 42.3
Alphecca	126 13.2	N26 40.6
Alpheratz	357 46.3	N29 08.9
Altair	62 11.0	N 8 53.7
Ankaa	353 18.2	S42 15.2
Antares	112 29.5	S26 27.3
Arcturus	145 58.0	N19 07.5
Atria	107 34.1	S69 02.6
Avior	234 18.5	S59 32.6
Bellatrix	278 34.4	N 6 21.5
Betelgeuse	271 03.7	N 7 24.5
Canopus	263 56.8	S52 42.2
Capella	280 37.8	N46 00.6
Deneb	49 33.7	N45 19.0
Denebola	182 35.9	N14 30.7
Diphda	348 58.4	S17 55.9
Dubhe	193 54.0	N61 41.5
Elnath	278 15.5	N28 37.0
Eltanin	90 47.7	N51 29.0
Enif	33 49.9	N 9 55.3
Fomalhaut	15 26.9	S29 34.2
Gacrux	172 03.6	S57 10.1
Gienah	175 54.7	S17 36.0
Hadar	148 51.6	S60 25.1
Hamal	328 03.6	N23 30.8
Kaus Aust.	83 47.4	S34 22.8
Kochab	137 19.8	N74 06.4
Markab	13 41.1	N15 15.7
Menkar	314 17.6	N 4 07.8
Menkent	148 10.6	S36 25.1
Miaplacidus	221 39.5	S69 45.5
Mirfak	308 43.8	N49 54.1
Nunki	76 01.7	S26 17.1
Peacock	53 23.6	S56 42.2
Pollux	243 30.3	N28 00.0
Procyon	245 02.0	N 5 11.8
Rasalhague	96 09.0	N12 33.0
Regulus	207 45.8	N11 54.9
Rigel	281 14.2	S 8 11.5
Rigil Kent.	139 55.3	S60 52.4
Sabik	102 15.6	S15 44.3
Schedar	349 43.7	N56 35.9
Shaula	96 25.6	S37 06.6
Sirius	258 35.6	S16 43.9
Spica	158 33.8	S11 12.9
Suhail	222 53.9	S43 28.4
Vega	80 41.0	N38 47.4
Zuben'ubi	137 08.3	S16 05.1

	SHA	Mer. Pass.
	° ′	h m
Venus	51 49.0	12 24
Mars	223 41.7	0 56
Jupiter	26 31.4	14 03
Saturn	174 51.2	4 11

UT		SUN GHA	SUN Dec	MOON GHA	v	MOON Dec	d	HP
d	h	° ′	° ′	° ′	′	° ′	′	′
22	00	177 08.4	S19 44.9	109 30.0	14.6	N10 45.1	12.3	55.4
	01	192 08.3	44.3	124 03.6	14.6	10 57.4	12.3	55.4
	02	207 08.1	43.8	138 37.2	14.5	11 09.7	12.3	55.4
	03	222 07.9	. . 43.2	153 10.7	14.5	11 22.0	12.2	55.5
	04	237 07.8	42.6	167 44.2	14.4	11 34.2	12.2	55.5
	05	252 07.6	42.1	182 17.6	14.3	11 46.4	12.1	55.5
	06	267 07.4	S19 41.5	196 50.9	14.2	N11 58.5	12.1	55.5
	07	282 07.3	40.9	211 24.1	14.2	12 10.6	12.1	55.6
	08	297 07.1	40.3	225 57.3	14.1	12 22.7	12.0	55.6
F	09	312 06.9	. . 39.8	240 30.4	14.0	12 34.7	12.0	55.6
R	10	327 06.8	39.2	255 03.4	13.9	12 46.7	11.9	55.6
I	11	342 06.6	38.6	269 36.3	13.9	12 58.6	11.9	55.7
D	12	357 06.4	S19 38.0	284 09.2	13.8	N13 10.5	11.8	55.7
A	13	12 06.3	37.5	298 42.0	13.7	13 22.3	11.8	55.7
Y	14	27 06.1	36.9	313 14.7	13.6	13 34.1	11.8	55.8
	15	42 05.9	. . 36.3	327 47.3	13.6	13 45.9	11.7	55.8
	16	57 05.8	35.7	342 19.9	13.5	13 57.6	11.7	55.8
	17	72 05.6	35.2	356 52.4	13.4	14 09.3	11.6	55.9
	18	87 05.4	S19 34.6	11 24.8	13.3	N14 20.9	11.5	55.9
	19	102 05.3	34.0	25 57.1	13.2	14 32.4	11.6	55.9
	20	117 05.1	33.4	40 29.3	13.1	14 44.0	11.4	55.9
	21	132 04.9	. . 32.8	55 01.4	13.1	14 55.4	11.4	56.0
	22	147 04.8	32.3	69 33.5	12.9	15 06.8	11.3	56.0
	23	162 04.6	31.7	84 05.4	12.9	15 18.1	11.3	56.0
23	00	177 04.5	S19 31.1	98 37.3	12.8	N15 29.4	11.3	56.1
	01	192 04.3	30.5	113 09.1	12.6	15 40.7	11.1	56.1
	02	207 04.1	29.9	127 40.7	12.6	15 51.8	11.1	56.1
	03	222 04.0	. . 29.4	142 12.3	12.5	16 02.9	11.1	56.2
	04	237 03.8	28.8	156 43.8	12.4	16 14.0	11.0	56.2
	05	252 03.6	28.2	171 15.2	12.4	16 25.0	10.9	56.2
	06	267 03.5	S19 27.6	185 46.6	12.2	N16 35.9	10.9	56.3
	07	282 03.3	27.0	200 17.8	12.1	16 46.8	10.8	56.3
S	08	297 03.2	26.4	214 48.9	12.0	16 57.6	10.7	56.3
A	09	312 03.0	. . 25.8	229 19.9	12.0	17 08.3	10.6	56.4
T	10	327 02.8	25.2	243 50.9	11.8	17 18.9	10.6	56.4
U	11	342 02.7	24.7	258 21.7	11.7	17 29.5	10.5	56.4
R	12	357 02.5	S19 24.1	272 52.4	11.6	N17 40.0	10.5	56.5
D	13	12 02.4	23.5	287 23.0	11.6	17 50.5	10.4	56.5
A	14	27 02.2	22.9	301 53.6	11.4	18 00.9	10.3	56.5
Y	15	42 02.1	. . 22.3	316 24.0	11.3	18 11.2	10.2	56.6
	16	57 01.9	21.7	330 54.3	11.2	18 21.4	10.1	56.6
	17	72 01.7	21.1	345 24.5	11.1	18 31.5	10.1	56.6
	18	87 01.6	S19 20.5	359 54.6	11.0	N18 41.6	10.0	56.7
	19	102 01.4	19.9	14 24.6	10.9	18 51.6	9.9	56.7
	20	117 01.3	19.3	28 54.5	10.8	19 01.5	9.8	56.7
	21	132 01.1	. . 18.7	43 24.3	10.7	19 11.3	9.7	56.8
	22	147 01.0	18.1	57 54.0	10.6	19 21.0	9.7	56.8
	23	162 00.8	17.5	72 23.6	10.5	19 30.7	9.6	56.9
24	00	177 00.7	S19 16.9	86 53.1	10.4	N19 40.3	9.4	56.9
	01	192 00.5	16.4	101 22.5	10.2	19 49.7	9.4	56.9
	02	207 00.3	15.8	115 51.7	10.1	19 59.1	9.3	57.0
	03	222 00.2	. . 15.2	130 20.8	10.1	20 08.4	9.2	57.0
	04	237 00.0	14.6	144 49.9	9.9	20 17.6	9.1	57.0
	05	251 59.9	14.0	159 18.8	9.8	20 26.7	9.0	57.1
	06	266 59.7	S19 13.4	173 47.6	9.7	N20 35.7	9.0	57.1
	07	281 59.6	12.8	188 16.3	9.6	20 44.7	8.8	57.2
	08	296 59.4	12.2	202 44.9	9.5	20 53.5	8.7	57.2
S	09	311 59.3	. . 11.5	217 13.4	9.3	21 02.2	8.6	57.2
U	10	326 59.1	10.9	231 41.7	9.3	21 10.8	8.5	57.3
N	11	341 59.0	10.3	246 10.0	9.1	21 19.3	8.4	57.3
D	12	356 58.8	S19 09.7	260 38.1	9.1	N21 27.7	8.3	57.3
A	13	11 58.7	09.1	275 06.2	8.9	21 36.0	8.2	57.4
Y	14	26 58.5	08.5	289 34.1	8.8	21 44.2	8.1	57.4
	15	41 58.4	. . 07.9	304 01.9	8.7	21 52.3	8.0	57.5
	16	56 58.2	07.3	318 29.6	8.5	22 00.3	7.9	57.5
	17	71 58.1	06.7	332 57.1	8.5	22 08.2	7.7	57.5
	18	86 57.9	S19 06.1	347 24.6	8.3	N22 15.9	7.7	57.6
	19	101 57.8	05.5	1 51.9	8.3	22 23.6	7.5	57.6
	20	116 57.6	04.9	16 19.2	8.1	22 31.1	7.4	57.7
	21	131 57.5	. . 04.3	30 46.3	8.0	22 38.5	7.3	57.7
	22	146 57.4	03.7	45 13.3	7.9	22 45.8	7.2	57.7
	23	161 57.2	03.0	59 40.2	7.7	N22 53.0	7.0	57.8
		SD 16.3	*d* 0.6	SD	15.2	15.4		15.6

Lat.	Twilight Naut.	Twilight Civil	Sunrise	Moonrise 22	23	24	25
°	h m	h m	h m	h m	h m	h m	h m
N 72	07 39	09 18	■	08 08	07 10	□	□
N 70	07 28	08 53	10 41	08 29	07 56	□	□
68	07 18	08 33	09 57	08 45	08 26	07 50	□
66	07 10	08 17	09 28	08 59	08 49	08 35	07 58
64	07 03	08 04	09 06	09 10	09 07	09 05	09 04
62	06 57	07 53	08 48	09 20	09 22	09 28	09 40
60	06 51	07 44	08 34	09 28	09 35	09 46	10 06
N 58	06 46	07 35	08 21	09 35	09 46	10 01	10 26
56	06 41	07 28	08 11	09 42	09 55	10 14	10 43
54	06 37	07 21	08 01	09 48	10 04	10 26	10 57
52	06 33	07 15	07 53	09 53	10 12	10 36	11 10
50	06 30	07 09	07 45	09 58	10 18	10 45	11 21
45	06 21	06 57	07 29	10 08	10 33	11 04	11 44
N 40	06 14	06 47	07 16	10 17	10 46	11 20	12 03
35	06 07	06 37	07 05	10 24	10 56	11 34	12 19
30	06 00	06 29	06 55	10 31	11 05	11 45	12 32
20	05 47	06 14	06 38	10 42	11 21	12 05	12 56
N 10	05 35	06 00	06 22	10 53	11 35	12 23	13 16
0	05 21	05 46	06 08	11 02	11 49	12 39	13 35
S 10	05 05	05 31	05 54	11 12	12 02	12 56	13 54
20	04 47	05 15	05 38	11 22	12 16	13 14	14 15
30	04 22	04 54	05 20	11 34	12 33	13 35	14 38
35	04 07	04 42	05 10	11 41	12 42	13 47	14 53
40	03 49	04 27	04 58	11 49	12 54	14 01	15 09
45	03 25	04 09	04 44	11 58	13 07	14 17	15 28
S 50	02 52	03 46	04 26	12 09	13 23	14 38	15 53
52	02 35	03 35	04 18	12 15	13 30	14 48	16 05
54	02 13	03 22	04 08	12 20	13 39	14 59	16 18
56	01 44	03 07	03 58	12 27	13 48	15 12	16 34
58	00 54	02 48	03 46	12 34	13 59	15 27	16 53
S 60	////	02 25	03 31	12 42	14 11	15 44	17 16

Lat.	Sunset	Twilight Civil	Twilight Naut.	Moonset 22	23	24	25
°	h m	h m	h m	h m	h m	h m	h m
N 72	■	15 06	16 46	01 09	03 42	□	□
N 70	13 43	15 32	16 57	00 50	02 58	□	□
68	14 28	15 52	17 07	00 35	02 29	04 47	□
66	14 57	16 07	17 15	00 23	02 07	04 03	06 33
64	15 19	16 20	17 22	00 13	01 50	03 34	05 27
62	15 36	16 31	17 28	00 05	01 36	03 12	04 52
60	15 51	16 41	17 33	25 24	01 24	02 55	04 27
N 58	16 03	16 49	17 38	25 14	01 14	02 40	04 07
56	16 14	16 57	17 43	25 05	01 05	02 27	03 51
54	16 23	17 03	17 47	24 57	00 57	02 17	03 37
52	16 31	17 09	17 51	24 50	00 50	02 07	03 24
50	16 39	17 15	17 55	24 44	00 44	01 58	03 14
45	16 55	17 27	18 03	24 31	00 31	01 40	02 51
N 40	17 08	17 37	18 10	24 20	00 20	01 25	02 33
35	17 19	17 46	18 17	24 10	00 10	01 13	02 18
30	17 29	17 55	18 24	24 02	00 02	01 02	02 05
20	17 46	18 10	18 36	23 48	24 43	00 43	01 43
N 10	18 01	18 23	18 49	23 35	24 27	00 27	01 23
0	18 15	18 37	19 03	23 24	24 12	00 12	01 05
S 10	18 30	18 52	19 18	23 12	23 57	24 47	00 47
20	18 45	19 09	19 37	23 00	23 41	24 28	00 28
30	19 03	19 29	20 01	22 46	23 23	24 06	00 06
35	19 13	19 41	20 16	22 38	23 13	23 53	24 43
40	19 25	19 56	20 34	22 29	23 01	23 39	24 26
45	19 39	20 14	20 58	22 19	22 46	23 21	24 06
S 50	19 57	20 37	21 30	22 06	22 29	22 59	23 41
52	20 05	20 48	21 47	22 00	22 21	22 49	23 29
54	20 14	21 00	22 08	21 54	22 12	22 38	23 15
56	20 25	21 15	22 36	21 46	22 02	22 24	22 59
58	20 37	21 33	23 21	21 38	21 50	22 09	22 40
S 60	20 50	21 56	////	21 29	21 37	21 51	22 17

Day	SUN Eqn. of Time 00^h	SUN Eqn. of Time 12^h	SUN Mer. Pass.	MOON Mer. Pass. Upper	MOON Mer. Pass. Lower	Age	Phase
d	m s	m s	h m	h m	h m	d %	
22	11 26	11 34	12 12	17 13	04 51	07 41	
23	11 42	11 50	12 12	18 00	05 36	08 51	
24	11 57	12 04	12 12	18 52	06 26	09 61	

UT		ARIES	VENUS −3.9		MARS −1.3		JUPITER −2.0		SATURN +0.8	
d h		GHA	GHA	Dec	GHA	Dec	GHA	Dec	GHA	Dec
		° ′	° ′	° ′	° ′	° ′	° ′	° ′	° ′	° ′
25 00		124 11.8	173 25.2	S19 24.6	348 41.1	N21 34.4	150 17.2	S11 46.9	299 04.9	N 0 24.1
01		139 14.3	188 24.4	23.8	3 44.5	34.7	165 19.1	46.7	314 07.4	24.1
02		154 16.8	203 23.7	23.1	18 48.0	35.0	180 21.0	46.5	329 09.9	24.2
03		169 19.2	218 22.9	. . 22.3	33 51.5	. . 35.3	195 22.9	. . 46.3	344 12.5	. . 24.2
04		184 21.7	233 22.1	21.6	48 54.9	35.6	210 24.8	46.1	359 15.0	24.2
05		199 24.2	248 21.4	20.8	63 58.4	35.9	225 26.8	45.9	14 17.5	24.3
06		214 26.6	263 20.6	S19 20.0	79 01.9	N21 36.2	240 28.7	S11 45.7	29 20.0	N 0 24.3
07		229 29.1	278 19.8	19.3	94 05.3	36.5	255 30.6	45.5	44 22.5	24.3
08		244 31.6	293 19.1	18.5	109 08.8	36.9	270 32.5	45.3	59 25.0	24.4
09	M	259 34.0	308 18.3	. . 17.7	124 12.3	. . 37.2	285 34.4	. . 45.1	74 27.5	. . 24.4
10	O	274 36.5	323 17.6	16.9	139 15.8	37.5	300 36.4	44.9	89 30.0	24.4
11	N	289 39.0	338 16.8	16.2	154 19.2	37.8	315 38.3	44.7	104 32.5	24.5
12	D	304 41.4	353 16.0	S19 15.4	169 22.7	N21 38.1	330 40.2	S11 44.4	119 35.0	N 0 24.5
13	A	319 43.9	8 15.3	14.6	184 26.2	38.4	345 42.1	44.2	134 37.5	24.5
14	Y	334 46.3	23 14.5	13.9	199 29.6	38.7	0 44.0	44.0	149 40.0	24.6
15		349 48.8	38 13.8	. . 13.1	214 33.1	. . 39.0	15 45.9	. . 43.8	164 42.5	. . 24.6
16		4 51.3	53 13.0	12.3	229 36.6	39.3	30 47.9	43.6	179 45.1	24.6
17		19 53.7	68 12.2	11.5	244 40.1	39.6	45 49.8	43.4	194 47.6	24.6
18		34 56.2	83 11.5	S19 10.8	259 43.5	N21 40.0	60 51.7	S11 43.2	209 50.1	N 0 24.7
19		49 58.7	98 10.7	10.0	274 47.0	40.3	75 53.6	43.0	224 52.6	24.7
20		65 01.1	113 10.0	09.2	289 50.5	40.6	90 55.5	42.8	239 55.1	24.7
21		80 03.6	128 09.2	. . 08.4	304 54.0	. . 40.9	105 57.5	. . 42.6	254 57.6	. . 24.8
22		95 06.1	143 08.5	07.6	319 57.4	41.2	120 59.4	42.4	270 00.1	24.8
23		110 08.5	158 07.7	06.8	335 00.9	41.5	136 01.3	42.2	285 02.6	24.8
26 00		125 11.0	173 07.0	S19 06.1	350 04.4	N21 41.8	151 03.2	S11 42.0	300 05.1	N 0 24.9
01		140 13.5	188 06.2	05.3	5 07.9	42.1	166 05.1	41.8	315 07.6	24.9
02		155 15.9	203 05.5	04.5	20 11.3	42.4	181 07.0	41.6	330 10.2	24.9
03		170 18.4	218 04.7	. . 03.7	35 14.8	. . 42.7	196 09.0	. . 41.4	345 12.7	. . 25.0
04		185 20.8	233 03.9	02.9	50 18.3	43.0	211 10.9	41.2	0 15.2	25.0
05		200 23.3	248 03.2	02.1	65 21.8	43.3	226 12.8	41.0	15 17.7	25.0
06		215 25.8	263 02.4	S19 01.3	80 25.2	N21 43.6	241 14.7	S11 40.8	30 20.2	N 0 25.1
07		230 28.2	278 01.7	19 00.6	95 28.7	43.9	256 16.6	40.5	45 22.7	25.1
08	T	245 30.7	293 00.9	18 59.8	110 32.2	44.3	271 18.5	40.3	60 25.2	25.1
09	U	260 33.2	308 00.2	. . 59.0	125 35.7	. . 44.6	286 20.5	. . 40.1	75 27.7	. . 25.2
10	E	275 35.6	322 59.4	58.2	140 39.2	44.9	301 22.4	39.9	90 30.2	25.2
11	S	290 38.1	337 58.7	57.4	155 42.6	45.2	316 24.3	39.7	105 32.8	25.2
12	D	305 40.6	352 58.0	S18 56.6	170 46.1	N21 45.5	331 26.2	S11 39.5	120 35.3	N 0 25.3
13	A	320 43.0	7 57.2	55.8	185 49.6	45.8	346 28.1	39.3	135 37.8	25.3
14	Y	335 45.5	22 56.5	55.0	200 53.1	46.1	1 30.0	39.1	150 40.3	25.3
15		350 48.0	37 55.7	. . 54.2	215 56.6	. . 46.4	16 32.0	. . 38.9	165 42.8	. . 25.4
16		5 50.4	52 55.0	53.4	231 00.1	46.7	31 33.9	38.7	180 45.3	25.4
17		20 52.9	67 54.2	52.6	246 03.5	47.0	46 35.8	38.5	195 47.8	25.4
18		35 55.3	82 53.5	S18 51.8	261 07.0	N21 47.3	61 37.7	S11 38.3	210 50.3	N 0 25.5
19		50 57.8	97 52.7	51.0	276 10.5	47.6	76 39.6	38.1	225 52.9	25.5
20		66 00.3	112 52.0	50.2	291 14.0	47.9	91 41.5	37.9	240 55.4	25.5
21		81 02.7	127 51.3	. . 49.4	306 17.5	. . 48.2	106 43.5	. . 37.7	255 57.9	. . 25.6
22		96 05.2	142 50.5	48.6	321 20.9	48.5	121 45.4	37.5	271 00.4	25.6
23		111 07.7	157 49.8	47.8	336 24.4	48.8	136 47.3	37.2	286 02.9	25.6
27 00		126 10.1	172 49.0	S18 47.0	351 27.9	N21 49.1	151 49.2	S11 37.0	301 05.4	N 0 25.7
01		141 12.6	187 48.3	46.2	6 31.4	49.4	166 51.1	36.8	316 07.9	25.7
02		156 15.1	202 47.5	45.4	21 34.9	49.7	181 53.0	36.6	331 10.5	25.7
03		171 17.5	217 46.8	. . 44.6	36 38.4	. . 50.0	196 55.0	. . 36.4	346 13.0	. . 25.8
04		186 20.0	232 46.1	43.7	51 41.9	50.3	211 56.9	36.2	1 15.5	25.8
05		201 22.5	247 45.3	42.9	66 45.3	50.6	226 58.8	36.0	16 18.0	25.8
06		216 24.9	262 44.6	S18 42.1	81 48.8	N21 50.9	242 00.7	S11 35.8	31 20.5	N 0 25.9
07	W	231 27.4	277 43.9	41.3	96 52.3	51.2	257 02.6	35.6	46 23.0	25.9
08	E	246 29.8	292 43.1	40.5	111 55.8	51.5	272 04.5	35.4	61 25.6	25.9
09	D	261 32.3	307 42.4	. . 39.7	126 59.3	. . 51.8	287 06.5	. . 35.2	76 28.1	. . 26.0
10	N	276 34.8	322 41.6	38.9	142 02.8	52.1	302 08.4	35.0	91 30.6	26.0
11	E	291 37.2	337 40.9	38.1	157 06.3	52.4	317 10.3	34.8	106 33.1	26.0
12	S	306 39.7	352 40.2	S18 37.2	172 09.7	N21 52.7	332 12.2	S11 34.6	121 35.6	N 0 26.1
13	D	321 42.2	7 39.4	36.4	187 13.2	53.0	347 14.1	34.4	136 38.1	26.1
14	A	336 44.6	22 38.7	35.6	202 16.7	53.3	2 16.0	34.1	151 40.7	26.2
15	Y	351 47.1	37 38.0	. . 34.8	217 20.2	. . 53.6	17 18.0	. . 33.9	166 43.2	. . 26.2
16		6 49.6	52 37.2	34.0	232 23.7	53.9	32 19.9	33.7	181 45.7	26.2
17		21 52.0	67 36.5	33.1	247 27.2	54.2	47 21.8	33.5	196 48.2	26.3
18		36 54.5	82 35.8	S18 32.3	262 30.7	N21 54.5	62 23.7	S11 33.3	211 50.7	N 0 26.3
19		51 57.0	97 35.1	31.5	277 34.2	54.8	77 25.6	33.1	226 53.2	26.3
20		66 59.4	112 34.3	30.7	292 37.7	55.1	92 27.5	32.9	241 55.8	26.4
21		82 01.9	127 33.6	. . 29.8	307 41.1	. . 55.4	107 29.4	. . 32.7	256 58.3	. . 26.4
22		97 04.3	142 32.9	29.0	322 44.6	55.7	122 31.4	32.5	272 00.8	26.4
23		112 06.8	157 32.1	28.2	337 48.1	56.0	137 33.3	32.3	287 03.3	26.5
Mer. Pass.		h m 15 36.7	v −0.7	d 0.8	v 3.5	d 0.3	v 1.9	d 0.2	v 2.5	d 0.0

STARS Name	SHA	Dec
	° ′	° ′
Acamar	315 20.0	S40 16.0
Achernar	335 28.5	S57 11.4
Acrux	173 11.9	S63 09.2
Adhara	255 14.1	S28 59.3
Aldebaran	290 52.0	N16 31.8
Alioth	166 22.5	N55 53.9
Alkaid	153 00.6	N49 15.4
Al Na'ir	27 47.1	S46 54.8
Alnilam	275 48.6	S 1 11.8
Alphard	217 58.2	S 8 42.3
Alphecca	126 13.2	N26 40.6
Alpheratz	357 46.3	N29 08.9
Altair	62 11.0	N 8 53.7
Ankaa	353 18.2	S42 15.2
Antares	112 29.5	S26 27.3
Arcturus	145 57.9	N19 07.5
Atria	107 34.0	S69 02.6
Avior	234 18.5	S59 32.6
Bellatrix	278 34.4	N 6 21.5
Betelgeuse	271 03.7	N 7 24.5
Canopus	263 56.8	S52 42.2
Capella	280 37.8	N46 00.6
Deneb	49 33.7	N45 19.0
Denebola	182 35.9	N14 30.7
Diphda	348 58.4	S17 55.9
Dubhe	193 53.9	N61 41.5
Elnath	278 15.5	N28 37.0
Eltanin	90 47.7	N51 29.0
Enif	33 49.9	N 9 55.3
Fomalhaut	15 26.9	S29 34.2
Gacrux	172 03.6	S57 10.1
Gienah	175 54.7	S17 36.0
Hadar	148 51.5	S60 25.1
Hamal	328 03.6	N23 30.8
Kaus Aust.	83 47.4	S34 22.8
Kochab	137 19.8	N74 06.4
Markab	13 41.1	N15 15.7
Menkar	314 17.6	N 4 07.8
Menkent	148 10.5	S36 25.1
Miaplacidus	221 39.5	S69 45.5
Mirfak	308 43.8	N49 54.1
Nunki	76 01.7	S26 17.0
Peacock	53 23.6	S56 42.1
Pollux	243 30.3	N28 00.0
Procyon	245 02.0	N 5 11.8
Rasalhague	96 09.0	N12 33.0
Regulus	207 45.8	N11 54.9
Rigel	281 14.2	S 8 11.5
Rigil Kent.	139 55.3	S60 52.4
Sabik	102 15.6	S15 44.3
Schedar	349 43.8	N56 35.9
Shaula	96 25.6	S37 06.6
Sirius	258 35.6	S16 43.9
Spica	158 33.8	S11 13.0
Suhail	222 53.9	S43 28.5
Vega	80 41.0	N38 47.4
Zuben'ubi	137 08.2	S16 05.1

	SHA	Mer. Pass.
	° ′	h m
Venus	47 56.0	12 28
Mars	224 53.4	0 40
Jupiter	25 52.2	13 54
Saturn	174 54.1	3 59

	UT d h	SUN GHA ° ′	SUN Dec ° ′	MOON GHA ° ′	v ′	MOON Dec ° ′	d ′	HP ′
	25 00	176 57.1	S19 02.4	74 06.9	7.7	N23 00.0	7.0	57.8
	01	191 56.9	01.8	88 33.6	7.5	23 07.0	6.7	57.9
	02	206 56.8	01.2	103 00.1	7.5	23 13.7	6.7	57.9
	03	221 56.6	. . 00.6	117 26.6	7.3	23 20.4	6.6	57.9
	04	236 56.5	19 00.0	131 52.9	7.2	23 27.0	6.4	58.0
	05	251 56.3	18 59.4	146 19.1	7.1	23 33.4	6.3	58.0
	06	266 56.2	S18 58.8	160 45.2	7.0	N23 39.7	6.1	58.1
	07	281 56.1	58.1	175 11.2	6.9	23 45.8	6.0	58.1
	08	296 55.9	57.5	189 37.1	6.8	23 51.8	5.9	58.1
M	09	311 55.8	. . 56.9	204 02.9	6.6	23 57.7	5.7	58.2
O	10	326 55.6	56.3	218 28.5	6.6	24 03.4	5.6	58.2
N	11	341 55.5	55.7	232 54.1	6.4	24 09.0	5.5	58.3
D	12	356 55.3	S18 55.1	247 19.5	6.4	N24 14.5	5.3	58.3
A	13	11 55.2	54.4	261 44.9	6.2	24 19.8	5.2	58.3
Y	14	26 55.1	53.8	276 10.1	6.1	24 25.0	5.0	58.4
	15	41 54.9	. . 53.2	290 35.2	6.1	24 30.0	4.9	58.4
	16	56 54.8	52.6	305 00.3	5.9	24 34.9	4.8	58.5
	17	71 54.6	51.9	319 25.2	5.8	24 39.7	4.6	58.5
	18	86 54.5	S18 51.3	333 50.0	5.7	N24 44.3	4.4	58.6
	19	101 54.4	50.7	348 14.7	5.7	24 48.7	4.3	58.6
	20	116 54.2	50.1	2 39.4	5.5	24 53.0	4.1	58.6
	21	131 54.1	. . 49.5	17 03.9	5.4	24 57.1	4.0	58.7
	22	146 53.9	48.8	31 28.3	5.4	25 01.1	3.8	58.7
	23	161 53.8	48.2	45 52.7	5.2	25 04.9	3.7	58.8
	26 00	176 53.7	S18 47.6	60 16.9	5.1	N25 08.6	3.5	58.8
	01	191 53.5	47.0	74 41.0	5.1	25 12.1	3.4	58.8
	02	206 53.4	46.3	89 05.1	5.0	25 15.5	3.1	58.9
	03	221 53.3	. . 45.7	103 29.1	4.8	25 18.6	3.1	58.9
	04	236 53.1	45.1	117 52.9	4.8	25 21.7	2.8	59.0
	05	251 53.0	44.4	132 16.7	4.7	25 24.5	2.7	59.0
	06	266 52.9	S18 43.8	146 40.4	4.7	N25 27.2	2.6	59.0
	07	281 52.7	43.2	161 04.1	4.5	25 29.8	2.3	59.1
T	08	296 52.6	42.6	175 27.6	4.4	25 32.1	2.2	59.1
U	09	311 52.4	. . 41.9	189 51.0	4.4	25 34.3	2.0	59.2
E	10	326 52.3	41.3	204 14.4	4.3	25 36.3	1.9	59.2
S	11	341 52.2	40.7	218 37.7	4.3	25 38.2	1.7	59.2
D	12	356 52.0	S18 40.0	233 01.0	4.1	N25 39.9	1.5	59.3
	13	11 51.9	39.4	247 24.1	4.1	25 41.4	1.3	59.3
A	14	26 51.8	38.8	261 47.2	4.0	25 42.7	1.2	59.4
Y	15	41 51.7	. . 38.1	276 10.2	4.0	25 43.9	1.0	59.4
	16	56 51.5	37.5	290 33.2	3.8	25 44.9	0.8	59.4
	17	71 51.4	36.8	304 56.0	3.9	25 45.7	0.6	59.5
	18	86 51.3	S18 36.2	319 18.9	3.7	N25 46.3	0.5	59.5
	19	101 51.1	35.6	333 41.6	3.7	25 46.8	0.2	59.5
	20	116 51.0	34.9	348 04.3	3.7	25 47.0	0.1	59.6
	21	131 50.9	. . 34.3	2 27.0	3.6	25 47.1	0.0	59.6
	22	146 50.7	33.7	16 49.6	3.5	25 47.1	0.3	59.7
	23	161 50.6	33.0	31 12.1	3.5	25 46.8	0.5	59.7
	27 00	176 50.5	S18 32.4	45 34.6	3.4	N25 46.3	0.6	59.7
	01	191 50.4	31.7	59 57.0	3.4	25 45.7	0.8	59.8
	02	206 50.2	31.1	74 19.4	3.4	25 44.9	1.0	59.8
	03	221 50.1	. . 30.5	88 41.8	3.3	25 43.9	1.2	59.9
	04	236 50.0	29.8	103 04.1	3.3	25 42.7	1.4	59.9
	05	251 49.8	29.2	117 26.4	3.2	25 41.3	1.5	59.9
	06	266 49.7	S18 28.5	131 48.6	3.2	N25 39.8	1.8	60.0
W	07	281 49.6	27.9	146 10.8	3.2	25 38.0	1.9	60.0
E	08	296 49.5	27.2	160 33.0	3.2	25 36.1	2.1	60.0
D	09	311 49.3	. . 26.6	174 55.2	3.1	25 34.0	2.3	60.1
N	10	326 49.2	25.9	189 17.3	3.1	25 31.7	2.5	60.1
E	11	341 49.1	25.3	203 39.4	3.1	25 29.2	2.7	60.1
S	12	356 49.0	S18 24.7	218 01.5	3.0	N25 26.5	2.8	60.2
	13	11 48.8	24.0	232 23.5	3.1	25 23.7	3.1	60.2
D	14	26 48.7	23.4	246 45.6	3.0	25 20.6	3.2	60.2
A	15	41 48.6	. . 22.7	261 07.6	3.0	25 17.4	3.5	60.3
Y	16	56 48.5	22.1	275 29.6	3.0	25 13.9	3.6	60.3
	17	71 48.3	21.4	289 51.6	3.0	25 10.3	3.8	60.3
	18	86 48.2	S18 20.8	304 13.6	3.0	N25 06.5	4.0	60.4
	19	101 48.1	20.1	318 35.6	3.1	25 02.5	4.1	60.4
	20	116 48.0	19.5	332 57.7	3.0	24 58.4	4.4	60.4
	21	131 47.9	. . 18.8	347 19.7	3.0	24 54.0	4.6	60.5
	22	146 47.7	18.2	1 41.7	3.0	24 49.4	4.7	60.5
	23	161 47.6	17.5	16 03.7	3.0	N24 44.7	4.9	60.5
		SD 16.3	*d* 0.6	SD 15.9		16.2		16.4

Lat.	Twilight Naut.	Twilight Civil	Sunrise	Moonrise 25	26	27	28
°	h m	h m	h m	h m	h m	h m	h m
N 72	07 30	09 05	11 41	▭	▭	▭	▭
N 70	07 20	08 42	10 21	▭	▭	▭	▭
68	07 11	08 24	09 44	▭	▭	▭	▭
66	07 04	08 10	09 17	07 58	▭	▭	11 24
64	06 57	07 58	08 57	09 04	09 13	10 18	12 23
62	06 52	07 47	08 41	09 40	10 09	11 15	12 57
60	06 47	07 38	08 28	10 06	10 42	11 48	13 22
N 58	06 42	07 30	08 16	10 26	11 07	12 12	13 41
56	06 38	07 23	08 06	10 43	11 27	12 32	13 57
54	06 34	07 17	07 57	10 57	11 43	12 48	14 11
52	06 30	07 11	07 49	11 10	11 57	13 02	14 23
50	06 27	07 06	07 42	11 21	12 10	13 15	14 34
45	06 19	06 55	07 26	11 44	12 36	13 40	14 56
N 40	06 12	06 45	07 14	12 03	12 56	14 00	15 14
35	06 05	06 36	07 03	12 19	13 13	14 17	15 29
30	05 59	06 28	06 53	12 32	13 28	14 32	15 42
20	05 47	06 14	06 37	12 56	13 53	14 57	16 04
N 10	05 35	06 00	06 23	13 16	14 15	15 18	16 23
0	05 22	05 47	06 09	13 35	14 35	15 38	16 41
S 10	05 07	05 33	05 55	13 54	14 55	15 58	16 59
20	04 49	05 17	05 40	14 15	15 17	16 19	17 18
30	04 26	04 57	05 23	14 38	15 43	16 44	17 40
35	04 11	04 45	05 13	14 53	15 58	16 58	17 52
40	03 53	04 31	05 01	15 09	16 15	17 15	18 07
45	03 30	04 14	04 48	15 28	16 36	17 35	18 24
S 50	02 59	03 52	04 31	15 53	17 02	18 00	18 46
52	02 43	03 41	04 23	16 05	17 15	18 12	18 56
54	02 23	03 29	04 14	16 18	17 30	18 26	19 07
56	01 58	03 14	04 04	16 34	17 47	18 42	19 20
58	01 19	02 57	03 53	16 53	18 07	19 01	19 35
S 60	////	02 36	03 40	17 16	18 34	19 25	19 53

Lat.	Sunset	Twilight Civil	Twilight Naut.	Moonset 25	26	27	28
°	h m	h m	h m	h m	h m	h m	h m
N 72	12 46	15 21	16 56	▭	▭	▭	▭
N 70	14 05	15 44	17 07	▭	▭	▭	▭
68	14 42	16 02	17 15	▭	▭	▭	▭
66	15 08	16 16	17 22	06 33	▭	▭	09 35
64	15 29	16 28	17 29	05 27	07 22	08 27	08 36
62	15 45	16 39	17 34	04 52	06 26	07 31	08 01
60	15 58	16 47	17 39	04 27	05 53	06 58	07 36
N 58	16 10	16 55	17 44	04 07	05 28	06 33	07 16
56	16 20	17 02	17 48	03 51	05 09	06 13	06 59
54	16 29	17 09	17 52	03 37	04 52	05 57	06 45
52	16 37	17 14	17 55	03 24	04 38	05 42	06 33
50	16 44	17 19	17 59	03 14	04 26	05 30	06 22
45	16 59	17 31	18 07	02 51	04 01	05 04	05 59
N 40	17 12	17 41	18 13	02 33	03 40	04 44	05 40
35	17 22	17 49	18 20	02 18	03 24	04 27	05 24
30	17 32	17 57	18 26	02 05	03 09	04 12	05 11
20	17 48	18 11	18 38	01 43	02 44	03 47	04 47
N 10	18 03	18 25	18 50	01 23	02 23	03 25	04 27
0	18 16	18 38	19 03	01 05	02 03	03 05	04 08
S 10	18 30	18 52	19 18	00 47	01 43	02 44	03 49
20	18 44	19 08	19 36	00 28	01 22	02 22	03 28
30	19 02	19 28	19 59	00 06	00 57	01 57	03 04
35	19 12	19 39	20 13	24 43	00 43	01 42	02 50
40	19 23	19 53	20 31	24 26	00 26	01 25	02 34
45	19 36	20 11	20 54	24 06	00 06	01 04	02 15
S 50	19 53	20 32	21 24	23 41	24 37	00 37	01 50
52	20 01	20 43	21 40	23 29	24 25	00 25	01 38
54	20 10	20 55	21 59	23 15	24 10	00 10	01 24
56	20 19	21 09	22 24	22 59	23 53	25 09	01 09
58	20 31	21 25	23 00	22 40	23 32	24 50	00 50
S 60	20 44	21 46	////	22 17	23 06	24 27	00 27

Day	SUN Eqn. of Time 00^h	Eqn. of Time 12^h	Mer. Pass.	MOON Mer. Pass. Upper	Mer. Pass. Lower	Age	Phase
d	m s	m s	h m	h m	h m	d	%
25	12 11	12 18	12 12	19 49	07 20	10	71
26	12 25	12 32	12 13	20 50	08 19	11	81
27	12 38	12 44	12 13	21 53	09 21	12	89

	UT	ARIES	VENUS −3.9		MARS −1.3		JUPITER −2.0		SATURN +0.8		STARS		
		GHA	GHA	Dec	GHA	Dec	GHA	Dec	GHA	Dec	Name	SHA	Dec
	d h	° ′	° ′	° ′	° ′	° ′	° ′	° ′	° ′	° ′		° ′	° ′
	28 00	127 09.3	172 31.4	S18 27.4	352 51.6	N21 56.3	152 35.2	S11 32.1	302 05.8	N 0 26.5	Acamar	315 20.1	S40 16.0
	01	142 11.7	187 30.7	26.5	7 55.1	56.6	167 37.1	31.9	317 08.3	26.5	Achernar	335 28.5	S57 11.3
	02	157 14.2	202 30.0	25.7	22 58.6	56.9	182 39.0	31.7	332 10.9	26.6	Acrux	173 11.9	S63 09.2
	03	172 16.7	217 29.2	. . 24.9	38 02.1	. . 57.2	197 40.9	. . 31.5	347 13.4	. . 26.6	Adhara	255 14.1	S28 59.3
	04	187 19.1	232 28.5	24.0	53 05.6	57.5	212 42.8	31.2	2 15.9	26.6	Aldebaran	290 52.0	N16 31.8
	05	202 21.6	247 27.8	23.2	68 09.1	57.8	227 44.8	31.0	17 18.4	26.7			
	06	217 24.1	262 27.1	S18 22.4	83 12.6	N21 58.1	242 46.7	S11 30.8	32 20.9	N 0 26.7	Alioth	166 22.4	N55 53.9
	07	232 26.5	277 26.3	21.5	98 16.1	58.4	257 48.6	30.6	47 23.5	26.8	Alkaid	153 00.6	N49 15.4
T	08	247 29.0	292 25.6	20.7	113 19.5	58.7	272 50.5	30.4	62 26.0	26.8	Al Na'ir	27 47.1	S46 54.8
H	09	262 31.5	307 24.9	. . 19.9	128 23.0	. . 59.0	287 52.4	. . 30.2	77 28.5	. . 26.8	Alnilam	275 48.6	S 1 11.8
U	10	277 33.9	322 24.2	19.0	143 26.5	59.3	302 54.3	30.0	92 31.0	26.9	Alphard	217 58.2	S 8 42.3
R	11	292 36.4	337 23.4	18.2	158 30.0	59.6	317 56.3	29.8	107 33.5	26.9			
S	12	307 38.8	352 22.7	S18 17.3	173 33.5	N21 59.8	332 58.2	S11 29.6	122 36.1	N 0 26.9	Alphecca	126 13.2	N26 40.5
D	13	322 41.3	7 22.0	16.5	188 37.0	22 00.1	348 00.1	29.4	137 38.6	27.0	Alpheratz	357 46.3	N29 08.9
A	14	337 43.8	22 21.3	15.7	203 40.5	00.4	3 02.0	29.2	152 41.1	27.0	Altair	62 11.0	N 8 53.6
Y	15	352 46.2	37 20.6	. . 14.8	218 44.0	. . 00.7	18 03.9	. . 29.0	167 43.6	. . 27.0	Ankaa	353 18.2	S42 15.2
	16	7 48.7	52 19.8	14.0	233 47.5	01.0	33 05.8	28.8	182 46.1	27.1	Antares	112 29.5	S26 27.3
	17	22 51.2	67 19.1	13.1	248 51.0	01.3	48 07.7	28.5	197 48.7	27.1			
	18	37 53.6	82 18.4	S18 12.3	263 54.5	N22 01.6	63 09.6	S11 28.3	212 51.2	N 0 27.2	Arcturus	145 57.9	N19 07.5
	19	52 56.1	97 17.7	11.4	278 58.0	01.9	78 11.6	28.1	227 53.7	27.2	Atria	107 33.9	S69 02.6
	20	67 58.6	112 17.0	10.6	294 01.5	02.2	93 13.5	27.9	242 56.2	27.2	Avior	234 18.5	S59 32.6
	21	83 01.0	127 16.3	. . 09.7	309 05.0	. . 02.5	108 15.4	. . 27.7	257 58.7	. . 27.3	Bellatrix	278 34.4	N 6 21.5
	22	98 03.5	142 15.5	08.9	324 08.4	02.8	123 17.3	27.5	273 01.3	27.3	Betelgeuse	271 03.7	N 7 24.5
	23	113 05.9	157 14.8	08.1	339 11.9	03.1	138 19.2	27.3	288 03.8	27.3			
	29 00	128 08.4	172 14.1	S18 07.2	354 15.4	N22 03.4	153 21.1	S11 27.1	303 06.3	N 0 27.4	Canopus	263 56.8	S52 42.2
	01	143 10.9	187 13.4	06.4	9 18.9	03.6	168 23.0	26.9	318 08.8	27.4	Capella	280 37.8	N46 00.6
	02	158 13.3	202 12.7	05.5	24 22.4	03.9	183 25.0	26.7	333 11.4	27.5	Deneb	49 33.7	N45 19.0
	03	173 15.8	217 12.0	. . 04.6	39 25.9	. . 04.2	198 26.9	. . 26.5	348 13.9	. . 27.5	Denebola	182 35.9	N14 30.7
	04	188 18.3	232 11.3	03.8	54 29.4	04.5	213 28.8	26.3	3 16.4	27.5	Diphda	348 58.5	S17 55.9
	05	203 20.7	247 10.5	02.9	69 32.9	04.8	228 30.7	26.0	18 18.9	27.6			
	06	218 23.2	262 09.8	S18 02.1	84 36.4	N22 05.1	243 32.6	S11 25.8	33 21.5	N 0 27.6	Dubhe	193 53.9	N61 41.5
	07	233 25.7	277 09.1	01.2	99 39.9	05.4	258 34.5	25.6	48 24.0	27.6	Elnath	278 15.5	N28 37.0
	08	248 28.1	292 08.4	18 00.4	114 43.4	05.7	273 36.4	25.4	63 26.5	27.7	Eltanin	90 47.7	N51 29.0
F	09	263 30.6	307 07.7	17 59.5	129 46.9	. . 06.0	288 38.4	. . 25.2	78 29.0	. . 27.7	Enif	33 49.9	N 9 55.3
R	10	278 33.1	322 07.0	58.7	144 50.4	06.2	303 40.3	25.0	93 31.5	27.8	Fomalhaut	15 26.9	S29 34.2
I	11	293 35.5	337 06.3	57.8	159 53.9	06.5	318 42.2	24.8	108 34.1	27.8			
D	12	308 38.0	352 05.6	S17 56.9	174 57.4	N22 06.8	333 44.1	S11 24.6	123 36.6	N 0 27.8	Gacrux	172 03.5	S57 10.1
A	13	323 40.4	7 04.9	56.1	190 00.9	07.1	348 46.0	24.4	138 39.1	27.9	Gienah	175 54.7	S17 36.0
Y	14	338 42.9	22 04.2	55.2	205 04.4	07.4	3 47.9	24.2	153 41.6	27.9	Hadar	148 51.5	S60 25.1
	15	353 45.4	37 03.4	. . 54.3	220 07.9	. . 07.7	18 49.8	. . 24.0	168 44.2	. . 27.9	Hamal	328 03.6	N23 30.8
	16	8 47.8	52 02.7	53.5	235 11.4	08.0	33 51.7	23.7	183 46.7	28.0	Kaus Aust.	83 47.4	S34 22.8
	17	23 50.3	67 02.0	52.6	250 14.9	08.3	48 53.7	23.5	198 49.2	28.0			
	18	38 52.8	82 01.3	S17 51.7	265 18.3	N22 08.5	63 55.6	S11 23.3	213 51.7	N 0 28.1	Kochab	137 19.7	N74 06.4
	19	53 55.2	97 00.6	50.9	280 21.8	08.8	78 57.5	23.1	228 54.3	28.1	Markab	13 41.1	N15 15.7
	20	68 57.7	111 59.9	50.0	295 25.3	09.1	93 59.4	22.9	243 56.8	28.1	Menkar	314 17.6	N 4 07.8
	21	84 00.2	126 59.2	. . 49.1	310 28.8	. . 09.4	109 01.3	. . 22.7	258 59.3	. . 28.2	Menkent	148 10.5	S36 25.1
	22	99 02.6	141 58.5	48.3	325 32.3	09.7	124 03.2	22.5	274 01.8	28.2	Miaplacidus	221 39.5	S69 45.5
	23	114 05.1	156 57.8	47.4	340 35.8	10.0	139 05.1	22.3	289 04.4	28.2			
	30 00	129 07.6	171 57.1	S17 46.5	355 39.3	N22 10.2	154 07.0	S11 22.1	304 06.9	N 0 28.3	Mirfak	308 43.8	N49 54.1
	01	144 10.0	186 56.4	45.7	10 42.8	10.5	169 09.0	21.9	319 09.4	28.3	Nunki	76 01.7	S26 17.0
	02	159 12.5	201 55.7	44.8	25 46.3	10.8	184 10.9	21.7	334 11.9	28.4	Peacock	53 23.6	S56 42.1
	03	174 14.9	216 55.0	. . 43.9	40 49.8	. . 11.1	199 12.8	. . 21.4	349 14.5	. . 28.4	Pollux	243 30.3	N28 00.0
	04	189 17.4	231 54.3	43.0	55 53.3	11.4	214 14.7	21.2	4 17.0	28.4	Procyon	245 02.0	N 5 11.8
	05	204 19.9	246 53.6	42.2	70 56.8	11.7	229 16.6	21.0	19 19.5	28.5			
	06	219 22.3	261 52.9	S17 41.3	86 00.3	N22 11.9	244 18.5	S11 20.8	34 22.1	N 0 28.5	Rasalhague	96 09.0	N12 33.0
	07	234 24.8	276 52.2	40.4	101 03.8	12.2	259 20.4	20.6	49 24.6	28.6	Regulus	207 45.8	N11 54.9
S	08	249 27.3	291 51.5	39.5	116 07.3	12.5	274 22.3	20.4	64 27.1	28.6	Rigel	281 14.2	S 8 11.5
A	09	264 29.7	306 50.8	. . 38.7	131 10.8	. . 12.8	289 24.2	. . 20.2	79 29.6	. . 28.6	Rigil Kent.	139 55.2	S60 52.4
T	10	279 32.2	321 50.1	37.8	146 14.3	13.1	304 26.2	20.0	94 32.2	28.7	Sabik	102 15.6	S15 44.3
U	11	294 34.7	336 49.4	36.9	161 17.8	13.4	319 28.1	19.8	109 34.7	28.7			
R	12	309 37.1	351 48.7	S17 36.0	176 21.3	N22 13.6	334 30.0	S11 19.6	124 37.2	N 0 28.8	Schedar	349 43.8	N56 35.9
D	13	324 39.6	6 48.0	35.1	191 24.8	13.9	349 31.9	19.4	139 39.8	28.8	Shaula	96 25.5	S37 06.6
A	14	339 42.1	21 47.4	34.2	206 28.3	14.2	4 33.8	19.1	154 42.3	28.8	Sirius	258 35.6	S16 43.9
Y	15	354 44.5	36 46.7	. . 33.4	221 31.8	. . 14.5	19 35.7	. . 18.9	169 44.8	. . 28.9	Spica	158 33.8	S11 13.0
	16	9 47.0	51 46.0	32.5	236 35.3	14.7	34 37.6	18.7	184 47.3	28.9	Suhail	222 53.9	S43 28.5
	17	24 49.4	66 45.3	31.6	251 38.8	15.0	49 39.5	18.5	199 49.9	29.0			
	18	39 51.9	81 44.6	S17 30.7	266 42.3	N22 15.3	64 41.5	S11 18.3	214 52.4	N 0 29.0	Vega	80 41.0	N38 47.4
	19	54 54.4	96 43.9	29.8	281 45.8	15.6	79 43.4	18.1	229 54.9	29.0	Zuben'ubi	137 08.2	S16 05.1
	20	69 56.8	111 43.2	28.9	296 49.3	15.9	94 45.3	17.9	244 57.5	29.1			
	21	84 59.3	126 42.5	. . 28.0	311 52.7	. . 16.1	109 47.2	. . 17.7	260 00.0	. . 29.1			
	22	100 01.8	141 41.8	27.1	326 56.2	16.4	124 49.1	17.5	275 02.5	29.2			
	23	115 04.2	156 41.1	26.3	341 59.7	16.7	139 51.0	17.3	290 05.0	29.2			
	Mer. Pass.	h m 15 24.9	v −0.7	d 0.9	v 3.5	d 0.3	v 1.9	d 0.2	v 2.5	d 0.0			

	SHA	Mer. Pass.
	° ′	h m
Venus	44 05.7	12 32
Mars	226 07.0	0 23
Jupiter	25 12.7	13 45
Saturn	174 57.9	3 47

INDEX TO SELECTED STARS, 2010

Name	No	Mag	SHA	Dec
			°	°
Acamar	**7**	3·2	315	S 40
Achernar	**5**	0·5	335	S 57
Acrux	**30**	1·3	173	S 63
Adhara	**19**	1·5	255	S 29
Aldebaran	**10**	0·9	291	N 17
Alioth	**32**	1·8	166	N 56
Alkaid	**34**	1·9	153	N 49
Al Na'ir	**55**	1·7	28	S 47
Alnilam	**15**	1·7	276	S 1
Alphard	**25**	2·0	218	S 9
Alphecca	**41**	2·2	126	N 27
Alpheratz	**1**	2·1	358	N 29
Altair	**51**	0·8	62	N 9
Ankaa	**2**	2·4	353	S 42
Antares	**42**	1·0	112	S 26
Arcturus	**37**	0·0	146	N 19
Atria	**43**	1·9	108	S 69
Avior	**22**	1·9	234	S 60
Bellatrix	**13**	1·6	279	N 6
Betelgeuse	**16**	Var.*	271	N 7
Canopus	**17**	−0·7	264	S 53
Capella	**12**	0·1	281	N 46
Deneb	**53**	1·3	50	N 45
Denebola	**28**	2·1	183	N 15
Diphda	**4**	2·0	349	S 18
Dubhe	**27**	1·8	194	N 62
Elnath	**14**	1·7	278	N 29
Eltanin	**47**	2·2	91	N 51
Enif	**54**	2·4	34	N 10
Fomalhaut	**56**	1·2	15	S 30
Gacrux	**31**	1·6	172	S 57
Gienah	**29**	2·6	176	S 18
Hadar	**35**	0·6	149	S 60
Hamal	**6**	2·0	328	N 24
Kaus Australis	**48**	1·9	84	S 34
Kochab	**40**	2·1	137	N 74
Markab	**57**	2·5	14	N 15
Menkar	**8**	2·5	314	N 4
Menkent	**36**	2·1	148	S 36
Miaplacidus	**24**	1·7	222	S 70
Mirfak	**9**	1·8	309	N 50
Nunki	**50**	2·0	76	S 26
Peacock	**52**	1·9	53	S 57
Pollux	**21**	1·1	244	N 28
Procyon	**20**	0·4	245	N 5
Rasalhague	**46**	2·1	96	N 13
Regulus	**26**	1·4	208	N 12
Rigel	**11**	0·1	281	S 8
Rigil Kentaurus	**38**	−0·3	140	S 61
Sabik	**44**	2·4	102	S 16
Schedar	**3**	2·2	350	N 57
Shaula	**45**	1·6	96	S 37
Sirius	**18**	−1·5	259	S 17
Spica	**33**	1·0	159	S 11
Suhail	**23**	2·2	223	S 43
Vega	**49**	0·0	81	N 39
Zubenelgenubi	**39**	2·8	137	S 16

No	Name	Mag	SHA	Dec
			°	°
1	*Alpheratz*	2·1	358	N 29
2	*Ankaa*	2·4	353	S 42
3	*Schedar*	2·2	350	N 57
4	*Diphda*	2·0	349	S 18
5	*Achernar*	0·5	335	S 57
6	*Hamal*	2·0	328	N 24
7	*Acamar*	3·2	315	S 40
8	*Menkar*	2·5	314	N 4
9	*Mirfak*	1·8	309	N 50
10	*Aldebaran*	0·9	291	N 17
11	*Rigel*	0·1	281	S 8
12	*Capella*	0·1	281	N 46
13	*Bellatrix*	1·6	279	N 6
14	*Elnath*	1·7	278	N 29
15	*Alnilam*	1·7	276	S 1
16	*Betelgeuse*	Var.*	271	N 7
17	*Canopus*	−0·7	264	S 53
18	*Sirius*	−1·5	259	S 17
19	*Adhara*	1·5	255	S 29
20	*Procyon*	0·4	245	N 5
21	*Pollux*	1·1	244	N 28
22	*Avior*	1·9	234	S 60
23	*Suhail*	2·2	223	S 43
24	*Miaplacidus*	1·7	222	S 70
25	*Alphard*	2·0	218	S 9
26	*Regulus*	1·4	208	N 12
27	*Dubhe*	1·8	194	N 62
28	*Denebola*	2·1	183	N 15
29	*Gienah*	2·6	176	S 18
30	*Acrux*	1·3	173	S 63
31	*Gacrux*	1·6	172	S 57
32	*Alioth*	1·8	166	N 56
33	*Spica*	1·0	159	S 11
34	*Alkaid*	1·9	153	N 49
35	*Hadar*	0·6	149	S 60
36	*Menkent*	2·1	148	S 36
37	*Arcturus*	0·0	146	N 19
38	*Rigil Kentaurus*	−0·3	140	S 61
39	*Zubenelgenubi*	2·8	137	S 16
40	*Kochab*	2·1	137	N 74
41	*Alphecca*	2·2	126	N 27
42	*Antares*	1·0	112	S 26
43	*Atria*	1·9	108	S 69
44	*Sabik*	2·4	102	S 16
45	*Shaula*	1·6	96	S 37
46	*Rasalhague*	2·1	96	N 13
47	*Eltanin*	2·2	91	N 51
48	*Kaus Australis*	1·9	84	S 34
49	*Vega*	0·0	81	N 39
50	*Nunki*	2·0	76	S 26
51	*Altair*	0·8	62	N 9
52	*Peacock*	1·9	53	S 57
53	*Deneb*	1·3	50	N 45
54	*Enif*	2·4	34	N 10
55	*Al Na'ir*	1·7	28	S 47
56	*Fomalhaut*	1·2	15	S 30
57	*Markab*	2·5	14	N 15

*0·1 — 1·2

ALTITUDE CORRECTION TABLES 10°-90°—SUN, STARS, PLANETS

SUN

OCT.—MAR. App. Alt.	Lower Limb	Upper Limb	APR.—SEPT. App. Alt.	Lower Limb	Upper Limb
° ′	′	′	° ′	′	′
9 33	+10·8	−21·5	9 39	+10·6	−21·2
9 45	+10·9	−21·4	9 50	+10·7	−21·1
9 56	+11·0	−21·3	10 02	+10·8	−21·0
10 08	+11·1	−21·2	10 14	+10·9	−20·9
10 20	+11·2	−21·1	10 27	+11·0	−20·8
10 33	+11·3	−21·0	10 40	+11·1	−20·7
10 46	+11·4	−20·9	10 53	+11·2	−20·6
11 00	+11·5	−20·8	11 07	+11·3	−20·5
11 15	+11·6	−20·7	11 22	+11·4	−20·4
11 30	+11·7	−20·6	11 37	+11·5	−20·3
11 45	+11·8	−20·5	11 53	+11·6	−20·2
12 01	+11·9	−20·4	12 10	+11·7	−20·1
12 18	+12·0	−20·3	12 27	+11·8	−20·0
12 36	+12·1	−20·2	12 45	+11·9	−19·9
12 54	+12·2	−20·1	13 04	+12·0	−19·8
13 14	+12·3	−20·0	13 24	+12·1	−19·7
13 34	+12·4	−19·9	13 44	+12·2	−19·6
13 55	+12·5	−19·8	14 06	+12·3	−19·5
14 17	+12·6	−19·7	14 29	+12·4	−19·4
14 41	+12·7	−19·6	14 53	+12·5	−19·3
15 05	+12·8	−19·5	15 18	+12·6	−19·2
15 31	+12·9	−19·4	15 45	+12·7	−19·1
15 59	+13·0	−19·3	16 13	+12·8	−19·0
16 27	+13·1	−19·2	16 43	+12·9	−18·9
16 58	+13·2	−19·1	17 14	+13·0	−18·8
17 30	+13·3	−19·0	17 47	+13·1	−18·7
18 05	+13·4	−18·9	18 23	+13·2	−18·6
18 41	+13·5	−18·8	19 00	+13·3	−18·5
19 20	+13·6	−18·7	19 41	+13·4	−18·4
20 02	+13·7	−18·6	20 24	+13·5	−18·3
20 46	+13·8	−18·5	21 10	+13·6	−18·2
21 34	+13·9	−18·4	21 59	+13·7	−18·1
22 25	+14·0	−18·3	22 52	+13·8	−18·0
23 20	+14·1	−18·2	23 49	+13·9	−17·9
24 20	+14·2	−18·1	24 51	+14·0	−17·8
25 24	+14·3	−18·0	25 58	+14·1	−17·7
26 34	+14·4	−17·9	27 11	+14·2	−17·6
27 50	+14·5	−17·8	28 31	+14·3	−17·5
29 13	+14·6	−17·7	29 58	+14·4	−17·4
30 44	+14·7	−17·6	31 33	+14·5	−17·3
32 24	+14·8	−17·5	33 18	+14·6	−17·2
34 15	+14·9	−17·4	35 15	+14·7	−17·1
36 17	+15·0	−17·3	37 24	+14·8	−17·0
38 34	+15·1	−17·2	39 48	+14·9	−16·9
41 06	+15·2	−17·1	42 28	+15·0	−16·8
43 56	+15·3	−17·0	45 29	+15·1	−16·7
47 07	+15·4	−16·9	48 52	+15·2	−16·6
50 43	+15·5	−16·8	52 41	+15·3	−16·5
54 46	+15·6	−16·7	56 59	+15·4	−16·4
59 21	+15·7	−16·6	61 50	+15·5	−16·3
64 28	+15·8	−16·5	67 15	+15·6	−16·2
70 10	+15·9	−16·4	73 14	+15·7	−16·1
76 24	+16·0	−16·3	79 42	+15·8	−16·0
83 05	+16·1	−16·2	86 31	+15·9	−15·9
90 00			90 00		

STARS AND PLANETS

App Alt.	Corrⁿ
° ′	′
9 55	−5·3
10 07	−5·2
10 20	−5·1
10 32	−5·0
10 46	−4·9
10 59	−4·8
11 14	−4·7
11 29	−4·6
11 44	−4·5
12 00	−4·4
12 17	−4·3
12 35	−4·2
12 53	−4·1
13 12	−4·0
13 32	−3·9
13 53	−3·8
14 16	−3·7
14 39	−3·6
15 03	−3·5
15 29	−3·4
15 56	−3·3
16 25	−3·2
16 55	−3·1
17 27	−3·0
18 01	−2·9
18 37	−2·8
19 16	−2·7
19 56	−2·6
20 40	−2·5
21 27	−2·4
22 17	−2·3
23 11	−2·2
24 09	−2·1
25 12	−2·0
26 20	−1·9
27 34	−1·8
28 54	−1·7
30 22	−1·6
31 58	−1·5
33 43	−1·4
35 38	−1·3
37 45	−1·2
40 06	−1·1
42 42	−1·0
45 34	−0·9
48 45	−0·8
52 16	−0·7
56 09	−0·6
60 26	−0·5
65 06	−0·4
70 09	−0·3
75 32	−0·2
81 12	−0·1
87 03	0·0
90 00	

App. Alt. — Additional Corrⁿ

2010

VENUS

Jan. 1–July 14

°	′
0	+0·1
60	

July 15–Sept. 1
Dec. 29–Dec. 31

°	′
0	+0·2
41	+0·1
76	

Sept. 2–Sept. 24
Dec. 5–Dec. 28

°	′
0	+0·3
34	+0·2
60	+0·1
80	

Sept. 25–Oct. 9
Nov. 20–Dec. 4

°	′
0	+0·4
29	+0·3
51	+0·2
68	+0·1
83	

Oct. 10–Nov. 19

°	′
0	+0·5
26	+0·4
46	+0·3
60	+0·2
73	+0·1
84	

MARS

Jan. 1–Mar. 27

°	′
0	+0·2
41	+0·1
76	

Mar. 28–Dec. 31

°	′
0	+0·1
60	

DIP

Ht. of Eye (m)	Corrⁿ (′)	Ht. of Eye (ft.)
2·4	−2·8	8·0
2·6	−2·9	8·6
2·8	−3·0	9·2
3·0	−3·1	9·8
3·2	−3·2	10·5
3·4	−3·3	11·2
3·6	−3·4	11·9
3·8	−3·5	12·6
4·0	−3·6	13·3
4·3	−3·7	14·1
4·5	−3·8	14·9
4·7	−3·9	15·7
5·0	−4·0	16·5
5·2	−4·1	17·4
5·5	−4·2	18·3
5·8	−4·3	19·1
6·1	−4·4	20·1
6·3	−4·5	21·0
6·6	−4·6	22·0
6·9	−4·7	22·9
7·2	−4·8	23·9
7·5	−4·9	24·9
7·9	−5·0	26·0
8·2	−5·1	27·1
8·5	−5·2	28·1
8·8	−5·3	29·2
9·2	−5·4	30·4
9·5	−5·5	31·5
9·9	−5·6	32·7
10·3	−5·7	33·9
10·6	−5·8	35·1
11·0	−5·9	36·3
11·4	−6·0	37·6
11·8	−6·1	38·9
12·2	−6·2	40·1
12·6	−6·3	41·5
13·0	−6·4	42·8
13·4	−6·5	44·2
13·8	−6·6	45·5
14·2	−6·7	46·9
14·7	−6·8	48·4
15·1	−6·9	49·8
15·5	−7·0	51·3
16·0	−7·1	52·8
16·5	−7·2	54·3
16·9	−7·3	55·8
17·4	−7·4	57·4
17·9	−7·5	58·9
18·4	−7·6	60·5
18·8	−7·7	62·1
19·3	−7·8	63·8
19·8	−7·9	65·4
20·4	−8·0	67·1
20·9	−8·1	68·8
21·4		70·5

Ht. of Eye	Corrⁿ
m	′
1·0	−1·8
1·5	−2·2
2·0	−2·5
2·5	−2·8
3·0	−3·0
See table ←	
m	′
20	−7·9
22	−8·3
24	−8·6
26	−9·0
28	−9·3
30	−9·6
32	−10·0
34	−10·3
36	−10·6
38	−10·8
40	−11·1
42	−11·4
44	−11·7
46	−11·9
48	−12·2
ft.	′
2	−1·4
4	−1·9
6	−2·4
8	−2·7
10	−3·1
See table ←	
ft.	′
70	−8·1
75	−8·4
80	−8·7
85	−8·9
90	−9·2
95	−9·5
100	−9·7
105	−9·9
110	−10·2
115	−10·4
120	−10·6
125	−10·8
130	−11·1
135	−11·3
140	−11·5
145	−11·7
150	−11·9
155	−12·1

App. Alt. = Apparent altitude = Sextant altitude corrected for index error and dip.

	UT	SUN GHA	SUN Dec	MOON GHA	v	MOON Dec	d	HP
	d h	° ′	° ′	° ′	′	° ′	′	′
	28 00	176 47.5	S18 16.8	30 25.7	3.0	N24 39.8	5.1	60.6
	01	191 47.4	16.2	44 47.7	3.1	24 34.7	5.3	60.6
	02	206 47.3	15.5	59 09.8	3.0	24 29.4	5.5	60.6
	03	221 47.1	. . 14.9	73 31.8	3.1	24 23.9	5.6	60.7
	04	236 47.0	14.2	87 53.9	3.1	24 18.3	5.9	60.7
	05	251 46.9	13.6	102 16.0	3.2	24 12.4	6.0	60.7
	06	266 46.8	S18 12.9	116 38.2	3.1	N24 06.4	6.2	60.7
	07	281 46.7	12.3	131 00.3	3.2	24 00.2	6.4	60.8
T	08	296 46.6	11.6	145 22.5	3.2	23 53.8	6.6	60.8
H	09	311 46.4	. . 10.9	159 44.7	3.2	23 47.2	6.7	60.8
U	10	326 46.3	10.3	174 06.9	3.3	23 40.5	7.0	60.8
R	11	341 46.2	09.6	188 29.2	3.3	23 33.5	7.1	60.9
S	12	356 46.1	S18 09.0	202 51.5	3.3	N23 26.4	7.3	60.9
D	13	11 46.0	08.3	217 13.8	3.4	23 19.1	7.4	60.9
A	14	26 45.9	07.6	231 36.2	3.4	23 11.7	7.7	60.9
Y	15	41 45.7	. . 07.0	245 58.6	3.5	23 04.0	7.8	61.0
	16	56 45.6	06.3	260 21.1	3.5	22 56.2	8.0	61.0
	17	71 45.5	05.6	274 43.6	3.6	22 48.2	8.1	61.0
	18	86 45.4	S18 05.0	289 06.2	3.6	N22 40.1	8.3	61.0
	19	101 45.3	04.3	303 28.8	3.6	22 31.8	8.5	61.1
	20	116 45.2	03.7	317 51.4	3.7	22 23.3	8.7	61.1
	21	131 45.1	. . 03.0	332 14.1	3.8	22 14.6	8.8	61.1
	22	146 44.9	02.3	346 36.9	3.8	22 05.8	9.0	61.1
	23	161 44.8	01.7	0 59.7	3.9	21 56.8	9.2	61.1
	29 00	176 44.7	S18 01.0	15 22.6	3.9	N21 47.6	9.3	61.2
	01	191 44.6	18 00.3	29 45.5	4.0	21 38.3	9.5	61.2
	02	206 44.5	17 59.6	44 08.5	4.0	21 28.8	9.7	61.2
	03	221 44.4	. . 59.0	58 31.5	4.2	21 19.1	9.8	61.2
	04	236 44.3	58.3	72 54.7	4.1	21 09.3	9.9	61.2
	05	251 44.2	57.6	87 17.8	4.3	20 59.4	10.2	61.3
	06	266 44.1	S17 57.0	101 41.1	4.3	N20 49.2	10.2	61.3
	07	281 44.0	56.3	116 04.4	4.4	20 39.0	10.5	61.3
	08	296 43.8	55.6	130 27.8	4.4	20 28.5	10.5	61.3
F	09	311 43.7	. . 55.0	144 51.2	4.5	20 18.0	10.8	61.3
R	10	326 43.6	54.3	159 14.7	4.6	20 07.2	10.8	61.3
I	11	341 43.5	53.6	173 38.3	4.7	19 56.4	11.1	61.3
D	12	356 43.4	S17 52.9	188 02.0	4.7	N19 45.3	11.1	61.4
A	13	11 43.3	52.3	202 25.7	4.8	19 34.2	11.3	61.4
Y	14	26 43.2	51.6	216 49.5	4.9	19 22.9	11.5	61.4
	15	41 43.1	. . 50.9	231 13.4	5.0	19 11.4	11.6	61.4
	16	56 43.0	50.2	245 37.4	5.0	18 59.8	11.7	61.4
	17	71 42.9	49.6	260 01.4	5.1	18 48.1	11.8	61.4
	18	86 42.8	S17 48.9	274 25.5	5.2	N18 36.3	12.0	61.4
	19	101 42.7	48.2	288 49.7	5.2	18 24.3	12.1	61.4
	20	116 42.6	47.5	303 13.9	5.4	18 12.2	12.3	61.4
	21	131 42.5	. . 46.8	317 38.3	5.4	17 59.9	12.4	61.4
	22	146 42.4	46.2	332 02.7	5.5	17 47.5	12.5	61.5
	23	161 42.3	45.5	346 27.2	5.6	17 35.0	12.6	61.5
	30 00	176 42.1	S17 44.8	0 51.8	5.7	N17 22.4	12.7	61.5
	01	191 42.0	44.1	15 16.5	5.7	17 09.7	12.9	61.5
	02	206 41.9	43.4	29 41.2	5.8	16 56.8	13.0	61.5
	03	221 41.8	. . 42.8	44 06.0	5.9	16 43.8	13.0	61.5
	04	236 41.7	42.1	58 30.9	6.0	16 30.8	13.3	61.5
	05	251 41.6	41.4	72 55.9	6.1	16 17.5	13.3	61.5
	06	266 41.5	S17 40.7	87 21.0	6.1	N16 04.2	13.4	61.5
S	07	281 41.4	40.0	101 46.1	6.2	15 50.8	13.5	61.5
	08	296 41.3	39.3	116 11.3	6.3	15 37.3	13.7	61.5
A	09	311 41.2	. . 38.7	130 36.6	6.4	15 23.6	13.7	61.5
T	10	326 41.1	38.0	145 02.0	6.5	15 09.9	13.8	61.5
U	11	341 41.0	37.3	159 27.5	6.6	14 56.1	14.0	61.5
R	12	356 40.9	S17 36.6	173 53.1	6.6	N14 42.1	14.0	61.5
D	13	11 40.8	35.9	188 18.7	6.7	14 28.1	14.1	61.5
A	14	26 40.7	35.2	202 44.4	6.8	14 14.0	14.3	61.5
Y	15	41 40.6	. . 34.5	217 10.2	6.9	13 59.7	14.3	61.5
	16	56 40.5	33.8	231 36.1	6.9	13 45.4	14.4	61.5
	17	71 40.5	33.1	246 02.0	7.1	13 31.0	14.4	61.5
	18	86 40.4	S17 32.5	260 28.1	7.1	N13 16.6	14.6	61.5
	19	101 40.3	31.8	274 54.2	7.2	13 02.0	14.7	61.5
	20	116 40.2	31.1	289 20.4	7.3	12 47.3	14.7	61.5
	21	131 40.1	. . 30.4	303 46.7	7.3	12 32.6	14.8	61.4
	22	146 40.0	29.7	318 13.0	7.4	12 17.8	14.9	61.4
	23	161 39.9	29.0	332 39.4	7.6	N12 02.9	14.9	61.4
		SD 16.3	*d* 0.7	SD	16.6	16.7		16.8

Lat.	Twilight Naut.	Twilight Civil	Sunrise	Moonrise 28	29	30	31
°	h m	h m	h m	h m	h m	h m	h m
N 72	07 20	08 52	10 56	▭	▭	15 16	18 03
N 70	07 11	08 31	10 03	▭	12 22	15 46	18 14
68	07 03	08 15	09 31	▭	13 31	16 07	18 22
66	06 57	08 02	09 07	11 24	14 08	16 24	18 30
64	06 51	07 51	08 49	12 23	14 33	16 38	18 36
62	06 46	07 41	08 34	12 57	14 53	16 49	18 41
60	06 41	07 33	08 21	13 22	15 09	16 59	18 45
N 58	06 37	07 25	08 10	13 41	15 23	17 07	18 49
56	06 34	07 19	08 01	13 57	15 35	17 15	18 53
54	06 30	07 13	07 52	14 11	15 45	17 21	18 56
52	06 27	07 08	07 45	14 23	15 54	17 27	18 59
50	06 24	07 03	07 38	14 34	16 02	17 32	19 01
45	06 16	06 52	07 23	14 56	16 19	17 44	19 07
N 40	06 10	06 43	07 11	15 14	16 33	17 53	19 11
35	06 04	06 34	07 01	15 29	16 45	18 01	19 15
30	05 58	06 27	06 52	15 42	16 55	18 08	19 19
20	05 47	06 13	06 36	16 04	17 13	18 20	19 25
N 10	05 35	06 01	06 23	16 23	17 28	18 31	19 30
0	05 23	05 48	06 10	16 41	17 42	18 40	19 35
S 10	05 08	05 34	05 56	16 59	17 57	18 50	19 40
20	04 51	05 19	05 42	17 18	18 12	19 01	19 45
30	04 29	05 00	05 26	17 40	18 29	19 12	19 51
35	04 15	04 48	05 16	17 52	18 39	19 19	19 55
40	03 58	04 35	05 05	18 07	18 50	19 27	19 59
45	03 36	04 18	04 52	18 24	19 04	19 36	20 03
S 50	03 07	03 57	04 36	18 46	19 20	19 46	20 08
52	02 51	03 47	04 29	18 56	19 27	19 51	20 11
54	02 33	03 36	04 20	19 07	19 36	19 57	20 13
56	02 10	03 22	04 11	19 20	19 45	20 03	20 16
58	01 38	03 07	04 00	19 35	19 56	20 09	20 20
S 60	////	02 47	03 48	19 53	20 08	20 17	20 23

Lat.	Sunset	Twilight Civil	Twilight Naut.	Moonset 28	29	30	31
°	h m	h m	h m	h m	h m	h m	h m
N 72	13 31	15 35	17 07	▭	▭	10 02	09 13
N 70	14 24	15 56	17 16	▭	10 50	09 30	08 59
68	14 57	16 12	17 24	▭	09 39	09 07	08 47
66	15 20	16 26	17 30	09 35	09 02	08 48	08 38
64	15 38	16 37	17 36	08 36	08 35	08 33	08 30
62	15 53	16 46	17 41	08 01	08 14	08 20	08 23
60	16 06	16 54	17 46	07 36	07 57	08 09	08 17
N 58	16 17	17 02	17 50	07 16	07 43	08 00	08 12
56	16 26	17 08	17 53	06 59	07 30	07 52	08 07
54	16 35	17 14	17 57	06 45	07 20	07 44	08 03
52	16 42	17 19	18 00	06 33	07 10	07 37	07 59
50	16 49	17 24	18 03	06 22	07 01	07 31	07 55
45	17 03	17 35	18 10	05 59	06 43	07 18	07 48
N 40	17 15	17 44	18 17	05 40	06 27	07 07	07 41
35	17 25	17 52	18 23	05 24	06 15	06 58	07 35
30	17 34	18 00	18 28	05 11	06 03	06 49	07 30
20	17 50	18 13	18 40	04 47	05 44	06 35	07 22
N 10	18 04	18 26	18 51	04 27	05 27	06 22	07 14
0	18 17	18 38	19 04	04 08	05 10	06 10	07 07
S 10	18 30	18 52	19 18	03 49	04 54	05 58	06 59
20	18 44	19 07	19 35	03 28	04 37	05 45	06 51
30	19 00	19 26	19 57	03 04	04 17	05 30	06 42
35	19 10	19 37	20 11	02 50	04 05	05 21	06 37
40	19 20	19 51	20 28	02 34	03 51	05 11	06 31
45	19 33	20 07	20 49	02 15	03 35	04 59	06 23
S 50	19 49	20 27	21 18	01 50	03 15	04 45	06 15
52	19 56	20 37	21 33	01 38	03 05	04 38	06 11
54	20 05	20 49	21 51	01 24	02 54	04 30	06 06
56	20 14	21 02	22 13	01 09	02 42	04 22	06 01
58	20 25	21 17	22 44	00 50	02 27	04 12	05 56
S 60	20 37	21 36	23 42	00 27	02 10	04 01	05 49

Day	SUN Eqn. of Time 00^h	SUN Eqn. of Time 12^h	SUN Mer. Pass.	MOON Mer. Pass. Upper	MOON Mer. Pass. Lower	Age	Phase
d	m s	m s	h m	h m	h m	d	%
28	12 50	12 55	12 13	22 56	10 25	13	95
29	13 01	13 06	12 13	23 56	11 27	14	99 ○
30	13 11	13 16	12 13	24 54	12 25	15	100

UT	ARIES	VENUS −3.9		MARS −1.3		JUPITER −2.0		SATURN +0.7	
	GHA	GHA	Dec	GHA	Dec	GHA	Dec	GHA	Dec
d h	° ′	° ′	° ′	° ′	° ′	° ′	° ′	° ′	° ′
31 00	130 06.7	171 40.4	S17 25.4	357 03.2	N22 17.0	154 52.9	S11 17.0	305 07.6	N 0 29.2
01	145 09.2	186 39.8	24.5	12 06.7	17.2	169 54.8	16.8	320 10.1	29.3
02	160 11.6	201 39.1	23.6	27 10.2	17.5	184 56.7	16.6	335 12.6	29.3
03	175 14.1	216 38.4	. . 22.7	42 13.7	. . 17.8	199 58.7	. . 16.4	350 15.2	. . 29.4
04	190 16.5	231 37.7	21.8	57 17.2	18.1	215 00.6	16.2	5 17.7	29.4
05	205 19.0	246 37.0	20.9	72 20.7	18.4	230 02.5	16.0	20 20.2	29.4
06	220 21.5	261 36.3	S17 20.0	87 24.2	N22 18.6	245 04.4	S11 15.8	35 22.8	N 0 29.5
07	235 23.9	276 35.6	19.1	102 27.7	18.9	260 06.3	15.6	50 25.3	29.5
08	250 26.4	291 35.0	18.2	117 31.2	19.2	275 08.2	15.4	65 27.8	29.6
S 09	265 28.9	306 34.3	. . 17.3	132 34.7	. . 19.4	290 10.1	. . 15.2	80 30.3	. . 29.6
U 10	280 31.3	321 33.6	16.4	147 38.2	19.7	305 12.0	14.9	95 32.9	29.6
N 11	295 33.8	336 32.9	15.5	162 41.7	20.0	320 13.9	14.7	110 35.4	29.7
D 12	310 36.3	351 32.2	S17 14.6	177 45.2	N22 20.3	335 15.8	S11 14.5	125 37.9	N 0 29.7
A 13	325 38.7	6 31.5	13.7	192 48.7	20.5	350 17.8	14.3	140 40.5	29.8
Y 14	340 41.2	21 30.9	12.8	207 52.2	20.8	5 19.7	14.1	155 43.0	29.8
15	355 43.7	36 30.2	. . 11.9	222 55.7	. . 21.1	20 21.6	. . 13.9	170 45.5	. . 29.9
16	10 46.1	51 29.5	11.0	237 59.2	21.4	35 23.5	13.7	185 48.1	29.9
17	25 48.6	66 28.8	10.1	253 02.7	21.6	50 25.4	13.5	200 50.6	29.9
18	40 51.0	81 28.1	S17 09.2	268 06.2	N22 21.9	65 27.3	S11 13.3	215 53.1	N 0 30.0
19	55 53.5	96 27.5	08.3	283 09.7	22.2	80 29.2	13.0	230 55.7	30.0
20	70 56.0	111 26.8	07.3	298 13.2	22.4	95 31.1	12.8	245 58.2	30.1
21	85 58.4	126 26.1	. . 06.4	313 16.6	. . 22.7	110 33.0	. . 12.6	261 00.7	. . 30.1
22	101 00.9	141 25.4	05.5	328 20.1	23.0	125 34.9	12.4	276 03.3	30.1
23	116 03.4	156 24.8	04.6	343 23.6	23.3	140 36.9	12.2	291 05.8	30.2
1 00	131 05.8	171 24.1	S17 03.7	358 27.1	N22 23.5	155 38.8	S11 12.0	306 08.3	N 0 30.2
01	146 08.3	186 23.4	02.8	13 30.6	23.8	170 40.7	11.8	321 10.9	30.3
02	161 10.8	201 22.7	01.9	28 34.1	24.1	185 42.6	11.6	336 13.4	30.3
03	176 13.2	216 22.1	. . 01.0	43 37.6	. . 24.3	200 44.5	. . 11.4	351 15.9	. . 30.4
04	191 15.7	231 21.4	17 00.0	58 41.1	24.6	215 46.4	11.1	6 18.5	30.4
05	206 18.2	246 20.7	16 59.1	73 44.6	24.9	230 48.3	10.9	21 21.0	30.4
06	221 20.6	261 20.0	S16 58.2	88 48.1	N22 25.1	245 50.2	S11 10.7	36 23.5	N 0 30.5
07	236 23.1	276 19.4	57.3	103 51.6	25.4	260 52.1	10.5	51 26.1	30.5
08	251 25.5	291 18.7	56.4	118 55.1	25.7	275 54.0	10.3	66 28.6	30.6
M 09	266 28.0	306 18.0	. . 55.5	133 58.6	. . 25.9	290 56.0	. . 10.1	81 31.2	. . 30.6
O 10	281 30.5	321 17.4	54.5	149 02.1	26.2	305 57.9	09.9	96 33.7	30.6
N 11	296 32.9	336 16.7	53.6	164 05.6	26.5	320 59.8	09.7	111 36.2	30.7
D 12	311 35.4	351 16.0	S16 52.7	179 09.1	N22 26.7	336 01.7	S11 09.5	126 38.8	N 0 30.7
A 13	326 37.9	6 15.3	51.8	194 12.5	27.0	351 03.6	09.2	141 41.3	30.8
Y 14	341 40.3	21 14.7	50.8	209 16.0	27.3	6 05.5	09.0	156 43.8	30.8
15	356 42.8	36 14.0	. . 49.9	224 19.5	. . 27.5	21 07.4	. . 08.8	171 46.4	. . 30.9
16	11 45.3	51 13.3	49.0	239 23.0	27.8	36 09.3	08.6	186 48.9	30.9
17	26 47.7	66 12.7	48.1	254 26.5	28.0	51 11.2	08.4	201 51.4	30.9
18	41 50.2	81 12.0	S16 47.1	269 30.0	N22 28.3	66 13.1	S11 08.2	216 54.0	N 0 31.0
19	56 52.6	96 11.4	46.2	284 33.5	28.6	81 15.0	08.0	231 56.5	31.0
20	71 55.1	111 10.7	45.3	299 37.0	28.8	96 17.0	07.8	246 59.1	31.1
21	86 57.6	126 10.0	. . 44.4	314 40.5	. . 29.1	111 18.9	. . 07.6	262 01.6	. . 31.1
22	102 00.0	141 09.4	43.4	329 44.0	29.4	126 20.8	07.3	277 04.1	31.2
23	117 02.5	156 08.7	42.5	344 47.5	29.6	141 22.7	07.1	292 06.7	31.2
2 00	132 05.0	171 08.0	S16 41.6	359 51.0	N22 29.9	156 24.6	S11 06.9	307 09.2	N 0 31.3
01	147 07.4	186 07.4	40.6	14 54.4	30.1	171 26.5	06.7	322 11.7	31.3
02	162 09.9	201 06.7	39.7	29 57.9	30.4	186 28.4	06.5	337 14.3	31.3
03	177 12.4	216 06.0	. . 38.8	45 01.4	. . 30.7	201 30.3	. . 06.3	352 16.8	. . 31.4
04	192 14.8	231 05.4	37.8	60 04.9	30.9	216 32.2	06.1	7 19.4	31.4
05	207 17.3	246 04.7	36.9	75 08.4	31.2	231 34.1	05.9	22 21.9	31.5
06	222 19.8	261 04.1	S16 36.0	90 11.9	N22 31.4	246 36.0	S11 05.6	37 24.4	N 0 31.5
07	237 22.2	276 03.4	35.0	105 15.4	31.7	261 38.0	05.4	52 27.0	31.6
T 08	252 24.7	291 02.8	34.1	120 18.9	32.0	276 39.9	05.2	67 29.5	31.6
U 09	267 27.1	306 02.1	. . 33.1	135 22.4	. . 32.2	291 41.8	. . 05.0	82 32.0	. . 31.6
E 10	282 29.6	321 01.4	32.2	150 25.9	32.5	306 43.7	04.8	97 34.6	31.7
S 11	297 32.1	336 00.8	31.3	165 29.3	32.7	321 45.6	04.6	112 37.1	31.7
D 12	312 34.5	351 00.1	S16 30.3	180 32.8	N22 33.0	336 47.5	S11 04.4	127 39.7	N 0 31.8
A 13	327 37.0	5 59.5	29.4	195 36.3	33.2	351 49.4	04.2	142 42.2	31.8
Y 14	342 39.5	20 58.8	28.4	210 39.8	33.5	6 51.3	04.0	157 44.7	31.9
15	357 41.9	35 58.2	. . 27.5	225 43.3	. . 33.7	21 53.2	. . 03.7	172 47.3	. . 31.9
16	12 44.4	50 57.5	26.5	240 46.8	34.0	36 55.1	03.5	187 49.8	32.0
17	27 46.9	65 56.9	25.6	255 50.3	34.3	51 57.0	03.3	202 52.4	32.0
18	42 49.3	80 56.2	S16 24.7	270 53.8	N22 34.5	66 58.9	S11 03.1	217 54.9	N 0 32.0
19	57 51.8	95 55.5	23.7	285 57.2	34.8	82 00.8	02.9	232 57.4	32.1
20	72 54.2	110 54.9	22.8	301 00.7	35.0	97 02.8	02.7	248 00.0	32.1
21	87 56.7	125 54.2	. . 21.8	316 04.2	. . 35.3	112 04.7	. . 02.5	263 02.5	. . 32.2
22	102 59.2	140 53.6	20.9	331 07.7	35.5	127 06.6	02.3	278 05.1	32.2
23	118 01.6	155 52.9	19.9	346 11.2	35.8	142 08.5	02.0	293 07.6	32.3
Mer. Pass.	h m 15 13.1	*v* −0.7	*d* 0.9	*v* 3.5	*d* 0.3	*v* 1.9	*d* 0.2	*v* 2.5	*d* 0.0

STARS		
Name	SHA	Dec
	° ′	° ′
Acamar	315 20.1	S40 16.0
Achernar	335 28.6	S57 11.3
Acrux	173 11.9	S63 09.2
Adhara	255 14.1	S28 59.3
Aldebaran	290 52.0	N16 31.8
Alioth	166 22.4	N55 53.9
Alkaid	153 00.6	N49 15.4
Al Na'ir	27 47.1	S46 54.8
Alnilam	275 48.6	S 1 11.8
Alphard	217 58.2	S 8 42.3
Alphecca	126 13.1	N26 40.5
Alpheratz	357 46.3	N29 08.9
Altair	62 11.0	N 8 53.6
Ankaa	353 18.2	S42 15.2
Antares	112 29.4	S26 27.3
Arcturus	145 57.9	N19 07.5
Atria	107 33.9	S69 02.6
Avior	234 18.5	S59 32.6
Bellatrix	278 34.4	N 6 21.5
Betelgeuse	271 03.7	N 7 24.5
Canopus	263 56.8	S52 42.3
Capella	280 37.8	N46 00.6
Deneb	49 33.7	N45 19.0
Denebola	182 35.9	N14 30.7
Diphda	348 58.5	S17 55.9
Dubhe	193 53.9	N61 41.5
Elnath	278 15.5	N28 37.0
Eltanin	90 47.7	N51 29.0
Enif	33 49.9	N 9 55.3
Fomalhaut	15 26.9	S29 34.2
Gacrux	172 03.5	S57 10.1
Gienah	175 54.6	S17 36.0
Hadar	148 51.5	S60 25.2
Hamal	328 03.6	N23 30.8
Kaus Aust.	83 47.4	S34 22.8
Kochab	137 19.7	N74 06.4
Markab	13 41.1	N15 15.6
Menkar	314 17.6	N 4 07.8
Menkent	148 10.5	S36 25.2
Miaplacidus	221 39.5	S69 45.6
Mirfak	308 43.8	N49 54.1
Nunki	76 01.7	S26 17.0
Peacock	53 23.6	S56 42.1
Pollux	243 30.3	N28 00.0
Procyon	245 02.0	N 5 11.8
Rasalhague	96 08.9	N12 33.0
Regulus	207 45.8	N11 54.9
Rigel	281 14.2	S 8 11.5
Rigil Kent.	139 55.2	S60 52.4
Sabik	102 15.6	S15 44.3
Schedar	349 43.8	N56 35.9
Shaula	96 25.5	S37 06.6
Sirius	258 35.6	S16 43.9
Spica	158 33.7	S11 13.0
Suhail	222 53.9	S43 28.5
Vega	80 41.0	N38 47.4
Zuben'ubi	137 08.2	S16 05.1

	SHA	Mer. Pass.
	° ′	h m
Venus	40 18.2	12 35
Mars	227 21.3	0 06
Jupiter	24 32.9	13 36
Saturn	175 02.5	3 35

	UT (d h)	SUN GHA	SUN Dec	MOON GHA	v	MOON Dec	d	HP
		° ′	° ′	° ′	′	° ′	′	′
	31 00	176 39.8	S17 28.3	347 06.0	7.5	N11 48.0	15.0	61.4
	01	191 39.7	27.6	1 32.5	7.7	11 33.0	15.1	61.4
	02	206 39.6	26.9	15 59.2	7.7	11 17.9	15.2	61.4
	03	221 39.5	. . 26.2	30 25.9	7.8	11 02.7	15.2	61.4
	04	236 39.4	25.5	44 52.7	7.9	10 47.5	15.2	61.4
	05	251 39.3	24.8	59 19.6	8.0	10 32.3	15.4	61.4
	06	266 39.2	S17 24.1	73 46.6	8.0	N10 16.9	15.4	61.4
	07	281 39.1	23.4	88 13.6	8.1	10 01.5	15.4	61.3
	08	296 39.0	22.7	102 40.7	8.2	9 46.1	15.5	61.3
S	09	311 38.9	. . 22.0	117 07.9	8.3	9 30.6	15.6	61.3
U	10	326 38.9	21.3	131 35.2	8.3	9 15.0	15.6	61.3
N	11	341 38.8	20.6	146 02.5	8.4	8 59.4	15.6	61.3
D	12	356 38.7	S17 19.9	160 29.9	8.4	N 8 43.8	15.7	61.3
A	13	11 38.6	19.2	174 57.3	8.5	8 28.1	15.8	61.3
Y	14	26 38.5	18.5	189 24.8	8.6	8 12.3	15.7	61.2
	15	41 38.4	. . 17.8	203 52.4	8.7	7 56.6	15.8	61.2
	16	56 38.3	17.1	218 20.1	8.7	7 40.8	15.9	61.2
	17	71 38.2	16.4	232 47.8	8.8	7 24.9	15.9	61.2
	18	86 38.1	S17 15.7	247 15.6	8.8	N 7 09.0	15.9	61.2
	19	101 38.1	15.0	261 43.4	9.0	6 53.1	15.9	61.2
	20	116 38.0	14.3	276 11.4	8.9	6 37.2	16.0	61.1
	21	131 37.9	. . 13.6	290 39.3	9.1	6 21.2	16.0	61.1
	22	146 37.8	12.9	305 07.4	9.1	6 05.2	16.1	61.1
	23	161 37.7	12.2	319 35.5	9.1	5 49.1	16.0	61.1
	1 00	176 37.6	S17 11.5	334 03.6	9.2	N 5 33.1	16.1	61.0
	01	191 37.5	10.8	348 31.8	9.3	5 17.0	16.1	61.0
	02	206 37.4	10.1	3 00.1	9.3	5 00.9	16.1	61.0
	03	221 37.4	. . 09.4	17 28.4	9.4	4 44.8	16.1	61.0
	04	236 37.3	08.7	31 56.8	9.4	4 28.7	16.1	61.0
	05	251 37.2	08.0	46 25.2	9.5	4 12.6	16.1	60.9
	06	266 37.1	S17 07.2	60 53.7	9.5	N 3 56.5	16.2	60.9
	07	281 37.0	06.5	75 22.2	9.6	3 40.3	16.2	60.9
	08	296 36.9	05.8	89 50.8	9.7	3 24.1	16.1	60.9
M	09	311 36.9	. . 05.1	104 19.5	9.7	3 08.0	16.2	60.8
O	10	326 36.8	04.4	118 48.2	9.7	2 51.8	16.1	60.8
N	11	341 36.7	03.7	133 16.9	9.8	2 35.7	16.2	60.8
D	12	356 36.6	S17 03.0	147 45.7	9.8	N 2 19.5	16.2	60.7
A	13	11 36.5	02.3	162 14.5	9.9	2 03.3	16.1	60.7
Y	14	26 36.4	01.5	176 43.4	9.9	1 47.2	16.2	60.7
	15	41 36.4	. . 00.8	191 12.3	9.9	1 31.0	16.1	60.7
	16	56 36.3	17 00.1	205 41.2	10.0	1 14.9	16.2	60.6
	17	71 36.2	16 59.4	220 10.2	10.1	0 58.7	16.1	60.6
	18	86 36.1	S16 58.7	234 39.3	10.1	N 0 42.6	16.1	60.6
	19	101 36.0	58.0	249 08.4	10.1	0 26.5	16.1	60.5
	20	116 36.0	57.3	263 37.5	10.1	N 0 10.4	16.1	60.5
	21	131 35.9	. . 56.5	278 06.6	10.2	S 0 05.7	16.0	60.5
	22	146 35.8	55.8	292 35.8	10.2	0 21.7	16.1	60.5
	23	161 35.7	55.1	307 05.0	10.3	0 37.8	16.0	60.4
	2 00	176 35.7	S16 54.4	321 34.3	10.3	S 0 53.8	16.0	60.4
	01	191 35.6	53.7	336 03.6	10.3	1 09.8	15.9	60.4
	02	206 35.5	52.9	350 32.9	10.4	1 25.7	16.0	60.3
	03	221 35.4	. . 52.2	5 02.3	10.3	1 41.7	15.9	60.3
	04	236 35.3	51.5	19 31.6	10.4	1 57.6	15.9	60.3
	05	251 35.3	50.8	34 01.0	10.5	2 13.5	15.8	60.2
	06	266 35.2	S16 50.1	48 30.5	10.4	S 2 29.3	15.9	60.2
	07	281 35.1	49.3	62 59.9	10.5	2 45.2	15.7	60.2
T	08	296 35.0	48.6	77 29.4	10.6	3 00.9	15.8	60.1
U	09	311 35.0	. . 47.9	91 59.0	10.5	3 16.7	15.7	60.1
E	10	326 34.9	47.2	106 28.5	10.5	3 32.4	15.7	60.1
S	11	341 34.8	46.4	120 58.0	10.6	3 48.1	15.6	60.0
D	12	356 34.7	S16 45.7	135 27.6	10.6	S 4 03.7	15.6	60.0
A	13	11 34.7	45.0	149 57.2	10.7	4 19.3	15.5	59.9
Y	14	26 34.6	44.3	164 26.9	10.6	4 34.8	15.5	59.9
	15	41 34.5	. . 43.5	178 56.5	10.6	4 50.3	15.5	59.9
	16	56 34.5	42.8	193 26.1	10.7	5 05.8	15.4	59.8
	17	71 34.4	42.1	207 55.8	10.7	5 21.2	15.4	59.8
	18	86 34.3	S16 41.3	222 25.5	10.7	S 5 36.6	15.3	59.8
	19	101 34.2	40.6	236 55.2	10.7	5 51.9	15.2	59.7
	20	116 34.2	39.9	251 24.9	10.7	6 07.1	15.2	59.7
	21	131 34.1	. . 39.2	265 54.6	10.8	6 22.3	15.2	59.7
	22	146 34.0	38.4	280 24.4	10.7	6 37.5	15.1	59.6
	23	161 34.0	37.7	294 54.1	10.8	S 6 52.6	15.0	59.6
		SD 16.3	*d* 0.7	SD 16.7		16.6		16.3

Lat.	Twilight Naut.	Twilight Civil	Sunrise	Moonrise 31	Moonrise 1	Moonrise 2	Moonrise 3
°	h m	h m	h m	h m	h m	h m	h m
N 72	07 10	08 39	10 28	18 03	20 28	22 49	25 19
N 70	07 02	08 20	09 46	18 14	20 28	22 38	24 52
68	06 55	08 05	09 18	18 22	20 28	22 29	24 32
66	06 50	07 53	08 57	18 30	20 28	22 22	24 16
64	06 45	07 43	08 40	18 36	20 28	22 16	24 04
62	06 40	07 34	08 26	18 41	20 27	22 11	23 53
60	06 36	07 27	08 14	18 45	20 27	22 06	23 44
N 58	06 32	07 20	08 04	18 49	20 27	22 03	23 36
56	06 29	07 14	07 55	18 53	20 27	21 59	23 29
54	06 26	07 08	07 47	18 56	20 27	21 56	23 23
52	06 23	07 04	07 40	18 59	20 27	21 53	23 17
50	06 20	06 59	07 34	19 01	20 27	21 51	23 12
45	06 14	06 49	07 20	19 07	20 27	21 45	23 01
N 40	06 08	06 40	07 09	19 11	20 27	21 41	22 52
35	06 02	06 32	06 59	19 15	20 27	21 37	22 45
30	05 57	06 25	06 50	19 19	20 27	21 33	22 38
20	05 46	06 13	06 36	19 25	20 27	21 27	22 27
N 10	05 35	06 01	06 22	19 30	20 27	21 22	22 17
0	05 23	05 48	06 10	19 35	20 27	21 18	22 08
S 10	05 10	05 35	05 58	19 40	20 27	21 13	21 58
20	04 53	05 21	05 44	19 45	20 27	21 08	21 49
30	04 32	05 03	05 28	19 51	20 27	21 02	21 38
35	04 18	04 52	05 19	19 55	20 27	20 59	21 32
40	04 02	04 39	05 09	19 59	20 28	20 56	21 24
45	03 41	04 23	04 56	20 03	20 28	20 51	21 16
S 50	03 14	04 03	04 41	20 08	20 28	20 47	21 06
52	03 00	03 54	04 34	20 11	20 28	20 44	21 02
54	02 43	03 43	04 26	20 13	20 28	20 42	20 57
56	02 22	03 30	04 18	20 16	20 28	20 39	20 51
58	01 54	03 16	04 08	20 20	20 28	20 36	20 45
S 60	01 09	02 58	03 56	20 23	20 28	20 33	20 38

Lat.	Sunset	Twilight Civil	Twilight Naut.	Moonset 31	Moonset 1	Moonset 2	Moonset 3
°	h m	h m	h m	h m	h m	h m	h m
N 72	14 00	15 50	17 19	09 13	08 40	08 10	07 39
N 70	14 42	16 08	17 27	08 59	08 36	08 15	07 52
68	15 10	16 23	17 33	08 47	08 32	08 18	08 03
66	15 32	16 35	17 39	08 38	08 29	08 21	08 13
64	15 48	16 45	17 44	08 30	08 27	08 24	08 20
62	16 02	16 54	17 48	08 23	08 25	08 26	08 27
60	16 14	17 01	17 52	08 17	08 23	08 28	08 33
N 58	16 24	17 08	17 56	08 12	08 21	08 30	08 38
56	16 33	17 14	17 59	08 07	08 20	08 31	08 43
54	16 41	17 19	18 02	08 03	08 18	08 33	08 47
52	16 48	17 24	18 05	07 59	08 17	08 34	08 51
50	16 54	17 29	18 08	07 55	08 16	08 35	08 54
45	17 08	17 39	18 14	07 48	08 13	08 38	09 02
N 40	17 19	17 48	18 20	07 41	08 11	08 40	09 08
35	17 29	17 55	18 25	07 35	08 10	08 42	09 14
30	17 37	18 02	18 31	07 30	08 08	08 43	09 18
20	17 52	18 15	18 41	07 22	08 05	08 46	09 27
N 10	18 05	18 27	18 52	07 14	08 02	08 49	09 34
0	18 17	18 39	19 04	07 07	08 00	08 51	09 41
S 10	18 29	18 52	19 17	06 59	07 57	08 53	09 48
20	18 43	19 06	19 34	06 51	07 55	08 56	09 56
30	18 58	19 24	19 55	06 42	07 52	08 59	10 04
35	19 07	19 35	20 08	06 37	07 50	09 00	10 09
40	19 18	19 48	20 24	06 31	07 48	09 02	10 15
45	19 30	20 03	20 45	06 23	07 45	09 05	10 22
S 50	19 45	20 22	21 12	06 15	07 42	09 07	10 30
52	19 52	20 32	21 25	06 11	07 41	09 08	10 33
54	19 59	20 43	21 42	06 06	07 39	09 10	10 37
56	20 08	20 55	22 02	06 01	07 38	09 11	10 42
58	20 18	21 09	22 29	05 56	07 36	09 13	10 47
S 60	20 29	21 27	23 10	05 49	07 34	09 14	10 53

Day	SUN Eqn. of Time 00^h	SUN Eqn. of Time 12^h	SUN Mer. Pass.	MOON Mer. Pass. Upper	MOON Mer. Pass. Lower	MOON Age	MOON Phase
d	m s	m s	h m	h m	h m	d	%
31	13 21	13 25	12 13	00 54	13 21	16	98
1	13 29	13 33	12 14	01 48	14 14	17	92
2	13 37	13 41	12 14	02 39	15 04	18	85

UT	ARIES	VENUS −3.9		MARS −1.2		JUPITER −2.0		SATURN +0.7	
	GHA	GHA	Dec	GHA	Dec	GHA	Dec	GHA	Dec
d h	° ′	° ′	° ′	° ′	° ′	° ′	° ′	° ′	° ′
3 00	133 04.1	170 52.3	S16 19.0	1 14.7	N22 36.0	157 10.4	S11 01.8	308 10.2	N 0 32.3
01	148 06.6	185 51.6	18.0	16 18.2	36.3	172 12.3	01.6	323 12.7	32.4
02	163 09.0	200 51.0	17.1	31 21.6	36.5	187 14.2	01.4	338 15.2	32.4
03	178 11.5	215 50.3	. . 16.1	46 25.1	. . 36.8	202 16.1	. . 01.2	353 17.8	. . 32.4
04	193 14.0	230 49.7	15.1	61 28.6	37.0	217 18.0	01.0	8 20.3	32.5
05	208 16.4	245 49.1	14.2	76 32.1	37.3	232 19.9	00.8	23 22.9	32.5
06	223 18.9	260 48.4	S16 13.2	91 35.6	N22 37.5	247 21.8	S11 00.5	38 25.4	N 0 32.6
W 07	238 21.4	275 47.8	12.3	106 39.1	37.8	262 23.7	00.3	53 27.9	32.6
E 08	253 23.8	290 47.1	11.3	121 42.5	38.0	277 25.6	11 00.1	68 30.5	32.7
D 09	268 26.3	305 46.5	. . 10.4	136 46.0	. . 38.3	292 27.6	10 59.9	83 33.0	. . 32.7
N 10	283 28.7	320 45.8	09.4	151 49.5	38.5	307 29.5	59.7	98 35.6	32.8
E 11	298 31.2	335 45.2	08.4	166 53.0	38.8	322 31.4	59.5	113 38.1	32.8
S 12	313 33.7	350 44.5	S16 07.5	181 56.5	N22 39.0	337 33.3	S10 59.3	128 40.7	N 0 32.9
D 13	328 36.1	5 43.9	06.5	196 59.9	39.3	352 35.2	59.1	143 43.2	32.9
A 14	343 38.6	20 43.3	05.6	212 03.4	39.5	7 37.1	58.8	158 45.7	33.0
Y 15	358 41.1	35 42.6	. . 04.6	227 06.9	. . 39.8	22 39.0	. . 58.6	173 48.3	. . 33.0
16	13 43.5	50 42.0	03.6	242 10.4	40.0	37 40.9	58.4	188 50.8	33.0
17	28 46.0	65 41.3	02.7	257 13.9	40.3	52 42.8	58.2	203 53.4	33.1
18	43 48.5	80 40.7	S16 01.7	272 17.3	N22 40.5	67 44.7	S10 58.0	218 55.9	N 0 33.1
19	58 50.9	95 40.1	16 00.7	287 20.8	40.8	82 46.6	57.8	233 58.5	33.2
20	73 53.4	110 39.4	15 59.8	302 24.3	41.0	97 48.5	57.6	249 01.0	33.2
21	88 55.9	125 38.8	. . 58.8	317 27.8	. . 41.2	112 50.4	. . 57.4	264 03.6	. . 33.3
22	103 58.3	140 38.1	57.8	332 31.3	41.5	127 52.3	57.1	279 06.1	33.3
23	119 00.8	155 37.5	56.9	347 34.7	41.7	142 54.2	56.9	294 08.6	33.4
4 00	134 03.2	170 36.9	S15 55.9	2 38.2	N22 42.0	157 56.2	S10 56.7	309 11.2	N 0 33.4
01	149 05.7	185 36.2	54.9	17 41.7	42.2	172 58.1	56.5	324 13.7	33.5
02	164 08.2	200 35.6	54.0	32 45.2	42.5	188 00.0	56.3	339 16.3	33.5
03	179 10.6	215 35.0	. . 53.0	47 48.6	. . 42.7	203 01.9	. . 56.1	354 18.8	. . 33.6
04	194 13.1	230 34.3	52.0	62 52.1	42.9	218 03.8	55.9	9 21.4	33.6
05	209 15.6	245 33.7	51.0	77 55.6	43.2	233 05.7	55.6	24 23.9	33.6
06	224 18.0	260 33.1	S15 50.1	92 59.1	N22 43.4	248 07.6	S10 55.4	39 26.5	N 0 33.7
07	239 20.5	275 32.4	49.1	108 02.5	43.7	263 09.5	55.2	54 29.0	33.7
T 08	254 23.0	290 31.8	48.1	123 06.0	43.9	278 11.4	55.0	69 31.6	33.8
H 09	269 25.4	305 31.2	. . 47.1	138 09.5	. . 44.1	293 13.3	. . 54.8	84 34.1	. . 33.8
U 10	284 27.9	320 30.5	46.2	153 13.0	44.4	308 15.2	54.6	99 36.7	33.9
R 11	299 30.3	335 29.9	45.2	168 16.4	44.6	323 17.1	54.4	114 39.2	33.9
S 12	314 32.8	350 29.3	S15 44.2	183 19.9	N22 44.9	338 19.0	S10 54.1	129 41.7	N 0 34.0
D 13	329 35.3	5 28.6	43.2	198 23.4	45.1	353 20.9	53.9	144 44.3	34.0
A 14	344 37.7	20 28.0	42.2	213 26.9	45.3	8 22.8	53.7	159 46.8	34.1
Y 15	359 40.2	35 27.4	. . 41.3	228 30.3	. . 45.6	23 24.7	. . 53.5	174 49.4	. . 34.1
16	14 42.7	50 26.7	40.3	243 33.8	45.8	38 26.7	53.3	189 51.9	34.2
17	29 45.1	65 26.1	39.3	258 37.3	46.1	53 28.6	53.1	204 54.5	34.2
18	44 47.6	80 25.5	S15 38.3	273 40.7	N22 46.3	68 30.5	S10 52.9	219 57.0	N 0 34.3
19	59 50.1	95 24.9	37.3	288 44.2	46.5	83 32.4	52.6	234 59.6	34.3
20	74 52.5	110 24.2	36.3	303 47.7	46.8	98 34.3	52.4	250 02.1	34.4
21	89 55.0	125 23.6	. . 35.3	318 51.1	. . 47.0	113 36.2	. . 52.2	265 04.7	. . 34.4
22	104 57.5	140 23.0	34.4	333 54.6	47.2	128 38.1	52.0	280 07.2	34.5
23	119 59.9	155 22.4	33.4	348 58.1	47.5	143 40.0	51.8	295 09.8	34.5
5 00	135 02.4	170 21.7	S15 32.4	4 01.6	N22 47.7	158 41.9	S10 51.6	310 12.3	N 0 34.5
01	150 04.8	185 21.1	31.4	19 05.0	47.9	173 43.8	51.4	325 14.9	34.6
02	165 07.3	200 20.5	30.4	34 08.5	48.2	188 45.7	51.1	340 17.4	34.6
03	180 09.8	215 19.9	. . 29.4	49 12.0	. . 48.4	203 47.6	. . 50.9	355 20.0	. . 34.7
04	195 12.2	230 19.3	28.4	64 15.4	48.6	218 49.5	50.7	10 22.5	34.7
05	210 14.7	245 18.6	27.4	79 18.9	48.9	233 51.4	50.5	25 25.1	34.8
06	225 17.2	260 18.0	S15 26.4	94 22.3	N22 49.1	248 53.3	S10 50.3	40 27.6	N 0 34.8
07	240 19.6	275 17.4	25.5	109 25.8	49.3	263 55.2	50.1	55 30.2	34.9
08	255 22.1	290 16.8	24.5	124 29.3	49.6	278 57.1	49.9	70 32.7	34.9
F 09	270 24.6	305 16.1	. . 23.5	139 32.7	. . 49.8	293 59.0	. . 49.6	85 35.3	. . 35.0
R 10	285 27.0	320 15.5	22.5	154 36.2	50.0	309 00.9	49.4	100 37.8	35.0
I 11	300 29.5	335 14.9	21.5	169 39.7	50.2	324 02.9	49.2	115 40.4	35.1
D 12	315 32.0	350 14.3	S15 20.5	184 43.1	N22 50.5	339 04.8	S10 49.0	130 42.9	N 0 35.1
A 13	330 34.4	5 13.7	19.5	199 46.6	50.7	354 06.7	48.8	145 45.5	35.2
Y 14	345 36.9	20 13.1	18.5	214 50.0	50.9	9 08.6	48.6	160 48.0	35.2
15	0 39.3	35 12.4	. . 17.5	229 53.5	. . 51.2	24 10.5	. . 48.4	175 50.6	. . 35.3
16	15 41.8	50 11.8	16.5	244 57.0	51.4	39 12.4	48.1	190 53.1	35.3
17	30 44.3	65 11.2	15.5	260 00.4	51.6	54 14.3	47.9	205 55.7	35.4
18	45 46.7	80 10.6	S15 14.5	275 03.9	N22 51.8	69 16.2	S10 47.7	220 58.2	N 0 35.4
19	60 49.2	95 10.0	13.5	290 07.3	52.1	84 18.1	47.5	236 00.8	35.5
20	75 51.7	110 09.4	12.5	305 10.8	52.3	99 20.0	47.3	251 03.3	35.5
21	90 54.1	125 08.8	. . 11.5	320 14.3	. . 52.5	114 21.9	. . 47.1	266 05.9	. . 35.6
22	105 56.6	140 08.1	10.5	335 17.7	52.7	129 23.8	46.9	281 08.4	35.6
23	120 59.1	155 07.5	09.5	350 21.2	53.0	144 25.7	46.6	296 11.0	35.7
Mer. Pass.	h m 15 01.3	*v* −0.6	*d* 1.0	*v* 3.5	*d* 0.2	*v* 1.9	*d* 0.2	*v* 2.5	*d* 0.0

STARS

Name	SHA	Dec
	° ′	° ′
Acamar	315 20.1	S40 16.0
Achernar	335 28.6	S57 11.3
Acrux	173 11.8	S63 09.2
Adhara	255 14.1	S28 59.3
Aldebaran	290 52.0	N16 31.8
Alioth	166 22.3	N55 53.9
Alkaid	153 00.5	N49 15.4
Al Na'ir	27 47.1	S46 54.8
Alnilam	275 48.6	S 1 11.8
Alphard	217 58.2	S 8 42.3
Alphecca	126 13.1	N26 40.5
Alpheratz	357 46.3	N29 08.9
Altair	62 10.9	N 8 53.6
Ankaa	353 18.2	S42 15.2
Antares	112 29.4	S26 27.3
Arcturus	145 57.9	N19 07.5
Atria	107 33.8	S69 02.5
Avior	234 18.5	S59 32.6
Bellatrix	278 34.4	N 6 21.5
Betelgeuse	271 03.7	N 7 24.5
Canopus	263 56.8	S52 42.3
Capella	280 37.8	N46 00.6
Deneb	49 33.7	N45 19.0
Denebola	182 35.9	N14 30.7
Diphda	348 58.5	S17 55.9
Dubhe	193 53.9	N61 41.5
Elnath	278 15.5	N28 37.0
Eltanin	90 47.7	N51 29.0
Enif	33 49.9	N 9 55.3
Fomalhaut	15 26.9	S29 34.2
Gacrux	172 03.5	S57 10.1
Gienah	175 54.6	S17 36.0
Hadar	148 51.4	S60 25.2
Hamal	328 03.6	N23 30.8
Kaus Aust.	83 47.4	S34 22.7
Kochab	137 19.6	N74 06.4
Markab	13 41.1	N15 15.6
Menkar	314 17.6	N 4 07.8
Menkent	148 10.4	S36 25.2
Miaplacidus	221 39.5	S69 45.6
Mirfak	308 43.9	N49 54.1
Nunki	76 01.6	S26 17.0
Peacock	53 23.5	S56 42.1
Pollux	243 30.3	N28 00.0
Procyon	245 02.0	N 5 11.8
Rasalhague	96 08.9	N12 33.0
Regulus	207 45.8	N11 54.9
Rigel	281 14.2	S 8 11.5
Rigil Kent.	139 55.2	S60 52.4
Sabik	102 15.5	S15 44.3
Schedar	349 43.8	N56 35.9
Shaula	96 25.5	S37 06.6
Sirius	258 35.6	S16 44.0
Spica	158 33.7	S11 13.0
Suhail	222 53.9	S43 28.5
Vega	80 41.0	N38 47.4
Zuben'ubi	137 08.1	S16 05.1

	SHA	Mer. Pass.
	° ′	h m
Venus	36 33.6	12 38
Mars	228 35.0	23 44
Jupiter	23 52.9	13 27
Saturn	175 07.9	3 23

UT d h	SUN GHA ° ′	SUN Dec ° ′	MOON GHA ° ′	v ′	MOON Dec ° ′	d ′	HP ′
3 00	176 33.9	S16 37.0	309 23.9	10.8	S 7 07.6	15.0	59.5
01	191 33.8	36.2	323 53.7	10.7	7 22.6	14.9	59.5
02	206 33.8	35.5	338 23.4	10.8	7 37.5	14.9	59.5
03	221 33.7	. . 34.8	352 53.2	10.8	7 52.4	14.8	59.4
04	236 33.6	34.0	7 23.0	10.8	8 07.2	14.7	59.4
05	251 33.5	33.3	21 52.8	10.8	8 21.9	14.7	59.3
06	266 33.5	S16 32.6	36 22.6	10.8	S 8 36.6	14.5	59.3
W 07	281 33.4	31.8	50 52.4	10.8	8 51.1	14.6	59.3
E 08	296 33.3	31.1	65 22.2	10.8	9 05.7	14.4	59.2
D 09	311 33.3	. . 30.4	79 52.0	10.8	9 20.1	14.4	59.2
N 10	326 33.2	29.6	94 21.8	10.8	9 34.5	14.4	59.2
E 11	341 33.1	28.9	108 51.6	10.8	9 48.9	14.2	59.1
S 12	356 33.1	S16 28.2	123 21.4	10.8	S10 03.1	14.2	59.1
D 13	11 33.0	27.4	137 51.2	10.8	10 17.3	14.1	59.0
A 14	26 33.0	26.7	152 21.0	10.8	10 31.4	14.0	59.0
Y 15	41 32.9	. . 25.9	166 50.8	10.7	10 45.4	13.9	59.0
16	56 32.8	25.2	181 20.5	10.8	10 59.3	13.9	58.9
17	71 32.8	24.5	195 50.3	10.8	11 13.2	13.8	58.9
18	86 32.7	S16 23.7	210 20.1	10.8	S11 27.0	13.7	58.8
19	101 32.6	23.0	224 49.9	10.7	11 40.7	13.6	58.8
20	116 32.6	22.2	239 19.6	10.8	11 54.3	13.6	58.8
21	131 32.5	. . 21.5	253 49.4	10.7	12 07.9	13.5	58.7
22	146 32.4	20.8	268 19.1	10.8	12 21.4	13.3	58.7
23	161 32.4	20.0	282 48.9	10.7	12 34.7	13.3	58.6
4 00	176 32.3	S16 19.3	297 18.6	10.7	S12 48.0	13.2	58.6
01	191 32.3	18.5	311 48.3	10.7	13 01.2	13.2	58.6
02	206 32.2	17.8	326 18.0	10.7	13 14.4	13.0	58.5
03	221 32.1	. . 17.0	340 47.7	10.7	13 27.4	12.9	58.5
04	236 32.1	16.3	355 17.4	10.6	13 40.3	12.9	58.4
05	251 32.0	15.5	9 47.0	10.7	13 53.2	12.8	58.4
06	266 32.0	S16 14.8	24 16.7	10.6	S14 06.0	12.6	58.4
07	281 31.9	14.0	38 46.3	10.7	14 18.6	12.6	58.3
T 08	296 31.9	13.3	53 16.0	10.6	14 31.2	12.5	58.3
H 09	311 31.8	. . 12.6	67 45.6	10.6	14 43.7	12.4	58.2
U 10	326 31.7	11.8	82 15.2	10.5	14 56.1	12.3	58.2
R 11	341 31.7	11.1	96 44.7	10.6	15 08.4	12.2	58.2
S 12	356 31.6	S16 10.3	111 14.3	10.5	S15 20.6	12.0	58.1
D 13	11 31.6	09.6	125 43.8	10.5	15 32.6	12.0	58.1
A 14	26 31.5	08.8	140 13.3	10.6	15 44.6	11.9	58.0
Y 15	41 31.5	. . 08.1	154 42.9	10.4	15 56.5	11.8	58.0
16	56 31.4	07.3	169 12.3	10.5	16 08.3	11.7	58.0
17	71 31.3	06.6	183 41.8	10.5	16 20.0	11.6	57.9
18	86 31.3	S16 05.8	198 11.3	10.4	S16 31.6	11.5	57.9
19	101 31.2	05.0	212 40.7	10.4	16 43.1	11.4	57.8
20	116 31.2	04.3	227 10.1	10.4	16 54.5	11.3	57.8
21	131 31.1	. . 03.5	241 39.5	10.4	17 05.8	11.2	57.8
22	146 31.1	02.8	256 08.9	10.3	17 17.0	11.1	57.7
23	161 31.0	02.0	270 38.2	10.3	17 28.1	10.9	57.7
5 00	176 31.0	S16 01.3	285 07.5	10.3	S17 39.0	10.9	57.6
01	191 30.9	16 00.5	299 36.8	10.3	17 49.9	10.7	57.6
02	206 30.9	15 59.8	314 06.1	10.3	18 00.6	10.7	57.6
03	221 30.8	. . 59.0	328 35.4	10.2	18 11.3	10.5	57.5
04	236 30.8	58.3	343 04.6	10.2	18 21.8	10.4	57.5
05	251 30.7	57.5	357 33.8	10.2	18 32.2	10.3	57.5
06	266 30.7	S15 56.7	12 03.0	10.2	S18 42.5	10.2	57.4
07	281 30.6	56.0	26 32.2	10.1	18 52.7	10.1	57.4
08	296 30.6	55.2	41 01.3	10.2	19 02.8	10.0	57.3
F 09	311 30.5	. . 54.5	55 30.5	10.1	19 12.8	9.9	57.3
R 10	326 30.5	53.7	69 59.6	10.1	19 22.7	9.7	57.3
I 11	341 30.4	52.9	84 28.7	10.0	19 32.4	9.6	57.2
D 12	356 30.4	S15 52.2	98 57.7	10.1	S19 42.0	9.6	57.2
A 13	11 30.3	51.4	113 26.8	10.0	19 51.6	9.4	57.2
Y 14	26 30.3	50.7	127 55.8	10.0	20 01.0	9.2	57.1
15	41 30.2	. . 49.9	142 24.8	9.9	20 10.2	9.2	57.1
16	56 30.2	49.1	156 53.7	10.0	20 19.4	9.1	57.0
17	71 30.1	48.4	171 22.7	9.9	20 28.5	8.9	57.0
18	86 30.1	S15 47.6	185 51.6	9.9	S20 37.4	8.8	57.0
19	101 30.0	46.8	200 20.5	9.9	20 46.2	8.7	56.9
20	116 30.0	46.1	214 49.4	9.9	20 54.9	8.5	56.9
21	131 29.9	. . 45.3	229 18.3	9.8	21 03.4	8.5	56.9
22	146 29.9	44.5	243 47.1	9.8	21 11.9	8.3	56.8
23	161 29.8	43.8	258 15.9	9.8	S21 20.2	8.2	56.8
	SD 16.3	*d* 0.7	SD 16.1		15.8		15.6

Lat.	Twilight Naut.	Twilight Civil	Sunrise	Moonrise 3	Moonrise 4	Moonrise 5	Moonrise 6
°	h m	h m	h m	h m	h m	h m	h m
N 72	06 59	08 25	10 05	25 19	01 19	■■■■	■■■■
N 70	06 52	08 09	09 30	24 52	00 52	03 31	■■■■
68	06 47	07 56	09 05	24 32	00 32	02 44	■■■■
66	06 42	07 45	08 46	24 16	00 16	02 14	04 23
64	06 38	07 35	08 31	24 04	00 04	01 52	03 42
62	06 34	07 27	08 18	23 53	25 34	01 34	03 14
60	06 30	07 20	08 07	23 44	25 20	01 20	02 52
N 58	06 27	07 14	07 58	23 36	25 07	01 07	02 35
56	06 24	07 09	07 49	23 29	24 56	00 56	02 20
54	06 21	07 04	07 42	23 23	24 47	00 47	02 08
52	06 19	06 59	07 35	23 17	24 39	00 39	01 57
50	06 16	06 55	07 29	23 12	24 31	00 31	01 47
45	06 10	06 45	07 16	23 01	24 15	00 15	01 26
N 40	06 05	06 37	07 06	22 52	24 02	00 02	01 10
35	06 00	06 30	06 57	22 45	23 51	24 56	00 56
30	05 55	06 24	06 49	22 38	23 42	24 44	00 44
20	05 45	06 12	06 34	22 27	23 25	24 23	00 23
N 10	05 35	06 00	06 22	22 17	23 11	24 06	00 06
0	05 24	05 49	06 10	22 08	22 58	23 49	24 41
S 10	05 11	05 37	05 59	21 58	22 45	23 33	24 22
20	04 55	05 23	05 46	21 49	22 31	23 15	24 02
30	04 35	05 05	05 31	21 38	22 15	22 55	23 39
35	04 22	04 55	05 22	21 32	22 06	22 44	23 26
40	04 06	04 43	05 13	21 24	21 56	22 30	23 10
45	03 47	04 28	05 01	21 16	21 43	22 15	22 52
S 50	03 21	04 09	04 47	21 06	21 29	21 56	22 29
52	03 08	04 00	04 40	21 02	21 22	21 47	22 18
54	02 52	03 50	04 33	20 57	21 14	21 36	22 06
56	02 33	03 38	04 24	20 51	21 06	21 25	21 51
58	02 09	03 25	04 15	20 45	20 57	21 12	21 35
S 60	01 34	03 08	04 04	20 38	20 46	20 57	21 15

Lat.	Sunset	Twilight Civil	Twilight Naut.	Moonset 3	Moonset 4	Moonset 5	Moonset 6
°	h m	h m	h m	h m	h m	h m	h m
N 72	14 25	16 04	17 31	07 39	06 55	■■■■	■■■■
N 70	14 59	16 20	17 37	07 52	07 24	06 31	■■■■
68	15 24	16 33	17 42	08 03	07 46	07 19	■■■■
66	15 43	16 44	17 47	08 13	08 03	07 50	07 29
64	15 58	16 53	17 51	08 20	08 17	08 14	08 11
62	16 11	17 01	17 55	08 27	08 29	08 33	08 40
60	16 22	17 08	17 59	08 33	08 39	08 48	09 02
N 58	16 31	17 14	18 02	08 38	08 48	09 01	09 20
56	16 39	17 20	18 05	08 43	08 56	09 13	09 35
54	16 47	17 25	18 07	08 47	09 03	09 23	09 48
52	16 53	17 29	18 10	08 51	09 09	09 32	09 59
50	16 59	17 34	18 12	08 54	09 15	09 40	10 09
45	17 12	17 43	18 18	09 02	09 28	09 57	10 31
N 40	17 22	17 51	18 23	09 08	09 38	10 11	10 48
35	17 32	17 58	18 28	09 14	09 47	10 23	11 03
30	17 40	18 05	18 33	09 18	09 55	10 33	11 16
20	17 54	18 16	18 43	09 27	10 08	10 52	11 37
N 10	18 06	18 28	18 53	09 34	10 20	11 07	11 56
0	18 17	18 39	19 04	09 41	10 31	11 22	12 14
S 10	18 29	18 51	19 17	09 48	10 43	11 37	12 32
20	18 42	19 05	19 32	09 56	10 55	11 53	12 51
30	18 56	19 22	19 52	10 04	11 09	12 12	13 13
35	19 05	19 32	20 05	10 09	11 17	12 23	13 26
40	19 15	19 44	20 20	10 15	11 26	12 35	13 41
45	19 26	19 59	20 40	10 22	11 37	12 50	13 59
S 50	19 40	20 17	21 05	10 30	11 50	13 08	14 21
52	19 47	20 26	21 18	10 33	11 56	13 16	14 32
54	19 54	20 36	21 33	10 37	12 03	13 26	14 44
56	20 02	20 48	21 52	10 42	12 11	13 37	14 58
58	20 11	21 01	22 15	10 47	12 19	13 49	15 14
S 60	20 22	21 17	22 48	10 53	12 29	14 04	15 33

Day	SUN Eqn. of Time 00^h	SUN Eqn. of Time 12^h	SUN Mer. Pass.	MOON Mer. Pass. Upper	MOON Mer. Pass. Lower	MOON Age	MOON Phase
d	m s	m s	h m	h m	h m	d	%
3	13 44	13 48	12 14	03 29	15 54	19	76
4	13 51	13 53	12 14	04 19	16 45	20	66
5	13 56	13 58	12 14	05 10	17 36	21	55

UT	ARIES	VENUS −3.9		MARS −1.2		JUPITER −2.0		SATURN +0.7	
d h	GHA ° ′	GHA ° ′	Dec ° ′	GHA ° ′	Dec ° ′	GHA ° ′	Dec ° ′	GHA ° ′	Dec ° ′
6 00	136 01.5	170 06.9	S15 08.5	5 24.6	N22 53.2	159 27.6	S10 46.4	311 13.5	N 0 35.7
01	151 04.0	185 06.3	07.4	20 28.1	53.4	174 29.5	46.2	326 16.1	35.8
02	166 06.4	200 05.7	06.4	35 31.5	53.6	189 31.4	46.0	341 18.6	35.8
03	181 08.9	215 05.1	. . 05.4	50 35.0	. . 53.9	204 33.3	. . 45.8	356 21.2	. . 35.9
04	196 11.4	230 04.5	04.4	65 38.4	54.1	219 35.2	45.6	11 23.8	35.9
05	211 13.8	245 03.9	03.4	80 41.9	54.3	234 37.1	45.3	26 26.3	36.0
06	226 16.3	260 03.3	S15 02.4	95 45.4	N22 54.5	249 39.0	S10 45.1	41 28.9	N 0 36.0
07	241 18.8	275 02.7	01.4	110 48.8	54.8	264 40.9	44.9	56 31.4	36.1
S 08	256 21.2	290 02.0	15 00.4	125 52.3	55.0	279 42.9	44.7	71 34.0	36.1
A 09	271 23.7	305 01.4	14 59.4	140 55.7	. . 55.2	294 44.8	. . 44.5	86 36.5	. . 36.2
T 10	286 26.2	320 00.8	58.4	155 59.2	55.4	309 46.7	44.3	101 39.1	36.2
U 11	301 28.6	335 00.2	57.3	171 02.6	55.6	324 48.6	44.1	116 41.6	36.3
R 12	316 31.1	349 59.6	S14 56.3	186 06.1	N22 55.9	339 50.5	S10 43.8	131 44.2	N 0 36.3
D 13	331 33.6	4 59.0	55.3	201 09.5	56.1	354 52.4	43.6	146 46.7	36.4
A 14	346 36.0	19 58.4	54.3	216 13.0	56.3	9 54.3	43.4	161 49.3	36.4
Y 15	1 38.5	34 57.8	. . 53.3	231 16.4	. . 56.5	24 56.2	. . 43.2	176 51.9	. . 36.5
16	16 40.9	49 57.2	52.3	246 19.9	56.7	39 58.1	43.0	191 54.4	36.5
17	31 43.4	64 56.6	51.2	261 23.3	56.9	55 00.0	42.8	206 57.0	36.6
18	46 45.9	79 56.0	S14 50.2	276 26.7	N22 57.2	70 01.9	S10 42.5	221 59.5	N 0 36.6
19	61 48.3	94 55.4	49.2	291 30.2	57.4	85 03.8	42.3	237 02.1	36.7
20	76 50.8	109 54.8	48.2	306 33.6	57.6	100 05.7	42.1	252 04.6	36.7
21	91 53.3	124 54.2	. . 47.2	321 37.1	. . 57.8	115 07.6	. . 41.9	267 07.2	. . 36.8
22	106 55.7	139 53.6	46.1	336 40.5	58.0	130 09.5	41.7	282 09.7	36.8
23	121 58.2	154 53.0	45.1	351 44.0	58.2	145 11.4	41.5	297 12.3	36.9
7 00	137 00.7	169 52.4	S14 44.1	6 47.4	N22 58.5	160 13.3	S10 41.3	312 14.9	N 0 36.9
01	152 03.1	184 51.8	43.1	21 50.8	58.7	175 15.2	41.0	327 17.4	37.0
02	167 05.6	199 51.2	42.1	36 54.3	58.9	190 17.1	40.8	342 20.0	37.0
03	182 08.1	214 50.6	. . 41.0	51 57.7	. . 59.1	205 19.0	. . 40.6	357 22.5	. . 37.1
04	197 10.5	229 50.0	40.0	67 01.2	59.3	220 20.9	40.4	12 25.1	37.1
05	212 13.0	244 49.4	39.0	82 04.6	59.5	235 22.8	40.2	27 27.6	37.2
06	227 15.4	259 48.8	S14 38.0	97 08.0	N22 59.7	250 24.7	S10 40.0	42 30.2	N 0 37.2
07	242 17.9	274 48.2	36.9	112 11.5	22 59.9	265 26.6	39.7	57 32.7	37.3
08	257 20.4	289 47.6	35.9	127 14.9	23 00.2	280 28.5	39.5	72 35.3	37.3
S 09	272 22.8	304 47.0	. . 34.9	142 18.4	. . 00.4	295 30.4	. . 39.3	87 37.9	. . 37.4
U 10	287 25.3	319 46.4	33.8	157 21.8	00.6	310 32.3	39.1	102 40.4	37.4
N 11	302 27.8	334 45.8	32.8	172 25.2	00.8	325 34.3	38.9	117 43.0	37.5
D 12	317 30.2	349 45.2	S14 31.8	187 28.7	N23 01.0	340 36.2	S10 38.7	132 45.5	N 0 37.5
A 13	332 32.7	4 44.7	30.7	202 32.1	01.2	355 38.1	38.4	147 48.1	37.6
Y 14	347 35.2	19 44.1	29.7	217 35.5	01.4	10 40.0	38.2	162 50.7	37.6
15	2 37.6	34 43.5	. . 28.7	232 39.0	. . 01.6	25 41.9	. . 38.0	177 53.2	. . 37.7
16	17 40.1	49 42.9	27.6	247 42.4	01.8	40 43.8	37.8	192 55.8	37.7
17	32 42.6	64 42.3	26.6	262 45.8	02.0	55 45.7	37.6	207 58.3	37.8
18	47 45.0	79 41.7	S14 25.6	277 49.3	N23 02.2	70 47.6	S10 37.4	223 00.9	N 0 37.8
19	62 47.5	94 41.1	24.5	292 52.7	02.4	85 49.5	37.1	238 03.4	37.9
20	77 49.9	109 40.5	23.5	307 56.1	02.7	100 51.4	36.9	253 06.0	38.0
21	92 52.4	124 39.9	. . 22.5	322 59.5	. . 02.9	115 53.3	. . 36.7	268 08.6	. . 38.0
22	107 54.9	139 39.3	21.4	338 03.0	03.1	130 55.2	36.5	283 11.1	38.1
23	122 57.3	154 38.8	20.4	353 06.4	03.3	145 57.1	36.3	298 13.7	38.1
8 00	137 59.8	169 38.2	S14 19.3	8 09.8	N23 03.5	160 59.0	S10 36.1	313 16.2	N 0 38.2
01	153 02.3	184 37.6	18.3	23 13.3	03.7	176 00.9	35.8	328 18.8	38.2
02	168 04.7	199 37.0	17.3	38 16.7	03.9	191 02.8	35.6	343 21.4	38.3
03	183 07.2	214 36.4	. . 16.2	53 20.1	. . 04.1	206 04.7	. . 35.4	358 23.9	. . 38.3
04	198 09.7	229 35.8	15.2	68 23.5	04.3	221 06.6	35.2	13 26.5	38.4
05	213 12.1	244 35.2	14.1	83 27.0	04.5	236 08.5	35.0	28 29.0	38.4
06	228 14.6	259 34.7	S14 13.1	98 30.4	N23 04.7	251 10.4	S10 34.8	43 31.6	N 0 38.5
07	243 17.0	274 34.1	12.1	113 33.8	04.9	266 12.3	34.5	58 34.2	38.5
08	258 19.5	289 33.5	11.0	128 37.2	05.1	281 14.2	34.3	73 36.7	38.6
M 09	273 22.0	304 32.9	. . 10.0	143 40.6	. . 05.3	296 16.1	. . 34.1	88 39.3	. . 38.6
O 10	288 24.4	319 32.3	08.9	158 44.1	05.5	311 18.0	33.9	103 41.9	38.7
N 11	303 26.9	334 31.7	07.9	173 47.5	05.7	326 19.9	33.7	118 44.4	38.7
D 12	318 29.4	349 31.2	S14 06.8	188 50.9	N23 05.9	341 21.8	S10 33.5	133 47.0	N 0 38.8
A 13	333 31.8	4 30.6	05.8	203 54.3	06.1	356 23.7	33.2	148 49.5	38.8
Y 14	348 34.3	19 30.0	04.7	218 57.7	06.3	11 25.6	33.0	163 52.1	38.9
15	3 36.8	34 29.4	. . 03.7	234 01.1	. . 06.5	26 27.5	. . 32.8	178 54.7	. . 39.0
16	18 39.2	49 28.8	02.6	249 04.6	06.7	41 29.4	32.6	193 57.2	39.0
17	33 41.7	64 28.3	01.6	264 08.0	06.9	56 31.3	32.4	208 59.8	39.1
18	48 44.2	79 27.7	S14 00.5	279 11.4	N23 07.1	71 33.2	S10 32.2	224 02.3	N 0 39.1
19	63 46.6	94 27.1	13 59.5	294 14.8	07.3	86 35.1	31.9	239 04.9	39.2
20	78 49.1	109 26.5	58.4	309 18.2	07.5	101 37.0	31.7	254 07.5	39.2
21	93 51.5	124 26.0	. . 57.4	324 21.6	. . 07.7	116 38.9	. . 31.5	269 10.0	. . 39.3
22	108 54.0	139 25.4	56.3	339 25.0	07.8	131 40.8	31.3	284 12.6	39.3
23	123 56.5	154 24.8	55.3	354 28.5	08.0	146 42.7	31.1	299 15.2	39.4
Mer. Pass.	h m 14 49.5	v −0.6	d 1.0	v 3.4	d 0.2	v 1.9	d 0.2	v 2.6	d 0.1

STARS Name	SHA ° ′	Dec ° ′
Acamar	315 20.1	S40 16.0
Achernar	335 28.6	S57 11.3
Acrux	173 11.8	S63 09.2
Adhara	255 14.1	S28 59.3
Aldebaran	290 52.0	N16 31.8
Alioth	166 22.3	N55 53.9
Alkaid	153 00.5	N49 15.4
Al Na'ir	27 47.1	S46 54.8
Alnilam	275 48.6	S 1 11.8
Alphard	217 58.2	S 8 42.3
Alphecca	126 13.1	N26 40.5
Alpheratz	357 46.3	N29 08.9
Altair	62 10.9	N 8 53.6
Ankaa	353 18.3	S42 15.2
Antares	112 29.4	S26 27.3
Arcturus	145 57.8	N19 07.5
Atria	107 33.8	S69 02.5
Avior	234 18.5	S59 32.7
Bellatrix	278 34.4	N 6 21.5
Betelgeuse	271 03.7	N 7 24.5
Canopus	263 56.8	S52 42.3
Capella	280 37.8	N46 00.6
Deneb	49 33.7	N45 18.9
Denebola	182 35.8	N14 30.7
Diphda	348 58.5	S17 55.9
Dubhe	193 53.8	N61 41.5
Elnath	278 15.5	N28 37.0
Eltanin	90 47.6	N51 29.0
Enif	33 49.8	N 9 55.3
Fomalhaut	15 26.9	S29 34.2
Gacrux	172 03.4	S57 10.1
Gienah	175 54.6	S17 36.0
Hadar	148 51.4	S60 25.2
Hamal	328 03.6	N23 30.7
Kaus Aust.	83 47.3	S34 22.7
Kochab	137 19.5	N74 06.4
Markab	13 41.1	N15 15.6
Menkar	314 17.6	N 4 07.8
Menkent	148 10.4	S36 25.2
Miaplacidus	221 39.5	S69 45.6
Mirfak	308 43.9	N49 54.1
Nunki	76 01.6	S26 17.0
Peacock	53 23.5	S56 42.1
Pollux	243 30.3	N28 00.0
Procyon	245 02.0	N 5 11.8
Rasalhague	96 08.9	N12 33.0
Regulus	207 45.8	N11 54.9
Rigel	281 14.2	S 8 11.5
Rigil Kent.	139 55.1	S60 52.4
Sabik	102 15.5	S15 44.3
Schedar	349 43.8	N56 35.8
Shaula	96 25.5	S37 06.6
Sirius	258 35.6	S16 44.0
Spica	158 33.7	S11 13.0
Suhail	222 53.9	S43 28.5
Vega	80 41.0	N38 47.4
Zuben'ubi	137 08.1	S16 05.1

	SHA ° ′	Mer. Pass. h m
Venus	32 51.7	12 41
Mars	229 46.7	23 27
Jupiter	23 12.7	13 17
Saturn	175 14.2	3 10

UT		SUN		MOON				
		GHA	Dec	GHA	*v*	Dec	*d*	HP
d	h	° ′	° ′	° ′	′	° ′	′	′
6	00	176 29.8	S15 43.0	272 44.7	9.8	S21 28.4	8.1	56.8
	01	191 29.8	42.2	287 13.5	9.7	21 36.5	8.0	56.7
	02	206 29.7	41.5	301 42.2	9.8	21 44.5	7.8	56.7
	03	221 29.7	. . 40.7	316 11.0	9.7	21 52.3	7.7	56.7
	04	236 29.6	39.9	330 39.7	9.7	22 00.0	7.6	56.6
	05	251 29.6	39.2	345 08.4	9.6	22 07.6	7.5	56.6
	06	266 29.5	S15 38.4	359 37.0	9.7	S22 15.1	7.3	56.5
	07	281 29.5	37.6	14 05.7	9.6	22 22.4	7.2	56.5
S	08	296 29.4	36.9	28 34.3	9.6	22 29.6	7.1	56.5
A	09	311 29.4	. . 36.1	43 02.9	9.6	22 36.7	7.0	56.4
T	10	326 29.4	35.3	57 31.5	9.6	22 43.7	6.8	56.4
U	11	341 29.3	34.5	72 00.1	9.6	22 50.5	6.7	56.4
R	12	356 29.3	S15 33.8	86 28.7	9.5	S22 57.2	6.6	56.3
D	13	11 29.2	33.0	100 57.2	9.5	23 03.8	6.4	56.3
A	14	26 29.2	32.2	115 25.7	9.6	23 10.2	6.3	56.3
	15	41 29.2	. . 31.5	129 54.3	9.5	23 16.5	6.2	56.3
Y	16	56 29.1	30.7	144 22.8	9.4	23 22.7	6.1	56.2
	17	71 29.1	29.9	158 51.2	9.5	23 28.8	5.9	56.2
	18	86 29.0	S15 29.1	173 19.7	9.5	S23 34.7	5.8	56.2
	19	101 29.0	28.4	187 48.2	9.4	23 40.5	5.7	56.1
	20	116 29.0	27.6	202 16.6	9.4	23 46.2	5.5	56.1
	21	131 28.9	. . 26.8	216 45.0	9.5	23 51.7	5.4	56.1
	22	146 28.9	26.0	231 13.5	9.4	23 57.1	5.3	56.0
	23	161 28.9	25.3	245 41.9	9.4	24 02.4	5.2	56.0
7	00	176 28.8	S15 24.5	260 10.3	9.4	S24 07.6	5.0	56.0
	01	191 28.8	23.7	274 38.7	9.3	24 12.6	4.9	55.9
	02	206 28.8	22.9	289 07.0	9.4	24 17.5	4.7	55.9
	03	221 28.7	. . 22.1	303 35.4	9.4	24 22.2	4.7	55.9
	04	236 28.7	21.4	318 03.8	9.3	24 26.9	4.5	55.9
	05	251 28.6	20.6	332 32.1	9.4	24 31.4	4.3	55.8
	06	266 28.6	S15 19.8	347 00.5	9.3	S24 35.7	4.2	55.8
	07	281 28.6	19.0	1 28.8	9.4	24 39.9	4.1	55.8
	08	296 28.5	18.2	15 57.2	9.3	24 44.0	4.0	55.7
S	09	311 28.5	. . 17.5	30 25.5	9.3	24 48.0	3.8	55.7
U	10	326 28.5	16.7	44 53.8	9.4	24 51.8	3.7	55.7
N	11	341 28.4	15.9	59 22.2	9.3	24 55.5	3.6	55.7
D	12	356 28.4	S15 15.1	73 50.5	9.3	S24 59.1	3.4	55.6
A	13	11 28.4	14.3	88 18.8	9.4	25 02.5	3.3	55.6
Y	14	26 28.3	13.5	102 47.2	9.3	25 05.8	3.2	55.6
	15	41 28.3	. . 12.8	117 15.5	9.3	25 09.0	3.0	55.5
	16	56 28.3	12.0	131 43.8	9.4	25 12.0	2.9	55.5
	17	71 28.3	11.2	146 12.2	9.3	25 14.9	2.8	55.5
	18	86 28.2	S15 10.4	160 40.5	9.4	S25 17.7	2.6	55.5
	19	101 28.2	09.6	175 08.9	9.3	25 20.3	2.5	55.4
	20	116 28.2	08.8	189 37.2	9.4	25 22.8	2.4	55.4
	21	131 28.1	. . 08.0	204 05.6	9.3	25 25.2	2.2	55.4
	22	146 28.1	07.3	218 33.9	9.4	25 27.4	2.1	55.4
	23	161 28.1	06.5	233 02.3	9.4	25 29.5	2.0	55.3
8	00	176 28.0	S15 05.7	247 30.7	9.4	S25 31.5	1.8	55.3
	01	191 28.0	04.9	261 59.1	9.4	25 33.3	1.7	55.3
	02	206 28.0	04.1	276 27.5	9.4	25 35.0	1.6	55.3
	03	221 28.0	. . 03.3	290 55.9	9.4	25 36.6	1.4	55.2
	04	236 27.9	02.5	305 24.3	9.5	25 38.0	1.3	55.2
	05	251 27.9	01.7	319 52.8	9.4	25 39.3	1.2	55.2
	06	266 27.9	S15 00.9	334 21.2	9.5	S25 40.5	1.1	55.2
	07	281 27.9	15 00.1	348 49.7	9.5	25 41.6	0.9	55.1
	08	296 27.8	14 59.3	3 18.2	9.5	25 42.5	0.7	55.1
M	09	311 27.8	. . 58.6	17 46.7	9.5	25 43.2	0.7	55.1
O	10	326 27.8	57.8	32 15.2	9.6	25 43.9	0.5	55.1
N	11	341 27.8	57.0	46 43.8	9.5	25 44.4	0.4	55.1
D	12	356 27.7	S14 56.2	61 12.3	9.6	S25 44.8	0.2	55.0
A	13	11 27.7	55.4	75 40.9	9.6	25 45.0	0.2	55.0
Y	14	26 27.7	54.6	90 09.5	9.7	25 45.2	0.0	55.0
	15	41 27.7	. . 53.8	104 38.2	9.6	25 45.2	0.2	55.0
	16	56 27.6	53.0	119 06.8	9.7	25 45.0	0.3	55.0
	17	71 27.6	52.2	133 35.5	9.7	25 44.7	0.4	54.9
	18	86 27.6	S14 51.4	148 04.2	9.7	S25 44.3	0.5	54.9
	19	101 27.6	50.6	162 32.9	9.8	25 43.8	0.6	54.9
	20	116 27.5	49.8	177 01.7	9.8	25 43.2	0.8	54.9
	21	131 27.5	. . 49.0	191 30.5	9.8	25 42.4	0.9	54.9
	22	146 27.5	48.2	205 59.3	9.8	25 41.5	1.1	54.8
	23	161 27.5	47.4	220 28.1	9.9	S25 40.4	1.1	54.8
		SD 16.2	*d* 0.8	SD 15.4		15.2		15.0

Lat.	Twilight Naut.	Twilight Civil	Sunrise	Moonrise 6	7	8	9
°	h m	h m	h m	h m	h m	h m	h m
N 72	06 48	08 12	09 44	■	■	■	■
N 70	06 42	07 57	09 14	■	■	■	■
68	06 38	07 45	08 52	■	■	■	■
66	06 34	07 36	08 35	04 23	■	■	■
64	06 30	07 27	08 21	03 42	05 32	07 15	07 49
62	06 27	07 20	08 09	03 14	04 48	06 04	06 51
60	06 24	07 14	07 59	02 52	04 18	05 28	06 17
N 58	06 21	07 08	07 51	02 35	03 56	05 03	05 53
56	06 19	07 03	07 43	02 20	03 37	04 43	05 33
54	06 16	06 59	07 36	02 08	03 22	04 26	05 16
52	06 14	06 54	07 30	01 57	03 09	04 11	05 02
50	06 12	06 50	07 25	01 47	02 57	03 59	04 50
45	06 07	06 42	07 13	01 26	02 33	03 33	04 24
N 40	06 02	06 34	07 03	01 10	02 14	03 12	04 04
35	05 58	06 28	06 54	00 56	01 58	02 55	03 47
30	05 53	06 22	06 46	00 44	01 44	02 40	03 32
20	05 44	06 11	06 33	00 23	01 20	02 15	03 07
N 10	05 35	06 00	06 22	00 06	01 00	01 54	02 46
0	05 24	05 49	06 11	24 41	00 41	01 34	02 26
S 10	05 12	05 38	05 59	24 22	00 22	01 14	02 06
20	04 57	05 24	05 47	24 02	00 02	00 52	01 44
30	04 38	05 08	05 34	23 39	24 27	00 27	01 19
35	04 26	04 58	05 25	23 26	24 13	00 13	01 04
40	04 11	04 47	05 16	23 10	23 56	24 47	00 47
45	03 52	04 33	05 05	22 52	23 36	24 27	00 27
S 50	03 28	04 15	04 52	22 29	23 11	24 01	00 01
52	03 16	04 07	04 46	22 18	22 58	23 49	24 49
54	03 01	03 57	04 39	22 06	22 44	23 35	24 36
56	02 44	03 46	04 31	21 51	22 28	23 18	24 20
58	02 23	03 34	04 23	21 35	22 09	22 58	24 02
S 60	01 53	03 19	04 13	21 15	21 45	22 33	23 40

Lat.	Sunset	Twilight Civil	Twilight Naut.	Moonset 6	7	8	9
°	h m	h m	h m	h m	h m	h m	h m
N 72	14 46	16 18	17 42	■	■	■	■
N 70	15 15	16 32	17 48	■	■	■	■
68	15 37	16 44	17 52	■	■	■	■
66	15 54	16 54	17 56	07 29	■	■	■
64	16 08	17 02	17 59	08 11	08 09	08 17	09 30
62	16 20	17 09	18 02	08 40	08 55	09 28	10 28
60	16 30	17 15	18 05	09 02	09 25	10 03	11 02
N 58	16 38	17 21	18 08	09 20	09 47	10 29	11 26
56	16 46	17 26	18 10	09 35	10 06	10 49	11 46
54	16 53	17 30	18 13	09 48	10 21	11 06	12 02
52	16 59	17 35	18 15	09 59	10 35	11 20	12 16
50	17 04	17 38	18 17	10 09	10 47	11 33	12 28
45	17 16	17 47	18 22	10 31	11 11	11 59	12 54
N 40	17 26	17 54	18 26	10 48	11 31	12 20	13 14
35	17 35	18 01	18 31	11 03	11 47	12 37	13 31
30	17 42	18 07	18 35	11 16	12 02	12 52	13 45
20	17 55	18 18	18 44	11 37	12 26	13 17	14 10
N 10	18 07	18 28	18 53	11 56	12 47	13 39	14 31
0	18 18	18 39	19 04	12 14	13 06	13 59	14 50
S 10	18 29	18 50	19 16	12 32	13 26	14 19	15 10
20	18 40	19 04	19 31	12 51	13 47	14 41	15 31
30	18 54	19 20	19 50	13 13	14 11	15 06	15 55
35	19 02	19 29	20 02	13 26	14 26	15 21	16 09
40	19 11	19 41	20 16	13 41	14 42	15 38	16 26
45	19 22	19 54	20 35	13 59	15 02	15 58	16 45
S 50	19 35	20 12	20 59	14 21	15 27	16 24	17 10
52	19 41	20 20	21 11	14 32	15 39	16 36	17 21
54	19 48	20 29	21 25	14 44	15 53	16 51	17 35
56	19 56	20 40	21 41	14 58	16 09	17 07	17 50
58	20 04	20 52	22 02	15 14	16 28	17 27	18 09
S 60	20 14	21 07	22 30	15 33	16 52	17 52	18 31

Day	SUN Eqn. of Time 00^h	Eqn. of Time 12^h	Mer. Pass.	MOON Mer. Pass. Upper	Mer. Pass. Lower	Age	Phase
d	m s	m s	h m	h m	h m	d %	
6	14 01	14 03	12 14	06 02	18 28	22 45	
7	14 05	14 06	12 14	06 54	19 20	23 35	
8	14 08	14 09	12 14	07 46	20 12	24 26	

	UT (d h)	ARIES GHA	VENUS −3.9 GHA	VENUS Dec	MARS −1.1 GHA	MARS Dec	JUPITER −2.0 GHA	JUPITER Dec	SATURN +0.7 GHA	SATURN Dec
		° ′	° ′	° ′	° ′	° ′	° ′	° ′	° ′	° ′
	9 00	138 58.9	169 24.2	S13 54.2	9 31.9	N23 08.2	161 44.6	S10 30.9	314 17.7	N 0 39.4
	01	154 01.4	184 23.7	53.1	24 35.3	08.4	176 46.5	30.6	329 20.3	39.5
	02	169 03.9	199 23.1	52.1	39 38.7	08.6	191 48.5	30.4	344 22.9	39.5
	03	184 06.3	214 22.5	. . 51.0	54 42.1	. . 08.8	206 50.4	. . 30.2	359 25.4	. . 39.6
	04	199 08.8	229 21.9	50.0	69 45.5	09.0	221 52.3	30.0	14 28.0	39.6
	05	214 11.3	244 21.4	48.9	84 48.9	09.2	236 54.2	29.8	29 30.5	39.7
	06	229 13.7	259 20.8	S13 47.9	99 52.3	N23 09.4	251 56.1	S10 29.6	44 33.1	N 0 39.8
	07	244 16.2	274 20.2	46.8	114 55.7	09.6	266 58.0	29.3	59 35.7	39.8
T	08	259 18.7	289 19.6	45.7	129 59.1	09.8	281 59.9	29.1	74 38.2	39.9
U	09	274 21.1	304 19.1	. . 44.7	145 02.5	. . 10.0	297 01.8	. . 28.9	89 40.8	. . 39.9
E	10	289 23.6	319 18.5	43.6	160 05.9	10.1	312 03.7	28.7	104 43.4	40.0
S	11	304 26.0	334 17.9	42.6	175 09.3	10.3	327 05.6	28.5	119 45.9	40.0
D	12	319 28.5	349 17.4	S13 41.5	190 12.7	N23 10.5	342 07.5	S10 28.2	134 48.5	N 0 40.1
	13	334 31.0	4 16.8	40.4	205 16.1	10.7	357 09.4	28.0	149 51.1	40.1
A	14	349 33.4	19 16.2	39.4	220 19.5	10.9	12 11.3	27.8	164 53.6	40.2
Y	15	4 35.9	34 15.7	. . 38.3	235 22.9	. . 11.1	27 13.2	. . 27.6	179 56.2	. . 40.2
	16	19 38.4	49 15.1	37.2	250 26.3	11.3	42 15.1	27.4	194 58.8	40.3
	17	34 40.8	64 14.5	36.2	265 29.7	11.5	57 17.0	27.2	210 01.3	40.4
	18	49 43.3	79 14.0	S13 35.1	280 33.1	N23 11.6	72 18.9	S10 26.9	225 03.9	N 0 40.4
	19	64 45.8	94 13.4	34.0	295 36.5	11.8	87 20.8	26.7	240 06.5	40.5
	20	79 48.2	109 12.8	33.0	310 39.9	12.0	102 22.7	26.5	255 09.0	40.5
	21	94 50.7	124 12.3	. . 31.9	325 43.3	. . 12.2	117 24.6	. . 26.3	270 11.6	. . 40.6
	22	109 53.2	139 11.7	30.8	340 46.7	12.4	132 26.5	26.1	285 14.2	40.6
	23	124 55.6	154 11.1	29.8	355 50.1	12.6	147 28.4	25.9	300 16.7	40.7
	10 00	139 58.1	169 10.6	S13 28.7	10 53.5	N23 12.7	162 30.3	S10 25.6	315 19.3	N 0 40.7
	01	155 00.5	184 10.0	27.6	25 56.8	12.9	177 32.2	25.4	330 21.9	40.8
	02	170 03.0	199 09.5	26.5	41 00.2	13.1	192 34.1	25.2	345 24.4	40.8
	03	185 05.5	214 08.9	. . 25.5	56 03.6	. . 13.3	207 36.0	. . 25.0	0 27.0	. . 40.9
	04	200 07.9	229 08.3	24.4	71 07.0	13.5	222 37.9	24.8	15 29.6	41.0
	05	215 10.4	244 07.8	23.3	86 10.4	13.7	237 39.8	24.5	30 32.1	41.0
	06	230 12.9	259 07.2	S13 22.2	101 13.8	N23 13.8	252 41.7	S10 24.3	45 34.7	N 0 41.1
W	07	245 15.3	274 06.7	21.2	116 17.2	14.0	267 43.6	24.1	60 37.3	41.1
E	08	260 17.8	289 06.1	20.1	131 20.5	14.2	282 45.5	23.9	75 39.8	41.2
D	09	275 20.3	304 05.5	. . 19.0	146 23.9	. . 14.4	297 47.4	. . 23.7	90 42.4	. . 41.2
N	10	290 22.7	319 05.0	17.9	161 27.3	14.6	312 49.3	23.5	105 45.0	41.3
E	11	305 25.2	334 04.4	16.9	176 30.7	14.7	327 51.2	23.2	120 47.5	41.3
S	12	320 27.7	349 03.9	S13 15.8	191 34.1	N23 14.9	342 53.1	S10 23.0	135 50.1	N 0 41.4
D	13	335 30.1	4 03.3	14.7	206 37.5	15.1	357 55.0	22.8	150 52.7	41.5
A	14	350 32.6	19 02.7	13.6	221 40.8	15.3	12 56.9	22.6	165 55.2	41.5
Y	15	5 35.0	34 02.2	. . 12.5	236 44.2	. . 15.4	27 58.8	. . 22.4	180 57.8	. . 41.6
	16	20 37.5	49 01.6	11.5	251 47.6	15.6	43 00.7	22.1	196 00.4	41.6
	17	35 40.0	64 01.1	10.4	266 51.0	15.8	58 02.6	21.9	211 02.9	41.7
	18	50 42.4	79 00.5	S13 09.3	281 54.3	N23 16.0	73 04.5	S10 21.7	226 05.5	N 0 41.7
	19	65 44.9	94 00.0	08.2	296 57.7	16.1	88 06.4	21.5	241 08.1	41.8
	20	80 47.4	108 59.4	07.1	312 01.1	16.3	103 08.3	21.3	256 10.7	41.9
	21	95 49.8	123 58.9	. . 06.0	327 04.5	. . 16.5	118 10.2	. . 21.1	271 13.2	. . 41.9
	22	110 52.3	138 58.3	05.0	342 07.8	16.7	133 12.1	20.8	286 15.8	42.0
	23	125 54.8	153 57.8	03.9	357 11.2	16.8	148 14.0	20.6	301 18.4	42.0
	11 00	140 57.2	168 57.2	S13 02.8	12 14.6	N23 17.0	163 15.9	S10 20.4	316 20.9	N 0 42.1
	01	155 59.7	183 56.7	01.7	27 17.9	17.2	178 17.8	20.2	331 23.5	42.1
	02	171 02.1	198 56.1	13 00.6	42 21.3	17.3	193 19.7	20.0	346 26.1	42.2
	03	186 04.6	213 55.6	12 59.5	57 24.7	. . 17.5	208 21.6	. . 19.7	1 28.6	. . 42.2
	04	201 07.1	228 55.0	58.4	72 28.0	17.7	223 23.5	19.5	16 31.2	42.3
	05	216 09.5	243 54.5	57.4	87 31.4	17.9	238 25.4	19.3	31 33.8	42.4
	06	231 12.0	258 53.9	S12 56.3	102 34.8	N23 18.0	253 27.3	S10 19.1	46 36.4	N 0 42.4
	07	246 14.5	273 53.4	55.2	117 38.1	18.2	268 29.2	18.9	61 38.9	42.5
T	08	261 16.9	288 52.8	54.1	132 41.5	18.4	283 31.1	18.6	76 41.5	42.5
H	09	276 19.4	303 52.3	. . 53.0	147 44.9	. . 18.5	298 33.0	. . 18.4	91 44.1	. . 42.6
U	10	291 21.9	318 51.7	51.9	162 48.2	18.7	313 34.9	18.2	106 46.6	42.6
R	11	306 24.3	333 51.2	50.8	177 51.6	18.9	328 36.8	18.0	121 49.2	42.7
S	12	321 26.8	348 50.6	S12 49.7	192 54.9	N23 19.0	343 38.7	S10 17.8	136 51.8	N 0 42.8
D	13	336 29.3	3 50.1	48.6	207 58.3	19.2	358 40.6	17.6	151 54.4	42.8
A	14	351 31.7	18 49.5	47.5	223 01.7	19.4	13 42.5	17.3	166 56.9	42.9
Y	15	6 34.2	33 49.0	. . 46.4	238 05.0	. . 19.5	28 44.4	. . 17.1	181 59.5	. . 42.9
	16	21 36.6	48 48.4	45.3	253 08.4	19.7	43 46.3	16.9	197 02.1	43.0
	17	36 39.1	63 47.9	44.2	268 11.7	19.9	58 48.2	16.7	212 04.6	43.0
	18	51 41.6	78 47.4	S12 43.1	283 15.1	N23 20.0	73 50.1	S10 16.5	227 07.2	N 0 43.1
	19	66 44.0	93 46.8	42.1	298 18.4	20.2	88 52.0	16.2	242 09.8	43.2
	20	81 46.5	108 46.3	41.0	313 21.8	20.4	103 53.9	16.0	257 12.4	43.2
	21	96 49.0	123 45.7	. . 39.9	328 25.1	. . 20.5	118 55.8	. . 15.8	272 14.9	. . 43.3
	22	111 51.4	138 45.2	38.8	343 28.5	20.7	133 57.7	15.6	287 17.5	43.3
	23	126 53.9	153 44.7	37.7	358 31.8	20.8	148 59.6	15.4	302 20.1	43.4
	Mer. Pass.	h m 14 37.7	v −0.6	d 1.1	v 3.4	d 0.2	v 1.9	d 0.2	v 2.6	d 0.1

STARS

Name	SHA	Dec
	° ′	° ′
Acamar	315 20.1	S40 16.0
Achernar	335 28.6	S57 11.3
Acrux	173 11.8	S63 09.3
Adhara	255 14.1	S28 59.3
Aldebaran	290 52.1	N16 31.8
Alioth	166 22.3	N55 53.9
Alkaid	153 00.5	N49 15.4
Al Na'ir	27 47.1	S46 54.7
Alnilam	275 48.6	S 1 11.8
Alphard	217 58.2	S 8 42.3
Alphecca	126 13.1	N26 40.5
Alpheratz	357 46.3	N29 08.9
Altair	62 10.9	N 8 53.6
Ankaa	353 18.3	S42 15.2
Antares	112 29.4	S26 27.3
Arcturus	145 57.8	N19 07.5
Atria	107 33.7	S69 02.5
Avior	234 18.5	S59 32.7
Bellatrix	278 34.4	N 6 21.5
Betelgeuse	271 03.7	N 7 24.5
Canopus	263 56.8	S52 42.3
Capella	280 37.8	N46 00.6
Deneb	49 33.7	N45 18.9
Denebola	182 35.8	N14 30.7
Diphda	348 58.5	S17 55.9
Dubhe	193 53.8	N61 41.5
Elnath	278 15.5	N28 37.0
Eltanin	90 47.6	N51 29.0
Enif	33 49.8	N 9 55.3
Fomalhaut	15 26.9	S29 34.2
Gacrux	172 03.4	S57 10.2
Gienah	175 54.6	S17 36.0
Hadar	148 51.3	S60 25.2
Hamal	328 03.6	N23 30.7
Kaus Aust.	83 47.3	S34 22.7
Kochab	137 19.5	N74 06.4
Markab	13 41.1	N15 15.6
Menkar	314 17.6	N 4 07.8
Menkent	148 10.4	S36 25.2
Miaplacidus	221 39.5	S69 45.6
Mirfak	308 43.9	N49 54.1
Nunki	76 01.6	S26 17.0
Peacock	53 23.5	S56 42.1
Pollux	243 30.3	N28 00.0
Procyon	245 02.0	N 5 11.8
Rasalhague	96 08.9	N12 33.0
Regulus	207 45.7	N11 54.8
Rigel	281 14.2	S 8 11.5
Rigil Kent.	139 55.1	S60 52.4
Sabik	102 15.5	S15 44.3
Schedar	349 43.8	N56 35.8
Shaula	96 25.4	S37 06.6
Sirius	258 35.6	S16 44.0
Spica	158 33.7	S11 13.0
Suhail	222 53.9	S43 28.6
Vega	80 40.9	N38 47.4
Zuben'ubi	137 08.1	S16 05.1

	SHA	Mer. Pass.
	° ′	h m
Venus	29 12.5	12 44
Mars	230 55.4	23 11
Jupiter	22 32.2	13 08
Saturn	175 21.2	2 58

	UT	SUN GHA	SUN Dec	MOON GHA	v	MOON Dec	d	HP
	d h	° ′	° ′	° ′	′	° ′	′	′
	9 00	176 27.5	S14 46.6	234 57.0	9.9	S25 39.3	1.3	54.8
	01	191 27.4	45.8	249 25.9	10.0	25 38.0	1.5	54.8
	02	206 27.4	45.0	263 54.9	9.9	25 36.5	1.5	54.8
	03	221 27.4	. . 44.2	278 23.8	10.0	25 35.0	1.7	54.7
	04	236 27.4	43.4	292 52.8	10.1	25 33.3	1.8	54.7
	05	251 27.4	42.6	307 21.9	10.1	25 31.5	1.9	54.7
	06	266 27.3	S14 41.8	321 51.0	10.1	S25 29.6	2.0	54.7
	07	281 27.3	41.0	336 20.1	10.1	25 27.6	2.2	54.7
T	08	296 27.3	40.2	350 49.2	10.2	25 25.4	2.3	54.7
U	09	311 27.3	. . 39.4	5 18.4	10.3	25 23.1	2.4	54.6
E	10	326 27.3	38.6	19 47.7	10.2	25 20.7	2.6	54.6
S	11	341 27.3	37.8	34 16.9	10.3	25 18.1	2.6	54.6
	12	356 27.2	S14 37.0	48 46.2	10.4	S25 15.5	2.8	54.6
D	13	11 27.2	36.2	63 15.6	10.4	25 12.7	2.9	54.6
A	14	26 27.2	35.4	77 45.0	10.4	25 09.8	3.1	54.6
Y	15	41 27.2	. . 34.6	92 14.4	10.5	25 06.7	3.1	54.5
	16	56 27.2	33.8	106 43.9	10.5	25 03.6	3.3	54.5
	17	71 27.2	33.0	121 13.4	10.6	25 00.3	3.4	54.5
	18	86 27.2	S14 32.2	135 43.0	10.6	S24 56.9	3.5	54.5
	19	101 27.1	31.4	150 12.6	10.7	24 53.4	3.6	54.5
	20	116 27.1	30.5	164 42.3	10.7	24 49.8	3.7	54.5
	21	131 27.1	. . 29.7	179 12.0	10.7	24 46.1	3.9	54.4
	22	146 27.1	28.9	193 41.7	10.8	24 42.2	4.0	54.4
	23	161 27.1	28.1	208 11.5	10.9	24 38.2	4.0	54.4
	10 00	176 27.1	S14 27.3	222 41.4	10.9	S24 34.2	4.3	54.4
	01	191 27.1	26.5	237 11.3	11.0	24 29.9	4.3	54.4
	02	206 27.1	25.7	251 41.3	11.0	24 25.6	4.4	54.4
	03	221 27.0	. . 24.9	266 11.3	11.0	24 21.2	4.5	54.4
	04	236 27.0	24.1	280 41.3	11.1	24 16.7	4.7	54.4
	05	251 27.0	23.3	295 11.4	11.2	24 12.0	4.8	54.3
	06	266 27.0	S14 22.4	309 41.6	11.2	S24 07.2	4.9	54.3
W	07	281 27.0	21.6	324 11.8	11.2	24 02.3	4.9	54.3
E	08	296 27.0	20.8	338 42.0	11.3	23 57.4	5.1	54.3
D	09	311 27.0	. . 20.0	353 12.3	11.4	23 52.3	5.3	54.3
N	10	326 27.0	19.2	7 42.7	11.4	23 47.0	5.3	54.3
	11	341 27.0	18.4	22 13.1	11.5	23 41.7	5.4	54.3
E	12	356 27.0	S14 17.6	36 43.6	11.5	S23 36.3	5.5	54.3
S	13	11 26.9	16.7	51 14.1	11.6	23 30.8	5.7	54.2
D	14	26 26.9	15.9	65 44.7	11.6	23 25.1	5.7	54.2
A	15	41 26.9	. . 15.1	80 15.3	11.7	23 19.4	5.9	54.2
Y	16	56 26.9	14.3	94 46.0	11.8	23 13.5	5.9	54.2
	17	71 26.9	13.5	109 16.8	11.8	23 07.6	6.1	54.2
	18	86 26.9	S14 12.7	123 47.6	11.9	S23 01.5	6.1	54.2
	19	101 26.9	11.9	138 18.5	11.9	22 55.4	6.3	54.2
	20	116 26.9	11.0	152 49.4	12.0	22 49.1	6.4	54.2
	21	131 26.9	. . 10.2	167 20.4	12.0	22 42.7	6.4	54.2
	22	146 26.9	09.4	181 51.4	12.1	22 36.3	6.6	54.2
	23	161 26.9	08.6	196 22.5	12.1	22 29.7	6.7	54.2
	11 00	176 26.9	S14 07.8	210 53.6	12.2	S22 23.0	6.7	54.1
	01	191 26.9	06.9	225 24.8	12.3	22 16.3	6.9	54.1
	02	206 26.9	06.1	239 56.1	12.3	22 09.4	7.0	54.1
	03	221 26.9	. . 05.3	254 27.4	12.4	22 02.4	7.0	54.1
	04	236 26.9	04.5	268 58.8	12.4	21 55.4	7.2	54.1
	05	251 26.9	03.7	283 30.2	12.5	21 48.2	7.2	54.1
	06	266 26.9	S14 02.8	298 01.7	12.6	S21 41.0	7.3	54.1
T	07	281 26.9	02.0	312 33.3	12.6	21 33.7	7.5	54.1
H	08	296 26.9	01.2	327 04.9	12.6	21 26.2	7.5	54.1
U	09	311 26.9	14 00.4	341 36.5	12.8	21 18.7	7.6	54.1
R	10	326 26.8	13 59.5	356 08.3	12.7	21 11.1	7.7	54.1
	11	341 26.8	58.7	10 40.0	12.9	21 03.4	7.8	54.1
S	12	356 26.8	S13 57.9	25 11.9	12.9	S20 55.6	7.9	54.1
D	13	11 26.8	57.1	39 43.8	12.9	20 47.7	8.0	54.0
A	14	26 26.8	56.2	54 15.7	13.1	20 39.7	8.0	54.0
Y	15	41 26.8	. . 55.4	68 47.8	13.0	20 31.7	8.2	54.0
	16	56 26.8	54.6	83 19.8	13.2	20 23.5	8.2	54.0
	17	71 26.8	53.8	97 52.0	13.2	20 15.3	8.4	54.0
	18	86 26.9	S13 52.9	112 24.2	13.2	S20 06.9	8.4	54.0
	19	101 26.9	52.1	126 56.4	13.3	19 58.5	8.4	54.0
	20	116 26.9	51.3	141 28.7	13.4	19 50.1	8.6	54.0
	21	131 26.9	. . 50.5	156 01.1	13.4	19 41.5	8.7	54.0
	22	146 26.9	49.6	170 33.5	13.5	19 32.8	8.7	54.0
	23	161 26.9	48.8	185 06.0	13.5	S19 24.1	8.8	54.0
		SD 16.2	d 0.8	SD 14.9		14.8		14.7

Lat.	Twilight Naut.	Twilight Civil	Sunrise	Moonrise 9	Moonrise 10	Moonrise 11	Moonrise 12
°	h m	h m	h m	h m	h m	h m	h m
N 72	06 36	07 58	09 24	■	■	■	10 20
N 70	06 32	07 45	08 59	■	■	■	09 09
68	06 28	07 35	08 40	■	■	09 16	08 32
66	06 25	07 26	08 24	■	09 11	08 21	08 05
64	06 22	07 19	08 12	07 49	07 50	07 48	07 45
62	06 20	07 12	08 01	06 51	07 13	07 23	07 28
60	06 18	07 07	07 52	06 17	06 47	07 04	07 14
N 58	06 15	07 02	07 44	05 53	06 26	06 47	07 02
56	06 13	06 57	07 37	05 33	06 09	06 34	06 51
54	06 11	06 53	07 30	05 16	05 54	06 22	06 42
52	06 09	06 49	07 25	05 02	05 41	06 11	06 34
50	06 08	06 46	07 20	04 50	05 30	06 02	06 26
45	06 03	06 38	07 09	04 24	05 07	05 42	06 11
N 40	05 59	06 31	06 59	04 04	04 48	05 26	05 57
35	05 55	06 25	06 51	03 47	04 32	05 12	05 46
30	05 51	06 20	06 44	03 32	04 19	05 00	05 36
20	05 43	06 09	06 32	03 07	03 55	04 39	05 19
N 10	05 34	05 59	06 21	02 46	03 35	04 21	05 05
0	05 25	05 49	06 11	02 26	03 16	04 05	04 51
S 10	05 13	05 39	06 00	02 06	02 57	03 48	04 37
20	04 59	05 26	05 49	01 44	02 37	03 30	04 22
30	04 41	05 11	05 36	01 19	02 13	03 09	04 04
35	04 29	05 02	05 29	01 04	02 00	02 57	03 54
40	04 15	04 51	05 20	00 47	01 44	02 43	03 43
45	03 58	04 38	05 10	00 27	01 24	02 26	03 29
S 50	03 35	04 21	04 57	00 01	01 00	02 05	03 12
52	03 24	04 13	04 52	24 49	00 49	01 55	03 04
54	03 10	04 04	04 45	24 36	00 36	01 44	02 56
56	02 55	03 54	04 38	24 20	00 20	01 31	02 46
58	02 35	03 42	04 30	24 02	00 02	01 16	02 34
S 60	02 10	03 29	04 21	23 40	24 59	00 59	02 21

Lat.	Sunset	Twilight Civil	Twilight Naut.	Moonset 9	Moonset 10	Moonset 11	Moonset 12
°	h m	h m	h m	h m	h m	h m	h m
N 72	15 06	16 32	17 55	■	■	■	12 00
N 70	15 31	16 45	17 58	■	■	■	13 10
68	15 50	16 55	18 02	■	■	11 28	13 46
66	16 05	17 03	18 05	■	09 53	12 22	14 12
64	16 18	17 11	18 07	09 30	11 13	12 55	14 32
62	16 28	17 17	18 10	10 28	11 50	13 19	14 47
60	16 38	17 23	18 12	11 02	12 16	13 38	15 01
N 58	16 45	17 28	18 14	11 26	12 36	13 53	15 12
56	16 52	17 32	18 16	11 46	12 53	14 06	15 22
54	16 59	17 36	18 18	12 02	13 07	14 18	15 30
52	17 04	17 40	18 20	12 16	13 20	14 28	15 38
50	17 09	17 43	18 22	12 28	13 31	14 37	15 45
45	17 21	17 51	18 26	12 54	13 53	14 56	16 00
N 40	17 30	17 58	18 30	13 14	14 12	15 12	16 12
35	17 38	18 04	18 34	13 31	14 27	15 24	16 22
30	17 45	18 09	18 38	13 45	14 40	15 36	16 31
20	17 57	18 19	18 46	14 10	15 03	15 55	16 46
N 10	18 07	18 29	18 54	14 31	15 22	16 12	17 00
0	18 18	18 39	19 04	14 50	15 40	16 27	17 12
S 10	18 28	18 50	19 15	15 10	15 58	16 43	17 24
20	18 39	19 02	19 29	15 31	16 17	16 59	17 37
30	18 52	19 17	19 47	15 55	16 39	17 18	17 52
35	18 59	19 26	19 58	16 09	16 52	17 29	18 01
40	19 08	19 37	20 12	16 26	17 06	17 41	18 11
45	19 18	19 50	20 29	16 45	17 24	17 56	18 22
S 50	19 30	20 06	20 52	17 10	17 46	18 13	18 36
52	19 36	20 14	21 03	17 21	17 56	18 22	18 42
54	19 42	20 23	21 16	17 35	18 07	18 31	18 49
56	19 49	20 32	21 31	17 50	18 21	18 42	18 57
58	19 57	20 44	21 50	18 09	18 36	18 54	19 06
S 60	20 06	20 57	22 14	18 31	18 54	19 07	19 16

Day	SUN Eqn. of Time 00^h	SUN Eqn. of Time 12^h	SUN Mer. Pass.	MOON Mer. Pass. Upper	MOON Mer. Pass. Lower	MOON Age	MOON Phase
d	m s	m s	h m	h m	h m	d %	
9	14 10	14 11	12 14	08 38	21 03	25 18	
10	14 12	14 12	12 14	09 28	21 52	26 11	
11	14 12	14 13	12 14	10 16	22 39	27 6	

	UT d h	ARIES GHA ° ′	VENUS −3.9 GHA ° ′	Dec ° ′	MARS −1.0 GHA ° ′	Dec ° ′	JUPITER −2.0 GHA ° ′	Dec ° ′	SATURN +0.7 GHA ° ′	Dec ° ′
	12 00	141 56.4	168 44.1	S12 36.6	13 35.2	N23 21.0	164 01.5	S10 15.1	317 22.7	N 0 43.4
	01	156 58.8	183 43.6	35.5	28 38.5	21.2	179 03.4	14.9	332 25.2	43.5
	02	172 01.3	198 43.0	34.4	43 41.9	21.3	194 05.3	14.7	347 27.8	43.6
	03	187 03.8	213 42.5	. . 33.3	58 45.2	. . 21.5	209 07.2	. . 14.5	2 30.4	. . 43.6
	04	202 06.2	228 42.0	32.2	73 48.5	21.6	224 09.1	14.3	17 33.0	43.7
	05	217 08.7	243 41.4	31.0	88 51.9	21.8	239 11.0	14.0	32 35.5	43.7
	06	232 11.1	258 40.9	S12 29.9	103 55.2	N23 22.0	254 12.9	S10 13.8	47 38.1	N 0 43.8
	07	247 13.6	273 40.3	28.8	118 58.6	22.1	269 14.8	13.6	62 40.7	43.9
	08	262 16.1	288 39.8	27.7	134 01.9	22.3	284 16.7	13.4	77 43.3	43.9
F	09	277 18.5	303 39.3	. . 26.6	149 05.3	. . 22.4	299 18.6	. . 13.2	92 45.8	. . 44.0
R	10	292 21.0	318 38.7	25.5	164 08.6	22.6	314 20.5	12.9	107 48.4	44.0
I	11	307 23.5	333 38.2	24.4	179 11.9	22.7	329 22.4	12.7	122 51.0	44.1
D	12	322 25.9	348 37.7	S12 23.3	194 15.3	N23 22.9	344 24.3	S10 12.5	137 53.6	N 0 44.1
A	13	337 28.4	3 37.1	22.2	209 18.6	23.1	359 26.2	12.3	152 56.1	44.2
Y	14	352 30.9	18 36.6	21.1	224 21.9	23.2	14 28.1	12.1	167 58.7	44.3
	15	7 33.3	33 36.1	. . 20.0	239 25.3	. . 23.4	29 30.0	. . 11.8	183 01.3	. . 44.3
	16	22 35.8	48 35.5	18.9	254 28.6	23.5	44 31.9	11.6	198 03.9	44.4
	17	37 38.2	63 35.0	17.8	269 31.9	23.7	59 33.8	11.4	213 06.4	44.4
	18	52 40.7	78 34.5	S12 16.7	284 35.3	N23 23.8	74 35.7	S10 11.2	228 09.0	N 0 44.5
	19	67 43.2	93 33.9	15.5	299 38.6	24.0	89 37.6	11.0	243 11.6	44.6
	20	82 45.6	108 33.4	14.4	314 41.9	24.1	104 39.5	10.8	258 14.2	44.6
	21	97 48.1	123 32.9	. . 13.3	329 45.2	. . 24.3	119 41.4	. . 10.5	273 16.7	. . 44.7
	22	112 50.6	138 32.3	12.2	344 48.6	24.4	134 43.3	10.3	288 19.3	44.7
	23	127 53.0	153 31.8	11.1	359 51.9	24.6	149 45.2	10.1	303 21.9	44.8
	13 00	142 55.5	168 31.3	S12 10.0	14 55.2	N23 24.7	164 47.1	S10 09.9	318 24.5	N 0 44.8
	01	157 58.0	183 30.8	08.9	29 58.5	24.9	179 49.0	09.7	333 27.0	44.9
	02	173 00.4	198 30.2	07.8	45 01.9	25.0	194 50.9	09.4	348 29.6	45.0
	03	188 02.9	213 29.7	. . 06.6	60 05.2	. . 25.2	209 52.8	. . 09.2	3 32.2	. . 45.0
	04	203 05.4	228 29.2	05.5	75 08.5	25.3	224 54.7	09.0	18 34.8	45.1
	05	218 07.8	243 28.7	04.4	90 11.8	25.5	239 56.6	08.8	33 37.4	45.1
	06	233 10.3	258 28.1	S12 03.3	105 15.1	N23 25.6	254 58.5	S10 08.6	48 39.9	N 0 45.2
S	07	248 12.7	273 27.6	02.2	120 18.4	25.8	270 00.4	08.3	63 42.5	45.3
	08	263 15.2	288 27.1	12 01.0	135 21.8	25.9	285 02.3	08.1	78 45.1	45.3
A	09	278 17.7	303 26.5	11 59.9	150 25.1	. . 26.1	300 04.2	. . 07.9	93 47.7	. . 45.4
T	10	293 20.1	318 26.0	58.8	165 28.4	26.2	315 06.1	07.7	108 50.2	45.4
U	11	308 22.6	333 25.5	57.7	180 31.7	26.4	330 08.0	07.5	123 52.8	45.5
R	12	323 25.1	348 25.0	S11 56.6	195 35.0	N23 26.5	345 09.9	S10 07.2	138 55.4	N 0 45.6
D	13	338 27.5	3 24.5	55.4	210 38.3	26.6	0 11.8	07.0	153 58.0	45.6
A	14	353 30.0	18 23.9	54.3	225 41.6	26.8	15 13.7	06.8	169 00.6	45.7
	15	8 32.5	33 23.4	. . 53.2	240 44.9	. . 26.9	30 15.6	. . 06.6	184 03.1	. . 45.7
Y	16	23 34.9	48 22.9	52.1	255 48.2	27.1	45 17.5	06.4	199 05.7	45.8
	17	38 37.4	63 22.4	51.0	270 51.5	27.2	60 19.4	06.1	214 08.3	45.9
	18	53 39.9	78 21.8	S11 49.8	285 54.9	N23 27.4	75 21.3	S10 05.9	229 10.9	N 0 45.9
	19	68 42.3	93 21.3	48.7	300 58.2	27.5	90 23.2	05.7	244 13.5	46.0
	20	83 44.8	108 20.8	47.6	316 01.5	27.6	105 25.1	05.5	259 16.0	46.0
	21	98 47.2	123 20.3	. . 46.5	331 04.8	. . 27.8	120 27.0	. . 05.2	274 18.6	. . 46.1
	22	113 49.7	138 19.8	45.3	346 08.1	27.9	135 28.9	05.0	289 21.2	46.2
	23	128 52.2	153 19.2	44.2	1 11.4	28.1	150 30.8	04.8	304 23.8	46.2
	14 00	143 54.6	168 18.7	S11 43.1	16 14.7	N23 28.2	165 32.7	S10 04.6	319 26.4	N 0 46.3
	01	158 57.1	183 18.2	42.0	31 18.0	28.3	180 34.6	04.4	334 28.9	46.3
	02	173 59.6	198 17.7	40.8	46 21.3	28.5	195 36.5	04.1	349 31.5	46.4
	03	189 02.0	213 17.2	. . 39.7	61 24.5	. . 28.6	210 38.4	. . 03.9	4 34.1	. . 46.5
	04	204 04.5	228 16.7	38.6	76 27.8	28.8	225 40.3	03.7	19 36.7	46.5
	05	219 07.0	243 16.1	37.4	91 31.1	28.9	240 42.2	03.5	34 39.3	46.6
	06	234 09.4	258 15.6	S11 36.3	106 34.4	N23 29.0	255 44.1	S10 03.3	49 41.8	N 0 46.6
	07	249 11.9	273 15.1	35.2	121 37.7	29.2	270 46.0	03.0	64 44.4	46.7
	08	264 14.3	288 14.6	34.0	136 41.0	29.3	285 47.9	02.8	79 47.0	46.8
S	09	279 16.8	303 14.1	. . 32.9	151 44.3	. . 29.4	300 49.8	. . 02.6	94 49.6	. . 46.8
U	10	294 19.3	318 13.6	31.8	166 47.6	29.6	315 51.7	02.4	109 52.2	46.9
N	11	309 21.7	333 13.1	30.6	181 50.9	29.7	330 53.6	02.2	124 54.7	46.9
D	12	324 24.2	348 12.5	S11 29.5	196 54.2	N23 29.8	345 55.5	S10 01.9	139 57.3	N 0 47.0
A	13	339 26.7	3 12.0	28.4	211 57.4	30.0	0 57.4	01.7	154 59.9	47.1
Y	14	354 29.1	18 11.5	27.2	227 00.7	30.1	15 59.3	01.5	170 02.5	47.1
	15	9 31.6	33 11.0	. . 26.1	242 04.0	. . 30.2	31 01.2	. . 01.3	185 05.1	. . 47.2
	16	24 34.1	48 10.5	25.0	257 07.3	30.4	46 03.1	01.1	200 07.7	47.3
	17	39 36.5	63 10.0	23.8	272 10.6	30.5	61 05.0	00.8	215 10.2	47.3
	18	54 39.0	78 09.5	S11 22.7	287 13.8	N23 30.6	76 06.9	S10 00.6	230 12.8	N 0 47.4
	19	69 41.5	93 09.0	21.6	302 17.1	30.8	91 08.8	00.4	245 15.4	47.4
	20	84 43.9	108 08.5	20.4	317 20.4	30.9	106 10.7	00.2	260 18.0	47.5
	21	99 46.4	123 07.9	. . 19.3	332 23.7	. . 31.0	121 12.5	10 00.0	275 20.6	. . 47.6
	22	114 48.8	138 07.4	18.1	347 26.9	31.1	136 14.4	9 59.7	290 23.2	47.6
	23	129 51.3	153 06.9	17.0	2 30.2	31.3	151 16.3	S 9 59.5	305 25.7	47.7
	Mer. Pass. (h m)	14 25.9	v −0.5	d 1.1	v 3.3	d 0.1	v 1.9	d 0.2	v 2.6	d 0.1

STARS

Name	SHA ° ′	Dec ° ′
Acamar	315 20.1	S40 16.0
Achernar	335 28.7	S57 11.3
Acrux	173 11.7	S63 09.3
Adhara	255 14.1	S28 59.4
Aldebaran	290 52.1	N16 31.8
Alioth	166 22.3	N55 53.9
Alkaid	153 00.4	N49 15.4
Al Na'ir	27 47.1	S46 54.7
Alnilam	275 48.6	S 1 11.8
Alphard	217 58.1	S 8 42.3
Alphecca	126 13.0	N26 40.5
Alpheratz	357 46.4	N29 08.9
Altair	62 10.9	N 8 53.6
Ankaa	353 18.3	S42 15.2
Antares	112 29.3	S26 27.3
Arcturus	145 57.8	N19 07.5
Atria	107 33.6	S69 02.5
Avior	234 18.5	S59 32.7
Bellatrix	278 34.4	N 6 21.5
Betelgeuse	271 03.7	N 7 24.5
Canopus	263 56.9	S52 42.3
Capella	280 37.8	N46 00.6
Deneb	49 33.7	N45 18.9
Denebola	182 35.8	N14 30.7
Diphda	348 58.5	S17 55.9
Dubhe	193 53.8	N61 41.5
Elnath	278 15.5	N28 37.0
Eltanin	90 47.6	N51 29.0
Enif	33 49.8	N 9 55.3
Fomalhaut	15 26.9	S29 34.2
Gacrux	172 03.4	S57 10.2
Gienah	175 54.6	S17 36.0
Hadar	148 51.3	S60 25.2
Hamal	328 03.7	N23 30.7
Kaus Aust.	83 47.3	S34 22.7
Kochab	137 19.4	N74 06.4
Markab	13 41.1	N15 15.6
Menkar	314 17.6	N 4 07.8
Menkent	148 10.4	S36 25.2
Miaplacidus	221 39.5	S69 45.6
Mirfak	308 43.9	N49 54.1
Nunki	76 01.6	S26 17.0
Peacock	53 23.5	S56 42.1
Pollux	243 30.3	N28 00.0
Procyon	245 02.0	N 5 11.8
Rasalhague	96 08.9	N12 33.0
Regulus	207 45.7	N11 54.8
Rigel	281 14.2	S 8 11.5
Rigil Kent.	139 55.0	S60 52.5
Sabik	102 15.5	S15 44.3
Schedar	349 43.9	N56 35.8
Shaula	96 25.4	S37 06.6
Sirius	258 35.6	S16 44.0
Spica	158 33.7	S11 13.0
Suhail	222 53.9	S43 28.6
Vega	80 40.9	N38 47.4
Zuben'ubi	137 08.1	S16 05.1

	SHA ° ′	Mer. Pass. h m
Venus	25 35.8	12 46
Mars	231 59.7	22 55
Jupiter	21 51.6	12 59
Saturn	175 29.0	2 46

UT	SUN GHA	SUN Dec	MOON GHA	v	MOON Dec	d	HP
d h	° ′	° ′	° ′	′	° ′	′	′
12 00	176 26.9	S13 48.0	199 38.5	13.6	S19 15.3	8.9	54.0
01	191 26.9	47.1	214 11.1	13.6	19 06.4	9.0	54.0
02	206 26.9	46.3	228 43.7	13.7	18 57.4	9.1	54.0
03	221 26.9	. . 45.5	243 16.4	13.8	18 48.3	9.1	54.0
04	236 26.9	44.7	257 49.2	13.8	18 39.2	9.2	54.0
05	251 26.9	43.8	272 22.0	13.9	18 30.0	9.3	54.0
06	266 26.9	S13 43.0	286 54.9	13.9	S18 20.7	9.4	54.0
07	281 26.9	42.2	301 27.8	14.0	18 11.3	9.4	54.0
08	296 26.9	41.3	316 00.8	14.0	18 01.9	9.5	54.0
F 09	311 26.9	. . 40.5	330 33.8	14.1	17 52.4	9.6	54.0
R 10	326 26.9	39.7	345 06.9	14.1	17 42.8	9.6	54.0
I 11	341 26.9	38.8	359 40.0	14.2	17 33.2	9.8	54.0
D 12	356 26.9	S13 38.0	14 13.2	14.3	S17 23.4	9.8	54.0
A 13	11 26.9	37.2	28 46.5	14.3	17 13.6	9.8	53.9
Y 14	26 26.9	36.3	43 19.8	14.3	17 03.8	10.0	53.9
15	41 27.0	. . 35.5	57 53.1	14.4	16 53.8	10.0	53.9
16	56 27.0	34.7	72 26.5	14.5	16 43.8	10.0	53.9
17	71 27.0	33.8	87 00.0	14.5	16 33.8	10.2	53.9
18	86 27.0	S13 33.0	101 33.5	14.5	S16 23.6	10.2	53.9
19	101 27.0	32.1	116 07.0	14.6	16 13.4	10.2	53.9
20	116 27.0	31.3	130 40.6	14.7	16 03.2	10.4	53.9
21	131 27.0	. . 30.5	145 14.3	14.7	15 52.8	10.4	53.9
22	146 27.0	29.6	159 48.0	14.7	15 42.4	10.4	53.9
23	161 27.0	28.8	174 21.7	14.8	15 32.0	10.5	53.9
13 00	176 27.0	S13 28.0	188 55.5	14.9	S15 21.5	10.6	53.9
01	191 27.1	27.1	203 29.4	14.8	15 10.9	10.6	53.9
02	206 27.1	26.3	218 03.2	15.0	15 00.3	10.7	53.9
03	221 27.1	. . 25.4	232 37.2	15.0	14 49.6	10.8	53.9
04	236 27.1	24.6	247 11.2	15.0	14 38.8	10.8	53.9
05	251 27.1	23.8	261 45.2	15.1	14 28.0	10.9	53.9
06	266 27.1	S13 22.9	276 19.3	15.1	S14 17.1	10.9	53.9
07	281 27.1	22.1	290 53.4	15.2	14 06.2	11.0	53.9
S 08	296 27.1	21.2	305 27.6	15.2	13 55.2	11.0	53.9
A 09	311 27.2	. . 20.4	320 01.8	15.2	13 44.2	11.1	53.9
T 10	326 27.2	19.6	334 36.0	15.3	13 33.1	11.2	53.9
U 11	341 27.2	18.7	349 10.3	15.3	13 21.9	11.2	53.9
R 12	356 27.2	S13 17.9	3 44.6	15.4	S13 10.7	11.2	53.9
D 13	11 27.2	17.0	18 19.0	15.4	12 59.5	11.3	53.9
A 14	26 27.2	16.2	32 53.4	15.5	12 48.2	11.4	53.9
Y 15	41 27.3	. . 15.3	47 27.9	15.4	12 36.8	11.4	53.9
16	56 27.3	14.5	62 02.3	15.6	12 25.4	11.4	54.0
17	71 27.3	13.7	76 36.9	15.5	12 14.0	11.5	54.0
18	86 27.3	S13 12.8	91 11.4	15.6	S12 02.5	11.6	54.0
19	101 27.3	12.0	105 46.0	15.7	11 50.9	11.6	54.0
20	116 27.3	11.1	120 20.7	15.7	11 39.3	11.6	54.0
21	131 27.4	. . 10.3	134 55.4	15.7	11 27.7	11.7	54.0
22	146 27.4	09.4	149 30.1	15.7	11 16.0	11.7	54.0
23	161 27.4	08.6	164 04.8	15.8	11 04.3	11.8	54.0
14 00	176 27.4	S13 07.7	178 39.6	15.8	S10 52.5	11.8	54.0
01	191 27.4	06.9	193 14.4	15.8	10 40.7	11.8	54.0
02	206 27.5	06.0	207 49.2	15.9	10 28.9	11.9	54.0
03	221 27.5	. . 05.2	222 24.1	15.9	10 17.0	12.0	54.0
04	236 27.5	04.3	236 59.0	16.0	10 05.0	11.9	54.0
05	251 27.5	03.5	251 34.0	15.9	9 53.1	12.0	54.0
06	266 27.5	S13 02.6	266 08.9	16.0	S 9 41.1	12.1	54.0
07	281 27.6	01.8	280 43.9	16.0	9 29.0	12.1	54.0
08	296 27.6	00.9	295 18.9	16.1	9 16.9	12.1	54.0
S 09	311 27.6	13 00.1	309 54.0	16.1	9 04.8	12.1	54.0
U 10	326 27.6	12 59.2	324 29.1	16.1	8 52.7	12.2	54.0
N 11	341 27.6	58.4	339 04.2	16.1	8 40.5	12.3	54.0
D 12	356 27.7	S12 57.5	353 39.3	16.1	S 8 28.2	12.2	54.0
A 13	11 27.7	56.7	8 14.4	16.2	8 16.0	12.3	54.0
Y 14	26 27.7	55.8	22 49.6	16.2	8 03.7	12.3	54.0
15	41 27.7	. . 55.0	37 24.8	16.2	7 51.4	12.4	54.0
16	56 27.8	54.1	52 00.0	16.3	7 39.0	12.4	54.0
17	71 27.8	53.3	66 35.3	16.2	7 26.6	12.4	54.0
18	86 27.8	S12 52.4	81 10.5	16.3	S 7 14.2	12.5	54.1
19	101 27.8	51.6	95 45.8	16.3	7 01.7	12.4	54.1
20	116 27.9	50.7	110 21.1	16.3	6 49.3	12.5	54.1
21	131 27.9	. . 49.8	124 56.4	16.3	6 36.8	12.6	54.1
22	146 27.9	49.0	139 31.7	16.4	6 24.2	12.5	54.1
23	161 27.9	48.1	154 07.1	16.4	S 6 11.7	12.6	54.1
	SD 16.2	d 0.8	SD 14.7		14.7		14.7

Lat.	Twilight Naut.	Twilight Civil	Sunrise	Moonrise 12	Moonrise 13	Moonrise 14	Moonrise 15
°	h m	h m	h m	h m	h m	h m	h m
N 72	06 23	07 44	09 06	10 20	08 57	08 20	07 53
N 70	06 21	07 33	08 44	09 09	08 31	08 07	07 47
68	06 18	07 24	08 27	08 32	08 11	07 55	07 42
66	06 16	07 17	08 13	08 05	07 55	07 46	07 38
64	06 14	07 10	08 02	07 45	07 41	07 38	07 35
62	06 12	07 05	07 52	07 28	07 30	07 31	07 32
60	06 11	07 00	07 44	07 14	07 20	07 25	07 29
N 58	06 09	06 55	07 37	07 02	07 12	07 20	07 26
56	06 07	06 51	07 30	06 51	07 05	07 15	07 24
54	06 06	06 47	07 24	06 42	06 58	07 11	07 22
52	06 04	06 44	07 19	06 34	06 52	07 07	07 21
50	06 03	06 41	07 14	06 26	06 47	07 04	07 19
45	05 59	06 34	07 04	06 11	06 35	06 56	07 15
N 40	05 56	06 28	06 56	05 57	06 25	06 50	07 12
35	05 53	06 22	06 48	05 46	06 17	06 44	07 10
30	05 49	06 17	06 42	05 36	06 09	06 39	07 08
20	05 42	06 08	06 30	05 19	05 56	06 31	07 04
N 10	05 34	05 59	06 20	05 05	05 45	06 23	07 00
0	05 25	05 50	06 11	04 51	05 34	06 16	06 57
S 10	05 14	05 39	06 01	04 37	05 24	06 09	06 54
20	05 01	05 28	05 51	04 22	05 12	06 02	06 50
30	04 44	05 14	05 39	04 04	04 59	05 53	06 46
35	04 33	05 05	05 32	03 54	04 51	05 48	06 44
40	04 20	04 55	05 24	03 43	04 43	05 42	06 41
45	04 03	04 42	05 14	03 29	04 33	05 36	06 38
S 50	03 42	04 27	05 03	03 12	04 20	05 28	06 35
52	03 31	04 20	04 57	03 04	04 14	05 24	06 33
54	03 19	04 11	04 51	02 56	04 08	05 20	06 31
56	03 05	04 02	04 45	02 46	04 01	05 15	06 29
58	02 47	03 51	04 37	02 34	03 53	05 10	06 27
S 60	02 25	03 39	04 29	02 21	03 44	05 04	06 24

Lat.	Sunset	Twilight Civil	Twilight Naut.	Moonset 12	Moonset 13	Moonset 14	Moonset 15
°	h m	h m	h m	h m	h m	h m	h m
N 72	15 24	16 46	18 07	12 00	14 54	16 57	18 50
N 70	15 46	16 57	18 09	13 10	15 18	17 09	18 53
68	16 03	17 06	18 12	13 46	15 37	17 18	18 56
66	16 16	17 13	18 14	14 12	15 52	17 26	18 58
64	16 28	17 19	18 16	14 32	16 04	17 33	18 59
62	16 37	17 25	18 17	14 47	16 14	17 38	19 01
60	16 46	17 30	18 19	15 01	16 23	17 43	19 02
N 58	16 53	17 34	18 20	15 12	16 30	17 47	19 03
56	16 59	17 38	18 22	15 22	16 37	17 51	19 04
54	17 05	17 42	18 23	15 30	16 43	17 54	19 05
52	17 10	17 45	18 25	15 38	16 48	17 57	19 06
50	17 15	17 48	18 26	15 45	16 53	18 00	19 07
45	17 25	17 55	18 30	16 00	17 03	18 06	19 08
N 40	17 33	18 01	18 33	16 12	17 12	18 11	19 10
35	17 41	18 07	18 36	16 22	17 19	18 15	19 11
30	17 47	18 12	18 40	16 31	17 25	18 19	19 12
20	17 58	18 21	18 47	16 46	17 36	18 25	19 13
N 10	18 08	18 30	18 55	17 00	17 46	18 31	19 15
0	18 18	18 39	19 04	17 12	17 55	18 36	19 16
S 10	18 27	18 49	19 14	17 24	18 04	18 41	19 18
20	18 37	19 00	19 27	17 37	18 13	18 47	19 19
30	18 49	19 14	19 44	17 52	18 24	18 53	19 21
35	18 56	19 23	19 55	18 01	18 30	18 56	19 22
40	19 04	19 33	20 08	18 11	18 37	19 00	19 23
45	19 13	19 45	20 24	18 22	18 45	19 05	19 24
S 50	19 25	20 00	20 45	18 36	18 54	19 10	19 25
52	19 30	20 07	20 55	18 42	18 59	19 13	19 26
54	19 36	20 16	21 07	18 49	19 03	19 16	19 27
56	19 42	20 25	21 21	18 57	19 09	19 19	19 27
58	19 49	20 35	21 38	19 06	19 15	19 22	19 28
S 60	19 57	20 47	21 59	19 16	19 21	19 26	19 29

Day	SUN Eqn. of Time 00^h	SUN Eqn. of Time 12^h	SUN Mer. Pass.	MOON Mer. Pass. Upper	MOON Mer. Pass. Lower	MOON Age	MOON Phase
d	m s	m s	h m	h m	h m	d	%
12	14 13	14 12	12 14	11 01	23 23	28	2
13	14 12	14 11	12 14	11 45	24 06	29	0
14	14 10	14 09	12 14	12 26	00 06	00	0

	UT	ARIES	VENUS −3.9		MARS −0.9		JUPITER −2.0		SATURN +0.7	
		GHA	GHA	Dec	GHA	Dec	GHA	Dec	GHA	Dec
	d h	° ′	° ′	° ′	° ′	° ′	° ′	° ′	° ′	° ′
MONDAY	15 00	144 53.8	168 06.4	S11 15.9	17 33.5	N23 31.4	166 18.2	S 9 59.3	320 28.3	N 0 47.7
	01	159 56.2	183 05.9	14.7	32 36.8	31.5	181 20.1	59.1	335 30.9	47.8
	02	174 58.7	198 05.4	13.6	47 40.0	31.7	196 22.0	58.8	350 33.5	47.9
	03	190 01.2	213 04.9	. . 12.4	62 43.3	. . 31.8	211 23.9	. . 58.6	5 36.1	. . 47.9
	04	205 03.6	228 04.4	11.3	77 46.6	31.9	226 25.8	58.4	20 38.7	48.0
	05	220 06.1	243 03.9	10.2	92 49.8	32.0	241 27.7	58.2	35 41.2	48.1
	06	235 08.6	258 03.4	S11 09.0	107 53.1	N23 32.2	256 29.6	S 9 58.0	50 43.8	N 0 48.1
	07	250 11.0	273 02.9	07.9	122 56.4	32.3	271 31.5	57.7	65 46.4	48.2
	08	265 13.5	288 02.4	06.7	137 59.6	32.4	286 33.4	57.5	80 49.0	48.2
	09	280 16.0	303 01.9	. . 05.6	153 02.9	. . 32.5	301 35.3	. . 57.3	95 51.6	. . 48.3
	10	295 18.4	318 01.4	04.4	168 06.1	32.7	316 37.2	57.1	110 54.2	48.4
	11	310 20.9	333 00.9	03.3	183 09.4	32.8	331 39.1	56.9	125 56.7	48.4
	12	325 23.3	348 00.4	S11 02.2	198 12.7	N23 32.9	346 41.0	S 9 56.6	140 59.3	N 0 48.5
	13	340 25.8	2 59.9	11 01.0	213 15.9	33.0	1 42.9	56.4	156 01.9	48.5
	14	355 28.3	17 59.4	10 59.9	228 19.2	33.1	16 44.8	56.2	171 04.5	48.6
	15	10 30.7	32 58.9	. . 58.7	243 22.4	. . 33.3	31 46.7	. . 56.0	186 07.1	. . 48.7
	16	25 33.2	47 58.4	57.6	258 25.7	33.4	46 48.6	55.8	201 09.7	48.7
	17	40 35.7	62 57.9	56.4	273 28.9	33.5	61 50.5	55.5	216 12.3	48.8
	18	55 38.1	77 57.4	S10 55.3	288 32.2	N23 33.6	76 52.4	S 9 55.3	231 14.8	N 0 48.9
	19	70 40.6	92 56.9	54.1	303 35.4	33.8	91 54.3	55.1	246 17.4	48.9
	20	85 43.1	107 56.4	53.0	318 38.7	33.9	106 56.2	54.9	261 20.0	49.0
	21	100 45.5	122 55.9	. . 51.8	333 41.9	. . 34.0	121 58.1	. . 54.6	276 22.6	. . 49.0
	22	115 48.0	137 55.4	50.7	348 45.2	34.1	137 00.0	54.4	291 25.2	49.1
	23	130 50.4	152 54.9	49.5	3 48.4	34.2	152 01.9	54.2	306 27.8	49.2
TUESDAY	16 00	145 52.9	167 54.4	S10 48.4	18 51.7	N23 34.3	167 03.8	S 9 54.0	321 30.4	N 0 49.2
	01	160 55.4	182 53.9	47.2	33 54.9	34.5	182 05.7	53.8	336 33.0	49.3
	02	175 57.8	197 53.4	46.1	48 58.1	34.6	197 07.6	53.5	351 35.5	49.4
	03	191 00.3	212 52.9	. . 44.9	64 01.4	. . 34.7	212 09.5	. . 53.3	6 38.1	. . 49.4
	04	206 02.8	227 52.4	43.7	79 04.6	34.8	227 11.4	53.1	21 40.7	49.5
	05	221 05.2	242 51.9	42.6	94 07.9	34.9	242 13.3	52.9	36 43.3	49.5
	06	236 07.7	257 51.4	S10 41.4	109 11.1	N23 35.0	257 15.2	S 9 52.7	51 45.9	N 0 49.6
	07	251 10.2	272 50.9	40.3	124 14.3	35.1	272 17.1	52.4	66 48.5	49.7
	08	266 12.6	287 50.4	39.1	139 17.6	35.3	287 19.0	52.2	81 51.1	49.7
	09	281 15.1	302 49.9	. . 38.0	154 20.8	. . 35.4	302 20.9	. . 52.0	96 53.6	. . 49.8
	10	296 17.6	317 49.4	36.8	169 24.0	35.5	317 22.8	51.8	111 56.2	49.9
	11	311 20.0	332 48.9	35.7	184 27.3	35.6	332 24.7	51.5	126 58.8	49.9
	12	326 22.5	347 48.4	S10 34.5	199 30.5	N23 35.7	347 26.6	S 9 51.3	142 01.4	N 0 50.0
	13	341 24.9	2 47.9	33.3	214 33.7	35.8	2 28.5	51.1	157 04.0	50.1
	14	356 27.4	17 47.5	32.2	229 36.9	35.9	17 30.4	50.9	172 06.6	50.1
	15	11 29.9	32 47.0	. . 31.0	244 40.2	. . 36.0	32 32.3	. . 50.7	187 09.2	. . 50.2
	16	26 32.3	47 46.5	29.9	259 43.4	36.2	47 34.2	50.4	202 11.8	50.2
	17	41 34.8	62 46.0	28.7	274 46.6	36.3	62 36.1	50.2	217 14.4	50.3
	18	56 37.3	77 45.5	S10 27.5	289 49.8	N23 36.4	77 38.0	S 9 50.0	232 16.9	N 0 50.4
	19	71 39.7	92 45.0	26.4	304 53.1	36.5	92 39.9	49.8	247 19.5	50.4
	20	86 42.2	107 44.5	25.2	319 56.3	36.6	107 41.8	49.5	262 22.1	50.5
	21	101 44.7	122 44.0	. . 24.1	334 59.5	. . 36.7	122 43.7	. . 49.3	277 24.7	. . 50.6
	22	116 47.1	137 43.5	22.9	350 02.7	36.8	137 45.6	49.1	292 27.3	50.6
	23	131 49.6	152 43.0	21.7	5 05.9	36.9	152 47.5	48.9	307 29.9	50.7
WEDNESDAY	17 00	146 52.0	167 42.6	S10 20.6	20 09.1	N23 37.0	167 49.3	S 9 48.7	322 32.5	N 0 50.8
	01	161 54.5	182 42.1	19.4	35 12.4	37.1	182 51.2	48.4	337 35.1	50.8
	02	176 57.0	197 41.6	18.2	50 15.6	37.2	197 53.1	48.2	352 37.7	50.9
	03	191 59.4	212 41.1	. . 17.1	65 18.8	. . 37.3	212 55.0	. . 48.0	7 40.2	. . 50.9
	04	207 01.9	227 40.6	15.9	80 22.0	37.4	227 56.9	47.8	22 42.8	51.0
	05	222 04.4	242 40.1	14.7	95 25.2	37.5	242 58.8	47.5	37 45.4	51.1
	06	237 06.8	257 39.6	S10 13.6	110 28.4	N23 37.6	258 00.7	S 9 47.3	52 48.0	N 0 51.1
	07	252 09.3	272 39.2	12.4	125 31.6	37.7	273 02.6	47.1	67 50.6	51.2
	08	267 11.8	287 38.7	11.2	140 34.8	37.9	288 04.5	46.9	82 53.2	51.3
	09	282 14.2	302 38.2	. . 10.1	155 38.0	. . 38.0	303 06.4	. . 46.7	97 55.8	. . 51.3
	10	297 16.7	317 37.7	08.9	170 41.2	38.1	318 08.3	46.4	112 58.4	51.4
	11	312 19.2	332 37.2	07.7	185 44.4	38.2	333 10.2	46.2	128 01.0	51.5
	12	327 21.6	347 36.7	S10 06.6	200 47.6	N23 38.3	348 12.1	S 9 46.0	143 03.6	N 0 51.5
	13	342 24.1	2 36.3	05.4	215 50.8	38.4	3 14.0	45.8	158 06.2	51.6
	14	357 26.5	17 35.8	04.2	230 54.0	38.5	18 15.9	45.5	173 08.7	51.6
	15	12 29.0	32 35.3	. . 03.1	245 57.2	. . 38.6	33 17.8	. . 45.3	188 11.3	. . 51.7
	16	27 31.5	47 34.8	01.9	261 00.4	38.7	48 19.7	45.1	203 13.9	51.8
	17	42 33.9	62 34.3	10 00.7	276 03.6	38.8	63 21.6	44.9	218 16.5	51.8
	18	57 36.4	77 33.9	S 9 59.5	291 06.8	N23 38.9	78 23.5	S 9 44.7	233 19.1	N 0 51.9
	19	72 38.9	92 33.4	58.4	306 10.0	39.0	93 25.4	44.4	248 21.7	52.0
	20	87 41.3	107 32.9	57.2	321 13.2	39.0	108 27.3	44.2	263 24.3	52.0
	21	102 43.8	122 32.4	. . 56.0	336 16.4	. . 39.1	123 29.2	. . 44.0	278 26.9	. . 52.1
	22	117 46.3	137 31.9	54.8	351 19.5	39.2	138 31.1	43.8	293 29.5	52.2
	23	132 48.7	152 31.5	53.7	6 22.7	39.3	153 33.0	43.5	308 32.1	52.2
	Mer. Pass.	h m 14 14.1	v −0.5	d 1.2	v 3.2	d 0.1	v 1.9	d 0.2	v 2.6	d 0.1

STARS

Name	SHA	Dec
	° ′	° ′
Acamar	315 20.2	S40 16.0
Achernar	335 28.7	S57 11.3
Acrux	173 11.7	S63 09.3
Adhara	255 14.2	S28 59.4
Aldebaran	290 52.1	N16 31.8
Alioth	166 22.2	N55 53.9
Alkaid	153 00.4	N49 15.4
Al Na'ir	27 47.1	S46 54.7
Alnilam	275 48.7	S 1 11.8
Alphard	217 58.1	S 8 42.3
Alphecca	126 13.0	N26 40.5
Alpheratz	357 46.4	N29 08.9
Altair	62 10.9	N 8 53.6
Ankaa	353 18.3	S42 15.2
Antares	112 29.3	S26 27.3
Arcturus	145 57.8	N19 07.5
Atria	107 33.6	S69 02.5
Avior	234 18.5	S59 32.7
Bellatrix	278 34.5	N 6 21.5
Betelgeuse	271 03.7	N 7 24.5
Canopus	263 56.9	S52 42.3
Capella	280 37.8	N46 00.6
Deneb	49 33.6	N45 18.9
Denebola	182 35.8	N14 30.7
Diphda	348 58.5	S17 55.9
Dubhe	193 53.8	N61 41.5
Elnath	278 15.5	N28 37.0
Eltanin	90 47.5	N51 28.9
Enif	33 49.8	N 9 55.3
Fomalhaut	15 26.9	S29 34.2
Gacrux	172 03.4	S57 10.2
Gienah	175 54.6	S17 36.1
Hadar	148 51.3	S60 25.2
Hamal	328 03.7	N23 30.7
Kaus Aust.	83 47.3	S34 22.7
Kochab	137 19.3	N74 06.4
Markab	13 41.1	N15 15.6
Menkar	314 17.6	N 4 07.8
Menkent	148 10.3	S36 25.2
Miaplacidus	221 39.5	S69 45.7
Mirfak	308 43.9	N49 54.1
Nunki	76 01.6	S26 17.0
Peacock	53 23.5	S56 42.1
Pollux	243 30.3	N28 00.0
Procyon	245 02.0	N 5 11.8
Rasalhague	96 08.8	N12 33.0
Regulus	207 45.7	N11 54.8
Rigel	281 14.2	S 8 11.5
Rigil Kent.	139 55.0	S60 52.5
Sabik	102 15.4	S15 44.3
Schedar	349 43.9	N56 35.8
Shaula	96 25.4	S37 06.6
Sirius	258 35.6	S16 44.0
Spica	158 33.6	S11 13.0
Suhail	222 53.9	S43 28.6
Vega	80 40.9	N38 47.3
Zuben'ubi	137 08.0	S16 05.1

	SHA	Mer. Pass.
	° ′	h m
Venus	22 01.5	12 49
Mars	232 58.7	22 40
Jupiter	21 10.9	12 50
Saturn	175 37.5	2 34

UT d	h	SUN GHA	SUN Dec	MOON GHA	v	Dec	d	HP
d	h	° ′	° ′	° ′	′	° ′	′	′
15 MONDAY	00	176 28.0	S12 47.3	168 42.5	16.3	S 5 59.1	12.6	54.1
	01	191 28.0	46.4	183 17.8	16.4	5 46.5	12.6	54.1
	02	206 28.0	45.6	197 53.2	16.4	5 33.9	12.7	54.1
	03	221 28.0	. . 44.7	212 28.6	16.5	5 21.2	12.7	54.1
	04	236 28.1	43.9	227 04.1	16.4	5 08.5	12.7	54.1
	05	251 28.1	43.0	241 39.5	16.4	4 55.8	12.7	54.1
	06	266 28.1	S12 42.1	256 14.9	16.5	S 4 43.1	12.7	54.1
	07	281 28.2	41.3	270 50.4	16.4	4 30.4	12.8	54.1
	08	296 28.2	40.4	285 25.8	16.5	4 17.6	12.7	54.2
	09	311 28.2	. . 39.6	300 01.3	16.5	4 04.9	12.8	54.2
	10	326 28.2	38.7	314 36.8	16.5	3 52.1	12.8	54.2
	11	341 28.3	37.8	329 12.3	16.5	3 39.3	12.9	54.2
	12	356 28.3	S12 37.0	343 47.8	16.4	S 3 26.4	12.8	54.2
	13	11 28.3	36.1	358 23.2	16.5	3 13.6	12.9	54.2
	14	26 28.4	35.3	12 58.7	16.5	3 00.7	12.8	54.2
	15	41 28.4	. . 34.4	27 34.2	16.5	2 47.9	12.9	54.2
	16	56 28.4	33.5	42 09.7	16.5	2 35.0	12.9	54.2
	17	71 28.5	32.7	56 45.2	16.6	2 22.1	12.9	54.2
	18	86 28.5	S12 31.8	71 20.8	16.5	S 2 09.2	13.0	54.2
	19	101 28.5	30.9	85 56.3	16.5	1 56.2	12.9	54.2
	20	116 28.6	30.1	100 31.8	16.5	1 43.3	12.9	54.3
	21	131 28.6	. . 29.2	115 07.3	16.5	1 30.4	13.0	54.3
	22	146 28.6	28.4	129 42.8	16.4	1 17.4	13.0	54.3
	23	161 28.7	27.5	144 18.2	16.5	1 04.4	12.9	54.3
16 TUESDAY	00	176 28.7	S12 26.6	158 53.7	16.5	S 0 51.5	13.0	54.3
	01	191 28.7	25.8	173 29.2	16.5	0 38.5	13.0	54.3
	02	206 28.8	24.9	188 04.7	16.5	0 25.5	13.0	54.3
	03	221 28.8	. . 24.0	202 40.2	16.4	S 0 12.5	13.0	54.3
	04	236 28.8	23.2	217 15.6	16.5	N 0 00.5	13.0	54.3
	05	251 28.9	22.3	231 51.1	16.4	0 13.5	13.0	54.3
	06	266 28.9	S12 21.4	246 26.5	16.5	N 0 26.5	13.0	54.4
	07	281 28.9	20.6	261 02.0	16.4	0 39.5	13.0	54.4
	08	296 29.0	19.7	275 37.4	16.4	0 52.5	13.0	54.4
	09	311 29.0	. . 18.8	290 12.8	16.4	1 05.5	13.0	54.4
	10	326 29.1	18.0	304 48.2	16.4	1 18.5	13.0	54.4
	11	341 29.1	17.1	319 23.6	16.3	1 31.5	13.0	54.4
	12	356 29.1	S12 16.2	333 58.9	16.4	N 1 44.5	13.0	54.4
	13	11 29.2	15.4	348 34.3	16.3	1 57.5	13.0	54.4
	14	26 29.2	14.5	3 09.6	16.3	2 10.5	13.0	54.5
	15	41 29.2	. . 13.6	17 44.9	16.3	2 23.5	13.0	54.5
	16	56 29.3	12.7	32 20.2	16.3	2 36.5	13.0	54.5
	17	71 29.3	11.9	46 55.5	16.2	2 49.5	12.9	54.5
	18	86 29.4	S12 11.0	61 30.7	16.2	N 3 02.4	13.0	54.5
	19	101 29.4	10.1	76 05.9	16.2	3 15.4	13.0	54.5
	20	116 29.4	09.3	90 41.1	16.2	3 28.4	12.9	54.5
	21	131 29.5	. . 08.4	105 16.3	16.2	3 41.3	13.0	54.5
	22	146 29.5	07.5	119 51.5	16.1	3 54.3	12.9	54.6
	23	161 29.6	06.6	134 26.6	16.1	4 07.2	13.0	54.6
17 WEDNESDAY	00	176 29.6	S12 05.8	149 01.7	16.1	N 4 20.2	12.9	54.6
	01	191 29.7	04.9	163 36.8	16.0	4 33.1	12.9	54.6
	02	206 29.7	04.0	178 11.8	16.1	4 46.0	12.9	54.6
	03	221 29.7	. . 03.2	192 46.9	16.0	4 58.9	12.9	54.6
	04	236 29.8	02.3	207 21.9	15.9	5 11.8	12.8	54.6
	05	251 29.8	01.4	221 56.8	15.9	5 24.6	12.9	54.7
	06	266 29.9	S12 00.5	236 31.7	15.9	N 5 37.5	12.8	54.7
	07	281 29.9	11 59.7	251 06.6	15.9	5 50.3	12.9	54.7
	08	296 30.0	58.8	265 41.5	15.8	6 03.2	12.8	54.7
	09	311 30.0	. . 57.9	280 16.3	15.8	6 16.0	12.7	54.7
	10	326 30.0	57.0	294 51.1	15.7	6 28.7	12.8	54.7
	11	341 30.1	56.2	309 25.8	15.8	6 41.5	12.8	54.7
	12	356 30.1	S11 55.3	324 00.6	15.6	N 6 54.3	12.7	54.8
	13	11 30.2	54.4	338 35.2	15.7	7 07.0	12.7	54.8
	14	26 30.2	53.5	353 09.9	15.6	7 19.7	12.7	54.8
	15	41 30.3	. . 52.6	7 44.5	15.5	7 32.4	12.6	54.8
	16	56 30.3	51.8	22 19.0	15.5	7 45.0	12.7	54.8
	17	71 30.4	50.9	36 53.5	15.5	7 57.7	12.6	54.8
	18	86 30.4	S11 50.0	51 28.0	15.4	N 8 10.3	12.5	54.9
	19	101 30.5	49.1	66 02.4	15.4	8 22.8	12.6	54.9
	20	116 30.5	48.3	80 36.8	15.3	8 35.4	12.5	54.9
	21	131 30.6	. . 47.4	95 11.1	15.3	8 47.9	12.5	54.9
	22	146 30.6	46.5	109 45.4	15.2	9 00.4	12.5	54.9
	23	161 30.7	45.6	124 19.6	15.2	N 9 12.9	12.5	55.0
		SD 16.2	*d* 0.9	SD 14.8		14.8		14.9

Lat.	Twilight Naut.	Twilight Civil	Sunrise	Moonrise 15	Moonrise 16	Moonrise 17	Moonrise 18
°	h m	h m	h m	h m	h m	h m	h m
N 72	06 11	07 30	08 48	07 53	07 28	07 03	06 34
N 70	06 09	07 21	08 29	07 47	07 29	07 11	06 51
68	06 08	07 13	08 14	07 42	07 30	07 18	07 04
66	06 07	07 07	08 02	07 38	07 31	07 23	07 15
64	06 06	07 01	07 52	07 35	07 31	07 28	07 25
62	06 05	06 56	07 43	07 32	07 32	07 32	07 33
60	06 03	06 52	07 36	07 29	07 32	07 36	07 40
N 58	06 02	06 48	07 29	07 26	07 32	07 39	07 46
56	06 01	06 45	07 23	07 24	07 33	07 42	07 52
54	06 00	06 41	07 18	07 22	07 33	07 44	07 57
52	05 59	06 39	07 13	07 21	07 33	07 47	08 01
50	05 58	06 36	07 09	07 19	07 34	07 49	08 05
45	05 55	06 30	07 00	07 15	07 34	07 53	08 14
N 40	05 53	06 24	06 52	07 12	07 35	07 57	08 21
35	05 50	06 19	06 45	07 10	07 35	08 01	08 28
30	05 47	06 15	06 39	07 08	07 35	08 04	08 34
20	05 40	06 06	06 29	07 04	07 36	08 09	08 43
N 10	05 33	05 58	06 19	07 00	07 37	08 14	08 52
0	05 25	05 50	06 11	06 57	07 37	08 18	09 00
S 10	05 15	05 40	06 02	06 54	07 38	08 23	09 09
20	05 03	05 29	05 52	06 50	07 38	08 27	09 18
30	04 47	05 16	05 41	06 46	07 39	08 33	09 28
35	04 36	05 08	05 35	06 44	07 40	08 36	09 34
40	04 24	04 59	05 27	06 41	07 40	08 40	09 41
45	04 09	04 47	05 18	06 38	07 41	08 44	09 49
S 50	03 49	04 33	05 08	06 35	07 41	08 49	09 58
52	03 39	04 26	05 03	06 33	07 42	08 51	10 03
54	03 27	04 18	04 58	06 31	07 42	08 54	10 08
56	03 14	04 10	04 52	06 29	07 43	08 57	10 13
58	02 58	04 00	04 45	06 27	07 43	09 00	10 19
S 60	02 39	03 48	04 37	06 24	07 43	09 04	10 26

Lat.	Sunset	Twilight Civil	Twilight Naut.	Moonset 15	Moonset 16	Moonset 17	Moonset 18
°	h m	h m	h m	h m	h m	h m	h m
N 72	15 41	17 00	18 20	18 50	20 42	22 39	24 55
N 70	16 00	17 09	18 21	18 53	20 37	22 25	24 23
68	16 15	17 16	18 22	18 56	20 33	22 13	24 01
66	16 27	17 23	18 23	18 58	20 29	22 04	23 43
64	16 37	17 28	18 24	18 59	20 26	21 56	23 29
62	16 46	17 33	18 25	19 01	20 24	21 49	23 17
60	16 53	17 37	18 26	19 02	20 22	21 43	23 07
N 58	17 00	17 41	18 27	19 03	20 20	21 38	22 58
56	17 06	17 44	18 28	19 04	20 18	21 33	22 51
54	17 11	17 48	18 29	19 05	20 17	21 29	22 44
52	17 16	17 50	18 30	19 06	20 15	21 26	22 38
50	17 20	17 53	18 31	19 07	20 14	21 22	22 32
45	17 29	17 59	18 34	19 08	20 11	21 15	22 21
N 40	17 37	18 05	18 36	19 10	20 09	21 09	22 11
35	17 43	18 09	18 39	19 11	20 07	21 04	22 02
30	17 49	18 14	18 42	19 12	20 05	20 59	21 55
20	18 00	18 22	18 48	19 13	20 02	20 51	21 43
N 10	18 09	18 30	18 55	19 15	19 59	20 45	21 32
0	18 17	18 39	19 03	19 16	19 57	20 38	21 22
S 10	18 26	18 48	19 13	19 18	19 54	20 32	21 12
20	18 36	18 58	19 25	19 19	19 52	20 25	21 01
30	18 47	19 11	19 41	19 21	19 49	20 17	20 48
35	18 53	19 19	19 51	19 22	19 47	20 13	20 41
40	19 00	19 29	20 03	19 23	19 45	20 08	20 33
45	19 09	19 40	20 18	19 24	19 43	20 02	20 24
S 50	19 19	19 54	20 38	19 25	19 40	19 55	20 13
52	19 24	20 01	20 48	19 26	19 39	19 52	20 08
54	19 29	20 08	20 59	19 27	19 37	19 49	20 02
56	19 35	20 17	21 11	19 27	19 36	19 45	19 56
58	19 42	20 26	21 27	19 28	19 34	19 41	19 49
S 60	19 49	20 38	21 46	19 29	19 32	19 36	19 41

Day	SUN Eqn. of Time 00^h	SUN Eqn. of Time 12^h	SUN Mer. Pass.	MOON Mer. Pass. Upper	MOON Mer. Pass. Lower	MOON Age	MOON Phase
d	m s	m s	h m	h m	h m	d %	
15	14 08	14 07	12 14	13 07	00 46	01 2	
16	14 05	14 04	12 14	13 47	01 27	02 5	
17	14 02	14 00	12 14	14 28	02 07	03 10	

	UT d h	ARIES GHA ° ′	VENUS −3.9 GHA ° ′	Dec ° ′	MARS −0.9 GHA ° ′	Dec ° ′	JUPITER −2.0 GHA ° ′	Dec ° ′	SATURN +0.6 GHA ° ′	Dec ° ′
	18 00	147 51.2	167 31.0	S 9 52.5	21 25.9	N23 39.4	168 34.9	S 9 43.3	323 34.7	N 0 52.3
	01	162 53.6	182 30.5	51.3	36 29.1	39.5	183 36.8	43.1	338 37.3	52.4
	02	177 56.1	197 30.0	50.1	51 32.3	39.6	198 38.7	42.9	353 39.9	52.4
	03	192 58.6	212 29.6	. . 49.0	66 35.5	. . 39.7	213 40.6	. . 42.7	8 42.4	. . 52.5
	04	208 01.0	227 29.1	47.8	81 38.6	39.8	228 42.5	42.4	23 45.0	52.6
	05	223 03.5	242 28.6	46.6	96 41.8	39.9	243 44.4	42.2	38 47.6	52.6
	06	238 06.0	257 28.1	S 9 45.4	111 45.0	N23 40.0	258 46.3	S 9 42.0	53 50.2	N 0 52.7
	07	253 08.4	272 27.7	44.3	126 48.2	40.1	273 48.2	41.8	68 52.8	52.8
T	08	268 10.9	287 27.2	43.1	141 51.3	40.2	288 50.1	41.5	83 55.4	52.8
H	09	283 13.4	302 26.7	. . 41.9	156 54.5	. . 40.3	303 52.0	. . 41.3	98 58.0	. . 52.9
U	10	298 15.8	317 26.2	40.7	171 57.7	40.4	318 53.9	41.1	114 00.6	52.9
R	11	313 18.3	332 25.8	39.5	187 00.9	40.5	333 55.8	40.9	129 03.2	53.0
S	12	328 20.8	347 25.3	S 9 38.4	202 04.0	N23 40.5	348 57.7	S 9 40.7	144 05.8	N 0 53.1
D	13	343 23.2	2 24.8	37.2	217 07.2	40.6	3 59.6	40.4	159 08.4	53.1
A	14	358 25.7	17 24.3	36.0	232 10.4	40.7	19 01.4	40.2	174 11.0	53.2
Y	15	13 28.1	32 23.9	. . 34.8	247 13.5	. . 40.8	34 03.3	. . 40.0	189 13.6	. . 53.3
	16	28 30.6	47 23.4	33.6	262 16.7	40.9	49 05.2	39.8	204 16.2	53.3
	17	43 33.1	62 22.9	32.5	277 19.9	41.0	64 07.1	39.5	219 18.8	53.4
	18	58 35.5	77 22.5	S 9 31.3	292 23.0	N23 41.1	79 09.0	S 9 39.3	234 21.4	N 0 53.5
	19	73 38.0	92 22.0	30.1	307 26.2	41.2	94 10.9	39.1	249 23.9	53.5
	20	88 40.5	107 21.5	28.9	322 29.3	41.2	109 12.8	38.9	264 26.5	53.6
	21	103 42.9	122 21.0	. . 27.7	337 32.5	. . 41.3	124 14.7	. . 38.6	279 29.1	. . 53.7
	22	118 45.4	137 20.6	26.5	352 35.6	41.4	139 16.6	38.4	294 31.7	53.7
	23	133 47.9	152 20.1	25.4	7 38.8	41.5	154 18.5	38.2	309 34.3	53.8
	19 00	148 50.3	167 19.6	S 9 24.2	22 42.0	N23 41.6	169 20.4	S 9 38.0	324 36.9	N 0 53.9
	01	163 52.8	182 19.2	23.0	37 45.1	41.7	184 22.3	37.8	339 39.5	53.9
	02	178 55.3	197 18.7	21.8	52 48.3	41.8	199 24.2	37.5	354 42.1	54.0
	03	193 57.7	212 18.2	. . 20.6	67 51.4	. . 41.8	214 26.1	. . 37.3	9 44.7	. . 54.1
	04	209 00.2	227 17.8	19.4	82 54.6	41.9	229 28.0	37.1	24 47.3	54.1
	05	224 02.6	242 17.3	18.2	97 57.7	42.0	244 29.9	36.9	39 49.9	54.2
	06	239 05.1	257 16.8	S 9 17.0	113 00.9	N23 42.1	259 31.8	S 9 36.6	54 52.5	N 0 54.3
	07	254 07.6	272 16.4	15.9	128 04.0	42.2	274 33.7	36.4	69 55.1	54.3
	08	269 10.0	287 15.9	14.7	143 07.1	42.3	289 35.6	36.2	84 57.7	54.4
F	09	284 12.5	302 15.4	. . 13.5	158 10.3	. . 42.3	304 37.5	. . 36.0	100 00.3	. . 54.5
R	10	299 15.0	317 15.0	12.3	173 13.4	42.4	319 39.4	35.7	115 02.9	54.5
I	11	314 17.4	332 14.5	11.1	188 16.6	42.5	334 41.3	35.5	130 05.5	54.6
D	12	329 19.9	347 14.1	S 9 09.9	203 19.7	N23 42.6	349 43.2	S 9 35.3	145 08.1	N 0 54.7
A	13	344 22.4	2 13.6	08.7	218 22.8	42.6	4 45.1	35.1	160 10.7	54.7
Y	14	359 24.8	17 13.1	07.5	233 26.0	42.7	19 47.0	34.9	175 13.3	54.8
	15	14 27.3	32 12.7	. . 06.3	248 29.1	. . 42.8	34 48.9	. . 34.6	190 15.9	. . 54.9
	16	29 29.7	47 12.2	05.1	263 32.2	42.9	49 50.8	34.4	205 18.5	54.9
	17	44 32.2	62 11.7	04.0	278 35.4	43.0	64 52.7	34.2	220 21.1	55.0
	18	59 34.7	77 11.3	S 9 02.8	293 38.5	N23 43.0	79 54.6	S 9 34.0	235 23.7	N 0 55.1
	19	74 37.1	92 10.8	01.6	308 41.6	43.1	94 56.5	33.7	250 26.3	55.1
	20	89 39.6	107 10.4	9 00.4	323 44.8	43.2	109 58.4	33.5	265 28.9	55.2
	21	104 42.1	122 09.9	8 59.2	338 47.9	. . 43.3	125 00.3	. . 33.3	280 31.5	. . 55.3
	22	119 44.5	137 09.4	58.0	353 51.0	43.3	140 02.2	33.1	295 34.1	55.3
	23	134 47.0	152 09.0	56.8	8 54.1	43.4	155 04.1	32.8	310 36.7	55.4
	20 00	149 49.5	167 08.5	S 8 55.6	23 57.2	N23 43.5	170 05.9	S 9 32.6	325 39.3	N 0 55.5
	01	164 51.9	182 08.1	54.4	39 00.4	43.6	185 07.8	32.4	340 41.9	55.5
	02	179 54.4	197 07.6	53.2	54 03.5	43.6	200 09.7	32.2	355 44.4	55.6
	03	194 56.9	212 07.1	. . 52.0	69 06.6	. . 43.7	215 11.6	. . 32.0	10 47.0	. . 55.7
	04	209 59.3	227 06.7	50.8	84 09.7	43.8	230 13.5	31.7	25 49.6	55.7
	05	225 01.8	242 06.2	49.6	99 12.8	43.9	245 15.4	31.5	40 52.2	55.8
	06	240 04.2	257 05.8	S 8 48.4	114 15.9	N23 43.9	260 17.3	S 9 31.3	55 54.8	N 0 55.9
	07	255 06.7	272 05.3	47.2	129 19.1	44.0	275 19.2	31.1	70 57.4	55.9
S	08	270 09.2	287 04.9	46.0	144 22.2	44.1	290 21.1	30.8	86 00.0	56.0
A	09	285 11.6	302 04.4	. . 44.8	159 25.3	. . 44.1	305 23.0	. . 30.6	101 02.6	. . 56.1
T	10	300 14.1	317 03.9	43.6	174 28.4	44.2	320 24.9	30.4	116 05.2	56.1
U	11	315 16.6	332 03.5	42.4	189 31.5	44.3	335 26.8	30.2	131 07.8	56.2
R	12	330 19.0	347 03.0	S 8 41.2	204 34.6	N23 44.3	350 28.7	S 9 29.9	146 10.4	N 0 56.3
D	13	345 21.5	2 02.6	40.0	219 37.7	44.4	5 30.6	29.7	161 13.0	56.3
A	14	0 24.0	17 02.1	38.8	234 40.8	44.5	20 32.5	29.5	176 15.6	56.4
Y	15	15 26.4	32 01.7	. . 37.6	249 43.9	. . 44.5	35 34.4	. . 29.3	191 18.2	. . 56.5
	16	30 28.9	47 01.2	36.4	264 47.0	44.6	50 36.3	29.0	206 20.8	56.5
	17	45 31.4	62 00.8	35.2	279 50.1	44.7	65 38.2	28.8	221 23.4	56.6
	18	60 33.8	77 00.3	S 8 34.0	294 53.2	N23 44.7	80 40.1	S 9 28.6	236 26.0	N 0 56.7
	19	75 36.3	91 59.9	32.8	309 56.3	44.8	95 42.0	28.4	251 28.6	56.7
	20	90 38.7	106 59.4	31.6	324 59.4	44.9	110 43.9	28.2	266 31.2	56.8
	21	105 41.2	121 59.0	. . 30.4	340 02.5	. . 44.9	125 45.8	. . 27.9	281 33.8	. . 56.9
	22	120 43.7	136 58.5	29.2	355 05.6	45.0	140 47.7	27.7	296 36.4	57.0
	23	135 46.1	151 58.1	28.0	10 08.7	45.1	155 49.6	27.5	311 39.0	57.0
	Mer. Pass.	h m 14 02.3	*v* −0.5	*d* 1.2	*v* 3.1	*d* 0.1	*v* 1.9	*d* 0.2	*v* 2.6	*d* 0.1

STARS

Name	SHA ° ′	Dec ° ′
Acamar	315 20.2	S40 16.0
Achernar	335 28.7	S57 11.3
Acrux	173 11.7	S63 09.3
Adhara	255 14.2	S28 59.4
Aldebaran	290 52.1	N16 31.8
Alioth	166 22.2	N55 53.9
Alkaid	153 00.4	N49 15.4
Al Na'ir	27 47.1	S46 54.7
Alnilam	275 48.7	S 1 11.8
Alphard	217 58.1	S 8 42.4
Alphecca	126 13.0	N26 40.5
Alpheratz	357 46.4	N29 08.9
Altair	62 10.9	N 8 53.6
Ankaa	353 18.3	S42 15.2
Antares	112 29.3	S26 27.3
Arcturus	145 57.7	N19 07.5
Atria	107 33.5	S69 02.5
Avior	234 18.5	S59 32.7
Bellatrix	278 34.5	N 6 21.5
Betelgeuse	271 03.7	N 7 24.5
Canopus	263 56.9	S52 42.3
Capella	280 37.9	N46 00.6
Deneb	49 33.6	N45 18.9
Denebola	182 35.8	N14 30.7
Diphda	348 58.5	S17 55.9
Dubhe	193 53.8	N61 41.5
Elnath	278 15.5	N28 37.0
Eltanin	90 47.5	N51 28.9
Enif	33 49.8	N 9 55.3
Fomalhaut	15 26.9	S29 34.2
Gacrux	172 03.3	S57 10.2
Gienah	175 54.5	S17 36.1
Hadar	148 51.2	S60 25.2
Hamal	328 03.7	N23 30.7
Kaus Aust.	83 47.2	S34 22.7
Kochab	137 19.3	N74 06.4
Markab	13 41.1	N15 15.6
Menkar	314 17.6	N 4 07.8
Menkent	148 10.3	S36 25.2
Miaplacidus	221 39.5	S69 45.7
Mirfak	308 44.0	N49 54.1
Nunki	76 01.5	S26 17.0
Peacock	53 23.4	S56 42.1
Pollux	243 30.3	N28 00.0
Procyon	245 02.0	N 5 11.8
Rasalhague	96 08.8	N12 33.0
Regulus	207 45.7	N11 54.8
Rigel	281 14.3	S 8 11.5
Rigil Kent.	139 55.0	S60 52.5
Sabik	102 15.4	S15 44.3
Schedar	349 43.9	N56 35.8
Shaula	96 25.4	S37 06.6
Sirius	258 35.6	S16 44.0
Spica	158 33.6	S11 13.0
Suhail	222 53.9	S43 28.6
Vega	80 40.9	N38 47.3
Zuben'ubi	137 08.0	S16 05.2

	SHA ° ′	Mer. Pass. h m
Venus	18 29.3	12 51
Mars	233 51.6	22 25
Jupiter	20 30.1	12 41
Saturn	175 46.6	2 21

Day	UT (h)	SUN GHA	SUN Dec	MOON GHA	v	MOON Dec	d	HP
d	h	° ′	° ′	° ′	′	° ′	′	′
18	00	176 30.7	S11 44.7	138 53.8	15.1	N 9 25.4	12.4	55.0
	01	191 30.8	43.9	153 27.9	15.1	9 37.8	12.3	55.0
	02	206 30.8	43.0	168 02.0	15.0	9 50.1	12.4	55.0
	03	221 30.9	. . 42.1	182 36.0	15.0	10 02.5	12.3	55.0
	04	236 30.9	41.2	197 10.0	14.9	10 14.8	12.3	55.0
	05	251 31.0	40.3	211 43.9	14.9	10 27.1	12.2	55.1
	06	266 31.0	S11 39.4	226 17.8	14.8	N10 39.3	12.2	55.1
	07	281 31.1	38.6	240 51.6	14.8	10 51.5	12.2	55.1
T	08	296 31.1	37.7	255 25.4	14.7	11 03.7	12.2	55.1
H	09	311 31.2	. . 36.8	269 59.1	14.6	11 15.9	12.0	55.1
U	10	326 31.2	35.9	284 32.7	14.6	11 27.9	12.1	55.2
R	11	341 31.3	35.0	299 06.3	14.5	11 40.0	12.0	55.2
S	12	356 31.3	S11 34.1	313 39.8	14.5	N11 52.0	12.0	55.2
D	13	11 31.4	33.3	328 13.3	14.4	12 04.0	11.9	55.2
A	14	26 31.4	32.4	342 46.7	14.3	12 15.9	11.9	55.2
Y	15	41 31.5	. . 31.5	357 20.0	14.3	12 27.8	11.9	55.3
	16	56 31.5	30.6	11 53.3	14.2	12 39.7	11.8	55.3
	17	71 31.6	29.7	26 26.5	14.1	12 51.5	11.7	55.3
	18	86 31.6	S11 28.8	40 59.6	14.1	N13 03.2	11.7	55.3
	19	101 31.7	27.9	55 32.7	14.0	13 14.9	11.7	55.3
	20	116 31.7	27.1	70 05.7	13.9	13 26.6	11.6	55.4
	21	131 31.8	. . 26.2	84 38.6	13.9	13 38.2	11.5	55.4
	22	146 31.9	25.3	99 11.5	13.8	13 49.7	11.5	55.4
	23	161 31.9	24.4	113 44.3	13.7	14 01.2	11.5	55.4
19	00	176 32.0	S11 23.5	128 17.0	13.7	N14 12.7	11.4	55.5
	01	191 32.0	22.6	142 49.7	13.5	14 24.1	11.3	55.5
	02	206 32.1	21.7	157 22.2	13.5	14 35.4	11.3	55.5
	03	221 32.1	. . 20.8	171 54.7	13.5	14 46.7	11.3	55.5
	04	236 32.2	19.9	186 27.2	13.3	14 58.0	11.1	55.5
	05	251 32.3	19.1	200 59.5	13.3	15 09.1	11.2	55.6
	06	266 32.3	S11 18.2	215 31.8	13.2	N15 20.3	11.0	55.6
	07	281 32.4	17.3	230 04.0	13.1	15 31.3	11.0	55.6
	08	296 32.4	16.4	244 36.1	13.1	15 42.3	11.0	55.6
F	09	311 32.5	. . 15.5	259 08.2	13.0	15 53.3	10.8	55.7
R	10	326 32.5	14.6	273 40.2	12.8	16 04.1	10.8	55.7
I	11	341 32.6	13.7	288 12.0	12.9	16 14.9	10.8	55.7
D	12	356 32.7	S11 12.8	302 43.9	12.7	N16 25.7	10.7	55.7
A	13	11 32.7	11.9	317 15.6	12.6	16 36.4	10.6	55.8
Y	14	26 32.8	11.0	331 47.2	12.6	16 47.0	10.5	55.8
	15	41 32.8	. . 10.1	346 18.8	12.5	16 57.5	10.5	55.8
	16	56 32.9	09.3	0 50.3	12.4	17 08.0	10.4	55.8
	17	71 33.0	08.4	15 21.7	12.3	17 18.4	10.3	55.9
	18	86 33.0	S11 07.5	29 53.0	12.2	N17 28.7	10.3	55.9
	19	101 33.1	06.6	44 24.2	12.1	17 39.0	10.2	55.9
	20	116 33.2	05.7	58 55.3	12.1	17 49.2	10.1	55.9
	21	131 33.2	. . 04.8	73 26.4	11.9	17 59.3	10.0	56.0
	22	146 33.3	03.9	87 57.3	11.9	18 09.3	10.0	56.0
	23	161 33.3	03.0	102 28.2	11.8	18 19.3	9.9	56.0
20	00	176 33.4	S11 02.1	116 59.0	11.7	N18 29.2	9.8	56.1
	01	191 33.5	01.2	131 29.7	11.6	18 39.0	9.7	56.1
	02	206 33.5	11 00.3	146 00.3	11.5	18 48.7	9.7	56.1
	03	221 33.6	10 59.4	160 30.8	11.4	18 58.4	9.5	56.1
	04	236 33.7	58.5	175 01.2	11.4	19 07.9	9.5	56.2
	05	251 33.7	57.6	189 31.6	11.2	19 17.4	9.4	56.2
	06	266 33.8	S10 56.7	204 01.8	11.2	N19 26.8	9.3	56.2
S	07	281 33.9	55.8	218 32.0	11.0	19 36.1	9.2	56.2
A	08	296 33.9	54.9	233 02.0	11.0	19 45.3	9.1	56.3
T	09	311 34.0	. . 54.0	247 32.0	10.8	19 54.4	9.1	56.3
U	10	326 34.1	53.1	262 01.8	10.8	20 03.5	8.9	56.3
R	11	341 34.1	52.2	276 31.6	10.7	20 12.4	8.9	56.4
D	12	356 34.2	S10 51.3	291 01.3	10.6	N20 21.3	8.7	56.4
A	13	11 34.3	50.4	305 30.9	10.5	20 30.0	8.7	56.4
Y	14	26 34.3	49.5	320 00.4	10.4	20 38.7	8.6	56.4
	15	41 34.4	. . 48.6	334 29.8	10.3	20 47.3	8.4	56.5
	16	56 34.5	47.7	348 59.1	10.2	20 55.7	8.4	56.5
	17	71 34.5	46.8	3 28.3	10.1	21 04.1	8.3	56.5
	18	86 34.6	S10 45.9	17 57.4	10.0	N21 12.4	8.2	56.6
	19	101 34.7	45.0	32 26.4	9.9	21 20.6	8.0	56.6
	20	116 34.7	44.1	46 55.3	9.8	21 28.6	8.0	56.6
	21	131 34.8	. . 43.2	61 24.1	9.8	21 36.6	7.9	56.7
	22	146 34.9	42.3	75 52.9	9.6	21 44.5	7.7	56.7
	23	161 34.9	41.4	90 21.5	9.5	N21 52.2	7.7	56.7
		SD 16.2	*d* 0.9	SD 15.0		15.2		15.4

Lat.	Twilight Naut.	Twilight Civil	Sunrise	Moonrise 18	Moonrise 19	Moonrise 20	Moonrise 21
°	h m	h m	h m	h m	h m	h m	h m
N 72	05 58	07 16	08 31	06 34	05 51	▭	▭
N 70	05 58	07 09	08 15	06 51	06 24	05 28	▭
68	05 58	07 02	08 02	07 04	06 48	06 22	▭
66	05 57	06 57	07 51	07 15	07 07	06 55	06 36
64	05 57	06 52	07 42	07 25	07 22	07 20	07 19
62	05 56	06 48	07 34	07 33	07 35	07 39	07 48
60	05 56	06 44	07 27	07 40	07 46	07 55	08 11
N 58	05 55	06 41	07 22	07 46	07 56	08 09	08 29
56	05 55	06 38	07 16	07 52	08 04	08 20	08 44
54	05 54	06 35	07 12	07 57	08 11	08 31	08 57
52	05 54	06 33	07 07	08 01	08 18	08 40	09 09
50	05 53	06 30	07 03	08 05	08 24	08 48	09 19
45	05 51	06 25	06 55	08 14	08 38	09 06	09 41
N 40	05 49	06 20	06 48	08 21	08 49	09 20	09 59
35	05 47	06 16	06 42	08 28	08 58	09 33	10 13
30	05 44	06 12	06 36	08 34	09 06	09 43	10 26
20	05 39	06 05	06 27	08 43	09 21	10 02	10 48
N 10	05 32	05 57	06 18	08 52	09 33	10 18	11 08
0	05 25	05 49	06 10	09 00	09 45	10 33	11 26
S 10	05 16	05 41	06 02	09 09	09 57	10 49	11 44
20	05 04	05 31	05 54	09 18	10 10	11 05	12 03
30	04 49	05 19	05 43	09 28	10 25	11 25	12 26
35	04 40	05 11	05 37	09 34	10 34	11 36	12 39
40	04 28	05 02	05 31	09 41	10 44	11 49	12 55
45	04 14	04 52	05 23	09 49	10 55	12 04	13 13
S 50	03 55	04 38	05 13	09 58	11 10	12 23	13 36
52	03 46	04 32	05 09	10 03	11 16	12 32	13 47
54	03 36	04 25	05 04	10 08	11 24	12 42	14 00
56	03 24	04 17	04 58	10 13	11 32	12 53	14 14
58	03 09	04 08	04 52	10 19	11 42	13 06	14 31
S 60	02 52	03 58	04 45	10 26	11 53	13 22	14 52

Lat.	Sunset	Twilight Civil	Twilight Naut.	Moonset 18	Moonset 19	Moonset 20	Moonset 21
°	h m	h m	h m	h m	h m	h m	h m
N 72	15 58	17 13	18 32	24 55	00 55	▭	▭
N 70	16 14	17 21	18 32	24 23	00 23	02 57	▭
68	16 27	17 27	18 32	24 01	00 01	02 04	▭
66	16 38	17 32	18 32	23 43	25 32	01 32	03 37
64	16 47	17 37	18 32	23 29	25 08	01 08	02 55
62	16 55	17 41	18 33	23 17	24 50	00 50	02 26
60	17 01	17 44	18 33	23 07	24 34	00 34	02 04
N 58	17 07	17 48	18 33	22 58	24 22	00 22	01 46
56	17 12	17 51	18 34	22 51	24 11	00 11	01 32
54	17 17	17 53	18 34	22 44	24 01	00 01	01 19
52	17 21	17 56	18 35	22 38	23 52	25 08	01 08
50	17 25	17 58	18 36	22 32	23 44	24 58	00 58
45	17 33	18 03	18 37	22 21	23 28	24 37	00 37
N 40	17 40	18 08	18 39	22 11	23 15	24 20	00 20
35	17 46	18 12	18 42	22 02	23 03	24 06	00 06
30	17 52	18 16	18 44	21 55	22 53	23 54	24 55
20	18 01	18 23	18 49	21 43	22 36	23 33	24 32
N 10	18 09	18 31	18 55	21 32	22 22	23 15	24 11
0	18 17	18 38	19 03	21 22	22 08	22 58	23 52
S 10	18 25	18 47	19 12	21 12	21 54	22 41	23 33
20	18 34	18 56	19 23	21 01	21 40	22 23	23 13
30	18 44	19 08	19 38	20 48	21 23	22 03	22 49
35	18 50	19 16	19 47	20 41	21 13	21 51	22 35
40	18 56	19 25	19 58	20 33	21 02	21 37	22 19
45	19 04	19 35	20 13	20 24	20 50	21 21	22 00
S 50	19 13	19 48	20 31	20 13	20 34	21 01	21 36
52	19 18	19 54	20 40	20 08	20 27	20 51	21 25
54	19 23	20 01	20 50	20 02	20 19	20 41	21 12
56	19 28	20 09	21 02	19 56	20 10	20 29	20 57
58	19 34	20 18	21 16	19 49	19 59	20 15	20 40
S 60	19 41	20 28	21 33	19 41	19 48	19 59	20 19

Day	SUN Eqn. of Time 00^h	SUN Eqn. of Time 12^h	SUN Mer. Pass.	MOON Mer. Pass. Upper	MOON Mer. Pass. Lower	MOON Age	MOON Phase
d	m s	m s	h m	h m	h m	d %	
18	13 57	13 55	12 14	15 11	02 49	04 17	
19	13 52	13 49	12 14	15 57	03 33	05 25	
20	13 46	13 43	12 14	16 46	04 21	06 34	

	UT d h	ARIES GHA	VENUS −3.9 GHA	VENUS Dec	MARS −0.8 GHA	MARS Dec	JUPITER −2.0 GHA	JUPITER Dec	SATURN +0.6 GHA	SATURN Dec
		° ′	° ′	° ′	° ′	° ′	° ′	° ′	° ′	° ′
	21 00	150 48.6	166 57.6	S 8 26.8	25 11.8	N23 45.1	170 51.5	S 9 27.3	326 41.6	N 0 57.1
	01	165 51.1	181 57.2	25.6	40 14.8	45.2	185 53.4	27.0	341 44.2	57.2
	02	180 53.5	196 56.7	24.4	55 17.9	45.3	200 55.3	26.8	356 46.8	57.2
	03	195 56.0	211 56.3	. . 23.2	70 21.0	. . 45.3	215 57.2	. . 26.6	11 49.4	. . 57.3
	04	210 58.5	226 55.8	22.0	85 24.1	45.4	230 59.1	26.4	26 52.1	57.4
	05	226 00.9	241 55.4	20.8	100 27.2	45.4	246 01.0	26.1	41 54.7	57.4
	06	241 03.4	256 54.9	S 8 19.5	115 30.3	N23 45.5	261 02.9	S 9 25.9	56 57.3	N 0 57.5
	07	256 05.8	271 54.5	18.3	130 33.3	45.6	276 04.8	25.7	71 59.9	57.6
	08	271 08.3	286 54.0	17.1	145 36.4	45.6	291 06.6	25.5	87 02.5	57.6
S	09	286 10.8	301 53.6	. . 15.9	160 39.5	. . 45.7	306 08.5	. . 25.2	102 05.1	. . 57.7
U	10	301 13.2	316 53.1	14.7	175 42.6	45.8	321 10.4	25.0	117 07.7	57.8
N	11	316 15.7	331 52.7	13.5	190 45.6	45.8	336 12.3	24.8	132 10.3	57.8
D	12	331 18.2	346 52.2	S 8 12.3	205 48.7	N23 45.9	351 14.2	S 9 24.6	147 12.9	N 0 57.9
A	13	346 20.6	1 51.8	11.1	220 51.8	45.9	6 16.1	24.3	162 15.5	58.0
Y	14	1 23.1	16 51.3	09.9	235 54.9	46.0	21 18.0	24.1	177 18.1	58.0
	15	16 25.6	31 50.9	. . 08.7	250 57.9	. . 46.0	36 19.9	. . 23.9	192 20.7	. . 58.1
	16	31 28.0	46 50.4	07.5	266 01.0	46.1	51 21.8	23.7	207 23.3	58.2
	17	46 30.5	61 50.0	06.2	281 04.1	46.2	66 23.7	23.4	222 25.9	58.2
	18	61 33.0	76 49.6	S 8 05.0	296 07.1	N23 46.2	81 25.6	S 9 23.2	237 28.5	N 0 58.3
	19	76 35.4	91 49.1	03.8	311 10.2	46.3	96 27.5	23.0	252 31.1	58.4
	20	91 37.9	106 48.7	02.6	326 13.3	46.3	111 29.4	22.8	267 33.7	58.5
	21	106 40.3	121 48.2	. . 01.4	341 16.3	. . 46.4	126 31.3	. . 22.6	282 36.3	. . 58.5
	22	121 42.8	136 47.8	8 00.2	356 19.4	46.4	141 33.2	22.3	297 38.9	58.6
	23	136 45.3	151 47.3	7 59.0	11 22.4	46.5	156 35.1	22.1	312 41.5	58.7
	22 00	151 47.7	166 46.9	S 7 57.8	26 25.5	N23 46.5	171 37.0	S 9 21.9	327 44.1	N 0 58.7
	01	166 50.2	181 46.5	56.5	41 28.5	46.6	186 38.9	21.7	342 46.7	58.8
	02	181 52.7	196 46.0	55.3	56 31.6	46.6	201 40.8	21.4	357 49.3	58.9
	03	196 55.1	211 45.6	. . 54.1	71 34.6	. . 46.7	216 42.7	. . 21.2	12 51.9	. . 58.9
	04	211 57.6	226 45.1	52.9	86 37.7	46.7	231 44.6	21.0	27 54.5	59.0
	05	227 00.1	241 44.7	51.7	101 40.7	46.8	246 46.5	20.8	42 57.1	59.1
	06	242 02.5	256 44.3	S 7 50.5	116 43.8	N23 46.8	261 48.4	S 9 20.5	57 59.7	N 0 59.1
	07	257 05.0	271 43.8	49.2	131 46.8	46.9	276 50.3	20.3	73 02.3	59.2
	08	272 07.5	286 43.4	48.0	146 49.9	46.9	291 52.2	20.1	88 04.9	59.3
M	09	287 09.9	301 42.9	. . 46.8	161 52.9	. . 47.0	306 54.1	. . 19.9	103 07.5	. . 59.4
O	10	302 12.4	316 42.5	45.6	176 56.0	47.0	321 56.0	19.6	118 10.1	59.4
N	11	317 14.8	331 42.1	44.4	191 59.0	47.1	336 57.9	19.4	133 12.8	59.5
D	12	332 17.3	346 41.6	S 7 43.2	207 02.0	N23 47.1	351 59.8	S 9 19.2	148 15.4	N 0 59.6
A	13	347 19.8	1 41.2	41.9	222 05.1	47.2	7 01.7	19.0	163 18.0	59.6
Y	14	2 22.2	16 40.7	40.7	237 08.1	47.2	22 03.6	18.7	178 20.6	59.7
	15	17 24.7	31 40.3	. . 39.5	252 11.2	. . 47.3	37 05.4	. . 18.5	193 23.2	. . 59.8
	16	32 27.2	46 39.9	38.3	267 14.2	47.3	52 07.3	18.3	208 25.8	59.8
	17	47 29.6	61 39.4	37.1	282 17.2	47.4	67 09.2	18.1	223 28.4	0 59.9
	18	62 32.1	76 39.0	S 7 35.8	297 20.3	N23 47.4	82 11.1	S 9 17.8	238 31.0	N 1 00.0
	19	77 34.6	91 38.6	34.6	312 23.3	47.5	97 13.0	17.6	253 33.6	00.0
	20	92 37.0	106 38.1	33.4	327 26.3	47.5	112 14.9	17.4	268 36.2	00.1
	21	107 39.5	121 37.7	. . 32.2	342 29.3	. . 47.6	127 16.8	. . 17.2	283 38.8	. . 00.2
	22	122 42.0	136 37.3	31.0	357 32.4	47.6	142 18.7	16.9	298 41.4	00.3
	23	137 44.4	151 36.8	29.7	12 35.4	47.7	157 20.6	16.7	313 44.0	00.3
	23 00	152 46.9	166 36.4	S 7 28.5	27 38.4	N23 47.7	172 22.5	S 9 16.5	328 46.6	N 1 00.4
	01	167 49.3	181 36.0	27.3	42 41.4	47.7	187 24.4	16.3	343 49.2	00.5
	02	182 51.8	196 35.5	26.1	57 44.4	47.8	202 26.3	16.0	358 51.8	00.5
	03	197 54.3	211 35.1	. . 24.8	72 47.5	. . 47.8	217 28.2	. . 15.8	13 54.4	. . 00.6
	04	212 56.7	226 34.7	23.6	87 50.5	47.9	232 30.1	15.6	28 57.1	00.7
	05	227 59.2	241 34.2	22.4	102 53.5	47.9	247 32.0	15.4	43 59.7	00.7
	06	243 01.7	256 33.8	S 7 21.2	117 56.5	N23 47.9	262 33.9	S 9 15.1	59 02.3	N 1 00.8
	07	258 04.1	271 33.4	20.0	132 59.5	48.0	277 35.8	14.9	74 04.9	00.9
T	08	273 06.6	286 32.9	18.7	148 02.5	48.0	292 37.7	14.7	89 07.5	01.0
U	09	288 09.1	301 32.5	. . 17.5	163 05.5	. . 48.1	307 39.6	. . 14.5	104 10.1	. . 01.0
E	10	303 11.5	316 32.1	16.3	178 08.6	48.1	322 41.5	14.2	119 12.7	01.1
S	11	318 14.0	331 31.6	15.1	193 11.6	48.1	337 43.4	14.0	134 15.3	01.2
D	12	333 16.4	346 31.2	S 7 13.8	208 14.6	N23 48.2	352 45.3	S 9 13.8	149 17.9	N 1 01.2
A	13	348 18.9	1 30.8	12.6	223 17.6	48.2	7 47.2	13.6	164 20.5	01.3
Y	14	3 21.4	16 30.3	11.4	238 20.6	48.3	22 49.1	13.3	179 23.1	01.4
	15	18 23.8	31 29.9	. . 10.1	253 23.6	. . 48.3	37 51.0	. . 13.1	194 25.7	. . 01.4
	16	33 26.3	46 29.5	08.9	268 26.6	48.3	52 52.9	12.9	209 28.3	01.5
	17	48 28.8	61 29.1	07.7	283 29.6	48.4	67 54.8	12.7	224 31.0	01.6
	18	63 31.2	76 28.6	S 7 06.5	298 32.6	N23 48.4	82 56.7	S 9 12.5	239 33.6	N 1 01.7
	19	78 33.7	91 28.2	05.2	313 35.6	48.4	97 58.6	12.2	254 36.2	01.7
	20	93 36.2	106 27.8	04.0	328 38.6	48.5	113 00.5	12.0	269 38.8	01.8
	21	108 38.6	121 27.3	. . 02.8	343 41.5	. . 48.5	128 02.4	. . 11.8	284 41.4	. . 01.9
	22	123 41.1	136 26.9	01.5	358 44.5	48.5	143 04.2	11.6	299 44.0	01.9
	23	138 43.6	151 26.5	00.3	13 47.5	48.6	158 06.1	11.3	314 46.6	02.0
	Mer. Pass. (h m)	13 50.5	*v* −0.4	*d* 1.2	*v* 3.0	*d* 0.0	*v* 1.9	*d* 0.2	*v* 2.6	*d* 0.1

STARS

Name	SHA	Dec
	° ′	° ′
Acamar	315 20.2	S40 16.0
Achernar	335 28.7	S57 11.3
Acrux	173 11.6	S63 09.3
Adhara	255 14.2	S28 59.4
Aldebaran	290 52.1	N16 31.8
Alioth	166 22.2	N55 53.9
Alkaid	153 00.4	N49 15.4
Al Na'ir	27 47.1	S46 54.7
Alnilam	275 48.7	S 1 11.8
Alphard	217 58.1	S 8 42.4
Alphecca	126 13.0	N26 40.5
Alpheratz	357 46.4	N29 08.9
Altair	62 10.9	N 8 53.6
Ankaa	353 18.3	S42 15.2
Antares	112 29.3	S26 27.3
Arcturus	145 57.7	N19 07.5
Atria	107 33.5	S69 02.5
Avior	234 18.6	S59 32.7
Bellatrix	278 34.5	N 6 21.5
Betelgeuse	271 03.8	N 7 24.5
Canopus	263 56.9	S52 42.3
Capella	280 37.9	N46 00.6
Deneb	49 33.6	N45 18.9
Denebola	182 35.8	N14 30.7
Diphda	348 58.5	S17 55.9
Dubhe	193 53.7	N61 41.5
Elnath	278 15.5	N28 37.0
Eltanin	90 47.5	N51 28.9
Enif	33 49.8	N 9 55.3
Fomalhaut	15 26.9	S29 34.1
Gacrux	172 03.3	S57 10.2
Gienah	175 54.5	S17 36.1
Hadar	148 51.2	S60 25.2
Hamal	328 03.7	N23 30.7
Kaus Aust.	83 47.2	S34 22.7
Kochab	137 19.2	N74 06.4
Markab	13 41.1	N15 15.6
Menkar	314 17.7	N 4 07.8
Menkent	148 10.3	S36 25.2
Miaplacidus	221 39.5	S69 45.7
Mirfak	308 44.0	N49 54.1
Nunki	76 01.5	S26 17.0
Peacock	53 23.4	S56 42.0
Pollux	243 30.3	N28 00.0
Procyon	245 02.0	N 5 11.8
Rasalhague	96 08.8	N12 32.9
Regulus	207 45.7	N11 54.8
Rigel	281 14.3	S 8 11.5
Rigil Kent.	139 54.9	S60 52.5
Sabik	102 15.4	S15 44.3
Schedar	349 43.9	N56 35.8
Shaula	96 25.3	S37 06.6
Sirius	258 35.6	S16 44.0
Spica	158 33.6	S11 13.0
Suhail	222 53.9	S43 28.6
Vega	80 40.9	N38 47.3
Zuben'ubi	137 08.0	S16 05.2

	SHA	Mer. Pass.
	° ′	h m
Venus	14 59.2	12 53
Mars	234 37.7	22 10
Jupiter	19 49.3	12 32
Saturn	175 56.4	2 09

Day	UT (h)	SUN GHA (° ′)	SUN Dec (° ′)	MOON GHA (° ′)	v (′)	MOON Dec (° ′)	d (′)	HP (′)
21 SUNDAY	00	176 35.0	S10 40.5	104 50.0	9.4	N21 59.9	7.5	56.8
	01	191 35.1	39.6	119 18.4	9.4	22 07.4	7.4	56.8
	02	206 35.2	38.7	133 46.8	9.2	22 14.8	7.3	56.8
	03	221 35.2	. . 37.8	148 15.0	9.2	22 22.1	7.2	56.8
	04	236 35.3	36.9	162 43.2	9.0	22 29.3	7.1	56.9
	05	251 35.4	36.0	177 11.2	8.9	22 36.4	7.0	56.9
	06	266 35.4	S10 35.1	191 39.1	8.9	N22 43.4	6.9	56.9
	07	281 35.5	34.2	206 07.0	8.8	22 50.3	6.7	57.0
	08	296 35.6	33.3	220 34.8	8.6	22 57.0	6.6	57.0
	09	311 35.7	. . 32.4	235 02.4	8.6	23 03.6	6.5	57.0
	10	326 35.7	31.5	249 30.0	8.4	23 10.1	6.4	57.1
	11	341 35.8	30.6	263 57.4	8.4	23 16.5	6.3	57.1
	12	356 35.9	S10 29.7	278 24.8	8.3	N23 22.8	6.1	57.1
	13	11 36.0	28.8	292 52.1	8.2	23 28.9	6.0	57.2
	14	26 36.0	27.9	307 19.3	8.1	23 34.9	5.9	57.2
	15	41 36.1	. . 27.0	321 46.4	8.0	23 40.8	5.8	57.2
	16	56 36.2	26.0	336 13.4	7.9	23 46.6	5.6	57.3
	17	71 36.3	25.1	350 40.3	7.8	23 52.2	5.5	57.3
	18	86 36.3	S10 24.2	5 07.1	7.7	N23 57.7	5.4	57.3
	19	101 36.4	23.3	19 33.8	7.6	24 03.1	5.2	57.4
	20	116 36.5	22.4	34 00.4	7.6	24 08.3	5.1	57.4
	21	131 36.6	. . 21.5	48 27.0	7.4	24 13.4	5.0	57.4
	22	146 36.6	20.6	62 53.4	7.4	24 18.4	4.8	57.5
	23	161 36.7	19.7	77 19.8	7.2	24 23.2	4.7	57.5
22 MONDAY	00	176 36.8	S10 18.8	91 46.0	7.2	N24 27.9	4.6	57.5
	01	191 36.9	17.9	106 12.2	7.1	24 32.5	4.4	57.6
	02	206 36.9	17.0	120 38.3	7.0	24 36.9	4.2	57.6
	03	221 37.0	. . 16.1	135 04.3	6.9	24 41.1	4.2	57.6
	04	236 37.1	15.1	149 30.2	6.9	24 45.3	4.0	57.7
	05	251 37.2	14.2	163 56.1	6.7	24 49.3	3.8	57.7
	06	266 37.3	S10 13.3	178 21.8	6.7	N24 53.1	3.7	57.8
	07	281 37.3	12.4	192 47.5	6.6	24 56.8	3.6	57.8
	08	296 37.4	11.5	207 13.1	6.5	25 00.4	3.4	57.8
	09	311 37.5	. . 10.6	221 38.6	6.4	25 03.8	3.2	57.9
	10	326 37.6	09.7	236 04.0	6.4	25 07.0	3.1	57.9
	11	341 37.7	08.8	250 29.4	6.3	25 10.1	3.0	57.9
	12	356 37.7	S10 07.9	264 54.7	6.2	N25 13.1	2.8	58.0
	13	11 37.8	06.9	279 19.9	6.1	25 15.9	2.6	58.0
	14	26 37.9	06.0	293 45.0	6.1	25 18.5	2.5	58.0
	15	41 38.0	. . 05.1	308 10.1	5.9	25 21.0	2.4	58.1
	16	56 38.1	04.2	322 35.0	5.9	25 23.4	2.2	58.1
	17	71 38.1	03.3	336 59.9	5.9	25 25.6	2.0	58.1
	18	86 38.2	S10 02.4	351 24.8	5.8	N25 27.6	1.9	58.2
	19	101 38.3	01.5	5 49.6	5.7	25 29.5	1.7	58.2
	20	116 38.4	10 00.5	20 14.3	5.6	25 31.2	1.5	58.3
	21	131 38.5	9 59.6	34 38.9	5.6	25 32.7	1.4	58.3
	22	146 38.6	58.7	49 03.5	5.5	25 34.1	1.3	58.3
	23	161 38.6	57.8	63 28.0	5.5	25 35.4	1.0	58.4
23 TUESDAY	00	176 38.7	S 9 56.9	77 52.5	5.4	N25 36.4	1.0	58.4
	01	191 38.8	56.0	92 16.9	5.3	25 37.4	0.7	58.4
	02	206 38.9	55.1	106 41.2	5.3	25 38.1	0.6	58.5
	03	221 39.0	. . 54.1	121 05.5	5.2	25 38.7	0.4	58.5
	04	236 39.1	53.2	135 29.7	5.2	25 39.1	0.3	58.5
	05	251 39.1	52.3	149 53.9	5.1	25 39.4	0.0	58.6
	06	266 39.2	S 9 51.4	164 18.0	5.1	N25 39.4	0.0	58.6
	07	281 39.3	50.5	178 42.1	5.0	25 39.4	0.3	58.7
	08	296 39.4	49.6	193 06.1	5.0	25 39.1	0.4	58.7
	09	311 39.5	. . 48.6	207 30.1	5.0	25 38.7	0.6	58.7
	10	326 39.6	47.7	221 54.1	4.9	25 38.1	0.8	58.8
	11	341 39.7	46.8	236 18.0	4.8	25 37.3	0.9	58.8
	12	356 39.8	S 9 45.9	250 41.8	4.8	N25 36.4	1.1	58.8
	13	11 39.8	45.0	265 05.6	4.8	25 35.3	1.2	58.9
	14	26 39.9	44.0	279 29.4	4.8	25 34.1	1.5	58.9
	15	41 40.0	. . 43.1	293 53.2	4.7	25 32.6	1.6	58.9
	16	56 40.1	42.2	308 16.9	4.7	25 31.0	1.8	59.0
	17	71 40.2	41.3	322 40.6	4.6	25 29.2	1.9	59.0
	18	86 40.3	S 9 40.4	337 04.2	4.7	N25 27.3	2.1	59.0
	19	101 40.4	39.4	351 27.9	4.6	25 25.2	2.3	59.1
	20	116 40.5	38.5	5 51.5	4.6	25 22.9	2.5	59.1
	21	131 40.5	. . 37.6	20 15.1	4.5	25 20.4	2.7	59.2
	22	146 40.6	36.7	34 38.6	4.6	25 17.7	2.8	59.2
	23	161 40.7	35.8	49 02.2	4.5	N25 14.9	3.0	59.2

	SUN		MOON		
	SD 16.2	*d* 0.9	SD 15.6	15.8	16.0

Lat. (°)	Twilight Naut. (h m)	Twilight Civil (h m)	Sunrise (h m)	Moonrise 21 (h m)	Moonrise 22 (h m)	Moonrise 23 (h m)	Moonrise 24 (h m)
N 72	05 44	07 02	08 15	□	□	□	□
N 70	05 45	06 56	08 01	□	□	□	□
68	05 47	06 51	07 49	□	□	□	□
66	05 47	06 46	07 40	06 36	□	□	□
64	05 48	06 43	07 32	07 19	07 23	07 55	09 35
62	05 48	06 39	07 25	07 48	08 09	08 55	10 18
60	05 48	06 36	07 19	08 11	08 39	09 28	10 47
N 58	05 48	06 34	07 14	08 29	09 01	09 53	11 09
56	05 48	06 31	07 09	08 44	09 20	10 13	11 27
54	05 48	06 29	07 05	08 57	09 36	10 30	11 42
52	05 48	06 27	07 01	09 09	09 49	10 44	11 55
50	05 47	06 25	06 58	09 19	10 01	10 56	12 06
45	05 46	06 20	06 50	09 41	10 26	11 22	12 30
N 40	05 45	06 16	06 44	09 59	10 46	11 43	12 49
35	05 43	06 13	06 38	10 13	11 02	12 00	13 05
30	05 41	06 09	06 33	10 26	11 16	12 14	13 19
20	05 37	06 03	06 25	10 48	11 41	12 39	13 43
N 10	05 31	05 56	06 17	11 08	12 02	13 01	14 03
0	05 25	05 49	06 10	11 26	12 22	13 21	14 22
S 10	05 16	05 41	06 03	11 44	12 42	13 41	14 41
20	05 06	05 32	05 55	12 03	13 03	14 03	15 01
30	04 52	05 21	05 46	12 26	13 28	14 28	15 24
35	04 43	05 14	05 40	12 39	13 42	14 43	15 38
40	04 32	05 06	05 34	12 55	13 59	15 00	15 54
45	04 19	04 56	05 27	13 13	14 20	15 20	16 13
S 50	04 02	04 44	05 18	13 36	14 45	15 46	16 36
52	03 53	04 38	05 14	13 47	14 58	15 59	16 47
54	03 44	04 32	05 10	14 00	15 12	16 13	17 00
56	03 33	04 25	05 05	14 14	15 29	16 30	17 14
58	03 19	04 16	05 00	14 31	15 49	16 50	17 31
S 60	03 04	04 07	04 53	14 52	16 14	17 15	17 51

Lat. (°)	Sunset (h m)	Twilight Civil (h m)	Twilight Naut. (h m)	Moonset 21 (h m)	Moonset 22 (h m)	Moonset 23 (h m)	Moonset 24 (h m)
N 72	16 14	17 27	18 45	□	□	□	□
N 70	16 28	17 33	18 44	□	□	□	□
68	16 39	17 38	18 42	□	□	□	□
66	16 49	17 42	18 41	03 37	□	□	□
64	16 56	17 46	18 41	02 55	04 45	06 16	06 43
62	17 03	17 49	18 40	02 26	04 00	05 16	06 00
60	17 09	17 52	18 40	02 04	03 31	04 43	05 31
N 58	17 14	17 54	18 40	01 46	03 08	04 18	05 09
56	17 19	17 57	18 40	01 32	02 50	03 58	04 51
54	17 23	17 59	18 40	01 19	02 34	03 41	04 35
52	17 27	18 01	18 40	01 08	02 21	03 27	04 22
50	17 30	18 03	18 40	00 58	02 09	03 15	04 10
45	17 37	18 07	18 41	00 37	01 45	02 49	03 45
N 40	17 44	18 11	18 43	00 20	01 26	02 28	03 26
35	17 49	18 15	18 44	00 06	01 09	02 11	03 09
30	17 54	18 18	18 46	24 55	00 55	01 57	02 55
20	18 02	18 25	18 50	24 32	00 32	01 32	02 31
N 10	18 10	18 31	18 56	24 11	00 11	01 10	02 10
0	18 17	18 38	19 02	23 52	24 50	00 50	01 50
S 10	18 24	18 45	19 10	23 33	24 30	00 30	01 30
20	18 32	18 54	19 21	23 13	24 08	00 08	01 09
30	18 41	19 05	19 34	22 49	23 43	24 44	00 44
35	18 46	19 12	19 43	22 35	23 28	24 30	00 30
40	18 52	19 20	19 54	22 19	23 11	24 13	00 13
45	18 59	19 30	20 07	22 00	22 50	23 53	25 06
S 50	19 07	19 42	20 24	21 36	22 24	23 27	24 43
52	19 11	19 47	20 32	21 25	22 12	23 15	24 32
54	19 16	19 54	20 41	21 12	21 58	23 00	24 20
56	19 20	20 01	20 52	20 57	21 41	22 44	24 06
58	19 26	20 09	21 05	20 40	21 21	22 24	23 50
S 60	19 32	20 18	21 20	20 19	20 56	21 59	23 30

Day	SUN Eqn. of Time 00^h	SUN Eqn. of Time 12^h	SUN Mer. Pass.	MOON Mer. Pass. Upper	MOON Mer. Pass. Lower	MOON Age	MOON Phase
d	m s	m s	h m	h m	h m	d %	
21	13 40	13 37	12 14	17 39	05 12	07 45	
22	13 33	13 29	12 13	18 36	06 07	08 55	◐
23	13 25	13 21	12 13	19 36	07 05	09 66	

	UT d h	ARIES GHA ° ′	VENUS −3.9 GHA ° ′	Dec ° ′	MARS −0.7 GHA ° ′	Dec ° ′	JUPITER −2.0 GHA ° ′	Dec ° ′	SATURN +0.6 GHA ° ′	Dec ° ′
	24 00	153 46.0	166 26.1	S 6 59.1	28 50.5	N23 48.6	173 08.0	S 9 11.1	329 49.2	N 1 02.1
	01	168 48.5	181 25.6	57.9	43 53.5	48.6	188 09.9	10.9	344 51.8	02.2
	02	183 50.9	196 25.2	56.6	58 56.5	48.7	203 11.8	10.7	359 54.4	02.2
	03	198 53.4	211 24.8	. . 55.4	73 59.5	. . 48.7	218 13.7	. . 10.4	14 57.0	. . 02.3
	04	213 55.9	226 24.4	54.2	89 02.5	48.7	233 15.6	10.2	29 59.6	02.4
	05	228 58.3	241 23.9	52.9	104 05.4	48.8	248 17.5	10.0	45 02.3	02.4
	06	244 00.8	256 23.5	S 6 51.7	119 08.4	N23 48.8	263 19.4	S 9 09.8	60 04.9	N 1 02.5
W	07	259 03.3	271 23.1	50.5	134 11.4	48.8	278 21.3	09.5	75 07.5	02.6
E	08	274 05.7	286 22.7	49.2	149 14.4	48.9	293 23.2	09.3	90 10.1	02.7
D	09	289 08.2	301 22.2	. . 48.0	164 17.3	. . 48.9	308 25.1	. . 09.1	105 12.7	. . 02.7
N	10	304 10.7	316 21.8	46.8	179 20.3	48.9	323 27.0	08.9	120 15.3	02.8
	11	319 13.1	331 21.4	45.5	194 23.3	49.0	338 28.9	08.6	135 17.9	02.9
E	12	334 15.6	346 21.0	S 6 44.3	209 26.3	N23 49.0	353 30.8	S 9 08.4	150 20.5	N 1 02.9
S	13	349 18.1	1 20.5	43.1	224 29.2	49.0	8 32.7	08.2	165 23.1	03.0
D	14	4 20.5	16 20.1	41.8	239 32.2	49.0	23 34.6	08.0	180 25.7	03.1
A	15	19 23.0	31 19.7	. . 40.6	254 35.2	. . 49.1	38 36.5	. . 07.7	195 28.4	. . 03.2
Y	16	34 25.4	46 19.3	39.4	269 38.1	49.1	53 38.4	07.5	210 31.0	03.2
	17	49 27.9	61 18.8	38.1	284 41.1	49.1	68 40.3	07.3	225 33.6	03.3
	18	64 30.4	76 18.4	S 6 36.9	299 44.1	N23 49.1	83 42.2	S 9 07.1	240 36.2	N 1 03.4
	19	79 32.8	91 18.0	35.7	314 47.0	49.2	98 44.1	06.8	255 38.8	03.4
	20	94 35.3	106 17.6	34.4	329 50.0	49.2	113 46.0	06.6	270 41.4	03.5
	21	109 37.8	121 17.2	. . 33.2	344 52.9	. . 49.2	128 47.9	. . 06.4	285 44.0	. . 03.6
	22	124 40.2	136 16.7	31.9	359 55.9	49.3	143 49.8	06.2	300 46.6	03.7
	23	139 42.7	151 16.3	30.7	14 58.9	49.3	158 51.7	05.9	315 49.2	03.7
	25 00	154 45.2	166 15.9	S 6 29.5	30 01.8	N23 49.3	173 53.6	S 9 05.7	330 51.9	N 1 03.8
	01	169 47.6	181 15.5	28.2	45 04.8	49.3	188 55.5	05.5	345 54.5	03.9
	02	184 50.1	196 15.1	27.0	60 07.7	49.3	203 57.4	05.3	0 57.1	03.9
	03	199 52.6	211 14.6	. . 25.8	75 10.7	. . 49.4	218 59.3	. . 05.0	15 59.7	. . 04.0
	04	214 55.0	226 14.2	24.5	90 13.6	49.4	234 01.2	04.8	31 02.3	04.1
	05	229 57.5	241 13.8	23.3	105 16.6	49.4	249 03.0	04.6	46 04.9	04.2
	06	244 59.9	256 13.4	S 6 22.0	120 19.5	N23 49.4	264 04.9	S 9 04.3	61 07.5	N 1 04.2
	07	260 02.4	271 13.0	20.8	135 22.4	49.5	279 06.8	04.1	76 10.1	04.3
T	08	275 04.9	286 12.6	19.6	150 25.4	49.5	294 08.7	03.9	91 12.7	04.4
H	09	290 07.3	301 12.1	. . 18.3	165 28.3	. . 49.5	309 10.6	. . 03.7	106 15.4	. . 04.4
U	10	305 09.8	316 11.7	17.1	180 31.3	49.5	324 12.5	03.4	121 18.0	04.5
R	11	320 12.3	331 11.3	15.8	195 34.2	49.5	339 14.4	03.2	136 20.6	04.6
S	12	335 14.7	346 10.9	S 6 14.6	210 37.1	N23 49.6	354 16.3	S 9 03.0	151 23.2	N 1 04.7
D	13	350 17.2	1 10.5	13.4	225 40.1	49.6	9 18.2	02.8	166 25.8	04.7
A	14	5 19.7	16 10.1	12.1	240 43.0	49.6	24 20.1	02.5	181 28.4	04.8
Y	15	20 22.1	31 09.6	. . 10.9	255 45.9	. . 49.6	39 22.0	. . 02.3	196 31.0	. . 04.9
	16	35 24.6	46 09.2	09.6	270 48.9	49.6	54 23.9	02.1	211 33.7	04.9
	17	50 27.1	61 08.8	08.4	285 51.8	49.6	69 25.8	01.9	226 36.3	05.0
	18	65 29.5	76 08.4	S 6 07.1	300 54.7	N23 49.7	84 27.7	S 9 01.6	241 38.9	N 1 05.1
	19	80 32.0	91 08.0	05.9	315 57.7	49.7	99 29.6	01.4	256 41.5	05.2
	20	95 34.4	106 07.6	04.7	331 00.6	49.7	114 31.5	01.2	271 44.1	05.2
	21	110 36.9	121 07.2	. . 03.4	346 03.5	. . 49.7	129 33.4	. . 01.0	286 46.7	. . 05.3
	22	125 39.4	136 06.7	02.2	1 06.4	49.7	144 35.3	00.7	301 49.3	05.4
	23	140 41.8	151 06.3	6 00.9	16 09.4	49.7	159 37.2	00.5	316 51.9	05.5
	26 00	155 44.3	166 05.9	S 5 59.7	31 12.3	N23 49.8	174 39.1	S 9 00.3	331 54.6	N 1 05.5
	01	170 46.8	181 05.5	58.4	46 15.2	49.8	189 41.0	9 00.1	346 57.2	05.6
	02	185 49.2	196 05.1	57.2	61 18.1	49.8	204 42.9	8 59.8	1 59.8	05.7
	03	200 51.7	211 04.7	. . 56.0	76 21.0	. . 49.8	219 44.8	. . 59.6	17 02.4	. . 05.7
	04	215 54.2	226 04.3	54.7	91 23.9	49.8	234 46.7	59.4	32 05.0	05.8
	05	230 56.6	241 03.9	53.5	106 26.8	49.8	249 48.6	59.2	47 07.6	05.9
	06	245 59.1	256 03.5	S 5 52.2	121 29.8	N23 49.8	264 50.5	S 8 58.9	62 10.2	N 1 06.0
	07	261 01.5	271 03.0	51.0	136 32.7	49.9	279 52.4	58.7	77 12.9	06.0
	08	276 04.0	286 02.6	49.7	151 35.6	49.9	294 54.3	58.5	92 15.5	06.1
F	09	291 06.5	301 02.2	. . 48.5	166 38.5	. . 49.9	309 56.2	. . 58.3	107 18.1	. . 06.2
R	10	306 08.9	316 01.8	47.2	181 41.4	49.9	324 58.1	58.0	122 20.7	06.2
I	11	321 11.4	331 01.4	46.0	196 44.3	49.9	340 00.0	57.8	137 23.3	06.3
D	12	336 13.9	346 01.0	S 5 44.7	211 47.2	N23 49.9	355 01.9	S 8 57.6	152 25.9	N 1 06.4
A	13	351 16.3	1 00.6	43.5	226 50.1	49.9	10 03.7	57.4	167 28.5	06.5
Y	14	6 18.8	16 00.2	42.2	241 53.0	49.9	25 05.6	57.1	182 31.2	06.5
	15	21 21.3	30 59.8	. . 41.0	256 55.9	. . 49.9	40 07.5	. . 56.9	197 33.8	. . 06.6
	16	36 23.7	45 59.4	39.7	271 58.8	49.9	55 09.4	56.7	212 36.4	06.7
	17	51 26.2	60 58.9	38.5	287 01.7	49.9	70 11.3	56.5	227 39.0	06.8
	18	66 28.7	75 58.5	S 5 37.2	302 04.6	N23 50.0	85 13.2	S 8 56.2	242 41.6	N 1 06.8
	19	81 31.1	90 58.1	36.0	317 07.5	50.0	100 15.1	56.0	257 44.2	06.9
	20	96 33.6	105 57.7	34.7	332 10.4	50.0	115 17.0	55.8	272 46.9	07.0
	21	111 36.0	120 57.3	. . 33.5	347 13.2	. . 50.0	130 18.9	. . 55.6	287 49.5	. . 07.1
	22	126 38.5	135 56.9	32.2	2 16.1	50.0	145 20.8	55.3	302 52.1	07.1
	23	141 41.0	150 56.5	31.0	17 19.0	50.0	160 22.7	55.1	317 54.7	07.2
	Mer. Pass.	h m 13 38.7	v −0.4	d 1.2	v 2.9	d 0.0	v 1.9	d 0.2	v 2.6	d 0.1

STARS Name	SHA ° ′	Dec ° ′
Acamar	315 20.2	S40 16.0
Achernar	335 28.7	S57 11.3
Acrux	173 11.6	S63 09.3
Adhara	255 14.2	S28 59.4
Aldebaran	290 52.1	N16 31.8
Alioth	166 22.2	N55 53.9
Alkaid	153 00.3	N49 15.4
Al Na'ir	27 47.1	S46 54.7
Alnilam	275 48.7	S 1 11.8
Alphard	217 58.1	S 8 42.4
Alphecca	126 12.9	N26 40.5
Alpheratz	357 46.4	N29 08.9
Altair	62 10.8	N 8 53.6
Ankaa	353 18.3	S42 15.1
Antares	112 29.2	S26 27.3
Arcturus	145 57.7	N19 07.5
Atria	107 33.4	S69 02.5
Avior	234 18.6	S59 32.8
Bellatrix	278 34.5	N 6 21.5
Betelgeuse	271 03.8	N 7 24.5
Canopus	263 57.0	S52 42.3
Capella	280 37.9	N46 00.7
Deneb	49 33.6	N45 18.9
Denebola	182 35.8	N14 30.7
Diphda	348 58.5	S17 55.9
Dubhe	193 53.7	N61 41.5
Elnath	278 15.5	N28 37.0
Eltanin	90 47.5	N51 28.9
Enif	33 49.8	N 9 55.2
Fomalhaut	15 26.9	S29 34.1
Gacrux	172 03.3	S57 10.2
Gienah	175 54.5	S17 36.1
Hadar	148 51.1	S60 25.2
Hamal	328 03.7	N23 30.7
Kaus Aust.	83 47.2	S34 22.7
Kochab	137 19.2	N74 06.4
Markab	13 41.1	N15 15.6
Menkar	314 17.7	N 4 07.8
Menkent	148 10.3	S36 25.2
Miaplacidus	221 39.5	S69 45.7
Mirfak	308 44.0	N49 54.1
Nunki	76 01.5	S26 17.0
Peacock	53 23.4	S56 42.0
Pollux	243 30.3	N28 00.0
Procyon	245 02.0	N 5 11.8
Rasalhague	96 08.8	N12 32.9
Regulus	207 45.7	N11 54.8
Rigel	281 14.3	S 8 11.5
Rigil Kent.	139 54.9	S60 52.5
Sabik	102 15.4	S15 44.3
Schedar	349 43.9	N56 35.8
Shaula	96 25.3	S37 06.6
Sirius	258 35.6	S16 44.0
Spica	158 33.6	S11 13.0
Suhail	222 53.9	S43 28.6
Vega	80 40.8	N38 47.3
Zuben'ubi	137 08.0	S16 05.2
	SHA ° ′	**Mer. Pass.** h m
Venus	11 30.7	12 55
Mars	235 16.6	21 56
Jupiter	19 08.4	12 23
Saturn	176 06.7	1 56

UT d h	SUN GHA	SUN Dec	MOON GHA	v	MOON Dec	d	HP
	° ′	° ′	° ′	′	° ′	′	′
24 00	176 40.8	S 9 34.8	63 25.7	4.5	N25 11.9	3.1	59.3
01	191 40.9	33.9	77 49.2	4.5	25 08.8	3.4	59.3
02	206 41.0	33.0	92 12.7	4.5	25 05.4	3.5	59.3
03	221 41.1	. . 32.1	106 36.2	4.4	25 01.9	3.7	59.4
04	236 41.2	31.2	120 59.6	4.5	24 58.2	3.8	59.4
05	251 41.3	30.2	135 23.1	4.5	24 54.4	4.1	59.4
06	266 41.4	S 9 29.3	149 46.6	4.4	N24 50.3	4.2	59.5
W 07	281 41.5	28.4	164 10.0	4.5	24 46.1	4.4	59.5
E 08	296 41.6	27.5	178 33.5	4.4	24 41.7	4.5	59.5
D 09	311 41.6	. . 26.5	192 56.9	4.5	24 37.2	4.8	59.6
N 10	326 41.7	25.6	207 20.4	4.4	24 32.4	4.9	59.6
E 11	341 41.8	24.7	221 43.8	4.5	24 27.5	5.0	59.6
S 12	356 41.9	S 9 23.8	236 07.3	4.4	N24 22.5	5.3	59.7
D 13	11 42.0	22.8	250 30.7	4.5	24 17.2	5.4	59.7
A 14	26 42.1	21.9	264 54.2	4.5	24 11.8	5.6	59.7
Y 15	41 42.2	. . 21.0	279 17.7	4.5	24 06.2	5.7	59.8
16	56 42.3	20.1	293 41.2	4.5	24 00.5	6.0	59.8
17	71 42.4	19.1	308 04.7	4.5	23 54.5	6.1	59.8
18	86 42.5	S 9 18.2	322 28.2	4.5	N23 48.4	6.3	59.9
19	101 42.6	17.3	336 51.7	4.6	23 42.1	6.4	59.9
20	116 42.7	16.4	351 15.3	4.6	23 35.7	6.6	59.9
21	131 42.8	. . 15.4	5 38.9	4.6	23 29.1	6.8	60.0
22	146 42.9	14.5	20 02.5	4.6	23 22.3	6.9	60.0
23	161 43.0	13.6	34 26.1	4.6	23 15.4	7.1	60.0
25 00	176 43.1	S 9 12.7	48 49.7	4.7	N23 08.3	7.3	60.1
01	191 43.2	11.7	63 13.4	4.7	23 01.0	7.5	60.1
02	206 43.3	10.8	77 37.1	4.8	22 53.5	7.6	60.1
03	221 43.4	. . 09.9	92 00.9	4.7	22 45.9	7.7	60.2
04	236 43.5	08.9	106 24.6	4.8	22 38.2	8.0	60.2
05	251 43.6	08.0	120 48.4	4.8	22 30.2	8.1	60.2
06	266 43.7	S 9 07.1	135 12.2	4.9	N22 22.1	8.2	60.2
07	281 43.8	06.2	149 36.1	4.9	22 13.9	8.4	60.3
T 08	296 43.9	05.2	164 00.0	4.9	22 05.5	8.6	60.3
H 09	311 44.0	. . 04.3	178 23.9	5.0	21 56.9	8.8	60.3
U 10	326 44.0	03.4	192 47.9	5.0	21 48.1	8.9	60.4
R 11	341 44.1	02.4	207 11.9	5.1	21 39.2	9.0	60.4
S 12	356 44.2	S 9 01.5	221 36.0	5.1	N21 30.2	9.2	60.4
D 13	11 44.3	9 00.6	236 00.1	5.1	21 21.0	9.4	60.4
A 14	26 44.4	8 59.6	250 24.2	5.2	21 11.6	9.5	60.5
Y 15	41 44.5	. . 58.7	264 48.4	5.3	21 02.1	9.6	60.5
16	56 44.7	57.8	279 12.7	5.2	20 52.5	9.8	60.5
17	71 44.8	56.9	293 36.9	5.4	20 42.7	10.0	60.5
18	86 44.9	S 8 55.9	308 01.3	5.3	N20 32.7	10.1	60.6
19	101 45.0	55.0	322 25.6	5.5	20 22.6	10.3	60.6
20	116 45.1	54.1	336 50.1	5.4	20 12.3	10.4	60.6
21	131 45.2	. . 53.1	351 14.5	5.6	20 01.9	10.5	60.6
22	146 45.3	52.2	5 39.1	5.5	19 51.4	10.7	60.7
23	161 45.4	51.3	20 03.6	5.7	19 40.7	10.8	60.7
26 00	176 45.5	S 8 50.3	34 28.3	5.7	N19 29.9	11.0	60.7
01	191 45.6	49.4	48 53.0	5.7	19 18.9	11.1	60.7
02	206 45.7	48.5	63 17.7	5.8	19 07.8	11.2	60.8
03	221 45.8	. . 47.5	77 42.5	5.8	18 56.6	11.4	60.8
04	236 45.9	46.6	92 07.3	5.9	18 45.2	11.5	60.8
05	251 46.0	45.7	106 32.2	6.0	18 33.7	11.7	60.8
06	266 46.1	S 8 44.7	120 57.2	6.0	N18 22.0	11.7	60.9
07	281 46.2	43.8	135 22.2	6.1	18 10.3	11.9	60.9
08	296 46.3	42.9	149 47.3	6.1	17 58.4	12.1	60.9
F 09	311 46.4	. . 41.9	164 12.4	6.2	17 46.3	12.1	60.9
R 10	326 46.5	41.0	178 37.6	6.3	17 34.2	12.3	60.9
I 11	341 46.6	40.1	193 02.9	6.3	17 21.9	12.4	61.0
D 12	356 46.7	S 8 39.1	207 28.2	6.3	N17 09.5	12.5	61.0
A 13	11 46.8	38.2	221 53.5	6.4	16 57.0	12.7	61.0
Y 14	26 46.9	37.2	236 18.9	6.5	16 44.3	12.7	61.0
15	41 47.0	. . 36.3	250 44.4	6.6	16 31.6	12.9	61.0
16	56 47.1	35.4	265 10.0	6.6	16 18.7	13.0	61.0
17	71 47.3	34.4	279 35.6	6.6	16 05.7	13.1	61.1
18	86 47.4	S 8 33.5	294 01.2	6.8	N15 52.6	13.2	61.1
19	101 47.5	32.6	308 27.0	6.7	15 39.4	13.3	61.1
20	116 47.6	31.6	322 52.7	6.9	15 26.1	13.4	61.1
21	131 47.7	. . 30.7	337 18.6	6.9	15 12.7	13.6	61.1
22	146 47.8	29.8	351 44.5	6.9	14 59.1	13.6	61.1
23	161 47.9	28.8	6 10.4	7.1	N14 45.5	13.8	61.1
	SD 16.2	*d* 0.9	SD 16.3		16.5		16.6

Lat.	Twilight Naut.	Twilight Civil	Sunrise	Moonrise 24	25	26	27
°	h m	h m	h m	h m	h m	h m	h m
N 72	05 30	06 48	07 59	□	□	11 23	14 47
N 70	05 33	06 43	07 47	□	□	12 25	15 06
68	05 35	06 39	07 37	□	09 51	12 59	15 21
66	05 37	06 36	07 29	□	11 03	13 24	15 33
64	05 38	06 33	07 22	09 35	11 39	13 43	15 43
62	05 39	06 31	07 16	10 18	12 05	13 59	15 51
60	05 40	06 28	07 11	10 47	12 25	14 12	15 59
N 58	05 41	06 26	07 06	11 09	12 42	14 23	16 05
56	05 41	06 24	07 02	11 27	12 56	14 32	16 10
54	05 42	06 22	06 58	11 42	13 08	14 41	16 15
52	05 42	06 21	06 55	11 55	13 18	14 48	16 20
50	05 42	06 19	06 52	12 06	13 28	14 55	16 24
45	05 42	06 16	06 45	12 30	13 48	15 10	16 33
N 40	05 41	06 12	06 40	12 49	14 04	15 21	16 40
35	05 40	06 09	06 35	13 05	14 17	15 32	16 46
30	05 38	06 06	06 30	13 19	14 29	15 40	16 52
20	05 35	06 01	06 23	13 43	14 49	15 55	17 01
N 10	05 30	05 55	06 16	14 03	15 06	16 09	17 09
0	05 24	05 49	06 10	14 22	15 22	16 21	17 17
S 10	05 17	05 42	06 03	14 41	15 38	16 33	17 24
20	05 07	05 34	05 56	15 01	15 56	16 46	17 33
30	04 55	05 23	05 48	15 24	16 15	17 01	17 42
35	04 46	05 17	05 43	15 38	16 27	17 09	17 47
40	04 36	05 10	05 38	15 54	16 40	17 19	17 53
45	04 24	05 01	05 31	16 13	16 55	17 30	18 00
S 50	04 08	04 50	05 24	16 36	17 14	17 44	18 08
52	04 00	04 44	05 20	16 47	17 23	17 50	18 12
54	03 51	04 38	05 16	17 00	17 33	17 57	18 16
56	03 41	04 32	05 12	17 14	17 44	18 05	18 21
58	03 29	04 24	05 07	17 31	17 57	18 14	18 26
S 60	03 15	04 16	05 01	17 51	18 12	18 24	18 32

Lat.	Sunset	Twilight Civil	Twilight Naut.	Moonset 24	25	26	27
°	h m	h m	h m	h m	h m	h m	h m
N 72	16 29	17 40	18 59	□	□	09 11	07 47
N 70	16 41	17 45	18 55	□	□	08 08	07 26
68	16 51	17 49	18 53	□	08 36	07 32	07 09
66	16 59	17 52	18 51	□	07 23	07 06	06 55
64	17 06	17 54	18 49	06 43	06 46	06 45	06 43
62	17 12	17 57	18 48	06 00	06 20	06 29	06 33
60	17 17	17 59	18 47	05 31	05 59	06 15	06 25
N 58	17 21	18 01	18 47	05 09	05 42	06 03	06 17
56	17 25	18 03	18 46	04 51	05 27	05 53	06 11
54	17 29	18 05	18 46	04 35	05 15	05 43	06 05
52	17 32	18 06	18 45	04 22	05 04	05 35	05 59
50	17 35	18 08	18 45	04 10	04 54	05 28	05 54
45	17 42	18 11	18 45	03 45	04 33	05 12	05 44
N 40	17 47	18 14	18 46	03 26	04 16	04 58	05 35
35	17 52	18 17	18 47	03 09	04 01	04 47	05 27
30	17 56	18 20	18 48	02 55	03 49	04 37	05 20
20	18 03	18 26	18 51	02 31	03 27	04 20	05 08
N 10	18 10	18 31	18 56	02 10	03 09	04 05	04 58
0	18 16	18 37	19 02	01 50	02 51	03 50	04 48
S 10	18 23	18 44	19 09	01 30	02 33	03 36	04 38
20	18 30	18 52	19 18	01 09	02 14	03 21	04 27
30	18 38	19 02	19 31	00 44	01 52	03 03	04 14
35	18 42	19 08	19 39	00 30	01 39	02 52	04 07
40	18 48	19 16	19 49	00 13	01 24	02 40	03 59
45	18 54	19 24	20 01	25 06	01 06	02 26	03 49
S 50	19 01	19 35	20 17	24 43	00 43	02 08	03 37
52	19 05	19 40	20 24	24 32	00 32	02 00	03 32
54	19 09	19 46	20 33	24 20	00 20	01 51	03 25
56	19 13	19 53	20 43	24 06	00 06	01 40	03 19
58	19 18	20 00	20 54	23 50	25 28	01 28	03 11
S 60	19 23	20 08	21 08	23 30	25 14	01 14	03 02

Day	SUN Eqn. of Time 00^h	SUN Eqn. of Time 12^h	SUN Mer. Pass.	MOON Mer. Pass. Upper	MOON Mer. Pass. Lower	Age	Phase
d	m s	m s	h m	h m	h m	d %	
24	13 17	13 12	12 13	20 36	08 06	10 76	
25	13 08	13 03	12 13	21 36	09 07	11 86	
26	12 58	12 53	12 13	22 34	10 06	12 93	

UT d h	ARIES GHA ° ′	VENUS −3.9 GHA ° ′	VENUS Dec ° ′	MARS −0.6 GHA ° ′	MARS Dec ° ′	JUPITER −2.0 GHA ° ′	JUPITER Dec ° ′	SATURN +0.6 GHA ° ′	SATURN Dec ° ′
27 00	156 43.4	165 56.1	S 5 29.7	32 21.9	N23 50.0	175 24.6	S 8 54.9	332 57.3	N 1 07.3
01	171 45.9	180 55.7	28.5	47 24.8	50.0	190 26.5	54.7	347 59.9	07.3
02	186 48.4	195 55.3	27.2	62 27.7	50.0	205 28.4	54.4	3 02.5	07.4
03	201 50.8	210 54.9	. . 26.0	77 30.6	. . 50.0	220 30.3	. . 54.2	18 05.2	. . 07.5
04	216 53.3	225 54.5	24.7	92 33.4	50.0	235 32.2	54.0	33 07.8	07.6
05	231 55.8	240 54.1	23.5	107 36.3	50.0	250 34.1	53.8	48 10.4	07.6
06	246 58.2	255 53.7	S 5 22.2	122 39.2	N23 50.0	265 36.0	S 8 53.5	63 13.0	N 1 07.7
07	262 00.7	270 53.3	21.0	137 42.1	50.0	280 37.9	53.3	78 15.6	07.8
S 08	277 03.2	285 52.9	19.7	152 44.9	50.0	295 39.8	53.1	93 18.2	07.9
A 09	292 05.6	300 52.4	. . 18.5	167 47.8	. . 50.0	310 41.7	. . 52.8	108 20.9	. . 07.9
T 10	307 08.1	315 52.0	17.2	182 50.7	50.0	325 43.6	52.6	123 23.5	08.0
U 11	322 10.5	330 51.6	16.0	197 53.5	50.0	340 45.5	52.4	138 26.1	08.1
R 12	337 13.0	345 51.2	S 5 14.7	212 56.4	N23 50.0	355 47.4	S 8 52.2	153 28.7	N 1 08.2
D 13	352 15.5	0 50.8	13.5	227 59.3	50.0	10 49.3	51.9	168 31.3	08.2
A 14	7 17.9	15 50.4	12.2	243 02.1	50.0	25 51.2	51.7	183 33.9	08.3
Y 15	22 20.4	30 50.0	. . 11.0	258 05.0	. . 50.0	40 53.1	. . 51.5	198 36.6	. . 08.4
16	37 22.9	45 49.6	09.7	273 07.9	50.0	55 55.0	51.3	213 39.2	08.4
17	52 25.3	60 49.2	08.5	288 10.7	50.0	70 56.9	51.0	228 41.8	08.5
18	67 27.8	75 48.8	S 5 07.2	303 13.6	N23 50.0	85 58.8	S 8 50.8	243 44.4	N 1 08.6
19	82 30.3	90 48.4	05.9	318 16.4	50.0	101 00.7	50.6	258 47.0	08.7
20	97 32.7	105 48.0	04.7	333 19.3	50.0	116 02.6	50.4	273 49.7	08.7
21	112 35.2	120 47.6	. . 03.4	348 22.2	. . 50.0	131 04.5	. . 50.1	288 52.3	. . 08.8
22	127 37.6	135 47.2	02.2	3 25.0	50.0	146 06.4	49.9	303 54.9	08.9
23	142 40.1	150 46.8	5 00.9	18 27.9	50.0	161 08.3	49.7	318 57.5	09.0
28 00	157 42.6	165 46.4	S 4 59.7	33 30.7	N23 50.0	176 10.2	S 8 49.5	334 00.1	N 1 09.0
01	172 45.0	180 46.0	58.4	48 33.6	50.0	191 12.0	49.2	349 02.7	09.1
02	187 47.5	195 45.6	57.1	63 36.4	50.0	206 13.9	49.0	4 05.4	09.2
03	202 50.0	210 45.2	. . 55.9	78 39.2	. . 50.0	221 15.8	. . 48.8	19 08.0	. . 09.3
04	217 52.4	225 44.8	54.6	93 42.1	50.0	236 17.7	48.6	34 10.6	09.3
05	232 54.9	240 44.4	53.4	108 44.9	50.0	251 19.6	48.3	49 13.2	09.4
06	247 57.4	255 44.0	S 4 52.1	123 47.8	N23 50.0	266 21.5	S 8 48.1	64 15.8	N 1 09.5
07	262 59.8	270 43.6	50.9	138 50.6	50.0	281 23.4	47.9	79 18.5	09.6
08	278 02.3	285 43.2	49.6	153 53.5	50.0	296 25.3	47.7	94 21.1	09.6
S 09	293 04.8	300 42.8	. . 48.3	168 56.3	. . 50.0	311 27.2	. . 47.4	109 23.7	. . 09.7
U 10	308 07.2	315 42.4	47.1	183 59.1	50.0	326 29.1	47.2	124 26.3	09.8
N 11	323 09.7	330 42.0	45.8	199 02.0	50.0	341 31.0	47.0	139 28.9	09.9
D 12	338 12.1	345 41.6	S 4 44.6	214 04.8	N23 49.9	356 32.9	S 8 46.8	154 31.5	N 1 09.9
A 13	353 14.6	0 41.2	43.3	229 07.6	49.9	11 34.8	46.5	169 34.2	10.0
Y 14	8 17.1	15 40.8	42.0	244 10.5	49.9	26 36.7	46.3	184 36.8	10.1
15	23 19.5	30 40.4	. . 40.8	259 13.3	. . 49.9	41 38.6	. . 46.1	199 39.4	. . 10.2
16	38 22.0	45 40.0	39.5	274 16.1	49.9	56 40.5	45.8	214 42.0	10.2
17	53 24.5	60 39.6	38.3	289 18.9	49.9	71 42.4	45.6	229 44.6	10.3
18	68 26.9	75 39.2	S 4 37.0	304 21.8	N23 49.9	86 44.3	S 8 45.4	244 47.3	N 1 10.4
19	83 29.4	90 38.8	35.7	319 24.6	49.9	101 46.2	45.2	259 49.9	10.5
20	98 31.9	105 38.4	34.5	334 27.4	49.9	116 48.1	44.9	274 52.5	10.5
21	113 34.3	120 38.1	. . 33.2	349 30.2	. . 49.9	131 50.0	. . 44.7	289 55.1	. . 10.6
22	128 36.8	135 37.7	32.0	4 33.0	49.9	146 51.9	44.5	304 57.7	10.7
23	143 39.2	150 37.3	30.7	19 35.9	49.8	161 53.8	44.3	320 00.4	10.7
1 00	158 41.7	165 36.9	S 4 29.4	34 38.7	N23 49.8	176 55.7	S 8 44.0	335 03.0	N 1 10.8
01	173 44.2	180 36.5	28.2	49 41.5	49.8	191 57.6	43.8	350 05.6	10.9
02	188 46.6	195 36.1	26.9	64 44.3	49.8	206 59.5	43.6	5 08.2	11.0
03	203 49.1	210 35.7	. . 25.7	79 47.1	. . 49.8	222 01.4	. . 43.4	20 10.8	. . 11.0
04	218 51.6	225 35.3	24.4	94 49.9	49.8	237 03.3	43.1	35 13.5	11.1
05	233 54.0	240 34.9	23.1	109 52.7	49.8	252 05.2	42.9	50 16.1	11.2
06	248 56.5	255 34.5	S 4 21.9	124 55.5	N23 49.7	267 07.1	S 8 42.7	65 18.7	N 1 11.3
07	263 59.0	270 34.1	20.6	139 58.3	49.7	282 09.0	42.5	80 21.3	11.3
08	279 01.4	285 33.7	19.3	155 01.1	49.7	297 10.9	42.2	95 24.0	11.4
M 09	294 03.9	300 33.3	. . 18.1	170 03.9	. . 49.7	312 12.8	. . 42.0	110 26.6	. . 11.5
O 10	309 06.4	315 32.9	16.8	185 06.8	49.7	327 14.7	41.8	125 29.2	11.6
N 11	324 08.8	330 32.5	15.6	200 09.6	49.7	342 16.6	41.5	140 31.8	11.6
D 12	339 11.3	345 32.1	S 4 14.3	215 12.3	N23 49.7	357 18.5	S 8 41.3	155 34.4	N 1 11.7
A 13	354 13.7	0 31.7	13.0	230 15.1	49.6	12 20.4	41.1	170 37.1	11.8
Y 14	9 16.2	15 31.4	11.8	245 17.9	49.6	27 22.3	40.9	185 39.7	11.9
15	24 18.7	30 31.0	. . 10.5	260 20.7	. . 49.6	42 24.2	. . 40.6	200 42.3	. . 11.9
16	39 21.1	45 30.6	09.2	275 23.5	49.6	57 26.1	40.4	215 44.9	12.0
17	54 23.6	60 30.2	08.0	290 26.3	49.6	72 28.0	40.2	230 47.5	12.1
18	69 26.1	75 29.8	S 4 06.7	305 29.1	N23 49.6	87 29.9	S 8 40.0	245 50.2	N 1 12.2
19	84 28.5	90 29.4	05.4	320 31.9	49.5	102 31.8	39.7	260 52.8	12.2
20	99 31.0	105 29.0	04.2	335 34.7	49.5	117 33.6	39.5	275 55.4	12.3
21	114 33.5	120 28.6	. . 02.9	350 37.5	. . 49.5	132 35.5	. . 39.3	290 58.0	. . 12.4
22	129 35.9	135 28.2	01.6	5 40.3	49.5	147 37.4	39.1	306 00.7	12.5
23	144 38.4	150 27.8	00.4	20 43.0	49.5	162 39.3	38.8	321 03.3	12.6
Mer. Pass. h m	13 27.0	*v* −0.4	*d* 1.3	*v* 2.8	*d* 0.0	*v* 1.9	*d* 0.2	*v* 2.6	*d* 0.1

STARS

Name	SHA ° ′	Dec ° ′
Acamar	315 20.2	S40 16.0
Achernar	335 28.8	S57 11.3
Acrux	173 11.6	S63 09.4
Adhara	255 14.2	S28 59.4
Aldebaran	290 52.1	N16 31.8
Alioth	166 22.1	N55 53.9
Alkaid	153 00.3	N49 15.4
Al Na'ir	27 47.1	S46 54.7
Alnilam	275 48.7	S 1 11.8
Alphard	217 58.1	S 8 42.4
Alphecca	126 12.9	N26 40.5
Alpheratz	357 46.4	N29 08.9
Altair	62 10.8	N 8 53.6
Ankaa	353 18.3	S42 15.1
Antares	112 29.2	S26 27.3
Arcturus	145 57.7	N19 07.5
Atria	107 33.3	S69 02.5
Avior	234 18.6	S59 32.8
Bellatrix	278 34.5	N 6 21.5
Betelgeuse	271 03.8	N 7 24.5
Canopus	263 57.0	S52 42.3
Capella	280 37.9	N46 00.7
Deneb	49 33.6	N45 18.9
Denebola	182 35.7	N14 30.7
Diphda	348 58.5	S17 55.9
Dubhe	193 53.7	N61 41.6
Elnath	278 15.6	N28 37.0
Eltanin	90 47.4	N51 28.9
Enif	33 49.8	N 9 55.2
Fomalhaut	15 26.9	S29 34.1
Gacrux	172 03.3	S57 10.3
Gienah	175 54.5	S17 36.1
Hadar	148 51.1	S60 25.3
Hamal	328 03.7	N23 30.7
Kaus Aust.	83 47.1	S34 22.7
Kochab	137 19.1	N74 06.4
Markab	13 41.1	N15 15.6
Menkar	314 17.7	N 4 07.8
Menkent	148 10.2	S36 25.2
Miaplacidus	221 39.6	S69 45.7
Mirfak	308 44.0	N49 54.1
Nunki	76 01.5	S26 17.0
Peacock	53 23.4	S56 42.0
Pollux	243 30.3	N28 00.0
Procyon	245 02.0	N 5 11.8
Rasalhague	96 08.8	N12 32.9
Regulus	207 45.7	N11 54.8
Rigel	281 14.3	S 8 11.5
Rigil Kent.	139 54.8	S60 52.5
Sabik	102 15.3	S15 44.3
Schedar	349 43.9	N56 35.8
Shaula	96 25.3	S37 06.6
Sirius	258 35.6	S16 44.0
Spica	158 33.6	S11 13.1
Suhail	222 53.9	S43 28.7
Vega	80 40.8	N38 47.3
Zuben'ubi	137 08.0	S16 05.2

	SHA ° ′	Mer. Pass. h m
Venus	8 03.8	12 57
Mars	235 48.1	21 42
Jupiter	18 27.6	12 14
Saturn	176 17.5	1 44

	UT	SUN GHA	SUN Dec	MOON GHA	v	MOON Dec	d	HP
	d h	° ′	° ′	° ′	′	° ′	′	′
	27 00	176 48.0	S 8 27.9	20 36.5	7.0	N14 31.7	13.8	61.1
	01	191 48.1	26.9	35 02.5	7.2	14 17.9	13.9	61.2
	02	206 48.2	26.0	49 28.7	7.2	14 04.0	14.1	61.2
	03	221 48.3	. . 25.1	63 54.9	7.2	13 49.9	14.1	61.2
	04	236 48.4	24.1	78 21.1	7.3	13 35.8	14.2	61.2
	05	251 48.6	23.2	92 47.4	7.4	13 21.6	14.3	61.2
	06	266 48.7	S 8 22.2	107 13.8	7.4	N13 07.3	14.4	61.2
	07	281 48.8	21.3	121 40.2	7.5	12 52.9	14.5	61.2
S	08	296 48.9	20.4	136 06.7	7.6	12 38.4	14.5	61.2
A	09	311 49.0	. . 19.4	150 33.3	7.6	12 23.9	14.7	61.2
T	10	326 49.1	18.5	164 59.9	7.6	12 09.2	14.7	61.2
U	11	341 49.2	17.5	179 26.5	7.8	11 54.5	14.8	61.2
R	12	356 49.3	S 8 16.6	193 53.3	7.7	N11 39.7	14.9	61.3
D	13	11 49.4	15.7	208 20.0	7.9	11 24.8	15.0	61.3
A	14	26 49.6	14.7	222 46.9	7.8	11 09.8	15.0	61.3
Y	15	41 49.7	. . 13.8	237 13.7	8.0	10 54.8	15.1	61.3
	16	56 49.8	12.8	251 40.7	8.0	10 39.7	15.1	61.3
	17	71 49.9	11.9	266 07.7	8.0	10 24.6	15.3	61.3
	18	86 50.0	S 8 11.0	280 34.7	8.1	N10 09.3	15.3	61.3
	19	101 50.1	10.0	295 01.8	8.2	9 54.0	15.3	61.3
	20	116 50.2	09.1	309 29.0	8.2	9 38.7	15.5	61.3
	21	131 50.3	. . 08.1	323 56.2	8.2	9 23.2	15.4	61.3
	22	146 50.5	07.2	338 23.4	8.3	9 07.8	15.6	61.3
	23	161 50.6	06.2	352 50.7	8.4	8 52.2	15.6	61.3
	28 00	176 50.7	S 8 05.3	7 18.1	8.4	N 8 36.6	15.6	61.3
	01	191 50.8	04.4	21 45.5	8.4	8 21.0	15.7	61.3
	02	206 50.9	03.4	36 12.9	8.5	8 05.3	15.7	61.3
	03	221 51.0	. . 02.5	50 40.4	8.5	7 49.6	15.8	61.3
	04	236 51.2	01.5	65 07.9	8.6	7 33.8	15.9	61.3
	05	251 51.3	8 00.6	79 35.5	8.7	7 17.9	15.8	61.3
	06	266 51.4	S 7 59.6	94 03.2	8.6	N 7 02.1	15.9	61.3
	07	281 51.5	58.7	108 30.8	8.8	6 46.2	16.0	61.3
	08	296 51.6	57.7	122 58.6	8.7	6 30.2	16.0	61.2
S	09	311 51.7	. . 56.8	137 26.3	8.8	6 14.2	16.0	61.2
U	10	326 51.8	55.9	151 54.1	8.9	5 58.2	16.1	61.2
N	11	341 52.0	54.9	166 22.0	8.9	5 42.1	16.0	61.2
D	12	356 52.1	S 7 54.0	180 49.9	8.9	N 5 26.1	16.2	61.2
A	13	11 52.2	53.0	195 17.8	9.0	5 09.9	16.1	61.2
Y	14	26 52.3	52.1	209 45.8	9.0	4 53.8	16.2	61.2
	15	41 52.4	. . 51.1	224 13.8	9.0	4 37.6	16.2	61.2
	16	56 52.6	50.2	238 41.8	9.1	4 21.4	16.2	61.2
	17	71 52.7	49.2	253 09.9	9.1	4 05.2	16.2	61.2
	18	86 52.8	S 7 48.3	267 38.0	9.1	N 3 49.0	16.2	61.2
	19	101 52.9	47.3	282 06.1	9.2	3 32.8	16.3	61.1
	20	116 53.0	46.4	296 34.3	9.2	3 16.5	16.2	61.1
	21	131 53.1	. . 45.4	311 02.5	9.3	3 00.3	16.3	61.1
	22	146 53.3	44.5	325 30.8	9.3	2 44.0	16.3	61.1
	23	161 53.4	43.5	339 59.1	9.3	2 27.7	16.3	61.1
	1 00	176 53.5	S 7 42.6	354 27.4	9.3	N 2 11.4	16.3	61.1
	01	191 53.6	41.7	8 55.7	9.4	1 55.1	16.3	61.1
	02	206 53.7	40.7	23 24.1	9.4	1 38.8	16.3	61.1
	03	221 53.9	. . 39.8	37 52.5	9.4	1 22.5	16.3	61.0
	04	236 54.0	38.8	52 20.9	9.4	1 06.2	16.3	61.0
	05	251 54.1	37.9	66 49.3	9.5	0 49.9	16.3	61.0
	06	266 54.2	S 7 36.9	81 17.8	9.5	N 0 33.6	16.3	61.0
	07	281 54.4	36.0	95 46.3	9.5	0 17.3	16.2	61.0
	08	296 54.5	35.0	110 14.8	9.5	N 0 01.1	16.3	60.9
M	09	311 54.6	. . 34.1	124 43.3	9.6	S 0 15.2	16.3	60.9
O	10	326 54.7	33.1	139 11.9	9.6	0 31.5	16.2	60.9
N	11	341 54.8	32.2	153 40.5	9.6	0 47.7	16.2	60.9
D	12	356 55.0	S 7 31.2	168 09.1	9.6	S 1 03.9	16.2	60.9
A	13	11 55.1	30.3	182 37.7	9.6	1 20.1	16.2	60.8
Y	14	26 55.2	29.3	197 06.3	9.7	1 36.3	16.2	60.8
	15	41 55.3	. . 28.4	211 35.0	9.6	1 52.5	16.1	60.8
	16	56 55.5	27.4	226 03.6	9.7	2 08.6	16.1	60.8
	17	71 55.6	26.5	240 32.3	9.7	2 24.7	16.1	60.8
	18	86 55.7	S 7 25.5	255 01.0	9.7	S 2 40.8	16.0	60.7
	19	101 55.8	24.6	269 29.7	9.7	2 56.8	16.1	60.7
	20	116 56.0	23.6	283 58.4	9.8	3 12.9	16.0	60.7
	21	131 56.1	. . 22.7	298 27.2	9.7	3 28.9	15.9	60.7
	22	146 56.2	21.7	312 55.9	9.8	3 44.8	15.9	60.6
	23	161 56.3	20.7	327 24.7	9.7	S 4 00.7	15.9	60.6
		SD 16.2	*d* 0.9	SD	16.7	16.7		16.6

Lat.	Twilight Naut.	Twilight Civil	Sunrise	Moonrise 27	Moonrise 28	Moonrise 1	Moonrise 2
°	h m	h m	h m	h m	h m	h m	h m
N 72	05 15	06 33	07 43	14 47	17 21	19 45	22 12
N 70	05 20	06 30	07 32	15 06	17 26	19 40	21 54
68	05 24	06 28	07 24	15 21	17 31	19 36	21 41
66	05 26	06 25	07 17	15 33	17 35	19 33	21 30
64	05 29	06 23	07 11	15 43	17 38	19 30	21 21
62	05 30	06 22	07 06	15 51	17 41	19 28	21 13
60	05 32	06 20	07 02	15 59	17 43	19 26	21 06
N 58	05 33	06 18	06 58	16 05	17 45	19 24	21 01
56	05 34	06 17	06 54	16 10	17 47	19 22	20 55
54	05 35	06 16	06 51	16 15	17 49	19 21	20 51
52	05 35	06 14	06 48	16 20	17 50	19 19	20 47
50	05 36	06 13	06 46	16 24	17 52	19 18	20 43
45	05 37	06 11	06 40	16 33	17 55	19 16	20 35
N 40	05 37	06 08	06 35	16 40	17 57	19 13	20 28
35	05 36	06 06	06 31	16 46	18 00	19 12	20 23
30	05 35	06 03	06 27	16 52	18 02	19 10	20 18
20	05 33	05 59	06 21	17 01	18 05	19 07	20 09
N 10	05 29	05 54	06 15	17 09	18 08	19 05	20 01
0	05 24	05 48	06 09	17 17	18 11	19 03	19 55
S 10	05 18	05 42	06 03	17 24	18 13	19 01	19 48
20	05 09	05 35	05 57	17 33	18 16	18 58	19 40
30	04 57	05 26	05 50	17 42	18 20	18 56	19 32
35	04 49	05 20	05 46	17 47	18 22	18 54	19 28
40	04 40	05 13	05 41	17 53	18 24	18 53	19 22
45	04 29	05 05	05 35	18 00	18 26	18 51	19 16
S 50	04 14	04 55	05 29	18 08	18 29	18 49	19 09
52	04 07	04 50	05 26	18 12	18 31	18 48	19 06
54	03 59	04 45	05 22	18 16	18 32	18 47	19 02
56	03 49	04 39	05 18	18 21	18 34	18 46	18 58
58	03 39	04 32	05 14	18 26	18 36	18 44	18 53
S 60	03 26	04 24	05 09	18 32	18 38	18 43	18 49

Lat.	Sunset	Twilight Civil	Twilight Naut.	Moonset 27	Moonset 28	Moonset 1	Moonset 2
°	h m	h m	h m	h m	h m	h m	h m
N 72	16 44	17 54	19 12	07 47	07 09	06 39	06 09
N 70	16 54	17 57	19 08	07 26	07 00	06 38	06 17
68	17 02	17 59	19 04	07 09	06 52	06 38	06 24
66	17 09	18 01	19 01	06 55	06 46	06 38	06 30
64	17 15	18 03	18 58	06 43	06 41	06 38	06 35
62	17 20	18 05	18 56	06 33	06 36	06 38	06 39
60	17 24	18 06	18 55	06 25	06 32	06 37	06 43
N 58	17 28	18 08	18 53	06 17	06 28	06 37	06 46
56	17 32	18 09	18 52	06 11	06 25	06 37	06 49
54	17 35	18 10	18 51	06 05	06 22	06 37	06 52
52	17 38	18 12	18 51	05 59	06 19	06 37	06 54
50	17 40	18 13	18 50	05 54	06 17	06 37	06 57
45	17 46	18 15	18 49	05 44	06 11	06 37	07 01
N 40	17 50	18 18	18 49	05 35	06 07	06 37	07 06
35	17 55	18 20	18 49	05 27	06 03	06 36	07 09
30	17 58	18 22	18 50	05 20	05 59	06 36	07 12
20	18 05	18 27	18 52	05 08	05 53	06 36	07 18
N 10	18 10	18 32	18 56	04 58	05 48	06 36	07 23
0	18 16	18 37	19 01	04 48	05 42	06 35	07 27
S 10	18 21	18 43	19 07	04 38	05 37	06 35	07 32
20	18 27	18 50	19 16	04 27	05 32	06 35	07 37
30	18 35	18 59	19 27	04 14	05 25	06 34	07 42
35	18 39	19 04	19 35	04 07	05 21	06 34	07 46
40	18 43	19 11	19 44	03 59	05 17	06 34	07 49
45	18 49	19 19	19 55	03 49	05 12	06 33	07 53
S 50	18 55	19 29	20 10	03 37	05 06	06 33	07 59
52	18 58	19 34	20 17	03 32	05 03	06 33	08 01
54	19 02	19 39	20 24	03 25	05 00	06 33	08 04
56	19 05	19 45	20 34	03 19	04 56	06 32	08 06
58	19 10	19 51	20 44	03 11	04 52	06 32	08 10
S 60	19 14	19 59	20 56	03 02	04 48	06 32	08 13

Day	SUN Eqn. of Time 00^h	SUN Eqn. of Time 12^h	SUN Mer. Pass.	MOON Mer. Pass. Upper	MOON Mer. Pass. Lower	MOON Age	%	Phase
d	m s	m s	h m	h m	h m	d	%	
27	12 48	12 43	12 13	23 30	11 02	13	98	
28	12 37	12 32	12 13	24 23	11 57	14	100	○
1	12 26	12 20	12 12	00 23	12 49	15	99	

UT	ARIES GHA	VENUS −3.9 GHA	VENUS Dec	MARS −0.6 GHA	MARS Dec	JUPITER −2.0 GHA	JUPITER Dec	SATURN +0.6 GHA	SATURN Dec
d h	° ′	° ′	° ′	° ′	° ′	° ′	° ′	° ′	° ′
2 00 (TUESDAY)	159 40.9	165 27.4	S 3 59.1	35 45.8	N23 49.4	177 41.2	S 8 38.6	336 05.9	N 1 12.6
01	174 43.3	180 27.1	57.8	50 48.6	49.4	192 43.1	38.4	351 08.5	12.7
02	189 45.8	195 26.7	56.6	65 51.4	49.4	207 45.0	38.2	6 11.1	12.8
03	204 48.2	210 26.3	55.3	80 54.1	49.4	222 46.9	37.9	21 13.8	12.9
04	219 50.7	225 25.9	54.0	95 56.9	49.3	237 48.8	37.7	36 16.4	12.9
05	234 53.2	240 25.5	52.8	110 59.7	49.3	252 50.7	37.5	51 19.0	13.0
06	249 55.6	255 25.1	S 3 51.5	126 02.5	N23 49.3	267 52.6	S 8 37.2	66 21.6	N 1 13.1
07	264 58.1	270 24.7	50.2	141 05.2	49.3	282 54.5	37.0	81 24.3	13.2
08	280 00.6	285 24.3	49.0	156 08.0	49.3	297 56.4	36.8	96 26.9	13.2
09	295 03.0	300 23.9	47.7	171 10.8	49.2	312 58.3	36.6	111 29.5	13.3
10	310 05.5	315 23.6	46.4	186 13.5	49.2	328 00.2	36.3	126 32.1	13.4
11	325 08.0	330 23.2	45.2	201 16.3	49.2	343 02.1	36.1	141 34.7	13.5
12	340 10.4	345 22.8	S 3 43.9	216 19.1	N23 49.2	358 04.0	S 8 35.9	156 37.4	N 1 13.5
13	355 12.9	0 22.4	42.6	231 21.8	49.1	13 05.9	35.7	171 40.0	13.6
14	10 15.3	15 22.0	41.4	246 24.6	49.1	28 07.8	35.4	186 42.6	13.7
15	25 17.8	30 21.6	40.1	261 27.4	49.1	43 09.7	35.2	201 45.2	13.8
16	40 20.3	45 21.2	38.8	276 30.1	49.1	58 11.6	35.0	216 47.9	13.8
17	55 22.7	60 20.8	37.5	291 32.9	49.0	73 13.5	34.8	231 50.5	13.9
18	70 25.2	75 20.5	S 3 36.3	306 35.6	N23 49.0	88 15.4	S 8 34.5	246 53.1	N 1 14.0
19	85 27.7	90 20.1	35.0	321 38.4	49.0	103 17.3	34.3	261 55.7	14.1
20	100 30.1	105 19.7	33.7	336 41.1	49.0	118 19.2	34.1	276 58.4	14.1
21	115 32.6	120 19.3	32.5	351 43.9	48.9	133 21.1	33.8	292 01.0	14.2
22	130 35.1	135 18.9	31.2	6 46.6	48.9	148 23.0	33.6	307 03.6	14.3
23	145 37.5	150 18.5	29.9	21 49.4	48.9	163 24.9	33.4	322 06.2	14.4
3 00 (WEDNESDAY)	160 40.0	165 18.1	S 3 28.7	36 52.1	N23 48.8	178 26.8	S 8 33.2	337 08.9	N 1 14.4
01	175 42.5	180 17.8	27.4	51 54.9	48.8	193 28.7	32.9	352 11.5	14.5
02	190 44.9	195 17.4	26.1	66 57.6	48.8	208 30.6	32.7	7 14.1	14.6
03	205 47.4	210 17.0	24.8	82 00.4	48.8	223 32.5	32.5	22 16.7	14.7
04	220 49.8	225 16.6	23.6	97 03.1	48.7	238 34.4	32.3	37 19.4	14.7
05	235 52.3	240 16.2	22.3	112 05.8	48.7	253 36.3	32.0	52 22.0	14.8
06	250 54.8	255 15.8	S 3 21.0	127 08.6	N23 48.7	268 38.2	S 8 31.8	67 24.6	N 1 14.9
07	265 57.2	270 15.4	19.8	142 11.3	48.6	283 40.1	31.6	82 27.2	15.0
08	280 59.7	285 15.1	18.5	157 14.0	48.6	298 42.0	31.4	97 29.9	15.1
09	296 02.2	300 14.7	17.2	172 16.8	48.6	313 43.9	31.1	112 32.5	15.1
10	311 04.6	315 14.3	15.9	187 19.5	48.5	328 45.8	30.9	127 35.1	15.2
11	326 07.1	330 13.9	14.7	202 22.2	48.5	343 47.7	30.7	142 37.7	15.3
12	341 09.6	345 13.5	S 3 13.4	217 25.0	N23 48.5	358 49.6	S 8 30.4	157 40.4	N 1 15.4
13	356 12.0	0 13.1	12.1	232 27.7	48.4	13 51.5	30.2	172 43.0	15.4
14	11 14.5	15 12.8	10.8	247 30.4	48.4	28 53.4	30.0	187 45.6	15.5
15	26 16.9	30 12.4	09.6	262 33.1	48.4	43 55.3	29.8	202 48.2	15.6
16	41 19.4	45 12.0	08.3	277 35.9	48.3	58 57.2	29.5	217 50.9	15.7
17	56 21.9	60 11.6	07.0	292 38.6	48.3	73 59.1	29.3	232 53.5	15.7
18	71 24.3	75 11.2	S 3 05.8	307 41.3	N23 48.3	89 01.0	S 8 29.1	247 56.1	N 1 15.8
19	86 26.8	90 10.8	04.5	322 44.0	48.2	104 02.9	28.9	262 58.7	15.9
20	101 29.3	105 10.5	03.2	337 46.7	48.2	119 04.8	28.6	278 01.4	16.0
21	116 31.7	120 10.1	01.9	352 49.5	48.2	134 06.7	28.4	293 04.0	16.0
22	131 34.2	135 09.7	3 00.7	7 52.2	48.1	149 08.6	28.2	308 06.6	16.1
23	146 36.7	150 09.3	2 59.4	22 54.9	48.1	164 10.5	28.0	323 09.2	16.2
4 00 (THURSDAY)	161 39.1	165 08.9	S 2 58.1	37 57.6	N23 48.0	179 12.4	S 8 27.7	338 11.9	N 1 16.3
01	176 41.6	180 08.6	56.8	53 00.3	48.0	194 14.3	27.5	353 14.5	16.4
02	191 44.1	195 08.2	55.6	68 03.0	48.0	209 16.2	27.3	8 17.1	16.4
03	206 46.5	210 07.8	54.3	83 05.7	47.9	224 18.1	27.0	23 19.7	16.5
04	221 49.0	225 07.4	53.0	98 08.4	47.9	239 19.9	26.8	38 22.4	16.6
05	236 51.4	240 07.0	51.7	113 11.1	47.9	254 21.8	26.6	53 25.0	16.7
06	251 53.9	255 06.7	S 2 50.5	128 13.8	N23 47.8	269 23.7	S 8 26.4	68 27.6	N 1 16.7
07	266 56.4	270 06.3	49.2	143 16.5	47.8	284 25.6	26.1	83 30.3	16.8
08	281 58.8	285 05.9	47.9	158 19.2	47.7	299 27.5	25.9	98 32.9	16.9
09	297 01.3	300 05.5	46.6	173 21.9	47.7	314 29.4	25.7	113 35.5	17.0
10	312 03.8	315 05.1	45.4	188 24.6	47.7	329 31.3	25.5	128 38.1	17.0
11	327 06.2	330 04.8	44.1	203 27.3	47.6	344 33.2	25.2	143 40.8	17.1
12	342 08.7	345 04.4	S 2 42.8	218 30.0	N23 47.6	359 35.1	S 8 25.0	158 43.4	N 1 17.2
13	357 11.2	0 04.0	41.5	233 32.7	47.5	14 37.0	24.8	173 46.0	17.3
14	12 13.6	15 03.6	40.2	248 35.4	47.5	29 38.9	24.6	188 48.6	17.4
15	27 16.1	30 03.2	39.0	263 38.1	47.5	44 40.8	24.3	203 51.3	17.4
16	42 18.5	45 02.9	37.7	278 40.8	47.4	59 42.7	24.1	218 53.9	17.5
17	57 21.0	60 02.5	36.4	293 43.5	47.4	74 44.6	23.9	233 56.5	17.6
18	72 23.5	75 02.1	S 2 35.1	308 46.2	N23 47.3	89 46.5	S 8 23.6	248 59.2	N 1 17.7
19	87 25.9	90 01.7	33.9	323 48.9	47.3	104 48.4	23.4	264 01.8	17.7
20	102 28.4	105 01.3	32.6	338 51.5	47.2	119 50.3	23.2	279 04.4	17.8
21	117 30.9	120 01.0	31.3	353 54.2	47.2	134 52.2	23.0	294 07.0	17.9
22	132 33.3	135 00.6	30.0	8 56.9	47.2	149 54.1	22.7	309 09.7	18.0
23	147 35.8	150 00.2	28.8	23 59.6	47.1	164 56.0	22.5	324 12.3	18.0
Mer. Pass.	h m 13 15.2	v −0.4	d 1.3	v 2.7	d 0.0	v 1.9	d 0.2	v 2.6	d 0.1

STARS

Name	SHA ° ′	Dec ° ′
Acamar	315 20.3	S40 16.0
Achernar	335 28.8	S57 11.3
Acrux	173 11.6	S63 09.4
Adhara	255 14.2	S28 59.4
Aldebaran	290 52.1	N16 31.8
Alioth	166 22.1	N55 53.9
Alkaid	153 00.3	N49 15.4
Al Na'ir	27 47.0	S46 54.7
Alnilam	275 48.7	S 1 11.8
Alphard	217 58.1	S 8 42.4
Alphecca	126 12.9	N26 40.5
Alpheratz	357 46.4	N29 08.9
Altair	62 10.8	N 8 53.6
Ankaa	353 18.3	S42 15.1
Antares	112 29.2	S26 27.3
Arcturus	145 57.7	N19 07.5
Atria	107 33.3	S69 02.5
Avior	234 18.6	S59 32.8
Bellatrix	278 34.5	N 6 21.5
Betelgeuse	271 03.8	N 7 24.5
Canopus	263 57.0	S52 42.4
Capella	280 37.9	N46 00.7
Deneb	49 33.6	N45 18.8
Denebola	182 35.7	N14 30.7
Diphda	348 58.5	S17 55.9
Dubhe	193 53.7	N61 41.6
Elnath	278 15.6	N28 37.0
Eltanin	90 47.4	N51 28.9
Enif	33 49.8	N 9 55.2
Fomalhaut	15 26.9	S29 34.1
Gacrux	172 03.2	S57 10.3
Gienah	175 54.5	S17 36.1
Hadar	148 51.1	S60 25.3
Hamal	328 03.7	N23 30.7
Kaus Aust.	83 47.1	S34 22.7
Kochab	137 19.0	N74 06.4
Markab	13 41.1	N15 15.6
Menkar	314 17.7	N 4 07.8
Menkent	148 10.2	S36 25.3
Miaplacidus	221 39.6	S69 45.8
Mirfak	308 44.0	N49 54.1
Nunki	76 01.4	S26 17.0
Peacock	53 23.3	S56 42.0
Pollux	243 30.4	N28 00.0
Procyon	245 02.0	N 5 11.8
Rasalhague	96 08.7	N12 32.9
Regulus	207 45.7	N11 54.8
Rigel	281 14.3	S 8 11.5
Rigil Kent.	139 54.8	S60 52.5
Sabik	102 15.3	S15 44.3
Schedar	349 43.9	N56 35.8
Shaula	96 25.3	S37 06.6
Sirius	258 35.7	S16 44.0
Spica	158 33.5	S11 13.1
Suhail	222 53.9	S43 28.7
Vega	80 40.8	N38 47.3
Zuben'ubi	137 07.9	S16 05.2

	SHA ° ′	Mer. Pass. h m
Venus	4 38.2	12 59
Mars	236 12.1	21 29
Jupiter	17 46.8	12 05
Saturn	176 28.9	1 31

UT	SUN GHA	SUN Dec	MOON GHA	v	MOON Dec	d	HP
d h	° ′	° ′	° ′	′	° ′	′	′
2 00	176 56.5	S 7 19.8	341 53.4	9.8	S 4 16.6	15.9	60.6
01	191 56.6	18.8	356 22.2	9.8	4 32.5	15.8	60.6
02	206 56.7	17.9	10 51.0	9.7	4 48.3	15.7	60.5
03	221 56.8	. . 16.9	25 19.7	9.8	5 04.0	15.7	60.5
04	236 57.0	16.0	39 48.5	9.8	5 19.7	15.7	60.5
05	251 57.1	15.0	54 17.3	9.8	5 35.4	15.6	60.4
06	266 57.2	S 7 14.1	68 46.1	9.8	S 5 51.0	15.6	60.4
T 07	281 57.3	13.1	83 14.9	9.8	6 06.6	15.5	60.4
U 08	296 57.5	12.2	97 43.7	9.8	6 22.1	15.5	60.4
E 09	311 57.6	. . 11.2	112 12.5	9.8	6 37.6	15.4	60.3
S 10	326 57.7	10.3	126 41.3	9.8	6 53.0	15.3	60.3
D 11	341 57.8	09.3	141 10.1	9.8	7 08.3	15.3	60.3
A 12	356 58.0	S 7 08.3	155 38.9	9.8	S 7 23.6	15.3	60.2
Y 13	11 58.1	07.4	170 07.7	9.8	7 38.9	15.2	60.2
14	26 58.2	06.4	184 36.5	9.8	7 54.1	15.1	60.2
15	41 58.4	. . 05.5	199 05.3	9.8	8 09.2	15.0	60.1
16	56 58.5	04.5	213 34.1	9.7	8 24.2	15.0	60.1
17	71 58.6	03.6	228 02.8	9.8	8 39.2	14.9	60.1
18	86 58.7	S 7 02.6	242 31.6	9.8	S 8 54.1	14.9	60.0
19	101 58.9	01.7	257 00.4	9.7	9 09.0	14.8	60.0
20	116 59.0	7 00.7	271 29.1	9.8	9 23.8	14.7	60.0
21	131 59.1	6 59.7	285 57.9	9.7	9 38.5	14.6	59.9
22	146 59.3	58.8	300 26.6	9.8	9 53.1	14.6	59.9
23	161 59.4	57.8	314 55.4	9.7	10 07.7	14.5	59.9
3 00	176 59.5	S 6 56.9	329 24.1	9.7	S10 22.2	14.4	59.8
01	191 59.6	55.9	343 52.8	9.7	10 36.6	14.3	59.8
02	206 59.8	55.0	358 21.5	9.7	10 50.9	14.3	59.8
03	221 59.9	. . 54.0	12 50.2	9.7	11 05.2	14.1	59.7
04	237 00.0	53.1	27 18.9	9.7	11 19.3	14.1	59.7
05	252 00.2	52.1	41 47.6	9.6	11 33.4	14.0	59.6
06	267 00.3	S 6 51.1	56 16.2	9.7	S11 47.4	14.0	59.6
W 07	282 00.4	50.2	70 44.9	9.6	12 01.4	13.8	59.6
E 08	297 00.6	49.2	85 13.5	9.6	12 15.2	13.8	59.5
D 09	312 00.7	. . 48.3	99 42.1	9.6	12 29.0	13.6	59.5
N 10	327 00.8	47.3	114 10.7	9.6	12 42.6	13.6	59.5
E 11	342 01.0	46.3	128 39.3	9.6	12 56.2	13.5	59.4
S 12	357 01.1	S 6 45.4	143 07.9	9.5	S13 09.7	13.3	59.4
D 13	12 01.2	44.4	157 36.4	9.6	13 23.0	13.3	59.4
A 14	27 01.4	43.5	172 05.0	9.5	13 36.3	13.2	59.3
Y 15	42 01.5	. . 42.5	186 33.5	9.5	13 49.5	13.1	59.3
16	57 01.6	41.5	201 02.0	9.5	14 02.6	13.0	59.2
17	72 01.8	40.6	215 30.5	9.5	14 15.6	12.9	59.2
18	87 01.9	S 6 39.6	229 59.0	9.4	S14 28.5	12.8	59.2
19	102 02.0	38.7	244 27.4	9.4	14 41.3	12.8	59.1
20	117 02.2	37.7	258 55.8	9.4	14 54.1	12.6	59.1
21	132 02.3	. . 36.7	273 24.2	9.4	15 06.7	12.5	59.0
22	147 02.4	35.8	287 52.6	9.4	15 19.2	12.3	59.0
23	162 02.6	34.8	302 21.0	9.4	15 31.5	12.3	59.0
4 00	177 02.7	S 6 33.9	316 49.4	9.3	S15 43.8	12.2	58.9
01	192 02.8	32.9	331 17.7	9.3	15 56.0	12.1	58.9
02	207 03.0	31.9	345 46.0	9.3	16 08.1	12.0	58.8
03	222 03.1	. . 31.0	0 14.3	9.3	16 20.1	11.8	58.8
04	237 03.2	30.0	14 42.6	9.2	16 31.9	11.8	58.8
05	252 03.4	29.1	29 10.8	9.2	16 43.7	11.6	58.7
06	267 03.5	S 6 28.1	43 39.0	9.3	S16 55.3	11.6	58.7
T 07	282 03.6	27.1	58 07.3	9.1	17 06.9	11.4	58.6
H 08	297 03.8	26.2	72 35.4	9.2	17 18.3	11.3	58.6
U 09	312 03.9	. . 25.2	87 03.6	9.2	17 29.6	11.2	58.6
R 10	327 04.1	24.2	101 31.8	9.1	17 40.8	11.0	58.5
S 11	342 04.2	23.3	115 59.9	9.1	17 51.8	11.0	58.5
D 12	357 04.3	S 6 22.3	130 28.0	9.1	S18 02.8	10.8	58.4
A 13	12 04.5	21.4	144 56.1	9.0	18 13.6	10.7	58.4
Y 14	27 04.6	20.4	159 24.1	9.1	18 24.3	10.6	58.4
15	42 04.7	. . 19.4	173 52.2	9.0	18 34.9	10.5	58.3
16	57 04.9	18.5	188 20.2	9.0	18 45.4	10.4	58.3
17	72 05.0	17.5	202 48.2	9.0	18 55.8	10.2	58.2
18	87 05.2	S 6 16.5	217 16.2	9.0	S19 06.0	10.1	58.2
19	102 05.3	15.6	231 44.2	8.9	19 16.1	10.0	58.2
20	117 05.4	14.6	246 12.1	8.9	19 26.1	9.9	58.1
21	132 05.6	. . 13.7	260 40.0	8.9	19 36.0	9.7	58.1
22	147 05.7	12.7	275 07.9	8.9	19 45.7	9.6	58.0
23	162 05.9	11.7	289 35.8	8.9	S19 55.3	9.5	58.0
	SD 16.2	*d* 1.0	SD 16.4		16.2		15.9

Lat.	Twilight Naut.	Twilight Civil	Sunrise	Moonrise 2	Moonrise 3	Moonrise 4	Moonrise 5
°	h m	h m	h m	h m	h m	h m	h m
N 72	05 00	06 19	07 27	22 12	25 06	01 06	■
N 70	05 07	06 17	07 19	21 54	24 20	00 20	■
68	05 11	06 16	07 12	21 41	23 51	26 22	02 22
66	05 15	06 14	07 06	21 30	23 29	25 35	01 35
64	05 19	06 13	07 01	21 21	23 12	25 05	01 05
62	05 21	06 12	06 57	21 13	22 58	24 42	00 42
60	05 23	06 11	06 53	21 06	22 46	24 24	00 24
N 58	05 25	06 11	06 50	21 01	22 36	24 09	00 09
56	05 27	06 10	06 47	20 55	22 27	23 56	25 19
54	05 28	06 09	06 44	20 51	22 19	23 45	25 05
52	05 29	06 08	06 42	20 47	22 12	23 35	24 52
50	05 30	06 07	06 40	20 43	22 06	23 26	24 41
45	05 31	06 05	06 35	20 35	21 53	23 08	24 19
N 40	05 32	06 04	06 31	20 28	21 42	22 53	24 01
35	05 33	06 02	06 27	20 23	21 32	22 40	23 46
30	05 32	06 00	06 24	20 18	21 24	22 29	23 32
20	05 31	05 56	06 18	20 09	21 10	22 11	23 10
N 10	05 28	05 52	06 13	20 01	20 58	21 54	22 51
0	05 24	05 48	06 09	19 55	20 47	21 39	22 33
S 10	05 18	05 43	06 04	19 48	20 35	21 24	22 15
20	05 10	05 36	05 58	19 40	20 23	21 08	21 56
30	04 59	05 28	05 52	19 32	20 10	20 50	21 34
35	04 52	05 23	05 49	19 28	20 02	20 40	21 22
40	04 44	05 17	05 44	19 22	19 53	20 28	21 07
45	04 33	05 10	05 40	19 16	19 43	20 14	20 50
S 50	04 20	05 00	05 34	19 09	19 31	19 57	20 28
52	04 13	04 56	05 31	19 06	19 25	19 49	20 18
54	04 06	04 51	05 28	19 02	19 19	19 40	20 07
56	03 58	04 46	05 25	18 58	19 12	19 30	19 54
58	03 48	04 40	05 21	18 53	19 04	19 19	19 39
S 60	03 36	04 33	05 17	18 49	18 56	19 06	19 21

Lat.	Sunset	Twilight Civil	Twilight Naut.	Moonset 2	Moonset 3	Moonset 4	Moonset 5
°	h m	h m	h m	h m	h m	h m	h m
N 72	16 59	18 08	19 26	06 09	05 33	04 30	■
N 70	17 07	18 09	19 20	06 17	05 53	05 17	■
68	17 14	18 10	19 15	06 24	06 08	05 48	05 08
66	17 19	18 11	19 11	06 30	06 21	06 11	05 56
64	17 24	18 12	19 07	06 35	06 32	06 29	06 27
62	17 28	18 13	19 04	06 39	06 41	06 44	06 50
60	17 32	18 14	19 02	06 43	06 49	06 57	07 09
N 58	17 35	18 15	19 00	06 46	06 56	07 08	07 25
56	17 38	18 15	18 58	06 49	07 02	07 18	07 38
54	17 41	18 16	18 57	06 52	07 08	07 26	07 50
52	17 43	18 17	18 56	06 54	07 13	07 34	08 00
50	17 45	18 18	18 55	06 57	07 17	07 41	08 10
45	17 50	18 19	18 53	07 01	07 27	07 56	08 29
N 40	17 54	18 21	18 52	07 06	07 36	08 08	08 45
35	17 57	18 23	18 52	07 09	07 43	08 19	08 59
30	18 00	18 24	18 52	07 12	07 49	08 28	09 10
20	18 06	18 28	18 53	07 18	08 00	08 44	09 31
N 10	18 11	18 32	18 56	07 23	08 10	08 58	09 48
0	18 15	18 36	19 00	07 27	08 19	09 12	10 05
S 10	18 20	18 41	19 06	07 32	08 28	09 25	10 21
20	18 25	18 47	19 13	07 37	08 38	09 39	10 39
30	18 31	18 55	19 24	07 42	08 49	09 55	11 00
35	18 35	19 00	19 31	07 46	08 56	10 05	11 12
40	18 39	19 06	19 39	07 49	09 03	10 16	11 26
45	18 43	19 13	19 49	07 53	09 12	10 29	11 42
S 50	18 49	19 22	20 02	07 59	09 23	10 45	12 03
52	18 52	19 26	20 09	08 01	09 28	10 52	12 12
54	18 55	19 31	20 16	08 04	09 33	11 00	12 23
56	18 58	19 36	20 24	08 06	09 39	11 10	12 36
58	19 01	19 42	20 34	08 10	09 46	11 20	12 50
S 60	19 05	19 49	20 45	08 13	09 53	11 32	13 08

Day	SUN Eqn. of Time 00^h	SUN Eqn. of Time 12^h	SUN Mer. Pass.	MOON Mer. Pass. Upper	MOON Mer. Pass. Lower	Age	Phase
d	m s	m s	h m	h m	h m	d	%
2	12 14	12 08	12 12	01 15	13 41	16	95
3	12 02	11 56	12 12	02 07	14 33	17	89
4	11 49	11 43	12 12	02 59	15 25	18	81

	UT	ARIES	VENUS −3.9		MARS −0.5		JUPITER −2.0		SATURN +0.6	
		GHA	GHA	Dec	GHA	Dec	GHA	Dec	GHA	Dec
	d h	° ′	° ′	° ′	° ′	° ′	° ′	° ′	° ′	° ′
	5 00	162 38.3	164 59.8	S 2 27.5	39 02.3	N23 47.1	179 57.9	S 8 22.3	339 14.9	N 1 18.1
	01	177 40.7	179 59.4	26.2	54 04.9	47.0	194 59.8	22.1	354 17.5	18.2
	02	192 43.2	194 59.1	24.9	69 07.6	47.0	210 01.7	21.8	9 20.2	18.3
	03	207 45.7	209 58.7	. . 23.6	84 10.3	. . 46.9	225 03.6	. . 21.6	24 22.8	. . 18.4
	04	222 48.1	224 58.3	22.4	99 13.0	46.9	240 05.5	21.4	39 25.4	18.4
	05	237 50.6	239 57.9	21.1	114 15.6	46.8	255 07.4	21.1	54 28.1	18.5
	06	252 53.0	254 57.6	S 2 19.8	129 18.3	N23 46.8	270 09.3	S 8 20.9	69 30.7	N 1 18.6
	07	267 55.5	269 57.2	18.5	144 21.0	46.7	285 11.2	20.7	84 33.3	18.7
	08	282 58.0	284 56.8	17.3	159 23.6	46.7	300 13.1	20.5	99 35.9	18.7
F	09	298 00.4	299 56.4	. . 16.0	174 26.3	. . 46.7	315 15.0	. . 20.2	114 38.6	. . 18.8
R	10	313 02.9	314 56.1	14.7	189 29.0	46.6	330 16.9	20.0	129 41.2	18.9
I	11	328 05.4	329 55.7	13.4	204 31.6	46.6	345 18.8	19.8	144 43.8	19.0
D	12	343 07.8	344 55.3	S 2 12.1	219 34.3	N23 46.5	0 20.7	S 8 19.6	159 46.5	N 1 19.0
A	13	358 10.3	359 54.9	10.9	234 36.9	46.5	15 22.6	19.3	174 49.1	19.1
Y	14	13 12.8	14 54.5	09.6	249 39.6	46.4	30 24.5	19.1	189 51.7	19.2
	15	28 15.2	29 54.2	. . 08.3	264 42.3	. . 46.4	45 26.4	. . 18.9	204 54.3	. . 19.3
	16	43 17.7	44 53.8	07.0	279 44.9	46.3	60 28.3	18.7	219 57.0	19.4
	17	58 20.2	59 53.4	05.7	294 47.6	46.3	75 30.2	18.4	234 59.6	19.4
	18	73 22.6	74 53.0	S 2 04.5	309 50.2	N23 46.2	90 32.1	S 8 18.2	250 02.2	N 1 19.5
	19	88 25.1	89 52.7	03.2	324 52.9	46.2	105 34.0	18.0	265 04.9	19.6
	20	103 27.5	104 52.3	01.9	339 55.5	46.1	120 35.9	17.7	280 07.5	19.7
	21	118 30.0	119 51.9	2 00.6	354 58.2	. . 46.1	135 37.8	. . 17.5	295 10.1	. . 19.7
	22	133 32.5	134 51.5	1 59.3	10 00.8	46.0	150 39.7	17.3	310 12.8	19.8
	23	148 34.9	149 51.2	58.1	25 03.4	46.0	165 41.6	17.1	325 15.4	19.9
	6 00	163 37.4	164 50.8	S 1 56.8	40 06.1	N23 45.9	180 43.5	S 8 16.8	340 18.0	N 1 20.0
	01	178 39.9	179 50.4	55.5	55 08.7	45.8	195 45.4	16.6	355 20.6	20.1
	02	193 42.3	194 50.0	54.2	70 11.4	45.8	210 47.3	16.4	10 23.3	20.1
	03	208 44.8	209 49.7	. . 52.9	85 14.0	. . 45.7	225 49.2	. . 16.2	25 25.9	. . 20.2
	04	223 47.3	224 49.3	51.7	100 16.7	45.7	240 51.1	15.9	40 28.5	20.3
	05	238 49.7	239 48.9	50.4	115 19.3	45.6	255 53.0	15.7	55 31.2	20.4
	06	253 52.2	254 48.6	S 1 49.1	130 21.9	N23 45.6	270 54.9	S 8 15.5	70 33.8	N 1 20.4
S	07	268 54.7	269 48.2	47.8	145 24.6	45.5	285 56.8	15.2	85 36.4	20.5
	08	283 57.1	284 47.8	46.5	160 27.2	45.5	300 58.7	15.0	100 39.1	20.6
A	09	298 59.6	299 47.4	. . 45.2	175 29.8	. . 45.4	316 00.6	. . 14.8	115 41.7	. . 20.7
T	10	314 02.0	314 47.1	44.0	190 32.5	45.4	331 02.5	14.6	130 44.3	20.8
U	11	329 04.5	329 46.7	42.7	205 35.1	45.3	346 04.4	14.3	145 46.9	20.8
R	12	344 07.0	344 46.3	S 1 41.4	220 37.7	N23 45.2	1 06.3	S 8 14.1	160 49.6	N 1 20.9
D	13	359 09.4	359 45.9	40.1	235 40.3	45.2	16 08.2	13.9	175 52.2	21.0
A	14	14 11.9	14 45.6	38.8	250 43.0	45.1	31 10.1	13.7	190 54.8	21.1
Y	15	29 14.4	29 45.2	. . 37.6	265 45.6	. . 45.1	46 12.0	. . 13.4	205 57.5	. . 21.1
	16	44 16.8	44 44.8	36.3	280 48.2	45.0	61 13.9	13.2	221 00.1	21.2
	17	59 19.3	59 44.4	35.0	295 50.8	45.0	76 15.8	13.0	236 02.7	21.3
	18	74 21.8	74 44.1	S 1 33.7	310 53.4	N23 44.9	91 17.7	S 8 12.7	251 05.4	N 1 21.4
	19	89 24.2	89 43.7	32.4	325 56.1	44.8	106 19.6	12.5	266 08.0	21.5
	20	104 26.7	104 43.3	31.1	340 58.7	44.8	121 21.5	12.3	281 10.6	21.5
	21	119 29.1	119 43.0	. . 29.9	356 01.3	. . 44.7	136 23.4	. . 12.1	296 13.2	. . 21.6
	22	134 31.6	134 42.6	28.6	11 03.9	44.7	151 25.3	11.8	311 15.9	21.7
	23	149 34.1	149 42.2	27.3	26 06.5	44.6	166 27.2	11.6	326 18.5	21.8
	7 00	164 36.5	164 41.8	S 1 26.0	41 09.1	N23 44.5	181 29.1	S 8 11.4	341 21.1	N 1 21.8
	01	179 39.0	179 41.5	24.7	56 11.7	44.5	196 31.0	11.2	356 23.8	21.9
	02	194 41.5	194 41.1	23.4	71 14.3	44.4	211 32.9	10.9	11 26.4	22.0
	03	209 43.9	209 40.7	. . 22.2	86 16.9	. . 44.4	226 34.8	. . 10.7	26 29.0	. . 22.1
	04	224 46.4	224 40.3	20.9	101 19.5	44.3	241 36.7	10.5	41 31.7	22.2
	05	239 48.9	239 40.0	19.6	116 22.1	44.2	256 38.6	10.2	56 34.3	22.2
	06	254 51.3	254 39.6	S 1 18.3	131 24.7	N23 44.2	271 40.5	S 8 10.0	71 36.9	N 1 22.3
	07	269 53.8	269 39.2	17.0	146 27.3	44.1	286 42.4	09.8	86 39.6	22.4
	08	284 56.3	284 38.9	15.7	161 29.9	44.1	301 44.3	09.6	101 42.2	22.5
S	09	299 58.7	299 38.5	. . 14.5	176 32.5	. . 44.0	316 46.2	. . 09.3	116 44.8	. . 22.6
U	10	315 01.2	314 38.1	13.2	191 35.1	43.9	331 48.1	09.1	131 47.5	22.6
N	11	330 03.6	329 37.8	11.9	206 37.7	43.9	346 50.0	08.9	146 50.1	22.7
D	12	345 06.1	344 37.4	S 1 10.6	221 40.3	N23 43.8	1 51.9	S 8 08.7	161 52.7	N 1 22.8
A	13	0 08.6	359 37.0	09.3	236 42.9	43.7	16 53.8	08.4	176 55.4	22.9
Y	14	15 11.0	14 36.6	08.0	251 45.5	43.7	31 55.7	08.2	191 58.0	22.9
	15	30 13.5	29 36.3	. . 06.8	266 48.1	. . 43.6	46 57.6	. . 08.0	207 00.6	. . 23.0
	16	45 16.0	44 35.9	05.5	281 50.7	43.5	61 59.5	07.7	222 03.3	23.1
	17	60 18.4	59 35.5	04.2	296 53.3	43.5	77 01.4	07.5	237 05.9	23.2
	18	75 20.9	74 35.2	S 1 02.9	311 55.8	N23 43.4	92 03.3	S 8 07.3	252 08.5	N 1 23.3
	19	90 23.4	89 34.8	01.6	326 58.4	43.4	107 05.2	07.1	267 11.2	23.3
	20	105 25.8	104 34.4	1 00.3	342 01.0	43.3	122 07.1	06.8	282 13.8	23.4
	21	120 28.3	119 34.0	0 59.1	357 03.6	. . 43.2	137 09.0	. . 06.6	297 16.4	. . 23.5
	22	135 30.8	134 33.7	57.8	12 06.2	43.2	152 10.9	06.4	312 19.0	23.6
	23	150 33.2	149 33.3	56.5	27 08.7	43.1	167 12.8	06.2	327 21.7	23.7
	Mer. Pass.	h m 13 03.4	v −0.4	d 1.3	v 2.6	d 0.1	v 1.9	d 0.2	v 2.6	d 0.1

STARS		
Name	SHA	Dec
	° ′	° ′
Acamar	315 20.3	S40 16.0
Achernar	335 28.8	S57 11.2
Acrux	173 11.6	S63 09.4
Adhara	255 14.2	S28 59.4
Aldebaran	290 52.2	N16 31.8
Alioth	166 22.1	N55 54.0
Alkaid	153 00.3	N49 15.4
Al Na'ir	27 47.0	S46 54.6
Alnilam	275 48.7	S 1 11.8
Alphard	217 58.1	S 8 42.4
Alphecca	126 12.9	N26 40.5
Alpheratz	357 46.4	N29 08.8
Altair	62 10.8	N 8 53.6
Ankaa	353 18.3	S42 15.1
Antares	112 29.2	S26 27.3
Arcturus	145 57.6	N19 07.5
Atria	107 33.2	S69 02.5
Avior	234 18.6	S59 32.8
Bellatrix	278 34.5	N 6 21.5
Betelgeuse	271 03.8	N 7 24.5
Canopus	263 57.0	S52 42.4
Capella	280 38.0	N46 00.7
Deneb	49 33.6	N45 18.8
Denebola	182 35.7	N14 30.7
Diphda	348 58.5	S17 55.9
Dubhe	193 53.7	N61 41.6
Elnath	278 15.6	N28 37.0
Eltanin	90 47.4	N51 28.9
Enif	33 49.8	N 9 55.2
Fomalhaut	15 26.9	S29 34.1
Gacrux	172 03.2	S57 10.3
Gienah	175 54.5	S17 36.1
Hadar	148 51.0	S60 25.3
Hamal	328 03.7	N23 30.7
Kaus Aust.	83 47.1	S34 22.7
Kochab	137 19.0	N74 06.4
Markab	13 41.1	N15 15.6
Menkar	314 17.7	N 4 07.8
Menkent	148 10.2	S36 25.3
Miaplacidus	221 39.6	S69 45.8
Mirfak	308 44.1	N49 54.1
Nunki	76 01.4	S26 17.0
Peacock	53 23.3	S56 42.0
Pollux	243 30.4	N28 00.0
Procyon	245 02.0	N 5 11.8
Rasalhague	96 08.7	N12 32.9
Regulus	207 45.7	N11 54.8
Rigel	281 14.3	S 8 11.5
Rigil Kent.	139 54.8	S60 52.5
Sabik	102 15.3	S15 44.3
Schedar	349 44.0	N56 35.7
Shaula	96 25.2	S37 06.6
Sirius	258 35.7	S16 44.0
Spica	158 33.5	S11 13.1
Suhail	222 53.9	S43 28.7
Vega	80 40.8	N38 47.3
Zuben'ubi	137 07.9	S16 05.2

	SHA	Mer. Pass.
	° ′	h m
Venus	1 13.4	13 01
Mars	236 28.7	21 16
Jupiter	17 06.1	11 56
Saturn	176 40.6	1 19

	UT	SUN GHA	SUN Dec	MOON GHA	v	MOON Dec	d	HP
	d h	° ′	° ′	° ′	′	° ′	′	′
	5 00	177 06.0	S 6 10.8	304 03.7	8.8	S20 04.8	9.4	58.0
	01	192 06.1	09.8	318 31.5	8.8	20 14.2	9.2	57.9
	02	207 06.3	08.8	332 59.3	8.9	20 23.4	9.2	57.9
	03	222 06.4	. . 07.9	347 27.2	8.7	20 32.6	8.9	57.8
	04	237 06.6	06.9	1 54.9	8.8	20 41.5	8.9	57.8
	05	252 06.7	05.9	16 22.7	8.8	20 50.4	8.7	57.8
	06	267 06.8	S 6 05.0	30 50.5	8.7	S20 59.1	8.6	57.7
	07	282 07.0	04.0	45 18.2	8.7	21 07.7	8.5	57.7
	08	297 07.1	03.0	59 45.9	8.8	21 16.2	8.3	57.6
F	09	312 07.3	. . 02.1	74 13.7	8.6	21 24.5	8.2	57.6
R	10	327 07.4	01.1	88 41.3	8.7	21 32.7	8.1	57.6
I	11	342 07.5	6 00.1	103 09.0	8.7	21 40.8	7.9	57.5
D	12	357 07.7	S 5 59.2	117 36.7	8.6	S21 48.7	7.8	57.5
A	13	12 07.8	58.2	132 04.3	8.7	21 56.5	7.7	57.4
Y	14	27 08.0	57.2	146 32.0	8.6	22 04.2	7.5	57.4
	15	42 08.1	. . 56.3	160 59.6	8.6	22 11.7	7.4	57.4
	16	57 08.2	55.3	175 27.2	8.6	22 19.1	7.3	57.3
	17	72 08.4	54.3	189 54.8	8.6	22 26.4	7.1	57.3
	18	87 08.5	S 5 53.4	204 22.4	8.6	S22 33.5	7.0	57.2
	19	102 08.7	52.4	218 50.0	8.6	22 40.5	6.9	57.2
	20	117 08.8	51.4	233 17.6	8.5	22 47.4	6.7	57.2
	21	132 09.0	. . 50.5	247 45.1	8.6	22 54.1	6.6	57.1
	22	147 09.1	49.5	262 12.7	8.5	23 00.7	6.5	57.1
	23	162 09.2	48.5	276 40.2	8.6	23 07.2	6.3	57.0
	6 00	177 09.4	S 5 47.6	291 07.8	8.5	S23 13.5	6.2	57.0
	01	192 09.5	46.6	305 35.3	8.6	23 19.7	6.0	57.0
	02	207 09.7	45.6	320 02.9	8.5	23 25.7	5.9	56.9
	03	222 09.8	. . 44.7	334 30.4	8.5	23 31.6	5.8	56.9
	04	237 10.0	43.7	348 57.9	8.5	23 37.4	5.6	56.9
	05	252 10.1	42.7	3 25.4	8.5	23 43.0	5.5	56.8
	06	267 10.3	S 5 41.8	17 52.9	8.6	S23 48.5	5.3	56.8
S	07	282 10.4	40.8	32 20.5	8.5	23 53.8	5.2	56.7
A	08	297 10.5	39.8	46 48.0	8.5	23 59.0	5.1	56.7
T	09	312 10.7	. . 38.8	61 15.5	8.5	24 04.1	4.9	56.7
U	10	327 10.8	37.9	75 43.0	8.5	24 09.0	4.8	56.6
R	11	342 11.0	36.9	90 10.5	8.5	24 13.8	4.7	56.6
D	12	357 11.1	S 5 35.9	104 38.0	8.6	S24 18.5	4.5	56.6
A	13	12 11.3	35.0	119 05.6	8.5	24 23.0	4.4	56.5
Y	14	27 11.4	34.0	133 33.1	8.5	24 27.4	4.2	56.5
	15	42 11.6	. . 33.0	148 00.6	8.6	24 31.6	4.1	56.5
	16	57 11.7	32.1	162 28.2	8.5	24 35.7	3.9	56.4
	17	72 11.9	31.1	176 55.7	8.6	24 39.6	3.9	56.4
	18	87 12.0	S 5 30.1	191 23.3	8.5	S24 43.5	3.6	56.3
	19	102 12.2	29.1	205 50.8	8.6	24 47.1	3.6	56.3
	20	117 12.3	28.2	220 18.4	8.6	24 50.7	3.4	56.3
	21	132 12.4	. . 27.2	234 46.0	8.6	24 54.1	3.2	56.2
	22	147 12.6	26.2	249 13.6	8.6	24 57.3	3.2	56.2
	23	162 12.7	25.3	263 41.2	8.6	25 00.5	2.9	56.2
	7 00	177 12.9	S 5 24.3	278 08.8	8.7	S25 03.4	2.9	56.1
	01	192 13.0	23.3	292 36.5	8.6	25 06.3	2.7	56.1
	02	207 13.2	22.3	307 04.1	8.7	25 09.0	2.5	56.1
	03	222 13.3	. . 21.4	321 31.8	8.7	25 11.5	2.5	56.0
	04	237 13.5	20.4	335 59.5	8.7	25 14.0	2.3	56.0
	05	252 13.6	19.4	350 27.2	8.7	25 16.3	2.1	56.0
	06	267 13.8	S 5 18.5	4 54.9	8.8	S25 18.4	2.0	55.9
	07	282 13.9	17.5	19 22.7	8.8	25 20.4	1.9	55.9
	08	297 14.1	16.5	33 50.5	8.8	25 22.3	1.7	55.9
S	09	312 14.2	. . 15.5	48 18.3	8.8	25 24.0	1.6	55.8
U	10	327 14.4	14.6	62 46.1	8.8	25 25.6	1.5	55.8
N	11	342 14.5	13.6	77 13.9	8.9	25 27.1	1.3	55.8
D	12	357 14.7	S 5 12.6	91 41.8	8.9	S25 28.4	1.2	55.8
A	13	12 14.8	11.6	106 09.7	8.9	25 29.6	1.0	55.7
Y	14	27 15.0	10.7	120 37.6	8.9	25 30.6	1.0	55.7
	15	42 15.1	. . 09.7	135 05.5	9.0	25 31.6	0.7	55.7
	16	57 15.3	08.7	149 33.5	9.0	25 32.3	0.7	55.6
	17	72 15.4	07.8	164 01.5	9.1	25 33.0	0.5	55.6
	18	87 15.6	S 5 06.8	178 29.6	9.0	S25 33.5	0.4	55.6
	19	102 15.7	05.8	192 57.6	9.1	25 33.9	0.2	55.5
	20	117 15.9	04.8	207 25.7	9.2	25 34.1	0.1	55.5
	21	132 16.0	. . 03.9	221 53.9	9.1	25 34.2	0.0	55.5
	22	147 16.2	02.9	236 22.0	9.2	25 34.2	0.2	55.5
	23	162 16.3	01.9	250 50.2	9.3	S25 34.0	0.3	55.4
		SD 16.1	d 1.0	SD	15.7	15.4		15.2

Lat.	Twilight Naut.	Twilight Civil	Sunrise	Moonrise 5	6	7	8
°	h m	h m	h m	h m	h m	h m	h m
N 72	04 45	06 04	07 11	▬	▬	▬	▬
N 70	04 53	06 04	07 05	▬	▬	▬	▬
68	04 59	06 04	06 59	02 22	▬	▬	▬
66	05 04	06 03	06 55	01 35	04 10	▬	▬
64	05 08	06 03	06 51	01 05	02 57	04 44	05 48
62	05 12	06 03	06 47	00 42	02 21	03 47	04 46
60	05 15	06 03	06 44	00 24	01 56	03 15	04 12
N 58	05 17	06 02	06 42	00 09	01 36	02 50	03 47
56	05 19	06 02	06 39	25 19	01 19	02 31	03 28
54	05 21	06 02	06 37	25 05	01 05	02 14	03 11
52	05 22	06 01	06 35	24 52	00 52	02 01	02 57
50	05 24	06 01	06 33	24 41	00 41	01 48	02 44
45	05 26	06 00	06 29	24 19	00 19	01 23	02 19
N 40	05 28	05 59	06 26	24 01	00 01	01 03	01 58
35	05 29	05 58	06 23	23 46	24 46	00 46	01 41
30	05 29	05 57	06 21	23 32	24 32	00 32	01 26
20	05 28	05 54	06 16	23 10	24 07	00 07	01 02
N 10	05 26	05 51	06 12	22 51	23 46	24 40	00 40
0	05 23	05 47	06 08	22 33	23 27	24 20	00 20
S 10	05 18	05 43	06 04	22 15	23 07	24 00	00 00
20	05 11	05 37	05 59	21 56	22 46	23 38	24 32
30	05 02	05 30	05 54	21 34	22 22	23 14	24 08
35	04 55	05 26	05 51	21 22	22 08	22 59	23 54
40	04 48	05 20	05 48	21 07	21 52	22 42	23 37
45	04 38	05 14	05 44	20 50	21 32	22 22	23 18
S 50	04 26	05 06	05 39	20 28	21 08	21 56	22 53
52	04 20	05 02	05 36	20 18	20 56	21 44	22 41
54	04 13	04 58	05 34	20 07	20 43	21 30	22 28
56	04 05	04 53	05 31	19 54	20 27	21 13	22 12
58	03 57	04 47	05 28	19 39	20 09	20 54	21 54
S 60	03 46	04 41	05 25	19 21	19 47	20 29	21 30

Lat.	Sunset	Twilight Civil	Twilight Naut.	Moonset 5	6	7	8
°	h m	h m	h m	h m	h m	h m	h m
N 72	17 13	18 21	19 41	▬	▬	▬	▬
N 70	17 20	18 21	19 32	▬	▬	▬	▬
68	17 25	18 21	19 26	05 08	▬	▬	▬
66	17 30	18 21	19 21	05 56	05 13	▬	▬
64	17 33	18 21	19 16	06 27	06 27	06 33	07 19
62	17 37	18 21	19 13	06 50	07 03	07 29	08 20
60	17 40	18 21	19 09	07 09	07 29	08 02	08 54
N 58	17 42	18 21	19 07	07 25	07 50	08 27	09 19
56	17 44	18 22	19 05	07 38	08 07	08 46	09 39
54	17 46	18 22	19 03	07 50	08 21	09 03	09 55
52	17 48	18 22	19 01	08 00	08 34	09 17	10 10
50	17 50	18 22	19 00	08 10	08 45	09 29	10 22
45	17 54	18 23	18 57	08 29	09 08	09 54	10 47
N 40	17 57	18 24	18 55	08 45	09 27	10 15	11 08
35	18 00	18 25	18 54	08 59	09 43	10 32	11 25
30	18 02	18 26	18 54	09 10	09 56	10 46	11 39
20	18 07	18 29	18 54	09 31	10 20	11 11	12 04
N 10	18 11	18 32	18 56	09 48	10 40	11 32	12 25
0	18 15	18 35	18 59	10 05	10 59	11 52	12 45
S 10	18 18	18 40	19 04	10 21	11 18	12 12	13 05
20	18 23	18 45	19 11	10 39	11 38	12 34	13 26
30	18 28	18 52	19 20	11 00	12 01	12 59	13 51
35	18 31	18 56	19 26	11 12	12 15	13 13	14 05
40	18 34	19 01	19 34	11 26	12 31	13 30	14 22
45	18 38	19 08	19 43	11 42	12 50	13 50	14 41
S 50	18 43	19 16	19 55	12 03	13 14	14 16	15 06
52	18 45	19 19	20 01	12 12	13 26	14 28	15 18
54	18 47	19 24	20 08	12 23	13 39	14 42	15 32
56	18 50	19 28	20 15	12 36	13 54	14 59	15 48
58	18 53	19 34	20 24	12 50	14 12	15 18	16 06
S 60	18 56	19 40	20 34	13 08	14 34	15 43	16 30

Day	SUN Eqn. of Time 00h	Eqn. of Time 12h	Mer. Pass.	MOON Mer. Pass. Upper	Mer. Pass. Lower	Age	Phase
d	m s	m s	h m	h m	h m	d %	
5	11 36	11 30	12 11	03 52	16 19	19 72	
6	11 23	11 16	12 11	04 46	17 13	20 62	◑
7	11 09	11 02	12 11	05 40	18 06	21 52	

Day	UT	ARIES	VENUS −3.9		MARS −0.4		JUPITER −2.0		SATURN +0.6		STARS		
		GHA	GHA	Dec	GHA	Dec	GHA	Dec	GHA	Dec	Name	SHA	Dec
	d h	° ′	° ′	° ′	° ′	° ′	° ′	° ′	° ′	° ′		° ′	° ′
	8 00	165 35.7	164 32.9	S 0 55.2	42 11.3	N23 43.0	182 14.7	S 8 05.9	342 24.3	N 1 23.7	Acamar	315 20.3	S40 16.0
	01	180 38.1	179 32.6	53.9	57 13.9	43.0	197 16.6	05.7	357 26.9	23.8	Achernar	335 28.8	S57 11.2
	02	195 40.6	194 32.2	52.6	72 16.5	42.9	212 18.5	05.5	12 29.6	23.9	Acrux	173 11.5	S63 09.4
	03	210 43.1	209 31.8	. . 51.3	87 19.0	. . 42.8	227 20.4	. . 05.2	27 32.2	. . 24.0	Adhara	255 14.2	S28 59.4
	04	225 45.5	224 31.5	50.1	102 21.6	42.7	242 22.3	05.0	42 34.8	24.0	Aldebaran	290 52.2	N16 31.8
	05	240 48.0	239 31.1	48.8	117 24.2	42.7	257 24.2	04.8	57 37.5	24.1			
	06	255 50.5	254 30.7	S 0 47.5	132 26.7	N23 42.6	272 26.1	S 8 04.6	72 40.1	N 1 24.2	Alioth	166 22.1	N55 54.0
	07	270 52.9	269 30.4	46.2	147 29.3	42.5	287 28.0	04.3	87 42.7	24.3	Alkaid	153 00.3	N49 15.4
	08	285 55.4	284 30.0	44.9	162 31.9	42.5	302 29.9	04.1	102 45.4	24.4	Al Na'ir	27 47.0	S46 54.6
M	09	300 57.9	299 29.6	. . 43.6	177 34.4	. . 42.4	317 31.8	. . 03.9	117 48.0	. . 24.4	Alnilam	275 48.7	S 1 11.8
O	10	316 00.3	314 29.2	42.3	192 37.0	42.3	332 33.7	03.7	132 50.6	24.5	Alphard	217 58.1	S 8 42.4
N	11	331 02.8	329 28.9	41.1	207 39.6	42.3	347 35.6	03.4	147 53.3	24.6			
D	12	346 05.3	344 28.5	S 0 39.8	222 42.1	N23 42.2	2 37.5	S 8 03.2	162 55.9	N 1 24.7	Alphecca	126 12.8	N26 40.5
A	13	1 07.7	359 28.1	38.5	237 44.7	42.1	17 39.4	03.0	177 58.5	24.8	Alpheratz	357 46.4	N29 08.8
Y	14	16 10.2	14 27.8	37.2	252 47.2	42.0	32 41.3	02.7	193 01.2	24.8	Altair	62 10.8	N 8 53.6
	15	31 12.6	29 27.4	. . 35.9	267 49.8	. . 42.0	47 43.2	. . 02.5	208 03.8	. . 24.9	Ankaa	353 18.3	S42 15.1
	16	46 15.1	44 27.0	34.6	282 52.3	41.9	62 45.1	02.3	223 06.4	25.0	Antares	112 29.1	S26 27.3
	17	61 17.6	59 26.7	33.4	297 54.9	41.8	77 47.0	02.1	238 09.1	25.1			
	18	76 20.0	74 26.3	S 0 32.1	312 57.4	N23 41.8	92 48.9	S 8 01.8	253 11.7	N 1 25.1	Arcturus	145 57.6	N19 07.5
	19	91 22.5	89 25.9	30.8	328 00.0	41.7	107 50.8	01.6	268 14.4	25.2	Atria	107 33.2	S69 02.5
	20	106 25.0	104 25.6	29.5	343 02.5	41.6	122 52.7	01.4	283 17.0	25.3	Avior	234 18.6	S59 32.8
	21	121 27.4	119 25.2	. . 28.2	358 05.1	. . 41.5	137 54.6	. . 01.2	298 19.6	. . 25.4	Bellatrix	278 34.5	N 6 21.5
	22	136 29.9	134 24.8	26.9	13 07.6	41.5	152 56.5	00.9	313 22.3	25.5	Betelgeuse	271 03.8	N 7 24.5
	23	151 32.4	149 24.5	25.6	28 10.2	41.4	167 58.4	00.7	328 24.9	25.5			
	9 00	166 34.8	164 24.1	S 0 24.4	43 12.7	N23 41.3	183 00.3	S 8 00.5	343 27.5	N 1 25.6	Canopus	263 57.1	S52 42.4
	01	181 37.3	179 23.7	23.1	58 15.3	41.2	198 02.2	00.2	358 30.2	25.7	Capella	280 38.0	N46 00.7
	02	196 39.7	194 23.3	21.8	73 17.8	41.2	213 04.1	8 00.0	13 32.8	25.8	Deneb	49 33.5	N45 18.8
	03	211 42.2	209 23.0	. . 20.5	88 20.3	. . 41.1	228 06.0	7 59.8	28 35.4	. . 25.9	Denebola	182 35.7	N14 30.7
	04	226 44.7	224 22.6	19.2	103 22.9	41.0	243 07.9	59.6	43 38.1	25.9	Diphda	348 58.5	S17 55.9
	05	241 47.1	239 22.2	17.9	118 25.4	40.9	258 09.8	59.3	58 40.7	26.0			
	06	256 49.6	254 21.9	S 0 16.6	133 27.9	N23 40.9	273 11.7	S 7 59.1	73 43.3	N 1 26.1	Dubhe	193 53.7	N61 41.6
	07	271 52.1	269 21.5	15.4	148 30.5	40.8	288 13.6	58.9	88 46.0	26.2	Elnath	278 15.6	N28 37.0
T	08	286 54.5	284 21.1	14.1	163 33.0	40.7	303 15.5	58.7	103 48.6	26.3	Eltanin	90 47.3	N51 28.9
U	09	301 57.0	299 20.8	. . 12.8	178 35.5	. . 40.6	318 17.4	. . 58.4	118 51.2	. . 26.3	Enif	33 49.8	N 9 55.2
E	10	316 59.5	314 20.4	11.5	193 38.1	40.6	333 19.3	58.2	133 53.9	26.4	Fomalhaut	15 26.9	S29 34.1
S	11	332 01.9	329 20.0	10.2	208 40.6	40.5	348 21.2	58.0	148 56.5	26.5			
D	12	347 04.4	344 19.7	S 0 08.9	223 43.1	N23 40.4	3 23.1	S 7 57.7	163 59.1	N 1 26.6	Gacrux	172 03.2	S57 10.3
A	13	2 06.9	359 19.3	07.6	238 45.7	40.3	18 25.0	57.5	179 01.8	26.6	Gienah	175 54.5	S17 36.1
Y	14	17 09.3	14 18.9	06.3	253 48.2	40.2	33 26.9	57.3	194 04.4	26.7	Hadar	148 51.0	S60 25.3
	15	32 11.8	29 18.6	. . 05.1	268 50.7	. . 40.2	48 28.8	. . 57.1	209 07.0	. . 26.8	Hamal	328 03.7	N23 30.7
	16	47 14.2	44 18.2	03.8	283 53.2	40.1	63 30.7	56.8	224 09.7	26.9	Kaus Aust.	83 47.1	S34 22.7
	17	62 16.7	59 17.8	02.5	298 55.7	40.0	78 32.6	56.6	239 12.3	27.0			
	18	77 19.2	74 17.5	S 0 01.2	313 58.3	N23 39.9	93 34.5	S 7 56.4	254 14.9	N 1 27.0	Kochab	137 18.9	N74 06.4
	19	92 21.6	89 17.1	N 00.1	329 00.8	39.9	108 36.4	56.2	269 17.6	27.1	Markab	13 41.1	N15 15.6
	20	107 24.1	104 16.7	01.4	344 03.3	39.8	123 38.3	55.9	284 20.2	27.2	Menkar	314 17.7	N 4 07.8
	21	122 26.6	119 16.4	. . 02.7	359 05.8	. . 39.7	138 40.2	. . 55.7	299 22.9	. . 27.3	Menkent	148 10.2	S36 25.3
	22	137 29.0	134 16.0	03.9	14 08.3	39.6	153 42.1	55.5	314 25.5	27.4	Miaplacidus	221 39.6	S69 45.8
	23	152 31.5	149 15.6	05.2	29 10.8	39.5	168 44.0	55.2	329 28.1	27.4			
	10 00	167 34.0	164 15.3	N 0 06.5	44 13.3	N23 39.4	183 45.9	S 7 55.0	344 30.8	N 1 27.5	Mirfak	308 44.1	N49 54.0
	01	182 36.4	179 14.9	07.8	59 15.8	39.4	198 47.8	54.8	359 33.4	27.6	Nunki	76 01.4	S26 17.0
	02	197 38.9	194 14.5	09.1	74 18.3	39.3	213 49.7	54.6	14 36.0	27.7	Peacock	53 23.3	S56 42.0
	03	212 41.4	209 14.2	. . 10.4	89 20.8	. . 39.2	228 51.6	. . 54.3	29 38.7	. . 27.8	Pollux	243 30.4	N28 00.0
	04	227 43.8	224 13.8	11.7	104 23.4	39.1	243 53.5	54.1	44 41.3	27.8	Procyon	245 02.0	N 5 11.8
	05	242 46.3	239 13.4	13.0	119 25.9	39.0	258 55.5	53.9	59 43.9	27.9			
	06	257 48.7	254 13.1	N 0 14.2	134 28.4	N23 39.0	273 57.4	S 7 53.7	74 46.6	N 1 28.0	Rasalhague	96 08.7	N12 32.9
W	07	272 51.2	269 12.7	15.5	149 30.9	38.9	288 59.3	53.4	89 49.2	28.1	Regulus	207 45.7	N11 54.8
E	08	287 53.7	284 12.3	16.8	164 33.4	38.8	304 01.2	53.2	104 51.8	28.2	Rigel	281 14.3	S 8 11.5
D	09	302 56.1	299 12.0	. . 18.1	179 35.9	. . 38.7	319 03.1	. . 53.0	119 54.5	. . 28.2	Rigil Kent.	139 54.7	S60 52.5
N	10	317 58.6	314 11.6	19.4	194 38.3	38.6	334 05.0	52.7	134 57.1	28.3	Sabik	102 15.3	S15 44.3
E	11	333 01.1	329 11.2	20.7	209 40.8	38.5	349 06.9	52.5	149 59.8	28.4			
S	12	348 03.5	344 10.9	N 0 22.0	224 43.3	N23 38.5	4 08.8	S 7 52.3	165 02.4	N 1 28.5	Schedar	349 44.0	N56 35.7
	13	3 06.0	359 10.5	23.2	239 45.8	38.4	19 10.7	52.1	180 05.0	28.5	Shaula	96 25.2	S37 06.6
D	14	18 08.5	14 10.1	24.5	254 48.3	38.3	34 12.6	51.8	195 07.7	28.6	Sirius	258 35.7	S16 44.0
A	15	33 10.9	29 09.8	. . 25.8	269 50.8	. . 38.2	49 14.5	. . 51.6	210 10.3	. . 28.7	Spica	158 33.5	S11 13.1
Y	16	48 13.4	44 09.4	27.1	284 53.3	38.1	64 16.4	51.4	225 12.9	28.8	Suhail	222 53.9	S43 28.7
	17	63 15.9	59 09.0	28.4	299 55.8	38.0	79 18.3	51.2	240 15.6	28.9			
	18	78 18.3	74 08.7	N 0 29.7	314 58.3	N23 37.9	94 20.2	S 7 50.9	255 18.2	N 1 28.9	Vega	80 40.7	N38 47.3
	19	93 20.8	89 08.3	31.0	330 00.7	37.9	109 22.1	50.7	270 20.8	29.0	Zuben'ubi	137 07.9	S16 05.2
	20	108 23.2	104 07.9	32.3	345 03.2	37.8	124 24.0	50.5	285 23.5	29.1		SHA	Mer. Pass.
	21	123 25.7	119 07.6	. . 33.5	0 05.7	. . 37.7	139 25.9	. . 50.2	300 26.1	. . 29.2		° ′	h m
	22	138 28.2	134 07.2	34.8	15 08.2	37.6	154 27.8	50.0	315 28.8	29.3	Venus	357 49.3	13 03
	23	153 30.6	149 06.9	36.1	30 10.7	37.5	169 29.7	49.8	330 31.4	29.3	Mars	236 37.9	21 04
		h m									Jupiter	16 25.5	11 46
	Mer. Pass.	12 51.6	*v* −0.4	*d* 1.3	*v* 2.5	*d* 0.1	*v* 1.9	*d* 0.2	*v* 2.6	*d* 0.1	Saturn	176 52.7	1 06

	UT	SUN GHA	SUN Dec	MOON GHA	v	MOON Dec	d	HP
	d h	° ′	° ′	° ′	′	° ′	′	′
	8 00	177 16.5	S 5 00.9	265 18.5	9.3	S25 33.7	0.4	55.4
	01	192 16.6	5 00.0	279 46.8	9.3	25 33.3	0.5	55.4
	02	207 16.8	4 59.0	294 15.1	9.3	25 32.8	0.7	55.4
	03	222 16.9	. . 58.0	308 43.4	9.4	25 32.1	0.8	55.3
	04	237 17.1	57.0	323 11.8	9.4	25 31.3	1.0	55.3
	05	252 17.2	56.1	337 40.2	9.5	25 30.3	1.1	55.3
	06	267 17.4	S 4 55.1	352 08.7	9.5	S25 29.2	1.2	55.2
	07	282 17.6	54.1	6 37.2	9.6	25 28.0	1.3	55.2
	08	297 17.7	53.1	21 05.8	9.6	25 26.7	1.5	55.2
M	09	312 17.9	. . 52.2	35 34.4	9.6	25 25.2	1.6	55.2
O	10	327 18.0	51.2	50 03.0	9.7	25 23.6	1.7	55.1
N	11	342 18.2	50.2	64 31.7	9.8	25 21.9	1.8	55.1
D	12	357 18.3	S 4 49.2	79 00.5	9.8	S25 20.1	2.0	55.1
A	13	12 18.5	48.3	93 29.3	9.8	25 18.1	2.1	55.1
Y	14	27 18.6	47.3	107 58.1	9.9	25 16.0	2.2	55.0
	15	42 18.8	. . 46.3	122 27.0	9.9	25 13.8	2.4	55.0
	16	57 18.9	45.3	136 55.9	10.0	25 11.4	2.4	55.0
	17	72 19.1	44.4	151 24.9	10.0	25 09.0	2.6	55.0
	18	87 19.2	S 4 43.4	165 53.9	10.1	S25 06.4	2.7	55.0
	19	102 19.4	42.4	180 23.0	10.1	25 03.7	2.9	54.9
	20	117 19.6	41.4	194 52.1	10.2	25 00.8	2.9	54.9
	21	132 19.7	. . 40.4	209 21.3	10.2	24 57.9	3.1	54.9
	22	147 19.9	39.5	223 50.5	10.3	24 54.8	3.2	54.9
	23	162 20.0	38.5	238 19.8	10.3	24 51.6	3.3	54.8
	9 00	177 20.2	S 4 37.5	252 49.1	10.4	S24 48.3	3.5	54.8
	01	192 20.3	36.5	267 18.5	10.5	24 44.8	3.5	54.8
	02	207 20.5	35.6	281 48.0	10.5	24 41.3	3.7	54.8
	03	222 20.6	. . 34.6	296 17.5	10.5	24 37.6	3.8	54.8
	04	237 20.8	33.6	310 47.0	10.7	24 33.8	3.9	54.7
	05	252 21.0	32.6	325 16.7	10.6	24 29.9	4.0	54.7
	06	267 21.1	S 4 31.7	339 46.3	10.7	S24 25.9	4.2	54.7
	07	282 21.3	30.7	354 16.0	10.8	24 21.7	4.2	54.7
T	08	297 21.4	29.7	8 45.8	10.9	24 17.5	4.4	54.7
U	09	312 21.6	. . 28.7	23 15.7	10.9	24 13.1	4.4	54.6
E	10	327 21.7	27.7	37 45.6	10.9	24 08.7	4.6	54.6
S	11	342 21.9	26.8	52 15.5	11.0	24 04.1	4.7	54.6
D	12	357 22.0	S 4 25.8	66 45.5	11.1	S23 59.4	4.8	54.6
A	13	12 22.2	24.8	81 15.6	11.1	23 54.6	5.0	54.6
Y	14	27 22.4	23.8	95 45.7	11.2	23 49.6	5.0	54.6
	15	42 22.5	. . 22.9	110 15.9	11.3	23 44.6	5.1	54.5
	16	57 22.7	21.9	124 46.2	11.3	23 39.5	5.3	54.5
	17	72 22.8	20.9	139 16.5	11.4	23 34.2	5.3	54.5
	18	87 23.0	S 4 19.9	153 46.9	11.4	S23 28.9	5.5	54.5
	19	102 23.2	18.9	168 17.3	11.5	23 23.4	5.6	54.5
	20	117 23.3	18.0	182 47.8	11.5	23 17.8	5.6	54.5
	21	132 23.5	. . 17.0	197 18.3	11.7	23 12.2	5.8	54.4
	22	147 23.6	16.0	211 49.0	11.6	23 06.4	5.9	54.4
	23	162 23.8	15.0	226 19.6	11.8	23 00.5	6.0	54.4
	10 00	177 23.9	S 4 14.0	240 50.4	11.8	S22 54.5	6.0	54.4
	01	192 24.1	13.1	255 21.2	11.8	22 48.5	6.2	54.4
	02	207 24.3	12.1	269 52.0	11.9	22 42.3	6.3	54.4
	03	222 24.4	. . 11.1	284 22.9	12.0	22 36.0	6.4	54.4
	04	237 24.6	10.1	298 53.9	12.1	22 29.6	6.5	54.3
	05	252 24.7	09.1	313 25.0	12.1	22 23.1	6.6	54.3
	06	267 24.9	S 4 08.2	327 56.1	12.1	S22 16.5	6.6	54.3
W	07	282 25.1	07.2	342 27.2	12.3	22 09.9	6.8	54.3
E	08	297 25.2	06.2	356 58.5	12.3	22 03.1	6.9	54.3
D	09	312 25.4	. . 05.2	11 29.8	12.3	21 56.2	7.0	54.3
N	10	327 25.5	04.2	26 01.1	12.4	21 49.2	7.0	54.3
E	11	342 25.7	03.3	40 32.5	12.5	21 42.2	7.2	54.3
S	12	357 25.9	S 4 02.3	55 04.0	12.5	S21 35.0	7.2	54.3
D	13	12 26.0	01.3	69 35.5	12.6	21 27.8	7.4	54.2
A	14	27 26.2	4 00.3	84 07.1	12.7	21 20.4	7.4	54.2
Y	15	42 26.3	3 59.3	98 38.8	12.7	21 13.0	7.5	54.2
	16	57 26.5	58.4	113 10.5	12.8	21 05.5	7.6	54.2
	17	72 26.7	57.4	127 42.3	12.8	20 57.9	7.7	54.2
	18	87 26.8	S 3 56.4	142 14.1	12.9	S20 50.2	7.8	54.2
	19	102 27.0	55.4	156 46.0	13.0	20 42.4	7.9	54.2
	20	117 27.2	54.4	171 18.0	13.0	20 34.5	7.9	54.2
	21	132 27.3	. . 53.5	185 50.0	13.1	20 26.6	8.1	54.2
	22	147 27.5	52.5	200 22.1	13.1	20 18.5	8.1	54.2
	23	162 27.6	51.5	214 54.2	13.2	S20 10.4	8.2	54.1
		SD 16.1	d 1.0	SD 15.0		14.9		14.8

Lat.	Twilight Naut.	Twilight Civil	Sunrise	Moonrise 8	9	10	11
°	h m	h m	h m	h m	h m	h m	h m
N 72	04 29	05 49	06 56	▬	▬	▬	▬
N 70	04 38	05 50	06 51	▬	▬	▬	07 42
68	04 46	05 51	06 47	▬	▬	▬	06 52
66	04 53	05 52	06 43	▬	▬	06 38	06 20
64	04 58	05 53	06 40	05 48	05 58	05 58	05 57
62	05 02	05 54	06 38	04 46	05 17	05 31	05 38
60	05 06	05 54	06 35	04 12	04 49	05 10	05 22
N 58	05 09	05 54	06 33	03 47	04 27	04 52	05 09
56	05 11	05 55	06 31	03 28	04 09	04 37	04 58
54	05 14	05 55	06 30	03 11	03 54	04 25	04 47
52	05 16	05 55	06 28	02 57	03 40	04 13	04 39
50	05 17	05 55	06 27	02 44	03 29	04 03	04 30
45	05 21	05 55	06 24	02 19	03 05	03 42	04 13
N 40	05 23	05 54	06 21	01 58	02 46	03 25	03 59
35	05 25	05 54	06 19	01 41	02 29	03 11	03 47
30	05 26	05 53	06 17	01 26	02 15	02 59	03 37
20	05 26	05 52	06 14	01 02	01 52	02 37	03 18
N 10	05 25	05 49	06 10	00 40	01 31	02 18	03 03
0	05 22	05 47	06 07	00 20	01 12	02 01	02 48
S 10	05 18	05 43	06 04	00 00	00 52	01 43	02 33
20	05 12	05 38	06 00	24 32	00 32	01 25	02 17
30	05 04	05 32	05 56	24 08	00 08	01 03	01 58
35	04 58	05 28	05 54	23 54	24 50	00 50	01 48
40	04 51	05 24	05 51	23 37	24 36	00 36	01 35
45	04 43	05 18	05 48	23 18	24 18	00 18	01 21
S 50	04 31	05 11	05 44	22 53	23 56	25 03	01 03
52	04 26	05 07	05 42	22 41	23 46	24 54	00 54
54	04 20	05 04	05 40	22 28	23 34	24 45	00 45
56	04 13	04 59	05 38	22 12	23 21	24 34	00 34
58	04 05	04 55	05 35	21 54	23 05	24 21	00 21
S 60	03 56	04 49	05 32	21 30	22 46	24 07	00 07

Lat.	Sunset	Twilight Civil	Twilight Naut.	Moonset 8	9	10	11
°	h m	h m	h m	h m	h m	h m	h m
N 72	17 28	18 35	19 56	▬	▬	▬	▬
N 70	17 32	18 33	19 45	▬	▬	▬	10 31
68	17 36	18 32	19 37	▬	▬	▬	11 20
66	17 40	18 31	19 31	▬	▬	09 57	11 50
64	17 42	18 30	19 25	07 19	08 55	10 36	12 13
62	17 45	18 29	19 21	08 20	09 36	11 03	12 31
60	17 47	18 29	19 17	08 54	10 04	11 24	12 46
N 58	17 49	18 28	19 14	09 19	10 26	11 41	12 59
56	17 51	18 28	19 11	09 39	10 43	11 55	13 09
54	17 52	18 28	19 09	09 55	10 58	12 07	13 19
52	17 54	18 27	19 07	10 10	11 11	12 18	13 27
50	17 55	18 27	19 05	10 22	11 23	12 28	13 35
45	17 58	18 27	19 01	10 47	11 46	12 48	13 51
N 40	18 00	18 27	18 59	11 08	12 05	13 04	14 04
35	18 02	18 28	18 57	11 25	12 21	13 18	14 15
30	18 04	18 28	18 56	11 39	12 34	13 30	14 25
20	18 08	18 30	18 55	12 04	12 57	13 50	14 42
N 10	18 11	18 32	18 56	12 25	13 17	14 08	14 56
0	18 14	18 35	18 59	12 45	13 36	14 24	15 09
S 10	18 17	18 38	19 02	13 05	13 54	14 40	15 23
20	18 20	18 42	19 08	13 26	14 14	14 57	15 37
30	18 24	18 48	19 17	13 51	14 37	15 17	15 53
35	18 27	18 52	19 22	14 05	14 50	15 29	16 02
40	18 29	18 57	19 29	14 22	15 05	15 42	16 13
45	18 33	19 02	19 37	14 41	15 23	15 57	16 26
S 50	18 36	19 09	19 48	15 06	15 46	16 16	16 41
52	18 38	19 12	19 54	15 18	15 56	16 25	16 48
54	18 40	19 16	20 00	15 32	16 09	16 35	16 55
56	18 42	19 20	20 06	15 48	16 22	16 47	17 04
58	18 45	19 25	20 14	16 06	16 39	17 00	17 14
S 60	18 47	19 30	20 23	16 30	16 58	17 15	17 25

Day	SUN Eqn. of Time 00h	SUN Eqn. of Time 12h	SUN Mer. Pass.	MOON Mer. Pass. Upper	MOON Mer. Pass. Lower	MOON Age	MOON Phase
d	m s	m s	h m	h m	h m	d	%
8	10 54	10 47	12 11	06 33	18 58	22	42
9	10 40	10 32	12 11	07 24	19 48	23	33
10	10 25	10 17	12 10	08 13	20 36	24	24

UT	ARIES	VENUS −3.9		MARS −0.3		JUPITER −2.0		SATURN +0.6	
d h	GHA ° ′	GHA ° ′	Dec ° ′	GHA ° ′	Dec ° ′	GHA ° ′	Dec ° ′	GHA ° ′	Dec ° ′
11 00	168 33.1	164 06.5	N 0 37.4	45 13.1	N23 37.4	184 31.6	S 7 49.6	345 34.0	N 1 29.4
01	183 35.6	179 06.1	38.7	60 15.6	37.3	199 33.5	49.3	0 36.7	29.5
02	198 38.0	194 05.8	40.0	75 18.1	37.2	214 35.4	49.1	15 39.3	29.6
03	213 40.5	209 05.4	. . 41.3	90 20.6	. . 37.1	229 37.3	. . 48.9	30 41.9	. . 29.7
04	228 43.0	224 05.0	42.5	105 23.0	37.1	244 39.2	48.7	45 44.6	29.7
05	243 45.4	239 04.7	43.8	120 25.5	37.0	259 41.1	48.4	60 47.2	29.8
06	258 47.9	254 04.3	N 0 45.1	135 28.0	N23 36.9	274 43.0	S 7 48.2	75 49.9	N 1 29.9
07	273 50.3	269 03.9	46.4	150 30.4	36.8	289 44.9	48.0	90 52.5	30.0
T 08	288 52.8	284 03.6	47.7	165 32.9	36.7	304 46.8	47.7	105 55.1	30.1
H 09	303 55.3	299 03.2	. . 49.0	180 35.4	. . 36.6	319 48.7	. . 47.5	120 57.8	. . 30.1
U 10	318 57.7	314 02.8	50.3	195 37.8	36.5	334 50.6	47.3	136 00.4	30.2
R 11	334 00.2	329 02.5	51.6	210 40.3	36.4	349 52.5	47.1	151 03.0	30.3
S 12	349 02.7	344 02.1	N 0 52.8	225 42.8	N23 36.3	4 54.4	S 7 46.8	166 05.7	N 1 30.4
D 13	4 05.1	359 01.7	54.1	240 45.2	36.2	19 56.3	46.6	181 08.3	30.5
A 14	19 07.6	14 01.4	55.4	255 47.7	36.1	34 58.2	46.4	196 11.0	30.5
Y 15	34 10.1	29 01.0	. . 56.7	270 50.1	. . 36.1	50 00.1	. . 46.2	211 13.6	. . 30.6
16	49 12.5	44 00.6	58.0	285 52.6	36.0	65 02.0	45.9	226 16.2	30.7
17	64 15.0	59 00.3	0 59.3	300 55.0	35.9	80 03.9	45.7	241 18.9	30.8
18	79 17.5	73 59.9	N 1 00.6	315 57.5	N23 35.8	95 05.8	S 7 45.5	256 21.5	N 1 30.9
19	94 19.9	88 59.5	01.8	330 59.9	35.7	110 07.7	45.2	271 24.1	30.9
20	109 22.4	103 59.2	03.1	346 02.4	35.6	125 09.6	45.0	286 26.8	31.0
21	124 24.8	118 58.8	. . 04.4	1 04.8	. . 35.5	140 11.5	. . 44.8	301 29.4	. . 31.1
22	139 27.3	133 58.4	05.7	16 07.3	35.4	155 13.4	44.6	316 32.1	31.2
23	154 29.8	148 58.1	07.0	31 09.7	35.3	170 15.3	44.3	331 34.7	31.3
12 00	169 32.2	163 57.7	N 1 08.3	46 12.2	N23 35.2	185 17.3	S 7 44.1	346 37.3	N 1 31.3
01	184 34.7	178 57.4	09.6	61 14.6	35.1	200 19.2	43.9	1 40.0	31.4
02	199 37.2	193 57.0	10.8	76 17.1	35.0	215 21.1	43.7	16 42.6	31.5
03	214 39.6	208 56.6	. . 12.1	91 19.5	. . 34.9	230 23.0	. . 43.4	31 45.2	. . 31.6
04	229 42.1	223 56.3	13.4	106 21.9	34.8	245 24.9	43.2	46 47.9	31.7
05	244 44.6	238 55.9	14.7	121 24.4	34.7	260 26.8	43.0	61 50.5	31.7
06	259 47.0	253 55.5	N 1 16.0	136 26.8	N23 34.6	275 28.7	S 7 42.7	76 53.2	N 1 31.8
07	274 49.5	268 55.2	17.3	151 29.3	34.5	290 30.6	42.5	91 55.8	31.9
08	289 51.9	283 54.8	18.6	166 31.7	34.4	305 32.5	42.3	106 58.4	32.0
F 09	304 54.4	298 54.4	. . 19.9	181 34.1	. . 34.3	320 34.4	. . 42.1	122 01.1	. . 32.1
R 10	319 56.9	313 54.1	21.1	196 36.5	34.2	335 36.3	41.8	137 03.7	32.1
I 11	334 59.3	328 53.7	22.4	211 39.0	34.2	350 38.2	41.6	152 06.4	32.2
D 12	350 01.8	343 53.3	N 1 23.7	226 41.4	N23 34.1	5 40.1	S 7 41.4	167 09.0	N 1 32.3
A 13	5 04.3	358 53.0	25.0	241 43.8	34.0	20 42.0	41.2	182 11.6	32.4
Y 14	20 06.7	13 52.6	26.3	256 46.3	33.9	35 43.9	40.9	197 14.3	32.5
15	35 09.2	28 52.2	. . 27.6	271 48.7	. . 33.8	50 45.8	. . 40.7	212 16.9	. . 32.5
16	50 11.7	43 51.9	28.9	286 51.1	33.7	65 47.7	40.5	227 19.5	32.6
17	65 14.1	58 51.5	30.1	301 53.5	33.6	80 49.6	40.2	242 22.2	32.7
18	80 16.6	73 51.1	N 1 31.4	316 55.9	N23 33.5	95 51.5	S 7 40.0	257 24.8	N 1 32.8
19	95 19.1	88 50.8	32.7	331 58.4	33.4	110 53.4	39.8	272 27.5	32.9
20	110 21.5	103 50.4	34.0	347 00.8	33.3	125 55.3	39.6	287 30.1	32.9
21	125 24.0	118 50.1	. . 35.3	2 03.2	. . 33.2	140 57.2	. . 39.3	302 32.7	. . 33.0
22	140 26.4	133 49.7	36.6	17 05.6	33.1	155 59.1	39.1	317 35.4	33.1
23	155 28.9	148 49.3	37.9	32 08.0	33.0	171 01.0	38.9	332 38.0	33.2
13 00	170 31.4	163 49.0	N 1 39.1	47 10.4	N23 32.9	186 02.9	S 7 38.7	347 40.7	N 1 33.3
01	185 33.8	178 48.6	40.4	62 12.9	32.8	201 04.8	38.4	2 43.3	33.3
02	200 36.3	193 48.2	41.7	77 15.3	32.7	216 06.7	38.2	17 45.9	33.4
03	215 38.8	208 47.9	. . 43.0	92 17.7	. . 32.5	231 08.6	. . 38.0	32 48.6	. . 33.5
04	230 41.2	223 47.5	44.3	107 20.1	32.4	246 10.5	37.7	47 51.2	33.6
05	245 43.7	238 47.1	45.6	122 22.5	32.3	261 12.5	37.5	62 53.9	33.7
06	260 46.2	253 46.8	N 1 46.9	137 24.9	N23 32.2	276 14.4	S 7 37.3	77 56.5	N 1 33.7
07	275 48.6	268 46.4	48.1	152 27.3	32.1	291 16.3	37.1	92 59.1	33.8
S 08	290 51.1	283 46.0	49.4	167 29.7	32.0	306 18.2	36.8	108 01.8	33.9
A 09	305 53.6	298 45.7	. . 50.7	182 32.1	. . 31.9	321 20.1	. . 36.6	123 04.4	. . 34.0
T 10	320 56.0	313 45.3	52.0	197 34.5	31.8	336 22.0	36.4	138 07.1	34.1
U 11	335 58.5	328 44.9	53.3	212 36.9	31.7	351 23.9	36.2	153 09.7	34.1
R 12	351 00.9	343 44.6	N 1 54.6	227 39.3	N23 31.6	6 25.8	S 7 35.9	168 12.3	N 1 34.2
D 13	6 03.4	358 44.2	55.8	242 41.7	31.5	21 27.7	35.7	183 15.0	34.3
A 14	21 05.9	13 43.8	57.1	257 44.1	31.4	36 29.6	35.5	198 17.6	34.4
Y 15	36 08.3	28 43.5	. . 58.4	272 46.5	. . 31.3	51 31.5	. . 35.2	213 20.3	. . 34.5
16	51 10.8	43 43.1	1 59.7	287 48.9	31.2	66 33.4	35.0	228 22.9	34.5
17	66 13.3	58 42.7	2 01.0	302 51.2	31.1	81 35.3	34.8	243 25.5	34.6
18	81 15.7	73 42.4	N 2 02.3	317 53.6	N23 31.0	96 37.2	S 7 34.6	258 28.2	N 1 34.7
19	96 18.2	88 42.0	03.6	332 56.0	30.9	111 39.1	34.3	273 30.8	34.8
20	111 20.7	103 41.7	04.8	347 58.4	30.8	126 41.0	34.1	288 33.5	34.9
21	126 23.1	118 41.3	. . 06.1	3 00.8	. . 30.7	141 42.9	. . 33.9	303 36.1	. . 34.9
22	141 25.6	133 40.9	07.4	18 03.2	30.6	156 44.8	33.7	318 38.7	35.0
23	156 28.0	148 40.6	08.7	33 05.6	30.4	171 46.7	33.4	333 41.4	35.1
Mer. Pass.	h m 12 39.8	v −0.4	d 1.3	v 2.4	d 0.1	v 1.9	d 0.2	v 2.6	d 0.1

STARS

Name	SHA ° ′	Dec ° ′
Acamar	315 20.3	S40 16.0
Achernar	335 28.8	S57 11.2
Acrux	173 11.5	S63 09.4
Adhara	255 14.3	S28 59.4
Aldebaran	290 52.2	N16 31.8
Alioth	166 22.1	N55 54.0
Alkaid	153 00.2	N49 15.4
Al Na'ir	27 47.0	S46 54.6
Alnilam	275 48.8	S 1 11.8
Alphard	217 58.2	S 8 42.4
Alphecca	126 12.8	N26 40.5
Alpheratz	357 46.4	N29 08.8
Altair	62 10.7	N 8 53.6
Ankaa	353 18.3	S42 15.1
Antares	112 29.1	S26 27.3
Arcturus	145 57.6	N19 07.5
Atria	107 33.1	S69 02.5
Avior	234 18.7	S59 32.8
Bellatrix	278 34.5	N 6 21.5
Betelgeuse	271 03.8	N 7 24.5
Canopus	263 57.1	S52 42.4
Capella	280 38.0	N46 00.7
Deneb	49 33.5	N45 18.8
Denebola	182 35.7	N14 30.7
Diphda	348 58.5	S17 55.9
Dubhe	193 53.7	N61 41.6
Elnath	278 15.6	N28 37.0
Eltanin	90 47.3	N51 28.9
Enif	33 49.8	N 9 55.2
Fomalhaut	15 26.9	S29 34.1
Gacrux	172 03.2	S57 10.3
Gienah	175 54.5	S17 36.1
Hadar	148 51.0	S60 25.3
Hamal	328 03.7	N23 30.7
Kaus Aust.	83 47.0	S34 22.7
Kochab	137 18.9	N74 06.4
Markab	13 41.0	N15 15.6
Menkar	314 17.7	N 4 07.8
Menkent	148 10.2	S36 25.3
Miaplacidus	221 39.7	S69 45.8
Mirfak	308 44.1	N49 54.0
Nunki	76 01.4	S26 17.0
Peacock	53 23.2	S56 42.0
Pollux	243 30.4	N28 00.1
Procyon	245 02.0	N 5 11.8
Rasalhague	96 08.7	N12 32.9
Regulus	207 45.7	N11 54.8
Rigel	281 14.3	S 8 11.5
Rigil Kent.	139 54.7	S60 52.6
Sabik	102 15.2	S15 44.3
Schedar	349 44.0	N56 35.7
Shaula	96 25.2	S37 06.6
Sirius	258 35.7	S16 44.0
Spica	158 33.5	S11 13.1
Suhail	222 53.9	S43 28.7
Vega	80 40.7	N38 47.3
Zuben'ubi	137 07.9	S16 05.2

	SHA ° ′	Mer. Pass. h m
Venus	354 25.5	13 04
Mars	236 39.9	20 52
Jupiter	15 45.0	11 37
Saturn	177 05.1	0 53

Day	UT d h	SUN GHA ° ′	SUN Dec ° ′	MOON GHA ° ′	v ′	MOON Dec ° ′	d ′	HP ′
THURSDAY	11 00	177 27.8	S 3 50.5	229 26.4	13.3	S20 02.2	8.3	54.1
	01	192 28.0	49.5	243 58.7	13.3	19 53.9	8.4	54.1
	02	207 28.1	48.5	258 31.0	13.4	19 45.5	8.5	54.1
	03	222 28.3	. . 47.6	273 03.4	13.4	19 37.0	8.5	54.1
	04	237 28.4	46.6	287 35.8	13.5	19 28.5	8.7	54.1
	05	252 28.6	45.6	302 08.3	13.6	19 19.8	8.7	54.1
	06	267 28.8	S 3 44.6	316 40.9	13.6	S19 11.1	8.7	54.1
	07	282 28.9	43.6	331 13.5	13.6	19 02.4	8.9	54.1
	08	297 29.1	42.7	345 46.1	13.8	18 53.5	9.0	54.1
	09	312 29.3	. . 41.7	0 18.9	13.7	18 44.5	9.0	54.1
	10	327 29.4	40.7	14 51.6	13.9	18 35.5	9.1	54.1
	11	342 29.6	39.7	29 24.5	13.9	18 26.4	9.1	54.1
	12	357 29.8	S 3 38.7	43 57.4	13.9	S18 17.3	9.3	54.1
	13	12 29.9	37.7	58 30.3	14.0	18 08.0	9.3	54.1
	14	27 30.1	36.8	73 03.3	14.1	17 58.7	9.4	54.1
	15	42 30.2	. . 35.8	87 36.4	14.1	17 49.3	9.5	54.0
	16	57 30.4	34.8	102 09.5	14.1	17 39.8	9.5	54.0
	17	72 30.6	33.8	116 42.6	14.2	17 30.3	9.6	54.0
	18	87 30.7	S 3 32.8	131 15.8	14.3	S17 20.7	9.7	54.0
	19	102 30.9	31.8	145 49.1	14.3	17 11.0	9.7	54.0
	20	117 31.1	30.9	160 22.4	14.4	17 01.3	9.8	54.0
	21	132 31.2	. . 29.9	174 55.8	14.4	16 51.5	9.9	54.0
	22	147 31.4	28.9	189 29.2	14.5	16 41.6	10.0	54.0
	23	162 31.6	27.9	204 02.7	14.5	16 31.6	10.0	54.0
FRIDAY	12 00	177 31.7	S 3 26.9	218 36.2	14.6	S16 21.6	10.1	54.0
	01	192 31.9	25.9	233 09.8	14.6	16 11.5	10.1	54.0
	02	207 32.1	25.0	247 43.4	14.6	16 01.4	10.2	54.0
	03	222 32.2	. . 24.0	262 17.0	14.8	15 51.2	10.3	54.0
	04	237 32.4	23.0	276 50.8	14.7	15 40.9	10.3	54.0
	05	252 32.6	22.0	291 24.5	14.8	15 30.6	10.4	54.0
	06	267 32.7	S 3 21.0	305 58.3	14.9	S15 20.2	10.5	54.0
	07	282 32.9	20.0	320 32.2	14.9	15 09.7	10.5	54.0
	08	297 33.1	19.1	335 06.1	14.9	14 59.2	10.6	54.0
	09	312 33.2	. . 18.1	349 40.0	15.0	14 48.6	10.6	54.0
	10	327 33.4	17.1	4 14.0	15.0	14 38.0	10.7	54.0
	11	342 33.6	16.1	18 48.0	15.1	14 27.3	10.8	54.0
	12	357 33.7	S 3 15.1	33 22.1	15.1	S14 16.5	10.8	54.0
	13	12 33.9	14.1	47 56.2	15.2	14 05.7	10.8	54.0
	14	27 34.1	13.1	62 30.4	15.2	13 54.9	11.0	54.0
	15	42 34.2	. . 12.2	77 04.6	15.2	13 43.9	10.9	54.0
	16	57 34.4	11.2	91 38.8	15.3	13 33.0	11.1	54.0
	17	72 34.6	10.2	106 13.1	15.3	13 21.9	11.1	54.0
	18	87 34.7	S 3 09.2	120 47.4	15.4	S13 10.8	11.1	54.0
	19	102 34.9	08.2	135 21.8	15.3	12 59.7	11.2	54.0
	20	117 35.1	07.2	149 56.1	15.5	12 48.5	11.2	54.0
	21	132 35.2	. . 06.3	164 30.6	15.4	12 37.3	11.3	54.0
	22	147 35.4	05.3	179 05.0	15.5	12 26.0	11.3	54.0
	23	162 35.6	04.3	193 39.5	15.6	12 14.7	11.4	54.0
SATURDAY	13 00	177 35.7	S 3 03.3	208 14.1	15.5	S12 03.3	11.5	54.0
	01	192 35.9	02.3	222 48.6	15.6	11 51.8	11.4	54.0
	02	207 36.1	01.3	237 23.2	15.7	11 40.4	11.6	54.0
	03	222 36.2	3 00.3	251 57.9	15.7	11 28.8	11.5	54.0
	04	237 36.4	2 59.4	266 32.6	15.7	11 17.3	11.7	54.0
	05	252 36.6	58.4	281 07.3	15.7	11 05.6	11.6	54.0
	06	267 36.7	S 2 57.4	295 42.0	15.7	S10 54.0	11.7	54.0
	07	282 36.9	56.4	310 16.7	15.8	10 42.3	11.8	54.1
	08	297 37.1	55.4	324 51.5	15.9	10 30.5	11.8	54.1
	09	312 37.3	. . 54.4	339 26.4	15.8	10 18.7	11.8	54.1
	10	327 37.4	53.4	354 01.2	15.9	10 06.9	11.9	54.1
	11	342 37.6	52.5	8 36.1	15.9	9 55.0	11.9	54.1
	12	357 37.8	S 2 51.5	23 11.0	15.9	S 9 43.1	12.0	54.1
	13	12 37.9	50.5	37 45.9	16.0	9 31.1	12.0	54.1
	14	27 38.1	49.5	52 20.9	15.9	9 19.1	12.0	54.1
	15	42 38.3	. . 48.5	66 55.8	16.0	9 07.1	12.1	54.1
	16	57 38.4	47.5	81 30.8	16.0	8 55.0	12.1	54.1
	17	72 38.6	46.5	96 05.8	16.1	8 42.9	12.1	54.1
	18	87 38.8	S 2 45.6	110 40.9	16.0	S 8 30.8	12.2	54.1
	19	102 39.0	44.6	125 15.9	16.1	8 18.6	12.2	54.1
	20	117 39.1	43.6	139 51.0	16.1	8 06.4	12.2	54.1
	21	132 39.3	. . 42.6	154 26.1	16.2	7 54.2	12.3	54.1
	22	147 39.5	41.6	169 01.3	16.1	7 41.9	12.3	54.1
	23	162 39.6	40.6	183 36.4	16.1	S 7 29.6	12.4	54.1
		SD 16.1	d 1.0	SD	14.7	14.7		14.7

Lat.	Twilight Naut.	Twilight Civil	Sunrise	Moonrise 11	Moonrise 12	Moonrise 13	Moonrise 14
°	h m	h m	h m	h m	h m	h m	h m
N 72	04 12	05 33	06 40	■	07 25	06 43	06 14
N 70	04 24	05 36	06 37	07 42	06 52	06 26	06 06
68	04 33	05 39	06 34	06 52	06 28	06 12	05 59
66	04 41	05 41	06 32	06 20	06 09	06 01	05 53
64	04 47	05 43	06 30	05 57	05 54	05 51	05 48
62	04 52	05 44	06 28	05 38	05 41	05 43	05 44
60	04 56	05 45	06 26	05 22	05 30	05 36	05 40
N 58	05 00	05 46	06 25	05 09	05 21	05 30	05 37
56	05 04	05 47	06 24	04 58	05 12	05 24	05 34
54	05 06	05 47	06 23	04 47	05 05	05 19	05 31
52	05 09	05 48	06 22	04 39	04 58	05 14	05 29
50	05 11	05 48	06 21	04 30	04 52	05 10	05 26
45	05 15	05 49	06 18	04 13	04 39	05 01	05 21
N 40	05 18	05 50	06 17	03 59	04 28	04 54	05 17
35	05 21	05 50	06 15	03 47	04 19	04 47	05 14
30	05 22	05 50	06 14	03 37	04 11	04 42	05 11
20	05 24	05 49	06 11	03 18	03 56	04 32	05 05
N 10	05 23	05 48	06 09	03 03	03 44	04 23	05 00
0	05 22	05 46	06 06	02 48	03 32	04 15	04 56
S 10	05 19	05 43	06 04	02 33	03 20	04 06	04 51
20	05 14	05 39	06 01	02 17	03 08	03 57	04 46
30	05 06	05 34	05 58	01 58	02 53	03 47	04 41
35	05 01	05 31	05 56	01 48	02 45	03 41	04 38
40	04 55	05 27	05 54	01 35	02 35	03 35	04 34
45	04 47	05 22	05 52	01 21	02 24	03 27	04 30
S 50	04 37	05 16	05 49	01 03	02 10	03 17	04 24
52	04 32	05 13	05 47	00 54	02 04	03 13	04 22
54	04 27	05 10	05 46	00 45	01 56	03 08	04 20
56	04 20	05 06	05 44	00 34	01 48	03 03	04 17
58	04 13	05 02	05 42	00 21	01 39	02 57	04 13
S 60	04 05	04 57	05 40	00 07	01 29	02 50	04 10

Lat.	Sunset	Twilight Civil	Twilight Naut.	Moonset 11	Moonset 12	Moonset 13	Moonset 14
°	h m	h m	h m	h m	h m	h m	h m
N 72	17 42	18 49	20 11	■	12 20	14 30	16 25
N 70	17 45	18 45	19 59	10 31	12 52	14 45	16 31
68	17 47	18 43	19 49	11 20	13 14	14 57	16 36
66	17 49	18 41	19 41	11 50	13 32	15 07	16 40
64	17 51	18 39	19 35	12 13	13 46	15 15	16 43
62	17 53	18 37	19 29	12 31	13 58	15 22	16 46
60	17 54	18 36	19 25	12 46	14 08	15 28	16 48
N 58	17 56	18 35	19 21	12 59	14 17	15 34	16 50
56	17 57	18 34	19 17	13 09	14 24	15 38	16 52
54	17 58	18 33	19 14	13 19	14 31	15 43	16 54
52	17 59	18 33	19 12	13 27	14 37	15 46	16 55
50	18 00	18 32	19 10	13 35	14 43	15 50	16 57
45	18 02	18 31	19 05	13 51	14 54	15 57	17 00
N 40	18 03	18 30	19 02	14 04	15 04	16 03	17 02
35	18 05	18 30	19 00	14 15	15 12	16 09	17 05
30	18 06	18 30	18 58	14 25	15 20	16 13	17 06
20	18 09	18 31	18 56	14 42	15 32	16 21	17 10
N 10	18 11	18 32	18 56	14 56	15 43	16 28	17 13
0	18 13	18 34	18 58	15 09	15 53	16 35	17 15
S 10	18 15	18 36	19 01	15 23	16 03	16 41	17 18
20	18 18	18 40	19 06	15 37	16 13	16 48	17 21
30	18 21	18 45	19 13	15 53	16 26	16 55	17 24
35	18 23	18 48	19 18	16 02	16 32	17 00	17 26
40	18 25	18 52	19 24	16 13	16 40	17 05	17 28
45	18 27	18 56	19 31	16 26	16 49	17 11	17 30
S 50	18 30	19 02	19 41	16 41	17 00	17 17	17 33
52	18 31	19 05	19 46	16 48	17 05	17 20	17 34
54	18 33	19 08	19 51	16 55	17 11	17 24	17 35
56	18 34	19 12	19 57	17 04	17 17	17 28	17 37
58	18 36	19 16	20 04	17 14	17 24	17 32	17 39
S 60	18 38	19 20	20 13	17 25	17 32	17 37	17 41

Day	SUN Eqn. of Time 00^h	SUN Eqn. of Time 12^h	SUN Mer. Pass.	MOON Mer. Pass. Upper	MOON Mer. Pass. Lower	MOON Age	MOON Phase
d	m s	m s	h m	h m	h m	d	%
11	10 09	10 01	12 10	08 59	21 21	25	16
12	09 53	09 45	12 10	09 43	22 04	26	10
13	09 37	09 29	12 09	10 25	22 45	27	5

UT	ARIES	VENUS −3.9		MARS −0.2		JUPITER −2.0		SATURN +0.5	
	GHA	GHA	Dec	GHA	Dec	GHA	Dec	GHA	Dec
d h	° ′	° ′	° ′	° ′	° ′	° ′	° ′	° ′	° ′
14 00	171 30.5	163 40.2	N 2 10.0	48 07.9	N23 30.3	186 48.6	S 7 33.2	348 44.0	N 1 35.2
01	186 33.0	178 39.8	11.3	63 10.3	30.2	201 50.5	33.0	3 46.7	35.3
02	201 35.4	193 39.5	12.5	78 12.7	30.1	216 52.4	32.8	18 49.3	35.3
03	216 37.9	208 39.1	13.8	93 15.1	30.0	231 54.3	32.5	33 51.9	35.4
04	231 40.4	223 38.7	15.1	108 17.4	29.9	246 56.3	32.3	48 54.6	35.5
05	246 42.8	238 38.4	16.4	123 19.8	29.8	261 58.2	32.1	63 57.2	35.6
06	261 45.3	253 38.0	N 2 17.7	138 22.2	N23 29.7	277 00.1	S 7 31.8	78 59.9	N 1 35.7
07	276 47.8	268 37.6	19.0	153 24.6	29.6	292 02.0	31.6	94 02.5	35.7
08	291 50.2	283 37.3	20.2	168 26.9	29.5	307 03.9	31.4	109 05.1	35.8
S 09	306 52.7	298 36.9	21.5	183 29.3	29.4	322 05.8	31.2	124 07.8	35.9
U 10	321 55.2	313 36.5	22.8	198 31.7	29.2	337 07.7	30.9	139 10.4	36.0
N 11	336 57.6	328 36.2	24.1	213 34.0	29.1	352 09.6	30.7	154 13.1	36.1
D 12	352 00.1	343 35.8	N 2 25.4	228 36.4	N23 29.0	7 11.5	S 7 30.5	169 15.7	N 1 36.1
A 13	7 02.5	358 35.4	26.7	243 38.8	28.9	22 13.4	30.3	184 18.3	36.2
Y 14	22 05.0	13 35.1	27.9	258 41.1	28.8	37 15.3	30.0	199 21.0	36.3
15	37 07.5	28 34.7	29.2	273 43.5	28.7	52 17.2	29.8	214 23.6	36.4
16	52 09.9	43 34.3	30.5	288 45.9	28.6	67 19.1	29.6	229 26.3	36.5
17	67 12.4	58 34.0	31.8	303 48.2	28.5	82 21.0	29.3	244 28.9	36.5
18	82 14.9	73 33.6	N 2 33.1	318 50.6	N23 28.4	97 22.9	S 7 29.1	259 31.5	N 1 36.6
19	97 17.3	88 33.2	34.4	333 52.9	28.2	112 24.8	28.9	274 34.2	36.7
20	112 19.8	103 32.9	35.6	348 55.3	28.1	127 26.7	28.7	289 36.8	36.8
21	127 22.3	118 32.5	36.9	3 57.6	28.0	142 28.6	28.4	304 39.5	36.9
22	142 24.7	133 32.1	38.2	19 00.0	27.9	157 30.5	28.2	319 42.1	36.9
23	157 27.2	148 31.8	39.5	34 02.3	27.8	172 32.4	28.0	334 44.7	37.0
15 00	172 29.6	163 31.4	N 2 40.8	49 04.7	N23 27.7	187 34.4	S 7 27.8	349 47.4	N 1 37.1
01	187 32.1	178 31.0	42.1	64 07.0	27.6	202 36.3	27.5	4 50.0	37.2
02	202 34.6	193 30.7	43.3	79 09.4	27.4	217 38.2	27.3	19 52.7	37.3
03	217 37.0	208 30.3	44.6	94 11.7	27.3	232 40.1	27.1	34 55.3	37.4
04	232 39.5	223 29.9	45.9	109 14.1	27.2	247 42.0	26.8	49 57.9	37.4
05	247 42.0	238 29.6	47.2	124 16.4	27.1	262 43.9	26.6	65 00.6	37.5
06	262 44.4	253 29.2	N 2 48.5	139 18.8	N23 27.0	277 45.8	S 7 26.4	80 03.2	N 1 37.6
07	277 46.9	268 28.8	49.8	154 21.1	26.9	292 47.7	26.2	95 05.9	37.7
08	292 49.4	283 28.5	51.0	169 23.4	26.7	307 49.6	25.9	110 08.5	37.8
M 09	307 51.8	298 28.1	52.3	184 25.8	26.6	322 51.5	25.7	125 11.2	37.8
O 10	322 54.3	313 27.7	53.6	199 28.1	26.5	337 53.4	25.5	140 13.8	37.9
N 11	337 56.8	328 27.4	54.9	214 30.4	26.4	352 55.3	25.3	155 16.4	38.0
D 12	352 59.2	343 27.0	N 2 56.2	229 32.8	N23 26.3	7 57.2	S 7 25.0	170 19.1	N 1 38.1
A 13	8 01.7	358 26.6	57.4	244 35.1	26.2	22 59.1	24.8	185 21.7	38.2
Y 14	23 04.1	13 26.3	2 58.7	259 37.4	26.0	38 01.0	24.6	200 24.4	38.2
15	38 06.6	28 25.9	3 00.0	274 39.8	25.9	53 02.9	24.4	215 27.0	38.3
16	53 09.1	43 25.5	01.3	289 42.1	25.8	68 04.8	24.1	230 29.6	38.4
17	68 11.5	58 25.2	02.6	304 44.4	25.7	83 06.8	23.9	245 32.3	38.5
18	83 14.0	73 24.8	N 3 03.8	319 46.8	N23 25.6	98 08.7	S 7 23.7	260 34.9	N 1 38.6
19	98 16.5	88 24.4	05.1	334 49.1	25.5	113 10.6	23.4	275 37.6	38.6
20	113 18.9	103 24.1	06.4	349 51.4	25.3	128 12.5	23.2	290 40.2	38.7
21	128 21.4	118 23.7	07.7	4 53.7	25.2	143 14.4	23.0	305 42.9	38.8
22	143 23.9	133 23.3	09.0	19 56.0	25.1	158 16.3	22.8	320 45.5	38.9
23	158 26.3	148 23.0	10.2	34 58.4	25.0	173 18.2	22.5	335 48.1	39.0
16 00	173 28.8	163 22.6	N 3 11.5	50 00.7	N23 24.9	188 20.1	S 7 22.3	350 50.8	N 1 39.0
01	188 31.2	178 22.2	12.8	65 03.0	24.7	203 22.0	22.1	5 53.4	39.1
02	203 33.7	193 21.9	14.1	80 05.3	24.6	218 23.9	21.9	20 56.1	39.2
03	218 36.2	208 21.5	15.4	95 07.6	24.5	233 25.8	21.6	35 58.7	39.3
04	233 38.6	223 21.1	16.6	110 09.9	24.4	248 27.7	21.4	51 01.3	39.4
05	248 41.1	238 20.8	17.9	125 12.3	24.2	263 29.6	21.2	66 04.0	39.4
06	263 43.6	253 20.4	N 3 19.2	140 14.6	N23 24.1	278 31.5	S 7 21.0	81 06.6	N 1 39.5
07	278 46.0	268 20.0	20.5	155 16.9	24.0	293 33.4	20.7	96 09.3	39.6
T 08	293 48.5	283 19.7	21.8	170 19.2	23.9	308 35.3	20.5	111 11.9	39.7
U 09	308 51.0	298 19.3	23.0	185 21.5	23.8	323 37.3	20.3	126 14.6	39.8
E 10	323 53.4	313 18.9	24.3	200 23.8	23.6	338 39.2	20.0	141 17.2	39.8
S 11	338 55.9	328 18.6	25.6	215 26.1	23.5	353 41.1	19.8	156 19.8	39.9
D 12	353 58.4	343 18.2	N 3 26.9	230 28.4	N23 23.4	8 43.0	S 7 19.6	171 22.5	N 1 40.0
A 13	9 00.8	358 17.8	28.2	245 30.7	23.3	23 44.9	19.4	186 25.1	40.1
Y 14	24 03.3	13 17.5	29.4	260 33.0	23.1	38 46.8	19.1	201 27.8	40.2
15	39 05.7	28 17.1	30.7	275 35.3	23.0	53 48.7	18.9	216 30.4	40.2
16	54 08.2	43 16.7	32.0	290 37.6	22.9	68 50.6	18.7	231 33.0	40.3
17	69 10.7	58 16.4	33.3	305 39.9	22.8	83 52.5	18.5	246 35.7	40.4
18	84 13.1	73 16.0	N 3 34.5	320 42.2	N23 22.6	98 54.4	S 7 18.2	261 38.3	N 1 40.5
19	99 15.6	88 15.6	35.8	335 44.5	22.5	113 56.3	18.0	276 41.0	40.6
20	114 18.1	103 15.2	37.1	350 46.8	22.4	128 58.2	17.8	291 43.6	40.7
21	129 20.5	118 14.9	38.4	5 49.1	22.3	144 00.1	17.5	306 46.3	40.7
22	144 23.0	133 14.5	39.7	20 51.4	22.1	159 02.0	17.3	321 48.9	40.8
23	159 25.5	148 14.1	40.9	35 53.7	22.0	174 04.0	17.1	336 51.5	40.9
Mer. Pass.	h m 12 28.0	v −0.4	d 1.3	v 2.3	d 0.1	v 1.9	d 0.2	v 2.6	d 0.1

STARS		
Name	SHA	Dec
	° ′	° ′
Acamar	315 20.3	S40 16.0
Achernar	335 28.8	S57 11.2
Acrux	173 11.5	S63 09.5
Adhara	255 14.3	S28 59.4
Aldebaran	290 52.2	N16 31.8
Alioth	166 22.0	N55 54.0
Alkaid	153 00.2	N49 15.4
Al Na'ir	27 47.0	S46 54.6
Alnilam	275 48.8	S 1 11.8
Alphard	217 58.2	S 8 42.4
Alphecca	126 12.8	N26 40.5
Alpheratz	357 46.4	N29 08.8
Altair	62 10.7	N 8 53.6
Ankaa	353 18.3	S42 15.1
Antares	112 29.1	S26 27.3
Arcturus	145 57.6	N19 07.5
Atria	107 33.1	S69 02.6
Avior	234 18.7	S59 32.8
Bellatrix	278 34.6	N 6 21.5
Betelgeuse	271 03.8	N 7 24.5
Canopus	263 57.1	S52 42.4
Capella	280 38.0	N46 00.7
Deneb	49 33.5	N45 18.8
Denebola	182 35.7	N14 30.7
Diphda	348 58.5	S17 55.9
Dubhe	193 53.7	N61 41.6
Elnath	278 15.6	N28 37.0
Eltanin	90 47.3	N51 28.9
Enif	33 49.7	N 9 55.2
Fomalhaut	15 26.9	S29 34.1
Gacrux	172 03.2	S57 10.3
Gienah	175 54.5	S17 36.1
Hadar	148 51.0	S60 25.3
Hamal	328 03.7	N23 30.7
Kaus Aust.	83 47.0	S34 22.7
Kochab	137 18.8	N74 06.4
Markab	13 41.0	N15 15.6
Menkar	314 17.7	N 4 07.8
Menkent	148 10.1	S36 25.3
Miaplacidus	221 39.7	S69 45.8
Mirfak	308 44.1	N49 54.0
Nunki	76 01.3	S26 17.0
Peacock	53 23.2	S56 42.0
Pollux	243 30.4	N28 00.1
Procyon	245 02.0	N 5 11.8
Rasalhague	96 08.6	N12 32.9
Regulus	207 45.7	N11 54.8
Rigel	281 14.4	S 8 11.5
Rigil Kent.	139 54.7	S60 52.6
Sabik	102 15.2	S15 44.3
Schedar	349 44.0	N56 35.7
Shaula	96 25.1	S37 06.6
Sirius	258 35.7	S16 44.0
Spica	158 33.5	S11 13.1
Suhail	222 53.9	S43 28.7
Vega	80 40.7	N38 47.3
Zuben'ubi	137 07.9	S16 05.2

	SHA	Mer. Pass.
	° ′	h m
Venus	351 01.8	13 06
Mars	236 35.0	20 40
Jupiter	15 04.7	11 28
Saturn	177 17.7	0 41

	UT	SUN GHA	SUN Dec	MOON GHA	v	MOON Dec	d	HP
	d h	° ′	° ′	° ′	′	° ′	′	′
	14 00	177 39.8	S 2 39.6	198 11.5	16.2	S 7 17.2	12.3	54.1
	01	192 40.0	38.7	212 46.7	16.2	7 04.9	12.4	54.2
	02	207 40.1	37.7	227 21.9	16.2	6 52.5	12.5	54.2
	03	222 40.3	. . 36.7	241 57.1	16.2	6 40.0	12.4	54.2
	04	237 40.5	35.7	256 32.3	16.3	6 27.6	12.5	54.2
	05	252 40.7	34.7	271 07.6	16.2	6 15.1	12.5	54.2
	06	267 40.8	S 2 33.7	285 42.8	16.2	S 6 02.6	12.6	54.2
	07	282 41.0	32.7	300 18.0	16.3	5 50.0	12.6	54.2
	08	297 41.2	31.8	314 53.3	16.3	5 37.4	12.5	54.2
S	09	312 41.3	. . 30.8	329 28.6	16.3	5 24.9	12.7	54.2
U	10	327 41.5	29.8	344 03.9	16.3	5 12.2	12.6	54.2
N	11	342 41.7	28.8	358 39.2	16.3	4 59.6	12.7	54.2
D	12	357 41.9	S 2 27.8	13 14.5	16.3	S 4 46.9	12.7	54.2
A	13	12 42.0	26.8	27 49.8	16.3	4 34.2	12.7	54.3
Y	14	27 42.2	25.8	42 25.1	16.3	4 21.5	12.7	54.3
	15	42 42.4	. . 24.8	57 00.4	16.3	4 08.8	12.7	54.3
	16	57 42.6	23.9	71 35.7	16.3	3 56.1	12.8	54.3
	17	72 42.7	22.9	86 11.0	16.3	3 43.3	12.8	54.3
	18	87 42.9	S 2 21.9	100 46.3	16.4	S 3 30.5	12.8	54.3
	19	102 43.1	20.9	115 21.7	16.3	3 17.7	12.8	54.3
	20	117 43.2	19.9	129 57.0	16.3	3 04.9	12.9	54.3
	21	132 43.4	. . 18.9	144 32.3	16.3	2 52.0	12.8	54.3
	22	147 43.6	17.9	159 07.6	16.4	2 39.2	12.9	54.3
	23	162 43.8	16.9	173 43.0	16.3	2 26.3	12.9	54.3
	15 00	177 43.9	S 2 16.0	188 18.3	16.3	S 2 13.4	12.9	54.4
	01	192 44.1	15.0	202 53.6	16.3	2 00.5	12.9	54.4
	02	207 44.3	14.0	217 28.9	16.3	1 47.6	12.9	54.4
	03	222 44.5	. . 13.0	232 04.2	16.3	1 34.7	12.9	54.4
	04	237 44.6	12.0	246 39.5	16.3	1 21.8	13.0	54.4
	05	252 44.8	11.0	261 14.8	16.3	1 08.8	12.9	54.4
	06	267 45.0	S 2 10.0	275 50.1	16.3	S 0 55.9	13.0	54.4
	07	282 45.2	09.0	290 25.4	16.2	0 42.9	12.9	54.4
	08	297 45.3	08.1	305 00.6	16.3	0 30.0	13.0	54.4
M	09	312 45.5	. . 07.1	319 35.9	16.2	0 17.0	13.0	54.5
O	10	327 45.7	06.1	334 11.1	16.3	S 0 04.0	13.0	54.5
N	11	342 45.9	05.1	348 46.4	16.2	N 0 09.0	13.0	54.5
D	12	357 46.0	S 2 04.1	3 21.6	16.2	N 0 22.0	13.0	54.5
A	13	12 46.2	03.1	17 56.8	16.2	0 35.0	13.0	54.5
Y	14	27 46.4	02.1	32 32.0	16.2	0 48.0	13.0	54.5
	15	42 46.6	. . 01.1	47 07.2	16.1	1 01.0	13.0	54.5
	16	57 46.7	2 00.2	61 42.3	16.2	1 14.0	13.0	54.5
	17	72 46.9	1 59.2	76 17.5	16.1	1 27.0	13.0	54.6
	18	87 47.1	S 1 58.2	90 52.6	16.1	N 1 40.0	13.0	54.6
	19	102 47.3	57.2	105 27.7	16.1	1 53.0	13.0	54.6
	20	117 47.4	56.2	120 02.8	16.1	2 06.0	13.0	54.6
	21	132 47.6	. . 55.2	134 37.9	16.0	2 19.0	13.0	54.6
	22	147 47.8	54.2	149 12.9	16.0	2 32.0	13.0	54.6
	23	162 48.0	53.2	163 47.9	16.0	2 45.0	13.0	54.6
	16 00	177 48.1	S 1 52.2	178 22.9	16.0	N 2 58.0	12.9	54.6
	01	192 48.3	51.3	192 57.9	15.9	3 10.9	13.0	54.7
	02	207 48.5	50.3	207 32.8	16.0	3 23.9	13.0	54.7
	03	222 48.7	. . 49.3	222 07.8	15.9	3 36.9	12.9	54.7
	04	237 48.8	48.3	236 42.7	15.8	3 49.8	13.0	54.7
	05	252 49.0	47.3	251 17.5	15.9	4 02.8	12.9	54.7
	06	267 49.2	S 1 46.3	265 52.4	15.8	N 4 15.7	13.0	54.7
	07	282 49.4	45.3	280 27.2	15.7	4 28.7	12.9	54.7
T	08	297 49.5	44.3	295 01.9	15.8	4 41.6	12.9	54.8
U	09	312 49.7	. . 43.4	309 36.7	15.7	4 54.5	12.9	54.8
E	10	327 49.9	42.4	324 11.4	15.7	5 07.4	12.9	54.8
S	11	342 50.1	41.4	338 46.1	15.6	5 20.3	12.9	54.8
D	12	357 50.2	S 1 40.4	353 20.7	15.6	N 5 33.2	12.8	54.8
A	13	12 50.4	39.4	7 55.3	15.6	5 46.0	12.8	54.8
Y	14	27 50.6	38.4	22 29.9	15.6	5 58.8	12.9	54.8
	15	42 50.8	. . 37.4	37 04.5	15.5	6 11.7	12.8	54.9
	16	57 51.0	36.4	51 39.0	15.4	6 24.5	12.8	54.9
	17	72 51.1	35.4	66 13.4	15.5	6 37.3	12.7	54.9
	18	87 51.3	S 1 34.5	80 47.9	15.3	N 6 50.0	12.8	54.9
	19	102 51.5	33.5	95 22.2	15.4	7 02.8	12.7	54.9
	20	117 51.7	32.5	109 56.6	15.3	7 15.5	12.7	54.9
	21	132 51.8	. . 31.5	124 30.9	15.3	7 28.2	12.6	55.0
	22	147 52.0	30.5	139 05.2	15.2	7 40.8	12.7	55.0
	23	162 52.2	29.5	153 39.4	15.1	N 7 53.5	12.6	55.0
		SD 16.1	*d* 1.0	SD 14.8		14.8		14.9

Lat.	Twilight Naut.	Twilight Civil	Sunrise	Moonrise 14	Moonrise 15	Moonrise 16	Moonrise 17
°	h m	h m	h m	h m	h m	h m	h m
N 72	03 54	05 18	06 25	06 14	05 49	05 25	04 58
N 70	04 08	05 23	06 23	06 06	05 48	05 31	05 12
68	04 19	05 26	06 22	05 59	05 47	05 35	05 23
66	04 28	05 29	06 20	05 53	05 46	05 39	05 32
64	04 36	05 32	06 19	05 48	05 45	05 42	05 40
62	04 42	05 34	06 18	05 44	05 44	05 45	05 46
60	04 47	05 36	06 17	05 40	05 44	05 48	05 52
N 58	04 52	05 38	06 17	05 37	05 43	05 50	05 57
56	04 55	05 39	06 16	05 34	05 43	05 52	06 02
54	04 59	05 40	06 15	05 31	05 42	05 54	06 06
52	05 02	05 41	06 15	05 29	05 42	05 55	06 10
50	05 04	05 42	06 14	05 26	05 41	05 57	06 13
45	05 10	05 44	06 13	05 21	05 41	06 00	06 20
N 40	05 14	05 45	06 12	05 17	05 40	06 03	06 27
35	05 16	05 46	06 11	05 14	05 39	06 05	06 32
30	05 19	05 46	06 10	05 11	05 39	06 07	06 37
20	05 21	05 47	06 09	05 05	05 38	06 11	06 45
N 10	05 22	05 46	06 07	05 00	05 37	06 14	06 53
0	05 21	05 45	06 06	04 56	05 36	06 17	07 00
S 10	05 19	05 43	06 04	04 51	05 36	06 21	07 07
20	05 15	05 40	06 02	04 46	05 35	06 24	07 14
30	05 08	05 36	06 00	04 41	05 34	06 28	07 23
35	05 04	05 34	05 59	04 38	05 34	06 30	07 28
40	04 58	05 30	05 57	04 34	05 33	06 33	07 34
45	04 51	05 26	05 56	04 30	05 32	06 36	07 40
S 50	04 42	05 21	05 53	04 24	05 32	06 39	07 48
52	04 38	05 19	05 52	04 22	05 31	06 41	07 52
54	04 33	05 16	05 51	04 20	05 31	06 43	07 56
56	04 27	05 13	05 50	04 17	05 30	06 45	08 01
58	04 21	05 09	05 49	04 13	05 30	06 47	08 06
S 60	04 14	05 05	05 47	04 10	05 29	06 50	08 12

Lat.	Sunset	Twilight Civil	Twilight Naut.	Moonset 14	Moonset 15	Moonset 16	Moonset 17
°	h m	h m	h m	h m	h m	h m	h m
N 72	17 55	19 03	20 28	16 25	18 17	20 12	22 19
N 70	17 57	18 58	20 13	16 31	18 15	20 01	21 55
68	17 58	18 54	20 01	16 36	18 13	19 52	21 37
66	17 59	18 50	19 52	16 40	18 11	19 45	21 23
64	18 00	18 48	19 44	16 43	18 10	19 39	21 11
62	18 01	18 45	19 38	16 46	18 09	19 33	21 01
60	18 02	18 43	19 33	16 48	18 08	19 29	20 52
N 58	18 03	18 42	19 28	16 50	18 07	19 25	20 45
56	18 03	18 40	19 24	16 52	18 06	19 21	20 38
54	18 04	18 39	19 20	16 54	18 05	19 18	20 32
52	18 04	18 38	19 17	16 55	18 05	19 15	20 27
50	18 05	18 37	19 15	16 57	18 04	19 12	20 22
45	18 06	18 35	19 09	17 00	18 03	19 07	20 12
N 40	18 07	18 34	19 05	17 02	18 02	19 02	20 04
35	18 07	18 33	19 02	17 05	18 01	18 58	19 56
30	18 08	18 32	19 00	17 06	18 00	18 54	19 50
20	18 10	18 32	18 57	17 10	17 58	18 48	19 39
N 10	18 11	18 32	18 56	17 13	17 57	18 43	19 30
0	18 12	18 33	18 57	17 15	17 56	18 37	19 21
S 10	18 14	18 35	18 59	17 18	17 55	18 32	19 12
20	18 15	18 37	19 03	17 21	17 54	18 27	19 02
30	18 17	18 41	19 09	17 24	17 52	18 21	18 52
35	18 18	18 44	19 13	17 26	17 51	18 17	18 45
40	18 20	18 47	19 19	17 28	17 50	18 13	18 38
45	18 21	18 51	19 25	17 30	17 49	18 09	18 30
S 50	18 23	18 56	19 34	17 33	17 48	18 03	18 21
52	18 24	18 58	19 39	17 34	17 47	18 01	18 16
54	18 25	19 01	19 43	17 35	17 47	17 58	18 11
56	18 26	19 04	19 49	17 37	17 46	17 55	18 06
58	18 28	19 07	19 55	17 39	17 45	17 52	18 00
S 60	18 29	19 11	20 02	17 41	17 44	17 48	17 53

Day	SUN Eqn. of Time 00^h	SUN Eqn. of Time 12^h	SUN Mer. Pass.	MOON Mer. Pass. Upper	MOON Mer. Pass. Lower	Age	Phase
d	m s	m s	h m	h m	h m	d	%
14	09 21	09 13	12 09	11 06	23 26	28	2
15	09 05	08 56	12 09	11 46	24 07	29	0
16	08 48	08 39	12 09	12 27	00 07	01	1

UT d	h	ARIES GHA	VENUS −3.9 GHA	VENUS Dec	MARS −0.2 GHA	MARS Dec	JUPITER −2.0 GHA	JUPITER Dec	SATURN +0.5 GHA	SATURN Dec
d	h	° ′	° ′	° ′	° ′	° ′	° ′	° ′	° ′	° ′
17 WEDNESDAY	00	174 27.9	163 13.8	N 3 42.2	50 56.0	N23 21.9	189 05.9	S 7 16.9	351 54.2	N 1 41.0
	01	189 30.4	178 13.4	43.5	65 58.2	21.8	204 07.8	16.6	6 56.8	41.1
	02	204 32.9	193 13.0	44.8	81 00.5	21.6	219 09.7	16.4	21 59.5	41.1
	03	219 35.3	208 12.7 . .	46.0	96 02.8 . .	21.5	234 11.6 . .	16.2	37 02.1 . .	41.2
	04	234 37.8	223 12.3	47.3	111 05.1	21.4	249 13.5	16.0	52 04.8	41.3
	05	249 40.2	238 11.9	48.6	126 07.4	21.3	264 15.4	15.7	67 07.4	41.4
	06	264 42.7	253 11.6	N 3 49.9	141 09.7	N23 21.1	279 17.3	S 7 15.5	82 10.0	N 1 41.5
	07	279 45.2	268 11.2	51.1	156 11.9	21.0	294 19.2	15.3	97 12.7	41.5
	08	294 47.6	283 10.8	52.4	171 14.2	20.9	309 21.1	15.1	112 15.3	41.6
	09	309 50.1	298 10.4 . .	53.7	186 16.5 . .	20.7	324 23.0 . .	14.8	127 18.0 . .	41.7
	10	324 52.6	313 10.1	55.0	201 18.8	20.6	339 24.9	14.6	142 20.6	41.8
	11	339 55.0	328 09.7	56.2	216 21.1	20.5	354 26.8	14.4	157 23.3	41.9
	12	354 57.5	343 09.3	N 3 57.5	231 23.3	N23 20.3	9 28.8	S 7 14.2	172 25.9	N 1 41.9
	13	10 00.0	358 09.0	3 58.8	246 25.6	20.2	24 30.7	13.9	187 28.5	42.0
	14	25 02.4	13 08.6	4 00.1	261 27.9	20.1	39 32.6	13.7	202 31.2	42.1
	15	40 04.9	28 08.2 . .	01.3	276 30.1 . .	20.0	54 34.5 . .	13.5	217 33.8 . .	42.2
	16	55 07.3	43 07.9	02.6	291 32.4	19.8	69 36.4	13.2	232 36.5	42.3
	17	70 09.8	58 07.5	03.9	306 34.7	19.7	84 38.3	13.0	247 39.1	42.3
	18	85 12.3	73 07.1	N 4 05.2	321 36.9	N23 19.6	99 40.2	S 7 12.8	262 41.8	N 1 42.4
	19	100 14.7	88 06.7	06.4	336 39.2	19.4	114 42.1	12.6	277 44.4	42.5
	20	115 17.2	103 06.4	07.7	351 41.5	19.3	129 44.0	12.3	292 47.0	42.6
	21	130 19.7	118 06.0 . .	09.0	6 43.7 . .	19.2	144 45.9 . .	12.1	307 49.7 . .	42.7
	22	145 22.1	133 05.6	10.3	21 46.0	19.0	159 47.8	11.9	322 52.3	42.7
	23	160 24.6	148 05.3	11.5	36 48.3	18.9	174 49.7	11.7	337 55.0	42.8
18 THURSDAY	00	175 27.1	163 04.9	N 4 12.8	51 50.5	N23 18.8	189 51.7	S 7 11.4	352 57.6	N 1 42.9
	01	190 29.5	178 04.5	14.1	66 52.8	18.6	204 53.6	11.2	8 00.3	43.0
	02	205 32.0	193 04.1	15.4	81 55.0	18.5	219 55.5	11.0	23 02.9	43.1
	03	220 34.5	208 03.8 . .	16.6	96 57.3 . .	18.4	234 57.4 . .	10.8	38 05.5 . .	43.1
	04	235 36.9	223 03.4	17.9	111 59.5	18.2	249 59.3	10.5	53 08.2	43.2
	05	250 39.4	238 03.0	19.2	127 01.8	18.1	265 01.2	10.3	68 10.8	43.3
	06	265 41.8	253 02.7	N 4 20.5	142 04.0	N23 18.0	280 03.1	S 7 10.1	83 13.5	N 1 43.4
	07	280 44.3	268 02.3	21.7	157 06.3	17.8	295 05.0	09.8	98 16.1	43.5
	08	295 46.8	283 01.9	23.0	172 08.5	17.7	310 06.9	09.6	113 18.8	43.5
	09	310 49.2	298 01.5 . .	24.3	187 10.8 . .	17.6	325 08.8 . .	09.4	128 21.4 . .	43.6
	10	325 51.7	313 01.2	25.5	202 13.0	17.4	340 10.7	09.2	143 24.0	43.7
	11	340 54.2	328 00.8	26.8	217 15.3	17.3	355 12.6	08.9	158 26.7	43.8
	12	355 56.6	343 00.4	N 4 28.1	232 17.5	N23 17.2	10 14.6	S 7 08.7	173 29.3	N 1 43.9
	13	10 59.1	358 00.1	29.4	247 19.8	17.0	25 16.5	08.5	188 32.0	43.9
	14	26 01.6	12 59.7	30.6	262 22.0	16.9	40 18.4	08.3	203 34.6	44.0
	15	41 04.0	27 59.3 . .	31.9	277 24.3 . .	16.8	55 20.3 . .	08.0	218 37.3 . .	44.1
	16	56 06.5	42 58.9	33.2	292 26.5	16.6	70 22.2	07.8	233 39.9	44.2
	17	71 08.9	57 58.6	34.4	307 28.7	16.5	85 24.1	07.6	248 42.5	44.3
	18	86 11.4	72 58.2	N 4 35.7	322 31.0	N23 16.3	100 26.0	S 7 07.4	263 45.2	N 1 44.4
	19	101 13.9	87 57.8	37.0	337 33.2	16.2	115 27.9	07.1	278 47.8	44.4
	20	116 16.3	102 57.4	38.3	352 35.4	16.1	130 29.8	06.9	293 50.5	44.5
	21	131 18.8	117 57.1 . .	39.5	7 37.7 . .	15.9	145 31.7 . .	06.7	308 53.1 . .	44.6
	22	146 21.3	132 56.7	40.8	22 39.9	15.8	160 33.6	06.5	323 55.8	44.7
	23	161 23.7	147 56.3	42.1	37 42.1	15.7	175 35.6	06.2	338 58.4	44.8
19 FRIDAY	00	176 26.2	162 55.9	N 4 43.3	52 44.4	N23 15.5	190 37.5	S 7 06.0	354 01.0	N 1 44.8
	01	191 28.7	177 55.6	44.6	67 46.6	15.4	205 39.4	05.8	9 03.7	44.9
	02	206 31.1	192 55.2	45.9	82 48.8	15.2	220 41.3	05.5	24 06.3	45.0
	03	221 33.6	207 54.8 . .	47.1	97 51.0 . .	15.1	235 43.2 . .	05.3	39 09.0 . .	45.1
	04	236 36.1	222 54.5	48.4	112 53.3	15.0	250 45.1	05.1	54 11.6	45.2
	05	251 38.5	237 54.1	49.7	127 55.5	14.8	265 47.0	04.9	69 14.3	45.2
	06	266 41.0	252 53.7	N 4 50.9	142 57.7	N23 14.7	280 48.9	S 7 04.6	84 16.9	N 1 45.3
	07	281 43.4	267 53.3	52.2	157 59.9	14.5	295 50.8	04.4	99 19.5	45.4
	08	296 45.9	282 53.0	53.5	173 02.2	14.4	310 52.7	04.2	114 22.2	45.5
	09	311 48.4	297 52.6 . .	54.8	188 04.4 . .	14.3	325 54.7 . .	04.0	129 24.8 . .	45.6
	10	326 50.8	312 52.2	56.0	203 06.6	14.1	340 56.6	03.7	144 27.5	45.6
	11	341 53.3	327 51.8	57.3	218 08.8	14.0	355 58.5	03.5	159 30.1	45.7
	12	356 55.8	342 51.5	N 4 58.6	233 11.0	N23 13.8	11 00.4	S 7 03.3	174 32.8	N 1 45.8
	13	11 58.2	357 51.1	4 59.8	248 13.2	13.7	26 02.3	03.1	189 35.4	45.9
	14	27 00.7	12 50.7	5 01.1	263 15.5	13.6	41 04.2	02.8	204 38.1	46.0
	15	42 03.2	27 50.3 . .	02.4	278 17.7 . .	13.4	56 06.1 . .	02.6	219 40.7 . .	46.0
	16	57 05.6	42 50.0	03.6	293 19.9	13.3	71 08.0	02.4	234 43.3	46.1
	17	72 08.1	57 49.6	04.9	308 22.1	13.1	86 09.9	02.2	249 46.0	46.2
	18	87 10.6	72 49.2	N 5 06.2	323 24.3	N23 13.0	101 11.8	S 7 01.9	264 48.6	N 1 46.3
	19	102 13.0	87 48.8	07.4	338 26.5	12.8	116 13.8	01.7	279 51.3	46.4
	20	117 15.5	102 48.5	08.7	353 28.7	12.7	131 15.7	01.5	294 53.9	46.4
	21	132 17.9	117 48.1 . .	10.0	8 30.9 . .	12.6	146 17.6 . .	01.3	309 56.6 . .	46.5
	22	147 20.4	132 47.7	11.2	23 33.1	12.4	161 19.5	01.0	324 59.2	46.6
	23	162 22.9	147 47.3	12.5	38 35.3	12.3	176 21.4	00.8	340 01.8	46.7
Mer. Pass.		h m 12 16.2	*v* −0.4	*d* 1.3	*v* 2.2	*d* 0.1	*v* 1.9	*d* 0.2	*v* 2.6	*d* 0.1

STARS

Name	SHA	Dec
	° ′	° ′
Acamar	315 20.3	S40 16.0
Achernar	335 28.9	S57 11.2
Acrux	173 11.5	S63 09.5
Adhara	255 14.3	S28 59.4
Aldebaran	290 52.2	N16 31.8
Alioth	166 22.0	N55 54.0
Alkaid	153 00.2	N49 15.4
Al Na'ir	27 47.0	S46 54.6
Alnilam	275 48.8	S 1 11.8
Alphard	217 58.2	S 8 42.4
Alphecca	126 12.8	N26 40.5
Alpheratz	357 46.4	N29 08.8
Altair	62 10.7	N 8 53.6
Ankaa	353 18.3	S42 15.1
Antares	112 29.1	S26 27.3
Arcturus	145 57.6	N19 07.5
Atria	107 33.0	S69 02.6
Avior	234 18.7	S59 32.8
Bellatrix	278 34.6	N 6 21.5
Betelgeuse	271 03.9	N 7 24.5
Canopus	263 57.1	S52 42.4
Capella	280 38.0	N46 00.6
Deneb	49 33.5	N45 18.8
Denebola	182 35.7	N14 30.7
Diphda	348 58.5	S17 55.9
Dubhe	193 53.7	N61 41.6
Elnath	278 15.7	N28 37.0
Eltanin	90 47.3	N51 28.9
Enif	33 49.7	N 9 55.2
Fomalhaut	15 26.9	S29 34.1
Gacrux	172 03.2	S57 10.4
Gienah	175 54.5	S17 36.1
Hadar	148 50.9	S60 25.3
Hamal	328 03.8	N23 30.7
Kaus Aust.	83 47.0	S34 22.7
Kochab	137 18.8	N74 06.5
Markab	13 41.0	N15 15.6
Menkar	314 17.7	N 4 07.8
Menkent	148 10.1	S36 25.3
Miaplacidus	221 39.7	S69 45.8
Mirfak	308 44.1	N49 54.0
Nunki	76 01.3	S26 17.0
Peacock	53 23.2	S56 41.9
Pollux	243 30.4	N28 00.1
Procyon	245 02.1	N 5 11.8
Rasalhague	96 08.6	N12 32.9
Regulus	207 45.7	N11 54.8
Rigel	281 14.4	S 8 11.5
Rigil Kent.	139 54.6	S60 52.6
Sabik	102 15.2	S15 44.3
Schedar	349 44.0	N56 35.7
Shaula	96 25.1	S37 06.6
Sirius	258 35.7	S16 44.0
Spica	158 33.5	S11 13.1
Suhail	222 53.9	S43 28.7
Vega	80 40.7	N38 47.3
Zuben'ubi	137 07.8	S16 05.2

	SHA	Mer. Pass.
	° ′	h m
Venus	347 37.8	13 08
Mars	236 23.5	20 30
Jupiter	14 24.6	11 19
Saturn	177 30.5	0 28

UT		SUN GHA	SUN Dec	MOON GHA	v	MOON Dec	d	HP
d	h	° ′	° ′	° ′	′	° ′	′	′
17 WEDNESDAY	00	177 52.4	S 1 28.5	168 13.5	15.2	N 8 06.1	12.6	55.0
	01	192 52.6	27.5	182 47.7	15.1	8 18.7	12.6	55.0
	02	207 52.7	26.5	197 21.8	15.0	8 31.3	12.5	55.0
	03	222 52.9	. . 25.6	211 55.8	15.0	8 43.8	12.6	55.0
	04	237 53.1	24.6	226 29.8	14.9	8 56.4	12.4	55.1
	05	252 53.3	23.6	241 03.7	14.9	9 08.8	12.5	55.1
	06	267 53.5	S 1 22.6	255 37.6	14.9	N 9 21.3	12.4	55.1
	07	282 53.6	21.6	270 11.5	14.7	9 33.7	12.4	55.1
	08	297 53.8	20.6	284 45.2	14.8	9 46.1	12.4	55.1
	09	312 54.0	. . 19.6	299 19.0	14.7	9 58.5	12.3	55.1
	10	327 54.2	18.6	313 52.7	14.6	10 10.8	12.3	55.2
	11	342 54.3	17.6	328 26.3	14.6	10 23.1	12.2	55.2
	12	357 54.5	S 1 16.7	342 59.9	14.5	N10 35.3	12.2	55.2
	13	12 54.7	15.7	357 33.4	14.5	10 47.5	12.2	55.2
	14	27 54.9	14.7	12 06.9	14.4	10 59.7	12.2	55.2
	15	42 55.1	. . 13.7	26 40.3	14.3	11 11.9	12.0	55.2
	16	57 55.2	12.7	41 13.6	14.3	11 23.9	12.1	55.3
	17	72 55.4	11.7	55 46.9	14.3	11 36.0	12.0	55.3
	18	87 55.6	S 1 10.7	70 20.2	14.1	N11 48.0	12.0	55.3
	19	102 55.8	09.7	84 53.3	14.1	12 00.0	11.9	55.3
	20	117 56.0	08.8	99 26.4	14.1	12 11.9	11.9	55.3
	21	132 56.1	. . 07.8	113 59.5	14.0	12 23.8	11.8	55.4
	22	147 56.3	06.8	128 32.5	13.9	12 35.6	11.8	55.4
	23	162 56.5	05.8	143 05.4	13.9	12 47.4	11.7	55.4
18 THURSDAY	00	177 56.7	S 1 04.8	157 38.3	13.8	N12 59.1	11.7	55.4
	01	192 56.9	03.8	172 11.1	13.7	13 10.8	11.7	55.4
	02	207 57.0	02.8	186 43.8	13.7	13 22.5	11.5	55.4
	03	222 57.2	. . 01.8	201 16.5	13.6	13 34.0	11.6	55.5
	04	237 57.4	1 00.8	215 49.1	13.5	13 45.6	11.5	55.5
	05	252 57.6	0 59.8	230 21.6	13.5	13 57.1	11.4	55.5
	06	267 57.8	S 0 58.9	244 54.1	13.4	N14 08.5	11.4	55.5
	07	282 57.9	57.9	259 26.5	13.3	14 19.9	11.3	55.5
	08	297 58.1	56.9	273 58.8	13.3	14 31.2	11.2	55.6
	09	312 58.3	. . 55.9	288 31.1	13.2	14 42.4	11.2	55.6
	10	327 58.5	54.9	303 03.3	13.1	14 53.6	11.2	55.6
	11	342 58.7	53.9	317 35.4	13.1	15 04.8	11.0	55.6
	12	357 58.8	S 0 52.9	332 07.5	12.9	N15 15.8	11.0	55.6
	13	12 59.0	51.9	346 39.4	12.9	15 26.8	11.0	55.7
	14	27 59.2	50.9	1 11.3	12.9	15 37.8	10.9	55.7
	15	42 59.4	. . 50.0	15 43.2	12.7	15 48.7	10.8	55.7
	16	57 59.6	49.0	30 14.9	12.7	15 59.5	10.8	55.7
	17	72 59.8	48.0	44 46.6	12.6	16 10.3	10.6	55.7
	18	87 59.9	S 0 47.0	59 18.2	12.5	N16 20.9	10.7	55.8
	19	103 00.1	46.0	73 49.7	12.5	16 31.6	10.5	55.8
	20	118 00.3	45.0	88 21.2	12.4	16 42.1	10.5	55.8
	21	133 00.5	. . 44.0	102 52.6	12.3	16 52.6	10.4	55.8
	22	148 00.7	43.0	117 23.9	12.2	17 03.0	10.3	55.8
	23	163 00.8	42.0	131 55.1	12.1	17 13.3	10.3	55.9
19 FRIDAY	00	178 01.0	S 0 41.1	146 26.2	12.1	N17 23.6	10.2	55.9
	01	193 01.2	40.1	160 57.3	12.0	17 33.8	10.1	55.9
	02	208 01.4	39.1	175 28.3	11.9	17 43.9	10.0	55.9
	03	223 01.6	. . 38.1	189 59.2	11.8	17 53.9	10.0	55.9
	04	238 01.8	37.1	204 30.0	11.7	18 03.9	9.8	56.0
	05	253 01.9	36.1	219 00.7	11.7	18 13.7	9.8	56.0
	06	268 02.1	S 0 35.1	233 31.4	11.6	N18 23.5	9.7	56.0
	07	283 02.3	34.1	248 02.0	11.5	18 33.2	9.7	56.0
	08	298 02.5	33.1	262 32.5	11.4	18 42.9	9.5	56.0
	09	313 02.7	. . 32.2	277 02.9	11.3	18 52.4	9.5	56.1
	10	328 02.8	31.2	291 33.2	11.3	19 01.9	9.3	56.1
	11	343 03.0	30.2	306 03.5	11.1	19 11.2	9.3	56.1
	12	358 03.2	S 0 29.2	320 33.6	11.1	N19 20.5	9.2	56.1
	13	13 03.4	28.2	335 03.7	11.0	19 29.7	9.1	56.1
	14	28 03.6	27.2	349 33.7	10.9	19 38.8	9.0	56.2
	15	43 03.8	. . 26.2	4 03.6	10.9	19 47.8	8.9	56.2
	16	58 03.9	25.2	18 33.5	10.7	19 56.7	8.8	56.2
	17	73 04.1	24.3	33 03.2	10.7	20 05.5	8.8	56.2
	18	88 04.3	S 0 23.3	47 32.9	10.6	N20 14.3	8.6	56.3
	19	103 04.5	22.3	62 02.5	10.5	20 22.9	8.5	56.3
	20	118 04.7	21.3	76 32.0	10.4	20 31.4	8.5	56.3
	21	133 04.9	. . 20.3	91 01.4	10.3	20 39.9	8.3	56.3
	22	148 05.0	19.3	105 30.7	10.3	20 48.2	8.2	56.3
	23	163 05.2	18.3	120 00.0	10.1	N20 56.4	8.2	56.4
		SD 16.1	d 1.0	SD 15.0		15.2		15.3

Lat.	Twilight Naut.	Twilight Civil	Sunrise	Moonrise 17	Moonrise 18	Moonrise 19	Moonrise 20
°	h m	h m	h m	h m	h m	h m	h m
N 72	03 35	05 02	06 09	04 58	04 22	02 57	▭
N 70	03 52	05 08	06 09	05 12	04 48	04 10	▭
68	04 05	05 14	06 09	05 23	05 08	04 48	04 02
66	04 16	05 18	06 09	05 32	05 24	05 15	05 01
64	04 24	05 21	06 09	05 40	05 37	05 35	05 35
62	04 31	05 24	06 08	05 46	05 48	05 52	06 00
60	04 37	05 27	06 08	05 52	05 58	06 06	06 20
N 58	04 43	05 29	06 08	05 57	06 06	06 19	06 37
56	04 47	05 31	06 08	06 02	06 14	06 29	06 51
54	04 51	05 33	06 08	06 06	06 20	06 38	07 03
52	04 55	05 34	06 08	06 10	06 26	06 47	07 13
50	04 58	05 35	06 08	06 13	06 32	06 54	07 23
45	05 04	05 38	06 07	06 20	06 43	07 10	07 43
N 40	05 09	05 40	06 07	06 27	06 53	07 24	08 00
35	05 12	05 42	06 07	06 32	07 02	07 35	08 14
30	05 15	05 43	06 07	06 37	07 09	07 45	08 26
20	05 19	05 44	06 06	06 45	07 22	08 02	08 47
N 10	05 20	05 44	06 05	06 53	07 33	08 17	09 05
0	05 20	05 44	06 05	07 00	07 44	08 31	09 22
S 10	05 19	05 43	06 04	07 07	07 55	08 46	09 39
20	05 16	05 41	06 03	07 14	08 06	09 01	09 58
30	05 10	05 38	06 02	07 23	08 20	09 19	10 19
35	05 06	05 36	06 01	07 28	08 28	09 29	10 32
40	05 02	05 33	06 01	07 34	08 36	09 41	10 46
45	04 56	05 30	06 00	07 40	08 47	09 55	11 04
S 50	04 48	05 26	05 58	07 48	09 00	10 12	11 25
52	04 44	05 24	05 58	07 52	09 05	10 20	11 35
54	04 39	05 22	05 57	07 56	09 12	10 30	11 47
56	04 34	05 19	05 56	08 01	09 19	10 40	12 00
58	04 29	05 16	05 56	08 06	09 28	10 52	12 16
S 60	04 22	05 13	05 55	08 12	09 37	11 06	12 35

Lat.	Sunset	Twilight Civil	Twilight Naut.	Moonset 17	Moonset 18	Moonset 19	Moonset 20
°	h m	h m	h m	h m	h m	h m	h m
N 72	18 09	19 17	20 45	22 19	25 22	01 22	▭
N 70	18 09	19 10	20 28	21 55	24 10	00 10	▭
68	18 09	19 05	20 14	21 37	23 34	26 03	02 03
66	18 09	19 00	20 03	21 23	23 08	25 05	01 05
64	18 09	18 57	19 54	21 11	22 48	24 31	00 31
62	18 09	18 54	19 47	21 01	22 32	24 07	00 07
60	18 09	18 51	19 41	20 52	22 19	23 47	25 14
N 58	18 09	18 48	19 35	20 45	22 07	23 32	24 54
56	18 09	18 46	19 30	20 38	21 58	23 18	24 37
54	18 09	18 45	19 26	20 32	21 49	23 06	24 22
52	18 09	18 43	19 23	20 27	21 41	22 56	24 10
50	18 09	18 42	19 20	20 22	21 34	22 47	23 59
45	18 10	18 39	19 13	20 12	21 19	22 28	23 36
N 40	18 10	18 37	19 08	20 04	21 07	22 12	23 17
35	18 10	18 35	19 05	19 56	20 57	21 59	23 02
30	18 10	18 34	19 02	19 50	20 48	21 48	22 48
20	18 10	18 32	18 58	19 39	20 32	21 28	22 26
N 10	18 11	18 32	18 56	19 30	20 19	21 11	22 06
0	18 11	18 32	18 56	19 21	20 06	20 55	21 48
S 10	18 12	18 33	18 57	19 12	19 54	20 39	21 29
20	18 13	18 35	19 00	19 02	19 40	20 23	21 10
30	18 14	18 38	19 05	18 52	19 25	20 03	20 47
35	18 14	18 40	19 09	18 45	19 17	19 52	20 34
40	18 15	18 42	19 14	18 38	19 07	19 39	20 19
45	18 16	18 45	19 20	18 30	18 55	19 24	20 01
S 50	18 17	18 49	19 27	18 21	18 41	19 06	19 39
52	18 17	18 51	19 31	18 16	18 34	18 57	19 28
54	18 18	18 53	19 35	18 11	18 27	18 48	19 16
56	18 19	18 56	19 40	18 06	18 19	18 37	19 02
58	18 19	18 59	19 46	18 00	18 10	18 24	18 46
S 60	18 20	19 02	19 52	17 53	18 00	18 10	18 27

Day	SUN Eqn. of Time 00^h	SUN Eqn. of Time 12^h	SUN Mer. Pass.	MOON Mer. Pass. Upper	MOON Mer. Pass. Lower	MOON Age	MOON Phase
d	m s	m s	h m	h m	h m	d	%
17	08 31	08 22	12 08	13 10	00 48	02	3
18	08 14	08 05	12 08	13 55	01 32	03	7
19	07 56	07 48	12 08	14 43	02 19	04	13

UT	ARIES GHA	VENUS −3.9 GHA	VENUS Dec	MARS −0.1 GHA	MARS Dec	JUPITER −2.0 GHA	JUPITER Dec	SATURN +0.5 GHA	SATURN Dec	STARS Name	SHA	Dec
d h	° ′	° ′	° ′	° ′	° ′	° ′	° ′	° ′	° ′		° ′	° ′
20 00	177 25.3	162 46.9	N 5 13.7	53 37.5	N23 12.1	191 23.3	S 7 00.6	355 04.5	N 1 46.8	Acamar	315 20.3	S40 16.0
01	192 27.8	177 46.6	15.0	68 39.7	12.0	206 25.2	00.3	10 07.1	46.8	Achernar	335 28.9	S57 11.2
02	207 30.3	192 46.2	16.3	83 41.9	11.8	221 27.1	7 00.1	25 09.8	46.9	Acrux	173 11.5	S63 09.5
03	222 32.7	207 45.8	. . 17.5	98 44.1	. . 11.7	236 29.0	6 59.9	40 12.4	. . 47.0	Adhara	255 14.3	S28 59.4
04	237 35.2	222 45.4	18.8	113 46.3	11.6	251 31.0	59.7	55 15.1	47.1	Aldebaran	290 52.2	N16 31.8
05	252 37.7	237 45.1	20.1	128 48.5	11.4	266 32.9	59.4	70 17.7	47.2			
06	267 40.1	252 44.7	N 5 21.3	143 50.7	N23 11.3	281 34.8	S 6 59.2	85 20.3	N 1 47.2	Alioth	166 22.0	N55 54.0
07	282 42.6	267 44.3	22.6	158 52.9	11.1	296 36.7	59.0	100 23.0	47.3	Alkaid	153 00.2	N49 15.4
S 08	297 45.0	282 43.9	23.9	173 55.1	11.0	311 38.6	58.8	115 25.6	47.4	Al Na'ir	27 47.0	S46 54.6
A 09	312 47.5	297 43.6	. . 25.1	188 57.3	. . 10.8	326 40.5	. . 58.5	130 28.3	. . 47.5	Alnilam	275 48.8	S 1 11.8
T 10	327 50.0	312 43.2	26.4	203 59.5	10.7	341 42.4	58.3	145 30.9	47.6	Alphard	217 58.2	S 8 42.4
U 11	342 52.4	327 42.8	27.7	219 01.7	10.5	356 44.3	58.1	160 33.6	47.6			
R 12	357 54.9	342 42.4	N 5 28.9	234 03.8	N23 10.4	11 46.2	S 6 57.9	175 36.2	N 1 47.7	Alphecca	126 12.8	N26 40.5
D 13	12 57.4	357 42.0	30.2	249 06.0	10.2	26 48.2	57.6	190 38.9	47.8	Alpheratz	357 46.4	N29 08.8
A 14	27 59.8	12 41.7	31.4	264 08.2	10.1	41 50.1	57.4	205 41.5	47.9	Altair	62 10.7	N 8 53.6
Y 15	43 02.3	27 41.3	. . 32.7	279 10.4	. . 09.9	56 52.0	. . 57.2	220 44.1	. . 48.0	Ankaa	353 18.3	S42 15.0
16	58 04.8	42 40.9	34.0	294 12.6	09.8	71 53.9	57.0	235 46.8	48.0	Antares	112 29.0	S26 27.3
17	73 07.2	57 40.5	35.2	309 14.8	09.6	86 55.8	56.7	250 49.4	48.1			
18	88 09.7	72 40.1	N 5 36.5	324 16.9	N23 09.5	101 57.7	S 6 56.5	265 52.1	N 1 48.2	Arcturus	145 57.6	N19 07.5
19	103 12.2	87 39.8	37.7	339 19.1	09.3	116 59.6	56.3	280 54.7	48.3	Atria	107 32.9	S69 02.6
20	118 14.6	102 39.4	39.0	354 21.3	09.2	132 01.5	56.1	295 57.4	48.4	Avior	234 18.7	S59 32.9
21	133 17.1	117 39.0	. . 40.3	9 23.5	. . 09.1	147 03.4	. . 55.8	311 00.0	. . 48.4	Bellatrix	278 34.6	N 6 21.5
22	148 19.5	132 38.6	41.5	24 25.6	08.9	162 05.4	55.6	326 02.7	48.5	Betelgeuse	271 03.9	N 7 24.5
23	163 22.0	147 38.2	42.8	39 27.8	08.8	177 07.3	55.4	341 05.3	48.6			
21 00	178 24.5	162 37.9	N 5 44.1	54 30.0	N23 08.6	192 09.2	S 6 55.2	356 07.9	N 1 48.7	Canopus	263 57.2	S52 42.4
01	193 26.9	177 37.5	45.3	69 32.2	08.5	207 11.1	54.9	11 10.6	48.8	Capella	280 38.1	N46 00.6
02	208 29.4	192 37.1	46.6	84 34.3	08.3	222 13.0	54.7	26 13.2	48.8	Deneb	49 33.5	N45 18.8
03	223 31.9	207 36.7	. . 47.8	99 36.5	. . 08.2	237 14.9	. . 54.5	41 15.9	. . 48.9	Denebola	182 35.7	N14 30.7
04	238 34.3	222 36.3	49.1	114 38.7	08.0	252 16.8	54.2	56 18.5	49.0	Diphda	348 58.5	S17 55.9
05	253 36.8	237 36.0	50.4	129 40.8	07.8	267 18.7	54.0	71 21.2	49.1			
06	268 39.3	252 35.6	N 5 51.6	144 43.0	N23 07.7	282 20.6	S 6 53.8	86 23.8	N 1 49.2	Dubhe	193 53.7	N61 41.7
07	283 41.7	267 35.2	52.9	159 45.2	07.5	297 22.6	53.6	101 26.4	49.2	Elnath	278 15.7	N28 37.0
08	298 44.2	282 34.8	54.1	174 47.3	07.4	312 24.5	53.3	116 29.1	49.3	Eltanin	90 47.2	N51 28.9
S 09	313 46.7	297 34.4	. . 55.4	189 49.5	. . 07.2	327 26.4	. . 53.1	131 31.7	. . 49.4	Enif	33 49.7	N 9 55.2
U 10	328 49.1	312 34.1	56.6	204 51.7	07.1	342 28.3	52.9	146 34.4	49.5	Fomalhaut	15 26.9	S29 34.1
N 11	343 51.6	327 33.7	57.9	219 53.8	06.9	357 30.2	52.7	161 37.0	49.6			
D 12	358 54.0	342 33.3	N 5 59.2	234 56.0	N23 06.8	12 32.1	S 6 52.4	176 39.7	N 1 49.6	Gacrux	172 03.2	S57 10.4
A 13	13 56.5	357 32.9	6 00.4	249 58.1	06.6	27 34.0	52.2	191 42.3	49.7	Gienah	175 54.4	S17 36.2
Y 14	28 59.0	12 32.5	01.7	265 00.3	06.5	42 35.9	52.0	206 45.0	49.8	Hadar	148 50.9	S60 25.4
15	44 01.4	27 32.2	. . 02.9	280 02.5	. . 06.3	57 37.9	. . 51.8	221 47.6	. . 49.9	Hamal	328 03.8	N23 30.7
16	59 03.9	42 31.8	04.2	295 04.6	06.2	72 39.8	51.5	236 50.2	50.0	Kaus Aust.	83 47.0	S34 22.7
17	74 06.4	57 31.4	05.4	310 06.8	06.0	87 41.7	51.3	251 52.9	50.0			
18	89 08.8	72 31.0	N 6 06.7	325 08.9	N23 05.9	102 43.6	S 6 51.1	266 55.5	N 1 50.1	Kochab	137 18.7	N74 06.5
19	104 11.3	87 30.6	08.0	340 11.1	05.7	117 45.5	50.9	281 58.2	50.2	Markab	13 41.0	N15 15.6
20	119 13.8	102 30.2	09.2	355 13.2	05.6	132 47.4	50.6	297 00.8	50.3	Menkar	314 17.7	N 4 07.8
21	134 16.2	117 29.9	. . 10.5	10 15.4	. . 05.4	147 49.3	. . 50.4	312 03.5	. . 50.4	Menkent	148 10.1	S36 25.3
22	149 18.7	132 29.5	11.7	25 17.5	05.2	162 51.2	50.2	327 06.1	50.4	Miaplacidus	221 39.8	S69 45.8
23	164 21.1	147 29.1	13.0	40 19.7	05.1	177 53.2	50.0	342 08.7	50.5			
22 00	179 23.6	162 28.7	N 6 14.2	55 21.8	N23 04.9	192 55.1	S 6 49.7	357 11.4	N 1 50.6	Mirfak	308 44.1	N49 54.0
01	194 26.1	177 28.3	15.5	70 23.9	04.8	207 57.0	49.5	12 14.0	50.7	Nunki	76 01.3	S26 17.0
02	209 28.5	192 27.9	16.7	85 26.1	04.6	222 58.9	49.3	27 16.7	50.8	Peacock	53 23.2	S56 41.9
03	224 31.0	207 27.6	. . 18.0	100 28.2	. . 04.5	238 00.8	. . 49.1	42 19.3	. . 50.8	Pollux	243 30.4	N28 00.1
04	239 33.5	222 27.2	19.2	115 30.4	04.3	253 02.7	48.8	57 22.0	50.9	Procyon	245 02.1	N 5 11.8
05	254 35.9	237 26.8	20.5	130 32.5	04.2	268 04.6	48.6	72 24.6	51.0			
06	269 38.4	252 26.4	N 6 21.8	145 34.7	N23 04.0	283 06.6	S 6 48.4	87 27.3	N 1 51.1	Rasalhague	96 08.6	N12 32.9
07	284 40.9	267 26.0	23.0	160 36.8	03.8	298 08.5	48.2	102 29.9	51.2	Regulus	207 45.7	N11 54.8
08	299 43.3	282 25.6	24.3	175 38.9	03.7	313 10.4	47.9	117 32.5	51.2	Rigel	281 14.4	S 8 11.5
M 09	314 45.8	297 25.3	. . 25.5	190 41.1	. . 03.5	328 12.3	. . 47.7	132 35.2	. . 51.3	Rigil Kent.	139 54.6	S60 52.6
O 10	329 48.3	312 24.9	26.8	205 43.2	03.4	343 14.2	47.5	147 37.8	51.4	Sabik	102 15.2	S15 44.3
N 11	344 50.7	327 24.5	28.0	220 45.3	03.2	358 16.1	47.3	162 40.5	51.5			
D 12	359 53.2	342 24.1	N 6 29.3	235 47.5	N23 03.1	13 18.0	S 6 47.0	177 43.1	N 1 51.6	Schedar	349 44.0	N56 35.7
A 13	14 55.6	357 23.7	30.5	250 49.6	02.9	28 19.9	46.8	192 45.8	51.6	Shaula	96 25.1	S37 06.6
Y 14	29 58.1	12 23.3	31.8	265 51.7	02.7	43 21.9	46.6	207 48.4	51.7	Sirius	258 35.7	S16 44.0
15	45 00.6	27 22.9	. . 33.0	280 53.9	. . 02.6	58 23.8	. . 46.4	222 51.1	. . 51.8	Spica	158 33.5	S11 13.1
16	60 03.0	42 22.6	34.3	295 56.0	02.4	73 25.7	46.1	237 53.7	51.9	Suhail	222 54.0	S43 28.7
17	75 05.5	57 22.2	35.5	310 58.1	02.3	88 27.6	45.9	252 56.3	52.0			
18	90 08.0	72 21.8	N 6 36.8	326 00.2	N23 02.1	103 29.5	S 6 45.7	267 59.0	N 1 52.0	Vega	80 40.6	N38 47.3
19	105 10.4	87 21.4	38.0	341 02.4	01.9	118 31.4	45.5	283 01.6	52.1	Zuben'ubi	137 07.8	S16 05.2
20	120 12.9	102 21.0	39.3	356 04.5	01.8	133 33.3	45.2	298 04.3	52.2			
21	135 15.4	117 20.6	. . 40.5	11 06.6	. . 01.6	148 35.3	. . 45.0	313 06.9	. . 52.3			
22	150 17.8	132 20.2	41.8	26 08.7	01.5	163 37.2	44.8	328 09.6	52.4			
23	165 20.3	147 19.8	43.0	41 10.8	01.3	178 39.1	44.6	343 12.2	52.4			
Mer. Pass.	h m 12 04.4	v −0.4	d 1.3	v 2.2	d 0.2	v 1.9	d 0.2	v 2.6	d 0.1			

	SHA	Mer. Pass.
	° ′	h m
Venus	344 13.4	13 10
Mars	236 05.5	20 19
Jupiter	13 44.7	11 10
Saturn	177 43.5	0 15

Day	UT d h	SUN GHA ° ′	SUN Dec ° ′	MOON GHA ° ′	v ′	MOON Dec ° ′	d ′	HP ′
SATURDAY	20 00	178 05.4	S 0 17.3	134 29.1	10.1	N21 04.6	8.0	56.4
	01	193 05.6	16.3	148 58.2	10.0	21 12.6	7.9	56.4
	02	208 05.8	15.4	163 27.2	9.9	21 20.5	7.9	56.4
	03	223 06.0	. . 14.4	177 56.1	9.8	21 28.4	7.7	56.5
	04	238 06.1	13.4	192 24.9	9.7	21 36.1	7.6	56.5
	05	253 06.3	12.4	206 53.6	9.7	21 43.7	7.5	56.5
	06	268 06.5	S 0 11.4	221 22.3	9.6	N21 51.2	7.4	56.5
	07	283 06.7	10.4	235 50.9	9.5	21 58.6	7.2	56.5
	08	298 06.9	09.4	250 19.4	9.4	22 05.8	7.2	56.6
	09	313 07.1	. . 08.4	264 47.8	9.3	22 13.0	7.1	56.6
	10	328 07.3	07.4	279 16.1	9.2	22 20.1	6.9	56.6
	11	343 07.4	06.5	293 44.3	9.2	22 27.0	6.8	56.6
	12	358 07.6	S 0 05.5	308 12.5	9.0	N22 33.8	6.7	56.7
	13	13 07.8	04.5	322 40.5	9.0	22 40.5	6.6	56.7
	14	28 08.0	03.5	337 08.5	8.9	22 47.1	6.5	56.7
	15	43 08.2	. . 02.5	351 36.4	8.9	22 53.6	6.3	56.7
	16	58 08.4	01.5	6 04.3	8.7	22 59.9	6.3	56.8
	17	73 08.5	S 00.5	20 32.0	8.7	23 06.2	6.1	56.8
	18	88 08.7	N 0 00.5	34 59.7	8.6	N23 12.3	5.9	56.8
	19	103 08.9	01.4	49 27.3	8.5	23 18.2	5.9	56.8
	20	118 09.1	02.4	63 54.8	8.4	23 24.1	5.7	56.9
	21	133 09.3	. . 03.4	78 22.2	8.4	23 29.8	5.6	56.9
	22	148 09.5	04.4	92 49.6	8.2	23 35.4	5.5	56.9
	23	163 09.7	05.4	107 16.8	8.2	23 40.9	5.4	56.9
SUNDAY	21 00	178 09.8	N 0 06.4	121 44.0	8.2	N23 46.3	5.2	57.0
	01	193 10.0	07.4	136 11.2	8.0	23 51.5	5.1	57.0
	02	208 10.2	08.4	150 38.2	8.0	23 56.6	4.9	57.0
	03	223 10.4	. . 09.4	165 05.2	7.9	24 01.5	4.8	57.0
	04	238 10.6	10.3	179 32.1	7.8	24 06.3	4.7	57.1
	05	253 10.8	11.3	193 58.9	7.8	24 11.0	4.6	57.1
	06	268 10.9	N 0 12.3	208 25.7	7.6	N24 15.6	4.4	57.1
	07	283 11.1	13.3	222 52.3	7.6	24 20.0	4.3	57.1
	08	298 11.3	14.3	237 18.9	7.6	24 24.3	4.1	57.2
	09	313 11.5	. . 15.3	251 45.5	7.5	24 28.4	4.0	57.2
	10	328 11.7	16.3	266 12.0	7.4	24 32.4	3.9	57.2
	11	343 11.9	17.3	280 38.4	7.3	24 36.3	3.7	57.2
	12	358 12.1	N 0 18.2	295 04.7	7.3	N24 40.0	3.6	57.3
	13	13 12.2	19.2	309 31.0	7.2	24 43.6	3.5	57.3
	14	28 12.4	20.2	323 57.2	7.1	24 47.1	3.3	57.3
	15	43 12.6	. . 21.2	338 23.3	7.1	24 50.4	3.1	57.3
	16	58 12.8	22.2	352 49.4	7.0	24 53.5	3.0	57.4
	17	73 13.0	23.2	7 15.4	7.0	24 56.5	2.9	57.4
	18	88 13.2	N 0 24.2	21 41.4	6.9	N24 59.4	2.7	57.4
	19	103 13.4	25.2	36 07.3	6.9	25 02.1	2.6	57.4
	20	118 13.5	26.1	50 33.2	6.8	25 04.7	2.4	57.5
	21	133 13.7	. . 27.1	64 59.0	6.7	25 07.1	2.3	57.5
	22	148 13.9	28.1	79 24.7	6.7	25 09.4	2.1	57.5
	23	163 14.1	29.1	93 50.4	6.6	25 11.5	2.0	57.5
MONDAY	22 00	178 14.3	N 0 30.1	108 16.0	6.6	N25 13.5	1.8	57.6
	01	193 14.5	31.1	122 41.6	6.5	25 15.3	1.7	57.6
	02	208 14.7	32.1	137 07.1	6.5	25 17.0	1.5	57.6
	03	223 14.9	. . 33.1	151 32.6	6.4	25 18.5	1.4	57.7
	04	238 15.0	34.0	165 58.0	6.4	25 19.9	1.2	57.7
	05	253 15.2	35.0	180 23.4	6.3	25 21.1	1.0	57.7
	06	268 15.4	N 0 36.0	194 48.7	6.3	N25 22.1	0.9	57.7
	07	283 15.6	37.0	209 14.0	6.3	25 23.0	0.8	57.8
	08	298 15.8	38.0	223 39.3	6.2	25 23.8	0.6	57.8
	09	313 16.0	. . 39.0	238 04.5	6.2	25 24.4	0.4	57.8
	10	328 16.2	40.0	252 29.7	6.1	25 24.8	0.3	57.8
	11	343 16.3	40.9	266 54.8	6.1	25 25.1	0.1	57.9
	12	358 16.5	N 0 41.9	281 19.9	6.1	N25 25.2	0.0	57.9
	13	13 16.7	42.9	295 45.0	6.0	25 25.2	0.2	57.9
	14	28 16.9	43.9	310 10.0	6.0	25 25.0	0.4	57.9
	15	43 17.1	. . 44.9	324 35.0	6.0	25 24.6	0.5	58.0
	16	58 17.3	45.9	339 00.0	6.0	25 24.1	0.6	58.0
	17	73 17.5	46.9	353 25.0	5.9	25 23.5	0.9	58.0
	18	88 17.7	N 0 47.9	7 49.9	5.9	N25 22.6	0.9	58.1
	19	103 17.8	48.8	22 14.8	5.9	25 21.7	1.2	58.1
	20	118 18.0	49.8	36 39.7	5.8	25 20.5	1.3	58.1
	21	133 18.2	. . 50.8	51 04.5	5.8	25 19.2	1.5	58.1
	22	148 18.4	51.8	65 29.3	5.9	25 17.7	1.6	58.2
	23	163 18.6	52.8	79 54.2	5.8	N25 16.1	1.8	58.2
		SD 16.1	d 1.0	SD 15.4		15.6		15.8

Lat. °	Twilight Naut. h m	Twilight Civil h m	Sunrise h m	Moonrise 20 h m	Moonrise 21 h m	Moonrise 22 h m	Moonrise 23 h m
N 72	03 15	04 46	05 54	□	□	□	□
N 70	03 35	04 54	05 55	□	□	□	□
68	03 50	05 01	05 56	04 02	□	□	□
66	04 03	05 06	05 57	05 01	04 08	□	□
64	04 12	05 10	05 58	05 35	05 39	06 00	07 14
62	04 21	05 14	05 59	06 00	06 17	06 53	08 01
60	04 28	05 18	05 59	06 20	06 44	07 25	08 31
N 58	04 34	05 21	06 00	06 37	07 05	07 49	08 54
56	04 39	05 23	06 00	06 51	07 22	08 08	09 13
54	04 43	05 25	06 00	07 03	07 37	08 24	09 28
52	04 47	05 27	06 01	07 13	07 50	08 38	09 42
50	04 51	05 29	06 01	07 23	08 01	08 51	09 54
45	04 58	05 32	06 02	07 43	08 24	09 16	10 18
N 40	05 04	05 35	06 02	08 00	08 43	09 36	10 38
35	05 08	05 37	06 03	08 14	08 59	09 53	10 54
30	05 11	05 39	06 03	08 26	09 13	10 07	11 08
20	05 16	05 41	06 03	08 47	09 37	10 32	11 32
N 10	05 18	05 43	06 04	09 05	09 57	10 53	11 53
0	05 19	05 43	06 04	09 22	10 16	11 13	12 12
S 10	05 19	05 43	06 04	09 39	10 36	11 33	12 31
20	05 16	05 42	06 04	09 58	10 56	11 55	12 52
30	05 12	05 40	06 04	10 19	11 20	12 20	13 16
35	05 09	05 39	06 04	10 32	11 34	12 35	13 30
40	05 05	05 37	06 04	10 46	11 51	12 52	13 46
45	05 00	05 34	06 03	11 04	12 10	13 12	14 05
S 50	04 53	05 31	06 03	11 25	12 35	13 38	14 30
52	04 49	05 29	06 03	11 35	12 47	13 50	14 41
54	04 46	05 27	06 03	11 47	13 01	14 04	14 54
56	04 41	05 25	06 03	12 00	13 16	14 21	15 10
58	04 36	05 23	06 02	12 16	13 35	14 41	15 27
S 60	04 30	05 20	06 02	12 35	13 58	15 05	15 49

Lat. °	Sunset h m	Twilight Civil h m	Twilight Naut. h m	Moonset 20 h m	Moonset 21 h m	Moonset 22 h m	Moonset 23 h m
N 72	18 23	19 32	21 04	□	□	□	□
N 70	18 21	19 23	20 43	□	□	□	□
68	18 20	19 16	20 27	02 03	□	□	□
66	18 19	19 11	20 15	01 05	03 49	□	□
64	18 18	19 06	20 04	00 31	02 18	03 55	04 43
62	18 17	19 02	19 56	00 07	01 41	03 02	03 56
60	18 17	18 58	19 49	25 14	01 14	02 30	03 26
N 58	18 16	18 55	19 43	24 54	00 54	02 07	03 03
56	18 16	18 53	19 37	24 37	00 37	01 47	02 44
54	18 15	18 50	19 32	24 22	00 22	01 31	02 28
52	18 15	18 48	19 28	24 10	00 10	01 17	02 15
50	18 14	18 47	19 25	23 59	25 05	01 05	02 03
45	18 13	18 43	19 17	23 36	24 40	00 40	01 38
N 40	18 13	18 40	19 12	23 17	24 20	00 20	01 18
35	18 12	18 38	19 07	23 02	24 03	00 03	01 01
30	18 12	18 36	19 04	22 48	23 49	24 47	00 47
20	18 11	18 33	18 59	22 26	23 24	24 22	00 22
N 10	18 11	18 32	18 56	22 06	23 03	24 01	00 01
0	18 10	18 31	18 55	21 48	22 43	23 41	24 40
S 10	18 10	18 31	18 56	21 29	22 24	23 22	24 22
20	18 10	18 32	18 58	21 10	22 02	23 00	24 02
30	18 10	18 34	19 02	20 47	21 38	22 35	23 39
35	18 10	18 35	19 05	20 34	21 24	22 21	23 25
40	18 10	18 37	19 09	20 19	21 07	22 04	23 09
45	18 10	18 39	19 14	20 01	20 47	21 44	22 51
S 50	18 10	18 43	19 20	19 39	20 22	21 18	22 27
52	18 10	18 44	19 24	19 28	20 10	21 06	22 16
54	18 11	18 46	19 27	19 16	19 56	20 51	22 03
56	18 11	18 48	19 32	19 02	19 40	20 35	21 48
58	18 11	18 50	19 37	18 46	19 21	20 15	21 30
S 60	18 11	18 52	19 42	18 27	18 58	19 50	21 09

Day	SUN Eqn. of Time 00^h	SUN Eqn. of Time 12^h	SUN Mer. Pass.	MOON Mer. Pass. Upper	MOON Mer. Pass. Lower	MOON Age	MOON Phase
d	m s	m s	h m	h m	h m	d	%
20	07 39	07 30	12 07	15 35	03 09	05	20
21	07 21	07 12	12 07	16 30	04 02	06	29
22	07 03	06 54	12 07	17 27	04 58	07	40

UT	ARIES	VENUS −3.9		MARS +0.0		JUPITER −2.0		SATURN +0.5		STARS		
	GHA	GHA	Dec	GHA	Dec	GHA	Dec	GHA	Dec	Name	SHA	Dec
d h	° ′	° ′	° ′	° ′	° ′	° ′	° ′	° ′	° ′		° ′	° ′
23 00	180 22.8	162 19.5	N 6 44.3	56 13.0	N23 01.1	193 41.0	S 6 44.3	358 14.9	N 1 52.5	Acamar	315 20.4	S40 16.0
01	195 25.2	177 19.1	45.5	71 15.1	01.0	208 42.9	44.1	13 17.5	52.6	Achernar	335 28.9	S57 11.2
02	210 27.7	192 18.7	46.8	86 17.2	00.8	223 44.8	43.9	28 20.1	52.7	Acrux	173 11.5	S63 09.5
03	225 30.1	207 18.3	. . 48.0	101 19.3	. . 00.7	238 46.7	. . 43.7	43 22.8	. . 52.8	Adhara	255 14.3	S28 59.4
04	240 32.6	222 17.9	49.3	116 21.4	00.5	253 48.7	43.4	58 25.4	52.8	Aldebaran	290 52.2	N16 31.8
05	255 35.1	237 17.5	50.5	131 23.5	00.3	268 50.6	43.2	73 28.1	52.9			
06	270 37.5	252 17.1	N 6 51.8	146 25.6	N23 00.2	283 52.5	S 6 43.0	88 30.7	N 1 53.0	Alioth	166 22.0	N55 54.0
07	285 40.0	267 16.7	53.0	161 27.8	23 00.0	298 54.4	42.8	103 33.4	53.1	Alkaid	153 00.2	N49 15.4
T 08	300 42.5	282 16.4	54.3	176 29.9	22 59.8	313 56.3	42.5	118 36.0	53.2	Al Na'ir	27 46.9	S46 54.6
U 09	315 44.9	297 16.0	. . 55.5	191 32.0	. . 59.7	328 58.2	. . 42.3	133 38.6	. . 53.2	Alnilam	275 48.8	S 1 11.8
E 10	330 47.4	312 15.6	56.7	206 34.1	59.5	344 00.2	42.1	148 41.3	53.3	Alphard	217 58.2	S 8 42.4
11	345 49.9	327 15.2	58.0	221 36.2	59.4	359 02.1	41.9	163 43.9	53.4			
S 12	0 52.3	342 14.8	N 6 59.2	236 38.3	N22 59.2	14 04.0	S 6 41.6	178 46.6	N 1 53.5	Alphecca	126 12.7	N26 40.5
D 13	15 54.8	357 14.4	7 00.5	251 40.4	59.0	29 05.9	41.4	193 49.2	53.6	Alpheratz	357 46.4	N29 08.8
A 14	30 57.3	12 14.0	01.7	266 42.5	58.9	44 07.8	41.2	208 51.9	53.6	Altair	62 10.7	N 8 53.6
Y 15	45 59.7	27 13.6	. . 03.0	281 44.6	. . 58.7	59 09.7	. . 41.0	223 54.5	. . 53.7	Ankaa	353 18.3	S42 15.0
16	61 02.2	42 13.2	04.2	296 46.7	58.5	74 11.6	40.7	238 57.2	53.8	Antares	112 29.0	S26 27.3
17	76 04.6	57 12.8	05.5	311 48.8	58.4	89 13.6	40.5	253 59.8	53.9			
18	91 07.1	72 12.5	N 7 06.7	326 50.9	N22 58.2	104 15.5	S 6 40.3	269 02.4	N 1 54.0	Arcturus	145 57.5	N19 07.5
19	106 09.6	87 12.1	07.9	341 53.0	58.0	119 17.4	40.1	284 05.1	54.0	Atria	107 32.9	S69 02.6
20	121 12.0	102 11.7	09.2	356 55.1	57.9	134 19.3	39.8	299 07.7	54.1	Avior	234 18.8	S59 32.9
21	136 14.5	117 11.3	. . 10.4	11 57.2	. . 57.7	149 21.2	. . 39.6	314 10.4	. . 54.2	Bellatrix	278 34.6	N 6 21.5
22	151 17.0	132 10.9	11.7	26 59.3	57.5	164 23.1	39.4	329 13.0	54.3	Betelgeuse	271 03.9	N 7 24.5
23	166 19.4	147 10.5	12.9	42 01.4	57.4	179 25.0	39.2	344 15.7	54.3			
24 00	181 21.9	162 10.1	N 7 14.2	57 03.5	N22 57.2	194 27.0	S 6 38.9	359 18.3	N 1 54.4	Canopus	263 57.2	S52 42.4
01	196 24.4	177 09.7	15.4	72 05.6	57.1	209 28.9	38.7	14 21.0	54.5	Capella	280 38.1	N46 00.6
02	211 26.8	192 09.3	16.6	87 07.7	56.9	224 30.8	38.5	29 23.6	54.6	Deneb	49 33.4	N45 18.8
03	226 29.3	207 08.9	. . 17.9	102 09.7	. . 56.7	239 32.7	. . 38.3	44 26.2	. . 54.7	Denebola	182 35.7	N14 30.7
04	241 31.7	222 08.5	19.1	117 11.8	56.6	254 34.6	38.0	59 28.9	54.7	Diphda	348 58.5	S17 55.9
05	256 34.2	237 08.1	20.4	132 13.9	56.4	269 36.5	37.8	74 31.5	54.8			
06	271 36.7	252 07.7	N 7 21.6	147 16.0	N22 56.2	284 38.5	S 6 37.6	89 34.2	N 1 54.9	Dubhe	193 53.7	N61 41.7
W 07	286 39.1	267 07.4	22.8	162 18.1	56.0	299 40.4	37.4	104 36.8	55.0	Elnath	278 15.7	N28 37.0
E 08	301 41.6	282 07.0	24.1	177 20.2	55.9	314 42.3	37.1	119 39.5	55.1	Eltanin	90 47.2	N51 28.9
D 09	316 44.1	297 06.6	. . 25.3	192 22.3	. . 55.7	329 44.2	. . 36.9	134 42.1	. . 55.1	Enif	33 49.7	N 9 55.2
N 10	331 46.5	312 06.2	26.6	207 24.3	55.5	344 46.1	36.7	149 44.7	55.2	Fomalhaut	15 26.8	S29 34.0
E 11	346 49.0	327 05.8	27.8	222 26.4	55.4	359 48.0	36.5	164 47.4	55.3			
S 12	1 51.5	342 05.4	N 7 29.0	237 28.5	N22 55.2	14 50.0	S 6 36.2	179 50.0	N 1 55.4	Gacrux	172 03.1	S57 10.4
D 13	16 53.9	357 05.0	30.3	252 30.6	55.0	29 51.9	36.0	194 52.7	55.5	Gienah	175 54.4	S17 36.2
A 14	31 56.4	12 04.6	31.5	267 32.7	54.9	44 53.8	35.8	209 55.3	55.5	Hadar	148 50.9	S60 25.4
Y 15	46 58.9	27 04.2	. . 32.8	282 34.7	. . 54.7	59 55.7	. . 35.6	224 58.0	. . 55.6	Hamal	328 03.8	N23 30.7
16	62 01.3	42 03.8	34.0	297 36.8	54.5	74 57.6	35.3	240 00.6	55.7	Kaus Aust.	83 46.9	S34 22.7
17	77 03.8	57 03.4	35.2	312 38.9	54.4	89 59.5	35.1	255 03.3	55.8			
18	92 06.2	72 03.0	N 7 36.5	327 41.0	N22 54.2	105 01.5	S 6 34.9	270 05.9	N 1 55.9	Kochab	137 18.7	N74 06.5
19	107 08.7	87 02.6	37.7	342 43.0	54.0	120 03.4	34.7	285 08.5	55.9	Markab	13 41.0	N15 15.6
20	122 11.2	102 02.2	38.9	357 45.1	53.9	135 05.3	34.4	300 11.2	56.0	Menkar	314 17.8	N 4 07.8
21	137 13.6	117 01.8	. . 40.2	12 47.2	. . 53.7	150 07.2	. . 34.2	315 13.8	. . 56.1	Menkent	148 10.1	S36 25.3
22	152 16.1	132 01.4	41.4	27 49.2	53.5	165 09.1	34.0	330 16.5	56.2	Miaplacidus	221 39.8	S69 45.9
23	167 18.6	147 01.0	42.7	42 51.3	53.3	180 11.0	33.8	345 19.1	56.2			
25 00	182 21.0	162 00.6	N 7 43.9	57 53.4	N22 53.2	195 13.0	S 6 33.5	0 21.8	N 1 56.3	Mirfak	308 44.1	N49 54.0
01	197 23.5	177 00.2	45.1	72 55.4	53.0	210 14.9	33.3	15 24.4	56.4	Nunki	76 01.3	S26 17.0
02	212 26.0	191 59.8	46.4	87 57.5	52.8	225 16.8	33.1	30 27.0	56.5	Peacock	53 23.1	S56 41.9
03	227 28.4	206 59.4	. . 47.6	102 59.6	. . 52.7	240 18.7	. . 32.9	45 29.7	. . 56.6	Pollux	243 30.4	N28 00.1
04	242 30.9	221 59.0	48.8	118 01.6	52.5	255 20.6	32.6	60 32.3	56.6	Procyon	245 02.1	N 5 11.8
05	257 33.4	236 58.6	50.1	133 03.7	52.3	270 22.5	32.4	75 35.0	56.7			
06	272 35.8	251 58.2	N 7 51.3	148 05.8	N22 52.1	285 24.5	S 6 32.2	90 37.6	N 1 56.8	Rasalhague	96 08.6	N12 32.9
07	287 38.3	266 57.9	52.5	163 07.8	52.0	300 26.4	32.0	105 40.3	56.9	Regulus	207 45.7	N11 54.8
T 08	302 40.7	281 57.5	53.8	178 09.9	51.8	315 28.3	31.7	120 42.9	57.0	Rigel	281 14.4	S 8 11.5
H 09	317 43.2	296 57.1	. . 55.0	193 11.9	. . 51.6	330 30.2	. . 31.5	135 45.6	. . 57.0	Rigil Kent.	139 54.6	S60 52.6
U 10	332 45.7	311 56.7	56.2	208 14.0	51.4	345 32.1	31.3	150 48.2	57.1	Sabik	102 15.2	S15 44.3
R 11	347 48.1	326 56.3	57.5	223 16.0	51.3	0 34.0	31.1	165 50.8	57.2			
S 12	2 50.6	341 55.9	N 7 58.7	238 18.1	N22 51.1	15 36.0	S 6 30.9	180 53.5	N 1 57.3	Schedar	349 44.0	N56 35.7
D 13	17 53.1	356 55.5	7 59.9	253 20.1	50.9	30 37.9	30.6	195 56.1	57.4	Shaula	96 25.1	S37 06.6
A 14	32 55.5	11 55.1	8 01.1	268 22.2	50.7	45 39.8	30.4	210 58.8	57.4	Sirius	258 35.8	S16 44.0
Y 15	47 58.0	26 54.7	. . 02.4	283 24.2	. . 50.6	60 41.7	. . 30.2	226 01.4	. . 57.5	Spica	158 33.5	S11 13.1
16	63 00.5	41 54.3	03.6	298 26.3	50.4	75 43.6	30.0	241 04.1	57.6	Suhail	222 54.0	S43 28.7
17	78 02.9	56 53.9	04.8	313 28.3	50.2	90 45.6	29.7	256 06.7	57.7			
18	93 05.4	71 53.5	N 8 06.1	328 30.4	N22 50.0	105 47.5	S 6 29.5	271 09.3	N 1 57.7	Vega	80 40.6	N38 47.3
19	108 07.9	86 53.1	07.3	343 32.4	49.9	120 49.4	29.3	286 12.0	57.8	Zuben'ubi	137 07.8	S16 05.2
20	123 10.3	101 52.7	08.5	358 34.5	49.7	135 51.3	29.1	301 14.6	57.9		SHA	Mer. Pass.
21	138 12.8	116 52.3	. . 09.8	13 36.5	. . 49.5	150 53.2	. . 28.8	316 17.3	. . 58.0		° ′	h m
22	153 15.2	131 51.9	11.0	28 38.6	49.3	165 55.1	28.6	331 19.9	58.1	Venus	340 48.2	13 12
23	168 17.7	146 51.4	12.2	43 40.6	49.2	180 57.1	28.4	346 22.6	58.1	Mars	235 41.6	20 09
	h m									Jupiter	13 05.1	11 01
Mer. Pass.	11 52.6	*v* −0.4	*d* 1.2	*v* 2.1	*d* 0.2	*v* 1.9	*d* 0.2	*v* 2.6	*d* 0.1	Saturn	177 56.4	0 03

Day	UT	SUN GHA	SUN Dec	MOON GHA	v	MOON Dec	d	HP
	d h	° ′	° ′	° ′	′	° ′	′	′
	23 00	178 18.8	N 0 53.8	94 19.0	5.7	N25 14.3	1.9	58.2
	01	193 19.0	54.8	108 43.7	5.8	25 12.4	2.1	58.2
	02	208 19.2	55.7	123 08.5	5.8	25 10.3	2.3	58.3
	03	223 19.3	. . 56.7	137 33.3	5.7	25 08.0	2.5	58.3
	04	238 19.5	57.7	151 58.0	5.7	25 05.5	2.5	58.3
	05	253 19.7	58.7	166 22.7	5.8	25 03.0	2.8	58.4
	06	268 19.9	N 0 59.7	180 47.5	5.7	N25 00.2	2.9	58.4
	07	283 20.1	1 00.7	195 12.2	5.7	24 57.3	3.1	58.4
T	08	298 20.3	01.7	209 36.9	5.7	24 54.2	3.2	58.4
U	09	313 20.5	. . 02.6	224 01.6	5.7	24 51.0	3.4	58.5
E	10	328 20.7	03.6	238 26.3	5.7	24 47.6	3.6	58.5
S	11	343 20.8	04.6	252 51.0	5.7	24 44.0	3.7	58.5
D	12	358 21.0	N 1 05.6	267 15.7	5.7	N24 40.3	3.9	58.5
A	13	13 21.2	06.6	281 40.4	5.8	24 36.4	4.1	58.6
Y	14	28 21.4	07.6	296 05.2	5.7	24 32.3	4.2	58.6
	15	43 21.6	. . 08.6	310 29.9	5.7	24 28.1	4.3	58.6
	16	58 21.8	09.5	324 54.6	5.8	24 23.8	4.6	58.7
	17	73 22.0	10.5	339 19.4	5.7	24 19.2	4.7	58.7
	18	88 22.2	N 1 11.5	353 44.1	5.8	N24 14.5	4.8	58.7
	19	103 22.3	12.5	8 08.9	5.8	24 09.7	5.0	58.7
	20	118 22.5	13.5	22 33.7	5.8	24 04.7	5.2	58.8
	21	133 22.7	. . 14.5	36 58.5	5.8	23 59.5	5.3	58.8
	22	148 22.9	15.5	51 23.3	5.8	23 54.2	5.5	58.8
	23	163 23.1	16.4	65 48.1	5.8	23 48.7	5.6	58.8
	24 00	178 23.3	N 1 17.4	80 12.9	5.9	N23 43.1	5.8	58.9
	01	193 23.5	18.4	94 37.8	5.9	23 37.3	5.9	58.9
	02	208 23.7	19.4	109 02.7	5.9	23 31.4	6.1	58.9
	03	223 23.9	. . 20.4	123 27.6	5.9	23 25.3	6.3	59.0
	04	238 24.0	21.4	137 52.5	6.0	23 19.0	6.4	59.0
	05	253 24.2	22.3	152 17.5	5.9	23 12.6	6.6	59.0
	06	268 24.4	N 1 23.3	166 42.4	6.0	N23 06.0	6.7	59.0
W	07	283 24.6	24.3	181 07.4	6.1	22 59.3	6.9	59.1
E	08	298 24.8	25.3	195 32.5	6.0	22 52.4	7.0	59.1
D	09	313 25.0	. . 26.3	209 57.5	6.1	22 45.4	7.2	59.1
N	10	328 25.2	27.3	224 22.6	6.2	22 38.2	7.3	59.1
E	11	343 25.4	28.3	238 47.8	6.1	22 30.9	7.5	59.2
S	12	358 25.5	N 1 29.2	253 12.9	6.2	N22 23.4	7.6	59.2
D	13	13 25.7	30.2	267 38.1	6.2	22 15.8	7.8	59.2
A	14	28 25.9	31.2	282 03.3	6.3	22 08.0	7.9	59.2
Y	15	43 26.1	. . 32.2	296 28.6	6.3	22 00.1	8.1	59.3
	16	58 26.3	33.2	310 53.9	6.3	21 52.0	8.2	59.3
	17	73 26.5	34.2	325 19.2	6.4	21 43.8	8.4	59.3
	18	88 26.7	N 1 35.1	339 44.6	6.4	N21 35.4	8.5	59.3
	19	103 26.9	36.1	354 10.0	6.5	21 26.9	8.6	59.4
	20	118 27.1	37.1	8 35.5	6.5	21 18.3	8.8	59.4
	21	133 27.2	. . 38.1	23 01.0	6.5	21 09.5	9.0	59.4
	22	148 27.4	39.1	37 26.5	6.6	21 00.5	9.0	59.4
	23	163 27.6	40.1	51 52.1	6.6	20 51.5	9.3	59.5
	25 00	178 27.8	N 1 41.0	66 17.7	6.7	N20 42.2	9.3	59.5
	01	193 28.0	42.0	80 43.4	6.7	20 32.9	9.5	59.5
	02	208 28.2	43.0	95 09.1	6.7	20 23.4	9.6	59.5
	03	223 28.4	. . 44.0	109 34.8	6.8	20 13.8	9.8	59.6
	04	238 28.6	45.0	124 00.6	6.8	20 04.0	9.9	59.6
	05	253 28.8	46.0	138 26.4	6.9	19 54.1	10.0	59.6
	06	268 28.9	N 1 46.9	152 52.3	7.0	N19 44.1	10.2	59.6
T	07	283 29.1	47.9	167 18.3	6.9	19 33.9	10.3	59.7
H	08	298 29.3	48.9	181 44.2	7.1	19 23.6	10.4	59.7
U	09	313 29.5	. . 49.9	196 10.3	7.0	19 13.2	10.5	59.7
R	10	328 29.7	50.9	210 36.3	7.1	19 02.7	10.7	59.7
S	11	343 29.9	51.8	225 02.4	7.2	18 52.0	10.8	59.8
D	12	358 30.1	N 1 52.8	239 28.6	7.2	N18 41.2	10.9	59.8
A	13	13 30.3	53.8	253 54.8	7.3	18 30.3	11.1	59.8
Y	14	28 30.5	54.8	268 21.1	7.3	18 19.2	11.2	59.8
	15	43 30.7	. . 55.8	282 47.4	7.4	18 08.0	11.2	59.8
	16	58 30.8	56.8	297 13.8	7.4	17 56.8	11.5	59.9
	17	73 31.0	57.7	311 40.2	7.4	17 45.3	11.5	59.9
	18	88 31.2	N 1 58.7	326 06.6	7.5	N17 33.8	11.6	59.9
	19	103 31.4	1 59.7	340 33.1	7.6	17 22.2	11.8	59.9
	20	118 31.6	2 00.7	354 59.7	7.6	17 10.4	11.9	60.0
	21	133 31.8	. . 01.7	9 26.3	7.7	16 58.5	12.0	60.0
	22	148 32.0	02.7	23 53.0	7.7	16 46.5	12.1	60.0
	23	163 32.2	03.6	38 19.7	7.7	N16 34.4	12.2	60.0
		SD 16.1	*d* 1.0	SD	16.0	16.1		16.3

Lat.	Twilight Naut.	Twilight Civil	Sunrise	Moonrise 23	24	25	26
°	h m	h m	h m	h m	h m	h m	h m
N 72	02 54	04 29	05 38	▭	▭	▭	11 40
N 70	03 17	04 39	05 41	▭	▭	09 10	12 09
68	03 35	04 47	05 44	▭	▭	10 07	12 30
66	03 49	04 54	05 46	▭	08 19	10 40	12 47
64	04 00	05 00	05 47	07 14	09 06	11 04	13 01
62	04 10	05 04	05 49	08 01	09 37	11 23	13 12
60	04 18	05 08	05 50	08 31	09 59	11 39	13 21
N 58	04 24	05 12	05 51	08 54	10 18	11 52	13 30
56	04 30	05 15	05 52	09 13	10 33	12 03	13 37
54	04 35	05 18	05 53	09 28	10 46	12 13	13 44
52	04 40	05 20	05 54	09 42	10 58	12 22	13 49
50	04 44	05 22	05 55	09 54	11 08	12 30	13 55
45	04 52	05 27	05 56	10 18	11 29	12 46	14 06
N 40	04 59	05 30	05 57	10 38	11 47	13 00	14 15
35	05 04	05 33	05 58	10 54	12 01	13 12	14 23
30	05 08	05 35	05 59	11 08	12 13	13 22	14 30
20	05 13	05 39	06 01	11 32	12 35	13 39	14 42
N 10	05 17	05 41	06 02	11 53	12 53	13 54	14 53
0	05 18	05 42	06 03	12 12	13 11	14 08	15 03
S 10	05 19	05 43	06 04	12 31	13 28	14 21	15 12
20	05 17	05 43	06 05	12 52	13 46	14 36	15 23
30	05 14	05 42	06 06	13 16	14 07	14 53	15 34
35	05 12	05 41	06 06	13 30	14 19	15 03	15 41
40	05 08	05 40	06 07	13 46	14 33	15 14	15 49
45	05 04	05 38	06 07	14 05	14 50	15 27	15 58
S 50	04 58	05 36	06 08	14 30	15 11	15 43	16 08
52	04 55	05 34	06 08	14 41	15 20	15 50	16 13
54	04 52	05 33	06 08	14 54	15 31	15 58	16 19
56	04 48	05 32	06 09	15 10	15 44	16 07	16 25
58	04 43	05 30	06 09	15 27	15 58	16 18	16 31
S 60	04 38	05 28	06 09	15 49	16 15	16 29	16 39

Lat.	Sunset	Twilight Civil	Twilight Naut.	Moonset 23	24	25	26
°	h m	h m	h m	h m	h m	h m	h m
N 72	18 37	19 47	21 24	▭	▭	▭	06 22
N 70	18 34	19 36	21 00	▭	▭	06 53	05 51
68	18 31	19 28	20 41	▭	▭	05 55	05 28
66	18 29	19 21	20 27	▭	05 42	05 21	05 10
64	18 27	19 15	20 15	04 43	04 54	04 56	04 55
62	18 25	19 10	20 05	03 56	04 23	04 36	04 42
60	18 24	19 06	19 57	03 26	04 00	04 19	04 32
N 58	18 23	19 02	19 50	03 03	03 41	04 06	04 22
56	18 22	18 59	19 44	02 44	03 25	03 54	04 14
54	18 21	18 56	19 39	02 28	03 11	03 43	04 07
52	18 20	18 54	19 34	02 15	03 00	03 34	04 00
50	18 19	18 51	19 30	02 03	02 49	03 25	03 54
45	18 17	18 47	19 21	01 38	02 27	03 07	03 41
N 40	18 16	18 43	19 15	01 18	02 09	02 53	03 30
35	18 15	18 40	19 10	01 01	01 54	02 40	03 21
30	18 14	18 38	19 06	00 47	01 41	02 29	03 13
20	18 12	18 34	19 00	00 22	01 18	02 10	02 58
N 10	18 11	18 32	18 56	00 01	00 58	01 54	02 46
0	18 10	18 30	18 54	24 40	00 40	01 38	02 34
S 10	18 08	18 29	18 54	24 22	00 22	01 22	02 22
20	18 07	18 29	18 55	24 02	00 02	01 05	02 09
30	18 06	18 30	18 58	23 39	24 46	00 46	01 54
35	18 06	18 31	19 00	23 25	24 34	00 34	01 46
40	18 05	18 32	19 04	23 09	24 21	00 21	01 36
45	18 05	18 34	19 08	22 51	24 05	00 05	01 24
S 50	18 04	18 36	19 14	22 27	23 46	25 10	01 10
52	18 04	18 37	19 17	22 16	23 37	25 03	01 03
54	18 03	18 38	19 20	22 03	23 26	24 56	00 56
56	18 03	18 40	19 23	21 48	23 14	24 47	00 47
58	18 02	18 41	19 28	21 30	23 01	24 38	00 38
S 60	18 02	18 43	19 32	21 09	22 45	24 27	00 27

Day	SUN Eqn. of Time 00^h	SUN Eqn. of Time 12^h	SUN Mer. Pass.	MOON Mer. Pass. Upper	MOON Mer. Pass. Lower	Age	Phase
d	m s	m s	h m	h m	h m	d	%
23	06 45	06 36	12 07	18 26	05 57	08	51
24	06 27	06 18	12 06	19 24	06 55	09	62
25	06 09	06 00	12 06	20 21	07 53	10	73

UT	ARIES	VENUS −3.9		MARS +0.1		JUPITER −2.0		SATURN +0.6		STARS		
	GHA	GHA	Dec	GHA	Dec	GHA	Dec	GHA	Dec	Name	SHA	Dec
d h	° ′	° ′	° ′	° ′	° ′	° ′	° ′	° ′	° ′		° ′	° ′
26 00	183 20.2	161 51.0	N 8 13.4	58 42.7	N22 49.0	195 59.0	S 6 28.2	1 25.2	N 1 58.2	Acamar	315 20.4	S40 16.0
01	198 22.6	176 50.6	14.7	73 44.7	48.8	211 00.9	27.9	16 27.9	58.3	Achernar	335 28.9	S57 11.1
02	213 25.1	191 50.2	15.9	88 46.7	48.6	226 02.8	27.7	31 30.5	58.4	Acrux	173 11.5	S63 09.5
03	228 27.6	206 49.8	. . 17.1	103 48.8	. . 48.5	241 04.7	. . 27.5	46 33.1	. . 58.5	Adhara	255 14.3	S28 59.4
04	243 30.0	221 49.4	18.3	118 50.8	48.3	256 06.7	27.3	61 35.8	58.5	Aldebaran	290 52.2	N16 31.8
05	258 32.5	236 49.0	19.6	133 52.9	48.1	271 08.6	27.0	76 38.4	58.6			
06	273 35.0	251 48.6	N 8 20.8	148 54.9	N22 47.9	286 10.5	S 6 26.8	91 41.1	N 1 58.7	Alioth	166 22.0	N55 54.0
07	288 37.4	266 48.2	22.0	163 56.9	47.7	301 12.4	26.6	106 43.7	58.8	Alkaid	153 00.2	N49 15.5
08	303 39.9	281 47.8	23.2	178 59.0	47.6	316 14.3	26.4	121 46.4	58.8	Al Na'ir	27 46.9	S46 54.6
F 09	318 42.3	296 47.4	. . 24.5	194 01.0	. . 47.4	331 16.2	. . 26.1	136 49.0	. . 58.9	Alnilam	275 48.8	S 1 11.8
R 10	333 44.8	311 47.0	25.7	209 03.0	47.2	346 18.2	25.9	151 51.6	59.0	Alphard	217 58.2	S 8 42.4
I 11	348 47.3	326 46.6	26.9	224 05.1	47.0	1 20.1	25.7	166 54.3	59.1			
D 12	3 49.7	341 46.2	N 8 28.1	239 07.1	N22 46.9	16 22.0	S 6 25.5	181 56.9	N 1 59.2	Alphecca	126 12.7	N26 40.5
A 13	18 52.2	356 45.8	29.4	254 09.1	46.7	31 23.9	25.3	196 59.6	59.2	Alpheratz	357 46.4	N29 08.8
Y 14	33 54.7	11 45.4	30.6	269 11.1	46.5	46 25.8	25.0	212 02.2	59.3	Altair	62 10.6	N 8 53.6
15	48 57.1	26 45.0	. . 31.8	284 13.2	. . 46.3	61 27.8	. . 24.8	227 04.9	. . 59.4	Ankaa	353 18.3	S42 15.0
16	63 59.6	41 44.6	33.0	299 15.2	46.1	76 29.7	24.6	242 07.5	59.5	Antares	112 29.0	S26 27.3
17	79 02.1	56 44.2	34.3	314 17.2	46.0	91 31.6	24.4	257 10.1	59.6			
18	94 04.5	71 43.8	N 8 35.5	329 19.2	N22 45.8	106 33.5	S 6 24.1	272 12.8	N 1 59.6	Arcturus	145 57.5	N19 07.5
19	109 07.0	86 43.4	36.7	344 21.3	45.6	121 35.4	23.9	287 15.4	59.7	Atria	107 32.8	S69 02.6
20	124 09.5	101 43.0	37.9	359 23.3	45.4	136 37.4	23.7	302 18.1	59.8	Avior	234 18.8	S59 32.9
21	139 11.9	116 42.5	. . 39.1	14 25.3	. . 45.2	151 39.3	. . 23.5	317 20.7	. . 59.9	Bellatrix	278 34.6	N 6 21.5
22	154 14.4	131 42.1	40.4	29 27.3	45.1	166 41.2	23.2	332 23.4	1 59.9	Betelgeuse	271 03.9	N 7 24.5
23	169 16.8	146 41.7	41.6	44 29.3	44.9	181 43.1	23.0	347 26.0	2 00.0			
27 00	184 19.3	161 41.3	N 8 42.8	59 31.4	N22 44.7	196 45.0	S 6 22.8	2 28.7	N 2 00.1	Canopus	263 57.2	S52 42.4
01	199 21.8	176 40.9	44.0	74 33.4	44.5	211 47.0	22.6	17 31.3	00.2	Capella	280 38.1	N46 00.6
02	214 24.2	191 40.5	45.2	89 35.4	44.3	226 48.9	22.3	32 33.9	00.3	Deneb	49 33.4	N45 18.8
03	229 26.7	206 40.1	. . 46.5	104 37.4	. . 44.1	241 50.8	. . 22.1	47 36.6	. . 00.3	Denebola	182 35.7	N14 30.7
04	244 29.2	221 39.7	47.7	119 39.4	44.0	256 52.7	21.9	62 39.2	00.4	Diphda	348 58.5	S17 55.9
05	259 31.6	236 39.3	48.9	134 41.4	43.8	271 54.6	21.7	77 41.9	00.5			
06	274 34.1	251 38.9	N 8 50.1	149 43.4	N22 43.6	286 56.6	S 6 21.5	92 44.5	N 2 00.6	Dubhe	193 53.7	N61 41.7
S 07	289 36.6	266 38.5	51.3	164 45.4	43.4	301 58.5	21.2	107 47.2	00.6	Elnath	278 15.7	N28 37.0
08	304 39.0	281 38.1	52.5	179 47.5	43.2	317 00.4	21.0	122 49.8	00.7	Eltanin	90 47.2	N51 28.9
A 09	319 41.5	296 37.6	. . 53.8	194 49.5	. . 43.0	332 02.3	. . 20.8	137 52.4	. . 00.8	Enif	33 49.7	N 9 55.2
T 10	334 44.0	311 37.2	55.0	209 51.5	42.9	347 04.2	20.6	152 55.1	00.9	Fomalhaut	15 26.8	S29 34.0
U 11	349 46.4	326 36.8	56.2	224 53.5	42.7	2 06.2	20.3	167 57.7	01.0			
R 12	4 48.9	341 36.4	N 8 57.4	239 55.5	N22 42.5	17 08.1	S 6 20.1	183 00.4	N 2 01.0	Gacrux	172 03.1	S57 10.4
D 13	19 51.3	356 36.0	58.6	254 57.5	42.3	32 10.0	19.9	198 03.0	01.1	Gienah	175 54.4	S17 36.2
A 14	34 53.8	11 35.6	8 59.8	269 59.5	42.1	47 11.9	19.7	213 05.7	01.2	Hadar	148 50.8	S60 25.4
Y 15	49 56.3	26 35.2	9 01.1	285 01.5	. . 41.9	62 13.8	. . 19.4	228 08.3	. . 01.3	Hamal	328 03.8	N23 30.7
16	64 58.7	41 34.8	02.3	300 03.5	41.8	77 15.8	19.2	243 10.9	01.4	Kaus Aust.	83 46.9	S34 22.7
17	80 01.2	56 34.4	03.5	315 05.5	41.6	92 17.7	19.0	258 13.6	01.4			
18	95 03.7	71 33.9	N 9 04.7	330 07.5	N22 41.4	107 19.6	S 6 18.8	273 16.2	N 2 01.5	Kochab	137 18.7	N74 06.5
19	110 06.1	86 33.5	05.9	345 09.5	41.2	122 21.5	18.5	288 18.9	01.6	Markab	13 41.0	N15 15.6
20	125 08.6	101 33.1	07.1	0 11.5	41.0	137 23.4	18.3	303 21.5	01.7	Menkar	314 17.8	N 4 07.8
21	140 11.1	116 32.7	. . 08.3	15 13.5	. . 40.8	152 25.4	. . 18.1	318 24.2	. . 01.7	Menkent	148 10.1	S36 25.3
22	155 13.5	131 32.3	09.5	30 15.5	40.6	167 27.3	17.9	333 26.8	01.8	Miaplacidus	221 39.8	S69 45.9
23	170 16.0	146 31.9	10.8	45 17.5	40.5	182 29.2	17.7	348 29.4	01.9			
28 00	185 18.4	161 31.5	N 9 12.0	60 19.5	N22 40.3	197 31.1	S 6 17.4	3 32.1	N 2 02.0	Mirfak	308 44.2	N49 54.0
01	200 20.9	176 31.1	13.2	75 21.5	40.1	212 33.1	17.2	18 34.7	02.1	Nunki	76 01.2	S26 17.0
02	215 23.4	191 30.6	14.4	90 23.5	39.9	227 35.0	17.0	33 37.4	02.1	Peacock	53 23.1	S56 41.9
03	230 25.8	206 30.2	. . 15.6	105 25.4	. . 39.7	242 36.9	. . 16.8	48 40.0	. . 02.2	Pollux	243 30.4	N28 00.1
04	245 28.3	221 29.8	16.8	120 27.4	39.5	257 38.8	16.5	63 42.7	02.3	Procyon	245 02.1	N 5 11.8
05	260 30.8	236 29.4	18.0	135 29.4	39.3	272 40.7	16.3	78 45.3	02.4			
06	275 33.2	251 29.0	N 9 19.2	150 31.4	N22 39.1	287 42.7	S 6 16.1	93 47.9	N 2 02.4	Rasalhague	96 08.6	N12 32.9
07	290 35.7	266 28.6	20.4	165 33.4	39.0	302 44.6	15.9	108 50.6	02.5	Regulus	207 45.7	N11 54.8
08	305 38.2	281 28.1	21.6	180 35.4	38.8	317 46.5	15.6	123 53.2	02.6	Rigel	281 14.4	S 8 11.5
S 09	320 40.6	296 27.7	. . 22.8	195 37.4	. . 38.6	332 48.4	. . 15.4	138 55.9	. . 02.7	Rigil Kent.	139 54.6	S60 52.6
U 10	335 43.1	311 27.3	24.1	210 39.4	38.4	347 50.4	15.2	153 58.5	02.8	Sabik	102 15.1	S15 44.3
N 11	350 45.6	326 26.9	25.3	225 41.3	38.2	2 52.3	15.0	169 01.1	02.8			
D 12	5 48.0	341 26.5	N 9 26.5	240 43.3	N22 38.0	17 54.2	S 6 14.8	184 03.8	N 2 02.9	Schedar	349 44.0	N56 35.7
A 13	20 50.5	356 26.1	27.7	255 45.3	37.8	32 56.1	14.5	199 06.4	03.0	Shaula	96 25.0	S37 06.6
Y 14	35 52.9	11 25.6	28.9	270 47.3	37.6	47 58.0	14.3	214 09.1	03.1	Sirius	258 35.8	S16 44.0
15	50 55.4	26 25.2	. . 30.1	285 49.3	. . 37.4	63 00.0	. . 14.1	229 11.7	. . 03.1	Spica	158 33.4	S11 13.1
16	65 57.9	41 24.8	31.3	300 51.2	37.3	78 01.9	13.9	244 14.4	03.2	Suhail	222 54.0	S43 28.8
17	81 00.3	56 24.4	32.5	315 53.2	37.1	93 03.8	13.6	259 17.0	03.3			
18	96 02.8	71 24.0	N 9 33.7	330 55.2	N22 36.9	108 05.7	S 6 13.4	274 19.6	N 2 03.4	Vega	80 40.6	N38 47.3
19	111 05.3	86 23.6	34.9	345 57.2	36.7	123 07.7	13.2	289 22.3	03.5	Zuben'ubi	137 07.8	S16 05.2
20	126 07.7	101 23.1	36.1	0 59.1	36.5	138 09.6	13.0	304 24.9	03.5		SHA	Mer. Pass.
21	141 10.2	116 22.7	. . 37.3	16 01.1	. . 36.3	153 11.5	. . 12.8	319 27.6	. . 03.6		° ′	h m
22	156 12.7	131 22.3	38.5	31 03.1	36.1	168 13.4	12.5	334 30.2	03.7	Venus	337 22.0	13 14
23	171 15.1	146 21.9	39.7	46 05.1	35.9	183 15.3	12.3	349 32.9	03.8	Mars	235 12.0	19 59
Mer. Pass.	h m 11 40.8	*v* −0.4	*d* 1.2	*v* 2.0	*d* 0.2	*v* 1.9	*d* 0.2	*v* 2.6	*d* 0.1	Jupiter	12 25.7	10 52
										Saturn	178 09.3	23 46

UT (d h)		SUN GHA ° ′	SUN Dec ° ′	MOON GHA ° ′	v ′	MOON Dec ° ′	d ′	HP ′
26 00		178 32.4	N 2 04.6	52 46.4	7.8	N16 22.2	12.3	60.0
01		193 32.5	05.6	67 13.2	7.9	16 09.9	12.4	60.1
02		208 32.7	06.6	81 40.1	7.9	15 57.5	12.6	60.1
03		223 32.9	. . 07.6	96 07.0	7.9	15 44.9	12.6	60.1
04		238 33.1	08.5	110 33.9	8.0	15 32.3	12.8	60.1
05		253 33.3	09.5	125 00.9	8.1	15 19.5	12.8	60.1
06		268 33.5	N 2 10.5	139 28.0	8.1	N15 06.7	12.9	60.1
07		283 33.7	11.5	153 55.1	8.1	14 53.8	13.1	60.2
08		298 33.9	12.5	168 22.2	8.2	14 40.7	13.1	60.2
09	F	313 34.1	. . 13.4	182 49.4	8.2	14 27.6	13.3	60.2
10	R	328 34.3	14.4	197 16.6	8.3	14 14.3	13.3	60.2
11	I	343 34.4	15.4	211 43.9	8.3	14 01.0	13.4	60.2
12	D	358 34.6	N 2 16.4	226 11.2	8.4	N13 47.6	13.5	60.2
13	A	13 34.8	17.4	240 38.6	8.4	13 34.1	13.6	60.3
14	Y	28 35.0	18.3	255 06.0	8.5	13 20.5	13.7	60.3
15		43 35.2	. . 19.3	269 33.5	8.5	13 06.8	13.8	60.3
16		58 35.4	20.3	284 01.0	8.6	12 53.0	13.8	60.3
17		73 35.6	21.3	298 28.6	8.6	12 39.2	14.0	60.3
18		88 35.8	N 2 22.3	312 56.2	8.6	N12 25.2	14.0	60.3
19		103 36.0	23.2	327 23.8	8.7	12 11.2	14.1	60.4
20		118 36.1	24.2	341 51.5	8.7	11 57.1	14.2	60.4
21		133 36.3	. . 25.2	356 19.2	8.8	11 42.9	14.3	60.4
22		148 36.5	26.2	10 47.0	8.8	11 28.6	14.3	60.4
23		163 36.7	27.2	25 14.8	8.9	11 14.3	14.4	60.4
27 00		178 36.9	N 2 28.1	39 42.7	8.9	N10 59.9	14.5	60.4
01		193 37.1	29.1	54 10.6	8.9	10 45.4	14.5	60.4
02		208 37.3	30.1	68 38.5	9.0	10 30.9	14.6	60.4
03		223 37.5	. . 31.1	83 06.5	9.0	10 16.3	14.7	60.4
04		238 37.7	32.1	97 34.5	9.0	10 01.6	14.8	60.5
05		253 37.9	33.0	112 02.5	9.1	9 46.8	14.8	60.5
06		268 38.0	N 2 34.0	126 30.6	9.1	N 9 32.0	14.9	60.5
07		283 38.2	35.0	140 58.7	9.2	9 17.1	14.9	60.5
08	S	298 38.4	36.0	155 26.9	9.2	9 02.2	15.0	60.5
09	A	313 38.6	. . 37.0	169 55.1	9.2	8 47.2	15.0	60.5
10	T	328 38.8	37.9	184 23.3	9.3	8 32.2	15.1	60.5
11	U	343 39.0	38.9	198 51.6	9.3	8 17.1	15.2	60.5
12	R	358 39.2	N 2 39.9	213 19.9	9.3	N 8 01.9	15.2	60.5
13	D	13 39.4	40.9	227 48.2	9.4	7 46.7	15.3	60.5
14	A	28 39.6	41.8	242 16.6	9.3	7 31.4	15.3	60.5
15	Y	43 39.8	. . 42.8	256 44.9	9.5	7 16.1	15.3	60.6
16		58 39.9	43.8	271 13.4	9.4	7 00.8	15.4	60.6
17		73 40.1	44.8	285 41.8	9.5	6 45.4	15.5	60.6
18		88 40.3	N 2 45.8	300 10.3	9.5	N 6 29.9	15.4	60.6
19		103 40.5	46.7	314 38.8	9.5	6 14.5	15.5	60.6
20		118 40.7	47.7	329 07.3	9.5	5 59.0	15.6	60.6
21		133 40.9	. . 48.7	343 35.8	9.6	5 43.4	15.6	60.6
22		148 41.1	49.7	358 04.4	9.6	5 27.8	15.6	60.6
23		163 41.3	50.6	12 33.0	9.6	5 12.2	15.7	60.6
28 00		178 41.5	N 2 51.6	27 01.6	9.7	N 4 56.5	15.7	60.6
01		193 41.6	52.6	41 30.3	9.6	4 40.8	15.7	60.6
02		208 41.8	53.6	55 58.9	9.7	4 25.1	15.7	60.6
03		223 42.0	. . 54.5	70 27.6	9.7	4 09.4	15.8	60.6
04		238 42.2	55.5	84 56.3	9.8	3 53.6	15.8	60.6
05		253 42.4	56.5	99 25.1	9.7	3 37.8	15.8	60.6
06		268 42.6	N 2 57.5	113 53.8	9.8	N 3 22.0	15.8	60.6
07		283 42.8	58.5	128 22.6	9.7	3 06.2	15.9	60.6
08		298 43.0	2 59.4	142 51.3	9.8	2 50.3	15.8	60.6
09	S	313 43.2	3 00.4	157 20.1	9.8	2 34.5	15.9	60.6
10	U	328 43.4	01.4	171 48.9	9.8	2 18.6	15.9	60.6
11	N	343 43.5	02.4	186 17.7	9.9	2 02.7	15.9	60.6
12	D	358 43.7	N 3 03.3	200 46.6	9.8	N 1 46.8	15.9	60.6
13	A	13 43.9	04.3	215 15.4	9.9	1 30.9	15.9	60.6
14	Y	28 44.1	05.3	229 44.3	9.8	1 15.0	16.0	60.6
15		43 44.3	. . 06.3	244 13.1	9.9	0 59.0	15.9	60.6
16		58 44.5	07.2	258 42.0	9.9	0 43.1	15.9	60.6
17		73 44.7	08.2	273 10.9	9.8	0 27.2	15.9	60.6
18		88 44.9	N 3 09.2	287 39.7	9.9	N 0 11.3	16.0	60.6
19		103 45.1	10.2	302 08.6	9.9	S 0 04.7	15.9	60.5
20		118 45.2	11.1	316 37.5	9.9	0 20.6	15.9	60.5
21		133 45.4	. . 12.1	331 06.4	9.9	0 36.5	15.9	60.5
22		148 45.6	13.1	345 35.3	9.9	0 52.4	15.9	60.5
23		163 45.8	14.1	0 04.2	9.9	S 1 08.3	15.9	60.5
		SD 16.1	d 1.0	SD 16.4		16.5		16.5

Lat. °	Twilight Naut. h m	Twilight Civil h m	Sunrise h m	Moonrise 26 h m	Moonrise 27 h m	Moonrise 28 h m	Moonrise 29 h m
N 72	02 30	04 12	05 23	11 40	14 19	16 42	19 04
N 70	02 58	04 24	05 27	12 09	14 31	16 43	18 54
68	03 19	04 34	05 31	12 30	14 40	16 43	18 46
66	03 35	04 42	05 34	12 47	14 47	16 44	18 39
64	03 48	04 48	05 37	13 01	14 53	16 44	18 34
62	03 58	04 54	05 39	13 12	14 59	16 44	18 29
60	04 07	04 59	05 41	13 21	15 04	16 44	18 25
N 58	04 15	05 03	05 43	13 30	15 08	16 45	18 21
56	04 22	05 07	05 44	13 37	15 11	16 45	18 18
54	04 27	05 10	05 46	13 44	15 15	16 45	18 15
52	04 32	05 13	05 47	13 49	15 18	16 45	18 12
50	04 37	05 16	05 48	13 55	15 20	16 45	18 10
45	04 46	05 21	05 50	14 06	15 26	16 46	18 05
N 40	04 53	05 25	05 52	14 15	15 31	16 46	18 01
35	04 59	05 29	05 54	14 23	15 35	16 46	17 57
30	05 04	05 32	05 56	14 30	15 39	16 46	17 54
20	05 10	05 36	05 58	14 42	15 45	16 47	17 48
N 10	05 15	05 39	06 00	14 53	15 50	16 47	17 44
0	05 17	05 41	06 02	15 03	15 56	16 48	17 39
S 10	05 19	05 43	06 04	15 12	16 01	16 48	17 35
20	05 18	05 44	06 06	15 23	16 06	16 48	17 30
30	05 16	05 44	06 08	15 34	16 13	16 49	17 25
35	05 14	05 43	06 09	15 41	16 16	16 49	17 22
40	05 11	05 43	06 10	15 49	16 20	16 49	17 19
45	05 08	05 42	06 11	15 58	16 25	16 50	17 15
S 50	05 03	05 40	06 13	16 08	16 30	16 50	17 10
52	05 00	05 40	06 13	16 13	16 33	16 51	17 08
54	04 57	05 39	06 14	16 19	16 36	16 51	17 06
56	04 54	05 38	06 15	16 25	16 39	16 51	17 03
58	04 50	05 37	06 16	16 31	16 42	16 51	17 01
S 60	04 46	05 35	06 17	16 39	16 46	16 52	16 58

Lat. °	Sunset h m	Twilight Civil h m	Twilight Naut. h m	Moonset 26 h m	Moonset 27 h m	Moonset 28 h m	Moonset 29 h m
N 72	18 51	20 02	21 48	06 22	05 36	05 05	04 37
N 70	18 46	19 50	21 17	05 51	05 22	05 00	04 40
68	18 42	19 40	20 56	05 28	05 11	04 57	04 43
66	18 39	19 31	20 39	05 10	05 01	04 53	04 46
64	18 36	19 24	20 26	04 55	04 53	04 51	04 48
62	18 33	19 19	20 15	04 42	04 46	04 48	04 50
60	18 31	19 14	20 06	04 32	04 40	04 46	04 52
N 58	18 29	19 09	19 58	04 22	04 34	04 44	04 53
56	18 28	19 05	19 51	04 14	04 29	04 43	04 55
54	18 26	19 02	19 45	04 07	04 25	04 41	04 56
52	18 25	18 59	19 40	04 00	04 21	04 40	04 57
50	18 24	18 56	19 35	03 54	04 18	04 38	04 58
45	18 21	18 51	19 26	03 41	04 10	04 35	05 00
N 40	18 19	18 46	19 18	03 30	04 03	04 33	05 02
35	18 17	18 43	19 12	03 21	03 57	04 31	05 04
30	18 16	18 40	19 08	03 13	03 52	04 29	05 05
20	18 13	18 35	19 01	02 58	03 43	04 26	05 08
N 10	18 11	18 32	18 56	02 46	03 35	04 23	05 10
0	18 09	18 29	18 53	02 34	03 28	04 20	05 12
S 10	18 07	18 28	18 52	02 22	03 20	04 17	05 14
20	18 05	18 27	18 52	02 09	03 12	04 14	05 16
30	18 03	18 27	18 54	01 54	03 03	04 11	05 19
35	18 02	18 27	18 56	01 46	02 57	04 09	05 20
40	18 00	18 27	18 59	01 36	02 51	04 07	05 22
45	17 59	18 28	19 02	01 24	02 44	04 04	05 23
S 50	17 57	18 29	19 07	01 10	02 35	04 01	05 26
52	17 57	18 30	19 09	01 03	02 31	03 59	05 27
54	17 56	18 31	19 12	00 56	02 27	03 57	05 28
56	17 55	18 32	19 15	00 47	02 22	03 56	05 29
58	17 54	18 33	19 19	00 38	02 16	03 54	05 30
S 60	17 53	18 34	19 23	00 27	02 10	03 51	05 32

Day	SUN Eqn. of Time 00^h	SUN Eqn. of Time 12^h	SUN Mer. Pass.	MOON Mer. Pass. Upper	MOON Mer. Pass. Lower	MOON Age	MOON Phase
d	m s	m s	h m	h m	h m	d	%
26	05 51	05 42	12 06	21 15	08 48	11	82
27	05 33	05 24	12 05	22 08	09 42	12	90
28	05 15	05 05	12 05	23 00	10 34	13	96

UT	ARIES GHA	VENUS −3.9 GHA	VENUS Dec	MARS +0.1 GHA	MARS Dec	JUPITER −2.0 GHA	JUPITER Dec	SATURN +0.6 GHA	SATURN Dec	STARS Name	SHA	Dec
d h	° ′	° ′	° ′	° ′	° ′	° ′	° ′	° ′	° ′		° ′	° ′
29 00	186 17.6	161 21.5	N 9 40.9	61 07.0	N22 35.7	198 17.3	S 6 12.1	4 35.5	N 2 03.8	Acamar	315 20.4	S40 15.9
01	201 20.0	176 21.0	42.1	76 09.0	35.5	213 19.2	11.9	19 38.1	03.9	Achernar	335 28.9	S57 11.1
02	216 22.5	191 20.6	43.3	91 11.0	35.3	228 21.1	11.6	34 40.8	04.0	Acrux	173 11.5	S63 09.5
03	231 25.0	206 20.2	. . 44.5	106 12.9	. . 35.1	243 23.0	. . 11.4	49 43.4	. . 04.1	Adhara	255 14.4	S28 59.4
04	246 27.4	221 19.8	45.7	121 14.9	35.0	258 25.0	11.2	64 46.1	04.1	Aldebaran	290 52.3	N16 31.8
05	261 29.9	236 19.4	46.9	136 16.9	34.8	273 26.9	11.0	79 48.7	04.2			
06	276 32.4	251 18.9	N 9 48.1	151 18.8	N22 34.6	288 28.8	S 6 10.8	94 51.4	N 2 04.3	Alioth	166 22.0	N55 54.1
07	291 34.8	266 18.5	49.3	166 20.8	34.4	303 30.7	10.5	109 54.0	04.4	Alkaid	153 00.1	N49 15.5
08	306 37.3	281 18.1	50.5	181 22.8	34.2	318 32.7	10.3	124 56.6	04.5	Al Na'ir	27 46.9	S46 54.5
M 09	321 39.8	296 17.7	. . 51.7	196 24.7	. . 34.0	333 34.6	. . 10.1	139 59.3	. . 04.5	Alnilam	275 48.8	S 1 11.8
O 10	336 42.2	311 17.2	52.9	211 26.7	33.8	348 36.5	09.9	155 01.9	04.6	Alphard	217 58.2	S 8 42.4
N 11	351 44.7	326 16.8	54.1	226 28.6	33.6	3 38.4	09.6	170 04.6	04.7			
D 12	6 47.2	341 16.4	N 9 55.3	241 30.6	N22 33.4	18 40.3	S 6 09.4	185 07.2	N 2 04.8	Alphecca	126 12.7	N26 40.5
A 13	21 49.6	356 16.0	56.5	256 32.6	33.2	33 42.3	09.2	200 09.8	04.8	Alpheratz	357 46.4	N29 08.8
Y 14	36 52.1	11 15.5	57.7	271 34.5	33.0	48 44.2	09.0	215 12.5	04.9	Altair	62 10.6	N 8 53.6
15	51 54.5	26 15.1	9 58.9	286 36.5	. . 32.8	63 46.1	. . 08.7	230 15.1	. . 05.0	Ankaa	353 18.3	S42 15.0
16	66 57.0	41 14.7	10 00.1	301 38.4	32.6	78 48.0	08.5	245 17.8	05.1	Antares	112 29.0	S26 27.3
17	81 59.5	56 14.3	01.3	316 40.4	32.4	93 50.0	08.3	260 20.4	05.1			
18	97 01.9	71 13.8	N10 02.5	331 42.3	N22 32.2	108 51.9	S 6 08.1	275 23.1	N 2 05.2	Arcturus	145 57.5	N19 07.5
19	112 04.4	86 13.4	03.7	346 44.3	32.0	123 53.8	07.9	290 25.7	05.3	Atria	107 32.8	S69 02.6
20	127 06.9	101 13.0	04.9	1 46.2	31.8	138 55.7	07.6	305 28.3	05.4	Avior	234 18.8	S59 32.9
21	142 09.3	116 12.6	. . 06.1	16 48.2	. . 31.7	153 57.7	. . 07.4	320 31.0	. . 05.5	Bellatrix	278 34.6	N 6 21.5
22	157 11.8	131 12.1	07.3	31 50.1	31.5	168 59.6	07.2	335 33.6	05.5	Betelgeuse	271 03.9	N 7 24.5
23	172 14.3	146 11.7	08.4	46 52.1	31.3	184 01.5	07.0	350 36.3	05.6			
30 00	187 16.7	161 11.3	N10 09.6	61 54.0	N22 31.1	199 03.4	S 6 06.7	5 38.9	N 2 05.7	Canopus	263 57.2	S52 42.4
01	202 19.2	176 10.9	10.8	76 56.0	30.9	214 05.4	06.5	20 41.5	05.8	Capella	280 38.1	N46 00.6
02	217 21.6	191 10.4	12.0	91 57.9	30.7	229 07.3	06.3	35 44.2	05.8	Deneb	49 33.4	N45 18.8
03	232 24.1	206 10.0	. . 13.2	106 59.9	. . 30.5	244 09.2	. . 06.1	50 46.8	. . 05.9	Denebola	182 35.7	N14 30.7
04	247 26.6	221 09.6	14.4	122 01.8	30.3	259 11.1	05.9	65 49.5	06.0	Diphda	348 58.5	S17 55.8
05	262 29.0	236 09.2	15.6	137 03.8	30.1	274 13.1	05.6	80 52.1	06.1			
06	277 31.5	251 08.7	N10 16.8	152 05.7	N22 29.9	289 15.0	S 6 05.4	95 54.8	N 2 06.1	Dubhe	193 53.7	N61 41.7
07	292 34.0	266 08.3	18.0	167 07.6	29.7	304 16.9	05.2	110 57.4	06.2	Elnath	278 15.7	N28 37.0
T 08	307 36.4	281 07.9	19.2	182 09.6	29.5	319 18.8	05.0	126 00.0	06.3	Eltanin	90 47.1	N51 28.9
U 09	322 38.9	296 07.4	. . 20.3	197 11.5	. . 29.3	334 20.8	. . 04.8	141 02.7	. . 06.4	Enif	33 49.7	N 9 55.2
E 10	337 41.4	311 07.0	21.5	212 13.5	29.1	349 22.7	04.5	156 05.3	06.5	Fomalhaut	15 26.8	S29 34.0
S 11	352 43.8	326 06.6	22.7	227 15.4	28.9	4 24.6	04.3	171 08.0	06.5			
D 12	7 46.3	341 06.1	N10 23.9	242 17.3	N22 28.7	19 26.5	S 6 04.1	186 10.6	N 2 06.6	Gacrux	172 03.1	S57 10.4
A 13	22 48.8	356 05.7	25.1	257 19.3	28.5	34 28.5	03.9	201 13.2	06.7	Gienah	175 54.4	S17 36.2
Y 14	37 51.2	11 05.3	26.3	272 21.2	28.3	49 30.4	03.6	216 15.9	06.8	Hadar	148 50.8	S60 25.4
15	52 53.7	26 04.9	. . 27.5	287 23.1	. . 28.1	64 32.3	. . 03.4	231 18.5	. . 06.8	Hamal	328 03.8	N23 30.7
16	67 56.1	41 04.4	28.7	302 25.1	27.9	79 34.2	03.2	246 21.2	06.9	Kaus Aust.	83 46.9	S34 22.7
17	82 58.6	56 04.0	29.8	317 27.0	27.7	94 36.2	03.0	261 23.8	07.0			
18	98 01.1	71 03.6	N10 31.0	332 28.9	N22 27.5	109 38.1	S 6 02.8	276 26.4	N 2 07.1	Kochab	137 18.6	N74 06.5
19	113 03.5	86 03.1	32.2	347 30.9	27.3	124 40.0	02.5	291 29.1	07.1	Markab	13 41.0	N15 15.6
20	128 06.0	101 02.7	33.4	2 32.8	27.1	139 41.9	02.3	306 31.7	07.2	Menkar	314 17.8	N 4 07.8
21	143 08.5	116 02.3	. . 34.6	17 34.7	. . 26.9	154 43.9	. . 02.1	321 34.4	. . 07.3	Menkent	148 10.1	S36 25.4
22	158 10.9	131 01.8	35.8	32 36.6	26.7	169 45.8	01.9	336 37.0	07.4	Miaplacidus	221 39.9	S69 45.9
23	173 13.4	146 01.4	36.9	47 38.6	26.5	184 47.7	01.6	351 39.7	07.4			
31 00	188 15.9	161 01.0	N10 38.1	62 40.5	N22 26.3	199 49.6	S 6 01.4	6 42.3	N 2 07.5	Mirfak	308 44.2	N49 54.0
01	203 18.3	176 00.5	39.3	77 42.4	26.1	214 51.6	01.2	21 44.9	07.6	Nunki	76 01.2	S26 17.0
02	218 20.8	191 00.1	40.5	92 44.3	25.9	229 53.5	01.0	36 47.6	07.7	Peacock	53 23.1	S56 41.9
03	233 23.2	205 59.7	. . 41.7	107 46.3	. . 25.7	244 55.4	. . 00.8	51 50.2	. . 07.8	Pollux	243 30.5	N28 00.1
04	248 25.7	220 59.2	42.9	122 48.2	25.5	259 57.3	00.5	66 52.9	07.8	Procyon	245 02.1	N 5 11.8
05	263 28.2	235 58.8	44.0	137 50.1	25.3	274 59.3	00.3	81 55.5	07.9			
06	278 30.6	250 58.3	N10 45.2	152 52.0	N22 25.1	290 01.2	S 6 00.1	96 58.1	N 2 08.0	Rasalhague	96 08.5	N12 32.9
W 07	293 33.1	265 57.9	46.4	167 53.9	24.9	305 03.1	5 59.9	112 00.8	08.1	Regulus	207 45.7	N11 54.8
E 08	308 35.6	280 57.5	47.6	182 55.9	24.7	320 05.0	59.7	127 03.4	08.1	Rigel	281 14.4	S 8 11.5
D 09	323 38.0	295 57.0	. . 48.7	197 57.8	. . 24.5	335 07.0	. . 59.4	142 06.1	. . 08.2	Rigil Kent.	139 54.5	S60 52.6
N 10	338 40.5	310 56.6	49.9	212 59.7	24.3	350 08.9	59.2	157 08.7	08.3	Sabik	102 15.1	S15 44.3
E 11	353 43.0	325 56.2	51.1	228 01.6	24.1	5 10.8	59.0	172 11.3	08.4			
S 12	8 45.4	340 55.7	N10 52.3	243 03.5	N22 23.9	20 12.8	S 5 58.8	187 14.0	N 2 08.4	Schedar	349 44.0	N56 35.6
D 13	23 47.9	355 55.3	53.5	258 05.4	23.6	35 14.7	58.5	202 16.6	08.5	Shaula	96 25.0	S37 06.6
A 14	38 50.4	10 54.8	54.6	273 07.4	23.4	50 16.6	58.3	217 19.3	08.6	Sirius	258 35.8	S16 44.0
Y 15	53 52.8	25 54.4	. . 55.8	288 09.3	. . 23.2	65 18.5	. . 58.1	232 21.9	. . 08.7	Spica	158 33.4	S11 13.1
16	68 55.3	40 54.0	57.0	303 11.2	23.0	80 20.5	57.9	247 24.5	08.7	Suhail	222 54.0	S43 28.8
17	83 57.7	55 53.5	58.2	318 13.1	22.8	95 22.4	57.7	262 27.2	08.8			
18	99 00.2	70 53.1	N10 59.3	333 15.0	N22 22.6	110 24.3	S 5 57.4	277 29.8	N 2 08.9	Vega	80 40.6	N38 47.3
19	114 02.7	85 52.6	11 00.5	348 16.9	22.4	125 26.2	57.2	292 32.5	09.0	Zuben'ubi	137 07.8	S16 05.2
20	129 05.1	100 52.2	01.7	3 18.8	22.2	140 28.2	57.0	307 35.1	09.0		SHA	Mer. Pass.
21	144 07.6	115 51.8	. . 02.9	18 20.7	. . 22.0	155 30.1	. . 56.8	322 37.7	. . 09.1		° ′	h m
22	159 10.1	130 51.3	04.0	33 22.6	21.8	170 32.0	56.6	337 40.4	09.2	Venus	333 54.6	13 16
23	174 12.5	145 50.9	05.2	48 24.5	21.6	185 34.0	56.3	352 43.0	09.3	Mars	234 37.3	19 50
Mer. Pass.	h m 11 29.0	*v* −0.4	*d* 1.2	*v* 1.9	*d* 0.2	*v* 1.9	*d* 0.2	*v* 2.6	*d* 0.1	Jupiter	11 46.7	10 42
										Saturn	178 22.2	23 33

d h	UT	SUN GHA	SUN Dec	MOON GHA	v	MOON Dec	d	HP
		° ′	° ′	° ′	′	° ′	′	′
29 MONDAY	00	178 46.0	N 3 15.0	14 33.1	9.9	S 1 24.2	15.9	60.5
	01	193 46.2	16.0	29 02.0	9.9	1 40.1	15.9	60.5
	02	208 46.4	17.0	43 30.9	9.9	1 56.0	15.8	60.5
	03	223 46.6	. . 18.0	57 59.8	9.9	2 11.8	15.9	60.5
	04	238 46.8	18.9	72 28.7	9.9	2 27.7	15.8	60.5
	05	253 47.0	19.9	86 57.6	9.9	2 43.5	15.8	60.5
	06	268 47.1	N 3 20.9	101 26.5	9.9	S 2 59.3	15.7	60.5
	07	283 47.3	21.9	115 55.4	9.9	3 15.0	15.8	60.4
	08	298 47.5	22.8	130 24.3	9.9	3 30.8	15.7	60.4
	09	313 47.7	. . 23.8	144 53.2	9.9	3 46.5	15.7	60.4
	10	328 47.9	24.8	159 22.1	9.8	4 02.2	15.6	60.4
	11	343 48.1	25.7	173 50.9	9.9	4 17.8	15.7	60.4
	12	358 48.3	N 3 26.7	188 19.8	9.8	S 4 33.5	15.6	60.4
	13	13 48.5	27.7	202 48.6	9.9	4 49.1	15.5	60.4
	14	28 48.7	28.7	217 17.5	9.8	5 04.6	15.5	60.3
	15	43 48.8	. . 29.6	231 46.3	9.8	5 20.1	15.5	60.3
	16	58 49.0	30.6	246 15.1	9.8	5 35.6	15.5	60.3
	17	73 49.2	31.6	260 43.9	9.8	5 51.1	15.4	60.3
	18	88 49.4	N 3 32.6	275 12.7	9.8	S 6 06.5	15.3	60.3
	19	103 49.6	33.5	289 41.5	9.7	6 21.8	15.3	60.3
	20	118 49.8	34.5	304 10.2	9.8	6 37.1	15.3	60.2
	21	133 50.0	. . 35.5	318 39.0	9.7	6 52.4	15.2	60.2
	22	148 50.2	36.4	333 07.7	9.7	7 07.6	15.2	60.2
	23	163 50.4	37.4	347 36.4	9.7	7 22.8	15.1	60.2
30 TUESDAY	00	178 50.5	N 3 38.4	2 05.1	9.7	S 7 37.9	15.1	60.2
	01	193 50.7	39.4	16 33.8	9.6	7 53.0	15.0	60.2
	02	208 50.9	40.3	31 02.4	9.7	8 08.0	14.9	60.1
	03	223 51.1	. . 41.3	45 31.1	9.6	8 22.9	14.9	60.1
	04	238 51.3	42.3	59 59.7	9.6	8 37.8	14.8	60.1
	05	253 51.5	43.2	74 28.3	9.5	8 52.6	14.8	60.1
	06	268 51.7	N 3 44.2	88 56.8	9.6	S 9 07.4	14.7	60.1
	07	283 51.9	45.2	103 25.4	9.5	9 22.1	14.6	60.0
	08	298 52.1	46.2	117 53.9	9.5	9 36.7	14.6	60.0
	09	313 52.2	. . 47.1	132 22.4	9.5	9 51.3	14.5	60.0
	10	328 52.4	48.1	146 50.9	9.4	10 05.8	14.5	60.0
	11	343 52.6	49.1	161 19.3	9.5	10 20.3	14.3	59.9
	12	358 52.8	N 3 50.0	175 47.8	9.4	S10 34.6	14.3	59.9
	13	13 53.0	51.0	190 16.2	9.3	10 48.9	14.2	59.9
	14	28 53.2	52.0	204 44.5	9.4	11 03.1	14.2	59.9
	15	43 53.4	. . 53.0	219 12.9	9.3	11 17.3	14.0	59.8
	16	58 53.6	53.9	233 41.2	9.3	11 31.3	14.0	59.8
	17	73 53.8	54.9	248 09.5	9.3	11 45.3	13.9	59.8
	18	88 53.9	N 3 55.9	262 37.8	9.2	S11 59.2	13.8	59.8
	19	103 54.1	56.8	277 06.0	9.2	12 13.0	13.8	59.7
	20	118 54.3	57.8	291 34.2	9.2	12 26.8	13.6	59.7
	21	133 54.5	. . 58.8	306 02.4	9.2	12 40.4	13.6	59.7
	22	148 54.7	3 59.7	320 30.6	9.1	12 54.0	13.5	59.7
	23	163 54.9	4 00.7	334 58.7	9.1	13 07.5	13.3	59.6
31 WEDNESDAY	00	178 55.1	N 4 01.7	349 26.8	9.1	S13 20.8	13.3	59.6
	01	193 55.3	02.6	3 54.9	9.0	13 34.1	13.3	59.6
	02	208 55.4	03.6	18 22.9	9.0	13 47.4	13.1	59.5
	03	223 55.6	. . 04.6	32 50.9	9.0	14 00.5	13.0	59.5
	04	238 55.8	05.6	47 18.9	8.9	14 13.5	12.9	59.5
	05	253 56.0	06.5	61 46.8	8.9	14 26.4	12.8	59.5
	06	268 56.2	N 4 07.5	76 14.7	8.9	S14 39.2	12.8	59.4
	07	283 56.4	08.5	90 42.6	8.9	14 52.0	12.6	59.4
	08	298 56.6	09.4	105 10.5	8.8	15 04.6	12.5	59.4
	09	313 56.8	. . 10.4	119 38.3	8.8	15 17.1	12.4	59.3
	10	328 56.9	11.4	134 06.1	8.7	15 29.5	12.3	59.3
	11	343 57.1	12.3	148 33.8	8.7	15 41.8	12.3	59.3
	12	358 57.3	N 4 13.3	163 01.5	8.7	S15 54.1	12.1	59.2
	13	13 57.5	14.3	177 29.2	8.7	16 06.2	12.0	59.2
	14	28 57.7	15.2	191 56.9	8.6	16 18.2	11.8	59.2
	15	43 57.9	. . 16.2	206 24.5	8.6	16 30.0	11.8	59.1
	16	58 58.1	17.2	220 52.1	8.6	16 41.8	11.7	59.1
	17	73 58.3	18.1	235 19.7	8.5	16 53.5	11.5	59.1
	18	88 58.4	N 4 19.1	249 47.2	8.5	S17 05.0	11.5	59.1
	19	103 58.6	20.1	264 14.7	8.5	17 16.5	11.3	59.0
	20	118 58.8	21.0	278 42.2	8.4	17 27.8	11.2	59.0
	21	133 59.0	. . 22.0	293 09.6	8.4	17 39.0	11.1	59.0
	22	148 59.2	23.0	307 37.0	8.4	17 50.1	11.0	58.9
	23	163 59.4	23.9	322 04.4	8.3	S18 01.1	10.9	58.9
		SD 16.0	*d* 1.0	SD 16.5		16.3		16.1

Lat.	Twilight Naut.	Twilight Civil	Sunrise	Moonrise 29	Moonrise 30	Moonrise 31	Moonrise 1
°	h m	h m	h m	h m	h m	h m	h m
N 72	02 02	03 54	05 07	19 04	21 38	■	■
N 70	02 37	04 09	05 13	18 54	21 12	23 56	■
68	03 02	04 20	05 18	18 46	20 53	23 10	■
66	03 20	04 29	05 23	18 39	20 37	22 40	24 53
64	03 35	04 37	05 26	18 34	20 25	22 18	24 12
62	03 47	04 44	05 29	18 29	20 14	22 00	23 44
60	03 57	04 49	05 32	18 25	20 05	21 46	23 23
N 58	04 05	04 54	05 34	18 21	19 58	21 33	23 05
56	04 13	04 59	05 36	18 18	19 51	21 23	22 51
54	04 19	05 02	05 38	18 15	19 45	21 13	22 38
52	04 25	05 06	05 40	18 12	19 39	21 05	22 27
50	04 30	05 09	05 42	18 10	19 34	20 57	22 17
45	04 40	05 15	05 45	18 05	19 24	20 42	21 56
N 40	04 48	05 20	05 48	18 01	19 15	20 29	21 40
35	04 55	05 25	05 50	17 57	19 08	20 18	21 26
30	05 00	05 28	05 52	17 54	19 01	20 08	21 14
20	05 08	05 33	05 56	17 48	18 50	19 52	20 53
N 10	05 13	05 37	05 59	17 44	18 40	19 38	20 36
0	05 16	05 41	06 01	17 39	18 31	19 25	20 19
S 10	05 18	05 43	06 04	17 35	18 22	19 11	20 03
20	05 19	05 44	06 06	17 30	18 13	18 58	19 45
30	05 18	05 45	06 09	17 25	18 02	18 42	19 25
35	05 16	05 46	06 11	17 22	17 56	18 33	19 14
40	05 14	05 46	06 13	17 19	17 49	18 22	19 00
45	05 11	05 46	06 15	17 15	17 41	18 10	18 45
S 50	05 07	05 45	06 17	17 10	17 31	17 56	18 25
52	05 05	05 45	06 18	17 08	17 27	17 49	18 16
54	05 03	05 44	06 20	17 06	17 22	17 42	18 06
56	05 00	05 44	06 21	17 03	17 17	17 33	17 55
58	04 57	05 43	06 22	17 01	17 11	17 24	17 42
S 60	04 54	05 42	06 24	16 58	17 04	17 13	17 27

Lat.	Sunset	Twilight Civil	Twilight Naut.	Moonset 29	Moonset 30	Moonset 31	Moonset 1
°	h m	h m	h m	h m	h m	h m	h m
N 72	19 05	20 19	22 16	04 37	04 06	03 24	■
N 70	18 58	20 04	21 37	04 40	04 19	03 52	03 01
68	18 53	19 52	21 11	04 43	04 30	04 13	03 48
66	18 48	19 42	20 52	04 46	04 38	04 30	04 19
64	18 45	19 34	20 37	04 48	04 46	04 44	04 42
62	18 41	19 27	20 25	04 50	04 52	04 55	05 01
60	18 39	19 21	20 14	04 52	04 58	05 06	05 16
N 58	18 36	19 16	20 05	04 53	05 03	05 14	05 29
56	18 34	19 12	19 58	04 55	05 07	05 22	05 41
54	18 32	19 08	19 51	04 56	05 11	05 29	05 51
52	18 30	19 04	19 46	04 57	05 15	05 35	06 00
50	18 28	19 01	19 40	04 58	05 18	05 41	06 08
45	18 25	18 55	19 30	05 00	05 26	05 53	06 25
N 40	18 22	18 49	19 21	05 02	05 32	06 04	06 39
35	18 20	18 45	19 15	05 04	05 37	06 12	06 51
30	18 17	18 41	19 10	05 05	05 42	06 20	07 02
20	18 14	18 36	19 02	05 08	05 50	06 33	07 20
N 10	18 11	18 32	18 56	05 10	05 57	06 45	07 36
0	18 08	18 28	18 53	05 12	06 04	06 56	07 50
S 10	18 05	18 26	18 50	05 14	06 10	07 08	08 05
20	18 02	18 24	18 50	05 16	06 18	07 19	08 21
30	17 59	18 23	18 51	05 19	06 26	07 33	08 40
35	17 57	18 23	18 52	05 20	06 31	07 41	08 51
40	17 56	18 23	18 54	05 22	06 36	07 50	09 03
45	17 53	18 23	18 57	05 23	06 42	08 01	09 18
S 50	17 51	18 23	19 00	05 26	06 50	08 14	09 36
52	17 50	18 23	19 02	05 27	06 54	08 20	09 44
54	17 48	18 24	19 05	05 28	06 58	08 27	09 54
56	17 47	18 24	19 07	05 29	07 02	08 34	10 05
58	17 46	18 24	19 10	05 30	07 07	08 43	10 17
S 60	17 44	18 25	19 14	05 32	07 12	08 53	10 31

Day	SUN Eqn. of Time 00^h	SUN Eqn. of Time 12^h	SUN Mer. Pass.	MOON Mer. Pass. Upper	MOON Mer. Pass. Lower	Age	Phase
d	m s	m s	h m	h m	h m	d %	
29	04 56	04 47	12 05	23 51	11 25	14 99	○
30	04 38	04 29	12 04	24 44	12 17	15 100	
31	04 20	04 11	12 04	00 44	13 10	16 97	

	UT (d h)	ARIES GHA ° ′	VENUS −3.9 GHA ° ′	VENUS Dec ° ′	MARS +0.2 GHA ° ′	MARS Dec ° ′	JUPITER −2.0 GHA ° ′	JUPITER Dec ° ′	SATURN +0.6 GHA ° ′	SATURN Dec ° ′
	1 00	189 15.0	160 50.4	N11 06.4	63 26.4	N22 21.4	200 35.9	S 5 56.1	7 45.7	N 2 09.3
	01	204 17.5	175 50.0	07.5	78 28.3	21.2	215 37.8	55.9	22 48.3	09.4
	02	219 19.9	190 49.6	08.7	93 30.2	21.0	230 39.7	55.7	37 50.9	09.5
	03	234 22.4	205 49.1	. . 09.9	108 32.1	. . 20.8	245 41.7	. . 55.4	52 53.6	. . 09.6
	04	249 24.9	220 48.7	11.0	123 34.0	20.6	260 43.6	55.2	67 56.2	09.6
	05	264 27.3	235 48.2	12.2	138 35.9	20.4	275 45.5	55.0	82 58.9	09.7
	06	279 29.8	250 47.8	N11 13.4	153 37.8	N22 20.1	290 47.4	S 5 54.8	98 01.5	N 2 09.8
	07	294 32.2	265 47.3	14.6	168 39.7	19.9	305 49.4	54.6	113 04.1	09.9
T	08	309 34.7	280 46.9	15.7	183 41.6	19.7	320 51.3	54.3	128 06.8	10.0
H	09	324 37.2	295 46.5	. . 16.9	198 43.5	. . 19.5	335 53.2	. . 54.1	143 09.4	. . 10.0
U	10	339 39.6	310 46.0	18.1	213 45.4	19.3	350 55.2	53.9	158 12.1	10.1
R	11	354 42.1	325 45.6	19.2	228 47.3	19.1	5 57.1	53.7	173 14.7	10.2
S	12	9 44.6	340 45.1	N11 20.4	243 49.2	N22 18.9	20 59.0	S 5 53.5	188 17.3	N 2 10.3
D	13	24 47.0	355 44.7	21.6	258 51.1	18.7	36 00.9	53.2	203 20.0	10.3
A	14	39 49.5	10 44.2	22.7	273 53.0	18.5	51 02.9	53.0	218 22.6	10.4
Y	15	54 52.0	25 43.8	. . 23.9	288 54.9	. . 18.3	66 04.8	. . 52.8	233 25.3	. . 10.5
	16	69 54.4	40 43.3	25.1	303 56.8	18.1	81 06.7	52.6	248 27.9	10.6
	17	84 56.9	55 42.9	26.2	318 58.7	17.9	96 08.7	52.4	263 30.5	10.6
	18	99 59.3	70 42.4	N11 27.4	334 00.6	N22 17.6	111 10.6	S 5 52.1	278 33.2	N 2 10.7
	19	115 01.8	85 42.0	28.5	349 02.4	17.4	126 12.5	51.9	293 35.8	10.8
	20	130 04.3	100 41.5	29.7	4 04.3	17.2	141 14.4	51.7	308 38.5	10.9
	21	145 06.7	115 41.1	. . 30.9	19 06.2	. . 17.0	156 16.4	. . 51.5	323 41.1	. . 10.9
	22	160 09.2	130 40.6	32.0	34 08.1	16.8	171 18.3	51.3	338 43.7	11.0
	23	175 11.7	145 40.2	33.2	49 10.0	16.6	186 20.2	51.0	353 46.4	11.1
	2 00	190 14.1	160 39.7	N11 34.3	64 11.9	N22 16.4	201 22.2	S 5 50.8	8 49.0	N 2 11.2
	01	205 16.6	175 39.3	35.5	79 13.7	16.2	216 24.1	50.6	23 51.7	11.2
	02	220 19.1	190 38.8	36.7	94 15.6	16.0	231 26.0	50.4	38 54.3	11.3
	03	235 21.5	205 38.4	. . 37.8	109 17.5	. . 15.7	246 28.0	. . 50.2	53 56.9	. . 11.4
	04	250 24.0	220 37.9	39.0	124 19.4	15.5	261 29.9	49.9	68 59.6	11.5
	05	265 26.5	235 37.5	40.1	139 21.3	15.3	276 31.8	49.7	84 02.2	11.5
	06	280 28.9	250 37.0	N11 41.3	154 23.1	N22 15.1	291 33.7	S 5 49.5	99 04.8	N 2 11.6
	07	295 31.4	265 36.6	42.5	169 25.0	14.9	306 35.7	49.3	114 07.5	11.7
	08	310 33.8	280 36.1	43.6	184 26.9	14.7	321 37.6	49.0	129 10.1	11.8
F	09	325 36.3	295 35.7	. . 44.8	199 28.8	. . 14.5	336 39.5	. . 48.8	144 12.8	. . 11.8
R	10	340 38.8	310 35.2	45.9	214 30.6	14.3	351 41.5	48.6	159 15.4	11.9
I	11	355 41.2	325 34.8	47.1	229 32.5	14.0	6 43.4	48.4	174 18.0	12.0
D	12	10 43.7	340 34.3	N11 48.2	244 34.4	N22 13.8	21 45.3	S 5 48.2	189 20.7	N 2 12.1
A	13	25 46.2	355 33.9	49.4	259 36.3	13.6	36 47.3	47.9	204 23.3	12.1
Y	14	40 48.6	10 33.4	50.5	274 38.1	13.4	51 49.2	47.7	219 26.0	12.2
	15	55 51.1	25 33.0	. . 51.7	289 40.0	. . 13.2	66 51.1	. . 47.5	234 28.6	. . 12.3
	16	70 53.6	40 32.5	52.9	304 41.9	13.0	81 53.0	47.3	249 31.2	12.4
	17	85 56.0	55 32.0	54.0	319 43.7	12.8	96 55.0	47.1	264 33.9	12.4
	18	100 58.5	70 31.6	N11 55.2	334 45.6	N22 12.5	111 56.9	S 5 46.8	279 36.5	N 2 12.5
	19	116 01.0	85 31.1	56.3	349 47.5	12.3	126 58.8	46.6	294 39.1	12.6
	20	131 03.4	100 30.7	57.5	4 49.3	12.1	142 00.8	46.4	309 41.8	12.6
	21	146 05.9	115 30.2	. . 58.6	19 51.2	. . 11.9	157 02.7	. . 46.2	324 44.4	. . 12.7
	22	161 08.3	130 29.8	11 59.8	34 53.1	11.7	172 04.6	46.0	339 47.1	12.8
	23	176 10.8	145 29.3	12 00.9	49 54.9	11.5	187 06.6	45.7	354 49.7	12.9
	3 00	191 13.3	160 28.9	N12 02.1	64 56.8	N22 11.2	202 08.5	S 5 45.5	9 52.3	N 2 12.9
	01	206 15.7	175 28.4	03.2	79 58.7	11.0	217 10.4	45.3	24 55.0	13.0
	02	221 18.2	190 27.9	04.4	95 00.5	10.8	232 12.3	45.1	39 57.6	13.1
	03	236 20.7	205 27.5	. . 05.5	110 02.4	. . 10.6	247 14.3	. . 44.9	55 00.3	. . 13.2
	04	251 23.1	220 27.0	06.6	125 04.2	10.4	262 16.2	44.6	70 02.9	13.2
	05	266 25.6	235 26.6	07.8	140 06.1	10.2	277 18.1	44.4	85 05.5	13.3
	06	281 28.1	250 26.1	N12 08.9	155 08.0	N22 10.0	292 20.1	S 5 44.2	100 08.2	N 2 13.4
	07	296 30.5	265 25.6	10.1	170 09.8	09.7	307 22.0	44.0	115 10.8	13.5
S	08	311 33.0	280 25.2	11.2	185 11.7	09.5	322 23.9	43.8	130 13.4	13.5
A	09	326 35.5	295 24.7	. . 12.4	200 13.5	. . 09.3	337 25.9	. . 43.5	145 16.1	. . 13.6
T	10	341 37.9	310 24.3	13.5	215 15.4	09.1	352 27.8	43.3	160 18.7	13.7
U	11	356 40.4	325 23.8	14.7	230 17.2	08.9	7 29.7	43.1	175 21.4	13.8
R	12	11 42.8	340 23.3	N12 15.8	245 19.1	N22 08.6	22 31.7	S 5 42.9	190 24.0	N 2 13.8
D	13	26 45.3	355 22.9	16.9	260 20.9	08.4	37 33.6	42.7	205 26.6	13.9
A	14	41 47.8	10 22.4	18.1	275 22.8	08.2	52 35.5	42.4	220 29.3	14.0
Y	15	56 50.2	25 21.9	. . 19.2	290 24.6	. . 08.0	67 37.5	. . 42.2	235 31.9	. . 14.1
	16	71 52.7	40 21.5	20.4	305 26.5	07.8	82 39.4	42.0	250 34.5	14.1
	17	86 55.2	55 21.0	21.5	320 28.3	07.5	97 41.3	41.8	265 37.2	14.2
	18	101 57.6	70 20.5	N12 22.7	335 30.2	N22 07.3	112 43.3	S 5 41.6	280 39.8	N 2 14.3
	19	117 00.1	85 20.1	23.8	350 32.0	07.1	127 45.2	41.3	295 42.5	14.4
	20	132 02.6	100 19.6	24.9	5 33.9	06.9	142 47.1	41.1	310 45.1	14.4
	21	147 05.0	115 19.2	. . 26.1	20 35.7	. . 06.7	157 49.1	. . 40.9	325 47.7	. . 14.5
	22	162 07.5	130 18.7	27.2	35 37.6	06.4	172 51.0	40.7	340 50.4	14.6
	23	177 09.9	145 18.2	28.3	50 39.4	06.2	187 52.9	40.5	355 53.0	14.6
	Mer. Pass. (h m)	11 17.2	*v* −0.5	*d* 1.2	*v* 1.9	*d* 0.2	*v* 1.9	*d* 0.2	*v* 2.6	*d* 0.1

STARS

Name	SHA ° ′	Dec ° ′
Acamar	315 20.4	S40 15.9
Achernar	335 28.9	S57 11.1
Acrux	173 11.5	S63 09.6
Adhara	255 14.4	S28 59.4
Aldebaran	290 52.3	N16 31.8
Alioth	166 22.0	N55 54.1
Alkaid	153 00.1	N49 15.5
Al Na'ir	27 46.9	S46 54.5
Alnilam	275 48.8	S 1 11.8
Alphard	217 58.2	S 8 42.4
Alphecca	126 12.7	N26 40.5
Alpheratz	357 46.3	N29 08.8
Altair	62 10.6	N 8 53.6
Ankaa	353 18.3	S42 15.0
Antares	112 29.0	S26 27.3
Arcturus	145 57.5	N19 07.5
Atria	107 32.7	S69 02.6
Avior	234 18.9	S59 32.9
Bellatrix	278 34.6	N 6 21.5
Betelgeuse	271 03.9	N 7 24.5
Canopus	263 57.3	S52 42.4
Capella	280 38.1	N46 00.6
Deneb	49 33.4	N45 18.8
Denebola	182 35.7	N14 30.7
Diphda	348 58.5	S17 55.8
Dubhe	193 53.7	N61 41.7
Elnath	278 15.7	N28 37.0
Eltanin	90 47.1	N51 28.9
Enif	33 49.7	N 9 55.2
Fomalhaut	15 26.8	S29 34.0
Gacrux	172 03.1	S57 10.4
Gienah	175 54.4	S17 36.2
Hadar	148 50.8	S60 25.4
Hamal	328 03.8	N23 30.7
Kaus Aust.	83 46.9	S34 22.7
Kochab	137 18.6	N74 06.5
Markab	13 41.0	N15 15.6
Menkar	314 17.8	N 4 07.8
Menkent	148 10.0	S36 25.4
Miaplacidus	221 39.9	S69 45.9
Mirfak	308 44.2	N49 54.0
Nunki	76 01.2	S26 17.0
Peacock	53 23.0	S56 41.9
Pollux	243 30.5	N28 00.1
Procyon	245 02.1	N 5 11.8
Rasalhague	96 08.5	N12 32.9
Regulus	207 45.7	N11 54.8
Rigel	281 14.4	S 8 11.5
Rigil Kent.	139 54.5	S60 52.6
Sabik	102 15.1	S15 44.3
Schedar	349 44.0	N56 35.6
Shaula	96 25.0	S37 06.6
Sirius	258 35.8	S16 44.0
Spica	158 33.4	S11 13.1
Suhail	222 54.0	S43 28.8
Vega	80 40.5	N38 47.3
Zuben'ubi	137 07.8	S16 05.2

	SHA ° ′	Mer. Pass. h m
Venus	330 25.6	13 18
Mars	233 57.7	19 41
Jupiter	11 08.0	10 33
Saturn	178 34.9	23 21

	UT (d h)	SUN GHA	SUN Dec	MOON GHA	v	MOON Dec	d	HP
		° ′	° ′	° ′	′	° ′	′	′
	1 00	178 59.6	N 4 24.9	336 31.7	8.4	S18 12.0	10.7	58.9
	01	193 59.8	25.9	350 59.1	8.2	18 22.7	10.6	58.8
	02	208 59.9	26.8	5 26.3	8.3	18 33.3	10.5	58.8
	03	224 00.1	. . 27.8	19 53.6	8.2	18 43.8	10.4	58.7
	04	239 00.3	28.8	34 20.8	8.2	18 54.2	10.2	58.7
	05	254 00.5	29.7	48 48.0	8.2	19 04.4	10.1	58.7
	06	269 00.7	N 4 30.7	63 15.2	8.1	S19 14.5	10.0	58.6
	07	284 00.9	31.6	77 42.3	8.2	19 24.5	9.9	58.6
T	08	299 01.1	32.6	92 09.5	8.1	19 34.4	9.8	58.6
H	09	314 01.3	. . 33.6	106 36.6	8.0	19 44.2	9.6	58.5
U	10	329 01.4	34.5	121 03.6	8.1	19 53.8	9.4	58.5
R	11	344 01.6	35.5	135 30.7	8.0	20 03.2	9.4	58.5
S	12	359 01.8	N 4 36.5	149 57.7	8.0	S20 12.6	9.2	58.4
D	13	14 02.0	37.4	164 24.7	7.9	20 21.8	9.1	58.4
A	14	29 02.2	38.4	178 51.6	8.0	20 30.9	9.0	58.4
Y	15	44 02.4	. . 39.4	193 18.6	7.9	20 39.9	8.8	58.3
	16	59 02.6	40.3	207 45.5	7.9	20 48.7	8.7	58.3
	17	74 02.7	41.3	222 12.4	7.8	20 57.4	8.5	58.3
	18	89 02.9	N 4 42.3	236 39.2	7.9	S21 05.9	8.5	58.2
	19	104 03.1	43.2	251 06.1	7.8	21 14.4	8.3	58.2
	20	119 03.3	44.2	265 32.9	7.8	21 22.7	8.1	58.1
	21	134 03.5	. . 45.1	279 59.7	7.8	21 30.8	8.0	58.1
	22	149 03.7	46.1	294 26.5	7.8	21 38.8	7.9	58.1
	23	164 03.9	47.1	308 53.3	7.8	21 46.7	7.7	58.0
	2 00	179 04.0	N 4 48.0	323 20.1	7.7	S21 54.4	7.6	58.0
	01	194 04.2	49.0	337 46.8	7.7	22 02.0	7.5	58.0
	02	209 04.4	50.0	352 13.5	7.7	22 09.5	7.3	57.9
	03	224 04.6	. . 50.9	6 40.2	7.7	22 16.8	7.2	57.9
	04	239 04.8	51.9	21 06.9	7.7	22 24.0	7.0	57.8
	05	254 05.0	52.8	35 33.6	7.7	22 31.0	6.9	57.8
	06	269 05.2	N 4 53.8	50 00.3	7.7	S22 37.9	6.7	57.8
	07	284 05.3	54.8	64 27.0	7.6	22 44.6	6.7	57.7
	08	299 05.5	55.7	78 53.6	7.7	22 51.3	6.4	57.7
F	09	314 05.7	. . 56.7	93 20.3	7.6	22 57.7	6.3	57.7
R	10	329 05.9	57.6	107 46.9	7.6	23 04.0	6.2	57.6
I	11	344 06.1	58.6	122 13.5	7.6	23 10.2	6.1	57.6
D	12	359 06.3	N 4 59.6	136 40.1	7.7	S23 16.3	5.8	57.6
A	13	14 06.5	5 00.5	151 06.8	7.6	23 22.1	5.8	57.5
Y	14	29 06.6	01.5	165 33.4	7.6	23 27.9	5.6	57.5
	15	44 06.8	. . 02.4	180 00.0	7.6	23 33.5	5.5	57.4
	16	59 07.0	03.4	194 26.6	7.6	23 39.0	5.3	57.4
	17	74 07.2	04.4	208 53.2	7.6	23 44.3	5.1	57.4
	18	89 07.4	N 5 05.3	223 19.8	7.6	S23 49.4	5.1	57.3
	19	104 07.6	06.3	237 46.4	7.6	23 54.5	4.8	57.3
	20	119 07.8	07.2	252 13.0	7.7	23 59.3	4.8	57.3
	21	134 07.9	. . 08.2	266 39.7	7.6	24 04.1	4.5	57.2
	22	149 08.1	09.2	281 06.3	7.6	24 08.6	4.5	57.2
	23	164 08.3	10.1	295 32.9	7.7	24 13.1	4.3	57.2
	3 00	179 08.5	N 5 11.1	309 59.6	7.6	S24 17.4	4.1	57.1
	01	194 08.7	12.0	324 26.2	7.7	24 21.5	4.0	57.1
	02	209 08.9	13.0	338 52.9	7.6	24 25.5	3.9	57.0
	03	224 09.0	. . 14.0	353 19.5	7.7	24 29.4	3.7	57.0
	04	239 09.2	14.9	7 46.2	7.7	24 33.1	3.6	57.0
	05	254 09.4	15.9	22 12.9	7.7	24 36.7	3.4	56.9
	06	269 09.6	N 5 16.8	36 39.6	7.7	S24 40.1	3.2	56.9
	07	284 09.8	17.8	51 06.3	7.8	24 43.3	3.2	56.9
S	08	299 10.0	18.7	65 33.1	7.7	24 46.5	3.0	56.8
A	09	314 10.1	. . 19.7	79 59.8	7.8	24 49.5	2.8	56.8
T	10	329 10.3	20.7	94 26.6	7.8	24 52.3	2.7	56.8
U	11	344 10.5	21.6	108 53.4	7.8	24 55.0	2.5	56.7
R	12	359 10.7	N 5 22.6	123 20.2	7.8	S24 57.5	2.4	56.7
D	13	14 10.9	23.5	137 47.0	7.9	24 59.9	2.3	56.7
A	14	29 11.1	24.5	152 13.9	7.9	25 02.2	2.1	56.6
Y	15	44 11.2	. . 25.4	166 40.8	7.9	25 04.3	2.0	56.6
	16	59 11.4	26.4	181 07.7	8.0	25 06.3	1.8	56.5
	17	74 11.6	27.4	195 34.7	7.9	25 08.1	1.7	56.5
	18	89 11.8	N 5 28.3	210 01.6	8.0	S25 09.8	1.5	56.5
	19	104 12.0	29.3	224 28.6	8.1	25 11.3	1.4	56.4
	20	119 12.2	30.2	238 55.7	8.0	25 12.7	1.2	56.4
	21	134 12.3	. . 31.2	253 22.7	8.1	25 13.9	1.2	56.4
	22	149 12.5	32.1	267 49.8	8.2	25 15.1	0.9	56.3
	23	164 12.7	33.1	282 17.0	8.1	S25 16.0	0.8	56.3
		SD 16.0	*d* 1.0	SD 15.9		15.7		15.4

Lat.	Twilight Naut.	Twilight Civil	Sunrise	Moonrise 1	Moonrise 2	Moonrise 3	Moonrise 4
°	h m	h m	h m	h m	h m	h m	h m
N 72	01 27	03 36	04 51	▬	▬	▬	▬
N 70	02 14	03 53	04 59	▬	▬	▬	▬
68	02 43	04 06	05 06	▬	▬	▬	▬
66	03 05	04 17	05 11	24 53	00 53	▬	▬
64	03 21	04 26	05 16	24 12	00 12	02 03	03 29
62	03 35	04 33	05 19	23 44	25 19	01 19	02 32
60	03 46	04 40	05 23	23 23	24 50	00 50	01 59
N 58	03 56	04 46	05 26	23 05	24 28	00 28	01 35
56	04 04	04 50	05 28	22 51	24 10	00 10	01 15
54	04 11	04 55	05 31	22 38	23 55	24 59	00 59
52	04 17	04 59	05 33	22 27	23 41	24 45	00 45
50	04 23	05 02	05 35	22 17	23 30	24 32	00 32
45	04 34	05 10	05 39	21 56	23 06	24 07	00 07
N 40	04 43	05 15	05 43	21 40	22 47	23 47	24 38
35	04 50	05 20	05 46	21 26	22 31	23 30	24 22
30	04 56	05 24	05 48	21 14	22 17	23 15	24 08
20	05 05	05 31	05 53	20 53	21 53	22 51	23 44
N 10	05 11	05 36	05 57	20 36	21 33	22 29	23 23
0	05 15	05 40	06 00	20 19	21 14	22 10	23 03
S 10	05 18	05 43	06 04	20 03	20 56	21 50	22 44
20	05 20	05 45	06 07	19 45	20 36	21 29	22 23
30	05 19	05 47	06 11	19 25	20 13	21 04	21 58
35	05 19	05 48	06 13	19 14	19 59	20 50	21 44
40	05 17	05 49	06 16	19 00	19 44	20 33	21 28
45	05 15	05 49	06 19	18 45	19 25	20 13	21 08
S 50	05 12	05 50	06 22	18 25	19 02	19 48	20 43
52	05 11	05 50	06 23	18 16	18 52	19 36	20 31
54	05 09	05 50	06 25	18 06	18 39	19 23	20 18
56	05 07	05 50	06 27	17 55	18 25	19 07	20 02
58	05 04	05 50	06 29	17 42	18 09	18 48	19 43
S 60	05 01	05 50	06 31	17 27	17 49	18 25	19 20

Lat.	Sunset	Twilight Civil	Twilight Naut.	Moonset 1	Moonset 2	Moonset 3	Moonset 4
°	h m	h m	h m	h m	h m	h m	h m
N 72	19 19	20 36	22 54	▬	▬	▬	▬
N 70	19 11	20 18	22 00	03 01	▬	▬	▬
68	19 04	20 04	21 29	03 48	▬	▬	▬
66	18 58	19 53	21 06	04 19	04 01	▬	▬
64	18 53	19 44	20 49	04 42	04 42	04 48	05 16
62	18 49	19 36	20 35	05 01	05 11	05 32	06 13
60	18 46	19 29	20 23	05 16	05 33	06 01	06 46
N 58	18 43	19 23	20 14	05 29	05 51	06 23	07 11
56	18 40	19 18	20 05	05 41	06 06	06 42	07 30
54	18 37	19 14	19 58	05 51	06 19	06 57	07 46
52	18 35	19 10	19 51	06 00	06 31	07 10	08 01
50	18 33	19 06	19 46	06 08	06 41	07 22	08 13
45	18 29	18 59	19 34	06 25	07 02	07 47	08 38
N 40	18 25	18 52	19 25	06 39	07 20	08 06	08 58
35	18 22	18 47	19 18	06 51	07 34	08 22	09 15
30	18 19	18 43	19 12	07 02	07 47	08 37	09 30
20	18 15	18 37	19 03	07 20	08 09	09 01	09 54
N 10	18 11	18 32	18 56	07 36	08 28	09 22	10 16
0	18 07	18 28	18 52	07 50	08 46	09 41	10 36
S 10	18 03	18 24	18 49	08 05	09 03	10 00	10 55
20	18 00	18 22	18 47	08 21	09 22	10 21	11 17
30	17 56	18 19	18 47	08 40	09 44	10 45	11 41
35	17 53	18 19	18 48	08 51	09 57	11 00	11 56
40	17 51	18 18	18 49	09 03	10 12	11 16	12 12
45	17 48	18 17	18 51	09 18	10 30	11 36	12 32
S 50	17 44	18 17	18 54	09 36	10 52	12 00	12 57
52	17 43	18 16	18 55	09 44	11 03	12 12	13 09
54	17 41	18 16	18 57	09 54	11 15	12 26	13 23
56	17 39	18 16	18 59	10 05	11 29	12 42	13 39
58	17 37	18 16	19 02	10 17	11 45	13 00	13 58
S 60	17 35	18 16	19 04	10 31	12 04	13 24	14 21

Day	SUN Eqn. of Time 00ʰ	SUN Eqn. of Time 12ʰ	SUN Mer. Pass.	MOON Mer. Pass. Upper	MOON Mer. Pass. Lower	MOON Age	MOON %	Phase
d	m s	m s	h m	h m	h m	d	%	
1	04 02	03 53	12 04	01 37	14 05	17	92	
2	03 44	03 35	12 04	02 32	15 00	18	86	
3	03 26	03 18	12 03	03 28	15 55	19	77	

	UT	ARIES	VENUS −3.9		MARS +0.3		JUPITER −2.1		SATURN +0.6	
		GHA	GHA	Dec	GHA	Dec	GHA	Dec	GHA	Dec
	d h	° ′	° ′	° ′	° ′	° ′	° ′	° ′	° ′	° ′
	4 00	192 12.4	160 17.8	N12 29.5	65 41.2	N22 06.0	202 54.9	S 5 40.3	10 55.6	N 2 14.7
	01	207 14.9	175 17.3	30.6	80 43.1	05.8	217 56.8	40.0	25 58.3	14.8
	02	222 17.3	190 16.8	31.8	95 44.9	05.6	232 58.7	39.8	41 00.9	14.9
	03	237 19.8	205 16.4	. . 32.9	110 46.8	. . 05.3	248 00.7	. . 39.6	56 03.5	. . 14.9
	04	252 22.3	220 15.9	34.0	125 48.6	05.1	263 02.6	39.4	71 06.2	15.0
	05	267 24.7	235 15.4	35.2	140 50.4	04.9	278 04.5	39.2	86 08.8	15.1
	06	282 27.2	250 14.9	N12 36.3	155 52.3	N22 04.7	293 06.4	S 5 38.9	101 11.5	N 2 15.2
	07	297 29.7	265 14.5	37.4	170 54.1	04.5	308 08.4	38.7	116 14.1	15.2
	08	312 32.1	280 14.0	38.6	185 56.0	04.2	323 10.3	38.5	131 16.7	15.3
S	09	327 34.6	295 13.5	. . 39.7	200 57.8	. . 04.0	338 12.2	. . 38.3	146 19.4	. . 15.4
U	10	342 37.1	310 13.1	40.8	215 59.6	03.8	353 14.2	38.1	161 22.0	15.5
N	11	357 39.5	325 12.6	42.0	231 01.5	03.6	8 16.1	37.8	176 24.6	15.5
D	12	12 42.0	340 12.1	N12 43.1	246 03.3	N22 03.3	23 18.1	S 5 37.6	191 27.3	N 2 15.6
A	13	27 44.4	355 11.7	44.2	261 05.1	03.1	38 20.0	37.4	206 29.9	15.7
Y	14	42 46.9	10 11.2	45.3	276 07.0	02.9	53 21.9	37.2	221 32.6	15.7
	15	57 49.4	25 10.7	. . 46.5	291 08.8	. . 02.7	68 23.9	. . 37.0	236 35.2	. . 15.8
	16	72 51.8	40 10.2	47.6	306 10.6	02.4	83 25.8	36.7	251 37.8	15.9
	17	87 54.3	55 09.8	48.7	321 12.4	02.2	98 27.7	36.5	266 40.5	16.0
	18	102 56.8	70 09.3	N12 49.9	336 14.3	N22 02.0	113 29.7	S 5 36.3	281 43.1	N 2 16.0
	19	117 59.2	85 08.8	51.0	351 16.1	01.8	128 31.6	36.1	296 45.7	16.1
	20	133 01.7	100 08.3	52.1	6 17.9	01.6	143 33.5	35.9	311 48.4	16.2
	21	148 04.2	115 07.9	. . 53.2	21 19.7	. . 01.3	158 35.5	. . 35.7	326 51.0	. . 16.3
	22	163 06.6	130 07.4	54.4	36 21.6	01.1	173 37.4	35.4	341 53.6	16.3
	23	178 09.1	145 06.9	55.5	51 23.4	00.9	188 39.3	35.2	356 56.3	16.4
	5 00	193 11.6	160 06.5	N12 56.6	66 25.2	N22 00.7	203 41.3	S 5 35.0	11 58.9	N 2 16.5
	01	208 14.0	175 06.0	57.7	81 27.0	00.4	218 43.2	34.8	27 01.5	16.6
	02	223 16.5	190 05.5	12 58.9	96 28.9	00.2	233 45.1	34.6	42 04.2	16.6
	03	238 18.9	205 05.0	13 00.0	111 30.7	22 00.0	248 47.1	. . 34.3	57 06.8	. . 16.7
	04	253 21.4	220 04.5	01.1	126 32.5	21 59.7	263 49.0	34.1	72 09.5	16.8
	05	268 23.9	235 04.1	02.2	141 34.3	59.5	278 50.9	33.9	87 12.1	16.8
	06	283 26.3	250 03.6	N13 03.3	156 36.1	N21 59.3	293 52.9	S 5 33.7	102 14.7	N 2 16.9
	07	298 28.8	265 03.1	04.5	171 37.9	59.1	308 54.8	33.5	117 17.4	17.0
	08	313 31.3	280 02.6	05.6	186 39.8	58.8	323 56.7	33.2	132 20.0	17.1
M	09	328 33.7	295 02.2	. . 06.7	201 41.6	. . 58.6	338 58.7	. . 33.0	147 22.6	. . 17.1
O	10	343 36.2	310 01.7	07.8	216 43.4	58.4	354 00.6	32.8	162 25.3	17.2
N	11	358 38.7	325 01.2	08.9	231 45.2	58.2	9 02.5	32.6	177 27.9	17.3
D	12	13 41.1	340 00.7	N13 10.1	246 47.0	N21 57.9	24 04.5	S 5 32.4	192 30.5	N 2 17.3
A	13	28 43.6	355 00.2	11.2	261 48.8	57.7	39 06.4	32.2	207 33.2	17.4
Y	14	43 46.1	9 59.8	12.3	276 50.6	57.5	54 08.3	31.9	222 35.8	17.5
	15	58 48.5	24 59.3	. . 13.4	291 52.5	. . 57.2	69 10.3	. . 31.7	237 38.4	. . 17.6
	16	73 51.0	39 58.8	14.5	306 54.3	57.0	84 12.2	31.5	252 41.1	17.6
	17	88 53.4	54 58.3	15.6	321 56.1	56.8	99 14.2	31.3	267 43.7	17.7
	18	103 55.9	69 57.8	N13 16.7	336 57.9	N21 56.6	114 16.1	S 5 31.1	282 46.3	N 2 17.8
	19	118 58.4	84 57.3	17.9	351 59.7	56.3	129 18.0	30.8	297 49.0	17.9
	20	134 00.8	99 56.9	19.0	7 01.5	56.1	144 20.0	30.6	312 51.6	17.9
	21	149 03.3	114 56.4	. . 20.1	22 03.3	. . 55.9	159 21.9	. . 30.4	327 54.3	. . 18.0
	22	164 05.8	129 55.9	21.2	37 05.1	55.6	174 23.8	30.2	342 56.9	18.1
	23	179 08.2	144 55.4	22.3	52 06.9	55.4	189 25.8	30.0	357 59.5	18.1
	6 00	194 10.7	159 54.9	N13 23.4	67 08.7	N21 55.2	204 27.7	S 5 29.8	13 02.2	N 2 18.2
	01	209 13.2	174 54.4	24.5	82 10.5	55.0	219 29.6	29.5	28 04.8	18.3
	02	224 15.6	189 54.0	25.6	97 12.3	54.7	234 31.6	29.3	43 07.4	18.4
	03	239 18.1	204 53.5	. . 26.8	112 14.1	. . 54.5	249 33.5	. . 29.1	58 10.1	. . 18.4
	04	254 20.5	219 53.0	27.9	127 15.9	54.3	264 35.5	28.9	73 12.7	18.5
	05	269 23.0	234 52.5	29.0	142 17.7	54.0	279 37.4	28.7	88 15.3	18.6
	06	284 25.5	249 52.0	N13 30.1	157 19.5	N21 53.8	294 39.3	S 5 28.4	103 18.0	N 2 18.6
	07	299 27.9	264 51.5	31.2	172 21.3	53.6	309 41.3	28.2	118 20.6	18.7
T	08	314 30.4	279 51.0	32.3	187 23.1	53.3	324 43.2	28.0	133 23.2	18.8
U	09	329 32.9	294 50.5	. . 33.4	202 24.9	. . 53.1	339 45.1	. . 27.8	148 25.9	. . 18.9
E	10	344 35.3	309 50.1	34.5	217 26.7	52.9	354 47.1	27.6	163 28.5	18.9
S	11	359 37.8	324 49.6	35.6	232 28.5	52.6	9 49.0	27.4	178 31.1	19.0
D	12	14 40.3	339 49.1	N13 36.7	247 30.3	N21 52.4	24 51.0	S 5 27.1	193 33.8	N 2 19.1
	13	29 42.7	354 48.6	37.8	262 32.1	52.2	39 52.9	26.9	208 36.4	19.1
A	14	44 45.2	9 48.1	38.9	277 33.9	51.9	54 54.8	26.7	223 39.0	19.2
Y	15	59 47.7	24 47.6	. . 40.0	292 35.7	. . 51.7	69 56.8	. . 26.5	238 41.7	. . 19.3
	16	74 50.1	39 47.1	41.1	307 37.5	51.5	84 58.7	26.3	253 44.3	19.4
	17	89 52.6	54 46.6	42.2	322 39.3	51.2	100 00.6	26.0	268 46.9	19.4
	18	104 55.0	69 46.1	N13 43.3	337 41.0	N21 51.0	115 02.6	S 5 25.8	283 49.6	N 2 19.5
	19	119 57.5	84 45.6	44.4	352 42.8	50.8	130 04.5	25.6	298 52.2	19.6
	20	135 00.0	99 45.2	45.5	7 44.6	50.5	145 06.5	25.4	313 54.8	19.7
	21	150 02.4	114 44.7	. . 46.6	22 46.4	. . 50.3	160 08.4	. . 25.2	328 57.5	. . 19.7
	22	165 04.9	129 44.2	47.7	37 48.2	50.1	175 10.3	25.0	344 00.1	19.8
	23	180 07.4	144 43.7	48.8	52 50.0	49.8	190 12.3	24.7	359 02.7	19.9
	Mer. Pass.	h m 11 05.4	v −0.5	d 1.1	v 1.8	d 0.2	v 1.9	d 0.2	v 2.6	d 0.1

STARS

Name	SHA	Dec
	° ′	° ′
Acamar	315 20.4	S40 15.9
Achernar	335 28.9	S57 11.1
Acrux	173 11.5	S63 09.6
Adhara	255 14.4	S28 59.4
Aldebaran	290 52.3	N16 31.8
Alioth	166 22.0	N55 54.1
Alkaid	153 00.1	N49 15.5
Al Na'ir	27 46.9	S46 54.5
Alnilam	275 48.9	S 1 11.8
Alphard	217 58.2	S 8 42.4
Alphecca	126 12.7	N26 40.5
Alpheratz	357 46.3	N29 08.8
Altair	62 10.6	N 8 53.6
Ankaa	353 18.3	S42 15.0
Antares	112 28.9	S26 27.3
Arcturus	145 57.5	N19 07.5
Atria	107 32.7	S69 02.6
Avior	234 18.9	S59 32.9
Bellatrix	278 34.6	N 6 21.5
Betelgeuse	271 03.9	N 7 24.5
Canopus	263 57.3	S52 42.4
Capella	280 38.1	N46 00.6
Deneb	49 33.3	N45 18.8
Denebola	182 35.7	N14 30.7
Diphda	348 58.5	S17 55.8
Dubhe	193 53.7	N61 41.7
Elnath	278 15.7	N28 37.0
Eltanin	90 47.1	N51 28.9
Enif	33 49.6	N 9 55.2
Fomalhaut	15 26.8	S29 34.0
Gacrux	172 03.1	S57 10.5
Gienah	175 54.4	S17 36.2
Hadar	148 50.8	S60 25.4
Hamal	328 03.8	N23 30.7
Kaus Aust.	83 46.8	S34 22.7
Kochab	137 18.6	N74 06.5
Markab	13 41.0	N15 15.6
Menkar	314 17.8	N 4 07.8
Menkent	148 10.0	S36 25.4
Miaplacidus	221 39.9	S69 45.9
Mirfak	308 44.2	N49 54.0
Nunki	76 01.2	S26 17.0
Peacock	53 23.0	S56 41.9
Pollux	243 30.5	N28 00.1
Procyon	245 02.1	N 5 11.8
Rasalhague	96 08.5	N12 32.9
Regulus	207 45.7	N11 54.9
Rigel	281 14.4	S 8 11.5
Rigil Kent.	139 54.5	S60 52.7
Sabik	102 15.1	S15 44.3
Schedar	349 43.9	N56 35.6
Shaula	96 24.9	S37 06.6
Sirius	258 35.8	S16 44.0
Spica	158 33.4	S11 13.1
Suhail	222 54.0	S43 28.8
Vega	80 40.5	N38 47.3
Zuben'ubi	137 07.7	S16 05.2

	SHA	Mer. Pass.
	° ′	h m
Venus	326 54.9	13 20
Mars	233 13.7	19 32
Jupiter	10 29.7	10 24
Saturn	178 47.4	23 08

UT		SUN GHA	SUN Dec	MOON GHA	v	MOON Dec	d	HP
d h		° ′	° ′	° ′	′	° ′	′	′
4 00		179 12.9	N 5 34.0	296 44.1	8.2	S25 16.8	0.7	56.3
01		194 13.1	35.0	311 11.3	8.3	25 17.5	0.6	56.2
02		209 13.3	36.0	325 38.6	8.2	25 18.1	0.4	56.2
03		224 13.4	. . 36.9	340 05.8	8.4	25 18.5	0.2	56.2
04		239 13.6	37.9	354 33.2	8.3	25 18.7	0.2	56.1
05		254 13.8	38.8	9 00.5	8.4	25 18.9	0.0	56.1
06		269 14.0	N 5 39.8	23 27.9	8.5	S25 18.9	0.2	56.1
07		284 14.2	40.7	37 55.4	8.5	25 18.7	0.3	56.1
08		299 14.3	41.7	52 22.9	8.5	25 18.4	0.4	56.0
09	S	314 14.5	. . 42.6	66 50.4	8.6	25 18.0	0.6	56.0
10	U	329 14.7	43.6	81 18.0	8.6	25 17.4	0.7	56.0
11	N	344 14.9	44.5	95 45.6	8.7	25 16.7	0.8	55.9
12	D	359 15.1	N 5 45.5	110 13.3	8.7	S25 15.9	1.0	55.9
13	A	14 15.3	46.4	124 41.0	8.8	25 14.9	1.1	55.9
14	Y	29 15.4	47.4	139 08.8	8.8	25 13.8	1.2	55.8
15		44 15.6	. . 48.3	153 36.6	8.9	25 12.6	1.4	55.8
16		59 15.8	49.3	168 04.5	8.9	25 11.2	1.5	55.8
17		74 16.0	50.2	182 32.4	9.0	25 09.7	1.6	55.7
18		89 16.2	N 5 51.2	197 00.4	9.0	S25 08.1	1.8	55.7
19		104 16.3	52.2	211 28.4	9.1	25 06.3	1.9	55.7
20		119 16.5	53.1	225 56.5	9.2	25 04.4	2.0	55.7
21		134 16.7	. . 54.1	240 24.7	9.2	25 02.4	2.1	55.6
22		149 16.9	55.0	254 52.9	9.2	25 00.3	2.3	55.6
23		164 17.1	56.0	269 21.1	9.3	24 58.0	2.4	55.6
5 00		179 17.2	N 5 56.9	283 49.4	9.4	S24 55.6	2.6	55.5
01		194 17.4	57.9	298 17.8	9.5	24 53.0	2.6	55.5
02		209 17.6	58.8	312 46.3	9.5	24 50.4	2.8	55.5
03		224 17.8	5 59.8	327 14.8	9.5	24 47.6	2.9	55.5
04		239 18.0	6 00.7	341 43.3	9.6	24 44.7	3.1	55.4
05		254 18.2	01.7	356 11.9	9.7	24 41.6	3.1	55.4
06		269 18.3	N 6 02.6	10 40.6	9.8	S24 38.5	3.3	55.4
07		284 18.5	03.6	25 09.4	9.8	24 35.2	3.4	55.4
08		299 18.7	04.5	39 38.2	9.8	24 31.8	3.5	55.3
09	M	314 18.9	. . 05.5	54 07.0	10.0	24 28.3	3.7	55.3
10	O	329 19.1	06.4	68 36.0	10.0	24 24.6	3.7	55.3
11	N	344 19.2	07.4	83 05.0	10.0	24 20.9	3.9	55.2
12	D	359 19.4	N 6 08.3	97 34.0	10.2	S24 17.0	4.0	55.2
13	A	14 19.6	09.3	112 03.2	10.2	24 13.0	4.2	55.2
14	Y	29 19.8	10.2	126 32.4	10.2	24 08.8	4.2	55.2
15		44 19.9	. . 11.1	141 01.6	10.3	24 04.6	4.3	55.1
16		59 20.1	12.1	155 30.9	10.4	24 00.3	4.5	55.1
17		74 20.3	13.0	170 00.3	10.5	23 55.8	4.6	55.1
18		89 20.5	N 6 14.0	184 29.8	10.5	S23 51.2	4.7	55.1
19		104 20.7	14.9	198 59.3	10.6	23 46.5	4.8	55.1
20		119 20.8	15.9	213 28.9	10.7	23 41.7	4.9	55.0
21		134 21.0	. . 16.8	227 58.6	10.7	23 36.8	5.0	55.0
22		149 21.2	17.8	242 28.3	10.9	23 31.8	5.1	55.0
23		164 21.4	18.7	256 58.2	10.8	23 26.7	5.3	55.0
6 00		179 21.6	N 6 19.7	271 28.0	11.0	S23 21.4	5.3	54.9
01		194 21.7	20.6	285 58.0	11.0	23 16.1	5.5	54.9
02		209 21.9	21.6	300 28.0	11.1	23 10.6	5.6	54.9
03		224 22.1	. . 22.5	314 58.1	11.1	23 05.0	5.6	54.9
04		239 22.3	23.5	329 28.2	11.3	22 59.4	5.8	54.9
05		254 22.5	24.4	343 58.5	11.2	22 53.6	5.9	54.8
06		269 22.6	N 6 25.3	358 28.7	11.4	S22 47.7	6.0	54.8
07		284 22.8	26.3	12 59.1	11.4	22 41.7	6.0	54.8
08	T	299 23.0	27.2	27 29.5	11.6	22 35.7	6.2	54.8
09	U	314 23.2	. . 28.2	42 00.1	11.5	22 29.5	6.3	54.8
10	E	329 23.3	29.1	56 30.6	11.7	22 23.2	6.4	54.7
11	S	344 23.5	30.1	71 01.3	11.7	22 16.8	6.5	54.7
12	D	359 23.7	N 6 31.0	85 32.0	11.8	S22 10.3	6.6	54.7
13	A	14 23.9	32.0	100 02.8	11.8	22 03.7	6.6	54.7
14	Y	29 24.1	32.9	114 33.6	12.0	21 57.1	6.8	54.7
15		44 24.2	. . 33.8	129 04.6	12.0	21 50.3	6.9	54.7
16		59 24.4	34.8	143 35.6	12.0	21 43.4	7.0	54.6
17		74 24.6	35.7	158 06.6	12.2	21 36.4	7.0	54.6
18		89 24.8	N 6 36.7	172 37.8	12.2	S21 29.4	7.2	54.6
19		104 24.9	37.6	187 09.0	12.2	21 22.2	7.2	54.6
20		119 25.1	38.6	201 40.2	12.4	21 15.0	7.3	54.6
21		134 25.3	. . 39.5	216 11.6	12.4	21 07.7	7.5	54.6
22		149 25.5	40.4	230 43.0	12.5	21 00.2	7.5	54.5
23		164 25.6	41.4	245 14.5	12.5	S20 52.7	7.6	54.5
		SD 16.0	*d* 0.9	SD		15.2	15.0	14.9

Lat.	Twilight Naut.	Twilight Civil	Sunrise	Moonrise 4	Moonrise 5	Moonrise 6	Moonrise 7
°	h m	h m	h m	h m	h m	h m	h m
N 72	00 19	03 17	04 35	■	■	■	■
N 70	01 47	03 36	04 45	■	■	■	06 39
68	02 23	03 52	04 53	■	■	■	05 12
66	02 49	04 04	04 59	■	■	04 54	04 33
64	03 08	04 14	05 05	03 29	04 00	04 06	04 06
62	03 23	04 23	05 10	02 32	03 15	03 35	03 45
60	03 35	04 30	05 14	01 59	02 45	03 12	03 28
N 58	03 46	04 37	05 17	01 35	02 22	02 53	03 13
56	03 55	04 42	05 21	01 15	02 04	02 37	03 01
54	04 03	04 47	05 24	00 59	01 48	02 24	02 50
52	04 10	04 52	05 26	00 45	01 34	02 12	02 40
50	04 16	04 56	05 29	00 32	01 23	02 02	02 32
45	04 28	05 04	05 34	00 07	00 58	01 40	02 13
N 40	04 38	05 11	05 38	24 38	00 38	01 22	01 58
35	04 46	05 16	05 42	24 22	00 22	01 07	01 46
30	04 52	05 21	05 45	24 08	00 08	00 54	01 34
20	05 02	05 28	05 50	23 44	24 32	00 32	01 15
N 10	05 09	05 34	05 55	23 23	24 12	00 12	00 58
0	05 15	05 39	05 59	23 03	23 54	24 43	00 43
S 10	05 18	05 43	06 04	22 44	23 36	24 27	00 27
20	05 20	05 46	06 08	22 23	23 17	24 10	00 10
30	05 21	05 49	06 13	21 58	22 54	23 51	24 46
35	05 21	05 50	06 16	21 44	22 41	23 39	24 37
40	05 20	05 52	06 19	21 28	22 26	23 26	24 26
45	05 19	05 53	06 22	21 08	22 08	23 10	24 14
S 50	05 17	05 54	06 27	20 43	21 45	22 51	23 59
52	05 16	05 55	06 28	20 31	21 34	22 42	23 51
54	05 14	05 55	06 31	20 18	21 22	22 32	23 44
56	05 13	05 56	06 33	20 02	21 08	22 20	23 35
58	05 11	05 56	06 35	19 43	20 51	22 07	23 25
S 60	05 08	05 57	06 38	19 20	20 31	21 51	23 13

Lat.	Sunset	Twilight Civil	Twilight Naut.	Moonset 4	Moonset 5	Moonset 6	Moonset 7
°	h m	h m	h m	h m	h m	h m	h m
N 72	19 33	20 54	////	■	■	■	■
N 70	19 23	20 33	22 27	■	■	■	07 23
68	19 15	20 17	21 48	■	■	■	08 49
66	19 08	20 04	21 21	■	■	07 28	09 27
64	19 02	19 53	21 01	05 16	06 36	08 15	09 53
62	18 57	19 45	20 45	06 13	07 21	08 45	10 13
60	18 53	19 37	20 33	06 46	07 51	09 08	10 30
N 58	18 49	19 30	20 22	07 11	08 13	09 26	10 44
56	18 46	19 25	20 13	07 30	08 31	09 42	10 56
54	18 43	19 20	20 04	07 46	08 47	09 55	11 06
52	18 40	19 15	19 57	08 01	09 00	10 06	11 15
50	18 38	19 11	19 51	08 13	09 12	10 16	11 23
45	18 33	19 02	19 38	08 38	09 36	10 38	11 41
N 40	18 28	18 56	19 28	08 58	09 55	10 55	11 55
35	18 24	18 50	19 20	09 15	10 11	11 09	12 07
30	18 21	18 45	19 14	09 30	10 25	11 21	12 17
20	18 15	18 38	19 03	09 54	10 49	11 43	12 35
N 10	18 10	18 32	18 56	10 16	11 09	12 01	12 51
0	18 06	18 27	18 51	10 36	11 28	12 18	13 05
S 10	18 02	18 23	18 47	10 55	11 47	12 35	13 19
20	17 57	18 19	18 45	11 17	12 07	12 53	13 34
30	17 52	18 16	18 44	11 41	12 31	13 14	13 52
35	17 49	18 15	18 44	11 56	12 44	13 26	14 02
40	17 46	18 13	18 44	12 12	13 00	13 40	14 13
45	17 42	18 12	18 46	12 32	13 19	13 56	14 27
S 50	17 38	18 10	18 48	12 57	13 42	14 16	14 43
52	17 36	18 10	18 49	13 09	13 53	14 26	14 51
54	17 34	18 09	18 50	13 23	14 05	14 36	14 59
56	17 31	18 09	18 52	13 39	14 20	14 48	15 09
58	17 29	18 08	18 53	13 58	14 37	15 02	15 19
S 60	17 26	18 07	18 56	14 21	14 57	15 19	15 32

Day	SUN Eqn. of Time 00^h	SUN Eqn. of Time 12^h	SUN Mer. Pass.	MOON Mer. Pass. Upper	MOON Mer. Pass. Lower	MOON Age	MOON Phase
d	m s	m s	h m	h m	h m	d	%
4	03 09	03 00	12 03	04 23	16 49	20	68
5	02 51	02 43	12 03	05 16	17 41	21	59
6	02 34	02 26	12 02	06 06	18 30	22	49

2010 APRIL 7, 8, 9 (WED., THURS., FRI.)

UT	ARIES	VENUS −3.9		MARS +0.3		JUPITER −2.1		SATURN +0.6	
	GHA	GHA	Dec	GHA	Dec	GHA	Dec	GHA	Dec
d h	° ′	° ′	° ′	° ′	° ′	° ′	° ′	° ′	° ′
7 00 (Wednesday)	195 09.8	159 43.2	N13 49.9	67 51.8	N21 49.6	205 14.2	S 5 24.5	14 05.4	N 2 19.9
01	210 12.3	174 42.7	51.0	82 53.5	49.4	220 16.1	24.3	29 08.0	20.0
02	225 14.8	189 42.2	52.1	97 55.3	49.1	235 18.1	24.1	44 10.6	20.1
03	240 17.2	204 41.7	. . 53.2	112 57.1	. . 48.9	250 20.0	. . 23.9	59 13.3	. . 20.1
04	255 19.7	219 41.2	54.3	127 58.9	48.7	265 22.0	23.7	74 15.9	20.2
05	270 22.2	234 40.7	55.4	143 00.7	48.4	280 23.9	23.4	89 18.5	20.3
06	285 24.6	249 40.2	N13 56.5	158 02.5	N21 48.2	295 25.8	S 5 23.2	104 21.2	N 2 20.4
07	300 27.1	264 39.7	57.6	173 04.2	47.9	310 27.8	23.0	119 23.8	20.4
08	315 29.5	279 39.2	58.7	188 06.0	47.7	325 29.7	22.8	134 26.4	20.5
09	330 32.0	294 38.7	13 59.8	203 07.8	. . 47.5	340 31.7	. . 22.6	149 29.1	. . 20.6
10	345 34.5	309 38.2	14 00.9	218 09.6	47.2	355 33.6	22.4	164 31.7	20.6
11	0 36.9	324 37.7	01.9	233 11.3	47.0	10 35.5	22.1	179 34.3	20.7
12	15 39.4	339 37.2	N14 03.0	248 13.1	N21 46.8	25 37.5	S 5 21.9	194 37.0	N 2 20.8
13	30 41.9	354 36.7	04.1	263 14.9	46.5	40 39.4	21.7	209 39.6	20.9
14	45 44.3	9 36.2	05.2	278 16.7	46.3	55 41.3	21.5	224 42.2	20.9
15	60 46.8	24 35.7	. . 06.3	293 18.4	. . 46.1	70 43.3	. . 21.3	239 44.9	. . 21.0
16	75 49.3	39 35.2	07.4	308 20.2	45.8	85 45.2	21.1	254 47.5	21.1
17	90 51.7	54 34.7	08.5	323 22.0	45.6	100 47.2	20.8	269 50.1	21.1
18	105 54.2	69 34.2	N14 09.6	338 23.8	N21 45.3	115 49.1	S 5 20.6	284 52.8	N 2 21.2
19	120 56.6	84 33.7	10.7	353 25.5	45.1	130 51.0	20.4	299 55.4	21.3
20	135 59.1	99 33.2	11.7	8 27.3	44.9	145 53.0	20.2	314 58.0	21.4
21	151 01.6	114 32.7	. . 12.8	23 29.1	. . 44.6	160 54.9	. . 20.0	330 00.7	. . 21.4
22	166 04.0	129 32.2	13.9	38 30.8	44.4	175 56.9	19.7	345 03.3	21.5
23	181 06.5	144 31.7	15.0	53 32.6	44.1	190 58.8	19.5	0 05.9	21.6
8 00 (Thursday)	196 09.0	159 31.2	N14 16.1	68 34.4	N21 43.9	206 00.7	S 5 19.3	15 08.6	N 2 21.6
01	211 11.4	174 30.7	17.2	83 36.1	43.7	221 02.7	19.1	30 11.2	21.7
02	226 13.9	189 30.2	18.2	98 37.9	43.4	236 04.6	18.9	45 13.8	21.8
03	241 16.4	204 29.7	. . 19.3	113 39.7	. . 43.2	251 06.6	. . 18.7	60 16.4	. . 21.8
04	256 18.8	219 29.2	20.4	128 41.4	42.9	266 08.5	18.4	75 19.1	21.9
05	271 21.3	234 28.7	21.5	143 43.2	42.7	281 10.4	18.2	90 21.7	22.0
06	286 23.8	249 28.2	N14 22.6	158 45.0	N21 42.5	296 12.4	S 5 18.0	105 24.3	N 2 22.1
07	301 26.2	264 27.7	23.6	173 46.7	42.2	311 14.3	17.8	120 27.0	22.1
08	316 28.7	279 27.2	24.7	188 48.5	42.0	326 16.3	17.6	135 29.6	22.2
09	331 31.1	294 26.7	. . 25.8	203 50.2	. . 41.7	341 18.2	. . 17.4	150 32.2	. . 22.3
10	346 33.6	309 26.1	26.9	218 52.0	41.5	356 20.2	17.2	165 34.9	22.3
11	1 36.1	324 25.6	27.9	233 53.7	41.3	11 22.1	16.9	180 37.5	22.4
12	16 38.5	339 25.1	N14 29.0	248 55.5	N21 41.0	26 24.0	S 5 16.7	195 40.1	N 2 22.5
13	31 41.0	354 24.6	30.1	263 57.3	40.8	41 26.0	16.5	210 42.8	22.5
14	46 43.5	9 24.1	31.2	278 59.0	40.5	56 27.9	16.3	225 45.4	22.6
15	61 45.9	24 23.6	. . 32.2	294 00.8	. . 40.3	71 29.9	. . 16.1	240 48.0	. . 22.7
16	76 48.4	39 23.1	33.3	309 02.5	40.0	86 31.8	15.9	255 50.7	22.8
17	91 50.9	54 22.6	34.4	324 04.3	39.8	101 33.7	15.6	270 53.3	22.8
18	106 53.3	69 22.1	N14 35.5	339 06.0	N21 39.6	116 35.7	S 5 15.4	285 55.9	N 2 22.9
19	121 55.8	84 21.6	36.5	354 07.8	39.3	131 37.6	15.2	300 58.5	23.0
20	136 58.3	99 21.0	37.6	9 09.5	39.1	146 39.6	15.0	316 01.2	23.0
21	152 00.7	114 20.5	. . 38.7	24 11.3	. . 38.8	161 41.5	. . 14.8	331 03.8	. . 23.1
22	167 03.2	129 20.0	39.7	39 13.0	38.6	176 43.5	14.6	346 06.4	23.2
23	182 05.6	144 19.5	40.8	54 14.8	38.3	191 45.4	14.3	1 09.1	23.2
9 00 (Friday)	197 08.1	159 19.0	N14 41.9	69 16.5	N21 38.1	206 47.3	S 5 14.1	16 11.7	N 2 23.3
01	212 10.6	174 18.5	43.0	84 18.3	37.8	221 49.3	13.9	31 14.3	23.4
02	227 13.0	189 18.0	44.0	99 20.0	37.6	236 51.2	13.7	46 17.0	23.5
03	242 15.5	204 17.4	. . 45.1	114 21.8	. . 37.4	251 53.2	. . 13.5	61 19.6	. . 23.5
04	257 18.0	219 16.9	46.2	129 23.5	37.1	266 55.1	13.3	76 22.2	23.6
05	272 20.4	234 16.4	47.2	144 25.3	36.9	281 57.0	13.0	91 24.8	23.7
06	287 22.9	249 15.9	N14 48.3	159 27.0	N21 36.6	296 59.0	S 5 12.8	106 27.5	N 2 23.7
07	302 25.4	264 15.4	49.3	174 28.8	36.4	312 00.9	12.6	121 30.1	23.8
08	317 27.8	279 14.9	50.4	189 30.5	36.1	327 02.9	12.4	136 32.7	23.9
09	332 30.3	294 14.4	. . 51.5	204 32.2	. . 35.9	342 04.8	. . 12.2	151 35.4	. . 23.9
10	347 32.7	309 13.8	52.5	219 34.0	35.6	357 06.8	12.0	166 38.0	24.0
11	2 35.2	324 13.3	53.6	234 35.7	35.4	12 08.7	11.8	181 40.6	24.1
12	17 37.7	339 12.8	N14 54.7	249 37.5	N21 35.1	27 10.6	S 5 11.5	196 43.3	N 2 24.1
13	32 40.1	354 12.3	55.7	264 39.2	34.9	42 12.6	11.3	211 45.9	24.2
14	47 42.6	9 11.8	56.8	279 40.9	34.6	57 14.5	11.1	226 48.5	24.3
15	62 45.1	24 11.2	. . 57.8	294 42.7	. . 34.4	72 16.5	. . 10.9	241 51.1	. . 24.3
16	77 47.5	39 10.7	58.9	309 44.4	34.2	87 18.4	10.7	256 53.8	24.4
17	92 50.0	54 10.2	14 59.9	324 46.2	33.9	102 20.4	10.5	271 56.4	24.5
18	107 52.5	69 09.7	N15 01.0	339 47.9	N21 33.7	117 22.3	S 5 10.2	286 59.0	N 2 24.6
19	122 54.9	84 09.2	02.1	354 49.6	33.4	132 24.3	10.0	302 01.7	24.6
20	137 57.4	99 08.6	03.1	9 51.4	33.2	147 26.2	09.8	317 04.3	24.7
21	152 59.9	114 08.1	. . 04.2	24 53.1	. . 32.9	162 28.1	. . 09.6	332 06.9	. . 24.8
22	168 02.3	129 07.6	05.2	39 54.8	32.7	177 30.1	09.4	347 09.5	24.8
23	183 04.8	144 07.1	06.3	54 56.6	32.4	192 32.0	09.2	2 12.2	24.9
Mer. Pass. (h m)	10 53.6	*v* −0.5	*d* 1.1	*v* 1.8	*d* 0.2	*v* 1.9	*d* 0.2	*v* 2.6	*d* 0.1

STARS

Name	SHA	Dec
	° ′	° ′
Acamar	315 20.4	S40 15.9
Achernar	335 28.9	S57 11.1
Acrux	173 11.5	S63 09.6
Adhara	255 14.4	S28 59.4
Aldebaran	290 52.3	N16 31.8
Alioth	166 22.0	N55 54.1
Alkaid	153 00.1	N49 15.5
Al Na'ir	27 46.8	S46 54.5
Alnilam	275 48.9	S 1 11.8
Alphard	217 58.2	S 8 42.4
Alphecca	126 12.6	N26 40.5
Alpheratz	357 46.3	N29 08.8
Altair	62 10.6	N 8 53.6
Ankaa	353 18.3	S42 15.0
Antares	112 28.9	S26 27.3
Arcturus	145 57.5	N19 07.5
Atria	107 32.6	S69 02.6
Avior	234 18.9	S59 32.9
Bellatrix	278 34.7	N 6 21.5
Betelgeuse	271 03.9	N 7 24.5
Canopus	263 57.3	S52 42.4
Capella	280 38.1	N46 00.6
Deneb	49 33.3	N45 18.8
Denebola	182 35.7	N14 30.7
Diphda	348 58.5	S17 55.8
Dubhe	193 53.8	N61 41.7
Elnath	278 15.7	N28 37.0
Eltanin	90 47.0	N51 28.9
Enif	33 49.6	N 9 55.2
Fomalhaut	15 26.8	S29 34.0
Gacrux	172 03.1	S57 10.5
Gienah	175 54.4	S17 36.2
Hadar	148 50.8	S60 25.4
Hamal	328 03.8	N23 30.7
Kaus Aust.	83 46.8	S34 22.7
Kochab	137 18.5	N74 06.5
Markab	13 41.0	N15 15.6
Menkar	314 17.8	N 4 07.8
Menkent	148 10.0	S36 25.4
Miaplacidus	221 40.0	S69 45.9
Mirfak	308 44.2	N49 54.0
Nunki	76 01.1	S26 17.0
Peacock	53 22.9	S56 41.9
Pollux	243 30.5	N28 00.1
Procyon	245 02.1	N 5 11.8
Rasalhague	96 08.5	N12 32.9
Regulus	207 45.7	N11 54.9
Rigel	281 14.5	S 8 11.5
Rigil Kent.	139 54.5	S60 52.7
Sabik	102 15.0	S15 44.3
Schedar	349 43.9	N56 35.6
Shaula	96 24.9	S37 06.6
Sirius	258 35.8	S16 44.0
Spica	158 33.4	S11 13.1
Suhail	222 54.0	S43 28.8
Vega	80 40.5	N38 47.3
Zuben'ubi	137 07.7	S16 05.2

	SHA	Mer. Pass.
	° ′	h m
Venus	323 22.2	13 22
Mars	232 25.4	19 23
Jupiter	9 51.8	10 15
Saturn	178 59.6	22 55

	UT	SUN GHA	SUN Dec	MOON GHA	v	MOON Dec	d	HP
	d h	° ′	° ′	° ′	′	° ′	′	′
	7 00	179 25.8	N 6 42.3	259 46.0	12.6	S20 45.1	7.7	54.5
	01	194 26.0	43.3	274 17.6	12.7	20 37.4	7.8	54.5
	02	209 26.2	44.2	288 49.3	12.8	20 29.6	7.8	54.5
	03	224 26.3 . .	45.2	303 21.1	12.8	20 21.8	8.0	54.5
	04	239 26.5	46.1	317 52.9	12.9	20 13.8	8.0	54.5
	05	254 26.7	47.0	332 24.8	12.9	20 05.8	8.1	54.4
	06	269 26.9	N 6 48.0	346 56.7	13.0	S19 57.7	8.2	54.4
W	07	284 27.0	48.9	1 28.7	13.1	19 49.5	8.3	54.4
E	08	299 27.2	49.9	16 00.8	13.2	19 41.2	8.4	54.4
D	09	314 27.4 . .	50.8	30 33.0	13.2	19 32.8	8.4	54.4
N	10	329 27.6	51.7	45 05.2	13.3	19 24.4	8.6	54.4
	11	344 27.8	52.7	59 37.5	13.3	19 15.8	8.6	54.4
E	12	359 27.9	N 6 53.6	74 09.8	13.4	S19 07.2	8.6	54.4
S	13	14 28.1	54.6	88 42.2	13.5	18 58.6	8.8	54.3
D	14	29 28.3	55.5	103 14.7	13.5	18 49.8	8.8	54.3
A	15	44 28.5 . .	56.4	117 47.2	13.6	18 41.0	8.9	54.3
Y	16	59 28.6	57.4	132 19.8	13.7	18 32.1	9.0	54.3
	17	74 28.8	58.3	146 52.5	13.7	18 23.1	9.1	54.3
	18	89 29.0	N 6 59.3	161 25.2	13.8	S18 14.0	9.1	54.3
	19	104 29.1	7 00.2	175 58.0	13.8	18 04.9	9.2	54.3
	20	119 29.3	01.1	190 30.8	13.9	17 55.7	9.3	54.3
	21	134 29.5 . .	02.1	205 03.7	14.0	17 46.4	9.4	54.3
	22	149 29.7	03.0	219 36.7	14.0	17 37.0	9.4	54.3
	23	164 29.8	03.9	234 09.7	14.0	17 27.6	9.5	54.2
	8 00	179 30.0	N 7 04.9	248 42.7	14.2	S17 18.1	9.5	54.2
	01	194 30.2	05.8	263 15.9	14.2	17 08.6	9.7	54.2
	02	209 30.4	06.8	277 49.1	14.2	16 58.9	9.7	54.2
	03	224 30.5 . .	07.7	292 22.3	14.3	16 49.2	9.7	54.2
	04	239 30.7	08.6	306 55.6	14.4	16 39.5	9.9	54.2
	05	254 30.9	09.6	321 29.0	14.4	16 29.6	9.9	54.2
	06	269 31.1	N 7 10.5	336 02.4	14.4	S16 19.7	9.9	54.2
	07	284 31.2	11.4	350 35.8	14.5	16 09.8	10.0	54.2
T	08	299 31.4	12.4	5 09.3	14.6	15 59.8	10.1	54.2
H	09	314 31.6 . .	13.3	19 42.9	14.6	15 49.7	10.2	54.2
U	10	329 31.8	14.2	34 16.5	14.7	15 39.5	10.2	54.2
R	11	344 31.9	15.2	48 50.2	14.7	15 29.3	10.2	54.2
S	12	359 32.1	N 7 16.1	63 23.9	14.8	S15 19.1	10.4	54.2
D	13	14 32.3	17.0	77 57.7	14.8	15 08.7	10.4	54.2
A	14	29 32.4	18.0	92 31.5	14.9	14 58.3	10.4	54.2
Y	15	44 32.6 . .	18.9	107 05.4	14.9	14 47.9	10.5	54.2
	16	59 32.8	19.8	121 39.3	14.9	14 37.4	10.6	54.2
	17	74 33.0	20.8	136 13.2	15.0	14 26.8	10.6	54.2
	18	89 33.1	N 7 21.7	150 47.2	15.1	S14 16.2	10.7	54.2
	19	104 33.3	22.6	165 21.3	15.1	14 05.5	10.7	54.1
	20	119 33.5	23.6	179 55.4	15.1	13 54.8	10.8	54.1
	21	134 33.6 . .	24.5	194 29.5	15.2	13 44.0	10.8	54.1
	22	149 33.8	25.4	209 03.7	15.2	13 33.2	10.9	54.1
	23	164 34.0	26.4	223 37.9	15.3	13 22.3	11.0	54.1
	9 00	179 34.2	N 7 27.3	238 12.2	15.3	S13 11.3	11.0	54.1
	01	194 34.3	28.2	252 46.5	15.4	13 00.3	11.0	54.1
	02	209 34.5	29.2	267 20.9	15.4	12 49.3	11.1	54.1
	03	224 34.7 . .	30.1	281 55.3	15.4	12 38.2	11.1	54.1
	04	239 34.8	31.0	296 29.7	15.4	12 27.1	11.2	54.1
	05	254 35.0	32.0	311 04.1	15.5	12 15.9	11.3	54.1
	06	269 35.2	N 7 32.9	325 38.6	15.6	S12 04.6	11.3	54.1
	07	284 35.4	33.8	340 13.2	15.5	11 53.3	11.3	54.1
	08	299 35.5	34.8	354 47.7	15.7	11 42.0	11.4	54.1
F	09	314 35.7 . .	35.7	9 22.4	15.6	11 30.6	11.4	54.1
R	10	329 35.9	36.6	23 57.0	15.7	11 19.2	11.5	54.1
I	11	344 36.0	37.5	38 31.7	15.7	11 07.7	11.5	54.2
D	12	359 36.2	N 7 38.5	53 06.4	15.7	S10 56.2	11.6	54.2
A	13	14 36.4	39.4	67 41.1	15.8	10 44.6	11.6	54.2
Y	14	29 36.5	40.3	82 15.9	15.8	10 33.0	11.6	54.2
	15	44 36.7 . .	41.3	96 50.7	15.8	10 21.4	11.7	54.2
	16	59 36.9	42.2	111 25.5	15.8	10 09.7	11.7	54.2
	17	74 37.0	43.1	126 00.3	15.9	9 58.0	11.8	54.2
	18	89 37.2	N 7 44.0	140 35.2	15.9	S 9 46.2	11.8	54.2
	19	104 37.4	45.0	155 10.1	15.9	9 34.4	11.9	54.2
	20	119 37.6	45.9	169 45.0	16.0	9 22.5	11.8	54.2
	21	134 37.7 . .	46.8	184 20.0	16.0	9 10.7	12.0	54.2
	22	149 37.9	47.8	198 55.0	16.0	8 58.7	11.9	54.2
	23	164 38.1	48.7	213 30.0	16.0	S 8 46.8	12.0	54.2
		SD 16.0	*d* 0.9	SD 14.8		14.8		14.8

Lat.	Twilight Naut.	Twilight Civil	Sunrise	Moonrise 7	Moonrise 8	Moonrise 9	Moonrise 10
°	h m	h m	h m	h m	h m	h m	h m
N 72	////	02 56	04 19	▬	05 56	05 05	04 34
N 70	01 11	03 19	04 31	06 39	05 13	04 44	04 23
68	02 01	03 37	04 40	05 12	04 44	04 27	04 14
66	02 31	03 51	04 48	04 33	04 22	04 14	04 07
64	02 53	04 03	04 54	04 06	04 05	04 03	04 00
62	03 10	04 12	05 00	03 45	03 50	03 53	03 55
60	03 24	04 21	05 05	03 28	03 38	03 45	03 50
N 58	03 36	04 28	05 09	03 13	03 27	03 37	03 45
56	03 46	04 34	05 13	03 01	03 18	03 31	03 42
54	03 54	04 40	05 16	02 50	03 10	03 25	03 38
52	04 02	04 44	05 19	02 40	03 02	03 20	03 35
50	04 08	04 49	05 22	02 32	02 56	03 15	03 32
45	04 22	04 58	05 28	02 13	02 41	03 05	03 26
N 40	04 33	05 06	05 33	01 58	02 29	02 56	03 20
35	04 42	05 12	05 38	01 46	02 19	02 49	03 16
30	04 49	05 17	05 41	01 34	02 10	02 42	03 12
20	05 00	05 26	05 48	01 15	01 55	02 31	03 05
N 10	05 08	05 32	05 53	00 58	01 41	02 21	02 59
0	05 14	05 38	05 59	00 43	01 28	02 11	02 53
S 10	05 18	05 42	06 04	00 27	01 15	02 02	02 47
20	05 21	05 47	06 09	00 10	01 02	01 52	02 41
30	05 23	05 51	06 15	24 46	00 46	01 40	02 34
35	05 23	05 53	06 18	24 37	00 37	01 33	02 29
40	05 23	05 55	06 22	24 26	00 26	01 26	02 25
45	05 23	05 57	06 26	24 14	00 14	01 17	02 19
S 50	05 21	05 59	06 31	23 59	25 06	01 06	02 13
52	05 21	06 00	06 34	23 51	25 01	01 01	02 10
54	05 20	06 01	06 36	23 44	24 55	00 55	02 06
56	05 19	06 02	06 39	23 35	24 49	00 49	02 03
58	05 17	06 03	06 42	23 25	24 42	00 42	01 58
S 60	05 15	06 04	06 46	23 13	24 34	00 34	01 54

Lat.	Sunset	Twilight Civil	Twilight Naut.	Moonset 7	Moonset 8	Moonset 9	Moonset 10
°	h m	h m	h m	h m	h m	h m	h m
N 72	19 48	21 13	////	▬	09 40	12 00	13 58
N 70	19 36	20 49	23 07	07 23	10 21	12 19	14 06
68	19 26	20 30	22 09	08 49	10 49	12 34	14 13
66	19 18	20 15	21 37	09 27	11 10	12 47	14 19
64	19 11	20 04	21 14	09 53	11 27	12 57	14 24
62	19 06	19 54	20 57	10 13	11 40	13 05	14 28
60	19 01	19 45	20 42	10 30	11 52	13 12	14 32
N 58	18 56	19 38	20 30	10 44	12 02	13 19	14 35
56	18 52	19 31	20 20	10 56	12 10	13 24	14 38
54	18 49	19 26	20 11	11 06	12 18	13 29	14 40
52	18 45	19 21	20 04	11 15	12 25	13 34	14 43
50	18 43	19 16	19 57	11 23	12 31	13 38	14 45
45	18 36	19 06	19 43	11 41	12 44	13 47	14 49
N 40	18 31	18 59	19 32	11 55	12 55	13 54	14 53
35	18 27	18 52	19 23	12 07	13 04	14 01	14 56
30	18 23	18 47	19 16	12 17	13 12	14 06	14 59
20	18 16	18 38	19 04	12 35	13 26	14 16	15 04
N 10	18 10	18 32	18 56	12 51	13 38	14 24	15 08
0	18 05	18 26	18 50	13 05	13 49	14 31	15 12
S 10	18 00	18 21	18 46	13 19	14 00	14 39	15 16
20	17 55	18 17	18 42	13 34	14 12	14 47	15 21
30	17 49	18 13	18 40	13 52	14 26	14 56	15 25
35	17 45	18 11	18 40	14 02	14 33	15 02	15 28
40	17 41	18 08	18 40	14 13	14 42	15 08	15 31
45	17 37	18 06	18 40	14 27	14 52	15 14	15 35
S 50	17 32	18 04	18 41	14 43	15 05	15 23	15 39
52	17 29	18 03	18 42	14 51	15 10	15 26	15 41
54	17 27	18 02	18 43	14 59	15 16	15 31	15 43
56	17 24	18 01	18 44	15 09	15 23	15 35	15 45
58	17 21	18 00	18 45	15 19	15 31	15 40	15 48
S 60	17 17	17 59	18 47	15 32	15 40	15 46	15 50

Day	SUN Eqn. of Time 00h	SUN Eqn. of Time 12h	SUN Mer. Pass.	MOON Mer. Pass. Upper	MOON Mer. Pass. Lower	MOON Age	MOON Phase
d	m s	m s	h m	h m	h m	d	%
7	02 17	02 09	12 02	06 54	19 17	23	40
8	02 00	01 52	12 02	07 39	20 00	24	31
9	01 44	01 36	12 02	08 21	20 42	25	22

UT	ARIES	VENUS −3.9		MARS +0.4		JUPITER −2.1		SATURN +0.7	
	GHA	GHA	Dec	GHA	Dec	GHA	Dec	GHA	Dec
d h	° ′	° ′	° ′	° ′	° ′	° ′	° ′	° ′	° ′
10 00	198 07.2	159 06.5	N15 07.3	69 58.3	N21 32.2	207 34.0	S 5 09.0	17 14.8	N 2 25.0
01	213 09.7	174 06.0	08.4	85 00.0	31.9	222 35.9	08.7	32 17.4	25.0
02	228 12.2	189 05.5	09.4	100 01.7	31.7	237 37.9	08.5	47 20.1	25.1
03	243 14.6	204 05.0	. . 10.5	115 03.5	. . 31.4	252 39.8	. . 08.3	62 22.7	. . 25.2
04	258 17.1	219 04.4	11.5	130 05.2	31.2	267 41.8	08.1	77 25.3	25.2
05	273 19.6	234 03.9	12.6	145 06.9	30.9	282 43.7	07.9	92 27.9	25.3
06	288 22.0	249 03.4	N15 13.6	160 08.7	N21 30.7	297 45.6	S 5 07.7	107 30.6	N 2 25.4
S 07	303 24.5	264 02.9	14.7	175 10.4	30.4	312 47.6	07.4	122 33.2	25.4
A 08	318 27.0	279 02.3	15.7	190 12.1	30.2	327 49.5	07.2	137 35.8	25.5
T 09	333 29.4	294 01.8	. . 16.8	205 13.8	. . 29.9	342 51.5	. . 07.0	152 38.5	. . 25.6
U 10	348 31.9	309 01.3	17.8	220 15.6	29.7	357 53.4	06.8	167 41.1	25.7
R 11	3 34.4	324 00.7	18.9	235 17.3	29.4	12 55.4	06.6	182 43.7	25.7
D 12	18 36.8	339 00.2	N15 19.9	250 19.0	N21 29.2	27 57.3	S 5 06.4	197 46.3	N 2 25.8
A 13	33 39.3	353 59.7	21.0	265 20.7	28.9	42 59.3	06.2	212 49.0	25.9
Y 14	48 41.7	8 59.2	22.0	280 22.4	28.7	58 01.2	05.9	227 51.6	25.9
15	63 44.2	23 58.6	. . 23.1	295 24.2	. . 28.4	73 03.1	. . 05.7	242 54.2	. . 26.0
16	78 46.7	38 58.1	24.1	310 25.9	28.2	88 05.1	05.5	257 56.8	26.1
17	93 49.1	53 57.6	25.1	325 27.6	27.9	103 07.0	05.3	272 59.5	26.1
18	108 51.6	68 57.0	N15 26.2	340 29.3	N21 27.6	118 09.0	S 5 05.1	288 02.1	N 2 26.2
19	123 54.1	83 56.5	27.2	355 31.0	27.4	133 10.9	04.9	303 04.7	26.3
20	138 56.5	98 56.0	28.3	10 32.8	27.1	148 12.9	04.7	318 07.4	26.3
21	153 59.0	113 55.4	. . 29.3	25 34.5	. . 26.9	163 14.8	. . 04.4	333 10.0	. . 26.4
22	169 01.5	128 54.9	30.3	40 36.2	26.6	178 16.8	04.2	348 12.6	26.5
23	184 03.9	143 54.4	31.4	55 37.9	26.4	193 18.7	04.0	3 15.2	26.5
11 00	199 06.4	158 53.8	N15 32.4	70 39.6	N21 26.1	208 20.7	S 5 03.8	18 17.9	N 2 26.6
01	214 08.8	173 53.3	33.4	85 41.3	25.9	223 22.6	03.6	33 20.5	26.7
02	229 11.3	188 52.8	34.5	100 43.0	25.6	238 24.6	03.4	48 23.1	26.7
03	244 13.8	203 52.2	. . 35.5	115 44.8	. . 25.4	253 26.5	. . 03.2	63 25.7	. . 26.8
04	259 16.2	218 51.7	36.6	130 46.5	25.1	268 28.4	02.9	78 28.4	26.9
05	274 18.7	233 51.2	37.6	145 48.2	24.9	283 30.4	02.7	93 31.0	26.9
06	289 21.2	248 50.6	N15 38.6	160 49.9	N21 24.6	298 32.3	S 5 02.5	108 33.6	N 2 27.0
07	304 23.6	263 50.1	39.7	175 51.6	24.3	313 34.3	02.3	123 36.3	27.1
08	319 26.1	278 49.5	40.7	190 53.3	24.1	328 36.2	02.1	138 38.9	27.1
S 09	334 28.6	293 49.0	. . 41.7	205 55.0	. . 23.8	343 38.2	. . 01.9	153 41.5	. . 27.2
U 10	349 31.0	308 48.5	42.7	220 56.7	23.6	358 40.1	01.7	168 44.1	27.3
N 11	4 33.5	323 47.9	43.8	235 58.4	23.3	13 42.1	01.4	183 46.8	27.3
D 12	19 36.0	338 47.4	N15 44.8	251 00.1	N21 23.1	28 44.0	S 5 01.2	198 49.4	N 2 27.4
A 13	34 38.4	353 46.9	45.8	266 01.8	22.8	43 46.0	01.0	213 52.0	27.5
Y 14	49 40.9	8 46.3	46.9	281 03.5	22.6	58 47.9	00.8	228 54.6	27.5
15	64 43.3	23 45.8	. . 47.9	296 05.2	. . 22.3	73 49.9	. . 00.6	243 57.3	. . 27.6
16	79 45.8	38 45.2	48.9	311 06.9	22.0	88 51.8	00.4	258 59.9	27.7
17	94 48.3	53 44.7	49.9	326 08.7	21.8	103 53.8	5 00.2	274 02.5	27.7
18	109 50.7	68 44.1	N15 51.0	341 10.4	N21 21.5	118 55.7	S 4 59.9	289 05.1	N 2 27.8
19	124 53.2	83 43.6	52.0	356 12.1	21.3	133 57.7	59.7	304 07.8	27.9
20	139 55.7	98 43.1	53.0	11 13.8	21.0	148 59.6	59.5	319 10.4	27.9
21	154 58.1	113 42.5	. . 54.0	26 15.5	. . 20.8	164 01.6	. . 59.3	334 13.0	. . 28.0
22	170 00.6	128 42.0	55.1	41 17.2	20.5	179 03.5	59.1	349 15.6	28.1
23	185 03.1	143 41.4	56.1	56 18.8	20.2	194 05.4	58.9	4 18.3	28.1
12 00	200 05.5	158 40.9	N15 57.1	71 20.5	N21 20.0	209 07.4	S 4 58.7	19 20.9	N 2 28.2
01	215 08.0	173 40.3	58.1	86 22.2	19.7	224 09.3	58.5	34 23.5	28.3
02	230 10.4	188 39.8	15 59.1	101 23.9	19.5	239 11.3	58.2	49 26.1	28.3
03	245 12.9	203 39.2	16 00.2	116 25.6	. . 19.2	254 13.2	. . 58.0	64 28.8	. . 28.4
04	260 15.4	218 38.7	01.2	131 27.3	18.9	269 15.2	57.8	79 31.4	28.5
05	275 17.8	233 38.2	02.2	146 29.0	18.7	284 17.1	57.6	94 34.0	28.5
06	290 20.3	248 37.6	N16 03.2	161 30.7	N21 18.4	299 19.1	S 4 57.4	109 36.6	N 2 28.6
07	305 22.8	263 37.1	04.2	176 32.4	18.2	314 21.0	57.2	124 39.3	28.7
08	320 25.2	278 36.5	05.2	191 34.1	17.9	329 23.0	57.0	139 41.9	28.7
M 09	335 27.7	293 36.0	. . 06.3	206 35.8	. . 17.6	344 24.9	. . 56.7	154 44.5	. . 28.8
O 10	350 30.2	308 35.4	07.3	221 37.5	17.4	359 26.9	56.5	169 47.1	28.9
N 11	5 32.6	323 34.9	08.3	236 39.2	17.1	14 28.8	56.3	184 49.8	28.9
D 12	20 35.1	338 34.3	N16 09.3	251 40.9	N21 16.9	29 30.8	S 4 56.1	199 52.4	N 2 29.0
A 13	35 37.6	353 33.8	10.3	266 42.6	16.6	44 32.7	55.9	214 55.0	29.1
Y 14	50 40.0	8 33.2	11.3	281 44.2	16.3	59 34.7	55.7	229 57.6	29.1
15	65 42.5	23 32.7	. . 12.3	296 45.9	. . 16.1	74 36.6	. . 55.5	245 00.3	. . 29.2
16	80 44.9	38 32.1	13.3	311 47.6	15.8	89 38.6	55.3	260 02.9	29.3
17	95 47.4	53 31.6	14.3	326 49.3	15.6	104 40.5	55.0	275 05.5	29.3
18	110 49.9	68 31.0	N16 15.4	341 51.0	N21 15.3	119 42.5	S 4 54.8	290 08.1	N 2 29.4
19	125 52.3	83 30.5	16.4	356 52.7	15.0	134 44.4	54.6	305 10.7	29.5
20	140 54.8	98 29.9	17.4	11 54.4	14.8	149 46.4	54.4	320 13.4	29.5
21	155 57.3	113 29.3	. . 18.4	26 56.0	. . 14.5	164 48.3	. . 54.2	335 16.0	. . 29.6
22	170 59.7	128 28.8	19.4	41 57.7	14.2	179 50.3	54.0	350 18.6	29.7
23	186 02.2	143 28.2	20.4	56 59.4	14.0	194 52.2	53.8	5 21.2	29.7
Mer. Pass.	h m 10 41.8	v −0.5	d 1.0	v 1.7	d 0.3	v 1.9	d 0.2	v 2.6	d 0.1

STARS		
Name	SHA	Dec
	° ′	° ′
Acamar	315 20.4	S40 15.9
Achernar	335 28.9	S57 11.1
Acrux	173 11.5	S63 09.6
Adhara	255 14.4	S28 59.4
Aldebaran	290 52.3	N16 31.8
Alioth	166 22.0	N55 54.1
Alkaid	153 00.1	N49 15.5
Al Na'ir	27 46.8	S46 54.5
Alnilam	275 48.9	S 1 11.8
Alphard	217 58.2	S 8 42.4
Alphecca	126 12.6	N26 40.5
Alpheratz	357 46.3	N29 08.8
Altair	62 10.5	N 8 53.6
Ankaa	353 18.3	S42 14.9
Antares	112 28.9	S26 27.3
Arcturus	145 57.5	N19 07.5
Atria	107 32.6	S69 02.6
Avior	234 19.0	S59 32.9
Bellatrix	278 34.7	N 6 21.5
Betelgeuse	271 03.9	N 7 24.5
Canopus	263 57.3	S52 42.4
Capella	280 38.2	N46 00.6
Deneb	49 33.3	N45 18.8
Denebola	182 35.7	N14 30.7
Diphda	348 58.5	S17 55.8
Dubhe	193 53.8	N61 41.7
Elnath	278 15.8	N28 37.0
Eltanin	90 47.0	N51 28.9
Enif	33 49.6	N 9 55.2
Fomalhaut	15 26.8	S29 34.0
Gacrux	172 03.1	S57 10.5
Gienah	175 54.4	S17 36.2
Hadar	148 50.8	S60 25.5
Hamal	328 03.8	N23 30.7
Kaus Aust.	83 46.8	S34 22.7
Kochab	137 18.5	N74 06.6
Markab	13 40.9	N15 15.6
Menkar	314 17.8	N 4 07.8
Menkent	148 10.0	S36 25.4
Miaplacidus	221 40.0	S69 45.9
Mirfak	308 44.2	N49 54.0
Nunki	76 01.1	S26 17.0
Peacock	53 22.9	S56 41.9
Pollux	243 30.5	N28 00.1
Procyon	245 02.1	N 5 11.8
Rasalhague	96 08.5	N12 32.9
Regulus	207 45.8	N11 54.9
Rigel	281 14.5	S 8 11.5
Rigil Kent.	139 54.4	S60 52.7
Sabik	102 15.0	S15 44.3
Schedar	349 43.9	N56 35.6
Shaula	96 24.9	S37 06.6
Sirius	258 35.8	S16 44.0
Spica	158 33.4	S11 13.1
Suhail	222 54.1	S43 28.8
Vega	80 40.5	N38 47.3
Zuben'ubi	137 07.7	S16 05.2
	SHA	Mer. Pass.
	° ′	h m
Venus	319 47.5	13 25
Mars	231 33.2	19 15
Jupiter	9 14.3	10 05
Saturn	179 11.5	22 43

UT		SUN GHA	SUN Dec	MOON GHA	v	MOON Dec	d	HP
d	h	° ′	° ′	° ′	′	° ′	′	′
10	00	179 38.2	N 7 49.6	228 05.0	16.0	S 8 34.8	12.0	54.2
	01	194 38.4	50.5	242 40.0	16.1	8 22.8	12.1	54.2
	02	209 38.6	51.5	257 15.1	16.1	8 10.7	12.1	54.2
	03	224 38.7	. . 52.4	271 50.2	16.1	7 58.6	12.1	54.2
	04	239 38.9	53.3	286 25.3	16.1	7 46.5	12.2	54.2
	05	254 39.1	54.2	301 00.4	16.1	7 34.3	12.2	54.2
	06	269 39.2	N 7 55.2	315 35.5	16.2	S 7 22.1	12.2	54.2
	07	284 39.4	56.1	330 10.7	16.1	7 09.9	12.3	54.2
S	08	299 39.6	57.0	344 45.8	16.2	6 57.6	12.3	54.3
A	09	314 39.7	. . 57.9	359 21.0	16.2	6 45.3	12.3	54.3
T	10	329 39.9	58.9	13 56.2	16.2	6 33.0	12.4	54.3
U	11	344 40.1	7 59.8	28 31.4	16.2	6 20.6	12.3	54.3
R	12	359 40.2	N 8 00.7	43 06.6	16.3	S 6 08.3	12.4	54.3
D	13	14 40.4	01.6	57 41.9	16.2	5 55.9	12.5	54.3
A	14	29 40.6	02.6	72 17.1	16.2	5 43.4	12.4	54.3
Y	15	44 40.7	. . 03.5	86 52.3	16.3	5 31.0	12.5	54.3
	16	59 40.9	04.4	101 27.6	16.2	5 18.5	12.5	54.3
	17	74 41.1	05.3	116 02.8	16.3	5 06.0	12.5	54.3
	18	89 41.2	N 8 06.2	130 38.1	16.3	S 4 53.5	12.6	54.3
	19	104 41.4	07.2	145 13.4	16.2	4 40.9	12.6	54.3
	20	119 41.6	08.1	159 48.6	16.3	4 28.3	12.6	54.4
	21	134 41.7	. . 09.0	174 23.9	16.3	4 15.7	12.6	54.4
	22	149 41.9	09.9	188 59.2	16.3	4 03.1	12.6	54.4
	23	164 42.1	10.9	203 34.5	16.3	3 50.5	12.7	54.4
11	00	179 42.2	N 8 11.8	218 09.8	16.2	S 3 37.8	12.7	54.4
	01	194 42.4	12.7	232 45.0	16.3	3 25.1	12.7	54.4
	02	209 42.6	13.6	247 20.3	16.3	3 12.4	12.7	54.4
	03	224 42.7	. . 14.5	261 55.6	16.3	2 59.7	12.7	54.4
	04	239 42.9	15.5	276 30.9	16.2	2 47.0	12.8	54.4
	05	254 43.1	16.4	291 06.1	16.3	2 34.2	12.8	54.5
	06	269 43.2	N 8 17.3	305 41.4	16.2	S 2 21.4	12.7	54.5
	07	284 43.4	18.2	320 16.6	16.3	2 08.7	12.8	54.5
	08	299 43.5	19.1	334 51.9	16.2	1 55.9	12.9	54.5
S	09	314 43.7	. . 20.1	349 27.1	16.3	1 43.0	12.8	54.5
U	10	329 43.9	21.0	4 02.4	16.2	1 30.2	12.8	54.5
N	11	344 44.0	21.9	18 37.6	16.2	1 17.4	12.9	54.5
D	12	359 44.2	N 8 22.8	33 12.8	16.2	S 1 04.5	12.8	54.5
A	13	14 44.4	23.7	47 48.0	16.2	0 51.7	12.9	54.6
Y	14	29 44.5	24.6	62 23.2	16.2	0 38.8	12.9	54.6
	15	44 44.7	. . 25.6	76 58.4	16.1	0 25.9	12.9	54.6
	16	59 44.9	26.5	91 33.5	16.2	0 13.0	12.8	54.6
	17	74 45.0	27.4	106 08.7	16.1	S 0 00.2	13.0	54.6
	18	89 45.2	N 8 28.3	120 43.8	16.1	N 0 12.8	12.9	54.6
	19	104 45.3	29.2	135 18.9	16.1	0 25.7	12.9	54.6
	20	119 45.5	30.1	149 54.0	16.1	0 38.6	12.9	54.6
	21	134 45.7	. . 31.1	164 29.1	16.1	0 51.5	12.9	54.7
	22	149 45.8	32.0	179 04.2	16.0	1 04.4	12.9	54.7
	23	164 46.0	32.9	193 39.2	16.0	1 17.3	13.0	54.7
12	00	179 46.2	N 8 33.8	208 14.2	16.0	N 1 30.3	12.9	54.7
	01	194 46.3	34.7	222 49.2	16.0	1 43.2	12.9	54.7
	02	209 46.5	35.6	237 24.2	15.9	1 56.1	13.0	54.7
	03	224 46.6	. . 36.6	251 59.1	15.9	2 09.1	12.9	54.8
	04	239 46.8	37.5	266 34.0	15.9	2 22.0	12.9	54.8
	05	254 47.0	38.4	281 08.9	15.9	2 34.9	13.0	54.8
	06	269 47.1	N 8 39.3	295 43.8	15.8	N 2 47.9	12.9	54.8
	07	284 47.3	40.2	310 18.6	15.8	3 00.8	12.9	54.8
	08	299 47.5	41.1	324 53.4	15.8	3 13.7	12.9	54.8
M	09	314 47.6	. . 42.0	339 28.2	15.7	3 26.6	12.9	54.8
O	10	329 47.8	42.9	354 02.9	15.8	3 39.5	13.0	54.9
N	11	344 47.9	43.9	8 37.7	15.6	3 52.5	12.9	54.9
D	12	359 48.1	N 8 44.8	23 12.3	15.7	N 4 05.4	12.8	54.9
A	13	14 48.3	45.7	37 47.0	15.6	4 18.2	12.9	54.9
Y	14	29 48.4	46.6	52 21.6	15.6	4 31.1	12.9	54.9
	15	44 48.6	. . 47.5	66 56.2	15.5	4 44.0	12.9	54.9
	16	59 48.7	48.4	81 30.7	15.5	4 56.9	12.8	55.0
	17	74 48.9	49.3	96 05.2	15.5	5 09.7	12.9	55.0
	18	89 49.1	N 8 50.2	110 39.7	15.4	N 5 22.6	12.8	55.0
	19	104 49.2	51.2	125 14.1	15.4	5 35.4	12.8	55.0
	20	119 49.4	52.1	139 48.5	15.4	5 48.2	12.8	55.0
	21	134 49.5	. . 53.0	154 22.9	15.3	6 01.0	12.8	55.1
	22	149 49.7	53.9	168 57.2	15.2	6 13.8	12.8	55.1
	23	164 49.9	54.8	183 31.4	15.2	N 6 26.6	12.7	55.1
		SD 16.0	*d* 0.9	SD 14.8		14.9		15.0

Lat.	Twilight Naut.	Twilight Civil	Sunrise	Moonrise 10	Moonrise 11	Moonrise 12	Moonrise 13
°	h m	h m	h m	h m	h m	h m	h m
N 72	////	02 33	04 03	04 34	04 09	03 46	03 21
N 70	////	03 01	04 16	04 23	04 06	03 49	03 31
68	01 34	03 22	04 27	04 14	04 03	03 51	03 40
66	02 12	03 38	04 36	04 07	04 00	03 53	03 47
64	02 38	03 51	04 44	04 00	03 58	03 55	03 53
62	02 57	04 02	04 50	03 55	03 56	03 57	03 58
60	03 13	04 11	04 56	03 50	03 54	03 58	04 03
N 58	03 25	04 19	05 01	03 45	03 52	03 59	04 07
56	03 36	04 26	05 05	03 42	03 51	04 00	04 10
54	03 46	04 32	05 09	03 38	03 50	04 01	04 14
52	03 54	04 37	05 13	03 35	03 49	04 02	04 17
50	04 01	04 42	05 16	03 32	03 48	04 03	04 19
45	04 16	04 53	05 23	03 26	03 45	04 05	04 25
N 40	04 28	05 01	05 29	03 20	03 44	04 06	04 30
35	04 37	05 08	05 34	03 16	03 42	04 08	04 35
30	04 45	05 14	05 38	03 12	03 40	04 09	04 38
20	04 57	05 23	05 45	03 05	03 38	04 11	04 45
N 10	05 06	05 31	05 52	02 59	03 36	04 13	04 51
0	05 13	05 37	05 58	02 53	03 34	04 15	04 57
S 10	05 18	05 42	06 04	02 47	03 31	04 16	05 02
20	05 22	05 48	06 10	02 41	03 29	04 18	05 08
30	05 25	05 52	06 17	02 34	03 27	04 20	05 15
35	05 26	05 55	06 20	02 29	03 25	04 22	05 19
40	05 26	05 58	06 25	02 25	03 24	04 23	05 24
45	05 26	06 00	06 30	02 19	03 22	04 25	05 29
S 50	05 26	06 03	06 36	02 13	03 19	04 27	05 36
52	05 25	06 05	06 39	02 10	03 18	04 28	05 39
54	05 25	06 06	06 42	02 06	03 17	04 29	05 42
56	05 24	06 07	06 45	02 03	03 16	04 30	05 46
58	05 23	06 09	06 49	01 58	03 15	04 31	05 50
S 60	05 22	06 11	06 53	01 54	03 13	04 33	05 54

Lat.	Sunset	Twilight Civil	Twilight Naut.	Moonset 10	Moonset 11	Moonset 12	Moonset 13
°	h m	h m	h m	h m	h m	h m	h m
N 72	20 03	21 35	////	13 58	15 49	17 42	19 44
N 70	19 49	21 05	////	14 06	15 50	17 34	19 25
68	19 38	20 44	22 37	14 13	15 50	17 28	19 11
66	19 28	20 27	21 55	14 19	15 50	17 23	18 59
64	19 20	20 14	21 29	14 24	15 51	17 18	18 50
62	19 14	20 03	21 08	14 28	15 51	17 15	18 41
60	19 08	19 53	20 52	14 32	15 51	17 11	18 34
N 58	19 03	19 45	20 39	14 35	15 51	17 09	18 28
56	18 58	19 38	20 28	14 38	15 51	17 06	18 23
54	18 54	19 32	20 18	14 40	15 52	17 04	18 18
52	18 51	19 26	20 10	14 43	15 52	17 02	18 13
50	18 47	19 21	20 02	14 45	15 52	17 00	18 09
45	18 40	19 11	19 47	14 49	15 52	16 56	18 01
N 40	18 34	19 02	19 35	14 53	15 52	16 52	17 54
35	18 29	18 55	19 26	14 56	15 52	16 49	17 48
30	18 25	18 49	19 18	14 59	15 53	16 47	17 42
20	18 17	18 39	19 06	15 04	15 53	16 42	17 33
N 10	18 10	18 32	18 56	15 08	15 53	16 38	17 25
0	18 04	18 25	18 50	15 12	15 53	16 35	17 17
S 10	17 58	18 20	18 44	15 16	15 53	16 31	17 10
20	17 52	18 14	18 40	15 21	15 54	16 27	17 02
30	17 45	18 09	18 37	15 25	15 54	16 22	16 53
35	17 41	18 07	18 36	15 28	15 54	16 20	16 48
40	17 37	18 04	18 35	15 31	15 54	16 17	16 42
45	17 32	18 01	18 35	15 35	15 54	16 14	16 35
S 50	17 25	17 58	18 35	15 39	15 54	16 10	16 27
52	17 23	17 57	18 36	15 41	15 54	16 08	16 23
54	17 20	17 55	18 36	15 43	15 54	16 06	16 19
56	17 16	17 54	18 37	15 45	15 54	16 04	16 14
58	17 12	17 52	18 37	15 48	15 54	16 01	16 09
S 60	17 08	17 50	18 38	15 50	15 55	15 59	16 04

Day	SUN Eqn. of Time 00^h	SUN Eqn. of Time 12^h	SUN Mer. Pass.	MOON Mer. Pass. Upper	MOON Mer. Pass. Lower	MOON Age	MOON Phase
d	m s	m s	h m	h m	h m	d	%
10	01 27	01 19	12 01	09 03	21 23	26	15
11	01 11	01 04	12 01	09 43	22 04	27	9
12	00 56	00 48	12 01	10 24	22 45	28	4

UT		ARIES	VENUS −3.9		MARS +0.4		JUPITER −2.1		SATURN +0.7	
d	h	GHA ° ′	GHA ° ′	Dec ° ′	GHA ° ′	Dec ° ′	GHA ° ′	Dec ° ′	GHA ° ′	Dec ° ′
13	00	201 04.7	158 27.7	N16 21.4	72 01.1	N21 13.7	209 54.2	S 4 53.5	20 23.9	N 2 29.8
	01	216 07.1	173 27.1	22.4	87 02.8	13.5	224 56.1	53.3	35 26.5	29.9
	02	231 09.6	188 26.6	23.4	102 04.4	13.2	239 58.1	53.1	50 29.1	29.9
	03	246 12.0	203 26.0	. . 24.4	117 06.1	. . 12.9	255 00.0	. . 52.9	65 31.7	. . 30.0
	04	261 14.5	218 25.5	25.4	132 07.8	12.7	270 02.0	52.7	80 34.4	30.1
	05	276 17.0	233 24.9	26.4	147 09.5	12.4	285 03.9	52.5	95 37.0	30.1
	06	291 19.4	248 24.3	N16 27.4	162 11.2	N21 12.1	300 05.9	S 4 52.3	110 39.6	N 2 30.2
	07	306 21.9	263 23.8	28.4	177 12.8	11.9	315 07.8	52.1	125 42.2	30.3
T	08	321 24.4	278 23.2	29.4	192 14.5	11.6	330 09.8	51.8	140 44.8	30.3
U	09	336 26.8	293 22.7	. . 30.4	207 16.2	. . 11.3	345 11.7	. . 51.6	155 47.5	. . 30.4
E	10	351 29.3	308 22.1	31.4	222 17.9	11.1	0 13.7	51.4	170 50.1	30.4
	11	6 31.8	323 21.5	32.4	237 19.5	10.8	15 15.7	51.2	185 52.7	30.5
S	12	21 34.2	338 21.0	N16 33.4	252 21.2	N21 10.5	30 17.6	S 4 51.0	200 55.3	N 2 30.6
D	13	36 36.7	353 20.4	34.4	267 22.9	10.3	45 19.6	50.8	215 58.0	30.6
A	14	51 39.2	8 19.9	35.4	282 24.6	10.0	60 21.5	50.6	231 00.6	30.7
Y	15	66 41.6	23 19.3	. . 36.4	297 26.2	. . 09.7	75 23.5	. . 50.4	246 03.2	. . 30.8
	16	81 44.1	38 18.7	37.4	312 27.9	09.5	90 25.4	50.2	261 05.8	30.8
	17	96 46.5	53 18.2	38.4	327 29.6	09.2	105 27.4	49.9	276 08.4	30.9
	18	111 49.0	68 17.6	N16 39.3	342 31.2	N21 08.9	120 29.3	S 4 49.7	291 11.1	N 2 31.0
	19	126 51.5	83 17.0	40.3	357 32.9	08.7	135 31.3	49.5	306 13.7	31.0
	20	141 53.9	98 16.5	41.3	12 34.6	08.4	150 33.2	49.3	321 16.3	31.1
	21	156 56.4	113 15.9	. . 42.3	27 36.2	. . 08.1	165 35.2	. . 49.1	336 18.9	. . 31.2
	22	171 58.9	128 15.3	43.3	42 37.9	07.9	180 37.1	48.9	351 21.6	31.2
	23	187 01.3	143 14.8	44.3	57 39.6	07.6	195 39.1	48.7	6 24.2	31.3
14	00	202 03.8	158 14.2	N16 45.3	72 41.2	N21 07.3	210 41.0	S 4 48.5	21 26.8	N 2 31.4
	01	217 06.3	173 13.6	46.3	87 42.9	07.1	225 43.0	48.2	36 29.4	31.4
	02	232 08.7	188 13.1	47.2	102 44.6	06.8	240 44.9	48.0	51 32.0	31.5
	03	247 11.2	203 12.5	. . 48.2	117 46.2	. . 06.5	255 46.9	. . 47.8	66 34.7	. . 31.5
	04	262 13.6	218 11.9	49.2	132 47.9	06.3	270 48.8	47.6	81 37.3	31.6
	05	277 16.1	233 11.4	50.2	147 49.6	06.0	285 50.8	47.4	96 39.9	31.7
	06	292 18.6	248 10.8	N16 51.2	162 51.2	N21 05.7	300 52.8	S 4 47.2	111 42.5	N 2 31.7
W	07	307 21.0	263 10.2	52.2	177 52.9	05.5	315 54.7	47.0	126 45.1	31.8
E	08	322 23.5	278 09.7	53.1	192 54.5	05.2	330 56.7	46.8	141 47.8	31.9
D	09	337 26.0	293 09.1	. . 54.1	207 56.2	. . 04.9	345 58.6	. . 46.6	156 50.4	. . 31.9
N	10	352 28.4	308 08.5	55.1	222 57.9	04.6	1 00.6	46.3	171 53.0	32.0
	11	7 30.9	323 08.0	56.1	237 59.5	04.4	16 02.5	46.1	186 55.6	32.1
E	12	22 33.4	338 07.4	N16 57.1	253 01.2	N21 04.1	31 04.5	S 4 45.9	201 58.2	N 2 32.1
S	13	37 35.8	353 06.8	58.0	268 02.8	03.8	46 06.4	45.7	217 00.9	32.2
D	14	52 38.3	8 06.2	16 59.0	283 04.5	03.6	61 08.4	45.5	232 03.5	32.2
A	15	67 40.8	23 05.7	17 00.0	298 06.1	. . 03.3	76 10.3	. . 45.3	247 06.1	. . 32.3
Y	16	82 43.2	38 05.1	01.0	313 07.8	03.0	91 12.3	45.1	262 08.7	32.4
	17	97 45.7	53 04.5	01.9	328 09.4	02.8	106 14.2	44.9	277 11.3	32.4
	18	112 48.1	68 03.9	N17 02.9	343 11.1	N21 02.5	121 16.2	S 4 44.7	292 14.0	N 2 32.5
	19	127 50.6	83 03.4	03.9	358 12.8	02.2	136 18.2	44.4	307 16.6	32.6
	20	142 53.1	98 02.8	04.9	13 14.4	01.9	151 20.1	44.2	322 19.2	32.6
	21	157 55.5	113 02.2	. . 05.8	28 16.1	. . 01.7	166 22.1	. . 44.0	337 21.8	. . 32.7
	22	172 58.0	128 01.6	06.8	43 17.7	01.4	181 24.0	43.8	352 24.4	32.8
	23	188 00.5	143 01.1	07.8	58 19.4	01.1	196 26.0	43.6	7 27.1	32.8
15	00	203 02.9	158 00.5	N17 08.7	73 21.0	N21 00.8	211 27.9	S 4 43.4	22 29.7	N 2 32.9
	01	218 05.4	172 59.9	09.7	88 22.7	00.6	226 29.9	43.2	37 32.3	32.9
	02	233 07.9	187 59.3	10.7	103 24.3	00.3	241 31.8	43.0	52 34.9	33.0
	03	248 10.3	202 58.8	. . 11.6	118 26.0	21 00.0	256 33.8	. . 42.8	67 37.5	. . 33.1
	04	263 12.8	217 58.2	12.6	133 27.6	20 59.8	271 35.8	42.5	82 40.2	33.1
	05	278 15.3	232 57.6	13.6	148 29.3	59.5	286 37.7	42.3	97 42.8	33.2
	06	293 17.7	247 57.0	N17 14.5	163 30.9	N20 59.2	301 39.7	S 4 42.1	112 45.4	N 2 33.3
	07	308 20.2	262 56.4	15.5	178 32.5	58.9	316 41.6	41.9	127 48.0	33.3
T	08	323 22.6	277 55.9	16.5	193 34.2	58.7	331 43.6	41.7	142 50.6	33.4
H	09	338 25.1	292 55.3	. . 17.4	208 35.8	. . 58.4	346 45.5	. . 41.5	157 53.2	. . 33.5
U	10	353 27.6	307 54.7	18.4	223 37.5	58.1	1 47.5	41.3	172 55.9	33.5
R	11	8 30.0	322 54.1	19.3	238 39.1	57.8	16 49.4	41.1	187 58.5	33.6
S	12	23 32.5	337 53.5	N17 20.3	253 40.8	N20 57.6	31 51.4	S 4 40.9	203 01.1	N 2 33.6
D	13	38 35.0	352 52.9	21.3	268 42.4	57.3	46 53.4	40.6	218 03.7	33.7
A	14	53 37.4	7 52.4	22.2	283 44.0	57.0	61 55.3	40.4	233 06.3	33.8
Y	15	68 39.9	22 51.8	. . 23.2	298 45.7	. . 56.7	76 57.3	. . 40.2	248 09.0	. . 33.8
	16	83 42.4	37 51.2	24.1	313 47.3	56.5	91 59.2	40.0	263 11.6	33.9
	17	98 44.8	52 50.6	25.1	328 49.0	56.2	107 01.2	39.8	278 14.2	34.0
	18	113 47.3	67 50.0	N17 26.0	343 50.6	N20 55.9	122 03.1	S 4 39.6	293 16.8	N 2 34.0
	19	128 49.7	82 49.4	27.0	358 52.2	55.6	137 05.1	39.4	308 19.4	34.1
	20	143 52.2	97 48.9	28.0	13 53.9	55.4	152 07.1	39.2	323 22.0	34.1
	21	158 54.7	112 48.3	. . 28.9	28 55.5	. . 55.1	167 09.0	. . 39.0	338 24.7	. . 34.2
	22	173 57.1	127 47.7	29.9	43 57.2	54.8	182 11.0	38.8	353 27.3	34.3
	23	188 59.6	142 47.1	30.8	58 58.8	54.5	197 12.9	38.5	8 29.9	34.3
Mer. Pass.		h m 10 30.0	v −0.6	d 1.0	v 1.7	d 0.3	v 2.0	d 0.2	v 2.6	d 0.1

STARS

Name	SHA ° ′	Dec ° ′
Acamar	315 20.4	S40 15.9
Achernar	335 28.9	S57 11.0
Acrux	173 11.5	S63 09.6
Adhara	255 14.4	S28 59.4
Aldebaran	290 52.3	N16 31.8
Alioth	166 22.0	N55 54.1
Alkaid	153 00.1	N49 15.5
Al Na'ir	27 46.8	S46 54.5
Alnilam	275 48.9	S 1 11.8
Alphard	217 58.2	S 8 42.4
Alphecca	126 12.6	N26 40.6
Alpheratz	357 46.3	N29 08.8
Altair	62 10.5	N 8 53.6
Ankaa	353 18.3	S42 14.9
Antares	112 28.9	S26 27.3
Arcturus	145 57.5	N19 07.5
Atria	107 32.5	S69 02.6
Avior	234 19.0	S59 32.9
Bellatrix	278 34.7	N 6 21.5
Betelgeuse	271 04.0	N 7 24.5
Canopus	263 57.4	S52 42.4
Capella	280 38.2	N46 00.6
Deneb	49 33.3	N45 18.8
Denebola	182 35.7	N14 30.7
Diphda	348 58.5	S17 55.8
Dubhe	193 53.8	N61 41.8
Elnath	278 15.8	N28 37.0
Eltanin	90 47.0	N51 28.9
Enif	33 49.6	N 9 55.2
Fomalhaut	15 26.7	S29 34.0
Gacrux	172 03.1	S57 10.5
Gienah	175 54.4	S17 36.2
Hadar	148 50.7	S60 25.5
Hamal	328 03.8	N23 30.7
Kaus Aust.	83 46.8	S34 22.7
Kochab	137 18.5	N74 06.6
Markab	13 40.9	N15 15.6
Menkar	314 17.8	N 4 07.8
Menkent	148 10.0	S36 25.4
Miaplacidus	221 40.1	S69 45.9
Mirfak	308 44.2	N49 53.9
Nunki	76 01.1	S26 17.0
Peacock	53 22.9	S56 41.9
Pollux	243 30.5	N28 00.1
Procyon	245 02.2	N 5 11.8
Rasalhague	96 08.4	N12 33.0
Regulus	207 45.8	N11 54.9
Rigel	281 14.5	S 8 11.5
Rigil Kent.	139 54.4	S60 52.7
Sabik	102 15.0	S15 44.3
Schedar	349 43.9	N56 35.6
Shaula	96 24.9	S37 06.6
Sirius	258 35.9	S16 44.0
Spica	158 33.4	S11 13.1
Suhail	222 54.1	S43 28.8
Vega	80 40.4	N38 47.3
Zuben'ubi	137 07.7	S16 05.2

	SHA ° ′	Mer. Pass. h m
Venus	316 10.4	13 28
Mars	230 37.4	19 07
Jupiter	8 37.2	9 56
Saturn	179 23.0	22 30

UT		SUN GHA	SUN Dec	MOON GHA	v	MOON Dec	d	HP
d	h	° ′	° ′	° ′	′	° ′	′	′
13	00	179 50.0	N 8 55.7	198 05.6	15.2	N 6 39.3	12.7	55.1
	01	194 50.2	56.6	212 39.8	15.1	6 52.0	12.8	55.1
	02	209 50.3	57.5	227 13.9	15.1	7 04.8	12.6	55.1
	03	224 50.5	. . 58.4	241 48.0	15.1	7 17.4	12.7	55.2
	04	239 50.6	8 59.3	256 22.1	14.9	7 30.1	12.7	55.2
	05	254 50.8	9 00.2	270 56.0	15.0	7 42.8	12.6	55.2
	06	269 51.0	N 9 01.1	285 30.0	14.9	N 7 55.4	12.6	55.2
	07	284 51.1	02.1	300 03.9	14.8	8 08.0	12.6	55.2
T	08	299 51.3	03.0	314 37.7	14.8	8 20.6	12.5	55.3
U	09	314 51.4	. . 03.9	329 11.5	14.7	8 33.1	12.6	55.3
E	10	329 51.6	04.8	343 45.2	14.7	8 45.7	12.5	55.3
S	11	344 51.7	05.7	358 18.9	14.6	8 58.2	12.4	55.3
D	12	359 51.9	N 9 06.6	12 52.5	14.6	N 9 10.6	12.5	55.3
A	13	14 52.1	07.5	27 26.1	14.5	9 23.1	12.4	55.3
Y	14	29 52.2	08.4	41 59.6	14.5	9 35.5	12.4	55.4
	15	44 52.4	. . 09.3	56 33.1	14.4	9 47.9	12.3	55.4
	16	59 52.5	10.2	71 06.5	14.3	10 00.2	12.3	55.4
	17	74 52.7	11.1	85 39.8	14.3	10 12.5	12.3	55.4
	18	89 52.8	N 9 12.0	100 13.1	14.2	N10 24.8	12.2	55.4
	19	104 53.0	12.9	114 46.3	14.2	10 37.0	12.3	55.5
	20	119 53.2	13.8	129 19.5	14.1	10 49.3	12.1	55.5
	21	134 53.3	. . 14.7	143 52.6	14.0	11 01.4	12.2	55.5
	22	149 53.5	15.6	158 25.6	14.0	11 13.6	12.0	55.5
	23	164 53.6	16.5	172 58.6	13.9	11 25.6	12.1	55.5
14	00	179 53.8	N 9 17.4	187 31.5	13.9	N11 37.7	12.0	55.6
	01	194 53.9	18.3	202 04.4	13.8	11 49.7	12.0	55.6
	02	209 54.1	19.2	216 37.2	13.7	12 01.7	11.9	55.6
	03	224 54.2	. . 20.1	231 09.9	13.6	12 13.6	11.9	55.6
	04	239 54.4	21.0	245 42.5	13.6	12 25.5	11.8	55.6
	05	254 54.6	22.0	260 15.1	13.5	12 37.3	11.8	55.7
	06	269 54.7	N 9 22.9	274 47.6	13.5	N12 49.1	11.7	55.7
W	07	284 54.9	23.8	289 20.1	13.3	13 00.8	11.7	55.7
E	08	299 55.0	24.7	303 52.4	13.3	13 12.5	11.6	55.7
D	09	314 55.2	. . 25.6	318 24.7	13.3	13 24.1	11.6	55.7
N	10	329 55.3	26.5	332 57.0	13.1	13 35.7	11.5	55.8
E	11	344 55.5	27.4	347 29.1	13.1	13 47.2	11.5	55.8
S	12	359 55.6	N 9 28.3	2 01.2	13.0	N13 58.7	11.4	55.8
D	13	14 55.8	29.2	16 33.2	13.0	14 10.1	11.4	55.8
A	14	29 55.9	30.1	31 05.2	12.9	14 21.5	11.3	55.8
Y	15	44 56.1	. . 31.0	45 37.1	12.8	14 32.8	11.3	55.9
	16	59 56.2	31.8	60 08.9	12.7	14 44.1	11.1	55.9
	17	74 56.4	32.7	74 40.6	12.6	14 55.2	11.2	55.9
	18	89 56.6	N 9 33.6	89 12.2	12.6	N15 06.4	11.0	55.9
	19	104 56.7	34.5	103 43.8	12.5	15 17.4	11.0	56.0
	20	119 56.9	35.4	118 15.3	12.4	15 28.4	11.0	56.0
	21	134 57.0	. . 36.3	132 46.7	12.3	15 39.4	10.9	56.0
	22	149 57.2	37.2	147 18.0	12.3	15 50.3	10.8	56.0
	23	164 57.3	38.1	161 49.3	12.1	16 01.1	10.7	56.0
15	00	179 57.5	N 9 39.0	176 20.4	12.1	N16 11.8	10.7	56.1
	01	194 57.6	39.9	190 51.5	12.1	16 22.5	10.6	56.1
	02	209 57.8	40.8	205 22.6	11.9	16 33.1	10.5	56.1
	03	224 57.9	. . 41.7	219 53.5	11.8	16 43.6	10.5	56.1
	04	239 58.1	42.6	234 24.3	11.8	16 54.1	10.3	56.1
	05	254 58.2	43.5	248 55.1	11.7	17 04.4	10.3	56.2
	06	269 58.4	N 9 44.4	263 25.8	11.6	N17 14.7	10.3	56.2
	07	284 58.5	45.3	277 56.4	11.5	17 25.0	10.1	56.2
T	08	299 58.7	46.2	292 26.9	11.5	17 35.1	10.1	56.2
H	09	314 58.8	. . 47.1	306 57.4	11.3	17 45.2	10.0	56.2
U	10	329 59.0	48.0	321 27.7	11.3	17 55.2	9.9	56.3
R	11	344 59.1	48.9	335 58.0	11.2	18 05.1	9.8	56.3
S	12	359 59.3	N 9 49.8	350 28.2	11.1	N18 14.9	9.8	56.3
D	13	14 59.4	50.7	4 58.3	11.1	18 24.7	9.6	56.3
A	14	29 59.6	51.5	19 28.4	10.9	18 34.3	9.6	56.3
Y	15	44 59.7	. . 52.4	33 58.3	10.8	18 43.9	9.5	56.4
	16	59 59.9	53.3	48 28.1	10.8	18 53.4	9.4	56.4
	17	75 00.0	54.2	62 57.9	10.7	19 02.8	9.3	56.4
	18	90 00.2	N 9 55.1	77 27.6	10.6	N19 12.1	9.2	56.4
	19	105 00.3	56.0	91 57.2	10.5	19 21.3	9.2	56.5
	20	120 00.5	56.9	106 26.7	10.5	19 30.5	9.0	56.5
	21	135 00.6	. . 57.8	120 56.2	10.3	19 39.5	8.9	56.5
	22	150 00.8	58.7	135 25.5	10.3	19 48.4	8.9	56.5
	23	165 00.9	59.6	149 54.8	10.1	N19 57.3	8.7	56.5
		SD 16.0	*d* 0.9	SD	15.1	15.2		15.3

Lat.	Twilight Naut.	Twilight Civil	Sunrise	Moonrise 13	Moonrise 14	Moonrise 15	Moonrise 16
°	h m	h m	h m	h m	h m	h m	h m
N 72	////	02 08	03 46	03 21	02 50	01 58	▭
N 70	////	02 42	04 02	03 31	03 11	02 41	▭
68	00 59	03 06	04 14	03 40	03 27	03 10	02 41
66	01 51	03 24	04 24	03 47	03 40	03 32	03 22
64	02 21	03 39	04 33	03 53	03 51	03 50	03 50
62	02 43	03 51	04 41	03 58	04 00	04 04	04 12
60	03 01	04 01	04 47	04 03	04 08	04 17	04 29
N 58	03 15	04 10	04 53	04 07	04 16	04 27	04 44
56	03 27	04 18	04 58	04 10	04 22	04 37	04 57
54	03 37	04 24	05 02	04 14	04 28	04 45	05 08
52	03 46	04 30	05 06	04 17	04 33	04 52	05 18
50	03 54	04 36	05 10	04 19	04 37	04 59	05 27
45	04 10	04 47	05 18	04 25	04 48	05 14	05 45
N 40	04 23	04 56	05 24	04 30	04 56	05 26	06 01
35	04 33	05 04	05 30	04 35	05 04	05 36	06 14
30	04 41	05 10	05 35	04 38	05 10	05 45	06 25
20	04 54	05 21	05 43	04 45	05 21	06 01	06 45
N 10	05 04	05 29	05 50	04 51	05 31	06 15	07 02
0	05 12	05 36	05 57	04 57	05 41	06 28	07 18
S 10	05 18	05 42	06 04	05 02	05 50	06 41	07 34
20	05 23	05 48	06 11	05 08	06 00	06 55	07 52
30	05 26	05 54	06 18	05 15	06 12	07 11	08 12
35	05 28	05 57	06 23	05 19	06 19	07 20	08 24
40	05 29	06 00	06 28	05 24	06 27	07 31	08 37
45	05 30	06 04	06 34	05 29	06 36	07 44	08 54
S 50	05 30	06 08	06 40	05 36	06 47	08 00	09 14
52	05 30	06 09	06 44	05 39	06 52	08 07	09 23
54	05 30	06 11	06 47	05 42	06 58	08 15	09 34
56	05 30	06 13	06 51	05 46	07 04	08 25	09 46
58	05 30	06 15	06 55	05 50	07 11	08 35	10 01
S 60	05 29	06 17	07 00	05 54	07 19	08 47	10 17

Lat.	Sunset	Twilight Civil	Twilight Naut.	Moonset 13	Moonset 14	Moonset 15	Moonset 16
°	h m	h m	h m	h m	h m	h m	h m
N 72	20 19	22 00	////	19 44	22 12	▭	▭
N 70	20 02	21 24	////	19 25	21 31	▭	▭
68	19 49	20 59	23 18	19 11	21 03	23 15	▭
66	19 38	20 40	22 16	18 59	20 42	22 35	24 45
64	19 30	20 24	21 44	18 50	20 26	22 07	23 54
62	19 22	20 12	21 21	18 41	20 12	21 47	23 22
60	19 15	20 01	21 03	18 34	20 01	21 30	22 58
N 58	19 10	19 52	20 48	18 28	19 51	21 15	22 39
56	19 04	19 45	20 36	18 23	19 42	21 03	22 24
54	19 00	19 38	20 25	18 18	19 34	20 53	22 10
52	18 56	19 32	20 16	18 13	19 28	20 43	21 58
50	18 52	19 26	20 08	18 09	19 21	20 35	21 48
45	18 44	19 15	19 52	18 01	19 08	20 17	21 26
N 40	18 37	19 05	19 39	17 54	18 57	20 03	21 09
35	18 32	18 58	19 28	17 48	18 48	19 51	20 54
30	18 26	18 51	19 20	17 42	18 40	19 40	20 41
20	18 18	18 40	19 07	17 33	18 26	19 22	20 20
N 10	18 10	18 32	18 57	17 25	18 14	19 06	20 01
0	18 04	18 25	18 49	17 17	18 03	18 51	19 44
S 10	17 57	18 18	18 43	17 10	17 52	18 37	19 26
20	17 50	18 12	18 38	17 02	17 40	18 21	19 07
30	17 42	18 06	18 34	16 53	17 26	18 03	18 46
35	17 37	18 03	18 32	16 48	17 18	17 53	18 33
40	17 32	18 00	18 31	16 42	17 09	17 41	18 19
45	17 26	17 56	18 30	16 35	16 59	17 27	18 02
S 50	17 19	17 52	18 29	16 27	16 46	17 10	17 41
52	17 16	17 50	18 29	16 23	16 40	17 02	17 31
54	17 13	17 48	18 29	16 19	16 34	16 54	17 20
56	17 09	17 46	18 29	16 14	16 27	16 44	17 07
58	17 04	17 44	18 30	16 09	16 19	16 33	16 53
S 60	17 00	17 42	18 30	16 04	16 10	16 20	16 35

Day	SUN Eqn. of Time 00^h	SUN Eqn. of Time 12^h	SUN Mer. Pass.	MOON Mer. Pass. Upper	MOON Mer. Pass. Lower	MOON Age	MOON Phase
d	m s	m s	h m	h m	h m	d %	
13	00 40	00 33	12 01	11 07	23 29	29 1	●
14	00 25	00 18	12 00	11 52	24 15	30 0	
15	00 10	00 03	12 00	12 39	00 15	01 1	

UT d h	ARIES GHA ° ′	VENUS −3.9 GHA ° ′	VENUS Dec ° ′	MARS +0.5 GHA ° ′	MARS Dec ° ′	JUPITER −2.1 GHA ° ′	JUPITER Dec ° ′	SATURN +0.7 GHA ° ′	SATURN Dec ° ′
16 00	204 02.1	157 46.5	N17 31.8	74 00.4	N20 54.2	212 14.9	S 4 38.3	23 32.5	N 2 34.4
01	219 04.5	172 45.9	32.7	89 02.1	54.0	227 16.8	38.1	38 35.1	34.5
02	234 07.0	187 45.3	33.7	104 03.7	53.7	242 18.8	37.9	53 37.7	34.5
03	249 09.5	202 44.7	. . 34.6	119 05.3	. . 53.4	257 20.8	. . 37.7	68 40.4	. . 34.6
04	264 11.9	217 44.1	35.6	134 07.0	53.1	272 22.7	37.5	83 43.0	34.6
05	279 14.4	232 43.6	36.5	149 08.6	52.9	287 24.7	37.3	98 45.6	34.7
06	294 16.9	247 43.0	N17 37.4	164 10.2	N20 52.6	302 26.6	S 4 37.1	113 48.2	N 2 34.8
07	309 19.3	262 42.4	38.4	179 11.9	52.3	317 28.6	36.9	128 50.8	34.8
08	324 21.8	277 41.8	39.3	194 13.5	52.0	332 30.5	36.7	143 53.4	34.9
F 09	339 24.2	292 41.2	. . 40.3	209 15.1	. . 51.7	347 32.5	. . 36.4	158 56.1	. . 34.9
R 10	354 26.7	307 40.6	41.2	224 16.7	51.5	2 34.5	36.2	173 58.7	35.0
I 11	9 29.2	322 40.0	42.2	239 18.4	51.2	17 36.4	36.0	189 01.3	35.1
D 12	24 31.6	337 39.4	N17 43.1	254 20.0	N20 50.9	32 38.4	S 4 35.8	204 03.9	N 2 35.1
A 13	39 34.1	352 38.8	44.0	269 21.6	50.6	47 40.3	35.6	219 06.5	35.2
Y 14	54 36.6	7 38.2	45.0	284 23.3	50.3	62 42.3	35.4	234 09.1	35.3
15	69 39.0	22 37.6	. . 45.9	299 24.9	. . 50.1	77 44.3	. . 35.2	249 11.8	. . 35.3
16	84 41.5	37 37.0	46.9	314 26.5	49.8	92 46.2	35.0	264 14.4	35.4
17	99 44.0	52 36.4	47.8	329 28.1	49.5	107 48.2	34.8	279 17.0	35.4
18	114 46.4	67 35.8	N17 48.7	344 29.8	N20 49.2	122 50.1	S 4 34.6	294 19.6	N 2 35.5
19	129 48.9	82 35.2	49.7	359 31.4	48.9	137 52.1	34.4	309 22.2	35.6
20	144 51.4	97 34.6	50.6	14 33.0	48.7	152 54.1	34.1	324 24.8	35.6
21	159 53.8	112 34.0	. . 51.5	29 34.6	. . 48.4	167 56.0	. . 33.9	339 27.4	. . 35.7
22	174 56.3	127 33.4	52.5	44 36.2	48.1	182 58.0	33.7	354 30.1	35.7
23	189 58.7	142 32.8	53.4	59 37.9	47.8	197 59.9	33.5	9 32.7	35.8
17 00	205 01.2	157 32.2	N17 54.3	74 39.5	N20 47.5	213 01.9	S 4 33.3	24 35.3	N 2 35.9
01	220 03.7	172 31.6	55.3	89 41.1	47.2	228 03.9	33.1	39 37.9	35.9
02	235 06.1	187 31.0	56.2	104 42.7	47.0	243 05.8	32.9	54 40.5	36.0
03	250 08.6	202 30.4	. . 57.1	119 44.3	. . 46.7	258 07.8	. . 32.7	69 43.1	. . 36.0
04	265 11.1	217 29.8	58.1	134 46.0	46.4	273 09.7	32.5	84 45.8	36.1
05	280 13.5	232 29.2	59.0	149 47.6	46.1	288 11.7	32.3	99 48.4	36.2
06	295 16.0	247 28.6	N17 59.9	164 49.2	N20 45.8	303 13.7	S 4 32.1	114 51.0	N 2 36.2
S 07	310 18.5	262 28.0	18 00.8	179 50.8	45.5	318 15.6	31.8	129 53.6	36.3
A 08	325 20.9	277 27.4	01.8	194 52.4	45.3	333 17.6	31.6	144 56.2	36.4
T 09	340 23.4	292 26.8	. . 02.7	209 54.0	. . 45.0	348 19.5	. . 31.4	159 58.8	. . 36.4
U 10	355 25.8	307 26.2	03.6	224 55.7	44.7	3 21.5	31.2	175 01.4	36.5
R 11	10 28.3	322 25.6	04.5	239 57.3	44.4	18 23.5	31.0	190 04.0	36.5
D 12	25 30.8	337 25.0	N18 05.5	254 58.9	N20 44.1	33 25.4	S 4 30.8	205 06.7	N 2 36.6
A 13	40 33.2	352 24.4	06.4	270 00.5	43.8	48 27.4	30.6	220 09.3	36.7
Y 14	55 35.7	7 23.8	07.3	285 02.1	43.6	63 29.3	30.4	235 11.9	36.7
15	70 38.2	22 23.2	. . 08.2	300 03.7	. . 43.3	78 31.3	. . 30.2	250 14.5	. . 36.8
16	85 40.6	37 22.6	09.1	315 05.3	43.0	93 33.3	30.0	265 17.1	36.8
17	100 43.1	52 22.0	10.1	330 06.9	42.7	108 35.2	29.8	280 19.7	36.9
18	115 45.6	67 21.4	N18 11.0	345 08.6	N20 42.4	123 37.2	S 4 29.6	295 22.3	N 2 37.0
19	130 48.0	82 20.8	11.9	0 10.2	42.1	138 39.2	29.3	310 25.0	37.0
20	145 50.5	97 20.2	12.8	15 11.8	41.8	153 41.1	29.1	325 27.6	37.1
21	160 53.0	112 19.6	. . 13.7	30 13.4	. . 41.6	168 43.1	. . 28.9	340 30.2	. . 37.1
22	175 55.4	127 18.9	14.6	45 15.0	41.3	183 45.0	28.7	355 32.8	37.2
23	190 57.9	142 18.3	15.5	60 16.6	41.0	198 47.0	28.5	10 35.4	37.3
18 00	206 00.3	157 17.7	N18 16.5	75 18.2	N20 40.7	213 49.0	S 4 28.3	25 38.0	N 2 37.3
01	221 02.8	172 17.1	17.4	90 19.8	40.4	228 50.9	28.1	40 40.6	37.4
02	236 05.3	187 16.5	18.3	105 21.4	40.1	243 52.9	27.9	55 43.2	37.4
03	251 07.7	202 15.9	. . 19.2	120 23.0	. . 39.8	258 54.9	. . 27.7	70 45.9	. . 37.5
04	266 10.2	217 15.3	20.1	135 24.6	39.6	273 56.8	27.5	85 48.5	37.5
05	281 12.7	232 14.7	21.0	150 26.2	39.3	288 58.8	27.3	100 51.1	37.6
06	296 15.1	247 14.1	N18 21.9	165 27.8	N20 39.0	304 00.7	S 4 27.1	115 53.7	N 2 37.7
07	311 17.6	262 13.4	22.8	180 29.4	38.7	319 02.7	26.8	130 56.3	37.7
08	326 20.1	277 12.8	23.7	195 31.0	38.4	334 04.7	26.6	145 58.9	37.8
S 09	341 22.5	292 12.2	. . 24.6	210 32.6	. . 38.1	349 06.6	. . 26.4	161 01.5	. . 37.8
U 10	356 25.0	307 11.6	25.5	225 34.2	37.8	4 08.6	26.2	176 04.1	37.9
N 11	11 27.5	322 11.0	26.4	240 35.8	37.5	19 10.6	26.0	191 06.7	38.0
D 12	26 29.9	337 10.4	N18 27.3	255 37.4	N20 37.2	34 12.5	S 4 25.8	206 09.4	N 2 38.0
A 13	41 32.4	352 09.8	28.2	270 39.0	37.0	49 14.5	25.6	221 12.0	38.1
Y 14	56 34.8	7 09.1	29.1	285 40.6	36.7	64 16.5	25.4	236 14.6	38.1
15	71 37.3	22 08.5	. . 30.0	300 42.2	. . 36.4	79 18.4	. . 25.2	251 17.2	. . 38.2
16	86 39.8	37 07.9	30.9	315 43.8	36.1	94 20.4	25.0	266 19.8	38.3
17	101 42.2	52 07.3	31.8	330 45.4	35.8	109 22.3	24.8	281 22.4	38.3
18	116 44.7	67 06.7	N18 32.7	345 47.0	N20 35.5	124 24.3	S 4 24.6	296 25.0	N 2 38.4
19	131 47.2	82 06.0	33.6	0 48.6	35.2	139 26.3	24.4	311 27.6	38.4
20	146 49.6	97 05.4	34.5	15 50.2	34.9	154 28.2	24.2	326 30.2	38.5
21	161 52.1	112 04.8	. . 35.4	30 51.8	. . 34.6	169 30.2	. . 23.9	341 32.9	. . 38.6
22	176 54.6	127 04.2	36.3	45 53.4	34.3	184 32.2	23.7	356 35.5	38.6
23	191 57.0	142 03.6	37.2	60 55.0	34.1	199 34.1	23.5	11 38.1	38.7
Mer. Pass.	h m 10 18.2	v −0.6	d 0.9	v 1.6	d 0.3	v 2.0	d 0.2	v 2.6	d 0.1

STARS

Name	SHA ° ′	Dec ° ′
Acamar	315 20.4	S40 15.9
Achernar	335 28.9	S57 11.0
Acrux	173 11.5	S63 09.6
Adhara	255 14.5	S28 59.4
Aldebaran	290 52.3	N16 31.8
Alioth	166 22.0	N55 54.1
Alkaid	153 00.1	N49 15.5
Al Na'ir	27 46.8	S46 54.5
Alnilam	275 48.9	S 1 11.8
Alphard	217 58.3	S 8 42.4
Alphecca	126 12.6	N26 40.6
Alpheratz	357 46.3	N29 08.8
Altair	62 10.5	N 8 53.6
Ankaa	353 18.3	S42 14.9
Antares	112 28.8	S26 27.3
Arcturus	145 57.5	N19 07.5
Atria	107 32.5	S69 02.6
Avior	234 19.0	S59 32.9
Bellatrix	278 34.7	N 6 21.5
Betelgeuse	271 04.0	N 7 24.5
Canopus	263 57.4	S52 42.4
Capella	280 38.2	N46 00.6
Deneb	49 33.2	N45 18.8
Denebola	182 35.7	N14 30.7
Diphda	348 58.5	S17 55.8
Dubhe	193 53.8	N61 41.8
Elnath	278 15.8	N28 37.0
Eltanin	90 47.0	N51 28.9
Enif	33 49.6	N 9 55.2
Fomalhaut	15 26.7	S29 34.0
Gacrux	172 03.1	S57 10.5
Gienah	175 54.4	S17 36.2
Hadar	148 50.7	S60 25.5
Hamal	328 03.8	N23 30.6
Kaus Aust.	83 46.7	S34 22.7
Kochab	137 18.5	N74 06.6
Markab	13 40.9	N15 15.6
Menkar	314 17.8	N 4 07.8
Menkent	148 10.0	S36 25.4
Miaplacidus	221 40.1	S69 45.9
Mirfak	308 44.2	N49 53.9
Nunki	76 01.1	S26 17.0
Peacock	53 22.8	S56 41.9
Pollux	243 30.6	N28 00.1
Procyon	245 02.2	N 5 11.8
Rasalhague	96 08.4	N12 33.0
Regulus	207 45.8	N11 54.9
Rigel	281 14.5	S 8 11.5
Rigil Kent.	139 54.4	S60 52.7
Sabik	102 15.0	S15 44.3
Schedar	349 43.9	N56 35.6
Shaula	96 24.8	S37 06.6
Sirius	258 35.9	S16 44.0
Spica	158 33.4	S11 13.1
Suhail	222 54.1	S43 28.8
Vega	80 40.4	N38 47.3
Zuben'ubi	137 07.7	S16 05.2

	SHA ° ′	Mer. Pass. h m
Venus	312 31.0	13 30
Mars	229 38.3	18 59
Jupiter	8 00.7	9 47
Saturn	179 34.1	22 18

UT		SUN GHA	SUN Dec	MOON GHA	v	MOON Dec	d	HP
d	h	° ′	° ′	° ′	′	° ′	′	′
16	00	180 01.1	N10 00.5	164 23.9	10.1	N20 06.0	8.7	56.6
	01	195 01.2	01.3	178 53.0	10.0	20 14.7	8.5	56.6
	02	210 01.4	02.2	193 22.0	10.0	20 23.2	8.4	56.6
	03	225 01.5	. . 03.1	207 51.0	9.8	20 31.6	8.4	56.6
	04	240 01.7	04.0	222 19.8	9.7	20 40.0	8.2	56.6
	05	255 01.8	04.9	236 48.5	9.7	20 48.2	8.2	56.7
	06	270 02.0	N10 05.8	251 17.2	9.6	N20 56.4	8.0	56.7
	07	285 02.1	06.7	265 45.8	9.5	21 04.4	7.9	56.7
	08	300 02.2	07.6	280 14.3	9.4	21 12.3	7.8	56.7
F	09	315 02.4	. . 08.4	294 42.7	9.3	21 20.1	7.7	56.7
R	10	330 02.5	09.3	309 11.0	9.3	21 27.8	7.6	56.8
I	11	345 02.7	10.2	323 39.3	9.2	21 35.4	7.5	56.8
D	12	0 02.8	N10 11.1	338 07.5	9.0	N21 42.9	7.3	56.8
A	13	15 03.0	12.0	352 35.5	9.0	21 50.2	7.3	56.8
Y	14	30 03.1	12.9	7 03.5	9.0	21 57.5	7.1	56.9
	15	45 03.3	. . 13.8	21 31.5	8.8	22 04.6	7.1	56.9
	16	60 03.4	14.6	35 59.3	8.8	22 11.7	6.9	56.9
	17	75 03.6	15.5	50 27.1	8.6	22 18.6	6.7	56.9
	18	90 03.7	N10 16.4	64 54.7	8.6	N22 25.3	6.7	56.9
	19	105 03.9	17.3	79 22.3	8.6	22 32.0	6.5	57.0
	20	120 04.0	18.2	93 49.9	8.4	22 38.5	6.4	57.0
	21	135 04.1	. . 19.1	108 17.3	8.4	22 44.9	6.3	57.0
	22	150 04.3	19.9	122 44.7	8.2	22 51.2	6.2	57.0
	23	165 04.4	20.8	137 11.9	8.3	22 57.4	6.1	57.0
17	00	180 04.6	N10 21.7	151 39.2	8.1	N23 03.5	5.9	57.1
	01	195 04.7	22.6	166 06.3	8.1	23 09.4	5.8	57.1
	02	210 04.9	23.5	180 33.4	7.9	23 15.2	5.6	57.1
	03	225 05.0	. . 24.4	195 00.3	8.0	23 20.8	5.5	57.1
	04	240 05.2	25.2	209 27.3	7.8	23 26.3	5.4	57.1
	05	255 05.3	26.1	223 54.1	7.8	23 31.7	5.3	57.2
	06	270 05.4	N10 27.0	238 20.9	7.7	N23 37.0	5.1	57.2
	07	285 05.6	27.9	252 47.6	7.6	23 42.1	5.0	57.2
S	08	300 05.7	28.8	267 14.2	7.6	23 47.1	4.9	57.2
A	09	315 05.9	. . 29.6	281 40.8	7.5	23 52.0	4.7	57.2
T	10	330 06.0	30.5	296 07.3	7.4	23 56.7	4.6	57.3
U	11	345 06.2	31.4	310 33.7	7.4	24 01.3	4.4	57.3
R	12	0 06.3	N10 32.3	325 00.1	7.3	N24 05.7	4.4	57.3
D	13	15 06.4	33.2	339 26.4	7.2	24 10.1	4.1	57.3
A	14	30 06.6	34.0	353 52.6	7.2	24 14.2	4.1	57.3
Y	15	45 06.7	. . 34.9	8 18.8	7.1	24 18.3	3.8	57.4
	16	60 06.9	35.8	22 44.9	7.1	24 22.1	3.8	57.4
	17	75 07.0	36.7	37 11.0	7.0	24 25.9	3.6	57.4
	18	90 07.1	N10 37.5	51 37.0	6.9	N24 29.5	3.4	57.4
	19	105 07.3	38.4	66 02.9	6.9	24 32.9	3.4	57.4
	20	120 07.4	39.3	80 28.8	6.8	24 36.3	3.1	57.5
	21	135 07.6	. . 40.2	94 54.6	6.8	24 39.4	3.0	57.5
	22	150 07.7	41.1	109 20.4	6.7	24 42.4	2.9	57.5
	23	165 07.9	41.9	123 46.1	6.7	24 45.3	2.7	57.5
18	00	180 08.0	N10 42.8	138 11.8	6.6	N24 48.0	2.6	57.5
	01	195 08.1	43.7	152 37.4	6.6	24 50.6	2.4	57.6
	02	210 08.3	44.6	167 03.0	6.6	24 53.0	2.3	57.6
	03	225 08.4	. . 45.4	181 28.6	6.4	24 55.3	2.1	57.6
	04	240 08.6	46.3	195 54.0	6.5	24 57.4	2.0	57.6
	05	255 08.7	47.2	210 19.5	6.4	24 59.4	1.8	57.6
	06	270 08.8	N10 48.0	224 44.9	6.4	N25 01.2	1.7	57.7
	07	285 09.0	48.9	239 10.3	6.3	25 02.9	1.5	57.7
	08	300 09.1	49.8	253 35.6	6.3	25 04.4	1.4	57.7
S	09	315 09.3	. . 50.7	268 00.9	6.2	25 05.8	1.2	57.7
U	10	330 09.4	51.5	282 26.1	6.3	25 07.0	1.0	57.7
N	11	345 09.5	52.4	296 51.4	6.2	25 08.0	0.9	57.8
D	12	0 09.7	N10 53.3	311 16.6	6.1	N25 08.9	0.8	57.8
A	13	15 09.8	54.1	325 41.7	6.2	25 09.7	0.6	57.8
Y	14	30 09.9	55.0	340 06.9	6.1	25 10.3	0.4	57.8
	15	45 10.1	. . 55.9	354 32.0	6.0	25 10.7	0.3	57.8
	16	60 10.2	56.8	8 57.0	6.1	25 11.0	0.1	57.9
	17	75 10.4	57.6	23 22.1	6.0	25 11.1	0.0	57.9
	18	90 10.5	N10 58.5	37 47.1	6.0	N25 11.1	0.2	57.9
	19	105 10.6	10 59.4	52 12.1	6.0	25 10.9	0.4	57.9
	20	120 10.8	11 00.2	66 37.1	6.0	25 10.5	0.5	57.9
	21	135 10.9	. . 01.1	81 02.1	6.0	25 10.0	0.7	58.0
	22	150 11.0	02.0	95 27.1	5.9	25 09.3	0.8	58.0
	23	165 11.2	02.8	109 52.0	6.0	N25 08.5	1.0	58.0
		SD 16.0	*d* 0.9	SD 15.5		15.6		15.7

Lat.	Twilight Naut.	Twilight Civil	Sunrise	Moonrise 16	Moonrise 17	Moonrise 18	Moonrise 19
°	h m	h m	h m	h m	h m	h m	h m
N 72	////	01 39	03 28	▭	▭	▭	▭
N 70	////	02 21	03 47	▭	▭	▭	▭
68	////	02 49	04 01	02 41	▭	▭	▭
66	01 25	03 10	04 13	03 22	03 02	▭	▭
64	02 03	03 27	04 23	03 50	03 54	04 11	05 08
62	02 29	03 40	04 31	04 12	04 26	04 56	05 55
60	02 48	03 51	04 38	04 29	04 50	05 26	06 25
N 58	03 04	04 01	04 44	04 44	05 09	05 49	06 48
56	03 17	04 09	04 50	04 57	05 25	06 08	07 07
54	03 29	04 17	04 55	05 08	05 39	06 23	07 22
52	03 38	04 23	04 59	05 18	05 51	06 37	07 36
50	03 47	04 29	05 04	05 27	06 02	06 49	07 48
45	04 04	04 42	05 12	05 45	06 24	07 13	08 12
N 40	04 18	04 51	05 20	06 01	06 43	07 33	08 32
35	04 29	05 00	05 26	06 14	06 58	07 50	08 49
30	04 38	05 07	05 31	06 25	07 11	08 04	09 03
20	04 52	05 18	05 41	06 45	07 34	08 28	09 27
N 10	05 02	05 27	05 49	07 02	07 54	08 49	09 48
0	05 11	05 35	05 56	07 18	08 12	09 09	10 07
S 10	05 18	05 42	06 04	07 34	08 31	09 29	10 27
20	05 23	05 49	06 11	07 52	08 51	09 50	10 47
30	05 28	05 56	06 20	08 12	09 14	10 14	11 12
35	05 30	06 00	06 25	08 24	09 27	10 29	11 26
40	05 32	06 03	06 31	08 37	09 43	10 46	11 42
45	05 33	06 07	06 37	08 54	10 02	11 06	12 02
S 50	05 35	06 12	06 45	09 14	10 26	11 31	12 26
52	05 35	06 14	06 49	09 23	10 37	11 43	12 38
54	05 35	06 16	06 53	09 34	10 50	11 57	12 51
56	05 36	06 19	06 57	09 46	11 05	12 13	13 07
58	05 36	06 21	07 02	10 01	11 22	12 33	13 25
S 60	05 36	06 24	07 07	10 17	11 44	12 57	13 47

Lat.	Sunset	Twilight Civil	Twilight Naut.	Moonset 16	Moonset 17	Moonset 18	Moonset 19
°	h m	h m	h m	h m	h m	h m	h m
N 72	20 35	22 30	////	▭	▭	▭	▭
N 70	20 16	21 44	////	▭	▭	▭	▭
68	20 01	21 14	////	▭	▭	▭	▭
66	19 49	20 52	22 43	24 45	00 45	▭	▭
64	19 39	20 35	22 01	23 54	25 34	01 34	02 39
62	19 30	20 21	21 34	23 22	24 49	00 49	01 51
60	19 23	20 10	21 14	22 58	24 19	00 19	01 21
N 58	19 16	20 00	20 57	22 39	23 56	24 58	00 58
56	19 11	19 51	20 44	22 24	23 38	24 39	00 39
54	19 05	19 44	20 33	22 10	23 22	24 23	00 23
52	19 01	19 37	20 23	21 58	23 09	24 10	00 10
50	18 57	19 31	20 14	21 48	22 57	23 58	24 47
45	18 48	19 19	19 56	21 26	22 33	23 33	24 24
N 40	18 40	19 09	19 42	21 09	22 13	23 13	24 06
35	18 34	19 00	19 31	20 54	21 57	22 56	23 50
30	18 28	18 53	19 22	20 41	21 43	22 42	23 37
20	18 19	18 41	19 08	20 20	21 19	22 18	23 14
N 10	18 11	18 32	18 57	20 01	20 58	21 56	22 54
0	18 03	18 24	18 48	19 44	20 39	21 37	22 35
S 10	17 55	18 17	18 41	19 26	20 20	21 17	22 16
20	17 47	18 10	18 36	19 07	19 59	20 56	21 56
30	17 39	18 03	18 31	18 46	19 35	20 31	21 33
35	17 34	17 59	18 29	18 33	19 21	20 17	21 19
40	17 28	17 55	18 27	18 19	19 05	20 00	21 03
45	17 21	17 51	18 25	18 02	18 46	19 40	20 44
S 50	17 13	17 46	18 24	17 41	18 22	19 14	20 20
52	17 10	17 44	18 23	17 31	18 10	19 02	20 08
54	17 06	17 42	18 23	17 20	17 57	18 48	19 55
56	17 01	17 39	18 22	17 07	17 42	18 32	19 40
58	16 56	17 37	18 22	16 53	17 24	18 12	19 21
S 60	16 51	17 34	18 22	16 35	17 02	17 48	18 59

Day	SUN Eqn. of Time 00^h	SUN Eqn. of Time 12^h	SUN Mer. Pass.	MOON Mer. Pass. Upper	MOON Mer. Pass. Lower	MOON Age	MOON Phase
d	m s	m s	h m	h m	h m	d %	
16	00 04	00 11	12 00	13 31	01 05	02 4	
17	00 18	00 25	12 00	14 25	01 58	03 10	
18	00 32	00 38	11 59	15 23	02 54	04 17	

	UT	ARIES	VENUS −3.9		MARS +0.6		JUPITER −2.1		SATURN +0.7	
		GHA	GHA	Dec	GHA	Dec	GHA	Dec	GHA	Dec
	d h	° ′	° ′	° ′	° ′	° ′	° ′	° ′	° ′	° ′
	19 00	206 59.5	157 02.9	N18 38.1	75 56.6	N20 33.8	214 36.1	S 4 23.3	26 40.7	N 2 38.7
	01	222 02.0	172 02.3	39.0	90 58.2	33.5	229 38.1	23.1	41 43.3	38.8
	02	237 04.4	187 01.7	39.9	105 59.8	33.2	244 40.0	22.9	56 45.9	38.8
	03	252 06.9	202 01.1	. . 40.8	121 01.3	. . 32.9	259 42.0	. . 22.7	71 48.5	. . 38.9
	04	267 09.3	217 00.5	41.7	136 02.9	32.6	274 44.0	22.5	86 51.1	39.0
	05	282 11.8	231 59.8	42.6	151 04.5	32.3	289 45.9	22.3	101 53.7	39.0
	06	297 14.3	246 59.2	N18 43.4	166 06.1	N20 32.0	304 47.9	S 4 22.1	116 56.3	N 2 39.1
	07	312 16.7	261 58.6	44.3	181 07.7	31.7	319 49.9	21.9	131 59.0	39.1
	08	327 19.2	276 58.0	45.2	196 09.3	31.4	334 51.8	21.7	147 01.6	39.2
M	09	342 21.7	291 57.3	. . 46.1	211 10.9	. . 31.1	349 53.8	. . 21.5	162 04.2	. . 39.3
O	10	357 24.1	306 56.7	47.0	226 12.5	30.8	4 55.8	21.3	177 06.8	39.3
N	11	12 26.6	321 56.1	47.9	241 14.1	30.5	19 57.7	21.1	192 09.4	39.4
D	12	27 29.1	336 55.5	N18 48.7	256 15.6	N20 30.3	34 59.7	S 4 20.8	207 12.0	N 2 39.4
A	13	42 31.5	351 54.8	49.6	271 17.2	30.0	50 01.6	20.6	222 14.6	39.5
Y	14	57 34.0	6 54.2	50.5	286 18.8	29.7	65 03.6	20.4	237 17.2	39.5
	15	72 36.5	21 53.6	. . 51.4	301 20.4	. . 29.4	80 05.6	. . 20.2	252 19.8	. . 39.6
	16	87 38.9	36 52.9	52.3	316 22.0	29.1	95 07.5	20.0	267 22.4	39.7
	17	102 41.4	51 52.3	53.1	331 23.6	28.8	110 09.5	19.8	282 25.0	39.7
	18	117 43.8	66 51.7	N18 54.0	346 25.1	N20 28.5	125 11.5	S 4 19.6	297 27.7	N 2 39.8
	19	132 46.3	81 51.1	54.9	1 26.7	28.2	140 13.5	19.4	312 30.3	39.8
	20	147 48.8	96 50.4	55.8	16 28.3	27.9	155 15.4	19.2	327 32.9	39.9
	21	162 51.2	111 49.8	. . 56.6	31 29.9	. . 27.6	170 17.4	. . 19.0	342 35.5	. . 39.9
	22	177 53.7	126 49.2	57.5	46 31.5	27.3	185 19.4	18.8	357 38.1	40.0
	23	192 56.2	141 48.5	58.4	61 33.0	27.0	200 21.3	18.6	12 40.7	40.1
	20 00	207 58.6	156 47.9	N18 59.3	76 34.6	N20 26.7	215 23.3	S 4 18.4	27 43.3	N 2 40.1
	01	223 01.1	171 47.3	19 00.1	91 36.2	26.4	230 25.3	18.2	42 45.9	40.2
	02	238 03.6	186 46.6	01.0	106 37.8	26.1	245 27.2	18.0	57 48.5	40.2
	03	253 06.0	201 46.0	. . 01.9	121 39.4	. . 25.8	260 29.2	. . 17.8	72 51.1	. . 40.3
	04	268 08.5	216 45.4	02.7	136 40.9	25.5	275 31.2	17.5	87 53.7	40.3
	05	283 10.9	231 44.7	03.6	151 42.5	25.2	290 33.1	17.3	102 56.3	40.4
	06	298 13.4	246 44.1	N19 04.5	166 44.1	N20 24.9	305 35.1	S 4 17.1	117 58.9	N 2 40.5
	07	313 15.9	261 43.5	05.3	181 45.7	24.6	320 37.1	16.9	133 01.5	40.5
T	08	328 18.3	276 42.8	06.2	196 47.2	24.3	335 39.0	16.7	148 04.2	40.6
U	09	343 20.8	291 42.2	. . 07.1	211 48.8	. . 24.0	350 41.0	. . 16.5	163 06.8	. . 40.6
E	10	358 23.3	306 41.5	07.9	226 50.4	23.7	5 43.0	16.3	178 09.4	40.7
S	11	13 25.7	321 40.9	08.8	241 52.0	23.4	20 44.9	16.1	193 12.0	40.7
D	12	28 28.2	336 40.3	N19 09.7	256 53.5	N20 23.1	35 46.9	S 4 15.9	208 14.6	N 2 40.8
A	13	43 30.7	351 39.6	10.5	271 55.1	22.8	50 48.9	15.7	223 17.2	40.9
Y	14	58 33.1	6 39.0	11.4	286 56.7	22.5	65 50.8	15.5	238 19.8	40.9
	15	73 35.6	21 38.4	. . 12.2	301 58.2	. . 22.2	80 52.8	. . 15.3	253 22.4	. . 41.0
	16	88 38.1	36 37.7	13.1	316 59.8	22.0	95 54.8	15.1	268 25.0	41.0
	17	103 40.5	51 37.1	14.0	332 01.4	21.7	110 56.8	14.9	283 27.6	41.1
	18	118 43.0	66 36.4	N19 14.8	347 03.0	N20 21.4	125 58.7	S 4 14.7	298 30.2	N 2 41.1
	19	133 45.4	81 35.8	15.7	2 04.5	21.1	141 00.7	14.5	313 32.8	41.2
	20	148 47.9	96 35.2	16.5	17 06.1	20.8	156 02.7	14.3	328 35.4	41.2
	21	163 50.4	111 34.5	. . 17.4	32 07.7	. . 20.5	171 04.6	. . 14.1	343 38.0	. . 41.3
	22	178 52.8	126 33.9	18.2	47 09.2	20.2	186 06.6	13.9	358 40.6	41.4
	23	193 55.3	141 33.2	19.1	62 10.8	19.9	201 08.6	13.6	13 43.2	41.4
	21 00	208 57.8	156 32.6	N19 19.9	77 12.4	N20 19.6	216 10.5	S 4 13.4	28 45.8	N 2 41.5
	01	224 00.2	171 31.9	20.8	92 13.9	19.3	231 12.5	13.2	43 48.5	41.5
	02	239 02.7	186 31.3	21.6	107 15.5	19.0	246 14.5	13.0	58 51.1	41.6
	03	254 05.2	201 30.6	. . 22.5	122 17.1	. . 18.6	261 16.5	. . 12.8	73 53.7	. . 41.6
	04	269 07.6	216 30.0	23.3	137 18.6	18.3	276 18.4	12.6	88 56.3	41.7
	05	284 10.1	231 29.4	24.2	152 20.2	18.0	291 20.4	12.4	103 58.9	41.7
	06	299 12.6	246 28.7	N19 25.0	167 21.7	N20 17.7	306 22.4	S 4 12.2	119 01.5	N 2 41.8
W	07	314 15.0	261 28.1	25.9	182 23.3	17.4	321 24.3	12.0	134 04.1	41.9
E	08	329 17.5	276 27.4	26.7	197 24.9	17.1	336 26.3	11.8	149 06.7	41.9
D	09	344 19.9	291 26.8	. . 27.6	212 26.4	. . 16.8	351 28.3	. . 11.6	164 09.3	. . 42.0
N	10	359 22.4	306 26.1	28.4	227 28.0	16.5	6 30.2	11.4	179 11.9	42.0
E	11	14 24.9	321 25.5	29.2	242 29.5	16.2	21 32.2	11.2	194 14.5	42.1
S	12	29 27.3	336 24.8	N19 30.1	257 31.1	N20 15.9	36 34.2	S 4 11.0	209 17.1	N 2 42.1
D	13	44 29.8	351 24.2	30.9	272 32.7	15.6	51 36.2	10.8	224 19.7	42.2
A	14	59 32.3	6 23.5	31.8	287 34.2	15.3	66 38.1	10.6	239 22.3	42.2
Y	15	74 34.7	21 22.9	. . 32.6	302 35.8	. . 15.0	81 40.1	. . 10.4	254 24.9	. . 42.3
	16	89 37.2	36 22.2	33.4	317 37.3	14.7	96 42.1	10.2	269 27.5	42.4
	17	104 39.7	51 21.6	34.3	332 38.9	14.4	111 44.1	10.0	284 30.1	42.4
	18	119 42.1	66 20.9	N19 35.1	347 40.5	N20 14.1	126 46.0	S 4 09.8	299 32.7	N 2 42.5
	19	134 44.6	81 20.3	35.9	2 42.0	13.8	141 48.0	09.6	314 35.3	42.5
	20	149 47.1	96 19.6	36.8	17 43.6	13.5	156 50.0	09.4	329 37.9	42.6
	21	164 49.5	111 19.0	. . 37.6	32 45.1	. . 13.2	171 51.9	. . 09.2	344 40.5	. . 42.6
	22	179 52.0	126 18.3	38.4	47 46.7	12.9	186 53.9	08.9	359 43.1	42.7
	23	194 54.4	141 17.7	39.3	62 48.2	12.6	201 55.9	08.7	14 45.7	42.7
	Mer. Pass.	h m 10 06.4	v −0.6	d 0.9	v 1.6	d 0.3	v 2.0	d 0.2	v 2.6	d 0.1

STARS

Name	SHA	Dec
	° ′	° ′
Acamar	315 20.4	S40 15.9
Achernar	335 28.9	S57 11.0
Acrux	173 11.5	S63 09.7
Adhara	255 14.5	S28 59.4
Aldebaran	290 52.3	N16 31.8
Alioth	166 22.0	N55 54.1
Alkaid	153 00.1	N49 15.6
Al Na'ir	27 46.7	S46 54.5
Alnilam	275 48.9	S 1 11.8
Alphard	217 58.3	S 8 42.4
Alphecca	126 12.6	N26 40.6
Alpheratz	357 46.3	N29 08.8
Altair	62 10.5	N 8 53.6
Ankaa	353 18.2	S42 14.9
Antares	112 28.8	S26 27.3
Arcturus	145 57.5	N19 07.5
Atria	107 32.4	S69 02.6
Avior	234 19.0	S59 32.9
Bellatrix	278 34.7	N 6 21.5
Betelgeuse	271 04.0	N 7 24.5
Canopus	263 57.4	S52 42.4
Capella	280 38.2	N46 00.6
Deneb	49 33.2	N45 18.8
Denebola	182 35.7	N14 30.7
Diphda	348 58.5	S17 55.8
Dubhe	193 53.8	N61 41.8
Elnath	278 15.8	N28 37.0
Eltanin	90 46.9	N51 28.9
Enif	33 49.5	N 9 55.3
Fomalhaut	15 26.7	S29 33.9
Gacrux	172 03.1	S57 10.5
Gienah	175 54.4	S17 36.2
Hadar	148 50.7	S60 25.5
Hamal	328 03.8	N23 30.6
Kaus Aust.	83 46.7	S34 22.7
Kochab	137 18.5	N74 06.6
Markab	13 40.9	N15 15.6
Menkar	314 17.8	N 4 07.8
Menkent	148 10.0	S36 25.4
Miaplacidus	221 40.1	S69 46.0
Mirfak	308 44.2	N49 53.9
Nunki	76 01.0	S26 17.0
Peacock	53 22.8	S56 41.8
Pollux	243 30.6	N28 00.1
Procyon	245 02.2	N 5 11.8
Rasalhague	96 08.4	N12 33.0
Regulus	207 45.8	N11 54.9
Rigel	281 14.5	S 8 11.5
Rigil Kent.	139 54.4	S60 52.7
Sabik	102 15.0	S15 44.3
Schedar	349 43.9	N56 35.6
Shaula	96 24.8	S37 06.6
Sirius	258 35.9	S16 44.0
Spica	158 33.4	S11 13.1
Suhail	222 54.1	S43 28.8
Vega	80 40.4	N38 47.3
Zuben'ubi	137 07.7	S16 05.2

	SHA	Mer. Pass.
	° ′	h m
Venus	308 49.3	13 33
Mars	228 36.0	18 52
Jupiter	7 24.7	9 37
Saturn	179 44.7	22 05

	UT	SUN GHA	SUN Dec	MOON GHA	v	MOON Dec	d	HP
	d h	° ′	° ′	° ′	′	° ′	′	′
	19 00	180 11.3	N11 03.7	124 17.0	5.9	N25 07.5	1.1	58.0
	01	195 11.5	04.6	138 41.9	5.9	25 06.4	1.3	58.0
	02	210 11.6	05.4	153 06.8	5.9	25 05.1	1.5	58.0
	03	225 11.7	. . 06.3	167 31.7	5.9	25 03.6	1.6	58.1
	04	240 11.9	07.2	181 56.6	5.9	25 02.0	1.8	58.1
	05	255 12.0	08.0	196 21.5	5.9	25 00.2	1.9	58.1
	06	270 12.1	N11 08.9	210 46.4	5.9	N24 58.3	2.1	58.1
	07	285 12.3	09.8	225 11.3	5.9	24 56.2	2.3	58.1
	08	300 12.4	10.6	239 36.2	5.9	24 53.9	2.4	58.2
M	09	315 12.5	. . 11.5	254 01.1	5.9	24 51.5	2.6	58.2
O	10	330 12.7	12.4	268 26.0	5.9	24 48.9	2.7	58.2
N	11	345 12.8	13.2	282 50.9	5.9	24 46.2	2.9	58.2
D	12	0 12.9	N11 14.1	297 15.8	5.9	N24 43.3	3.0	58.2
A	13	15 13.1	15.0	311 40.7	6.0	24 40.3	3.2	58.2
Y	14	30 13.2	15.8	326 05.7	5.9	24 37.1	3.4	58.3
	15	45 13.3	. . 16.7	340 30.6	6.0	24 33.7	3.5	58.3
	16	60 13.5	17.5	354 55.6	5.9	24 30.2	3.7	58.3
	17	75 13.6	18.4	9 20.5	6.0	24 26.5	3.8	58.3
	18	90 13.7	N11 19.3	23 45.5	6.0	N24 22.7	4.0	58.3
	19	105 13.9	20.1	38 10.5	6.1	24 18.7	4.1	58.4
	20	120 14.0	21.0	52 35.6	6.0	24 14.6	4.3	58.4
	21	135 14.1	. . 21.9	67 00.6	6.1	24 10.3	4.5	58.4
	22	150 14.3	22.7	81 25.7	6.1	24 05.8	4.6	58.4
	23	165 14.4	23.6	95 50.8	6.1	24 01.2	4.8	58.4
	20 00	180 14.5	N11 24.4	110 15.9	6.2	N23 56.4	4.9	58.4
	01	195 14.7	25.3	124 41.1	6.1	23 51.5	5.0	58.5
	02	210 14.8	26.2	139 06.2	6.2	23 46.5	5.2	58.5
	03	225 14.9	. . 27.0	153 31.4	6.3	23 41.3	5.4	58.5
	04	240 15.1	27.9	167 56.7	6.2	23 35.9	5.5	58.5
	05	255 15.2	28.7	182 21.9	6.3	23 30.4	5.7	58.5
	06	270 15.3	N11 29.6	196 47.2	6.4	N23 24.7	5.8	58.5
	07	285 15.5	30.4	211 12.6	6.3	23 18.9	6.0	58.6
T	08	300 15.6	31.3	225 37.9	6.4	23 12.9	6.1	58.6
U	09	315 15.7	. . 32.2	240 03.3	6.5	23 06.8	6.3	58.6
E	10	330 15.9	33.0	254 28.8	6.4	23 00.5	6.4	58.6
S	11	345 16.0	33.9	268 54.2	6.5	22 54.1	6.5	58.6
D	12	0 16.1	N11 34.7	283 19.7	6.6	N22 47.6	6.7	58.6
A	13	15 16.2	35.6	297 45.3	6.6	22 40.9	6.9	58.7
Y	14	30 16.4	36.4	312 10.9	6.6	22 34.0	7.0	58.7
	15	45 16.5	. . 37.3	326 36.5	6.7	22 27.0	7.1	58.7
	16	60 16.6	38.1	341 02.2	6.7	22 19.9	7.3	58.7
	17	75 16.8	39.0	355 27.9	6.8	22 12.6	7.4	58.7
	18	90 16.9	N11 39.9	9 53.7	6.8	N22 05.2	7.5	58.7
	19	105 17.0	40.7	24 19.5	6.9	21 57.7	7.7	58.8
	20	120 17.2	41.6	38 45.4	6.9	21 50.0	7.9	58.8
	21	135 17.3	. . 42.4	53 11.3	7.0	21 42.1	7.9	58.8
	22	150 17.4	43.3	67 37.3	7.0	21 34.2	8.2	58.8
	23	165 17.5	44.1	82 03.3	7.0	21 26.0	8.2	58.8
	21 00	180 17.7	N11 45.0	96 29.3	7.1	N21 17.8	8.4	58.8
	01	195 17.8	45.8	110 55.4	7.2	21 09.4	8.5	58.9
	02	210 17.9	46.7	125 21.6	7.2	21 00.9	8.6	58.9
	03	225 18.0	. . 47.5	139 47.8	7.3	20 52.3	8.8	58.9
	04	240 18.2	48.4	154 14.1	7.3	20 43.5	8.9	58.9
	05	255 18.3	49.2	168 40.4	7.3	20 34.6	9.0	58.9
	06	270 18.4	N11 50.1	183 06.7	7.5	N20 25.6	9.2	58.9
W	07	285 18.6	50.9	197 33.2	7.4	20 16.4	9.3	59.0
E	08	300 18.7	51.8	211 59.6	7.5	20 07.1	9.4	59.0
D	09	315 18.8	. . 52.6	226 26.1	7.6	19 57.7	9.6	59.0
N	10	330 18.9	53.5	240 52.7	7.7	19 48.1	9.6	59.0
E	11	345 19.1	54.3	255 19.4	7.6	19 38.5	9.8	59.0
S	12	0 19.2	N11 55.2	269 46.0	7.8	N19 28.7	9.9	59.0
D	13	15 19.3	56.0	284 12.8	7.8	19 18.8	10.1	59.0
A	14	30 19.4	56.9	298 39.6	7.8	19 08.7	10.1	59.1
Y	15	45 19.6	. . 57.7	313 06.4	7.9	18 58.6	10.3	59.1
	16	60 19.7	58.6	327 33.3	8.0	18 48.3	10.4	59.1
	17	75 19.8	11 59.4	342 00.3	8.0	18 37.9	10.5	59.1
	18	90 19.9	N12 00.2	356 27.3	8.1	N18 27.4	10.6	59.1
	19	105 20.1	01.1	10 54.4	8.1	18 16.8	10.7	59.1
	20	120 20.2	01.9	25 21.5	8.2	18 06.1	10.9	59.1
	21	135 20.3	. . 02.8	39 48.7	8.3	17 55.2	10.9	59.2
	22	150 20.4	03.6	54 16.0	8.3	17 44.3	11.1	59.2
	23	165 20.6	04.5	68 43.3	8.3	N17 33.2	11.2	59.2
		SD 15.9	d 0.9	SD	15.9	16.0		16.1

Lat.	Twilight Naut.	Twilight Civil	Sunrise	Moonrise 19	Moonrise 20	Moonrise 21	Moonrise 22
°	h m	h m	h m	h m	h m	h m	h m
N 72	////	00 58	03 10	▭	▭	▭	08 52
N 70	////	01 58	03 31	▭	▭	▭	09 32
68	////	02 32	03 48	▭	▭	07 33	09 59
66	00 50	02 56	04 01	▭	05 52	08 15	10 19
64	01 43	03 14	04 12	05 08	06 49	08 43	10 36
62	02 14	03 29	04 21	05 55	07 22	09 04	10 49
60	02 36	03 42	04 29	06 25	07 47	09 21	11 00
N 58	02 53	03 52	04 36	06 48	08 06	09 36	11 10
56	03 08	04 01	04 43	07 07	08 22	09 48	11 18
54	03 20	04 09	04 48	07 22	08 36	09 59	11 26
52	03 30	04 16	04 53	07 36	08 48	10 08	11 32
50	03 40	04 23	04 58	07 48	08 59	10 17	11 39
45	03 58	04 36	05 07	08 12	09 21	10 35	11 51
N 40	04 13	04 47	05 15	08 32	09 38	10 49	12 02
35	04 24	04 56	05 22	08 49	09 53	11 02	12 11
30	04 34	05 03	05 28	09 03	10 06	11 12	12 19
20	04 49	05 16	05 38	09 27	10 28	11 31	12 33
N 10	05 01	05 26	05 47	09 48	10 47	11 47	12 45
0	05 10	05 34	05 56	10 07	11 05	12 02	12 56
S 10	05 18	05 42	06 04	10 27	11 23	12 16	13 07
20	05 24	05 50	06 12	10 47	11 42	12 32	13 19
30	05 30	05 58	06 22	11 12	12 04	12 50	13 32
35	05 32	06 02	06 28	11 26	12 16	13 01	13 40
40	05 35	06 06	06 34	11 42	12 31	13 13	13 48
45	05 37	06 11	06 41	12 02	12 48	13 27	13 59
S 50	05 39	06 17	06 50	12 26	13 10	13 44	14 11
52	05 40	06 19	06 54	12 38	13 20	13 52	14 17
54	05 40	06 22	06 58	12 51	13 31	14 01	14 23
56	05 41	06 24	07 03	13 07	13 45	14 11	14 30
58	05 42	06 28	07 08	13 25	14 00	14 22	14 37
S 60	05 42	06 31	07 14	13 47	14 18	14 35	14 46

Lat.	Sunset	Twilight Civil	Twilight Naut.	Moonset 19	Moonset 20	Moonset 21	Moonset 22
°	h m	h m	h m	h m	h m	h m	h m
N 72	20 52	23 19	////	▭	▭	▭	04 54
N 70	20 30	22 06	////	▭	▭	▭	04 12
68	20 13	21 31	////	▭	▭	04 16	03 44
66	19 59	21 06	23 25	▭	03 56	03 33	03 22
64	19 48	20 47	22 21	02 39	02 59	03 04	03 05
62	19 38	20 31	21 48	01 51	02 25	02 42	02 50
60	19 30	20 18	21 25	01 21	02 01	02 24	02 38
N 58	19 23	20 08	21 07	00 58	01 41	02 09	02 28
56	19 17	19 58	20 52	00 39	01 24	01 56	02 18
54	19 11	19 50	20 40	00 23	01 10	01 45	02 10
52	19 06	19 43	20 29	00 10	00 58	01 35	02 03
50	19 01	19 36	20 20	24 47	00 47	01 26	01 56
45	18 52	19 23	20 01	24 24	00 24	01 07	01 41
N 40	18 43	19 12	19 46	24 06	00 06	00 51	01 29
35	18 36	19 03	19 34	23 50	24 38	00 38	01 19
30	18 30	18 55	19 24	23 37	24 26	00 26	01 10
20	18 20	18 42	19 09	23 14	24 06	00 06	00 54
N 10	18 11	18 32	18 57	22 54	23 49	24 41	00 41
0	18 02	18 23	18 48	22 35	23 32	24 28	00 28
S 10	17 54	18 15	18 40	22 16	23 16	24 15	00 15
20	17 45	18 08	18 34	21 56	22 58	24 00	00 00
30	17 35	18 00	18 28	21 33	22 38	23 44	24 51
35	17 30	17 56	18 25	21 19	22 26	23 35	24 44
40	17 24	17 51	18 23	21 03	22 12	23 24	24 37
45	17 16	17 46	18 20	20 44	21 55	23 11	24 28
S 50	17 07	17 41	18 18	20 20	21 35	22 55	24 18
52	17 03	17 38	18 17	20 08	21 25	22 48	24 13
54	16 59	17 35	18 17	19 55	21 14	22 39	24 07
56	16 54	17 32	18 16	19 40	21 01	22 30	24 01
58	16 49	17 29	18 15	19 21	20 47	22 20	23 54
S 60	16 42	17 26	18 14	18 59	20 29	22 07	23 47

Day	SUN Eqn. of Time 00^h	SUN Eqn. of Time 12^h	SUN Mer. Pass.	MOON Mer. Pass. Upper	MOON Mer. Pass. Lower	Age	Phase
d	m s	m s	h m	h m	h m	d %	
19	00 45	00 51	11 59	16 21	03 52	05 26	
20	00 58	01 04	11 59	17 19	04 50	06 36	
21	01 10	01 17	11 59	18 15	05 47	07 47	

2010 APRIL 22, 23, 24 (THURS., FRI., SAT.)

UT	ARIES	VENUS −3.9		MARS +0.6		JUPITER −2.1		SATURN +0.8		STARS		
	GHA	GHA	Dec	GHA	Dec	GHA	Dec	GHA	Dec	Name	SHA	Dec
d h	° ′	° ′	° ′	° ′	° ′	° ′	° ′	° ′	° ′		° ′	° ′
22 00 (THURSDAY)	209 56.9	156 17.0	N19 40.1	77 49.8	N20 12.3	216 57.9	S 4 08.5	29 48.3	N 2 42.8	Acamar	315 20.4	S40 15.8
01	224 59.4	171 16.3	40.9	92 51.3	12.0	231 59.8	08.3	44 50.9	42.8	Achernar	335 28.9	S57 11.0
02	240 01.8	186 15.7	41.8	107 52.9	11.7	247 01.8	08.1	59 53.5	42.9	Acrux	173 11.5	S63 09.7
03	255 04.3	201 15.0	. . 42.6	122 54.4	. . 11.4	262 03.8	. . 07.9	74 56.1	. . 43.0	Adhara	255 14.5	S28 59.4
04	270 06.8	216 14.4	43.4	137 56.0	11.1	277 05.7	07.7	89 58.7	43.0	Aldebaran	290 52.3	N16 31.8
05	285 09.2	231 13.7	44.2	152 57.5	10.8	292 07.7	07.5	105 01.3	43.1			
06	300 11.7	246 13.1	N19 45.1	167 59.1	N20 10.4	307 09.7	S 4 07.3	120 03.9	N 2 43.1	Alioth	166 22.0	N55 54.2
07	315 14.2	261 12.4	45.9	183 00.6	10.1	322 11.7	07.1	135 06.6	43.2	Alkaid	153 00.1	N49 15.6
08	330 16.6	276 11.8	46.7	198 02.2	09.8	337 13.6	06.9	150 09.2	43.2	Al Na'ir	27 46.7	S46 54.4
09	345 19.1	291 11.1	. . 47.5	213 03.7	. . 09.5	352 15.6	. . 06.7	165 11.8	. . 43.3	Alnilam	275 48.9	S 1 11.8
10	0 21.5	306 10.4	48.3	228 05.3	09.2	7 17.6	06.5	180 14.4	43.3	Alphard	217 58.3	S 8 42.4
11	15 24.0	321 09.8	49.2	243 06.8	08.9	22 19.6	06.3	195 17.0	43.4			
12	30 26.5	336 09.1	N19 50.0	258 08.4	N20 08.6	37 21.5	S 4 06.1	210 19.6	N 2 43.4	Alphecca	126 12.6	N26 40.6
13	45 28.9	351 08.5	50.8	273 09.9	08.3	52 23.5	05.9	225 22.2	43.5	Alpheratz	357 46.3	N29 08.8
14	60 31.4	6 07.8	51.6	288 11.5	08.0	67 25.5	05.7	240 24.8	43.6	Altair	62 10.4	N 8 53.6
15	75 33.9	21 07.1	. . 52.4	303 13.0	. . 07.7	82 27.5	. . 05.5	255 27.4	. . 43.6	Ankaa	353 18.2	S42 14.9
16	90 36.3	36 06.5	53.2	318 14.6	07.4	97 29.4	05.3	270 30.0	43.7	Antares	112 28.8	S26 27.4
17	105 38.8	51 05.8	54.1	333 16.1	07.1	112 31.4	05.1	285 32.6	43.7			
18	120 41.3	66 05.1	N19 54.9	348 17.7	N20 06.8	127 33.4	S 4 04.9	300 35.2	N 2 43.8	Arcturus	145 57.5	N19 07.5
19	135 43.7	81 04.5	55.7	3 19.2	06.4	142 35.4	04.7	315 37.8	43.8	Atria	107 32.4	S69 02.6
20	150 46.2	96 03.8	56.5	18 20.7	06.1	157 37.3	04.5	330 40.4	43.9	Avior	234 19.1	S59 32.9
21	165 48.7	111 03.2	. . 57.3	33 22.3	. . 05.8	172 39.3	. . 04.3	345 43.0	. . 43.9	Bellatrix	278 34.7	N 6 21.5
22	180 51.1	126 02.5	58.1	48 23.8	05.5	187 41.3	04.1	0 45.6	44.0	Betelgeuse	271 04.0	N 7 24.5
23	195 53.6	141 01.8	58.9	63 25.4	05.2	202 43.3	03.9	15 48.2	44.0			
23 00 (FRIDAY)	210 56.0	156 01.2	N19 59.7	78 26.9	N20 04.9	217 45.2	S 4 03.7	30 50.8	N 2 44.1	Canopus	263 57.4	S52 42.4
01	225 58.5	171 00.5	20 00.5	93 28.5	04.6	232 47.2	03.5	45 53.4	44.1	Capella	280 38.2	N46 00.6
02	241 01.0	185 59.8	01.4	108 30.0	04.3	247 49.2	03.3	60 56.0	44.2	Deneb	49 33.2	N45 18.8
03	256 03.4	200 59.2	. . 02.2	123 31.5	. . 04.0	262 51.2	. . 03.1	75 58.6	. . 44.2	Denebola	182 35.7	N14 30.7
04	271 05.9	215 58.5	03.0	138 33.1	03.7	277 53.1	02.9	91 01.2	44.3	Diphda	348 58.5	S17 55.8
05	286 08.4	230 57.8	03.8	153 34.6	03.4	292 55.1	02.7	106 03.8	44.4			
06	301 10.8	245 57.2	N20 04.6	168 36.2	N20 03.0	307 57.1	S 4 02.5	121 06.4	N 2 44.4	Dubhe	193 53.8	N61 41.8
07	316 13.3	260 56.5	05.4	183 37.7	02.7	322 59.1	02.2	136 09.0	44.5	Elnath	278 15.8	N28 37.0
08	331 15.8	275 55.8	06.2	198 39.2	02.4	338 01.0	02.0	151 11.6	44.5	Eltanin	90 46.9	N51 29.0
09	346 18.2	290 55.2	. . 07.0	213 40.8	. . 02.1	353 03.0	. . 01.8	166 14.2	. . 44.6	Enif	33 49.5	N 9 55.3
10	1 20.7	305 54.5	07.8	228 42.3	01.8	8 05.0	01.6	181 16.8	44.6	Fomalhaut	15 26.7	S29 33.9
11	16 23.2	320 53.8	08.6	243 43.8	01.5	23 07.0	01.4	196 19.4	44.7			
12	31 25.6	335 53.1	N20 09.4	258 45.4	N20 01.2	38 09.0	S 4 01.2	211 22.0	N 2 44.7	Gacrux	172 03.1	S57 10.5
13	46 28.1	350 52.5	10.2	273 46.9	00.9	53 10.9	01.0	226 24.5	44.8	Gienah	175 54.4	S17 36.2
14	61 30.5	5 51.8	11.0	288 48.4	00.5	68 12.9	00.8	241 27.1	44.8	Hadar	148 50.7	S60 25.5
15	76 33.0	20 51.1	. . 11.7	303 50.0	20 00.2	83 14.9	. . 00.6	256 29.7	. . 44.9	Hamal	328 03.8	N23 30.6
16	91 35.5	35 50.5	12.5	318 51.5	19 59.9	98 16.9	00.4	271 32.3	44.9	Kaus Aust.	83 46.7	S34 22.7
17	106 37.9	50 49.8	13.3	333 53.0	59.6	113 18.8	00.2	286 34.9	45.0			
18	121 40.4	65 49.1	N20 14.1	348 54.6	N19 59.3	128 20.8	S 4 00.0	301 37.5	N 2 45.0	Kochab	137 18.5	N74 06.6
19	136 42.9	80 48.4	14.9	3 56.1	59.0	143 22.8	3 59.8	316 40.1	45.1	Markab	13 40.9	N15 15.6
20	151 45.3	95 47.8	15.7	18 57.6	58.7	158 24.8	59.6	331 42.7	45.1	Menkar	314 17.8	N 4 07.8
21	166 47.8	110 47.1	. . 16.5	33 59.2	. . 58.4	173 26.8	. . 59.4	346 45.3	. . 45.2	Menkent	148 10.0	S36 25.4
22	181 50.3	125 46.4	17.3	49 00.7	58.0	188 28.7	59.2	1 47.9	45.2	Miaplacidus	221 40.2	S69 46.0
23	196 52.7	140 45.7	18.1	64 02.2	57.7	203 30.7	59.0	16 50.5	45.3			
24 00 (SATURDAY)	211 55.2	155 45.1	N20 18.9	79 03.8	N19 57.4	218 32.7	S 3 58.8	31 53.1	N 2 45.3	Mirfak	308 44.2	N49 53.9
01	226 57.6	170 44.4	19.6	94 05.3	57.1	233 34.7	58.6	46 55.7	45.4	Nunki	76 01.0	S26 17.0
02	242 00.1	185 43.7	20.4	109 06.8	56.8	248 36.6	58.4	61 58.3	45.5	Peacock	53 22.8	S56 41.8
03	257 02.6	200 43.0	. . 21.2	124 08.3	. . 56.5	263 38.6	. . 58.2	77 00.9	. . 45.5	Pollux	243 30.6	N28 00.1
04	272 05.0	215 42.4	22.0	139 09.9	56.2	278 40.6	58.0	92 03.5	45.6	Procyon	245 02.2	N 5 11.8
05	287 07.5	230 41.7	22.8	154 11.4	55.8	293 42.6	57.8	107 06.1	45.6			
06	302 10.0	245 41.0	N20 23.5	169 12.9	N19 55.5	308 44.6	S 3 57.6	122 08.7	N 2 45.7	Rasalhague	96 08.4	N12 33.0
07	317 12.4	260 40.3	24.3	184 14.4	55.2	323 46.5	57.4	137 11.3	45.7	Regulus	207 45.8	N11 54.9
08	332 14.9	275 39.6	25.1	199 16.0	54.9	338 48.5	57.2	152 13.9	45.8	Rigel	281 14.5	S 8 11.5
09	347 17.4	290 39.0	. . 25.9	214 17.5	. . 54.6	353 50.5	. . 57.0	167 16.5	. . 45.8	Rigil Kent.	139 54.4	S60 52.8
10	2 19.8	305 38.3	26.7	229 19.0	54.3	8 52.5	56.8	182 19.1	45.9	Sabik	102 14.9	S15 44.3
11	17 22.3	320 37.6	27.4	244 20.5	53.9	23 54.5	56.6	197 21.7	45.9			
12	32 24.8	335 36.9	N20 28.2	259 22.1	N19 53.6	38 56.4	S 3 56.4	212 24.3	N 2 46.0	Schedar	349 43.9	N56 35.6
13	47 27.2	350 36.2	29.0	274 23.6	53.3	53 58.4	56.2	227 26.9	46.0	Shaula	96 24.8	S37 06.6
14	62 29.7	5 35.6	29.8	289 25.1	53.0	69 00.4	56.0	242 29.5	46.1	Sirius	258 35.9	S16 44.0
15	77 32.1	20 34.9	. . 30.5	304 26.6	. . 52.7	84 02.4	. . 55.8	257 32.1	. . 46.1	Spica	158 33.4	S11 13.1
16	92 34.6	35 34.2	31.3	319 28.2	52.4	99 04.4	55.6	272 34.7	46.2	Suhail	222 54.1	S43 28.8
17	107 37.1	50 33.5	32.1	334 29.7	52.0	114 06.3	55.4	287 37.3	46.2			
18	122 39.5	65 32.8	N20 32.8	349 31.2	N19 51.7	129 08.3	S 3 55.2	302 39.9	N 2 46.3	Vega	80 40.3	N38 47.3
19	137 42.0	80 32.1	33.6	4 32.7	51.4	144 10.3	55.0	317 42.4	46.3	Zuben'ubi	137 07.7	S16 05.3
20	152 44.5	95 31.5	34.4	19 34.2	51.1	159 12.3	54.8	332 45.0	46.4			
21	167 46.9	110 30.8	. . 35.1	34 35.8	. . 50.8	174 14.3	. . 54.6	347 47.6	. . 46.4			
22	182 49.4	125 30.1	35.9	49 37.3	50.5	189 16.2	54.4	2 50.2	46.5			
23	197 51.9	140 29.4	36.7	64 38.8	50.1	204 18.2	54.2	17 52.8	46.5			
Mer. Pass. (h m)	9 54.6	*v* −0.7	*d* 0.8	*v* 1.5	*d* 0.3	*v* 2.0	*d* 0.2	*v* 2.6	*d* 0.1			

	SHA (° ′)	Mer. Pass. (h m)
Venus	305 05.1	13 37
Mars	227 30.9	18 44
Jupiter	6 49.2	9 28
Saturn	179 54.7	21 53

Day	UT d h	SUN GHA ° ′	SUN Dec ° ′	MOON GHA ° ′	v ′	MOON Dec ° ′	d ′	HP ′
THURSDAY	22 00	180 20.7	N12 05.3	83 10.6	8.4	N17 22.0	11.2	59.2
	01	195 20.8	06.2	97 38.0	8.5	17 10.8	11.4	59.2
	02	210 20.9	07.0	112 05.5	8.5	16 59.4	11.5	59.2
	03	225 21.1	. . 07.8	126 33.0	8.6	16 47.9	11.6	59.2
	04	240 21.2	08.7	141 00.6	8.6	16 36.3	11.7	59.3
	05	255 21.3	09.5	155 28.2	8.7	16 24.6	11.8	59.3
	06	270 21.4	N12 10.4	169 55.9	8.7	N16 12.8	11.9	59.3
	07	285 21.5	11.2	184 23.6	8.8	16 00.9	12.0	59.3
	08	300 21.7	12.1	198 51.4	8.9	15 48.9	12.1	59.3
	09	315 21.8	. . 12.9	213 19.3	8.9	15 36.8	12.2	59.3
	10	330 21.9	13.7	227 47.2	8.9	15 24.6	12.2	59.3
	11	345 22.0	14.6	242 15.1	9.0	15 12.4	12.4	59.3
	12	0 22.2	N12 15.4	256 43.1	9.1	N15 00.0	12.5	59.4
	13	15 22.3	16.2	271 11.2	9.1	14 47.5	12.5	59.4
	14	30 22.4	17.1	285 39.3	9.1	14 35.0	12.7	59.4
	15	45 22.5	. . 17.9	300 07.4	9.2	14 22.3	12.7	59.4
	16	60 22.6	18.8	314 35.6	9.3	14 09.6	12.8	59.4
	17	75 22.8	19.6	329 03.9	9.3	13 56.8	12.9	59.4
	18	90 22.9	N12 20.4	343 32.2	9.4	N13 43.9	13.0	59.4
	19	105 23.0	21.3	358 00.6	9.4	13 30.9	13.1	59.4
	20	120 23.1	22.1	12 29.0	9.4	13 17.8	13.1	59.4
	21	135 23.2	. . 22.9	26 57.4	9.5	13 04.7	13.2	59.5
	22	150 23.4	23.8	41 25.9	9.6	12 51.5	13.3	59.5
	23	165 23.5	24.6	55 54.5	9.6	12 38.2	13.4	59.5
FRIDAY	23 00	180 23.6	N12 25.5	70 23.1	9.6	N12 24.8	13.5	59.5
	01	195 23.7	26.3	84 51.7	9.7	12 11.3	13.5	59.5
	02	210 23.8	27.1	99 20.4	9.7	11 57.8	13.6	59.5
	03	225 24.0	. . 28.0	113 49.1	9.8	11 44.2	13.7	59.5
	04	240 24.1	28.8	128 17.9	9.8	11 30.5	13.7	59.5
	05	255 24.2	29.6	142 46.7	9.8	11 16.8	13.8	59.5
	06	270 24.3	N12 30.5	157 15.5	9.9	N11 03.0	13.9	59.5
	07	285 24.4	31.3	171 44.4	10.0	10 49.1	13.9	59.5
	08	300 24.6	32.1	186 13.4	9.9	10 35.2	14.0	59.6
	09	315 24.7	. . 33.0	200 42.3	10.1	10 21.2	14.1	59.6
	10	330 24.8	33.8	215 11.4	10.0	10 07.1	14.1	59.6
	11	345 24.9	34.6	229 40.4	10.1	9 53.0	14.2	59.6
	12	0 25.0	N12 35.4	244 09.5	10.1	N 9 38.8	14.3	59.6
	13	15 25.1	36.3	258 38.6	10.2	9 24.5	14.3	59.6
	14	30 25.3	37.1	273 07.8	10.2	9 10.2	14.3	59.6
	15	45 25.4	. . 37.9	287 37.0	10.2	8 55.9	14.4	59.6
	16	60 25.5	38.8	302 06.2	10.3	8 41.5	14.5	59.6
	17	75 25.6	39.6	316 35.5	10.3	8 27.0	14.5	59.6
	18	90 25.7	N12 40.4	331 04.8	10.3	N 8 12.5	14.5	59.6
	19	105 25.8	41.3	345 34.1	10.4	7 58.0	14.7	59.6
	20	120 25.9	42.1	0 03.5	10.4	7 43.3	14.6	59.6
	21	135 26.1	. . 42.9	14 32.9	10.4	7 28.7	14.7	59.7
	22	150 26.2	43.7	29 02.3	10.4	7 14.0	14.7	59.7
	23	165 26.3	44.6	43 31.7	10.5	6 59.3	14.8	59.7
SATURDAY	24 00	180 26.4	N12 45.4	58 01.2	10.5	N 6 44.5	14.8	59.7
	01	195 26.5	46.2	72 30.7	10.5	6 29.7	14.9	59.7
	02	210 26.6	47.0	87 00.2	10.5	6 14.8	14.9	59.7
	03	225 26.8	. . 47.9	101 29.7	10.6	5 59.9	14.9	59.7
	04	240 26.9	48.7	115 59.3	10.6	5 45.0	15.0	59.7
	05	255 27.0	49.5	130 28.9	10.6	5 30.0	15.0	59.7
	06	270 27.1	N12 50.3	144 58.5	10.6	N 5 15.0	15.0	59.7
	07	285 27.2	51.2	159 28.1	10.7	5 00.0	15.1	59.7
	08	300 27.3	52.0	173 57.8	10.6	4 44.9	15.1	59.7
	09	315 27.4	. . 52.8	188 27.4	10.7	4 29.8	15.1	59.7
	10	330 27.5	53.6	202 57.1	10.7	4 14.7	15.1	59.7
	11	345 27.7	54.5	217 26.8	10.7	3 59.6	15.2	59.7
	12	0 27.8	N12 55.3	231 56.5	10.8	N 3 44.4	15.2	59.7
	13	15 27.9	56.1	246 26.3	10.7	3 29.2	15.2	59.7
	14	30 28.0	56.9	260 56.0	10.8	3 14.0	15.2	59.7
	15	45 28.1	. . 57.7	275 25.8	10.7	2 58.8	15.3	59.7
	16	60 28.2	58.6	289 55.5	10.8	2 43.5	15.2	59.7
	17	75 28.3	12 59.4	304 25.3	10.8	2 28.3	15.3	59.7
	18	90 28.4	N13 00.2	318 55.1	10.8	N 2 13.0	15.3	59.7
	19	105 28.6	01.0	333 24.9	10.8	1 57.7	15.3	59.7
	20	120 28.7	01.8	347 54.7	10.8	1 42.4	15.3	59.7
	21	135 28.8	. . 02.7	2 24.5	10.8	1 27.1	15.3	59.7
	22	150 28.9	03.5	16 54.3	10.8	1 11.8	15.4	59.7
	23	165 29.0	04.3	31 24.1	10.8	N 0 56.4	15.3	59.7
		SD 15.9	*d* 0.8	SD	16.2		16.2	16.3

Lat.	Twilight Naut.	Twilight Civil	Sunrise	Moonrise 22	Moonrise 23	Moonrise 24	Moonrise 25
°	h m	h m	h m	h m	h m	h m	h m
N 72	////	////	02 51	08 52	11 38	13 58	16 14
N 70	////	01 31	03 16	09 32	11 54	14 03	16 09
68	////	02 13	03 35	09 59	12 06	14 06	16 04
66	////	02 41	03 49	10 19	12 16	14 09	16 01
64	01 19	03 02	04 02	10 36	12 25	14 12	15 58
62	01 57	03 18	04 12	10 49	12 32	14 14	15 55
60	02 23	03 32	04 21	11 00	12 39	14 16	15 53
N 58	02 42	03 43	04 28	11 10	12 44	14 18	15 51
56	02 58	03 53	04 35	11 18	12 49	14 19	15 49
54	03 11	04 02	04 41	11 26	12 53	14 21	15 48
52	03 23	04 10	04 47	11 32	12 57	14 22	15 46
50	03 32	04 16	04 52	11 39	13 01	14 23	15 45
45	03 52	04 31	05 02	11 51	13 09	14 25	15 42
N 40	04 08	04 42	05 11	12 02	13 15	14 28	15 40
35	04 20	04 52	05 18	12 11	13 20	14 29	15 38
30	04 31	05 00	05 25	12 19	13 25	14 31	15 36
20	04 47	05 14	05 36	12 33	13 34	14 34	15 33
N 10	04 59	05 24	05 46	12 45	13 41	14 36	15 31
0	05 09	05 34	05 55	12 56	13 48	14 38	15 28
S 10	05 18	05 42	06 04	13 07	13 54	14 40	15 26
20	05 25	05 51	06 13	13 19	14 02	14 43	15 23
30	05 31	05 59	06 24	13 32	14 10	14 46	15 21
35	05 34	06 04	06 30	13 40	14 15	14 47	15 19
40	05 37	06 09	06 37	13 48	14 20	14 49	15 17
45	05 40	06 15	06 45	13 59	14 26	14 51	15 15
S 50	05 43	06 21	06 54	14 11	14 33	14 53	15 13
52	05 44	06 24	06 59	14 17	14 37	14 55	15 12
54	05 45	06 27	07 03	14 23	14 40	14 56	15 10
56	05 46	06 30	07 09	14 30	14 44	14 57	15 09
58	05 48	06 34	07 15	14 37	14 49	14 59	15 08
S 60	05 49	06 38	07 22	14 46	14 54	15 00	15 06

Lat.	Sunset	Twilight Civil	Twilight Naut.	Moonset 22	Moonset 23	Moonset 24	Moonset 25
°	h m	h m	h m	h m	h m	h m	h m
N 72	21 10	////	////	04 54	03 59	03 27	02 59
N 70	20 44	22 35	////	04 12	03 41	03 19	03 00
68	20 25	21 49	////	03 44	03 26	03 12	03 00
66	20 10	21 20	////	03 22	03 14	03 07	03 00
64	19 57	20 58	22 45	03 05	03 04	03 02	03 00
62	19 47	20 41	22 04	02 50	02 55	02 58	03 00
60	19 38	20 27	21 38	02 38	02 48	02 55	03 01
N 58	19 30	20 15	21 17	02 28	02 41	02 51	03 01
56	19 23	20 05	21 01	02 18	02 35	02 49	03 01
54	19 17	19 56	20 47	02 10	02 30	02 46	03 01
52	19 11	19 48	20 36	02 03	02 25	02 44	03 01
50	19 06	19 41	20 26	01 56	02 20	02 42	03 01
45	18 55	19 27	20 05	01 41	02 11	02 37	03 01
N 40	18 46	19 15	19 50	01 29	02 03	02 33	03 01
35	18 39	19 05	19 37	01 19	01 56	02 29	03 01
30	18 32	18 57	19 27	01 10	01 50	02 26	03 02
20	18 21	18 43	19 10	00 54	01 39	02 21	03 02
N 10	18 11	18 32	18 58	00 41	01 30	02 16	03 02
0	18 02	18 23	18 48	00 28	01 21	02 12	03 02
S 10	17 53	18 14	18 39	00 15	01 12	02 07	03 02
20	17 43	18 06	18 32	00 00	01 02	02 02	03 02
30	17 32	17 57	18 25	24 51	00 51	01 57	03 02
35	17 26	17 52	18 22	24 44	00 44	01 53	03 02
40	17 19	17 47	18 19	24 37	00 37	01 50	03 02
45	17 11	17 41	18 16	24 28	00 28	01 45	03 02
S 50	17 02	17 35	18 13	24 18	00 18	01 40	03 02
52	16 57	17 32	18 12	24 13	00 13	01 37	03 02
54	16 52	17 29	18 10	24 07	00 07	01 35	03 02
56	16 47	17 26	18 09	24 01	00 01	01 32	03 02
58	16 41	17 22	18 08	23 54	25 29	01 29	03 02
S 60	16 34	17 18	18 07	23 47	25 25	01 25	03 02

Day	SUN Eqn. of Time 00^h	SUN Eqn. of Time 12^h	SUN Mer. Pass.	MOON Mer. Pass. Upper	MOON Mer. Pass. Lower	MOON Age	MOON Phase
d	m s	m s	h m	h m	h m	d %	
22	01 23	01 28	11 59	19 08	06 42	08 59	
23	01 34	01 40	11 58	20 00	07 34	09 70	
24	01 45	01 51	11 58	20 50	08 25	10 80	

UT		ARIES	VENUS −3.9		MARS +0.7		JUPITER −2.1		SATURN +0.8	
		GHA	GHA	Dec	GHA	Dec	GHA	Dec	GHA	Dec
d	h	° ′	° ′	° ′	° ′	° ′	° ′	° ′	° ′	° ′
25	00	212 54.3	155 28.7	N20 37.4	79 40.3	N19 49.8	219 20.2	S 3 54.0	32 55.4	N 2 46.6
	01	227 56.8	170 28.0	38.2	94 41.8	49.5	234 22.2	53.8	47 58.0	46.6
	02	242 59.3	185 27.3	38.9	109 43.4	49.2	249 24.2	53.6	63 00.6	46.7
	03	258 01.7	200 26.7	. . 39.7	124 44.9	. . 48.9	264 26.1	. . 53.4	78 03.2	. . 46.7
	04	273 04.2	215 26.0	40.5	139 46.4	48.5	279 28.1	53.2	93 05.8	46.8
	05	288 06.6	230 25.3	41.2	154 47.9	48.2	294 30.1	53.0	108 08.4	46.8
	06	303 09.1	245 24.6	N20 42.0	169 49.4	N19 47.9	309 32.1	S 3 52.8	123 11.0	N 2 46.9
	07	318 11.6	260 23.9	42.7	184 50.9	47.6	324 34.1	52.6	138 13.6	46.9
	08	333 14.0	275 23.2	43.5	199 52.4	47.3	339 36.1	52.4	153 16.2	47.0
S	09	348 16.5	290 22.5	. . 44.2	214 54.0	. . 46.9	354 38.0	. . 52.2	168 18.8	. . 47.0
U	10	3 19.0	305 21.8	45.0	229 55.5	46.6	9 40.0	52.0	183 21.4	47.1
N	11	18 21.4	320 21.1	45.8	244 57.0	46.3	24 42.0	51.8	198 23.9	47.1
D	12	33 23.9	335 20.4	N20 46.5	259 58.5	N19 46.0	39 44.0	S 3 51.6	213 26.5	N 2 47.2
A	13	48 26.4	350 19.8	47.3	275 00.0	45.7	54 46.0	51.4	228 29.1	47.2
Y	14	63 28.8	5 19.1	48.0	290 01.5	45.3	69 47.9	51.2	243 31.7	47.3
	15	78 31.3	20 18.4	. . 48.8	305 03.0	. . 45.0	84 49.9	. . 51.0	258 34.3	. . 47.3
	16	93 33.7	35 17.7	49.5	320 04.5	44.7	99 51.9	50.8	273 36.9	47.4
	17	108 36.2	50 17.0	50.2	335 06.1	44.4	114 53.9	50.6	288 39.5	47.4
	18	123 38.7	65 16.3	N20 51.0	350 07.6	N19 44.1	129 55.9	S 3 50.4	303 42.1	N 2 47.5
	19	138 41.1	80 15.6	51.7	5 09.1	43.7	144 57.9	50.2	318 44.7	47.5
	20	153 43.6	95 14.9	52.5	20 10.6	43.4	159 59.8	50.0	333 47.3	47.6
	21	168 46.1	110 14.2	. . 53.2	35 12.1	. . 43.1	175 01.8	. . 49.8	348 49.9	. . 47.6
	22	183 48.5	125 13.5	54.0	50 13.6	42.8	190 03.8	49.6	3 52.5	47.7
	23	198 51.0	140 12.8	54.7	65 15.1	42.4	205 05.8	49.4	18 55.1	47.7
26	00	213 53.5	155 12.1	N20 55.4	80 16.6	N19 42.1	220 07.8	S 3 49.2	33 57.6	N 2 47.8
	01	228 55.9	170 11.4	56.2	95 18.1	41.8	235 09.8	49.0	49 00.2	47.8
	02	243 58.4	185 10.7	56.9	110 19.6	41.5	250 11.7	48.8	64 02.8	47.9
	03	259 00.9	200 10.0	. . 57.7	125 21.1	. . 41.1	265 13.7	. . 48.6	79 05.4	. . 47.9
	04	274 03.3	215 09.3	58.4	140 22.6	40.8	280 15.7	48.4	94 08.0	48.0
	05	289 05.8	230 08.6	59.1	155 24.1	40.5	295 17.7	48.2	109 10.6	48.0
	06	304 08.2	245 07.9	N20 59.9	170 25.6	N19 40.2	310 19.7	S 3 48.0	124 13.2	N 2 48.1
	07	319 10.7	260 07.2	21 00.6	185 27.1	39.8	325 21.7	47.8	139 15.8	48.1
	08	334 13.2	275 06.5	01.3	200 28.6	39.5	340 23.7	47.6	154 18.4	48.2
M	09	349 15.6	290 05.8	. . 02.1	215 30.2	. . 39.2	355 25.6	. . 47.4	169 21.0	. . 48.2
O	10	4 18.1	305 05.1	02.8	230 31.7	38.9	10 27.6	47.2	184 23.6	48.3
N	11	19 20.6	320 04.4	03.5	245 33.2	38.5	25 29.6	47.0	199 26.1	48.3
D	12	34 23.0	335 03.7	N21 04.2	260 34.7	N19 38.2	40 31.6	S 3 46.8	214 28.7	N 2 48.4
A	13	49 25.5	350 03.0	05.0	275 36.2	37.9	55 33.6	46.6	229 31.3	48.4
Y	14	64 28.0	5 02.3	05.7	290 37.7	37.6	70 35.6	46.4	244 33.9	48.5
	15	79 30.4	20 01.6	. . 06.4	305 39.2	. . 37.2	85 37.6	. . 46.2	259 36.5	. . 48.5
	16	94 32.9	35 00.9	07.1	320 40.7	36.9	100 39.5	46.0	274 39.1	48.5
	17	109 35.3	50 00.2	07.9	335 42.2	36.6	115 41.5	45.8	289 41.7	48.6
	18	124 37.8	64 59.5	N21 08.6	350 43.7	N19 36.3	130 43.5	S 3 45.6	304 44.3	N 2 48.6
	19	139 40.3	79 58.8	09.3	5 45.2	35.9	145 45.5	45.4	319 46.9	48.7
	20	154 42.7	94 58.1	10.0	20 46.7	35.6	160 47.5	45.2	334 49.4	48.7
	21	169 45.2	109 57.4	. . 10.8	35 48.2	. . 35.3	175 49.5	. . 45.0	349 52.0	. . 48.8
	22	184 47.7	124 56.7	11.5	50 49.6	35.0	190 51.5	44.8	4 54.6	48.8
	23	199 50.1	139 56.0	12.2	65 51.1	34.6	205 53.4	44.6	19 57.2	48.9
27	00	214 52.6	154 55.3	N21 12.9	80 52.6	N19 34.3	220 55.4	S 3 44.4	34 59.8	N 2 48.9
	01	229 55.1	169 54.5	13.6	95 54.1	34.0	235 57.4	44.3	50 02.4	49.0
	02	244 57.5	184 53.8	14.3	110 55.6	33.6	250 59.4	44.1	65 05.0	49.0
	03	260 00.0	199 53.1	. . 15.0	125 57.1	. . 33.3	266 01.4	. . 43.9	80 07.6	. . 49.1
	04	275 02.5	214 52.4	15.8	140 58.6	33.0	281 03.4	43.7	95 10.2	49.1
	05	290 04.9	229 51.7	16.5	156 00.1	32.7	296 05.4	43.5	110 12.7	49.2
	06	305 07.4	244 51.0	N21 17.2	171 01.6	N19 32.3	311 07.4	S 3 43.3	125 15.3	N 2 49.2
	07	320 09.8	259 50.3	17.9	186 03.1	32.0	326 09.3	43.1	140 17.9	49.3
T	08	335 12.3	274 49.6	18.6	201 04.6	31.7	341 11.3	42.9	155 20.5	49.3
U	09	350 14.8	289 48.9	. . 19.3	216 06.1	. . 31.3	356 13.3	. . 42.7	170 23.1	. . 49.4
E	10	5 17.2	304 48.2	20.0	231 07.6	31.0	11 15.3	42.5	185 25.7	49.4
S	11	20 19.7	319 47.4	20.7	246 09.1	30.7	26 17.3	42.3	200 28.3	49.5
D	12	35 22.2	334 46.7	N21 21.4	261 10.6	N19 30.4	41 19.3	S 3 42.1	215 30.9	N 2 49.5
A	13	50 24.6	349 46.0	22.1	276 12.1	30.0	56 21.3	41.9	230 33.4	49.5
Y	14	65 27.1	4 45.3	22.8	291 13.5	29.7	71 23.3	41.7	245 36.0	49.6
	15	80 29.6	19 44.6	. . 23.5	306 15.0	. . 29.4	86 25.2	. . 41.5	260 38.6	. . 49.6
	16	95 32.0	34 43.9	24.2	321 16.5	29.0	101 27.2	41.3	275 41.2	49.7
	17	110 34.5	49 43.2	24.9	336 18.0	28.7	116 29.2	41.1	290 43.8	49.7
	18	125 36.9	64 42.4	N21 25.6	351 19.5	N19 28.4	131 31.2	S 3 40.9	305 46.4	N 2 49.8
	19	140 39.4	79 41.7	26.3	6 21.0	28.0	146 33.2	40.7	320 49.0	49.8
	20	155 41.9	94 41.0	27.0	21 22.5	27.7	161 35.2	40.5	335 51.5	49.9
	21	170 44.3	109 40.3	. . 27.7	36 24.0	. . 27.4	176 37.2	. . 40.3	350 54.1	. . 49.9
	22	185 46.8	124 39.6	28.4	51 25.4	27.0	191 39.2	40.1	5 56.7	50.0
	23	200 49.3	139 38.9	29.1	66 26.9	26.7	206 41.2	39.9	20 59.3	50.0
Mer. Pass.		h m 9 42.8	v −0.7	d 0.7	v 1.5	d 0.3	v 2.0	d 0.2	v 2.6	d 0.0

STARS

Name	SHA	Dec
	° ′	° ′
Acamar	315 20.4	S40 15.8
Achernar	335 28.9	S57 11.0
Acrux	173 11.5	S63 09.7
Adhara	255 14.5	S28 59.4
Aldebaran	290 52.3	N16 31.8
Alioth	166 22.0	N55 54.2
Alkaid	153 00.1	N49 15.6
Al Na'ir	27 46.7	S46 54.4
Alnilam	275 48.9	S 1 11.8
Alphard	217 58.3	S 8 42.4
Alphecca	126 12.6	N26 40.6
Alpheratz	357 46.2	N29 08.8
Altair	62 10.4	N 8 53.6
Ankaa	353 18.2	S42 14.9
Antares	112 28.8	S26 27.4
Arcturus	145 57.5	N19 07.5
Atria	107 32.3	S69 02.7
Avior	234 19.1	S59 32.9
Bellatrix	278 34.7	N 6 21.5
Betelgeuse	271 04.0	N 7 24.5
Canopus	263 57.5	S52 42.3
Capella	280 38.2	N46 00.6
Deneb	49 33.1	N45 18.8
Denebola	182 35.7	N14 30.7
Diphda	348 58.5	S17 55.8
Dubhe	193 53.9	N61 41.8
Elnath	278 15.8	N28 37.0
Eltanin	90 46.9	N51 29.0
Enif	33 49.5	N 9 55.3
Fomalhaut	15 26.7	S29 33.9
Gacrux	172 03.1	S57 10.6
Gienah	175 54.4	S17 36.2
Hadar	148 50.7	S60 25.5
Hamal	328 03.7	N23 30.6
Kaus Aust.	83 46.6	S34 22.7
Kochab	137 18.4	N74 06.6
Markab	13 40.9	N15 15.6
Menkar	314 17.8	N 4 07.8
Menkent	148 10.0	S36 25.4
Miaplacidus	221 40.2	S69 46.0
Mirfak	308 44.2	N49 53.9
Nunki	76 01.0	S26 17.0
Peacock	53 22.7	S56 41.8
Pollux	243 30.6	N28 00.1
Procyon	245 02.2	N 5 11.8
Rasalhague	96 08.4	N12 33.0
Regulus	207 45.8	N11 54.9
Rigel	281 14.5	S 8 11.5
Rigil Kent.	139 54.4	S60 52.8
Sabik	102 14.9	S15 44.3
Schedar	349 43.8	N56 35.5
Shaula	96 24.8	S37 06.6
Sirius	258 35.9	S16 44.0
Spica	158 33.4	S11 13.1
Suhail	222 54.2	S43 28.8
Vega	80 40.3	N38 47.3
Zuben'ubi	137 07.7	S16 05.3

	SHA	Mer. Pass.
	° ′	h m
Venus	301 18.6	13 40
Mars	226 23.2	18 37
Jupiter	6 14.3	9 18
Saturn	180 04.2	21 40

	UT	SUN GHA	SUN Dec	MOON GHA	v	MOON Dec	d	HP
	d h	° ′	° ′	° ′	′	° ′	′	′
SUNDAY	25 00	180 29.1	N13 05.1	45 53.9	10.8	N 0 41.1	15.3	59.7
	01	195 29.2	05.9	60 23.7	10.8	0 25.8	15.4	59.7
	02	210 29.3	06.7	74 53.5	10.8	N 0 10.4	15.3	59.7
	03	225 29.4	. . 07.6	89 23.3	10.9	S 0 04.9	15.4	59.7
	04	240 29.5	08.4	103 53.2	10.8	0 20.3	15.3	59.7
	05	255 29.6	09.2	118 23.0	10.8	0 35.6	15.3	59.7
	06	270 29.8	N13 10.0	132 52.8	10.8	S 0 50.9	15.4	59.7
	07	285 29.9	10.8	147 22.6	10.8	1 06.3	15.3	59.7
	08	300 30.0	11.6	161 52.4	10.8	1 21.6	15.3	59.7
	09	315 30.1	. . 12.5	176 22.2	10.8	1 36.9	15.3	59.7
	10	330 30.2	13.3	190 52.0	10.8	1 52.2	15.3	59.7
	11	345 30.3	14.1	205 21.8	10.7	2 07.5	15.3	59.7
	12	0 30.4	N13 14.9	219 51.5	10.8	S 2 22.8	15.3	59.7
	13	15 30.5	15.7	234 21.3	10.7	2 38.1	15.2	59.7
	14	30 30.6	16.5	248 51.0	10.8	2 53.3	15.3	59.7
	15	45 30.7	. . 17.3	263 20.8	10.7	3 08.6	15.2	59.7
	16	60 30.8	18.1	277 50.5	10.7	3 23.8	15.2	59.7
	17	75 30.9	19.0	292 20.2	10.7	3 39.0	15.1	59.7
	18	90 31.0	N13 19.8	306 49.9	10.7	S 3 54.1	15.2	59.7
	19	105 31.2	20.6	321 19.6	10.7	4 09.3	15.1	59.7
	20	120 31.3	21.4	335 49.3	10.6	4 24.4	15.1	59.7
	21	135 31.4	. . 22.2	350 18.9	10.7	4 39.5	15.1	59.6
	22	150 31.5	23.0	4 48.6	10.6	4 54.6	15.0	59.6
	23	165 31.6	23.8	19 18.2	10.6	5 09.6	15.0	59.6
MONDAY	26 00	180 31.7	N13 24.6	33 47.8	10.5	S 5 24.6	15.0	59.6
	01	195 31.8	25.4	48 17.3	10.6	5 39.6	14.9	59.6
	02	210 31.9	26.2	62 46.9	10.5	5 54.5	14.9	59.6
	03	225 32.0	. . 27.0	77 16.4	10.5	6 09.4	14.9	59.6
	04	240 32.1	27.8	91 45.9	10.5	6 24.3	14.8	59.6
	05	255 32.2	28.7	106 15.4	10.5	6 39.1	14.8	59.6
	06	270 32.3	N13 29.5	120 44.9	10.4	S 6 53.9	14.8	59.6
	07	285 32.4	30.3	135 14.3	10.4	7 08.7	14.7	59.6
	08	300 32.5	31.1	149 43.7	10.4	7 23.4	14.8	59.5
	09	315 32.6	. . 31.9	164 13.1	10.3	7 38.0	14.7	59.5
	10	330 32.7	32.7	178 42.4	10.3	7 52.7	14.5	59.5
	11	345 32.8	33.5	193 11.7	10.3	8 07.2	14.5	59.5
	12	0 32.9	N13 34.3	207 41.0	10.3	S 8 21.7	14.5	59.5
	13	15 33.0	35.1	222 10.3	10.2	8 36.2	14.4	59.5
	14	30 33.1	35.9	236 39.5	10.2	8 50.6	14.4	59.5
	15	45 33.2	. . 36.7	251 08.7	10.1	9 05.0	14.3	59.5
	16	60 33.3	37.5	265 37.8	10.2	9 19.3	14.2	59.5
	17	75 33.4	38.3	280 07.0	10.1	9 33.5	14.2	59.4
	18	90 33.5	N13 39.1	294 36.1	10.0	S 9 47.7	14.1	59.4
	19	105 33.6	39.9	309 05.1	10.1	10 01.8	14.1	59.4
	20	120 33.7	40.7	323 34.2	9.9	10 15.9	14.0	59.4
	21	135 33.8	. . 41.5	338 03.1	10.0	10 29.9	13.9	59.4
	22	150 33.9	42.3	352 32.1	9.9	10 43.8	13.9	59.4
	23	165 34.0	43.1	7 01.0	9.9	10 57.7	13.8	59.4
TUESDAY	27 00	180 34.1	N13 43.9	21 29.9	9.8	S11 11.5	13.7	59.3
	01	195 34.2	44.7	35 58.7	9.8	11 25.2	13.7	59.3
	02	210 34.3	45.5	50 27.5	9.8	11 38.9	13.5	59.3
	03	225 34.4	. . 46.3	64 56.3	9.7	11 52.4	13.6	59.3
	04	240 34.5	47.1	79 25.0	9.7	12 06.0	13.4	59.3
	05	255 34.6	47.9	93 53.7	9.7	12 19.4	13.4	59.3
	06	270 34.7	N13 48.7	108 22.4	9.6	S12 32.8	13.2	59.3
	07	285 34.8	49.5	122 51.0	9.5	12 46.0	13.2	59.2
	08	300 34.9	50.3	137 19.5	9.6	12 59.2	13.2	59.2
	09	315 35.0	. . 51.1	151 48.1	9.4	13 12.4	13.0	59.2
	10	330 35.1	51.9	166 16.5	9.5	13 25.4	13.0	59.2
	11	345 35.2	52.7	180 45.0	9.4	13 38.4	12.8	59.2
	12	0 35.3	N13 53.5	195 13.4	9.3	S13 51.2	12.8	59.1
	13	15 35.4	54.3	209 41.7	9.3	14 04.0	12.7	59.1
	14	30 35.5	55.0	224 10.0	9.3	14 16.7	12.6	59.1
	15	45 35.6	. . 55.8	238 38.3	9.2	14 29.3	12.6	59.1
	16	60 35.7	56.6	253 06.5	9.2	14 41.9	12.4	59.1
	17	75 35.8	57.4	267 34.7	9.1	14 54.3	12.3	59.0
	18	90 35.9	N13 58.2	282 02.8	9.1	S15 06.6	12.2	59.0
	19	105 36.0	59.0	296 30.9	9.1	15 18.8	12.2	59.0
	20	120 36.1	13 59.8	310 59.0	9.0	15 31.0	12.0	59.0
	21	135 36.2	14 00.6	325 27.0	9.0	15 43.0	12.0	59.0
	22	150 36.3	01.4	339 55.0	8.9	15 55.0	11.8	58.9
	23	165 36.4	02.2	354 22.9	8.8	S16 06.8	11.8	58.9
		SD 15.9	*d* 0.8	SD 16.3		16.2		16.1

Lat.	Twilight Naut.	Twilight Civil	Sunrise	Moonrise 25	Moonrise 26	Moonrise 27	Moonrise 28
°	h m	h m	h m	h m	h m	h m	h m
N 72	////	////	02 31	16 14	18 36	21 25	▬
N 70	////	00 54	03 00	16 09	18 18	20 42	▬
68	////	01 52	03 21	16 04	18 05	20 13	22 42
66	////	02 25	03 38	16 01	17 54	19 52	21 57
64	00 47	02 48	03 51	15 58	17 45	19 35	21 27
62	01 39	03 07	04 03	15 55	17 37	19 21	21 05
60	02 09	03 22	04 12	15 53	17 31	19 09	20 47
N 58	02 31	03 34	04 21	15 51	17 25	18 59	20 32
56	02 48	03 45	04 28	15 49	17 20	18 50	20 20
54	03 02	03 55	04 35	15 48	17 15	18 43	20 09
52	03 15	04 03	04 41	15 46	17 11	18 36	19 59
50	03 25	04 10	04 46	15 45	17 07	18 29	19 50
45	03 47	04 26	04 57	15 42	16 59	18 16	19 32
N 40	04 03	04 38	05 07	15 40	16 52	18 05	19 17
35	04 16	04 48	05 15	15 38	16 47	17 56	19 05
30	04 27	04 57	05 22	15 36	16 42	17 48	18 54
20	04 44	05 11	05 34	15 33	16 33	17 34	18 35
N 10	04 58	05 23	05 45	15 31	16 26	17 22	18 19
0	05 08	05 33	05 54	15 28	16 19	17 11	18 04
S 10	05 18	05 43	06 04	15 26	16 12	17 00	17 50
20	05 26	05 52	06 14	15 23	16 05	16 48	17 34
30	05 33	06 01	06 26	15 21	15 56	16 34	17 16
35	05 36	06 06	06 32	15 19	15 52	16 27	17 05
40	05 40	06 12	06 40	15 17	15 46	16 18	16 54
45	05 44	06 18	06 48	15 15	15 40	16 08	16 40
S 50	05 47	06 25	06 59	15 13	15 33	15 56	16 23
52	05 49	06 28	07 04	15 12	15 30	15 50	16 15
54	05 50	06 32	07 09	15 10	15 26	15 44	16 06
56	05 52	06 36	07 15	15 09	15 22	15 37	15 56
58	05 53	06 40	07 21	15 08	15 17	15 29	15 45
S 60	05 55	06 44	07 29	15 06	15 12	15 21	15 32

Lat.	Sunset	Twilight Civil	Twilight Naut.	Moonset 25	Moonset 26	Moonset 27	Moonset 28
°	h m	h m	h m	h m	h m	h m	h m
N 72	21 30	////	////	02 59	02 32	01 58	00 59
N 70	21 00	23 19	////	03 00	02 40	02 18	01 44
68	20 38	22 10	////	03 00	02 47	02 33	02 14
66	20 21	21 35	////	03 00	02 53	02 46	02 37
64	20 07	21 10	23 24	03 00	02 58	02 57	02 55
62	19 55	20 51	22 22	03 00	03 03	03 06	03 10
60	19 45	20 36	21 51	03 01	03 07	03 14	03 23
N 58	19 36	20 23	21 28	03 01	03 10	03 20	03 34
56	19 29	20 12	21 10	03 01	03 13	03 27	03 43
54	19 22	20 03	20 55	03 01	03 16	03 32	03 52
52	19 16	19 54	20 43	03 01	03 18	03 37	04 00
50	19 11	19 47	20 32	03 01	03 21	03 42	04 06
45	18 59	19 31	20 10	03 01	03 26	03 52	04 21
N 40	18 49	19 18	19 53	03 01	03 30	04 00	04 33
35	18 41	19 08	19 40	03 01	03 34	04 07	04 44
30	18 34	18 59	19 29	03 02	03 37	04 14	04 53
20	18 22	18 45	19 11	03 02	03 42	04 24	05 09
N 10	18 11	18 33	18 58	03 02	03 47	04 34	05 23
0	18 01	18 22	18 47	03 02	03 52	04 43	05 36
S 10	17 51	18 13	18 38	03 02	03 57	04 52	05 49
20	17 41	18 04	18 30	03 02	04 02	05 02	06 03
30	17 30	17 54	18 22	03 02	04 07	05 13	06 19
35	17 23	17 49	18 19	03 02	04 11	05 20	06 29
40	17 15	17 43	18 15	03 02	04 14	05 27	06 40
45	17 07	17 37	18 11	03 02	04 19	05 36	06 53
S 50	16 56	17 30	18 08	03 02	04 24	05 46	07 08
52	16 51	17 27	18 06	03 02	04 26	05 51	07 15
54	16 46	17 23	18 05	03 02	04 29	05 57	07 24
56	16 40	17 19	18 03	03 02	04 32	06 03	07 33
58	16 33	17 15	18 01	03 02	04 35	06 09	07 43
S 60	16 26	17 10	17 59	03 02	04 39	06 17	07 55

Day	SUN Eqn. of Time 00^h	SUN Eqn. of Time 12^h	SUN Mer. Pass.	MOON Mer. Pass. Upper	MOON Mer. Pass. Lower	MOON Age	MOON Phase
d	m s	m s	h m	h m	h m	d	%
25	01 56	02 01	11 58	21 40	09 15	11	88
26	02 07	02 11	11 58	22 31	10 05	12	95
27	02 16	02 21	11 58	23 23	10 57	13	98

	UT	ARIES	VENUS −3.9		MARS +0.7		JUPITER −2.1		SATURN +0.8	
	d h	GHA ° ′	GHA ° ′	Dec ° ′	GHA ° ′	Dec ° ′	GHA ° ′	Dec ° ′	GHA ° ′	Dec ° ′
	28 00	215 51.7	154 38.2	N21 29.8	81 28.4	N19 26.4	221 43.1	S 3 39.7	36 01.9	N 2 50.1
	01	230 54.2	169 37.4	30.5	96 29.9	26.1	236 45.1	39.5	51 04.5	50.1
	02	245 56.7	184 36.7	31.2	111 31.4	25.7	251 47.1	39.3	66 07.1	50.1
	03	260 59.1	199 36.0 . .	31.9	126 32.9 . .	25.4	266 49.1 . .	39.1	81 09.6 . .	50.2
	04	276 01.6	214 35.3	32.5	141 34.4	25.1	281 51.1	38.9	96 12.2	50.2
	05	291 04.1	229 34.6	33.2	156 35.8	24.7	296 53.1	38.7	111 14.8	50.3
	06	306 06.5	244 33.8	N21 33.9	171 37.3	N19 24.4	311 55.1	S 3 38.5	126 17.4	N 2 50.3
W	07	321 09.0	259 33.1	34.6	186 38.8	24.1	326 57.1	38.3	141 20.0	50.4
E	08	336 11.4	274 32.4	35.3	201 40.3	23.7	341 59.1	38.1	156 22.6	50.4
D	09	351 13.9	289 31.7 . .	36.0	216 41.8 . .	23.4	357 01.1 . .	37.9	171 25.2 . .	50.5
N	10	6 16.4	304 31.0	36.7	231 43.3	23.1	12 03.1	37.8	186 27.7	50.5
E	11	21 18.8	319 30.2	37.3	246 44.7	22.7	27 05.0	37.6	201 30.3	50.6
S	12	36 21.3	334 29.5	N21 38.0	261 46.2	N19 22.4	42 07.0	S 3 37.4	216 32.9	N 2 50.6
D	13	51 23.8	349 28.8	38.7	276 47.7	22.0	57 09.0	37.2	231 35.5	50.7
A	14	66 26.2	4 28.1	39.4	291 49.2	21.7	72 11.0	37.0	246 38.1	50.7
Y	15	81 28.7	19 27.3 . .	40.0	306 50.7 . .	21.4	87 13.0 . .	36.8	261 40.7 . .	50.7
	16	96 31.2	34 26.6	40.7	321 52.1	21.0	102 15.0	36.6	276 43.2	50.8
	17	111 33.6	49 25.9	41.4	336 53.6	20.7	117 17.0	36.4	291 45.8	50.8
	18	126 36.1	64 25.2	N21 42.1	351 55.1	N19 20.4	132 19.0	S 3 36.2	306 48.4	N 2 50.9
	19	141 38.6	79 24.4	42.7	6 56.6	20.0	147 21.0	36.0	321 51.0	50.9
	20	156 41.0	94 23.7	43.4	21 58.0	19.7	162 23.0	35.8	336 53.6	51.0
	21	171 43.5	109 23.0 . .	44.1	36 59.5 . .	19.4	177 25.0 . .	35.6	351 56.2 . .	51.0
	22	186 45.9	124 22.3	44.8	52 01.0	19.0	192 27.0	35.4	6 58.7	51.1
	23	201 48.4	139 21.5	45.4	67 02.5	18.7	207 28.9	35.2	22 01.3	51.1
	29 00	216 50.9	154 20.8	N21 46.1	82 03.9	N19 18.4	222 30.9	S 3 35.0	37 03.9	N 2 51.1
	01	231 53.3	169 20.1	46.8	97 05.4	18.0	237 32.9	34.8	52 06.5	51.2
	02	246 55.8	184 19.4	47.4	112 06.9	17.7	252 34.9	34.6	67 09.1	51.2
	03	261 58.3	199 18.6 . .	48.1	127 08.4 . .	17.3	267 36.9 . .	34.4	82 11.7 . .	51.3
	04	277 00.7	214 17.9	48.8	142 09.8	17.0	282 38.9	34.2	97 14.2	51.3
	05	292 03.2	229 17.2	49.4	157 11.3	16.7	297 40.9	34.0	112 16.8	51.4
	06	307 05.7	244 16.4	N21 50.1	172 12.8	N19 16.3	312 42.9	S 3 33.8	127 19.4	N 2 51.4
	07	322 08.1	259 15.7	50.7	187 14.3	16.0	327 44.9	33.6	142 22.0	51.5
T	08	337 10.6	274 15.0	51.4	202 15.7	15.7	342 46.9	33.5	157 24.6	51.5
H	09	352 13.0	289 14.2 . .	52.1	217 17.2 . .	15.3	357 48.9 . .	33.3	172 27.1 . .	51.5
U	10	7 15.5	304 13.5	52.7	232 18.7	15.0	12 50.9	33.1	187 29.7	51.6
R	11	22 18.0	319 12.8	53.4	247 20.1	14.6	27 52.9	32.9	202 32.3	51.6
S	12	37 20.4	334 12.1	N21 54.0	262 21.6	N19 14.3	42 54.9	S 3 32.7	217 34.9	N 2 51.7
D	13	52 22.9	349 11.3	54.7	277 23.1	14.0	57 56.9	32.5	232 37.5	51.7
A	14	67 25.4	4 10.6	55.3	292 24.6	13.6	72 58.8	32.3	247 40.1	51.8
Y	15	82 27.8	19 09.9 . .	56.0	307 26.0 . .	13.3	88 00.8 . .	32.1	262 42.6 . .	51.8
	16	97 30.3	34 09.1	56.6	322 27.5	12.9	103 02.8	31.9	277 45.2	51.9
	17	112 32.8	49 08.4	57.3	337 29.0	12.6	118 04.8	31.7	292 47.8	51.9
	18	127 35.2	64 07.6	N21 57.9	352 30.4	N19 12.3	133 06.8	S 3 31.5	307 50.4	N 2 51.9
	19	142 37.7	79 06.9	58.6	7 31.9	11.9	148 08.8	31.3	322 53.0	52.0
	20	157 40.2	94 06.2	59.2	22 33.4	11.6	163 10.8	31.1	337 55.5	52.0
	21	172 42.6	109 05.4	21 59.9	37 34.8 . .	11.2	178 12.8 . .	30.9	352 58.1 . .	52.1
	22	187 45.1	124 04.7	22 00.5	52 36.3	10.9	193 14.8	30.7	8 00.7	52.1
	23	202 47.5	139 04.0	01.2	67 37.8	10.6	208 16.8	30.5	23 03.3	52.2
	30 00	217 50.0	154 03.2	N22 01.8	82 39.2	N19 10.2	223 18.8	S 3 30.3	38 05.9	N 2 52.2
	01	232 52.5	169 02.5	02.4	97 40.7	09.9	238 20.8	30.1	53 08.4	52.2
	02	247 54.9	184 01.8	03.1	112 42.2	09.5	253 22.8	30.0	68 11.0	52.3
	03	262 57.4	199 01.0 . .	03.7	127 43.6 . .	09.2	268 24.8 . .	29.8	83 13.6 . .	52.3
	04	277 59.9	214 00.3	04.4	142 45.1	08.9	283 26.8	29.6	98 16.2	52.4
	05	293 02.3	228 59.5	05.0	157 46.6	08.5	298 28.8	29.4	113 18.7	52.4
	06	308 04.8	243 58.8	N22 05.6	172 48.0	N19 08.2	313 30.8	S 3 29.2	128 21.3	N 2 52.5
	07	323 07.3	258 58.1	06.3	187 49.5	07.8	328 32.8	29.0	143 23.9	52.5
	08	338 09.7	273 57.3	06.9	202 50.9	07.5	343 34.8	28.8	158 26.5	52.5
F	09	353 12.2	288 56.6 . .	07.5	217 52.4 . .	07.1	358 36.8 . .	28.6	173 29.1 . .	52.6
R	10	8 14.7	303 55.8	08.2	232 53.9	06.8	13 38.8	28.4	188 31.6	52.6
I	11	23 17.1	318 55.1	08.8	247 55.3	06.5	28 40.8	28.2	203 34.2	52.7
D	12	38 19.6	333 54.4	N22 09.4	262 56.8	N19 06.1	43 42.8	S 3 28.0	218 36.8	N 2 52.7
A	13	53 22.0	348 53.6	10.1	277 58.3	05.8	58 44.8	27.8	233 39.4	52.8
Y	14	68 24.5	3 52.9	10.7	292 59.7	05.4	73 46.7	27.6	248 42.0	52.8
	15	83 27.0	18 52.1 . .	11.3	308 01.2 . .	05.1	88 48.7 . .	27.4	263 44.5 . .	52.8
	16	98 29.4	33 51.4	11.9	323 02.6	04.7	103 50.7	27.2	278 47.1	52.9
	17	113 31.9	48 50.6	12.6	338 04.1	04.4	118 52.7	27.0	293 49.7	52.9
	18	128 34.4	63 49.9	N22 13.2	353 05.5	N19 04.1	133 54.7	S 3 26.9	308 52.3	N 2 53.0
	19	143 36.8	78 49.2	13.8	8 07.0	03.7	148 56.7	26.7	323 54.8	53.0
	20	158 39.3	93 48.4	14.4	23 08.5	03.4	163 58.7	26.5	338 57.4	53.1
	21	173 41.8	108 47.7 . .	15.1	38 09.9 . .	03.0	179 00.7 . .	26.3	354 00.0 . .	53.1
	22	188 44.2	123 46.9	15.7	53 11.4	02.7	194 02.7	26.1	9 02.6	53.1
	23	203 46.7	138 46.2	16.3	68 12.8	02.3	209 04.7	25.9	24 05.1	53.2
	Mer. Pass.	h m 9 31.0	*v* −0.7	*d* 0.7	*v* 1.5	*d* 0.3	*v* 2.0	*d* 0.2	*v* 2.6	*d* 0.0

STARS

Name	SHA ° ′	Dec ° ′
Acamar	315 20.4	S40 15.8
Achernar	335 28.9	S57 10.9
Acrux	173 11.5	S63 09.7
Adhara	255 14.5	S28 59.4
Aldebaran	290 52.3	N16 31.8
Alioth	166 22.0	N55 54.2
Alkaid	153 00.1	N49 15.6
Al Na'ir	27 46.7	S46 54.4
Alnilam	275 48.9	S 1 11.8
Alphard	217 58.3	S 8 42.4
Alphecca	126 12.6	N26 40.6
Alpheratz	357 46.2	N29 08.8
Altair	62 10.4	N 8 53.6
Ankaa	353 18.2	S42 14.8
Antares	112 28.8	S26 27.4
Arcturus	145 57.5	N19 07.5
Atria	107 32.3	S69 02.7
Avior	234 19.1	S59 32.9
Bellatrix	278 34.7	N 6 21.5
Betelgeuse	271 04.0	N 7 24.5
Canopus	263 57.5	S52 42.3
Capella	280 38.2	N46 00.6
Deneb	49 33.1	N45 18.8
Denebola	182 35.7	N14 30.7
Diphda	348 58.4	S17 55.8
Dubhe	193 53.9	N61 41.8
Elnath	278 15.8	N28 37.0
Eltanin	90 46.9	N51 29.0
Enif	33 49.5	N 9 55.3
Fomalhaut	15 26.6	S29 33.9
Gacrux	172 03.1	S57 10.6
Gienah	175 54.4	S17 36.2
Hadar	148 50.7	S60 25.5
Hamal	328 03.7	N23 30.6
Kaus Aust.	83 46.6	S34 22.7
Kochab	137 18.4	N74 06.7
Markab	13 40.8	N15 15.6
Menkar	314 17.8	N 4 07.8
Menkent	148 10.0	S36 25.4
Miaplacidus	221 40.3	S69 46.0
Mirfak	308 44.2	N49 53.9
Nunki	76 01.0	S26 17.0
Peacock	53 22.7	S56 41.8
Pollux	243 30.6	N28 00.1
Procyon	245 02.2	N 5 11.8
Rasalhague	96 08.3	N12 33.0
Regulus	207 45.8	N11 54.9
Rigel	281 14.5	S 8 11.5
Rigil Kent.	139 54.4	S60 52.8
Sabik	102 14.9	S15 44.3
Schedar	349 43.8	N56 35.5
Shaula	96 24.7	S37 06.6
Sirius	258 35.9	S16 44.0
Spica	158 33.4	S11 13.1
Suhail	222 54.2	S43 28.8
Vega	80 40.3	N38 47.3
Zuben'ubi	137 07.7	S16 05.3

	SHA ° ′	Mer. Pass. h m
Venus	297 29.9	13 43
Mars	225 13.1	18 30
Jupiter	5 40.1	9 09
Saturn	180 13.0	21 28

UT	SUN GHA	SUN Dec	MOON GHA	v	MOON Dec	d	HP
d h	° ′	° ′	° ′	′	° ′	′	′
28 00	180 36.5	N14 03.0	8 50.7	8.9	S16 18.6	11.6	58.9
01	195 36.6	03.8	23 18.6	8.8	16 30.2	11.5	58.9
02	210 36.7	04.5	37 46.4	8.7	16 41.7	11.5	58.9
03	225 36.8	. . 05.3	52 14.1	8.7	16 53.2	11.3	58.8
04	240 36.9	06.1	66 41.8	8.6	17 04.5	11.2	58.8
05	255 36.9	06.9	81 09.4	8.7	17 15.7	11.1	58.8
06	270 37.0	N14 07.7	95 37.1	8.5	S17 26.8	11.0	58.8
WEDNESDAY 07	285 37.1	08.5	110 04.6	8.5	17 37.8	10.9	58.7
08	300 37.2	09.3	124 32.1	8.5	17 48.7	10.8	58.7
09	315 37.3	. . 10.1	138 59.6	8.5	17 59.5	10.6	58.7
10	330 37.4	10.8	153 27.1	8.4	18 10.1	10.6	58.7
11	345 37.5	11.6	167 54.5	8.3	18 20.7	10.4	58.6
12	0 37.6	N14 12.4	182 21.8	8.3	S18 31.1	10.3	58.6
13	15 37.7	13.2	196 49.1	8.3	18 41.4	10.2	58.6
14	30 37.8	14.0	211 16.4	8.2	18 51.6	10.1	58.6
15	45 37.9	. . 14.8	225 43.6	8.2	19 01.7	9.9	58.5
16	60 38.0	15.5	240 10.8	8.2	19 11.6	9.9	58.5
17	75 38.1	16.3	254 38.0	8.1	19 21.5	9.7	58.5
18	90 38.1	N14 17.1	269 05.1	8.0	S19 31.2	9.6	58.5
19	105 38.2	17.9	283 32.1	8.1	19 40.8	9.4	58.4
20	120 38.3	18.7	297 59.2	8.0	19 50.2	9.4	58.4
21	135 38.4	. . 19.5	312 26.2	7.9	19 59.6	9.2	58.4
22	150 38.5	20.2	326 53.1	7.9	20 08.8	9.0	58.4
23	165 38.6	21.0	341 20.0	7.9	20 17.8	9.0	58.3
29 00	180 38.7	N14 21.8	355 46.9	7.9	S20 26.8	8.8	58.3
01	195 38.8	22.6	10 13.8	7.8	20 35.6	8.7	58.3
02	210 38.9	23.3	24 40.6	7.8	20 44.3	8.6	58.3
03	225 38.9	. . 24.1	39 07.4	7.7	20 52.9	8.4	58.2
04	240 39.0	24.9	53 34.1	7.7	21 01.3	8.3	58.2
05	255 39.1	25.7	68 00.8	7.7	21 09.6	8.2	58.2
06	270 39.2	N14 26.5	82 27.5	7.7	S21 17.8	8.0	58.1
07	285 39.3	27.2	96 54.2	7.6	21 25.8	7.9	58.1
THURSDAY 08	300 39.4	28.0	111 20.8	7.6	21 33.7	7.7	58.1
09	315 39.5	. . 28.8	125 47.4	7.6	21 41.4	7.7	58.1
10	330 39.6	29.6	140 14.0	7.5	21 49.1	7.4	58.0
11	345 39.7	30.3	154 40.5	7.5	21 56.5	7.4	58.0
12	0 39.7	N14 31.1	169 07.0	7.5	S22 03.9	7.2	58.0
13	15 39.8	31.9	183 33.5	7.5	22 11.1	7.1	58.0
14	30 39.9	32.7	198 00.0	7.4	22 18.2	6.9	57.9
15	45 40.0	. . 33.4	212 26.4	7.4	22 25.1	6.8	57.9
16	60 40.1	34.2	226 52.8	7.4	22 31.9	6.6	57.9
17	75 40.2	35.0	241 19.2	7.4	22 38.5	6.5	57.8
18	90 40.3	N14 35.8	255 45.6	7.4	S22 45.0	6.4	57.8
19	105 40.3	36.5	270 12.0	7.3	22 51.4	6.2	57.8
20	120 40.4	37.3	284 38.3	7.3	22 57.6	6.1	57.7
21	135 40.5	. . 38.1	299 04.6	7.4	23 03.7	5.9	57.7
22	150 40.6	38.8	313 31.0	7.3	23 09.6	5.8	57.7
23	165 40.7	39.6	327 57.3	7.2	23 15.4	5.6	57.7
30 00	180 40.8	N14 40.4	342 23.5	7.3	S23 21.0	5.5	57.6
01	195 40.8	41.2	356 49.8	7.3	23 26.5	5.4	57.6
02	210 40.9	41.9	11 16.1	7.2	23 31.9	5.2	57.6
03	225 41.0	. . 42.7	25 42.3	7.3	23 37.1	5.0	57.5
04	240 41.1	43.5	40 08.6	7.2	23 42.1	4.9	57.5
05	255 41.2	44.2	54 34.8	7.3	23 47.0	4.8	57.5
06	270 41.3	N14 45.0	69 01.1	7.2	S23 51.8	4.6	57.4
07	285 41.3	45.8	83 27.3	7.2	23 56.4	4.5	57.4
08	300 41.4	46.5	97 53.5	7.3	24 00.9	4.3	57.4
FRIDAY 09	315 41.5	. . 47.3	112 19.8	7.2	24 05.2	4.2	57.4
10	330 41.6	48.1	126 46.0	7.2	24 09.4	4.0	57.3
11	345 41.7	48.8	141 12.2	7.3	24 13.4	3.9	57.3
12	0 41.7	N14 49.6	155 38.5	7.2	S24 17.3	3.8	57.3
13	15 41.8	50.4	170 04.7	7.3	24 21.1	3.5	57.2
14	30 41.9	51.1	184 31.0	7.2	24 24.6	3.5	57.2
15	45 42.0	. . 51.9	198 57.2	7.3	24 28.1	3.3	57.2
16	60 42.1	52.6	213 23.5	7.3	24 31.4	3.1	57.1
17	75 42.2	53.4	227 49.8	7.2	24 34.5	3.0	57.1
18	90 42.2	N14 54.2	242 16.0	7.3	S24 37.5	2.9	57.1
19	105 42.3	54.9	256 42.3	7.4	24 40.4	2.7	57.0
20	120 42.4	55.7	271 08.7	7.3	24 43.1	2.5	57.0
21	135 42.5	. . 56.5	285 35.0	7.3	24 45.6	2.4	57.0
22	150 42.5	57.2	300 01.3	7.4	24 48.0	2.3	57.0
23	165 42.6	58.0	314 27.7	7.4	S24 50.3	2.1	56.9
	SD 15.9	d 0.8	SD 16.0		15.8		15.6

Lat.	Twilight Naut.	Twilight Civil	Sunrise	Moonrise 28	Moonrise 29	Moonrise 30	Moonrise 1
°	h m	h m	h m	h m	h m	h m	h m
N 72	////	////	02 10	▬	▬	▬	▬
N 70	////	////	02 43	▬	▬	▬	▬
68	////	01 28	03 07	22 42	▬	▬	▬
66	////	02 08	03 26	21 57	24 22	00 22	▬
64	////	02 35	03 41	21 27	23 19	24 59	00 59
62	01 18	02 56	03 53	21 05	22 45	24 10	00 10
60	01 54	03 12	04 04	20 47	22 20	23 39	24 36
N 58	02 19	03 26	04 13	20 32	22 00	23 16	24 12
56	02 38	03 37	04 21	20 20	21 44	22 57	23 53
54	02 54	03 47	04 28	20 09	21 30	22 41	23 38
52	03 07	03 56	04 35	19 59	21 18	22 27	23 24
50	03 18	04 04	04 40	19 50	21 07	22 15	23 12
45	03 41	04 21	04 53	19 32	20 45	21 50	22 47
N 40	03 58	04 34	05 03	19 17	20 27	21 31	22 27
35	04 12	04 45	05 12	19 05	20 12	21 14	22 11
30	04 24	04 54	05 19	18 54	19 59	21 00	21 56
20	04 42	05 09	05 32	18 35	19 37	20 36	21 32
N 10	04 56	05 22	05 43	18 19	19 18	20 15	21 11
0	05 08	05 33	05 54	18 04	19 00	19 56	20 51
S 10	05 18	05 43	06 04	17 50	18 42	19 36	20 32
20	05 26	05 53	06 15	17 34	18 23	19 16	20 11
30	05 35	06 03	06 28	17 16	18 02	18 52	19 46
35	05 39	06 09	06 35	17 05	17 49	18 38	19 32
40	05 43	06 15	06 43	16 54	17 35	18 22	19 15
45	05 47	06 21	06 52	16 40	17 18	18 03	18 56
S 50	05 51	06 29	07 03	16 23	16 56	17 39	18 31
52	05 53	06 33	07 09	16 15	16 46	17 27	18 19
54	05 55	06 37	07 14	16 06	16 35	17 14	18 05
56	05 57	06 41	07 21	15 56	16 22	16 59	17 49
58	05 59	06 46	07 28	15 45	16 08	16 42	17 31
S 60	06 01	06 51	07 36	15 32	15 50	16 20	17 07

Lat.	Sunset	Twilight Civil	Twilight Naut.	Moonset 28	Moonset 29	Moonset 30	Moonset 1
°	h m	h m	h m	h m	h m	h m	h m
N 72	21 51	////	////	00 59	▬	▬	▬
N 70	21 16	////	////	01 44	▬	▬	▬
68	20 51	22 35	////	02 14	01 39	▬	▬
66	20 32	21 51	////	02 37	02 25	01 56	▬
64	20 16	21 23	////	02 55	02 55	02 59	03 17
62	20 03	21 02	22 44	03 10	03 18	03 34	04 06
60	19 53	20 45	22 05	03 23	03 37	04 00	04 37
N 58	19 43	20 31	21 39	03 34	03 52	04 20	05 01
56	19 35	20 19	21 19	03 43	04 06	04 37	05 20
54	19 28	20 09	21 03	03 52	04 17	04 51	05 36
52	19 21	20 00	20 50	04 00	04 27	05 03	05 50
50	19 15	19 52	20 38	04 06	04 36	05 14	06 02
45	19 03	19 35	20 15	04 21	04 56	05 37	06 27
N 40	18 52	19 22	19 57	04 33	05 12	05 56	06 46
35	18 44	19 11	19 43	04 44	05 25	06 11	07 03
30	18 36	19 01	19 31	04 53	05 37	06 25	07 17
20	18 23	18 46	19 13	05 09	05 57	06 48	07 42
N 10	18 11	18 33	18 59	05 23	06 14	07 08	08 03
0	18 01	18 22	18 47	05 36	06 31	07 27	08 23
S 10	17 50	18 12	18 37	05 49	06 47	07 45	08 42
20	17 39	18 02	18 28	06 03	07 05	08 05	09 03
30	17 27	17 51	18 20	06 19	07 25	08 29	09 28
35	17 20	17 46	18 16	06 29	07 37	08 42	09 42
40	17 11	17 40	18 12	06 40	07 51	08 58	09 58
45	17 02	17 33	18 07	06 53	08 07	09 17	10 18
S 50	16 51	17 25	18 03	07 08	08 27	09 40	10 43
52	16 45	17 21	18 01	07 15	08 37	09 52	10 55
54	16 40	17 17	17 59	07 24	08 48	10 04	11 09
56	16 33	17 13	17 57	07 33	09 00	10 19	11 24
58	16 26	17 08	17 55	07 43	09 14	10 37	11 43
S 60	16 18	17 03	17 52	07 55	09 31	10 58	12 07

Day	SUN Eqn. of Time 00^h	SUN Eqn. of Time 12^h	SUN Mer. Pass.	MOON Mer. Pass. Upper	MOON Mer. Pass. Lower	Age	Phase
d	m s	m s	h m	h m	h m	d %	
28	02 26	02 30	11 57	24 18	11 50	14 100	
29	02 35	02 39	11 57	00 18	12 45	15 99	○
30	02 43	02 47	11 57	01 13	13 41	16 95	

UT		ARIES	VENUS −3.9		MARS +0.7		JUPITER −2.1		SATURN +0.8		STARS		
		GHA	GHA	Dec	GHA	Dec	GHA	Dec	GHA	Dec	Name	SHA	Dec
d	h	° ′	° ′	° ′	° ′	° ′	° ′	° ′	° ′	° ′		° ′	° ′
1	00	218 49.2	153 45.4	N22 16.9	83 14.3	N19 02.0	224 06.7	S 3 25.7	39 07.7	N 2 53.2	Acamar	315 20.4	S40 15.8
	01	233 51.6	168 44.7	17.5	98 15.7	01.6	239 08.7	25.5	54 10.3	53.3	Achernar	335 28.9	S57 10.9
	02	248 54.1	183 43.9	18.1	113 17.2	01.3	254 10.7	25.3	69 12.9	53.3	Acrux	173 11.5	S63 09.7
	03	263 56.5	198 43.2	. . 18.8	128 18.7	. . 00.9	269 12.7	. . 25.1	84 15.5	. . 53.3	Adhara	255 14.5	S28 59.4
	04	278 59.0	213 42.4	19.4	143 20.1	00.6	284 14.7	24.9	99 18.0	53.4	Aldebaran	290 52.3	N16 31.8
	05	294 01.5	228 41.7	20.0	158 21.6	19 00.3	299 16.7	24.7	114 20.6	53.4			
	06	309 03.9	243 40.9	N22 20.6	173 23.0	N18 59.9	314 18.7	S 3 24.5	129 23.2	N 2 53.5	Alioth	166 22.0	N55 54.2
	07	324 06.4	258 40.2	21.2	188 24.5	59.6	329 20.7	24.4	144 25.8	53.5	Alkaid	153 00.1	N49 15.6
S	08	339 08.9	273 39.4	21.8	203 25.9	59.2	344 22.7	24.2	159 28.3	53.5	Al Na'ir	27 46.6	S46 54.4
A	09	354 11.3	288 38.7	. . 22.4	218 27.4	. . 58.9	359 24.7	. . 24.0	174 30.9	. . 53.6	Alnilam	275 48.9	S 1 11.8
T	10	9 13.8	303 37.9	23.0	233 28.8	58.5	14 26.7	23.8	189 33.5	53.6	Alphard	217 58.3	S 8 42.4
U	11	24 16.3	318 37.2	23.6	248 30.3	58.2	29 28.7	23.6	204 36.1	53.7			
R	12	39 18.7	333 36.4	N22 24.2	263 31.7	N18 57.8	44 30.7	S 3 23.4	219 38.6	N 2 53.7	Alphecca	126 12.6	N26 40.6
D	13	54 21.2	348 35.7	24.8	278 33.2	57.5	59 32.7	23.2	234 41.2	53.8	Alpheratz	357 46.2	N29 08.8
A	14	69 23.7	3 34.9	25.4	293 34.6	57.1	74 34.7	23.0	249 43.8	53.8	Altair	62 10.4	N 8 53.6
Y	15	84 26.1	18 34.2	. . 26.1	308 36.1	. . 56.8	89 36.7	. . 22.8	264 46.4	. . 53.8	Ankaa	353 18.2	S42 14.8
	16	99 28.6	33 33.4	26.7	323 37.5	56.4	104 38.7	22.6	279 48.9	53.9	Antares	112 28.8	S26 27.4
	17	114 31.0	48 32.7	27.3	338 39.0	56.1	119 40.7	22.4	294 51.5	53.9			
	18	129 33.5	63 31.9	N22 27.8	353 40.4	N18 55.7	134 42.7	S 3 22.2	309 54.1	N 2 54.0	Arcturus	145 57.4	N19 07.6
	19	144 36.0	78 31.2	28.4	8 41.9	55.4	149 44.7	22.0	324 56.6	54.0	Atria	107 32.2	S69 02.7
	20	159 38.4	93 30.4	29.0	23 43.3	55.0	164 46.7	21.9	339 59.2	54.0	Avior	234 19.2	S59 32.9
	21	174 40.9	108 29.7	. . 29.6	38 44.8	. . 54.7	179 48.7	. . 21.7	355 01.8	. . 54.1	Bellatrix	278 34.7	N 6 21.5
	22	189 43.4	123 28.9	30.2	53 46.2	54.3	194 50.7	21.5	10 04.4	54.1	Betelgeuse	271 04.0	N 7 24.5
	23	204 45.8	138 28.2	30.8	68 47.7	54.0	209 52.7	21.3	25 06.9	54.2			
2	00	219 48.3	153 27.4	N22 31.4	83 49.1	N18 53.6	224 54.7	S 3 21.1	40 09.5	N 2 54.2	Canopus	263 57.5	S52 42.3
	01	234 50.8	168 26.6	32.0	98 50.6	53.3	239 56.7	20.9	55 12.1	54.2	Capella	280 38.2	N46 00.6
	02	249 53.2	183 25.9	32.6	113 52.0	52.9	254 58.7	20.7	70 14.7	54.3	Deneb	49 33.1	N45 18.8
	03	264 55.7	198 25.1	. . 33.2	128 53.5	. . 52.6	270 00.7	. . 20.5	85 17.2	. . 54.3	Denebola	182 35.7	N14 30.7
	04	279 58.1	213 24.4	33.8	143 54.9	52.2	285 02.7	20.3	100 19.8	54.4	Diphda	348 58.4	S17 55.7
	05	295 00.6	228 23.6	34.4	158 56.3	51.9	300 04.7	20.1	115 22.4	54.4			
	06	310 03.1	243 22.9	N22 34.9	173 57.8	N18 51.5	315 06.8	S 3 19.9	130 25.0	N 2 54.4	Dubhe	193 53.9	N61 41.8
	07	325 05.5	258 22.1	35.5	188 59.2	51.2	330 08.8	19.8	145 27.5	54.5	Elnath	278 15.8	N28 37.0
	08	340 08.0	273 21.3	36.1	204 00.7	50.8	345 10.8	19.6	160 30.1	54.5	Eltanin	90 46.8	N51 29.0
S	09	355 10.5	288 20.6	. . 36.7	219 02.1	. . 50.5	0 12.8	. . 19.4	175 32.7	. . 54.6	Enif	33 49.4	N 9 55.3
U	10	10 12.9	303 19.8	37.3	234 03.6	50.1	15 14.8	19.2	190 35.2	54.6	Fomalhaut	15 26.6	S29 33.9
N	11	25 15.4	318 19.1	37.9	249 05.0	49.8	30 16.8	19.0	205 37.8	54.6			
D	12	40 17.9	333 18.3	N22 38.4	264 06.4	N18 49.4	45 18.8	S 3 18.8	220 40.4	N 2 54.7	Gacrux	172 03.1	S57 10.6
A	13	55 20.3	348 17.5	39.0	279 07.9	49.1	60 20.8	18.6	235 43.0	54.7	Gienah	175 54.4	S17 36.2
Y	14	70 22.8	3 16.8	39.6	294 09.3	48.7	75 22.8	18.4	250 45.5	54.8	Hadar	148 50.7	S60 25.6
	15	85 25.3	18 16.0	. . 40.2	309 10.8	. . 48.4	90 24.8	. . 18.2	265 48.1	. . 54.8	Hamal	328 03.7	N23 30.6
	16	100 27.7	33 15.3	40.7	324 12.2	48.0	105 26.8	18.0	280 50.7	54.8	Kaus Aust.	83 46.6	S34 22.7
	17	115 30.2	48 14.5	41.3	339 13.6	47.7	120 28.8	17.8	295 53.2	54.9			
	18	130 32.6	63 13.7	N22 41.9	354 15.1	N18 47.3	135 30.8	S 3 17.7	310 55.8	N 2 54.9	Kochab	137 18.4	N74 06.7
	19	145 35.1	78 13.0	42.5	9 16.5	46.9	150 32.8	17.5	325 58.4	55.0	Markab	13 40.8	N15 15.6
	20	160 37.6	93 12.2	43.0	24 18.0	46.6	165 34.8	17.3	341 01.0	55.0	Menkar	314 17.8	N 4 07.8
	21	175 40.0	108 11.4	. . 43.6	39 19.4	. . 46.2	180 36.8	. . 17.1	356 03.5	. . 55.0	Menkent	148 09.9	S36 25.5
	22	190 42.5	123 10.7	44.2	54 20.8	45.9	195 38.8	16.9	11 06.1	55.1	Miaplacidus	221 40.3	S69 46.0
	23	205 45.0	138 09.9	44.7	69 22.3	45.5	210 40.8	16.7	26 08.7	55.1			
3	00	220 47.4	153 09.2	N22 45.3	84 23.7	N18 45.2	225 42.8	S 3 16.5	41 11.2	N 2 55.1	Mirfak	308 44.2	N49 53.9
	01	235 49.9	168 08.4	45.9	99 25.2	44.8	240 44.8	16.3	56 13.8	55.2	Nunki	76 00.9	S26 17.0
	02	250 52.4	183 07.6	46.4	114 26.6	44.5	255 46.8	16.1	71 16.4	55.2	Peacock	53 22.6	S56 41.8
	03	265 54.8	198 06.9	. . 47.0	129 28.0	. . 44.1	270 48.8	. . 15.9	86 18.9	. . 55.3	Pollux	243 30.6	N28 00.1
	04	280 57.3	213 06.1	47.5	144 29.5	43.8	285 50.8	15.8	101 21.5	55.3	Procyon	245 02.2	N 5 11.8
	05	295 59.8	228 05.3	48.1	159 30.9	43.4	300 52.8	15.6	116 24.1	55.3			
	06	311 02.2	243 04.6	N22 48.7	174 32.3	N18 43.0	315 54.9	S 3 15.4	131 26.7	N 2 55.4	Rasalhague	96 08.3	N12 33.0
	07	326 04.7	258 03.8	49.2	189 33.8	42.7	330 56.9	15.2	146 29.2	55.4	Regulus	207 45.8	N11 54.9
	08	341 07.1	273 03.0	49.8	204 35.2	42.3	345 58.9	15.0	161 31.8	55.5	Rigel	281 14.5	S 8 11.5
M	09	356 09.6	288 02.3	. . 50.3	219 36.6	. . 42.0	1 00.9	. . 14.8	176 34.4	. . 55.5	Rigil Kent.	139 54.3	S60 52.8
O	10	11 12.1	303 01.5	50.9	234 38.1	41.6	16 02.9	14.6	191 36.9	55.5	Sabik	102 14.9	S15 44.3
N	11	26 14.5	318 00.7	51.4	249 39.5	41.3	31 04.9	14.4	206 39.5	55.6			
D	12	41 17.0	333 00.0	N22 52.0	264 40.9	N18 40.9	46 06.9	S 3 14.2	221 42.1	N 2 55.6	Schedar	349 43.8	N56 35.5
A	13	56 19.5	347 59.2	52.6	279 42.4	40.6	61 08.9	14.0	236 44.6	55.6	Shaula	96 24.7	S37 06.6
Y	14	71 21.9	2 58.4	53.1	294 43.8	40.2	76 10.9	13.9	251 47.2	55.7	Sirius	258 35.9	S16 44.0
	15	86 24.4	17 57.6	. . 53.7	309 45.2	. . 39.8	91 12.9	. . 13.7	266 49.8	. . 55.7	Spica	158 33.4	S11 13.1
	16	101 26.9	32 56.9	54.2	324 46.7	39.5	106 14.9	13.5	281 52.3	55.8	Suhail	222 54.2	S43 28.8
	17	116 29.3	47 56.1	54.7	339 48.1	39.1	121 16.9	13.3	296 54.9	55.8			
	18	131 31.8	62 55.3	N22 55.3	354 49.5	N18 38.8	136 18.9	S 3 13.1	311 57.5	N 2 55.8	Vega	80 40.3	N38 47.4
	19	146 34.3	77 54.6	55.8	9 51.0	38.4	151 20.9	12.9	327 00.0	55.9	Zuben'ubi	137 07.6	S16 05.3
	20	161 36.7	92 53.8	56.4	24 52.4	38.1	166 22.9	12.7	342 02.6	55.9		SHA	Mer. Pass.
	21	176 39.2	107 53.0	. . 56.9	39 53.8	. . 37.7	181 25.0	. . 12.5	357 05.2	. . 55.9		° ′	h m
	22	191 41.6	122 52.2	57.5	54 55.3	37.3	196 27.0	12.3	12 07.7	56.0	Venus	293 39.1	13 47
	23	206 44.1	137 51.5	58.0	69 56.7	37.0	211 29.0	12.2	27 10.3	56.0	Mars	224 00.8	18 23
		h m									Jupiter	5 06.4	8 59
Mer. Pass.		9 19.2	*v* −0.8	*d* 0.6	*v* 1.4	*d* 0.4	*v* 2.0	*d* 0.2	*v* 2.6	*d* 0.0	Saturn	180 21.2	21 16

UT d	UT h	SUN GHA ° ′	SUN Dec ° ′	MOON GHA ° ′	MOON *v* ′	MOON Dec ° ′	MOON *d* ′	MOON HP ′
1	00	180 42.7	N14 58.7	328 54.1	7.4	S24 52.4	1.9	56.9
	01	195 42.8	14 59.5	343 20.5	7.4	24 54.3	1.9	56.9
	02	210 42.9	15 00.3	357 46.9	7.5	24 56.2	1.6	56.8
	03	225 42.9	. . 01.0	12 13.4	7.5	24 57.8	1.5	56.8
	04	240 43.0	01.8	26 39.9	7.5	24 59.3	1.4	56.8
	05	255 43.1	02.5	41 06.4	7.5	25 00.7	1.3	56.7
	06	270 43.2	N15 03.3	55 32.9	7.6	S25 02.0	1.0	56.7
	07	285 43.2	04.0	69 59.5	7.6	25 03.0	1.0	56.7
S	08	300 43.3	04.8	84 26.1	7.6	25 04.0	0.8	56.6
A	09	315 43.4	. . 05.6	98 52.7	7.7	25 04.8	0.6	56.6
T	10	330 43.5	06.3	113 19.4	7.7	25 05.4	0.5	56.6
U	11	345 43.6	07.1	127 46.1	7.7	25 05.9	0.4	56.6
R	12	0 43.6	N15 07.8	142 12.8	7.8	S25 06.3	0.2	56.5
D	13	15 43.7	08.6	156 39.6	7.8	25 06.5	0.1	56.5
A	14	30 43.8	09.3	171 06.4	7.8	25 06.6	0.1	56.5
Y	15	45 43.9	. . 10.1	185 33.2	7.9	25 06.5	0.2	56.4
	16	60 43.9	10.8	200 00.1	8.0	25 06.3	0.3	56.4
	17	75 44.0	11.6	214 27.1	8.0	25 06.0	0.5	56.4
	18	90 44.1	N15 12.3	228 54.1	8.0	S25 05.5	0.6	56.3
	19	105 44.1	13.1	243 21.1	8.1	25 04.9	0.8	56.3
	20	120 44.2	13.8	257 48.2	8.1	25 04.1	0.9	56.3
	21	135 44.3	. . 14.6	272 15.3	8.2	25 03.2	1.1	56.3
	22	150 44.4	15.3	286 42.5	8.2	25 02.1	1.1	56.2
	23	165 44.4	16.1	301 09.7	8.3	25 01.0	1.4	56.2
2	00	180 44.5	N15 16.8	315 37.0	8.3	S24 59.6	1.4	56.2
	01	195 44.6	17.6	330 04.3	8.4	24 58.2	1.6	56.1
	02	210 44.7	18.3	344 31.7	8.4	24 56.6	1.7	56.1
	03	225 44.7	. . 19.1	358 59.1	8.5	24 54.9	1.9	56.1
	04	240 44.8	19.8	13 26.6	8.6	24 53.0	2.0	56.1
	05	255 44.9	20.6	27 54.2	8.6	24 51.0	2.1	56.0
	06	270 44.9	N15 21.3	42 21.8	8.6	S24 48.9	2.3	56.0
	07	285 45.0	22.1	56 49.4	8.8	24 46.6	2.4	56.0
	08	300 45.1	22.8	71 17.2	8.7	24 44.2	2.5	55.9
S	09	315 45.2	. . 23.6	85 44.9	8.9	24 41.7	2.7	55.9
U	10	330 45.2	24.3	100 12.8	8.9	24 39.0	2.8	55.9
N	11	345 45.3	25.1	114 40.7	9.0	24 36.2	2.9	55.9
D	12	0 45.4	N15 25.8	129 08.7	9.0	S24 33.3	3.0	55.8
A	13	15 45.4	26.5	143 36.7	9.1	24 30.3	3.2	55.8
Y	14	30 45.5	27.3	158 04.8	9.2	24 27.1	3.3	55.8
	15	45 45.6	. . 28.0	172 33.0	9.2	24 23.8	3.4	55.7
	16	60 45.6	28.8	187 01.2	9.3	24 20.4	3.5	55.7
	17	75 45.7	29.5	201 29.5	9.4	24 16.9	3.7	55.7
	18	90 45.8	N15 30.3	215 57.9	9.4	S24 13.2	3.8	55.7
	19	105 45.8	31.0	230 26.3	9.5	24 09.4	3.9	55.6
	20	120 45.9	31.7	244 54.8	9.6	24 05.5	4.0	55.6
	21	135 46.0	. . 32.5	259 23.4	9.6	24 01.5	4.2	55.6
	22	150 46.1	33.2	273 52.0	9.7	23 57.3	4.2	55.6
	23	165 46.1	34.0	288 20.7	9.8	23 53.1	4.4	55.5
3	00	180 46.2	N15 34.7	302 49.5	9.9	S23 48.7	4.5	55.5
	01	195 46.3	35.4	317 18.4	9.9	23 44.2	4.6	55.5
	02	210 46.3	36.2	331 47.3	10.0	23 39.6	4.8	55.5
	03	225 46.4	. . 36.9	346 16.3	10.1	23 34.8	4.8	55.4
	04	240 46.5	37.6	0 45.4	10.1	23 30.0	5.0	55.4
	05	255 46.5	38.4	15 14.5	10.3	23 25.0	5.1	55.4
	06	270 46.6	N15 39.1	29 43.8	10.3	S23 19.9	5.2	55.4
	07	285 46.6	39.9	44 13.1	10.3	23 14.7	5.3	55.3
	08	300 46.7	40.6	58 42.4	10.5	23 09.4	5.4	55.3
M	09	315 46.8	. . 41.3	73 11.9	10.5	23 04.0	5.5	55.3
O	10	330 46.8	42.1	87 41.4	10.6	22 58.5	5.6	55.3
N	11	345 46.9	42.8	102 11.0	10.7	22 52.9	5.8	55.2
D	12	0 47.0	N15 43.5	116 40.7	10.7	S22 47.1	5.8	55.2
A	13	15 47.0	44.3	131 10.4	10.8	22 41.3	6.0	55.2
Y	14	30 47.1	45.0	145 40.2	10.9	22 35.3	6.0	55.2
	15	45 47.2	. . 45.7	160 10.1	11.0	22 29.3	6.2	55.2
	16	60 47.2	46.5	174 40.1	11.1	22 23.1	6.2	55.1
	17	75 47.3	47.2	189 10.2	11.1	22 16.9	6.4	55.1
	18	90 47.3	N15 47.9	203 40.3	11.2	S22 10.5	6.5	55.1
	19	105 47.4	48.6	218 10.5	11.3	22 04.0	6.5	55.1
	20	120 47.5	49.4	232 40.8	11.4	21 57.5	6.7	55.0
	21	135 47.5	. . 50.1	247 11.2	11.4	21 50.8	6.8	55.0
	22	150 47.6	50.8	261 41.6	11.5	21 44.0	6.8	55.0
	23	165 47.7	51.6	276 12.1	11.6	S21 37.2	7.0	55.0
		SD 15.9	*d* 0.7	SD 15.4		15.2		15.0

Lat.	Twilight Naut.	Twilight Civil	Sunrise	Moonrise 1	Moonrise 2	Moonrise 3	Moonrise 4
°	h m	h m	h m	h m	h m	h m	h m
N 72	////	////	01 45	▬	▬	▬	▬
N 70	////	////	02 26	▬	▬	▬	▬
68	////	00 57	02 53	▬	▬	▬	03 38
66	////	01 50	03 14	▬	▬	03 15	02 47
64	////	02 21	03 31	00 59	01 56	02 11	02 14
62	00 50	02 44	03 44	00 10	01 07	01 36	01 51
60	01 38	03 02	03 56	24 36	00 36	01 11	01 31
N 58	02 06	03 17	04 06	24 12	00 12	00 51	01 16
56	02 28	03 30	04 14	23 53	24 34	00 34	01 02
54	02 45	03 40	04 22	23 38	24 20	00 20	00 50
52	02 59	03 50	04 29	23 24	24 07	00 07	00 40
50	03 11	03 58	04 35	23 12	23 56	24 31	00 31
45	03 36	04 16	04 48	22 47	23 33	24 11	00 11
N 40	03 54	04 30	04 59	22 27	23 15	23 55	24 28
35	04 09	04 41	05 08	22 11	22 59	23 41	24 17
30	04 21	04 51	05 16	21 56	22 46	23 29	24 07
20	04 40	05 07	05 30	21 32	22 23	23 09	23 51
N 10	04 55	05 21	05 42	21 11	22 03	22 51	23 36
0	05 07	05 32	05 54	20 51	21 44	22 35	23 22
S 10	05 18	05 43	06 05	20 32	21 26	22 18	23 08
20	05 27	05 53	06 16	20 11	21 06	22 00	22 53
30	05 36	06 05	06 29	19 46	20 43	21 40	22 36
35	05 41	06 11	06 37	19 32	20 29	21 28	22 26
40	05 45	06 17	06 46	19 15	20 13	21 14	22 15
45	05 50	06 25	06 56	18 56	19 55	20 57	22 01
S 50	05 55	06 34	07 08	18 31	19 31	20 37	21 45
52	05 57	06 37	07 13	18 19	19 20	20 27	21 37
54	06 00	06 42	07 20	18 05	19 07	20 16	21 28
56	06 02	06 46	07 26	17 49	18 52	20 04	21 18
58	06 04	06 51	07 34	17 31	18 35	19 49	21 07
S 60	06 07	06 57	07 43	17 07	18 14	19 32	20 54

Lat.	Sunset	Twilight Civil	Twilight Naut.	Moonset 1	Moonset 2	Moonset 3	Moonset 4
°	h m	h m	h m	h m	h m	h m	h m
N 72	22 17	////	////	▬	▬	▬	▬
N 70	21 33	////	////	▬	▬	▬	▬
68	21 04	23 10	////	▬	▬	▬	06 07
66	20 43	22 09	////	▬	▬	04 46	06 57
64	20 26	21 36	////	03 17	04 15	05 50	07 29
62	20 12	21 13	23 16	04 06	05 04	06 24	07 52
60	20 00	20 54	22 21	04 37	05 35	06 49	08 10
N 58	19 50	20 39	21 51	05 01	05 58	07 09	08 26
56	19 41	20 26	21 29	05 20	06 17	07 25	08 39
54	19 33	20 15	21 11	05 36	06 33	07 39	08 50
52	19 26	20 05	20 57	05 50	06 46	07 51	09 00
50	19 20	19 57	20 44	06 02	06 58	08 02	09 09
45	19 07	19 39	20 20	06 27	07 23	08 24	09 28
N 40	18 55	19 25	20 01	06 46	07 43	08 42	09 43
35	18 46	19 13	19 46	07 03	07 59	08 57	09 56
30	18 38	19 03	19 34	07 17	08 13	09 10	10 07
20	18 24	18 47	19 14	07 42	08 37	09 32	10 26
N 10	18 12	18 34	18 59	08 03	08 58	09 51	10 43
0	18 00	18 22	18 47	08 23	09 17	10 09	10 58
S 10	17 49	18 11	18 36	08 42	09 36	10 27	11 13
20	17 37	18 00	18 27	09 03	09 57	10 46	11 29
30	17 24	17 49	18 17	09 28	10 21	11 07	11 48
35	17 16	17 43	18 13	09 42	10 35	11 20	11 59
40	17 08	17 36	18 08	09 58	10 51	11 35	12 11
45	16 58	17 28	18 03	10 18	11 10	11 52	12 26
S 50	16 45	17 20	17 58	10 43	11 34	12 13	12 43
52	16 40	17 16	17 56	10 55	11 45	12 23	12 51
54	16 34	17 12	17 54	11 09	11 58	12 34	13 01
56	16 27	17 07	17 51	11 24	12 13	12 47	13 11
58	16 19	17 02	17 49	11 43	12 31	13 02	13 23
S 60	16 10	16 56	17 46	12 07	12 52	13 20	13 36

Day	SUN Eqn. of Time 00^h	SUN Eqn. of Time 12^h	SUN Mer. Pass.	MOON Mer. Pass. Upper	MOON Mer. Pass. Lower	MOON Age	MOON Phase
d	m s	m s	h m	h m	h m	d %	
1	02 51	02 54	11 57	02 09	14 37	17 90	
2	02 58	03 01	11 57	03 04	15 31	18 83	
3	03 05	03 08	11 57	03 57	16 22	19 75	

UT d	h	ARIES GHA	VENUS −3.9 GHA	VENUS Dec	MARS +0.8 GHA	MARS Dec	JUPITER −2.1 GHA	JUPITER Dec	SATURN +0.8 GHA	SATURN Dec
		° ′	° ′	° ′	° ′	° ′	° ′	° ′	° ′	° ′
4	00	221 46.6	152 50.7	N22 58.5	84 58.1	N18 36.6	226 31.0	S 3 12.0	42 12.9	N 2 56.1
	01	236 49.0	167 49.9	59.1	99 59.5	36.3	241 33.0	11.8	57 15.4	56.1
	02	251 51.5	182 49.2	22 59.6	115 01.0	35.9	256 35.0	11.6	72 18.0	56.1
	03	266 54.0	197 48.4	23 00.2	130 02.4	. . 35.5	271 37.0	. . 11.4	87 20.6	. . 56.2
	04	281 56.4	212 47.6	00.7	145 03.8	35.2	286 39.0	11.2	102 23.1	56.2
	05	296 58.9	227 46.8	01.2	160 05.2	34.8	301 41.0	11.0	117 25.7	56.2
	06	312 01.4	242 46.1	N23 01.8	175 06.7	N18 34.5	316 43.0	S 3 10.8	132 28.3	N 2 56.3
	07	327 03.8	257 45.3	02.3	190 08.1	34.1	331 45.0	10.7	147 30.8	56.3
T	08	342 06.3	272 44.5	02.8	205 09.5	33.7	346 47.0	10.5	162 33.4	56.3
U	09	357 08.8	287 43.7	. . 03.4	220 10.9	. . 33.4	1 49.1	. . 10.3	177 36.0	. . 56.4
E	10	12 11.2	302 43.0	03.9	235 12.4	33.0	16 51.1	10.1	192 38.5	56.4
S	11	27 13.7	317 42.2	04.4	250 13.8	32.7	31 53.1	09.9	207 41.1	56.5
D	12	42 16.1	332 41.4	N23 04.9	265 15.2	N18 32.3	46 55.1	S 3 09.7	222 43.7	N 2 56.5
A	13	57 18.6	347 40.6	05.5	280 16.6	31.9	61 57.1	09.5	237 46.2	56.5
Y	14	72 21.1	2 39.8	06.0	295 18.1	31.6	76 59.1	09.3	252 48.8	56.6
	15	87 23.5	17 39.1	. . 06.5	310 19.5	. . 31.2	92 01.1	. . 09.1	267 51.4	. . 56.6
	16	102 26.0	32 38.3	07.0	325 20.9	30.8	107 03.1	09.0	282 53.9	56.6
	17	117 28.5	47 37.5	07.6	340 22.3	30.5	122 05.1	08.8	297 56.5	56.7
	18	132 30.9	62 36.7	N23 08.1	355 23.8	N18 30.1	137 07.1	S 3 08.6	312 59.1	N 2 56.7
	19	147 33.4	77 35.9	08.6	10 25.2	29.8	152 09.2	08.4	328 01.6	56.7
	20	162 35.9	92 35.2	09.1	25 26.6	29.4	167 11.2	08.2	343 04.2	56.8
	21	177 38.3	107 34.4	. . 09.6	40 28.0	. . 29.0	182 13.2	. . 08.0	358 06.7	. . 56.8
	22	192 40.8	122 33.6	10.1	55 29.4	28.7	197 15.2	07.8	13 09.3	56.9
	23	207 43.2	137 32.8	10.7	70 30.9	28.3	212 17.2	07.6	28 11.9	56.9
5	00	222 45.7	152 32.0	N23 11.2	85 32.3	N18 27.9	227 19.2	S 3 07.5	43 14.4	N 2 56.9
	01	237 48.2	167 31.3	11.7	100 33.7	27.6	242 21.2	07.3	58 17.0	57.0
	02	252 50.6	182 30.5	12.2	115 35.1	27.2	257 23.2	07.1	73 19.6	57.0
	03	267 53.1	197 29.7	. . 12.7	130 36.5	. . 26.9	272 25.2	. . 06.9	88 22.1	. . 57.0
	04	282 55.6	212 28.9	13.2	145 38.0	26.5	287 27.3	06.7	103 24.7	57.1
	05	297 58.0	227 28.1	13.7	160 39.4	26.1	302 29.3	06.5	118 27.3	57.1
	06	313 00.5	242 27.4	N23 14.2	175 40.8	N18 25.8	317 31.3	S 3 06.3	133 29.8	N 2 57.1
W	07	328 03.0	257 26.6	14.7	190 42.2	25.4	332 33.3	06.2	148 32.4	57.2
E	08	343 05.4	272 25.8	15.2	205 43.6	25.0	347 35.3	06.0	163 34.9	57.2
D	09	358 07.9	287 25.0	. . 15.7	220 45.0	. . 24.7	2 37.3	. . 05.8	178 37.5	. . 57.2
N	10	13 10.4	302 24.2	16.2	235 46.5	24.3	17 39.3	05.6	193 40.1	57.3
E	11	28 12.8	317 23.4	16.7	250 47.9	23.9	32 41.3	05.4	208 42.6	57.3
S	12	43 15.3	332 22.7	N23 17.2	265 49.3	N18 23.6	47 43.4	S 3 05.2	223 45.2	N 2 57.3
D	13	58 17.7	347 21.9	17.7	280 50.7	23.2	62 45.4	05.0	238 47.8	57.4
A	14	73 20.2	2 21.1	18.2	295 52.1	22.8	77 47.4	04.8	253 50.3	57.4
Y	15	88 22.7	17 20.3	. . 18.7	310 53.5	. . 22.5	92 49.4	. . 04.7	268 52.9	. . 57.4
	16	103 25.1	32 19.5	19.2	325 55.0	22.1	107 51.4	04.5	283 55.4	57.5
	17	118 27.6	47 18.7	19.7	340 56.4	21.7	122 53.4	04.3	298 58.0	57.5
	18	133 30.1	62 17.9	N23 20.2	355 57.8	N18 21.4	137 55.4	S 3 04.1	314 00.6	N 2 57.6
	19	148 32.5	77 17.1	20.7	10 59.2	21.0	152 57.5	03.9	329 03.1	57.6
	20	163 35.0	92 16.4	21.2	26 00.6	20.6	167 59.5	03.7	344 05.7	57.6
	21	178 37.5	107 15.6	. . 21.7	41 02.0	. . 20.3	183 01.5	. . 03.5	359 08.2	. . 57.7
	22	193 39.9	122 14.8	22.2	56 03.4	19.9	198 03.5	03.4	14 10.8	57.7
	23	208 42.4	137 14.0	22.6	71 04.8	19.5	213 05.5	03.2	29 13.4	57.7
6	00	223 44.9	152 13.2	N23 23.1	86 06.3	N18 19.2	228 07.5	S 3 03.0	44 15.9	N 2 57.8
	01	238 47.3	167 12.4	23.6	101 07.7	18.8	243 09.5	02.8	59 18.5	57.8
	02	253 49.8	182 11.6	24.1	116 09.1	18.4	258 11.6	02.6	74 21.0	57.8
	03	268 52.2	197 10.8	. . 24.6	131 10.5	. . 18.1	273 13.6	. . 02.4	89 23.6	. . 57.9
	04	283 54.7	212 10.0	25.1	146 11.9	17.7	288 15.6	02.2	104 26.2	57.9
	05	298 57.2	227 09.3	25.5	161 13.3	17.3	303 17.6	02.1	119 28.7	57.9
	06	313 59.6	242 08.5	N23 26.0	176 14.7	N18 17.0	318 19.6	S 3 01.9	134 31.3	N 2 58.0
	07	329 02.1	257 07.7	26.5	191 16.1	16.6	333 21.6	01.7	149 33.8	58.0
T	08	344 04.6	272 06.9	27.0	206 17.5	16.2	348 23.7	01.5	164 36.4	58.0
H	09	359 07.0	287 06.1	. . 27.5	221 18.9	. . 15.9	3 25.7	. . 01.3	179 39.0	. . 58.1
U	10	14 09.5	302 05.3	27.9	236 20.4	15.5	18 27.7	01.1	194 41.5	58.1
R	11	29 12.0	317 04.5	28.4	251 21.8	15.1	33 29.7	00.9	209 44.1	58.1
S	12	44 14.4	332 03.7	N23 28.9	266 23.2	N18 14.7	48 31.7	S 3 00.8	224 46.6	N 2 58.2
D	13	59 16.9	347 02.9	29.3	281 24.6	14.4	63 33.7	00.6	239 49.2	58.2
A	14	74 19.3	2 02.1	29.8	296 26.0	14.0	78 35.7	00.4	254 51.8	58.2
Y	15	89 21.8	17 01.3	. . 30.3	311 27.4	. . 13.6	93 37.8	. . 00.2	269 54.3	. . 58.3
	16	104 24.3	32 00.5	30.8	326 28.8	13.3	108 39.8	3 00.0	284 56.9	58.3
	17	119 26.7	46 59.8	31.2	341 30.2	12.9	123 41.8	2 59.8	299 59.4	58.3
	18	134 29.2	61 59.0	N23 31.7	356 31.6	N18 12.5	138 43.8	S 2 59.7	315 02.0	N 2 58.4
	19	149 31.7	76 58.2	32.1	11 33.0	12.2	153 45.8	59.5	330 04.5	58.4
	20	164 34.1	91 57.4	32.6	26 34.4	11.8	168 47.9	59.3	345 07.1	58.4
	21	179 36.6	106 56.6	. . 33.1	41 35.8	. . 11.4	183 49.9	. . 59.1	0 09.7	. . 58.5
	22	194 39.1	121 55.8	33.5	56 37.2	11.0	198 51.9	58.9	15 12.2	58.5
	23	209 41.5	136 55.0	34.0	71 38.6	10.7	213 53.9	58.7	30 14.8	58.5
Mer. Pass.		h m 9 07.5	*v* −0.8	*d* 0.5	*v* 1.4	*d* 0.4	*v* 2.0	*d* 0.2	*v* 2.6	*d* 0.0

STARS

Name	SHA	Dec
	° ′	° ′
Acamar	315 20.4	S40 15.8
Achernar	335 28.9	S57 10.9
Acrux	173 11.5	S63 09.7
Adhara	255 14.5	S28 59.4
Aldebaran	290 52.3	N16 31.8
Alioth	166 22.0	N55 54.2
Alkaid	153 00.1	N49 15.6
Al Na'ir	27 46.6	S46 54.4
Alnilam	275 48.9	S 1 11.8
Alphard	217 58.3	S 8 42.4
Alphecca	126 12.5	N26 40.6
Alpheratz	357 46.2	N29 08.8
Altair	62 10.4	N 8 53.6
Ankaa	353 18.2	S42 14.8
Antares	112 28.7	S26 27.4
Arcturus	145 57.4	N19 07.6
Atria	107 32.2	S69 02.7
Avior	234 19.2	S59 32.9
Bellatrix	278 34.7	N 6 21.5
Betelgeuse	271 04.0	N 7 24.5
Canopus	263 57.5	S52 42.3
Capella	280 38.2	N46 00.6
Deneb	49 33.0	N45 18.8
Denebola	182 35.7	N14 30.7
Diphda	348 58.4	S17 55.7
Dubhe	193 53.9	N61 41.8
Elnath	278 15.8	N28 37.0
Eltanin	90 46.8	N51 29.0
Enif	33 49.4	N 9 55.3
Fomalhaut	15 26.6	S29 33.9
Gacrux	172 03.2	S57 10.6
Gienah	175 54.4	S17 36.2
Hadar	148 50.7	S60 25.6
Hamal	328 03.7	N23 30.6
Kaus Aust.	83 46.6	S34 22.7
Kochab	137 18.4	N74 06.7
Markab	13 40.8	N15 15.6
Menkar	314 17.8	N 4 07.8
Menkent	148 09.9	S36 25.5
Miaplacidus	221 40.4	S69 46.0
Mirfak	308 44.2	N49 53.9
Nunki	76 00.9	S26 17.0
Peacock	53 22.6	S56 41.8
Pollux	243 30.6	N28 00.1
Procyon	245 02.2	N 5 11.8
Rasalhague	96 08.3	N12 33.0
Regulus	207 45.8	N11 54.9
Rigel	281 14.5	S 8 11.5
Rigil Kent.	139 54.3	S60 52.8
Sabik	102 14.9	S15 44.3
Schedar	349 43.8	N56 35.5
Shaula	96 24.7	S37 06.6
Sirius	258 35.9	S16 44.0
Spica	158 33.4	S11 13.1
Suhail	222 54.2	S43 28.8
Vega	80 40.3	N38 47.4
Zuben'ubi	137 07.6	S16 05.3

	SHA	Mer. Pass.
	° ′	h m
Venus	289 46.3	13 51
Mars	222 46.6	18 16
Jupiter	4 33.5	8 50
Saturn	180 28.7	21 03

	UT (d h)	SUN GHA	SUN Dec	MOON GHA	v	MOON Dec	d	HP
		° ′	° ′	° ′	′	° ′	′	′
	4 00	180 47.7	N15 52.3	290 42.7	11.7	S21 30.2	7.0	55.0
	01	195 47.8	53.0	305 13.4	11.7	21 23.2	7.1	54.9
	02	210 47.8	53.7	319 44.1	11.8	21 16.1	7.3	54.9
	03	225 47.9	. . 54.5	334 14.9	11.9	21 08.8	7.3	54.9
	04	240 48.0	55.2	348 45.8	12.0	21 01.5	7.4	54.9
	05	255 48.0	55.9	3 16.8	12.0	20 54.1	7.5	54.9
	06	270 48.1	N15 56.7	17 47.8	12.2	S20 46.6	7.6	54.8
	07	285 48.1	57.4	32 19.0	12.2	20 39.0	7.7	54.8
TUESDAY	08	300 48.2	58.1	46 50.2	12.2	20 31.3	7.8	54.8
	09	315 48.3	. . 58.8	61 21.4	12.4	20 23.5	7.9	54.8
	10	330 48.3	15 59.5	75 52.8	12.4	20 15.6	7.9	54.8
	11	345 48.4	16 00.3	90 24.2	12.5	20 07.7	8.0	54.8
	12	0 48.4	N16 01.0	104 55.7	12.6	S19 59.7	8.2	54.7
	13	15 48.5	01.7	119 27.3	12.6	19 51.5	8.2	54.7
	14	30 48.5	02.4	133 58.9	12.7	19 43.3	8.2	54.7
	15	45 48.6	. . 03.2	148 30.6	12.8	19 35.1	8.4	54.7
	16	60 48.7	03.9	163 02.4	12.9	19 26.7	8.5	54.7
	17	75 48.7	04.6	177 34.3	12.9	19 18.2	8.5	54.7
	18	90 48.8	N16 05.3	192 06.2	13.0	S19 09.7	8.6	54.6
	19	105 48.8	06.0	206 38.2	13.1	19 01.1	8.7	54.6
	20	120 48.9	06.8	221 10.3	13.1	18 52.4	8.7	54.6
	21	135 48.9	. . 07.5	235 42.4	13.2	18 43.7	8.9	54.6
	22	150 49.0	08.2	250 14.6	13.3	18 34.8	8.9	54.6
	23	165 49.0	08.9	264 46.9	13.4	18 25.9	9.0	54.6
	5 00	180 49.1	N16 09.6	279 19.3	13.4	S18 16.9	9.0	54.6
	01	195 49.2	10.3	293 51.7	13.5	18 07.9	9.1	54.5
	02	210 49.2	11.1	308 24.2	13.5	17 58.8	9.2	54.5
	03	225 49.3	. . 11.8	322 56.7	13.6	17 49.6	9.3	54.5
	04	240 49.3	12.5	337 29.3	13.7	17 40.3	9.4	54.5
	05	255 49.4	13.2	352 02.0	13.8	17 30.9	9.4	54.5
	06	270 49.4	N16 13.9	6 34.8	13.8	S17 21.5	9.5	54.5
WEDNESDAY	07	285 49.5	14.6	21 07.6	13.9	17 12.0	9.5	54.5
	08	300 49.5	15.3	35 40.5	13.9	17 02.5	9.6	54.5
	09	315 49.6	. . 16.1	50 13.4	14.0	16 52.9	9.7	54.4
	10	330 49.6	16.8	64 46.4	14.1	16 43.2	9.8	54.4
	11	345 49.7	17.5	79 19.5	14.1	16 33.4	9.8	54.4
	12	0 49.7	N16 18.2	93 52.6	14.2	S16 23.6	9.8	54.4
	13	15 49.8	18.9	108 25.8	14.3	16 13.8	10.0	54.4
	14	30 49.8	19.6	122 59.1	14.3	16 03.8	10.0	54.4
	15	45 49.9	. . 20.3	137 32.4	14.4	15 53.8	10.0	54.4
	16	60 50.0	21.0	152 05.8	14.4	15 43.8	10.2	54.4
	17	75 50.0	21.7	166 39.2	14.5	15 33.6	10.2	54.4
	18	90 50.1	N16 22.5	181 12.7	14.5	S15 23.4	10.2	54.4
	19	105 50.1	23.2	195 46.2	14.6	15 13.2	10.3	54.4
	20	120 50.2	23.9	210 19.8	14.7	15 02.9	10.4	54.3
	21	135 50.2	. . 24.6	224 53.5	14.7	14 52.5	10.4	54.3
	22	150 50.3	25.3	239 27.2	14.8	14 42.1	10.4	54.3
	23	165 50.3	26.0	254 01.0	14.8	14 31.7	10.6	54.3
	6 00	180 50.3	N16 26.7	268 34.8	14.8	S14 21.1	10.6	54.3
	01	195 50.4	27.4	283 08.6	15.0	14 10.5	10.6	54.3
	02	210 50.4	28.1	297 42.6	14.9	13 59.9	10.7	54.3
	03	225 50.5	. . 28.8	312 16.5	15.1	13 49.2	10.7	54.3
	04	240 50.5	29.5	326 50.6	15.0	13 38.5	10.8	54.3
	05	255 50.6	30.2	341 24.6	15.1	13 27.7	10.9	54.3
	06	270 50.6	N16 30.9	355 58.7	15.2	S13 16.8	10.9	54.3
THURSDAY	07	285 50.7	31.6	10 32.9	15.2	13 05.9	10.9	54.3
	08	300 50.7	32.3	25 07.1	15.3	12 55.0	11.0	54.3
	09	315 50.8	. . 33.0	39 41.4	15.3	12 44.0	11.0	54.3
	10	330 50.8	33.7	54 15.7	15.3	12 33.0	11.1	54.3
	11	345 50.9	34.4	68 50.0	15.4	12 21.9	11.2	54.3
	12	0 50.9	N16 35.1	83 24.4	15.4	S12 10.7	11.1	54.3
	13	15 51.0	35.8	97 58.8	15.5	11 59.6	11.3	54.3
	14	30 51.0	36.5	112 33.3	15.5	11 48.3	11.2	54.3
	15	45 51.1	. . 37.2	127 07.8	15.6	11 37.1	11.4	54.3
	16	60 51.1	37.9	141 42.4	15.6	11 25.7	11.3	54.2
	17	75 51.1	38.6	156 17.0	15.6	11 14.4	11.4	54.2
	18	90 51.2	N16 39.3	170 51.6	15.7	S11 03.0	11.5	54.2
	19	105 51.2	40.0	185 26.3	15.7	10 51.5	11.4	54.2
	20	120 51.3	40.7	200 01.0	15.7	10 40.1	11.6	54.2
	21	135 51.3	. . 41.4	214 35.7	15.8	10 28.5	11.5	54.2
	22	150 51.4	42.1	229 10.5	15.8	10 17.0	11.6	54.2
	23	165 51.4	42.8	243 45.3	15.8	S10 05.4	11.7	54.2
		SD 15.9	*d* 0.7	SD		14.9	14.8	14.8

Lat.	Twilight Naut.	Twilight Civil	Sunrise	Moonrise 4	Moonrise 5	Moonrise 6	Moonrise 7
°	h m	h m	h m	h m	h m	h m	h m
N 72	////	////	01 15	■	04 45	03 29	02 54
N 70	////	////	02 07	■	03 38	03 02	02 40
68	////	////	02 39	03 38	03 01	02 42	02 29
66	////	01 29	03 02	02 47	02 35	02 26	02 19
64	////	02 07	03 20	02 14	02 14	02 13	02 11
62	////	02 32	03 35	01 51	01 58	02 02	02 04
60	01 20	02 52	03 48	01 31	01 44	01 52	01 58
N 58	01 54	03 08	03 58	01 16	01 32	01 44	01 53
56	02 17	03 22	04 08	01 02	01 22	01 36	01 48
54	02 36	03 33	04 16	00 50	01 13	01 30	01 44
52	02 51	03 44	04 23	00 40	01 04	01 24	01 40
50	03 04	03 53	04 30	00 31	00 57	01 18	01 36
45	03 30	04 11	04 44	00 11	00 41	01 07	01 29
N 40	03 50	04 26	04 56	24 28	00 28	00 57	01 22
35	04 05	04 38	05 05	24 17	00 17	00 48	01 17
30	04 18	04 48	05 14	24 07	00 07	00 41	01 12
20	04 38	05 05	05 29	23 51	24 28	00 28	01 03
N 10	04 54	05 19	05 41	23 36	24 17	00 17	00 56
0	05 07	05 32	05 53	23 22	24 06	00 06	00 48
S 10	05 18	05 43	06 05	23 08	23 56	24 41	00 41
20	05 28	05 54	06 17	22 53	23 44	24 34	00 34
30	05 38	06 06	06 31	22 36	23 31	24 25	00 25
35	05 43	06 13	06 39	22 26	23 23	24 20	00 20
40	05 48	06 20	06 49	22 15	23 15	24 14	00 14
45	05 53	06 28	06 59	22 01	23 05	24 07	00 07
S 50	05 59	06 38	07 12	21 45	22 52	23 59	25 06
52	06 02	06 42	07 18	21 37	22 46	23 55	25 04
54	06 04	06 47	07 25	21 28	22 40	23 51	25 02
56	06 07	06 52	07 32	21 18	22 33	23 47	25 00
58	06 10	06 57	07 41	21 07	22 25	23 42	24 57
S 60	06 13	07 03	07 50	20 54	22 16	23 36	24 55

Lat.	Sunset	Twilight Civil	Twilight Naut.	Moonset 4	Moonset 5	Moonset 6	Moonset 7
°	h m	h m	h m	h m	h m	h m	h m
N 72	22 49	////	////	■	06 39	09 25	11 27
N 70	21 51	////	////	■	07 44	09 50	11 39
68	21 18	////	////	06 07	08 20	10 09	11 49
66	20 54	22 30	////	06 57	08 45	10 23	11 56
64	20 35	21 51	////	07 29	09 04	10 35	12 03
62	20 20	21 24	////	07 52	09 20	10 46	12 09
60	20 07	21 04	22 40	08 10	09 33	10 54	12 14
N 58	19 57	20 47	22 04	08 26	09 44	11 02	12 18
56	19 47	20 33	21 39	08 39	09 54	11 09	12 22
54	19 39	20 21	21 20	08 50	10 03	11 14	12 25
52	19 31	20 11	21 04	09 00	10 10	11 20	12 28
50	19 25	20 02	20 51	09 09	10 17	11 25	12 31
45	19 10	19 43	20 24	09 28	10 32	11 35	12 37
N 40	18 58	19 28	20 05	09 43	10 44	11 43	12 42
35	18 49	19 16	19 49	09 56	10 54	11 51	12 47
30	18 40	19 05	19 36	10 07	11 03	11 57	12 51
20	18 25	18 48	19 16	10 26	11 18	12 08	12 57
N 10	18 12	18 34	19 00	10 43	11 31	12 18	13 03
0	18 00	18 22	18 47	10 58	11 44	12 27	13 08
S 10	17 48	18 10	18 35	11 13	11 56	12 36	13 13
20	17 36	17 59	18 25	11 29	12 09	12 45	13 19
30	17 22	17 47	18 15	11 48	12 24	12 56	13 25
35	17 14	17 40	18 10	11 59	12 32	13 02	13 29
40	17 04	17 33	18 05	12 11	12 42	13 09	13 33
45	16 54	17 25	18 00	12 26	12 53	13 17	13 38
S 50	16 41	17 15	17 54	12 43	13 07	13 26	13 43
52	16 34	17 11	17 51	12 51	13 13	13 31	13 46
54	16 28	17 06	17 48	13 01	13 20	13 36	13 49
56	16 20	17 01	17 46	13 11	13 28	13 41	13 52
58	16 12	16 55	17 43	13 23	13 37	13 47	13 55
S 60	16 02	16 49	17 39	13 36	13 47	13 54	13 59

Day	SUN Eqn. of Time 00^h	SUN Eqn. of Time 12^h	SUN Mer. Pass.	MOON Mer. Pass. Upper	MOON Mer. Pass. Lower	MOON Age	MOON Phase
d	m s	m s	h m	h m	h m	d	%
4	03 11	03 14	11 57	04 46	17 10	20	66
5	03 16	03 19	11 57	05 33	17 55	21	57
6	03 21	03 24	11 57	06 17	18 38	22	47

	UT	ARIES	VENUS −3.9		MARS +0.8		JUPITER −2.2		SATURN +0.9		STARS		
		GHA	GHA	Dec	GHA	Dec	GHA	Dec	GHA	Dec	Name	SHA	Dec
	d h	° ′	° ′	° ′	° ′	° ′	° ′	° ′	° ′	° ′		° ′	° ′
	7 00	224 44.0	151 54.2	N23 34.4	86 40.0	N18 10.3	228 55.9	S 2 58.5	45 17.3	N 2 58.6	Acamar	315 20.4	S40 15.8
	01	239 46.5	166 53.4	34.9	101 41.4	09.9	243 57.9	58.4	60 19.9	58.6	Achernar	335 28.8	S57 10.9
	02	254 48.9	181 52.6	35.4	116 42.8	09.5	259 00.0	58.2	75 22.4	58.6	Acrux	173 11.5	S63 09.7
	03	269 51.4	196 51.8	. . 35.8	131 44.2	. . 09.2	274 02.0	. . 58.0	90 25.0	. . 58.6	Adhara	255 14.5	S28 59.4
	04	284 53.8	211 51.0	36.3	146 45.6	08.8	289 04.0	57.8	105 27.6	58.7	Aldebaran	290 52.3	N16 31.8
	05	299 56.3	226 50.2	36.7	161 47.0	08.4	304 06.0	57.6	120 30.1	58.7			
	06	314 58.8	241 49.4	N23 37.2	176 48.4	N18 08.1	319 08.0	S 2 57.4	135 32.7	N 2 58.7	Alioth	166 22.0	N55 54.2
	07	330 01.2	256 48.6	37.6	191 49.8	07.7	334 10.1	57.3	150 35.2	58.8	Alkaid	153 00.1	N49 15.6
	08	345 03.7	271 47.8	38.1	206 51.2	07.3	349 12.1	57.1	165 37.8	58.8	Al Na'ir	27 46.6	S46 54.4
F	09	0 06.2	286 47.0	. . 38.5	221 52.6	. . 06.9	4 14.1	. . 56.9	180 40.3	. . 58.8	Alnilam	275 48.9	S 1 11.8
R	10	15 08.6	301 46.2	39.0	236 54.0	06.6	19 16.1	56.7	195 42.9	58.9	Alphard	217 58.3	S 8 42.4
I	11	30 11.1	316 45.4	39.4	251 55.4	06.2	34 18.1	56.5	210 45.4	58.9			
D	12	45 13.6	331 44.6	N23 39.9	266 56.8	N18 05.8	49 20.2	S 2 56.3	225 48.0	N 2 58.9	Alphecca	126 12.5	N26 40.6
A	13	60 16.0	346 43.8	40.3	281 58.2	05.4	64 22.2	56.2	240 50.6	59.0	Alpheratz	357 46.2	N29 08.8
Y	14	75 18.5	1 43.0	40.7	296 59.6	05.1	79 24.2	56.0	255 53.1	59.0	Altair	62 10.3	N 8 53.7
	15	90 21.0	16 42.2	. . 41.2	312 01.0	. . 04.7	94 26.2	. . 55.8	270 55.7	. . 59.0	Ankaa	353 18.2	S42 14.8
	16	105 23.4	31 41.4	41.6	327 02.4	04.3	109 28.2	55.6	285 58.2	59.1	Antares	112 28.7	S26 27.4
	17	120 25.9	46 40.6	42.1	342 03.8	03.9	124 30.3	55.4	301 00.8	59.1			
	18	135 28.3	61 39.8	N23 42.5	357 05.2	N18 03.6	139 32.3	S 2 55.2	316 03.3	N 2 59.1	Arcturus	145 57.4	N19 07.6
	19	150 30.8	76 39.0	42.9	12 06.6	03.2	154 34.3	55.1	331 05.9	59.2	Atria	107 32.2	S69 02.7
	20	165 33.3	91 38.2	43.4	27 08.0	02.8	169 36.3	54.9	346 08.4	59.2	Avior	234 19.2	S59 32.9
	21	180 35.7	106 37.4	. . 43.8	42 09.4	. . 02.4	184 38.3	. . 54.7	1 11.0	. . 59.2	Bellatrix	278 34.7	N 6 21.5
	22	195 38.2	121 36.6	44.2	57 10.8	02.1	199 40.4	54.5	16 13.5	59.2	Betelgeuse	271 04.0	N 7 24.5
	23	210 40.7	136 35.8	44.7	72 12.2	01.7	214 42.4	54.3	31 16.1	59.3			
	8 00	225 43.1	151 35.0	N23 45.1	87 13.6	N18 01.3	229 44.4	S 2 54.1	46 18.6	N 2 59.3	Canopus	263 57.5	S52 42.3
	01	240 45.6	166 34.2	45.5	102 15.0	00.9	244 46.4	54.0	61 21.2	59.3	Capella	280 38.2	N46 00.6
	02	255 48.1	181 33.4	46.0	117 16.4	00.5	259 48.4	53.8	76 23.8	59.4	Deneb	49 33.0	N45 18.8
	03	270 50.5	196 32.6	. . 46.4	132 17.8	18 00.2	274 50.5	. . 53.6	91 26.3	. . 59.4	Denebola	182 35.7	N14 30.7
	04	285 53.0	211 31.8	46.8	147 19.2	17 59.8	289 52.5	53.4	106 28.9	59.4	Diphda	348 58.4	S17 55.7
	05	300 55.4	226 31.0	47.2	162 20.6	59.4	304 54.5	53.2	121 31.4	59.5			
	06	315 57.9	241 30.2	N23 47.7	177 22.0	N17 59.0	319 56.5	S 2 53.1	136 34.0	N 2 59.5	Dubhe	193 54.0	N61 41.8
	07	331 00.4	256 29.4	48.1	192 23.4	58.7	334 58.6	52.9	151 36.5	59.5	Elnath	278 15.8	N28 37.0
S	08	346 02.8	271 28.6	48.5	207 24.8	58.3	350 00.6	52.7	166 39.1	59.6	Eltanin	90 46.8	N51 29.0
A	09	1 05.3	286 27.8	. . 48.9	222 26.1	. . 57.9	5 02.6	. . 52.5	181 41.6	. . 59.6	Enif	33 49.4	N 9 55.3
T	10	16 07.8	301 27.0	49.3	237 27.5	57.5	20 04.6	52.3	196 44.2	59.6	Fomalhaut	15 26.6	S29 33.9
U	11	31 10.2	316 26.2	49.8	252 28.9	57.1	35 06.6	52.1	211 46.7	59.6			
R	12	46 12.7	331 25.3	N23 50.2	267 30.3	N17 56.8	50 08.7	S 2 52.0	226 49.3	N 2 59.7	Gacrux	172 03.2	S57 10.6
D	13	61 15.2	346 24.5	50.6	282 31.7	56.4	65 10.7	51.8	241 51.8	59.7	Gienah	175 54.4	S17 36.2
A	14	76 17.6	1 23.7	51.0	297 33.1	56.0	80 12.7	51.6	256 54.4	59.7	Hadar	148 50.7	S60 25.6
Y	15	91 20.1	16 22.9	. . 51.4	312 34.5	. . 55.6	95 14.7	. . 51.4	271 56.9	. . 59.8	Hamal	328 03.7	N23 30.6
	16	106 22.6	31 22.1	51.8	327 35.9	55.3	110 16.8	51.2	286 59.5	59.8	Kaus Aust.	83 46.5	S34 22.7
	17	121 25.0	46 21.3	52.2	342 37.3	54.9	125 18.8	51.1	302 02.0	59.8			
	18	136 27.5	61 20.5	N23 52.7	357 38.7	N17 54.5	140 20.8	S 2 50.9	317 04.6	N 2 59.9	Kochab	137 18.4	N74 06.7
	19	151 29.9	76 19.7	53.1	12 40.0	54.1	155 22.8	50.7	332 07.1	59.9	Markab	13 40.8	N15 15.6
	20	166 32.4	91 18.9	53.5	27 41.4	53.7	170 24.9	50.5	347 09.7	59.9	Menkar	314 17.8	N 4 07.8
	21	181 34.9	106 18.1	. . 53.9	42 42.8	. . 53.3	185 26.9	. . 50.3	2 12.2	2 59.9	Menkent	148 09.9	S36 25.5
	22	196 37.3	121 17.3	54.3	57 44.2	53.0	200 28.9	50.1	17 14.8	3 00.0	Miaplacidus	221 40.4	S69 46.0
	23	211 39.8	136 16.5	54.7	72 45.6	52.6	215 30.9	50.0	32 17.3	00.0			
	9 00	226 42.3	151 15.7	N23 55.1	87 47.0	N17 52.2	230 33.0	S 2 49.8	47 19.9	N 3 00.0	Mirfak	308 44.2	N49 53.9
	01	241 44.7	166 14.8	55.5	102 48.4	51.8	245 35.0	49.6	62 22.4	00.1	Nunki	76 00.9	S26 17.0
	02	256 47.2	181 14.0	55.9	117 49.8	51.4	260 37.0	49.4	77 25.0	00.1	Peacock	53 22.6	S56 41.8
	03	271 49.7	196 13.2	. . 56.3	132 51.1	. . 51.1	275 39.0	. . 49.2	92 27.5	. . 00.1	Pollux	243 30.6	N28 00.1
	04	286 52.1	211 12.4	56.7	147 52.5	50.7	290 41.1	49.1	107 30.1	00.1	Procyon	245 02.2	N 5 11.8
	05	301 54.6	226 11.6	57.1	162 53.9	50.3	305 43.1	48.9	122 32.6	00.2			
	06	316 57.0	241 10.8	N23 57.5	177 55.3	N17 49.9	320 45.1	S 2 48.7	137 35.2	N 3 00.2	Rasalhague	96 08.3	N12 33.0
	07	331 59.5	256 10.0	57.9	192 56.7	49.5	335 47.1	48.5	152 37.7	00.2	Regulus	207 45.8	N11 54.9
	08	347 02.0	271 09.2	58.3	207 58.1	49.2	350 49.2	48.3	167 40.3	00.3	Rigel	281 14.5	S 8 11.5
S	09	2 04.4	286 08.4	. . 58.7	222 59.5	. . 48.8	5 51.2	. . 48.2	182 42.8	. . 00.3	Rigil Kent.	139 54.3	S60 52.8
U	10	17 06.9	301 07.6	59.1	238 00.8	48.4	20 53.2	48.0	197 45.4	00.3	Sabik	102 14.9	S15 44.3
N	11	32 09.4	316 06.7	59.4	253 02.2	48.0	35 55.2	47.8	212 47.9	00.3			
D	12	47 11.8	331 05.9	N23 59.8	268 03.6	N17 47.6	50 57.3	S 2 47.6	227 50.5	N 3 00.4	Schedar	349 43.7	N56 35.5
A	13	62 14.3	346 05.1	24 00.2	283 05.0	47.2	65 59.3	47.4	242 53.0	00.4	Shaula	96 24.7	S37 06.6
Y	14	77 16.8	1 04.3	00.6	298 06.4	46.9	81 01.3	47.3	257 55.6	00.4	Sirius	258 35.9	S16 44.0
	15	92 19.2	16 03.5	. . 01.0	313 07.8	. . 46.5	96 03.4	. . 47.1	272 58.1	. . 00.5	Spica	158 33.4	S11 13.1
	16	107 21.7	31 02.7	01.4	328 09.1	46.1	111 05.4	46.9	288 00.7	00.5	Suhail	222 54.2	S43 28.8
	17	122 24.2	46 01.9	01.8	343 10.5	45.7	126 07.4	46.7	303 03.2	00.5			
	18	137 26.6	61 01.0	N24 02.1	358 11.9	N17 45.3	141 09.4	S 2 46.5	318 05.8	N 3 00.5	Vega	80 40.2	N38 47.4
	19	152 29.1	76 00.2	02.5	13 13.3	44.9	156 11.5	46.4	333 08.3	00.6	Zuben'ubi	137 07.6	S16 05.3
	20	167 31.5	90 59.4	02.9	28 14.7	44.5	171 13.5	46.2	348 10.9	00.6		SHA	Mer. Pass.
	21	182 34.0	105 58.6	. . 03.3	43 16.0	. . 44.2	186 15.5	. . 46.0	3 13.4	. . 00.6		° ′	h m
	22	197 36.5	120 57.8	03.7	58 17.4	43.8	201 17.5	45.8	18 15.9	00.6	Venus	285 51.9	13 54
	23	212 38.9	135 57.0	04.0	73 18.8	43.4	216 19.6	45.6	33 18.5	00.7	Mars	221 30.5	18 09
	Mer. Pass.	h m 8 55.7	*v* −0.8	*d* 0.4	*v* 1.4	*d* 0.4	*v* 2.0	*d* 0.2	*v* 2.6	*d* 0.0	Jupiter Saturn	4 01.3 180 35.5	8 40 20 51

Day	UT (h)	SUN GHA	SUN Dec	MOON GHA	v	MOON Dec	d	HP
d	h	° ′	° ′	° ′	′	° ′	′	′
7	00	180 51.4	N16 43.5	258 20.1	15.9	S 9 53.7	11.7	54.2
	01	195 51.5	44.2	272 55.0	15.9	9 42.0	11.7	54.2
	02	210 51.5	44.9	287 29.9	15.9	9 30.3	11.7	54.2
	03	225 51.6	. . 45.6	302 04.8	15.9	9 18.6	11.8	54.2
	04	240 51.6	46.3	316 39.7	16.0	9 06.8	11.9	54.2
	05	255 51.7	47.0	331 14.7	16.0	8 54.9	11.8	54.3
	06	270 51.7	N16 47.6	345 49.7	16.1	S 8 43.1	11.9	54.3
	07	285 51.7	48.3	0 24.8	16.0	8 31.2	11.9	54.3
	08	300 51.8	49.0	14 59.8	16.1	8 19.3	12.0	54.3
F	09	315 51.8	. . 49.7	29 34.9	16.1	8 07.3	12.0	54.3
R	10	330 51.9	50.4	44 10.0	16.1	7 55.3	12.0	54.3
I	11	345 51.9	51.1	58 45.1	16.2	7 43.3	12.1	54.3
D	12	0 51.9	N16 51.8	73 20.3	16.1	S 7 31.2	12.1	54.3
A	13	15 52.0	52.5	87 55.4	16.2	7 19.1	12.1	54.3
Y	14	30 52.0	53.2	102 30.6	16.2	7 07.0	12.1	54.3
	15	45 52.1	. . 53.8	117 05.8	16.3	6 54.9	12.2	54.3
	16	60 52.1	54.5	131 41.1	16.2	6 42.7	12.2	54.3
	17	75 52.1	55.2	146 16.3	16.2	6 30.5	12.3	54.3
	18	90 52.2	N16 55.9	160 51.5	16.3	S 6 18.2	12.2	54.3
	19	105 52.2	56.6	175 26.8	16.3	6 06.0	12.3	54.3
	20	120 52.3	57.3	190 02.1	16.3	5 53.7	12.3	54.3
	21	135 52.3	. . 58.0	204 37.4	16.3	5 41.4	12.3	54.3
	22	150 52.3	58.6	219 12.7	16.3	5 29.1	12.4	54.3
	23	165 52.4	16 59.3	233 48.0	16.3	5 16.7	12.4	54.3
8	00	180 52.4	N17 00.0	248 23.3	16.4	S 5 04.3	12.4	54.3
	01	195 52.4	00.7	262 58.7	16.3	4 51.9	12.4	54.4
	02	210 52.5	01.4	277 34.0	16.3	4 39.5	12.5	54.4
	03	225 52.5	. . 02.1	292 09.3	16.4	4 27.0	12.4	54.4
	04	240 52.5	02.7	306 44.7	16.3	4 14.6	12.5	54.4
	05	255 52.6	03.4	321 20.0	16.4	4 02.1	12.5	54.4
	06	270 52.6	N17 04.1	335 55.4	16.4	S 3 49.6	12.6	54.4
	07	285 52.7	04.8	350 30.8	16.3	3 37.0	12.5	54.4
S	08	300 52.7	05.5	5 06.1	16.4	3 24.5	12.6	54.4
A	09	315 52.7	. . 06.1	19 41.5	16.3	3 11.9	12.6	54.4
T	10	330 52.8	06.8	34 16.8	16.4	2 59.3	12.6	54.4
U	11	345 52.8	07.5	48 52.2	16.4	2 46.7	12.6	54.4
R	12	0 52.8	N17 08.2	63 27.6	16.3	S 2 34.1	12.6	54.5
D	13	15 52.9	08.8	78 02.9	16.3	2 21.5	12.6	54.5
A	14	30 52.9	09.5	92 38.2	16.4	2 08.9	12.7	54.5
Y	15	45 52.9	. . 10.2	107 13.6	16.3	1 56.2	12.7	54.5
	16	60 53.0	10.9	121 48.9	16.4	1 43.5	12.7	54.5
	17	75 53.0	11.5	136 24.3	16.3	1 30.8	12.7	54.5
	18	90 53.0	N17 12.2	150 59.6	16.3	S 1 18.1	12.7	54.5
	19	105 53.1	12.9	165 34.9	16.3	1 05.4	12.7	54.5
	20	120 53.1	13.6	180 10.2	16.3	0 52.7	12.7	54.6
	21	135 53.1	. . 14.2	194 45.5	16.2	0 40.0	12.8	54.6
	22	150 53.1	14.9	209 20.7	16.3	0 27.2	12.7	54.6
	23	165 53.2	15.6	223 56.0	16.2	0 14.5	12.8	54.6
9	00	180 53.2	N17 16.2	238 31.2	16.3	S 0 01.7	12.7	54.6
	01	195 53.2	16.9	253 06.5	16.2	N 0 11.0	12.8	54.6
	02	210 53.3	17.6	267 41.7	16.2	0 23.8	12.8	54.6
	03	225 53.3	. . 18.3	282 16.9	16.1	0 36.6	12.8	54.6
	04	240 53.3	18.9	296 52.0	16.2	0 49.4	12.7	54.7
	05	255 53.4	19.6	311 27.2	16.1	1 02.1	12.8	54.7
	06	270 53.4	N17 20.3	326 02.3	16.1	N 1 14.9	12.8	54.7
	07	285 53.4	20.9	340 37.4	16.1	1 27.7	12.8	54.7
	08	300 53.4	21.6	355 12.5	16.1	1 40.5	12.8	54.7
S	09	315 53.5	. . 22.3	9 47.6	16.0	1 53.3	12.8	54.7
U	10	330 53.5	22.9	24 22.6	16.0	2 06.1	12.8	54.8
N	11	345 53.5	23.6	38 57.6	16.0	2 18.9	12.8	54.8
D	12	0 53.6	N17 24.3	53 32.6	16.0	N 2 31.7	12.8	54.8
A	13	15 53.6	24.9	68 07.6	15.9	2 44.5	12.8	54.8
Y	14	30 53.6	25.6	82 42.5	15.9	2 57.3	12.8	54.8
	15	45 53.6	. . 26.2	97 17.4	15.9	3 10.1	12.8	54.8
	16	60 53.7	26.9	111 52.3	15.8	3 22.9	12.8	54.9
	17	75 53.7	27.6	126 27.1	15.8	3 35.7	12.8	54.9
	18	90 53.7	N17 28.2	141 01.9	15.8	N 3 48.5	12.7	54.9
	19	105 53.7	28.9	155 36.7	15.7	4 01.2	12.8	54.9
	20	120 53.8	29.6	170 11.4	15.7	4 14.0	12.8	54.9
	21	135 53.8	. . 30.2	184 46.1	15.6	4 26.8	12.7	54.9
	22	150 53.8	30.9	199 20.7	15.7	4 39.5	12.8	55.0
	23	165 53.8	31.5	213 55.4	15.5	N 4 52.3	12.7	55.0
		SD 15.9	d 0.7	SD 14.8		14.8		14.9

Lat.	Twilight Naut.	Twilight Civil	Sunrise	Moonrise 7	Moonrise 8	Moonrise 9	Moonrise 10
°	h m	h m	h m	h m	h m	h m	h m
N 72	////	////	00 28	02 54	02 29	02 05	01 42
N 70	////	////	01 47	02 40	02 22	02 06	01 49
68	////	////	02 25	02 29	02 17	02 06	01 55
66	////	01 05	02 50	02 19	02 13	02 07	02 00
64	////	01 51	03 10	02 11	02 09	02 07	02 05
62	////	02 21	03 26	02 04	02 06	02 07	02 08
60	00 58	02 42	03 40	01 58	02 03	02 07	02 12
N 58	01 40	03 00	03 51	01 53	02 00	02 07	02 15
56	02 07	03 14	04 01	01 48	01 58	02 08	02 17
54	02 27	03 27	04 10	01 44	01 56	02 08	02 20
52	02 44	03 38	04 18	01 40	01 54	02 08	02 22
50	02 58	03 47	04 25	01 36	01 53	02 08	02 24
45	03 25	04 07	04 40	01 29	01 49	02 08	02 28
N 40	03 45	04 22	04 52	01 22	01 46	02 09	02 32
35	04 02	04 35	05 03	01 17	01 43	02 09	02 35
30	04 15	04 46	05 12	01 12	01 41	02 09	02 38
20	04 36	05 04	05 27	01 03	01 36	02 09	02 43
N 10	04 53	05 18	05 41	00 56	01 33	02 10	02 47
0	05 06	05 31	05 53	00 48	01 29	02 10	02 51
S 10	05 18	05 43	06 05	00 41	01 26	02 10	02 55
20	05 29	05 55	06 18	00 34	01 22	02 11	03 00
30	05 40	06 08	06 33	00 25	01 18	02 11	03 05
35	05 45	06 15	06 42	00 20	01 15	02 11	03 08
40	05 50	06 23	06 52	00 14	01 13	02 12	03 11
45	05 56	06 32	07 03	00 07	01 09	02 12	03 15
S 50	06 03	06 42	07 17	25 06	01 06	02 12	03 20
52	06 06	06 46	07 23	25 04	01 04	02 12	03 22
54	06 09	06 51	07 30	25 02	01 02	02 13	03 25
56	06 12	06 57	07 38	25 00	01 00	02 13	03 27
58	06 15	07 03	07 47	24 57	00 57	02 13	03 30
S 60	06 19	07 10	07 57	24 55	00 55	02 13	03 34

Lat.	Sunset	Twilight Civil	Twilight Naut.	Moonset 7	Moonset 8	Moonset 9	Moonset 10
°	h m	h m	h m	h m	h m	h m	h m
N 72	□	□	□	11 27	13 19	15 09	17 06
N 70	22 12	////	////	11 39	13 22	15 05	16 52
68	21 32	////	////	11 49	13 25	15 01	16 41
66	21 05	22 57	////	11 56	13 27	14 58	16 32
64	20 45	22 06	////	12 03	13 29	14 56	16 25
62	20 28	21 36	////	12 09	13 31	14 54	16 19
60	20 15	21 13	23 04	12 14	13 32	14 52	16 13
N 58	20 03	20 55	22 17	12 18	13 34	14 50	16 08
56	19 53	20 40	21 49	12 22	13 35	14 48	16 04
54	19 44	20 28	21 28	12 25	13 36	14 47	16 00
52	19 36	20 17	21 11	12 28	13 37	14 46	15 56
50	19 29	20 07	20 57	12 31	13 38	14 45	15 53
45	19 14	19 47	20 29	12 37	13 39	14 42	15 47
N 40	19 01	19 32	20 08	12 42	13 41	14 40	15 41
35	18 51	19 19	19 52	12 47	13 42	14 38	15 36
30	18 42	19 08	19 38	12 51	13 43	14 37	15 32
20	18 26	18 49	19 17	12 57	13 45	14 34	15 24
N 10	18 13	18 35	19 00	13 03	13 47	14 32	15 18
0	18 00	18 22	18 47	13 08	13 49	14 30	15 12
S 10	17 47	18 09	18 35	13 13	13 50	14 27	15 06
20	17 34	17 57	18 24	13 19	13 52	14 25	14 59
30	17 19	17 44	18 13	13 25	13 54	14 22	14 52
35	17 11	17 37	18 08	13 29	13 55	14 21	14 48
40	17 01	17 30	18 02	13 33	13 56	14 19	14 43
45	16 50	17 21	17 56	13 38	13 57	14 17	14 38
S 50	16 36	17 11	17 50	13 43	13 59	14 15	14 31
52	16 29	17 06	17 47	13 46	14 00	14 14	14 28
54	16 22	17 01	17 44	13 49	14 01	14 12	14 25
56	16 14	16 55	17 40	13 52	14 02	14 11	14 21
58	16 05	16 49	17 37	13 55	14 03	14 10	14 17
S 60	15 55	16 43	17 33	13 59	14 04	14 08	14 13

Day	SUN Eqn. of Time 00^h	SUN Eqn. of Time 12^h	SUN Mer. Pass.	MOON Mer. Pass. Upper	MOON Mer. Pass. Lower	MOON Age	Phase
d	m s	m s	h m	h m	h m	d	%
7	03 26	03 28	11 57	06 58	19 19	23	38
8	03 30	03 31	11 56	07 39	19 59	24	29
9	03 33	03 34	11 56	08 20	20 40	25	21

	UT	ARIES	VENUS −3.9		MARS +0.9		JUPITER −2.2		SATURN +0.9		STARS		
		GHA	GHA	Dec	GHA	Dec	GHA	Dec	GHA	Dec	Name	SHA	Dec
	d h	° ′	° ′	° ′	° ′	° ′	° ′	° ′	° ′	° ′		° ′	° ′
	10 00	227 41.4	150 56.2	N24 04.4	88 20.2	N17 43.0	231 21.6	S 2 45.5	48 21.0	N 3 00.7	Acamar	315 20.4	S40 15.8
	01	242 43.9	165 55.3	04.8	103 21.6	42.6	246 23.6	45.3	63 23.6	00.7	Achernar	335 28.8	S57 10.9
	02	257 46.3	180 54.5	05.2	118 22.9	42.2	261 25.7	45.1	78 26.1	00.8	Acrux	173 11.5	S63 09.7
	03	272 48.8	195 53.7 . .	05.5	133 24.3 . .	41.8	276 27.7 . .	44.9	93 28.7 . .	00.8	Adhara	255 14.6	S28 59.4
	04	287 51.3	210 52.9	05.9	148 25.7	41.5	291 29.7	44.7	108 31.2	00.8	Aldebaran	290 52.3	N16 31.8
	05	302 53.7	225 52.1	06.3	163 27.1	41.1	306 31.8	44.6	123 33.8	00.8			
	06	317 56.2	240 51.3	N24 06.6	178 28.5	N17 40.7	321 33.8	S 2 44.4	138 36.3	N 3 00.9	Alioth	166 22.1	N55 54.2
	07	332 58.7	255 50.5	07.0	193 29.8	40.3	336 35.8	44.2	153 38.9	00.9	Alkaid	153 00.1	N49 15.7
	08	348 01.1	270 49.6	07.4	208 31.2	39.9	351 37.8	44.0	168 41.4	00.9	Al Na'ir	27 46.5	S46 54.4
M	09	3 03.6	285 48.8 . .	07.7	223 32.6 . .	39.5	6 39.9 . .	43.8	183 43.9 . .	00.9	Alnilam	275 49.0	S 1 11.8
O	10	18 06.0	300 48.0	08.1	238 34.0	39.1	21 41.9	43.7	198 46.5	01.0	Alphard	217 58.3	S 8 42.4
N	11	33 08.5	315 47.2	08.4	253 35.3	38.7	36 43.9	43.5	213 49.0	01.0			
D	12	48 11.0	330 46.4	N24 08.8	268 36.7	N17 38.4	51 46.0	S 2 43.3	228 51.6	N 3 01.0	Alphecca	126 12.5	N26 40.6
A	13	63 13.4	345 45.6	09.2	283 38.1	38.0	66 48.0	43.1	243 54.1	01.1	Alpheratz	357 46.2	N29 08.8
Y	14	78 15.9	0 44.7	09.5	298 39.5	37.6	81 50.0	42.9	258 56.7	01.1	Altair	62 10.3	N 8 53.7
	15	93 18.4	15 43.9 . .	09.9	313 40.8 . .	37.2	96 52.1 . .	42.8	273 59.2 . .	01.1	Ankaa	353 18.1	S42 14.8
	16	108 20.8	30 43.1	10.2	328 42.2	36.8	111 54.1	42.6	289 01.8	01.1	Antares	112 28.7	S26 27.4
	17	123 23.3	45 42.3	10.6	343 43.6	36.4	126 56.1	42.4	304 04.3	01.2			
	18	138 25.8	60 41.5	N24 10.9	358 45.0	N17 36.0	141 58.1	S 2 42.2	319 06.8	N 3 01.2	Arcturus	145 57.4	N19 07.6
	19	153 28.2	75 40.6	11.3	13 46.3	35.6	157 00.2	42.1	334 09.4	01.2	Atria	107 32.1	S69 02.7
	20	168 30.7	90 39.8	11.6	28 47.7	35.3	172 02.2	41.9	349 11.9	01.2	Avior	234 19.2	S59 32.9
	21	183 33.1	105 39.0 . .	12.0	43 49.1 . .	34.9	187 04.2 . .	41.7	4 14.5 . .	01.3	Bellatrix	278 34.7	N 6 21.5
	22	198 35.6	120 38.2	12.3	58 50.5	34.5	202 06.3	41.5	19 17.0	01.3	Betelgeuse	271 04.0	N 7 24.5
	23	213 38.1	135 37.4	12.7	73 51.8	34.1	217 08.3	41.3	34 19.6	01.3			
	11 00	228 40.5	150 36.5	N24 13.0	88 53.2	N17 33.7	232 10.3	S 2 41.2	49 22.1	N 3 01.3	Canopus	263 57.6	S52 42.3
	01	243 43.0	165 35.7	13.4	103 54.6	33.3	247 12.4	41.0	64 24.7	01.4	Capella	280 38.3	N46 00.6
	02	258 45.5	180 34.9	13.7	118 55.9	32.9	262 14.4	40.8	79 27.2	01.4	Deneb	49 33.0	N45 18.8
	03	273 47.9	195 34.1 . .	14.1	133 57.3 . .	32.5	277 16.4 . .	40.6	94 29.7 . .	01.4	Denebola	182 35.8	N14 30.7
	04	288 50.4	210 33.3	14.4	148 58.7	32.1	292 18.5	40.5	109 32.3	01.4	Diphda	348 58.4	S17 55.7
	05	303 52.9	225 32.4	14.8	164 00.1	31.7	307 20.5	40.3	124 34.8	01.5			
	06	318 55.3	240 31.6	N24 15.1	179 01.4	N17 31.3	322 22.5	S 2 40.1	139 37.4	N 3 01.5	Dubhe	193 54.0	N61 41.8
	07	333 57.8	255 30.8	15.4	194 02.8	31.0	337 24.6	39.9	154 39.9	01.5	Elnath	278 15.8	N28 37.0
T	08	349 00.3	270 30.0	15.8	209 04.2	30.6	352 26.6	39.7	169 42.4	01.5	Eltanin	90 46.8	N51 29.0
U	09	4 02.7	285 29.2 . .	16.1	224 05.5 . .	30.2	7 28.6 . .	39.6	184 45.0 . .	01.6	Enif	33 49.4	N 9 55.3
E	10	19 05.2	300 28.3	16.4	239 06.9	29.8	22 30.7	39.4	199 47.5	01.6	Fomalhaut	15 26.6	S29 33.9
S	11	34 07.6	315 27.5	16.8	254 08.3	29.4	37 32.7	39.2	214 50.1	01.6			
D	12	49 10.1	330 26.7	N24 17.1	269 09.6	N17 29.0	52 34.7	S 2 39.0	229 52.6	N 3 01.6	Gacrux	172 03.2	S57 10.6
A	13	64 12.6	345 25.9	17.4	284 11.0	28.6	67 36.8	38.9	244 55.2	01.7	Gienah	175 54.4	S17 36.2
Y	14	79 15.0	0 25.0	17.8	299 12.4	28.2	82 38.8	38.7	259 57.7	01.7	Hadar	148 50.7	S60 25.6
	15	94 17.5	15 24.2 . .	18.1	314 13.7 . .	27.8	97 40.8 . .	38.5	275 00.2 . .	01.7	Hamal	328 03.7	N23 30.6
	16	109 20.0	30 23.4	18.4	329 15.1	27.4	112 42.9	38.3	290 02.8	01.7	Kaus Aust.	83 46.5	S34 22.7
	17	124 22.4	45 22.6	18.7	344 16.5	27.0	127 44.9	38.2	305 05.3	01.8			
	18	139 24.9	60 21.7	N24 19.1	359 17.8	N17 26.6	142 46.9	S 2 38.0	320 07.9	N 3 01.8	Kochab	137 18.5	N74 06.7
	19	154 27.4	75 20.9	19.4	14 19.2	26.2	157 49.0	37.8	335 10.4	01.8	Markab	13 40.8	N15 15.6
	20	169 29.8	90 20.1	19.7	29 20.6	25.9	172 51.0	37.6	350 12.9	01.8	Menkar	314 17.8	N 4 07.8
	21	184 32.3	105 19.3 . .	20.0	44 21.9 . .	25.5	187 53.0 . .	37.4	5 15.5 . .	01.9	Menkent	148 09.9	S36 25.5
	22	199 34.7	120 18.5	20.3	59 23.3	25.1	202 55.1	37.3	20 18.0	01.9	Miaplacidus	221 40.5	S69 46.0
	23	214 37.2	135 17.6	20.7	74 24.7	24.7	217 57.1	37.1	35 20.6	01.9			
	12 00	229 39.7	150 16.8	N24 21.0	89 26.0	N17 24.3	232 59.2	S 2 36.9	50 23.1	N 3 01.9	Mirfak	308 44.2	N49 53.9
	01	244 42.1	165 16.0	21.3	104 27.4	23.9	248 01.2	36.7	65 25.6	02.0	Nunki	76 00.9	S26 17.0
	02	259 44.6	180 15.2	21.6	119 28.8	23.5	263 03.2	36.6	80 28.2	02.0	Peacock	53 22.5	S56 41.8
	03	274 47.1	195 14.3 . .	21.9	134 30.1 . .	23.1	278 05.3 . .	36.4	95 30.7 . .	02.0	Pollux	243 30.6	N28 00.1
	04	289 49.5	210 13.5	22.2	149 31.5	22.7	293 07.3	36.2	110 33.2	02.0	Procyon	245 02.3	N 5 11.8
	05	304 52.0	225 12.7	22.6	164 32.9	22.3	308 09.3	36.0	125 35.8	02.1			
	06	319 54.5	240 11.8	N24 22.9	179 34.2	N17 21.9	323 11.4	S 2 35.9	140 38.3	N 3 02.1	Rasalhague	96 08.3	N12 33.0
W	07	334 56.9	255 11.0	23.2	194 35.6	21.5	338 13.4	35.7	155 40.9	02.1	Regulus	207 45.9	N11 54.9
E	08	349 59.4	270 10.2	23.5	209 36.9	21.1	353 15.4	35.5	170 43.4	02.1	Rigel	281 14.5	S 8 11.5
D	09	5 01.9	285 09.4 . .	23.8	224 38.3 . .	20.7	8 17.5 . .	35.3	185 45.9 . .	02.2	Rigil Kent.	139 54.3	S60 52.8
N	10	20 04.3	300 08.5	24.1	239 39.7	20.3	23 19.5	35.2	200 48.5	02.2	Sabik	102 14.8	S15 44.3
E	11	35 06.8	315 07.7	24.4	254 41.0	19.9	38 21.6	35.0	215 51.0	02.2			
S	12	50 09.2	330 06.9	N24 24.7	269 42.4	N17 19.5	53 23.6	S 2 34.8	230 53.5	N 3 02.2	Schedar	349 43.7	N56 35.5
	13	65 11.7	345 06.1	25.0	284 43.8	19.1	68 25.6	34.6	245 56.1	02.2	Shaula	96 24.7	S37 06.6
D	14	80 14.2	0 05.2	25.3	299 45.1	18.7	83 27.7	34.5	260 58.6	02.3	Sirius	258 36.0	S16 44.0
A	15	95 16.6	15 04.4 . .	25.6	314 46.5 . .	18.3	98 29.7 . .	34.3	276 01.2 . .	02.3	Spica	158 33.4	S11 13.1
Y	16	110 19.1	30 03.6	25.9	329 47.8	17.9	113 31.8	34.1	291 03.7	02.3	Suhail	222 54.2	S43 28.8
	17	125 21.6	45 02.8	26.2	344 49.2	17.5	128 33.8	33.9	306 06.2	02.3			
	18	140 24.0	60 01.9	N24 26.5	359 50.6	N17 17.1	143 35.8	S 2 33.8	321 08.8	N 3 02.4	Vega	80 40.2	N38 47.4
	19	155 26.5	75 01.1	26.8	14 51.9	16.7	158 37.9	33.6	336 11.3	02.4	Zuben'ubi	137 07.6	S16 05.3
	20	170 29.0	90 00.3	27.1	29 53.3	16.3	173 39.9	33.4	351 13.8	02.4			
	21	185 31.4	104 59.4 . .	27.4	44 54.6 . .	16.0	188 41.9 . .	33.2	6 16.4 . .	02.4			
	22	200 33.9	119 58.6	27.7	59 56.0	15.6	203 44.0	33.1	21 18.9	02.5			
	23	215 36.4	134 57.8	28.0	74 57.4	15.2	218 46.0	32.9	36 21.5	02.5			
	Mer. Pass.	h m 8 43.9	v −0.8	d 0.3	v 1.4	d 0.4	v 2.0	d 0.2	v 2.5	d 0.0			

	SHA	Mer. Pass.
	° ′	h m
Venus	281 56.0	13 58
Mars	220 12.7	18 03
Jupiter	3 29.8	8 30
Saturn	180 41.6	20 39

	UT	SUN GHA	SUN Dec	MOON GHA	v	MOON Dec	d	HP
	d h	° ′	° ′	° ′	′	° ′	′	′
	10 00	180 53.9	N17 32.2	228 29.9	15.6	N 5 05.0	12.7	55.0
	01	195 53.9	32.8	243 04.5	15.5	5 17.7	12.7	55.0
	02	210 53.9	33.5	257 39.0	15.4	5 30.4	12.8	55.0
	03	225 53.9	. . 34.2	272 13.4	15.5	5 43.2	12.6	55.1
	04	240 54.0	34.8	286 47.9	15.3	5 55.8	12.7	55.1
	05	255 54.0	35.5	301 22.2	15.3	6 08.5	12.7	55.1
	06	270 54.0	N17 36.1	315 56.5	15.3	N 6 21.2	12.6	55.1
	07	285 54.0	36.8	330 30.8	15.2	6 33.8	12.7	55.1
	08	300 54.1	37.4	345 05.0	15.2	6 46.5	12.6	55.2
M	09	315 54.1	. . 38.1	359 39.2	15.2	6 59.1	12.6	55.2
O	10	330 54.1	38.7	14 13.4	15.0	7 11.7	12.6	55.2
N	11	345 54.1	39.4	28 47.4	15.1	7 24.3	12.5	55.2
D	12	0 54.1	N17 40.1	43 21.5	14.9	N 7 36.8	12.6	55.3
A	13	15 54.2	40.7	57 55.4	15.0	7 49.4	12.5	55.3
Y	14	30 54.2	41.4	72 29.4	14.8	8 01.9	12.5	55.3
	15	45 54.2	. . 42.0	87 03.2	14.8	8 14.4	12.4	55.3
	16	60 54.2	42.7	101 37.0	14.8	8 26.8	12.5	55.3
	17	75 54.2	43.3	116 10.8	14.7	8 39.3	12.4	55.4
	18	90 54.3	N17 44.0	130 44.5	14.6	N 8 51.7	12.4	55.4
	19	105 54.3	44.6	145 18.1	14.6	9 04.1	12.4	55.4
	20	120 54.3	45.3	159 51.7	14.6	9 16.5	12.3	55.4
	21	135 54.3	. . 45.9	174 25.3	14.4	9 28.8	12.3	55.4
	22	150 54.3	46.5	188 58.7	14.4	9 41.1	12.3	55.5
	23	165 54.4	47.2	203 32.1	14.4	9 53.4	12.3	55.5
	11 00	180 54.4	N17 47.8	218 05.5	14.2	N10 05.7	12.2	55.5
	01	195 54.4	48.5	232 38.7	14.2	10 17.9	12.2	55.5
	02	210 54.4	49.1	247 11.9	14.2	10 30.1	12.1	55.6
	03	225 54.4	. . 49.8	261 45.1	14.1	10 42.2	12.2	55.6
	04	240 54.5	50.4	276 18.2	14.0	10 54.4	12.0	55.6
	05	255 54.5	51.1	290 51.2	13.9	11 06.4	12.1	55.6
	06	270 54.5	N17 51.7	305 24.1	13.9	N11 18.5	12.0	55.7
	07	285 54.5	52.4	319 57.0	13.8	11 30.5	12.0	55.7
T	08	300 54.5	53.0	334 29.8	13.7	11 42.5	11.9	55.7
U	09	315 54.5	. . 53.6	349 02.5	13.7	11 54.4	11.9	55.7
E	10	330 54.6	54.3	3 35.2	13.6	12 06.3	11.8	55.8
S	11	345 54.6	54.9	18 07.8	13.5	12 18.1	11.8	55.8
D	12	0 54.6	N17 55.6	32 40.3	13.4	N12 29.9	11.8	55.8
A	13	15 54.6	56.2	47 12.7	13.4	12 41.7	11.7	55.8
Y	14	30 54.6	56.8	61 45.1	13.3	12 53.4	11.7	55.9
	15	45 54.6	. . 57.5	76 17.4	13.2	13 05.1	11.6	55.9
	16	60 54.6	58.1	90 49.6	13.1	13 16.7	11.6	55.9
	17	75 54.7	58.7	105 21.7	13.1	13 28.3	11.5	55.9
	18	90 54.7	N17 59.4	119 53.8	13.0	N13 39.8	11.5	56.0
	19	105 54.7	18 00.0	134 25.8	12.9	13 51.3	11.4	56.0
	20	120 54.7	00.7	148 57.7	12.8	14 02.7	11.3	56.0
	21	135 54.7	. . 01.3	163 29.5	12.7	14 14.0	11.3	56.0
	22	150 54.7	01.9	178 01.2	12.7	14 25.3	11.3	56.1
	23	165 54.7	02.6	192 32.9	12.5	14 36.6	11.2	56.1
	12 00	180 54.7	N18 03.2	207 04.4	12.5	N14 47.8	11.1	56.1
	01	195 54.8	03.8	221 35.9	12.4	14 58.9	11.1	56.1
	02	210 54.8	04.5	236 07.3	12.3	15 10.0	11.0	56.2
	03	225 54.8	. . 05.1	250 38.6	12.3	15 21.0	11.0	56.2
	04	240 54.8	05.7	265 09.9	12.1	15 32.0	10.9	56.2
	05	255 54.8	06.4	279 41.0	12.1	15 42.9	10.8	56.2
	06	270 54.8	N18 07.0	294 12.1	12.0	N15 53.7	10.8	56.3
W	07	285 54.8	07.6	308 43.1	11.9	16 04.5	10.7	56.3
E	08	300 54.8	08.2	323 14.0	11.8	16 15.2	10.6	56.3
D	09	315 54.9	. . 08.9	337 44.8	11.7	16 25.8	10.6	56.3
N	10	330 54.9	09.5	352 15.5	11.6	16 36.4	10.5	56.4
E	11	345 54.9	10.1	6 46.1	11.5	16 46.9	10.4	56.4
S	12	0 54.9	N18 10.8	21 16.6	11.5	N16 57.3	10.3	56.4
D	13	15 54.9	11.4	35 47.1	11.3	17 07.6	10.3	56.4
A	14	30 54.9	12.0	50 17.4	11.3	17 17.9	10.2	56.5
Y	15	45 54.9	. . 12.6	64 47.7	11.1	17 28.1	10.1	56.5
	16	60 54.9	13.3	79 17.8	11.1	17 38.2	10.0	56.5
	17	75 54.9	13.9	93 47.9	11.0	17 48.2	10.0	56.5
	18	90 54.9	N18 14.5	108 17.9	10.9	N17 58.2	9.9	56.6
	19	105 54.9	15.1	122 47.8	10.8	18 08.1	9.8	56.6
	20	120 54.9	15.8	137 17.6	10.7	18 17.9	9.7	56.6
	21	135 55.0	. . 16.4	151 47.3	10.6	18 27.6	9.6	56.7
	22	150 55.0	17.0	166 16.9	10.6	18 37.2	9.5	56.7
	23	165 55.0	17.6	180 46.5	10.4	N18 46.7	9.5	56.7
		SD 15.9	*d* 0.6	SD	15.1		15.2	15.4

Lat.	Twilight Naut.	Twilight Civil	Sunrise	Moonrise 10	Moonrise 11	Moonrise 12	Moonrise 13
°	h m	h m	h m	h m	h m	h m	h m
N 72	▭	▭	▭	01 42	01 15	00 35	▭
N 70	////	////	01 24	01 49	01 31	01 06	00 20
68	////	////	02 09	01 55	01 43	01 29	01 08
66	////	00 27	02 39	02 00	01 54	01 47	01 39
64	////	01 35	03 00	02 05	02 03	02 02	02 02
62	////	02 08	03 18	02 08	02 11	02 14	02 20
60	00 24	02 33	03 32	02 12	02 17	02 25	02 36
N 58	01 25	02 52	03 45	02 15	02 23	02 34	02 49
56	01 56	03 07	03 55	02 17	02 28	02 42	03 00
54	02 18	03 20	04 04	02 20	02 33	02 49	03 10
52	02 36	03 32	04 13	02 22	02 37	02 56	03 19
50	02 51	03 42	04 20	02 24	02 41	03 02	03 27
45	03 20	04 02	04 36	02 28	02 50	03 15	03 44
N 40	03 41	04 19	04 49	02 32	02 57	03 25	03 58
35	03 58	04 32	05 00	02 35	03 03	03 34	04 10
30	04 12	04 43	05 09	02 38	03 09	03 43	04 21
20	04 35	05 02	05 26	02 43	03 18	03 57	04 39
N 10	04 52	05 18	05 40	02 47	03 27	04 09	04 55
0	05 06	05 31	05 53	02 51	03 34	04 20	05 10
S 10	05 18	05 44	06 06	02 55	03 42	04 32	05 25
20	05 30	05 56	06 20	03 00	03 51	04 45	05 41
30	05 41	06 10	06 35	03 05	04 01	04 59	06 00
35	05 47	06 17	06 44	03 08	04 07	05 08	06 11
40	05 53	06 26	06 54	03 11	04 13	05 17	06 24
45	05 59	06 35	07 06	03 15	04 21	05 29	06 39
S 50	06 07	06 46	07 21	03 20	04 30	05 43	06 57
52	06 10	06 51	07 28	03 22	04 34	05 49	07 06
54	06 13	06 56	07 35	03 25	04 39	05 56	07 15
56	06 16	07 02	07 44	03 27	04 44	06 04	07 27
58	06 20	07 08	07 53	03 30	04 50	06 13	07 39
S 60	06 24	07 16	08 04	03 34	04 57	06 24	07 54

Lat.	Sunset	Twilight Civil	Twilight Naut.	Moonset 10	Moonset 11	Moonset 12	Moonset 13
°	h m	h m	h m	h m	h m	h m	h m
N 72	▭	▭	▭	17 06	19 19	▭	▭
N 70	22 36	////	////	16 52	18 50	21 17	▭
68	21 48	////	////	16 41	18 29	20 31	▭
66	21 17	////	////	16 32	18 12	20 01	22 03
64	20 55	22 23	////	16 25	17 59	19 39	21 24
62	20 37	21 48	////	16 19	17 47	19 21	20 57
60	20 22	21 23	////	16 13	17 38	19 06	20 36
N 58	20 10	21 03	22 32	16 08	17 29	18 54	20 19
56	19 59	20 47	22 00	16 04	17 22	18 43	20 05
54	19 49	20 34	21 37	16 00	17 16	18 34	19 53
52	19 41	20 22	21 18	15 56	17 10	18 25	19 42
50	19 33	20 12	21 03	15 53	17 04	18 18	19 32
45	19 17	19 51	20 34	15 47	16 53	18 02	19 12
N 40	19 04	19 35	20 12	15 41	16 44	17 49	18 56
35	18 53	19 21	19 55	15 36	16 36	17 38	18 42
30	18 44	19 10	19 41	15 32	16 29	17 28	18 30
20	18 27	18 51	19 19	15 24	16 17	17 12	18 09
N 10	18 13	18 35	19 01	15 18	16 06	16 57	17 52
0	18 00	18 22	18 47	15 12	15 56	16 44	17 35
S 10	17 47	18 09	18 34	15 06	15 46	16 30	17 19
20	17 33	17 56	18 23	14 59	15 36	16 16	17 01
30	17 17	17 42	18 11	14 52	15 24	16 00	16 41
35	17 08	17 35	18 05	14 48	15 17	15 51	16 29
40	16 58	17 27	17 59	14 43	15 09	15 40	16 16
45	16 46	17 17	17 53	14 38	15 00	15 27	16 00
S 50	16 31	17 07	17 46	14 31	14 50	15 12	15 41
52	16 24	17 02	17 42	14 28	14 45	15 05	15 31
54	16 17	16 56	17 39	14 25	14 39	14 57	15 21
56	16 08	16 50	17 36	14 21	14 33	14 48	15 10
58	15 59	16 44	17 32	14 17	14 26	14 39	14 56
S 60	15 48	16 36	17 28	14 13	14 19	14 27	14 41

Day	SUN Eqn. of Time 00^h	SUN Eqn. of Time 12^h	SUN Mer. Pass.	MOON Mer. Pass. Upper	MOON Mer. Pass. Lower	MOON Age	MOON %	Phase
d	m s	m s	h m	h m	h m	d	%	
10	03 35	03 37	11 56	09 01	21 23	26	13	
11	03 37	03 38	11 56	09 45	22 08	27	7	
12	03 39	03 39	11 56	10 32	22 57	28	3	

UT	ARIES	VENUS −3.9		MARS +0.9		JUPITER −2.2		SATURN +0.9	
	GHA	GHA	Dec	GHA	Dec	GHA	Dec	GHA	Dec
d h	° ′	° ′	° ′	° ′	° ′	° ′	° ′	° ′	° ′
13 00	230 38.8	149 57.0	N24 28.2	89 58.7	N17 14.8	233 48.1	S 2 32.7	51 24.0	N 3 02.5
01	245 41.3	164 56.1	28.5	105 00.1	14.4	248 50.1	32.5	66 26.5	02.5
02	260 43.7	179 55.3	28.8	120 01.4	14.0	263 52.1	32.4	81 29.1	02.5
03	275 46.2	194 54.5	. . 29.1	135 02.8	. . 13.6	278 54.2	. . 32.2	96 31.6	. . 02.6
04	290 48.7	209 53.6	29.4	150 04.1	13.2	293 56.2	32.0	111 34.1	02.6
05	305 51.1	224 52.8	29.7	165 05.5	12.8	308 58.3	31.8	126 36.7	02.6
06	320 53.6	239 52.0	N24 29.9	180 06.8	N17 12.4	324 00.3	S 2 31.7	141 39.2	N 3 02.6
07	335 56.1	254 51.1	30.2	195 08.2	12.0	339 02.3	31.5	156 41.7	02.7
T 08	350 58.5	269 50.3	30.5	210 09.6	11.6	354 04.4	31.3	171 44.3	02.7
H 09	6 01.0	284 49.5	. . 30.8	225 10.9	. . 11.2	9 06.4	. . 31.1	186 46.8	. . 02.7
U 10	21 03.5	299 48.7	31.1	240 12.3	10.8	24 08.5	31.0	201 49.3	02.7
R 11	36 05.9	314 47.8	31.3	255 13.6	10.4	39 10.5	30.8	216 51.9	02.7
S 12	51 08.4	329 47.0	N24 31.6	270 15.0	N17 10.0	54 12.6	S 2 30.6	231 54.4	N 3 02.8
D 13	66 10.8	344 46.2	31.9	285 16.3	09.6	69 14.6	30.4	246 56.9	02.8
A 14	81 13.3	359 45.3	32.2	300 17.7	09.2	84 16.6	30.3	261 59.5	02.8
Y 15	96 15.8	14 44.5	. . 32.4	315 19.0	. . 08.7	99 18.7	. . 30.1	277 02.0	. . 02.8
16	111 18.2	29 43.7	32.7	330 20.4	08.3	114 20.7	29.9	292 04.5	02.8
17	126 20.7	44 42.8	33.0	345 21.7	07.9	129 22.8	29.7	307 07.1	02.9
18	141 23.2	59 42.0	N24 33.2	0 23.1	N17 07.5	144 24.8	S 2 29.6	322 09.6	N 3 02.9
19	156 25.6	74 41.2	33.5	15 24.4	07.1	159 26.8	29.4	337 12.1	02.9
20	171 28.1	89 40.3	33.8	30 25.8	06.7	174 28.9	29.2	352 14.7	02.9
21	186 30.6	104 39.5	. . 34.0	45 27.2	. . 06.3	189 30.9	. . 29.1	7 17.2	. . 03.0
22	201 33.0	119 38.7	34.3	60 28.5	05.9	204 33.0	28.9	22 19.7	03.0
23	216 35.5	134 37.9	34.5	75 29.9	05.5	219 35.0	28.7	37 22.3	03.0
14 00	231 38.0	149 37.0	N24 34.8	90 31.2	N17 05.1	234 37.1	S 2 28.5	52 24.8	N 3 03.0
01	246 40.4	164 36.2	35.1	105 32.6	04.7	249 39.1	28.4	67 27.3	03.0
02	261 42.9	179 35.4	35.3	120 33.9	04.3	264 41.2	28.2	82 29.9	03.1
03	276 45.3	194 34.5	. . 35.6	135 35.3	. . 03.9	279 43.2	. . 28.0	97 32.4	. . 03.1
04	291 47.8	209 33.7	35.8	150 36.6	03.5	294 45.2	27.8	112 34.9	03.1
05	306 50.3	224 32.9	36.1	165 38.0	03.1	309 47.3	27.7	127 37.5	03.1
06	321 52.7	239 32.0	N24 36.3	180 39.3	N17 02.7	324 49.3	S 2 27.5	142 40.0	N 3 03.1
07	336 55.2	254 31.2	36.6	195 40.7	02.3	339 51.4	27.3	157 42.5	03.2
08	351 57.7	269 30.4	36.8	210 42.0	01.9	354 53.4	27.2	172 45.0	03.2
F 09	7 00.1	284 29.5	. . 37.1	225 43.3	. . 01.5	9 55.5	. . 27.0	187 47.6	. . 03.2
R 10	22 02.6	299 28.7	37.3	240 44.7	01.1	24 57.5	26.8	202 50.1	03.2
I 11	37 05.1	314 27.9	37.6	255 46.0	00.7	39 59.6	26.6	217 52.6	03.2
D 12	52 07.5	329 27.0	N24 37.8	270 47.4	N17 00.3	55 01.6	S 2 26.5	232 55.2	N 3 03.3
A 13	67 10.0	344 26.2	38.1	285 48.7	16 59.9	70 03.6	26.3	247 57.7	03.3
Y 14	82 12.5	359 25.4	38.3	300 50.1	59.5	85 05.7	26.1	263 00.2	03.3
15	97 14.9	14 24.5	. . 38.5	315 51.4	. . 59.1	100 07.7	. . 25.9	278 02.8	. . 03.3
16	112 17.4	29 23.7	38.8	330 52.8	58.6	115 09.8	25.8	293 05.3	03.3
17	127 19.8	44 22.9	39.0	345 54.1	58.2	130 11.8	25.6	308 07.8	03.4
18	142 22.3	59 22.0	N24 39.3	0 55.5	N16 57.8	145 13.9	S 2 25.4	323 10.3	N 3 03.4
19	157 24.8	74 21.2	39.5	15 56.8	57.4	160 15.9	25.3	338 12.9	03.4
20	172 27.2	89 20.3	39.7	30 58.2	57.0	175 18.0	25.1	353 15.4	03.4
21	187 29.7	104 19.5	. . 40.0	45 59.5	. . 56.6	190 20.0	. . 24.9	8 17.9	. . 03.4
22	202 32.2	119 18.7	40.2	61 00.9	56.2	205 22.1	24.7	23 20.5	03.5
23	217 34.6	134 17.8	40.4	76 02.2	55.8	220 24.1	24.6	38 23.0	03.5
15 00	232 37.1	149 17.0	N24 40.7	91 03.5	N16 55.4	235 26.2	S 2 24.4	53 25.5	N 3 03.5
01	247 39.6	164 16.2	40.9	106 04.9	55.0	250 28.2	24.2	68 28.0	03.5
02	262 42.0	179 15.3	41.1	121 06.2	54.6	265 30.3	24.1	83 30.6	03.5
03	277 44.5	194 14.5	. . 41.3	136 07.6	. . 54.2	280 32.3	. . 23.9	98 33.1	. . 03.5
04	292 47.0	209 13.7	41.6	151 08.9	53.8	295 34.3	23.7	113 35.6	03.6
05	307 49.4	224 12.8	41.8	166 10.3	53.4	310 36.4	23.6	128 38.2	03.6
06	322 51.9	239 12.0	N24 42.0	181 11.6	N16 52.9	325 38.4	S 2 23.4	143 40.7	N 3 03.6
07	337 54.3	254 11.2	42.2	196 12.9	52.5	340 40.5	23.2	158 43.2	03.6
S 08	352 56.8	269 10.3	42.5	211 14.3	52.1	355 42.5	23.0	173 45.7	03.6
A 09	7 59.3	284 09.5	. . 42.7	226 15.6	. . 51.7	10 44.6	. . 22.9	188 48.3	. . 03.7
T 10	23 01.7	299 08.7	42.9	241 17.0	51.3	25 46.6	22.7	203 50.8	03.7
U 11	38 04.2	314 07.8	43.1	256 18.3	50.9	40 48.7	22.5	218 53.3	03.7
R 12	53 06.7	329 07.0	N24 43.3	271 19.6	N16 50.5	55 50.7	S 2 22.4	233 55.8	N 3 03.7
D 13	68 09.1	344 06.1	43.5	286 21.0	50.1	70 52.8	22.2	248 58.4	03.7
A 14	83 11.6	359 05.3	43.8	301 22.3	49.7	85 54.8	22.0	264 00.9	03.7
Y 15	98 14.1	14 04.5	. . 44.0	316 23.7	. . 49.3	100 56.9	. . 21.8	279 03.4	. . 03.8
16	113 16.5	29 03.6	44.2	331 25.0	48.8	115 58.9	21.7	294 05.9	03.8
17	128 19.0	44 02.8	44.4	346 26.3	48.4	131 01.0	21.5	309 08.5	03.8
18	143 21.5	59 02.0	N24 44.6	1 27.7	N16 48.0	146 03.0	S 2 21.3	324 11.0	N 3 03.8
19	158 23.9	74 01.1	44.8	16 29.0	47.6	161 05.1	21.2	339 13.5	03.8
20	173 26.4	89 00.3	45.0	31 30.4	47.2	176 07.1	21.0	354 16.0	03.9
21	188 28.8	103 59.4	. . 45.2	46 31.7	. . 46.8	191 09.2	. . 20.8	9 18.6	. . 03.9
22	203 31.3	118 58.6	45.4	61 33.0	46.4	206 11.2	20.7	24 21.1	03.9
23	218 33.8	133 57.8	45.6	76 34.4	46.0	221 13.3	20.5	39 23.6	03.9
Mer. Pass.	h m 8 32.1	*v* −0.8	*d* 0.2	*v* 1.3	*d* 0.4	*v* 2.0	*d* 0.2	*v* 2.5	*d* 0.0

STARS

Name	SHA	Dec
	° ′	° ′
Acamar	315 20.4	S40 15.7
Achernar	335 28.8	S57 10.9
Acrux	173 11.6	S63 09.8
Adhara	255 14.6	S28 59.4
Aldebaran	290 52.3	N16 31.8
Alioth	166 22.1	N55 54.3
Alkaid	153 00.1	N49 15.7
Al Na'ir	27 46.5	S46 54.4
Alnilam	275 49.0	S 1 11.8
Alphard	217 58.3	S 8 42.4
Alphecca	126 12.5	N26 40.7
Alpheratz	357 46.1	N29 08.8
Altair	62 10.3	N 8 53.7
Ankaa	353 18.1	S42 14.8
Antares	112 28.7	S26 27.4
Arcturus	145 57.4	N19 07.6
Atria	107 32.1	S69 02.7
Avior	234 19.3	S59 32.9
Bellatrix	278 34.7	N 6 21.5
Betelgeuse	271 04.0	N 7 24.5
Canopus	263 57.6	S52 42.3
Capella	280 38.3	N46 00.5
Deneb	49 33.0	N45 18.8
Denebola	182 35.8	N14 30.7
Diphda	348 58.4	S17 55.7
Dubhe	193 54.0	N61 41.8
Elnath	278 15.8	N28 37.0
Eltanin	90 46.7	N51 29.0
Enif	33 49.4	N 9 55.3
Fomalhaut	15 26.5	S29 33.9
Gacrux	172 03.2	S57 10.6
Gienah	175 54.5	S17 36.2
Hadar	148 50.7	S60 25.6
Hamal	328 03.7	N23 30.6
Kaus Aust.	83 46.5	S34 22.7
Kochab	137 18.5	N74 06.7
Markab	13 40.7	N15 15.6
Menkar	314 17.8	N 4 07.8
Menkent	148 09.9	S36 25.5
Miaplacidus	221 40.5	S69 46.0
Mirfak	308 44.2	N49 53.9
Nunki	76 00.9	S26 17.0
Peacock	53 22.5	S56 41.8
Pollux	243 30.7	N28 00.1
Procyon	245 02.3	N 5 11.8
Rasalhague	96 08.3	N12 33.0
Regulus	207 45.9	N11 54.9
Rigel	281 14.5	S 8 11.5
Rigil Kent.	139 54.3	S60 52.8
Sabik	102 14.8	S15 44.3
Schedar	349 43.7	N56 35.5
Shaula	96 24.6	S37 06.6
Sirius	258 36.0	S16 44.0
Spica	158 33.4	S11 13.1
Suhail	222 54.3	S43 28.8
Vega	80 40.2	N38 47.4
Zuben'ubi	137 07.6	S16 05.3

	SHA	Mer. Pass.
	° ′	h m
Venus	277 59.1	14 02
Mars	218 53.3	17 56
Jupiter	2 59.1	8 20
Saturn	180 46.8	20 27

Day	UT (d h)	SUN GHA	SUN Dec	MOON GHA	v	MOON Dec	d	HP
		° ′	° ′	° ′	′	° ′	′	′
THURSDAY	13 00	180 55.0	N18 18.2	195 15.9	10.3	N18 56.2	9.4	56.7
	01	195 55.0	18.9	209 45.2	10.3	19 05.6	9.2	56.8
	02	210 55.0	19.5	224 14.5	10.1	19 14.8	9.2	56.8
	03	225 55.0	. . 20.1	238 43.6	10.1	19 24.0	9.1	56.8
	04	240 55.0	20.7	253 12.7	9.9	19 33.1	9.0	56.8
	05	255 55.0	21.3	267 41.6	9.9	19 42.1	8.9	56.9
	06	270 55.0	N18 22.0	282 10.5	9.8	N19 51.0	8.8	56.9
	07	285 55.0	22.6	296 39.3	9.6	19 59.8	8.7	56.9
	08	300 55.0	23.2	311 07.9	9.6	20 08.5	8.6	56.9
	09	315 55.0	. . 23.8	325 36.5	9.5	20 17.1	8.5	57.0
	10	330 55.0	24.4	340 05.0	9.4	20 25.6	8.4	57.0
	11	345 55.0	25.0	354 33.4	9.3	20 34.0	8.3	57.0
	12	0 55.0	N18 25.7	9 01.7	9.2	N20 42.3	8.2	57.0
	13	15 55.0	26.3	23 29.9	9.1	20 50.5	8.0	57.1
	14	30 55.0	26.9	37 58.0	9.0	20 58.5	8.0	57.1
	15	45 55.0	. . 27.5	52 26.0	9.0	21 06.5	7.9	57.1
	16	60 55.0	28.1	66 54.0	8.8	21 14.4	7.7	57.1
	17	75 55.0	28.7	81 21.8	8.8	21 22.1	7.7	57.2
	18	90 55.0	N18 29.3	95 49.6	8.6	N21 29.8	7.5	57.2
	19	105 55.0	29.9	110 17.2	8.6	21 37.3	7.4	57.2
	20	120 55.0	30.6	124 44.8	8.4	21 44.7	7.3	57.2
	21	135 55.0	. . 31.2	139 12.2	8.4	21 52.0	7.2	57.3
	22	150 55.0	31.8	153 39.6	8.3	21 59.2	7.1	57.3
	23	165 55.0	32.4	168 06.9	8.2	22 06.3	6.9	57.3
FRIDAY	14 00	180 55.0	N18 33.0	182 34.1	8.1	N22 13.2	6.8	57.3
	01	195 55.0	33.6	197 01.2	8.1	22 20.0	6.7	57.4
	02	210 55.0	34.2	211 28.3	7.9	22 26.7	6.6	57.4
	03	225 55.0	. . 34.8	225 55.2	7.9	22 33.3	6.4	57.4
	04	240 55.0	35.4	240 22.1	7.7	22 39.7	6.3	57.4
	05	255 55.0	36.0	254 48.8	7.7	22 46.0	6.2	57.5
	06	270 55.0	N18 36.6	269 15.5	7.6	N22 52.2	6.1	57.5
	07	285 55.0	37.2	283 42.1	7.5	22 58.3	5.9	57.5
	08	300 55.0	37.8	298 08.6	7.5	23 04.2	5.8	57.5
	09	315 55.0	. . 38.4	312 35.1	7.3	23 10.0	5.7	57.6
	10	330 55.0	39.0	327 01.4	7.3	23 15.7	5.5	57.6
	11	345 55.0	39.6	341 27.7	7.2	23 21.2	5.5	57.6
	12	0 55.0	N18 40.2	355 53.9	7.1	N23 26.7	5.2	57.6
	13	15 55.0	40.8	10 20.0	7.0	23 31.9	5.1	57.7
	14	30 55.0	41.4	24 46.0	7.0	23 37.0	5.0	57.7
	15	45 55.0	. . 42.0	39 12.0	6.9	23 42.0	4.9	57.7
	16	60 55.0	42.6	53 37.9	6.8	23 46.9	4.7	57.7
	17	75 55.0	43.2	68 03.7	6.7	23 51.6	4.6	57.7
	18	90 55.0	N18 43.8	82 29.4	6.7	N23 56.2	4.4	57.8
	19	105 55.0	44.4	96 55.1	6.6	24 00.6	4.3	57.8
	20	120 55.0	45.0	111 20.7	6.5	24 04.9	4.1	57.8
	21	135 55.0	. . 45.6	125 46.2	6.5	24 09.0	4.0	57.8
	22	150 55.0	46.2	140 11.7	6.4	24 13.0	3.8	57.9
	23	165 55.0	46.8	154 37.1	6.3	24 16.8	3.7	57.9
SATURDAY	15 00	180 55.0	N18 47.4	169 02.4	6.3	N24 20.5	3.6	57.9
	01	195 55.0	48.0	183 27.7	6.2	24 24.1	3.4	57.9
	02	210 55.0	48.6	197 52.9	6.2	24 27.5	3.2	58.0
	03	225 55.0	. . 49.2	212 18.1	6.1	24 30.7	3.1	58.0
	04	240 55.0	49.8	226 43.2	6.0	24 33.8	3.0	58.0
	05	255 55.0	50.4	241 08.2	6.0	24 36.8	2.8	58.0
	06	270 54.9	N18 51.0	255 33.2	5.9	N24 39.6	2.6	58.0
	07	285 54.9	51.6	269 58.1	5.9	24 42.2	2.5	58.1
	08	300 54.9	52.2	284 23.0	5.8	24 44.7	2.3	58.1
	09	315 54.9	. . 52.7	298 47.8	5.8	24 47.0	2.2	58.1
	10	330 54.9	53.3	313 12.6	5.8	24 49.2	2.0	58.1
	11	345 54.9	53.9	327 37.4	5.6	24 51.2	1.9	58.1
	12	0 54.9	N18 54.5	342 02.0	5.7	N24 53.1	1.7	58.2
	13	15 54.9	55.1	356 26.7	5.6	24 54.8	1.5	58.2
	14	30 54.9	55.7	10 51.3	5.6	24 56.3	1.4	58.2
	15	45 54.9	. . 56.3	25 15.9	5.5	24 57.7	1.3	58.2
	16	60 54.9	56.9	39 40.4	5.5	24 59.0	1.0	58.2
	17	75 54.9	57.4	54 04.9	5.5	25 00.0	0.9	58.3
	18	90 54.8	N18 58.0	68 29.4	5.4	N25 00.9	0.8	58.3
	19	105 54.8	58.6	82 53.8	5.4	25 01.7	0.6	58.3
	20	120 54.8	59.2	97 18.2	5.4	25 02.3	0.4	58.3
	21	135 54.8	18 59.8	111 42.6	5.3	25 02.7	0.2	58.3
	22	150 54.8	19 00.4	126 06.9	5.3	25 02.9	0.1	58.4
	23	165 54.8	N19 00.9	140 31.2	5.3	N25 03.0	0.0	58.4
		SD 15.8	*d* 0.6	SD	15.5	15.7		15.8

Lat.	Twilight Naut.	Twilight Civil	Sunrise	Moonrise 13	Moonrise 14	Moonrise 15	Moonrise 16
°	h m	h m	h m	h m	h m	h m	h m
N 72	□	□	□	□	□	□	□
N 70	////	////	00 55	00 20	□	□	□
68	////	////	01 53	01 08	□	□	□
66	////	////	02 27	01 39	01 26	□	□
64	////	01 16	02 51	02 02	02 05	02 17	02 59
62	////	01 56	03 10	02 20	02 32	02 57	03 47
60	////	02 23	03 25	02 36	02 54	03 25	04 17
N 58	01 08	02 43	03 38	02 49	03 11	03 46	04 40
56	01 45	03 00	03 49	03 00	03 26	04 04	04 59
54	02 10	03 14	03 59	03 10	03 39	04 19	05 14
52	02 29	03 26	04 08	03 19	03 50	04 32	05 28
50	02 45	03 37	04 16	03 27	04 00	04 44	05 40
45	03 15	03 58	04 32	03 44	04 21	05 08	06 05
N 40	03 38	04 15	04 46	03 58	04 38	05 27	06 24
35	03 55	04 29	04 57	04 10	04 53	05 43	06 41
30	04 10	04 41	05 07	04 21	05 06	05 57	06 55
20	04 33	05 01	05 24	04 39	05 27	06 21	07 19
N 10	04 51	05 17	05 39	04 55	05 46	06 41	07 40
0	05 06	05 31	05 53	05 10	06 04	07 01	08 00
S 10	05 19	05 44	06 06	05 25	06 21	07 20	08 20
20	05 31	05 58	06 21	05 41	06 41	07 41	08 41
30	05 43	06 12	06 37	06 00	07 03	08 05	09 05
35	05 49	06 20	06 46	06 11	07 16	08 19	09 19
40	05 55	06 28	06 57	06 24	07 31	08 36	09 36
45	06 02	06 38	07 10	06 39	07 49	08 56	09 56
S 50	06 10	06 49	07 25	06 57	08 11	09 20	10 20
52	06 13	06 55	07 32	07 06	08 22	09 32	10 32
54	06 17	07 00	07 40	07 15	08 34	09 46	10 46
56	06 21	07 07	07 49	07 27	08 48	10 02	11 02
58	06 25	07 14	07 59	07 39	09 04	10 21	11 20
S 60	06 30	07 21	08 11	07 54	09 24	10 44	11 44

Lat.	Sunset	Twilight Civil	Twilight Naut.	Moonset 13	Moonset 14	Moonset 15	Moonset 16
°	h m	h m	h m	h m	h m	h m	h m
N 72	□	□	□	□	□	□	□
N 70	23 10	////	////	□	□	□	□
68	22 04	////	////	□	□	□	□
66	21 29	////	////	22 03	□	□	□
64	21 04	22 43	////	21 24	23 09	24 30	00 30
62	20 45	22 00	////	20 57	22 30	23 43	24 26
60	20 29	21 32	////	20 36	22 02	23 12	24 00
N 58	20 16	21 11	22 50	20 19	21 41	22 49	23 39
56	20 05	20 54	22 11	20 05	21 23	22 31	23 22
54	19 55	20 40	21 45	19 53	21 08	22 15	23 07
52	19 46	20 28	21 26	19 42	20 56	22 01	22 55
50	19 38	20 17	21 09	19 32	20 44	21 49	22 43
45	19 21	19 55	20 39	19 12	20 21	21 25	22 20
N 40	19 07	19 38	20 16	18 56	20 02	21 05	22 01
35	18 56	19 24	19 58	18 42	19 46	20 48	21 45
30	18 46	19 12	19 43	18 30	19 33	20 34	21 31
20	18 28	18 52	19 20	18 09	19 09	20 10	21 08
N 10	18 14	18 36	19 02	17 52	18 49	19 49	20 48
0	18 00	18 22	18 47	17 35	18 31	19 29	20 28
S 10	17 46	18 08	18 34	17 19	18 12	19 09	20 09
20	17 32	17 55	18 22	17 01	17 52	18 48	19 49
30	17 15	17 41	18 10	16 41	17 29	18 24	19 25
35	17 06	17 33	18 03	16 29	17 15	18 09	19 11
40	16 55	17 24	17 57	16 16	17 00	17 53	18 54
45	16 42	17 14	17 50	16 00	16 41	17 33	18 35
S 50	16 27	17 03	17 42	15 41	16 18	17 08	18 11
52	16 20	16 57	17 39	15 31	16 07	16 56	17 59
54	16 12	16 52	17 35	15 21	15 55	16 42	17 45
56	16 03	16 45	17 31	15 10	15 40	16 26	17 30
58	15 53	16 38	17 27	14 56	15 24	16 07	17 11
S 60	15 41	16 30	17 22	14 41	15 04	15 43	16 48

Day	SUN Eqn. of Time 00^h	SUN Eqn. of Time 12^h	SUN Mer. Pass.	MOON Mer. Pass. Upper	MOON Mer. Pass. Lower	MOON Age	MOON Phase
d	m s	m s	h m	h m	h m	d	%
13	03 40	03 40	11 56	11 23	23 49	29	0
14	03 40	03 40	11 56	12 17	24 46	00	0 ●
15	03 40	03 40	11 56	13 15	00 46	01	3

UT	ARIES	VENUS −3.9		MARS +1.0		JUPITER −2.2		SATURN +0.9	
	GHA	GHA	Dec	GHA	Dec	GHA	Dec	GHA	Dec
d h	° ′	° ′	° ′	° ′	° ′	° ′	° ′	° ′	° ′
16 00	233 36.2	148 56.9	N24 45.8	91 35.7	N16 45.6	236 15.3	S 2 20.3	54 26.1	N 3 03.9
01	248 38.7	163 56.1	46.0	106 37.1	45.1	251 17.4	20.1	69 28.7	03.9
02	263 41.2	178 55.3	46.2	121 38.4	44.7	266 19.4	20.0	84 31.2	04.0
03	278 43.6	193 54.4	. . 46.4	136 39.7	. . 44.3	281 21.5	. . 19.8	99 33.7	. . 04.0
04	293 46.1	208 53.6	46.6	151 41.1	43.9	296 23.5	19.6	114 36.2	04.0
05	308 48.6	223 52.7	46.8	166 42.4	43.5	311 25.6	19.5	129 38.8	04.0
06	323 51.0	238 51.9	N24 47.0	181 43.7	N16 43.1	326 27.7	S 2 19.3	144 41.3	N 3 04.0
07	338 53.5	253 51.1	47.2	196 45.1	42.7	341 29.7	19.1	159 43.8	04.0
08	353 55.9	268 50.2	47.4	211 46.4	42.2	356 31.8	19.0	174 46.3	04.1
S 09	8 58.4	283 49.4	. . 47.6	226 47.7	. . 41.8	11 33.8	. . 18.8	189 48.9	. . 04.1
U 10	24 00.9	298 48.6	47.8	241 49.1	41.4	26 35.9	18.6	204 51.4	04.1
N 11	39 03.3	313 47.7	47.9	256 50.4	41.0	41 37.9	18.5	219 53.9	04.1
D 12	54 05.8	328 46.9	N24 48.1	271 51.7	N16 40.6	56 40.0	S 2 18.3	234 56.4	N 3 04.1
A 13	69 08.3	343 46.0	48.3	286 53.1	40.2	71 42.0	18.1	249 59.0	04.1
Y 14	84 10.7	358 45.2	48.5	301 54.4	39.8	86 44.1	18.0	265 01.5	04.2
15	99 13.2	13 44.4	. . 48.7	316 55.7	. . 39.4	101 46.1	. . 17.8	280 04.0	. . 04.2
16	114 15.7	28 43.5	48.9	331 57.1	38.9	116 48.2	17.6	295 06.5	04.2
17	129 18.1	43 42.7	49.0	346 58.4	38.5	131 50.2	17.4	310 09.0	04.2
18	144 20.6	58 41.9	N24 49.2	1 59.7	N16 38.1	146 52.3	S 2 17.3	325 11.6	N 3 04.2
19	159 23.1	73 41.0	49.4	17 01.1	37.7	161 54.3	17.1	340 14.1	04.2
20	174 25.5	88 40.2	49.6	32 02.4	37.3	176 56.4	16.9	355 16.6	04.3
21	189 28.0	103 39.3	. . 49.8	47 03.7	. . 36.9	191 58.5	. . 16.8	10 19.1	. . 04.3
22	204 30.4	118 38.5	49.9	62 05.1	36.4	207 00.5	16.6	25 21.6	04.3
23	219 32.9	133 37.7	50.1	77 06.4	36.0	222 02.6	16.4	40 24.2	04.3
17 00	234 35.4	148 36.8	N24 50.3	92 07.7	N16 35.6	237 04.6	S 2 16.3	55 26.7	N 3 04.3
01	249 37.8	163 36.0	50.4	107 09.1	35.2	252 06.7	16.1	70 29.2	04.3
02	264 40.3	178 35.1	50.6	122 10.4	34.8	267 08.7	15.9	85 31.7	04.3
03	279 42.8	193 34.3	. . 50.8	137 11.7	. . 34.4	282 10.8	. . 15.8	100 34.2	. . 04.4
04	294 45.2	208 33.5	50.9	152 13.1	33.9	297 12.8	15.6	115 36.8	04.4
05	309 47.7	223 32.6	51.1	167 14.4	33.5	312 14.9	15.4	130 39.3	04.4
06	324 50.2	238 31.8	N24 51.3	182 15.7	N16 33.1	327 17.0	S 2 15.3	145 41.8	N 3 04.4
07	339 52.6	253 30.9	51.4	197 17.0	32.7	342 19.0	15.1	160 44.3	04.4
08	354 55.1	268 30.1	51.6	212 18.4	32.3	357 21.1	14.9	175 46.8	04.4
M 09	9 57.6	283 29.3	. . 51.8	227 19.7	. . 31.9	12 23.1	. . 14.8	190 49.4	. . 04.5
O 10	25 00.0	298 28.4	51.9	242 21.0	31.4	27 25.2	14.6	205 51.9	04.5
N 11	40 02.5	313 27.6	52.1	257 22.4	31.0	42 27.2	14.4	220 54.4	04.5
D 12	55 04.9	328 26.8	N24 52.2	272 23.7	N16 30.6	57 29.3	S 2 14.3	235 56.9	N 3 04.5
A 13	70 07.4	343 25.9	52.4	287 25.0	30.2	72 31.4	14.1	250 59.4	04.5
Y 14	85 09.9	358 25.1	52.5	302 26.3	29.8	87 33.4	13.9	266 02.0	04.5
15	100 12.3	13 24.2	. . 52.7	317 27.7	. . 29.3	102 35.5	. . 13.8	281 04.5	. . 04.5
16	115 14.8	28 23.4	52.8	332 29.0	28.9	117 37.5	13.6	296 07.0	04.6
17	130 17.3	43 22.6	53.0	347 30.3	28.5	132 39.6	13.4	311 09.5	04.6
18	145 19.7	58 21.7	N24 53.1	2 31.6	N16 28.1	147 41.6	S 2 13.3	326 12.0	N 3 04.6
19	160 22.2	73 20.9	53.3	17 33.0	27.7	162 43.7	13.1	341 14.6	04.6
20	175 24.7	88 20.0	53.4	32 34.3	27.2	177 45.8	12.9	356 17.1	04.6
21	190 27.1	103 19.2	. . 53.6	47 35.6	. . 26.8	192 47.8	. . 12.8	11 19.6	. . 04.6
22	205 29.6	118 18.4	53.7	62 37.0	26.4	207 49.9	12.6	26 22.1	04.6
23	220 32.1	133 17.5	53.9	77 38.3	26.0	222 51.9	12.4	41 24.6	04.7
18 00	235 34.5	148 16.7	N24 54.0	92 39.6	N16 25.6	237 54.0	S 2 12.3	56 27.1	N 3 04.7
01	250 37.0	163 15.8	54.2	107 40.9	25.1	252 56.1	12.1	71 29.7	04.7
02	265 39.4	178 15.0	54.3	122 42.3	24.7	267 58.1	11.9	86 32.2	04.7
03	280 41.9	193 14.2	. . 54.4	137 43.6	. . 24.3	283 00.2	. . 11.8	101 34.7	. . 04.7
04	295 44.4	208 13.3	54.6	152 44.9	23.9	298 02.2	11.6	116 37.2	04.7
05	310 46.8	223 12.5	54.7	167 46.2	23.5	313 04.3	11.4	131 39.7	04.7
06	325 49.3	238 11.6	N24 54.8	182 47.5	N16 23.0	328 06.4	S 2 11.3	146 42.2	N 3 04.7
07	340 51.8	253 10.8	55.0	197 48.9	22.6	343 08.4	11.1	161 44.8	04.8
T 08	355 54.2	268 10.0	55.1	212 50.2	22.2	358 10.5	10.9	176 47.3	04.8
U 09	10 56.7	283 09.1	. . 55.2	227 51.5	. . 21.8	13 12.5	. . 10.8	191 49.8	. . 04.8
E 10	25 59.2	298 08.3	55.4	242 52.8	21.3	28 14.6	10.6	206 52.3	04.8
S 11	41 01.6	313 07.4	55.5	257 54.2	20.9	43 16.7	10.5	221 54.8	04.8
D 12	56 04.1	328 06.6	N24 55.6	272 55.5	N16 20.5	58 18.7	S 2 10.3	236 57.3	N 3 04.8
A 13	71 06.6	343 05.8	55.7	287 56.8	20.1	73 20.8	10.1	251 59.8	04.8
Y 14	86 09.0	358 04.9	55.9	302 58.1	19.7	88 22.8	10.0	267 02.4	04.9
15	101 11.5	13 04.1	. . 56.0	317 59.4	. . 19.2	103 24.9	. . 09.8	282 04.9	. . 04.9
16	116 13.9	28 03.2	56.1	333 00.8	18.8	118 27.0	09.6	297 07.4	04.9
17	131 16.4	43 02.4	56.2	348 02.1	18.4	133 29.0	09.5	312 09.9	04.9
18	146 18.9	58 01.6	N24 56.4	3 03.4	N16 18.0	148 31.1	S 2 09.3	327 12.4	N 3 04.9
19	161 21.3	73 00.7	56.5	18 04.7	17.5	163 33.2	09.1	342 14.9	04.9
20	176 23.8	87 59.9	56.6	33 06.0	17.1	178 35.2	09.0	357 17.4	04.9
21	191 26.3	102 59.0	. . 56.7	48 07.4	. . 16.7	193 37.3	. . 08.8	12 20.0	. . 04.9
22	206 28.7	117 58.2	56.8	63 08.7	16.3	208 39.3	08.6	27 22.5	05.0
23	221 31.2	132 57.4	56.9	78 10.0	15.8	223 41.4	08.5	42 25.0	05.0
Mer. Pass.	h m 8 20.3	v −0.8	d 0.2	v 1.3	d 0.4	v 2.1	d 0.2	v 2.5	d 0.0

STARS

Name	SHA	Dec
	° ′	° ′
Acamar	315 20.4	S40 15.7
Achernar	335 28.8	S57 10.8
Acrux	173 11.6	S63 09.8
Adhara	255 14.6	S28 59.4
Aldebaran	290 52.3	N16 31.8
Alioth	166 22.1	N55 54.3
Alkaid	153 00.1	N49 15.7
Al Na'ir	27 46.5	S46 54.4
Alnilam	275 49.0	S 1 11.8
Alphard	217 58.4	S 8 42.4
Alphecca	126 12.5	N26 40.7
Alpheratz	357 46.1	N29 08.8
Altair	62 10.3	N 8 53.7
Ankaa	353 18.1	S42 14.8
Antares	112 28.7	S26 27.4
Arcturus	145 57.4	N19 07.6
Atria	107 32.1	S69 02.7
Avior	234 19.3	S59 32.9
Bellatrix	278 34.7	N 6 21.5
Betelgeuse	271 04.0	N 7 24.5
Canopus	263 57.6	S52 42.3
Capella	280 38.2	N46 00.5
Deneb	49 32.9	N45 18.8
Denebola	182 35.8	N14 30.7
Diphda	348 58.3	S17 55.7
Dubhe	193 54.0	N61 41.8
Elnath	278 15.8	N28 37.0
Eltanin	90 46.7	N51 29.1
Enif	33 49.3	N 9 55.3
Fomalhaut	15 26.5	S29 33.8
Gacrux	172 03.2	S57 10.6
Gienah	175 54.5	S17 36.2
Hadar	148 50.7	S60 25.6
Hamal	328 03.7	N23 30.6
Kaus Aust.	83 46.5	S34 22.7
Kochab	137 18.5	N74 06.7
Markab	13 40.7	N15 15.6
Menkar	314 17.7	N 4 07.8
Menkent	148 09.9	S36 25.5
Miaplacidus	221 40.5	S69 46.0
Mirfak	308 44.2	N49 53.9
Nunki	76 00.8	S26 17.0
Peacock	53 22.5	S56 41.8
Pollux	243 30.7	N28 00.1
Procyon	245 02.3	N 5 11.8
Rasalhague	96 08.2	N12 33.0
Regulus	207 45.9	N11 54.9
Rigel	281 14.5	S 8 11.5
Rigil Kent.	139 54.3	S60 52.9
Sabik	102 14.8	S15 44.3
Schedar	349 43.7	N56 35.5
Shaula	96 24.6	S37 06.6
Sirius	258 36.0	S16 44.0
Spica	158 33.4	S11 13.1
Suhail	222 54.3	S43 28.8
Vega	80 40.2	N38 47.4
Zuben'ubi	137 07.6	S16 05.3

	SHA	Mer. Pass.
	° ′	h m
Venus	274 01.4	14 06
Mars	217 32.4	17 50
Jupiter	2 29.2	8 11
Saturn	180 51.3	20 15

UT	SUN GHA	SUN Dec	MOON GHA	v	MOON Dec	d	HP
d h	° ′	° ′	° ′	′	° ′	′	′
16 00	180 54.8	N19 01.5	154 55.5	5.3	N25 03.0	0.3	58.4
01	195 54.8	02.1	169 19.8	5.3	25 02.7	0.4	58.4
02	210 54.8	02.7	183 44.1	5.2	25 02.3	0.5	58.4
03	225 54.7	. . 03.3	198 08.3	5.2	25 01.8	0.7	58.4
04	240 54.7	03.9	212 32.5	5.3	25 01.1	0.9	58.5
05	255 54.7	04.4	226 56.8	5.2	25 00.2	1.1	58.5
06	270 54.7	N19 05.0	241 21.0	5.2	N24 59.1	1.2	58.5
07	285 54.7	05.6	255 45.2	5.2	24 57.9	1.3	58.5
08	300 54.7	06.2	270 09.4	5.1	24 56.6	1.6	58.5
S 09	315 54.7	. . 06.7	284 33.5	5.2	24 55.0	1.7	58.5
U 10	330 54.7	07.3	298 57.7	5.2	24 53.3	1.8	58.6
N 11	345 54.6	07.9	313 21.9	5.2	24 51.5	2.1	58.6
D 12	0 54.6	N19 08.5	327 46.1	5.2	N24 49.4	2.2	58.6
A 13	15 54.6	09.0	342 10.3	5.2	24 47.2	2.3	58.6
Y 14	30 54.6	09.6	356 34.5	5.2	24 44.9	2.5	58.6
15	45 54.6	. . 10.2	10 58.7	5.2	24 42.4	2.7	58.6
16	60 54.6	10.8	25 22.9	5.2	24 39.7	2.9	58.7
17	75 54.5	11.3	39 47.1	5.3	24 36.8	3.0	58.7
18	90 54.5	N19 11.9	54 11.4	5.2	N24 33.8	3.2	58.7
19	105 54.5	12.5	68 35.6	5.3	24 30.6	3.3	58.7
20	120 54.5	13.0	82 59.9	5.3	24 27.3	3.5	58.7
21	135 54.5	. . 13.6	97 24.2	5.3	24 23.8	3.6	58.7
22	150 54.5	14.2	111 48.5	5.3	24 20.2	3.9	58.7
23	165 54.4	14.8	126 12.8	5.3	24 16.3	3.9	58.8
17 00	180 54.4	N19 15.3	140 37.1	5.4	N24 12.4	4.2	58.8
01	195 54.4	15.9	155 01.5	5.4	24 08.2	4.3	58.8
02	210 54.4	16.5	169 25.9	5.5	24 03.9	4.4	58.8
03	225 54.4	. . 17.0	183 50.4	5.4	23 59.5	4.6	58.8
04	240 54.4	17.6	198 14.8	5.5	23 54.9	4.8	58.8
05	255 54.3	18.2	212 39.3	5.5	23 50.1	4.9	58.8
06	270 54.3	N19 18.7	227 03.8	5.6	N23 45.2	5.1	58.9
07	285 54.3	19.3	241 28.4	5.6	23 40.1	5.3	58.9
08	300 54.3	19.8	255 53.0	5.6	23 34.8	5.3	58.9
M 09	315 54.3	. . 20.4	270 17.6	5.7	23 29.5	5.6	58.9
O 10	330 54.2	21.0	284 42.3	5.7	23 23.9	5.7	58.9
N 11	345 54.2	21.5	299 07.0	5.8	23 18.2	5.9	58.9
D 12	0 54.2	N19 22.1	313 31.8	5.8	N23 12.3	6.0	58.9
A 13	15 54.2	22.7	327 56.6	5.8	23 06.3	6.1	58.9
Y 14	30 54.2	23.2	342 21.4	5.9	23 00.2	6.3	58.9
15	45 54.1	. . 23.8	356 46.3	6.0	22 53.9	6.5	59.0
16	60 54.1	24.3	11 11.3	6.0	22 47.4	6.6	59.0
17	75 54.1	24.9	25 36.3	6.0	22 40.8	6.7	59.0
18	90 54.1	N19 25.4	40 01.3	6.1	N22 34.1	6.9	59.0
19	105 54.1	26.0	54 26.4	6.1	22 27.2	7.1	59.0
20	120 54.0	26.6	68 51.5	6.2	22 20.1	7.2	59.0
21	135 54.0	. . 27.1	83 16.7	6.3	22 12.9	7.3	59.0
22	150 54.0	27.7	97 42.0	6.3	22 05.6	7.5	59.0
23	165 54.0	28.2	112 07.3	6.4	21 58.1	7.6	59.0
18 00	180 54.0	N19 28.8	126 32.7	6.4	N21 50.5	7.7	59.1
01	195 53.9	29.3	140 58.1	6.5	21 42.8	7.9	59.1
02	210 53.9	29.9	155 23.6	6.5	21 34.9	8.1	59.1
03	225 53.9	. . 30.4	169 49.1	6.6	21 26.8	8.1	59.1
04	240 53.9	31.0	184 14.7	6.7	21 18.7	8.3	59.1
05	255 53.8	31.5	198 40.4	6.7	21 10.4	8.5	59.1
06	270 53.8	N19 32.1	213 06.1	6.8	N21 01.9	8.5	59.1
07	285 53.8	32.6	227 31.9	6.8	20 53.4	8.7	59.1
T 08	300 53.8	33.2	241 57.7	6.9	20 44.7	8.9	59.1
U 09	315 53.7	. . 33.7	256 23.6	7.0	20 35.8	8.9	59.1
E 10	330 53.7	34.3	270 49.6	7.1	20 26.9	9.1	59.1
S 11	345 53.7	34.8	285 15.7	7.1	20 17.8	9.2	59.1
D 12	0 53.7	N19 35.4	299 41.8	7.1	N20 08.6	9.4	59.2
A 13	15 53.6	35.9	314 07.9	7.3	19 59.2	9.5	59.2
Y 14	30 53.6	36.5	328 34.2	7.3	19 49.7	9.6	59.2
15	45 53.6	. . 37.0	343 00.5	7.3	19 40.1	9.7	59.2
16	60 53.6	37.6	357 26.8	7.5	19 30.4	9.8	59.2
17	75 53.5	38.1	11 53.3	7.5	19 20.6	10.0	59.2
18	90 53.5	N19 38.7	26 19.8	7.5	N19 10.6	10.0	59.2
19	105 53.5	39.2	40 46.3	7.7	19 00.6	10.2	59.2
20	120 53.4	39.7	55 13.0	7.7	18 50.4	10.3	59.2
21	135 53.4	. . 40.3	69 39.7	7.8	18 40.1	10.5	59.2
22	150 53.4	40.8	84 06.5	7.8	18 29.6	10.5	59.2
23	165 53.4	41.4	98 33.3	7.9	N18 19.1	10.6	59.2
	SD 15.8	*d* 0.6	SD 16.0		16.1		16.1

Lat.	Twilight Naut.	Twilight Civil	Sunrise	Moonrise 16	Moonrise 17	Moonrise 18	Moonrise 19
°	h m	h m	h m	h m	h m	h m	h m
N 72	▭	▭	▭	▭	▭	▭	06 06
N 70	▭	▭	▭	▭	▭	▭	07 02
68	////	////	01 36	▭	▭	04 57	07 35
66	////	////	02 15	▭	03 15	05 51	07 59
64	////	00 53	02 41	02 59	04 31	06 24	08 17
62	////	01 43	03 02	03 47	05 08	06 48	08 32
60	////	02 13	03 18	04 17	05 34	07 07	08 45
N 58	00 48	02 35	03 32	04 40	05 54	07 22	08 56
56	01 33	02 53	03 44	04 59	06 11	07 35	09 05
54	02 01	03 08	03 54	05 14	06 25	07 47	09 14
52	02 22	03 21	04 03	05 28	06 38	07 57	09 21
50	02 39	03 32	04 12	05 40	06 49	08 06	09 28
45	03 11	03 55	04 29	06 05	07 12	08 25	09 42
N 40	03 34	04 12	04 43	06 24	07 30	08 41	09 54
35	03 53	04 27	04 55	06 41	07 45	08 54	10 04
30	04 08	04 39	05 06	06 55	07 59	09 05	10 12
20	04 32	05 00	05 23	07 19	08 22	09 25	10 27
N 10	04 50	05 16	05 39	07 40	08 41	09 42	10 40
0	05 05	05 31	05 53	08 00	08 59	09 57	10 52
S 10	05 19	05 45	06 07	08 20	09 18	10 13	11 04
20	05 32	05 59	06 22	08 41	09 37	10 30	11 17
30	05 44	06 13	06 39	09 05	10 00	10 49	11 32
35	05 51	06 22	06 49	09 19	10 13	11 00	11 40
40	05 58	06 31	07 00	09 36	10 28	11 12	11 50
45	06 05	06 41	07 13	09 56	10 46	11 27	12 01
S 50	06 14	06 53	07 29	10 20	11 08	11 46	12 15
52	06 17	06 59	07 37	10 32	11 19	11 54	12 21
54	06 21	07 05	07 45	10 46	11 31	12 04	12 28
56	06 25	07 11	07 54	11 02	11 45	12 15	12 36
58	06 30	07 19	08 05	11 20	12 01	12 27	12 44
S 60	06 35	07 27	08 17	11 44	12 20	12 41	12 54

Lat.	Sunset	Twilight Civil	Twilight Naut.	Moonset 16	Moonset 17	Moonset 18	Moonset 19
°	h m	h m	h m	h m	h m	h m	h m
N 72	▭	▭	▭	▭	▭	▭	03 32
N 70	▭	▭	▭	▭	▭	▭	02 34
68	22 22	////	////	▭	▭	02 41	02 00
66	21 41	////	////	▭	02 20	01 46	01 35
64	21 14	23 08	////	00 30	01 03	01 13	01 15
62	20 53	22 13	////	24 26	00 26	00 48	00 59
60	20 36	21 42	////	24 00	00 00	00 28	00 45
N 58	20 22	21 19	23 13	23 39	24 12	00 12	00 33
56	20 10	21 01	22 23	23 22	23 58	24 23	00 23
54	20 00	20 46	21 54	23 07	23 46	24 14	00 14
52	19 50	20 33	21 33	22 55	23 35	24 06	00 06
50	19 42	20 22	21 16	22 43	23 26	23 59	24 25
45	19 24	19 59	20 43	22 20	23 06	23 43	24 14
N 40	19 10	19 41	20 19	22 01	22 49	23 30	24 05
35	18 58	19 26	20 01	21 45	22 36	23 19	23 57
30	18 48	19 14	19 46	21 31	22 23	23 09	23 50
20	18 30	18 53	19 22	21 08	22 03	22 53	23 38
N 10	18 14	18 37	19 03	20 48	21 44	22 38	23 28
0	18 00	18 22	18 47	20 28	21 27	22 24	23 17
S 10	17 46	18 08	18 34	20 09	21 10	22 10	23 07
20	17 31	17 54	18 21	19 49	20 52	21 55	22 56
30	17 14	17 39	18 08	19 25	20 30	21 37	22 44
35	17 04	17 31	18 01	19 11	20 18	21 27	22 37
40	16 52	17 22	17 55	18 54	20 03	21 15	22 28
45	16 39	17 11	17 47	18 35	19 46	21 01	22 18
S 50	16 23	16 59	17 39	18 11	19 24	20 44	22 07
52	16 16	16 53	17 35	17 59	19 14	20 36	22 01
54	16 07	16 47	17 31	17 45	19 02	20 27	21 55
56	15 58	16 41	17 27	17 30	18 49	20 17	21 48
58	15 47	16 33	17 22	17 11	18 33	20 06	21 40
S 60	15 35	16 25	17 17	16 48	18 15	19 52	21 31

Day	SUN Eqn. of Time 00^h	SUN Eqn. of Time 12^h	SUN Mer. Pass.	MOON Mer. Pass. Upper	MOON Mer. Pass. Lower	MOON Age	MOON Phase
d	m s	m s	h m	h m	h m	d	%
16	03 39	03 39	11 56	14 14	01 44	02	7
17	03 38	03 37	11 56	15 13	02 44	03	14
18	03 36	03 35	11 56	16 11	03 42	04	23

UT d h	ARIES GHA	VENUS −3.9 GHA	VENUS Dec	MARS +1.0 GHA	MARS Dec	JUPITER −2.2 GHA	JUPITER Dec	SATURN +0.9 GHA	SATURN Dec
	° ′	° ′	° ′	° ′	° ′	° ′	° ′	° ′	° ′
19 00 (WEDNESDAY)	236 33.7	147 56.5	N24 57.0	93 11.3	N16 15.4	238 43.5	S 2 08.3	57 27.5	N 3 05.0
01	251 36.1	162 55.7	57.2	108 12.6	15.0	253 45.5	08.2	72 30.0	05.0
02	266 38.6	177 54.8	57.3	123 14.0	14.6	268 47.6	08.0	87 32.5	05.0
03	281 41.1	192 54.0	. . 57.4	138 15.3	. . 14.1	283 49.7	. . 07.8	102 35.0	. . 05.0
04	296 43.5	207 53.2	57.5	153 16.6	13.7	298 51.7	07.7	117 37.6	05.0
05	311 46.0	222 52.3	57.6	168 17.9	13.3	313 53.8	07.5	132 40.1	05.0
06	326 48.4	237 51.5	N24 57.7	183 19.2	N16 12.9	328 55.9	S 2 07.3	147 42.6	N 3 05.0
07	341 50.9	252 50.6	57.8	198 20.6	12.4	343 57.9	07.2	162 45.1	05.1
08	356 53.4	267 49.8	57.9	213 21.9	12.0	359 00.0	07.0	177 47.6	05.1
09	11 55.8	282 49.0	. . 58.0	228 23.2	. . 11.6	14 02.1	. . 06.8	192 50.1	. . 05.1
10	26 58.3	297 48.1	58.1	243 24.5	11.2	29 04.1	06.7	207 52.6	05.1
11	42 00.8	312 47.3	58.2	258 25.8	10.7	44 06.2	06.5	222 55.1	05.1
12	57 03.2	327 46.5	N24 58.3	273 27.1	N16 10.3	59 08.2	S 2 06.4	237 57.6	N 3 05.1
13	72 05.7	342 45.6	58.4	288 28.5	09.9	74 10.3	06.2	253 00.2	05.1
14	87 08.2	357 44.8	58.5	303 29.8	09.4	89 12.4	06.0	268 02.7	05.1
15	102 10.6	12 43.9	. . 58.6	318 31.1	. . 09.0	104 14.4	. . 05.9	283 05.2	. . 05.2
16	117 13.1	27 43.1	58.7	333 32.4	08.6	119 16.5	05.7	298 07.7	05.2
17	132 15.5	42 42.3	58.8	348 33.7	08.2	134 18.6	05.5	313 10.2	05.2
18	147 18.0	57 41.4	N24 58.8	3 35.0	N16 07.7	149 20.6	S 2 05.4	328 12.7	N 3 05.2
19	162 20.5	72 40.6	58.9	18 36.3	07.3	164 22.7	05.2	343 15.2	05.2
20	177 22.9	87 39.7	59.0	33 37.7	06.9	179 24.8	05.1	358 17.7	05.2
21	192 25.4	102 38.9	. . 59.1	48 39.0	. . 06.5	194 26.8	. . 04.9	13 20.2	. . 05.2
22	207 27.9	117 38.1	59.2	63 40.3	06.0	209 28.9	04.7	28 22.7	05.2
23	222 30.3	132 37.2	59.3	78 41.6	05.6	224 31.0	04.6	43 25.3	05.2
20 00 (THURSDAY)	237 32.8	147 36.4	N24 59.4	93 42.9	N16 05.2	239 33.0	S 2 04.4	58 27.8	N 3 05.2
01	252 35.3	162 35.5	59.4	108 44.2	04.7	254 35.1	04.2	73 30.3	05.3
02	267 37.7	177 34.7	59.5	123 45.5	04.3	269 37.2	04.1	88 32.8	05.3
03	282 40.2	192 33.9	. . 59.6	138 46.8	. . 03.9	284 39.3	. . 03.9	103 35.3	. . 05.3
04	297 42.7	207 33.0	59.7	153 48.2	03.4	299 41.3	03.8	118 37.8	05.3
05	312 45.1	222 32.2	59.8	168 49.5	03.0	314 43.4	03.6	133 40.3	05.3
06	327 47.6	237 31.3	N24 59.8	183 50.8	N16 02.6	329 45.5	S 2 03.4	148 42.8	N 3 05.3
07	342 50.0	252 30.5	24 59.9	198 52.1	02.2	344 47.5	03.3	163 45.3	05.3
08	357 52.5	267 29.7	25 00.0	213 53.4	01.7	359 49.6	03.1	178 47.8	05.3
09	12 55.0	282 28.8	. . 00.0	228 54.7	. . 01.3	14 51.7	. . 02.9	193 50.3	. . 05.3
10	27 57.4	297 28.0	00.1	243 56.0	00.9	29 53.7	02.8	208 52.9	05.3
11	42 59.9	312 27.2	00.2	258 57.3	00.4	44 55.8	02.6	223 55.4	05.4
12	58 02.4	327 26.3	N25 00.3	273 58.7	N16 00.0	59 57.9	S 2 02.5	238 57.9	N 3 05.4
13	73 04.8	342 25.5	00.3	289 00.0	15 59.6	74 59.9	02.3	254 00.4	05.4
14	88 07.3	357 24.6	00.4	304 01.3	59.1	90 02.0	02.1	269 02.9	05.4
15	103 09.8	12 23.8	. . 00.4	319 02.6	. . 58.7	105 04.1	. . 02.0	284 05.4	. . 05.4
16	118 12.2	27 23.0	00.5	334 03.9	58.3	120 06.2	01.8	299 07.9	05.4
17	133 14.7	42 22.1	00.6	349 05.2	57.8	135 08.2	01.7	314 10.4	05.4
18	148 17.2	57 21.3	N25 00.6	4 06.5	N15 57.4	150 10.3	S 2 01.5	329 12.9	N 3 05.4
19	163 19.6	72 20.4	00.7	19 07.8	57.0	165 12.4	01.3	344 15.4	05.4
20	178 22.1	87 19.6	00.7	34 09.1	56.5	180 14.4	01.2	359 17.9	05.4
21	193 24.5	102 18.8	. . 00.8	49 10.4	. . 56.1	195 16.5	. . 01.0	14 20.4	. . 05.4
22	208 27.0	117 17.9	00.9	64 11.7	55.7	210 18.6	00.9	29 22.9	05.5
23	223 29.5	132 17.1	00.9	79 13.1	55.2	225 20.7	00.7	44 25.4	05.5
21 00 (FRIDAY)	238 31.9	147 16.3	N25 01.0	94 14.4	N15 54.8	240 22.7	S 2 00.5	59 27.9	N 3 05.5
01	253 34.4	162 15.4	01.0	109 15.7	54.4	255 24.8	00.4	74 30.5	05.5
02	268 36.9	177 14.6	01.1	124 17.0	53.9	270 26.9	00.2	89 33.0	05.5
03	283 39.3	192 13.7	. . 01.1	139 18.3	. . 53.5	285 28.9	2 00.1	104 35.5	. . 05.5
04	298 41.8	207 12.9	01.2	154 19.6	53.1	300 31.0	1 59.9	119 38.0	05.5
05	313 44.3	222 12.1	01.2	169 20.9	52.6	315 33.1	59.7	134 40.5	05.5
06	328 46.7	237 11.2	N25 01.3	184 22.2	N15 52.2	330 35.2	S 1 59.6	149 43.0	N 3 05.5
07	343 49.2	252 10.4	01.3	199 23.5	51.8	345 37.2	59.4	164 45.5	05.5
08	358 51.6	267 09.6	01.3	214 24.8	51.3	0 39.3	59.3	179 48.0	05.5
09	13 54.1	282 08.7	. . 01.4	229 26.1	. . 50.9	15 41.4	. . 59.1	194 50.5	. . 05.5
10	28 56.6	297 07.9	01.4	244 27.4	50.5	30 43.5	58.9	209 53.0	05.6
11	43 59.0	312 07.0	01.5	259 28.7	50.0	45 45.5	58.8	224 55.5	05.6
12	59 01.5	327 06.2	N25 01.5	274 30.0	N15 49.6	60 47.6	S 1 58.6	239 58.0	N 3 05.6
13	74 04.0	342 05.4	01.5	289 31.3	49.2	75 49.7	58.5	255 00.5	05.6
14	89 06.4	357 04.5	01.6	304 32.6	48.7	90 51.7	58.3	270 03.0	05.6
15	104 08.9	12 03.7	. . 01.6	319 33.9	. . 48.3	105 53.8	. . 58.1	285 05.5	. . 05.6
16	119 11.4	27 02.9	01.6	334 35.2	47.9	120 55.9	58.0	300 08.0	05.6
17	134 13.8	42 02.0	01.7	349 36.6	47.4	135 58.0	57.8	315 10.5	05.6
18	149 16.3	57 01.2	N25 01.7	4 37.9	N15 47.0	151 00.0	S 1 57.7	330 13.0	N 3 05.6
19	164 18.8	72 00.4	01.7	19 39.2	46.5	166 02.1	57.5	345 15.5	05.6
20	179 21.2	86 59.5	01.8	34 40.5	46.1	181 04.2	57.4	0 18.0	05.6
21	194 23.7	101 58.7	. . 01.8	49 41.8	. . 45.7	196 06.3	. . 57.2	15 20.5	. . 05.6
22	209 26.1	116 57.8	01.8	64 43.1	45.2	211 08.3	57.0	30 23.0	05.6
23	224 28.6	131 57.0	01.8	79 44.4	44.8	226 10.4	56.9	45 25.5	05.7
Mer. Pass. (h m)	8 08.5	*v* −0.8	*d* 0.1	*v* 1.3	*d* 0.4	*v* 2.1	*d* 0.2	*v* 2.5	*d* 0.0

STARS

Name	SHA	Dec
	° ′	° ′
Acamar	315 20.4	S40 15.7
Achernar	335 28.8	S57 10.8
Acrux	173 11.6	S63 09.8
Adhara	255 14.6	S28 59.4
Aldebaran	290 52.3	N16 31.8
Alioth	166 22.1	N55 54.3
Alkaid	153 00.1	N49 15.7
Al Na'ir	27 46.4	S46 54.3
Alnilam	275 49.0	S 1 11.8
Alphard	217 58.4	S 8 42.4
Alphecca	126 12.5	N26 40.7
Alpheratz	357 46.1	N29 08.8
Altair	62 10.2	N 8 53.7
Ankaa	353 18.1	S42 14.7
Antares	112 28.7	S26 27.4
Arcturus	145 57.4	N19 07.6
Atria	107 32.0	S69 02.8
Avior	234 19.3	S59 32.9
Bellatrix	278 34.7	N 6 21.5
Betelgeuse	271 04.0	N 7 24.5
Canopus	263 57.6	S52 42.3
Capella	280 38.2	N46 00.5
Deneb	49 32.9	N45 18.8
Denebola	182 35.8	N14 30.7
Diphda	348 58.3	S17 55.7
Dubhe	193 54.1	N61 41.8
Elnath	278 15.8	N28 37.0
Eltanin	90 46.7	N51 29.1
Enif	33 49.3	N 9 55.3
Fomalhaut	15 26.5	S29 33.8
Gacrux	172 03.2	S57 10.6
Gienah	175 54.5	S17 36.2
Hadar	148 50.7	S60 25.6
Hamal	328 03.6	N23 30.6
Kaus Aust.	83 46.4	S34 22.7
Kochab	137 18.5	N74 06.8
Markab	13 40.7	N15 15.6
Menkar	314 17.7	N 4 07.8
Menkent	148 09.9	S36 25.5
Miaplacidus	221 40.6	S69 46.0
Mirfak	308 44.2	N49 53.8
Nunki	76 00.8	S26 17.0
Peacock	53 22.4	S56 41.8
Pollux	243 30.7	N28 00.1
Procyon	245 02.3	N 5 11.8
Rasalhague	96 08.2	N12 33.0
Regulus	207 45.9	N11 54.9
Rigel	281 14.5	S 8 11.4
Rigil Kent.	139 54.3	S60 52.9
Sabik	102 14.8	S15 44.3
Schedar	349 43.6	N56 35.5
Shaula	96 24.6	S37 06.7
Sirius	258 36.0	S16 44.0
Spica	158 33.4	S11 13.1
Suhail	222 54.3	S43 28.8
Vega	80 40.2	N38 47.4
Zuben'ubi	137 07.6	S16 05.3

	SHA	Mer. Pass.
	° ′	h m
Venus	270 03.6	14 10
Mars	216 10.1	17 44
Jupiter	2 00.3	8 01
Saturn	180 55.0	20 03

Day	UT d h	SUN GHA ° ′	SUN Dec ° ′	MOON GHA ° ′	MOON v ′	MOON Dec ° ′	MOON d ′	MOON HP ′
WEDNESDAY	19 00	180 53.3	N19 41.9	113 00.2	8.0	N18 08.5	10.8	59.2
	01	195 53.3	42.4	127 27.2	8.1	17 57.7	10.8	59.2
	02	210 53.3	43.0	141 54.3	8.1	17 46.9	11.0	59.2
	03	225 53.2	. . 43.5	156 21.4	8.2	17 35.9	11.1	59.2
	04	240 53.2	44.1	170 48.6	8.2	17 24.8	11.2	59.2
	05	255 53.2	44.6	185 15.8	8.3	17 13.6	11.3	59.2
	06	270 53.2	N19 45.1	199 43.1	8.4	N17 02.3	11.3	59.3
	07	285 53.1	45.7	214 10.5	8.5	16 51.0	11.5	59.3
	08	300 53.1	46.2	228 38.0	8.5	16 39.5	11.6	59.3
	09	315 53.1	. . 46.7	243 05.5	8.6	16 27.9	11.7	59.3
	10	330 53.0	47.3	257 33.1	8.7	16 16.2	11.8	59.3
	11	345 53.0	47.8	272 00.8	8.7	16 04.4	11.8	59.3
	12	0 53.0	N19 48.3	286 28.5	8.8	N15 52.6	12.0	59.3
	13	15 52.9	48.9	300 56.3	8.8	15 40.6	12.1	59.3
	14	30 52.9	49.4	315 24.1	9.0	15 28.5	12.1	59.3
	15	45 52.9	. . 49.9	329 52.1	8.9	15 16.4	12.2	59.3
	16	60 52.8	50.5	344 20.0	9.1	15 04.2	12.4	59.3
	17	75 52.8	51.0	358 48.1	9.1	14 51.8	12.4	59.3
	18	90 52.8	N19 51.5	13 16.2	9.2	N14 39.4	12.5	59.3
	19	105 52.8	52.1	27 44.4	9.2	14 26.9	12.5	59.3
	20	120 52.7	52.6	42 12.6	9.4	14 14.4	12.7	59.3
	21	135 52.7	. . 53.1	56 41.0	9.3	14 01.7	12.7	59.3
	22	150 52.7	53.6	71 09.3	9.5	13 49.0	12.8	59.3
	23	165 52.6	54.2	85 37.8	9.5	13 36.2	12.9	59.3
THURSDAY	20 00	180 52.6	N19 54.7	100 06.3	9.5	N13 23.3	13.0	59.3
	01	195 52.6	55.2	114 34.8	9.6	13 10.3	13.0	59.3
	02	210 52.5	55.8	129 03.4	9.7	12 57.3	13.2	59.3
	03	225 52.5	. . 56.3	143 32.1	9.7	12 44.1	13.1	59.3
	04	240 52.4	56.8	158 00.8	9.8	12 31.0	13.3	59.3
	05	255 52.4	57.3	172 29.6	9.9	12 17.7	13.3	59.3
	06	270 52.4	N19 57.8	186 58.5	9.9	N12 04.4	13.4	59.3
	07	285 52.3	58.4	201 27.4	9.9	11 51.0	13.5	59.3
	08	300 52.3	58.9	215 56.3	10.0	11 37.5	13.5	59.3
	09	315 52.3	. . 59.4	230 25.3	10.1	11 24.0	13.6	59.3
	10	330 52.2	19 59.9	244 54.4	10.1	11 10.4	13.6	59.3
	11	345 52.2	20 00.5	259 23.5	10.2	10 56.8	13.7	59.3
	12	0 52.2	N20 01.0	273 52.7	10.2	N10 43.1	13.8	59.3
	13	15 52.1	01.5	288 21.9	10.3	10 29.3	13.8	59.3
	14	30 52.1	02.0	302 51.2	10.3	10 15.5	13.9	59.3
	15	45 52.1	. . 02.5	317 20.5	10.4	10 01.6	13.9	59.3
	16	60 52.0	03.0	331 49.9	10.4	9 47.7	14.0	59.3
	17	75 52.0	03.6	346 19.3	10.4	9 33.7	14.0	59.3
	18	90 51.9	N20 04.1	0 48.7	10.6	N 9 19.7	14.1	59.3
	19	105 51.9	04.6	15 18.3	10.5	9 05.6	14.1	59.3
	20	120 51.9	05.1	29 47.8	10.6	8 51.5	14.2	59.3
	21	135 51.8	. . 05.6	44 17.4	10.7	8 37.3	14.3	59.3
	22	150 51.8	06.1	58 47.1	10.6	8 23.0	14.2	59.3
	23	165 51.7	06.6	73 16.7	10.8	8 08.8	14.3	59.3
FRIDAY	21 00	180 51.7	N20 07.2	87 46.5	10.7	N 7 54.5	14.4	59.3
	01	195 51.7	07.7	102 16.2	10.8	7 40.1	14.4	59.3
	02	210 51.6	08.2	116 46.0	10.9	7 25.7	14.4	59.3
	03	225 51.6	. . 08.7	131 15.9	10.9	7 11.3	14.5	59.3
	04	240 51.5	09.2	145 45.8	10.9	6 56.8	14.5	59.3
	05	255 51.5	09.7	160 15.7	11.0	6 42.3	14.5	59.3
	06	270 51.5	N20 10.2	174 45.7	10.9	N 6 27.8	14.6	59.3
	07	285 51.4	10.7	189 15.6	11.1	6 13.2	14.6	59.3
	08	300 51.4	11.2	203 45.7	11.0	5 58.6	14.6	59.3
	09	315 51.3	. . 11.7	218 15.7	11.1	5 44.0	14.7	59.3
	10	330 51.3	12.2	232 45.8	11.1	5 29.3	14.7	59.3
	11	345 51.3	12.7	247 15.9	11.2	5 14.6	14.7	59.3
	12	0 51.2	N20 13.3	261 46.1	11.1	N 4 59.9	14.8	59.3
	13	15 51.2	13.8	276 16.2	11.2	4 45.1	14.7	59.2
	14	30 51.1	14.3	290 46.4	11.3	4 30.4	14.8	59.2
	15	45 51.1	. . 14.8	305 16.7	11.2	4 15.6	14.8	59.2
	16	60 51.0	15.3	319 46.9	11.3	4 00.8	14.8	59.2
	17	75 51.0	15.8	334 17.2	11.3	3 46.0	14.9	59.2
	18	90 51.0	N20 16.3	348 47.5	11.3	N 3 31.1	14.8	59.2
	19	105 50.9	16.8	3 17.8	11.3	3 16.3	14.9	59.2
	20	120 50.9	17.3	17 48.1	11.4	3 01.4	14.9	59.2
	21	135 50.8	. . 17.8	32 18.5	11.3	2 46.5	14.9	59.2
	22	150 50.8	18.3	46 48.8	11.4	2 31.6	14.9	59.2
	23	165 50.7	18.8	61 19.2	11.4	N 2 16.7	14.9	59.2
		SD 15.8	d 0.5	SD 16.2		16.2		16.1

Lat.	Twilight Naut.	Twilight Civil	Sunrise	Moonrise 19	Moonrise 20	Moonrise 21	Moonrise 22
°	h m	h m	h m	h m	h m	h m	h m
N 72	▭	▭	▭	06 06	09 08	11 30	13 43
N 70	▭	▭	▭	07 02	09 28	11 37	13 40
68	////	////	01 17	07 35	09 44	11 43	13 39
66	////	////	02 03	07 59	09 56	11 48	13 37
64	////	00 16	02 32	08 17	10 07	11 53	13 36
62	////	01 30	02 54	08 32	10 16	11 56	13 35
60	////	02 03	03 12	08 45	10 23	11 59	13 34
N 58	00 14	02 28	03 26	08 56	10 30	12 02	13 33
56	01 21	02 47	03 39	09 05	10 36	12 04	13 32
54	01 52	03 02	03 50	09 14	10 41	12 07	13 32
52	02 15	03 16	03 59	09 21	10 45	12 09	13 31
50	02 33	03 27	04 08	09 28	10 50	12 11	13 31
45	03 07	03 51	04 26	09 42	10 59	12 14	13 29
N 40	03 31	04 10	04 41	09 54	11 06	12 18	13 28
35	03 50	04 25	04 53	10 04	11 13	12 21	13 28
30	04 06	04 37	05 04	10 12	11 18	12 23	13 27
20	04 30	04 58	05 22	10 27	11 28	12 27	13 26
N 10	04 49	05 16	05 38	10 40	11 37	12 31	13 25
0	05 05	05 31	05 53	10 52	11 45	12 35	13 24
S 10	05 20	05 45	06 08	11 04	11 53	12 38	13 23
20	05 33	06 00	06 23	11 17	12 01	12 42	13 22
30	05 46	06 15	06 41	11 32	12 11	12 46	13 21
35	05 53	06 24	06 51	11 40	12 16	12 49	13 20
40	06 00	06 33	07 03	11 50	12 22	12 52	13 19
45	06 08	06 44	07 16	12 01	12 30	12 55	13 19
S 50	06 17	06 57	07 33	12 15	12 38	12 59	13 18
52	06 21	07 03	07 41	12 21	12 42	13 00	13 17
54	06 25	07 09	07 50	12 28	12 47	13 02	13 17
56	06 29	07 16	08 00	12 36	12 51	13 04	13 16
58	06 34	07 24	08 11	12 44	12 57	13 07	13 16
S 60	06 40	07 33	08 24	12 54	13 03	13 09	13 15

Lat.	Sunset	Twilight Civil	Twilight Naut.	Moonset 19	Moonset 20	Moonset 21	Moonset 22
°	h m	h m	h m	h m	h m	h m	h m
N 72	▭	▭	▭	03 32	02 21	01 46	01 18
N 70	▭	▭	▭	02 34	01 58	01 35	01 16
68	22 42	////	////	02 00	01 41	01 27	01 15
66	21 54	////	////	01 35	01 27	01 20	01 13
64	21 24	////	////	01 15	01 15	01 14	01 12
62	21 01	22 28	////	00 59	01 05	01 08	01 11
60	20 43	21 52	////	00 45	00 56	01 04	01 10
N 58	20 28	21 27	////	00 33	00 48	00 59	01 09
56	20 16	21 08	22 36	00 23	00 41	00 56	01 08
54	20 04	20 52	22 03	00 14	00 35	00 52	01 08
52	19 55	20 38	21 40	00 06	00 30	00 49	01 07
50	19 46	20 27	21 22	24 25	00 25	00 47	01 06
45	19 28	20 03	20 48	24 14	00 14	00 41	01 05
N 40	19 13	19 44	20 23	24 05	00 05	00 36	01 04
35	19 00	19 29	20 04	23 57	24 31	00 31	01 03
30	18 49	19 16	19 48	23 50	24 27	00 27	01 02
20	18 31	18 55	19 23	23 38	24 20	00 20	01 01
N 10	18 15	18 37	19 04	23 28	24 14	00 14	00 59
0	18 00	18 22	18 48	23 17	24 09	00 09	00 58
S 10	17 45	18 08	18 33	23 07	24 03	00 03	00 57
20	17 30	17 53	18 20	22 56	23 57	24 55	00 55
30	17 12	17 38	18 07	22 44	23 49	24 54	00 54
35	17 02	17 29	18 00	22 37	23 45	24 53	00 53
40	16 50	17 19	17 53	22 28	23 40	24 51	00 51
45	16 36	17 09	17 45	22 18	23 35	24 50	00 50
S 50	16 19	16 56	17 36	22 07	23 28	24 49	00 49
52	16 12	16 50	17 32	22 01	23 25	24 48	00 48
54	16 03	16 44	17 28	21 55	23 22	24 47	00 47
56	15 53	16 36	17 23	21 48	23 18	24 46	00 46
58	15 42	16 29	17 18	21 40	23 14	24 45	00 45
S 60	15 29	16 20	17 13	21 31	23 09	24 44	00 44

Day	SUN Eqn. of Time 00^h	SUN Eqn. of Time 12^h	SUN Mer. Pass.	MOON Mer. Pass. Upper	MOON Mer. Pass. Lower	MOON Age	MOON Phase
d	m s	m s	h m	h m	h m	d %	
19	03 33	03 32	11 56	17 05	04 38	05 33	
20	03 30	03 29	11 57	17 57	05 31	06 45	
21	03 27	03 25	11 57	18 46	06 22	07 56	

	UT	ARIES	VENUS −3.9		MARS +1.0		JUPITER −2.2		SATURN +1.0	
		GHA	GHA	Dec	GHA	Dec	GHA	Dec	GHA	Dec
	d h	° ′	° ′	° ′	° ′	° ′	° ′	° ′	° ′	° ′
SATURDAY	22 00	239 31.1	146 56.2	N25 01.9	94 45.7	N15 44.4	241 12.5	S 1 56.7	60 28.0	N 3 05.7
	01	254 33.5	161 55.3	01.9	109 47.0	43.9	256 14.6	56.6	75 30.5	05.7
	02	269 36.0	176 54.5	01.9	124 48.3	43.5	271 16.7	56.4	90 33.0	05.7
	03	284 38.5	191 53.7	. . 01.9	139 49.6	. . 43.1	286 18.7	. . 56.2	105 35.5	. . 05.7
	04	299 40.9	206 52.8	01.9	154 50.9	42.6	301 20.8	56.1	120 38.0	05.7
	05	314 43.4	221 52.0	02.0	169 52.2	42.2	316 22.9	55.9	135 40.5	05.7
	06	329 45.9	236 51.2	N25 02.0	184 53.5	N15 41.7	331 25.0	S 1 55.8	150 43.0	N 3 05.7
	07	344 48.3	251 50.3	02.0	199 54.8	41.3	346 27.0	55.6	165 45.5	05.7
	08	359 50.8	266 49.5	02.0	214 56.1	40.9	1 29.1	55.5	180 48.0	05.7
	09	14 53.3	281 48.7	. . 02.0	229 57.4	. . 40.4	16 31.2	. . 55.3	195 50.5	. . 05.7
	10	29 55.7	296 47.8	02.0	244 58.7	40.0	31 33.3	55.1	210 53.0	05.7
	11	44 58.2	311 47.0	02.0	260 00.0	39.5	46 35.3	55.0	225 55.5	05.7
	12	60 00.6	326 46.2	N25 02.0	275 01.3	N15 39.1	61 37.4	S 1 54.8	240 58.0	N 3 05.7
	13	75 03.1	341 45.3	02.0	290 02.6	38.7	76 39.5	54.7	256 00.5	05.7
	14	90 05.6	356 44.5	02.0	305 03.9	38.2	91 41.6	54.5	271 03.0	05.8
	15	105 08.0	11 43.7	. . 02.1	320 05.2	. . 37.8	106 43.7	. . 54.4	286 05.5	. . 05.8
	16	120 10.5	26 42.8	02.1	335 06.5	37.3	121 45.7	54.2	301 08.0	05.8
	17	135 13.0	41 42.0	02.1	350 07.8	36.9	136 47.8	54.0	316 10.5	05.8
	18	150 15.4	56 41.2	N25 02.1	5 09.1	N15 36.5	151 49.9	S 1 53.9	331 13.0	N 3 05.8
	19	165 17.9	71 40.3	02.1	20 10.4	36.0	166 52.0	53.7	346 15.5	05.8
	20	180 20.4	86 39.5	02.1	35 11.7	35.6	181 54.1	53.6	1 18.0	05.8
	21	195 22.8	101 38.7	. . 02.1	50 13.0	. . 35.1	196 56.1	. . 53.4	16 20.5	. . 05.8
	22	210 25.3	116 37.8	02.0	65 14.3	34.7	211 58.2	53.3	31 23.0	05.8
	23	225 27.7	131 37.0	02.0	80 15.6	34.3	227 00.3	53.1	46 25.5	05.8
SUNDAY	23 00	240 30.2	146 36.2	N25 02.0	95 16.9	N15 33.8	242 02.4	S 1 52.9	61 28.0	N 3 05.8
	01	255 32.7	161 35.3	02.0	110 18.2	33.4	257 04.5	52.8	76 30.5	05.8
	02	270 35.1	176 34.5	02.0	125 19.5	32.9	272 06.5	52.6	91 33.0	05.8
	03	285 37.6	191 33.7	. . 02.0	140 20.8	. . 32.5	287 08.6	. . 52.5	106 35.5	. . 05.8
	04	300 40.1	206 32.8	02.0	155 22.0	32.0	302 10.7	52.3	121 38.0	05.8
	05	315 42.5	221 32.0	02.0	170 23.3	31.6	317 12.8	52.2	136 40.5	05.8
	06	330 45.0	236 31.2	N25 02.0	185 24.6	N15 31.2	332 14.9	S 1 52.0	151 43.0	N 3 05.8
	07	345 47.5	251 30.3	02.0	200 25.9	30.7	347 16.9	51.9	166 45.5	05.8
	08	0 49.9	266 29.5	01.9	215 27.2	30.3	2 19.0	51.7	181 48.0	05.8
	09	15 52.4	281 28.7	. . 01.9	230 28.5	. . 29.8	17 21.1	. . 51.5	196 50.5	. . 05.9
	10	30 54.9	296 27.8	01.9	245 29.8	29.4	32 23.2	51.4	211 53.0	05.9
	11	45 57.3	311 27.0	01.9	260 31.1	28.9	47 25.3	51.2	226 55.5	05.9
	12	60 59.8	326 26.2	N25 01.9	275 32.4	N15 28.5	62 27.4	S 1 51.1	241 58.0	N 3 05.9
	13	76 02.2	341 25.3	01.8	290 33.7	28.1	77 29.4	50.9	257 00.5	05.9
	14	91 04.7	356 24.5	01.8	305 35.0	27.6	92 31.5	50.8	272 03.0	05.9
	15	106 07.2	11 23.7	. . 01.8	320 36.3	. . 27.2	107 33.6	. . 50.6	287 05.5	. . 05.9
	16	121 09.6	26 22.8	01.8	335 37.6	26.7	122 35.7	50.5	302 08.0	05.9
	17	136 12.1	41 22.0	01.7	350 38.9	26.3	137 37.8	50.3	317 10.5	05.9
	18	151 14.6	56 21.2	N25 01.7	5 40.2	N15 25.8	152 39.9	S 1 50.1	332 13.0	N 3 05.9
	19	166 17.0	71 20.4	01.7	20 41.5	25.4	167 41.9	50.0	347 15.5	05.9
	20	181 19.5	86 19.5	01.6	35 42.8	24.9	182 44.0	49.8	2 17.9	05.9
	21	196 22.0	101 18.7	. . 01.6	50 44.1	. . 24.5	197 46.1	. . 49.7	17 20.4	. . 05.9
	22	211 24.4	116 17.9	01.6	65 45.3	24.1	212 48.2	49.5	32 22.9	05.9
	23	226 26.9	131 17.0	01.5	80 46.6	23.6	227 50.3	49.4	47 25.4	05.9
MONDAY	24 00	241 29.3	146 16.2	N25 01.5	95 47.9	N15 23.2	242 52.4	S 1 49.2	62 27.9	N 3 05.9
	01	256 31.8	161 15.4	01.5	110 49.2	22.7	257 54.4	49.1	77 30.4	05.9
	02	271 34.3	176 14.5	01.4	125 50.5	22.3	272 56.5	48.9	92 32.9	05.9
	03	286 36.7	191 13.7	. . 01.4	140 51.8	. . 21.8	287 58.6	. . 48.8	107 35.4	. . 05.9
	04	301 39.2	206 12.9	01.3	155 53.1	21.4	303 00.7	48.6	122 37.9	05.9
	05	316 41.7	221 12.1	01.3	170 54.4	20.9	318 02.8	48.4	137 40.4	05.9
	06	331 44.1	236 11.2	N25 01.3	185 55.7	N15 20.5	333 04.9	S 1 48.3	152 42.9	N 3 05.9
	07	346 46.6	251 10.4	01.2	200 57.0	20.0	348 07.0	48.1	167 45.4	05.9
	08	1 49.1	266 09.6	01.2	215 58.3	19.6	3 09.0	48.0	182 47.9	05.9
	09	16 51.5	281 08.7	. . 01.1	230 59.5	. . 19.1	18 11.1	. . 47.8	197 50.4	. . 05.9
	10	31 54.0	296 07.9	01.1	246 00.8	18.7	33 13.2	47.7	212 52.9	05.9
	11	46 56.5	311 07.1	01.0	261 02.1	18.3	48 15.3	47.5	227 55.3	05.9
	12	61 58.9	326 06.3	N25 01.0	276 03.4	N15 17.8	63 17.4	S 1 47.4	242 57.8	N 3 05.9
	13	77 01.4	341 05.4	00.9	291 04.7	17.4	78 19.5	47.2	258 00.3	05.9
	14	92 03.8	356 04.6	00.9	306 06.0	16.9	93 21.6	47.1	273 02.8	06.0
	15	107 06.3	11 03.8	. . 00.8	321 07.3	. . 16.5	108 23.7	. . 46.9	288 05.3	. . 06.0
	16	122 08.8	26 02.9	00.7	336 08.6	16.0	123 25.7	46.8	303 07.8	06.0
	17	137 11.2	41 02.1	00.7	351 09.9	15.6	138 27.8	46.6	318 10.3	06.0
	18	152 13.7	56 01.3	N25 00.6	6 11.2	N15 15.1	153 29.9	S 1 46.5	333 12.8	N 3 06.0
	19	167 16.2	71 00.5	00.6	21 12.4	14.7	168 32.0	46.3	348 15.3	06.0
	20	182 18.6	85 59.6	00.5	36 13.7	14.2	183 34.1	46.1	3 17.8	06.0
	21	197 21.1	100 58.8	. . 00.4	51 15.0	. . 13.8	198 36.2	. . 46.0	18 20.3	. . 06.0
	22	212 23.6	115 58.0	00.4	66 16.3	13.3	213 38.3	45.8	33 22.8	06.0
	23	227 26.0	130 57.2	00.3	81 17.6	12.9	228 40.4	45.7	48 25.2	06.0
	Mer. Pass.	h m 7 56.7	v −0.8	d 0.0	v 1.3	d 0.4	v 2.1	d 0.2	v 2.5	d 0.0

STARS

Name	SHA	Dec
	° ′	° ′
Acamar	315 20.4	S40 15.7
Achernar	335 28.8	S57 10.8
Acrux	173 11.6	S63 09.8
Adhara	255 14.6	S28 59.4
Aldebaran	290 52.3	N16 31.8
Alioth	166 22.1	N55 54.3
Alkaid	153 00.1	N49 15.7
Al Na'ir	27 46.4	S46 54.3
Alnilam	275 49.0	S 1 11.8
Alphard	217 58.4	S 8 42.4
Alphecca	126 12.5	N26 40.7
Alpheratz	357 46.1	N29 08.8
Altair	62 10.2	N 8 53.7
Ankaa	353 18.0	S42 14.7
Antares	112 28.7	S26 27.4
Arcturus	145 57.4	N19 07.6
Atria	107 32.0	S69 02.8
Avior	234 19.3	S59 32.9
Bellatrix	278 34.7	N 6 21.5
Betelgeuse	271 04.0	N 7 24.5
Canopus	263 57.6	S52 42.3
Capella	280 38.2	N46 00.5
Deneb	49 32.9	N45 18.8
Denebola	182 35.8	N14 30.8
Diphda	348 58.3	S17 55.7
Dubhe	193 54.1	N61 41.9
Elnath	278 15.8	N28 37.0
Eltanin	90 46.7	N51 29.1
Enif	33 49.3	N 9 55.3
Fomalhaut	15 26.5	S29 33.8
Gacrux	172 03.2	S57 10.6
Gienah	175 54.5	S17 36.2
Hadar	148 50.7	S60 25.7
Hamal	328 03.6	N23 30.6
Kaus Aust.	83 46.4	S34 22.7
Kochab	137 18.5	N74 06.8
Markab	13 40.7	N15 15.6
Menkar	314 17.7	N 4 07.8
Menkent	148 09.9	S36 25.5
Miaplacidus	221 40.6	S69 46.0
Mirfak	308 44.2	N49 53.8
Nunki	76 00.8	S26 17.0
Peacock	53 22.4	S56 41.8
Pollux	243 30.7	N28 00.1
Procyon	245 02.3	N 5 11.8
Rasalhague	96 08.2	N12 33.1
Regulus	207 45.9	N11 54.9
Rigel	281 14.5	S 8 11.4
Rigil Kent.	139 54.3	S60 52.9
Sabik	102 14.8	S15 44.3
Schedar	349 43.6	N56 35.5
Shaula	96 24.6	S37 06.7
Sirius	258 36.0	S16 44.0
Spica	158 33.4	S11 13.1
Suhail	222 54.3	S43 28.8
Vega	80 40.1	N38 47.4
Zuben'ubi	137 07.6	S16 05.3

	SHA	Mer. Pass.
	° ′	h m
Venus	266 05.9	14 14
Mars	214 46.7	17 37
Jupiter	1 32.2	7 51
Saturn	180 57.8	19 51

	UT	SUN GHA	SUN Dec	MOON GHA	v	MOON Dec	d	HP
	d h	° ′	° ′	° ′	′	° ′	′	′
	22 00	180 50.7	N20 19.3	75 49.6	11.5	N 2 01.8	15.0	59.2
	01	195 50.7	19.8	90 20.1	11.4	1 46.8	14.9	59.2
	02	210 50.6	20.3	104 50.5	11.4	1 31.9	14.9	59.2
	03	225 50.6	· · 20.8	119 20.9	11.5	1 17.0	15.0	59.2
	04	240 50.5	21.2	133 51.4	11.5	1 02.0	14.9	59.2
	05	255 50.5	21.7	148 21.9	11.4	0 47.1	15.0	59.2
	06	270 50.4	N20 22.2	162 52.3	11.5	N 0 32.1	14.9	59.2
	07	285 50.4	22.7	177 22.8	11.5	0 17.2	15.0	59.2
S	08	300 50.3	23.2	191 53.3	11.5	N 0 02.2	14.9	59.1
A	09	315 50.3	· · 23.7	206 23.8	11.5	S 0 12.7	15.0	59.1
T	10	330 50.2	24.2	220 54.3	11.5	0 27.7	14.9	59.1
U	11	345 50.2	24.7	235 24.8	11.5	0 42.6	15.0	59.1
R	12	0 50.1	N20 25.2	249 55.3	11.6	S 0 57.6	14.9	59.1
D	13	15 50.1	25.7	264 25.9	11.5	1 12.5	14.9	59.1
A	14	30 50.1	26.2	278 56.4	11.5	1 27.4	14.9	59.1
Y	15	45 50.0	· · 26.7	293 26.9	11.5	1 42.3	14.9	59.1
	16	60 50.0	27.1	307 57.4	11.5	1 57.2	14.9	59.1
	17	75 49.9	27.6	322 27.9	11.5	2 12.1	14.8	59.1
	18	90 49.9	N20 28.1	336 58.4	11.5	S 2 26.9	14.9	59.1
	19	105 49.8	28.6	351 28.9	11.5	2 41.8	14.8	59.1
	20	120 49.8	29.1	5 59.4	11.5	2 56.6	14.8	59.1
	21	135 49.7	· · 29.6	20 29.9	11.5	3 11.4	14.8	59.1
	22	150 49.7	30.1	35 00.4	11.4	3 26.2	14.8	59.0
	23	165 49.6	30.5	49 30.8	11.5	3 41.0	14.7	59.0
	23 00	180 49.6	N20 31.0	64 01.3	11.4	S 3 55.7	14.7	59.0
	01	195 49.5	31.5	78 31.7	11.5	4 10.4	14.7	59.0
	02	210 49.5	32.0	93 02.2	11.4	4 25.1	14.7	59.0
	03	225 49.4	· · 32.5	107 32.6	11.4	4 39.8	14.7	59.0
	04	240 49.4	32.9	122 03.0	11.4	4 54.5	14.6	59.0
	05	255 49.3	33.4	136 33.4	11.4	5 09.1	14.5	59.0
	06	270 49.3	N20 33.9	151 03.8	11.3	S 5 23.6	14.6	59.0
	07	285 49.2	34.4	165 34.1	11.4	5 38.2	14.5	59.0
	08	300 49.2	34.9	180 04.5	11.3	5 52.7	14.5	58.9
S	09	315 49.1	· · 35.3	194 34.8	11.3	6 07.2	14.4	58.9
U	10	330 49.1	35.8	209 05.1	11.3	6 21.6	14.4	58.9
N	11	345 49.0	36.3	223 35.4	11.2	6 36.0	14.4	58.9
D	12	0 49.0	N20 36.8	238 05.6	11.3	S 6 50.4	14.3	58.9
A	13	15 48.9	37.2	252 35.9	11.2	7 04.7	14.3	58.9
Y	14	30 48.8	37.7	267 06.1	11.2	7 19.0	14.3	58.9
	15	45 48.8	· · 38.2	281 36.3	11.1	7 33.3	14.2	58.9
	16	60 48.7	38.7	296 06.4	11.2	7 47.5	14.1	58.9
	17	75 48.7	39.1	310 36.6	11.1	8 01.6	14.1	58.9
	18	90 48.6	N20 39.6	325 06.7	11.1	S 8 15.7	14.1	58.8
	19	105 48.6	40.1	339 36.8	11.0	8 29.8	14.0	58.8
	20	120 48.5	40.5	354 06.8	11.0	8 43.8	14.0	58.8
	21	135 48.5	· · 41.0	8 36.8	11.0	8 57.8	13.9	58.8
	22	150 48.4	41.5	23 06.8	11.0	9 11.7	13.8	58.8
	23	165 48.4	42.0	37 36.8	10.9	9 25.5	13.9	58.8
	24 00	180 48.3	N20 42.4	52 06.7	10.9	S 9 39.4	13.7	58.8
	01	195 48.3	42.9	66 36.6	10.9	9 53.1	13.7	58.8
	02	210 48.2	43.4	81 06.5	10.8	10 06.8	13.6	58.7
	03	225 48.1	· · 43.8	95 36.3	10.8	10 20.4	13.6	58.7
	04	240 48.1	44.3	110 06.1	10.7	10 34.0	13.5	58.7
	05	255 48.0	44.8	124 35.8	10.7	10 47.5	13.4	58.7
	06	270 48.0	N20 45.2	139 05.5	10.7	S11 00.9	13.4	58.7
	07	285 47.9	45.7	153 35.2	10.7	11 14.3	13.3	58.7
	08	300 47.9	46.1	168 04.9	10.6	11 27.6	13.3	58.7
M	09	315 47.8	· · 46.6	182 34.5	10.5	11 40.9	13.2	58.7
O	10	330 47.7	47.1	197 04.0	10.6	11 54.1	13.1	58.6
N	11	345 47.7	47.5	211 33.6	10.4	12 07.2	13.0	58.6
D	12	0 47.6	N20 48.0	226 03.0	10.5	S12 20.2	13.0	58.6
A	13	15 47.6	48.5	240 32.5	10.4	12 33.2	12.9	58.6
Y	14	30 47.5	48.9	255 01.9	10.3	12 46.1	12.8	58.6
	15	45 47.5	· · 49.4	269 31.2	10.4	12 58.9	12.8	58.6
	16	60 47.4	49.8	284 00.6	10.2	13 11.7	12.6	58.6
	17	75 47.3	50.3	298 29.8	10.3	13 24.3	12.6	58.5
	18	90 47.3	N20 50.7	312 59.1	10.1	S13 36.9	12.5	58.5
	19	105 47.2	51.2	327 28.2	10.2	13 49.4	12.5	58.5
	20	120 47.2	51.7	341 57.4	10.1	14 01.9	12.3	58.5
	21	135 47.1	· · 52.1	356 26.5	10.0	14 14.2	12.3	58.5
	22	150 47.0	52.6	10 55.5	10.0	14 26.5	12.2	58.5
	23	165 47.0	53.0	25 24.5	10.0	S14 38.7	12.1	58.4
		SD 15.8	d 0.5	SD		16.1	16.1	16.0

Lat.	Twilight Naut.	Twilight Civil	Sunrise	Moonrise 22	Moonrise 23	Moonrise 24	Moonrise 25
°	h m	h m	h m	h m	h m	h m	h m
N 72	▭	▭	▭	13 43	15 57	18 26	■
N 70	▭	▭	▭	13 40	15 45	17 57	20 41
68	////	////	00 55	13 39	15 35	17 35	19 49
66	////	////	01 50	13 37	15 26	17 19	19 17
64	////	////	02 23	13 36	15 19	17 05	18 53
62	////	01 15	02 47	13 35	15 14	16 54	18 35
60	////	01 54	03 05	13 34	15 08	16 44	18 20
N 58	////	02 20	03 21	13 33	15 04	16 35	18 07
56	01 08	02 41	03 34	13 32	15 00	16 28	17 56
54	01 44	02 57	03 45	13 32	14 56	16 22	17 46
52	02 08	03 11	03 55	13 31	14 53	16 16	17 38
50	02 27	03 23	04 04	13 31	14 50	16 10	17 30
45	03 03	03 48	04 23	13 29	14 44	15 59	17 14
N 40	03 28	04 07	04 38	13 28	14 39	15 50	17 00
35	03 48	04 23	04 51	13 28	14 34	15 42	16 49
30	04 04	04 36	05 02	13 27	14 31	15 35	16 39
20	04 29	04 58	05 21	13 26	14 24	15 23	16 22
N 10	04 49	05 15	05 38	13 25	14 18	15 12	16 08
0	05 05	05 31	05 53	13 24	14 13	15 03	15 54
S 10	05 20	05 46	06 08	13 23	14 07	14 53	15 41
20	05 34	06 01	06 24	13 22	14 02	14 43	15 27
30	05 48	06 17	06 43	13 21	13 55	14 31	15 10
35	05 55	06 26	06 53	13 20	13 52	14 25	15 01
40	06 02	06 36	07 05	13 19	13 47	14 17	14 50
45	06 11	06 47	07 20	13 19	13 43	14 09	14 38
S 50	06 20	07 00	07 37	13 18	13 37	13 58	14 23
52	06 24	07 06	07 45	13 17	13 34	13 53	14 16
54	06 29	07 13	07 54	13 17	13 32	13 48	14 08
56	06 33	07 20	08 04	13 16	13 29	13 42	13 59
58	06 39	07 29	08 16	13 16	13 25	13 36	13 50
S 60	06 44	07 38	08 30	13 15	13 21	13 29	13 38

Lat.	Sunset	Twilight Civil	Twilight Naut.	Moonset 22	Moonset 23	Moonset 24	Moonset 25
°	h m	h m	h m	h m	h m	h m	h m
N 72	▭	▭	▭	01 18	00 52	{00 23 / 22 39}	■
N 70	▭	▭	////	01 16	00 58	00 38	{00 23 / 11 16}
68	23 07	////	////	01 15	01 03	00 50	00 34
66	22 07	////	////	01 13	01 07	01 00	00 52
64	21 33	////	////	01 12	01 10	01 08	01 07
62	21 09	22 43	////	01 11	01 13	01 16	01 20
60	20 50	22 02	////	01 10	01 16	01 22	01 30
N 58	20 34	21 35	////	01 09	01 18	01 28	01 40
56	20 21	21 14	22 50	01 08	01 20	01 33	01 48
54	20 09	20 58	22 12	01 08	01 22	01 37	01 55
52	19 59	20 43	21 47	01 07	01 24	01 42	02 02
50	19 50	20 31	21 28	01 06	01 25	01 45	02 08
45	19 31	20 06	20 52	01 05	01 29	01 53	02 21
N 40	19 16	19 47	20 26	01 04	01 32	02 00	02 32
35	19 03	19 31	20 06	01 03	01 34	02 06	02 41
30	18 51	19 18	19 50	01 02	01 36	02 12	02 49
20	18 32	18 56	19 25	01 01	01 40	02 21	03 03
N 10	18 16	18 38	19 05	00 59	01 44	02 29	03 15
0	18 00	18 22	18 48	00 58	01 47	02 36	03 27
S 10	17 45	18 08	18 33	00 57	01 50	02 44	03 39
20	17 29	17 53	18 20	00 55	01 53	02 52	03 51
30	17 11	17 36	18 06	00 54	01 57	03 01	04 06
35	17 00	17 27	17 58	00 53	02 00	03 07	04 14
40	16 48	17 17	17 51	00 51	02 02	03 13	04 23
45	16 34	17 06	17 42	00 50	02 05	03 20	04 35
S 50	16 16	16 53	17 33	00 49	02 09	03 28	04 48
52	16 08	16 47	17 29	00 48	02 10	03 32	04 55
54	15 59	16 40	17 24	00 47	02 12	03 37	05 02
56	15 49	16 33	17 20	00 46	02 14	03 42	05 10
58	15 37	16 24	17 14	00 45	02 16	03 47	05 19
S 60	15 23	16 15	17 09	00 44	02 19	03 53	05 29

Day	SUN Eqn. of Time 00^h	SUN Eqn. of Time 12^h	SUN Mer. Pass.	MOON Mer. Pass. Upper	MOON Mer. Pass. Lower	MOON Age	MOON Phase
d	m s	m s	h m	h m	h m	d	%
22	03 23	03 21	11 57	19 35	07 11	08	67
23	03 18	03 16	11 57	20 24	08 00	09	77
24	03 13	03 11	11 57	21 15	08 49	10	86

	UT	ARIES	VENUS −3.9		MARS +1.1		JUPITER −2.2		SATURN +1.0	
		GHA	GHA	Dec	GHA	Dec	GHA	Dec	GHA	Dec
	d h	° ′	° ′	° ′	° ′	° ′	° ′	° ′	° ′	° ′
	25 00	242 28.5	145 56.3	N25 00.3	96 18.9	N15 12.4	243 42.5	S 1 45.5	63 27.7	N 3 06.0
	01	257 31.0	160 55.5	00.2	111 20.2	12.0	258 44.5	45.4	78 30.2	06.0
	02	272 33.4	175 54.7	00.1	126 21.4	11.5	273 46.6	45.2	93 32.7	06.0
	03	287 35.9	190 53.9	. . 00.0	141 22.7	. . 11.1	288 48.7	. . 45.1	108 35.2	. . 06.0
	04	302 38.3	205 53.0	25 00.0	156 24.0	10.6	303 50.8	44.9	123 37.7	06.0
	05	317 40.8	220 52.2	24 59.9	171 25.3	10.2	318 52.9	44.8	138 40.2	06.0
	06	332 43.3	235 51.4	N24 59.8	186 26.6	N15 09.7	333 55.0	S 1 44.6	153 42.7	N 3 06.0
	07	347 45.7	250 50.6	59.8	201 27.9	09.3	348 57.1	44.5	168 45.2	06.0
T	08	2 48.2	265 49.7	59.7	216 29.2	08.8	3 59.2	44.3	183 47.6	06.0
U	09	17 50.7	280 48.9	. . 59.6	231 30.5	. . 08.4	19 01.3	. . 44.2	198 50.1	. . 06.0
E	10	32 53.1	295 48.1	59.5	246 31.7	07.9	34 03.4	44.0	213 52.6	06.0
S	11	47 55.6	310 47.3	59.4	261 33.0	07.5	49 05.4	43.9	228 55.1	06.0
D	12	62 58.1	325 46.4	N24 59.4	276 34.3	N15 07.0	64 07.5	S 1 43.7	243 57.6	N 3 06.0
A	13	78 00.5	340 45.6	59.3	291 35.6	06.6	79 09.6	43.6	259 00.1	06.0
Y	14	93 03.0	355 44.8	59.2	306 36.9	06.1	94 11.7	43.4	274 02.6	06.0
	15	108 05.4	10 44.0	. . 59.1	321 38.2	. . 05.7	109 13.8	. . 43.3	289 05.1	. . 06.0
	16	123 07.9	25 43.2	59.0	336 39.4	05.2	124 15.9	43.1	304 07.6	06.0
	17	138 10.4	40 42.3	58.9	351 40.7	04.7	139 18.0	43.0	319 10.0	06.0
	18	153 12.8	55 41.5	N24 58.9	6 42.0	N15 04.3	154 20.1	S 1 42.8	334 12.5	N 3 06.0
	19	168 15.3	70 40.7	58.8	21 43.3	03.8	169 22.2	42.7	349 15.0	06.0
	20	183 17.8	85 39.9	58.7	36 44.6	03.4	184 24.3	42.5	4 17.5	06.0
	21	198 20.2	100 39.0	. . 58.6	51 45.9	. . 02.9	199 26.4	. . 42.4	19 20.0	. . 06.0
	22	213 22.7	115 38.2	58.5	66 47.1	02.5	214 28.5	42.2	34 22.5	06.0
	23	228 25.2	130 37.4	58.4	81 48.4	02.0	229 30.6	42.1	49 25.0	06.0
	26 00	243 27.6	145 36.6	N24 58.3	96 49.7	N15 01.6	244 32.6	S 1 41.9	64 27.4	N 3 06.0
	01	258 30.1	160 35.8	58.2	111 51.0	01.1	259 34.7	41.8	79 29.9	06.0
	02	273 32.6	175 34.9	58.1	126 52.3	00.7	274 36.8	41.6	94 32.4	06.0
	03	288 35.0	190 34.1	. . 58.0	141 53.6	15 00.2	289 38.9	. . 41.5	109 34.9	. . 06.0
	04	303 37.5	205 33.3	57.9	156 54.8	14 59.8	304 41.0	41.3	124 37.4	06.0
	05	318 39.9	220 32.5	57.8	171 56.1	59.3	319 43.1	41.2	139 39.9	06.0
	06	333 42.4	235 31.7	N24 57.7	186 57.4	N14 58.9	334 45.2	S 1 41.0	154 42.4	N 3 06.0
W	07	348 44.9	250 30.8	57.6	201 58.7	58.4	349 47.3	40.9	169 44.8	06.0
E	08	3 47.3	265 30.0	57.5	217 00.0	57.9	4 49.4	40.7	184 47.3	06.0
D	09	18 49.8	280 29.2	. . 57.4	232 01.2	. . 57.5	19 51.5	. . 40.6	199 49.8	. . 06.0
N	10	33 52.3	295 28.4	57.3	247 02.5	57.0	34 53.6	40.4	214 52.3	06.0
E	11	48 54.7	310 27.6	57.2	262 03.8	56.6	49 55.7	40.3	229 54.8	06.0
S	12	63 57.2	325 26.7	N24 57.0	277 05.1	N14 56.1	64 57.8	S 1 40.1	244 57.3	N 3 06.0
D	13	78 59.7	340 25.9	56.9	292 06.4	55.7	79 59.9	40.0	259 59.8	06.0
A	14	94 02.1	355 25.1	56.8	307 07.6	55.2	95 02.0	39.8	275 02.2	06.0
Y	15	109 04.6	10 24.3	. . 56.7	322 08.9	. . 54.8	110 04.1	. . 39.7	290 04.7	. . 06.0
	16	124 07.1	25 23.5	56.6	337 10.2	54.3	125 06.2	39.5	305 07.2	06.0
	17	139 09.5	40 22.7	56.5	352 11.5	53.8	140 08.3	39.4	320 09.7	06.0
	18	154 12.0	55 21.8	N24 56.4	7 12.8	N14 53.4	155 10.4	S 1 39.2	335 12.2	N 3 06.0
	19	169 14.4	70 21.0	56.2	22 14.0	52.9	170 12.5	39.1	350 14.7	06.0
	20	184 16.9	85 20.2	56.1	37 15.3	52.5	185 14.6	38.9	5 17.1	06.0
	21	199 19.4	100 19.4	. . 56.0	52 16.6	. . 52.0	200 16.7	. . 38.8	20 19.6	. . 06.0
	22	214 21.8	115 18.6	55.9	67 17.9	51.6	215 18.8	38.6	35 22.1	06.0
	23	229 24.3	130 17.8	55.8	82 19.1	51.1	230 20.9	38.5	50 24.6	06.0
	27 00	244 26.8	145 16.9	N24 55.6	97 20.4	N14 50.6	245 23.0	S 1 38.3	65 27.1	N 3 06.0
	01	259 29.2	160 16.1	55.5	112 21.7	50.2	260 25.1	38.2	80 29.6	06.0
	02	274 31.7	175 15.3	55.4	127 23.0	49.7	275 27.2	38.0	95 32.0	06.0
	03	289 34.2	190 14.5	. . 55.2	142 24.3	. . 49.3	290 29.2	. . 37.9	110 34.5	. . 06.0
	04	304 36.6	205 13.7	55.1	157 25.5	48.8	305 31.3	37.7	125 37.0	06.0
	05	319 39.1	220 12.9	55.0	172 26.8	48.3	320 33.4	37.6	140 39.5	06.0
	06	334 41.6	235 12.1	N24 54.9	187 28.1	N14 47.9	335 35.5	S 1 37.4	155 42.0	N 3 06.0
	07	349 44.0	250 11.2	54.7	202 29.4	47.4	350 37.6	37.3	170 44.4	06.0
T	08	4 46.5	265 10.4	54.6	217 30.6	47.0	5 39.7	37.1	185 46.9	06.0
H	09	19 48.9	280 09.6	. . 54.4	232 31.9	. . 46.5	20 41.8	. . 37.0	200 49.4	. . 06.0
U	10	34 51.4	295 08.8	54.3	247 33.2	46.1	35 43.9	36.8	215 51.9	06.0
R	11	49 53.9	310 08.0	54.2	262 34.5	45.6	50 46.0	36.7	230 54.4	05.9
S	12	64 56.3	325 07.2	N24 54.0	277 35.7	N14 45.1	65 48.1	S 1 36.5	245 56.8	N 3 05.9
D	13	79 58.8	340 06.4	53.9	292 37.0	44.7	80 50.2	36.4	260 59.3	05.9
A	14	95 01.3	355 05.6	53.7	307 38.3	44.2	95 52.3	36.3	276 01.8	05.9
Y	15	110 03.7	10 04.7	. . 53.6	322 39.6	. . 43.8	110 54.4	. . 36.1	291 04.3	. . 05.9
	16	125 06.2	25 03.9	53.5	337 40.8	43.3	125 56.6	36.0	306 06.8	05.9
	17	140 08.7	40 03.1	53.3	352 42.1	42.8	140 58.7	35.8	321 09.2	05.9
	18	155 11.1	55 02.3	N24 53.2	7 43.4	N14 42.4	156 00.8	S 1 35.7	336 11.7	N 3 05.9
	19	170 13.6	70 01.5	53.0	22 44.7	41.9	171 02.9	35.5	351 14.2	05.9
	20	185 16.0	85 00.7	52.9	37 45.9	41.4	186 05.0	35.4	6 16.7	05.9
	21	200 18.5	99 59.9	. . 52.7	52 47.2	. . 41.0	201 07.1	. . 35.2	21 19.2	. . 05.9
	22	215 21.0	114 59.1	52.6	67 48.5	40.5	216 09.2	35.1	36 21.6	05.9
	23	230 23.4	129 58.3	52.4	82 49.8	40.1	231 11.3	34.9	51 24.1	05.9
	Mer. Pass.	h m 7 44.9	v −0.8	d 0.1	v 1.3	d 0.5	v 2.1	d 0.1	v 2.5	d 0.0

STARS

Name	SHA	Dec
	° ′	° ′
Acamar	315 20.4	S40 15.7
Achernar	335 28.7	S57 10.8
Acrux	173 11.6	S63 09.8
Adhara	255 14.6	S28 59.4
Aldebaran	290 52.3	N16 31.8
Alioth	166 22.1	N55 54.3
Alkaid	153 00.1	N49 15.7
Al Na'ir	27 46.4	S46 54.3
Alnilam	275 49.0	S 1 11.8
Alphard	217 58.4	S 8 42.4
Alphecca	126 12.5	N26 40.7
Alpheratz	357 46.0	N29 08.8
Altair	62 10.2	N 8 53.7
Ankaa	353 18.0	S42 14.7
Antares	112 28.6	S26 27.4
Arcturus	145 57.4	N19 07.6
Atria	107 32.0	S69 02.8
Avior	234 19.4	S59 32.9
Bellatrix	278 34.7	N 6 21.5
Betelgeuse	271 04.0	N 7 24.5
Canopus	263 57.6	S52 42.2
Capella	280 38.2	N46 00.5
Deneb	49 32.9	N45 18.9
Denebola	182 35.8	N14 30.8
Diphda	348 58.3	S17 55.6
Dubhe	193 54.1	N61 41.9
Elnath	278 15.8	N28 37.0
Eltanin	90 46.7	N51 29.1
Enif	33 49.3	N 9 55.3
Fomalhaut	15 26.4	S29 33.8
Gacrux	172 03.2	S57 10.7
Gienah	175 54.5	S17 36.2
Hadar	148 50.7	S60 25.7
Hamal	328 03.6	N23 30.6
Kaus Aust.	83 46.4	S34 22.7
Kochab	137 18.5	N74 06.8
Markab	13 40.6	N15 15.6
Menkar	314 17.7	N 4 07.8
Menkent	148 09.9	S36 25.5
Miaplacidus	221 40.7	S69 46.0
Mirfak	308 44.1	N49 53.8
Nunki	76 00.8	S26 16.9
Peacock	53 22.3	S56 41.8
Pollux	243 30.7	N28 00.1
Procyon	245 02.3	N 5 11.8
Rasalhague	96 08.2	N12 33.1
Regulus	207 45.9	N11 54.9
Rigel	281 14.5	S 8 11.4
Rigil Kent.	139 54.3	S60 52.9
Sabik	102 14.8	S15 44.3
Schedar	349 43.6	N56 35.5
Shaula	96 24.6	S37 06.7
Sirius	258 36.0	S16 44.0
Spica	158 33.4	S11 13.1
Suhail	222 54.3	S43 28.8
Vega	80 40.1	N38 47.5
Zuben'ubi	137 07.6	S16 05.3

	SHA	Mer. Pass.
	° ′	h m
Venus	262 09.0	14 18
Mars	213 22.1	17 31
Jupiter	1 05.0	7 41
Saturn	180 59.8	19 39

UT d h	SUN GHA ° ′	SUN Dec ° ′	MOON GHA ° ′	v ′	MOON Dec ° ′	d ′	HP ′
25 00	180 46.9	N20 53.5	39 53.5	9.9	S14 50.8	12.0	58.4
01	195 46.9	53.9	54 22.4	9.9	15 02.8	11.9	58.4
02	210 46.8	54.4	68 51.3	9.8	15 14.7	11.9	58.4
03	225 46.7	. . 54.8	83 20.1	9.8	15 26.6	11.7	58.4
04	240 46.7	55.3	97 48.9	9.7	15 38.3	11.7	58.4
05	255 46.6	55.7	112 17.6	9.6	15 50.0	11.5	58.3
06	270 46.6	N20 56.2	126 46.2	9.7	S16 01.5	11.5	58.3
07	285 46.5	56.6	141 14.9	9.6	16 13.0	11.3	58.3
T 08	300 46.4	57.1	155 43.5	9.5	16 24.3	11.3	58.3
U 09	315 46.4	. . 57.5	170 12.0	9.5	16 35.6	11.2	58.3
E 10	330 46.3	58.0	184 40.5	9.4	16 46.8	11.1	58.3
S 11	345 46.3	58.4	199 08.9	9.4	16 57.9	10.9	58.2
D 12	0 46.2	N20 58.9	213 37.3	9.3	S17 08.8	10.9	58.2
A 13	15 46.1	59.3	228 05.6	9.3	17 19.7	10.8	58.2
Y 14	30 46.1	20 59.8	242 33.9	9.2	17 30.5	10.6	58.2
15	45 46.0	21 00.2	257 02.1	9.2	17 41.1	10.6	58.2
16	60 45.9	00.6	271 30.3	9.2	17 51.7	10.5	58.2
17	75 45.9	01.1	285 58.5	9.1	18 02.2	10.3	58.1
18	90 45.8	N21 01.5	300 26.6	9.0	S18 12.5	10.3	58.1
19	105 45.7	02.0	314 54.6	9.0	18 22.8	10.1	58.1
20	120 45.7	02.4	329 22.6	9.0	18 32.9	10.0	58.1
21	135 45.6	. . 02.8	343 50.6	8.9	18 42.9	9.9	58.1
22	150 45.6	03.3	358 18.5	8.8	18 52.8	9.8	58.0
23	165 45.5	03.7	12 46.3	8.8	19 02.6	9.7	58.0
26 00	180 45.4	N21 04.2	27 14.1	8.8	S19 12.3	9.6	58.0
01	195 45.4	04.6	41 41.9	8.7	19 21.9	9.4	58.0
02	210 45.3	05.0	56 09.6	8.7	19 31.3	9.3	58.0
03	225 45.2	. . 05.5	70 37.3	8.6	19 40.6	9.3	57.9
04	240 45.2	05.9	85 04.9	8.6	19 49.9	9.1	57.9
05	255 45.1	06.3	99 32.5	8.5	19 59.0	8.9	57.9
06	270 45.0	N21 06.8	114 00.0	8.5	S20 07.9	8.9	57.9
W 07	285 45.0	07.2	128 27.5	8.5	20 16.8	8.7	57.9
E 08	300 44.9	07.6	142 55.0	8.4	20 25.5	8.6	57.8
D 09	315 44.8	. . 08.1	157 22.4	8.4	20 34.1	8.5	57.8
N 10	330 44.8	08.5	171 49.8	8.3	20 42.6	8.4	57.8
E 11	345 44.7	08.9	186 17.1	8.3	20 51.0	8.2	57.8
S 12	0 44.6	N21 09.4	200 44.4	8.2	S20 59.2	8.1	57.8
D 13	15 44.6	09.8	215 11.6	8.2	21 07.3	8.0	57.7
A 14	30 44.5	10.2	229 38.8	8.2	21 15.3	7.9	57.7
Y 15	45 44.4	. . 10.7	244 06.0	8.1	21 23.2	7.7	57.7
16	60 44.4	11.1	258 33.1	8.1	21 30.9	7.6	57.7
17	75 44.3	11.5	273 00.2	8.0	21 38.5	7.5	57.7
18	90 44.2	N21 11.9	287 27.2	8.0	S21 46.0	7.3	57.6
19	105 44.2	12.4	301 54.2	8.0	21 53.3	7.2	57.6
20	120 44.1	12.8	316 21.2	8.0	22 00.5	7.1	57.6
21	135 44.0	. . 13.2	330 48.2	7.9	22 07.6	6.9	57.6
22	150 43.9	13.6	345 15.1	7.8	22 14.5	6.8	57.6
23	165 43.9	14.1	359 41.9	7.9	22 21.3	6.7	57.5
27 00	180 43.8	N21 14.5	14 08.8	7.8	S22 28.0	6.5	57.5
01	195 43.7	14.9	28 35.6	7.8	22 34.5	6.4	57.5
02	210 43.7	15.3	43 02.4	7.8	22 40.9	6.3	57.5
03	225 43.6	. . 15.8	57 29.2	7.7	22 47.2	6.1	57.4
04	240 43.5	16.2	71 55.9	7.7	22 53.3	6.0	57.4
05	255 43.5	16.6	86 22.6	7.7	22 59.3	5.9	57.4
06	270 43.4	N21 17.0	100 49.3	7.6	S23 05.2	5.7	57.4
T 07	285 43.3	17.4	115 15.9	7.7	23 10.9	5.5	57.3
H 08	300 43.2	17.8	129 42.6	7.6	23 16.4	5.5	57.3
U 09	315 43.2	. . 18.3	144 09.2	7.6	23 21.9	5.3	57.3
R 10	330 43.1	18.7	158 35.8	7.5	23 27.2	5.1	57.3
S 11	345 43.0	19.1	173 02.3	7.6	23 32.3	5.0	57.3
D 12	0 43.0	N21 19.5	187 28.9	7.5	S23 37.3	4.9	57.2
A 13	15 42.9	19.9	201 55.4	7.6	23 42.2	4.7	57.2
Y 14	30 42.8	20.3	216 22.0	7.5	23 46.9	4.6	57.2
15	45 42.7	. . 20.8	230 48.5	7.5	23 51.5	4.4	57.2
16	60 42.7	21.2	245 15.0	7.5	23 55.9	4.3	57.1
17	75 42.6	21.6	259 41.5	7.4	24 00.2	4.1	57.1
18	90 42.5	N21 22.0	274 07.9	7.5	S24 04.3	4.0	57.1
19	105 42.4	22.4	288 34.4	7.5	24 08.3	3.9	57.1
20	120 42.4	22.8	303 00.9	7.4	24 12.2	3.7	57.0
21	135 42.3	. . 23.2	317 27.3	7.5	24 15.9	3.6	57.0
22	150 42.2	23.6	331 53.8	7.4	24 19.5	3.4	57.0
23	165 42.1	24.0	346 20.2	7.5	S24 22.9	3.3	57.0
	SD 15.8	*d* 0.4	SD	15.9		15.7	15.6

Lat. °	Twilight Naut. h m	Twilight Civil h m	Sunrise h m	Moonrise 25 h m	Moonrise 26 h m	Moonrise 27 h m	Moonrise 28 h m
N 72	▭	▭	▭	■	■	■	■
N 70	▭	▭	▭	20 41	■	■	■
68	////	////	00 19	19 49	■	■	■
66	////	////	01 38	19 17	21 26	■	■
64	////	////	02 14	18 53	20 44	22 29	23 47
62	////	00 59	02 40	18 35	20 15	21 47	22 56
60	////	01 45	03 00	18 20	19 54	21 18	22 24
N 58	////	02 13	03 16	18 07	19 36	20 56	22 01
56	00 53	02 35	03 30	17 56	19 21	20 38	21 42
54	01 35	02 52	03 41	17 46	19 08	20 23	21 26
52	02 02	03 07	03 52	17 38	18 57	20 10	21 12
50	02 22	03 20	04 01	17 30	18 47	19 58	21 00
45	02 59	03 45	04 21	17 14	18 26	19 35	20 35
N 40	03 25	04 05	04 36	17 00	18 10	19 15	20 15
35	03 46	04 21	04 50	16 49	17 56	19 00	19 58
30	04 02	04 35	05 01	16 39	17 43	18 46	19 44
20	04 28	04 57	05 21	16 22	17 23	18 22	19 20
N 10	04 49	05 15	05 38	16 08	17 05	18 02	18 59
0	05 05	05 31	05 53	15 54	16 48	17 43	18 39
S 10	05 21	05 47	06 09	15 41	16 32	17 25	18 19
20	05 35	06 02	06 25	15 27	16 14	17 05	17 58
30	05 49	06 18	06 44	15 10	15 54	16 42	17 34
35	05 57	06 28	06 55	15 01	15 42	16 28	17 20
40	06 05	06 38	07 08	14 50	15 28	16 13	17 04
45	06 13	06 50	07 22	14 38	15 13	15 54	16 44
S 50	06 23	07 03	07 40	14 23	14 53	15 31	16 19
52	06 27	07 10	07 49	14 16	14 44	15 21	16 07
54	06 32	07 17	07 58	14 08	14 34	15 08	15 54
56	06 37	07 24	08 09	13 59	14 22	14 54	15 38
58	06 43	07 33	08 21	13 50	14 09	14 37	15 20
S 60	06 49	07 43	08 36	13 38	13 53	14 18	14 57

Lat. °	Sunset h m	Twilight Civil h m	Twilight Naut. h m	Moonset 25 h m	Moonset 26 h m	Moonset 27 h m	Moonset 28 h m
N 72	▭	▭	▭	■	■	■	■
N 70	▭	▭	▭	{00 11 / 23 16}	■	■	■
68	▭	▭	▭	00 34	00 10	■	■
66	22 20	////	////	00 52	00 42	00 26	■
64	21 42	////	////	01 07	01 07	01 09	01 20
62	21 16	23 00	////	01 20	01 26	01 38	02 03
60	20 56	22 12	////	01 30	01 42	02 01	02 31
N 58	20 39	21 43	////	01 40	01 56	02 19	02 54
56	20 26	21 21	23 06	01 48	02 07	02 34	03 12
54	20 14	21 03	22 21	01 55	02 18	02 47	03 27
52	20 03	20 48	21 54	02 02	02 27	02 59	03 40
50	19 54	20 35	21 33	02 08	02 35	03 09	03 52
45	19 34	20 10	20 56	02 21	02 53	03 31	04 16
N 40	19 18	19 50	20 29	02 32	03 07	03 48	04 36
35	19 05	19 34	20 09	02 41	03 19	04 03	04 52
30	18 53	19 20	19 52	02 49	03 30	04 16	05 06
20	18 33	18 57	19 26	03 03	03 49	04 38	05 30
N 10	18 16	18 39	19 06	03 15	04 05	04 57	05 51
0	18 01	18 23	18 49	03 27	04 20	05 14	06 10
S 10	17 45	18 07	18 33	03 39	04 35	05 32	06 30
20	17 28	17 52	18 19	03 51	04 51	05 51	06 50
30	17 10	17 35	18 05	04 06	05 10	06 14	07 14
35	16 59	17 26	17 57	04 14	05 21	06 27	07 28
40	16 46	17 16	17 49	04 23	05 34	06 42	07 45
45	16 31	17 04	17 40	04 35	05 49	06 59	08 04
S 50	16 13	16 50	17 31	04 48	06 07	07 22	08 29
52	16 05	16 44	17 26	04 55	06 16	07 32	08 40
54	15 55	16 37	17 22	05 02	06 25	07 44	08 54
56	15 44	16 29	17 16	05 10	06 37	07 58	09 09
58	15 32	16 21	17 11	05 19	06 49	08 14	09 28
S 60	15 18	16 11	17 05	05 29	07 04	08 34	09 50

Day	SUN Eqn. of Time 00ʰ m s	SUN Eqn. of Time 12ʰ m s	SUN Mer. Pass. h m	MOON Mer. Pass. Upper h m	MOON Mer. Pass. Lower h m	MOON Age d %	MOON Phase
25	03 08	03 05	11 57	22 07	09 41	11 93	
26	03 02	02 59	11 57	23 01	10 34	12 97	○
27	02 55	02 52	11 57	23 57	11 29	13 100	

	UT	ARIES	VENUS −3.9		MARS +1.1		JUPITER −2.3		SATURN +1.0	
		GHA	GHA	Dec	GHA	Dec	GHA	Dec	GHA	Dec
	d h	° ′	° ′	° ′	° ′	° ′	° ′	° ′	° ′	° ′
	28 00	245 25.9	144 57.4	N24 52.3	97 51.0	N14 39.6	246 13.4	S 1 34.8	66 26.6	N 3 05.9
	01	260 28.4	159 56.6	52.1	112 52.3	39.1	261 15.5	34.6	81 29.1	05.9
	02	275 30.8	174 55.8	51.9	127 53.6	38.7	276 17.6	34.5	96 31.6	05.9
	03	290 33.3	189 55.0	. . 51.8	142 54.9	. . 38.2	291 19.7	. . 34.3	111 34.0	. . 05.9
	04	305 35.8	204 54.2	51.6	157 56.1	37.8	306 21.8	34.2	126 36.5	05.9
	05	320 38.2	219 53.4	51.5	172 57.4	37.3	321 23.9	34.1	141 39.0	05.9
	06	335 40.7	234 52.6	N24 51.3	187 58.7	N14 36.8	336 26.0	S 1 33.9	156 41.5	N 3 05.9
	07	350 43.2	249 51.8	51.1	202 59.9	36.4	351 28.1	33.8	171 43.9	05.9
	08	5 45.6	264 51.0	51.0	218 01.2	35.9	6 30.2	33.6	186 46.4	05.9
F	09	20 48.1	279 50.2	. . 50.8	233 02.5	. . 35.4	21 32.3	. . 33.5	201 48.9	. . 05.9
R	10	35 50.5	294 49.4	50.6	248 03.8	35.0	36 34.4	33.3	216 51.4	05.9
I	11	50 53.0	309 48.6	50.5	263 05.0	34.5	51 36.5	33.2	231 53.9	05.9
D	12	65 55.5	324 47.8	N24 50.3	278 06.3	N14 34.0	66 38.6	S 1 33.0	246 56.3	N 3 05.9
A	13	80 57.9	339 46.9	50.1	293 07.6	33.6	81 40.7	32.9	261 58.8	05.9
Y	14	96 00.4	354 46.1	50.0	308 08.8	33.1	96 42.8	32.7	277 01.3	05.9
	15	111 02.9	9 45.3	. . 49.8	323 10.1	. . 32.7	111 44.9	. . 32.6	292 03.8	. . 05.8
	16	126 05.3	24 44.5	49.6	338 11.4	32.2	126 47.0	32.5	307 06.2	05.8
	17	141 07.8	39 43.7	49.4	353 12.7	31.7	141 49.1	32.3	322 08.7	05.8
	18	156 10.3	54 42.9	N24 49.3	8 13.9	N14 31.3	156 51.2	S 1 32.2	337 11.2	N 3 05.8
	19	171 12.7	69 42.1	49.1	23 15.2	30.8	171 53.4	32.0	352 13.7	05.8
	20	186 15.2	84 41.3	48.9	38 16.5	30.3	186 55.5	31.9	7 16.1	05.8
	21	201 17.7	99 40.5	. . 48.7	53 17.7	. . 29.9	201 57.6	. . 31.7	22 18.6	. . 05.8
	22	216 20.1	114 39.7	48.6	68 19.0	29.4	216 59.7	31.6	37 21.1	05.8
	23	231 22.6	129 38.9	48.4	83 20.3	28.9	232 01.8	31.4	52 23.6	05.8
	29 00	246 25.0	144 38.1	N24 48.2	98 21.5	N14 28.5	247 03.9	S 1 31.3	67 26.0	N 3 05.8
	01	261 27.5	159 37.3	48.0	113 22.8	28.0	262 06.0	31.2	82 28.5	05.8
	02	276 30.0	174 36.5	47.8	128 24.1	27.5	277 08.1	31.0	97 31.0	05.8
	03	291 32.4	189 35.7	. . 47.6	143 25.3	. . 27.1	292 10.2	. . 30.9	112 33.5	. . 05.8
	04	306 34.9	204 34.9	47.4	158 26.6	26.6	307 12.3	30.7	127 35.9	05.8
	05	321 37.4	219 34.1	47.2	173 27.9	26.1	322 14.4	30.6	142 38.4	05.8
	06	336 39.8	234 33.3	N24 47.1	188 29.1	N14 25.7	337 16.5	S 1 30.4	157 40.9	N 3 05.8
S	07	351 42.3	249 32.5	46.9	203 30.4	25.2	352 18.6	30.3	172 43.4	05.8
	08	6 44.8	264 31.7	46.7	218 31.7	24.7	7 20.8	30.1	187 45.8	05.8
A	09	21 47.2	279 30.9	. . 46.5	233 32.9	. . 24.3	22 22.9	. . 30.0	202 48.3	. . 05.8
T	10	36 49.7	294 30.1	46.3	248 34.2	23.8	37 25.0	29.9	217 50.8	05.7
U	11	51 52.2	309 29.3	46.1	263 35.5	23.3	52 27.1	29.7	232 53.2	05.7
R	12	66 54.6	324 28.5	N24 45.9	278 36.7	N14 22.9	67 29.2	S 1 29.6	247 55.7	N 3 05.7
D	13	81 57.1	339 27.7	45.7	293 38.0	22.4	82 31.3	29.4	262 58.2	05.7
A	14	96 59.5	354 26.9	45.5	308 39.3	21.9	97 33.4	29.3	278 00.7	05.7
Y	15	112 02.0	9 26.1	. . 45.3	323 40.5	. . 21.5	112 35.5	. . 29.1	293 03.1	. . 05.7
	16	127 04.5	24 25.3	45.1	338 41.8	21.0	127 37.6	29.0	308 05.6	05.7
	17	142 06.9	39 24.5	44.9	353 43.1	20.5	142 39.7	28.9	323 08.1	05.7
	18	157 09.4	54 23.7	N24 44.7	8 44.3	N14 20.1	157 41.9	S 1 28.7	338 10.6	N 3 05.7
	19	172 11.9	69 22.9	44.5	23 45.6	19.6	172 44.0	28.6	353 13.0	05.7
	20	187 14.3	84 22.1	44.3	38 46.9	19.1	187 46.1	28.4	8 15.5	05.7
	21	202 16.8	99 21.3	. . 44.1	53 48.1	. . 18.7	202 48.2	. . 28.3	23 18.0	. . 05.7
	22	217 19.3	114 20.5	43.8	68 49.4	18.2	217 50.3	28.1	38 20.4	05.7
	23	232 21.7	129 19.7	43.6	83 50.7	17.7	232 52.4	28.0	53 22.9	05.7
	30 00	247 24.2	144 18.9	N24 43.4	98 51.9	N14 17.2	247 54.5	S 1 27.9	68 25.4	N 3 05.7
	01	262 26.7	159 18.1	43.2	113 53.2	16.8	262 56.6	27.7	83 27.8	05.7
	02	277 29.1	174 17.3	43.0	128 54.5	16.3	277 58.8	27.6	98 30.3	05.6
	03	292 31.6	189 16.5	. . 42.8	143 55.7	. . 15.8	293 00.9	. . 27.4	113 32.8	. . 05.6
	04	307 34.0	204 15.7	42.6	158 57.0	15.4	308 03.0	27.3	128 35.3	05.6
	05	322 36.5	219 14.9	42.3	173 58.3	14.9	323 05.1	27.2	143 37.7	05.6
	06	337 39.0	234 14.2	N24 42.1	188 59.5	N14 14.4	338 07.2	S 1 27.0	158 40.2	N 3 05.6
	07	352 41.4	249 13.4	41.9	204 00.8	14.0	353 09.3	26.9	173 42.7	05.6
	08	7 43.9	264 12.6	41.7	219 02.0	13.5	8 11.4	26.7	188 45.1	05.6
S	09	22 46.4	279 11.8	. . 41.4	234 03.3	. . 13.0	23 13.5	. . 26.6	203 47.6	. . 05.6
U	10	37 48.8	294 11.0	41.2	249 04.6	12.5	38 15.7	26.4	218 50.1	05.6
N	11	52 51.3	309 10.2	41.0	264 05.8	12.1	53 17.8	26.3	233 52.5	05.6
D	12	67 53.8	324 09.4	N24 40.8	279 07.1	N14 11.6	68 19.9	S 1 26.2	248 55.0	N 3 05.6
A	13	82 56.2	339 08.6	40.5	294 08.4	11.1	83 22.0	26.0	263 57.5	05.6
Y	14	97 58.7	354 07.8	40.3	309 09.6	10.7	98 24.1	25.9	279 00.0	05.6
	15	113 01.2	9 07.0	. . 40.1	324 10.9	. . 10.2	113 26.2	. . 25.7	294 02.4	. . 05.5
	16	128 03.6	24 06.2	39.9	339 12.1	09.7	128 28.3	25.6	309 04.9	05.5
	17	143 06.1	39 05.4	39.6	354 13.4	09.2	143 30.5	25.5	324 07.4	05.5
	18	158 08.5	54 04.7	N24 39.4	9 14.7	N14 08.8	158 32.6	S 1 25.3	339 09.8	N 3 05.5
	19	173 11.0	69 03.9	39.1	24 15.9	08.3	173 34.7	25.2	354 12.3	05.5
	20	188 13.5	84 03.1	38.9	39 17.2	07.8	188 36.8	25.0	9 14.8	05.5
	21	203 15.9	99 02.3	. . 38.7	54 18.4	. . 07.3	203 38.9	. . 24.9	24 17.2	. . 05.5
	22	218 18.4	114 01.5	38.4	69 19.7	06.9	218 41.0	24.8	39 19.7	05.5
	23	233 20.9	129 00.7	38.2	84 21.0	06.4	233 43.2	24.6	54 22.2	05.5
	Mer. Pass.	h m 7 33.1	v −0.8	d 0.2	v 1.3	d 0.5	v 2.1	d 0.1	v 2.5	d 0.0

STARS		
Name	SHA	Dec
	° ′	° ′
Acamar	315 20.4	S40 15.7
Achernar	335 28.7	S57 10.8
Acrux	173 11.6	S63 09.8
Adhara	255 14.6	S28 59.3
Aldebaran	290 52.3	N16 31.8
Alioth	166 22.2	N55 54.3
Alkaid	153 00.2	N49 15.7
Al Na'ir	27 46.4	S46 54.3
Alnilam	275 49.0	S 1 11.8
Alphard	217 58.4	S 8 42.4
Alphecca	126 12.5	N26 40.7
Alpheratz	357 46.0	N29 08.8
Altair	62 10.2	N 8 53.7
Ankaa	353 18.0	S42 14.7
Antares	112 28.6	S26 27.4
Arcturus	145 57.4	N19 07.6
Atria	107 32.0	S69 02.8
Avior	234 19.4	S59 32.9
Bellatrix	278 34.7	N 6 21.5
Betelgeuse	271 04.0	N 7 24.5
Canopus	263 57.6	S52 42.2
Capella	280 38.2	N46 00.5
Deneb	49 32.8	N45 18.9
Denebola	182 35.8	N14 30.8
Diphda	348 58.3	S17 55.6
Dubhe	193 54.1	N61 41.9
Elnath	278 15.8	N28 37.0
Eltanin	90 46.7	N51 29.1
Enif	33 49.2	N 9 55.4
Fomalhaut	15 26.4	S29 33.8
Gacrux	172 03.2	S57 10.7
Gienah	175 54.5	S17 36.2
Hadar	148 50.7	S60 25.7
Hamal	328 03.6	N23 30.6
Kaus Aust.	83 46.4	S34 22.7
Kochab	137 18.6	N74 06.8
Markab	13 40.6	N15 15.6
Menkar	314 17.7	N 4 07.8
Menkent	148 09.9	S36 25.5
Miaplacidus	221 40.7	S69 46.0
Mirfak	308 44.1	N49 53.8
Nunki	76 00.7	S26 16.9
Peacock	53 22.3	S56 41.8
Pollux	243 30.7	N28 00.1
Procyon	245 02.3	N 5 11.8
Rasalhague	96 08.2	N12 33.1
Regulus	207 45.9	N11 54.9
Rigel	281 14.5	S 8 11.4
Rigil Kent.	139 54.3	S60 52.9
Sabik	102 14.8	S15 44.3
Schedar	349 43.5	N56 35.5
Shaula	96 24.5	S37 06.7
Sirius	258 36.0	S16 44.0
Spica	158 33.4	S11 13.1
Suhail	222 54.3	S43 28.8
Vega	80 40.1	N38 47.5
Zuben'ubi	137 07.6	S16 05.3

	SHA	Mer. Pass.
	° ′	h m
Venus	258 13.1	14 22
Mars	211 56.5	17 25
Jupiter	0 38.8	7 31
Saturn	181 01.0	19 27

UT d h	Day	SUN GHA ° ′	SUN Dec ° ′	MOON GHA ° ′	v ′	MOON Dec ° ′	d ′	HP ′
28 00		180 42.1	N21 24.4	0 46.7	7.4	S24 26.2	3.1	57.0
01		195 42.0	24.9	15 13.1	7.4	24 29.3	3.0	56.9
02		210 41.9	25.3	29 39.5	7.5	24 32.3	2.9	56.9
03		225 41.8	. . 25.7	44 06.0	7.4	24 35.2	2.7	56.9
04		240 41.8	26.1	58 32.4	7.5	24 37.9	2.5	56.9
05		255 41.7	26.5	72 58.9	7.5	24 40.4	2.4	56.8
06		270 41.6	N21 26.9	87 25.4	7.4	S24 42.8	2.3	56.8
07		285 41.5	27.3	101 51.8	7.5	24 45.1	2.1	56.8
08		300 41.5	27.7	116 18.3	7.5	24 47.2	2.0	56.8
09	F	315 41.4	. . 28.1	130 44.8	7.5	24 49.2	1.8	56.7
10	R	330 41.3	28.5	145 11.3	7.6	24 51.0	1.7	56.7
11	I	345 41.2	28.9	159 37.9	7.5	24 52.7	1.5	56.7
12	D	0 41.2	N21 29.3	174 04.4	7.5	S24 54.2	1.4	56.7
13	A	15 41.1	29.7	188 30.9	7.6	24 55.6	1.3	56.6
14	Y	30 41.0	30.1	202 57.5	7.6	24 56.9	1.1	56.6
15		45 40.9	. . 30.5	217 24.1	7.6	24 58.0	0.9	56.6
16		60 40.8	30.9	231 50.7	7.7	24 58.9	0.9	56.6
17		75 40.8	31.3	246 17.4	7.6	24 59.8	0.6	56.5
18		90 40.7	N21 31.7	260 44.0	7.7	S25 00.4	0.6	56.5
19		105 40.6	32.1	275 10.7	7.7	25 01.0	0.3	56.5
20		120 40.5	32.5	289 37.4	7.8	25 01.3	0.3	56.5
21		135 40.5	. . 32.9	304 04.2	7.8	25 01.6	0.1	56.4
22		150 40.4	33.3	318 31.0	7.8	25 01.7	0.1	56.4
23		165 40.3	33.6	332 57.8	7.8	25 01.6	0.2	56.4
29 00		180 40.2	N21 34.0	347 24.6	7.9	S25 01.4	0.3	56.4
01		195 40.1	34.4	1 51.5	7.9	25 01.1	0.4	56.3
02		210 40.1	34.8	16 18.4	7.9	25 00.7	0.7	56.3
03		225 40.0	. . 35.2	30 45.3	8.0	25 00.0	0.7	56.3
04		240 39.9	35.6	45 12.3	8.1	24 59.3	0.9	56.3
05		255 39.8	36.0	59 39.4	8.0	24 58.4	1.0	56.2
06		270 39.7	N21 36.4	74 06.4	8.1	S24 57.4	1.2	56.2
07		285 39.7	36.8	88 33.5	8.2	24 56.2	1.3	56.2
08	S	300 39.6	37.2	103 00.7	8.2	24 54.9	1.4	56.2
09	A	315 39.5	. . 37.5	117 27.9	8.2	24 53.5	1.6	56.1
10	T	330 39.4	37.9	131 55.1	8.3	24 51.9	1.7	56.1
11	U	345 39.3	38.3	146 22.4	8.4	24 50.2	1.9	56.1
12	R	0 39.2	N21 38.7	160 49.8	8.4	S24 48.3	1.9	56.1
13	D	15 39.2	39.1	175 17.2	8.4	24 46.4	2.2	56.1
14	A	30 39.1	39.5	189 44.6	8.5	24 44.2	2.2	56.0
15	Y	45 39.0	. . 39.8	204 12.1	8.6	24 42.0	2.4	56.0
16		60 38.9	40.2	218 39.7	8.6	24 39.6	2.5	56.0
17		75 38.8	40.6	233 07.3	8.6	24 37.1	2.7	56.0
18		90 38.7	N21 41.0	247 34.9	8.7	S24 34.4	2.7	55.9
19		105 38.7	41.4	262 02.6	8.8	24 31.7	3.0	55.9
20		120 38.6	41.7	276 30.4	8.8	24 28.7	3.0	55.9
21		135 38.5	. . 42.1	290 58.2	8.9	24 25.7	3.2	55.9
22		150 38.4	42.5	305 26.1	9.0	24 22.5	3.3	55.8
23		165 38.3	42.9	319 54.1	9.0	24 19.2	3.4	55.8
30 00		180 38.2	N21 43.3	334 22.1	9.1	S24 15.8	3.5	55.8
01		195 38.2	43.6	348 50.2	9.1	24 12.3	3.7	55.8
02		210 38.1	44.0	3 18.3	9.2	24 08.6	3.8	55.7
03		225 38.0	. . 44.4	17 46.5	9.3	24 04.8	3.9	55.7
04		240 37.9	44.8	32 14.8	9.3	24 00.9	4.1	55.7
05		255 37.8	45.1	46 43.1	9.4	23 56.8	4.1	55.7
06		270 37.7	N21 45.5	61 11.5	9.5	S23 52.7	4.3	55.7
07		285 37.7	45.9	75 40.0	9.5	23 48.4	4.4	55.6
08		300 37.6	46.2	90 08.5	9.6	23 44.0	4.6	55.6
09	S	315 37.5	. . 46.6	104 37.1	9.7	23 39.4	4.6	55.6
10	U	330 37.4	47.0	119 05.8	9.7	23 34.8	4.8	55.6
11	N	345 37.3	47.4	133 34.5	9.9	23 30.0	4.9	55.5
12	D	0 37.2	N21 47.7	148 03.4	9.8	S23 25.1	4.9	55.5
13	A	15 37.1	48.1	162 32.2	10.0	23 20.2	5.2	55.5
14	Y	30 37.0	48.5	177 01.2	10.0	23 15.0	5.2	55.5
15		45 37.0	. . 48.8	191 30.2	10.1	23 09.8	5.3	55.5
16		60 36.9	49.2	205 59.3	10.2	23 04.5	5.5	55.4
17		75 36.8	49.6	220 28.5	10.2	22 59.0	5.5	55.4
18		90 36.7	N21 49.9	234 57.7	10.4	S22 53.5	5.7	55.4
19		105 36.6	50.3	249 27.1	10.4	22 47.8	5.8	55.4
20		120 36.5	50.7	263 56.5	10.4	22 42.0	5.9	55.3
21		135 36.4	. . 51.0	278 25.9	10.6	22 36.1	6.0	55.3
22		150 36.3	51.4	292 55.5	10.6	22 30.1	6.1	55.3
23		165 36.3	51.7	307 25.1	10.7	S22 24.0	6.2	55.3
		SD 15.8	*d* 0.4	SD		15.4	15.3	15.1

Lat. °	Twilight Naut. h m	Twilight Civil h m	Sunrise h m	Moonrise 28 h m	Moonrise 29 h m	Moonrise 30 h m	Moonrise 31 h m
N 72	□	□	□	■	■	■	■
N 70	□	□	□	■	■	■	■
68	□	□	□	■	■	■	■
66	////	////	01 26	■	■	■	01 03
64	////	////	02 06	23 47	24 16	00 16	00 23
62	////	00 40	02 33	22 56	23 36	23 56	24 06
60	////	01 35	02 54	22 24	23 08	23 34	23 50
N 58	////	02 07	03 11	22 01	22 47	23 17	23 37
56	00 36	02 30	03 26	21 42	22 29	23 02	23 25
54	01 27	02 48	03 38	21 26	22 14	22 49	23 15
52	01 56	03 03	03 49	21 12	22 01	22 38	23 06
50	02 17	03 16	03 58	21 00	21 50	22 28	22 58
45	02 56	03 43	04 19	20 35	21 26	22 07	22 40
N 40	03 23	04 03	04 35	20 15	21 07	21 50	22 26
35	03 44	04 19	04 48	19 58	20 51	21 36	22 14
30	04 01	04 33	05 00	19 44	20 37	21 23	22 04
20	04 28	04 56	05 20	19 20	20 13	21 02	21 45
N 10	04 48	05 15	05 38	18 59	19 53	20 43	21 29
0	05 06	05 32	05 54	18 39	19 34	20 26	21 14
S 10	05 21	05 47	06 10	18 19	19 14	20 08	20 59
20	05 36	06 03	06 27	17 58	18 54	19 49	20 43
30	05 51	06 20	06 46	17 34	18 30	19 28	20 25
35	05 58	06 30	06 57	17 20	18 16	19 15	20 14
40	06 07	06 40	07 10	17 04	18 00	19 00	20 02
45	06 16	06 52	07 25	16 44	17 41	18 43	19 47
S 50	06 26	07 07	07 44	16 19	17 17	18 21	19 29
52	06 30	07 13	07 53	16 07	17 05	18 11	19 20
54	06 35	07 20	08 02	15 54	16 52	17 59	19 11
56	06 41	07 28	08 13	15 38	16 37	17 45	19 00
58	06 46	07 37	08 26	15 20	16 18	17 30	18 47
S 60	06 53	07 47	08 41	14 57	15 56	17 11	18 33

Lat. °	Sunset h m	Twilight Civil h m	Twilight Naut. h m	Moonset 28 h m	Moonset 29 h m	Moonset 30 h m	Moonset 31 h m
N 72	□	□	□	■	■	■	■
N 70	□	□	□	■	■	■	■
68	□	□	□	■	■	■	■
66	22 33	////	////	■	■	■	04 22
64	21 51	////	////	01 20	01 58	03 22	05 01
62	21 23	23 23	////	02 03	02 49	04 02	05 28
60	21 02	22 22	////	02 31	03 21	04 29	05 49
N 58	20 45	21 50	////	02 54	03 44	04 50	06 06
56	20 30	21 27	23 26	03 12	04 03	05 08	06 20
54	20 18	21 08	22 30	03 27	04 19	05 22	06 33
52	20 07	20 53	22 01	03 40	04 33	05 35	06 43
50	19 57	20 39	21 39	03 52	04 45	05 46	06 53
45	19 37	20 13	21 00	04 16	05 10	06 10	07 13
N 40	19 20	19 52	20 32	04 36	05 30	06 29	07 30
35	19 07	19 36	20 11	04 52	05 46	06 44	07 43
30	18 55	19 22	19 54	05 06	06 01	06 58	07 55
20	18 35	18 59	19 27	05 30	06 25	07 21	08 16
N 10	18 17	18 40	19 07	05 51	06 46	07 40	08 33
0	18 01	18 23	18 49	06 10	07 05	07 59	08 50
S 10	17 45	18 08	18 34	06 30	07 25	08 17	09 06
20	17 28	17 52	18 19	06 50	07 46	08 37	09 23
30	17 09	17 35	18 04	07 14	08 10	09 00	09 43
35	16 57	17 25	17 56	07 28	08 24	09 13	09 55
40	16 44	17 14	17 48	07 45	08 40	09 28	10 08
45	16 29	17 02	17 39	08 04	09 00	09 46	10 23
S 50	16 11	16 48	17 29	08 29	09 24	10 08	10 42
52	16 02	16 41	17 24	08 40	09 36	10 19	10 51
54	15 52	16 34	17 19	08 54	09 49	10 31	11 01
56	15 41	16 26	17 14	09 09	10 05	10 45	11 13
58	15 28	16 17	17 08	09 28	10 23	11 01	11 26
S 60	15 13	16 07	17 02	09 50	10 46	11 20	11 41

Day	SUN Eqn. of Time 00^h	SUN Eqn. of Time 12^h	SUN Mer. Pass.	MOON Mer. Pass. Upper	MOON Mer. Pass. Lower	MOON Age	MOON Phase
d	m s	m s	h m	h m	h m	d %	
28	02 48	02 45	11 57	24 52	12 25	14 100	○
29	02 41	02 37	11 57	00 52	13 20	15 97	
30	02 33	02 29	11 58	01 46	14 12	16 93	

UT d	h	ARIES GHA	VENUS −3.9 GHA	Dec	MARS +1.1 GHA	Dec	JUPITER −2.3 GHA	Dec	SATURN +1.0 GHA	Dec
		° ′	° ′	° ′	° ′	° ′	° ′	° ′	° ′	° ′
31	00	248 23.3	143 59.9	N24 38.0	99 22.2	N14 05.9	248 45.3	S 1 24.5	69 24.6	N 3 05.5
	01	263 25.8	158 59.1	37.7	114 23.5	05.5	263 47.4	24.3	84 27.1	05.5
	02	278 28.3	173 58.3	37.5	129 24.7	05.0	278 49.5	24.2	99 29.6	05.5
	03	293 30.7	188 57.6	. . 37.2	144 26.0	. . 04.5	293 51.6	. . 24.1	114 32.0	. . 05.4
	04	308 33.2	203 56.8	37.0	159 27.3	04.0	308 53.7	23.9	129 34.5	05.4
	05	323 35.6	218 56.0	36.7	174 28.5	03.6	323 55.9	23.8	144 37.0	05.4
	06	338 38.1	233 55.2	N24 36.5	189 29.8	N14 03.1	338 58.0	S 1 23.6	159 39.4	N 3 05.4
	07	353 40.6	248 54.4	36.2	204 31.0	02.6	354 00.1	23.5	174 41.9	05.4
	08	8 43.0	263 53.6	36.0	219 32.3	02.1	9 02.2	23.4	189 44.4	05.4
M	09	23 45.5	278 52.8	. . 35.7	234 33.6	. . 01.7	24 04.3	. . 23.2	204 46.8	. . 05.4
O	10	38 48.0	293 52.1	35.5	249 34.8	01.2	39 06.5	23.1	219 49.3	05.4
N	11	53 50.4	308 51.3	35.2	264 36.1	00.7	54 08.6	22.9	234 51.8	05.4
D	12	68 52.9	323 50.5	N24 35.0	279 37.3	N14 00.2	69 10.7	S 1 22.8	249 54.2	N 3 05.4
A	13	83 55.4	338 49.7	34.7	294 38.6	13 59.8	84 12.8	22.7	264 56.7	05.4
Y	14	98 57.8	353 48.9	34.4	309 39.9	59.3	99 14.9	22.5	279 59.1	05.3
	15	114 00.3	8 48.1	. . 34.2	324 41.1	. . 58.8	114 17.1	. . 22.4	295 01.6	. . 05.3
	16	129 02.8	23 47.4	33.9	339 42.4	58.3	129 19.2	22.3	310 04.1	05.3
	17	144 05.2	38 46.6	33.7	354 43.6	57.9	144 21.3	22.1	325 06.5	05.3
	18	159 07.7	53 45.8	N24 33.4	9 44.9	N13 57.4	159 23.4	S 1 22.0	340 09.0	N 3 05.3
	19	174 10.1	68 45.0	33.1	24 46.1	56.9	174 25.5	21.8	355 11.5	05.3
	20	189 12.6	83 44.2	32.9	39 47.4	56.4	189 27.7	21.7	10 13.9	05.3
	21	204 15.1	98 43.5	. . 32.6	54 48.7	. . 55.9	204 29.8	. . 21.6	25 16.4	. . 05.3
	22	219 17.5	113 42.7	32.3	69 49.9	55.5	219 31.9	21.4	40 18.9	05.3
	23	234 20.0	128 41.9	32.1	84 51.2	55.0	234 34.0	21.3	55 21.3	05.3
1	00	249 22.5	143 41.1	N24 31.8	99 52.4	N13 54.5	249 36.1	S 1 21.2	70 23.8	N 3 05.2
	01	264 24.9	158 40.3	31.5	114 53.7	54.0	264 38.3	21.0	85 26.2	05.2
	02	279 27.4	173 39.6	31.3	129 54.9	53.6	279 40.4	20.9	100 28.7	05.2
	03	294 29.9	188 38.8	. . 31.0	144 56.2	. . 53.1	294 42.5	. . 20.7	115 31.2	. . 05.2
	04	309 32.3	203 38.0	30.7	159 57.4	52.6	309 44.6	20.6	130 33.6	05.2
	05	324 34.8	218 37.2	30.4	174 58.7	52.1	324 46.8	20.5	145 36.1	05.2
	06	339 37.3	233 36.4	N24 30.2	190 00.0	N13 51.6	339 48.9	S 1 20.3	160 38.6	N 3 05.2
	07	354 39.7	248 35.7	29.9	205 01.2	51.2	354 51.0	20.2	175 41.0	05.2
T	08	9 42.2	263 34.9	29.6	220 02.5	50.7	9 53.1	20.1	190 43.5	05.2
U	09	24 44.6	278 34.1	. . 29.3	235 03.7	. . 50.2	24 55.2	. . 19.9	205 45.9	. . 05.1
E	10	39 47.1	293 33.3	29.0	250 05.0	49.7	39 57.4	19.8	220 48.4	05.1
S	11	54 49.6	308 32.6	28.7	265 06.2	49.3	54 59.5	19.6	235 50.9	05.1
D	12	69 52.0	323 31.8	N24 28.5	280 07.5	N13 48.8	70 01.6	S 1 19.5	250 53.3	N 3 05.1
A	13	84 54.5	338 31.0	28.2	295 08.7	48.3	85 03.7	19.4	265 55.8	05.1
Y	14	99 57.0	353 30.2	27.9	310 10.0	47.8	100 05.9	19.2	280 58.2	05.1
	15	114 59.4	8 29.5	. . 27.6	325 11.2	. . 47.3	115 08.0	. . 19.1	296 00.7	. . 05.1
	16	130 01.9	23 28.7	27.3	340 12.5	46.9	130 10.1	19.0	311 03.2	05.1
	17	145 04.4	38 27.9	27.0	355 13.7	46.4	145 12.2	18.8	326 05.6	05.1
	18	160 06.8	53 27.2	N24 26.7	10 15.0	N13 45.9	160 14.4	S 1 18.7	341 08.1	N 3 05.0
	19	175 09.3	68 26.4	26.4	25 16.3	45.4	175 16.5	18.6	356 10.6	05.0
	20	190 11.8	83 25.6	26.1	40 17.5	44.9	190 18.6	18.4	11 13.0	05.0
	21	205 14.2	98 24.8	. . 25.9	55 18.8	. . 44.5	205 20.7	. . 18.3	26 15.5	. . 05.0
	22	220 16.7	113 24.1	25.6	70 20.0	44.0	220 22.9	18.1	41 17.9	05.0
	23	235 19.1	128 23.3	25.3	85 21.3	43.5	235 25.0	18.0	56 20.4	05.0
2	00	250 21.6	143 22.5	N24 25.0	100 22.5	N13 43.0	250 27.1	S 1 17.9	71 22.8	N 3 05.0
	01	265 24.1	158 21.8	24.7	115 23.8	42.5	265 29.2	17.7	86 25.3	05.0
	02	280 26.5	173 21.0	24.4	130 25.0	42.0	280 31.4	17.6	101 27.8	05.0
	03	295 29.0	188 20.2	. . 24.1	145 26.3	. . 41.6	295 33.5	. . 17.5	116 30.2	. . 04.9
	04	310 31.5	203 19.4	23.8	160 27.5	41.1	310 35.6	17.3	131 32.7	04.9
	05	325 33.9	218 18.7	23.5	175 28.8	40.6	325 37.8	17.2	146 35.1	04.9
	06	340 36.4	233 17.9	N24 23.1	190 30.0	N13 40.1	340 39.9	S 1 17.1	161 37.6	N 3 04.9
W	07	355 38.9	248 17.1	22.8	205 31.3	39.6	355 42.0	16.9	176 40.1	04.9
E	08	10 41.3	263 16.4	22.5	220 32.5	39.2	10 44.1	16.8	191 42.5	04.9
D	09	25 43.8	278 15.6	. . 22.2	235 33.8	. . 38.7	25 46.3	. . 16.7	206 45.0	. . 04.9
N	10	40 46.2	293 14.8	21.9	250 35.0	38.2	40 48.4	16.5	221 47.4	04.9
E	11	55 48.7	308 14.1	21.6	265 36.3	37.7	55 50.5	16.4	236 49.9	04.8
S	12	70 51.2	323 13.3	N24 21.3	280 37.5	N13 37.2	70 52.7	S 1 16.3	251 52.3	N 3 04.8
D	13	85 53.6	338 12.5	21.0	295 38.8	36.7	85 54.8	16.1	266 54.8	04.8
A	14	100 56.1	353 11.8	20.7	310 40.0	36.3	100 56.9	16.0	281 57.3	04.8
Y	15	115 58.6	8 11.0	. . 20.3	325 41.3	. . 35.8	115 59.0	. . 15.9	296 59.7	. . 04.8
	16	131 01.0	23 10.2	20.0	340 42.5	35.3	131 01.2	15.7	312 02.2	04.8
	17	146 03.5	38 09.5	19.7	355 43.8	34.8	146 03.3	15.6	327 04.6	04.8
	18	161 06.0	53 08.7	N24 19.4	10 45.0	N13 34.3	161 05.4	S 1 15.5	342 07.1	N 3 04.7
	19	176 08.4	68 08.0	19.1	25 46.3	33.8	176 07.6	15.3	357 09.5	04.7
	20	191 10.9	83 07.2	18.7	40 47.5	33.3	191 09.7	15.2	12 12.0	04.7
	21	206 13.4	98 06.4	. . 18.4	55 48.8	. . 32.9	206 11.8	. . 15.0	27 14.5	. . 04.7
	22	221 15.8	113 05.7	18.1	70 50.0	32.4	221 14.0	14.9	42 16.9	04.7
	23	236 18.3	128 04.9	17.8	85 51.3	31.9	236 16.1	14.8	57 19.4	04.7
Mer. Pass.		h m 7 21.3	v −0.8	d 0.3	v 1.3	d 0.5	v 2.1	d 0.1	v 2.5	d 0.0

STARS

Name	SHA	Dec
	° ′	° ′
Acamar	315 20.3	S40 15.6
Achernar	335 28.7	S57 10.8
Acrux	173 11.7	S63 09.8
Adhara	255 14.6	S28 59.3
Aldebaran	290 52.3	N16 31.8
Alioth	166 22.2	N55 54.3
Alkaid	153 00.2	N49 15.7
Al Na'ir	27 46.3	S46 54.3
Alnilam	275 48.9	S 1 11.8
Alphard	217 58.4	S 8 42.4
Alphecca	126 12.5	N26 40.7
Alpheratz	357 46.0	N29 08.8
Altair	62 10.2	N 8 53.7
Ankaa	353 18.0	S42 14.7
Antares	112 28.6	S26 27.4
Arcturus	145 57.4	N19 07.6
Atria	107 31.9	S69 02.8
Avior	234 19.4	S59 32.9
Bellatrix	278 34.7	N 6 21.5
Betelgeuse	271 04.0	N 7 24.5
Canopus	263 57.7	S52 42.2
Capella	280 38.2	N46 00.5
Deneb	49 32.8	N45 18.9
Denebola	182 35.8	N14 30.8
Diphda	348 58.2	S17 55.6
Dubhe	193 54.2	N61 41.9
Elnath	278 15.8	N28 37.0
Eltanin	90 46.6	N51 29.1
Enif	33 49.2	N 9 55.4
Fomalhaut	15 26.4	S29 33.8
Gacrux	172 03.3	S57 10.7
Gienah	175 54.5	S17 36.2
Hadar	148 50.7	S60 25.7
Hamal	328 03.6	N23 30.7
Kaus Aust.	83 46.4	S34 22.7
Kochab	137 18.6	N74 06.8
Markab	13 40.6	N15 15.7
Menkar	314 17.7	N 4 07.8
Menkent	148 09.9	S36 25.5
Miaplacidus	221 40.7	S69 46.0
Mirfak	308 44.1	N49 53.8
Nunki	76 00.7	S26 16.9
Peacock	53 22.3	S56 41.8
Pollux	243 30.7	N28 00.1
Procyon	245 02.3	N 5 11.8
Rasalhague	96 08.2	N12 33.1
Regulus	207 45.9	N11 54.9
Rigel	281 14.5	S 8 11.4
Rigil Kent.	139 54.3	S60 52.9
Sabik	102 14.7	S15 44.3
Schedar	349 43.5	N56 35.5
Shaula	96 24.5	S37 06.7
Sirius	258 36.0	S16 43.9
Spica	158 33.4	S11 13.1
Suhail	222 54.3	S43 28.8
Vega	80 40.1	N38 47.5
Zuben'ubi	137 07.6	S16 05.3

	SHA	Mer. Pass.
	° ′	h m
Venus	254 18.6	14 26
Mars	210 30.0	17 19
Jupiter	0 13.7	7 21
Saturn	181 01.3	19 15

UT d	h	SUN GHA ° ′	SUN Dec ° ′	MOON GHA ° ′	v ′	MOON Dec ° ′	d ′	HP ′
31	00	180 36.2	N21 52.1	321 54.8	10.8	S22 17.8	6.3	55.3
	01	195 36.1	52.5	336 24.6	10.8	22 11.5	6.4	55.2
	02	210 36.0	52.8	350 54.4	10.9	22 05.1	6.5	55.2
	03	225 35.9	. . 53.2	5 24.3	11.1	21 58.6	6.7	55.2
	04	240 35.8	53.5	19 54.4	11.0	21 51.9	6.7	55.2
	05	255 35.7	53.9	34 24.4	11.2	21 45.2	6.8	55.2
	06	270 35.6	N21 54.2	48 54.6	11.2	S21 38.4	6.9	55.1
	07	285 35.5	54.6	63 24.8	11.3	21 31.5	7.0	55.1
	08	300 35.5	55.0	77 55.1	11.4	21 24.5	7.1	55.1
MONDAY	09	315 35.4	. . 55.3	92 25.5	11.5	21 17.4	7.3	55.1
	10	330 35.3	55.7	106 56.0	11.5	21 10.1	7.3	55.1
	11	345 35.2	56.0	121 26.5	11.6	21 02.8	7.4	55.0
	12	0 35.1	N21 56.4	135 57.1	11.7	S20 55.4	7.4	55.0
	13	15 35.0	56.7	150 27.8	11.8	20 48.0	7.6	55.0
	14	30 34.9	57.1	164 58.6	11.9	20 40.4	7.7	55.0
	15	45 34.8	. . 57.4	179 29.5	11.9	20 32.7	7.8	55.0
	16	60 34.7	57.8	194 00.4	12.0	20 24.9	7.8	54.9
	17	75 34.6	58.1	208 31.4	12.1	20 17.1	7.9	54.9
	18	90 34.5	N21 58.5	223 02.5	12.1	S20 09.2	8.1	54.9
	19	105 34.4	58.8	237 33.6	12.3	20 01.1	8.1	54.9
	20	120 34.4	59.2	252 04.9	12.3	19 53.0	8.2	54.9
	21	135 34.3	. . 59.5	266 36.2	12.3	19 44.8	8.3	54.9
	22	150 34.2	21 59.9	281 07.5	12.5	19 36.5	8.3	54.8
	23	165 34.1	22 00.2	295 39.0	12.5	19 28.2	8.5	54.8
1	00	180 34.0	N22 00.6	310 10.5	12.6	S19 19.7	8.5	54.8
	01	195 33.9	00.9	324 42.1	12.7	19 11.2	8.6	54.8
	02	210 33.8	01.2	339 13.8	12.8	19 02.6	8.7	54.8
	03	225 33.7	. . 01.6	353 45.6	12.8	18 53.9	8.7	54.8
	04	240 33.6	01.9	8 17.4	12.9	18 45.2	8.9	54.7
	05	255 33.5	02.3	22 49.3	13.0	18 36.3	8.9	54.7
	06	270 33.4	N22 02.6	37 21.3	13.0	S18 27.4	9.0	54.7
	07	285 33.3	03.0	51 53.3	13.2	18 18.4	9.1	54.7
	08	300 33.2	03.3	66 25.5	13.2	18 09.3	9.1	54.7
TUESDAY	09	315 33.1	. . 03.6	80 57.7	13.2	18 00.2	9.2	54.7
	10	330 33.0	04.0	95 29.9	13.4	17 51.0	9.3	54.7
	11	345 32.9	04.3	110 02.3	13.4	17 41.7	9.3	54.6
	12	0 32.9	N22 04.6	124 34.7	13.4	S17 32.4	9.5	54.6
	13	15 32.8	05.0	139 07.1	13.6	17 22.9	9.5	54.6
	14	30 32.7	05.3	153 39.7	13.6	17 13.4	9.5	54.6
	15	45 32.6	. . 05.7	168 12.3	13.7	17 03.9	9.7	54.6
	16	60 32.5	06.0	182 45.0	13.7	16 54.2	9.7	54.6
	17	75 32.4	06.3	197 17.7	13.8	16 44.5	9.7	54.6
	18	90 32.3	N22 06.7	211 50.5	13.9	S16 34.8	9.8	54.5
	19	105 32.2	07.0	226 23.4	14.0	16 25.0	9.9	54.5
	20	120 32.1	07.3	240 56.4	14.0	16 15.1	10.0	54.5
	21	135 32.0	. . 07.6	255 29.4	14.1	16 05.1	10.0	54.5
	22	150 31.9	08.0	270 02.5	14.1	15 55.1	10.1	54.5
	23	165 31.8	08.3	284 35.6	14.2	15 45.0	10.1	54.5
2	00	180 31.7	N22 08.6	299 08.8	14.3	S15 34.9	10.2	54.5
	01	195 31.6	09.0	313 42.1	14.3	15 24.7	10.3	54.5
	02	210 31.5	09.3	328 15.4	14.4	15 14.4	10.3	54.5
	03	225 31.4	. . 09.6	342 48.8	14.4	15 04.1	10.3	54.4
	04	240 31.3	09.9	357 22.2	14.5	14 53.8	10.5	54.4
	05	255 31.2	10.3	11 55.7	14.6	14 43.3	10.4	54.4
	06	270 31.1	N22 10.6	26 29.3	14.6	S14 32.9	10.6	54.4
	07	285 31.0	10.9	41 02.9	14.7	14 22.3	10.6	54.4
	08	300 30.9	11.2	55 36.6	14.8	14 11.7	10.6	54.4
WEDNESDAY	09	315 30.8	. . 11.6	70 10.4	14.8	14 01.1	10.7	54.4
	10	330 30.7	11.9	84 44.2	14.8	13 50.4	10.7	54.4
	11	345 30.6	12.2	99 18.0	14.9	13 39.7	10.8	54.4
	12	0 30.5	N22 12.5	113 51.9	15.0	S13 28.9	10.9	54.4
	13	15 30.4	12.9	128 25.9	15.0	13 18.0	10.9	54.4
	14	30 30.3	13.2	142 59.9	15.1	13 07.1	10.9	54.3
	15	45 30.2	. . 13.5	157 34.0	15.1	12 56.2	11.0	54.3
	16	60 30.1	13.8	172 08.1	15.1	12 45.2	11.1	54.3
	17	75 30.0	14.1	186 42.2	15.2	12 34.1	11.0	54.3
	18	90 29.9	N22 14.4	201 16.4	15.3	S12 23.1	11.2	54.3
	19	105 29.8	14.8	215 50.7	15.3	12 11.9	11.1	54.3
	20	120 29.7	15.1	230 25.0	15.4	12 00.8	11.3	54.3
	21	135 29.6	. . 15.4	244 59.4	15.4	11 49.5	11.2	54.3
	22	150 29.5	15.7	259 33.8	15.4	11 38.3	11.3	54.3
	23	165 29.4	16.0	274 08.2	15.5	S11 27.0	11.4	54.3
		SD 15.8	d 0.3	SD 15.0		14.9		14.8

Lat. °	Twilight Naut. h m	Twilight Civil h m	Sunrise h m	Moonrise 31 h m	Moonrise 1 h m	Moonrise 2 h m	Moonrise 3 h m
N 72	□	□	□	■	■	01 57	01 16
N 70	□	□	□	■	02 12	01 23	00 58
68	□	□	□	■	01 21	00 59	00 44
66	////	////	01 13	01 03	00 49	00 40	00 32
64	////	////	01 58	00 23	00 25	00 24	00 22
62	////	////	02 27	24 06	00 06	00 11	00 14
60	////	01 27	02 50	23 50	24 00	00 00	00 07
N 58	////	02 00	03 07	23 37	23 50	24 00	00 00
56	////	02 25	03 22	23 25	23 42	23 54	24 05
54	01 19	02 44	03 35	23 15	23 34	23 49	24 02
52	01 50	03 00	03 46	23 06	23 27	23 45	24 00
50	02 13	03 13	03 56	22 58	23 21	23 40	23 57
45	02 53	03 40	04 17	22 40	23 08	23 31	23 52
N 40	03 21	04 01	04 33	22 26	22 57	23 23	23 48
35	03 42	04 18	04 47	22 14	22 47	23 17	23 44
30	04 00	04 32	04 59	22 04	22 39	23 11	23 40
20	04 27	04 56	05 20	21 45	22 25	23 01	23 35
N 10	04 48	05 15	05 38	21 29	22 12	22 52	23 29
0	05 06	05 32	05 54	21 14	22 00	22 43	23 25
S 10	05 22	05 48	06 10	20 59	21 48	22 35	23 20
20	05 37	06 04	06 28	20 43	21 36	22 26	23 15
30	05 52	06 22	06 48	20 25	21 21	22 15	23 09
35	06 00	06 31	06 59	20 14	21 12	22 09	23 05
40	06 09	06 42	07 12	20 02	21 03	22 03	23 01
45	06 18	06 55	07 28	19 47	20 51	21 55	22 57
S 50	06 28	07 09	07 47	19 29	20 37	21 45	22 51
52	06 33	07 16	07 56	19 20	20 31	21 40	22 49
54	06 38	07 24	08 06	19 11	20 23	21 35	22 46
56	06 44	07 32	08 18	19 00	20 15	21 30	22 43
58	06 50	07 41	08 31	18 47	20 06	21 24	22 40
S 60	06 56	07 52	08 46	18 33	19 56	21 17	22 36

Lat. °	Sunset h m	Twilight Civil h m	Twilight Naut. h m	Moonset 31 h m	Moonset 1 h m	Moonset 2 h m	Moonset 3 h m
N 72	□	□	□	■	■	06 44	08 54
N 70	□	□	□	■	04 54	07 17	09 10
68	□	□	□	■	05 45	07 40	09 22
66	22 47	////	////	04 22	06 16	07 58	09 33
64	22 00	////	////	05 01	06 39	08 12	09 41
62	21 30	////	////	05 28	06 57	08 24	09 49
60	21 07	22 32	////	05 49	07 12	08 35	09 55
N 58	20 49	21 57	////	06 06	07 25	08 43	10 00
56	20 34	21 32	////	06 20	07 36	08 51	10 05
54	20 21	21 13	22 39	06 33	07 46	08 58	10 10
52	20 10	20 57	22 07	06 43	07 54	09 04	10 13
50	20 00	20 43	21 44	06 53	08 02	09 10	10 17
45	19 39	20 16	21 03	07 13	08 18	09 22	10 25
N 40	19 23	19 55	20 35	07 30	08 31	09 32	10 31
35	19 09	19 38	20 14	07 43	08 42	09 40	10 36
30	18 56	19 23	19 56	07 55	08 52	09 47	10 41
20	18 36	19 00	19 29	08 16	09 09	10 00	10 50
N 10	18 18	18 41	19 08	08 33	09 23	10 11	10 57
0	18 01	18 24	18 50	08 50	09 37	10 21	11 03
S 10	17 45	18 08	18 34	09 06	09 50	10 31	11 10
20	17 28	17 51	18 19	09 23	10 05	10 42	11 17
30	17 08	17 34	18 03	09 43	10 21	10 54	11 25
35	16 56	17 24	17 55	09 55	10 30	11 02	11 30
40	16 43	17 13	17 47	10 08	10 41	11 10	11 35
45	16 28	17 01	17 37	10 23	10 54	11 19	11 41
S 50	16 08	16 46	17 27	10 42	11 09	11 30	11 48
52	15 59	16 39	17 22	10 51	11 16	11 35	11 51
54	15 49	16 32	17 17	11 01	11 24	11 41	11 55
56	15 38	16 23	17 11	11 13	11 32	11 47	11 59
58	15 25	16 14	17 05	11 26	11 42	11 54	12 03
S 60	15 09	16 04	16 59	11 41	11 53	12 02	12 08

Day	SUN Eqn. of Time 00^h	SUN Eqn. of Time 12^h	SUN Mer. Pass.	MOON Mer. Pass. Upper	MOON Mer. Pass. Lower	MOON Age	MOON Phase
d	m s	m s	h m	h m	h m	d	%
31	02 25	02 21	11 58	02 38	15 02	17	88
1	02 16	02 12	11 58	03 26	15 49	18	80
2	02 07	02 02	11 58	04 11	16 32	19	72

UT d h	ARIES GHA ° ′	VENUS −3.9 GHA ° ′	VENUS Dec ° ′	MARS +1.1 GHA ° ′	MARS Dec ° ′	JUPITER −2.3 GHA ° ′	JUPITER Dec ° ′	SATURN +1.0 GHA ° ′	SATURN Dec ° ′
3 00 (THURSDAY)	251 20.7	143 04.2	N24 17.4	100 52.5	N13 31.4	251 18.2	S 1 14.6	72 21.8	N 3 04.7
01	266 23.2	158 03.4	17.1	115 53.8	30.9	266 20.4	14.5	87 24.3	04.7
02	281 25.7	173 02.6	16.8	130 55.0	30.4	281 22.5	14.4	102 26.7	04.6
03	296 28.1	188 01.9	. . 16.5	145 56.3	. . 30.0	296 24.6	. . 14.3	117 29.2	. . 04.6
04	311 30.6	203 01.1	16.1	160 57.5	29.5	311 26.7	14.1	132 31.6	04.6
05	326 33.1	218 00.4	15.8	175 58.8	29.0	326 28.9	14.0	147 34.1	04.6
06	341 35.5	232 59.6	N24 15.5	191 00.0	N13 28.5	341 31.0	S 1 13.9	162 36.5	N 3 04.6
07	356 38.0	247 58.8	15.1	206 01.2	28.0	356 33.1	13.7	177 39.0	04.6
08	11 40.5	262 58.1	14.8	221 02.5	27.5	11 35.3	13.6	192 41.5	04.6
09	26 42.9	277 57.3	. . 14.5	236 03.7	. . 27.0	26 37.4	. . 13.5	207 43.9	. . 04.5
10	41 45.4	292 56.6	14.1	251 05.0	26.5	41 39.5	13.3	222 46.4	04.5
11	56 47.9	307 55.8	13.8	266 06.2	26.1	56 41.7	13.2	237 48.8	04.5
12	71 50.3	322 55.1	N24 13.4	281 07.5	N13 25.6	71 43.8	S 1 13.1	252 51.3	N 3 04.5
13	86 52.8	337 54.3	13.1	296 08.7	25.1	86 45.9	12.9	267 53.7	04.5
14	101 55.2	352 53.5	12.7	311 10.0	24.6	101 48.1	12.8	282 56.2	04.5
15	116 57.7	7 52.8	. . 12.4	326 11.2	. . 24.1	116 50.2	. . 12.7	297 58.6	. . 04.5
16	132 00.2	22 52.0	12.1	341 12.5	23.6	131 52.4	12.5	313 01.1	04.4
17	147 02.6	37 51.3	11.7	356 13.7	23.1	146 54.5	12.4	328 03.5	04.4
18	162 05.1	52 50.5	N24 11.4	11 15.0	N13 22.6	161 56.6	S 1 12.3	343 06.0	N 3 04.4
19	177 07.6	67 49.8	11.0	26 16.2	22.2	176 58.8	12.1	358 08.4	04.4
20	192 10.0	82 49.0	10.7	41 17.4	21.7	192 00.9	12.0	13 10.9	04.4
21	207 12.5	97 48.3	. . 10.3	56 18.7	. . 21.2	207 03.0	. . 11.9	28 13.3	. . 04.4
22	222 15.0	112 47.5	10.0	71 19.9	20.7	222 05.2	11.7	43 15.8	04.3
23	237 17.4	127 46.8	09.6	86 21.2	20.2	237 07.3	11.6	58 18.2	04.3
4 00 (FRIDAY)	252 19.9	142 46.0	N24 09.3	101 22.4	N13 19.7	252 09.4	S 1 11.5	73 20.7	N 3 04.3
01	267 22.3	157 45.3	08.9	116 23.7	19.2	267 11.6	11.3	88 23.1	04.3
02	282 24.8	172 44.5	08.5	131 24.9	18.7	282 13.7	11.2	103 25.6	04.3
03	297 27.3	187 43.8	. . 08.2	146 26.2	. . 18.3	297 15.9	. . 11.1	118 28.0	. . 04.3
04	312 29.7	202 43.0	07.8	161 27.4	17.8	312 18.0	11.0	133 30.5	04.3
05	327 32.2	217 42.3	07.5	176 28.6	17.3	327 20.1	10.8	148 32.9	04.2
06	342 34.7	232 41.5	N24 07.1	191 29.9	N13 16.8	342 22.3	S 1 10.7	163 35.4	N 3 04.2
07	357 37.1	247 40.8	06.7	206 31.1	16.3	357 24.4	10.6	178 37.8	04.2
08	12 39.6	262 40.0	06.4	221 32.4	15.8	12 26.5	10.4	193 40.3	04.2
09	27 42.1	277 39.3	. . 06.0	236 33.6	. . 15.3	27 28.7	. . 10.3	208 42.7	. . 04.2
10	42 44.5	292 38.5	05.6	251 34.9	14.8	42 30.8	10.2	223 45.2	04.2
11	57 47.0	307 37.8	05.3	266 36.1	14.3	57 33.0	10.0	238 47.6	04.1
12	72 49.5	322 37.0	N24 04.9	281 37.3	N13 13.8	72 35.1	S 1 09.9	253 50.1	N 3 04.1
13	87 51.9	337 36.3	04.5	296 38.6	13.3	87 37.2	09.8	268 52.5	04.1
14	102 54.4	352 35.5	04.2	311 39.8	12.9	102 39.4	09.7	283 55.0	04.1
15	117 56.8	7 34.8	. . 03.8	326 41.1	. . 12.4	117 41.5	. . 09.5	298 57.4	. . 04.1
16	132 59.3	22 34.1	03.4	341 42.3	11.9	132 43.7	09.4	313 59.9	04.1
17	148 01.8	37 33.3	03.0	356 43.5	11.4	147 45.8	09.3	329 02.3	04.0
18	163 04.2	52 32.6	N24 02.7	11 44.8	N13 10.9	162 47.9	S 1 09.1	344 04.8	N 3 04.0
19	178 06.7	67 31.8	02.3	26 46.0	10.4	177 50.1	09.0	359 07.2	04.0
20	193 09.2	82 31.1	01.9	41 47.3	09.9	192 52.2	08.9	14 09.7	04.0
21	208 11.6	97 30.3	. . 01.5	56 48.5	. . 09.4	207 54.4	. . 08.8	29 12.1	. . 04.0
22	223 14.1	112 29.6	01.2	71 49.8	08.9	222 56.5	08.6	44 14.6	04.0
23	238 16.6	127 28.9	00.8	86 51.0	08.4	237 58.6	08.5	59 17.0	03.9
5 00 (SATURDAY)	253 19.0	142 28.1	N24 00.4	101 52.2	N13 07.9	253 00.8	S 1 08.4	74 19.5	N 3 03.9
01	268 21.5	157 27.4	24 00.0	116 53.5	07.4	268 02.9	08.2	89 21.9	03.9
02	283 24.0	172 26.6	23 59.6	131 54.7	06.9	283 05.1	08.1	104 24.4	03.9
03	298 26.4	187 25.9	. . 59.2	146 56.0	. . 06.5	298 07.2	. . 08.0	119 26.8	. . 03.9
04	313 28.9	202 25.2	58.9	161 57.2	06.0	313 09.3	07.9	134 29.3	03.9
05	328 31.3	217 24.4	58.5	176 58.4	05.5	328 11.5	07.7	149 31.7	03.8
06	343 33.8	232 23.7	N23 58.1	191 59.7	N13 05.0	343 13.6	S 1 07.6	164 34.2	N 3 03.8
07	358 36.3	247 23.0	57.7	207 00.9	04.5	358 15.8	07.5	179 36.6	03.8
08	13 38.7	262 22.2	57.3	222 02.1	04.0	13 17.9	07.3	194 39.1	03.8
09	28 41.2	277 21.5	. . 56.9	237 03.4	. . 03.5	28 20.1	. . 07.2	209 41.5	. . 03.8
10	43 43.7	292 20.7	56.5	252 04.6	03.0	43 22.2	07.1	224 43.9	03.8
11	58 46.1	307 20.0	56.1	267 05.9	02.5	58 24.4	07.0	239 46.4	03.7
12	73 48.6	322 19.3	N23 55.7	282 07.1	N13 02.0	73 26.5	S 1 06.8	254 48.8	N 3 03.7
13	88 51.1	337 18.5	55.3	297 08.3	01.5	88 28.6	06.7	269 51.3	03.7
14	103 53.5	352 17.8	54.9	312 09.6	01.0	103 30.8	06.6	284 53.7	03.7
15	118 56.0	7 17.1	. . 54.5	327 10.8	. . 00.5	118 32.9	. . 06.4	299 56.2	. . 03.7
16	133 58.4	22 16.3	54.1	342 12.1	13 00.0	133 35.1	06.3	314 58.6	03.6
17	149 00.9	37 15.6	53.7	357 13.3	12 59.5	148 37.2	06.2	330 01.1	03.6
18	164 03.4	52 14.9	N23 53.3	12 14.5	N12 59.0	163 39.4	S 1 06.1	345 03.5	N 3 03.6
19	179 05.8	67 14.1	52.9	27 15.8	58.5	178 41.5	05.9	0 05.9	03.6
20	194 08.3	82 13.4	52.5	42 17.0	58.0	193 43.7	05.8	15 08.4	03.6
21	209 10.8	97 12.7	. . 52.1	57 18.2	. . 57.6	208 45.8	. . 05.7	30 10.8	. . 03.6
22	224 13.2	112 12.0	51.7	72 19.5	57.1	223 47.9	05.6	45 13.3	03.5
23	239 15.7	127 11.2	51.3	87 20.7	56.6	238 50.1	05.4	60 15.7	03.5
Mer. Pass.	h m 7 09.5	v −0.7	d 0.4	v 1.2	d 0.5	v 2.1	d 0.1	v 2.4	d 0.0

STARS

Name	SHA ° ′	Dec ° ′
Acamar	315 20.3	S40 15.6
Achernar	335 28.7	S57 10.7
Acrux	173 11.7	S63 09.8
Adhara	255 14.6	S28 59.3
Aldebaran	290 52.3	N16 31.8
Alioth	166 22.2	N55 54.3
Alkaid	153 00.2	N49 15.7
Al Na'ir	27 46.3	S46 54.3
Alnilam	275 48.9	S 1 11.8
Alphard	217 58.4	S 8 42.4
Alphecca	126 12.5	N26 40.7
Alpheratz	357 46.0	N29 08.8
Altair	62 10.1	N 8 53.7
Ankaa	353 17.9	S42 14.7
Antares	112 28.6	S26 27.4
Arcturus	145 57.4	N19 07.6
Atria	107 31.9	S69 02.8
Avior	234 19.4	S59 32.9
Bellatrix	278 34.7	N 6 21.5
Betelgeuse	271 04.0	N 7 24.5
Canopus	263 57.7	S52 42.2
Capella	280 38.2	N46 00.5
Deneb	49 32.8	N45 18.9
Denebola	182 35.8	N14 30.8
Diphda	348 58.2	S17 55.6
Dubhe	193 54.2	N61 41.9
Elnath	278 15.8	N28 37.0
Eltanin	90 46.6	N51 29.2
Enif	33 49.2	N 9 55.4
Fomalhaut	15 26.3	S29 33.8
Gacrux	172 03.3	S57 10.7
Gienah	175 54.5	S17 36.2
Hadar	148 50.7	S60 25.7
Hamal	328 03.6	N23 30.7
Kaus Aust.	83 46.3	S34 22.7
Kochab	137 18.6	N74 06.8
Markab	13 40.6	N15 15.7
Menkar	314 17.7	N 4 07.9
Menkent	148 09.9	S36 25.5
Miaplacidus	221 40.8	S69 46.0
Mirfak	308 44.1	N49 53.8
Nunki	76 00.7	S26 16.9
Peacock	53 22.2	S56 41.8
Pollux	243 30.7	N28 00.1
Procyon	245 02.3	N 5 11.8
Rasalhague	96 08.2	N12 33.1
Regulus	207 45.9	N11 54.9
Rigel	281 14.5	S 8 11.4
Rigil Kent.	139 54.3	S60 52.9
Sabik	102 14.7	S15 44.3
Schedar	349 43.5	N56 35.5
Shaula	96 24.5	S37 06.7
Sirius	258 36.0	S16 43.9
Spica	158 33.4	S11 13.1
Suhail	222 54.4	S43 28.8
Vega	80 40.1	N38 47.5
Zuben'ubi	137 07.6	S16 05.3

	SHA ° ′	Mer. Pass. h m
Venus	250 26.1	14 30
Mars	209 02.5	17 13
Jupiter	359 49.6	7 10
Saturn	181 00.8	19 04

	UT	SUN GHA	SUN Dec	MOON GHA	*v*	MOON Dec	*d*	HP
	d h	° ′	° ′	° ′	′	° ′	′	′
	3 00	180 29.3	N22 16.3	288 42.7	15.6	S11 15.6	11.3	54.3
	01	195 29.2	16.6	303 17.3	15.5	11 04.3	11.5	54.3
	02	210 29.1	17.0	317 51.8	15.7	10 52.8	11.4	54.3
	03	225 29.0	. . 17.3	332 26.5	15.6	10 41.4	11.5	54.3
	04	240 28.9	17.6	347 01.1	15.7	10 29.9	11.6	54.3
	05	255 28.8	17.9	1 35.8	15.8	10 18.3	11.6	54.3
	06	270 28.7	N22 18.2	16 10.6	15.7	S10 06.7	11.6	54.3
	07	285 28.6	18.5	30 45.3	15.9	9 55.1	11.6	54.3
T	08	300 28.5	18.8	45 20.2	15.8	9 43.5	11.7	54.3
H	09	315 28.4	. . 19.1	59 55.0	15.9	9 31.8	11.7	54.2
U	10	330 28.3	19.4	74 29.9	15.9	9 20.1	11.8	54.2
R	11	345 28.2	19.7	89 04.8	16.0	9 08.3	11.8	54.2
S	12	0 28.1	N22 20.0	103 39.8	16.0	S 8 56.5	11.8	54.2
D	13	15 28.0	20.3	118 14.8	16.0	8 44.7	11.9	54.2
A	14	30 27.9	20.6	132 49.8	16.0	8 32.8	11.8	54.2
Y	15	45 27.8	. . 20.9	147 24.8	16.1	8 21.0	12.0	54.2
	16	60 27.7	21.2	161 59.9	16.1	8 09.0	11.9	54.2
	17	75 27.6	21.5	176 35.0	16.1	7 57.1	12.0	54.2
	18	90 27.5	N22 21.8	191 10.1	16.2	S 7 45.1	12.0	54.2
	19	105 27.4	22.1	205 45.3	16.2	7 33.1	12.0	54.2
	20	120 27.2	22.4	220 20.5	16.2	7 21.1	12.1	54.2
	21	135 27.1	. . 22.7	234 55.7	16.2	7 09.0	12.1	54.2
	22	150 27.0	23.0	249 30.9	16.3	6 56.9	12.1	54.2
	23	165 26.9	23.3	264 06.2	16.3	6 44.8	12.1	54.2
	4 00	180 26.8	N22 23.6	278 41.5	16.3	S 6 32.7	12.2	54.2
	01	195 26.7	23.9	293 16.8	16.3	6 20.5	12.2	54.2
	02	210 26.6	24.2	307 52.1	16.3	6 08.3	12.2	54.3
	03	225 26.5	. . 24.5	322 27.4	16.4	5 56.1	12.2	54.3
	04	240 26.4	24.8	337 02.8	16.4	5 43.9	12.3	54.3
	05	255 26.3	25.1	351 38.2	16.3	5 31.6	12.2	54.3
	06	270 26.2	N22 25.4	6 13.5	16.5	S 5 19.4	12.3	54.3
	07	285 26.1	25.7	20 49.0	16.4	5 07.1	12.4	54.3
	08	300 26.0	26.0	35 24.4	16.4	4 54.7	12.3	54.3
F	09	315 25.9	. . 26.3	49 59.8	16.4	4 42.4	12.4	54.3
R	10	330 25.8	26.6	64 35.2	16.5	4 30.0	12.3	54.3
I	11	345 25.7	26.9	79 10.7	16.5	4 17.7	12.4	54.3
D	12	0 25.5	N22 27.1	93 46.2	16.4	S 4 05.3	12.5	54.3
A	13	15 25.4	27.4	108 21.6	16.5	3 52.8	12.4	54.3
Y	14	30 25.3	27.7	122 57.1	16.5	3 40.4	12.4	54.3
	15	45 25.2	. . 28.0	137 32.6	16.5	3 28.0	12.5	54.3
	16	60 25.1	28.3	152 08.1	16.5	3 15.5	12.5	54.3
	17	75 25.0	28.6	166 43.6	16.5	3 03.0	12.5	54.3
	18	90 24.9	N22 28.9	181 19.1	16.5	S 2 50.5	12.5	54.3
	19	105 24.8	29.1	195 54.6	16.5	2 38.0	12.5	54.3
	20	120 24.7	29.4	210 30.1	16.5	2 25.5	12.5	54.3
	21	135 24.6	. . 29.7	225 05.6	16.5	2 13.0	12.6	54.4
	22	150 24.5	30.0	239 41.1	16.5	2 00.4	12.5	54.4
	23	165 24.4	30.3	254 16.6	16.5	1 47.9	12.6	54.4
	5 00	180 24.2	N22 30.5	268 52.1	16.5	S 1 35.3	12.6	54.4
	01	195 24.1	30.8	283 27.6	16.5	1 22.7	12.6	54.4
	02	210 24.0	31.1	298 03.1	16.4	1 10.1	12.5	54.4
	03	225 23.9	. . 31.4	312 38.5	16.5	0 57.6	12.7	54.4
	04	240 23.8	31.7	327 14.0	16.5	0 44.9	12.6	54.4
	05	255 23.7	31.9	341 49.5	16.5	0 32.3	12.6	54.4
	06	270 23.6	N22 32.2	356 25.0	16.4	S 0 19.7	12.6	54.4
	07	285 23.5	32.5	11 00.4	16.4	S 0 07.1	12.6	54.5
S	08	300 23.4	32.8	25 35.8	16.5	N 0 05.5	12.7	54.5
A	09	315 23.3	. . 33.0	40 11.3	16.4	0 18.2	12.6	54.5
T	10	330 23.1	33.3	54 46.7	16.4	0 30.8	12.7	54.5
U	11	345 23.0	33.6	69 22.1	16.4	0 43.5	12.6	54.5
R	12	0 22.9	N22 33.9	83 57.5	16.3	N 0 56.1	12.7	54.5
D	13	15 22.8	34.1	98 32.8	16.4	1 08.8	12.6	54.5
A	14	30 22.7	34.4	113 08.2	16.3	1 21.4	12.7	54.5
Y	15	45 22.6	. . 34.7	127 43.5	16.3	1 34.1	12.6	54.6
	16	60 22.5	34.9	142 18.8	16.3	1 46.7	12.7	54.6
	17	75 22.4	35.2	156 54.1	16.3	1 59.4	12.6	54.6
	18	90 22.3	N22 35.5	171 29.4	16.2	N 2 12.0	12.7	54.6
	19	105 22.1	35.7	186 04.6	16.2	2 24.7	12.6	54.6
	20	120 22.0	36.0	200 39.8	16.2	2 37.3	12.7	54.6
	21	135 21.9	. . 36.3	215 15.0	16.2	2 50.0	12.6	54.6
	22	150 21.8	36.5	229 50.2	16.1	3 02.6	12.7	54.7
	23	165 21.7	36.8	244 25.3	16.2	N 3 15.3	12.6	54.7
		SD 15.8	*d* 0.3	SD 14.8		14.8		14.9

Lat.	Twilight Naut.	Twilight Civil	Sunrise	Moonrise 3	Moonrise 4	Moonrise 5	Moonrise 6
°	h m	h m	h m	h m	h m	h m	h m
N 72	▭	▭	▭	01 16	00 48	00 25	{00 02 / 23 37}
N 70	▭	▭	▭	00 58	00 39	00 23	{00 07 / 23 49}
68	▭	▭	▭	00 44	00 32	00 21	{00 10 / 23 59}
66	////	////	01 00	00 32	00 26	00 20	00 14
64	////	////	01 51	00 22	00 20	00 18	00 16
62	////	////	02 22	00 14	00 16	00 17	00 19
60	////	01 18	02 45	00 07	00 12	00 16	00 21
N 58	////	01 55	03 04	00 00	00 08	00 15	00 23
56	////	02 20	03 19	24 05	00 05	00 15	00 24
54	01 11	02 40	03 32	24 02	00 02	00 14	00 26
52	01 45	02 57	03 44	24 00	00 00	00 13	00 27
50	02 09	03 11	03 54	23 57	24 13	00 13	00 28
45	02 51	03 39	04 15	23 52	24 12	00 12	00 31
N 40	03 19	04 00	04 32	23 48	24 11	00 11	00 33
35	03 41	04 17	04 46	23 44	24 10	00 10	00 35
30	03 59	04 32	04 59	23 40	24 09	00 09	00 37
20	04 27	04 55	05 20	23 35	24 07	00 07	00 40
N 10	04 48	05 15	05 38	23 29	24 06	00 06	00 43
0	05 06	05 32	05 55	23 25	24 05	00 05	00 46
S 10	05 22	05 49	06 11	23 20	24 04	00 04	00 48
20	05 38	06 05	06 29	23 15	24 03	00 03	00 51
30	05 53	06 23	06 49	23 09	24 01	00 01	00 54
35	06 02	06 33	07 01	23 05	24 01	00 01	00 56
40	06 10	06 44	07 14	23 01	24 00	00 00	00 58
45	06 20	06 57	07 30	22 57	23 59	25 01	01 01
S 50	06 31	07 12	07 50	22 51	23 57	25 04	01 04
52	06 36	07 19	07 59	22 49	23 57	25 05	01 05
54	06 41	07 27	08 09	22 46	23 56	25 07	01 07
56	06 47	07 35	08 21	22 43	23 56	25 09	01 09
58	06 53	07 45	08 35	22 40	23 55	25 10	01 10
S 60	07 00	07 55	08 51	22 36	23 54	25 13	01 13

Lat.	Sunset	Twilight Civil	Twilight Naut.	Moonset 3	Moonset 4	Moonset 5	Moonset 6
°	h m	h m	h m	h m	h m	h m	h m
N 72	▭	▭	▭	08 54	10 48	12 37	14 29
N 70	▭	▭	▭	09 10	10 54	12 36	14 19
68	▭	▭	▭	09 22	10 59	12 35	14 12
66	23 01	////	////	09 33	11 04	12 34	14 05
64	22 07	////	////	09 41	11 07	12 33	14 00
62	21 36	////	////	09 49	11 11	12 32	13 55
60	21 12	22 41	////	09 55	11 13	12 32	13 51
N 58	20 54	22 03	////	10 00	11 16	12 31	13 47
56	20 38	21 37	////	10 05	11 18	12 31	13 44
54	20 25	21 17	22 48	10 10	11 20	12 30	13 41
52	20 13	21 01	22 13	10 13	11 22	12 30	13 39
50	20 03	20 46	21 49	10 17	11 23	12 29	13 36
45	19 42	20 18	21 07	10 25	11 27	12 29	13 31
N 40	19 25	19 57	20 38	10 31	11 30	12 28	13 27
35	19 10	19 40	20 16	10 36	11 32	12 27	13 24
30	18 58	19 25	19 58	10 41	11 34	12 27	13 20
20	18 37	19 01	19 30	10 50	11 38	12 26	13 15
N 10	18 19	18 42	19 09	10 57	11 41	12 25	13 10
0	18 02	18 24	18 50	11 03	11 44	12 24	13 05
S 10	17 45	18 08	18 34	11 10	11 47	12 24	13 01
20	17 28	17 51	18 19	11 17	11 50	12 23	12 56
30	17 07	17 33	18 03	11 25	11 54	12 22	12 51
35	16 56	17 23	17 55	11 30	11 56	12 21	12 48
40	16 42	17 12	17 46	11 35	11 58	12 21	12 44
45	16 26	17 00	17 36	11 41	12 01	12 20	12 40
S 50	16 07	16 44	17 25	11 48	12 04	12 19	12 35
52	15 57	16 37	17 21	11 51	12 05	12 19	12 33
54	15 47	16 30	17 15	11 55	12 07	12 19	12 30
56	15 35	16 21	17 10	11 59	12 09	12 18	12 28
58	15 21	16 12	17 03	12 03	12 11	12 18	12 25
S 60	15 05	16 01	16 56	12 08	12 13	12 17	12 21

Day	SUN Eqn. of Time 00^h	SUN Eqn. of Time 12^h	SUN Mer. Pass.	MOON Mer. Pass. Upper	MOON Mer. Pass. Lower	MOON Age	MOON Phase
d	m s	m s	h m	h m	h m	d %	
3	01 57	01 53	11 58	04 53	17 14	20 64	
4	01 48	01 42	11 58	05 34	17 55	21 54	◑
5	01 37	01 32	11 58	06 15	18 35	22 45	

	UT	ARIES	VENUS −4.0		MARS +1.2		JUPITER −2.3		SATURN +1.0	
		GHA	GHA	Dec	GHA	Dec	GHA	Dec	GHA	Dec
	d h	° ′	° ′	° ′	° ′	° ′	° ′	° ′	° ′	° ′
	6 00	254 18.2	142 10.5	N23 50.9	102 22.0	N12 56.1	253 52.2	S 1 05.3	75 18.2	N 3 03.5
	01	269 20.6	157 09.8	50.5	117 23.2	55.6	268 54.4	05.2	90 20.6	03.5
	02	284 23.1	172 09.0	50.1	132 24.4	55.1	283 56.5	05.1	105 23.1	03.5
	03	299 25.6	187 08.3	. . 49.6	147 25.7	. . 54.6	298 58.7	. . 04.9	120 25.5	. . 03.4
	04	314 28.0	202 07.6	49.2	162 26.9	54.1	314 00.8	04.8	135 27.9	03.4
	05	329 30.5	217 06.9	48.8	177 28.1	53.6	329 03.0	04.7	150 30.4	03.4
	06	344 32.9	232 06.1	N23 48.4	192 29.4	N12 53.1	344 05.1	S 1 04.6	165 32.8	N 3 03.4
	07	359 35.4	247 05.4	48.0	207 30.6	52.6	359 07.3	04.4	180 35.3	03.4
	08	14 37.9	262 04.7	47.6	222 31.8	52.1	14 09.4	04.3	195 37.7	03.3
S	09	29 40.3	277 04.0	. . 47.1	237 33.1	. . 51.6	29 11.6	. . 04.2	210 40.2	. . 03.3
U	10	44 42.8	292 03.2	46.7	252 34.3	51.1	44 13.7	04.0	225 42.6	03.3
N	11	59 45.3	307 02.5	46.3	267 35.5	50.6	59 15.9	03.9	240 45.0	03.3
D	12	74 47.7	322 01.8	N23 45.9	282 36.8	N12 50.1	74 18.0	S 1 03.8	255 47.5	N 3 03.3
A	13	89 50.2	337 01.1	45.4	297 38.0	49.6	89 20.2	03.7	270 49.9	03.2
Y	14	104 52.7	352 00.3	45.0	312 39.2	49.1	104 22.3	03.5	285 52.4	03.2
	15	119 55.1	6 59.6	. . 44.6	327 40.5	. . 48.6	119 24.5	. . 03.4	300 54.8	. . 03.2
	16	134 57.6	21 58.9	44.2	342 41.7	48.1	134 26.6	03.3	315 57.2	03.2
	17	150 00.1	36 58.2	43.7	357 42.9	47.6	149 28.8	03.2	330 59.7	03.2
	18	165 02.5	51 57.5	N23 43.3	12 44.2	N12 47.1	164 30.9	S 1 03.0	346 02.1	N 3 03.1
	19	180 05.0	66 56.7	42.9	27 45.4	46.6	179 33.1	02.9	1 04.6	03.1
	20	195 07.4	81 56.0	42.4	42 46.6	46.1	194 35.2	02.8	16 07.0	03.1
	21	210 09.9	96 55.3	. . 42.0	57 47.9	. . 45.6	209 37.4	. . 02.7	31 09.4	. . 03.1
	22	225 12.4	111 54.6	41.6	72 49.1	45.1	224 39.5	02.6	46 11.9	03.1
	23	240 14.8	126 53.9	41.1	87 50.3	44.6	239 41.7	02.4	61 14.3	03.0
	7 00	255 17.3	141 53.1	N23 40.7	102 51.6	N12 44.1	254 43.8	S 1 02.3	76 16.8	N 3 03.0
	01	270 19.8	156 52.4	40.3	117 52.8	43.6	269 46.0	02.2	91 19.2	03.0
	02	285 22.2	171 51.7	39.8	132 54.0	43.1	284 48.1	02.1	106 21.6	03.0
	03	300 24.7	186 51.0	. . 39.4	147 55.3	. . 42.6	299 50.3	. . 01.9	121 24.1	. . 03.0
	04	315 27.2	201 50.3	38.9	162 56.5	42.1	314 52.4	01.8	136 26.5	02.9
	05	330 29.6	216 49.6	38.5	177 57.7	41.6	329 54.6	01.7	151 29.0	02.9
	06	345 32.1	231 48.8	N23 38.1	192 59.0	N12 41.1	344 56.7	S 1 01.6	166 31.4	N 3 02.9
	07	0 34.5	246 48.1	37.6	208 00.2	40.6	359 58.9	01.4	181 33.8	02.9
	08	15 37.0	261 47.4	37.2	223 01.4	40.1	15 01.1	01.3	196 36.3	02.9
M	09	30 39.5	276 46.7	. . 36.7	238 02.7	. . 39.6	30 03.2	. . 01.2	211 38.7	. . 02.8
O	10	45 41.9	291 46.0	36.3	253 03.9	39.1	45 05.4	01.1	226 41.2	02.8
N	11	60 44.4	306 45.3	35.8	268 05.1	38.6	60 07.5	00.9	241 43.6	02.8
D	12	75 46.9	321 44.6	N23 35.4	283 06.4	N12 38.1	75 09.7	S 1 00.8	256 46.0	N 3 02.8
A	13	90 49.3	336 43.9	34.9	298 07.6	37.6	90 11.8	00.7	271 48.5	02.7
Y	14	105 51.8	351 43.2	34.5	313 08.8	37.1	105 14.0	00.6	286 50.9	02.7
	15	120 54.3	6 42.4	. . 34.0	328 10.1	. . 36.6	120 16.1	. . 00.5	301 53.3	. . 02.7
	16	135 56.7	21 41.7	33.6	343 11.3	36.1	135 18.3	00.3	316 55.8	02.7
	17	150 59.2	36 41.0	33.1	358 12.5	35.6	150 20.4	00.2	331 58.2	02.7
	18	166 01.7	51 40.3	N23 32.7	13 13.7	N12 35.1	165 22.6	S 1 00.1	347 00.6	N 3 02.6
	19	181 04.1	66 39.6	32.2	28 15.0	34.6	180 24.8	1 00.0	2 03.1	02.6
	20	196 06.6	81 38.9	31.7	43 16.2	34.1	195 26.9	0 59.8	17 05.5	02.6
	21	211 09.0	96 38.2	. . 31.3	58 17.4	. . 33.6	210 29.1	. . 59.7	32 08.0	. . 02.6
	22	226 11.5	111 37.5	30.8	73 18.7	33.1	225 31.2	59.6	47 10.4	02.6
	23	241 14.0	126 36.8	30.4	88 19.9	32.5	240 33.4	59.5	62 12.8	02.5
	8 00	256 16.4	141 36.1	N23 29.9	103 21.1	N12 32.0	255 35.5	S 0 59.4	77 15.3	N 3 02.5
	01	271 18.9	156 35.4	29.4	118 22.3	31.5	270 37.7	59.2	92 17.7	02.5
	02	286 21.4	171 34.7	29.0	133 23.6	31.0	285 39.9	59.1	107 20.1	02.5
	03	301 23.8	186 34.0	. . 28.5	148 24.8	. . 30.5	300 42.0	. . 59.0	122 22.6	. . 02.4
	04	316 26.3	201 33.3	28.0	163 26.0	30.0	315 44.2	58.9	137 25.0	02.4
	05	331 28.8	216 32.6	27.6	178 27.3	29.5	330 46.3	58.8	152 27.4	02.4
	06	346 31.2	231 31.9	N23 27.1	193 28.5	N12 29.0	345 48.5	S 0 58.6	167 29.9	N 3 02.4
	07	1 33.7	246 31.1	26.6	208 29.7	28.5	0 50.7	58.5	182 32.3	02.4
T	08	16 36.2	261 30.4	26.1	223 30.9	28.0	15 52.8	58.4	197 34.7	02.3
U	09	31 38.6	276 29.7	. . 25.7	238 32.2	. . 27.5	30 55.0	. . 58.3	212 37.2	. . 02.3
E	10	46 41.1	291 29.0	25.2	253 33.4	27.0	45 57.1	58.1	227 39.6	02.3
S	11	61 43.5	306 28.3	24.7	268 34.6	26.5	60 59.3	58.0	242 42.0	02.3
	12	76 46.0	321 27.6	N23 24.2	283 35.9	N12 26.0	76 01.5	S 0 57.9	257 44.5	N 3 02.2
D	13	91 48.5	336 26.9	23.8	298 37.1	25.5	91 03.6	57.8	272 46.9	02.2
A	14	106 50.9	351 26.3	23.3	313 38.3	25.0	106 05.8	57.7	287 49.4	02.2
Y	15	121 53.4	6 25.6	. . 22.8	328 39.5	. . 24.5	121 07.9	. . 57.5	302 51.8	. . 02.2
	16	136 55.9	21 24.9	22.3	343 40.8	24.0	136 10.1	57.4	317 54.2	02.1
	17	151 58.3	36 24.2	21.8	358 42.0	23.4	151 12.3	57.3	332 56.6	02.1
	18	167 00.8	51 23.5	N23 21.4	13 43.2	N12 22.9	166 14.4	S 0 57.2	347 59.1	N 3 02.1
	19	182 03.3	66 22.8	20.9	28 44.4	22.4	181 16.6	57.1	3 01.5	02.1
	20	197 05.7	81 22.1	20.4	43 45.7	21.9	196 18.7	56.9	18 03.9	02.0
	21	212 08.2	96 21.4	. . 19.9	58 46.9	. . 21.4	211 20.9	. . 56.8	33 06.4	. . 02.0
	22	227 10.6	111 20.7	19.4	73 48.1	20.9	226 23.1	56.7	48 08.8	02.0
	23	242 13.1	126 20.0	18.9	88 49.3	20.4	241 25.2	56.6	63 11.2	02.0
	Mer. Pass.	h m 6 57.7	*v* −0.7	*d* 0.5	*v* 1.2	*d* 0.5	*v* 2.2	*d* 0.1	*v* 2.4	*d* 0.0

STARS		
Name	SHA	Dec
	° ′	° ′
Acamar	315 20.3	S40 15.6
Achernar	335 28.6	S57 10.7
Acrux	173 11.7	S63 09.8
Adhara	255 14.6	S28 59.3
Aldebaran	290 52.3	N16 31.8
Alioth	166 22.2	N55 54.3
Alkaid	153 00.2	N49 15.8
Al Na'ir	27 46.3	S46 54.3
Alnilam	275 48.9	S 1 11.8
Alphard	217 58.4	S 8 42.4
Alphecca	126 12.5	N26 40.8
Alpheratz	357 45.9	N29 08.8
Altair	62 10.1	N 8 53.7
Ankaa	353 17.9	S42 14.7
Antares	112 28.6	S26 27.4
Arcturus	145 57.5	N19 07.6
Atria	107 31.9	S69 02.8
Avior	234 19.5	S59 32.9
Bellatrix	278 34.7	N 6 21.5
Betelgeuse	271 04.0	N 7 24.5
Canopus	263 57.7	S52 42.2
Capella	280 38.2	N46 00.5
Deneb	49 32.8	N45 18.9
Denebola	182 35.8	N14 30.8
Diphda	348 58.2	S17 55.6
Dubhe	193 54.2	N61 41.9
Elnath	278 15.8	N28 37.0
Eltanin	90 46.6	N51 29.2
Enif	33 49.2	N 9 55.4
Fomalhaut	15 26.3	S29 33.8
Gacrux	172 03.3	S57 10.7
Gienah	175 54.5	S17 36.2
Hadar	148 50.7	S60 25.7
Hamal	328 03.5	N23 30.7
Kaus Aust.	83 46.3	S34 22.7
Kochab	137 18.7	N74 06.8
Markab	13 40.5	N15 15.7
Menkar	314 17.7	N 4 07.9
Menkent	148 09.9	S36 25.5
Miaplacidus	221 40.8	S69 46.0
Mirfak	308 44.1	N49 53.8
Nunki	76 00.7	S26 16.9
Peacock	53 22.2	S56 41.8
Pollux	243 30.7	N28 00.1
Procyon	245 02.3	N 5 11.8
Rasalhague	96 08.2	N12 33.1
Regulus	207 45.9	N11 54.9
Rigel	281 14.5	S 8 11.4
Rigil Kent.	139 54.3	S60 52.9
Sabik	102 14.7	S15 44.3
Schedar	349 43.4	N56 35.5
Shaula	96 24.5	S37 06.7
Sirius	258 36.0	S16 43.9
Spica	158 33.4	S11 13.1
Suhail	222 54.4	S43 28.8
Vega	80 40.1	N38 47.5
Zuben'ubi	137 07.6	S16 05.3
	SHA	Mer. Pass.
	° ′	h m
Venus	246 35.8	14 33
Mars	207 34.3	17 07
Jupiter	359 26.5	7 00
Saturn	180 59.5	18 52

UT	SUN GHA	SUN Dec	MOON GHA	v	MOON Dec	d	HP
d h	° ′	° ′	° ′	′	° ′	′	′
6 00	180 21.6	N22 37.1	259 00.5	16.0	N 3 27.9	12.6	54.7
01	195 21.5	37.3	273 35.5	16.1	3 40.5	12.7	54.7
02	210 21.4	37.6	288 10.6	16.0	3 53.2	12.6	54.7
03	225 21.2	. . 37.9	302 45.6	16.0	4 05.8	12.6	54.7
04	240 21.1	38.1	317 20.6	16.0	4 18.4	12.6	54.8
05	255 21.0	38.4	331 55.6	15.9	4 31.0	12.6	54.8
06	270 20.9	N22 38.6	346 30.5	15.9	N 4 43.6	12.6	54.8
07	285 20.8	38.9	1 05.4	15.8	4 56.2	12.5	54.8
08	300 20.7	39.1	15 40.2	15.8	5 08.7	12.6	54.8
S 09	315 20.6	. . 39.4	30 15.0	15.8	5 21.3	12.6	54.8
U 10	330 20.4	39.7	44 49.8	15.7	5 33.9	12.5	54.9
N 11	345 20.3	39.9	59 24.5	15.7	5 46.4	12.5	54.9
D 12	0 20.2	N22 40.2	73 59.2	15.7	N 5 58.9	12.5	54.9
A 13	15 20.1	40.4	88 33.9	15.6	6 11.4	12.5	54.9
Y 14	30 20.0	40.7	103 08.5	15.5	6 23.9	12.5	54.9
15	45 19.9	. . 40.9	117 43.0	15.6	6 36.4	12.5	55.0
16	60 19.8	41.2	132 17.6	15.4	6 48.9	12.4	55.0
17	75 19.6	41.4	146 52.0	15.4	7 01.3	12.5	55.0
18	90 19.5	N22 41.7	161 26.4	15.4	N 7 13.8	12.4	55.0
19	105 19.4	41.9	176 00.8	15.3	7 26.2	12.4	55.0
20	120 19.3	42.2	190 35.1	15.3	7 38.6	12.4	55.1
21	135 19.2	. . 42.4	205 09.4	15.2	7 51.0	12.3	55.1
22	150 19.1	42.7	219 43.6	15.2	8 03.3	12.3	55.1
23	165 19.0	42.9	234 17.8	15.1	8 15.6	12.3	55.1
7 00	180 18.8	N22 43.2	248 51.9	15.1	N 8 27.9	12.3	55.2
01	195 18.7	43.4	263 26.0	15.0	8 40.2	12.3	55.2
02	210 18.6	43.7	278 00.0	14.9	8 52.5	12.2	55.2
03	225 18.5	. . 43.9	292 33.9	14.9	9 04.7	12.2	55.2
04	240 18.4	44.2	307 07.8	14.8	9 16.9	12.2	55.3
05	255 18.3	44.4	321 41.6	14.8	9 29.1	12.2	55.3
06	270 18.1	N22 44.7	336 15.4	14.7	N 9 41.3	12.1	55.3
07	285 18.0	44.9	350 49.1	14.6	9 53.4	12.1	55.3
08	300 17.9	45.1	5 22.7	14.6	10 05.5	12.1	55.3
M 09	315 17.8	. . 45.4	19 56.3	14.5	10 17.6	12.0	55.4
O 10	330 17.7	45.6	34 29.8	14.5	10 29.6	12.0	55.4
N 11	345 17.6	45.9	49 03.3	14.4	10 41.6	12.0	55.4
D 12	0 17.4	N22 46.1	63 36.7	14.3	N10 53.6	11.9	55.4
A 13	15 17.3	46.3	78 10.0	14.2	11 05.5	11.9	55.5
Y 14	30 17.2	46.6	92 43.2	14.2	11 17.4	11.9	55.5
15	45 17.1	. . 46.8	107 16.4	14.1	11 29.3	11.8	55.5
16	60 17.0	47.0	121 49.5	14.0	11 41.1	11.8	55.5
17	75 16.8	47.3	136 22.5	14.0	11 52.9	11.8	55.6
18	90 16.7	N22 47.5	150 55.5	13.9	N12 04.7	11.7	55.6
19	105 16.6	47.7	165 28.4	13.8	12 16.4	11.6	55.6
20	120 16.5	48.0	180 01.2	13.7	12 28.0	11.7	55.7
21	135 16.4	. . 48.2	194 33.9	13.7	12 39.7	11.6	55.7
22	150 16.3	48.4	209 06.6	13.6	12 51.3	11.5	55.7
23	165 16.1	48.7	223 39.2	13.5	13 02.8	11.5	55.7
8 00	180 16.0	N22 48.9	238 11.7	13.4	N13 14.3	11.4	55.8
01	195 15.9	49.1	252 44.1	13.4	13 25.7	11.4	55.8
02	210 15.8	49.4	267 16.5	13.2	13 37.1	11.4	55.8
03	225 15.7	. . 49.6	281 48.7	13.2	13 48.5	11.3	55.8
04	240 15.5	49.8	296 20.9	13.1	13 59.8	11.3	55.9
05	255 15.4	50.0	310 53.0	13.0	14 11.1	11.2	55.9
06	270 15.3	N22 50.3	325 25.0	13.0	N14 22.3	11.1	55.9
07	285 15.2	50.5	339 57.0	12.8	14 33.4	11.1	56.0
T 08	300 15.1	50.7	354 28.8	12.8	14 44.5	11.0	56.0
U 09	315 14.9	. . 50.9	9 00.6	12.7	14 55.5	11.0	56.0
E 10	330 14.8	51.2	23 32.3	12.5	15 06.5	11.0	56.0
S 11	345 14.7	51.4	38 03.8	12.5	15 17.5	10.8	56.1
D 12	0 14.6	N22 51.6	52 35.3	12.5	N15 28.3	10.8	56.1
A 13	15 14.5	51.8	67 06.8	12.3	15 39.1	10.8	56.1
Y 14	30 14.3	52.1	81 38.1	12.2	15 49.9	10.7	56.2
15	45 14.2	. . 52.3	96 09.3	12.1	16 00.6	10.6	56.2
16	60 14.1	52.5	110 40.4	12.1	16 11.2	10.5	56.2
17	75 14.0	52.7	125 11.5	11.9	16 21.7	10.5	56.3
18	90 13.8	N22 52.9	139 42.4	11.9	N16 32.2	10.5	56.3
19	105 13.7	53.2	154 13.3	11.8	16 42.7	10.3	56.3
20	120 13.6	53.4	168 44.1	11.6	16 53.0	10.3	56.3
21	135 13.5	. . 53.6	183 14.7	11.6	17 03.3	10.2	56.4
22	150 13.4	53.8	197 45.3	11.5	17 13.5	10.2	56.4
23	165 13.2	54.0	212 15.8	11.4	N17 23.7	10.0	56.4
	SD 15.8	*d* 0.2	SD 15.0		15.1		15.3

Lat.	Twilight Naut.	Twilight Civil	Sunrise	Moonrise 6	Moonrise 7	Moonrise 8	Moonrise 9
°	h m	h m	h m	h m	h m	h m	h m
N 72	□	□	□	{00 02 / 23 37}	23 05	22 04	□
N 70	□	□	□	{00 07 / 23 49}	23 28	22 56	□
68	□	□	□	{00 10 / 23 59}	23 46	23 29	22 56
66	////	////	00 45	00 14	00 07	{00 01 / 23 53}	23 44
64	////	////	01 45	00 16	00 14	00 13	00 13
62	////	////	02 18	00 19	00 20	00 23	00 28
60	////	01 10	02 42	00 21	00 26	00 32	00 41
N 58	////	01 50	03 01	00 23	00 30	00 40	00 53
56	////	02 17	03 17	00 24	00 35	00 47	01 03
54	01 04	02 38	03 30	00 26	00 38	00 53	01 12
52	01 41	02 54	03 42	00 27	00 42	00 59	01 19
50	02 06	03 09	03 52	00 28	00 45	01 04	01 27
45	02 49	03 37	04 14	00 31	00 52	01 15	01 42
N 40	03 18	03 59	04 31	00 33	00 57	01 24	01 55
35	03 40	04 16	04 46	00 35	01 02	01 32	02 05
30	03 58	04 31	04 58	00 37	01 07	01 39	02 15
20	04 26	04 55	05 20	00 40	01 14	01 51	02 31
N 10	04 48	05 15	05 38	00 43	01 21	02 02	02 46
0	05 07	05 33	05 55	00 46	01 27	02 12	02 59
S 10	05 23	05 49	06 12	00 48	01 34	02 22	03 13
20	05 39	06 06	06 30	00 51	01 41	02 33	03 28
30	05 55	06 24	06 51	00 54	01 49	02 45	03 45
35	06 03	06 35	07 02	00 56	01 53	02 53	03 55
40	06 12	06 46	07 16	00 58	01 59	03 01	04 06
45	06 22	06 59	07 32	01 01	02 05	03 11	04 19
S 50	06 33	07 14	07 52	01 04	02 12	03 23	04 36
52	06 38	07 21	08 02	01 05	02 16	03 28	04 44
54	06 43	07 29	08 12	01 07	02 19	03 34	04 52
56	06 49	07 38	08 24	01 09	02 23	03 41	05 02
58	06 56	07 48	08 38	01 10	02 28	03 49	05 13
S 60	07 03	07 59	08 55	01 13	02 33	03 58	05 26

Lat.	Sunset	Twilight Civil	Twilight Naut.	Moonset 6	Moonset 7	Moonset 8	Moonset 9
°	h m	h m	h m	h m	h m	h m	h m
N 72	□	□	□	14 29	16 32	19 10	□
N 70	□	□	□	14 19	16 10	18 19	□
68	□	□	□	14 12	15 54	17 47	20 05
66	23 17	////	////	14 05	15 41	17 24	19 19
64	22 15	////	////	14 00	15 30	17 06	18 49
62	21 41	////	////	13 55	15 21	16 52	18 27
60	21 17	22 50	////	13 51	15 13	16 39	18 09
N 58	20 57	22 09	////	13 47	15 06	16 29	17 54
56	20 42	21 42	////	13 44	15 00	16 19	17 41
54	20 28	21 21	22 56	13 41	14 55	16 11	17 30
52	20 16	21 04	22 18	13 39	14 50	16 04	17 20
50	20 06	20 49	21 53	13 36	14 46	15 57	17 11
45	19 44	20 21	21 10	13 31	14 36	15 43	16 53
N 40	19 27	19 59	20 40	13 27	14 28	15 32	16 38
35	19 12	19 41	20 18	13 24	14 22	15 22	16 25
30	18 59	19 27	20 00	13 20	14 16	15 13	16 14
20	18 38	19 02	19 31	13 15	14 06	14 59	15 55
N 10	18 20	18 43	19 09	13 10	13 57	14 46	15 39
0	18 02	18 25	18 51	13 05	13 48	14 34	15 24
S 10	17 46	18 08	18 35	13 01	13 40	14 22	15 08
20	17 28	17 51	18 19	12 56	13 31	14 10	14 52
30	17 07	17 33	18 03	12 51	13 21	13 55	14 34
35	16 55	17 23	17 55	12 48	13 16	13 47	14 23
40	16 41	17 12	17 46	12 44	13 09	13 37	14 11
45	16 25	16 59	17 36	12 40	13 02	13 26	13 56
S 50	16 05	16 43	17 24	12 35	12 53	13 13	13 38
52	15 56	16 36	17 19	12 33	12 48	13 07	13 30
54	15 45	16 28	17 14	12 30	12 44	13 00	13 21
56	15 33	16 20	17 08	12 28	12 39	12 52	13 11
58	15 19	16 10	17 02	12 25	12 33	12 44	12 59
S 60	15 02	15 59	16 55	12 21	12 27	12 34	12 45

Day	SUN Eqn. of Time 00^h	SUN Eqn. of Time 12^h	SUN Mer. Pass.	MOON Mer. Pass. Upper	MOON Mer. Pass. Lower	MOON Age	MOON Phase
d	m s	m s	h m	h m	h m	d	%
6	01 27	01 21	11 59	06 56	19 16	23	35
7	01 16	01 10	11 59	07 38	20 00	24	26
8	01 04	00 59	11 59	08 23	20 47	25	18

UT	ARIES	VENUS −4.0		MARS +1.2		JUPITER −2.3		SATURN +1.0		STARS		
	GHA	GHA	Dec	GHA	Dec	GHA	Dec	GHA	Dec	Name	SHA	Dec
d h	° ′	° ′	° ′	° ′	° ′	° ′	° ′	° ′	° ′		° ′	° ′
9 00	257 15.6	141 19.3	N23 18.4	103 50.6	N12 19.9	256 27.4	S 0 56.5	78 13.7	N 3 02.0	Acamar	315 20.3	S40 15.6
01	272 18.0	156 18.6	17.9	118 51.8	19.4	271 29.6	56.4	93 16.1	01.9	Achernar	335 28.6	S57 10.7
02	287 20.5	171 17.9	17.5	133 53.0	18.9	286 31.7	56.2	108 18.5	01.9	Acrux	173 11.7	S63 09.8
03	302 23.0	186 17.2	. . 17.0	148 54.2	. . 18.4	301 33.9	. . 56.1	123 21.0	. . 01.9	Adhara	255 14.6	S28 59.3
04	317 25.4	201 16.5	16.5	163 55.5	17.9	316 36.0	56.0	138 23.4	01.9	Aldebaran	290 52.3	N16 31.8
05	332 27.9	216 15.8	16.0	178 56.7	17.4	331 38.2	55.9	153 25.8	01.8			
06	347 30.4	231 15.2	N23 15.5	193 57.9	N12 16.8	346 40.4	S 0 55.8	168 28.3	N 3 01.8	Alioth	166 22.2	N55 54.3
W 07	2 32.8	246 14.5	15.0	208 59.1	16.3	1 42.5	55.6	183 30.7	01.8	Alkaid	153 00.2	N49 15.8
E 08	17 35.3	261 13.8	14.5	224 00.4	15.8	16 44.7	55.5	198 33.1	01.8	Al Na'ir	27 46.2	S46 54.3
D 09	32 37.8	276 13.1	. . 14.0	239 01.6	. . 15.3	31 46.9	. . 55.4	213 35.6	. . 01.7	Alnilam	275 48.9	S 1 11.7
N 10	47 40.2	291 12.4	13.5	254 02.8	14.8	46 49.0	55.3	228 38.0	01.7	Alphard	217 58.4	S 8 42.4
11	62 42.7	306 11.7	13.0	269 04.0	14.3	61 51.2	55.2	243 40.4	01.7			
E 12	77 45.1	321 11.0	N23 12.5	284 05.3	N12 13.8	76 53.4	S 0 55.0	258 42.8	N 3 01.7	Alphecca	126 12.5	N26 40.8
S 13	92 47.6	336 10.3	12.0	299 06.5	13.3	91 55.5	54.9	273 45.3	01.6	Alpheratz	357 45.9	N29 08.8
D 14	107 50.1	351 09.7	11.5	314 07.7	12.8	106 57.7	54.8	288 47.7	01.6	Altair	62 10.1	N 8 53.8
A 15	122 52.5	6 09.0	. . 11.0	329 08.9	. . 12.3	121 59.9	. . 54.7	303 50.1	. . 01.6	Ankaa	353 17.9	S42 14.7
Y 16	137 55.0	21 08.3	10.4	344 10.2	11.8	137 02.0	54.6	318 52.6	01.6	Antares	112 28.6	S26 27.4
17	152 57.5	36 07.6	09.9	359 11.4	11.2	152 04.2	54.5	333 55.0	01.5			
18	167 59.9	51 06.9	N23 09.4	14 12.6	N12 10.7	167 06.4	S 0 54.3	348 57.4	N 3 01.5	Arcturus	145 57.5	N19 07.7
19	183 02.4	66 06.2	08.9	29 13.8	10.2	182 08.5	54.2	3 59.9	01.5	Atria	107 31.9	S69 02.8
20	198 04.9	81 05.6	08.4	44 15.1	09.7	197 10.7	54.1	19 02.3	01.5	Avior	234 19.5	S59 32.9
21	213 07.3	96 04.9	. . 07.9	59 16.3	. . 09.2	212 12.9	. . 54.0	34 04.7	. . 01.4	Bellatrix	278 34.7	N 6 21.5
22	228 09.8	111 04.2	07.4	74 17.5	08.7	227 15.0	53.9	49 07.1	01.4	Betelgeuse	271 04.0	N 7 24.5
23	243 12.3	126 03.5	06.9	89 18.7	08.2	242 17.2	53.8	64 09.6	01.4			
10 00	258 14.7	141 02.8	N23 06.3	104 19.9	N12 07.7	257 19.4	S 0 53.6	79 12.0	N 3 01.4	Canopus	263 57.7	S52 42.2
01	273 17.2	156 02.1	05.8	119 21.2	07.2	272 21.5	53.5	94 14.4	01.3	Capella	280 38.2	N46 00.5
02	288 19.6	171 01.5	05.3	134 22.4	06.6	287 23.7	53.4	109 16.8	01.3	Deneb	49 32.7	N45 18.9
03	303 22.1	186 00.8	. . 04.8	149 23.6	. . 06.1	302 25.9	. . 53.3	124 19.3	. . 01.3	Denebola	182 35.8	N14 30.8
04	318 24.6	201 00.1	04.3	164 24.8	05.6	317 28.0	53.2	139 21.7	01.3	Diphda	348 58.2	S17 55.6
05	333 27.0	215 59.4	03.8	179 26.0	05.1	332 30.2	53.1	154 24.1	01.2			
06	348 29.5	230 58.8	N23 03.2	194 27.3	N12 04.6	347 32.4	S 0 52.9	169 26.6	N 3 01.2	Dubhe	193 54.3	N61 41.9
07	3 32.0	245 58.1	02.7	209 28.5	04.1	2 34.5	52.8	184 29.0	01.2	Elnath	278 15.8	N28 36.9
T 08	18 34.4	260 57.4	02.2	224 29.7	03.6	17 36.7	52.7	199 31.4	01.2	Eltanin	90 46.6	N51 29.2
H 09	33 36.9	275 56.7	. . 01.7	239 30.9	. . 03.1	32 38.9	. . 52.6	214 33.8	. . 01.1	Enif	33 49.2	N 9 55.4
U 10	48 39.4	290 56.1	01.1	254 32.1	02.5	47 41.1	52.5	229 36.3	01.1	Fomalhaut	15 26.3	S29 33.8
R 11	63 41.8	305 55.4	00.6	269 33.4	02.0	62 43.2	52.4	244 38.7	01.1			
S 12	78 44.3	320 54.7	N23 00.1	284 34.6	N12 01.5	77 45.4	S 0 52.2	259 41.1	N 3 01.0	Gacrux	172 03.3	S57 10.7
D 13	93 46.7	335 54.0	22 59.5	299 35.8	01.0	92 47.6	52.1	274 43.5	01.0	Gienah	175 54.5	S17 36.2
A 14	108 49.2	350 53.4	59.0	314 37.0	00.5	107 49.7	52.0	289 46.0	01.0	Hadar	148 50.7	S60 25.7
Y 15	123 51.7	5 52.7	. . 58.5	329 38.2	12 00.0	122 51.9	. . 51.9	304 48.4	. . 01.0	Hamal	328 03.5	N23 30.7
16	138 54.1	20 52.0	57.9	344 39.5	11 59.5	137 54.1	51.8	319 50.8	00.9	Kaus Aust.	83 46.3	S34 22.7
17	153 56.6	35 51.4	57.4	359 40.7	58.9	152 56.3	51.7	334 53.2	00.9			
18	168 59.1	50 50.7	N22 56.9	14 41.9	N11 58.4	167 58.4	S 0 51.6	349 55.7	N 3 00.9	Kochab	137 18.7	N74 06.9
19	184 01.5	65 50.0	56.3	29 43.1	57.9	183 00.6	51.4	4 58.1	00.9	Markab	13 40.5	N15 15.7
20	199 04.0	80 49.3	55.8	44 44.3	57.4	198 02.8	51.3	20 00.5	00.8	Menkar	314 17.6	N 4 07.9
21	214 06.5	95 48.7	. . 55.3	59 45.6	. . 56.9	213 04.9	. . 51.2	35 02.9	. . 00.8	Menkent	148 10.0	S36 25.5
22	229 08.9	110 48.0	54.7	74 46.8	56.4	228 07.1	51.1	50 05.4	00.8	Miaplacidus	221 40.9	S69 46.0
23	244 11.4	125 47.3	54.2	89 48.0	55.9	243 09.3	51.0	65 07.8	00.7			
11 00	259 13.9	140 46.7	N22 53.6	104 49.2	N11 55.3	258 11.5	S 0 50.9	80 10.2	N 3 00.7	Mirfak	308 44.0	N49 53.8
01	274 16.3	155 46.0	53.1	119 50.4	54.8	273 13.6	50.8	95 12.6	00.7	Nunki	76 00.7	S26 16.9
02	289 18.8	170 45.3	52.6	134 51.7	54.3	288 15.8	50.6	110 15.1	00.7	Peacock	53 22.2	S56 41.8
03	304 21.2	185 44.7	. . 52.0	149 52.9	. . 53.8	303 18.0	. . 50.5	125 17.5	. . 00.6	Pollux	243 30.7	N28 00.1
04	319 23.7	200 44.0	51.5	164 54.1	53.3	318 20.2	50.4	140 19.9	00.6	Procyon	245 02.3	N 5 11.8
05	334 26.2	215 43.4	50.9	179 55.3	52.8	333 22.3	50.3	155 22.3	00.6			
06	349 28.6	230 42.7	N22 50.4	194 56.5	N11 52.2	348 24.5	S 0 50.2	170 24.8	N 3 00.6	Rasalhague	96 08.1	N12 33.1
07	4 31.1	245 42.0	49.8	209 57.7	51.7	3 26.7	50.1	185 27.2	00.5	Regulus	207 45.9	N11 54.9
08	19 33.6	260 41.4	49.3	224 59.0	51.2	18 28.9	50.0	200 29.6	00.5	Rigel	281 14.5	S 8 11.4
F 09	34 36.0	275 40.7	. . 48.7	240 00.2	. . 50.7	33 31.0	. . 49.8	215 32.0	. . 00.5	Rigil Kent.	139 54.3	S60 52.9
R 10	49 38.5	290 40.0	48.2	255 01.4	50.2	48 33.2	49.7	230 34.4	00.4	Sabik	102 14.7	S15 44.3
I 11	64 41.0	305 39.4	47.6	270 02.6	49.7	63 35.4	49.6	245 36.9	00.4			
D 12	79 43.4	320 38.7	N22 47.1	285 03.8	N11 49.1	78 37.6	S 0 49.5	260 39.3	N 3 00.4	Schedar	349 43.4	N56 35.5
A 13	94 45.9	335 38.1	46.5	300 05.0	48.6	93 39.7	49.4	275 41.7	00.4	Shaula	96 24.5	S37 06.7
Y 14	109 48.4	350 37.4	46.0	315 06.3	48.1	108 41.9	49.3	290 44.1	00.3	Sirius	258 36.0	S16 43.9
15	124 50.8	5 36.7	. . 45.4	330 07.5	. . 47.6	123 44.1	. . 49.2	305 46.6	. . 00.3	Spica	158 33.4	S11 13.1
16	139 53.3	20 36.1	44.8	345 08.7	47.1	138 46.3	49.1	320 49.0	00.3	Suhail	222 54.4	S43 28.8
17	154 55.7	35 35.4	44.3	0 09.9	46.6	153 48.5	48.9	335 51.4	00.2			
18	169 58.2	50 34.8	N22 43.7	15 11.1	N11 46.0	168 50.6	S 0 48.8	350 53.8	N 3 00.2	Vega	80 40.0	N38 47.5
19	185 00.7	65 34.1	43.2	30 12.3	45.5	183 52.8	48.7	5 56.2	00.2	Zuben'ubi	137 07.6	S16 05.3
20	200 03.1	80 33.5	42.6	45 13.6	45.0	198 55.0	48.6	20 58.7	00.2		SHA	Mer. Pass.
21	215 05.6	95 32.8	. . 42.0	60 14.8	. . 44.5	213 57.2	. . 48.5	36 01.1	. . 00.1		° ′	h m
22	230 08.1	110 32.2	41.5	75 16.0	44.0	228 59.3	48.4	51 03.5	00.1	Venus	242 48.1	14 36
23	245 10.5	125 31.5	40.9	90 17.2	43.5	244 01.5	48.3	66 05.9	00.1	Mars	206 05.2	17 01
Mer. Pass.	h m 6 45.9	v −0.7	d 0.5	v 1.2	d 0.5	v 2.2	d 0.1	v 2.4	d 0.0	Jupiter	359 04.6	6 50
										Saturn	180 57.3	18 40

	UT	SUN GHA	SUN Dec	MOON GHA	v	MOON Dec	d	HP
	d h	° ′	° ′	° ′	′	° ′	′	′
	9 00	180 13.1	N22 54.2	226 46.2	11.3	N17 33.7	10.0	56.5
	01	195 13.0	54.4	241 16.5	11.1	17 43.7	9.9	56.5
	02	210 12.9	54.7	255 46.6	11.1	17 53.6	9.9	56.5
	03	225 12.7	. . 54.9	270 16.7	11.0	18 03.5	9.8	56.6
	04	240 12.6	55.1	284 46.7	10.9	18 13.3	9.6	56.6
	05	255 12.5	55.3	299 16.6	10.8	18 22.9	9.6	56.6
	06	270 12.4	N22 55.5	313 46.4	10.7	N18 32.5	9.6	56.7
W	07	285 12.3	55.7	328 16.1	10.6	18 42.1	9.4	56.7
E	08	300 12.1	55.9	342 45.7	10.5	18 51.5	9.3	56.7
D	09	315 12.0	. . 56.1	357 15.2	10.4	19 00.8	9.3	56.8
N	10	330 11.9	56.3	11 44.6	10.2	19 10.1	9.2	56.8
E	11	345 11.8	56.5	26 13.8	10.2	19 19.3	9.1	56.8
S	12	0 11.6	N22 56.7	40 43.0	10.1	N19 28.4	9.0	56.8
D	13	15 11.5	56.9	55 12.1	10.0	19 37.4	8.9	56.9
A	14	30 11.4	57.1	69 41.1	9.9	19 46.3	8.8	56.9
Y	15	45 11.3	. . 57.3	84 10.0	9.7	19 55.1	8.7	56.9
	16	60 11.1	57.5	98 38.7	9.7	20 03.8	8.6	57.0
	17	75 11.0	57.8	113 07.4	9.6	20 12.4	8.5	57.0
	18	90 10.9	N22 58.0	127 36.0	9.5	N20 20.9	8.4	57.0
	19	105 10.8	58.2	142 04.5	9.3	20 29.3	8.4	57.1
	20	120 10.6	58.4	156 32.8	9.3	20 37.7	8.2	57.1
	21	135 10.5	. . 58.6	171 01.1	9.1	20 45.9	8.1	57.1
	22	150 10.4	58.7	185 29.2	9.1	20 54.0	8.0	57.2
	23	165 10.3	58.9	199 57.3	9.0	21 02.0	7.9	57.2
	10 00	180 10.2	N22 59.1	214 25.3	8.8	N21 09.9	7.8	57.2
	01	195 10.0	59.3	228 53.1	8.8	21 17.7	7.7	57.3
	02	210 09.9	59.5	243 20.9	8.6	21 25.4	7.6	57.3
	03	225 09.8	. . 59.7	257 48.5	8.6	21 33.0	7.4	57.3
	04	240 09.6	22 59.9	272 16.1	8.4	21 40.4	7.4	57.4
	05	255 09.5	23 00.1	286 43.5	8.3	21 47.8	7.2	57.4
	06	270 09.4	N23 00.3	301 10.8	8.3	N21 55.0	7.1	57.4
	07	285 09.3	00.5	315 38.1	8.1	22 02.1	7.0	57.5
T	08	300 09.1	00.7	330 05.2	8.1	22 09.1	6.9	57.5
H	09	315 09.0	. . 00.9	344 32.3	7.9	22 16.0	6.8	57.5
U	10	330 08.9	01.1	358 59.2	7.9	22 22.8	6.6	57.6
R	11	345 08.8	01.3	13 26.1	7.7	22 29.4	6.5	57.6
S	12	0 08.6	N23 01.5	27 52.8	7.7	N22 35.9	6.4	57.6
D	13	15 08.5	01.6	42 19.5	7.5	22 42.3	6.3	57.7
A	14	30 08.4	01.8	56 46.0	7.5	22 48.6	6.1	57.7
Y	15	45 08.3	. . 02.0	71 12.5	7.3	22 54.7	6.0	57.7
	16	60 08.1	02.2	85 38.8	7.3	23 00.7	5.9	57.7
	17	75 08.0	02.4	100 05.1	7.2	23 06.6	5.8	57.8
	18	90 07.9	N23 02.6	114 31.3	7.1	N23 12.4	5.6	57.8
	19	105 07.8	02.7	128 57.4	6.9	23 18.0	5.5	57.8
	20	120 07.6	02.9	143 23.3	6.9	23 23.5	5.3	57.9
	21	135 07.5	. . 03.1	157 49.2	6.8	23 28.8	5.2	57.9
	22	150 07.4	03.3	172 15.0	6.8	23 34.0	5.1	57.9
	23	165 07.3	03.5	186 40.8	6.6	23 39.1	4.9	58.0
	11 00	180 07.1	N23 03.7	201 06.4	6.5	N23 44.0	4.8	58.0
	01	195 07.0	03.8	215 31.9	6.5	23 48.8	4.7	58.0
	02	210 06.9	04.0	229 57.4	6.4	23 53.5	4.5	58.1
	03	225 06.7	. . 04.2	244 22.8	6.3	23 58.0	4.3	58.1
	04	240 06.6	04.4	258 48.1	6.2	24 02.3	4.2	58.1
	05	255 06.5	04.5	273 13.3	6.1	24 06.5	4.1	58.1
	06	270 06.4	N23 04.7	287 38.4	6.0	N24 10.6	3.9	58.2
	07	285 06.2	04.9	302 03.4	6.0	24 14.5	3.8	58.2
	08	300 06.1	05.1	316 28.4	5.9	24 18.3	3.6	58.2
F	09	315 06.0	. . 05.2	330 53.3	5.8	24 21.9	3.5	58.3
R	10	330 05.8	05.4	345 18.1	5.8	24 25.4	3.3	58.3
I	11	345 05.7	05.6	359 42.9	5.7	24 28.7	3.2	58.3
D	12	0 05.6	N23 05.8	14 07.6	5.6	N24 31.9	3.0	58.4
A	13	15 05.5	05.9	28 32.2	5.5	24 34.9	2.9	58.4
Y	14	30 05.3	06.1	42 56.7	5.5	24 37.8	2.7	58.4
	15	45 05.2	. . 06.3	57 21.2	5.4	24 40.5	2.5	58.4
	16	60 05.1	06.4	71 45.6	5.3	24 43.0	2.4	58.5
	17	75 04.9	06.6	86 09.9	5.3	24 45.4	2.2	58.5
	18	90 04.8	N23 06.8	100 34.2	5.2	N24 47.6	2.1	58.5
	19	105 04.7	06.9	114 58.4	5.2	24 49.7	1.9	58.6
	20	120 04.6	07.1	129 22.6	5.1	24 51.6	1.7	58.6
	21	135 04.4	. . 07.3	143 46.7	5.0	24 53.3	1.6	58.6
	22	150 04.3	07.4	158 10.7	5.0	24 54.9	1.5	58.6
	23	165 04.2	07.6	172 34.7	5.0	N24 56.4	1.2	58.7
		SD 15.8	*d* 0.2	SD		15.5	15.7	15.9

Lat.	Twilight Naut.	Twilight Civil	Sunrise	Moonrise 9	Moonrise 10	Moonrise 11	Moonrise 12
°	h m	h m	h m	h m	h m	h m	h m
N 72	▭	▭	▭	▭	▭	▭	▭
N 70	▭	▭	▭	▭	▭	▭	▭
68	▭	▭	▭	22 56	▭	▭	▭
66	////	////	00 29	23 44	23 22	▭	▭
64	////	////	01 40	00 13	00 14	00 21	00 48
62	////	////	02 14	00 28	00 37	00 56	01 34
60	////	01 03	02 39	00 41	00 56	01 21	02 04
N 58	////	01 46	02 59	00 53	01 12	01 41	02 27
56	////	02 14	03 15	01 03	01 25	01 57	02 45
54	00 57	02 35	03 29	01 12	01 36	02 12	03 01
52	01 37	02 53	03 41	01 19	01 47	02 24	03 15
50	02 03	03 07	03 51	01 27	01 56	02 35	03 26
45	02 47	03 36	04 13	01 42	02 15	02 58	03 51
N 40	03 17	03 58	04 31	01 55	02 31	03 16	04 11
35	03 40	04 16	04 46	02 05	02 45	03 32	04 27
30	03 58	04 31	04 58	02 15	02 57	03 45	04 42
20	04 26	04 55	05 20	02 31	03 17	04 08	05 06
N 10	04 49	05 16	05 39	02 46	03 35	04 28	05 27
0	05 07	05 33	05 56	02 59	03 51	04 47	05 47
S 10	05 24	05 50	06 13	03 13	04 08	05 06	06 06
20	05 40	06 07	06 31	03 28	04 26	05 26	06 28
30	05 56	06 26	06 52	03 45	04 47	05 50	06 52
35	06 04	06 36	07 04	03 55	04 59	06 04	07 06
40	06 13	06 47	07 18	04 06	05 13	06 20	07 23
45	06 24	07 01	07 34	04 19	05 30	06 39	07 43
S 50	06 35	07 16	07 55	04 36	05 50	07 03	08 08
52	06 40	07 24	08 04	04 44	06 00	07 14	08 20
54	06 46	07 32	08 15	04 52	06 12	07 28	08 34
56	06 52	07 40	08 27	05 02	06 24	07 43	08 50
58	06 58	07 50	08 42	05 13	06 39	08 01	09 09
S 60	07 05	08 02	08 58	05 26	06 57	08 23	09 33

Lat.	Sunset	Twilight Civil	Twilight Naut.	Moonset 9	Moonset 10	Moonset 11	Moonset 12
°	h m	h m	h m	h m	h m	h m	h m
N 72	▭	▭	▭	▭	▭	▭	▭
N 70	▭	▭	▭	▭	▭	▭	▭
68	▭	▭	▭	20 05	▭	▭	▭
66	23 37	////	////	19 19	21 35	▭	▭
64	22 21	////	////	18 49	20 36	22 12	23 05
62	21 46	////	////	18 27	20 02	21 26	22 23
60	21 20	22 58	////	18 09	19 37	20 56	21 55
N 58	21 01	22 14	////	17 54	19 18	20 34	21 33
56	20 44	21 46	////	17 41	19 02	20 15	21 14
54	20 31	21 24	23 04	17 30	18 48	20 00	20 59
52	20 19	21 07	22 23	17 20	18 36	19 46	20 46
50	20 08	20 52	21 56	17 11	18 25	19 34	20 34
45	19 46	20 23	21 12	16 53	18 03	19 10	20 10
N 40	19 28	20 01	20 42	16 38	17 45	18 50	19 51
35	19 13	19 43	20 20	16 25	17 30	18 34	19 34
30	19 01	19 28	20 01	16 14	17 17	18 20	19 20
20	18 39	19 03	19 33	15 55	16 55	17 56	18 56
N 10	18 20	18 43	19 10	15 39	16 35	17 35	18 35
0	18 03	18 26	18 52	15 24	16 17	17 15	18 16
S 10	17 46	18 09	18 35	15 08	16 00	16 56	17 56
20	17 28	17 52	18 19	14 52	15 41	16 35	17 35
30	17 07	17 33	18 03	14 34	15 19	16 11	17 11
35	16 55	17 23	17 54	14 23	15 06	15 57	16 56
40	16 41	17 11	17 45	14 11	14 51	15 40	16 40
45	16 24	16 58	17 35	13 56	14 34	15 21	16 20
S 50	16 04	16 42	17 24	13 38	14 12	14 57	15 55
52	15 55	16 35	17 19	13 30	14 02	14 45	15 43
54	15 44	16 27	17 13	13 21	13 50	14 31	15 29
56	15 31	16 18	17 07	13 11	13 37	14 16	15 13
58	15 17	16 08	17 01	12 59	13 22	13 58	14 54
S 60	15 00	15 57	16 53	12 45	13 03	13 35	14 30

Day	SUN Eqn. of Time 00^h	SUN Eqn. of Time 12^h	SUN Mer. Pass.	MOON Mer. Pass. Upper	MOON Mer. Pass. Lower	Age	Phase
d	m s	m s	h m	h m	h m	d %	
9	00 53	00 47	11 59	09 11	21 37	26 11	
10	00 41	00 35	11 59	10 04	22 32	27 5	●
11	00 29	00 23	12 00	11 01	23 31	28 1	

UT d h	ARIES GHA	VENUS −4.0 GHA	Dec	MARS +1.2 GHA	Dec	JUPITER −2.4 GHA	Dec	SATURN +1.1 GHA	Dec
	° ′	° ′	° ′	° ′	° ′	° ′	° ′	° ′	° ′
12 00	260 13.0	140 30.8	N22 40.3	105 18.4	N11 42.9	259 03.7	S 0 48.2	81 08.3	N 3 00.0
01	275 15.5	155 30.2	39.8	120 19.6	42.4	274 05.9	48.0	96 10.8	00.0
02	290 17.9	170 29.5	39.2	135 20.8	41.9	289 08.1	47.9	111 13.2	00.0
03	305 20.4	185 28.9	38.6	150 22.1	41.4	304 10.2	47.8	126 15.6	3 00.0
04	320 22.9	200 28.2	38.1	165 23.3	40.9	319 12.4	47.7	141 18.0	2 59.9
05	335 25.3	215 27.6	37.5	180 24.5	40.3	334 14.6	47.6	156 20.4	59.9
06	350 27.8	230 26.9	N22 36.9	195 25.7	N11 39.8	349 16.8	S 0 47.5	171 22.9	N 2 59.9
S 07	5 30.2	245 26.3	36.3	210 26.9	39.3	4 19.0	47.4	186 25.3	59.8
A 08	20 32.7	260 25.6	35.8	225 28.1	38.8	19 21.1	47.3	201 27.7	59.8
T 09	35 35.2	275 25.0	35.2	240 29.3	38.3	34 23.3	47.2	216 30.1	59.8
U 10	50 37.6	290 24.4	34.6	255 30.6	37.7	49 25.5	47.0	231 32.5	59.8
R 11	65 40.1	305 23.7	34.0	270 31.8	37.2	64 27.7	46.9	246 35.0	59.7
D 12	80 42.6	320 23.1	N22 33.4	285 33.0	N11 36.7	79 29.9	S 0 46.8	261 37.4	N 2 59.7
A 13	95 45.0	335 22.4	32.9	300 34.2	36.2	94 32.1	46.7	276 39.8	59.7
Y 14	110 47.5	350 21.8	32.3	315 35.4	35.7	109 34.2	46.6	291 42.2	59.6
15	125 50.0	5 21.1	31.7	330 36.6	35.1	124 36.4	46.5	306 44.6	59.6
16	140 52.4	20 20.5	31.1	345 37.8	34.6	139 38.6	46.4	321 47.0	59.6
17	155 54.9	35 19.8	30.5	0 39.1	34.1	154 40.8	46.3	336 49.5	59.5
18	170 57.4	50 19.2	N22 29.9	15 40.3	N11 33.6	169 43.0	S 0 46.2	351 51.9	N 2 59.5
19	185 59.8	65 18.6	29.4	30 41.5	33.0	184 45.2	46.1	6 54.3	59.5
20	201 02.3	80 17.9	28.8	45 42.7	32.5	199 47.3	45.9	21 56.7	59.5
21	216 04.7	95 17.3	28.2	60 43.9	32.0	214 49.5	45.8	36 59.1	59.4
22	231 07.2	110 16.6	27.6	75 45.1	31.5	229 51.7	45.7	52 01.6	59.4
23	246 09.7	125 16.0	27.0	90 46.3	31.0	244 53.9	45.6	67 04.0	59.4
13 00	261 12.1	140 15.4	N22 26.4	105 47.5	N11 30.4	259 56.1	S 0 45.5	82 06.4	N 2 59.3
01	276 14.6	155 14.7	25.8	120 48.7	29.9	274 58.3	45.4	97 08.8	59.3
02	291 17.1	170 14.1	25.2	135 50.0	29.4	290 00.4	45.3	112 11.2	59.3
03	306 19.5	185 13.4	24.6	150 51.2	28.9	305 02.6	45.2	127 13.6	59.2
04	321 22.0	200 12.8	24.0	165 52.4	28.3	320 04.8	45.1	142 16.0	59.2
05	336 24.5	215 12.2	23.4	180 53.6	27.8	335 07.0	45.0	157 18.5	59.2
06	351 26.9	230 11.5	N22 22.8	195 54.8	N11 27.3	350 09.2	S 0 44.9	172 20.9	N 2 59.1
07	6 29.4	245 10.9	22.2	210 56.0	26.8	5 11.4	44.7	187 23.3	59.1
08	21 31.9	260 10.3	21.6	225 57.2	26.3	20 13.6	44.6	202 25.7	59.1
S 09	36 34.3	275 09.6	21.0	240 58.4	25.7	35 15.8	44.5	217 28.1	59.1
U 10	51 36.8	290 09.0	20.4	255 59.6	25.2	50 17.9	44.4	232 30.5	59.0
N 11	66 39.2	305 08.4	19.8	271 00.9	24.7	65 20.1	44.3	247 33.0	59.0
D 12	81 41.7	320 07.7	N22 19.2	286 02.1	N11 24.2	80 22.3	S 0 44.2	262 35.4	N 2 59.0
A 13	96 44.2	335 07.1	18.6	301 03.3	23.6	95 24.5	44.1	277 37.8	58.9
Y 14	111 46.6	350 06.5	18.0	316 04.5	23.1	110 26.7	44.0	292 40.2	58.9
15	126 49.1	5 05.8	17.4	331 05.7	22.6	125 28.9	43.9	307 42.6	58.9
16	141 51.6	20 05.2	16.8	346 06.9	22.1	140 31.1	43.8	322 45.0	58.8
17	156 54.0	35 04.6	16.2	1 08.1	21.5	155 33.3	43.7	337 47.4	58.8
18	171 56.5	50 04.0	N22 15.6	16 09.3	N11 21.0	170 35.4	S 0 43.6	352 49.9	N 2 58.8
19	186 59.0	65 03.3	15.0	31 10.5	20.5	185 37.6	43.5	7 52.3	58.7
20	202 01.4	80 02.7	14.4	46 11.7	20.0	200 39.8	43.3	22 54.7	58.7
21	217 03.9	95 02.1	13.7	61 12.9	19.4	215 42.0	43.2	37 57.1	58.7
22	232 06.4	110 01.5	13.1	76 14.2	18.9	230 44.2	43.1	52 59.5	58.6
23	247 08.8	125 00.8	12.5	91 15.4	18.4	245 46.4	43.0	68 01.9	58.6
14 00	262 11.3	140 00.2	N22 11.9	106 16.6	N11 17.9	260 48.6	S 0 42.9	83 04.3	N 2 58.6
01	277 13.7	154 59.6	11.3	121 17.8	17.3	275 50.8	42.8	98 06.7	58.5
02	292 16.2	169 59.0	10.7	136 19.0	16.8	290 53.0	42.7	113 09.2	58.5
03	307 18.7	184 58.3	10.0	151 20.2	16.3	305 55.2	42.6	128 11.6	58.5
04	322 21.1	199 57.7	09.4	166 21.4	15.8	320 57.3	42.5	143 14.0	58.4
05	337 23.6	214 57.1	08.8	181 22.6	15.2	335 59.5	42.4	158 16.4	58.4
06	352 26.1	229 56.5	N22 08.2	196 23.8	N11 14.7	351 01.7	S 0 42.3	173 18.8	N 2 58.4
07	7 28.5	244 55.9	07.6	211 25.0	14.2	6 03.9	42.2	188 21.2	58.3
08	22 31.0	259 55.2	06.9	226 26.2	13.6	21 06.1	42.1	203 23.6	58.3
M 09	37 33.5	274 54.6	06.3	241 27.4	13.1	36 08.3	42.0	218 26.0	58.3
O 10	52 35.9	289 54.0	05.7	256 28.6	12.6	51 10.5	41.9	233 28.4	58.2
N 11	67 38.4	304 53.4	05.1	271 29.9	12.1	66 12.7	41.8	248 30.9	58.2
D 12	82 40.9	319 52.8	N22 04.4	286 31.1	N11 11.5	81 14.9	S 0 41.7	263 33.3	N 2 58.2
A 13	97 43.3	334 52.1	03.8	301 32.3	11.0	96 17.1	41.5	278 35.7	58.1
Y 14	112 45.8	349 51.5	03.2	316 33.5	10.5	111 19.3	41.4	293 38.1	58.1
15	127 48.2	4 50.9	02.5	331 34.7	10.0	126 21.5	41.3	308 40.5	58.1
16	142 50.7	19 50.3	01.9	346 35.9	09.4	141 23.7	41.2	323 42.9	58.0
17	157 53.2	34 49.7	01.3	1 37.1	08.9	156 25.9	41.1	338 45.3	58.0
18	172 55.6	49 49.1	N22 00.6	16 38.3	N11 08.4	171 28.1	S 0 41.0	353 47.7	N 2 58.0
19	187 58.1	64 48.5	22 00.0	31 39.5	07.8	186 30.3	40.9	8 50.1	57.9
20	203 00.6	79 47.9	21 59.4	46 40.7	07.3	201 32.4	40.8	23 52.5	57.9
21	218 03.0	94 47.2	58.7	61 41.9	06.8	216 34.6	40.7	38 55.0	57.9
22	233 05.5	109 46.6	58.1	76 43.1	06.3	231 36.8	40.6	53 57.4	57.8
23	248 08.0	124 46.0	57.5	91 44.3	05.7	246 39.0	40.5	68 59.8	57.8
Mer. Pass.	h m 6 34.1	v −0.6	d 0.6	v 1.2	d 0.5	v 2.2	d 0.1	v 2.4	d 0.0

STARS

Name	SHA	Dec
	° ′	° ′
Acamar	315 20.3	S40 15.6
Achernar	335 28.6	S57 10.7
Acrux	173 11.7	S63 09.8
Adhara	255 14.6	S28 59.3
Aldebaran	290 52.2	N16 31.8
Alioth	166 22.2	N55 54.3
Alkaid	153 00.2	N49 15.8
Al Na'ir	27 46.2	S46 54.3
Alnilam	275 48.9	S 1 11.7
Alphard	217 58.4	S 8 42.4
Alphecca	126 12.5	N26 40.8
Alpheratz	357 45.9	N29 08.8
Altair	62 10.1	N 8 53.8
Ankaa	353 17.9	S42 14.6
Antares	112 28.6	S26 27.4
Arcturus	145 57.5	N19 07.7
Atria	107 31.9	S69 02.8
Avior	234 19.5	S59 32.8
Bellatrix	278 34.7	N 6 21.5
Betelgeuse	271 04.0	N 7 24.5
Canopus	263 57.7	S52 42.2
Capella	280 38.2	N46 00.5
Deneb	49 32.7	N45 18.9
Denebola	182 35.8	N14 30.8
Diphda	348 58.2	S17 55.6
Dubhe	193 54.3	N61 41.9
Elnath	278 15.8	N28 36.9
Eltanin	90 46.6	N51 29.2
Enif	33 49.1	N 9 55.4
Fomalhaut	15 26.3	S29 33.8
Gacrux	172 03.3	S57 10.7
Gienah	175 54.5	S17 36.2
Hadar	148 50.7	S60 25.7
Hamal	328 03.5	N23 30.7
Kaus Aust.	83 46.3	S34 22.7
Kochab	137 18.7	N74 06.9
Markab	13 40.5	N15 15.7
Menkar	314 17.6	N 4 07.9
Menkent	148 09.9	S36 25.5
Miaplacidus	221 40.9	S69 46.0
Mirfak	308 44.0	N49 53.8
Nunki	76 00.7	S26 16.9
Peacock	53 22.1	S56 41.8
Pollux	243 30.7	N28 00.1
Procyon	245 02.3	N 5 11.8
Rasalhague	96 08.1	N12 33.1
Regulus	207 45.9	N11 54.9
Rigel	281 14.5	S 8 11.4
Rigil Kent.	139 54.3	S60 52.9
Sabik	102 14.7	S15 44.3
Schedar	349 43.3	N56 35.5
Shaula	96 24.5	S37 06.7
Sirius	258 36.0	S16 43.9
Spica	158 33.4	S11 13.1
Suhail	222 54.4	S43 28.8
Vega	80 40.0	N38 47.6
Zuben'ubi	137 07.6	S16 05.3

	SHA	Mer. Pass.
	° ′	h m
Venus	239 03.2	14 40
Mars	204 35.4	16 55
Jupiter	358 43.9	6 39
Saturn	180 54.2	18 29

	UT	SUN GHA	SUN Dec	MOON GHA	v	MOON Dec	d	HP
	d h	° ′	° ′	° ′	′	° ′	′	′
	12 00	180 04.0	N23 07.8	186 58.7	4.9	N24 57.6	1.1	58.7
	01	195 03.9	07.9	201 22.6	4.9	24 58.7	0.9	58.7
	02	210 03.8	08.1	215 46.5	4.8	24 59.6	0.8	58.7
	03	225 03.7	. . 08.2	230 10.3	4.7	25 00.4	0.6	58.8
	04	240 03.5	08.4	244 34.0	4.8	25 01.0	0.4	58.8
	05	255 03.4	08.6	258 57.8	4.7	25 01.4	0.3	58.8
	06	270 03.3	N23 08.7	273 21.5	4.6	N25 01.7	0.1	58.8
	07	285 03.1	08.9	287 45.1	4.7	25 01.8	0.1	58.9
S	08	300 03.0	09.0	302 08.8	4.5	25 01.7	0.2	58.9
A	09	315 02.9	. . 09.2	316 32.3	4.6	25 01.5	0.5	58.9
T	10	330 02.7	09.4	330 55.9	4.5	25 01.0	0.5	58.9
U	11	345 02.6	09.5	345 19.4	4.6	25 00.5	0.8	59.0
R	12	0 02.5	N23 09.7	359 43.0	4.4	N24 59.7	0.9	59.0
D	13	15 02.4	09.8	14 06.4	4.5	24 58.8	1.1	59.0
A	14	30 02.2	10.0	28 29.9	4.5	24 57.7	1.3	59.0
Y	15	45 02.1	. . 10.1	42 53.4	4.4	24 56.4	1.4	59.1
	16	60 02.0	10.3	57 16.8	4.4	24 55.0	1.6	59.1
	17	75 01.8	10.4	71 40.2	4.4	24 53.4	1.8	59.1
	18	90 01.7	N23 10.6	86 03.6	4.4	N24 51.6	1.9	59.1
	19	105 01.6	10.7	100 27.0	4.4	24 49.7	2.1	59.2
	20	120 01.4	10.9	114 50.4	4.4	24 47.6	2.3	59.2
	21	135 01.3	. . 11.0	129 13.8	4.4	24 45.3	2.5	59.2
	22	150 01.2	11.2	143 37.2	4.4	24 42.8	2.6	59.2
	23	165 01.0	11.3	158 00.6	4.3	24 40.2	2.8	59.2
	13 00	180 00.9	N23 11.5	172 23.9	4.4	N24 37.4	3.0	59.3
	01	195 00.8	11.6	186 47.3	4.4	24 34.4	3.1	59.3
	02	210 00.7	11.7	201 10.7	4.4	24 31.3	3.3	59.3
	03	225 00.5	. . 11.9	215 34.1	4.4	24 28.0	3.5	59.3
	04	240 00.4	12.0	229 57.5	4.4	24 24.5	3.6	59.3
	05	255 00.3	12.2	244 20.9	4.5	24 20.9	3.9	59.4
	06	270 00.1	N23 12.3	258 44.4	4.4	N24 17.0	3.9	59.4
	07	285 00.0	12.5	273 07.8	4.5	24 13.1	4.2	59.4
	08	299 59.9	12.6	287 31.3	4.5	24 08.9	4.3	59.4
S	09	314 59.7	. . 12.7	301 54.8	4.5	24 04.6	4.5	59.4
U	10	329 59.6	12.9	316 18.3	4.5	24 00.1	4.7	59.5
N	11	344 59.5	13.0	330 41.8	4.6	23 55.4	4.8	59.5
D	12	359 59.3	N23 13.2	345 05.4	4.6	N23 50.6	5.0	59.5
A	13	14 59.2	13.3	359 29.0	4.6	23 45.6	5.1	59.5
Y	14	29 59.1	13.4	13 52.6	4.7	23 40.5	5.3	59.5
	15	44 58.9	. . 13.6	28 16.3	4.6	23 35.2	5.5	59.5
	16	59 58.8	13.7	42 39.9	4.8	23 29.7	5.7	59.6
	17	74 58.7	13.8	57 03.7	4.7	23 24.0	5.8	59.6
	18	89 58.5	N23 14.0	71 27.4	4.8	N23 18.2	5.9	59.6
	19	104 58.4	14.1	85 51.2	4.9	23 12.3	6.1	59.6
	20	119 58.3	14.2	100 15.1	4.8	23 06.2	6.3	59.6
	21	134 58.1	. . 14.4	114 38.9	5.0	22 59.9	6.5	59.6
	22	149 58.0	14.5	129 02.9	4.9	22 53.4	6.6	59.6
	23	164 57.9	14.6	143 26.8	5.1	22 46.8	6.7	59.7
	14 00	179 57.8	N23 14.7	157 50.9	5.0	N22 40.1	6.9	59.7
	01	194 57.6	14.9	172 14.9	5.1	22 33.2	7.1	59.7
	02	209 57.5	15.0	186 39.0	5.2	22 26.1	7.2	59.7
	03	224 57.4	. . 15.1	201 03.2	5.2	22 18.9	7.4	59.7
	04	239 57.2	15.3	215 27.4	5.3	22 11.5	7.5	59.7
	05	254 57.1	15.4	229 51.7	5.3	22 04.0	7.7	59.7
	06	269 57.0	N23 15.5	244 16.0	5.4	N21 56.3	7.8	59.7
	07	284 56.8	15.6	258 40.4	5.5	21 48.5	8.0	59.8
	08	299 56.7	15.8	273 04.9	5.5	21 40.5	8.1	59.8
M	09	314 56.6	. . 15.9	287 29.4	5.6	21 32.4	8.3	59.8
O	10	329 56.4	16.0	301 54.0	5.6	21 24.1	8.4	59.8
N	11	344 56.3	16.1	316 18.6	5.7	21 15.7	8.5	59.8
D	12	359 56.2	N23 16.2	330 43.3	5.7	N21 07.2	8.7	59.8
A	13	14 56.0	16.4	345 08.0	5.9	20 58.5	8.8	59.8
Y	14	29 55.9	16.5	359 32.9	5.9	20 49.7	9.0	59.8
	15	44 55.8	. . 16.6	13 57.8	5.9	20 40.7	9.1	59.8
	16	59 55.6	16.7	28 22.7	6.0	20 31.6	9.2	59.8
	17	74 55.5	16.8	42 47.7	6.1	20 22.4	9.4	59.8
	18	89 55.4	N23 16.9	57 12.8	6.2	N20 13.0	9.5	59.9
	19	104 55.2	17.1	71 38.0	6.2	20 03.5	9.7	59.9
	20	119 55.1	17.2	86 03.2	6.3	19 53.8	9.7	59.9
	21	134 55.0	. . 17.3	100 28.5	6.4	19 44.1	10.0	59.9
	22	149 54.8	17.4	114 53.9	6.4	19 34.1	10.0	59.9
	23	164 54.7	17.5	129 19.3	6.6	N19 24.1	10.1	59.9
		SD 15.8	*d* 0.1	SD 16.1		16.2		16.3

Lat.	Twilight Naut.	Twilight Civil	Sunrise	Moonrise 12	Moonrise 13	Moonrise 14	Moonrise 15
°	h m	h m	h m	h m	h m	h m	h m
N 72	▭	▭	▭	▭	▭	▭	▭
N 70	▭	▭	▭	▭	▭	▭	04 12
68	▭	▭	▭	▭	▭	▭	04 59
66	▭	▭	▭	▭	▭	03 12	05 29
64	////	////	01 35	00 48	02 03	03 53	05 51
62	////	////	02 12	01 34	02 44	04 21	06 09
60	////	00 57	02 37	02 04	03 13	04 43	06 23
N 58	////	01 43	02 57	02 27	03 34	05 01	06 36
56	////	02 12	03 14	02 45	03 52	05 15	06 46
54	00 52	02 34	03 28	03 01	04 07	05 28	06 56
52	01 35	02 51	03 40	03 15	04 20	05 39	07 04
50	02 02	03 06	03 50	03 26	04 32	05 49	07 12
45	02 46	03 36	04 13	03 51	04 56	06 09	07 28
N 40	03 16	03 58	04 31	04 11	05 15	06 26	07 41
35	03 39	04 16	04 45	04 27	05 31	06 40	07 52
30	03 58	04 31	04 58	04 42	05 45	06 52	08 01
20	04 26	04 56	05 20	05 06	06 08	07 13	08 18
N 10	04 49	05 16	05 39	05 27	06 29	07 31	08 32
0	05 08	05 34	05 56	05 47	06 48	07 48	08 46
S 10	05 25	05 51	06 14	06 06	07 07	08 05	08 59
20	05 41	06 08	06 32	06 28	07 27	08 22	09 13
30	05 57	06 27	06 53	06 52	07 50	08 43	09 29
35	06 05	06 37	07 05	07 06	08 04	08 55	09 39
40	06 15	06 49	07 19	07 23	08 20	09 09	09 49
45	06 25	07 02	07 36	07 43	08 39	09 25	10 02
S 50	06 37	07 18	07 56	08 08	09 02	09 45	10 17
52	06 42	07 25	08 06	08 20	09 14	09 54	10 24
54	06 47	07 33	08 17	08 34	09 26	10 04	10 32
56	06 53	07 42	08 30	08 50	09 41	10 16	10 41
58	07 00	07 53	08 44	09 09	09 58	10 30	10 50
S 60	07 07	08 04	09 01	09 33	10 19	10 46	11 02

Lat.	Sunset	Twilight Civil	Twilight Naut.	Moonset 12	Moonset 13	Moonset 14	Moonset 15
°	h m	h m	h m	h m	h m	h m	h m
N 72	▭	▭	▭	▭	▭	▭	▭
N 70	▭	▭	▭	▭	▭	▭	01 07
68	▭	▭	▭	▭	▭	▭	{00 20 / 23 57}
66	▭	▭	▭	▭	▭	{00 03 / 23 49}	23 40
64	22 26	////	////	23 05	23 21	23 25	23 26
62	21 49	////	////	22 23	22 52	23 07	23 14
60	21 24	23 05	////	21 55	22 30	22 51	23 04
N 58	21 03	22 18	////	21 33	22 12	22 38	22 55
56	20 47	21 49	////	21 14	21 57	22 27	22 47
54	20 33	21 27	23 10	20 59	21 44	22 17	22 40
52	20 21	21 09	22 26	20 46	21 33	22 08	22 34
50	20 10	20 54	21 59	20 34	21 22	21 59	22 28
45	19 48	20 25	21 14	20 10	21 01	21 42	22 16
N 40	19 30	20 02	20 44	19 51	20 43	21 28	22 06
35	19 15	19 44	20 21	19 34	20 29	21 16	21 57
30	19 02	19 29	20 03	19 20	20 16	21 05	21 49
20	18 40	19 05	19 34	18 56	19 54	20 47	21 35
N 10	18 21	18 44	19 11	18 35	19 35	20 31	21 23
0	18 04	18 26	18 52	18 16	19 17	20 16	21 12
S 10	17 46	18 09	18 36	17 56	18 58	20 00	21 00
20	17 28	17 52	18 19	17 35	18 39	19 44	20 48
30	17 07	17 33	18 03	17 11	18 16	19 25	20 34
35	16 55	17 23	17 55	16 56	18 03	19 14	20 26
40	16 41	17 11	17 45	16 40	17 48	19 01	20 16
45	16 24	16 58	17 35	16 20	17 30	18 46	20 05
S 50	16 04	16 42	17 23	15 55	17 07	18 27	19 51
52	15 54	16 35	17 18	15 43	16 56	18 18	19 45
54	15 43	16 26	17 13	15 29	16 43	18 08	19 38
56	15 30	16 17	17 06	15 13	16 29	17 57	19 30
58	15 16	16 07	17 00	14 54	16 12	17 44	19 21
S 60	14 59	15 56	16 52	14 30	15 51	17 29	19 11

Day	SUN Eqn. of Time 00^h	SUN Eqn. of Time 12^h	SUN Mer. Pass.	MOON Mer. Pass. Upper	MOON Mer. Pass. Lower	MOON Age	MOON Phase
d	m s	m s	h m	h m	h m	d	%
12	00 16	00 10	12 00	12 01	24 32	00	0
13	00 04	00 02	12 00	13 02	00 32	01	1
14	00 09	00 15	12 00	14 02	01 32	02	6

	UT	ARIES	VENUS −4.0		MARS +1.3		JUPITER −2.4		SATURN +1.1		STARS		
		GHA	GHA	Dec	GHA	Dec	GHA	Dec	GHA	Dec	Name	SHA	Dec
	d h	° ′	° ′	° ′	° ′	° ′	° ′	° ′	° ′	° ′		° ′	° ′
	15 00	263 10.4	139 45.4	N21 56.8	106 45.5	N11 05.2	261 41.2	S 0 40.4	84 02.2	N 2 57.8	Acamar	315 20.3	S40 15.6
	01	278 12.9	154 44.8	56.2	121 46.7	04.7	276 43.4	40.3	99 04.6	57.7	Achernar	335 28.5	S57 10.7
	02	293 15.3	169 44.2	55.5	136 47.9	04.1	291 45.6	40.2	114 07.0	57.7	Acrux	173 11.8	S63 09.8
	03	308 17.8	184 43.6	. . 54.9	151 49.1	. . 03.6	306 47.8	. . 40.1	129 09.4	. . 57.7	Adhara	255 14.6	S28 59.3
	04	323 20.3	199 43.0	54.2	166 50.3	03.1	321 50.0	40.0	144 11.8	57.6	Aldebaran	290 52.2	N16 31.8
	05	338 22.7	214 42.4	53.6	181 51.5	02.5	336 52.2	39.9	159 14.2	57.6			
	06	353 25.2	229 41.8	N21 52.9	196 52.8	N11 02.0	351 54.4	S 0 39.8	174 16.6	N 2 57.6	Alioth	166 22.3	N55 54.3
	07	8 27.7	244 41.2	52.3	211 54.0	01.5	6 56.6	39.7	189 19.0	57.5	Alkaid	153 00.2	N49 15.8
T	08	23 30.1	259 40.6	51.7	226 55.2	01.0	21 58.8	39.6	204 21.4	57.5	Al Na'ir	27 46.2	S46 54.3
U	09	38 32.6	274 40.0	. . 51.0	241 56.4	11 00.4	37 01.0	. . 39.5	219 23.9	. . 57.5	Alnilam	275 48.9	S 1 11.7
E	10	53 35.1	289 39.4	50.4	256 57.6	10 59.9	52 03.2	39.4	234 26.3	57.4	Alphard	217 58.4	S 8 42.4
S	11	68 37.5	304 38.7	49.7	271 58.8	59.4	67 05.4	39.3	249 28.7	57.4			
D	12	83 40.0	319 38.1	N21 49.1	287 00.0	N10 58.8	82 07.6	S 0 39.2	264 31.1	N 2 57.4	Alphecca	126 12.5	N26 40.8
A	13	98 42.5	334 37.5	48.4	302 01.2	58.3	97 09.8	39.1	279 33.5	57.3	Alpheratz	357 45.8	N29 08.8
Y	14	113 44.9	349 36.9	47.7	317 02.4	57.8	112 12.0	39.0	294 35.9	57.3	Altair	62 10.1	N 8 53.8
	15	128 47.4	4 36.3	. . 47.1	332 03.6	. . 57.2	127 14.2	. . 38.8	309 38.3	. . 57.3	Ankaa	353 17.8	S42 14.6
	16	143 49.8	19 35.7	46.4	347 04.8	56.7	142 16.4	38.7	324 40.7	57.2	Antares	112 28.6	S26 27.4
	17	158 52.3	34 35.1	45.8	2 06.0	56.2	157 18.6	38.6	339 43.1	57.2			
	18	173 54.8	49 34.6	N21 45.1	17 07.2	N10 55.6	172 20.8	S 0 38.5	354 45.5	N 2 57.2	Arcturus	145 57.5	N19 07.7
	19	188 57.2	64 34.0	44.5	32 08.4	55.1	187 23.0	38.4	9 47.9	57.1	Atria	107 31.9	S69 02.9
	20	203 59.7	79 33.4	43.8	47 09.6	54.6	202 25.2	38.3	24 50.3	57.1	Avior	234 19.5	S59 32.8
	21	219 02.2	94 32.8	. . 43.1	62 10.8	. . 54.0	217 27.4	. . 38.2	39 52.7	. . 57.0	Bellatrix	278 34.7	N 6 21.5
	22	234 04.6	109 32.2	42.5	77 12.0	53.5	232 29.6	38.1	54 55.1	57.0	Betelgeuse	271 04.0	N 7 24.5
	23	249 07.1	124 31.6	41.8	92 13.2	53.0	247 31.8	38.0	69 57.5	57.0			
	16 00	264 09.6	139 31.0	N21 41.2	107 14.4	N10 52.4	262 34.0	S 0 37.9	84 59.9	N 2 56.9	Canopus	263 57.7	S52 42.1
	01	279 12.0	154 30.4	40.5	122 15.6	51.9	277 36.2	37.8	100 02.3	56.9	Capella	280 38.2	N46 00.5
	02	294 14.5	169 29.8	39.8	137 16.8	51.4	292 38.4	37.7	115 04.8	56.9	Deneb	49 32.7	N45 19.0
	03	309 17.0	184 29.2	. . 39.2	152 18.0	. . 50.9	307 40.6	. . 37.6	130 07.2	. . 56.8	Denebola	182 35.8	N14 30.8
	04	324 19.4	199 28.6	38.5	167 19.2	50.3	322 42.8	37.5	145 09.6	56.8	Diphda	348 58.1	S17 55.6
	05	339 21.9	214 28.0	37.8	182 20.4	49.8	337 45.0	37.4	160 12.0	56.8			
	06	354 24.3	229 27.4	N21 37.1	197 21.6	N10 49.3	352 47.2	S 0 37.3	175 14.4	N 2 56.7	Dubhe	193 54.3	N61 41.9
W	07	9 26.8	244 26.8	36.5	212 22.8	48.7	7 49.4	37.2	190 16.8	56.7	Elnath	278 15.8	N28 36.9
E	08	24 29.3	259 26.2	35.8	227 24.0	48.2	22 51.6	37.1	205 19.2	56.7	Eltanin	90 46.6	N51 29.2
D	09	39 31.7	274 25.7	. . 35.1	242 25.2	. . 47.6	37 53.9	. . 37.0	220 21.6	. . 56.6	Enif	33 49.1	N 9 55.4
N	10	54 34.2	289 25.1	34.5	257 26.4	47.1	52 56.1	36.9	235 24.0	56.6	Fomalhaut	15 26.2	S29 33.7
E	11	69 36.7	304 24.5	33.8	272 27.6	46.6	67 58.3	36.8	250 26.4	56.5			
S	12	84 39.1	319 23.9	N21 33.1	287 28.8	N10 46.0	83 00.5	S 0 36.7	265 28.8	N 2 56.5	Gacrux	172 03.4	S57 10.7
D	13	99 41.6	334 23.3	32.4	302 30.0	45.5	98 02.7	36.6	280 31.2	56.5	Gienah	175 54.5	S17 36.2
A	14	114 44.1	349 22.7	31.8	317 31.2	45.0	113 04.9	36.5	295 33.6	56.4	Hadar	148 50.7	S60 25.7
Y	15	129 46.5	4 22.1	. . 31.1	332 32.4	. . 44.4	128 07.1	. . 36.4	310 36.0	. . 56.4	Hamal	328 03.5	N23 30.7
	16	144 49.0	19 21.6	30.4	347 33.6	43.9	143 09.3	36.3	325 38.4	56.4	Kaus Aust.	83 46.3	S34 22.7
	17	159 51.5	34 21.0	29.7	2 34.8	43.4	158 11.5	36.2	340 40.8	56.3			
	18	174 53.9	49 20.4	N21 29.0	17 36.0	N10 42.8	173 13.7	S 0 36.1	355 43.2	N 2 56.3	Kochab	137 18.8	N74 06.9
	19	189 56.4	64 19.8	28.4	32 37.2	42.3	188 15.9	36.0	10 45.6	56.3	Markab	13 40.5	N15 15.7
	20	204 58.8	79 19.2	27.7	47 38.4	41.8	203 18.1	35.9	25 48.0	56.2	Menkar	314 17.6	N 4 07.9
	21	220 01.3	94 18.6	. . 27.0	62 39.6	. . 41.2	218 20.3	. . 35.8	40 50.4	. . 56.2	Menkent	148 10.0	S36 25.5
	22	235 03.8	109 18.1	26.3	77 40.8	40.7	233 22.5	35.7	55 52.8	56.1	Miaplacidus	221 40.9	S69 45.9
	23	250 06.2	124 17.5	25.6	92 42.0	40.2	248 24.7	35.6	70 55.2	56.1			
	17 00	265 08.7	139 16.9	N21 24.9	107 43.2	N10 39.6	263 26.9	S 0 35.5	85 57.6	N 2 56.1	Mirfak	308 44.0	N49 53.8
	01	280 11.2	154 16.3	24.2	122 44.4	39.1	278 29.2	35.4	101 00.0	56.0	Nunki	76 00.6	S26 16.9
	02	295 13.6	169 15.8	23.6	137 45.6	38.6	293 31.4	35.3	116 02.4	56.0	Peacock	53 22.1	S56 41.8
	03	310 16.1	184 15.2	. . 22.9	152 46.8	. . 38.0	308 33.6	. . 35.2	131 04.8	. . 56.0	Pollux	243 30.7	N28 00.1
	04	325 18.6	199 14.6	22.2	167 48.0	37.5	323 35.8	35.1	146 07.2	55.9	Procyon	245 02.3	N 5 11.8
	05	340 21.0	214 14.0	21.5	182 49.2	36.9	338 38.0	35.0	161 09.6	55.9			
	06	355 23.5	229 13.5	N21 20.8	197 50.4	N10 36.4	353 40.2	S 0 34.9	176 12.0	N 2 55.8	Rasalhague	96 08.1	N12 33.1
	07	10 25.9	244 12.9	20.1	212 51.6	35.9	8 42.4	34.8	191 14.4	55.8	Regulus	207 45.9	N11 54.9
T	08	25 28.4	259 12.3	19.4	227 52.8	35.3	23 44.6	34.7	206 16.8	55.8	Rigel	281 14.5	S 8 11.4
H	09	40 30.9	274 11.7	. . 18.7	242 54.0	. . 34.8	38 46.8	. . 34.6	221 19.2	. . 55.7	Rigil Kent.	139 54.4	S60 53.0
U	10	55 33.3	289 11.2	18.0	257 55.2	34.3	53 49.0	34.6	236 21.6	55.7	Sabik	102 14.7	S15 44.3
R	11	70 35.8	304 10.6	17.3	272 56.4	33.7	68 51.3	34.5	251 24.0	55.7			
S	12	85 38.3	319 10.0	N21 16.6	287 57.6	N10 33.2	83 53.5	S 0 34.4	266 26.4	N 2 55.6	Schedar	349 43.3	N56 35.5
D	13	100 40.7	334 09.4	15.9	302 58.8	32.6	98 55.7	34.3	281 28.8	55.6	Shaula	96 24.5	S37 06.7
A	14	115 43.2	349 08.9	15.2	318 00.0	32.1	113 57.9	34.2	296 31.2	55.5	Sirius	258 36.0	S16 43.9
Y	15	130 45.7	4 08.3	. . 14.5	333 01.2	. . 31.6	129 00.1	. . 34.1	311 33.6	. . 55.5	Spica	158 33.4	S11 13.1
	16	145 48.1	19 07.7	13.8	348 02.4	31.0	144 02.3	34.0	326 36.0	55.5	Suhail	222 54.4	S43 28.8
	17	160 50.6	34 07.2	13.1	3 03.6	30.5	159 04.5	33.9	341 38.4	55.4			
	18	175 53.1	49 06.6	N21 12.4	18 04.8	N10 29.9	174 06.7	S 0 33.8	356 40.8	N 2 55.4	Vega	80 40.0	N38 47.6
	19	190 55.5	64 06.0	11.7	33 06.0	29.4	189 08.9	33.7	11 43.2	55.4	Zuben'ubi	137 07.6	S16 05.3
	20	205 58.0	79 05.5	11.0	48 07.2	28.9	204 11.2	33.6	26 45.6	55.3			
	21	221 00.4	94 04.9	. . 10.3	63 08.4	. . 28.3	219 13.4	. . 33.5	41 48.0	. . 55.3			
	22	236 02.9	109 04.3	09.6	78 09.6	27.8	234 15.6	33.4	56 50.4	55.2			
	23	251 05.4	124 03.8	08.9	93 10.7	27.3	249 17.8	33.3	71 52.8	55.2			
	Mer. Pass.	h m 6 22.3	*v* −0.6	*d* 0.7	*v* 1.2	*d* 0.5	*v* 2.2	*d* 0.1	*v* 2.4	*d* 0.0			

	SHA	Mer. Pass.
	° ′	h m
Venus	235 21.4	14 43
Mars	203 04.8	16 50
Jupiter	358 24.5	6 29
Saturn	180 50.4	18 17

	UT	SUN GHA	SUN Dec	MOON GHA	v	MOON Dec	d	HP
	d h	° ′	° ′	° ′	′	° ′	′	′
	15 00	179 54.5	N23 17.6	143 44.9	6.6	N19 14.0	10.3	59.9
	01	194 54.4	17.7	158 10.5	6.6	19 03.7	10.4	59.9
	02	209 54.3	17.8	172 36.1	6.8	18 53.3	10.5	59.9
	03	224 54.1	. . 18.0	187 01.9	6.8	18 42.8	10.7	59.9
	04	239 54.0	18.1	201 27.7	6.9	18 32.1	10.7	59.9
	05	254 53.9	18.2	215 53.6	6.9	18 21.4	10.9	59.9
	06	269 53.7	N23 18.3	230 19.5	7.1	N18 10.5	11.0	59.9
	07	284 53.6	18.4	244 45.6	7.1	17 59.5	11.1	59.9
T	08	299 53.5	18.5	259 11.7	7.1	17 48.4	11.2	59.9
U	09	314 53.3	. . 18.6	273 37.8	7.3	17 37.2	11.4	59.9
E	10	329 53.2	18.7	288 04.1	7.4	17 25.8	11.4	59.9
S	11	344 53.1	18.8	302 30.5	7.4	17 14.4	11.5	59.9
	12	359 52.9	N23 18.9	316 56.9	7.5	N17 02.9	11.7	59.9
D	13	14 52.8	19.0	331 23.4	7.5	16 51.2	11.7	59.9
A	14	29 52.7	19.1	345 49.9	7.7	16 39.5	11.9	59.9
Y	15	44 52.5	. . 19.2	0 16.6	7.7	16 27.6	12.0	59.9
	16	59 52.4	19.3	14 43.3	7.8	16 15.6	12.0	59.9
	17	74 52.3	19.4	29 10.1	7.8	16 03.6	12.2	59.9
	18	89 52.1	N23 19.5	43 36.9	8.0	N15 51.4	12.2	59.9
	19	104 52.0	19.6	58 03.9	8.0	15 39.2	12.4	59.9
	20	119 51.9	19.7	72 30.9	8.1	15 26.8	12.4	59.9
	21	134 51.7	. . 19.8	86 58.0	8.2	15 14.4	12.5	59.9
	22	149 51.6	19.9	101 25.2	8.2	15 01.9	12.6	59.9
	23	164 51.5	20.0	115 52.4	8.3	14 49.3	12.7	59.9
	16 00	179 51.3	N23 20.1	130 19.7	8.4	N14 36.6	12.8	59.9
	01	194 51.2	20.2	144 47.1	8.5	14 23.8	12.9	59.9
	02	209 51.1	20.3	159 14.6	8.5	14 10.9	12.9	59.9
	03	224 50.9	. . 20.4	173 42.1	8.6	13 58.0	13.1	59.9
	04	239 50.8	20.5	188 09.7	8.7	13 44.9	13.1	59.9
	05	254 50.6	20.6	202 37.4	8.8	13 31.8	13.2	59.9
	06	269 50.5	N23 20.6	217 05.2	8.8	N13 18.6	13.2	59.9
W	07	284 50.4	20.7	231 33.0	8.9	13 05.4	13.4	59.9
E	08	299 50.2	20.8	246 00.9	8.9	12 52.0	13.4	59.9
D	09	314 50.1	. . 20.9	260 28.8	9.1	12 38.6	13.5	59.9
N	10	329 50.0	21.0	274 56.9	9.1	12 25.1	13.5	59.9
E	11	344 49.8	21.1	289 25.0	9.1	12 11.6	13.6	59.9
S	12	359 49.7	N23 21.2	303 53.1	9.3	N11 58.0	13.7	59.9
D	13	14 49.6	21.3	318 21.4	9.3	11 44.3	13.7	59.8
A	14	29 49.4	21.3	332 49.7	9.3	11 30.6	13.9	59.8
Y	15	44 49.3	. . 21.4	347 18.0	9.5	11 16.7	13.8	59.8
	16	59 49.2	21.5	1 46.5	9.5	11 02.9	14.0	59.8
	17	74 49.0	21.6	16 15.0	9.5	10 48.9	13.9	59.8
	18	89 48.9	N23 21.7	30 43.5	9.6	N10 35.0	14.1	59.8
	19	104 48.8	21.8	45 12.1	9.7	10 20.9	14.1	59.8
	20	119 48.6	21.8	59 40.8	9.8	10 06.8	14.1	59.8
	21	134 48.5	. . 21.9	74 09.6	9.8	9 52.7	14.2	59.8
	22	149 48.3	22.0	88 38.4	9.8	9 38.5	14.3	59.8
	23	164 48.2	22.1	103 07.2	10.0	9 24.2	14.3	59.8
	17 00	179 48.1	N23 22.2	117 36.2	9.9	N 9 09.9	14.3	59.8
	01	194 47.9	22.2	132 05.1	10.1	8 55.6	14.4	59.8
	02	209 47.8	22.3	146 34.2	10.1	8 41.2	14.4	59.7
	03	224 47.7	. . 22.4	161 03.3	10.1	8 26.8	14.5	59.7
	04	239 47.5	22.5	175 32.4	10.2	8 12.3	14.5	59.7
	05	254 47.4	22.5	190 01.6	10.2	7 57.8	14.6	59.7
	06	269 47.3	N23 22.6	204 30.8	10.3	N 7 43.2	14.6	59.7
T	07	284 47.1	22.7	219 00.1	10.4	7 28.6	14.6	59.7
	08	299 47.0	22.7	233 29.5	10.4	7 14.0	14.6	59.7
H	09	314 46.9	. . 22.8	247 58.9	10.5	6 59.4	14.7	59.7
U	10	329 46.7	22.9	262 28.4	10.5	6 44.7	14.7	59.7
R	11	344 46.6	23.0	276 57.9	10.5	6 30.0	14.8	59.7
S	12	359 46.4	N23 23.0	291 27.4	10.6	N 6 15.2	14.8	59.6
D	13	14 46.3	23.1	305 57.0	10.6	6 00.4	14.8	59.6
A	14	29 46.2	23.2	320 26.6	10.7	5 45.6	14.8	59.6
Y	15	44 46.0	. . 23.2	334 56.3	10.7	5 30.8	14.8	59.6
	16	59 45.9	23.3	349 26.0	10.8	5 16.0	14.9	59.6
	17	74 45.8	23.4	3 55.8	10.8	5 01.1	14.9	59.6
	18	89 45.6	N23 23.4	18 25.6	10.8	N 4 46.2	14.9	59.6
	19	104 45.5	23.5	32 55.4	10.9	4 31.3	14.9	59.6
	20	119 45.4	23.5	47 25.3	10.9	4 16.4	15.0	59.5
	21	134 45.2	. . 23.6	61 55.2	11.0	4 01.4	14.9	59.5
	22	149 45.1	23.7	76 25.2	11.0	3 46.5	15.0	59.5
	23	164 44.9	23.7	90 55.2	11.0	N 3 31.5	15.0	59.5
		SD 15.8	d 0.1	SD		16.3	16.3	16.2

Lat.	Twilight Naut.	Twilight Civil	Sunrise	Moonrise 15	Moonrise 16	Moonrise 17	Moonrise 18
°	h m	h m	h m	h m	h m	h m	h m
N 72	□	□	□	□	06 31	09 02	11 17
N 70	□	□	□	04 12	06 57	09 12	11 18
68	□	□	□	04 59	07 17	09 21	11 18
66	□	□	□	05 29	07 32	09 28	11 18
64	////	////	01 32	05 51	07 45	09 34	11 19
62	////	////	02 10	06 09	07 55	09 39	11 19
60	////	00 52	02 36	06 23	08 04	09 43	11 19
N 58	////	01 41	02 56	06 36	08 12	09 47	11 19
56	////	02 11	03 13	06 46	08 19	09 50	11 19
54	00 48	02 33	03 27	06 56	08 25	09 53	11 19
52	01 33	02 51	03 39	07 04	08 31	09 56	11 20
50	02 00	03 06	03 50	07 12	08 36	09 59	11 20
45	02 46	03 35	04 13	07 28	08 46	10 04	11 20
N 40	03 16	03 58	04 31	07 41	08 55	10 09	11 20
35	03 39	04 16	04 46	07 52	09 03	10 12	11 20
30	03 58	04 31	04 59	08 01	09 09	10 16	11 21
20	04 27	04 56	05 21	08 18	09 21	10 22	11 21
N 10	04 49	05 16	05 39	08 32	09 31	10 27	11 21
0	05 08	05 34	05 57	08 46	09 40	10 32	11 21
S 10	05 25	05 52	06 14	08 59	09 49	10 37	11 22
20	05 41	06 09	06 33	09 13	09 59	10 42	11 22
30	05 58	06 28	06 54	09 29	10 10	10 48	11 23
35	06 07	06 38	07 06	09 39	10 17	10 51	11 23
40	06 16	06 50	07 21	09 49	10 24	10 55	11 23
45	06 26	07 03	07 37	10 02	10 33	10 59	11 24
S 50	06 38	07 19	07 58	10 17	10 43	11 04	11 24
52	06 43	07 27	08 08	10 24	10 47	11 07	11 24
54	06 49	07 35	08 19	10 32	10 53	11 09	11 24
56	06 55	07 44	08 31	10 41	10 58	11 12	11 25
58	07 02	07 54	08 46	10 50	11 05	11 15	11 25
S 60	07 09	08 06	09 04	11 02	11 12	11 19	11 25

Lat.	Sunset	Twilight Civil	Twilight Naut.	Moonset 15	Moonset 16	Moonset 17	Moonset 18
°	h m	h m	h m	h m	h m	h m	h m
N 72	□	□	□	□	00 47	{00 06 / 23 37}	23 11
N 70	□	□	□	01 07	{00 18 / 23 53}	23 33	23 15
68	□	□	□	{00 20 / 23 57}	23 42	23 29	23 18
66	□	□	□	23 40	23 33	23 26	23 20
64	22 30	////	////	23 26	23 25	23 24	23 22
62	21 52	////	////	23 14	23 19	23 22	23 24
60	21 26	23 11	////	23 04	23 13	23 20	23 26
N 58	21 05	22 21	////	22 55	23 08	23 18	23 27
56	20 49	21 51	////	22 47	23 03	23 16	23 28
54	20 34	21 29	23 15	22 40	22 59	23 15	23 30
52	20 22	21 11	22 29	22 34	22 55	23 14	23 31
50	20 11	20 56	22 01	22 28	22 52	23 12	23 32
45	19 49	20 26	21 16	22 16	22 44	23 10	23 34
N 40	19 31	20 04	20 45	22 06	22 38	23 08	23 35
35	19 16	19 46	20 22	21 57	22 33	23 06	23 37
30	19 03	19 30	20 04	21 49	22 28	23 04	23 38
20	18 41	19 05	19 35	21 35	22 20	23 01	23 41
N 10	18 22	18 45	19 12	21 23	22 12	22 58	23 43
0	18 04	18 27	18 53	21 12	22 05	22 56	23 45
S 10	17 47	18 10	18 36	21 00	21 58	22 53	23 47
20	17 28	17 52	18 20	20 48	21 50	22 50	23 49
30	17 07	17 34	18 04	20 34	21 41	22 47	23 51
35	16 55	17 23	17 55	20 26	21 36	22 45	23 52
40	16 41	17 11	17 45	20 16	21 30	22 43	23 54
45	16 24	16 58	17 35	20 05	21 24	22 40	23 56
S 50	16 03	16 42	17 23	19 51	21 15	22 37	23 58
52	15 53	16 34	17 18	19 45	21 11	22 36	23 59
54	15 42	16 26	17 12	19 38	21 07	22 34	24 00
56	15 30	16 17	17 06	19 30	21 02	22 33	24 01
58	15 15	16 07	17 00	19 21	20 57	22 31	24 02
S 60	14 58	15 55	16 52	19 11	20 51	22 29	24 04

Day	SUN Eqn. of Time 00^h	SUN Eqn. of Time 12^h	SUN Mer. Pass.	MOON Mer. Pass. Upper	MOON Mer. Pass. Lower	MOON Age	MOON Phase
d	m s	m s	h m	h m	h m	d %	
15	00 22	00 28	12 00	14 59	02 31	03 12	
16	00 34	00 41	12 01	15 53	03 26	04 21	
17	00 47	00 54	12 01	16 44	04 18	05 31	

UT		ARIES	VENUS −4.0		MARS +1.3		JUPITER −2.4		SATURN +1.1	
		GHA	GHA	Dec	GHA	Dec	GHA	Dec	GHA	Dec
d	h	° ′	° ′	° ′	° ′	° ′	° ′	° ′	° ′	° ′
18	00	266 07.8	139 03.2	N21 08.2	108 11.9	N10 26.7	264 20.0	S 0 33.2	86 55.2	N 2 55.2
	01	281 10.3	154 02.7	07.4	123 13.1	26.2	279 22.2	33.1	101 57.6	55.1
	02	296 12.8	169 02.1	06.7	138 14.3	25.6	294 24.4	33.0	117 00.0	55.1
	03	311 15.2	184 01.5	. . 06.0	153 15.5	. . 25.1	309 26.7	. . 32.9	132 02.4	. . 55.0
	04	326 17.7	199 01.0	05.3	168 16.7	24.6	324 28.9	32.8	147 04.8	55.0
	05	341 20.2	214 00.4	04.6	183 17.9	24.0	339 31.1	32.7	162 07.2	55.0
	06	356 22.6	228 59.9	N21 03.9	198 19.1	N10 23.5	354 33.3	S 0 32.6	177 09.6	N 2 54.9
	07	11 25.1	243 59.3	03.2	213 20.3	22.9	9 35.5	32.5	192 12.0	54.9
	08	26 27.6	258 58.7	02.4	228 21.5	22.4	24 37.7	32.4	207 14.4	54.8
F	09	41 30.0	273 58.2	. . 01.7	243 22.7	. . 21.9	39 40.0	. . 32.3	222 16.8	. . 54.8
R	10	56 32.5	288 57.6	01.0	258 23.9	21.3	54 42.2	32.2	237 19.2	54.8
I	11	71 34.9	303 57.1	21 00.3	273 25.1	20.8	69 44.4	32.1	252 21.6	54.7
D	12	86 37.4	318 56.5	N20 59.6	288 26.3	N10 20.2	84 46.6	S 0 32.1	267 23.9	N 2 54.7
A	13	101 39.9	333 56.0	58.8	303 27.5	19.7	99 48.8	32.0	282 26.3	54.6
Y	14	116 42.3	348 55.4	58.1	318 28.7	19.2	114 51.0	31.9	297 28.7	54.6
	15	131 44.8	3 54.9	. . 57.4	333 29.9	. . 18.6	129 53.3	. . 31.8	312 31.1	. . 54.6
	16	146 47.3	18 54.3	56.7	348 31.1	18.1	144 55.5	31.7	327 33.5	54.5
	17	161 49.7	33 53.8	56.0	3 32.3	17.5	159 57.7	31.6	342 35.9	54.5
	18	176 52.2	48 53.2	N20 55.2	18 33.4	N10 17.0	174 59.9	S 0 31.5	357 38.3	N 2 54.5
	19	191 54.7	63 52.7	54.5	33 34.6	16.4	190 02.1	31.4	12 40.7	54.4
	20	206 57.1	78 52.1	53.8	48 35.8	15.9	205 04.4	31.3	27 43.1	54.4
	21	221 59.6	93 51.6	. . 53.0	63 37.0	. . 15.4	220 06.6	. . 31.2	42 45.5	. . 54.3
	22	237 02.0	108 51.0	52.3	78 38.2	14.8	235 08.8	31.1	57 47.9	54.3
	23	252 04.5	123 50.5	51.6	93 39.4	14.3	250 11.0	31.0	72 50.3	54.2
19	00	267 07.0	138 49.9	N20 50.8	108 40.6	N10 13.7	265 13.2	S 0 30.9	87 52.7	N 2 54.2
	01	282 09.4	153 49.4	50.1	123 41.8	13.2	280 15.5	30.8	102 55.1	54.2
	02	297 11.9	168 48.8	49.4	138 43.0	12.6	295 17.7	30.7	117 57.5	54.1
	03	312 14.4	183 48.3	. . 48.6	153 44.2	. . 12.1	310 19.9	. . 30.6	132 59.9	. . 54.1
	04	327 16.8	198 47.7	47.9	168 45.4	11.6	325 22.1	30.6	148 02.3	54.0
	05	342 19.3	213 47.2	47.2	183 46.6	11.0	340 24.3	30.5	163 04.6	54.0
	06	357 21.8	228 46.6	N20 46.4	198 47.8	N10 10.5	355 26.6	S 0 30.4	178 07.0	N 2 54.0
	07	12 24.2	243 46.1	45.7	213 49.0	09.9	10 28.8	30.3	193 09.4	53.9
S	08	27 26.7	258 45.6	45.0	228 50.1	09.4	25 31.0	30.2	208 11.8	53.9
A	09	42 29.2	273 45.0	. . 44.2	243 51.3	. . 08.8	40 33.2	. . 30.1	223 14.2	. . 53.8
T	10	57 31.6	288 44.5	43.5	258 52.5	08.3	55 35.4	30.0	238 16.6	53.8
U	11	72 34.1	303 43.9	42.7	273 53.7	07.8	70 37.7	29.9	253 19.0	53.8
R	12	87 36.5	318 43.4	N20 42.0	288 54.9	N10 07.2	85 39.9	S 0 29.8	268 21.4	N 2 53.7
D	13	102 39.0	333 42.9	41.3	303 56.1	06.7	100 42.1	29.7	283 23.8	53.7
A	14	117 41.5	348 42.3	40.5	318 57.3	06.1	115 44.3	29.6	298 26.2	53.6
Y	15	132 43.9	3 41.8	. . 39.8	333 58.5	. . 05.6	130 46.6	. . 29.5	313 28.6	. . 53.6
	16	147 46.4	18 41.3	39.0	348 59.7	05.0	145 48.8	29.4	328 31.0	53.6
	17	162 48.9	33 40.7	38.3	4 00.9	04.5	160 51.0	29.4	343 33.3	53.5
	18	177 51.3	48 40.2	N20 37.5	19 02.1	N10 03.9	175 53.2	S 0 29.3	358 35.7	N 2 53.5
	19	192 53.8	63 39.7	36.8	34 03.2	03.4	190 55.5	29.2	13 38.1	53.4
	20	207 56.3	78 39.1	36.0	49 04.4	02.8	205 57.7	29.1	28 40.5	53.4
	21	222 58.7	93 38.6	. . 35.3	64 05.6	. . 02.3	220 59.9	. . 29.0	43 42.9	. . 53.3
	22	238 01.2	108 38.1	34.5	79 06.8	01.8	236 02.1	28.9	58 45.3	53.3
	23	253 03.7	123 37.5	33.8	94 08.0	01.2	251 04.4	28.8	73 47.7	53.3
20	00	268 06.1	138 37.0	N20 33.0	109 09.2	N10 00.7	266 06.6	S 0 28.7	88 50.1	N 2 53.2
	01	283 08.6	153 36.5	32.3	124 10.4	10 00.1	281 08.8	28.6	103 52.5	53.2
	02	298 11.0	168 35.9	31.5	139 11.6	9 59.6	296 11.0	28.5	118 54.9	53.1
	03	313 13.5	183 35.4	. . 30.7	154 12.8	. . 59.0	311 13.3	. . 28.4	133 57.3	. . 53.1
	04	328 16.0	198 34.9	30.0	169 14.0	58.5	326 15.5	28.4	148 59.6	53.1
	05	343 18.4	213 34.4	29.2	184 15.1	57.9	341 17.7	28.3	164 02.0	53.0
	06	358 20.9	228 33.8	N20 28.5	199 16.3	N 9 57.4	356 20.0	S 0 28.2	179 04.4	N 2 53.0
	07	13 23.4	243 33.3	27.7	214 17.5	56.8	11 22.2	28.1	194 06.8	52.9
	08	28 25.8	258 32.8	26.9	229 18.7	56.3	26 24.4	28.0	209 09.2	52.9
S	09	43 28.3	273 32.3	. . 26.2	244 19.9	. . 55.7	41 26.6	. . 27.9	224 11.6	. . 52.8
U	10	58 30.8	288 31.7	25.4	259 21.1	55.2	56 28.9	27.8	239 14.0	52.8
N	11	73 33.2	303 31.2	24.7	274 22.3	54.7	71 31.1	27.7	254 16.4	52.8
D	12	88 35.7	318 30.7	N20 23.9	289 23.5	N 9 54.1	86 33.3	S 0 27.6	269 18.7	N 2 52.7
A	13	103 38.1	333 30.2	23.1	304 24.7	53.6	101 35.6	27.6	284 21.1	52.7
Y	14	118 40.6	348 29.6	22.4	319 25.8	53.0	116 37.8	27.5	299 23.5	52.6
	15	133 43.1	3 29.1	. . 21.6	334 27.0	. . 52.5	131 40.0	. . 27.4	314 25.9	. . 52.6
	16	148 45.5	18 28.6	20.8	349 28.2	51.9	146 42.2	27.3	329 28.3	52.5
	17	163 48.0	33 28.1	20.1	4 29.4	51.4	161 44.5	27.2	344 30.7	52.5
	18	178 50.5	48 27.6	N20 19.3	19 30.6	N 9 50.8	176 46.7	S 0 27.1	359 33.1	N 2 52.5
	19	193 52.9	63 27.0	18.5	34 31.8	50.3	191 48.9	27.0	14 35.5	52.4
	20	208 55.4	78 26.5	17.8	49 33.0	49.7	206 51.2	26.9	29 37.8	52.4
	21	223 57.9	93 26.0	. . 17.0	64 34.2	. . 49.2	221 53.4	. . 26.8	44 40.2	. . 52.3
	22	239 00.3	108 25.5	16.2	79 35.3	48.6	236 55.6	26.8	59 42.6	52.3
	23	254 02.8	123 25.0	15.4	94 36.5	48.1	251 57.9	26.7	74 45.0	52.2
Mer. Pass.		h m 6 10.5	v −0.5	d 0.7	v 1.2	d 0.5	v 2.2	d 0.1	v 2.4	d 0.0

STARS

Name	SHA	Dec
	° ′	° ′
Acamar	315 20.2	S40 15.5
Achernar	335 28.5	S57 10.7
Acrux	173 11.8	S63 09.8
Adhara	255 14.6	S28 59.3
Aldebaran	290 52.2	N16 31.8
Alioth	166 22.3	N55 54.3
Alkaid	153 00.2	N49 15.8
Al Na'ir	27 46.1	S46 54.3
Alnilam	275 48.9	S 1 11.7
Alphard	217 58.4	S 8 42.4
Alphecca	126 12.5	N26 40.8
Alpheratz	357 45.8	N29 08.8
Altair	62 10.1	N 8 53.8
Ankaa	353 17.8	S42 14.6
Antares	112 28.6	S26 27.4
Arcturus	145 57.5	N19 07.7
Atria	107 31.9	S69 02.9
Avior	234 19.5	S59 32.8
Bellatrix	278 34.7	N 6 21.5
Betelgeuse	271 04.0	N 7 24.5
Canopus	263 57.7	S52 42.1
Capella	280 38.2	N46 00.5
Deneb	49 32.7	N45 19.0
Denebola	182 35.9	N14 30.8
Diphda	348 58.1	S17 55.5
Dubhe	193 54.3	N61 41.9
Elnath	278 15.8	N28 36.9
Eltanin	90 46.6	N51 29.2
Enif	33 49.1	N 9 55.4
Fomalhaut	15 26.2	S29 33.7
Gacrux	172 03.4	S57 10.7
Gienah	175 54.5	S17 36.2
Hadar	148 50.8	S60 25.7
Hamal	328 03.5	N23 30.7
Kaus Aust.	83 46.3	S34 22.7
Kochab	137 18.8	N74 06.9
Markab	13 40.4	N15 15.7
Menkar	314 17.6	N 4 07.9
Menkent	148 10.0	S36 25.5
Miaplacidus	221 41.0	S69 45.9
Mirfak	308 44.0	N49 53.8
Nunki	76 00.6	S26 16.9
Peacock	53 22.1	S56 41.8
Pollux	243 30.7	N28 00.1
Procyon	245 02.3	N 5 11.8
Rasalhague	96 08.1	N12 33.1
Regulus	207 46.0	N11 54.9
Rigel	281 14.5	S 8 11.4
Rigil Kent.	139 54.4	S60 53.0
Sabik	102 14.7	S15 44.3
Schedar	349 43.3	N56 35.5
Shaula	96 24.4	S37 06.7
Sirius	258 36.0	S16 43.9
Spica	158 33.4	S11 13.1
Suhail	222 54.4	S43 28.8
Vega	80 40.0	N38 47.6
Zuben'ubi	137 07.6	S16 05.3

	SHA	Mer. Pass.
	° ′	h m
Venus	231 42.9	14 45
Mars	201 33.6	16 44
Jupiter	358 06.3	6 18
Saturn	180 45.7	18 06

UT	SUN GHA	SUN Dec	MOON GHA	v	MOON Dec	d	HP
d h	° ′	° ′	° ′	′	° ′	′	′
18 00	179 44.8	N23 23.8	105 25.2	11.0	N 3 16.5	15.0	59.5
01	194 44.7	23.9	119 55.2	11.1	3 01.5	15.0	59.5
02	209 44.5	23.9	134 25.3	11.1	2 46.5	15.0	59.5
03	224 44.4	. . 24.0	148 55.4	11.2	2 31.5	15.0	59.4
04	239 44.3	24.0	163 25.6	11.2	2 16.5	15.0	59.4
05	254 44.1	24.1	177 55.8	11.2	2 01.5	15.0	59.4
06	269 44.0	N23 24.1	192 26.0	11.2	N 1 46.5	15.1	59.4
07	284 43.9	24.2	206 56.2	11.2	1 31.4	15.0	59.4
08	299 43.7	24.3	221 26.4	11.3	1 16.4	15.0	59.4
F 09	314 43.6	. . 24.3	235 56.7	11.3	1 01.4	15.0	59.4
R 10	329 43.5	24.4	250 27.0	11.3	0 46.4	15.0	59.3
I 11	344 43.3	24.4	264 57.3	11.4	0 31.4	15.0	59.3
D 12	359 43.2	N23 24.5	279 27.7	11.3	N 0 16.4	15.0	59.3
A 13	14 43.0	24.5	293 58.0	11.4	N 0 01.4	15.0	59.3
Y 14	29 42.9	24.6	308 28.4	11.4	S 0 13.6	15.0	59.3
15	44 42.8	. . 24.6	322 58.8	11.4	0 28.6	15.0	59.3
16	59 42.6	24.7	337 29.2	11.4	0 43.6	14.9	59.2
17	74 42.5	24.7	351 59.6	11.5	0 58.5	15.0	59.2
18	89 42.4	N23 24.8	6 30.1	11.4	S 1 13.5	14.9	59.2
19	104 42.2	24.8	21 00.5	11.5	1 28.4	14.9	59.2
20	119 42.1	24.8	35 31.0	11.4	1 43.3	14.9	59.2
21	134 42.0	. . 24.9	50 01.4	11.5	1 58.2	14.9	59.2
22	149 41.8	24.9	64 31.9	11.5	2 13.1	14.9	59.1
23	164 41.7	25.0	79 02.4	11.5	2 28.0	14.8	59.1
19 00	179 41.5	N23 25.0	93 32.9	11.5	S 2 42.8	14.8	59.1
01	194 41.4	25.1	108 03.4	11.5	2 57.6	14.8	59.1
02	209 41.3	25.1	122 33.9	11.5	3 12.4	14.8	59.1
03	224 41.1	. . 25.1	137 04.4	11.5	3 27.2	14.7	59.1
04	239 41.0	25.2	151 34.9	11.5	3 41.9	14.7	59.0
05	254 40.9	25.2	166 05.4	11.5	3 56.6	14.7	59.0
06	269 40.7	N23 25.3	180 35.9	11.5	S 4 11.3	14.6	59.0
07	284 40.6	25.3	195 06.4	11.5	4 25.9	14.7	59.0
S 08	299 40.5	25.3	209 36.9	11.6	4 40.6	14.5	59.0
A 09	314 40.3	. . 25.4	224 07.5	11.5	4 55.1	14.6	58.9
T 10	329 40.2	25.4	238 38.0	11.5	5 09.7	14.5	58.9
U 11	344 40.0	25.5	253 08.5	11.4	5 24.2	14.5	58.9
R 12	359 39.9	N23 25.5	267 38.9	11.5	S 5 38.7	14.4	58.9
D 13	14 39.8	25.5	282 09.4	11.5	5 53.1	14.4	58.9
A 14	29 39.6	25.6	296 39.9	11.5	6 07.5	14.4	58.9
Y 15	44 39.5	. . 25.6	311 10.4	11.4	6 21.9	14.3	58.8
16	59 39.4	25.6	325 40.8	11.5	6 36.2	14.3	58.8
17	74 39.2	25.6	340 11.3	11.4	6 50.5	14.2	58.8
18	89 39.1	N23 25.7	354 41.7	11.4	S 7 04.7	14.2	58.8
19	104 39.0	25.7	9 12.1	11.4	7 18.9	14.2	58.8
20	119 38.8	25.7	23 42.5	11.4	7 33.1	14.0	58.7
21	134 38.7	. . 25.8	38 12.9	11.4	7 47.1	14.1	58.7
22	149 38.5	25.8	52 43.3	11.4	8 01.2	14.0	58.7
23	164 38.4	25.8	67 13.7	11.3	8 15.2	13.9	58.7
20 00	179 38.3	N23 25.8	81 44.0	11.3	S 8 29.1	13.9	58.7
01	194 38.1	25.9	96 14.3	11.3	8 43.0	13.9	58.7
02	209 38.0	25.9	110 44.6	11.3	8 56.9	13.7	58.6
03	224 37.9	. . 25.9	125 14.9	11.3	9 10.6	13.8	58.6
04	239 37.7	25.9	139 45.2	11.2	9 24.4	13.6	58.6
05	254 37.6	26.0	154 15.4	11.2	9 38.0	13.6	58.6
06	269 37.5	N23 26.0	168 45.6	11.2	S 9 51.6	13.6	58.6
07	284 37.3	26.0	183 15.8	11.2	10 05.2	13.5	58.5
08	299 37.2	26.0	197 46.0	11.1	10 18.7	13.4	58.5
S 09	314 37.1	. . 26.0	212 16.1	11.1	10 32.1	13.4	58.5
U 10	329 36.9	26.1	226 46.2	11.1	10 45.5	13.3	58.5
N 11	344 36.8	26.1	241 16.3	11.1	10 58.8	13.2	58.5
D 12	359 36.6	N23 26.1	255 46.4	11.0	S11 12.0	13.2	58.4
A 13	14 36.5	26.1	270 16.4	11.0	11 25.2	13.1	58.4
Y 14	29 36.4	26.1	284 46.4	11.0	11 38.3	13.0	58.4
15	44 36.2	. . 26.1	299 16.4	10.9	11 51.3	13.0	58.4
16	59 36.1	26.2	313 46.3	10.9	12 04.3	12.9	58.4
17	74 36.0	26.2	328 16.2	10.9	12 17.2	12.8	58.3
18	89 35.8	N23 26.2	342 46.1	10.8	S12 30.0	12.7	58.3
19	104 35.7	26.2	357 15.9	10.8	12 42.7	12.7	58.3
20	119 35.6	26.2	11 45.7	10.8	12 55.4	12.6	58.3
21	134 35.4	. . 26.2	26 15.5	10.8	13 08.0	12.5	58.3
22	149 35.3	26.2	40 45.3	10.7	13 20.5	12.4	58.2
23	164 35.1	26.2	55 15.0	10.6	S13 32.9	12.4	58.2
	SD 15.8	d 0.0	SD 16.2		16.0		15.9

Lat.	Twilight Naut.	Twilight Civil	Sunrise	Moonrise 18	19	20	21
°	h m	h m	h m	h m	h m	h m	h m
N 72	▭	▭	▭	11 17	13 30	15 51	19 07
N 70	▭	▭	▭	11 18	13 21	15 28	17 54
68	▭	▭	▭	11 18	13 13	15 11	17 17
66	▭	▭	▭	11 18	13 07	14 57	16 51
64	////	////	01 31	11 19	13 02	14 45	16 31
62	////	////	02 09	11 19	12 57	14 36	16 15
60	////	00 49	02 36	11 19	12 53	14 27	16 02
N 58	////	01 40	02 56	11 19	12 50	14 20	15 50
56	////	02 10	03 13	11 19	12 47	14 14	15 41
54	00 45	02 33	03 27	11 19	12 44	14 08	15 32
52	01 32	02 51	03 39	11 20	12 42	14 03	15 24
50	02 00	03 06	03 50	11 20	12 39	13 59	15 17
45	02 46	03 35	04 13	11 20	12 35	13 49	15 02
N 40	03 16	03 58	04 31	11 20	12 31	13 41	14 50
35	03 39	04 16	04 46	11 20	12 27	13 34	14 40
30	03 58	04 32	04 59	11 21	12 24	13 28	14 31
20	04 27	04 56	05 21	11 21	12 19	13 17	14 16
N 10	04 50	05 17	05 40	11 21	12 15	13 08	14 02
0	05 09	05 35	05 58	11 21	12 10	12 59	13 50
S 10	05 26	05 52	06 15	11 22	12 06	12 51	13 37
20	05 42	06 10	06 34	11 22	12 02	12 42	13 24
30	05 59	06 29	06 55	11 23	11 57	12 32	13 10
35	06 07	06 39	07 07	11 23	11 54	12 26	13 01
40	06 17	06 51	07 21	11 23	11 51	12 20	12 51
45	06 27	07 04	07 38	11 24	11 47	12 12	12 40
S 50	06 39	07 21	07 59	11 24	11 43	12 03	12 26
52	06 44	07 28	08 09	11 24	11 41	11 59	12 20
54	06 50	07 36	08 20	11 24	11 39	11 55	12 13
56	06 56	07 45	08 33	11 25	11 37	11 50	12 05
58	07 03	07 56	08 48	11 25	11 34	11 44	11 56
S 60	07 10	08 07	09 05	11 25	11 31	11 38	11 47

Lat.	Sunset	Twilight Civil	Twilight Naut.	Moonset 18	19	20	21
°	h m	h m	h m	h m	h m	h m	h m
N 72	▭	▭	▭	23 11	22 43	22 07	20 38
N 70	▭	▭	▭	23 15	22 55	22 32	21 52
68	▭	▭	▭	23 18	23 05	22 51	22 31
66	▭	▭	▭	23 20	23 13	23 06	22 58
64	22 32	////	////	23 22	23 20	23 19	23 18
62	21 54	////	////	23 24	23 27	23 30	23 35
60	21 27	23 14	////	23 26	23 32	23 39	23 50
N 58	21 07	22 23	////	23 27	23 37	23 47	24 02
56	20 50	21 53	////	23 28	23 41	23 55	24 12
54	20 36	21 30	23 18	23 30	23 44	24 01	00 01
52	20 23	21 12	22 31	23 31	23 48	24 07	00 07
50	20 12	20 57	22 03	23 32	23 51	24 12	00 12
45	19 50	20 27	21 17	23 34	23 58	24 24	00 24
N 40	19 32	20 05	20 46	23 35	24 04	00 04	00 34
35	19 17	19 46	20 23	23 37	24 09	00 09	00 42
30	19 04	19 31	20 05	23 38	24 13	00 13	00 49
20	18 42	19 06	19 35	23 41	24 21	00 21	01 02
N 10	18 23	18 46	19 13	23 43	24 27	00 27	01 13
0	18 05	18 28	18 54	23 45	24 34	00 34	01 23
S 10	17 48	18 10	18 37	23 47	24 40	00 40	01 34
20	17 29	17 53	18 21	23 49	24 47	00 47	01 45
30	17 08	17 34	18 04	23 51	24 54	00 54	01 58
35	16 55	17 24	17 55	23 52	24 59	00 59	02 05
40	16 41	17 12	17 46	23 54	25 04	01 04	02 14
45	16 24	16 58	17 35	23 56	25 10	01 10	02 24
S 50	16 04	16 42	17 24	23 58	25 17	01 17	02 36
52	15 54	16 35	17 18	23 59	25 20	01 20	02 42
54	15 43	16 26	17 13	24 00	00 00	01 24	02 48
56	15 30	16 17	17 06	24 01	00 01	01 28	02 55
58	15 15	16 07	17 00	24 02	00 02	01 33	03 03
S 60	14 58	15 55	16 52	24 04	00 04	01 38	03 12

Day	SUN Eqn. of Time 00^h	SUN Eqn. of Time 12^h	SUN Mer. Pass.	MOON Mer. Pass. Upper	MOON Mer. Pass. Lower	Age	Phase
d	m s	m s	h m	h m	h m	d	%
18	01 00	01 07	12 01	17 33	05 09	06	42
19	01 14	01 20	12 01	18 22	05 58	07	54
20	01 27	01 33	12 02	19 11	06 46	08	65

UT		ARIES	VENUS −4.0		MARS +1.3		JUPITER −2.4		SATURN +1.1	
		GHA	GHA	Dec	GHA	Dec	GHA	Dec	GHA	Dec
d h		° ′	° ′	° ′	° ′	° ′	° ′	° ′	° ′	° ′
21 00	MONDAY	269 05.3	138 24.5	N20 14.7	109 37.7	N 9 47.5	267 00.1	S 0 26.6	89 47.4	N 2 52.2
01		284 07.7	153 24.0	13.9	124 38.9	47.0	282 02.3	26.5	104 49.8	52.2
02		299 10.2	168 23.4	13.1	139 40.1	46.4	297 04.6	26.4	119 52.2	52.1
03		314 12.6	183 22.9	. . 12.3	154 41.3	. . 45.9	312 06.8	. . 26.3	134 54.6	. . 52.1
04		329 15.1	198 22.4	11.5	169 42.5	45.3	327 09.0	26.2	149 56.9	52.0
05		344 17.6	213 21.9	10.8	184 43.7	44.8	342 11.3	26.1	164 59.3	52.0
06		359 20.0	228 21.4	N20 10.0	199 44.8	N 9 44.2	357 13.5	S 0 26.1	180 01.7	N 2 51.9
07		14 22.5	243 20.9	09.2	214 46.0	43.7	12 15.7	26.0	195 04.1	51.9
08		29 25.0	258 20.4	08.4	229 47.2	43.1	27 18.0	25.9	210 06.5	51.8
09		44 27.4	273 19.9	. . 07.6	244 48.4	. . 42.6	42 20.2	. . 25.8	225 08.9	. . 51.8
10		59 29.9	288 19.4	06.9	259 49.6	42.0	57 22.4	25.7	240 11.2	51.8
11		74 32.4	303 18.9	06.1	274 50.8	41.5	72 24.7	25.6	255 13.6	51.7
12		89 34.8	318 18.4	N20 05.3	289 52.0	N 9 40.9	87 26.9	S 0 25.5	270 16.0	N 2 51.7
13		104 37.3	333 17.8	04.5	304 53.1	40.4	102 29.1	25.4	285 18.4	51.6
14		119 39.8	348 17.3	03.7	319 54.3	39.8	117 31.4	25.4	300 20.8	51.6
15		134 42.2	3 16.8	. . 02.9	334 55.5	. . 39.3	132 33.6	. . 25.3	315 23.2	. . 51.5
16		149 44.7	18 16.3	02.1	349 56.7	38.7	147 35.8	25.2	330 25.6	51.5
17		164 47.1	33 15.8	01.3	4 57.9	38.2	162 38.1	25.1	345 27.9	51.4
18		179 49.6	48 15.3	N20 00.6	19 59.1	N 9 37.6	177 40.3	S 0 25.0	0 30.3	N 2 51.4
19		194 52.1	63 14.8	19 59.8	35 00.3	37.1	192 42.6	24.9	15 32.7	51.4
20		209 54.5	78 14.3	59.0	50 01.4	36.5	207 44.8	24.8	30 35.1	51.3
21		224 57.0	93 13.8	. . 58.2	65 02.6	. . 36.0	222 47.0	. . 24.8	45 37.5	. . 51.3
22		239 59.5	108 13.3	57.4	80 03.8	35.4	237 49.3	24.7	60 39.8	51.2
23		255 01.9	123 12.8	56.6	95 05.0	34.9	252 51.5	24.6	75 42.2	51.2
22 00	TUESDAY	270 04.4	138 12.3	N19 55.8	110 06.2	N 9 34.3	267 53.7	S 0 24.5	90 44.6	N 2 51.1
01		285 06.9	153 11.8	55.0	125 07.4	33.8	282 56.0	24.4	105 47.0	51.1
02		300 09.3	168 11.3	54.2	140 08.5	33.2	297 58.2	24.3	120 49.4	51.0
03		315 11.8	183 10.8	. . 53.4	155 09.7	. . 32.7	313 00.5	. . 24.2	135 51.8	. . 51.0
04		330 14.2	198 10.4	52.6	170 10.9	32.1	328 02.7	24.2	150 54.1	51.0
05		345 16.7	213 09.9	51.8	185 12.1	31.5	343 04.9	24.1	165 56.5	50.9
06		0 19.2	228 09.4	N19 51.0	200 13.3	N 9 31.0	358 07.2	S 0 24.0	180 58.9	N 2 50.9
07		15 21.6	243 08.9	50.2	215 14.5	30.4	13 09.4	23.9	196 01.3	50.8
08		30 24.1	258 08.4	49.4	230 15.6	29.9	28 11.7	23.8	211 03.7	50.8
09		45 26.6	273 07.9	. . 48.6	245 16.8	. . 29.3	43 13.9	. . 23.7	226 06.1	. . 50.7
10		60 29.0	288 07.4	47.8	260 18.0	28.8	58 16.1	23.7	241 08.4	50.7
11		75 31.5	303 06.9	47.0	275 19.2	28.2	73 18.4	23.6	256 10.8	50.6
12		90 34.0	318 06.4	N19 46.2	290 20.4	N 9 27.7	88 20.6	S 0 23.5	271 13.2	N 2 50.6
13		105 36.4	333 05.9	45.4	305 21.6	27.1	103 22.9	23.4	286 15.6	50.5
14		120 38.9	348 05.4	44.6	320 22.7	26.6	118 25.1	23.3	301 18.0	50.5
15		135 41.4	3 05.0	. . 43.8	335 23.9	. . 26.0	133 27.4	. . 23.2	316 20.3	. . 50.4
16		150 43.8	18 04.5	42.9	350 25.1	25.5	148 29.6	23.2	331 22.7	50.4
17		165 46.3	33 04.0	42.1	5 26.3	24.9	163 31.8	23.1	346 25.1	50.4
18		180 48.7	48 03.5	N19 41.3	20 27.5	N 9 24.3	178 34.1	S 0 23.0	1 27.5	N 2 50.3
19		195 51.2	63 03.0	40.5	35 28.7	23.8	193 36.3	22.9	16 29.9	50.3
20		210 53.7	78 02.5	39.7	50 29.8	23.2	208 38.6	22.8	31 32.2	50.2
21		225 56.1	93 02.0	. . 38.9	65 31.0	. . 22.7	223 40.8	. . 22.7	46 34.6	. . 50.2
22		240 58.6	108 01.6	38.1	80 32.2	22.1	238 43.1	22.7	61 37.0	50.1
23		256 01.1	123 01.1	37.3	95 33.4	21.6	253 45.3	22.6	76 39.4	50.1
23 00	WEDNESDAY	271 03.5	138 00.6	N19 36.4	110 34.6	N 9 21.0	268 47.5	S 0 22.5	91 41.7	N 2 50.0
01		286 06.0	153 00.1	35.6	125 35.7	20.5	283 49.8	22.4	106 44.1	50.0
02		301 08.5	167 59.6	34.8	140 36.9	19.9	298 52.0	22.3	121 46.5	49.9
03		316 10.9	182 59.2	. . 34.0	155 38.1	. . 19.4	313 54.3	. . 22.2	136 48.9	. . 49.9
04		331 13.4	197 58.7	33.2	170 39.3	18.8	328 56.5	22.2	151 51.3	49.8
05		346 15.9	212 58.2	32.4	185 40.5	18.2	343 58.8	22.1	166 53.6	49.8
06		1 18.3	227 57.7	N19 31.5	200 41.7	N 9 17.7	359 01.0	S 0 22.0	181 56.0	N 2 49.8
07		16 20.8	242 57.3	30.7	215 42.8	17.1	14 03.3	21.9	196 58.4	49.7
08		31 23.2	257 56.8	29.9	230 44.0	16.6	29 05.5	21.8	212 00.8	49.7
09		46 25.7	272 56.3	. . 29.1	245 45.2	. . 16.0	44 07.8	. . 21.8	227 03.2	. . 49.6
10		61 28.2	287 55.8	28.2	260 46.4	15.5	59 10.0	21.7	242 05.5	49.6
11		76 30.6	302 55.4	27.4	275 47.6	14.9	74 12.3	21.6	257 07.9	49.5
12		91 33.1	317 54.9	N19 26.6	290 48.7	N 9 14.3	89 14.5	S 0 21.5	272 10.3	N 2 49.5
13		106 35.6	332 54.4	25.8	305 49.9	13.8	104 16.8	21.4	287 12.7	49.4
14		121 38.0	347 53.9	24.9	320 51.1	13.2	119 19.0	21.3	302 15.0	49.4
15		136 40.5	2 53.5	. . 24.1	335 52.3	. . 12.7	134 21.2	. . 21.3	317 17.4	. . 49.3
16		151 43.0	17 53.0	23.3	350 53.5	12.1	149 23.5	21.2	332 19.8	49.3
17		166 45.4	32 52.5	22.4	5 54.6	11.6	164 25.7	21.1	347 22.2	49.2
18		181 47.9	47 52.1	N19 21.6	20 55.8	N 9 11.0	179 28.0	S 0 21.0	2 24.5	N 2 49.2
19		196 50.4	62 51.6	20.8	35 57.0	10.4	194 30.2	20.9	17 26.9	49.1
20		211 52.8	77 51.1	19.9	50 58.2	09.9	209 32.5	20.9	32 29.3	49.1
21		226 55.3	92 50.7	. . 19.1	65 59.4	. . 09.3	224 34.7	. . 20.8	47 31.7	. . 49.0
22		241 57.7	107 50.2	18.3	81 00.5	08.8	239 37.0	20.7	62 34.0	49.0
23		257 00.2	122 49.7	17.4	96 01.7	08.2	254 39.2	20.6	77 36.4	48.9
Mer. Pass.		h m 5 58.7	v −0.5	d 0.8	v 1.2	d 0.6	v 2.2	d 0.1	v 2.4	d 0.0

STARS

Name	SHA	Dec
	° ′	° ′
Acamar	315 20.2	S40 15.5
Achernar	335 28.5	S57 10.7
Acrux	173 11.8	S63 09.8
Adhara	255 14.6	S28 59.3
Aldebaran	290 52.2	N16 31.8
Alioth	166 22.3	N55 54.3
Alkaid	153 00.3	N49 15.8
Al Na'ir	27 46.1	S46 54.3
Alnilam	275 48.9	S 1 11.7
Alphard	217 58.4	S 8 42.4
Alphecca	126 12.5	N26 40.8
Alpheratz	357 45.8	N29 08.8
Altair	62 10.0	N 8 53.8
Ankaa	353 17.8	S42 14.6
Antares	112 28.6	S26 27.4
Arcturus	145 57.5	N19 07.7
Atria	107 31.9	S69 02.9
Avior	234 19.5	S59 32.8
Bellatrix	278 34.7	N 6 21.5
Betelgeuse	271 04.0	N 7 24.5
Canopus	263 57.7	S52 42.1
Capella	280 38.1	N46 00.5
Deneb	49 32.6	N45 19.0
Denebola	182 35.9	N14 30.8
Diphda	348 58.1	S17 55.5
Dubhe	193 54.3	N61 41.8
Elnath	278 15.7	N28 36.9
Eltanin	90 46.6	N51 29.3
Enif	33 49.1	N 9 55.4
Fomalhaut	15 26.2	S29 33.7
Gacrux	172 03.4	S57 10.7
Gienah	175 54.5	S17 36.2
Hadar	148 50.8	S60 25.7
Hamal	328 03.4	N23 30.7
Kaus Aust.	83 46.3	S34 22.7
Kochab	137 18.9	N74 06.9
Markab	13 40.4	N15 15.7
Menkar	314 17.6	N 4 07.9
Menkent	148 10.0	S36 25.5
Miaplacidus	221 41.0	S69 45.9
Mirfak	308 43.9	N49 53.8
Nunki	76 00.6	S26 16.9
Peacock	53 22.0	S56 41.8
Pollux	243 30.7	N28 00.1
Procyon	245 02.3	N 5 11.8
Rasalhague	96 08.1	N12 33.2
Regulus	207 46.0	N11 54.9
Rigel	281 14.5	S 8 11.4
Rigil Kent.	139 54.4	S60 53.0
Sabik	102 14.7	S15 44.3
Schedar	349 43.2	N56 35.5
Shaula	96 24.4	S37 06.7
Sirius	258 36.0	S16 43.9
Spica	158 33.4	S11 13.1
Suhail	222 54.4	S43 28.7
Vega	80 40.0	N38 47.6
Zuben'ubi	137 07.6	S16 05.2

	SHA	Mer. Pass.
	° ′	h m
Venus	228 07.9	14 48
Mars	200 01.8	16 38
Jupiter	357 49.4	6 08
Saturn	180 40.2	17 54

UT d	UT h	SUN GHA ° ′	SUN Dec ° ′	MOON GHA ° ′	v ′	MOON Dec ° ′	d ′	HP ′
21	00	179 35.0	N23 26.2	69 44.6	10.7	S13 45.3	12.3	58.2
	01	194 34.9	26.3	84 14.3	10.6	13 57.6	12.2	58.2
	02	209 34.7	26.3	98 43.9	10.5	14 09.8	12.1	58.2
	03	224 34.6	. . 26.3	113 13.4	10.5	14 21.9	12.0	58.1
	04	239 34.5	26.3	127 42.9	10.5	14 33.9	12.0	58.1
	05	254 34.3	26.3	142 12.4	10.5	14 45.9	11.8	58.1
	06	269 34.2	N23 26.3	156 41.9	10.4	S14 57.7	11.8	58.1
	07	284 34.1	26.3	171 11.3	10.3	15 09.5	11.7	58.1
	08	299 33.9	26.3	185 40.6	10.4	15 21.2	11.6	58.0
MONDAY	09	314 33.8	. . 26.3	200 10.0	10.2	15 32.8	11.5	58.0
	10	329 33.7	26.3	214 39.2	10.3	15 44.3	11.4	58.0
	11	344 33.5	26.3	229 08.5	10.2	15 55.7	11.3	58.0
	12	359 33.4	N23 26.3	243 37.7	10.1	S16 07.0	11.2	58.0
	13	14 33.2	26.3	258 06.8	10.1	16 18.2	11.2	57.9
	14	29 33.1	26.3	272 35.9	10.1	16 29.4	11.0	57.9
	15	44 33.0	. . 26.3	287 05.0	10.1	16 40.4	11.0	57.9
	16	59 32.8	26.3	301 34.1	9.9	16 51.4	10.8	57.9
	17	74 32.7	26.3	316 03.0	10.0	17 02.2	10.8	57.8
	18	89 32.6	N23 26.3	330 32.0	9.9	S17 13.0	10.6	57.8
	19	104 32.4	26.3	345 00.9	9.8	17 23.6	10.6	57.8
	20	119 32.3	26.3	359 29.7	9.9	17 34.2	10.4	57.8
	21	134 32.2	. . 26.3	13 58.6	9.7	17 44.6	10.3	57.8
	22	149 32.0	26.3	28 27.3	9.8	17 54.9	10.3	57.7
	23	164 31.9	26.2	42 56.1	9.6	18 05.2	10.1	57.7
22	00	179 31.8	N23 26.2	57 24.7	9.7	S18 15.3	10.1	57.7
	01	194 31.6	26.2	71 53.4	9.6	18 25.4	9.9	57.7
	02	209 31.5	26.2	86 22.0	9.5	18 35.3	9.8	57.7
	03	224 31.4	. . 26.2	100 50.5	9.6	18 45.1	9.7	57.6
	04	239 31.2	26.2	115 19.1	9.4	18 54.8	9.6	57.6
	05	254 31.1	26.2	129 47.5	9.4	19 04.4	9.5	57.6
	06	269 30.9	N23 26.2	144 15.9	9.4	S19 13.9	9.4	57.6
	07	284 30.8	26.2	158 44.3	9.4	19 23.3	9.2	57.6
TUESDAY	08	299 30.7	26.1	173 12.7	9.3	19 32.5	9.2	57.5
	09	314 30.5	. . 26.1	187 41.0	9.2	19 41.7	9.0	57.5
	10	329 30.4	26.1	202 09.2	9.2	19 50.7	9.0	57.5
	11	344 30.3	26.1	216 37.4	9.2	19 59.7	8.8	57.5
	12	359 30.1	N23 26.1	231 05.6	9.1	S20 08.5	8.7	57.5
	13	14 30.0	26.1	245 33.7	9.1	20 17.2	8.5	57.4
	14	29 29.9	26.0	260 01.8	9.1	20 25.7	8.5	57.4
	15	44 29.7	. . 26.0	274 29.9	9.0	20 34.2	8.3	57.4
	16	59 29.6	26.0	288 57.9	8.9	20 42.5	8.2	57.4
	17	74 29.5	26.0	303 25.8	8.9	20 50.7	8.1	57.3
	18	89 29.3	N23 26.0	317 53.7	8.9	S20 58.8	8.0	57.3
	19	104 29.2	25.9	332 21.6	8.9	21 06.8	7.9	57.3
	20	119 29.1	25.9	346 49.5	8.8	21 14.7	7.7	57.3
	21	134 28.9	. . 25.9	1 17.3	8.8	21 22.4	7.6	57.3
	22	149 28.8	25.9	15 45.1	8.7	21 30.0	7.5	57.2
	23	164 28.7	25.8	30 12.8	8.7	21 37.5	7.3	57.2
23	00	179 28.5	N23 25.8	44 40.5	8.6	S21 44.8	7.3	57.2
	01	194 28.4	25.8	59 08.1	8.7	21 52.1	7.1	57.2
	02	209 28.3	25.8	73 35.8	8.6	21 59.2	7.0	57.2
	03	224 28.1	. . 25.7	88 03.4	8.5	22 06.2	6.8	57.1
	04	239 28.0	25.7	102 30.9	8.5	22 13.0	6.7	57.1
	05	254 27.9	25.7	116 58.4	8.5	22 19.7	6.6	57.1
	06	269 27.7	N23 25.6	131 25.9	8.5	S22 26.3	6.5	57.1
WEDNESDAY	07	284 27.6	25.6	145 53.4	8.4	22 32.8	6.3	57.1
	08	299 27.4	25.6	160 20.8	8.4	22 39.1	6.2	57.0
	09	314 27.3	. . 25.6	174 48.2	8.4	22 45.3	6.1	57.0
	10	329 27.2	25.5	189 15.6	8.3	22 51.4	5.9	57.0
	11	344 27.0	25.5	203 42.9	8.3	22 57.3	5.8	57.0
	12	359 26.9	N23 25.4	218 10.2	8.3	S23 03.1	5.7	57.0
	13	14 26.8	25.4	232 37.5	8.3	23 08.8	5.5	56.9
	14	29 26.6	25.4	247 04.8	8.2	23 14.3	5.4	56.9
	15	44 26.5	. . 25.3	261 32.0	8.2	23 19.7	5.3	56.9
	16	59 26.4	25.3	275 59.2	8.2	23 25.0	5.1	56.9
	17	74 26.2	25.3	290 26.4	8.2	23 30.1	5.0	56.8
	18	89 26.1	N23 25.2	304 53.6	8.1	S23 35.1	4.9	56.8
	19	104 26.0	25.2	319 20.7	8.1	23 40.0	4.7	56.8
	20	119 25.8	25.1	333 47.8	8.1	23 44.7	4.6	56.8
	21	134 25.7	. . 25.1	348 14.9	8.1	23 49.3	4.4	56.8
	22	149 25.6	25.1	2 42.0	8.1	23 53.7	4.3	56.7
	23	164 25.4	25.0	17 09.1	8.1	S23 58.0	4.2	56.7
		SD 15.8	*d* 0.0	SD 15.8		15.7		15.5

Lat.	Twilight Naut.	Twilight Civil	Sunrise	Moonrise 21	Moonrise 22	Moonrise 23	Moonrise 24
°	h m	h m	h m	h m	h m	h m	h m
N 72	□	□	□	19 07	■	■	■
N 70	□	□	□	17 54	■	■	■
68	□	□	□	17 17	19 54	■	■
66	□	□	□	16 51	18 53	■	■
64	////	////	01 31	16 31	18 19	20 06	21 36
62	////	////	02 09	16 15	17 54	19 28	20 46
60	////	00 49	02 36	16 02	17 35	19 02	20 14
N 58	////	01 41	02 56	15 50	17 19	18 41	19 51
56	////	02 11	03 13	15 41	17 05	18 24	19 32
54	00 45	02 33	03 28	15 32	16 53	18 10	19 16
52	01 32	02 51	03 40	15 24	16 43	17 57	19 02
50	02 00	03 06	03 51	15 17	16 34	17 46	18 50
45	02 46	03 36	04 13	15 02	16 15	17 23	18 26
N 40	03 17	03 59	04 31	14 50	15 59	17 05	18 06
35	03 40	04 17	04 47	14 40	15 46	16 49	17 49
30	03 59	04 32	05 00	14 31	15 34	16 36	17 35
20	04 28	04 57	05 22	14 16	15 15	16 13	17 11
N 10	04 51	05 18	05 41	14 02	14 58	15 54	16 50
0	05 10	05 36	05 58	13 50	14 42	15 36	16 30
S 10	05 27	05 53	06 16	13 37	14 26	15 18	16 11
20	05 43	06 10	06 34	13 24	14 10	14 58	15 50
30	05 59	06 29	06 56	13 10	13 51	14 36	15 26
35	06 08	06 40	07 08	13 01	13 40	14 23	15 12
40	06 18	06 52	07 22	12 51	13 27	14 08	14 56
45	06 28	07 05	07 39	12 40	13 12	13 51	14 37
S 50	06 40	07 21	08 00	12 26	12 54	13 29	14 12
52	06 45	07 29	08 10	12 20	12 46	13 18	14 01
54	06 51	07 37	08 21	12 13	12 36	13 07	13 47
56	06 57	07 46	08 34	12 05	12 25	12 53	13 32
58	07 04	07 56	08 48	11 56	12 13	12 38	13 14
S 60	07 11	08 08	09 06	11 47	11 59	12 19	12 52

Lat.	Sunset	Twilight Civil	Twilight Naut.	Moonset 21	Moonset 22	Moonset 23	Moonset 24
°	h m	h m	h m	h m	h m	h m	h m
N 72	□	□	□	20 38	■	■	■
N 70	□	□	□	21 52	■	■	■
68	□	□	□	22 31	21 43	■	■
66	□	□	□	22 58	22 45	■	■
64	22 33	////	////	23 18	23 20	23 26	23 50
62	21 54	////	////	23 35	23 45	24 04	00 04
60	21 28	23 14	////	23 50	24 05	00 05	00 30
N 58	21 07	22 23	////	24 02	00 02	00 22	00 51
56	20 51	21 53	////	24 12	00 12	00 36	01 09
54	20 36	21 31	23 19	00 01	00 22	00 48	01 23
52	20 24	21 13	22 31	00 07	00 30	00 59	01 36
50	20 13	20 58	22 03	00 12	00 38	01 08	01 47
45	19 51	20 28	21 18	00 24	00 54	01 29	02 11
N 40	19 32	20 05	20 47	00 34	01 07	01 45	02 30
35	19 17	19 47	20 24	00 42	01 18	01 59	02 46
30	19 04	19 32	20 05	00 49	01 28	02 11	02 59
20	18 42	19 07	19 36	01 02	01 45	02 32	03 23
N 10	18 23	18 46	19 13	01 13	02 00	02 50	03 43
0	18 06	18 28	18 54	01 23	02 14	03 08	04 02
S 10	17 48	18 11	18 37	01 34	02 29	03 25	04 21
20	17 30	17 54	18 21	01 45	02 44	03 43	04 41
30	17 08	17 35	18 05	01 58	03 01	04 04	05 05
35	16 56	17 24	17 56	02 05	03 11	04 16	05 19
40	16 42	17 12	17 46	02 14	03 23	04 31	05 35
45	16 25	16 59	17 36	02 24	03 37	04 48	05 54
S 50	16 04	16 43	17 24	02 36	03 54	05 09	06 18
52	15 54	16 35	17 19	02 42	04 02	05 19	06 29
54	15 43	16 27	17 13	02 48	04 11	05 30	06 42
56	15 30	16 18	17 07	02 55	04 21	05 43	06 57
58	15 16	16 08	17 00	03 03	04 32	05 58	07 15
S 60	14 58	15 56	16 53	03 12	04 46	06 16	07 37

Day	SUN Eqn. of Time 00^h	SUN Eqn. of Time 12^h	SUN Mer. Pass.	MOON Mer. Pass. Upper	MOON Mer. Pass. Lower	MOON Age	MOON Phase
d	m s	m s	h m	h m	h m	d %	
21	01 40	01 46	12 02	20 02	07 36	09 75	
22	01 53	01 59	12 02	20 55	08 28	10 84	◐
23	02 06	02 12	12 02	21 49	09 22	11 91	

UT		ARIES	VENUS −4.0		MARS +1.3		JUPITER −2.4		SATURN +1.1	
d	h	GHA ° ′	GHA ° ′	Dec ° ′	GHA ° ′	Dec ° ′	GHA ° ′	Dec ° ′	GHA ° ′	Dec ° ′
24	00	272 02.7	137 49.3	N19 16.6	111 02.9	N 9 07.7	269 41.5	S 0 20.5	92 38.8	N 2 48.9
	01	287 05.1	152 48.8	15.8	126 04.1	07.1	284 43.7	20.5	107 41.2	48.8
	02	302 07.6	167 48.3	14.9	141 05.3	06.5	299 46.0	20.4	122 43.5	48.8
	03	317 10.1	182 47.9	. . 14.1	156 06.4	. . 06.0	314 48.3	. . 20.3	137 45.9	. . 48.8
	04	332 12.5	197 47.4	13.3	171 07.6	05.4	329 50.5	20.2	152 48.3	48.7
	05	347 15.0	212 47.0	12.4	186 08.8	04.9	344 52.8	20.2	167 50.7	48.7
	06	2 17.5	227 46.5	N19 11.6	201 10.0	N 9 04.3	359 55.0	S 0 20.1	182 53.0	N 2 48.6
	07	17 19.9	242 46.0	10.7	216 11.1	03.7	14 57.3	20.0	197 55.4	48.6
T	08	32 22.4	257 45.6	09.9	231 12.3	03.2	29 59.5	19.9	212 57.8	48.5
H	09	47 24.8	272 45.1	. . 09.1	246 13.5	. . 02.6	45 01.8	. . 19.8	228 00.2	. . 48.5
U	10	62 27.3	287 44.7	08.2	261 14.7	02.1	60 04.0	19.8	243 02.5	48.4
R	11	77 29.8	302 44.2	07.4	276 15.9	01.5	75 06.3	19.7	258 04.9	48.4
S	12	92 32.2	317 43.8	N19 06.5	291 17.0	N 9 00.9	90 08.5	S 0 19.6	273 07.3	N 2 48.3
D	13	107 34.7	332 43.3	05.7	306 18.2	9 00.4	105 10.8	19.5	288 09.7	48.3
A	14	122 37.2	347 42.9	04.8	321 19.4	8 59.8	120 13.0	19.4	303 12.0	48.2
Y	15	137 39.6	2 42.4	. . 04.0	336 20.6	. . 59.3	135 15.3	. . 19.4	318 14.4	. . 48.2
	16	152 42.1	17 41.9	03.1	351 21.7	58.7	150 17.5	19.3	333 16.8	48.1
	17	167 44.6	32 41.5	02.3	6 22.9	58.1	165 19.8	19.2	348 19.2	48.1
	18	182 47.0	47 41.0	N19 01.4	21 24.1	N 8 57.6	180 22.1	S 0 19.1	3 21.5	N 2 48.0
	19	197 49.5	62 40.6	19 00.6	36 25.3	57.0	195 24.3	19.1	18 23.9	48.0
	20	212 52.0	77 40.1	18 59.7	51 26.5	56.5	210 26.6	19.0	33 26.3	47.9
	21	227 54.4	92 39.7	. . 58.9	66 27.6	. . 55.9	225 28.8	. . 18.9	48 28.6	. . 47.9
	22	242 56.9	107 39.2	58.0	81 28.8	55.3	240 31.1	18.8	63 31.0	47.8
	23	257 59.3	122 38.8	57.2	96 30.0	54.8	255 33.3	18.7	78 33.4	47.8
25	00	273 01.8	137 38.3	N18 56.3	111 31.2	N 8 54.2	270 35.6	S 0 18.7	93 35.8	N 2 47.7
	01	288 04.3	152 37.9	55.4	126 32.3	53.7	285 37.9	18.6	108 38.1	47.7
	02	303 06.7	167 37.5	54.6	141 33.5	53.1	300 40.1	18.5	123 40.5	47.6
	03	318 09.2	182 37.0	. . 53.7	156 34.7	. . 52.5	315 42.4	. . 18.4	138 42.9	. . 47.6
	04	333 11.7	197 36.6	52.9	171 35.9	52.0	330 44.6	18.4	153 45.2	47.5
	05	348 14.1	212 36.1	52.0	186 37.0	51.4	345 46.9	18.3	168 47.6	47.5
	06	3 16.6	227 35.7	N18 51.2	201 38.2	N 8 50.9	0 49.1	S 0 18.2	183 50.0	N 2 47.4
	07	18 19.1	242 35.2	50.3	216 39.4	50.3	15 51.4	18.1	198 52.4	47.4
	08	33 21.5	257 34.8	49.4	231 40.6	49.7	30 53.7	18.1	213 54.7	47.3
F	09	48 24.0	272 34.4	. . 48.6	246 41.7	. . 49.2	45 55.9	. . 18.0	228 57.1	. . 47.3
R	10	63 26.5	287 33.9	47.7	261 42.9	48.6	60 58.2	17.9	243 59.5	47.2
I	11	78 28.9	302 33.5	46.8	276 44.1	48.0	76 00.4	17.8	259 01.8	47.2
D	12	93 31.4	317 33.0	N18 46.0	291 45.3	N 8 47.5	91 02.7	S 0 17.8	274 04.2	N 2 47.1
A	13	108 33.8	332 32.6	45.1	306 46.4	46.9	106 05.0	17.7	289 06.6	47.1
Y	14	123 36.3	347 32.2	44.2	321 47.6	46.4	121 07.2	17.6	304 08.9	47.0
	15	138 38.8	2 31.7	. . 43.4	336 48.8	. . 45.8	136 09.5	. . 17.5	319 11.3	. . 47.0
	16	153 41.2	17 31.3	42.5	351 50.0	45.2	151 11.8	17.5	334 13.7	46.9
	17	168 43.7	32 30.9	41.6	6 51.1	44.7	166 14.0	17.4	349 16.1	46.9
	18	183 46.2	47 30.4	N18 40.8	21 52.3	N 8 44.1	181 16.3	S 0 17.3	4 18.4	N 2 46.8
	19	198 48.6	62 30.0	39.9	36 53.5	43.5	196 18.5	17.2	19 20.8	46.8
	20	213 51.1	77 29.6	39.0	51 54.7	43.0	211 20.8	17.2	34 23.2	46.7
	21	228 53.6	92 29.1	. . 38.2	66 55.8	. . 42.4	226 23.1	. . 17.1	49 25.5	. . 46.7
	22	243 56.0	107 28.7	37.3	81 57.0	41.8	241 25.3	17.0	64 27.9	46.6
	23	258 58.5	122 28.3	36.4	96 58.2	41.3	256 27.6	16.9	79 30.3	46.6
26	00	274 01.0	137 27.8	N18 35.5	111 59.4	N 8 40.7	271 29.9	S 0 16.9	94 32.6	N 2 46.5
	01	289 03.4	152 27.4	34.7	127 00.5	40.1	286 32.1	16.8	109 35.0	46.5
	02	304 05.9	167 27.0	33.8	142 01.7	39.6	301 34.4	16.7	124 37.4	46.4
	03	319 08.3	182 26.5	. . 32.9	157 02.9	. . 39.0	316 36.6	. . 16.6	139 39.7	. . 46.4
	04	334 10.8	197 26.1	32.0	172 04.1	38.5	331 38.9	16.6	154 42.1	46.3
	05	349 13.3	212 25.7	31.2	187 05.2	37.9	346 41.2	16.5	169 44.5	46.3
	06	4 15.7	227 25.3	N18 30.3	202 06.4	N 8 37.3	1 43.4	S 0 16.4	184 46.8	N 2 46.2
	07	19 18.2	242 24.8	29.4	217 07.6	36.8	16 45.7	16.3	199 49.2	46.2
S	08	34 20.7	257 24.4	28.5	232 08.7	36.2	31 48.0	16.3	214 51.6	46.1
A	09	49 23.1	272 24.0	. . 27.6	247 09.9	. . 35.6	46 50.2	. . 16.2	229 53.9	. . 46.0
T	10	64 25.6	287 23.6	26.8	262 11.1	35.1	61 52.5	16.1	244 56.3	46.0
U	11	79 28.1	302 23.1	25.9	277 12.3	34.5	76 54.8	16.1	259 58.7	45.9
R	12	94 30.5	317 22.7	N18 25.0	292 13.4	N 8 33.9	91 57.0	S 0 16.0	275 01.0	N 2 45.9
D	13	109 33.0	332 22.3	24.1	307 14.6	33.4	106 59.3	15.9	290 03.4	45.8
A	14	124 35.5	347 21.9	23.2	322 15.8	32.8	122 01.6	15.8	305 05.8	45.8
Y	15	139 37.9	2 21.5	. . 22.3	337 16.9	. . 32.2	137 03.8	. . 15.8	320 08.1	. . 45.7
	16	154 40.4	17 21.0	21.5	352 18.1	31.7	152 06.1	15.7	335 10.5	45.7
	17	169 42.8	32 20.6	20.6	7 19.3	31.1	167 08.4	15.6	350 12.9	45.6
	18	184 45.3	47 20.2	N18 19.7	22 20.5	N 8 30.5	182 10.6	S 0 15.5	5 15.2	N 2 45.6
	19	199 47.8	62 19.8	18.8	37 21.6	30.0	197 12.9	15.5	20 17.6	45.5
	20	214 50.2	77 19.4	17.9	52 22.8	29.4	212 15.2	15.4	35 20.0	45.5
	21	229 52.7	92 19.0	. . 17.0	67 24.0	. . 28.8	227 17.5	. . 15.3	50 22.3	. . 45.4
	22	244 55.2	107 18.5	16.1	82 25.2	28.3	242 19.7	15.3	65 24.7	45.4
	23	259 57.6	122 18.1	15.2	97 26.3	27.7	257 22.0	15.2	80 27.1	45.3
Mer. Pass.		h m 5 46.9	*v* −0.4	*d* 0.9	*v* 1.2	*d* 0.6	*v* 2.3	*d* 0.1	*v* 2.4	*d* 0.1

STARS

Name	SHA ° ′	Dec ° ′
Acamar	315 20.2	S40 15.5
Achernar	335 28.5	S57 10.6
Acrux	173 11.8	S63 09.8
Adhara	255 14.6	S28 59.2
Aldebaran	290 52.2	N16 31.8
Alioth	166 22.3	N55 54.3
Alkaid	153 00.3	N49 15.8
Al Na'ir	27 46.1	S46 54.3
Alnilam	275 48.9	S 1 11.7
Alphard	217 58.4	S 8 42.4
Alphecca	126 12.5	N26 40.8
Alpheratz	357 45.8	N29 08.9
Altair	62 10.0	N 8 53.8
Ankaa	353 17.8	S42 14.6
Antares	112 28.6	S26 27.4
Arcturus	145 57.5	N19 07.7
Atria	107 31.9	S69 02.9
Avior	234 19.6	S59 32.8
Bellatrix	278 34.7	N 6 21.5
Betelgeuse	271 04.0	N 7 24.5
Canopus	263 57.7	S52 42.1
Capella	280 38.1	N46 00.4
Deneb	49 32.6	N45 19.0
Denebola	182 35.9	N14 30.8
Diphda	348 58.1	S17 55.5
Dubhe	193 54.4	N61 41.8
Elnath	278 15.7	N28 36.9
Eltanin	90 46.6	N51 29.3
Enif	33 49.0	N 9 55.4
Fomalhaut	15 26.2	S29 33.7
Gacrux	172 03.4	S57 10.7
Gienah	175 54.5	S17 36.2
Hadar	148 50.8	S60 25.7
Hamal	328 03.4	N23 30.7
Kaus Aust.	83 46.2	S34 22.7
Kochab	137 18.9	N74 06.9
Markab	13 40.4	N15 15.7
Menkar	314 17.5	N 4 07.9
Menkent	148 10.0	S36 25.5
Miaplacidus	221 41.0	S69 45.9
Mirfak	308 43.9	N49 53.8
Nunki	76 00.6	S26 16.9
Peacock	53 22.0	S56 41.8
Pollux	243 30.7	N28 00.0
Procyon	245 02.3	N 5 11.8
Rasalhague	96 08.1	N12 33.2
Regulus	207 46.0	N11 54.9
Rigel	281 14.5	S 8 11.3
Rigil Kent.	139 54.4	S60 53.0
Sabik	102 14.7	S15 44.3
Schedar	349 43.2	N56 35.5
Shaula	96 24.4	S37 06.7
Sirius	258 36.0	S16 43.9
Spica	158 33.4	S11 13.1
Suhail	222 54.4	S43 28.7
Vega	80 40.0	N38 47.6
Zuben'ubi	137 07.6	S16 05.2

	SHA ° ′	Mer. Pass. h m
Venus	224 36.5	14 50
Mars	198 29.3	16 33
Jupiter	357 33.8	5 57
Saturn	180 33.9	17 43

	UT	SUN GHA	SUN Dec	MOON GHA	v	MOON Dec	d	HP
	d h	° ′	° ′	° ′	′	° ′	′	′
	24 00	179 25.3	N23 25.0	31 36.2	8.0	S24 02.2	4.0	56.7
	01	194 25.2	24.9	46 03.2	8.1	24 06.2	3.9	56.7
	02	209 25.0	24.9	60 30.3	8.0	24 10.1	3.8	56.7
	03	224 24.9	. . 24.8	74 57.3	8.0	24 13.9	3.6	56.6
	04	239 24.8	24.8	89 24.3	8.0	24 17.5	3.4	56.6
	05	254 24.6	24.8	103 51.3	8.0	24 20.9	3.4	56.6
	06	269 24.5	N23 24.7	118 18.3	8.0	S24 24.3	3.2	56.6
	07	284 24.4	24.7	132 45.3	7.9	24 27.5	3.0	56.6
T	08	299 24.2	24.6	147 12.2	8.0	24 30.5	2.9	56.5
H	09	314 24.1	. . 24.6	161 39.2	8.0	24 33.4	2.8	56.5
U	10	329 24.0	24.5	176 06.2	8.0	24 36.2	2.6	56.5
R	11	344 23.8	24.5	190 33.2	7.9	24 38.8	2.5	56.5
S	12	359 23.7	N23 24.4	205 00.1	8.0	S24 41.3	2.4	56.5
D	13	14 23.6	24.4	219 27.1	8.0	24 43.7	2.2	56.4
A	14	29 23.4	24.3	233 54.1	8.0	24 45.9	2.1	56.4
Y	15	44 23.3	. . 24.3	248 21.1	8.0	24 48.0	1.9	56.4
	16	59 23.2	24.2	262 48.1	8.0	24 49.9	1.8	56.4
	17	74 23.0	24.1	277 15.1	8.0	24 51.7	1.6	56.3
	18	89 22.9	N23 24.1	291 42.1	8.0	S24 53.3	1.5	56.3
	19	104 22.8	24.0	306 09.1	8.0	24 54.8	1.4	56.3
	20	119 22.6	24.0	320 36.1	8.0	24 56.2	1.2	56.3
	21	134 22.5	. . 23.9	335 03.1	8.1	24 57.4	1.1	56.3
	22	149 22.4	23.9	349 30.2	8.0	24 58.5	1.0	56.2
	23	164 22.2	23.8	3 57.2	8.1	24 59.5	0.8	56.2
	25 00	179 22.1	N23 23.7	18 24.3	8.1	S25 00.3	0.6	56.2
	01	194 22.0	23.7	32 51.4	8.1	25 00.9	0.6	56.2
	02	209 21.8	23.6	47 18.5	8.1	25 01.5	0.3	56.2
	03	224 21.7	. . 23.6	61 45.6	8.2	25 01.8	0.3	56.1
	04	239 21.6	23.5	76 12.8	8.1	25 02.1	0.1	56.1
	05	254 21.5	23.4	90 39.9	8.2	25 02.2	0.0	56.1
	06	269 21.3	N23 23.4	105 07.1	8.3	S25 02.2	0.2	56.1
	07	284 21.2	23.3	119 34.4	8.2	25 02.0	0.3	56.1
	08	299 21.1	23.2	134 01.6	8.3	25 01.7	0.5	56.0
F	09	314 20.9	. . 23.2	148 28.9	8.3	25 01.2	0.6	56.0
R	10	329 20.8	23.1	162 56.2	8.3	25 00.6	0.7	56.0
I	11	344 20.7	23.0	177 23.5	8.4	24 59.9	0.8	56.0
D	12	359 20.5	N23 23.0	191 50.9	8.4	S24 59.1	1.0	56.0
A	13	14 20.4	22.9	206 18.3	8.4	24 58.1	1.2	55.9
Y	14	29 20.3	22.8	220 45.7	8.5	24 56.9	1.2	55.9
	15	44 20.1	. . 22.7	235 13.2	8.5	24 55.7	1.4	55.9
	16	59 20.0	22.7	249 40.7	8.6	24 54.3	1.6	55.9
	17	74 19.9	22.6	264 08.3	8.6	24 52.7	1.7	55.9
	18	89 19.7	N23 22.5	278 35.9	8.6	S24 51.0	1.8	55.8
	19	104 19.6	22.5	293 03.5	8.7	24 49.2	1.9	55.8
	20	119 19.5	22.4	307 31.2	8.7	24 47.3	2.1	55.8
	21	134 19.3	. . 22.3	321 58.9	8.7	24 45.2	2.2	55.8
	22	149 19.2	22.2	336 26.6	8.8	24 43.0	2.3	55.8
	23	164 19.1	22.2	350 54.4	8.9	24 40.7	2.5	55.7
	26 00	179 19.0	N23 22.1	5 22.3	8.9	S24 38.2	2.6	55.7
	01	194 18.8	22.0	19 50.2	8.9	24 35.6	2.7	55.7
	02	209 18.7	21.9	34 18.1	9.0	24 32.9	2.8	55.7
	03	224 18.6	. . 21.8	48 46.1	9.0	24 30.1	3.0	55.7
	04	239 18.4	21.8	63 14.1	9.1	24 27.1	3.1	55.6
	05	254 18.3	21.7	77 42.2	9.2	24 24.0	3.3	55.6
	06	269 18.2	N23 21.6	92 10.4	9.2	S24 20.7	3.3	55.6
	07	284 18.0	21.5	106 38.6	9.2	24 17.4	3.5	55.6
S	08	299 17.9	21.4	121 06.8	9.3	24 13.9	3.6	55.6
A	09	314 17.8	. . 21.4	135 35.1	9.4	24 10.3	3.8	55.5
T	10	329 17.6	21.3	150 03.5	9.4	24 06.5	3.8	55.5
U	11	344 17.5	21.2	164 31.9	9.5	24 02.7	4.0	55.5
R	12	359 17.4	N23 21.1	179 00.4	9.5	S23 58.7	4.1	55.5
D	13	14 17.3	21.0	193 28.9	9.6	23 54.6	4.3	55.5
A	14	29 17.1	20.9	207 57.5	9.7	23 50.3	4.3	55.4
Y	15	44 17.0	. . 20.8	222 26.2	9.7	23 46.0	4.5	55.4
	16	59 16.9	20.7	236 54.9	9.8	23 41.5	4.6	55.4
	17	74 16.7	20.7	251 23.7	9.8	23 36.9	4.7	55.4
	18	89 16.6	N23 20.6	265 52.5	9.9	S23 32.2	4.8	55.4
	19	104 16.5	20.5	280 21.4	10.0	23 27.4	4.9	55.4
	20	119 16.3	20.4	294 50.4	10.0	23 22.5	5.1	55.3
	21	134 16.2	. . 20.3	309 19.4	10.1	23 17.4	5.1	55.3
	22	149 16.1	20.2	323 48.5	10.2	23 12.3	5.3	55.3
	23	164 16.0	20.1	338 17.7	10.2	S23 07.0	5.4	55.3
		SD 15.8	*d* 0.1	SD	15.4		15.2	15.1

Lat.	Twilight Naut.	Twilight Civil	Sunrise	Moonrise 24	25	26	27
°	h m	h m	h m	h m	h m	h m	h m
N 72	▭	▭	▭	■	■	■	■
N 70	▭	▭	▭	■	■	■	■
68	▭	▭	▭	■	■	■	23 46
66	▭	▭	▭	■	■	23 24	23 05
64	////	////	01 33	21 36	22 21	22 33	22 36
62	////	////	02 11	20 46	21 36	22 01	22 14
60	////	00 52	02 37	20 14	21 06	21 38	21 56
N 58	////	01 42	02 58	19 51	20 43	21 18	21 42
56	////	02 12	03 14	19 32	20 25	21 02	21 29
54	00 47	02 34	03 29	19 16	20 09	20 49	21 18
52	01 34	02 52	03 41	19 02	19 56	20 37	21 08
50	02 02	03 07	03 52	18 50	19 44	20 26	20 59
45	02 47	03 37	04 14	18 26	19 19	20 04	20 40
N 40	03 18	03 59	04 32	18 06	19 00	19 46	20 25
35	03 41	04 18	04 47	17 49	18 43	19 31	20 12
30	04 00	04 33	05 00	17 35	18 29	19 18	20 00
20	04 29	04 58	05 22	17 11	18 05	18 55	19 41
N 10	04 51	05 18	05 41	16 50	17 44	18 36	19 24
0	05 10	05 36	05 59	16 30	17 25	18 18	19 08
S 10	05 27	05 54	06 16	16 11	17 05	17 59	18 52
20	05 43	06 11	06 35	15 50	16 45	17 40	18 34
30	06 00	06 30	06 56	15 26	16 20	17 17	18 15
35	06 09	06 40	07 08	15 12	16 06	17 04	18 03
40	06 18	06 52	07 23	14 56	15 50	16 49	17 50
45	06 28	07 06	07 39	14 37	15 30	16 30	17 34
S 50	06 40	07 22	08 00	14 12	15 06	16 07	17 14
52	06 45	07 29	08 10	14 01	14 54	15 56	17 05
54	06 51	07 37	08 21	13 47	14 40	15 44	16 54
56	06 57	07 46	08 34	13 32	14 25	15 30	16 42
58	07 04	07 57	08 48	13 14	14 06	15 13	16 29
S 60	07 11	08 08	09 06	12 52	13 43	14 52	16 12

Lat.	Sunset	Twilight Civil	Twilight Naut.	Moonset 24	25	26	27
°	h m	h m	h m	h m	h m	h m	h m
N 72	▭	▭	▭	■	■	■	■
N 70	▭	▭	▭	■	■	■	■
68	▭	▭	▭	■	■	■	■
66	▭	▭	▭	■	■	■	01 44
64	22 32	////	////	23 50	24 58	00 58	02 34
62	21 54	////	////	00 04	00 40	01 43	03 06
60	21 28	23 13	////	00 30	01 12	02 13	03 29
N 58	21 07	22 23	////	00 51	01 35	02 35	03 48
56	20 51	21 53	////	01 09	01 54	02 53	04 03
54	20 36	21 31	23 17	01 23	02 10	03 09	04 17
52	20 24	21 13	22 31	01 36	02 24	03 22	04 28
50	20 13	20 58	22 03	01 47	02 36	03 34	04 39
45	19 51	20 28	21 18	02 11	03 01	03 58	05 00
N 40	19 33	20 06	20 47	02 30	03 21	04 17	05 18
35	19 18	19 48	20 24	02 46	03 37	04 33	05 32
30	19 05	19 32	20 06	02 59	03 52	04 47	05 45
20	18 43	19 07	19 37	03 23	04 16	05 11	06 06
N 10	18 24	18 47	19 14	03 43	04 37	05 31	06 25
0	18 06	18 29	18 55	04 02	04 57	05 51	06 42
S 10	17 49	18 12	18 38	04 21	05 16	06 09	06 59
20	17 30	17 54	18 22	04 41	05 37	06 30	07 18
30	17 09	17 36	18 05	05 05	06 02	06 53	07 39
35	16 57	17 25	17 57	05 19	06 16	07 07	07 51
40	16 43	17 13	17 47	05 35	06 32	07 22	08 05
45	16 26	17 00	17 37	05 54	06 52	07 41	08 22
S 50	16 05	16 44	17 25	06 18	07 17	08 05	08 42
52	15 55	16 36	17 20	06 29	07 29	08 16	08 52
54	15 44	16 28	17 14	06 42	07 42	08 28	09 02
56	15 32	16 19	17 08	06 57	07 58	08 43	09 15
58	15 17	16 09	17 01	07 15	08 16	09 00	09 29
S 60	14 59	15 57	16 54	07 37	08 39	09 21	09 46

Day	SUN Eqn. of Time 00^h	SUN Eqn. of Time 12^h	SUN Mer. Pass.	MOON Mer. Pass. Upper	MOON Mer. Pass. Lower	Age	Phase
d	m s	m s	h m	h m	h m	d	%
24	02 19	02 25	12 02	22 44	10 16	12	96
25	02 31	02 38	12 03	23 38	11 11	13	99
26	02 44	02 50	12 03	24 30	12 04	14	100

UT	ARIES	VENUS −4.0		MARS +1.3		JUPITER −2.5		SATURN +1.1	
	GHA	GHA	Dec	GHA	Dec	GHA	Dec	GHA	Dec
d h	° ′	° ′	° ′	° ′	° ′	° ′	° ′	° ′	° ′
27 00	275 00.1	137 17.7	N18 14.3	112 27.5	N 8 27.1	272 24.3	S 0 15.1	95 29.4	N 2 45.3
01	290 02.6	152 17.3	13.4	127 28.7	26.6	287 26.5	15.0	110 31.8	45.2
02	305 05.0	167 16.9	12.5	142 29.8	26.0	302 28.8	15.0	125 34.2	45.2
03	320 07.5	182 16.5	. . 11.7	157 31.0	. . 25.4	317 31.1	. . 14.9	140 36.5	. . 45.1
04	335 10.0	197 16.1	10.8	172 32.2	24.9	332 33.3	14.8	155 38.9	45.1
05	350 12.4	212 15.7	09.9	187 33.3	24.3	347 35.6	14.8	170 41.2	45.0
06	5 14.9	227 15.2	N18 09.0	202 34.5	N 8 23.7	2 37.9	S 0 14.7	185 43.6	N 2 44.9
07	20 17.3	242 14.8	08.1	217 35.7	23.2	17 40.2	14.6	200 46.0	44.9
08	35 19.8	257 14.4	07.2	232 36.9	22.6	32 42.4	14.6	215 48.3	44.8
S 09	50 22.3	272 14.0	. . 06.3	247 38.0	. . 22.0	47 44.7	. . 14.5	230 50.7	. . 44.8
U 10	65 24.7	287 13.6	05.4	262 39.2	21.5	62 47.0	14.4	245 53.1	44.7
N 11	80 27.2	302 13.2	04.5	277 40.4	20.9	77 49.3	14.3	260 55.4	44.7
D 12	95 29.7	317 12.8	N18 03.6	292 41.5	N 8 20.3	92 51.5	S 0 14.3	275 57.8	N 2 44.6
A 13	110 32.1	332 12.4	02.7	307 42.7	19.8	107 53.8	14.2	291 00.1	44.6
Y 14	125 34.6	347 12.0	01.8	322 43.9	19.2	122 56.1	14.1	306 02.5	44.5
15	140 37.1	2 11.6	18 00.9	337 45.0	. . 18.6	137 58.3	. . 14.1	321 04.9	. . 44.5
16	155 39.5	17 11.2	17 59.9	352 46.2	18.0	153 00.6	14.0	336 07.2	44.4
17	170 42.0	32 10.8	59.0	7 47.4	17.5	168 02.9	13.9	351 09.6	44.4
18	185 44.4	47 10.4	N17 58.1	22 48.6	N 8 16.9	183 05.2	S 0 13.9	6 12.0	N 2 44.3
19	200 46.9	62 10.0	57.2	37 49.7	16.3	198 07.4	13.8	21 14.3	44.3
20	215 49.4	77 09.6	56.3	52 50.9	15.8	213 09.7	13.7	36 16.7	44.2
21	230 51.8	92 09.2	. . 55.4	67 52.1	. . 15.2	228 12.0	. . 13.7	51 19.0	. . 44.1
22	245 54.3	107 08.8	54.5	82 53.2	14.6	243 14.3	13.6	66 21.4	44.1
23	260 56.8	122 08.4	53.6	97 54.4	14.1	258 16.5	13.5	81 23.8	44.0
28 00	275 59.2	137 08.0	N17 52.7	112 55.6	N 8 13.5	273 18.8	S 0 13.4	96 26.1	N 2 44.0
01	291 01.7	152 07.6	51.8	127 56.7	12.9	288 21.1	13.4	111 28.5	43.9
02	306 04.2	167 07.2	50.9	142 57.9	12.4	303 23.4	13.3	126 30.8	43.9
03	321 06.6	182 06.8	. . 50.0	157 59.1	. . 11.8	318 25.7	. . 13.2	141 33.2	. . 43.8
04	336 09.1	197 06.4	49.0	173 00.2	11.2	333 27.9	13.2	156 35.6	43.8
05	351 11.6	212 06.0	48.1	188 01.4	10.6	348 30.2	13.1	171 37.9	43.7
06	6 14.0	227 05.6	N17 47.2	203 02.6	N 8 10.1	3 32.5	S 0 13.0	186 40.3	N 2 43.7
07	21 16.5	242 05.2	46.3	218 03.7	09.5	18 34.8	13.0	201 42.6	43.6
08	36 18.9	257 04.9	45.4	233 04.9	08.9	33 37.0	12.9	216 45.0	43.5
M 09	51 21.4	272 04.5	. . 44.5	248 06.1	. . 08.4	48 39.3	. . 12.8	231 47.4	. . 43.5
O 10	66 23.9	287 04.1	43.5	263 07.2	07.8	63 41.6	12.8	246 49.7	43.4
N 11	81 26.3	302 03.7	42.6	278 08.4	07.2	78 43.9	12.7	261 52.1	43.4
D 12	96 28.8	317 03.3	N17 41.7	293 09.6	N 8 06.6	93 46.2	S 0 12.6	276 54.4	N 2 43.3
A 13	111 31.3	332 02.9	40.8	308 10.7	06.1	108 48.4	12.6	291 56.8	43.3
Y 14	126 33.7	347 02.5	39.9	323 11.9	05.5	123 50.7	12.5	306 59.2	43.2
15	141 36.2	2 02.1	. . 38.9	338 13.1	. . 04.9	138 53.0	. . 12.4	322 01.5	. . 43.2
16	156 38.7	17 01.7	38.0	353 14.2	04.4	153 55.3	12.4	337 03.9	43.1
17	171 41.1	32 01.4	37.1	8 15.4	03.8	168 57.6	12.3	352 06.2	43.1
18	186 43.6	47 01.0	N17 36.2	23 16.6	N 8 03.2	183 59.8	S 0 12.2	7 08.6	N 2 43.0
19	201 46.1	62 00.6	35.2	38 17.7	02.6	199 02.1	12.2	22 11.0	42.9
20	216 48.5	77 00.2	34.3	53 18.9	02.1	214 04.4	12.1	37 13.3	42.9
21	231 51.0	91 59.8	. . 33.4	68 20.1	. . 01.5	229 06.7	. . 12.0	52 15.7	. . 42.8
22	246 53.4	106 59.5	32.5	83 21.2	00.9	244 09.0	12.0	67 18.0	42.8
23	261 55.9	121 59.1	31.5	98 22.4	8 00.3	259 11.3	11.9	82 20.4	42.7
29 00	276 58.4	136 58.7	N17 30.6	113 23.6	N 7 59.8	274 13.5	S 0 11.8	97 22.7	N 2 42.7
01	292 00.8	151 58.3	29.7	128 24.7	59.2	289 15.8	11.8	112 25.1	42.6
02	307 03.3	166 57.9	28.8	143 25.9	58.6	304 18.1	11.7	127 27.5	42.6
03	322 05.8	181 57.6	. . 27.8	158 27.1	. . 58.1	319 20.4	. . 11.7	142 29.8	. . 42.5
04	337 08.2	196 57.2	26.9	173 28.2	57.5	334 22.7	11.6	157 32.2	42.4
05	352 10.7	211 56.8	26.0	188 29.4	56.9	349 25.0	11.5	172 34.5	42.4
06	7 13.2	226 56.4	N17 25.0	203 30.6	N 7 56.3	4 27.2	S 0 11.5	187 36.9	N 2 42.3
07	22 15.6	241 56.1	24.1	218 31.7	55.8	19 29.5	11.4	202 39.2	42.3
T 08	37 18.1	256 55.7	23.2	233 32.9	55.2	34 31.8	11.3	217 41.6	42.2
U 09	52 20.6	271 55.3	. . 22.2	248 34.1	. . 54.6	49 34.1	. . 11.3	232 44.0	. . 42.2
E 10	67 23.0	286 54.9	21.3	263 35.2	54.0	64 36.4	11.2	247 46.3	42.1
S 11	82 25.5	301 54.6	20.4	278 36.4	53.5	79 38.7	11.1	262 48.7	42.1
D 12	97 27.9	316 54.2	N17 19.4	293 37.6	N 7 52.9	94 41.0	S 0 11.1	277 51.0	N 2 42.0
A 13	112 30.4	331 53.8	18.5	308 38.7	52.3	109 43.2	11.0	292 53.4	41.9
Y 14	127 32.9	346 53.5	17.6	323 39.9	51.7	124 45.5	10.9	307 55.7	41.9
15	142 35.3	1 53.1	. . 16.6	338 41.1	. . 51.2	139 47.8	. . 10.9	322 58.1	. . 41.8
16	157 37.8	16 52.7	15.7	353 42.2	50.6	154 50.1	10.8	338 00.4	41.8
17	172 40.3	31 52.3	14.7	8 43.4	50.0	169 52.4	10.8	353 02.8	41.7
18	187 42.7	46 52.0	N17 13.8	23 44.5	N 7 49.4	184 54.7	S 0 10.7	8 05.2	N 2 41.7
19	202 45.2	61 51.6	12.9	38 45.7	48.9	199 57.0	10.6	23 07.5	41.6
20	217 47.7	76 51.2	11.9	53 46.9	48.3	214 59.3	10.6	38 09.9	41.5
21	232 50.1	91 50.9	. . 11.0	68 48.0	. . 47.7	230 01.6	. . 10.5	53 12.2	. . 41.5
22	247 52.6	106 50.5	10.0	83 49.2	47.1	245 03.8	10.4	68 14.6	41.4
23	262 55.0	121 50.2	09.1	98 50.4	46.6	260 06.1	10.4	83 16.9	41.4
Mer. Pass.	h m 5 35.1	*v* −0.4	*d* 0.9	*v* 1.2	*d* 0.6	*v* 2.3	*d* 0.1	*v* 2.4	*d* 0.1

STARS

Name	SHA	Dec
	° ′	° ′
Acamar	315 20.2	S40 15.5
Achernar	335 28.4	S57 10.6
Acrux	173 11.9	S63 09.8
Adhara	255 14.6	S28 59.2
Aldebaran	290 52.2	N16 31.8
Alioth	166 22.3	N55 54.3
Alkaid	153 00.3	N49 15.8
Al Na'ir	27 46.0	S46 54.3
Alnilam	275 48.9	S 1 11.7
Alphard	217 58.4	S 8 42.4
Alphecca	126 12.5	N26 40.8
Alpheratz	357 45.7	N29 08.9
Altair	62 10.0	N 8 53.8
Ankaa	353 17.7	S42 14.6
Antares	112 28.6	S26 27.4
Arcturus	145 57.5	N19 07.7
Atria	107 31.9	S69 02.9
Avior	234 19.6	S59 32.8
Bellatrix	278 34.6	N 6 21.6
Betelgeuse	271 04.0	N 7 24.5
Canopus	263 57.7	S52 42.1
Capella	280 38.1	N46 00.4
Deneb	49 32.6	N45 19.0
Denebola	182 35.9	N14 30.8
Diphda	348 58.0	S17 55.5
Dubhe	193 54.4	N61 41.8
Elnath	278 15.7	N28 36.9
Eltanin	90 46.6	N51 29.3
Enif	33 49.0	N 9 55.5
Fomalhaut	15 26.1	S29 33.7
Gacrux	172 03.4	S57 10.7
Gienah	175 54.5	S17 36.2
Hadar	148 50.8	S60 25.8
Hamal	328 03.4	N23 30.7
Kaus Aust.	83 46.2	S34 22.7
Kochab	137 18.9	N74 06.9
Markab	13 40.4	N15 15.7
Menkar	314 17.5	N 4 07.9
Menkent	148 10.0	S36 25.5
Miaplacidus	221 41.0	S69 45.9
Mirfak	308 43.9	N49 53.8
Nunki	76 00.6	S26 16.9
Peacock	53 22.0	S56 41.8
Pollux	243 30.7	N28 00.0
Procyon	245 02.3	N 5 11.8
Rasalhague	96 08.1	N12 33.2
Regulus	207 46.0	N11 54.9
Rigel	281 14.4	S 8 11.3
Rigil Kent.	139 54.4	S60 53.0
Sabik	102 14.7	S15 44.3
Schedar	349 43.2	N56 35.5
Shaula	96 24.4	S37 06.7
Sirius	258 36.0	S16 43.9
Spica	158 33.4	S11 13.1
Suhail	222 54.4	S43 28.7
Vega	80 40.0	N38 47.6
Zuben'ubi	137 07.6	S16 05.2

	SHA	Mer. Pass.
	° ′	h m
Venus	221 08.8	14 52
Mars	196 56.3	16 27
Jupiter	357 19.6	5 46
Saturn	180 26.9	17 32

UT d	UT h	SUN GHA	SUN Dec	MOON GHA	v	MOON Dec	d	HP
d	h	° ′	° ′	° ′	′	° ′	′	′
27	00	179 15.8	N23 20.0	352 46.9	10.3	S23 01.6	5.5	55.3
	01	194 15.7	19.9	7 16.2	10.4	22 56.1	5.6	55.2
	02	209 15.6	19.8	21 45.6	10.4	22 50.5	5.7	55.2
	03	224 15.4	. . 19.7	36 15.0	10.6	22 44.8	5.9	55.2
	04	239 15.3	19.6	50 44.6	10.5	22 38.9	5.9	55.2
	05	254 15.2	19.5	65 14.1	10.7	22 33.0	6.1	55.2
	06	269 15.0	N23 19.4	79 43.8	10.7	S22 26.9	6.1	55.2
	07	284 14.9	19.3	94 13.5	10.8	22 20.8	6.3	55.1
	08	299 14.8	19.2	108 43.3	10.8	22 14.5	6.4	55.1
S	09	314 14.7	. . 19.1	123 13.1	10.9	22 08.1	6.4	55.1
U	10	329 14.5	19.0	137 43.0	11.0	22 01.7	6.6	55.1
N	11	344 14.4	18.9	152 13.0	11.1	21 55.1	6.7	55.1
D	12	359 14.3	N23 18.8	166 43.1	11.1	S21 48.4	6.7	55.1
A	13	14 14.1	18.7	181 13.2	11.3	21 41.7	6.9	55.0
Y	14	29 14.0	18.6	195 43.5	11.2	21 34.8	7.0	55.0
	15	44 13.9	. . 18.5	210 13.7	11.4	21 27.8	7.1	55.0
	16	59 13.8	18.4	224 44.1	11.4	21 20.7	7.1	55.0
	17	74 13.6	18.3	239 14.5	11.5	21 13.6	7.3	55.0
	18	89 13.5	N23 18.2	253 45.0	11.6	S21 06.3	7.4	55.0
	19	104 13.4	18.1	268 15.6	11.6	20 58.9	7.4	54.9
	20	119 13.2	18.0	282 46.2	11.8	20 51.5	7.6	54.9
	21	134 13.1	. . 17.9	297 17.0	11.7	20 43.9	7.6	54.9
	22	149 13.0	17.8	311 47.7	11.9	20 36.3	7.7	54.9
	23	164 12.9	17.6	326 18.6	11.9	20 28.6	7.8	54.9
28	00	179 12.7	N23 17.5	340 49.5	12.1	S20 20.8	7.9	54.9
	01	194 12.6	17.4	355 20.6	12.0	20 12.9	8.0	54.8
	02	209 12.5	17.3	9 51.6	12.2	20 04.9	8.1	54.8
	03	224 12.4	. . 17.2	24 22.8	12.2	19 56.8	8.2	54.8
	04	239 12.2	17.1	38 54.0	12.3	19 48.6	8.3	54.8
	05	254 12.1	17.0	53 25.3	12.4	19 40.3	8.3	54.8
	06	269 12.0	N23 16.9	67 56.7	12.4	S19 32.0	8.4	54.8
	07	284 11.8	16.7	82 28.1	12.6	19 23.6	8.5	54.8
	08	299 11.7	16.6	96 59.7	12.6	19 15.1	8.6	54.7
M	09	314 11.6	. . 16.5	111 31.3	12.6	19 06.5	8.7	54.7
O	10	329 11.5	16.4	126 02.9	12.7	18 57.8	8.7	54.7
N	11	344 11.3	16.3	140 34.6	12.9	18 49.1	8.9	54.7
D	12	359 11.2	N23 16.1	155 06.5	12.8	S18 40.2	8.9	54.7
A	13	14 11.1	16.0	169 38.3	13.0	18 31.3	8.9	54.7
Y	14	29 11.0	15.9	184 10.3	13.0	18 22.4	9.1	54.7
	15	44 10.8	. . 15.8	198 42.3	13.1	18 13.3	9.1	54.6
	16	59 10.7	15.7	213 14.4	13.1	18 04.2	9.2	54.6
	17	74 10.6	15.5	227 46.5	13.3	17 55.0	9.3	54.6
	18	89 10.5	N23 15.4	242 18.8	13.3	S17 45.7	9.4	54.6
	19	104 10.3	15.3	256 51.1	13.3	17 36.3	9.4	54.6
	20	119 10.2	15.2	271 23.4	13.4	17 26.9	9.5	54.6
	21	134 10.1	. . 15.0	285 55.8	13.5	17 17.4	9.5	54.6
	22	149 09.9	14.9	300 28.3	13.6	17 07.9	9.7	54.5
	23	164 09.8	14.8	315 00.9	13.6	16 58.2	9.7	54.5
29	00	179 09.7	N23 14.6	329 33.5	13.7	S16 48.5	9.7	54.5
	01	194 09.6	14.5	344 06.2	13.8	16 38.8	9.8	54.5
	02	209 09.4	14.4	358 39.0	13.8	16 29.0	9.9	54.5
	03	224 09.3	. . 14.3	13 11.8	13.9	16 19.1	10.0	54.5
	04	239 09.2	14.1	27 44.7	14.0	16 09.1	10.0	54.5
	05	254 09.1	14.0	42 17.7	14.0	15 59.1	10.1	54.5
	06	269 08.9	N23 13.9	56 50.7	14.1	S15 49.0	10.1	54.4
	07	284 08.8	13.7	71 23.8	14.2	15 38.9	10.2	54.4
T	08	299 08.7	13.6	85 57.0	14.2	15 28.7	10.3	54.4
U	09	314 08.6	. . 13.5	100 30.2	14.3	15 18.4	10.3	54.4
E	10	329 08.4	13.3	115 03.5	14.3	15 08.1	10.4	54.4
S	11	344 08.3	13.2	129 36.8	14.4	14 57.7	10.4	54.4
D	12	359 08.2	N23 13.1	144 10.2	14.4	S14 47.3	10.5	54.4
A	13	14 08.1	12.9	158 43.6	14.6	14 36.8	10.6	54.4
Y	14	29 07.9	12.8	173 17.2	14.5	14 26.2	10.6	54.4
	15	44 07.8	. . 12.6	187 50.7	14.7	14 15.6	10.6	54.4
	16	59 07.7	12.5	202 24.4	14.7	14 05.0	10.7	54.3
	17	74 07.6	12.4	216 58.1	14.7	13 54.3	10.8	54.3
	18	89 07.4	N23 12.2	231 31.8	14.8	S13 43.5	10.8	54.3
	19	104 07.3	12.1	246 05.6	14.9	13 32.7	10.9	54.3
	20	119 07.2	11.9	260 39.5	14.9	13 21.8	10.9	54.3
	21	134 07.1	. . 11.8	275 13.4	14.9	13 10.9	10.9	54.3
	22	149 07.0	11.6	289 47.3	15.1	13 00.0	11.0	54.3
	23	164 06.8	11.5	304 21.4	15.0	S12 49.0	11.1	54.3
		SD 15.8	d 0.1	SD 15.0		14.9		14.8

Lat.	Twilight Naut.	Twilight Civil	Sunrise	Moonrise 27	Moonrise 28	Moonrise 29	Moonrise 30
°	h m	h m	h m	h m	h m	h m	h m
N 72	□	□	□	■	■	{00 36 / 23 41}	23 10
N 70	□	□	□	■	23 49	23 18	22 58
68	□	□	□	23 46	23 18	23 01	22 48
66	□	□	□	23 05	22 54	22 47	22 40
64	////	////	01 36	22 36	22 36	22 35	22 33
62	////	////	02 13	22 14	22 21	22 25	22 27
60	////	00 56	02 39	21 56	22 08	22 16	22 22
N 58	////	01 45	02 59	21 42	21 57	22 08	22 17
56	////	02 14	03 16	21 29	21 48	22 02	22 13
54	00 52	02 36	03 30	21 18	21 39	21 56	22 09
52	01 36	02 54	03 42	21 08	21 31	21 50	22 06
50	02 04	03 09	03 53	20 59	21 24	21 45	22 03
45	02 49	03 38	04 16	20 40	21 10	21 34	21 56
N 40	03 19	04 01	04 33	20 25	20 57	21 25	21 50
35	03 42	04 19	04 48	20 12	20 47	21 18	21 46
30	04 01	04 34	05 01	20 00	20 38	21 11	21 41
20	04 29	04 59	05 23	19 41	20 22	20 59	21 34
N 10	04 52	05 19	05 42	19 24	20 08	20 49	21 27
0	05 11	05 37	06 00	19 08	19 55	20 39	21 21
S 10	05 28	05 54	06 17	18 52	19 42	20 29	21 15
20	05 44	06 11	06 35	18 34	19 27	20 19	21 08
30	06 00	06 30	06 56	18 15	19 11	20 07	21 00
35	06 09	06 41	07 09	18 03	19 02	20 00	20 56
40	06 18	06 52	07 23	17 50	18 51	19 52	20 51
45	06 29	07 06	07 39	17 34	18 38	19 42	20 45
S 50	06 40	07 22	08 00	17 14	18 23	19 31	20 38
52	06 45	07 29	08 10	17 05	18 15	19 26	20 35
54	06 51	07 37	08 21	16 54	18 07	19 20	20 31
56	06 57	07 46	08 33	16 42	17 58	19 13	20 27
58	07 04	07 56	08 48	16 29	17 48	19 06	20 23
S 60	07 11	08 08	09 05	16 12	17 36	18 58	20 18

Lat.	Sunset	Twilight Civil	Twilight Naut.	Moonset 27	Moonset 28	Moonset 29	Moonset 30
°	h m	h m	h m	h m	h m	h m	h m
N 72	□	□	□	■	■	03 53	06 19
N 70	□	□	□	■	■	04 40	06 40
68	□	□	□	■	03 05	05 09	06 56
66	□	□	□	01 44	03 46	05 31	07 09
64	22 29	////	////	02 34	04 13	05 49	07 20
62	21 53	////	////	03 06	04 35	06 03	07 29
60	21 27	23 09	////	03 29	04 52	06 15	07 36
N 58	21 07	22 21	////	03 48	05 06	06 25	07 43
56	20 50	21 52	////	04 03	05 18	06 34	07 49
54	20 36	21 30	23 13	04 17	05 29	06 42	07 54
52	20 24	21 12	22 30	04 28	05 38	06 49	07 59
50	20 13	20 58	22 02	04 39	05 47	06 56	08 03
45	19 51	20 28	21 18	05 00	06 05	07 09	08 13
N 40	19 33	20 06	20 47	05 18	06 19	07 20	08 20
35	19 18	19 48	20 24	05 32	06 31	07 30	08 27
30	19 05	19 33	20 06	05 45	06 42	07 38	08 33
20	18 43	19 08	19 37	06 06	07 00	07 52	08 43
N 10	18 24	18 47	19 14	06 25	07 16	08 05	08 51
0	18 07	18 29	18 56	06 42	07 31	08 16	08 59
S 10	17 50	18 12	18 39	06 59	07 45	08 28	09 07
20	17 31	17 55	18 23	07 18	08 01	08 40	09 16
30	17 10	17 36	18 06	07 39	08 19	08 54	09 25
35	16 58	17 26	17 58	07 51	08 29	09 02	09 31
40	16 44	17 14	17 48	08 05	08 41	09 11	09 37
45	16 27	17 01	17 38	08 22	08 54	09 21	09 44
S 50	16 07	16 45	17 26	08 42	09 11	09 34	09 53
52	15 57	16 38	17 21	08 52	09 19	09 40	09 57
54	15 46	16 29	17 16	09 02	09 27	09 46	10 01
56	15 33	16 20	17 10	09 15	09 37	09 54	10 06
58	15 19	16 10	17 03	09 29	09 48	10 02	10 12
S 60	15 01	15 59	16 55	09 46	10 01	10 11	10 17

Day	SUN Eqn. of Time 00^h	SUN Eqn. of Time 12^h	SUN Mer. Pass.	MOON Mer. Pass. Upper	MOON Mer. Pass. Lower	Age	Phase
d	m s	m s	h m	h m	h m	d %	
27	02 56	03 03	12 03	00 30	12 55	15 99	○
28	03 09	03 15	12 03	01 19	13 43	16 96	
29	03 21	03 27	12 03	02 06	14 28	17 91	

UT	ARIES	VENUS −4.1		MARS +1.4		JUPITER −2.5		SATURN +1.1		STARS		
	GHA	GHA	Dec	GHA	Dec	GHA	Dec	GHA	Dec	Name	SHA	Dec
d h	° ′	° ′	° ′	° ′	° ′	° ′	° ′	° ′	° ′		° ′	° ′
30 00	277 57.5	136 49.8	N17 08.1	113 51.5	N 7 46.0	275 08.4	S 0 10.3	98 19.3	N 2 41.3	Acamar	315 20.2	S40 15.5
01	293 00.0	151 49.4	07.2	128 52.7	45.4	290 10.7	10.3	113 21.6	41.3	Achernar	335 28.4	S57 10.6
02	308 02.4	166 49.1	06.2	143 53.8	44.8	305 13.0	10.2	128 24.0	41.2	Acrux	173 11.9	S63 09.8
03	323 04.9	181 48.7	. . 05.3	158 55.0	. . 44.3	320 15.3	. . 10.1	143 26.3	. . 41.1	Adhara	255 14.6	S28 59.2
04	338 07.4	196 48.3	04.3	173 56.2	43.7	335 17.6	10.1	158 28.7	41.1	Aldebaran	290 52.1	N16 31.8
05	353 09.8	211 48.0	03.4	188 57.3	43.1	350 19.9	10.0	173 31.1	41.0			
06	8 12.3	226 47.6	N17 02.5	203 58.5	N 7 42.5	5 22.2	S 0 09.9	188 33.4	N 2 41.0	Alioth	166 22.4	N55 54.4
W 07	23 14.8	241 47.3	01.5	218 59.7	42.0	20 24.5	09.9	203 35.8	40.9	Alkaid	153 00.3	N49 15.8
E 08	38 17.2	256 46.9	17 00.6	234 00.8	41.4	35 26.7	09.8	218 38.1	40.9	Al Na'ir	27 46.0	S46 54.3
D 09	53 19.7	271 46.6	16 59.6	249 02.0	. . 40.8	50 29.0	. . 09.8	233 40.5	. . 40.8	Alnilam	275 48.9	S 1 11.7
N 10	68 22.2	286 46.2	58.6	264 03.1	40.2	65 31.3	09.7	248 42.8	40.7	Alphard	217 58.4	S 8 42.4
11	83 24.6	301 45.8	57.7	279 04.3	39.7	80 33.6	09.6	263 45.2	40.7			
E 12	98 27.1	316 45.5	N16 56.7	294 05.5	N 7 39.1	95 35.9	S 0 09.6	278 47.5	N 2 40.6	Alphecca	126 12.5	N26 40.8
S 13	113 29.5	331 45.1	55.8	309 06.6	38.5	110 38.2	09.5	293 49.9	40.6	Alpheratz	357 45.7	N29 08.9
D 14	128 32.0	346 44.8	54.8	324 07.8	37.9	125 40.5	09.5	308 52.2	40.5	Altair	62 10.0	N 8 53.8
A 15	143 34.5	1 44.4	. . 53.9	339 09.0	. . 37.3	140 42.8	. . 09.4	323 54.6	. . 40.5	Ankaa	353 17.7	S42 14.6
Y 16	158 36.9	16 44.1	52.9	354 10.1	36.8	155 45.1	09.3	338 56.9	40.4	Antares	112 28.6	S26 27.4
17	173 39.4	31 43.7	52.0	9 11.3	36.2	170 47.4	09.3	353 59.3	40.3			
18	188 41.9	46 43.4	N16 51.0	24 12.4	N 7 35.6	185 49.7	S 0 09.2	9 01.6	N 2 40.3	Arcturus	145 57.5	N19 07.7
19	203 44.3	61 43.0	50.1	39 13.6	35.0	200 52.0	09.2	24 04.0	40.2	Atria	107 31.9	S69 02.9
20	218 46.8	76 42.7	49.1	54 14.8	34.5	215 54.3	09.1	39 06.3	40.2	Avior	234 19.6	S59 32.8
21	233 49.3	91 42.3	. . 48.1	69 15.9	. . 33.9	230 56.6	. . 09.0	54 08.7	. . 40.1	Bellatrix	278 34.6	N 6 21.6
22	248 51.7	106 42.0	47.2	84 17.1	33.3	245 58.9	09.0	69 11.0	40.0	Betelgeuse	271 03.9	N 7 24.5
23	263 54.2	121 41.6	46.2	99 18.2	32.7	261 01.2	08.9	84 13.4	40.0			
1 00	278 56.7	136 41.3	N16 45.3	114 19.4	N 7 32.1	276 03.5	S 0 08.9	99 15.7	N 2 39.9	Canopus	263 57.7	S52 42.1
01	293 59.1	151 40.9	44.3	129 20.6	31.6	291 05.8	08.8	114 18.1	39.9	Capella	280 38.1	N46 00.4
02	309 01.6	166 40.6	43.3	144 21.7	31.0	306 08.1	08.7	129 20.4	39.8	Deneb	49 32.6	N45 19.0
03	324 04.0	181 40.3	. . 42.4	159 22.9	. . 30.4	321 10.4	. . 08.7	144 22.8	. . 39.8	Denebola	182 35.9	N14 30.8
04	339 06.5	196 39.9	41.4	174 24.0	29.8	336 12.6	08.6	159 25.1	39.7	Diphda	348 58.0	S17 55.5
05	354 09.0	211 39.6	40.4	189 25.2	29.3	351 14.9	08.6	174 27.5	39.6			
06	9 11.4	226 39.2	N16 39.5	204 26.4	N 7 28.7	6 17.2	S 0 08.5	189 29.8	N 2 39.6	Dubhe	193 54.4	N61 41.8
07	24 13.9	241 38.9	38.5	219 27.5	28.1	21 19.5	08.4	204 32.2	39.5	Elnath	278 15.7	N28 36.9
T 08	39 16.4	256 38.5	37.5	234 28.7	27.5	36 21.8	08.4	219 34.5	39.5	Eltanin	90 46.6	N51 29.3
H 09	54 18.8	271 38.2	. . 36.6	249 29.8	. . 26.9	51 24.1	. . 08.3	234 36.9	. . 39.4	Enif	33 49.0	N 9 55.5
U 10	69 21.3	286 37.9	35.6	264 31.0	26.4	66 26.4	08.3	249 39.2	39.3	Fomalhaut	15 26.1	S29 33.7
R 11	84 23.8	301 37.5	34.6	279 32.2	25.8	81 28.7	08.2	264 41.6	39.3			
S 12	99 26.2	316 37.2	N16 33.7	294 33.3	N 7 25.2	96 31.0	S 0 08.2	279 43.9	N 2 39.2	Gacrux	172 03.4	S57 10.7
D 13	114 28.7	331 36.9	32.7	309 34.5	24.6	111 33.3	08.1	294 46.3	39.2	Gienah	175 54.6	S17 36.2
A 14	129 31.1	346 36.5	31.7	324 35.6	24.0	126 35.6	08.0	309 48.6	39.1	Hadar	148 50.8	S60 25.8
Y 15	144 33.6	1 36.2	. . 30.8	339 36.8	. . 23.5	141 37.9	. . 08.0	324 51.0	. . 39.0	Hamal	328 03.4	N23 30.7
16	159 36.1	16 35.8	29.8	354 38.0	22.9	156 40.2	07.9	339 53.3	39.0	Kaus Aust.	83 46.2	S34 22.7
17	174 38.5	31 35.5	28.8	9 39.1	22.3	171 42.5	07.9	354 55.7	38.9			
18	189 41.0	46 35.2	N16 27.8	24 40.3	N 7 21.7	186 44.8	S 0 07.8	9 58.0	N 2 38.9	Kochab	137 19.0	N74 06.9
19	204 43.5	61 34.8	26.9	39 41.4	21.1	201 47.1	07.7	25 00.4	38.8	Markab	13 40.4	N15 15.8
20	219 45.9	76 34.5	25.9	54 42.6	20.6	216 49.4	07.7	40 02.7	38.7	Menkar	314 17.5	N 4 07.9
21	234 48.4	91 34.2	. . 24.9	69 43.8	. . 20.0	231 51.7	. . 07.6	55 05.1	. . 38.7	Menkent	148 10.0	S36 25.5
22	249 50.9	106 33.9	23.9	84 44.9	19.4	246 54.1	07.6	70 07.4	38.6	Miaplacidus	221 41.1	S69 45.9
23	264 53.3	121 33.5	23.0	99 46.1	18.8	261 56.4	07.5	85 09.8	38.6			
2 00	279 55.8	136 33.2	N16 22.0	114 47.2	N 7 18.2	276 58.7	S 0 07.5	100 12.1	N 2 38.5	Mirfak	308 43.8	N49 53.8
01	294 58.3	151 32.9	21.0	129 48.4	17.7	292 01.0	07.4	115 14.5	38.4	Nunki	76 00.6	S26 16.9
02	310 00.7	166 32.5	20.0	144 49.5	17.1	307 03.3	07.4	130 16.8	38.4	Peacock	53 22.0	S56 41.8
03	325 03.2	181 32.2	. . 19.0	159 50.7	. . 16.5	322 05.6	. . 07.3	145 19.1	. . 38.3	Pollux	243 30.7	N28 00.0
04	340 05.6	196 31.9	18.1	174 51.9	15.9	337 07.9	07.2	160 21.5	38.3	Procyon	245 02.3	N 5 11.8
05	355 08.1	211 31.6	17.1	189 53.0	15.3	352 10.2	07.2	175 23.8	38.2			
06	10 10.6	226 31.2	N16 16.1	204 54.2	N 7 14.7	7 12.5	S 0 07.1	190 26.2	N 2 38.1	Rasalhague	96 08.1	N12 33.2
07	25 13.0	241 30.9	15.1	219 55.3	14.2	22 14.8	07.1	205 28.5	38.1	Regulus	207 46.0	N11 54.9
08	40 15.5	256 30.6	14.1	234 56.5	13.6	37 17.1	07.0	220 30.9	38.0	Rigel	281 14.4	S 8 11.3
F 09	55 18.0	271 30.3	. . 13.2	249 57.6	. . 13.0	52 19.4	. . 07.0	235 33.2	. . 38.0	Rigil Kent.	139 54.4	S60 53.0
R 10	70 20.4	286 29.9	12.2	264 58.8	12.4	67 21.7	06.9	250 35.6	37.9	Sabik	102 14.7	S15 44.3
I 11	85 22.9	301 29.6	11.2	280 00.0	11.8	82 24.0	06.9	265 37.9	37.8			
D 12	100 25.4	316 29.3	N16 10.2	295 01.1	N 7 11.3	97 26.3	S 0 06.8	280 40.3	N 2 37.8	Schedar	349 43.1	N56 35.5
A 13	115 27.8	331 29.0	09.2	310 02.3	10.7	112 28.6	06.7	295 42.6	37.7	Shaula	96 24.4	S37 06.7
Y 14	130 30.3	346 28.7	08.2	325 03.4	10.1	127 30.9	06.7	310 45.0	37.7	Sirius	258 36.0	S16 43.8
15	145 32.8	1 28.3	. . 07.2	340 04.6	. . 09.5	142 33.2	. . 06.6	325 47.3	. . 37.6	Spica	158 33.4	S11 13.1
16	160 35.2	16 28.0	06.3	355 05.7	08.9	157 35.5	06.6	340 49.6	37.5	Suhail	222 54.4	S43 28.7
17	175 37.7	31 27.7	05.3	10 06.9	08.3	172 37.9	06.5	355 52.0	37.5			
18	190 40.1	46 27.4	N16 04.3	25 08.1	N 7 07.8	187 40.2	S 0 06.5	10 54.3	N 2 37.4	Vega	80 40.0	N38 47.6
19	205 42.6	61 27.1	03.3	40 09.2	07.2	202 42.5	06.4	25 56.7	37.4	Zuben'ubi	137 07.6	S16 05.2
20	220 45.1	76 26.7	02.3	55 10.4	06.6	217 44.8	06.4	40 59.0	37.3			
21	235 47.5	91 26.4	. . 01.3	70 11.5	. . 06.0	232 47.1	. . 06.3	56 01.4	. . 37.2			
22	250 50.0	106 26.1	16 00.3	85 12.7	05.4	247 49.4	06.3	71 03.7	37.2			
23	265 52.5	121 25.8	N15 59.3	100 13.8	04.8	262 51.7	06.2	86 06.1	37.1			
Mer. Pass.	h m 5 23.3	v −0.3	d 1.0	v 1.2	d 0.6	v 2.3	d 0.1	v 2.3	d 0.1			

	SHA	Mer. Pass.
	° ′	h m
Venus	217 44.6	14 54
Mars	195 22.8	16 21
Jupiter	357 06.8	5 35
Saturn	180 19.1	17 20

UT		SUN GHA	SUN Dec	MOON GHA	v	Dec	d	HP
d	h	° ′	° ′	° ′	′	° ′	′	′
30	00	179 06.7	N23 11.4	318 55.4	15.1	S12 37.9	11.1	54.3
	01	194 06.6	11.2	333 29.5	15.2	12 26.8	11.1	54.3
	02	209 06.5	11.1	348 03.7	15.2	12 15.7	11.2	54.3
	03	224 06.3	. . 10.9	2 37.9	15.3	12 04.5	11.2	54.3
	04	239 06.2	10.8	17 12.2	15.3	11 53.3	11.3	54.2
	05	254 06.1	10.6	31 46.5	15.4	11 42.0	11.3	54.2
	06	269 06.0	N23 10.5	46 20.9	15.4	S11 30.7	11.3	54.2
W	07	284 05.8	10.3	60 55.3	15.5	11 19.4	11.4	54.2
E	08	299 05.7	10.2	75 29.8	15.5	11 08.0	11.5	54.2
D	09	314 05.6	. . 10.0	90 04.3	15.5	10 56.5	11.4	54.2
N	10	329 05.5	09.9	104 38.8	15.6	10 45.1	11.6	54.2
E	11	344 05.3	09.7	119 13.4	15.7	10 33.5	11.5	54.2
S	12	359 05.2	N23 09.6	133 48.1	15.6	S10 22.0	11.6	54.2
D	13	14 05.1	09.4	148 22.7	15.8	10 10.4	11.6	54.2
A	14	29 05.0	09.2	162 57.5	15.7	9 58.8	11.7	54.2
Y	15	44 04.9	. . 09.1	177 32.2	15.8	9 47.1	11.7	54.2
	16	59 04.7	08.9	192 07.0	15.9	9 35.4	11.7	54.2
	17	74 04.6	08.8	206 41.9	15.8	9 23.7	11.7	54.2
	18	89 04.5	N23 08.6	221 16.7	16.0	S 9 12.0	11.8	54.2
	19	104 04.4	08.5	235 51.7	15.9	9 00.2	11.8	54.2
	20	119 04.3	08.3	250 26.6	16.0	8 48.4	11.9	54.2
	21	134 04.1	. . 08.1	265 01.6	16.0	8 36.5	11.9	54.2
	22	149 04.0	08.0	279 36.6	16.1	8 24.6	11.9	54.2
	23	164 03.9	07.8	294 11.7	16.1	8 12.7	11.9	54.2
1	00	179 03.8	N23 07.7	308 46.8	16.1	S 8 00.8	12.0	54.1
	01	194 03.6	07.5	323 21.9	16.1	7 48.8	12.0	54.1
	02	209 03.5	07.3	337 57.0	16.2	7 36.8	12.0	54.1
	03	224 03.4	. . 07.2	352 32.2	16.2	7 24.8	12.0	54.1
	04	239 03.3	07.0	7 07.4	16.2	7 12.8	12.1	54.1
	05	254 03.2	06.8	21 42.6	16.3	7 00.7	12.1	54.1
	06	269 03.0	N23 06.7	36 17.9	16.3	S 6 48.6	12.1	54.1
	07	284 02.9	06.5	50 53.2	16.3	6 36.5	12.2	54.1
T	08	299 02.8	06.3	65 28.5	16.3	6 24.3	12.1	54.1
H	09	314 02.7	. . 06.2	80 03.8	16.4	6 12.2	12.2	54.1
U	10	329 02.6	06.0	94 39.2	16.4	6 00.0	12.2	54.1
R	11	344 02.4	05.8	109 14.6	16.4	5 47.8	12.3	54.1
S	12	359 02.3	N23 05.7	123 50.0	16.4	S 5 35.5	12.2	54.1
D	13	14 02.2	05.5	138 25.4	16.5	5 23.3	12.3	54.1
A	14	29 02.1	05.3	153 00.9	16.4	5 11.0	12.3	54.1
Y	15	44 02.0	. . 05.1	167 36.3	16.5	4 58.7	12.3	54.1
	16	59 01.8	05.0	182 11.8	16.5	4 46.4	12.3	54.1
	17	74 01.7	04.8	196 47.3	16.5	4 34.1	12.3	54.1
	18	89 01.6	N23 04.6	211 22.8	16.5	S 4 21.8	12.4	54.1
	19	104 01.5	04.4	225 58.3	16.6	4 09.4	12.4	54.1
	20	119 01.4	04.3	240 33.9	16.5	3 57.0	12.3	54.1
	21	134 01.2	. . 04.1	255 09.4	16.6	3 44.7	12.4	54.2
	22	149 01.1	03.9	269 45.0	16.6	3 32.3	12.5	54.2
	23	164 01.0	03.7	284 20.6	16.6	3 19.8	12.4	54.2
2	00	179 00.9	N23 03.6	298 56.2	16.6	S 3 07.4	12.4	54.2
	01	194 00.8	03.4	313 31.8	16.6	2 55.0	12.5	54.2
	02	209 00.6	03.2	328 07.4	16.6	2 42.5	12.4	54.2
	03	224 00.5	. . 03.0	342 43.0	16.6	2 30.1	12.5	54.2
	04	239 00.4	02.8	357 18.6	16.6	2 17.6	12.5	54.2
	05	254 00.3	02.6	11 54.2	16.6	2 05.1	12.5	54.2
	06	269 00.2	N23 02.5	26 29.8	16.7	S 1 52.6	12.5	54.2
	07	284 00.1	02.3	41 05.5	16.6	1 40.1	12.5	54.2
	08	298 59.9	02.1	55 41.1	16.6	1 27.6	12.5	54.2
F	09	313 59.8	. . 01.9	70 16.7	16.7	1 15.1	12.5	54.2
R	10	328 59.7	01.7	84 52.4	16.6	1 02.6	12.5	54.2
I	11	343 59.6	01.5	99 28.0	16.6	0 50.1	12.6	54.2
D	12	358 59.5	N23 01.4	114 03.6	16.7	S 0 37.5	12.5	54.2
A	13	13 59.4	01.2	128 39.3	16.6	0 25.0	12.5	54.2
Y	14	28 59.2	01.0	143 14.9	16.6	S 0 12.5	12.6	54.2
	15	43 59.1	. . 00.8	157 50.5	16.6	N 0 00.1	12.5	54.2
	16	58 59.0	00.6	172 26.1	16.6	0 12.6	12.6	54.3
	17	73 58.9	00.4	187 01.7	16.6	0 25.2	12.5	54.3
	18	88 58.8	N23 00.2	201 37.3	16.6	N 0 37.7	12.6	54.3
	19	103 58.7	23 00.0	216 12.9	16.6	0 50.3	12.5	54.3
	20	118 58.5	22 59.8	230 48.5	16.5	1 02.8	12.6	54.3
	21	133 58.4	. . 59.6	245 24.0	16.6	1 15.4	12.5	54.3
	22	148 58.3	59.4	259 59.6	16.5	1 27.9	12.6	54.3
	23	163 58.2	59.2	274 35.1	16.6	N 1 40.5	12.5	54.3
		SD 15.8	*d* 0.2	SD 14.8		14.8		14.8

Lat.	Twilight Naut.	Twilight Civil	Sunrise	Moonrise 30	Moonrise 1	Moonrise 2	Moonrise 3
°	h m	h m	h m	h m	h m	h m	h m
N 72	▭	▭	▭	23 10	22 45	22 23	21 59
N 70	▭	▭	▭	22 58	22 41	22 25	22 08
68	▭	▭	▭	22 48	22 37	22 26	22 16
66	////	////	00 18	22 40	22 34	22 28	22 22
64	////	////	01 41	22 33	22 31	22 29	22 27
62	////	////	02 17	22 27	22 29	22 30	22 31
60	////	01 03	02 42	22 22	22 26	22 31	22 35
N 58	////	01 48	03 02	22 17	22 25	22 31	22 39
56	////	02 17	03 18	22 13	22 23	22 32	22 42
54	00 58	02 38	03 32	22 09	22 21	22 33	22 45
52	01 40	02 56	03 44	22 06	22 20	22 33	22 47
50	02 06	03 11	03 55	22 03	22 19	22 34	22 50
45	02 51	03 40	04 17	21 56	22 16	22 35	22 55
N 40	03 21	04 02	04 35	21 50	22 14	22 36	22 59
35	03 43	04 20	04 50	21 46	22 12	22 37	23 03
30	04 02	04 35	05 02	21 41	22 10	22 38	23 06
20	04 30	05 00	05 24	21 34	22 07	22 39	23 12
N 10	04 53	05 20	05 43	21 27	22 04	22 40	23 17
0	05 12	05 38	06 00	21 21	22 01	22 42	23 22
S 10	05 28	05 55	06 17	21 15	21 59	22 43	23 27
20	05 44	06 12	06 36	21 08	21 56	22 44	23 32
30	06 00	06 30	06 57	21 00	21 53	22 45	23 39
35	06 09	06 41	07 09	20 56	21 51	22 46	23 42
40	06 18	06 52	07 23	20 51	21 49	22 47	23 46
45	06 28	07 06	07 39	20 45	21 47	22 48	23 51
S 50	06 40	07 21	08 00	20 38	21 44	22 50	23 56
52	06 45	07 29	08 09	20 35	21 43	22 50	23 59
54	06 51	07 37	08 20	20 31	21 41	22 51	24 02
56	06 57	07 46	08 33	20 27	21 40	22 52	24 05
58	07 03	07 56	08 47	20 23	21 38	22 53	24 09
S 60	07 11	08 07	09 04	20 18	21 36	22 54	24 12

Lat.	Sunset	Twilight Civil	Twilight Naut.	Moonset 30	Moonset 1	Moonset 2	Moonset 3
°	h m	h m	h m	h m	h m	h m	h m
N 72	▭	▭	▭	06 19	08 17	10 07	11 56
N 70	▭	▭	▭	06 40	08 27	10 09	11 50
68	▭	▭	▭	06 56	08 35	10 10	11 45
66	23 41	////	////	07 09	08 41	10 11	11 41
64	22 25	////	////	07 20	08 47	10 12	11 37
62	21 50	////	////	07 29	08 51	10 13	11 34
60	21 25	23 03	////	07 36	08 55	10 13	11 31
N 58	21 05	22 18	////	07 43	08 59	10 14	11 29
56	20 49	21 50	////	07 49	09 02	10 14	11 27
54	20 35	21 29	23 08	07 54	09 05	10 15	11 25
52	20 23	21 11	22 27	07 59	09 08	10 15	11 23
50	20 13	20 57	22 01	08 03	09 10	10 16	11 22
45	19 50	20 28	21 17	08 13	09 15	10 16	11 18
N 40	19 33	20 05	20 47	08 20	09 19	10 17	11 15
35	19 18	19 48	20 24	08 27	09 23	10 18	11 13
30	19 05	19 33	20 06	08 33	09 26	10 18	11 11
20	18 43	19 08	19 37	08 43	09 31	10 19	11 07
N 10	18 25	18 48	19 15	08 51	09 36	10 20	11 04
0	18 08	18 30	18 56	08 59	09 40	10 21	11 01
S 10	17 50	18 13	18 39	09 07	09 45	10 21	10 58
20	17 32	17 56	18 23	09 16	09 50	10 22	10 55
30	17 11	17 38	18 07	09 25	09 55	10 23	10 51
35	16 59	17 27	17 59	09 31	09 58	10 23	10 49
40	16 45	17 16	17 50	09 37	10 01	10 24	10 47
45	16 29	17 02	17 39	09 44	10 05	10 24	10 44
S 50	16 08	16 47	17 28	09 53	10 10	10 25	10 41
52	15 59	16 39	17 23	09 57	10 12	10 25	10 39
54	15 48	16 31	17 17	10 01	10 14	10 26	10 37
56	15 35	16 22	17 11	10 06	10 17	10 26	10 36
58	15 21	16 12	17 05	10 12	10 20	10 27	10 34
S 60	15 04	16 01	16 57	10 17	10 23	10 27	10 31

Day	SUN Eqn. of Time 00^h	SUN Eqn. of Time 12^h	SUN Mer. Pass.	MOON Mer. Pass. Upper	MOON Mer. Pass. Lower	MOON Age	MOON Phase
d	m s	m s	h m	h m	h m	d	%
30	03 33	03 39	12 04	02 49	15 10	18	85
1	03 45	03 50	12 04	03 31	15 51	19	78
2	03 56	04 02	12 04	04 11	16 31	20	70

UT d h		ARIES GHA ° ′	VENUS −4.1 GHA ° ′	VENUS Dec ° ′	MARS +1.4 GHA ° ′	MARS Dec ° ′	JUPITER −2.5 GHA ° ′	JUPITER Dec ° ′	SATURN +1.1 GHA ° ′	SATURN Dec ° ′
3 00		280 54.9	136 25.5	N15 58.3	115 15.0	N 7 04.3	277 54.0	S 0 06.1	101 08.4	N 2 37.1
01		295 57.4	151 25.2	57.3	130 16.1	03.7	292 56.3	06.1	116 10.7	37.0
02		310 59.9	166 24.9	56.3	145 17.3	03.1	307 58.6	06.0	131 13.1	36.9
03		326 02.3	181 24.6	. . 55.4	160 18.5	. . 02.5	323 01.0	. . 06.0	146 15.4	. . 36.9
04		341 04.8	196 24.2	54.4	175 19.6	01.9	338 03.3	05.9	161 17.8	36.8
05		356 07.2	211 23.9	53.4	190 20.8	01.3	353 05.6	05.9	176 20.1	36.7
06		11 09.7	226 23.6	N15 52.4	205 21.9	N 7 00.7	8 07.9	S 0 05.8	191 22.5	N 2 36.7
07		26 12.2	241 23.3	51.4	220 23.1	7 00.2	23 10.2	05.8	206 24.8	36.6
08	S	41 14.6	256 23.0	50.4	235 24.2	6 59.6	38 12.5	05.7	221 27.1	36.6
09	A	56 17.1	271 22.7	. . 49.4	250 25.4	. . 59.0	53 14.8	. . 05.7	236 29.5	. . 36.5
10	T	71 19.6	286 22.4	48.4	265 26.5	58.4	68 17.1	05.6	251 31.8	36.4
11	U	86 22.0	301 22.1	47.4	280 27.7	57.8	83 19.4	05.6	266 34.2	36.4
12	R	101 24.5	316 21.8	N15 46.4	295 28.8	N 6 57.2	98 21.8	S 0 05.5	281 36.5	N 2 36.3
13	D	116 27.0	331 21.5	45.4	310 30.0	56.7	113 24.1	05.5	296 38.9	36.3
14	A	131 29.4	346 21.2	44.4	325 31.2	56.1	128 26.4	05.4	311 41.2	36.2
15	Y	146 31.9	1 20.9	. . 43.4	340 32.3	. . 55.5	143 28.7	. . 05.4	326 43.5	. . 36.1
16		161 34.4	16 20.6	42.4	355 33.5	54.9	158 31.0	05.3	341 45.9	36.1
17		176 36.8	31 20.3	41.4	10 34.6	54.3	173 33.3	05.3	356 48.2	36.0
18		191 39.3	46 20.0	N15 40.4	25 35.8	N 6 53.7	188 35.6	S 0 05.2	11 50.6	N 2 35.9
19		206 41.7	61 19.7	39.3	40 36.9	53.1	203 38.0	05.2	26 52.9	35.9
20		221 44.2	76 19.4	38.3	55 38.1	52.6	218 40.3	05.1	41 55.2	35.8
21		236 46.7	91 19.1	. . 37.3	70 39.2	. . 52.0	233 42.6	. . 05.1	56 57.6	. . 35.8
22		251 49.1	106 18.8	36.3	85 40.4	51.4	248 44.9	05.0	71 59.9	35.7
23		266 51.6	121 18.5	35.3	100 41.5	50.8	263 47.2	05.0	87 02.3	35.6
4 00		281 54.1	136 18.2	N15 34.3	115 42.7	N 6 50.2	278 49.5	S 0 04.9	102 04.6	N 2 35.6
01		296 56.5	151 17.9	33.3	130 43.8	49.6	293 51.9	04.9	117 06.9	35.5
02		311 59.0	166 17.6	32.3	145 45.0	49.0	308 54.2	04.8	132 09.3	35.4
03		327 01.5	181 17.3	. . 31.3	160 46.1	. . 48.5	323 56.5	. . 04.8	147 11.6	. . 35.4
04		342 03.9	196 17.0	30.3	175 47.3	47.9	338 58.8	04.7	162 14.0	35.3
05		357 06.4	211 16.7	29.3	190 48.4	47.3	354 01.1	04.7	177 16.3	35.3
06		12 08.9	226 16.4	N15 28.3	205 49.6	N 6 46.7	9 03.5	S 0 04.6	192 18.6	N 2 35.2
07		27 11.3	241 16.1	27.2	220 50.7	46.1	24 05.8	04.6	207 21.0	35.1
08		42 13.8	256 15.8	26.2	235 51.9	45.5	39 08.1	04.5	222 23.3	35.1
09	S	57 16.2	271 15.6	. . 25.2	250 53.1	. . 44.9	54 10.4	. . 04.5	237 25.7	. . 35.0
10	U	72 18.7	286 15.3	24.2	265 54.2	44.3	69 12.7	04.4	252 28.0	34.9
11	N	87 21.2	301 15.0	23.2	280 55.4	43.8	84 15.0	04.4	267 30.3	34.9
12	D	102 23.6	316 14.7	N15 22.2	295 56.5	N 6 43.2	99 17.4	S 0 04.3	282 32.7	N 2 34.8
13	A	117 26.1	331 14.4	21.2	310 57.7	42.6	114 19.7	04.3	297 35.0	34.7
14	Y	132 28.6	346 14.1	20.1	325 58.8	42.0	129 22.0	04.2	312 37.4	34.7
15		147 31.0	1 13.8	. . 19.1	341 00.0	. . 41.4	144 24.3	. . 04.2	327 39.7	. . 34.6
16		162 33.5	16 13.5	18.1	356 01.1	40.8	159 26.7	04.1	342 42.0	34.6
17		177 36.0	31 13.3	17.1	11 02.3	40.2	174 29.0	04.1	357 44.4	34.5
18		192 38.4	46 13.0	N15 16.1	26 03.4	N 6 39.6	189 31.3	S 0 04.0	12 46.7	N 2 34.4
19		207 40.9	61 12.7	15.1	41 04.6	39.0	204 33.6	04.0	27 49.0	34.4
20		222 43.3	76 12.4	14.0	56 05.7	38.5	219 35.9	03.9	42 51.4	34.3
21		237 45.8	91 12.1	. . 13.0	71 06.9	. . 37.9	234 38.3	. . 03.9	57 53.7	. . 34.2
22		252 48.3	106 11.8	12.0	86 08.0	37.3	249 40.6	03.8	72 56.1	34.2
23		267 50.7	121 11.6	11.0	101 09.2	36.7	264 42.9	03.8	87 58.4	34.1
5 00		282 53.2	136 11.3	N15 09.9	116 10.3	N 6 36.1	279 45.2	S 0 03.7	103 00.7	N 2 34.0
01		297 55.7	151 11.0	08.9	131 11.5	35.5	294 47.6	03.7	118 03.1	34.0
02		312 58.1	166 10.7	07.9	146 12.6	34.9	309 49.9	03.6	133 05.4	33.9
03		328 00.6	181 10.4	. . 06.9	161 13.8	. . 34.3	324 52.2	. . 03.6	148 07.7	. . 33.9
04		343 03.1	196 10.2	05.9	176 14.9	33.7	339 54.5	03.5	163 10.1	33.8
05		358 05.5	211 09.9	04.8	191 16.1	33.2	354 56.9	03.5	178 12.4	33.7
06		13 08.0	226 09.6	N15 03.8	206 17.2	N 6 32.6	9 59.2	S 0 03.5	193 14.7	N 2 33.7
07		28 10.5	241 09.3	02.8	221 18.4	32.0	25 01.5	03.4	208 17.1	33.6
08		43 12.9	256 09.1	01.7	236 19.5	31.4	40 03.8	03.4	223 19.4	33.5
09	M	58 15.4	271 08.8	15 00.7	251 20.7	. . 30.8	55 06.2	. . 03.3	238 21.8	. . 33.5
10	O	73 17.8	286 08.5	14 59.7	266 21.8	30.2	70 08.5	03.3	253 24.1	33.4
11	N	88 20.3	301 08.2	58.7	281 23.0	29.6	85 10.8	03.2	268 26.4	33.3
12	D	103 22.8	316 08.0	N14 57.6	296 24.1	N 6 29.0	100 13.1	S 0 03.2	283 28.8	N 2 33.3
13	A	118 25.2	331 07.7	56.6	311 25.3	28.4	115 15.5	03.1	298 31.1	33.2
14	Y	133 27.7	346 07.4	55.6	326 26.4	27.8	130 17.8	03.1	313 33.4	33.1
15		148 30.2	1 07.2	. . 54.5	341 27.6	. . 27.3	145 20.1	. . 03.0	328 35.8	. . 33.1
16		163 32.6	16 06.9	53.5	356 28.7	26.7	160 22.5	03.0	343 38.1	33.0
17		178 35.1	31 06.6	52.5	11 29.8	26.1	175 24.8	02.9	358 40.4	32.9
18		193 37.6	46 06.4	N14 51.4	26 31.0	N 6 25.5	190 27.1	S 0 02.9	13 42.8	N 2 32.9
19		208 40.0	61 06.1	50.4	41 32.1	24.9	205 29.4	02.9	28 45.1	32.8
20		223 42.5	76 05.8	49.4	56 33.3	24.3	220 31.8	02.8	43 47.4	32.8
21		238 45.0	91 05.6	. . 48.3	71 34.4	. . 23.7	235 34.1	. . 02.8	58 49.8	. . 32.7
22		253 47.4	106 05.3	47.3	86 35.6	23.1	250 36.4	02.7	73 52.1	32.6
23		268 49.9	121 05.0	46.3	101 36.7	22.5	265 38.8	02.7	88 54.4	32.6
Mer. Pass.		h m 5 11.5	v −0.3	d 1.0	v 1.2	d 0.6	v 2.3	d 0.0	v 2.3	d 0.1

STARS Name	SHA ° ′	Dec ° ′
Acamar	315 20.1	S40 15.5
Achernar	335 28.4	S57 10.6
Acrux	173 11.9	S63 09.8
Adhara	255 14.6	S28 59.2
Aldebaran	290 52.1	N16 31.8
Alioth	166 22.4	N55 54.4
Alkaid	153 00.3	N49 15.8
Al Na'ir	27 46.0	S46 54.3
Alnilam	275 48.9	S 1 11.7
Alphard	217 58.5	S 8 42.4
Alphecca	126 12.5	N26 40.8
Alpheratz	357 45.7	N29 08.9
Altair	62 10.0	N 8 53.8
Ankaa	353 17.7	S42 14.6
Antares	112 28.6	S26 27.4
Arcturus	145 57.5	N19 07.7
Atria	107 31.9	S69 02.9
Avior	234 19.6	S59 32.8
Bellatrix	278 34.6	N 6 21.6
Betelgeuse	271 03.9	N 7 24.5
Canopus	263 57.7	S52 42.0
Capella	280 38.1	N46 00.4
Deneb	49 32.6	N45 19.1
Denebola	182 35.9	N14 30.8
Diphda	348 58.0	S17 55.5
Dubhe	193 54.4	N61 41.8
Elnath	278 15.7	N28 36.9
Eltanin	90 46.6	N51 29.3
Enif	33 49.0	N 9 55.5
Fomalhaut	15 26.1	S29 33.7
Gacrux	172 03.5	S57 10.7
Gienah	175 54.6	S17 36.2
Hadar	148 50.8	S60 25.8
Hamal	328 03.3	N23 30.7
Kaus Aust.	83 46.2	S34 22.7
Kochab	137 19.0	N74 06.9
Markab	13 40.3	N15 15.8
Menkar	314 17.5	N 4 07.9
Menkent	148 10.0	S36 25.5
Miaplacidus	221 41.1	S69 45.9
Mirfak	308 43.8	N49 53.8
Nunki	76 00.6	S26 16.9
Peacock	53 21.9	S56 41.9
Pollux	243 30.7	N28 00.0
Procyon	245 02.3	N 5 11.9
Rasalhague	96 08.1	N12 33.2
Regulus	207 46.0	N11 54.9
Rigel	281 14.4	S 8 11.3
Rigil Kent.	139 54.5	S60 53.0
Sabik	102 14.7	S15 44.3
Schedar	349 43.1	N56 35.5
Shaula	96 24.4	S37 06.7
Sirius	258 36.0	S16 43.8
Spica	158 33.5	S11 13.1
Suhail	222 54.5	S43 28.7
Vega	80 40.0	N38 47.7
Zuben'ubi	137 07.6	S16 05.2

	SHA ° ′	Mer. Pass. h m
Venus	214 24.1	14 55
Mars	193 48.6	16 16
Jupiter	356 55.5	5 24
Saturn	180 10.5	17 09

	UT	SUN GHA	SUN Dec	MOON GHA	v	MOON Dec	d	HP
	d h	° ′	° ′	° ′	′	° ′	′	′
	3 00	178 58.1	N22 59.0	289 10.7	16.5	N 1 53.0	12.6	54.3
	01	193 58.0	58.9	303 46.2	16.5	2 05.6	12.5	54.3
	02	208 57.8	58.7	318 21.7	16.4	2 18.1	12.5	54.3
	03	223 57.7	. . 58.5	332 57.1	16.5	2 30.6	12.6	54.4
	04	238 57.6	58.3	347 32.6	16.4	2 43.2	12.5	54.4
	05	253 57.5	58.1	2 08.0	16.4	2 55.7	12.5	54.4
	06	268 57.4	N22 57.9	16 43.4	16.4	N 3 08.2	12.5	54.4
	07	283 57.3	57.7	31 18.8	16.4	3 20.7	12.5	54.4
S	08	298 57.1	57.5	45 54.2	16.4	3 33.2	12.5	54.4
A	09	313 57.0	. . 57.3	60 29.6	16.3	3 45.7	12.5	54.4
T	10	328 56.9	57.0	75 04.9	16.3	3 58.2	12.5	54.4
U	11	343 56.8	56.8	89 40.2	16.3	4 10.7	12.5	54.5
R	12	358 56.7	N22 56.6	104 15.5	16.2	N 4 23.2	12.4	54.5
D	13	13 56.6	56.4	118 50.7	16.2	4 35.6	12.5	54.5
A	14	28 56.5	56.2	133 25.9	16.2	4 48.1	12.4	54.5
Y	15	43 56.3	. . 56.0	148 01.1	16.2	5 00.5	12.4	54.5
	16	58 56.2	55.8	162 36.3	16.1	5 12.9	12.4	54.5
	17	73 56.1	55.6	177 11.4	16.1	5 25.3	12.4	54.5
	18	88 56.0	N22 55.4	191 46.5	16.0	N 5 37.7	12.4	54.6
	19	103 55.9	55.2	206 21.5	16.0	5 50.1	12.4	54.6
	20	118 55.8	55.0	220 56.5	16.0	6 02.5	12.3	54.6
	21	133 55.7	. . 54.8	235 31.5	16.0	6 14.8	12.4	54.6
	22	148 55.6	54.6	250 06.5	15.9	6 27.2	12.3	54.6
	23	163 55.4	54.3	264 41.4	15.8	6 39.5	12.3	54.6
	4 00	178 55.3	N22 54.1	279 16.2	15.9	N 6 51.8	12.3	54.7
	01	193 55.2	53.9	293 51.1	15.8	7 04.1	12.2	54.7
	02	208 55.1	53.7	308 25.9	15.7	7 16.3	12.3	54.7
	03	223 55.0	. . 53.5	323 00.6	15.7	7 28.6	12.2	54.7
	04	238 54.9	53.3	337 35.3	15.7	7 40.8	12.2	54.7
	05	253 54.8	53.1	352 10.0	15.6	7 53.0	12.2	54.7
	06	268 54.7	N22 52.8	6 44.6	15.5	N 8 05.2	12.1	54.8
	07	283 54.5	52.6	21 19.1	15.5	8 17.3	12.1	54.8
	08	298 54.4	52.4	35 53.6	15.5	8 29.4	12.1	54.8
S	09	313 54.3	. . 52.2	50 28.1	15.4	8 41.5	12.1	54.8
U	10	328 54.2	52.0	65 02.5	15.4	8 53.6	12.1	54.8
N	11	343 54.1	51.8	79 36.9	15.3	9 05.7	12.0	54.9
D	12	358 54.0	N22 51.5	94 11.2	15.2	N 9 17.7	12.0	54.9
A	13	13 53.9	51.3	108 45.4	15.2	9 29.7	12.0	54.9
Y	14	28 53.8	51.1	123 19.6	15.2	9 41.7	11.9	54.9
	15	43 53.6	. . 50.9	137 53.8	15.1	9 53.6	11.9	54.9
	16	58 53.5	50.6	152 27.9	15.0	10 05.5	11.9	55.0
	17	73 53.4	50.4	167 01.9	15.0	10 17.4	11.8	55.0
	18	88 53.3	N22 50.2	181 35.9	14.9	N10 29.2	11.8	55.0
	19	103 53.2	50.0	196 09.8	14.9	10 41.0	11.8	55.0
	20	118 53.1	49.7	210 43.7	14.7	10 52.8	11.8	55.1
	21	133 53.0	. . 49.5	225 17.4	14.8	11 04.6	11.7	55.1
	22	148 52.9	49.3	239 51.2	14.6	11 16.3	11.6	55.1
	23	163 52.8	49.1	254 24.8	14.6	11 27.9	11.7	55.1
	5 00	178 52.7	N22 48.8	268 58.4	14.6	N11 39.6	11.6	55.2
	01	193 52.5	48.6	283 32.0	14.4	11 51.2	11.5	55.2
	02	208 52.4	48.4	298 05.4	14.4	12 02.7	11.6	55.2
	03	223 52.3	. . 48.1	312 38.8	14.4	12 14.3	11.4	55.2
	04	238 52.2	47.9	327 12.2	14.2	12 25.7	11.5	55.3
	05	253 52.1	47.7	341 45.4	14.2	12 37.2	11.4	55.3
	06	268 52.0	N22 47.4	356 18.6	14.2	N12 48.6	11.3	55.3
	07	283 51.9	47.2	10 51.8	14.0	12 59.9	11.3	55.3
	08	298 51.8	47.0	25 24.8	14.0	13 11.2	11.3	55.4
M	09	313 51.7	. . 46.7	39 57.8	13.9	13 22.5	11.2	55.4
O	10	328 51.6	46.5	54 30.7	13.8	13 33.7	11.2	55.4
N	11	343 51.5	46.3	69 03.5	13.7	13 44.9	11.1	55.4
D	12	358 51.3	N22 46.0	83 36.2	13.7	N13 56.0	11.1	55.5
A	13	13 51.2	45.8	98 08.9	13.6	14 07.1	11.0	55.5
Y	14	28 51.1	45.5	112 41.5	13.5	14 18.1	11.0	55.5
	15	43 51.0	. . 45.3	127 14.0	13.4	14 29.1	10.9	55.5
	16	58 50.9	45.1	141 46.4	13.4	14 40.0	10.9	55.6
	17	73 50.8	44.8	156 18.8	13.3	14 50.9	10.8	55.6
	18	88 50.7	N22 44.6	170 51.1	13.1	N15 01.7	10.7	55.6
	19	103 50.6	44.3	185 23.2	13.1	15 12.4	10.7	55.7
	20	118 50.5	44.1	199 55.3	13.1	15 23.1	10.7	55.7
	21	133 50.4	. . 43.9	214 27.4	12.9	15 33.8	10.6	55.7
	22	148 50.3	43.6	228 59.3	12.8	15 44.4	10.5	55.7
	23	163 50.2	43.4	243 31.1	12.8	N15 54.9	10.4	55.8
		SD 15.8	*d* 0.2	SD	14.8	15.0		15.1

Lat.	Twilight Naut.	Twilight Civil	Sunrise	Moonrise 3	Moonrise 4	Moonrise 5	Moonrise 6
°	h m	h m	h m	h m	h m	h m	h m
N 72	▭	▭	▭	21 59	21 32	20 49	▭
N 70	▭	▭	▭	22 08	21 49	21 24	20 31
68	▭	▭	▭	22 16	22 04	21 49	21 26
66	////	////	00 40	22 22	22 15	22 08	22 00
64	////	////	01 47	22 27	22 25	22 24	22 25
62	////	////	02 21	22 31	22 34	22 37	22 44
60	////	01 11	02 45	22 35	22 41	22 49	23 00
N 58	////	01 53	03 05	22 39	22 47	22 58	23 14
56	////	02 20	03 21	22 42	22 53	23 07	23 25
54	01 05	02 41	03 35	22 45	22 58	23 15	23 36
52	01 44	02 59	03 46	22 47	23 03	23 21	23 45
50	02 10	03 13	03 57	22 50	23 07	23 28	23 53
45	02 53	03 42	04 19	22 55	23 16	23 41	24 11
N 40	03 23	04 04	04 36	22 59	23 24	23 52	24 25
35	03 45	04 21	04 51	23 03	23 31	24 02	00 02
30	04 03	04 36	05 04	23 06	23 37	24 10	00 10
20	04 32	05 01	05 25	23 12	23 47	24 25	00 25
N 10	04 54	05 21	05 44	23 17	23 56	24 38	00 38
0	05 12	05 38	06 01	23 22	24 05	00 05	00 50
S 10	05 29	05 55	06 18	23 27	24 13	00 13	01 02
20	05 44	06 12	06 36	23 32	24 23	00 23	01 15
30	06 00	06 30	06 56	23 39	24 33	00 33	01 30
35	06 09	06 40	07 08	23 42	24 39	00 39	01 39
40	06 18	06 52	07 22	23 46	24 46	00 46	01 49
45	06 28	07 05	07 39	23 51	24 55	00 55	02 01
S 50	06 39	07 21	07 59	23 56	25 05	01 05	02 15
52	06 44	07 28	08 08	23 59	25 09	01 09	02 22
54	06 50	07 36	08 19	24 02	00 02	01 14	02 30
56	06 56	07 44	08 31	24 05	00 05	01 20	02 38
58	07 02	07 54	08 45	24 09	00 09	01 27	02 48
S 60	07 09	08 05	09 02	24 12	00 12	01 34	02 59

Lat.	Sunset	Twilight Civil	Twilight Naut.	Moonset 3	Moonset 4	Moonset 5	Moonset 6
°	h m	h m	h m	h m	h m	h m	h m
N 72	▭	▭	▭	11 56	13 51	16 06	▭
N 70	▭	▭	▭	11 50	13 36	15 33	18 05
68	▭	▭	▭	11 45	13 23	15 09	17 11
66	23 23	////	////	11 41	13 13	14 51	16 38
64	22 20	////	////	11 37	13 04	14 36	16 14
62	21 47	////	////	11 34	12 57	14 24	15 56
60	21 22	22 56	////	11 31	12 51	14 14	15 40
N 58	21 03	22 15	////	11 29	12 46	14 05	15 27
56	20 47	21 48	////	11 27	12 41	13 57	15 16
54	20 34	21 27	23 02	11 25	12 36	13 50	15 06
52	20 22	21 10	22 24	11 23	12 32	13 44	14 58
50	20 11	20 55	21 58	11 22	12 29	13 38	14 50
45	19 50	20 27	21 15	11 18	12 21	13 26	14 33
N 40	19 32	20 05	20 46	11 15	12 15	13 16	14 20
35	19 18	19 47	20 23	11 13	12 09	13 08	14 08
30	19 05	19 32	20 05	11 11	12 05	13 00	13 59
20	18 44	19 08	19 37	11 07	11 56	12 48	13 41
N 10	18 25	18 48	19 15	11 04	11 49	12 36	13 27
0	18 08	18 30	18 57	11 01	11 42	12 26	13 13
S 10	17 51	18 14	18 40	10 58	11 36	12 16	12 59
20	17 33	17 57	18 24	10 55	11 28	12 05	12 44
30	17 12	17 39	18 08	10 51	11 20	11 52	12 28
35	17 00	17 28	18 00	10 49	11 16	11 45	12 18
40	16 47	17 17	17 51	10 47	11 10	11 36	12 07
45	16 30	17 04	17 41	10 44	11 04	11 27	11 54
S 50	16 10	16 48	17 30	10 41	10 57	11 15	11 38
52	16 01	16 41	17 25	10 39	10 54	11 10	11 31
54	15 50	16 33	17 19	10 37	10 50	11 04	11 22
56	15 38	16 25	17 13	10 36	10 46	10 58	11 13
58	15 24	16 15	17 07	10 34	10 41	10 51	11 03
S 60	15 07	16 04	17 00	10 31	10 36	10 42	10 51

Day	SUN Eqn. of Time 00^h	SUN Eqn. of Time 12^h	SUN Mer. Pass.	MOON Mer. Pass. Upper	MOON Mer. Pass. Lower	MOON Age	MOON Phase
d	m s	m s	h m	h m	h m	d	%
3	04 07	04 13	12 04	04 51	17 12	21	61
4	04 18	04 24	12 04	05 32	17 53	22	51
5	04 29	04 34	12 05	06 15	18 38	23	41

	UT	ARIES	VENUS −4.1		MARS +1.4		JUPITER −2.5		SATURN +1.1	
		GHA	GHA	Dec	GHA	Dec	GHA	Dec	GHA	Dec
	d h	° ′	° ′	° ′	° ′	° ′	° ′	° ′	° ′	° ′
	6 00	283 52.3	136 04.8	N14 45.2	116 37.9	N 6 21.9	280 41.1	S 0 02.6	103 56.8	N 2 32.5
	01	298 54.8	151 04.5	44.2	131 39.0	21.3	295 43.4	02.6	118 59.1	32.4
	02	313 57.3	166 04.2	43.2	146 40.2	20.8	310 45.8	02.5	134 01.4	32.4
	03	328 59.7	181 04.0	. . 42.1	161 41.3	. . 20.2	325 48.1	. . 02.5	149 03.8	. . 32.3
	04	344 02.2	196 03.7	41.1	176 42.5	19.6	340 50.4	02.5	164 06.1	32.2
	05	359 04.7	211 03.5	40.0	191 43.6	19.0	355 52.7	02.4	179 08.4	32.2
	06	14 07.1	226 03.2	N14 39.0	206 44.8	N 6 18.4	10 55.1	S 0 02.4	194 10.8	N 2 32.1
	07	29 09.6	241 02.9	38.0	221 45.9	17.8	25 57.4	02.3	209 13.1	32.0
T	08	44 12.1	256 02.7	36.9	236 47.1	17.2	40 59.7	02.3	224 15.4	32.0
U	09	59 14.5	271 02.4	. . 35.9	251 48.2	. . 16.6	56 02.1	. . 02.2	239 17.8	. . 31.9
E	10	74 17.0	286 02.2	34.8	266 49.3	16.0	71 04.4	02.2	254 20.1	31.8
S	11	89 19.4	301 01.9	33.8	281 50.5	15.4	86 06.7	02.2	269 22.4	31.8
D	12	104 21.9	316 01.7	N14 32.8	296 51.6	N 6 14.8	101 09.1	S 0 02.1	284 24.8	N 2 31.7
A	13	119 24.4	331 01.4	31.7	311 52.8	14.2	116 11.4	02.1	299 27.1	31.6
Y	14	134 26.8	346 01.1	30.7	326 53.9	13.6	131 13.8	02.0	314 29.4	31.6
	15	149 29.3	1 00.9	. . 29.6	341 55.1	. . 13.0	146 16.1	. . 02.0	329 31.8	. . 31.5
	16	164 31.8	16 00.6	28.6	356 56.2	12.5	161 18.4	01.9	344 34.1	31.4
	17	179 34.2	31 00.4	27.5	11 57.4	11.9	176 20.8	01.9	359 36.4	31.4
	18	194 36.7	46 00.1	N14 26.5	26 58.5	N 6 11.3	191 23.1	S 0 01.9	14 38.8	N 2 31.3
	19	209 39.2	60 59.9	25.4	41 59.7	10.7	206 25.4	01.8	29 41.1	31.2
	20	224 41.6	75 59.6	24.4	57 00.8	10.1	221 27.8	01.8	44 43.4	31.2
	21	239 44.1	90 59.4	. . 23.3	72 01.9	. . 09.5	236 30.1	. . 01.7	59 45.8	. . 31.1
	22	254 46.6	105 59.1	22.3	87 03.1	08.9	251 32.4	01.7	74 48.1	31.0
	23	269 49.0	120 58.9	21.2	102 04.2	08.3	266 34.8	01.7	89 50.4	31.0
	7 00	284 51.5	135 58.6	N14 20.2	117 05.4	N 6 07.7	281 37.1	S 0 01.6	104 52.7	N 2 30.9
	01	299 53.9	150 58.4	19.1	132 06.5	07.1	296 39.5	01.6	119 55.1	30.8
	02	314 56.4	165 58.1	18.1	147 07.7	06.5	311 41.8	01.5	134 57.4	30.8
	03	329 58.9	180 57.9	. . 17.0	162 08.8	. . 05.9	326 44.1	. . 01.5	149 59.7	. . 30.7
	04	345 01.3	195 57.7	16.0	177 10.0	05.3	341 46.5	01.4	165 02.1	30.6
	05	0 03.8	210 57.4	14.9	192 11.1	04.7	356 48.8	01.4	180 04.4	30.6
	06	15 06.3	225 57.2	N14 13.9	207 12.2	N 6 04.1	11 51.1	S 0 01.4	195 06.7	N 2 30.5
W	07	30 08.7	240 56.9	12.8	222 13.4	03.5	26 53.5	01.3	210 09.1	30.4
E	08	45 11.2	255 56.7	11.8	237 14.5	02.9	41 55.8	01.3	225 11.4	30.4
D	09	60 13.7	270 56.4	. . 10.7	252 15.7	. . 02.4	56 58.2	. . 01.2	240 13.7	. . 30.3
N	10	75 16.1	285 56.2	09.7	267 16.8	01.8	72 00.5	01.2	255 16.0	30.2
E	11	90 18.6	300 56.0	08.6	282 18.0	01.2	87 02.9	01.2	270 18.4	30.2
S	12	105 21.1	315 55.7	N14 07.5	297 19.1	N 6 00.6	102 05.2	S 0 01.1	285 20.7	N 2 30.1
D	13	120 23.5	330 55.5	06.5	312 20.3	6 00.0	117 07.5	01.1	300 23.0	30.0
A	14	135 26.0	345 55.2	05.4	327 21.4	5 59.4	132 09.9	01.0	315 25.4	30.0
Y	15	150 28.4	0 55.0	. . 04.4	342 22.5	. . 58.8	147 12.2	. . 01.0	330 27.7	. . 29.9
	16	165 30.9	15 54.8	03.3	357 23.7	58.2	162 14.6	01.0	345 30.0	29.8
	17	180 33.4	30 54.5	02.3	12 24.8	57.6	177 16.9	00.9	0 32.3	29.8
	18	195 35.8	45 54.3	N14 01.2	27 26.0	N 5 57.0	192 19.2	S 0 00.9	15 34.7	N 2 29.7
	19	210 38.3	60 54.1	14 00.1	42 27.1	56.4	207 21.6	00.9	30 37.0	29.6
	20	225 40.8	75 53.8	13 59.1	57 28.3	55.8	222 23.9	00.8	45 39.3	29.6
	21	240 43.2	90 53.6	. . 58.0	72 29.4	. . 55.2	237 26.3	. . 00.8	60 41.6	. . 29.5
	22	255 45.7	105 53.4	57.0	87 30.5	54.6	252 28.6	00.7	75 44.0	29.4
	23	270 48.2	120 53.1	55.9	102 31.7	54.0	267 31.0	00.7	90 46.3	29.3
	8 00	285 50.6	135 52.9	N13 54.8	117 32.8	N 5 53.4	282 33.3	S 0 00.7	105 48.6	N 2 29.3
	01	300 53.1	150 52.7	53.8	132 34.0	52.8	297 35.7	00.6	120 51.0	29.2
	02	315 55.6	165 52.4	52.7	147 35.1	52.2	312 38.0	00.6	135 53.3	29.1
	03	330 58.0	180 52.2	. . 51.6	162 36.2	. . 51.6	327 40.3	. . 00.5	150 55.6	. . 29.1
	04	346 00.5	195 52.0	50.6	177 37.4	51.0	342 42.7	00.5	165 57.9	29.0
	05	1 02.9	210 51.7	49.5	192 38.5	50.4	357 45.0	00.5	181 00.3	28.9
	06	16 05.4	225 51.5	N13 48.4	207 39.7	N 5 49.8	12 47.4	S 0 00.4	196 02.6	N 2 28.9
	07	31 07.9	240 51.3	47.4	222 40.8	49.2	27 49.7	00.4	211 04.9	28.8
T	08	46 10.3	255 51.1	46.3	237 42.0	48.6	42 52.1	00.4	226 07.2	28.7
H	09	61 12.8	270 50.8	. . 45.2	252 43.1	. . 48.0	57 54.4	. . 00.3	241 09.6	. . 28.7
U	10	76 15.3	285 50.6	44.2	267 44.2	47.4	72 56.8	00.3	256 11.9	28.6
R	11	91 17.7	300 50.4	43.1	282 45.4	46.8	87 59.1	00.2	271 14.2	28.5
S	12	106 20.2	315 50.2	N13 42.0	297 46.5	N 5 46.2	103 01.5	S 0 00.2	286 16.5	N 2 28.5
D	13	121 22.7	330 49.9	41.0	312 47.7	45.7	118 03.8	00.2	301 18.9	28.4
A	14	136 25.1	345 49.7	39.9	327 48.8	45.1	133 06.2	00.1	316 21.2	28.3
Y	15	151 27.6	0 49.5	. . 38.8	342 49.9	. . 44.5	148 08.5	. . 00.1	331 23.5	. . 28.3
	16	166 30.0	15 49.3	37.7	357 51.1	43.9	163 10.9	S 00.1	346 25.8	28.2
	17	181 32.5	30 49.1	36.7	12 52.2	43.3	178 13.2	00.0	1 28.2	28.1
	18	196 35.0	45 48.8	N13 35.6	27 53.4	N 5 42.7	193 15.6	0 00.0	16 30.5	N 2 28.0
	19	211 37.4	60 48.6	34.5	42 54.5	42.1	208 17.9	00.0	31 32.8	28.0
	20	226 39.9	75 48.4	33.5	57 55.6	41.5	223 20.3	N 00.1	46 35.1	27.9
	21	241 42.4	90 48.2	. . 32.4	72 56.8	. . 40.9	238 22.6	. . 00.1	61 37.5	. . 27.8
	22	256 44.8	105 48.0	31.3	87 57.9	40.3	253 25.0	00.1	76 39.8	27.8
	23	271 47.3	120 47.7	30.2	102 59.1	39.7	268 27.3	00.2	91 42.1	27.7
	Mer. Pass.	h m 4 59.7	v −0.2	d 1.1	v 1.1	d 0.6	v 2.3	d 0.0	v 2.3	d 0.1

STARS

Name	SHA	Dec
	° ′	° ′
Acamar	315 20.1	S40 15.5
Achernar	335 28.3	S57 10.6
Acrux	173 11.9	S63 09.8
Adhara	255 14.6	S28 59.2
Aldebaran	290 52.1	N16 31.8
Alioth	166 22.4	N55 54.4
Alkaid	153 00.3	N49 15.8
Al Na'ir	27 46.0	S46 54.3
Alnilam	275 48.8	S 1 11.7
Alphard	217 58.5	S 8 42.3
Alphecca	126 12.5	N26 40.8
Alpheratz	357 45.7	N29 08.9
Altair	62 10.0	N 8 53.9
Ankaa	353 17.6	S42 14.6
Antares	112 28.6	S26 27.4
Arcturus	145 57.5	N19 07.7
Atria	107 31.9	S69 02.9
Avior	234 19.6	S59 32.7
Bellatrix	278 34.6	N 6 21.6
Betelgeuse	271 03.9	N 7 24.5
Canopus	263 57.7	S52 42.0
Capella	280 38.1	N46 00.4
Deneb	49 32.6	N45 19.1
Denebola	182 35.9	N14 30.8
Diphda	348 58.0	S17 55.5
Dubhe	193 54.5	N61 41.8
Elnath	278 15.7	N28 36.9
Eltanin	90 46.6	N51 29.3
Enif	33 49.0	N 9 55.5
Fomalhaut	15 26.1	S29 33.7
Gacrux	172 03.5	S57 10.7
Gienah	175 54.6	S17 36.2
Hadar	148 50.9	S60 25.8
Hamal	328 03.3	N23 30.7
Kaus Aust.	83 46.2	S34 22.7
Kochab	137 19.1	N74 06.9
Markab	13 40.3	N15 15.8
Menkar	314 17.5	N 4 07.9
Menkent	148 10.0	S36 25.5
Miaplacidus	221 41.1	S69 45.9
Mirfak	308 43.8	N49 53.8
Nunki	76 00.6	S26 16.9
Peacock	53 21.9	S56 41.9
Pollux	243 30.7	N28 00.0
Procyon	245 02.3	N 5 11.9
Rasalhague	96 08.1	N12 33.2
Regulus	207 46.0	N11 54.9
Rigel	281 14.4	S 8 11.3
Rigil Kent.	139 54.5	S60 53.0
Sabik	102 14.7	S15 44.3
Schedar	349 43.1	N56 35.5
Shaula	96 24.4	S37 06.7
Sirius	258 35.9	S16 43.8
Spica	158 33.5	S11 13.1
Suhail	222 54.5	S43 28.7
Vega	80 40.0	N38 47.7
Zuben'ubi	137 07.6	S16 05.2

	SHA	Mer. Pass.
	° ′	h m
Venus	211 07.2	14 56
Mars	192 13.9	16 10
Jupiter	356 45.6	5 13
Saturn	180 01.3	16 58

UT	SUN GHA	SUN Dec	MOON GHA	v	MOON Dec	d	HP
d h	° ′	° ′	° ′	′	° ′	′	′
6 00	178 50.1	N22 43.1	258 02.9	12.6	N16 05.3	10.4	55.8
01	193 50.0	42.9	272 34.5	12.6	16 15.7	10.4	55.8
02	208 49.8	42.6	287 06.1	12.5	16 26.1	10.3	55.9
03	223 49.7	. . 42.4	301 37.6	12.4	16 36.4	10.2	55.9
04	238 49.6	42.1	316 09.0	12.3	16 46.6	10.1	55.9
05	253 49.5	41.9	330 40.3	12.2	16 56.7	10.1	56.0
06	268 49.4	N22 41.6	345 11.5	12.2	N17 06.8	10.0	56.0
T 07	283 49.3	41.4	359 42.7	12.0	17 16.8	10.0	56.0
U 08	298 49.2	41.1	14 13.7	11.9	17 26.8	9.8	56.0
E 09	313 49.1	. . 40.9	28 44.6	11.9	17 36.6	9.8	56.1
S 10	328 49.0	40.6	43 15.5	11.7	17 46.4	9.8	56.1
D 11	343 48.9	40.4	57 46.2	11.6	17 56.2	9.6	56.1
A 12	358 48.8	N22 40.1	72 16.8	11.6	N18 05.8	9.6	56.2
Y 13	13 48.7	39.9	86 47.4	11.4	18 15.4	9.5	56.2
14	28 48.6	39.6	101 17.8	11.4	18 24.9	9.4	56.2
15	43 48.5	. . 39.4	115 48.2	11.3	18 34.3	9.3	56.3
16	58 48.4	39.1	130 18.5	11.1	18 43.6	9.3	56.3
17	73 48.3	38.8	144 48.6	11.1	18 52.9	9.2	56.3
18	88 48.2	N22 38.6	159 18.7	10.9	N19 02.1	9.1	56.4
19	103 48.1	38.3	173 48.6	10.9	19 11.2	9.0	56.4
20	118 48.0	38.1	188 18.5	10.7	19 20.2	8.9	56.4
21	133 47.9	. . 37.8	202 48.2	10.7	19 29.1	8.9	56.5
22	148 47.8	37.5	217 17.9	10.5	19 38.0	8.7	56.5
23	163 47.7	37.3	231 47.4	10.5	19 46.7	8.7	56.5
7 00	178 47.6	N22 37.0	246 16.9	10.3	N19 55.4	8.5	56.6
01	193 47.4	36.8	260 46.2	10.3	20 03.9	8.5	56.6
02	208 47.3	36.5	275 15.5	10.1	20 12.4	8.4	56.7
03	223 47.2	. . 36.2	289 44.6	10.1	20 20.8	8.3	56.7
04	238 47.1	36.0	304 13.7	9.9	20 29.1	8.2	56.7
05	253 47.0	35.7	318 42.6	9.8	20 37.3	8.1	56.8
06	268 46.9	N22 35.4	333 11.4	9.8	N20 45.4	8.0	56.8
W 07	283 46.8	35.2	347 40.2	9.6	20 53.4	7.9	56.8
E 08	298 46.7	34.9	2 08.8	9.5	21 01.3	7.8	56.9
D 09	313 46.6	. . 34.6	16 37.3	9.4	21 09.1	7.7	56.9
N 10	328 46.5	34.4	31 05.7	9.3	21 16.8	7.6	56.9
E 11	343 46.4	34.1	45 34.0	9.2	21 24.4	7.4	57.0
S 12	358 46.3	N22 33.8	60 02.2	9.1	N21 31.8	7.4	57.0
D 13	13 46.2	33.5	74 30.3	9.0	21 39.2	7.3	57.0
A 14	28 46.1	33.3	88 58.3	8.9	21 46.5	7.1	57.1
Y 15	43 46.0	. . 33.0	103 26.2	8.8	21 53.6	7.1	57.1
16	58 45.9	32.7	117 54.0	8.7	22 00.7	6.9	57.2
17	73 45.8	32.5	132 21.7	8.5	22 07.6	6.9	57.2
18	88 45.7	N22 32.2	146 49.2	8.5	N22 14.5	6.7	57.2
19	103 45.6	31.9	161 16.7	8.4	22 21.2	6.6	57.3
20	118 45.5	31.6	175 44.1	8.3	22 27.8	6.4	57.3
21	133 45.4	. . 31.4	190 11.4	8.1	22 34.2	6.4	57.3
22	148 45.3	31.1	204 38.5	8.1	22 40.6	6.2	57.4
23	163 45.2	30.8	219 05.6	7.9	22 46.8	6.1	57.4
8 00	178 45.1	N22 30.5	233 32.5	7.9	N22 52.9	6.0	57.4
01	193 45.0	30.2	247 59.4	7.8	22 58.9	5.9	57.5
02	208 44.9	30.0	262 26.2	7.6	23 04.8	5.7	57.5
03	223 44.8	. . 29.7	276 52.8	7.6	23 10.5	5.6	57.6
04	238 44.7	29.4	291 19.4	7.4	23 16.1	5.5	57.6
05	253 44.6	29.1	305 45.8	7.4	23 21.6	5.3	57.6
06	268 44.5	N22 28.8	320 12.2	7.3	N23 26.9	5.3	57.7
T 07	283 44.4	28.6	334 38.5	7.1	23 32.2	5.0	57.7
H 08	298 44.3	28.3	349 04.6	7.1	23 37.2	5.0	57.7
U 09	313 44.2	. . 28.0	3 30.7	7.0	23 42.2	4.8	57.8
R 10	328 44.1	27.7	17 56.7	6.9	23 47.0	4.7	57.8
S 11	343 44.1	27.4	32 22.6	6.7	23 51.7	4.5	57.9
D 12	358 44.0	N22 27.1	46 48.3	6.7	N23 56.2	4.4	57.9
A 13	13 43.9	26.8	61 14.0	6.6	24 00.6	4.3	57.9
Y 14	28 43.8	26.6	75 39.6	6.6	24 04.9	4.1	58.0
15	43 43.7	. . 26.3	90 05.2	6.4	24 09.0	4.0	58.0
16	58 43.6	26.0	104 30.6	6.3	24 13.0	3.8	58.0
17	73 43.5	25.7	118 55.9	6.3	24 16.8	3.7	58.1
18	88 43.4	N22 25.4	133 21.2	6.1	N24 20.5	3.5	58.1
19	103 43.3	25.1	147 46.3	6.1	24 24.0	3.4	58.2
20	118 43.2	24.8	162 11.4	6.0	24 27.4	3.3	58.2
21	133 43.1	. . 24.5	176 36.4	5.9	24 30.7	3.1	58.2
22	148 43.0	24.2	191 01.3	5.8	24 33.8	2.9	58.3
23	163 42.9	23.9	205 26.1	5.8	N24 36.7	2.8	58.3
	SD 15.8	d 0.3	SD	15.3	15.5		15.8

Lat.	Twilight Naut.	Twilight Civil	Sunrise	Moonrise 6	7	8	9
°	h m	h m	h m	h m	h m	h m	h m
N 72	▭	▭	▭	▭	▭	▭	▭
N 70	▭	▭	▭	20 31	▭	▭	▭
68	▭	▭	▭	21 26	▭	▭	▭
66	////	////	00 57	22 00	21 46	▭	▭
64	////	////	01 53	22 25	22 28	22 42	23 31
62	////	////	02 26	22 44	22 57	23 23	24 17
60	////	01 19	02 50	23 00	23 19	23 52	24 48
N 58	////	01 58	03 08	23 14	23 37	24 14	00 14
56	////	02 25	03 24	23 25	23 52	24 32	00 32
54	01 13	02 45	03 37	23 36	24 05	00 05	00 47
52	01 49	03 02	03 49	23 45	24 17	00 17	01 00
50	02 13	03 16	03 59	23 53	24 27	00 27	01 12
45	02 56	03 44	04 21	24 11	00 11	00 48	01 36
N 40	03 25	04 06	04 38	24 25	00 25	01 06	01 55
35	03 47	04 23	04 52	00 02	00 38	01 20	02 11
30	04 05	04 38	05 05	00 10	00 49	01 33	02 25
20	04 33	05 02	05 26	00 25	01 07	01 55	02 49
N 10	04 55	05 21	05 44	00 38	01 23	02 14	03 10
0	05 13	05 39	06 01	00 50	01 39	02 32	03 29
S 10	05 29	05 55	06 18	01 02	01 54	02 50	03 49
20	05 45	06 12	06 36	01 15	02 11	03 09	04 10
30	06 00	06 30	06 56	01 30	02 30	03 32	04 34
35	06 09	06 40	07 08	01 39	02 41	03 45	04 48
40	06 18	06 51	07 22	01 49	02 54	04 00	05 05
45	06 27	07 04	07 38	02 01	03 09	04 18	05 25
S 50	06 38	07 19	07 57	02 15	03 28	04 41	05 50
52	06 43	07 26	08 07	02 22	03 37	04 52	06 02
54	06 49	07 34	08 17	02 30	03 47	05 04	06 16
56	06 54	07 43	08 29	02 38	03 59	05 19	06 32
58	07 01	07 52	08 43	02 48	04 12	05 35	06 51
S 60	07 08	08 03	08 59	02 59	04 27	05 56	07 14

Lat.	Sunset	Twilight Civil	Twilight Naut.	Moonset 6	7	8	9
°	h m	h m	h m	h m	h m	h m	h m
N 72	▭	▭	▭	▭	▭	▭	▭
N 70	▭	▭	▭	18 05	▭	▭	▭
68	▭	▭	▭	17 11	▭	▭	▭
66	23 08	////	////	16 38	18 39	▭	▭
64	22 14	////	////	16 14	17 58	19 42	20 58
62	21 43	////	////	15 56	17 30	19 01	20 12
60	21 19	22 48	////	15 40	17 09	18 33	19 41
N 58	21 01	22 10	////	15 27	16 51	18 11	19 18
56	20 45	21 44	////	15 16	16 36	17 53	19 00
54	20 32	21 24	22 55	15 06	16 24	17 38	18 44
52	20 20	21 07	22 20	14 58	16 13	17 25	18 30
50	20 10	20 53	21 55	14 50	16 03	17 14	18 19
45	19 49	20 25	21 14	14 33	15 42	16 50	17 54
N 40	19 31	20 04	20 45	14 20	15 25	16 31	17 34
35	19 17	19 46	20 23	14 08	15 11	16 15	17 17
30	19 05	19 32	20 05	13 59	14 59	16 01	17 03
20	18 44	19 08	19 37	13 41	14 38	15 38	16 39
N 10	18 25	18 48	19 15	13 27	14 20	15 18	16 18
0	18 09	18 31	18 57	13 13	14 04	14 59	15 58
S 10	17 52	18 15	18 41	12 59	13 47	14 40	15 38
20	17 34	17 58	18 25	12 44	13 29	14 20	15 17
30	17 14	17 40	18 10	12 28	13 09	13 57	14 53
35	17 02	17 30	18 01	12 18	12 57	13 43	14 38
40	16 48	17 19	17 52	12 07	12 43	13 27	14 22
45	16 32	17 06	17 43	11 54	12 27	13 09	14 02
S 50	16 13	16 51	17 32	11 38	12 07	12 45	13 37
52	16 03	16 44	17 27	11 31	11 57	12 34	13 24
54	15 53	16 36	17 22	11 22	11 47	12 21	13 11
56	15 41	16 27	17 16	11 13	11 35	12 07	12 55
58	15 27	16 18	17 10	11 03	11 21	11 50	12 35
S 60	15 11	16 07	17 03	10 51	11 05	11 29	12 12

Day	SUN Eqn. of Time 00ʰ	12ʰ	Mer. Pass.	MOON Mer. Pass. Upper	Lower	Age	Phase
d	m s	m s	h m	h m	h m	d %	
6	04 40	04 45	12 05	07 01	19 26	24 32	
7	04 50	04 54	12 05	07 51	20 18	25 22	
8	04 59	05 04	12 05	08 45	21 14	26 14	

UT		ARIES	VENUS −4.1		MARS +1.4		JUPITER −2.5		SATURN +1.1	
		GHA	GHA	Dec	GHA	Dec	GHA	Dec	GHA	Dec
d h		° ′	° ′	° ′	° ′	° ′	° ′	° ′	° ′	° ′
9 00		286 49.8	135 47.5	N13 29.2	118 00.2	N 5 39.1	283 29.7	N 0 00.2	106 44.4	N 2 27.6
01		301 52.2	150 47.3	28.1	133 01.3	38.5	298 32.0	00.3	121 46.8	27.6
02		316 54.7	165 47.1	27.0	148 02.5	37.9	313 34.4	00.3	136 49.1	27.5
03		331 57.2	180 46.9	. . 25.9	163 03.6	. . 37.3	328 36.7	. . 00.3	151 51.4	. . 27.4
04		346 59.6	195 46.7	24.8	178 04.7	36.7	343 39.1	00.4	166 53.7	27.3
05		2 02.1	210 46.5	23.8	193 05.9	36.1	358 41.4	00.4	181 56.1	27.3
06		17 04.5	225 46.2	N13 22.7	208 07.0	N 5 35.5	13 43.8	N 0 00.4	196 58.4	N 2 27.2
07		32 07.0	240 46.0	21.6	223 08.2	34.9	28 46.1	00.5	212 00.7	27.1
08		47 09.5	255 45.8	20.5	238 09.3	34.3	43 48.5	00.5	227 03.0	27.1
09	F	62 11.9	270 45.6	. . 19.4	253 10.4	. . 33.7	58 50.9	. . 00.5	242 05.3	. . 27.0
10	R	77 14.4	285 45.4	18.4	268 11.6	33.1	73 53.2	00.6	257 07.7	26.9
11	I	92 16.9	300 45.2	17.3	283 12.7	32.5	88 55.6	00.6	272 10.0	26.9
12	D	107 19.3	315 45.0	N13 16.2	298 13.9	N 5 31.9	103 57.9	N 0 00.6	287 12.3	N 2 26.8
13	A	122 21.8	330 44.8	15.1	313 15.0	31.3	119 00.3	00.7	302 14.6	26.7
14	Y	137 24.3	345 44.6	14.0	328 16.1	30.7	134 02.6	00.7	317 17.0	26.6
15		152 26.7	0 44.4	. . 13.0	343 17.3	. . 30.1	149 05.0	. . 00.7	332 19.3	. . 26.6
16		167 29.2	15 44.2	11.9	358 18.4	29.5	164 07.3	00.8	347 21.6	26.5
17		182 31.7	30 44.0	10.8	13 19.5	28.9	179 09.7	00.8	2 23.9	26.4
18		197 34.1	45 43.8	N13 09.7	28 20.7	N 5 28.3	194 12.1	N 0 00.8	17 26.2	N 2 26.4
19		212 36.6	60 43.6	08.6	43 21.8	27.7	209 14.4	00.9	32 28.6	26.3
20		227 39.0	75 43.3	07.5	58 23.0	27.1	224 16.8	00.9	47 30.9	26.2
21		242 41.5	90 43.1	. . 06.4	73 24.1	. . 26.5	239 19.1	. . 00.9	62 33.2	. . 26.2
22		257 44.0	105 42.9	05.4	88 25.2	25.9	254 21.5	01.0	77 35.5	26.1
23		272 46.4	120 42.7	04.3	103 26.4	25.3	269 23.9	01.0	92 37.8	26.0
10 00		287 48.9	135 42.5	N13 03.2	118 27.5	N 5 24.7	284 26.2	N 0 01.0	107 40.2	N 2 25.9
01		302 51.4	150 42.3	02.1	133 28.6	24.1	299 28.6	01.0	122 42.5	25.9
02		317 53.8	165 42.1	13 01.0	148 29.8	23.5	314 30.9	01.1	137 44.8	25.8
03		332 56.3	180 41.9	12 59.9	163 30.9	. . 22.9	329 33.3	. . 01.1	152 47.1	. . 25.7
04		347 58.8	195 41.7	58.8	178 32.0	22.3	344 35.7	01.1	167 49.5	25.7
05		3 01.2	210 41.6	57.7	193 33.2	21.7	359 38.0	01.2	182 51.8	25.6
06		18 03.7	225 41.4	N12 56.6	208 34.3	N 5 21.0	14 40.4	N 0 01.2	197 54.1	N 2 25.5
07		33 06.2	240 41.2	55.6	223 35.5	20.4	29 42.7	01.2	212 56.4	25.4
08	S	48 08.6	255 41.0	54.5	238 36.6	19.8	44 45.1	01.3	227 58.7	25.4
09	A	63 11.1	270 40.8	. . 53.4	253 37.7	. . 19.2	59 47.5	. . 01.3	243 01.0	. . 25.3
10	T	78 13.5	285 40.6	52.3	268 38.9	18.6	74 49.8	01.3	258 03.4	25.2
11	U	93 16.0	300 40.4	51.2	283 40.0	18.0	89 52.2	01.4	273 05.7	25.2
12	R	108 18.5	315 40.2	N12 50.1	298 41.1	N 5 17.4	104 54.5	N 0 01.4	288 08.0	N 2 25.1
13	D	123 20.9	330 40.0	49.0	313 42.3	16.8	119 56.9	01.4	303 10.3	25.0
14	A	138 23.4	345 39.8	47.9	328 43.4	16.2	134 59.3	01.4	318 12.6	24.9
15	Y	153 25.9	0 39.6	. . 46.8	343 44.5	. . 15.6	150 01.6	. . 01.5	333 15.0	. . 24.9
16		168 28.3	15 39.4	45.7	358 45.7	15.0	165 04.0	01.5	348 17.3	24.8
17		183 30.8	30 39.2	44.6	13 46.8	14.4	180 06.4	01.5	3 19.6	24.7
18		198 33.3	45 39.1	N12 43.5	28 47.9	N 5 13.8	195 08.7	N 0 01.6	18 21.9	N 2 24.7
19		213 35.7	60 38.9	42.4	43 49.1	13.2	210 11.1	01.6	33 24.2	24.6
20		228 38.2	75 38.7	41.3	58 50.2	12.6	225 13.5	01.6	48 26.6	24.5
21		243 40.7	90 38.5	. . 40.2	73 51.3	. . 12.0	240 15.8	. . 01.7	63 28.9	. . 24.4
22		258 43.1	105 38.3	39.1	88 52.5	11.4	255 18.2	01.7	78 31.2	24.4
23		273 45.6	120 38.1	38.0	103 53.6	10.8	270 20.6	01.7	93 33.5	24.3
11 00		288 48.0	135 37.9	N12 36.9	118 54.7	N 5 10.2	285 22.9	N 0 01.7	108 35.8	N 2 24.2
01		303 50.5	150 37.7	35.8	133 55.9	09.6	300 25.3	01.8	123 38.1	24.2
02		318 53.0	165 37.6	34.7	148 57.0	09.0	315 27.7	01.8	138 40.5	24.1
03		333 55.4	180 37.4	. . 33.6	163 58.1	. . 08.4	330 30.0	. . 01.8	153 42.8	. . 24.0
04		348 57.9	195 37.2	32.5	178 59.3	07.8	345 32.4	01.9	168 45.1	23.9
05		4 00.4	210 37.0	31.4	194 00.4	07.2	0 34.8	01.9	183 47.4	23.9
06		19 02.8	225 36.8	N12 30.3	209 01.5	N 5 06.6	15 37.1	N 0 01.9	198 49.7	N 2 23.8
07		34 05.3	240 36.7	29.2	224 02.7	06.0	30 39.5	01.9	213 52.0	23.7
08		49 07.8	255 36.5	28.1	239 03.8	05.4	45 41.9	02.0	228 54.4	23.6
09	S	64 10.2	270 36.3	. . 27.0	254 04.9	. . 04.8	60 44.2	. . 02.0	243 56.7	. . 23.6
10	U	79 12.7	285 36.1	25.9	269 06.1	04.2	75 46.6	02.0	258 59.0	23.5
11	N	94 15.2	300 35.9	24.8	284 07.2	03.5	90 49.0	02.0	274 01.3	23.4
12	D	109 17.6	315 35.8	N12 23.7	299 08.3	N 5 02.9	105 51.3	N 0 02.1	289 03.6	N 2 23.4
13	A	124 20.1	330 35.6	22.6	314 09.5	02.3	120 53.7	02.1	304 05.9	23.3
14	Y	139 22.5	345 35.4	21.5	329 10.6	01.7	135 56.1	02.1	319 08.3	23.2
15		154 25.0	0 35.2	. . 20.4	344 11.7	. . 01.1	150 58.5	. . 02.2	334 10.6	. . 23.1
16		169 27.5	15 35.1	19.3	359 12.9	5 00.5	166 00.8	02.2	349 12.9	23.1
17		184 29.9	30 34.9	18.2	14 14.0	4 59.9	181 03.2	02.2	4 15.2	23.0
18		199 32.4	45 34.7	N12 17.1	29 15.1	N 4 59.3	196 05.6	N 0 02.2	19 17.5	N 2 22.9
19		214 34.9	60 34.5	16.0	44 16.3	58.7	211 07.9	02.3	34 19.8	22.8
20		229 37.3	75 34.4	14.8	59 17.4	58.1	226 10.3	02.3	49 22.1	22.8
21		244 39.8	90 34.2	. . 13.7	74 18.5	. . 57.5	241 12.7	. . 02.3	64 24.5	. . 22.7
22		259 42.3	105 34.0	12.6	89 19.7	56.9	256 15.1	02.3	79 26.8	22.6
23		274 44.7	120 33.9	11.5	104 20.8	56.3	271 17.4	02.4	94 29.1	22.5
Mer. Pass.		h m 4 48.0	v −0.2	d 1.1	v 1.1	d 0.6	v 2.4	d 0.0	v 2.3	d 0.1

STARS

Name	SHA	Dec
	° ′	° ′
Acamar	315 20.1	S40 15.5
Achernar	335 28.3	S57 10.6
Acrux	173 12.0	S63 09.8
Adhara	255 14.6	S28 59.2
Aldebaran	290 52.1	N16 31.8
Alioth	166 22.4	N55 54.4
Alkaid	153 00.4	N49 15.8
Al Na'ir	27 45.9	S46 54.3
Alnilam	275 48.8	S 1 11.7
Alphard	217 58.5	S 8 42.3
Alphecca	126 12.5	N26 40.9
Alpheratz	357 45.6	N29 08.9
Altair	62 10.0	N 8 53.9
Ankaa	353 17.6	S42 14.6
Antares	112 28.6	S26 27.4
Arcturus	145 57.5	N19 07.7
Atria	107 31.9	S69 03.0
Avior	234 19.6	S59 32.7
Bellatrix	278 34.6	N 6 21.6
Betelgeuse	271 03.9	N 7 24.5
Canopus	263 57.6	S52 42.0
Capella	280 38.0	N46 00.4
Deneb	49 32.5	N45 19.1
Denebola	182 35.9	N14 30.8
Diphda	348 57.9	S17 55.5
Dubhe	193 54.5	N61 41.8
Elnath	278 15.6	N28 36.9
Eltanin	90 46.6	N51 29.4
Enif	33 48.9	N 9 55.5
Fomalhaut	15 26.0	S29 33.7
Gacrux	172 03.5	S57 10.7
Gienah	175 54.6	S17 36.2
Hadar	148 50.9	S60 25.8
Hamal	328 03.3	N23 30.7
Kaus Aust.	83 46.2	S34 22.7
Kochab	137 19.2	N74 06.9
Markab	13 40.3	N15 15.8
Menkar	314 17.4	N 4 07.9
Menkent	148 10.0	S36 25.5
Miaplacidus	221 41.1	S69 45.9
Mirfak	308 43.7	N49 53.8
Nunki	76 00.5	S26 16.9
Peacock	53 21.9	S56 41.9
Pollux	243 30.7	N28 00.0
Procyon	245 02.3	N 5 11.9
Rasalhague	96 08.1	N12 33.2
Regulus	207 46.0	N11 54.9
Rigel	281 14.4	S 8 11.3
Rigil Kent.	139 54.5	S60 53.0
Sabik	102 14.7	S15 44.3
Schedar	349 43.0	N56 35.6
Shaula	96 24.4	S37 06.7
Sirius	258 35.9	S16 43.8
Spica	158 33.5	S11 13.1
Suhail	222 54.5	S43 28.7
Vega	80 40.0	N38 47.7
Zuben'ubi	137 07.6	S16 05.2

	SHA	Mer. Pass.
	° ′	h m
Venus	207 53.6	14 57
Mars	190 38.6	16 05
Jupiter	356 37.3	5 01
Saturn	179 51.3	16 47

UT d	h	SUN GHA ° ′	SUN Dec ° ′	MOON GHA ° ′	v ′	MOON Dec ° ′	d ′	HP ′
9	00	178 42.8	N22 23.6	219 50.9	5.7	N24 39.5	2.6	58.3
	01	193 42.7	23.3	234 15.6	5.6	24 42.1	2.5	58.4
	02	208 42.6	23.0	248 40.2	5.5	24 44.6	2.3	58.4
	03	223 42.5	. . 22.7	263 04.7	5.5	24 46.9	2.2	58.5
	04	238 42.4	22.5	277 29.2	5.3	24 49.1	2.0	58.5
	05	253 42.3	22.2	291 53.5	5.3	24 51.1	1.8	58.5
	06	268 42.2	N22 21.9	306 17.8	5.3	N24 52.9	1.7	58.6
	07	283 42.1	21.6	320 42.1	5.2	24 54.6	1.6	58.6
	08	298 42.0	21.3	335 06.3	5.1	24 56.2	1.3	58.6
F	09	313 42.0	. . 21.0	349 30.4	5.0	24 57.5	1.2	58.7
R	10	328 41.9	20.7	3 54.4	5.0	24 58.7	1.1	58.7
I	11	343 41.8	20.3	18 18.4	4.9	24 59.8	0.9	58.7
D	12	358 41.7	N22 20.0	32 42.3	4.9	N25 00.7	0.7	58.8
A	13	13 41.6	19.7	47 06.2	4.8	25 01.4	0.5	58.8
Y	14	28 41.5	19.4	61 30.0	4.8	25 01.9	0.4	58.8
	15	43 41.4	. . 19.1	75 53.8	4.7	25 02.3	0.2	58.9
	16	58 41.3	18.8	90 17.5	4.7	25 02.5	0.1	58.9
	17	73 41.2	18.5	104 41.2	4.6	25 02.6	0.1	58.9
	18	88 41.1	N22 18.2	119 04.8	4.5	N25 02.5	0.3	59.0
	19	103 41.0	17.9	133 28.3	4.6	25 02.2	0.5	59.0
	20	118 40.9	17.6	147 51.9	4.5	25 01.7	0.6	59.1
	21	133 40.8	. . 17.3	162 15.4	4.4	25 01.1	0.8	59.1
	22	148 40.8	17.0	176 38.8	4.4	25 00.3	1.0	59.1
	23	163 40.7	16.7	191 02.2	4.4	24 59.3	1.1	59.2
10	00	178 40.6	N22 16.4	205 25.6	4.3	N24 58.2	1.3	59.2
	01	193 40.5	16.1	219 48.9	4.3	24 56.9	1.5	59.2
	02	208 40.4	15.7	234 12.2	4.3	24 55.4	1.7	59.3
	03	223 40.3	. . 15.4	248 35.5	4.3	24 53.7	1.8	59.3
	04	238 40.2	15.1	262 58.8	4.2	24 51.9	2.0	59.3
	05	253 40.1	14.8	277 22.0	4.2	24 49.9	2.2	59.4
	06	268 40.0	N22 14.5	291 45.2	4.2	N24 47.7	2.3	59.4
	07	283 39.9	14.2	306 08.4	4.1	24 45.4	2.5	59.4
S	08	298 39.9	13.9	320 31.5	4.2	24 42.9	2.7	59.4
A	09	313 39.8	. . 13.5	334 54.7	4.1	24 40.2	2.9	59.5
T	10	328 39.7	13.2	349 17.8	4.2	24 37.3	3.0	59.5
U	11	343 39.6	12.9	3 41.0	4.1	24 34.3	3.2	59.5
R	12	358 39.5	N22 12.6	18 04.1	4.1	N24 31.1	3.4	59.6
D	13	13 39.4	12.3	32 27.2	4.1	24 27.7	3.6	59.6
A	14	28 39.3	11.9	46 50.3	4.1	24 24.1	3.7	59.6
Y	15	43 39.2	. . 11.6	61 13.4	4.1	24 20.4	3.9	59.7
	16	58 39.1	11.3	75 36.5	4.1	24 16.5	4.1	59.7
	17	73 39.1	11.0	89 59.6	4.1	24 12.4	4.3	59.7
	18	88 39.0	N22 10.7	104 22.7	4.1	N24 08.1	4.4	59.7
	19	103 38.9	10.3	118 45.8	4.2	24 03.7	4.6	59.8
	20	118 38.8	10.0	133 09.0	4.1	23 59.1	4.8	59.8
	21	133 38.7	. . 09.7	147 32.1	4.1	23 54.3	4.9	59.8
	22	148 38.6	09.4	161 55.2	4.2	23 49.4	5.1	59.9
	23	163 38.5	09.0	176 18.4	4.2	23 44.3	5.3	59.9
11	00	178 38.4	N22 08.7	190 41.6	4.2	N23 39.0	5.5	59.9
	01	193 38.4	08.4	205 04.8	4.2	23 33.5	5.6	59.9
	02	208 38.3	08.0	219 28.0	4.2	23 27.9	5.8	60.0
	03	223 38.2	. . 07.7	233 51.2	4.3	23 22.1	5.9	60.0
	04	238 38.1	07.4	248 14.5	4.3	23 16.2	6.1	60.0
	05	253 38.0	07.1	262 37.8	4.3	23 10.1	6.3	60.0
	06	268 37.9	N22 06.7	277 01.1	4.3	N23 03.8	6.5	60.1
	07	283 37.8	06.4	291 24.4	4.4	22 57.3	6.6	60.1
	08	298 37.8	06.1	305 47.8	4.4	22 50.7	6.8	60.1
S	09	313 37.7	. . 05.7	320 11.2	4.4	22 43.9	6.9	60.1
U	10	328 37.6	05.4	334 34.6	4.5	22 37.0	7.2	60.2
N	11	343 37.5	05.1	348 58.1	4.5	22 29.8	7.2	60.2
D	12	358 37.4	N22 04.7	3 21.6	4.6	N22 22.6	7.5	60.2
A	13	13 37.3	04.4	17 45.2	4.6	22 15.1	7.5	60.2
Y	14	28 37.3	04.1	32 08.8	4.6	22 07.6	7.8	60.2
	15	43 37.2	. . 03.7	46 32.4	4.7	21 59.8	7.9	60.3
	16	58 37.1	03.4	60 56.1	4.8	21 51.9	8.1	60.3
	17	73 37.0	03.1	75 19.9	4.7	N21 43.8	8.2	60.3
	18	88 36.9	N22 02.7					
	19	103 36.8	02.4					
	20	118 36.8	02.0					
	21	133 36.7	. . 01.7					
	22	148 36.6	01.4					
	23	163 36.5	01.0					
		SD 15.8	*d* 0.3	SD 16.0		16.2		16.4

A total eclipse of the Sun occurs on this date. See page 5.

Lat.	Twilight Naut.	Twilight Civil	Sunrise	Moonrise 9	Moonrise 10	Moonrise 11	Moonrise 12
°	h m	h m	h m	h m	h m	h m	h m
N 72	▭	▭	▭	▭	▭	▭	▭
N 70	▭	▭	▭	▭	▭	▭	▭
68	▭	▭	▭	▭	▭	▭	01 57
66	////	////	01 12	▭	▭	00 08	02 40
64	////	////	02 01	23 31	25 10	01 10	03 09
62	////	////	02 32	24 17	00 17	01 45	03 31
60	////	01 28	02 54	24 48	00 48	02 10	03 49
N 58	////	02 04	03 13	00 14	01 11	02 30	04 04
56	////	02 29	03 28	00 32	01 29	02 46	04 16
54	01 21	02 49	03 41	00 47	01 45	03 00	04 27
52	01 54	03 05	03 52	01 00	01 58	03 12	04 37
50	02 18	03 19	04 02	01 12	02 10	03 23	04 45
45	02 59	03 47	04 23	01 36	02 35	03 46	05 04
N 40	03 27	04 08	04 40	01 55	02 55	04 04	05 19
35	03 49	04 25	04 54	02 11	03 11	04 19	05 31
30	04 06	04 39	05 06	02 25	03 25	04 32	05 42
20	04 34	05 03	05 27	02 49	03 50	04 54	06 01
N 10	04 55	05 22	05 45	03 10	04 10	05 13	06 17
0	05 13	05 39	06 02	03 29	04 30	05 31	06 32
S 10	05 29	05 56	06 18	03 49	04 50	05 49	06 47
20	05 45	06 12	06 36	04 10	05 10	06 09	07 03
30	06 00	06 30	06 56	04 34	05 35	06 31	07 21
35	06 08	06 39	07 07	04 48	05 49	06 44	07 32
40	06 17	06 50	07 21	05 05	06 05	06 59	07 44
45	06 26	07 03	07 36	05 25	06 25	07 16	07 58
S 50	06 37	07 18	07 56	05 50	06 50	07 38	08 15
52	06 42	07 25	08 05	06 02	07 02	07 48	08 24
54	06 47	07 32	08 15	06 16	07 15	08 00	08 33
56	06 53	07 41	08 27	06 32	07 31	08 13	08 43
58	06 59	07 50	08 40	06 51	07 49	08 29	08 54
S 60	07 05	08 01	08 56	07 14	08 12	08 47	09 08

Lat.	Sunset	Twilight Civil	Twilight Naut.	Moonset 9	Moonset 10	Moonset 11	Moonset 12
°	h m	h m	h m	h m	h m	h m	h m
N 72	▭	▭	▭	▭	▭	▭	23 28
N 70	▭	▭	▭	▭	▭	▭	22 46
68	▭	▭	▭	▭	▭	22 51	22 17
66	22 55	////	////	▭	22 30	22 06	21 56
64	22 08	////	////	20 58	21 28	21 36	21 38
62	21 38	////	////	20 12	20 53	21 13	21 23
60	21 15	22 40	////	19 41	20 28	20 55	21 11
N 58	20 57	22 05	////	19 18	20 07	20 39	21 00
56	20 42	21 40	////	19 00	19 51	20 26	20 51
54	20 29	21 21	22 47	18 44	19 36	20 15	20 43
52	20 18	21 05	22 15	18 30	19 24	20 05	20 35
50	20 08	20 51	21 52	18 19	19 13	19 55	20 28
45	19 47	20 24	21 11	17 54	18 50	19 36	20 14
N 40	19 30	20 03	20 43	17 34	18 31	19 20	20 02
35	19 16	19 46	20 21	17 17	18 15	19 07	19 51
30	19 04	19 31	20 04	17 03	18 02	18 55	19 42
20	18 43	19 08	19 37	16 39	17 38	18 35	19 27
N 10	18 26	18 48	19 15	16 18	17 18	18 17	19 13
0	18 09	18 31	18 57	15 58	16 59	18 00	18 59
S 10	17 53	18 15	18 41	15 38	16 40	17 44	18 46
20	17 35	17 59	18 26	15 17	16 20	17 26	18 32
30	17 15	17 41	18 11	14 53	15 56	17 05	18 16
35	17 04	17 31	18 03	14 38	15 42	16 53	18 06
40	16 50	17 20	17 54	14 22	15 26	16 38	17 55
45	16 35	17 08	17 45	14 02	15 07	16 22	17 42
S 50	16 15	16 53	17 34	13 37	14 42	16 01	17 26
52	16 06	16 46	17 29	13 24	14 31	15 51	17 18
54	15 56	16 39	17 24	13 11	14 17	15 40	17 10
56	15 45	16 30	17 19	12 55	14 02	15 27	17 01
58	15 31	16 21	17 12	12 35	13 44	15 12	16 50
S 60	15 16	16 10	17 06	12 12	13 21	14 54	16 37

Day	SUN Eqn. of Time 00^h	SUN Eqn. of Time 12^h	SUN Mer. Pass.	MOON Mer. Pass. Upper	MOON Mer. Pass. Lower	MOON Age	MOON Phase
d	m s	m s	h m	h m	h m	d	%
9	05 09	05 13	12 05	09 44	22 14	27	7
10	05 18	05 22	12 05	10 45	23 15	28	2 ●
11	05 26	05 30	12 06	11 46	24 16	29	0

UT	ARIES	VENUS −4.1		MARS +1.4		JUPITER −2.6		SATURN +1.1	
	GHA	GHA	Dec	GHA	Dec	GHA	Dec	GHA	Dec
d h	° ′	° ′	° ′	° ′	° ′	° ′	° ′	° ′	° ′
12 00	289 47.2	135 33.7	N12 10.4	119 21.9	N 4 55.7	286 19.8	N 0 02.4	109 31.4	N 2 22.5
01	304 49.7	150 33.5	09.3	134 23.0	55.1	301 22.2	02.4	124 33.7	22.4
02	319 52.1	165 33.4	08.2	149 24.2	54.5	316 24.6	02.4	139 36.0	22.3
03	334 54.6	180 33.2	. . 07.1	164 25.3	. . 53.9	331 26.9	. . 02.5	154 38.3	. . 22.3
04	349 57.0	195 33.0	06.0	179 26.4	53.3	346 29.3	02.5	169 40.7	22.2
05	4 59.5	210 32.9	04.9	194 27.6	52.6	1 31.7	02.5	184 43.0	22.1
06	20 02.0	225 32.7	N12 03.7	209 28.7	N 4 52.0	16 34.1	N 0 02.5	199 45.3	N 2 22.0
07	35 04.4	240 32.5	02.6	224 29.8	51.4	31 36.4	02.6	214 47.6	22.0
08	50 06.9	255 32.4	01.5	239 31.0	50.8	46 38.8	02.6	229 49.9	21.9
M 09	65 09.4	270 32.2	12 00.4	254 32.1	. . 50.2	61 41.2	. . 02.6	244 52.2	. . 21.8
O 10	80 11.8	285 32.0	11 59.3	269 33.2	49.6	76 43.6	02.6	259 54.5	21.7
N 11	95 14.3	300 31.9	58.2	284 34.3	49.0	91 45.9	02.7	274 56.8	21.7
D 12	110 16.8	315 31.7	N11 57.0	299 35.5	N 4 48.4	106 48.3	N 0 02.7	289 59.2	N 2 21.6
A 13	125 19.2	330 31.5	55.9	314 36.6	47.8	121 50.7	02.7	305 01.5	21.5
Y 14	140 21.7	345 31.4	54.8	329 37.7	47.2	136 53.1	02.7	320 03.8	21.4
15	155 24.1	0 31.2	. . 53.7	344 38.9	. . 46.6	151 55.5	. . 02.8	335 06.1	. . 21.4
16	170 26.6	15 31.1	52.6	359 40.0	46.0	166 57.8	02.8	350 08.4	21.3
17	185 29.1	30 30.9	51.5	14 41.1	45.4	182 00.2	02.8	5 10.7	21.2
18	200 31.5	45 30.8	N11 50.3	29 42.2	N 4 44.8	197 02.6	N 0 02.8	20 13.0	N 2 21.1
19	215 34.0	60 30.6	49.2	44 43.4	44.1	212 05.0	02.8	35 15.3	21.1
20	230 36.5	75 30.4	48.1	59 44.5	43.5	227 07.3	02.9	50 17.7	21.0
21	245 38.9	90 30.3	. . 47.0	74 45.6	. . 42.9	242 09.7	. . 02.9	65 20.0	. . 20.9
22	260 41.4	105 30.1	45.9	89 46.8	42.3	257 12.1	02.9	80 22.3	20.8
23	275 43.9	120 30.0	44.7	104 47.9	41.7	272 14.5	02.9	95 24.6	20.8
13 00	290 46.3	135 29.8	N11 43.6	119 49.0	N 4 41.1	287 16.9	N 0 03.0	110 26.9	N 2 20.7
01	305 48.8	150 29.7	42.5	134 50.1	40.5	302 19.3	03.0	125 29.2	20.6
02	320 51.3	165 29.5	41.4	149 51.3	39.9	317 21.6	03.0	140 31.5	20.5
03	335 53.7	180 29.4	. . 40.3	164 52.4	. . 39.3	332 24.0	. . 03.0	155 33.8	. . 20.5
04	350 56.2	195 29.2	39.1	179 53.5	38.7	347 26.4	03.1	170 36.1	20.4
05	5 58.6	210 29.1	38.0	194 54.7	38.1	2 28.8	03.1	185 38.5	20.3
06	21 01.1	225 28.9	N11 36.9	209 55.8	N 4 37.5	17 31.2	N 0 03.1	200 40.8	N 2 20.2
07	36 03.6	240 28.8	35.8	224 56.9	36.8	32 33.5	03.1	215 43.1	20.2
T 08	51 06.0	255 28.6	34.6	239 58.0	36.2	47 35.9	03.1	230 45.4	20.1
U 09	66 08.5	270 28.5	. . 33.5	254 59.2	. . 35.6	62 38.3	. . 03.2	245 47.7	. . 20.0
E 10	81 11.0	285 28.3	32.4	270 00.3	35.0	77 40.7	03.2	260 50.0	19.9
S 11	96 13.4	300 28.2	31.3	285 01.4	34.4	92 43.1	03.2	275 52.3	19.9
D 12	111 15.9	315 28.0	N11 30.1	300 02.5	N 4 33.8	107 45.5	N 0 03.2	290 54.6	N 2 19.8
13	126 18.4	330 27.9	29.0	315 03.7	33.2	122 47.9	03.2	305 56.9	19.7
A 14	141 20.8	345 27.7	27.9	330 04.8	32.6	137 50.2	03.3	320 59.2	19.6
Y 15	156 23.3	0 27.6	. . 26.8	345 05.9	. . 32.0	152 52.6	. . 03.3	336 01.6	. . 19.6
16	171 25.8	15 27.4	25.6	0 07.1	31.4	167 55.0	03.3	351 03.9	19.5
17	186 28.2	30 27.3	24.5	15 08.2	30.7	182 57.4	03.3	6 06.2	19.4
18	201 30.7	45 27.2	N11 23.4	30 09.3	N 4 30.1	197 59.8	N 0 03.3	21 08.5	N 2 19.3
19	216 33.1	60 27.0	22.2	45 10.4	29.5	213 02.2	03.4	36 10.8	19.3
20	231 35.6	75 26.9	21.1	60 11.6	28.9	228 04.6	03.4	51 13.1	19.2
21	246 38.1	90 26.7	. . 20.0	75 12.7	. . 28.3	243 06.9	. . 03.4	66 15.4	. . 19.1
22	261 40.5	105 26.6	18.9	90 13.8	27.7	258 09.3	03.4	81 17.7	19.0
23	276 43.0	120 26.5	17.7	105 14.9	27.1	273 11.7	03.4	96 20.0	19.0
14 00	291 45.5	135 26.3	N11 16.6	120 16.1	N 4 26.5	288 14.1	N 0 03.5	111 22.3	N 2 18.9
01	306 47.9	150 26.2	15.5	135 17.2	25.9	303 16.5	03.5	126 24.6	18.8
02	321 50.4	165 26.0	14.3	150 18.3	25.3	318 18.9	03.5	141 26.9	18.7
03	336 52.9	180 25.9	. . 13.2	165 19.4	. . 24.6	333 21.3	. . 03.5	156 29.3	. . 18.7
04	351 55.3	195 25.8	12.1	180 20.6	24.0	348 23.7	03.5	171 31.6	18.6
05	6 57.8	210 25.6	10.9	195 21.7	23.4	3 26.1	03.6	186 33.9	18.5
06	22 00.3	225 25.5	N11 09.8	210 22.8	N 4 22.8	18 28.4	N 0 03.6	201 36.2	N 2 18.4
W 07	37 02.7	240 25.4	08.7	225 23.9	22.2	33 30.8	03.6	216 38.5	18.4
E 08	52 05.2	255 25.2	07.5	240 25.1	21.6	48 33.2	03.6	231 40.8	18.3
D 09	67 07.6	270 25.1	. . 06.4	255 26.2	. . 21.0	63 35.6	. . 03.6	246 43.1	. . 18.2
N 10	82 10.1	285 25.0	05.3	270 27.3	20.4	78 38.0	03.6	261 45.4	18.1
E 11	97 12.6	300 24.8	04.1	285 28.4	19.8	93 40.4	03.7	276 47.7	18.0
S 12	112 15.0	315 24.7	N11 03.0	300 29.6	N 4 19.1	108 42.8	N 0 03.7	291 50.0	N 2 18.0
D 13	127 17.5	330 24.6	01.9	315 30.7	18.5	123 45.2	03.7	306 52.3	17.9
14	142 20.0	345 24.4	11 00.7	330 31.8	17.9	138 47.6	03.7	321 54.6	17.8
A 15	157 22.4	0 24.3	10 59.6	345 32.9	. . 17.3	153 50.0	. . 03.7	336 56.9	. . 17.7
Y 16	172 24.9	15 24.2	58.4	0 34.1	16.7	168 52.4	03.7	351 59.2	17.7
17	187 27.4	30 24.0	57.3	15 35.2	16.1	183 54.8	03.8	7 01.5	17.6
18	202 29.8	45 23.9	N10 56.2	30 36.3	N 4 15.5	198 57.2	N 0 03.8	22 03.9	N 2 17.5
19	217 32.3	60 23.8	55.0	45 37.4	14.9	213 59.5	03.8	37 06.2	17.4
20	232 34.7	75 23.7	53.9	60 38.5	14.3	229 01.9	03.8	52 08.5	17.4
21	247 37.2	90 23.5	. . 52.7	75 39.7	. . 13.6	244 04.3	. . 03.8	67 10.8	. . 17.3
22	262 39.7	105 23.4	51.6	90 40.8	13.0	259 06.7	03.8	82 13.1	17.2
23	277 42.1	120 23.3	50.5	105 41.9	12.4	274 09.1	03.9	97 15.4	17.1
Mer. Pass.	h m 4 36.2	v −0.1	d 1.1	v 1.1	d 0.6	v 2.4	d 0.0	v 2.3	d 0.1

STARS

Name	SHA	Dec
	° ′	° ′
Acamar	315 20.1	S40 15.4
Achernar	335 28.2	S57 10.6
Acrux	173 12.0	S63 09.8
Adhara	255 14.6	S28 59.2
Aldebaran	290 52.1	N16 31.8
Alioth	166 22.4	N55 54.3
Alkaid	153 00.4	N49 15.8
Al Na'ir	27 45.9	S46 54.3
Alnilam	275 48.8	S 1 11.7
Alphard	217 58.5	S 8 42.3
Alphecca	126 12.5	N26 40.9
Alpheratz	357 45.6	N29 08.9
Altair	62 10.0	N 8 53.9
Ankaa	353 17.6	S42 14.6
Antares	112 28.6	S26 27.4
Arcturus	145 57.5	N19 07.7
Atria	107 31.9	S69 03.0
Avior	234 19.6	S59 32.7
Bellatrix	278 34.6	N 6 21.6
Betelgeuse	271 03.9	N 7 24.6
Canopus	263 57.6	S52 42.0
Capella	280 38.0	N46 00.4
Deneb	49 32.5	N45 19.1
Denebola	182 35.9	N14 30.8
Diphda	348 57.9	S17 55.5
Dubhe	193 54.5	N61 41.8
Elnath	278 15.6	N28 36.9
Eltanin	90 46.6	N51 29.4
Enif	33 48.9	N 9 55.5
Fomalhaut	15 26.0	S29 33.7
Gacrux	172 03.5	S57 10.7
Gienah	175 54.6	S17 36.2
Hadar	148 50.9	S60 25.8
Hamal	328 03.2	N23 30.7
Kaus Aust.	83 46.2	S34 22.7
Kochab	137 19.2	N74 07.0
Markab	13 40.3	N15 15.8
Menkar	314 17.4	N 4 08.0
Menkent	148 10.0	S36 25.5
Miaplacidus	221 41.2	S69 45.8
Mirfak	308 43.7	N49 53.8
Nunki	76 00.5	S26 16.9
Peacock	53 21.9	S56 41.9
Pollux	243 30.7	N28 00.0
Procyon	245 02.3	N 5 11.9
Rasalhague	96 08.1	N12 33.2
Regulus	207 46.0	N11 54.9
Rigel	281 14.4	S 8 11.3
Rigil Kent.	139 54.5	S60 53.0
Sabik	102 14.7	S15 44.3
Schedar	349 43.0	N56 35.6
Shaula	96 24.4	S37 06.7
Sirius	258 35.9	S16 43.8
Spica	158 33.5	S11 13.1
Suhail	222 54.5	S43 28.7
Vega	80 40.0	N38 47.7
Zuben'ubi	137 07.6	S16 05.2

	SHA	Mer. Pass.
	° ′	h m
Venus	204 43.5	14 58
Mars	189 02.7	16 00
Jupiter	356 30.5	4 50
Saturn	179 40.6	16 36

UT		SUN GHA	SUN Dec	MOON GHA	v	MOON Dec	d	HP
d	h	° ′	° ′	° ′	′	° ′	′	′
12	00	178 36.4	N22 00.7	176 07.4	5.2	N20 43.1	9.3	60.4
	01	193 36.3	00.3	190 31.6	5.2	20 33.8	9.4	60.4
	02	208 36.3	22 00.0	204 55.8	5.2	20 24.4	9.5	60.5
	03	223 36.2	21 59.6	219 20.0	5.4	20 14.9	9.8	60.5
	04	238 36.1	59.3	233 44.4	5.4	20 05.1	9.8	60.5
	05	253 36.0	58.9	248 08.8	5.4	19 55.3	10.0	60.5
	06	268 35.9	N21 58.6	262 33.2	5.5	N19 45.3	10.1	60.5
	07	283 35.9	58.3	276 57.7	5.6	19 35.2	10.3	60.5
	08	298 35.8	57.9	291 22.3	5.7	19 24.9	10.3	60.5
M	09	313 35.7	. . 57.6	305 47.0	5.7	19 14.6	10.6	60.6
O	10	328 35.6	57.2	320 11.7	5.7	19 04.0	10.6	60.6
N	11	343 35.5	56.9	334 36.4	5.9	18 53.4	10.8	60.6
D	12	358 35.5	N21 56.5	349 01.3	5.9	N18 42.6	10.9	60.6
A	13	13 35.4	56.2	3 26.2	6.0	18 31.7	11.1	60.6
Y	14	28 35.3	55.8	17 51.2	6.0	18 20.6	11.1	60.6
	15	43 35.2	. . 55.5	32 16.2	6.1	18 09.5	11.3	60.6
	16	58 35.2	55.1	46 41.3	6.2	17 58.2	11.4	60.6
	17	73 35.1	54.7	61 06.5	6.3	17 46.8	11.6	60.6
	18	88 35.0	N21 54.4	75 31.8	6.3	N17 35.2	11.6	60.7
	19	103 34.9	54.0	89 57.1	6.4	17 23.6	11.8	60.7
	20	118 34.8	53.7	104 22.5	6.5	17 11.8	11.9	60.7
	21	133 34.8	. . 53.3	118 48.0	6.5	16 59.9	12.0	60.7
	22	148 34.7	53.0	133 13.5	6.6	16 47.9	12.1	60.7
	23	163 34.6	52.6	147 39.1	6.7	16 35.8	12.2	60.7
13	00	178 34.5	N21 52.3	162 04.8	6.8	N16 23.6	12.3	60.7
	01	193 34.5	51.9	176 30.6	6.8	16 11.3	12.5	60.7
	02	208 34.4	51.5	190 56.4	6.9	15 58.8	12.5	60.7
	03	223 34.3	. . 51.2	205 22.3	7.0	15 46.3	12.6	60.7
	04	238 34.2	50.8	219 48.3	7.0	15 33.7	12.8	60.7
	05	253 34.1	50.5	234 14.3	7.1	15 20.9	12.8	60.7
	06	268 34.1	N21 50.1	248 40.4	7.2	N15 08.1	13.0	60.7
	07	283 34.0	49.7	263 06.6	7.3	14 55.1	13.0	60.7
T	08	298 33.9	49.4	277 32.9	7.3	14 42.1	13.1	60.7
U	09	313 33.8	. . 49.0	291 59.2	7.4	14 29.0	13.2	60.7
E	10	328 33.8	48.6	306 25.6	7.5	14 15.8	13.3	60.7
S	11	343 33.7	48.3	320 52.1	7.5	14 02.5	13.4	60.7
D	12	358 33.6	N21 47.9	335 18.6	7.6	N13 49.1	13.5	60.7
A	13	13 33.6	47.5	349 45.2	7.7	13 35.6	13.6	60.7
Y	14	28 33.5	47.2	4 11.9	7.8	13 22.0	13.6	60.7
	15	43 33.4	. . 46.8	18 38.7	7.8	13 08.4	13.8	60.7
	16	58 33.3	46.4	33 05.5	7.9	12 54.6	13.8	60.7
	17	73 33.3	46.1	47 32.4	8.0	12 40.8	13.8	60.7
	18	88 33.2	N21 45.7	61 59.4	8.0	N12 27.0	14.0	60.7
	19	103 33.1	45.3	76 26.4	8.1	12 13.0	14.0	60.7
	20	118 33.0	45.0	90 53.5	8.2	11 59.0	14.1	60.7
	21	133 33.0	. . 44.6	105 20.7	8.2	11 44.9	14.2	60.7
	22	148 32.9	44.2	119 47.9	8.3	11 30.7	14.2	60.7
	23	163 32.8	43.8	134 15.2	8.4	11 16.5	14.3	60.7
14	00	178 32.7	N21 43.5	148 42.6	8.5	N11 02.2	14.4	60.7
	01	193 32.7	43.1	163 10.1	8.5	10 47.8	14.4	60.7
	02	208 32.6	42.7	177 37.6	8.5	10 33.4	14.5	60.7
	03	223 32.5	. . 42.3	192 05.1	8.7	10 18.9	14.6	60.7
	04	238 32.5	42.0	206 32.8	8.7	10 04.3	14.6	60.7
	05	253 32.4	41.6	221 00.5	8.7	9 49.7	14.6	60.7
	06	268 32.3	N21 41.2	235 28.2	8.8	N 9 35.1	14.7	60.6
W	07	283 32.3	40.8	249 56.0	8.9	9 20.4	14.8	60.6
E	08	298 32.2	40.4	264 23.9	9.0	9 05.6	14.8	60.6
D	09	313 32.1	. . 40.1	278 51.9	9.0	8 50.8	14.9	60.6
N	10	328 32.0	39.7	293 19.9	9.0	8 35.9	14.9	60.6
E	11	343 32.0	39.3	307 47.9	9.1	8 21.0	14.9	60.6
S	12	358 31.9	N21 38.9	322 16.0	9.2	N 8 06.1	15.0	60.6
D	13	13 31.8	38.5	336 44.2	9.3	7 51.1	15.0	60.6
A	14	28 31.8	38.2	351 12.5	9.2	7 36.1	15.1	60.6
Y	15	43 31.7	. . 37.8	5 40.7	9.4	7 21.0	15.1	60.6
	16	58 31.6	37.4	20 09.1	9.4	7 05.9	15.1	60.5
	17	73 31.6	37.0	34 37.5	9.4	6 50.8	15.2	60.5
	18	88 31.5	N21 36.6	49 05.9	9.5	N 6 35.6	15.2	60.5
	19	103 31.4	36.2	63 34.4	9.6	6 20.4	15.2	60.5
	20	118 31.4	35.9	78 03.0	9.6	6 05.2	15.2	60.5
	21	133 31.3	. . 35.5	92 31.6	9.6	5 50.0	15.3	60.5
	22	148 31.2	35.1	107 00.2	9.7	5 34.7	15.3	60.5
	23	163 31.2	34.7	121 28.9	9.8	N 5 19.4	15.3	60.4
		SD 15.8	d 0.4	SD	16.5	16.5		16.5

Lat.	Twilight Naut.	Twilight Civil	Sunrise	Moonrise 12	Moonrise 13	Moonrise 14	Moonrise 15
°	h m	h m	h m	h m	h m	h m	h m
N 72	▭	▭	▭	▭	03 25	06 17	08 41
N 70	▭	▭	▭	▭	04 05	06 33	08 45
68	▭	▭	▭	01 57	04 32	06 45	08 48
66	////	////	01 26	02 40	04 52	06 55	08 51
64	////	////	02 09	03 09	05 09	07 03	08 53
62	////	00 29	02 38	03 31	05 22	07 10	08 55
60	////	01 38	03 00	03 49	05 33	07 17	08 57
N 58	////	02 11	03 17	04 04	05 43	07 22	08 58
56	00 27	02 35	03 32	04 16	05 52	07 27	09 00
54	01 30	02 54	03 44	04 27	05 59	07 31	09 01
52	02 00	03 09	03 55	04 37	06 06	07 35	09 02
50	02 23	03 23	04 05	04 45	06 12	07 38	09 03
45	03 02	03 49	04 26	05 04	06 25	07 46	09 05
N 40	03 30	04 10	04 42	05 19	06 36	07 52	09 07
35	03 51	04 27	04 56	05 31	06 45	07 57	09 08
30	04 08	04 41	05 08	05 42	06 53	08 02	09 10
20	04 35	05 04	05 28	06 01	07 06	08 10	09 12
N 10	04 56	05 23	05 46	06 17	07 18	08 17	09 14
0	05 14	05 40	06 02	06 32	07 29	08 24	09 16
S 10	05 30	05 56	06 18	06 47	07 40	08 31	09 18
20	05 44	06 12	06 35	07 03	07 52	08 38	09 20
30	05 59	06 29	06 55	07 21	08 06	08 46	09 22
35	06 07	06 39	07 06	07 32	08 13	08 50	09 24
40	06 16	06 49	07 19	07 44	08 22	08 55	09 25
45	06 25	07 02	07 35	07 58	08 32	09 01	09 27
S 50	06 35	07 16	07 53	08 15	08 45	09 08	09 29
52	06 40	07 23	08 02	08 24	08 50	09 12	09 30
54	06 45	07 30	08 12	08 33	08 57	09 15	09 31
56	06 50	07 38	08 24	08 43	09 04	09 19	09 33
58	06 56	07 47	08 36	08 54	09 11	09 24	09 34
S 60	07 03	07 57	08 52	09 08	09 20	09 29	09 35

Lat.	Sunset	Twilight Civil	Twilight Naut.	Moonset 12	Moonset 13	Moonset 14	Moonset 15
°	h m	h m	h m	h m	h m	h m	h m
N 72	▭	▭	▭	23 28	22 32	22 00	21 33
N 70	▭	▭	▭	22 46	22 14	21 52	21 33
68	▭	▭	▭	22 17	22 00	21 46	21 34
66	22 42	////	////	21 56	21 48	21 41	21 35
64	22 00	////	////	21 38	21 38	21 37	21 35
62	21 32	23 32	////	21 23	21 29	21 33	21 36
60	21 11	22 31	////	21 11	21 22	21 29	21 36
N 58	20 53	21 59	////	21 00	21 15	21 26	21 36
56	20 39	21 35	23 35	20 51	21 09	21 24	21 37
54	20 26	21 17	22 39	20 43	21 04	21 21	21 37
52	20 15	21 01	22 09	20 35	20 59	21 19	21 37
50	20 06	20 48	21 48	20 28	20 55	21 17	21 37
45	19 45	20 21	21 08	20 14	20 45	21 13	21 38
N 40	19 29	20 01	20 41	20 02	20 37	21 09	21 38
35	19 15	19 44	20 20	19 51	20 31	21 06	21 38
30	19 03	19 30	20 03	19 42	20 24	21 03	21 39
20	18 43	19 07	19 36	19 27	20 14	20 58	21 39
N 10	18 26	18 48	19 15	19 13	20 04	20 53	21 40
0	18 09	18 32	18 58	18 59	19 56	20 49	21 40
S 10	17 53	18 16	18 42	18 46	19 47	20 45	21 40
20	17 36	18 00	18 27	18 32	19 37	20 40	21 41
30	17 17	17 43	18 12	18 16	19 26	20 34	21 41
35	17 05	17 33	18 04	18 06	19 19	20 31	21 41
40	16 52	17 22	17 56	17 55	19 12	20 28	21 42
45	16 37	17 10	17 47	17 42	19 03	20 24	21 42
S 50	16 18	16 56	17 36	17 26	18 53	20 19	21 42
52	16 10	16 49	17 32	17 18	18 48	20 16	21 42
54	16 00	16 42	17 27	17 10	18 43	20 14	21 42
56	15 48	16 34	17 22	17 01	18 37	20 11	21 43
58	15 35	16 25	17 16	16 50	18 30	20 08	21 43
S 60	15 20	16 14	17 09	16 37	18 22	20 04	21 43

Day	SUN Eqn. of Time 00^h	SUN Eqn. of Time 12^h	SUN Mer. Pass.	MOON Mer. Pass. Upper	MOON Mer. Pass. Lower	MOON Age	MOON Phase
d	m s	m s	h m	h m	h m	d %	
12	05 34	05 38	12 06	12 46	00 16	01 1	●
13	05 42	05 45	12 06	13 43	01 15	02 4	
14	05 49	05 52	12 06	14 36	02 10	03 10	

	UT (d h)	ARIES GHA	VENUS −4.2 GHA	VENUS Dec	MARS +1.4 GHA	MARS Dec	JUPITER −2.6 GHA	JUPITER Dec	SATURN +1.1 GHA	SATURN Dec
		° ′	° ′	° ′	° ′	° ′	° ′	° ′	° ′	° ′
	15 00	292 44.6	135 23.2	N10 49.3	120 43.0	N 4 11.8	289 11.5	N 0 03.9	112 17.7	N 2 17.0
	01	307 47.1	150 23.0	48.2	135 44.2	11.2	304 13.9	03.9	127 20.0	17.0
	02	322 49.5	165 22.9	47.0	150 45.3	10.6	319 16.3	03.9	142 22.3	16.9
	03	337 52.0	180 22.8	· · 45.9	165 46.4	· · 10.0	334 18.7	· · 03.9	157 24.6	· · 16.8
	04	352 54.5	195 22.7	44.8	180 47.5	09.4	349 21.1	03.9	172 26.9	16.7
	05	7 56.9	210 22.6	43.6	195 48.7	08.7	4 23.5	04.0	187 29.2	16.7
	06	22 59.4	225 22.4	N10 42.5	210 49.8	N 4 08.1	19 25.9	N 0 04.0	202 31.5	N 2 16.6
T	07	38 01.9	240 22.3	41.3	225 50.9	07.5	34 28.3	04.0	217 33.8	16.5
H	08	53 04.3	255 22.2	40.2	240 52.0	06.9	49 30.7	04.0	232 36.1	16.4
U	09	68 06.8	270 22.1	· · 39.0	255 53.1	· · 06.3	64 33.1	· · 04.0	247 38.4	· · 16.3
R	10	83 09.2	285 22.0	37.9	270 54.3	05.7	79 35.5	04.0	262 40.7	16.3
S	11	98 11.7	300 21.8	36.8	285 55.4	05.1	94 37.9	04.0	277 43.0	16.2
D	12	113 14.2	315 21.7	N10 35.6	300 56.5	N 4 04.4	109 40.3	N 0 04.1	292 45.3	N 2 16.1
A	13	128 16.6	330 21.6	34.5	315 57.6	03.8	124 42.7	04.1	307 47.6	16.0
Y	14	143 19.1	345 21.5	33.3	330 58.7	03.2	139 45.1	04.1	322 49.9	16.0
	15	158 21.6	0 21.4	· · 32.2	345 59.9	· · 02.6	154 47.5	· · 04.1	337 52.2	· · 15.9
	16	173 24.0	15 21.3	31.0	1 01.0	02.0	169 49.9	04.1	352 54.5	15.8
	17	188 26.5	30 21.2	29.9	16 02.1	01.4	184 52.3	04.1	7 56.8	15.7
	18	203 29.0	45 21.0	N10 28.7	31 03.2	N 4 00.8	199 54.7	N 0 04.1	22 59.1	N 2 15.6
	19	218 31.4	60 20.9	27.6	46 04.3	4 00.2	214 57.1	04.2	38 01.5	15.6
	20	233 33.9	75 20.8	26.4	61 05.5	3 59.5	229 59.5	04.2	53 03.8	15.5
	21	248 36.4	90 20.7	· · 25.3	76 06.6	· · 58.9	245 01.9	· · 04.2	68 06.1	· · 15.4
	22	263 38.8	105 20.6	24.1	91 07.7	58.3	260 04.3	04.2	83 08.4	15.3
	23	278 41.3	120 20.5	23.0	106 08.8	57.7	275 06.7	04.2	98 10.7	15.3
	16 00	293 43.7	135 20.4	N10 21.8	121 09.9	N 3 57.1	290 09.1	N 0 04.2	113 13.0	N 2 15.2
	01	308 46.2	150 20.3	20.7	136 11.1	56.5	305 11.5	04.2	128 15.3	15.1
	02	323 48.7	165 20.2	19.5	151 12.2	55.9	320 13.9	04.2	143 17.6	15.0
	03	338 51.1	180 20.1	· · 18.4	166 13.3	· · 55.2	335 16.3	· · 04.3	158 19.9	· · 14.9
	04	353 53.6	195 20.0	17.2	181 14.4	54.6	350 18.7	04.3	173 22.2	14.9
	05	8 56.1	210 19.8	16.1	196 15.5	54.0	5 21.1	04.3	188 24.5	14.8
	06	23 58.5	225 19.7	N10 14.9	211 16.7	N 3 53.4	20 23.5	N 0 04.3	203 26.8	N 2 14.7
	07	39 01.0	240 19.6	13.8	226 17.8	52.8	35 25.9	04.3	218 29.1	14.6
	08	54 03.5	255 19.5	12.6	241 18.9	52.2	50 28.3	04.3	233 31.4	14.5
F	09	69 05.9	270 19.4	· · 11.5	256 20.0	· · 51.5	65 30.8	· · 04.3	248 33.7	· · 14.5
R	10	84 08.4	285 19.3	10.3	271 21.1	50.9	80 33.2	04.3	263 36.0	14.4
I	11	99 10.8	300 19.2	09.2	286 22.3	50.3	95 35.6	04.3	278 38.3	14.3
D	12	114 13.3	315 19.1	N10 08.0	301 23.4	N 3 49.7	110 38.0	N 0 04.4	293 40.6	N 2 14.2
A	13	129 15.8	330 19.0	06.9	316 24.5	49.1	125 40.4	04.4	308 42.9	14.2
Y	14	144 18.2	345 18.9	05.7	331 25.6	48.5	140 42.8	04.4	323 45.2	14.1
	15	159 20.7	0 18.8	· · 04.5	346 26.7	· · 47.9	155 45.2	· · 04.4	338 47.5	· · 14.0
	16	174 23.2	15 18.7	03.4	1 27.9	47.2	170 47.6	04.4	353 49.8	13.9
	17	189 25.6	30 18.6	02.2	16 29.0	46.6	185 50.0	04.4	8 52.1	13.8
	18	204 28.1	45 18.5	N10 01.1	31 30.1	N 3 46.0	200 52.4	N 0 04.4	23 54.4	N 2 13.8
	19	219 30.6	60 18.4	9 59.9	46 31.2	45.4	215 54.8	04.4	38 56.7	13.7
	20	234 33.0	75 18.3	58.8	61 32.3	44.8	230 57.2	04.4	53 59.0	13.6
	21	249 35.5	90 18.2	· · 57.6	76 33.4	· · 44.2	245 59.6	· · 04.4	69 01.3	· · 13.5
	22	264 38.0	105 18.1	56.5	91 34.6	43.5	261 02.1	04.5	84 03.6	13.4
	23	279 40.4	120 18.1	55.3	106 35.7	42.9	276 04.5	04.5	99 05.9	13.4
	17 00	294 42.9	135 18.0	N 9 54.1	121 36.8	N 3 42.3	291 06.9	N 0 04.5	114 08.2	N 2 13.3
	01	309 45.3	150 17.9	53.0	136 37.9	41.7	306 09.3	04.5	129 10.5	13.2
	02	324 47.8	165 17.8	51.8	151 39.0	41.1	321 11.7	04.5	144 12.8	13.1
	03	339 50.3	180 17.7	· · 50.7	166 40.1	· · 40.5	336 14.1	· · 04.5	159 15.1	· · 13.0
	04	354 52.7	195 17.6	49.5	181 41.3	39.8	351 16.5	04.5	174 17.4	13.0
	05	9 55.2	210 17.5	48.3	196 42.4	39.2	6 18.9	04.5	189 19.7	12.9
	06	24 57.7	225 17.4	N 9 47.2	211 43.5	N 3 38.6	21 21.4	N 0 04.5	204 22.0	N 2 12.8
	07	40 00.1	240 17.3	46.0	226 44.6	38.0	36 23.8	04.5	219 24.3	12.7
S	08	55 02.6	255 17.2	44.9	241 45.7	37.4	51 26.2	04.5	234 26.6	12.6
A	09	70 05.1	270 17.1	· · 43.7	256 46.8	· · 36.8	66 28.6	· · 04.6	249 28.9	· · 12.6
T	10	85 07.5	285 17.0	42.5	271 48.0	36.1	81 31.0	04.6	264 31.2	12.5
U	11	100 10.0	300 17.0	41.4	286 49.1	35.5	96 33.4	04.6	279 33.4	12.4
R	12	115 12.4	315 16.9	N 9 40.2	301 50.2	N 3 34.9	111 35.8	N 0 04.6	294 35.7	N 2 12.3
D	13	130 14.9	330 16.8	39.0	316 51.3	34.3	126 38.2	04.6	309 38.0	12.2
A	14	145 17.4	345 16.7	37.9	331 52.4	33.7	141 40.7	04.6	324 40.3	12.2
Y	15	160 19.8	0 16.6	· · 36.7	346 53.5	· · 33.1	156 43.1	· · 04.6	339 42.6	· · 12.1
	16	175 22.3	15 16.5	35.6	1 54.7	32.4	171 45.5	04.6	354 44.9	12.0
	17	190 24.8	30 16.5	34.4	16 55.8	31.8	186 47.9	04.6	9 47.2	11.9
	18	205 27.2	45 16.4	N 9 33.2	31 56.9	N 3 31.2	201 50.3	N 0 04.6	24 49.5	N 2 11.8
	19	220 29.7	60 16.3	32.1	46 58.0	30.6	216 52.7	04.6	39 51.8	11.8
	20	235 32.2	75 16.2	30.9	61 59.1	30.0	231 55.2	04.6	54 54.1	11.7
	21	250 34.6	90 16.1	· · 29.7	77 00.2	· · 29.3	246 57.6	· · 04.6	69 56.4	· · 11.6
	22	265 37.1	105 16.0	28.6	92 01.3	28.7	262 00.0	04.7	84 58.7	11.5
	23	280 39.6	120 16.0	27.4	107 02.5	28.1	277 02.4	04.7	100 01.0	11.4
	Mer. Pass.	h m 4 24.4	*v* −0.1	*d* 1.2	*v* 1.1	*d* 0.6	*v* 2.4	*d* 0.0	*v* 2.3	*d* 0.1

STARS

Name	SHA	Dec
	° ′	° ′
Acamar	315 20.0	S40 15.4
Achernar	335 28.2	S57 10.6
Acrux	173 12.0	S63 09.8
Adhara	255 14.6	S28 59.2
Aldebaran	290 52.1	N16 31.8
Alioth	166 22.5	N55 54.3
Alkaid	153 00.4	N49 15.8
Al Na'ir	27 45.9	S46 54.3
Alnilam	275 48.8	S 1 11.7
Alphard	217 58.5	S 8 42.3
Alphecca	126 12.6	N26 40.9
Alpheratz	357 45.6	N29 08.9
Altair	62 10.0	N 8 53.9
Ankaa	353 17.5	S42 14.5
Antares	112 28.6	S26 27.4
Arcturus	145 57.5	N19 07.7
Atria	107 31.9	S69 03.0
Avior	234 19.6	S59 32.7
Bellatrix	278 34.6	N 6 21.6
Betelgeuse	271 03.9	N 7 24.6
Canopus	263 57.6	S52 42.0
Capella	280 38.0	N46 00.4
Deneb	49 32.5	N45 19.1
Denebola	182 35.9	N14 30.8
Diphda	348 57.9	S17 55.5
Dubhe	193 54.5	N61 41.8
Elnath	278 15.6	N28 36.9
Eltanin	90 46.6	N51 29.4
Enif	33 48.9	N 9 55.5
Fomalhaut	15 26.0	S29 33.7
Gacrux	172 03.6	S57 10.7
Gienah	175 54.6	S17 36.2
Hadar	148 50.9	S60 25.8
Hamal	328 03.2	N23 30.7
Kaus Aust.	83 46.2	S34 22.7
Kochab	137 19.3	N74 07.0
Markab	13 40.2	N15 15.8
Menkar	314 17.4	N 4 08.0
Menkent	148 10.0	S36 25.5
Miaplacidus	221 41.2	S69 45.8
Mirfak	308 43.7	N49 53.8
Nunki	76 00.5	S26 16.9
Peacock	53 21.8	S56 41.9
Pollux	243 30.6	N28 00.0
Procyon	245 02.3	N 5 11.9
Rasalhague	96 08.1	N12 33.2
Regulus	207 46.0	N11 54.9
Rigel	281 14.4	S 8 11.3
Rigil Kent.	139 54.5	S60 53.0
Sabik	102 14.7	S15 44.3
Schedar	349 42.9	N56 35.6
Shaula	96 24.4	S37 06.7
Sirius	258 35.9	S16 43.8
Spica	158 33.5	S11 13.1
Suhail	222 54.5	S43 28.7
Vega	80 40.0	N38 47.7
Zuben'ubi	137 07.6	S16 05.2

	SHA	Mer. Pass.
	° ′	h m
Venus	201 36.6	14 59
Mars	187 26.2	15 54
Jupiter	356 25.4	4 39
Saturn	179 29.2	16 25

UT		SUN GHA	SUN Dec	MOON GHA	*v*	MOON Dec	*d*	HP
d	h	° ′	° ′	° ′	′	° ′	′	′
15	00	178 31.1	N21 34.3	135 57.7	9.8	N 5 04.1	15.4	60.4
	01	193 31.0	33.9	150 26.5	9.8	4 48.7	15.3	60.4
	02	208 31.0	33.5	164 55.3	9.9	4 33.4	15.4	60.4
	03	223 30.9	. . 33.1	179 24.2	9.9	4 18.0	15.4	60.4
	04	238 30.8	32.7	193 53.1	10.0	4 02.6	15.4	60.4
	05	253 30.8	32.3	208 22.1	10.0	3 47.2	15.4	60.3
	06	268 30.7	N21 32.0	222 51.1	10.0	N 3 31.8	15.4	60.3
	07	283 30.6	31.6	237 20.1	10.1	3 16.4	15.5	60.3
T	08	298 30.6	31.2	251 49.2	10.1	3 00.9	15.4	60.3
H	09	313 30.5	. . 30.8	266 18.3	10.2	2 45.5	15.5	60.3
U	10	328 30.4	30.4	280 47.5	10.2	2 30.0	15.4	60.3
R	11	343 30.4	30.0	295 16.7	10.2	2 14.6	15.5	60.2
S	12	358 30.3	N21 29.6	309 45.9	10.3	N 1 59.1	15.4	60.2
D	13	13 30.2	29.2	324 15.2	10.3	1 43.7	15.5	60.2
A	14	28 30.2	28.8	338 44.5	10.3	1 28.2	15.4	60.2
Y	15	43 30.1	. . 28.4	353 13.8	10.4	1 12.8	15.5	60.2
	16	58 30.1	28.0	7 43.2	10.4	0 57.3	15.4	60.1
	17	73 30.0	27.6	22 12.6	10.4	0 41.9	15.4	60.1
	18	88 29.9	N21 27.2	36 42.0	10.4	N 0 26.5	15.4	60.1
	19	103 29.9	26.8	51 11.4	10.5	N 0 11.1	15.4	60.1
	20	118 29.8	26.4	65 40.9	10.5	S 0 04.3	15.4	60.1
	21	133 29.7	. . 26.0	80 10.4	10.5	0 19.7	15.4	60.0
	22	148 29.7	25.6	94 39.9	10.6	0 35.1	15.4	60.0
	23	163 29.6	25.2	109 09.5	10.6	0 50.5	15.3	60.0
16	00	178 29.6	N21 24.8	123 39.1	10.6	S 1 05.8	15.4	60.0
	01	193 29.5	24.4	138 08.7	10.6	1 21.2	15.3	59.9
	02	208 29.4	24.0	152 38.3	10.6	1 36.5	15.3	59.9
	03	223 29.4	. . 23.6	167 07.9	10.7	1 51.8	15.2	59.9
	04	238 29.3	23.2	181 37.6	10.6	2 07.0	15.3	59.9
	05	253 29.3	22.7	196 07.2	10.7	2 22.3	15.2	59.8
	06	268 29.2	N21 22.3	210 36.9	10.7	S 2 37.5	15.2	59.8
	07	283 29.1	21.9	225 06.6	10.7	2 52.7	15.1	59.8
	08	298 29.1	21.5	239 36.3	10.7	3 07.8	15.1	59.8
F	09	313 29.0	. . 21.1	254 06.0	10.8	3 22.9	15.1	59.7
R	10	328 29.0	20.7	268 35.8	10.7	3 38.0	15.1	59.7
I	11	343 28.9	20.3	283 05.5	10.8	3 53.1	15.0	59.7
D	12	358 28.9	N21 19.9	297 35.3	10.7	S 4 08.1	15.0	59.7
A	13	13 28.8	19.5	312 05.0	10.8	4 23.1	15.0	59.6
Y	14	28 28.7	19.0	326 34.8	10.8	4 38.1	14.9	59.6
	15	43 28.7	. . 18.6	341 04.6	10.8	4 53.0	14.9	59.6
	16	58 28.6	18.2	355 34.4	10.8	5 07.9	14.8	59.6
	17	73 28.6	17.8	10 04.2	10.8	5 22.7	14.8	59.5
	18	88 28.5	N21 17.4	24 34.0	10.8	S 5 37.5	14.7	59.5
	19	103 28.5	17.0	39 03.8	10.8	5 52.2	14.7	59.5
	20	118 28.4	16.6	53 33.6	10.8	6 06.9	14.7	59.5
	21	133 28.3	. . 16.1	68 03.4	10.8	6 21.6	14.6	59.4
	22	148 28.3	15.7	82 33.2	10.8	6 36.2	14.6	59.4
	23	163 28.2	15.3	97 03.0	10.8	6 50.8	14.5	59.4
17	00	178 28.2	N21 14.9	111 32.8	10.8	S 7 05.3	14.4	59.4
	01	193 28.1	14.5	126 02.6	10.8	7 19.7	14.4	59.3
	02	208 28.1	14.0	140 32.4	10.7	7 34.1	14.4	59.3
	03	223 28.0	. . 13.6	155 02.1	10.8	7 48.5	14.3	59.3
	04	238 28.0	13.2	169 31.9	10.8	8 02.8	14.2	59.2
	05	253 27.9	12.8	184 01.7	10.8	8 17.0	14.2	59.2
	06	268 27.8	N21 12.4	198 31.5	10.7	S 8 31.2	14.1	59.2
	07	283 27.8	11.9	213 01.2	10.8	8 45.3	14.0	59.2
S	08	298 27.7	11.5	227 31.0	10.7	8 59.3	14.0	59.1
A	09	313 27.7	. . 11.1	242 00.7	10.7	9 13.3	14.0	59.1
T	10	328 27.6	10.7	256 30.4	10.8	9 27.3	13.8	59.1
U	11	343 27.6	10.2	271 00.2	10.7	9 41.1	13.8	59.1
R	12	358 27.5	N21 09.8	285 29.9	10.6	S 9 54.9	13.8	59.0
D	13	13 27.5	09.4	299 59.5	10.7	10 08.7	13.6	59.0
A	14	28 27.4	08.9	314 29.2	10.7	10 22.3	13.6	59.0
Y	15	43 27.4	. . 08.5	328 58.9	10.6	10 35.9	13.6	58.9
	16	58 27.3	08.1	343 28.5	10.7	10 49.5	13.4	58.9
	17	73 27.3	07.7	357 58.2	10.6	11 02.9	13.4	58.9
	18	88 27.2	N21 07.2	12 27.8	10.6	S11 16.3	13.3	58.9
	19	103 27.2	06.8	26 57.4	10.5	11 29.6	13.3	58.8
	20	118 27.1	06.4	41 26.9	10.6	11 42.9	13.1	58.8
	21	133 27.1	. . 05.9	55 56.5	10.5	11 56.0	13.1	58.8
	22	148 27.0	05.5	70 26.0	10.5	12 09.1	13.0	58.7
	23	163 27.0	05.1	84 55.5	10.5	S12 22.1	12.9	58.7
		SD 15.8	*d* 0.4	SD 16.4		16.3		16.1

Lat.	Twilight Naut.	Twilight Civil	Sunrise	Moonrise 15	16	17	18
°	h m	h m	h m	h m	h m	h m	h m
N 72	▭	▭	▭	08 41	10 58	13 18	16 03
N 70	▭	▭	▭	08 45	10 52	13 00	15 19
68	▭	▭	▭	08 48	10 47	12 46	14 50
66	////	////	01 39	08 51	10 43	12 35	14 28
64	////	////	02 18	08 53	10 40	12 25	14 11
62	////	00 56	02 45	08 55	10 37	12 17	13 58
60	////	01 48	03 05	08 57	10 34	12 10	13 46
N 58	////	02 18	03 22	08 58	10 32	12 04	13 36
56	00 51	02 40	03 36	09 00	10 30	11 59	13 27
54	01 39	02 58	03 48	09 01	10 28	11 54	13 19
52	02 07	03 14	03 59	09 02	10 27	11 50	13 12
50	02 28	03 26	04 08	09 03	10 25	11 46	13 06
45	03 06	03 52	04 28	09 05	10 22	11 38	12 53
N 40	03 33	04 13	04 44	09 07	10 20	11 31	12 42
35	03 53	04 29	04 58	09 08	10 17	11 25	12 32
30	04 10	04 43	05 10	09 10	10 15	11 20	12 24
20	04 37	05 05	05 29	09 12	10 12	11 11	12 10
N 10	04 57	05 24	05 47	09 14	10 09	11 04	11 58
0	05 14	05 40	06 02	09 16	10 06	10 56	11 47
S 10	05 30	05 56	06 18	09 18	10 04	10 49	11 36
20	05 44	06 11	06 35	09 20	10 01	10 42	11 24
30	05 59	06 28	06 54	09 22	09 58	10 33	11 11
35	06 06	06 38	07 05	09 24	09 56	10 29	11 03
40	06 15	06 48	07 18	09 25	09 54	10 23	10 54
45	06 23	07 00	07 33	09 27	09 52	10 17	10 44
S 50	06 33	07 14	07 51	09 29	09 49	10 09	10 32
52	06 38	07 20	08 00	09 30	09 48	10 06	10 26
54	06 43	07 27	08 09	09 31	09 46	10 02	10 20
56	06 48	07 35	08 20	09 33	09 45	09 58	10 13
58	06 53	07 44	08 32	09 34	09 43	09 53	10 05
S 60	06 59	07 54	08 47	09 35	09 42	09 48	09 56

Lat.	Sunset	Twilight Civil	Twilight Naut.	Moonset 15	16	17	18
°	h m	h m	h m	h m	h m	h m	h m
N 72	▭	▭	▭	21 33	21 05	20 32	19 35
N 70	▭	▭	▭	21 33	21 14	20 52	20 20
68	▭	▭	▭	21 34	21 22	21 08	20 50
66	22 29	////	////	21 35	21 28	21 21	21 13
64	21 52	////	////	21 35	21 33	21 32	21 31
62	21 26	23 10	////	21 36	21 38	21 41	21 46
60	21 06	22 22	////	21 36	21 42	21 49	21 59
N 58	20 49	21 52	////	21 36	21 46	21 56	22 10
56	20 35	21 30	23 15	21 37	21 49	22 03	22 19
54	20 23	21 13	22 31	21 37	21 52	22 08	22 28
52	20 12	20 58	22 04	21 37	21 55	22 13	22 35
50	20 03	20 45	21 43	21 37	21 57	22 18	22 42
45	19 43	20 19	21 05	21 38	22 02	22 28	22 57
N 40	19 27	19 59	20 39	21 38	22 07	22 37	23 09
35	19 14	19 43	20 18	21 38	22 11	22 44	23 19
30	19 02	19 29	20 01	21 39	22 14	22 50	23 29
20	18 43	19 07	19 35	21 39	22 20	23 01	23 45
N 10	18 25	18 48	19 15	21 40	22 25	23 11	23 58
0	18 10	18 32	18 58	21 40	22 30	23 20	24 11
S 10	17 54	18 16	18 42	21 40	22 35	23 30	24 25
20	17 37	18 01	18 28	21 41	22 40	23 40	24 39
30	17 18	17 44	18 14	21 41	22 46	23 51	24 55
35	17 07	17 35	18 06	21 41	22 50	23 57	25 04
40	16 55	17 24	17 58	21 42	22 54	24 05	00 05
45	16 40	17 13	17 49	21 42	22 58	24 14	00 14
S 50	16 22	16 59	17 39	21 42	23 04	24 24	00 24
52	16 13	16 52	17 35	21 42	23 06	24 29	00 29
54	16 03	16 45	17 30	21 42	23 09	24 35	00 35
56	15 53	16 37	17 25	21 43	23 12	24 41	00 41
58	15 40	16 29	17 19	21 43	23 16	24 48	00 48
S 60	15 26	16 19	17 13	21 43	23 20	24 55	00 55

Day	SUN Eqn. of Time 00^h	SUN Eqn. of Time 12^h	SUN Mer. Pass.	MOON Mer. Pass. Upper	MOON Mer. Pass. Lower	Age	Phase
d	m s	m s	h m	h m	h m	d %	
15	05 55	05 59	12 06	15 28	03 02	04 19	
16	06 02	06 04	12 06	16 18	03 53	05 29	
17	06 07	06 10	12 06	17 08	04 43	06 40	

UT	ARIES	VENUS −4.2		MARS +1.4		JUPITER −2.6		SATURN +1.1	
d h	GHA ° ′	GHA ° ′	Dec ° ′	GHA ° ′	Dec ° ′	GHA ° ′	Dec ° ′	GHA ° ′	Dec ° ′
18 00	295 42.0	135 15.9	N 9 26.2	122 03.6	N 3 27.5	292 04.8	N 0 04.7	115 03.3	N 2 11.4
01	310 44.5	150 15.8	25.1	137 04.7	26.9	307 07.2	04.7	130 05.6	11.3
02	325 46.9	165 15.7	23.9	152 05.8	26.3	322 09.7	04.7	145 07.9	11.2
03	340 49.4	180 15.6	. . 22.7	167 06.9	. . 25.6	337 12.1	. . 04.7	160 10.2	. . 11.1
04	355 51.9	195 15.6	21.6	182 08.0	25.0	352 14.5	04.7	175 12.5	11.0
05	10 54.3	210 15.5	20.4	197 09.1	24.4	7 16.9	04.7	190 14.8	10.9
06	25 56.8	225 15.4	N 9 19.2	212 10.3	N 3 23.8	22 19.3	N 0 04.7	205 17.1	N 2 10.9
07	40 59.3	240 15.3	18.1	227 11.4	23.2	37 21.8	04.7	220 19.4	10.8
08	56 01.7	255 15.3	16.9	242 12.5	22.5	52 24.2	04.7	235 21.7	10.7
S 09	71 04.2	270 15.2	. . 15.7	257 13.6	. . 21.9	67 26.6	. . 04.7	250 24.0	. . 10.6
U 10	86 06.7	285 15.1	14.5	272 14.7	21.3	82 29.0	04.7	265 26.3	10.5
N 11	101 09.1	300 15.0	13.4	287 15.8	20.7	97 31.4	04.7	280 28.6	10.5
D 12	116 11.6	315 15.0	N 9 12.2	302 16.9	N 3 20.1	112 33.9	N 0 04.7	295 30.8	N 2 10.4
A 13	131 14.1	330 14.9	11.0	317 18.1	19.4	127 36.3	04.7	310 33.1	10.3
Y 14	146 16.5	345 14.8	09.9	332 19.2	18.8	142 38.7	04.7	325 35.4	10.2
15	161 19.0	0 14.8	. . 08.7	347 20.3	. . 18.2	157 41.1	. . 04.7	340 37.7	. . 10.1
16	176 21.4	15 14.7	07.5	2 21.4	17.6	172 43.6	04.7	355 40.0	10.1
17	191 23.9	30 14.6	06.4	17 22.5	17.0	187 46.0	04.8	10 42.3	10.0
18	206 26.4	45 14.6	N 9 05.2	32 23.6	N 3 16.4	202 48.4	N 0 04.8	25 44.6	N 2 09.9
19	221 28.8	60 14.5	04.0	47 24.7	15.7	217 50.8	04.8	40 46.9	09.8
20	236 31.3	75 14.4	02.8	62 25.8	15.1	232 53.3	04.8	55 49.2	09.7
21	251 33.8	90 14.4	. . 01.7	77 27.0	. . 14.5	247 55.7	. . 04.8	70 51.5	. . 09.6
22	266 36.2	105 14.3	9 00.5	92 28.1	13.9	262 58.1	04.8	85 53.8	09.6
23	281 38.7	120 14.2	8 59.3	107 29.2	13.3	278 00.5	04.8	100 56.1	09.5
19 00	296 41.2	135 14.2	N 8 58.1	122 30.3	N 3 12.6	293 03.0	N 0 04.8	115 58.4	N 2 09.4
01	311 43.6	150 14.1	57.0	137 31.4	12.0	308 05.4	04.8	131 00.7	09.3
02	326 46.1	165 14.0	55.8	152 32.5	11.4	323 07.8	04.8	146 03.0	09.2
03	341 48.5	180 14.0	. . 54.6	167 33.6	. . 10.8	338 10.2	. . 04.8	161 05.3	. . 09.2
04	356 51.0	195 13.9	53.4	182 34.7	10.1	353 12.7	04.8	176 07.5	09.1
05	11 53.5	210 13.8	52.3	197 35.8	09.5	8 15.1	04.8	191 09.8	09.0
06	26 55.9	225 13.8	N 8 51.1	212 37.0	N 3 08.9	23 17.5	N 0 04.8	206 12.1	N 2 08.9
07	41 58.4	240 13.7	49.9	227 38.1	08.3	38 19.9	04.8	221 14.4	08.8
08	57 00.9	255 13.7	48.7	242 39.2	07.7	53 22.4	04.8	236 16.7	08.7
M 09	72 03.3	270 13.6	. . 47.6	257 40.3	. . 07.0	68 24.8	. . 04.8	251 19.0	. . 08.7
O 10	87 05.8	285 13.5	46.4	272 41.4	06.4	83 27.2	04.8	266 21.3	08.6
N 11	102 08.3	300 13.5	45.2	287 42.5	05.8	98 29.7	04.8	281 23.6	08.5
D 12	117 10.7	315 13.4	N 8 44.0	302 43.6	N 3 05.2	113 32.1	N 0 04.8	296 25.9	N 2 08.4
A 13	132 13.2	330 13.4	42.8	317 44.7	04.6	128 34.5	04.8	311 28.2	08.3
Y 14	147 15.7	345 13.3	41.7	332 45.8	03.9	143 36.9	04.8	326 30.5	08.2
15	162 18.1	0 13.3	. . 40.5	347 47.0	. . 03.3	158 39.4	. . 04.8	341 32.8	. . 08.2
16	177 20.6	15 13.2	39.3	2 48.1	02.7	173 41.8	04.8	356 35.0	08.1
17	192 23.0	30 13.1	38.1	17 49.2	02.1	188 44.2	04.8	11 37.3	08.0
18	207 25.5	45 13.1	N 8 37.0	32 50.3	N 3 01.5	203 46.7	N 0 04.8	26 39.6	N 2 07.9
19	222 28.0	60 13.0	35.8	47 51.4	00.8	218 49.1	04.8	41 41.9	07.8
20	237 30.4	75 13.0	34.6	62 52.5	3 00.2	233 51.5	04.8	56 44.2	07.7
21	252 32.9	90 12.9	. . 33.4	77 53.6	2 59.6	248 54.0	. . 04.8	71 46.5	. . 07.7
22	267 35.4	105 12.9	32.2	92 54.7	59.0	263 56.4	04.8	86 48.8	07.6
23	282 37.8	120 12.8	31.1	107 55.8	58.3	278 58.8	04.8	101 51.1	07.5
20 00	297 40.3	135 12.8	N 8 29.9	122 56.9	N 2 57.7	294 01.3	N 0 04.8	116 53.4	N 2 07.4
01	312 42.8	150 12.7	28.7	137 58.1	57.1	309 03.7	04.8	131 55.7	07.3
02	327 45.2	165 12.7	27.5	152 59.2	56.5	324 06.1	04.8	146 57.9	07.2
03	342 47.7	180 12.6	. . 26.3	168 00.3	. . 55.9	339 08.6	. . 04.8	162 00.2	. . 07.2
04	357 50.2	195 12.6	25.1	183 01.4	55.2	354 11.0	04.8	177 02.5	07.1
05	12 52.6	210 12.5	24.0	198 02.5	54.6	9 13.4	04.8	192 04.8	07.0
06	27 55.1	225 12.5	N 8 22.8	213 03.6	N 2 54.0	24 15.9	N 0 04.8	207 07.1	N 2 06.9
07	42 57.5	240 12.4	21.6	228 04.7	53.4	39 18.3	04.8	222 09.4	06.8
T 08	58 00.0	255 12.4	20.4	243 05.8	52.7	54 20.7	04.8	237 11.7	06.7
U 09	73 02.5	270 12.4	. . 19.2	258 06.9	. . 52.1	69 23.2	. . 04.8	252 14.0	. . 06.7
E 10	88 04.9	285 12.3	18.0	273 08.0	51.5	84 25.6	04.8	267 16.3	06.6
S 11	103 07.4	300 12.3	16.9	288 09.1	50.9	99 28.0	04.8	282 18.6	06.5
D 12	118 09.9	315 12.2	N 8 15.7	303 10.2	N 2 50.3	114 30.5	N 0 04.8	297 20.8	N 2 06.4
A 13	133 12.3	330 12.2	14.5	318 11.4	49.6	129 32.9	04.8	312 23.1	06.3
Y 14	148 14.8	345 12.1	13.3	333 12.5	49.0	144 35.3	04.8	327 25.4	06.2
15	163 17.3	0 12.1	. . 12.1	348 13.6	. . 48.4	159 37.8	. . 04.8	342 27.7	. . 06.2
16	178 19.7	15 12.1	10.9	3 14.7	47.8	174 40.2	04.8	357 30.0	06.1
17	193 22.2	30 12.0	09.7	18 15.8	47.1	189 42.7	04.8	12 32.3	06.0
18	208 24.7	45 12.0	N 8 08.6	33 16.9	N 2 46.5	204 45.1	N 0 04.8	27 34.6	N 2 05.9
19	223 27.1	60 11.9	07.4	48 18.0	45.9	219 47.5	04.8	42 36.9	05.8
20	238 29.6	75 11.9	06.2	63 19.1	45.3	234 50.0	04.8	57 39.1	05.7
21	253 32.0	90 11.9	. . 05.0	78 20.2	. . 44.6	249 52.4	. . 04.8	72 41.4	. . 05.7
22	268 34.5	105 11.8	03.8	93 21.3	44.0	264 54.9	04.8	87 43.7	05.6
23	283 37.0	120 11.8	02.6	108 22.4	43.4	279 57.3	04.8	102 46.0	05.5
Mer. Pass.	h m 4 12.6	v −0.1	d 1.2	v 1.1	d 0.6	v 2.4	d 0.0	v 2.3	d 0.1

STARS

Name	SHA ° ′	Dec ° ′
Acamar	315 20.0	S40 15.4
Achernar	335 28.2	S57 10.6
Acrux	173 12.0	S63 09.8
Adhara	255 14.6	S28 59.1
Aldebaran	290 52.0	N16 31.8
Alioth	166 22.5	N55 54.3
Alkaid	153 00.4	N49 15.8
Al Na'ir	27 45.9	S46 54.3
Alnilam	275 48.8	S 1 11.7
Alphard	217 58.5	S 8 42.3
Alphecca	126 12.6	N26 40.9
Alpheratz	357 45.6	N29 08.9
Altair	62 09.9	N 8 53.9
Ankaa	353 17.5	S42 14.5
Antares	112 28.6	S26 27.4
Arcturus	145 57.6	N19 07.7
Atria	107 31.9	S69 03.0
Avior	234 19.6	S59 32.7
Bellatrix	278 34.5	N 6 21.6
Betelgeuse	271 03.9	N 7 24.6
Canopus	263 57.6	S52 42.0
Capella	280 38.0	N46 00.4
Deneb	49 32.5	N45 19.1
Denebola	182 35.9	N14 30.8
Diphda	348 57.9	S17 55.5
Dubhe	193 54.5	N61 41.8
Elnath	278 15.6	N28 36.9
Eltanin	90 46.6	N51 29.4
Enif	33 48.9	N 9 55.5
Fomalhaut	15 26.0	S29 33.7
Gacrux	172 03.6	S57 10.7
Gienah	175 54.6	S17 36.2
Hadar	148 50.9	S60 25.8
Hamal	328 03.2	N23 30.7
Kaus Aust.	83 46.2	S34 22.7
Kochab	137 19.3	N74 07.0
Markab	13 40.2	N15 15.8
Menkar	314 17.4	N 4 08.0
Menkent	148 10.1	S36 25.5
Miaplacidus	221 41.2	S69 45.8
Mirfak	308 43.7	N49 53.8
Nunki	76 00.5	S26 16.9
Peacock	53 21.8	S56 41.9
Pollux	243 30.6	N28 00.0
Procyon	245 02.2	N 5 11.9
Rasalhague	96 08.1	N12 33.2
Regulus	207 46.0	N11 54.9
Rigel	281 14.3	S 8 11.3
Rigil Kent.	139 54.6	S60 53.0
Sabik	102 14.7	S15 44.3
Schedar	349 42.9	N56 35.6
Shaula	96 24.4	S37 06.7
Sirius	258 35.9	S16 43.8
Spica	158 33.5	S11 13.1
Suhail	222 54.5	S43 28.6
Vega	80 40.0	N38 47.7
Zuben'ubi	137 07.7	S16 05.2

	SHA ° ′	Mer. Pass. h m
Venus	198 33.0	14 59
Mars	185 49.1	15 49
Jupiter	356 21.8	4 27
Saturn	179 17.2	16 14

UT	SUN GHA	SUN Dec	MOON GHA	v	MOON Dec	d	HP
d h	° ′	° ′	° ′	′	° ′	′	′
18 00	178 26.9	N21 04.6	99 25.0	10.5	S12 35.0	12.9	58.7
01	193 26.9	04.2	113 54.5	10.4	12 47.9	12.7	58.7
02	208 26.8	03.8	128 23.9	10.5	13 00.6	12.7	58.6
03	223 26.8	. . 03.3	142 53.4	10.4	13 13.3	12.6	58.6
04	238 26.7	02.9	157 22.8	10.3	13 25.9	12.5	58.6
05	253 26.7	02.5	171 52.1	10.4	13 38.4	12.5	58.5
06	268 26.6	N21 02.0	186 21.5	10.3	S13 50.9	12.3	58.5
07	283 26.6	01.6	200 50.8	10.3	14 03.2	12.3	58.5
S 08	298 26.5	01.1	215 20.1	10.3	14 15.5	12.1	58.4
U 09	313 26.5	. . 00.7	229 49.4	10.2	14 27.6	12.1	58.4
N 10	328 26.4	21 00.3	244 18.6	10.2	14 39.7	12.0	58.4
D 11	343 26.4	20 59.8	258 47.8	10.2	14 51.7	11.9	58.4
A 12	358 26.3	N20 59.4	273 17.0	10.2	S15 03.6	11.8	58.3
Y 13	13 26.3	58.9	287 46.2	10.1	15 15.4	11.7	58.3
14	28 26.2	58.5	302 15.3	10.1	15 27.1	11.6	58.3
15	43 26.2	. . 58.0	316 44.4	10.1	15 38.7	11.5	58.2
16	58 26.2	57.6	331 13.5	10.0	15 50.2	11.4	58.2
17	73 26.1	57.2	345 42.5	10.1	16 01.6	11.4	58.2
18	88 26.1	N20 56.7	0 11.6	9.9	S16 13.0	11.2	58.2
19	103 26.0	56.3	14 40.5	10.0	16 24.2	11.1	58.1
20	118 26.0	55.8	29 09.5	9.9	16 35.3	11.0	58.1
21	133 25.9	. . 55.4	43 38.4	9.9	16 46.3	11.0	58.1
22	148 25.9	54.9	58 07.3	9.8	16 57.3	10.8	58.0
23	163 25.8	54.5	72 36.1	9.9	17 08.1	10.7	58.0
19 00	178 25.8	N20 54.0	87 05.0	9.8	S17 18.8	10.6	58.0
01	193 25.8	53.6	101 33.8	9.7	17 29.4	10.5	58.0
02	208 25.7	53.1	116 02.5	9.7	17 39.9	10.4	57.9
03	223 25.7	. . 52.7	130 31.2	9.7	17 50.3	10.3	57.9
04	238 25.6	52.2	144 59.9	9.7	18 00.6	10.2	57.9
05	253 25.6	51.8	159 28.6	9.6	18 10.8	10.1	57.8
06	268 25.5	N20 51.3	173 57.2	9.6	S18 20.9	10.0	57.8
07	283 25.5	50.9	188 25.8	9.6	18 30.9	9.8	57.8
08	298 25.5	50.4	202 54.4	9.5	18 40.7	9.8	57.8
M 09	313 25.4	. . 50.0	217 22.9	9.5	18 50.5	9.6	57.7
O 10	328 25.4	49.5	231 51.4	9.5	19 00.1	9.6	57.7
N 11	343 25.3	49.1	246 19.9	9.4	19 09.7	9.4	57.7
D 12	358 25.3	N20 48.6	260 48.3	9.4	S19 19.1	9.3	57.6
A 13	13 25.2	48.1	275 16.7	9.4	19 28.4	9.1	57.6
Y 14	28 25.2	47.7	289 45.1	9.3	19 37.5	9.1	57.6
15	43 25.2	. . 47.2	304 13.4	9.3	19 46.6	9.0	57.6
16	58 25.1	46.8	318 41.7	9.3	19 55.6	8.8	57.5
17	73 25.1	46.3	333 10.0	9.2	20 04.4	8.7	57.5
18	88 25.0	N20 45.8	347 38.2	9.2	S20 13.1	8.6	57.5
19	103 25.0	45.4	2 06.4	9.2	20 21.7	8.5	57.4
20	118 25.0	44.9	16 34.6	9.1	20 30.2	8.4	57.4
21	133 24.9	. . 44.5	31 02.7	9.1	20 38.6	8.2	57.4
22	148 24.9	44.0	45 30.8	9.1	20 46.8	8.1	57.4
23	163 24.9	43.5	59 58.9	9.1	20 54.9	8.0	57.3
20 00	178 24.8	N20 43.1	74 27.0	9.0	S21 02.9	7.9	57.3
01	193 24.8	42.6	88 55.0	9.0	21 10.8	7.7	57.3
02	208 24.7	42.1	103 23.0	9.0	21 18.5	7.6	57.2
03	223 24.7	. . 41.7	117 51.0	8.9	21 26.1	7.5	57.2
04	238 24.7	41.2	132 18.9	8.9	21 33.6	7.4	57.2
05	253 24.6	40.7	146 46.8	8.9	21 41.0	7.3	57.2
06	268 24.6	N20 40.3	161 14.7	8.8	S21 48.3	7.1	57.1
07	283 24.6	39.8	175 42.5	8.9	21 55.4	7.0	57.1
T 08	298 24.5	39.3	190 10.4	8.7	22 02.4	6.9	57.1
U 09	313 24.5	. . 38.9	204 38.1	8.8	22 09.3	6.7	57.1
E 10	328 24.5	38.4	219 05.9	8.8	22 16.0	6.6	57.0
S 11	343 24.4	37.9	233 33.7	8.7	22 22.6	6.5	57.0
D 12	358 24.4	N20 37.5	248 01.4	8.7	S22 29.1	6.3	57.0
A 13	13 24.3	37.0	262 29.1	8.7	22 35.4	6.3	57.0
Y 14	28 24.3	36.5	276 56.8	8.6	22 41.7	6.1	56.9
15	43 24.3	. . 36.1	291 24.4	8.7	22 47.8	5.9	56.9
16	58 24.2	35.6	305 52.1	8.6	22 53.7	5.8	56.9
17	73 24.2	35.1	320 19.7	8.6	22 59.5	5.7	56.8
18	88 24.2	N20 34.6	334 47.3	8.5	S23 05.2	5.6	56.8
19	103 24.1	34.2	349 14.8	8.6	23 10.8	5.4	56.8
20	118 24.1	33.7	3 42.4	8.5	23 16.2	5.3	56.8
21	133 24.1	. . 33.2	18 09.9	8.5	23 21.5	5.2	56.7
22	148 24.0	32.7	32 37.4	8.5	23 26.7	5.0	56.7
23	163 24.0	32.2	47 04.9	8.5	S23 31.7	4.9	56.7
	SD 15.8	*d* 0.5	SD 15.9		15.7		15.5

Lat.	Twilight Naut.	Twilight Civil	Sunrise	Moonrise 18	Moonrise 19	Moonrise 20	Moonrise 21
°	h m	h m	h m	h m	h m	h m	h m
N 72	▭	▭	▭	16 03	▬	▬	▬
N 70	▭	▭	▭	15 19	▬	▬	▬
68	////	////	00 44	14 50	17 11	▬	▬
66	////	////	01 52	14 28	16 28	18 43	▬
64	////	////	02 27	14 11	15 59	17 46	19 23
62	////	01 14	02 52	13 58	15 37	17 13	18 36
60	////	01 57	03 11	13 46	15 20	16 49	18 06
N 58	////	02 25	03 27	13 36	15 05	16 30	17 43
56	01 08	02 46	03 41	13 27	14 53	16 13	17 25
54	01 48	03 04	03 52	13 19	14 42	16 00	17 09
52	02 14	03 18	04 03	13 12	14 32	15 48	16 55
50	02 33	03 31	04 12	13 06	14 24	15 37	16 44
45	03 10	03 56	04 31	12 53	14 06	15 15	16 19
N 40	03 36	04 15	04 47	12 42	13 51	14 58	16 00
35	03 56	04 31	05 00	12 32	13 39	14 43	15 43
30	04 12	04 45	05 11	12 24	13 28	14 30	15 29
20	04 38	05 07	05 31	12 10	13 09	14 08	15 05
N 10	04 58	05 25	05 47	11 58	12 54	13 49	14 45
0	05 15	05 41	06 03	11 47	12 39	13 32	14 26
S 10	05 30	05 56	06 18	11 36	12 24	13 14	14 07
20	05 44	06 11	06 34	11 24	12 08	12 56	13 46
30	05 58	06 27	06 53	11 11	11 50	12 34	13 23
35	06 05	06 36	07 04	11 03	11 40	12 22	13 09
40	06 13	06 46	07 16	10 54	11 28	12 08	12 53
45	06 21	06 58	07 30	10 44	11 15	11 51	12 34
S 50	06 31	07 11	07 48	10 32	10 58	11 30	12 10
52	06 35	07 17	07 56	10 26	10 50	11 20	11 59
54	06 40	07 24	08 06	10 20	10 41	11 09	11 46
56	06 45	07 32	08 16	10 13	10 31	10 56	11 31
58	06 50	07 40	08 28	10 05	10 20	10 42	11 14
S 60	06 56	07 50	08 42	09 56	10 08	10 25	10 53

Lat.	Sunset	Twilight Civil	Twilight Naut.	Moonset 18	Moonset 19	Moonset 20	Moonset 21
°	h m	h m	h m	h m	h m	h m	h m
N 72	▭	▭	▭	19 35	▬	▬	▬
N 70	▭	▭	▭	20 20	▬	▬	▬
68	23 18	////	////	20 50	20 18	▬	▬
66	22 17	////	////	21 13	21 02	20 39	▬
64	21 43	////	////	21 31	21 32	21 36	21 51
62	21 19	22 53	////	21 46	21 54	22 09	22 39
60	21 00	22 12	////	21 59	22 12	22 34	23 09
N 58	20 44	21 45	////	22 10	22 27	22 53	23 32
56	20 31	21 25	23 00	22 19	22 40	23 10	23 51
54	20 19	21 08	22 23	22 28	22 52	23 24	24 06
52	20 09	20 53	21 57	22 35	23 02	23 36	24 20
50	20 00	20 41	21 38	22 42	23 11	23 47	24 32
45	19 41	20 16	21 02	22 57	23 30	24 10	00 10
N 40	19 25	19 57	20 36	23 09	23 46	24 28	00 28
35	19 12	19 41	20 16	23 19	23 59	24 43	00 43
30	19 01	19 28	20 00	23 29	24 11	00 11	00 57
20	18 42	19 06	19 34	23 45	24 30	00 30	01 19
N 10	18 25	18 48	19 14	23 58	24 48	00 48	01 39
0	18 10	18 32	18 58	24 11	00 11	01 04	01 58
S 10	17 55	18 17	18 43	24 25	00 25	01 20	02 16
20	17 38	18 02	18 29	24 39	00 39	01 38	02 36
30	17 20	17 46	18 15	24 55	00 55	01 58	02 59
35	17 09	17 37	18 08	25 04	01 04	02 10	03 12
40	16 57	17 27	18 00	00 05	01 15	02 23	03 28
45	16 43	17 15	17 51	00 14	01 28	02 39	03 46
S 50	16 25	17 02	17 42	00 24	01 43	02 59	04 10
52	16 17	16 56	17 38	00 29	01 51	03 09	04 21
54	16 07	16 49	17 33	00 35	01 59	03 19	04 33
56	15 57	16 41	17 28	00 41	02 08	03 31	04 48
58	15 45	16 33	17 23	00 48	02 18	03 46	05 05
S 60	15 31	16 24	17 17	00 55	02 30	04 02	05 26

Day	SUN Eqn. of Time 00^h	SUN Eqn. of Time 12^h	SUN Mer. Pass.	MOON Mer. Pass. Upper	MOON Mer. Pass. Lower	MOON Age	MOON Phase
d	m s	m s	h m	h m	h m	d %	
18	06 12	06 15	12 06	17 59	05 34	07 51	
19	06 17	06 19	12 06	18 51	06 25	08 62	◑
20	06 21	06 22	12 06	19 45	07 18	09 72	

UT (d h)	ARIES GHA	VENUS −4.2 GHA	VENUS Dec	MARS +1.4 GHA	MARS Dec	JUPITER −2.6 GHA	JUPITER Dec	SATURN +1.1 GHA	SATURN Dec
d h	° ′	° ′	° ′	° ′	° ′	° ′	° ′	° ′	° ′
21 00	298 39.4	135 11.7	N 8 01.4	123 23.5	N 2 42.8	294 59.7	N 0 04.8	117 48.3	N 2 05.4
01	313 41.9	150 11.7	8 00.2	138 24.6	42.2	310 02.2	04.8	132 50.6	05.3
02	328 44.4	165 11.7	7 59.1	153 25.7	41.5	325 04.6	04.8	147 52.9	05.2
03	343 46.8	180 11.6	. . 57.9	168 26.8	. . 40.9	340 07.1	. . 04.8	162 55.2	. . 05.2
04	358 49.3	195 11.6	56.7	183 28.0	40.3	355 09.5	04.7	177 57.4	05.1
05	13 51.8	210 11.6	55.5	198 29.1	39.7	10 11.9	04.7	192 59.7	05.0
06	28 54.2	225 11.5	N 7 54.3	213 30.2	N 2 39.0	25 14.4	N 0 04.7	208 02.0	N 2 04.9
WEDNESDAY 07	43 56.7	240 11.5	53.1	228 31.3	38.4	40 16.8	04.7	223 04.3	04.8
08	58 59.1	255 11.5	51.9	243 32.4	37.8	55 19.3	04.7	238 06.6	04.7
09	74 01.6	270 11.4	. . 50.7	258 33.5	. . 37.2	70 21.7	. . 04.7	253 08.9	. . 04.6
10	89 04.1	285 11.4	49.5	273 34.6	36.5	85 24.2	04.7	268 11.2	04.6
11	104 06.5	300 11.4	48.3	288 35.7	35.9	100 26.6	04.7	283 13.5	04.5
12	119 09.0	315 11.4	N 7 47.2	303 36.8	N 2 35.3	115 29.0	N 0 04.7	298 15.7	N 2 04.4
13	134 11.5	330 11.3	46.0	318 37.9	34.7	130 31.5	04.7	313 18.0	04.3
14	149 13.9	345 11.3	44.8	333 39.0	34.0	145 33.9	04.7	328 20.3	04.2
15	164 16.4	0 11.3	. . 43.6	348 40.1	. . 33.4	160 36.4	. . 04.7	343 22.6	. . 04.1
16	179 18.9	15 11.2	42.4	3 41.2	32.8	175 38.8	04.7	358 24.9	04.0
17	194 21.3	30 11.2	41.2	18 42.3	32.2	190 41.3	04.7	13 27.2	04.0
18	209 23.8	45 11.2	N 7 40.0	33 43.4	N 2 31.5	205 43.7	N 0 04.7	28 29.5	N 2 03.9
19	224 26.3	60 11.2	38.8	48 44.5	30.9	220 46.2	04.7	43 31.7	03.8
20	239 28.7	75 11.1	37.6	63 45.6	30.3	235 48.6	04.7	58 34.0	03.7
21	254 31.2	90 11.1	. . 36.4	78 46.7	. . 29.7	250 51.1	. . 04.7	73 36.3	. . 03.6
22	269 33.6	105 11.1	35.2	93 47.8	29.0	265 53.5	04.7	88 38.6	03.5
23	284 36.1	120 11.1	34.0	108 48.9	28.4	280 56.0	04.6	103 40.9	03.5
22 00	299 38.6	135 11.1	N 7 32.8	123 50.1	N 2 27.8	295 58.4	N 0 04.6	118 43.2	N 2 03.4
01	314 41.0	150 11.0	31.6	138 51.2	27.2	311 00.8	04.6	133 45.4	03.3
02	329 43.5	165 11.0	30.5	153 52.3	26.5	326 03.3	04.6	148 47.7	03.2
03	344 46.0	180 11.0	. . 29.3	168 53.4	. . 25.9	341 05.7	. . 04.6	163 50.0	. . 03.1
04	359 48.4	195 11.0	28.1	183 54.5	25.3	356 08.2	04.6	178 52.3	03.0
05	14 50.9	210 10.9	26.9	198 55.6	24.7	11 10.6	04.6	193 54.6	02.9
06	29 53.4	225 10.9	N 7 25.7	213 56.7	N 2 24.0	26 13.1	N 0 04.6	208 56.9	N 2 02.9
THURSDAY 07	44 55.8	240 10.9	24.5	228 57.8	23.4	41 15.5	04.6	223 59.1	02.8
08	59 58.3	255 10.9	23.3	243 58.9	22.8	56 18.0	04.6	239 01.4	02.7
09	75 00.8	270 10.9	. . 22.1	259 00.0	. . 22.2	71 20.4	. . 04.6	254 03.7	. . 02.6
10	90 03.2	285 10.9	20.9	274 01.1	21.5	86 22.9	04.6	269 06.0	02.5
11	105 05.7	300 10.8	19.7	289 02.2	20.9	101 25.3	04.6	284 08.3	02.4
12	120 08.1	315 10.8	N 7 18.5	304 03.3	N 2 20.3	116 27.8	N 0 04.6	299 10.6	N 2 02.3
13	135 10.6	330 10.8	17.3	319 04.4	19.7	131 30.3	04.5	314 12.8	02.3
14	150 13.1	345 10.8	16.1	334 05.5	19.0	146 32.7	04.5	329 15.1	02.2
15	165 15.5	0 10.8	. . 14.9	349 06.6	. . 18.4	161 35.2	. . 04.5	344 17.4	. . 02.1
16	180 18.0	15 10.8	13.7	4 07.7	17.8	176 37.6	04.5	359 19.7	02.0
17	195 20.5	30 10.8	12.5	19 08.8	17.2	191 40.1	04.5	14 22.0	01.9
18	210 22.9	45 10.7	N 7 11.3	34 09.9	N 2 16.5	206 42.5	N 0 04.5	29 24.3	N 2 01.8
19	225 25.4	60 10.7	10.1	49 11.0	15.9	221 45.0	04.5	44 26.5	01.7
20	240 27.9	75 10.7	08.9	64 12.1	15.3	236 47.4	04.5	59 28.8	01.6
21	255 30.3	90 10.7	. . 07.7	79 13.2	. . 14.6	251 49.9	. . 04.5	74 31.1	. . 01.6
22	270 32.8	105 10.7	06.5	94 14.3	14.0	266 52.3	04.5	89 33.4	01.5
23	285 35.3	120 10.7	05.3	109 15.4	13.4	281 54.8	04.5	104 35.7	01.4
23 00	300 37.7	135 10.7	N 7 04.1	124 16.5	N 2 12.8	296 57.2	N 0 04.4	119 38.0	N 2 01.3
01	315 40.2	150 10.7	02.9	139 17.6	12.1	311 59.7	04.4	134 40.2	01.2
02	330 42.6	165 10.7	01.7	154 18.7	11.5	327 02.2	04.4	149 42.5	01.1
03	345 45.1	180 10.7	7 00.5	169 19.8	. . 10.9	342 04.6	. . 04.4	164 44.8	. . 01.0
04	0 47.6	195 10.7	6 59.3	184 20.9	10.3	357 07.1	04.4	179 47.1	01.0
05	15 50.0	210 10.7	58.1	199 22.0	09.6	12 09.5	04.4	194 49.4	00.9
06	30 52.5	225 10.7	N 6 56.9	214 23.1	N 2 09.0	27 12.0	N 0 04.4	209 51.6	N 2 00.8
FRIDAY 07	45 55.0	240 10.6	55.7	229 24.2	08.4	42 14.4	04.4	224 53.9	00.7
08	60 57.4	255 10.6	54.5	244 25.3	07.7	57 16.9	04.4	239 56.2	00.6
09	75 59.9	270 10.6	. . 53.3	259 26.4	. . 07.1	72 19.4	. . 04.4	254 58.5	. . 00.5
10	91 02.4	285 10.6	52.1	274 27.5	06.5	87 21.8	04.3	270 00.8	00.4
11	106 04.8	300 10.6	50.9	289 28.6	05.9	102 24.3	04.3	285 03.0	00.3
12	121 07.3	315 10.6	N 6 49.7	304 29.7	N 2 05.2	117 26.7	N 0 04.3	300 05.3	N 2 00.3
13	136 09.8	330 10.6	48.5	319 30.8	04.6	132 29.2	04.3	315 07.6	00.2
14	151 12.2	345 10.6	47.3	334 31.9	04.0	147 31.6	04.3	330 09.9	00.1
15	166 14.7	0 10.6	. . 46.1	349 33.0	. . 03.4	162 34.1	. . 04.3	345 12.2	2 00.0
16	181 17.1	15 10.6	44.9	4 34.1	02.7	177 36.6	04.3	0 14.4	1 59.9
17	196 19.6	30 10.6	43.7	19 35.2	02.1	192 39.0	04.3	15 16.7	59.8
18	211 22.1	45 10.6	N 6 42.5	34 36.3	N 2 01.5	207 41.5	N 0 04.2	30 19.0	N 1 59.7
19	226 24.5	60 10.6	41.3	49 37.4	00.8	222 44.0	04.2	45 21.3	59.6
20	241 27.0	75 10.6	40.1	64 38.5	2 00.2	237 46.4	04.2	60 23.6	59.6
21	256 29.5	90 10.6	. . 38.9	79 39.6	1 59.6	252 48.9	. . 04.2	75 25.8	. . 59.5
22	271 31.9	105 10.7	37.7	94 40.7	59.0	267 51.3	04.2	90 28.1	59.4
23	286 34.4	120 10.7	36.4	109 41.8	58.3	282 53.8	04.2	105 30.4	59.3
Mer. Pass.	h m 4 00.8	v 0.0	d 1.2	v 1.1	d 0.6	v 2.5	d 0.0	v 2.3	d 0.1

STARS

Name	SHA	Dec
	° ′	° ′
Acamar	315 20.0	S40 15.4
Achernar	335 28.1	S57 10.6
Acrux	173 12.1	S63 09.8
Adhara	255 14.5	S28 59.1
Aldebaran	290 52.0	N16 31.8
Alioth	166 22.5	N55 54.3
Alkaid	153 00.4	N49 15.8
Al Na'ir	27 45.8	S46 54.3
Alnilam	275 48.8	S 1 11.6
Alphard	217 58.5	S 8 42.3
Alphecca	126 12.6	N26 40.9
Alpheratz	357 45.5	N29 09.0
Altair	62 09.9	N 8 53.9
Ankaa	353 17.5	S42 14.5
Antares	112 28.6	S26 27.4
Arcturus	145 57.6	N19 07.7
Atria	107 31.9	S69 03.0
Avior	234 19.6	S59 32.7
Bellatrix	278 34.5	N 6 21.6
Betelgeuse	271 03.8	N 7 24.6
Canopus	263 57.6	S52 42.0
Capella	280 37.9	N46 00.4
Deneb	49 32.5	N45 19.2
Denebola	182 35.9	N14 30.8
Diphda	348 57.8	S17 55.4
Dubhe	193 54.5	N61 41.8
Elnath	278 15.6	N28 36.9
Eltanin	90 46.6	N51 29.4
Enif	33 48.9	N 9 55.6
Fomalhaut	15 26.0	S29 33.7
Gacrux	172 03.6	S57 10.7
Gienah	175 54.6	S17 36.2
Hadar	148 51.0	S60 25.8
Hamal	328 03.2	N23 30.8
Kaus Aust.	83 46.2	S34 22.7
Kochab	137 19.4	N74 07.0
Markab	13 40.2	N15 15.8
Menkar	314 17.3	N 4 08.0
Menkent	148 10.1	S36 25.5
Miaplacidus	221 41.2	S69 45.8
Mirfak	308 43.6	N49 53.8
Nunki	76 00.5	S26 16.9
Peacock	53 21.8	S56 41.9
Pollux	243 30.6	N28 00.0
Procyon	245 02.2	N 5 11.9
Rasalhague	96 08.1	N12 33.3
Regulus	207 46.0	N11 54.9
Rigel	281 14.3	S 8 11.3
Rigil Kent.	139 54.6	S60 53.0
Sabik	102 14.7	S15 44.3
Schedar	349 42.9	N56 35.6
Shaula	96 24.4	S37 06.7
Sirius	258 35.9	S16 43.8
Spica	158 33.5	S11 13.1
Suhail	222 54.5	S43 28.6
Vega	80 40.0	N38 47.8
Zuben'ubi	137 07.7	S16 05.2

	SHA	Mer. Pass.
	° ′	h m
Venus	195 32.5	14 59
Mars	184 11.5	15 44
Jupiter	356 19.8	4 15
Saturn	179 04.6	16 03

	UT	SUN GHA	SUN Dec	MOON GHA	v	MOON Dec	d	HP
	d h	° ′	° ′	° ′	′	° ′	′	′
	21 00	178 24.0	N20 31.8	61 32.4	8.5	S23 36.6	4.8	56.7
	01	193 24.0	31.3	75 59.9	8.5	23 41.4	4.6	56.6
	02	208 23.9	30.8	90 27.4	8.4	23 46.0	4.5	56.6
	03	223 23.9	. . 30.3	104 54.8	8.5	23 50.5	4.4	56.6
	04	238 23.9	29.9	119 22.3	8.4	23 54.9	4.2	56.6
	05	253 23.8	29.4	133 49.7	8.4	23 59.1	4.1	56.5
	06	268 23.8	N20 28.9	148 17.1	8.4	S24 03.2	3.9	56.5
WEDNESDAY	07	283 23.8	28.4	162 44.5	8.4	24 07.1	3.8	56.5
	08	298 23.7	27.9	177 11.9	8.4	24 10.9	3.7	56.5
	09	313 23.7	. . 27.4	191 39.3	8.4	24 14.6	3.6	56.4
	10	328 23.7	27.0	206 06.7	8.4	24 18.2	3.4	56.4
	11	343 23.7	26.5	220 34.1	8.3	24 21.6	3.2	56.4
	12	358 23.6	N20 26.0	235 01.4	8.4	S24 24.8	3.2	56.4
	13	13 23.6	25.5	249 28.8	8.4	24 28.0	2.9	56.4
	14	28 23.6	25.0	263 56.2	8.4	24 30.9	2.9	56.3
	15	43 23.5	. . 24.5	278 23.6	8.3	24 33.8	2.7	56.3
	16	58 23.5	24.0	292 50.9	8.4	24 36.5	2.6	56.3
	17	73 23.5	23.6	307 18.3	8.4	24 39.1	2.4	56.3
	18	88 23.5	N20 23.1	321 45.7	8.4	S24 41.5	2.3	56.2
	19	103 23.4	22.6	336 13.1	8.4	24 43.8	2.2	56.2
	20	118 23.4	22.1	350 40.5	8.4	24 46.0	2.0	56.2
	21	133 23.4	. . 21.6	5 07.9	8.4	24 48.0	1.9	56.2
	22	148 23.3	21.1	19 35.3	8.4	24 49.9	1.8	56.1
	23	163 23.3	20.6	34 02.7	8.4	24 51.7	1.6	56.1
	22 00	178 23.3	N20 20.1	48 30.1	8.4	S24 53.3	1.5	56.1
	01	193 23.3	19.6	62 57.5	8.5	24 54.8	1.3	56.1
	02	208 23.2	19.1	77 25.0	8.4	24 56.1	1.2	56.1
	03	223 23.2	. . 18.6	91 52.4	8.5	24 57.3	1.1	56.0
	04	238 23.2	18.2	106 19.9	8.5	24 58.4	0.9	56.0
	05	253 23.2	17.7	120 47.4	8.5	24 59.3	0.8	56.0
	06	268 23.1	N20 17.2	135 14.9	8.5	S25 00.1	0.7	56.0
	07	283 23.1	16.7	149 42.4	8.5	25 00.8	0.5	55.9
THURSDAY	08	298 23.1	16.2	164 09.9	8.6	25 01.3	0.4	55.9
	09	313 23.1	. . 15.7	178 37.5	8.6	25 01.7	0.2	55.9
	10	328 23.1	15.2	193 05.1	8.6	25 01.9	0.1	55.9
	11	343 23.0	14.7	207 32.7	8.6	25 02.0	0.0	55.9
	12	358 23.0	N20 14.2	222 00.3	8.7	S25 02.0	0.1	55.8
	13	13 23.0	13.7	236 28.0	8.6	25 01.9	0.3	55.8
	14	28 23.0	13.2	250 55.6	8.7	25 01.6	0.4	55.8
	15	43 22.9	. . 12.7	265 23.3	8.8	25 01.2	0.6	55.8
	16	58 22.9	12.2	279 51.1	8.7	25 00.6	0.7	55.8
	17	73 22.9	11.7	294 18.8	8.8	24 59.9	0.8	55.7
	18	88 22.9	N20 11.2	308 46.6	8.8	S24 59.1	1.0	55.7
	19	103 22.9	10.7	323 14.4	8.9	24 58.1	1.1	55.7
	20	118 22.8	10.2	337 42.3	8.9	24 57.0	1.2	55.7
	21	133 22.8	. . 09.7	352 10.2	8.9	24 55.8	1.4	55.6
	22	148 22.8	09.2	6 38.1	9.0	24 54.4	1.5	55.6
	23	163 22.8	08.6	21 06.1	8.9	24 52.9	1.6	55.6
	23 00	178 22.8	N20 08.1	35 34.0	9.1	S24 51.3	1.7	55.6
	01	193 22.7	07.6	50 02.1	9.1	24 49.6	1.9	55.6
	02	208 22.7	07.1	64 30.2	9.1	24 47.7	2.0	55.6
	03	223 22.7	. . 06.6	78 58.3	9.1	24 45.7	2.2	55.5
	04	238 22.7	06.1	93 26.4	9.2	24 43.5	2.2	55.5
	05	253 22.7	05.6	107 54.6	9.2	24 41.3	2.4	55.5
	06	268 22.6	N20 05.1	122 22.8	9.3	S24 38.9	2.5	55.5
	07	283 22.6	04.6	136 51.1	9.3	24 36.4	2.7	55.5
	08	298 22.6	04.1	151 19.4	9.4	24 33.7	2.8	55.4
FRIDAY	09	313 22.6	. . 03.6	165 47.8	9.4	24 30.9	2.9	55.4
	10	328 22.6	03.0	180 16.2	9.5	24 28.0	3.0	55.4
	11	343 22.6	02.5	194 44.7	9.5	24 25.0	3.1	55.4
	12	358 22.5	N20 02.0	209 13.2	9.5	S24 21.9	3.3	55.4
	13	13 22.5	01.5	223 41.7	9.7	24 18.6	3.4	55.3
	14	28 22.5	01.0	238 10.4	9.6	24 15.2	3.5	55.3
	15	43 22.5	. . 00.5	252 39.0	9.7	24 11.7	3.7	55.3
	16	58 22.5	20 00.0	267 07.7	9.8	24 08.0	3.7	55.3
	17	73 22.5	19 59.4	281 36.5	9.8	24 04.3	3.9	55.3
	18	88 22.4	N19 58.9	296 05.3	9.9	S24 00.4	4.0	55.3
	19	103 22.4	58.4	310 34.2	9.9	23 56.4	4.2	55.2
	20	118 22.4	57.9	325 03.1	10.0	23 52.2	4.2	55.2
	21	133 22.4	. . 57.4	339 32.1	10.0	23 48.0	4.4	55.2
	22	148 22.4	56.9	354 01.1	10.1	23 43.6	4.4	55.2
	23	163 22.4	56.3	8 30.2	10.2	S23 39.2	4.6	55.2
		SD 15.8	*d* 0.5	SD 15.4		15.2		15.1

Lat.	Twilight Naut.	Twilight Civil	Sunrise	Moonrise 21	Moonrise 22	Moonrise 23	Moonrise 24
°	h m	h m	h m	h m	h m	h m	h m
N 72	□	□	□	■	■	■	■
N 70	□	□	□	■	■	■	■
68	////	////	01 13	■	■	■	22 21
66	////	////	02 05	■	■	21 55	21 22
64	////	////	02 36	19 23	20 24	20 43	20 48
62	////	01 30	02 59	18 36	19 35	20 07	20 23
60	////	02 07	03 18	18 06	19 04	19 41	20 03
N 58	////	02 33	03 33	17 43	18 40	19 20	19 47
56	01 22	02 53	03 46	17 25	18 22	19 04	19 33
54	01 57	03 09	03 57	17 09	18 06	18 49	19 21
52	02 20	03 23	04 07	16 55	17 52	18 37	19 10
50	02 39	03 35	04 16	16 44	17 40	18 25	19 01
45	03 14	03 59	04 34	16 19	17 15	18 02	18 41
N 40	03 39	04 18	04 49	16 00	16 55	17 44	18 24
35	03 59	04 33	05 02	15 43	16 39	17 28	18 11
30	04 14	04 46	05 13	15 29	16 25	17 14	17 58
20	04 39	05 08	05 32	15 05	16 00	16 51	17 38
N 10	04 59	05 25	05 48	14 45	15 39	16 31	17 20
0	05 15	05 41	06 03	14 26	15 20	16 12	17 03
S 10	05 30	05 55	06 18	14 07	15 00	15 54	16 46
20	05 43	06 10	06 34	13 46	14 39	15 33	16 28
30	05 57	06 26	06 52	13 23	14 15	15 10	16 07
35	06 04	06 35	07 02	13 09	14 01	14 56	15 55
40	06 11	06 44	07 14	12 53	13 44	14 41	15 41
45	06 19	06 55	07 28	12 34	13 24	14 22	15 24
S 50	06 28	07 08	07 45	12 10	13 00	13 58	15 03
52	06 32	07 14	07 53	11 59	12 48	13 47	14 53
54	06 37	07 21	08 02	11 46	12 34	13 34	14 42
56	06 41	07 28	08 12	11 31	12 19	13 19	14 29
58	06 46	07 36	08 23	11 14	12 00	13 01	14 14
S 60	06 52	07 45	08 36	10 53	11 37	12 40	13 56

Lat.	Sunset	Twilight Civil	Twilight Naut.	Moonset 21	Moonset 22	Moonset 23	Moonset 24
°	h m	h m	h m	h m	h m	h m	h m
N 72	□	□	□	■	■	■	■
N 70	□	□	□	■	■	■	■
68	22 53	////	////	■	■	■	■
66	22 05	////	////	■	■	23 01	25 18
64	21 34	////	////	21 51	22 43	24 13	00 13
62	21 12	22 38	////	22 39	23 32	24 48	00 48
60	20 54	22 03	////	23 09	24 03	00 03	01 14
N 58	20 39	21 38	////	23 32	24 26	00 26	01 34
56	20 26	21 19	22 47	23 51	24 45	00 45	01 51
54	20 15	21 03	22 14	24 06	00 06	01 01	02 05
52	20 05	20 49	21 51	24 20	00 20	01 14	02 17
50	19 57	20 37	21 32	24 32	00 32	01 26	02 28
45	19 38	20 13	20 58	00 10	00 57	01 51	02 51
N 40	19 23	19 54	20 33	00 28	01 16	02 10	03 09
35	19 11	19 39	20 14	00 43	01 33	02 27	03 24
30	19 00	19 26	19 58	00 57	01 47	02 41	03 37
20	18 41	19 05	19 33	01 19	02 11	03 05	04 00
N 10	18 25	18 47	19 14	01 39	02 32	03 26	04 19
0	18 10	18 32	18 58	01 58	02 52	03 45	04 37
S 10	17 55	18 18	18 43	02 16	03 11	04 05	04 55
20	17 40	18 03	18 30	02 36	03 32	04 25	05 14
30	17 22	17 47	18 16	02 59	03 56	04 49	05 36
35	17 11	17 39	18 09	03 12	04 11	05 03	05 49
40	16 59	17 29	18 02	03 28	04 27	05 19	06 04
45	16 46	17 18	17 54	03 46	04 47	05 38	06 21
S 50	16 29	17 05	17 45	04 10	05 11	06 02	06 43
52	16 21	16 59	17 41	04 21	05 23	06 14	06 53
54	16 12	16 53	17 37	04 33	05 37	06 27	07 04
56	16 02	16 45	17 32	04 48	05 52	06 42	07 18
58	15 50	16 37	17 27	05 05	06 11	07 00	07 33
S 60	15 37	16 29	17 22	05 26	06 34	07 22	07 51

Day	SUN Eqn. of Time 00^h	SUN Eqn. of Time 12^h	SUN Mer. Pass.	MOON Mer. Pass. Upper	MOON Mer. Pass. Lower	Age	Phase
d	m s	m s	h m	h m	h m	d	%
21	06 24	06 25	12 06	20 39	08 12	10	81
22	06 27	06 28	12 06	21 32	09 06	11	88
23	06 29	06 30	12 06	22 25	09 59	12	94

UT d h	ARIES GHA ° ′	VENUS −4.2 GHA ° ′	VENUS Dec ° ′	MARS +1.5 GHA ° ′	MARS Dec ° ′	JUPITER −2.7 GHA ° ′	JUPITER Dec ° ′	SATURN +1.1 GHA ° ′	SATURN Dec ° ′
24 00 (SATURDAY)	301 36.9	135 10.7	N 6 35.2	124 42.9	N 1 57.7	297 56.3	N 0 04.2	120 32.7	N 1 59.2
01	316 39.3	150 10.7	34.0	139 44.0	57.1	312 58.7	04.2	135 35.0	59.1
02	331 41.8	165 10.7	32.8	154 45.1	56.4	328 01.2	04.1	150 37.2	59.0
03	346 44.2	180 10.7	. . 31.6	169 46.2	. . 55.8	343 03.7	. . 04.1	165 39.5	. . 58.9
04	1 46.7	195 10.7	30.4	184 47.3	55.2	358 06.1	04.1	180 41.8	58.9
05	16 49.2	210 10.7	29.2	199 48.4	54.6	13 08.6	04.1	195 44.1	58.8
06	31 51.6	225 10.7	N 6 28.0	214 49.5	N 1 53.9	28 11.0	N 0 04.1	210 46.4	N 1 58.7
07	46 54.1	240 10.7	26.8	229 50.6	53.3	43 13.5	04.1	225 48.6	58.6
08	61 56.6	255 10.7	25.6	244 51.7	52.7	58 16.0	04.1	240 50.9	58.5
09	76 59.0	270 10.7	. . 24.4	259 52.8	. . 52.0	73 18.4	. . 04.0	255 53.2	. . 58.4
10	92 01.5	285 10.7	23.2	274 53.9	51.4	88 20.9	04.0	270 55.5	58.3
11	107 04.0	300 10.8	22.0	289 55.0	50.8	103 23.4	04.0	285 57.7	58.2
12	122 06.4	315 10.8	N 6 20.8	304 56.1	N 1 50.2	118 25.8	N 0 04.0	301 00.0	N 1 58.2
13	137 08.9	330 10.8	19.6	319 57.2	49.5	133 28.3	04.0	316 02.3	58.1
14	152 11.4	345 10.8	18.3	334 58.3	48.9	148 30.8	04.0	331 04.6	58.0
15	167 13.8	0 10.8	. . 17.1	349 59.4	. . 48.3	163 33.2	. . 04.0	346 06.9	. . 57.9
16	182 16.3	15 10.8	15.9	5 00.4	47.6	178 35.7	03.9	1 09.1	57.8
17	197 18.7	30 10.8	14.7	20 01.5	47.0	193 38.2	03.9	16 11.4	57.7
18	212 21.2	45 10.9	N 6 13.5	35 02.6	N 1 46.4	208 40.6	N 0 03.9	31 13.7	N 1 57.6
19	227 23.7	60 10.9	12.3	50 03.7	45.8	223 43.1	03.9	46 16.0	57.5
20	242 26.1	75 10.9	11.1	65 04.8	45.1	238 45.6	03.9	61 18.2	57.5
21	257 28.6	90 10.9	. . 09.9	80 05.9	. . 44.5	253 48.1	. . 03.9	76 20.5	. . 57.4
22	272 31.1	105 10.9	08.7	95 07.0	43.9	268 50.5	03.9	91 22.8	57.3
23	287 33.5	120 10.9	07.5	110 08.1	43.2	283 53.0	03.8	106 25.1	57.2
25 00 (SUNDAY)	302 36.0	135 11.0	N 6 06.3	125 09.2	N 1 42.6	298 55.5	N 0 03.8	121 27.3	N 1 57.1
01	317 38.5	150 11.0	05.0	140 10.3	42.0	313 57.9	03.8	136 29.6	57.0
02	332 40.9	165 11.0	03.8	155 11.4	41.3	329 00.4	03.8	151 31.9	56.9
03	347 43.4	180 11.0	. . 02.6	170 12.5	. . 40.7	344 02.9	. . 03.8	166 34.2	. . 56.8
04	2 45.9	195 11.0	01.4	185 13.6	40.1	359 05.3	03.8	181 36.5	56.7
05	17 48.3	210 11.1	6 00.2	200 14.7	39.5	14 07.8	03.7	196 38.7	56.7
06	32 50.8	225 11.1	N 5 59.0	215 15.8	N 1 38.8	29 10.3	N 0 03.7	211 41.0	N 1 56.6
07	47 53.2	240 11.1	57.8	230 16.9	38.2	44 12.8	03.7	226 43.3	56.5
08	62 55.7	255 11.1	56.6	245 18.0	37.6	59 15.2	03.7	241 45.6	56.4
09	77 58.2	270 11.2	. . 55.4	260 19.1	. . 36.9	74 17.7	. . 03.7	256 47.8	. . 56.3
10	93 00.6	285 11.2	54.1	275 20.2	36.3	89 20.2	03.6	271 50.1	56.2
11	108 03.1	300 11.2	52.9	290 21.3	35.7	104 22.7	03.6	286 52.4	56.1
12	123 05.6	315 11.2	N 5 51.7	305 22.3	N 1 35.0	119 25.1	N 0 03.6	301 54.7	N 1 56.0
13	138 08.0	330 11.3	50.5	320 23.4	34.4	134 27.6	03.6	316 56.9	55.9
14	153 10.5	345 11.3	49.3	335 24.5	33.8	149 30.1	03.6	331 59.2	55.8
15	168 13.0	0 11.3	. . 48.1	350 25.6	. . 33.2	164 32.6	. . 03.6	347 01.5	. . 55.8
16	183 15.4	15 11.3	46.9	5 26.7	32.5	179 35.0	03.5	2 03.8	55.7
17	198 17.9	30 11.4	45.7	20 27.8	31.9	194 37.5	03.5	17 06.0	55.6
18	213 20.4	45 11.4	N 5 44.4	35 28.9	N 1 31.3	209 40.0	N 0 03.5	32 08.3	N 1 55.5
19	228 22.8	60 11.4	43.2	50 30.0	30.6	224 42.5	03.5	47 10.6	55.4
20	243 25.3	75 11.5	42.0	65 31.1	30.0	239 44.9	03.5	62 12.9	55.3
21	258 27.7	90 11.5	. . 40.8	80 32.2	. . 29.4	254 47.4	. . 03.4	77 15.1	. . 55.2
22	273 30.2	105 11.5	39.6	95 33.3	28.7	269 49.9	03.4	92 17.4	55.1
23	288 32.7	120 11.6	38.4	110 34.4	28.1	284 52.4	03.4	107 19.7	55.0
26 00 (MONDAY)	303 35.1	135 11.6	N 5 37.2	125 35.5	N 1 27.5	299 54.8	N 0 03.4	122 21.9	N 1 55.0
01	318 37.6	150 11.6	35.9	140 36.6	26.8	314 57.3	03.4	137 24.2	54.9
02	333 40.1	165 11.6	34.7	155 37.7	26.2	329 59.8	03.4	152 26.5	54.8
03	348 42.5	180 11.7	. . 33.5	170 38.7	. . 25.6	345 02.3	. . 03.3	167 28.8	. . 54.7
04	3 45.0	195 11.7	32.3	185 39.8	24.9	0 04.8	03.3	182 31.0	54.6
05	18 47.5	210 11.8	31.1	200 40.9	24.3	15 07.2	03.3	197 33.3	54.5
06	33 49.9	225 11.8	N 5 29.9	215 42.0	N 1 23.7	30 09.7	N 0 03.3	212 35.6	N 1 54.4
07	48 52.4	240 11.8	28.6	230 43.1	23.1	45 12.2	03.2	227 37.9	54.3
08	63 54.9	255 11.9	27.4	245 44.2	22.4	60 14.7	03.2	242 40.1	54.2
09	78 57.3	270 11.9	. . 26.2	260 45.3	. . 21.8	75 17.2	. . 03.2	257 42.4	. . 54.1
10	93 59.8	285 11.9	25.0	275 46.4	21.2	90 19.6	03.2	272 44.7	54.1
11	109 02.2	300 12.0	23.8	290 47.5	20.5	105 22.1	03.2	287 46.9	54.0
12	124 04.7	315 12.0	N 5 22.6	305 48.6	N 1 19.9	120 24.6	N 0 03.1	302 49.2	N 1 53.9
13	139 07.2	330 12.1	21.4	320 49.7	19.3	135 27.1	03.1	317 51.5	53.8
14	154 09.6	345 12.1	20.1	335 50.7	18.6	150 29.6	03.1	332 53.8	53.7
15	169 12.1	0 12.1	. . 18.9	350 51.8	. . 18.0	165 32.1	. . 03.1	347 56.0	. . 53.6
16	184 14.6	15 12.2	17.7	5 52.9	17.4	180 34.5	03.1	2 58.3	53.5
17	199 17.0	30 12.2	16.5	20 54.0	16.7	195 37.0	03.0	18 00.6	53.4
18	214 19.5	45 12.3	N 5 15.3	35 55.1	N 1 16.1	210 39.5	N 0 03.0	33 02.9	N 1 53.3
19	229 22.0	60 12.3	14.0	50 56.2	15.5	225 42.0	03.0	48 05.1	53.2
20	244 24.4	75 12.3	12.8	65 57.3	14.8	240 44.5	03.0	63 07.4	53.2
21	259 26.9	90 12.4	. . 11.6	80 58.4	. . 14.2	255 47.0	. . 03.0	78 09.7	. . 53.1
22	274 29.3	105 12.4	10.4	95 59.5	13.6	270 49.4	02.9	93 11.9	53.0
23	289 31.8	120 12.5	09.2	111 00.6	12.9	285 51.9	02.9	108 14.2	52.9
Mer. Pass. (h m)	3 49.0	v 0.0	d 1.2	v 1.1	d 0.6	v 2.5	d 0.0	v 2.3	d 0.1

STARS

Name	SHA ° ′	Dec ° ′
Acamar	315 20.0	S40 15.4
Achernar	335 28.1	S57 10.6
Acrux	173 12.1	S63 09.8
Adhara	255 14.5	S28 59.1
Aldebaran	290 52.0	N16 31.8
Alioth	166 22.5	N55 54.3
Alkaid	153 00.5	N49 15.8
Al Na'ir	27 45.8	S46 54.3
Alnilam	275 48.7	S 1 11.6
Alphard	217 58.4	S 8 42.3
Alphecca	126 12.6	N26 40.9
Alpheratz	357 45.5	N29 09.0
Altair	62 09.9	N 8 53.9
Ankaa	353 17.5	S42 14.5
Antares	112 28.6	S26 27.4
Arcturus	145 57.6	N19 07.7
Atria	107 32.0	S69 03.0
Avior	234 19.6	S59 32.7
Bellatrix	278 34.5	N 6 21.6
Betelgeuse	271 03.8	N 7 24.6
Canopus	263 57.6	S52 41.9
Capella	280 37.9	N46 00.4
Deneb	49 32.5	N45 19.2
Denebola	182 35.9	N14 30.8
Diphda	348 57.8	S17 55.4
Dubhe	193 54.5	N61 41.8
Elnath	278 15.5	N28 36.9
Eltanin	90 46.6	N51 29.4
Enif	33 48.9	N 9 55.6
Fomalhaut	15 25.9	S29 33.7
Gacrux	172 03.6	S57 10.7
Gienah	175 54.6	S17 36.2
Hadar	148 51.0	S60 25.8
Hamal	328 03.1	N23 30.8
Kaus Aust.	83 46.2	S34 22.8
Kochab	137 19.4	N74 07.0
Markab	13 40.2	N15 15.9
Menkar	314 17.3	N 4 08.0
Menkent	148 10.1	S36 25.5
Miaplacidus	221 41.2	S69 45.8
Mirfak	308 43.6	N49 53.8
Nunki	76 00.5	S26 16.9
Peacock	53 21.8	S56 41.9
Pollux	243 30.6	N28 00.0
Procyon	245 02.2	N 5 11.9
Rasalhague	96 08.1	N12 33.3
Regulus	207 46.0	N11 54.9
Rigel	281 14.3	S 8 11.3
Rigil Kent.	139 54.6	S60 53.0
Sabik	102 14.7	S15 44.3
Schedar	349 42.8	N56 35.6
Shaula	96 24.4	S37 06.7
Sirius	258 35.9	S16 43.8
Spica	158 33.5	S11 13.1
Suhail	222 54.5	S43 28.6
Vega	80 40.0	N38 47.8
Zuben'ubi	137 07.7	S16 05.2

	SHA ° ′	Mer. Pass. h m
Venus	192 35.0	14 59
Mars	182 33.2	15 38
Jupiter	356 19.5	4 04
Saturn	178 51.3	15 52

	UT	SUN GHA	SUN Dec	MOON GHA	v	MOON Dec	d	HP
	d h	° ′	° ′	° ′	′	° ′	′	′
24	00	178 22.4	N19 55.8	22 59.4	10.2	S23 34.6	4.7	55.1
	01	193 22.3	55.3	37 28.6	10.2	23 29.9	4.8	55.1
	02	208 22.3	54.8	51 57.8	10.4	23 25.1	5.0	55.1
	03	223 22.3	. . 54.3	66 27.2	10.4	23 20.1	5.0	55.1
	04	238 22.3	53.7	80 56.6	10.4	23 15.1	5.2	55.1
	05	253 22.3	53.2	95 26.0	10.5	23 09.9	5.3	55.1
	06	268 22.3	N19 52.7	109 55.5	10.6	S23 04.6	5.3	55.0
	07	283 22.3	52.2	124 25.1	10.6	22 59.3	5.5	55.0
S	08	298 22.3	51.6	138 54.7	10.7	22 53.8	5.6	55.0
A	09	313 22.2	. . 51.1	153 24.4	10.8	22 48.2	5.8	55.0
T	10	328 22.2	50.6	167 54.2	10.8	22 42.4	5.8	55.0
U	11	343 22.2	50.1	182 24.0	10.9	22 36.6	5.9	55.0
R	12	358 22.2	N19 49.5	196 53.9	10.9	S22 30.7	6.0	54.9
D	13	13 22.2	49.0	211 23.8	11.0	22 24.7	6.2	54.9
A	14	28 22.2	48.5	225 53.8	11.1	22 18.5	6.2	54.9
Y	15	43 22.2	. . 48.0	240 23.9	11.1	22 12.3	6.3	54.9
	16	58 22.2	47.4	254 54.0	11.2	22 06.0	6.5	54.9
	17	73 22.2	46.9	269 24.2	11.3	21 59.5	6.5	54.9
	18	88 22.2	N19 46.4	283 54.5	11.4	S21 53.0	6.7	54.9
	19	103 22.1	45.8	298 24.9	11.4	21 46.3	6.7	54.8
	20	118 22.1	45.3	312 55.3	11.4	21 39.6	6.9	54.8
	21	133 22.1	. . 44.8	327 25.7	11.6	21 32.7	6.9	54.8
	22	148 22.1	44.2	341 56.3	11.6	21 25.8	7.0	54.8
	23	163 22.1	43.7	356 26.9	11.6	21 18.8	7.2	54.8
25	00	178 22.1	N19 43.2	10 57.5	11.8	S21 11.6	7.2	54.8
	01	193 22.1	42.6	25 28.3	11.8	21 04.4	7.3	54.8
	02	208 22.1	42.1	39 59.1	11.9	20 57.1	7.4	54.7
	03	223 22.1	. . 41.6	54 30.0	11.9	20 49.7	7.6	54.7
	04	238 22.1	41.0	69 00.9	12.0	20 42.1	7.6	54.7
	05	253 22.1	40.5	83 31.9	12.1	20 34.5	7.7	54.7
	06	268 22.1	N19 40.0	98 03.0	12.1	S20 26.8	7.7	54.7
	07	283 22.1	39.4	112 34.1	12.2	20 19.1	7.9	54.7
	08	298 22.1	38.9	127 05.3	12.3	20 11.2	8.0	54.7
S	09	313 22.1	. . 38.3	141 36.6	12.4	20 03.2	8.0	54.6
U	10	328 22.1	37.8	156 08.0	12.4	19 55.2	8.1	54.6
N	11	343 22.0	37.3	170 39.4	12.5	19 47.1	8.3	54.6
D	12	358 22.0	N19 36.7	185 10.9	12.5	S19 38.8	8.3	54.6
A	13	13 22.0	36.2	199 42.4	12.6	19 30.5	8.4	54.6
Y	14	28 22.0	35.6	214 14.0	12.7	19 22.1	8.4	54.6
	15	43 22.0	. . 35.1	228 45.7	12.7	19 13.7	8.6	54.6
	16	58 22.0	34.6	243 17.4	12.9	19 05.1	8.6	54.6
	17	73 22.0	34.0	257 49.3	12.8	18 56.5	8.7	54.5
	18	88 22.0	N19 33.5	272 21.1	13.0	S18 47.8	8.8	54.5
	19	103 22.0	32.9	286 53.1	13.0	18 39.0	8.9	54.5
	20	118 22.0	32.4	301 25.1	13.1	18 30.1	8.9	54.5
	21	133 22.0	. . 31.8	315 57.2	13.1	18 21.2	9.0	54.5
	22	148 22.0	31.3	330 29.3	13.2	18 12.2	9.1	54.5
	23	163 22.0	30.7	345 01.5	13.3	18 03.1	9.2	54.5
26	00	178 22.0	N19 30.2	359 33.8	13.3	S17 53.9	9.2	54.5
	01	193 22.0	29.6	14 06.1	13.4	17 44.7	9.4	54.4
	02	208 22.0	29.1	28 38.5	13.5	17 35.3	9.3	54.4
	03	223 22.0	. . 28.5	43 11.0	13.5	17 26.0	9.5	54.4
	04	238 22.0	28.0	57 43.5	13.6	17 16.5	9.5	54.4
	05	253 22.0	27.4	72 16.1	13.7	17 07.0	9.6	54.4
	06	268 22.0	N19 26.9	86 48.8	13.7	S16 57.4	9.7	54.4
	07	283 22.0	26.3	101 21.5	13.8	16 47.7	9.7	54.4
	08	298 22.0	25.8	115 54.3	13.9	16 38.0	9.8	54.4
M	09	313 22.0	. . 25.2	130 27.2	13.9	16 28.2	9.9	54.4
O	10	328 22.0	24.7	145 00.1	13.9	16 18.3	9.9	54.3
N	11	343 22.0	24.1	159 33.0	14.1	16 08.4	10.0	54.3
D	12	358 22.0	N19 23.6	174 06.1	14.0	S15 58.4	10.0	54.3
A	13	13 22.0	23.0	188 39.1	14.2	15 48.4	10.2	54.3
Y	14	28 22.0	22.5	203 12.3	14.2	15 38.2	10.1	54.3
	15	43 22.0	. . 21.9	217 45.5	14.3	15 28.1	10.3	54.3
	16	58 22.0	21.4	232 18.8	14.3	15 17.8	10.3	54.3
	17	73 22.0	20.8	246 52.1	14.4	15 07.5	10.3	54.3
	18	88 22.0	N19 20.2	261 25.5	14.4	S14 57.2	10.4	54.3
	19	103 22.0	19.7	275 58.9	14.5	14 46.8	10.5	54.3
	20	118 22.0	19.1	290 32.4	14.6	14 36.3	10.5	54.3
	21	133 22.0	. . 18.6	305 06.0	14.6	14 25.8	10.6	54.2
	22	148 22.1	18.0	319 39.6	14.6	14 15.2	10.6	54.2
	23	163 22.1	17.4	334 13.2	14.7	S14 04.6	10.7	54.2
		SD 15.8	d 0.5	SD 15.0		14.9		14.8

Lat.	Twilight Naut.	Twilight Civil	Sunrise	Moonrise 24	Moonrise 25	Moonrise 26	Moonrise 27
°	h m	h m	h m	h m	h m	h m	h m
N 72	▭	▭	▭	■	23 58	22 09	21 33
N 70	▭	▭	▭	■	22 19	21 40	21 18
68	////	////	01 34	22 21	21 38	21 19	21 05
66	////	////	02 17	21 22	21 10	21 02	20 55
64	////	00 42	02 45	20 48	20 49	20 48	20 46
62	////	01 44	03 07	20 23	20 32	20 36	20 39
60	////	02 17	03 24	20 03	20 17	20 26	20 33
N 58	00 39	02 41	03 39	19 47	20 05	20 17	20 27
56	01 35	02 59	03 51	19 33	19 54	20 10	20 22
54	02 05	03 15	04 02	19 21	19 45	20 03	20 17
52	02 27	03 28	04 11	19 10	19 36	19 56	20 13
50	02 45	03 39	04 19	19 01	19 28	19 51	20 09
45	03 18	04 03	04 37	18 41	19 12	19 38	20 01
N 40	03 42	04 21	04 52	18 24	18 59	19 28	19 54
35	04 01	04 36	05 04	18 11	18 47	19 20	19 48
30	04 17	04 48	05 15	17 58	18 37	19 12	19 43
20	04 41	05 09	05 33	17 38	18 20	18 58	19 34
N 10	05 00	05 26	05 48	17 20	18 05	18 47	19 26
0	05 16	05 41	06 03	17 03	17 51	18 36	19 18
S 10	05 29	05 55	06 17	16 46	17 36	18 25	19 11
20	05 42	06 09	06 33	16 28	17 21	18 13	19 03
30	05 55	06 24	06 50	16 07	17 04	17 59	18 53
35	06 02	06 33	07 00	15 55	16 53	17 51	18 48
40	06 09	06 42	07 11	15 41	16 42	17 42	18 42
45	06 17	06 53	07 25	15 24	16 28	17 32	18 35
S 50	06 25	07 05	07 41	15 03	16 11	17 19	18 26
52	06 29	07 11	07 49	14 53	16 03	17 13	18 22
54	06 33	07 17	07 57	14 42	15 54	17 06	18 18
56	06 38	07 24	08 07	14 29	15 43	16 59	18 13
58	06 42	07 31	08 18	14 14	15 32	16 50	18 08
S 60	06 47	07 40	08 30	13 56	15 18	16 41	18 01

Lat.	Sunset	Twilight Civil	Twilight Naut.	Moonset 24	Moonset 25	Moonset 26	Moonset 27
°	h m	h m	h m	h m	h m	h m	h m
N 72	▭	▭	▭	■	■	00 23	03 44
N 70	▭	▭	▭	■	■	02 01	04 11
68	22 33	////	////	■	00 20	02 40	04 31
66	21 53	////	////	25 18	01 18	03 07	04 47
64	21 25	23 20	////	00 13	01 51	03 27	05 00
62	21 04	22 25	////	00 48	02 15	03 44	05 10
60	20 47	21 53	////	01 14	02 35	03 58	05 20
N 58	20 33	21 30	23 24	01 34	02 51	04 09	05 28
56	20 21	21 12	22 34	01 51	03 04	04 19	05 35
54	20 10	20 57	22 05	02 05	03 16	04 28	05 41
52	20 01	20 44	21 44	02 17	03 26	04 36	05 46
50	19 53	20 33	21 26	02 28	03 35	04 43	05 51
45	19 35	20 10	20 54	02 51	03 54	04 59	06 02
N 40	19 21	19 52	20 30	03 09	04 10	05 11	06 11
35	19 09	19 37	20 11	03 24	04 23	05 21	06 19
30	18 58	19 24	19 56	03 37	04 34	05 31	06 26
20	18 40	19 04	19 32	04 00	04 54	05 46	06 37
N 10	18 24	18 47	19 13	04 19	05 11	06 00	06 47
0	18 10	18 32	18 58	04 37	05 26	06 13	06 57
S 10	17 56	18 18	18 44	04 55	05 42	06 25	07 06
20	17 41	18 04	18 31	05 14	05 59	06 39	07 16
30	17 23	17 49	18 18	05 36	06 17	06 54	07 27
35	17 13	17 40	18 11	05 49	06 29	07 03	07 33
40	17 02	17 31	18 04	06 04	06 41	07 13	07 41
45	16 49	17 21	17 57	06 21	06 56	07 25	07 49
S 50	16 32	17 08	17 48	06 43	07 14	07 39	07 59
52	16 25	17 03	17 44	06 53	07 23	07 45	08 04
54	16 16	16 57	17 40	07 04	07 32	07 53	08 09
56	16 07	16 50	17 36	07 18	07 43	08 01	08 15
58	15 56	16 42	17 31	07 33	07 55	08 10	08 21
S 60	15 43	16 34	17 26	07 51	08 09	08 20	08 28

Day	SUN Eqn. of Time 00^h	SUN Eqn. of Time 12^h	SUN Mer. Pass.	MOON Mer. Pass. Upper	MOON Mer. Pass. Lower	MOON Age	MOON Phase
d	m s	m s	h m	h m	h m	d %	
24	06 31	06 31	12 07	23 15	10 50	13 98	○
25	06 32	06 32	12 07	24 02	11 39	14 100	
26	06 32	06 32	12 07	00 02	12 24	15 100	

Day	UT d h	ARIES GHA	VENUS −4.3 GHA	VENUS Dec	MARS +1.5 GHA	MARS Dec	JUPITER −2.7 GHA	JUPITER Dec	SATURN +1.1 GHA	SATURN Dec
		° ′	° ′	° ′	° ′	° ′	° ′	° ′	° ′	° ′
TUESDAY	27 00	304 34.3	135 12.5	N 5 08.0	126 01.6	N 1 12.3	300 54.4	N 0 02.9	123 16.5	N 1 52.8
	01	319 36.7	150 12.6	06.7	141 02.7	11.7	315 56.9	02.9	138 18.8	52.7
	02	334 39.2	165 12.6	05.5	156 03.8	11.0	330 59.4	02.8	153 21.0	52.6
	03	349 41.7	180 12.7	. . 04.3	171 04.9	. . 10.4	346 01.9	. . 02.8	168 23.3	. . 52.5
	04	4 44.1	195 12.7	03.1	186 06.0	09.8	1 04.4	02.8	183 25.6	52.4
	05	19 46.6	210 12.8	01.9	201 07.1	09.1	16 06.8	02.8	198 27.8	52.3
	06	34 49.1	225 12.8	N 5 00.6	216 08.2	N 1 08.5	31 09.3	N 0 02.7	213 30.1	N 1 52.2
	07	49 51.5	240 12.9	4 59.4	231 09.3	07.9	46 11.8	02.7	228 32.4	52.2
	08	64 54.0	255 12.9	58.2	246 10.4	07.2	61 14.3	02.7	243 34.6	52.1
	09	79 56.5	270 13.0	. . 57.0	261 11.4	. . 06.6	76 16.8	. . 02.7	258 36.9	. . 52.0
	10	94 58.9	285 13.0	55.8	276 12.5	06.0	91 19.3	02.6	273 39.2	51.9
	11	110 01.4	300 13.1	54.5	291 13.6	05.3	106 21.8	02.6	288 41.5	51.8
	12	125 03.8	315 13.1	N 4 53.3	306 14.7	N 1 04.7	121 24.3	N 0 02.6	303 43.7	N 1 51.7
	13	140 06.3	330 13.2	52.1	321 15.8	04.1	136 26.7	02.6	318 46.0	51.6
	14	155 08.8	345 13.2	50.9	336 16.9	03.4	151 29.2	02.6	333 48.3	51.5
	15	170 11.2	0 13.3	. . 49.7	351 18.0	. . 02.8	166 31.7	. . 02.5	348 50.5	. . 51.4
	16	185 13.7	15 13.3	48.4	6 19.1	02.2	181 34.2	02.5	3 52.8	51.3
	17	200 16.2	30 13.4	47.2	21 20.2	01.5	196 36.7	02.5	18 55.1	51.2
	18	215 18.6	45 13.4	N 4 46.0	36 21.2	N 1 00.9	211 39.2	N 0 02.5	33 57.3	N 1 51.1
	19	230 21.1	60 13.5	44.8	51 22.3	1 00.3	226 41.7	02.4	48 59.6	51.1
	20	245 23.6	75 13.5	43.6	66 23.4	0 59.6	241 44.2	02.4	64 01.9	51.0
	21	260 26.0	90 13.6	. . 42.3	81 24.5	. . 59.0	256 46.7	. . 02.4	79 04.2	. . 50.9
	22	275 28.5	105 13.7	41.1	96 25.6	58.4	271 49.2	02.4	94 06.4	50.8
	23	290 31.0	120 13.7	39.9	111 26.7	57.7	286 51.7	02.3	109 08.7	50.7
WEDNESDAY	28 00	305 33.4	135 13.8	N 4 38.7	126 27.8	N 0 57.1	301 54.1	N 0 02.3	124 11.0	N 1 50.6
	01	320 35.9	150 13.8	37.4	141 28.8	56.5	316 56.6	02.3	139 13.2	50.5
	02	335 38.3	165 13.9	36.2	156 29.9	55.8	331 59.1	02.2	154 15.5	50.4
	03	350 40.8	180 14.0	. . 35.0	171 31.0	. . 55.2	347 01.6	. . 02.2	169 17.8	. . 50.3
	04	5 43.3	195 14.0	33.8	186 32.1	54.6	2 04.1	02.2	184 20.0	50.2
	05	20 45.7	210 14.1	32.6	201 33.2	53.9	17 06.6	02.2	199 22.3	50.1
	06	35 48.2	225 14.1	N 4 31.3	216 34.3	N 0 53.3	32 09.1	N 0 02.1	214 24.6	N 1 50.0
	07	50 50.7	240 14.2	30.1	231 35.4	52.7	47 11.6	02.1	229 26.8	50.0
	08	65 53.1	255 14.3	28.9	246 36.4	52.0	62 14.1	02.1	244 29.1	49.9
	09	80 55.6	270 14.3	. . 27.7	261 37.5	. . 51.4	77 16.6	. . 02.1	259 31.4	. . 49.8
	10	95 58.1	285 14.4	26.4	276 38.6	50.8	92 19.1	02.0	274 33.6	49.7
	11	111 00.5	300 14.5	25.2	291 39.7	50.1	107 21.6	02.0	289 35.9	49.6
	12	126 03.0	315 14.5	N 4 24.0	306 40.8	N 0 49.5	122 24.1	N 0 02.0	304 38.2	N 1 49.5
	13	141 05.4	330 14.6	22.8	321 41.9	48.9	137 26.6	02.0	319 40.4	49.4
	14	156 07.9	345 14.7	21.5	336 43.0	48.2	152 29.1	01.9	334 42.7	49.3
	15	171 10.4	0 14.7	. . 20.3	351 44.0	. . 47.6	167 31.6	. . 01.9	349 45.0	. . 49.2
	16	186 12.8	15 14.8	19.1	6 45.1	47.0	182 34.1	01.9	4 47.2	49.1
	17	201 15.3	30 14.9	17.9	21 46.2	46.3	197 36.6	01.8	19 49.5	49.0
	18	216 17.8	45 14.9	N 4 16.6	36 47.3	N 0 45.7	212 39.1	N 0 01.8	34 51.8	N 1 48.9
	19	231 20.2	60 15.0	15.4	51 48.4	45.1	227 41.6	01.8	49 54.0	48.8
	20	246 22.7	75 15.1	14.2	66 49.5	44.4	242 44.1	01.8	64 56.3	48.8
	21	261 25.2	90 15.1	. . 13.0	81 50.6	. . 43.8	257 46.6	. . 01.7	79 58.6	. . 48.7
	22	276 27.6	105 15.2	11.7	96 51.6	43.1	272 49.1	01.7	95 00.8	48.6
	23	291 30.1	120 15.3	10.5	111 52.7	42.5	287 51.6	01.7	110 03.1	48.5
THURSDAY	29 00	306 32.6	135 15.3	N 4 09.3	126 53.8	N 0 41.9	302 54.1	N 0 01.6	125 05.4	N 1 48.4
	01	321 35.0	150 15.4	08.1	141 54.9	41.2	317 56.6	01.6	140 07.6	48.3
	02	336 37.5	165 15.5	06.8	156 56.0	40.6	332 59.1	01.6	155 09.9	48.2
	03	351 39.9	180 15.6	. . 05.6	171 57.1	. . 40.0	348 01.6	. . 01.5	170 12.2	. . 48.1
	04	6 42.4	195 15.6	04.4	186 58.1	39.3	3 04.1	01.5	185 14.4	48.0
	05	21 44.9	210 15.7	03.2	201 59.2	38.7	18 06.6	01.5	200 16.7	47.9
	06	36 47.3	225 15.8	N 4 01.9	217 00.3	N 0 38.1	33 09.1	N 0 01.5	215 19.0	N 1 47.8
	07	51 49.8	240 15.9	4 00.7	232 01.4	37.4	48 11.6	01.4	230 21.2	47.7
	08	66 52.3	255 15.9	3 59.5	247 02.5	36.8	63 14.1	01.4	245 23.5	47.6
	09	81 54.7	270 16.0	. . 58.3	262 03.5	. . 36.2	78 16.6	. . 01.4	260 25.8	. . 47.5
	10	96 57.2	285 16.1	57.0	277 04.6	35.5	93 19.1	01.3	275 28.0	47.5
	11	111 59.7	300 16.2	55.8	292 05.7	34.9	108 21.6	01.3	290 30.3	47.4
	12	127 02.1	315 16.2	N 3 54.6	307 06.8	N 0 34.2	123 24.1	N 0 01.3	305 32.6	N 1 47.3
	13	142 04.6	330 16.3	53.4	322 07.9	33.6	138 26.6	01.2	320 34.8	47.2
	14	157 07.0	345 16.4	52.1	337 09.0	33.0	153 29.1	01.2	335 37.1	47.1
	15	172 09.5	0 16.5	. . 50.9	352 10.0	. . 32.3	168 31.6	. . 01.2	350 39.3	. . 47.0
	16	187 12.0	15 16.6	49.7	7 11.1	31.7	183 34.1	01.2	5 41.6	46.9
	17	202 14.4	30 16.6	48.4	22 12.2	31.1	198 36.6	01.1	20 43.9	46.8
	18	217 16.9	45 16.7	N 3 47.2	37 13.3	N 0 30.4	213 39.1	N 0 01.1	35 46.1	N 1 46.7
	19	232 19.4	60 16.8	46.0	52 14.4	29.8	228 41.6	01.1	50 48.4	46.6
	20	247 21.8	75 16.9	44.8	67 15.4	29.2	243 44.1	01.0	65 50.7	46.5
	21	262 24.3	90 17.0	. . 43.5	82 16.5	. . 28.5	258 46.7	. . 01.0	80 52.9	. . 46.4
	22	277 26.8	105 17.1	42.3	97 17.6	27.9	273 49.2	01.0	95 55.2	46.3
	23	292 29.2	120 17.1	41.1	112 18.7	27.3	288 51.7	00.9	110 57.5	46.2
	Mer. Pass.	h m 3 37.2	v 0.1	d 1.2	v 1.1	d 0.6	v 2.5	d 0.0	v 2.3	d 0.1

STARS

Name	SHA	Dec
	° ′	° ′
Acamar	315 19.9	S40 15.4
Achernar	335 28.1	S57 10.6
Acrux	173 12.1	S63 09.8
Adhara	255 14.5	S28 59.1
Aldebaran	290 52.0	N16 31.9
Alioth	166 22.5	N55 54.3
Alkaid	153 00.5	N49 15.8
Al Na'ir	27 45.8	S46 54.3
Alnilam	275 48.7	S 1 11.6
Alphard	217 58.4	S 8 42.3
Alphecca	126 12.6	N26 40.9
Alpheratz	357 45.5	N29 09.0
Altair	62 09.9	N 8 53.9
Ankaa	353 17.4	S42 14.5
Antares	112 28.6	S26 27.4
Arcturus	145 57.6	N19 07.7
Atria	107 32.0	S69 03.0
Avior	234 19.6	S59 32.6
Bellatrix	278 34.5	N 6 21.6
Betelgeuse	271 03.8	N 7 24.6
Canopus	263 57.6	S52 41.9
Capella	280 37.9	N46 00.4
Deneb	49 32.5	N45 19.2
Denebola	182 35.9	N14 30.8
Diphda	348 57.8	S17 55.4
Dubhe	193 54.5	N61 41.8
Elnath	278 15.5	N28 36.9
Eltanin	90 46.7	N51 29.4
Enif	33 48.9	N 9 55.6
Fomalhaut	15 25.9	S29 33.7
Gacrux	172 03.6	S57 10.7
Gienah	175 54.6	S17 36.2
Hadar	148 51.0	S60 25.8
Hamal	328 03.1	N23 30.8
Kaus Aust.	83 46.2	S34 22.8
Kochab	137 19.5	N74 07.0
Markab	13 40.2	N15 15.9
Menkar	314 17.3	N 4 08.0
Menkent	148 10.1	S36 25.5
Miaplacidus	221 41.2	S69 45.8
Mirfak	308 43.5	N49 53.8
Nunki	76 00.5	S26 16.9
Peacock	53 21.8	S56 41.9
Pollux	243 30.6	N28 00.0
Procyon	245 02.2	N 5 11.9
Rasalhague	96 08.1	N12 33.3
Regulus	207 46.0	N11 54.9
Rigel	281 14.3	S 8 11.2
Rigil Kent.	139 54.6	S60 53.0
Sabik	102 14.7	S15 44.3
Schedar	349 42.8	N56 35.6
Shaula	96 24.4	S37 06.7
Sirius	258 35.9	S16 43.8
Spica	158 33.5	S11 13.1
Suhail	222 54.5	S43 28.6
Vega	80 40.0	N38 47.8
Zuben'ubi	137 07.7	S16 05.2

	SHA	Mer. Pass.
	° ′	h m
Venus	189 40.4	14 59
Mars	180 54.3	15 33
Jupiter	356 20.7	3 52
Saturn	178 37.5	15 41

	UT	SUN GHA	SUN Dec	MOON GHA	v	MOON Dec	d	HP
	d h	° ′	° ′	° ′	′	° ′	′	′
	27 00	178 22.1	N19 16.9	348 46.9	14.8	S13 53.9	10.7	54.2
	01	193 22.1	16.3	3 20.7	14.8	13 43.2	10.8	54.2
	02	208 22.1	15.8	17 54.5	14.9	13 32.4	10.9	54.2
	03	223 22.1	. . 15.2	32 28.4	14.9	13 21.5	10.9	54.2
	04	238 22.1	14.6	47 02.3	15.0	13 10.6	10.9	54.2
	05	253 22.1	14.1	61 36.3	15.0	12 59.7	11.0	54.2
	06	268 22.1	N19 13.5	76 10.3	15.1	S12 48.7	11.0	54.2
	07	283 22.1	12.9	90 44.4	15.2	12 37.7	11.1	54.2
T	08	298 22.1	12.4	105 18.6	15.1	12 26.6	11.1	54.2
U	09	313 22.1	. . 11.8	119 52.7	15.3	12 15.5	11.2	54.2
E	10	328 22.1	11.2	134 27.0	15.2	12 04.3	11.2	54.1
	11	343 22.1	10.7	149 01.2	15.4	11 53.1	11.2	54.1
S	12	358 22.1	N19 10.1	163 35.6	15.3	S11 41.9	11.3	54.1
D	13	13 22.2	09.5	178 09.9	15.4	11 30.6	11.4	54.1
A	14	28 22.2	09.0	192 44.3	15.5	11 19.2	11.4	54.1
Y	15	43 22.2	. . 08.4	207 18.8	15.5	11 07.8	11.4	54.1
	16	58 22.2	07.8	221 53.3	15.5	10 56.4	11.4	54.1
	17	73 22.2	07.3	236 27.8	15.6	10 45.0	11.5	54.1
	18	88 22.2	N19 06.7	251 02.4	15.6	S10 33.5	11.6	54.1
	19	103 22.2	06.1	265 37.0	15.7	10 21.9	11.6	54.1
	20	118 22.2	05.6	280 11.7	15.7	10 10.3	11.6	54.1
	21	133 22.2	. . 05.0	294 46.4	15.8	9 58.7	11.6	54.1
	22	148 22.2	04.4	309 21.2	15.7	9 47.1	11.7	54.1
	23	163 22.3	03.8	323 55.9	15.9	9 35.4	11.7	54.1
	28 00	178 22.3	N19 03.3	338 30.8	15.8	S 9 23.7	11.7	54.1
	01	193 22.3	02.7	353 05.6	15.9	9 12.0	11.8	54.1
	02	208 22.3	02.1	7 40.5	16.0	9 00.2	11.8	54.1
	03	223 22.3	. . 01.5	22 15.5	15.9	8 48.4	11.9	54.1
	04	238 22.3	01.0	36 50.4	16.0	8 36.5	11.8	54.1
	05	253 22.3	19 00.4	51 25.4	16.1	8 24.7	11.9	54.0
	06	268 22.3	N18 59.8	66 00.5	16.0	S 8 12.8	12.0	54.0
W	07	283 22.3	59.2	80 35.5	16.1	8 00.8	11.9	54.0
E	08	298 22.4	58.7	95 10.6	16.2	7 48.9	12.0	54.0
D	09	313 22.4	. . 58.1	109 45.8	16.1	7 36.9	12.0	54.0
N	10	328 22.4	57.5	124 20.9	16.2	7 24.9	12.0	54.0
E	11	343 22.4	56.9	138 56.1	16.2	7 12.9	12.1	54.0
S	12	358 22.4	N18 56.3	153 31.3	16.3	S 7 00.8	12.1	54.0
D	13	13 22.4	55.8	168 06.6	16.3	6 48.7	12.1	54.0
A	14	28 22.4	55.2	182 41.9	16.3	6 36.6	12.1	54.0
Y	15	43 22.5	. . 54.6	197 17.2	16.3	6 24.5	12.2	54.0
	16	58 22.5	54.0	211 52.5	16.3	6 12.3	12.2	54.0
	17	73 22.5	53.4	226 27.8	16.4	6 00.1	12.1	54.0
	18	88 22.5	N18 52.8	241 03.2	16.4	S 5 48.0	12.3	54.0
	19	103 22.5	52.3	255 38.6	16.4	5 35.7	12.2	54.0
	20	118 22.5	51.7	270 14.0	16.4	5 23.5	12.2	54.0
	21	133 22.6	. . 51.1	284 49.4	16.5	5 11.3	12.3	54.0
	22	148 22.6	50.5	299 24.9	16.5	4 59.0	12.3	54.0
	23	163 22.6	49.9	314 00.4	16.5	4 46.7	12.3	54.0
	29 00	178 22.6	N18 49.3	328 35.9	16.5	S 4 34.4	12.3	54.0
	01	193 22.6	48.7	343 11.4	16.5	4 22.1	12.4	54.0
	02	208 22.6	48.2	357 46.9	16.6	4 09.7	12.3	54.0
	03	223 22.7	. . 47.6	12 22.5	16.5	3 57.4	12.4	54.0
	04	238 22.7	47.0	26 58.0	16.6	3 45.0	12.3	54.0
	05	253 22.7	46.4	41 33.6	16.6	3 32.7	12.4	54.0
	06	268 22.7	N18 45.8	56 09.2	16.6	S 3 20.3	12.4	54.0
T	07	283 22.7	45.2	70 44.8	16.6	3 07.9	12.4	54.0
H	08	298 22.8	44.6	85 20.4	16.6	2 55.5	12.5	54.0
	09	313 22.8	. . 44.0	99 56.0	16.6	2 43.0	12.4	54.0
U	10	328 22.8	43.4	114 31.6	16.7	2 30.6	12.4	54.0
R	11	343 22.8	42.8	129 07.3	16.6	2 18.2	12.5	54.0
S	12	358 22.8	N18 42.2	143 42.9	16.7	S 2 05.7	12.4	54.0
D	13	13 22.9	41.7	158 18.6	16.6	1 53.3	12.5	54.0
A	14	28 22.9	41.1	172 54.2	16.7	1 40.8	12.4	54.0
Y	15	43 22.9	. . 40.5	187 29.9	16.6	1 28.4	12.5	54.0
	16	58 22.9	39.9	202 05.5	16.7	1 15.9	12.5	54.0
	17	73 22.9	39.3	216 41.2	16.7	1 03.4	12.5	54.0
	18	88 23.0	N18 38.7	231 16.9	16.7	S 0 50.9	12.5	54.0
	19	103 23.0	38.1	245 52.6	16.6	0 38.4	12.5	54.1
	20	118 23.0	37.5	260 28.2	16.7	0 25.9	12.4	54.1
	21	133 23.0	. . 36.9	275 03.9	16.7	0 13.5	12.5	54.1
	22	148 23.1	36.3	289 39.6	16.6	S 0 01.0	12.5	54.1
	23	163 23.1	35.7	304 15.2	16.7	N 0 11.5	12.5	54.1
		SD 15.8	d 0.6	SD 14.7		14.7		14.7

Lat.	Twilight Naut.	Twilight Civil	Sunrise	Moonrise 27	Moonrise 28	Moonrise 29	Moonrise 30
°	h m	h m	h m	h m	h m	h m	h m
N 72	▭	▭	▭	21 33	21 07	20 44	20 21
N 70	////	////	00 32	21 18	21 00	20 43	20 27
68	////	////	01 52	21 05	20 54	20 43	20 33
66	////	////	02 29	20 55	20 49	20 43	20 37
64	////	01 12	02 55	20 46	20 44	20 42	20 40
62	////	01 58	03 15	20 39	20 41	20 42	20 44
60	////	02 27	03 31	20 33	20 38	20 42	20 46
N 58	01 05	02 48	03 45	20 27	20 35	20 42	20 49
56	01 47	03 06	03 56	20 22	20 32	20 42	20 51
54	02 14	03 21	04 06	20 17	20 30	20 41	20 53
52	02 34	03 33	04 15	20 13	20 28	20 41	20 55
50	02 51	03 44	04 23	20 09	20 26	20 41	20 57
45	03 23	04 06	04 41	20 01	20 22	20 41	21 00
N 40	03 46	04 24	04 54	19 54	20 18	20 41	21 03
35	04 04	04 38	05 06	19 48	20 15	20 40	21 06
30	04 19	04 50	05 16	19 43	20 12	20 40	21 08
20	04 42	05 10	05 34	19 34	20 07	20 40	21 13
N 10	05 01	05 27	05 49	19 26	20 03	20 40	21 16
0	05 16	05 41	06 03	19 18	19 59	20 40	21 20
S 10	05 29	05 55	06 17	19 11	19 55	20 39	21 23
20	05 42	06 08	06 32	19 03	19 51	20 39	21 27
30	05 54	06 23	06 48	18 53	19 47	20 39	21 31
35	06 00	06 31	06 58	18 48	19 44	20 39	21 34
40	06 07	06 40	07 09	18 42	19 41	20 39	21 37
45	06 14	06 50	07 22	18 35	19 37	20 38	21 40
S 50	06 22	07 02	07 37	18 26	19 33	20 38	21 44
52	06 26	07 07	07 45	18 22	19 31	20 38	21 46
54	06 29	07 13	07 53	18 18	19 28	20 38	21 48
56	06 33	07 19	08 02	18 13	19 26	20 38	21 50
58	06 38	07 26	08 12	18 08	19 23	20 38	21 53
S 60	06 42	07 35	08 24	18 01	19 20	20 38	21 56

Lat.	Sunset	Twilight Civil	Twilight Naut.	Moonset 27	Moonset 28	Moonset 29	Moonset 30
°	h m	h m	h m	h m	h m	h m	h m
N 72	▭	▭	▭	03 44	05 48	07 40	09 28
N 70	23 23	////	////	04 11	06 01	07 44	09 25
68	22 16	////	////	04 31	06 12	07 48	09 22
66	21 41	////	////	04 47	06 21	07 51	09 20
64	21 16	22 55	////	05 00	06 28	07 53	09 18
62	20 56	22 12	////	05 10	06 34	07 56	09 16
60	20 40	21 44	////	05 20	06 39	07 57	09 15
N 58	20 27	21 22	23 02	05 28	06 44	07 59	09 14
56	20 16	21 05	22 22	05 35	06 48	08 01	09 13
54	20 06	20 51	21 57	05 41	06 52	08 02	09 12
52	19 57	20 39	21 37	05 46	06 55	08 03	09 11
50	19 49	20 28	21 20	05 51	06 58	08 04	09 10
45	19 32	20 06	20 49	06 02	07 05	08 07	09 08
N 40	19 18	19 49	20 26	06 11	07 10	08 09	09 07
35	19 06	19 34	20 08	06 19	07 15	08 10	09 05
30	18 56	19 22	19 54	06 26	07 19	08 12	09 04
20	18 39	19 03	19 30	06 37	07 26	08 14	09 02
N 10	18 24	18 46	19 12	06 47	07 33	08 17	09 00
0	18 10	18 32	18 57	06 57	07 38	08 19	08 59
S 10	17 56	18 18	18 44	07 06	07 44	08 21	08 57
20	17 42	18 05	18 32	07 16	07 50	08 23	08 55
30	17 25	17 50	18 19	07 27	07 57	08 25	08 53
35	17 15	17 42	18 13	07 33	08 01	08 27	08 52
40	17 05	17 34	18 06	07 41	08 05	08 28	08 51
45	16 52	17 24	17 59	07 49	08 10	08 30	08 49
S 50	16 36	17 12	17 51	07 59	08 17	08 32	08 48
52	16 29	17 07	17 48	08 04	08 19	08 33	08 47
54	16 21	17 01	17 44	08 09	08 22	08 34	08 46
56	16 12	16 54	17 40	08 15	08 26	08 36	08 45
58	16 01	16 47	17 36	08 21	08 29	08 37	08 44
S 60	15 50	16 39	17 31	08 28	08 34	08 38	08 43

Day	SUN Eqn. of Time 00^h	SUN Eqn. of Time 12^h	SUN Mer. Pass.	MOON Mer. Pass. Upper	MOON Mer. Pass. Lower	MOON Age	MOON Phase
d	m s	m s	h m	h m	h m	d	%
27	06 32	06 31	12 07	00 46	13 08	16	98
28	06 31	06 30	12 07	01 28	13 49	17	95
29	06 30	06 29	12 06	02 09	14 29	18	90

UT	ARIES	VENUS −4.3		MARS +1.5		JUPITER −2.7		SATURN +1.1		STARS		
	GHA	GHA	Dec	GHA	Dec	GHA	Dec	GHA	Dec	Name	SHA	Dec
d h	° ′	° ′	° ′	° ′	° ′	° ′	° ′	° ′	° ′		° ′	° ′
30 00	307 31.7	135 17.2	N 3 39.9	127 19.8	N 0 26.6	303 54.2	N 0 00.9	125 59.7	N 1 46.1	Acamar	315 19.9	S40 15.4
01	322 34.2	150 17.3	38.6	142 20.9	26.0	318 56.7	00.9	141 02.0	46.1	Achernar	335 28.0	S57 10.6
02	337 36.6	165 17.4	37.4	157 21.9	25.3	333 59.2	00.8	156 04.2	46.0	Acrux	173 12.1	S63 09.8
03	352 39.1	180 17.5	. . 36.2	172 23.0	. . 24.7	349 01.7	. . 00.8	171 06.5	. . 45.9	Adhara	255 14.5	S28 59.1
04	7 41.5	195 17.6	34.9	187 24.1	24.1	4 04.2	00.8	186 08.8	45.8	Aldebaran	290 51.9	N16 31.9
05	22 44.0	210 17.7	33.7	202 25.2	23.4	19 06.7	00.7	201 11.0	45.7			
06	37 46.5	225 17.7	N 3 32.5	217 26.3	N 0 22.8	34 09.2	N 0 00.7	216 13.3	N 1 45.6	Alioth	166 22.6	N55 54.3
07	52 48.9	240 17.8	31.3	232 27.3	22.2	49 11.7	00.7	231 15.6	45.5	Alkaid	153 00.5	N49 15.8
08	67 51.4	255 17.9	30.0	247 28.4	21.5	64 14.2	00.6	246 17.8	45.4	Al Na'ir	27 45.8	S46 54.3
F 09	82 53.9	270 18.0	. . 28.8	262 29.5	. . 20.9	79 16.8	. . 00.6	261 20.1	. . 45.3	Alnilam	275 48.7	S 1 11.6
R 10	97 56.3	285 18.1	27.6	277 30.6	20.2	94 19.3	00.6	276 22.3	45.2	Alphard	217 58.4	S 8 42.3
I 11	112 58.8	300 18.2	26.3	292 31.6	19.6	109 21.8	00.5	291 24.6	45.1			
D 12	128 01.3	315 18.3	N 3 25.1	307 32.7	N 0 19.0	124 24.3	N 0 00.5	306 26.9	N 1 45.0	Alphecca	126 12.6	N26 40.9
A 13	143 03.7	330 18.4	23.9	322 33.8	18.3	139 26.8	00.5	321 29.1	44.9	Alpheratz	357 45.5	N29 09.0
Y 14	158 06.2	345 18.5	22.7	337 34.9	17.7	154 29.3	00.4	336 31.4	44.8	Altair	62 09.9	N 8 53.9
15	173 08.7	0 18.6	. . 21.4	352 36.0	. . 17.1	169 31.8	. . 00.4	351 33.7	. . 44.7	Ankaa	353 17.4	S42 14.5
16	188 11.1	15 18.6	20.2	7 37.0	16.4	184 34.3	00.4	6 35.9	44.6	Antares	112 28.6	S26 27.4
17	203 13.6	30 18.7	19.0	22 38.1	15.8	199 36.9	00.3	21 38.2	44.5			
18	218 16.0	45 18.8	N 3 17.7	37 39.2	N 0 15.2	214 39.4	N 0 00.3	36 40.4	N 1 44.5	Arcturus	145 57.6	N19 07.7
19	233 18.5	60 18.9	16.5	52 40.3	14.5	229 41.9	00.3	51 42.7	44.4	Atria	107 32.0	S69 03.0
20	248 21.0	75 19.0	15.3	67 41.4	13.9	244 44.4	00.2	66 45.0	44.3	Avior	234 19.6	S59 32.6
21	263 23.4	90 19.1	. . 14.0	82 42.4	. . 13.2	259 46.9	. . 00.2	81 47.2	. . 44.2	Bellatrix	278 34.5	N 6 21.6
22	278 25.9	105 19.2	12.8	97 43.5	12.6	274 49.4	00.2	96 49.5	44.1	Betelgeuse	271 03.8	N 7 24.6
23	293 28.4	120 19.3	11.6	112 44.6	12.0	289 51.9	00.1	111 51.7	44.0			
31 00	308 30.8	135 19.4	N 3 10.4	127 45.7	N 0 11.3	304 54.5	N 0 00.1	126 54.0	N 1 43.9	Canopus	263 57.5	S52 41.9
01	323 33.3	150 19.5	09.1	142 46.7	10.7	319 57.0	00.0	141 56.3	43.8	Capella	280 37.8	N46 00.4
02	338 35.8	165 19.6	07.9	157 47.8	10.1	334 59.5	00.0	156 58.5	43.7	Deneb	49 32.5	N45 19.2
03	353 38.2	180 19.7	. . 06.7	172 48.9	. . 09.4	350 02.0	. . 00.0	172 00.8	. . 43.6	Denebola	182 36.0	N14 30.8
04	8 40.7	195 19.8	05.4	187 50.0	08.8	5 04.5	S 00.1	187 03.1	43.5	Diphda	348 57.8	S17 55.4
05	23 43.1	210 19.9	04.2	202 51.1	08.1	20 07.0	00.1	202 05.3	43.4			
06	38 45.6	225 20.0	N 3 03.0	217 52.1	N 0 07.5	35 09.6	S 0 00.1	217 07.6	N 1 43.3	Dubhe	193 54.6	N61 41.7
07	53 48.1	240 20.1	01.7	232 53.2	06.9	50 12.1	00.2	232 09.8	43.2	Elnath	278 15.5	N28 36.9
S 08	68 50.5	255 20.2	3 00.5	247 54.3	06.2	65 14.6	00.2	247 12.1	43.1	Eltanin	90 46.7	N51 29.5
A 09	83 53.0	270 20.3	2 59.3	262 55.4	. . 05.6	80 17.1	. . 00.2	262 14.4	. . 43.0	Enif	33 48.8	N 9 55.6
T 10	98 55.5	285 20.4	58.1	277 56.4	04.9	95 19.6	00.3	277 16.6	42.9	Fomalhaut	15 25.9	S29 33.7
U 11	113 57.9	300 20.5	56.8	292 57.5	04.3	110 22.1	00.3	292 18.9	42.8			
R 12	129 00.4	315 20.6	N 2 55.6	307 58.6	N 0 03.7	125 24.7	S 0 00.4	307 21.1	N 1 42.7	Gacrux	172 03.6	S57 10.7
D 13	144 02.9	330 20.7	54.4	322 59.7	03.0	140 27.2	00.4	322 23.4	42.6	Gienah	175 54.6	S17 36.2
A 14	159 05.3	345 20.8	53.1	338 00.7	02.4	155 29.7	00.4	337 25.7	42.6	Hadar	148 51.0	S60 25.8
Y 15	174 07.8	0 20.9	. . 51.9	353 01.8	. . 01.8	170 32.2	. . 00.5	352 27.9	. . 42.5	Hamal	328 03.1	N23 30.8
16	189 10.3	15 21.0	50.7	8 02.9	01.1	185 34.7	00.5	7 30.2	42.4	Kaus Aust.	83 46.2	S34 22.8
17	204 12.7	30 21.1	49.4	23 04.0	N 00.5	200 37.3	00.5	22 32.4	42.3			
18	219 15.2	45 21.2	N 2 48.2	38 05.0	S 0 00.2	215 39.8	S 0 00.6	37 34.7	N 1 42.2	Kochab	137 19.5	N74 07.0
19	234 17.6	60 21.3	47.0	53 06.1	00.8	230 42.3	00.6	52 36.9	42.1	Markab	13 40.2	N15 15.9
20	249 20.1	75 21.4	45.7	68 07.2	01.4	245 44.8	00.7	67 39.2	42.0	Menkar	314 17.3	N 4 08.0
21	264 22.6	90 21.6	. . 44.5	83 08.3	. . 02.1	260 47.4	. . 00.7	82 41.5	. . 41.9	Menkent	148 10.1	S36 25.5
22	279 25.0	105 21.7	43.3	98 09.3	02.7	275 49.9	00.7	97 43.7	41.8	Miaplacidus	221 41.2	S69 45.8
23	294 27.5	120 21.8	42.0	113 10.4	03.3	290 52.4	00.8	112 46.0	41.7			
1 00	309 30.0	135 21.9	N 2 40.8	128 11.5	S 0 04.0	305 54.9	S 0 00.8	127 48.2	N 1 41.6	Mirfak	308 43.5	N49 53.8
01	324 32.4	150 22.0	39.6	143 12.6	04.6	320 57.4	00.8	142 50.5	41.5	Nunki	76 00.5	S26 16.9
02	339 34.9	165 22.1	38.3	158 13.6	05.3	336 00.0	00.9	157 52.8	41.4	Peacock	53 21.8	S56 41.9
03	354 37.4	180 22.2	. . 37.1	173 14.7	. . 05.9	351 02.5	. . 00.9	172 55.0	. . 41.3	Pollux	243 30.6	N28 00.0
04	9 39.8	195 22.3	35.9	188 15.8	06.5	6 05.0	01.0	187 57.3	41.2	Procyon	245 02.2	N 5 11.9
05	24 42.3	210 22.4	34.6	203 16.9	07.2	21 07.5	01.0	202 59.5	41.1			
06	39 44.7	225 22.5	N 2 33.4	218 17.9	S 0 07.8	36 10.1	S 0 01.0	218 01.8	N 1 41.0	Rasalhague	96 08.1	N12 33.3
07	54 47.2	240 22.7	32.2	233 19.0	08.5	51 12.6	01.1	233 04.0	40.9	Regulus	207 46.0	N11 54.9
08	69 49.7	255 22.8	31.0	248 20.1	09.1	66 15.1	01.1	248 06.3	40.8	Rigel	281 14.3	S 8 11.2
S 09	84 52.1	270 22.9	. . 29.7	263 21.1	. . 09.7	81 17.6	. . 01.2	263 08.6	. . 40.7	Rigil Kent.	139 54.7	S60 53.0
U 10	99 54.6	285 23.0	28.5	278 22.2	10.4	96 20.2	01.2	278 10.8	40.6	Sabik	102 14.7	S15 44.3
N 11	114 57.1	300 23.1	27.3	293 23.3	11.0	111 22.7	01.2	293 13.1	40.5			
D 12	129 59.5	315 23.2	N 2 26.0	308 24.4	S 0 11.7	126 25.2	S 0 01.3	308 15.3	N 1 40.4	Schedar	349 42.8	N56 35.6
A 13	145 02.0	330 23.3	24.8	323 25.4	12.3	141 27.7	01.3	323 17.6	40.4	Shaula	96 24.4	S37 06.7
Y 14	160 04.5	345 23.5	23.6	338 26.5	12.9	156 30.3	01.4	338 19.8	40.3	Sirius	258 35.8	S16 43.8
15	175 06.9	0 23.6	. . 22.3	353 27.6	. . 13.6	171 32.8	. . 01.4	353 22.1	. . 40.2	Spica	158 33.5	S11 13.1
16	190 09.4	15 23.7	21.1	8 28.7	14.2	186 35.3	01.4	8 24.4	40.1	Suhail	222 54.5	S43 28.6
17	205 11.9	30 23.8	19.9	23 29.7	14.9	201 37.9	01.5	23 26.6	40.0			
18	220 14.3	45 23.9	N 2 18.6	38 30.8	S 0 15.5	216 40.4	S 0 01.5	38 28.9	N 1 39.9	Vega	80 40.0	N38 47.8
19	235 16.8	60 24.1	17.4	53 31.9	16.1	231 42.9	01.6	53 31.1	39.8	Zuben'ubi	137 07.7	S16 05.2
20	250 19.2	75 24.2	16.2	68 32.9	16.8	246 45.4	01.6	68 33.4	39.7		SHA	Mer. Pass.
21	265 21.7	90 24.3	. . 14.9	83 34.0	. . 17.4	261 48.0	. . 01.6	83 35.6	. . 39.6		° ′	h m
22	280 24.2	105 24.4	13.7	98 35.1	18.0	276 50.5	01.7	98 37.9	39.5	Venus	186 48.6	14 59
23	295 26.6	120 24.5	12.5	113 36.2	18.7	291 53.0	01.7	113 40.2	39.4	Mars	179 14.8	15 28
	h m									Jupiter	356 23.6	3 40
Mer. Pass.	3 25.4	v 0.1	d 1.2	v 1.1	d 0.6	v 2.5	d 0.0	v 2.3	d 0.1	Saturn	178 23.2	15 30

UT		SUN GHA	SUN Dec	MOON GHA	*v*	MOON Dec	*d*	HP
d	h	° ′	° ′	° ′	′	° ′	′	′
30	00	178 23.1	N18 35.1	318 50.9	16.7	N 0 24.0	12.5	54.1
	01	193 23.1	34.5	333 26.6	16.6	0 36.5	12.5	54.1
	02	208 23.2	33.9	348 02.2	16.7	0 49.0	12.5	54.1
	03	223 23.2	. . 33.3	2 37.9	16.6	1 01.5	12.5	54.1
	04	238 23.2	32.7	17 13.5	16.7	1 14.0	12.5	54.1
	05	253 23.2	32.1	31 49.2	16.6	1 26.5	12.5	54.1
	06	268 23.3	N18 31.5	46 24.8	16.6	N 1 39.0	12.4	54.1
	07	283 23.3	30.9	61 00.4	16.6	1 51.4	12.5	54.1
	08	298 23.3	30.3	75 36.0	16.6	2 03.9	12.5	54.1
F	09	313 23.3	. . 29.7	90 11.6	16.6	2 16.4	12.4	54.1
R	10	328 23.4	29.1	104 47.2	16.6	2 28.8	12.5	54.1
I	11	343 23.4	28.5	119 22.8	16.5	2 41.3	12.5	54.1
D	12	358 23.4	N18 27.8	133 58.3	16.5	N 2 53.8	12.4	54.2
A	13	13 23.4	27.2	148 33.8	16.6	3 06.2	12.4	54.2
Y	14	28 23.5	26.6	163 09.4	16.5	3 18.6	12.4	54.2
	15	43 23.5	. . 26.0	177 44.9	16.5	3 31.0	12.5	54.2
	16	58 23.5	25.4	192 20.4	16.4	3 43.5	12.4	54.2
	17	73 23.6	24.8	206 55.8	16.5	3 55.9	12.3	54.2
	18	88 23.6	N18 24.2	221 31.3	16.4	N 4 08.2	12.4	54.2
	19	103 23.6	23.6	236 06.7	16.4	4 20.6	12.4	54.2
	20	118 23.6	23.0	250 42.1	16.4	4 33.0	12.3	54.2
	21	133 23.7	. . 22.4	265 17.5	16.3	4 45.3	12.4	54.2
	22	148 23.7	21.8	279 52.8	16.4	4 57.7	12.3	54.2
	23	163 23.7	21.1	294 28.2	16.3	5 10.0	12.3	54.3
31	00	178 23.8	N18 20.5	309 03.5	16.2	N 5 22.3	12.3	54.3
	01	193 23.8	19.9	323 38.7	16.3	5 34.6	12.3	54.3
	02	208 23.8	19.3	338 14.0	16.2	5 46.9	12.2	54.3
	03	223 23.8	. . 18.7	352 49.2	16.2	5 59.1	12.3	54.3
	04	238 23.9	18.1	7 24.4	16.2	6 11.4	12.2	54.3
	05	253 23.9	17.5	21 59.6	16.1	6 23.6	12.2	54.3
	06	268 23.9	N18 16.8	36 34.7	16.1	N 6 35.8	12.1	54.3
S	07	283 24.0	16.2	51 09.8	16.0	6 47.9	12.2	54.3
	08	298 24.0	15.6	65 44.8	16.1	7 00.1	12.1	54.4
A	09	313 24.0	. . 15.0	80 19.9	16.0	7 12.2	12.2	54.4
T	10	328 24.1	14.4	94 54.9	15.9	7 24.4	12.0	54.4
U	11	343 24.1	13.8	109 29.8	15.9	7 36.4	12.1	54.4
R	12	358 24.1	N18 13.1	124 04.7	15.9	N 7 48.5	12.0	54.4
D	13	13 24.2	12.5	138 39.6	15.9	8 00.5	12.1	54.4
A	14	28 24.2	11.9	153 14.5	15.8	8 12.6	12.0	54.4
Y	15	43 24.2	. . 11.3	167 49.3	15.7	8 24.6	11.9	54.5
	16	58 24.3	10.7	182 24.0	15.7	8 36.5	12.0	54.5
	17	73 24.3	10.0	196 58.7	15.7	8 48.5	11.9	54.5
	18	88 24.3	N18 09.4	211 33.4	15.6	N 9 00.4	11.8	54.5
	19	103 24.4	08.8	226 08.0	15.6	9 12.2	11.9	54.5
	20	118 24.4	08.2	240 42.6	15.5	9 24.1	11.8	54.5
	21	133 24.4	. . 07.6	255 17.1	15.5	9 35.9	11.8	54.5
	22	148 24.5	06.9	269 51.6	15.5	9 47.7	11.7	54.6
	23	163 24.5	06.3	284 26.1	15.4	9 59.4	11.8	54.6
1	00	178 24.6	N18 05.7	299 00.5	15.3	N10 11.2	11.7	54.6
	01	193 24.6	05.1	313 34.8	15.3	10 22.9	11.6	54.6
	02	208 24.6	04.4	328 09.1	15.2	10 34.5	11.6	54.6
	03	223 24.7	. . 03.8	342 43.3	15.2	10 46.1	11.6	54.7
	04	238 24.7	03.2	357 17.5	15.1	10 57.7	11.6	54.7
	05	253 24.7	02.5	11 51.6	15.1	11 09.3	11.5	54.7
	06	268 24.8	N18 01.9	26 25.7	15.0	N11 20.8	11.4	54.7
	07	283 24.8	01.3	40 59.7	15.0	11 32.2	11.5	54.7
	08	298 24.8	00.7	55 33.7	14.9	11 43.7	11.4	54.7
S	09	313 24.9	18 00.0	70 07.6	14.8	11 55.1	11.3	54.8
U	10	328 24.9	17 59.4	84 41.4	14.8	12 06.4	11.3	54.8
N	11	343 25.0	58.8	99 15.2	14.7	12 17.7	11.3	54.8
D	12	358 25.0	N17 58.1	113 48.9	14.7	N12 29.0	11.2	54.8
A	13	13 25.0	57.5	128 22.6	14.6	12 40.2	11.2	54.8
Y	14	28 25.1	56.9	142 56.2	14.6	12 51.4	11.1	54.9
	15	43 25.1	. . 56.2	157 29.8	14.4	13 02.5	11.1	54.9
	16	58 25.2	55.6	172 03.2	14.4	13 13.6	11.1	54.9
	17	73 25.2	55.0	186 36.6	14.4	13 24.7	11.0	54.9
	18	88 25.2	N17 54.3	201 10.0	14.3	N13 35.7	10.9	54.9
	19	103 25.3	53.7	215 43.3	14.2	13 46.6	10.9	55.0
	20	118 25.3	53.1	230 16.5	14.1	13 57.5	10.9	55.0
	21	133 25.4	. . 52.4	244 49.6	14.1	14 08.4	10.8	55.0
	22	148 25.4	51.8	259 22.7	14.0	14 19.2	10.7	55.0
	23	163 25.5	51.2	273 55.7	13.9	N14 29.9	10.7	55.1
		SD 15.8	*d* 0.6	SD	14.8		14.8	14.9

Lat.	Twilight Naut.	Twilight Civil	Sunrise	Moonrise 30	Moonrise 31	Moonrise 1	Moonrise 2
°	h m	h m	h m	h m	h m	h m	h m
N 72	▭	▭	▭	20 21	19 56	19 23	18 08
N 70	////	////	01 15	20 27	20 10	19 49	19 14
68	////	////	02 09	20 33	20 21	20 08	19 51
66	////	////	02 41	20 37	20 31	20 24	20 17
64	////	01 32	03 04	20 40	20 39	20 37	20 37
62	////	02 10	03 23	20 44	20 46	20 49	20 54
60	////	02 36	03 38	20 46	20 52	20 58	21 08
N 58	01 24	02 56	03 51	20 49	20 57	21 07	21 20
56	01 59	03 13	04 02	20 51	21 02	21 14	21 30
54	02 23	03 26	04 11	20 53	21 06	21 21	21 39
52	02 42	03 38	04 20	20 55	21 10	21 27	21 47
50	02 57	03 49	04 28	20 57	21 13	21 32	21 55
45	03 27	04 10	04 44	21 00	21 21	21 44	22 11
N 40	03 49	04 27	04 57	21 03	21 27	21 53	22 24
35	04 07	04 41	05 08	21 06	21 33	22 02	22 35
30	04 21	04 52	05 18	21 08	21 38	22 09	22 45
20	04 44	05 11	05 35	21 13	21 46	22 22	23 02
N 10	05 01	05 27	05 49	21 16	21 54	22 34	23 16
0	05 16	05 41	06 03	21 20	22 01	22 44	23 30
S 10	05 29	05 54	06 16	21 23	22 08	22 55	23 45
20	05 41	06 07	06 30	21 27	22 16	23 07	24 00
30	05 52	06 21	06 46	21 31	22 25	23 20	24 17
35	05 58	06 29	06 55	21 34	22 30	23 28	24 27
40	06 04	06 37	07 06	21 37	22 36	23 36	24 39
45	06 11	06 47	07 18	21 40	22 43	23 47	24 53
S 50	06 19	06 58	07 33	21 44	22 51	24 00	00 00
52	06 22	07 03	07 40	21 46	22 55	24 05	00 05
54	06 25	07 08	07 48	21 48	22 59	24 12	00 12
56	06 29	07 14	07 56	21 50	23 04	24 19	00 19
58	06 33	07 21	08 06	21 53	23 09	24 28	00 28
S 60	06 37	07 29	08 17	21 56	23 15	24 37	00 37

Lat.	Sunset	Twilight Civil	Twilight Naut.	Moonset 30	Moonset 31	Moonset 1	Moonset 2
°	h m	h m	h m	h m	h m	h m	h m
N 72	▭	▭	▭	09 28	11 19	13 22	16 11
N 70	22 49	////	////	09 25	11 07	12 57	15 06
68	21 59	////	////	09 22	10 58	12 39	14 30
66	21 29	////	////	09 20	10 50	12 24	14 05
64	21 06	22 35	////	09 18	10 44	12 12	13 46
62	20 48	21 59	////	09 16	10 38	12 02	13 30
60	20 33	21 34	////	09 15	10 33	11 54	13 17
N 58	20 21	21 14	22 44	09 14	10 29	11 46	13 06
56	20 10	20 58	22 11	09 13	10 25	11 40	12 56
54	20 00	20 45	21 48	09 12	10 22	11 34	12 47
52	19 52	20 33	21 29	09 11	10 19	11 28	12 40
50	19 44	20 23	21 14	09 10	10 16	11 24	12 33
45	19 28	20 02	20 45	09 08	10 10	11 13	12 18
N 40	19 15	19 45	20 23	09 07	10 05	11 05	12 06
35	19 04	19 32	20 05	09 05	10 01	10 58	11 56
30	18 54	19 20	19 51	09 04	09 57	10 51	11 47
20	18 38	19 01	19 29	09 02	09 50	10 40	11 32
N 10	18 23	18 45	19 11	09 00	09 45	10 30	11 18
0	18 10	18 32	18 57	08 59	09 39	10 21	11 06
S 10	17 57	18 19	18 44	08 57	09 34	10 12	10 54
20	17 43	18 06	18 32	08 55	09 28	10 03	10 40
30	17 27	17 52	18 21	08 53	09 22	09 52	10 25
35	17 18	17 44	18 15	08 52	09 18	09 46	10 17
40	17 07	17 36	18 09	08 51	09 14	09 39	10 07
45	16 55	17 27	18 02	08 49	09 09	09 31	09 55
S 50	16 40	17 16	17 55	08 48	09 03	09 21	09 41
52	16 33	17 11	17 52	08 47	09 01	09 16	09 35
54	16 26	17 05	17 48	08 46	08 58	09 11	09 28
56	16 17	16 59	17 45	08 45	08 55	09 06	09 20
58	16 07	16 52	17 41	08 44	08 51	09 00	09 11
S 60	15 56	16 45	17 36	08 43	08 47	08 53	09 00

Day	SUN Eqn. of Time 00^h	SUN Eqn. of Time 12^h	SUN Mer. Pass.	MOON Mer. Pass. Upper	MOON Mer. Pass. Lower	MOON Age	MOON Phase
d	m s	m s	h m	h m	h m	d %	
30	06 28	06 26	12 06	02 49	15 09	19 83	
31	06 25	06 24	12 06	03 30	15 50	20 75	
1	06 22	06 20	12 06	04 11	16 33	21 67	

UT		ARIES	VENUS −4.3		MARS +1.5		JUPITER −2.7		SATURN +1.1		STARS		
		GHA	GHA	Dec	GHA	Dec	GHA	Dec	GHA	Dec	Name	SHA	Dec
d h		° ′	° ′	° ′	° ′	° ′	° ′	° ′	° ′	° ′		° ′	° ′
2 00	MONDAY	310 29.1	135 24.7	N 2 11.2	128 37.2	S 0 19.3	306 55.6	S 0 01.8	128 42.4	N 1 39.3	Acamar	315 19.9	S40 15.4
01		325 31.6	150 24.8	10.0	143 38.3	20.0	321 58.1	01.8	143 44.7	39.2	Achernar	335 28.0	S57 10.6
02		340 34.0	165 24.9	08.8	158 39.4	20.6	337 00.6	01.9	158 46.9	39.1	Acrux	173 12.2	S63 09.8
03		355 36.5	180 25.0	. . 07.5	173 40.4	. . 21.2	352 03.2	. . 01.9	173 49.2	. . 39.0	Adhara	255 14.5	S28 59.1
04		10 39.0	195 25.2	06.3	188 41.5	21.9	7 05.7	01.9	188 51.4	38.9	Aldebaran	290 51.9	N16 31.9
05		25 41.4	210 25.3	05.1	203 42.6	22.5	22 08.2	02.0	203 53.7	38.8			
06		40 43.9	225 25.4	N 2 03.8	218 43.7	S 0 23.2	37 10.8	S 0 02.0	218 55.9	N 1 38.7	Alioth	166 22.6	N55 54.3
07		55 46.4	240 25.5	02.6	233 44.7	23.8	52 13.3	02.1	233 58.2	38.6	Alkaid	153 00.5	N49 15.8
08		70 48.8	255 25.6	01.4	248 45.8	24.4	67 15.8	02.1	249 00.5	38.5	Al Na'ir	27 45.8	S46 54.3
09		85 51.3	270 25.8	2 00.1	263 46.9	. . 25.1	82 18.4	. . 02.2	264 02.7	. . 38.4	Alnilam	275 48.7	S 1 11.6
10		100 53.7	285 25.9	1 58.9	278 47.9	25.7	97 20.9	02.2	279 05.0	38.3	Alphard	217 58.4	S 8 42.3
11		115 56.2	300 26.0	57.6	293 49.0	26.4	112 23.4	02.2	294 07.2	38.2			
12		130 58.7	315 26.2	N 1 56.4	308 50.1	S 0 27.0	127 26.0	S 0 02.3	309 09.5	N 1 38.1	Alphecca	126 12.6	N26 40.9
13		146 01.1	330 26.3	55.2	323 51.1	27.6	142 28.5	02.3	324 11.7	38.0	Alpheratz	357 45.5	N29 09.0
14		161 03.6	345 26.4	53.9	338 52.2	28.3	157 31.0	02.4	339 14.0	37.9	Altair	62 09.9	N 8 53.9
15		176 06.1	0 26.5	. . 52.7	353 53.3	. . 28.9	172 33.6	. . 02.4	354 16.2	. . 37.8	Ankaa	353 17.4	S42 14.5
16		191 08.5	15 26.7	51.5	8 54.3	29.6	187 36.1	02.5	9 18.5	37.7	Antares	112 28.6	S26 27.4
17		206 11.0	30 26.8	50.2	23 55.4	30.2	202 38.6	02.5	24 20.8	37.6			
18		221 13.5	45 26.9	N 1 49.0	38 56.5	S 0 30.9	217 41.2	S 0 02.5	39 23.0	N 1 37.5	Arcturus	145 57.6	N19 07.7
19		236 15.9	60 27.1	47.8	53 57.6	31.5	232 43.7	02.6	54 25.3	37.4	Atria	107 32.0	S69 03.0
20		251 18.4	75 27.2	46.5	68 58.6	32.1	247 46.2	02.6	69 27.5	37.3	Avior	234 19.6	S59 32.6
21		266 20.8	90 27.3	. . 45.3	83 59.7	. . 32.8	262 48.8	. . 02.7	84 29.8	. . 37.3	Bellatrix	278 34.4	N 6 21.6
22		281 23.3	105 27.5	44.1	99 00.8	33.4	277 51.3	02.7	99 32.0	37.2	Betelgeuse	271 03.8	N 7 24.6
23		296 25.8	120 27.6	42.8	114 01.8	34.1	292 53.8	02.8	114 34.3	37.1			
3 00	TUESDAY	311 28.2	135 27.7	N 1 41.6	129 02.9	S 0 34.7	307 56.4	S 0 02.8	129 36.5	N 1 37.0	Canopus	263 57.5	S52 41.9
01		326 30.7	150 27.9	40.4	144 04.0	35.3	322 58.9	02.9	144 38.8	36.9	Capella	280 37.8	N46 00.4
02		341 33.2	165 28.0	39.1	159 05.0	36.0	338 01.5	02.9	159 41.0	36.8	Deneb	49 32.5	N45 19.2
03		356 35.6	180 28.1	. . 37.9	174 06.1	. . 36.6	353 04.0	. . 03.0	174 43.3	. . 36.7	Denebola	182 36.0	N14 30.8
04		11 38.1	195 28.3	36.7	189 07.2	37.3	8 06.5	03.0	189 45.5	36.6	Diphda	348 57.8	S17 55.4
05		26 40.6	210 28.4	35.4	204 08.2	37.9	23 09.1	03.0	204 47.8	36.5			
06		41 43.0	225 28.5	N 1 34.2	219 09.3	S 0 38.5	38 11.6	S 0 03.1	219 50.0	N 1 36.4	Dubhe	193 54.6	N61 41.7
07		56 45.5	240 28.7	33.0	234 10.4	39.2	53 14.2	03.1	234 52.3	36.3	Elnath	278 15.5	N28 36.9
08		71 48.0	255 28.8	31.7	249 11.4	39.8	68 16.7	03.2	249 54.6	36.2	Eltanin	90 46.7	N51 29.5
09		86 50.4	270 29.0	. . 30.5	264 12.5	. . 40.5	83 19.2	. . 03.2	264 56.8	. . 36.1	Enif	33 48.8	N 9 55.6
10		101 52.9	285 29.1	29.3	279 13.6	41.1	98 21.8	03.3	279 59.1	36.0	Fomalhaut	15 25.9	S29 33.7
11		116 55.3	300 29.2	28.0	294 14.6	41.7	113 24.3	03.3	295 01.3	35.9			
12		131 57.8	315 29.4	N 1 26.8	309 15.7	S 0 42.4	128 26.9	S 0 03.4	310 03.6	N 1 35.8	Gacrux	172 03.7	S57 10.6
13		147 00.3	330 29.5	25.6	324 16.8	43.0	143 29.4	03.4	325 05.8	35.7	Gienah	175 54.6	S17 36.2
14		162 02.7	345 29.7	24.3	339 17.8	43.7	158 31.9	03.5	340 08.1	35.6	Hadar	148 51.1	S60 25.8
15		177 05.2	0 29.8	. . 23.1	354 18.9	. . 44.3	173 34.5	. . 03.5	355 10.3	. . 35.5	Hamal	328 03.1	N23 30.8
16		192 07.7	15 29.9	21.8	9 20.0	45.0	188 37.0	03.6	10 12.6	35.4	Kaus Aust.	83 46.2	S34 22.8
17		207 10.1	30 30.1	20.6	24 21.0	45.6	203 39.6	03.6	25 14.8	35.3			
18		222 12.6	45 30.2	N 1 19.4	39 22.1	S 0 46.2	218 42.1	S 0 03.6	40 17.1	N 1 35.2	Kochab	137 19.6	N74 07.0
19		237 15.1	60 30.4	18.1	54 23.2	46.9	233 44.7	03.7	55 19.3	35.1	Markab	13 40.1	N15 15.9
20		252 17.5	75 30.5	16.9	69 24.2	47.5	248 47.2	03.7	70 21.6	35.0	Menkar	314 17.3	N 4 08.0
21		267 20.0	90 30.7	. . 15.7	84 25.3	. . 48.2	263 49.8	. . 03.8	85 23.8	. . 34.9	Menkent	148 10.1	S36 25.5
22		282 22.5	105 30.8	14.4	99 26.3	48.8	278 52.3	03.8	100 26.1	34.8	Miaplacidus	221 41.2	S69 45.7
23		297 24.9	120 30.9	13.2	114 27.4	49.4	293 54.8	03.9	115 28.3	34.7			
4 00	WEDNESDAY	312 27.4	135 31.1	N 1 12.0	129 28.5	S 0 50.1	308 57.4	S 0 03.9	130 30.6	N 1 34.6	Mirfak	308 43.5	N49 53.8
01		327 29.8	150 31.2	10.7	144 29.5	50.7	323 59.9	04.0	145 32.8	34.5	Nunki	76 00.5	S26 16.9
02		342 32.3	165 31.4	09.5	159 30.6	51.4	339 02.5	04.0	160 35.1	34.4	Peacock	53 21.8	S56 41.9
03		357 34.8	180 31.5	. . 08.3	174 31.7	. . 52.0	354 05.0	. . 04.1	175 37.3	. . 34.3	Pollux	243 30.6	N28 00.0
04		12 37.2	195 31.7	07.0	189 32.7	52.7	9 07.6	04.1	190 39.6	34.2	Procyon	245 02.2	N 5 11.9
05		27 39.7	210 31.8	05.8	204 33.8	53.3	24 10.1	04.2	205 41.8	34.1			
06		42 42.2	225 32.0	N 1 04.6	219 34.9	S 0 53.9	39 12.7	S 0 04.2	220 44.1	N 1 34.0	Rasalhague	96 08.1	N12 33.3
07		57 44.6	240 32.1	03.3	234 35.9	54.6	54 15.2	04.3	235 46.3	33.9	Regulus	207 46.0	N11 54.9
08		72 47.1	255 32.3	02.1	249 37.0	55.2	69 17.8	04.3	250 48.6	33.8	Rigel	281 14.2	S 8 11.2
09		87 49.6	270 32.4	1 00.9	264 38.1	. . 55.9	84 20.3	. . 04.4	265 50.8	. . 33.7	Rigil Kent.	139 54.7	S60 53.0
10		102 52.0	285 32.6	0 59.6	279 39.1	56.5	99 22.9	04.4	280 53.1	33.6	Sabik	102 14.7	S15 44.3
11		117 54.5	300 32.7	58.4	294 40.2	57.1	114 25.4	04.5	295 55.3	33.5			
12		132 56.9	315 32.9	N 0 57.1	309 41.2	S 0 57.8	129 28.0	S 0 04.5	310 57.6	N 1 33.4	Schedar	349 42.7	N56 35.6
13		147 59.4	330 33.0	55.9	324 42.3	58.4	144 30.5	04.6	325 59.8	33.3	Shaula	96 24.4	S37 06.7
14		163 01.9	345 33.2	54.7	339 43.4	59.1	159 33.1	04.6	341 02.1	33.2	Sirius	258 35.8	S16 43.7
15		178 04.3	0 33.3	. . 53.4	354 44.4	0 59.7	174 35.6	. . 04.7	356 04.3	. . 33.1	Spica	158 33.5	S11 13.1
16		193 06.8	15 33.5	52.2	9 45.5	1 00.4	189 38.2	04.7	11 06.6	33.0	Suhail	222 54.5	S43 28.6
17		208 09.3	30 33.6	51.0	24 46.6	01.0	204 40.7	04.8	26 08.8	32.9			
18		223 11.7	45 33.8	N 0 49.7	39 47.6	S 1 01.6	219 43.3	S 0 04.8	41 11.1	N 1 32.8	Vega	80 40.0	N38 47.8
19		238 14.2	60 34.0	48.5	54 48.7	02.3	234 45.8	04.9	56 13.3	32.7	Zuben'ubi	137 07.7	S16 05.2
20		253 16.7	75 34.1	47.3	69 49.7	02.9	249 48.4	04.9	71 15.6	32.6			
21		268 19.1	90 34.3	. . 46.0	84 50.8	. . 03.6	264 50.9	. . 05.0	86 17.8	. . 32.5			
22		283 21.6	105 34.4	44.8	99 51.9	04.2	279 53.5	05.0	101 20.1	32.4			
23		298 24.1	120 34.6	43.6	114 52.9	04.9	294 56.0	05.1	116 22.3	32.3			
Mer. Pass.		h m 3 13.6	*v* 0.1	*d* 1.2	*v* 1.1	*d* 0.6	*v* 2.5	*d* 0.0	*v* 2.3	*d* 0.1			

	SHA	Mer. Pass.
	° ′	h m
Venus	183 59.5	14 58
Mars	177 34.7	15 23
Jupiter	356 28.1	3 28
Saturn	178 08.3	15 19

Day	UT	SUN GHA	SUN Dec	MOON GHA	v	MOON Dec	d	HP
	d h	° ′	° ′	° ′	′	° ′	′	′
MONDAY	2 00	178 25.5	N17 50.5	288 28.6	13.9	N14 40.6	10.6	55.1
	01	193 25.5	49.9	303 01.5	13.8	14 51.2	10.6	55.1
	02	208 25.6	49.3	317 34.3	13.7	15 01.8	10.5	55.1
	03	223 25.6	. . 48.6	332 07.0	13.6	15 12.3	10.5	55.2
	04	238 25.7	48.0	346 39.6	13.6	15 22.8	10.4	55.2
	05	253 25.7	47.3	1 12.2	13.4	15 33.2	10.4	55.2
	06	268 25.8	N17 46.7	15 44.6	13.5	N15 43.6	10.3	55.2
	07	283 25.8	46.1	30 17.1	13.3	15 53.9	10.2	55.3
	08	298 25.8	45.4	44 49.4	13.2	16 04.1	10.2	55.3
	09	313 25.9	. . 44.8	59 21.6	13.2	16 14.3	10.1	55.3
	10	328 25.9	44.1	73 53.8	13.1	16 24.4	10.1	55.3
	11	343 26.0	43.5	88 25.9	13.0	16 34.5	9.9	55.4
	12	358 26.0	N17 42.8	102 57.9	12.9	N16 44.4	10.0	55.4
	13	13 26.1	42.2	117 29.8	12.9	16 54.4	9.8	55.4
	14	28 26.1	41.6	132 01.7	12.7	17 04.2	9.8	55.4
	15	43 26.2	. . 40.9	146 33.4	12.7	17 14.0	9.7	55.5
	16	58 26.2	40.3	161 05.1	12.6	17 23.7	9.7	55.5
	17	73 26.3	39.6	175 36.7	12.5	17 33.4	9.5	55.5
	18	88 26.3	N17 39.0	190 08.2	12.5	N17 42.9	9.6	55.5
	19	103 26.3	38.3	204 39.7	12.3	17 52.5	9.4	55.6
	20	118 26.4	37.7	219 11.0	12.2	18 01.9	9.3	55.6
	21	133 26.4	. . 37.0	233 42.2	12.2	18 11.2	9.3	55.6
	22	148 26.5	36.4	248 13.4	12.1	18 20.5	9.2	55.7
	23	163 26.5	35.7	262 44.5	12.0	18 29.7	9.2	55.7
TUESDAY	3 00	178 26.6	N17 35.1	277 15.5	11.9	N18 38.9	9.0	55.7
	01	193 26.6	34.4	291 46.4	11.8	18 47.9	9.0	55.8
	02	208 26.7	33.8	306 17.2	11.7	18 56.9	8.9	55.8
	03	223 26.7	. . 33.1	320 47.9	11.6	19 05.8	8.8	55.8
	04	238 26.8	32.5	335 18.5	11.5	19 14.6	8.7	55.8
	05	253 26.8	31.8	349 49.0	11.5	19 23.3	8.7	55.9
	06	268 26.9	N17 31.2	4 19.5	11.3	N19 32.0	8.6	55.9
	07	283 26.9	30.5	18 49.8	11.3	19 40.6	8.4	55.9
	08	298 27.0	29.9	33 20.1	11.1	19 49.0	8.4	56.0
	09	313 27.0	. . 29.2	47 50.2	11.1	19 57.4	8.3	56.0
	10	328 27.1	28.6	62 20.3	11.0	20 05.7	8.2	56.0
	11	343 27.1	27.9	76 50.3	10.9	20 13.9	8.2	56.1
	12	358 27.2	N17 27.3	91 20.2	10.7	N20 22.1	8.0	56.1
	13	13 27.2	26.6	105 49.9	10.7	20 30.1	7.9	56.1
	14	28 27.3	25.9	120 19.6	10.6	20 38.0	7.9	56.2
	15	43 27.3	. . 25.3	134 49.2	10.5	20 45.9	7.7	56.2
	16	58 27.4	24.6	149 18.7	10.4	20 53.6	7.7	56.2
	17	73 27.4	24.0	163 48.1	10.3	21 01.3	7.5	56.3
	18	88 27.5	N17 23.3	178 17.4	10.2	N21 08.8	7.5	56.3
	19	103 27.6	22.7	192 46.6	10.1	21 16.3	7.3	56.3
	20	118 27.6	22.0	207 15.7	10.1	21 23.6	7.3	56.4
	21	133 27.7	. . 21.3	221 44.8	9.9	21 30.9	7.1	56.4
	22	148 27.7	20.7	236 13.7	9.8	21 38.0	7.1	56.4
	23	163 27.8	20.0	250 42.5	9.7	21 45.1	6.9	56.5
WEDNESDAY	4 00	178 27.8	N17 19.4	265 11.2	9.7	N21 52.0	6.9	56.5
	01	193 27.9	18.7	279 39.9	9.5	21 58.9	6.7	56.5
	02	208 27.9	18.0	294 08.4	9.4	22 05.6	6.6	56.6
	03	223 28.0	. . 17.4	308 36.8	9.4	22 12.2	6.5	56.6
	04	238 28.0	16.7	323 05.2	9.2	22 18.7	6.4	56.6
	05	253 28.1	16.0	337 33.4	9.1	22 25.1	6.3	56.7
	06	268 28.2	N17 15.4	352 01.5	9.1	N22 31.4	6.2	56.7
	07	283 28.2	14.7	6 29.6	8.9	22 37.6	6.1	56.7
	08	298 28.3	14.1	20 57.5	8.9	22 43.7	5.9	56.8
	09	313 28.3	. . 13.4	35 25.4	8.8	22 49.6	5.8	56.8
	10	328 28.4	12.7	49 53.2	8.6	22 55.4	5.8	56.9
	11	343 28.4	12.1	64 20.8	8.6	23 01.2	5.5	56.9
	12	358 28.5	N17 11.4	78 48.4	8.5	N23 06.7	5.5	56.9
	13	13 28.6	10.7	93 15.9	8.3	23 12.2	5.4	57.0
	14	28 28.6	10.1	107 43.2	8.3	23 17.6	5.2	57.0
	15	43 28.7	. . 09.4	122 10.5	8.2	23 22.8	5.1	57.0
	16	58 28.7	08.7	136 37.7	8.1	23 27.9	5.0	57.1
	17	73 28.8	08.0	151 04.8	8.0	23 32.9	4.8	57.1
	18	88 28.8	N17 07.4	165 31.8	7.9	N23 37.7	4.7	57.2
	19	103 28.9	06.7	179 58.7	7.9	23 42.4	4.6	57.2
	20	118 29.0	06.0	194 25.6	7.7	23 47.0	4.5	57.2
	21	133 29.0	. . 05.4	208 52.3	7.6	23 51.5	4.3	57.3
	22	148 29.1	04.7	223 18.9	7.6	23 55.8	4.2	57.3
	23	163 29.1	04.0	237 45.5	7.5	N24 00.0	4.1	57.3
		SD 15.8	d 0.7	SD	15.1	15.3		15.5

Lat.	Twilight Naut.	Twilight Civil	Sunrise	Moonrise 2	3	4	5
°	h m	h m	h m	h m	h m	h m	h m
N 72	▭	▭	▭	18 08	▭	▭	▭
N 70	////	////	01 42	19 14	▭	▭	▭
68	////	////	02 24	19 51	19 15	▭	▭
66	////	00 51	02 53	20 17	20 07	19 44	▭
64	////	01 50	03 14	20 37	20 39	20 47	21 15
62	////	02 22	03 31	20 54	21 03	21 22	22 00
60	00 46	02 46	03 45	21 08	21 22	21 47	22 30
N 58	01 40	03 04	03 57	21 20	21 38	22 07	22 53
56	02 09	03 20	04 07	21 30	21 52	22 24	23 11
54	02 31	03 32	04 16	21 39	22 04	22 38	23 27
52	02 49	03 44	04 25	21 47	22 14	22 51	23 41
50	03 03	03 53	04 32	21 55	22 24	23 02	23 52
45	03 32	04 14	04 47	22 11	22 43	23 25	24 17
N 40	03 53	04 30	05 00	22 24	23 00	23 43	24 37
35	04 10	04 43	05 11	22 35	23 13	23 59	24 53
30	04 23	04 54	05 20	22 45	23 25	24 13	00 13
20	04 45	05 13	05 36	23 02	23 46	24 36	00 36
N 10	05 02	05 28	05 50	23 16	24 04	00 04	00 56
0	05 16	05 41	06 03	23 30	24 20	00 20	01 15
S 10	05 28	05 53	06 15	23 45	24 37	00 37	01 33
20	05 39	06 06	06 29	24 00	00 00	00 56	01 54
30	05 50	06 19	06 44	24 17	00 17	01 17	02 17
35	05 56	06 26	06 53	24 27	00 27	01 29	02 31
40	06 02	06 34	07 03	24 39	00 39	01 43	02 47
45	06 08	06 43	07 15	24 53	00 53	02 00	03 06
S 50	06 15	06 54	07 29	00 00	01 10	02 21	03 30
52	06 18	06 58	07 35	00 05	01 18	02 31	03 42
54	06 21	07 04	07 43	00 12	01 27	02 42	03 55
56	06 24	07 09	07 51	00 19	01 37	02 55	04 10
58	06 28	07 16	08 00	00 28	01 49	03 11	04 28
S 60	06 32	07 23	08 10	00 37	02 02	03 29	04 51

Lat.	Sunset	Twilight Civil	Twilight Naut.	Moonset 2	3	4	5
°	h m	h m	h m	h m	h m	h m	h m
N 72	▭	▭	▭	16 11	▭	▭	▭
N 70	22 24	////	////	15 06	▭	▭	▭
68	21 44	////	////	14 30	16 47	▭	▭
66	21 17	23 10	////	14 05	15 56	18 09	▭
64	20 56	22 18	////	13 46	15 25	17 07	18 38
62	20 40	21 47	////	13 30	15 01	16 32	17 52
60	20 26	21 24	23 16	13 17	14 43	16 07	17 22
N 58	20 14	21 06	22 29	13 06	14 27	15 47	17 00
56	20 04	20 51	22 00	12 56	14 14	15 31	16 41
54	19 55	20 38	21 39	12 47	14 03	15 17	16 26
52	19 47	20 27	21 22	12 40	13 53	15 05	16 12
50	19 40	20 18	21 08	12 33	13 44	14 54	16 00
45	19 24	19 58	20 40	12 18	13 25	14 32	15 36
N 40	19 12	19 42	20 19	12 06	13 10	14 14	15 16
35	19 01	19 29	20 02	11 56	12 57	13 59	15 00
30	18 52	19 18	19 49	11 47	12 45	13 45	14 46
20	18 36	18 59	19 27	11 32	12 26	13 23	14 22
N 10	18 22	18 44	19 10	11 18	12 10	13 04	14 01
0	18 10	18 31	18 56	11 06	11 54	12 46	13 42
S 10	17 57	18 19	18 44	10 54	11 38	12 28	13 22
20	17 44	18 07	18 33	10 40	11 22	12 09	13 02
30	17 29	17 54	18 22	10 25	11 03	11 47	12 38
35	17 20	17 47	18 17	10 17	10 52	11 34	12 23
40	17 10	17 39	18 11	10 07	10 39	11 19	12 07
45	16 58	17 30	18 05	09 55	10 25	11 01	11 48
S 50	16 44	17 19	17 58	09 41	10 07	10 39	11 23
52	16 38	17 15	17 55	09 35	09 58	10 29	11 11
54	16 30	17 09	17 52	09 28	09 49	10 17	10 58
56	16 22	17 04	17 49	09 20	09 38	10 04	10 43
58	16 13	16 58	17 45	09 11	09 26	09 48	10 24
S 60	16 03	16 51	17 42	09 00	09 12	09 30	10 02

Day	SUN Eqn. of Time 00^h	Eqn. of Time 12^h	Mer. Pass.	MOON Mer. Pass. Upper	Mer. Pass. Lower	Age	Phase
d	m s	m s	h m	h m	h m	d %	
2	06 18	06 16	12 06	04 55	17 18	22 57	
3	06 14	06 11	12 06	05 42	18 07	23 47	
4	06 09	06 06	12 06	06 33	19 00	24 37	

	UT	ARIES	VENUS −4.3		MARS +1.5		JUPITER −2.7		SATURN +1.1	
		GHA	GHA	Dec	GHA	Dec	GHA	Dec	GHA	Dec
	d h	° ′	° ′	° ′	° ′	° ′	° ′	° ′	° ′	° ′
	5 00	313 26.5	135 34.7	N 0 42.3	129 54.0	S 1 05.5	309 58.6	S 0 05.1	131 24.6	N 1 32.2
	01	328 29.0	150 34.9	41.1	144 55.0	06.1	325 01.1	05.2	146 26.8	32.1
	02	343 31.4	165 35.1	39.9	159 56.1	06.8	340 03.7	05.2	161 29.1	32.0
	03	358 33.9	180 35.2	. . 38.6	174 57.2	. . 07.4	355 06.2	. . 05.3	176 31.3	. . 31.9
	04	13 36.4	195 35.4	37.4	189 58.2	08.1	10 08.8	05.3	191 33.6	31.8
	05	28 38.8	210 35.5	36.1	204 59.3	08.7	25 11.3	05.4	206 35.8	31.7
	06	43 41.3	225 35.7	N 0 34.9	220 00.3	S 1 09.4	40 13.9	S 0 05.4	221 38.1	N 1 31.6
	07	58 43.8	240 35.9	33.7	235 01.4	10.0	55 16.4	05.5	236 40.3	31.5
T	08	73 46.2	255 36.0	32.4	250 02.5	10.6	70 19.0	05.5	251 42.6	31.4
H	09	88 48.7	270 36.2	. . 31.2	265 03.5	. . 11.3	85 21.6	. . 05.6	266 44.8	. . 31.3
U	10	103 51.2	285 36.3	30.0	280 04.6	11.9	100 24.1	05.6	281 47.1	31.2
R	11	118 53.6	300 36.5	28.7	295 05.6	12.6	115 26.7	05.7	296 49.3	31.1
S	12	133 56.1	315 36.7	N 0 27.5	310 06.7	S 1 13.2	130 29.2	S 0 05.8	311 51.6	N 1 31.0
D	13	148 58.6	330 36.8	26.3	325 07.8	13.9	145 31.8	05.8	326 53.8	30.9
A	14	164 01.0	345 37.0	25.0	340 08.8	14.5	160 34.3	05.9	341 56.1	30.8
Y	15	179 03.5	0 37.2	. . 23.8	355 09.9	. . 15.1	175 36.9	. . 05.9	356 58.3	. . 30.7
	16	194 05.9	15 37.3	22.6	10 10.9	15.8	190 39.5	06.0	12 00.6	30.6
	17	209 08.4	30 37.5	21.3	25 12.0	16.4	205 42.0	06.0	27 02.8	30.5
	18	224 10.9	45 37.7	N 0 20.1	40 13.1	S 1 17.1	220 44.6	S 0 06.1	42 05.1	N 1 30.4
	19	239 13.3	60 37.8	18.9	55 14.1	17.7	235 47.1	06.1	57 07.3	30.3
	20	254 15.8	75 38.0	17.6	70 15.2	18.4	250 49.7	06.2	72 09.5	30.2
	21	269 18.3	90 38.2	. . 16.4	85 16.2	. . 19.0	265 52.2	. . 06.2	87 11.8	. . 30.1
	22	284 20.7	105 38.3	15.1	100 17.3	19.6	280 54.8	06.3	102 14.0	30.0
	23	299 23.2	120 38.5	13.9	115 18.3	20.3	295 57.4	06.3	117 16.3	29.9
	6 00	314 25.7	135 38.7	N 0 12.7	130 19.4	S 1 20.9	310 59.9	S 0 06.4	132 18.5	N 1 29.8
	01	329 28.1	150 38.9	11.4	145 20.5	21.6	326 02.5	06.5	147 20.8	29.7
	02	344 30.6	165 39.0	10.2	160 21.5	22.2	341 05.0	06.5	162 23.0	29.6
	03	359 33.1	180 39.2	. . 09.0	175 22.6	. . 22.9	356 07.6	. . 06.6	177 25.3	. . 29.5
	04	14 35.5	195 39.4	07.7	190 23.6	23.5	11 10.2	06.6	192 27.5	29.4
	05	29 38.0	210 39.5	06.5	205 24.7	24.1	26 12.7	06.7	207 29.8	29.3
	06	44 40.4	225 39.7	N 0 05.3	220 25.7	S 1 24.8	41 15.3	S 0 06.7	222 32.0	N 1 29.2
	07	59 42.9	240 39.9	04.0	235 26.8	25.4	56 17.9	06.8	237 34.3	29.1
	08	74 45.4	255 40.1	02.8	250 27.9	26.1	71 20.4	06.8	252 36.5	29.0
F	09	89 47.8	270 40.2	. . 01.6	265 28.9	. . 26.7	86 23.0	. . 06.9	267 38.7	. . 28.9
R	10	104 50.3	285 40.4	N 00.3	280 30.0	27.4	101 25.5	06.9	282 41.0	28.8
I	11	119 52.8	300 40.6	S 00.9	295 31.0	28.0	116 28.1	07.0	297 43.2	28.7
D	12	134 55.2	315 40.8	S 0 02.1	310 32.1	S 1 28.7	131 30.7	S 0 07.1	312 45.5	N 1 28.6
A	13	149 57.7	330 40.9	03.4	325 33.1	29.3	146 33.2	07.1	327 47.7	28.5
Y	14	165 00.2	345 41.1	04.6	340 34.2	29.9	161 35.8	07.2	342 50.0	28.4
	15	180 02.6	0 41.3	. . 05.8	355 35.3	. . 30.6	176 38.4	. . 07.2	357 52.2	. . 28.3
	16	195 05.1	15 41.5	07.1	10 36.3	31.2	191 40.9	07.3	12 54.5	28.2
	17	210 07.6	30 41.6	08.3	25 37.4	31.9	206 43.5	07.3	27 56.7	28.1
	18	225 10.0	45 41.8	S 0 09.6	40 38.4	S 1 32.5	221 46.1	S 0 07.4	42 59.0	N 1 28.0
	19	240 12.5	60 42.0	10.8	55 39.5	33.2	236 48.6	07.5	58 01.2	27.9
	20	255 14.9	75 42.2	12.0	70 40.5	33.8	251 51.2	07.5	73 03.4	27.8
	21	270 17.4	90 42.4	. . 13.3	85 41.6	. . 34.4	266 53.8	. . 07.6	88 05.7	. . 27.7
	22	285 19.9	105 42.5	14.5	100 42.6	35.1	281 56.3	07.6	103 07.9	27.6
	23	300 22.3	120 42.7	15.7	115 43.7	35.7	296 58.9	07.7	118 10.2	27.5
	7 00	315 24.8	135 42.9	S 0 17.0	130 44.7	S 1 36.4	312 01.5	S 0 07.7	133 12.4	N 1 27.4
	01	330 27.3	150 43.1	18.2	145 45.8	37.0	327 04.0	07.8	148 14.7	27.3
	02	345 29.7	165 43.3	19.4	160 46.9	37.7	342 06.6	07.9	163 16.9	27.2
	03	0 32.2	180 43.5	. . 20.7	175 47.9	. . 38.3	357 09.2	. . 07.9	178 19.2	. . 27.1
	04	15 34.7	195 43.6	21.9	190 49.0	39.0	12 11.7	08.0	193 21.4	27.0
	05	30 37.1	210 43.8	23.1	205 50.0	39.6	27 14.3	08.0	208 23.6	26.9
	06	45 39.6	225 44.0	S 0 24.4	220 51.1	S 1 40.2	42 16.9	S 0 08.1	223 25.9	N 1 26.8
	07	60 42.1	240 44.2	25.6	235 52.1	40.9	57 19.4	08.1	238 28.1	26.7
S	08	75 44.5	255 44.4	26.8	250 53.2	41.5	72 22.0	08.2	253 30.4	26.6
A	09	90 47.0	270 44.6	. . 28.1	265 54.2	. . 42.2	87 24.6	. . 08.3	268 32.6	. . 26.5
T	10	105 49.4	285 44.7	29.3	280 55.3	42.8	102 27.2	08.3	283 34.9	26.4
U	11	120 51.9	300 44.9	30.5	295 56.3	43.5	117 29.7	08.4	298 37.1	26.3
R	12	135 54.4	315 45.1	S 0 31.8	310 57.4	S 1 44.1	132 32.3	S 0 08.4	313 39.3	N 1 26.2
D	13	150 56.8	330 45.3	33.0	325 58.4	44.8	147 34.9	08.5	328 41.6	26.1
A	14	165 59.3	345 45.5	34.2	340 59.5	45.4	162 37.4	08.6	343 43.8	26.0
Y	15	181 01.8	0 45.7	. . 35.5	356 00.5	. . 46.0	177 40.0	. . 08.6	358 46.1	. . 25.9
	16	196 04.2	15 45.9	36.7	11 01.6	46.7	192 42.6	08.7	13 48.3	25.8
	17	211 06.7	30 46.1	37.9	26 02.6	47.3	207 45.2	08.7	28 50.6	25.7
	18	226 09.2	45 46.3	S 0 39.2	41 03.7	S 1 48.0	222 47.7	S 0 08.8	43 52.8	N 1 25.6
	19	241 11.6	60 46.4	40.4	56 04.7	48.6	237 50.3	08.9	58 55.0	25.5
	20	256 14.1	75 46.6	41.6	71 05.8	49.3	252 52.9	08.9	73 57.3	25.4
	21	271 16.5	90 46.8	. . 42.9	86 06.8	. . 49.9	267 55.4	. . 09.0	88 59.5	. . 25.3
	22	286 19.0	105 47.0	44.1	101 07.9	50.6	282 58.0	09.0	104 01.8	25.2
	23	301 21.5	120 47.2	45.3	116 09.0	51.2	298 00.6	09.1	119 04.0	25.1
	Mer. Pass.	h m 3 01.8	*v* 0.2	*d* 1.2	*v* 1.1	*d* 0.6	*v* 2.6	*d* 0.1	*v* 2.2	*d* 0.1

STARS

Name	SHA	Dec
	° ′	° ′
Acamar	315 19.9	S40 15.4
Achernar	335 28.0	S57 10.6
Acrux	173 12.2	S63 09.8
Adhara	255 14.5	S28 59.1
Aldebaran	290 51.9	N16 31.9
Alioth	166 22.6	N55 54.3
Alkaid	153 00.5	N49 15.8
Al Na'ir	27 45.8	S46 54.3
Alnilam	275 48.7	S 1 11.6
Alphard	217 58.4	S 8 42.3
Alphecca	126 12.6	N26 40.9
Alpheratz	357 45.4	N29 09.0
Altair	62 09.9	N 8 54.0
Ankaa	353 17.4	S42 14.5
Antares	112 28.6	S26 27.4
Arcturus	145 57.6	N19 07.7
Atria	107 32.1	S69 03.0
Avior	234 19.6	S59 32.6
Bellatrix	278 34.4	N 6 21.6
Betelgeuse	271 03.8	N 7 24.6
Canopus	263 57.5	S52 41.9
Capella	280 37.8	N46 00.4
Deneb	49 32.5	N45 19.2
Denebola	182 36.0	N14 30.8
Diphda	348 57.7	S17 55.4
Dubhe	193 54.6	N61 41.7
Elnath	278 15.5	N28 36.9
Eltanin	90 46.7	N51 29.5
Enif	33 48.8	N 9 55.6
Fomalhaut	15 25.9	S29 33.7
Gacrux	172 03.7	S57 10.6
Gienah	175 54.7	S17 36.2
Hadar	148 51.1	S60 25.8
Hamal	328 03.0	N23 30.8
Kaus Aust.	83 46.2	S34 22.8
Kochab	137 19.7	N74 07.0
Markab	13 40.1	N15 15.9
Menkar	314 17.2	N 4 08.0
Menkent	148 10.1	S36 25.5
Miaplacidus	221 41.2	S69 45.7
Mirfak	308 43.4	N49 53.8
Nunki	76 00.5	S26 16.9
Peacock	53 21.8	S56 41.9
Pollux	243 30.6	N28 00.0
Procyon	245 02.2	N 5 11.9
Rasalhague	96 08.1	N12 33.3
Regulus	207 46.0	N11 54.9
Rigel	281 14.2	S 8 11.2
Rigil Kent.	139 54.7	S60 53.0
Sabik	102 14.7	S15 44.3
Schedar	349 42.7	N56 35.7
Shaula	96 24.4	S37 06.7
Sirius	258 35.8	S16 43.7
Spica	158 33.5	S11 13.1
Suhail	222 54.5	S43 28.6
Vega	80 40.0	N38 47.8
Zuben'ubi	137 07.7	S16 05.2

	SHA	Mer. Pass.
	° ′	h m
Venus	181 13.0	14 57
Mars	175 53.7	15 18
Jupiter	356 34.3	3 15
Saturn	177 52.9	15 08

	UT	SUN GHA	SUN Dec	MOON GHA	v	MOON Dec	d	HP
	d h	° ′	° ′	° ′	′	° ′	′	′
	5 00	178 29.2	N17 03.3	252 12.0	7.3	N24 04.1	3.9	57.4
	01	193 29.3	02.7	266 38.3	7.3	24 08.0	3.8	57.4
	02	208 29.3	02.0	281 04.6	7.2	24 11.8	3.6	57.5
	03	223 29.4	. . 01.3	295 30.8	7.1	24 15.4	3.5	57.5
	04	238 29.5	00.6	309 56.9	7.1	24 18.9	3.4	57.5
	05	253 29.5	17 00.0	324 23.0	6.9	24 22.3	3.3	57.6
	06	268 29.6	N16 59.3	338 48.9	6.9	N24 25.6	3.0	57.6
T	07	283 29.6	58.6	353 14.8	6.8	24 28.6	3.0	57.7
H	08	298 29.7	57.9	7 40.6	6.7	24 31.6	2.8	57.7
U	09	313 29.8	. . 57.3	22 06.3	6.6	24 34.4	2.7	57.7
R	10	328 29.8	56.6	36 31.9	6.6	24 37.1	2.5	57.8
S	11	343 29.9	55.9	50 57.5	6.4	24 39.6	2.3	57.8
D	12	358 30.0	N16 55.2	65 22.9	6.4	N24 41.9	2.3	57.9
A	13	13 30.0	54.6	79 48.3	6.4	24 44.2	2.0	57.9
Y	14	28 30.1	53.9	94 13.7	6.2	24 46.2	2.0	57.9
	15	43 30.1	. . 53.2	108 38.9	6.2	24 48.2	1.7	58.0
	16	58 30.2	52.5	123 04.1	6.1	24 49.9	1.6	58.0
	17	73 30.3	51.8	137 29.2	6.0	24 51.5	1.5	58.1
	18	88 30.3	N16 51.2	151 54.2	6.0	N24 53.0	1.3	58.1
	19	103 30.4	50.5	166 19.2	5.9	24 54.3	1.2	58.1
	20	118 30.5	49.8	180 44.1	5.8	24 55.5	1.0	58.2
	21	133 30.5	. . 49.1	195 08.9	5.8	24 56.5	0.8	58.2
	22	148 30.6	48.4	209 33.7	5.7	24 57.3	0.7	58.3
	23	163 30.7	47.7	223 58.4	5.7	24 58.0	0.5	58.3
	6 00	178 30.7	N16 47.1	238 23.1	5.5	N24 58.5	0.4	58.3
	01	193 30.8	46.4	252 47.6	5.6	24 58.9	0.2	58.4
	02	208 30.9	45.7	267 12.2	5.5	24 59.1	0.1	58.4
	03	223 30.9	. . 45.0	281 36.7	5.4	24 59.2	0.1	58.5
	04	238 31.0	44.3	296 01.1	5.4	24 59.1	0.3	58.5
	05	253 31.1	43.6	310 25.5	5.3	24 58.8	0.4	58.5
	06	268 31.1	N16 42.9	324 49.8	5.2	N24 58.4	0.6	58.6
	07	283 31.2	42.3	339 14.0	5.3	24 57.8	0.8	58.6
	08	298 31.3	41.6	353 38.3	5.1	24 57.0	0.9	58.7
F	09	313 31.3	. . 40.9	8 02.4	5.2	24 56.1	1.1	58.7
R	10	328 31.4	40.2	22 26.6	5.1	24 55.0	1.2	58.7
I	11	343 31.5	39.5	36 50.7	5.0	24 53.8	1.5	58.8
D	12	358 31.6	N16 38.8	51 14.7	5.0	N24 52.3	1.5	58.8
A	13	13 31.6	38.1	65 38.7	5.0	24 50.8	1.8	58.8
Y	14	28 31.7	37.4	80 02.7	5.0	24 49.0	1.9	58.9
	15	43 31.8	. . 36.7	94 26.7	4.9	24 47.1	2.1	58.9
	16	58 31.8	36.0	108 50.6	4.8	24 45.0	2.2	59.0
	17	73 31.9	35.3	123 14.4	4.9	24 42.8	2.5	59.0
	18	88 32.0	N16 34.7	137 38.3	4.8	N24 40.3	2.6	59.0
	19	103 32.0	34.0	152 02.1	4.8	24 37.7	2.7	59.1
	20	118 32.1	33.3	166 25.9	4.8	24 35.0	2.9	59.1
	21	133 32.2	. . 32.6	180 49.7	4.7	24 32.1	3.1	59.2
	22	148 32.3	31.9	195 13.4	4.7	24 29.0	3.3	59.2
	23	163 32.3	31.2	209 37.1	4.7	24 25.7	3.4	59.2
	7 00	178 32.4	N16 30.5	224 00.8	4.7	N24 22.3	3.6	59.3
	01	193 32.5	29.8	238 24.5	4.7	24 18.7	3.8	59.3
	02	208 32.6	29.1	252 48.2	4.7	24 14.9	3.9	59.4
	03	223 32.6	. . 28.4	267 11.9	4.6	24 11.0	4.1	59.4
	04	238 32.7	27.7	281 35.5	4.7	24 06.9	4.3	59.4
	05	253 32.8	27.0	295 59.2	4.6	24 02.6	4.4	59.5
	06	268 32.9	N16 26.3	310 22.8	4.6	N23 58.2	4.6	59.5
S	07	283 32.9	25.6	324 46.4	4.7	23 53.6	4.8	59.5
A	08	298 33.0	24.9	339 10.1	4.6	23 48.8	5.0	59.6
T	09	313 33.1	. . 24.2	353 33.7	4.6	23 43.8	5.1	59.6
U	10	328 33.2	23.5	7 57.3	4.6	23 38.7	5.3	59.6
R	11	343 33.2	22.8	22 20.9	4.7	23 33.4	5.4	59.7
D	12	358 33.3	N16 22.1	36 44.6	4.6	N23 28.0	5.6	59.7
A	13	13 33.4	21.4	51 08.2	4.7	23 22.4	5.8	59.8
Y	14	28 33.5	20.7	65 31.9	4.6	23 16.6	6.0	59.8
	15	43 33.5	. . 20.0	79 55.5	4.7	23 10.6	6.1	59.8
	16	58 33.6	19.3	94 19.2	4.6	23 04.5	6.3	59.9
	17	73 33.7	18.6	108 42.8	4.7	22 58.2	6.4	59.9
	18	88 33.8	N16 17.9	123 06.5	4.7	N22 51.8	6.6	59.9
	19	103 33.8	17.2	137 30.2	4.8	22 45.2	6.8	60.0
	20	118 33.9	16.5	151 54.0	4.7	22 38.4	6.9	60.0
	21	133 34.0	. . 15.8	166 17.7	4.8	22 31.5	7.1	60.0
	22	148 34.1	15.1	180 41.5	4.8	22 24.4	7.3	60.1
	23	163 34.2	14.4	195 05.3	4.8	N22 17.1	7.4	60.1
		SD 15.8	d 0.7	SD 15.8		16.0		16.3

Lat.	Twilight Naut.	Twilight Civil	Sunrise	Moonrise 5	6	7	8
°	h m	h m	h m	h m	h m	h m	h m
N 72	////	////	00 55	□	□	□	□
N 70	////	////	02 03	□	□	□	□
68	////	////	02 39	□	□	□	□
66	////	01 22	03 04	□	□	23 40	25 58
64	////	02 06	03 23	21 15	22 29	24 20	00 20
62	////	02 34	03 39	22 00	23 10	24 48	00 48
60	01 14	02 55	03 52	22 30	23 38	25 09	01 09
N 58	01 54	03 12	04 03	22 53	24 00	00 00	01 26
56	02 20	03 26	04 13	23 11	24 18	00 18	01 41
54	02 40	03 39	04 22	23 27	24 33	00 33	01 54
52	02 56	03 49	04 29	23 41	24 46	00 46	02 05
50	03 09	03 58	04 36	23 52	24 57	00 57	02 14
45	03 36	04 18	04 51	24 17	00 17	01 21	02 35
N 40	03 56	04 33	05 03	24 37	00 37	01 40	02 52
35	04 12	04 46	05 13	24 53	00 53	01 56	03 05
30	04 26	04 56	05 22	00 13	01 07	02 10	03 18
20	04 46	05 14	05 37	00 36	01 32	02 33	03 38
N 10	05 02	05 28	05 50	00 56	01 53	02 53	03 56
0	05 16	05 41	06 02	01 15	02 12	03 12	04 13
S 10	05 27	05 53	06 15	01 33	02 32	03 31	04 30
20	05 38	06 04	06 27	01 54	02 53	03 52	04 47
30	05 48	06 17	06 42	02 17	03 17	04 15	05 08
35	05 53	06 24	06 50	02 31	03 32	04 29	05 20
40	05 59	06 31	07 00	02 47	03 48	04 44	05 33
45	06 04	06 39	07 11	03 06	04 08	05 03	05 49
S 50	06 11	06 49	07 24	03 30	04 33	05 27	06 09
52	06 13	06 54	07 30	03 42	04 45	05 38	06 18
54	06 16	06 58	07 37	03 55	04 59	05 51	06 29
56	06 19	07 04	07 45	04 10	05 15	06 05	06 41
58	06 22	07 10	07 53	04 28	05 34	06 22	06 54
S 60	06 26	07 16	08 03	04 51	05 58	06 43	07 10

Lat.	Sunset	Twilight Civil	Twilight Naut.	Moonset 5	6	7	8
°	h m	h m	h m	h m	h m	h m	h m
N 72	23 02	////	////	□	□	□	□
N 70	22 03	////	////	□	□	□	21 28
68	21 29	////	////	□	□	□	20 42
66	21 05	22 42	////	□	□	20 25	20 12
64	20 46	22 02	////	18 38	19 28	19 44	19 49
62	20 31	21 35	////	17 52	18 47	19 16	19 31
60	20 18	21 14	22 51	17 22	18 19	18 54	19 15
N 58	20 07	20 58	22 14	17 00	17 57	18 36	19 02
56	19 57	20 44	21 49	16 41	17 39	18 21	18 51
54	19 49	20 32	21 30	16 26	17 24	18 08	18 41
52	19 41	20 21	21 14	16 12	17 10	17 57	18 32
50	19 35	20 12	21 01	16 00	16 59	17 47	18 24
45	19 20	19 53	20 34	15 36	16 35	17 25	18 07
N 40	19 08	19 38	20 15	15 16	16 15	17 08	17 53
35	18 58	19 26	19 59	15 00	15 59	16 53	17 41
30	18 50	19 15	19 46	14 46	15 45	16 40	17 31
20	18 34	18 58	19 25	14 22	15 21	16 18	17 12
N 10	18 21	18 43	19 09	14 01	15 00	15 59	16 56
0	18 09	18 31	18 56	13 42	14 41	15 41	16 41
S 10	17 57	18 19	18 45	13 22	14 21	15 23	16 26
20	17 45	18 08	18 34	13 02	14 00	15 04	16 10
30	17 30	17 55	18 24	12 38	13 36	14 41	15 51
35	17 22	17 49	18 19	12 23	13 22	14 28	15 40
40	17 13	17 41	18 14	12 07	13 05	14 13	15 27
45	17 02	17 33	18 08	11 48	12 45	13 55	15 12
S 50	16 48	17 23	18 02	11 23	12 21	13 32	14 54
52	16 42	17 19	17 59	11 11	12 08	13 21	14 45
54	16 35	17 14	17 57	10 58	11 55	13 08	14 35
56	16 28	17 09	17 54	10 43	11 39	12 54	14 24
58	16 19	17 03	17 50	10 24	11 20	12 37	14 11
S 60	16 10	16 57	17 47	10 02	10 56	12 17	13 56

Day	SUN Eqn. of Time 00^h	SUN Eqn. of Time 12^h	SUN Mer. Pass.	MOON Mer. Pass. Upper	MOON Mer. Pass. Lower	MOON Age	MOON Phase
d	m s	m s	h m	h m	h m	d	%
5	06 03	06 00	12 06	07 28	19 57	25	27
6	05 57	05 54	12 06	08 27	20 57	26	18
7	05 51	05 47	12 06	09 27	21 57	27	10

	UT	ARIES	VENUS −4.4		MARS +1.5		JUPITER −2.8		SATURN +1.1	
	d h	GHA ° ′	GHA ° ′	Dec ° ′	GHA ° ′	Dec ° ′	GHA ° ′	Dec ° ′	GHA ° ′	Dec ° ′
	8 00	316 23.9	135 47.4	S 0 46.6	131 10.0	S 1 51.8	313 03.2	S 0 09.2	134 06.3	N 1 25.0
	01	331 26.4	150 47.6	47.8	146 11.1	52.5	328 05.7	09.2	149 08.5	24.9
	02	346 28.9	165 47.8	49.0	161 12.1	53.1	343 08.3	09.3	164 10.7	24.8
	03	1 31.3	180 48.0	. . 50.3	176 13.2	. . 53.8	358 10.9	. . 09.3	179 13.0	. . 24.7
	04	16 33.8	195 48.2	51.5	191 14.2	54.4	13 13.5	09.4	194 15.2	24.6
	05	31 36.3	210 48.4	52.7	206 15.3	55.1	28 16.0	09.5	209 17.5	24.5
	06	46 38.7	225 48.6	S 0 54.0	221 16.3	S 1 55.7	43 18.6	S 0 09.5	224 19.7	N 1 24.4
	07	61 41.2	240 48.8	55.2	236 17.4	56.4	58 21.2	09.6	239 22.0	24.3
	08	76 43.7	255 49.0	56.4	251 18.4	57.0	73 23.8	09.6	254 24.2	24.2
S	09	91 46.1	270 49.2	. . 57.7	266 19.4	. . 57.7	88 26.4	. . 09.7	269 26.4	. . 24.1
U	10	106 48.6	285 49.4	0 58.9	281 20.5	58.3	103 28.9	09.8	284 28.7	24.0
N	11	121 51.0	300 49.6	1 00.1	296 21.5	58.9	118 31.5	09.8	299 30.9	23.9
D	12	136 53.5	315 49.8	S 1 01.4	311 22.6	S 1 59.6	133 34.1	S 0 09.9	314 33.2	N 1 23.7
A	13	151 56.0	330 50.0	02.6	326 23.6	2 00.2	148 36.7	10.0	329 35.4	23.6
Y	14	166 58.4	345 50.2	03.8	341 24.7	00.9	163 39.2	10.0	344 37.6	23.5
	15	182 00.9	0 50.4	. . 05.1	356 25.7	. . 01.5	178 41.8	. . 10.1	359 39.9	. . 23.4
	16	197 03.4	15 50.6	06.3	11 26.8	02.2	193 44.4	10.1	14 42.1	23.3
	17	212 05.8	30 50.8	07.5	26 27.8	02.8	208 47.0	10.2	29 44.4	23.2
	18	227 08.3	45 51.0	S 1 08.8	41 28.9	S 2 03.5	223 49.6	S 0 10.3	44 46.6	N 1 23.1
	19	242 10.8	60 51.2	10.0	56 29.9	04.1	238 52.1	10.3	59 48.8	23.0
	20	257 13.2	75 51.4	11.2	71 31.0	04.8	253 54.7	10.4	74 51.1	22.9
	21	272 15.7	90 51.6	. . 12.5	86 32.0	. . 05.4	268 57.3	. . 10.5	89 53.3	. . 22.8
	22	287 18.2	105 51.8	13.7	101 33.1	06.0	283 59.9	10.5	104 55.6	22.7
	23	302 20.6	120 52.0	14.9	116 34.1	06.7	299 02.5	10.6	119 57.8	22.6
	9 00	317 23.1	135 52.2	S 1 16.2	131 35.2	S 2 07.3	314 05.1	S 0 10.6	135 00.0	N 1 22.5
	01	332 25.5	150 52.4	17.4	146 36.2	08.0	329 07.6	10.7	150 02.3	22.4
	02	347 28.0	165 52.6	18.6	161 37.3	08.6	344 10.2	10.8	165 04.5	22.3
	03	2 30.5	180 52.8	. . 19.8	176 38.3	. . 09.3	359 12.8	. . 10.8	180 06.8	. . 22.2
	04	17 32.9	195 53.0	21.1	191 39.4	09.9	14 15.4	10.9	195 09.0	22.1
	05	32 35.4	210 53.2	22.3	206 40.4	10.6	29 18.0	11.0	210 11.2	22.0
	06	47 37.9	225 53.4	S 1 23.5	221 41.4	S 2 11.2	44 20.6	S 0 11.0	225 13.5	N 1 21.9
	07	62 40.3	240 53.7	24.8	236 42.5	11.9	59 23.1	11.1	240 15.7	21.8
	08	77 42.8	255 53.9	26.0	251 43.5	12.5	74 25.7	11.2	255 18.0	21.7
M	09	92 45.3	270 54.1	. . 27.2	266 44.6	. . 13.1	89 28.3	. . 11.2	270 20.2	. . 21.6
O	10	107 47.7	285 54.3	28.5	281 45.6	13.8	104 30.9	11.3	285 22.4	21.5
N	11	122 50.2	300 54.5	29.7	296 46.7	14.4	119 33.5	11.3	300 24.7	21.4
D	12	137 52.7	315 54.7	S 1 30.9	311 47.7	S 2 15.1	134 36.1	S 0 11.4	315 26.9	N 1 21.3
A	13	152 55.1	330 54.9	32.2	326 48.8	15.7	149 38.6	11.5	330 29.2	21.2
Y	14	167 57.6	345 55.1	33.4	341 49.8	16.4	164 41.2	11.5	345 31.4	21.1
	15	183 00.0	0 55.3	. . 34.6	356 50.9	. . 17.0	179 43.8	. . 11.6	0 33.6	. . 21.0
	16	198 02.5	15 55.6	35.8	11 51.9	17.7	194 46.4	11.7	15 35.9	20.9
	17	213 05.0	30 55.8	37.1	26 52.9	18.3	209 49.0	11.7	30 38.1	20.8
	18	228 07.4	45 56.0	S 1 38.3	41 54.0	S 2 19.0	224 51.6	S 0 11.8	45 40.3	N 1 20.7
	19	243 09.9	60 56.2	39.5	56 55.0	19.6	239 54.2	11.9	60 42.6	20.6
	20	258 12.4	75 56.4	40.8	71 56.1	20.2	254 56.8	11.9	75 44.8	20.5
	21	273 14.8	90 56.6	. . 42.0	86 57.1	. . 20.9	269 59.3	. . 12.0	90 47.1	. . 20.3
	22	288 17.3	105 56.8	43.2	101 58.2	21.5	285 01.9	12.1	105 49.3	20.2
	23	303 19.8	120 57.1	44.5	116 59.2	22.2	300 04.5	12.1	120 51.5	20.1
	10 00	318 22.2	135 57.3	S 1 45.7	132 00.3	S 2 22.8	315 07.1	S 0 12.2	135 53.8	N 1 20.0
	01	333 24.7	150 57.5	46.9	147 01.3	23.5	330 09.7	12.3	150 56.0	19.9
	02	348 27.1	165 57.7	48.1	162 02.3	24.1	345 12.3	12.3	165 58.3	19.8
	03	3 29.6	180 57.9	. . 49.4	177 03.4	. . 24.8	0 14.9	. . 12.4	181 00.5	. . 19.7
	04	18 32.1	195 58.2	50.6	192 04.4	25.4	15 17.5	12.5	196 02.7	19.6
	05	33 34.5	210 58.4	51.8	207 05.5	26.1	30 20.1	12.5	211 05.0	19.5
	06	48 37.0	225 58.6	S 1 53.1	222 06.5	S 2 26.7	45 22.7	S 0 12.6	226 07.2	N 1 19.4
	07	63 39.5	240 58.8	54.3	237 07.6	27.4	60 25.2	12.7	241 09.4	19.3
T	08	78 41.9	255 59.0	55.5	252 08.6	28.0	75 27.8	12.7	256 11.7	19.2
U	09	93 44.4	270 59.3	. . 56.8	267 09.6	. . 28.6	90 30.4	. . 12.8	271 13.9	. . 19.1
E	10	108 46.9	285 59.5	58.0	282 10.7	29.3	105 33.0	12.9	286 16.2	19.0
S	11	123 49.3	300 59.7	1 59.2	297 11.7	29.9	120 35.6	12.9	301 18.4	18.9
D	12	138 51.8	315 59.9	S 2 00.4	312 12.8	S 2 30.6	135 38.2	S 0 13.0	316 20.6	N 1 18.8
A	13	153 54.3	331 00.2	01.7	327 13.8	31.2	150 40.8	13.1	331 22.9	18.7
Y	14	168 56.7	346 00.4	02.9	342 14.8	31.9	165 43.4	13.1	346 25.1	18.6
	15	183 59.2	1 00.6	. . 04.1	357 15.9	. . 32.5	180 46.0	. . 13.2	1 27.3	. . 18.5
	16	199 01.6	16 00.8	05.4	12 16.9	33.2	195 48.6	13.3	16 29.6	18.4
	17	214 04.1	31 01.1	06.6	27 18.0	33.8	210 51.2	13.4	31 31.8	18.3
	18	229 06.6	46 01.3	S 2 07.8	42 19.0	S 2 34.5	225 53.8	S 0 13.4	46 34.0	N 1 18.2
	19	244 09.0	61 01.5	09.0	57 20.0	35.1	240 56.4	13.5	61 36.3	18.1
	20	259 11.5	76 01.7	10.3	72 21.1	35.8	255 59.0	13.6	76 38.5	18.0
	21	274 14.0	91 02.0	. . 11.5	87 22.1	. . 36.4	271 01.6	. . 13.6	91 40.8	. . 17.9
	22	289 16.4	106 02.2	12.7	102 23.2	37.0	286 04.2	13.7	106 43.0	17.8
	23	304 18.9	121 02.4	13.9	117 24.2	37.7	301 06.7	13.8	121 45.2	17.6
	Mer. Pass.	h m 2 50.0	*v* 0.2	*d* 1.2	*v* 1.0	*d* 0.6	*v* 2.6	*d* 0.1	*v* 2.2	*d* 0.1

STARS

Name	SHA ° ′	Dec ° ′
Acamar	315 19.8	S40 15.4
Achernar	335 27.9	S57 10.6
Acrux	173 12.2	S63 09.8
Adhara	255 14.5	S28 59.1
Aldebaran	290 51.9	N16 31.9
Alioth	166 22.6	N55 54.3
Alkaid	153 00.5	N49 15.8
Al Na'ir	27 45.7	S46 54.3
Alnilam	275 48.6	S 1 11.6
Alphard	217 58.4	S 8 42.3
Alphecca	126 12.6	N26 40.9
Alpheratz	357 45.4	N29 09.0
Altair	62 09.9	N 8 54.0
Ankaa	353 17.3	S42 14.5
Antares	112 28.6	S26 27.4
Arcturus	145 57.6	N19 07.7
Atria	107 32.1	S69 03.0
Avior	234 19.6	S59 32.6
Bellatrix	278 34.4	N 6 21.6
Betelgeuse	271 03.7	N 7 24.6
Canopus	263 57.5	S52 41.9
Capella	280 37.7	N46 00.4
Deneb	49 32.5	N45 19.3
Denebola	182 36.0	N14 30.8
Diphda	348 57.7	S17 55.4
Dubhe	193 54.6	N61 41.7
Elnath	278 15.4	N28 36.9
Eltanin	90 46.7	N51 29.5
Enif	33 48.8	N 9 55.6
Fomalhaut	15 25.8	S29 33.7
Gacrux	172 03.7	S57 10.6
Gienah	175 54.7	S17 36.1
Hadar	148 51.1	S60 25.8
Hamal	328 03.0	N23 30.8
Kaus Aust.	83 46.2	S34 22.8
Kochab	137 19.7	N74 07.0
Markab	13 40.1	N15 15.9
Menkar	314 17.2	N 4 08.0
Menkent	148 10.1	S36 25.5
Miaplacidus	221 41.2	S69 45.7
Mirfak	308 43.4	N49 53.8
Nunki	76 00.5	S26 16.9
Peacock	53 21.8	S56 41.9
Pollux	243 30.6	N28 00.0
Procyon	245 02.2	N 5 11.9
Rasalhague	96 08.1	N12 33.3
Regulus	207 46.0	N11 54.9
Rigel	281 14.2	S 8 11.2
Rigil Kent.	139 54.7	S60 53.0
Sabik	102 14.7	S15 44.3
Schedar	349 42.7	N56 35.7
Shaula	96 24.4	S37 06.8
Sirius	258 35.8	S16 43.7
Spica	158 33.6	S11 13.1
Suhail	222 54.5	S43 28.6
Vega	80 40.0	N38 47.8
Zuben'ubi	137 07.7	S16 05.2

	SHA ° ′	Mer. Pass. h m
Venus	178 29.1	14 56
Mars	174 12.1	15 13
Jupiter	356 42.0	3 03
Saturn	177 37.0	14 58

	UT	SUN GHA	SUN Dec	MOON GHA	v	MOON Dec	d	HP
	d h	° ′	° ′	° ′	′	° ′	′	′
	8 00	178 34.2	N16 13.7	209 29.1	4.8	N22 09.7	7.6	60.1
	01	193 34.3	13.0	223 52.9	4.9	22 02.1	7.7	60.2
	02	208 34.4	12.2	238 16.8	4.8	21 54.4	7.9	60.2
	03	223 34.5	. . 11.5	252 40.6	5.0	21 46.5	8.1	60.2
	04	238 34.5	10.8	267 04.6	4.9	21 38.4	8.2	60.2
	05	253 34.6	10.1	281 28.5	5.0	21 30.2	8.4	60.3
	06	268 34.7	N16 09.4	295 52.5	5.0	N21 21.8	8.5	60.3
	07	283 34.8	08.7	310 16.5	5.0	21 13.3	8.7	60.3
	08	298 34.9	08.0	324 40.5	5.1	21 04.6	8.8	60.4
S	09	313 34.9	. . 07.3	339 04.6	5.2	20 55.8	9.0	60.4
U	10	328 35.0	06.6	353 28.8	5.1	20 46.8	9.1	60.4
N	11	343 35.1	05.9	7 52.9	5.2	20 37.7	9.3	60.5
D	12	358 35.2	N16 05.1	22 17.1	5.2	N20 28.4	9.4	60.5
A	13	13 35.3	04.4	36 41.3	5.3	20 19.0	9.6	60.5
Y	14	28 35.4	03.7	51 05.6	5.4	20 09.4	9.7	60.5
	15	43 35.4	. . 03.0	65 30.0	5.3	19 59.7	9.9	60.6
	16	58 35.5	02.3	79 54.3	5.4	19 49.8	10.0	60.6
	17	73 35.6	01.6	94 18.7	5.5	19 39.8	10.1	60.6
	18	88 35.7	N16 00.9	108 43.2	5.5	N19 29.7	10.3	60.6
	19	103 35.8	16 00.2	123 07.7	5.5	19 19.4	10.5	60.7
	20	118 35.9	15 59.4	137 32.2	5.7	19 08.9	10.5	60.7
	21	133 35.9	. . 58.7	151 56.9	5.6	18 58.4	10.7	60.7
	22	148 36.0	58.0	166 21.5	5.7	18 47.7	10.9	60.7
	23	163 36.1	57.3	180 46.2	5.8	18 36.8	10.9	60.8
	9 00	178 36.2	N15 56.6	195 11.0	5.8	N18 25.9	11.2	60.8
	01	193 36.3	55.9	209 35.8	5.8	18 14.7	11.2	60.8
	02	208 36.4	55.1	224 00.6	5.9	18 03.5	11.4	60.8
	03	223 36.4	. . 54.4	238 25.5	6.0	17 52.1	11.5	60.9
	04	238 36.5	53.7	252 50.5	6.0	17 40.6	11.6	60.9
	05	253 36.6	53.0	267 15.5	6.1	17 29.0	11.7	60.9
	06	268 36.7	N15 52.3	281 40.6	6.1	N17 17.3	11.9	60.9
	07	283 36.8	51.5	296 05.7	6.2	17 05.4	12.0	60.9
	08	298 36.9	50.8	310 30.9	6.2	16 53.4	12.1	61.0
M	09	313 37.0	. . 50.1	324 56.1	6.3	16 41.3	12.2	61.0
O	10	328 37.1	49.4	339 21.4	6.3	16 29.1	12.4	61.0
N	11	343 37.1	48.7	353 46.7	6.4	16 16.7	12.4	61.0
D	12	358 37.2	N15 47.9	8 12.1	6.5	N16 04.3	12.6	61.0
A	13	13 37.3	47.2	22 37.6	6.5	15 51.7	12.7	61.0
Y	14	28 37.4	46.5	37 03.1	6.6	15 39.0	12.8	61.1
	15	43 37.5	. . 45.8	51 28.7	6.6	15 26.2	12.9	61.1
	16	58 37.6	45.0	65 54.3	6.7	15 13.3	13.0	61.1
	17	73 37.7	44.3	80 20.0	6.7	15 00.3	13.1	61.1
	18	88 37.8	N15 43.6	94 45.7	6.8	N14 47.2	13.2	61.1
	19	103 37.9	42.9	109 11.5	6.9	14 34.0	13.3	61.1
	20	118 37.9	42.1	123 37.4	6.9	14 20.7	13.4	61.1
	21	133 38.0	. . 41.4	138 03.3	7.0	14 07.3	13.5	61.2
	22	148 38.1	40.7	152 29.3	7.0	13 53.8	13.6	61.2
	23	163 38.2	40.0	166 55.3	7.1	13 40.2	13.7	61.2
	10 00	178 38.3	N15 39.2	181 21.4	7.1	N13 26.5	13.8	61.2
	01	193 38.4	38.5	195 47.5	7.2	13 12.7	13.9	61.2
	02	208 38.5	37.8	210 13.7	7.3	12 58.8	14.0	61.2
	03	223 38.6	. . 37.0	224 40.0	7.3	12 44.8	14.0	61.2
	04	238 38.7	36.3	239 06.3	7.4	12 30.8	14.1	61.2
	05	253 38.8	35.6	253 32.7	7.4	12 16.7	14.3	61.2
	06	268 38.9	N15 34.8	267 59.1	7.5	N12 02.4	14.3	61.2
	07	283 38.9	34.1	282 25.6	7.5	11 48.1	14.3	61.2
T	08	298 39.0	33.4	296 52.1	7.6	11 33.8	14.5	61.2
U	09	313 39.1	. . 32.7	311 18.7	7.7	11 19.3	14.5	61.3
E	10	328 39.2	31.9	325 45.4	7.7	11 04.8	14.6	61.3
S	11	343 39.3	31.2	340 12.1	7.7	10 50.2	14.7	61.3
D	12	358 39.4	N15 30.5	354 38.8	7.9	N10 35.5	14.7	61.3
A	13	13 39.5	29.7	9 05.7	7.8	10 20.8	14.8	61.3
Y	14	28 39.6	29.0	23 32.5	7.9	10 06.0	14.9	61.3
	15	43 39.7	. . 28.3	37 59.4	8.0	9 51.1	14.9	61.3
	16	58 39.8	27.5	52 26.4	8.0	9 36.2	15.0	61.3
	17	73 39.9	26.8	66 53.4	8.1	9 21.2	15.0	61.3
	18	88 40.0	N15 26.1	81 20.5	8.1	N 9 06.2	15.1	61.3
	19	103 40.1	25.3	95 47.6	8.2	8 51.1	15.2	61.3
	20	118 40.2	24.6	110 14.8	8.2	8 35.9	15.2	61.3
	21	133 40.3	. . 23.8	124 42.0	8.3	8 20.7	15.2	61.3
	22	148 40.4	23.1	139 09.3	8.3	8 05.5	15.3	61.3
	23	163 40.5	22.4	153 36.6	8.4	N 7 50.2	15.4	61.3
		SD 15.8	*d* 0.7	SD 16.5		16.6		16.7

Lat.	Twilight Naut.	Twilight Civil	Sunrise	Moonrise 8	9	10	11
°	h m	h m	h m	h m	h m	h m	h m
N 72	////	////	01 34	▭	▭	03 09	05 46
N 70	////	////	02 22	▭	00 45	03 33	05 55
68	////	00 23	02 53	▭	01 29	03 52	06 02
66	////	01 45	03 15	25 58	01 58	04 07	06 08
64	////	02 20	03 33	00 20	02 20	04 19	06 13
62	00 21	02 45	03 47	00 48	02 37	04 29	06 18
60	01 34	03 04	03 59	01 09	02 52	04 37	06 21
N 58	02 06	03 20	04 10	01 26	03 04	04 45	06 25
56	02 29	03 33	04 19	01 41	03 14	04 51	06 28
54	02 48	03 45	04 27	01 54	03 24	04 57	06 30
52	03 03	03 55	04 34	02 05	03 32	05 03	06 33
50	03 15	04 03	04 40	02 14	03 39	05 07	06 35
45	03 41	04 22	04 54	02 35	03 55	05 18	06 40
N 40	04 00	04 36	05 06	02 52	04 08	05 26	06 44
35	04 15	04 48	05 15	03 05	04 19	05 33	06 47
30	04 28	04 58	05 24	03 18	04 28	05 40	06 50
20	04 48	05 15	05 38	03 38	04 45	05 51	06 55
N 10	05 03	05 29	05 51	03 56	04 59	06 00	06 59
0	05 16	05 41	06 02	04 13	05 12	06 09	07 04
S 10	05 27	05 52	06 14	04 30	05 25	06 18	07 08
20	05 36	06 03	06 26	04 47	05 39	06 27	07 12
30	05 46	06 14	06 39	05 08	05 55	06 38	07 18
35	05 51	06 21	06 47	05 20	06 05	06 44	07 20
40	05 56	06 28	06 56	05 33	06 15	06 51	07 24
45	06 01	06 36	07 06	05 49	06 28	07 00	07 28
S 50	06 06	06 45	07 19	06 09	06 42	07 09	07 32
52	06 08	06 49	07 25	06 18	06 49	07 14	07 34
54	06 11	06 53	07 31	06 29	06 57	07 19	07 36
56	06 14	06 58	07 38	06 41	07 06	07 24	07 39
58	06 16	07 03	07 46	06 54	07 15	07 30	07 42
S 60	06 19	07 09	07 55	07 10	07 26	07 37	07 45

Lat.	Sunset	Twilight Civil	Twilight Naut.	Moonset 8	9	10	11
°	h m	h m	h m	h m	h m	h m	h m
N 72	22 29	////	////	▭	21 07	20 27	19 58
N 70	21 44	////	////	21 28	20 40	20 15	19 55
68	21 15	23 24	////	20 42	20 20	20 05	19 52
66	20 53	22 21	////	20 12	20 04	19 57	19 50
64	20 36	21 47	////	19 49	19 50	19 50	19 48
62	20 22	21 23	23 29	19 31	19 39	19 44	19 47
60	20 10	21 04	22 32	19 15	19 29	19 38	19 46
N 58	20 00	20 49	22 01	19 02	19 20	19 33	19 44
56	19 51	20 36	21 39	18 51	19 13	19 29	19 43
54	19 43	20 25	21 21	18 41	19 06	19 25	19 42
52	19 36	20 15	21 06	18 32	19 00	19 22	19 41
50	19 30	20 07	20 54	18 24	18 54	19 19	19 41
45	19 16	19 49	20 29	18 07	18 42	19 12	19 39
N 40	19 05	19 34	20 10	17 53	18 32	19 06	19 37
35	18 55	19 22	19 55	17 41	18 23	19 01	19 36
30	18 47	19 12	19 43	17 31	18 16	18 57	19 35
20	18 33	18 56	19 23	17 12	18 02	18 49	19 33
N 10	18 20	18 42	19 08	16 56	17 51	18 42	19 31
0	18 09	18 30	18 55	16 41	17 39	18 35	19 29
S 10	17 58	18 19	18 45	16 26	17 28	18 29	19 27
20	17 46	18 08	18 35	16 10	17 16	18 21	19 25
30	17 32	17 57	18 25	15 51	17 02	18 13	19 23
35	17 24	17 51	18 21	15 40	16 54	18 08	19 21
40	17 15	17 44	18 16	15 27	16 45	18 03	19 20
45	17 05	17 36	18 11	15 12	16 34	17 57	19 18
S 50	16 53	17 27	18 06	14 54	16 21	17 49	19 16
52	16 47	17 23	18 03	14 45	16 14	17 45	19 15
54	16 41	17 19	18 01	14 35	16 08	17 41	19 14
56	16 33	17 14	17 58	14 24	16 00	17 37	19 13
58	16 25	17 09	17 56	14 11	15 51	17 32	19 11
S 60	16 16	17 03	17 53	13 56	15 41	17 26	19 10

Day	SUN Eqn. of Time 00^h	12^h	Mer. Pass.	MOON Mer. Pass. Upper	Lower	Age	Phase
d	m s	m s	h m	h m	h m	d %	
8	05 43	05 39	12 06	10 27	22 57	28 4	●
9	05 35	05 31	12 06	11 26	23 54	29 1	
10	05 27	05 23	12 05	12 22	24 50	00 0	

UT		ARIES	VENUS −4.4		MARS +1.5		JUPITER −2.8		SATURN +1.1		STARS		
d h		GHA	GHA	Dec	GHA	Dec	GHA	Dec	GHA	Dec	Name	SHA	Dec
		° ′	° ′	° ′	° ′	° ′	° ′	° ′	° ′	° ′		° ′	° ′
11 00		319 21.4	136 02.6	S 2 15.2	132 25.2	S 2 38.3	316 09.3	S 0 13.8	136 47.5	N 1 17.5	Acamar	315 19.8	S40 15.4
01		334 23.8	151 02.9	16.4	147 26.3	39.0	331 11.9	13.9	151 49.7	17.4	Achernar	335 27.9	S57 10.6
02		349 26.3	166 03.1	17.6	162 27.3	39.6	346 14.5	14.0	166 51.9	17.3	Acrux	173 12.2	S63 09.8
03		4 28.8	181 03.3	. . 18.9	177 28.4	. . 40.3	1 17.1	. . 14.0	181 54.2	. . 17.2	Adhara	255 14.5	S28 59.1
04		19 31.2	196 03.6	20.1	192 29.4	40.9	16 19.7	14.1	196 56.4	17.1	Aldebaran	290 51.9	N16 31.9
05		34 33.7	211 03.8	21.3	207 30.4	41.6	31 22.3	14.2	211 58.6	17.0			
06		49 36.1	226 04.0	S 2 22.5	222 31.5	S 2 42.2	46 24.9	S 0 14.3	227 00.9	N 1 16.9	Alioth	166 22.6	N55 54.3
07	W	64 38.6	241 04.3	23.8	237 32.5	42.9	61 27.5	14.3	242 03.1	16.8	Alkaid	153 00.6	N49 15.8
08	E	79 41.1	256 04.5	25.0	252 33.6	43.5	76 30.1	14.4	257 05.3	16.7	Al Na'ir	27 45.7	S46 54.3
09	D	94 43.5	271 04.7	. . 26.2	267 34.6	. . 44.2	91 32.7	. . 14.5	272 07.6	. . 16.6	Alnilam	275 48.6	S 1 11.6
10	N	109 46.0	286 05.0	27.4	282 35.6	44.8	106 35.3	14.5	287 09.8	16.5	Alphard	217 58.4	S 8 42.3
11	E	124 48.5	301 05.2	28.7	297 36.7	45.5	121 37.9	14.6	302 12.0	16.4			
12	S	139 50.9	316 05.4	S 2 29.9	312 37.7	S 2 46.1	136 40.5	S 0 14.7	317 14.3	N 1 16.3	Alphecca	126 12.7	N26 40.9
13	D	154 53.4	331 05.7	31.1	327 38.7	46.7	151 43.1	14.8	332 16.5	16.2	Alpheratz	357 45.4	N29 09.0
14	A	169 55.9	346 05.9	32.3	342 39.8	47.4	166 45.7	14.8	347 18.7	16.1	Altair	62 09.9	N 8 54.0
15	Y	184 58.3	1 06.1	. . 33.6	357 40.8	. . 48.0	181 48.3	. . 14.9	2 21.0	. . 16.0	Ankaa	353 17.3	S42 14.5
16		200 00.8	16 06.4	34.8	12 41.9	48.7	196 50.9	15.0	17 23.2	15.9	Antares	112 28.7	S26 27.4
17		215 03.2	31 06.6	36.0	27 42.9	49.3	211 53.5	15.0	32 25.5	15.8			
18		230 05.7	46 06.9	S 2 37.2	42 43.9	S 2 50.0	226 56.1	S 0 15.1	47 27.7	N 1 15.7	Arcturus	145 57.6	N19 07.7
19		245 08.2	61 07.1	38.5	57 45.0	50.6	241 58.7	15.2	62 29.9	15.6	Atria	107 32.1	S69 03.0
20		260 10.6	76 07.3	39.7	72 46.0	51.3	257 01.3	15.3	77 32.2	15.4	Avior	234 19.6	S59 32.6
21		275 13.1	91 07.6	. . 40.9	87 47.0	. . 51.9	272 03.9	. . 15.3	92 34.4	. . 15.3	Bellatrix	278 34.4	N 6 21.6
22		290 15.6	106 07.8	42.1	102 48.1	52.6	287 06.5	15.4	107 36.6	15.2	Betelgeuse	271 03.7	N 7 24.6
23		305 18.0	121 08.1	43.4	117 49.1	53.2	302 09.1	15.5	122 38.9	15.1			
12 00		320 20.5	136 08.3	S 2 44.6	132 50.2	S 2 53.9	317 11.7	S 0 15.5	137 41.1	N 1 15.0	Canopus	263 57.5	S52 41.9
01		335 23.0	151 08.5	45.8	147 51.2	54.5	332 14.4	15.6	152 43.3	14.9	Capella	280 37.7	N46 00.4
02		350 25.4	166 08.8	47.0	162 52.2	55.2	347 17.0	15.7	167 45.6	14.8	Deneb	49 32.5	N45 19.3
03		5 27.9	181 09.0	. . 48.3	177 53.3	. . 55.8	2 19.6	. . 15.8	182 47.8	. . 14.7	Denebola	182 36.0	N14 30.8
04		20 30.4	196 09.3	49.5	192 54.3	56.4	17 22.2	15.8	197 50.0	14.6	Diphda	348 57.7	S17 55.4
05		35 32.8	211 09.5	50.7	207 55.3	57.1	32 24.8	15.9	212 52.3	14.5			
06		50 35.3	226 09.8	S 2 51.9	222 56.4	S 2 57.7	47 27.4	S 0 16.0	227 54.5	N 1 14.4	Dubhe	193 54.6	N61 41.7
07	T	65 37.7	241 10.0	53.2	237 57.4	58.4	62 30.0	16.0	242 56.7	14.3	Elnath	278 15.4	N28 36.9
08	H	80 40.2	256 10.2	54.4	252 58.4	59.0	77 32.6	16.1	257 59.0	14.2	Eltanin	90 46.7	N51 29.5
09	U	95 42.7	271 10.5	. . 55.6	267 59.5	2 59.7	92 35.2	. . 16.2	273 01.2	. . 14.1	Enif	33 48.8	N 9 55.6
10	R	110 45.1	286 10.7	56.8	283 00.5	3 00.3	107 37.8	16.3	288 03.4	14.0	Fomalhaut	15 25.8	S29 33.7
11	S	125 47.6	301 11.0	58.1	298 01.5	01.0	122 40.4	16.3	303 05.7	13.9			
12	D	140 50.1	316 11.2	S 2 59.3	313 02.6	S 3 01.6	137 43.0	S 0 16.4	318 07.9	N 1 13.8	Gacrux	172 03.7	S57 10.6
13	A	155 52.5	331 11.5	3 00.5	328 03.6	02.3	152 45.6	16.5	333 10.1	13.7	Gienah	175 54.7	S17 36.1
14	Y	170 55.0	346 11.7	01.7	343 04.6	02.9	167 48.2	16.6	348 12.4	13.6	Hadar	148 51.1	S60 25.8
15		185 57.5	1 12.0	. . 02.9	358 05.7	. . 03.6	182 50.8	. . 16.6	3 14.6	. . 13.4	Hamal	328 03.0	N23 30.8
16		200 59.9	16 12.2	04.2	13 06.7	04.2	197 53.4	16.7	18 16.8	13.3	Kaus Aust.	83 46.2	S34 22.8
17		216 02.4	31 12.5	05.4	28 07.7	04.9	212 56.0	16.8	33 19.0	13.2			
18		231 04.9	46 12.7	S 3 06.6	43 08.8	S 3 05.5	227 58.7	S 0 16.9	48 21.3	N 1 13.1	Kochab	137 19.8	N74 07.0
19		246 07.3	61 13.0	07.8	58 09.8	06.2	243 01.3	16.9	63 23.5	13.0	Markab	13 40.1	N15 15.9
20		261 09.8	76 13.2	09.1	73 10.8	06.8	258 03.9	17.0	78 25.7	12.9	Menkar	314 17.2	N 4 08.0
21		276 12.2	91 13.5	. . 10.3	88 11.9	. . 07.4	273 06.5	. . 17.1	93 28.0	. . 12.8	Menkent	148 10.2	S36 25.5
22		291 14.7	106 13.7	11.5	103 12.9	08.1	288 09.1	17.2	108 30.2	12.7	Miaplacidus	221 41.2	S69 45.7
23		306 17.2	121 14.0	12.7	118 13.9	08.7	303 11.7	17.2	123 32.4	12.6			
13 00		321 19.6	136 14.2	S 3 13.9	133 15.0	S 3 09.4	318 14.3	S 0 17.3	138 34.7	N 1 12.5	Mirfak	308 43.4	N49 53.8
01		336 22.1	151 14.5	15.2	148 16.0	10.0	333 16.9	17.4	153 36.9	12.4	Nunki	76 00.5	S26 16.9
02		351 24.6	166 14.8	16.4	163 17.0	10.7	348 19.5	17.5	168 39.1	12.3	Peacock	53 21.8	S56 42.0
03		6 27.0	181 15.0	. . 17.6	178 18.1	. . 11.3	3 22.1	. . 17.5	183 41.4	. . 12.2	Pollux	243 30.5	N28 00.0
04		21 29.5	196 15.3	18.8	193 19.1	12.0	18 24.8	17.6	198 43.6	12.1	Procyon	245 02.2	N 5 11.9
05		36 32.0	211 15.5	20.0	208 20.1	12.6	33 27.4	17.7	213 45.8	12.0			
06		51 34.4	226 15.8	S 3 21.3	223 21.2	S 3 13.3	48 30.0	S 0 17.8	228 48.1	N 1 11.9	Rasalhague	96 08.1	N12 33.3
07		66 36.9	241 16.0	22.5	238 22.2	13.9	63 32.6	17.8	243 50.3	11.8	Regulus	207 46.0	N11 54.9
08		81 39.3	256 16.3	23.7	253 23.2	14.6	78 35.2	17.9	258 52.5	11.6	Rigel	281 14.2	S 8 11.2
09	F	96 41.8	271 16.5	. . 24.9	268 24.3	. . 15.2	93 37.8	. . 18.0	273 54.8	. . 11.5	Rigil Kent.	139 54.8	S60 53.0
10	R	111 44.3	286 16.8	26.1	283 25.3	15.9	108 40.4	18.1	288 57.0	11.4	Sabik	102 14.7	S15 44.3
11	I	126 46.7	301 17.1	27.4	298 26.3	16.5	123 43.0	18.1	303 59.2	11.3			
12	D	141 49.2	316 17.3	S 3 28.6	313 27.3	S 3 17.2	138 45.7	S 0 18.2	319 01.4	N 1 11.2	Schedar	349 42.6	N56 35.7
13	A	156 51.7	331 17.6	29.8	328 28.4	17.8	153 48.3	18.3	334 03.7	11.1	Shaula	96 24.4	S37 06.8
14	Y	171 54.1	346 17.8	31.0	343 29.4	18.4	168 50.9	18.4	349 05.9	11.0	Sirius	258 35.8	S16 43.7
15		186 56.6	1 18.1	. . 32.2	358 30.4	. . 19.1	183 53.5	. . 18.5	4 08.1	. . 10.9	Spica	158 33.6	S11 13.1
16		201 59.1	16 18.4	33.5	13 31.5	19.7	198 56.1	18.5	19 10.4	10.8	Suhail	222 54.5	S43 28.5
17		217 01.5	31 18.6	34.7	28 32.5	20.4	213 58.7	18.6	34 12.6	10.7			
18		232 04.0	46 18.9	S 3 35.9	43 33.5	S 3 21.0	229 01.4	S 0 18.7	49 14.8	N 1 10.6	Vega	80 40.0	N38 47.8
19		247 06.5	61 19.2	37.1	58 34.6	21.7	244 04.0	18.8	64 17.1	10.5	Zuben'ubi	137 07.7	S16 05.2
20		262 08.9	76 19.4	38.3	73 35.6	22.3	259 06.6	18.8	79 19.3	10.4			
21		277 11.4	91 19.7	. . 39.5	88 36.6	. . 23.0	274 09.2	. . 18.9	94 21.5	. . 10.3			
22		292 13.8	106 20.0	40.8	103 37.6	23.6	289 11.8	19.0	109 23.7	10.2			
23		307 16.3	121 20.2	42.0	118 38.7	24.3	304 14.4	19.1	124 26.0	10.1			
Mer. Pass.		h m 2 38.2	v 0.2	d 1.2	v 1.0	d 0.6	v 2.6	d 0.1	v 2.2	d 0.1			

	SHA	Mer. Pass.
	° ′	h m
Venus	175 47.8	14 55
Mars	172 29.7	15 08
Jupiter	356 51.2	2 51
Saturn	177 20.6	14 47

UT d	UT h	SUN GHA ° ′	SUN Dec ° ′	MOON GHA ° ′	MOON v ′	MOON Dec ° ′	MOON d ′	MOON HP ′
11	00	178 40.6	N15 21.6	168 04.0	8.4	N 7 34.8	15.4	61.3
	01	193 40.6	20.9	182 31.4	8.4	7 19.4	15.4	61.3
	02	208 40.7	20.2	196 58.8	8.5	7 04.0	15.5	61.3
	03	223 40.8	. . 19.4	211 26.3	8.6	6 48.5	15.5	61.3
	04	238 40.9	18.7	225 53.9	8.6	6 33.0	15.6	61.2
	05	253 41.0	17.9	240 21.5	8.6	6 17.4	15.6	61.2
	06	268 41.1	N15 17.2	254 49.1	8.7	N 6 01.8	15.6	61.2
W	07	283 41.2	16.4	269 16.8	8.7	5 46.2	15.6	61.2
E	08	298 41.3	15.7	283 44.5	8.7	5 30.6	15.7	61.2
D	09	313 41.4	. . 15.0	298 12.2	8.8	5 14.9	15.7	61.2
N	10	328 41.5	14.2	312 40.0	8.9	4 59.2	15.8	61.2
E	11	343 41.6	13.5	327 07.9	8.8	4 43.4	15.7	61.2
S	12	358 41.7	N15 12.7	341 35.7	9.0	N 4 27.7	15.8	61.2
D	13	13 41.8	12.0	356 03.7	8.9	4 11.9	15.8	61.2
A	14	28 41.9	11.2	10 31.6	9.0	3 56.1	15.8	61.2
Y	15	43 42.0	. . 10.5	24 59.6	9.0	3 40.3	15.8	61.2
	16	58 42.1	09.8	39 27.6	9.1	3 24.5	15.9	61.1
	17	73 42.2	09.0	53 55.7	9.0	3 08.6	15.8	61.1
	18	88 42.3	N15 08.3	68 23.7	9.2	N 2 52.8	15.9	61.1
	19	103 42.4	07.5	82 51.9	9.1	2 36.9	15.9	61.1
	20	118 42.5	06.8	97 20.0	9.2	2 21.0	15.8	61.1
	21	133 42.6	. . 06.0	111 48.2	9.2	2 05.2	15.9	61.1
	22	148 42.7	05.3	126 16.4	9.2	1 49.3	15.9	61.1
	23	163 42.8	04.5	140 44.6	9.3	1 33.4	15.9	61.0
12	00	178 42.9	N15 03.8	155 12.9	9.3	N 1 17.5	15.8	61.0
	01	193 43.1	03.0	169 41.2	9.3	1 01.7	15.9	61.0
	02	208 43.2	02.3	184 09.5	9.4	0 45.8	15.9	61.0
	03	223 43.3	. . 01.5	198 37.9	9.3	0 29.9	15.8	61.0
	04	238 43.4	00.8	213 06.2	9.4	N 0 14.1	15.9	61.0
	05	253 43.5	15 00.0	227 34.6	9.4	S 0 01.8	15.8	60.9
	06	268 43.6	N14 59.3	242 03.0	9.5	S 0 17.6	15.9	60.9
	07	283 43.7	58.5	256 31.5	9.4	0 33.5	15.8	60.9
T	08	298 43.8	57.8	270 59.9	9.5	0 49.3	15.8	60.9
H	09	313 43.9	. . 57.0	285 28.4	9.5	1 05.1	15.8	60.9
U	10	328 44.0	56.3	299 56.9	9.5	1 20.9	15.7	60.8
R	11	343 44.1	55.5	314 25.4	9.5	1 36.6	15.8	60.8
S	12	358 44.2	N14 54.8	328 53.9	9.6	S 1 52.4	15.7	60.8
D	13	13 44.3	54.0	343 22.5	9.5	2 08.1	15.7	60.8
A	14	28 44.4	53.3	357 51.0	9.6	2 23.8	15.6	60.8
Y	15	43 44.5	. . 52.5	12 19.6	9.6	2 39.4	15.7	60.7
	16	58 44.6	51.8	26 48.2	9.6	2 55.1	15.6	60.7
	17	73 44.7	51.0	41 16.8	9.6	3 10.7	15.5	60.7
	18	88 44.8	N14 50.2	55 45.4	9.6	S 3 26.2	15.6	60.7
	19	103 44.9	49.5	70 14.0	9.7	3 41.8	15.5	60.6
	20	118 45.1	48.7	84 42.7	9.6	3 57.3	15.5	60.6
	21	133 45.2	. . 48.0	99 11.3	9.7	4 12.8	15.4	60.6
	22	148 45.3	47.2	113 40.0	9.6	4 28.2	15.4	60.6
	23	163 45.4	46.5	128 08.6	9.7	4 43.6	15.3	60.5
13	00	178 45.5	N14 45.7	142 37.3	9.7	S 4 58.9	15.3	60.5
	01	193 45.6	44.9	157 06.0	9.6	5 14.2	15.3	60.5
	02	208 45.7	44.2	171 34.6	9.7	5 29.5	15.2	60.5
	03	223 45.8	. . 43.4	186 03.3	9.7	5 44.7	15.2	60.4
	04	238 45.9	42.7	200 32.0	9.7	5 59.9	15.1	60.4
	05	253 46.0	41.9	215 00.7	9.6	6 15.0	15.0	60.4
	06	268 46.1	N14 41.1	229 29.3	9.7	S 6 30.0	15.0	60.3
	07	283 46.3	40.4	243 58.0	9.7	6 45.0	15.0	60.3
	08	298 46.4	39.6	258 26.7	9.7	7 00.0	14.9	60.3
F	09	313 46.5	. . 38.9	272 55.4	9.7	7 14.9	14.8	60.3
R	10	328 46.6	38.1	287 24.1	9.6	7 29.7	14.8	60.2
I	11	343 46.7	37.3	301 52.7	9.7	7 44.5	14.8	60.2
D	12	358 46.8	N14 36.6	316 21.4	9.7	S 7 59.3	14.6	60.2
A	13	13 46.9	35.8	330 50.1	9.6	8 13.9	14.6	60.1
Y	14	28 47.0	35.0	345 18.7	9.7	8 28.5	14.6	60.1
	15	43 47.1	. . 34.3	359 47.4	9.7	8 43.1	14.4	60.1
	16	58 47.3	33.5	14 16.1	9.6	8 57.5	14.4	60.0
	17	73 47.4	32.8	28 44.7	9.6	9 11.9	14.4	60.0
	18	88 47.5	N14 32.0	43 13.3	9.7	S 9 26.3	14.2	60.0
	19	103 47.6	31.2	57 42.0	9.6	9 40.5	14.2	60.0
	20	118 47.7	30.5	72 10.6	9.6	9 54.7	14.1	59.9
	21	133 47.8	. . 29.7	86 39.2	9.6	10 08.8	14.1	59.9
	22	148 47.9	28.9	101 07.8	9.6	10 22.9	13.9	59.9
	23	163 48.1	28.2	115 36.4	9.5	S10 36.8	13.9	59.8
		SD 15.8	*d* 0.8	SD 16.7		16.6		16.4

Lat. °	Twilight Naut. h m	Twilight Civil h m	Sunrise h m	Moonrise 11 h m	Moonrise 12 h m	Moonrise 13 h m	Moonrise 14 h m
N 72	////	////	02 01	05 46	08 09	10 31	13 06
N 70	////	////	02 39	05 55	08 08	10 19	12 36
68	////	01 15	03 06	06 02	08 06	10 09	12 14
66	////	02 04	03 26	06 08	08 05	10 01	11 57
64	////	02 34	03 42	06 13	08 05	09 54	11 43
62	01 07	02 56	03 55	06 18	08 04	09 48	11 32
60	01 51	03 13	04 07	06 21	08 03	09 43	11 22
N 58	02 18	03 28	04 16	06 25	08 03	09 39	11 14
56	02 39	03 40	04 25	06 28	08 02	09 35	11 06
54	02 56	03 51	04 32	06 30	08 02	09 32	11 00
52	03 10	04 00	04 39	06 33	08 01	09 28	10 54
50	03 22	04 08	04 45	06 35	08 01	09 26	10 49
45	03 45	04 25	04 58	06 40	08 00	09 19	10 37
N 40	04 04	04 39	05 09	06 44	08 00	09 14	10 28
35	04 18	04 51	05 18	06 47	07 59	09 10	10 20
30	04 30	05 00	05 25	06 50	07 59	09 06	10 13
20	04 49	05 16	05 39	06 55	07 58	09 00	10 01
N 10	05 03	05 29	05 51	06 59	07 57	08 54	09 50
0	05 15	05 40	06 02	07 04	07 57	08 49	09 41
S 10	05 26	05 51	06 12	07 08	07 56	08 43	09 31
20	05 35	06 01	06 24	07 12	07 55	08 38	09 21
30	05 44	06 12	06 37	07 18	07 55	08 32	09 09
35	05 48	06 18	06 44	07 20	07 54	08 28	09 03
40	05 52	06 24	06 52	07 24	07 54	08 24	08 55
45	05 57	06 31	07 02	07 28	07 54	08 19	08 46
S 50	06 01	06 40	07 14	07 32	07 53	08 14	08 36
52	06 04	06 43	07 19	07 34	07 53	08 11	08 31
54	06 06	06 48	07 25	07 36	07 53	08 09	08 26
56	06 08	06 52	07 32	07 39	07 52	08 06	08 20
58	06 10	06 57	07 39	07 42	07 52	08 02	08 14
S 60	06 13	07 02	07 48	07 45	07 52	07 58	08 06

Lat. °	Sunset h m	Twilight Civil h m	Twilight Naut. h m	Moonset 11 h m	Moonset 12 h m	Moonset 13 h m	Moonset 14 h m
N 72	22 03	////	////	19 58	19 30	19 00	18 16
N 70	21 26	////	////	19 55	19 36	19 15	18 48
68	21 01	22 46	////	19 52	19 40	19 27	19 12
66	20 41	22 02	////	19 50	19 44	19 37	19 30
64	20 26	21 33	////	19 48	19 47	19 46	19 45
62	20 13	21 12	22 55	19 47	19 50	19 53	19 58
60	20 02	20 54	22 15	19 46	19 52	19 59	20 08
N 58	19 52	20 40	21 49	19 44	19 54	20 05	20 18
56	19 44	20 28	21 29	19 43	19 56	20 10	20 26
54	19 37	20 18	21 12	19 42	19 58	20 15	20 33
52	19 30	20 09	20 59	19 41	20 00	20 19	20 40
50	19 24	20 01	20 47	19 41	20 01	20 23	20 46
45	19 11	19 44	20 24	19 39	20 04	20 31	20 59
N 40	19 01	19 30	20 06	19 37	20 07	20 38	21 10
35	18 52	19 19	19 51	19 36	20 09	20 43	21 19
30	18 44	19 09	19 40	19 35	20 12	20 49	21 27
20	18 31	18 54	19 21	19 33	20 15	20 58	21 42
N 10	18 19	18 41	19 06	19 31	20 18	21 06	21 54
0	18 08	18 30	18 55	19 29	20 21	21 13	22 06
S 10	17 58	18 19	18 45	19 27	20 24	21 21	22 17
20	17 47	18 09	18 35	19 25	20 27	21 29	22 30
30	17 34	17 59	18 27	19 23	20 31	21 38	22 44
35	17 27	17 53	18 23	19 21	20 33	21 43	22 53
40	17 18	17 46	18 18	19 20	20 35	21 49	23 02
45	17 09	17 39	18 14	19 18	20 38	21 57	23 14
S 50	16 57	17 31	18 09	19 16	20 41	22 05	23 27
52	16 52	17 27	18 07	19 15	20 43	22 09	23 34
54	16 46	17 23	18 05	19 14	20 44	22 14	23 41
56	16 39	17 19	18 03	19 13	20 46	22 18	23 49
58	16 32	17 14	18 01	19 11	20 48	22 24	23 58
S 60	16 23	17 09	17 58	19 10	20 51	22 30	24 08

Day d	SUN Eqn. of Time 00^h m s	SUN Eqn. of Time 12^h m s	SUN Mer. Pass. h m	MOON Mer. Pass. Upper h m	MOON Mer. Pass. Lower h m	MOON Age d	MOON Phase %
11	05 18	05 13	12 05	13 16	00 50	01	3
12	05 08	05 03	12 05	14 09	01 43	02	9
13	04 58	04 53	12 05	15 01	02 35	03	16

UT	ARIES	VENUS −4.4		MARS +1.5		JUPITER −2.8		SATURN +1.1	
	GHA	GHA	Dec	GHA	Dec	GHA	Dec	GHA	Dec
d h	° ′	° ′	° ′	° ′	° ′	° ′	° ′	° ′	° ′
14 00	322 18.8	136 20.5	S 3 43.2	133 39.7	S 3 24.9	319 17.0	S 0 19.2	139 28.2	N 1 09.9
01	337 21.2	151 20.8	44.4	148 40.7	25.6	334 19.7	19.2	154 30.4	09.8
02	352 23.7	166 21.0	45.6	163 41.8	26.2	349 22.3	19.3	169 32.7	09.7
03	7 26.2	181 21.3	. . 46.8	178 42.8	. . 26.9	4 24.9	. . 19.4	184 34.9	. . 09.6
04	22 28.6	196 21.6	48.1	193 43.8	27.5	19 27.5	19.5	199 37.1	09.5
05	37 31.1	211 21.8	49.3	208 44.8	28.2	34 30.1	19.5	214 39.4	09.4
06	52 33.6	226 22.1	S 3 50.5	223 45.9	S 3 28.8	49 32.8	S 0 19.6	229 41.6	N 1 09.3
07	67 36.0	241 22.4	51.7	238 46.9	29.5	64 35.4	19.7	244 43.8	09.2
S 08	82 38.5	256 22.6	52.9	253 47.9	30.1	79 38.0	19.8	259 46.0	09.1
A 09	97 40.9	271 22.9	. . 54.1	268 48.9	. . 30.7	94 40.6	. . 19.9	274 48.3	. . 09.0
T 10	112 43.4	286 23.2	55.4	283 50.0	31.4	109 43.2	19.9	289 50.5	08.9
U 11	127 45.9	301 23.4	56.6	298 51.0	32.0	124 45.9	20.0	304 52.7	08.8
R 12	142 48.3	316 23.7	S 3 57.8	313 52.0	S 3 32.7	139 48.5	S 0 20.1	319 55.0	N 1 08.7
D 13	157 50.8	331 24.0	3 59.0	328 53.1	33.3	154 51.1	20.2	334 57.2	08.6
A 14	172 53.3	346 24.3	4 00.2	343 54.1	34.0	169 53.7	20.3	349 59.4	08.4
15	187 55.7	1 24.5	. . 01.4	358 55.1	. . 34.6	184 56.3	. . 20.3	5 01.6	. . 08.3
Y 16	202 58.2	16 24.8	02.6	13 56.1	35.3	199 59.0	20.4	20 03.9	08.2
17	218 00.7	31 25.1	03.9	28 57.2	35.9	215 01.6	20.5	35 06.1	08.1
18	233 03.1	46 25.4	S 4 05.1	43 58.2	S 3 36.6	230 04.2	S 0 20.6	50 08.3	N 1 08.0
19	248 05.6	61 25.6	06.3	58 59.2	37.2	245 06.8	20.7	65 10.6	07.9
20	263 08.1	76 25.9	07.5	74 00.2	37.9	260 09.5	20.7	80 12.8	07.8
21	278 10.5	91 26.2	. . 08.7	89 01.3	. . 38.5	275 12.1	. . 20.8	95 15.0	. . 07.7
22	293 13.0	106 26.5	09.9	104 02.3	39.2	290 14.7	20.9	110 17.2	07.6
23	308 15.4	121 26.8	11.1	119 03.3	39.8	305 17.3	21.0	125 19.5	07.5
15 00	323 17.9	136 27.0	S 4 12.4	134 04.3	S 3 40.5	320 19.9	S 0 21.1	140 21.7	N 1 07.4
01	338 20.4	151 27.3	13.6	149 05.4	41.1	335 22.6	21.1	155 23.9	07.3
02	353 22.8	166 27.6	14.8	164 06.4	41.8	350 25.2	21.2	170 26.1	07.2
03	8 25.3	181 27.9	. . 16.0	179 07.4	. . 42.4	5 27.8	. . 21.3	185 28.4	. . 07.1
04	23 27.8	196 28.1	17.2	194 08.4	43.1	20 30.4	21.4	200 30.6	06.9
05	38 30.2	211 28.4	18.4	209 09.5	43.7	35 33.1	21.5	215 32.8	06.8
06	53 32.7	226 28.7	S 4 19.6	224 10.5	S 3 44.3	50 35.7	S 0 21.5	230 35.1	N 1 06.7
07	68 35.2	241 29.0	20.8	239 11.5	45.0	65 38.3	21.6	245 37.3	06.6
08	83 37.6	256 29.3	22.1	254 12.5	45.6	80 40.9	21.7	260 39.5	06.5
S 09	98 40.1	271 29.6	. . 23.3	269 13.6	. . 46.3	95 43.6	. . 21.8	275 41.7	. . 06.4
U 10	113 42.6	286 29.8	24.5	284 14.6	46.9	110 46.2	21.9	290 44.0	06.3
N 11	128 45.0	301 30.1	25.7	299 15.6	47.6	125 48.8	22.0	305 46.2	06.2
D 12	143 47.5	316 30.4	S 4 26.9	314 16.6	S 3 48.2	140 51.5	S 0 22.0	320 48.4	N 1 06.1
A 13	158 49.9	331 30.7	28.1	329 17.6	48.9	155 54.1	22.1	335 50.6	06.0
Y 14	173 52.4	346 31.0	29.3	344 18.7	49.5	170 56.7	22.2	350 52.9	05.9
15	188 54.9	1 31.3	. . 30.5	359 19.7	. . 50.2	185 59.3	. . 22.3	5 55.1	. . 05.8
16	203 57.3	16 31.6	31.7	14 20.7	50.8	201 02.0	22.4	20 57.3	05.7
17	218 59.8	31 31.8	33.0	29 21.7	51.5	216 04.6	22.5	35 59.6	05.5
18	234 02.3	46 32.1	S 4 34.2	44 22.8	S 3 52.1	231 07.2	S 0 22.5	51 01.8	N 1 05.4
19	249 04.7	61 32.4	35.4	59 23.8	52.8	246 09.9	22.6	66 04.0	05.3
20	264 07.2	76 32.7	36.6	74 24.8	53.4	261 12.5	22.7	81 06.2	05.2
21	279 09.7	91 33.0	. . 37.8	89 25.8	. . 54.1	276 15.1	. . 22.8	96 08.5	. . 05.1
22	294 12.1	106 33.3	39.0	104 26.8	54.7	291 17.7	22.9	111 10.7	05.0
23	309 14.6	121 33.6	40.2	119 27.9	55.4	306 20.4	22.9	126 12.9	04.9
16 00	324 17.0	136 33.9	S 4 41.4	134 28.9	S 3 56.0	321 23.0	S 0 23.0	141 15.1	N 1 04.8
01	339 19.5	151 34.2	42.6	149 29.9	56.6	336 25.6	23.1	156 17.4	04.7
02	354 22.0	166 34.5	43.8	164 30.9	57.3	351 28.3	23.2	171 19.6	04.6
03	9 24.4	181 34.8	. . 45.0	179 31.9	. . 57.9	6 30.9	. . 23.3	186 21.8	. . 04.5
04	24 26.9	196 35.1	46.2	194 33.0	58.6	21 33.5	23.4	201 24.0	04.4
05	39 29.4	211 35.3	47.5	209 34.0	59.2	36 36.2	23.5	216 26.3	04.3
06	54 31.8	226 35.6	S 4 48.7	224 35.0	S 3 59.9	51 38.8	S 0 23.5	231 28.5	N 1 04.1
07	69 34.3	241 35.9	49.9	239 36.0	4 00.5	66 41.4	23.6	246 30.7	04.0
08	84 36.8	256 36.2	51.1	254 37.0	01.2	81 44.1	23.7	261 32.9	03.9
M 09	99 39.2	271 36.5	. . 52.3	269 38.1	. . 01.8	96 46.7	. . 23.8	276 35.2	. . 03.8
O 10	114 41.7	286 36.8	53.5	284 39.1	02.5	111 49.3	23.9	291 37.4	03.7
N 11	129 44.2	301 37.1	54.7	299 40.1	03.1	126 52.0	24.0	306 39.6	03.6
D 12	144 46.6	316 37.4	S 4 55.9	314 41.1	S 4 03.8	141 54.6	S 0 24.0	321 41.8	N 1 03.5
A 13	159 49.1	331 37.7	57.1	329 42.1	04.4	156 57.2	24.1	336 44.1	03.4
Y 14	174 51.5	346 38.0	58.3	344 43.2	05.1	171 59.9	24.2	351 46.3	03.3
15	189 54.0	1 38.3	4 59.5	359 44.2	. . 05.7	187 02.5	. . 24.3	6 48.5	. . 03.2
16	204 56.5	16 38.6	5 00.7	14 45.2	06.4	202 05.1	24.4	21 50.7	03.1
17	219 58.9	31 38.9	01.9	29 46.2	07.0	217 07.8	24.5	36 53.0	02.9
18	235 01.4	46 39.2	S 5 03.1	44 47.2	S 4 07.7	232 10.4	S 0 24.6	51 55.2	N 1 02.8
19	250 03.9	61 39.5	04.3	59 48.2	08.3	247 13.0	24.6	66 57.4	02.7
20	265 06.3	76 39.8	05.5	74 49.3	09.0	262 15.7	24.7	81 59.6	02.6
21	280 08.8	91 40.1	. . 06.7	89 50.3	. . 09.6	277 18.3	. . 24.8	97 01.9	. . 02.5
22	295 11.3	106 40.4	07.9	104 51.3	10.2	292 21.0	24.9	112 04.1	02.4
23	310 13.7	121 40.7	09.1	119 52.3	10.9	307 23.6	25.0	127 06.3	02.3
Mer. Pass.	h m 2 26.4	v 0.3	d 1.2	v 1.0	d 0.6	v 2.6	d 0.1	v 2.2	d 0.1

STARS

Name	SHA	Dec
	° ′	° ′
Acamar	315 19.8	S40 15.4
Achernar	335 27.9	S57 10.6
Acrux	173 12.3	S63 09.8
Adhara	255 14.4	S28 59.0
Aldebaran	290 51.8	N16 31.9
Alioth	166 22.7	N55 54.3
Alkaid	153 00.6	N49 15.8
Al Na'ir	27 45.7	S46 54.3
Alnilam	275 48.6	S 1 11.6
Alphard	217 58.4	S 8 42.3
Alphecca	126 12.7	N26 40.9
Alpheratz	357 45.4	N29 09.1
Altair	62 09.9	N 8 54.0
Ankaa	353 17.3	S42 14.5
Antares	112 28.7	S26 27.4
Arcturus	145 57.7	N19 07.7
Atria	107 32.2	S69 03.0
Avior	234 19.6	S59 32.6
Bellatrix	278 34.4	N 6 21.6
Betelgeuse	271 03.7	N 7 24.6
Canopus	263 57.4	S52 41.8
Capella	280 37.7	N46 00.4
Deneb	49 32.5	N45 19.3
Denebola	182 36.0	N14 30.8
Diphda	348 57.7	S17 55.4
Dubhe	193 54.6	N61 41.7
Elnath	278 15.4	N28 36.9
Eltanin	90 46.8	N51 29.5
Enif	33 48.8	N 9 55.6
Fomalhaut	15 25.8	S29 33.7
Gacrux	172 03.7	S57 10.6
Gienah	175 54.7	S17 36.1
Hadar	148 51.2	S60 25.8
Hamal	328 03.0	N23 30.8
Kaus Aust.	83 46.2	S34 22.8
Kochab	137 19.8	N74 07.0
Markab	13 40.1	N15 15.9
Menkar	314 17.2	N 4 08.0
Menkent	148 10.2	S36 25.5
Miaplacidus	221 41.2	S69 45.7
Mirfak	308 43.3	N49 53.8
Nunki	76 00.5	S26 16.9
Peacock	53 21.8	S56 42.0
Pollux	243 30.5	N28 00.0
Procyon	245 02.1	N 5 11.9
Rasalhague	96 08.2	N12 33.3
Regulus	207 46.0	N11 54.9
Rigel	281 14.2	S 8 11.2
Rigil Kent.	139 54.8	S60 53.0
Sabik	102 14.7	S15 44.3
Schedar	349 42.6	N56 35.7
Shaula	96 24.5	S37 06.8
Sirius	258 35.8	S16 43.7
Spica	158 33.6	S11 13.1
Suhail	222 54.5	S43 28.5
Vega	80 40.0	N38 47.9
Zuben'ubi	137 07.7	S16 05.2

	SHA	Mer. Pass.
	° ′	h m
Venus	173 09.1	14 54
Mars	170 46.4	15 03
Jupiter	357 02.0	2 38
Saturn	177 03.8	14 36

UT		SUN GHA	SUN Dec	MOON GHA	v	Dec	d	HP
d	h	° ′	° ′	° ′	′	° ′	′	′
14	00	178 48.2	N14 27.4	130 04.9	9.6	S10 50.7	13.9	59.8
	01	193 48.3	26.6	144 33.5	9.5	11 04.6	13.7	59.8
	02	208 48.4	25.9	159 02.0	9.6	11 18.3	13.6	59.7
	03	223 48.5	. . 25.1	173 30.6	9.5	11 31.9	13.6	59.7
	04	238 48.6	24.3	187 59.1	9.5	11 45.5	13.5	59.7
	05	253 48.7	23.5	202 27.6	9.5	11 59.0	13.4	59.6
	06	268 48.9	N14 22.8	216 56.1	9.4	S12 12.4	13.3	59.6
	07	283 49.0	22.0	231 24.5	9.5	12 25.7	13.3	59.6
S	08	298 49.1	21.2	245 53.0	9.4	12 39.0	13.1	59.5
A	09	313 49.2	. . 20.5	260 21.4	9.5	12 52.1	13.0	59.5
T	10	328 49.3	19.7	274 49.9	9.4	13 05.1	13.0	59.5
U	11	343 49.4	18.9	289 18.3	9.3	13 18.1	12.9	59.4
R	12	358 49.6	N14 18.1	303 46.6	9.4	S13 31.0	12.8	59.4
D	13	13 49.7	17.4	318 15.0	9.4	13 43.8	12.6	59.3
A	14	28 49.8	16.6	332 43.4	9.3	13 56.4	12.6	59.3
Y	15	43 49.9	. . 15.8	347 11.7	9.3	14 09.0	12.5	59.3
	16	58 50.0	15.1	1 40.0	9.3	14 21.5	12.4	59.2
	17	73 50.1	14.3	16 08.3	9.2	14 33.9	12.3	59.2
	18	88 50.3	N14 13.5	30 36.5	9.3	S14 46.2	12.2	59.2
	19	103 50.4	12.7	45 04.8	9.2	14 58.4	12.1	59.1
	20	118 50.5	12.0	59 33.0	9.2	15 10.5	12.0	59.1
	21	133 50.6	. . 11.2	74 01.2	9.2	15 22.5	11.9	59.1
	22	148 50.7	10.4	88 29.4	9.1	15 34.4	11.8	59.0
	23	163 50.9	09.6	102 57.5	9.2	15 46.2	11.7	59.0
15	00	178 51.0	N14 08.8	117 25.7	9.1	S15 57.9	11.6	59.0
	01	193 51.1	08.1	131 53.8	9.1	16 09.5	11.4	58.9
	02	208 51.2	07.3	146 21.9	9.0	16 20.9	11.4	58.9
	03	223 51.3	. . 06.5	160 49.9	9.1	16 32.3	11.3	58.8
	04	238 51.5	05.7	175 18.0	9.0	16 43.6	11.1	58.8
	05	253 51.6	05.0	189 46.0	9.0	16 54.7	11.0	58.8
	06	268 51.7	N14 04.2	204 14.0	9.0	S17 05.7	11.0	58.7
	07	283 51.8	03.4	218 42.0	8.9	17 16.7	10.8	58.7
	08	298 52.0	02.6	233 09.9	8.9	17 27.5	10.7	58.7
S	09	313 52.1	. . 01.8	247 37.8	8.9	17 38.2	10.6	58.6
U	10	328 52.2	01.1	262 05.7	8.9	17 48.8	10.4	58.6
N	11	343 52.3	14 00.3	276 33.6	8.9	17 59.2	10.4	58.6
D	12	358 52.4	N13 59.5	291 01.5	8.8	S18 09.6	10.2	58.5
A	13	13 52.6	58.7	305 29.3	8.8	18 19.8	10.1	58.5
Y	14	28 52.7	57.9	319 57.1	8.8	18 29.9	10.0	58.4
	15	43 52.8	. . 57.1	334 24.9	8.8	18 39.9	9.9	58.4
	16	58 52.9	56.4	348 52.7	8.7	18 49.8	9.8	58.4
	17	73 53.1	55.6	3 20.4	8.7	18 59.6	9.6	58.3
	18	88 53.2	N13 54.8	17 48.1	8.7	S19 09.2	9.5	58.3
	19	103 53.3	54.0	32 15.8	8.7	19 18.7	9.4	58.3
	20	118 53.4	53.2	46 43.5	8.6	19 28.1	9.3	58.2
	21	133 53.6	. . 52.4	61 11.1	8.7	19 37.4	9.2	58.2
	22	148 53.7	51.7	75 38.8	8.6	19 46.6	9.0	58.2
	23	163 53.8	50.9	90 06.4	8.5	19 55.6	8.9	58.1
16	00	178 53.9	N13 50.1	104 33.9	8.6	S20 04.5	8.8	58.1
	01	193 54.1	49.3	119 01.5	8.5	20 13.3	8.6	58.0
	02	208 54.2	48.5	133 29.0	8.6	20 21.9	8.6	58.0
	03	223 54.3	. . 47.7	147 56.6	8.5	20 30.5	8.4	58.0
	04	238 54.5	46.9	162 24.1	8.4	20 38.9	8.2	57.9
	05	253 54.6	46.1	176 51.5	8.5	20 47.1	8.2	57.9
	06	268 54.7	N13 45.4	191 19.0	8.4	S20 55.3	8.0	57.9
	07	283 54.8	44.6	205 46.4	8.5	21 03.3	7.9	57.8
	08	298 55.0	43.8	220 13.9	8.4	21 11.2	7.7	57.8
M	09	313 55.1	. . 43.0	234 41.3	8.4	21 18.9	7.7	57.8
O	10	328 55.2	42.2	249 08.7	8.3	21 26.6	7.4	57.7
N	11	343 55.3	41.4	263 36.0	8.4	21 34.0	7.4	57.7
D	12	358 55.5	N13 40.6	278 03.4	8.3	S21 41.4	7.2	57.6
A	13	13 55.6	39.8	292 30.7	8.3	21 48.6	7.1	57.6
Y	14	28 55.7	39.0	306 58.0	8.3	21 55.7	7.0	57.6
	15	43 55.9	. . 38.2	321 25.3	8.3	22 02.7	6.8	57.5
	16	58 56.0	37.4	335 52.6	8.3	22 09.5	6.7	57.5
	17	73 56.1	36.7	350 19.9	8.3	22 16.2	6.6	57.5
	18	88 56.3	N13 35.9	4 47.2	8.2	S22 22.8	6.4	57.4
	19	103 56.4	35.1	19 14.4	8.3	22 29.2	6.3	57.4
	20	118 56.5	34.3	33 41.7	8.2	22 35.5	6.1	57.4
	21	133 56.6	. . 33.5	48 08.9	8.2	22 41.6	6.1	57.3
	22	148 56.8	32.7	62 36.1	8.2	22 47.7	5.8	57.3
	23	163 56.9	31.9	77 03.3	8.3	S22 53.5	5.8	57.3
		SD 15.8	d 0.8	SD 16.2		15.9		15.7

Lat.	Twilight Naut.	Twilight Civil	Sunrise	Moonrise 14	Moonrise 15	Moonrise 16	Moonrise 17
°	h m	h m	h m	h m	h m	h m	h m
N 72	////	////	02 23	13 06	■	■	■
N 70	////	////	02 56	12 36	15 23	■	■
68	////	01 42	03 19	12 14	14 29	■	■
66	////	02 20	03 37	11 57	13 57	16 05	■
64	////	02 46	03 51	11 43	13 33	15 23	17 05
62	01 31	03 06	04 03	11 32	13 15	14 54	16 23
60	02 05	03 22	04 14	11 22	13 00	14 32	15 55
N 58	02 29	03 36	04 23	11 14	12 47	14 15	15 33
56	02 48	03 47	04 31	11 06	12 36	14 00	15 15
54	03 03	03 57	04 37	11 00	12 26	13 47	15 00
52	03 16	04 06	04 44	10 54	12 17	13 36	14 47
50	03 28	04 13	04 49	10 49	12 09	13 26	14 36
45	03 50	04 29	05 01	10 37	11 53	13 05	14 12
N 40	04 07	04 42	05 11	10 28	11 40	12 49	13 53
35	04 21	04 53	05 20	10 20	11 28	12 35	13 37
30	04 32	05 02	05 27	10 13	11 18	12 22	13 24
20	04 50	05 17	05 40	10 01	11 02	12 02	13 00
N 10	05 04	05 29	05 51	09 50	10 47	11 44	12 40
0	05 15	05 40	06 01	09 41	10 33	11 27	12 22
S 10	05 25	05 50	06 11	09 31	10 20	11 11	12 03
20	05 33	05 59	06 22	09 21	10 06	10 53	11 43
30	05 41	06 09	06 34	09 09	09 49	10 33	11 20
35	05 45	06 15	06 41	09 03	09 40	10 21	11 07
40	05 49	06 21	06 48	08 55	09 29	10 07	10 51
45	05 53	06 27	06 58	08 46	09 17	09 52	10 33
S 50	05 57	06 35	07 08	08 36	09 01	09 32	10 10
52	05 58	06 38	07 13	08 31	08 54	09 23	09 59
54	06 00	06 42	07 19	08 26	08 47	09 13	09 47
56	06 02	06 46	07 25	08 20	08 38	09 01	09 33
58	06 04	06 50	07 32	08 14	08 28	08 48	09 16
S 60	06 06	06 55	07 40	08 06	08 17	08 32	08 57

Lat.	Sunset	Twilight Civil	Twilight Naut.	Moonset 14	Moonset 15	Moonset 16	Moonset 17
°	h m	h m	h m	h m	h m	h m	h m
N 72	21 40	////	////	18 16	■	■	■
N 70	21 09	23 35	////	18 48	17 53	■	■
68	20 47	22 20	////	19 12	18 47	■	■
66	20 30	21 44	////	19 30	19 21	19 06	■
64	20 15	21 19	23 38	19 45	19 45	19 49	20 00
62	20 04	21 00	22 32	19 58	20 05	20 18	20 42
60	19 54	20 45	22 00	20 08	20 21	20 40	21 10
N 58	19 45	20 32	21 37	20 18	20 34	20 58	21 32
56	19 37	20 20	21 18	20 26	20 46	21 13	21 50
54	19 30	20 11	21 04	20 33	20 56	21 26	22 06
52	19 24	20 02	20 51	20 40	21 06	21 38	22 19
50	19 19	19 55	20 40	20 46	21 14	21 48	22 30
45	19 07	19 39	20 18	20 59	21 32	22 10	22 55
N 40	18 57	19 26	20 01	21 10	21 46	22 27	23 14
35	18 49	19 15	19 47	21 19	21 58	22 42	23 30
30	18 41	19 06	19 36	21 27	22 09	22 54	23 44
20	18 29	18 52	19 19	21 42	22 28	23 16	24 08
N 10	18 18	18 40	19 05	21 54	22 44	23 35	24 28
0	18 08	18 29	18 54	22 06	22 59	23 53	24 48
S 10	17 58	18 20	18 44	22 17	23 14	24 11	00 11
20	17 47	18 10	18 36	22 30	23 30	24 30	00 30
30	17 36	18 00	18 28	22 44	23 49	24 52	00 52
35	17 29	17 55	18 25	22 53	24 00	00 00	01 05
40	17 21	17 49	18 21	23 02	24 13	00 13	01 20
45	17 12	17 43	18 17	23 14	24 28	00 28	01 38
S 50	17 01	17 35	18 13	23 27	24 46	00 46	02 00
52	16 56	17 32	18 12	23 34	24 55	00 55	02 11
54	16 51	17 28	18 10	23 41	25 05	01 05	02 23
56	16 45	17 24	18 08	23 49	25 16	01 16	02 36
58	16 38	17 20	18 06	23 58	25 29	01 29	02 53
S 60	16 30	17 15	18 04	24 08	00 08	01 44	03 12

Day	SUN Eqn. of Time 00^h	SUN Eqn. of Time 12^h	SUN Mer. Pass.	MOON Mer. Pass. Upper	MOON Mer. Pass. Lower	MOON Age	MOON Phase
d	m s	m s	h m	h m	h m	d	%
14	04 48	04 42	12 05	15 53	03 27	04	26
15	04 36	04 30	12 05	16 46	04 19	05	36
16	04 24	04 18	12 04	17 40	05 13	06	47

UT d	h	ARIES GHA	VENUS −4.4 GHA	VENUS Dec	MARS +1.5 GHA	MARS Dec	JUPITER −2.8 GHA	JUPITER Dec	SATURN +1.1 GHA	SATURN Dec
		° ′	° ′	° ′	° ′	° ′	° ′	° ′	° ′	° ′
17 TUESDAY	00	325 16.2	136 41.0	S 5 10.3	134 53.3	S 4 11.5	322 26.2	S 0 25.1	142 08.5	N 1 02.2
	01	340 18.7	151 41.3	11.6	149 54.4	12.2	337 28.9	25.2	157 10.8	02.1
	02	355 21.1	166 41.7	12.8	164 55.4	12.8	352 31.5	25.2	172 13.0	02.0
	03	10 23.6	181 42.0	. . 14.0	179 56.4	. . 13.5	7 34.1	. . 25.3	187 15.2	. . 01.9
	04	25 26.0	196 42.3	15.2	194 57.4	14.1	22 36.8	25.4	202 17.4	01.8
	05	40 28.5	211 42.6	16.4	209 58.4	14.8	37 39.4	25.5	217 19.6	01.6
	06	55 31.0	226 42.9	S 5 17.6	224 59.4	S 4 15.4	52 42.1	S 0 25.6	232 21.9	N 1 01.5
	07	70 33.4	241 43.2	18.8	240 00.5	16.1	67 44.7	25.7	247 24.1	01.4
	08	85 35.9	256 43.5	20.0	255 01.5	16.7	82 47.3	25.8	262 26.3	01.3
	09	100 38.4	271 43.8	. . 21.2	270 02.5	. . 17.4	97 50.0	. . 25.9	277 28.5	. . 01.2
	10	115 40.8	286 44.1	22.4	285 03.5	18.0	112 52.6	25.9	292 30.8	01.1
	11	130 43.3	301 44.4	23.6	300 04.5	18.7	127 55.3	26.0	307 33.0	01.0
	12	145 45.8	316 44.7	S 5 24.8	315 05.5	S 4 19.3	142 57.9	S 0 26.1	322 35.2	N 1 00.9
	13	160 48.2	331 45.1	26.0	330 06.5	20.0	158 00.5	26.2	337 37.4	00.8
	14	175 50.7	346 45.4	27.2	345 07.6	20.6	173 03.2	26.3	352 39.7	00.7
	15	190 53.1	1 45.7	. . 28.4	0 08.6	. . 21.3	188 05.8	. . 26.4	7 41.9	. . 00.6
	16	205 55.6	16 46.0	29.6	15 09.6	21.9	203 08.5	26.5	22 44.1	00.4
	17	220 58.1	31 46.3	30.8	30 10.6	22.6	218 11.1	26.6	37 46.3	00.3
	18	236 00.5	46 46.6	S 5 32.0	45 11.6	S 4 23.2	233 13.7	S 0 26.6	52 48.5	N 1 00.2
	19	251 03.0	61 46.9	33.2	60 12.6	23.8	248 16.4	26.7	67 50.8	00.1
	20	266 05.5	76 47.3	34.4	75 13.6	24.5	263 19.0	26.8	82 53.0	1 00.0
	21	281 07.9	91 47.6	. . 35.6	90 14.7	. . 25.1	278 21.7	. . 26.9	97 55.2	0 59.9
	22	296 10.4	106 47.9	36.8	105 15.7	25.8	293 24.3	27.0	112 57.4	59.8
	23	311 12.9	121 48.2	38.0	120 16.7	26.4	308 27.0	27.1	127 59.7	59.7
18 WEDNESDAY	00	326 15.3	136 48.5	S 5 39.2	135 17.7	S 4 27.1	323 29.6	S 0 27.2	143 01.9	N 0 59.6
	01	341 17.8	151 48.8	40.4	150 18.7	27.7	338 32.2	27.3	158 04.1	59.5
	02	356 20.3	166 49.2	41.6	165 19.7	28.4	353 34.9	27.3	173 06.3	59.4
	03	11 22.7	181 49.5	. . 42.7	180 20.7	. . 29.0	8 37.5	. . 27.4	188 08.5	. . 59.2
	04	26 25.2	196 49.8	43.9	195 21.8	29.7	23 40.2	27.5	203 10.8	59.1
	05	41 27.6	211 50.1	45.1	210 22.8	30.3	38 42.8	27.6	218 13.0	59.0
	06	56 30.1	226 50.4	S 5 46.3	225 23.8	S 4 31.0	53 45.5	S 0 27.7	233 15.2	N 0 58.9
	07	71 32.6	241 50.8	47.5	240 24.8	31.6	68 48.1	27.8	248 17.4	58.8
	08	86 35.0	256 51.1	48.7	255 25.8	32.3	83 50.8	27.9	263 19.7	58.7
	09	101 37.5	271 51.4	. . 49.9	270 26.8	. . 32.9	98 53.4	. . 28.0	278 21.9	. . 58.6
	10	116 40.0	286 51.7	51.1	285 27.8	33.6	113 56.1	28.1	293 24.1	58.5
	11	131 42.4	301 52.1	52.3	300 28.8	34.2	128 58.7	28.2	308 26.3	58.4
	12	146 44.9	316 52.4	S 5 53.5	315 29.8	S 4 34.9	144 01.3	S 0 28.2	323 28.5	N 0 58.3
	13	161 47.4	331 52.7	54.7	330 30.9	35.5	159 04.0	28.3	338 30.8	58.1
	14	176 49.8	346 53.0	55.9	345 31.9	36.1	174 06.6	28.4	353 33.0	58.0
	15	191 52.3	1 53.4	. . 57.1	0 32.9	. . 36.8	189 09.3	. . 28.5	8 35.2	. . 57.9
	16	206 54.8	16 53.7	58.3	15 33.9	37.4	204 11.9	28.6	23 37.4	57.8
	17	221 57.2	31 54.0	5 59.5	30 34.9	38.1	219 14.6	28.7	38 39.6	57.7
	18	236 59.7	46 54.3	S 6 00.7	45 35.9	S 4 38.7	234 17.2	S 0 28.8	53 41.9	N 0 57.6
	19	252 02.1	61 54.7	01.9	60 36.9	39.4	249 19.9	28.9	68 44.1	57.5
	20	267 04.6	76 55.0	03.1	75 37.9	40.0	264 22.5	29.0	83 46.3	57.4
	21	282 07.1	91 55.3	. . 04.3	90 38.9	. . 40.7	279 25.2	. . 29.1	98 48.5	. . 57.3
	22	297 09.5	106 55.7	05.4	105 40.0	41.3	294 27.8	29.1	113 50.7	57.2
	23	312 12.0	121 56.0	06.6	120 41.0	42.0	309 30.5	29.2	128 53.0	57.0
19 THURSDAY	00	327 14.5	136 56.3	S 6 07.8	135 42.0	S 4 42.6	324 33.1	S 0 29.3	143 55.2	N 0 56.9
	01	342 16.9	151 56.7	09.0	150 43.0	43.3	339 35.8	29.4	158 57.4	56.8
	02	357 19.4	166 57.0	10.2	165 44.0	43.9	354 38.4	29.5	173 59.6	56.7
	03	12 21.9	181 57.3	. . 11.4	180 45.0	. . 44.6	9 41.1	. . 29.6	189 01.9	. . 56.6
	04	27 24.3	196 57.7	12.6	195 46.0	45.2	24 43.7	29.7	204 04.1	56.5
	05	42 26.8	211 58.0	13.8	210 47.0	45.9	39 46.4	29.8	219 06.3	56.4
	06	57 29.3	226 58.3	S 6 15.0	225 48.0	S 4 46.5	54 49.0	S 0 29.9	234 08.5	N 0 56.3
	07	72 31.7	241 58.7	16.2	240 49.0	47.2	69 51.7	30.0	249 10.7	56.2
	08	87 34.2	256 59.0	17.3	255 50.0	47.8	84 54.3	30.1	264 13.0	56.1
	09	102 36.6	271 59.3	. . 18.5	270 51.0	. . 48.4	99 57.0	. . 30.2	279 15.2	. . 55.9
	10	117 39.1	286 59.7	19.7	285 52.1	49.1	114 59.6	30.3	294 17.4	55.8
	11	132 41.6	302 00.0	20.9	300 53.1	49.7	130 02.3	30.3	309 19.6	55.7
	12	147 44.0	317 00.3	S 6 22.1	315 54.1	S 4 50.4	145 04.9	S 0 30.4	324 21.8	N 0 55.6
	13	162 46.5	332 00.7	23.3	330 55.1	51.0	160 07.6	30.5	339 24.0	55.5
	14	177 49.0	347 01.0	24.5	345 56.1	51.7	175 10.3	30.6	354 26.3	55.4
	15	192 51.4	2 01.4	. . 25.7	0 57.1	. . 52.3	190 12.9	. . 30.7	9 28.5	. . 55.3
	16	207 53.9	17 01.7	26.9	15 58.1	53.0	205 15.6	30.8	24 30.7	55.2
	17	222 56.4	32 02.1	28.0	30 59.1	53.6	220 18.2	30.9	39 32.9	55.1
	18	237 58.8	47 02.4	S 6 29.2	46 00.1	S 4 54.3	235 20.9	S 0 31.0	54 35.1	N 0 55.0
	19	253 01.3	62 02.7	30.4	61 01.1	54.9	250 23.5	31.1	69 37.4	54.8
	20	268 03.8	77 03.1	31.6	76 02.1	55.6	265 26.2	31.2	84 39.6	54.7
	21	283 06.2	92 03.4	. . 32.8	91 03.1	. . 56.2	280 28.8	. . 31.3	99 41.8	. . 54.6
	22	298 08.7	107 03.8	34.0	106 04.1	56.9	295 31.5	31.4	114 44.0	54.5
	23	313 11.1	122 04.1	35.2	121 05.1	57.5	310 34.1	31.5	129 46.2	54.4
Mer. Pass.		h m 2 14.6	v 0.3	d 1.2	v 1.0	d 0.6	v 2.6	d 0.1	v 2.2	d 0.1

STARS Name	SHA	Dec
	° ′	° ′
Acamar	315 19.7	S40 15.4
Achernar	335 27.8	S57 10.6
Acrux	173 12.3	S63 09.7
Adhara	255 14.4	S28 59.0
Aldebaran	290 51.8	N16 31.9
Alioth	166 22.7	N55 54.3
Alkaid	153 00.6	N49 15.8
Al Na'ir	27 45.7	S46 54.3
Alnilam	275 48.6	S 1 11.6
Alphard	217 58.4	S 8 42.3
Alphecca	126 12.7	N26 40.9
Alpheratz	357 45.4	N29 09.1
Altair	62 09.9	N 8 54.0
Ankaa	353 17.3	S42 14.5
Antares	112 28.7	S26 27.4
Arcturus	145 57.7	N19 07.7
Atria	107 32.2	S69 03.1
Avior	234 19.5	S59 32.5
Bellatrix	278 34.3	N 6 21.6
Betelgeuse	271 03.7	N 7 24.6
Canopus	263 57.4	S52 41.8
Capella	280 37.7	N46 00.4
Deneb	49 32.5	N45 19.3
Denebola	182 36.0	N14 30.8
Diphda	348 57.7	S17 55.4
Dubhe	193 54.6	N61 41.7
Elnath	278 15.4	N28 36.9
Eltanin	90 46.8	N51 29.5
Enif	33 48.8	N 9 55.6
Fomalhaut	15 25.8	S29 33.7
Gacrux	172 03.7	S57 10.6
Gienah	175 54.7	S17 36.1
Hadar	148 51.2	S60 25.7
Hamal	328 03.0	N23 30.8
Kaus Aust.	83 46.2	S34 22.8
Kochab	137 19.9	N74 06.9
Markab	13 40.1	N15 15.9
Menkar	314 17.1	N 4 08.0
Menkent	148 10.2	S36 25.5
Miaplacidus	221 41.2	S69 45.7
Mirfak	308 43.3	N49 53.8
Nunki	76 00.5	S26 16.9
Peacock	53 21.8	S56 42.0
Pollux	243 30.5	N28 00.0
Procyon	245 02.1	N 5 11.9
Rasalhague	96 08.2	N12 33.3
Regulus	207 46.0	N11 54.9
Rigel	281 14.1	S 8 11.2
Rigil Kent.	139 54.8	S60 53.0
Sabik	102 14.7	S15 44.3
Schedar	349 42.6	N56 35.7
Shaula	96 24.5	S37 06.8
Sirius	258 35.7	S16 43.7
Spica	158 33.6	S11 13.1
Suhail	222 54.4	S43 28.5
Vega	80 40.0	N38 47.9
Zuben'ubi	137 07.7	S16 05.2

	SHA	Mer. Pass.
	° ′	h m
Venus	170 33.2	14 52
Mars	169 02.4	14 58
Jupiter	357 14.3	2 26
Saturn	176 46.6	14 26

UT d h	SUN GHA ° ′	SUN Dec ° ′	MOON GHA ° ′	v ′	MOON Dec ° ′	d ′	HP ′
17 00 TUESDAY	178 57.0	N13 31.1	91 30.6	8.1	S22 59.3	5.6	57.2
01	193 57.2	30.3	105 57.7	8.2	23 04.9	5.5	57.2
02	208 57.3	29.5	120 24.9	8.2	23 10.4	5.3	57.2
03	223 57.4	. . 28.7	134 52.1	8.2	23 15.7	5.2	57.1
04	238 57.6	27.9	149 19.3	8.2	23 20.9	5.1	57.1
05	253 57.7	27.1	163 46.5	8.1	23 26.0	4.9	57.1
06	268 57.8	N13 26.3	178 13.6	8.2	S23 30.9	4.8	57.0
07	283 58.0	25.5	192 40.8	8.2	23 35.7	4.6	57.0
08	298 58.1	24.7	207 08.0	8.1	23 40.3	4.5	57.0
09	313 58.2	. . 23.9	221 35.1	8.2	23 44.8	4.4	56.9
10	328 58.4	23.1	236 02.3	8.2	23 49.2	4.2	56.9
11	343 58.5	22.3	250 29.5	8.1	23 53.4	4.1	56.9
12	358 58.6	N13 21.5	264 56.6	8.2	S23 57.5	4.0	56.8
13	13 58.8	20.7	279 23.8	8.2	24 01.5	3.8	56.8
14	28 58.9	19.9	293 51.0	8.1	24 05.3	3.6	56.8
15	43 59.0	. . 19.1	308 18.1	8.2	24 08.9	3.6	56.7
16	58 59.2	18.3	322 45.3	8.2	24 12.5	3.4	56.7
17	73 59.3	17.5	337 12.5	8.2	24 15.9	3.2	56.7
18	88 59.4	N13 16.7	351 39.7	8.2	S24 19.1	3.1	56.6
19	103 59.6	15.9	6 06.9	8.2	24 22.2	3.0	56.6
20	118 59.7	15.1	20 34.1	8.2	24 25.2	2.9	56.6
21	133 59.9	. . 14.3	35 01.3	8.3	24 28.1	2.7	56.6
22	149 00.0	13.5	49 28.6	8.2	24 30.8	2.5	56.5
23	164 00.1	12.7	63 55.8	8.3	24 33.3	2.4	56.5
18 00 WEDNESDAY	179 00.3	N13 11.9	78 23.1	8.2	S24 35.7	2.3	56.5
01	194 00.4	11.1	92 50.3	8.3	24 38.0	2.2	56.4
02	209 00.5	10.3	107 17.6	8.3	24 40.2	2.0	56.4
03	224 00.7	. . 09.5	121 44.9	8.4	24 42.2	1.8	56.4
04	239 00.8	08.7	136 12.3	8.3	24 44.0	1.8	56.3
05	254 01.0	07.9	150 39.6	8.4	24 45.8	1.6	56.3
06	269 01.1	N13 07.1	165 07.0	8.3	S24 47.4	1.4	56.3
07	284 01.2	06.3	179 34.3	8.4	24 48.8	1.3	56.3
08	299 01.4	05.5	194 01.7	8.5	24 50.1	1.2	56.2
09	314 01.5	. . 04.6	208 29.2	8.4	24 51.3	1.1	56.2
10	329 01.6	03.8	222 56.6	8.5	24 52.4	0.9	56.2
11	344 01.8	03.0	237 24.1	8.5	24 53.3	0.7	56.1
12	359 01.9	N13 02.2	251 51.6	8.5	S24 54.0	0.7	56.1
13	14 02.1	01.4	266 19.1	8.5	24 54.7	0.5	56.1
14	29 02.2	13 00.6	280 46.6	8.6	24 55.2	0.3	56.1
15	44 02.3	12 59.8	295 14.2	8.6	24 55.5	0.3	56.0
16	59 02.5	59.0	309 41.8	8.7	24 55.8	0.0	56.0
17	74 02.6	58.2	324 09.5	8.6	24 55.8	0.0	56.0
18	89 02.8	N12 57.4	338 37.1	8.7	S24 55.8	0.2	55.9
19	104 02.9	56.6	353 04.8	8.8	24 55.6	0.3	55.9
20	119 03.1	55.7	7 32.6	8.8	24 55.3	0.4	55.9
21	134 03.2	. . 54.9	22 00.4	8.8	24 54.9	0.6	55.9
22	149 03.3	54.1	36 28.2	8.8	24 54.3	0.7	55.8
23	164 03.5	53.3	50 56.0	8.9	24 53.6	0.9	55.8
19 00 THURSDAY	179 03.6	N12 52.5	65 23.9	8.9	S24 52.7	0.9	55.8
01	194 03.8	51.7	79 51.8	9.0	24 51.8	1.1	55.8
02	209 03.9	50.9	94 19.8	9.0	24 50.7	1.3	55.7
03	224 04.1	. . 50.1	108 47.8	9.0	24 49.4	1.4	55.7
04	239 04.2	49.2	123 15.8	9.1	24 48.0	1.4	55.7
05	254 04.3	48.4	137 43.9	9.1	24 46.6	1.7	55.7
06	269 04.5	N12 47.6	152 12.0	9.2	S24 44.9	1.7	55.6
07	284 04.6	46.8	166 40.2	9.2	24 43.2	1.9	55.6
08	299 04.8	46.0	181 08.4	9.2	24 41.3	2.0	55.6
09	314 04.9	. . 45.2	195 36.6	9.3	24 39.3	2.2	55.6
10	329 05.1	44.4	210 04.9	9.4	24 37.1	2.2	55.5
11	344 05.2	43.5	224 33.3	9.4	24 34.9	2.4	55.5
12	359 05.3	N12 42.7	239 01.7	9.4	S24 32.5	2.5	55.5
13	14 05.5	41.9	253 30.1	9.5	24 30.0	2.7	55.5
14	29 05.6	41.1	267 58.6	9.6	24 27.3	2.7	55.4
15	44 05.8	. . 40.3	282 27.2	9.5	24 24.6	2.9	55.4
16	59 05.9	39.4	296 55.7	9.7	24 21.7	3.0	55.4
17	74 06.1	38.6	311 24.4	9.7	24 18.7	3.2	55.4
18	89 06.2	N12 37.8	325 53.1	9.7	S24 15.5	3.2	55.4
19	104 06.4	37.0	340 21.8	9.8	24 12.3	3.4	55.3
20	119 06.5	36.2	354 50.6	9.9	24 08.9	3.5	55.3
21	134 06.7	. . 35.4	9 19.5	9.9	24 05.4	3.6	55.3
22	149 06.8	34.5	23 48.4	10.0	24 01.8	3.7	55.3
23	164 07.0	33.7	38 17.4	10.0	S23 58.1	3.9	55.2
	SD 15.8	*d* 0.8	SD 15.5		15.3		15.1

Lat. °	Twilight Naut. h m	Twilight Civil h m	Sunrise h m	Moonrise 17 h m	Moonrise 18 h m	Moonrise 19 h m	Moonrise 20 h m
N 72	////	////	02 43	▬	▬	▬	▬
N 70	////	01 11	03 11	▬	▬	▬	▬
68	////	02 04	03 31	▬	▬	▬	▬
66	////	02 36	03 47	▬	▬	▬	19 39
64	01 03	02 58	04 01	17 05	18 19	18 50	18 59
62	01 50	03 16	04 12	16 23	17 30	18 10	18 31
60	02 19	03 31	04 21	15 55	17 00	17 43	18 09
N 58	02 40	03 43	04 29	15 33	16 36	17 21	17 52
56	02 57	03 54	04 36	15 15	16 17	17 04	17 37
54	03 11	04 03	04 43	15 00	16 01	16 49	17 24
52	03 23	04 11	04 49	14 47	15 48	16 36	17 13
50	03 33	04 18	04 54	14 36	15 36	16 24	17 03
45	03 54	04 33	05 05	14 12	15 11	16 01	16 42
N 40	04 11	04 45	05 14	13 53	14 51	15 42	16 25
35	04 24	04 55	05 22	13 37	14 35	15 26	16 10
30	04 34	05 04	05 29	13 24	14 20	15 12	15 58
20	04 51	05 18	05 41	13 00	13 56	14 48	15 36
N 10	05 04	05 29	05 51	12 40	13 35	14 28	15 17
0	05 15	05 39	06 01	12 22	13 16	14 09	15 00
S 10	05 23	05 48	06 10	12 03	12 56	13 50	14 42
20	05 31	05 57	06 20	11 43	12 35	13 29	14 24
30	05 38	06 06	06 31	11 20	12 11	13 06	14 02
35	05 42	06 11	06 37	11 07	11 57	12 52	13 49
40	05 45	06 17	06 44	10 51	11 41	12 36	13 34
45	05 48	06 23	06 53	10 33	11 21	12 17	13 17
S 50	05 51	06 29	07 03	10 10	10 57	11 53	12 55
52	05 53	06 32	07 07	09 59	10 45	11 41	12 45
54	05 54	06 36	07 13	09 47	10 32	11 28	12 33
56	05 56	06 39	07 18	09 33	10 16	11 13	12 19
58	05 57	06 43	07 24	09 16	09 58	10 55	12 04
S 60	05 59	06 47	07 32	08 57	09 35	10 33	11 45

Lat. °	Sunset h m	Twilight Civil h m	Twilight Naut. h m	Moonset 17 h m	Moonset 18 h m	Moonset 19 h m	Moonset 20 h m
N 72	21 19	////	////	▬	▬	▬	▬
N 70	20 53	22 46	////	▬	▬	▬	▬
68	20 33	21 58	////	▬	▬	▬	▬
66	20 18	21 28	////	▬	▬	▬	22 54
64	20 05	21 06	22 55	20 00	20 38	21 58	23 33
62	19 54	20 49	22 13	20 42	21 27	22 37	24 01
60	19 45	20 35	21 46	21 10	21 58	23 04	24 22
N 58	19 37	20 23	21 25	21 32	22 22	23 25	24 39
56	19 30	20 12	21 08	21 50	22 40	23 43	24 53
54	19 24	20 03	20 55	22 06	22 56	23 57	25 06
52	19 18	19 55	20 43	22 19	23 10	24 10	00 10
50	19 13	19 48	20 33	22 30	23 22	24 21	00 21
45	19 02	19 33	20 12	22 55	23 47	24 45	00 45
N 40	18 53	19 22	19 56	23 14	24 06	00 06	01 03
35	18 45	19 12	19 43	23 30	24 23	00 23	01 19
30	18 38	19 03	19 33	23 44	24 37	00 37	01 33
20	18 27	18 49	19 16	24 08	00 08	01 01	01 55
N 10	18 17	18 38	19 03	24 28	00 28	01 22	02 15
0	18 07	18 28	18 53	24 48	00 48	01 42	02 34
S 10	17 58	18 19	18 44	00 11	01 07	02 01	02 52
20	17 48	18 11	18 37	00 30	01 28	02 22	03 12
30	17 37	18 02	18 30	00 52	01 51	02 46	03 34
35	17 31	17 57	18 27	01 05	02 05	03 00	03 48
40	17 24	17 52	18 23	01 20	02 22	03 16	04 03
45	17 16	17 46	18 20	01 38	02 41	03 35	04 21
S 50	17 06	17 39	18 17	02 00	03 05	04 00	04 43
52	17 01	17 36	18 16	02 11	03 17	04 11	04 54
54	16 56	17 33	18 14	02 23	03 30	04 25	05 06
56	16 50	17 29	18 13	02 36	03 46	04 40	05 20
58	16 44	17 26	18 12	02 53	04 04	04 58	05 36
S 60	16 37	17 21	18 10	03 12	04 26	05 20	05 55

Day	SUN Eqn. of Time 00^h	SUN Eqn. of Time 12^h	SUN Mer. Pass.	MOON Mer. Pass. Upper	MOON Mer. Pass. Lower	MOON Age	MOON Phase
d	m s	m s	h m	h m	h m	d %	
17	04 12	04 06	12 04	18 35	06 07	07 58	
18	03 59	03 53	12 04	19 29	07 02	08 68	
19	03 46	03 39	12 04	20 21	07 55	09 77	

2010 AUGUST 20, 21, 22 (FRI., SAT., SUN.)

	UT d h	ARIES GHA	VENUS −4.5 GHA	VENUS Dec	MARS +1.5 GHA	MARS Dec	JUPITER −2.8 GHA	JUPITER Dec	SATURN +1.1 GHA	SATURN Dec
		° ′	° ′	° ′	° ′	° ′	° ′	° ′	° ′	° ′
	20 00	328 13.6	137 04.5	S 6 36.3	136 06.1	S 4 58.2	325 36.8	S 0 31.6	144 48.5	N 0 54.3
	01	343 16.1	152 04.8	37.5	151 07.1	58.8	340 39.5	31.6	159 50.7	54.2
	02	358 18.5	167 05.2	38.7	166 08.2	4 59.4	355 42.1	31.7	174 52.9	54.1
	03	13 21.0	182 05.5	. . 39.9	181 09.2	5 00.1	10 44.8	. . 31.8	189 55.1	. . 54.0
	04	28 23.5	197 05.8	41.1	196 10.2	00.7	25 47.4	31.9	204 57.3	53.8
	05	43 25.9	212 06.2	42.3	211 11.2	01.4	40 50.1	32.0	219 59.6	53.7
	06	58 28.4	227 06.5	S 6 43.4	226 12.2	S 5 02.0	55 52.7	S 0 32.1	235 01.8	N 0 53.6
	07	73 30.9	242 06.9	44.6	241 13.2	02.7	70 55.4	32.2	250 04.0	53.5
	08	88 33.3	257 07.2	45.8	256 14.2	03.3	85 58.1	32.3	265 06.2	53.4
F	09	103 35.8	272 07.6	. . 47.0	271 15.2	. . 04.0	101 00.7	. . 32.4	280 08.4	. . 53.3
R	10	118 38.2	287 07.9	48.2	286 16.2	04.6	116 03.4	32.5	295 10.6	53.2
I	11	133 40.7	302 08.3	49.4	301 17.2	05.3	131 06.0	32.6	310 12.9	53.1
D	12	148 43.2	317 08.7	S 6 50.5	316 18.2	S 5 05.9	146 08.7	S 0 32.7	325 15.1	N 0 53.0
A	13	163 45.6	332 09.0	51.7	331 19.2	06.6	161 11.4	32.8	340 17.3	52.8
Y	14	178 48.1	347 09.4	52.9	346 20.2	07.2	176 14.0	32.9	355 19.5	52.7
	15	193 50.6	2 09.7	. . 54.1	1 21.2	. . 07.9	191 16.7	. . 33.0	10 21.7	. . 52.6
	16	208 53.0	17 10.1	55.3	16 22.2	08.5	206 19.3	33.1	25 23.9	52.5
	17	223 55.5	32 10.4	56.4	31 23.2	09.2	221 22.0	33.2	40 26.2	52.4
	18	238 58.0	47 10.8	S 6 57.6	46 24.2	S 5 09.8	236 24.7	S 0 33.3	55 28.4	N 0 52.3
	19	254 00.4	62 11.1	6 58.8	61 25.2	10.4	251 27.3	33.4	70 30.6	52.2
	20	269 02.9	77 11.5	7 00.0	76 26.2	11.1	266 30.0	33.5	85 32.8	52.1
	21	284 05.4	92 11.9	. . 01.2	91 27.2	. . 11.7	281 32.6	. . 33.5	100 35.0	. . 52.0
	22	299 07.8	107 12.2	02.3	106 28.2	12.4	296 35.3	33.6	115 37.3	51.8
	23	314 10.3	122 12.6	03.5	121 29.2	13.0	311 38.0	33.7	130 39.5	51.7
	21 00	329 12.7	137 12.9	S 7 04.7	136 30.2	S 5 13.7	326 40.6	S 0 33.8	145 41.7	N 0 51.6
	01	344 15.2	152 13.3	05.9	151 31.2	14.3	341 43.3	33.9	160 43.9	51.5
	02	359 17.7	167 13.7	07.1	166 32.2	15.0	356 46.0	34.0	175 46.1	51.4
	03	14 20.1	182 14.0	. . 08.2	181 33.2	. . 15.6	11 48.6	. . 34.1	190 48.3	. . 51.3
	04	29 22.6	197 14.4	09.4	196 34.2	16.3	26 51.3	34.2	205 50.6	51.2
	05	44 25.1	212 14.7	10.6	211 35.2	16.9	41 53.9	34.3	220 52.8	51.1
	06	59 27.5	227 15.1	S 7 11.8	226 36.2	S 5 17.6	56 56.6	S 0 34.4	235 55.0	N 0 51.0
S	07	74 30.0	242 15.5	12.9	241 37.2	18.2	71 59.3	34.5	250 57.2	50.8
A	08	89 32.5	257 15.8	14.1	256 38.2	18.9	87 01.9	34.6	265 59.4	50.7
T	09	104 34.9	272 16.2	. . 15.3	271 39.2	. . 19.5	102 04.6	. . 34.7	281 01.6	. . 50.6
U	10	119 37.4	287 16.6	16.5	286 40.2	20.1	117 07.3	34.8	296 03.8	50.5
R	11	134 39.9	302 16.9	17.6	301 41.2	20.8	132 09.9	34.9	311 06.1	50.4
D	12	149 42.3	317 17.3	S 7 18.8	316 42.2	S 5 21.4	147 12.6	S 0 35.0	326 08.3	N 0 50.3
A	13	164 44.8	332 17.7	20.0	331 43.2	22.1	162 15.3	35.1	341 10.5	50.2
Y	14	179 47.2	347 18.0	21.2	346 44.2	22.7	177 17.9	35.2	356 12.7	50.1
	15	194 49.7	2 18.4	. . 22.3	1 45.2	. . 23.4	192 20.6	. . 35.3	11 14.9	. . 50.0
	16	209 52.2	17 18.8	23.5	16 46.2	24.0	207 23.3	35.4	26 17.1	49.8
	17	224 54.6	32 19.1	24.7	31 47.2	24.7	222 25.9	35.5	41 19.4	49.7
	18	239 57.1	47 19.5	S 7 25.9	46 48.2	S 5 25.3	237 28.6	S 0 35.6	56 21.6	N 0 49.6
	19	254 59.6	62 19.9	27.0	61 49.2	26.0	252 31.3	35.7	71 23.8	49.5
	20	270 02.0	77 20.3	28.2	76 50.2	26.6	267 33.9	35.8	86 26.0	49.4
	21	285 04.5	92 20.6	. . 29.4	91 51.2	. . 27.3	282 36.6	. . 35.9	101 28.2	. . 49.3
	22	300 07.0	107 21.0	30.5	106 52.2	27.9	297 39.3	36.0	116 30.4	49.2
	23	315 09.4	122 21.4	31.7	121 53.2	28.5	312 41.9	36.1	131 32.7	49.1
	22 00	330 11.9	137 21.8	S 7 32.9	136 54.2	S 5 29.2	327 44.6	S 0 36.2	146 34.9	N 0 48.9
	01	345 14.4	152 22.1	34.1	151 55.2	29.8	342 47.3	36.3	161 37.1	48.8
	02	0 16.8	167 22.5	35.2	166 56.2	30.5	357 49.9	36.4	176 39.3	48.7
	03	15 19.3	182 22.9	. . 36.4	181 57.2	. . 31.1	12 52.6	. . 36.5	191 41.5	. . 48.6
	04	30 21.7	197 23.3	37.6	196 58.2	31.8	27 55.3	36.6	206 43.7	48.5
	05	45 24.2	212 23.6	38.7	211 59.2	32.4	42 57.9	36.7	221 45.9	48.4
	06	60 26.7	227 24.0	S 7 39.9	227 00.2	S 5 33.1	58 00.6	S 0 36.8	236 48.2	N 0 48.3
	07	75 29.1	242 24.4	41.1	242 01.2	33.7	73 03.3	36.9	251 50.4	48.2
	08	90 31.6	257 24.8	42.2	257 02.2	34.4	88 06.0	37.0	266 52.6	48.1
S	09	105 34.1	272 25.2	. . 43.4	272 03.2	. . 35.0	103 08.6	. . 37.1	281 54.8	. . 47.9
U	10	120 36.5	287 25.5	44.6	287 04.2	35.7	118 11.3	37.2	296 57.0	47.8
N	11	135 39.0	302 25.9	45.7	302 05.2	36.3	133 14.0	37.3	311 59.2	47.7
D	12	150 41.5	317 26.3	S 7 46.9	317 06.2	S 5 36.9	148 16.6	S 0 37.4	327 01.4	N 0 47.6
A	13	165 43.9	332 26.7	48.1	332 07.2	37.6	163 19.3	37.5	342 03.7	47.5
Y	14	180 46.4	347 27.1	49.2	347 08.1	38.2	178 22.0	37.6	357 05.9	47.4
	15	195 48.8	2 27.5	. . 50.4	2 09.1	. . 38.9	193 24.7	. . 37.7	12 08.1	. . 47.3
	16	210 51.3	17 27.8	51.6	17 10.1	39.5	208 27.3	37.8	27 10.3	47.2
	17	225 53.8	32 28.2	52.7	32 11.1	40.2	223 30.0	37.9	42 12.5	47.0
	18	240 56.2	47 28.6	S 7 53.9	47 12.1	S 5 40.8	238 32.7	S 0 38.0	57 14.7	N 0 46.9
	19	255 58.7	62 29.0	55.1	62 13.1	41.5	253 35.4	38.1	72 16.9	46.8
	20	271 01.2	77 29.4	56.2	77 14.1	42.1	268 38.0	38.2	87 19.2	46.7
	21	286 03.6	92 29.8	. . 57.4	92 15.1	. . 42.8	283 40.7	. . 38.3	102 21.4	. . 46.6
	22	301 06.1	107 30.2	58.6	107 16.1	43.4	298 43.4	38.4	117 23.6	46.5
	23	316 08.6	122 30.5	59.7	122 17.1	44.1	313 46.0	38.5	132 25.8	46.4
	Mer. Pass.	h m 2 02.8	v 0.4	d 1.2	v 1.0	d 0.6	v 2.7	d 0.1	v 2.2	d 0.1

STARS

Name	SHA	Dec
	° ′	° ′
Acamar	315 19.7	S40 15.4
Achernar	335 27.8	S57 10.6
Acrux	173 12.3	S63 09.7
Adhara	255 14.4	S28 59.0
Aldebaran	290 51.8	N16 31.9
Alioth	166 22.7	N55 54.3
Alkaid	153 00.6	N49 15.8
Al Na'ir	27 45.7	S46 54.4
Alnilam	275 48.6	S 1 11.6
Alphard	217 58.4	S 8 42.3
Alphecca	126 12.7	N26 40.9
Alpheratz	357 45.3	N29 09.1
Altair	62 09.9	N 8 54.0
Ankaa	353 17.3	S42 14.5
Antares	112 28.7	S26 27.4
Arcturus	145 57.7	N19 07.7
Atria	107 32.2	S69 03.1
Avior	234 19.5	S59 32.5
Bellatrix	278 34.3	N 6 21.6
Betelgeuse	271 03.7	N 7 24.6
Canopus	263 57.4	S52 41.8
Capella	280 37.6	N46 00.4
Deneb	49 32.5	N45 19.3
Denebola	182 36.0	N14 30.8
Diphda	348 57.6	S17 55.4
Dubhe	193 54.6	N61 41.6
Elnath	278 15.3	N28 36.9
Eltanin	90 46.8	N51 29.5
Enif	33 48.8	N 9 55.6
Fomalhaut	15 25.8	S29 33.7
Gacrux	172 03.8	S57 10.6
Gienah	175 54.7	S17 36.1
Hadar	148 51.2	S60 25.7
Hamal	328 02.9	N23 30.8
Kaus Aust.	83 46.2	S34 22.8
Kochab	137 20.0	N74 06.9
Markab	13 40.1	N15 16.0
Menkar	314 17.1	N 4 08.1
Menkent	148 10.2	S36 25.5
Miaplacidus	221 41.2	S69 45.7
Mirfak	308 43.3	N49 53.8
Nunki	76 00.5	S26 17.0
Peacock	53 21.8	S56 42.0
Pollux	243 30.5	N28 00.0
Procyon	245 02.1	N 5 11.9
Rasalhague	96 08.2	N12 33.3
Regulus	207 46.0	N11 54.9
Rigel	281 14.1	S 8 11.2
Rigil Kent.	139 54.8	S60 53.0
Sabik	102 14.7	S15 44.3
Schedar	349 42.6	N56 35.7
Shaula	96 24.5	S37 06.8
Sirius	258 35.7	S16 43.7
Spica	158 33.6	S11 13.1
Suhail	222 54.4	S43 28.5
Vega	80 40.1	N38 47.9
Zuben'ubi	137 07.8	S16 05.2

	SHA	Mer. Pass.
	° ′	h m
Venus	168 00.2	14 51
Mars	167 17.5	14 53
Jupiter	357 27.9	2 13
Saturn	176 28.9	14 15

UT		SUN GHA	SUN Dec	MOON GHA	v	MOON Dec	d	HP
d	h	° ′	° ′	° ′	′	° ′	′	′
20	00	179 07.1	N12 32.9	52 46.4	10.1	S23 54.2	4.0	55.2
	01	194 07.3	32.1	67 15.5	10.1	23 50.2	4.0	55.2
	02	209 07.4	31.2	81 44.6	10.2	23 46.2	4.3	55.2
	03	224 07.6	. . 30.4	96 13.8	10.3	23 41.9	4.3	55.2
	04	239 07.7	29.6	110 43.1	10.3	23 37.6	4.4	55.1
	05	254 07.8	28.8	125 12.4	10.4	23 33.2	4.5	55.1
	06	269 08.0	N12 28.0	139 41.8	10.4	S23 28.7	4.7	55.1
	07	284 08.1	27.1	154 11.2	10.5	23 24.0	4.8	55.1
	08	299 08.3	26.3	168 40.7	10.5	23 19.2	4.9	55.1
F	09	314 08.4	. . 25.5	183 10.2	10.6	23 14.3	5.0	55.0
R	10	329 08.6	24.7	197 39.8	10.7	23 09.3	5.1	55.0
I	11	344 08.7	23.8	212 09.5	10.8	23 04.2	5.2	55.0
D	12	359 08.9	N12 23.0	226 39.3	10.7	S22 59.0	5.3	55.0
A	13	14 09.0	22.2	241 09.0	10.9	22 53.7	5.4	55.0
Y	14	29 09.2	21.4	255 38.9	10.9	22 48.3	5.6	54.9
	15	44 09.3	. . 20.5	270 08.8	11.0	22 42.7	5.6	54.9
	16	59 09.5	19.7	284 38.8	11.1	22 37.1	5.7	54.9
	17	74 09.6	18.9	299 08.9	11.1	22 31.4	5.9	54.9
	18	89 09.8	N12 18.1	313 39.0	11.2	S22 25.5	5.9	54.9
	19	104 10.0	17.2	328 09.2	11.2	22 19.6	6.1	54.9
	20	119 10.1	16.4	342 39.4	11.3	22 13.5	6.2	54.8
	21	134 10.3	. . 15.6	357 09.7	11.4	22 07.3	6.2	54.8
	22	149 10.4	14.7	11 40.1	11.4	22 01.1	6.4	54.8
	23	164 10.6	13.9	26 10.5	11.5	21 54.7	6.4	54.8
21	00	179 10.7	N12 13.1	40 41.0	11.6	S21 48.3	6.6	54.8
	01	194 10.9	12.3	55 11.6	11.6	21 41.7	6.7	54.8
	02	209 11.0	11.4	69 42.2	11.7	21 35.0	6.7	54.7
	03	224 11.2	. . 10.6	84 12.9	11.7	21 28.3	6.9	54.7
	04	239 11.3	09.8	98 43.6	11.9	21 21.4	6.9	54.7
	05	254 11.5	08.9	113 14.5	11.9	21 14.5	7.0	54.7
	06	269 11.6	N12 08.1	127 45.4	11.9	S21 07.5	7.2	54.7
	07	284 11.8	07.3	142 16.3	12.0	21 00.3	7.2	54.7
S	08	299 11.9	06.4	156 47.3	12.1	20 53.1	7.3	54.6
A	09	314 12.1	. . 05.6	171 18.4	12.2	20 45.8	7.4	54.6
T	10	329 12.3	04.8	185 49.6	12.2	20 38.4	7.5	54.6
U	11	344 12.4	03.9	200 20.8	12.3	20 30.9	7.6	54.6
R	12	359 12.6	N12 03.1	214 52.1	12.3	S20 23.3	7.7	54.6
D	13	14 12.7	02.3	229 23.4	12.4	20 15.6	7.8	54.6
A	14	29 12.9	01.4	243 54.8	12.5	20 07.8	7.8	54.6
Y	15	44 13.0	12 00.6	258 26.3	12.6	20 00.0	7.9	54.5
	16	59 13.2	11 59.8	272 57.9	12.6	19 52.1	8.1	54.5
	17	74 13.3	58.9	287 29.5	12.6	19 44.0	8.1	54.5
	18	89 13.5	N11 58.1	302 01.1	12.8	S19 35.9	8.2	54.5
	19	104 13.7	57.3	316 32.9	12.8	19 27.7	8.2	54.5
	20	119 13.8	56.4	331 04.7	12.9	19 19.5	8.4	54.5
	21	134 14.0	. . 55.6	345 36.6	12.9	19 11.1	8.4	54.5
	22	149 14.1	54.8	0 08.5	13.0	19 02.7	8.5	54.5
	23	164 14.3	53.9	14 40.5	13.0	18 54.2	8.6	54.4
22	00	179 14.4	N11 53.1	29 12.5	13.2	S18 45.6	8.7	54.4
	01	194 14.6	52.3	43 44.7	13.1	18 36.9	8.8	54.4
	02	209 14.8	51.4	58 16.8	13.3	18 28.1	8.8	54.4
	03	224 14.9	. . 50.6	72 49.1	13.3	18 19.3	8.9	54.4
	04	239 15.1	49.7	87 21.4	13.4	18 10.4	9.0	54.4
	05	254 15.2	48.9	101 53.8	13.4	18 01.4	9.0	54.4
	06	269 15.4	N11 48.1	116 26.2	13.5	S17 52.4	9.1	54.4
	07	284 15.6	47.2	130 58.7	13.5	17 43.3	9.2	54.3
	08	299 15.7	46.4	145 31.2	13.7	17 34.1	9.3	54.3
S	09	314 15.9	. . 45.5	160 03.9	13.6	17 24.8	9.3	54.3
U	10	329 16.0	44.7	174 36.5	13.8	17 15.5	9.4	54.3
N	11	344 16.2	43.9	189 09.3	13.8	17 06.1	9.5	54.3
D	12	359 16.3	N11 43.0	203 42.1	13.8	S16 56.6	9.5	54.3
A	13	14 16.5	42.2	218 14.9	13.9	16 47.1	9.7	54.3
Y	14	29 16.7	41.3	232 47.8	14.0	16 37.4	9.6	54.3
	15	44 16.8	. . 40.5	247 20.8	14.0	16 27.8	9.8	54.3
	16	59 17.0	39.7	261 53.8	14.1	16 18.0	9.8	54.3
	17	74 17.2	38.8	276 26.9	14.2	16 08.2	9.9	54.2
	18	89 17.3	N11 38.0	291 00.1	14.2	S15 58.3	9.9	54.2
	19	104 17.5	37.1	305 33.3	14.2	15 48.4	10.0	54.2
	20	119 17.6	36.3	320 06.5	14.3	15 38.4	10.0	54.2
	21	134 17.8	. . 35.4	334 39.8	14.4	15 28.4	10.2	54.2
	22	149 18.0	34.6	349 13.2	14.4	15 18.2	10.1	54.2
	23	164 18.1	33.8	3 46.6	14.5	S15 08.1	10.3	54.2
		SD 15.8	d 0.8	SD 15.0		14.9		14.8

Lat.	Twilight Naut.	Twilight Civil	Sunrise	Moonrise 20	21	22	23
°	h m	h m	h m	h m	h m	h m	h m
N 72	////	////	03 02	■	■	20 38	19 56
N 70	////	01 43	03 25	■	20 54	20 02	19 37
68	////	02 23	03 43	■	19 59	19 37	19 22
66	////	02 50	03 58	19 39	19 25	19 17	19 10
64	01 31	03 10	04 10	18 59	19 01	19 01	19 00
62	02 06	03 26	04 20	18 31	18 41	18 47	18 51
60	02 31	03 39	04 28	18 09	18 25	18 36	18 43
N 58	02 50	03 51	04 36	17 52	18 12	18 26	18 37
56	03 05	04 00	04 42	17 37	18 00	18 17	18 31
54	03 18	04 09	04 48	17 24	17 50	18 10	18 25
52	03 30	04 16	04 53	17 13	17 41	18 03	18 20
50	03 39	04 23	04 58	17 03	17 33	17 56	18 16
45	03 59	04 37	05 09	16 42	17 15	17 43	18 07
N 40	04 14	04 49	05 17	16 25	17 01	17 32	17 59
35	04 26	04 58	05 24	16 10	16 48	17 22	17 52
30	04 36	05 06	05 31	15 58	16 38	17 13	17 46
20	04 52	05 19	05 42	15 36	16 19	16 59	17 35
N 10	05 04	05 30	05 51	15 17	16 03	16 46	17 26
0	05 14	05 39	06 00	15 00	15 48	16 34	17 17
S 10	05 22	05 47	06 08	14 42	15 33	16 22	17 08
20	05 29	05 55	06 18	14 24	15 17	16 09	16 59
30	05 35	06 03	06 28	14 02	14 58	15 54	16 48
35	05 38	06 08	06 34	13 49	14 47	15 45	16 42
40	05 41	06 13	06 40	13 34	14 35	15 35	16 35
45	05 44	06 18	06 48	13 17	14 20	15 23	16 27
S 50	05 46	06 24	06 57	12 55	14 01	15 09	16 17
52	05 47	06 27	07 01	12 45	13 53	15 02	16 12
54	05 48	06 29	07 06	12 33	13 43	14 55	16 07
56	05 49	06 32	07 11	12 19	13 32	14 47	16 01
58	05 50	06 36	07 17	12 04	13 20	14 37	15 55
S 60	05 51	06 40	07 23	11 45	13 05	14 27	15 47

Lat.	Sunset	Twilight Civil	Twilight Naut.	Moonset 20	21	22	23
°	h m	h m	h m	h m	h m	h m	h m
N 72	21 00	23 37	////	■	■	■	01 10
N 70	20 38	22 15	////	■	23 19	25 44	01 44
68	20 20	21 39	////	■	■	00 13	02 09
66	20 06	21 13	23 41	22 54	24 46	00 46	02 27
64	19 55	20 53	22 29	23 33	25 10	01 10	02 42
62	19 45	20 38	21 56	24 01	00 01	01 28	02 55
60	19 36	20 25	21 32	24 22	00 22	01 44	03 05
N 58	19 29	20 14	21 14	24 39	00 39	01 57	03 15
56	19 23	20 04	20 59	24 53	00 53	02 08	03 23
54	19 17	19 56	20 46	25 06	01 06	02 17	03 30
52	19 12	19 49	20 35	00 10	01 17	02 26	03 36
50	19 07	19 42	20 26	00 21	01 26	02 34	03 42
45	18 57	19 28	20 06	00 45	01 47	02 50	03 54
N 40	18 49	19 17	19 51	01 03	02 03	03 04	04 04
35	18 41	19 08	19 39	01 19	02 17	03 15	04 13
30	18 35	19 00	19 29	01 33	02 29	03 25	04 20
20	18 24	18 47	19 14	01 55	02 49	03 42	04 33
N 10	18 15	18 37	19 02	02 15	03 07	03 57	04 44
0	18 07	18 28	18 52	02 34	03 23	04 11	04 55
S 10	17 58	18 19	18 44	02 52	03 40	04 24	05 05
20	17 49	18 11	18 37	03 12	03 57	04 39	05 16
30	17 39	18 03	18 31	03 34	04 17	04 55	05 29
35	17 33	17 59	18 29	03 48	04 29	05 05	05 36
40	17 27	17 54	18 26	04 03	04 42	05 16	05 44
45	17 19	17 49	18 23	04 21	04 58	05 28	05 54
S 50	17 10	17 43	18 21	04 43	05 17	05 44	06 05
52	17 06	17 41	18 20	04 54	05 26	05 51	06 11
54	17 01	17 38	18 19	05 06	05 36	05 59	06 16
56	16 56	17 35	18 18	05 20	05 48	06 08	06 23
58	16 50	17 31	18 17	05 36	06 01	06 18	06 30
S 60	16 44	17 28	18 16	05 55	06 16	06 29	06 38

Day	SUN Eqn. of Time 00^h	SUN Eqn. of Time 12^h	SUN Mer. Pass.	MOON Mer. Pass. Upper	MOON Mer. Pass. Lower	MOON Age	MOON Phase
d	m s	m s	h m	h m	h m	d %	
20	03 32	03 25	12 03	21 12	08 47	10 85	
21	03 17	03 10	12 03	21 59	09 36	11 91	
22	03 03	02 55	12 03	22 44	10 22	12 96	

UT	ARIES	VENUS −4.5		MARS +1.5		JUPITER −2.8		SATURN +1.1	
d h	GHA ° ′	GHA ° ′	Dec ° ′	GHA ° ′	Dec ° ′	GHA ° ′	Dec ° ′	GHA ° ′	Dec ° ′
23 00 (MONDAY)	331 11.0	137 30.9	S 8 00.9	137 18.1	S 5 44.7	328 48.7	S 0 38.6	147 28.0	N 0 46.3
01	346 13.5	152 31.3	02.1	152 19.1	45.3	343 51.4	38.7	162 30.2	46.1
02	1 16.0	167 31.7	03.2	167 20.1	46.0	358 54.1	38.8	177 32.4	46.0
03	16 18.4	182 32.1	. . 04.4	182 21.1	. . 46.6	13 56.7	. . 38.9	192 34.7	. . 45.9
04	31 20.9	197 32.5	05.5	197 22.1	47.3	28 59.4	39.0	207 36.9	45.8
05	46 23.3	212 32.9	06.7	212 23.1	47.9	44 02.1	39.1	222 39.1	45.7
06	61 25.8	227 33.3	S 8 07.9	227 24.0	S 5 48.6	59 04.8	S 0 39.2	237 41.3	N 0 45.6
07	76 28.3	242 33.7	09.0	242 25.0	49.2	74 07.4	39.3	252 43.5	45.5
08	91 30.7	257 34.1	10.2	257 26.0	49.9	89 10.1	39.4	267 45.7	45.4
09	106 33.2	272 34.5	. . 11.3	272 27.0	. . 50.5	104 12.8	. . 39.5	282 47.9	. . 45.2
10	121 35.7	287 34.9	12.5	287 28.0	51.2	119 15.5	39.6	297 50.1	45.1
11	136 38.1	302 35.3	13.7	302 29.0	51.8	134 18.2	39.7	312 52.4	45.0
12	151 40.6	317 35.7	S 8 14.8	317 30.0	S 5 52.5	149 20.8	S 0 39.8	327 54.6	N 0 44.9
13	166 43.1	332 36.1	16.0	332 31.0	53.1	164 23.5	39.9	342 56.8	44.8
14	181 45.5	347 36.5	17.1	347 32.0	53.7	179 26.2	40.0	357 59.0	44.7
15	196 48.0	2 36.9	. . 18.3	2 33.0	. . 54.4	194 28.9	. . 40.1	13 01.2	. . 44.6
16	211 50.4	17 37.3	19.5	17 34.0	55.0	209 31.5	40.2	28 03.4	44.5
17	226 52.9	32 37.7	20.6	32 34.9	55.7	224 34.2	40.3	43 05.6	44.3
18	241 55.4	47 38.1	S 8 21.8	47 35.9	S 5 56.3	239 36.9	S 0 40.4	58 07.9	N 0 44.2
19	256 57.8	62 38.5	22.9	62 36.9	57.0	254 39.6	40.5	73 10.1	44.1
20	272 00.3	77 38.9	24.1	77 37.9	57.6	269 42.3	40.6	88 12.3	44.0
21	287 02.8	92 39.3	. . 25.2	92 38.9	. . 58.3	284 44.9	. . 40.7	103 14.5	. . 43.9
22	302 05.2	107 39.7	26.4	107 39.9	58.9	299 47.6	40.8	118 16.7	43.8
23	317 07.7	122 40.1	27.6	122 40.9	5 59.6	314 50.3	40.9	133 18.9	43.7
24 00 (TUESDAY)	332 10.2	137 40.5	S 8 28.7	137 41.9	S 6 00.2	329 53.0	S 0 41.0	148 21.1	N 0 43.6
01	347 12.6	152 40.9	29.9	152 42.9	00.8	344 55.7	41.1	163 23.3	43.4
02	2 15.1	167 41.3	31.0	167 43.8	01.5	359 58.3	41.2	178 25.5	43.3
03	17 17.6	182 41.7	. . 32.2	182 44.8	. . 02.1	15 01.0	. . 41.3	193 27.8	. . 43.2
04	32 20.0	197 42.1	33.3	197 45.8	02.8	30 03.7	41.4	208 30.0	43.1
05	47 22.5	212 42.5	34.5	212 46.8	03.4	45 06.4	41.5	223 32.2	43.0
06	62 24.9	227 42.9	S 8 35.6	227 47.8	S 6 04.1	60 09.1	S 0 41.7	238 34.4	N 0 42.9
07	77 27.4	242 43.3	36.8	242 48.8	04.7	75 11.7	41.8	253 36.6	42.8
08	92 29.9	257 43.7	37.9	257 49.8	05.4	90 14.4	41.9	268 38.8	42.7
09	107 32.3	272 44.2	. . 39.1	272 50.8	. . 06.0	105 17.1	. . 42.0	283 41.0	. . 42.5
10	122 34.8	287 44.6	40.2	287 51.8	06.6	120 19.8	42.1	298 43.2	42.4
11	137 37.3	302 45.0	41.4	302 52.7	07.3	135 22.5	42.2	313 45.5	42.3
12	152 39.7	317 45.4	S 8 42.5	317 53.7	S 6 07.9	150 25.2	S 0 42.3	328 47.7	N 0 42.2
13	167 42.2	332 45.8	43.7	332 54.7	08.6	165 27.8	42.4	343 49.9	42.1
14	182 44.7	347 46.2	44.8	347 55.7	09.2	180 30.5	42.5	358 52.1	42.0
15	197 47.1	2 46.6	. . 46.0	2 56.7	. . 09.9	195 33.2	. . 42.6	13 54.3	. . 41.9
16	212 49.6	17 47.1	47.1	17 57.7	10.5	210 35.9	42.7	28 56.5	41.7
17	227 52.1	32 47.5	48.3	32 58.7	11.2	225 38.6	42.8	43 58.7	41.6
18	242 54.5	47 47.9	S 8 49.4	47 59.6	S 6 11.8	240 41.3	S 0 42.9	59 00.9	N 0 41.5
19	257 57.0	62 48.3	50.6	63 00.6	12.5	255 43.9	43.0	74 03.1	41.4
20	272 59.4	77 48.7	51.7	78 01.6	13.1	270 46.6	43.1	89 05.4	41.3
21	288 01.9	92 49.1	. . 52.9	93 02.6	. . 13.7	285 49.3	. . 43.2	104 07.6	. . 41.2
22	303 04.4	107 49.6	54.0	108 03.6	14.4	300 52.0	43.3	119 09.8	41.1
23	318 06.8	122 50.0	55.2	123 04.6	15.0	315 54.7	43.4	134 12.0	41.0
25 00 (WEDNESDAY)	333 09.3	137 50.4	S 8 56.3	138 05.6	S 6 15.7	330 57.4	S 0 43.5	149 14.2	N 0 40.8
01	348 11.8	152 50.8	57.5	153 06.5	16.3	346 00.1	43.6	164 16.4	40.7
02	3 14.2	167 51.2	58.6	168 07.5	17.0	1 02.7	43.7	179 18.6	40.6
03	18 16.7	182 51.7	8 59.8	183 08.5	. . 17.6	16 05.4	. . 43.9	194 20.8	. . 40.5
04	33 19.2	197 52.1	9 00.9	198 09.5	18.3	31 08.1	44.0	209 23.0	40.4
05	48 21.6	212 52.5	02.0	213 10.5	18.9	46 10.8	44.1	224 25.2	40.3
06	63 24.1	227 52.9	S 9 03.2	228 11.5	S 6 19.5	61 13.5	S 0 44.2	239 27.5	N 0 40.2
07	78 26.5	242 53.4	04.3	243 12.4	20.2	76 16.2	44.3	254 29.7	40.0
08	93 29.0	257 53.8	05.5	258 13.4	20.8	91 18.9	44.4	269 31.9	39.9
09	108 31.5	272 54.2	. . 06.6	273 14.4	. . 21.5	106 21.5	. . 44.5	284 34.1	. . 39.8
10	123 33.9	287 54.7	07.8	288 15.4	22.1	121 24.2	44.6	299 36.3	39.7
11	138 36.4	302 55.1	08.9	303 16.4	22.8	136 26.9	44.7	314 38.5	39.6
12	153 38.9	317 55.5	S 9 10.0	318 17.4	S 6 23.4	151 29.6	S 0 44.8	329 40.7	N 0 39.5
13	168 41.3	332 55.9	11.2	333 18.3	24.1	166 32.3	44.9	344 42.9	39.4
14	183 43.8	347 56.4	12.3	348 19.3	24.7	181 35.0	45.0	359 45.1	39.2
15	198 46.3	2 56.8	. . 13.5	3 20.3	. . 25.3	196 37.7	. . 45.1	14 47.3	. . 39.1
16	213 48.7	17 57.2	14.6	18 21.3	26.0	211 40.4	45.2	29 49.6	39.0
17	228 51.2	32 57.7	15.8	33 22.3	26.6	226 43.1	45.3	44 51.8	38.9
18	243 53.7	47 58.1	S 9 16.9	48 23.2	S 6 27.3	241 45.7	S 0 45.5	59 54.0	N 0 38.8
19	258 56.1	62 58.5	18.0	63 24.2	27.9	256 48.4	45.6	74 56.2	38.7
20	273 58.6	77 59.0	19.2	78 25.2	28.6	271 51.1	45.7	89 58.4	38.6
21	289 01.0	92 59.4	. . 20.3	93 26.2	. . 29.2	286 53.8	. . 45.8	105 00.6	. . 38.5
22	304 03.5	107 59.8	21.4	108 27.2	29.9	301 56.5	45.9	120 02.8	38.3
23	319 06.0	123 00.3	22.6	123 28.1	30.5	316 59.2	46.0	135 05.0	38.2
Mer. Pass.	h m 1 51.0	v 0.4	d 1.2	v 1.0	d 0.6	v 2.7	d 0.1	v 2.2	d 0.1

STARS Name	SHA ° ′	Dec ° ′
Acamar	315 19.7	S40 15.3
Achernar	335 27.8	S57 10.6
Acrux	173 12.3	S63 09.7
Adhara	255 14.4	S28 59.0
Aldebaran	290 51.8	N16 31.9
Alioth	166 22.7	N55 54.3
Alkaid	153 00.6	N49 15.8
Al Na'ir	27 45.7	S46 54.4
Alnilam	275 48.5	S 1 11.6
Alphard	217 58.4	S 8 42.3
Alphecca	126 12.7	N26 40.9
Alpheratz	357 45.3	N29 09.1
Altair	62 09.9	N 8 54.0
Ankaa	353 17.2	S42 14.6
Antares	112 28.7	S26 27.4
Arcturus	145 57.7	N19 07.7
Atria	107 32.3	S69 03.1
Avior	234 19.5	S59 32.5
Bellatrix	278 34.3	N 6 21.6
Betelgeuse	271 03.6	N 7 24.6
Canopus	263 57.4	S52 41.8
Capella	280 37.6	N46 00.4
Deneb	49 32.5	N45 19.3
Denebola	182 36.0	N14 30.8
Diphda	348 57.6	S17 55.4
Dubhe	193 54.6	N61 41.6
Elnath	278 15.3	N28 36.9
Eltanin	90 46.8	N51 29.5
Enif	33 48.8	N 9 55.7
Fomalhaut	15 25.8	S29 33.7
Gacrux	172 03.8	S57 10.6
Gienah	175 54.7	S17 36.1
Hadar	148 51.2	S60 25.7
Hamal	328 02.9	N23 30.9
Kaus Aust.	83 46.2	S34 22.8
Kochab	137 20.0	N74 06.9
Markab	13 40.0	N15 16.0
Menkar	314 17.1	N 4 08.1
Menkent	148 10.2	S36 25.5
Miaplacidus	221 41.2	S69 45.6
Mirfak	308 43.2	N49 53.8
Nunki	76 00.5	S26 17.0
Peacock	53 21.8	S56 42.0
Pollux	243 30.5	N28 00.0
Procyon	245 02.1	N 5 11.9
Rasalhague	96 08.2	N12 33.3
Regulus	207 46.0	N11 54.9
Rigel	281 14.1	S 8 11.2
Rigil Kent.	139 54.9	S60 53.0
Sabik	102 14.8	S15 44.3
Schedar	349 42.5	N56 35.8
Shaula	96 24.5	S37 06.8
Sirius	258 35.7	S16 43.7
Spica	158 33.6	S11 13.1
Suhail	222 54.4	S43 28.5
Vega	80 40.1	N38 47.9
Zuben'ubi	137 07.8	S16 05.2

	SHA ° ′	Mer. Pass. h m
Venus	165 30.3	14 49
Mars	165 31.7	14 48
Jupiter	357 42.8	2 00
Saturn	176 11.0	14 05

UT		SUN GHA	SUN Dec	MOON GHA	*v*	MOON Dec	*d*	HP
d	h	° ′	° ′	° ′	′	° ′	′	′
23	00	179 18.3	N11 32.9	18 20.1	14.5	S14 57.8	10.3	54.2
	01	194 18.4	32.1	32 53.6	14.6	14 47.5	10.3	54.2
	02	209 18.6	31.2	47 27.2	14.7	14 37.2	10.4	54.2
	03	224 18.8	. . 30.4	62 00.9	14.6	14 26.8	10.5	54.2
	04	239 18.9	29.5	76 34.5	14.8	14 16.3	10.5	54.1
	05	254 19.1	28.7	91 08.3	14.8	14 05.8	10.6	54.1
	06	269 19.3	N11 27.8	105 42.1	14.8	S13 55.2	10.6	54.1
	07	284 19.4	27.0	120 15.9	14.9	13 44.6	10.7	54.1
	08	299 19.6	26.1	134 49.8	14.9	13 33.9	10.7	54.1
M	09	314 19.8	. . 25.3	149 23.7	15.0	13 23.2	10.8	54.1
O	10	329 19.9	24.4	163 57.7	15.1	13 12.4	10.8	54.1
N	11	344 20.1	23.6	178 31.8	15.0	13 01.6	10.9	54.1
D	12	359 20.2	N11 22.8	193 05.8	15.2	S12 50.7	10.9	54.1
A	13	14 20.4	21.9	207 40.0	15.1	12 39.8	11.0	54.1
Y	14	29 20.6	21.1	222 14.1	15.3	12 28.8	11.0	54.1
	15	44 20.7	. . 20.2	236 48.4	15.2	12 17.8	11.0	54.1
	16	59 20.9	19.4	251 22.6	15.3	12 06.8	11.2	54.1
	17	74 21.1	18.5	265 56.9	15.4	11 55.6	11.1	54.1
	18	89 21.2	N11 17.7	280 31.3	15.4	S11 44.5	11.2	54.1
	19	104 21.4	16.8	295 05.7	15.4	11 33.3	11.2	54.0
	20	119 21.6	16.0	309 40.1	15.5	11 22.1	11.3	54.0
	21	134 21.7	. . 15.1	324 14.6	15.5	11 10.8	11.4	54.0
	22	149 21.9	14.3	338 49.1	15.6	10 59.4	11.3	54.0
	23	164 22.1	13.4	353 23.7	15.6	10 48.1	11.4	54.0
24	00	179 22.2	N11 12.5	7 58.3	15.6	S10 36.7	11.5	54.0
	01	194 22.4	11.7	22 32.9	15.7	10 25.2	11.4	54.0
	02	209 22.6	10.8	37 07.6	15.7	10 13.8	11.6	54.0
	03	224 22.7	. . 10.0	51 42.3	15.7	10 02.2	11.5	54.0
	04	239 22.9	09.1	66 17.0	15.8	9 50.7	11.6	54.0
	05	254 23.1	08.3	80 51.8	15.8	9 39.1	11.6	54.0
	06	269 23.2	N11 07.4	95 26.6	15.9	S 9 27.5	11.7	54.0
	07	284 23.4	06.6	110 01.5	15.9	9 15.8	11.7	54.0
T	08	299 23.6	05.7	124 36.4	15.9	9 04.1	11.7	54.0
U	09	314 23.7	. . 04.9	139 11.3	16.0	8 52.4	11.8	54.0
E	10	329 23.9	04.0	153 46.3	15.9	8 40.6	11.7	54.0
S	11	344 24.1	03.2	168 21.2	16.1	8 28.9	11.9	54.0
D	12	359 24.3	N11 02.3	182 56.3	16.0	S 8 17.0	11.8	54.0
A	13	14 24.4	01.4	197 31.3	16.1	8 05.2	11.9	54.0
Y	14	29 24.6	11 00.6	212 06.4	16.1	7 53.3	11.9	54.0
	15	44 24.8	10 59.7	226 41.5	16.1	7 41.4	11.9	54.0
	16	59 24.9	58.9	241 16.6	16.2	7 29.5	12.0	54.0
	17	74 25.1	58.0	255 51.8	16.1	7 17.5	12.0	54.0
	18	89 25.3	N10 57.2	270 26.9	16.3	S 7 05.5	12.0	54.0
	19	104 25.4	56.3	285 02.2	16.2	6 53.5	12.0	54.0
	20	119 25.6	55.4	299 37.4	16.2	6 41.5	12.1	54.0
	21	134 25.8	. . 54.6	314 12.6	16.3	6 29.4	12.1	54.0
	22	149 26.0	53.7	328 47.9	16.3	6 17.3	12.1	54.0
	23	164 26.1	52.9	343 23.2	16.3	6 05.2	12.1	54.0
25	00	179 26.3	N10 52.0	357 58.5	16.4	S 5 53.1	12.1	54.0
	01	194 26.5	51.1	12 33.9	16.4	5 41.0	12.2	54.0
	02	209 26.6	50.3	27 09.3	16.3	5 28.8	12.2	54.0
	03	224 26.8	. . 49.4	41 44.6	16.4	5 16.6	12.2	54.0
	04	239 27.0	48.6	56 20.0	16.5	5 04.4	12.2	54.0
	05	254 27.2	47.7	70 55.5	16.4	4 52.2	12.3	54.0
	06	269 27.3	N10 46.8	85 30.9	16.5	S 4 39.9	12.2	54.0
W	07	284 27.5	46.0	100 06.4	16.4	4 27.7	12.3	54.0
E	08	299 27.7	45.1	114 41.8	16.5	4 15.4	12.3	54.0
D	09	314 27.9	. . 44.3	129 17.3	16.5	4 03.1	12.3	54.0
N	10	329 28.0	43.4	143 52.8	16.5	3 50.8	12.3	54.0
E	11	344 28.2	42.5	158 28.3	16.5	3 38.5	12.4	54.0
S	12	359 28.4	N10 41.7	173 03.8	16.6	S 3 26.1	12.3	54.0
D	13	14 28.5	40.8	187 39.4	16.5	3 13.8	12.4	54.0
A	14	29 28.7	39.9	202 14.9	16.6	3 01.4	12.3	54.0
Y	15	44 28.9	. . 39.1	216 50.5	16.5	2 49.1	12.4	54.0
	16	59 29.1	38.2	231 26.0	16.6	2 36.7	12.4	54.0
	17	74 29.2	37.4	246 01.6	16.6	2 24.3	12.4	54.0
	18	89 29.4	N10 36.5	260 37.2	16.5	S 2 11.9	12.4	54.0
	19	104 29.6	35.6	275 12.7	16.6	1 59.5	12.4	54.0
	20	119 29.8	34.8	289 48.3	16.6	1 47.1	12.4	54.0
	21	134 29.9	. . 33.9	304 23.9	16.6	1 34.7	12.4	54.0
	22	149 30.1	33.0	318 59.5	16.6	1 22.3	12.5	54.0
	23	164 30.3	32.2	333 35.1	16.6	S 1 09.8	12.4	54.0
		SD 15.8	*d* 0.9	SD 14.7		14.7		14.7

Lat.	Twilight Naut.	Twilight Civil	Sunrise	Moonrise 23	Moonrise 24	Moonrise 25	Moonrise 26
°	h m	h m	h m	h m	h m	h m	h m
N 72	////	01 12	03 19	19 56	19 28	19 05	18 43
N 70	////	02 08	03 39	19 37	19 18	19 02	18 47
68	////	02 40	03 55	19 22	19 10	19 00	18 50
66	01 03	03 03	04 08	19 10	19 04	18 58	18 52
64	01 52	03 21	04 19	19 00	18 58	18 56	18 55
62	02 21	03 36	04 28	18 51	18 53	18 55	18 57
60	02 43	03 48	04 35	18 43	18 49	18 54	18 58
N 58	03 00	03 58	04 42	18 37	18 45	18 53	19 00
56	03 14	04 07	04 48	18 31	18 42	18 52	19 01
54	03 26	04 15	04 54	18 25	18 39	18 51	19 02
52	03 36	04 22	04 58	18 20	18 36	18 50	19 04
50	03 45	04 28	05 03	18 16	18 33	18 49	19 05
45	04 03	04 41	05 12	18 07	18 28	18 47	19 07
N 40	04 18	04 52	05 20	17 59	18 23	18 46	19 09
35	04 29	05 00	05 27	17 52	18 19	18 45	19 11
30	04 38	05 08	05 32	17 46	18 15	18 44	19 12
20	04 53	05 20	05 42	17 35	18 09	18 42	19 15
N 10	05 05	05 30	05 51	17 26	18 04	18 40	19 17
0	05 14	05 38	05 59	17 17	17 59	18 39	19 19
S 10	05 21	05 46	06 07	17 08	17 53	18 37	19 21
20	05 27	05 53	06 15	16 59	17 48	18 36	19 24
30	05 32	06 00	06 25	16 48	17 41	18 34	19 26
35	05 35	06 04	06 30	16 42	17 38	18 33	19 28
40	05 37	06 08	06 36	16 35	17 34	18 32	19 30
45	05 39	06 13	06 43	16 27	17 29	18 30	19 32
S 50	05 41	06 18	06 51	16 17	17 23	18 29	19 35
52	05 41	06 20	06 55	16 12	17 20	18 28	19 36
54	05 42	06 23	06 59	16 07	17 17	18 27	19 37
56	05 42	06 26	07 04	16 01	17 14	18 26	19 38
58	05 43	06 29	07 09	15 55	17 10	18 25	19 40
S 60	05 43	06 32	07 15	15 47	17 06	18 24	19 42

Lat.	Sunset	Twilight Civil	Twilight Naut.	Moonset 23	Moonset 24	Moonset 25	Moonset 26
°	h m	h m	h m	h m	h m	h m	h m
N 72	20 42	22 40	////	01 10	03 21	05 15	07 04
N 70	20 22	21 51	////	01 44	03 38	05 23	07 03
68	20 07	21 20	////	02 09	03 52	05 28	07 03
66	19 54	20 58	22 51	02 27	04 02	05 33	07 02
64	19 44	20 41	22 08	02 42	04 11	05 37	07 02
62	19 35	20 27	21 40	02 55	04 19	05 41	07 02
60	19 28	20 15	21 19	03 05	04 25	05 44	07 01
N 58	19 21	20 05	21 03	03 15	04 31	05 47	07 01
56	19 15	19 56	20 49	03 23	04 36	05 49	07 01
54	19 10	19 48	20 37	03 30	04 41	05 51	07 01
52	19 05	19 42	20 27	03 36	04 45	05 53	07 01
50	19 01	19 36	20 18	03 42	04 49	05 55	07 01
45	18 52	19 23	20 00	03 54	04 57	05 59	07 00
N 40	18 44	19 12	19 46	04 04	05 03	06 02	07 00
35	18 38	19 04	19 35	04 13	05 09	06 05	07 00
30	18 32	18 57	19 26	04 20	05 14	06 07	06 59
20	18 22	18 45	19 11	04 33	05 23	06 11	06 59
N 10	18 14	18 35	19 00	04 44	05 30	06 15	06 59
0	18 06	18 27	18 51	04 55	05 37	06 18	06 58
S 10	17 58	18 19	18 44	05 05	05 44	06 21	06 58
20	17 50	18 12	18 38	05 16	05 52	06 25	06 58
30	17 41	18 05	18 33	05 29	06 00	06 29	06 57
35	17 35	18 01	18 31	05 36	06 05	06 31	06 57
40	17 29	17 57	18 29	05 44	06 10	06 34	06 56
45	17 23	17 52	18 27	05 54	06 16	06 37	06 56
S 50	17 14	17 47	18 25	06 05	06 24	06 40	06 56
52	17 11	17 45	18 24	06 11	06 27	06 42	06 56
54	17 06	17 43	18 24	06 16	06 31	06 43	06 55
56	17 02	17 40	18 23	06 23	06 35	06 45	06 55
58	16 57	17 37	18 23	06 30	06 40	06 48	06 55
S 60	16 51	17 34	18 23	06 38	06 45	06 50	06 55

Day	SUN Eqn. of Time 00ʰ	SUN Eqn. of Time 12ʰ	SUN Mer. Pass.	MOON Mer. Pass. Upper	MOON Mer. Pass. Lower	MOON Age	MOON Phase
d	m s	m s	h m	h m	h m	d %	
23	02 47	02 39	12 03	23 27	11 06	13 99	
24	02 31	02 23	12 02	24 08	11 48	14 100	○
25	02 15	02 07	12 02	00 08	12 29	15 99	

	UT	ARIES	VENUS −4.5		MARS +1.5		JUPITER −2.9		SATURN +1.0	
	d h	GHA	GHA	Dec	GHA	Dec	GHA	Dec	GHA	Dec
		° ′	° ′	° ′	° ′	° ′	° ′	° ′	° ′	° ′
	26 00	334 08.4	138 00.7	S 9 23.7	138 29.1	S 6 31.1	332 01.9	S 0 46.1	150 07.2	N 0 38.1
	01	349 10.9	153 01.1	24.9	153 30.1	31.8	347 04.6	46.2	165 09.4	38.0
	02	4 13.4	168 01.6	26.0	168 31.1	32.4	2 07.3	46.3	180 11.6	37.9
	03	19 15.8	183 02.0	. . 27.1	183 32.1	. . 33.1	17 10.0	. . 46.4	195 13.9	. . 37.8
	04	34 18.3	198 02.5	28.3	198 33.0	33.7	32 12.7	46.5	210 16.1	37.7
	05	49 20.8	213 02.9	29.4	213 34.0	34.4	47 15.3	46.6	225 18.3	37.5
	06	64 23.2	228 03.4	S 9 30.5	228 35.0	S 6 35.0	62 18.0	S 0 46.7	240 20.5	N 0 37.4
	07	79 25.7	243 03.8	31.7	243 36.0	35.6	77 20.7	46.9	255 22.7	37.3
T	08	94 28.1	258 04.2	32.8	258 37.0	36.3	92 23.4	47.0	270 24.9	37.2
H	09	109 30.6	273 04.7	. . 33.9	273 37.9	. . 36.9	107 26.1	. . 47.1	285 27.1	. . 37.1
U	10	124 33.1	288 05.1	35.1	288 38.9	37.6	122 28.8	47.2	300 29.3	37.0
R	11	139 35.5	303 05.6	36.2	303 39.9	38.2	137 31.5	47.3	315 31.5	36.9
S	12	154 38.0	318 06.0	S 9 37.3	318 40.9	S 6 38.9	152 34.2	S 0 47.4	330 33.7	N 0 36.7
D	13	169 40.5	333 06.5	38.5	333 41.9	39.5	167 36.9	47.5	345 35.9	36.6
A	14	184 42.9	348 06.9	39.6	348 42.8	40.2	182 39.6	47.6	0 38.1	36.5
Y	15	199 45.4	3 07.4	. . 40.7	3 43.8	. . 40.8	197 42.3	. . 47.7	15 40.4	. . 36.4
	16	214 47.9	18 07.8	41.9	18 44.8	41.4	212 45.0	47.8	30 42.6	36.3
	17	229 50.3	33 08.3	43.0	33 45.8	42.1	227 47.7	47.9	45 44.8	36.2
	18	244 52.8	48 08.7	S 9 44.1	48 46.7	S 6 42.7	242 50.4	S 0 48.1	60 47.0	N 0 36.1
	19	259 55.3	63 09.2	45.3	63 47.7	43.4	257 53.1	48.2	75 49.2	35.9
	20	274 57.7	78 09.6	46.4	78 48.7	44.0	272 55.8	48.3	90 51.4	35.8
	21	290 00.2	93 10.1	. . 47.5	93 49.7	. . 44.7	287 58.5	. . 48.4	105 53.6	. . 35.7
	22	305 02.6	108 10.5	48.6	108 50.7	45.3	303 01.2	48.5	120 55.8	35.6
	23	320 05.1	123 11.0	49.8	123 51.6	45.9	318 03.8	48.6	135 58.0	35.5
	27 00	335 07.6	138 11.4	S 9 50.9	138 52.6	S 6 46.6	333 06.5	S 0 48.7	151 00.2	N 0 35.4
	01	350 10.0	153 11.9	52.0	153 53.6	47.2	348 09.2	48.8	166 02.4	35.3
	02	5 12.5	168 12.3	53.2	168 54.6	47.9	3 11.9	48.9	181 04.6	35.1
	03	20 15.0	183 12.8	. . 54.3	183 55.5	. . 48.5	18 14.6	. . 49.0	196 06.8	. . 35.0
	04	35 17.4	198 13.2	55.4	198 56.5	49.2	33 17.3	49.2	211 09.1	34.9
	05	50 19.9	213 13.7	56.5	213 57.5	49.8	48 20.0	49.3	226 11.3	34.8
	06	65 22.4	228 14.2	S 9 57.7	228 58.5	S 6 50.4	63 22.7	S 0 49.4	241 13.5	N 0 34.7
	07	80 24.8	243 14.6	58.8	243 59.4	51.1	78 25.4	49.5	256 15.7	34.6
	08	95 27.3	258 15.1	9 59.9	259 00.4	51.7	93 28.1	49.6	271 17.9	34.5
F	09	110 29.8	273 15.5	10 01.0	274 01.4	. . 52.4	108 30.8	. . 49.7	286 20.1	. . 34.3
R	10	125 32.2	288 16.0	02.2	289 02.4	53.0	123 33.5	49.8	301 22.3	34.2
I	11	140 34.7	303 16.5	03.3	304 03.3	53.7	138 36.2	49.9	316 24.5	34.1
D	12	155 37.1	318 16.9	S10 04.4	319 04.3	S 6 54.3	153 38.9	S 0 50.0	331 26.7	N 0 34.0
A	13	170 39.6	333 17.4	05.5	334 05.3	54.9	168 41.6	50.1	346 28.9	33.9
Y	14	185 42.1	348 17.9	06.6	349 06.2	55.6	183 44.3	50.3	1 31.1	33.8
	15	200 44.5	3 18.3	. . 07.8	4 07.2	. . 56.2	198 47.0	. . 50.4	16 33.3	. . 33.7
	16	215 47.0	18 18.8	08.9	19 08.2	56.9	213 49.7	50.5	31 35.5	33.5
	17	230 49.5	33 19.3	10.0	34 09.2	57.5	228 52.4	50.6	46 37.7	33.4
	18	245 51.9	48 19.7	S10 11.1	49 10.1	S 6 58.2	243 55.1	S 0 50.7	61 40.0	N 0 33.3
	19	260 54.4	63 20.2	12.3	64 11.1	58.8	258 57.8	50.8	76 42.2	33.2
	20	275 56.9	78 20.7	13.4	79 12.1	6 59.4	274 00.5	50.9	91 44.4	33.1
	21	290 59.3	93 21.1	. . 14.5	94 13.1	7 00.1	289 03.2	. . 51.0	106 46.6	. . 33.0
	22	306 01.8	108 21.6	15.6	109 14.0	00.7	304 05.9	51.1	121 48.8	32.8
	23	321 04.2	123 22.1	16.7	124 15.0	01.4	319 08.6	51.3	136 51.0	32.7
	28 00	336 06.7	138 22.5	S10 17.8	139 16.0	S 7 02.0	334 11.3	S 0 51.4	151 53.2	N 0 32.6
	01	351 09.2	153 23.0	19.0	154 16.9	02.7	349 14.0	51.5	166 55.4	32.5
	02	6 11.6	168 23.5	20.1	169 17.9	03.3	4 16.7	51.6	181 57.6	32.4
	03	21 14.1	183 24.0	. . 21.2	184 18.9	. . 03.9	19 19.4	. . 51.7	196 59.8	. . 32.3
	04	36 16.6	198 24.4	22.3	199 19.9	04.6	34 22.1	51.8	212 02.0	32.2
	05	51 19.0	213 24.9	23.4	214 20.8	05.2	49 24.8	51.9	227 04.2	32.0
	06	66 21.5	228 25.4	S10 24.5	229 21.8	S 7 05.9	64 27.5	S 0 52.0	242 06.4	N 0 31.9
	07	81 24.0	243 25.9	25.7	244 22.8	06.5	79 30.2	52.2	257 08.6	31.8
S	08	96 26.4	258 26.3	26.8	259 23.7	07.2	94 32.9	52.3	272 10.8	31.7
A	09	111 28.9	273 26.8	. . 27.9	274 24.7	. . 07.8	109 35.7	. . 52.4	287 13.0	. . 31.6
T	10	126 31.4	288 27.3	29.0	289 25.7	08.4	124 38.4	52.5	302 15.2	31.5
U	11	141 33.8	303 27.8	30.1	304 26.6	09.1	139 41.1	52.6	317 17.5	31.4
R	12	156 36.3	318 28.3	S10 31.2	319 27.6	S 7 09.7	154 43.8	S 0 52.7	332 19.7	N 0 31.2
D	13	171 38.7	333 28.7	32.3	334 28.6	10.4	169 46.5	52.8	347 21.9	31.1
A	14	186 41.2	348 29.2	33.5	349 29.5	11.0	184 49.2	52.9	2 24.1	31.0
Y	15	201 43.7	3 29.7	. . 34.6	4 30.5	. . 11.6	199 51.9	. . 53.1	17 26.3	. . 30.9
	16	216 46.1	18 30.2	35.7	19 31.5	12.3	214 54.6	53.2	32 28.5	30.8
	17	231 48.6	33 30.7	36.8	34 32.5	12.9	229 57.3	53.3	47 30.7	30.7
	18	246 51.1	48 31.2	S10 37.9	49 33.4	S 7 13.6	245 00.0	S 0 53.4	62 32.9	N 0 30.5
	19	261 53.5	63 31.6	39.0	64 34.4	14.2	260 02.7	53.5	77 35.1	30.4
	20	276 56.0	78 32.1	40.1	79 35.4	14.9	275 05.4	53.6	92 37.3	30.3
	21	291 58.5	93 32.6	. . 41.2	94 36.3	. . 15.5	290 08.1	. . 53.7	107 39.5	. . 30.2
	22	307 00.9	108 33.1	42.3	109 37.3	16.1	305 10.8	53.9	122 41.7	30.1
	23	322 03.4	123 33.6	43.4	124 38.3	16.8	320 13.5	54.0	137 43.9	30.0
	Mer. Pass.	h m 1 39.2	v 0.5	d 1.1	v 1.0	d 0.6	v 2.7	d 0.1	v 2.2	d 0.1

STARS

Name	SHA	Dec
	° ′	° ′
Acamar	315 19.7	S40 15.4
Achernar	335 27.8	S57 10.6
Acrux	173 12.3	S63 09.7
Adhara	255 14.4	S28 59.0
Aldebaran	290 51.7	N16 31.9
Alioth	166 22.7	N55 54.2
Alkaid	153 00.6	N49 15.8
Al Na'ir	27 45.7	S46 54.4
Alnilam	275 48.5	S 1 11.6
Alphard	217 58.4	S 8 42.3
Alphecca	126 12.7	N26 40.9
Alpheratz	357 45.3	N29 09.1
Altair	62 09.9	N 8 54.0
Ankaa	353 17.2	S42 14.6
Antares	112 28.7	S26 27.4
Arcturus	145 57.7	N19 07.7
Atria	107 32.3	S69 03.1
Avior	234 19.5	S59 32.5
Bellatrix	278 34.3	N 6 21.7
Betelgeuse	271 03.6	N 7 24.6
Canopus	263 57.3	S52 41.8
Capella	280 37.6	N46 00.4
Deneb	49 32.5	N45 19.3
Denebola	182 36.0	N14 30.8
Diphda	348 57.6	S17 55.4
Dubhe	193 54.6	N61 41.6
Elnath	278 15.3	N28 36.9
Eltanin	90 46.8	N51 29.5
Enif	33 48.8	N 9 55.7
Fomalhaut	15 25.8	S29 33.7
Gacrux	172 03.8	S57 10.6
Gienah	175 54.7	S17 36.1
Hadar	148 51.2	S60 25.7
Hamal	328 02.9	N23 30.9
Kaus Aust.	83 46.3	S34 22.8
Kochab	137 20.1	N74 06.9
Markab	13 40.0	N15 16.0
Menkar	314 17.1	N 4 08.1
Menkent	148 10.2	S36 25.5
Miaplacidus	221 41.2	S69 45.6
Mirfak	308 43.2	N49 53.8
Nunki	76 00.6	S26 17.0
Peacock	53 21.8	S56 42.0
Pollux	243 30.5	N28 00.0
Procyon	245 02.1	N 5 11.9
Rasalhague	96 08.2	N12 33.3
Regulus	207 46.0	N11 54.9
Rigel	281 14.1	S 8 11.2
Rigil Kent.	139 54.9	S60 53.0
Sabik	102 14.8	S15 44.3
Schedar	349 42.5	N56 35.8
Shaula	96 24.5	S37 06.8
Sirius	258 35.7	S16 43.7
Spica	158 33.6	S11 13.0
Suhail	222 54.4	S43 28.5
Vega	80 40.1	N38 47.9
Zuben'ubi	137 07.8	S16 05.2

	SHA	Mer. Pass.
	° ′	h m
Venus	163 03.8	14 47
Mars	163 45.0	14 44
Jupiter	357 59.0	1 47
Saturn	175 52.7	13 54

UT d h		SUN GHA	SUN Dec	MOON GHA	v	MOON Dec	d	HP
		° ′	° ′	° ′	′	° ′	′	′
26 00		179 30.5	N10 31.3	348 10.7	16.6	S 0 57.4	12.4	54.0
01		194 30.6	30.4	2 46.3	16.6	0 45.0	12.5	54.0
02		209 30.8	29.6	17 21.9	16.6	0 32.5	12.4	54.0
03		224 31.0	. . 28.7	31 57.5	16.6	0 20.1	12.5	54.0
04		239 31.2	27.8	46 33.1	16.6	S 0 07.6	12.4	54.0
05		254 31.3	27.0	61 08.7	16.6	N 0 04.8	12.5	54.0
06		269 31.5	N10 26.1	75 44.3	16.6	N 0 17.3	12.4	54.0
07	T	284 31.7	25.2	90 19.9	16.6	0 29.7	12.5	54.0
08	H	299 31.9	24.4	104 55.5	16.6	0 42.2	12.4	54.0
09	U	314 32.1	. . 23.5	119 31.1	16.6	0 54.6	12.5	54.0
10	R	329 32.2	22.6	134 06.7	16.5	1 07.1	12.4	54.0
11	S	344 32.4	21.7	148 42.2	16.6	1 19.5	12.4	54.0
12	D	359 32.6	N10 20.9	163 17.8	16.6	N 1 31.9	12.5	54.0
13	A	14 32.8	20.0	177 53.4	16.5	1 44.4	12.4	54.0
14	Y	29 32.9	19.1	192 28.9	16.5	1 56.8	12.4	54.0
15		44 33.1	. . 18.3	207 04.4	16.6	2 09.2	12.4	54.0
16		59 33.3	17.4	221 40.0	16.5	2 21.6	12.4	54.0
17		74 33.5	16.5	236 15.5	16.5	2 34.0	12.4	54.1
18		89 33.7	N10 15.7	250 51.0	16.5	N 2 46.4	12.4	54.1
19		104 33.8	14.8	265 26.5	16.4	2 58.8	12.4	54.1
20		119 34.0	13.9	280 01.9	16.5	3 11.2	12.4	54.1
21		134 34.2	. . 13.0	294 37.4	16.4	3 23.6	12.3	54.1
22		149 34.4	12.2	309 12.8	16.4	3 35.9	12.4	54.1
23		164 34.5	11.3	323 48.2	16.4	3 48.3	12.3	54.1
27 00		179 34.7	N10 10.4	338 23.6	16.4	N 4 00.6	12.4	54.1
01		194 34.9	09.5	352 59.0	16.4	4 13.0	12.3	54.1
02		209 35.1	08.7	7 34.4	16.3	4 25.3	12.3	54.1
03		224 35.3	. . 07.8	22 09.7	16.3	4 37.6	12.3	54.1
04		239 35.4	06.9	36 45.0	16.3	4 49.9	12.2	54.1
05		254 35.6	06.0	51 20.3	16.3	5 02.1	12.3	54.1
06		269 35.8	N10 05.2	65 55.6	16.3	N 5 14.4	12.2	54.1
07		284 36.0	04.3	80 30.9	16.2	5 26.6	12.2	54.2
08		299 36.2	03.4	95 06.1	16.2	5 38.8	12.2	54.2
09	F	314 36.4	. . 02.5	109 41.3	16.2	5 51.0	12.2	54.2
10	R	329 36.5	01.7	124 16.5	16.1	6 03.2	12.2	54.2
11	I	344 36.7	10 00.8	138 51.6	16.1	6 15.4	12.1	54.2
12	D	359 36.9	N 9 59.9	153 26.7	16.1	N 6 27.5	12.1	54.2
13	A	14 37.1	59.0	168 01.8	16.1	6 39.6	12.1	54.2
14	Y	29 37.3	58.2	182 36.9	16.0	6 51.7	12.1	54.2
15		44 37.4	. . 57.3	197 11.9	16.0	7 03.8	12.0	54.2
16		59 37.6	56.4	211 46.9	16.0	7 15.8	12.0	54.2
17		74 37.8	55.5	226 21.9	15.9	7 27.8	12.0	54.2
18		89 38.0	N 9 54.6	240 56.8	15.9	N 7 39.8	12.0	54.3
19		104 38.2	53.8	255 31.7	15.9	7 51.8	11.9	54.3
20		119 38.4	52.9	270 06.6	15.8	8 03.7	12.0	54.3
21		134 38.5	. . 52.0	284 41.4	15.8	8 15.7	11.9	54.3
22		149 38.7	51.1	299 16.2	15.7	8 27.6	11.8	54.3
23		164 38.9	50.3	313 50.9	15.7	8 39.4	11.8	54.3
28 00		179 39.1	N 9 49.4	328 25.6	15.7	N 8 51.2	11.8	54.3
01		194 39.3	48.5	343 00.3	15.6	9 03.0	11.8	54.3
02		209 39.5	47.6	357 34.9	15.6	9 14.8	11.8	54.3
03		224 39.6	. . 46.7	12 09.5	15.6	9 26.6	11.7	54.4
04		239 39.8	45.8	26 44.1	15.5	9 38.3	11.6	54.4
05		254 40.0	45.0	41 18.6	15.4	9 49.9	11.7	54.4
06		269 40.2	N 9 44.1	55 53.0	15.5	N10 01.6	11.6	54.4
07	S	284 40.4	43.2	70 27.5	15.3	10 13.2	11.5	54.4
08	A	299 40.6	42.3	85 01.8	15.4	10 24.7	11.6	54.4
09	T	314 40.7	. . 41.4	99 36.2	15.3	10 36.3	11.5	54.4
10	U	329 40.9	40.6	114 10.5	15.2	10 47.8	11.4	54.4
11	R	344 41.1	39.7	128 44.7	15.2	10 59.2	11.4	54.5
12	D	359 41.3	N 9 38.8	143 18.9	15.1	N11 10.6	11.4	54.5
13	A	14 41.5	37.9	157 53.0	15.1	11 22.0	11.3	54.5
14	Y	29 41.7	37.0	172 27.1	15.0	11 33.3	11.3	54.5
15		44 41.9	. . 36.1	187 01.1	15.0	11 44.6	11.3	54.5
16		59 42.0	35.3	201 35.1	15.0	11 55.9	11.2	54.5
17		74 42.2	34.4	216 09.1	14.8	12 07.1	11.2	54.5
18		89 42.4	N 9 33.5	230 42.9	14.9	N12 18.3	11.1	54.6
19		104 42.6	32.6	245 16.8	14.7	12 29.4	11.0	54.6
20		119 42.8	31.7	259 50.5	14.7	12 40.4	11.1	54.6
21		134 43.0	. . 30.8	274 24.2	14.7	12 51.5	11.0	54.6
22		149 43.2	29.9	288 57.9	14.6	13 02.5	10.9	54.6
23		164 43.3	29.1	303 31.5	14.6	N13 13.4	10.9	54.6
		SD 15.9	*d* 0.9	SD	14.7	14.8		14.8

Lat.	Twilight Naut.	Twilight Civil	Sunrise	Moonrise 26	Moonrise 27	Moonrise 28	Moonrise 29
°	h m	h m	h m	h m	h m	h m	h m
N 72	////	01 48	03 35	18 43	18 19	17 50	17 03
N 70	////	02 28	03 53	18 47	18 30	18 11	17 44
68	////	02 56	04 07	18 50	18 39	18 27	18 13
66	01 33	03 16	04 18	18 52	18 47	18 41	18 34
64	02 09	03 32	04 28	18 55	18 53	18 52	18 52
62	02 34	03 45	04 36	18 57	18 58	19 01	19 06
60	02 53	03 56	04 43	18 58	19 03	19 10	19 18
N 58	03 09	04 05	04 49	19 00	19 08	19 17	19 29
56	03 22	04 14	04 54	19 01	19 11	19 23	19 38
54	03 33	04 21	04 59	19 02	19 15	19 29	19 46
52	03 42	04 27	05 03	19 04	19 18	19 34	19 53
50	03 51	04 33	05 07	19 05	19 21	19 39	20 00
45	04 08	04 45	05 16	19 07	19 27	19 49	20 14
N 40	04 21	04 55	05 23	19 09	19 32	19 58	20 26
35	04 32	05 03	05 29	19 11	19 37	20 05	20 36
30	04 40	05 10	05 34	19 12	19 41	20 12	20 45
20	04 54	05 21	05 43	19 15	19 48	20 23	21 01
N 10	05 05	05 30	05 51	19 17	19 54	20 33	21 14
0	05 13	05 37	05 58	19 19	20 00	20 42	21 27
S 10	05 19	05 44	06 05	19 21	20 06	20 52	21 40
20	05 25	05 51	06 13	19 24	20 12	21 02	21 54
30	05 29	05 57	06 21	19 26	20 19	21 14	22 09
35	05 31	06 00	06 26	19 28	20 24	21 20	22 19
40	05 33	06 04	06 31	19 30	20 28	21 28	22 29
45	05 34	06 08	06 38	19 32	20 34	21 37	22 42
S 50	05 35	06 12	06 45	19 35	20 41	21 48	22 57
52	05 35	06 14	06 49	19 36	20 44	21 53	23 04
54	05 35	06 16	06 52	19 37	20 47	21 59	23 12
56	05 35	06 19	06 56	19 38	20 51	22 05	23 21
58	05 36	06 21	07 01	19 40	20 55	22 13	23 32
S 60	05 35	06 24	07 06	19 42	21 00	22 21	23 44

Lat.	Sunset	Twilight Civil	Twilight Naut.	Moonset 26	Moonset 27	Moonset 28	Moonset 29
°	h m	h m	h m	h m	h m	h m	h m
N 72	20 24	22 07	////	07 04	08 53	10 49	13 08
N 70	20 07	21 29	////	07 03	08 45	10 31	12 28
68	19 54	21 04	23 33	07 03	08 38	10 16	12 01
66	19 43	20 44	22 23	07 02	08 32	10 04	11 41
64	19 34	20 29	21 49	07 02	08 27	09 54	11 25
62	19 26	20 16	21 25	07 02	08 23	09 46	11 11
60	19 19	20 05	21 07	07 01	08 19	09 39	11 00
N 58	19 13	19 56	20 52	07 01	08 16	09 32	10 50
56	19 08	19 48	20 39	07 01	08 13	09 27	10 42
54	19 03	19 41	20 29	07 01	08 11	09 22	10 34
52	18 59	19 35	20 19	07 01	08 08	09 17	10 27
50	18 55	19 29	20 11	07 01	08 06	09 13	10 21
45	18 47	19 17	19 54	07 00	08 02	09 04	10 08
N 40	18 40	19 08	19 41	07 00	07 58	08 57	09 57
35	18 34	19 00	19 31	07 00	07 55	08 51	09 48
30	18 29	18 53	19 22	06 59	07 52	08 45	09 40
20	18 20	18 42	19 08	06 59	07 47	08 36	09 27
N 10	18 12	18 33	18 58	06 59	07 43	08 28	09 15
0	18 05	18 26	18 50	06 58	07 39	08 20	09 03
S 10	17 58	18 19	18 44	06 58	07 35	08 12	08 52
20	17 50	18 13	18 39	06 58	07 30	08 04	08 40
30	17 42	18 06	18 34	06 57	07 25	07 55	08 27
35	17 38	18 03	18 33	06 57	07 23	07 50	08 19
40	17 32	18 00	18 31	06 56	07 19	07 44	08 10
45	17 26	17 56	18 30	06 56	07 16	07 37	08 00
S 50	17 19	17 52	18 29	06 56	07 11	07 28	07 48
52	17 15	17 50	18 29	06 56	07 09	07 24	07 42
54	17 12	17 48	18 29	06 55	07 07	07 20	07 35
56	17 08	17 46	18 29	06 55	07 05	07 16	07 28
58	17 03	17 43	18 29	06 55	07 02	07 10	07 21
S 60	16 58	17 41	18 29	06 55	06 59	07 05	07 12

Day	SUN Eqn. of Time 00^h	SUN Eqn. of Time 12^h	SUN Mer. Pass.	MOON Mer. Pass. Upper	MOON Mer. Pass. Lower	MOON Age	MOON Phase
d	m s	m s	h m	h m	h m	d	%
26	01 58	01 50	12 02	00 49	13 09	16	97
27	01 41	01 33	12 02	01 29	13 49	17	93
28	01 24	01 15	12 01	02 10	14 31	18	87

UT d	h	ARIES GHA	VENUS −4.6 GHA	VENUS Dec	MARS +1.5 GHA	MARS Dec	JUPITER −2.9 GHA	JUPITER Dec	SATURN +1.0 GHA	SATURN Dec
		° ′	° ′	° ′	° ′	° ′	° ′	° ′	° ′	° ′
29 (SUNDAY)	00	337 05.8	138 34.1	S10 44.5	139 39.2	S 7 17.4	335 16.2	S 0 54.1	152 46.1	N 0 29.9
	01	352 08.3	153 34.6	45.7	154 40.2	18.1	350 18.9	54.2	167 48.3	29.7
	02	7 10.8	168 35.1	46.8	169 41.2	18.7	5 21.6	54.3	182 50.5	29.6
	03	22 13.2	183 35.6	. . 47.9	184 42.1	. . 19.3	20 24.4	. . 54.4	197 52.7	. . 29.5
	04	37 15.7	198 36.1	49.0	199 43.1	20.0	35 27.1	54.5	212 54.9	29.4
	05	52 18.2	213 36.5	50.1	214 44.1	20.6	50 29.8	54.7	227 57.1	29.3
	06	67 20.6	228 37.0	S10 51.2	229 45.0	S 7 21.3	65 32.5	S 0 54.8	242 59.3	N 0 29.2
	07	82 23.1	243 37.5	52.3	244 46.0	21.9	80 35.2	54.9	258 01.5	29.0
	08	97 25.6	258 38.0	53.4	259 47.0	22.6	95 37.9	55.0	273 03.8	28.9
	09	112 28.0	273 38.5	. . 54.5	274 47.9	. . 23.2	110 40.6	. . 55.1	288 06.0	. . 28.8
	10	127 30.5	288 39.0	55.6	289 48.9	23.8	125 43.3	55.2	303 08.2	28.7
	11	142 33.0	303 39.5	56.7	304 49.8	24.5	140 46.0	55.3	318 10.4	28.6
	12	157 35.4	318 40.0	S10 57.8	319 50.8	S 7 25.1	155 48.7	S 0 55.5	333 12.6	N 0 28.5
	13	172 37.9	333 40.5	10 58.9	334 51.8	25.8	170 51.4	55.6	348 14.8	28.4
	14	187 40.3	348 41.0	11 00.0	349 52.7	26.4	185 54.1	55.7	3 17.0	28.2
	15	202 42.8	3 41.5	. . 01.1	4 53.7	. . 27.0	200 56.9	. . 55.8	18 19.2	. . 28.1
	16	217 45.3	18 42.0	02.2	19 54.7	27.7	215 59.6	55.9	33 21.4	28.0
	17	232 47.7	33 42.5	03.3	34 55.6	28.3	231 02.3	56.0	48 23.6	27.9
	18	247 50.2	48 43.0	S11 04.4	49 56.6	S 7 29.0	246 05.0	S 0 56.1	63 25.8	N 0 27.8
	19	262 52.7	63 43.5	05.5	64 57.6	29.6	261 07.7	56.3	78 28.0	27.7
	20	277 55.1	78 44.0	06.6	79 58.5	30.2	276 10.4	56.4	93 30.2	27.5
	21	292 57.6	93 44.6	. . 07.7	94 59.5	. . 30.9	291 13.1	. . 56.5	108 32.4	. . 27.4
	22	308 00.1	108 45.1	08.8	110 00.4	31.5	306 15.8	56.6	123 34.6	27.3
	23	323 02.5	123 45.6	09.9	125 01.4	32.2	321 18.5	56.7	138 36.8	27.2
30 (MONDAY)	00	338 05.0	138 46.1	S11 11.0	140 02.4	S 7 32.8	336 21.3	S 0 56.8	153 39.0	N 0 27.1
	01	353 07.4	153 46.6	12.1	155 03.3	33.4	351 24.0	57.0	168 41.2	27.0
	02	8 09.9	168 47.1	13.2	170 04.3	34.1	6 26.7	57.1	183 43.4	26.8
	03	23 12.4	183 47.6	. . 14.3	185 05.3	. . 34.7	21 29.4	. . 57.2	198 45.6	. . 26.7
	04	38 14.8	198 48.1	15.4	200 06.2	35.4	36 32.1	57.3	213 47.8	26.6
	05	53 17.3	213 48.6	16.5	215 07.2	36.0	51 34.8	57.4	228 50.0	26.5
	06	68 19.8	228 49.1	S11 17.6	230 08.1	S 7 36.6	66 37.5	S 0 57.5	243 52.2	N 0 26.4
	07	83 22.2	243 49.7	18.7	245 09.1	37.3	81 40.2	57.6	258 54.4	26.3
	08	98 24.7	258 50.2	19.8	260 10.1	37.9	96 43.0	57.8	273 56.6	26.2
	09	113 27.2	273 50.7	. . 20.9	275 11.0	. . 38.6	111 45.7	. . 57.9	288 58.8	. . 26.0
	10	128 29.6	288 51.2	21.9	290 12.0	39.2	126 48.4	58.0	304 01.0	25.9
	11	143 32.1	303 51.7	23.0	305 12.9	39.9	141 51.1	58.1	319 03.2	25.8
	12	158 34.6	318 52.2	S11 24.1	320 13.9	S 7 40.5	156 53.8	S 0 58.2	334 05.4	N 0 25.7
	13	173 37.0	333 52.8	25.2	335 14.9	41.1	171 56.5	58.3	349 07.7	25.6
	14	188 39.5	348 53.3	26.3	350 15.8	41.8	186 59.2	58.5	4 09.9	25.5
	15	203 41.9	3 53.8	. . 27.4	5 16.8	. . 42.4	202 02.0	. . 58.6	19 12.1	. . 25.3
	16	218 44.4	18 54.3	28.5	20 17.7	43.1	217 04.7	58.7	34 14.3	25.2
	17	233 46.9	33 54.8	29.6	35 18.7	43.7	232 07.4	58.8	49 16.5	25.1
	18	248 49.3	48 55.4	S11 30.7	50 19.7	S 7 44.3	247 10.1	S 0 58.9	64 18.7	N 0 25.0
	19	263 51.8	63 55.9	31.8	65 20.6	45.0	262 12.8	59.0	79 20.9	24.9
	20	278 54.3	78 56.4	32.8	80 21.6	45.6	277 15.5	59.2	94 23.1	24.8
	21	293 56.7	93 56.9	. . 33.9	95 22.5	. . 46.2	292 18.2	. . 59.3	109 25.3	. . 24.6
	22	308 59.2	108 57.5	35.0	110 23.5	46.9	307 21.0	59.4	124 27.5	24.5
	23	324 01.7	123 58.0	36.1	125 24.4	47.5	322 23.7	59.5	139 29.7	24.4
31 (TUESDAY)	00	339 04.1	138 58.5	S11 37.2	140 25.4	S 7 48.2	337 26.4	S 0 59.6	154 31.9	N 0 24.3
	01	354 06.6	153 59.1	38.3	155 26.4	48.8	352 29.1	59.8	169 34.1	24.2
	02	9 09.1	168 59.6	39.4	170 27.3	49.4	7 31.8	0 59.9	184 36.3	24.1
	03	24 11.5	184 00.1	. . 40.4	185 28.3	. . 50.1	22 34.5	1 00.0	199 38.5	. . 23.9
	04	39 14.0	199 00.6	41.5	200 29.2	50.7	37 37.3	00.1	214 40.7	23.8
	05	54 16.4	214 01.2	42.6	215 30.2	51.4	52 40.0	00.2	229 42.9	23.7
	06	69 18.9	229 01.7	S11 43.7	230 31.1	S 7 52.0	67 42.7	S 1 00.3	244 45.1	N 0 23.6
	07	84 21.4	244 02.2	44.8	245 32.1	52.6	82 45.4	00.5	259 47.3	23.5
	08	99 23.8	259 02.8	45.9	260 33.1	53.3	97 48.1	00.6	274 49.5	23.4
	09	114 26.3	274 03.3	. . 46.9	275 34.0	. . 53.9	112 50.9	. . 00.7	289 51.7	. . 23.2
	10	129 28.8	289 03.8	48.0	290 35.0	54.6	127 53.6	00.8	304 53.9	23.1
	11	144 31.2	304 04.4	49.1	305 35.9	55.2	142 56.3	00.9	319 56.1	23.0
	12	159 33.7	319 04.9	S11 50.2	320 36.9	S 7 55.8	157 59.0	S 1 01.0	334 58.3	N 0 22.9
	13	174 36.2	334 05.5	51.3	335 37.8	56.5	173 01.7	01.2	350 00.5	22.8
	14	189 38.6	349 06.0	52.3	350 38.8	57.1	188 04.4	01.3	5 02.7	22.7
	15	204 41.1	4 06.5	. . 53.4	5 39.7	. . 57.8	203 07.2	. . 01.4	20 04.9	. . 22.5
	16	219 43.5	19 07.1	54.5	20 40.7	58.4	218 09.9	01.5	35 07.1	22.4
	17	234 46.0	34 07.6	55.6	35 41.7	59.0	233 12.6	01.6	50 09.3	22.3
	18	249 48.5	49 08.2	S11 56.6	50 42.6	S 7 59.7	248 15.3	S 1 01.8	65 11.5	N 0 22.2
	19	264 50.9	64 08.7	57.7	65 43.6	8 00.3	263 18.0	01.9	80 13.7	22.1
	20	279 53.4	79 09.3	58.8	80 44.5	00.9	278 20.8	02.0	95 15.9	22.0
	21	294 55.9	94 09.8	11 59.9	95 45.5	. . 01.6	293 23.5	. . 02.1	110 18.1	. . 21.8
	22	309 58.3	109 10.3	12 00.9	110 46.4	02.2	308 26.2	02.2	125 20.3	21.7
	23	325 00.8	124 10.9	S12 02.0	125 47.4	02.9	323 28.9	02.4	140 22.5	21.6
Mer. Pass.		h m 1 27.4	v 0.5	d 1.1	v 1.0	d 0.6	v 2.7	d 0.1	v 2.2	d 0.1

STARS

Name	SHA	Dec
	° ′	° ′
Acamar	315 19.7	S40 15.4
Achernar	335 27.7	S57 10.6
Acrux	173 12.3	S63 09.7
Adhara	255 14.3	S28 59.0
Aldebaran	290 51.7	N16 31.9
Alioth	166 22.7	N55 54.2
Alkaid	153 00.7	N49 15.8
Al Na'ir	27 45.7	S46 54.4
Alnilam	275 48.5	S 1 11.6
Alphard	217 58.4	S 8 42.3
Alphecca	126 12.8	N26 40.9
Alpheratz	357 45.3	N29 09.1
Altair	62 10.0	N 8 54.0
Ankaa	353 17.2	S42 14.6
Antares	112 28.7	S26 27.4
Arcturus	145 57.7	N19 07.7
Atria	107 32.3	S69 03.1
Avior	234 19.5	S59 32.5
Bellatrix	278 34.3	N 6 21.7
Betelgeuse	271 03.6	N 7 24.6
Canopus	263 57.3	S52 41.8
Capella	280 37.5	N46 00.4
Deneb	49 32.5	N45 19.4
Denebola	182 36.0	N14 30.8
Diphda	348 57.6	S17 55.4
Dubhe	193 54.6	N61 41.6
Elnath	278 15.3	N28 36.9
Eltanin	90 46.9	N51 29.5
Enif	33 48.8	N 9 55.7
Fomalhaut	15 25.8	S29 33.7
Gacrux	172 03.8	S57 10.6
Gienah	175 54.7	S17 36.1
Hadar	148 51.3	S60 25.7
Hamal	328 02.9	N23 30.9
Kaus Aust.	83 46.3	S34 22.8
Kochab	137 20.1	N74 06.9
Markab	13 40.0	N15 16.0
Menkar	314 17.0	N 4 08.1
Menkent	148 10.2	S36 25.5
Miaplacidus	221 41.2	S69 45.6
Mirfak	308 43.2	N49 53.8
Nunki	76 00.6	S26 17.0
Peacock	53 21.8	S56 42.0
Pollux	243 30.4	N28 00.0
Procyon	245 02.1	N 5 11.9
Rasalhague	96 08.2	N12 33.3
Regulus	207 46.0	N11 54.9
Rigel	281 14.1	S 8 11.2
Rigil Kent.	139 54.9	S60 53.0
Sabik	102 14.8	S15 44.3
Schedar	349 42.5	N56 35.8
Shaula	96 24.5	S37 06.8
Sirius	258 35.7	S16 43.7
Spica	158 33.6	S11 13.0
Suhail	222 54.4	S43 28.5
Vega	80 40.1	N38 47.9
Zuben'ubi	137 07.8	S16 05.2

	SHA	Mer. Pass.
	° ′	h m
Venus	160 41.1	14 44
Mars	161 57.4	14 39
Jupiter	358 16.3	1 34
Saturn	175 34.0	13 43

Day	UT h	SUN GHA ° ′	SUN Dec ° ′	MOON GHA ° ′	v ′	MOON Dec ° ′	d ′	HP ′
29	00	179 43.5	N 9 28.2	318 05.1	14.4	N13 24.3	10.8	54.7
	01	194 43.7	27.3	332 38.5	14.5	13 35.1	10.8	54.7
	02	209 43.9	26.4	347 12.0	14.3	13 45.9	10.7	54.7
	03	224 44.1	. . 25.5	1 45.3	14.3	13 56.6	10.7	54.7
	04	239 44.3	24.6	16 18.6	14.3	14 07.3	10.6	54.7
	05	254 44.5	23.7	30 51.9	14.2	14 17.9	10.6	54.7
	06	269 44.7	N 9 22.8	45 25.1	14.1	N14 28.5	10.5	54.8
	07	284 44.8	22.0	59 58.2	14.0	14 39.0	10.5	54.8
	08	299 45.0	21.1	74 31.2	14.0	14 49.5	10.4	54.8
S	09	314 45.2	. . 20.2	89 04.2	14.0	14 59.9	10.3	54.8
U	10	329 45.4	19.3	103 37.2	13.8	15 10.2	10.3	54.8
N	11	344 45.6	18.4	118 10.0	13.8	15 20.5	10.3	54.8
D	12	359 45.8	N 9 17.5	132 42.8	13.7	N15 30.8	10.1	54.9
A	13	14 46.0	16.6	147 15.5	13.7	15 40.9	10.1	54.9
Y	14	29 46.2	15.7	161 48.2	13.6	15 51.0	10.1	54.9
	15	44 46.4	. . 14.8	176 20.8	13.5	16 01.1	10.0	54.9
	16	59 46.5	14.0	190 53.3	13.5	16 11.1	9.9	54.9
	17	74 46.7	13.1	205 25.8	13.4	16 21.0	9.9	55.0
	18	89 46.9	N 9 12.2	219 58.2	13.3	N16 30.9	9.7	55.0
	19	104 47.1	11.3	234 30.5	13.2	16 40.6	9.8	55.0
	20	119 47.3	10.4	249 02.7	13.2	16 50.4	9.6	55.0
	21	134 47.5	. . 09.5	263 34.9	13.1	17 00.0	9.6	55.0
	22	149 47.7	08.6	278 07.0	13.0	17 09.6	9.5	55.1
	23	164 47.9	07.7	292 39.0	12.9	17 19.1	9.5	55.1
30	00	179 48.1	N 9 06.8	307 10.9	12.9	N17 28.6	9.4	55.1
	01	194 48.3	05.9	321 42.8	12.8	17 38.0	9.3	55.1
	02	209 48.5	05.0	336 14.6	12.7	17 47.3	9.2	55.1
	03	224 48.6	. . 04.1	350 46.3	12.7	17 56.5	9.2	55.2
	04	239 48.8	03.2	5 18.0	12.6	18 05.7	9.0	55.2
	05	254 49.0	02.4	19 49.6	12.5	18 14.7	9.0	55.2
	06	269 49.2	N 9 01.5	34 21.1	12.4	N18 23.7	9.0	55.2
	07	284 49.4	9 00.6	48 52.5	12.3	18 32.7	8.8	55.3
	08	299 49.6	8 59.7	63 23.8	12.3	18 41.5	8.8	55.3
M	09	314 49.8	. . 58.8	77 55.1	12.2	18 50.3	8.7	55.3
O	10	329 50.0	57.9	92 26.3	12.1	18 59.0	8.6	55.3
N	11	344 50.2	57.0	106 57.4	12.0	19 07.6	8.5	55.4
D	12	359 50.4	N 8 56.1	121 28.4	11.9	N19 16.1	8.5	55.4
A	13	14 50.6	55.2	135 59.3	11.9	19 24.6	8.3	55.4
Y	14	29 50.8	54.3	150 30.2	11.8	19 32.9	8.3	55.4
	15	44 50.9	. . 53.4	165 01.0	11.7	19 41.2	8.2	55.5
	16	59 51.1	52.5	179 31.7	11.6	19 49.4	8.1	55.5
	17	74 51.3	51.6	194 02.3	11.5	19 57.5	8.0	55.5
	18	89 51.5	N 8 50.7	208 32.8	11.5	N20 05.5	7.9	55.5
	19	104 51.7	49.8	223 03.3	11.4	20 13.4	7.9	55.6
	20	119 51.9	48.9	237 33.7	11.3	20 21.3	7.7	55.6
	21	134 52.1	. . 48.0	252 04.0	11.2	20 29.0	7.7	55.6
	22	149 52.3	47.1	266 34.2	11.1	20 36.7	7.5	55.6
	23	164 52.5	46.2	281 04.3	11.1	20 44.2	7.5	55.7
31	00	179 52.7	N 8 45.3	295 34.4	10.9	N20 51.7	7.4	55.7
	01	194 52.9	44.4	310 04.3	10.9	20 59.1	7.2	55.7
	02	209 53.1	43.5	324 34.2	10.8	21 06.3	7.2	55.7
	03	224 53.3	. . 42.6	339 04.0	10.7	21 13.5	7.1	55.8
	04	239 53.5	41.7	353 33.7	10.7	21 20.6	7.0	55.8
	05	254 53.7	40.8	8 03.4	10.5	21 27.6	6.8	55.8
	06	269 53.8	N 8 39.9	22 32.9	10.5	N21 34.4	6.8	55.8
	07	284 54.0	39.0	37 02.4	10.3	21 41.2	6.7	55.9
T	08	299 54.2	38.1	51 31.7	10.3	21 47.9	6.6	55.9
U	09	314 54.4	. . 37.2	66 01.0	10.3	21 54.5	6.4	55.9
E	10	329 54.6	36.3	80 30.3	10.1	22 00.9	6.4	56.0
S	11	344 54.8	35.4	94 59.4	10.0	22 07.3	6.2	56.0
D	12	359 55.0	N 8 34.5	109 28.4	10.0	N22 13.5	6.2	56.0
A	13	14 55.2	33.6	123 57.4	9.9	22 19.7	6.0	56.1
Y	14	29 55.4	32.7	138 26.3	9.8	22 25.7	5.9	56.1
	15	44 55.6	. . 31.8	152 55.1	9.7	22 31.6	5.8	56.1
	16	59 55.8	30.9	167 23.8	9.6	22 37.4	5.8	56.1
	17	74 56.0	30.0	181 52.4	9.6	22 43.2	5.5	56.2
	18	89 56.2	N 8 29.1	196 21.0	9.4	N22 48.7	5.5	56.2
	19	104 56.4	28.2	210 49.4	9.4	22 54.2	5.4	56.2
	20	119 56.6	27.3	225 17.8	9.3	22 59.6	5.2	56.3
	21	134 56.8	. . 26.4	239 46.1	9.3	23 04.8	5.1	56.3
	22	149 57.0	25.5	254 14.4	9.1	23 09.9	5.1	56.3
	23	164 57.2	24.6	268 42.5	9.1	N23 15.0	4.8	56.4
		SD 15.9	*d* 0.9	SD 14.9		15.1		15.3

Lat. °	Twilight Naut. h m	Twilight Civil h m	Sunrise h m	Moonrise 29 h m	Moonrise 30 h m	Moonrise 31 h m	Moonrise 1 h m
N 72	////	02 15	03 51	17 03	▭	▭	▭
N 70	////	02 47	04 06	17 44	16 37	▭	▭
68	01 07	03 10	04 18	18 13	17 49	▭	▭
66	01 56	03 28	04 28	18 34	18 27	18 15	▭
64	02 25	03 42	04 36	18 52	18 53	18 59	19 17
62	02 47	03 54	04 43	19 06	19 14	19 28	19 57
60	03 04	04 04	04 50	19 18	19 31	19 51	20 25
N 58	03 18	04 13	04 55	19 29	19 45	20 09	20 46
56	03 30	04 20	05 00	19 38	19 57	20 25	21 04
54	03 40	04 27	05 04	19 46	20 08	20 38	21 19
52	03 48	04 32	05 08	19 53	20 18	20 49	21 32
50	03 56	04 38	05 12	20 00	20 26	21 00	21 44
45	04 12	04 49	05 19	20 14	20 44	21 21	22 08
N 40	04 24	04 58	05 26	20 26	20 59	21 39	22 27
35	04 34	05 05	05 31	20 36	21 12	21 54	22 43
30	04 42	05 11	05 36	20 45	21 23	22 07	22 57
20	04 55	05 21	05 44	21 01	21 42	22 29	23 21
N 10	05 05	05 30	05 51	21 14	21 59	22 48	23 41
0	05 12	05 36	05 57	21 27	22 15	23 06	24 00
S 10	05 18	05 42	06 04	21 40	22 30	23 24	24 20
20	05 22	05 48	06 10	21 54	22 47	23 43	24 41
30	05 26	05 54	06 18	22 09	23 07	24 06	00 06
35	05 27	05 57	06 22	22 19	23 19	24 19	00 19
40	05 28	06 00	06 27	22 29	23 32	24 34	00 34
45	05 29	06 03	06 32	22 42	23 47	24 53	00 53
S 50	05 29	06 06	06 39	22 57	24 07	00 07	01 15
52	05 29	06 08	06 42	23 04	24 16	00 16	01 26
54	05 29	06 10	06 45	23 12	24 26	00 26	01 39
56	05 28	06 11	06 49	23 21	24 38	00 38	01 53
58	05 28	06 13	06 53	23 32	24 52	00 52	02 10
S 60	05 27	06 15	06 57	23 44	25 08	01 08	02 30

Lat. °	Sunset h m	Twilight Civil h m	Twilight Naut. h m	Moonset 29 h m	Moonset 30 h m	Moonset 31 h m	Moonset 1 h m
N 72	20 07	21 40	////	13 08	▭	▭	▭
N 70	19 52	21 10	////	12 28	15 13	▭	▭
68	19 41	20 47	22 43	12 01	14 02	▭	▭
66	19 31	20 30	22 00	11 41	13 25	15 21	▭
64	19 23	20 17	21 32	11 25	13 00	14 38	16 12
62	19 16	20 05	21 11	11 11	12 40	14 09	15 32
60	19 10	19 55	20 55	11 00	12 23	13 47	15 04
N 58	19 05	19 47	20 41	10 50	12 10	13 29	14 43
56	19 00	19 40	20 30	10 42	11 58	13 14	14 25
54	18 56	19 33	20 20	10 34	11 48	13 01	14 10
52	18 52	19 28	20 11	10 27	11 39	12 50	13 57
50	18 49	19 22	20 04	10 21	11 30	12 40	13 46
45	18 41	19 12	19 48	10 08	11 13	12 19	13 22
N 40	18 35	19 03	19 36	09 57	10 59	12 02	13 03
35	18 30	18 56	19 26	09 48	10 47	11 47	12 48
30	18 25	18 49	19 18	09 40	10 37	11 35	12 34
20	18 17	18 40	19 06	09 27	10 19	11 14	12 11
N 10	18 10	18 32	18 56	09 15	10 04	10 56	11 50
0	18 04	18 25	18 49	09 03	09 49	10 39	11 32
S 10	17 58	18 19	18 43	08 52	09 35	10 22	11 13
20	17 51	18 13	18 39	08 40	09 20	10 04	10 53
30	17 44	18 08	18 36	08 27	09 02	09 43	10 30
35	17 40	18 05	18 35	08 19	08 52	09 31	10 16
40	17 35	18 02	18 34	08 10	08 41	09 17	10 00
45	17 30	17 59	18 33	08 00	08 27	09 00	09 42
S 50	17 23	17 56	18 33	07 48	08 11	08 40	09 18
52	17 20	17 54	18 33	07 42	08 03	08 30	09 07
54	17 17	17 53	18 34	07 35	07 54	08 20	08 54
56	17 13	17 51	18 34	07 28	07 45	08 07	08 40
58	17 09	17 49	18 35	07 21	07 34	07 53	08 23
S 60	17 05	17 47	18 35	07 12	07 21	07 37	08 02

Day d	SUN Eqn. of Time 00^h m s	SUN Eqn. of Time 12^h m s	SUN Mer. Pass. h m	MOON Mer. Pass. Upper h m	MOON Mer. Pass. Lower h m	MOON Age d	MOON Phase %
29	01 06	00 57	12 01	02 53	15 15	19	80
30	00 48	00 39	12 01	03 38	16 02	20	72
31	00 30	00 20	12 00	04 27	16 52	21	63

	UT	ARIES	VENUS −4.6		MARS +1.5		JUPITER −2.9		SATURN +1.0	
		GHA	GHA	Dec	GHA	Dec	GHA	Dec	GHA	Dec
	d h	° ′	° ′	° ′	° ′	° ′	° ′	° ′	° ′	° ′
	1 00	340 03.3	139 11.4	S12 03.1	140 48.3	S 8 03.5	338 31.7	S 1 02.5	155 24.7	N 0 21.5
	01	355 05.7	154 12.0	04.2	155 49.3	04.1	353 34.4	02.6	170 26.9	21.4
	02	10 08.2	169 12.5	05.2	170 50.2	04.8	8 37.1	02.7	185 29.1	21.3
	03	25 10.7	184 13.1	. . 06.3	185 51.2	. . 05.4	23 39.8	. . 02.8	200 31.3	. . 21.1
	04	40 13.1	199 13.6	07.4	200 52.1	06.1	38 42.5	03.0	215 33.5	21.0
	05	55 15.6	214 14.2	08.5	215 53.1	06.7	53 45.3	03.1	230 35.7	20.9
WEDNESDAY	06	70 18.0	229 14.7	S12 09.5	230 54.0	S 8 07.3	68 48.0	S 1 03.2	245 37.9	N 0 20.8
	07	85 20.5	244 15.3	10.6	245 55.0	08.0	83 50.7	03.3	260 40.1	20.7
	08	100 23.0	259 15.9	11.7	260 55.9	08.6	98 53.4	03.4	275 42.3	20.6
	09	115 25.4	274 16.4	. . 12.7	275 56.9	. . 09.2	113 56.1	. . 03.6	290 44.5	. . 20.4
	10	130 27.9	289 17.0	13.8	290 57.8	09.9	128 58.9	03.7	305 46.7	20.3
	11	145 30.4	304 17.5	14.9	305 58.8	10.5	144 01.6	03.8	320 48.9	20.2
	12	160 32.8	319 18.1	S12 15.9	320 59.7	S 8 11.2	159 04.3	S 1 03.9	335 51.1	N 0 20.1
	13	175 35.3	334 18.6	17.0	336 00.7	11.8	174 07.0	04.0	350 53.3	20.0
	14	190 37.8	349 19.2	18.1	351 01.6	12.4	189 09.8	04.2	5 55.5	19.9
	15	205 40.2	4 19.8	. . 19.2	6 02.6	. . 13.1	204 12.5	. . 04.3	20 57.7	. . 19.7
	16	220 42.7	19 20.3	20.2	21 03.5	13.7	219 15.2	04.4	35 59.9	19.6
	17	235 45.2	34 20.9	21.3	36 04.5	14.3	234 17.9	04.5	51 02.1	19.5
	18	250 47.6	49 21.5	S12 22.3	51 05.4	S 8 15.0	249 20.7	S 1 04.6	66 04.3	N 0 19.4
	19	265 50.1	64 22.0	23.4	66 06.4	15.6	264 23.4	04.8	81 06.5	19.3
	20	280 52.5	79 22.6	24.5	81 07.3	16.3	279 26.1	04.9	96 08.7	19.2
	21	295 55.0	94 23.1	. . 25.5	96 08.3	. . 16.9	294 28.8	. . 05.0	111 10.9	. . 19.0
	22	310 57.5	109 23.7	26.6	111 09.2	17.5	309 31.6	05.1	126 13.1	18.9
	23	325 59.9	124 24.3	27.7	126 10.2	18.2	324 34.3	05.2	141 15.3	18.8
	2 00	341 02.4	139 24.9	S12 28.7	141 11.1	S 8 18.8	339 37.0	S 1 05.4	156 17.5	N 0 18.7
	01	356 04.9	154 25.4	29.8	156 12.1	19.4	354 39.7	05.5	171 19.7	18.6
	02	11 07.3	169 26.0	30.8	171 13.0	20.1	9 42.5	05.6	186 21.9	18.5
	03	26 09.8	184 26.6	. . 31.9	186 14.0	. . 20.7	24 45.2	. . 05.7	201 24.1	. . 18.3
	04	41 12.3	199 27.1	33.0	201 14.9	21.4	39 47.9	05.8	216 26.3	18.2
	05	56 14.7	214 27.7	34.0	216 15.9	22.0	54 50.6	06.0	231 28.5	18.1
THURSDAY	06	71 17.2	229 28.3	S12 35.1	231 16.8	S 8 22.6	69 53.4	S 1 06.1	246 30.7	N 0 18.0
	07	86 19.7	244 28.9	36.1	246 17.8	23.3	84 56.1	06.2	261 32.9	17.9
	08	101 22.1	259 29.4	37.2	261 18.7	23.9	99 58.8	06.3	276 35.1	17.7
	09	116 24.6	274 30.0	. . 38.3	276 19.7	. . 24.5	115 01.5	. . 06.4	291 37.3	. . 17.6
	10	131 27.0	289 30.6	39.3	291 20.6	25.2	130 04.3	06.6	306 39.5	17.5
	11	146 29.5	304 31.2	40.4	306 21.5	25.8	145 07.0	06.7	321 41.7	17.4
	12	161 32.0	319 31.7	S12 41.4	321 22.5	S 8 26.5	160 09.7	S 1 06.8	336 43.9	N 0 17.3
	13	176 34.4	334 32.3	42.5	336 23.4	27.1	175 12.5	06.9	351 46.1	17.2
	14	191 36.9	349 32.9	43.5	351 24.4	27.7	190 15.2	07.1	6 48.3	17.0
	15	206 39.4	4 33.5	. . 44.6	6 25.3	. . 28.4	205 17.9	. . 07.2	21 50.5	. . 16.9
	16	221 41.8	19 34.1	45.6	21 26.3	29.0	220 20.6	07.3	36 52.7	16.8
	17	236 44.3	34 34.7	46.7	36 27.2	29.6	235 23.4	07.4	51 54.9	16.7
	18	251 46.8	49 35.2	S12 47.8	51 28.2	S 8 30.3	250 26.1	S 1 07.5	66 57.1	N 0 16.6
	19	266 49.2	64 35.8	48.8	66 29.1	30.9	265 28.8	07.7	81 59.3	16.5
	20	281 51.7	79 36.4	49.9	81 30.0	31.5	280 31.6	07.8	97 01.5	16.3
	21	296 54.1	94 37.0	. . 50.9	96 31.0	. . 32.2	295 34.3	. . 07.9	112 03.7	. . 16.2
	22	311 56.6	109 37.6	52.0	111 31.9	32.8	310 37.0	08.0	127 05.9	16.1
	23	326 59.1	124 38.2	53.0	126 32.9	33.5	325 39.7	08.2	142 08.1	16.0
	3 00	342 01.5	139 38.8	S12 54.1	141 33.8	S 8 34.1	340 42.5	S 1 08.3	157 10.3	N 0 15.9
	01	357 04.0	154 39.4	55.1	156 34.8	34.7	355 45.2	08.4	172 12.5	15.8
	02	12 06.5	169 40.0	56.2	171 35.7	35.4	10 47.9	08.5	187 14.7	15.6
	03	27 08.9	184 40.6	. . 57.2	186 36.6	. . 36.0	25 50.7	. . 08.6	202 16.9	. . 15.5
	04	42 11.4	199 41.1	58.3	201 37.6	36.6	40 53.4	08.8	217 19.1	15.4
	05	57 13.9	214 41.7	12 59.3	216 38.5	37.3	55 56.1	08.9	232 21.3	15.3
FRIDAY	06	72 16.3	229 42.3	S13 00.3	231 39.5	S 8 37.9	70 58.9	S 1 09.0	247 23.5	N 0 15.2
	07	87 18.8	244 42.9	01.4	246 40.4	38.5	86 01.6	09.1	262 25.7	15.0
	08	102 21.3	259 43.5	02.4	261 41.4	39.2	101 04.3	09.3	277 27.9	14.9
	09	117 23.7	274 44.1	. . 03.5	276 42.3	. . 39.8	116 07.1	. . 09.4	292 30.1	. . 14.8
	10	132 26.2	289 44.7	04.5	291 43.2	40.4	131 09.8	09.5	307 32.3	14.7
	11	147 28.6	304 45.3	05.6	306 44.2	41.1	146 12.5	09.6	322 34.5	14.6
	12	162 31.1	319 45.9	S13 06.6	321 45.1	S 8 41.7	161 15.2	S 1 09.7	337 36.6	N 0 14.5
	13	177 33.6	334 46.5	07.7	336 46.1	42.3	176 18.0	09.9	352 38.8	14.3
	14	192 36.0	349 47.1	08.7	351 47.0	43.0	191 20.7	10.0	7 41.0	14.2
	15	207 38.5	4 47.7	. . 09.7	6 47.9	. . 43.6	206 23.4	. . 10.1	22 43.2	. . 14.1
	16	222 41.0	19 48.4	10.8	21 48.9	44.3	221 26.2	10.2	37 45.4	14.0
	17	237 43.4	34 49.0	11.8	36 49.8	44.9	236 28.9	10.4	52 47.6	13.9
	18	252 45.9	49 49.6	S13 12.9	51 50.8	S 8 45.5	251 31.6	S 1 10.5	67 49.8	N 0 13.8
	19	267 48.4	64 50.2	13.9	66 51.7	46.2	266 34.4	10.6	82 52.0	13.6
	20	282 50.8	79 50.8	14.9	81 52.6	46.8	281 37.1	10.7	97 54.2	13.5
	21	297 53.3	94 51.4	. . 16.0	96 53.6	. . 47.4	296 39.8	. . 10.9	112 56.4	. . 13.4
	22	312 55.8	109 52.0	17.0	111 54.5	48.1	311 42.6	11.0	127 58.6	13.3
	23	327 58.2	124 52.6	18.0	126 55.4	48.7	326 45.3	11.1	143 00.8	13.2
		h m								
	Mer. Pass.	1 15.6	v 0.6	d 1.1	v 0.9	d 0.6	v 2.7	d 0.1	v 2.2	d 0.1

STARS		
Name	SHA	Dec
	° ′	° ′
Acamar	315 19.6	S40 15.4
Achernar	335 27.7	S57 10.6
Acrux	173 12.3	S63 09.7
Adhara	255 14.3	S28 59.0
Aldebaran	290 51.7	N16 31.9
Alioth	166 22.8	N55 54.2
Alkaid	153 00.7	N49 15.8
Al Na'ir	27 45.7	S46 54.4
Alnilam	275 48.5	S 1 11.6
Alphard	217 58.4	S 8 42.3
Alphecca	126 12.8	N26 40.9
Alpheratz	357 45.3	N29 09.1
Altair	62 10.0	N 8 54.0
Ankaa	353 17.2	S42 14.6
Antares	112 28.7	S26 27.4
Arcturus	145 57.7	N19 07.7
Atria	107 32.4	S69 03.1
Avior	234 19.5	S59 32.5
Bellatrix	278 34.2	N 6 21.7
Betelgeuse	271 03.6	N 7 24.6
Canopus	263 57.3	S52 41.8
Capella	280 37.5	N46 00.4
Deneb	49 32.5	N45 19.4
Denebola	182 36.0	N14 30.8
Diphda	348 57.6	S17 55.4
Dubhe	193 54.6	N61 41.6
Elnath	278 15.2	N28 36.9
Eltanin	90 46.9	N51 29.6
Enif	33 48.8	N 9 55.7
Fomalhaut	15 25.8	S29 33.7
Gacrux	172 03.8	S57 10.5
Gienah	175 54.7	S17 36.1
Hadar	148 51.3	S60 25.7
Hamal	328 02.9	N23 30.9
Kaus Aust.	83 46.3	S34 22.8
Kochab	137 20.2	N74 06.9
Markab	13 40.0	N15 16.0
Menkar	314 17.0	N 4 08.1
Menkent	148 10.2	S36 25.5
Miaplacidus	221 41.2	S69 45.6
Mirfak	308 43.2	N49 53.8
Nunki	76 00.6	S26 17.0
Peacock	53 21.8	S56 42.0
Pollux	243 30.4	N28 00.0
Procyon	245 02.0	N 5 11.9
Rasalhague	96 08.2	N12 33.3
Regulus	207 45.9	N11 54.9
Rigel	281 14.0	S 8 11.2
Rigil Kent.	139 54.9	S60 53.0
Sabik	102 14.8	S15 44.3
Schedar	349 42.5	N56 35.8
Shaula	96 24.5	S37 06.8
Sirius	258 35.7	S16 43.7
Spica	158 33.6	S11 13.0
Suhail	222 54.4	S43 28.5
Vega	80 40.1	N38 47.9
Zuben'ubi	137 07.8	S16 05.2

	SHA	Mer. Pass.
	° ′	h m
Venus	158 22.5	14 42
Mars	160 08.7	14 34
Jupiter	358 34.6	1 21
Saturn	175 15.1	13 33

	UT	SUN GHA	SUN Dec	MOON GHA	*v*	MOON Dec	*d*	HP
	d h	° ′	° ′	° ′	′	° ′	′	′
	1 00	179 57.4	N 8 23.7	283 10.6	9.0	N23 19.8	4.8	56.4
	01	194 57.6	22.8	297 38.6	8.9	23 24.6	4.7	56.4
	02	209 57.8	21.9	312 06.5	8.8	23 29.3	4.5	56.5
	03	224 58.0	. . 21.0	326 34.3	8.7	23 33.8	4.4	56.5
	04	239 58.2	20.1	341 02.0	8.7	23 38.2	4.3	56.5
	05	254 58.4	19.2	355 29.7	8.6	23 42.5	4.1	56.6
	06	269 58.6	N 8 18.2	9 57.3	8.5	N23 46.6	4.0	56.6
W	07	284 58.8	17.3	24 24.8	8.5	23 50.6	3.9	56.6
E	08	299 59.0	16.4	38 52.3	8.3	23 54.5	3.8	56.7
D	09	314 59.2	. . 15.5	53 19.6	8.3	23 58.3	3.7	56.7
N	10	329 59.3	14.6	67 46.9	8.2	24 02.0	3.5	56.7
E	11	344 59.5	13.7	82 14.1	8.2	24 05.5	3.3	56.8
S	12	359 59.7	N 8 12.8	96 41.3	8.0	N24 08.8	3.3	56.8
D	13	14 59.9	11.9	111 08.3	8.0	24 12.1	3.1	56.8
	14	30 00.1	11.0	125 35.3	8.0	24 15.2	3.0	56.9
A	15	45 00.3	. . 10.1	140 02.3	7.8	24 18.2	2.8	56.9
Y	16	60 00.5	09.2	154 29.1	7.8	24 21.0	2.8	56.9
	17	75 00.7	08.3	168 55.9	7.7	24 23.8	2.5	57.0
	18	90 00.9	N 8 07.4	183 22.6	7.7	N24 26.3	2.5	57.0
	19	105 01.1	06.4	197 49.3	7.5	24 28.8	2.3	57.0
	20	120 01.3	05.5	212 15.8	7.6	24 31.1	2.1	57.1
	21	135 01.5	. . 04.6	226 42.4	7.4	24 33.2	2.1	57.1
	22	150 01.7	03.7	241 08.8	7.4	24 35.3	1.8	57.1
	23	165 01.9	02.8	255 35.2	7.3	24 37.1	1.8	57.2
	2 00	180 02.1	N 8 01.9	270 01.5	7.3	N24 38.9	1.6	57.2
	01	195 02.3	01.0	284 27.8	7.2	24 40.5	1.4	57.2
	02	210 02.5	8 00.1	298 54.0	7.1	24 41.9	1.4	57.3
	03	225 02.7	7 59.2	313 20.1	7.1	24 43.3	1.1	57.3
	04	240 02.9	58.3	327 46.2	7.0	24 44.4	1.0	57.4
	05	255 03.1	57.3	342 12.2	7.0	24 45.4	0.9	57.4
	06	270 03.3	N 7 56.4	356 38.2	6.9	N24 46.3	0.8	57.4
	07	285 03.5	55.5	11 04.1	6.9	24 47.1	0.5	57.5
T	08	300 03.7	54.6	25 30.0	6.8	24 47.6	0.5	57.5
H	09	315 03.9	. . 53.7	39 55.8	6.8	24 48.1	0.3	57.5
U	10	330 04.1	52.8	54 21.6	6.7	24 48.4	0.1	57.6
R	11	345 04.3	51.9	68 47.3	6.6	24 48.5	0.0	57.6
S	12	0 04.5	N 7 51.0	83 12.9	6.6	N24 48.5	0.2	57.6
D	13	15 04.7	50.0	97 38.5	6.6	24 48.3	0.3	57.7
A	14	30 04.9	49.1	112 04.1	6.5	24 48.0	0.5	57.7
Y	15	45 05.1	. . 48.2	126 29.6	6.5	24 47.5	0.6	57.8
	16	60 05.3	47.3	140 55.1	6.4	24 46.9	0.7	57.8
	17	75 05.5	46.4	155 20.5	6.4	24 46.2	1.0	57.8
	18	90 05.7	N 7 45.5	169 45.9	6.4	N24 45.2	1.0	57.9
	19	105 06.0	44.6	184 11.3	6.3	24 44.2	1.3	57.9
	20	120 06.2	43.7	198 36.6	6.2	24 42.9	1.3	57.9
	21	135 06.4	. . 42.7	213 01.8	6.3	24 41.6	1.6	58.0
	22	150 06.6	41.8	227 27.1	6.2	24 40.0	1.7	58.0
	23	165 06.8	40.9	241 52.3	6.1	24 38.3	1.8	58.1
	3 00	180 07.0	N 7 40.0	256 17.4	6.2	N24 36.5	2.0	58.1
	01	195 07.2	39.1	270 42.6	6.1	24 34.5	2.2	58.1
	02	210 07.4	38.2	285 07.7	6.1	24 32.3	2.3	58.2
	03	225 07.6	. . 37.2	299 32.8	6.0	24 30.0	2.5	58.2
	04	240 07.8	36.3	313 57.8	6.1	24 27.5	2.6	58.3
	05	255 08.0	35.4	328 22.9	6.0	24 24.9	2.8	58.3
	06	270 08.2	N 7 34.5	342 47.9	5.9	N24 22.1	2.9	58.3
	07	285 08.4	33.6	357 12.8	6.0	24 19.2	3.2	58.4
	08	300 08.6	32.7	11 37.8	5.9	24 16.0	3.2	58.4
F	09	315 08.8	. . 31.7	26 02.7	6.0	24 12.8	3.4	58.4
R	10	330 09.0	30.8	40 27.7	5.9	24 09.4	3.6	58.5
I	11	345 09.2	29.9	54 52.6	5.8	24 05.8	3.7	58.5
D	12	0 09.4	N 7 29.0	69 17.4	5.9	N24 02.1	3.9	58.6
A	13	15 09.6	28.1	83 42.3	5.9	23 58.2	4.1	58.6
Y	14	30 09.8	27.2	98 07.2	5.8	23 54.1	4.2	58.6
	15	45 10.0	. . 26.2	112 32.0	5.9	23 49.9	4.4	58.7
	16	60 10.2	25.3	126 56.9	5.8	23 45.5	4.5	58.7
	17	75 10.4	24.4	141 21.7	5.8	23 41.0	4.7	58.8
	18	90 10.6	N 7 23.5	155 46.5	5.8	N23 36.3	4.8	58.8
	19	105 10.8	22.6	170 11.3	5.8	23 31.5	5.0	58.8
	20	120 11.0	21.6	184 36.1	5.9	23 26.5	5.1	58.9
	21	135 11.2	. . 20.7	199 01.0	5.8	23 21.4	5.4	58.9
	22	150 11.4	19.8	213 25.8	5.8	23 16.0	5.4	58.9
	23	165 11.6	18.9	227 50.6	5.8	N23 10.6	5.6	59.0
		SD 15.9	*d* 0.9	SD	15.5	15.7		16.0

Lat.	Twilight Naut.	Twilight Civil	Sunrise	Moonrise 1	2	3	4
°	h m	h m	h m	h m	h m	h m	h m
N 72	////	02 37	04 05	▭	▭	▭	▭
N 70	////	03 04	04 19	▭	▭	▭	▭
68	01 39	03 24	04 29	▭	▭	▭	22 22
66	02 15	03 40	04 38	▭	▭	20 45	23 05
64	02 40	03 52	04 45	19 17	20 07	21 41	23 33
62	02 59	04 03	04 51	19 57	20 51	22 14	23 55
60	03 14	04 12	04 57	20 25	21 20	22 38	24 13
N 58	03 26	04 20	05 02	20 46	21 42	22 57	24 27
56	03 37	04 26	05 06	21 04	22 00	23 13	24 40
54	03 46	04 32	05 10	21 19	22 15	23 27	24 51
52	03 54	04 38	05 13	21 32	22 29	23 39	25 00
50	04 02	04 43	05 16	21 44	22 40	23 50	25 09
45	04 16	04 53	05 23	22 08	23 04	24 12	00 12
N 40	04 28	05 01	05 28	22 27	23 24	24 29	00 29
35	04 37	05 07	05 33	22 43	23 40	24 44	00 44
30	04 44	05 13	05 37	22 57	23 54	24 57	00 57
20	04 56	05 22	05 45	23 21	24 18	00 18	01 19
N 10	05 05	05 29	05 51	23 41	24 38	00 38	01 38
0	05 11	05 36	05 56	24 00	00 00	00 58	01 56
S 10	05 16	05 41	06 02	24 20	00 20	01 17	02 14
20	05 20	05 46	06 08	24 41	00 41	01 38	02 33
30	05 23	05 50	06 14	00 06	01 05	02 01	02 55
35	05 23	05 53	06 18	00 19	01 19	02 15	03 08
40	05 24	05 55	06 22	00 34	01 35	02 32	03 22
45	05 24	05 58	06 27	00 53	01 55	02 51	03 40
S 50	05 23	06 00	06 33	01 15	02 19	03 15	04 01
52	05 22	06 01	06 35	01 26	02 31	03 27	04 11
54	05 22	06 03	06 38	01 39	02 45	03 40	04 23
56	05 21	06 04	06 41	01 53	03 00	03 55	04 36
58	05 20	06 05	06 45	02 10	03 19	04 13	04 51
S 60	05 19	06 07	06 49	02 30	03 42	04 35	05 09

Lat.	Sunset	Twilight Civil	Twilight Naut.	Moonset 1	2	3	4
°	h m	h m	h m	h m	h m	h m	h m
N 72	19 51	21 17	////	▭	▭	▭	▭
N 70	19 38	20 51	23 18	▭	▭	▭	▭
68	19 28	20 32	22 13	▭	▭	▭	19 11
66	19 19	20 17	21 40	▭	▭	18 44	18 27
64	19 12	20 05	21 16	16 12	17 20	17 48	17 58
62	19 06	19 54	20 58	15 32	16 36	17 15	17 35
60	19 01	19 46	20 43	15 04	16 07	16 50	17 17
N 58	18 56	19 38	20 31	14 43	15 45	16 30	17 02
56	18 52	19 31	20 20	14 25	15 26	16 14	16 49
54	18 49	19 26	20 11	14 10	15 11	16 00	16 37
52	18 45	19 20	20 03	13 57	14 58	15 48	16 27
50	18 42	19 16	19 56	13 46	14 46	15 37	16 18
45	18 36	19 06	19 42	13 22	14 22	15 14	15 59
N 40	18 30	18 58	19 31	13 03	14 02	14 56	15 43
35	18 26	18 51	19 22	12 48	13 46	14 40	15 30
30	18 22	18 46	19 14	12 34	13 32	14 27	15 18
20	18 15	18 37	19 03	12 11	13 08	14 04	14 58
N 10	18 09	18 30	18 54	11 50	12 47	13 44	14 41
0	18 03	18 24	18 48	11 32	12 28	13 26	14 24
S 10	17 58	18 19	18 43	11 13	12 08	13 07	14 07
20	17 52	18 14	18 40	10 53	11 47	12 47	13 50
30	17 45	18 10	18 37	10 30	11 23	12 23	13 29
35	17 42	18 07	18 37	10 16	11 09	12 10	13 17
40	17 38	18 05	18 36	10 00	10 52	11 54	13 03
45	17 33	18 03	18 37	09 42	10 33	11 35	12 46
S 50	17 28	18 00	18 37	09 18	10 08	11 11	12 26
52	17 25	17 59	18 38	09 07	09 56	11 00	12 16
54	17 22	17 58	18 39	08 54	09 43	10 47	12 05
56	17 19	17 57	18 40	08 40	09 27	10 31	11 52
58	17 16	17 55	18 41	08 23	09 08	10 14	11 37
S 60	17 12	17 54	18 42	08 02	08 45	09 52	11 20

Day	SUN Eqn. of Time 00^h	SUN Eqn. of Time 12^h	SUN Mer. Pass.	MOON Mer. Pass. Upper	MOON Mer. Pass. Lower	Age	Phase
d	m s	m s	h m	h m	h m	d	%
1	00 11	00 01	12 00	05 19	17 46	22	52
2	00 08	00 18	12 00	06 14	18 43	23	42
3	00 27	00 37	11 59	07 12	19 41	24	31

UT	ARIES	VENUS −4.6		MARS +1.5		JUPITER −2.9		SATURN +1.0	
	GHA	GHA	Dec	GHA	Dec	GHA	Dec	GHA	Dec
d h	° ′	° ′	° ′	° ′	° ′	° ′	° ′	° ′	° ′
4 00	343 00.7	139 53.2	S13 19.1	141 56.4	S 8 49.3	341 48.0	S 1 11.2	158 03.0	N 0 13.0
01	358 03.1	154 53.8	20.1	156 57.3	50.0	356 50.8	11.4	173 05.2	12.9
02	13 05.6	169 54.5	21.2	171 58.3	50.6	11 53.5	11.5	188 07.4	12.8
03	28 08.1	184 55.1	. . 22.2	186 59.2	. . 51.2	26 56.2	. . 11.6	203 09.6	. . 12.7
04	43 10.5	199 55.7	23.2	202 00.1	51.9	41 59.0	11.7	218 11.8	12.6
05	58 13.0	214 56.3	24.3	217 01.1	52.5	57 01.7	11.9	233 14.0	12.5
06	73 15.5	229 56.9	S13 25.3	232 02.0	S 8 53.1	72 04.5	S 1 12.0	248 16.2	N 0 12.3
07	88 17.9	244 57.6	26.3	247 02.9	53.8	87 07.2	12.1	263 18.4	12.2
S 08	103 20.4	259 58.2	27.4	262 03.9	54.4	102 09.9	12.2	278 20.6	12.1
A 09	118 22.9	274 58.8	. . 28.4	277 04.8	. . 55.0	117 12.7	. . 12.3	293 22.8	. . 12.0
T 10	133 25.3	289 59.4	29.4	292 05.8	55.7	132 15.4	12.5	308 25.0	11.9
U 11	148 27.8	305 00.0	30.4	307 06.7	56.3	147 18.1	12.6	323 27.2	11.7
R 12	163 30.3	320 00.7	S13 31.5	322 07.6	S 8 56.9	162 20.9	S 1 12.7	338 29.4	N 0 11.6
D 13	178 32.7	335 01.3	32.5	337 08.6	57.6	177 23.6	12.8	353 31.6	11.5
A 14	193 35.2	350 01.9	33.5	352 09.5	58.2	192 26.3	13.0	8 33.8	11.4
Y 15	208 37.6	5 02.6	. . 34.6	7 10.4	. . 58.8	207 29.1	. . 13.1	23 36.0	. . 11.3
16	223 40.1	20 03.2	35.6	22 11.4	8 59.5	222 31.8	13.2	38 38.2	11.2
17	238 42.6	35 03.8	36.6	37 12.3	9 00.1	237 34.5	13.3	53 40.4	11.0
18	253 45.0	50 04.4	S13 37.6	52 13.2	S 9 00.7	252 37.3	S 1 13.5	68 42.6	N 0 10.9
19	268 47.5	65 05.1	38.7	67 14.2	01.4	267 40.0	13.6	83 44.7	10.8
20	283 50.0	80 05.7	39.7	82 15.1	02.0	282 42.8	13.7	98 46.9	10.7
21	298 52.4	95 06.3	. . 40.7	97 16.0	. . 02.6	297 45.5	. . 13.8	113 49.1	. . 10.6
22	313 54.9	110 07.0	41.7	112 17.0	03.3	312 48.2	14.0	128 51.3	10.4
23	328 57.4	125 07.6	42.8	127 17.9	03.9	327 51.0	14.1	143 53.5	10.3
5 00	343 59.8	140 08.2	S13 43.8	142 18.8	S 9 04.5	342 53.7	S 1 14.2	158 55.7	N 0 10.2
01	359 02.3	155 08.9	44.8	157 19.8	05.2	357 56.4	14.3	173 57.9	10.1
02	14 04.8	170 09.5	45.8	172 20.7	05.8	12 59.2	14.5	189 00.1	10.0
03	29 07.2	185 10.2	. . 46.9	187 21.6	. . 06.4	28 01.9	. . 14.6	204 02.3	. . 09.9
04	44 09.7	200 10.8	47.9	202 22.6	07.1	43 04.7	14.7	219 04.5	09.7
05	59 12.1	215 11.4	48.9	217 23.5	07.7	58 07.4	14.8	234 06.7	09.6
06	74 14.6	230 12.1	S13 49.9	232 24.4	S 9 08.3	73 10.1	S 1 15.0	249 08.9	N 0 09.5
07	89 17.1	245 12.7	50.9	247 25.4	09.0	88 12.9	15.1	264 11.1	09.4
08	104 19.5	260 13.4	52.0	262 26.3	09.6	103 15.6	15.2	279 13.3	09.3
S 09	119 22.0	275 14.0	. . 53.0	277 27.2	. . 10.2	118 18.4	. . 15.4	294 15.5	. . 09.1
U 10	134 24.5	290 14.7	54.0	292 28.1	10.9	133 21.1	15.5	309 17.7	09.0
N 11	149 26.9	305 15.3	55.0	307 29.1	11.5	148 23.8	15.6	324 19.9	08.9
D 12	164 29.4	320 16.0	S13 56.0	322 30.0	S 9 12.1	163 26.6	S 1 15.7	339 22.1	N 0 08.8
A 13	179 31.9	335 16.6	57.0	337 30.9	12.8	178 29.3	15.9	354 24.3	08.7
Y 14	194 34.3	350 17.3	58.1	352 31.9	13.4	193 32.1	16.0	9 26.5	08.6
15	209 36.8	5 17.9	13 59.1	7 32.8	. . 14.0	208 34.8	. . 16.1	24 28.7	. . 08.4
16	224 39.2	20 18.6	14 00.1	22 33.7	14.7	223 37.5	16.2	39 30.9	08.3
17	239 41.7	35 19.2	01.1	37 34.7	15.3	238 40.3	16.4	54 33.1	08.2
18	254 44.2	50 19.9	S14 02.1	52 35.6	S 9 15.9	253 43.0	S 1 16.5	69 35.2	N 0 08.1
19	269 46.6	65 20.5	03.1	67 36.5	16.6	268 45.8	16.6	84 37.4	08.0
20	284 49.1	80 21.2	04.1	82 37.4	17.2	283 48.5	16.7	99 39.6	07.8
21	299 51.6	95 21.9	. . 05.1	97 38.4	. . 17.8	298 51.2	. . 16.9	114 41.8	. . 07.7
22	314 54.0	110 22.5	06.2	112 39.3	18.5	313 54.0	17.0	129 44.0	07.6
23	329 56.5	125 23.2	07.2	127 40.2	19.1	328 56.7	17.1	144 46.2	07.5
6 00	344 59.0	140 23.8	S14 08.2	142 41.2	S 9 19.7	343 59.5	S 1 17.2	159 48.4	N 0 07.4
01	0 01.4	155 24.5	09.2	157 42.1	20.3	359 02.2	17.4	174 50.6	07.3
02	15 03.9	170 25.2	10.2	172 43.0	21.0	14 04.9	17.5	189 52.8	07.1
03	30 06.4	185 25.8	. . 11.2	187 43.9	. . 21.6	29 07.7	. . 17.6	204 55.0	. . 07.0
04	45 08.8	200 26.5	12.2	202 44.9	22.2	44 10.4	17.8	219 57.2	06.9
05	60 11.3	215 27.2	13.2	217 45.8	22.9	59 13.2	17.9	234 59.4	06.8
06	75 13.7	230 27.8	S14 14.2	232 46.7	S 9 23.5	74 15.9	S 1 18.0	250 01.6	N 0 06.7
07	90 16.2	245 28.5	15.2	247 47.6	24.1	89 18.7	18.1	265 03.8	06.5
08	105 18.7	260 29.2	16.2	262 48.6	24.8	104 21.4	18.3	280 06.0	06.4
M 09	120 21.1	275 29.8	. . 17.2	277 49.5	. . 25.4	119 24.1	. . 18.4	295 08.2	. . 06.3
O 10	135 23.6	290 30.5	18.2	292 50.4	26.0	134 26.9	18.5	310 10.4	06.2
N 11	150 26.1	305 31.2	19.2	307 51.3	26.7	149 29.6	18.6	325 12.6	06.1
D 12	165 28.5	320 31.9	S14 20.2	322 52.3	S 9 27.3	164 32.4	S 1 18.8	340 14.7	N 0 05.9
A 13	180 31.0	335 32.5	21.2	337 53.2	27.9	179 35.1	18.9	355 16.9	05.8
Y 14	195 33.5	350 33.2	22.2	352 54.1	28.5	194 37.9	19.0	10 19.1	05.7
15	210 35.9	5 33.9	. . 23.2	7 55.0	. . 29.2	209 40.6	. . 19.1	25 21.3	. . 05.6
16	225 38.4	20 34.6	24.2	22 56.0	29.8	224 43.3	19.3	40 23.5	05.5
17	240 40.9	35 35.3	25.2	37 56.9	30.4	239 46.1	19.4	55 25.7	05.4
18	255 43.3	50 35.9	S14 26.2	52 57.8	S 9 31.1	254 48.8	S 1 19.5	70 27.9	N 0 05.2
19	270 45.8	65 36.6	27.2	67 58.7	31.7	269 51.6	19.7	85 30.1	05.1
20	285 48.2	80 37.3	28.2	82 59.7	32.3	284 54.3	19.8	100 32.3	05.0
21	300 50.7	95 38.0	. . 29.2	98 00.6	. . 33.0	299 57.1	. . 19.9	115 34.5	. . 04.9
22	315 53.2	110 38.7	30.2	113 01.5	33.6	314 59.8	20.0	130 36.7	04.8
23	330 55.6	125 39.4	31.2	128 02.4	34.2	330 02.6	20.2	145 38.9	04.6
Mer. Pass.	h m 1 03.8	v 0.6	d 1.0	v 0.9	d 0.6	v 2.7	d 0.1	v 2.2	d 0.1

STARS

Name	SHA	Dec
	° ′	° ′
Acamar	315 19.6	S40 15.4
Achernar	335 27.7	S57 10.6
Acrux	173 12.4	S63 09.7
Adhara	255 14.3	S28 59.0
Aldebaran	290 51.7	N16 31.9
Alioth	166 22.8	N55 54.2
Alkaid	153 00.7	N49 15.7
Al Na'ir	27 45.7	S46 54.4
Alnilam	275 48.5	S 1 11.6
Alphard	217 58.4	S 8 42.2
Alphecca	126 12.8	N26 40.9
Alpheratz	357 45.3	N29 09.1
Altair	62 10.0	N 8 54.0
Ankaa	353 17.2	S42 14.6
Antares	112 28.7	S26 27.4
Arcturus	145 57.7	N19 07.7
Atria	107 32.4	S69 03.1
Avior	234 19.4	S59 32.5
Bellatrix	278 34.2	N 6 21.7
Betelgeuse	271 03.6	N 7 24.6
Canopus	263 57.3	S52 41.8
Capella	280 37.5	N46 00.4
Deneb	49 32.5	N45 19.4
Denebola	182 36.0	N14 30.8
Diphda	348 57.6	S17 55.4
Dubhe	193 54.6	N61 41.6
Elnath	278 15.2	N28 36.9
Eltanin	90 46.9	N51 29.6
Enif	33 48.8	N 9 55.7
Fomalhaut	15 25.8	S29 33.7
Gacrux	172 03.8	S57 10.5
Gienah	175 54.7	S17 36.1
Hadar	148 51.3	S60 25.7
Hamal	328 02.8	N23 30.9
Kaus Aust.	83 46.3	S34 22.8
Kochab	137 20.2	N74 06.9
Markab	13 40.0	N15 16.0
Menkar	314 17.0	N 4 08.1
Menkent	148 10.2	S36 25.5
Miaplacidus	221 41.1	S69 45.6
Mirfak	308 43.1	N49 53.9
Nunki	76 00.6	S26 17.0
Peacock	53 21.8	S56 42.0
Pollux	243 30.4	N28 00.0
Procyon	245 02.0	N 5 11.9
Rasalhague	96 08.2	N12 33.3
Regulus	207 45.9	N11 54.9
Rigel	281 14.0	S 8 11.2
Rigil Kent.	139 54.9	S60 53.0
Sabik	102 14.8	S15 44.3
Schedar	349 42.4	N56 35.8
Shaula	96 24.5	S37 06.8
Sirius	258 35.6	S16 43.7
Spica	158 33.6	S11 13.0
Suhail	222 54.4	S43 28.4
Vega	80 40.1	N38 47.9
Zuben'ubi	137 07.8	S16 05.2

	SHA	Mer. Pass.
	° ′	h m
Venus	156 08.4	14 39
Mars	158 19.0	14 30
Jupiter	358 53.9	1 08
Saturn	174 55.9	13 22

	UT	SUN GHA	SUN Dec	MOON GHA	v	MOON Dec	d	HP
	d h	° ′	° ′	° ′	′	° ′	′	′
	4 00	180 11.9	N 7 18.0	242 15.4	5.8	N23 05.0	5.8	59.0
	01	195 12.1	17.0	256 40.2	5.8	22 59.2	6.0	59.1
	02	210 12.3	16.1	271 05.0	5.8	22 53.2	6.1	59.1
	03	225 12.5	. . 15.2	285 29.8	5.9	22 47.1	6.2	59.1
	04	240 12.7	14.3	299 54.7	5.8	22 40.9	6.4	59.2
	05	255 12.9	13.3	314 19.5	5.8	22 34.5	6.6	59.2
	06	270 13.1	N 7 12.4	328 44.3	5.9	N22 27.9	6.7	59.3
	07	285 13.3	11.5	343 09.2	5.8	22 21.2	6.8	59.3
S	08	300 13.5	10.6	357 34.0	5.9	22 14.4	7.0	59.3
A	09	315 13.7	. . 09.7	11 58.9	5.9	22 07.4	7.2	59.4
T	10	330 13.9	08.7	26 23.8	5.9	22 00.2	7.3	59.4
U	11	345 14.1	07.8	40 48.7	5.9	21 52.9	7.5	59.4
R	12	0 14.3	N 7 06.9	55 13.6	6.0	N21 45.4	7.6	59.5
D	13	15 14.5	06.0	69 38.6	5.9	21 37.8	7.8	59.5
A	14	30 14.7	05.0	84 03.5	6.0	21 30.0	7.9	59.5
Y	15	45 14.9	. . 04.1	98 28.5	6.0	21 22.1	8.1	59.6
	16	60 15.1	03.2	112 53.5	6.0	21 14.0	8.2	59.6
	17	75 15.4	02.3	127 18.5	6.0	21 05.8	8.4	59.7
	18	90 15.6	N 7 01.3	141 43.5	6.1	N20 57.4	8.5	59.7
	19	105 15.8	7 00.4	156 08.6	6.1	20 48.9	8.7	59.7
	20	120 16.0	6 59.5	170 33.7	6.1	20 40.2	8.8	59.8
	21	135 16.2	. . 58.6	184 58.8	6.1	20 31.4	8.9	59.8
	22	150 16.4	57.6	199 23.9	6.2	20 22.5	9.1	59.8
	23	165 16.6	56.7	213 49.1	6.1	20 13.4	9.2	59.9
	5 00	180 16.8	N 6 55.8	228 14.2	6.3	N20 04.2	9.4	59.9
	01	195 17.0	54.9	242 39.5	6.2	19 54.8	9.5	59.9
	02	210 17.2	53.9	257 04.7	6.3	19 45.3	9.7	60.0
	03	225 17.4	. . 53.0	271 30.0	6.3	19 35.6	9.8	60.0
	04	240 17.6	52.1	285 55.3	6.3	19 25.8	9.9	60.0
	05	255 17.8	51.2	300 20.6	6.4	19 15.9	10.0	60.1
	06	270 18.1	N 6 50.2	314 46.0	6.4	N19 05.9	10.2	60.1
	07	285 18.3	49.3	329 11.4	6.4	18 55.7	10.4	60.1
	08	300 18.5	48.4	343 36.8	6.5	18 45.3	10.5	60.2
S	09	315 18.7	. . 47.5	358 02.3	6.5	18 34.8	10.6	60.2
U	10	330 18.9	46.5	12 27.8	6.5	18 24.2	10.7	60.2
N	11	345 19.1	45.6	26 53.3	6.6	18 13.5	10.8	60.3
D	12	0 19.3	N 6 44.7	41 18.9	6.6	N18 02.7	11.0	60.3
A	13	15 19.5	43.7	55 44.5	6.6	17 51.7	11.1	60.3
Y	14	30 19.7	42.8	70 10.1	6.7	17 40.6	11.3	60.4
	15	45 19.9	. . 41.9	84 35.8	6.7	17 29.3	11.3	60.4
	16	60 20.1	41.0	99 01.5	6.8	17 18.0	11.5	60.4
	17	75 20.3	40.0	113 27.3	6.8	17 06.5	11.6	60.4
	18	90 20.6	N 6 39.1	127 53.1	6.8	N16 54.9	11.8	60.5
	19	105 20.8	38.2	142 18.9	6.9	16 43.1	11.8	60.5
	20	120 21.0	37.2	156 44.8	6.9	16 31.3	12.0	60.5
	21	135 21.2	. . 36.3	171 10.7	6.9	16 19.3	12.1	60.6
	22	150 21.4	35.4	185 36.6	7.0	16 07.2	12.2	60.6
	23	165 21.6	34.5	200 02.6	7.0	15 55.0	12.3	60.6
	6 00	180 21.8	N 6 33.5	214 28.6	7.1	N15 42.7	12.4	60.6
	01	195 22.0	32.6	228 54.7	7.1	15 30.3	12.5	60.7
	02	210 22.2	31.7	243 20.8	7.1	15 17.8	12.7	60.7
	03	225 22.4	. . 30.7	257 46.9	7.2	15 05.1	12.7	60.7
	04	240 22.6	29.8	272 13.1	7.2	14 52.4	12.9	60.7
	05	255 22.9	28.9	286 39.3	7.2	14 39.5	13.0	60.8
	06	270 23.1	N 6 27.9	301 05.5	7.3	N14 26.5	13.0	60.8
	07	285 23.3	27.0	315 31.8	7.4	14 13.5	13.2	60.8
	08	300 23.5	26.1	329 58.2	7.3	14 00.3	13.3	60.8
M	09	315 23.7	. . 25.1	344 24.5	7.4	13 47.0	13.3	60.9
O	10	330 23.9	24.2	358 50.9	7.5	13 33.7	13.5	60.9
N	11	345 24.1	23.3	13 17.4	7.5	13 20.2	13.5	60.9
D	12	0 24.3	N 6 22.4	27 43.9	7.5	N13 06.7	13.7	60.9
A	13	15 24.5	21.4	42 10.4	7.6	12 53.0	13.7	61.0
Y	14	30 24.8	20.5	56 37.0	7.6	12 39.3	13.9	61.0
	15	45 25.0	. . 19.6	71 03.6	7.6	12 25.4	13.9	61.0
	16	60 25.2	18.6	85 30.2	7.7	12 11.5	14.0	61.0
	17	75 25.4	17.7	99 56.9	7.7	11 57.5	14.1	61.0
	18	90 25.6	N 6 16.8	114 23.6	7.8	N11 43.4	14.1	61.1
	19	105 25.8	15.8	128 50.4	7.7	11 29.3	14.3	61.1
	20	120 26.0	14.9	143 17.1	7.9	11 15.0	14.3	61.1
	21	135 26.2	. . 14.0	157 44.0	7.8	11 00.7	14.4	61.1
	22	150 26.4	13.0	172 10.8	7.9	10 46.3	14.5	61.1
	23	165 26.7	12.1	186 37.7	8.0	N10 31.8	14.6	61.1
		SD 15.9	d 0.9	SD 16.2		16.4		16.6

Lat.	Twilight Naut.	Twilight Civil	Sunrise	Moonrise 4	Moonrise 5	Moonrise 6	Moonrise 7
°	h m	h m	h m	h m	h m	h m	h m
N 72	////	02 57	04 20	▭	23 45	26 38	02 38
N 70	01 15	03 20	04 31	▭	▭	00 25	02 54
68	02 02	03 37	04 40	22 22	24 53	00 53	03 06
66	02 31	03 51	04 48	23 05	25 13	01 13	03 17
64	02 53	04 02	04 54	23 33	25 30	01 30	03 25
62	03 10	04 12	04 59	23 55	25 43	01 43	03 32
60	03 23	04 20	05 04	24 13	00 13	01 55	03 39
N 58	03 35	04 27	05 08	24 27	00 27	02 05	03 44
56	03 44	04 33	05 12	24 40	00 40	02 13	03 49
54	03 53	04 38	05 15	24 51	00 51	02 21	03 53
52	04 00	04 43	05 18	25 00	01 00	02 27	03 57
50	04 07	04 47	05 21	25 09	01 09	02 34	04 01
45	04 20	04 56	05 26	00 12	01 27	02 47	04 08
N 40	04 31	05 04	05 31	00 29	01 42	02 57	04 15
35	04 39	05 10	05 35	00 44	01 54	03 07	04 20
30	04 46	05 15	05 39	00 57	02 05	03 15	04 25
20	04 57	05 23	05 45	01 19	02 23	03 28	04 33
N 10	05 05	05 29	05 51	01 38	02 39	03 40	04 40
0	05 10	05 35	05 55	01 56	02 54	03 52	04 47
S 10	05 15	05 39	06 00	02 14	03 09	04 03	04 54
20	05 18	05 43	06 05	02 33	03 25	04 15	05 01
30	05 19	05 47	06 11	02 55	03 44	04 28	05 09
35	05 19	05 49	06 14	03 08	03 54	04 36	05 13
40	05 19	05 50	06 17	03 22	04 06	04 45	05 19
45	05 18	05 52	06 22	03 40	04 20	04 55	05 25
S 50	05 17	05 54	06 26	04 01	04 38	05 07	05 32
52	05 16	05 55	06 29	04 11	04 46	05 13	05 35
54	05 15	05 56	06 31	04 23	04 55	05 19	05 39
56	05 14	05 56	06 34	04 36	05 05	05 26	05 43
58	05 12	05 57	06 37	04 51	05 16	05 34	05 48
S 60	05 10	05 58	06 40	05 09	05 30	05 43	05 53

Lat.	Sunset	Twilight Civil	Twilight Naut.	Moonset 4	Moonset 5	Moonset 6	Moonset 7
°	h m	h m	h m	h m	h m	h m	h m
N 72	19 34	20 55	////	▭	19 52	18 57	18 24
N 70	19 24	20 34	22 32	▭	19 09	18 38	18 17
68	19 15	20 17	21 49	19 11	18 40	18 24	18 11
66	19 08	20 04	21 22	18 27	18 18	18 12	18 05
64	19 02	19 53	21 01	17 58	18 01	18 01	18 01
62	18 57	19 44	20 45	17 35	17 46	17 53	17 57
60	18 52	19 36	20 32	17 17	17 34	17 45	17 54
N 58	18 48	19 29	20 21	17 02	17 23	17 38	17 51
56	18 44	19 23	20 11	16 49	17 14	17 32	17 48
54	18 41	19 18	20 03	16 37	17 05	17 27	17 45
52	18 38	19 13	19 56	16 27	16 58	17 22	17 43
50	18 36	19 09	19 49	16 18	16 51	17 18	17 41
45	18 30	19 00	19 36	15 59	16 36	17 08	17 37
N 40	18 25	18 53	19 26	15 43	16 24	17 00	17 33
35	18 21	18 47	19 17	15 30	16 14	16 53	17 30
30	18 18	18 42	19 11	15 18	16 05	16 47	17 27
20	18 12	18 34	19 00	14 58	15 49	16 36	17 22
N 10	18 07	18 28	18 53	14 41	15 35	16 27	17 17
0	18 02	18 23	18 47	14 24	15 22	16 18	17 13
S 10	17 57	18 18	18 43	14 07	15 09	16 09	17 08
20	17 52	18 15	18 40	13 50	14 54	15 59	17 03
30	17 47	18 11	18 39	13 29	14 38	15 48	16 58
35	17 44	18 09	18 39	13 17	14 28	15 41	16 55
40	17 41	18 08	18 39	13 03	14 17	15 34	16 51
45	17 37	18 06	18 40	12 46	14 04	15 25	16 47
S 50	17 32	18 04	18 42	12 26	13 48	15 15	16 42
52	17 30	18 04	18 43	12 16	13 41	15 10	16 40
54	17 27	18 03	18 44	12 05	13 32	15 04	16 37
56	17 25	18 02	18 45	11 52	13 23	14 58	16 34
58	17 22	18 01	18 47	11 37	13 12	14 51	16 31
S 60	17 19	18 01	18 49	11 20	13 00	14 43	16 27

Day	SUN Eqn. of Time 00^h	SUN Eqn. of Time 12^h	SUN Mer. Pass.	MOON Mer. Pass. Upper	MOON Mer. Pass. Lower	MOON Age	MOON Phase
d	m s	m s	h m	h m	h m	d	%
4	00 47	00 57	11 59	08 10	20 39	25	21
5	01 07	01 17	11 59	09 08	21 37	26	13
6	01 27	01 37	11 58	10 05	22 32	27	6

UT	ARIES	VENUS −4.7		MARS +1.5		JUPITER −2.9		SATURN +1.0		STARS		
	GHA	GHA	Dec	GHA	Dec	GHA	Dec	GHA	Dec	Name	SHA	Dec
d h	° ′	° ′	° ′	° ′	° ′	° ′	° ′	° ′	° ′		° ′	° ′
7 00 (TUESDAY)	345 58.1	140 40.0	S14 32.2	143 03.4	S 9 34.9	345 05.3	S 1 20.3	160 41.1	N 0 04.5	Acamar	315 19.6	S40 15.4
01	1 00.6	155 40.7	33.2	158 04.3	35.5	0 08.0	20.4	175 43.3	04.4	Achernar	335 27.7	S57 10.6
02	16 03.0	170 41.4	34.2	173 05.2	36.1	15 10.8	20.6	190 45.5	04.3	Acrux	173 12.4	S63 09.7
03	31 05.5	185 42.1	. . 35.2	188 06.1	. . 36.7	30 13.5	. . 20.7	205 47.7	. . 04.2	Adhara	255 14.3	S28 59.0
04	46 08.0	200 42.8	36.2	203 07.0	37.4	45 16.3	20.8	220 49.8	04.0	Aldebaran	290 51.6	N16 31.9
05	61 10.4	215 43.5	37.2	218 08.0	38.0	60 19.0	20.9	235 52.0	03.9			
06	76 12.9	230 44.2	S14 38.2	233 08.9	S 9 38.6	75 21.8	S 1 21.1	250 54.2	N 0 03.8	Alioth	166 22.8	N55 54.2
07	91 15.3	245 44.9	39.1	248 09.8	39.3	90 24.5	21.2	265 56.4	03.7	Alkaid	153 00.7	N49 15.7
08	106 17.8	260 45.6	40.1	263 10.7	39.9	105 27.3	21.3	280 58.6	03.6	Al Na'ir	27 45.7	S46 54.4
09	121 20.3	275 46.3	. . 41.1	278 11.6	. . 40.5	120 30.0	. . 21.5	296 00.8	. . 03.4	Alnilam	275 48.4	S 1 11.6
10	136 22.7	290 47.0	42.1	293 12.6	41.1	135 32.8	21.6	311 03.0	03.3	Alphard	217 58.4	S 8 42.2
11	151 25.2	305 47.7	43.1	308 13.5	41.8	150 35.5	21.7	326 05.2	03.2			
12	166 27.7	320 48.4	S14 44.1	323 14.4	S 9 42.4	165 38.2	S 1 21.8	341 07.4	N 0 03.1	Alphecca	126 12.8	N26 40.9
13	181 30.1	335 49.1	45.1	338 15.3	43.0	180 41.0	22.0	356 09.6	03.0	Alpheratz	357 45.3	N29 09.2
14	196 32.6	350 49.8	46.1	353 16.2	43.7	195 43.7	22.1	11 11.8	02.9	Altair	62 10.0	N 8 54.0
15	211 35.1	5 50.5	. . 47.0	8 17.2	. . 44.3	210 46.5	. . 22.2	26 14.0	. . 02.7	Ankaa	353 17.2	S42 14.6
16	226 37.5	20 51.2	48.0	23 18.1	44.9	225 49.2	22.3	41 16.2	02.6	Antares	112 28.8	S26 27.4
17	241 40.0	35 51.9	49.0	38 19.0	45.5	240 52.0	22.5	56 18.4	02.5			
18	256 42.5	50 52.6	S14 50.0	53 19.9	S 9 46.2	255 54.7	S 1 22.6	71 20.6	N 0 02.4	Arcturus	145 57.7	N19 07.7
19	271 44.9	65 53.3	51.0	68 20.8	46.8	270 57.5	22.7	86 22.7	02.3	Atria	107 32.4	S69 03.1
20	286 47.4	80 54.0	52.0	83 21.8	47.4	286 00.2	22.9	101 24.9	02.1	Avior	234 19.4	S59 32.4
21	301 49.8	95 54.7	. . 52.9	98 22.7	. . 48.1	301 03.0	. . 23.0	116 27.1	. . 02.0	Bellatrix	278 34.2	N 6 21.7
22	316 52.3	110 55.5	53.9	113 23.6	48.7	316 05.7	23.1	131 29.3	01.9	Betelgeuse	271 03.5	N 7 24.6
23	331 54.8	125 56.2	54.9	128 24.5	49.3	331 08.5	23.3	146 31.5	01.8			
8 00 (WEDNESDAY)	346 57.2	140 56.9	S14 55.9	143 25.4	S 9 49.9	346 11.2	S 1 23.4	161 33.7	N 0 01.7	Canopus	263 57.2	S52 41.8
01	1 59.7	155 57.6	56.9	158 26.3	50.6	1 14.0	23.5	176 35.9	01.5	Capella	280 37.4	N46 00.4
02	17 02.2	170 58.3	57.8	173 27.3	51.2	16 16.7	23.6	191 38.1	01.4	Deneb	49 32.5	N45 19.4
03	32 04.6	185 59.0	. . 58.8	188 28.2	. . 51.8	31 19.5	. . 23.8	206 40.3	. . 01.3	Denebola	182 36.0	N14 30.8
04	47 07.1	200 59.8	14 59.8	203 29.1	52.5	46 22.2	23.9	221 42.5	01.2	Diphda	348 57.6	S17 55.4
05	62 09.6	216 00.5	15 00.8	218 30.0	53.1	61 25.0	24.0	236 44.7	01.1			
06	77 12.0	231 01.2	S15 01.7	233 30.9	S 9 53.7	76 27.7	S 1 24.2	251 46.9	N 0 00.9	Dubhe	193 54.6	N61 41.6
07	92 14.5	246 01.9	02.7	248 31.8	54.3	91 30.5	24.3	266 49.1	00.8	Elnath	278 15.2	N28 37.0
08	107 16.9	261 02.6	03.7	263 32.8	55.0	106 33.2	24.4	281 51.2	00.7	Eltanin	90 46.9	N51 29.6
09	122 19.4	276 03.4	. . 04.7	278 33.7	. . 55.6	121 36.0	. . 24.5	296 53.4	. . 00.6	Enif	33 48.8	N 9 55.7
10	137 21.9	291 04.1	05.6	293 34.6	56.2	136 38.7	24.7	311 55.6	00.5	Fomalhaut	15 25.8	S29 33.7
11	152 24.3	306 04.8	06.6	308 35.5	56.8	151 41.5	24.8	326 57.8	00.4			
12	167 26.8	321 05.6	S15 07.6	323 36.4	S 9 57.5	166 44.2	S 1 24.9	342 00.0	N 0 00.2	Gacrux	172 03.8	S57 10.5
13	182 29.3	336 06.3	08.6	338 37.3	58.1	181 47.0	25.1	357 02.2	N 00.1	Gienah	175 54.7	S17 36.1
14	197 31.7	351 07.0	09.5	353 38.2	58.7	196 49.7	25.2	12 04.4	00.0	Hadar	148 51.3	S60 25.7
15	212 34.2	6 07.7	. . 10.5	8 39.2	9 59.4	211 52.5	. . 25.3	27 06.6	S 00.1	Hamal	328 02.8	N23 30.9
16	227 36.7	21 08.5	11.5	23 40.1	10 00.0	226 55.2	25.4	42 08.8	00.2	Kaus Aust.	83 46.3	S34 22.8
17	242 39.1	36 09.2	12.4	38 41.0	00.6	241 58.0	25.6	57 11.0	00.4			
18	257 41.6	51 10.0	S15 13.4	53 41.9	S10 01.2	257 00.7	S 1 25.7	72 13.2	S 0 00.5	Kochab	137 20.3	N74 06.9
19	272 44.1	66 10.7	14.4	68 42.8	01.9	272 03.5	25.8	87 15.4	00.6	Markab	13 40.0	N15 16.0
20	287 46.5	81 11.4	15.3	83 43.7	02.5	287 06.2	26.0	102 17.5	00.7	Menkar	314 17.0	N 4 08.1
21	302 49.0	96 12.2	. . 16.3	98 44.6	. . 03.1	302 09.0	. . 26.1	117 19.7	. . 00.8	Menkent	148 10.3	S36 25.5
22	317 51.4	111 12.9	17.3	113 45.6	03.7	317 11.7	26.2	132 21.9	01.0	Miaplacidus	221 41.1	S69 45.6
23	332 53.9	126 13.7	18.2	128 46.5	04.4	332 14.5	26.4	147 24.1	01.1			
9 00 (THURSDAY)	347 56.4	141 14.4	S15 19.2	143 47.4	S10 05.0	347 17.2	S 1 26.5	162 26.3	S 0 01.2	Mirfak	308 43.1	N49 53.9
01	2 58.8	156 15.1	20.2	158 48.3	05.6	2 20.0	26.6	177 28.5	01.3	Nunki	76 00.6	S26 17.0
02	18 01.3	171 15.9	21.1	173 49.2	06.2	17 22.7	26.7	192 30.7	01.4	Peacock	53 21.8	S56 42.0
03	33 03.8	186 16.6	. . 22.1	188 50.1	. . 06.9	32 25.5	. . 26.9	207 32.9	. . 01.6	Pollux	243 30.4	N28 00.0
04	48 06.2	201 17.4	23.0	203 51.0	07.5	47 28.2	27.0	222 35.1	01.7	Procyon	245 02.0	N 5 11.9
05	63 08.7	216 18.1	24.0	218 51.9	08.1	62 31.0	27.1	237 37.3	01.8			
06	78 11.2	231 18.9	S15 25.0	233 52.8	S10 08.7	77 33.7	S 1 27.3	252 39.5	S 0 01.9	Rasalhague	96 08.2	N12 33.3
07	93 13.6	246 19.6	25.9	248 53.8	09.4	92 36.5	27.4	267 41.7	02.0	Regulus	207 45.9	N11 54.9
08	108 16.1	261 20.4	26.9	263 54.7	10.0	107 39.2	27.5	282 43.8	02.2	Rigel	281 14.0	S 8 11.2
09	123 18.6	276 21.1	. . 27.8	278 55.6	. . 10.6	122 42.0	. . 27.7	297 46.0	. . 02.3	Rigil Kent.	139 55.0	S60 53.0
10	138 21.0	291 21.9	28.8	293 56.5	11.3	137 44.7	27.8	312 48.2	02.4	Sabik	102 14.8	S15 44.3
11	153 23.5	306 22.7	29.7	308 57.4	11.9	152 47.5	27.9	327 50.4	02.5			
12	168 25.9	321 23.4	S15 30.7	323 58.3	S10 12.5	167 50.2	S 1 28.0	342 52.6	S 0 02.6	Schedar	349 42.4	N56 35.8
13	183 28.4	336 24.2	31.7	338 59.2	13.1	182 53.0	28.2	357 54.8	02.8	Shaula	96 24.6	S37 06.8
14	198 30.9	351 24.9	32.6	354 00.1	13.8	197 55.7	28.3	12 57.0	02.9	Sirius	258 35.6	S16 43.7
15	213 33.3	6 25.7	. . 33.6	9 01.0	. . 14.4	212 58.5	. . 28.4	27 59.2	. . 03.0	Spica	158 33.6	S11 13.0
16	228 35.8	21 26.5	34.5	24 01.9	15.0	228 01.2	28.6	43 01.4	03.1	Suhail	222 54.4	S43 28.4
17	243 38.3	36 27.2	35.5	39 02.8	15.6	243 04.0	28.7	58 03.6	03.2			
18	258 40.7	51 28.0	S15 36.4	54 03.8	S10 16.3	258 06.8	S 1 28.8	73 05.8	S 0 03.3	Vega	80 40.2	N38 47.9
19	273 43.2	66 28.8	37.4	69 04.7	16.9	273 09.5	29.0	88 07.9	03.5	Zuben'ubi	137 07.8	S16 05.2
20	288 45.7	81 29.5	38.3	84 05.6	17.5	288 12.3	29.1	103 10.1	03.6		SHA	Mer.Pass.
21	303 48.1	96 30.3	. . 39.3	99 06.5	. . 18.1	303 15.0	. . 29.2	118 12.3	. . 03.7		° ′	h m
22	318 50.6	111 31.1	40.2	114 07.4	18.7	318 17.8	29.4	133 14.5	03.8	Venus	153 59.6	14 36
23	333 53.0	126 31.8	41.2	129 08.3	19.4	333 20.5	29.5	148 16.7	03.9	Mars	156 28.2	14 25
Mer.Pass.	h m 0 52.0	v 0.7	d 1.0	v 0.9	d 0.6	v 2.7	d 0.1	v 2.2	d 0.1	Jupiter	359 14.0	0 55
										Saturn	174 36.5	13 12

UT d	UT h	SUN GHA	SUN Dec	MOON GHA	v	MOON Dec	d	HP
		° ′	° ′	° ′	′	° ′	′	′
7	00	180 26.9	N 6 11.2	201 04.7	7.9	N10 17.2	14.6	61.2
	01	195 27.1	10.2	215 31.6	8.0	10 02.6	14.7	61.2
	02	210 27.3	09.3	229 58.6	8.1	9 47.9	14.8	61.2
	03	225 27.5	. . 08.3	244 25.7	8.0	9 33.1	14.8	61.2
	04	240 27.7	07.4	258 52.7	8.1	9 18.3	14.9	61.2
	05	255 27.9	06.5	273 19.8	8.2	9 03.4	15.0	61.2
	06	270 28.1	N 6 05.5	287 47.0	8.1	N 8 48.4	15.0	61.2
	07	285 28.3	04.6	302 14.1	8.2	8 33.4	15.1	61.3
T	08	300 28.6	03.7	316 41.3	8.2	8 18.3	15.2	61.3
U	09	315 28.8	. . 02.7	331 08.5	8.3	8 03.1	15.2	61.3
E	10	330 29.0	01.8	345 35.8	8.3	7 47.9	15.2	61.3
S	11	345 29.2	6 00.9	0 03.1	8.3	7 32.7	15.3	61.3
D	12	0 29.4	N 5 59.9	14 30.4	8.3	N 7 17.4	15.4	61.3
A	13	15 29.6	59.0	28 57.7	8.4	7 02.0	15.4	61.3
Y	14	30 29.8	58.0	43 25.1	8.4	6 46.6	15.4	61.3
	15	45 30.0	. . 57.1	57 52.5	8.4	6 31.2	15.5	61.3
	16	60 30.3	56.2	72 19.9	8.5	6 15.7	15.6	61.3
	17	75 30.5	55.2	86 47.4	8.5	6 00.1	15.6	61.4
	18	90 30.7	N 5 54.3	101 14.9	8.5	N 5 44.5	15.6	61.4
	19	105 30.9	53.4	115 42.4	8.5	5 28.9	15.6	61.4
	20	120 31.1	52.4	130 09.9	8.5	5 13.3	15.7	61.4
	21	135 31.3	. . 51.5	144 37.4	8.6	4 57.6	15.7	61.4
	22	150 31.5	50.5	159 05.0	8.6	4 41.9	15.8	61.4
	23	165 31.8	49.6	173 32.6	8.6	4 26.1	15.8	61.4
8	00	180 32.0	N 5 48.7	188 00.2	8.6	N 4 10.3	15.8	61.4
	01	195 32.2	47.7	202 27.8	8.7	3 54.5	15.8	61.4
	02	210 32.4	46.8	216 55.5	8.6	3 38.7	15.8	61.4
	03	225 32.6	. . 45.9	231 23.1	8.7	3 22.9	15.9	61.4
	04	240 32.8	44.9	245 50.8	8.7	3 07.0	15.9	61.4
	05	255 33.0	44.0	260 18.5	8.7	2 51.1	15.9	61.4
	06	270 33.3	N 5 43.0	274 46.2	8.8	N 2 35.2	15.9	61.4
W	07	285 33.5	42.1	289 14.0	8.7	2 19.3	16.0	61.4
E	08	300 33.7	41.2	303 41.7	8.8	2 03.3	15.9	61.4
D	09	315 33.9	. . 40.2	318 09.5	8.8	1 47.4	16.0	61.4
N	10	330 34.1	39.3	332 37.3	8.7	1 31.4	16.0	61.4
E	11	345 34.3	38.3	347 05.0	8.8	1 15.4	15.9	61.4
S	12	0 34.5	N 5 37.4	1 32.8	8.9	N 0 59.5	16.0	61.4
D	13	15 34.8	36.5	16 00.7	8.8	0 43.5	16.0	61.4
A	14	30 35.0	35.5	30 28.5	8.8	0 27.5	15.9	61.4
Y	15	45 35.2	. . 34.6	44 56.3	8.8	N 0 11.6	16.0	61.4
	16	60 35.4	33.6	59 24.1	8.9	S 0 04.4	16.0	61.3
	17	75 35.6	32.7	73 52.0	8.8	0 20.4	15.9	61.3
	18	90 35.8	N 5 31.7	88 19.8	8.9	S 0 36.3	16.0	61.3
	19	105 36.0	30.8	102 47.7	8.9	0 52.3	15.9	61.3
	20	120 36.3	29.9	117 15.6	8.8	1 08.2	16.0	61.3
	21	135 36.5	. . 28.9	131 43.4	8.9	1 24.2	15.9	61.3
	22	150 36.7	28.0	146 11.3	8.9	1 40.1	15.9	61.3
	23	165 36.9	27.0	160 39.2	8.9	1 56.0	15.8	61.3
9	00	180 37.1	N 5 26.1	175 07.1	8.8	S 2 11.8	15.9	61.3
	01	195 37.3	25.2	189 34.9	8.9	2 27.7	15.8	61.3
	02	210 37.5	24.2	204 02.8	8.9	2 43.5	15.9	61.2
	03	225 37.8	. . 23.3	218 30.7	8.9	2 59.4	15.7	61.2
	04	240 38.0	22.3	232 58.6	8.9	3 15.1	15.8	61.2
	05	255 38.2	21.4	247 26.5	8.8	3 30.9	15.7	61.2
	06	270 38.4	N 5 20.4	261 54.3	8.9	S 3 46.6	15.7	61.2
T	07	285 38.6	19.5	276 22.2	8.9	4 02.3	15.7	61.2
H	08	300 38.8	18.5	290 50.1	8.8	4 18.0	15.6	61.2
U	09	315 39.1	. . 17.6	305 17.9	8.9	4 33.6	15.6	61.1
R	10	330 39.3	16.7	319 45.8	8.8	4 49.2	15.6	61.1
S	11	345 39.5	15.7	334 13.6	8.9	5 04.8	15.5	61.1
D	12	0 39.7	N 5 14.8	348 41.5	8.8	S 5 20.3	15.5	61.1
A	13	15 39.9	13.8	3 09.3	8.8	5 35.8	15.4	61.1
Y	14	30 40.1	12.9	17 37.1	8.9	5 51.2	15.4	61.1
	15	45 40.4	. . 11.9	32 05.0	8.8	6 06.6	15.3	61.0
	16	60 40.6	11.0	46 32.8	8.8	6 21.9	15.3	61.0
	17	75 40.8	10.0	61 00.6	8.8	6 37.2	15.2	61.0
	18	90 41.0	N 5 09.1	75 28.4	8.7	S 6 52.4	15.2	61.0
	19	105 41.2	08.2	89 56.1	8.8	7 07.6	15.1	61.0
	20	120 41.4	07.2	104 23.9	8.7	7 22.7	15.1	60.9
	21	135 41.7	. . 06.3	118 51.6	8.8	7 37.8	15.0	60.9
	22	150 41.9	05.3	133 19.4	8.7	7 52.8	15.0	60.9
	23	165 42.1	04.4	147 47.1	8.7	S 8 07.8	14.8	60.9
		SD 15.9	*d* 0.9	SD 16.7		16.7		16.6

Lat.	Twilight Naut.	Twilight Civil	Sunrise	Moonrise 7	Moonrise 8	Moonrise 9	Moonrise 10
°	h m	h m	h m	h m	h m	h m	h m
N 72	00 32	03 16	04 34	02 38	05 06	07 30	09 59
N 70	01 47	03 35	04 43	02 54	05 10	07 23	09 40
68	02 22	03 50	04 51	03 06	05 13	07 18	09 24
66	02 47	04 02	04 57	03 17	05 16	07 14	09 12
64	03 05	04 12	05 02	03 25	05 18	07 10	09 02
62	03 20	04 20	05 07	03 32	05 20	07 07	08 54
60	03 32	04 27	05 11	03 39	05 22	07 04	08 46
N 58	03 43	04 34	05 14	03 44	05 23	07 02	08 40
56	03 52	04 39	05 18	03 49	05 25	07 00	08 34
54	03 59	04 44	05 20	03 53	05 26	06 58	08 29
52	04 06	04 48	05 23	03 57	05 27	06 56	08 25
50	04 12	04 52	05 25	04 01	05 28	06 55	08 21
45	04 24	05 00	05 30	04 08	05 30	06 51	08 12
N 40	04 34	05 07	05 34	04 15	05 32	06 48	08 05
35	04 42	05 12	05 38	04 20	05 33	06 46	07 58
30	04 48	05 17	05 41	04 25	05 35	06 44	07 53
20	04 58	05 24	05 46	04 33	05 37	06 40	07 44
N 10	05 05	05 29	05 50	04 40	05 39	06 37	07 35
0	05 10	05 34	05 54	04 47	05 41	06 34	07 28
S 10	05 13	05 37	05 58	04 54	05 43	06 31	07 20
20	05 15	05 41	06 03	05 01	05 45	06 28	07 12
30	05 16	05 43	06 07	05 09	05 47	06 25	07 03
35	05 15	05 44	06 10	05 13	05 49	06 23	06 58
40	05 14	05 46	06 13	05 19	05 50	06 21	06 53
45	05 13	05 47	06 16	05 25	05 52	06 19	06 46
S 50	05 10	05 48	06 20	05 32	05 54	06 16	06 38
52	05 09	05 48	06 22	05 35	05 55	06 14	06 34
54	05 08	05 48	06 24	05 39	05 56	06 13	06 30
56	05 06	05 49	06 26	05 43	05 57	06 11	06 26
58	05 04	05 49	06 28	05 48	05 59	06 09	06 21
S 60	05 01	05 49	06 31	05 53	06 00	06 08	06 16

Lat.	Sunset	Twilight Civil	Twilight Naut.	Moonset 7	Moonset 8	Moonset 9	Moonset 10
°	h m	h m	h m	h m	h m	h m	h m
N 72	19 18	20 35	23 01	18 24	17 57	17 29	16 54
N 70	19 09	20 17	22 01	18 17	17 58	17 39	17 16
68	19 02	20 03	21 28	18 11	17 59	17 47	17 33
66	18 56	19 51	21 05	18 05	18 00	17 54	17 47
64	18 51	19 41	20 47	18 01	18 00	17 59	17 59
62	18 47	19 33	20 32	17 57	18 01	18 04	18 09
60	18 43	19 26	20 21	17 54	18 01	18 09	18 17
N 58	18 40	19 20	20 11	17 51	18 02	18 12	18 25
56	18 37	19 15	20 02	17 48	18 02	18 16	18 31
54	18 34	19 10	19 54	17 45	18 02	18 19	18 37
52	18 32	19 06	19 48	17 43	18 02	18 22	18 43
50	18 29	19 02	19 42	17 41	18 03	18 24	18 48
45	18 25	18 54	19 30	17 37	18 03	18 30	18 58
N 40	18 21	18 48	19 20	17 33	18 04	18 35	19 07
35	18 17	18 43	19 13	17 30	18 04	18 39	19 15
30	18 14	18 38	19 07	17 27	18 05	18 42	19 22
20	18 09	18 31	18 57	17 22	18 05	18 49	19 33
N 10	18 05	18 26	18 51	17 17	18 06	18 54	19 44
0	18 01	18 22	18 46	17 13	18 06	19 00	19 53
S 10	17 57	18 18	18 43	17 08	18 07	19 05	20 03
20	17 53	18 15	18 41	17 03	18 07	19 10	20 14
30	17 49	18 13	18 40	16 58	18 08	19 17	20 26
35	17 46	18 11	18 41	16 55	18 08	19 20	20 32
40	17 43	18 10	18 42	16 51	18 08	19 25	20 40
45	17 40	18 09	18 43	16 47	18 09	19 30	20 50
S 50	17 36	18 09	18 46	16 42	18 09	19 35	21 01
52	17 35	18 08	18 47	16 40	18 09	19 38	21 06
54	17 33	18 08	18 49	16 37	18 09	19 41	21 12
56	17 31	18 08	18 51	16 34	18 10	19 44	21 18
58	17 28	18 08	18 53	16 31	18 10	19 48	21 26
S 60	17 26	18 07	18 56	16 27	18 10	19 52	21 34

Day	SUN Eqn. of Time 00^h	SUN Eqn. of Time 12^h	SUN Mer. Pass.	MOON Mer. Pass. Upper	MOON Mer. Pass. Lower	MOON Age	MOON Phase
d	m s	m s	h m	h m	h m	d	%
7	01 47	01 57	11 58	11 00	23 27	28	1
8	02 07	02 18	11 58	11 54	24 20	00	0
9	02 28	02 38	11 57	12 47	00 20	01	2

	UT	ARIES	VENUS −4.7		MARS +1.5		JUPITER −2.9		SATURN +1.0	
		GHA	GHA	Dec	GHA	Dec	GHA	Dec	GHA	Dec
	d h	° ′	° ′	° ′	° ′	° ′	° ′	° ′	° ′	° ′
	10 00	348 55.5	141 32.6	S15 42.1	144 09.2	S10 20.0	348 23.3	S 1 29.6	163 18.9	S 0 04.1
	01	3 58.0	156 33.4	43.1	159 10.1	20.6	3 26.0	29.7	178 21.1	04.2
	02	19 00.4	171 34.2	44.0	174 11.0	21.2	18 28.8	29.9	193 23.3	04.3
	03	34 02.9	186 34.9	. . 45.0	189 11.9	. . 21.9	33 31.5	. . 30.0	208 25.5	. . 04.4
	04	49 05.4	201 35.7	45.9	204 12.8	22.5	48 34.3	30.1	223 27.7	04.5
	05	64 07.8	216 36.5	46.8	219 13.7	23.1	63 37.0	30.3	238 29.9	04.7
	06	79 10.3	231 37.3	S15 47.8	234 14.6	S10 23.7	78 39.8	S 1 30.4	253 32.0	S 0 04.8
	07	94 12.8	246 38.1	48.7	249 15.5	24.4	93 42.6	30.5	268 34.2	04.9
	08	109 15.2	261 38.8	49.7	264 16.4	25.0	108 45.3	30.7	283 36.4	05.0
F	09	124 17.7	276 39.6	. . 50.6	279 17.3	. . 25.6	123 48.1	. . 30.8	298 38.6	. . 05.1
R	10	139 20.2	291 40.4	51.6	294 18.2	26.2	138 50.8	30.9	313 40.8	05.3
I	11	154 22.6	306 41.2	52.5	309 19.2	26.9	153 53.6	31.1	328 43.0	05.4
D	12	169 25.1	321 42.0	S15 53.4	324 20.1	S10 27.5	168 56.3	S 1 31.2	343 45.2	S 0 05.5
A	13	184 27.5	336 42.8	54.4	339 21.0	28.1	183 59.1	31.3	358 47.4	05.6
Y	14	199 30.0	351 43.6	55.3	354 21.9	28.7	199 01.8	31.5	13 49.6	05.7
	15	214 32.5	6 44.4	. . 56.2	9 22.8	. . 29.4	214 04.6	. . 31.6	28 51.8	. . 05.9
	16	229 34.9	21 45.2	57.2	24 23.7	30.0	229 07.4	31.7	43 53.9	06.0
	17	244 37.4	36 46.0	58.1	39 24.6	30.6	244 10.1	31.8	58 56.1	06.1
	18	259 39.9	51 46.7	S15 59.1	54 25.5	S10 31.2	259 12.9	S 1 32.0	73 58.3	S 0 06.2
	19	274 42.3	66 47.5	16 00.0	69 26.4	31.8	274 15.6	32.1	89 00.5	06.3
	20	289 44.8	81 48.3	00.9	84 27.3	32.5	289 18.4	32.2	104 02.7	06.5
	21	304 47.3	96 49.1	. . 01.9	99 28.2	. . 33.1	304 21.1	. . 32.4	119 04.9	. . 06.6
	22	319 49.7	111 49.9	02.8	114 29.1	33.7	319 23.9	32.5	134 07.1	06.7
	23	334 52.2	126 50.8	03.7	129 30.0	34.3	334 26.6	32.6	149 09.3	06.8
	11 00	349 54.6	141 51.6	S16 04.6	144 30.9	S10 35.0	349 29.4	S 1 32.8	164 11.5	S 0 06.9
	01	4 57.1	156 52.4	05.6	159 31.8	35.6	4 32.2	32.9	179 13.7	07.1
	02	19 59.6	171 53.2	06.5	174 32.7	36.2	19 34.9	33.0	194 15.8	07.2
	03	35 02.0	186 54.0	. . 07.4	189 33.6	. . 36.8	34 37.7	. . 33.2	209 18.0	. . 07.3
	04	50 04.5	201 54.8	08.4	204 34.5	37.4	49 40.4	33.3	224 20.2	07.4
	05	65 07.0	216 55.6	09.3	219 35.4	38.1	64 43.2	33.4	239 22.4	07.5
	06	80 09.4	231 56.4	S16 10.2	234 36.3	S10 38.7	79 45.9	S 1 33.6	254 24.6	S 0 07.7
S	07	95 11.9	246 57.2	11.1	249 37.2	39.3	94 48.7	33.7	269 26.8	07.8
A	08	110 14.4	261 58.0	12.1	264 38.1	39.9	109 51.5	33.8	284 29.0	07.9
T	09	125 16.8	276 58.9	. . 13.0	279 39.0	. . 40.5	124 54.2	. . 34.0	299 31.2	. . 08.0
U	10	140 19.3	291 59.7	13.9	294 39.9	41.2	139 57.0	34.1	314 33.4	08.1
R	11	155 21.8	307 00.5	14.8	309 40.8	41.8	154 59.7	34.2	329 35.6	08.3
D	12	170 24.2	322 01.3	S16 15.8	324 41.7	S10 42.4	170 02.5	S 1 34.3	344 37.7	S 0 08.4
A	13	185 26.7	337 02.1	16.7	339 42.6	43.0	185 05.3	34.5	359 39.9	08.5
Y	14	200 29.1	352 03.0	17.6	354 43.5	43.7	200 08.0	34.6	14 42.1	08.6
	15	215 31.6	7 03.8	. . 18.5	9 44.4	. . 44.3	215 10.8	. . 34.7	29 44.3	. . 08.7
	16	230 34.1	22 04.6	19.4	24 45.3	44.9	230 13.5	34.9	44 46.5	08.9
	17	245 36.5	37 05.4	20.4	39 46.2	45.5	245 16.3	35.0	59 48.7	09.0
	18	260 39.0	52 06.3	S16 21.3	54 47.1	S10 46.1	260 19.0	S 1 35.1	74 50.9	S 0 09.1
	19	275 41.5	67 07.1	22.2	69 48.0	46.8	275 21.8	35.3	89 53.1	09.2
	20	290 43.9	82 07.9	23.1	84 48.9	47.4	290 24.6	35.4	104 55.3	09.3
	21	305 46.4	97 08.8	. . 24.0	99 49.8	. . 48.0	305 27.3	. . 35.5	119 57.4	. . 09.5
	22	320 48.9	112 09.6	24.9	114 50.7	48.6	320 30.1	35.7	134 59.6	09.6
	23	335 51.3	127 10.4	25.9	129 51.6	49.2	335 32.8	35.8	150 01.8	09.7
	12 00	350 53.8	142 11.3	S16 26.8	144 52.4	S10 49.9	350 35.6	S 1 35.9	165 04.0	S 0 09.8
	01	5 56.2	157 12.1	27.7	159 53.3	50.5	5 38.4	36.1	180 06.2	09.9
	02	20 58.7	172 13.0	28.6	174 54.2	51.1	20 41.1	36.2	195 08.4	10.1
	03	36 01.2	187 13.8	. . 29.5	189 55.1	. . 51.7	35 43.9	. . 36.3	210 10.6	. . 10.2
	04	51 03.6	202 14.7	30.4	204 56.0	52.3	50 46.6	36.5	225 12.8	10.3
	05	66 06.1	217 15.5	31.3	219 56.9	53.0	65 49.4	36.6	240 15.0	10.4
	06	81 08.6	232 16.3	S16 32.2	234 57.8	S10 53.6	80 52.2	S 1 36.7	255 17.1	S 0 10.5
	07	96 11.0	247 17.2	33.1	249 58.7	54.2	95 54.9	36.9	270 19.3	10.7
	08	111 13.5	262 18.0	34.0	264 59.6	54.8	110 57.7	37.0	285 21.5	10.8
S	09	126 16.0	277 18.9	. . 35.0	280 00.5	. . 55.4	126 00.4	. . 37.1	300 23.7	. . 10.9
U	10	141 18.4	292 19.7	35.9	295 01.4	56.1	141 03.2	37.3	315 25.9	11.0
N	11	156 20.9	307 20.6	36.8	310 02.3	56.7	156 06.0	37.4	330 28.1	11.1
D	12	171 23.4	322 21.5	S16 37.7	325 03.2	S10 57.3	171 08.7	S 1 37.5	345 30.3	S 0 11.3
A	13	186 25.8	337 22.3	38.6	340 04.1	57.9	186 11.5	37.7	0 32.5	11.4
Y	14	201 28.3	352 23.2	39.5	355 05.0	58.5	201 14.2	37.8	15 34.7	11.5
	15	216 30.7	7 24.0	. . 40.4	10 05.9	. . 59.1	216 17.0	. . 37.9	30 36.8	. . 11.6
	16	231 33.2	22 24.9	41.3	25 06.7	10 59.8	231 19.8	38.1	45 39.0	11.7
	17	246 35.7	37 25.8	42.2	40 07.6	11 00.4	246 22.5	38.2	60 41.2	11.9
	18	261 38.1	52 26.6	S16 43.1	55 08.5	S11 01.0	261 25.3	S 1 38.3	75 43.4	S 0 12.0
	19	276 40.6	67 27.5	44.0	70 09.4	01.6	276 28.0	38.5	90 45.6	12.1
	20	291 43.1	82 28.4	44.9	85 10.3	02.2	291 30.8	38.6	105 47.8	12.2
	21	306 45.5	97 29.2	. . 45.8	100 11.2	. . 02.9	306 33.6	. . 38.7	120 50.0	. . 12.3
	22	321 48.0	112 30.1	46.7	115 12.1	03.5	321 36.3	38.8	135 52.2	12.5
	23	336 50.5	127 31.0	47.6	130 13.0	04.1	336 39.1	39.0	150 54.3	12.6
	Mer. Pass.	h m 0 40.2	v 0.8	d 0.9	v 0.9	d 0.6	v 2.8	d 0.1	v 2.2	d 0.1

STARS

Name	SHA	Dec
	° ′	° ′
Acamar	315 19.6	S40 15.4
Achernar	335 27.6	S57 10.6
Acrux	173 12.4	S63 09.6
Adhara	255 14.3	S28 59.0
Aldebaran	290 51.6	N16 31.9
Alioth	166 22.8	N55 54.2
Alkaid	153 00.7	N49 15.7
Al Na'ir	27 45.7	S46 54.4
Alnilam	275 48.4	S 1 11.6
Alphard	217 58.3	S 8 42.2
Alphecca	126 12.8	N26 40.9
Alpheratz	357 45.3	N29 09.2
Altair	62 10.0	N 8 54.0
Ankaa	353 17.2	S42 14.6
Antares	112 28.8	S26 27.4
Arcturus	145 57.7	N19 07.7
Atria	107 32.5	S69 03.1
Avior	234 19.4	S59 32.4
Bellatrix	278 34.2	N 6 21.7
Betelgeuse	271 03.5	N 7 24.6
Canopus	263 57.2	S52 41.8
Capella	280 37.4	N46 00.4
Deneb	49 32.5	N45 19.4
Denebola	182 36.0	N14 30.8
Diphda	348 57.5	S17 55.4
Dubhe	193 54.6	N61 41.5
Elnath	278 15.2	N28 36.9
Eltanin	90 47.0	N51 29.6
Enif	33 48.8	N 9 55.7
Fomalhaut	15 25.8	S29 33.7
Gacrux	172 03.8	S57 10.5
Gienah	175 54.7	S17 36.1
Hadar	148 51.3	S60 25.7
Hamal	328 02.8	N23 30.9
Kaus Aust.	83 46.3	S34 22.8
Kochab	137 20.3	N74 06.9
Markab	13 40.0	N15 16.0
Menkar	314 17.0	N 4 08.1
Menkent	148 10.3	S36 25.5
Miaplacidus	221 41.1	S69 45.5
Mirfak	308 43.1	N49 53.9
Nunki	76 00.6	S26 17.0
Peacock	53 21.8	S56 42.1
Pollux	243 30.4	N28 00.0
Procyon	245 02.0	N 5 11.9
Rasalhague	96 08.3	N12 33.3
Regulus	207 45.9	N11 54.9
Rigel	281 14.0	S 8 11.2
Rigil Kent.	139 55.0	S60 52.9
Sabik	102 14.8	S15 44.3
Schedar	349 42.4	N56 35.8
Shaula	96 24.6	S37 06.8
Sirius	258 35.6	S16 43.7
Spica	158 33.6	S11 13.0
Suhail	222 54.4	S43 28.4
Vega	80 40.2	N38 47.9
Zuben'ubi	137 07.8	S16 05.2

	SHA	Mer. Pass.
	° ′	h m
Venus	151 56.9	14 32
Mars	154 36.2	14 21
Jupiter	359 34.8	0 42
Saturn	174 16.8	13 01

Day	UT (h)	SUN GHA	SUN Dec	MOON GHA	v	MOON Dec	d	HP
d	h	° ′	° ′	° ′	′	° ′	′	′
10	00	180 42.3	N 5 03.4	162 14.8	8.7	S 8 22.6	14.9	60.8
	01	195 42.5	02.5	176 42.5	8.7	8 37.5	14.7	60.8
	02	210 42.7	01.5	191 10.2	8.7	8 52.2	14.7	60.8
	03	225 43.0	5 00.6	205 37.9	8.6	9 06.9	14.6	60.8
	04	240 43.2	4 59.6	220 05.5	8.6	9 21.5	14.6	60.7
	05	255 43.4	58.7	234 33.1	8.6	9 36.1	14.5	60.7
	06	270 43.6	N 4 57.7	249 00.7	8.6	S 9 50.6	14.4	60.7
	07	285 43.8	56.8	263 28.3	8.6	10 05.0	14.3	60.7
	08	300 44.0	55.9	277 55.9	8.5	10 19.3	14.3	60.6
F	09	315 44.3	. . 54.9	292 23.4	8.6	10 33.6	14.2	60.6
R	10	330 44.5	54.0	306 51.0	8.5	10 47.8	14.1	60.6
I	11	345 44.7	53.0	321 18.5	8.5	11 01.9	14.0	60.5
D	12	0 44.9	N 4 52.1	335 46.0	8.5	S11 15.9	13.9	60.5
A	13	15 45.1	51.1	350 13.5	8.4	11 29.8	13.9	60.5
Y	14	30 45.3	50.2	4 40.9	8.4	11 43.7	13.7	60.5
	15	45 45.6	. . 49.2	19 08.3	8.4	11 57.4	13.7	60.4
	16	60 45.8	48.3	33 35.7	8.4	12 11.1	13.6	60.4
	17	75 46.0	47.3	48 03.1	8.4	12 24.7	13.5	60.4
	18	90 46.2	N 4 46.4	62 30.5	8.3	S12 38.2	13.4	60.3
	19	105 46.4	45.4	76 57.8	8.3	12 51.6	13.3	60.3
	20	120 46.7	44.5	91 25.1	8.3	13 04.9	13.2	60.3
	21	135 46.9	. . 43.5	105 52.4	8.3	13 18.1	13.2	60.2
	22	150 47.1	42.6	120 19.7	8.2	13 31.3	13.0	60.2
	23	165 47.3	41.6	134 46.9	8.2	13 44.3	12.9	60.2
11	00	180 47.5	N 4 40.7	149 14.1	8.2	S13 57.2	12.8	60.1
	01	195 47.7	39.7	163 41.3	8.2	14 10.0	12.8	60.1
	02	210 48.0	38.8	178 08.5	8.1	14 22.8	12.6	60.1
	03	225 48.2	. . 37.8	192 35.6	8.2	14 35.4	12.5	60.0
	04	240 48.4	36.9	207 02.8	8.1	14 47.9	12.4	60.0
	05	255 48.6	35.9	221 29.9	8.0	15 00.3	12.3	60.0
	06	270 48.8	N 4 35.0	235 56.9	8.1	S15 12.6	12.2	59.9
	07	285 49.1	34.0	250 24.0	8.0	15 24.8	12.1	59.9
S	08	300 49.3	33.1	264 51.0	8.0	15 36.9	12.0	59.9
A	09	315 49.5	. . 32.1	279 18.0	8.0	15 48.9	11.9	59.8
T	10	330 49.7	31.2	293 45.0	7.9	16 00.8	11.7	59.8
U	11	345 49.9	30.2	308 11.9	7.9	16 12.5	11.7	59.8
R	12	0 50.2	N 4 29.3	322 38.8	7.9	S16 24.2	11.5	59.7
D	13	15 50.4	28.3	337 05.7	7.9	16 35.7	11.4	59.7
A	14	30 50.6	27.4	351 32.6	7.8	16 47.1	11.3	59.7
Y	15	45 50.8	. . 26.4	5 59.4	7.9	16 58.4	11.2	59.6
	16	60 51.0	25.5	20 26.3	7.7	17 09.6	11.0	59.6
	17	75 51.2	24.5	34 53.0	7.8	17 20.6	11.0	59.5
	18	90 51.5	N 4 23.6	49 19.8	7.8	S17 31.6	10.8	59.5
	19	105 51.7	22.6	63 46.6	7.7	17 42.4	10.7	59.5
	20	120 51.9	21.7	78 13.3	7.7	17 53.1	10.6	59.4
	21	135 52.1	. . 20.7	92 40.0	7.7	18 03.7	10.4	59.4
	22	150 52.3	19.7	107 06.7	7.6	18 14.1	10.3	59.4
	23	165 52.6	18.8	121 33.3	7.7	18 24.4	10.2	59.3
12	00	180 52.8	N 4 17.8	136 00.0	7.6	S18 34.6	10.1	59.3
	01	195 53.0	16.9	150 26.6	7.6	18 44.7	9.9	59.2
	02	210 53.2	15.9	164 53.2	7.5	18 54.6	9.8	59.2
	03	225 53.4	. . 15.0	179 19.7	7.6	19 04.4	9.7	59.2
	04	240 53.7	14.0	193 46.3	7.5	19 14.1	9.6	59.1
	05	255 53.9	13.1	208 12.8	7.5	19 23.7	9.4	59.1
	06	270 54.1	N 4 12.1	222 39.3	7.5	S19 33.1	9.3	59.0
	07	285 54.3	11.2	237 05.8	7.5	19 42.4	9.1	59.0
	08	300 54.5	10.2	251 32.3	7.4	19 51.5	9.1	59.0
S	09	315 54.8	. . 09.3	265 58.7	7.5	20 00.6	8.8	58.9
U	10	330 55.0	08.3	280 25.2	7.4	20 09.4	8.8	58.9
N	11	345 55.2	07.4	294 51.6	7.4	20 18.2	8.6	58.8
D	12	0 55.4	N 4 06.4	309 18.0	7.4	S20 26.8	8.5	58.8
A	13	15 55.6	05.4	323 44.4	7.4	20 35.3	8.3	58.8
Y	14	30 55.9	04.5	338 10.8	7.3	20 43.6	8.2	58.7
	15	45 56.1	. . 03.5	352 37.1	7.4	20 51.8	8.1	58.7
	16	60 56.3	02.6	7 03.5	7.3	20 59.9	7.9	58.6
	17	75 56.5	01.6	21 29.8	7.3	21 07.8	7.8	58.6
	18	90 56.7	N 4 00.7	35 56.1	7.3	S21 15.6	7.7	58.6
	19	105 57.0	3 59.7	50 22.4	7.3	21 23.3	7.5	58.5
	20	120 57.2	58.8	64 48.7	7.3	21 30.8	7.4	58.5
	21	135 57.4	. . 57.8	79 15.0	7.3	21 38.2	7.2	58.4
	22	150 57.6	56.8	93 41.3	7.2	21 45.4	7.1	58.4
	23	165 57.9	55.9	108 07.5	7.3	S21 52.5	6.9	58.4
		SD 15.9	*d* 1.0	SD 16.5		16.3		16.0

Lat.	Twilight Naut.	Twilight Civil	Sunrise	Moonrise 10	Moonrise 11	Moonrise 12	Moonrise 13
°	h m	h m	h m	h m	h m	h m	h m
N 72	01 26	03 33	04 48	09 59	13 04	■	■
N 70	02 11	03 49	04 56	09 40	12 10	■	■
68	02 40	04 02	05 02	09 24	11 37	14 11	■
66	03 01	04 13	05 07	09 12	11 13	13 20	15 42
64	03 17	04 21	05 11	09 02	10 55	12 48	14 36
62	03 30	04 29	05 15	08 54	10 40	12 24	14 01
60	03 41	04 35	05 18	08 46	10 28	12 06	13 35
N 58	03 51	04 40	05 21	08 40	10 17	11 50	13 15
56	03 59	04 45	05 23	08 34	10 07	11 37	12 59
54	04 06	04 50	05 26	08 29	09 59	11 26	12 45
52	04 12	04 53	05 28	08 25	09 52	11 16	12 32
50	04 17	04 57	05 30	08 21	09 45	11 07	12 22
45	04 29	05 04	05 34	08 12	09 31	10 48	11 59
N 40	04 37	05 10	05 37	08 05	09 20	10 32	11 41
35	04 44	05 14	05 40	07 58	09 10	10 20	11 26
30	04 50	05 18	05 42	07 53	09 01	10 08	11 13
20	04 59	05 24	05 47	07 44	08 47	09 49	10 50
N 10	05 05	05 29	05 50	07 35	08 34	09 33	10 31
0	05 09	05 33	05 53	07 28	08 22	09 17	10 13
S 10	05 11	05 36	05 57	07 20	08 10	09 02	09 56
20	05 12	05 38	06 00	07 12	07 58	08 46	09 36
30	05 12	05 40	06 03	07 03	07 44	08 27	09 15
35	05 11	05 40	06 06	06 58	07 36	08 17	09 02
40	05 09	05 41	06 08	06 53	07 26	08 04	08 47
45	05 07	05 41	06 10	06 46	07 16	07 50	08 30
S 50	05 04	05 41	06 13	06 38	07 03	07 32	08 09
52	05 02	05 41	06 15	06 34	06 57	07 24	07 58
54	05 00	05 41	06 16	06 30	06 50	07 15	07 47
56	04 58	05 41	06 18	06 26	06 43	07 05	07 34
58	04 55	05 41	06 20	06 21	06 35	06 53	07 19
S 60	04 52	05 41	06 22	06 16	06 26	06 40	07 01

Lat.	Sunset	Twilight Civil	Twilight Naut.	Moonset 10	Moonset 11	Moonset 12	Moonset 13
°	h m	h m	h m	h m	h m	h m	h m
N 72	19 02	20 17	22 17	16 54	15 45	■	■
N 70	18 55	20 01	21 36	17 16	16 41	■	■
68	18 49	19 48	21 09	17 33	17 15	16 37	■
66	18 45	19 38	20 49	17 47	17 40	17 30	17 05
64	18 40	19 30	20 33	17 59	17 59	18 02	18 12
62	18 37	19 23	20 20	18 09	18 15	18 26	18 47
60	18 34	19 17	20 10	18 17	18 29	18 46	19 13
N 58	18 31	19 11	20 01	18 25	18 40	19 02	19 33
56	18 29	19 07	19 53	18 31	18 50	19 15	19 50
54	18 27	19 02	19 46	18 37	18 59	19 27	20 04
52	18 25	18 59	19 40	18 43	19 07	19 38	20 17
50	18 23	18 55	19 35	18 48	19 15	19 47	20 28
45	18 19	18 49	19 24	18 58	19 30	20 07	20 51
N 40	18 16	18 43	19 15	19 07	19 43	20 23	21 09
35	18 13	18 38	19 08	19 15	19 54	20 37	21 25
30	18 11	18 35	19 03	19 22	20 04	20 49	21 38
20	18 07	18 29	18 54	19 33	20 20	21 09	22 01
N 10	18 03	18 24	18 49	19 44	20 35	21 27	22 21
0	18 00	18 21	18 45	19 53	20 48	21 44	22 40
S 10	17 57	18 18	18 42	20 03	21 02	22 01	22 59
20	17 54	18 16	18 41	20 14	21 17	22 19	23 19
30	17 50	18 14	18 42	20 26	21 33	22 40	23 42
35	17 48	18 14	18 43	20 32	21 43	22 52	23 56
40	17 46	18 13	18 45	20 40	21 55	23 06	24 11
45	17 44	18 13	18 47	20 50	22 08	23 22	24 30
S 50	17 41	18 13	18 50	21 01	22 24	23 43	24 54
52	17 39	18 13	18 52	21 06	22 32	23 53	25 05
54	17 38	18 13	18 54	21 12	22 40	24 04	00 04
56	17 36	18 13	18 57	21 18	22 50	24 16	00 16
58	17 35	18 14	18 59	21 26	23 01	24 31	00 31
S 60	17 33	18 14	19 03	21 34	23 14	24 48	00 48

Day	SUN Eqn. of Time 00^h	SUN Eqn. of Time 12^h	SUN Mer. Pass.	MOON Mer. Pass. Upper	MOON Mer. Pass. Lower	MOON Age	MOON Phase
d	m s	m s	h m	h m	h m	d	%
10	02 49	02 59	11 57	13 41	01 14	02	7
11	03 10	03 20	11 57	14 35	02 08	03	14
12	03 31	03 41	11 56	15 31	03 03	04	22

UT	ARIES	VENUS −4.7		MARS +1.5		JUPITER −2.9		SATURN +1.0	
	GHA	GHA	Dec	GHA	Dec	GHA	Dec	GHA	Dec
d h	° ′	° ′	° ′	° ′	° ′	° ′	° ′	° ′	° ′
13 00	351 52.9	142 31.8	S16 48.5	145 13.9	S11 04.7	351 41.8	S 1 39.1	165 56.5	S 0 12.7
01	6 55.4	157 32.7	49.4	160 14.8	05.3	6 44.6	39.2	180 58.7	12.8
02	21 57.9	172 33.6	50.2	175 15.7	05.9	21 47.4	39.4	196 00.9	12.9
03	37 00.3	187 34.5	. . 51.1	190 16.5	. . 06.6	36 50.1	. . 39.5	211 03.1	. . 13.1
04	52 02.8	202 35.3	52.0	205 17.4	07.2	51 52.9	39.6	226 05.3	13.2
05	67 05.2	217 36.2	52.9	220 18.3	07.8	66 55.6	39.8	241 07.5	13.3
06	82 07.7	232 37.1	S16 53.8	235 19.2	S11 08.4	81 58.4	S 1 39.9	256 09.7	S 0 13.4
07	97 10.2	247 38.0	54.7	250 20.1	09.0	97 01.2	40.0	271 11.8	13.5
08	112 12.6	262 38.9	55.6	265 21.0	09.7	112 03.9	40.2	286 14.0	13.7
M 09	127 15.1	277 39.8	. . 56.5	280 21.9	. . 10.3	127 06.7	. . 40.3	301 16.2	. . 13.8
O 10	142 17.6	292 40.7	57.4	295 22.8	10.9	142 09.5	40.4	316 18.4	13.9
N 11	157 20.0	307 41.5	58.3	310 23.7	11.5	157 12.2	40.6	331 20.6	14.0
D 12	172 22.5	322 42.4	S16 59.1	325 24.5	S11 12.1	172 15.0	S 1 40.7	346 22.8	S 0 14.1
A 13	187 25.0	337 43.3	17 00.0	340 25.4	12.7	187 17.7	40.8	1 25.0	14.3
Y 14	202 27.4	352 44.2	00.9	355 26.3	13.4	202 20.5	41.0	16 27.2	14.4
15	217 29.9	7 45.1	. . 01.8	10 27.2	. . 14.0	217 23.3	. . 41.1	31 29.4	. . 14.5
16	232 32.4	22 46.0	02.7	25 28.1	14.6	232 26.0	41.2	46 31.5	14.6
17	247 34.8	37 46.9	03.6	40 29.0	15.2	247 28.8	41.4	61 33.7	14.8
18	262 37.3	52 47.8	S17 04.4	55 29.9	S11 15.8	262 31.6	S 1 41.5	76 35.9	S 0 14.9
19	277 39.7	67 48.7	05.3	70 30.8	16.4	277 34.3	41.6	91 38.1	15.0
20	292 42.2	82 49.6	06.2	85 31.6	17.0	292 37.1	41.8	106 40.3	15.1
21	307 44.7	97 50.5	. . 07.1	100 32.5	. . 17.7	307 39.8	. . 41.9	121 42.5	. . 15.2
22	322 47.1	112 51.4	08.0	115 33.4	18.3	322 42.6	42.0	136 44.7	15.4
23	337 49.6	127 52.3	08.8	130 34.3	18.9	337 45.4	42.2	151 46.9	15.5
14 00	352 52.1	142 53.3	S17 09.7	145 35.2	S11 19.5	352 48.1	S 1 42.3	166 49.0	S 0 15.6
01	7 54.5	157 54.2	10.6	160 36.1	20.1	7 50.9	42.4	181 51.2	15.7
02	22 57.0	172 55.1	11.5	175 36.9	20.7	22 53.7	42.6	196 53.4	15.8
03	37 59.5	187 56.0	. . 12.3	190 37.8	. . 21.4	37 56.4	. . 42.7	211 55.6	. . 16.0
04	53 01.9	202 56.9	13.2	205 38.7	22.0	52 59.2	42.8	226 57.8	16.1
05	68 04.4	217 57.8	14.1	220 39.6	22.6	68 01.9	43.0	242 00.0	16.2
06	83 06.8	232 58.7	S17 15.0	235 40.5	S11 23.2	83 04.7	S 1 43.1	257 02.2	S 0 16.3
07	98 09.3	247 59.7	15.8	250 41.4	23.8	98 07.5	43.2	272 04.3	16.4
T 08	113 11.8	263 00.6	16.7	265 42.2	24.4	113 10.2	43.4	287 06.5	16.6
U 09	128 14.2	278 01.5	. . 17.6	280 43.1	. . 25.0	128 13.0	. . 43.5	302 08.7	. . 16.7
E 10	143 16.7	293 02.4	18.4	295 44.0	25.7	143 15.8	43.6	317 10.9	16.8
S 11	158 19.2	308 03.4	19.3	310 44.9	26.3	158 18.5	43.8	332 13.1	16.9
D 12	173 21.6	323 04.3	S17 20.2	325 45.8	S11 26.9	173 21.3	S 1 43.9	347 15.3	S 0 17.0
A 13	188 24.1	338 05.2	21.0	340 46.7	27.5	188 24.1	44.0	2 17.5	17.2
Y 14	203 26.6	353 06.2	21.9	355 47.5	28.1	203 26.8	44.2	17 19.7	17.3
15	218 29.0	8 07.1	. . 22.8	10 48.4	. . 28.7	218 29.6	. . 44.3	32 21.8	. . 17.4
16	233 31.5	23 08.0	23.6	25 49.3	29.3	233 32.3	44.4	47 24.0	17.5
17	248 34.0	38 09.0	24.5	40 50.2	30.0	248 35.1	44.6	62 26.2	17.6
18	263 36.4	53 09.9	S17 25.4	55 51.1	S11 30.6	263 37.9	S 1 44.7	77 28.4	S 0 17.8
19	278 38.9	68 10.8	26.2	70 51.9	31.2	278 40.6	44.8	92 30.6	17.9
20	293 41.3	83 11.8	27.1	85 52.8	31.8	293 43.4	45.0	107 32.8	18.0
21	308 43.8	98 12.7	. . 27.9	100 53.7	. . 32.4	308 46.2	. . 45.1	122 35.0	. . 18.1
22	323 46.3	113 13.7	28.8	115 54.6	33.0	323 48.9	45.2	137 37.2	18.2
23	338 48.7	128 14.6	29.7	130 55.5	33.6	338 51.7	45.4	152 39.3	18.4
15 00	353 51.2	143 15.6	S17 30.5	145 56.3	S11 34.2	353 54.5	S 1 45.5	167 41.5	S 0 18.5
01	8 53.7	158 16.5	31.4	160 57.2	34.9	8 57.2	45.6	182 43.7	18.6
02	23 56.1	173 17.5	32.2	175 58.1	35.5	24 00.0	45.8	197 45.9	18.7
03	38 58.6	188 18.4	. . 33.1	190 59.0	. . 36.1	39 02.8	. . 45.9	212 48.1	. . 18.8
04	54 01.1	203 19.4	33.9	205 59.9	36.7	54 05.5	46.1	227 50.3	19.0
05	69 03.5	218 20.3	34.8	221 00.7	37.3	69 08.3	46.2	242 52.5	19.1
06	84 06.0	233 21.3	S17 35.6	236 01.6	S11 37.9	84 11.1	S 1 46.3	257 54.6	S 0 19.2
W 07	99 08.5	248 22.3	36.5	251 02.5	38.5	99 13.8	46.5	272 56.8	19.3
E 08	114 10.9	263 23.2	37.3	266 03.4	39.1	114 16.6	46.6	287 59.0	19.5
D 09	129 13.4	278 24.2	. . 38.2	281 04.3	. . 39.8	129 19.4	. . 46.7	303 01.2	. . 19.6
N 10	144 15.8	293 25.2	39.0	296 05.1	40.4	144 22.1	46.9	318 03.4	19.7
E 11	159 18.3	308 26.1	39.9	311 06.0	41.0	159 24.9	47.0	333 05.6	19.8
S 12	174 20.8	323 27.1	S17 40.7	326 06.9	S11 41.6	174 27.6	S 1 47.1	348 07.8	S 0 19.9
D 13	189 23.2	338 28.1	41.6	341 07.8	42.2	189 30.4	47.3	3 09.9	20.1
A 14	204 25.7	353 29.0	42.4	356 08.6	42.8	204 33.2	47.4	18 12.1	20.2
Y 15	219 28.2	8 30.0	. . 43.3	11 09.5	. . 43.4	219 35.9	. . 47.5	33 14.3	. . 20.3
16	234 30.6	23 31.0	44.1	26 10.4	44.0	234 38.7	47.7	48 16.5	20.4
17	249 33.1	38 32.0	45.0	41 11.3	44.7	249 41.5	47.8	63 18.7	20.5
18	264 35.6	53 32.9	S17 45.8	56 12.1	S11 45.3	264 44.2	S 1 47.9	78 20.9	S 0 20.7
19	279 38.0	68 33.9	46.6	71 13.0	45.9	279 47.0	48.1	93 23.1	20.8
20	294 40.5	83 34.9	47.5	86 13.9	46.5	294 49.8	48.2	108 25.3	20.9
21	309 43.0	98 35.9	. . 48.3	101 14.8	. . 47.1	309 52.5	. . 48.3	123 27.4	. . 21.0
22	324 45.4	113 36.9	49.2	116 15.6	47.7	324 55.3	48.5	138 29.6	21.1
23	339 47.9	128 37.9	50.0	131 16.5	48.3	339 58.1	48.6	153 31.8	21.3
Mer. Pass.	h m 0 28.5	*v* 0.9	*d* 0.9	*v* 0.9	*d* 0.6	*v* 2.8	*d* 0.1	*v* 2.2	*d* 0.1

STARS

Name	SHA	Dec
	° ′	° ′
Acamar	315 19.5	S40 15.4
Achernar	335 27.6	S57 10.6
Acrux	173 12.4	S63 09.6
Adhara	255 14.2	S28 59.0
Aldebaran	290 51.6	N16 31.9
Alioth	166 22.8	N55 54.2
Alkaid	153 00.7	N49 15.7
Al Na'ir	27 45.7	S46 54.4
Alnilam	275 48.4	S 1 11.6
Alphard	217 58.3	S 8 42.2
Alphecca	126 12.8	N26 40.9
Alpheratz	357 45.3	N29 09.2
Altair	62 10.0	N 8 54.0
Ankaa	353 17.1	S42 14.6
Antares	112 28.8	S26 27.4
Arcturus	145 57.8	N19 07.7
Atria	107 32.5	S69 03.1
Avior	234 19.4	S59 32.4
Bellatrix	278 34.1	N 6 21.7
Betelgeuse	271 03.5	N 7 24.6
Canopus	263 57.2	S52 41.8
Capella	280 37.4	N46 00.4
Deneb	49 32.6	N45 19.4
Denebola	182 36.0	N14 30.8
Diphda	348 57.5	S17 55.4
Dubhe	193 54.6	N61 41.5
Elnath	278 15.1	N28 36.9
Eltanin	90 47.0	N51 29.6
Enif	33 48.8	N 9 55.7
Fomalhaut	15 25.7	S29 33.7
Gacrux	172 03.8	S57 10.5
Gienah	175 54.7	S17 36.1
Hadar	148 51.4	S60 25.7
Hamal	328 02.8	N23 30.9
Kaus Aust.	83 46.3	S34 22.8
Kochab	137 20.4	N74 06.9
Markab	13 40.0	N15 16.0
Menkar	314 16.9	N 4 08.1
Menkent	148 10.3	S36 25.5
Miaplacidus	221 41.1	S69 45.5
Mirfak	308 43.0	N49 53.9
Nunki	76 00.6	S26 17.0
Peacock	53 21.8	S56 42.1
Pollux	243 30.3	N27 59.9
Procyon	245 02.0	N 5 11.9
Rasalhague	96 08.3	N12 33.3
Regulus	207 45.9	N11 54.9
Rigel	281 13.9	S 8 11.2
Rigil Kent.	139 55.0	S60 52.9
Sabik	102 14.8	S15 44.2
Schedar	349 42.4	N56 35.9
Shaula	96 24.6	S37 06.8
Sirius	258 35.6	S16 43.7
Spica	158 33.6	S11 13.0
Suhail	222 54.3	S43 28.4
Vega	80 40.2	N38 47.9
Zuben'ubi	137 07.8	S16 05.2

	SHA	Mer. Pass.
	° ′	h m
Venus	150 01.2	14 28
Mars	152 43.1	14 17
Jupiter	359 56.1	0 29
Saturn	173 57.0	12 51

	UT	SUN GHA	SUN Dec	MOON GHA	v	MOON Dec	d	HP
	d h	° ′	° ′	° ′	′	° ′	′	′
	13 00	180 58.1	N 3 54.9	122 33.8	7.3	S21 59.4	6.8	58.3
	01	195 58.3	54.0	137 00.1	7.2	22 06.2	6.7	58.3
	02	210 58.5	53.0	151 26.3	7.2	22 12.9	6.5	58.2
	03	225 58.7	. . 52.1	165 52.5	7.3	22 19.4	6.4	58.2
	04	240 59.0	51.1	180 18.8	7.2	22 25.8	6.2	58.2
	05	255 59.2	50.2	194 45.0	7.3	22 32.0	6.1	58.1
	06	270 59.4	N 3 49.2	209 11.3	7.2	S22 38.1	5.9	58.1
	07	285 59.6	48.2	223 37.5	7.2	22 44.0	5.8	58.0
	08	300 59.8	47.3	238 03.7	7.3	22 49.8	5.7	58.0
M	09	316 00.1	. . 46.3	252 30.0	7.2	22 55.5	5.5	58.0
O	10	331 00.3	45.4	266 56.2	7.2	23 01.0	5.3	57.9
N	11	346 00.5	44.4	281 22.4	7.3	23 06.3	5.3	57.9
D	12	1 00.7	N 3 43.5	295 48.7	7.2	S23 11.6	5.0	57.8
A	13	16 00.9	42.5	310 14.9	7.3	23 16.6	5.0	57.8
Y	14	31 01.2	41.5	324 41.2	7.2	23 21.6	4.7	57.8
	15	46 01.4	. . 40.6	339 07.4	7.3	23 26.3	4.7	57.7
	16	61 01.6	39.6	353 33.7	7.3	23 31.0	4.5	57.7
	17	76 01.8	38.7	8 00.0	7.3	23 35.5	4.3	57.7
	18	91 02.1	N 3 37.7	22 26.3	7.3	S23 39.8	4.2	57.6
	19	106 02.3	36.8	36 52.6	7.3	23 44.0	4.0	57.6
	20	121 02.5	35.8	51 18.9	7.3	23 48.0	3.9	57.5
	21	136 02.7	. . 34.8	65 45.2	7.3	23 51.9	3.8	57.5
	22	151 02.9	33.9	80 11.5	7.4	23 55.7	3.6	57.5
	23	166 03.2	32.9	94 37.9	7.4	23 59.3	3.5	57.4
	14 00	181 03.4	N 3 32.0	109 04.3	7.4	S24 02.8	3.3	57.4
	01	196 03.6	31.0	123 30.7	7.4	24 06.1	3.2	57.3
	02	211 03.8	30.0	137 57.1	7.4	24 09.3	3.0	57.3
	03	226 04.1	. . 29.1	152 23.5	7.4	24 12.3	2.9	57.3
	04	241 04.3	28.1	166 49.9	7.5	24 15.2	2.7	57.2
	05	256 04.5	27.2	181 16.4	7.5	24 17.9	2.6	57.2
	06	271 04.7	N 3 26.2	195 42.9	7.5	S24 20.5	2.5	57.2
	07	286 04.9	25.3	210 09.4	7.6	24 23.0	2.3	57.1
T	08	301 05.2	24.3	224 36.0	7.5	24 25.3	2.1	57.1
U	09	316 05.4	. . 23.3	239 02.5	7.6	24 27.4	2.0	57.0
E	10	331 05.6	22.4	253 29.1	7.7	24 29.4	1.9	57.0
S	11	346 05.8	21.4	267 55.8	7.6	24 31.3	1.7	57.0
D	12	1 06.0	N 3 20.5	282 22.4	7.7	S24 33.0	1.6	56.9
A	13	16 06.3	19.5	296 49.1	7.7	24 34.6	1.5	56.9
Y	14	31 06.5	18.5	311 15.8	7.8	24 36.1	1.3	56.9
	15	46 06.7	. . 17.6	325 42.6	7.8	24 37.4	1.1	56.8
	16	61 06.9	16.6	340 09.4	7.8	24 38.5	1.0	56.8
	17	76 07.2	15.7	354 36.2	7.9	24 39.5	0.9	56.7
	18	91 07.4	N 3 14.7	9 03.1	7.9	S24 40.4	0.7	56.7
	19	106 07.6	13.7	23 30.0	7.9	24 41.1	0.6	56.7
	20	121 07.8	12.8	37 56.9	8.0	24 41.7	0.5	56.6
	21	136 08.1	. . 11.8	52 23.9	8.0	24 42.2	0.3	56.6
	22	151 08.3	10.9	66 50.9	8.1	24 42.5	0.2	56.6
	23	166 08.5	09.9	81 18.0	8.1	24 42.7	0.0	56.5
	15 00	181 08.7	N 3 08.9	95 45.1	8.1	S24 42.7	0.1	56.5
	01	196 08.9	08.0	110 12.2	8.2	24 42.6	0.2	56.5
	02	211 09.2	07.0	124 39.4	8.2	24 42.4	0.4	56.4
	03	226 09.4	. . 06.0	139 06.6	8.3	24 42.0	0.5	56.4
	04	241 09.6	05.1	153 33.9	8.4	24 41.5	0.7	56.4
	05	256 09.8	04.1	168 01.3	8.3	24 40.8	0.7	56.3
	06	271 10.1	N 3 03.2	182 28.6	8.5	S24 40.1	1.0	56.3
W	07	286 10.3	02.2	196 56.1	8.4	24 39.1	1.0	56.3
E	08	301 10.5	01.2	211 23.5	8.6	24 38.1	1.2	56.2
D	09	316 10.7	3 00.3	225 51.1	8.5	24 36.9	1.3	56.2
N	10	331 10.9	2 59.3	240 18.6	8.7	24 35.6	1.5	56.2
E	11	346 11.2	58.4	254 46.3	8.7	24 34.1	1.5	56.1
S	12	1 11.4	N 2 57.4	269 14.0	8.7	S24 32.6	1.7	56.1
D	13	16 11.6	56.4	283 41.7	8.8	24 30.9	1.9	56.1
A	14	31 11.8	55.5	298 09.5	8.8	24 29.0	2.0	56.0
Y	15	46 12.1	. . 54.5	312 37.3	9.0	24 27.0	2.1	56.0
	16	61 12.3	53.5	327 05.3	8.9	24 24.9	2.2	56.0
	17	76 12.5	52.6	341 33.2	9.0	24 22.7	2.3	55.9
	18	91 12.7	N 2 51.6	356 01.2	9.1	S24 20.4	2.5	55.9
	19	106 13.0	50.7	10 29.3	9.2	24 17.9	2.6	55.9
	20	121 13.2	49.7	24 57.5	9.2	24 15.3	2.8	55.9
	21	136 13.4	. . 48.7	39 25.7	9.2	24 12.5	2.8	55.8
	22	151 13.6	47.8	53 53.9	9.4	24 09.7	3.0	55.8
	23	166 13.8	46.8	68 22.3	9.3	S24 06.7	3.1	55.8
		SD 15.9	d 1.0	SD	15.8	15.5		15.3

Lat.	Twilight Naut.	Twilight Civil	Sunrise	Moonrise 13	14	15	16
°	h m	h m	h m	h m	h m	h m	h m
N 72	01 57	03 49	05 02	■	■	■	■
N 70	02 32	04 03	05 08	■	■	■	■
68	02 56	04 14	05 12	■	■	■	■
66	03 14	04 23	05 16	15 42	■	■	17 52
64	03 28	04 31	05 20	14 36	16 04	16 50	17 06
62	03 40	04 37	05 23	14 01	15 18	16 08	16 35
60	03 50	04 42	05 25	13 35	14 49	15 40	16 12
N 58	03 58	04 47	05 27	13 15	14 26	15 18	15 54
56	04 06	04 51	05 29	12 59	14 08	15 00	15 38
54	04 12	04 55	05 31	12 45	13 52	14 45	15 25
52	04 17	04 58	05 33	12 32	13 39	14 32	15 13
50	04 22	05 01	05 34	12 22	13 27	14 20	15 02
45	04 33	05 08	05 37	11 59	13 03	13 56	14 41
N 40	04 40	05 13	05 40	11 41	12 43	13 37	14 23
35	04 47	05 17	05 42	11 26	12 27	13 21	14 08
30	04 52	05 20	05 44	11 13	12 13	13 07	13 55
20	04 59	05 25	05 47	10 50	11 49	12 43	13 33
N 10	05 04	05 29	05 50	10 31	11 28	12 23	13 14
0	05 08	05 32	05 52	10 13	11 09	12 04	12 56
S 10	05 09	05 34	05 55	09 56	10 50	11 45	12 38
20	05 10	05 35	05 57	09 36	10 30	11 24	12 19
30	05 08	05 36	06 00	09 15	10 06	11 00	11 56
35	05 07	05 36	06 01	09 02	09 52	10 46	11 43
40	05 05	05 36	06 03	08 47	09 36	10 30	11 28
45	05 02	05 36	06 05	08 30	09 17	10 11	11 10
S 50	04 57	05 35	06 07	08 09	08 53	09 47	10 48
52	04 55	05 34	06 08	07 58	08 42	09 35	10 37
54	04 53	05 34	06 09	07 47	08 29	09 22	10 25
56	04 50	05 33	06 10	07 34	08 14	09 07	10 11
58	04 47	05 32	06 11	07 19	07 57	08 49	09 55
S 60	04 43	05 32	06 13	07 01	07 35	08 27	09 35

Lat.	Sunset	Twilight Civil	Twilight Naut.	Moonset 13	14	15	16
°	h m	h m	h m	h m	h m	h m	h m
N 72	18 47	19 59	21 46	■	■	■	■
N 70	18 41	19 45	21 14	■	■	■	■
68	18 37	19 35	20 51	■	■	■	■
66	18 33	19 26	20 34	17 05	■	■	20 32
64	18 30	19 19	20 20	18 12	18 40	19 46	21 18
62	18 27	19 12	20 09	18 47	19 25	20 28	21 48
60	18 25	19 07	19 59	19 13	19 55	20 56	22 11
N 58	18 23	19 02	19 51	19 33	20 18	21 18	22 29
56	18 21	18 58	19 44	19 50	20 36	21 35	22 44
54	18 19	18 55	19 38	20 04	20 52	21 50	22 57
52	18 18	18 52	19 32	20 17	21 05	22 03	23 09
50	18 16	18 49	19 28	20 28	21 17	22 15	23 19
45	18 13	18 43	19 18	20 51	21 42	22 39	23 40
N 40	18 11	18 38	19 10	21 09	22 01	22 58	23 57
35	18 09	18 34	19 04	21 25	22 17	23 13	24 11
30	18 07	18 31	18 59	21 38	22 31	23 27	24 24
20	18 04	18 26	18 52	22 01	22 55	23 50	24 45
N 10	18 01	18 22	18 47	22 21	23 16	24 10	00 10
0	17 59	18 20	18 44	22 40	23 36	24 29	00 29
S 10	17 57	18 18	18 42	22 59	23 55	24 48	00 48
20	17 54	18 16	18 42	23 19	24 16	00 16	01 08
30	17 52	18 16	18 43	23 42	24 39	00 39	01 31
35	17 50	18 16	18 45	23 56	24 53	00 53	01 44
40	17 49	18 16	18 47	24 11	00 11	01 10	02 00
45	17 47	18 16	18 51	24 30	00 30	01 29	02 18
S 50	17 45	18 17	18 55	24 54	00 54	01 53	02 41
52	17 44	18 18	18 57	25 05	01 05	02 05	02 52
54	17 43	18 19	19 00	00 04	01 18	02 18	03 04
56	17 42	18 19	19 03	00 16	01 32	02 33	03 18
58	17 41	18 20	19 06	00 31	01 50	02 51	03 35
S 60	17 40	18 21	19 10	00 48	02 11	03 14	03 55

Day	SUN Eqn. of Time 00^h	SUN Eqn. of Time 12^h	SUN Mer. Pass.	MOON Mer. Pass. Upper	MOON Mer. Pass. Lower	Age	Phase
d	m s	m s	h m	h m	h m	d %	
13	03 52	04 02	11 56	16 27	03 59	05 32	
14	04 13	04 24	11 56	17 22	04 55	06 42	◐
15	04 34	04 45	11 55	18 16	05 50	07 53	

	UT	ARIES	VENUS −4.7		MARS +1.5		JUPITER −2.9		SATURN +0.9	
		GHA	GHA	Dec	GHA	Dec	GHA	Dec	GHA	Dec
	d h	° ′	° ′	° ′	° ′	° ′	° ′	° ′	° ′	° ′
	16 00	354 50.3	143 38.8	S17 50.8	146 17.4	S11 48.9	355 00.8	S 1 48.7	168 34.0	S 0 21.4
	01	9 52.8	158 39.8	51.7	161 18.3	49.5	10 03.6	48.9	183 36.2	21.5
	02	24 55.3	173 40.8	52.5	176 19.1	50.1	25 06.4	49.0	198 38.4	21.6
	03	39 57.7	188 41.8	53.3	191 20.0	50.8	40 09.1	49.1	213 40.6	21.7
	04	55 00.2	203 42.8	54.2	206 20.9	51.4	55 11.9	49.3	228 42.7	21.9
	05	70 02.7	218 43.8	55.0	221 21.7	52.0	70 14.7	49.4	243 44.9	22.0
	06	85 05.1	233 44.8	S17 55.8	236 22.6	S11 52.6	85 17.4	S 1 49.5	258 47.1	S 0 22.1
	07	100 07.6	248 45.8	56.7	251 23.5	53.2	100 20.2	49.7	273 49.3	22.2
T	08	115 10.1	263 46.8	57.5	266 24.4	53.8	115 23.0	49.8	288 51.5	22.4
H	09	130 12.5	278 47.8	58.3	281 25.2	54.4	130 25.7	49.9	303 53.7	22.5
U	10	145 15.0	293 48.8	17 59.2	296 26.1	55.0	145 28.5	50.1	318 55.9	22.6
R	11	160 17.4	308 49.8	18 00.0	311 27.0	55.6	160 31.3	50.2	333 58.0	22.7
S	12	175 19.9	323 50.9	S18 00.8	326 27.9	S11 56.2	175 34.0	S 1 50.3	349 00.2	S 0 22.8
D	13	190 22.4	338 51.9	01.6	341 28.7	56.9	190 36.8	50.5	4 02.4	23.0
A	14	205 24.8	353 52.9	02.5	356 29.6	57.5	205 39.6	50.6	19 04.6	23.1
Y	15	220 27.3	8 53.9	03.3	11 30.5	58.1	220 42.3	50.7	34 06.8	23.2
	16	235 29.8	23 54.9	04.1	26 31.3	58.7	235 45.1	50.9	49 09.0	23.3
	17	250 32.2	38 55.9	04.9	41 32.2	59.3	250 47.9	51.0	64 11.2	23.4
	18	265 34.7	53 57.0	S18 05.8	56 33.1	S11 59.9	265 50.6	S 1 51.1	79 13.3	S 0 23.6
	19	280 37.2	68 58.0	06.6	71 33.9	12 00.5	280 53.4	51.3	94 15.5	23.7
	20	295 39.6	83 59.0	07.4	86 34.8	01.1	295 56.2	51.4	109 17.7	23.8
	21	310 42.1	99 00.0	08.2	101 35.7	01.7	310 58.9	51.5	124 19.9	23.9
	22	325 44.6	114 01.1	09.0	116 36.5	02.3	326 01.7	51.7	139 22.1	24.0
	23	340 47.0	129 02.1	09.9	131 37.4	02.9	341 04.5	51.8	154 24.3	24.2
	17 00	355 49.5	144 03.1	S18 10.7	146 38.3	S12 03.5	356 07.2	S 1 51.9	169 26.4	S 0 24.3
	01	10 51.9	159 04.2	11.5	161 39.2	04.2	11 10.0	52.1	184 28.6	24.4
	02	25 54.4	174 05.2	12.3	176 40.0	04.8	26 12.8	52.2	199 30.8	24.5
	03	40 56.9	189 06.2	13.1	191 40.9	05.4	41 15.5	52.3	214 33.0	24.6
	04	55 59.3	204 07.3	13.9	206 41.8	06.0	56 18.3	52.5	229 35.2	24.8
	05	71 01.8	219 08.3	14.7	221 42.6	06.6	71 21.1	52.6	244 37.4	24.9
	06	86 04.3	234 09.4	S18 15.6	236 43.5	S12 07.2	86 23.8	S 1 52.8	259 39.6	S 0 25.0
	07	101 06.7	249 10.4	16.4	251 44.4	07.8	101 26.6	52.9	274 41.7	25.1
	08	116 09.2	264 11.4	17.2	266 45.2	08.4	116 29.4	53.0	289 43.9	25.3
F	09	131 11.7	279 12.5	18.0	281 46.1	09.0	131 32.2	53.2	304 46.1	25.4
R	10	146 14.1	294 13.5	18.8	296 47.0	09.6	146 34.9	53.3	319 48.3	25.5
I	11	161 16.6	309 14.6	19.6	311 47.8	10.2	161 37.7	53.4	334 50.5	25.6
D	12	176 19.1	324 15.7	S18 20.4	326 48.7	S12 10.8	176 40.5	S 1 53.6	349 52.7	S 0 25.7
A	13	191 21.5	339 16.7	21.2	341 49.6	11.4	191 43.2	53.7	4 54.9	25.9
Y	14	206 24.0	354 17.8	22.0	356 50.4	12.0	206 46.0	53.8	19 57.0	26.0
	15	221 26.4	9 18.8	22.8	11 51.3	12.6	221 48.8	54.0	34 59.2	26.1
	16	236 28.9	24 19.9	23.6	26 52.1	13.3	236 51.5	54.1	50 01.4	26.2
	17	251 31.4	39 21.0	24.4	41 53.0	13.9	251 54.3	54.2	65 03.6	26.3
	18	266 33.8	54 22.0	S18 25.2	56 53.9	S12 14.5	266 57.1	S 1 54.4	80 05.8	S 0 26.5
	19	281 36.3	69 23.1	26.0	71 54.7	15.1	281 59.8	54.5	95 08.0	26.6
	20	296 38.8	84 24.2	26.8	86 55.6	15.7	297 02.6	54.6	110 10.1	26.7
	21	311 41.2	99 25.2	27.6	101 56.5	16.3	312 05.4	54.8	125 12.3	26.8
	22	326 43.7	114 26.3	28.4	116 57.3	16.9	327 08.1	54.9	140 14.5	26.9
	23	341 46.2	129 27.4	29.2	131 58.2	17.5	342 10.9	55.0	155 16.7	27.1
	18 00	356 48.6	144 28.5	S18 30.0	146 59.1	S12 18.1	357 13.7	S 1 55.2	170 18.9	S 0 27.2
	01	11 51.1	159 29.5	30.8	161 59.9	18.7	12 16.4	55.3	185 21.1	27.3
	02	26 53.5	174 30.6	31.6	177 00.8	19.3	27 19.2	55.4	200 23.3	27.4
	03	41 56.0	189 31.7	32.4	192 01.6	19.9	42 22.0	55.6	215 25.4	27.5
	04	56 58.5	204 32.8	33.2	207 02.5	20.5	57 24.7	55.7	230 27.6	27.7
	05	72 00.9	219 33.9	34.0	222 03.4	21.1	72 27.5	55.8	245 29.8	27.8
	06	87 03.4	234 35.0	S18 34.7	237 04.2	S12 21.7	87 30.3	S 1 56.0	260 32.0	S 0 27.9
	07	102 05.9	249 36.0	35.5	252 05.1	22.3	102 33.1	56.1	275 34.2	28.0
S	08	117 08.3	264 37.1	36.3	267 05.9	22.9	117 35.8	56.2	290 36.4	28.2
A	09	132 10.8	279 38.2	37.1	282 06.8	23.5	132 38.6	56.4	305 38.5	28.3
T	10	147 13.3	294 39.3	37.9	297 07.7	24.1	147 41.4	56.5	320 40.7	28.4
U	11	162 15.7	309 40.4	38.7	312 08.5	24.7	162 44.1	56.6	335 42.9	28.5
R	12	177 18.2	324 41.5	S18 39.5	327 09.4	S12 25.3	177 46.9	S 1 56.8	350 45.1	S 0 28.6
D	13	192 20.7	339 42.6	40.2	342 10.2	26.0	192 49.7	56.9	5 47.3	28.8
A	14	207 23.1	354 43.7	41.0	357 11.1	26.6	207 52.4	57.0	20 49.5	28.9
Y	15	222 25.6	9 44.8	41.8	12 12.0	27.2	222 55.2	57.2	35 51.7	29.0
	16	237 28.0	24 45.9	42.6	27 12.8	27.8	237 58.0	57.3	50 53.8	29.1
	17	252 30.5	39 47.1	43.4	42 13.7	28.4	253 00.7	57.5	65 56.0	29.2
	18	267 33.0	54 48.2	S18 44.1	57 14.5	S12 29.0	268 03.5	S 1 57.6	80 58.2	S 0 29.4
	19	282 35.4	69 49.3	44.9	72 15.4	29.6	283 06.3	57.7	96 00.4	29.5
	20	297 37.9	84 50.4	45.7	87 16.3	30.2	298 09.0	57.9	111 02.6	29.6
	21	312 40.4	99 51.5	46.5	102 17.1	30.8	313 11.8	58.0	126 04.8	29.7
	22	327 42.8	114 52.6	47.3	117 18.0	31.4	328 14.6	58.1	141 06.9	29.8
	23	342 45.3	129 53.8	48.0	132 18.8	32.0	343 17.4	58.3	156 09.1	30.0
	Mer. Pass.	h m 0 16.7	*v* 1.1	*d* 0.8	*v* 0.9	*d* 0.6	*v* 2.8	*d* 0.1	*v* 2.2	*d* 0.1

STARS

Name	SHA	Dec
	° ′	° ′
Acamar	315 19.5	S40 15.4
Achernar	335 27.6	S57 10.6
Acrux	173 12.4	S63 09.6
Adhara	255 14.2	S28 59.0
Aldebaran	290 51.6	N16 31.9
Alioth	166 22.8	N55 54.1
Alkaid	153 00.7	N49 15.7
Al Na'ir	27 45.7	S46 54.4
Alnilam	275 48.4	S 1 11.6
Alphard	217 58.3	S 8 42.2
Alphecca	126 12.8	N26 40.9
Alpheratz	357 45.2	N29 09.2
Altair	62 10.0	N 8 54.0
Ankaa	353 17.1	S42 14.6
Antares	112 28.8	S26 27.4
Arcturus	145 57.8	N19 07.7
Atria	107 32.6	S69 03.1
Avior	234 19.3	S59 32.4
Bellatrix	278 34.1	N 6 21.7
Betelgeuse	271 03.5	N 7 24.6
Canopus	263 57.1	S52 41.8
Capella	280 37.3	N46 00.4
Deneb	49 32.6	N45 19.4
Denebola	182 36.0	N14 30.8
Diphda	348 57.5	S17 55.4
Dubhe	193 54.6	N61 41.5
Elnath	278 15.1	N28 37.0
Eltanin	90 47.0	N51 29.6
Enif	33 48.8	N 9 55.7
Fomalhaut	15 25.7	S29 33.7
Gacrux	172 03.8	S57 10.5
Gienah	175 54.7	S17 36.1
Hadar	148 51.4	S60 25.7
Hamal	328 02.8	N23 30.9
Kaus Aust.	83 46.3	S34 22.8
Kochab	137 20.4	N74 06.9
Markab	13 40.0	N15 16.0
Menkar	314 16.9	N 4 08.1
Menkent	148 10.3	S36 25.4
Miaplacidus	221 41.0	S69 45.5
Mirfak	308 43.0	N49 53.9
Nunki	76 00.6	S26 17.0
Peacock	53 21.9	S56 42.1
Pollux	243 30.3	N27 59.9
Procyon	245 01.9	N 5 11.9
Rasalhague	96 08.3	N12 33.3
Regulus	207 45.9	N11 54.9
Rigel	281 13.9	S 8 11.2
Rigil Kent.	139 55.0	S60 52.9
Sabik	102 14.8	S15 44.2
Schedar	349 42.4	N56 35.9
Shaula	96 24.6	S37 06.8
Sirius	258 35.5	S16 43.7
Spica	158 33.6	S11 13.0
Suhail	222 54.3	S43 28.4
Vega	80 40.2	N38 47.9
Zuben'ubi	137 07.8	S16 05.2

	SHA	Mer. Pass.
	° ′	h m
Venus	148 13.6	14 23
Mars	150 48.8	14 13
Jupiter	0 17.8	0 15
Saturn	173 37.0	12 40

	UT	SUN GHA	SUN Dec	MOON GHA	v	MOON Dec	d	HP
	d h	° ′	° ′	° ′	′	° ′	′	′
	16 00	181 14.1	N 2 45.8	82 50.6	9.5	S24 03.6	3.2	55.7
	01	196 14.3	44.9	97 19.1	9.5	24 00.4	3.4	55.7
	02	211 14.5	43.9	111 47.6	9.6	23 57.0	3.5	55.7
	03	226 14.7	. . 43.0	126 16.2	9.6	23 53.5	3.5	55.7
	04	241 15.0	42.0	140 44.8	9.7	23 50.0	3.8	55.6
	05	256 15.2	41.0	155 13.5	9.8	23 46.2	3.8	55.6
	06	271 15.4	N 2 40.1	169 42.3	9.8	S23 42.4	3.9	55.6
T	07	286 15.6	39.1	184 11.1	9.9	23 38.5	4.1	55.5
H	08	301 15.9	38.1	198 40.0	10.0	23 34.4	4.2	55.5
U	09	316 16.1	. . 37.2	213 09.0	10.0	23 30.2	4.3	55.5
R	10	331 16.3	36.2	227 38.0	10.2	23 25.9	4.4	55.5
S	11	346 16.5	35.2	242 07.2	10.1	23 21.5	4.5	55.4
D	12	1 16.7	N 2 34.3	256 36.3	10.3	S23 17.0	4.6	55.4
A	13	16 17.0	33.3	271 05.6	10.3	23 12.4	4.8	55.4
Y	14	31 17.2	32.3	285 34.9	10.3	23 07.6	4.8	55.4
	15	46 17.4	. . 31.4	300 04.2	10.5	23 02.8	5.0	55.3
	16	61 17.6	30.4	314 33.7	10.5	22 57.8	5.0	55.3
	17	76 17.9	29.5	329 03.2	10.6	22 52.8	5.2	55.3
	18	91 18.1	N 2 28.5	343 32.8	10.6	S22 47.6	5.3	55.3
	19	106 18.3	27.5	358 02.4	10.8	22 42.3	5.4	55.2
	20	121 18.5	26.6	12 32.2	10.8	22 36.9	5.5	55.2
	21	136 18.8	. . 25.6	27 02.0	10.8	22 31.4	5.6	55.2
	22	151 19.0	24.6	41 31.8	11.0	22 25.8	5.7	55.2
	23	166 19.2	23.7	56 01.8	11.0	22 20.1	5.9	55.1
	17 00	181 19.4	N 2 22.7	70 31.8	11.0	S22 14.2	5.9	55.1
	01	196 19.6	21.7	85 01.8	11.2	22 08.3	6.0	55.1
	02	211 19.9	20.8	99 32.0	11.2	22 02.3	6.1	55.1
	03	226 20.1	. . 19.8	114 02.2	11.3	21 56.2	6.2	55.0
	04	241 20.3	18.8	128 32.5	11.4	21 50.0	6.3	55.0
	05	256 20.5	17.9	143 02.9	11.4	21 43.7	6.5	55.0
	06	271 20.8	N 2 16.9	157 33.3	11.5	S21 37.2	6.5	55.0
	07	286 21.0	15.9	172 03.8	11.6	21 30.7	6.6	55.0
	08	301 21.2	15.0	186 34.4	11.6	21 24.1	6.7	54.9
F	09	316 21.4	. . 14.0	201 05.0	11.7	21 17.4	6.8	54.9
R	10	331 21.7	13.0	215 35.7	11.8	21 10.6	6.9	54.9
I	11	346 21.9	12.1	230 06.5	11.9	21 03.7	7.0	54.9
D	12	1 22.1	N 2 11.1	244 37.4	11.9	S20 56.7	7.0	54.9
A	13	16 22.3	10.1	259 08.3	12.0	20 49.7	7.2	54.8
Y	14	31 22.6	09.2	273 39.3	12.0	20 42.5	7.3	54.8
	15	46 22.8	. . 08.2	288 10.3	12.2	20 35.2	7.3	54.8
	16	61 23.0	07.2	302 41.5	12.2	20 27.9	7.5	54.8
	17	76 23.2	06.3	317 12.7	12.3	20 20.4	7.5	54.8
	18	91 23.4	N 2 05.3	331 44.0	12.3	S20 12.9	7.6	54.7
	19	106 23.7	04.3	346 15.3	12.4	20 05.3	7.7	54.7
	20	121 23.9	03.4	0 46.7	12.5	19 57.6	7.8	54.7
	21	136 24.1	. . 02.4	15 18.2	12.6	19 49.8	7.8	54.7
	22	151 24.3	01.4	29 49.8	12.6	19 42.0	8.0	54.7
	23	166 24.6	2 00.5	44 21.4	12.7	19 34.0	8.0	54.6
	18 00	181 24.8	N 1 59.5	58 53.1	12.7	S19 26.0	8.1	54.6
	01	196 25.0	58.5	73 24.8	12.8	19 17.9	8.2	54.6
	02	211 25.2	57.6	87 56.6	12.9	19 09.7	8.3	54.6
	03	226 25.5	. . 56.6	102 28.5	13.0	19 01.4	8.3	54.6
	04	241 25.7	55.6	117 00.5	13.0	18 53.1	8.5	54.6
	05	256 25.9	54.7	131 32.5	13.1	18 44.6	8.5	54.5
	06	271 26.1	N 1 53.7	146 04.6	13.2	S18 36.1	8.6	54.5
S	07	286 26.4	52.7	160 36.8	13.2	18 27.5	8.6	54.5
A	08	301 26.6	51.8	175 09.0	13.3	18 18.9	8.8	54.5
T	09	316 26.8	. . 50.8	189 41.3	13.3	18 10.1	8.8	54.5
U	10	331 27.0	49.8	204 13.6	13.4	18 01.3	8.9	54.5
R	11	346 27.2	48.9	218 46.0	13.5	17 52.4	8.9	54.5
D	12	1 27.5	N 1 47.9	233 18.5	13.5	S17 43.5	9.0	54.4
A	13	16 27.7	46.9	247 51.0	13.6	17 34.5	9.1	54.4
Y	14	31 27.9	46.0	262 23.6	13.7	17 25.4	9.2	54.4
	15	46 28.1	. . 45.0	276 56.3	13.7	17 16.2	9.2	54.4
	16	61 28.4	44.0	291 29.0	13.8	17 07.0	9.4	54.4
	17	76 28.6	43.1	306 01.8	13.9	16 57.6	9.3	54.4
	18	91 28.8	N 1 42.1	320 34.7	13.9	S16 48.3	9.5	54.4
	19	106 29.0	41.1	335 07.6	13.9	16 38.8	9.5	54.3
	20	121 29.3	40.2	349 40.5	14.1	16 29.3	9.5	54.3
	21	136 29.5	. . 39.2	4 13.6	14.1	16 19.8	9.7	54.3
	22	151 29.7	38.2	18 46.7	14.1	16 10.1	9.7	54.3
	23	166 29.9	37.3	33 19.8	14.2	S16 00.4	9.7	54.3
		SD 15.9	*d* 1.0	SD 15.1		14.9		14.8

Lat.	Twilight Naut.	Twilight Civil	Sunrise	Moonrise 16	Moonrise 17	Moonrise 18	Moonrise 19
°	h m	h m	h m	h m	h m	h m	h m
N 72	02 22	04 04	05 15	■	■	19 10	18 18
N 70	02 50	04 16	05 20	■	■	18 23	17 55
68	03 11	04 26	05 23	■	18 18	17 53	17 38
66	03 26	04 33	05 26	17 52	17 38	17 30	17 23
64	03 39	04 40	05 28	17 06	17 11	17 12	17 12
62	03 50	04 45	05 30	16 35	16 49	16 57	17 02
60	03 58	04 50	05 32	16 12	16 32	16 44	16 53
N 58	04 06	04 54	05 34	15 54	16 17	16 33	16 45
56	04 12	04 58	05 35	15 38	16 05	16 24	16 38
54	04 18	05 01	05 36	15 25	15 54	16 15	16 32
52	04 23	05 04	05 37	15 13	15 44	16 08	16 27
50	04 27	05 06	05 39	15 02	15 35	16 01	16 22
45	04 36	05 11	05 41	14 41	15 17	15 46	16 11
N 40	04 44	05 15	05 43	14 23	15 01	15 34	16 02
35	04 49	05 19	05 44	14 08	14 49	15 24	15 54
30	04 54	05 22	05 45	13 55	14 37	15 14	15 48
20	05 00	05 26	05 48	13 33	14 18	14 59	15 36
N 10	05 04	05 29	05 50	13 14	14 01	14 45	15 25
0	05 07	05 31	05 51	12 56	13 45	14 32	15 16
S 10	05 08	05 32	05 53	12 38	13 29	14 19	15 06
20	05 07	05 32	05 54	12 19	13 13	14 05	14 55
30	05 04	05 32	05 56	11 56	12 53	13 49	14 43
35	05 02	05 32	05 57	11 43	12 41	13 39	14 36
40	05 00	05 31	05 58	11 28	12 28	13 29	14 28
45	04 56	05 30	05 59	11 10	12 13	13 16	14 19
S 50	04 51	05 28	06 00	10 48	11 53	13 01	14 08
52	04 48	05 27	06 01	10 37	11 44	12 53	14 02
54	04 45	05 26	06 02	10 25	11 34	12 45	13 57
56	04 42	05 25	06 02	10 11	11 22	12 36	13 50
58	04 38	05 24	06 03	09 55	11 09	12 26	13 43
S 60	04 34	05 22	06 04	09 35	10 53	12 14	13 35

Lat.	Sunset	Twilight Civil	Twilight Naut.	Moonset 16	Moonset 17	Moonset 18	Moonset 19
°	h m	h m	h m	h m	h m	h m	h m
N 72	18 31	19 41	21 20	■	■	22 33	24 55
N 70	18 27	19 30	20 54	■	■	23 18	25 16
68	18 24	19 21	20 35	■	21 48	23 48	25 32
66	18 21	19 14	20 20	20 32	22 27	24 09	00 09
64	18 19	19 07	20 07	21 18	22 54	24 27	00 27
62	18 17	19 02	19 57	21 48	23 14	24 41	00 41
60	18 16	18 58	19 49	22 11	23 31	24 53	00 53
N 58	18 14	18 54	19 41	22 29	23 45	25 03	01 03
56	18 13	18 50	19 35	22 44	23 57	25 12	01 12
54	18 12	18 47	19 30	22 57	24 08	00 08	01 20
52	18 11	18 44	19 25	23 09	24 17	00 17	01 27
50	18 10	18 42	19 20	23 19	24 25	00 25	01 33
45	18 08	18 37	19 12	23 40	24 43	00 43	01 46
N 40	18 06	18 33	19 05	23 57	24 57	00 57	01 58
35	18 04	18 30	18 59	24 11	00 11	01 09	02 07
30	18 03	18 27	18 55	24 24	00 24	01 20	02 15
20	18 01	18 23	18 49	24 45	00 45	01 38	02 29
N 10	17 59	18 20	18 45	00 10	01 03	01 54	02 42
0	17 58	18 18	18 42	00 29	01 20	02 08	02 53
S 10	17 56	18 17	18 42	00 48	01 37	02 23	03 05
20	17 55	18 17	18 43	01 08	01 55	02 38	03 17
30	17 53	18 17	18 45	01 31	02 16	02 55	03 31
35	17 53	18 18	18 47	01 44	02 28	03 06	03 38
40	17 52	18 19	18 50	02 00	02 42	03 17	03 47
45	17 51	18 20	18 54	02 18	02 58	03 31	03 58
S 50	17 50	18 22	19 00	02 41	03 18	03 47	04 11
52	17 49	18 23	19 02	02 52	03 28	03 55	04 16
54	17 49	18 24	19 05	03 04	03 38	04 04	04 23
56	17 48	18 25	19 09	03 18	03 50	04 13	04 30
58	17 47	18 26	19 13	03 35	04 04	04 24	04 38
S 60	17 47	18 28	19 17	03 55	04 21	04 37	04 47

Day	SUN Eqn. of Time 00^h	SUN Eqn. of Time 12^h	SUN Mer. Pass.	MOON Mer. Pass. Upper	MOON Mer. Pass. Lower	Age	Phase
d	m s	m s	h m	h m	h m	d %	
16	04 56	05 07	11 55	19 08	06 43	08 63	
17	05 17	05 28	11 55	19 57	07 33	09 72	◐
18	05 39	05 49	11 54	20 43	08 20	10 80	

UT	ARIES	VENUS −4.8		MARS +1.5		JUPITER −2.9		SATURN +0.9	
	GHA	GHA	Dec	GHA	Dec	GHA	Dec	GHA	Dec
d h	° ′	° ′	° ′	° ′	° ′	° ′	° ′	° ′	° ′
19 00 (SUNDAY)	357 47.8	144 54.9	S18 48.8	147 19.7	S12 32.6	358 20.1	S 1 58.4	171 11.3	S 0 30.1
01	12 50.2	159 56.0	49.6	162 20.5	33.2	13 22.9	58.5	186 13.5	30.2
02	27 52.7	174 57.1	50.3	177 21.4	33.8	28 25.7	58.7	201 15.7	30.3
03	42 55.2	189 58.3	. . 51.1	192 22.3	. . 34.4	43 28.4	. . 58.8	216 17.9	. . 30.5
04	57 57.6	204 59.4	51.9	207 23.1	35.0	58 31.2	58.9	231 20.0	30.6
05	73 00.1	220 00.5	52.6	222 24.0	35.6	73 34.0	59.1	246 22.2	30.7
06	88 02.5	235 01.7	S18 53.4	237 24.8	S12 36.2	88 36.7	S 1 59.2	261 24.4	S 0 30.8
07	103 05.0	250 02.8	54.2	252 25.7	36.8	103 39.5	59.3	276 26.6	30.9
08	118 07.5	265 03.9	54.9	267 26.5	37.4	118 42.3	59.5	291 28.8	31.1
09	133 09.9	280 05.1	. . 55.7	282 27.4	. . 38.0	133 45.0	. . 59.6	306 31.0	. . 31.2
10	148 12.4	295 06.2	56.5	297 28.2	38.6	148 47.8	59.7	321 33.2	31.3
11	163 14.9	310 07.4	57.2	312 29.1	39.2	163 50.6	1 59.9	336 35.3	31.4
12	178 17.3	325 08.5	S18 58.0	327 29.9	S12 39.8	178 53.4	S 2 00.0	351 37.5	S 0 31.5
13	193 19.8	340 09.7	58.8	342 30.8	40.4	193 56.1	00.1	6 39.7	31.7
14	208 22.3	355 10.8	18 59.5	357 31.7	41.0	208 58.9	00.3	21 41.9	31.8
15	223 24.7	10 12.0	19 00.3	12 32.5	. . 41.6	224 01.7	. . 00.4	36 44.1	. . 31.9
16	238 27.2	25 13.1	01.0	27 33.4	42.2	239 04.4	00.5	51 46.3	32.0
17	253 29.6	40 14.3	01.8	42 34.2	42.8	254 07.2	00.7	66 48.4	32.1
18	268 32.1	55 15.5	S19 02.5	57 35.1	S12 43.4	269 10.0	S 2 00.8	81 50.6	S 0 32.3
19	283 34.6	70 16.6	03.3	72 35.9	44.0	284 12.7	00.9	96 52.8	32.4
20	298 37.0	85 17.8	04.1	87 36.8	44.6	299 15.5	01.1	111 55.0	32.5
21	313 39.5	100 19.0	. . 04.8	102 37.6	. . 45.2	314 18.3	. . 01.2	126 57.2	. . 32.6
22	328 42.0	115 20.1	05.6	117 38.5	45.8	329 21.1	01.3	141 59.4	32.8
23	343 44.4	130 21.3	06.3	132 39.3	46.4	344 23.8	01.5	157 01.5	32.9
20 00 (MONDAY)	358 46.9	145 22.5	S19 07.1	147 40.2	S12 47.0	359 26.6	S 2 01.6	172 03.7	S 0 33.0
01	13 49.4	160 23.6	07.8	162 41.0	47.6	14 29.4	01.7	187 05.9	33.1
02	28 51.8	175 24.8	08.6	177 41.9	48.2	29 32.1	01.9	202 08.1	33.2
03	43 54.3	190 26.0	. . 09.3	192 42.7	. . 48.8	44 34.9	. . 02.0	217 10.3	. . 33.4
04	58 56.8	205 27.2	10.0	207 43.6	49.4	59 37.7	02.2	232 12.5	33.5
05	73 59.2	220 28.4	10.8	222 44.4	50.0	74 40.4	02.3	247 14.6	33.6
06	89 01.7	235 29.6	S19 11.5	237 45.3	S12 50.6	89 43.2	S 2 02.4	262 16.8	S 0 33.7
07	104 04.1	250 30.7	12.3	252 46.1	51.2	104 46.0	02.6	277 19.0	33.8
08	119 06.6	265 31.9	13.0	267 47.0	51.8	119 48.7	02.7	292 21.2	34.0
09	134 09.1	280 33.1	. . 13.8	282 47.8	. . 52.4	134 51.5	. . 02.8	307 23.4	. . 34.1
10	149 11.5	295 34.3	14.5	297 48.7	53.0	149 54.3	03.0	322 25.6	34.2
11	164 14.0	310 35.5	15.2	312 49.5	53.6	164 57.1	03.1	337 27.7	34.3
12	179 16.5	325 36.7	S19 16.0	327 50.4	S12 54.2	179 59.8	S 2 03.2	352 29.9	S 0 34.4
13	194 18.9	340 37.9	16.7	342 51.2	54.8	195 02.6	03.4	7 32.1	34.6
14	209 21.4	355 39.1	17.4	357 52.1	55.4	210 05.4	03.5	22 34.3	34.7
15	224 23.9	10 40.3	. . 18.2	12 52.9	. . 56.0	225 08.1	. . 03.6	37 36.5	. . 34.8
16	239 26.3	25 41.5	18.9	27 53.8	56.6	240 10.9	03.8	52 38.7	34.9
17	254 28.8	40 42.7	19.7	42 54.6	57.2	255 13.7	03.9	67 40.8	35.1
18	269 31.3	55 44.0	S19 20.4	57 55.5	S12 57.8	270 16.4	S 2 04.0	82 43.0	S 0 35.2
19	284 33.7	70 45.2	21.1	72 56.3	58.4	285 19.2	04.2	97 45.2	35.3
20	299 36.2	85 46.4	21.8	87 57.1	59.0	300 22.0	04.3	112 47.4	35.4
21	314 38.6	100 47.6	. . 22.6	102 58.0	12 59.5	315 24.8	. . 04.4	127 49.6	. . 35.5
22	329 41.1	115 48.8	23.3	117 58.8	13 00.1	330 27.5	04.6	142 51.8	35.7
23	344 43.6	130 50.0	24.0	132 59.7	00.7	345 30.3	04.7	157 53.9	35.8
21 00 (TUESDAY)	359 46.0	145 51.3	S19 24.8	148 00.5	S13 01.3	0 33.1	S 2 04.8	172 56.1	S 0 35.9
01	14 48.5	160 52.5	25.5	163 01.4	01.9	15 35.8	05.0	187 58.3	36.0
02	29 51.0	175 53.7	26.2	178 02.2	02.5	30 38.6	05.1	203 00.5	36.1
03	44 53.4	190 55.0	. . 26.9	193 03.1	. . 03.1	45 41.4	. . 05.2	218 02.7	. . 36.3
04	59 55.9	205 56.2	27.6	208 03.9	03.7	60 44.1	05.4	233 04.9	36.4
05	74 58.4	220 57.4	28.4	223 04.7	04.3	75 46.9	05.5	248 07.0	36.5
06	90 00.8	235 58.7	S19 29.1	238 05.6	S13 04.9	90 49.7	S 2 05.6	263 09.2	S 0 36.6
07	105 03.3	250 59.9	29.8	253 06.4	05.5	105 52.5	05.8	278 11.4	36.7
08	120 05.7	266 01.2	30.5	268 07.3	06.1	120 55.2	05.9	293 13.6	36.9
09	135 08.2	281 02.4	. . 31.2	283 08.1	. . 06.7	135 58.0	. . 06.0	308 15.8	. . 37.0
10	150 10.7	296 03.6	32.0	298 09.0	07.3	151 00.8	06.2	323 18.0	37.1
11	165 13.1	311 04.9	32.7	313 09.8	07.9	166 03.5	06.3	338 20.1	37.2
12	180 15.6	326 06.1	S19 33.4	328 10.7	S13 08.5	181 06.3	S 2 06.4	353 22.3	S 0 37.4
13	195 18.1	341 07.4	34.1	343 11.5	09.1	196 09.1	06.6	8 24.5	37.5
14	210 20.5	356 08.7	34.8	358 12.3	09.7	211 11.8	06.7	23 26.7	37.6
15	225 23.0	11 09.9	. . 35.5	13 13.2	. . 10.3	226 14.6	. . 06.8	38 28.9	. . 37.7
16	240 25.5	26 11.2	36.2	28 14.0	10.9	241 17.4	07.0	53 31.1	37.8
17	255 27.9	41 12.4	36.9	43 14.9	11.5	256 20.2	07.1	68 33.2	38.0
18	270 30.4	56 13.7	S19 37.6	58 15.7	S13 12.0	271 22.9	S 2 07.2	83 35.4	S 0 38.1
19	285 32.9	71 15.0	38.3	73 16.5	12.6	286 25.7	07.4	98 37.6	38.2
20	300 35.3	86 16.2	39.1	88 17.4	13.2	301 28.5	07.5	113 39.8	38.3
21	315 37.8	101 17.5	. . 39.8	103 18.2	. . 13.8	316 31.2	. . 07.6	128 42.0	. . 38.4
22	330 40.2	116 18.8	40.5	118 19.1	14.4	331 34.0	07.8	143 44.1	38.6
23	345 42.7	131 20.1	41.2	133 19.9	15.0	346 36.8	07.9	158 46.3	38.7
Mer. Pass.	h m 0 04.9	v 1.2	d 0.7	v 0.8	d 0.6	v 2.8	d 0.1	v 2.2	d 0.1

STARS

Name	SHA	Dec
	° ′	° ′
Acamar	315 19.5	S40 15.4
Achernar	335 27.6	S57 10.6
Acrux	173 12.4	S63 09.6
Adhara	255 14.2	S28 59.0
Aldebaran	290 51.5	N16 31.9
Alioth	166 22.8	N55 54.1
Alkaid	153 00.8	N49 15.7
Al Na'ir	27 45.7	S46 54.4
Alnilam	275 48.3	S 1 11.6
Alphard	217 58.3	S 8 42.2
Alphecca	126 12.8	N26 40.9
Alpheratz	357 45.2	N29 09.2
Altair	62 10.0	N 8 54.0
Ankaa	353 17.1	S42 14.6
Antares	112 28.8	S26 27.4
Arcturus	145 57.8	N19 07.7
Atria	107 32.6	S69 03.1
Avior	234 19.3	S59 32.4
Bellatrix	278 34.1	N 6 21.7
Betelgeuse	271 03.4	N 7 24.6
Canopus	263 57.1	S52 41.8
Capella	280 37.3	N46 00.4
Deneb	49 32.6	N45 19.4
Denebola	182 36.0	N14 30.7
Diphda	348 57.5	S17 55.4
Dubhe	193 54.6	N61 41.5
Elnath	278 15.1	N28 37.0
Eltanin	90 47.0	N51 29.6
Enif	33 48.8	N 9 55.7
Fomalhaut	15 25.7	S29 33.7
Gacrux	172 03.8	S57 10.5
Gienah	175 54.7	S17 36.1
Hadar	148 51.4	S60 25.6
Hamal	328 02.7	N23 30.9
Kaus Aust.	83 46.4	S34 22.8
Kochab	137 20.5	N74 06.8
Markab	13 40.0	N15 16.0
Menkar	314 16.9	N 4 08.1
Menkent	148 10.3	S36 25.4
Miaplacidus	221 41.0	S69 45.5
Mirfak	308 43.0	N49 53.9
Nunki	76 00.6	S26 17.0
Peacock	53 21.9	S56 42.1
Pollux	243 30.3	N27 59.9
Procyon	245 01.9	N 5 11.9
Rasalhague	96 08.3	N12 33.3
Regulus	207 45.9	N11 54.9
Rigel	281 13.9	S 8 11.2
Rigil Kent.	139 55.0	S60 52.9
Sabik	102 14.9	S15 44.3
Schedar	349 42.4	N56 35.9
Shaula	96 24.6	S37 06.8
Sirius	258 35.5	S16 43.7
Spica	158 33.6	S11 13.0
Suhail	222 54.3	S43 28.4
Vega	80 40.2	N38 47.9
Zuben'ubi	137 07.9	S16 05.2

	SHA	Mer. Pass.
	° ′	h m
Venus	146 35.6	14 17
Mars	148 53.3	14 09
Jupiter	0 39.7	0 02
Saturn	173 16.8	12 30

	UT	SUN GHA	SUN Dec	MOON GHA	v	MOON Dec	d	HP
	d h	° ′	° ′	° ′	′	° ′	′	′
	19 00	181 30.1	N 1 36.3	47 53.0	14.3	S15 50.7	9.8	54.3
	01	196 30.4	35.3	62 26.3	14.3	15 40.9	9.9	54.3
	02	211 30.6	34.3	76 59.6	14.3	15 31.0	10.0	54.3
	03	226 30.8	. . 33.4	91 32.9	14.5	15 21.0	10.0	54.3
	04	241 31.0	32.4	106 06.4	14.5	15 11.0	10.0	54.2
	05	256 31.3	31.4	120 39.9	14.5	15 01.0	10.2	54.2
	06	271 31.5	N 1 30.5	135 13.4	14.6	S14 50.8	10.1	54.2
	07	286 31.7	29.5	149 47.0	14.6	14 40.7	10.3	54.2
	08	301 31.9	28.5	164 20.6	14.7	14 30.4	10.2	54.2
S	09	316 32.2	. . 27.6	178 54.3	14.7	14 20.2	10.4	54.2
U	10	331 32.4	26.6	193 28.0	14.8	14 09.8	10.4	54.2
N	11	346 32.6	25.6	208 01.8	14.9	13 59.4	10.4	54.2
D	12	1 32.8	N 1 24.7	222 35.7	14.9	S13 49.0	10.5	54.2
A	13	16 33.1	23.7	237 09.6	14.9	13 38.5	10.6	54.2
Y	14	31 33.3	22.7	251 43.5	15.0	13 27.9	10.6	54.2
	15	46 33.5	. . 21.7	266 17.5	15.0	13 17.3	10.6	54.1
	16	61 33.7	20.8	280 51.5	15.1	13 06.7	10.7	54.1
	17	76 33.9	19.8	295 25.6	15.2	12 56.0	10.8	54.1
	18	91 34.2	N 1 18.8	309 59.8	15.1	S12 45.2	10.8	54.1
	19	106 34.4	17.9	324 33.9	15.3	12 34.4	10.8	54.1
	20	121 34.6	16.9	339 08.2	15.2	12 23.6	10.9	54.1
	21	136 34.8	. . 15.9	353 42.4	15.3	12 12.7	11.0	54.1
	22	151 35.1	15.0	8 16.7	15.4	12 01.7	11.0	54.1
	23	166 35.3	14.0	22 51.1	15.4	11 50.7	11.0	54.1
	20 00	181 35.5	N 1 13.0	37 25.5	15.4	S11 39.7	11.1	54.1
	01	196 35.7	12.1	51 59.9	15.5	11 28.6	11.1	54.1
	02	211 36.0	11.1	66 34.4	15.5	11 17.5	11.1	54.1
	03	226 36.2	. . 10.1	81 08.9	15.5	11 06.4	11.2	54.1
	04	241 36.4	09.1	95 43.4	15.6	10 55.2	11.3	54.1
	05	256 36.6	08.2	110 18.0	15.6	10 43.9	11.2	54.1
	06	271 36.8	N 1 07.2	124 52.6	15.7	S10 32.7	11.4	54.0
	07	286 37.1	06.2	139 27.3	15.7	10 21.3	11.3	54.0
	08	301 37.3	05.3	154 02.0	15.7	10 10.0	11.4	54.0
M	09	316 37.5	. . 04.3	168 36.7	15.8	9 58.6	11.4	54.0
O	10	331 37.7	03.3	183 11.5	15.8	9 47.2	11.5	54.0
N	11	346 38.0	02.4	197 46.3	15.8	9 35.7	11.5	54.0
D	12	1 38.2	N 1 01.4	212 21.1	15.9	S 9 24.2	11.5	54.0
A	13	16 38.4	1 00.4	226 56.0	15.9	9 12.7	11.6	54.0
Y	14	31 38.6	0 59.4	241 30.9	15.9	9 01.1	11.6	54.0
	15	46 38.8	. . 58.5	256 05.8	16.0	8 49.5	11.6	54.0
	16	61 39.1	57.5	270 40.8	16.0	8 37.9	11.7	54.0
	17	76 39.3	56.5	285 15.8	16.0	8 26.2	11.7	54.0
	18	91 39.5	N 0 55.6	299 50.8	16.0	S 8 14.5	11.7	54.0
	19	106 39.7	54.6	314 25.8	16.1	8 02.8	11.8	54.0
	20	121 40.0	53.6	329 00.9	16.1	7 51.0	11.8	54.0
	21	136 40.2	. . 52.6	343 36.0	16.1	7 39.2	11.8	54.0
	22	151 40.4	51.7	358 11.1	16.2	7 27.4	11.8	54.0
	23	166 40.6	50.7	12 46.3	16.2	7 15.6	11.9	54.0
	21 00	181 40.8	N 0 49.7	27 21.5	16.1	S 7 03.7	11.9	54.0
	01	196 41.1	48.8	41 56.6	16.3	6 51.8	11.9	54.0
	02	211 41.3	47.8	56 31.9	16.2	6 39.9	12.0	54.0
	03	226 41.5	. . 46.8	71 07.1	16.3	6 27.9	12.0	54.0
	04	241 41.7	45.8	85 42.4	16.2	6 15.9	11.9	54.0
	05	256 42.0	44.9	100 17.6	16.3	6 04.0	12.1	54.0
	06	271 42.2	N 0 43.9	114 52.9	16.3	S 5 51.9	12.0	54.0
	07	286 42.4	42.9	129 28.2	16.4	5 39.9	12.1	54.0
T	08	301 42.6	42.0	144 03.6	16.3	5 27.8	12.0	54.0
U	09	316 42.8	. . 41.0	158 38.9	16.4	5 15.8	12.1	54.0
E	10	331 43.1	40.0	173 14.3	16.3	5 03.7	12.2	54.0
S	11	346 43.3	39.0	187 49.6	16.4	4 51.5	12.1	54.0
D	12	1 43.5	N 0 38.1	202 25.0	16.4	S 4 39.4	12.2	54.0
A	13	16 43.7	37.1	217 00.4	16.5	4 27.2	12.1	54.0
Y	14	31 44.0	36.1	231 35.9	16.4	4 15.1	12.2	54.0
	15	46 44.2	. . 35.2	246 11.3	16.4	4 02.9	12.2	54.0
	16	61 44.4	34.2	260 46.7	16.5	3 50.7	12.3	54.0
	17	76 44.6	33.2	275 22.2	16.4	3 38.4	12.2	54.0
	18	91 44.8	N 0 32.2	289 57.6	16.5	S 3 26.2	12.2	54.0
	19	106 45.1	31.3	304 33.1	16.5	3 14.0	12.3	54.0
	20	121 45.3	30.3	319 08.6	16.4	3 01.7	12.3	54.0
	21	136 45.5	. . 29.3	333 44.0	16.5	2 49.4	12.3	54.0
	22	151 45.7	28.4	348 19.5	16.5	2 37.1	12.3	54.0
	23	166 46.0	27.4	2 55.0	16.5	S 2 24.8	12.3	54.0
		SD 16.0	*d* 1.0	SD 14.8		14.7		14.7

Lat.	Twilight Naut.	Twilight Civil	Sunrise	Moonrise 19	Moonrise 20	Moonrise 21	Moonrise 22
°	h m	h m	h m	h m	h m	h m	h m
N 72	02 44	04 19	05 29	18 18	17 48	17 24	17 03
N 70	03 07	04 29	05 31	17 55	17 36	17 20	17 05
68	03 25	04 37	05 33	17 38	17 26	17 16	17 06
66	03 38	04 43	05 35	17 23	17 18	17 12	17 07
64	03 49	04 49	05 37	17 12	17 11	17 09	17 08
62	03 59	04 53	05 38	17 02	17 05	17 07	17 09
60	04 06	04 57	05 39	16 53	16 59	17 05	17 10
N 58	04 13	05 01	05 40	16 45	16 55	17 03	17 10
56	04 19	05 04	05 41	16 38	16 50	17 01	17 11
54	04 24	05 06	05 42	16 32	16 47	16 59	17 11
52	04 28	05 09	05 42	16 27	16 43	16 58	17 12
50	04 32	05 11	05 43	16 22	16 40	16 56	17 12
45	04 40	05 15	05 44	16 11	16 33	16 54	17 13
N 40	04 47	05 18	05 45	16 02	16 27	16 51	17 14
35	04 51	05 21	05 46	15 54	16 23	16 49	17 15
30	04 55	05 23	05 47	15 48	16 18	16 47	17 15
20	05 01	05 26	05 48	15 36	16 11	16 44	17 17
N 10	05 04	05 28	05 49	15 25	16 04	16 41	17 18
0	05 06	05 30	05 50	15 16	15 58	16 38	17 19
S 10	05 06	05 30	05 51	15 06	15 51	16 36	17 20
20	05 04	05 30	05 52	14 55	15 44	16 33	17 21
30	05 01	05 28	05 52	14 43	15 37	16 29	17 22
35	04 58	05 27	05 53	14 36	15 32	16 28	17 23
40	04 55	05 26	05 53	14 28	15 27	16 25	17 23
45	04 50	05 24	05 53	14 19	15 21	16 23	17 24
S 50	04 44	05 22	05 54	14 08	15 14	16 20	17 26
52	04 41	05 20	05 54	14 02	15 11	16 19	17 26
54	04 37	05 19	05 54	13 57	15 07	16 17	17 27
56	04 34	05 17	05 54	13 50	15 03	16 15	17 27
58	04 29	05 15	05 54	13 43	14 59	16 14	17 28
S 60	04 24	05 13	05 55	13 35	14 54	16 11	17 29

Lat.	Sunset	Twilight Civil	Twilight Naut.	Moonset 19	Moonset 20	Moonset 21	Moonset 22
°	h m	h m	h m	h m	h m	h m	h m
N 72	18 16	19 24	20 58	24 55	00 55	02 52	04 41
N 70	18 13	19 15	20 36	25 16	01 16	03 02	04 43
68	18 11	19 08	20 19	25 32	01 32	03 10	04 45
66	18 10	19 01	20 06	00 09	01 45	03 17	04 46
64	18 09	18 56	19 55	00 27	01 56	03 22	04 47
62	18 07	18 52	19 46	00 41	02 05	03 27	04 48
60	18 06	18 48	19 39	00 53	02 13	03 31	04 49
N 58	18 06	18 45	19 32	01 03	02 19	03 35	04 49
56	18 05	18 42	19 26	01 12	02 25	03 38	04 50
54	18 04	18 39	19 22	01 20	02 31	03 41	04 51
52	18 04	18 37	19 17	01 27	02 35	03 44	04 51
50	18 03	18 35	19 13	01 33	02 40	03 46	04 52
45	18 02	18 31	19 06	01 46	02 49	03 51	04 53
N 40	18 01	18 28	19 00	01 58	02 57	03 55	04 53
35	18 00	18 25	18 55	02 07	03 03	03 59	04 54
30	17 59	18 23	18 51	02 15	03 09	04 02	04 55
20	17 58	18 20	18 46	02 29	03 19	04 08	04 56
N 10	17 57	18 18	18 43	02 42	03 28	04 13	04 57
0	17 57	18 17	18 41	02 53	03 36	04 17	04 58
S 10	17 56	18 17	18 41	03 05	03 44	04 22	04 59
20	17 56	18 18	18 43	03 17	03 53	04 27	04 59
30	17 55	18 19	18 47	03 31	04 02	04 32	05 00
35	17 55	18 20	18 50	03 38	04 08	04 35	05 01
40	17 55	18 22	18 53	03 47	04 14	04 38	05 02
45	17 54	18 24	18 58	03 58	04 21	04 42	05 02
S 50	17 54	18 26	19 04	04 11	04 30	04 47	05 03
52	17 54	18 28	19 07	04 16	04 34	04 49	05 04
54	17 54	18 29	19 11	04 23	04 38	04 52	05 04
56	17 54	18 31	19 15	04 30	04 43	04 54	05 05
58	17 54	18 33	19 20	04 38	04 49	04 57	05 05
S 60	17 54	18 35	19 25	04 47	04 55	05 01	05 06

Day	SUN Eqn. of Time 00^h	SUN Eqn. of Time 12^h	SUN Mer. Pass.	MOON Mer. Pass. Upper	MOON Mer. Pass. Lower	MOON Age	MOON Phase
d	m s	m s	h m	h m	h m	d %	
19	06 00	06 11	11 54	21 26	09 05	11 87	
20	06 22	06 32	11 53	22 07	09 47	12 93	◐
21	06 43	06 54	11 53	22 48	10 28	13 97	

	UT	ARIES	VENUS −4.8		MARS +1.5		JUPITER −2.9		SATURN +0.9	
	d h	GHA ° ′	GHA ° ′	Dec ° ′	GHA ° ′	Dec ° ′	GHA ° ′	Dec ° ′	GHA ° ′	Dec ° ′
	22 00	0 45.2	146 21.3	S19 41.9	148 20.7	S13 15.6	1 39.6	S 2 08.0	173 48.5	S 0 38.8
	01	15 47.6	161 22.6	42.6	163 21.6	16.2	16 42.3	08.2	188 50.7	38.9
	02	30 50.1	176 23.9	43.3	178 22.4	16.8	31 45.1	08.3	203 52.9	39.0
	03	45 52.6	191 25.2	. . 44.0	193 23.3	. . 17.4	46 47.9	. . 08.4	218 55.1	. . 39.2
	04	60 55.0	206 26.5	44.7	208 24.1	18.0	61 50.6	08.6	233 57.2	39.3
	05	75 57.5	221 27.8	45.4	223 24.9	18.6	76 53.4	08.7	248 59.4	39.4
	06	91 00.0	236 29.1	S19 46.0	238 25.8	S13 19.2	91 56.2	S 2 08.8	264 01.6	S 0 39.5
W	07	106 02.4	251 30.4	46.7	253 26.6	19.8	106 58.9	09.0	279 03.8	39.7
E	08	121 04.9	266 31.7	47.4	268 27.4	20.3	122 01.7	09.1	294 06.0	39.8
D	09	136 07.3	281 33.0	. . 48.1	283 28.3	. . 20.9	137 04.5	. . 09.2	309 08.2	. . 39.9
N	10	151 09.8	296 34.3	48.8	298 29.1	21.5	152 07.3	09.4	324 10.3	40.0
E	11	166 12.3	311 35.6	49.5	313 30.0	22.1	167 10.0	09.5	339 12.5	40.1
S	12	181 14.7	326 36.9	S19 50.2	328 30.8	S13 22.7	182 12.8	S 2 09.6	354 14.7	S 0 40.3
D	13	196 17.2	341 38.2	50.9	343 31.6	23.3	197 15.6	09.8	9 16.9	40.4
A	14	211 19.7	356 39.5	51.6	358 32.5	23.9	212 18.3	09.9	24 19.1	40.5
Y	15	226 22.1	11 40.8	. . 52.3	13 33.3	. . 24.5	227 21.1	. . 10.0	39 21.3	. . 40.6
	16	241 24.6	26 42.1	52.9	28 34.1	25.1	242 23.9	10.2	54 23.4	40.7
	17	256 27.1	41 43.4	53.6	43 35.0	25.7	257 26.6	10.3	69 25.6	40.9
	18	271 29.5	56 44.8	S19 54.3	58 35.8	S13 26.3	272 29.4	S 2 10.4	84 27.8	S 0 41.0
	19	286 32.0	71 46.1	55.0	73 36.6	26.8	287 32.2	10.6	99 30.0	41.1
	20	301 34.5	86 47.4	55.7	88 37.5	27.4	302 35.0	10.7	114 32.2	41.2
	21	316 36.9	101 48.7	. . 56.3	103 38.3	. . 28.0	317 37.7	. . 10.8	129 34.3	. . 41.3
	22	331 39.4	116 50.1	57.0	118 39.1	28.6	332 40.5	11.0	144 36.5	41.5
	23	346 41.8	131 51.4	57.7	133 40.0	29.2	347 43.3	11.1	159 38.7	41.6
	23 00	1 44.3	146 52.7	S19 58.4	148 40.8	S13 29.8	2 46.0	S 2 11.2	174 40.9	S 0 41.7
	01	16 46.8	161 54.1	59.0	163 41.6	30.4	17 48.8	11.4	189 43.1	41.8
	02	31 49.2	176 55.4	19 59.7	178 42.5	31.0	32 51.6	11.5	204 45.3	42.0
	03	46 51.7	191 56.8	20 00.4	193 43.3	. . 31.6	47 54.3	. . 11.6	219 47.4	. . 42.1
	04	61 54.2	206 58.1	01.1	208 44.1	32.2	62 57.1	11.8	234 49.6	42.2
	05	76 56.6	221 59.4	01.7	223 45.0	32.7	77 59.9	11.9	249 51.8	42.3
	06	91 59.1	237 00.8	S20 02.4	238 45.8	S13 33.3	93 02.7	S 2 12.0	264 54.0	S 0 42.4
	07	107 01.6	252 02.2	03.1	253 46.6	33.9	108 05.4	12.2	279 56.2	42.6
T	08	122 04.0	267 03.5	03.7	268 47.5	34.5	123 08.2	12.3	294 58.3	42.7
H	09	137 06.5	282 04.9	. . 04.4	283 48.3	. . 35.1	138 11.0	. . 12.4	310 00.5	. . 42.8
U	10	152 08.9	297 06.2	05.1	298 49.1	35.7	153 13.7	12.6	325 02.7	42.9
R	11	167 11.4	312 07.6	05.7	313 50.0	36.3	168 16.5	12.7	340 04.9	43.0
S	12	182 13.9	327 08.9	S20 06.4	328 50.8	S13 36.9	183 19.3	S 2 12.8	355 07.1	S 0 43.2
D	13	197 16.3	342 10.3	07.0	343 51.6	37.4	198 22.0	13.0	10 09.3	43.3
A	14	212 18.8	357 11.7	07.7	358 52.4	38.0	213 24.8	13.1	25 11.4	43.4
Y	15	227 21.3	12 13.1	. . 08.4	13 53.3	. . 38.6	228 27.6	. . 13.2	40 13.6	. . 43.5
	16	242 23.7	27 14.4	09.0	28 54.1	39.2	243 30.4	13.4	55 15.8	43.6
	17	257 26.2	42 15.8	09.7	43 54.9	39.8	258 33.1	13.5	70 18.0	43.8
	18	272 28.7	57 17.2	S20 10.3	58 55.8	S13 40.4	273 35.9	S 2 13.6	85 20.2	S 0 43.9
	19	287 31.1	72 18.6	11.0	73 56.6	41.0	288 38.7	13.8	100 22.4	44.0
	20	302 33.6	87 20.0	11.6	88 57.4	41.6	303 41.4	13.9	115 24.5	44.1
	21	317 36.1	102 21.3	. . 12.3	103 58.3	. . 42.1	318 44.2	. . 14.0	130 26.7	. . 44.3
	22	332 38.5	117 22.7	12.9	118 59.1	42.7	333 47.0	14.2	145 28.9	44.4
	23	347 41.0	132 24.1	13.6	133 59.9	43.3	348 49.7	14.3	160 31.1	44.5
	24 00	2 43.4	147 25.5	S20 14.2	149 00.7	S13 43.9	3 52.5	S 2 14.4	175 33.3	S 0 44.6
	01	17 45.9	162 26.9	14.9	164 01.6	44.5	18 55.3	14.6	190 35.4	44.7
	02	32 48.4	177 28.3	15.5	179 02.4	45.1	33 58.0	14.7	205 37.6	44.9
	03	47 50.8	192 29.7	. . 16.2	194 03.2	. . 45.7	49 00.8	. . 14.8	220 39.8	. . 45.0
	04	62 53.3	207 31.1	16.8	209 04.0	46.2	64 03.6	15.0	235 42.0	45.1
	05	77 55.8	222 32.5	17.5	224 04.9	46.8	79 06.4	15.1	250 44.2	45.2
	06	92 58.2	237 33.9	S20 18.1	239 05.7	S13 47.4	94 09.1	S 2 15.2	265 46.4	S 0 45.3
	07	108 00.7	252 35.3	18.8	254 06.5	48.0	109 11.9	15.4	280 48.5	45.5
	08	123 03.2	267 36.8	19.4	269 07.3	48.6	124 14.7	15.5	295 50.7	45.6
F	09	138 05.6	282 38.2	. . 20.0	284 08.2	. . 49.2	139 17.4	. . 15.6	310 52.9	. . 45.7
R	10	153 08.1	297 39.6	20.7	299 09.0	49.8	154 20.2	15.8	325 55.1	45.8
I	11	168 10.5	312 41.0	21.3	314 09.8	50.3	169 23.0	15.9	340 57.3	46.0
D	12	183 13.0	327 42.4	S20 21.9	329 10.6	S13 50.9	184 25.7	S 2 16.0	355 59.4	S 0 46.1
A	13	198 15.5	342 43.9	22.6	344 11.5	51.5	199 28.5	16.2	11 01.6	46.2
Y	14	213 17.9	357 45.3	23.2	359 12.3	52.1	214 31.3	16.3	26 03.8	46.3
	15	228 20.4	12 46.7	. . 23.8	14 13.1	. . 52.7	229 34.1	. . 16.4	41 06.0	. . 46.4
	16	243 22.9	27 48.2	24.5	29 13.9	53.3	244 36.8	16.6	56 08.2	46.6
	17	258 25.3	42 49.6	25.1	44 14.8	53.9	259 39.6	16.7	71 10.3	46.7
	18	273 27.8	57 51.0	S20 25.7	59 15.6	S13 54.4	274 42.4	S 2 16.8	86 12.5	S 0 46.8
	19	288 30.3	72 52.5	26.4	74 16.4	55.0	289 45.1	17.0	101 14.7	46.9
	20	303 32.7	87 53.9	27.0	89 17.2	55.6	304 47.9	17.1	116 16.9	47.0
	21	318 35.2	102 55.4	. . 27.6	104 18.1	. . 56.2	319 50.7	. . 17.2	131 19.1	. . 47.2
	22	333 37.7	117 56.8	28.2	119 18.9	56.8	334 53.4	17.4	146 21.3	47.3
	23	348 40.1	132 58.3	28.9	134 19.7	57.4	349 56.2	17.5	161 23.4	47.4
	Mer. Pass.	h m 23 49.1	v 1.4	d 0.7	v 0.8	d 0.6	v 2.8	d 0.1	v 2.2	d 0.1

STARS

Name	SHA ° ′	Dec ° ′
Acamar	315 19.5	S40 15.4
Achernar	335 27.6	S57 10.7
Acrux	173 12.4	S63 09.6
Adhara	255 14.2	S28 59.0
Aldebaran	290 51.5	N16 31.9
Alioth	166 22.8	N55 54.1
Alkaid	153 00.8	N49 15.7
Al Na'ir	27 45.7	S46 54.5
Alnilam	275 48.3	S 1 11.6
Alphard	217 58.3	S 8 42.2
Alphecca	126 12.9	N26 40.9
Alpheratz	357 45.2	N29 09.2
Altair	62 10.0	N 8 54.0
Ankaa	353 17.1	S42 14.6
Antares	112 28.8	S26 27.4
Arcturus	145 57.8	N19 07.7
Atria	107 32.6	S69 03.0
Avior	234 19.3	S59 32.4
Bellatrix	278 34.1	N 6 21.7
Betelgeuse	271 03.4	N 7 24.6
Canopus	263 57.1	S52 41.8
Capella	280 37.3	N46 00.4
Deneb	49 32.6	N45 19.5
Denebola	182 36.0	N14 30.7
Diphda	348 57.5	S17 55.4
Dubhe	193 54.5	N61 41.5
Elnath	278 15.1	N28 37.0
Eltanin	90 47.1	N51 29.6
Enif	33 48.8	N 9 55.7
Fomalhaut	15 25.7	S29 33.7
Gacrux	172 03.8	S57 10.5
Gienah	175 54.7	S17 36.1
Hadar	148 51.4	S60 25.6
Hamal	328 02.7	N23 30.9
Kaus Aust.	83 46.4	S34 22.8
Kochab	137 20.5	N74 06.8
Markab	13 40.0	N15 16.0
Menkar	314 16.9	N 4 08.1
Menkent	148 10.3	S36 25.4
Miaplacidus	221 41.0	S69 45.5
Mirfak	308 42.9	N49 53.9
Nunki	76 00.7	S26 17.0
Peacock	53 21.9	S56 42.1
Pollux	243 30.3	N27 59.9
Procyon	245 01.9	N 5 11.9
Rasalhague	96 08.3	N12 33.3
Regulus	207 45.9	N11 54.9
Rigel	281 13.9	S 8 11.2
Rigil Kent.	139 55.1	S60 52.9
Sabik	102 14.9	S15 44.2
Schedar	349 42.4	N56 35.9
Shaula	96 24.6	S37 06.8
Sirius	258 35.5	S16 43.7
Spica	158 33.6	S11 13.0
Suhail	222 54.3	S43 28.4
Vega	80 40.2	N38 47.9
Zuben'ubi	137 07.9	S16 05.2

	SHA ° ′	Mer. Pass. h m
Venus	145 08.4	14 11
Mars	146 56.5	14 04
Jupiter	1 01.7	23 45
Saturn	172 56.6	12 19

UT		SUN		MOON				
		GHA	Dec	GHA	*v*	Dec	*d*	HP
d	h	° ′	° ′	° ′	′	° ′	′	′
22	00	181 46.2	N 0 26.4	17 30.5	16.5	S 2 12.5	12.3	54.0
	01	196 46.4	25.4	32 06.0	16.5	2 00.2	12.3	54.0
	02	211 46.6	24.5	46 41.5	16.5	1 47.9	12.4	54.0
	03	226 46.8	. . 23.5	61 17.0	16.5	1 35.5	12.3	54.0
	04	241 47.1	22.5	75 52.5	16.5	1 23.2	12.3	54.0
	05	256 47.3	21.6	90 28.0	16.5	1 10.9	12.4	54.0
	06	271 47.5	N 0 20.6	105 03.5	16.5	S 0 58.5	12.4	54.0
WEDNESDAY	07	286 47.7	19.6	119 39.0	16.5	0 46.1	12.3	54.0
	08	301 47.9	18.6	134 14.5	16.5	0 33.8	12.4	54.0
	09	316 48.2	. . 17.7	148 50.0	16.5	0 21.4	12.4	54.0
	10	331 48.4	16.7	163 25.5	16.5	S 0 09.0	12.3	54.0
	11	346 48.6	15.7	178 01.0	16.5	N 0 03.3	12.4	54.0
	12	1 48.8	N 0 14.7	192 36.5	16.5	N 0 15.7	12.4	54.1
	13	16 49.1	13.8	207 12.0	16.4	0 28.1	12.4	54.1
	14	31 49.3	12.8	221 47.4	16.5	0 40.5	12.3	54.1
	15	46 49.5	. . 11.8	236 22.9	16.4	0 52.8	12.4	54.1
	16	61 49.7	10.9	250 58.3	16.5	1 05.2	12.4	54.1
	17	76 49.9	09.9	265 33.8	16.4	1 17.6	12.4	54.1
	18	91 50.2	N 0 08.9	280 09.2	16.4	N 1 30.0	12.3	54.1
	19	106 50.4	07.9	294 44.6	16.4	1 42.3	12.4	54.1
	20	121 50.6	07.0	309 20.0	16.4	1 54.7	12.4	54.1
	21	136 50.8	. . 06.0	323 55.4	16.4	2 07.1	12.3	54.1
	22	151 51.0	05.0	338 30.8	16.4	2 19.4	12.4	54.1
	23	166 51.3	04.1	353 06.2	16.3	2 31.8	12.3	54.1
23	00	181 51.5	N 0 03.1	7 41.5	16.4	N 2 44.1	12.3	54.1
	01	196 51.7	02.1	22 16.9	16.3	2 56.4	12.4	54.1
	02	211 51.9	01.1	36 52.2	16.3	3 08.8	12.3	54.1
	03	226 52.1	N 00.2	51 27.5	16.3	3 21.1	12.3	54.1
	04	241 52.4	S 00.8	66 02.8	16.2	3 33.4	12.3	54.1
	05	256 52.6	01.8	80 38.0	16.3	3 45.7	12.3	54.1
	06	271 52.8	S 0 02.8	95 13.3	16.2	N 3 58.0	12.2	54.2
	07	286 53.0	03.7	109 48.5	16.2	4 10.2	12.3	54.2
THURSDAY	08	301 53.2	04.7	124 23.7	16.2	4 22.5	12.2	54.2
	09	316 53.5	. . 05.7	138 58.9	16.1	4 34.7	12.3	54.2
	10	331 53.7	06.6	153 34.0	16.2	4 47.0	12.2	54.2
	11	346 53.9	07.6	168 09.2	16.1	4 59.2	12.2	54.2
	12	1 54.1	S 0 08.6	182 44.3	16.0	N 5 11.4	12.2	54.2
	13	16 54.3	09.6	197 19.3	16.1	5 23.6	12.1	54.2
	14	31 54.6	10.5	211 54.4	16.0	5 35.7	12.2	54.2
	15	46 54.8	. . 11.5	226 29.4	16.0	5 47.9	12.1	54.2
	16	61 55.0	12.5	241 04.4	16.0	6 00.0	12.1	54.2
	17	76 55.2	13.5	255 39.4	15.9	6 12.1	12.1	54.2
	18	91 55.4	S 0 14.4	270 14.3	15.9	N 6 24.2	12.1	54.3
	19	106 55.7	15.4	284 49.2	15.9	6 36.3	12.1	54.3
	20	121 55.9	16.4	299 24.1	15.9	6 48.4	12.0	54.3
	21	136 56.1	. . 17.4	313 59.0	15.8	7 00.4	12.0	54.3
	22	151 56.3	18.3	328 33.8	15.7	7 12.4	12.0	54.3
	23	166 56.5	19.3	343 08.5	15.8	7 24.4	11.9	54.3
24	00	181 56.8	S 0 20.3	357 43.3	15.7	N 7 36.3	11.9	54.3
	01	196 57.0	21.2	12 18.0	15.7	7 48.2	11.9	54.3
	02	211 57.2	22.2	26 52.7	15.6	8 00.1	11.9	54.3
	03	226 57.4	. . 23.2	41 27.3	15.6	8 12.0	11.9	54.3
	04	241 57.6	24.2	56 01.9	15.6	8 23.9	11.8	54.3
	05	256 57.9	25.1	70 36.5	15.5	8 35.7	11.8	54.4
	06	271 58.1	S 0 26.1	85 11.0	15.5	N 8 47.5	11.7	54.4
	07	286 58.3	27.1	99 45.5	15.4	8 59.2	11.7	54.4
	08	301 58.5	28.1	114 19.9	15.4	9 10.9	11.7	54.4
FRIDAY	09	316 58.7	. . 29.0	128 54.3	15.3	9 22.6	11.7	54.4
	10	331 58.9	30.0	143 28.6	15.4	9 34.3	11.6	54.4
	11	346 59.2	31.0	158 03.0	15.2	9 45.9	11.6	54.4
	12	1 59.4	S 0 31.9	172 37.2	15.3	N 9 57.5	11.6	54.4
	13	16 59.6	32.9	187 11.5	15.1	10 09.1	11.5	54.4
	14	31 59.8	33.9	201 45.6	15.2	10 20.6	11.5	54.5
	15	47 00.0	. . 34.9	216 19.8	15.1	10 32.1	11.4	54.5
	16	62 00.3	35.8	230 53.9	15.0	10 43.5	11.4	54.5
	17	77 00.5	36.8	245 27.9	15.0	10 54.9	11.4	54.5
	18	92 00.7	S 0 37.8	260 01.9	14.9	N11 06.3	11.3	54.5
	19	107 00.9	38.8	274 35.8	14.9	11 17.6	11.3	54.5
	20	122 01.1	39.7	289 09.7	14.9	11 28.9	11.2	54.5
	21	137 01.3	. . 40.7	303 43.6	14.8	11 40.1	11.2	54.5
	22	152 01.6	41.7	318 17.4	14.7	11 51.3	11.2	54.6
	23	167 01.8	42.7	332 51.1	14.7	N12 02.5	11.1	54.6
		SD 16.0	*d* 1.0	SD 14.7		14.8		14.8

Lat.	Twilight Naut.	Twilight Civil	Sunrise	Moonrise 22	Moonrise 23	Moonrise 24	Moonrise 25
°	h m	h m	h m	h m	h m	h m	h m
N 72	03 03	04 34	05 42	17 03	16 41	16 15	15 38
N 70	03 23	04 42	05 43	17 05	16 49	16 32	16 10
68	03 38	04 48	05 44	17 06	16 56	16 45	16 33
66	03 50	04 53	05 45	17 07	17 02	16 57	16 51
64	03 59	04 58	05 45	17 08	17 07	17 06	17 06
62	04 07	05 01	05 46	17 09	17 11	17 14	17 18
60	04 14	05 04	05 46	17 10	17 15	17 21	17 29
N 58	04 20	05 07	05 46	17 10	17 18	17 27	17 38
56	04 25	05 10	05 47	17 11	17 21	17 33	17 47
54	04 30	05 12	05 47	17 11	17 24	17 38	17 54
52	04 34	05 14	05 47	17 12	17 26	17 42	18 01
50	04 37	05 15	05 48	17 12	17 29	17 46	18 07
45	04 44	05 19	05 48	17 13	17 33	17 55	18 19
N 40	04 50	05 21	05 48	17 14	17 38	18 03	18 30
35	04 54	05 23	05 49	17 15	17 41	18 09	18 39
30	04 57	05 25	05 49	17 15	17 44	18 15	18 48
20	05 01	05 27	05 49	17 17	17 50	18 24	19 02
N 10	05 04	05 28	05 49	17 18	17 55	18 33	19 14
0	05 05	05 28	05 49	17 19	17 59	18 41	19 26
S 10	05 04	05 28	05 49	17 20	18 04	18 50	19 37
20	05 01	05 27	05 49	17 21	18 09	18 59	19 50
30	04 57	05 25	05 49	17 22	18 15	19 09	20 04
35	04 54	05 23	05 48	17 23	18 18	19 15	20 13
40	04 49	05 21	05 48	17 23	18 22	19 22	20 22
45	04 44	05 18	05 48	17 24	18 26	19 29	20 34
S 50	04 37	05 15	05 47	17 26	18 32	19 39	20 48
52	04 33	05 13	05 47	17 26	18 34	19 44	20 54
54	04 30	05 11	05 47	17 27	18 37	19 48	21 01
56	04 25	05 09	05 46	17 27	18 40	19 54	21 09
58	04 20	05 07	05 46	17 28	18 43	20 00	21 18
S 60	04 14	05 04	05 46	17 29	18 47	20 07	21 29

Lat.	Sunset	Twilight Civil	Twilight Naut.	Moonset 22	Moonset 23	Moonset 24	Moonset 25
°	h m	h m	h m	h m	h m	h m	h m
N 72	18 00	19 08	20 37	04 41	06 29	08 22	10 30
N 70	17 59	19 01	20 18	04 43	06 24	08 07	10 00
68	17 59	18 54	20 04	04 45	06 19	07 56	09 38
66	17 58	18 50	19 52	04 46	06 15	07 46	09 21
64	17 58	18 45	19 43	04 47	06 12	07 38	09 07
62	17 58	18 42	19 35	04 48	06 09	07 31	08 56
60	17 57	18 39	19 29	04 49	06 06	07 25	08 46
N 58	17 57	18 36	19 23	04 49	06 04	07 20	08 37
56	17 57	18 34	19 18	04 50	06 02	07 15	08 30
54	17 57	18 32	19 14	04 51	06 00	07 11	08 23
52	17 56	18 30	19 10	04 51	05 59	07 07	08 17
50	17 56	18 29	19 06	04 52	05 57	07 04	08 12
45	17 56	18 25	19 00	04 53	05 54	06 57	08 00
N 40	17 56	18 23	18 54	04 53	05 52	06 51	07 51
35	17 56	18 21	18 50	04 54	05 49	06 45	07 43
30	17 56	18 19	18 47	04 55	05 47	06 41	07 35
20	17 56	18 17	18 43	04 56	05 44	06 33	07 23
N 10	17 56	18 17	18 41	04 57	05 41	06 26	07 12
0	17 56	18 16	18 40	04 58	05 38	06 19	07 02
S 10	17 56	18 17	18 41	04 59	05 35	06 13	06 52
20	17 56	18 18	18 44	04 59	05 32	06 06	06 42
30	17 57	18 21	18 48	05 00	05 29	05 58	06 30
35	17 57	18 22	18 52	05 01	05 27	05 54	06 23
40	17 57	18 25	18 56	05 02	05 25	05 49	06 15
45	17 58	18 27	19 02	05 02	05 22	05 43	06 06
S 50	17 59	18 31	19 09	05 03	05 19	05 36	05 55
52	17 59	18 33	19 13	05 04	05 18	05 33	05 50
54	17 59	18 35	19 17	05 04	05 16	05 29	05 44
56	18 00	18 37	19 21	05 05	05 15	05 25	05 38
58	18 00	18 39	19 27	05 05	05 13	05 21	05 31
S 60	18 01	18 42	19 33	05 06	05 11	05 16	05 23

Day	SUN Eqn. of Time 00^h	SUN Eqn. of Time 12^h	SUN Mer. Pass.	MOON Mer. Pass. Upper	MOON Mer. Pass. Lower	MOON Age	MOON Phase
d	m s	m s	h m	h m	h m	d %	
22	07 04	07 15	11 53	23 28	11 08	14 99	
23	07 25	07 36	11 52	24 09	11 49	15 100	○
24	07 47	07 57	11 52	00 09	12 30	16 99	

UT		ARIES	VENUS −4.8		MARS +1.5		JUPITER −2.9		SATURN +0.9	
d h		GHA	GHA	Dec	GHA	Dec	GHA	Dec	GHA	Dec
		° ′	° ′	° ′	° ′	° ′	° ′	° ′	° ′	° ′
25 00		3 42.6	147 59.7	S20 29.5	149 20.5	S13 57.9	4 59.0	S 2 17.6	176 25.6	S 0 47.5
01		18 45.0	163 01.2	30.1	164 21.3	58.5	20 01.7	17.8	191 27.8	47.6
02		33 47.5	178 02.7	30.7	179 22.2	59.1	35 04.5	17.9	206 30.0	47.8
03		48 50.0	193 04.1	. . 31.3	194 23.0	13 59.7	50 07.3	. . 18.0	221 32.2	. . 47.9
04		63 52.4	208 05.6	31.9	209 23.8	14 00.3	65 10.0	18.2	236 34.3	48.0
05		78 54.9	223 07.1	32.6	224 24.6	00.8	80 12.8	18.3	251 36.5	48.1
06		93 57.4	238 08.5	S20 33.2	239 25.4	S14 01.4	95 15.6	S 2 18.4	266 38.7	S 0 48.3
07		108 59.8	253 10.0	33.8	254 26.3	02.0	110 18.4	18.5	281 40.9	48.4
08	S	124 02.3	268 11.5	34.4	269 27.1	02.6	125 21.1	18.7	296 43.1	48.5
09	A	139 04.8	283 13.0	. . 35.0	284 27.9	. . 03.2	140 23.9	. . 18.8	311 45.3	. . 48.6
10	T	154 07.2	298 14.4	35.6	299 28.7	03.8	155 26.7	18.9	326 47.4	48.7
11	U	169 09.7	313 15.9	36.2	314 29.5	04.3	170 29.4	19.1	341 49.6	48.9
12	R	184 12.2	328 17.4	S20 36.8	329 30.4	S14 04.9	185 32.2	S 2 19.2	356 51.8	S 0 49.0
13	D	199 14.6	343 18.9	37.4	344 31.2	05.5	200 35.0	19.3	11 54.0	49.1
14	A	214 17.1	358 20.4	38.0	359 32.0	06.1	215 37.7	19.5	26 56.2	49.2
15	Y	229 19.5	13 21.9	. . 38.7	14 32.8	. . 06.7	230 40.5	. . 19.6	41 58.3	. . 49.3
16		244 22.0	28 23.4	39.3	29 33.6	07.2	245 43.3	19.7	57 00.5	49.5
17		259 24.5	43 24.9	39.9	44 34.4	07.8	260 46.0	19.9	72 02.7	49.6
18		274 26.9	58 26.4	S20 40.5	59 35.3	S14 08.4	275 48.8	S 2 20.0	87 04.9	S 0 49.7
19		289 29.4	73 27.9	41.1	74 36.1	09.0	290 51.6	20.1	102 07.1	49.8
20		304 31.9	88 29.4	41.6	89 36.9	09.6	305 54.3	20.3	117 09.2	49.9
21		319 34.3	103 30.9	. . 42.2	104 37.7	. . 10.1	320 57.1	. . 20.4	132 11.4	. . 50.1
22		334 36.8	118 32.4	42.8	119 38.5	10.7	335 59.9	20.5	147 13.6	50.2
23		349 39.3	133 34.0	43.4	134 39.3	11.3	351 02.7	20.7	162 15.8	50.3
26 00		4 41.7	148 35.5	S20 44.0	149 40.1	S14 11.9	6 05.4	S 2 20.8	177 18.0	S 0 50.4
01		19 44.2	163 37.0	44.6	164 41.0	12.5	21 08.2	20.9	192 20.2	50.6
02		34 46.6	178 38.5	45.2	179 41.8	13.0	36 11.0	21.0	207 22.3	50.7
03		49 49.1	193 40.1	. . 45.8	194 42.6	. . 13.6	51 13.7	. . 21.2	222 24.5	. . 50.8
04		64 51.6	208 41.6	46.4	209 43.4	14.2	66 16.5	21.3	237 26.7	50.9
05		79 54.0	223 43.1	47.0	224 44.2	14.8	81 19.3	21.4	252 28.9	51.0
06		94 56.5	238 44.7	S20 47.6	239 45.0	S14 15.4	96 22.0	S 2 21.6	267 31.1	S 0 51.2
07		109 59.0	253 46.2	48.1	254 45.8	15.9	111 24.8	21.7	282 33.2	51.3
08		125 01.4	268 47.7	48.7	269 46.7	16.5	126 27.6	21.8	297 35.4	51.4
09	S	140 03.9	283 49.3	. . 49.3	284 47.5	. . 17.1	141 30.3	. . 22.0	312 37.6	. . 51.5
10	U	155 06.4	298 50.8	49.9	299 48.3	17.7	156 33.1	22.1	327 39.8	51.6
11	N	170 08.8	313 52.4	50.5	314 49.1	18.2	171 35.9	22.2	342 42.0	51.8
12	D	185 11.3	328 53.9	S20 51.0	329 49.9	S14 18.8	186 38.6	S 2 22.4	357 44.1	S 0 51.9
13	A	200 13.8	343 55.5	51.6	344 50.7	19.4	201 41.4	22.5	12 46.3	52.0
14	Y	215 16.2	358 57.0	52.2	359 51.5	20.0	216 44.2	22.6	27 48.5	52.1
15		230 18.7	13 58.6	. . 52.8	14 52.3	. . 20.6	231 46.9	. . 22.8	42 50.7	. . 52.2
16		245 21.1	29 00.2	53.3	29 53.2	21.1	246 49.7	22.9	57 52.9	52.4
17		260 23.6	44 01.7	53.9	44 54.0	21.7	261 52.5	23.0	72 55.1	52.5
18		275 26.1	59 03.3	S20 54.5	59 54.8	S14 22.3	276 55.2	S 2 23.1	87 57.2	S 0 52.6
19		290 28.5	74 04.9	55.1	74 55.6	22.9	291 58.0	23.3	102 59.4	52.7
20		305 31.0	89 06.5	55.6	89 56.4	23.4	307 00.8	23.4	118 01.6	52.9
21		320 33.5	104 08.0	. . 56.2	104 57.2	. . 24.0	322 03.5	. . 23.5	133 03.8	. . 53.0
22		335 35.9	119 09.6	56.8	119 58.0	24.6	337 06.3	23.7	148 06.0	53.1
23		350 38.4	134 11.2	57.3	134 58.8	25.2	352 09.1	23.8	163 08.1	53.2
27 00		5 40.9	149 12.8	S20 57.9	149 59.6	S14 25.7	7 11.8	S 2 23.9	178 10.3	S 0 53.3
01		20 43.3	164 14.4	58.4	165 00.4	26.3	22 14.6	24.1	193 12.5	53.5
02		35 45.8	179 16.0	59.0	180 01.3	26.9	37 17.4	24.2	208 14.7	53.6
03		50 48.2	194 17.6	20 59.6	195 02.1	. . 27.5	52 20.1	. . 24.3	223 16.9	. . 53.7
04		65 50.7	209 19.2	21 00.1	210 02.9	28.0	67 22.9	24.5	238 19.0	53.8
05		80 53.2	224 20.8	00.7	225 03.7	28.6	82 25.7	24.6	253 21.2	53.9
06		95 55.6	239 22.4	S21 01.2	240 04.5	S14 29.2	97 28.4	S 2 24.7	268 23.4	S 0 54.1
07		110 58.1	254 24.0	01.8	255 05.3	29.8	112 31.2	24.8	283 25.6	54.2
08		126 00.6	269 25.6	02.3	270 06.1	30.3	127 34.0	25.0	298 27.8	54.3
09	M	141 03.0	284 27.2	. . 02.9	285 06.9	. . 30.9	142 36.7	. . 25.1	313 29.9	. . 54.4
10	O	156 05.5	299 28.8	03.4	300 07.7	31.5	157 39.5	25.2	328 32.1	54.5
11	N	171 08.0	314 30.4	04.0	315 08.5	32.1	172 42.3	25.4	343 34.3	54.7
12	D	186 10.4	329 32.0	S21 04.5	330 09.3	S14 32.6	187 45.0	S 2 25.5	358 36.5	S 0 54.8
13	A	201 12.9	344 33.7	05.1	345 10.1	33.2	202 47.8	25.6	13 38.7	54.9
14	Y	216 15.4	359 35.3	05.6	0 10.9	33.8	217 50.6	25.8	28 40.8	55.0
15		231 17.8	14 36.9	. . 06.2	15 11.7	. . 34.4	232 53.3	. . 25.9	43 43.0	. . 55.1
16		246 20.3	29 38.6	06.7	30 12.5	34.9	247 56.1	26.0	58 45.2	55.3
17		261 22.7	44 40.2	07.3	45 13.3	35.5	262 58.9	26.1	73 47.4	55.4
18		276 25.2	59 41.8	S21 07.8	60 14.1	S14 36.1	278 01.6	S 2 26.3	88 49.6	S 0 55.5
19		291 27.7	74 43.5	08.3	75 15.0	36.6	293 04.4	26.4	103 51.8	55.6
20		306 30.1	89 45.1	08.9	90 15.8	37.2	308 07.2	26.5	118 53.9	55.8
21		321 32.6	104 46.8	. . 09.4	105 16.6	. . 37.8	323 09.9	. . 26.7	133 56.1	. . 55.9
22		336 35.1	119 48.4	09.9	120 17.4	38.4	338 12.7	26.8	148 58.3	56.0
23		351 37.5	134 50.1	10.5	135 18.2	38.9	353 15.5	26.9	164 00.5	56.1
Mer. Pass.		h m 23 37.3	*v* 1.6	*d* 0.6	*v* 0.8	*d* 0.6	*v* 2.8	*d* 0.1	*v* 2.2	*d* 0.1

STARS

Name	SHA	Dec
	° ′	° ′
Acamar	315 19.5	S40 15.4
Achernar	335 27.5	S57 10.7
Acrux	173 12.4	S63 09.6
Adhara	255 14.2	S28 59.0
Aldebaran	290 51.5	N16 31.9
Alioth	166 22.8	N55 54.1
Alkaid	153 00.8	N49 15.7
Al Na'ir	27 45.7	S46 54.5
Alnilam	275 48.3	S 1 11.6
Alphard	217 58.3	S 8 42.2
Alphecca	126 12.9	N26 40.9
Alpheratz	357 45.2	N29 09.2
Altair	62 10.0	N 8 54.0
Ankaa	353 17.1	S42 14.6
Antares	112 28.9	S26 27.4
Arcturus	145 57.8	N19 07.7
Atria	107 32.7	S69 03.0
Avior	234 19.2	S59 32.4
Bellatrix	278 34.1	N 6 21.7
Betelgeuse	271 03.4	N 7 24.6
Canopus	263 57.1	S52 41.8
Capella	280 37.3	N46 00.4
Deneb	49 32.6	N45 19.5
Denebola	182 36.0	N14 30.7
Diphda	348 57.5	S17 55.4
Dubhe	193 54.5	N61 41.5
Elnath	278 15.0	N28 37.0
Eltanin	90 47.1	N51 29.6
Enif	33 48.8	N 9 55.7
Fomalhaut	15 25.8	S29 33.7
Gacrux	172 03.8	S57 10.4
Gienah	175 54.7	S17 36.1
Hadar	148 51.4	S60 25.6
Hamal	328 02.7	N23 30.9
Kaus Aust.	83 46.4	S34 22.8
Kochab	137 20.6	N74 06.8
Markab	13 40.0	N15 16.0
Menkar	314 16.9	N 4 08.1
Menkent	148 10.3	S36 25.4
Miaplacidus	221 40.9	S69 45.5
Mirfak	308 42.9	N49 53.9
Nunki	76 00.7	S26 17.0
Peacock	53 21.9	S56 42.1
Pollux	243 30.2	N27 59.9
Procyon	245 01.9	N 5 11.9
Rasalhague	96 08.3	N12 33.3
Regulus	207 45.9	N11 54.9
Rigel	281 13.9	S 8 11.2
Rigil Kent.	139 55.1	S60 52.9
Sabik	102 14.9	S15 44.2
Schedar	349 42.4	N56 35.9
Shaula	96 24.7	S37 06.8
Sirius	258 35.5	S16 43.7
Spica	158 33.7	S11 13.0
Suhail	222 54.3	S43 28.4
Vega	80 40.3	N38 47.9
Zuben'ubi	137 07.9	S16 05.2

	SHA	Mer. Pass.
	° ′	h m
Venus	143 53.8	14 04
Mars	144 58.4	14 01
Jupiter	1 23.7	23 31
Saturn	172 36.3	12 09

	UT	SUN GHA	SUN Dec	MOON GHA	v	MOON Dec	d	HP
	d h	° ′	° ′	° ′	′	° ′	′	′
	25 00	182 02.0	S 0 43.6	347 24.8	14.7	N12 13.6	11.1	54.6
	01	197 02.2	44.6	1 58.5	14.5	12 24.7	11.0	54.6
	02	212 02.4	45.6	16 32.0	14.6	12 35.7	11.0	54.6
	03	227 02.6	. . 46.5	31 05.6	14.5	12 46.7	10.9	54.6
	04	242 02.9	47.5	45 39.1	14.4	12 57.6	10.8	54.6
	05	257 03.1	48.5	60 12.5	14.3	13 08.4	10.9	54.6
	06	272 03.3	S 0 49.5	74 45.8	14.4	N13 19.3	10.7	54.7
	07	287 03.5	50.4	89 19.2	14.2	13 30.0	10.8	54.7
S	08	302 03.7	51.4	103 52.4	14.2	13 40.8	10.6	54.7
A	09	317 04.0	. . 52.4	118 25.6	14.1	13 51.4	10.6	54.7
T	10	332 04.2	53.4	132 58.7	14.1	14 02.0	10.6	54.7
U	11	347 04.4	54.3	147 31.8	14.0	14 12.6	10.5	54.7
R	12	2 04.6	S 0 55.3	162 04.8	14.0	N14 23.1	10.5	54.7
D	13	17 04.8	56.3	176 37.8	13.9	14 33.6	10.3	54.8
A	14	32 05.0	57.3	191 10.7	13.8	14 43.9	10.4	54.8
	15	47 05.3	. . 58.2	205 43.5	13.8	14 54.3	10.3	54.8
Y	16	62 05.5	0 59.2	220 16.3	13.7	15 04.6	10.2	54.8
	17	77 05.7	1 00.2	234 49.0	13.7	15 14.8	10.1	54.8
	18	92 05.9	S 1 01.1	249 21.7	13.6	N15 24.9	10.1	54.8
	19	107 06.1	02.1	263 54.3	13.5	15 35.0	10.0	54.8
	20	122 06.3	03.1	278 26.8	13.5	15 45.0	10.0	54.9
	21	137 06.5	. . 04.1	292 59.3	13.4	15 55.0	9.9	54.9
	22	152 06.8	05.0	307 31.7	13.3	16 04.9	9.8	54.9
	23	167 07.0	06.0	322 04.0	13.2	16 14.7	9.8	54.9
	26 00	182 07.2	S 1 07.0	336 36.2	13.2	N16 24.5	9.7	54.9
	01	197 07.4	08.0	351 08.4	13.2	16 34.2	9.6	54.9
	02	212 07.6	08.9	5 40.6	13.0	16 43.8	9.6	55.0
	03	227 07.8	. . 09.9	20 12.6	13.0	16 53.4	9.5	55.0
	04	242 08.1	10.9	34 44.6	13.0	17 02.9	9.4	55.0
	05	257 08.3	11.9	49 16.6	12.8	17 12.3	9.4	55.0
	06	272 08.5	S 1 12.8	63 48.4	12.8	N17 21.7	9.2	55.0
	07	287 08.7	13.8	78 20.2	12.7	17 30.9	9.2	55.0
	08	302 08.9	14.8	92 51.9	12.7	17 40.1	9.2	55.1
S	09	317 09.1	. . 15.8	107 23.6	12.6	17 49.3	9.0	55.1
U	10	332 09.3	16.7	121 55.2	12.5	17 58.3	9.0	55.1
N	11	347 09.6	17.7	136 26.7	12.4	18 07.3	8.9	55.1
D	12	2 09.8	S 1 18.7	150 58.1	12.4	N18 16.2	8.8	55.1
A	13	17 10.0	19.6	165 29.5	12.3	18 25.0	8.7	55.2
Y	14	32 10.2	20.6	180 00.8	12.2	18 33.7	8.7	55.2
	15	47 10.4	. . 21.6	194 32.0	12.2	18 42.4	8.6	55.2
	16	62 10.6	22.6	209 03.2	12.1	18 51.0	8.5	55.2
	17	77 10.9	23.5	223 34.3	12.0	18 59.5	8.4	55.2
	18	92 11.1	S 1 24.5	238 05.3	11.9	N19 07.9	8.3	55.2
	19	107 11.3	25.5	252 36.2	11.9	19 16.2	8.2	55.3
	20	122 11.5	26.5	267 07.1	11.8	19 24.4	8.2	55.3
	21	137 11.7	. . 27.4	281 37.9	11.7	19 32.6	8.1	55.3
	22	152 11.9	28.4	296 08.6	11.7	19 40.7	7.9	55.3
	23	167 12.1	29.4	310 39.3	11.6	19 48.6	7.9	55.3
	27 00	182 12.3	S 1 30.4	325 09.9	11.5	N19 56.5	7.8	55.4
	01	197 12.6	31.3	339 40.4	11.4	20 04.3	7.7	55.4
	02	212 12.8	32.3	354 10.8	11.4	20 12.0	7.6	55.4
	03	227 13.0	. . 33.3	8 41.2	11.3	20 19.6	7.6	55.4
	04	242 13.2	34.2	23 11.5	11.2	20 27.2	7.4	55.4
	05	257 13.4	35.2	37 41.7	11.1	20 34.6	7.3	55.5
	06	272 13.6	S 1 36.2	52 11.8	11.1	N20 41.9	7.2	55.5
	07	287 13.8	37.2	66 41.9	11.0	20 49.1	7.2	55.5
	08	302 14.1	38.1	81 11.9	10.9	20 56.3	7.0	55.5
M	09	317 14.3	. . 39.1	95 41.8	10.9	21 03.3	7.0	55.5
O	10	332 14.5	40.1	110 11.7	10.8	21 10.3	6.8	55.6
N	11	347 14.7	41.1	124 41.5	10.7	21 17.1	6.7	55.6
D	12	2 14.9	S 1 42.0	139 11.2	10.6	N21 23.8	6.7	55.6
A	13	17 15.1	43.0	153 40.8	10.6	21 30.5	6.5	55.6
Y	14	32 15.3	44.0	168 10.4	10.4	21 37.0	6.4	55.6
	15	47 15.5	. . 44.9	182 39.8	10.5	21 43.4	6.4	55.7
	16	62 15.8	45.9	197 09.3	10.3	21 49.8	6.2	55.7
	17	77 16.0	46.9	211 38.6	10.3	21 56.0	6.1	55.7
	18	92 16.2	S 1 47.9	226 07.9	10.2	N22 02.1	6.0	55.7
	19	107 16.4	48.8	240 37.1	10.1	22 08.1	5.9	55.8
	20	122 16.6	49.8	255 06.2	10.1	22 14.0	5.8	55.8
	21	137 16.8	. . 50.8	269 35.3	10.0	22 19.8	5.7	55.8
	22	152 17.0	51.8	284 04.3	9.9	22 25.5	5.5	55.8
	23	167 17.2	52.7	298 33.2	9.8	N22 31.0	5.5	55.8
		SD 16.0	*d* 1.0	SD 14.9		15.0		15.2

Lat.	Twilight Naut.	Twilight Civil	Sunrise	Moonrise 25	26	27	28
°	h m	h m	h m	h m	h m	h m	h m
N 72	03 21	04 48	05 56	15 38	▭	▭	▭
N 70	03 38	04 54	05 55	16 10	15 30	▭	▭
68	03 50	04 59	05 55	16 33	16 15	15 32	▭
66	04 01	05 03	05 54	16 51	16 45	16 37	16 21
64	04 09	05 06	05 54	17 06	17 08	17 13	17 27
62	04 16	05 09	05 53	17 18	17 26	17 39	18 02
60	04 22	05 12	05 53	17 29	17 41	17 59	18 28
N 58	04 27	05 14	05 53	17 38	17 54	18 15	18 48
56	04 32	05 16	05 53	17 47	18 05	18 30	19 05
54	04 36	05 17	05 52	17 54	18 15	18 42	19 19
52	04 39	05 19	05 52	18 01	18 23	18 53	19 31
50	04 42	05 20	05 52	18 07	18 31	19 02	19 42
45	04 48	05 22	05 52	18 19	18 48	19 23	20 06
N 40	04 53	05 24	05 51	18 30	19 02	19 39	20 24
35	04 56	05 26	05 51	18 39	19 14	19 53	20 40
30	04 59	05 27	05 50	18 48	19 24	20 06	20 53
20	05 02	05 28	05 50	19 02	19 42	20 27	21 16
N 10	05 04	05 28	05 49	19 14	19 58	20 45	21 36
0	05 03	05 27	05 48	19 26	20 12	21 02	21 55
S 10	05 02	05 26	05 47	19 37	20 27	21 19	22 14
20	04 59	05 24	05 46	19 50	20 43	21 38	22 34
30	04 53	05 21	05 45	20 04	21 01	21 59	22 57
35	04 49	05 19	05 44	20 13	21 12	22 12	23 11
40	04 44	05 16	05 43	20 22	21 24	22 27	23 27
45	04 38	05 13	05 42	20 34	21 39	22 44	23 46
S 50	04 30	05 08	05 40	20 48	21 57	23 05	24 10
52	04 26	05 06	05 40	20 54	22 05	23 16	24 21
54	04 22	05 04	05 39	21 01	22 15	23 27	24 34
56	04 17	05 01	05 38	21 09	22 26	23 41	24 49
58	04 11	04 58	05 37	21 18	22 38	23 56	25 07
S 60	04 04	04 55	05 36	21 29	22 53	24 15	00 15

Lat.	Sunset	Twilight Civil	Twilight Naut.	Moonset 25	26	27	28
°	h m	h m	h m	h m	h m	h m	h m
N 72	17 45	18 52	20 17	10 30	▭	▭	▭
N 70	17 46	18 46	20 02	10 00	12 15	▭	▭
68	17 46	18 42	19 49	09 38	11 31	13 56	▭
66	17 47	18 38	19 40	09 21	11 02	12 51	14 56
64	17 47	18 35	19 31	09 07	10 40	12 16	13 50
62	17 48	18 32	19 25	08 56	10 23	11 51	13 15
60	17 48	18 30	19 19	08 46	10 08	11 31	12 50
N 58	17 49	18 28	19 14	08 37	09 56	11 15	12 30
56	17 49	18 26	19 10	08 30	09 46	11 01	12 14
54	17 49	18 24	19 06	08 23	09 36	10 50	11 59
52	17 49	18 23	19 03	08 17	09 28	10 39	11 47
50	17 50	18 22	19 00	08 12	09 21	10 30	11 36
45	17 50	18 20	18 54	08 00	09 05	10 10	11 14
N 40	17 51	18 18	18 49	07 51	08 52	09 54	10 56
35	17 51	18 17	18 46	07 43	08 41	09 41	10 40
30	17 52	18 16	18 43	07 35	08 32	09 29	10 27
20	17 53	18 15	18 40	07 23	08 15	09 09	10 05
N 10	17 54	18 15	18 39	07 12	08 01	08 52	09 45
0	17 55	18 15	18 39	07 02	07 48	08 36	09 27
S 10	17 56	18 17	18 41	06 52	07 34	08 20	09 09
20	17 57	18 19	18 45	06 42	07 20	08 03	08 50
30	17 58	18 22	18 50	06 30	07 04	07 43	08 27
35	17 59	18 25	18 54	06 23	06 55	07 32	08 14
40	18 00	18 27	18 59	06 15	06 44	07 19	07 59
45	18 02	18 31	19 06	06 06	06 32	07 03	07 41
S 50	18 03	18 36	19 14	05 55	06 17	06 44	07 19
52	18 04	18 38	19 18	05 50	06 10	06 35	07 09
54	18 05	18 40	19 23	05 44	06 02	06 25	06 57
56	18 06	18 43	19 28	05 38	05 53	06 14	06 43
58	18 07	18 46	19 34	05 31	05 44	06 01	06 27
S 60	18 08	18 50	19 41	05 23	05 32	05 46	06 08

Day	SUN Eqn. of Time 00^h	SUN Eqn. of Time 12^h	SUN Mer. Pass.	MOON Mer. Pass. Upper	MOON Mer. Pass. Lower	Age	Phase
d	m s	m s	h m	h m	h m	d %	
25	08 08	08 18	11 52	00 52	13 14	17 96	◐
26	08 28	08 39	11 51	01 37	14 00	18 91	
27	08 49	08 59	11 51	02 24	14 49	19 85	

UT d	h	ARIES GHA	VENUS −4.8 GHA	VENUS Dec	MARS +1.5 GHA	MARS Dec	JUPITER −2.9 GHA	JUPITER Dec	SATURN +0.9 GHA	SATURN Dec
		° ′	° ′	° ′	° ′	° ′	° ′	° ′	° ′	° ′
28	00	6 40.0	149 51.7	S21 11.0	150 19.0	S14 39.5	8 18.2	S 2 27.1	179 02.7	S 0 56.2
	01	21 42.5	164 53.4	11.5	165 19.8	40.1	23 21.0	27.2	194 04.8	56.4
	02	36 44.9	179 55.0	12.1	180 20.6	40.7	38 23.8	27.3	209 07.0	56.5
	03	51 47.4	194 56.7	. . 12.6	195 21.4	. . 41.2	53 26.5	. . 27.4	224 09.2	. . 56.6
	04	66 49.9	209 58.4	13.1	210 22.2	41.8	68 29.3	27.6	239 11.4	56.7
	05	81 52.3	225 00.0	13.6	225 23.0	42.4	83 32.1	27.7	254 13.6	56.8
	06	96 54.8	240 01.7	S21 14.2	240 23.8	S14 42.9	98 34.8	S 2 27.8	269 15.7	S 0 57.0
	07	111 57.2	255 03.4	14.7	255 24.6	43.5	113 37.6	28.0	284 17.9	57.1
TUESDAY	08	126 59.7	270 05.1	15.2	270 25.4	44.1	128 40.4	28.1	299 20.1	57.2
	09	142 02.2	285 06.7	. . 15.7	285 26.2	. . 44.6	143 43.1	. . 28.2	314 22.3	. . 57.3
	10	157 04.6	300 08.4	16.2	300 27.0	45.2	158 45.9	28.4	329 24.5	57.4
	11	172 07.1	315 10.1	16.8	315 27.8	45.8	173 48.7	28.5	344 26.6	57.6
	12	187 09.6	330 11.8	S21 17.3	330 28.6	S14 46.4	188 51.4	S 2 28.6	359 28.8	S 0 57.7
	13	202 12.0	345 13.5	17.8	345 29.4	46.9	203 54.2	28.7	14 31.0	57.8
	14	217 14.5	0 15.2	18.3	0 30.2	47.5	218 57.0	28.9	29 33.2	57.9
	15	232 17.0	15 16.9	. . 18.8	15 31.0	. . 48.1	233 59.7	. . 29.0	44 35.4	. . 58.1
	16	247 19.4	30 18.6	19.3	30 31.8	48.6	249 02.5	29.1	59 37.5	58.2
	17	262 21.9	45 20.3	19.8	45 32.6	49.2	264 05.3	29.3	74 39.7	58.3
	18	277 24.3	60 22.0	S21 20.3	60 33.4	S14 49.8	279 08.0	S 2 29.4	89 41.9	S 0 58.4
	19	292 26.8	75 23.7	20.9	75 34.2	50.3	294 10.8	29.5	104 44.1	58.5
	20	307 29.3	90 25.5	21.4	90 35.0	50.9	309 13.6	29.6	119 46.3	58.7
	21	322 31.7	105 27.2	. . 21.9	105 35.8	. . 51.5	324 16.3	. . 29.8	134 48.4	. . 58.8
	22	337 34.2	120 28.9	22.4	120 36.6	52.1	339 19.1	29.9	149 50.6	58.9
	23	352 36.7	135 30.6	22.9	135 37.4	52.6	354 21.8	30.0	164 52.8	59.0
29	00	7 39.1	150 32.3	S21 23.4	150 38.2	S14 53.2	9 24.6	S 2 30.2	179 55.0	S 0 59.1
	01	22 41.6	165 34.1	23.9	165 38.9	53.8	24 27.4	30.3	194 57.2	59.3
	02	37 44.1	180 35.8	24.4	180 39.7	54.3	39 30.1	30.4	209 59.4	59.4
	03	52 46.5	195 37.5	. . 24.9	195 40.5	. . 54.9	54 32.9	. . 30.5	225 01.5	. . 59.5
	04	67 49.0	210 39.3	25.4	210 41.3	55.5	69 35.7	30.7	240 03.7	59.6
	05	82 51.5	225 41.0	25.8	225 42.1	56.0	84 38.4	30.8	255 05.9	59.7
	06	97 53.9	240 42.8	S21 26.3	240 42.9	S14 56.6	99 41.2	S 2 30.9	270 08.1	S 0 59.9
WEDNESDAY	07	112 56.4	255 44.5	26.8	255 43.7	57.2	114 44.0	31.1	285 10.3	1 00.0
	08	127 58.8	270 46.3	27.3	270 44.5	57.7	129 46.7	31.2	300 12.4	00.1
	09	143 01.3	285 48.0	. . 27.8	285 45.3	. . 58.3	144 49.5	. . 31.3	315 14.6	. . 00.2
	10	158 03.8	300 49.8	28.3	300 46.1	58.9	159 52.3	31.4	330 16.8	00.3
	11	173 06.2	315 51.5	28.8	315 46.9	14 59.4	174 55.0	31.6	345 19.0	00.5
	12	188 08.7	330 53.3	S21 29.3	330 47.7	S15 00.0	189 57.8	S 2 31.7	0 21.2	S 1 00.6
	13	203 11.2	345 55.1	29.7	345 48.5	00.6	205 00.5	31.8	15 23.3	00.7
	14	218 13.6	0 56.8	30.2	0 49.3	01.1	220 03.3	32.0	30 25.5	00.8
	15	233 16.1	15 58.6	. . 30.7	15 50.1	. . 01.7	235 06.1	. . 32.1	45 27.7	. . 01.0
	16	248 18.6	31 00.4	31.2	30 50.9	02.3	250 08.8	32.2	60 29.9	01.1
	17	263 21.0	46 02.2	31.7	45 51.6	02.8	265 11.6	32.3	75 32.1	01.2
	18	278 23.5	61 04.0	S21 32.1	60 52.4	S15 03.4	280 14.4	S 2 32.5	90 34.2	S 1 01.3
	19	293 26.0	76 05.7	32.6	75 53.2	03.9	295 17.1	32.6	105 36.4	01.4
	20	308 28.4	91 07.5	33.1	90 54.0	04.5	310 19.9	32.7	120 38.6	01.6
	21	323 30.9	106 09.3	. . 33.5	105 54.8	. . 05.1	325 22.7	. . 32.9	135 40.8	. . 01.7
	22	338 33.3	121 11.1	34.0	120 55.6	05.6	340 25.4	33.0	150 43.0	01.8
	23	353 35.8	136 12.9	34.5	135 56.4	06.2	355 28.2	33.1	165 45.1	01.9
30	00	8 38.3	151 14.7	S21 34.9	150 57.2	S15 06.8	10 30.9	S 2 33.2	180 47.3	S 1 02.0
	01	23 40.7	166 16.5	35.4	165 58.0	07.3	25 33.7	33.4	195 49.5	02.2
	02	38 43.2	181 18.3	35.9	180 58.8	07.9	40 36.5	33.5	210 51.7	02.3
	03	53 45.7	196 20.2	. . 36.3	195 59.5	. . 08.5	55 39.2	. . 33.6	225 53.9	. . 02.4
	04	68 48.1	211 22.0	36.8	211 00.3	09.0	70 42.0	33.7	240 56.0	02.5
	05	83 50.6	226 23.8	37.3	226 01.1	09.6	85 44.8	33.9	255 58.2	02.6
	06	98 53.1	241 25.6	S21 37.7	241 01.9	S15 10.2	100 47.5	S 2 34.0	271 00.4	S 1 02.8
	07	113 55.5	256 27.4	38.2	256 02.7	10.7	115 50.3	34.1	286 02.6	02.9
THURSDAY	08	128 58.0	271 29.3	38.6	271 03.5	11.3	130 53.0	34.3	301 04.8	03.0
	09	144 00.5	286 31.1	. . 39.1	286 04.3	. . 11.8	145 55.8	. . 34.4	316 06.9	. . 03.1
	10	159 02.9	301 32.9	39.5	301 05.1	12.4	160 58.6	34.5	331 09.1	03.2
	11	174 05.4	316 34.8	40.0	316 05.9	13.0	176 01.3	34.6	346 11.3	03.4
	12	189 07.8	331 36.6	S21 40.4	331 06.6	S15 13.5	191 04.1	S 2 34.8	1 13.5	S 1 03.5
	13	204 10.3	346 38.4	40.9	346 07.4	14.1	206 06.8	34.9	16 15.7	03.6
	14	219 12.8	1 40.3	41.3	1 08.2	14.7	221 09.6	35.0	31 17.8	03.7
	15	234 15.2	16 42.1	. . 41.8	16 09.0	. . 15.2	236 12.4	. . 35.1	46 20.0	. . 03.8
	16	249 17.7	31 44.0	42.2	31 09.8	15.8	251 15.1	35.3	61 22.2	04.0
	17	264 20.2	46 45.8	42.7	46 10.6	16.3	266 17.9	35.4	76 24.4	04.1
	18	279 22.6	61 47.7	S21 43.1	61 11.4	S15 16.9	281 20.7	S 2 35.5	91 26.6	S 1 04.2
	19	294 25.1	76 49.6	43.5	76 12.1	17.5	296 23.4	35.7	106 28.7	04.3
	20	309 27.6	91 51.4	44.0	91 12.9	18.0	311 26.2	35.8	121 30.9	04.5
	21	324 30.0	106 53.3	. . 44.4	106 13.7	. . 18.6	326 28.9	. . 35.9	136 33.1	. . 04.6
	22	339 32.5	121 55.2	44.8	121 14.5	19.1	341 31.7	36.0	151 35.3	04.7
	23	354 35.0	136 57.0	45.3	136 15.3	19.7	356 34.5	36.2	166 37.5	04.8
Mer. Pass.		h m 23 25.5	v 1.8	d 0.5	v 0.8	d 0.6	v 2.8	d 0.1	v 2.2	d 0.1

STARS Name	SHA	Dec
	° ′	° ′
Acamar	315 19.4	S40 15.4
Achernar	335 27.5	S57 10.7
Acrux	173 12.4	S63 09.6
Adhara	255 14.1	S28 59.0
Aldebaran	290 51.5	N16 31.9
Alioth	166 22.8	N55 54.1
Alkaid	153 00.8	N49 15.6
Al Na'ir	27 45.7	S46 54.5
Alnilam	275 48.3	S 1 11.6
Alphard	217 58.3	S 8 42.2
Alphecca	126 12.9	N26 40.9
Alpheratz	357 45.2	N29 09.2
Altair	62 10.1	N 8 54.0
Ankaa	353 17.1	S42 14.7
Antares	112 28.9	S26 27.4
Arcturus	145 57.8	N19 07.7
Atria	107 32.7	S69 03.0
Avior	234 19.2	S59 32.4
Bellatrix	278 34.0	N 6 21.7
Betelgeuse	271 03.4	N 7 24.6
Canopus	263 57.0	S52 41.8
Capella	280 37.2	N46 00.4
Deneb	49 32.6	N45 19.5
Denebola	182 36.0	N14 30.7
Diphda	348 57.5	S17 55.4
Dubhe	193 54.5	N61 41.4
Elnath	278 15.0	N28 37.0
Eltanin	90 47.1	N51 29.6
Enif	33 48.8	N 9 55.7
Fomalhaut	15 25.8	S29 33.8
Gacrux	172 03.8	S57 10.4
Gienah	175 54.7	S17 36.1
Hadar	148 51.4	S60 25.6
Hamal	328 02.7	N23 30.9
Kaus Aust.	83 46.4	S34 22.8
Kochab	137 20.6	N74 06.8
Markab	13 40.0	N15 16.1
Menkar	314 16.9	N 4 08.1
Menkent	148 10.3	S36 25.4
Miaplacidus	221 40.9	S69 45.5
Mirfak	308 42.9	N49 53.9
Nunki	76 00.7	S26 17.0
Peacock	53 21.9	S56 42.1
Pollux	243 30.2	N27 59.9
Procyon	245 01.9	N 5 11.9
Rasalhague	96 08.3	N12 33.3
Regulus	207 45.8	N11 54.9
Rigel	281 13.8	S 8 11.2
Rigil Kent.	139 55.1	S60 52.9
Sabik	102 14.9	S15 44.2
Schedar	349 42.3	N56 35.9
Shaula	96 24.7	S37 06.8
Sirius	258 35.5	S16 43.7
Spica	158 33.7	S11 13.0
Suhail	222 54.2	S43 28.4
Vega	80 40.3	N38 47.9
Zuben'ubi	137 07.9	S16 05.2
	SHA	**Mer. Pass.**
	° ′	h m
Venus	142 53.2	13 56
Mars	142 59.0	13 57
Jupiter	1 45.5	23 18
Saturn	172 15.9	11 59

UT d	h	SUN GHA ° ′	SUN Dec ° ′	MOON GHA ° ′	v ′	MOON Dec ° ′	d ′	HP ′
28 TUESDAY	00	182 17.4	S 1 53.7	313 02.0	9.8	N22 36.5	5.3	55.9
	01	197 17.7	54.7	327 30.8	9.7	22 41.8	5.2	55.9
	02	212 17.9	55.6	341 59.5	9.7	22 47.0	5.1	55.9
	03	227 18.1	. . 56.6	356 28.2	9.5	22 52.1	5.0	55.9
	04	242 18.3	57.6	10 56.7	9.5	22 57.1	4.9	56.0
	05	257 18.5	58.6	25 25.2	9.5	23 02.0	4.8	56.0
	06	272 18.7	S 1 59.5	39 53.7	9.4	N23 06.8	4.6	56.0
	07	287 18.9	2 00.5	54 22.1	9.3	23 11.4	4.5	56.0
	08	302 19.1	01.5	68 50.4	9.2	23 15.9	4.4	56.1
	09	317 19.3	. . 02.5	83 18.6	9.2	23 20.3	4.3	56.1
	10	332 19.6	03.4	97 46.8	9.1	23 24.6	4.2	56.1
	11	347 19.8	04.4	112 14.9	9.1	23 28.8	4.0	56.1
	12	2 20.0	S 2 05.4	126 43.0	9.0	N23 32.8	3.9	56.2
	13	17 20.2	06.3	141 11.0	8.9	23 36.7	3.8	56.2
	14	32 20.4	07.3	155 38.9	8.8	23 40.5	3.7	56.2
	15	47 20.6	. . 08.3	170 06.7	8.9	23 44.2	3.5	56.2
	16	62 20.8	09.3	184 34.6	8.7	23 47.7	3.4	56.3
	17	77 21.0	10.2	199 02.3	8.7	23 51.1	3.3	56.3
	18	92 21.2	S 2 11.2	213 30.0	8.6	N23 54.4	3.2	56.3
	19	107 21.4	12.2	227 57.6	8.6	23 57.6	3.0	56.3
	20	122 21.7	13.2	242 25.2	8.5	24 00.6	2.9	56.4
	21	137 21.9	. . 14.1	256 52.7	8.4	24 03.5	2.8	56.4
	22	152 22.1	15.1	271 20.1	8.5	24 06.3	2.6	56.4
	23	167 22.3	16.1	285 47.6	8.3	24 08.9	2.5	56.4
29 WEDNESDAY	00	182 22.5	S 2 17.0	300 14.9	8.3	N24 11.4	2.4	56.5
	01	197 22.7	18.0	314 42.2	8.2	24 13.8	2.2	56.5
	02	212 22.9	19.0	329 09.4	8.2	24 16.0	2.1	56.5
	03	227 23.1	. . 20.0	343 36.6	8.2	24 18.1	2.0	56.5
	04	242 23.3	20.9	358 03.8	8.1	24 20.1	1.8	56.6
	05	257 23.5	21.9	12 30.9	8.0	24 21.9	1.7	56.6
	06	272 23.7	S 2 22.9	26 57.9	8.0	N24 23.6	1.6	56.6
	07	287 24.0	23.8	41 24.9	7.9	24 25.2	1.4	56.7
	08	302 24.2	24.8	55 51.8	7.9	24 26.6	1.3	56.7
	09	317 24.4	. . 25.8	70 18.7	7.9	24 27.9	1.2	56.7
	10	332 24.6	26.8	84 45.6	7.8	24 29.1	1.0	56.7
	11	347 24.8	27.7	99 12.4	7.8	24 30.1	0.9	56.8
	12	2 25.0	S 2 28.7	113 39.2	7.7	N24 31.0	0.7	56.8
	13	17 25.2	29.7	128 05.9	7.7	24 31.7	0.6	56.8
	14	32 25.4	30.6	142 32.6	7.7	24 32.3	0.5	56.9
	15	47 25.6	. . 31.6	156 59.3	7.6	24 32.8	0.3	56.9
	16	62 25.8	32.6	171 25.9	7.5	24 33.1	0.1	56.9
	17	77 26.0	33.6	185 52.4	7.6	24 33.2	0.1	56.9
	18	92 26.2	S 2 34.5	200 19.0	7.5	N24 33.3	0.1	57.0
	19	107 26.4	35.5	214 45.5	7.5	24 33.2	0.3	57.0
	20	122 26.6	36.5	229 12.0	7.4	24 32.9	0.4	57.0
	21	137 26.9	. . 37.4	243 38.4	7.4	24 32.5	0.5	57.1
	22	152 27.1	38.4	258 04.8	7.4	24 32.0	0.7	57.1
	23	167 27.3	39.4	272 31.2	7.3	24 31.3	0.8	57.1
30 THURSDAY	00	182 27.5	S 2 40.4	286 57.5	7.3	N24 30.5	1.0	57.1
	01	197 27.7	41.3	301 23.8	7.3	24 29.5	1.1	57.2
	02	212 27.9	42.3	315 50.1	7.3	24 28.4	1.3	57.2
	03	227 28.1	. . 43.3	330 16.4	7.3	24 27.1	1.4	57.2
	04	242 28.3	44.2	344 42.7	7.2	24 25.7	1.5	57.3
	05	257 28.5	45.2	359 08.9	7.2	24 24.2	1.7	57.3
	06	272 28.7	S 2 46.2	13 35.1	7.2	N24 22.5	1.9	57.3
	07	287 28.9	47.2	28 01.3	7.1	24 20.6	2.0	57.4
	08	302 29.1	48.1	42 27.4	7.2	24 18.6	2.1	57.4
	09	317 29.3	. . 49.1	56 53.6	7.1	24 16.5	2.3	57.4
	10	332 29.5	50.1	71 19.7	7.1	24 14.2	2.4	57.5
	11	347 29.7	51.0	85 45.8	7.1	24 11.8	2.6	57.5
	12	2 29.9	S 2 52.0	100 11.9	7.1	N24 09.2	2.7	57.5
	13	17 30.1	53.0	114 38.0	7.0	24 06.5	2.9	57.5
	14	32 30.3	54.0	129 04.0	7.1	24 03.6	3.0	57.6
	15	47 30.5	. . 54.9	143 30.1	7.1	24 00.6	3.1	57.6
	16	62 30.8	55.9	157 56.2	7.0	23 57.5	3.3	57.6
	17	77 31.0	56.9	172 22.2	7.0	23 54.2	3.5	57.7
	18	92 31.2	S 2 57.8	186 48.2	7.1	N23 50.7	3.6	57.7
	19	107 31.4	58.8	201 14.3	7.0	23 47.1	3.7	57.7
	20	122 31.6	2 59.8	215 40.3	7.0	23 43.4	3.9	57.8
	21	137 31.8	3 00.7	230 06.3	7.0	23 39.5	4.1	57.8
	22	152 32.0	01.7	244 32.3	7.0	23 35.4	4.2	57.8
	23	167 32.2	02.7	258 58.3	7.0	N23 31.2	4.3	57.9
		SD 16.0	*d* 1.0	SD 15.3		15.5		15.7

Lat. °	Twilight Naut. h m	Twilight Civil h m	Sunrise h m	Moonrise 28 h m	Moonrise 29 h m	Moonrise 30 h m	Moonrise 1 h m
N 72	03 38	05 02	06 09	▭	▭	▭	▭
N 70	03 52	05 06	06 07	▭	▭	▭	▭
68	04 02	05 10	06 05	▭	▭	▭	19 25
66	04 11	05 13	06 04	16 21	▭	18 12	20 28
64	04 19	05 15	06 02	17 27	18 04	19 21	21 03
62	04 25	05 17	06 01	18 02	18 46	19 56	21 28
60	04 30	05 19	06 00	18 28	19 14	20 22	21 48
N 58	04 34	05 20	05 59	18 48	19 36	20 42	22 04
56	04 38	05 22	05 59	19 05	19 54	20 59	22 18
54	04 41	05 23	05 58	19 19	20 09	21 13	22 29
52	04 44	05 24	05 57	19 31	20 22	21 25	22 40
50	04 47	05 24	05 57	19 42	20 34	21 36	22 49
45	04 52	05 26	05 55	20 06	20 58	21 59	23 09
N 40	04 56	05 27	05 54	20 24	21 17	22 17	23 25
35	04 58	05 28	05 53	20 40	21 33	22 33	23 38
30	05 00	05 28	05 52	20 53	21 47	22 46	23 50
20	05 03	05 28	05 50	21 16	22 10	23 09	24 10
N 10	05 03	05 28	05 49	21 36	22 31	23 28	24 27
0	05 02	05 26	05 47	21 55	22 50	23 46	24 43
S 10	05 00	05 24	05 45	22 14	23 09	24 05	00 05
20	04 56	05 21	05 43	22 34	23 30	24 24	00 24
30	04 49	05 17	05 41	22 57	23 54	24 47	00 47
35	04 45	05 14	05 40	23 11	24 08	00 08	01 00
40	04 39	05 11	05 38	23 27	24 24	00 24	01 15
45	04 32	05 07	05 36	23 46	24 43	00 43	01 33
S 50	04 23	05 01	05 34	24 10	00 10	01 07	01 55
52	04 18	04 59	05 33	24 21	00 21	01 19	02 06
54	04 13	04 56	05 32	24 34	00 34	01 32	02 18
56	04 08	04 53	05 30	24 49	00 49	01 47	02 32
58	04 01	04 49	05 29	25 07	01 07	02 05	02 48
S 60	03 54	04 45	05 27	00 15	01 29	02 28	03 07

Lat. °	Sunset h m	Twilight Civil h m	Twilight Naut. h m	Moonset 28 h m	Moonset 29 h m	Moonset 30 h m	Moonset 1 h m
N 72	17 29	18 36	19 59	▭	▭	▭	▭
N 70	17 32	18 32	19 46	▭	▭	▭	▭
68	17 34	18 29	19 35	▭	▭	▭	17 42
66	17 35	18 26	19 27	14 56	▭	16 57	16 39
64	17 37	18 24	19 20	13 50	15 07	15 47	16 03
62	17 38	18 22	19 14	13 15	14 25	15 12	15 38
60	17 39	18 20	19 09	12 50	13 57	14 46	15 17
N 58	17 40	18 19	19 05	12 30	13 35	14 25	15 01
56	17 41	18 18	19 01	12 14	13 17	14 08	14 47
54	17 42	18 17	18 58	11 59	13 02	13 54	14 34
52	17 43	18 16	18 55	11 47	12 49	13 41	14 23
50	17 43	18 15	18 53	11 36	12 38	13 30	14 14
45	17 45	18 14	18 48	11 14	12 14	13 07	13 53
N 40	17 46	18 13	18 44	10 56	11 54	12 48	13 37
35	17 47	18 12	18 42	10 40	11 38	12 33	13 22
30	17 48	18 12	18 40	10 27	11 24	12 19	13 10
20	17 50	18 12	18 38	10 05	11 01	11 56	12 49
N 10	17 52	18 13	18 37	09 45	10 40	11 36	12 31
0	17 54	18 14	18 38	09 27	10 21	11 17	12 13
S 10	17 55	18 16	18 41	09 09	10 02	10 58	11 56
20	17 58	18 20	18 45	08 50	09 42	10 38	11 37
30	18 00	18 24	18 52	08 27	09 18	10 14	11 16
35	18 02	18 27	18 57	08 14	09 04	10 00	11 03
40	18 03	18 30	19 02	07 59	08 48	09 44	10 49
45	18 05	18 35	19 10	07 41	08 29	09 25	10 31
S 50	18 08	18 40	19 19	07 19	08 05	09 01	10 09
52	18 09	18 43	19 24	07 09	07 53	08 50	09 59
54	18 10	18 46	19 29	06 57	07 40	08 37	09 47
56	18 12	18 49	19 35	06 43	07 25	08 22	09 34
58	18 13	18 53	19 41	06 27	07 07	08 04	09 18
S 60	18 15	18 57	19 49	06 08	06 45	07 42	08 59

Day	SUN Eqn. of Time 00^h	SUN Eqn. of Time 12^h	SUN Mer. Pass.	MOON Mer. Pass. Upper	MOON Mer. Pass. Lower	MOON Age	MOON Phase
d	m s	m s	h m	h m	h m	d	%
28	09 09	09 19	11 51	03 15	15 41	20	77
29	09 30	09 40	11 50	04 08	16 36	21	67
30	09 49	09 59	11 50	05 04	17 32	22	57

2010 OCTOBER 1, 2, 3 (FRI., SAT., SUN.)

	UT	ARIES	VENUS −4.8		MARS +1.5		JUPITER −2.9		SATURN +0.9		STARS		
		GHA	GHA	Dec	GHA	Dec	GHA	Dec	GHA	Dec	Name	SHA	Dec
	d h	° ′	° ′	° ′	° ′	° ′	° ′	° ′	° ′	° ′		° ′	° ′
	1 00	9 37.4	151 58.9	S21 45.7	151 16.1	S15 20.3	11 37.2	S 2 36.3	181 39.7	S 1 04.9	Acamar	315 19.4	S40 15.4
	01	24 39.9	167 00.8	46.1	166 16.8	20.8	26 40.0	36.4	196 41.8	05.1	Achernar	335 27.5	S57 10.7
	02	39 42.3	182 02.7	46.6	181 17.6	21.4	41 42.7	36.5	211 44.0	05.2	Acrux	173 12.4	S63 09.6
	03	54 44.8	197 04.6	. . 47.0	196 18.4	. . 21.9	56 45.5	. . 36.7	226 46.2	. . 05.3	Adhara	255 14.1	S28 59.0
	04	69 47.3	212 06.5	47.4	211 19.2	22.5	71 48.3	36.8	241 48.4	05.4	Aldebaran	290 51.5	N16 31.9
	05	84 49.7	227 08.4	47.8	226 20.0	23.1	86 51.0	36.9	256 50.6	05.5			
	06	99 52.2	242 10.3	S21 48.3	241 20.8	S15 23.6	101 53.8	S 2 37.0	271 52.7	S 1 05.7	Alioth	166 22.8	N55 54.1
	07	114 54.7	257 12.2	48.7	256 21.5	24.2	116 56.5	37.2	286 54.9	05.8	Alkaid	153 00.8	N49 15.6
	08	129 57.1	272 14.1	49.1	271 22.3	24.7	131 59.3	37.3	301 57.1	05.9	Al Na'ir	27 45.7	S46 54.5
F	09	144 59.6	287 16.0	. . 49.5	286 23.1	. . 25.3	147 02.1	. . 37.4	316 59.3	. . 06.0	Alnilam	275 48.3	S 1 11.6
R	10	160 02.1	302 17.9	49.9	301 23.9	25.9	162 04.8	37.5	332 01.5	06.1	Alphard	217 58.2	S 8 42.2
I	11	175 04.5	317 19.8	50.4	316 24.7	26.4	177 07.6	37.7	347 03.6	06.3			
D	12	190 07.0	332 21.7	S21 50.8	331 25.4	S15 27.0	192 10.3	S 2 37.8	2 05.8	S 1 06.4	Alphecca	126 12.9	N26 40.9
A	13	205 09.4	347 23.7	51.2	346 26.2	27.5	207 13.1	37.9	17 08.0	06.5	Alpheratz	357 45.2	N29 09.2
Y	14	220 11.9	2 25.6	51.6	1 27.0	28.1	222 15.9	38.1	32 10.2	06.6	Altair	62 10.1	N 8 54.0
	15	235 14.4	17 27.5	. . 52.0	16 27.8	. . 28.6	237 18.6	. . 38.2	47 12.4	. . 06.7	Ankaa	353 17.1	S42 14.7
	16	250 16.8	32 29.4	52.4	31 28.6	29.2	252 21.4	38.3	62 14.5	06.9	Antares	112 28.9	S26 27.4
	17	265 19.3	47 31.4	52.8	46 29.3	29.8	267 24.1	38.4	77 16.7	07.0			
	18	280 21.8	62 33.3	S21 53.2	61 30.1	S15 30.3	282 26.9	S 2 38.6	92 18.9	S 1 07.1	Arcturus	145 57.8	N19 07.7
	19	295 24.2	77 35.2	53.6	76 30.9	30.9	297 29.7	38.7	107 21.1	07.2	Atria	107 32.7	S69 03.0
	20	310 26.7	92 37.2	54.0	91 31.7	31.4	312 32.4	38.8	122 23.3	07.3	Avior	234 19.2	S59 32.4
	21	325 29.2	107 39.1	. . 54.4	106 32.4	. . 32.0	327 35.2	. . 38.9	137 25.4	. . 07.5	Bellatrix	278 34.0	N 6 21.7
	22	340 31.6	122 41.1	54.8	121 33.2	32.5	342 37.9	39.1	152 27.6	07.6	Betelgeuse	271 03.4	N 7 24.6
	23	355 34.1	137 43.0	55.2	136 34.0	33.1	357 40.7	39.2	167 29.8	07.7			
	2 00	10 36.6	152 45.0	S21 55.6	151 34.8	S15 33.7	12 43.5	S 2 39.3	182 32.0	S 1 07.8	Canopus	263 57.0	S52 41.8
	01	25 39.0	167 47.0	56.0	166 35.6	34.2	27 46.2	39.4	197 34.2	07.9	Capella	280 37.2	N46 00.4
	02	40 41.5	182 48.9	56.4	181 36.3	34.8	42 49.0	39.6	212 36.3	08.1	Deneb	49 32.6	N45 19.5
	03	55 43.9	197 50.9	. . 56.8	196 37.1	. . 35.3	57 51.7	. . 39.7	227 38.5	. . 08.2	Denebola	182 35.9	N14 30.7
	04	70 46.4	212 52.9	57.2	211 37.9	35.9	72 54.5	39.8	242 40.7	08.3	Diphda	348 57.5	S17 55.4
	05	85 48.9	227 54.8	57.6	226 38.7	36.4	87 57.3	39.9	257 42.9	08.4			
	06	100 51.3	242 56.8	S21 58.0	241 39.4	S15 37.0	103 00.0	S 2 40.1	272 45.1	S 1 08.5	Dubhe	193 54.5	N61 41.4
S	07	115 53.8	257 58.8	58.3	256 40.2	37.5	118 02.8	40.2	287 47.2	08.7	Elnath	278 15.0	N28 37.0
A	08	130 56.3	273 00.8	58.7	271 41.0	38.1	133 05.5	40.3	302 49.4	08.8	Eltanin	90 47.1	N51 29.6
T	09	145 58.7	288 02.8	. . 59.1	286 41.8	. . 38.6	148 08.3	. . 40.4	317 51.6	. . 08.9	Enif	33 48.8	N 9 55.7
U	10	161 01.2	303 04.8	59.5	301 42.5	39.2	163 11.0	40.6	332 53.8	09.0	Fomalhaut	15 25.8	S29 33.8
R	11	176 03.7	318 06.8	21 59.9	316 43.3	39.8	178 13.8	40.7	347 56.0	09.2			
D	12	191 06.1	333 08.8	S22 00.2	331 44.1	S15 40.3	193 16.6	S 2 40.8	2 58.1	S 1 09.3	Gacrux	172 03.8	S57 10.4
A	13	206 08.6	348 10.8	00.6	346 44.9	40.9	208 19.3	40.9	18 00.3	09.4	Gienah	175 54.7	S17 36.1
Y	14	221 11.1	3 12.8	01.0	1 45.6	41.4	223 22.1	41.1	33 02.5	09.5	Hadar	148 51.4	S60 25.6
	15	236 13.5	18 14.8	. . 01.4	16 46.4	. . 42.0	238 24.8	. . 41.2	48 04.7	. . 09.6	Hamal	328 02.7	N23 31.0
	16	251 16.0	33 16.8	01.7	31 47.2	42.5	253 27.6	41.3	63 06.9	09.8	Kaus Aust.	83 46.4	S34 22.8
	17	266 18.4	48 18.8	02.1	46 47.9	43.1	268 30.3	41.4	78 09.0	09.9			
	18	281 20.9	63 20.8	S22 02.5	61 48.7	S15 43.6	283 33.1	S 2 41.6	93 11.2	S 1 10.0	Kochab	137 20.6	N74 06.8
	19	296 23.4	78 22.9	02.8	76 49.5	44.2	298 35.9	41.7	108 13.4	10.1	Markab	13 40.0	N15 16.1
	20	311 25.8	93 24.9	03.2	91 50.3	44.7	313 38.6	41.8	123 15.6	10.2	Menkar	314 16.8	N 4 08.1
	21	326 28.3	108 26.9	. . 03.6	106 51.0	. . 45.3	328 41.4	. . 41.9	138 17.8	. . 10.4	Menkent	148 10.3	S36 25.4
	22	341 30.8	123 28.9	03.9	121 51.8	45.8	343 44.1	42.0	153 19.9	10.5	Miaplacidus	221 40.8	S69 45.5
	23	356 33.2	138 31.0	04.3	136 52.6	46.4	358 46.9	42.2	168 22.1	10.6			
	3 00	11 35.7	153 33.0	S22 04.6	151 53.3	S15 46.9	13 49.6	S 2 42.3	183 24.3	S 1 10.7	Mirfak	308 42.9	N49 53.9
	01	26 38.2	168 35.1	05.0	166 54.1	47.5	28 52.4	42.4	198 26.5	10.8	Nunki	76 00.7	S26 17.0
	02	41 40.6	183 37.1	05.3	181 54.9	48.0	43 55.2	42.5	213 28.7	11.0	Peacock	53 22.0	S56 42.1
	03	56 43.1	198 39.2	. . 05.7	196 55.6	. . 48.6	58 57.9	. . 42.7	228 30.8	. . 11.1	Pollux	243 30.2	N27 59.9
	04	71 45.5	213 41.2	06.1	211 56.4	49.1	74 00.7	42.8	243 33.0	11.2	Procyon	245 01.8	N 5 11.9
	05	86 48.0	228 43.3	06.4	226 57.2	49.7	89 03.4	42.9	258 35.2	11.3			
	06	101 50.5	243 45.3	S22 06.7	241 58.0	S15 50.2	104 06.2	S 2 43.0	273 37.4	S 1 11.4	Rasalhague	96 08.4	N12 33.3
	07	116 52.9	258 47.4	07.1	256 58.7	50.8	119 08.9	43.2	288 39.6	11.6	Regulus	207 45.8	N11 54.9
	08	131 55.4	273 49.5	07.4	271 59.5	51.3	134 11.7	43.3	303 41.7	11.7	Rigel	281 13.8	S 8 11.2
S	09	146 57.9	288 51.5	. . 07.8	287 00.3	. . 51.9	149 14.4	. . 43.4	318 43.9	. . 11.8	Rigil Kent.	139 55.1	S60 52.9
U	10	162 00.3	303 53.6	08.1	302 01.0	52.4	164 17.2	43.5	333 46.1	11.9	Sabik	102 14.9	S15 44.2
N	11	177 02.8	318 55.7	08.5	317 01.8	53.0	179 20.0	43.7	348 48.3	12.0			
D	12	192 05.3	333 57.8	S22 08.8	332 02.6	S15 53.5	194 22.7	S 2 43.8	3 50.5	S 1 12.2	Schedar	349 42.3	N56 36.0
A	13	207 07.7	348 59.9	09.1	347 03.3	54.1	209 25.5	43.9	18 52.6	12.3	Shaula	96 24.7	S37 06.8
Y	14	222 10.2	4 01.9	09.5	2 04.1	54.6	224 28.2	44.0	33 54.8	12.4	Sirius	258 35.4	S16 43.7
	15	237 12.7	19 04.0	. . 09.8	17 04.9	. . 55.2	239 31.0	. . 44.1	48 57.0	. . 12.5	Spica	158 33.6	S11 13.0
	16	252 15.1	34 06.1	10.1	32 05.6	55.7	254 33.7	44.3	63 59.2	12.6	Suhail	222 54.2	S43 28.4
	17	267 17.6	49 08.2	10.5	47 06.4	56.3	269 36.5	44.4	79 01.4	12.8			
	18	282 20.0	64 10.3	S22 10.8	62 07.2	S15 56.8	284 39.2	S 2 44.5	94 03.5	S 1 12.9	Vega	80 40.3	N38 47.9
	19	297 22.5	79 12.4	11.1	77 07.9	57.4	299 42.0	44.6	109 05.7	13.0	Zuben'ubi	137 07.9	S16 05.2
	20	312 25.0	94 14.6	11.4	92 08.7	57.9	314 44.7	44.8	124 07.9	13.1			
	21	327 27.4	109 16.7	. . 11.8	107 09.5	. . 58.5	329 47.5	. . 44.9	139 10.1	. . 13.2			
	22	342 29.9	124 18.8	12.1	122 10.2	59.0	344 50.3	45.0	154 12.3	13.4			
	23	357 32.4	139 20.9	12.4	137 11.0	59.6	359 53.0	45.1	169 14.4	13.5			
	Mer. Pass.	h m 23 13.7	v 2.0	d 0.4	v 0.8	d 0.6	v 2.8	d 0.1	v 2.2	d 0.1			

	SHA	Mer. Pass.
	° ′	h m
Venus	142 08.5	13 47
Mars	140 58.2	13 53
Jupiter	2 06.9	23 05
Saturn	171 55.4	11 48

UT d	h	SUN GHA ° ′	SUN Dec ° ′	MOON GHA ° ′	v ′	MOON Dec ° ′	d ′	HP ′
1	00	182 32.4	S 3 03.7	273 24.3	7.0	N23 26.9	4.5	57.9
	01	197 32.6	04.6	287 50.3	7.1	23 22.4	4.6	57.9
	02	212 32.8	05.6	302 16.4	7.0	23 17.8	4.8	58.0
	03	227 33.0	. . 06.6	316 42.4	7.0	23 13.0	4.9	58.0
	04	242 33.2	07.5	331 08.4	7.0	23 08.1	5.0	58.0
	05	257 33.4	08.5	345 34.4	7.1	23 03.1	5.2	58.1
	06	272 33.6	S 3 09.5	0 00.5	7.0	N22 57.9	5.4	58.1
	07	287 33.8	10.4	14 26.5	7.0	22 52.5	5.5	58.1
	08	302 34.0	11.4	28 52.5	7.1	22 47.0	5.6	58.1
F	09	317 34.2	. . 12.4	43 18.6	7.1	22 41.4	5.8	58.2
R	10	332 34.4	13.4	57 44.7	7.0	22 35.6	5.9	58.2
I	11	347 34.6	14.3	72 10.7	7.1	22 29.7	6.1	58.2
D	12	2 34.8	S 3 15.3	86 36.8	7.1	N22 23.6	6.2	58.3
A	13	17 35.0	16.3	101 02.9	7.1	22 17.4	6.4	58.3
Y	14	32 35.2	17.2	115 29.0	7.2	22 11.0	6.5	58.3
	15	47 35.4	. . 18.2	129 55.2	7.1	22 04.5	6.6	58.4
	16	62 35.6	19.2	144 21.3	7.2	21 57.9	6.8	58.4
	17	77 35.8	20.1	158 47.5	7.1	21 51.1	6.9	58.4
	18	92 36.0	S 3 21.1	173 13.6	7.2	N21 44.2	7.0	58.5
	19	107 36.2	22.1	187 39.8	7.2	21 37.2	7.2	58.5
	20	122 36.4	23.1	202 06.0	7.3	21 30.0	7.4	58.5
	21	137 36.6	. . 24.0	216 32.3	7.2	21 22.6	7.4	58.6
	22	152 36.8	25.0	230 58.5	7.3	21 15.2	7.6	58.6
	23	167 37.0	26.0	245 24.8	7.3	21 07.6	7.8	58.6
2	00	182 37.2	S 3 26.9	259 51.1	7.3	N20 59.8	7.9	58.7
	01	197 37.4	27.9	274 17.4	7.3	20 51.9	8.0	58.7
	02	212 37.6	28.9	288 43.7	7.4	20 43.9	8.1	58.7
	03	227 37.8	. . 29.8	303 10.1	7.4	20 35.8	8.3	58.8
	04	242 38.0	30.8	317 36.5	7.4	20 27.5	8.4	58.8
	05	257 38.2	31.8	332 02.9	7.4	20 19.1	8.6	58.8
	06	272 38.4	S 3 32.7	346 29.3	7.5	N20 10.5	8.7	58.9
	07	287 38.6	33.7	0 55.8	7.4	20 01.8	8.8	58.9
S	08	302 38.8	34.7	15 22.2	7.5	19 53.0	8.9	58.9
A	09	317 39.0	. . 35.6	29 48.7	7.6	19 44.1	9.1	59.0
T	10	332 39.2	36.6	44 15.3	7.5	19 35.0	9.2	59.0
U	11	347 39.4	37.6	58 41.8	7.6	19 25.8	9.3	59.0
R	12	2 39.6	S 3 38.5	73 08.4	7.7	N19 16.5	9.5	59.1
D	13	17 39.8	39.5	87 35.1	7.6	19 07.0	9.6	59.1
A	14	32 40.0	40.5	102 01.7	7.7	18 57.4	9.7	59.1
Y	15	47 40.2	. . 41.4	116 28.4	7.7	18 47.7	9.8	59.2
	16	62 40.4	42.4	130 55.1	7.7	18 37.9	10.0	59.2
	17	77 40.6	43.4	145 21.8	7.8	18 27.9	10.0	59.2
	18	92 40.8	S 3 44.4	159 48.6	7.8	N18 17.9	10.2	59.2
	19	107 41.0	45.3	174 15.4	7.8	18 07.7	10.4	59.3
	20	122 41.2	46.3	188 42.2	7.9	17 57.3	10.4	59.3
	21	137 41.4	. . 47.3	203 09.1	7.9	17 46.9	10.6	59.3
	22	152 41.6	48.2	217 36.0	7.9	17 36.3	10.6	59.4
	23	167 41.8	49.2	232 02.9	7.9	17 25.7	10.8	59.4
3	00	182 42.0	S 3 50.2	246 29.8	8.0	N17 14.9	10.9	59.4
	01	197 42.2	51.1	260 56.8	8.0	17 04.0	11.1	59.5
	02	212 42.4	52.1	275 23.8	8.0	16 52.9	11.1	59.5
	03	227 42.6	. . 53.1	289 50.8	8.1	16 41.8	11.2	59.5
	04	242 42.8	54.0	304 17.9	8.1	16 30.6	11.4	59.6
	05	257 42.9	55.0	318 45.0	8.2	16 19.2	11.5	59.6
	06	272 43.1	S 3 56.0	333 12.2	8.1	N16 07.7	11.5	59.6
	07	287 43.3	56.9	347 39.3	8.2	15 56.2	11.7	59.6
	08	302 43.5	57.9	2 06.5	8.2	15 44.5	11.8	59.7
S	09	317 43.7	. . 58.9	16 33.7	8.3	15 32.7	11.9	59.7
U	10	332 43.9	3 59.8	31 01.0	8.3	15 20.8	12.0	59.7
N	11	347 44.1	4 00.8	45 28.3	8.3	15 08.8	12.1	59.8
D	12	2 44.3	S 4 01.8	59 55.6	8.4	N14 56.7	12.2	59.8
A	13	17 44.5	02.7	74 23.0	8.3	14 44.5	12.3	59.8
Y	14	32 44.7	03.7	88 50.3	8.4	14 32.2	12.4	59.9
	15	47 44.9	. . 04.7	103 17.7	8.5	14 19.8	12.5	59.9
	16	62 45.1	05.6	117 45.2	8.4	14 07.3	12.6	59.9
	17	77 45.3	06.6	132 12.6	8.5	13 54.7	12.7	59.9
	18	92 45.5	S 4 07.5	146 40.1	8.6	N13 42.0	12.8	60.0
	19	107 45.7	08.5	161 07.7	8.5	13 29.2	12.9	60.0
	20	122 45.9	09.5	175 35.2	8.6	13 16.3	13.0	60.0
	21	137 46.1	. . 10.4	190 02.8	8.6	13 03.3	13.0	60.0
	22	152 46.3	11.4	204 30.4	8.6	12 50.3	13.2	60.1
	23	167 46.4	12.4	218 58.0	8.7	N12 37.1	13.2	60.1
		SD 16.0	d 1.0	SD 15.9		16.1		16.3

Lat. °	Twilight Naut. h m	Twilight Civil h m	Sunrise h m	Moonrise 1 h m	Moonrise 2 h m	Moonrise 3 h m	Moonrise 4 h m
N 72	03 53	05 15	06 23	▭	20 00	23 37	26 06
N 70	04 05	05 18	06 19	▭	21 27	24 00	00 00
68	04 14	05 20	06 16	19 25	22 06	24 18	00 18
66	04 22	05 22	06 13	20 28	22 33	24 32	00 32
64	04 28	05 24	06 11	21 03	22 53	24 44	00 44
62	04 33	05 25	06 09	21 28	23 09	24 54	00 54
60	04 37	05 26	06 07	21 48	23 23	25 02	01 02
N 58	04 41	05 27	06 06	22 04	23 35	25 10	01 10
56	04 44	05 27	06 05	22 18	23 45	25 16	01 16
54	04 47	05 28	06 03	22 29	23 54	25 22	01 22
52	04 49	05 29	06 02	22 40	24 02	00 02	01 27
50	04 51	05 29	06 01	22 49	24 09	00 09	01 32
45	04 56	05 30	05 59	23 09	24 24	00 24	01 42
N 40	04 59	05 30	05 57	23 25	24 36	00 36	01 50
35	05 01	05 30	05 55	23 38	24 47	00 47	01 57
30	05 02	05 30	05 54	23 50	24 56	00 56	02 03
20	05 03	05 29	05 51	24 10	00 10	01 12	02 14
N 10	05 03	05 28	05 49	24 27	00 27	01 25	02 24
0	05 01	05 25	05 46	24 43	00 43	01 38	02 32
S 10	04 58	05 23	05 44	00 05	00 59	01 51	02 41
20	04 53	05 19	05 41	00 24	01 16	02 05	02 50
30	04 45	05 13	05 37	00 47	01 36	02 20	03 01
35	04 40	05 10	05 35	01 00	01 47	02 29	03 07
40	04 34	05 06	05 33	01 15	02 00	02 39	03 14
45	04 26	05 01	05 31	01 33	02 15	02 51	03 22
S 50	04 16	04 55	05 27	01 55	02 34	03 06	03 32
52	04 11	04 52	05 26	02 06	02 43	03 12	03 36
54	04 05	04 48	05 24	02 18	02 53	03 20	03 41
56	03 59	04 45	05 22	02 32	03 04	03 28	03 46
58	03 52	04 41	05 20	02 48	03 17	03 37	03 52
S 60	03 43	04 36	05 18	03 07	03 32	03 48	03 59

Lat. °	Sunset h m	Twilight Civil h m	Twilight Naut. h m	Moonset 1 h m	Moonset 2 h m	Moonset 3 h m	Moonset 4 h m
N 72	17 14	18 21	19 42	▭	19 07	17 26	16 49
N 70	17 18	18 18	19 31	▭	17 39	17 00	16 37
68	17 21	18 16	19 22	17 42	16 59	16 40	16 27
66	17 24	18 15	19 15	16 39	16 31	16 25	16 19
64	17 26	18 13	19 09	16 03	16 09	16 11	16 12
62	17 28	18 12	19 04	15 38	15 52	16 00	16 06
60	17 30	18 11	19 00	15 17	15 37	15 51	16 01
N 58	17 32	18 11	18 56	15 01	15 25	15 42	15 56
56	17 33	18 10	18 53	14 47	15 14	15 35	15 52
54	17 34	18 10	18 51	14 34	15 05	15 28	15 48
52	17 36	18 09	18 48	14 23	14 56	15 22	15 44
50	17 37	18 09	18 46	14 14	14 49	15 17	15 41
45	17 39	18 08	18 42	13 53	14 32	15 05	15 34
N 40	17 41	18 08	18 39	13 37	14 19	14 55	15 28
35	17 43	18 08	18 37	13 22	14 07	14 47	15 23
30	17 45	18 08	18 36	13 10	13 57	14 39	15 19
20	17 47	18 09	18 35	12 49	13 39	14 26	15 11
N 10	17 50	18 11	18 35	12 31	13 24	14 15	15 04
0	17 53	18 13	18 37	12 13	13 09	14 04	14 58
S 10	17 55	18 16	18 41	11 56	12 55	13 53	14 51
20	17 58	18 20	18 46	11 37	12 39	13 42	14 44
30	18 02	18 26	18 54	11 16	12 21	13 28	14 36
35	18 04	18 29	18 59	11 03	12 10	13 20	14 31
40	18 06	18 33	19 06	10 49	11 58	13 11	14 26
45	18 09	18 39	19 14	10 31	11 44	13 01	14 19
S 50	18 12	18 45	19 24	10 09	11 26	12 48	14 11
52	18 14	18 48	19 29	09 59	11 18	12 42	14 08
54	18 16	18 52	19 35	09 47	11 08	12 35	14 04
56	18 18	18 55	19 41	09 34	10 58	12 27	14 00
58	18 20	19 00	19 49	09 18	10 45	12 19	13 55
S 60	18 22	19 05	19 58	08 59	10 31	12 09	13 49

Day	SUN Eqn. of Time 00^h	SUN Eqn. of Time 12^h	SUN Mer. Pass.	MOON Mer. Pass. Upper	MOON Mer. Pass. Lower	MOON Age	MOON Phase
d	m s	m s	h m	h m	h m	d %	
1	10 09	10 19	11 50	06 00	18 28	23 46	
2	10 28	10 38	11 49	06 56	19 24	24 35	
3	10 47	10 57	11 49	07 51	20 18	25 25	

UT d	h	ARIES GHA	VENUS −4.7 GHA	VENUS Dec	MARS +1.5 GHA	MARS Dec	JUPITER −2.9 GHA	JUPITER Dec	SATURN +0.9 GHA	SATURN Dec
		° ′	° ′	° ′	° ′	° ′	° ′	° ′	° ′	° ′
4	00	12 34.8	154 23.0	S22 12.7	152 11.7	S16 00.1	14 55.8	S 2 45.2	184 16.6	S 1 13.6
	01	27 37.3	169 25.2	13.1	167 12.5	00.7	29 58.5	45.4	199 18.8	13.7
	02	42 39.8	184 27.3	13.4	182 13.3	01.2	45 01.3	45.5	214 21.0	13.8
	03	57 42.2	199 29.4	. . 13.7	197 14.0	. . 01.8	60 04.0	. . 45.6	229 23.2	. . 14.0
	04	72 44.7	214 31.6	14.0	212 14.8	02.3	75 06.8	45.7	244 25.3	14.1
	05	87 47.2	229 33.7	14.3	227 15.6	02.9	90 09.5	45.9	259 27.5	14.2
	06	102 49.6	244 35.9	S22 14.6	242 16.3	S16 03.4	105 12.3	S 2 46.0	274 29.7	S 1 14.3
	07	117 52.1	259 38.0	14.9	257 17.1	03.9	120 15.0	46.1	289 31.9	14.4
	08	132 54.5	274 40.2	15.2	272 17.8	04.5	135 17.8	46.2	304 34.1	14.6
M	09	147 57.0	289 42.3	. . 15.5	287 18.6	. . 05.0	150 20.5	. . 46.3	319 36.2	. . 14.7
O	10	162 59.5	304 44.5	15.8	302 19.4	05.6	165 23.3	46.5	334 38.4	14.8
N	11	178 01.9	319 46.6	16.1	317 20.1	06.1	180 26.0	46.6	349 40.6	14.9
D	12	193 04.4	334 48.8	S22 16.4	332 20.9	S16 06.7	195 28.8	S 2 46.7	4 42.8	S 1 15.0
A	13	208 06.9	349 51.0	16.7	347 21.6	07.2	210 31.5	46.8	19 45.0	15.2
Y	14	223 09.3	4 53.1	17.0	2 22.4	07.8	225 34.3	47.0	34 47.1	15.3
	15	238 11.8	19 55.3	. . 17.3	17 23.2	. . 08.3	240 37.1	. . 47.1	49 49.3	. . 15.4
	16	253 14.3	34 57.5	17.6	32 23.9	08.9	255 39.8	47.2	64 51.5	15.5
	17	268 16.7	49 59.7	17.9	47 24.7	09.4	270 42.6	47.3	79 53.7	15.6
	18	283 19.2	65 01.9	S22 18.2	62 25.4	S16 09.9	285 45.3	S 2 47.4	94 55.9	S 1 15.8
	19	298 21.6	80 04.1	18.5	77 26.2	10.5	300 48.1	47.6	109 58.0	15.9
	20	313 24.1	95 06.3	18.7	92 27.0	11.0	315 50.8	47.7	125 00.2	16.0
	21	328 26.6	110 08.5	. . 19.0	107 27.7	. . 11.6	330 53.6	. . 47.8	140 02.4	. . 16.1
	22	343 29.0	125 10.7	19.3	122 28.5	12.1	345 56.3	47.9	155 04.6	16.2
	23	358 31.5	140 12.9	19.6	137 29.2	12.7	0 59.1	48.0	170 06.8	16.4
5	00	13 34.0	155 15.1	S22 19.9	152 30.0	S16 13.2	16 01.8	S 2 48.2	185 09.0	S 1 16.5
	01	28 36.4	170 17.3	20.1	167 30.7	13.7	31 04.6	48.3	200 11.1	16.6
	02	43 38.9	185 19.5	20.4	182 31.5	14.3	46 07.3	48.4	215 13.3	16.7
	03	58 41.4	200 21.7	. . 20.7	197 32.3	. . 14.8	61 10.1	. . 48.5	230 15.5	. . 16.8
	04	73 43.8	215 24.0	21.0	212 33.0	15.4	76 12.8	48.6	245 17.7	17.0
	05	88 46.3	230 26.2	21.2	227 33.8	15.9	91 15.6	48.8	260 19.9	17.1
	06	103 48.8	245 28.4	S22 21.5	242 34.5	S16 16.4	106 18.3	S 2 48.9	275 22.0	S 1 17.2
	07	118 51.2	260 30.7	21.8	257 35.3	17.0	121 21.1	49.0	290 24.2	17.3
T	08	133 53.7	275 32.9	22.0	272 36.0	17.5	136 23.8	49.1	305 26.4	17.4
U	09	148 56.1	290 35.2	. . 22.3	287 36.8	. . 18.1	151 26.6	. . 49.3	320 28.6	. . 17.6
E	10	163 58.6	305 37.4	22.5	302 37.5	18.6	166 29.3	49.4	335 30.8	17.7
S	11	179 01.1	320 39.7	22.8	317 38.3	19.2	181 32.1	49.5	350 32.9	17.8
	12	194 03.5	335 41.9	S22 23.1	332 39.0	S16 19.7	196 34.8	S 2 49.6	5 35.1	S 1 17.9
D	13	209 06.0	350 44.2	23.3	347 39.8	20.2	211 37.6	49.7	20 37.3	18.0
A	14	224 08.5	5 46.4	23.6	2 40.6	20.8	226 40.3	49.9	35 39.5	18.2
Y	15	239 10.9	20 48.7	. . 23.8	17 41.3	. . 21.3	241 43.1	. . 50.0	50 41.7	. . 18.3
	16	254 13.4	35 51.0	24.1	32 42.1	21.9	256 45.8	50.1	65 43.8	18.4
	17	269 15.9	50 53.2	24.3	47 42.8	22.4	271 48.6	50.2	80 46.0	18.5
	18	284 18.3	65 55.5	S22 24.6	62 43.6	S16 22.9	286 51.3	S 2 50.3	95 48.2	S 1 18.6
	19	299 20.8	80 57.8	24.8	77 44.3	23.5	301 54.1	50.5	110 50.4	18.8
	20	314 23.2	96 00.1	25.1	92 45.1	24.0	316 56.8	50.6	125 52.6	18.9
	21	329 25.7	111 02.4	. . 25.3	107 45.8	. . 24.5	331 59.6	. . 50.7	140 54.7	. . 19.0
	22	344 28.2	126 04.7	25.5	122 46.6	25.1	347 02.3	50.8	155 56.9	19.1
	23	359 30.6	141 07.0	25.8	137 47.3	25.6	2 05.1	50.9	170 59.1	19.2
6	00	14 33.1	156 09.2	S22 26.0	152 48.1	S16 26.2	17 07.8	S 2 51.0	186 01.3	S 1 19.4
	01	29 35.6	171 11.6	26.2	167 48.8	26.7	32 10.5	51.2	201 03.5	19.5
	02	44 38.0	186 13.9	26.5	182 49.6	27.2	47 13.3	51.3	216 05.6	19.6
	03	59 40.5	201 16.2	. . 26.7	197 50.3	. . 27.8	62 16.0	. . 51.4	231 07.8	. . 19.7
	04	74 43.0	216 18.5	26.9	212 51.1	28.3	77 18.8	51.5	246 10.0	19.8
	05	89 45.4	231 20.8	27.2	227 51.8	28.8	92 21.5	51.6	261 12.2	20.0
	06	104 47.9	246 23.1	S22 27.4	242 52.6	S16 29.4	107 24.3	S 2 51.8	276 14.4	S 1 20.1
W	07	119 50.4	261 25.4	27.6	257 53.3	29.9	122 27.0	51.9	291 16.5	20.2
E	08	134 52.8	276 27.8	27.8	272 54.1	30.5	137 29.8	52.0	306 18.7	20.3
D	09	149 55.3	291 30.1	. . 28.0	287 54.8	. . 31.0	152 32.5	. . 52.1	321 20.9	. . 20.4
N	10	164 57.7	306 32.4	28.3	302 55.6	31.5	167 35.3	52.2	336 23.1	20.6
E	11	180 00.2	321 34.8	28.5	317 56.3	32.1	182 38.0	52.4	351 25.3	20.7
S	12	195 02.7	336 37.1	S22 28.7	332 57.1	S16 32.6	197 40.8	S 2 52.5	6 27.4	S 1 20.8
D	13	210 05.1	351 39.5	28.9	347 57.8	33.1	212 43.5	52.6	21 29.6	20.9
A	14	225 07.6	6 41.8	29.1	2 58.5	33.7	227 46.3	52.7	36 31.8	21.0
Y	15	240 10.1	21 44.2	. . 29.3	17 59.3	. . 34.2	242 49.0	. . 52.8	51 34.0	. . 21.1
	16	255 12.5	36 46.5	29.5	33 00.0	34.7	257 51.7	52.9	66 36.2	21.3
	17	270 15.0	51 48.9	29.7	48 00.8	35.3	272 54.5	53.1	81 38.3	21.4
	18	285 17.5	66 51.3	S22 29.9	63 01.5	S16 35.8	287 57.2	S 2 53.2	96 40.5	S 1 21.5
	19	300 19.9	81 53.6	30.1	78 02.3	36.3	303 00.0	53.3	111 42.7	21.6
	20	315 22.4	96 56.0	30.3	93 03.0	36.9	318 02.7	53.4	126 44.9	21.7
	21	330 24.9	111 58.4	. . 30.5	108 03.8	. . 37.4	333 05.5	. . 53.5	141 47.1	. . 21.9
	22	345 27.3	127 00.8	30.7	123 04.5	37.9	348 08.2	53.7	156 49.2	22.0
	23	0 29.8	142 03.2	30.9	138 05.2	38.5	3 11.0	53.8	171 51.4	22.1
Mer. Pass.		h m 23 02.0	v 2.3	d 0.3	v 0.8	d 0.5	v 2.7	d 0.1	v 2.2	d 0.1

STARS

Name	SHA	Dec
	° ′	° ′
Acamar	315 19.4	S40 15.4
Achernar	335 27.5	S57 10.7
Acrux	173 12.4	S63 09.5
Adhara	255 14.1	S28 59.0
Aldebaran	290 51.4	N16 31.9
Alioth	166 22.8	N55 54.1
Alkaid	153 00.8	N49 15.6
Al Na'ir	27 45.7	S46 54.5
Alnilam	275 48.2	S 1 11.6
Alphard	217 58.2	S 8 42.2
Alphecca	126 12.9	N26 40.9
Alpheratz	357 45.2	N29 09.2
Altair	62 10.1	N 8 54.0
Ankaa	353 17.1	S42 14.7
Antares	112 28.9	S26 27.4
Arcturus	145 57.8	N19 07.7
Atria	107 32.8	S69 03.0
Avior	234 19.1	S59 32.4
Bellatrix	278 34.0	N 6 21.7
Betelgeuse	271 03.3	N 7 24.6
Canopus	263 57.0	S52 41.8
Capella	280 37.2	N46 00.4
Deneb	49 32.7	N45 19.5
Denebola	182 35.9	N14 30.7
Diphda	348 57.5	S17 55.4
Dubhe	193 54.5	N61 41.4
Elnath	278 15.0	N28 37.0
Eltanin	90 47.2	N51 29.6
Enif	33 48.8	N 9 55.7
Fomalhaut	15 25.8	S29 33.8
Gacrux	172 03.8	S57 10.4
Gienah	175 54.7	S17 36.1
Hadar	148 51.4	S60 25.6
Hamal	328 02.7	N23 31.0
Kaus Aust.	83 46.4	S34 22.8
Kochab	137 20.7	N74 06.8
Markab	13 40.0	N15 16.1
Menkar	314 16.8	N 4 08.1
Menkent	148 10.3	S36 25.4
Miaplacidus	221 40.8	S69 45.5
Mirfak	308 42.8	N49 54.0
Nunki	76 00.7	S26 17.0
Peacock	53 22.0	S56 42.1
Pollux	243 30.2	N27 59.9
Procyon	245 01.8	N 5 11.9
Rasalhague	96 08.4	N12 33.3
Regulus	207 45.8	N11 54.9
Rigel	281 13.8	S 8 11.2
Rigil Kent.	139 55.1	S60 52.9
Sabik	102 14.9	S15 44.2
Schedar	349 42.3	N56 36.0
Shaula	96 24.7	S37 06.8
Sirius	258 35.4	S16 43.7
Spica	158 33.6	S11 13.0
Suhail	222 54.2	S43 28.4
Vega	80 40.3	N38 47.9
Zuben'ubi	137 07.9	S16 05.2

	SHA	Mer. Pass.
	° ′	h m
Venus	141 41.1	13 37
Mars	138 56.0	13 49
Jupiter	2 27.8	22 52
Saturn	171 35.0	11 38

Day	UT (d h)	SUN GHA (° ′)	SUN Dec (° ′)	MOON GHA (° ′)	v (′)	MOON Dec (° ′)	d (′)	HP (′)
MONDAY	4 00	182 46.6	S 4 13.3	233 25.7	8.7	N12 23.9	13.4	60.1
	01	197 46.8	14.3	247 53.4	8.7	12 10.5	13.4	60.1
	02	212 47.0	15.3	262 21.1	8.8	11 57.1	13.5	60.2
	03	227 47.2	. . 16.2	276 48.9	8.7	11 43.6	13.5	60.2
	04	242 47.4	17.2	291 16.6	8.8	11 30.1	13.7	60.2
	05	257 47.6	18.2	305 44.4	8.8	11 16.4	13.7	60.2
	06	272 47.8	S 4 19.1	320 12.2	8.9	N11 02.7	13.8	60.3
	07	287 48.0	20.1	334 40.1	8.8	10 48.9	13.9	60.3
	08	302 48.2	21.1	349 07.9	8.9	10 35.0	14.0	60.3
	09	317 48.4	. . 22.0	3 35.8	8.9	10 21.0	14.0	60.3
	10	332 48.6	23.0	18 03.7	9.0	10 07.0	14.1	60.4
	11	347 48.7	24.0	32 31.7	8.9	9 52.9	14.2	60.4
	12	2 48.9	S 4 24.9	46 59.6	9.0	N 9 38.7	14.2	60.4
	13	17 49.1	25.9	61 27.6	9.0	9 24.5	14.4	60.4
	14	32 49.3	26.8	75 55.6	9.0	9 10.1	14.3	60.5
	15	47 49.5	. . 27.8	90 23.6	9.0	8 55.8	14.5	60.5
	16	62 49.7	28.8	104 51.6	9.1	8 41.3	14.5	60.5
	17	77 49.9	29.7	119 19.7	9.0	8 26.8	14.5	60.5
	18	92 50.1	S 4 30.7	133 47.7	9.1	N 8 12.3	14.7	60.5
	19	107 50.3	31.7	148 15.8	9.1	7 57.6	14.6	60.6
	20	122 50.5	32.6	162 43.9	9.1	7 43.0	14.8	60.6
	21	137 50.6	. . 33.6	177 12.0	9.2	7 28.2	14.8	60.6
	22	152 50.8	34.6	191 40.2	9.1	7 13.4	14.8	60.6
	23	167 51.0	35.5	206 08.3	9.1	6 58.6	14.9	60.6
TUESDAY	5 00	182 51.2	S 4 36.5	220 36.4	9.2	N 6 43.7	14.9	60.7
	01	197 51.4	37.4	235 04.6	9.2	6 28.8	15.0	60.7
	02	212 51.6	38.4	249 32.8	9.2	6 13.8	15.1	60.7
	03	227 51.8	. . 39.4	264 01.0	9.2	5 58.7	15.0	60.7
	04	242 52.0	40.3	278 29.2	9.2	5 43.7	15.2	60.7
	05	257 52.2	41.3	292 57.4	9.2	5 28.5	15.1	60.7
	06	272 52.3	S 4 42.3	307 25.6	9.2	N 5 13.4	15.2	60.8
	07	287 52.5	43.2	321 53.8	9.3	4 58.2	15.3	60.8
	08	302 52.7	44.2	336 22.1	9.2	4 42.9	15.2	60.8
	09	317 52.9	. . 45.1	350 50.3	9.3	4 27.7	15.3	60.8
	10	332 53.1	46.1	5 18.6	9.2	4 12.4	15.4	60.8
	11	347 53.3	47.1	19 46.8	9.3	3 57.0	15.4	60.8
	12	2 53.5	S 4 48.0	34 15.1	9.2	N 3 41.6	15.4	60.8
	13	17 53.7	49.0	48 43.3	9.3	3 26.2	15.4	60.8
	14	32 53.8	50.0	63 11.6	9.2	3 10.8	15.4	60.9
	15	47 54.0	. . 50.9	77 39.8	9.3	2 55.4	15.5	60.9
	16	62 54.2	51.9	92 08.1	9.3	2 39.9	15.5	60.9
	17	77 54.4	52.8	106 36.4	9.2	2 24.4	15.5	60.9
	18	92 54.6	S 4 53.8	121 04.6	9.3	N 2 08.9	15.6	60.9
	19	107 54.8	54.8	135 32.9	9.2	1 53.3	15.5	60.9
	20	122 55.0	55.7	150 01.1	9.3	1 37.8	15.6	60.9
	21	137 55.1	. . 56.7	164 29.4	9.2	1 22.2	15.6	60.9
	22	152 55.3	57.6	178 57.6	9.3	1 06.6	15.6	60.9
	23	167 55.5	58.6	193 25.9	9.2	0 51.0	15.6	60.9
WEDNESDAY	6 00	182 55.7	S 4 59.6	207 54.1	9.3	N 0 35.4	15.6	61.0
	01	197 55.9	5 00.5	222 22.4	9.2	0 19.8	15.6	61.0
	02	212 56.1	01.5	236 50.6	9.2	N 0 04.2	15.6	61.0
	03	227 56.3	. . 02.4	251 18.8	9.2	S 0 11.4	15.7	61.0
	04	242 56.4	03.4	265 47.0	9.2	0 27.1	15.6	61.0
	05	257 56.6	04.4	280 15.2	9.2	0 42.7	15.6	61.0
	06	272 56.8	S 5 05.3	294 43.4	9.2	S 0 58.3	15.6	61.0
	07	287 57.0	06.3	309 11.6	9.1	1 13.9	15.6	61.0
	08	302 57.2	07.2	323 39.7	9.2	1 29.5	15.6	61.0
	09	317 57.4	. . 08.2	338 07.9	9.1	1 45.1	15.6	61.0
	10	332 57.5	09.2	352 36.0	9.1	2 00.7	15.6	61.0
	11	347 57.7	10.1	7 04.1	9.1	2 16.3	15.6	61.0
	12	2 57.9	S 5 11.1	21 32.2	9.1	S 2 31.9	15.6	61.0
	13	17 58.1	12.0	36 00.3	9.1	2 47.5	15.5	61.0
	14	32 58.3	13.0	50 28.4	9.0	3 03.0	15.5	61.0
	15	47 58.5	. . 14.0	64 56.4	9.1	3 18.5	15.5	61.0
	16	62 58.6	14.9	79 24.5	9.0	3 34.0	15.5	61.0
	17	77 58.8	15.9	93 52.5	9.0	3 49.5	15.5	61.0
	18	92 59.0	S 5 16.8	108 20.5	9.0	S 4 05.0	15.4	61.0
	19	107 59.2	17.8	122 48.5	8.9	4 20.4	15.4	61.0
	20	122 59.4	18.7	137 16.4	8.9	4 35.8	15.4	61.0
	21	137 59.5	. . 19.7	151 44.3	9.0	4 51.2	15.3	61.0
	22	152 59.7	20.7	166 12.3	8.8	5 06.5	15.3	61.0
	23	167 59.9	21.6	180 40.1	8.9	S 5 21.8	15.3	61.0
		SD 16.0	d 1.0	SD 16.5		16.6		16.6

Lat. (°)	Twilight Naut. (h m)	Twilight Civil (h m)	Sunrise (h m)	Moonrise 4 (h m)	Moonrise 5 (h m)	Moonrise 6 (h m)	Moonrise 7 (h m)
N 72	04 08	05 29	06 36	26 06	02 06	04 27	06 50
N 70	04 18	05 30	06 31	00 00	02 15	04 26	06 38
68	04 26	05 31	06 27	00 18	02 23	04 25	06 29
66	04 32	05 32	06 23	00 32	02 29	04 24	06 21
64	04 37	05 32	06 20	00 44	02 34	04 24	06 15
62	04 41	05 33	06 17	00 54	02 39	04 23	06 09
60	04 45	05 33	06 15	01 02	02 42	04 23	06 04
N 58	04 48	05 33	06 12	01 10	02 46	04 22	06 00
56	04 50	05 33	06 11	01 16	02 49	04 22	05 56
54	04 52	05 34	06 09	01 22	02 51	04 22	05 53
52	04 54	05 34	06 07	01 27	02 54	04 22	05 50
50	04 56	05 34	06 06	01 32	02 56	04 21	05 47
45	04 59	05 33	06 03	01 42	03 01	04 21	05 41
N 40	05 02	05 33	06 00	01 50	03 05	04 20	05 36
35	05 03	05 32	05 58	01 57	03 08	04 20	05 32
30	05 04	05 32	05 56	02 03	03 11	04 20	05 28
20	05 04	05 30	05 52	02 14	03 17	04 19	05 22
N 10	05 03	05 27	05 48	02 24	03 21	04 19	05 16
0	05 00	05 24	05 45	02 32	03 26	04 18	05 11
S 10	04 56	05 21	05 42	02 41	03 30	04 18	05 06
20	04 50	05 16	05 38	02 50	03 34	04 17	05 01
30	04 42	05 10	05 34	03 01	03 40	04 17	04 55
35	04 36	05 06	05 31	03 07	03 43	04 17	04 51
40	04 29	05 01	05 28	03 14	03 46	04 17	04 48
45	04 20	04 55	05 25	03 22	03 50	04 16	04 43
S 50	04 09	04 48	05 21	03 32	03 54	04 16	04 38
52	04 03	04 45	05 19	03 36	03 57	04 16	04 35
54	03 57	04 41	05 17	03 41	03 59	04 16	04 33
56	03 50	04 37	05 15	03 46	04 01	04 16	04 30
58	03 42	04 32	05 12	03 52	04 04	04 15	04 27
S 60	03 33	04 26	05 09	03 59	04 07	04 15	04 23

Lat. (°)	Sunset (h m)	Twilight Civil (h m)	Twilight Naut. (h m)	Moonset 4 (h m)	Moonset 5 (h m)	Moonset 6 (h m)	Moonset 7 (h m)
N 72	16 59	18 06	19 25	16 49	16 22	15 56	15 27
N 70	17 04	18 05	19 16	16 37	16 19	16 01	15 41
68	17 09	18 04	19 09	16 27	16 16	16 05	15 53
66	17 12	18 03	19 03	16 19	16 14	16 08	16 03
64	17 16	18 03	18 58	16 12	16 12	16 11	16 11
62	17 19	18 03	18 54	16 06	16 10	16 14	16 18
60	17 21	18 02	18 51	16 01	16 09	16 16	16 25
N 58	17 23	18 02	18 48	15 56	16 07	16 18	16 30
56	17 25	18 02	18 45	15 52	16 06	16 20	16 35
54	17 27	18 02	18 43	15 48	16 05	16 22	16 40
52	17 29	18 02	18 41	15 44	16 04	16 23	16 44
50	17 30	18 02	18 40	15 41	16 03	16 25	16 47
45	17 33	18 03	18 37	15 34	16 01	16 28	16 55
N 40	17 36	18 03	18 35	15 28	16 00	16 30	17 02
35	17 39	18 04	18 33	15 23	15 58	16 32	17 08
30	17 41	18 05	18 33	15 19	15 57	16 34	17 13
20	17 45	18 07	18 32	15 11	15 54	16 38	17 22
N 10	17 48	18 09	18 34	15 04	15 52	16 40	17 29
0	17 52	18 12	18 37	14 58	15 50	16 43	17 37
S 10	17 55	18 16	18 41	14 51	15 48	16 46	17 44
20	17 59	18 21	18 47	14 44	15 46	16 49	17 52
30	18 04	18 28	18 56	14 36	15 44	16 52	18 01
35	18 06	18 32	19 02	14 31	15 42	16 54	18 06
40	18 09	18 37	19 09	14 26	15 41	16 56	18 12
45	18 13	18 43	19 18	14 19	15 39	16 59	18 19
S 50	18 17	18 50	19 30	14 11	15 36	17 02	18 28
52	18 19	18 53	19 35	14 08	15 35	17 03	18 32
54	18 21	18 57	19 41	14 04	15 34	17 05	18 36
56	18 24	19 02	19 49	14 00	15 33	17 06	18 41
58	18 26	19 07	19 57	13 55	15 31	17 08	18 46
S 60	18 29	19 12	20 06	13 49	15 30	17 10	18 52

Day	SUN Eqn. of Time 00^h (m s)	SUN Eqn. of Time 12^h (m s)	SUN Mer. Pass. (h m)	MOON Mer. Pass. Upper (h m)	MOON Mer. Pass. Lower (h m)	MOON Age (d)	MOON Phase (%)
4	11 06	11 15	11 49	08 45	21 12	26	15
5	11 24	11 34	11 48	09 38	22 04	27	8
6	11 42	11 51	11 48	10 31	22 57	28	3

Day	UT d h	ARIES GHA ° ′	VENUS −4.7 GHA ° ′	VENUS Dec ° ′	MARS +1.5 GHA ° ′	MARS Dec ° ′	JUPITER −2.9 GHA ° ′	JUPITER Dec ° ′	SATURN +0.9 GHA ° ′	SATURN Dec ° ′
THURSDAY	7 00	15 32.2	157 05.6	S22 31.1	153 06.0	S16 39.0	18 13.7	S 2 53.9	186 53.6	S 1 22.2
	01	30 34.7	172 07.9	31.3	168 06.7	39.5	33 16.5	54.0	201 55.8	22.3
	02	45 37.2	187 10.3	31.5	183 07.5	40.1	48 19.2	54.1	216 58.0	22.5
	03	60 39.6	202 12.7	. . 31.7	198 08.2	. . 40.6	63 21.9	. . 54.2	232 00.1	. . 22.6
	04	75 42.1	217 15.2	31.8	213 09.0	41.1	78 24.7	54.4	247 02.3	22.7
	05	90 44.6	232 17.6	32.0	228 09.7	41.7	93 27.4	54.5	262 04.5	22.8
	06	105 47.0	247 20.0	S22 32.2	243 10.4	S16 42.2	108 30.2	S 2 54.6	277 06.7	S 1 22.9
	07	120 49.5	262 22.4	32.4	258 11.2	42.7	123 32.9	54.7	292 08.9	23.1
	08	135 52.0	277 24.8	32.6	273 11.9	43.3	138 35.7	54.8	307 11.1	23.2
	09	150 54.4	292 27.2	. . 32.7	288 12.7	. . 43.8	153 38.4	. . 54.9	322 13.2	. . 23.3
	10	165 56.9	307 29.7	32.9	303 13.4	44.3	168 41.1	55.1	337 15.4	23.4
	11	180 59.3	322 32.1	33.1	318 14.2	44.9	183 43.9	55.2	352 17.6	23.5
	12	196 01.8	337 34.5	S22 33.2	333 14.9	S16 45.4	198 46.6	S 2 55.3	7 19.8	S 1 23.7
	13	211 04.3	352 37.0	33.4	348 15.6	45.9	213 49.4	55.4	22 22.0	23.8
	14	226 06.7	7 39.4	33.6	3 16.4	46.5	228 52.1	55.5	37 24.1	23.9
	15	241 09.2	22 41.9	. . 33.7	18 17.1	. . 47.0	243 54.9	. . 55.6	52 26.3	. . 24.0
	16	256 11.7	37 44.3	33.9	33 17.9	47.5	258 57.6	55.8	67 28.5	24.1
	17	271 14.1	52 46.8	34.1	48 18.6	48.0	274 00.3	55.9	82 30.7	24.3
	18	286 16.6	67 49.2	S22 34.2	63 19.3	S16 48.6	289 03.1	S 2 56.0	97 32.9	S 1 24.4
	19	301 19.1	82 51.7	34.4	78 20.1	49.1	304 05.8	56.1	112 35.0	24.5
	20	316 21.5	97 54.1	34.5	93 20.8	49.6	319 08.6	56.2	127 37.2	24.6
	21	331 24.0	112 56.6	. . 34.7	108 21.5	. . 50.2	334 11.3	. . 56.3	142 39.4	. . 24.7
	22	346 26.5	127 59.1	34.8	123 22.3	50.7	349 14.1	56.4	157 41.6	24.8
	23	1 28.9	143 01.6	35.0	138 23.0	51.2	4 16.8	56.6	172 43.8	25.0
FRIDAY	8 00	16 31.4	158 04.0	S22 35.1	153 23.8	S16 51.7	19 19.5	S 2 56.7	187 45.9	S 1 25.1
	01	31 33.8	173 06.5	35.2	168 24.5	52.3	34 22.3	56.8	202 48.1	25.2
	02	46 36.3	188 09.0	35.4	183 25.2	52.8	49 25.0	56.9	217 50.3	25.3
	03	61 38.8	203 11.5	. . 35.5	198 26.0	. . 53.3	64 27.8	. . 57.0	232 52.5	. . 25.4
	04	76 41.2	218 14.0	35.7	213 26.7	53.9	79 30.5	57.1	247 54.7	25.6
	05	91 43.7	233 16.5	35.8	228 27.4	54.4	94 33.2	57.3	262 56.8	25.7
	06	106 46.2	248 19.0	S22 35.9	243 28.2	S16 54.9	109 36.0	S 2 57.4	277 59.0	S 1 25.8
	07	121 48.6	263 21.5	36.1	258 28.9	55.4	124 38.7	57.5	293 01.2	25.9
	08	136 51.1	278 24.0	36.2	273 29.6	56.0	139 41.5	57.6	308 03.4	26.0
	09	151 53.6	293 26.6	. . 36.3	288 30.4	. . 56.5	154 44.2	. . 57.7	323 05.6	. . 26.2
	10	166 56.0	308 29.1	36.4	303 31.1	57.0	169 46.9	57.8	338 07.7	26.3
	11	181 58.5	323 31.6	36.6	318 31.8	57.5	184 49.7	57.9	353 09.9	26.4
	12	197 00.9	338 34.1	S22 36.7	333 32.6	S16 58.1	199 52.4	S 2 58.1	8 12.1	S 1 26.5
	13	212 03.4	353 36.7	36.8	348 33.3	58.6	214 55.2	58.2	23 14.3	26.6
	14	227 05.9	8 39.2	36.9	3 34.0	59.1	229 57.9	58.3	38 16.5	26.8
	15	242 08.3	23 41.7	. . 37.0	18 34.8	16 59.6	245 00.6	. . 58.4	53 18.7	. . 26.9
	16	257 10.8	38 44.3	37.2	33 35.5	17 00.2	260 03.4	58.5	68 20.8	27.0
	17	272 13.3	53 46.8	37.3	48 36.2	00.7	275 06.1	58.6	83 23.0	27.1
	18	287 15.7	68 49.4	S22 37.4	63 37.0	S17 01.2	290 08.8	S 2 58.7	98 25.2	S 1 27.2
	19	302 18.2	83 51.9	37.5	78 37.7	01.7	305 11.6	58.9	113 27.4	27.3
	20	317 20.7	98 54.5	37.6	93 38.4	02.3	320 14.3	59.0	128 29.6	27.5
	21	332 23.1	113 57.1	. . 37.7	108 39.2	. . 02.8	335 17.1	. . 59.1	143 31.7	. . 27.6
	22	347 25.6	128 59.6	37.8	123 39.9	03.3	350 19.8	59.2	158 33.9	27.7
	23	2 28.1	144 02.2	37.9	138 40.6	03.8	5 22.5	59.3	173 36.1	27.8
SATURDAY	9 00	17 30.5	159 04.8	S22 38.0	153 41.4	S17 04.4	20 25.3	S 2 59.4	188 38.3	S 1 27.9
	01	32 33.0	174 07.4	38.1	168 42.1	04.9	35 28.0	59.5	203 40.5	28.1
	02	47 35.4	189 09.9	38.2	183 42.8	05.4	50 30.8	59.7	218 42.6	28.2
	03	62 37.9	204 12.5	. . 38.3	198 43.5	. . 05.9	65 33.5	. . 59.8	233 44.8	. . 28.3
	04	77 40.4	219 15.1	38.4	213 44.3	06.5	80 36.2	2 59.9	248 47.0	28.4
	05	92 42.8	234 17.7	38.4	228 45.0	07.0	95 39.0	3 00.0	263 49.2	28.5
	06	107 45.3	249 20.3	S22 38.5	243 45.7	S17 07.5	110 41.7	S 3 00.1	278 51.4	S 1 28.7
	07	122 47.8	264 22.9	38.6	258 46.5	08.0	125 44.4	00.2	293 53.5	28.8
	08	137 50.2	279 25.5	38.7	273 47.2	08.5	140 47.2	00.3	308 55.7	28.9
	09	152 52.7	294 28.1	. . 38.8	288 47.9	. . 09.1	155 49.9	. . 00.4	323 57.9	. . 29.0
	10	167 55.2	309 30.7	38.8	303 48.6	09.6	170 52.6	00.6	339 00.1	29.1
	11	182 57.6	324 33.4	38.9	318 49.4	10.1	185 55.4	00.7	354 02.3	29.2
	12	198 00.1	339 36.0	S22 39.0	333 50.1	S17 10.6	200 58.1	S 3 00.8	9 04.5	S 1 29.4
	13	213 02.6	354 38.6	39.1	348 50.8	11.1	216 00.8	00.9	24 06.6	29.5
	14	228 05.0	9 41.2	39.1	3 51.5	11.7	231 03.6	01.0	39 08.8	29.6
	15	243 07.5	24 43.9	. . 39.2	18 52.3	. . 12.2	246 06.3	. . 01.1	54 11.0	. . 29.7
	16	258 09.9	39 46.5	39.3	33 53.0	12.7	261 09.1	01.2	69 13.2	29.8
	17	273 12.4	54 49.1	39.3	48 53.7	13.2	276 11.8	01.3	84 15.4	30.0
	18	288 14.9	69 51.8	S22 39.4	63 54.4	S17 13.7	291 14.5	S 3 01.5	99 17.5	S 1 30.1
	19	303 17.3	84 54.4	39.4	78 55.2	14.3	306 17.3	01.6	114 19.7	30.2
	20	318 19.8	99 57.1	39.5	93 55.9	14.8	321 20.0	01.7	129 21.9	30.3
	21	333 22.3	114 59.8	. . 39.6	108 56.6	. . 15.3	336 22.7	. . 01.8	144 24.1	. . 30.4
	22	348 24.7	130 02.4	39.6	123 57.3	15.8	351 25.5	01.9	159 26.3	30.6
	23	3 27.2	145 05.1	39.7	138 58.1	16.3	6 28.2	02.0	174 28.4	30.7
	Mer. Pass.	h m 22 50.2	v 2.5	d 0.1	v 0.7	d 0.5	v 2.7	d 0.1	v 2.2	d 0.1

STARS

Name	SHA ° ′	Dec ° ′
Acamar	315 19.4	S40 15.4
Achernar	335 27.5	S57 10.7
Acrux	173 12.4	S63 09.5
Adhara	255 14.1	S28 59.0
Aldebaran	290 51.4	N16 31.9
Alioth	166 22.8	N55 54.0
Alkaid	153 00.8	N49 15.6
Al Na'ir	27 45.7	S46 54.5
Alnilam	275 48.2	S 1 11.6
Alphard	217 58.2	S 8 42.2
Alphecca	126 12.9	N26 40.9
Alpheratz	357 45.2	N29 09.3
Altair	62 10.1	N 8 54.0
Ankaa	353 17.1	S42 14.7
Antares	112 28.9	S26 27.4
Arcturus	145 57.8	N19 07.7
Atria	107 32.8	S69 03.0
Avior	234 19.1	S59 32.4
Bellatrix	278 34.0	N 6 21.7
Betelgeuse	271 03.3	N 7 24.6
Canopus	263 56.9	S52 41.8
Capella	280 37.1	N46 00.4
Deneb	49 32.7	N45 19.5
Denebola	182 35.9	N14 30.7
Diphda	348 57.5	S17 55.4
Dubhe	193 54.5	N61 41.4
Elnath	278 14.9	N28 37.0
Eltanin	90 47.2	N51 29.6
Enif	33 48.8	N 9 55.7
Fomalhaut	15 25.8	S29 33.8
Gacrux	172 03.8	S57 10.4
Gienah	175 54.7	S17 36.1
Hadar	148 51.4	S60 25.6
Hamal	328 02.7	N23 31.0
Kaus Aust.	83 46.5	S34 22.8
Kochab	137 20.7	N74 06.8
Markab	13 40.0	N15 16.1
Menkar	314 16.8	N 4 08.1
Menkent	148 10.3	S36 25.4
Miaplacidus	221 40.8	S69 45.5
Mirfak	308 42.8	N49 54.0
Nunki	76 00.7	S26 17.0
Peacock	53 22.0	S56 42.1
Pollux	243 30.1	N27 59.9
Procyon	245 01.8	N 5 11.9
Rasalhague	96 08.4	N12 33.3
Regulus	207 45.8	N11 54.9
Rigel	281 13.8	S 8 11.2
Rigil Kent.	139 55.1	S60 52.9
Sabik	102 14.9	S15 44.2
Schedar	349 42.3	N56 36.0
Shaula	96 24.7	S37 06.8
Sirius	258 35.4	S16 43.7
Spica	158 33.6	S11 13.0
Suhail	222 54.2	S43 28.4
Vega	80 40.3	N38 47.9
Zuben'ubi	137 07.9	S16 05.2

	SHA ° ′	Mer. Pass. h m
Venus	141 32.7	13 26
Mars	136 52.4	13 46
Jupiter	2 48.2	22 39
Saturn	171 14.6	11 27

UT		SUN GHA	SUN Dec	MOON GHA	v	MOON Dec	d	HP
d h		° ′	° ′	° ′	′	° ′	′	′
7 00	THURSDAY	183 00.1	S 5 22.6	195 08.0	8.8	S 5 37.1	15.3	61.0
01		198 00.3	23.5	209 35.8	8.8	5 52.4	15.2	61.0
02		213 00.4	24.5	224 03.6	8.8	6 07.6	15.1	61.0
03		228 00.6	. . 25.5	238 31.4	8.8	6 22.7	15.1	61.0
04		243 00.8	26.4	252 59.2	8.7	6 37.8	15.1	60.9
05		258 01.0	27.4	267 26.9	8.7	6 52.9	15.0	60.9
06		273 01.2	S 5 28.3	281 54.6	8.7	S 7 07.9	15.0	60.9
07		288 01.3	29.3	296 22.3	8.6	7 22.9	15.0	60.9
08		303 01.5	30.2	310 49.9	8.6	7 37.9	14.8	60.9
09		318 01.7	. . 31.2	325 17.5	8.6	7 52.7	14.9	60.9
10		333 01.9	32.2	339 45.1	8.5	8 07.6	14.7	60.9
11		348 02.1	33.1	354 12.6	8.6	8 22.3	14.8	60.9
12		3 02.2	S 5 34.1	8 40.2	8.4	S 8 37.1	14.6	60.9
13		18 02.4	35.0	23 07.6	8.5	8 51.7	14.6	60.9
14		33 02.6	36.0	37 35.1	8.4	9 06.3	14.5	60.8
15		48 02.8	. . 36.9	52 02.5	8.4	9 20.8	14.5	60.8
16		63 03.0	37.9	66 29.9	8.4	9 35.3	14.4	60.8
17		78 03.1	38.8	80 57.3	8.3	9 49.7	14.4	60.8
18		93 03.3	S 5 39.8	95 24.6	8.2	S10 04.1	14.2	60.8
19		108 03.5	40.8	109 51.8	8.3	10 18.3	14.2	60.8
20		123 03.7	41.7	124 19.1	8.2	10 32.5	14.1	60.8
21		138 03.8	. . 42.7	138 46.3	8.2	10 46.6	14.1	60.7
22		153 04.0	43.6	153 13.5	8.1	11 00.7	14.0	60.7
23		168 04.2	44.6	167 40.6	8.1	11 14.7	13.9	60.7
8 00	FRIDAY	183 04.4	S 5 45.5	182 07.7	8.1	S11 28.6	13.8	60.7
01		198 04.5	46.5	196 34.8	8.0	11 42.4	13.7	60.7
02		213 04.7	47.4	211 01.8	8.0	11 56.1	13.7	60.7
03		228 04.9	. . 48.4	225 28.8	7.9	12 09.8	13.5	60.6
04		243 05.1	49.4	239 55.7	7.9	12 23.3	13.5	60.6
05		258 05.3	50.3	254 22.6	7.9	12 36.8	13.4	60.6
06		273 05.4	S 5 51.3	268 49.5	7.8	S12 50.2	13.3	60.6
07		288 05.6	52.2	283 16.3	7.8	13 03.5	13.2	60.6
08		303 05.8	53.2	297 43.1	7.8	13 16.7	13.1	60.5
09		318 06.0	. . 54.1	312 09.9	7.7	13 29.8	13.1	60.5
10		333 06.1	55.1	326 36.6	7.7	13 42.9	12.9	60.5
11		348 06.3	56.0	341 03.3	7.6	13 55.8	12.8	60.5
12		3 06.5	S 5 57.0	355 29.9	7.6	S14 08.6	12.8	60.4
13		18 06.6	57.9	9 56.5	7.6	14 21.4	12.6	60.4
14		33 06.8	58.9	24 23.1	7.5	14 34.0	12.5	60.4
15		48 07.0	5 59.8	38 49.6	7.5	14 46.5	12.4	60.4
16		63 07.2	6 00.8	53 16.1	7.4	14 58.9	12.4	60.4
17		78 07.3	01.7	67 42.5	7.4	15 11.3	12.2	60.3
18		93 07.5	S 6 02.7	82 08.9	7.4	S15 23.5	12.1	60.3
19		108 07.7	03.6	96 35.3	7.3	15 35.6	12.0	60.3
20		123 07.9	04.6	111 01.6	7.3	15 47.6	11.9	60.2
21		138 08.0	. . 05.6	125 27.9	7.3	15 59.5	11.7	60.2
22		153 08.2	06.5	139 54.2	7.2	16 11.2	11.7	60.2
23		168 08.4	07.5	154 20.4	7.2	16 22.9	11.5	60.2
9 00	SATURDAY	183 08.6	S 6 08.4	168 46.6	7.1	S16 34.4	11.5	60.1
01		198 08.7	09.4	183 12.7	7.1	16 45.9	11.3	60.1
02		213 08.9	10.3	197 38.8	7.1	16 57.2	11.2	60.1
03		228 09.1	. . 11.3	212 04.9	7.0	17 08.4	11.0	60.1
04		243 09.2	12.2	226 30.9	7.0	17 19.4	11.0	60.0
05		258 09.4	13.2	240 56.9	7.0	17 30.4	10.8	60.0
06		273 09.6	S 6 14.1	255 22.9	6.9	S17 41.2	10.7	60.0
07		288 09.8	15.1	269 48.8	6.9	17 51.9	10.6	59.9
08		303 09.9	16.0	284 14.7	6.9	18 02.5	10.4	59.9
09		318 10.1	. . 17.0	298 40.6	6.8	18 12.9	10.4	59.9
10		333 10.3	17.9	313 06.4	6.8	18 23.3	10.2	59.8
11		348 10.4	18.9	327 32.2	6.8	18 33.5	10.0	59.8
12		3 10.6	S 6 19.8	341 58.0	6.7	S18 43.5	10.0	59.8
13		18 10.8	20.8	356 23.7	6.7	18 53.5	9.8	59.7
14		33 10.9	21.7	10 49.4	6.7	19 03.3	9.6	59.7
15		48 11.1	. . 22.7	25 15.1	6.6	19 12.9	9.6	59.7
16		63 11.3	23.6	39 40.7	6.6	19 22.5	9.4	59.6
17		78 11.4	24.6	54 06.3	6.6	19 31.9	9.2	59.6
18		93 11.6	S 6 25.5	68 31.9	6.6	S19 41.1	9.1	59.6
19		108 11.8	26.5	82 57.5	6.5	19 50.2	9.0	59.5
20		123 12.0	27.4	97 23.0	6.5	19 59.2	8.9	59.5
21		138 12.1	. . 28.4	111 48.5	6.5	20 08.1	8.7	59.5
22		153 12.3	29.3	126 14.0	6.5	20 16.8	8.6	59.4
23		168 12.5	30.3	140 39.5	6.4	S20 25.4	8.4	59.4
		SD 16.0	d 1.0	SD	16.6		16.5	16.3

Lat.	Twilight Naut.	Twilight Civil	Sunrise	Moonrise 7	Moonrise 8	Moonrise 9	Moonrise 10
°	h m	h m	h m	h m	h m	h m	h m
N 72	04 23	05 42	06 50	06 50	09 28	■	■
N 70	04 30	05 42	06 43	06 38	08 59	11 51	■
68	04 37	05 41	06 37	06 29	08 38	10 58	■
66	04 42	05 41	06 33	06 21	08 21	10 25	12 37
64	04 46	05 41	06 28	06 15	08 07	10 02	11 54
62	04 49	05 41	06 25	06 09	07 56	09 43	11 26
60	04 52	05 40	06 22	06 04	07 46	09 28	11 04
N 58	04 54	05 40	06 19	06 00	07 38	09 15	10 47
56	04 56	05 39	06 17	05 56	07 31	09 04	10 32
54	04 58	05 39	06 14	05 53	07 24	08 54	10 19
52	04 59	05 39	06 12	05 50	07 18	08 45	10 08
50	05 01	05 38	06 10	05 47	07 13	08 38	09 58
45	05 03	05 37	06 06	05 41	07 02	08 21	09 37
N 40	05 05	05 36	06 03	05 36	06 52	08 08	09 20
35	05 05	05 35	06 00	05 32	06 44	07 56	09 06
30	05 06	05 33	05 57	05 28	06 37	07 47	08 54
20	05 05	05 31	05 53	05 22	06 26	07 30	08 33
N 10	05 03	05 27	05 48	05 16	06 15	07 15	08 15
0	04 59	05 24	05 44	05 11	06 06	07 01	07 59
S 10	04 54	05 19	05 40	05 06	05 56	06 48	07 42
20	04 47	05 13	05 36	05 01	05 46	06 34	07 24
30	04 38	05 06	05 30	04 55	05 35	06 17	07 04
35	04 31	05 02	05 27	04 51	05 28	06 08	06 52
40	04 24	04 56	05 24	04 48	05 21	05 57	06 39
45	04 14	04 50	05 19	04 43	05 12	05 45	06 23
S 50	04 02	04 41	05 14	04 38	05 02	05 30	06 04
52	03 56	04 37	05 12	04 35	04 57	05 23	05 54
54	03 49	04 33	05 10	04 33	04 52	05 15	05 44
56	03 41	04 28	05 07	04 30	04 46	05 06	05 33
58	03 32	04 23	05 04	04 27	04 40	04 56	05 19
S 60	03 22	04 17	05 00	04 23	04 33	04 45	05 04

Lat.	Sunset	Twilight Civil	Twilight Naut.	Moonset 7	Moonset 8	Moonset 9	Moonset 10
°	h m	h m	h m	h m	h m	h m	h m
N 72	16 43	17 51	19 09	15 27	14 44	■	■
N 70	16 50	17 51	19 02	15 41	15 16	14 22	■
68	16 56	17 52	18 56	15 53	15 39	15 17	■
66	17 01	17 52	18 51	16 03	15 57	15 50	15 39
64	17 05	17 53	18 48	16 11	16 12	16 15	16 22
62	17 09	17 53	18 44	16 18	16 25	16 34	16 51
60	17 12	17 54	18 42	16 25	16 35	16 50	17 13
N 58	17 15	17 54	18 39	16 30	16 45	17 04	17 31
56	17 18	17 55	18 38	16 35	16 53	17 16	17 46
54	17 20	17 55	18 36	16 40	17 00	17 26	18 00
52	17 22	17 56	18 35	16 44	17 07	17 35	18 11
50	17 24	17 56	18 33	16 47	17 13	17 43	18 21
45	17 28	17 57	18 31	16 55	17 26	18 01	18 43
N 40	17 32	17 59	18 30	17 02	17 36	18 16	19 00
35	17 35	18 00	18 29	17 08	17 46	18 28	19 15
30	17 37	18 01	18 29	17 13	17 54	18 39	19 28
20	17 42	18 04	18 30	17 22	18 08	18 57	19 50
N 10	17 47	18 08	18 32	17 29	18 20	19 13	20 09
0	17 51	18 12	18 36	17 37	18 32	19 29	20 26
S 10	17 55	18 16	18 41	17 44	18 44	19 44	20 44
20	18 00	18 22	18 48	17 52	18 56	20 00	21 03
30	18 05	18 30	18 58	18 01	19 10	20 19	21 25
35	18 09	18 34	19 04	18 06	19 19	20 30	21 38
40	18 12	18 40	19 12	18 12	19 28	20 43	21 53
45	18 17	18 47	19 22	18 19	19 40	20 58	22 11
S 50	18 22	18 55	19 35	18 28	19 53	21 16	22 33
52	18 24	18 59	19 41	18 32	20 00	21 25	22 43
54	18 27	19 03	19 48	18 36	20 07	21 35	22 55
56	18 30	19 08	19 56	18 41	20 15	21 46	23 09
58	18 33	19 14	20 05	18 46	20 24	21 58	23 25
S 60	18 37	19 20	20 16	18 52	20 34	22 13	23 44

Day	SUN Eqn. of Time 00^h	SUN Eqn. of Time 12^h	SUN Mer. Pass.	MOON Mer. Pass. Upper	MOON Mer. Pass. Lower	MOON Age	MOON Phase
d	m s	m s	h m	h m	h m	d %	
7	12 00	12 09	11 48	11 24	23 51	29 0	●
8	12 17	12 26	11 48	12 19	24 47	01 1	
9	12 34	12 42	11 47	13 15	00 47	02 4	

2010 OCTOBER 10, 11, 12 (SUN., MON., TUES.)

UT d h	ARIES GHA ° ′	VENUS −4.6 GHA ° ′	VENUS Dec ° ′	MARS +1.5 GHA ° ′	MARS Dec ° ′	JUPITER −2.9 GHA ° ′	JUPITER Dec ° ′	SATURN +0.9 GHA ° ′	SATURN Dec ° ′
10 00	18 29.7	160 07.7	S22 39.7	153 58.8	S17 16.9	21 30.9	S 3 02.1	189 30.6	S 1 30.8
01	33 32.1	175 10.4	39.7	168 59.5	17.4	36 33.7	02.2	204 32.8	30.9
02	48 34.6	190 13.1	39.8	184 00.2	17.9	51 36.4	02.4	219 35.0	31.0
03	63 37.0	205 15.8	. . 39.8	199 01.0	. . 18.4	66 39.1	. . 02.5	234 37.2	. . 31.1
04	78 39.5	220 18.5	39.9	214 01.7	18.9	81 41.9	02.6	249 39.3	31.3
05	93 42.0	235 21.2	39.9	229 02.4	19.4	96 44.6	02.7	264 41.5	31.4
06	108 44.4	250 23.8	S22 39.9	244 03.1	S17 20.0	111 47.3	S 3 02.8	279 43.7	S 1 31.5
07	123 46.9	265 26.5	40.0	259 03.8	20.5	126 50.1	02.9	294 45.9	31.6
08	138 49.4	280 29.2	40.0	274 04.6	21.0	141 52.8	03.0	309 48.1	31.7
S 09	153 51.8	295 31.9	. . 40.0	289 05.3	. . 21.5	156 55.5	. . 03.1	324 50.3	. . 31.9
U 10	168 54.3	310 34.7	40.1	304 06.0	22.0	171 58.2	03.2	339 52.4	32.0
N 11	183 56.8	325 37.4	40.1	319 06.7	22.5	187 01.0	03.3	354 54.6	32.1
D 12	198 59.2	340 40.1	S22 40.1	334 07.5	S17 23.1	202 03.7	S 3 03.5	9 56.8	S 1 32.2
A 13	214 01.7	355 42.8	40.1	349 08.2	23.6	217 06.4	03.6	24 59.0	32.3
Y 14	229 04.2	10 45.5	40.1	4 08.9	24.1	232 09.2	03.7	40 01.2	32.4
15	244 06.6	25 48.3	. . 40.2	19 09.6	. . 24.6	247 11.9	. . 03.8	55 03.3	. . 32.6
16	259 09.1	40 51.0	40.2	34 10.3	25.1	262 14.6	03.9	70 05.5	32.7
17	274 11.5	55 53.7	40.2	49 11.0	25.6	277 17.4	04.0	85 07.7	32.8
18	289 14.0	70 56.5	S22 40.2	64 11.8	S17 26.2	292 20.1	S 3 04.1	100 09.9	S 1 32.9
19	304 16.5	85 59.2	40.2	79 12.5	26.7	307 22.8	04.2	115 12.1	33.0
20	319 18.9	101 02.0	40.2	94 13.2	27.2	322 25.6	04.3	130 14.3	33.2
21	334 21.4	116 04.7	. . 40.2	109 13.9	. . 27.7	337 28.3	. . 04.4	145 16.4	. . 33.3
22	349 23.9	131 07.5	40.2	124 14.6	28.2	352 31.0	04.6	160 18.6	33.4
23	4 26.3	146 10.2	40.2	139 15.4	28.7	7 33.7	04.7	175 20.8	33.5
11 00	19 28.8	161 13.0	S22 40.2	154 16.1	S17 29.2	22 36.5	S 3 04.8	190 23.0	S 1 33.6
01	34 31.3	176 15.8	40.2	169 16.8	29.7	37 39.2	04.9	205 25.2	33.7
02	49 33.7	191 18.5	40.2	184 17.5	30.3	52 41.9	05.0	220 27.3	33.9
03	64 36.2	206 21.3	. . 40.2	199 18.2	. . 30.8	67 44.7	. . 05.1	235 29.5	. . 34.0
04	79 38.7	221 24.1	40.2	214 18.9	31.3	82 47.4	05.2	250 31.7	34.1
05	94 41.1	236 26.9	40.2	229 19.6	31.8	97 50.1	05.3	265 33.9	34.2
06	109 43.6	251 29.7	S22 40.1	244 20.4	S17 32.3	112 52.8	S 3 05.4	280 36.1	S 1 34.3
07	124 46.0	266 32.5	40.1	259 21.1	32.8	127 55.6	05.5	295 38.2	34.5
08	139 48.5	281 35.3	40.1	274 21.8	33.3	142 58.3	05.7	310 40.4	34.6
M 09	154 51.0	296 38.1	. . 40.1	289 22.5	. . 33.8	158 01.0	. . 05.8	325 42.6	. . 34.7
O 10	169 53.4	311 40.9	40.0	304 23.2	34.3	173 03.8	05.9	340 44.8	34.8
N 11	184 55.9	326 43.7	40.0	319 23.9	34.9	188 06.5	06.0	355 47.0	34.9
D 12	199 58.4	341 46.5	S22 40.0	334 24.6	S17 35.4	203 09.2	S 3 06.1	10 49.2	S 1 35.0
A 13	215 00.8	356 49.3	40.0	349 25.4	35.9	218 11.9	06.2	25 51.3	35.2
Y 14	230 03.3	11 52.1	39.9	4 26.1	36.4	233 14.7	06.3	40 53.5	35.3
15	245 05.8	26 54.9	. . 39.9	19 26.8	. . 36.9	248 17.4	. . 06.4	55 55.7	. . 35.4
16	260 08.2	41 57.8	39.8	34 27.5	37.4	263 20.1	06.5	70 57.9	35.5
17	275 10.7	57 00.6	39.8	49 28.2	37.9	278 22.8	06.6	86 00.1	35.6
18	290 13.1	72 03.4	S22 39.8	64 28.9	S17 38.4	293 25.6	S 3 06.7	101 02.2	S 1 35.8
19	305 15.6	87 06.3	39.7	79 29.6	38.9	308 28.3	06.8	116 04.4	35.9
20	320 18.1	102 09.1	39.7	94 30.3	39.4	323 31.0	06.9	131 06.6	36.0
21	335 20.5	117 12.0	. . 39.6	109 31.1	. . 40.0	338 33.7	. . 07.1	146 08.8	. . 36.1
22	350 23.0	132 14.8	39.6	124 31.8	40.5	353 36.5	07.2	161 11.0	36.2
23	5 25.5	147 17.7	39.5	139 32.5	41.0	8 39.2	07.3	176 13.2	36.3
12 00	20 27.9	162 20.5	S22 39.5	154 33.2	S17 41.5	23 41.9	S 3 07.4	191 15.3	S 1 36.5
01	35 30.4	177 23.4	39.4	169 33.9	42.0	38 44.6	07.5	206 17.5	36.6
02	50 32.9	192 26.3	39.3	184 34.6	42.5	53 47.4	07.6	221 19.7	36.7
03	65 35.3	207 29.1	. . 39.3	199 35.3	. . 43.0	68 50.1	. . 07.7	236 21.9	. . 36.8
04	80 37.8	222 32.0	39.2	214 36.0	43.5	83 52.8	07.8	251 24.1	36.9
05	95 40.3	237 34.9	39.1	229 36.7	44.0	98 55.5	07.9	266 26.2	37.1
06	110 42.7	252 37.8	S22 39.1	244 37.4	S17 44.5	113 58.3	S 3 08.0	281 28.4	S 1 37.2
07	125 45.2	267 40.7	39.0	259 38.1	45.0	129 01.0	08.1	296 30.6	37.3
T 08	140 47.6	282 43.5	38.9	274 38.9	45.5	144 03.7	08.2	311 32.8	37.4
U 09	155 50.1	297 46.4	. . 38.8	289 39.6	. . 46.0	159 06.4	. . 08.3	326 35.0	. . 37.5
E 10	170 52.6	312 49.3	38.8	304 40.3	46.5	174 09.2	08.4	341 37.2	37.6
S 11	185 55.0	327 52.2	38.7	319 41.0	47.0	189 11.9	08.5	356 39.3	37.8
D 12	200 57.5	342 55.1	S22 38.6	334 41.7	S17 47.5	204 14.6	S 3 08.7	11 41.5	S 1 37.9
A 13	216 00.0	357 58.1	38.5	349 42.4	48.1	219 17.3	08.8	26 43.7	38.0
Y 14	231 02.4	13 01.0	38.4	4 43.1	48.6	234 20.0	08.9	41 45.9	38.1
15	246 04.9	28 03.9	. . 38.3	19 43.8	. . 49.1	249 22.8	. . 09.0	56 48.1	. . 38.2
16	261 07.4	43 06.8	38.2	34 44.5	49.6	264 25.5	09.1	71 50.3	38.3
17	276 09.8	58 09.7	38.1	49 45.2	50.1	279 28.2	09.2	86 52.4	38.5
18	291 12.3	73 12.7	S22 38.0	64 45.9	S17 50.6	294 30.9	S 3 09.3	101 54.6	S 1 38.6
19	306 14.8	88 15.6	37.9	79 46.6	51.1	309 33.7	09.4	116 56.8	38.7
20	321 17.2	103 18.5	37.8	94 47.3	51.6	324 36.4	09.5	131 59.0	38.8
21	336 19.7	118 21.5	. . 37.7	109 48.0	. . 52.1	339 39.1	. . 09.6	147 01.2	. . 38.9
22	351 22.1	133 24.4	37.6	124 48.7	52.6	354 41.8	09.7	162 03.3	39.1
23	6 24.6	148 27.4	37.5	139 49.4	53.1	9 44.5	09.8	177 05.5	39.2
Mer. Pass.	h m 22 38.4	v 2.8	d 0.0	v 0.7	d 0.5	v 2.7	d 0.1	v 2.2	d 0.1

STARS

Name	SHA ° ′	Dec ° ′
Acamar	315 19.4	S40 15.4
Achernar	335 27.5	S57 10.7
Acrux	173 12.3	S63 09.5
Adhara	255 14.0	S28 59.0
Aldebaran	290 51.4	N16 31.9
Alioth	166 22.8	N55 54.0
Alkaid	153 00.8	N49 15.6
Al Na'ir	27 45.8	S46 54.5
Alnilam	275 48.2	S 1 11.6
Alphard	217 58.2	S 8 42.2
Alphecca	126 12.9	N26 40.8
Alpheratz	357 45.2	N29 09.3
Altair	62 10.1	N 8 54.0
Ankaa	353 17.1	S42 14.7
Antares	112 28.9	S26 27.4
Arcturus	145 57.8	N19 07.6
Atria	107 32.8	S69 03.0
Avior	234 19.1	S59 32.4
Bellatrix	278 33.9	N 6 21.7
Betelgeuse	271 03.3	N 7 24.6
Canopus	263 56.9	S52 41.8
Capella	280 37.1	N46 00.4
Deneb	49 32.7	N45 19.5
Denebola	182 35.9	N14 30.7
Diphda	348 57.5	S17 55.4
Dubhe	193 54.4	N61 41.4
Elnath	278 14.9	N28 37.0
Eltanin	90 47.2	N51 29.6
Enif	33 48.9	N 9 55.7
Fomalhaut	15 25.8	S29 33.8
Gacrux	172 03.8	S57 10.4
Gienah	175 54.7	S17 36.1
Hadar	148 51.4	S60 25.6
Hamal	328 02.7	N23 31.0
Kaus Aust.	83 46.5	S34 22.8
Kochab	137 20.8	N74 06.7
Markab	13 40.0	N15 16.1
Menkar	314 16.8	N 4 08.1
Menkent	148 10.3	S36 25.4
Miaplacidus	221 40.7	S69 45.5
Mirfak	308 42.8	N49 54.0
Nunki	76 00.7	S26 17.0
Peacock	53 22.0	S56 42.1
Pollux	243 30.1	N27 59.9
Procyon	245 01.8	N 5 11.9
Rasalhague	96 08.4	N12 33.3
Regulus	207 45.8	N11 54.8
Rigel	281 13.8	S 8 11.2
Rigil Kent.	139 55.1	S60 52.8
Sabik	102 15.0	S15 44.2
Schedar	349 42.3	N56 36.0
Shaula	96 24.7	S37 06.7
Sirius	258 35.4	S16 43.7
Spica	158 33.6	S11 13.0
Suhail	222 54.1	S43 28.4
Vega	80 40.4	N38 47.9
Zuben'ubi	137 07.9	S16 05.2

	SHA ° ′	Mer. Pass. h m
Venus	141 44.2	13 13
Mars	134 47.3	13 42
Jupiter	3 07.7	22 25
Saturn	170 54.2	11 17

UT d	UT h	SUN GHA ° ′	SUN Dec ° ′	MOON GHA ° ′	MOON *v* ′	MOON Dec ° ′	MOON *d* ′	MOON HP ′
10	00	183 12.6	S 6 31.2	155 04.9	6.4	S20 33.8	8.3	59.4
	01	198 12.8	32.2	169 30.3	6.4	20 42.1	8.1	59.3
	02	213 13.0	33.1	183 55.7	6.4	20 50.2	8.0	59.3
	03	228 13.1	. . 34.0	198 21.1	6.4	20 58.2	7.9	59.3
	04	243 13.3	35.0	212 46.5	6.3	21 06.1	7.7	59.2
	05	258 13.5	35.9	227 11.8	6.3	21 13.8	7.6	59.2
	06	273 13.6	S 6 36.9	241 37.1	6.3	S21 21.4	7.4	59.2
	07	288 13.8	37.8	256 02.4	6.3	21 28.8	7.2	59.1
	08	303 14.0	38.8	270 27.7	6.3	21 36.0	7.2	59.1
S	09	318 14.1	. . 39.7	284 53.0	6.3	21 43.2	7.0	59.0
U	10	333 14.3	40.7	299 18.3	6.3	21 50.2	6.8	59.0
N	11	348 14.5	41.6	313 43.6	6.2	21 57.0	6.7	59.0
D	12	3 14.6	S 6 42.6	328 08.8	6.3	S22 03.7	6.5	58.9
A	13	18 14.8	43.5	342 34.1	6.2	22 10.2	6.4	58.9
Y	14	33 14.9	44.5	356 59.3	6.2	22 16.6	6.2	58.9
	15	48 15.1	. . 45.4	11 24.5	6.3	22 22.8	6.1	58.8
	16	63 15.3	46.4	25 49.8	6.2	22 28.9	5.9	58.8
	17	78 15.4	47.3	40 15.0	6.2	22 34.8	5.8	58.7
	18	93 15.6	S 6 48.2	54 40.2	6.2	S22 40.6	5.6	58.7
	19	108 15.8	49.2	69 05.4	6.3	22 46.2	5.5	58.7
	20	123 15.9	50.1	83 30.7	6.2	22 51.7	5.3	58.6
	21	138 16.1	. . 51.1	97 55.9	6.2	22 57.0	5.2	58.6
	22	153 16.3	52.0	112 21.1	6.3	23 02.2	5.0	58.6
	23	168 16.4	53.0	126 46.4	6.2	23 07.2	4.8	58.5
11	00	183 16.6	S 6 53.9	141 11.6	6.3	S23 12.0	4.8	58.5
	01	198 16.7	54.9	155 36.9	6.2	23 16.8	4.5	58.4
	02	213 16.9	55.8	170 02.1	6.3	23 21.3	4.4	58.4
	03	228 17.1	. . 56.7	184 27.4	6.3	23 25.7	4.3	58.4
	04	243 17.2	57.7	198 52.7	6.3	23 30.0	4.1	58.3
	05	258 17.4	58.6	213 18.0	6.3	23 34.1	3.9	58.3
	06	273 17.6	S 6 59.6	227 43.3	6.3	S23 38.0	3.8	58.2
	07	288 17.7	7 00.5	242 08.6	6.3	23 41.8	3.6	58.2
	08	303 17.9	01.5	256 33.9	6.4	23 45.4	3.5	58.2
M	09	318 18.0	. . 02.4	270 59.3	6.4	23 48.9	3.4	58.1
O	10	333 18.2	03.3	285 24.7	6.4	23 52.3	3.1	58.1
N	11	348 18.4	04.3	299 50.1	6.4	23 55.4	3.1	58.0
D	12	3 18.5	S 7 05.2	314 15.5	6.5	S23 58.5	2.8	58.0
A	13	18 18.7	06.2	328 41.0	6.4	24 01.3	2.8	58.0
Y	14	33 18.8	07.1	343 06.4	6.6	24 04.1	2.5	57.9
	15	48 19.0	. . 08.1	357 32.0	6.5	24 06.6	2.4	57.9
	16	63 19.2	09.0	11 57.5	6.6	24 09.0	2.3	57.9
	17	78 19.3	09.9	26 23.1	6.5	24 11.3	2.1	57.8
	18	93 19.5	S 7 10.9	40 48.6	6.7	S24 13.4	2.0	57.8
	19	108 19.6	11.8	55 14.3	6.6	24 15.4	1.8	57.7
	20	123 19.8	12.8	69 39.9	6.7	24 17.2	1.7	57.7
	21	138 19.9	. . 13.7	84 05.6	6.8	24 18.9	1.5	57.7
	22	153 20.1	14.6	98 31.4	6.7	24 20.4	1.3	57.6
	23	168 20.3	15.6	112 57.1	6.9	24 21.7	1.2	57.6
12	00	183 20.4	S 7 16.5	127 23.0	6.8	S24 22.9	1.1	57.5
	01	198 20.6	17.5	141 48.8	6.9	24 24.0	0.9	57.5
	02	213 20.7	18.4	156 14.7	6.9	24 24.9	0.8	57.5
	03	228 20.9	. . 19.3	170 40.6	7.0	24 25.7	0.6	57.4
	04	243 21.1	20.3	185 06.6	7.1	24 26.3	0.5	57.4
	05	258 21.2	21.2	199 32.7	7.0	24 26.8	0.3	57.3
	06	273 21.4	S 7 22.2	213 58.7	7.2	S24 27.1	0.2	57.3
	07	288 21.5	23.1	228 24.9	7.1	24 27.3	0.1	57.3
T	08	303 21.7	24.0	242 51.0	7.3	24 27.4	0.2	57.2
U	09	318 21.8	. . 25.0	257 17.3	7.3	24 27.2	0.2	57.2
E	10	333 22.0	25.9	271 43.6	7.3	24 27.0	0.4	57.2
S	11	348 22.1	26.9	286 09.9	7.4	24 26.6	0.5	57.1
D	12	3 22.3	S 7 27.8	300 36.3	7.4	S24 26.1	0.7	57.1
A	13	18 22.5	28.7	315 02.7	7.5	24 25.4	0.8	57.0
Y	14	33 22.6	29.7	329 29.2	7.6	24 24.6	1.0	57.0
	15	48 22.8	. . 30.6	343 55.8	7.6	24 23.6	1.1	57.0
	16	63 22.9	31.5	358 22.4	7.7	24 22.5	1.2	56.9
	17	78 23.1	32.5	12 49.1	7.7	24 21.3	1.4	56.9
	18	93 23.2	S 7 33.4	27 15.8	7.8	S24 19.9	1.5	56.9
	19	108 23.4	34.4	41 42.6	7.9	24 18.4	1.6	56.8
	20	123 23.5	35.3	56 09.5	7.9	24 16.8	1.8	56.8
	21	138 23.7	. . 36.2	70 36.4	8.0	24 15.0	2.0	56.7
	22	153 23.8	37.2	85 03.4	8.1	24 13.0	2.0	56.7
	23	168 24.0	38.1	99 30.5	8.1	S24 11.0	2.2	56.7
		SD 16.0	*d* 0.9	SD 16.1		15.8		15.6

Lat. °	Twilight Naut. h m	Twilight Civil h m	Sunrise h m	Moonrise 10 h m	Moonrise 11 h m	Moonrise 12 h m	Moonrise 13 h m
N 72	04 37	05 55	07 04	▬	▬	▬	▬
N 70	04 43	05 53	06 55	▬	▬	▬	▬
68	04 47	05 52	06 48	▬	▬	▬	▬
66	04 51	05 51	06 42	12 37	▬	▬	16 04
64	04 54	05 49	06 37	11 54	13 35	14 41	15 08
62	04 57	05 48	06 33	11 26	12 55	13 59	14 35
60	04 59	05 47	06 29	11 04	12 28	13 30	14 10
N 58	05 01	05 46	06 26	10 47	12 06	13 08	13 51
56	05 02	05 45	06 23	10 32	11 49	12 50	13 35
54	05 04	05 44	06 20	10 19	11 34	12 35	13 21
52	05 05	05 44	06 17	10 08	11 21	12 22	13 09
50	05 05	05 43	06 15	09 58	11 10	12 10	12 58
45	05 07	05 41	06 10	09 37	10 46	11 46	12 35
N 40	05 08	05 39	06 06	09 20	10 28	11 27	12 17
35	05 08	05 37	06 02	09 06	10 12	11 11	12 02
30	05 07	05 35	05 59	08 54	09 58	10 57	11 49
20	05 06	05 31	05 53	08 33	09 35	10 33	11 26
N 10	05 03	05 27	05 48	08 15	09 15	10 13	11 06
0	04 58	05 23	05 43	07 59	08 57	09 53	10 48
S 10	04 53	05 17	05 38	07 42	08 38	09 34	10 30
20	04 45	05 11	05 33	07 24	08 18	09 14	10 10
30	04 34	05 03	05 27	07 04	07 55	08 50	09 47
35	04 27	04 57	05 23	06 52	07 42	08 36	09 34
40	04 19	04 51	05 19	06 39	07 27	08 20	09 19
45	04 08	04 44	05 14	06 23	07 09	08 01	09 00
S 50	03 54	04 35	05 08	06 04	06 46	07 38	08 37
52	03 48	04 30	05 05	05 54	06 35	07 26	08 26
54	03 40	04 26	05 02	05 44	06 23	07 13	08 14
56	03 32	04 20	04 59	05 33	06 09	06 58	08 00
58	03 22	04 14	04 55	05 19	05 53	06 40	07 43
S 60	03 11	04 07	04 51	05 04	05 33	06 19	07 22

Lat. °	Sunset h m	Twilight Civil h m	Twilight Naut. h m	Moonset 10 h m	Moonset 11 h m	Moonset 12 h m	Moonset 13 h m
N 72	16 27	17 36	18 54	▬	▬	▬	▬
N 70	16 36	17 38	18 48	▬	▬	▬	▬
68	16 44	17 40	18 44	▬	▬	▬	▬
66	16 50	17 41	18 40	15 39	▬	▬	18 04
64	16 55	17 43	18 37	16 22	16 42	17 34	19 00
62	16 59	17 44	18 35	16 51	17 22	18 16	19 32
60	17 03	17 45	18 33	17 13	17 50	18 45	19 56
N 58	17 07	17 46	18 31	17 31	18 11	19 07	20 16
56	17 10	17 47	18 30	17 46	18 29	19 25	20 32
54	17 13	17 48	18 29	18 00	18 44	19 40	20 45
52	17 15	17 49	18 28	18 11	18 57	19 53	20 57
50	17 18	17 50	18 27	18 21	19 08	20 04	21 08
45	17 23	17 52	18 26	18 43	19 32	20 28	21 30
N 40	17 27	17 54	18 25	19 00	19 51	20 47	21 47
35	17 31	17 56	18 25	19 15	20 07	21 03	22 02
30	17 34	17 58	18 26	19 28	20 21	21 17	22 15
20	17 40	18 02	18 28	19 50	20 45	21 41	22 37
N 10	17 45	18 06	18 31	20 09	21 05	22 01	22 56
0	17 50	18 11	18 35	20 26	21 24	22 20	23 13
S 10	17 55	18 16	18 41	20 44	21 43	22 39	23 31
20	18 01	18 23	18 49	21 03	22 03	22 59	23 49
30	18 07	18 32	19 00	21 25	22 27	23 22	24 11
35	18 11	18 37	19 07	21 38	22 41	23 36	24 23
40	18 15	18 43	19 16	21 53	22 57	23 52	24 38
45	18 20	18 51	19 27	22 11	23 16	24 10	00 10
S 50	18 27	19 00	19 41	22 33	23 39	24 33	00 33
52	18 29	19 04	19 47	22 43	23 51	24 45	00 45
54	18 33	19 09	19 55	22 55	24 04	00 04	00 57
56	18 36	19 15	20 04	23 09	24 19	00 19	01 12
58	18 40	19 21	20 14	23 25	24 36	00 36	01 29
S 60	18 44	19 28	20 25	23 44	24 58	00 58	01 49

Day	SUN Eqn. of Time 00^h	SUN Eqn. of Time 12^h	SUN Mer. Pass.	MOON Mer. Pass. Upper	MOON Mer. Pass. Lower	MOON Age	MOON Phase
d	m s	m s	h m	h m	h m	d %	
10	12 50	12 58	11 47	14 13	01 44	03 10	
11	13 06	13 14	11 47	15 10	02 41	04 18	◐
12	13 21	13 29	11 47	16 07	03 39	05 27	

UT	ARIES	VENUS −4.5		MARS +1.5		JUPITER −2.9		SATURN +0.9	
	GHA	GHA	Dec	GHA	Dec	GHA	Dec	GHA	Dec
d h	° ′	° ′	° ′	° ′	° ′	° ′	° ′	° ′	° ′
13 00	21 27.1	163 30.3	S22 37.4	154 50.1	S17 53.6	24 47.3	S 3 09.9	192 07.7	S 1 39.3
01	36 29.5	178 33.3	37.3	169 50.8	54.1	39 50.0	10.0	207 09.9	39.4
02	51 32.0	193 36.3	37.2	184 51.5	54.6	54 52.7	10.1	222 12.1	39.5
03	66 34.5	208 39.2	. . 37.1	199 52.2	. . 55.1	69 55.4	. . 10.2	237 14.3	. . 39.6
04	81 36.9	223 42.2	36.9	214 52.9	55.6	84 58.1	10.3	252 16.4	39.8
05	96 39.4	238 45.2	36.8	229 53.6	56.1	100 00.9	10.4	267 18.6	39.9
06	111 41.9	253 48.1	S22 36.7	244 54.3	S17 56.6	115 03.6	S 3 10.5	282 20.8	S 1 40.0
W 07	126 44.3	268 51.1	36.6	259 55.1	57.1	130 06.3	10.7	297 23.0	40.1
E 08	141 46.8	283 54.1	36.4	274 55.8	57.6	145 09.0	10.8	312 25.2	40.2
09	156 49.3	298 57.1	. . 36.3	289 56.5	. . 58.1	160 11.7	. . 10.9	327 27.4	. . 40.3
D 10	171 51.7	314 00.1	36.2	304 57.2	58.6	175 14.5	11.0	342 29.5	40.5
N 11	186 54.2	329 03.1	36.0	319 57.9	59.1	190 17.2	11.1	357 31.7	40.6
E 12	201 56.6	344 06.1	S22 35.9	334 58.6	S17 59.6	205 19.9	S 3 11.2	12 33.9	S 1 40.7
S 13	216 59.1	359 09.1	35.8	349 59.3	18 00.1	220 22.6	11.3	27 36.1	40.8
D 14	232 01.6	14 12.1	35.6	5 00.0	00.6	235 25.3	11.4	42 38.3	40.9
A 15	247 04.0	29 15.1	. . 35.5	20 00.7	. . 01.1	250 28.0	. . 11.5	57 40.4	. . 41.0
Y 16	262 06.5	44 18.1	35.3	35 01.3	01.6	265 30.8	11.6	72 42.6	41.2
17	277 09.0	59 21.1	35.2	50 02.0	02.1	280 33.5	11.7	87 44.8	41.3
18	292 11.4	74 24.2	S22 35.0	65 02.7	S18 02.6	295 36.2	S 3 11.8	102 47.0	S 1 41.4
19	307 13.9	89 27.2	34.9	80 03.4	03.1	310 38.9	11.9	117 49.2	41.5
20	322 16.4	104 30.2	34.7	95 04.1	03.6	325 41.6	12.0	132 51.4	41.6
21	337 18.8	119 33.3	. . 34.5	110 04.8	. . 04.1	340 44.3	. . 12.1	147 53.5	. . 41.8
22	352 21.3	134 36.3	34.4	125 05.5	04.6	355 47.1	12.2	162 55.7	41.9
23	7 23.8	149 39.3	34.2	140 06.2	05.1	10 49.8	12.3	177 57.9	42.0
14 00	22 26.2	164 42.4	S22 34.0	155 06.9	S18 05.6	25 52.5	S 3 12.4	193 00.1	S 1 42.1
01	37 28.7	179 45.4	33.9	170 07.6	06.1	40 55.2	12.5	208 02.3	42.2
02	52 31.1	194 48.5	33.7	185 08.3	06.6	55 57.9	12.6	223 04.5	42.3
03	67 33.6	209 51.6	. . 33.5	200 09.0	. . 07.1	71 00.6	. . 12.7	238 06.6	. . 42.5
04	82 36.1	224 54.6	33.3	215 09.7	07.6	86 03.3	12.8	253 08.8	42.6
05	97 38.5	239 57.7	33.2	230 10.4	08.0	101 06.1	12.9	268 11.0	42.7
06	112 41.0	255 00.8	S22 33.0	245 11.1	S18 08.5	116 08.8	S 3 13.0	283 13.2	S 1 42.8
07	127 43.5	270 03.8	32.8	260 11.8	09.0	131 11.5	13.1	298 15.4	42.9
T 08	142 45.9	285 06.9	32.6	275 12.5	09.5	146 14.2	13.2	313 17.6	43.0
H 09	157 48.4	300 10.0	. . 32.4	290 13.2	. . 10.0	161 16.9	. . 13.3	328 19.7	. . 43.2
U 10	172 50.9	315 13.1	32.2	305 13.9	10.5	176 19.6	13.4	343 21.9	43.3
R 11	187 53.3	330 16.2	32.0	320 14.6	11.0	191 22.3	13.5	358 24.1	43.4
S 12	202 55.8	345 19.3	S22 31.8	335 15.3	S18 11.5	206 25.1	S 3 13.6	13 26.3	S 1 43.5
D 13	217 58.2	0 22.4	31.6	350 16.0	12.0	221 27.8	13.7	28 28.5	43.6
A 14	233 00.7	15 25.5	31.4	5 16.6	12.5	236 30.5	13.8	43 30.7	43.7
Y 15	248 03.2	30 28.6	. . 31.2	20 17.3	. . 13.0	251 33.2	. . 13.9	58 32.8	. . 43.9
16	263 05.6	45 31.7	31.0	35 18.0	13.5	266 35.9	14.0	73 35.0	44.0
17	278 08.1	60 34.8	30.8	50 18.7	14.0	281 38.6	14.1	88 37.2	44.1
18	293 10.6	75 37.9	S22 30.6	65 19.4	S18 14.5	296 41.3	S 3 14.2	103 39.4	S 1 44.2
19	308 13.0	90 41.0	30.4	80 20.1	15.0	311 44.0	14.3	118 41.6	44.3
20	323 15.5	105 44.1	30.2	95 20.8	15.4	326 46.8	14.4	133 43.8	44.4
21	338 18.0	120 47.3	. . 30.0	110 21.5	. . 15.9	341 49.5	. . 14.5	148 45.9	. . 44.6
22	353 20.4	135 50.4	29.7	125 22.2	16.4	356 52.2	14.6	163 48.1	44.7
23	8 22.9	150 53.5	29.5	140 22.9	16.9	11 54.9	14.7	178 50.3	44.8
15 00	23 25.4	165 56.7	S22 29.3	155 23.6	S18 17.4	26 57.6	S 3 14.8	193 52.5	S 1 44.9
01	38 27.8	180 59.8	29.1	170 24.2	17.9	42 00.3	14.9	208 54.7	45.0
02	53 30.3	196 03.0	28.8	185 24.9	18.4	57 03.0	15.0	223 56.9	45.1
03	68 32.7	211 06.1	. . 28.6	200 25.6	. . 18.9	72 05.7	. . 15.1	238 59.0	. . 45.3
04	83 35.2	226 09.3	28.4	215 26.3	19.4	87 08.4	15.2	254 01.2	45.4
05	98 37.7	241 12.4	28.1	230 27.0	19.9	102 11.1	15.3	269 03.4	45.5
06	113 40.1	256 15.6	S22 27.9	245 27.7	S18 20.4	117 13.9	S 3 15.4	284 05.6	S 1 45.6
07	128 42.6	271 18.7	27.7	260 28.4	20.8	132 16.6	15.5	299 07.8	45.7
08	143 45.1	286 21.9	27.4	275 29.1	21.3	147 19.3	15.6	314 10.0	45.8
F 09	158 47.5	301 25.1	. . 27.2	290 29.8	. . 21.8	162 22.0	. . 15.7	329 12.1	. . 46.0
R 10	173 50.0	316 28.3	26.9	305 30.4	22.3	177 24.7	15.8	344 14.3	46.1
I 11	188 52.5	331 31.4	26.7	320 31.1	22.8	192 27.4	15.9	359 16.5	46.2
D 12	203 54.9	346 34.6	S22 26.4	335 31.8	S18 23.3	207 30.1	S 3 16.0	14 18.7	S 1 46.3
A 13	218 57.4	1 37.8	26.2	350 32.5	23.8	222 32.8	16.1	29 20.9	46.4
Y 14	233 59.9	16 41.0	25.9	5 33.2	24.3	237 35.5	16.2	44 23.1	46.5
15	249 02.3	31 44.2	. . 25.6	20 33.9	. . 24.7	252 38.2	. . 16.3	59 25.2	. . 46.7
16	264 04.8	46 47.4	25.4	35 34.6	25.2	267 40.9	16.4	74 27.4	46.8
17	279 07.2	61 50.6	25.1	50 35.2	25.7	282 43.6	16.5	89 29.6	46.9
18	294 09.7	76 53.8	S22 24.8	65 35.9	S18 26.2	297 46.4	S 3 16.6	104 31.8	S 1 47.0
19	309 12.2	91 57.0	24.6	80 36.6	26.7	312 49.1	16.7	119 34.0	47.1
20	324 14.6	107 00.2	24.3	95 37.3	27.2	327 51.8	16.8	134 36.2	47.2
21	339 17.1	122 03.4	. . 24.0	110 38.0	. . 27.7	342 54.5	. . 16.9	149 38.3	. . 47.4
22	354 19.6	137 06.7	23.7	125 38.7	28.1	357 57.2	17.0	164 40.5	47.5
23	9 22.0	152 09.9	23.5	140 39.3	28.6	12 59.9	17.1	179 42.7	47.6
Mer. Pass.	h m 22 26.6	*v* 3.1	*d* 0.2	*v* 0.7	*d* 0.5	*v* 2.7	*d* 0.1	*v* 2.2	*d* 0.1

STARS		
Name	SHA	Dec
	° ′	° ′
Acamar	315 19.4	S40 15.4
Achernar	335 27.5	S57 10.8
Acrux	173 12.3	S63 09.5
Adhara	255 14.0	S28 59.0
Aldebaran	290 51.4	N16 31.9
Alioth	166 22.8	N55 54.0
Alkaid	153 00.8	N49 15.6
Al Na'ir	27 45.8	S46 54.5
Alnilam	275 48.2	S 1 11.6
Alphard	217 58.2	S 8 42.2
Alphecca	126 12.9	N26 40.8
Alpheratz	357 45.2	N29 09.3
Altair	62 10.1	N 8 54.0
Ankaa	353 17.1	S42 14.7
Antares	112 28.9	S26 27.4
Arcturus	145 57.8	N19 07.6
Atria	107 32.9	S69 03.0
Avior	234 19.0	S59 32.4
Bellatrix	278 33.9	N 6 21.7
Betelgeuse	271 03.3	N 7 24.6
Canopus	263 56.9	S52 41.8
Capella	280 37.1	N46 00.4
Deneb	49 32.7	N45 19.5
Denebola	182 35.9	N14 30.7
Diphda	348 57.5	S17 55.4
Dubhe	193 54.4	N61 41.4
Elnath	278 14.9	N28 37.0
Eltanin	90 47.2	N51 29.6
Enif	33 48.9	N 9 55.7
Fomalhaut	15 25.8	S29 33.8
Gacrux	172 03.8	S57 10.4
Gienah	175 54.6	S17 36.1
Hadar	148 51.4	S60 25.6
Hamal	328 02.6	N23 31.0
Kaus Aust.	83 46.5	S34 22.8
Kochab	137 20.8	N74 06.7
Markab	13 40.0	N15 16.1
Menkar	314 16.8	N 4 08.1
Menkent	148 10.3	S36 25.4
Miaplacidus	221 40.7	S69 45.5
Mirfak	308 42.8	N49 54.0
Nunki	76 00.8	S26 17.0
Peacock	53 22.1	S56 42.1
Pollux	243 30.1	N27 59.9
Procyon	245 01.8	N 5 11.9
Rasalhague	96 08.4	N12 33.3
Regulus	207 45.8	N11 54.8
Rigel	281 13.7	S 8 11.2
Rigil Kent.	139 55.1	S60 52.8
Sabik	102 15.0	S15 44.2
Schedar	349 42.3	N56 36.0
Shaula	96 24.7	S37 06.7
Sirius	258 35.4	S16 43.7
Spica	158 33.6	S11 13.0
Suhail	222 54.1	S43 28.4
Vega	80 40.4	N38 47.9
Zuben'ubi	137 07.9	S16 05.2
	SHA	Mer. Pass.
	° ′	h m
Venus	142 16.2	12 59
Mars	132 40.7	13 39
Jupiter	3 26.3	22 12
Saturn	170 33.9	11 06

UT		SUN GHA	SUN Dec	MOON GHA	v	MOON Dec	d	HP
d	h	° ′	° ′	° ′	′	° ′	′	′
13	00	183 24.1	S 7 39.0	113 57.6	8.2	S24 08.8	2.3	56.6
	01	198 24.3	40.0	128 24.8	8.2	24 06.5	2.5	56.6
	02	213 24.4	40.9	142 52.0	8.4	24 04.0	2.5	56.6
	03	228 24.6	. . 41.8	157 19.4	8.4	24 01.5	2.8	56.5
	04	243 24.8	42.8	171 46.8	8.4	23 58.7	2.8	56.5
	05	258 24.9	43.7	186 14.2	8.6	23 55.9	3.0	56.5
	06	273 25.1	S 7 44.6	200 41.8	8.6	S23 52.9	3.1	56.4
W	07	288 25.2	45.6	215 09.4	8.7	23 49.8	3.2	56.4
E	08	303 25.4	46.5	229 37.1	8.7	23 46.6	3.3	56.4
D	09	318 25.5	. . 47.5	244 04.8	8.9	23 43.3	3.5	56.3
N	10	333 25.7	48.4	258 32.7	8.9	23 39.8	3.6	56.3
E	11	348 25.8	49.3	273 00.6	8.9	23 36.2	3.7	56.3
S	12	3 26.0	S 7 50.3	287 28.5	9.1	S23 32.5	3.9	56.2
D	13	18 26.1	51.2	301 56.6	9.1	23 28.6	3.9	56.2
A	14	33 26.3	52.1	316 24.7	9.2	23 24.7	4.1	56.2
Y	15	48 26.4	. . 53.1	330 52.9	9.3	23 20.6	4.2	56.1
	16	63 26.6	54.0	345 21.2	9.4	23 16.4	4.3	56.1
	17	78 26.7	54.9	359 49.6	9.4	23 12.1	4.5	56.1
	18	93 26.9	S 7 55.9	14 18.0	9.6	S23 07.6	4.5	56.0
	19	108 27.0	56.8	28 46.6	9.6	23 03.1	4.7	56.0
	20	123 27.1	57.7	43 15.2	9.6	22 58.4	4.8	56.0
	21	138 27.3	. . 58.6	57 43.8	9.8	22 53.6	4.9	55.9
	22	153 27.4	7 59.6	72 12.6	9.8	22 48.7	5.0	55.9
	23	168 27.6	8 00.5	86 41.4	10.0	22 43.7	5.1	55.9
14	00	183 27.7	S 8 01.4	101 10.4	10.0	S22 38.6	5.2	55.8
	01	198 27.9	02.4	115 39.4	10.0	22 33.4	5.3	55.8
	02	213 28.0	03.3	130 08.4	10.2	22 28.1	5.5	55.8
	03	228 28.2	. . 04.2	144 37.6	10.2	22 22.6	5.5	55.7
	04	243 28.3	05.2	159 06.8	10.4	22 17.1	5.7	55.7
	05	258 28.5	06.1	173 36.2	10.4	22 11.4	5.8	55.7
	06	273 28.6	S 8 07.0	188 05.6	10.4	S22 05.6	5.8	55.7
	07	288 28.8	08.0	202 35.0	10.6	21 59.8	6.0	55.6
T	08	303 28.9	08.9	217 04.6	10.7	21 53.8	6.1	55.6
H	09	318 29.1	. . 09.8	231 34.3	10.7	21 47.7	6.2	55.6
U	10	333 29.2	10.7	246 04.0	10.8	21 41.5	6.2	55.5
R	11	348 29.3	11.7	260 33.8	10.9	21 35.3	6.4	55.5
S	12	3 29.5	S 8 12.6	275 03.7	10.9	S21 28.9	6.5	55.5
D	13	18 29.6	13.5	289 33.6	11.1	21 22.4	6.6	55.5
A	14	33 29.8	14.5	304 03.7	11.1	21 15.8	6.6	55.4
Y	15	48 29.9	. . 15.4	318 33.8	11.2	21 09.2	6.8	55.4
	16	63 30.1	16.3	333 04.0	11.3	21 02.4	6.8	55.4
	17	78 30.2	17.2	347 34.3	11.4	20 55.6	7.0	55.3
	18	93 30.4	S 8 18.2	2 04.7	11.5	S20 48.6	7.0	55.3
	19	108 30.5	19.1	16 35.2	11.5	20 41.6	7.2	55.3
	20	123 30.6	20.0	31 05.7	11.6	20 34.4	7.2	55.3
	21	138 30.8	. . 21.0	45 36.3	11.7	20 27.2	7.3	55.2
	22	153 30.9	21.9	60 07.0	11.8	20 19.9	7.4	55.2
	23	168 31.1	22.8	74 37.8	11.8	20 12.5	7.5	55.2
15	00	183 31.2	S 8 23.7	89 08.6	11.9	S20 05.0	7.6	55.2
	01	198 31.3	24.7	103 39.5	12.1	19 57.4	7.7	55.1
	02	213 31.5	25.6	118 10.6	12.0	19 49.7	7.7	55.1
	03	228 31.6	. . 26.5	132 41.6	12.2	19 42.0	7.8	55.1
	04	243 31.8	27.4	147 12.8	12.2	19 34.2	8.0	55.1
	05	258 31.9	28.4	161 44.0	12.4	19 26.2	8.0	55.0
	06	273 32.1	S 8 29.3	176 15.4	12.4	S19 18.2	8.0	55.0
	07	288 32.2	30.2	190 46.8	12.4	19 10.2	8.2	55.0
	08	303 32.3	31.1	205 18.2	12.6	19 02.0	8.2	55.0
F	09	318 32.5	. . 32.1	219 49.8	12.6	18 53.8	8.4	55.0
R	10	333 32.6	33.0	234 21.4	12.7	18 45.4	8.4	54.9
I	11	348 32.8	33.9	248 53.1	12.8	18 37.0	8.4	54.9
D	12	3 32.9	S 8 34.8	263 24.9	12.8	S18 28.6	8.6	54.9
A	13	18 33.0	35.8	277 56.7	12.9	18 20.0	8.6	54.9
Y	14	33 33.2	36.7	292 28.6	13.0	18 11.4	8.7	54.9
	15	48 33.3	. . 37.6	307 00.6	13.1	18 02.7	8.8	54.8
	16	63 33.4	38.5	321 32.7	13.1	17 53.9	8.8	54.8
	17	78 33.6	39.5	336 04.8	13.2	17 45.1	8.9	54.8
	18	93 33.7	S 8 40.4	350 37.0	13.3	S17 36.2	9.0	54.8
	19	108 33.9	41.3	5 09.3	13.3	17 27.2	9.1	54.8
	20	123 34.0	42.2	19 41.6	13.5	17 18.1	9.1	54.7
	21	138 34.1	. . 43.1	34 14.1	13.5	17 09.0	9.2	54.7
	22	153 34.3	44.1	48 46.6	13.5	16 59.8	9.2	54.7
	23	168 34.4	45.0	63 19.1	13.6	S16 50.6	9.3	54.7
		SD 16.1	*d* 0.9	SD 15.3		15.1		15.0

Lat.	Twilight Naut.	Twilight Civil	Sunrise	Moonrise 13	Moonrise 14	Moonrise 15	Moonrise 16
°	h m	h m	h m	h m	h m	h m	h m
N 72	04 50	06 08	07 19	▬	▬	17 55	16 40
N 70	04 55	06 05	07 08	▬	▬	16 45	16 13
68	04 58	06 02	06 59	▬	16 39	16 08	15 52
66	05 01	06 00	06 52	16 04	15 49	15 41	15 35
64	05 03	05 58	06 46	15 08	15 18	15 21	15 22
62	05 05	05 56	06 41	14 35	14 54	15 04	15 10
60	05 06	05 54	06 36	14 10	14 35	14 50	15 01
N 58	05 07	05 53	06 32	13 51	14 19	14 38	14 52
56	05 08	05 51	06 29	13 35	14 06	14 28	14 44
54	05 09	05 50	06 26	13 21	13 54	14 19	14 38
52	05 10	05 49	06 23	13 09	13 44	14 10	14 32
50	05 10	05 47	06 20	12 58	13 35	14 03	14 26
45	05 11	05 45	06 14	12 35	13 15	13 47	14 14
N 40	05 11	05 42	06 09	12 17	12 59	13 34	14 04
35	05 10	05 39	06 05	12 02	12 46	13 23	13 55
30	05 09	05 37	06 01	11 49	12 34	13 13	13 48
20	05 07	05 32	05 54	11 26	12 14	12 56	13 35
N 10	05 03	05 27	05 48	11 06	11 56	12 42	13 23
0	04 58	05 22	05 43	10 48	11 40	12 28	13 13
S 10	04 51	05 16	05 37	10 30	11 23	12 14	13 02
20	04 42	05 08	05 31	10 10	11 05	11 59	12 50
30	04 30	04 59	05 23	09 47	10 45	11 42	12 37
35	04 23	04 53	05 19	09 34	10 33	11 32	12 29
40	04 13	04 46	05 14	09 19	10 19	11 20	12 20
45	04 02	04 38	05 09	09 00	10 03	11 07	12 10
S 50	03 47	04 28	05 02	08 37	09 43	10 50	11 58
52	03 40	04 23	04 59	08 26	09 33	10 42	11 52
54	03 32	04 18	04 55	08 14	09 22	10 34	11 45
56	03 23	04 12	04 51	08 00	09 10	10 24	11 38
58	03 12	04 05	04 47	07 43	08 55	10 12	11 30
S 60	02 59	03 57	04 42	07 22	08 39	09 59	11 20

Lat.	Sunset	Twilight Civil	Twilight Naut.	Moonset 13	Moonset 14	Moonset 15	Moonset 16
°	h m	h m	h m	h m	h m	h m	h m
N 72	16 12	17 21	18 39	▬	▬	19 39	22 27
N 70	16 22	17 25	18 35	▬	▬	20 48	22 52
68	16 31	17 28	18 32	▬	19 15	21 24	23 12
66	16 38	17 30	18 29	18 04	20 04	21 49	23 27
64	16 45	17 33	18 27	19 00	20 35	22 09	23 39
62	16 50	17 35	18 26	19 32	20 58	22 25	23 50
60	16 54	17 37	18 24	19 56	21 16	22 38	23 59
N 58	16 59	17 38	18 23	20 16	21 32	22 49	24 06
56	17 02	17 40	18 23	20 32	21 45	22 59	24 13
54	17 06	17 41	18 22	20 45	21 56	23 08	24 19
52	17 09	17 43	18 21	20 57	22 06	23 16	24 25
50	17 11	17 44	18 21	21 08	22 15	23 22	24 30
45	17 17	17 47	18 21	21 30	22 33	23 37	24 40
N 40	17 22	17 50	18 21	21 47	22 48	23 49	24 49
35	17 27	17 52	18 21	22 02	23 01	24 00	00 00
30	17 31	17 55	18 22	22 15	23 12	24 09	00 09
20	17 37	18 00	18 25	22 37	23 31	24 24	00 24
N 10	17 44	18 05	18 29	22 56	23 48	24 37	00 37
0	17 49	18 10	18 34	23 13	24 03	00 03	00 50
S 10	17 55	18 17	18 41	23 31	24 18	00 18	01 02
20	18 02	18 24	18 50	23 49	24 35	00 35	01 15
30	18 09	18 34	19 02	24 11	00 11	00 53	01 30
35	18 14	18 39	19 10	24 23	00 23	01 04	01 39
40	18 19	18 46	19 20	24 38	00 38	01 16	01 49
45	18 24	18 55	19 31	00 10	00 55	01 31	02 00
S 50	18 31	19 05	19 46	00 33	01 16	01 48	02 14
52	18 35	19 10	19 54	00 45	01 26	01 56	02 20
54	18 38	19 16	20 02	00 57	01 37	02 06	02 27
56	18 42	19 22	20 11	01 12	01 49	02 16	02 35
58	18 47	19 29	20 22	01 29	02 04	02 28	02 44
S 60	18 52	19 37	20 36	01 49	02 21	02 41	02 54

Day	SUN Eqn. of Time 00^h	SUN Eqn. of Time 12^h	SUN Mer. Pass.	MOON Mer. Pass. Upper	MOON Mer. Pass. Lower	MOON Age	MOON Phase
d	m s	m s	h m	h m	h m	d %	
13	13 36	13 44	11 46	17 01	04 34	06 36	
14	13 51	13 58	11 46	17 51	05 26	07 46	◐
15	14 05	14 11	11 46	18 39	06 15	08 56	

UT	ARIES	VENUS −4.4		MARS +1.5		JUPITER −2.9		SATURN +0.9	
	GHA	GHA	Dec	GHA	Dec	GHA	Dec	GHA	Dec
d h	° ′	° ′	° ′	° ′	° ′	° ′	° ′	° ′	° ′
16 00	24 24.5	167 13.1	S22 23.2	155 40.0	S18 29.1	28 02.6	S 3 17.2	194 44.9	S 1 47.7
01	39 27.0	182 16.3	22.9	170 40.7	29.6	43 05.3	17.3	209 47.1	47.8
02	54 29.4	197 19.6	22.6	185 41.4	30.1	58 08.0	17.4	224 49.3	47.9
03	69 31.9	212 22.8	. . 22.3	200 42.1	. . 30.6	73 10.7	. . 17.5	239 51.4	. . 48.1
04	84 34.3	227 26.1	22.0	215 42.8	31.1	88 13.4	17.6	254 53.6	48.2
05	99 36.8	242 29.3	21.7	230 43.4	31.5	103 16.1	17.7	269 55.8	48.3
06	114 39.3	257 32.5	S22 21.4	245 44.1	S18 32.0	118 18.8	S 3 17.8	284 58.0	S 1 48.4
07	129 41.7	272 35.8	21.1	260 44.8	32.5	133 21.5	17.9	300 00.2	48.5
S 08	144 44.2	287 39.1	20.8	275 45.5	33.0	148 24.2	18.0	315 02.4	48.6
A 09	159 46.7	302 42.3	. . 20.5	290 46.2	. . 33.5	163 26.9	. . 18.1	330 04.6	. . 48.7
T 10	174 49.1	317 45.6	20.2	305 46.8	34.0	178 29.6	18.2	345 06.7	48.9
U 11	189 51.6	332 48.8	19.9	320 47.5	34.4	193 32.3	18.3	0 08.9	49.0
R 12	204 54.1	347 52.1	S22 19.6	335 48.2	S18 34.9	208 35.0	S 3 18.4	15 11.1	S 1 49.1
D 13	219 56.5	2 55.4	19.3	350 48.9	35.4	223 37.7	18.5	30 13.3	49.2
A 14	234 59.0	17 58.7	18.9	5 49.6	35.9	238 40.4	18.6	45 15.5	49.3
Y 15	250 01.5	33 01.9	. . 18.6	20 50.2	. . 36.4	253 43.1	. . 18.7	60 17.7	. . 49.4
16	265 03.9	48 05.2	18.3	35 50.9	36.8	268 45.9	18.8	75 19.8	49.6
17	280 06.4	63 08.5	18.0	50 51.6	37.3	283 48.6	18.9	90 22.0	49.7
18	295 08.8	78 11.8	S22 17.6	65 52.3	S18 37.8	298 51.3	S 3 19.0	105 24.2	S 1 49.8
19	310 11.3	93 15.1	17.3	80 52.9	38.3	313 54.0	19.0	120 26.4	49.9
20	325 13.8	108 18.4	17.0	95 53.6	38.8	328 56.7	19.1	135 28.6	50.0
21	340 16.2	123 21.7	. . 16.6	110 54.3	. . 39.2	343 59.4	. . 19.2	150 30.8	. . 50.1
22	355 18.7	138 25.0	16.3	125 55.0	39.7	359 02.1	19.3	165 32.9	50.3
23	10 21.2	153 28.3	16.0	140 55.7	40.2	14 04.8	19.4	180 35.1	50.4
17 00	25 23.6	168 31.6	S22 15.6	155 56.3	S18 40.7	29 07.5	S 3 19.5	195 37.3	S 1 50.5
01	40 26.1	183 35.0	15.3	170 57.0	41.2	44 10.2	19.6	210 39.5	50.6
02	55 28.6	198 38.3	14.9	185 57.7	41.6	59 12.9	19.7	225 41.7	50.7
03	70 31.0	213 41.6	. . 14.6	200 58.4	. . 42.1	74 15.6	. . 19.8	240 43.9	. . 50.8
04	85 33.5	228 44.9	14.2	215 59.0	42.6	89 18.3	19.9	255 46.1	51.0
05	100 36.0	243 48.2	13.9	230 59.7	43.1	104 21.0	20.0	270 48.2	51.1
06	115 38.4	258 51.6	S22 13.5	246 00.4	S18 43.5	119 23.7	S 3 20.1	285 50.4	S 1 51.2
07	130 40.9	273 54.9	13.2	261 01.1	44.0	134 26.4	20.2	300 52.6	51.3
08	145 43.3	288 58.3	12.8	276 01.7	44.5	149 29.1	20.3	315 54.8	51.4
S 09	160 45.8	304 01.6	. . 12.4	291 02.4	. . 45.0	164 31.8	. . 20.4	330 57.0	. . 51.5
U 10	175 48.3	319 05.0	12.1	306 03.1	45.5	179 34.5	20.5	345 59.2	51.6
N 11	190 50.7	334 08.3	11.7	321 03.8	45.9	194 37.1	20.6	1 01.3	51.8
D 12	205 53.2	349 11.7	S22 11.3	336 04.4	S18 46.4	209 39.8	S 3 20.7	16 03.5	S 1 51.9
A 13	220 55.7	4 15.0	10.9	351 05.1	46.9	224 42.5	20.8	31 05.7	52.0
Y 14	235 58.1	19 18.4	10.6	6 05.8	47.4	239 45.2	20.8	46 07.9	52.1
15	251 00.6	34 21.7	. . 10.2	21 06.4	. . 47.8	254 47.9	. . 20.9	61 10.1	. . 52.2
16	266 03.1	49 25.1	09.8	36 07.1	48.3	269 50.6	21.0	76 12.3	52.3
17	281 05.5	64 28.5	09.4	51 07.8	48.8	284 53.3	21.1	91 14.5	52.5
18	296 08.0	79 31.8	S22 09.0	66 08.5	S18 49.3	299 56.0	S 3 21.2	106 16.6	S 1 52.6
19	311 10.4	94 35.2	08.6	81 09.1	49.7	314 58.7	21.3	121 18.8	52.7
20	326 12.9	109 38.6	08.2	96 09.8	50.2	330 01.4	21.4	136 21.0	52.8
21	341 15.4	124 42.0	. . 07.9	111 10.5	. . 50.7	345 04.1	. . 21.5	151 23.2	. . 52.9
22	356 17.8	139 45.4	07.5	126 11.1	51.1	0 06.8	21.6	166 25.4	53.0
23	11 20.3	154 48.8	07.1	141 11.8	51.6	15 09.5	21.7	181 27.6	53.1
18 00	26 22.8	169 52.2	S22 06.7	156 12.5	S18 52.1	30 12.2	S 3 21.8	196 29.8	S 1 53.3
01	41 25.2	184 55.6	06.2	171 13.1	52.6	45 14.9	21.9	211 31.9	53.4
02	56 27.7	199 59.0	05.8	186 13.8	53.0	60 17.6	22.0	226 34.1	53.5
03	71 30.2	215 02.4	. . 05.4	201 14.5	. . 53.5	75 20.3	. . 22.1	241 36.3	. . 53.6
04	86 32.6	230 05.8	05.0	216 15.2	54.0	90 23.0	22.1	256 38.5	53.7
05	101 35.1	245 09.2	04.6	231 15.8	54.5	105 25.7	22.2	271 40.7	53.8
06	116 37.6	260 12.6	S22 04.2	246 16.5	S18 54.9	120 28.4	S 3 22.3	286 42.9	S 1 54.0
07	131 40.0	275 16.0	03.8	261 17.2	55.4	135 31.1	22.4	301 45.0	54.1
08	146 42.5	290 19.4	03.3	276 17.8	55.9	150 33.7	22.5	316 47.2	54.2
M 09	161 44.9	305 22.8	. . 02.9	291 18.5	. . 56.3	165 36.4	. . 22.6	331 49.4	. . 54.3
O 10	176 47.4	320 26.3	02.5	306 19.2	56.8	180 39.1	22.7	346 51.6	54.4
N 11	191 49.9	335 29.7	02.1	321 19.8	57.3	195 41.8	22.8	1 53.8	54.5
D 12	206 52.3	350 33.1	S22 01.6	336 20.5	S18 57.7	210 44.5	S 3 22.9	16 56.0	S 1 54.6
A 13	221 54.8	5 36.6	01.2	351 21.2	58.2	225 47.2	23.0	31 58.2	54.8
Y 14	236 57.3	20 40.0	00.8	6 21.8	58.7	240 49.9	23.1	47 00.3	54.9
15	251 59.7	35 43.5	22 00.3	21 22.5	. . 59.2	255 52.6	. . 23.2	62 02.5	. . 55.0
16	267 02.2	50 46.9	21 59.9	36 23.1	18 59.6	270 55.3	23.2	77 04.7	55.1
17	282 04.7	65 50.3	59.4	51 23.8	19 00.1	285 58.0	23.3	92 06.9	55.2
18	297 07.1	80 53.8	S21 59.0	66 24.5	S19 00.6	301 00.7	S 3 23.4	107 09.1	S 1 55.3
19	312 09.6	95 57.3	58.5	81 25.1	01.0	316 03.4	23.5	122 11.3	55.5
20	327 12.0	111 00.7	58.1	96 25.8	01.5	331 06.0	23.6	137 13.5	55.6
21	342 14.5	126 04.2	. . 57.6	111 26.5	. . 02.0	346 08.7	. . 23.7	152 15.6	. . 55.7
22	357 17.0	141 07.6	57.2	126 27.1	02.4	1 11.4	23.8	167 17.8	55.8
23	12 19.4	156 11.1	56.7	141 27.8	02.9	16 14.1	23.9	182 20.0	55.9
	h m								
Mer. Pass.	22 14.8	v 3.4	d 0.4	v 0.7	d 0.5	v 2.7	d 0.1	v 2.2	d 0.1

STARS		
Name	SHA	Dec
	° ′	° ′
Acamar	315 19.3	S40 15.5
Achernar	335 27.5	S57 10.8
Acrux	173 12.3	S63 09.5
Adhara	255 14.0	S28 59.0
Aldebaran	290 51.4	N16 31.9
Alioth	166 22.8	N55 54.0
Alkaid	153 00.8	N49 15.6
Al Na'ir	27 45.8	S46 54.5
Alnilam	275 48.2	S 1 11.6
Alphard	217 58.1	S 8 42.3
Alphecca	126 12.9	N26 40.8
Alpheratz	357 45.2	N29 09.3
Altair	62 10.1	N 8 54.0
Ankaa	353 17.1	S42 14.7
Antares	112 28.9	S26 27.4
Arcturus	145 57.8	N19 07.6
Atria	107 32.9	S69 03.0
Avior	234 19.0	S59 32.4
Bellatrix	278 33.9	N 6 21.7
Betelgeuse	271 03.2	N 7 24.6
Canopus	263 56.8	S52 41.8
Capella	280 37.0	N46 00.4
Deneb	49 32.7	N45 19.5
Denebola	182 35.9	N14 30.7
Diphda	348 57.5	S17 55.5
Dubhe	193 54.4	N61 41.3
Elnath	278 14.9	N28 37.0
Eltanin	90 47.3	N51 29.5
Enif	33 48.9	N 9 55.7
Fomalhaut	15 25.8	S29 33.8
Gacrux	172 03.8	S57 10.4
Gienah	175 54.6	S17 36.1
Hadar	148 51.4	S60 25.5
Hamal	328 02.6	N23 31.0
Kaus Aust.	83 46.5	S34 22.8
Kochab	137 20.8	N74 06.7
Markab	13 40.0	N15 16.1
Menkar	314 16.8	N 4 08.1
Menkent	148 10.3	S36 25.4
Miaplacidus	221 40.6	S69 45.4
Mirfak	308 42.7	N49 54.0
Nunki	76 00.8	S26 17.0
Peacock	53 22.1	S56 42.1
Pollux	243 30.1	N27 59.9
Procyon	245 01.7	N 5 11.9
Rasalhague	96 08.4	N12 33.3
Regulus	207 45.7	N11 54.8
Rigel	281 13.7	S 8 11.2
Rigil Kent.	139 55.1	S60 52.8
Sabik	102 15.0	S15 44.2
Schedar	349 42.3	N56 36.0
Shaula	96 24.8	S37 06.7
Sirius	258 35.3	S16 43.7
Spica	158 33.6	S11 13.0
Suhail	222 54.1	S43 28.4
Vega	80 40.4	N38 47.9
Zuben'ubi	137 07.9	S16 05.2

	SHA	Mer. Pass.
	° ′	h m
Venus	143 08.0	12 43
Mars	130 32.7	13 36
Jupiter	3 43.8	22 00
Saturn	170 13.7	10 56

	UT	SUN GHA	SUN Dec	MOON GHA	v	MOON Dec	d	HP
	d h	° ′	° ′	° ′	′	° ′	′	′
	16 00	183 34.5	S 8 45.9	77 51.7	13.7	S16 41.3	9.4	54.7
	01	198 34.7	46.8	92 24.4	13.8	16 31.9	9.5	54.6
	02	213 34.8	47.8	106 57.2	13.8	16 22.4	9.5	54.6
	03	228 34.9	. . 48.7	121 30.0	13.9	16 12.9	9.6	54.6
	04	243 35.1	49.6	136 02.9	13.9	16 03.3	9.6	54.6
	05	258 35.2	50.5	150 35.8	14.0	15 53.7	9.7	54.6
	06	273 35.4	S 8 51.4	165 08.8	14.1	S15 44.0	9.8	54.6
	07	288 35.5	52.4	179 41.9	14.2	15 34.2	9.8	54.5
S	08	303 35.6	53.3	194 15.1	14.2	15 24.4	9.9	54.5
A	09	318 35.8	. . 54.2	208 48.3	14.2	15 14.5	9.9	54.5
T	10	333 35.9	55.1	223 21.5	14.3	15 04.6	10.0	54.5
U	11	348 36.0	56.0	237 54.8	14.4	14 54.6	10.1	54.5
R	12	3 36.2	S 8 56.9	252 28.2	14.5	S14 44.5	10.1	54.5
D	13	18 36.3	57.9	267 01.7	14.5	14 34.4	10.1	54.4
A	14	33 36.4	58.8	281 35.2	14.5	14 24.3	10.2	54.4
Y	15	48 36.6	8 59.7	296 08.7	14.6	14 14.1	10.3	54.4
	16	63 36.7	9 00.6	310 42.3	14.7	14 03.8	10.3	54.4
	17	78 36.8	01.5	325 16.0	14.7	13 53.5	10.4	54.4
	18	93 36.9	S 9 02.5	339 49.7	14.8	S13 43.1	10.4	54.4
	19	108 37.1	03.4	354 23.5	14.8	13 32.7	10.5	54.4
	20	123 37.2	04.3	8 57.3	14.9	13 22.2	10.5	54.4
	21	138 37.3	. . 05.2	23 31.2	14.9	13 11.7	10.6	54.3
	22	153 37.5	06.1	38 05.1	15.0	13 01.1	10.6	54.3
	23	168 37.6	07.0	52 39.1	15.0	12 50.5	10.7	54.3
	17 00	183 37.7	S 9 08.0	67 13.1	15.1	S12 39.8	10.7	54.3
	01	198 37.9	08.9	81 47.2	15.2	12 29.1	10.8	54.3
	02	213 38.0	09.8	96 21.4	15.1	12 18.3	10.8	54.3
	03	228 38.1	. . 10.7	110 55.5	15.3	12 07.5	10.8	54.3
	04	243 38.3	11.6	125 29.8	15.2	11 56.7	10.9	54.3
	05	258 38.4	12.5	140 04.0	15.4	11 45.8	10.9	54.3
	06	273 38.5	S 9 13.4	154 38.4	15.3	S11 34.9	11.0	54.2
	07	288 38.6	14.4	169 12.7	15.4	11 23.9	11.0	54.2
	08	303 38.8	15.3	183 47.1	15.5	11 12.9	11.1	54.2
S	09	318 38.9	. . 16.2	198 21.6	15.5	11 01.8	11.1	54.2
U	10	333 39.0	17.1	212 56.1	15.5	10 50.7	11.1	54.2
N	11	348 39.2	18.0	227 30.6	15.6	10 39.6	11.2	54.2
D	12	3 39.3	S 9 18.9	242 05.2	15.6	S10 28.4	11.2	54.2
A	13	18 39.4	19.8	256 39.8	15.6	10 17.2	11.2	54.2
Y	14	33 39.5	20.8	271 14.4	15.7	10 06.0	11.3	54.2
	15	48 39.7	. . 21.7	285 49.1	15.7	9 54.7	11.4	54.2
	16	63 39.8	22.6	300 23.8	15.8	9 43.3	11.3	54.2
	17	78 39.9	23.5	314 58.6	15.8	9 32.0	11.4	54.2
	18	93 40.0	S 9 24.4	329 33.4	15.8	S 9 20.6	11.4	54.2
	19	108 40.2	25.3	344 08.2	15.9	9 09.2	11.5	54.2
	20	123 40.3	26.2	358 43.1	15.9	8 57.7	11.5	54.1
	21	138 40.4	. . 27.1	13 18.0	15.9	8 46.2	11.5	54.1
	22	153 40.5	28.0	27 52.9	16.0	8 34.7	11.6	54.1
	23	168 40.7	29.0	42 27.9	15.9	8 23.1	11.5	54.1
	18 00	183 40.8	S 9 29.9	57 02.8	16.1	S 8 11.6	11.7	54.1
	01	198 40.9	30.8	71 37.9	16.0	7 59.9	11.6	54.1
	02	213 41.0	31.7	86 12.9	16.1	7 48.3	11.7	54.1
	03	228 41.2	. . 32.6	100 48.0	16.1	7 36.6	11.7	54.1
	04	243 41.3	33.5	115 23.1	16.1	7 24.9	11.7	54.1
	05	258 41.4	34.4	129 58.2	16.1	7 13.2	11.8	54.1
	06	273 41.5	S 9 35.3	144 33.3	16.2	S 7 01.4	11.7	54.1
	07	288 41.6	36.2	159 08.5	16.2	6 49.7	11.8	54.1
	08	303 41.8	37.1	173 43.7	16.2	6 37.9	11.9	54.1
M	09	318 41.9	. . 38.1	188 18.9	16.2	6 26.0	11.8	54.1
O	10	333 42.0	39.0	202 54.1	16.3	6 14.2	11.9	54.1
N	11	348 42.1	39.9	217 29.4	16.3	6 02.3	11.9	54.1
D	12	3 42.3	S 9 40.8	232 04.7	16.3	S 5 50.4	11.9	54.1
A	13	18 42.4	41.7	246 40.0	16.3	5 38.5	11.9	54.1
Y	14	33 42.5	42.6	261 15.3	16.3	5 26.6	12.0	54.1
	15	48 42.6	. . 43.5	275 50.6	16.4	5 14.6	12.0	54.1
	16	63 42.7	44.4	290 26.0	16.3	5 02.6	12.0	54.1
	17	78 42.9	45.3	305 01.3	16.4	4 50.6	12.0	54.1
	18	93 43.0	S 9 46.2	319 36.7	16.4	S 4 38.6	12.1	54.1
	19	108 43.1	47.1	334 12.1	16.4	4 26.5	12.0	54.1
	20	123 43.2	48.0	348 47.5	16.4	4 14.5	12.1	54.1
	21	138 43.3	. . 48.9	3 22.9	16.4	4 02.4	12.1	54.1
	22	153 43.5	49.8	17 58.3	16.4	3 50.3	12.1	54.1
	23	168 43.6	50.7	32 33.7	16.4	S 3 38.2	12.1	54.1
		SD 16.1	*d* 0.9	SD 14.8		14.8		14.7

Lat.	Twilight Naut.	Twilight Civil	Sunrise	Moonrise 16	17	18	19
°	h m	h m	h m	h m	h m	h m	h m
N 72	05 03	06 22	07 33	16 40	16 07	15 43	15 22
N 70	05 06	06 17	07 21	16 13	15 52	15 36	15 21
68	05 08	06 13	07 11	15 52	15 40	15 30	15 21
66	05 10	06 09	07 02	15 35	15 30	15 25	15 20
64	05 11	06 06	06 55	15 22	15 22	15 21	15 20
62	05 12	06 04	06 49	15 10	15 14	15 17	15 20
60	05 13	06 01	06 44	15 01	15 08	15 14	15 19
N 58	05 14	05 59	06 39	14 52	15 02	15 11	15 19
56	05 14	05 57	06 35	14 44	14 57	15 09	15 19
54	05 14	05 55	06 31	14 38	14 53	15 06	15 19
52	05 15	05 54	06 28	14 32	14 49	15 04	15 19
50	05 15	05 52	06 25	14 26	14 45	15 02	15 19
45	05 14	05 48	06 18	14 14	14 37	14 58	15 18
N 40	05 14	05 45	06 12	14 04	14 30	14 55	15 18
35	05 12	05 42	06 07	13 55	14 25	14 52	15 18
30	05 11	05 39	06 03	13 48	14 19	14 49	15 18
20	05 07	05 33	05 55	13 35	14 11	14 44	15 17
N 10	05 03	05 27	05 49	13 23	14 03	14 40	15 17
0	04 57	05 21	05 42	13 13	13 55	14 36	15 17
S 10	04 49	05 14	05 35	13 02	13 48	14 32	15 17
20	04 40	05 06	05 28	12 50	13 40	14 28	15 16
30	04 27	04 56	05 20	12 37	13 31	14 24	15 16
35	04 18	04 49	05 15	12 29	13 26	14 21	15 16
40	04 08	04 42	05 10	12 20	13 20	14 18	15 16
45	03 56	04 33	05 03	12 10	13 13	14 14	15 16
S 50	03 40	04 22	04 56	11 58	13 04	14 10	15 15
52	03 32	04 16	04 52	11 52	13 00	14 08	15 15
54	03 23	04 10	04 48	11 45	12 56	14 06	15 15
56	03 13	04 04	04 44	11 38	12 51	14 03	15 15
58	03 01	03 56	04 39	11 30	12 46	14 01	15 15
S 60	02 47	03 48	04 33	11 20	12 40	13 58	15 15

Lat.	Sunset	Twilight Civil	Twilight Naut.	Moonset 16	17	18	19
°	h m	h m	h m	h m	h m	h m	h m
N 72	15 56	17 07	18 25	22 27	24 27	00 27	02 17
N 70	16 08	17 12	18 22	22 52	24 40	00 40	02 22
68	16 19	17 16	18 20	23 12	24 50	00 50	02 25
66	16 27	17 20	18 19	23 27	24 59	00 59	02 28
64	16 34	17 23	18 18	23 39	25 06	01 06	02 31
62	16 40	17 26	18 17	23 50	25 12	01 12	02 33
60	16 46	17 28	18 16	23 59	25 17	01 17	02 35
N 58	16 51	17 30	18 16	24 06	00 06	01 22	02 36
56	16 55	17 33	18 15	24 13	00 13	01 26	02 38
54	16 59	17 34	18 15	24 19	00 19	01 30	02 39
52	17 02	17 36	18 15	24 25	00 25	01 33	02 40
50	17 05	17 38	18 15	24 30	00 30	01 36	02 41
45	17 12	17 42	18 16	24 40	00 40	01 42	02 44
N 40	17 18	17 45	18 17	24 49	00 49	01 48	02 46
35	17 23	17 48	18 18	00 00	00 57	01 52	02 47
30	17 27	17 51	18 19	00 09	01 03	01 56	02 49
20	17 35	17 57	18 23	00 24	01 14	02 03	02 52
N 10	17 42	18 03	18 28	00 37	01 24	02 10	02 54
0	17 49	18 10	18 34	00 50	01 33	02 15	02 56
S 10	17 55	18 17	18 42	01 02	01 43	02 21	02 58
20	18 03	18 25	18 51	01 15	01 52	02 27	03 00
30	18 11	18 36	19 05	01 30	02 03	02 34	03 02
35	18 16	18 42	19 13	01 39	02 09	02 37	03 04
40	18 22	18 50	19 23	01 49	02 17	02 42	03 05
45	18 28	18 59	19 36	02 00	02 25	02 47	03 07
S 50	18 36	19 10	19 52	02 14	02 35	02 53	03 09
52	18 40	19 16	20 00	02 20	02 39	02 56	03 10
54	18 44	19 22	20 09	02 27	02 44	02 59	03 11
56	18 49	19 29	20 20	02 35	02 50	03 02	03 13
58	18 54	19 36	20 32	02 44	02 56	03 06	03 14
S 60	18 59	19 45	20 46	02 54	03 03	03 10	03 15

Day	SUN Eqn. of Time 00^h	12^h	Mer. Pass.	MOON Mer. Pass. Upper	Lower	Age		Phase
d	m s	m s	h m	h m	h m	d	%	
16	14 18	14 24	11 46	19 23	07 01	09	65	
17	14 31	14 37	11 45	20 05	07 44	10	74	
18	14 43	14 49	11 45	20 46	08 26	11	82	

UT	ARIES	VENUS −4.3		MARS +1.5		JUPITER −2.8		SATURN +0.9	
	GHA	GHA	Dec	GHA	Dec	GHA	Dec	GHA	Dec
d h	° ′	° ′	° ′	° ′	° ′	° ′	° ′	° ′	° ′
19 00	27 21.9	171 14.6	S21 56.2	156 28.5	S19 03.4	31 16.8	S 3 24.0	197 22.2	S 1 56.0
01	42 24.4	186 18.0	55.8	171 29.1	03.8	46 19.5	24.1	212 24.4	56.1
02	57 26.8	201 21.5	55.3	186 29.8	04.3	61 22.2	24.1	227 26.6	56.3
03	72 29.3	216 25.0	. . 54.8	201 30.4	. . 04.8	76 24.9	. . 24.2	242 28.8	. . 56.4
04	87 31.8	231 28.5	54.4	216 31.1	05.2	91 27.6	24.3	257 30.9	56.5
05	102 34.2	246 32.0	53.9	231 31.8	05.7	106 30.3	24.4	272 33.1	56.6
06	117 36.7	261 35.5	S21 53.4	246 32.4	S19 06.2	121 32.9	S 3 24.5	287 35.3	S 1 56.7
07	132 39.2	276 38.9	52.9	261 33.1	06.6	136 35.6	24.6	302 37.5	56.8
T 08	147 41.6	291 42.4	52.5	276 33.7	07.1	151 38.3	24.7	317 39.7	56.9
U 09	162 44.1	306 45.9	. . 52.0	291 34.4	. . 07.5	166 41.0	. . 24.8	332 41.9	. . 57.1
E 10	177 46.5	321 49.4	51.5	306 35.1	08.0	181 43.7	24.9	347 44.1	57.2
11	192 49.0	336 52.9	51.0	321 35.7	08.5	196 46.4	24.9	2 46.2	57.3
S 12	207 51.5	351 56.4	S21 50.5	336 36.4	S19 08.9	211 49.1	S 3 25.0	17 48.4	S 1 57.4
D 13	222 53.9	7 00.0	50.0	351 37.0	09.4	226 51.7	25.1	32 50.6	57.5
A 14	237 56.4	22 03.5	49.5	6 37.7	09.9	241 54.4	25.2	47 52.8	57.6
Y 15	252 58.9	37 07.0	. . 49.0	21 38.4	. . 10.3	256 57.1	. . 25.3	62 55.0	. . 57.7
16	268 01.3	52 10.5	48.5	36 39.0	10.8	271 59.8	25.4	77 57.2	57.9
17	283 03.8	67 14.0	48.0	51 39.7	11.3	287 02.5	25.5	92 59.4	58.0
18	298 06.3	82 17.5	S21 47.5	66 40.3	S19 11.7	302 05.2	S 3 25.6	108 01.6	S 1 58.1
19	313 08.7	97 21.1	47.0	81 41.0	12.2	317 07.9	25.7	123 03.7	58.2
20	328 11.2	112 24.6	46.5	96 41.7	12.6	332 10.5	25.7	138 05.9	58.3
21	343 13.7	127 28.1	. . 46.0	111 42.3	. . 13.1	347 13.2	. . 25.8	153 08.1	. . 58.4
22	358 16.1	142 31.7	45.4	126 43.0	13.6	2 15.9	25.9	168 10.3	58.5
23	13 18.6	157 35.2	44.9	141 43.6	14.0	17 18.6	26.0	183 12.5	58.7
20 00	28 21.0	172 38.7	S21 44.4	156 44.3	S19 14.5	32 21.3	S 3 26.1	198 14.7	S 1 58.8
01	43 23.5	187 42.3	43.9	171 44.9	14.9	47 24.0	26.2	213 16.9	58.9
02	58 26.0	202 45.8	43.4	186 45.6	15.4	62 26.6	26.3	228 19.0	59.0
03	73 28.4	217 49.4	. . 42.8	201 46.2	. . 15.9	77 29.3	. . 26.3	243 21.2	. . 59.1
04	88 30.9	232 52.9	42.3	216 46.9	16.3	92 32.0	26.4	258 23.4	59.2
05	103 33.4	247 56.5	41.8	231 47.6	16.8	107 34.7	26.5	273 25.6	59.3
06	118 35.8	263 00.0	S21 41.2	246 48.2	S19 17.2	122 37.4	S 3 26.6	288 27.8	S 1 59.5
W 07	133 38.3	278 03.6	40.7	261 48.9	17.7	137 40.1	26.7	303 30.0	59.6
E 08	148 40.8	293 07.2	40.1	276 49.5	18.2	152 42.7	26.8	318 32.2	59.7
D 09	163 43.2	308 10.7	. . 39.6	291 50.2	. . 18.6	167 45.4	. . 26.9	333 34.4	. . 59.8
N 10	178 45.7	323 14.3	39.1	306 50.8	19.1	182 48.1	27.0	348 36.5	1 59.9
E 11	193 48.1	338 17.9	38.5	321 51.5	19.5	197 50.8	27.0	3 38.7	2 00.0
S 12	208 50.6	353 21.4	S21 38.0	336 52.1	S19 20.0	212 53.5	S 3 27.1	18 40.9	S 2 00.1
D 13	223 53.1	8 25.0	37.4	351 52.8	20.4	227 56.1	27.2	33 43.1	00.3
A 14	238 55.5	23 28.6	36.8	6 53.4	20.9	242 58.8	27.3	48 45.3	00.4
Y 15	253 58.0	38 32.2	. . 36.3	21 54.1	. . 21.4	258 01.5	. . 27.4	63 47.5	. . 00.5
16	269 00.5	53 35.8	35.7	36 54.7	21.8	273 04.2	27.5	78 49.7	00.6
17	284 02.9	68 39.3	35.2	51 55.4	22.3	288 06.9	27.6	93 51.8	00.7
18	299 05.4	83 42.9	S21 34.6	66 56.0	S19 22.7	303 09.5	S 3 27.6	108 54.0	S 2 00.8
19	314 07.9	98 46.5	34.0	81 56.7	23.2	318 12.2	27.7	123 56.2	00.9
20	329 10.3	113 50.1	33.5	96 57.3	23.6	333 14.9	27.8	138 58.4	01.1
21	344 12.8	128 53.7	. . 32.9	111 58.0	. . 24.1	348 17.6	. . 27.9	154 00.6	. . 01.2
22	359 15.3	143 57.3	32.3	126 58.6	24.5	3 20.3	28.0	169 02.8	01.3
23	14 17.7	159 00.9	31.7	141 59.3	25.0	18 22.9	28.1	184 05.0	01.4
21 00	29 20.2	174 04.5	S21 31.1	156 59.9	S19 25.4	33 25.6	S 3 28.1	199 07.2	S 2 01.5
01	44 22.6	189 08.1	30.6	172 00.6	25.9	48 28.3	28.2	214 09.3	01.6
02	59 25.1	204 11.7	30.0	187 01.2	26.4	63 31.0	28.3	229 11.5	01.7
03	74 27.6	219 15.3	. . 29.4	202 01.9	. . 26.8	78 33.6	. . 28.4	244 13.7	. . 01.9
04	89 30.0	234 19.0	28.8	217 02.5	27.3	93 36.3	28.5	259 15.9	02.0
05	104 32.5	249 22.6	28.2	232 03.2	27.7	108 39.0	28.6	274 18.1	02.1
06	119 35.0	264 26.2	S21 27.6	247 03.8	S19 28.2	123 41.7	S 3 28.6	289 20.3	S 2 02.2
07	134 37.4	279 29.8	27.0	262 04.5	28.6	138 44.4	28.7	304 22.5	02.3
T 08	149 39.9	294 33.4	26.4	277 05.1	29.1	153 47.0	28.8	319 24.7	02.4
H 09	164 42.4	309 37.1	. . 25.8	292 05.8	. . 29.5	168 49.7	. . 28.9	334 26.8	. . 02.5
U 10	179 44.8	324 40.7	25.2	307 06.4	30.0	183 52.4	29.0	349 29.0	02.7
R 11	194 47.3	339 44.3	24.6	322 07.1	30.4	198 55.1	29.1	4 31.2	02.8
S 12	209 49.7	354 48.0	S21 24.0	337 07.7	S19 30.9	213 57.7	S 3 29.1	19 33.4	S 2 02.9
D 13	224 52.2	9 51.6	23.4	352 08.3	31.3	229 00.4	29.2	34 35.6	03.0
A 14	239 54.7	24 55.2	22.8	7 09.0	31.8	244 03.1	29.3	49 37.8	03.1
Y 15	254 57.1	39 58.9	. . 22.2	22 09.6	. . 32.2	259 05.8	. . 29.4	64 40.0	. . 03.2
16	269 59.6	55 02.5	21.5	37 10.3	32.7	274 08.4	29.5	79 42.2	03.3
17	285 02.1	70 06.2	20.9	52 10.9	33.1	289 11.1	29.6	94 44.3	03.4
18	300 04.5	85 09.8	S21 20.3	67 11.6	S19 33.6	304 13.8	S 3 29.6	109 46.5	S 2 03.6
19	315 07.0	100 13.4	19.7	82 12.2	34.0	319 16.4	29.7	124 48.7	03.7
20	330 09.5	115 17.1	19.0	97 12.9	34.5	334 19.1	29.8	139 50.9	03.8
21	345 11.9	130 20.8	. . 18.4	112 13.5	. . 34.9	349 21.8	. . 29.9	154 53.1	. . 03.9
22	0 14.4	145 24.4	17.8	127 14.1	35.4	4 24.5	30.0	169 55.3	04.0
23	15 16.9	160 28.1	17.1	142 14.8	35.8	19 27.1	30.1	184 57.5	04.1
Mer. Pass.	h m 22 03.0	*v* 3.6	*d* 0.6	*v* 0.7	*d* 0.5	*v* 2.7	*d* 0.1	*v* 2.2	*d* 0.1

STARS		
Name	SHA	Dec
	° ′	° ′
Acamar	315 19.3	S40 15.5
Achernar	335 27.5	S57 10.8
Acrux	173 12.3	S63 09.5
Adhara	255 14.0	S28 59.0
Aldebaran	290 51.3	N16 31.9
Alioth	166 22.8	N55 54.0
Alkaid	153 00.8	N49 15.5
Al Na'ir	27 45.8	S46 54.5
Alnilam	275 48.1	S 1 11.6
Alphard	217 58.1	S 8 42.3
Alphecca	126 12.9	N26 40.8
Alpheratz	357 45.2	N29 09.3
Altair	62 10.1	N 8 54.0
Ankaa	353 17.1	S42 14.7
Antares	112 28.9	S26 27.4
Arcturus	145 57.8	N19 07.6
Atria	107 32.9	S69 03.0
Avior	234 19.0	S59 32.4
Bellatrix	278 33.9	N 6 21.7
Betelgeuse	271 03.2	N 7 24.6
Canopus	263 56.8	S52 41.8
Capella	280 37.0	N46 00.4
Deneb	49 32.8	N45 19.5
Denebola	182 35.9	N14 30.7
Diphda	348 57.5	S17 55.5
Dubhe	193 54.4	N61 41.3
Elnath	278 14.8	N28 37.0
Eltanin	90 47.3	N51 29.5
Enif	33 48.9	N 9 55.7
Fomalhaut	15 25.8	S29 33.8
Gacrux	172 03.8	S57 10.4
Gienah	175 54.6	S17 36.1
Hadar	148 51.4	S60 25.5
Hamal	328 02.6	N23 31.0
Kaus Aust.	83 46.5	S34 22.8
Kochab	137 20.8	N74 06.7
Markab	13 40.0	N15 16.1
Menkar	314 16.8	N 4 08.1
Menkent	148 10.3	S36 25.4
Miaplacidus	221 40.6	S69 45.4
Mirfak	308 42.7	N49 54.0
Nunki	76 00.8	S26 17.0
Peacock	53 22.1	S56 42.1
Pollux	243 30.0	N27 59.9
Procyon	245 01.7	N 5 11.9
Rasalhague	96 08.4	N12 33.3
Regulus	207 45.7	N11 54.8
Rigel	281 13.7	S 8 11.2
Rigil Kent.	139 55.1	S60 52.8
Sabik	102 15.0	S15 44.2
Schedar	349 42.3	N56 36.0
Shaula	96 24.8	S37 06.7
Sirius	258 35.3	S16 43.7
Spica	158 33.6	S11 13.0
Suhail	222 54.1	S43 28.4
Vega	80 40.4	N38 47.9
Zuben'ubi	137 07.9	S16 05.2

	SHA	Mer. Pass.
	° ′	h m
Venus	144 17.7	12 26
Mars	128 23.2	13 32
Jupiter	4 00.2	21 47
Saturn	169 53.6	10 45

Day	UT (d h)	SUN GHA (° ′)	SUN Dec (° ′)	MOON GHA (° ′)	v (′)	MOON Dec (° ′)	d (′)	HP (′)
	19 00	183 43.7	S 9 51.6	47 09.1	16.5	S 3 26.1	12.1	54.1
	01	198 43.8	52.6	61 44.6	16.4	3 14.0	12.2	54.1
	02	213 43.9	53.5	76 20.0	16.5	3 01.8	12.1	54.1
	03	228 44.0	. . 54.4	90 55.5	16.5	2 49.7	12.2	54.1
	04	243 44.2	55.3	105 31.0	16.4	2 37.5	12.2	54.1
	05	258 44.3	56.2	120 06.4	16.5	2 25.3	12.2	54.1
	06	273 44.4	S 9 57.1	134 41.9	16.5	S 2 13.1	12.2	54.1
	07	288 44.5	58.0	149 17.4	16.4	2 00.9	12.2	54.1
T	08	303 44.6	58.9	163 52.8	16.5	1 48.7	12.2	54.1
U	09	318 44.7	9 59.8	178 28.3	16.5	1 36.5	12.2	54.1
	10	333 44.9	10 00.7	193 03.8	16.4	1 24.3	12.3	54.1
E	11	348 45.0	01.6	207 39.2	16.5	1 12.0	12.2	54.1
S	12	3 45.1	S10 02.5	222 14.7	16.5	S 0 59.8	12.3	54.1
D	13	18 45.2	03.4	236 50.2	16.4	0 47.5	12.2	54.1
A	14	33 45.3	04.3	251 25.6	16.5	0 35.3	12.3	54.1
Y	15	48 45.4	. . 05.2	266 01.1	16.4	0 23.0	12.2	54.1
	16	63 45.5	06.1	280 36.5	16.5	S 0 10.8	12.3	54.1
	17	78 45.7	07.0	295 12.0	16.4	N 0 01.5	12.3	54.1
	18	93 45.8	S10 07.9	309 47.4	16.4	N 0 13.8	12.3	54.1
	19	108 45.9	08.8	324 22.8	16.4	0 26.1	12.2	54.2
	20	123 46.0	09.7	338 58.2	16.5	0 38.3	12.3	54.2
	21	138 46.1	. . 10.6	353 33.7	16.4	0 50.6	12.3	54.2
	22	153 46.2	11.5	8 09.1	16.3	1 02.9	12.3	54.2
	23	168 46.3	12.4	22 44.4	16.4	1 15.2	12.2	54.2
	20 00	183 46.4	S10 13.3	37 19.8	16.4	N 1 27.4	12.3	54.2
	01	198 46.6	14.2	51 55.2	16.3	1 39.7	12.3	54.2
	02	213 46.7	15.1	66 30.5	16.3	1 52.0	12.2	54.2
	03	228 46.8	. . 16.0	81 05.8	16.3	2 04.2	12.3	54.2
	04	243 46.9	16.9	95 41.1	16.3	2 16.5	12.3	54.2
	05	258 47.0	17.8	110 16.4	16.3	2 28.8	12.2	54.2
	06	273 47.1	S10 18.7	124 51.7	16.3	N 2 41.0	12.3	54.2
W	07	288 47.2	19.6	139 27.0	16.2	2 53.3	12.2	54.2
E	08	303 47.3	20.5	154 02.2	16.2	3 05.5	12.2	54.2
D	09	318 47.4	. . 21.4	168 37.4	16.2	3 17.7	12.3	54.2
	10	333 47.5	22.2	183 12.6	16.2	3 30.0	12.2	54.3
N	11	348 47.6	23.1	197 47.8	16.1	3 42.2	12.2	54.3
E	12	3 47.8	S10 24.0	212 22.9	16.2	N 3 54.4	12.2	54.3
S	13	18 47.9	24.9	226 58.1	16.1	4 06.6	12.2	54.3
D	14	33 48.0	25.8	241 33.2	16.0	4 18.8	12.1	54.3
A	15	48 48.1	. . 26.7	256 08.2	16.1	4 30.9	12.2	54.3
Y	16	63 48.2	27.6	270 43.3	16.0	4 43.1	12.1	54.3
	17	78 48.3	28.5	285 18.3	16.0	4 55.2	12.2	54.3
	18	93 48.4	S10 29.4	299 53.3	16.0	N 5 07.4	12.1	54.3
	19	108 48.5	30.3	314 28.3	15.9	5 19.5	12.1	54.3
	20	123 48.6	31.2	329 03.2	15.9	5 31.6	12.1	54.3
	21	138 48.7	. . 32.1	343 38.1	15.9	5 43.7	12.1	54.4
	22	153 48.8	33.0	358 13.0	15.8	5 55.8	12.0	54.4
	23	168 48.9	33.9	12 47.8	15.8	6 07.8	12.0	54.4
	21 00	183 49.0	S10 34.8	27 22.6	15.8	N 6 19.8	12.1	54.4
	01	198 49.1	35.7	41 57.4	15.7	6 31.9	12.0	54.4
	02	213 49.2	36.5	56 32.1	15.7	6 43.9	11.9	54.4
	03	228 49.3	. . 37.4	71 06.8	15.7	6 55.8	12.0	54.4
	04	243 49.5	38.3	85 41.5	15.6	7 07.8	11.9	54.4
	05	258 49.6	39.2	100 16.1	15.6	7 19.7	11.9	54.4
	06	273 49.7	S10 40.1	114 50.7	15.6	N 7 31.6	11.9	54.5
	07	288 49.8	41.0	129 25.3	15.5	7 43.5	11.8	54.5
T	08	303 49.9	41.9	143 59.8	15.4	7 55.3	11.9	54.5
H	09	318 50.0	. . 42.8	158 34.2	15.5	8 07.2	11.8	54.5
U	10	333 50.1	43.7	173 08.7	15.3	8 19.0	11.8	54.5
R	11	348 50.2	44.6	187 43.0	15.4	8 30.8	11.7	54.5
S	12	3 50.3	S10 45.4	202 17.4	15.3	N 8 42.5	11.7	54.5
D	13	18 50.4	46.3	216 51.7	15.2	8 54.2	11.7	54.5
A	14	33 50.5	47.2	231 25.9	15.3	9 05.9	11.7	54.5
Y	15	48 50.6	. . 48.1	246 00.2	15.1	9 17.6	11.6	54.6
	16	63 50.7	49.0	260 34.3	15.1	9 29.2	11.6	54.6
	17	78 50.8	49.9	275 08.4	15.1	9 40.8	11.6	54.6
	18	93 50.9	S10 50.8	289 42.5	15.0	N 9 52.4	11.5	54.6
	19	108 51.0	51.7	304 16.5	15.0	10 03.9	11.5	54.6
	20	123 51.1	52.5	318 50.5	14.9	10 15.4	11.4	54.6
	21	138 51.2	. . 53.4	333 24.4	14.9	10 26.8	11.5	54.6
	22	153 51.3	54.3	347 58.3	14.8	10 38.3	11.3	54.7
	23	168 51.4	55.2	2 32.1	14.8	N10 49.6	11.4	54.7
		SD 16.1	d 0.9	SD 14.7		14.8		14.9

Lat.	Twilight Naut.	Twilight Civil	Sunrise	Moonrise 19	Moonrise 20	Moonrise 21	Moonrise 22
°	h m	h m	h m	h m	h m	h m	h m
N 72	05 16	06 35	07 48	15 22	15 00	14 37	14 06
N 70	05 18	06 29	07 34	15 21	15 06	14 51	14 31
68	05 19	06 23	07 22	15 21	15 11	15 02	14 50
66	05 19	06 19	07 12	15 20	15 15	15 11	15 06
64	05 20	06 15	07 04	15 20	15 19	15 19	15 19
62	05 20	06 11	06 57	15 20	15 22	15 25	15 30
60	05 20	06 08	06 51	15 19	15 25	15 31	15 39
N 58	05 20	06 06	06 46	15 19	15 27	15 36	15 47
56	05 20	06 03	06 41	15 19	15 29	15 41	15 54
54	05 20	06 01	06 37	15 19	15 31	15 45	16 01
52	05 19	05 59	06 33	15 19	15 33	15 49	16 07
50	05 19	05 57	06 30	15 19	15 35	15 52	16 12
45	05 18	05 52	06 22	15 18	15 38	16 00	16 24
N 40	05 17	05 48	06 16	15 18	15 41	16 06	16 33
35	05 15	05 44	06 10	15 18	15 44	16 12	16 41
30	05 13	05 41	06 05	15 18	15 46	16 16	16 49
20	05 08	05 34	05 56	15 17	15 50	16 25	17 01
N 10	05 03	05 27	05 49	15 17	15 54	16 32	17 13
0	04 56	05 20	05 41	15 17	15 57	16 39	17 23
S 10	04 48	05 13	05 34	15 17	16 01	16 46	17 34
20	04 37	05 04	05 26	15 16	16 05	16 54	17 45
30	04 23	04 52	05 17	15 16	16 09	17 03	17 58
35	04 14	04 45	05 11	15 16	16 11	17 08	18 06
40	04 04	04 37	05 05	15 16	16 14	17 13	18 14
45	03 50	04 27	04 58	15 16	16 17	17 20	18 24
S 50	03 33	04 15	04 49	15 15	16 21	17 28	18 37
52	03 24	04 09	04 45	15 15	16 23	17 32	18 43
54	03 15	04 03	04 41	15 15	16 25	17 36	18 49
56	03 04	03 56	04 36	15 15	16 27	17 41	18 56
58	02 51	03 47	04 31	15 15	16 30	17 46	19 04
S 60	02 35	03 38	04 24	15 15	16 32	17 52	19 13

Lat.	Sunset	Twilight Civil	Twilight Naut.	Moonset 19	Moonset 20	Moonset 21	Moonset 22
°	h m	h m	h m	h m	h m	h m	h m
N 72	15 39	16 53	18 11	02 17	04 04	05 55	07 56
N 70	15 54	16 59	18 10	02 22	04 01	05 43	07 32
68	16 06	17 05	18 09	02 25	03 59	05 34	07 15
66	16 16	17 09	18 09	02 28	03 57	05 27	07 00
64	16 24	17 13	18 08	02 31	03 55	05 20	06 49
62	16 31	17 17	18 08	02 33	03 53	05 15	06 39
60	16 37	17 20	18 08	02 35	03 52	05 10	06 30
N 58	16 43	17 23	18 08	02 36	03 51	05 06	06 23
56	16 47	17 25	18 09	02 38	03 50	05 02	06 17
54	16 52	17 28	18 09	02 39	03 49	04 59	06 11
52	16 56	17 30	18 09	02 40	03 48	04 56	06 06
50	16 59	17 32	18 10	02 41	03 47	04 53	06 01
45	17 07	17 37	18 11	02 44	03 45	04 47	05 51
N 40	17 14	17 41	18 12	02 46	03 44	04 43	05 43
35	17 19	17 45	18 14	02 47	03 43	04 38	05 35
30	17 24	17 48	18 16	02 49	03 41	04 35	05 29
20	17 33	17 55	18 21	02 52	03 40	04 28	05 18
N 10	17 41	18 02	18 27	02 54	03 38	04 23	05 09
0	17 48	18 09	18 34	02 56	03 36	04 17	05 00
S 10	17 56	18 17	18 42	02 58	03 35	04 12	04 51
20	18 04	18 26	18 53	03 00	03 33	04 07	04 42
30	18 13	18 38	19 07	03 02	03 31	04 00	04 31
35	18 19	18 45	19 16	03 04	03 30	03 57	04 25
40	18 25	18 53	19 27	03 05	03 29	03 53	04 18
45	18 32	19 03	19 41	03 07	03 27	03 48	04 10
S 50	18 41	19 16	19 58	03 09	03 25	03 42	04 01
52	18 45	19 22	20 07	03 10	03 25	03 40	03 56
54	18 50	19 28	20 17	03 11	03 24	03 37	03 51
56	18 55	19 36	20 28	03 13	03 23	03 34	03 46
58	19 01	19 44	20 41	03 14	03 22	03 30	03 40
S 60	19 07	19 54	20 57	03 15	03 21	03 26	03 33

Day	SUN Eqn. of Time 00^h	SUN Eqn. of Time 12^h	SUN Mer. Pass.	MOON Mer. Pass. Upper	MOON Mer. Pass. Lower	MOON Age	MOON %	Phase
d	m s	m s	h m	h m	h m	d	%	
19	14 55	15 00	11 45	21 26	09 06	12	88	○
20	15 06	15 11	11 45	22 07	09 47	13	94	
21	15 16	15 21	11 45	22 50	10 28	14	97	

UT		ARIES	VENUS −4.2		MARS +1.4		JUPITER −2.8		SATURN +0.9	
d h		GHA	GHA	Dec	GHA	Dec	GHA	Dec	GHA	Dec
		° ′	° ′	° ′	° ′	° ′	° ′	° ′	° ′	° ′
22 00		30 19.3	175 31.7	S21 16.5	157 15.4	S19 36.3	34 29.8	S 3 30.1	199 59.7	S 2 04.2
01		45 21.8	190 35.4	15.9	172 16.1	36.7	49 32.5	30.2	215 01.9	04.4
02		60 24.2	205 39.1	15.2	187 16.7	37.1	64 35.1	30.3	230 04.0	04.5
03		75 26.7	220 42.7	. . 14.6	202 17.4	. . 37.6	79 37.8	. . 30.4	245 06.2	. . 04.6
04		90 29.2	235 46.4	13.9	217 18.0	38.0	94 40.5	30.5	260 08.4	04.7
05		105 31.6	250 50.1	13.3	232 18.6	38.5	109 43.2	30.5	275 10.6	04.8
06		120 34.1	265 53.7	S21 12.6	247 19.3	S19 38.9	124 45.8	S 3 30.6	290 12.8	S 2 04.9
07		135 36.6	280 57.4	12.0	262 19.9	39.4	139 48.5	30.7	305 15.0	05.0
08		150 39.0	296 01.1	11.3	277 20.6	39.8	154 51.2	30.8	320 17.2	05.1
09	F	165 41.5	311 04.8	. . 10.6	292 21.2	. . 40.3	169 53.8	. . 30.9	335 19.4	. . 05.3
10	R	180 44.0	326 08.4	10.0	307 21.8	40.7	184 56.5	30.9	350 21.5	05.4
11	I	195 46.4	341 12.1	09.3	322 22.5	41.2	199 59.2	31.0	5 23.7	05.5
12	D	210 48.9	356 15.8	S21 08.7	337 23.1	S19 41.6	215 01.8	S 3 31.1	20 25.9	S 2 05.6
13	A	225 51.3	11 19.5	08.0	352 23.8	42.0	230 04.5	31.2	35 28.1	05.7
14	Y	240 53.8	26 23.2	07.3	7 24.4	42.5	245 07.2	31.3	50 30.3	05.8
15		255 56.3	41 26.9	. . 06.6	22 25.0	. . 42.9	260 09.9	. . 31.3	65 32.5	. . 05.9
16		270 58.7	56 30.6	06.0	37 25.7	43.4	275 12.5	31.4	80 34.7	06.0
17		286 01.2	71 34.3	05.3	52 26.3	43.8	290 15.2	31.5	95 36.9	06.2
18		301 03.7	86 38.0	S21 04.6	67 26.9	S19 44.3	305 17.9	S 3 31.6	110 39.1	S 2 06.3
19		316 06.1	101 41.7	03.9	82 27.6	44.7	320 20.5	31.7	125 41.2	06.4
20		331 08.6	116 45.4	03.2	97 28.2	45.1	335 23.2	31.7	140 43.4	06.5
21		346 11.1	131 49.1	. . 02.6	112 28.8	. . 45.6	350 25.9	. . 31.8	155 45.6	. . 06.6
22		1 13.5	146 52.8	01.9	127 29.5	46.0	5 28.5	31.9	170 47.8	06.7
23		16 16.0	161 56.5	01.2	142 30.1	46.5	20 31.2	32.0	185 50.0	06.8
23 00		31 18.5	177 00.2	S21 00.5	157 30.8	S19 46.9	35 33.9	S 3 32.1	200 52.2	S 2 07.0
01		46 20.9	192 03.9	20 59.8	172 31.4	47.3	50 36.5	32.1	215 54.4	07.1
02		61 23.4	207 07.6	59.1	187 32.0	47.8	65 39.2	32.2	230 56.6	07.2
03		76 25.8	222 11.3	. . 58.4	202 32.7	. . 48.2	80 41.8	. . 32.3	245 58.8	. . 07.3
04		91 28.3	237 15.0	57.7	217 33.3	48.7	95 44.5	32.4	261 00.9	07.4
05		106 30.8	252 18.8	57.0	232 33.9	49.1	110 47.2	32.4	276 03.1	07.5
06		121 33.2	267 22.5	S20 56.3	247 34.6	S19 49.5	125 49.8	S 3 32.5	291 05.3	S 2 07.6
07		136 35.7	282 26.2	55.6	262 35.2	50.0	140 52.5	32.6	306 07.5	07.7
08	S	151 38.2	297 29.9	54.9	277 35.8	50.4	155 55.2	32.7	321 09.7	07.9
09	A	166 40.6	312 33.6	. . 54.1	292 36.5	. . 50.9	170 57.8	. . 32.8	336 11.9	. . 08.0
10	T	181 43.1	327 37.4	53.4	307 37.1	51.3	186 00.5	32.8	351 14.1	08.1
11	U	196 45.6	342 41.1	52.7	322 37.7	51.7	201 03.2	32.9	6 16.3	08.2
12	R	211 48.0	357 44.8	S20 52.0	337 38.4	S19 52.2	216 05.8	S 3 33.0	21 18.5	S 2 08.3
13	D	226 50.5	12 48.6	51.3	352 39.0	52.6	231 08.5	33.1	36 20.6	08.4
14	A	241 53.0	27 52.3	50.5	7 39.6	53.0	246 11.1	33.1	51 22.8	08.5
15	Y	256 55.4	42 56.0	. . 49.8	22 40.3	. . 53.5	261 13.8	. . 33.2	66 25.0	. . 08.6
16		271 57.9	57 59.8	49.1	37 40.9	53.9	276 16.5	33.3	81 27.2	08.8
17		287 00.3	73 03.5	48.4	52 41.5	54.3	291 19.1	33.4	96 29.4	08.9
18		302 02.8	88 07.2	S20 47.6	67 42.1	S19 54.8	306 21.8	S 3 33.5	111 31.6	S 2 09.0
19		317 05.3	103 11.0	46.9	82 42.8	55.2	321 24.4	33.5	126 33.8	09.1
20		332 07.7	118 14.7	46.2	97 43.4	55.7	336 27.1	33.6	141 36.0	09.2
21		347 10.2	133 18.5	. . 45.4	112 44.0	. . 56.1	351 29.8	. . 33.7	156 38.2	. . 09.3
22		2 12.7	148 22.2	44.7	127 44.7	56.5	6 32.4	33.8	171 40.4	09.4
23		17 15.1	163 26.0	43.9	142 45.3	57.0	21 35.1	33.8	186 42.5	09.5
24 00		32 17.6	178 29.7	S20 43.2	157 45.9	S19 57.4	36 37.7	S 3 33.9	201 44.7	S 2 09.7
01		47 20.1	193 33.5	42.4	172 46.6	57.8	51 40.4	34.0	216 46.9	09.8
02		62 22.5	208 37.2	41.7	187 47.2	58.3	66 43.1	34.1	231 49.1	09.9
03		77 25.0	223 41.0	. . 40.9	202 47.8	. . 58.7	81 45.7	. . 34.1	246 51.3	. . 10.0
04		92 27.4	238 44.7	40.2	217 48.4	59.1	96 48.4	34.2	261 53.5	10.1
05		107 29.9	253 48.5	39.4	232 49.1	19 59.6	111 51.0	34.3	276 55.7	10.2
06		122 32.4	268 52.2	S20 38.7	247 49.7	S20 00.0	126 53.7	S 3 34.4	291 57.9	S 2 10.3
07		137 34.8	283 56.0	37.9	262 50.3	00.4	141 56.4	34.4	307 00.1	10.4
08		152 37.3	298 59.7	37.1	277 50.9	00.8	156 59.0	34.5	322 02.3	10.5
09	S	167 39.8	314 03.5	. . 36.4	292 51.6	. . 01.3	172 01.7	. . 34.6	337 04.4	. . 10.7
10	U	182 42.2	329 07.3	35.6	307 52.2	01.7	187 04.3	34.7	352 06.6	10.8
11	N	197 44.7	344 11.0	34.8	322 52.8	02.1	202 07.0	34.7	7 08.8	10.9
12	D	212 47.2	359 14.8	S20 34.1	337 53.4	S20 02.6	217 09.6	S 3 34.8	22 11.0	S 2 11.0
13	A	227 49.6	14 18.6	33.3	352 54.1	03.0	232 12.3	34.9	37 13.2	11.1
14	Y	242 52.1	29 22.3	32.5	7 54.7	03.4	247 15.0	35.0	52 15.4	11.2
15		257 54.6	44 26.1	. . 31.7	22 55.3	. . 03.9	262 17.6	. . 35.0	67 17.6	. . 11.3
16		272 57.0	59 29.9	30.9	37 55.9	04.3	277 20.3	35.1	82 19.8	11.4
17		287 59.5	74 33.6	30.2	52 56.6	04.7	292 22.9	35.2	97 22.0	11.6
18		303 01.9	89 37.4	S20 29.4	67 57.2	S20 05.1	307 25.6	S 3 35.2	112 24.2	S 2 11.7
19		318 04.4	104 41.2	28.6	82 57.8	05.6	322 28.2	35.3	127 26.3	11.8
20		333 06.9	119 44.9	27.8	97 58.4	06.0	337 30.9	35.4	142 28.5	11.9
21		348 09.3	134 48.7	. . 27.0	112 59.1	. . 06.4	352 33.5	. . 35.5	157 30.7	. . 12.0
22		3 11.8	149 52.5	26.2	127 59.7	06.9	7 36.2	35.5	172 32.9	12.1
23		18 14.3	164 56.3	25.4	143 00.3	07.3	22 38.8	35.6	187 35.1	12.2
Mer. Pass.		h m 21 51.2	v 3.7	d 0.7	v 0.6	d 0.4	v 2.7	d 0.1	v 2.2	d 0.1

STARS		
Name	SHA	Dec
	° ′	° ′
Acamar	315 19.3	S40 15.5
Achernar	335 27.5	S57 10.8
Acrux	173 12.3	S63 09.5
Adhara	255 13.9	S28 59.0
Aldebaran	290 51.3	N16 31.9
Alioth	166 22.8	N55 53.9
Alkaid	153 00.8	N49 15.5
Al Na'ir	27 45.8	S46 54.5
Alnilam	275 48.1	S 1 11.6
Alphard	217 58.1	S 8 42.3
Alphecca	126 12.9	N26 40.8
Alpheratz	357 45.2	N29 09.3
Altair	62 10.2	N 8 54.0
Ankaa	353 17.1	S42 14.7
Antares	112 28.9	S26 27.3
Arcturus	145 57.8	N19 07.6
Atria	107 33.0	S69 03.0
Avior	234 18.9	S59 32.4
Bellatrix	278 33.9	N 6 21.6
Betelgeuse	271 03.2	N 7 24.6
Canopus	263 56.8	S52 41.8
Capella	280 37.0	N46 00.4
Deneb	49 32.8	N45 19.5
Denebola	182 35.9	N14 30.7
Diphda	348 57.5	S17 55.5
Dubhe	193 54.3	N61 41.3
Elnath	278 14.8	N28 37.0
Eltanin	90 47.3	N51 29.5
Enif	33 48.9	N 9 55.7
Fomalhaut	15 25.8	S29 33.8
Gacrux	172 03.7	S57 10.3
Gienah	175 54.6	S17 36.1
Hadar	148 51.4	S60 25.5
Hamal	328 02.6	N23 31.0
Kaus Aust.	83 46.5	S34 22.8
Kochab	137 20.9	N74 06.7
Markab	13 40.0	N15 16.1
Menkar	314 16.8	N 4 08.1
Menkent	148 10.3	S36 25.4
Miaplacidus	221 40.5	S69 45.4
Mirfak	308 42.7	N49 54.0
Nunki	76 00.8	S26 17.0
Peacock	53 22.1	S56 42.1
Pollux	243 30.0	N27 59.9
Procyon	245 01.7	N 5 11.9
Rasalhague	96 08.4	N12 33.3
Regulus	207 45.7	N11 54.8
Rigel	281 13.7	S 8 11.2
Rigil Kent.	139 55.1	S60 52.8
Sabik	102 15.0	S15 44.2
Schedar	349 42.3	N56 36.1
Shaula	96 24.8	S37 06.7
Sirius	258 35.3	S16 43.7
Spica	158 33.6	S11 13.0
Suhail	222 54.0	S43 28.4
Vega	80 40.4	N38 47.9
Zuben'ubi	137 07.9	S16 05.2
	SHA	Mer. Pass.
	° ′	h m
Venus	145 41.7	12 09
Mars	126 12.3	13 29
Jupiter	4 15.4	21 34
Saturn	169 33.7	10 35

UT	SUN GHA	SUN Dec	MOON GHA	v	MOON Dec	d	HP
d h	° ′	° ′	° ′	′	° ′	′	′
22 00	183 51.5	S10 56.1	17 05.9	14.7	N11 01.0	11.3	54.7
01	198 51.6	57.0	31 39.6	14.7	11 12.3	11.3	54.7
02	213 51.7	57.9	46 13.3	14.6	11 23.6	11.2	54.7
03	228 51.8	. . 58.7	60 46.9	14.5	11 34.8	11.2	54.7
04	243 51.9	10 59.6	75 20.4	14.5	11 46.0	11.1	54.7
05	258 52.0	11 00.5	89 53.9	14.5	11 57.1	11.1	54.8
06	273 52.1	S11 01.4	104 27.4	14.4	N12 08.2	11.0	54.8
07	288 52.1	02.3	119 00.8	14.3	12 19.2	11.0	54.8
08	303 52.2	03.2	133 34.1	14.3	12 30.2	11.0	54.8
F 09	318 52.3	. . 04.0	148 07.4	14.2	12 41.2	10.9	54.8
R 10	333 52.4	04.9	162 40.6	14.1	12 52.1	10.9	54.8
I 11	348 52.5	05.8	177 13.7	14.1	13 03.0	10.8	54.8
D 12	3 52.6	S11 06.7	191 46.8	14.1	N13 13.8	10.8	54.9
A 13	18 52.7	07.6	206 19.9	13.9	13 24.6	10.7	54.9
Y 14	33 52.8	08.4	220 52.8	13.9	13 35.3	10.6	54.9
15	48 52.9	. . 09.3	235 25.7	13.9	13 45.9	10.6	54.9
16	63 53.0	10.2	249 58.6	13.8	13 56.5	10.6	54.9
17	78 53.1	11.1	264 31.4	13.7	14 07.1	10.5	54.9
18	93 53.2	S11 12.0	279 04.1	13.7	N14 17.6	10.4	54.9
19	108 53.3	12.9	293 36.8	13.6	14 28.0	10.4	55.0
20	123 53.4	13.7	308 09.4	13.5	14 38.4	10.3	55.0
21	138 53.5	. . 14.6	322 41.9	13.5	14 48.7	10.3	55.0
22	153 53.6	15.5	337 14.4	13.4	14 59.0	10.2	55.0
23	168 53.6	16.4	351 46.8	13.3	15 09.2	10.2	55.0
23 00	183 53.7	S11 17.2	6 19.1	13.3	N15 19.4	10.0	55.0
01	198 53.8	18.1	20 51.4	13.2	15 29.4	10.1	55.1
02	213 53.9	19.0	35 23.6	13.1	15 39.5	9.9	55.1
03	228 54.0	. . 19.9	49 55.7	13.1	15 49.4	9.9	55.1
04	243 54.1	20.8	64 27.8	13.0	15 59.3	9.8	55.1
05	258 54.2	21.6	78 59.8	12.9	16 09.1	9.8	55.1
06	273 54.3	S11 22.5	93 31.7	12.9	N16 18.9	9.7	55.1
07	288 54.4	23.4	108 03.6	12.8	16 28.6	9.6	55.2
S 08	303 54.5	24.3	122 35.4	12.7	16 38.2	9.6	55.2
A 09	318 54.5	. . 25.1	137 07.1	12.6	16 47.8	9.5	55.2
T 10	333 54.6	26.0	151 38.7	12.6	16 57.3	9.4	55.2
U 11	348 54.7	26.9	166 10.3	12.5	17 06.7	9.3	55.2
R 12	3 54.8	S11 27.8	180 41.8	12.4	N17 16.0	9.3	55.2
D 13	18 54.9	28.6	195 13.2	12.4	17 25.3	9.2	55.3
A 14	33 55.0	29.5	209 44.6	12.3	17 34.5	9.1	55.3
Y 15	48 55.1	. . 30.4	224 15.9	12.2	17 43.6	9.0	55.3
16	63 55.2	31.3	238 47.1	12.2	17 52.6	9.0	55.3
17	78 55.2	32.1	253 18.3	12.1	18 01.6	8.9	55.3
18	93 55.3	S11 33.0	267 49.4	12.0	N18 10.5	8.8	55.3
19	108 55.4	33.9	282 20.4	11.9	18 19.3	8.7	55.4
20	123 55.5	34.8	296 51.3	11.9	18 28.0	8.6	55.4
21	138 55.6	. . 35.6	311 22.2	11.7	18 36.6	8.6	55.4
22	153 55.7	36.5	325 52.9	11.8	18 45.2	8.4	55.4
23	168 55.7	37.4	340 23.7	11.6	18 53.6	8.4	55.4
24 00	183 55.8	S11 38.2	354 54.3	11.6	N19 02.0	8.3	55.5
01	198 55.9	39.1	9 24.9	11.5	19 10.3	8.2	55.5
02	213 56.0	40.0	23 55.4	11.4	19 18.5	8.1	55.5
03	228 56.1	. . 40.9	38 25.8	11.3	19 26.6	8.1	55.5
04	243 56.2	41.7	52 56.1	11.3	19 34.7	7.9	55.5
05	258 56.2	42.6	67 26.4	11.2	19 42.6	7.9	55.5
06	273 56.3	S11 43.5	81 56.6	11.1	N19 50.5	7.7	55.6
07	288 56.4	44.3	96 26.7	11.1	19 58.2	7.7	55.6
08	303 56.5	45.2	110 56.8	11.0	20 05.9	7.6	55.6
S 09	318 56.6	. . 46.1	125 26.8	10.9	20 13.5	7.4	55.6
U 10	333 56.7	46.9	139 56.7	10.8	20 20.9	7.4	55.6
N 11	348 56.7	47.8	154 26.5	10.8	20 28.3	7.3	55.7
D 12	3 56.8	S11 48.7	168 56.3	10.7	N20 35.6	7.2	55.7
A 13	18 56.9	49.5	183 26.0	10.6	20 42.8	7.1	55.7
Y 14	33 57.0	50.4	197 55.6	10.5	20 49.9	7.0	55.7
15	48 57.1	. . 51.3	212 25.1	10.5	20 56.9	6.8	55.7
16	63 57.1	52.1	226 54.6	10.4	21 03.7	6.8	55.7
17	78 57.2	53.0	241 24.0	10.4	21 10.5	6.7	55.8
18	93 57.3	S11 53.9	255 53.4	10.2	N21 17.2	6.6	55.8
19	108 57.4	54.7	270 22.6	10.2	21 23.8	6.4	55.8
20	123 57.4	55.6	284 51.8	10.1	21 30.2	6.4	55.8
21	138 57.5	. . 56.5	299 20.9	10.1	21 36.6	6.2	55.8
22	153 57.6	57.3	313 50.0	10.0	21 42.8	6.2	55.9
23	168 57.7	58.2	328 19.0	9.9	N21 49.0	6.0	55.9
	SD 16.1	*d* 0.9	SD	14.9		15.1	15.2

Lat.	Twilight Naut.	Twilight Civil	Sunrise	Moonrise 22	Moonrise 23	Moonrise 24	Moonrise 25
°	h m	h m	h m	h m	h m	h m	h m
N 72	05 29	06 48	08 04	14 06	13 04	□	□
N 70	05 29	06 40	07 47	14 31	14 02	□	□
68	05 29	06 34	07 34	14 50	14 36	14 10	□
66	05 28	06 28	07 23	15 06	15 01	14 55	14 48
64	05 28	06 23	07 14	15 19	15 21	15 25	15 37
62	05 27	06 19	07 06	15 30	15 37	15 48	16 09
60	05 27	06 15	06 59	15 39	15 50	16 06	16 32
N 58	05 26	06 12	06 53	15 47	16 02	16 22	16 51
56	05 26	06 09	06 48	15 54	16 12	16 35	17 07
54	05 25	06 06	06 43	16 01	16 21	16 46	17 21
52	05 24	06 04	06 38	16 07	16 29	16 56	17 33
50	05 24	06 01	06 34	16 12	16 36	17 05	17 43
45	05 22	05 56	06 26	16 24	16 51	17 25	18 05
N 40	05 20	05 51	06 19	16 33	17 04	17 40	18 23
35	05 17	05 47	06 13	16 41	17 15	17 54	18 38
30	05 15	05 43	06 07	16 49	17 25	18 05	18 51
20	05 09	05 35	05 58	17 01	17 41	18 25	19 14
N 10	05 03	05 28	05 49	17 13	17 56	18 43	19 33
0	04 55	05 20	05 41	17 23	18 09	18 59	19 51
S 10	04 46	05 11	05 33	17 34	18 23	19 15	20 10
20	04 35	05 01	05 24	17 45	18 38	19 33	20 29
30	04 20	04 49	05 14	17 58	18 55	19 53	20 52
35	04 10	04 42	05 08	18 06	19 05	20 05	21 05
40	03 59	04 33	05 01	18 14	19 16	20 19	21 21
45	03 44	04 22	04 53	18 24	19 30	20 36	21 39
S 50	03 26	04 09	04 44	18 37	19 47	20 56	22 02
52	03 17	04 03	04 39	18 43	19 54	21 06	22 13
54	03 06	03 55	04 34	18 49	20 03	21 17	22 26
56	02 54	03 48	04 29	18 56	20 13	21 29	22 40
58	02 40	03 38	04 23	19 04	20 24	21 43	22 57
S 60	02 23	03 28	04 16	19 13	20 37	22 00	23 18

Lat.	Sunset	Twilight Civil	Twilight Naut.	Moonset 22	Moonset 23	Moonset 24	Moonset 25
°	h m	h m	h m	h m	h m	h m	h m
N 72	15 23	16 39	17 58	07 56	10 33	□	□
N 70	15 40	16 47	17 58	07 32	09 37	□	□
68	15 54	16 53	17 58	07 15	09 03	11 10	□
66	16 05	16 59	17 59	07 00	08 39	10 26	12 21
64	16 14	17 04	17 59	06 49	08 21	09 56	11 32
62	16 22	17 08	18 00	06 39	08 06	09 34	11 01
60	16 29	17 12	18 00	06 30	07 53	09 17	10 37
N 58	16 35	17 15	18 01	06 23	07 42	09 02	10 19
56	16 40	17 19	18 02	06 17	07 33	08 49	10 03
54	16 45	17 21	18 03	06 11	07 24	08 38	09 50
52	16 49	17 24	18 03	06 06	07 17	08 28	09 38
50	16 53	17 27	18 04	06 01	07 10	08 20	09 28
45	17 02	17 32	18 06	05 51	06 56	08 01	09 06
N 40	17 09	17 37	18 09	05 43	06 44	07 47	08 49
35	17 16	17 41	18 11	05 35	06 34	07 34	08 34
30	17 21	17 46	18 14	05 29	06 25	07 23	08 22
20	17 31	17 53	18 19	05 18	06 10	07 04	08 00
N 10	17 40	18 01	18 26	05 09	05 57	06 48	07 41
0	17 48	18 09	18 33	05 00	05 45	06 33	07 24
S 10	17 56	18 18	18 43	04 51	05 33	06 18	07 06
20	18 05	18 28	18 54	04 42	05 20	06 02	06 48
30	18 15	18 40	19 09	04 31	05 05	05 43	06 26
35	18 21	18 48	19 19	04 25	04 57	05 32	06 14
40	18 28	18 57	19 31	04 18	04 47	05 20	05 59
45	18 36	19 08	19 46	04 10	04 36	05 06	05 42
S 50	18 46	19 21	20 05	04 01	04 22	04 48	05 21
52	18 51	19 28	20 14	03 56	04 16	04 40	05 11
54	18 56	19 35	20 24	03 51	04 09	04 31	05 00
56	19 01	19 43	20 37	03 46	04 01	04 20	04 47
58	19 08	19 52	20 51	03 40	03 52	04 09	04 32
S 60	19 15	20 03	21 09	03 33	03 42	03 55	04 15

Day	SUN Eqn. of Time 00^h	SUN Eqn. of Time 12^h	SUN Mer. Pass.	MOON Mer. Pass. Upper	MOON Mer. Pass. Lower	MOON Age	MOON Phase
d	m s	m s	h m	h m	h m	d %	
22	15 26	15 30	11 44	23 34	11 11	15 100	○
23	15 35	15 39	11 44	24 21	11 57	16 100	
24	15 43	15 47	11 44	00 21	12 46	17 98	

	UT	ARIES	VENUS −4.3		MARS +1.4		JUPITER −2.8		SATURN +0.9	
		GHA	GHA	Dec	GHA	Dec	GHA	Dec	GHA	Dec
	d h	° ′	° ′	° ′	° ′	° ′	° ′	° ′	° ′	° ′
	25 00	33 16.7	180 00.1	S20 24.6	158 00.9	S20 07.7	37 41.5	S 3 35.7	202 37.3	S 2 12.3
	01	48 19.2	195 03.8	23.8	173 01.5	08.1	52 44.1	35.8	217 39.5	12.5
	02	63 21.7	210 07.6	23.0	188 02.2	08.6	67 46.8	35.8	232 41.7	12.6
	03	78 24.1	225 11.4	. . 22.2	203 02.8	. . 09.0	82 49.5	. . 35.9	247 43.9	. . 12.7
	04	93 26.6	240 15.2	21.4	218 03.4	09.4	97 52.1	36.0	262 46.1	12.8
	05	108 29.1	255 19.0	20.6	233 04.0	09.8	112 54.8	36.0	277 48.3	12.9
	06	123 31.5	270 22.7	S20 19.8	248 04.7	S20 10.3	127 57.4	S 3 36.1	292 50.4	S 2 13.0
	07	138 34.0	285 26.5	19.0	263 05.3	10.7	143 00.1	36.2	307 52.6	13.1
	08	153 36.4	300 30.3	18.2	278 05.9	11.1	158 02.7	36.3	322 54.8	13.2
M	09	168 38.9	315 34.1	. . 17.4	293 06.5	. . 11.5	173 05.4	. . 36.3	337 57.0	. . 13.3
O	10	183 41.4	330 37.9	16.6	308 07.1	12.0	188 08.0	36.4	352 59.2	13.5
N	11	198 43.8	345 41.7	15.7	323 07.7	12.4	203 10.7	36.5	8 01.4	13.6
D	12	213 46.3	0 45.5	S20 14.9	338 08.4	S20 12.8	218 13.3	S 3 36.6	23 03.6	S 2 13.7
A	13	228 48.8	15 49.3	14.1	353 09.0	13.2	233 16.0	36.6	38 05.8	13.8
Y	14	243 51.2	30 53.0	13.3	8 09.6	13.7	248 18.6	36.7	53 08.0	13.9
	15	258 53.7	45 56.8	. . 12.4	23 10.2	. . 14.1	263 21.3	. . 36.8	68 10.2	. . 14.0
	16	273 56.2	61 00.6	11.6	38 10.8	14.5	278 23.9	36.8	83 12.4	14.1
	17	288 58.6	76 04.4	10.8	53 11.5	14.9	293 26.6	36.9	98 14.5	14.2
	18	304 01.1	91 08.2	S20 10.0	68 12.1	S20 15.3	308 29.2	S 3 37.0	113 16.7	S 2 14.3
	19	319 03.5	106 12.0	09.1	83 12.7	15.8	323 31.9	37.0	128 18.9	14.5
	20	334 06.0	121 15.8	08.3	98 13.3	16.2	338 34.5	37.1	143 21.1	14.6
	21	349 08.5	136 19.6	. . 07.5	113 13.9	. . 16.6	353 37.1	. . 37.2	158 23.3	. . 14.7
	22	4 10.9	151 23.4	06.6	128 14.5	17.0	8 39.8	37.3	173 25.5	14.8
	23	19 13.4	166 27.2	05.8	143 15.2	17.4	23 42.4	37.3	188 27.7	14.9
	26 00	34 15.9	181 31.0	S20 04.9	158 15.8	S20 17.9	38 45.1	S 3 37.4	203 29.9	S 2 15.0
	01	49 18.3	196 34.8	04.1	173 16.4	18.3	53 47.7	37.5	218 32.1	15.1
	02	64 20.8	211 38.6	03.2	188 17.0	18.7	68 50.4	37.5	233 34.3	15.2
	03	79 23.3	226 42.4	. . 02.4	203 17.6	. . 19.1	83 53.0	. . 37.6	248 36.5	. . 15.3
	04	94 25.7	241 46.2	01.5	218 18.2	19.5	98 55.7	37.7	263 38.7	15.5
	05	109 28.2	256 50.0	20 00.7	233 18.8	20.0	113 58.3	37.7	278 40.8	15.6
	06	124 30.7	271 53.8	S19 59.8	248 19.5	S20 20.4	129 01.0	S 3 37.8	293 43.0	S 2 15.7
	07	139 33.1	286 57.6	59.0	263 20.1	20.8	144 03.6	37.9	308 45.2	15.8
T	08	154 35.6	302 01.4	58.1	278 20.7	21.2	159 06.3	37.9	323 47.4	15.9
U	09	169 38.0	317 05.2	. . 57.3	293 21.3	. . 21.6	174 08.9	. . 38.0	338 49.6	. . 16.0
E	10	184 40.5	332 09.0	56.4	308 21.9	22.0	189 11.5	38.1	353 51.8	16.1
S	11	199 43.0	347 12.8	55.5	323 22.5	22.5	204 14.2	38.2	8 54.0	16.2
D	12	214 45.4	2 16.6	S19 54.7	338 23.1	S20 22.9	219 16.8	S 3 38.2	23 56.2	S 2 16.3
	13	229 47.9	17 20.4	53.8	353 23.7	23.3	234 19.5	38.3	38 58.4	16.5
A	14	244 50.4	32 24.2	52.9	8 24.3	23.7	249 22.1	38.4	54 00.6	16.6
Y	15	259 52.8	47 28.0	. . 52.1	23 25.0	. . 24.1	264 24.8	. . 38.4	69 02.8	. . 16.7
	16	274 55.3	62 31.9	51.2	38 25.6	24.5	279 27.4	38.5	84 05.0	16.8
	17	289 57.8	77 35.7	50.3	53 26.2	25.0	294 30.0	38.6	99 07.2	16.9
	18	305 00.2	92 39.5	S19 49.4	68 26.8	S20 25.4	309 32.7	S 3 38.6	114 09.3	S 2 17.0
	19	320 02.7	107 43.3	48.6	83 27.4	25.8	324 35.3	38.7	129 11.5	17.1
	20	335 05.2	122 47.1	47.7	98 28.0	26.2	339 38.0	38.8	144 13.7	17.2
	21	350 07.6	137 50.9	. . 46.8	113 28.6	. . 26.6	354 40.6	. . 38.8	159 15.9	. . 17.3
	22	5 10.1	152 54.7	45.9	128 29.2	27.0	9 43.2	38.9	174 18.1	17.4
	23	20 12.5	167 58.5	45.0	143 29.8	27.4	24 45.9	39.0	189 20.3	17.6
	27 00	35 15.0	183 02.3	S19 44.2	158 30.4	S20 27.9	39 48.5	S 3 39.0	204 22.5	S 2 17.7
	01	50 17.5	198 06.1	43.3	173 31.1	28.3	54 51.2	39.1	219 24.7	17.8
	02	65 19.9	213 09.9	42.4	188 31.7	28.7	69 53.8	39.2	234 26.9	17.9
	03	80 22.4	228 13.7	. . 41.5	203 32.3	. . 29.1	84 56.4	. . 39.2	249 29.1	. . 18.0
	04	95 24.9	243 17.6	40.6	218 32.9	29.5	99 59.1	39.3	264 31.3	18.1
	05	110 27.3	258 21.4	39.7	233 33.5	29.9	115 01.7	39.4	279 33.5	18.2
	06	125 29.8	273 25.2	S19 38.8	248 34.1	S20 30.3	130 04.4	S 3 39.4	294 35.7	S 2 18.3
W	07	140 32.3	288 29.0	37.9	263 34.7	30.7	145 07.0	39.5	309 37.9	18.4
E	08	155 34.7	303 32.8	37.0	278 35.3	31.1	160 09.6	39.6	324 40.0	18.6
D	09	170 37.2	318 36.6	. . 36.1	293 35.9	. . 31.6	175 12.3	. . 39.6	339 42.2	. . 18.7
N	10	185 39.7	333 40.4	35.2	308 36.5	32.0	190 14.9	39.7	354 44.4	18.8
E	11	200 42.1	348 44.2	34.3	323 37.1	32.4	205 17.5	39.8	9 46.6	18.9
S	12	215 44.6	3 48.0	S19 33.4	338 37.7	S20 32.8	220 20.2	S 3 39.8	24 48.8	S 2 19.0
D	13	230 47.0	18 51.9	32.5	353 38.3	33.2	235 22.8	39.9	39 51.0	19.1
	14	245 49.5	33 55.7	31.6	8 38.9	33.6	250 25.5	40.0	54 53.2	19.2
A	15	260 52.0	48 59.5	. . 30.7	23 39.5	. . 34.0	265 28.1	. . 40.0	69 55.4	. . 19.3
Y	16	275 54.4	64 03.3	29.8	38 40.1	34.4	280 30.7	40.1	84 57.6	19.4
	17	290 56.9	79 07.1	28.9	53 40.7	34.8	295 33.4	40.1	99 59.8	19.5
	18	305 59.4	94 10.9	S19 28.0	68 41.3	S20 35.2	310 36.0	S 3 40.2	115 02.0	S 2 19.7
	19	321 01.8	109 14.7	27.0	83 41.9	35.6	325 38.6	40.3	130 04.2	19.8
	20	336 04.3	124 18.5	26.1	98 42.5	36.0	340 41.3	40.3	145 06.4	19.9
	21	351 06.8	139 22.3	. . 25.2	113 43.2	. . 36.4	355 43.9	. . 40.4	160 08.6	. . 20.0
	22	6 09.2	154 26.1	24.3	128 43.8	36.9	10 46.5	40.5	175 10.8	20.1
	23	21 11.7	169 30.0	23.4	143 44.4	37.3	25 49.2	40.5	190 12.9	20.2
	Mer. Pass.	h m 21 39.4	v 3.8	d 0.9	v 0.6	d 0.4	v 2.6	d 0.1	v 2.2	d 0.1

STARS

Name	SHA	Dec
	° ′	° ′
Acamar	315 19.3	S40 15.5
Achernar	335 27.5	S57 10.8
Acrux	173 12.2	S63 09.5
Adhara	255 13.9	S28 59.0
Aldebaran	290 51.3	N16 31.9
Alioth	166 22.8	N55 53.9
Alkaid	153 00.8	N49 15.5
Al Na'ir	27 45.8	S46 54.5
Alnilam	275 48.1	S 1 11.6
Alphard	217 58.1	S 8 42.3
Alphecca	126 13.0	N26 40.8
Alpheratz	357 45.2	N29 09.3
Altair	62 10.2	N 8 54.0
Ankaa	353 17.1	S42 14.8
Antares	112 28.9	S26 27.3
Arcturus	145 57.8	N19 07.6
Atria	107 33.0	S69 03.0
Avior	234 18.9	S59 32.4
Bellatrix	278 33.8	N 6 21.6
Betelgeuse	271 03.2	N 7 24.6
Canopus	263 56.7	S52 41.8
Capella	280 37.0	N46 00.4
Deneb	49 32.8	N45 19.5
Denebola	182 35.9	N14 30.7
Diphda	348 57.5	S17 55.5
Dubhe	193 54.3	N61 41.3
Elnath	278 14.8	N28 37.0
Eltanin	90 47.3	N51 29.5
Enif	33 48.9	N 9 55.7
Fomalhaut	15 25.8	S29 33.8
Gacrux	172 03.7	S57 10.3
Gienah	175 54.6	S17 36.1
Hadar	148 51.4	S60 25.5
Hamal	328 02.6	N23 31.0
Kaus Aust.	83 46.5	S34 22.8
Kochab	137 20.9	N74 06.7
Markab	13 40.1	N15 16.1
Menkar	314 16.7	N 4 08.1
Menkent	148 10.3	S36 25.4
Miaplacidus	221 40.5	S69 45.4
Mirfak	308 42.7	N49 54.0
Nunki	76 00.8	S26 17.0
Peacock	53 22.2	S56 42.1
Pollux	243 30.0	N27 59.9
Procyon	245 01.7	N 5 11.8
Rasalhague	96 08.5	N12 33.3
Regulus	207 45.7	N11 54.8
Rigel	281 13.7	S 8 11.2
Rigil Kent.	139 55.1	S60 52.8
Sabik	102 15.0	S15 44.2
Schedar	349 42.3	N56 36.1
Shaula	96 24.8	S37 06.7
Sirius	258 35.3	S16 43.7
Spica	158 33.6	S11 13.0
Suhail	222 54.0	S43 28.4
Vega	80 40.5	N38 47.9
Zuben'ubi	137 07.9	S16 05.2

	SHA	Mer. Pass.
	° ′	h m
Venus	147 15.1	11 51
Mars	123 59.9	13 26
Jupiter	4 29.2	21 21
Saturn	169 14.0	10 24

UT d	h	SUN GHA	SUN Dec	MOON GHA	v	MOON Dec	d	HP
d	h	° ′	° ′	° ′	′	° ′	′	′
25	00	183 57.8	S11 59.1	342 47.9	9.8	N21 55.0	5.9	55.9
	01	198 57.8	11 59.9	357 16.7	9.8	22 00.9	5.8	55.9
	02	213 57.9	12 00.8	11 45.5	9.7	22 06.7	5.7	55.9
	03	228 58.0	. . 01.6	26 14.2	9.7	22 12.4	5.6	56.0
	04	243 58.1	02.5	40 42.9	9.5	22 18.0	5.5	56.0
	05	258 58.1	03.4	55 11.4	9.5	22 23.5	5.4	56.0
	06	273 58.2	S12 04.2	69 39.9	9.5	N22 28.9	5.2	56.0
	07	288 58.3	05.1	84 08.4	9.4	22 34.1	5.1	56.0
	08	303 58.4	06.0	98 36.8	9.3	22 39.2	5.0	56.1
M	09	318 58.4	. . 06.8	113 05.1	9.2	22 44.2	4.9	56.1
O	10	333 58.5	07.7	127 33.3	9.2	22 49.1	4.8	56.1
N	11	348 58.6	08.5	142 01.5	9.2	22 53.9	4.7	56.1
D	12	3 58.6	S12 09.4	156 29.7	9.0	N22 58.6	4.5	56.1
A	13	18 58.7	10.3	170 57.7	9.0	23 03.1	4.4	56.2
Y	14	33 58.8	11.1	185 25.7	9.0	23 07.5	4.3	56.2
	15	48 58.9	. . 12.0	199 53.7	8.9	23 11.8	4.2	56.2
	16	63 58.9	12.8	214 21.6	8.8	23 16.0	4.0	56.2
	17	78 59.0	13.7	228 49.4	8.8	23 20.0	3.9	56.2
	18	93 59.1	S12 14.6	243 17.2	8.7	N23 23.9	3.8	56.3
	19	108 59.1	15.4	257 44.9	8.7	23 27.7	3.7	56.3
	20	123 59.2	16.3	272 12.6	8.6	23 31.4	3.5	56.3
	21	138 59.3	. . 17.1	286 40.2	8.5	23 34.9	3.4	56.3
	22	153 59.4	18.0	301 07.7	8.5	23 38.3	3.3	56.3
	23	168 59.4	18.8	315 35.2	8.5	23 41.6	3.1	56.4
26	00	183 59.5	S12 19.7	330 02.7	8.4	N23 44.7	3.0	56.4
	01	198 59.6	20.6	344 30.1	8.3	23 47.7	2.9	56.4
	02	213 59.6	21.4	358 57.4	8.3	23 50.6	2.8	56.4
	03	228 59.7	. . 22.3	13 24.7	8.3	23 53.4	2.6	56.4
	04	243 59.8	23.1	27 52.0	8.2	23 56.0	2.5	56.5
	05	258 59.8	24.0	42 19.2	8.2	23 58.5	2.4	56.5
	06	273 59.9	S12 24.8	56 46.4	8.1	N24 00.9	2.2	56.5
	07	289 00.0	25.7	71 13.5	8.0	24 03.1	2.1	56.5
T	08	304 00.0	26.5	85 40.5	8.1	24 05.2	1.9	56.5
U	09	319 00.1	. . 27.4	100 07.6	8.0	24 07.1	1.9	56.6
E	10	334 00.2	28.2	114 34.6	7.9	24 09.0	1.7	56.6
S	11	349 00.2	29.1	129 01.5	7.9	24 10.7	1.5	56.6
D	12	4 00.3	S12 29.9	143 28.4	7.9	N24 12.2	1.4	56.6
A	13	19 00.4	30.8	157 55.3	7.9	24 13.6	1.3	56.7
Y	14	34 00.4	31.6	172 22.2	7.8	24 14.9	1.1	56.7
	15	49 00.5	. . 32.5	186 49.0	7.7	24 16.0	1.0	56.7
	16	64 00.6	33.3	201 15.7	7.8	24 17.0	0.9	56.7
	17	79 00.6	34.2	215 42.5	7.7	24 17.9	0.7	56.7
	18	94 00.7	S12 35.0	230 09.2	7.7	N24 18.6	0.6	56.8
	19	109 00.7	35.9	244 35.9	7.6	24 19.2	0.4	56.8
	20	124 00.8	36.7	259 02.5	7.6	24 19.6	0.3	56.8
	21	139 00.9	. . 37.6	273 29.1	7.6	24 19.9	0.2	56.8
	22	154 00.9	38.4	287 55.7	7.6	24 20.1	0.0	56.8
	23	169 01.0	39.3	302 22.3	7.6	24 20.1	0.1	56.9
27	00	184 01.1	S12 40.1	316 48.9	7.5	N24 20.0	0.3	56.9
	01	199 01.1	41.0	331 15.4	7.5	24 19.7	0.4	56.9
	02	214 01.2	41.8	345 41.9	7.5	24 19.3	0.5	56.9
	03	229 01.2	. . 42.7	0 08.4	7.4	24 18.8	0.7	57.0
	04	244 01.3	43.5	14 34.8	7.5	24 18.1	0.8	57.0
	05	259 01.4	44.4	29 01.3	7.4	24 17.3	1.0	57.0
	06	274 01.4	S12 45.2	43 27.7	7.4	N24 16.3	1.1	57.0
W	07	289 01.5	46.1	57 54.1	7.4	24 15.2	1.3	57.0
E	08	304 01.5	46.9	72 20.5	7.4	24 13.9	1.4	57.1
D	09	319 01.6	. . 47.8	86 46.9	7.4	24 12.5	1.5	57.1
N	10	334 01.6	48.6	101 13.3	7.4	24 11.0	1.7	57.1
E	11	349 01.7	49.5	115 39.7	7.3	24 09.3	1.8	57.1
S	12	4 01.8	S12 50.3	130 06.0	7.4	N24 07.5	2.0	57.2
D	13	19 01.8	51.1	144 32.4	7.3	24 05.5	2.1	57.2
A	14	34 01.9	52.0	158 58.7	7.4	24 03.4	2.3	57.2
Y	15	49 01.9	. . 52.8	173 25.1	7.3	24 01.1	2.4	57.2
	16	64 02.0	53.7	187 51.4	7.4	23 58.7	2.5	57.2
	17	79 02.0	54.5	202 17.8	7.3	23 56.2	2.7	57.3
	18	94 02.1	S12 55.4	216 44.1	7.3	N23 53.5	2.9	57.3
	19	109 02.2	56.2	231 10.4	7.4	23 50.6	2.9	57.3
	20	124 02.2	57.0	245 36.8	7.3	23 47.7	3.1	57.3
	21	139 02.3	. . 57.9	260 03.1	7.4	23 44.6	3.3	57.3
	22	154 02.3	58.7	274 29.5	7.3	23 41.3	3.4	57.4
	23	169 02.4	59.6	288 55.8	7.4	N23 37.9	3.5	57.4
		SD 16.1	*d* 0.9	SD	15.3	15.4		15.6

Lat.	Twilight Naut.	Twilight Civil	Sunrise	Moonrise 25	Moonrise 26	Moonrise 27	Moonrise 28
°	h m	h m	h m	h m	h m	h m	h m
N 72	05 41	07 02	08 21	□	□	□	□
N 70	05 40	06 52	08 01	□	□	□	□
68	05 39	06 44	07 46	□	□	□	□
66	05 37	06 38	07 33	14 48	□	15 55	18 07
64	05 36	06 32	07 23	15 37	16 08	17 12	18 47
62	05 35	06 27	07 14	16 09	16 46	17 49	19 14
60	05 34	06 23	07 06	16 32	17 14	18 15	19 35
N 58	05 33	06 19	07 00	16 51	17 35	18 36	19 52
56	05 32	06 15	06 54	17 07	17 52	18 53	20 06
54	05 30	06 12	06 49	17 21	18 07	19 07	20 19
52	05 29	06 09	06 44	17 33	18 20	19 19	20 30
50	05 28	06 06	06 39	17 43	18 31	19 30	20 40
45	05 25	06 00	06 30	18 05	18 55	19 53	21 00
N 40	05 23	05 54	06 22	18 23	19 14	20 12	21 17
35	05 20	05 49	06 15	18 38	19 30	20 27	21 30
30	05 17	05 45	06 09	18 51	19 43	20 41	21 42
20	05 10	05 36	05 59	19 14	20 07	21 04	22 03
N 10	05 03	05 28	05 49	19 33	20 27	21 23	22 21
0	04 55	05 19	05 41	19 51	20 46	21 42	22 38
S 10	04 45	05 10	05 32	20 10	21 05	22 00	22 54
20	04 33	04 59	05 22	20 29	21 25	22 20	23 12
30	04 17	04 46	05 11	20 52	21 49	22 43	23 32
35	04 06	04 38	05 04	21 05	22 03	22 56	23 44
40	03 54	04 28	04 57	21 21	22 19	23 12	23 58
45	03 39	04 17	04 48	21 39	22 38	23 30	24 14
S 50	03 19	04 03	04 38	22 02	23 02	23 53	24 34
52	03 09	03 56	04 33	22 13	23 14	24 04	00 04
54	02 58	03 48	04 27	22 26	23 27	24 16	00 16
56	02 44	03 40	04 21	22 40	23 42	24 30	00 30
58	02 29	03 30	04 15	22 57	24 00	00 00	00 46
S 60	02 10	03 18	04 07	23 18	24 22	00 22	01 06

Lat.	Sunset	Twilight Civil	Twilight Naut.	Moonset 25	Moonset 26	Moonset 27	Moonset 28
°	h m	h m	h m	h m	h m	h m	h m
N 72	15 06	16 25	17 45	□	□	□	□
N 70	15 26	16 34	17 46	□	□	□	□
68	15 41	16 42	17 48	□	□	□	□
66	15 54	16 49	17 49	12 21	□	15 03	14 48
64	16 04	16 55	17 50	11 32	12 54	13 46	14 08
62	16 13	17 00	17 52	11 01	12 16	13 09	13 40
60	16 21	17 04	17 53	10 37	11 48	12 43	13 19
N 58	16 27	17 08	17 54	10 19	11 27	12 22	13 01
56	16 33	17 12	17 55	10 03	11 10	12 05	12 46
54	16 39	17 15	17 57	09 50	10 55	11 50	12 33
52	16 43	17 18	17 58	09 38	10 42	11 38	12 22
50	16 48	17 21	17 59	09 28	10 31	11 26	12 12
45	16 57	17 28	18 02	09 06	10 08	11 03	11 51
N 40	17 05	17 33	18 05	08 49	09 49	10 44	11 34
35	17 12	17 38	18 08	08 34	09 33	10 29	11 19
30	17 18	17 43	18 11	08 22	09 20	10 15	11 07
20	17 29	17 51	18 17	08 00	08 56	09 52	10 45
N 10	17 38	18 00	18 25	07 41	08 36	09 32	10 26
0	17 47	18 09	18 33	07 24	08 17	09 13	10 09
S 10	17 56	18 18	18 43	07 06	07 59	08 54	09 51
20	18 06	18 29	18 56	06 48	07 39	08 34	09 32
30	18 18	18 42	19 12	06 26	07 15	08 10	09 10
35	18 24	18 51	19 22	06 14	07 02	07 56	08 57
40	18 32	19 00	19 35	05 59	06 46	07 40	08 42
45	18 41	19 12	19 51	05 42	06 27	07 21	08 24
S 50	18 51	19 27	20 11	05 21	06 04	06 57	08 02
52	18 56	19 34	20 21	05 11	05 53	06 46	07 51
54	19 02	19 41	20 32	05 00	05 40	06 33	07 39
56	19 08	19 50	20 46	04 47	05 25	06 18	07 25
58	19 15	20 00	21 02	04 32	05 08	06 00	07 09
S 60	19 23	20 12	21 22	04 15	04 47	05 38	06 50

Day	SUN Eqn. of Time 00^h	SUN Eqn. of Time 12^h	SUN Mer. Pass.	MOON Mer. Pass. Upper	MOON Mer. Pass. Lower	MOON Age	MOON Phase
d	m s	m s	h m	h m	h m	d %	
25	15 51	15 54	11 44	01 11	13 37	18 94	
26	15 58	16 01	11 44	02 04	14 32	19 88	
27	16 04	16 07	11 44	02 59	15 27	20 81	

	UT	ARIES	VENUS −4.3		MARS +1.4		JUPITER −2.8		SATURN +0.9	
		GHA	GHA	Dec	GHA	Dec	GHA	Dec	GHA	Dec
	d h	° ′	° ′	° ′	° ′	° ′	° ′	° ′	° ′	° ′
	28 00	36 14.2	184 33.8	S19 22.5	158 45.0	S20 37.7	40 51.8	S 3 40.6	205 15.1	S 2 20.3
	01	51 16.6	199 37.6	21.5	173 45.6	38.1	55 54.4	40.7	220 17.3	20.4
	02	66 19.1	214 41.4	20.6	188 46.2	38.5	70 57.1	40.7	235 19.5	20.5
	03	81 21.5	229 45.2	19.7	203 46.8	38.9	85 59.7	40.8	250 21.7	20.6
	04	96 24.0	244 49.0	18.7	218 47.4	39.3	101 02.3	40.8	265 23.9	20.8
	05	111 26.5	259 52.8	17.8	233 48.0	39.7	116 05.0	40.9	280 26.1	20.9
	06	126 28.9	274 56.6	S19 16.9	248 48.6	S20 40.1	131 07.6	S 3 41.0	295 28.3	S 2 21.0
	07	141 31.4	290 00.4	16.0	263 49.2	40.5	146 10.2	41.0	310 30.5	21.1
T	08	156 33.9	305 04.2	15.0	278 49.8	40.9	161 12.9	41.1	325 32.7	21.2
H	09	171 36.3	320 08.0	14.1	293 50.4	41.3	176 15.5	41.2	340 34.9	21.3
U	10	186 38.8	335 11.8	13.2	308 51.0	41.7	191 18.1	41.2	355 37.1	21.4
R	11	201 41.3	350 15.7	12.2	323 51.6	42.1	206 20.7	41.3	10 39.3	21.5
S	12	216 43.7	5 19.5	S19 11.3	338 52.2	S20 42.5	221 23.4	S 3 41.3	25 41.5	S 2 21.6
D	13	231 46.2	20 23.3	10.3	353 52.8	42.9	236 26.0	41.4	40 43.7	21.7
A	14	246 48.6	35 27.1	09.4	8 53.3	43.3	251 28.6	41.5	55 45.9	21.8
Y	15	261 51.1	50 30.9	08.5	23 53.9	43.7	266 31.3	41.5	70 48.1	22.0
	16	276 53.6	65 34.7	07.5	38 54.5	44.1	281 33.9	41.6	85 50.2	22.1
	17	291 56.0	80 38.5	06.6	53 55.1	44.5	296 36.5	41.7	100 52.4	22.2
	18	306 58.5	95 42.3	S19 05.6	68 55.7	S20 44.9	311 39.1	S 3 41.7	115 54.6	S 2 22.3
	19	322 01.0	110 46.1	04.7	83 56.3	45.3	326 41.8	41.8	130 56.8	22.4
	20	337 03.4	125 49.9	03.7	98 56.9	45.7	341 44.4	41.8	145 59.0	22.5
	21	352 05.9	140 53.7	02.8	113 57.5	46.1	356 47.0	41.9	161 01.2	22.6
	22	7 08.4	155 57.5	01.8	128 58.1	46.5	11 49.7	42.0	176 03.4	22.7
	23	22 10.8	171 01.3	19 00.9	143 58.7	46.9	26 52.3	42.0	191 05.6	22.8
	29 00	37 13.3	186 05.1	S18 59.9	158 59.3	S20 47.3	41 54.9	S 3 42.1	206 07.8	S 2 22.9
	01	52 15.8	201 08.9	59.0	173 59.9	47.7	56 57.5	42.1	221 10.0	23.1
	02	67 18.2	216 12.7	58.0	189 00.5	48.1	72 00.2	42.2	236 12.2	23.2
	03	82 20.7	231 16.5	57.0	204 01.1	48.5	87 02.8	42.3	251 14.4	23.3
	04	97 23.1	246 20.3	56.1	219 01.7	48.9	102 05.4	42.3	266 16.6	23.4
	05	112 25.6	261 24.1	55.1	234 02.3	49.3	117 08.0	42.4	281 18.8	23.5
	06	127 28.1	276 27.9	S18 54.2	249 02.9	S20 49.7	132 10.7	S 3 42.4	296 21.0	S 2 23.6
	07	142 30.5	291 31.7	53.2	264 03.5	50.1	147 13.3	42.5	311 23.2	23.7
	08	157 33.0	306 35.5	52.2	279 04.1	50.5	162 15.9	42.6	326 25.4	23.8
F	09	172 35.5	321 39.3	51.3	294 04.6	50.9	177 18.5	42.6	341 27.6	23.9
R	10	187 37.9	336 43.1	50.3	309 05.2	51.3	192 21.2	42.7	356 29.8	24.0
I	11	202 40.4	351 46.9	49.4	324 05.8	51.7	207 23.8	42.7	11 31.9	24.1
D	12	217 42.9	6 50.7	S18 48.4	339 06.4	S20 52.1	222 26.4	S 3 42.8	26 34.1	S 2 24.3
A	13	232 45.3	21 54.5	47.4	354 07.0	52.4	237 29.0	42.9	41 36.3	24.4
Y	14	247 47.8	36 58.3	46.4	9 07.6	52.8	252 31.6	42.9	56 38.5	24.5
	15	262 50.3	52 02.0	45.5	24 08.2	53.2	267 34.3	43.0	71 40.7	24.6
	16	277 52.7	67 05.8	44.5	39 08.8	53.6	282 36.9	43.0	86 42.9	24.7
	17	292 55.2	82 09.6	43.5	54 09.4	54.0	297 39.5	43.1	101 45.1	24.8
	18	307 57.6	97 13.4	S18 42.6	69 10.0	S20 54.4	312 42.1	S 3 43.1	116 47.3	S 2 24.9
	19	323 00.1	112 17.2	41.6	84 10.6	54.8	327 44.8	43.2	131 49.5	25.0
	20	338 02.6	127 21.0	40.6	99 11.1	55.2	342 47.4	43.3	146 51.7	25.1
	21	353 05.0	142 24.8	39.6	114 11.7	55.6	357 50.0	43.3	161 53.9	25.2
	22	8 07.5	157 28.6	38.7	129 12.3	56.0	12 52.6	43.4	176 56.1	25.3
	23	23 10.0	172 32.3	37.7	144 12.9	56.4	27 55.2	43.4	191 58.3	25.4
	30 00	38 12.4	187 36.1	S18 36.7	159 13.5	S20 56.8	42 57.9	S 3 43.5	207 00.5	S 2 25.6
	01	53 14.9	202 39.9	35.7	174 14.1	57.1	58 00.5	43.5	222 02.7	25.7
	02	68 17.4	217 43.7	34.7	189 14.7	57.5	73 03.1	43.6	237 04.9	25.8
	03	83 19.8	232 47.5	33.7	204 15.3	57.9	88 05.7	43.7	252 07.1	25.9
	04	98 22.3	247 51.2	32.8	219 15.8	58.3	103 08.3	43.7	267 09.3	26.0
	05	113 24.8	262 55.0	31.8	234 16.4	58.7	118 11.0	43.8	282 11.5	26.1
	06	128 27.2	277 58.8	S18 30.8	249 17.0	S20 59.1	133 13.6	S 3 43.8	297 13.7	S 2 26.2
	07	143 29.7	293 02.6	29.8	264 17.6	59.5	148 16.2	43.9	312 15.9	26.3
S	08	158 32.1	308 06.4	28.8	279 18.2	20 59.9	163 18.8	43.9	327 18.1	26.4
A	09	173 34.6	323 10.1	27.8	294 18.8	21 00.3	178 21.4	44.0	342 20.3	26.5
T	10	188 37.1	338 13.9	26.8	309 19.4	00.6	193 24.0	44.1	357 22.5	26.6
U	11	203 39.5	353 17.7	25.8	324 19.9	01.0	208 26.7	44.1	12 24.7	26.7
R	12	218 42.0	8 21.4	S18 24.9	339 20.5	S21 01.4	223 29.3	S 3 44.2	27 26.8	S 2 26.9
D	13	233 44.5	23 25.2	23.9	354 21.1	01.8	238 31.9	44.2	42 29.0	27.0
A	14	248 46.9	38 29.0	22.9	9 21.7	02.2	253 34.5	44.3	57 31.2	27.1
Y	15	263 49.4	53 32.8	21.9	24 22.3	02.6	268 37.1	44.3	72 33.4	27.2
	16	278 51.9	68 36.5	20.9	39 22.9	03.0	283 39.7	44.4	87 35.6	27.3
	17	293 54.3	83 40.3	19.9	54 23.4	03.3	298 42.3	44.4	102 37.8	27.4
	18	308 56.8	98 44.0	S18 18.9	69 24.0	S21 03.7	313 45.0	S 3 44.5	117 40.0	S 2 27.5
	19	323 59.2	113 47.8	17.9	84 24.6	04.1	328 47.6	44.6	132 42.2	27.6
	20	339 01.7	128 51.6	16.9	99 25.2	04.5	343 50.2	44.6	147 44.4	27.7
	21	354 04.2	143 55.3	15.9	114 25.8	04.9	358 52.8	44.7	162 46.6	27.8
	22	9 06.6	158 59.1	14.9	129 26.4	05.3	13 55.4	44.7	177 48.8	27.9
	23	24 09.1	174 02.9	13.9	144 26.9	05.7	28 58.0	44.8	192 51.0	28.0
	Mer. Pass. (h m)	21 27.6	*v* 3.8	*d* 1.0	*v* 0.6	*d* 0.4	*v* 2.6	*d* 0.1	*v* 2.2	*d* 0.1

STARS		
Name	SHA	Dec
	° ′	° ′
Acamar	315 19.3	S40 15.5
Achernar	335 27.5	S57 10.8
Acrux	173 12.2	S63 09.4
Adhara	255 13.9	S28 59.0
Aldebaran	290 51.3	N16 31.9
Alioth	166 22.8	N55 53.9
Alkaid	153 00.8	N49 15.5
Al Na'ir	27 45.8	S46 54.5
Alnilam	275 48.1	S 1 11.6
Alphard	217 58.1	S 8 42.3
Alphecca	126 13.0	N26 40.8
Alpheratz	357 45.2	N29 09.3
Altair	62 10.2	N 8 54.0
Ankaa	353 17.1	S42 14.8
Antares	112 28.9	S26 27.3
Arcturus	145 57.8	N19 07.6
Atria	107 33.0	S69 02.9
Avior	234 18.9	S59 32.4
Bellatrix	278 33.8	N 6 21.6
Betelgeuse	271 03.2	N 7 24.6
Canopus	263 56.7	S52 41.8
Capella	280 36.9	N46 00.4
Deneb	49 32.8	N45 19.5
Denebola	182 35.8	N14 30.6
Diphda	348 57.5	S17 55.5
Dubhe	193 54.3	N61 41.3
Elnath	278 14.8	N28 37.0
Eltanin	90 47.4	N51 29.5
Enif	33 48.9	N 9 55.7
Fomalhaut	15 25.8	S29 33.8
Gacrux	172 03.7	S57 10.3
Gienah	175 54.6	S17 36.1
Hadar	148 51.4	S60 25.5
Hamal	328 02.6	N23 31.0
Kaus Aust.	83 46.5	S34 22.8
Kochab	137 20.9	N74 06.6
Markab	13 40.1	N15 16.1
Menkar	314 16.7	N 4 08.1
Menkent	148 10.3	S36 25.4
Miaplacidus	221 40.4	S69 45.4
Mirfak	308 42.7	N49 54.0
Nunki	76 00.8	S26 17.0
Peacock	53 22.2	S56 42.1
Pollux	243 30.0	N27 59.9
Procyon	245 01.6	N 5 11.8
Rasalhague	96 08.5	N12 33.3
Regulus	207 45.7	N11 54.8
Rigel	281 13.6	S 8 11.2
Rigil Kent.	139 55.1	S60 52.8
Sabik	102 15.0	S15 44.2
Schedar	349 42.3	N56 36.1
Shaula	96 24.8	S37 06.7
Sirius	258 35.2	S16 43.7
Spica	158 33.6	S11 13.0
Suhail	222 54.0	S43 28.4
Vega	80 40.5	N38 47.9
Zuben'ubi	137 07.9	S16 05.2

	SHA	Mer. Pass.
	° ′	h m
Venus	148 51.8	11 33
Mars	121 46.0	13 24
Jupiter	4 41.6	21 09
Saturn	168 54.5	10 14

UT (d h)	SUN GHA	SUN Dec	MOON GHA	v	MOON Dec	d	HP
	° ′	° ′	° ′	′	° ′	′	′
28 00 (THURSDAY)	184 02.4	S13 00.4	303 22.2	7.4	N23 34.4	3.7	57.4
01	199 02.5	01.2	317 48.6	7.3	23 30.7	3.9	57.4
02	214 02.5	02.1	332 14.9	7.4	23 26.8	3.9	57.5
03	229 02.6	. . 02.9	346 41.3	7.4	23 22.9	4.1	57.5
04	244 02.6	03.8	1 07.7	7.4	23 18.8	4.3	57.5
05	259 02.7	04.6	15 34.1	7.4	23 14.5	4.4	57.5
06	274 02.7	S13 05.4	30 00.5	7.5	N23 10.1	4.5	57.6
07	289 02.8	06.3	44 27.0	7.4	23 05.6	4.7	57.6
08	304 02.8	07.1	58 53.4	7.5	23 00.9	4.8	57.6
09	319 02.9	. . 07.9	73 19.9	7.5	22 56.1	4.9	57.6
10	334 02.9	08.8	87 46.4	7.5	22 51.2	5.1	57.6
11	349 03.0	09.6	102 12.9	7.5	22 46.1	5.2	57.7
12	4 03.0	S13 10.4	116 39.4	7.6	N22 40.9	5.4	57.7
13	19 03.1	11.3	131 06.0	7.5	22 35.5	5.5	57.7
14	34 03.1	12.1	145 32.5	7.6	22 30.0	5.6	57.7
15	49 03.2	. . 13.0	159 59.1	7.6	22 24.4	5.8	57.8
16	64 03.2	13.8	174 25.7	7.6	22 18.6	5.9	57.8
17	79 03.3	14.6	188 52.3	7.7	22 12.7	6.0	57.8
18	94 03.3	S13 15.5	203 19.0	7.7	N22 06.7	6.2	57.8
19	109 03.4	16.3	217 45.7	7.7	22 00.5	6.3	57.8
20	124 03.4	17.1	232 12.4	7.7	21 54.2	6.5	57.9
21	139 03.5	. . 18.0	246 39.1	7.8	21 47.7	6.5	57.9
22	154 03.5	18.8	261 05.9	7.8	21 41.2	6.8	57.9
23	169 03.6	19.6	275 32.7	7.8	21 34.4	6.8	57.9
29 00 (FRIDAY)	184 03.6	S13 20.5	289 59.5	7.9	N21 27.6	7.0	58.0
01	199 03.6	21.3	304 26.4	7.8	21 20.6	7.1	58.0
02	214 03.7	22.1	318 53.2	8.0	21 13.5	7.2	58.0
03	229 03.7	. . 22.9	333 20.2	7.9	21 06.3	7.4	58.0
04	244 03.8	23.8	347 47.1	8.0	20 58.9	7.4	58.1
05	259 03.8	24.6	2 14.1	8.0	20 51.5	7.7	58.1
06	274 03.9	S13 25.4	16 41.1	8.0	N20 43.8	7.7	58.1
07	289 03.9	26.3	31 08.1	8.1	20 36.1	7.9	58.1
08	304 03.9	27.1	45 35.2	8.1	20 28.2	8.0	58.1
09	319 04.0	. . 27.9	60 02.3	8.2	20 20.2	8.1	58.2
10	334 04.0	28.7	74 29.5	8.1	20 12.1	8.2	58.2
11	349 04.1	29.6	88 56.6	8.3	20 03.9	8.4	58.2
12	4 04.1	S13 30.4	103 23.9	8.2	N19 55.5	8.5	58.2
13	19 04.2	31.2	117 51.1	8.3	19 47.0	8.6	58.3
14	34 04.2	32.1	132 18.4	8.3	19 38.4	8.7	58.3
15	49 04.2	. . 32.9	146 45.7	8.4	19 29.7	8.9	58.3
16	64 04.3	33.7	161 13.1	8.4	19 20.8	8.9	58.3
17	79 04.3	34.5	175 40.5	8.4	19 11.9	9.1	58.4
18	94 04.4	S13 35.4	190 07.9	8.5	N19 02.8	9.2	58.4
19	109 04.4	36.2	204 35.4	8.5	18 53.6	9.3	58.4
20	124 04.4	37.0	219 02.9	8.6	18 44.3	9.5	58.4
21	139 04.5	. . 37.8	233 30.5	8.6	18 34.8	9.5	58.4
22	154 04.5	38.6	247 58.1	8.6	18 25.3	9.7	58.5
23	169 04.5	39.5	262 25.7	8.7	18 15.6	9.7	58.5
30 00 (SATURDAY)	184 04.6	S13 40.3	276 53.4	8.7	N18 05.9	9.9	58.5
01	199 04.6	41.1	291 21.1	8.7	17 56.0	10.0	58.5
02	214 04.7	41.9	305 48.8	8.8	17 46.0	10.1	58.6
03	229 04.7	. . 42.8	320 16.6	8.8	17 35.9	10.2	58.6
04	244 04.7	43.6	334 44.4	8.9	17 25.7	10.4	58.6
05	259 04.8	44.4	349 12.3	8.9	17 15.3	10.4	58.6
06	274 04.8	S13 45.2	3 40.2	8.9	N17 04.9	10.5	58.6
07	289 04.8	46.0	18 08.1	9.0	16 54.4	10.7	58.7
08	304 04.9	46.9	32 36.1	9.0	16 43.7	10.7	58.7
09	319 04.9	. . 47.7	47 04.1	9.1	16 33.0	10.8	58.7
10	334 04.9	48.5	61 32.2	9.1	16 22.2	11.0	58.7
11	349 05.0	49.3	76 00.3	9.1	16 11.2	11.0	58.8
12	4 05.0	S13 50.1	90 28.4	9.2	N16 00.2	11.2	58.8
13	19 05.0	51.0	104 56.6	9.2	15 49.0	11.2	58.8
14	34 05.1	51.8	119 24.8	9.2	15 37.8	11.3	58.8
15	49 05.1	. . 52.6	133 53.0	9.3	15 26.5	11.5	58.8
16	64 05.1	53.4	148 21.3	9.3	15 15.0	11.5	58.9
17	79 05.2	54.2	162 49.6	9.4	15 03.5	11.6	58.9
18	94 05.2	S13 55.0	177 18.0	9.3	N14 51.9	11.7	58.9
19	109 05.2	55.9	191 46.3	9.5	14 40.2	11.9	58.9
20	124 05.2	56.7	206 14.8	9.4	14 28.3	11.9	59.0
21	139 05.3	. . 57.5	220 43.2	9.5	14 16.4	11.9	59.0
22	154 05.3	58.3	235 11.7	9.5	14 04.5	12.1	59.0
23	169 05.3	59.1	249 40.2	9.6	N13 52.4	12.2	59.0
	SD 16.1	*d* 0.8	SD 15.7		15.9		16.0

Lat.	Twilight Naut.	Twilight Civil	Sunrise	Moonrise 28	Moonrise 29	Moonrise 30	Moonrise 31
°	h m	h m	h m	h m	h m	h m	h m
N 72	05 54	07 15	08 38	□	□	20 53	23 24
N 70	05 51	07 04	08 15	□	18 44	21 24	23 37
68	05 48	06 55	07 58	□	19 36	21 47	23 48
66	05 46	06 47	07 44	18 07	20 08	22 04	23 57
64	05 44	06 40	07 32	18 47	20 32	22 18	24 04
62	05 42	06 35	07 22	19 14	20 50	22 30	24 11
60	05 40	06 30	07 14	19 35	21 05	22 40	24 16
N 58	05 39	06 25	07 07	19 52	21 18	22 49	24 21
56	05 37	06 21	07 00	20 06	21 29	22 56	24 25
54	05 36	06 17	06 54	20 19	21 39	23 03	24 29
52	05 34	06 14	06 49	20 30	21 48	23 09	24 32
50	05 33	06 11	06 44	20 40	21 55	23 15	24 35
45	05 29	06 04	06 34	21 00	22 12	23 26	24 42
N 40	05 26	05 57	06 25	21 17	22 25	23 36	24 48
35	05 22	05 52	06 18	21 30	22 37	23 44	24 52
30	05 19	05 47	06 11	21 42	22 46	23 51	24 57
20	05 11	05 37	06 00	22 03	23 03	24 04	00 04
N 10	05 03	05 28	05 50	22 21	23 18	24 15	00 15
0	04 54	05 19	05 40	22 38	23 32	24 25	00 25
S 10	04 44	05 09	05 31	22 54	23 46	24 35	00 35
20	04 31	04 57	05 20	23 12	24 00	00 00	00 46
30	04 13	04 43	05 08	23 32	24 17	00 17	00 58
35	04 02	04 34	05 01	23 44	24 27	00 27	01 05
40	03 49	04 24	04 53	23 58	24 38	00 38	01 13
45	03 33	04 12	04 44	24 14	00 14	00 51	01 22
S 50	03 12	03 57	04 32	24 34	00 34	01 06	01 33
52	03 01	03 49	04 27	00 04	00 43	01 14	01 39
54	02 49	03 41	04 21	00 16	00 53	01 22	01 44
56	02 35	03 32	04 14	00 30	01 05	01 31	01 50
58	02 17	03 21	04 07	00 46	01 19	01 41	01 57
S 60	01 56	03 08	03 59	01 06	01 35	01 53	02 05

Lat.	Sunset	Twilight Civil	Twilight Naut.	Moonset 28	Moonset 29	Moonset 30	Moonset 31
°	h m	h m	h m	h m	h m	h m	h m
N 72	14 48	16 11	17 32	□	□	15 52	15 11
N 70	15 11	16 22	17 35	□	16 07	15 19	14 55
68	15 28	16 31	17 38	□	15 14	14 55	14 42
66	15 42	16 39	17 40	14 48	14 41	14 36	14 31
64	15 54	16 46	17 42	14 08	14 17	14 21	14 22
62	16 04	16 52	17 44	13 40	13 58	14 08	14 14
60	16 12	16 57	17 46	13 19	13 42	13 57	14 08
N 58	16 20	17 01	17 48	13 01	13 28	13 47	14 02
56	16 26	17 06	17 49	12 46	13 17	13 39	13 56
54	16 32	17 09	17 51	12 33	13 06	13 31	13 52
52	16 38	17 13	17 52	12 22	12 57	13 25	13 47
50	16 42	17 16	17 54	12 12	12 49	13 18	13 43
45	16 53	17 23	17 58	11 51	12 31	13 05	13 35
N 40	17 02	17 29	18 01	11 34	12 17	12 54	13 27
35	17 09	17 35	18 05	11 19	12 05	12 45	13 21
30	17 16	17 40	18 08	11 07	11 54	12 37	13 16
20	17 27	17 50	18 16	10 45	11 35	12 22	13 06
N 10	17 37	17 59	18 24	10 26	11 19	12 09	12 58
0	17 47	18 08	18 33	10 09	11 04	11 57	12 49
S 10	17 57	18 19	18 44	09 51	10 48	11 45	12 41
20	18 08	18 30	18 57	09 32	10 32	11 32	12 33
30	18 20	18 45	19 15	09 10	10 13	11 17	12 23
35	18 27	18 54	19 26	08 57	10 02	11 09	12 17
40	18 35	19 04	19 39	08 42	09 49	10 59	12 10
45	18 45	19 17	19 56	08 24	09 34	10 47	12 02
S 50	18 56	19 32	20 17	08 02	09 15	10 33	11 53
52	19 02	19 40	20 28	07 51	09 06	10 26	11 48
54	19 08	19 48	20 41	07 39	08 56	10 18	11 44
56	19 14	19 58	20 55	07 25	08 44	10 10	11 38
58	19 22	20 09	21 13	07 09	08 31	10 00	11 32
S 60	19 30	20 21	21 36	06 50	08 16	09 49	11 25

Day	SUN Eqn. of Time 00^h	SUN Eqn. of Time 12^h	SUN Mer. Pass.	MOON Mer. Pass. Upper	MOON Mer. Pass. Lower	Age	Phase
d	m s	m s	h m	h m	h m	d	%
28	16 10	16 12	11 44	03 55	16 23	21	72
29	16 14	16 16	11 44	04 51	17 18	22	62
30	16 18	16 20	11 44	05 45	18 11	23	50

	UT	ARIES	VENUS −4.3		MARS +1.4		JUPITER −2.8		SATURN +0.9	
		GHA	GHA	Dec	GHA	Dec	GHA	Dec	GHA	Dec
	d h	° ′	° ′	° ′	° ′	° ′	° ′	° ′	° ′	° ′
	31 00	39 11.6	189 06.6	S18 12.9	159 27.5	S21 06.0	44 00.6	S 3 44.8	207 53.2	S 2 28.2
	01	54 14.0	204 10.4	11.9	174 28.1	06.4	59 03.2	44.9	222 55.4	28.3
	02	69 16.5	219 14.1	10.9	189 28.7	06.8	74 05.9	44.9	237 57.6	28.4
	03	84 19.0	234 17.9	. . 09.9	204 29.3	. . 07.2	89 08.5	. . 45.0	252 59.8	. . 28.5
	04	99 21.4	249 21.6	08.9	219 29.8	07.6	104 11.1	45.0	268 02.0	28.6
	05	114 23.9	264 25.4	07.9	234 30.4	07.9	119 13.7	45.1	283 04.2	28.7
	06	129 26.4	279 29.1	S18 06.9	249 31.0	S21 08.3	134 16.3	S 3 45.1	298 06.4	S 2 28.8
	07	144 28.8	294 32.9	05.9	264 31.6	08.7	149 18.9	45.2	313 08.6	28.9
	08	159 31.3	309 36.6	04.9	279 32.2	09.1	164 21.5	45.3	328 10.8	29.0
S	09	174 33.7	324 40.4	. . 03.8	294 32.7	. . 09.5	179 24.1	. . 45.3	343 13.0	. . 29.1
U	10	189 36.2	339 44.1	02.8	309 33.3	09.8	194 26.7	45.4	358 15.2	29.2
N	11	204 38.7	354 47.8	01.8	324 33.9	10.2	209 29.4	45.4	13 17.4	29.3
D	12	219 41.1	9 51.6	S18 00.8	339 34.5	S21 10.6	224 32.0	S 3 45.5	28 19.6	S 2 29.4
A	13	234 43.6	24 55.3	17 59.8	354 35.1	11.0	239 34.6	45.5	43 21.8	29.6
Y	14	249 46.1	39 59.1	58.8	9 35.6	11.4	254 37.2	45.6	58 24.0	29.7
	15	264 48.5	55 02.8	. . 57.8	24 36.2	. . 11.7	269 39.8	. . 45.6	73 26.2	. . 29.8
	16	279 51.0	70 06.5	56.8	39 36.8	12.1	284 42.4	45.7	88 28.4	29.9
	17	294 53.5	85 10.3	55.8	54 37.4	12.5	299 45.0	45.7	103 30.6	30.0
	18	309 55.9	100 14.0	S17 54.7	69 37.9	S21 12.9	314 47.6	S 3 45.8	118 32.8	S 2 30.1
	19	324 58.4	115 17.7	53.7	84 38.5	13.2	329 50.2	45.8	133 35.0	30.2
	20	340 00.9	130 21.5	52.7	99 39.1	13.6	344 52.8	45.9	148 37.2	30.3
	21	355 03.3	145 25.2	. . 51.7	114 39.7	. . 14.0	359 55.4	. . 45.9	163 39.4	. . 30.4
	22	10 05.8	160 28.9	50.7	129 40.2	14.4	14 58.0	46.0	178 41.6	30.5
	23	25 08.2	175 32.6	49.7	144 40.8	14.8	30 00.6	46.0	193 43.8	30.6
	1 00	40 10.7	190 36.4	S17 48.6	159 41.4	S21 15.1	45 03.2	S 3 46.1	208 46.0	S 2 30.7
	01	55 13.2	205 40.1	47.6	174 42.0	15.5	60 05.9	46.1	223 48.2	30.8
	02	70 15.6	220 43.8	46.6	189 42.5	15.9	75 08.5	46.2	238 50.4	30.9
	03	85 18.1	235 47.5	. . 45.6	204 43.1	. . 16.3	90 11.1	. . 46.2	253 52.6	. . 31.1
	04	100 20.6	250 51.2	44.6	219 43.7	16.6	105 13.7	46.3	268 54.8	31.2
	05	115 23.0	265 54.9	43.5	234 44.3	17.0	120 16.3	46.3	283 56.9	31.3
	06	130 25.5	280 58.6	S17 42.5	249 44.8	S21 17.4	135 18.9	S 3 46.4	298 59.1	S 2 31.4
	07	145 28.0	296 02.4	41.5	264 45.4	17.7	150 21.5	46.4	314 01.3	31.5
	08	160 30.4	311 06.1	40.5	279 46.0	18.1	165 24.1	46.5	329 03.5	31.6
M	09	175 32.9	326 09.8	. . 39.5	294 46.5	. . 18.5	180 26.7	. . 46.5	344 05.7	. . 31.7
O	10	190 35.3	341 13.5	38.4	309 47.1	18.9	195 29.3	46.6	359 07.9	31.8
N	11	205 37.8	356 17.2	37.4	324 47.7	19.2	210 31.9	46.6	14 10.1	31.9
D	12	220 40.3	11 20.9	S17 36.4	339 48.3	S21 19.6	225 34.5	S 3 46.7	29 12.3	S 2 32.0
A	13	235 42.7	26 24.6	35.4	354 48.8	20.0	240 37.1	46.7	44 14.5	32.1
Y	14	250 45.2	41 28.3	34.3	9 49.4	20.3	255 39.7	46.8	59 16.7	32.2
	15	265 47.7	56 32.0	. . 33.3	24 50.0	. . 20.7	270 42.3	. . 46.8	74 18.9	. . 32.3
	16	280 50.1	71 35.7	32.3	39 50.5	21.1	285 44.9	46.9	89 21.1	32.4
	17	295 52.6	86 39.4	31.3	54 51.1	21.5	300 47.5	46.9	104 23.3	32.5
	18	310 55.1	101 43.0	S17 30.2	69 51.7	S21 21.8	315 50.1	S 3 47.0	119 25.5	S 2 32.7
	19	325 57.5	116 46.7	29.2	84 52.2	22.2	330 52.7	47.0	134 27.7	32.8
	20	341 00.0	131 50.4	28.2	99 52.8	22.6	345 55.3	47.1	149 29.9	32.9
	21	356 02.5	146 54.1	. . 27.2	114 53.4	. . 22.9	0 57.9	. . 47.1	164 32.1	. . 33.0
	22	11 04.9	161 57.8	26.1	129 54.0	23.3	16 00.5	47.2	179 34.3	33.1
	23	26 07.4	177 01.5	25.1	144 54.5	23.7	31 03.1	47.2	194 36.5	33.2
	2 00	41 09.8	192 05.1	S17 24.1	159 55.1	S21 24.0	46 05.7	S 3 47.3	209 38.7	S 2 33.3
	01	56 12.3	207 08.8	23.0	174 55.7	24.4	61 08.3	47.3	224 40.9	33.4
	02	71 14.8	222 12.5	22.0	189 56.2	24.8	76 10.9	47.4	239 43.1	33.5
	03	86 17.2	237 16.2	. . 21.0	204 56.8	. . 25.1	91 13.5	. . 47.4	254 45.3	. . 33.6
	04	101 19.7	252 19.8	20.0	219 57.4	25.5	106 16.1	47.4	269 47.5	33.7
	05	116 22.2	267 23.5	18.9	234 57.9	25.9	121 18.7	47.5	284 49.7	33.8
	06	131 24.6	282 27.2	S17 17.9	249 58.5	S21 26.2	136 21.3	S 3 47.5	299 51.9	S 2 33.9
	07	146 27.1	297 30.8	16.9	264 59.1	26.6	151 23.9	47.6	314 54.1	34.0
T	08	161 29.6	312 34.5	15.8	279 59.6	27.0	166 26.5	47.6	329 56.3	34.1
U	09	176 32.0	327 38.1	. . 14.8	295 00.2	. . 27.3	181 29.1	. . 47.7	344 58.5	. . 34.2
E	10	191 34.5	342 41.8	13.8	310 00.8	27.7	196 31.6	47.7	0 00.7	34.4
S	11	206 36.9	357 45.4	12.7	325 01.3	28.0	211 34.2	47.8	15 02.9	34.5
D	12	221 39.4	12 49.1	S17 11.7	340 01.9	S21 28.4	226 36.8	S 3 47.8	30 05.1	S 2 34.6
A	13	236 41.9	27 52.7	10.7	355 02.4	28.8	241 39.4	47.9	45 07.3	34.7
Y	14	251 44.3	42 56.4	09.6	10 03.0	29.1	256 42.0	47.9	60 09.5	34.8
	15	266 46.8	58 00.0	. . 08.6	25 03.6	. . 29.5	271 44.6	. . 48.0	75 11.7	. . 34.9
	16	281 49.3	73 03.7	07.6	40 04.1	29.9	286 47.2	48.0	90 13.9	35.0
	17	296 51.7	88 07.3	06.5	55 04.7	30.2	301 49.8	48.0	105 16.1	35.1
	18	311 54.2	103 11.0	S17 05.5	70 05.3	S21 30.6	316 52.4	S 3 48.1	120 18.3	S 2 35.2
	19	326 56.7	118 14.6	04.5	85 05.8	30.9	331 55.0	48.1	135 20.5	35.3
	20	341 59.1	133 18.2	03.4	100 06.4	31.3	346 57.6	48.2	150 22.7	35.4
	21	357 01.6	148 21.9	. . 02.4	115 06.9	. . 31.7	2 00.2	. . 48.2	165 24.9	. . 35.5
	22	12 04.1	163 25.5	01.4	130 07.5	32.0	17 02.8	48.3	180 27.1	35.6
	23	27 06.5	178 29.1	00.3	145 08.1	32.4	32 05.4	48.3	195 29.3	35.7
	Mer. Pass.	h m 21 15.8	*v* 3.7	*d* 1.0	*v* 0.6	*d* 0.4	*v* 2.6	*d* 0.0	*v* 2.2	*d* 0.1

STARS

Name	SHA	Dec
	° ′	° ′
Acamar	315 19.3	S40 15.5
Achernar	335 27.5	S57 10.8
Acrux	173 12.2	S63 09.4
Adhara	255 13.9	S28 59.0
Aldebaran	290 51.3	N16 31.9
Alioth	166 22.7	N55 53.9
Alkaid	153 00.8	N49 15.5
Al Na'ir	27 45.9	S46 54.6
Alnilam	275 48.1	S 1 11.6
Alphard	217 58.0	S 8 42.3
Alphecca	126 13.0	N26 40.8
Alpheratz	357 45.2	N29 09.3
Altair	62 10.2	N 8 54.0
Ankaa	353 17.1	S42 14.8
Antares	112 28.9	S26 27.3
Arcturus	145 57.8	N19 07.6
Atria	107 33.0	S69 02.9
Avior	234 18.8	S59 32.4
Bellatrix	278 33.8	N 6 21.6
Betelgeuse	271 03.1	N 7 24.6
Canopus	263 56.7	S52 41.8
Capella	280 36.9	N46 00.4
Deneb	49 32.8	N45 19.5
Denebola	182 35.8	N14 30.6
Diphda	348 57.5	S17 55.5
Dubhe	193 54.2	N61 41.3
Elnath	278 14.8	N28 37.0
Eltanin	90 47.4	N51 29.5
Enif	33 48.9	N 9 55.7
Fomalhaut	15 25.8	S29 33.8
Gacrux	172 03.7	S57 10.3
Gienah	175 54.6	S17 36.1
Hadar	148 51.4	S60 25.5
Hamal	328 02.6	N23 31.0
Kaus Aust.	83 46.6	S34 22.8
Kochab	137 20.9	N74 06.6
Markab	13 40.1	N15 16.1
Menkar	314 16.7	N 4 08.1
Menkent	148 10.3	S36 25.3
Miaplacidus	221 40.4	S69 45.4
Mirfak	308 42.7	N49 54.0
Nunki	76 00.8	S26 17.0
Peacock	53 22.2	S56 42.1
Pollux	243 29.9	N27 59.9
Procyon	245 01.6	N 5 11.8
Rasalhague	96 08.5	N12 33.3
Regulus	207 45.6	N11 54.8
Rigel	281 13.6	S 8 11.2
Rigil Kent.	139 55.1	S60 52.8
Sabik	102 15.0	S15 44.2
Schedar	349 42.3	N56 36.1
Shaula	96 24.8	S37 06.7
Sirius	258 35.2	S16 43.7
Spica	158 33.6	S11 13.0
Suhail	222 54.0	S43 28.4
Vega	80 40.5	N38 47.9
Zuben'ubi	137 07.9	S16 05.2

	SHA	Mer. Pass.
	° ′	h m
Venus	150 25.6	11 15
Mars	119 30.7	13 21
Jupiter	4 52.5	20 56
Saturn	168 35.2	10 03

	UT (d h)	SUN GHA	SUN Dec	MOON GHA	v	MOON Dec	d	HP
	d h	° ′	° ′	° ′	′	° ′	′	′
SUNDAY	31 00	184 05.4	S13 59.9	264 08.8	9.6	N13 40.2	12.2	59.0
	01	199 05.4	14 00.7	278 37.4	9.6	13 28.0	12.4	59.1
	02	214 05.4	01.6	293 06.0	9.7	13 15.6	12.4	59.1
	03	229 05.4	. . 02.4	307 34.7	9.7	13 03.2	12.5	59.1
	04	244 05.5	03.2	322 03.4	9.7	12 50.7	12.5	59.1
	05	259 05.5	04.0	336 32.1	9.7	12 38.2	12.7	59.2
	06	274 05.5	S14 04.8	351 00.8	9.8	N12 25.5	12.7	59.2
	07	289 05.6	05.6	5 29.6	9.8	12 12.8	12.8	59.2
	08	304 05.6	06.4	19 58.4	9.9	12 00.0	12.9	59.2
	09	319 05.6	. . 07.2	34 27.3	9.8	11 47.1	13.0	59.2
	10	334 05.6	08.0	48 56.1	9.9	11 34.1	13.0	59.3
	11	349 05.7	08.8	63 25.0	10.0	11 21.1	13.2	59.3
	12	4 05.7	S14 09.7	77 54.0	9.9	N11 07.9	13.1	59.3
	13	19 05.7	10.5	92 22.9	10.0	10 54.8	13.3	59.3
	14	34 05.7	11.3	106 51.9	10.0	10 41.5	13.3	59.3
	15	49 05.7	. . 12.1	121 20.9	10.0	10 28.2	13.4	59.4
	16	64 05.8	12.9	135 49.9	10.1	10 14.8	13.4	59.4
	17	79 05.8	13.7	150 19.0	10.0	10 01.4	13.6	59.4
	18	94 05.8	S14 14.5	164 48.0	10.1	N 9 47.8	13.6	59.4
	19	109 05.8	15.3	179 17.1	10.2	9 34.2	13.6	59.4
	20	124 05.9	16.1	193 46.3	10.1	9 20.6	13.7	59.5
	21	139 05.9	. . 16.9	208 15.4	10.2	9 06.9	13.8	59.5
	22	154 05.9	17.7	222 44.6	10.1	8 53.1	13.8	59.5
	23	169 05.9	18.5	237 13.7	10.2	8 39.3	13.9	59.5
MONDAY	1 00	184 05.9	S14 19.3	251 42.9	10.2	N 8 25.4	13.9	59.5
	01	199 06.0	20.1	266 12.1	10.3	8 11.5	14.0	59.5
	02	214 06.0	20.9	280 41.4	10.2	7 57.5	14.0	59.6
	03	229 06.0	. . 21.7	295 10.6	10.3	7 43.5	14.1	59.6
	04	244 06.0	22.5	309 39.9	10.3	7 29.4	14.2	59.6
	05	259 06.0	23.3	324 09.2	10.2	7 15.2	14.2	59.6
	06	274 06.1	S14 24.2	338 38.4	10.4	N 7 01.0	14.2	59.6
	07	289 06.1	25.0	353 07.8	10.3	6 46.8	14.3	59.7
	08	304 06.1	25.8	7 37.1	10.3	6 32.5	14.4	59.7
	09	319 06.1	. . 26.6	22 06.4	10.3	6 18.1	14.3	59.7
	10	334 06.1	27.4	36 35.7	10.4	6 03.8	14.5	59.7
	11	349 06.1	28.2	51 05.1	10.3	5 49.3	14.4	59.7
	12	4 06.2	S14 29.0	65 34.4	10.4	N 5 34.9	14.5	59.7
	13	19 06.2	29.8	80 03.8	10.3	5 20.4	14.6	59.8
	14	34 06.2	30.5	94 33.1	10.4	5 05.8	14.5	59.8
	15	49 06.2	. . 31.3	109 02.5	10.4	4 51.3	14.6	59.8
	16	64 06.2	32.1	123 31.9	10.4	4 36.7	14.7	59.8
	17	79 06.2	32.9	138 01.3	10.4	4 22.0	14.7	59.8
	18	94 06.2	S14 33.7	152 30.7	10.3	N 4 07.3	14.7	59.8
	19	109 06.3	34.5	167 00.0	10.4	3 52.6	14.7	59.8
	20	124 06.3	35.3	181 29.4	10.4	3 37.9	14.8	59.9
	21	139 06.3	. . 36.1	195 58.8	10.4	3 23.1	14.8	59.9
	22	154 06.3	36.9	210 28.2	10.4	3 08.3	14.8	59.9
	23	169 06.3	37.7	224 57.6	10.4	2 53.5	14.8	59.9
TUESDAY	2 00	184 06.3	S14 38.5	239 27.0	10.3	N 2 38.7	14.9	59.9
	01	199 06.3	39.3	253 56.3	10.4	2 23.8	14.9	59.9
	02	214 06.3	40.1	268 25.7	10.4	2 08.9	14.9	59.9
	03	229 06.4	. . 40.9	282 55.1	10.3	1 54.0	14.9	60.0
	04	244 06.4	41.7	297 24.4	10.4	1 39.1	14.9	60.0
	05	259 06.4	42.5	311 53.8	10.3	1 24.2	15.0	60.0
	06	274 06.4	S14 43.3	326 23.1	10.3	N 1 09.2	14.9	60.0
	07	289 06.4	44.1	340 52.4	10.4	0 54.3	15.0	60.0
	08	304 06.4	44.9	355 21.8	10.3	0 39.3	15.0	60.0
	09	319 06.4	. . 45.6	9 51.1	10.3	0 24.3	15.0	60.0
	10	334 06.4	46.4	24 20.4	10.2	N 0 09.3	15.0	60.0
	11	349 06.4	47.2	38 49.6	10.3	S 0 05.7	15.0	60.0
	12	4 06.4	S14 48.0	53 18.9	10.3	S 0 20.7	15.0	60.1
	13	19 06.4	48.8	67 48.2	10.2	0 35.7	15.0	60.1
	14	34 06.4	49.6	82 17.4	10.2	0 50.7	15.0	60.1
	15	49 06.5	. . 50.4	96 46.6	10.2	1 05.7	15.1	60.1
	16	64 06.5	51.2	111 15.8	10.2	1 20.8	15.0	60.1
	17	79 06.5	52.0	125 45.0	10.2	1 35.8	15.0	60.1
	18	94 06.5	S14 52.7	140 14.2	10.1	S 1 50.8	15.0	60.1
	19	109 06.5	53.5	154 43.3	10.1	2 05.8	15.0	60.1
	20	124 06.5	54.3	169 12.4	10.1	2 20.8	15.0	60.1
	21	139 06.5	. . 55.1	183 41.5	10.1	2 35.8	14.9	60.1
	22	154 06.5	55.9	198 10.6	10.0	2 50.7	15.0	60.1
	23	169 06.5	56.7	212 39.6	10.1	S 3 05.7	15.0	60.1
		SD 16.1	*d* 0.8	SD	16.2	16.3		16.4

Lat.	Twilight Naut.	Twilight Civil	Sunrise	Moonrise 31	Moonrise 1	Moonrise 2	Moonrise 3
°	h m	h m	h m	h m	h m	h m	h m
N 72	06 06	07 29	08 56	23 24	25 40	01 40	03 56
N 70	06 01	07 16	08 30	23 37	25 43	01 43	03 49
68	05 58	07 05	08 10	23 48	25 46	01 46	03 44
66	05 55	06 56	07 55	23 57	25 48	01 48	03 39
64	05 52	06 49	07 42	24 04	00 04	01 49	03 35
62	05 49	06 42	07 31	24 11	00 11	01 51	03 32
60	05 47	06 37	07 22	24 16	00 16	01 52	03 29
N 58	05 45	06 32	07 14	24 21	00 21	01 53	03 27
56	05 43	06 27	07 07	24 25	00 25	01 54	03 25
54	05 41	06 23	07 00	24 29	00 29	01 55	03 23
52	05 39	06 19	06 55	24 32	00 32	01 56	03 21
50	05 37	06 15	06 49	24 35	00 35	01 57	03 19
45	05 33	06 08	06 38	24 42	00 42	01 59	03 16
N 40	05 29	06 01	06 29	24 48	00 48	02 00	03 13
35	05 25	05 55	06 21	24 52	00 52	02 01	03 10
30	05 21	05 49	06 14	24 57	00 57	02 02	03 08
20	05 13	05 39	06 01	00 04	01 04	02 04	03 04
N 10	05 04	05 29	05 50	00 15	01 10	02 06	03 01
0	04 54	05 19	05 40	00 25	01 16	02 07	02 58
S 10	04 43	05 08	05 30	00 35	01 22	02 09	02 55
20	04 29	04 56	05 18	00 46	01 29	02 10	02 52
30	04 10	04 40	05 05	00 58	01 36	02 12	02 49
35	03 59	04 31	04 58	01 05	01 40	02 13	02 47
40	03 45	04 20	04 49	01 13	01 45	02 15	02 44
45	03 27	04 07	04 39	01 22	01 50	02 16	02 42
S 50	03 05	03 51	04 27	01 33	01 57	02 18	02 39
52	02 53	03 43	04 21	01 39	01 59	02 19	02 37
54	02 40	03 34	04 15	01 44	02 03	02 19	02 36
56	02 25	03 24	04 08	01 50	02 06	02 20	02 34
58	02 05	03 12	04 00	01 57	02 10	02 21	02 32
S 60	01 41	02 59	03 50	02 05	02 15	02 23	02 30

Lat.	Sunset	Twilight Civil	Twilight Naut.	Moonset 31	Moonset 1	Moonset 2	Moonset 3
°	h m	h m	h m	h m	h m	h m	h m
N 72	14 30	15 57	17 20	15 11	14 43	14 18	13 52
N 70	14 56	16 10	17 24	14 55	14 36	14 19	14 02
68	15 16	16 21	17 28	14 42	14 31	14 21	14 10
66	15 31	16 30	17 31	14 31	14 26	14 22	14 17
64	15 44	16 37	17 34	14 22	14 22	14 22	14 22
62	15 55	16 44	17 37	14 14	14 19	14 23	14 27
60	16 04	16 50	17 39	14 08	14 16	14 24	14 32
N 58	16 13	16 55	17 41	14 02	14 14	14 24	14 36
56	16 20	16 59	17 43	13 56	14 11	14 25	14 39
54	16 26	17 04	17 45	13 52	14 09	14 25	14 42
52	16 32	17 07	17 47	13 47	14 07	14 26	14 45
50	16 37	17 11	17 49	13 43	14 05	14 26	14 48
45	16 48	17 19	17 54	13 35	14 01	14 27	14 53
N 40	16 58	17 26	17 58	13 27	13 58	14 28	14 58
35	17 06	17 32	18 02	13 21	13 55	14 28	15 02
30	17 13	17 38	18 06	13 16	13 53	14 29	15 06
20	17 26	17 48	18 14	13 06	13 48	14 30	15 12
N 10	17 37	17 58	18 23	12 58	13 44	14 31	15 18
0	17 47	18 08	18 33	12 49	13 40	14 31	15 23
S 10	17 58	18 19	18 45	12 41	13 37	14 32	15 28
20	18 09	18 32	18 59	12 33	13 33	14 33	15 34
30	18 22	18 47	19 17	12 23	13 28	14 34	15 40
35	18 30	18 57	19 29	12 17	13 25	14 34	15 44
40	18 39	19 08	19 43	12 10	13 22	14 34	15 48
45	18 49	19 21	20 01	12 02	13 18	14 35	15 53
S 50	19 01	19 38	20 24	11 53	13 14	14 36	15 59
52	19 07	19 46	20 36	11 48	13 12	14 36	16 01
54	19 14	19 55	20 49	11 44	13 10	14 36	16 04
56	19 21	20 05	21 05	11 38	13 07	14 37	16 08
58	19 29	20 17	21 25	11 32	13 04	14 37	16 11
S 60	19 39	20 31	21 51	11 25	13 01	14 38	16 16

Day	SUN Eqn. of Time 00^h	SUN Eqn. of Time 12^h	SUN Mer. Pass.	MOON Mer. Pass. Upper	MOON Mer. Pass. Lower	MOON Age	MOON Phase
d	m s	m s	h m	h m	h m	d	%
31	16 21	16 23	11 44	06 37	19 03	24	39
1	16 24	16 25	11 44	07 28	19 54	25	28
2	16 25	16 26	11 44	08 19	20 45	26	18

	UT	ARIES	VENUS −4.2		MARS +1.4		JUPITER −2.7		SATURN +0.9	
	d h	GHA ° ′	GHA ° ′	Dec ° ′	GHA ° ′	Dec ° ′	GHA ° ′	Dec ° ′	GHA ° ′	Dec ° ′
	3 00	42 09.0	193 32.7	S16 59.3	160 08.6	S21 32.7	47 07.9	S 3 48.4	210 31.5	S 2 35.8
	01	57 11.4	208 36.4	58.3	175 09.2	33.1	62 10.5	48.4	225 33.7	35.9
	02	72 13.9	223 40.0	57.2	190 09.8	33.5	77 13.1	48.4	240 35.9	36.0
	03	87 16.4	238 43.6	. . 56.2	205 10.3	. . 33.8	92 15.7	. . 48.5	255 38.1	. . 36.2
	04	102 18.8	253 47.2	55.2	220 10.9	34.2	107 18.3	48.5	270 40.3	36.3
	05	117 21.3	268 50.8	54.1	235 11.4	34.5	122 20.9	48.6	285 42.5	36.4
	06	132 23.8	283 54.4	S16 53.1	250 12.0	S21 34.9	137 23.5	S 3 48.6	300 44.7	S 2 36.5
W	07	147 26.2	298 58.0	52.1	265 12.6	35.2	152 26.1	48.7	315 46.9	36.6
E	08	162 28.7	314 01.7	51.0	280 13.1	35.6	167 28.7	48.7	330 49.1	36.7
D	09	177 31.2	329 05.3	. . 50.0	295 13.7	. . 36.0	182 31.3	. . 48.8	345 51.4	. . 36.8
	10	192 33.6	344 08.9	49.0	310 14.2	36.3	197 33.8	48.8	0 53.6	36.9
N	11	207 36.1	359 12.5	47.9	325 14.8	36.7	212 36.4	48.8	15 55.8	37.0
E	12	222 38.6	14 16.0	S16 46.9	340 15.3	S21 37.0	227 39.0	S 3 48.9	30 58.0	S 2 37.1
S	13	237 41.0	29 19.6	45.9	355 15.9	37.4	242 41.6	48.9	46 00.2	37.2
D	14	252 43.5	44 23.2	44.8	10 16.5	37.7	257 44.2	49.0	61 02.4	37.3
A	15	267 45.9	59 26.8	. . 43.8	25 17.0	. . 38.1	272 46.8	. . 49.0	76 04.6	. . 37.4
Y	16	282 48.4	74 30.4	42.8	40 17.6	38.4	287 49.4	49.0	91 06.8	37.5
	17	297 50.9	89 34.0	41.7	55 18.1	38.8	302 51.9	49.1	106 09.0	37.6
	18	312 53.3	104 37.6	S16 40.7	70 18.7	S21 39.2	317 54.5	S 3 49.1	121 11.2	S 2 37.7
	19	327 55.8	119 41.1	39.7	85 19.2	39.5	332 57.1	49.2	136 13.4	37.8
	20	342 58.3	134 44.7	38.6	100 19.8	39.9	347 59.7	49.2	151 15.6	37.9
	21	358 00.7	149 48.3	. . 37.6	115 20.4	. . 40.2	3 02.3	. . 49.3	166 17.8	. . 38.0
	22	13 03.2	164 51.9	36.6	130 20.9	40.6	18 04.9	49.3	181 20.0	38.1
	23	28 05.7	179 55.4	35.5	145 21.5	40.9	33 07.5	49.3	196 22.2	38.3
	4 00	43 08.1	194 59.0	S16 34.5	160 22.0	S21 41.3	48 10.0	S 3 49.4	211 24.4	S 2 38.4
	01	58 10.6	210 02.6	33.5	175 22.6	41.6	63 12.6	49.4	226 26.6	38.5
	02	73 13.0	225 06.1	32.4	190 23.1	42.0	78 15.2	49.5	241 28.8	38.6
	03	88 15.5	240 09.7	. . 31.4	205 23.7	. . 42.3	93 17.8	. . 49.5	256 31.0	. . 38.7
	04	103 18.0	255 13.2	30.4	220 24.2	42.7	108 20.4	49.5	271 33.2	38.8
	05	118 20.4	270 16.8	29.4	235 24.8	43.0	123 22.9	49.6	286 35.4	38.9
	06	133 22.9	285 20.3	S16 28.3	250 25.3	S21 43.4	138 25.5	S 3 49.6	301 37.6	S 2 39.0
	07	148 25.4	300 23.9	27.3	265 25.9	43.7	153 28.1	49.7	316 39.8	39.1
T	08	163 27.8	315 27.4	26.3	280 26.4	44.1	168 30.7	49.7	331 42.0	39.2
H	09	178 30.3	330 31.0	. . 25.2	295 27.0	. . 44.4	183 33.3	. . 49.7	346 44.2	. . 39.3
U	10	193 32.8	345 34.5	24.2	310 27.5	44.8	198 35.9	49.8	1 46.4	39.4
R	11	208 35.2	0 38.0	23.2	325 28.1	45.1	213 38.4	49.8	16 48.6	39.5
S	12	223 37.7	15 41.6	S16 22.1	340 28.6	S21 45.4	228 41.0	S 3 49.9	31 50.8	S 2 39.6
D	13	238 40.2	30 45.1	21.1	355 29.2	45.8	243 43.6	49.9	46 53.0	39.7
A	14	253 42.6	45 48.6	20.1	10 29.7	46.1	258 46.2	49.9	61 55.2	39.8
Y	15	268 45.1	60 52.1	. . 19.1	25 30.3	. . 46.5	273 48.7	. . 50.0	76 57.4	. . 39.9
	16	283 47.5	75 55.7	18.0	40 30.8	46.8	288 51.3	50.0	91 59.6	40.0
	17	298 50.0	90 59.2	17.0	55 31.4	47.2	303 53.9	50.1	107 01.8	40.1
	18	313 52.5	106 02.7	S16 16.0	70 31.9	S21 47.5	318 56.5	S 3 50.1	122 04.0	S 2 40.2
	19	328 54.9	121 06.2	14.9	85 32.5	47.9	333 59.1	50.1	137 06.2	40.3
	20	343 57.4	136 09.7	13.9	100 33.0	48.2	349 01.6	50.2	152 08.4	40.4
	21	358 59.9	151 13.2	. . 12.9	115 33.6	. . 48.6	4 04.2	. . 50.2	167 10.6	. . 40.6
	22	14 02.3	166 16.7	11.9	130 34.1	48.9	19 06.8	50.2	182 12.8	40.7
	23	29 04.8	181 20.2	10.8	145 34.7	49.2	34 09.4	50.3	197 15.0	40.8
	5 00	44 07.3	196 23.7	S16 09.8	160 35.2	S21 49.6	49 11.9	S 3 50.3	212 17.3	S 2 40.9
	01	59 09.7	211 27.2	08.8	175 35.8	49.9	64 14.5	50.4	227 19.5	41.0
	02	74 12.2	226 30.7	07.8	190 36.3	50.3	79 17.1	50.4	242 21.7	41.1
	03	89 14.6	241 34.2	. . 06.7	205 36.9	. . 50.6	94 19.7	. . 50.4	257 23.9	. . 41.2
	04	104 17.1	256 37.7	05.7	220 37.4	51.0	109 22.2	50.5	272 26.1	41.3
	05	119 19.6	271 41.2	04.7	235 38.0	51.3	124 24.8	50.5	287 28.3	41.4
	06	134 22.0	286 44.6	S16 03.7	250 38.5	S21 51.6	139 27.4	S 3 50.5	302 30.5	S 2 41.5
	07	149 24.5	301 48.1	02.6	265 39.1	52.0	154 30.0	50.6	317 32.7	41.6
	08	164 27.0	316 51.6	01.6	280 39.6	52.3	169 32.5	50.6	332 34.9	41.7
F	09	179 29.4	331 55.1	16 00.6	295 40.2	. . 52.7	184 35.1	. . 50.6	347 37.1	. . 41.8
R	10	194 31.9	346 58.5	15 59.6	310 40.7	53.0	199 37.7	50.7	2 39.3	41.9
I	11	209 34.4	2 02.0	58.6	325 41.3	53.3	214 40.3	50.7	17 41.5	42.0
D	12	224 36.8	17 05.5	S15 57.5	340 41.8	S21 53.7	229 42.8	S 3 50.8	32 43.7	S 2 42.1
A	13	239 39.3	32 08.9	56.5	355 42.3	54.0	244 45.4	50.8	47 45.9	42.2
Y	14	254 41.8	47 12.4	55.5	10 42.9	54.3	259 48.0	50.8	62 48.1	42.3
	15	269 44.2	62 15.8	. . 54.5	25 43.4	. . 54.7	274 50.5	. . 50.9	77 50.3	. . 42.4
	16	284 46.7	77 19.3	53.5	40 44.0	55.0	289 53.1	50.9	92 52.5	42.5
	17	299 49.1	92 22.7	52.4	55 44.5	55.4	304 55.7	50.9	107 54.7	42.6
	18	314 51.6	107 26.2	S15 51.4	70 45.1	S21 55.7	319 58.3	S 3 51.0	122 56.9	S 2 42.7
	19	329 54.1	122 29.6	50.4	85 45.6	56.0	335 00.8	51.0	137 59.1	42.8
	20	344 56.5	137 33.0	49.4	100 46.1	56.4	350 03.4	51.0	153 01.3	42.9
	21	359 59.0	152 36.5	. . 48.4	115 46.7	. . 56.7	5 06.0	. . 51.1	168 03.5	. . 43.0
	22	15 01.5	167 39.9	47.4	130 47.2	57.0	20 08.5	51.1	183 05.7	43.1
	23	30 03.9	182 43.3	46.3	145 47.8	57.4	35 11.1	51.1	198 08.0	43.2
	Mer. Pass.	h m 21 04.0	*v* 3.5	*d* 1.0	*v* 0.6	*d* 0.3	*v* 2.6	*d* 0.0	*v* 2.2	*d* 0.1

STARS

Name	SHA ° ′	Dec ° ′
Acamar	315 19.3	S40 15.5
Achernar	335 27.5	S57 10.9
Acrux	173 12.2	S63 09.4
Adhara	255 13.8	S28 59.0
Aldebaran	290 51.3	N16 31.9
Alioth	166 22.7	N55 53.9
Alkaid	153 00.8	N49 15.5
Al Na'ir	27 45.9	S46 54.6
Alnilam	275 48.0	S 1 11.6
Alphard	217 58.0	S 8 42.3
Alphecca	126 13.0	N26 40.8
Alpheratz	357 45.2	N29 09.3
Altair	62 10.2	N 8 54.0
Ankaa	353 17.1	S42 14.8
Antares	112 28.9	S26 27.3
Arcturus	145 57.8	N19 07.6
Atria	107 33.0	S69 02.9
Avior	234 18.8	S59 32.4
Bellatrix	278 33.8	N 6 21.6
Betelgeuse	271 03.1	N 7 24.6
Canopus	263 56.7	S52 41.8
Capella	280 36.9	N46 00.5
Deneb	49 32.9	N45 19.5
Denebola	182 35.8	N14 30.6
Diphda	348 57.5	S17 55.5
Dubhe	193 54.2	N61 41.2
Elnath	278 14.7	N28 37.0
Eltanin	90 47.4	N51 29.5
Enif	33 48.9	N 9 55.7
Fomalhaut	15 25.8	S29 33.8
Gacrux	172 03.7	S57 10.3
Gienah	175 54.5	S17 36.1
Hadar	148 51.4	S60 25.5
Hamal	328 02.6	N23 31.0
Kaus Aust.	83 46.6	S34 22.8
Kochab	137 20.9	N74 06.6
Markab	13 40.1	N15 16.1
Menkar	314 16.7	N 4 08.1
Menkent	148 10.3	S36 25.3
Miaplacidus	221 40.3	S69 45.4
Mirfak	308 42.6	N49 54.1
Nunki	76 00.8	S26 17.0
Peacock	53 22.2	S56 42.1
Pollux	243 29.9	N27 59.9
Procyon	245 01.6	N 5 11.8
Rasalhague	96 08.5	N12 33.3
Regulus	207 45.6	N11 54.8
Rigel	281 13.6	S 8 11.2
Rigil Kent.	139 55.1	S60 52.7
Sabik	102 15.0	S15 44.2
Schedar	349 42.3	N56 36.1
Shaula	96 24.8	S37 06.7
Sirius	258 35.2	S16 43.7
Spica	158 33.6	S11 13.0
Suhail	222 53.9	S43 28.4
Vega	80 40.5	N38 47.9
Zuben'ubi	137 07.9	S16 05.2

	SHA ° ′	Mer. Pass. h m
Venus	151 50.9	10 57
Mars	117 13.9	13 18
Jupiter	5 01.9	20 44
Saturn	168 16.3	9 53

	UT	SUN GHA	SUN Dec	MOON GHA	v	MOON Dec	d	HP
	d h	° ′	° ′	° ′	′	° ′	′	′
	3 00	184 06.5	S14 57.5	227 08.7	10.0	S 3 20.7	14.9	60.2
	01	199 06.5	58.2	241 37.7	9.9	3 35.6	14.9	60.2
	02	214 06.5	59.0	256 06.6	10.0	3 50.5	14.9	60.2
	03	229 06.5	14 59.8	270 35.6	9.9	4 05.4	14.9	60.2
	04	244 06.5	15 00.6	285 04.5	9.9	4 20.3	14.9	60.2
	05	259 06.5	01.4	299 33.4	9.8	4 35.2	14.8	60.2
	06	274 06.5	S15 02.2	314 02.2	9.8	S 4 50.0	14.8	60.2
W	07	289 06.5	02.9	328 31.0	9.8	5 04.8	14.8	60.2
E	08	304 06.5	03.7	342 59.8	9.8	5 19.6	14.7	60.2
D	09	319 06.5	. . 04.5	357 28.6	9.7	5 34.3	14.8	60.2
N	10	334 06.5	05.3	11 57.3	9.7	5 49.1	14.7	60.2
E	11	349 06.5	06.1	26 26.0	9.6	6 03.8	14.6	60.2
S	12	4 06.5	S15 06.8	40 54.6	9.6	S 6 18.4	14.7	60.2
D	13	19 06.5	07.6	55 23.2	9.6	6 33.1	14.6	60.2
A	14	34 06.5	08.4	69 51.8	9.5	6 47.7	14.5	60.2
Y	15	49 06.5	. . 09.2	84 20.3	9.5	7 02.2	14.5	60.2
	16	64 06.5	10.0	98 48.8	9.5	7 16.7	14.5	60.2
	17	79 06.5	10.7	113 17.3	9.4	7 31.2	14.4	60.2
	18	94 06.5	S15 11.5	127 45.7	9.4	S 7 45.6	14.4	60.2
	19	109 06.5	12.3	142 14.1	9.3	8 00.0	14.4	60.2
	20	124 06.5	13.1	156 42.4	9.3	8 14.4	14.2	60.2
	21	139 06.5	. . 13.8	171 10.7	9.2	8 28.6	14.3	60.2
	22	154 06.5	14.6	185 38.9	9.2	8 42.9	14.2	60.2
	23	169 06.5	15.4	200 07.1	9.2	8 57.1	14.1	60.2
	4 00	184 06.5	S15 16.2	214 35.3	9.1	S 9 11.2	14.1	60.2
	01	199 06.5	16.9	229 03.4	9.1	9 25.3	14.0	60.2
	02	214 06.4	17.7	243 31.5	9.0	9 39.3	14.0	60.2
	03	229 06.4	. . 18.5	257 59.5	9.0	9 53.3	13.9	60.2
	04	244 06.4	19.2	272 27.5	8.9	10 07.2	13.9	60.2
	05	259 06.4	20.0	286 55.4	8.9	10 21.1	13.7	60.2
	06	274 06.4	S15 20.8	301 23.3	8.8	S10 34.8	13.8	60.2
	07	289 06.4	21.6	315 51.1	8.8	10 48.6	13.6	60.2
T	08	304 06.4	22.3	330 18.9	8.7	11 02.2	13.6	60.2
H	09	319 06.4	. . 23.1	344 46.6	8.7	11 15.8	13.5	60.2
U	10	334 06.4	23.9	359 14.3	8.6	11 29.3	13.5	60.2
R	11	349 06.4	24.6	13 41.9	8.6	11 42.8	13.3	60.1
S	12	4 06.4	S15 25.4	28 09.5	8.6	S11 56.1	13.3	60.1
D	13	19 06.4	26.2	42 37.1	8.4	12 09.4	13.3	60.1
A	14	34 06.3	26.9	57 04.5	8.5	12 22.7	13.1	60.1
Y	15	49 06.3	. . 27.7	71 32.0	8.3	12 35.8	13.1	60.1
	16	64 06.3	28.5	85 59.3	8.4	12 48.9	13.0	60.1
	17	79 06.3	29.3	100 26.7	8.2	13 01.9	12.9	60.1
	18	94 06.3	S15 30.0	114 53.9	8.3	S13 14.8	12.8	60.1
	19	109 06.3	30.8	129 21.2	8.1	13 27.6	12.7	60.1
	20	124 06.3	31.5	143 48.3	8.1	13 40.3	12.6	60.1
	21	139 06.3	. . 32.3	158 15.4	8.1	13 52.9	12.6	60.1
	22	154 06.2	33.1	172 42.5	8.0	14 05.5	12.5	60.0
	23	169 06.2	33.8	187 09.5	8.0	14 18.0	12.3	60.0
	5 00	184 06.2	S15 34.6	201 36.5	7.9	S14 30.3	12.3	60.0
	01	199 06.2	35.4	216 03.4	7.8	14 42.6	12.2	60.0
	02	214 06.2	36.1	230 30.2	7.8	14 54.8	12.1	60.0
	03	229 06.2	. . 36.9	244 57.0	7.8	15 06.9	12.0	60.0
	04	244 06.2	37.7	259 23.8	7.6	15 18.9	11.9	60.0
	05	259 06.1	38.4	273 50.4	7.7	15 30.8	11.7	60.0
	06	274 06.1	S15 39.2	288 17.1	7.6	S15 42.5	11.7	59.9
	07	289 06.1	39.9	302 43.7	7.5	15 54.2	11.6	59.9
	08	304 06.1	40.7	317 10.2	7.5	16 05.8	11.5	59.9
F	09	319 06.1	. . 41.5	331 36.7	7.4	16 17.3	11.3	59.9
R	10	334 06.1	42.2	346 03.1	7.4	16 28.6	11.3	59.9
I	11	349 06.0	43.0	0 29.5	7.3	16 39.9	11.1	59.9
D	12	4 06.0	S15 43.7	14 55.8	7.3	S16 51.0	11.1	59.9
A	13	19 06.0	44.5	29 22.1	7.2	17 02.1	10.9	59.8
Y	14	34 06.0	45.3	43 48.3	7.2	17 13.0	10.8	59.8
	15	49 06.0	. . 46.0	58 14.5	7.1	17 23.8	10.7	59.8
	16	64 05.9	46.8	72 40.6	7.0	17 34.5	10.5	59.8
	17	79 05.9	47.5	87 06.6	7.1	17 45.0	10.5	59.8
	18	94 05.9	S15 48.3	101 32.7	6.9	S17 55.5	10.3	59.7
	19	109 05.9	49.0	115 58.6	6.9	18 05.8	10.2	59.7
	20	124 05.9	49.8	130 24.5	6.9	18 16.0	10.1	59.7
	21	139 05.8	. . 50.5	144 50.4	6.8	18 26.1	10.0	59.7
	22	154 05.8	51.3	159 16.2	6.8	18 36.1	9.8	59.7
	23	169 05.8	52.0	173 42.0	6.8	S18 45.9	9.8	59.6
		SD 16.2	*d* 0.8	SD 16.4		16.4		16.3

Lat.	Twilight Naut.	Twilight Civil	Sunrise	Moonrise 3	Moonrise 4	Moonrise 5	Moonrise 6
°	h m	h m	h m	h m	h m	h m	h m
N 72	06 17	07 42	09 15	03 56	06 19	09 17	■
N 70	06 12	07 27	08 45	03 49	06 00	08 27	■
68	06 07	07 16	08 23	03 44	05 45	07 56	10 27
66	06 03	07 06	08 06	03 39	05 34	07 33	09 39
64	06 00	06 57	07 51	03 35	05 24	07 15	09 08
62	05 57	06 50	07 40	03 32	05 15	07 00	08 45
60	05 54	06 44	07 29	03 29	05 08	06 48	08 27
N 58	05 51	06 38	07 21	03 27	05 02	06 38	08 12
56	05 48	06 33	07 13	03 25	04 56	06 28	07 59
54	05 46	06 28	07 06	03 23	04 51	06 20	07 48
52	05 44	06 24	07 00	03 21	04 47	06 13	07 38
50	05 42	06 20	06 54	03 19	04 43	06 07	07 29
45	05 37	06 11	06 42	03 16	04 34	05 53	07 10
N 40	05 32	06 04	06 32	03 13	04 27	05 41	06 55
35	05 27	05 57	06 24	03 10	04 21	05 32	06 43
30	05 23	05 51	06 16	03 08	04 15	05 23	06 32
20	05 14	05 40	06 03	03 04	04 06	05 09	06 13
N 10	05 04	05 29	05 51	03 01	03 58	04 56	05 56
0	04 54	05 19	05 40	02 58	03 50	04 45	05 41
S 10	04 42	05 07	05 29	02 55	03 43	04 33	05 26
20	04 27	04 54	05 17	02 52	03 35	04 21	05 10
30	04 07	04 38	05 03	02 49	03 26	04 07	04 52
35	03 55	04 28	04 55	02 47	03 21	03 59	04 41
40	03 41	04 16	04 46	02 44	03 16	03 50	04 29
45	03 22	04 02	04 35	02 42	03 09	03 39	04 15
S 50	02 58	03 45	04 22	02 39	03 01	03 27	03 58
52	02 46	03 36	04 15	02 37	02 58	03 21	03 49
54	02 32	03 27	04 09	02 36	02 54	03 14	03 40
56	02 14	03 16	04 01	02 34	02 49	03 07	03 30
58	01 53	03 04	03 52	02 32	02 44	02 59	03 19
S 60	01 25	02 49	03 42	02 30	02 39	02 50	03 06

Lat.	Sunset	Twilight Civil	Twilight Naut.	Moonset 3	Moonset 4	Moonset 5	Moonset 6
°	h m	h m	h m	h m	h m	h m	h m
N 72	14 10	15 43	17 08	13 52	13 20	12 18	■
N 70	14 41	15 58	17 14	14 02	13 41	13 09	■
68	15 03	16 10	17 18	14 10	13 58	13 42	13 10
66	15 21	16 20	17 22	14 17	14 12	14 06	13 59
64	15 35	16 29	17 26	14 22	14 23	14 25	14 30
62	15 47	16 36	17 29	14 27	14 33	14 41	14 54
60	15 57	16 43	17 32	14 32	14 41	14 54	15 13
N 58	16 06	16 48	17 35	14 36	14 49	15 05	15 29
56	16 13	16 53	17 38	14 39	14 55	15 15	15 42
54	16 20	16 58	17 40	14 42	15 01	15 24	15 54
52	16 27	17 02	17 43	14 45	15 06	15 32	16 04
50	16 32	17 06	17 45	14 48	15 11	15 39	16 13
45	16 44	17 15	17 50	14 53	15 22	15 54	16 33
N 40	16 54	17 23	17 55	14 58	15 30	16 07	16 49
35	17 03	17 29	17 59	15 02	15 38	16 18	17 02
30	17 11	17 36	18 04	15 06	15 45	16 27	17 14
20	17 24	17 47	18 13	15 12	15 56	16 44	17 35
N 10	17 36	17 58	18 23	15 18	16 06	16 58	17 52
0	17 47	18 08	18 33	15 23	16 16	17 11	18 09
S 10	17 58	18 20	18 46	15 28	16 26	17 25	18 25
20	18 10	18 34	19 01	15 34	16 36	17 39	18 43
30	18 25	18 50	19 20	15 40	16 48	17 56	19 04
35	18 33	19 00	19 33	15 44	16 54	18 06	19 16
40	18 42	19 12	19 48	15 48	17 02	18 17	19 29
45	18 53	19 26	20 06	15 53	17 11	18 30	19 46
S 50	19 07	19 44	20 31	15 59	17 22	18 46	20 06
52	19 13	19 52	20 43	16 01	17 28	18 53	20 16
54	19 20	20 02	20 58	16 04	17 33	19 02	20 27
56	19 28	20 13	21 15	16 08	17 40	19 11	20 39
58	19 36	20 26	21 38	16 11	17 47	19 22	20 53
S 60	19 47	20 41	22 08	16 16	17 55	19 35	21 10

Day	SUN Eqn. of Time 00^h	SUN Eqn. of Time 12^h	SUN Mer. Pass.	MOON Mer. Pass. Upper	MOON Mer. Pass. Lower	Age	Phase
d	m s	m s	h m	h m	h m	d %	
3	16 26	16 26	11 44	09 10	21 37	27 10	
4	16 26	16 25	11 44	10 03	22 30	28 4	●
5	16 25	16 24	11 44	10 58	23 26	29 1	

UT	ARIES	VENUS −4.3		MARS +1.4		JUPITER −2.7		SATURN +0.9		STARS		
	GHA	GHA	Dec	GHA	Dec	GHA	Dec	GHA	Dec	Name	SHA	Dec
d h	° ′	° ′	° ′	° ′	° ′	° ′	° ′	° ′	° ′		° ′	° ′
6 00	45 06.4	197 46.8	S15 45.3	160 48.3	S21 57.7	50 13.7	S 3 51.2	213 10.2	S 2 43.4	Acamar	315 19.3	S40 15.6
01	60 08.9	212 50.2	44.3	175 48.9	58.0	65 16.2	51.2	228 12.4	43.5	Achernar	335 27.5	S57 10.9
02	75 11.3	227 53.6	43.3	190 49.4	58.4	80 18.8	51.2	243 14.6	43.6	Acrux	173 12.1	S63 09.4
03	90 13.8	242 57.0	42.3	205 49.9	58.7	95 21.4	51.3	258 16.8	43.7	Adhara	255 13.8	S28 59.0
04	105 16.3	258 00.4	41.3	220 50.5	59.0	110 23.9	51.3	273 19.0	43.8	Aldebaran	290 51.2	N16 31.9
05	120 18.7	273 03.8	40.3	235 51.0	59.4	125 26.5	51.3	288 21.2	43.9			
06	135 21.2	288 07.3	S15 39.3	250 51.6	S21 59.7	140 29.1	S 3 51.4	303 23.4	S 2 44.0	Alioth	166 22.7	N55 53.9
07	150 23.6	303 10.7	38.3	265 52.1	22 00.0	155 31.6	51.4	318 25.6	44.1	Alkaid	153 00.8	N49 15.4
S 08	165 26.1	318 14.1	37.3	280 52.6	00.4	170 34.2	51.4	333 27.8	44.2	Al Na'ir	27 45.9	S46 54.6
A 09	180 28.6	333 17.5	36.2	295 53.2	00.7	185 36.8	51.5	348 30.0	44.3	Alnilam	275 48.0	S 1 11.6
T 10	195 31.0	348 20.8	35.2	310 53.7	01.0	200 39.3	51.5	3 32.2	44.4	Alphard	217 58.0	S 8 42.3
U 11	210 33.5	3 24.2	34.2	325 54.3	01.4	215 41.9	51.5	18 34.4	44.5			
R 12	225 36.0	18 27.6	S15 33.2	340 54.8	S22 01.7	230 44.5	S 3 51.6	33 36.6	S 2 44.6	Alphecca	126 13.0	N26 40.7
D 13	240 38.4	33 31.0	32.2	355 55.3	02.0	245 47.0	51.6	48 38.8	44.7	Alpheratz	357 45.2	N29 09.3
A 14	255 40.9	48 34.4	31.2	10 55.9	02.4	260 49.6	51.6	63 41.0	44.8	Altair	62 10.2	N 8 54.0
Y 15	270 43.4	63 37.8	30.2	25 56.4	02.7	275 52.2	51.7	78 43.2	44.9	Ankaa	353 17.1	S42 14.8
16	285 45.8	78 41.1	29.2	40 56.9	03.0	290 54.7	51.7	93 45.5	45.0	Antares	112 28.9	S26 27.3
17	300 48.3	93 44.5	28.2	55 57.5	03.3	305 57.3	51.7	108 47.7	45.1			
18	315 50.8	108 47.9	S15 27.2	70 58.0	S22 03.7	320 59.8	S 3 51.8	123 49.9	S 2 45.2	Arcturus	145 57.8	N19 07.5
19	330 53.2	123 51.2	26.2	85 58.6	04.0	336 02.4	51.8	138 52.1	45.3	Atria	107 33.0	S69 02.9
20	345 55.7	138 54.6	25.2	100 59.1	04.3	351 05.0	51.8	153 54.3	45.4	Avior	234 18.7	S59 32.4
21	0 58.1	153 58.0	24.2	115 59.6	04.7	6 07.5	51.9	168 56.5	45.5	Bellatrix	278 33.8	N 6 21.6
22	16 00.6	169 01.3	23.2	131 00.2	05.0	21 10.1	51.9	183 58.7	45.6	Betelgeuse	271 03.1	N 7 24.6
23	31 03.1	184 04.7	22.2	146 00.7	05.3	36 12.7	51.9	199 00.9	45.7			
7 00	46 05.5	199 08.0	S15 21.2	161 01.2	S22 05.6	51 15.2	S 3 51.9	214 03.1	S 2 45.8	Canopus	263 56.6	S52 41.9
01	61 08.0	214 11.4	20.2	176 01.8	06.0	66 17.8	52.0	229 05.3	45.9	Capella	280 36.9	N46 00.5
02	76 10.5	229 14.7	19.2	191 02.3	06.3	81 20.3	52.0	244 07.5	46.0	Deneb	49 32.9	N45 19.5
03	91 12.9	244 18.0	18.2	206 02.8	06.6	96 22.9	52.0	259 09.7	46.1	Denebola	182 35.8	N14 30.6
04	106 15.4	259 21.4	17.3	221 03.4	06.9	111 25.5	52.1	274 11.9	46.2	Diphda	348 57.5	S17 55.5
05	121 17.9	274 24.7	16.3	236 03.9	07.3	126 28.0	52.1	289 14.1	46.3			
06	136 20.3	289 28.0	S15 15.3	251 04.4	S22 07.6	141 30.6	S 3 52.1	304 16.3	S 2 46.4	Dubhe	193 54.2	N61 41.2
07	151 22.8	304 31.3	14.3	266 05.0	07.9	156 33.1	52.2	319 18.6	46.5	Elnath	278 14.7	N28 37.0
08	166 25.2	319 34.7	13.3	281 05.5	08.2	171 35.7	52.2	334 20.8	46.6	Eltanin	90 47.4	N51 29.5
S 09	181 27.7	334 38.0	12.3	296 06.0	08.5	186 38.2	52.2	349 23.0	46.7	Enif	33 48.9	N 9 55.7
U 10	196 30.2	349 41.3	11.3	311 06.6	08.9	201 40.8	52.2	4 25.2	46.8	Fomalhaut	15 25.9	S29 33.8
N 11	211 32.6	4 44.6	10.3	326 07.1	09.2	216 43.4	52.3	19 27.4	46.9			
D 12	226 35.1	19 47.9	S15 09.3	341 07.6	S22 09.5	231 45.9	S 3 52.3	34 29.6	S 2 47.0	Gacrux	172 03.6	S57 10.3
A 13	241 37.6	34 51.2	08.4	356 08.2	09.8	246 48.5	52.3	49 31.8	47.1	Gienah	175 54.5	S17 36.1
Y 14	256 40.0	49 54.5	07.4	11 08.7	10.2	261 51.0	52.4	64 34.0	47.3	Hadar	148 51.4	S60 25.5
15	271 42.5	64 57.8	06.4	26 09.2	10.5	276 53.6	52.4	79 36.2	47.4	Hamal	328 02.6	N23 31.0
16	286 45.0	80 01.1	05.4	41 09.8	10.8	291 56.1	52.4	94 38.4	47.5	Kaus Aust.	83 46.6	S34 22.8
17	301 47.4	95 04.4	04.4	56 10.3	11.1	306 58.7	52.4	109 40.6	47.6			
18	316 49.9	110 07.7	S15 03.5	71 10.8	S22 11.4	322 01.2	S 3 52.5	124 42.8	S 2 47.7	Kochab	137 20.9	N74 06.6
19	331 52.4	125 11.0	02.5	86 11.3	11.8	337 03.8	52.5	139 45.0	47.8	Markab	13 40.1	N15 16.1
20	346 54.8	140 14.2	01.5	101 11.9	12.1	352 06.4	52.5	154 47.3	47.9	Menkar	314 16.7	N 4 08.1
21	1 57.3	155 17.5	15 00.5	116 12.4	12.4	7 08.9	52.6	169 49.5	48.0	Menkent	148 10.3	S36 25.3
22	16 59.7	170 20.8	14 59.5	131 12.9	12.7	22 11.5	52.6	184 51.7	48.1	Miaplacidus	221 40.3	S69 45.4
23	32 02.2	185 24.1	58.6	146 13.5	13.0	37 14.0	52.6	199 53.9	48.2			
8 00	47 04.7	200 27.3	S14 57.6	161 14.0	S22 13.3	52 16.6	S 3 52.6	214 56.1	S 2 48.3	Mirfak	308 42.6	N49 54.1
01	62 07.1	215 30.6	56.6	176 14.5	13.7	67 19.1	52.7	229 58.3	48.4	Nunki	76 00.9	S26 17.0
02	77 09.6	230 33.8	55.7	191 15.1	14.0	82 21.7	52.7	245 00.5	48.5	Peacock	53 22.3	S56 42.1
03	92 12.1	245 37.1	54.7	206 15.6	14.3	97 24.2	52.7	260 02.7	48.6	Pollux	243 29.9	N27 59.9
04	107 14.5	260 40.4	53.7	221 16.1	14.6	112 26.8	52.7	275 04.9	48.7	Procyon	245 01.6	N 5 11.8
05	122 17.0	275 43.6	52.8	236 16.6	14.9	127 29.3	52.8	290 07.1	48.8			
06	137 19.5	290 46.8	S14 51.8	251 17.2	S22 15.2	142 31.9	S 3 52.8	305 09.3	S 2 48.9	Rasalhague	96 08.5	N12 33.3
07	152 21.9	305 50.1	50.8	266 17.7	15.6	157 34.4	52.8	320 11.5	49.0	Regulus	207 45.6	N11 54.8
08	167 24.4	320 53.3	49.9	281 18.2	15.9	172 37.0	52.9	335 13.8	49.1	Rigel	281 13.6	S 8 11.2
M 09	182 26.9	335 56.6	48.9	296 18.7	16.2	187 39.5	52.9	350 16.0	49.2	Rigil Kent.	139 55.1	S60 52.7
O 10	197 29.3	350 59.8	47.9	311 19.3	16.5	202 42.1	52.9	5 18.2	49.3	Sabik	102 15.0	S15 44.2
N 11	212 31.8	6 03.0	47.0	326 19.8	16.8	217 44.6	52.9	20 20.4	49.4			
D 12	227 34.2	21 06.2	S14 46.0	341 20.3	S22 17.1	232 47.2	S 3 53.0	35 22.6	S 2 49.5	Schedar	349 42.3	N56 36.1
A 13	242 36.7	36 09.5	45.0	356 20.8	17.4	247 49.7	53.0	50 24.8	49.6	Shaula	96 24.8	S37 06.7
Y 14	257 39.2	51 12.7	44.1	11 21.4	17.8	262 52.3	53.0	65 27.0	49.7	Sirius	258 35.2	S16 43.7
15	272 41.6	66 15.9	43.1	26 21.9	18.1	277 54.8	53.0	80 29.2	49.8	Spica	158 33.6	S11 13.0
16	287 44.1	81 19.1	42.2	41 22.4	18.4	292 57.4	53.1	95 31.4	49.9	Suhail	222 53.9	S43 28.4
17	302 46.6	96 22.3	41.2	56 22.9	18.7	307 59.9	53.1	110 33.6	50.0			
18	317 49.0	111 25.5	S14 40.3	71 23.5	S22 19.0	323 02.5	S 3 53.1	125 35.8	S 2 50.1	Vega	80 40.5	N38 47.9
19	332 51.5	126 28.7	39.3	86 24.0	19.3	338 05.0	53.1	140 38.1	50.2	Zuben'ubi	137 07.9	S16 05.2
20	347 54.0	141 31.9	38.4	101 24.5	19.6	353 07.6	53.2	155 40.3	50.3			
21	2 56.4	156 35.1	37.4	116 25.0	19.9	8 10.1	53.2	170 42.5	50.4			
22	17 58.9	171 38.3	36.5	131 25.6	20.2	23 12.7	53.2	185 44.7	50.5			
23	33 01.4	186 41.4	35.5	146 26.1	20.6	38 15.2	53.2	200 46.9	50.6			
Mer. Pass. (h m)	20 52.2	*v* 3.3	*d* 1.0	*v* 0.5	*d* 0.3	*v* 2.6	*d* 0.0	*v* 2.2	*d* 0.1			

	SHA	Mer. Pass.
	° ′	h m
Venus	153 02.5	10 41
Mars	114 55.7	13 15
Jupiter	5 09.7	20 31
Saturn	167 57.6	9 42

UT d h	SUN GHA ° ′	SUN Dec ° ′	MOON GHA ° ′	v ′	MOON Dec ° ′	d ′	HP ′
6 00 (SATURDAY)	184 05.8	S15 52.8	188 07.8	6.6	S18 55.7	9.5	59.6
01	199 05.7	53.6	202 33.4	6.7	19 05.2	9.5	59.6
02	214 05.7	54.3	216 59.1	6.6	19 14.7	9.3	59.6
03	229 05.7	. . 55.1	231 24.7	6.5	19 24.0	9.2	59.6
04	244 05.7	55.8	245 50.2	6.6	19 33.2	9.1	59.5
05	259 05.6	56.6	260 15.8	6.4	19 42.3	8.9	59.5
06	274 05.6	S15 57.3	274 41.2	6.5	S19 51.2	8.8	59.5
07	289 05.6	58.1	289 06.7	6.4	20 00.0	8.7	59.5
08	304 05.6	58.8	303 32.1	6.3	20 08.7	8.5	59.4
09	319 05.5	15 59.6	317 57.4	6.3	20 17.2	8.4	59.4
10	334 05.5	16 00.3	332 22.7	6.3	20 25.6	8.2	59.4
11	349 05.5	01.1	346 48.0	6.3	20 33.8	8.1	59.4
12	4 05.5	S16 01.8	1 13.3	6.2	S20 41.9	8.0	59.4
13	19 05.4	02.5	15 38.5	6.1	20 49.9	7.8	59.3
14	34 05.4	03.3	30 03.6	6.2	20 57.7	7.7	59.3
15	49 05.4	. . 04.0	44 28.8	6.1	21 05.4	7.5	59.3
16	64 05.3	04.8	58 53.9	6.1	21 12.9	7.4	59.2
17	79 05.3	05.5	73 19.0	6.1	21 20.3	7.3	59.2
18	94 05.3	S16 06.3	87 44.1	6.0	S21 27.6	7.1	59.2
19	109 05.3	07.0	102 09.1	6.0	21 34.7	7.0	59.2
20	124 05.2	07.8	116 34.1	6.0	21 41.7	6.8	59.1
21	139 05.2	. . 08.5	130 59.1	5.9	21 48.5	6.6	59.1
22	154 05.2	09.2	145 24.0	6.0	21 55.1	6.5	59.1
23	169 05.1	10.0	159 49.0	5.9	22 01.6	6.4	59.1
7 00 (SUNDAY)	184 05.1	S16 10.7	174 13.9	5.9	S22 08.0	6.2	59.0
01	199 05.1	11.5	188 38.8	5.8	22 14.2	6.1	59.0
02	214 05.0	12.2	203 03.6	5.9	22 20.3	5.9	59.0
03	229 05.0	. . 13.0	217 28.5	5.9	22 26.2	5.8	58.9
04	244 05.0	13.7	231 53.4	5.8	22 32.0	5.6	58.9
05	259 04.9	14.4	246 18.2	5.8	22 37.6	5.4	58.9
06	274 04.9	S16 15.2	260 43.0	5.8	S22 43.0	5.3	58.9
07	289 04.9	15.9	275 07.8	5.8	22 48.3	5.2	58.8
08	304 04.8	16.6	289 32.6	5.8	22 53.5	5.0	58.8
09	319 04.8	. . 17.4	303 57.4	5.8	22 58.5	4.8	58.8
10	334 04.8	18.1	318 22.2	5.8	23 03.3	4.7	58.7
11	349 04.7	18.9	332 47.0	5.8	23 08.0	4.6	58.7
12	4 04.7	S16 19.6	347 11.8	5.8	S23 12.6	4.4	58.7
13	19 04.7	20.3	1 36.6	5.8	23 17.0	4.2	58.6
14	34 04.6	21.1	16 01.4	5.7	23 21.2	4.1	58.6
15	49 04.6	. . 21.8	30 26.1	5.8	23 25.3	3.9	58.6
16	64 04.5	22.5	44 50.9	5.8	23 29.2	3.7	58.6
17	79 04.5	23.3	59 15.7	5.8	23 32.9	3.6	58.5
18	94 04.5	S16 24.0	73 40.5	5.9	S23 36.5	3.5	58.5
19	109 04.4	24.7	88 05.4	5.8	23 40.0	3.3	58.5
20	124 04.4	25.5	102 30.2	5.8	23 43.3	3.1	58.4
21	139 04.4	. . 26.2	116 55.0	5.9	23 46.4	3.0	58.4
22	154 04.3	26.9	131 19.9	5.9	23 49.4	2.8	58.4
23	169 04.3	27.7	145 44.8	5.8	23 52.2	2.7	58.3
8 00 (MONDAY)	184 04.2	S16 28.4	160 09.6	5.9	S23 54.9	2.5	58.3
01	199 04.2	29.1	174 34.5	6.0	23 57.4	2.4	58.3
02	214 04.2	29.8	188 59.5	5.9	23 59.8	2.2	58.2
03	229 04.1	. . 30.6	203 24.4	6.0	24 02.0	2.0	58.2
04	244 04.1	31.3	217 49.4	6.0	24 04.0	1.9	58.2
05	259 04.0	32.0	232 14.4	6.0	24 05.9	1.8	58.1
06	274 04.0	S16 32.8	246 39.4	6.1	S24 07.7	1.5	58.1
07	289 03.9	33.5	261 04.5	6.1	24 09.2	1.5	58.1
08	304 03.9	34.2	275 29.6	6.1	24 10.7	1.3	58.0
09	319 03.9	. . 34.9	289 54.7	6.2	24 12.0	1.1	58.0
10	334 03.8	35.7	304 19.9	6.2	24 13.1	1.0	58.0
11	349 03.8	36.4	318 45.1	6.2	24 14.1	0.8	57.9
12	4 03.7	S16 37.1	333 10.3	6.3	S24 14.9	0.6	57.9
13	19 03.7	37.8	347 35.6	6.3	24 15.5	0.6	57.9
14	34 03.6	38.6	2 00.9	6.3	24 16.1	0.3	57.8
15	49 03.6	. . 39.3	16 26.2	6.4	24 16.4	0.2	57.8
16	64 03.5	40.0	30 51.6	6.5	24 16.6	0.1	57.8
17	79 03.5	40.7	45 17.1	6.4	24 16.7	0.1	57.7
18	94 03.4	S16 41.5	59 42.5	6.6	S24 16.6	0.2	57.7
19	109 03.4	42.2	74 08.1	6.6	24 16.4	0.4	57.6
20	124 03.3	42.9	88 33.7	6.6	24 16.0	0.5	57.6
21	139 03.3	. . 43.6	102 59.3	6.7	24 15.5	0.7	57.6
22	154 03.3	44.3	117 25.0	6.7	24 14.8	0.8	57.5
23	169 03.2	45.1	131 50.7	6.8	S24 14.0	1.0	57.5
	SD 16.2	d 0.7	SD 16.2		16.0		15.8

Lat. °	Twilight Naut. h m	Twilight Civil h m	Sunrise h m	Moonrise 6 h m	Moonrise 7 h m	Moonrise 8 h m	Moonrise 9 h m
N 72	06 29	07 56	09 37	■	■	■	■
N 70	06 22	07 39	09 01	■	■	■	■
68	06 17	07 26	08 36	10 27	■	■	■
66	06 12	07 15	08 17	09 39	11 54	■	14 20
64	06 07	07 06	08 01	09 08	10 56	12 22	13 06
62	06 04	06 58	07 48	08 45	10 23	11 40	12 30
60	06 00	06 51	07 37	08 27	09 58	11 12	12 03
N 58	05 57	06 44	07 28	08 12	09 39	10 51	11 43
56	05 54	06 39	07 19	07 59	09 23	10 33	11 26
54	05 51	06 34	07 12	07 48	09 09	10 18	11 11
52	05 49	06 29	07 05	07 38	08 57	10 05	10 59
50	05 46	06 25	06 59	07 29	08 46	09 53	10 48
45	05 40	06 15	06 46	07 10	08 24	09 29	10 25
N 40	05 35	06 07	06 36	06 55	08 06	09 10	10 06
35	05 30	06 00	06 26	06 43	07 51	08 54	09 50
30	05 25	05 53	06 18	06 32	07 38	08 40	09 37
20	05 15	05 41	06 04	06 13	07 16	08 17	09 14
N 10	05 05	05 30	05 52	05 56	06 57	07 57	08 54
0	04 54	05 19	05 40	05 41	06 39	07 38	08 35
S 10	04 41	05 06	05 28	05 26	06 22	07 19	08 16
20	04 25	04 52	05 16	05 10	06 03	06 59	07 56
30	04 05	04 35	05 01	04 52	05 41	06 35	07 33
35	03 52	04 25	04 52	04 41	05 29	06 22	07 19
40	03 37	04 13	04 42	04 29	05 14	06 06	07 04
45	03 17	03 58	04 31	04 15	04 57	05 47	06 45
S 50	02 51	03 39	04 17	03 58	04 36	05 24	06 22
52	02 38	03 30	04 10	03 49	04 26	05 13	06 11
54	02 23	03 20	04 03	03 40	04 15	05 00	05 58
56	02 04	03 09	03 54	03 30	04 02	04 46	05 43
58	01 40	02 55	03 45	03 19	03 47	04 29	05 26
S 60	01 06	02 39	03 34	03 06	03 30	04 08	05 05

Lat. °	Sunset h m	Twilight Civil h m	Twilight Naut. h m	Moonset 6 h m	Moonset 7 h m	Moonset 8 h m	Moonset 9 h m
N 72	13 49	15 30	16 57	■	■	■	■
N 70	14 25	15 47	17 04	■	■	■	■
68	14 50	16 00	17 09	13 10	■	■	■
66	15 10	16 11	17 14	13 59	13 46	■	15 21
64	15 25	16 21	17 19	14 30	14 44	15 21	16 35
62	15 38	16 29	17 23	14 54	15 18	16 02	17 11
60	15 49	16 36	17 26	15 13	15 43	16 30	17 37
N 58	15 59	16 42	17 30	15 29	16 03	16 52	17 57
56	16 07	16 48	17 33	15 42	16 19	17 10	18 14
54	16 15	16 53	17 35	15 54	16 33	17 25	18 28
52	16 21	16 58	17 38	16 04	16 46	17 38	18 40
50	16 27	17 02	17 41	16 13	16 57	17 50	18 51
45	16 40	17 11	17 47	16 33	17 19	18 14	19 14
N 40	16 51	17 20	17 52	16 49	17 38	18 33	19 33
35	17 00	17 27	17 57	17 02	17 53	18 49	19 48
30	17 09	17 34	18 02	17 14	18 06	19 02	20 01
20	17 23	17 46	18 12	17 35	18 29	19 26	20 24
N 10	17 35	17 57	18 22	17 52	18 49	19 46	20 43
0	17 47	18 09	18 34	18 09	19 07	20 05	21 01
S 10	17 59	18 21	18 47	18 25	19 26	20 24	21 19
20	18 12	18 35	19 03	18 43	19 46	20 45	21 39
30	18 27	18 53	19 23	19 04	20 08	21 08	22 01
35	18 36	19 03	19 36	19 16	20 22	21 22	22 14
40	18 46	19 15	19 52	19 29	20 37	21 37	22 29
45	18 57	19 30	20 12	19 46	20 56	21 56	22 46
S 50	19 12	19 49	20 38	20 06	21 19	22 20	23 08
52	19 18	19 58	20 51	20 16	21 30	22 31	23 19
54	19 26	20 09	21 07	20 27	21 42	22 44	23 30
56	19 34	20 21	21 26	20 39	21 57	22 59	23 44
58	19 44	20 34	21 51	20 53	22 14	23 16	23 59
S 60	19 55	20 51	22 27	21 10	22 34	23 37	24 18

Day	SUN Eqn. of Time 00^h	SUN Eqn. of Time 12^h	SUN Mer. Pass.	MOON Mer. Pass. Upper	MOON Mer. Pass. Lower	MOON Age	MOON Phase
d	m s	m s	h m	h m	h m	d	%
6	16 23	16 22	11 44	11 55	24 24	00	0
7	16 20	16 19	11 44	12 53	00 24	01	2
8	16 17	16 15	11 44	13 52	01 23	02	7

UT d h	ARIES GHA	VENUS −4.5 GHA	VENUS Dec	MARS +1.4 GHA	MARS Dec	JUPITER −2.7 GHA	JUPITER Dec	SATURN +0.9 GHA	SATURN Dec
	° ′	° ′	° ′	° ′	° ′	° ′	° ′	° ′	° ′
9 00 (Tuesday)	48 03.8	201 44.6	S14 34.6	161 26.6	S22 20.9	53 17.7	S 3 53.2	215 49.1	S 2 50.7
01	63 06.3	216 47.8	33.6	176 27.1	21.2	68 20.3	53.3	230 51.3	50.8
02	78 08.7	231 51.0	32.7	191 27.7	21.5	83 22.8	53.3	245 53.5	50.9
03	93 11.2	246 54.1	31.7	206 28.2	21.8	98 25.4	53.3	260 55.7	51.0
04	108 13.7	261 57.3	30.8	221 28.7	22.1	113 27.9	53.3	275 57.9	51.1
05	123 16.1	277 00.5	29.9	236 29.2	22.4	128 30.5	53.4	291 00.2	51.2
06	138 18.6	292 03.6	S14 28.9	251 29.7	S22 22.7	143 33.0	S 3 53.4	306 02.4	S 2 51.3
07	153 21.1	307 06.8	28.0	266 30.3	23.0	158 35.6	53.4	321 04.6	51.4
08	168 23.5	322 09.9	27.0	281 30.8	23.3	173 38.1	53.4	336 06.8	51.5
09	183 26.0	337 13.1	26.1	296 31.3	23.6	188 40.6	53.5	351 09.0	51.6
10	198 28.5	352 16.2	25.2	311 31.8	23.9	203 43.2	53.5	6 11.2	51.7
11	213 30.9	7 19.4	24.2	326 32.3	24.2	218 45.7	53.5	21 13.4	51.8
12	228 33.4	22 22.5	S14 23.3	341 32.9	S22 24.5	233 48.3	S 3 53.5	36 15.6	S 2 51.9
13	243 35.9	37 25.6	22.4	356 33.4	24.8	248 50.8	53.5	51 17.8	52.0
14	258 38.3	52 28.8	21.5	11 33.9	25.1	263 53.3	53.6	66 20.0	52.1
15	273 40.8	67 31.9	20.5	26 34.4	25.4	278 55.9	53.6	81 22.3	52.2
16	288 43.2	82 35.0	19.6	41 34.9	25.8	293 58.4	53.6	96 24.5	52.3
17	303 45.7	97 38.1	18.7	56 35.5	26.1	309 01.0	53.6	111 26.7	52.4
18	318 48.2	112 41.2	S14 17.8	71 36.0	S22 26.4	324 03.5	S 3 53.7	126 28.9	S 2 52.5
19	333 50.6	127 44.3	16.8	86 36.5	26.7	339 06.0	53.7	141 31.1	52.6
20	348 53.1	142 47.4	15.9	101 37.0	27.0	354 08.6	53.7	156 33.3	52.7
21	3 55.6	157 50.5	15.0	116 37.5	27.3	9 11.1	53.7	171 35.5	52.8
22	18 58.0	172 53.6	14.1	131 38.0	27.6	24 13.7	53.7	186 37.7	52.9
23	34 00.5	187 56.7	13.2	146 38.6	27.9	39 16.2	53.8	201 39.9	53.0
10 00 (Wednesday)	49 03.0	202 59.8	S14 12.2	161 39.1	S22 28.2	54 18.7	S 3 53.8	216 42.2	S 2 53.1
01	64 05.4	218 02.9	11.3	176 39.6	28.5	69 21.3	53.8	231 44.4	53.2
02	79 07.9	233 06.0	10.4	191 40.1	28.8	84 23.8	53.8	246 46.6	53.3
03	94 10.3	248 09.1	09.5	206 40.6	29.1	99 26.3	53.8	261 48.8	53.4
04	109 12.8	263 12.2	08.6	221 41.1	29.4	114 28.9	53.9	276 51.0	53.5
05	124 15.3	278 15.2	07.7	236 41.7	29.7	129 31.4	53.9	291 53.2	53.6
06	139 17.7	293 18.3	S14 06.8	251 42.2	S22 30.0	144 33.9	S 3 53.9	306 55.4	S 2 53.7
07	154 20.2	308 21.4	05.9	266 42.7	30.3	159 36.5	53.9	321 57.6	53.8
08	169 22.7	323 24.4	05.0	281 43.2	30.5	174 39.0	53.9	336 59.9	53.9
09	184 25.1	338 27.5	04.1	296 43.7	30.8	189 41.6	54.0	352 02.1	54.0
10	199 27.6	353 30.5	03.2	311 44.2	31.1	204 44.1	54.0	7 04.3	54.1
11	214 30.1	8 33.6	02.3	326 44.7	31.4	219 46.6	54.0	22 06.5	54.2
12	229 32.5	23 36.6	S14 01.4	341 45.3	S22 31.7	234 49.2	S 3 54.0	37 08.7	S 2 54.3
13	244 35.0	38 39.7	14 00.5	356 45.8	32.0	249 51.7	54.0	52 10.9	54.4
14	259 37.5	53 42.7	13 59.6	11 46.3	32.3	264 54.2	54.0	67 13.1	54.5
15	274 39.9	68 45.7	58.7	26 46.8	32.6	279 56.8	54.1	82 15.3	54.6
16	289 42.4	83 48.8	57.8	41 47.3	32.9	294 59.3	54.1	97 17.6	54.7
17	304 44.8	98 51.8	56.9	56 47.8	33.2	310 01.8	54.1	112 19.8	54.8
18	319 47.3	113 54.8	S13 56.0	71 48.3	S22 33.5	325 04.3	S 3 54.1	127 22.0	S 2 54.9
19	334 49.8	128 57.8	55.1	86 48.9	33.8	340 06.9	54.1	142 24.2	55.0
20	349 52.2	144 00.9	54.2	101 49.4	34.1	355 09.4	54.2	157 26.4	55.1
21	4 54.7	159 03.9	53.4	116 49.9	34.4	10 11.9	54.2	172 28.6	55.2
22	19 57.2	174 06.9	52.5	131 50.4	34.7	25 14.5	54.2	187 30.8	55.3
23	34 59.6	189 09.9	51.6	146 50.9	35.0	40 17.0	54.2	202 33.0	55.4
11 00 (Thursday)	50 02.1	204 12.9	S13 50.7	161 51.4	S22 35.2	55 19.5	S 3 54.2	217 35.3	S 2 55.5
01	65 04.6	219 15.9	49.8	176 51.9	35.5	70 22.1	54.2	232 37.5	55.6
02	80 07.0	234 18.9	48.9	191 52.4	35.8	85 24.6	54.3	247 39.7	55.7
03	95 09.5	249 21.8	48.1	206 52.9	36.1	100 27.1	54.3	262 41.9	55.8
04	110 12.0	264 24.8	47.2	221 53.4	36.4	115 29.6	54.3	277 44.1	55.9
05	125 14.4	279 27.8	46.3	236 54.0	36.7	130 32.2	54.3	292 46.3	56.0
06	140 16.9	294 30.8	S13 45.5	251 54.5	S22 37.0	145 34.7	S 3 54.3	307 48.5	S 2 56.1
07	155 19.3	309 33.8	44.6	266 55.0	37.3	160 37.2	54.3	322 50.8	56.2
08	170 21.8	324 36.7	43.7	281 55.5	37.6	175 39.8	54.3	337 53.0	56.3
09	185 24.3	339 39.7	42.8	296 56.0	37.9	190 42.3	54.4	352 55.2	56.4
10	200 26.7	354 42.7	42.0	311 56.5	38.1	205 44.8	54.4	7 57.4	56.5
11	215 29.2	9 45.6	41.1	326 57.0	38.4	220 47.3	54.4	22 59.6	56.6
12	230 31.7	24 48.6	S13 40.3	341 57.5	S22 38.7	235 49.9	S 3 54.4	38 01.8	S 2 56.7
13	245 34.1	39 51.5	39.4	356 58.0	39.0	250 52.4	54.4	53 04.0	56.8
14	260 36.6	54 54.5	38.5	11 58.5	39.3	265 54.9	54.4	68 06.3	56.9
15	275 39.1	69 57.4	37.7	26 59.0	39.6	280 57.4	54.5	83 08.5	57.0
16	290 41.5	85 00.3	36.8	41 59.5	39.9	296 00.0	54.5	98 10.7	57.1
17	305 44.0	100 03.3	36.0	57 00.1	40.1	311 02.5	54.5	113 12.9	57.2
18	320 46.5	115 06.2	S13 35.1	72 00.6	S22 40.4	326 05.0	S 3 54.5	128 15.1	S 2 57.3
19	335 48.9	130 09.1	34.3	87 01.1	40.7	341 07.5	54.5	143 17.3	57.4
20	350 51.4	145 12.1	33.4	102 01.6	41.0	356 10.1	54.5	158 19.5	57.5
21	5 53.8	160 15.0	32.6	117 02.1	41.3	11 12.6	54.5	173 21.8	57.6
22	20 56.3	175 17.9	31.7	132 02.6	41.6	26 15.1	54.6	188 24.0	57.7
23	35 58.8	190 20.8	30.9	147 03.1	41.8	41 17.6	54.6	203 26.2	57.8
Mer. Pass. (h m)	20 40.4	*v* 3.0	*d* 0.9	*v* 0.5	*d* 0.3	*v* 2.5	*d* 0.0	*v* 2.2	*d* 0.1

STARS

Name	SHA	Dec
	° ′	° ′
Acamar	315 19.3	S40 15.6
Achernar	335 27.5	S57 10.9
Acrux	173 12.1	S63 09.4
Adhara	255 13.8	S28 59.1
Aldebaran	290 51.2	N16 31.9
Alioth	166 22.7	N55 53.8
Alkaid	153 00.8	N49 15.4
Al Na'ir	27 45.9	S46 54.6
Alnilam	275 48.0	S 1 11.6
Alphard	217 58.0	S 8 42.3
Alphecca	126 13.0	N26 40.7
Alpheratz	357 45.2	N29 09.3
Altair	62 10.2	N 8 54.0
Ankaa	353 17.2	S42 14.8
Antares	112 28.9	S26 27.3
Arcturus	145 57.8	N19 07.5
Atria	107 33.0	S69 02.9
Avior	234 18.7	S59 32.4
Bellatrix	278 33.7	N 6 21.6
Betelgeuse	271 03.1	N 7 24.6
Canopus	263 56.6	S52 41.9
Capella	280 36.8	N46 00.5
Deneb	49 32.9	N45 19.5
Denebola	182 35.8	N14 30.6
Diphda	348 57.5	S17 55.5
Dubhe	193 54.1	N61 41.2
Elnath	278 14.7	N28 37.0
Eltanin	90 47.4	N51 29.5
Enif	33 49.0	N 9 55.7
Fomalhaut	15 25.9	S29 33.8
Gacrux	172 03.6	S57 10.3
Gienah	175 54.5	S17 36.1
Hadar	148 51.3	S60 25.4
Hamal	328 02.6	N23 31.0
Kaus Aust.	83 46.6	S34 22.8
Kochab	137 20.9	N74 06.6
Markab	13 40.1	N15 16.1
Menkar	314 16.7	N 4 08.1
Menkent	148 10.2	S36 25.3
Miaplacidus	221 40.2	S69 45.4
Mirfak	308 42.6	N49 54.1
Nunki	76 00.9	S26 17.0
Peacock	53 22.3	S56 42.1
Pollux	243 29.9	N27 59.9
Procyon	245 01.5	N 5 11.8
Rasalhague	96 08.5	N12 33.3
Regulus	207 45.6	N11 54.8
Rigel	281 13.6	S 8 11.2
Rigil Kent.	139 55.1	S60 52.7
Sabik	102 15.0	S15 44.2
Schedar	349 42.3	N56 36.1
Shaula	96 24.8	S37 06.7
Sirius	258 35.2	S16 43.8
Spica	158 33.6	S11 13.0
Suhail	222 53.9	S43 28.4
Vega	80 40.5	N38 47.9
Zuben'ubi	137 07.9	S16 05.2

	SHA	Mer. Pass.
	° ′	h m
Venus	153 56.9	10 26
Mars	112 36.1	13 13
Jupiter	5 15.8	20 19
Saturn	167 39.2	9 32

UT	SUN GHA	SUN Dec	MOON GHA	v	MOON Dec	d	HP
d h	° ′	° ′	° ′	′	° ′	′	′
9 00	184 03.2	S16 45.8	146 16.5	6.9	S24 13.0	1.1	57.5
01	199 03.1	46.5	160 42.4	6.9	24 11.9	1.3	57.4
02	214 03.1	47.2	175 08.3	7.0	24 10.6	1.4	57.4
03	229 03.0	. . 47.9	189 34.3	7.0	24 09.2	1.5	57.4
04	244 03.0	48.6	204 00.3	7.1	24 07.7	1.7	57.3
05	259 02.9	49.4	218 26.4	7.2	24 06.0	1.9	57.3
06	274 02.9	S16 50.1	232 52.6	7.2	S24 04.1	1.9	57.3
07	289 02.8	50.8	247 18.8	7.3	24 02.2	2.1	57.2
T 08	304 02.7	51.5	261 45.1	7.4	24 00.1	2.3	57.2
U 09	319 02.7	. . 52.2	276 11.5	7.4	23 57.8	2.4	57.2
E 10	334 02.6	52.9	290 37.9	7.5	23 55.4	2.5	57.1
S 11	349 02.6	53.6	305 04.4	7.6	23 52.9	2.6	57.1
D 12	4 02.5	S16 54.4	319 31.0	7.6	S23 50.3	2.8	57.1
A 13	19 02.5	55.1	333 57.6	7.7	23 47.5	3.0	57.0
Y 14	34 02.4	55.8	348 24.3	7.8	23 44.5	3.0	57.0
15	49 02.4	. . 56.5	2 51.1	7.9	23 41.5	3.2	57.0
16	64 02.3	57.2	17 18.0	7.9	23 38.3	3.3	56.9
17	79 02.3	57.9	31 44.9	8.0	23 35.0	3.5	56.9
18	94 02.2	S16 58.6	46 11.9	8.1	S23 31.5	3.6	56.9
19	109 02.2	16 59.3	60 39.0	8.1	23 27.9	3.7	56.8
20	124 02.1	17 00.0	75 06.1	8.3	23 24.2	3.8	56.8
21	139 02.0	. . 00.7	89 33.4	8.3	23 20.4	4.0	56.8
22	154 02.0	01.5	104 00.7	8.4	23 16.4	4.1	56.7
23	169 01.9	02.2	118 28.1	8.5	23 12.3	4.2	56.7
10 00	184 01.9	S17 02.9	132 55.6	8.6	S23 08.1	4.3	56.7
01	199 01.8	03.6	147 23.2	8.6	23 03.8	4.5	56.6
02	214 01.8	04.3	161 50.8	8.7	22 59.3	4.6	56.6
03	229 01.7	. . 05.0	176 18.5	8.8	22 54.7	4.7	56.6
04	244 01.6	05.7	190 46.3	8.9	22 50.0	4.8	56.5
05	259 01.6	06.4	205 14.2	9.0	22 45.2	4.9	56.5
06	274 01.5	S17 07.1	219 42.2	9.1	S22 40.3	5.1	56.5
W 07	289 01.5	07.8	234 10.3	9.1	22 35.2	5.2	56.4
E 08	304 01.4	08.5	248 38.4	9.3	22 30.0	5.2	56.4
D 09	319 01.3	. . 09.2	263 06.7	9.3	22 24.8	5.4	56.4
N 10	334 01.3	09.9	277 35.0	9.4	22 19.4	5.5	56.3
E 11	349 01.2	10.6	292 03.4	9.5	22 13.9	5.7	56.3
S 12	4 01.1	S17 11.3	306 31.9	9.6	S22 08.2	5.7	56.3
D 13	19 01.1	12.0	321 00.5	9.6	22 02.5	5.8	56.2
A 14	34 01.0	12.7	335 29.1	9.8	21 56.7	6.0	56.2
Y 15	49 01.0	. . 13.4	349 57.9	9.8	21 50.7	6.0	56.2
16	64 00.9	14.1	4 26.7	9.9	21 44.7	6.2	56.1
17	79 00.8	14.8	18 55.6	10.1	21 38.5	6.3	56.1
18	94 00.8	S17 15.5	33 24.7	10.1	S21 32.2	6.3	56.1
19	109 00.7	16.2	47 53.8	10.2	21 25.9	6.5	56.0
20	124 00.6	16.9	62 23.0	10.2	21 19.4	6.6	56.0
21	139 00.6	. . 17.6	76 52.2	10.4	21 12.8	6.7	56.0
22	154 00.5	18.3	91 21.6	10.5	21 06.1	6.7	56.0
23	169 00.4	19.0	105 51.1	10.5	20 59.4	6.9	55.9
11 00	184 00.4	S17 19.7	120 20.6	10.6	S20 52.5	7.0	55.9
01	199 00.3	20.4	134 50.2	10.8	20 45.5	7.0	55.9
02	214 00.2	21.1	149 20.0	10.8	20 38.5	7.2	55.8
03	229 00.2	. . 21.8	163 49.8	10.9	20 31.3	7.2	55.8
04	244 00.1	22.4	178 19.7	11.0	20 24.1	7.4	55.8
05	259 00.0	23.1	192 49.7	11.0	20 16.7	7.4	55.7
06	274 00.0	S17 23.8	207 19.7	11.2	S20 09.3	7.5	55.7
T 07	288 59.9	24.5	221 49.9	11.2	20 01.8	7.7	55.7
H 08	303 59.8	25.2	236 20.1	11.4	19 54.1	7.7	55.7
U 09	318 59.8	. . 25.9	250 50.5	11.4	19 46.4	7.8	55.6
R 10	333 59.7	26.6	265 20.9	11.5	19 38.6	7.8	55.6
S 11	348 59.6	27.3	279 51.4	11.6	19 30.8	8.0	55.6
D 12	3 59.5	S17 28.0	294 22.0	11.7	S19 22.8	8.0	55.5
A 13	18 59.5	28.6	308 52.7	11.7	19 14.8	8.2	55.5
Y 14	33 59.4	29.3	323 23.4	11.9	19 06.6	8.2	55.5
15	48 59.3	. . 30.0	337 54.3	11.9	18 58.4	8.3	55.5
16	63 59.3	30.7	352 25.2	12.0	18 50.1	8.3	55.4
17	78 59.2	31.4	6 56.2	12.1	18 41.8	8.5	55.4
18	93 59.1	S17 32.1	21 27.3	12.2	S18 33.3	8.5	55.4
19	108 59.0	32.8	35 58.5	12.3	18 24.8	8.6	55.4
20	123 59.0	33.4	50 29.8	12.3	18 16.2	8.7	55.3
21	138 58.9	. . 34.1	65 01.1	12.5	18 07.5	8.8	55.3
22	153 58.8	34.8	79 32.6	12.5	17 58.7	8.8	55.3
23	168 58.7	35.5	94 04.1	12.6	S17 49.9	8.9	55.3
	SD 16.2	*d* 0.7	SD 15.5		15.3		15.1

Lat.	Twilight Naut.	Twilight Civil	Sunrise	Moonrise 9	Moonrise 10	Moonrise 11	Moonrise 12
°	h m	h m	h m	h m	h m	h m	h m
N 72	06 40	08 10	10 01	▬	▬	▬	15 06
N 70	06 32	07 51	09 18	▬	▬	15 15	14 31
68	06 26	07 36	08 49	▬	15 21	14 25	14 06
66	06 20	07 24	08 28	14 20	14 00	13 53	13 47
64	06 15	07 14	08 11	13 06	13 23	13 29	13 31
62	06 11	07 05	07 57	12 30	12 56	13 10	13 18
60	06 06	06 57	07 45	12 03	12 35	12 54	13 07
N 58	06 03	06 51	07 35	11 43	12 18	12 41	12 57
56	05 59	06 44	07 26	11 26	12 03	12 30	12 49
54	05 56	06 39	07 18	11 11	11 51	12 20	12 41
52	05 53	06 34	07 11	10 59	11 40	12 11	12 34
50	05 50	06 29	07 04	10 48	11 30	12 03	12 28
45	05 44	06 19	06 51	10 25	11 09	11 45	12 15
N 40	05 38	06 10	06 39	10 06	10 52	11 31	12 04
35	05 32	06 03	06 29	09 50	10 38	11 19	11 54
30	05 27	05 56	06 21	09 37	10 26	11 09	11 46
20	05 16	05 43	06 06	09 14	10 05	10 50	11 31
N 10	05 06	05 31	05 53	08 54	09 46	10 35	11 19
0	04 54	05 19	05 40	08 35	09 29	10 20	11 07
S 10	04 40	05 06	05 28	08 16	09 12	10 05	10 55
20	04 24	04 51	05 14	07 56	08 53	09 49	10 42
30	04 02	04 33	04 59	07 33	08 32	09 30	10 27
35	03 49	04 22	04 50	07 19	08 19	09 20	10 19
40	03 33	04 09	04 39	07 04	08 05	09 07	10 09
45	03 12	03 54	04 27	06 45	07 48	08 53	09 58
S 50	02 45	03 34	04 12	06 22	07 27	08 35	09 44
52	02 31	03 25	04 05	06 11	07 16	08 26	09 37
54	02 14	03 14	03 57	05 58	07 05	08 17	09 30
56	01 54	03 01	03 48	05 43	06 52	08 06	09 22
58	01 26	02 47	03 38	05 26	06 37	07 54	09 12
S 60	00 43	02 29	03 27	05 05	06 18	07 39	09 02

Lat.	Sunset	Twilight Civil	Twilight Naut.	Moonset 9	Moonset 10	Moonset 11	Moonset 12
°	h m	h m	h m	h m	h m	h m	h m
N 72	13 25	15 16	16 46	▬	▬	▬	19 48
N 70	14 09	15 35	16 54	▬	▬	18 02	20 22
68	14 38	15 50	17 01	▬	16 12	18 51	20 45
66	14 59	16 03	17 07	15 21	17 32	19 22	21 03
64	15 16	16 13	17 12	16 35	18 09	19 45	21 18
62	15 30	16 22	17 16	17 11	18 35	20 03	21 30
60	15 42	16 30	17 20	17 37	18 55	20 18	21 41
N 58	15 52	16 36	17 24	17 57	19 12	20 31	21 49
56	16 01	16 43	17 28	18 14	19 26	20 42	21 57
54	16 09	16 48	17 31	18 28	19 38	20 52	22 04
52	16 16	16 53	17 34	18 40	19 49	21 00	22 11
50	16 23	16 58	17 37	18 51	19 59	21 08	22 16
45	16 37	17 08	17 43	19 14	20 19	21 24	22 28
N 40	16 48	17 17	17 49	19 33	20 35	21 37	22 38
35	16 58	17 25	17 55	19 48	20 48	21 48	22 47
30	17 07	17 32	18 00	20 01	21 00	21 58	22 54
20	17 22	17 45	18 11	20 24	21 20	22 15	23 07
N 10	17 35	17 57	18 22	20 43	21 38	22 29	23 18
0	17 47	18 09	18 34	21 01	21 54	22 43	23 28
S 10	18 00	18 22	18 48	21 19	22 10	22 56	23 39
20	18 14	18 37	19 05	21 39	22 27	23 10	23 49
30	18 29	18 55	19 26	22 01	22 47	23 27	24 02
35	18 39	19 06	19 40	22 14	22 58	23 36	24 09
40	18 49	19 19	19 56	22 29	23 11	23 47	24 17
45	19 02	19 35	20 17	22 46	23 27	23 59	24 26
S 50	19 17	19 55	20 45	23 08	23 46	24 14	00 14
52	19 24	20 05	20 59	23 19	23 54	24 22	00 22
54	19 32	20 16	21 16	23 30	24 04	00 04	00 29
56	19 41	20 28	21 37	23 44	24 16	00 16	00 38
58	19 51	20 43	22 06	23 59	24 28	00 28	00 48
S 60	20 03	21 01	22 53	24 18	00 18	00 43	00 59

Day	SUN Eqn. of Time 00^h	SUN Eqn. of Time 12^h	SUN Mer. Pass.	MOON Mer. Pass. Upper	MOON Mer. Pass. Lower	MOON Age	MOON Phase
d	m s	m s	h m	h m	h m	d %	
9	16 13	16 10	11 44	14 48	02 20	03 13	
10	16 08	16 05	11 44	15 42	03 15	04 21	
11	16 02	15 58	11 44	16 31	04 07	05 29	

	UT	ARIES	VENUS −4.6		MARS +1.4		JUPITER −2.7		SATURN +0.9		STARS		
		GHA	GHA	Dec	GHA	Dec	GHA	Dec	GHA	Dec	Name	SHA	Dec
	d h	° ′	° ′	° ′	° ′	° ′	° ′	° ′	° ′	° ′		° ′	° ′
	12 00	51 01.2	205 23.7	S13 30.0	162 03.6	S22 42.1	56 20.1	S 3 54.6	218 28.4	S 2 57.8	Acamar	315 19.3	S40 15.6
	01	66 03.7	220 26.6	29.2	177 04.1	42.4	71 22.7	54.6	233 30.6	57.9	Achernar	335 27.5	S57 10.9
	02	81 06.2	235 29.5	28.4	192 04.6	42.7	86 25.2	54.6	248 32.8	58.0	Acrux	173 12.1	S63 09.4
	03	96 08.6	250 32.4	. . 27.5	207 05.1	. . 43.0	101 27.7	. . 54.6	263 35.0	. . 58.1	Adhara	255 13.8	S28 59.1
	04	111 11.1	265 35.3	26.7	222 05.6	43.2	116 30.2	54.6	278 37.3	58.2	Aldebaran	290 51.2	N16 31.9
	05	126 13.6	280 38.2	25.9	237 06.1	43.5	131 32.7	54.6	293 39.5	58.3			
	06	141 16.0	295 41.1	S13 25.0	252 06.6	S22 43.8	146 35.3	S 3 54.7	308 41.7	S 2 58.4	Alioth	166 22.7	N55 53.8
	07	156 18.5	310 43.9	24.2	267 07.1	44.1	161 37.8	54.7	323 43.9	58.5	Alkaid	153 00.7	N49 15.4
	08	171 20.9	325 46.8	23.4	282 07.6	44.4	176 40.3	54.7	338 46.1	58.6	Al Na'ir	27 45.9	S46 54.6
F	09	186 23.4	340 49.7	. . 22.5	297 08.1	. . 44.6	191 42.8	. . 54.7	353 48.3	. . 58.7	Alnilam	275 48.0	S 1 11.6
R	10	201 25.9	355 52.5	21.7	312 08.6	44.9	206 45.3	54.7	8 50.6	58.8	Alphard	217 57.9	S 8 42.3
I	11	216 28.3	10 55.4	20.9	327 09.1	45.2	221 47.9	54.7	23 52.8	58.9			
D	12	231 30.8	25 58.3	S13 20.1	342 09.6	S22 45.5	236 50.4	S 3 54.7	38 55.0	S 2 59.0	Alphecca	126 12.9	N26 40.7
A	13	246 33.3	41 01.1	19.2	357 10.1	45.8	251 52.9	54.7	53 57.2	59.1	Alpheratz	357 45.3	N29 09.3
Y	14	261 35.7	56 04.0	18.4	12 10.6	46.0	266 55.4	54.7	68 59.4	59.2	Altair	62 10.2	N 8 54.0
	15	276 38.2	71 06.8	. . 17.6	27 11.1	. . 46.3	281 57.9	. . 54.8	84 01.6	. . 59.3	Ankaa	353 17.2	S42 14.8
	16	291 40.7	86 09.7	16.8	42 11.6	46.6	297 00.4	54.8	99 03.9	59.4	Antares	112 28.9	S26 27.3
	17	306 43.1	101 12.5	16.0	57 12.1	46.9	312 03.0	54.8	114 06.1	59.5			
	18	321 45.6	116 15.3	S13 15.2	72 12.6	S22 47.1	327 05.5	S 3 54.8	129 08.3	S 2 59.6	Arcturus	145 57.7	N19 07.5
	19	336 48.1	131 18.2	14.4	87 13.1	47.4	342 08.0	54.8	144 10.5	59.7	Atria	107 33.0	S69 02.9
	20	351 50.5	146 21.0	13.5	102 13.6	47.7	357 10.5	54.8	159 12.7	59.8	Avior	234 18.7	S59 32.4
	21	6 53.0	161 23.8	. . 12.7	117 14.1	. . 48.0	12 13.0	. . 54.8	174 14.9	2 59.9	Bellatrix	278 33.7	N 6 21.6
	22	21 55.4	176 26.7	11.9	132 14.6	48.2	27 15.5	54.8	189 17.1	3 00.0	Betelgeuse	271 03.1	N 7 24.6
	23	36 57.9	191 29.5	11.1	147 15.1	48.5	42 18.0	54.8	204 19.4	00.1			
	13 00	52 00.4	206 32.3	S13 10.3	162 15.6	S22 48.8	57 20.6	S 3 54.9	219 21.6	S 3 00.2	Canopus	263 56.6	S52 41.9
	01	67 02.8	221 35.1	09.5	177 16.1	49.1	72 23.1	54.9	234 23.8	00.3	Capella	280 36.8	N46 00.5
	02	82 05.3	236 37.9	08.7	192 16.6	49.3	87 25.6	54.9	249 26.0	00.4	Deneb	49 32.9	N45 19.5
	03	97 07.8	251 40.7	. . 07.9	207 17.1	. . 49.6	102 28.1	. . 54.9	264 28.2	. . 00.5	Denebola	182 35.7	N14 30.6
	04	112 10.2	266 43.5	07.1	222 17.6	49.9	117 30.6	54.9	279 30.5	00.6	Diphda	348 57.5	S17 55.5
	05	127 12.7	281 46.3	06.3	237 18.1	50.1	132 33.1	54.9	294 32.7	00.7			
	06	142 15.2	296 49.1	S13 05.5	252 18.6	S22 50.4	147 35.6	S 3 54.9	309 34.9	S 3 00.8	Dubhe	193 54.1	N61 41.2
	07	157 17.6	311 51.9	04.8	267 19.1	50.7	162 38.1	54.9	324 37.1	00.9	Elnath	278 14.7	N28 37.0
S	08	172 20.1	326 54.6	04.0	282 19.6	50.9	177 40.7	54.9	339 39.3	01.0	Eltanin	90 47.4	N51 29.5
A	09	187 22.6	341 57.4	. . 03.2	297 20.1	. . 51.2	192 43.2	. . 54.9	354 41.5	. . 01.1	Enif	33 49.0	N 9 55.7
T	10	202 25.0	357 00.2	02.4	312 20.6	51.5	207 45.7	54.9	9 43.8	01.2	Fomalhaut	15 25.9	S29 33.9
U	11	217 27.5	12 03.0	01.6	327 21.1	51.8	222 48.2	55.0	24 46.0	01.3			
R	12	232 29.9	27 05.7	S13 00.8	342 21.6	S22 52.0	237 50.7	S 3 55.0	39 48.2	S 3 01.4	Gacrux	172 03.6	S57 10.3
D	13	247 32.4	42 08.5	13 00.1	357 22.1	52.3	252 53.2	55.0	54 50.4	01.4	Gienah	175 54.5	S17 36.1
A	14	262 34.9	57 11.2	12 59.3	12 22.6	52.6	267 55.7	55.0	69 52.6	01.5	Hadar	148 51.3	S60 25.4
Y	15	277 37.3	72 14.0	. . 58.5	27 23.1	. . 52.8	282 58.2	. . 55.0	84 54.8	. . 01.6	Hamal	328 02.6	N23 31.0
	16	292 39.8	87 16.7	57.7	42 23.6	53.1	298 00.7	55.0	99 57.1	01.7	Kaus Aust.	83 46.6	S34 22.8
	17	307 42.3	102 19.5	57.0	57 24.1	53.4	313 03.2	55.0	114 59.3	01.8			
	18	322 44.7	117 22.2	S12 56.2	72 24.6	S22 53.6	328 05.8	S 3 55.0	130 01.5	S 3 01.9	Kochab	137 20.9	N74 06.5
	19	337 47.2	132 25.0	55.4	87 25.1	53.9	343 08.3	55.0	145 03.7	02.0	Markab	13 40.1	N15 16.1
	20	352 49.7	147 27.7	54.7	102 25.6	54.2	358 10.8	55.0	160 05.9	02.1	Menkar	314 16.7	N 4 08.1
	21	7 52.1	162 30.4	. . 53.9	117 26.1	. . 54.4	13 13.3	. . 55.0	175 08.2	. . 02.2	Menkent	148 10.2	S36 25.3
	22	22 54.6	177 33.2	53.1	132 26.6	54.7	28 15.8	55.0	190 10.4	02.3	Miaplacidus	221 40.1	S69 45.5
	23	37 57.0	192 35.9	52.4	147 27.0	55.0	43 18.3	55.0	205 12.6	02.4			
	14 00	52 59.5	207 38.6	S12 51.6	162 27.5	S22 55.2	58 20.8	S 3 55.0	220 14.8	S 3 02.5	Mirfak	308 42.6	N49 54.1
	01	68 02.0	222 41.3	50.9	177 28.0	55.5	73 23.3	55.1	235 17.0	02.6	Nunki	76 00.9	S26 17.0
	02	83 04.4	237 44.0	50.1	192 28.5	55.7	88 25.8	55.1	250 19.2	02.7	Peacock	53 22.3	S56 42.1
	03	98 06.9	252 46.7	. . 49.3	207 29.0	. . 56.0	103 28.3	. . 55.1	265 21.5	. . 02.8	Pollux	243 29.8	N27 59.8
	04	113 09.4	267 49.4	48.6	222 29.5	56.3	118 30.8	55.1	280 23.7	02.9	Procyon	245 01.5	N 5 11.8
	05	128 11.8	282 52.1	47.8	237 30.0	56.5	133 33.3	55.1	295 25.9	03.0			
	06	143 14.3	297 54.8	S12 47.1	252 30.5	S22 56.8	148 35.8	S 3 55.1	310 28.1	S 3 03.1	Rasalhague	96 08.5	N12 33.3
	07	158 16.8	312 57.5	46.4	267 31.0	57.0	163 38.3	55.1	325 30.3	03.2	Regulus	207 45.5	N11 54.8
	08	173 19.2	328 00.2	45.6	282 31.5	57.3	178 40.8	55.1	340 32.6	03.3	Rigel	281 13.6	S 8 11.3
S	09	188 21.7	343 02.9	. . 44.9	297 32.0	. . 57.6	193 43.3	. . 55.1	355 34.8	. . 03.4	Rigil Kent.	139 55.1	S60 52.7
U	10	203 24.2	358 05.6	44.1	312 32.5	57.8	208 45.8	55.1	10 37.0	03.5	Sabik	102 15.0	S15 44.2
N	11	218 26.6	13 08.2	43.4	327 32.9	58.1	223 48.3	55.1	25 39.2	03.6			
D	12	233 29.1	28 10.9	S12 42.7	342 33.4	S22 58.3	238 50.8	S 3 55.1	40 41.4	S 3 03.7	Schedar	349 42.4	N56 36.2
A	13	248 31.5	43 13.6	41.9	357 33.9	58.6	253 53.3	55.1	55 43.7	03.8	Shaula	96 24.8	S37 06.7
Y	14	263 34.0	58 16.2	41.2	12 34.4	58.9	268 55.8	55.1	70 45.9	03.8	Sirius	258 35.1	S16 43.8
	15	278 36.5	73 18.9	. . 40.5	27 34.9	. . 59.1	283 58.3	. . 55.1	85 48.1	. . 03.9	Spica	158 33.5	S11 13.0
	16	293 38.9	88 21.5	39.7	42 35.4	59.4	299 00.8	55.1	100 50.3	04.0	Suhail	222 53.8	S43 28.4
	17	308 41.4	103 24.2	39.0	57 35.9	59.6	314 03.3	55.1	115 52.5	04.1			
	18	323 43.9	118 26.8	S12 38.3	72 36.4	S22 59.9	329 05.8	S 3 55.1	130 54.8	S 3 04.2	Vega	80 40.5	N38 47.9
	19	338 46.3	133 29.5	37.6	87 36.9	23 00.2	344 08.3	55.1	145 57.0	04.3	Zuben'ubi	137 07.9	S16 05.2
	20	353 48.8	148 32.1	36.8	102 37.4	00.4	359 10.8	55.1	160 59.2	04.4		SHA	Mer. Pass.
	21	8 51.3	163 34.7	. . 36.1	117 37.8	. . 00.7	14 13.3	. . 55.1	176 01.4	. . 04.5		° ′	h m
	22	23 53.7	178 37.4	35.4	132 38.3	00.9	29 15.8	55.2	191 03.6	04.6	Venus	154 31.9	10 12
	23	38 56.2	193 40.0	34.7	147 38.8	01.2	44 18.3	55.2	206 05.9	04.7	Mars	110 15.3	13 11
	Mer. Pass.	h m 20 28.6	v 2.8	d 0.8	v 0.5	d 0.3	v 2.5	d 0.0	v 2.2	d 0.1	Jupiter	5 20.2	20 07
											Saturn	167 21.2	9 21

UT		SUN GHA	SUN Dec	MOON GHA	v	MOON Dec	d	HP
d h		° ′	° ′	° ′	′	° ′	′	′
12 00		183 58.7	S17 36.2	108 35.7	12.6	S17 41.0	9.0	55.2
01		198 58.6	36.9	123 07.3	12.8	17 32.0	9.0	55.2
02		213 58.5	37.5	137 39.1	12.8	17 23.0	9.1	55.2
03		228 58.4	. . 38.2	152 10.9	12.9	17 13.9	9.2	55.2
04		243 58.4	38.9	166 42.8	13.0	17 04.7	9.3	55.1
05		258 58.3	39.6	181 14.8	13.1	16 55.4	9.3	55.1
06		273 58.2	S17 40.3	195 46.9	13.1	S16 46.1	9.4	55.1
07		288 58.1	40.9	210 19.0	13.2	16 36.7	9.4	55.1
08		303 58.1	41.6	224 51.2	13.3	16 27.3	9.5	55.0
09	F	318 58.0	. . 42.3	239 23.5	13.4	16 17.8	9.6	55.0
10	R	333 57.9	43.0	253 55.9	13.4	16 08.2	9.6	55.0
11	I	348 57.8	43.6	268 28.3	13.6	15 58.6	9.7	55.0
12	D	3 57.7	S17 44.3	283 00.9	13.5	S15 48.9	9.8	55.0
13	A	18 57.7	45.0	297 33.4	13.7	15 39.1	9.8	54.9
14	Y	33 57.6	45.7	312 06.1	13.7	15 29.3	9.9	54.9
15		48 57.5	. . 46.3	326 38.8	13.8	15 19.4	9.9	54.9
16		63 57.4	47.0	341 11.6	13.9	15 09.5	10.0	54.9
17		78 57.3	47.7	355 44.5	13.9	14 59.5	10.1	54.9
18		93 57.3	S17 48.4	10 17.4	14.0	S14 49.4	10.1	54.8
19		108 57.2	49.0	24 50.4	14.1	14 39.3	10.1	54.8
20		123 57.1	49.7	39 23.5	14.1	14 29.2	10.2	54.8
21		138 57.0	. . 50.4	53 56.6	14.2	14 19.0	10.3	54.8
22		153 56.9	51.0	68 29.8	14.3	14 08.7	10.3	54.8
23		168 56.8	51.7	83 03.1	14.3	13 58.4	10.4	54.7
13 00		183 56.8	S17 52.4	97 36.4	14.4	S13 48.0	10.4	54.7
01		198 56.7	53.0	112 09.8	14.5	13 37.6	10.5	54.7
02		213 56.6	53.7	126 43.3	14.5	13 27.1	10.5	54.7
03		228 56.5	. . 54.4	141 16.8	14.6	13 16.6	10.5	54.7
04		243 56.4	55.1	155 50.4	14.6	13 06.1	10.6	54.7
05		258 56.3	55.7	170 24.0	14.7	12 55.5	10.7	54.6
06		273 56.3	S17 56.4	184 57.7	14.8	S12 44.8	10.7	54.6
07	S	288 56.2	57.0	199 31.5	14.8	12 34.1	10.7	54.6
08		303 56.1	57.7	214 05.3	14.8	12 23.4	10.8	54.6
09	A	318 56.0	. . 58.4	228 39.1	15.0	12 12.6	10.9	54.6
10	T	333 55.9	59.0	243 13.1	14.9	12 01.7	10.8	54.6
11	U	348 55.8	17 59.7	257 47.0	15.1	11 50.9	11.0	54.5
12	R	3 55.7	S18 00.4	272 21.1	15.1	S11 39.9	10.9	54.5
13	D	18 55.6	01.0	286 55.2	15.1	11 29.0	11.0	54.5
14	A	33 55.6	01.7	301 29.3	15.2	11 18.0	11.0	54.5
15	Y	48 55.5	. . 02.3	316 03.5	15.2	11 07.0	11.1	54.5
16		63 55.4	03.0	330 37.7	15.3	10 55.9	11.1	54.5
17		78 55.3	03.7	345 12.0	15.3	10 44.8	11.2	54.5
18		93 55.2	S18 04.3	359 46.3	15.4	S10 33.6	11.1	54.5
19		108 55.1	05.0	14 20.7	15.4	10 22.5	11.3	54.4
20		123 55.0	05.6	28 55.1	15.5	10 11.2	11.2	54.4
21		138 54.9	. . 06.3	43 29.6	15.5	10 00.0	11.3	54.4
22		153 54.8	07.0	58 04.1	15.6	9 48.7	11.3	54.4
23		168 54.7	07.6	72 38.7	15.6	9 37.4	11.4	54.4
14 00		183 54.6	S18 08.3	87 13.3	15.6	S 9 26.0	11.4	54.4
01		198 54.6	08.9	101 47.9	15.7	9 14.6	11.4	54.4
02		213 54.5	09.6	116 22.6	15.7	9 03.2	11.4	54.4
03		228 54.4	. . 10.2	130 57.3	15.8	8 51.8	11.5	54.4
04		243 54.3	10.9	145 32.1	15.7	8 40.3	11.5	54.3
05		258 54.2	11.5	160 06.8	15.9	8 28.8	11.6	54.3
06		273 54.1	S18 12.2	174 41.7	15.8	S 8 17.2	11.5	54.3
07		288 54.0	12.8	189 16.5	15.9	8 05.7	11.6	54.3
08		303 53.9	13.5	203 51.4	16.0	7 54.1	11.6	54.3
09	S	318 53.8	. . 14.1	218 26.4	16.0	7 42.5	11.7	54.3
10	U	333 53.7	14.8	233 01.4	16.0	7 30.8	11.7	54.3
11	N	348 53.6	15.4	247 36.4	16.0	7 19.1	11.6	54.3
12	D	3 53.5	S18 16.1	262 11.4	16.0	S 7 07.5	11.8	54.3
13	A	18 53.4	16.7	276 46.4	16.1	6 55.7	11.7	54.3
14	Y	33 53.3	17.4	291 21.5	16.1	6 44.0	11.8	54.3
15		48 53.2	. . 18.0	305 56.6	16.2	6 32.2	11.8	54.3
16		63 53.1	18.7	320 31.8	16.2	6 20.4	11.8	54.2
17		78 53.0	19.3	335 07.0	16.2	6 08.6	11.8	54.2
18		93 52.9	S18 20.0	349 42.2	16.2	S 5 56.8	11.9	54.2
19		108 52.8	20.6	4 17.4	16.2	5 44.9	11.8	54.2
20		123 52.7	21.3	18 52.6	16.3	5 33.1	11.9	54.2
21		138 52.6	. . 21.9	33 27.9	16.3	5 21.2	11.9	54.2
22		153 52.5	22.6	48 03.2	16.3	5 09.3	11.9	54.2
23		168 52.4	23.2	62 38.5	16.3	S 4 57.4	12.0	54.2
		SD 16.2	d 0.7	SD 15.0		14.9		14.8

Lat.	Twilight Naut.	Twilight Civil	Sunrise	Moonrise 12	13	14	15
°	h m	h m	h m	h m	h m	h m	h m
N 72	06 52	08 24	10 31	15 06	14 27	14 01	13 40
N 70	06 42	08 03	09 36	14 31	14 08	13 52	13 37
68	06 35	07 47	09 03	14 06	13 54	13 44	13 34
66	06 28	07 33	08 39	13 47	13 42	13 37	13 33
64	06 22	07 22	08 20	13 31	13 32	13 31	13 31
62	06 17	07 12	08 05	13 18	13 23	13 27	13 29
60	06 13	07 04	07 53	13 07	13 16	13 22	13 28
N 58	06 09	06 57	07 42	12 57	13 09	13 19	13 27
56	06 05	06 50	07 32	12 49	13 03	13 15	13 26
54	06 01	06 44	07 24	12 41	12 58	13 12	13 25
52	05 58	06 39	07 16	12 34	12 53	13 09	13 24
50	05 55	06 34	07 09	12 28	12 49	13 07	13 23
45	05 48	06 23	06 55	12 15	12 39	13 01	13 22
N 40	05 41	06 14	06 43	12 04	12 32	12 57	13 20
35	05 35	06 05	06 32	11 54	12 25	12 53	13 19
30	05 29	05 58	06 23	11 46	12 19	12 49	13 18
20	05 18	05 44	06 08	11 31	12 08	12 43	13 16
N 10	05 06	05 32	05 54	11 19	11 59	12 38	13 15
0	04 54	05 19	05 41	11 07	11 51	12 33	13 13
S 10	04 39	05 05	05 28	10 55	11 42	12 27	13 12
20	04 22	04 50	05 13	10 42	11 33	12 22	13 10
30	04 00	04 31	04 57	10 27	11 22	12 16	13 08
35	03 46	04 20	04 47	10 19	11 16	12 12	13 07
40	03 29	04 06	04 36	10 09	11 09	12 08	13 06
45	03 07	03 50	04 24	09 58	11 01	12 03	13 04
S 50	02 38	03 29	04 08	09 44	10 51	11 57	13 03
52	02 23	03 19	04 00	09 37	10 47	11 55	13 02
54	02 05	03 08	03 52	09 30	10 42	11 52	13 01
56	01 43	02 54	03 42	09 22	10 36	11 49	13 00
58	01 11	02 39	03 32	09 12	10 30	11 45	12 59
S 60	00 06	02 20	03 20	09 02	10 23	11 41	12 58

Lat.	Sunset	Twilight Civil	Twilight Naut.	Moonset 12	13	14	15
°	h m	h m	h m	h m	h m	h m	h m
N 72	12 56	15 03	16 36	19 48	21 57	23 50	25 37
N 70	13 52	15 24	16 45	20 22	22 14	23 57	25 36
68	14 25	15 41	16 53	20 45	22 27	24 03	00 03
66	14 49	15 54	16 59	21 03	22 38	24 08	00 08
64	15 07	16 06	17 05	21 18	22 46	24 12	00 12
62	15 22	16 15	17 10	21 30	22 54	24 15	00 15
60	15 35	16 24	17 15	21 41	23 00	24 18	00 18
N 58	15 46	16 31	17 19	21 49	23 06	24 21	00 21
56	15 56	16 38	17 23	21 57	23 11	24 23	00 23
54	16 04	16 44	17 27	22 04	23 16	24 25	00 25
52	16 12	16 49	17 30	22 11	23 20	24 27	00 27
50	16 19	16 54	17 33	22 16	23 23	24 29	00 29
45	16 33	17 05	17 40	22 28	23 31	24 33	00 33
N 40	16 46	17 14	17 47	22 38	23 38	24 36	00 36
35	16 56	17 23	17 53	22 47	23 43	24 39	00 39
30	17 05	17 30	17 59	22 54	23 48	24 41	00 41
20	17 21	17 44	18 10	23 07	23 57	24 45	00 45
N 10	17 35	17 57	18 22	23 18	24 04	00 04	00 49
0	17 48	18 10	18 35	23 28	24 11	00 11	00 52
S 10	18 01	18 23	18 49	23 39	24 18	00 18	00 55
20	18 15	18 39	19 07	23 49	24 25	00 25	00 59
30	18 32	18 58	19 29	24 02	00 02	00 33	01 03
35	18 42	19 09	19 43	24 09	00 09	00 38	01 05
40	18 53	19 23	20 00	24 17	00 17	00 43	01 08
45	19 06	19 40	20 22	24 26	00 26	00 50	01 11
S 50	19 22	20 01	20 52	00 14	00 38	00 57	01 14
52	19 29	20 11	21 07	00 22	00 43	01 00	01 16
54	19 38	20 23	21 26	00 29	00 48	01 04	01 17
56	19 47	20 36	21 49	00 38	00 55	01 08	01 19
58	19 58	20 52	22 22	00 48	01 02	01 13	01 21
S 60	20 11	21 12	////	00 59	01 10	01 18	01 24

Day	SUN Eqn. of Time 00^h	SUN Eqn. of Time 12^h	SUN Mer. Pass.	MOON Mer. Pass. Upper	MOON Mer. Pass. Lower	MOON Age	MOON Phase
d	m s	m s	h m	h m	h m	d %	
12	15 55	15 51	11 44	17 18	04 55	06 39	
13	15 47	15 43	11 44	18 01	05 40	07 48	
14	15 39	15 34	11 44	18 42	06 22	08 58	

UT	ARIES	VENUS −4.7		MARS +1.4		JUPITER −2.7		SATURN +0.9		STARS		
	GHA	GHA	Dec	GHA	Dec	GHA	Dec	GHA	Dec	Name	SHA	Dec
d h	° ′	° ′	° ′	° ′	° ′	° ′	° ′	° ′	° ′		° ′	° ′
15 00	53 58.7	208 42.6	S12 34.0	162 39.3	S23 01.4	59 20.8	S 3 55.2	221 08.1	S 3 04.8	Acamar	315 19.3	S40 15.6
01	69 01.1	223 45.2	33.3	177 39.8	01.7	74 23.3	55.2	236 10.3	04.9	Achernar	335 27.5	S57 10.9
02	84 03.6	238 47.9	32.5	192 40.3	01.9	89 25.8	55.2	251 12.5	05.0	Acrux	173 12.0	S63 09.4
03	99 06.0	253 50.5	. . 31.8	207 40.8	. . 02.2	104 28.3	. . 55.2	266 14.7	. . 05.1	Adhara	255 13.8	S28 59.1
04	114 08.5	268 53.1	31.1	222 41.3	02.4	119 30.8	55.2	281 17.0	05.2	Aldebaran	290 51.2	N16 31.9
05	129 11.0	283 55.7	30.4	237 41.7	02.7	134 33.3	55.2	296 19.2	05.3			
06	144 13.4	298 58.3	S12 29.7	252 42.2	S23 02.9	149 35.8	S 3 55.2	311 21.4	S 3 05.4	Alioth	166 22.6	N55 53.8
07	159 15.9	314 00.9	29.0	267 42.7	03.2	164 38.3	55.2	326 23.6	05.5	Alkaid	153 00.7	N49 15.4
08	174 18.4	329 03.5	28.3	282 43.2	03.4	179 40.8	55.2	341 25.8	05.6	Al Na'ir	27 45.9	S46 54.6
M 09	189 20.8	344 06.1	. . 27.6	297 43.7	. . 03.7	194 43.3	. . 55.2	356 28.1	. . 05.7	Alnilam	275 48.0	S 1 11.6
O 10	204 23.3	359 08.6	26.9	312 44.2	03.9	209 45.8	55.2	11 30.3	05.7	Alphard	217 57.9	S 8 42.3
N 11	219 25.8	14 11.2	26.2	327 44.7	04.2	224 48.3	55.2	26 32.5	05.8			
D 12	234 28.2	29 13.8	S12 25.6	342 45.1	S23 04.4	239 50.8	S 3 55.2	41 34.7	S 3 05.9	Alphecca	126 12.9	N26 40.7
A 13	249 30.7	44 16.4	24.9	357 45.6	04.7	254 53.3	55.2	56 37.0	06.0	Alpheratz	357 45.3	N29 09.3
Y 14	264 33.1	59 18.9	24.2	12 46.1	04.9	269 55.8	55.2	71 39.2	06.1	Altair	62 10.2	N 8 54.0
15	279 35.6	74 21.5	. . 23.5	27 46.6	. . 05.2	284 58.3	. . 55.2	86 41.4	. . 06.2	Ankaa	353 17.2	S42 14.8
16	294 38.1	89 24.0	22.8	42 47.1	05.4	300 00.8	55.2	101 43.6	06.3	Antares	112 28.9	S26 27.3
17	309 40.5	104 26.6	22.1	57 47.6	05.7	315 03.3	55.2	116 45.8	06.4			
18	324 43.0	119 29.2	S12 21.4	72 48.0	S23 05.9	330 05.7	S 3 55.2	131 48.1	S 3 06.5	Arcturus	145 57.7	N19 07.5
19	339 45.5	134 31.7	20.8	87 48.5	06.2	345 08.2	55.2	146 50.3	06.6	Atria	107 33.0	S69 02.9
20	354 47.9	149 34.2	20.1	102 49.0	06.4	0 10.7	55.2	161 52.5	06.7	Avior	234 18.6	S59 32.4
21	9 50.4	164 36.8	. . 19.4	117 49.5	. . 06.7	15 13.2	. . 55.2	176 54.7	. . 06.8	Bellatrix	278 33.7	N 6 21.6
22	24 52.9	179 39.3	18.8	132 50.0	06.9	30 15.7	55.2	191 57.0	06.9	Betelgeuse	271 03.0	N 7 24.6
23	39 55.3	194 41.9	18.1	147 50.5	07.2	45 18.2	55.2	206 59.2	07.0			
16 00	54 57.8	209 44.4	S12 17.4	162 50.9	S23 07.4	60 20.7	S 3 55.2	222 01.4	S 3 07.1	Canopus	263 56.6	S52 41.9
01	70 00.3	224 46.9	16.8	177 51.4	07.7	75 23.2	55.2	237 03.6	07.2	Capella	280 36.8	N46 00.5
02	85 02.7	239 49.4	16.1	192 51.9	07.9	90 25.7	55.2	252 05.8	07.3	Deneb	49 32.9	N45 19.5
03	100 05.2	254 51.9	. . 15.4	207 52.4	. . 08.1	105 28.2	. . 55.2	267 08.1	. . 07.4	Denebola	182 35.7	N14 30.6
04	115 07.6	269 54.5	14.8	222 52.9	08.4	120 30.6	55.2	282 10.3	07.4	Diphda	348 57.5	S17 55.5
05	130 10.1	284 57.0	14.1	237 53.4	08.6	135 33.1	55.2	297 12.5	07.5			
06	145 12.6	299 59.5	S12 13.5	252 53.8	S23 08.9	150 35.6	S 3 55.2	312 14.7	S 3 07.6	Dubhe	193 54.1	N61 41.2
07	160 15.0	315 02.0	12.8	267 54.3	09.1	165 38.1	55.2	327 17.0	07.7	Elnath	278 14.7	N28 37.0
T 08	175 17.5	330 04.5	12.2	282 54.8	09.4	180 40.6	55.2	342 19.2	07.8	Eltanin	90 47.5	N51 29.5
U 09	190 20.0	345 07.0	. . 11.5	297 55.3	. . 09.6	195 43.1	. . 55.2	357 21.4	. . 07.9	Enif	33 49.0	N 9 55.7
E 10	205 22.4	0 09.4	10.9	312 55.8	09.8	210 45.6	55.2	12 23.6	08.0	Fomalhaut	15 25.9	S29 33.9
S 11	220 24.9	15 11.9	10.2	327 56.2	10.1	225 48.1	55.2	27 25.9	08.1			
D 12	235 27.4	30 14.4	S12 09.6	342 56.7	S23 10.3	240 50.5	S 3 55.2	42 28.1	S 3 08.2	Gacrux	172 03.5	S57 10.3
13	250 29.8	45 16.9	08.9	357 57.2	10.6	255 53.0	55.2	57 30.3	08.3	Gienah	175 54.5	S17 36.1
A 14	265 32.3	60 19.4	08.3	12 57.7	10.8	270 55.5	55.2	72 32.5	08.4	Hadar	148 51.3	S60 25.4
Y 15	280 34.8	75 21.8	. . 07.6	27 58.1	. . 11.0	285 58.0	. . 55.2	87 34.7	. . 08.5	Hamal	328 02.6	N23 31.0
16	295 37.2	90 24.3	07.0	42 58.6	11.3	301 00.5	55.2	102 37.0	08.6	Kaus Aust.	83 46.6	S34 22.8
17	310 39.7	105 26.8	06.4	57 59.1	11.5	316 03.0	55.2	117 39.2	08.7			
18	325 42.1	120 29.2	S12 05.7	72 59.6	S23 11.8	331 05.5	S 3 55.1	132 41.4	S 3 08.8	Kochab	137 20.9	N74 06.5
19	340 44.6	135 31.7	05.1	88 00.1	12.0	346 07.9	55.1	147 43.6	08.9	Markab	13 40.1	N15 16.1
20	355 47.1	150 34.1	04.5	103 00.5	12.2	1 10.4	55.1	162 45.9	08.9	Menkar	314 16.7	N 4 08.1
21	10 49.5	165 36.6	. . 03.9	118 01.0	. . 12.5	16 12.9	. . 55.1	177 48.1	. . 09.0	Menkent	148 10.2	S36 25.3
22	25 52.0	180 39.0	03.2	133 01.5	12.7	31 15.4	55.1	192 50.3	09.1	Miaplacidus	221 40.1	S69 45.5
23	40 54.5	195 41.4	02.6	148 02.0	12.9	46 17.9	55.1	207 52.5	09.2			
17 00	55 56.9	210 43.9	S12 02.0	163 02.4	S23 13.2	61 20.3	S 3 55.1	222 54.8	S 3 09.3	Mirfak	308 42.6	N49 54.1
01	70 59.4	225 46.3	01.4	178 02.9	13.4	76 22.8	55.1	237 57.0	09.4	Nunki	76 00.9	S26 17.0
02	86 01.9	240 48.7	00.8	193 03.4	13.6	91 25.3	55.1	252 59.2	09.5	Peacock	53 22.3	S56 42.1
03	101 04.3	255 51.2	12 00.2	208 03.9	. . 13.9	106 27.8	. . 55.1	268 01.4	. . 09.6	Pollux	243 29.8	N27 59.8
04	116 06.8	270 53.6	11 59.5	223 04.4	14.1	121 30.3	55.1	283 03.7	09.7	Procyon	245 01.5	N 5 11.8
05	131 09.2	285 56.0	58.9	238 04.8	14.3	136 32.8	55.1	298 05.9	09.8			
06	146 11.7	300 58.4	S11 58.3	253 05.3	S23 14.6	151 35.2	S 3 55.1	313 08.1	S 3 09.9	Rasalhague	96 08.5	N12 33.3
W 07	161 14.2	316 00.8	57.7	268 05.8	14.8	166 37.7	55.1	328 10.3	10.0	Regulus	207 45.5	N11 54.7
E 08	176 16.6	331 03.2	57.1	283 06.3	15.0	181 40.2	55.1	343 12.6	10.1	Rigel	281 13.5	S 8 11.3
D 09	191 19.1	346 05.6	. . 56.5	298 06.7	. . 15.3	196 42.7	. . 55.1	358 14.8	. . 10.2	Rigil Kent.	139 55.1	S60 52.7
N 10	206 21.6	1 08.0	55.9	313 07.2	15.5	211 45.2	55.1	13 17.0	10.2	Sabik	102 15.0	S15 44.2
11	221 24.0	16 10.4	55.3	328 07.7	15.7	226 47.6	55.1	28 19.2	10.3			
E 12	236 26.5	31 12.8	S11 54.7	343 08.2	S23 16.0	241 50.1	S 3 55.1	43 21.5	S 3 10.4	Schedar	349 42.4	N56 36.2
S 13	251 29.0	46 15.2	54.1	358 08.6	16.2	256 52.6	55.1	58 23.7	10.5	Shaula	96 24.8	S37 06.7
D 14	266 31.4	61 17.5	53.5	13 09.1	16.4	271 55.1	55.1	73 25.9	10.6	Sirius	258 35.1	S16 43.8
A 15	281 33.9	76 19.9	. . 53.0	28 09.6	. . 16.7	286 57.5	. . 55.0	88 28.1	. . 10.7	Spica	158 33.5	S11 13.1
Y 16	296 36.4	91 22.3	52.4	43 10.0	16.9	302 00.0	55.0	103 30.4	10.8	Suhail	222 53.8	S43 28.4
17	311 38.8	106 24.7	51.8	58 10.5	17.1	317 02.5	55.0	118 32.6	10.9			
18	326 41.3	121 27.0	S11 51.2	73 11.0	S23 17.3	332 05.0	S 3 55.0	133 34.8	S 3 11.0	Vega	80 40.6	N38 47.9
19	341 43.7	136 29.4	50.6	88 11.5	17.6	347 07.4	55.0	148 37.0	11.1	Zuben'ubi	137 07.9	S16 05.2
20	356 46.2	151 31.7	50.0	103 11.9	17.8	2 09.9	55.0	163 39.3	11.2		SHA	Mer. Pass.
21	11 48.7	166 34.1	. . 49.5	118 12.4	. . 18.0	17 12.4	. . 55.0	178 41.5	. . 11.3		° ′	h m
22	26 51.1	181 36.4	48.9	133 12.9	18.2	32 14.9	55.0	193 43.7	11.4	Venus	154 46.6	9 59
23	41 53.6	196 38.8	48.3	148 13.4	18.5	47 17.3	55.0	208 45.9	11.4	Mars	107 53.2	13 08
	h m									Jupiter	5 22.9	19 55
Mer. Pass.	20 16.8	*v* 2.5	*d* 0.6	*v* 0.5	*d* 0.2	*v* 2.5	*d* 0.0	*v* 2.2	*d* 0.1	Saturn	167 03.6	9 11

	UT	SUN GHA	SUN Dec	MOON GHA	v	MOON Dec	d	HP
	d h	° ′	° ′	° ′	′	° ′	′	′
	15 00	183 52.3	S18 23.8	77 13.8	16.3	S 4 45.4	11.9	54.2
	01	198 52.2	24.5	91 49.1	16.4	4 33.5	12.0	54.2
	02	213 52.1	25.1	106 24.5	16.4	4 21.5	12.0	54.2
	03	228 52.0	. . 25.8	120 59.9	16.3	4 09.5	12.0	54.2
	04	243 51.9	26.4	135 35.2	16.4	3 57.5	12.0	54.2
	05	258 51.8	27.0	150 10.6	16.5	3 45.5	12.1	54.2
	06	273 51.7	S18 27.7	164 46.1	16.4	S 3 33.4	12.0	54.2
	07	288 51.6	28.3	179 21.5	16.4	3 21.4	12.1	54.2
	08	303 51.5	29.0	193 56.9	16.5	3 09.3	12.1	54.2
M	09	318 51.4	. . 29.6	208 32.4	16.4	2 57.2	12.0	54.2
O	10	333 51.3	30.2	223 07.8	16.5	2 45.2	12.1	54.2
N	11	348 51.2	30.9	237 43.3	16.5	2 33.1	12.1	54.2
D	12	3 51.1	S18 31.5	252 18.8	16.5	S 2 21.0	12.1	54.2
A	13	18 51.0	32.1	266 54.3	16.4	2 08.9	12.2	54.2
Y	14	33 50.9	32.8	281 29.7	16.5	1 56.7	12.1	54.2
	15	48 50.8	. . 33.4	296 05.2	16.5	1 44.6	12.1	54.2
	16	63 50.7	34.0	310 40.7	16.5	1 32.5	12.2	54.2
	17	78 50.5	34.7	325 16.2	16.5	1 20.3	12.1	54.2
	18	93 50.4	S18 35.3	339 51.7	16.5	S 1 08.2	12.2	54.2
	19	108 50.3	35.9	354 27.2	16.5	0 56.0	12.1	54.2
	20	123 50.2	36.6	9 02.7	16.5	0 43.9	12.2	54.2
	21	138 50.1	. . 37.2	23 38.2	16.5	0 31.7	12.2	54.2
	22	153 50.0	37.8	38 13.7	16.5	0 19.5	12.1	54.2
	23	168 49.9	38.5	52 49.2	16.4	S 0 07.4	12.2	54.2
	16 00	183 49.8	S18 39.1	67 24.6	16.5	N 0 04.8	12.2	54.2
	01	198 49.7	39.7	82 00.1	16.5	0 17.0	12.2	54.2
	02	213 49.6	40.3	96 35.6	16.4	0 29.2	12.1	54.2
	03	228 49.5	. . 41.0	111 11.0	16.5	0 41.3	12.2	54.2
	04	243 49.3	41.6	125 46.5	16.4	0 53.5	12.2	54.2
	05	258 49.2	42.2	140 21.9	16.5	1 05.7	12.2	54.2
	06	273 49.1	S18 42.9	154 57.4	16.4	N 1 17.9	12.1	54.2
	07	288 49.0	43.5	169 32.8	16.4	1 30.0	12.2	54.2
T	08	303 48.9	44.1	184 08.2	16.4	1 42.2	12.2	54.2
U	09	318 48.8	. . 44.7	198 43.6	16.4	1 54.4	12.2	54.3
E	10	333 48.7	45.3	213 19.0	16.3	2 06.6	12.1	54.3
S	11	348 48.6	46.0	227 54.3	16.4	2 18.7	12.2	54.3
D	12	3 48.4	S18 46.6	242 29.7	16.3	N 2 30.9	12.1	54.3
A	13	18 48.3	47.2	257 05.0	16.3	2 43.0	12.2	54.3
Y	14	33 48.2	47.8	271 40.3	16.3	2 55.2	12.1	54.3
	15	48 48.1	. . 48.5	286 15.6	16.3	3 07.3	12.1	54.3
	16	63 48.0	49.1	300 50.9	16.2	3 19.4	12.2	54.3
	17	78 47.9	49.7	315 26.1	16.3	3 31.6	12.1	54.3
	18	93 47.8	S18 50.3	330 01.4	16.2	N 3 43.7	12.1	54.3
	19	108 47.6	50.9	344 36.6	16.2	3 55.8	12.1	54.3
	20	123 47.5	51.5	359 11.8	16.1	4 07.9	12.1	54.3
	21	138 47.4	. . 52.2	13 46.9	16.2	4 20.0	12.0	54.3
	22	153 47.3	52.8	28 22.1	16.1	4 32.0	12.1	54.4
	23	168 47.2	53.4	42 57.2	16.0	4 44.1	12.0	54.4
	17 00	183 47.0	S18 54.0	57 32.2	16.1	N 4 56.1	12.1	54.4
	01	198 46.9	54.6	72 07.3	16.0	5 08.2	12.0	54.4
	02	213 46.8	55.2	86 42.3	16.0	5 20.2	12.0	54.4
	03	228 46.7	. . 55.9	101 17.3	15.9	5 32.2	12.0	54.4
	04	243 46.6	56.5	115 52.2	16.0	5 44.2	12.0	54.4
	05	258 46.5	57.1	130 27.2	15.9	5 56.2	11.9	54.4
	06	273 46.3	S18 57.7	145 02.1	15.8	N 6 08.1	11.9	54.4
W	07	288 46.2	58.3	159 36.9	15.8	6 20.0	12.0	54.4
E	08	303 46.1	58.9	174 11.7	15.8	6 32.0	11.9	54.5
D	09	318 46.0	18 59.5	188 46.5	15.8	6 43.9	11.8	54.5
N	10	333 45.8	19 00.1	203 21.3	15.7	6 55.7	11.9	54.5
E	11	348 45.7	00.7	217 56.0	15.6	7 07.6	11.8	54.5
S	12	3 45.6	S19 01.3	232 30.6	15.7	N 7 19.4	11.9	54.5
D	13	18 45.5	02.0	247 05.3	15.6	7 31.3	11.7	54.5
A	14	33 45.4	02.6	261 39.9	15.5	7 43.0	11.8	54.5
Y	15	48 45.2	. . 03.2	276 14.4	15.5	7 54.8	11.8	54.5
	16	63 45.1	03.8	290 48.9	15.5	8 06.6	11.7	54.6
	17	78 45.0	04.4	305 23.4	15.4	8 18.3	11.7	54.6
	18	93 44.9	S19 05.0	319 57.8	15.3	N 8 30.0	11.6	54.6
	19	108 44.7	05.6	334 32.1	15.4	8 41.6	11.7	54.6
	20	123 44.6	06.2	349 06.5	15.2	8 53.3	11.6	54.6
	21	138 44.5	. . 06.8	3 40.7	15.3	9 04.9	11.6	54.6
	22	153 44.4	07.4	18 15.0	15.2	9 16.5	11.5	54.6
	23	168 44.2	08.0	32 49.2	15.1	N 9 28.0	11.5	54.7
		SD 16.2	d 0.6	SD 14.8		14.8		14.9

Lat.	Twilight Naut.	Twilight Civil	Sunrise	Moonrise 15	Moonrise 16	Moonrise 17	Moonrise 18
°	h m	h m	h m	h m	h m	h m	h m
N 72	07 02	08 38	11 25	13 40	13 19	12 57	12 30
N 70	06 52	08 15	09 55	13 37	13 23	13 08	12 50
68	06 43	07 57	09 17	13 34	13 26	13 16	13 06
66	06 36	07 42	08 50	13 33	13 28	13 24	13 19
64	06 29	07 30	08 30	13 31	13 30	13 30	13 30
62	06 24	07 20	08 14	13 29	13 32	13 35	13 39
60	06 19	07 11	08 00	13 28	13 34	13 40	13 47
N 58	06 14	07 03	07 48	13 27	13 35	13 44	13 54
56	06 10	06 56	07 38	13 26	13 36	13 48	14 00
54	06 06	06 49	07 29	13 25	13 38	13 51	14 06
52	06 02	06 44	07 21	13 24	13 39	13 54	14 11
50	05 59	06 38	07 14	13 23	13 40	13 57	14 16
45	05 51	06 27	06 59	13 22	13 42	14 03	14 26
N 40	05 44	06 17	06 46	13 20	13 44	14 08	14 34
35	05 38	06 08	06 35	13 19	13 45	14 12	14 41
30	05 31	06 00	06 26	13 18	13 47	14 16	14 48
20	05 19	05 46	06 09	13 16	13 49	14 23	14 59
N 10	05 07	05 33	05 55	13 15	13 51	14 29	15 08
0	04 54	05 19	05 41	13 13	13 54	14 35	15 18
S 10	04 39	05 05	05 27	13 12	13 56	14 40	15 27
20	04 21	04 49	05 13	13 10	13 58	14 47	15 37
30	03 58	04 29	04 55	13 08	14 01	14 54	15 48
35	03 43	04 17	04 45	13 07	14 02	14 58	15 55
40	03 26	04 03	04 34	13 06	14 04	15 02	16 03
45	03 03	03 46	04 20	13 04	14 06	15 08	16 12
S 50	02 32	03 24	04 04	13 03	14 08	15 14	16 22
52	02 16	03 14	03 56	13 02	14 09	15 17	16 27
54	01 57	03 02	03 47	13 01	14 11	15 21	16 33
56	01 32	02 47	03 37	13 00	14 12	15 24	16 39
58	00 54	02 31	03 26	12 59	14 13	15 29	16 46
S 60	////	02 10	03 12	12 58	14 15	15 33	16 54

Lat.	Sunset	Twilight Civil	Twilight Naut.	Moonset 15	Moonset 16	Moonset 17	Moonset 18
°	h m	h m	h m	h m	h m	h m	h m
N 72	12 04	14 50	16 26	25 37	01 37	03 25	05 20
N 70	13 33	15 14	16 36	25 36	01 36	03 17	05 02
68	14 12	15 32	16 45	00 03	01 36	03 10	04 48
66	14 38	15 46	16 53	00 08	01 36	03 04	04 36
64	14 59	15 59	16 59	00 12	01 35	03 00	04 27
62	15 15	16 09	17 05	00 15	01 35	02 56	04 18
60	15 29	16 18	17 10	00 18	01 35	02 52	04 11
N 58	15 40	16 26	17 15	00 21	01 35	02 49	04 05
56	15 51	16 33	17 19	00 23	01 35	02 47	04 00
54	16 00	16 39	17 23	00 25	01 35	02 44	03 55
52	16 08	16 45	17 27	00 27	01 34	02 42	03 51
50	16 15	16 51	17 30	00 29	01 34	02 40	03 47
45	16 30	17 02	17 38	00 33	01 34	02 36	03 38
N 40	16 43	17 12	17 45	00 36	01 34	02 32	03 31
35	16 54	17 21	17 52	00 39	01 34	02 29	03 25
30	17 04	17 29	17 58	00 41	01 33	02 26	03 20
20	17 20	17 43	18 10	00 45	01 33	02 21	03 11
N 10	17 35	17 57	18 22	00 49	01 33	02 17	03 03
0	17 48	18 10	18 36	00 52	01 33	02 13	02 55
S 10	18 02	18 25	18 51	00 55	01 32	02 09	02 48
20	18 17	18 41	19 09	00 59	01 32	02 05	02 40
30	18 34	19 01	19 32	01 03	01 32	02 00	02 31
35	18 45	19 13	19 47	01 05	01 31	01 58	02 25
40	18 56	19 27	20 05	01 08	01 31	01 55	02 20
45	19 10	19 44	20 28	01 11	01 31	01 51	02 13
S 50	19 27	20 06	20 59	01 14	01 30	01 47	02 05
52	19 35	20 17	21 15	01 16	01 30	01 45	02 01
54	19 44	20 29	21 35	01 17	01 30	01 43	01 57
56	19 54	20 44	22 01	01 19	01 30	01 41	01 52
58	20 05	21 01	22 42	01 21	01 30	01 38	01 47
S 60	20 19	21 22	////	01 24	01 29	01 35	01 42

Day	SUN Eqn. of Time 00^h	SUN Eqn. of Time 12^h	SUN Mer. Pass.	MOON Mer. Pass. Upper	MOON Mer. Pass. Lower	MOON Age	MOON Phase
d	m s	m s	h m	h m	h m	d %	
15	15 29	15 25	11 45	19 23	07 03	09 67	
16	15 19	15 14	11 45	20 03	07 43	10 75	◐
17	15 08	15 03	11 45	20 45	08 24	11 83	

	UT	ARIES	VENUS −4.8		MARS +1.4		JUPITER −2.6		SATURN +0.9	
	d h	GHA ° ′	GHA ° ′	Dec ° ′	GHA ° ′	Dec ° ′	GHA ° ′	Dec ° ′	GHA ° ′	Dec ° ′
	18 00	56 56.1	211 41.1	S11 47.7	163 13.8	S23 18.7	62 19.8	S 3 55.0	223 48.2	S 3 11.5
	01	71 58.5	226 43.5	47.2	178 14.3	18.9	77 22.3	55.0	238 50.4	11.6
	02	87 01.0	241 45.8	46.6	193 14.8	19.2	92 24.8	55.0	253 52.6	11.7
	03	102 03.5	256 48.1	. . 46.0	208 15.2	. . 19.4	107 27.2	. . 55.0	268 54.9	. . 11.8
	04	117 05.9	271 50.4	45.5	223 15.7	19.6	122 29.7	55.0	283 57.1	11.9
	05	132 08.4	286 52.8	44.9	238 16.2	19.8	137 32.2	54.9	298 59.3	12.0
	06	147 10.8	301 55.1	S11 44.4	253 16.7	S23 20.0	152 34.7	S 3 54.9	314 01.5	S 3 12.1
	07	162 13.3	316 57.4	43.8	268 17.1	20.3	167 37.1	54.9	329 03.8	12.2
T	08	177 15.8	331 59.7	43.2	283 17.6	20.5	182 39.6	54.9	344 06.0	12.3
H	09	192 18.2	347 02.0	. . 42.7	298 18.1	. . 20.7	197 42.1	. . 54.9	359 08.2	. . 12.4
U	10	207 20.7	2 04.3	42.1	313 18.5	20.9	212 44.5	54.9	14 10.4	12.5
R	11	222 23.2	17 06.6	41.6	328 19.0	21.2	227 47.0	54.9	29 12.7	12.5
S	12	237 25.6	32 08.9	S11 41.0	343 19.5	S23 21.4	242 49.5	S 3 54.9	44 14.9	S 3 12.6
D	13	252 28.1	47 11.2	40.5	358 19.9	21.6	257 52.0	54.9	59 17.1	12.7
A	14	267 30.6	62 13.5	40.0	13 20.4	21.8	272 54.4	54.9	74 19.4	12.8
Y	15	282 33.0	77 15.8	. . 39.4	28 20.9	. . 22.0	287 56.9	. . 54.9	89 21.6	. . 12.9
	16	297 35.5	92 18.0	38.9	43 21.3	22.3	302 59.4	54.8	104 23.8	13.0
	17	312 38.0	107 20.3	38.3	58 21.8	22.5	318 01.8	54.8	119 26.0	13.1
	18	327 40.4	122 22.6	S11 37.8	73 22.3	S23 22.7	333 04.3	S 3 54.8	134 28.3	S 3 13.2
	19	342 42.9	137 24.9	37.3	88 22.7	22.9	348 06.8	54.8	149 30.5	13.3
	20	357 45.3	152 27.1	36.7	103 23.2	23.1	3 09.2	54.8	164 32.7	13.4
	21	12 47.8	167 29.4	. . 36.2	118 23.7	. . 23.3	18 11.7	. . 54.8	179 35.0	. . 13.5
	22	27 50.3	182 31.6	35.7	133 24.1	23.6	33 14.2	54.8	194 37.2	13.6
	23	42 52.7	197 33.9	35.2	148 24.6	23.8	48 16.6	54.8	209 39.4	13.6
	19 00	57 55.2	212 36.1	S11 34.6	163 25.1	S23 24.0	63 19.1	S 3 54.8	224 41.6	S 3 13.7
	01	72 57.7	227 38.4	34.1	178 25.5	24.2	78 21.6	54.8	239 43.9	13.8
	02	88 00.1	242 40.6	33.6	193 26.0	24.4	93 24.0	54.7	254 46.1	13.9
	03	103 02.6	257 42.9	. . 33.1	208 26.5	. . 24.6	108 26.5	. . 54.7	269 48.3	. . 14.0
	04	118 05.1	272 45.1	32.6	223 26.9	24.9	123 29.0	54.7	284 50.6	14.1
	05	133 07.5	287 47.3	32.1	238 27.4	25.1	138 31.4	54.7	299 52.8	14.2
	06	148 10.0	302 49.6	S11 31.6	253 27.9	S23 25.3	153 33.9	S 3 54.7	314 55.0	S 3 14.3
	07	163 12.5	317 51.8	31.1	268 28.3	25.5	168 36.4	54.7	329 57.2	14.4
	08	178 14.9	332 54.0	30.5	283 28.8	25.7	183 38.8	54.7	344 59.5	14.5
F	09	193 17.4	347 56.2	. . 30.0	298 29.3	. . 25.9	198 41.3	. . 54.7	0 01.7	. . 14.6
R	10	208 19.8	2 58.4	29.5	313 29.7	26.1	213 43.7	54.6	15 03.9	14.6
I	11	223 22.3	18 00.6	29.0	328 30.2	26.3	228 46.2	54.6	30 06.2	14.7
D	12	238 24.8	33 02.8	S11 28.5	343 30.7	S23 26.6	243 48.7	S 3 54.6	45 08.4	S 3 14.8
A	13	253 27.2	48 05.0	28.1	358 31.1	26.8	258 51.1	54.6	60 10.6	14.9
Y	14	268 29.7	63 07.2	27.6	13 31.6	27.0	273 53.6	54.6	75 12.8	15.0
	15	283 32.2	78 09.4	. . 27.1	28 32.0	. . 27.2	288 56.1	. . 54.6	90 15.1	. . 15.1
	16	298 34.6	93 11.6	26.6	43 32.5	27.4	303 58.5	54.6	105 17.3	15.2
	17	313 37.1	108 13.8	26.1	58 33.0	27.6	319 01.0	54.6	120 19.5	15.3
	18	328 39.6	123 16.0	S11 25.6	73 33.4	S23 27.8	334 03.4	S 3 54.5	135 21.8	S 3 15.4
	19	343 42.0	138 18.2	25.1	88 33.9	28.0	349 05.9	54.5	150 24.0	15.5
	20	358 44.5	153 20.3	24.6	103 34.4	28.2	4 08.4	54.5	165 26.2	15.5
	21	13 46.9	168 22.5	. . 24.2	118 34.8	. . 28.4	19 10.8	. . 54.5	180 28.5	. . 15.6
	22	28 49.4	183 24.7	23.7	133 35.3	28.6	34 13.3	54.5	195 30.7	15.7
	23	43 51.9	198 26.8	23.2	148 35.7	28.9	49 15.7	54.5	210 32.9	15.8
	20 00	58 54.3	213 29.0	S11 22.7	163 36.2	S23 29.1	64 18.2	S 3 54.5	225 35.1	S 3 15.9
	01	73 56.8	228 31.1	22.3	178 36.7	29.3	79 20.6	54.4	240 37.4	16.0
	02	88 59.3	243 33.3	21.8	193 37.1	29.5	94 23.1	54.4	255 39.6	16.1
	03	104 01.7	258 35.4	. . 21.3	208 37.6	. . 29.7	109 25.6	. . 54.4	270 41.8	. . 16.2
	04	119 04.2	273 37.6	20.9	223 38.0	29.9	124 28.0	54.4	285 44.1	16.3
	05	134 06.7	288 39.7	20.4	238 38.5	30.1	139 30.5	54.4	300 46.3	16.4
	06	149 09.1	303 41.9	S11 19.9	253 39.0	S23 30.3	154 32.9	S 3 54.4	315 48.5	S 3 16.4
	07	164 11.6	318 44.0	19.5	268 39.4	30.5	169 35.4	54.4	330 50.8	16.5
S	08	179 14.1	333 46.1	19.0	283 39.9	30.7	184 37.8	54.3	345 53.0	16.6
A	09	194 16.5	348 48.3	. . 18.6	298 40.3	. . 30.9	199 40.3	. . 54.3	0 55.2	. . 16.7
T	10	209 19.0	3 50.4	18.1	313 40.8	31.1	214 42.8	54.3	15 57.5	16.8
U	11	224 21.4	18 52.5	17.7	328 41.3	31.3	229 45.2	54.3	30 59.7	16.9
R	12	239 23.9	33 54.6	S11 17.2	343 41.7	S23 31.5	244 47.7	S 3 54.3	46 01.9	S 3 17.0
D	13	254 26.4	48 56.7	16.8	358 42.2	31.7	259 50.1	54.3	61 04.2	17.1
A	14	269 28.8	63 58.8	16.3	13 42.6	31.9	274 52.6	54.2	76 06.4	17.2
Y	15	284 31.3	79 00.9	. . 15.9	28 43.1	. . 32.1	289 55.0	. . 54.2	91 08.6	. . 17.3
	16	299 33.8	94 03.0	15.5	43 43.6	32.3	304 57.5	54.2	106 10.8	17.3
	17	314 36.2	109 05.1	15.0	58 44.0	32.5	319 59.9	54.2	121 13.1	17.4
	18	329 38.7	124 07.2	S11 14.6	73 44.5	S23 32.7	335 02.4	S 3 54.2	136 15.3	S 3 17.5
	19	344 41.2	139 09.3	14.1	88 44.9	32.9	350 04.8	54.2	151 17.5	17.6
	20	359 43.6	154 11.4	13.7	103 45.4	33.1	5 07.3	54.1	166 19.8	17.7
	21	14 46.1	169 13.5	. . 13.3	118 45.8	. . 33.3	20 09.7	. . 54.1	181 22.0	. . 17.8
	22	29 48.6	184 15.5	12.9	133 46.3	33.5	35 12.2	54.1	196 24.2	17.9
	23	44 51.0	199 17.6	12.4	148 46.8	33.7	50 14.6	54.1	211 26.5	18.0
	Mer. Pass.	h m 20 05.0	*v* 2.2	*d* 0.5	*v* 0.5	*d* 0.2	*v* 2.5	*d* 0.0	*v* 2.2	*d* 0.1

STARS

Name	SHA ° ′	Dec ° ′
Acamar	315 19.3	S40 15.6
Achernar	335 27.5	S57 10.9
Acrux	173 12.0	S63 09.4
Adhara	255 13.7	S28 59.1
Aldebaran	290 51.2	N16 31.9
Alioth	166 22.6	N55 53.8
Alkaid	153 00.7	N49 15.4
Al Na'ir	27 46.0	S46 54.6
Alnilam	275 48.0	S 1 11.6
Alphard	217 57.9	S 8 42.3
Alphecca	126 12.9	N26 40.7
Alpheratz	357 45.3	N29 09.3
Altair	62 10.2	N 8 54.0
Ankaa	353 17.2	S42 14.8
Antares	112 28.9	S26 27.3
Arcturus	145 57.7	N19 07.5
Atria	107 33.0	S69 02.9
Avior	234 18.6	S59 32.4
Bellatrix	278 33.7	N 6 21.6
Betelgeuse	271 03.0	N 7 24.6
Canopus	263 56.5	S52 41.9
Capella	280 36.8	N46 00.5
Deneb	49 33.0	N45 19.5
Denebola	182 35.7	N14 30.6
Diphda	348 57.5	S17 55.5
Dubhe	193 54.0	N61 41.2
Elnath	278 14.6	N28 37.0
Eltanin	90 47.5	N51 29.4
Enif	33 49.0	N 9 55.7
Fomalhaut	15 25.9	S29 33.9
Gacrux	172 03.5	S57 10.3
Gienah	175 54.5	S17 36.1
Hadar	148 51.3	S60 25.4
Hamal	328 02.6	N23 31.0
Kaus Aust.	83 46.6	S34 22.8
Kochab	137 20.9	N74 06.5
Markab	13 40.1	N15 16.1
Menkar	314 16.7	N 4 08.1
Menkent	148 10.2	S36 25.3
Miaplacidus	221 40.0	S69 45.5
Mirfak	308 42.6	N49 54.1
Nunki	76 00.9	S26 17.0
Peacock	53 22.3	S56 42.1
Pollux	243 29.8	N27 59.8
Procyon	245 01.5	N 5 11.8
Rasalhague	96 08.5	N12 33.2
Regulus	207 45.5	N11 54.7
Rigel	281 13.5	S 8 11.3
Rigil Kent.	139 55.0	S60 52.7
Sabik	102 15.0	S15 44.2
Schedar	349 42.4	N56 36.2
Shaula	96 24.8	S37 06.7
Sirius	258 35.1	S16 43.8
Spica	158 33.5	S11 13.1
Suhail	222 53.8	S43 28.4
Vega	80 40.6	N38 47.9
Zuben'ubi	137 07.8	S16 05.2

	SHA ° ′	Mer. Pass. h m
Venus	154 40.9	9 48
Mars	105 29.9	13 06
Jupiter	5 23.9	19 43
Saturn	166 46.4	9 00

	UT	SUN GHA	SUN Dec	MOON GHA	v	MOON Dec	d	HP
	d h	° ′	° ′	° ′	′	° ′	′	′
	18 00	183 44.1	S19 08.6	47 23.3	15.1	N 9 39.5	11.5	54.7
	01	198 44.0	09.2	61 57.4	15.0	9 51.0	11.5	54.7
	02	213 43.9	09.8	76 31.4	15.0	10 02.5	11.4	54.7
	03	228 43.7	. . 10.4	91 05.4	14.9	10 13.9	11.4	54.7
	04	243 43.6	11.0	105 39.3	14.9	10 25.3	11.4	54.7
	05	258 43.5	11.6	120 13.2	14.8	10 36.7	11.3	54.7
	06	273 43.3	S19 12.2	134 47.0	14.7	N10 48.0	11.3	54.8
	07	288 43.2	12.8	149 20.7	14.7	10 59.3	11.2	54.8
T	08	303 43.1	13.4	163 54.4	14.7	11 10.5	11.2	54.8
H	09	318 42.9	. . 14.0	178 28.1	14.6	11 21.7	11.2	54.8
U	10	333 42.8	14.6	193 01.7	14.5	11 32.9	11.1	54.8
R	11	348 42.7	15.2	207 35.2	14.5	11 44.0	11.1	54.8
S	12	3 42.6	S19 15.8	222 08.7	14.4	N11 55.1	11.0	54.9
D	13	18 42.4	16.3	236 42.1	14.3	12 06.1	11.1	54.9
A	14	33 42.3	16.9	251 15.4	14.3	12 17.2	10.9	54.9
Y	15	48 42.2	. . 17.5	265 48.7	14.2	12 28.1	10.9	54.9
	16	63 42.0	18.1	280 21.9	14.2	12 39.0	10.9	54.9
	17	78 41.9	18.7	294 55.1	14.1	12 49.9	10.8	55.0
	18	93 41.8	S19 19.3	309 28.2	14.0	N13 00.7	10.8	55.0
	19	108 41.6	19.9	324 01.2	14.0	13 11.5	10.7	55.0
	20	123 41.5	20.5	338 34.2	13.9	13 22.2	10.7	55.0
	21	138 41.4	. . 21.1	353 07.1	13.8	13 32.9	10.6	55.0
	22	153 41.2	21.7	7 39.9	13.8	13 43.5	10.6	55.0
	23	168 41.1	22.2	22 12.7	13.7	13 54.1	10.5	55.1
	19 00	183 41.0	S19 22.8	36 45.4	13.6	N14 04.6	10.5	55.1
	01	198 40.8	23.4	51 18.0	13.6	14 15.1	10.4	55.1
	02	213 40.7	24.0	65 50.6	13.5	14 25.5	10.4	55.1
	03	228 40.5	. . 24.6	80 23.1	13.4	14 35.9	10.3	55.1
	04	243 40.4	25.2	94 55.5	13.4	14 46.2	10.2	55.2
	05	258 40.3	25.8	109 27.9	13.2	14 56.4	10.2	55.2
	06	273 40.1	S19 26.3	124 00.1	13.3	N15 06.6	10.1	55.2
	07	288 40.0	26.9	138 32.4	13.1	15 16.7	10.1	55.2
	08	303 39.9	27.5	153 04.5	13.0	15 26.8	10.0	55.2
F	09	318 39.7	. . 28.1	167 36.5	13.0	15 36.8	10.0	55.3
R	10	333 39.6	28.7	182 08.5	12.9	15 46.8	9.9	55.3
I	11	348 39.4	29.2	196 40.4	12.9	15 56.7	9.8	55.3
D	12	3 39.3	S19 29.8	211 12.3	12.7	N16 06.5	9.7	55.3
A	13	18 39.2	30.4	225 44.0	12.7	16 16.2	9.7	55.3
Y	14	33 39.0	31.0	240 15.7	12.6	16 25.9	9.6	55.4
	15	48 38.9	. . 31.6	254 47.3	12.6	16 35.5	9.6	55.4
	16	63 38.7	32.1	269 18.9	12.4	16 45.1	9.5	55.4
	17	78 38.6	32.7	283 50.3	12.4	16 54.6	9.4	55.4
	18	93 38.5	S19 33.3	298 21.7	12.3	N17 04.0	9.3	55.4
	19	108 38.3	33.9	312 53.0	12.2	17 13.3	9.3	55.5
	20	123 38.2	34.4	327 24.2	12.2	17 22.6	9.2	55.5
	21	138 38.0	. . 35.0	341 55.4	12.0	17 31.8	9.1	55.5
	22	153 37.9	35.6	356 26.4	12.0	17 40.9	9.1	55.5
	23	168 37.7	36.1	10 57.4	11.9	17 50.0	8.9	55.6
	20 00	183 37.6	S19 36.7	25 28.3	11.9	N17 58.9	8.9	55.6
	01	198 37.5	37.3	39 59.2	11.7	18 07.8	8.8	55.6
	02	213 37.3	37.9	54 29.9	11.7	18 16.6	8.8	55.6
	03	228 37.2	. . 38.4	69 00.6	11.6	18 25.4	8.6	55.6
	04	243 37.0	39.0	83 31.2	11.5	18 34.0	8.6	55.7
	05	258 36.9	39.6	98 01.7	11.4	18 42.6	8.5	55.7
	06	273 36.7	S19 40.1	112 32.1	11.3	N18 51.1	8.4	55.7
	07	288 36.6	40.7	127 02.4	11.3	18 59.5	8.3	55.7
S	08	303 36.4	41.3	141 32.7	11.2	19 07.8	8.2	55.7
A	09	318 36.3	. . 41.8	156 02.9	11.1	19 16.0	8.1	55.8
T	10	333 36.2	42.4	170 33.0	11.0	19 24.1	8.1	55.8
U	11	348 36.0	43.0	185 03.0	10.9	19 32.2	7.9	55.8
R	12	3 35.9	S19 43.5	199 32.9	10.9	N19 40.1	7.9	55.8
D	13	18 35.7	44.1	214 02.8	10.8	19 48.0	7.8	55.9
A	14	33 35.6	44.7	228 32.6	10.7	19 55.8	7.7	55.9
	15	48 35.4	. . 45.2	243 02.3	10.6	20 03.5	7.6	55.9
Y	16	63 35.3	45.8	257 31.9	10.5	20 11.1	7.4	55.9
	17	78 35.1	46.3	272 01.4	10.5	20 18.5	7.4	55.9
	18	93 35.0	S19 46.9	286 30.9	10.3	N20 25.9	7.3	56.0
	19	108 34.8	47.5	301 00.2	10.3	20 33.2	7.2	56.0
	20	123 34.7	48.0	315 29.5	10.2	20 40.4	7.1	56.0
	21	138 34.5	. . 48.6	329 58.7	10.2	20 47.5	7.0	56.0
	22	153 34.4	49.1	344 27.9	10.0	20 54.5	6.9	56.1
	23	168 34.2	49.7	358 56.9	10.0	N21 01.4	6.8	56.1
		SD 16.2	*d* 0.6	SD 14.9		15.1		15.2

Lat.	Twilight Naut.	Twilight Civil	Sunrise	Moonrise 18	19	20	21
°	h m	h m	h m	h m	h m	h m	h m
N 72	07 13	08 53	■	12 30	11 48	□	□
N 70	07 01	08 27	10 17	12 50	12 27	11 34	□
68	06 52	08 07	09 31	13 06	12 54	12 35	□
66	06 43	07 51	09 02	13 19	13 15	13 10	13 05
64	06 36	07 38	08 40	13 30	13 31	13 35	13 45
62	06 30	07 27	08 22	13 39	13 45	13 55	14 13
60	06 25	07 17	08 07	13 47	13 57	14 12	14 34
N 58	06 20	07 09	07 55	13 54	14 07	14 25	14 52
56	06 15	07 01	07 44	14 00	14 16	14 37	15 07
54	06 11	06 55	07 35	14 06	14 24	14 48	15 20
52	06 07	06 48	07 26	14 11	14 32	14 57	15 31
50	06 03	06 43	07 19	14 16	14 38	15 06	15 41
45	05 55	06 31	07 03	14 26	14 52	15 23	16 02
N 40	05 47	06 20	06 49	14 34	15 04	15 38	16 19
35	05 40	06 11	06 38	14 41	15 14	15 51	16 34
30	05 34	06 03	06 28	14 48	15 22	16 01	16 46
20	05 21	05 48	06 11	14 59	15 37	16 20	17 08
N 10	05 08	05 34	05 56	15 08	15 51	16 37	17 27
0	04 54	05 20	05 42	15 18	16 03	16 52	17 44
S 10	04 39	05 05	05 27	15 27	16 16	17 08	18 02
20	04 20	04 48	05 12	15 37	16 29	17 24	18 21
30	03 56	04 28	04 54	15 48	16 45	17 44	18 43
35	03 41	04 15	04 44	15 55	16 54	17 55	18 56
40	03 23	04 01	04 32	16 03	17 05	18 08	19 11
45	02 59	03 43	04 17	16 12	17 17	18 23	19 29
S 50	02 26	03 20	04 00	16 22	17 32	18 42	19 51
52	02 09	03 09	03 52	16 27	17 39	18 51	20 01
54	01 48	02 56	03 42	16 33	17 47	19 01	20 13
56	01 20	02 41	03 32	16 39	17 56	19 13	20 27
58	00 32	02 23	03 20	16 46	18 05	19 26	20 43
S 60	////	02 00	03 06	16 54	18 17	19 42	21 03

Lat.	Sunset	Twilight Civil	Twilight Naut.	Moonset 18	19	20	21
°	h m	h m	h m	h m	h m	h m	h m
N 72	■	14 37	16 17	05 20	07 36	□	□
N 70	13 13	15 03	16 28	05 02	06 58	09 30	□
68	13 58	15 23	16 38	04 48	06 33	08 31	□
66	14 28	15 39	16 46	04 36	06 13	07 56	09 48
64	14 50	15 52	16 54	04 27	05 57	07 32	09 09
62	15 08	16 03	17 00	04 18	05 44	07 13	08 41
60	15 23	16 13	17 05	04 11	05 33	06 57	08 20
N 58	15 35	16 21	17 10	04 05	05 24	06 44	08 03
56	15 46	16 29	17 15	04 00	05 15	06 32	07 48
54	15 55	16 36	17 19	03 55	05 08	06 22	07 36
52	16 04	16 42	17 23	03 51	05 01	06 13	07 25
50	16 11	16 47	17 27	03 47	04 55	06 05	07 15
45	16 28	17 00	17 36	03 38	04 43	05 49	06 55
N 40	16 41	17 10	17 43	03 31	04 32	05 35	06 38
35	16 52	17 19	17 50	03 25	04 23	05 23	06 24
30	17 02	17 28	17 57	03 20	04 15	05 13	06 12
20	17 20	17 43	18 10	03 11	04 02	04 56	05 51
N 10	17 35	17 57	18 23	03 03	03 50	04 40	05 33
0	17 49	18 11	18 36	02 55	03 39	04 26	05 17
S 10	18 03	18 26	18 52	02 48	03 28	04 12	05 00
20	18 19	18 43	19 11	02 40	03 17	03 57	04 42
30	18 37	19 03	19 35	02 31	03 03	03 40	04 22
35	18 48	19 16	19 50	02 25	02 56	03 30	04 10
40	19 00	19 31	20 09	02 20	02 47	03 19	03 56
45	19 14	19 49	20 33	02 13	02 37	03 06	03 40
S 50	19 32	20 12	21 06	02 05	02 25	02 49	03 20
52	19 40	20 23	21 23	02 01	02 19	02 42	03 11
54	19 50	20 36	21 45	01 57	02 13	02 34	03 00
56	20 00	20 52	22 15	01 52	02 06	02 24	02 49
58	20 12	21 10	23 08	01 47	01 58	02 14	02 35
S 60	20 27	21 33	////	01 42	01 50	02 01	02 19

Day	SUN Eqn. of Time 00^h	SUN Eqn. of Time 12^h	SUN Mer. Pass.	MOON Mer. Pass. Upper	MOON Mer. Pass. Lower	MOON Age	MOON Phase
d	m s	m s	h m	h m	h m	d	%
18	14 57	14 50	11 45	21 28	09 06	12	90
19	14 44	14 38	11 45	22 15	09 51	13	95
20	14 31	14 24	11 46	23 04	10 39	14	98

	UT	ARIES	VENUS −4.8		MARS +1.4		JUPITER −2.6		SATURN +0.9	
		GHA	GHA	Dec	GHA	Dec	GHA	Dec	GHA	Dec
	d h	° ′	° ′	° ′	° ′	° ′	° ′	° ′	° ′	° ′
	21 00	59 53.5	214 19.7	S11 12.0	163 47.2	S23 33.9	65 17.1	S 3 54.1	226 28.7	S 3 18.1
	01	74 55.9	229 21.8	11.6	178 47.7	34.1	80 19.5	54.1	241 30.9	18.1
	02	89 58.4	244 23.8	11.2	193 48.1	34.3	95 22.0	54.0	256 33.2	18.2
	03	105 00.9	259 25.9	· · 10.7	208 48.6	· · 34.5	110 24.4	· · 54.0	271 35.4	· · 18.3
	04	120 03.3	274 27.9	10.3	223 49.0	34.7	125 26.9	54.0	286 37.6	18.4
	05	135 05.8	289 30.0	09.9	238 49.5	34.9	140 29.3	54.0	301 39.9	18.5
	06	150 08.3	304 32.0	S11 09.5	253 49.9	S23 35.1	155 31.8	S 3 54.0	316 42.1	S 3 18.6
	07	165 10.7	319 34.1	09.1	268 50.4	35.2	170 34.2	53.9	331 44.3	18.7
	08	180 13.2	334 36.1	08.7	283 50.9	35.4	185 36.7	53.9	346 46.6	18.8
S	09	195 15.7	349 38.2	· · 08.3	298 51.3	· · 35.6	200 39.1	· · 53.9	1 48.8	· · 18.9
U	10	210 18.1	4 40.2	07.9	313 51.8	35.8	215 41.6	53.9	16 51.0	18.9
N	11	225 20.6	19 42.2	07.5	328 52.2	36.0	230 44.0	53.9	31 53.3	19.0
D	12	240 23.1	34 44.2	S11 07.1	343 52.7	S23 36.2	245 46.5	S 3 53.8	46 55.5	S 3 19.1
A	13	255 25.5	49 46.3	06.7	358 53.1	36.4	260 48.9	53.8	61 57.7	19.2
Y	14	270 28.0	64 48.3	06.3	13 53.6	36.6	275 51.4	53.8	77 00.0	19.3
	15	285 30.4	79 50.3	· · 05.9	28 54.0	· · 36.8	290 53.8	· · 53.8	92 02.2	· · 19.4
	16	300 32.9	94 52.3	05.5	43 54.5	37.0	305 56.3	53.8	107 04.4	19.5
	17	315 35.4	109 54.3	05.1	58 54.9	37.2	320 58.7	53.7	122 06.7	19.6
	18	330 37.8	124 56.3	S11 04.7	73 55.4	S23 37.3	336 01.1	S 3 53.7	137 08.9	S 3 19.6
	19	345 40.3	139 58.3	04.3	88 55.8	37.5	351 03.6	53.7	152 11.1	19.7
	20	0 42.8	155 00.3	04.0	103 56.3	37.7	6 06.0	53.7	167 13.4	19.8
	21	15 45.2	170 02.3	· · 03.6	118 56.7	· · 37.9	21 08.5	· · 53.7	182 15.6	· · 19.9
	22	30 47.7	185 04.3	03.2	133 57.2	38.1	36 10.9	53.6	197 17.9	20.0
	23	45 50.2	200 06.3	02.8	148 57.6	38.3	51 13.4	53.6	212 20.1	20.1
	22 00	60 52.6	215 08.3	S11 02.4	163 58.1	S23 38.5	66 15.8	S 3 53.6	227 22.3	S 3 20.2
	01	75 55.1	230 10.3	02.1	178 58.5	38.7	81 18.2	53.6	242 24.6	20.3
	02	90 57.5	245 12.2	01.7	193 59.0	38.8	96 20.7	53.6	257 26.8	20.4
	03	106 00.0	260 14.2	· · 01.3	208 59.5	· · 39.0	111 23.1	· · 53.5	272 29.0	· · 20.4
	04	121 02.5	275 16.2	01.0	223 59.9	39.2	126 25.6	53.5	287 31.3	20.5
	05	136 04.9	290 18.2	00.6	239 00.4	39.4	141 28.0	53.5	302 33.5	20.6
	06	151 07.4	305 20.1	S11 00.2	254 00.8	S23 39.6	156 30.5	S 3 53.5	317 35.7	S 3 20.7
	07	166 09.9	320 22.1	10 59.9	269 01.3	39.8	171 32.9	53.4	332 38.0	20.8
	08	181 12.3	335 24.0	59.5	284 01.7	39.9	186 35.3	53.4	347 40.2	20.9
M	09	196 14.8	350 26.0	· · 59.2	299 02.2	· · 40.1	201 37.8	· · 53.4	2 42.4	· · 21.0
O	10	211 17.3	5 27.9	58.8	314 02.6	40.3	216 40.2	53.4	17 44.7	21.1
N	11	226 19.7	20 29.9	58.5	329 03.0	40.5	231 42.6	53.4	32 46.9	21.1
D	12	241 22.2	35 31.8	S10 58.1	344 03.5	S23 40.7	246 45.1	S 3 53.3	47 49.1	S 3 21.2
A	13	256 24.7	50 33.8	57.8	359 03.9	40.9	261 47.5	53.3	62 51.4	21.3
Y	14	271 27.1	65 35.7	57.4	14 04.4	41.0	276 50.0	53.3	77 53.6	21.4
	15	286 29.6	80 37.6	· · 57.1	29 04.8	· · 41.2	291 52.4	· · 53.3	92 55.9	· · 21.5
	16	301 32.0	95 39.5	56.7	44 05.3	41.4	306 54.8	53.2	107 58.1	21.6
	17	316 34.5	110 41.5	56.4	59 05.7	41.6	321 57.3	53.2	123 00.3	21.7
	18	331 37.0	125 43.4	S10 56.0	74 06.2	S23 41.8	336 59.7	S 3 53.2	138 02.6	S 3 21.7
	19	346 39.4	140 45.3	55.7	89 06.6	41.9	352 02.1	53.2	153 04.8	21.8
	20	1 41.9	155 47.2	55.4	104 07.1	42.1	7 04.6	53.1	168 07.0	21.9
	21	16 44.4	170 49.1	· · 55.0	119 07.5	· · 42.3	22 07.0	· · 53.1	183 09.3	· · 22.0
	22	31 46.8	185 51.0	54.7	134 08.0	42.5	37 09.5	53.1	198 11.5	22.1
	23	46 49.3	200 52.9	54.4	149 08.4	42.6	52 11.9	53.1	213 13.7	22.2
	23 00	61 51.8	215 54.8	S10 54.1	164 08.9	S23 42.8	67 14.3	S 3 53.0	228 16.0	S 3 22.3
	01	76 54.2	230 56.7	53.7	179 09.3	43.0	82 16.8	53.0	243 18.2	22.4
	02	91 56.7	245 58.6	53.4	194 09.8	43.2	97 19.2	53.0	258 20.5	22.4
	03	106 59.2	261 00.5	· · 53.1	209 10.2	· · 43.3	112 21.6	· · 53.0	273 22.7	· · 22.5
	04	122 01.6	276 02.4	52.8	224 10.7	43.5	127 24.1	52.9	288 24.9	22.6
	05	137 04.1	291 04.3	52.4	239 11.1	43.7	142 26.5	52.9	303 27.2	22.7
	06	152 06.5	306 06.2	S10 52.1	254 11.5	S23 43.9	157 28.9	S 3 52.9	318 29.4	S 3 22.8
	07	167 09.0	321 08.0	51.8	269 12.0	44.0	172 31.4	52.9	333 31.6	22.9
T	08	182 11.5	336 09.9	51.5	284 12.4	44.2	187 33.8	52.8	348 33.9	23.0
U	09	197 13.9	351 11.8	· · 51.2	299 12.9	· · 44.4	202 36.2	· · 52.8	3 36.1	· · 23.0
E	10	212 16.4	6 13.6	50.9	314 13.3	44.6	217 38.7	52.8	18 38.4	23.1
S	11	227 18.9	21 15.5	50.6	329 13.8	44.7	232 41.1	52.8	33 40.6	23.2
D	12	242 21.3	36 17.4	S10 50.3	344 14.2	S23 44.9	247 43.5	S 3 52.7	48 42.8	S 3 23.3
A	13	257 23.8	51 19.2	50.0	359 14.7	45.1	262 45.9	52.7	63 45.1	23.4
Y	14	272 26.3	66 21.1	49.7	14 15.1	45.2	277 48.4	52.7	78 47.3	23.5
	15	287 28.7	81 22.9	· · 49.4	29 15.5	· · 45.4	292 50.8	· · 52.7	93 49.6	· · 23.6
	16	302 31.2	96 24.7	49.1	44 16.0	45.6	307 53.2	52.6	108 51.8	23.7
	17	317 33.7	111 26.6	48.8	59 16.4	45.8	322 55.7	52.6	123 54.0	23.7
	18	332 36.1	126 28.4	S10 48.5	74 16.9	S23 45.9	337 58.1	S 3 52.6	138 56.3	S 3 23.8
	19	347 38.6	141 30.3	48.2	89 17.3	46.1	353 00.5	52.5	153 58.5	23.9
	20	2 41.0	156 32.1	47.9	104 17.8	46.3	8 02.9	52.5	169 00.7	24.0
	21	17 43.5	171 33.9	· · 47.6	119 18.2	· · 46.4	23 05.4	· · 52.5	184 03.0	· · 24.1
	22	32 46.0	186 35.7	47.4	134 18.6	46.6	38 07.8	52.5	199 05.2	24.2
	23	47 48.4	201 37.6	47.1	149 19.1	46.8	53 10.2	52.4	214 07.5	24.3
	Mer. Pass.	h m 19 53.2	*v* 1.9	*d* 0.3	*v* 0.4	*d* 0.2	*v* 2.4	*d* 0.0	*v* 2.2	*d* 0.1

STARS

Name	SHA	Dec
	° ′	° ′
Acamar	315 19.3	S40 15.6
Achernar	335 27.6	S57 10.9
Acrux	173 11.9	S63 09.4
Adhara	255 13.7	S28 59.1
Aldebaran	290 51.2	N16 31.9
Alioth	166 22.6	N55 53.8
Alkaid	153 00.7	N49 15.3
Al Na'ir	27 46.0	S46 54.6
Alnilam	275 47.9	S 1 11.7
Alphard	217 57.9	S 8 42.3
Alphecca	126 12.9	N26 40.7
Alpheratz	357 45.3	N29 09.3
Altair	62 10.3	N 8 54.0
Ankaa	353 17.2	S42 14.8
Antares	112 28.9	S26 27.3
Arcturus	145 57.7	N19 07.5
Atria	107 33.0	S69 02.8
Avior	234 18.6	S59 32.4
Bellatrix	278 33.7	N 6 21.6
Betelgeuse	271 03.0	N 7 24.6
Canopus	263 56.5	S52 41.9
Capella	280 36.8	N46 00.5
Deneb	49 33.0	N45 19.5
Denebola	182 35.7	N14 30.6
Diphda	348 57.5	S17 55.5
Dubhe	193 54.0	N61 41.2
Elnath	278 14.6	N28 37.0
Eltanin	90 47.5	N51 29.4
Enif	33 49.0	N 9 55.7
Fomalhaut	15 25.9	S29 33.9
Gacrux	172 03.5	S57 10.3
Gienah	175 54.4	S17 36.1
Hadar	148 51.2	S60 25.4
Hamal	328 02.6	N23 31.0
Kaus Aust.	83 46.6	S34 22.8
Kochab	137 20.9	N74 06.5
Markab	13 40.1	N15 16.1
Menkar	314 16.7	N 4 08.1
Menkent	148 10.2	S36 25.3
Miaplacidus	221 40.0	S69 45.5
Mirfak	308 42.6	N49 54.1
Nunki	76 00.9	S26 17.0
Peacock	53 22.4	S56 42.1
Pollux	243 29.8	N27 59.8
Procyon	245 01.5	N 5 11.8
Rasalhague	96 08.5	N12 33.2
Regulus	207 45.5	N11 54.7
Rigel	281 13.5	S 8 11.3
Rigil Kent.	139 55.0	S60 52.7
Sabik	102 15.0	S15 44.2
Schedar	349 42.4	N56 36.2
Shaula	96 24.8	S37 06.7
Sirius	258 35.1	S16 43.8
Spica	158 33.5	S11 13.1
Suhail	222 53.7	S43 28.4
Vega	80 40.6	N38 47.8
Zuben'ubi	137 07.8	S16 05.2

	SHA	Mer. Pass.
	° ′	h m
Venus	154 15.7	9 38
Mars	103 05.5	13 04
Jupiter	5 23.2	19 32
Saturn	166 29.7	8 49

UT d	h	SUN GHA	SUN Dec	MOON GHA	v	MOON Dec	d	HP
		° ′	° ′	° ′	′	° ′	′	′
21	00	183 34.1	S19 50.3	13 25.9	9.9	N21 08.2	6.7	56.1
	01	198 33.9	50.8	27 54.8	9.8	21 14.9	6.6	56.1
	02	213 33.7	51.4	42 23.6	9.7	21 21.5	6.4	56.2
	03	228 33.6	. . 51.9	56 52.3	9.7	21 27.9	6.4	56.2
	04	243 33.4	52.5	71 21.0	9.6	21 34.3	6.2	56.2
	05	258 33.3	53.0	85 49.6	9.5	21 40.5	6.2	56.2
	06	273 33.1	S19 53.6	100 18.1	9.4	N21 46.7	6.0	56.2
	07	288 33.0	54.1	114 46.5	9.4	21 52.7	5.9	56.3
	08	303 32.8	54.7	129 14.9	9.3	21 58.6	5.9	56.3
S	09	318 32.7	. . 55.2	143 43.2	9.2	22 04.5	5.6	56.3
U	10	333 32.5	55.8	158 11.4	9.1	22 10.1	5.6	56.3
N	11	348 32.4	56.3	172 39.5	9.1	22 15.7	5.5	56.4
D	12	3 32.2	S19 56.9	187 07.6	8.9	N22 21.2	5.3	56.4
A	13	18 32.0	57.4	201 35.5	8.9	22 26.5	5.3	56.4
Y	14	33 31.9	58.0	216 03.4	8.9	22 31.8	5.1	56.4
	15	48 31.7	. . 58.5	230 31.3	8.8	22 36.9	5.0	56.4
	16	63 31.6	59.1	244 59.1	8.7	22 41.9	4.8	56.5
	17	78 31.4	19 59.6	259 26.8	8.6	22 46.7	4.8	56.5
	18	93 31.3	S20 00.2	273 54.4	8.6	N22 51.5	4.6	56.5
	19	108 31.1	00.7	288 22.0	8.5	22 56.1	4.5	56.5
	20	123 30.9	01.3	302 49.5	8.4	23 00.6	4.4	56.6
	21	138 30.8	. . 01.8	317 16.9	8.3	23 05.0	4.2	56.6
	22	153 30.6	02.3	331 44.2	8.3	23 09.2	4.1	56.6
	23	168 30.5	02.9	346 11.5	8.3	23 13.3	4.0	56.6
22	00	183 30.3	S20 03.4	0 38.8	8.2	N23 17.3	3.9	56.7
	01	198 30.1	04.0	15 06.0	8.1	23 21.2	3.7	56.7
	02	213 30.0	04.5	29 33.1	8.0	23 24.9	3.6	56.7
	03	228 29.8	. . 05.1	44 00.1	8.0	23 28.5	3.5	56.7
	04	243 29.7	05.6	58 27.1	8.0	23 32.0	3.3	56.7
	05	258 29.5	06.1	72 54.1	7.8	23 35.3	3.2	56.8
	06	273 29.3	S20 06.7	87 20.9	7.9	N23 38.5	3.1	56.8
	07	288 29.2	07.2	101 47.8	7.7	23 41.6	2.9	56.8
	08	303 29.0	07.7	116 14.5	7.7	23 44.5	2.9	56.8
M	09	318 28.8	. . 08.3	130 41.2	7.7	23 47.4	2.6	56.9
O	10	333 28.7	08.8	145 07.9	7.6	23 50.0	2.6	56.9
N	11	348 28.5	09.3	159 34.5	7.6	23 52.6	2.4	56.9
D	12	3 28.3	S20 09.9	174 01.1	7.5	N23 55.0	2.2	56.9
A	13	18 28.2	10.4	188 27.6	7.5	23 57.2	2.1	56.9
Y	14	33 28.0	10.9	202 54.1	7.4	23 59.3	2.0	57.0
	15	48 27.9	. . 11.5	217 20.5	7.3	24 01.3	1.9	57.0
	16	63 27.7	12.0	231 46.8	7.4	24 03.2	1.7	57.0
	17	78 27.5	12.5	246 13.2	7.3	24 04.9	1.5	57.0
	18	93 27.4	S20 13.1	260 39.5	7.2	N24 06.4	1.4	57.1
	19	108 27.2	13.6	275 05.7	7.2	24 07.8	1.3	57.1
	20	123 27.0	14.1	289 31.9	7.2	24 09.1	1.2	57.1
	21	138 26.9	. . 14.7	303 58.1	7.1	24 10.3	1.0	57.1
	22	153 26.7	15.2	318 24.2	7.2	24 11.3	0.8	57.1
	23	168 26.5	15.7	332 50.4	7.0	24 12.1	0.7	57.2
23	00	183 26.3	S20 16.2	347 16.4	7.1	N24 12.8	0.6	57.2
	01	198 26.2	16.8	1 42.5	7.0	24 13.4	0.4	57.2
	02	213 26.0	17.3	16 08.5	7.0	24 13.8	0.3	57.2
	03	228 25.8	. . 17.8	30 34.5	6.9	24 14.1	0.1	57.2
	04	243 25.7	18.3	45 00.4	6.9	24 14.2	0.0	57.3
	05	258 25.5	18.9	59 26.3	6.9	24 14.2	0.2	57.3
	06	273 25.3	S20 19.4	73 52.2	6.9	N24 14.0	0.3	57.3
	07	288 25.2	19.9	88 18.1	6.9	24 13.7	0.5	57.3
T	08	303 25.0	20.4	102 44.0	6.8	24 13.2	0.6	57.3
U	09	318 24.8	. . 21.0	117 09.8	6.9	24 12.6	0.7	57.4
	10	333 24.6	21.5	131 35.7	6.8	24 11.9	0.9	57.4
E	11	348 24.5	22.0	146 01.5	6.8	24 11.0	1.0	57.4
S	12	3 24.3	S20 22.5	160 27.3	6.7	N24 10.0	1.2	57.4
D	13	18 24.1	23.0	174 53.0	6.8	24 08.8	1.4	57.4
A	14	33 23.9	23.5	189 18.8	6.8	24 07.4	1.5	57.5
Y	15	48 23.8	. . 24.1	203 44.6	6.7	24 05.9	1.6	57.5
	16	63 23.6	24.6	218 10.3	6.8	24 04.3	1.8	57.5
	17	78 23.4	25.1	232 36.1	6.7	24 02.5	1.9	57.5
	18	93 23.3	S20 25.6	247 01.8	6.7	N24 00.6	2.1	57.5
	19	108 23.1	26.1	261 27.5	6.8	23 58.5	2.2	57.6
	20	123 22.9	26.6	275 53.3	6.7	23 56.3	2.3	57.6
	21	138 22.7	. . 27.1	290 19.0	6.7	23 54.0	2.6	57.6
	22	153 22.5	27.7	304 44.7	6.8	23 51.4	2.6	57.6
	23	168 22.4	28.2	319 10.5	6.7	N23 48.8	2.8	57.6
		SD 16.2	d 0.5	SD 15.4		15.5		15.6

Lat.	Twilight Naut.	Twilight Civil	Sunrise	Moonrise 21	Moonrise 22	Moonrise 23	Moonrise 24
°	h m	h m	h m	h m	h m	h m	h m
N 72	07 23	09 07	■	□	□	□	□
N 70	07 10	08 38	10 44	□	□	□	□
68	07 00	08 16	09 46	□	□	□	□
66	06 51	07 59	09 13	13 05	12 55	□	15 45
64	06 43	07 45	08 49	13 45	14 08	15 02	16 31
62	06 36	07 34	08 30	14 13	14 44	15 40	17 00
60	06 30	07 23	08 15	14 34	15 11	16 07	17 23
N 58	06 25	07 14	08 02	14 52	15 31	16 27	17 41
56	06 20	07 07	07 50	15 07	15 48	16 45	17 56
54	06 15	06 59	07 40	15 20	16 03	16 59	18 09
52	06 11	06 53	07 31	15 31	16 15	17 12	18 21
50	06 07	06 47	07 24	15 41	16 26	17 23	18 31
45	05 58	06 34	07 07	16 02	16 49	17 46	18 52
N 40	05 50	06 23	06 53	16 19	17 08	18 05	19 09
35	05 43	06 14	06 41	16 34	17 24	18 21	19 23
30	05 36	06 05	06 31	16 46	17 37	18 34	19 36
20	05 23	05 49	06 13	17 08	18 00	18 57	19 57
N 10	05 09	05 35	05 57	17 27	18 21	19 17	20 16
0	04 55	05 20	05 42	17 44	18 39	19 36	20 33
S 10	04 39	05 05	05 28	18 02	18 58	19 55	20 50
20	04 19	04 48	05 12	18 21	19 18	20 15	21 08
30	03 55	04 27	04 53	18 43	19 42	20 38	21 30
35	03 39	04 14	04 42	18 56	19 56	20 51	21 42
40	03 20	03 58	04 30	19 11	20 11	21 07	21 56
45	02 55	03 40	04 15	19 29	20 30	21 26	22 13
S 50	02 21	03 16	03 56	19 51	20 54	21 49	22 33
52	02 03	03 04	03 48	20 01	21 06	22 00	22 43
54	01 40	02 51	03 38	20 13	21 19	22 13	22 54
56	01 07	02 35	03 27	20 27	21 34	22 27	23 07
58	////	02 15	03 14	20 43	21 51	22 44	23 21
S 60	////	01 51	03 00	21 03	22 13	23 05	23 38

Lat.	Sunset	Twilight Civil	Twilight Naut.	Moonset 21	Moonset 22	Moonset 23	Moonset 24
°	h m	h m	h m	h m	h m	h m	h m
N 72	■	14 24	16 08	□	□	□	□
N 70	12 48	14 53	16 21	□	□	□	□
68	13 45	15 15	16 32	□	□	□	□
66	14 18	15 32	16 41	09 48	11 51	□	12 58
64	14 42	15 46	16 48	09 09	10 38	11 42	12 13
62	15 01	15 58	16 55	08 41	10 02	11 04	11 43
60	15 17	16 08	17 01	08 20	09 36	10 38	11 20
N 58	15 30	16 17	17 07	08 03	09 16	10 17	11 01
56	15 41	16 25	17 12	07 48	08 59	09 59	10 46
54	15 51	16 32	17 16	07 36	08 45	09 45	10 32
52	16 00	16 39	17 21	07 25	08 32	09 32	10 21
50	16 08	16 45	17 25	07 15	08 21	09 21	10 10
45	16 25	16 58	17 34	06 55	07 59	08 57	09 48
N 40	16 39	17 09	17 42	06 38	07 40	08 38	09 31
35	16 51	17 18	17 49	06 24	07 25	08 23	09 16
30	17 01	17 27	17 56	06 12	07 11	08 09	09 03
20	17 19	17 43	18 10	05 51	06 49	07 46	08 41
N 10	17 35	17 57	18 23	05 33	06 29	07 25	08 21
0	17 50	18 12	18 37	05 17	06 10	07 06	08 03
S 10	18 05	18 27	18 54	05 00	05 52	06 48	07 45
20	18 21	18 45	19 13	04 42	05 32	06 27	07 26
30	18 40	19 06	19 38	04 22	05 10	06 04	07 03
35	18 50	19 19	19 54	04 10	04 56	05 50	06 50
40	19 03	19 34	20 13	03 56	04 41	05 34	06 35
45	19 18	19 53	20 38	03 40	04 23	05 15	06 16
S 50	19 37	20 17	21 13	03 20	04 00	04 51	05 54
52	19 45	20 29	21 31	03 11	03 49	04 40	05 43
54	19 55	20 43	21 55	03 00	03 37	04 27	05 30
56	20 06	20 59	22 29	02 49	03 23	04 12	05 16
58	20 19	21 19	////	02 35	03 07	03 54	04 59
S 60	20 34	21 44	////	02 19	02 47	03 32	04 39

Day	SUN Eqn. of Time 00^h	SUN Eqn. of Time 12^h	SUN Mer. Pass.	MOON Mer. Pass. Upper	MOON Mer. Pass. Lower	MOON Age	MOON Phase
d	m s	m s	h m	h m	h m	d %	
21	14 17	14 09	11 46	23 57	11 30	15 100	○
22	14 02	13 54	11 46	24 53	12 25	16 99	
23	13 46	13 38	11 46	00 53	13 21	17 97	

Day	UT d h	ARIES GHA ° ′	VENUS −4.8 GHA ° ′	VENUS Dec ° ′	MARS +1.3 GHA ° ′	MARS Dec ° ′	JUPITER −2.6 GHA ° ′	JUPITER Dec ° ′	SATURN +0.9 GHA ° ′	SATURN Dec ° ′
	24 00	62 50.9	216 39.4	S10 46.8	164 19.5	S23 46.9	68 12.7	S 3 52.4	229 09.7	S 3 24.3
	01	77 53.4	231 41.2	46.5	179 20.0	47.1	83 15.1	52.4	244 11.9	24.4
	02	92 55.8	246 43.0	46.3	194 20.4	47.3	98 17.5	52.4	259 14.2	24.5
	03	107 58.3	261 44.8	. . 46.0	209 20.9	. . 47.4	113 19.9	. . 52.3	274 16.4	. . 24.6
	04	123 00.8	276 46.6	45.7	224 21.3	47.6	128 22.4	52.3	289 18.7	24.7
	05	138 03.2	291 48.4	45.4	239 21.7	47.7	143 24.8	52.3	304 20.9	24.8
	06	153 05.7	306 50.2	S10 45.2	254 22.2	S23 47.9	158 27.2	S 3 52.2	319 23.1	S 3 24.9
W	07	168 08.2	321 52.0	44.9	269 22.6	48.1	173 29.6	52.2	334 25.4	24.9
E	08	183 10.6	336 53.8	44.6	284 23.1	48.2	188 32.1	52.2	349 27.6	25.0
D	09	198 13.1	351 55.6	. . 44.4	299 23.5	. . 48.4	203 34.5	. . 52.1	4 29.9	. . 25.1
N	10	213 15.5	6 57.4	44.1	314 23.9	48.6	218 36.9	52.1	19 32.1	25.2
E	11	228 18.0	21 59.1	43.9	329 24.4	48.7	233 39.3	52.1	34 34.3	25.3
S	12	243 20.5	37 00.9	S10 43.6	344 24.8	S23 48.9	248 41.8	S 3 52.1	49 36.6	S 3 25.4
D	13	258 22.9	52 02.7	43.3	359 25.3	49.0	263 44.2	52.0	64 38.8	25.4
A	14	273 25.4	67 04.5	43.1	14 25.7	49.2	278 46.6	52.0	79 41.1	25.5
Y	15	288 27.9	82 06.2	. . 42.8	29 26.1	. . 49.4	293 49.0	. . 52.0	94 43.3	. . 25.6
	16	303 30.3	97 08.0	42.6	44 26.6	49.5	308 51.4	51.9	109 45.5	25.7
	17	318 32.8	112 09.7	42.4	59 27.0	49.7	323 53.9	51.9	124 47.8	25.8
	18	333 35.3	127 11.5	S10 42.1	74 27.4	S23 49.8	338 56.3	S 3 51.9	139 50.0	S 3 25.9
	19	348 37.7	142 13.3	41.9	89 27.9	50.0	353 58.7	51.8	154 52.3	26.0
	20	3 40.2	157 15.0	41.6	104 28.3	50.2	9 01.1	51.8	169 54.5	26.0
	21	18 42.7	172 16.8	. . 41.4	119 28.8	. . 50.3	24 03.5	. . 51.8	184 56.8	. . 26.1
	22	33 45.1	187 18.5	41.2	134 29.2	50.5	39 06.0	51.8	199 59.0	26.2
	23	48 47.6	202 20.2	40.9	149 29.6	50.6	54 08.4	51.7	215 01.2	26.3
	25 00	63 50.0	217 22.0	S10 40.7	164 30.1	S23 50.8	69 10.8	S 3 51.7	230 03.5	S 3 26.4
	01	78 52.5	232 23.7	40.5	179 30.5	50.9	84 13.2	51.7	245 05.7	26.5
	02	93 55.0	247 25.4	40.2	194 30.9	51.1	99 15.6	51.6	260 08.0	26.6
	03	108 57.4	262 27.2	. . 40.0	209 31.4	. . 51.2	114 18.1	. . 51.6	275 10.2	. . 26.6
	04	123 59.9	277 28.9	39.8	224 31.8	51.4	129 20.5	51.6	290 12.4	26.7
	05	139 02.4	292 30.6	39.5	239 32.3	51.6	144 22.9	51.5	305 14.7	26.8
	06	154 04.8	307 32.3	S10 39.3	254 32.7	S23 51.7	159 25.3	S 3 51.5	320 16.9	S 3 26.9
	07	169 07.3	322 34.0	39.1	269 33.1	51.9	174 27.7	51.5	335 19.2	27.0
T	08	184 09.8	337 35.7	38.9	284 33.6	52.0	189 30.1	51.4	350 21.4	27.1
H	09	199 12.2	352 37.5	. . 38.7	299 34.0	. . 52.2	204 32.6	. . 51.4	5 23.7	. . 27.1
U	10	214 14.7	7 39.2	38.5	314 34.4	52.3	219 35.0	51.4	20 25.9	27.2
R	11	229 17.1	22 40.9	38.2	329 34.9	52.5	234 37.4	51.3	35 28.1	27.3
S	12	244 19.6	37 42.6	S10 38.0	344 35.3	S23 52.6	249 39.8	S 3 51.3	50 30.4	S 3 27.4
D	13	259 22.1	52 44.2	37.8	359 35.7	52.8	264 42.2	51.3	65 32.6	27.5
A	14	274 24.5	67 45.9	37.6	14 36.2	52.9	279 44.6	51.2	80 34.9	27.6
Y	15	289 27.0	82 47.6	. . 37.4	29 36.6	. . 53.1	294 47.0	. . 51.2	95 37.1	. . 27.6
	16	304 29.5	97 49.3	37.2	44 37.0	53.2	309 49.5	51.2	110 39.4	27.7
	17	319 31.9	112 51.0	37.0	59 37.5	53.4	324 51.9	51.1	125 41.6	27.8
	18	334 34.4	127 52.7	S10 36.8	74 37.9	S23 53.5	339 54.3	S 3 51.1	140 43.8	S 3 27.9
	19	349 36.9	142 54.3	36.6	89 38.3	53.7	354 56.7	51.1	155 46.1	28.0
	20	4 39.3	157 56.0	36.4	104 38.8	53.8	9 59.1	51.0	170 48.3	28.1
	21	19 41.8	172 57.7	. . 36.2	119 39.2	. . 54.0	25 01.5	. . 51.0	185 50.6	. . 28.1
	22	34 44.3	187 59.4	36.0	134 39.6	54.1	40 03.9	51.0	200 52.8	28.2
	23	49 46.7	203 01.0	35.9	149 40.1	54.2	55 06.3	50.9	215 55.1	28.3
	26 00	64 49.2	218 02.7	S10 35.7	164 40.5	S23 54.4	70 08.8	S 3 50.9	230 57.3	S 3 28.4
	01	79 51.6	233 04.3	35.5	179 40.9	54.5	85 11.2	50.9	245 59.6	28.5
	02	94 54.1	248 06.0	35.3	194 41.4	54.7	100 13.6	50.8	261 01.8	28.6
	03	109 56.6	263 07.6	. . 35.1	209 41.8	. . 54.8	115 16.0	. . 50.8	276 04.0	. . 28.6
	04	124 59.0	278 09.3	34.9	224 42.2	55.0	130 18.4	50.8	291 06.3	28.7
	05	140 01.5	293 10.9	34.8	239 42.7	55.1	145 20.8	50.7	306 08.5	28.8
	06	155 04.0	308 12.6	S10 34.6	254 43.1	S23 55.3	160 23.2	S 3 50.7	321 10.8	S 3 28.9
	07	170 06.4	323 14.2	34.4	269 43.5	55.4	175 25.6	50.6	336 13.0	29.0
	08	185 08.9	338 15.8	34.2	284 44.0	55.5	190 28.0	50.6	351 15.3	29.1
F	09	200 11.4	353 17.5	. . 34.1	299 44.4	. . 55.7	205 30.4	. . 50.6	6 17.5	. . 29.1
R	10	215 13.8	8 19.1	33.9	314 44.8	55.8	220 32.9	50.5	21 19.8	29.2
I	11	230 16.3	23 20.7	33.7	329 45.3	56.0	235 35.3	50.5	36 22.0	29.3
D	12	245 18.8	38 22.3	S10 33.6	344 45.7	S23 56.1	250 37.7	S 3 50.5	51 24.2	S 3 29.4
A	13	260 21.2	53 23.9	33.4	359 46.1	56.2	265 40.1	50.4	66 26.5	29.5
Y	14	275 23.7	68 25.6	33.2	14 46.6	56.4	280 42.5	50.4	81 28.7	29.6
	15	290 26.1	83 27.2	. . 33.1	29 47.0	. . 56.5	295 44.9	. . 50.4	96 31.0	. . 29.6
	16	305 28.6	98 28.8	32.9	44 47.4	56.7	310 47.3	50.3	111 33.2	29.7
	17	320 31.1	113 30.4	32.8	59 47.8	56.8	325 49.7	50.3	126 35.5	29.8
	18	335 33.5	128 32.0	S10 32.6	74 48.3	S23 56.9	340 52.1	S 3 50.2	141 37.7	S 3 29.9
	19	350 36.0	143 33.6	32.5	89 48.7	57.1	355 54.5	50.2	156 40.0	30.0
	20	5 38.5	158 35.2	32.3	104 49.1	57.2	10 56.9	50.2	171 42.2	30.1
	21	20 40.9	173 36.8	. . 32.2	119 49.6	. . 57.4	25 59.3	. . 50.1	186 44.5	. . 30.1
	22	35 43.4	188 38.4	32.0	134 50.0	57.5	41 01.7	50.1	201 46.7	30.2
	23	50 45.9	203 40.0	31.9	149 50.4	57.6	56 04.1	50.0	216 49.0	30.3
	Mer. Pass. (h m)	19 41.4	*v* 1.7	*d* 0.2	*v* 0.4	*d* 0.2	*v* 2.4	*d* 0.0	*v* 2.2	*d* 0.1

STARS

Name	SHA ° ′	Dec ° ′
Acamar	315 19.3	S40 15.6
Achernar	335 27.6	S57 11.0
Acrux	173 11.9	S63 09.4
Adhara	255 13.7	S28 59.1
Aldebaran	290 51.2	N16 31.9
Alioth	166 22.6	N55 53.8
Alkaid	153 00.7	N49 15.3
Al Na'ir	27 46.0	S46 54.6
Alnilam	275 47.9	S 1 11.7
Alphard	217 57.8	S 8 42.3
Alphecca	126 12.9	N26 40.7
Alpheratz	357 45.3	N29 09.3
Altair	62 10.3	N 8 54.0
Ankaa	353 17.2	S42 14.9
Antares	112 28.9	S26 27.3
Arcturus	145 57.7	N19 07.5
Atria	107 33.0	S69 02.8
Avior	234 18.5	S59 32.5
Bellatrix	278 33.7	N 6 21.6
Betelgeuse	271 03.0	N 7 24.5
Canopus	263 56.5	S52 41.9
Capella	280 36.7	N46 00.5
Deneb	49 33.0	N45 19.5
Denebola	182 35.7	N14 30.5
Diphda	348 57.5	S17 55.5
Dubhe	193 53.9	N61 41.2
Elnath	278 14.6	N28 37.0
Eltanin	90 47.5	N51 29.4
Enif	33 49.0	N 9 55.7
Fomalhaut	15 25.9	S29 33.9
Gacrux	172 03.4	S57 10.3
Gienah	175 54.4	S17 36.1
Hadar	148 51.2	S60 25.4
Hamal	328 02.6	N23 31.0
Kaus Aust.	83 46.6	S34 22.8
Kochab	137 20.9	N74 06.5
Markab	13 40.1	N15 16.1
Menkar	314 16.7	N 4 08.1
Menkent	148 10.2	S36 25.3
Miaplacidus	221 39.9	S69 45.5
Mirfak	308 42.6	N49 54.1
Nunki	76 00.9	S26 17.0
Peacock	53 22.4	S56 42.1
Pollux	243 29.7	N27 59.8
Procyon	245 01.4	N 5 11.8
Rasalhague	96 08.5	N12 33.2
Regulus	207 45.5	N11 54.7
Rigel	281 13.5	S 8 11.3
Rigil Kent.	139 55.0	S60 52.7
Sabik	102 15.0	S15 44.2
Schedar	349 42.4	N56 36.2
Shaula	96 24.8	S37 06.7
Sirius	258 35.1	S16 43.8
Spica	158 33.5	S11 13.1
Suhail	222 53.7	S43 28.4
Vega	80 40.6	N38 47.8
Zuben'ubi	137 07.8	S16 05.2

	SHA ° ′	Mer. Pass. h m
Venus	153 31.9	9 29
Mars	100 40.0	13 02
Jupiter	5 20.8	19 20
Saturn	166 13.4	8 38

	UT	SUN GHA	SUN Dec	MOON GHA	v	MOON Dec	d	HP
	d h	° ′	° ′	° ′	′	° ′	′	′
	24 00	183 22.2	S20 28.7	333 36.2	6.7	N23 46.0	3.0	57.7
	01	198 22.0	29.2	348 01.9	6.8	23 43.0	3.1	57.7
	02	213 21.8	29.7	2 27.7	6.7	23 39.9	3.2	57.7
	03	228 21.7	. . 30.2	16 53.4	6.8	23 36.7	3.4	57.7
	04	243 21.5	30.7	31 19.2	6.8	23 33.3	3.6	57.7
	05	258 21.3	31.2	45 45.0	6.8	23 29.7	3.7	57.8
	06	273 21.1	S20 31.7	60 10.8	6.8	N23 26.0	3.8	57.8
W	07	288 20.9	32.2	74 36.6	6.8	23 22.2	4.0	57.8
E	08	303 20.8	32.7	89 02.4	6.8	23 18.2	4.1	57.8
D	09	318 20.6	. . 33.2	103 28.2	6.9	23 14.1	4.2	57.8
N	10	333 20.4	33.8	117 54.1	6.9	23 09.9	4.5	57.9
E	11	348 20.2	34.3	132 20.0	6.9	23 05.4	4.5	57.9
S	12	3 20.0	S20 34.8	146 45.9	6.9	N23 00.9	4.7	57.9
D	13	18 19.9	35.3	161 11.8	6.9	22 56.2	4.8	57.9
A	14	33 19.7	35.8	175 37.7	7.0	22 51.4	5.0	57.9
Y	15	48 19.5	. . 36.3	190 03.7	7.0	22 46.4	5.1	57.9
	16	63 19.3	36.8	204 29.7	7.0	22 41.3	5.3	58.0
	17	78 19.1	37.3	218 55.7	7.0	22 36.0	5.4	58.0
	18	93 19.0	S20 37.8	233 21.7	7.1	N22 30.6	5.5	58.0
	19	108 18.8	38.3	247 47.8	7.1	22 25.1	5.7	58.0
	20	123 18.6	38.8	262 13.9	7.1	22 19.4	5.8	58.0
	21	138 18.4	. . 39.3	276 40.0	7.2	22 13.6	6.0	58.0
	22	153 18.2	39.8	291 06.2	7.2	22 07.6	6.0	58.1
	23	168 18.0	40.2	305 32.4	7.2	22 01.6	6.3	58.1
	25 00	183 17.8	S20 40.7	319 58.6	7.3	N21 55.3	6.3	58.1
	01	198 17.7	41.2	334 24.9	7.3	21 49.0	6.5	58.1
	02	213 17.5	41.7	348 51.2	7.3	21 42.5	6.7	58.1
	03	228 17.3	. . 42.2	3 17.5	7.4	21 35.8	6.7	58.1
	04	243 17.1	42.7	17 43.9	7.5	21 29.1	6.9	58.2
	05	258 16.9	43.2	32 10.4	7.4	21 22.2	7.0	58.2
	06	273 16.7	S20 43.7	46 36.8	7.5	N21 15.2	7.2	58.2
	07	288 16.5	44.2	61 03.3	7.6	21 08.0	7.3	58.2
T	08	303 16.4	44.7	75 29.9	7.5	21 00.7	7.4	58.2
H	09	318 16.2	. . 45.2	89 56.4	7.7	20 53.3	7.5	58.2
U	10	333 16.0	45.7	104 23.1	7.6	20 45.8	7.7	58.3
R	11	348 15.8	46.1	118 49.7	7.8	20 38.1	7.8	58.3
S	12	3 15.6	S20 46.6	133 16.5	7.7	N20 30.3	7.9	58.3
D	13	18 15.4	47.1	147 43.2	7.8	20 22.4	8.1	58.3
A	14	33 15.2	47.6	162 10.0	7.9	20 14.3	8.2	58.3
Y	15	48 15.0	. . 48.1	176 36.9	7.9	20 06.1	8.2	58.3
	16	63 14.8	48.6	191 03.8	7.9	19 57.9	8.5	58.3
	17	78 14.7	49.1	205 30.7	8.0	19 49.4	8.5	58.4
	18	93 14.5	S20 49.5	219 57.7	8.1	N19 40.9	8.7	58.4
	19	108 14.3	50.0	234 24.8	8.1	19 32.2	8.7	58.4
	20	123 14.1	50.5	248 51.9	8.1	19 23.5	8.9	58.4
	21	138 13.9	. . 51.0	263 19.0	8.2	19 14.6	9.0	58.4
	22	153 13.7	51.5	277 46.2	8.2	19 05.6	9.2	58.4
	23	168 13.5	51.9	292 13.4	8.3	18 56.4	9.2	58.5
	26 00	183 13.3	S20 52.4	306 40.7	8.4	N18 47.2	9.3	58.5
	01	198 13.1	52.9	321 08.1	8.4	18 37.9	9.5	58.5
	02	213 12.9	53.4	335 35.5	8.4	18 28.4	9.6	58.5
	03	228 12.7	. . 53.9	350 02.9	8.5	18 18.8	9.7	58.5
	04	243 12.5	54.3	4 30.4	8.6	18 09.1	9.8	58.5
	05	258 12.3	54.8	18 58.0	8.6	17 59.3	9.9	58.5
	06	273 12.1	S20 55.3	33 25.6	8.6	N17 49.4	10.0	58.5
	07	288 11.9	55.8	47 53.2	8.7	17 39.4	10.1	58.6
	08	303 11.8	56.2	62 20.9	8.8	17 29.3	10.2	58.6
F	09	318 11.6	. . 56.7	76 48.7	8.8	17 19.1	10.3	58.6
R	10	333 11.4	57.2	91 16.5	8.8	17 08.8	10.5	58.6
I	11	348 11.2	57.6	105 44.3	8.9	16 58.3	10.5	58.6
D	12	3 11.0	S20 58.1	120 12.2	9.0	N16 47.8	10.6	58.6
A	13	18 10.8	58.6	134 40.2	9.0	16 37.2	10.8	58.6
Y	14	33 10.6	59.1	149 08.2	9.0	16 26.4	10.8	58.7
	15	48 10.4	20 59.5	163 36.2	9.2	16 15.6	10.9	58.7
	16	63 10.2	21 00.0	178 04.4	9.1	16 04.7	11.0	58.7
	17	78 10.0	00.5	192 32.5	9.2	15 53.7	11.1	58.7
	18	93 09.8	S21 00.9	207 00.7	9.3	N15 42.6	11.2	58.7
	19	108 09.6	01.4	221 29.0	9.3	15 31.4	11.3	58.7
	20	123 09.4	01.9	235 57.3	9.4	15 20.1	11.4	58.7
	21	138 09.2	. . 02.3	250 25.7	9.4	15 08.7	11.5	58.7
	22	153 09.0	02.8	264 54.1	9.4	14 57.2	11.6	58.8
	23	168 08.8	03.2	279 22.5	9.6	N14 45.6	11.6	58.8
		SD 16.2	*d* 0.5	SD 15.8		15.9		16.0

Lat.	Twilight Naut.	Twilight Civil	Sunrise	Moonrise 24	Moonrise 25	Moonrise 26	Moonrise 27
°	h m	h m	h m	h m	h m	h m	h m
N 72	07 33	09 21	■	□	□	18 18	20 56
N 70	07 19	08 49	11 28	□	15 43	18 58	21 13
68	07 07	08 26	10 02	□	17 10	19 25	21 26
66	06 58	08 08	09 24	15 45	17 48	19 45	21 37
64	06 49	07 53	08 58	16 31	18 14	20 01	21 46
62	06 42	07 40	08 38	17 00	18 35	20 14	21 54
60	06 36	07 29	08 22	17 23	18 52	20 26	22 00
N 58	06 30	07 20	08 08	17 41	19 06	20 35	22 06
56	06 25	07 12	07 56	17 56	19 18	20 44	22 11
54	06 20	07 04	07 46	18 09	19 28	20 51	22 16
52	06 15	06 57	07 36	18 21	19 37	20 58	22 20
50	06 11	06 51	07 28	18 31	19 46	21 04	22 24
45	06 02	06 38	07 10	18 52	20 03	21 17	22 32
N 40	05 53	06 26	06 56	19 09	20 17	21 28	22 39
35	05 45	06 16	06 44	19 23	20 30	21 37	22 44
30	05 38	06 07	06 33	19 36	20 40	21 45	22 50
20	05 24	05 51	06 15	19 57	20 58	21 59	22 58
N 10	05 10	05 36	05 59	20 16	21 14	22 11	23 06
0	04 55	05 21	05 43	20 33	21 28	22 22	23 13
S 10	04 39	05 05	05 28	20 50	21 43	22 33	23 20
20	04 19	04 47	05 11	21 08	21 58	22 45	23 28
30	03 53	04 26	04 52	21 30	22 16	22 58	23 36
35	03 37	04 12	04 41	21 42	22 27	23 06	23 41
40	03 17	03 56	04 28	21 56	22 38	23 15	23 47
45	02 52	03 37	04 13	22 13	22 52	23 25	23 53
S 50	02 16	03 12	03 53	22 33	23 09	23 37	24 01
52	01 56	03 00	03 44	22 43	23 17	23 43	24 05
54	01 31	02 46	03 34	22 54	23 25	23 49	24 09
56	00 54	02 29	03 23	23 07	23 35	23 56	24 13
58	////	02 08	03 09	23 21	23 46	24 04	00 04
S 60	////	01 41	02 54	23 38	23 59	24 13	00 13

Lat.	Sunset	Twilight Civil	Twilight Naut.	Moonset 24	Moonset 25	Moonset 26	Moonset 27
°	h m	h m	h m	h m	h m	h m	h m
N 72	■	14 12	16 00	□	□	14 19	13 30
N 70	12 05	14 44	16 14	□	14 59	13 38	13 11
68	13 31	15 07	16 26	□	13 32	13 09	12 56
66	14 09	15 26	16 36	12 58	12 53	12 48	12 43
64	14 35	15 41	16 44	12 13	12 25	12 30	12 33
62	14 55	15 53	16 51	11 43	12 04	12 16	12 24
60	15 12	16 04	16 58	11 20	11 47	12 04	12 16
N 58	15 26	16 13	17 04	11 01	11 32	11 53	12 09
56	15 37	16 22	17 09	10 46	11 20	11 44	12 03
54	15 48	16 29	17 14	10 32	11 09	11 36	11 57
52	15 57	16 36	17 18	10 21	10 59	11 28	11 52
50	16 05	16 42	17 22	10 10	10 50	11 22	11 48
45	16 23	16 56	17 32	09 48	10 32	11 07	11 38
N 40	16 37	17 07	17 40	09 31	10 16	10 55	11 30
35	16 50	17 17	17 48	09 16	10 03	10 45	11 23
30	17 01	17 26	17 56	09 03	09 52	10 36	11 16
20	17 19	17 43	18 10	08 41	09 33	10 21	11 05
N 10	17 35	17 58	18 24	08 21	09 16	10 07	10 56
0	17 51	18 13	18 38	08 03	09 00	09 54	10 46
S 10	18 06	18 29	18 55	07 45	08 44	09 41	10 37
20	18 23	18 47	19 15	07 26	08 26	09 27	10 27
30	18 42	19 09	19 41	07 03	08 06	09 11	10 16
35	18 53	19 22	19 57	06 50	07 55	09 02	10 09
40	19 06	19 38	20 17	06 35	07 41	08 51	10 02
45	19 22	19 57	20 43	06 16	07 25	08 38	09 53
S 50	19 41	20 23	21 20	05 54	07 05	08 23	09 42
52	19 50	20 35	21 39	05 43	06 56	08 15	09 37
54	20 01	20 49	22 05	05 30	06 45	08 07	09 31
56	20 12	21 07	22 45	05 16	06 33	07 58	09 25
58	20 26	21 28	////	04 59	06 19	07 47	09 18
S 60	20 42	21 55	////	04 39	06 03	07 35	09 10

Day	SUN Eqn. of Time 00^h	SUN Eqn. of Time 12^h	SUN Mer. Pass.	MOON Mer. Pass. Upper	MOON Mer. Pass. Lower	MOON Age	MOON Phase
d	m s	m s	h m	h m	h m	d %	
24	13 29	13 21	11 47	01 50	14 18	18 92	
25	13 12	13 03	11 47	02 46	15 14	19 84	
26	12 54	12 44	11 47	03 41	16 08	20 76	

	UT	ARIES	VENUS −4.9		MARS +1.3		JUPITER −2.6		SATURN +0.9	
		GHA	GHA	Dec	GHA	Dec	GHA	Dec	GHA	Dec
	d h	° ′	° ′	° ′	° ′	° ′	° ′	° ′	° ′	° ′
	27 00	65 48.3	218 41.5	S10 31.7	164 50.8	S23 57.8	71 06.5	S 3 50.0	231 51.2	S 3 30.4
	01	80 50.8	233 43.1	31.6	179 51.3	57.9	86 08.9	50.0	246 53.4	30.5
	02	95 53.3	248 44.7	31.4	194 51.7	58.0	101 11.3	49.9	261 55.7	30.5
	03	110 55.7	263 46.3	. . 31.3	209 52.1	. . 58.2	116 13.7	. . 49.9	276 57.9	. . 30.6
	04	125 58.2	278 47.8	31.2	224 52.6	58.3	131 16.1	49.9	292 00.2	30.7
	05	141 00.6	293 49.4	31.0	239 53.0	58.4	146 18.5	49.8	307 02.4	30.8
	06	156 03.1	308 51.0	S10 30.9	254 53.4	S23 58.6	161 20.9	S 3 49.8	322 04.7	S 3 30.9
	07	171 05.6	323 52.5	30.8	269 53.8	58.7	176 23.3	49.7	337 06.9	31.0
S	08	186 08.0	338 54.1	30.6	284 54.3	58.8	191 25.7	49.7	352 09.2	31.0
A	09	201 10.5	353 55.6	. . 30.5	299 54.7	. . 59.0	206 28.1	. . 49.7	7 11.4	. . 31.1
T	10	216 13.0	8 57.2	30.4	314 55.1	59.1	221 30.5	49.6	22 13.7	31.2
U	11	231 15.4	23 58.8	30.3	329 55.5	59.2	236 32.9	49.6	37 15.9	31.3
R	12	246 17.9	39 00.3	S10 30.1	344 56.0	S23 59.3	251 35.3	S 3 49.5	52 18.2	S 3 31.4
D	13	261 20.4	54 01.8	30.0	359 56.4	59.5	266 37.7	49.5	67 20.4	31.4
A	14	276 22.8	69 03.4	29.9	14 56.8	59.6	281 40.1	49.5	82 22.7	31.5
Y	15	291 25.3	84 04.9	. . 29.8	29 57.2	. . 59.7	296 42.5	. . 49.4	97 24.9	. . 31.6
	16	306 27.7	99 06.5	29.7	44 57.7	23 59.9	311 44.9	49.4	112 27.2	31.7
	17	321 30.2	114 08.0	29.6	59 58.1	24 00.0	326 47.3	49.3	127 29.4	31.8
	18	336 32.7	129 09.5	S10 29.5	74 58.5	S24 00.1	341 49.7	S 3 49.3	142 31.7	S 3 31.9
	19	351 35.1	144 11.0	29.3	89 59.0	00.2	356 52.1	49.3	157 33.9	31.9
	20	6 37.6	159 12.6	29.2	104 59.4	00.4	11 54.5	49.2	172 36.1	32.0
	21	21 40.1	174 14.1	. . 29.1	119 59.8	. . 00.5	26 56.9	. . 49.2	187 38.4	. . 32.1
	22	36 42.5	189 15.6	29.0	135 00.2	00.6	41 59.3	49.1	202 40.6	32.2
	23	51 45.0	204 17.1	28.9	150 00.6	00.7	57 01.7	49.1	217 42.9	32.3
	28 00	66 47.5	219 18.6	S10 28.8	165 01.1	S24 00.9	72 04.1	S 3 49.1	232 45.1	S 3 32.3
	01	81 49.9	234 20.1	28.7	180 01.5	01.0	87 06.5	49.0	247 47.4	32.4
	02	96 52.4	249 21.6	28.6	195 01.9	01.1	102 08.9	49.0	262 49.6	32.5
	03	111 54.9	264 23.1	. . 28.5	210 02.3	. . 01.2	117 11.3	. . 48.9	277 51.9	. . 32.6
	04	126 57.3	279 24.6	28.4	225 02.8	01.4	132 13.7	48.9	292 54.1	32.7
	05	141 59.8	294 26.1	28.4	240 03.2	01.5	147 16.1	48.8	307 56.4	32.7
	06	157 02.2	309 27.6	S10 28.3	255 03.6	S24 01.6	162 18.5	S 3 48.8	322 58.6	S 3 32.8
	07	172 04.7	324 29.1	28.2	270 04.0	01.7	177 20.9	48.8	338 00.9	32.9
	08	187 07.2	339 30.6	28.1	285 04.5	01.9	192 23.3	48.7	353 03.1	33.0
S	09	202 09.6	354 32.1	. . 28.0	300 04.9	. . 02.0	207 25.7	. . 48.7	8 05.4	. . 33.1
U	10	217 12.1	9 33.6	27.9	315 05.3	02.1	222 28.0	48.6	23 07.6	33.1
N	11	232 14.6	24 35.0	27.8	330 05.7	02.2	237 30.4	48.6	38 09.9	33.2
D	12	247 17.0	39 36.5	S10 27.8	345 06.2	S24 02.3	252 32.8	S 3 48.5	53 12.1	S 3 33.3
A	13	262 19.5	54 38.0	27.7	0 06.6	02.5	267 35.2	48.5	68 14.4	33.4
Y	14	277 22.0	69 39.5	27.6	15 07.0	02.6	282 37.6	48.5	83 16.6	33.5
	15	292 24.4	84 40.9	. . 27.5	30 07.4	. . 02.7	297 40.0	. . 48.4	98 18.9	. . 33.5
	16	307 26.9	99 42.4	27.5	45 07.8	02.8	312 42.4	48.4	113 21.1	33.6
	17	322 29.4	114 43.8	27.4	60 08.3	02.9	327 44.8	48.3	128 23.4	33.7
	18	337 31.8	129 45.3	S10 27.3	75 08.7	S24 03.0	342 47.2	S 3 48.3	143 25.6	S 3 33.8
	19	352 34.3	144 46.8	27.3	90 09.1	03.2	357 49.6	48.2	158 27.9	33.9
	20	7 36.7	159 48.2	27.2	105 09.5	03.3	12 51.9	48.2	173 30.1	34.0
	21	22 39.2	174 49.7	. . 27.1	120 09.9	. . 03.4	27 54.3	. . 48.1	188 32.4	. . 34.0
	22	37 41.7	189 51.1	27.1	135 10.4	03.5	42 56.7	48.1	203 34.6	34.1
	23	52 44.1	204 52.5	27.0	150 10.8	03.6	57 59.1	48.1	218 36.9	34.2
	29 00	67 46.6	219 54.0	S10 27.0	165 11.2	S24 03.7	73 01.5	S 3 48.0	233 39.1	S 3 34.3
	01	82 49.1	234 55.4	26.9	180 11.6	03.8	88 03.9	48.0	248 41.4	34.3
	02	97 51.5	249 56.9	26.8	195 12.0	04.0	103 06.3	47.9	263 43.7	34.4
	03	112 54.0	264 58.3	. . 26.8	210 12.5	. . 04.1	118 08.7	. . 47.9	278 45.9	. . 34.5
	04	127 56.5	279 59.7	26.7	225 12.9	04.2	133 11.0	47.8	293 48.2	34.6
	05	142 58.9	295 01.1	26.7	240 13.3	04.3	148 13.4	47.8	308 50.4	34.7
	06	158 01.4	310 02.6	S10 26.6	255 13.7	S24 04.4	163 15.8	S 3 47.7	323 52.7	S 3 34.7
	07	173 03.8	325 04.0	26.6	270 14.1	04.5	178 18.2	47.7	338 54.9	34.8
	08	188 06.3	340 05.4	26.5	285 14.6	04.6	193 20.6	47.6	353 57.2	34.9
M	09	203 08.8	355 06.8	. . 26.5	300 15.0	. . 04.7	208 23.0	. . 47.6	8 59.4	. . 35.0
O	10	218 11.2	10 08.2	26.5	315 15.4	04.8	223 25.4	47.6	24 01.7	35.1
N	11	233 13.7	25 09.6	26.4	330 15.8	05.0	238 27.7	47.5	39 03.9	35.1
D	12	248 16.2	40 11.0	S10 26.4	345 16.2	S24 05.1	253 30.1	S 3 47.5	54 06.2	S 3 35.2
A	13	263 18.6	55 12.4	26.4	0 16.7	05.2	268 32.5	47.4	69 08.4	35.3
Y	14	278 21.1	70 13.8	26.3	15 17.1	05.3	283 34.9	47.4	84 10.7	35.4
	15	293 23.6	85 15.2	. . 26.3	30 17.5	. . 05.4	298 37.3	. . 47.3	99 12.9	. . 35.5
	16	308 26.0	100 16.6	26.3	45 17.9	05.5	313 39.7	47.3	114 15.2	35.5
	17	323 28.5	115 18.0	26.2	60 18.3	05.6	328 42.0	47.2	129 17.4	35.6
	18	338 31.0	130 19.4	S10 26.2	75 18.7	S24 05.7	343 44.4	S 3 47.2	144 19.7	S 3 35.7
	19	353 33.4	145 20.8	26.2	90 19.2	05.8	358 46.8	47.1	159 21.9	35.8
	20	8 35.9	160 22.2	26.1	105 19.6	05.9	13 49.2	47.1	174 24.2	35.9
	21	23 38.3	175 23.6	. . 26.1	120 20.0	. . 06.0	28 51.6	. . 47.0	189 26.5	. . 35.9
	22	38 40.8	190 24.9	26.1	135 20.4	06.1	43 53.9	47.0	204 28.7	36.0
	23	53 43.3	205 26.3	26.1	150 20.8	06.2	58 56.3	46.9	219 31.0	36.1
		h m								
	Mer. Pass.	19 29.6	*v* 1.5	*d* 0.1	*v* 0.4	*d* 0.1	*v* 2.4	*d* 0.0	*v* 2.3	*d* 0.1

STARS		
Name	SHA	Dec
	° ′	° ′
Acamar	315 19.3	S40 15.6
Achernar	335 27.6	S57 11.0
Acrux	173 11.9	S63 09.4
Adhara	255 13.7	S28 59.1
Aldebaran	290 51.2	N16 31.9
Alioth	166 22.5	N55 53.7
Alkaid	153 00.7	N49 15.3
Al Na'ir	27 46.0	S46 54.6
Alnilam	275 47.9	S 1 11.7
Alphard	217 57.8	S 8 42.4
Alphecca	126 12.9	N26 40.7
Alpheratz	357 45.3	N29 09.3
Altair	62 10.3	N 8 54.0
Ankaa	353 17.2	S42 14.9
Antares	112 28.9	S26 27.3
Arcturus	145 57.7	N19 07.5
Atria	107 33.0	S69 02.8
Avior	234 18.5	S59 32.5
Bellatrix	278 33.7	N 6 21.6
Betelgeuse	271 03.0	N 7 24.5
Canopus	263 56.5	S52 42.0
Capella	280 36.7	N46 00.5
Deneb	49 33.0	N45 19.5
Denebola	182 35.6	N14 30.5
Diphda	348 57.5	S17 55.5
Dubhe	193 53.9	N61 41.1
Elnath	278 14.6	N28 37.0
Eltanin	90 47.5	N51 29.4
Enif	33 49.0	N 9 55.7
Fomalhaut	15 25.9	S29 33.9
Gacrux	172 03.4	S57 10.3
Gienah	175 54.4	S17 36.1
Hadar	148 51.2	S60 25.4
Hamal	328 02.6	N23 31.0
Kaus Aust.	83 46.6	S34 22.8
Kochab	137 20.9	N74 06.4
Markab	13 40.1	N15 16.1
Menkar	314 16.7	N 4 08.1
Menkent	148 10.1	S36 25.3
Miaplacidus	221 39.9	S69 45.5
Mirfak	308 42.5	N49 54.1
Nunki	76 00.9	S26 17.0
Peacock	53 22.4	S56 42.1
Pollux	243 29.7	N27 59.8
Procyon	245 01.4	N 5 11.8
Rasalhague	96 08.5	N12 33.2
Regulus	207 45.4	N11 54.7
Rigel	281 13.5	S 8 11.3
Rigil Kent.	139 55.0	S60 52.7
Sabik	102 15.0	S15 44.2
Schedar	349 42.4	N56 36.2
Shaula	96 24.8	S37 06.7
Sirius	258 35.0	S16 43.8
Spica	158 33.4	S11 13.1
Suhail	222 53.7	S43 28.4
Vega	80 40.6	N38 47.8
Zuben'ubi	137 07.8	S16 05.2

	SHA	Mer. Pass.
	° ′	h m
Venus	152 31.2	9 22
Mars	98 13.6	13 00
Jupiter	5 16.6	19 09
Saturn	165 57.7	8 28

Day	UT d h	SUN GHA ° ′	SUN Dec ° ′	MOON GHA ° ′	v ′	MOON Dec ° ′	d ′	HP ′
SATURDAY	27 00	183 08.6	S21 03.7	293 51.1	9.5	N14 34.0	11.7	58.8
	01	198 08.4	04.2	308 19.6	9.6	14 22.3	11.9	58.8
	02	213 08.2	04.6	322 48.2	9.7	14 10.4	11.9	58.8
	03	228 08.0	. . 05.1	337 16.9	9.7	13 58.5	11.9	58.8
	04	243 07.8	05.5	351 45.6	9.7	13 46.6	12.1	58.8
	05	258 07.6	06.0	6 14.3	9.8	13 34.5	12.1	58.8
	06	273 07.4	S21 06.5	20 43.1	9.9	N13 22.4	12.3	58.8
	07	288 07.2	06.9	35 12.0	9.9	13 10.1	12.3	58.9
	08	303 07.0	07.4	49 40.9	9.9	12 57.8	12.3	58.9
	09	318 06.8	. . 07.8	64 09.8	10.0	12 45.5	12.5	58.9
	10	333 06.6	08.3	78 38.8	10.0	12 33.0	12.5	58.9
	11	348 06.3	08.7	93 07.8	10.1	12 20.5	12.6	58.9
	12	3 06.1	S21 09.2	107 36.9	10.1	N12 07.9	12.7	58.9
	13	18 05.9	09.7	122 06.0	10.1	11 55.2	12.7	58.9
	14	33 05.7	10.1	136 35.1	10.2	11 42.5	12.8	58.9
	15	48 05.5	. . 10.6	151 04.3	10.2	11 29.7	12.9	58.9
	16	63 05.3	11.0	165 33.5	10.3	11 16.8	12.9	58.9
	17	78 05.1	11.5	180 02.8	10.3	11 03.9	13.0	59.0
	18	93 04.9	S21 11.9	194 32.1	10.3	N10 50.9	13.1	59.0
	19	108 04.7	12.4	209 01.4	10.4	10 37.8	13.1	59.0
	20	123 04.5	12.8	223 30.8	10.5	10 24.7	13.2	59.0
	21	138 04.3	. . 13.3	238 00.3	10.4	10 11.5	13.2	59.0
	22	153 04.1	13.7	252 29.7	10.5	9 58.3	13.3	59.0
	23	168 03.9	14.2	266 59.2	10.5	9 45.0	13.4	59.0
SUNDAY	28 00	183 03.7	S21 14.6	281 28.7	10.6	N 9 31.6	13.4	59.0
	01	198 03.5	15.0	295 58.3	10.6	9 18.2	13.4	59.0
	02	213 03.2	15.5	310 27.9	10.6	9 04.8	13.6	59.0
	03	228 03.0	. . 15.9	324 57.5	10.7	8 51.2	13.5	59.1
	04	243 02.8	16.4	339 27.2	10.7	8 37.7	13.6	59.1
	05	258 02.6	16.8	353 56.9	10.7	8 24.1	13.7	59.1
	06	273 02.4	S21 17.3	8 26.6	10.7	N 8 10.4	13.7	59.1
	07	288 02.2	17.7	22 56.3	10.8	7 56.7	13.8	59.1
	08	303 02.0	18.1	37 26.1	10.8	7 42.9	13.8	59.1
	09	318 01.8	. . 18.6	51 55.9	10.8	7 29.1	13.8	59.1
	10	333 01.6	19.0	66 25.7	10.9	7 15.3	13.9	59.1
	11	348 01.3	19.5	80 55.6	10.9	7 01.4	14.0	59.1
	12	3 01.1	S21 19.9	95 25.5	10.9	N 6 47.4	13.9	59.1
	13	18 00.9	20.3	109 55.4	10.9	6 33.5	14.1	59.1
	14	33 00.7	20.8	124 25.3	10.9	6 19.4	14.0	59.1
	15	48 00.5	. . 21.2	138 55.2	11.0	6 05.4	14.1	59.1
	16	63 00.3	21.6	153 25.2	11.0	5 51.3	14.1	59.2
	17	78 00.1	22.1	167 55.2	11.0	5 37.2	14.2	59.2
	18	92 59.9	S21 22.5	182 25.2	11.0	N 5 23.0	14.2	59.2
	19	107 59.6	22.9	196 55.2	11.1	5 08.8	14.2	59.2
	20	122 59.4	23.4	211 25.3	11.0	4 54.6	14.2	59.2
	21	137 59.2	. . 23.8	225 55.3	11.1	4 40.4	14.3	59.2
	22	152 59.0	24.2	240 25.4	11.1	4 26.1	14.3	59.2
	23	167 58.8	24.7	254 55.5	11.1	4 11.8	14.3	59.2
MONDAY	29 00	182 58.6	S21 25.1	269 25.6	11.1	N 3 57.5	14.4	59.2
	01	197 58.3	25.5	283 55.7	11.1	3 43.1	14.3	59.2
	02	212 58.1	25.9	298 25.8	11.1	3 28.8	14.4	59.2
	03	227 57.9	. . 26.4	312 55.9	11.1	3 14.4	14.4	59.2
	04	242 57.7	26.8	327 26.0	11.2	3 00.0	14.5	59.2
	05	257 57.5	27.2	341 56.2	11.1	2 45.5	14.4	59.2
	06	272 57.3	S21 27.7	356 26.3	11.2	N 2 31.1	14.5	59.2
	07	287 57.0	28.1	10 56.5	11.2	2 16.6	14.5	59.3
	08	302 56.8	28.5	25 26.7	11.1	2 02.1	14.5	59.3
	09	317 56.6	. . 28.9	39 56.8	11.2	1 47.6	14.5	59.3
	10	332 56.4	29.3	54 27.0	11.1	1 33.1	14.5	59.3
	11	347 56.2	29.8	68 57.1	11.2	1 18.6	14.5	59.3
	12	2 55.9	S21 30.2	83 27.3	11.2	N 1 04.1	14.5	59.3
	13	17 55.7	30.6	97 57.5	11.1	0 49.6	14.6	59.3
	14	32 55.5	31.0	112 27.6	11.2	0 35.0	14.5	59.3
	15	47 55.3	. . 31.4	126 57.8	11.2	0 20.5	14.6	59.3
	16	62 55.1	31.9	141 28.0	11.1	N 0 05.9	14.5	59.3
	17	77 54.8	32.3	155 58.1	11.1	S 0 08.6	14.6	59.3
	18	92 54.6	S21 32.7	170 28.2	11.2	S 0 23.2	14.6	59.3
	19	107 54.4	33.1	184 58.4	11.1	0 37.8	14.5	59.3
	20	122 54.2	33.5	199 28.5	11.1	0 52.3	14.6	59.3
	21	137 54.0	. . 33.9	213 58.6	11.1	1 06.9	14.5	59.3
	22	152 53.7	34.4	228 28.7	11.1	1 21.4	14.6	59.3
	23	167 53.5	34.8	242 58.8	11.1	S 1 36.0	14.5	59.3
		SD 16.2	*d* 0.4	SD 16.1		16.1		16.2

Lat. °	Twilight Naut. h m	Twilight Civil h m	Sunrise h m	Moonrise 27 h m	Moonrise 28 h m	Moonrise 29 h m	Moonrise 30 h m
N 72	07 42	09 35	▬	20 56	23 11	25 22	01 22
N 70	07 27	09 00	▬	21 13	23 17	25 18	01 18
68	07 15	08 35	10 18	21 26	23 22	25 16	01 16
66	07 04	08 15	09 36	21 37	23 26	25 13	01 13
64	06 55	08 00	09 07	21 46	23 29	25 11	01 11
62	06 48	07 46	08 46	21 54	23 32	25 10	01 10
60	06 41	07 35	08 28	22 00	23 34	25 08	01 08
N 58	06 35	07 25	08 14	22 06	23 37	25 07	01 07
56	06 29	07 17	08 01	22 11	23 39	25 06	01 06
54	06 24	07 09	07 51	22 16	23 40	25 05	01 05
52	06 19	07 02	07 41	22 20	23 42	25 04	01 04
50	06 15	06 55	07 32	22 24	23 43	25 03	01 03
45	06 05	06 41	07 14	22 32	23 47	25 01	01 01
N 40	05 56	06 29	06 59	22 39	23 49	25 00	01 00
35	05 48	06 19	06 47	22 44	23 52	24 59	00 59
30	05 40	06 10	06 36	22 50	23 54	24 57	00 57
20	05 26	05 53	06 17	22 58	23 57	24 56	00 56
N 10	05 11	05 37	06 00	23 06	24 00	00 00	00 54
0	04 56	05 22	05 44	23 13	24 03	00 03	00 52
S 10	04 39	05 06	05 28	23 20	24 06	00 06	00 51
20	04 19	04 47	05 11	23 28	24 09	00 09	00 49
30	03 52	04 25	04 52	23 36	24 12	00 12	00 48
35	03 36	04 11	04 40	23 41	24 14	00 14	00 47
40	03 15	03 55	04 27	23 47	24 17	00 17	00 46
45	02 49	03 35	04 11	23 53	24 19	00 19	00 44
S 50	02 11	03 09	03 51	24 01	00 01	00 22	00 43
52	01 50	02 56	03 41	24 05	00 05	00 24	00 42
54	01 23	02 41	03 31	24 09	00 09	00 25	00 41
56	00 39	02 24	03 19	24 13	00 13	00 27	00 41
58	////	02 02	03 05	00 04	00 18	00 29	00 40
S 60	////	01 32	02 48	00 13	00 23	00 31	00 39

Lat. °	Sunset h m	Twilight Civil h m	Twilight Naut. h m	Moonset 27 h m	Moonset 28 h m	Moonset 29 h m	Moonset 30 h m
N 72	▬	14 00	15 53	13 30	13 01	12 37	12 13
N 70	▬	14 35	16 08	13 11	12 52	12 36	12 19
68	13 17	15 00	16 21	12 56	12 45	12 35	12 25
66	14 00	15 20	16 31	12 43	12 39	12 34	12 30
64	14 28	15 36	16 40	12 33	12 33	12 34	12 34
62	14 50	15 49	16 48	12 24	12 29	12 33	12 37
60	15 07	16 00	16 55	12 16	12 25	12 33	12 40
N 58	15 22	16 10	17 01	12 09	12 21	12 32	12 43
56	15 34	16 19	17 06	12 03	12 18	12 32	12 45
54	15 45	16 27	17 11	11 57	12 15	12 31	12 47
52	15 54	16 34	17 16	11 52	12 13	12 31	12 49
50	16 03	16 40	17 21	11 48	12 10	12 31	12 51
45	16 21	16 54	17 31	11 38	12 05	12 30	12 55
N 40	16 36	17 06	17 40	11 30	12 00	12 30	12 59
35	16 49	17 17	17 48	11 23	11 57	12 29	13 01
30	17 00	17 26	17 55	11 16	11 53	12 29	13 04
20	17 19	17 43	18 10	11 05	11 47	12 28	13 08
N 10	17 36	17 58	18 24	10 56	11 42	12 27	13 12
0	17 52	18 14	18 40	10 46	11 37	12 26	13 16
S 10	18 07	18 30	18 57	10 37	11 32	12 26	13 20
20	18 25	18 49	19 17	10 27	11 26	12 25	13 24
30	18 45	19 11	19 44	10 16	11 20	12 24	13 28
35	18 56	19 25	20 01	10 09	11 16	12 23	13 31
40	19 10	19 42	20 21	10 02	11 12	12 23	13 34
45	19 26	20 02	20 48	09 53	11 07	12 22	13 37
S 50	19 46	20 28	21 26	09 42	11 02	12 21	13 41
52	19 55	20 41	21 47	09 37	10 59	12 21	13 43
54	20 06	20 56	22 15	09 31	10 56	12 20	13 45
56	20 18	21 14	23 03	09 25	10 53	12 20	13 47
58	20 32	21 36	////	09 18	10 49	12 19	13 50
S 60	20 49	22 07	////	09 10	10 45	12 19	13 53

Day	SUN Eqn. of Time 00^h	SUN Eqn. of Time 12^h	SUN Mer. Pass.	MOON Mer. Pass. Upper	MOON Mer. Pass. Lower	MOON Age	MOON Phase
d	m s	m s	h m	h m	h m	d %	
27	12 35	12 25	11 48	04 34	17 00	21 65	
28	12 15	12 05	11 48	05 25	17 50	22 54	◐
29	11 55	11 44	11 48	06 15	18 39	23 43	

	UT	ARIES	VENUS −4.9		MARS +1.3		JUPITER −2.6		SATURN +0.9	
	d h	GHA ° ′	GHA ° ′	Dec ° ′	GHA ° ′	Dec ° ′	GHA ° ′	Dec ° ′	GHA ° ′	Dec ° ′
	30 00	68 45.7	220 27.7	S10 26.1	165 21.2	S24 06.3	73 58.7	S 3 46.9	234 33.2	S 3 36.2
	01	83 48.2	235 29.1	26.0	180 21.7	06.4	89 01.1	46.8	249 35.5	36.2
	02	98 50.7	250 30.4	26.0	195 22.1	06.5	104 03.5	46.8	264 37.7	36.3
	03	113 53.1	265 31.8	. . 26.0	210 22.5	. . 06.6	119 05.8	. . 46.7	279 40.0	. . 36.4
	04	128 55.6	280 33.2	26.0	225 22.9	06.7	134 08.2	46.7	294 42.2	36.5
	05	143 58.1	295 34.5	26.0	240 23.3	06.8	149 10.6	46.6	309 44.5	36.6
	06	159 00.5	310 35.9	S10 26.0	255 23.7	S24 06.9	164 13.0	S 3 46.6	324 46.7	S 3 36.6
	07	174 03.0	325 37.2	26.0	270 24.1	07.0	179 15.4	46.5	339 49.0	36.7
T	08	189 05.5	340 38.6	26.0	285 24.6	07.1	194 17.7	46.5	354 51.2	36.8
U	09	204 07.9	355 39.9	. . 26.0	300 25.0	. . 07.2	209 20.1	. . 46.5	9 53.5	. . 36.9
E	10	219 10.4	10 41.3	26.0	315 25.4	07.3	224 22.5	46.4	24 55.8	37.0
S	11	234 12.8	25 42.6	26.0	330 25.8	07.4	239 24.9	46.4	39 58.0	37.0
D	12	249 15.3	40 43.9	S10 26.0	345 26.2	S24 07.5	254 27.2	S 3 46.3	55 00.3	S 3 37.1
A	13	264 17.8	55 45.3	26.0	0 26.6	07.6	269 29.6	46.3	70 02.5	37.2
Y	14	279 20.2	70 46.6	26.0	15 27.0	07.7	284 32.0	46.2	85 04.8	37.3
	15	294 22.7	85 47.9	. . 26.0	30 27.5	. . 07.8	299 34.4	. . 46.2	100 07.0	. . 37.3
	16	309 25.2	100 49.3	26.0	45 27.9	07.9	314 36.7	46.1	115 09.3	37.4
	17	324 27.6	115 50.6	26.0	60 28.3	08.0	329 39.1	46.0	130 11.5	37.5
	18	339 30.1	130 51.9	S10 26.0	75 28.7	S24 08.1	344 41.5	S 3 46.0	145 13.8	S 3 37.6
	19	354 32.6	145 53.2	26.0	90 29.1	08.2	359 43.9	45.9	160 16.1	37.7
	20	9 35.0	160 54.6	26.0	105 29.5	08.3	14 46.2	45.9	175 18.3	37.7
	21	24 37.5	175 55.9	. . 26.1	120 29.9	. . 08.4	29 48.6	. . 45.8	190 20.6	. . 37.8
	22	39 39.9	190 57.2	26.1	135 30.4	08.5	44 51.0	45.8	205 22.8	37.9
	23	54 42.4	205 58.5	26.1	150 30.8	08.6	59 53.4	45.7	220 25.1	38.0
	1 00	69 44.9	220 59.8	S10 26.1	165 31.2	S24 08.7	74 55.7	S 3 45.7	235 27.3	S 3 38.0
	01	84 47.3	236 01.1	26.1	180 31.6	08.8	89 58.1	45.6	250 29.6	38.1
	02	99 49.8	251 02.4	26.2	195 32.0	08.9	105 00.5	45.6	265 31.9	38.2
	03	114 52.3	266 03.7	. . 26.2	210 32.4	. . 09.0	120 02.8	. . 45.5	280 34.1	. . 38.3
	04	129 54.7	281 05.0	26.2	225 32.8	09.1	135 05.2	45.5	295 36.4	38.3
	05	144 57.2	296 06.3	26.2	240 33.2	09.1	150 07.6	45.4	310 38.6	38.4
	06	159 59.7	311 07.6	S10 26.3	255 33.6	S24 09.2	165 10.0	S 3 45.4	325 40.9	S 3 38.5
W	07	175 02.1	326 08.9	26.3	270 34.1	09.3	180 12.3	45.3	340 43.1	38.6
E	08	190 04.6	341 10.1	26.3	285 34.5	09.4	195 14.7	45.3	355 45.4	38.7
D	09	205 07.1	356 11.4	. . 26.4	300 34.9	. . 09.5	210 17.1	. . 45.2	10 47.7	. . 38.7
N	10	220 09.5	11 12.7	26.4	315 35.3	09.6	225 19.4	45.2	25 49.9	38.8
E	11	235 12.0	26 14.0	26.4	330 35.7	09.7	240 21.8	45.1	40 52.2	38.9
S	12	250 14.4	41 15.3	S10 26.5	345 36.1	S24 09.8	255 24.2	S 3 45.1	55 54.4	S 3 39.0
D	13	265 16.9	56 16.5	26.5	0 36.5	09.9	270 26.5	45.0	70 56.7	39.0
A	14	280 19.4	71 17.8	26.6	15 36.9	09.9	285 28.9	45.0	85 58.9	39.1
Y	15	295 21.8	86 19.1	. . 26.6	30 37.3	. . 10.0	300 31.3	. . 44.9	101 01.2	. . 39.2
	16	310 24.3	101 20.3	26.7	45 37.8	10.1	315 33.6	44.8	116 03.5	39.3
	17	325 26.8	116 21.6	26.7	60 38.2	10.2	330 36.0	44.8	131 05.7	39.3
	18	340 29.2	131 22.8	S10 26.8	75 38.6	S24 10.3	345 38.4	S 3 44.7	146 08.0	S 3 39.4
	19	355 31.7	146 24.1	26.8	90 39.0	10.4	0 40.7	44.7	161 10.2	39.5
	20	10 34.2	161 25.4	26.9	105 39.4	10.4	15 43.1	44.6	176 12.5	39.6
	21	25 36.6	176 26.6	. . 26.9	120 39.8	. . 10.5	30 45.5	. . 44.6	191 14.7	. . 39.7
	22	40 39.1	191 27.9	27.0	135 40.2	10.6	45 47.8	44.5	206 17.0	39.7
	23	55 41.6	206 29.1	27.0	150 40.6	10.7	60 50.2	44.5	221 19.3	39.8
	2 00	70 44.0	221 30.3	S10 27.1	165 41.0	S24 10.8	75 52.6	S 3 44.4	236 21.5	S 3 39.9
	01	85 46.5	236 31.6	27.1	180 41.4	10.9	90 54.9	44.4	251 23.8	40.0
	02	100 48.9	251 32.8	27.2	195 41.8	10.9	105 57.3	44.3	266 26.0	40.0
	03	115 51.4	266 34.1	. . 27.3	210 42.3	. . 11.0	120 59.7	. . 44.2	281 28.3	. . 40.1
	04	130 53.9	281 35.3	27.3	225 42.7	11.1	136 02.0	44.2	296 30.6	40.2
	05	145 56.3	296 36.5	27.4	240 43.1	11.2	151 04.4	44.1	311 32.8	40.3
	06	160 58.8	311 37.7	S10 27.5	255 43.5	S24 11.3	166 06.8	S 3 44.1	326 35.1	S 3 40.3
	07	176 01.3	326 39.0	27.5	270 43.9	11.3	181 09.1	44.0	341 37.3	40.4
T	08	191 03.7	341 40.2	27.6	285 44.3	11.4	196 11.5	44.0	356 39.6	40.5
H	09	206 06.2	356 41.4	. . 27.7	300 44.7	. . 11.5	211 13.8	. . 43.9	11 41.9	. . 40.6
U	10	221 08.7	11 42.6	27.7	315 45.1	11.6	226 16.2	43.9	26 44.1	40.6
R	11	236 11.1	26 43.8	27.8	330 45.5	11.7	241 18.6	43.8	41 46.4	40.7
S	12	251 13.6	41 45.1	S10 27.9	345 45.9	S24 11.7	256 20.9	S 3 43.7	56 48.6	S 3 40.8
D	13	266 16.0	56 46.3	28.0	0 46.3	11.8	271 23.3	43.7	71 50.9	40.9
A	14	281 18.5	71 47.5	28.1	15 46.7	11.9	286 25.6	43.6	86 53.2	40.9
Y	15	296 21.0	86 48.7	. . 28.1	30 47.1	. . 12.0	301 28.0	. . 43.6	101 55.4	. . 41.0
	16	311 23.4	101 49.9	28.2	45 47.5	12.0	316 30.4	43.5	116 57.7	41.1
	17	326 25.9	116 51.1	28.3	60 48.0	12.1	331 32.7	43.5	131 59.9	41.2
	18	341 28.4	131 52.3	S10 28.4	75 48.4	S24 12.2	346 35.1	S 3 43.4	147 02.2	S 3 41.2
	19	356 30.8	146 53.5	28.5	90 48.8	12.3	1 37.4	43.3	162 04.5	41.3
	20	11 33.3	161 54.7	28.6	105 49.2	12.3	16 39.8	43.3	177 06.7	41.4
	21	26 35.8	176 55.9	. . 28.6	120 49.6	. . 12.4	31 42.2	. . 43.2	192 09.0	. . 41.5
	22	41 38.2	191 57.0	28.7	135 50.0	12.5	46 44.5	43.2	207 11.3	41.5
	23	56 40.7	206 58.2	28.8	150 50.4	12.5	61 46.9	43.1	222 13.5	41.6
	Mer. Pass.	h m 19 17.8	v 1.3	d 0.0	v 0.4	d 0.1	v 2.4	d 0.1	v 2.3	d 0.1

STARS

Name	SHA ° ′	Dec ° ′
Acamar	315 19.3	S40 15.7
Achernar	335 27.6	S57 11.0
Acrux	173 11.8	S63 09.4
Adhara	255 13.7	S28 59.1
Aldebaran	290 51.1	N16 31.9
Alioth	166 22.5	N55 53.7
Alkaid	153 00.6	N49 15.3
Al Na'ir	27 46.0	S46 54.6
Alnilam	275 47.9	S 1 11.7
Alphard	217 57.8	S 8 42.4
Alphecca	126 12.9	N26 40.6
Alpheratz	357 45.3	N29 09.3
Altair	62 10.3	N 8 54.0
Ankaa	353 17.2	S42 14.9
Antares	112 28.9	S26 27.3
Arcturus	145 57.7	N19 07.4
Atria	107 33.0	S69 02.8
Avior	234 18.5	S59 32.5
Bellatrix	278 33.6	N 6 21.6
Betelgeuse	271 03.0	N 7 24.5
Canopus	263 56.5	S52 42.0
Capella	280 36.7	N46 00.5
Deneb	49 33.0	N45 19.5
Denebola	182 35.6	N14 30.5
Diphda	348 57.5	S17 55.6
Dubhe	193 53.9	N61 41.1
Elnath	278 14.6	N28 37.0
Eltanin	90 47.5	N51 29.4
Enif	33 49.0	N 9 55.7
Fomalhaut	15 25.9	S29 33.9
Gacrux	172 03.4	S57 10.3
Gienah	175 54.4	S17 36.1
Hadar	148 51.2	S60 25.4
Hamal	328 02.6	N23 31.0
Kaus Aust.	83 46.6	S34 22.7
Kochab	137 20.8	N74 06.4
Markab	13 40.2	N15 16.1
Menkar	314 16.7	N 4 08.1
Menkent	148 10.1	S36 25.3
Miaplacidus	221 39.8	S69 45.5
Mirfak	308 42.5	N49 54.1
Nunki	76 00.9	S26 17.0
Peacock	53 22.4	S56 42.1
Pollux	243 29.7	N27 59.8
Procyon	245 01.4	N 5 11.8
Rasalhague	96 08.5	N12 33.2
Regulus	207 45.4	N11 54.7
Rigel	281 13.5	S 8 11.3
Rigil Kent.	139 54.9	S60 52.7
Sabik	102 15.0	S15 44.2
Schedar	349 42.4	N56 36.2
Shaula	96 24.8	S37 06.7
Sirius	258 35.0	S16 43.8
Spica	158 33.4	S11 13.1
Suhail	222 53.7	S43 28.4
Vega	80 40.6	N38 47.8
Zuben'ubi	137 07.8	S16 05.2

	SHA ° ′	Mer. Pass. h m
Venus	151 14.9	9 15
Mars	95 46.3	12 58
Jupiter	5 10.9	18 57
Saturn	165 42.5	8 17

UT d	h	SUN GHA	SUN Dec	MOON GHA	v	MOON Dec	d	HP
		° ′	° ′	° ′	′	° ′	′	′
30 (TUESDAY)	00	182 53.3	S21 35.2	257 28.9	11.1	S 1 50.5	14.5	59.3
	01	197 53.1	35.6	271 59.0	11.1	2 05.0	14.6	59.3
	02	212 52.8	36.0	286 29.1	11.0	2 19.6	14.5	59.3
	03	227 52.6	. . 36.4	300 59.1	11.0	2 34.1	14.5	59.3
	04	242 52.4	36.8	315 29.1	11.0	2 48.6	14.5	59.3
	05	257 52.2	37.2	329 59.1	11.0	3 03.1	14.4	59.3
	06	272 51.9	S21 37.6	344 29.1	11.0	S 3 17.5	14.5	59.3
	07	287 51.7	38.0	358 59.1	10.9	3 32.0	14.4	59.3
	08	302 51.5	38.5	13 29.0	11.0	3 46.4	14.4	59.3
	09	317 51.3	. . 38.9	27 59.0	10.9	4 00.8	14.4	59.3
	10	332 51.0	39.3	42 28.9	10.8	4 15.2	14.4	59.3
	11	347 50.8	39.7	56 58.7	10.9	4 29.6	14.4	59.3
	12	2 50.6	S21 40.1	71 28.6	10.8	S 4 44.0	14.3	59.4
	13	17 50.4	40.5	85 58.4	10.8	4 58.3	14.3	59.4
	14	32 50.1	40.9	100 28.2	10.8	5 12.6	14.3	59.4
	15	47 49.9	. . 41.3	114 58.0	10.8	5 26.9	14.3	59.4
	16	62 49.7	41.7	129 27.8	10.7	5 41.2	14.2	59.4
	17	77 49.4	42.1	143 57.5	10.7	5 55.4	14.2	59.4
	18	92 49.2	S21 42.5	158 27.2	10.6	S 6 09.6	14.1	59.4
	19	107 49.0	42.9	172 56.8	10.7	6 23.7	14.1	59.4
	20	122 48.8	43.3	187 26.5	10.5	6 37.8	14.1	59.4
	21	137 48.5	. . 43.7	201 56.0	10.6	6 51.9	14.1	59.4
	22	152 48.3	44.1	216 25.6	10.5	7 06.0	14.0	59.4
	23	167 48.1	44.5	230 55.1	10.5	7 20.0	14.0	59.4
1 (WEDNESDAY)	00	182 47.8	S21 44.9	245 24.6	10.5	S 7 34.0	13.9	59.4
	01	197 47.6	45.3	259 54.1	10.4	7 47.9	13.9	59.4
	02	212 47.4	45.6	274 23.5	10.3	8 01.8	13.8	59.4
	03	227 47.1	. . 46.0	288 52.8	10.4	8 15.6	13.8	59.3
	04	242 46.9	46.4	303 22.2	10.3	8 29.4	13.8	59.3
	05	257 46.7	46.8	317 51.5	10.2	8 43.2	13.7	59.3
	06	272 46.4	S21 47.2	332 20.7	10.2	S 8 56.9	13.7	59.3
	07	287 46.2	47.6	346 49.9	10.2	9 10.6	13.6	59.3
	08	302 46.0	48.0	1 19.1	10.1	9 24.2	13.5	59.3
	09	317 45.7	. . 48.4	15 48.2	10.1	9 37.7	13.5	59.3
	10	332 45.5	48.8	30 17.3	10.1	9 51.2	13.5	59.3
	11	347 45.3	49.2	44 46.4	9.9	10 04.7	13.4	59.3
	12	2 45.0	S21 49.5	59 15.3	10.0	S10 18.1	13.3	59.3
	13	17 44.8	49.9	73 44.3	9.9	10 31.4	13.3	59.3
	14	32 44.6	50.3	88 13.2	9.8	10 44.7	13.2	59.3
	15	47 44.3	. . 50.7	102 42.0	9.8	10 57.9	13.1	59.3
	16	62 44.1	51.1	117 10.8	9.8	11 11.0	13.1	59.3
	17	77 43.9	51.5	131 39.6	9.7	11 24.1	13.0	59.3
	18	92 43.6	S21 51.8	146 08.3	9.7	S11 37.1	13.0	59.3
	19	107 43.4	52.2	160 37.0	9.6	11 50.1	12.9	59.3
	20	122 43.2	52.6	175 05.6	9.5	12 03.0	12.8	59.3
	21	137 42.9	. . 53.0	189 34.1	9.5	12 15.8	12.7	59.3
	22	152 42.7	53.4	204 02.6	9.5	12 28.5	12.7	59.3
	23	167 42.4	53.7	218 31.1	9.4	12 41.2	12.6	59.3
2 (THURSDAY)	00	182 42.2	S21 54.1	232 59.5	9.3	S12 53.8	12.5	59.3
	01	197 42.0	54.5	247 27.8	9.3	13 06.3	12.5	59.3
	02	212 41.7	54.9	261 56.1	9.2	13 18.8	12.3	59.3
	03	227 41.5	. . 55.2	276 24.3	9.2	13 31.1	12.3	59.3
	04	242 41.3	55.6	290 52.5	9.1	13 43.4	12.2	59.2
	05	257 41.0	56.0	305 20.6	9.1	13 55.6	12.1	59.2
	06	272 40.8	S21 56.4	319 48.7	9.0	S14 07.7	12.1	59.2
	07	287 40.5	56.7	334 16.7	9.0	14 19.8	11.9	59.2
	08	302 40.3	57.1	348 44.7	8.9	14 31.7	11.9	59.2
	09	317 40.1	. . 57.5	3 12.6	8.9	14 43.6	11.8	59.2
	10	332 39.8	57.9	17 40.5	8.7	14 55.4	11.7	59.2
	11	347 39.6	58.2	32 08.2	8.8	15 07.1	11.6	59.2
	12	2 39.3	S21 58.6	46 36.0	8.7	S15 18.7	11.5	59.2
	13	17 39.1	59.0	61 03.7	8.6	15 30.2	11.4	59.2
	14	32 38.9	59.3	75 31.3	8.5	15 41.6	11.4	59.2
	15	47 38.6	21 59.7	89 58.8	8.6	15 53.0	11.2	59.2
	16	62 38.4	22 00.1	104 26.4	8.4	16 04.2	11.1	59.2
	17	77 38.1	00.4	118 53.8	8.4	16 15.3	11.0	59.1
	18	92 37.9	S22 00.8	133 21.2	8.3	S16 26.3	11.0	59.1
	19	107 37.6	01.2	147 48.5	8.3	16 37.3	10.8	59.1
	20	122 37.4	01.5	162 15.8	8.2	16 48.1	10.7	59.1
	21	137 37.2	. . 01.9	176 43.0	8.2	16 58.8	10.6	59.1
	22	152 36.9	02.2	191 10.2	8.1	17 09.4	10.6	59.1
	23	167 36.7	02.6	205 37.3	8.1	S17 20.0	10.4	59.1
		SD 16.2	*d* 0.4	SD 16.2		16.2		16.1

Lat.	Twilight Naut.	Twilight Civil	Sunrise	Moonrise 30	Moonrise 1	Moonrise 2	Moonrise 3
°	h m	h m	h m	h m	h m	h m	h m
N 72	07 51	09 50	■	01 22	03 36	06 08	■
N 70	07 34	09 10	■	01 18	03 22	05 36	08 24
68	07 21	08 43	10 35	01 16	03 11	05 13	07 28
66	07 10	08 23	09 46	01 13	03 02	04 56	06 55
64	07 01	08 06	09 16	01 11	02 55	04 41	06 31
62	06 53	07 52	08 53	01 10	02 48	04 29	06 12
60	06 46	07 40	08 35	01 08	02 43	04 19	05 56
N 58	06 39	07 30	08 19	01 07	02 38	04 10	05 43
56	06 33	07 21	08 07	01 06	02 34	04 03	05 32
54	06 28	07 13	07 55	01 05	02 30	03 56	05 22
52	06 23	07 06	07 45	01 04	02 27	03 50	05 13
50	06 18	06 59	07 36	01 03	02 23	03 44	05 05
45	06 08	06 45	07 18	01 01	02 17	03 33	04 49
N 40	05 59	06 32	07 02	01 00	02 11	03 23	04 35
35	05 50	06 22	06 49	00 59	02 06	03 15	04 24
30	05 43	06 12	06 38	00 57	02 02	03 07	04 14
20	05 28	05 55	06 19	00 56	01 55	02 55	03 57
N 10	05 13	05 39	06 01	00 54	01 48	02 44	03 42
0	04 57	05 23	05 45	00 52	01 42	02 34	03 28
S 10	04 40	05 06	05 29	00 51	01 37	02 24	03 14
20	04 19	04 47	05 12	00 49	01 30	02 14	03 00
30	03 52	04 24	04 51	00 48	01 24	02 02	02 43
35	03 35	04 10	04 39	00 47	01 20	01 55	02 34
40	03 13	03 54	04 26	00 46	01 15	01 47	02 23
45	02 46	03 33	04 09	00 44	01 10	01 38	02 10
S 50	02 07	03 06	03 49	00 43	01 04	01 27	01 55
52	01 45	02 53	03 39	00 42	01 01	01 22	01 48
54	01 15	02 38	03 28	00 41	00 58	01 17	01 40
56	00 18	02 19	03 16	00 41	00 55	01 11	01 31
58	////	01 55	03 01	00 40	00 51	01 04	01 21
S 60	////	01 23	02 44	00 39	00 47	00 56	01 09

Lat.	Sunset	Twilight Civil	Twilight Naut.	Moonset 30	Moonset 1	Moonset 2	Moonset 3
°	h m	h m	h m	h m	h m	h m	h m
N 72	■	13 48	15 47	12 13	11 45	11 03	■
N 70	■	14 27	16 03	12 19	12 01	11 36	10 42
68	13 02	14 54	16 16	12 25	12 14	12 01	11 40
66	13 51	15 15	16 27	12 30	12 25	12 20	12 14
64	14 22	15 31	16 36	12 34	12 34	12 35	12 39
62	14 45	15 45	16 45	12 37	12 42	12 48	12 59
60	15 03	15 57	16 52	12 40	12 49	12 59	13 15
N 58	15 18	16 07	16 58	12 43	12 55	13 09	13 29
56	15 31	16 16	17 04	12 45	13 00	13 18	13 41
54	15 42	16 25	17 10	12 47	13 05	13 25	13 51
52	15 52	16 32	17 15	12 49	13 09	13 32	14 00
50	16 01	16 39	17 19	12 51	13 13	13 38	14 09
45	16 20	16 53	17 30	12 55	13 22	13 52	14 26
N 40	16 35	17 05	17 39	12 59	13 29	14 03	14 41
35	16 48	17 16	17 47	13 01	13 35	14 12	14 53
30	17 00	17 26	17 55	13 04	13 41	14 20	15 04
20	17 19	17 43	18 10	13 08	13 50	14 35	15 23
N 10	17 37	17 59	18 25	13 12	13 59	14 48	15 39
0	17 53	18 15	18 41	13 16	14 07	14 59	15 55
S 10	18 09	18 32	18 59	13 20	14 15	15 11	16 10
20	18 27	18 51	19 20	13 24	14 23	15 24	16 26
30	18 47	19 14	19 47	13 28	14 33	15 39	16 45
35	18 59	19 28	20 04	13 31	14 39	15 47	16 56
40	19 13	19 45	20 25	13 34	14 45	15 57	17 09
45	19 29	20 06	20 53	13 37	14 53	16 09	17 24
S 50	19 50	20 32	21 32	13 41	15 02	16 23	17 43
52	20 00	20 46	21 55	13 43	15 06	16 29	17 51
54	20 11	21 02	22 26	13 45	15 11	16 37	18 01
56	20 23	21 21	23 30	13 47	15 16	16 45	18 12
58	20 38	21 44	////	13 50	15 21	16 54	18 25
S 60	20 56	22 18	////	13 53	15 28	17 05	18 40

Day	SUN Eqn. of Time 00^h	SUN Eqn. of Time 12^h	SUN Mer. Pass.	MOON Mer. Pass. Upper	MOON Mer. Pass. Lower	MOON Age	MOON Phase
d	m s	m s	h m	h m	h m	d %	
30	11 34	11 23	11 49	07 04	19 29	24 32	
1	11 12	11 01	11 49	07 55	20 20	25 22	
2	10 49	10 38	11 49	08 47	21 14	26 13	

UT	ARIES	VENUS −4.9		MARS +1.3		JUPITER −2.5		SATURN +0.9		STARS		
	GHA	GHA	Dec	GHA	Dec	GHA	Dec	GHA	Dec	Name	SHA	Dec
d h	° ′	° ′	° ′	° ′	° ′	° ′	° ′	° ′	° ′		° ′	° ′
3 00	71 43.2	221 59.4	S10 28.9	165 50.8	S24 12.6	76 49.2	S 3 43.1	237 15.8	S 3 41.7	Acamar	315 19.3	S40 15.7
01	86 45.6	237 00.6	29.0	180 51.2	12.7	91 51.6	43.0	252 18.0	41.8	Achernar	335 27.6	S57 11.0
02	101 48.1	252 01.8	29.1	195 51.6	12.8	106 53.9	42.9	267 20.3	41.8	Acrux	173 11.8	S63 09.4
03	116 50.5	267 02.9	. . 29.2	210 52.0	. . 12.8	121 56.3	. . 42.9	282 22.6	. . 41.9	Adhara	255 13.6	S28 59.2
04	131 53.0	282 04.1	29.3	225 52.4	12.9	136 58.6	42.8	297 24.8	42.0	Aldebaran	290 51.1	N16 31.9
05	146 55.5	297 05.3	29.4	240 52.8	13.0	152 01.0	42.8	312 27.1	42.1			
06	161 57.9	312 06.4	S10 29.5	255 53.2	S24 13.0	167 03.4	S 3 42.7	327 29.4	S 3 42.1	Alioth	166 22.5	N55 53.7
07	177 00.4	327 07.6	29.6	270 53.6	13.1	182 05.7	42.6	342 31.6	42.2	Alkaid	153 00.6	N49 15.3
08	192 02.9	342 08.8	29.7	285 54.0	13.2	197 08.1	42.6	357 33.9	42.3	Al Na'ir	27 46.0	S46 54.6
F 09	207 05.3	357 09.9	. . 29.8	300 54.4	. . 13.2	212 10.4	. . 42.5	12 36.1	. . 42.4	Alnilam	275 47.9	S 1 11.7
R 10	222 07.8	12 11.1	29.9	315 54.8	13.3	227 12.8	42.5	27 38.4	42.4	Alphard	217 57.8	S 8 42.4
I 11	237 10.3	27 12.2	30.1	330 55.2	13.4	242 15.1	42.4	42 40.7	42.5			
D 12	252 12.7	42 13.4	S10 30.2	345 55.6	S24 13.4	257 17.5	S 3 42.3	57 42.9	S 3 42.6	Alphecca	126 12.9	N26 40.6
A 13	267 15.2	57 14.5	30.3	0 56.0	13.5	272 19.8	42.3	72 45.2	42.7	Alpheratz	357 45.3	N29 09.3
Y 14	282 17.7	72 15.7	30.4	15 56.5	13.6	287 22.2	42.2	87 47.5	42.7	Altair	62 10.3	N 8 54.0
15	297 20.1	87 16.8	. . 30.5	30 56.9	. . 13.6	302 24.5	. . 42.2	102 49.7	. . 42.8	Ankaa	353 17.2	S42 14.9
16	312 22.6	102 18.0	30.6	45 57.3	13.7	317 26.9	42.1	117 52.0	42.9	Antares	112 28.9	S26 27.3
17	327 25.0	117 19.1	30.7	60 57.7	13.8	332 29.2	42.0	132 54.2	43.0			
18	342 27.5	132 20.3	S10 30.9	75 58.1	S24 13.8	347 31.6	S 3 42.0	147 56.5	S 3 43.0	Arcturus	145 57.7	N19 07.4
19	357 30.0	147 21.4	31.0	90 58.5	13.9	2 33.9	41.9	162 58.8	43.1	Atria	107 33.0	S69 02.8
20	12 32.4	162 22.5	31.1	105 58.9	13.9	17 36.3	41.9	178 01.0	43.2	Avior	234 18.4	S59 32.5
21	27 34.9	177 23.7	. . 31.2	120 59.3	. . 14.0	32 38.6	. . 41.8	193 03.3	. . 43.2	Bellatrix	278 33.6	N 6 21.6
22	42 37.4	192 24.8	31.4	135 59.7	14.1	47 41.0	41.7	208 05.6	43.3	Betelgeuse	271 03.0	N 7 24.5
23	57 39.8	207 25.9	31.5	151 00.1	14.1	62 43.3	41.7	223 07.8	43.4			
4 00	72 42.3	222 27.0	S10 31.6	166 00.5	S24 14.2	77 45.7	S 3 41.6	238 10.1	S 3 43.5	Canopus	263 56.4	S52 42.0
01	87 44.8	237 28.2	31.7	181 00.9	14.2	92 48.0	41.5	253 12.4	43.5	Capella	280 36.7	N46 00.5
02	102 47.2	252 29.3	31.9	196 01.3	14.3	107 50.4	41.5	268 14.6	43.6	Deneb	49 33.0	N45 19.5
03	117 49.7	267 30.4	. . 32.0	211 01.7	. . 14.4	122 52.7	. . 41.4	283 16.9	. . 43.7	Denebola	182 35.6	N14 30.5
04	132 52.1	282 31.5	32.1	226 02.1	14.4	137 55.1	41.4	298 19.2	43.8	Diphda	348 57.5	S17 55.6
05	147 54.6	297 32.6	32.3	241 02.5	14.5	152 57.4	41.3	313 21.4	43.8			
06	162 57.1	312 33.7	S10 32.4	256 02.9	S24 14.5	167 59.8	S 3 41.2	328 23.7	S 3 43.9	Dubhe	193 53.8	N61 41.1
S 07	177 59.5	327 34.8	32.6	271 03.3	14.6	183 02.1	41.2	343 26.0	44.0	Elnath	278 14.6	N28 37.0
A 08	193 02.0	342 35.9	32.7	286 03.7	14.6	198 04.5	41.1	358 28.2	44.1	Eltanin	90 47.5	N51 29.4
T 09	208 04.5	357 37.0	. . 32.8	301 04.1	. . 14.7	213 06.8	. . 41.1	13 30.5	. . 44.1	Enif	33 49.0	N 9 55.7
U 10	223 06.9	12 38.1	33.0	316 04.5	14.8	228 09.2	41.0	28 32.7	44.2	Fomalhaut	15 26.0	S29 33.9
R 11	238 09.4	27 39.2	33.1	331 04.9	14.8	243 11.5	40.9	43 35.0	44.3			
D 12	253 11.9	42 40.3	S10 33.3	346 05.3	S24 14.9	258 13.9	S 3 40.9	58 37.3	S 3 44.3	Gacrux	172 03.3	S57 10.3
A 13	268 14.3	57 41.4	33.4	1 05.7	14.9	273 16.2	40.8	73 39.5	44.4	Gienah	175 54.3	S17 36.1
Y 14	283 16.8	72 42.5	33.6	16 06.1	15.0	288 18.5	40.7	88 41.8	44.5	Hadar	148 51.1	S60 25.4
15	298 19.3	87 43.6	. . 33.7	31 06.5	. . 15.0	303 20.9	. . 40.7	103 44.1	. . 44.6	Hamal	328 02.6	N23 31.0
16	313 21.7	102 44.7	33.9	46 06.9	15.1	318 23.2	40.6	118 46.3	44.6	Kaus Aust.	83 46.6	S34 22.7
17	328 24.2	117 45.8	34.0	61 07.3	15.1	333 25.6	40.5	133 48.6	44.7			
18	343 26.6	132 46.8	S10 34.2	76 07.7	S24 15.2	348 27.9	S 3 40.5	148 50.9	S 3 44.8	Kochab	137 20.8	N74 06.4
19	358 29.1	147 47.9	34.3	91 08.1	15.2	3 30.3	40.4	163 53.1	44.9	Markab	13 40.2	N15 16.1
20	13 31.6	162 49.0	34.5	106 08.5	15.3	18 32.6	40.4	178 55.4	44.9	Menkar	314 16.7	N 4 08.0
21	28 34.0	177 50.1	. . 34.6	121 08.9	. . 15.3	33 35.0	. . 40.3	193 57.7	. . 45.0	Menkent	148 10.1	S36 25.3
22	43 36.5	192 51.1	34.8	136 09.3	15.4	48 37.3	40.2	208 59.9	45.1	Miaplacidus	221 39.8	S69 45.5
23	58 39.0	207 52.2	34.9	151 09.7	15.4	63 39.6	40.2	224 02.2	45.1			
5 00	73 41.4	222 53.3	S10 35.1	166 10.1	S24 15.5	78 42.0	S 3 40.1	239 04.5	S 3 45.2	Mirfak	308 42.5	N49 54.2
01	88 43.9	237 54.3	35.3	181 10.5	15.5	93 44.3	40.0	254 06.7	45.3	Nunki	76 00.9	S26 17.0
02	103 46.4	252 55.4	35.4	196 10.9	15.6	108 46.7	40.0	269 09.0	45.4	Peacock	53 22.4	S56 42.1
03	118 48.8	267 56.5	. . 35.6	211 11.3	. . 15.6	123 49.0	. . 39.9	284 11.3	. . 45.4	Pollux	243 29.7	N27 59.8
04	133 51.3	282 57.5	35.8	226 11.7	15.7	138 51.3	39.8	299 13.6	45.5	Procyon	245 01.4	N 5 11.8
05	148 53.8	297 58.6	35.9	241 12.1	15.7	153 53.7	39.8	314 15.8	45.6			
06	163 56.2	312 59.6	S10 36.1	256 12.5	S24 15.8	168 56.0	S 3 39.7	329 18.1	S 3 45.6	Rasalhague	96 08.5	N12 33.2
07	178 58.7	328 00.7	36.3	271 12.9	15.8	183 58.4	39.6	344 20.4	45.7	Regulus	207 45.4	N11 54.7
08	194 01.1	343 01.7	36.4	286 13.3	15.9	199 00.7	39.6	359 22.6	45.8	Rigel	281 13.5	S 8 11.3
S 09	209 03.6	358 02.8	. . 36.6	301 13.7	. . 15.9	214 03.0	. . 39.5	14 24.9	. . 45.9	Rigil Kent.	139 54.9	S60 52.6
U 10	224 06.1	13 03.8	36.8	316 14.1	16.0	229 05.4	39.4	29 27.2	45.9	Sabik	102 15.0	S15 44.2
N 11	239 08.5	28 04.8	37.0	331 14.5	16.0	244 07.7	39.4	44 29.4	46.0			
D 12	254 11.0	43 05.9	S10 37.1	346 14.9	S24 16.1	259 10.1	S 3 39.3	59 31.7	S 3 46.1	Schedar	349 42.4	N56 36.2
A 13	269 13.5	58 06.9	37.3	1 15.3	16.1	274 12.4	39.2	74 34.0	46.1	Shaula	96 24.8	S37 06.7
Y 14	284 15.9	73 08.0	37.5	16 15.6	16.1	289 14.7	39.2	89 36.2	46.2	Sirius	258 35.0	S16 43.8
15	299 18.4	88 09.0	. . 37.7	31 16.0	. . 16.2	304 17.1	. . 39.1	104 38.5	. . 46.3	Spica	158 33.4	S11 13.1
16	314 20.9	103 10.0	37.9	46 16.4	16.2	319 19.4	39.0	119 40.8	46.4	Suhail	222 53.6	S43 28.5
17	329 23.3	118 11.0	38.1	61 16.8	16.3	334 21.7	39.0	134 43.0	46.4			
18	344 25.8	133 12.1	S10 38.2	76 17.2	S24 16.3	349 24.1	S 3 38.9	149 45.3	S 3 46.5	Vega	80 40.6	N38 47.8
19	359 28.3	148 13.1	38.4	91 17.6	16.3	4 26.4	38.8	164 47.6	46.6	Zuben'ubi	137 07.8	S16 05.2
20	14 30.7	163 14.1	38.6	106 18.0	16.4	19 28.7	38.8	179 49.9	46.6		SHA	Mer. Pass.
21	29 33.2	178 15.1	. . 38.8	121 18.4	. . 16.4	34 31.1	. . 38.7	194 52.1	. . 46.7		° ′	h m
22	44 35.6	193 16.2	39.0	136 18.8	16.5	49 33.4	38.6	209 54.4	46.8	Venus	149 44.7	9 10
23	59 38.1	208 17.2	39.2	151 19.2	16.5	64 35.8	38.6	224 56.7	46.9	Mars	93 18.2	12 56
	h m									Jupiter	5 03.4	18 46
Mer. Pass.	19 06.0	*v* 1.1	*d* 0.1	*v* 0.4	*d* 0.1	*v* 2.3	*d* 0.1	*v* 2.3	*d* 0.1	Saturn	165 27.8	8 06

UT			SUN GHA	SUN Dec	MOON GHA	*v*	MOON Dec	*d*	HP
	d	h	° ′	° ′	° ′	′	° ′	′	′
	3	00	182 36.4	S22 03.0	220 04.4	8.0	S17 30.4	10.3	59.1
		01	197 36.2	03.3	234 31.4	7.9	17 40.7	10.2	59.1
		02	212 35.9	03.7	248 58.3	7.9	17 50.9	10.0	59.0
		03	227 35.7	. . 04.0	263 25.2	7.8	18 00.9	10.0	59.0
		04	242 35.4	04.4	277 52.0	7.8	18 10.9	9.9	59.0
		05	257 35.2	04.7	292 18.8	7.7	18 20.8	9.7	59.0
		06	272 35.0	S22 05.1	306 45.5	7.6	S18 30.5	9.6	59.0
		07	287 34.7	05.5	321 12.1	7.6	18 40.1	9.5	59.0
		08	302 34.5	05.8	335 38.7	7.6	18 49.6	9.4	59.0
F		09	317 34.2	. . 06.2	350 05.3	7.5	18 59.0	9.3	59.0
R		10	332 34.0	06.5	4 31.8	7.4	19 08.3	9.2	58.9
I		11	347 33.7	06.9	18 58.2	7.4	19 17.5	9.0	58.9
D		12	2 33.5	S22 07.2	33 24.6	7.4	S19 26.5	8.9	58.9
A		13	17 33.2	07.6	47 51.0	7.3	19 35.4	8.8	58.9
Y		14	32 33.0	07.9	62 17.3	7.2	19 44.2	8.6	58.9
		15	47 32.7	. . 08.3	76 43.5	7.2	19 52.8	8.6	58.9
		16	62 32.5	08.6	91 09.7	7.1	20 01.4	8.4	58.9
		17	77 32.2	09.0	105 35.8	7.1	20 09.8	8.2	58.8
		18	92 32.0	S22 09.3	120 01.9	7.1	S20 18.0	8.2	58.8
		19	107 31.7	09.7	134 28.0	7.0	20 26.2	8.0	58.8
		20	122 31.5	10.0	148 54.0	6.9	20 34.2	7.9	58.8
		21	137 31.2	. . 10.3	163 19.9	6.9	20 42.1	7.7	58.8
		22	152 31.0	10.7	177 45.8	6.9	20 49.8	7.7	58.8
		23	167 30.7	11.0	192 11.7	6.8	20 57.5	7.4	58.8
	4	00	182 30.5	S22 11.4	206 37.5	6.8	S21 04.9	7.4	58.7
		01	197 30.2	11.7	221 03.3	6.8	21 12.3	7.2	58.7
		02	212 30.0	12.1	235 29.1	6.7	21 19.5	7.1	58.7
		03	227 29.7	. . 12.4	249 54.8	6.6	21 26.6	6.9	58.7
		04	242 29.5	12.7	264 20.4	6.6	21 33.5	6.8	58.7
		05	257 29.2	13.1	278 46.0	6.6	21 40.3	6.7	58.6
		06	272 29.0	S22 13.4	293 11.6	6.6	S21 47.0	6.5	58.6
		07	287 28.7	13.8	307 37.2	6.5	21 53.5	6.4	58.6
S		08	302 28.5	14.1	322 02.7	6.5	21 59.9	6.2	58.6
A		09	317 28.2	. . 14.4	336 28.2	6.4	22 06.1	6.1	58.6
T		10	332 28.0	14.8	350 53.6	6.4	22 12.2	6.0	58.6
U		11	347 27.7	15.1	5 19.0	6.4	22 18.2	5.8	58.5
R		12	2 27.5	S22 15.4	19 44.4	6.4	S22 24.0	5.6	58.5
D		13	17 27.2	15.8	34 09.8	6.3	22 29.6	5.5	58.5
A		14	32 27.0	16.1	48 35.1	6.3	22 35.1	5.4	58.5
Y		15	47 26.7	. . 16.4	63 00.4	6.3	22 40.5	5.2	58.5
		16	62 26.4	16.7	77 25.7	6.3	22 45.7	5.1	58.4
		17	77 26.2	17.1	91 51.0	6.2	22 50.8	4.9	58.4
		18	92 25.9	S22 17.4	106 16.2	6.2	S22 55.7	4.8	58.4
		19	107 25.7	17.7	120 41.4	6.2	23 00.5	4.7	58.4
		20	122 25.4	18.1	135 06.6	6.2	23 05.2	4.4	58.4
		21	137 25.2	. . 18.4	149 31.8	6.2	23 09.6	4.4	58.3
		22	152 24.9	18.7	163 57.0	6.2	23 14.0	4.2	58.3
		23	167 24.7	19.0	178 22.2	6.1	23 18.2	4.0	58.3
	5	00	182 24.4	S22 19.4	192 47.3	6.2	S23 22.2	3.9	58.3
		01	197 24.1	19.7	207 12.5	6.1	23 26.1	3.7	58.2
		02	212 23.9	20.0	221 37.6	6.1	23 29.8	3.6	58.2
		03	227 23.6	. . 20.3	236 02.7	6.1	23 33.4	3.4	58.2
		04	242 23.4	20.7	250 27.8	6.1	23 36.8	3.3	58.2
		05	257 23.1	21.0	264 52.9	6.2	23 40.1	3.1	58.2
		06	272 22.9	S22 21.3	279 18.1	6.1	S23 43.2	3.0	58.1
		07	287 22.6	21.6	293 43.2	6.1	23 46.2	2.8	58.1
		08	302 22.3	21.9	308 08.3	6.1	23 49.0	2.7	58.1
S		09	317 22.1	. . 22.2	322 33.4	6.1	23 51.7	2.5	58.1
U		10	332 21.8	22.6	336 58.5	6.2	23 54.2	2.4	58.0
N		11	347 21.6	22.9	351 23.7	6.1	23 56.6	2.2	58.0
D		12	2 21.3	S22 23.2	5 48.8	6.1	S23 58.8	2.0	58.0
A		13	17 21.0	23.5	20 13.9	6.2	24 00.8	2.0	58.0
Y		14	32 20.8	23.8	34 39.1	6.2	24 02.8	1.7	57.9
		15	47 20.5	. . 24.1	49 04.3	6.1	24 04.5	1.6	57.9
		16	62 20.3	24.4	63 29.4	6.2	24 06.1	1.5	57.9
		17	77 20.0	24.8	77 54.6	6.3	24 07.6	1.3	57.9
		18	92 19.7	S22 25.1	92 19.9	6.2	S24 08.9	1.1	57.8
		19	107 19.5	25.4	106 45.1	6.3	24 10.0	1.0	57.8
		20	122 19.2	25.7	121 10.4	6.3	24 11.0	0.9	57.8
		21	137 19.0	. . 26.0	135 35.7	6.3	24 11.9	0.7	57.8
		22	152 18.7	26.3	150 01.0	6.3	24 12.6	0.5	57.7
		23	167 18.4	26.6	164 26.3	6.4	S24 13.1	0.4	57.7
			SD 16.3	*d* 0.3	SD	16.1		15.9	15.8

Lat.	Twilight Naut.	Twilight Civil	Sunrise	Moonrise 3	Moonrise 4	Moonrise 5	Moonrise 6
°	h m	h m	h m	h m	h m	h m	h m
N 72	07 58	10 03	■	■	■	■	■
N 70	07 41	09 20	■	08 24	■	■	■
68	07 27	08 51	10 55	07 28	■	■	■
66	07 16	08 29	09 57	06 55	09 01	■	■
64	07 06	08 12	09 24	06 31	08 19	09 57	11 00
62	06 58	07 58	09 00	06 12	07 51	09 18	10 20
60	06 50	07 45	08 40	05 56	07 29	08 51	09 53
N 58	06 43	07 35	08 25	05 43	07 12	08 30	09 32
56	06 37	07 25	08 11	05 32	06 57	08 13	09 14
54	06 32	07 17	08 00	05 22	06 44	07 58	08 59
52	06 26	07 10	07 49	05 13	06 33	07 46	08 46
50	06 22	07 03	07 40	05 05	06 23	07 34	08 35
45	06 11	06 48	07 21	04 49	06 03	07 11	08 11
N 40	06 01	06 35	07 05	04 35	05 46	06 52	07 52
35	05 53	06 24	06 52	04 24	05 32	06 37	07 36
30	05 45	06 14	06 40	04 14	05 20	06 23	07 22
20	05 29	05 57	06 20	03 57	04 59	06 00	06 59
N 10	05 14	05 40	06 03	03 42	04 41	05 40	06 39
0	04 58	05 24	05 46	03 28	04 24	05 22	06 20
S 10	04 40	05 07	05 30	03 14	04 08	05 04	06 01
20	04 19	04 48	05 12	03 00	03 50	04 44	05 41
30	03 51	04 24	04 51	02 43	03 30	04 21	05 17
35	03 34	04 10	04 39	02 34	03 18	04 08	05 04
40	03 12	03 53	04 25	02 23	03 04	03 53	04 48
45	02 44	03 32	04 08	02 10	02 48	03 35	04 29
S 50	02 03	03 04	03 47	01 55	02 29	03 12	04 05
52	01 40	02 50	03 37	01 48	02 20	03 01	03 54
54	01 07	02 34	03 26	01 40	02 10	02 49	03 41
56	////	02 15	03 13	01 31	01 58	02 35	03 26
58	////	01 50	02 58	01 21	01 45	02 19	03 09
S 60	////	01 15	02 40	01 09	01 29	02 00	02 48

Lat.	Sunset	Twilight Civil	Twilight Naut.	Moonset 3	Moonset 4	Moonset 5	Moonset 6
°	h m	h m	h m	h m	h m	h m	h m
N 72	■	13 36	15 41	■	■	■	■
N 70	■	14 20	15 58	10 42	■	■	■
68	12 45	14 49	16 12	11 40	■	■	■
66	13 43	15 10	16 24	12 14	12 06	■	■
64	14 16	15 28	16 34	12 39	12 48	13 12	14 09
62	14 40	15 42	16 42	12 59	13 17	13 51	14 48
60	14 59	15 55	16 50	13 15	13 39	14 18	15 16
N 58	15 15	16 05	16 57	13 29	13 57	14 39	15 37
56	15 29	16 15	17 03	13 41	14 12	14 56	15 54
54	15 40	16 23	17 08	13 51	14 25	15 11	16 09
52	15 51	16 30	17 14	14 00	14 37	15 24	16 22
50	16 00	16 37	17 18	14 09	14 47	15 35	16 33
45	16 19	16 52	17 29	14 26	15 08	15 59	16 57
N 40	16 35	17 05	17 39	14 41	15 26	16 18	17 16
35	16 48	17 16	17 47	14 53	15 40	16 33	17 31
30	17 00	17 26	17 55	15 04	15 53	16 47	17 45
20	17 20	17 44	18 11	15 23	16 15	17 11	18 08
N 10	17 37	18 00	18 26	15 39	16 34	17 31	18 28
0	17 54	18 16	18 42	15 55	16 52	17 50	18 47
S 10	18 11	18 33	19 00	16 10	17 09	18 09	19 05
20	18 28	18 53	19 22	16 26	17 28	18 29	19 25
30	18 49	19 16	19 49	16 45	17 50	18 52	19 48
35	19 02	19 31	20 07	16 56	18 03	19 06	20 02
40	19 16	19 48	20 29	17 09	18 18	19 21	20 17
45	19 33	20 09	20 57	17 24	18 36	19 40	20 35
S 50	19 54	20 37	21 38	17 43	18 58	20 04	20 58
52	20 04	20 51	22 02	17 51	19 08	20 15	21 09
54	20 15	21 07	22 36	18 01	19 20	20 28	21 21
56	20 28	21 27	////	18 12	19 34	20 43	21 35
58	20 44	21 52	////	18 25	19 49	21 00	21 52
S 60	21 02	22 28	////	18 40	20 09	21 21	22 12

Day	SUN Eqn. of Time 00^h	SUN Eqn. of Time 12^h	SUN Mer. Pass.	MOON Mer. Pass. Upper	MOON Mer. Pass. Lower	MOON Age	MOON Phase
d	m s	m s	h m	h m	h m	d %	
3	10 26	10 14	11 50	09 41	22 09	27 6	
4	10 02	09 50	11 50	10 38	23 07	28 2	●
5	09 38	09 26	11 51	11 36	24 05	29 0	

d	h	ARIES GHA	VENUS −4.9 GHA	VENUS Dec	MARS +1.3 GHA	MARS Dec	JUPITER −2.5 GHA	JUPITER Dec	SATURN +0.9 GHA	SATURN Dec
		° ′	° ′	° ′	° ′	° ′	° ′	° ′	° ′	° ′
6	00	74 40.6	223 18.2	S10 39.4	166 19.6	S24 16.5	79 38.1	S 3 38.5	239 58.9	S 3 46.9
	01	89 43.0	238 19.2	39.6	181 20.0	16.6	94 40.4	38.4	255 01.2	47.0
	02	104 45.5	253 20.2	39.8	196 20.4	16.6	109 42.8	38.4	270 03.5	47.1
	03	119 48.0	268 21.2	. . 40.0	211 20.8	. . 16.7	124 45.1	. . 38.3	285 05.7	. . 47.1
	04	134 50.4	283 22.2	40.2	226 21.2	16.7	139 47.4	38.2	300 08.0	47.2
	05	149 52.9	298 23.2	40.4	241 21.6	16.7	154 49.7	38.2	315 10.3	47.3
	06	164 55.4	313 24.2	S10 40.6	256 22.0	S24 16.8	169 52.1	S 3 38.1	330 12.6	S 3 47.4
	07	179 57.8	328 25.2	40.8	271 22.4	16.8	184 54.4	38.0	345 14.8	47.4
	08	195 00.3	343 26.2	41.0	286 22.8	16.8	199 56.7	37.9	0 17.1	47.5
M	09	210 02.8	358 27.2	. . 41.2	301 23.2	. . 16.9	214 59.1	. . 37.9	15 19.4	. . 47.6
O	10	225 05.2	13 28.2	41.4	316 23.6	16.9	230 01.4	37.8	30 21.6	47.6
N	11	240 07.7	28 29.2	41.6	331 24.0	16.9	245 03.7	37.7	45 23.9	47.7
D	12	255 10.1	43 30.1	S10 41.8	346 24.4	S24 17.0	260 06.1	S 3 37.7	60 26.2	S 3 47.8
A	13	270 12.6	58 31.1	42.0	1 24.7	17.0	275 08.4	37.6	75 28.5	47.8
Y	14	285 15.1	73 32.1	42.2	16 25.1	17.0	290 10.7	37.5	90 30.7	47.9
	15	300 17.5	88 33.1	. . 42.4	31 25.5	. . 17.1	305 13.1	. . 37.5	105 33.0	. . 48.0
	16	315 20.0	103 34.1	42.6	46 25.9	17.1	320 15.4	37.4	120 35.3	48.1
	17	330 22.5	118 35.0	42.8	61 26.3	17.1	335 17.7	37.3	135 37.5	48.1
	18	345 24.9	133 36.0	S10 43.1	76 26.7	S24 17.2	350 20.0	S 3 37.2	150 39.8	S 3 48.2
	19	0 27.4	148 37.0	43.3	91 27.1	17.2	5 22.4	37.2	165 42.1	48.3
	20	15 29.9	163 38.0	43.5	106 27.5	17.2	20 24.7	37.1	180 44.4	48.3
	21	30 32.3	178 38.9	. . 43.7	121 27.9	. . 17.2	35 27.0	. . 37.0	195 46.6	. . 48.4
	22	45 34.8	193 39.9	43.9	136 28.3	17.3	50 29.4	37.0	210 48.9	48.5
	23	60 37.3	208 40.8	44.1	151 28.7	17.3	65 31.7	36.9	225 51.2	48.5
7	00	75 39.7	223 41.8	S10 44.4	166 29.1	S24 17.3	80 34.0	S 3 36.8	240 53.5	S 3 48.6
	01	90 42.2	238 42.8	44.6	181 29.5	17.4	95 36.3	36.8	255 55.7	48.7
	02	105 44.6	253 43.7	44.8	196 29.9	17.4	110 38.7	36.7	270 58.0	48.8
	03	120 47.1	268 44.7	. . 45.0	211 30.3	. . 17.4	125 41.0	. . 36.6	286 00.3	. . 48.8
	04	135 49.6	283 45.6	45.3	226 30.6	17.4	140 43.3	36.5	301 02.5	48.9
	05	150 52.0	298 46.6	45.5	241 31.0	17.5	155 45.6	36.5	316 04.8	49.0
	06	165 54.5	313 47.5	S10 45.7	256 31.4	S24 17.5	170 48.0	S 3 36.4	331 07.1	S 3 49.0
	07	180 57.0	328 48.5	46.0	271 31.8	17.5	185 50.3	36.3	346 09.4	49.1
T	08	195 59.4	343 49.4	46.2	286 32.2	17.5	200 52.6	36.2	1 11.6	49.2
U	09	211 01.9	358 50.3	. . 46.4	301 32.6	. . 17.6	215 54.9	. . 36.2	16 13.9	. . 49.2
E	10	226 04.4	13 51.3	46.7	316 33.0	17.6	230 57.3	36.1	31 16.2	49.3
S	11	241 06.8	28 52.2	46.9	331 33.4	17.6	245 59.6	36.0	46 18.5	49.4
D	12	256 09.3	43 53.1	S10 47.1	346 33.8	S24 17.6	261 01.9	S 3 36.0	61 20.7	S 3 49.4
	13	271 11.8	58 54.1	47.4	1 34.2	17.6	276 04.2	35.9	76 23.0	49.5
A	14	286 14.2	73 55.0	47.6	16 34.6	17.7	291 06.5	35.8	91 25.3	49.6
Y	15	301 16.7	88 55.9	. . 47.9	31 35.0	. . 17.7	306 08.9	. . 35.7	106 27.6	. . 49.7
	16	316 19.1	103 56.9	48.1	46 35.3	17.7	321 11.2	35.7	121 29.8	49.7
	17	331 21.6	118 57.8	48.3	61 35.7	17.7	336 13.5	35.6	136 32.1	49.8
	18	346 24.1	133 58.7	S10 48.6	76 36.1	S24 17.7	351 15.8	S 3 35.5	151 34.4	S 3 49.9
	19	1 26.5	148 59.6	48.8	91 36.5	17.8	6 18.2	35.4	166 36.7	49.9
	20	16 29.0	164 00.5	49.1	106 36.9	17.8	21 20.5	35.4	181 38.9	50.0
	21	31 31.5	179 01.5	. . 49.3	121 37.3	. . 17.8	36 22.8	. . 35.3	196 41.2	. . 50.1
	22	46 33.9	194 02.4	49.6	136 37.7	17.8	51 25.1	35.2	211 43.5	50.1
	23	61 36.4	209 03.3	49.8	151 38.1	17.8	66 27.4	35.1	226 45.8	50.2
8	00	76 38.9	224 04.2	S10 50.1	166 38.5	S24 17.8	81 29.8	S 3 35.1	241 48.0	S 3 50.3
	01	91 41.3	239 05.1	50.3	181 38.9	17.9	96 32.1	35.0	256 50.3	50.3
	02	106 43.8	254 06.0	50.6	196 39.3	17.9	111 34.4	34.9	271 52.6	50.4
	03	121 46.2	269 06.9	. . 50.8	211 39.6	. . 17.9	126 36.7	. . 34.9	286 54.9	. . 50.5
	04	136 48.7	284 07.8	51.1	226 40.0	17.9	141 39.0	34.8	301 57.1	50.5
	05	151 51.2	299 08.7	51.3	241 40.4	17.9	156 41.3	34.7	316 59.4	50.6
	06	166 53.6	314 09.6	S10 51.6	256 40.8	S24 17.9	171 43.7	S 3 34.6	332 01.7	S 3 50.7
W	07	181 56.1	329 10.5	51.9	271 41.2	17.9	186 46.0	34.5	347 04.0	50.7
E	08	196 58.6	344 11.4	52.1	286 41.6	18.0	201 48.3	34.5	2 06.3	50.8
D	09	212 01.0	359 12.3	. . 52.4	301 42.0	. . 18.0	216 50.6	. . 34.4	17 08.5	. . 50.9
N	10	227 03.5	14 13.2	52.6	316 42.4	18.0	231 52.9	34.3	32 10.8	50.9
E	11	242 06.0	29 14.0	52.9	331 42.8	18.0	246 55.2	34.2	47 13.1	51.0
S	12	257 08.4	44 14.9	S10 53.2	346 43.2	S24 18.0	261 57.6	S 3 34.2	62 15.4	S 3 51.1
D	13	272 10.9	59 15.8	53.4	1 43.5	18.0	276 59.9	34.1	77 17.6	51.1
A	14	287 13.4	74 16.7	53.7	16 43.9	18.0	292 02.2	34.0	92 19.9	51.2
Y	15	302 15.8	89 17.6	. . 54.0	31 44.3	. . 18.0	307 04.5	. . 33.9	107 22.2	. . 51.3
	16	317 18.3	104 18.4	54.2	46 44.7	18.0	322 06.8	33.9	122 24.5	51.4
	17	332 20.7	119 19.3	54.5	61 45.1	18.1	337 09.1	33.8	137 26.8	51.4
	18	347 23.2	134 20.2	S10 54.8	76 45.5	S24 18.1	352 11.4	S 3 33.7	152 29.0	S 3 51.5
	19	2 25.7	149 21.1	55.1	91 45.9	18.1	7 13.8	33.6	167 31.3	51.6
	20	17 28.1	164 21.9	55.3	106 46.3	18.1	22 16.1	33.6	182 33.6	51.6
	21	32 30.6	179 22.8	. . 55.6	121 46.6	. . 18.1	37 18.4	. . 33.5	197 35.9	. . 51.7
	22	47 33.1	194 23.6	55.9	136 47.0	18.1	52 20.7	33.4	212 38.1	51.8
	23	62 35.5	209 24.5	56.2	151 47.4	18.1	67 23.0	33.3	227 40.4	51.8
Mer. Pass.		h m 18 54.2	v 0.9	d 0.2	v 0.4	d 0.0	v 2.3	d 0.1	v 2.3	d 0.1

STARS

Name	SHA	Dec
	° ′	° ′
Acamar	315 19.3	S40 15.7
Achernar	335 27.6	S57 11.0
Acrux	173 11.7	S63 09.4
Adhara	255 13.6	S28 59.2
Aldebaran	290 51.1	N16 31.9
Alioth	166 22.4	N55 53.7
Alkaid	153 00.6	N49 15.3
Al Na'ir	27 46.1	S46 54.6
Alnilam	275 47.9	S 1 11.7
Alphard	217 57.7	S 8 42.4
Alphecca	126 12.9	N26 40.6
Alpheratz	357 45.3	N29 09.3
Altair	62 10.3	N 8 54.0
Ankaa	353 17.3	S42 14.9
Antares	112 28.9	S26 27.3
Arcturus	145 57.6	N19 07.4
Atria	107 33.0	S69 02.8
Avior	234 18.4	S59 32.5
Bellatrix	278 33.6	N 6 21.6
Betelgeuse	271 02.9	N 7 24.5
Canopus	263 56.4	S52 42.0
Capella	280 36.7	N46 00.5
Deneb	49 33.0	N45 19.5
Denebola	182 35.6	N14 30.5
Diphda	348 57.5	S17 55.6
Dubhe	193 53.8	N61 41.1
Elnath	278 14.5	N28 37.0
Eltanin	90 47.5	N51 29.4
Enif	33 49.0	N 9 55.7
Fomalhaut	15 26.0	S29 33.9
Gacrux	172 03.3	S57 10.3
Gienah	175 54.3	S17 36.1
Hadar	148 51.1	S60 25.4
Hamal	328 02.6	N23 31.0
Kaus Aust.	83 46.6	S34 22.7
Kochab	137 20.8	N74 06.4
Markab	13 40.2	N15 16.1
Menkar	314 16.7	N 4 08.0
Menkent	148 10.1	S36 25.3
Miaplacidus	221 39.7	S69 45.5
Mirfak	308 42.5	N49 54.2
Nunki	76 00.9	S26 16.9
Peacock	53 22.4	S56 42.1
Pollux	243 29.6	N27 59.8
Procyon	245 01.4	N 5 11.7
Rasalhague	96 08.5	N12 33.2
Regulus	207 45.4	N11 54.7
Rigel	281 13.5	S 8 11.3
Rigil Kent.	139 54.9	S60 52.6
Sabik	102 15.0	S15 44.2
Schedar	349 42.5	N56 36.2
Shaula	96 24.8	S37 06.7
Sirius	258 35.0	S16 43.9
Spica	158 33.4	S11 13.1
Suhail	222 53.6	S43 28.5
Vega	80 40.6	N38 47.8
Zuben'ubi	137 07.7	S16 05.2

	SHA	Mer. Pass.
	° ′	h m
Venus	148 02.1	9 05
Mars	90 49.4	12 54
Jupiter	4 54.3	18 35
Saturn	165 13.7	7 55

	UT d h	SUN GHA ° ′	SUN Dec ° ′	MOON GHA ° ′	v ′	MOON Dec ° ′	d ′	HP ′
	6 00	182 18.2	S22 26.9	178 51.7	6.4	S24 13.5	0.2	57.7
	01	197 17.9	27.2	193 17.1	6.4	24 13.7	0.1	57.7
	02	212 17.6	27.5	207 42.5	6.5	24 13.8	0.0	57.6
	03	227 17.4	. . 27.8	222 08.0	6.5	24 13.8	0.2	57.6
	04	242 17.1	28.1	236 33.5	6.5	24 13.6	0.4	57.6
	05	257 16.9	28.4	250 59.0	6.6	24 13.2	0.5	57.6
	06	272 16.6	S22 28.7	265 24.6	6.6	S24 12.7	0.6	57.5
	07	287 16.3	29.0	279 50.2	6.6	24 12.1	0.8	57.5
	08	302 16.1	29.3	294 15.8	6.7	24 11.3	1.0	57.5
M	09	317 15.8	. . 29.6	308 41.5	6.8	24 10.3	1.1	57.5
O	10	332 15.5	29.9	323 07.3	6.8	24 09.2	1.2	57.4
N	11	347 15.3	30.2	337 33.1	6.8	24 08.0	1.4	57.4
D	12	2 15.0	S22 30.5	351 58.9	6.9	S24 06.6	1.5	57.4
A	13	17 14.7	30.8	6 24.8	6.9	24 05.1	1.7	57.4
Y	14	32 14.5	31.1	20 50.7	7.0	24 03.4	1.8	57.3
	15	47 14.2	. . 31.4	35 16.7	7.1	24 01.6	1.9	57.3
	16	62 13.9	31.7	49 42.8	7.1	23 59.7	2.1	57.3
	17	77 13.7	32.0	64 08.9	7.1	23 57.6	2.3	57.2
	18	92 13.4	S22 32.3	78 35.0	7.2	S23 55.3	2.3	57.2
	19	107 13.1	32.6	93 01.2	7.3	23 53.0	2.5	57.2
	20	122 12.9	32.9	107 27.5	7.3	23 50.5	2.7	57.2
	21	137 12.6	. . 33.2	121 53.8	7.4	23 47.8	2.8	57.1
	22	152 12.3	33.5	136 20.2	7.5	23 45.0	2.9	57.1
	23	167 12.1	33.7	150 46.7	7.5	23 42.1	3.1	57.1
	7 00	182 11.8	S22 34.0	165 13.2	7.6	S23 39.0	3.2	57.1
	01	197 11.5	34.3	179 39.8	7.6	23 35.8	3.3	57.0
	02	212 11.3	34.6	194 06.4	7.7	23 32.5	3.4	57.0
	03	227 11.0	. . 34.9	208 33.1	7.8	23 29.1	3.6	57.0
	04	242 10.7	35.2	222 59.9	7.9	23 25.5	3.8	56.9
	05	257 10.5	35.5	237 26.8	7.9	23 21.7	3.8	56.9
	06	272 10.2	S22 35.7	251 53.7	8.0	S23 17.9	4.0	56.9
	07	287 09.9	36.0	266 20.7	8.1	23 13.9	4.1	56.9
T	08	302 09.7	36.3	280 47.8	8.1	23 09.8	4.3	56.8
U	09	317 09.4	. . 36.6	295 14.9	8.2	23 05.5	4.3	56.8
E	10	332 09.1	36.9	309 42.1	8.3	23 01.2	4.5	56.8
S	11	347 08.8	37.1	324 09.4	8.4	22 56.7	4.6	56.7
	12	2 08.6	S22 37.4	338 36.8	8.4	S22 52.1	4.8	56.7
D	13	17 08.3	37.7	353 04.2	8.6	22 47.3	4.8	56.7
A	14	32 08.0	38.0	7 31.8	8.6	22 42.5	5.0	56.7
Y	15	47 07.8	. . 38.3	21 59.4	8.7	22 37.5	5.1	56.6
	16	62 07.5	38.5	36 27.1	8.7	22 32.4	5.2	56.6
	17	77 07.2	38.8	50 54.8	8.9	22 27.2	5.4	56.6
	18	92 06.9	S22 39.1	65 22.7	8.9	S22 21.8	5.4	56.5
	19	107 06.7	39.4	79 50.6	9.0	22 16.4	5.6	56.5
	20	122 06.4	39.6	94 18.6	9.1	22 10.8	5.7	56.5
	21	137 06.1	. . 39.9	108 46.7	9.1	22 05.1	5.8	56.5
	22	152 05.9	40.2	123 14.8	9.3	21 59.3	5.9	56.4
	23	167 05.6	40.4	137 43.1	9.3	21 53.4	6.0	56.4
	8 00	182 05.3	S22 40.7	152 11.4	9.5	S21 47.4	6.2	56.4
	01	197 05.0	41.0	166 39.9	9.5	21 41.2	6.2	56.4
	02	212 04.8	41.2	181 08.4	9.6	21 35.0	6.4	56.3
	03	227 04.5	. . 41.5	195 37.0	9.6	21 28.6	6.4	56.3
	04	242 04.2	41.8	210 05.6	9.8	21 22.2	6.6	56.3
	05	257 03.9	42.0	224 34.4	9.8	21 15.6	6.6	56.2
	06	272 03.7	S22 42.3	239 03.2	10.0	S21 09.0	6.8	56.2
W	07	287 03.4	42.6	253 32.2	10.0	21 02.2	6.9	56.2
E	08	302 03.1	42.8	268 01.2	10.1	20 55.3	7.0	56.2
D	09	317 02.9	. . 43.1	282 30.3	10.2	20 48.3	7.0	56.1
N	10	332 02.6	43.4	296 59.5	10.3	20 41.3	7.2	56.1
E	11	347 02.3	43.6	311 28.8	10.3	20 34.1	7.3	56.1
S	12	2 02.0	S22 43.9	325 58.1	10.5	S20 26.8	7.4	56.1
D	13	17 01.7	44.1	340 27.6	10.5	20 19.4	7.4	56.0
A	14	32 01.5	44.4	354 57.1	10.7	20 12.0	7.6	56.0
Y	15	47 01.2	. . 44.7	9 26.8	10.7	20 04.4	7.6	56.0
	16	62 00.9	44.9	23 56.5	10.8	19 56.8	7.8	55.9
	17	77 00.6	45.2	38 26.3	10.9	19 49.0	7.8	55.9
	18	92 00.4	S22 45.4	52 56.2	11.0	S19 41.2	7.9	55.9
	19	107 00.1	45.7	67 26.2	11.0	19 33.3	8.0	55.9
	20	121 59.8	45.9	81 56.2	11.2	19 25.3	8.1	55.8
	21	136 59.5	. . 46.2	96 26.4	11.2	19 17.2	8.2	55.8
	22	151 59.3	46.4	110 56.6	11.3	19 09.0	8.3	55.8
	23	166 59.0	46.7	125 26.9	11.4	S19 00.7	8.3	55.8
		SD 16.3	*d* 0.3	SD 15.6		15.5		15.3

Lat.	Twilight Naut.	Twilight Civil	Sunrise	Moonrise 6	7	8	9
°	h m	h m	h m	h m	h m	h m	h m
N 72	08 06	10 17	■	■	■	■	13 45
N 70	07 48	09 29	■	■	■	■	12 55
68	07 33	08 58	11 18	■	■	12 48	12 23
66	07 21	08 36	10 06	■	12 15	12 06	12 00
64	07 11	08 18	09 31	11 00	11 27	11 37	11 41
62	07 02	08 03	09 06	10 20	10 56	11 15	11 26
60	06 54	07 50	08 46	09 53	10 33	10 57	11 13
N 58	06 47	07 39	08 30	09 32	10 14	10 43	11 02
56	06 41	07 29	08 16	09 14	09 59	10 30	10 52
54	06 35	07 21	08 04	08 59	09 45	10 19	10 43
52	06 30	07 13	07 53	08 46	09 33	10 09	10 36
50	06 25	07 06	07 44	08 35	09 23	10 00	10 29
45	06 14	06 51	07 24	08 11	09 01	09 41	10 14
N 40	06 04	06 38	07 08	07 52	08 43	09 26	10 01
35	05 55	06 27	06 55	07 36	08 28	09 13	09 51
30	05 47	06 16	06 43	07 22	08 15	09 01	09 41
20	05 31	05 58	06 22	06 59	07 53	08 42	09 25
N 10	05 16	05 42	06 04	06 39	07 34	08 25	09 11
0	04 59	05 25	05 48	06 20	07 16	08 09	08 58
S 10	04 41	05 08	05 31	06 01	06 58	07 53	08 45
20	04 19	04 48	05 13	05 41	06 38	07 36	08 31
30	03 51	04 24	04 51	05 17	06 16	07 16	08 14
35	03 33	04 10	04 39	05 04	06 03	07 04	08 05
40	03 11	03 52	04 25	04 48	05 48	06 51	07 54
45	02 42	03 31	04 07	04 29	05 30	06 35	07 41
S 50	02 00	03 02	03 46	04 05	05 08	06 16	07 25
52	01 36	02 48	03 36	03 54	04 57	06 06	07 18
54	01 00	02 32	03 24	03 41	04 45	05 56	07 10
56	////	02 11	03 11	03 26	04 31	05 44	07 01
58	////	01 45	02 55	03 09	04 15	05 30	06 50
S 60	////	01 07	02 36	02 48	03 55	05 14	06 38

Lat.	Sunset	Twilight Civil	Twilight Naut.	Moonset 6	7	8	9
°	h m	h m	h m	h m	h m	h m	h m
N 72	■	13 26	15 37	■	■	■	16 52
N 70	■	14 13	15 55	■	■	■	17 40
68	12 25	14 44	16 09	■	■	16 06	18 11
66	13 36	15 07	16 21	■	14 50	16 47	18 33
64	14 12	15 25	16 32	14 09	15 37	17 15	18 51
62	14 37	15 40	16 41	14 48	16 08	17 36	19 05
60	14 57	15 53	16 48	15 16	16 30	17 53	19 18
N 58	15 13	16 04	16 55	15 37	16 49	18 08	19 28
56	15 27	16 13	17 02	15 54	17 04	18 20	19 37
54	15 39	16 22	17 07	16 09	17 17	18 31	19 45
52	15 49	16 30	17 13	16 22	17 29	18 40	19 52
50	15 59	16 37	17 18	16 33	17 39	18 49	19 59
45	16 18	16 52	17 29	16 57	18 01	19 07	20 13
N 40	16 35	17 05	17 39	17 16	18 18	19 21	20 24
35	16 48	17 16	17 48	17 31	18 32	19 33	20 33
30	17 00	17 26	17 56	17 45	18 45	19 44	20 42
20	17 20	17 44	18 12	18 08	19 06	20 02	20 56
N 10	17 38	18 01	18 27	18 28	19 24	20 18	21 09
0	17 55	18 18	18 44	18 47	19 42	20 33	21 21
S 10	18 12	18 35	19 02	19 05	19 59	20 48	21 32
20	18 30	18 55	19 24	19 25	20 17	21 03	21 44
30	18 52	19 19	19 52	19 48	20 38	21 21	21 58
35	19 04	19 34	20 10	20 02	20 50	21 31	22 07
40	19 19	19 51	20 32	20 17	21 04	21 43	22 16
45	19 36	20 13	21 01	20 35	21 20	21 57	22 26
S 50	19 57	20 41	21 44	20 58	21 41	22 13	22 39
52	20 08	20 55	22 09	21 09	21 50	22 21	22 45
54	20 19	21 12	22 45	21 21	22 01	22 30	22 52
56	20 33	21 33	////	21 35	22 13	22 40	22 59
58	20 49	21 59	////	21 52	22 27	22 51	23 07
S 60	21 08	22 39	////	22 12	22 44	23 04	23 17

Day	SUN Eqn. of Time 00^h	SUN Eqn. of Time 12^h	SUN Mer. Pass.	MOON Mer. Pass. Upper	MOON Mer. Pass. Lower	Age	Phase
d	m s	m s	h m	h m	h m	d %	
6	09 13	09 01	11 51	12 33	00 05	01 1	●
7	08 48	08 35	11 51	13 29	01 01	02 4	
8	08 22	08 09	11 52	14 21	01 55	03 8	

UT		ARIES	VENUS −4.8		MARS +1.3		JUPITER −2.5		SATURN +0.9	
		GHA	GHA	Dec	GHA	Dec	GHA	Dec	GHA	Dec
d	h	° ′	° ′	° ′	° ′	° ′	° ′	° ′	° ′	° ′
9	00	77 38.0	224 25.4	S10 56.4	166 47.8	S24 18.1	82 25.3	S 3 33.2	242 42.7	S 3 51.9
	01	92 40.5	239 26.2	56.7	181 48.2	18.1	97 27.6	33.2	257 45.0	52.0
	02	107 42.9	254 27.1	57.0	196 48.6	18.1	112 29.9	33.1	272 47.3	52.0
	03	122 45.4	269 27.9	57.3	211 49.0	18.1	127 32.3	33.0	287 49.5	52.1
	04	137 47.9	284 28.8	57.6	226 49.4	18.1	142 34.6	32.9	302 51.8	52.2
	05	152 50.3	299 29.6	57.8	241 49.8	18.1	157 36.9	32.9	317 54.1	52.2
	06	167 52.8	314 30.5	S10 58.1	256 50.1	S24 18.1	172 39.2	S 3 32.8	332 56.4	S 3 52.3
	07	182 55.2	329 31.3	58.4	271 50.5	18.1	187 41.5	32.7	347 58.7	52.4
T	08	197 57.7	344 32.2	58.7	286 50.9	18.1	202 43.8	32.6	3 00.9	52.4
H	09	213 00.2	359 33.0	59.0	301 51.3	18.1	217 46.1	32.5	18 03.2	52.5
U	10	228 02.6	14 33.9	59.3	316 51.7	18.1	232 48.4	32.5	33 05.5	52.6
R	11	243 05.1	29 34.7	59.6	331 52.1	18.1	247 50.7	32.4	48 07.8	52.6
S	12	258 07.6	44 35.5	S10 59.9	346 52.5	S24 18.1	262 53.0	S 3 32.3	63 10.1	S 3 52.7
D	13	273 10.0	59 36.4	11 00.2	1 52.8	18.1	277 55.3	32.2	78 12.3	52.8
A	14	288 12.5	74 37.2	00.4	16 53.2	18.1	292 57.7	32.1	93 14.6	52.8
Y	15	303 15.0	89 38.0	00.7	31 53.6	18.1	308 00.0	32.1	108 16.9	52.9
	16	318 17.4	104 38.8	01.0	46 54.0	18.1	323 02.3	32.0	123 19.2	52.9
	17	333 19.9	119 39.7	01.3	61 54.4	18.1	338 04.6	31.9	138 21.5	53.0
	18	348 22.4	134 40.5	S11 01.6	76 54.8	S24 18.1	353 06.9	S 3 31.8	153 23.7	S 3 53.1
	19	3 24.8	149 41.3	01.9	91 55.2	18.1	8 09.2	31.8	168 26.0	53.1
	20	18 27.3	164 42.1	02.2	106 55.6	18.1	23 11.5	31.7	183 28.3	53.2
	21	33 29.7	179 43.0	02.5	121 55.9	18.1	38 13.8	31.6	198 30.6	53.3
	22	48 32.2	194 43.8	02.8	136 56.3	18.1	53 16.1	31.5	213 32.9	53.3
	23	63 34.7	209 44.6	03.1	151 56.7	18.1	68 18.4	31.4	228 35.1	53.4
10	00	78 37.1	224 45.4	S11 03.4	166 57.1	S24 18.1	83 20.7	S 3 31.3	243 37.4	S 3 53.5
	01	93 39.6	239 46.2	03.7	181 57.5	18.1	98 23.0	31.3	258 39.7	53.5
	02	108 42.1	254 47.0	04.1	196 57.9	18.1	113 25.3	31.2	273 42.0	53.6
	03	123 44.5	269 47.8	04.4	211 58.3	18.1	128 27.6	31.1	288 44.3	53.7
	04	138 47.0	284 48.6	04.7	226 58.6	18.1	143 29.9	31.0	303 46.6	53.7
	05	153 49.5	299 49.4	05.0	241 59.0	18.1	158 32.2	30.9	318 48.8	53.8
	06	168 51.9	314 50.2	S11 05.3	256 59.4	S24 18.0	173 34.5	S 3 30.9	333 51.1	S 3 53.9
	07	183 54.4	329 51.0	05.6	271 59.8	18.0	188 36.8	30.8	348 53.4	53.9
	08	198 56.9	344 51.8	05.9	287 00.2	18.0	203 39.1	30.7	3 55.7	54.0
F	09	213 59.3	359 52.6	06.2	302 00.6	18.0	218 41.4	30.6	18 58.0	54.1
R	10	229 01.8	14 53.4	06.5	317 00.9	18.0	233 43.7	30.5	34 00.3	54.1
I	11	244 04.2	29 54.2	06.9	332 01.3	18.0	248 46.0	30.5	49 02.5	54.2
D	12	259 06.7	44 55.0	S11 07.2	347 01.7	S24 18.0	263 48.3	S 3 30.4	64 04.8	S 3 54.3
A	13	274 09.2	59 55.8	07.5	2 02.1	18.0	278 50.6	30.3	79 07.1	54.3
Y	14	289 11.6	74 56.6	07.8	17 02.5	18.0	293 52.9	30.2	94 09.4	54.4
	15	304 14.1	89 57.3	08.1	32 02.9	17.9	308 55.2	30.1	109 11.7	54.4
	16	319 16.6	104 58.1	08.4	47 03.3	17.9	323 57.5	30.0	124 14.0	54.5
	17	334 19.0	119 58.9	08.8	62 03.6	17.9	338 59.8	30.0	139 16.2	54.6
	18	349 21.5	134 59.7	S11 09.1	77 04.0	S24 17.9	354 02.1	S 3 29.9	154 18.5	S 3 54.6
	19	4 24.0	150 00.5	09.4	92 04.4	17.9	9 04.4	29.8	169 20.8	54.7
	20	19 26.4	165 01.2	09.7	107 04.8	17.9	24 06.7	29.7	184 23.1	54.8
	21	34 28.9	180 02.0	10.1	122 05.2	17.9	39 09.0	29.6	199 25.4	54.8
	22	49 31.3	195 02.8	10.4	137 05.6	17.8	54 11.3	29.5	214 27.7	54.9
	23	64 33.8	210 03.5	10.7	152 05.9	17.8	69 13.6	29.5	229 30.0	55.0
11	00	79 36.3	225 04.3	S11 11.0	167 06.3	S24 17.8	84 15.9	S 3 29.4	244 32.2	S 3 55.0
	01	94 38.7	240 05.1	11.4	182 06.7	17.8	99 18.2	29.3	259 34.5	55.1
	02	109 41.2	255 05.8	11.7	197 07.1	17.8	114 20.5	29.2	274 36.8	55.2
	03	124 43.7	270 06.6	12.0	212 07.5	17.8	129 22.8	29.1	289 39.1	55.2
	04	139 46.1	285 07.4	12.4	227 07.9	17.7	144 25.1	29.0	304 41.4	55.3
	05	154 48.6	300 08.1	12.7	242 08.2	17.7	159 27.4	29.0	319 43.7	55.3
	06	169 51.1	315 08.9	S11 13.0	257 08.6	S24 17.7	174 29.7	S 3 28.9	334 45.9	S 3 55.4
	07	184 53.5	330 09.6	13.4	272 09.0	17.7	189 32.0	28.8	349 48.2	55.5
S	08	199 56.0	345 10.4	13.7	287 09.4	17.7	204 34.3	28.7	4 50.5	55.5
A	09	214 58.5	0 11.1	14.0	302 09.8	17.6	219 36.6	28.6	19 52.8	55.6
T	10	230 00.9	15 11.9	14.4	317 10.2	17.6	234 38.9	28.5	34 55.1	55.7
U	11	245 03.4	30 12.6	14.7	332 10.5	17.6	249 41.2	28.4	49 57.4	55.7
R	12	260 05.8	45 13.4	S11 15.1	347 10.9	S24 17.6	264 43.5	S 3 28.4	64 59.7	S 3 55.8
D	13	275 08.3	60 14.1	15.4	2 11.3	17.5	279 45.8	28.3	80 02.0	55.9
A	14	290 10.8	75 14.8	15.7	17 11.7	17.5	294 48.1	28.2	95 04.2	55.9
Y	15	305 13.2	90 15.6	16.1	32 12.1	17.5	309 50.3	28.1	110 06.5	56.0
	16	320 15.7	105 16.3	16.4	47 12.5	17.5	324 52.6	28.0	125 08.8	56.0
	17	335 18.2	120 17.0	16.8	62 12.8	17.4	339 54.9	27.9	140 11.1	56.1
	18	350 20.6	135 17.8	S11 17.1	77 13.2	S24 17.4	354 57.2	S 3 27.8	155 13.4	S 3 56.2
	19	5 23.1	150 18.5	17.5	92 13.6	17.4	9 59.5	27.8	170 15.7	56.2
	20	20 25.6	165 19.2	17.8	107 14.0	17.4	25 01.8	27.7	185 18.0	56.3
	21	35 28.0	180 20.0	18.2	122 14.4	17.3	40 04.1	27.6	200 20.2	56.4
	22	50 30.5	195 20.7	18.5	137 14.8	17.3	55 06.4	27.5	215 22.5	56.4
	23	65 33.0	210 21.4	18.9	152 15.1	17.3	70 08.7	27.4	230 24.8	56.5
Mer. Pass.		h m 18 42.5	v 0.8	d 0.3	v 0.4	d 0.0	v 2.3	d 0.1	v 2.3	d 0.1

STARS

Name	SHA	Dec
	° ′	° ′
Acamar	315 19.3	S40 15.7
Achernar	335 27.6	S57 11.0
Acrux	173 11.7	S63 09.4
Adhara	255 13.6	S28 59.2
Aldebaran	290 51.1	N16 31.9
Alioth	166 22.4	N55 53.7
Alkaid	153 00.6	N49 15.2
Al Na'ir	27 46.1	S46 54.6
Alnilam	275 47.9	S 1 11.7
Alphard	217 57.7	S 8 42.4
Alphecca	126 12.9	N26 40.6
Alpheratz	357 45.3	N29 09.3
Altair	62 10.3	N 8 54.0
Ankaa	353 17.3	S42 14.9
Antares	112 28.9	S26 27.3
Arcturus	145 57.6	N19 07.4
Atria	107 32.9	S69 02.8
Avior	234 18.4	S59 32.5
Bellatrix	278 33.6	N 6 21.6
Betelgeuse	271 02.9	N 7 24.5
Canopus	263 56.4	S52 42.0
Capella	280 36.6	N46 00.5
Deneb	49 33.1	N45 19.5
Denebola	182 35.5	N14 30.5
Diphda	348 57.5	S17 55.6
Dubhe	193 53.7	N61 41.1
Elnath	278 14.5	N28 37.0
Eltanin	90 47.5	N51 29.3
Enif	33 49.0	N 9 55.7
Fomalhaut	15 26.0	S29 33.9
Gacrux	172 03.2	S57 10.3
Gienah	175 54.3	S17 36.1
Hadar	148 51.0	S60 25.4
Hamal	328 02.6	N23 31.0
Kaus Aust.	83 46.6	S34 22.7
Kochab	137 20.8	N74 06.4
Markab	13 40.2	N15 16.1
Menkar	314 16.7	N 4 08.0
Menkent	148 10.0	S36 25.3
Miaplacidus	221 39.7	S69 45.5
Mirfak	308 42.5	N49 54.2
Nunki	76 00.9	S26 16.9
Peacock	53 22.4	S56 42.1
Pollux	243 29.6	N27 59.8
Procyon	245 01.3	N 5 11.7
Rasalhague	96 08.5	N12 33.2
Regulus	207 45.3	N11 54.7
Rigel	281 13.4	S 8 11.3
Rigil Kent.	139 54.8	S60 52.6
Sabik	102 15.0	S15 44.3
Schedar	349 42.5	N56 36.2
Shaula	96 24.8	S37 06.7
Sirius	258 35.0	S16 43.9
Spica	158 33.4	S11 13.1
Suhail	222 53.6	S43 28.5
Vega	80 40.6	N38 47.8
Zuben'ubi	137 07.7	S16 05.2

	SHA	Mer. Pass.
	° ′	h m
Venus	146 08.3	9 00
Mars	88 20.0	12 52
Jupiter	4 43.6	18 24
Saturn	165 00.3	7 44

UT	SUN GHA	SUN Dec	MOON GHA	v	MOON Dec	d	HP
d h	° ′	° ′	° ′	′	° ′	′	′
9 00 (THURSDAY)	181 58.7	S22 46.9	139 57.3	11.5	S18 52.4	8.5	55.7
01	196 58.4	47.2	154 27.8	11.6	18 43.9	8.5	55.7
02	211 58.2	47.4	168 58.4	11.7	18 35.4	8.6	55.7
03	226 57.9	. . 47.7	183 29.1	11.7	18 26.8	8.7	55.7
04	241 57.6	47.9	197 59.8	11.9	18 18.1	8.7	55.6
05	256 57.3	48.2	212 30.7	11.9	18 09.4	8.9	55.6
06	271 57.0	S22 48.4	227 01.6	12.0	S18 00.5	8.9	55.6
07	286 56.8	48.7	241 32.6	12.1	17 51.6	9.0	55.6
08	301 56.5	48.9	256 03.7	12.1	17 42.6	9.0	55.5
09	316 56.2	. . 49.2	270 34.8	12.3	17 33.6	9.2	55.5
10	331 55.9	49.4	285 06.1	12.3	17 24.4	9.2	55.5
11	346 55.6	49.6	299 37.4	12.4	17 15.2	9.2	55.5
12	1 55.4	S22 49.9	314 08.8	12.5	S17 06.0	9.4	55.4
13	16 55.1	50.1	328 40.3	12.6	16 56.6	9.4	55.4
14	31 54.8	50.4	343 11.9	12.7	16 47.2	9.5	55.4
15	46 54.5	. . 50.6	357 43.6	12.7	16 37.7	9.5	55.4
16	61 54.2	50.8	12 15.3	12.8	16 28.2	9.6	55.3
17	76 54.0	51.1	26 47.1	12.9	16 18.6	9.7	55.3
18	91 53.7	S22 51.3	41 19.0	13.0	S16 08.9	9.8	55.3
19	106 53.4	51.6	55 51.0	13.1	15 59.1	9.8	55.3
20	121 53.1	51.8	70 23.1	13.1	15 49.3	9.8	55.2
21	136 52.8	. . 52.0	84 55.2	13.2	15 39.5	10.0	55.2
22	151 52.6	52.3	99 27.4	13.3	15 29.5	9.9	55.2
23	166 52.3	52.5	113 59.7	13.3	15 19.6	10.1	55.2
10 00 (FRIDAY)	181 52.0	S22 52.7	128 32.0	13.4	S15 09.5	10.1	55.2
01	196 51.7	53.0	143 04.4	13.6	14 59.4	10.2	55.1
02	211 51.4	53.2	157 37.0	13.5	14 49.2	10.2	55.1
03	226 51.1	. . 53.4	172 09.5	13.7	14 39.0	10.2	55.1
04	241 50.9	53.6	186 42.2	13.7	14 28.8	10.4	55.1
05	256 50.6	53.9	201 14.9	13.8	14 18.4	10.3	55.1
06	271 50.3	S22 54.1	215 47.7	13.8	S14 08.1	10.5	55.0
07	286 50.0	54.3	230 20.5	14.0	13 57.6	10.4	55.0
08	301 49.7	54.6	244 53.5	14.0	13 47.2	10.6	55.0
09	316 49.4	. . 54.8	259 26.5	14.0	13 36.6	10.6	55.0
10	331 49.2	55.0	273 59.5	14.2	13 26.0	10.6	55.0
11	346 48.9	55.2	288 32.7	14.2	13 15.4	10.7	54.9
12	1 48.6	S22 55.4	303 05.9	14.2	S13 04.7	10.7	54.9
13	16 48.3	55.7	317 39.1	14.4	12 54.0	10.7	54.9
14	31 48.0	55.9	332 12.5	14.3	12 43.3	10.9	54.9
15	46 47.7	. . 56.1	346 45.8	14.5	12 32.4	10.8	54.9
16	61 47.5	56.3	1 19.3	14.5	12 21.6	10.9	54.8
17	76 47.2	56.5	15 52.8	14.6	12 10.7	10.9	54.8
18	91 46.9	S22 56.8	30 26.4	14.6	S11 59.8	11.0	54.8
19	106 46.6	57.0	45 00.0	14.7	11 48.8	11.1	54.8
20	121 46.3	57.2	59 33.7	14.8	11 37.7	11.0	54.8
21	136 46.0	. . 57.4	74 07.5	14.8	11 26.7	11.1	54.7
22	151 45.7	57.6	88 41.3	14.9	11 15.6	11.2	54.7
23	166 45.5	57.8	103 15.2	14.9	11 04.4	11.1	54.7
11 00 (SATURDAY)	181 45.2	S22 58.1	117 49.1	15.0	S10 53.3	11.2	54.7
01	196 44.9	58.3	132 23.1	15.0	10 42.1	11.3	54.7
02	211 44.6	58.5	146 57.1	15.1	10 30.8	11.3	54.7
03	226 44.3	. . 58.7	161 31.2	15.1	10 19.5	11.3	54.7
04	241 44.0	58.9	176 05.3	15.2	10 08.2	11.3	54.6
05	256 43.7	59.1	190 39.5	15.3	9 56.9	11.4	54.6
06	271 43.5	S22 59.3	205 13.8	15.3	S 9 45.5	11.4	54.6
07	286 43.2	59.5	219 48.1	15.3	9 34.1	11.5	54.6
08	301 42.9	59.7	234 22.4	15.4	9 22.6	11.4	54.6
09	316 42.6	22 59.9	248 56.8	15.4	9 11.2	11.5	54.6
10	331 42.3	23 00.1	263 31.2	15.5	8 59.7	11.6	54.5
11	346 42.0	00.3	278 05.7	15.5	8 48.1	11.5	54.5
12	1 41.7	S23 00.5	292 40.2	15.6	S 8 36.6	11.6	54.5
13	16 41.4	00.8	307 14.8	15.6	8 25.0	11.6	54.5
14	31 41.1	01.0	321 49.4	15.7	8 13.4	11.7	54.5
15	46 40.9	. . 01.2	336 24.1	15.7	8 01.7	11.6	54.5
16	61 40.6	01.4	350 58.8	15.7	7 50.1	11.7	54.5
17	76 40.3	01.6	5 33.5	15.8	7 38.4	11.8	54.5
18	91 40.0	S23 01.8	20 08.3	15.8	S 7 26.6	11.7	54.4
19	106 39.7	02.0	34 43.1	15.8	7 14.9	11.7	54.4
20	121 39.4	02.2	49 17.9	15.9	7 03.2	11.8	54.4
21	136 39.1	. . 02.3	63 52.8	15.9	6 51.4	11.8	54.4
22	151 38.8	02.5	78 27.7	16.0	6 39.6	11.8	54.4
23	166 38.5	02.7	93 02.7	16.0	S 6 27.8	11.9	54.4
	SD 16.3	*d* 0.2	SD 15.1		15.0		14.9

Lat.	Twilight Naut.	Twilight Civil	Sunrise	Moonrise 9	Moonrise 10	Moonrise 11	Moonrise 12
°	h m	h m	h m	h m	h m	h m	h m
N 72	08 12	10 29	■	13 45	12 51	12 21	11 59
N 70	07 53	09 37	■	12 55	12 27	12 09	11 53
68	07 38	09 05	■	12 23	12 09	11 58	11 49
66	07 26	08 41	10 15	12 00	11 55	11 50	11 45
64	07 15	08 22	09 37	11 41	11 42	11 43	11 42
62	07 06	08 07	09 11	11 26	11 32	11 36	11 39
60	06 58	07 54	08 51	11 13	11 23	11 31	11 37
N 58	06 51	07 43	08 34	11 02	11 15	11 26	11 35
56	06 44	07 33	08 20	10 52	11 08	11 22	11 33
54	06 38	07 24	08 07	10 43	11 02	11 18	11 31
52	06 33	07 16	07 57	10 36	10 57	11 14	11 30
50	06 28	07 09	07 47	10 29	10 52	11 11	11 28
45	06 16	06 53	07 27	10 14	10 41	11 04	11 25
N 40	06 06	06 40	07 11	10 01	10 31	10 58	11 22
35	05 57	06 29	06 57	09 51	10 24	10 53	11 20
30	05 49	06 19	06 45	09 41	10 17	10 48	11 18
20	05 33	06 00	06 24	09 25	10 05	10 40	11 14
N 10	05 17	05 43	06 06	09 11	09 54	10 34	11 11
0	05 00	05 27	05 49	08 58	09 44	10 27	11 08
S 10	04 42	05 09	05 32	08 45	09 34	10 21	11 05
20	04 20	04 49	05 13	08 31	09 23	10 14	11 02
30	03 51	04 25	04 52	08 14	09 11	10 06	10 59
35	03 33	04 10	04 39	08 05	09 04	10 01	10 57
40	03 11	03 52	04 25	07 54	08 56	09 56	10 54
45	02 41	03 30	04 07	07 41	08 46	09 50	10 52
S 50	01 58	03 01	03 45	07 25	08 35	09 42	10 48
52	01 32	02 47	03 35	07 18	08 29	09 39	10 47
54	00 54	02 30	03 23	07 10	08 23	09 35	10 45
56	////	02 09	03 09	07 01	08 17	09 31	10 43
58	////	01 41	02 53	06 50	08 09	09 26	10 41
S 60	////	00 59	02 34	06 38	08 01	09 21	10 39

Lat.	Sunset	Twilight Civil	Twilight Naut.	Moonset 9	Moonset 10	Moonset 11	Moonset 12
°	h m	h m	h m	h m	h m	h m	h m
N 72	■	13 16	15 33	16 52	19 20	21 18	23 06
N 70	■	14 08	15 52	17 40	19 41	21 28	23 09
68	■	14 40	16 07	18 11	19 58	21 36	23 11
66	13 30	15 04	16 20	18 33	20 11	21 43	23 12
64	14 08	15 23	16 30	18 51	20 22	21 49	23 14
62	14 34	15 38	16 39	19 05	20 31	21 54	23 15
60	14 55	15 51	16 47	19 18	20 39	21 59	23 16
N 58	15 11	16 02	16 55	19 28	20 46	22 02	23 17
56	15 26	16 12	17 01	19 37	20 53	22 06	23 18
54	15 38	16 21	17 07	19 45	20 58	22 09	23 18
52	15 49	16 29	17 13	19 52	21 03	22 12	23 19
50	15 58	16 36	17 18	19 59	21 07	22 14	23 20
45	16 18	16 52	17 29	20 13	21 17	22 20	23 21
N 40	16 35	17 05	17 39	20 24	21 25	22 24	23 22
35	16 48	17 17	17 48	20 33	21 32	22 28	23 23
30	17 01	17 27	17 57	20 42	21 38	22 31	23 24
20	17 21	17 45	18 13	20 56	21 48	22 37	23 25
N 10	17 39	18 02	18 28	21 09	21 57	22 42	23 27
0	17 56	18 19	18 45	21 21	22 05	22 47	23 28
S 10	18 14	18 37	19 04	21 32	22 13	22 52	23 29
20	18 32	18 57	19 26	21 44	22 22	22 57	23 30
30	18 54	19 21	19 54	21 58	22 32	23 02	23 31
35	19 07	19 36	20 13	22 07	22 38	23 06	23 32
40	19 21	19 54	20 35	22 16	22 44	23 09	23 33
45	19 39	20 16	21 05	22 26	22 51	23 14	23 34
S 50	20 01	20 45	21 48	22 39	23 00	23 18	23 35
52	20 11	20 59	22 14	22 45	23 04	23 21	23 36
54	20 23	21 17	22 54	22 52	23 09	23 23	23 36
56	20 37	21 38	////	22 59	23 14	23 26	23 37
58	20 53	22 06	////	23 07	23 19	23 29	23 38
S 60	21 13	22 49	////	23 17	23 26	23 32	23 38

Day	SUN Eqn. of Time 00h	SUN Eqn. of Time 12h	SUN Mer. Pass.	MOON Mer. Pass. Upper	MOON Mer. Pass. Lower	Age	Phase
d	m s	m s	h m	h m	h m	d %	
9	07 55	07 42	11 52	15 09	02 46	04 15	
10	07 29	07 15	11 53	15 55	03 32	05 22	
11	07 01	06 47	11 53	16 37	04 16	06 31	

UT d h	ARIES GHA ° ′	VENUS −4.8 GHA ° ′	VENUS Dec ° ′	MARS +1.3 GHA ° ′	MARS Dec ° ′	JUPITER −2.5 GHA ° ′	JUPITER Dec ° ′	SATURN +0.8 GHA ° ′	SATURN Dec ° ′
12 00	80 35.4	225 22.1	S11 19.2	167 15.5	S24 17.3	85 11.0	S 3 27.3	245 27.1	S 3 56.5
01	95 37.9	240 22.9	19.6	182 15.9	17.2	100 13.3	27.2	260 29.4	56.6
02	110 40.3	255 23.6	19.9	197 16.3	17.2	115 15.5	27.2	275 31.7	56.7
03	125 42.8	270 24.3	. . 20.3	212 16.7	. . 17.2	130 17.8	. . 27.1	290 34.0	. . 56.7
04	140 45.3	285 25.0	20.6	227 17.0	17.1	145 20.1	27.0	305 36.3	56.8
05	155 47.7	300 25.7	21.0	242 17.4	17.1	160 22.4	26.9	320 38.6	56.9
06	170 50.2	315 26.4	S11 21.3	257 17.8	S24 17.1	175 24.7	S 3 26.8	335 40.8	S 3 56.9
07	185 52.7	330 27.1	21.7	272 18.2	17.0	190 27.0	26.7	350 43.1	57.0
S 08	200 55.1	345 27.8	22.1	287 18.6	17.0	205 29.3	26.6	5 45.4	57.0
U 09	215 57.6	0 28.5	. . 22.4	302 18.9	. . 17.0	220 31.6	. . 26.5	20 47.7	. . 57.1
N 10	231 00.1	15 29.3	22.8	317 19.3	16.9	235 33.8	26.4	35 50.0	57.2
D 11	246 02.5	30 30.0	23.1	332 19.7	16.9	250 36.1	26.4	50 52.3	57.2
A 12	261 05.0	45 30.7	S11 23.5	347 20.1	S24 16.9	265 38.4	S 3 26.3	65 54.6	S 3 57.3
Y 13	276 07.4	60 31.4	23.9	2 20.5	16.8	280 40.7	26.2	80 56.9	57.4
14	291 09.9	75 32.0	24.2	17 20.9	16.8	295 43.0	26.1	95 59.2	57.4
15	306 12.4	90 32.7	. . 24.6	32 21.2	. . 16.8	310 45.3	. . 26.0	111 01.4	. . 57.5
16	321 14.8	105 33.4	25.0	47 21.6	16.7	325 47.6	25.9	126 03.7	57.5
17	336 17.3	120 34.1	25.3	62 22.0	16.7	340 49.8	25.8	141 06.0	57.6
18	351 19.8	135 34.8	S11 25.7	77 22.4	S24 16.7	355 52.1	S 3 25.7	156 08.3	S 3 57.7
19	6 22.2	150 35.5	26.1	92 22.8	16.6	10 54.4	25.7	171 10.6	57.7
20	21 24.7	165 36.2	26.4	107 23.1	16.6	25 56.7	25.6	186 12.9	57.8
21	36 27.2	180 36.9	. . 26.8	122 23.5	. . 16.6	40 59.0	. . 25.5	201 15.2	. . 57.8
22	51 29.6	195 37.6	27.2	137 23.9	16.5	56 01.3	25.4	216 17.5	57.9
23	66 32.1	210 38.2	27.5	152 24.3	16.5	71 03.5	25.3	231 19.8	58.0
13 00	81 34.6	225 38.9	S11 27.9	167 24.7	S24 16.4	86 05.8	S 3 25.2	246 22.1	S 3 58.0
01	96 37.0	240 39.6	28.3	182 25.0	16.4	101 08.1	25.1	261 24.4	58.1
02	111 39.5	255 40.3	28.7	197 25.4	16.4	116 10.4	25.0	276 26.6	58.1
03	126 41.9	270 40.9	. . 29.0	212 25.8	. . 16.3	131 12.7	. . 24.9	291 28.9	. . 58.2
04	141 44.4	285 41.6	29.4	227 26.2	16.3	146 15.0	24.8	306 31.2	58.3
05	156 46.9	300 42.3	29.8	242 26.6	16.2	161 17.2	24.8	321 33.5	58.3
06	171 49.3	315 43.0	S11 30.2	257 26.9	S24 16.2	176 19.5	S 3 24.7	336 35.8	S 3 58.4
07	186 51.8	330 43.6	30.5	272 27.3	16.2	191 21.8	24.6	351 38.1	58.5
08	201 54.3	345 44.3	30.9	287 27.7	16.1	206 24.1	24.5	6 40.4	58.5
M 09	216 56.7	0 44.9	. . 31.3	302 28.1	. . 16.1	221 26.4	. . 24.4	21 42.7	. . 58.6
O 10	231 59.2	15 45.6	31.7	317 28.5	16.0	236 28.6	24.3	36 45.0	58.6
N 11	247 01.7	30 46.3	32.1	332 28.8	16.0	251 30.9	24.2	51 47.3	58.7
D 12	262 04.1	45 46.9	S11 32.5	347 29.2	S24 15.9	266 33.2	S 3 24.1	66 49.6	S 3 58.8
A 13	277 06.6	60 47.6	32.8	2 29.6	15.9	281 35.5	24.0	81 51.9	58.8
Y 14	292 09.1	75 48.2	33.2	17 30.0	15.8	296 37.8	23.9	96 54.2	58.9
15	307 11.5	90 48.9	. . 33.6	32 30.4	. . 15.8	311 40.0	. . 23.8	111 56.4	. . 58.9
16	322 14.0	105 49.5	34.0	47 30.7	15.7	326 42.3	23.7	126 58.7	59.0
17	337 16.4	120 50.2	34.4	62 31.1	15.7	341 44.6	23.7	142 01.0	59.1
18	352 18.9	135 50.8	S11 34.8	77 31.5	S24 15.6	356 46.9	S 3 23.6	157 03.3	S 3 59.1
19	7 21.4	150 51.5	35.2	92 31.9	15.6	11 49.1	23.5	172 05.6	59.2
20	22 23.8	165 52.1	35.5	107 32.2	15.6	26 51.4	23.4	187 07.9	59.2
21	37 26.3	180 52.8	. . 35.9	122 32.6	. . 15.5	41 53.7	. . 23.3	202 10.2	. . 59.3
22	52 28.8	195 53.4	36.3	137 33.0	15.5	56 56.0	23.2	217 12.5	59.4
23	67 31.2	210 54.0	36.7	152 33.4	15.4	71 58.3	23.1	232 14.8	59.4
14 00	82 33.7	225 54.7	S11 37.1	167 33.8	S24 15.4	87 00.5	S 3 23.0	247 17.1	S 3 59.5
01	97 36.2	240 55.3	37.5	182 34.1	15.3	102 02.8	22.9	262 19.4	59.5
02	112 38.6	255 55.9	37.9	197 34.5	15.2	117 05.1	22.8	277 21.7	59.6
03	127 41.1	270 56.6	. . 38.3	212 34.9	. . 15.2	132 07.4	. . 22.7	292 24.0	. . 59.7
04	142 43.5	285 57.2	38.7	227 35.3	15.1	147 09.6	22.6	307 26.3	59.7
05	157 46.0	300 57.8	39.1	242 35.7	15.1	162 11.9	22.5	322 28.6	59.8
06	172 48.5	315 58.5	S11 39.5	257 36.0	S24 15.0	177 14.2	S 3 22.4	337 30.9	S 3 59.8
07	187 50.9	330 59.1	39.9	272 36.4	15.0	192 16.5	22.4	352 33.2	3 59.9
T 08	202 53.4	345 59.7	40.3	287 36.8	14.9	207 18.7	22.3	7 35.5	4 00.0
U 09	217 55.9	1 00.3	. . 40.7	302 37.2	. . 14.9	222 21.0	. . 22.2	22 37.7	. . 00.0
E 10	232 58.3	16 01.0	41.1	317 37.5	14.8	237 23.3	22.1	37 40.0	00.1
S 11	248 00.8	31 01.6	41.5	332 37.9	14.8	252 25.5	22.0	52 42.3	00.1
D 12	263 03.3	46 02.2	S11 41.9	347 38.3	S24 14.7	267 27.8	S 3 21.9	67 44.6	S 4 00.2
A 13	278 05.7	61 02.8	42.3	2 38.7	14.7	282 30.1	21.8	82 46.9	00.2
Y 14	293 08.2	76 03.4	42.7	17 39.1	14.6	297 32.4	21.7	97 49.2	00.3
15	308 10.7	91 04.0	. . 43.1	32 39.4	. . 14.5	312 34.6	. . 21.6	112 51.5	. . 00.4
16	323 13.1	106 04.6	43.5	47 39.8	14.5	327 36.9	21.5	127 53.8	00.4
17	338 15.6	121 05.3	43.9	62 40.2	14.4	342 39.2	21.4	142 56.1	00.5
18	353 18.0	136 05.9	S11 44.3	77 40.6	S24 14.4	357 41.4	S 3 21.3	157 58.4	S 4 00.5
19	8 20.5	151 06.5	44.7	92 40.9	14.3	12 43.7	21.2	173 00.7	00.6
20	23 23.0	166 07.1	45.2	107 41.3	14.2	27 46.0	21.1	188 03.0	00.7
21	38 25.4	181 07.7	. . 45.6	122 41.7	. . 14.2	42 48.3	. . 21.0	203 05.3	. . 00.7
22	53 27.9	196 08.3	46.0	137 42.1	14.1	57 50.5	20.9	218 07.6	00.8
23	68 30.4	211 08.9	46.4	152 42.5	14.1	72 52.8	20.8	233 09.9	00.8
Mer. Pass.	h m 18 30.7	v 0.7	d 0.4	v 0.4	d 0.0	v 2.3	d 0.1	v 2.3	d 0.1

STARS

Name	SHA ° ′	Dec ° ′
Acamar	315 19.3	S40 15.7
Achernar	335 27.7	S57 11.0
Acrux	173 11.6	S63 09.4
Adhara	255 13.6	S28 59.2
Aldebaran	290 51.1	N16 31.9
Alioth	166 22.4	N55 53.7
Alkaid	153 00.5	N49 15.2
Al Na'ir	27 46.1	S46 54.6
Alnilam	275 47.9	S 1 11.7
Alphard	217 57.7	S 8 42.4
Alphecca	126 12.9	N26 40.6
Alpheratz	357 45.3	N29 09.3
Altair	62 10.3	N 8 54.0
Ankaa	353 17.3	S42 14.9
Antares	112 28.9	S26 27.3
Arcturus	145 57.6	N19 07.4
Atria	107 32.9	S69 02.8
Avior	234 18.3	S59 32.5
Bellatrix	278 33.6	N 6 21.6
Betelgeuse	271 02.9	N 7 24.5
Canopus	263 56.4	S52 42.1
Capella	280 36.6	N46 00.5
Deneb	49 33.1	N45 19.5
Denebola	182 35.5	N14 30.5
Diphda	348 57.6	S17 55.6
Dubhe	193 53.7	N61 41.1
Elnath	278 14.5	N28 37.0
Eltanin	90 47.5	N51 29.3
Enif	33 49.1	N 9 55.7
Fomalhaut	15 26.0	S29 33.9
Gacrux	172 03.2	S57 10.3
Gienah	175 54.3	S17 36.1
Hadar	148 51.0	S60 25.4
Hamal	328 02.6	N23 31.0
Kaus Aust.	83 46.6	S34 22.7
Kochab	137 20.7	N74 06.4
Markab	13 40.2	N15 16.1
Menkar	314 16.7	N 4 08.0
Menkent	148 10.0	S36 25.3
Miaplacidus	221 39.6	S69 45.5
Mirfak	308 42.5	N49 54.2
Nunki	76 00.9	S26 16.9
Peacock	53 22.4	S56 42.1
Pollux	243 29.6	N27 59.8
Procyon	245 01.3	N 5 11.7
Rasalhague	96 08.5	N12 33.2
Regulus	207 45.3	N11 54.7
Rigel	281 13.4	S 8 11.3
Rigil Kent.	139 54.8	S60 52.6
Sabik	102 15.0	S15 44.3
Schedar	349 42.5	N56 36.2
Shaula	96 24.8	S37 06.7
Sirius	258 35.0	S16 43.9
Spica	158 33.3	S11 13.1
Suhail	222 53.6	S43 28.5
Vega	80 40.6	N38 47.8
Zuben'ubi	137 07.7	S16 05.2

	SHA ° ′	Mer. Pass. h m
Venus	144 04.4	8 57
Mars	85 50.1	12 50
Jupiter	4 31.3	18 13
Saturn	164 47.5	7 33

Day	UT (d h)	SUN GHA	SUN Dec	MOON GHA	v	MOON Dec	d	HP
	d h	° ′	° ′	° ′	′	° ′	′	′
SUNDAY	12 00	181 38.3	S23 02.9	107 37.7	16.0	S 6 15.9	11.8	54.4
	01	196 38.0	03.1	122 12.7	16.0	6 04.1	11.9	54.4
	02	211 37.7	03.3	136 47.7	16.1	5 52.2	11.9	54.4
	03	226 37.4	. . 03.5	151 22.8	16.1	5 40.3	11.9	54.4
	04	241 37.1	03.7	165 57.9	16.2	5 28.4	12.0	54.3
	05	256 36.8	03.9	180 33.1	16.1	5 16.4	11.9	54.3
	06	271 36.5	S23 04.1	195 08.2	16.2	S 5 04.5	12.0	54.3
	07	286 36.2	04.3	209 43.4	16.2	4 52.5	11.9	54.3
	08	301 35.9	04.5	224 18.6	16.3	4 40.6	12.0	54.3
	09	316 35.6	. . 04.6	238 53.9	16.2	4 28.6	12.0	54.3
	10	331 35.4	04.8	253 29.1	16.3	4 16.6	12.0	54.3
	11	346 35.1	05.0	268 04.4	16.3	4 04.6	12.1	54.3
	12	1 34.8	S23 05.2	282 39.7	16.4	S 3 52.5	12.0	54.3
	13	16 34.5	05.4	297 15.1	16.3	3 40.5	12.0	54.3
	14	31 34.2	05.6	311 50.4	16.4	3 28.5	12.1	54.3
	15	46 33.9	. . 05.7	326 25.8	16.4	3 16.4	12.1	54.3
	16	61 33.6	05.9	341 01.2	16.4	3 04.3	12.0	54.3
	17	76 33.3	06.1	355 36.6	16.4	2 52.3	12.1	54.3
	18	91 33.0	S23 06.3	10 12.0	16.4	S 2 40.2	12.1	54.3
	19	106 32.7	06.5	24 47.4	16.4	2 28.1	12.1	54.2
	20	121 32.4	06.6	39 22.8	16.5	2 16.0	12.1	54.2
	21	136 32.1	. . 06.8	53 58.3	16.5	2 03.9	12.1	54.2
	22	151 31.8	07.0	68 33.8	16.4	1 51.8	12.1	54.2
	23	166 31.5	07.2	83 09.2	16.5	1 39.7	12.2	54.2
MONDAY	13 00	181 31.3	S23 07.4	97 44.7	16.5	S 1 27.5	12.1	54.2
	01	196 31.0	07.5	112 20.2	16.5	1 15.4	12.1	54.2
	02	211 30.7	07.7	126 55.7	16.5	1 03.3	12.1	54.2
	03	226 30.4	. . 07.9	141 31.2	16.5	0 51.2	12.2	54.2
	04	241 30.1	08.0	156 06.7	16.5	0 39.0	12.1	54.2
	05	256 29.8	08.2	170 42.2	16.6	0 26.9	12.1	54.2
	06	271 29.5	S23 08.4	185 17.8	16.5	S 0 14.8	12.2	54.2
	07	286 29.2	08.6	199 53.3	16.5	S 0 02.6	12.1	54.2
	08	301 28.9	08.7	214 28.8	16.5	N 0 09.5	12.1	54.2
	09	316 28.6	. . 08.9	229 04.3	16.5	0 21.6	12.2	54.2
	10	331 28.3	09.1	243 39.8	16.5	0 33.8	12.1	54.2
	11	346 28.0	09.2	258 15.3	16.6	0 45.9	12.1	54.2
	12	1 27.7	S23 09.4	272 50.9	16.5	N 0 58.0	12.2	54.2
	13	16 27.4	09.6	287 26.4	16.5	1 10.2	12.1	54.2
	14	31 27.1	09.7	302 01.9	16.5	1 22.3	12.1	54.2
	15	46 26.8	. . 09.9	316 37.4	16.4	1 34.4	12.1	54.2
	16	61 26.5	10.0	331 12.8	16.5	1 46.5	12.1	54.2
	17	76 26.3	10.2	345 48.3	16.5	1 58.6	12.1	54.2
	18	91 26.0	S23 10.4	0 23.8	16.5	N 2 10.7	12.1	54.2
	19	106 25.7	10.5	14 59.3	16.4	2 22.8	12.1	54.2
	20	121 25.4	10.7	29 34.7	16.5	2 34.9	12.1	54.2
	21	136 25.1	. . 10.8	44 10.2	16.4	2 47.0	12.1	54.2
	22	151 24.8	11.0	58 45.6	16.4	2 59.1	12.0	54.2
	23	166 24.5	11.2	73 21.0	16.4	3 11.1	12.1	54.3
TUESDAY	14 00	181 24.2	S23 11.3	87 56.4	16.4	N 3 23.2	12.0	54.3
	01	196 23.9	11.5	102 31.8	16.3	3 35.2	12.0	54.3
	02	211 23.6	11.6	117 07.1	16.4	3 47.2	12.1	54.3
	03	226 23.3	. . 11.8	131 42.5	16.3	3 59.3	12.0	54.3
	04	241 23.0	11.9	146 17.8	16.3	4 11.3	12.0	54.3
	05	256 22.7	12.1	160 53.1	16.3	4 23.3	11.9	54.3
	06	271 22.4	S23 12.2	175 28.4	16.2	N 4 35.2	12.0	54.3
	07	286 22.1	12.4	190 03.6	16.3	4 47.2	12.0	54.3
	08	301 21.8	12.5	204 38.9	16.2	4 59.2	11.9	54.3
	09	316 21.5	. . 12.7	219 14.1	16.2	5 11.1	11.9	54.3
	10	331 21.2	12.8	233 49.3	16.1	5 23.0	11.9	54.3
	11	346 20.9	13.0	248 24.4	16.2	5 34.9	11.9	54.3
	12	1 20.6	S23 13.1	262 59.6	16.1	N 5 46.8	11.9	54.3
	13	16 20.3	13.3	277 34.7	16.0	5 58.7	11.8	54.3
	14	31 20.0	13.4	292 09.7	16.1	6 10.5	11.9	54.4
	15	46 19.7	. . 13.6	306 44.8	16.0	6 22.4	11.8	54.4
	16	61 19.4	13.7	321 19.8	16.0	6 34.2	11.8	54.4
	17	76 19.1	13.8	335 54.8	15.9	6 46.0	11.7	54.4
	18	91 18.8	S23 14.0	350 29.7	15.9	N 6 57.7	11.8	54.4
	19	106 18.5	14.1	5 04.6	15.9	7 09.5	11.7	54.4
	20	121 18.2	14.3	19 39.5	15.8	7 21.2	11.7	54.4
	21	136 17.9	. . 14.4	34 14.3	15.8	7 32.9	11.7	54.4
	22	151 17.6	14.5	48 49.1	15.8	7 44.6	11.7	54.4
	23	166 17.3	14.7	63 23.9	15.7	N 7 56.3	11.6	54.4
		SD 16.3	d 0.2	SD 14.8		14.8		14.8

Lat.	Twilight Naut.	Twilight Civil	Sunrise	Moonrise 12	Moonrise 13	Moonrise 14	Moonrise 15
°	h m	h m	h m	h m	h m	h m	h m
N 72	08 17	10 40	■	11 59	11 38	11 17	10 53
N 70	07 58	09 44	■	11 53	11 39	11 25	11 09
68	07 42	09 10	■	11 49	11 40	11 31	11 22
66	07 29	08 46	10 23	11 45	11 41	11 36	11 32
64	07 19	08 27	09 43	11 42	11 42	11 41	11 41
62	07 09	08 11	09 16	11 39	11 42	11 45	11 48
60	07 01	07 58	08 55	11 37	11 43	11 48	11 55
N 58	06 54	07 46	08 38	11 35	11 43	11 51	12 01
56	06 47	07 36	08 23	11 33	11 43	11 54	12 06
54	06 41	07 27	08 11	11 31	11 44	11 57	12 11
52	06 35	07 19	08 00	11 30	11 44	11 59	12 15
50	06 30	07 12	07 50	11 28	11 44	12 01	12 19
45	06 19	06 56	07 30	11 25	11 45	12 05	12 27
N 40	06 09	06 43	07 13	11 22	11 46	12 09	12 34
35	05 59	06 31	06 59	11 20	11 46	12 12	12 40
30	05 51	06 21	06 47	11 18	11 47	12 15	12 46
20	05 34	06 02	06 26	11 14	11 47	12 20	12 55
N 10	05 19	05 45	06 08	11 11	11 48	12 25	13 03
0	05 02	05 28	05 50	11 08	11 49	12 29	13 11
S 10	04 43	05 10	05 33	11 05	11 49	12 34	13 19
20	04 21	04 50	05 14	11 02	11 50	12 38	13 27
30	03 52	04 25	04 53	10 59	11 51	12 43	13 37
35	03 34	04 10	04 40	10 57	11 51	12 46	13 43
40	03 11	03 52	04 25	10 54	11 52	12 50	13 49
45	02 41	03 30	04 07	10 52	11 53	12 54	13 56
S 50	01 56	03 01	03 45	10 48	11 54	12 59	14 05
52	01 30	02 46	03 34	10 47	11 54	13 01	14 10
54	00 48	02 28	03 22	10 45	11 54	13 04	14 14
56	////	02 07	03 08	10 43	11 55	13 06	14 19
58	////	01 38	02 52	10 41	11 55	13 09	14 25
S 60	////	00 53	02 32	10 39	11 56	13 13	14 32

Lat.	Sunset	Twilight Civil	Twilight Naut.	Moonset 12	Moonset 13	Moonset 14	Moonset 15
°	h m	h m	h m	h m	h m	h m	h m
N 72	■	13 08	15 31	23 06	24 53	00 53	02 43
N 70	■	14 04	15 50	23 09	24 48	00 48	02 29
68	■	14 38	16 06	23 11	24 44	00 44	02 19
66	13 25	15 02	16 19	23 12	24 40	00 40	02 10
64	14 05	15 22	16 29	23 14	24 37	00 37	02 02
62	14 32	15 37	16 39	23 15	24 35	00 35	01 56
60	14 53	15 51	16 47	23 16	24 33	00 33	01 50
N 58	15 11	16 02	16 54	23 17	24 31	00 31	01 45
56	15 25	16 12	17 01	23 18	24 29	00 29	01 41
54	15 37	16 21	17 07	23 18	24 28	00 28	01 37
52	15 48	16 29	17 13	23 19	24 26	00 26	01 34
50	15 58	16 36	17 18	23 20	24 25	00 25	01 31
45	16 19	16 52	17 29	23 21	24 22	00 22	01 24
N 40	16 35	17 06	17 40	23 22	24 20	00 20	01 18
35	16 49	17 17	17 49	23 23	24 18	00 18	01 13
30	17 01	17 28	17 57	23 24	24 16	00 16	01 09
20	17 22	17 46	18 14	23 25	24 13	00 13	01 02
N 10	17 41	18 03	18 30	23 27	24 11	00 11	00 55
0	17 58	18 20	18 47	23 28	24 08	00 08	00 49
S 10	18 15	18 38	19 05	23 29	24 06	00 06	00 43
20	18 34	18 59	19 28	23 30	24 03	00 03	00 37
30	18 56	19 23	19 57	23 31	24 00	00 00	00 29
35	19 09	19 38	20 15	23 32	23 58	24 25	00 25
40	19 24	19 56	20 38	23 33	23 56	24 20	00 20
45	19 41	20 19	21 08	23 34	23 54	24 15	00 15
S 50	20 04	20 48	21 53	23 35	23 51	24 08	00 08
52	20 14	21 03	22 19	23 36	23 50	24 05	00 05
54	20 26	21 20	23 02	23 36	23 49	24 02	00 02
56	20 40	21 42	////	23 37	23 47	23 58	24 11
58	20 57	22 11	////	23 38	23 46	23 54	24 05
S 60	21 17	22 57	////	23 38	23 44	23 50	23 57

Day	SUN Eqn. of Time 00ʰ	SUN Eqn. of Time 12ʰ	SUN Mer. Pass.	MOON Mer. Pass. Upper	MOON Mer. Pass. Lower	MOON Age	MOON Phase
d	m s	m s	h m	h m	h m	d %	
12	06 34	06 20	11 54	17 18	04 58	07 40	
13	06 06	05 51	11 54	17 58	05 38	08 49	◐
14	05 37	05 23	11 55	18 39	06 19	09 59	

d	UT h	ARIES GHA ° ′	VENUS −4.8 GHA ° ′	VENUS Dec ° ′	MARS +1.3 GHA ° ′	MARS Dec ° ′	JUPITER −2.4 GHA ° ′	JUPITER Dec ° ′	SATURN +0.8 GHA ° ′	SATURN Dec ° ′
15	00	83 32.8	226 09.5	S11 46.8	167 42.8	S24 14.0	87 55.1	S 3 20.7	248 12.2	S 4 00.9
	01	98 35.3	241 10.1	47.2	182 43.2	13.9	102 57.3	20.6	263 14.5	00.9
	02	113 37.8	256 10.7	47.6	197 43.6	13.9	117 59.6	20.6	278 16.8	01.0
	03	128 40.2	271 11.2	. . 48.0	212 44.0	. . 13.8	133 01.9	. . 20.5	293 19.1	. . 01.1
	04	143 42.7	286 11.8	48.5	227 44.3	13.7	148 04.1	20.4	308 21.4	01.1
	05	158 45.1	301 12.4	48.9	242 44.7	13.7	163 06.4	20.3	323 23.7	01.2
	06	173 47.6	316 13.0	S11 49.3	257 45.1	S24 13.6	178 08.7	S 3 20.2	338 26.0	S 4 01.2
W	07	188 50.1	331 13.6	49.7	272 45.5	13.5	193 10.9	20.1	353 28.3	01.3
E	08	203 52.5	346 14.2	50.1	287 45.8	13.5	208 13.2	20.0	8 30.6	01.4
D	09	218 55.0	1 14.8	. . 50.5	302 46.2	. . 13.4	223 15.5	. . 19.9	23 32.9	. . 01.4
N	10	233 57.5	16 15.3	51.0	317 46.6	13.3	238 17.7	19.8	38 35.2	01.5
E	11	248 59.9	31 15.9	51.4	332 47.0	13.3	253 20.0	19.7	53 37.5	01.5
S	12	264 02.4	46 16.5	S11 51.8	347 47.4	S24 13.2	268 22.3	S 3 19.6	68 39.8	S 4 01.6
D	13	279 04.9	61 17.1	52.2	2 47.7	13.1	283 24.5	19.5	83 42.1	01.6
A	14	294 07.3	76 17.6	52.7	17 48.1	13.1	298 26.8	19.4	98 44.4	01.7
Y	15	309 09.8	91 18.2	. . 53.1	32 48.5	. . 13.0	313 29.1	. . 19.3	113 46.7	. . 01.8
	16	324 12.3	106 18.8	53.5	47 48.9	12.9	328 31.3	19.2	128 49.0	01.8
	17	339 14.7	121 19.4	53.9	62 49.2	12.9	343 33.6	19.1	143 51.3	01.9
	18	354 17.2	136 19.9	S11 54.4	77 49.6	S24 12.8	358 35.8	S 3 19.0	158 53.6	S 4 01.9
	19	9 19.6	151 20.5	54.8	92 50.0	12.7	13 38.1	18.9	173 55.9	02.0
	20	24 22.1	166 21.0	55.2	107 50.4	12.7	28 40.4	18.8	188 58.2	02.0
	21	39 24.6	181 21.6	. . 55.6	122 50.7	. . 12.6	43 42.6	. . 18.7	204 00.5	. . 02.1
	22	54 27.0	196 22.2	56.1	137 51.1	12.5	58 44.9	18.6	219 02.8	02.2
	23	69 29.5	211 22.7	56.5	152 51.5	12.4	73 47.2	18.5	234 05.1	02.2
16	00	84 32.0	226 23.3	S11 56.9	167 51.9	S24 12.4	88 49.4	S 3 18.4	249 07.4	S 4 02.3
	01	99 34.4	241 23.8	57.4	182 52.2	12.3	103 51.7	18.3	264 09.7	02.3
	02	114 36.9	256 24.4	57.8	197 52.6	12.2	118 53.9	18.2	279 12.0	02.4
	03	129 39.4	271 25.0	. . 58.2	212 53.0	. . 12.1	133 56.2	. . 18.1	294 14.3	. . 02.4
	04	144 41.8	286 25.5	58.7	227 53.4	12.1	148 58.5	18.0	309 16.6	02.5
	05	159 44.3	301 26.1	59.1	242 53.8	12.0	164 00.7	17.9	324 18.9	02.6
	06	174 46.8	316 26.6	S11 59.5	257 54.1	S24 11.9	179 03.0	S 3 17.8	339 21.2	S 4 02.6
	07	189 49.2	331 27.1	12 00.0	272 54.5	11.8	194 05.2	17.7	354 23.5	02.7
T	08	204 51.7	346 27.7	00.4	287 54.9	11.8	209 07.5	17.6	9 25.8	02.7
H	09	219 54.1	1 28.2	. . 00.8	302 55.3	. . 11.7	224 09.8	. . 17.5	24 28.1	. . 02.8
U	10	234 56.6	16 28.8	01.3	317 55.6	11.6	239 12.0	17.4	39 30.4	02.8
R	11	249 59.1	31 29.3	01.7	332 56.0	11.5	254 14.3	17.3	54 32.7	02.9
S	12	265 01.5	46 29.9	S12 02.1	347 56.4	S24 11.5	269 16.5	S 3 17.2	69 35.0	S 4 02.9
D	13	280 04.0	61 30.4	02.6	2 56.8	11.4	284 18.8	17.1	84 37.3	03.0
A	14	295 06.5	76 30.9	03.0	17 57.1	11.3	299 21.1	17.0	99 39.6	03.1
Y	15	310 08.9	91 31.5	. . 03.5	32 57.5	. . 11.2	314 23.3	. . 16.9	114 41.9	. . 03.1
	16	325 11.4	106 32.0	03.9	47 57.9	11.1	329 25.6	16.8	129 44.2	03.2
	17	340 13.9	121 32.5	04.3	62 58.3	11.0	344 27.8	16.7	144 46.5	03.2
	18	355 16.3	136 33.0	S12 04.8	77 58.6	S24 11.0	359 30.1	S 3 16.6	159 48.8	S 4 03.3
	19	10 18.8	151 33.6	05.2	92 59.0	10.9	14 32.3	16.5	174 51.1	03.3
	20	25 21.2	166 34.1	05.7	107 59.4	10.8	29 34.6	16.4	189 53.4	03.4
	21	40 23.7	181 34.6	. . 06.1	122 59.8	. . 10.7	44 36.9	. . 16.3	204 55.7	. . 03.4
	22	55 26.2	196 35.1	06.6	138 00.1	10.6	59 39.1	16.2	219 58.0	03.5
	23	70 28.6	211 35.7	07.0	153 00.5	10.6	74 41.4	16.1	235 00.3	03.6
17	00	85 31.1	226 36.2	S12 07.5	168 00.9	S24 10.5	89 43.6	S 3 16.0	250 02.6	S 4 03.6
	01	100 33.6	241 36.7	07.9	183 01.3	10.4	104 45.9	15.9	265 04.9	03.7
	02	115 36.0	256 37.2	08.4	198 01.6	10.3	119 48.1	15.8	280 07.2	03.7
	03	130 38.5	271 37.7	. . 08.8	213 02.0	. . 10.2	134 50.4	. . 15.7	295 09.5	. . 03.8
	04	145 41.0	286 38.2	09.3	228 02.4	10.1	149 52.6	15.6	310 11.9	03.8
	05	160 43.4	301 38.8	09.7	243 02.8	10.0	164 54.9	15.5	325 14.2	03.9
	06	175 45.9	316 39.3	S12 10.2	258 03.1	S24 09.9	179 57.1	S 3 15.4	340 16.5	S 4 03.9
	07	190 48.4	331 39.8	10.6	273 03.5	09.9	194 59.4	15.3	355 18.8	04.0
	08	205 50.8	346 40.3	11.1	288 03.9	09.8	210 01.6	15.2	10 21.1	04.1
F	09	220 53.3	1 40.8	. . 11.5	303 04.3	. . 09.7	225 03.9	. . 15.1	25 23.4	. . 04.1
R	10	235 55.7	16 41.3	12.0	318 04.6	09.6	240 06.2	15.0	40 25.7	04.2
I	11	250 58.2	31 41.8	12.4	333 05.0	09.5	255 08.4	14.9	55 28.0	04.2
D	12	266 00.7	46 42.3	S12 12.9	348 05.4	S24 09.4	270 10.7	S 3 14.8	70 30.3	S 4 04.3
A	13	281 03.1	61 42.8	13.3	3 05.8	09.3	285 12.9	14.7	85 32.6	04.3
Y	14	296 05.6	76 43.3	13.8	18 06.1	09.2	300 15.2	14.6	100 34.9	04.4
	15	311 08.1	91 43.8	. . 14.2	33 06.5	. . 09.1	315 17.4	. . 14.5	115 37.2	. . 04.4
	16	326 10.5	106 44.3	14.7	48 06.9	09.1	330 19.7	14.4	130 39.5	04.5
	17	341 13.0	121 44.8	15.2	63 07.3	09.0	345 21.9	14.3	145 41.8	04.5
	18	356 15.5	136 45.3	S12 15.6	78 07.6	S24 08.9	0 24.2	S 3 14.1	160 44.1	S 4 04.6
	19	11 17.9	151 45.8	16.1	93 08.0	08.8	15 26.4	14.0	175 46.4	04.7
	20	26 20.4	166 46.2	16.5	108 08.4	08.7	30 28.7	13.9	190 48.7	04.7
	21	41 22.9	181 46.7	. . 17.0	123 08.8	. . 08.6	45 30.9	. . 13.8	205 51.0	. . 04.8
	22	56 25.3	196 47.2	17.5	138 09.1	08.5	60 33.2	13.7	220 53.4	04.8
	23	71 27.8	211 47.7	17.9	153 09.5	08.4	75 35.4	13.6	235 55.7	04.9
Mer. Pass.		h m 18 18.9	v 0.5	d 0.4	v 0.4	d 0.1	v 2.3	d 0.1	v 2.3	d 0.1

STARS

Name	SHA ° ′	Dec ° ′
Acamar	315 19.3	S40 15.7
Achernar	335 27.7	S57 11.0
Acrux	173 11.6	S63 09.4
Adhara	255 13.6	S28 59.2
Aldebaran	290 51.1	N16 31.9
Alioth	166 22.4	N55 53.7
Alkaid	153 00.5	N49 15.2
Al Na'ir	27 46.1	S46 54.6
Alnilam	275 47.9	S 1 11.7
Alphard	217 57.7	S 8 42.4
Alphecca	126 12.8	N26 40.6
Alpheratz	357 45.4	N29 09.3
Altair	62 10.3	N 8 54.0
Ankaa	353 17.3	S42 14.9
Antares	112 28.8	S26 27.3
Arcturus	145 57.6	N19 07.4
Atria	107 32.9	S69 02.7
Avior	234 18.3	S59 32.6
Bellatrix	278 33.6	N 6 21.6
Betelgeuse	271 02.9	N 7 24.5
Canopus	263 56.4	S52 42.1
Capella	280 36.6	N46 00.5
Deneb	49 33.1	N45 19.4
Denebola	182 35.5	N14 30.5
Diphda	348 57.6	S17 55.6
Dubhe	193 53.6	N61 41.1
Elnath	278 14.5	N28 37.0
Eltanin	90 47.5	N51 29.3
Enif	33 49.1	N 9 55.7
Fomalhaut	15 26.0	S29 33.9
Gacrux	172 03.2	S57 10.3
Gienah	175 54.2	S17 36.2
Hadar	148 51.0	S60 25.4
Hamal	328 02.6	N23 31.0
Kaus Aust.	83 46.6	S34 22.7
Kochab	137 20.7	N74 06.3
Markab	13 40.2	N15 16.1
Menkar	314 16.7	N 4 08.0
Menkent	148 10.0	S36 25.3
Miaplacidus	221 39.6	S69 45.6
Mirfak	308 42.5	N49 54.2
Nunki	76 00.9	S26 16.9
Peacock	53 22.5	S56 42.1
Pollux	243 29.6	N27 59.8
Procyon	245 01.3	N 5 11.7
Rasalhague	96 08.5	N12 33.2
Regulus	207 45.3	N11 54.6
Rigel	281 13.4	S 8 11.4
Rigil Kent.	139 54.8	S60 52.6
Sabik	102 15.0	S15 44.3
Schedar	349 42.5	N56 36.2
Shaula	96 24.8	S37 06.6
Sirius	258 35.0	S16 43.9
Spica	158 33.3	S11 13.1
Suhail	222 53.5	S43 28.5
Vega	80 40.6	N38 47.7
Zuben'ubi	137 07.7	S16 05.2

	SHA ° ′	Mer. Pass. h m
Venus	141 51.3	8 54
Mars	83 19.9	12 48
Jupiter	4 17.5	18 02
Saturn	164 35.4	7 22

UT		SUN GHA	SUN Dec	MOON GHA	v	MOON Dec	d	HP
d	h	° ′	° ′	° ′	′	° ′	′	′
15	00	181 17.0	S23 14.8	77 58.6	15.7	N 8 07.9	11.6	54.5
	01	196 16.7	14.9	92 33.3	15.6	8 19.5	11.6	54.5
	02	211 16.4	15.1	107 07.9	15.6	8 31.1	11.5	54.5
	03	226 16.1	. . 15.2	121 42.5	15.6	8 42.6	11.5	54.5
	04	241 15.8	15.4	136 17.1	15.5	8 54.1	11.5	54.5
	05	256 15.5	15.5	150 51.6	15.5	9 05.6	11.5	54.5
	06	271 15.2	S23 15.6	165 26.1	15.4	N 9 17.1	11.4	54.5
W	07	286 14.9	15.7	180 00.5	15.4	9 28.5	11.4	54.6
E	08	301 14.6	15.9	194 34.9	15.3	9 39.9	11.4	54.6
D	09	316 14.3	. . 16.0	209 09.2	15.3	9 51.3	11.4	54.6
N	10	331 14.0	16.1	223 43.5	15.2	10 02.7	11.3	54.6
E	11	346 13.7	16.3	238 17.7	15.2	10 14.0	11.2	54.6
S	12	1 13.4	S23 16.4	252 51.9	15.1	N10 25.2	11.3	54.6
D	13	16 13.1	16.5	267 26.0	15.1	10 36.5	11.2	54.6
A	14	31 12.8	16.6	282 00.1	15.0	10 47.7	11.2	54.7
Y	15	46 12.5	. . 16.8	296 34.1	15.0	10 58.9	11.1	54.7
	16	61 12.2	16.9	311 08.1	14.9	11 10.0	11.1	54.7
	17	76 11.9	17.0	325 42.0	14.8	11 21.1	11.0	54.7
	18	91 11.6	S23 17.1	340 15.8	14.8	N11 32.1	11.1	54.7
	19	106 11.3	17.3	354 49.6	14.8	11 43.2	10.9	54.7
	20	121 11.0	17.4	9 23.4	14.6	11 54.1	11.0	54.8
	21	136 10.7	. . 17.5	23 57.0	14.6	12 05.1	10.9	54.8
	22	151 10.4	17.6	38 30.6	14.6	12 16.0	10.8	54.8
	23	166 10.1	17.7	53 04.2	14.5	12 26.8	10.8	54.8
16	00	181 09.8	S23 17.8	67 37.7	14.4	N12 37.6	10.8	54.8
	01	196 09.5	18.0	82 11.1	14.4	12 48.4	10.7	54.8
	02	211 09.2	18.1	96 44.5	14.3	12 59.1	10.7	54.9
	03	226 08.9	. . 18.2	111 17.8	14.2	13 09.8	10.6	54.9
	04	241 08.6	18.3	125 51.0	14.2	13 20.4	10.6	54.9
	05	256 08.3	18.4	140 24.2	14.1	13 31.0	10.5	54.9
	06	271 08.0	S23 18.5	154 57.3	14.1	N13 41.5	10.5	54.9
	07	286 07.7	18.6	169 30.4	13.9	13 52.0	10.4	55.0
T	08	301 07.4	18.8	184 03.3	13.9	14 02.4	10.4	55.0
H	09	316 07.1	. . 18.9	198 36.2	13.9	14 12.8	10.3	55.0
U	10	331 06.8	19.0	213 09.1	13.7	14 23.1	10.3	55.0
R	11	346 06.5	19.1	227 41.8	13.7	14 33.4	10.2	55.0
S	12	1 06.2	S23 19.2	242 14.5	13.7	N14 43.6	10.2	55.1
D	13	16 05.9	19.3	256 47.2	13.5	14 53.8	10.1	55.1
A	14	31 05.6	19.4	271 19.7	13.5	15 03.9	10.1	55.1
Y	15	46 05.3	. . 19.5	285 52.2	13.4	15 14.0	10.0	55.1
	16	61 05.0	19.6	300 24.6	13.3	15 24.0	9.9	55.2
	17	76 04.7	19.7	314 56.9	13.2	15 33.9	9.9	55.2
	18	91 04.4	S23 19.8	329 29.1	13.2	N15 43.8	9.8	55.2
	19	106 04.1	19.9	344 01.3	13.1	15 53.6	9.8	55.2
	20	121 03.8	20.0	358 33.4	13.0	16 03.4	9.6	55.2
	21	136 03.5	. . 20.1	13 05.4	13.0	16 13.0	9.7	55.3
	22	151 03.2	20.2	27 37.4	12.8	16 22.7	9.5	55.3
	23	166 02.9	20.3	42 09.2	12.8	16 32.2	9.5	55.3
17	00	181 02.5	S23 20.4	56 41.0	12.7	N16 41.7	9.5	55.3
	01	196 02.2	20.5	71 12.7	12.6	16 51.2	9.3	55.4
	02	211 01.9	20.6	85 44.3	12.6	17 00.5	9.3	55.4
	03	226 01.6	. . 20.7	100 15.9	12.4	17 09.8	9.3	55.4
	04	241 01.3	20.8	114 47.3	12.4	17 19.1	9.1	55.4
	05	256 01.0	20.9	129 18.7	12.3	17 28.2	9.1	55.5
	06	271 00.7	S23 21.0	143 50.0	12.2	N17 37.3	9.0	55.5
	07	286 00.4	21.1	158 21.2	12.1	17 46.3	9.0	55.5
	08	301 00.1	21.2	172 52.3	12.1	17 55.3	8.8	55.5
F	09	315 59.8	. . 21.3	187 23.4	11.9	18 04.1	8.8	55.6
R	10	330 59.5	21.4	201 54.3	11.9	18 12.9	8.7	55.6
I	11	345 59.2	21.4	216 25.2	11.8	18 21.6	8.6	55.6
D	12	0 58.9	S23 21.5	230 56.0	11.7	N18 30.2	8.6	55.6
A	13	15 58.6	21.6	245 26.7	11.6	18 38.8	8.5	55.7
Y	14	30 58.3	21.7	259 57.3	11.6	18 47.3	8.4	55.7
	15	45 58.0	. . 21.8	274 27.9	11.4	18 55.7	8.3	55.7
	16	60 57.7	21.9	288 58.3	11.4	19 04.0	8.2	55.7
	17	75 57.4	22.0	303 28.7	11.2	19 12.2	8.1	55.8
	18	90 57.1	S23 22.0	317 58.9	11.2	N19 20.3	8.1	55.8
	19	105 56.8	22.1	332 29.1	11.1	19 28.4	7.9	55.8
	20	120 56.5	22.2	346 59.2	11.0	19 36.3	7.9	55.9
	21	135 56.2	. . 22.3	1 29.2	10.9	19 44.2	7.8	55.9
	22	150 55.8	22.4	15 59.1	10.9	19 52.0	7.7	55.9
	23	165 55.5	22.4	30 29.0	10.7	N19 59.7	7.6	55.9
		SD 16.3	*d* 0.1	SD 14.9		15.0		15.2

Lat.	Twilight Naut.	Twilight Civil	Sunrise	Moonrise 15	16	17	18
°	h m	h m	h m	h m	h m	h m	h m
N 72	08 21	10 49	■	10 53	10 20	08 50	□
N 70	08 01	09 49	■	11 09	10 49	10 16	□
68	07 46	09 14	■	11 22	11 11	10 56	10 25
66	07 33	08 49	10 29	11 32	11 28	11 23	11 18
64	07 22	08 30	09 47	11 41	11 42	11 44	11 51
62	07 12	08 14	09 19	11 48	11 54	12 01	12 15
60	07 04	08 00	08 58	11 55	12 04	12 16	12 34
N 58	06 56	07 49	08 41	12 01	12 13	12 28	12 50
56	06 50	07 39	08 26	12 06	12 20	12 39	13 04
54	06 43	07 30	08 13	12 11	12 27	12 48	13 16
52	06 38	07 22	08 02	12 15	12 34	12 57	13 26
50	06 33	07 14	07 53	12 19	12 39	13 04	13 36
45	06 21	06 58	07 32	12 27	12 52	13 20	13 56
N 40	06 11	06 45	07 15	12 34	13 02	13 34	14 12
35	06 01	06 33	07 01	12 40	13 11	13 45	14 26
30	05 53	06 22	06 49	12 46	13 18	13 55	14 37
20	05 36	06 04	06 28	12 55	13 32	14 13	14 58
N 10	05 20	05 46	06 09	13 03	13 44	14 28	15 16
0	05 03	05 29	05 52	13 11	13 55	14 42	15 33
S 10	04 44	05 11	05 34	13 19	14 06	14 56	15 50
20	04 22	04 51	05 15	13 27	14 18	15 12	16 08
30	03 53	04 26	04 53	13 37	14 32	15 30	16 29
35	03 34	04 11	04 41	13 43	14 40	15 40	16 41
40	03 11	03 53	04 26	13 49	14 49	15 52	16 55
45	02 41	03 30	04 08	13 56	15 00	16 06	17 12
S 50	01 56	03 01	03 45	14 05	15 14	16 23	17 33
52	01 28	02 46	03 34	14 10	15 20	16 31	17 43
54	00 44	02 28	03 22	14 14	15 27	16 41	17 54
56	////	02 06	03 08	14 19	15 34	16 51	18 07
58	////	01 37	02 51	14 25	15 43	17 03	18 22
S 60	////	00 48	02 31	14 32	15 53	17 17	18 40

Lat.	Sunset	Twilight Civil	Twilight Naut.	Moonset 15	16	17	18
°	h m	h m	h m	h m	h m	h m	h m
N 72	■	13 02	15 30	02 43	04 46	07 53	□
N 70	■	14 02	15 50	02 29	04 19	06 28	□
68	■	14 37	16 05	02 19	03 59	05 49	08 03
66	13 22	15 02	16 18	02 10	03 43	05 23	07 10
64	14 04	15 21	16 29	02 02	03 30	05 02	06 38
62	14 32	15 37	16 39	01 56	03 19	04 46	06 15
60	14 53	15 51	16 47	01 50	03 10	04 32	05 56
N 58	15 10	16 02	16 55	01 45	03 02	04 21	05 40
56	15 25	16 12	17 01	01 41	02 55	04 11	05 27
54	15 38	16 21	17 08	01 37	02 49	04 02	05 16
52	15 49	16 30	17 13	01 34	02 43	03 54	05 06
50	15 58	16 37	17 18	01 31	02 38	03 47	04 57
45	16 19	16 53	17 30	01 24	02 27	03 32	04 38
N 40	16 36	17 06	17 40	01 18	02 18	03 19	04 22
35	16 50	17 18	17 50	01 13	02 10	03 09	04 09
30	17 02	17 29	17 59	01 09	02 03	02 59	03 58
20	17 23	17 47	18 15	01 02	01 52	02 44	03 38
N 10	17 42	18 05	18 31	00 55	01 41	02 30	03 22
0	17 59	18 22	18 48	00 49	01 32	02 17	03 06
S 10	18 17	18 40	19 07	00 43	01 22	02 04	02 50
20	18 36	19 00	19 30	00 37	01 12	01 51	02 34
30	18 58	19 25	19 59	00 29	01 01	01 35	02 14
35	19 11	19 40	20 17	00 25	00 54	01 26	02 03
40	19 26	19 59	20 40	00 20	00 46	01 16	01 51
45	19 44	20 21	21 11	00 15	00 38	01 04	01 36
S 50	20 06	20 51	21 56	00 08	00 27	00 50	01 17
52	20 17	21 06	22 24	00 05	00 22	00 43	01 09
54	20 29	21 24	23 09	00 02	00 17	00 35	00 59
56	20 43	21 46	////	24 11	00 11	00 27	00 48
58	21 00	22 15	////	24 05	00 05	00 18	00 36
S 60	21 20	23 04	////	23 57	24 07	00 07	00 22

Day	SUN Eqn. of Time 00^h	Eqn. of Time 12^h	Mer. Pass.	MOON Mer. Pass. Upper	Mer. Pass. Lower	Age	Phase
d	m s	m s	h m	h m	h m	d	%
15	05 09	04 54	11 55	19 21	07 00	10	68
16	04 40	04 25	11 56	20 06	07 43	11	77
17	04 11	03 56	11 56	20 54	08 29	12	84

UT d	h	ARIES GHA ° ′	VENUS −4.8 GHA ° ′	VENUS Dec ° ′	MARS +1.3 GHA ° ′	MARS Dec ° ′	JUPITER −2.4 GHA ° ′	JUPITER Dec ° ′	SATURN +0.8 GHA ° ′	SATURN Dec ° ′
18 SATURDAY	00	86 30.2	226 48.2	S12 18.4	168 09.9	S24 08.3	90 37.7	S 3 13.5	250 58.0	S 4 04.9
	01	101 32.7	241 48.7	18.8	183 10.3	08.2	105 39.9	13.4	266 00.3	05.0
	02	116 35.2	256 49.1	19.3	198 10.6	08.1	120 42.1	13.3	281 02.6	05.0
	03	131 37.6	271 49.6	. . 19.8	213 11.0	. . 08.0	135 44.4	. . 13.2	296 04.9	. . 05.1
	04	146 40.1	286 50.1	20.2	228 11.4	07.9	150 46.6	13.1	311 07.2	05.1
	05	161 42.6	301 50.6	20.7	243 11.8	07.8	165 48.9	13.0	326 09.5	05.2
	06	176 45.0	316 51.0	S12 21.2	258 12.1	S24 07.7	180 51.1	S 3 12.9	341 11.8	S 4 05.2
	07	191 47.5	331 51.5	21.6	273 12.5	07.6	195 53.4	12.8	356 14.1	05.3
	08	206 50.0	346 52.0	22.1	288 12.9	07.5	210 55.6	12.7	11 16.4	05.4
	09	221 52.4	1 52.5	. . 22.6	303 13.2	. . 07.4	225 57.9	. . 12.6	26 18.7	. . 05.4
	10	236 54.9	16 52.9	23.0	318 13.6	07.3	241 00.1	12.5	41 21.1	05.5
	11	251 57.4	31 53.4	23.5	333 14.0	07.2	256 02.4	12.4	56 23.4	05.5
	12	266 59.8	46 53.8	S12 24.0	348 14.4	S24 07.1	271 04.6	S 3 12.3	71 25.7	S 4 05.6
	13	282 02.3	61 54.3	24.5	3 14.7	07.0	286 06.9	12.2	86 28.0	05.6
	14	297 04.7	76 54.8	24.9	18 15.1	06.9	301 09.1	12.0	101 30.3	05.7
	15	312 07.2	91 55.2	. . 25.4	33 15.5	. . 06.8	316 11.3	. . 11.9	116 32.6	. . 05.7
	16	327 09.7	106 55.7	25.9	48 15.9	06.7	331 13.6	11.8	131 34.9	05.8
	17	342 12.1	121 56.1	26.3	63 16.2	06.6	346 15.8	11.7	146 37.2	05.8
	18	357 14.6	136 56.6	S12 26.8	78 16.6	S24 06.5	1 18.1	S 3 11.6	161 39.5	S 4 05.9
	19	12 17.1	151 57.1	27.3	93 17.0	06.4	16 20.3	11.5	176 41.8	05.9
	20	27 19.5	166 57.5	27.8	108 17.4	06.3	31 22.6	11.4	191 44.1	06.0
	21	42 22.0	181 58.0	. . 28.2	123 17.7	. . 06.2	46 24.8	. . 11.3	206 46.5	. . 06.0
	22	57 24.5	196 58.4	28.7	138 18.1	06.1	61 27.0	11.2	221 48.8	06.1
	23	72 26.9	211 58.9	29.2	153 18.5	06.0	76 29.3	11.1	236 51.1	06.1
19 SUNDAY	00	87 29.4	226 59.3	S12 29.7	168 18.9	S24 05.9	91 31.5	S 3 11.0	251 53.4	S 4 06.2
	01	102 31.8	241 59.7	30.1	183 19.2	05.7	106 33.8	10.9	266 55.7	06.3
	02	117 34.3	257 00.2	30.6	198 19.6	05.6	121 36.0	10.8	281 58.0	06.3
	03	132 36.8	272 00.6	. . 31.1	213 20.0	. . 05.5	136 38.2	. . 10.7	297 00.3	. . 06.4
	04	147 39.2	287 01.1	31.6	228 20.3	05.4	151 40.5	10.5	312 02.6	06.4
	05	162 41.7	302 01.5	32.1	243 20.7	05.3	166 42.7	10.4	327 04.9	06.5
	06	177 44.2	317 01.9	S12 32.5	258 21.1	S24 05.2	181 45.0	S 3 10.3	342 07.3	S 4 06.5
	07	192 46.6	332 02.4	33.0	273 21.5	05.1	196 47.2	10.2	357 09.6	06.6
	08	207 49.1	347 02.8	33.5	288 21.8	05.0	211 49.4	10.1	12 11.9	06.6
	09	222 51.6	2 03.2	. . 34.0	303 22.2	. . 04.9	226 51.7	. . 10.0	27 14.2	. . 06.7
	10	237 54.0	17 03.7	34.5	318 22.6	04.8	241 53.9	09.9	42 16.5	06.7
	11	252 56.5	32 04.1	34.9	333 23.0	04.6	256 56.2	09.8	57 18.8	06.8
	12	267 59.0	47 04.5	S12 35.4	348 23.3	S24 04.5	271 58.4	S 3 09.7	72 21.1	S 4 06.8
	13	283 01.4	62 05.0	35.9	3 23.7	04.4	287 00.6	09.6	87 23.4	06.9
	14	298 03.9	77 05.4	36.4	18 24.1	04.3	302 02.9	09.5	102 25.8	06.9
	15	313 06.3	92 05.8	. . 36.9	33 24.5	. . 04.2	317 05.1	. . 09.4	117 28.1	. . 07.0
	16	328 08.8	107 06.2	37.4	48 24.8	04.1	332 07.3	09.2	132 30.4	07.0
	17	343 11.3	122 06.7	37.9	63 25.2	04.0	347 09.6	09.1	147 32.7	07.1
	18	358 13.7	137 07.1	S12 38.3	78 25.6	S24 03.8	2 11.8	S 3 09.0	162 35.0	S 4 07.1
	19	13 16.2	152 07.5	38.8	93 25.9	03.7	17 14.1	08.9	177 37.3	07.2
	20	28 18.7	167 07.9	39.3	108 26.3	03.6	32 16.3	08.8	192 39.6	07.2
	21	43 21.1	182 08.3	. . 39.8	123 26.7	. . 03.5	47 18.5	. . 08.7	207 41.9	. . 07.3
	22	58 23.6	197 08.7	40.3	138 27.1	03.4	62 20.8	08.6	222 44.3	07.3
	23	73 26.1	212 09.1	40.8	153 27.4	03.3	77 23.0	08.5	237 46.6	07.4
20 MONDAY	00	88 28.5	227 09.6	S12 41.3	168 27.8	S24 03.1	92 25.2	S 3 08.4	252 48.9	S 4 07.4
	01	103 31.0	242 10.0	41.8	183 28.2	03.0	107 27.5	08.3	267 51.2	07.5
	02	118 33.5	257 10.4	42.3	198 28.6	02.9	122 29.7	08.1	282 53.5	07.5
	03	133 35.9	272 10.8	. . 42.7	213 28.9	. . 02.8	137 31.9	. . 08.0	297 55.8	. . 07.6
	04	148 38.4	287 11.2	43.2	228 29.3	02.7	152 34.2	07.9	312 58.1	07.6
	05	163 40.8	302 11.6	43.7	243 29.7	02.5	167 36.4	07.8	328 00.5	07.7
	06	178 43.3	317 12.0	S12 44.2	258 30.1	S24 02.4	182 38.6	S 3 07.7	343 02.8	S 4 07.7
	07	193 45.8	332 12.4	44.7	273 30.4	02.3	197 40.9	07.6	358 05.1	07.8
	08	208 48.2	347 12.8	45.2	288 30.8	02.2	212 43.1	07.5	13 07.4	07.8
	09	223 50.7	2 13.2	. . 45.7	303 31.2	. . 02.1	227 45.3	. . 07.4	28 09.7	. . 07.9
	10	238 53.2	17 13.6	46.2	318 31.5	01.9	242 47.6	07.3	43 12.0	07.9
	11	253 55.6	32 14.0	46.7	333 31.9	01.8	257 49.8	07.1	58 14.3	08.0
	12	268 58.1	47 14.4	S12 47.2	348 32.3	S24 01.7	272 52.0	S 3 07.0	73 16.7	S 4 08.0
	13	284 00.6	62 14.8	47.7	3 32.7	01.6	287 54.3	06.9	88 19.0	08.1
	14	299 03.0	77 15.2	48.2	18 33.0	01.4	302 56.5	06.8	103 21.3	08.1
	15	314 05.5	92 15.5	. . 48.7	33 33.4	. . 01.3	317 58.7	. . 06.7	118 23.6	. . 08.2
	16	329 08.0	107 15.9	49.2	48 33.8	01.2	333 01.0	06.6	133 25.9	08.2
	17	344 10.4	122 16.3	49.7	63 34.2	01.1	348 03.2	06.5	148 28.2	08.3
	18	359 12.9	137 16.7	S12 50.2	78 34.5	S24 00.9	3 05.4	S 3 06.4	163 30.6	S 4 08.3
	19	14 15.3	152 17.1	50.7	93 34.9	00.8	18 07.6	06.2	178 32.9	08.4
	20	29 17.8	167 17.5	51.2	108 35.3	00.7	33 09.9	06.1	193 35.2	08.4
	21	44 20.3	182 17.9	. . 51.7	123 35.6	. . 00.5	48 12.1	. . 06.0	208 37.5	. . 08.5
	22	59 22.7	197 18.2	52.2	138 36.0	00.4	63 14.3	05.9	223 39.8	08.5
	23	74 25.2	212 18.6	52.7	153 36.4	00.3	78 16.6	05.8	238 42.1	08.6
Mer. Pass.		h m 18 07.1	v 0.4	d 0.5	v 0.4	d 0.1	v 2.2	d 0.1	v 2.3	d 0.1

STARS

Name	SHA ° ′	Dec ° ′
Acamar	315 19.3	S40 15.7
Achernar	335 27.7	S57 11.0
Acrux	173 11.5	S63 09.4
Adhara	255 13.6	S28 59.2
Aldebaran	290 51.1	N16 31.9
Alioth	166 22.3	N55 53.6
Alkaid	153 00.5	N49 15.2
Al Na'ir	27 46.1	S46 54.6
Alnilam	275 47.8	S 1 11.7
Alphard	217 57.7	S 8 42.4
Alphecca	126 12.8	N26 40.6
Alpheratz	357 45.4	N29 09.3
Altair	62 10.3	N 8 54.0
Ankaa	353 17.3	S42 14.9
Antares	112 28.8	S26 27.3
Arcturus	145 57.6	N19 07.4
Atria	107 32.9	S69 02.7
Avior	234 18.3	S59 32.6
Bellatrix	278 33.6	N 6 21.6
Betelgeuse	271 02.9	N 7 24.5
Canopus	263 56.4	S52 42.1
Capella	280 36.6	N46 00.5
Deneb	49 33.1	N45 19.4
Denebola	182 35.5	N14 30.5
Diphda	348 57.6	S17 55.6
Dubhe	193 53.6	N61 41.1
Elnath	278 14.5	N28 37.0
Eltanin	90 47.2	N51 29.3
Enif	33 49.1	N 9 55.7
Fomalhaut	15 26.0	S29 33.9
Gacrux	172 03.1	S57 10.3
Gienah	175 54.2	S17 36.2
Hadar	148 50.9	S60 25.4
Hamal	328 02.6	N23 31.0
Kaus Aust.	83 46.6	S34 22.7
Kochab	137 20.6	N74 06.3
Markab	13 40.2	N15 16.1
Menkar	314 16.7	N 4 08.0
Menkent	148 10.0	S36 25.3
Miaplacidus	221 39.6	S69 45.6
Mirfak	308 42.5	N49 54.2
Nunki	76 00.9	S26 16.9
Peacock	53 22.5	S56 42.1
Pollux	243 29.6	N27 59.8
Procyon	245 01.3	N 5 11.7
Rasalhague	96 08.5	N12 33.2
Regulus	207 45.3	N11 54.6
Rigel	281 13.4	S 8 11.4
Rigil Kent.	139 54.7	S60 52.6
Sabik	102 15.0	S15 44.3
Schedar	349 42.5	N56 36.2
Shaula	96 24.8	S37 06.6
Sirius	258 34.9	S16 43.9
Spica	158 33.3	S11 13.1
Suhail	222 53.5	S43 28.5
Vega	80 40.6	N38 47.7
Zuben'ubi	137 07.7	S16 05.2

	SHA ° ′	Mer. Pass. h m
Venus	139 29.9	8 52
Mars	80 49.5	12 46
Jupiter	4 02.1	17 51
Saturn	164 24.0	7 11

	UT	SUN GHA	SUN Dec	MOON GHA	v	MOON Dec	d	HP
	d h	° ′	° ′	° ′	′	° ′	′	′
	18 00	180 55.2	S23 22.5	44 58.7	10.7	N20 07.3	7.5	56.0
	01	195 54.9	22.6	59 28.4	10.5	20 14.8	7.4	56.0
	02	210 54.6	22.7	73 57.9	10.5	20 22.2	7.4	56.0
	03	225 54.3	. . 22.8	88 27.4	10.4	20 29.6	7.2	56.0
	04	240 54.0	22.8	102 56.8	10.3	20 36.8	7.1	56.1
	05	255 53.7	22.9	117 26.1	10.2	20 43.9	7.1	56.1
	06	270 53.4	S23 23.0	131 55.3	10.2	N20 51.0	6.9	56.1
	07	285 53.1	23.1	146 24.5	10.0	20 57.9	6.8	56.2
S	08	300 52.8	23.1	160 53.5	10.0	21 04.7	6.8	56.2
A	09	315 52.5	. . 23.2	175 22.5	9.8	21 11.5	6.6	56.2
T	10	330 52.2	23.3	189 51.3	9.8	21 18.1	6.5	56.2
U	11	345 51.9	23.3	204 20.1	9.7	21 24.6	6.4	56.3
R	12	0 51.6	S23 23.4	218 48.8	9.6	N21 31.0	6.3	56.3
D	13	15 51.3	23.5	233 17.4	9.5	21 37.3	6.2	56.3
A	14	30 50.9	23.5	247 45.9	9.4	21 43.5	6.1	56.4
Y	15	45 50.6	. . 23.6	262 14.3	9.4	21 49.6	6.0	56.4
	16	60 50.3	23.7	276 42.7	9.3	21 55.6	5.9	56.4
	17	75 50.0	23.7	291 11.0	9.1	22 01.5	5.7	56.4
	18	90 49.7	S23 23.8	305 39.1	9.1	N22 07.2	5.7	56.5
	19	105 49.4	23.9	320 07.2	9.0	22 12.9	5.5	56.5
	20	120 49.1	23.9	334 35.2	9.0	22 18.4	5.4	56.5
	21	135 48.8	. . 24.0	349 03.2	8.8	22 23.8	5.3	56.6
	22	150 48.5	24.0	3 31.0	8.8	22 29.1	5.2	56.6
	23	165 48.2	24.1	17 58.8	8.6	22 34.3	5.1	56.6
	19 00	180 47.9	S23 24.2	32 26.4	8.6	N22 39.4	4.9	56.7
	01	195 47.6	24.2	46 54.0	8.5	22 44.3	4.9	56.7
	02	210 47.3	24.3	61 21.5	8.5	22 49.2	4.7	56.7
	03	225 47.0	. . 24.3	75 49.0	8.3	22 53.9	4.5	56.7
	04	240 46.7	24.4	90 16.3	8.3	22 58.4	4.5	56.8
	05	255 46.3	24.4	104 43.6	8.2	23 02.9	4.3	56.8
	06	270 46.0	S23 24.5	119 10.8	8.1	N23 07.2	4.2	56.8
	07	285 45.7	24.6	133 37.9	8.1	23 11.4	4.1	56.9
	08	300 45.4	24.6	148 05.0	8.0	23 15.5	4.0	56.9
S	09	315 45.1	. . 24.7	162 32.0	7.9	23 19.5	3.8	56.9
U	10	330 44.8	24.7	176 58.9	7.8	23 23.3	3.7	56.9
N	11	345 44.5	24.8	191 25.7	7.7	23 27.0	3.5	57.0
D	12	0 44.2	S23 24.8	205 52.4	7.7	N23 30.5	3.4	57.0
A	13	15 43.9	24.9	220 19.1	7.6	23 33.9	3.3	57.0
Y	14	30 43.6	24.9	234 45.7	7.6	23 37.2	3.2	57.1
	15	45 43.3	. . 24.9	249 12.3	7.5	23 40.4	3.0	57.1
	16	60 43.0	25.0	263 38.8	7.4	23 43.4	2.9	57.1
	17	75 42.7	25.0	278 05.2	7.3	23 46.3	2.7	57.2
	18	90 42.3	S23 25.1	292 31.5	7.3	N23 49.0	2.7	57.2
	19	105 42.0	25.1	306 57.8	7.2	23 51.7	2.4	57.2
	20	120 41.7	25.2	321 24.0	7.2	23 54.1	2.4	57.2
	21	135 41.4	. . 25.2	335 50.2	7.1	23 56.5	2.2	57.3
	22	150 41.1	25.3	350 16.3	7.0	23 58.7	2.0	57.3
	23	165 40.8	25.3	4 42.3	7.0	24 00.7	1.9	57.3
	20 00	180 40.5	S23 25.3	19 08.3	7.0	N24 02.6	1.8	57.4
	01	195 40.2	25.4	33 34.3	6.8	24 04.4	1.6	57.4
	02	210 39.9	25.4	48 00.1	6.8	24 06.0	1.5	57.4
	03	225 39.6	. . 25.4	62 25.9	6.8	24 07.5	1.3	57.4
	04	240 39.3	25.5	76 51.7	6.7	24 08.8	1.2	57.5
	05	255 39.0	25.5	91 17.4	6.7	24 10.0	1.1	57.5
	06	270 38.6	S23 25.6	105 43.1	6.6	N24 11.1	0.9	57.5
	07	285 38.3	25.6	120 08.7	6.6	24 12.0	0.7	57.6
	08	300 38.0	25.6	134 34.3	6.5	24 12.7	0.7	57.6
M	09	315 37.7	. . 25.7	148 59.8	6.5	24 13.4	0.4	57.6
O	10	330 37.4	25.7	163 25.3	6.5	24 13.8	0.3	57.6
N	11	345 37.1	25.7	177 50.8	6.4	24 14.1	0.2	57.7
D	12	0 36.8	S23 25.7	192 16.2	6.4	N24 14.3	0.0	57.7
A	13	15 36.5	25.8	206 41.6	6.3	24 14.3	0.1	57.7
Y	14	30 36.2	25.8	221 06.9	6.3	24 14.2	0.3	57.8
	15	45 35.9	. . 25.8	235 32.2	6.3	24 13.9	0.5	57.8
	16	60 35.6	25.9	249 57.5	6.2	24 13.4	0.6	57.8
	17	75 35.2	25.9	264 22.7	6.2	24 12.8	0.7	57.8
	18	90 34.9	S23 25.9	278 47.9	6.2	N24 12.1	0.9	57.9
	19	105 34.6	25.9	293 13.1	6.1	24 11.2	1.1	57.9
	20	120 34.3	25.9	307 38.2	6.2	24 10.1	1.2	57.9
	21	135 34.0	. . 26.0	322 03.4	6.1	24 08.9	1.3	57.9
	22	150 33.7	26.0	336 28.5	6.0	24 07.6	1.5	58.0
	23	165 33.4	26.0	350 53.5	6.1	N24 06.1	1.7	58.0
		SD 16.3	*d* 0.0	SD	15.3	15.5		15.7

Lat.	Twilight Naut.	Twilight Civil	Sunrise	Moonrise 18	19	20	21
°	h m	h m	h m	h m	h m	h m	h m
N 72	08 24	10 55	■	□	□	□	□
N 70	08 04	09 53	■	□	□	□	□
68	07 48	09 18	■	10 25	□	□	□
66	07 35	08 52	10 33	11 18	11 12	□	13 07
64	07 24	08 33	09 51	11 51	12 07	12 47	14 04
62	07 14	08 16	09 22	12 15	12 40	13 25	14 38
60	07 06	08 03	09 01	12 34	13 04	13 52	15 02
N 58	06 58	07 51	08 43	12 50	13 24	14 13	15 22
56	06 52	07 41	08 28	13 04	13 40	14 31	15 38
54	06 46	07 32	08 16	13 16	13 54	14 45	15 52
52	06 40	07 24	08 05	13 26	14 06	14 58	16 04
50	06 35	07 16	07 55	13 36	14 17	15 10	16 14
45	06 23	07 00	07 34	13 56	14 39	15 33	16 37
N 40	06 12	06 46	07 17	14 12	14 58	15 52	16 55
35	06 03	06 35	07 03	14 26	15 13	16 08	17 10
30	05 54	06 24	06 51	14 37	15 26	16 21	17 23
20	05 38	06 05	06 29	14 58	15 49	16 45	17 45
N 10	05 22	05 48	06 11	15 16	16 09	17 05	18 04
0	05 05	05 31	05 53	15 33	16 27	17 24	18 22
S 10	04 46	05 13	05 36	15 50	16 45	17 43	18 40
20	04 23	04 52	05 17	16 08	17 05	18 03	18 59
30	03 54	04 27	04 55	16 29	17 28	18 27	19 22
35	03 35	04 12	04 42	16 41	17 42	18 40	19 34
40	03 12	03 54	04 27	16 55	17 58	18 56	19 49
45	02 41	03 31	04 09	17 12	18 16	19 15	20 07
S 50	01 56	03 01	03 46	17 33	18 40	19 39	20 29
52	01 28	02 46	03 35	17 43	18 51	19 50	20 39
54	00 41	02 28	03 23	17 54	19 03	20 03	20 51
56	////	02 06	03 09	18 07	19 18	20 18	21 04
58	////	01 36	02 52	18 22	19 35	20 36	21 20
S 60	////	00 46	02 31	18 40	19 57	20 57	21 39

Lat.	Sunset	Twilight Civil	Twilight Naut.	Moonset 18	19	20	21
°	h m	h m	h m	h m	h m	h m	h m
N 72	■	12 59	15 30	□	□	□	□
N 70	■	14 01	15 50	□	□	□	□
68	■	14 36	16 06	08 03	□	□	□
66	13 21	15 02	16 19	07 10	09 08	□	11 13
64	14 03	15 21	16 30	06 38	08 13	09 31	10 15
62	14 32	15 38	16 40	06 15	07 40	08 53	09 41
60	14 53	15 51	16 48	05 56	07 16	08 26	09 16
N 58	15 11	16 03	16 56	05 40	06 57	08 04	08 57
56	15 26	16 13	17 02	05 27	06 41	07 47	08 40
54	15 38	16 22	17 09	05 16	06 27	07 32	08 26
52	15 49	16 30	17 14	05 06	06 15	07 20	08 14
50	15 59	16 38	17 19	04 57	06 05	07 08	08 03
45	16 20	16 54	17 31	04 38	05 43	06 45	07 40
N 40	16 37	17 08	17 42	04 22	05 25	06 26	07 22
35	16 51	17 19	17 51	04 09	05 10	06 10	07 07
30	17 04	17 30	18 00	03 58	04 57	05 56	06 53
20	17 25	17 49	18 16	03 38	04 35	05 33	06 30
N 10	17 43	18 06	18 33	03 22	04 16	05 13	06 10
0	18 01	18 23	18 50	03 06	03 58	04 54	05 52
S 10	18 18	18 41	19 09	02 50	03 41	04 35	05 33
20	18 37	19 02	19 31	02 34	03 22	04 15	05 13
30	18 59	19 27	20 00	02 14	03 00	03 52	04 50
35	19 12	19 42	20 19	02 03	02 47	03 38	04 36
40	19 28	20 00	20 42	01 51	02 32	03 22	04 21
45	19 46	20 23	21 13	01 36	02 15	03 03	04 02
S 50	20 08	20 53	21 58	01 17	01 53	02 39	03 38
52	20 19	21 08	22 26	01 09	01 43	02 28	03 27
54	20 31	21 26	23 13	00 59	01 31	02 15	03 14
56	20 46	21 48	////	00 48	01 18	02 00	02 59
58	21 02	22 18	////	00 36	01 03	01 43	02 42
S 60	21 23	23 09	////	00 22	00 44	01 22	02 21

Day	SUN Eqn. of Time 00^h	SUN Eqn. of Time 12^h	SUN Mer. Pass.	MOON Mer. Pass. Upper	MOON Mer. Pass. Lower	MOON Age	MOON Phase
d	m s	m s	h m	h m	h m	d %	
18	03 42	03 27	11 57	21 45	09 19	13 91	
19	03 12	02 57	11 57	22 40	10 13	14 96	○
20	02 43	02 28	11 58	23 38	11 09	15 99	

UT d h	Day	ARIES GHA ° ′	VENUS −4.7 GHA ° ′	VENUS Dec ° ′	MARS +1.2 GHA ° ′	MARS Dec ° ′	JUPITER −2.4 GHA ° ′	JUPITER Dec ° ′	SATURN +0.8 GHA ° ′	SATURN Dec ° ′
21 00		89 27.7	227 19.0	S12 53.2	168 36.8	S24 00.2	93 18.8	S 3 05.7	253 44.5	S 4 08.6
01		104 30.1	242 19.4	53.7	183 37.1	24 00.0	108 21.0	05.6	268 46.8	08.7
02		119 32.6	257 19.7	54.2	198 37.5	23 59.9	123 23.2	05.5	283 49.1	08.7
03		134 35.1	272 20.1	54.7	213 37.9	59.8	138 25.5	05.3	298 51.4	08.8
04		149 37.5	287 20.5	55.2	228 38.3	59.6	153 27.7	05.2	313 53.7	08.8
05		164 40.0	302 20.8	55.7	243 38.6	59.5	168 29.9	05.1	328 56.1	08.9
06		179 42.5	317 21.2	S12 56.2	258 39.0	S23 59.4	183 32.1	S 3 05.0	343 58.4	S 4 08.9
07		194 44.9	332 21.6	56.7	273 39.4	59.2	198 34.4	04.9	359 00.7	09.0
08		209 47.4	347 21.9	57.2	288 39.7	59.1	213 36.6	04.8	14 03.0	09.0
09	T	224 49.8	2 22.3	57.7	303 40.1	59.0	228 38.8	04.7	29 05.3	09.1
10	U	239 52.3	17 22.7	58.2	318 40.5	58.8	243 41.1	04.5	44 07.6	09.1
11	E	254 54.8	32 23.0	58.7	333 40.9	58.7	258 43.3	04.4	59 10.0	09.2
12	S	269 57.2	47 23.4	S12 59.2	348 41.2	S23 58.6	273 45.5	S 3 04.3	74 12.3	S 4 09.2
13	D	284 59.7	62 23.8	12 59.7	3 41.6	58.4	288 47.7	04.2	89 14.6	09.3
14	A	300 02.2	77 24.1	13 00.3	18 42.0	58.3	303 50.0	04.1	104 16.9	09.3
15	Y	315 04.6	92 24.5	00.8	33 42.4	58.2	318 52.2	04.0	119 19.2	09.4
16		330 07.1	107 24.8	01.3	48 42.7	58.0	333 54.4	03.9	134 21.6	09.4
17		345 09.6	122 25.2	01.8	63 43.1	57.9	348 56.6	03.7	149 23.9	09.5
18		0 12.0	137 25.5	S13 02.3	78 43.5	S23 57.7	3 58.8	S 3 03.6	164 26.2	S 4 09.5
19		15 14.5	152 25.9	02.8	93 43.8	57.6	19 01.1	03.5	179 28.5	09.6
20		30 17.0	167 26.2	03.3	108 44.2	57.5	34 03.3	03.4	194 30.8	09.6
21		45 19.4	182 26.6	03.8	123 44.6	57.3	49 05.5	03.3	209 33.2	09.7
22		60 21.9	197 26.9	04.3	138 45.0	57.2	64 07.7	03.2	224 35.5	09.7
23		75 24.3	212 27.3	04.9	153 45.3	57.0	79 10.0	03.1	239 37.8	09.8
22 00		90 26.8	227 27.6	S13 05.4	168 45.7	S23 56.9	94 12.2	S 3 02.9	254 40.1	S 4 09.8
01		105 29.3	242 27.9	05.9	183 46.1	56.8	109 14.4	02.8	269 42.4	09.9
02		120 31.7	257 28.3	06.4	198 46.4	56.6	124 16.6	02.7	284 44.8	09.9
03		135 34.2	272 28.6	06.9	213 46.8	56.5	139 18.8	02.6	299 47.1	09.9
04		150 36.7	287 29.0	07.4	228 47.2	56.3	154 21.1	02.5	314 49.4	10.0
05		165 39.1	302 29.3	07.9	243 47.6	56.2	169 23.3	02.4	329 51.7	10.0
06		180 41.6	317 29.6	S13 08.4	258 47.9	S23 56.1	184 25.5	S 3 02.2	344 54.1	S 4 10.1
07	W	195 44.1	332 30.0	09.0	273 48.3	55.9	199 27.7	02.1	359 56.4	10.1
08	E	210 46.5	347 30.3	09.5	288 48.7	55.8	214 29.9	02.0	14 58.7	10.2
09	D	225 49.0	2 30.6	10.0	303 49.1	55.6	229 32.2	01.9	30 01.0	10.2
10		240 51.5	17 31.0	10.5	318 49.4	55.5	244 34.4	01.8	45 03.3	10.3
11	N	255 53.9	32 31.3	11.0	333 49.8	55.3	259 36.6	01.7	60 05.7	10.3
12	E	270 56.4	47 31.6	S13 11.6	348 50.2	S23 55.2	274 38.8	S 3 01.5	75 08.0	S 4 10.4
13	S	285 58.8	62 31.9	12.1	3 50.5	55.0	289 41.0	01.4	90 10.3	10.4
14	D	301 01.3	77 32.3	12.6	18 50.9	54.9	304 43.3	01.3	105 12.6	10.5
15	A	316 03.8	92 32.6	13.1	33 51.3	54.7	319 45.5	01.2	120 15.0	10.5
16	Y	331 06.2	107 32.9	13.6	48 51.7	54.6	334 47.7	01.1	135 17.3	10.6
17		346 08.7	122 33.2	14.1	63 52.0	54.4	349 49.9	01.0	150 19.6	10.6
18		1 11.2	137 33.5	S13 14.7	78 52.4	S23 54.3	4 52.1	S 3 00.8	165 21.9	S 4 10.7
19		16 13.6	152 33.9	15.2	93 52.8	54.1	19 54.3	00.7	180 24.2	10.7
20		31 16.1	167 34.2	15.7	108 53.2	54.0	34 56.6	00.6	195 26.6	10.7
21		46 18.6	182 34.5	16.2	123 53.5	53.8	49 58.8	00.5	210 28.9	10.8
22		61 21.0	197 34.8	16.7	138 53.9	53.7	65 01.0	00.4	225 31.2	10.8
23		76 23.5	212 35.1	17.3	153 54.3	53.5	80 03.2	00.2	240 33.5	10.9
23 00		91 26.0	227 35.4	S13 17.8	168 54.6	S23 53.4	95 05.4	S 3 00.1	255 35.9	S 4 10.9
01		106 28.4	242 35.7	18.3	183 55.0	53.2	110 07.6	3 00.0	270 38.2	11.0
02		121 30.9	257 36.0	18.8	198 55.4	53.1	125 09.9	2 59.9	285 40.5	11.0
03		136 33.3	272 36.3	19.4	213 55.8	52.9	140 12.1	59.8	300 42.8	11.1
04		151 35.8	287 36.7	19.9	228 56.1	52.8	155 14.3	59.7	315 45.2	11.1
05		166 38.3	302 37.0	20.4	243 56.5	52.6	170 16.5	59.5	330 47.5	11.2
06		181 40.7	317 37.3	S13 20.9	258 56.9	S23 52.5	185 18.7	S 2 59.4	345 49.8	S 4 11.2
07		196 43.2	332 37.6	21.5	273 57.2	52.3	200 20.9	59.3	0 52.1	11.3
08	T	211 45.7	347 37.9	22.0	288 57.6	52.2	215 23.1	59.2	15 54.5	11.3
09	H	226 48.1	2 38.2	22.5	303 58.0	52.0	230 25.3	59.1	30 56.8	11.3
10	U	241 50.6	17 38.5	23.0	318 58.4	51.8	245 27.6	58.9	45 59.1	11.4
11	R	256 53.1	32 38.8	23.6	333 58.7	51.7	260 29.8	58.8	61 01.4	11.4
12	S	271 55.5	47 39.0	S13 24.1	348 59.1	S23 51.5	275 32.0	S 2 58.7	76 03.8	S 4 11.5
13	D	286 58.0	62 39.3	24.6	3 59.5	51.4	290 34.2	58.6	91 06.1	11.5
14	A	302 00.4	77 39.6	25.1	18 59.9	51.2	305 36.4	58.5	106 08.4	11.6
15	Y	317 02.9	92 39.9	25.7	34 00.2	51.0	320 38.6	58.3	121 10.7	11.6
16		332 05.4	107 40.2	26.2	49 00.6	50.9	335 40.8	58.2	136 13.1	11.7
17		347 07.8	122 40.5	26.7	64 01.0	50.7	350 43.0	58.1	151 15.4	11.7
18		2 10.3	137 40.8	S13 27.3	79 01.3	S23 50.6	5 45.3	S 2 58.0	166 17.7	S 4 11.8
19		17 12.8	152 41.1	27.8	94 01.7	50.4	20 47.5	57.9	181 20.1	11.8
20		32 15.2	167 41.4	28.3	109 02.1	50.2	35 49.7	57.7	196 22.4	11.8
21		47 17.7	182 41.6	28.9	124 02.5	50.1	50 51.9	57.6	211 24.7	11.9
22		62 20.2	197 41.9	29.4	139 02.8	49.9	65 54.1	57.5	226 27.0	11.9
23		77 22.6	212 42.2	29.9	154 03.2	49.8	80 56.3	57.4	241 29.4	12.0
Mer. Pass. (h m)		17 55.3	*v* 0.3	*d* 0.5	*v* 0.4	*d* 0.1	*v* 2.2	*d* 0.1	*v* 2.3	*d* 0.0

STARS

Name	SHA ° ′	Dec ° ′
Acamar	315 19.3	S40 15.7
Achernar	335 27.7	S57 11.0
Acrux	173 11.5	S63 09.4
Adhara	255 13.6	S28 59.2
Aldebaran	290 51.1	N16 31.9
Alioth	166 22.3	N55 53.6
Alkaid	153 00.5	N49 15.2
Al Na'ir	27 46.1	S46 54.6
Alnilam	275 47.8	S 1 11.7
Alphard	217 57.6	S 8 42.4
Alphecca	126 12.8	N26 40.5
Alpheratz	357 45.4	N29 09.3
Altair	62 10.3	N 8 54.0
Ankaa	353 17.3	S42 14.9
Antares	112 28.8	S26 27.3
Arcturus	145 57.5	N19 07.3
Atria	107 32.8	S69 02.7
Avior	234 18.3	S59 32.6
Bellatrix	278 33.6	N 6 21.5
Betelgeuse	271 02.9	N 7 24.5
Canopus	263 56.4	S52 42.1
Capella	280 36.6	N46 00.6
Deneb	49 33.1	N45 19.4
Denebola	182 35.4	N14 30.4
Diphda	348 57.6	S17 55.6
Dubhe	193 53.6	N61 41.1
Elnath	278 14.5	N28 37.0
Eltanin	90 47.5	N51 29.3
Enif	33 49.1	N 9 55.7
Fomalhaut	15 26.0	S29 33.9
Gacrux	172 03.1	S57 10.3
Gienah	175 54.2	S17 36.2
Hadar	148 50.9	S60 25.4
Hamal	328 02.6	N23 31.0
Kaus Aust.	83 46.6	S34 22.7
Kochab	137 20.6	N74 06.3
Markab	13 40.2	N15 16.1
Menkar	314 16.7	N 4 08.0
Menkent	148 09.9	S36 25.3
Miaplacidus	221 39.5	S69 45.6
Mirfak	308 42.5	N49 54.2
Nunki	76 00.9	S26 16.9
Peacock	53 22.5	S56 42.0
Pollux	243 29.5	N27 59.8
Procyon	245 01.3	N 5 11.7
Rasalhague	96 08.5	N12 33.1
Regulus	207 45.2	N11 54.6
Rigel	281 13.4	S 8 11.4
Rigil Kent.	139 54.7	S60 52.6
Sabik	102 14.9	S15 44.3
Schedar	349 42.6	N56 36.2
Shaula	96 24.8	S37 06.6
Sirius	258 34.9	S16 43.9
Spica	158 33.3	S11 13.1
Suhail	222 53.5	S43 28.5
Vega	80 40.6	N38 47.7
Zuben'ubi	137 07.6	S16 05.2

	SHA ° ′	Mer. Pass. h m
Venus	137 00.8	8 50
Mars	78 18.9	12 45
Jupiter	3 45.4	17 41
Saturn	164 13.3	7 00

UT		SUN GHA	SUN Dec	MOON GHA	v	Dec	d	HP
	d h	° ′	° ′	° ′	′	° ′	′	′
	21 00	180 33.1	S23 26.0	5 18.6	6.1	N24 04.4	1.8	58.0
	01	195 32.8	26.1	19 43.7	6.0	24 02.6	1.9	58.1
	02	210 32.5	26.1	34 08.7	6.0	24 00.7	2.2	58.1
	03	225 32.2	. . 26.1	48 33.7	6.0	23 58.5	2.2	58.1
	04	240 31.8	26.1	62 58.7	6.0	23 56.3	2.5	58.1
	05	255 31.5	26.1	77 23.7	6.0	23 53.8	2.5	58.2
	06	270 31.2	S23 26.1	91 48.7	6.0	N23 51.3	2.8	58.2
	07	285 30.9	26.1	106 13.7	6.0	23 48.5	2.9	58.2
T	08	300 30.6	26.2	120 38.7	5.9	23 45.6	3.0	58.2
U	09	315 30.3	. . 26.2	135 03.6	6.0	23 42.6	3.2	58.3
E	10	330 30.0	26.2	149 28.6	6.0	23 39.4	3.3	58.3
S	11	345 29.7	26.2	163 53.6	5.9	23 36.1	3.5	58.3
D	12	0 29.4	S23 26.2	178 18.5	6.0	N23 32.6	3.7	58.3
A	13	15 29.1	26.2	192 43.5	6.0	23 28.9	3.8	58.4
Y	14	30 28.8	26.2	207 08.5	6.0	23 25.1	3.9	58.4
	15	45 28.4	. . 26.2	221 33.5	6.0	23 21.2	4.2	58.4
	16	60 28.1	26.2	235 58.5	6.0	23 17.0	4.2	58.4
	17	75 27.8	26.2	250 23.5	6.0	23 12.8	4.4	58.4
	18	90 27.5	S23 26.2	264 48.5	6.0	N23 08.4	4.6	58.5
	19	105 27.2	26.3	279 13.5	6.0	23 03.8	4.7	58.5
	20	120 26.9	26.3	293 38.5	6.1	22 59.1	4.9	58.5
	21	135 26.6	. . 26.3	308 03.6	6.1	22 54.2	5.0	58.5
	22	150 26.3	26.3	322 28.7	6.1	22 49.2	5.1	58.6
	23	165 26.0	26.3	336 53.8	6.1	22 44.1	5.3	58.6
	22 00	180 25.7	S23 26.3	351 18.9	6.1	N22 38.8	5.5	58.6
	01	195 25.3	26.3	5 44.0	6.2	22 33.3	5.6	58.6
	02	210 25.0	26.3	20 09.2	6.2	22 27.7	5.8	58.6
	03	225 24.7	. . 26.3	34 34.4	6.2	22 21.9	5.8	58.7
	04	240 24.4	26.3	48 59.6	6.2	22 16.1	6.1	58.7
	05	255 24.1	26.3	63 24.8	6.3	22 10.0	6.2	58.7
	06	270 23.8	S23 26.2	77 50.1	6.3	N22 03.8	6.3	58.7
W	07	285 23.5	26.2	92 15.4	6.3	21 57.5	6.5	58.7
E	08	300 23.2	26.2	106 40.7	6.4	21 51.0	6.6	58.8
D	09	315 22.9	. . 26.2	121 06.1	6.4	21 44.4	6.8	58.8
N	10	330 22.6	26.2	135 31.5	6.4	21 37.6	6.9	58.8
E	11	345 22.3	26.2	149 56.9	6.5	21 30.7	7.0	58.8
S	12	0 21.9	S23 26.2	164 22.4	6.5	N21 23.7	7.2	58.8
D	13	15 21.6	26.2	178 47.9	6.5	21 16.5	7.3	58.9
A	14	30 21.3	26.2	193 13.4	6.6	21 09.2	7.5	58.9
Y	15	45 21.0	. . 26.2	207 39.0	6.7	21 01.7	7.6	58.9
	16	60 20.7	26.2	222 04.7	6.6	20 54.1	7.7	58.9
	17	75 20.4	26.1	236 30.3	6.7	20 46.4	7.8	58.9
	18	90 20.1	S23 26.1	250 56.0	6.8	N20 38.6	8.0	59.0
	19	105 19.8	26.1	265 21.8	6.8	20 30.6	8.2	59.0
	20	120 19.5	26.1	279 47.6	6.8	20 22.4	8.2	59.0
	21	135 19.2	. . 26.1	294 13.4	6.9	20 14.2	8.4	59.0
	22	150 18.8	26.1	308 39.3	7.0	20 05.8	8.5	59.0
	23	165 18.5	26.0	323 05.3	7.0	19 57.3	8.7	59.0
	23 00	180 18.2	S23 26.0	337 31.3	7.0	N19 48.6	8.8	59.1
	01	195 17.9	26.0	351 57.3	7.1	19 39.8	8.9	59.1
	02	210 17.6	26.0	6 23.4	7.1	19 30.9	9.0	59.1
	03	225 17.3	. . 26.0	20 49.5	7.2	19 21.9	9.2	59.1
	04	240 17.0	25.9	35 15.7	7.3	19 12.7	9.2	59.1
	05	255 16.7	25.9	49 42.0	7.3	19 03.5	9.4	59.1
	06	270 16.4	S23 25.9	64 08.3	7.3	N18 54.1	9.6	59.1
T	07	285 16.1	25.9	78 34.6	7.4	18 44.5	9.6	59.2
H	08	300 15.7	25.8	93 01.0	7.5	18 34.9	9.7	59.2
U	09	315 15.4	. . 25.8	107 27.5	7.5	18 25.2	9.9	59.2
R	10	330 15.1	25.8	121 54.0	7.6	18 15.3	10.0	59.2
S	11	345 14.8	25.8	136 20.6	7.6	18 05.3	10.1	59.2
D	12	0 14.5	S23 25.7	150 47.2	7.7	N17 55.2	10.2	59.2
A	13	15 14.2	25.7	165 13.9	7.7	17 45.0	10.3	59.2
Y	14	30 13.9	25.7	179 40.6	7.8	17 34.7	10.5	59.2
	15	45 13.6	. . 25.6	194 07.4	7.8	17 24.2	10.5	59.3
	16	60 13.3	25.6	208 34.2	7.9	17 13.7	10.7	59.3
	17	75 13.0	25.6	223 01.1	8.0	17 03.0	10.7	59.3
	18	90 12.6	S23 25.5	237 28.1	8.0	N16 52.3	10.9	59.3
	19	105 12.3	25.5	251 55.1	8.1	16 41.4	11.0	59.3
	20	120 12.0	25.5	266 22.2	8.1	16 30.4	11.0	59.3
	21	135 11.7	. . 25.4	280 49.3	8.2	16 19.4	11.2	59.3
	22	150 11.4	25.4	295 16.5	8.3	16 08.2	11.3	59.3
	23	165 11.1	25.4	309 43.8	8.3	N15 56.9	11.3	59.3
		SD 16.3	*d* 0.0	SD 15.9		16.0		16.1

Lat.	Twilight Naut.	Twilight Civil	Sunrise	Moonrise 21	22	23	24
°	h m	h m	h m	h m	h m	h m	h m
N 72	08 26	10 58	■	□	□	15 14	18 21
N 70	08 06	09 55	■	□	□	16 17	18 44
68	07 50	09 19	■	□	14 22	16 52	19 00
66	07 37	08 54	10 35	13 07	15 15	17 17	19 14
64	07 26	08 34	09 52	14 04	15 47	17 36	19 25
62	07 16	08 18	09 24	14 38	16 11	17 52	19 34
60	07 08	08 05	09 02	15 02	16 29	18 05	19 42
N 58	07 00	07 53	08 45	15 22	16 45	18 16	19 50
56	06 53	07 43	08 30	15 38	16 58	18 26	19 56
54	06 47	07 33	08 17	15 52	17 10	18 35	20 01
52	06 41	07 25	08 06	16 04	17 20	18 42	20 06
50	06 36	07 18	07 56	16 14	17 29	18 49	20 11
45	06 24	07 02	07 36	16 37	17 48	19 04	20 20
N 40	06 14	06 48	07 19	16 55	18 04	19 16	20 28
35	06 05	06 36	07 04	17 10	18 17	19 26	20 35
30	05 56	06 26	06 52	17 23	18 28	19 35	20 41
20	05 39	06 07	06 31	17 45	18 47	19 50	20 52
N 10	05 23	05 49	06 12	18 04	19 04	20 03	21 01
0	05 06	05 32	05 55	18 22	19 20	20 16	21 09
S 10	04 47	05 14	05 37	18 40	19 36	20 28	21 18
20	04 24	04 54	05 18	18 59	19 52	20 41	21 27
30	03 55	04 29	04 56	19 22	20 11	20 56	21 37
35	03 36	04 13	04 43	19 34	20 23	21 05	21 43
40	03 13	03 55	04 28	19 49	20 35	21 15	21 49
45	02 43	03 32	04 10	20 07	20 50	21 26	21 57
S 50	01 57	03 03	03 47	20 29	21 09	21 40	22 06
52	01 29	02 47	03 36	20 39	21 17	21 47	22 10
54	00 42	02 29	03 24	20 51	21 27	21 54	22 15
56	////	02 07	03 10	21 04	21 38	22 02	22 20
58	////	01 37	02 53	21 20	21 50	22 11	22 26
S 60	////	00 46	02 32	21 39	22 04	22 21	22 32

Lat.	Sunset	Twilight Civil	Twilight Naut.	Moonset 21	22	23	24
°	h m	h m	h m	h m	h m	h m	h m
N 72	■	12 59	15 31	□	□	13 08	11 54
N 70	■	14 02	15 51	□	□	12 03	11 30
68	■	14 38	16 07	□	11 59	11 27	11 12
66	13 22	15 03	16 20	11 13	11 06	11 01	10 57
64	14 05	15 23	16 31	10 15	10 33	10 41	10 44
62	14 33	15 39	16 41	09 41	10 09	10 24	10 33
60	14 55	15 52	16 49	09 16	09 49	10 10	10 24
N 58	15 12	16 04	16 57	08 57	09 33	09 58	10 16
56	15 27	16 14	17 04	08 40	09 20	09 48	10 09
54	15 40	16 24	17 10	08 26	09 08	09 39	10 03
52	15 51	16 32	17 16	08 14	08 57	09 31	09 57
50	16 01	16 39	17 21	08 03	08 48	09 23	09 52
45	16 22	16 55	17 33	07 40	08 28	09 07	09 40
N 40	16 38	17 09	17 43	07 22	08 11	08 54	09 31
35	16 53	17 21	17 52	07 07	07 58	08 43	09 23
30	17 05	17 31	18 01	06 53	07 46	08 33	09 15
20	17 26	17 50	18 18	06 30	07 25	08 16	09 03
N 10	17 45	18 08	18 34	06 10	07 07	08 01	08 52
0	18 02	18 25	18 51	05 52	06 50	07 47	08 41
S 10	18 20	18 43	19 10	05 33	06 33	07 33	08 31
20	18 39	19 03	19 33	05 13	06 15	07 17	08 20
30	19 01	19 28	20 02	04 50	05 54	07 00	08 07
35	19 14	19 44	20 21	04 36	05 41	06 49	07 59
40	19 29	20 02	20 44	04 21	05 27	06 38	07 50
45	19 47	20 25	21 14	04 02	05 10	06 24	07 40
S 50	20 10	20 54	22 00	03 38	04 48	06 06	07 28
52	20 21	21 10	22 28	03 27	04 38	05 58	07 22
54	20 33	21 28	23 15	03 14	04 27	05 49	07 15
56	20 47	21 50	////	02 59	04 14	05 39	07 08
58	21 04	22 20	////	02 42	03 59	05 27	07 00
S 60	21 25	23 11	////	02 21	03 40	05 13	06 51

Day	SUN Eqn. of Time 00^h	SUN Eqn. of Time 12^h	SUN Mer. Pass.	MOON Mer. Pass. Upper	MOON Mer. Pass. Lower	Age	%	Phase
d	m s	m s	h m	h m	h m	d	%	
21	02 13	01 58	11 58	24 36	12 07	16	100	
22	01 43	01 28	11 59	00 36	13 05	17	98	○
23	01 14	00 59	11 59	01 33	14 01	18	94	

	UT	ARIES	VENUS −4.7		MARS +1.2		JUPITER −2.4		SATURN +0.8	
		GHA	GHA	Dec	GHA	Dec	GHA	Dec	GHA	Dec
	d h	° ′	° ′	° ′	° ′	° ′	° ′	° ′	° ′	° ′
	24 00	92 25.1	227 42.5	S13 30.4	169 03.6	S23 49.6	95 58.5	S 2 57.2	256 31.7	S 4 12.0
	01	107 27.6	242 42.8	31.0	184 04.0	49.4	111 00.7	57.1	271 34.0	12.1
	02	122 30.0	257 43.0	31.5	199 04.3	49.3	126 02.9	57.0	286 36.4	12.1
	03	137 32.5	272 43.3	. . 32.0	214 04.7	. . 49.1	141 05.1	. . 56.9	301 38.7	. . 12.2
	04	152 34.9	287 43.6	32.6	229 05.1	48.9	156 07.3	56.8	316 41.0	12.2
	05	167 37.4	302 43.8	33.1	244 05.4	48.8	171 09.5	56.6	331 43.3	12.2
	06	182 39.9	317 44.1	S13 33.6	259 05.8	S23 48.6	186 11.8	S 2 56.5	346 45.7	S 4 12.3
	07	197 42.3	332 44.4	34.2	274 06.2	48.4	201 14.0	56.4	1 48.0	12.3
	08	212 44.8	347 44.7	34.7	289 06.6	48.3	216 16.2	56.3	16 50.3	12.4
F	09	227 47.3	2 44.9	. . 35.2	304 06.9	. . 48.1	231 18.4	. . 56.2	31 52.7	. . 12.4
R	10	242 49.7	17 45.2	35.8	319 07.3	47.9	246 20.6	56.0	46 55.0	12.5
I	11	257 52.2	32 45.4	36.3	334 07.7	47.8	261 22.8	55.9	61 57.3	12.5
D	12	272 54.7	47 45.7	S13 36.8	349 08.0	S23 47.6	276 25.0	S 2 55.8	76 59.6	S 4 12.6
A	13	287 57.1	62 46.0	37.4	4 08.4	47.4	291 27.2	55.7	92 02.0	12.6
Y	14	302 59.6	77 46.2	37.9	19 08.8	47.3	306 29.4	55.5	107 04.3	12.6
	15	318 02.1	92 46.5	. . 38.5	34 09.2	. . 47.1	321 31.6	. . 55.4	122 06.6	. . 12.7
	16	333 04.5	107 46.8	39.0	49 09.5	46.9	336 33.8	55.3	137 09.0	12.7
	17	348 07.0	122 47.0	39.5	64 09.9	46.7	351 36.0	55.2	152 11.3	12.8
	18	3 09.4	137 47.3	S13 40.1	79 10.3	S23 46.6	6 38.2	S 2 55.0	167 13.6	S 4 12.8
	19	18 11.9	152 47.5	40.6	94 10.7	46.4	21 40.4	54.9	182 16.0	12.9
	20	33 14.4	167 47.8	41.1	109 11.0	46.2	36 42.6	54.8	197 18.3	12.9
	21	48 16.8	182 48.0	. . 41.7	124 11.4	. . 46.0	51 44.8	. . 54.7	212 20.6	. . 12.9
	22	63 19.3	197 48.3	42.2	139 11.8	45.9	66 47.0	54.6	227 22.9	13.0
	23	78 21.8	212 48.5	42.7	154 12.1	45.7	81 49.2	54.4	242 25.3	13.0
	25 00	93 24.2	227 48.8	S13 43.3	169 12.5	S23 45.5	96 51.4	S 2 54.3	257 27.6	S 4 13.1
	01	108 26.7	242 49.0	43.8	184 12.9	45.4	111 53.6	54.2	272 29.9	13.1
	02	123 29.2	257 49.3	44.4	199 13.3	45.2	126 55.8	54.1	287 32.3	13.2
	03	138 31.6	272 49.5	. . 44.9	214 13.6	. . 45.0	141 58.1	. . 53.9	302 34.6	. . 13.2
	04	153 34.1	287 49.7	45.4	229 14.0	44.8	157 00.3	53.8	317 36.9	13.3
	05	168 36.6	302 50.0	46.0	244 14.4	44.6	172 02.5	53.7	332 39.3	13.3
	06	183 39.0	317 50.2	S13 46.5	259 14.8	S23 44.5	187 04.7	S 2 53.6	347 41.6	S 4 13.3
	07	198 41.5	332 50.5	47.1	274 15.1	44.3	202 06.9	53.4	2 43.9	13.4
S	08	213 43.9	347 50.7	47.6	289 15.5	44.1	217 09.1	53.3	17 46.3	13.4
A	09	228 46.4	2 50.9	. . 48.1	304 15.9	. . 43.9	232 11.3	. . 53.2	32 48.6	. . 13.5
T	10	243 48.9	17 51.2	48.7	319 16.2	43.8	247 13.5	53.1	47 50.9	13.5
U	11	258 51.3	32 51.4	49.2	334 16.6	43.6	262 15.7	52.9	62 53.3	13.5
R	12	273 53.8	47 51.6	S13 49.8	349 17.0	S23 43.4	277 17.9	S 2 52.8	77 55.6	S 4 13.6
D	13	288 56.3	62 51.9	50.3	4 17.4	43.2	292 20.1	52.7	92 57.9	13.6
A	14	303 58.7	77 52.1	50.9	19 17.7	43.0	307 22.3	52.6	108 00.3	13.7
Y	15	319 01.2	92 52.3	. . 51.4	34 18.1	. . 42.9	322 24.5	. . 52.4	123 02.6	. . 13.7
	16	334 03.7	107 52.5	51.9	49 18.5	42.7	337 26.7	52.3	138 04.9	13.8
	17	349 06.1	122 52.8	52.5	64 18.9	42.5	352 28.9	52.2	153 07.3	13.8
	18	4 08.6	137 53.0	S13 53.0	79 19.2	S23 42.3	7 31.0	S 2 52.1	168 09.6	S 4 13.8
	19	19 11.0	152 53.2	53.6	94 19.6	42.1	22 33.2	51.9	183 11.9	13.9
	20	34 13.5	167 53.4	54.1	109 20.0	41.9	37 35.4	51.8	198 14.3	13.9
	21	49 16.0	182 53.7	. . 54.7	124 20.4	. . 41.7	52 37.6	. . 51.7	213 16.6	. . 14.0
	22	64 18.4	197 53.9	55.2	139 20.7	41.6	67 39.8	51.6	228 18.9	14.0
	23	79 20.9	212 54.1	55.8	154 21.1	41.4	82 42.0	51.4	243 21.3	14.1
	26 00	94 23.4	227 54.3	S13 56.3	169 21.5	S23 41.2	97 44.2	S 2 51.3	258 23.6	S 4 14.1
	01	109 25.8	242 54.5	56.8	184 21.8	41.0	112 46.4	51.2	273 25.9	14.1
	02	124 28.3	257 54.7	57.4	199 22.2	40.8	127 48.6	51.1	288 28.3	14.2
	03	139 30.8	272 55.0	. . 57.9	214 22.6	. . 40.6	142 50.8	. . 50.9	303 30.6	. . 14.2
	04	154 33.2	287 55.2	58.5	229 23.0	40.4	157 53.0	50.8	318 32.9	14.3
	05	169 35.7	302 55.4	59.0	244 23.3	40.3	172 55.2	50.7	333 35.3	14.3
	06	184 38.2	317 55.6	S13 59.6	259 23.7	S23 40.1	187 57.4	S 2 50.5	348 37.6	S 4 14.3
	07	199 40.6	332 55.8	14 00.1	274 24.1	39.9	202 59.6	50.4	3 40.0	14.4
	08	214 43.1	347 56.0	00.7	289 24.5	39.7	218 01.8	50.3	18 42.3	14.4
S	09	229 45.5	2 56.2	. . 01.2	304 24.8	. . 39.5	233 04.0	. . 50.2	33 44.6	. . 14.5
U	10	244 48.0	17 56.4	01.8	319 25.2	39.3	248 06.2	50.0	48 47.0	14.5
N	11	259 50.5	32 56.6	02.3	334 25.6	39.1	263 08.4	49.9	63 49.3	14.5
D	12	274 52.9	47 56.8	S14 02.9	349 25.9	S23 38.9	278 10.6	S 2 49.8	78 51.6	S 4 14.6
A	13	289 55.4	62 57.0	03.4	4 26.3	38.7	293 12.8	49.7	93 54.0	14.6
Y	14	304 57.9	77 57.2	04.0	19 26.7	38.5	308 15.0	49.5	108 56.3	14.7
	15	320 00.3	92 57.4	. . 04.5	34 27.1	. . 38.3	323 17.1	. . 49.4	123 58.6	. . 14.7
	16	335 02.8	107 57.6	05.1	49 27.4	38.2	338 19.3	49.3	139 01.0	14.8
	17	350 05.3	122 57.8	05.6	64 27.8	38.0	353 21.5	49.1	154 03.3	14.8
	18	5 07.7	137 58.0	S14 06.2	79 28.2	S23 37.8	8 23.7	S 2 49.0	169 05.7	S 4 14.8
	19	20 10.2	152 58.2	06.7	94 28.6	37.6	23 25.9	48.9	184 08.0	14.9
	20	35 12.7	167 58.4	07.3	109 28.9	37.4	38 28.1	48.8	199 10.3	14.9
	21	50 15.1	182 58.6	. . 07.8	124 29.3	. . 37.2	53 30.3	. . 48.6	214 12.7	. . 15.0
	22	65 17.6	197 58.8	08.4	139 29.7	37.0	68 32.5	48.5	229 15.0	15.0
	23	80 20.0	212 59.0	08.9	154 30.1	36.8	83 34.7	48.4	244 17.3	15.0
	Mer. Pass.	h m 17 43.5	*v* 0.2	*d* 0.5	*v* 0.4	*d* 0.2	*v* 2.2	*d* 0.1	*v* 2.3	*d* 0.0

STARS Name	SHA	Dec
	° ′	° ′
Acamar	315 19.3	S40 15.8
Achernar	335 27.8	S57 11.0
Acrux	173 11.5	S63 09.4
Adhara	255 13.5	S28 59.3
Aldebaran	290 51.1	N16 31.9
Alioth	166 22.2	N55 53.6
Alkaid	153 00.4	N49 15.2
Al Na'ir	27 46.1	S46 54.6
Alnilam	275 47.8	S 1 11.7
Alphard	217 57.6	S 8 42.5
Alphecca	126 12.8	N26 40.5
Alpheratz	357 45.4	N29 09.3
Altair	62 10.3	N 8 53.9
Ankaa	353 17.3	S42 14.9
Antares	112 28.8	S26 27.3
Arcturus	145 57.5	N19 07.3
Atria	107 32.8	S69 02.7
Avior	234 18.2	S59 32.6
Bellatrix	278 33.6	N 6 21.5
Betelgeuse	271 02.9	N 7 24.5
Canopus	263 56.4	S52 42.1
Capella	280 36.6	N46 00.6
Deneb	49 33.1	N45 19.4
Denebola	182 35.4	N14 30.4
Diphda	348 57.6	S17 55.6
Dubhe	193 53.5	N61 41.1
Elnath	278 14.5	N28 37.0
Eltanin	90 47.5	N51 29.2
Enif	33 49.1	N 9 55.7
Fomalhaut	15 26.0	S29 33.9
Gacrux	172 03.0	S57 10.3
Gienah	175 54.1	S17 36.2
Hadar	148 50.8	S60 25.4
Hamal	328 02.6	N23 31.0
Kaus Aust.	83 46.6	S34 22.7
Kochab	137 20.6	N74 06.3
Markab	13 40.2	N15 16.1
Menkar	314 16.7	N 4 08.0
Menkent	148 09.9	S36 25.3
Miaplacidus	221 39.5	S69 45.6
Mirfak	308 42.5	N49 54.2
Nunki	76 00.9	S26 16.9
Peacock	53 22.5	S56 42.0
Pollux	243 29.5	N27 59.8
Procyon	245 01.3	N 5 11.7
Rasalhague	96 08.4	N12 33.1
Regulus	207 45.2	N11 54.6
Rigel	281 13.4	S 8 11.4
Rigil Kent.	139 54.6	S60 52.6
Sabik	102 14.9	S15 44.3
Schedar	349 42.6	N56 36.2
Shaula	96 24.7	S37 06.6
Sirius	258 34.9	S16 43.9
Spica	158 33.2	S11 13.2
Suhail	222 53.5	S43 28.6
Vega	80 40.6	N38 47.7
Zuben'ubi	137 07.6	S16 05.2

	SHA	Mer. Pass.
	° ′	h m
Venus	134 24.5	8 49
Mars	75 48.3	12 43
Jupiter	3 27.2	17 30
Saturn	164 03.4	6 49

	UT	SUN GHA	SUN Dec	MOON GHA	v	MOON Dec	d	HP
	d h	° ′	° ′	° ′	′	° ′	′	′
	24 00	180 10.8	S23 25.3	324 11.1	8.3	N15 45.6	11.5	59.3
	01	195 10.5	25.3	338 38.4	8.5	15 34.1	11.6	59.4
	02	210 10.2	25.2	353 05.9	8.4	15 22.5	11.6	59.4
	03	225 09.9	. . 25.2	7 33.3	8.6	15 10.9	11.8	59.4
	04	240 09.5	25.1	22 00.9	8.6	14 59.1	11.8	59.4
	05	255 09.2	25.1	36 28.5	8.6	14 47.3	11.9	59.4
	06	270 08.9	S23 25.1	50 56.1	8.7	N14 35.4	12.0	59.4
	07	285 08.6	25.0	65 23.8	8.8	14 23.4	12.1	59.4
	08	300 08.3	25.0	79 51.6	8.8	14 11.3	12.2	59.4
F	09	315 08.0	. . 24.9	94 19.4	8.9	13 59.1	12.3	59.4
R	10	330 07.7	24.9	108 47.3	8.9	13 46.8	12.3	59.4
I	11	345 07.4	24.8	123 15.2	9.0	13 34.5	12.5	59.4
D	12	0 07.1	S23 24.8	137 43.2	9.1	N13 22.0	12.5	59.4
A	13	15 06.8	24.7	152 11.3	9.1	13 09.5	12.5	59.4
Y	14	30 06.4	24.7	166 39.4	9.1	12 57.0	12.7	59.5
	15	45 06.1	. . 24.6	181 07.5	9.2	12 44.3	12.7	59.5
	16	60 05.8	24.6	195 35.7	9.3	12 31.6	12.9	59.5
	17	75 05.5	24.5	210 04.0	9.3	12 18.7	12.8	59.5
	18	90 05.2	S23 24.5	224 32.3	9.4	N12 05.9	13.0	59.5
	19	105 04.9	24.4	239 00.7	9.4	11 52.9	13.0	59.5
	20	120 04.6	24.4	253 29.1	9.4	11 39.9	13.1	59.5
	21	135 04.3	. . 24.3	267 57.5	9.6	11 26.8	13.2	59.5
	22	150 04.0	24.2	282 26.1	9.5	11 13.6	13.2	59.5
	23	165 03.7	24.2	296 54.6	9.6	11 00.4	13.3	59.5
	25 00	180 03.4	S23 24.1	311 23.2	9.7	N10 47.1	13.3	59.5
	01	195 03.0	24.1	325 51.9	9.7	10 33.8	13.4	59.5
	02	210 02.7	24.0	340 20.6	9.8	10 20.4	13.5	59.5
	03	225 02.4	. . 24.0	354 49.4	9.8	10 06.9	13.5	59.5
	04	240 02.1	23.9	9 18.2	9.9	9 53.4	13.6	59.5
	05	255 01.8	23.8	23 47.1	9.9	9 39.8	13.6	59.5
	06	270 01.5	S23 23.8	38 16.0	9.9	N 9 26.2	13.7	59.5
	07	285 01.2	23.7	52 44.9	10.0	9 12.5	13.7	59.5
S	08	300 00.9	23.6	67 13.9	10.1	8 58.8	13.8	59.5
A	09	315 00.6	. . 23.6	81 43.0	10.0	8 45.0	13.8	59.5
T	10	330 00.3	23.5	96 12.0	10.2	8 31.2	13.9	59.5
U	11	344 59.9	23.4	110 41.2	10.1	8 17.3	13.9	59.5
R	12	359 59.6	S23 23.4	125 10.3	10.2	N 8 03.4	14.0	59.5
D	13	14 59.3	23.3	139 39.5	10.3	7 49.4	14.0	59.5
A	14	29 59.0	23.2	154 08.8	10.3	7 35.4	14.0	59.5
Y	15	44 58.7	. . 23.2	168 38.1	10.3	7 21.4	14.1	59.5
	16	59 58.4	23.1	183 07.4	10.4	7 07.3	14.2	59.5
	17	74 58.1	23.0	197 36.8	10.4	6 53.1	14.1	59.5
	18	89 57.8	S23 22.9	212 06.2	10.4	N 6 39.0	14.2	59.5
	19	104 57.5	22.9	226 35.6	10.5	6 24.8	14.3	59.5
	20	119 57.2	22.8	241 05.1	10.5	6 10.5	14.2	59.5
	21	134 56.9	. . 22.7	255 34.6	10.5	5 56.3	14.3	59.5
	22	149 56.6	22.6	270 04.1	10.6	5 42.0	14.3	59.5
	23	164 56.2	22.6	284 33.7	10.6	5 27.7	14.4	59.5
	26 00	179 55.9	S23 22.5	299 03.3	10.6	N 5 13.3	14.4	59.5
	01	194 55.6	22.4	313 32.9	10.6	4 58.9	14.4	59.5
	02	209 55.3	22.3	328 02.5	10.7	4 44.5	14.4	59.5
	03	224 55.0	. . 22.2	342 32.2	10.7	4 30.1	14.4	59.5
	04	239 54.7	22.2	357 01.9	10.8	4 15.7	14.5	59.5
	05	254 54.4	22.1	11 31.7	10.7	4 01.2	14.5	59.5
	06	269 54.1	S23 22.0	26 01.4	10.8	N 3 46.7	14.5	59.5
	07	284 53.8	21.9	40 31.2	10.8	3 32.2	14.5	59.5
	08	299 53.5	21.8	55 01.0	10.9	3 17.7	14.5	59.5
S	09	314 53.2	. . 21.7	69 30.9	10.8	3 03.2	14.6	59.5
U	10	329 52.8	21.7	84 00.7	10.9	2 48.6	14.6	59.5
N	11	344 52.5	21.6	98 30.6	10.9	2 34.0	14.5	59.5
D	12	359 52.2	S23 21.5	113 00.5	10.9	N 2 19.5	14.6	59.5
A	13	14 51.9	21.4	127 30.4	10.9	2 04.9	14.6	59.4
Y	14	29 51.6	21.3	142 00.3	11.0	1 50.3	14.6	59.4
	15	44 51.3	. . 21.2	156 30.3	10.9	1 35.7	14.6	59.4
	16	59 51.0	21.1	171 00.2	11.0	1 21.1	14.6	59.4
	17	74 50.7	21.0	185 30.2	11.0	1 06.5	14.6	59.4
	18	89 50.4	S23 20.9	200 00.2	11.0	N 0 51.9	14.6	59.4
	19	104 50.1	20.8	214 30.2	11.0	0 37.3	14.6	59.4
	20	119 49.8	20.7	229 00.2	11.0	0 22.7	14.6	59.4
	21	134 49.5	. . 20.7	243 30.2	11.0	N 0 08.1	14.6	59.4
	22	149 49.1	20.6	258 00.2	11.1	S 0 06.5	14.6	59.4
	23	164 48.8	20.5	272 30.3	11.0	S 0 21.1	14.6	59.4
		SD 16.3	*d* 0.1	SD 16.2		16.2		16.2

Lat.	Twilight Naut.	Twilight Civil	Sunrise	Moonrise 24	Moonrise 25	Moonrise 26	Moonrise 27
°	h m	h m	h m	h m	h m	h m	h m
N 72	08 27	10 57	▬	18 21	20 44	22 56	25 08
N 70	08 07	09 55	▬	18 44	20 53	22 55	24 58
68	07 51	09 20	▬	19 00	21 00	22 55	24 49
66	07 38	08 55	10 35	19 14	21 06	22 54	24 42
64	07 27	08 35	09 53	19 25	21 11	22 54	24 37
62	07 17	08 19	09 25	19 34	21 15	22 54	24 32
60	07 09	08 06	09 03	19 42	21 19	22 53	24 27
N 58	07 01	07 54	08 46	19 50	21 22	22 53	24 24
56	06 55	07 44	08 31	19 56	21 25	22 53	24 20
54	06 48	07 35	08 19	20 01	21 27	22 53	24 17
52	06 43	07 26	08 07	20 06	21 30	22 52	24 14
50	06 37	07 19	07 58	20 11	21 32	22 52	24 12
45	06 26	07 03	07 37	20 20	21 37	22 52	24 07
N 40	06 15	06 49	07 20	20 28	21 40	22 52	24 02
35	06 06	06 38	07 06	20 35	21 44	22 51	23 58
30	05 57	06 27	06 53	20 41	21 47	22 51	23 55
20	05 41	06 08	06 32	20 52	21 52	22 51	23 49
N 10	05 25	05 51	06 14	21 01	21 56	22 51	23 45
0	05 07	05 34	05 56	21 09	22 00	22 50	23 40
S 10	04 49	05 16	05 39	21 18	22 05	22 50	23 35
20	04 26	04 55	05 20	21 27	22 09	22 50	23 31
30	03 57	04 30	04 58	21 37	22 14	22 50	23 25
35	03 38	04 15	04 45	21 43	22 17	22 50	23 22
40	03 15	03 57	04 30	21 49	22 20	22 49	23 18
45	02 44	03 34	04 12	21 57	22 24	22 49	23 14
S 50	01 59	03 04	03 49	22 06	22 28	22 49	23 10
52	01 31	02 49	03 38	22 10	22 31	22 49	23 08
54	00 44	02 31	03 26	22 15	22 33	22 49	23 05
56	////	02 09	03 12	22 20	22 35	22 49	23 03
58	////	01 39	02 55	22 26	22 38	22 49	23 00
S 60	////	00 49	02 34	22 32	22 41	22 49	22 56

Lat.	Sunset	Twilight Civil	Twilight Naut.	Moonset 24	Moonset 25	Moonset 26	Moonset 27
°	h m	h m	h m	h m	h m	h m	h m
N 72	▬	13 03	15 33	11 54	11 21	10 56	10 32
N 70	▬	14 05	15 53	11 30	11 10	10 53	10 36
68	▬	14 40	16 09	11 12	11 00	10 50	10 40
66	13 25	15 05	16 22	10 57	10 52	10 48	10 43
64	14 07	15 25	16 33	10 44	10 45	10 46	10 46
62	14 35	15 41	16 43	10 33	10 39	10 44	10 48
60	14 57	15 54	16 51	10 24	10 34	10 42	10 50
N 58	15 14	16 06	16 59	10 16	10 30	10 41	10 52
56	15 29	16 16	17 06	10 09	10 26	10 40	10 53
54	15 42	16 25	17 12	10 03	10 22	10 39	10 55
52	15 53	16 34	17 17	09 57	10 19	10 38	10 56
50	16 03	16 41	17 23	09 52	10 16	10 37	10 57
45	16 23	16 57	17 34	09 40	10 09	10 35	11 00
N 40	16 40	17 11	17 45	09 31	10 03	10 33	11 02
35	16 54	17 22	17 54	09 23	09 58	10 32	11 04
30	17 07	17 33	18 03	09 15	09 54	10 30	11 06
20	17 28	17 52	18 19	09 03	09 47	10 28	11 09
N 10	17 46	18 09	18 36	08 52	09 40	10 26	11 11
0	18 04	18 26	18 53	08 41	09 34	10 24	11 14
S 10	18 21	18 44	19 11	08 31	09 27	10 22	11 16
20	18 40	19 05	19 34	08 20	09 20	10 20	11 19
30	19 02	19 30	20 03	08 07	09 13	10 17	11 22
35	19 15	19 45	20 22	07 59	09 08	10 16	11 23
40	19 30	20 03	20 45	07 50	09 03	10 14	11 25
45	19 48	20 26	21 15	07 40	08 57	10 12	11 27
S 50	20 11	20 55	22 01	07 28	08 49	10 10	11 30
52	20 22	21 11	22 29	07 22	08 46	10 09	11 31
54	20 34	21 28	23 15	07 15	08 42	10 08	11 33
56	20 48	21 51	////	07 08	08 38	10 07	11 34
58	21 05	22 20	////	07 00	08 33	10 05	11 36
S 60	21 25	23 10	////	06 51	08 28	10 03	11 38

Day	SUN Eqn. of Time 00ʰ	SUN Eqn. of Time 12ʰ	SUN Mer. Pass.	MOON Mer. Pass. Upper	MOON Mer. Pass. Lower	MOON Age	MOON Phase
d	m s	m s	h m	h m	h m	d	%
24	00 44	00 29	12 00	02 29	14 55	19	88
25	00 14	00 01	12 00	03 21	15 47	20	79
26	00 16	00 30	12 01	04 12	16 37	21	69

UT (d h)	ARIES GHA	VENUS −4.7 GHA	VENUS Dec	MARS +1.2 GHA	MARS Dec	JUPITER −2.4 GHA	JUPITER Dec	SATURN +0.8 GHA	SATURN Dec	STARS Name	SHA	Dec
	° ′	° ′	° ′	° ′	° ′	° ′	° ′	° ′	° ′		° ′	° ′
27 00 (MONDAY)	95 22.5	227 59.2	S14 09.5	169 30.4	S23 36.6	98 36.9	S 2 48.2	259 19.7	S 4 15.1	Acamar	315 19.4	S40 15.8
01	110 25.0	242 59.3	10.0	184 30.8	36.4	113 39.1	48.1	274 22.0	15.1	Achernar	335 27.8	S57 11.1
02	125 27.4	257 59.5	10.6	199 31.2	36.2	128 41.2	48.0	289 24.4	15.2	Acrux	173 11.4	S63 09.4
03	140 29.9	272 59.7	. . 11.1	214 31.5	. . 36.0	143 43.4	. . 47.9	304 26.7	. . 15.2	Adhara	255 13.5	S28 59.3
04	155 32.4	287 59.9	11.7	229 31.9	35.8	158 45.6	47.7	319 29.0	15.2	Aldebaran	290 51.1	N16 31.9
05	170 34.8	303 00.1	12.2	244 32.3	35.6	173 47.8	47.6	334 31.4	15.3			
06	185 37.3	318 00.3	S14 12.8	259 32.7	S23 35.4	188 50.0	S 2 47.5	349 33.7	S 4 15.3	Alioth	166 22.2	N55 53.6
07	200 39.8	333 00.4	13.3	274 33.0	35.2	203 52.2	47.3	4 36.1	15.3	Alkaid	153 00.4	N49 15.2
08	215 42.2	348 00.6	13.9	289 33.4	35.0	218 54.4	47.2	19 38.4	15.4	Al Na'ir	27 46.1	S46 54.6
09	230 44.7	3 00.8	. . 14.4	304 33.8	. . 34.8	233 56.6	. . 47.1	34 40.7	. . 15.4	Alnilam	275 47.8	S 1 11.7
10	245 47.1	18 01.0	15.0	319 34.2	34.6	248 58.8	46.9	49 43.1	15.5	Alphard	217 57.6	S 8 42.5
11	260 49.6	33 01.1	15.5	334 34.5	34.4	264 00.9	46.8	64 45.4	15.5			
12	275 52.1	48 01.3	S14 16.1	349 34.9	S23 34.2	279 03.1	S 2 46.7	79 47.8	S 4 15.5	Alphecca	126 12.8	N26 40.5
13	290 54.5	63 01.5	16.6	4 35.3	34.0	294 05.3	46.6	94 50.1	15.6	Alpheratz	357 45.4	N29 09.3
14	305 57.0	78 01.6	17.2	19 35.7	33.8	309 07.5	46.4	109 52.4	15.6	Altair	62 10.3	N 8 53.9
15	320 59.5	93 01.8	. . 17.7	34 36.0	. . 33.6	324 09.7	. . 46.3	124 54.8	. . 15.7	Ankaa	353 17.4	S42 14.9
16	336 01.9	108 02.0	18.3	49 36.4	33.4	339 11.9	46.2	139 57.1	15.7	Antares	112 28.8	S26 27.3
17	351 04.4	123 02.2	18.8	64 36.8	33.2	354 14.1	46.0	154 59.5	15.7			
18	6 06.9	138 02.3	S14 19.4	79 37.2	S23 33.0	9 16.2	S 2 45.9	170 01.8	S 4 15.8	Arcturus	145 57.5	N19 07.3
19	21 09.3	153 02.5	20.0	94 37.5	32.8	24 18.4	45.8	185 04.1	15.8	Atria	107 32.8	S69 02.7
20	36 11.8	168 02.6	20.5	109 37.9	32.5	39 20.6	45.6	200 06.5	15.9	Avior	234 18.2	S59 32.6
21	51 14.3	183 02.8	. . 21.1	124 38.3	. . 32.3	54 22.8	. . 45.5	215 08.8	. . 15.9	Bellatrix	278 33.6	N 6 21.5
22	66 16.7	198 03.0	21.6	139 38.7	32.1	69 25.0	45.4	230 11.2	15.9	Betelgeuse	271 02.9	N 7 24.5
23	81 19.2	213 03.1	22.2	154 39.0	31.9	84 27.2	45.2	245 13.5	16.0			
28 00 (TUESDAY)	96 21.6	228 03.3	S14 22.7	169 39.4	S23 31.7	99 29.4	S 2 45.1	260 15.9	S 4 16.0	Canopus	263 56.4	S52 42.1
01	111 24.1	243 03.4	23.3	184 39.8	31.5	114 31.5	45.0	275 18.2	16.0	Capella	280 36.6	N46 00.6
02	126 26.6	258 03.6	23.8	199 40.2	31.3	129 33.7	44.8	290 20.5	16.1	Deneb	49 33.1	N45 19.4
03	141 29.0	273 03.8	. . 24.4	214 40.5	. . 31.1	144 35.9	. . 44.7	305 22.9	. . 16.1	Denebola	182 35.4	N14 30.4
04	156 31.5	288 03.9	25.0	229 40.9	30.9	159 38.1	44.6	320 25.2	16.2	Diphda	348 57.6	S17 55.6
05	171 34.0	303 04.1	25.5	244 41.3	30.7	174 40.3	44.4	335 27.6	16.2			
06	186 36.4	318 04.2	S14 26.1	259 41.6	S23 30.5	189 42.5	S 2 44.3	350 29.9	S 4 16.2	Dubhe	193 53.5	N61 41.1
07	201 38.9	333 04.4	26.6	274 42.0	30.2	204 44.6	44.2	5 32.3	16.3	Elnath	278 14.5	N28 37.0
08	216 41.4	348 04.5	27.2	289 42.4	30.0	219 46.8	44.1	20 34.6	16.3	Eltanin	90 47.5	N51 29.2
09	231 43.8	3 04.7	. . 27.7	304 42.8	. . 29.8	234 49.0	. . 43.9	35 36.9	. . 16.4	Enif	33 49.1	N 9 55.7
10	246 46.3	18 04.8	28.3	319 43.1	29.6	249 51.2	43.8	50 39.3	16.4	Fomalhaut	15 26.0	S29 33.9
11	261 48.8	33 05.0	28.8	334 43.5	29.4	264 53.4	43.7	65 41.6	16.4			
12	276 51.2	48 05.1	S14 29.4	349 43.9	S23 29.2	279 55.5	S 2 43.5	80 44.0	S 4 16.5	Gacrux	172 03.0	S57 10.3
13	291 53.7	63 05.2	30.0	4 44.3	29.0	294 57.7	43.4	95 46.3	16.5	Gienah	175 54.1	S17 36.2
14	306 56.1	78 05.4	30.5	19 44.6	28.8	309 59.9	43.3	110 48.7	16.5	Hadar	148 50.8	S60 25.4
15	321 58.6	93 05.5	. . 31.1	34 45.0	. . 28.5	325 02.1	. . 43.1	125 51.0	. . 16.6	Hamal	328 02.6	N23 31.0
16	337 01.1	108 05.7	31.6	49 45.4	28.3	340 04.3	43.0	140 53.4	16.6	Kaus Aust.	83 46.6	S34 22.7
17	352 03.5	123 05.8	32.2	64 45.8	28.1	355 06.4	42.9	155 55.7	16.7			
18	7 06.0	138 05.9	S14 32.7	79 46.1	S23 27.9	10 08.6	S 2 42.7	170 58.0	S 4 16.7	Kochab	137 20.5	N74 06.3
19	22 08.5	153 06.1	33.3	94 46.5	27.7	25 10.8	42.6	186 00.4	16.7	Markab	13 40.2	N15 16.1
20	37 10.9	168 06.2	33.9	109 46.9	27.5	40 13.0	42.5	201 02.7	16.8	Menkar	314 16.7	N 4 08.0
21	52 13.4	183 06.3	. . 34.4	124 47.3	. . 27.2	55 15.2	. . 42.3	216 05.1	. . 16.8	Menkent	148 09.9	S36 25.3
22	67 15.9	198 06.5	35.0	139 47.6	27.0	70 17.3	42.2	231 07.4	16.8	Miaplacidus	221 39.5	S69 45.6
23	82 18.3	213 06.6	35.5	154 48.0	26.8	85 19.5	42.1	246 09.8	16.9			
29 00 (WEDNESDAY)	97 20.8	228 06.7	S14 36.1	169 48.4	S23 26.6	100 21.7	S 2 41.9	261 12.1	S 4 16.9	Mirfak	308 42.6	N49 54.2
01	112 23.2	243 06.9	36.7	184 48.8	26.4	115 23.9	41.8	276 14.5	16.9	Nunki	76 00.9	S26 16.9
02	127 25.7	258 07.0	37.2	199 49.1	26.1	130 26.1	41.6	291 16.8	17.0	Peacock	53 22.5	S56 42.0
03	142 28.2	273 07.1	. . 37.8	214 49.5	. . 25.9	145 28.2	. . 41.5	306 19.2	. . 17.0	Pollux	243 29.5	N27 59.8
04	157 30.6	288 07.2	38.3	229 49.9	25.7	160 30.4	41.4	321 21.5	17.1	Procyon	245 01.2	N 5 11.7
05	172 33.1	303 07.4	38.9	244 50.3	25.5	175 32.6	41.2	336 23.8	17.1			
06	187 35.6	318 07.5	S14 39.4	259 50.6	S23 25.2	190 34.8	S 2 41.1	351 26.2	S 4 17.1	Rasalhague	96 08.4	N12 33.1
07	202 38.0	333 07.6	40.0	274 51.0	25.0	205 36.9	41.0	6 28.5	17.2	Regulus	207 45.2	N11 54.6
08	217 40.5	348 07.7	40.6	289 51.4	24.8	220 39.1	40.8	21 30.9	17.2	Rigel	281 13.4	S 8 11.4
09	232 43.0	3 07.9	. . 41.1	304 51.8	. . 24.6	235 41.3	. . 40.7	36 33.2	. . 17.2	Rigil Kent.	139 54.6	S60 52.6
10	247 45.4	18 08.0	41.7	319 52.1	24.4	250 43.5	40.6	51 35.6	17.3	Sabik	102 14.9	S15 44.3
11	262 47.9	33 08.1	42.2	334 52.5	24.1	265 45.6	40.4	66 37.9	17.3			
12	277 50.4	48 08.2	S14 42.8	349 52.9	S23 23.9	280 47.8	S 2 40.3	81 40.3	S 4 17.3	Schedar	349 42.6	N56 36.2
13	292 52.8	63 08.3	43.4	4 53.3	23.7	295 50.0	40.2	96 42.6	17.4	Shaula	96 24.7	S37 06.6
14	307 55.3	78 08.4	43.9	19 53.6	23.5	310 52.2	40.0	111 45.0	17.4	Sirius	258 34.9	S16 43.9
15	322 57.7	93 08.5	. . 44.5	34 54.0	. . 23.2	325 54.3	. . 39.9	126 47.3	. . 17.5	Spica	158 33.2	S11 13.2
16	338 00.2	108 08.7	45.0	49 54.4	23.0	340 56.5	39.8	141 49.7	17.5	Suhail	222 53.4	S43 28.6
17	353 02.7	123 08.8	45.6	64 54.8	22.8	355 58.7	39.6	156 52.0	17.5			
18	8 05.1	138 08.9	S14 46.2	79 55.1	S23 22.5	11 00.9	S 2 39.5	171 54.4	S 4 17.6	Vega	80 40.6	N38 47.7
19	23 07.6	153 09.0	46.7	94 55.5	22.3	26 03.0	39.3	186 56.7	17.6	Zuben'ubi	137 07.6	S16 05.2
20	38 10.1	168 09.1	47.3	109 55.9	22.1	41 05.2	39.2	201 59.1	17.6			
21	53 12.5	183 09.2	. . 47.9	124 56.3	. . 21.9	56 07.4	. . 39.1	217 01.4	. . 17.7			
22	68 15.0	198 09.3	48.4	139 56.7	21.6	71 09.6	38.9	232 03.8	17.7			
23	83 17.5	213 09.4	49.0	154 57.0	21.4	86 11.7	38.8	247 06.1	17.7			
Mer. Pass. (h m)	17 31.7	v 0.1	d 0.6	v 0.4	d 0.2	v 2.2	d 0.1	v 2.3	d 0.0			

	SHA (° ′)	Mer. Pass. (h m)
Venus	131 41.6	8 48
Mars	73 17.8	12 41
Jupiter	3 07.7	17 20
Saturn	163 54.2	6 38

UT		SUN GHA	SUN Dec	MOON GHA	v	MOON Dec	d	HP
d	h	° ′	° ′	° ′	′	° ′	′	′
27 MONDAY	00	179 48.5	S23 20.4	287 00.3	11.1	S 0 35.7	14.6	59.4
	01	194 48.2	20.3	301 30.4	11.0	0 50.3	14.6	59.4
	02	209 47.9	20.2	316 00.4	11.1	1 04.9	14.6	59.4
	03	224 47.6	. . 20.1	330 30.5	11.0	1 19.5	14.5	59.4
	04	239 47.3	20.0	345 00.5	11.1	1 34.0	14.6	59.4
	05	254 47.0	19.9	359 30.6	11.1	1 48.6	14.5	59.3
	06	269 46.7	S23 19.8	14 00.7	11.0	S 2 03.1	14.5	59.3
	07	284 46.4	19.7	28 30.7	11.1	2 17.6	14.5	59.3
	08	299 46.1	19.5	43 00.8	11.0	2 32.1	14.5	59.3
	09	314 45.8	. . 19.4	57 30.8	11.1	2 46.6	14.5	59.3
	10	329 45.5	19.3	72 00.9	11.1	3 01.1	14.4	59.3
	11	344 45.2	19.2	86 31.0	11.0	3 15.5	14.4	59.3
	12	359 44.8	S23 19.1	101 01.0	11.0	S 3 29.9	14.4	59.3
	13	14 44.5	19.0	115 31.0	11.1	3 44.3	14.4	59.3
	14	29 44.2	18.9	130 01.1	11.0	3 58.7	14.3	59.3
	15	44 43.9	. . 18.8	144 31.1	11.0	4 13.0	14.3	59.3
	16	59 43.6	18.7	159 01.1	11.0	4 27.3	14.3	59.3
	17	74 43.3	18.6	173 31.1	11.0	4 41.6	14.3	59.2
	18	89 43.0	S23 18.5	188 01.1	11.0	S 4 55.9	14.2	59.2
	19	104 42.7	18.3	202 31.1	10.9	5 10.1	14.2	59.2
	20	119 42.4	18.2	217 01.0	11.0	5 24.3	14.2	59.2
	21	134 42.1	. . 18.1	231 31.0	10.9	5 38.5	14.1	59.2
	22	149 41.8	18.0	246 00.9	11.0	5 52.6	14.1	59.2
	23	164 41.5	17.9	260 30.9	10.9	6 06.7	14.1	59.2
28 TUESDAY	00	179 41.2	S23 17.8	275 00.8	10.8	S 6 20.8	14.0	59.2
	01	194 40.9	17.7	289 30.6	10.9	6 34.8	14.0	59.2
	02	209 40.5	17.5	304 00.5	10.8	6 48.8	13.9	59.2
	03	224 40.2	. . 17.4	318 30.3	10.9	7 02.7	13.9	59.1
	04	239 39.9	17.3	333 00.2	10.8	7 16.6	13.8	59.1
	05	254 39.6	17.2	347 30.0	10.7	7 30.4	13.8	59.1
	06	269 39.3	S23 17.0	1 59.7	10.8	S 7 44.2	13.8	59.1
	07	284 39.0	16.9	16 29.5	10.7	7 58.0	13.7	59.1
	08	299 38.7	16.8	30 59.2	10.7	8 11.7	13.7	59.1
	09	314 38.4	. . 16.7	45 28.9	10.7	8 25.4	13.6	59.1
	10	329 38.1	16.6	59 58.6	10.7	8 39.0	13.5	59.1
	11	344 37.8	16.4	74 28.3	10.6	8 52.5	13.5	59.1
	12	359 37.5	S23 16.3	88 57.9	10.6	S 9 06.0	13.5	59.0
	13	14 37.2	16.2	103 27.5	10.5	9 19.5	13.4	59.0
	14	29 36.9	16.0	117 57.0	10.6	9 32.9	13.3	59.0
	15	44 36.6	. . 15.9	132 26.6	10.5	9 46.2	13.3	59.0
	16	59 36.3	15.8	146 56.1	10.4	9 59.5	13.2	59.0
	17	74 36.0	15.6	161 25.5	10.5	10 12.7	13.2	59.0
	18	89 35.7	S23 15.5	175 55.0	10.4	S10 25.9	13.1	59.0
	19	104 35.4	15.4	190 24.4	10.3	10 39.0	13.0	59.0
	20	119 35.0	15.3	204 53.7	10.4	10 52.0	13.0	59.0
	21	134 34.7	. . 15.1	219 23.1	10.3	11 05.0	12.9	58.9
	22	149 34.4	15.0	233 52.4	10.2	11 17.9	12.9	58.9
	23	164 34.1	14.8	248 21.6	10.3	11 30.8	12.7	58.9
29 WEDNESDAY	00	179 33.8	S23 14.7	262 50.9	10.1	S11 43.5	12.7	58.9
	01	194 33.5	14.6	277 20.0	10.2	11 56.2	12.7	58.9
	02	209 33.2	14.4	291 49.2	10.1	12 08.9	12.5	58.9
	03	224 32.9	. . 14.3	306 18.3	10.1	12 21.4	12.5	58.9
	04	239 32.6	14.2	320 47.4	10.0	12 33.9	12.5	58.9
	05	254 32.3	14.0	335 16.4	10.0	12 46.4	12.3	58.8
	06	269 32.0	S23 13.9	349 45.4	9.9	S12 58.7	12.3	58.8
	07	284 31.7	13.7	4 14.3	9.9	13 11.0	12.2	58.8
	08	299 31.4	13.6	18 43.2	9.9	13 23.2	12.1	58.8
	09	314 31.1	. . 13.4	33 12.1	9.8	13 35.3	12.0	58.8
	10	329 30.8	13.3	47 40.9	9.7	13 47.3	11.9	58.8
	11	344 30.5	13.2	62 09.6	9.8	13 59.2	11.9	58.8
	12	359 30.2	S23 13.0	76 38.4	9.7	S14 11.1	11.8	58.8
	13	14 29.9	12.9	91 07.1	9.6	14 22.9	11.7	58.7
	14	29 29.6	12.7	105 35.7	9.6	14 34.6	11.6	58.7
	15	44 29.3	. . 12.6	120 04.3	9.5	14 46.2	11.5	58.7
	16	59 29.0	12.4	134 32.8	9.5	14 57.7	11.5	58.7
	17	74 28.7	12.3	149 01.3	9.5	15 09.2	11.3	58.7
	18	89 28.4	S23 12.1	163 29.8	9.4	S15 20.5	11.3	58.7
	19	104 28.1	12.0	177 58.2	9.3	15 31.8	11.1	58.7
	20	119 27.8	11.8	192 26.5	9.3	15 42.9	11.1	58.6
	21	134 27.4	. . 11.6	206 54.8	9.3	15 54.0	11.0	58.6
	22	149 27.1	11.5	221 23.1	9.2	16 05.0	10.8	58.6
	23	164 26.8	11.3	235 51.3	9.2	S16 15.8	10.8	58.6
		SD 16.3	*d* 0.1	SD	16.2		16.1	16.0

Lat.	Twilight Naut.	Twilight Civil	Sunrise	Moonrise 27	Moonrise 28	Moonrise 29	Moonrise 30
°	h m	h m	h m	h m	h m	h m	h m
N 72	08 27	10 53	▬	25 08	01 08	03 30	06 58
N 70	08 07	09 54	▬	24 58	00 58	03 06	05 32
68	07 51	09 20	▬	24 49	00 49	02 47	04 53
66	07 38	08 55	10 33	24 42	00 42	02 32	04 27
64	07 27	08 35	09 53	24 37	00 37	02 20	04 06
62	07 18	08 20	09 25	24 32	00 32	02 10	03 50
60	07 09	08 06	09 04	24 27	00 27	02 02	03 36
N 58	07 02	07 55	08 46	24 24	00 24	01 54	03 25
56	06 55	07 44	08 32	24 20	00 20	01 48	03 15
54	06 49	07 35	08 19	24 17	00 17	01 42	03 06
52	06 44	07 27	08 08	24 14	00 14	01 36	02 58
50	06 38	07 20	07 58	24 12	00 12	01 32	02 51
45	06 27	07 04	07 38	24 07	00 07	01 21	02 36
N 40	06 16	06 50	07 21	24 02	00 02	01 13	02 24
35	06 07	06 39	07 07	23 58	25 06	01 06	02 13
30	05 58	06 28	06 55	23 55	24 59	00 59	02 04
20	05 42	06 10	06 34	23 49	24 49	00 49	01 48
N 10	05 26	05 52	06 15	23 45	24 39	00 39	01 35
0	05 09	05 35	05 58	23 40	24 30	00 30	01 22
S 10	04 50	05 17	05 40	23 35	24 22	00 22	01 10
20	04 28	04 57	05 21	23 31	24 12	00 12	00 56
30	03 59	04 32	04 59	23 25	24 02	00 02	00 41
35	03 40	04 17	04 47	23 22	23 56	24 33	00 33
40	03 17	03 59	04 32	23 18	23 49	24 23	00 23
45	02 47	03 36	04 14	23 14	23 41	24 11	00 11
S 50	02 02	03 07	03 51	23 10	23 32	23 57	24 28
52	01 34	02 52	03 40	23 08	23 28	23 51	24 20
54	00 50	02 34	03 28	23 05	23 23	23 44	24 10
56	////	02 12	03 14	23 03	23 18	23 36	23 59
58	////	01 43	02 57	23 00	23 12	23 27	23 47
S 60	////	00 54	02 37	22 56	23 05	23 17	23 33

Lat.	Sunset	Twilight Civil	Twilight Naut.	Moonset 27	Moonset 28	Moonset 29	Moonset 30
°	h m	h m	h m	h m	h m	h m	h m
N 72	▬	13 10	15 37	10 32	10 06	09 31	07 54
N 70	▬	14 09	15 56	10 36	10 19	09 57	09 21
68	▬	14 44	16 12	10 40	10 30	10 17	10 00
66	13 30	15 08	16 25	10 43	10 38	10 34	10 28
64	14 11	15 28	16 36	10 46	10 46	10 47	10 49
62	14 38	15 44	16 45	10 48	10 52	10 58	11 07
60	15 00	15 57	16 54	10 50	10 58	11 08	11 21
N 58	15 17	16 09	17 01	10 52	11 03	11 16	11 33
56	15 31	16 19	17 08	10 53	11 08	11 24	11 44
54	15 44	16 28	17 14	10 55	11 12	11 30	11 54
52	15 55	16 36	17 20	10 56	11 15	11 37	12 02
50	16 05	16 43	17 25	10 57	11 19	11 42	12 10
45	16 25	16 59	17 36	11 00	11 26	11 54	12 26
N 40	16 42	17 13	17 47	11 02	11 32	12 04	12 40
35	16 56	17 24	17 56	11 04	11 37	12 12	12 51
30	17 08	17 35	18 05	11 06	11 42	12 20	13 01
20	17 30	17 54	18 21	11 09	11 50	12 33	13 18
N 10	17 48	18 11	18 37	11 11	11 57	12 44	13 33
0	18 05	18 28	18 54	11 14	12 04	12 55	13 48
S 10	18 23	18 46	19 13	11 16	12 10	13 05	14 02
20	18 42	19 06	19 35	11 19	12 18	13 17	14 17
30	19 03	19 31	20 04	11 22	12 26	13 30	14 35
35	19 16	19 46	20 23	11 23	12 31	13 38	14 45
40	19 31	20 04	20 46	11 25	12 36	13 47	14 57
45	19 49	20 26	21 16	11 27	12 42	13 57	15 11
S 50	20 12	20 56	22 01	11 30	12 50	14 09	15 28
52	20 22	21 11	22 28	11 31	12 53	14 15	15 36
54	20 34	21 29	23 12	11 33	12 57	14 22	15 45
56	20 49	21 50	////	11 34	13 01	14 29	15 55
58	21 05	22 20	////	11 36	13 06	14 37	16 07
S 60	21 25	23 07	////	11 38	13 12	14 46	16 20

Day	SUN Eqn. of Time 00^h	SUN Eqn. of Time 12^h	SUN Mer. Pass.	MOON Mer. Pass. Upper	MOON Mer. Pass. Lower	MOON Age	MOON Phase
d	m s	m s	h m	h m	h m	d	%
27	00 45	01 00	12 01	05 02	17 27	22	58
28	01 15	01 29	12 01	05 52	18 17	23	46
29	01 44	01 59	12 02	06 42	19 08	24	35

	UT	ARIES	VENUS −4.7		MARS +1.2		JUPITER −2.3		SATURN +0.8	
		GHA	GHA	Dec	GHA	Dec	GHA	Dec	GHA	Dec
	d h	° ′	° ′	° ′	° ′	° ′	° ′	° ′	° ′	° ′
	30 00	98 19.9	228 09.5	S14 49.5	169 57.4	S23 21.2	101 13.9	S 2 38.7	262 08.5	S 4 17.8
	01	113 22.4	243 09.6	50.1	184 57.8	20.9	116 16.1	38.5	277 10.8	17.8
	02	128 24.9	258 09.7	50.7	199 58.2	20.7	131 18.2	38.4	292 13.2	17.8
	03	143 27.3	273 09.8	. . 51.2	214 58.5	. . 20.5	146 20.4	. . 38.3	307 15.5	. . 17.9
	04	158 29.8	288 09.9	51.8	229 58.9	20.2	161 22.6	38.1	322 17.9	17.9
	05	173 32.2	303 10.0	52.3	244 59.3	20.0	176 24.8	38.0	337 20.2	17.9
	06	188 34.7	318 10.1	S14 52.9	259 59.7	S23 19.8	191 26.9	S 2 37.8	352 22.6	S 4 18.0
	07	203 37.2	333 10.2	53.5	275 00.0	19.5	206 29.1	37.7	7 24.9	18.0
T	08	218 39.6	348 10.3	54.0	290 00.4	19.3	221 31.3	37.6	22 27.3	18.1
H	09	233 42.1	3 10.4	. . 54.6	305 00.8	. . 19.1	236 33.4	. . 37.4	37 29.6	. . 18.1
U	10	248 44.6	18 10.5	55.1	320 01.2	18.8	251 35.6	37.3	52 32.0	18.1
R	11	263 47.0	33 10.6	55.7	335 01.5	18.6	266 37.8	37.2	67 34.3	18.2
S	12	278 49.5	48 10.7	S14 56.3	350 01.9	S23 18.4	281 39.9	S 2 37.0	82 36.7	S 4 18.2
D	13	293 52.0	63 10.7	56.8	5 02.3	18.1	296 42.1	36.9	97 39.0	18.2
A	14	308 54.4	78 10.8	57.4	20 02.7	17.9	311 44.3	36.7	112 41.4	18.3
Y	15	323 56.9	93 10.9	. . 58.0	35 03.0	. . 17.7	326 46.5	. . 36.6	127 43.7	. . 18.3
	16	338 59.3	108 11.0	58.5	50 03.4	17.4	341 48.6	36.5	142 46.1	18.3
	17	354 01.8	123 11.1	59.1	65 03.8	17.2	356 50.8	36.3	157 48.4	18.4
	18	9 04.3	138 11.2	S14 59.6	80 04.2	S23 16.9	11 53.0	S 2 36.2	172 50.8	S 4 18.4
	19	24 06.7	153 11.3	15 00.2	95 04.6	16.7	26 55.1	36.0	187 53.1	18.4
	20	39 09.2	168 11.3	00.8	110 04.9	16.5	41 57.3	35.9	202 55.5	18.5
	21	54 11.7	183 11.4	. . 01.3	125 05.3	. . 16.2	56 59.5	. . 35.8	217 57.8	. . 18.5
	22	69 14.1	198 11.5	01.9	140 05.7	16.0	72 01.6	35.6	233 00.2	18.5
	23	84 16.6	213 11.6	02.5	155 06.1	15.7	87 03.8	35.5	248 02.6	18.6
	31 00	99 19.1	228 11.6	S15 03.0	170 06.4	S23 15.5	102 06.0	S 2 35.4	263 04.9	S 4 18.6
	01	114 21.5	243 11.7	03.6	185 06.8	15.3	117 08.1	35.2	278 07.3	18.6
	02	129 24.0	258 11.8	04.1	200 07.2	15.0	132 10.3	35.1	293 09.6	18.7
	03	144 26.5	273 11.9	. . 04.7	215 07.6	. . 14.8	147 12.5	. . 34.9	308 12.0	. . 18.7
	04	159 28.9	288 11.9	05.3	230 08.0	14.5	162 14.6	34.8	323 14.3	18.7
	05	174 31.4	303 12.0	05.8	245 08.3	14.3	177 16.8	34.7	338 16.7	18.8
	06	189 33.8	318 12.1	S15 06.4	260 08.7	S23 14.0	192 18.9	S 2 34.5	353 19.0	S 4 18.8
	07	204 36.3	333 12.1	07.0	275 09.1	13.8	207 21.1	34.4	8 21.4	18.8
	08	219 38.8	348 12.2	07.5	290 09.5	13.5	222 23.3	34.2	23 23.7	18.9
F	09	234 41.2	3 12.3	. . 08.1	305 09.8	. . 13.3	237 25.4	. . 34.1	38 26.1	. . 18.9
R	10	249 43.7	18 12.3	08.6	320 10.2	13.0	252 27.6	34.0	53 28.4	18.9
I	11	264 46.2	33 12.4	09.2	335 10.6	12.8	267 29.8	33.8	68 30.8	19.0
D	12	279 48.6	48 12.5	S15 09.8	350 11.0	S23 12.6	282 31.9	S 2 33.7	83 33.2	S 4 19.0
A	13	294 51.1	63 12.5	10.3	5 11.3	12.3	297 34.1	33.5	98 35.5	19.0
Y	14	309 53.6	78 12.6	10.9	20 11.7	12.1	312 36.3	33.4	113 37.9	19.1
	15	324 56.0	93 12.6	. . 11.5	35 12.1	. . 11.8	327 38.4	. . 33.3	128 40.2	. . 19.1
	16	339 58.5	108 12.7	12.0	50 12.5	11.6	342 40.6	33.1	143 42.6	19.1
	17	355 01.0	123 12.8	12.6	65 12.9	11.3	357 42.7	33.0	158 44.9	19.2
	18	10 03.4	138 12.8	S15 13.1	80 13.2	S23 11.1	12 44.9	S 2 32.8	173 47.3	S 4 19.2
	19	25 05.9	153 12.9	13.7	95 13.6	10.8	27 47.1	32.7	188 49.6	19.2
	20	40 08.3	168 12.9	14.3	110 14.0	10.6	42 49.2	32.5	203 52.0	19.3
	21	55 10.8	183 13.0	. . 14.8	125 14.4	. . 10.3	57 51.4	. . 32.4	218 54.4	. . 19.3
	22	70 13.3	198 13.0	15.4	140 14.8	10.1	72 53.5	32.3	233 56.7	19.3
	23	85 15.7	213 13.1	16.0	155 15.1	09.8	87 55.7	32.1	248 59.1	19.3
	1 00	100 18.2	228 13.1	S15 16.5	170 15.5	S23 09.6	102 57.9	S 2 32.0	264 01.4	S 4 19.4
	01	115 20.7	243 13.2	17.1	185 15.9	09.3	118 00.0	31.8	279 03.8	19.4
	02	130 23.1	258 13.2	17.7	200 16.3	09.0	133 02.2	31.7	294 06.1	19.4
	03	145 25.6	273 13.3	. . 18.2	215 16.6	. . 08.8	148 04.4	. . 31.6	309 08.5	. . 19.5
	04	160 28.1	288 13.3	18.8	230 17.0	08.5	163 06.5	31.4	324 10.9	19.5
	05	175 30.5	303 13.4	19.3	245 17.4	08.3	178 08.7	31.3	339 13.2	19.5
	06	190 33.0	318 13.4	S15 19.9	260 17.8	S23 08.0	193 10.8	S 2 31.1	354 15.6	S 4 19.6
	07	205 35.5	333 13.5	20.5	275 18.2	07.8	208 13.0	31.0	9 17.9	19.6
S	08	220 37.9	348 13.5	21.0	290 18.5	07.5	223 15.1	30.8	24 20.3	19.6
A	09	235 40.4	3 13.5	. . 21.6	305 18.9	. . 07.3	238 17.3	. . 30.7	39 22.7	. . 19.7
T	10	250 42.8	18 13.6	22.2	320 19.3	07.0	253 19.5	30.6	54 25.0	19.7
U	11	265 45.3	33 13.6	22.7	335 19.7	06.7	268 21.6	30.4	69 27.4	19.7
R	12	280 47.8	48 13.6	S15 23.3	350 20.1	S23 06.5	283 23.8	S 2 30.3	84 29.7	S 4 19.8
D	13	295 50.2	63 13.7	23.8	5 20.4	06.2	298 25.9	30.1	99 32.1	19.8
A	14	310 52.7	78 13.7	24.4	20 20.8	06.0	313 28.1	30.0	114 34.4	19.8
Y	15	325 55.2	93 13.7	. . 25.0	35 21.2	. . 05.7	328 30.2	. . 29.8	129 36.8	. . 19.9
	16	340 57.6	108 13.8	25.5	50 21.6	05.4	343 32.4	29.7	144 39.2	19.9
	17	356 00.1	123 13.8	26.1	65 21.9	05.2	358 34.6	29.6	159 41.5	19.9
	18	11 02.6	138 13.8	S15 26.7	80 22.3	S23 04.9	13 36.7	S 2 29.4	174 43.9	S 4 19.9
	19	26 05.0	153 13.9	27.2	95 22.7	04.7	28 38.9	29.3	189 46.2	20.0
	20	41 07.5	168 13.9	27.8	110 23.1	04.4	43 41.0	29.1	204 48.6	20.0
	21	56 10.0	183 13.9	. . 28.3	125 23.5	. . 04.1	58 43.2	. . 29.0	219 51.0	. . 20.0
	22	71 12.4	198 14.0	28.9	140 23.8	03.9	73 45.3	28.8	234 53.3	20.1
	23	86 14.9	213 14.0	29.5	155 24.2	03.6	88 47.5	28.7	249 55.7	20.1
	Mer. Pass.	h m 17 19.9	v 0.1	d 0.6	v 0.4	d 0.2	v 2.2	d 0.1	v 2.4	d 0.0

STARS		
Name	SHA	Dec
	° ′	° ′
Acamar	315 19.4	S40 15.8
Achernar	335 27.8	S57 11.1
Acrux	173 11.4	S63 09.4
Adhara	255 13.5	S28 59.3
Aldebaran	290 51.1	N16 31.9
Alioth	166 22.2	N55 53.6
Alkaid	153 00.4	N49 15.2
Al Na'ir	27 46.2	S46 54.6
Alnilam	275 47.8	S 1 11.8
Alphard	217 57.6	S 8 42.5
Alphecca	126 12.7	N26 40.5
Alpheratz	357 45.4	N29 09.3
Altair	62 10.3	N 8 53.9
Ankaa	353 17.4	S42 14.9
Antares	112 28.8	S26 27.3
Arcturus	145 57.5	N19 07.3
Atria	107 32.7	S69 02.7
Avior	234 18.2	S59 32.7
Bellatrix	278 33.6	N 6 21.5
Betelgeuse	271 02.9	N 7 24.5
Canopus	263 56.4	S52 42.2
Capella	280 36.6	N46 00.6
Deneb	49 33.1	N45 19.4
Denebola	182 35.4	N14 30.4
Diphda	348 57.6	S17 55.6
Dubhe	193 53.4	N61 41.1
Elnath	278 14.5	N28 37.0
Eltanin	90 47.5	N51 29.2
Enif	33 49.1	N 9 55.7
Fomalhaut	15 26.0	S29 33.9
Gacrux	172 03.0	S57 10.3
Gienah	175 54.1	S17 36.2
Hadar	148 50.8	S60 25.4
Hamal	328 02.6	N23 31.0
Kaus Aust.	83 46.6	S34 22.7
Kochab	137 20.5	N74 06.3
Markab	13 40.2	N15 16.1
Menkar	314 16.7	N 4 08.0
Menkent	148 09.9	S36 25.3
Miaplacidus	221 39.4	S69 45.6
Mirfak	308 42.6	N49 54.2
Nunki	76 00.9	S26 16.9
Peacock	53 22.5	S56 42.0
Pollux	243 29.5	N27 59.8
Procyon	245 01.2	N 5 11.7
Rasalhague	96 08.4	N12 33.1
Regulus	207 45.2	N11 54.6
Rigel	281 13.4	S 8 11.4
Rigil Kent.	139 54.6	S60 52.6
Sabik	102 14.9	S15 44.3
Schedar	349 42.6	N56 36.2
Shaula	96 24.7	S37 06.6
Sirius	258 34.9	S16 44.0
Spica	158 33.2	S11 13.2
Suhail	222 53.4	S43 28.6
Vega	80 40.6	N38 47.7
Zuben'ubi	137 07.6	S16 05.2

	SHA	Mer. Pass.
	° ′	h m
Venus	128 52.6	8 47
Mars	70 47.4	12 39
Jupiter	2 46.9	17 09
Saturn	163 45.8	6 27

UT d h	SUN GHA ° ′	SUN Dec ° ′	MOON GHA ° ′	v ′	MOON Dec ° ′	d ′	HP ′
30 00 THURSDAY	179 26.5	S23 11.2	250 19.5	9.1	S16 26.6	10.7	58.6
01	194 26.2	11.0	264 47.6	9.1	16 37.3	10.6	58.6
02	209 25.9	10.9	279 15.7	9.0	16 47.9	10.5	58.6
03	224 25.6	. . 10.7	293 43.7	9.0	16 58.4	10.4	58.5
04	239 25.3	10.5	308 11.7	8.9	17 08.8	10.3	58.5
05	254 25.0	10.4	322 39.6	8.9	17 19.1	10.1	58.5
06	269 24.7	S23 10.2	337 07.5	8.8	S17 29.2	10.1	58.5
07	284 24.4	10.1	351 35.3	8.8	17 39.3	10.0	58.5
08	299 24.1	09.9	6 03.1	8.7	17 49.3	9.8	58.5
09	314 23.8	. . 09.7	20 30.8	8.7	17 59.1	9.8	58.4
10	329 23.5	09.6	34 58.5	8.6	18 08.9	9.6	58.4
11	344 23.2	09.4	49 26.1	8.6	18 18.5	9.6	58.4
12	359 22.9	S23 09.2	63 53.7	8.5	S18 28.1	9.4	58.4
13	14 22.6	09.1	78 21.2	8.5	18 37.5	9.3	58.4
14	29 22.3	08.9	92 48.7	8.4	18 46.8	9.2	58.4
15	44 22.0	. . 08.7	107 16.1	8.4	18 56.0	9.1	58.4
16	59 21.7	08.6	121 43.5	8.4	19 05.1	9.0	58.3
17	74 21.4	08.4	136 10.9	8.3	19 14.1	8.9	58.3
18	89 21.1	S23 08.2	150 38.2	8.2	S19 23.0	8.7	58.3
19	104 20.8	08.1	165 05.4	8.2	19 31.7	8.6	58.3
20	119 20.5	07.9	179 32.6	8.2	19 40.3	8.5	58.3
21	134 20.2	. . 07.7	193 59.8	8.1	19 48.8	8.4	58.3
22	149 19.9	07.5	208 26.9	8.0	19 57.2	8.3	58.2
23	164 19.6	07.4	222 53.9	8.1	20 05.5	8.1	58.2
31 00 FRIDAY	179 19.3	S23 07.2	237 21.0	7.9	S20 13.6	8.0	58.2
01	194 19.0	07.0	251 47.9	8.0	20 21.6	7.9	58.2
02	209 18.7	06.8	266 14.9	7.8	20 29.5	7.8	58.2
03	224 18.4	. . 06.7	280 41.7	7.9	20 37.3	7.6	58.2
04	239 18.1	06.5	295 08.6	7.8	20 44.9	7.6	58.1
05	254 17.8	06.3	309 35.4	7.8	20 52.5	7.4	58.1
06	269 17.5	S23 06.1	324 02.2	7.7	S20 59.9	7.2	58.1
07	284 17.2	05.9	338 28.9	7.7	21 07.1	7.2	58.1
08	299 16.9	05.8	352 55.6	7.6	21 14.3	7.0	58.1
09	314 16.6	. . 05.6	7 22.2	7.6	21 21.3	6.9	58.1
10	329 16.3	05.4	21 48.8	7.6	21 28.2	6.7	58.0
11	344 16.0	05.2	36 15.4	7.5	21 34.9	6.6	58.0
12	359 15.7	S23 05.0	50 41.9	7.5	S21 41.5	6.5	58.0
13	14 15.4	04.8	65 08.4	7.4	21 48.0	6.3	58.0
14	29 15.1	04.6	79 34.8	7.5	21 54.3	6.3	58.0
15	44 14.8	. . 04.5	94 01.3	7.3	22 00.6	6.0	58.0
16	59 14.5	04.3	108 27.6	7.4	22 06.6	6.0	57.9
17	74 14.2	04.1	122 54.0	7.3	22 12.6	5.8	57.9
18	89 13.9	S23 03.9	137 20.3	7.3	S22 18.4	5.7	57.9
19	104 13.6	03.7	151 46.6	7.3	22 24.1	5.5	57.9
20	119 13.3	03.5	166 12.9	7.2	22 29.6	5.4	57.9
21	134 13.0	. . 03.3	180 39.1	7.2	22 35.0	5.3	57.9
22	149 12.7	03.1	195 05.3	7.2	22 40.3	5.1	57.8
23	164 12.4	02.9	209 31.5	7.1	22 45.4	5.0	57.8
1 00 SATURDAY	179 12.1	S23 02.7	223 57.6	7.2	S22 50.4	4.8	57.8
01	194 11.8	02.5	238 23.8	7.1	22 55.2	4.7	57.8
02	209 11.5	02.3	252 49.9	7.1	22 59.9	4.6	57.8
03	224 11.2	. . 02.1	267 16.0	7.0	23 04.5	4.4	57.7
04	239 10.9	01.9	281 42.0	7.1	23 08.9	4.3	57.7
05	254 10.6	01.7	296 08.1	7.0	23 13.2	4.1	57.7
06	269 10.3	S23 01.5	310 34.1	7.0	S23 17.3	4.0	57.7
07	284 10.1	01.3	325 00.1	7.0	23 21.3	3.9	57.7
08	299 09.8	01.1	339 26.1	7.0	23 25.2	3.7	57.7
09	314 09.5	. . 00.9	353 52.1	7.0	23 28.9	3.5	57.6
10	329 09.2	00.7	8 18.1	6.9	23 32.4	3.4	57.6
11	344 08.9	00.5	22 44.0	7.0	23 35.8	3.3	57.6
12	359 08.6	S23 00.3	37 10.0	6.9	S23 39.1	3.2	57.6
13	14 08.3	23 00.1	51 35.9	6.9	23 42.3	2.9	57.6
14	29 08.0	22 59.9	66 01.8	7.0	23 45.2	2.9	57.5
15	44 07.7	. . 59.7	80 27.8	6.9	23 48.1	2.7	57.5
16	59 07.4	59.5	94 53.7	6.9	23 50.8	2.5	57.5
17	74 07.1	59.3	109 19.6	6.9	23 53.3	2.4	57.5
18	89 06.8	S22 59.1	123 45.5	6.9	S23 55.7	2.3	57.5
19	104 06.5	58.9	138 11.4	7.0	23 58.0	2.1	57.4
20	119 06.2	58.7	152 37.4	6.9	24 00.1	2.0	57.4
21	134 05.9	. . 58.5	167 03.3	6.9	24 02.1	1.8	57.4
22	149 05.6	58.2	181 29.2	6.9	24 03.9	1.7	57.4
23	164 05.3	58.0	195 55.1	7.0	S24 05.6	1.5	57.4
	SD 16.3	d 0.2	SD	15.9	15.8		15.7

Lat. °	Twilight Naut. h m	Twilight Civil h m	Sunrise h m	Moonrise 30 h m	Moonrise 31 h m	Moonrise 1 h m	Moonrise 2 h m
N 72	08 25	10 46	■	06 58	■	■	■
N 70	08 06	09 51	■	05 32	■	■	■
68	07 50	09 18	■	04 53	07 27	■	■
66	07 38	08 54	10 30	04 27	06 27	08 39	■
64	07 27	08 35	09 51	04 06	05 53	07 34	08 52
62	07 18	08 19	09 24	03 50	05 29	06 59	08 11
60	07 09	08 06	09 03	03 36	05 09	06 34	07 43
N 58	07 02	07 54	08 46	03 25	04 53	06 14	07 21
56	06 56	07 44	08 31	03 15	04 40	05 58	07 03
54	06 50	07 36	08 19	03 06	04 28	05 44	06 48
52	06 44	07 28	08 08	02 58	04 17	05 31	06 35
50	06 39	07 20	07 59	02 51	04 08	05 20	06 24
45	06 27	07 05	07 38	02 36	03 49	04 58	06 00
N 40	06 17	06 51	07 22	02 24	03 33	04 40	05 41
35	06 08	06 40	07 08	02 13	03 20	04 25	05 25
30	05 59	06 29	06 56	02 04	03 08	04 12	05 11
20	05 43	06 11	06 35	01 48	02 49	03 49	04 48
N 10	05 27	05 54	06 16	01 35	02 32	03 30	04 27
0	05 11	05 37	05 59	01 22	02 16	03 12	04 09
S 10	04 52	05 19	05 42	01 10	02 01	02 54	03 50
20	04 30	04 59	05 23	00 56	01 44	02 35	03 29
30	04 01	04 34	05 01	00 41	01 25	02 13	03 06
35	03 42	04 19	04 49	00 33	01 14	02 00	02 53
40	03 20	04 01	04 34	00 23	01 01	01 46	02 37
45	02 50	03 39	04 16	00 11	00 46	01 28	02 18
S 50	02 05	03 10	03 54	24 28	00 28	01 07	01 55
52	01 39	02 55	03 43	24 20	00 20	00 56	01 43
54	00 57	02 37	03 31	24 10	00 10	00 45	01 31
56	////	02 16	03 17	23 59	24 32	00 32	01 16
58	////	01 47	03 01	23 47	24 17	00 17	00 59
S 60	////	01 02	02 41	23 33	23 58	24 38	00 38

Lat. °	Sunset h m	Twilight Civil h m	Twilight Naut. h m	Moonset 30 h m	Moonset 31 h m	Moonset 1 h m	Moonset 2 h m
N 72	■	13 20	15 41	07 54	■	■	■
N 70	■	14 15	16 00	09 21	■	■	■
68	■	14 48	16 16	10 00	09 21	■	■
66	13 36	15 12	16 28	10 28	10 21	10 07	■
64	14 15	15 31	16 39	10 49	10 56	11 12	11 53
62	14 42	15 47	16 48	11 07	11 21	11 47	12 33
60	15 03	16 00	16 57	11 21	11 41	12 13	13 01
N 58	15 20	16 12	17 04	11 33	11 58	12 33	13 23
56	15 35	16 22	17 11	11 44	12 12	12 49	13 41
54	15 47	16 30	17 17	11 54	12 24	13 04	13 56
52	15 58	16 38	17 22	12 02	12 35	13 16	14 09
50	16 07	16 46	17 27	12 10	12 44	13 27	14 20
45	16 28	17 02	17 39	12 26	13 04	13 50	14 44
N 40	16 44	17 15	17 49	12 40	13 21	14 09	15 03
35	16 58	17 26	17 58	12 51	13 35	14 24	15 19
30	17 10	17 37	18 07	13 01	13 47	14 38	15 33
20	17 31	17 55	18 23	13 18	14 08	15 01	15 56
N 10	17 50	18 12	18 39	13 33	14 26	15 20	16 17
0	18 07	18 29	18 55	13 48	14 43	15 39	16 36
S 10	18 24	18 47	19 14	14 02	15 00	15 58	16 54
20	18 43	19 07	19 36	14 17	15 18	16 18	17 15
30	19 04	19 32	20 05	14 35	15 39	16 40	17 38
35	19 17	19 47	20 23	14 45	15 51	16 54	17 52
40	19 32	20 05	20 46	14 57	16 05	17 10	18 07
45	19 50	20 27	21 16	15 11	16 22	17 28	18 26
S 50	20 12	20 56	22 00	15 28	16 43	17 51	18 49
52	20 22	21 10	22 26	15 36	16 53	18 02	19 01
54	20 34	21 28	23 07	15 45	17 04	18 15	19 13
56	20 48	21 49	////	15 55	17 17	18 29	19 28
58	21 04	22 17	////	16 07	17 32	18 46	19 45
S 60	21 24	23 02	////	16 20	17 50	19 07	20 06

Day	SUN Eqn. of Time 00^h	SUN Eqn. of Time 12^h	SUN Mer. Pass.	MOON Mer. Pass. Upper	MOON Mer. Pass. Lower	MOON Age	MOON Phase
d	m s	m s	h m	h m	h m	d	%
30	02 13	02 28	12 02	07 35	20 02	25	25
31	02 42	02 57	12 03	08 29	20 57	26	16
1	03 11	03 25	12 03	09 25	21 54	27	9

EXPLANATION

PRINCIPLE AND ARRANGEMENT

1. *Object.* The object of this Almanac is to provide, in a convenient form, the data required for the practice of astronomical navigation at sea.

2. *Principle.* The main contents of the Almanac consist of data from which the *Greenwich Hour Angle* (GHA) and the *Declination* (Dec) of all the bodies used for navigation can be obtained for any instant of *Universal Time* (UT), or *Greenwich Mean Time* (GMT). The *Local Hour Angle* (LHA) can then be obtained by means of the formula:

$$\text{LHA} = \text{GHA} \begin{matrix} -\text{ west} \\ +\text{ east} \end{matrix} \text{ longitude}$$

The remaining data consist of: times of rising and setting of the Sun and Moon, and times of twilight; miscellaneous calendarial and planning data and auxiliary tables, including a list of Standard Times; corrections to be applied to observed altitude.

For the Sun, Moon, and planets the GHA and Dec are tabulated directly for each hour of UT throughout the year. For the stars the *Sidereal Hour Angle* (SHA) is given, and the GHA is obtained from:

$$\text{GHA Star} = \text{GHA Aries} + \text{SHA Star}$$

The SHA and Dec of the stars change slowly and may be regarded as constant over periods of several days. GHA Aries, or the Greenwich Hour Angle of the first point of Aries (the Vernal Equinox), is tabulated for each hour. Permanent tables give the appropriate increments and corrections to the tabulated hourly values of GHA and Dec for the minutes and seconds of UT.

The six-volume series of *Sight Reduction Tables for Marine Navigation* (published in U.S.A. as Pub. No. 229 and in U.K. as N.P. 401) has been designed for the solution of the navigational triangle and is intended for use with *The Nautical Almanac*.

Two alternative procedures for sight reduction are described on pages 277–318. The first requires the use of programmable calculators or computers, while the second uses a set of concise tables that is given on pages 286–317.

The tabular accuracy is 0'.1 throughout. The time argument on the daily pages of this Almanac is 12^{h} + the Greenwich Hour Angle of the mean sun and is here denoted by UT, although it is also known as GMT. This scale may differ from the broadcast time signals (UTC) by an amount which, if ignored, will introduce an error of up to 0'.2 in longitude determined from astronomical observations. (The difference arises because the time argument depends on the variable rate of rotation of the Earth while the broadcast time signals are now based on an atomic time-scale.) Step adjustments of exactly one second are made to the time signals as required (normally at 24^{h} on December 31 and June 30) so that the difference between the time signals and UT, as used in this Almanac, may not exceed $0^{s}.9$. Those who require to reduce observations to a precision of better than 1^{s} must therefore obtain the correction (DUT1) to the time signals from coding in the signal, or from other sources; the required time is given by UT1=UTC+DUT1 to a precision of $0^{s}.1$. Alternatively, the longitude, when determined from astronomical observations, may be corrected by the corresponding amount shown in the following table:

Correction to time signals	Correction to longitude
$-0^{s}.9$ to $-0^{s}.7$	0'.2 to east
$-0^{s}.6$ to $-0^{s}.3$	0'.1 to east
$-0^{s}.2$ to $+0^{s}.2$	no correction
$+0^{s}.3$ to $+0^{s}.6$	0'.1 to west
$+0^{s}.7$ to $+0^{s}.9$	0'.2 to west

3. *Lay-out.* The ephemeral data for three days are presented on an opening of two pages: the left-hand page contains the data for the planets and stars; the right-hand page contains the data for the Sun and Moon, together with times of twilight, sunrise, sunset, moonrise and moonset.

The remaining contents are arranged as follows: for ease of reference the altitude-correction tables are given on pages A2, A3, A4, xxxiv and xxxv; calendar, Moon's phases, eclipses, and planet notes (i.e. data of general interest) precede the main tabulations. The Explanation is followed by information on standard times, star charts and list of star positions, sight reduction procedures and concise sight reduction tables, tables of increments and corrections and other auxiliary tables that are frequently used.

MAIN DATA

4. *Daily pages.* The daily pages give the GHA of Aries, the GHA and Dec of the Sun, Moon, and the four navigational planets, for each hour of UT. For the Moon, values of v and d are also tabulated for each hour to facilitate the correction of GHA and Dec to intermediate times; v and d for the Sun and planets change so slowly that they are given, at the foot of the appropriate columns, once only on the page; v is zero for Aries and negligible for the Sun, and is omitted. The SHA and Dec of the 57 selected stars, arranged in alphabetical order of proper name, are also given.

5. *Stars.* The SHA and Dec of 173 stars, including the 57 selected stars, are tabulated for each month on pages 268–273; no interpolation is required and the data can be used in precisely the same way as those for the selected stars on the daily pages. The stars are arranged in order of SHA.

The list of 173 includes all stars down to magnitude 3·0, together with a few fainter ones to fill the larger gaps. The 57 selected stars have been chosen from amongst these on account of brightness and distribution in the sky; they will suffice for the majority of observations.

The 57 selected stars are known by their proper names, but they are also numbered in descending order of SHA. In the list of 173 stars, the constellation names are always given on the left-hand page; on the facing page proper names are given where well-known names exist. Numbers for the selected stars are given in both columns.

An index to the selected stars, containing lists in both alphabetical and numerical order, is given on page xxxiii and is also reprinted on the bookmark.

6. *Increments and corrections.* The tables printed on tinted paper (pages ii–xxxi) at the back of the Almanac provide the increments and corrections for minutes and seconds to be applied to the hourly values of GHA and Dec. They consist of sixty tables, one for each minute, separated into two parts: increments to GHA for Sun and planets, Aries, and Moon for every minute and second; and, for each minute, corrections to be applied to GHA and Dec corresponding to the values of v and d given on the daily pages.

The increments are based on the following adopted hourly rates of increase of the GHA: Sun and planets, 15° precisely; Aries, 15° 02′.46; Moon, 14° 19′.0. The values of v on the daily pages are the excesses of the actual hourly motions over the adopted values; they are generally positive, except for Venus. The tabulated hourly values of the Sun's GHA have been adjusted to reduce to a minimum the error caused by treating v as negligible. The values of d on the daily pages are the hourly differences of the Dec. For the Moon, the true values of v and d are given for each hour; otherwise mean values are given for the three days on the page.

7. *Method of entry.* The UT of an observation is expressed as a day and hour, followed by a number of minutes and seconds. The tabular values of GHA and Dec, and, where necessary, the corresponding values of v and d, are taken directly from the daily pages for the day and hour of UT; this hour is always *before* the time of observation. SHA and Dec of the selected stars are also taken from the daily pages.

The table of Increments and Corrections for the minute of UT is then selected. For the GHA, the increment for minutes and seconds is taken from the appropriate column opposite the seconds of UT; the v-correction is taken from the second part of the same table opposite the value of v as given on the daily pages. Both increment and v-correction are to be added to the GHA, except for Venus when v is prefixed by a minus sign and the v-correction is to be subtracted. For the Dec there is no increment, but a d-correction is applied in the same way as the v-correction; d is given without sign on the daily pages and the sign of the correction is to be supplied by inspection of the Dec column. In many cases the correction may be applied mentally.

8. *Examples.* (a) Sun and Moon. Required the GHA and Dec of the Sun and Moon on 2010 May 23 at 15^h 47^m 13^s UT.

		SUN			MOON			
		GHA	Dec	d	GHA	v	Dec	d
		° ′	° ′	′	° ′	′	° ′	′
Daily page, May 23^d 15^h		45 48·8	N 20 38·2	0·5	281 36·3	11·1	S 7 33·3	14·2
Increments for	47^m 13^s	11 48·3			11 16·0			
v or d corrections for	47^m		+0·4		+8·8		+11·2	
Sum for	May 23^d 15^h 47^m 13^s	57 37·1	N 20 38·6		293 01·1		S 7 44·5	

(b) Planets. Required the LHA and Dec of (i) Jupiter on 2010 May 23 at 8^h 15^m 37^s UT in longitude W 55° 22′; (ii) Venus on 2010 May 23 at 9^h 38^m 31^s UT in longitude E 140° 18′.

		JUPITER					VENUS			
		GHA	v	Dec	d		GHA	v	Dec	d
		° ′	′	° ′	′		° ′	′	° ′	′
Daily page, May 23^d	(8^h)	2 19·0	2·1	S1 51·7	0·2	(9^h)	281 28·7	−0·8	N25 01·9	0·0
Increments (planets)	(15^m 37^s)	3 54·3				(38^m 31^s)	9 37·8			
v or d corrections	(15^m)	+0·5		−0·1		(38^m)	−0·5		+0·0	
Sum = GHA and Dec.		6 13·8		S1 51·6			291 06·0		N25 01·9	
Longitude	(west)	− 55 22·0				(east)	+140 18·0			
Multiples of 360°		+360					−360			
LHA planet		310 51·8					71 24·0			

(c) Stars. Required the GHA and Dec of (i) *Altair* on 2010 May 23 at 5^h 04^m 23^s UT; (ii) *Vega* on 2010 May 23 at 22^h 54^m 37^s UT.

		Altair			*Vega*	
		GHA	Dec		GHA	Dec
		° ′	° ′		° ′	° ′
Daily page (SHA and Dec)		62 10·2	N 8 53.7		80 40·1	N 38 47.4
Daily page (GHA Aries)	(5^h)	315 42·5		(22^h)	211 24·4	
Increments (Aries)	(04^m 23^s)	1 05·9		(54^m 37^s)	13 41·5	
Sum = GHA star		378 58·6			305 46·0	
Multiples of 360°		−360				
GHA star		18 58·6			305 46·0	

9. *Polaris (Pole Star) tables.* The tables on pages 274–276 provide means by which the latitude can be deduced from an observed altitude of *Polaris*, and they also give its azimuth; their use is explained and illustrated on those pages. They are based on the following formula:

$$\text{Latitude} - H_O = -p \cos h + \tfrac{1}{2} p \sin p \sin^2 h \tan(\text{latitude})$$

where
H_O = Apparent altitude (corrected for refraction)
p = polar distance of *Polaris* = 90° − Dec
h = local hour angle of *Polaris* = LHA Aries + SHA

a_0, which is a function of LHA Aries only, is the value of both terms of the above formula calculated for mean values of the SHA (318° 49′) and Dec (N 89° 18′.7) of *Polaris*, for a mean latitude of 50°, and adjusted by the addition of a constant (58′.8).

a_1, which is a function of LHA Aries and latitude, is the excess of the value of the second term over its mean value for latitude 50°, increased by a constant (0′.6) to make it always positive. a_2, which is a function of LHA Aries and date, is the correction to the first term for the variation of *Polaris* from its adopted mean position; it is increased by a constant (0′.6) to make it positive. The sum of the added constants is 1°, so that:

$$\text{Latitude} = \text{Apparent altitude (corrected for refraction)} - 1° + a_0 + a_1 + a_2$$

RISING AND SETTING PHENOMENA

10. *General.* On the right-hand daily pages are given the times of sunrise and sunset, of the beginning and end of civil and nautical twilights, and of moonrise and moonset for a range of latitudes from N 72° to S 60°. These times, which are given to the nearest minute, are strictly the UT of the phenomena on the Greenwich meridian; they are given for every day for moonrise and moonset, but only for the middle day of the three on each page for the solar phenomena.

They are approximately the Local Mean Times (LMT) of the corresponding phenomena on other meridians; they can be formally interpolated if desired. The UT of a phenomenon is obtained from the LMT by:

$$\text{UT} = \text{LMT} \begin{matrix} + \text{ west} \\ - \text{ east} \end{matrix} \text{ longitude}$$

in which the longitude must first be converted to time by the table on page i or otherwise.

Interpolation for latitude can be done mentally or with the aid of Table I on page xxxii.

The following symbols are used to indicate the conditions under which, in high latitudes, some of the phenomena do not occur:

□ Sun or Moon remains continuously above the horizon;

■ Sun or Moon remains continuously below the horizon;

//// twilight lasts all night.

Basis of the tabulations. At sunrise and sunset 16′ is allowed for semi-diameter and 34′ for horizontal refraction, so that at the times given the Sun's upper limb is on the visible horizon; all times refer to phenomena as seen from sea level with a clear horizon.

At the times given for the beginning and end of twilight, the Sun's zenith distance is 96° for civil, and 102° for nautical twilight. The degree of illumination at the times given for civil twilight (in good conditions and in the absence of other illumination) is such that the brightest stars are visible and the horizon is clearly defined. At the times given for nautical twilight the horizon is in general not visible, and it is too dark for observation with a marine sextant.

Times corresponding to other depressions of the Sun may be obtained by interpolation or, for depressions of more than 12°, less reliably, by extrapolation; times so obtained will be subject to considerable uncertainty near extreme conditions.

At moonrise and moonset allowance is made for semi-diameter, parallax, and refraction (34′), so that at the times given the Moon's upper limb is on the visible horizon as seen from sea level.

11. *Sunrise, sunset, twilight.* The tabulated times may be regarded, without serious error, as the LMT of the phenomena on any of the three days on the page and in any longitude. Precise times may normally be obtained by interpolating the tabular values for latitude and to the correct day and longitude, the latter being expressed as a fraction of a day by dividing it by 360°, positive for west and negative for east longitudes. In the extreme conditions near □, ■ or //// interpolation may not be possible in one direction, but accurate times are of little value in these circumstances.

Examples. Required the UT of (a) the beginning of morning twilights and sunrise on 2010 January 22 for latitude S 48° 55′, longitude E 75° 18′; (b) sunset and the end of evening twilights on 2010 January 24 for latitude N 67° 10′, longitude W 168° 05′.

	(a)	Twilight Nautical	Twilight Civil	Sunrise	(b)	Sunset	Twilight Civil	Twilight Nautical
		d h m	d h m	d h m		d h m	d h m	d h m
From p. 25								
LMT for Lat	S 45°	22 03 25	22 04 09	22 04 44	N 66°	24 14 57	24 16 07	24 17 15
Corr. to (p. xxxii, Table I)	S 48° 55′	−27	−20	−16	N 67° 10′	−17	−9	−6
Long (p. i)	E 75° 18′	−5 01	−5 01	−5 01	W 168° 05′	+11 12	+11 12	+11 12
UT		21 21 57	21 22 48	21 23 27		25 01 52	25 03 10	25 04 21

The LMT are strictly for January 23 (middle date on page) and 0° longitude; for more precise times it is necessary to interpolate, but rounding errors may accumulate to about 2^m.

(a) to January $22^d - 75°/360°$ = Jan. $21^d.8$, i.e. $\frac{1}{3}(1{\cdot}2) = 0{\cdot}4$ backwards towards the data for the same latitude interpolated similarly from page 23; the corrections are -2^m to nautical twilight, -2^m to civil twilight and -2^m to sunrise.

(b) to January $24^d + 168°/360°$ = Jan. $24^d.5$, i.e. $\frac{1}{3}(1{\cdot}5) = 0{\cdot}5$ forwards towards the data for the same latitude interpolated similarly from page 27; the corrections are $+7^m$ to sunset, $+5^m$ to civil twilight, and $+5^m$ to nautical twilight.

12. *Moonrise, moonset.* Precise times of moonrise and moonset are rarely needed; a glance at the tables will generally give sufficient indication of whether the Moon is available for observation and of the hours of rising and setting. If needed, precise times may be obtained as follows. Interpolate for latitude, using Table I on page xxxii, on the day wanted and also on the preceding day in east longitudes or the following day in west longitudes; take the difference between these times and interpolate for longitude by applying to the time for the day wanted the correction from Table II on page xxxii, so that the resulting time is between the two times used. In extreme conditions near ▭ or ■ interpolation for latitude or longitude may be possible only in one direction; accurate times are of little value in these circumstances.

To facilitate this interpolation the times of moonrise and moonset are given for four days on each page; where no phenomenon occurs during a particular day (as happens once a month) the time of the phenomenon on the following day, increased by 24^h, is given; extra care must be taken when interpolating between two values, when one of those values exceeds 24^h. In practice it suffices to use the daily difference between the times for the nearest tabular latitude, and generally, to enter Table II with the nearest tabular arguments as in the examples below.

Examples. Required the UT of moonrise and moonset in latitude S 47° 10′, longitudes E 124° 00′ and W 78° 31′ on 2010 January 24.

	Longitude E 124° 00′ Moonrise	Longitude E 124° 00′ Moonset	Longitude W 78° 31′ Moonrise	Longitude W 78° 31′ Moonset
	d h m	d h m	d h m	d h m
LMT for Lat. S 45°	24 14 17	24 23 21	24 14 17	24 23 21
Lat correction (p. xxxii, Table I)	+09	−09	+09	−09
Long correction (p. xxxii, Table II)	−23	−10	+16	+09
Correct LMT	24 14 03	24 23 02	24 14 42	24 23 21
Longitude (p. i)	−8 16	−8 16	+5 14	+5 14
UT	24 05 47	24 14 46	24 19 56	25 04 35

ALTITUDE CORRECTION TABLES

13. *General.* In general two corrections are given for application to altitudes observed with a marine sextant; additional corrections are required for Venus and Mars and also for very low altitudes.

Tables of the correction for dip of the horizon, due to height of eye above sea level, are given on pages A2 and xxxiv. Strictly this correction should be applied first and subtracted from the sextant altitude to give apparent altitude, which is the correct argument for the other tables.

Separate tables are given of the second correction for the Sun, for stars and planets (on pages A2 and A3), and for the Moon (on pages xxxiv and xxxv). For the Sun, values are given for both lower and upper limbs, for two periods of the year. The star tables are used for the planets, but additional corrections for parallax (page A2) are required for Venus and Mars. The Moon tables are in two parts: the main correction is a function of apparent altitude only and is tabulated for the lower limb (30′ must be subtracted to obtain the correction for the upper limb); the other, which is given for both lower and upper limbs, depends also on the horizontal parallax, which has to be taken from the daily pages.

An additional correction, given on page A4, is required for the change in the refraction, due to variations of pressure and temperature from the adopted standard conditions; it may generally be ignored for altitudes greater than 10°, except possibly in extreme conditions. The correction tables for the Sun, stars, and planets are in two parts; only those for altitudes greater than 10° are reprinted on the bookmark.

14. *Critical tables.* Some of the altitude correction tables are arranged as critical tables. In these an interval of apparent altitude (or height of eye) corresponds to a single value of the correction; no interpolation is required. At a "critical" entry the upper of the two possible values of the correction is to be taken. For example, in the table of dip, a correction of −4′.1 corresponds to all values of the height of eye from 5·3 to 5·5 metres (17·5 to 18·3 feet) inclusive.

15. *Examples.* The following examples illustrate the use of the altitude correction tables; the sextant altitudes given are assumed to be taken on 2010 January 23 with a marine sextant at height 5·4 metres (18 feet), temperature −3°C and pressure 982 mb, the Moon sights being taken at about 10ʰ UT.

	SUN lower limb	SUN upper limb	MOON lower limb	MOON upper limb	VENUS	*Polaris*
	° ′	° ′	° ′	° ′	° ′	° ′
Sextant altitude	21 19·7	3 20·2	33 27·6	26 06·7	4 32·6	49 36·5
Dip, height 5·4 metres (18 feet)	−4·1	−4·1	−4·1	−4·1	−4·1	−4·1
Main correction	+13·8	−29·6	+57·4	+60·5	−10·8	−0·8
−30′ for upper limb (Moon)	—	—	—	−30·0	—	—
L, U correction for Moon	—	—	+3·5	+2·8	—	—
Additional correction for Venus	—	—	—	—	+0·1	—
Additional refraction correction	−0·1	−0·6	−0·1	−0·1	−0·5	0·0
Corrected sextant altitude	21 29·3	2 45·9	34 24·3	26 35·8	4 17·3	49 31·6

The main corrections have been taken out with apparent altitude (sextant altitude corrected for index error and dip) as argument, interpolating where possible. These refinements are rarely necessary.

16. *Composition of the Corrections.* The table for the dip of the sea horizon is based on the formula:

$$\text{Correction for dip} = -1'.76\sqrt{(\text{height of eye in metres})} = -0'.97\sqrt{(\text{height of eye in feet})}$$

The correction table for the Sun includes the effects of semi-diameter, parallax and mean refraction.

The correction tables for the stars and planets allow for the effect of mean refraction.

The phase correction for Venus has been incorporated in the tabulations for GHA and Dec, and no correction for phase is required. The additional corrections for Venus and Mars allow for parallax. Alternatively, the correction for parallax may be calculated from $p \cos H$, where p is the parallax and H is the altitude. In 2010 the values for p are:

	Jan. 1		July 14		Sept. 1		Sept. 24		Oct. 9		Nov. 19		Dec. 4		Dec. 28		Dec. 31
Venus		0′.1		0′.2		0′.3		0′.4		0′.5		0′.4		0′.3		0′.2	

	Jan. 1		Mar. 27		Dec. 31
Mars		0′.2		0′.1	

The correction table for the Moon includes the effect of semi-diameter, parallax, augmentation and mean refraction.

Mean refraction is calculated for a temperature of 10°C (50°F), a pressure of 1010 mb (29·83 inches), humidity of 80% and wavelength 0·50169 μm.

17. *Bubble sextant observations.* When observing with a bubble sextant no correction is necessary for dip, semi-diameter, or augmentation. The altitude corrections for the stars and planets on page A2 and on the bookmark should be used for the Sun as well as for the stars and planets; for the Moon it is easiest to take the mean of the corrections for lower and upper limbs and subtract 15′ from the altitude; the correction for dip must not be applied.

AUXILIARY AND PLANNING DATA

18. *Sun and Moon.* On the daily pages are given: hourly values of the horizontal parallax of the Moon; the semi-diameters and the times of meridian passage of both Sun and Moon over the Greenwich meridian; the equation of time; the age of the Moon, the percent (%) illuminated and a symbol indicating the phase. The times of the phases of the Moon are given in UT on page 4. For the Moon, the semi-diameters for each of the three days are given at the foot of the column; for the Sun a single value is sufficient. Table II on page xxxii may be used for interpolating the time of the Moon's meridian passage for longitude. The equation of time is given daily at 00^h and 12^h UT. The sign is *positive* for unshaded values and *negative* for shaded values. To obtain apparent time add the equation of time to mean time when the sign is *positive*. Subtract the equation of time from mean time when the sign is *negative*. At 12^h UT, when the sign is *positive*, meridian passage of the Sun occurs *before* 12^h UT, otherwise it occurs *after* 12^h UT.

19. *Planets.* The magnitudes of the planets are given immediately following their names in the headings on the daily pages; also given, for the middle day of the three on the page, are their SHA at 00^h UT and their times of meridian passage.

The planet notes and diagram on pages 8 and 9 provide descriptive information as to the suitability of the planets for observation during the year, and of their positions and movements.

20. *Stars.* The time of meridian passage of the first point of Aries over the Greenwich meridian is given on the daily pages, for the middle day of the three on the page, to $0^m\!\!.1$. The interval between successive meridian passages is $23^h\ 56^m\!\!.1$ (24^h less $3^m\!\!.9$) so that times for intermediate days and other meridians can readily be derived. If a precise time is required it may be obtained by finding the UT at which LHA Aries is zero.

The meridian passage of a star occurs when its LHA is zero, that is when LHA Aries + SHA = 360°. An approximate time can be obtained from the planet diagram on page 9.

The star charts on pages 266 and 267 are intended to assist identification. They show the relative positions of the stars in the sky as seen from the Earth and include all 173 stars used in the Almanac, together with a few others to complete the main constellation configurations. The local meridian at any time may be located on the chart by means of its SHA which is 360° − LHA Aries, or west longitude − GHA Aries.

21. *Star globe.* To set a star globe on which is printed a scale of LHA Aries, first set the globe for latitude and then rotate about the polar axis until the scale under the edge of the meridian circle reads LHA Aries.

To mark the positions of the Sun, Moon, and planets on the star globe, take the difference GHA Aries − GHA body and use this along the LHA Aries scale, in conjunction with the declination, to plot the position. GHA Aries − GHA body is most conveniently found by taking the difference when the GHA of the body is small (less than 15°), which happens once a day.

22. *Calendar.* On page 4 are given lists of ecclesiastical festivals, and of the principal anniversaries and holidays in the United Kingdom and the United States of America. The calendar on page 5 includes the day of the year as well as the day of the week.

Brief particulars are given, at the foot of page 5, of the solar and lunar eclipses occurring during the year; the times given are in UT. The principal features of the more important solar eclipses are shown on the maps on pages 6 and 7.

23. *Standard times.* The lists on pages 262–265 give the standard times used in most countries. In general no attempt is made to give details of the beginning and end of summer time, since they are liable to frequent changes at short notice. For the latest information consult Admiralty List of Radio Signals Volume 2 (NP 282) corrected by Section VI of the weekly edition of Admiralty Notices to Mariners.

The Date or Calendar Line is an arbitrary line, on either side of which the date differs by one day; when crossing this line on a westerly course, the date must be advanced one day; when crossing it on an easterly course, the date must be put back one day. The line is a modification of the line of the 180th meridian, and is drawn so as to include, as far as possible, islands of any one group, etc., on the same side of the line. It may be traced by starting at the South Pole and joining up to the following positions:

	°	°	°	°	°	°	°
Lat	S 51·0	S 45·0	S 15·0	S 5·0	N 48·0	N 53·0	N 65·5
Long	180·0	W 172·5	W 172·5	180·0	180·0	E 170·0	W 169·0

thence through the middle of the Diomede Islands to Lat N 68°.0, Long W 169°.0, passing east of Ostrov Vrangelya (Wrangel Island) to Lat N 75°.0, Long 180°.0, and thence to the North Pole.

ACCURACY

24. *Main data.* The quantities tabulated in this Almanac are generally correct to the nearest 0′.1; the exception is the Sun's GHA which is deliberately adjusted by up to 0′.15 to reduce the error due to ignoring the v-correction. The GHA and Dec at intermediate times cannot be obtained to this precision, since at least two quantities must be added; moreover, the v- and d-corrections are based on mean values of v and d and are taken from tables for the whole minute only. The largest error that can occur in the GHA or Dec of any body other than the Sun or Moon is less than 0′.2; it may reach 0′.25 for the GHA of the Sun and 0′.3 for that of the Moon.

In practice it may be expected that only one third of the values of GHA and Dec taken out will have errors larger than 0′.05 and less than one tenth will have errors larger than 0′.1.

25. *Altitude corrections.* The errors in the altitude corrections are nominally of the same order as those in GHA and Dec, as they result from the addition of several quantities each correctly rounded off to 0′.1. But the actual values of the dip and of the refraction at low altitudes may, in extreme atmospheric conditions, differ considerably from the mean values used in the tables.

USE OF THIS ALMANAC IN 2011

This Almanac may be used for the Sun and stars in 2011 in the following manner.

For the Sun, take out the GHA and Dec for the same date but for a time $5^h\ 48^m\ 00^s$ *earlier* than the UT of observation; add 87° 00′ to the GHA so obtained. The error, mainly due to planetary perturbations of the Earth, is unlikely to exceed 0′.4.

For the stars, calculate the GHA and Dec for the same date and the same time, but *subtract* 15′.1 from the GHA so found. The error, due to incomplete correction for precession and nutation, is unlikely to exceed 0′.4. If preferred, the same result can be obtained by using a time $5^h\ 48^m\ 00^s$ earlier than the UT of observation (as for the Sun) and adding 86° 59′.2 to the GHA (or adding 87° as for the Sun and subtracting 0′.8, for precession, from the SHA of the star).

The Almanac cannot be so used for the Moon or planets.

LIST I — PLACES FAST ON UTC (mainly those EAST OF GREENWICH)

The times given below should be *added* to UTC to give Standard Time / *subtracted* from Standard Time to give UTC.

	h	m
Admiralty Islands	10	
Afghanistan	04	30
Albania*	01	
Algeria	01	
Amirante Islands	04	
Andaman Islands	05	30
Angola	01	
Armenia*	04	
Australia		
Australian Capital Territory*	10	
New South Wales*[1]	10	
Northern Territory	09	30
Queensland	10	
South Australia*	09	30
Tasmania*	10	
Victoria*	10	
Western Australia*	08	
Whitsunday Islands	10	
Austria*†	01	
Azerbaijan*	04	
Bahrain	03	
Balearic Islands*†	01	
Bangladesh	06	
Belarus*	02	
Belgium*†	01	
Benin	01	
Bosnia and Herzegovina*	01	
Botswana, Republic of	02	
Brunei	08	
Bulgaria*†	02	
Burma (Myanmar)	06	30
Burundi	02	
Cambodia	07	
Cameroon Republic	01	
Caroline Islands[2]	10	
Central African Republic	01	
Chad	01	
Chagos Archipelago & Diego Garcia	06	
Chatham Islands*	12	45
China, People's Republic of	08	
Christmas Island, Indian Ocean	07	
Cocos (Keeling) Islands	06	30
Comoro Islands (Comoros)	03	
Congo, Democratic Republic		
Kinshasa, Mbandaka	01	
Haut-Zaire, Kasai, Kivu, Shaba	02	
Congo Republic	01	
Corsica*†	01	
Crete*†	02	
Croatia*	01	
Cyprus†: Ercan*, Larnaca*	02	
Czech Republic*†	01	

	h	m
Denmark*†	01	
Djibouti	03	
Egypt, Arab Republic of*	02	
Equatorial Guinea, Republic of	01	
Eritrea	03	
Estonia*†	02	
Ethiopia	03	
Fiji	12	
Finland*†	02	
France*†	01	
Gabon	01	
Georgia	04	
Germany*†	01	
Gibraltar*	01	
Greece*†	02	
Guam	10	
Hong Kong	08	
Hungary*†	01	
India	05	30
Indonesia, Republic of		
Bangka, Billiton, Java, West and Central Kalimantan, Madura, Sumatra	07	
Bali, Flores, South and East Kalimantan, Lombok, Sulawesi, Sumba, Sumbawa, West Timor	08	
Aru, Irian Jaya, Kai, Moluccas, Tanimbar	09	
Iran*	03	30
Iraq	03	
Israel*	02	
Italy*†	01	
Jan Mayen Island*	01	
Japan	09	
Jordan*	02	
Kazakhstan		
Western: Aktau, Uralsk, Atyrau	05	
Eastern: Kzyl-Orda, Astana	06	
Kenya	03	
Kerguelen Islands	05	
Kiribati Republic		
Gilbert Islands	12	
Phoenix Islands[3]	13	
Line Islands[3]	14	
Korea, North	09	
Republic of (South)	09	
Kuril Islands	11	
Kuwait	03	
Kyrgyzstan	06	
Laccadive Islands	05	30
Laos	07	
Latvia*†	02	

* Daylight-saving time may be kept in these places. † For Summer time dates see List II footnotes.

1 Except Broken Hill Area which keeps $09^h\ 30^m$.

2 Except Pohnpei, Pingelap and Kosrae which keep 11^h and Palau which keeps 09^h.

3 The Line and Phoenix Is. not part of the Kiribati Republic keep 10^h and 11^h, respectively, slow on UTC.

LIST I — (*continued*)

	h	m
Lebanon*	02	
Lesotho	02	
Libya	02	
Liechtenstein*	01	
Lithuania*†	02	
Lord Howe Island*	10	30
Luxembourg*†	01	
Macau	08	
Macedonia*, former Yugoslav Republic	01	
Macias Nguema (Fernando Póo)	01	
Madagascar, Democratic Republic of	03	
Malawi	02	
Malaysia, Malaya, Sabah, Sarawak	08	
Maldives, Republic of The	05	
Malta*†	01	
Mariana Islands	10	
Marshall Islands[1]	12	
Mauritius*	04	
Moldova*	02	
Monaco*	01	
Mongolia	08	
Montenegro*	01	
Mozambique	02	
Namibia*	01	
Nauru	12	
Nepal	05	45
Netherlands, The*†	01	
New Caledonia	11	
New Zealand*	12	
Nicobar Islands	05	30
Niger	01	
Nigeria, Republic of	01	
Norfolk Island	11	30
Norway*	01	
Novaya Zemlya	03	
Okinawa	09	
Oman	04	
Pagalu (Annobon Islands)	01	
Pakistan*	05	
Palau Islands	09	
Papua New Guinea	10	
Pescadores Islands	08	
Philippine Republic	08	
Poland*†	01	
Qatar	03	
Reunion	04	
Romania*†	02	
Russia[2]*		
Zone 1 Kaliningrad	02	
Zone 2 Moscow, St Petersburg, Arkhangelsk, Astrakhan	03	
Zone 3 Samara, Izhevsk	04	
Zone 4 Perm, Amderna, Novyy Port	05	
Zone 5 Omsk, Novosibirsk	06	

	h	m
Russia (*continued*)		
Zone 6 Norilsk, Kyzyl, Dikson	07	
Zone 7 Bratsk, Irkutsk, Ulan-Ude	08	
Zone 8 Yakutsk, Chita, Tiksi	09	
Zone 9 Vladivostok, Khabarovsk, Okhotsk	10	
Zone 10 Magadan	11	
Zone 11 Petropavlovsk, Pevek	12	
Rwanda	02	
Ryukyu Islands	09	
Sakhalin Island*	10	
Santa Cruz Islands	11	
Sardinia*†	01	
Saudi Arabia	03	
Schouten Islands	09	
Serbia*	01	
Seychelles	04	
Sicily*†	01	
Singapore	08	
Slovakia*†	01	
Slovenia*†	01	
Socotra	03	
Solomon Islands	11	
Somalia Republic	03	
South Africa, Republic of	02	
Spain*†	01	
Spanish Possessions in North Africa*	01	
Spitsbergen (Svalbard)*	01	
Sri Lanka	05	30
Sudan, Republic of	03	
Swaziland	02	
Sweden*†	01	
Switzerland*	01	
Syria (Syrian Arab Republic)*	02	
Taiwan	08	
Tajikistan	05	
Tanzania	03	
Thailand	07	
Timor-Leste	09	
Tonga	13	
Tunisia*	01	
Turkey*	02	
Turkmenistan	05	
Tuvalu	12	
Uganda	03	
Ukraine*	02	
United Arab Emirates	04	
Uzbekistan	05	
Vanuatu, Republic of	11	
Vietnam, Socialist Republic of	07	
Yemen	03	
Zambia, Republic of	02	
Zimbabwe	02	

* Daylight-saving time may be kept in these places. † For Summer time dates see List II footnotes.

[1] Except the Ebon Atoll which keeps time 24^h slow on that of the rest of the islands.

[2] The boundaries between the zones are irregular; listed are chief towns in each zone.

LIST II — PLACES NORMALLY KEEPING UTC

Ascension Island	Ghana	Irish Republic*†	Morocco*	Sierra Leone
Burkina-Faso	Great Britain†	Ivory Coast	Portugal*†	Togo Republic
Canary Islands*†	Guinea-Bissau	Liberia	Principe	Tristan da Cunha
Channel Islands†	Guinea Republic	Madeira*	St. Helena	
Faeroes*, The	Iceland	Mali	São Tomé	
Gambia, The	Ireland, Northern†	Mauritania	Senegal	

* Daylight-saving time may be kept in these places.
† Summer time (daylight-saving time), one hour in advance of UTC, will be kept from 2010 March 28^{d} 01^{h} to October 31^{d} 01^{h} UTC (Ninth Summer Time Directive of the European Union). Ratification by member countries has not been verified.

LIST III — PLACES SLOW ON UTC (WEST OF GREENWICH)

The times given below should be *subtracted* from UTC to give Standard Time / *added* to Standard Time to give UTC.

	h m
Argentina	
Buenos Aires*, Entre Ríos*, Corrientes*, Misiones*, Formosa*, Chaco*,Santa Fé*, Córdoba*, Santiago del Estero*, Tucumán*	03
The other provinces	03
Austral (Tubuai) Islands[1]	10
Azores*	01
Bahamas*	05
Barbados	04
Belize	06
Bermuda*	04
Bolivia	04
Brazil	
Fernando de Noronha I., Trindade I., Oceanic Is.	02
N and NE coastal states, Bahia, Tocantins, Goiás*, Brasilia*, Minas Gerais*, Espirito Santo*, S and E coastal states*	03
Mato Grosso do Sul*, Mato Grosso*, Rondônia, Amazonas, Roraima, Acre	04
British Antarctic Territory[2,3]	03
Canada[3]	
Alberta*	07
British Columbia*	08
Labrador*	04
Manitoba*	06
New Brunswick*	04
Newfoundland*	03 30
Nunavut*	
east of long. W. 85°	05
long. W. 85° to W. 102°	06
west of long. W. 102°	07
Northwest Territories*	07
Canada (*continued*)	
Nova Scotia*	04
Ontario, east of long. W. 90°*	05
west of long. W. 90°*	06
Prince Edward Island*	04
Quebec, east of long. W. 63°	04
west of long. W. 63°*	05
Saskatchewan	06
Yukon*	08
Cape Verde Islands	01
Cayman Islands	05
Chile*	04
Colombia	05
Cook Islands	10
Costa Rica	06
Cuba*	05
Curaçao Island	04
Dominican Republic	04
Easter Island (I. de Pascua)*	06
Ecuador	05
El Salvador	06
Falkland Islands*	04
Fanning Island	10
Fernando de Noronha Island	02
French Guiana	03
Galápagos Islands	06
Greenland	
Danmarkshavn, Mesters Vig	00
General*	03
Scoresby Sound*	01
Thule*, Pituffik*	04
Grenada	04
Guadeloupe	04

* Daylight-saving time may be kept in these places.
1 This is the legal standard time, but local mean time is generally used.
2 Stations may use UTC.
3 Some areas may keep another time zone.

LIST III — (*continued*)

	h	m
Guatemala	06	
Guyana, Republic of	04	
Haiti	05	
Honduras	06	
Jamaica	05	
Johnston Island	10	
Juan Fernandez Islands*	04	
Leeward Islands	04	
Marquesas Islands	09	30
Martinique	04	
Mexico*[1]	06	
Midway Islands	11	
Nicaragua	06	
Niue	11	
Panama, Republic of	05	
Paraguay*	04	
Peru	05	
Pitcairn Island	08	
Puerto Rico	04	
St. Pierre and Miquelon*	03	
Samoa	11	
Society Islands	10	
South Georgia	02	
Suriname	03	
Trindade Island, South Atlantic	02	
Trinidad and Tobago	04	
Tuamotu Archipelago	10	
Tubuai (Austral) Islands	10	
Turks and Caicos Islands*	05	
United States of America[2]		
Alabama	06	
Alaska	09	
Aleutian Islands, east of W. 169° 30′	09	
Aleutian Islands, west of W. 169° 30′	10	
Arizona[3,4]	07	
Arkansas	06	
California	08	
Colorado	07	
Connecticut	05	
Delaware	05	
District of Columbia	05	
Florida[4]	05	
Georgia	05	
Hawaii[3]	10	

	h	m
United States of America[2] (*continued*)		
Idaho, southern part	07	
northern part	08	
Illinois	06	
Indiana[4]	05	
Iowa	06	
Kansas[4]	06	
Kentucky, eastern part	05	
western part	06	
Louisiana	06	
Maine	05	
Maryland	05	
Massachusetts	05	
Michigan[4]	05	
Minnesota	06	
Mississippi	06	
Missouri	06	
Montana	07	
Nebraska, eastern part	06	
western part	07	
Nevada	08	
New Hampshire	05	
New Jersey	05	
New Mexico	07	
New York	05	
North Carolina	05	
North Dakota, eastern part	06	
western part	07	
Ohio	05	
Oklahoma	06	
Oregon[4]	08	
Pennsylvania	05	
Rhode Island	05	
South Carolina	05	
South Dakota, eastern part	06	
western part	07	
Tennessee, eastern part	05	
western part	06	
Texas[4]	06	
Utah	07	
Vermont	05	
Virginia	05	
Washington D.C.	05	
Washington	08	
West Virginia	05	
Wisconsin	06	
Wyoming	07	
Uruguay*	03	
Venezuela	04	30
Virgin Islands	04	
Windward Islands	04	

* Daylight-saving time may be kept in these places.

1 Except the states of Sonora, Sinaloa*, Nayarit*, Chihuahua* and the Southern District of Lower California* which keep 07^h, and the Northern District of Lower California* which keeps 08^h.

2 Daylight-saving (Summer) time, one hour fast on the time given, is kept during 2010 from the March 14 (second Sunday) to November 7 (first Sunday), changing at $02^h\ 00^m$ local clock time.

3 Exempt from keeping daylight-saving time.

4 A small portion of the state is in another time zone.

NORTHERN STARS

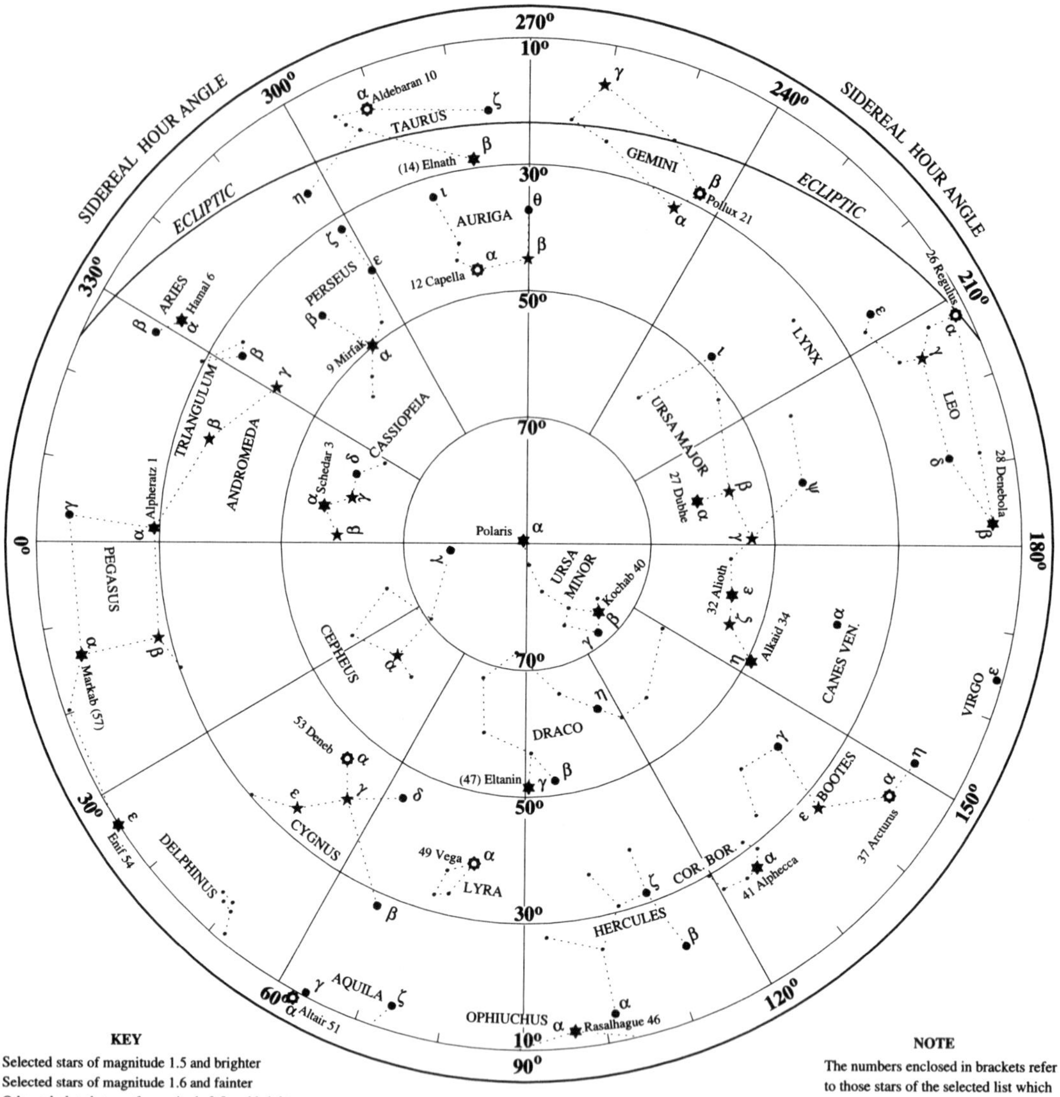

KEY

- ✪ Selected stars of magnitude 1.5 and brighter
- ✸ Selected stars of magnitude 1.6 and fainter
- ★ Other tabulated stars of magnitude 2.5 and brighter
- ● Other tabulated stars of magnitude 2.6 and fainter
- · Untabulated stars

NOTE

The numbers enclosed in brackets refer to those stars of the selected list which are not used in Sight Reduction Tables H.O. 249, A.P. 3270, N.P. 303.

EQUATORIAL STARS (SHA 0° to 180°)

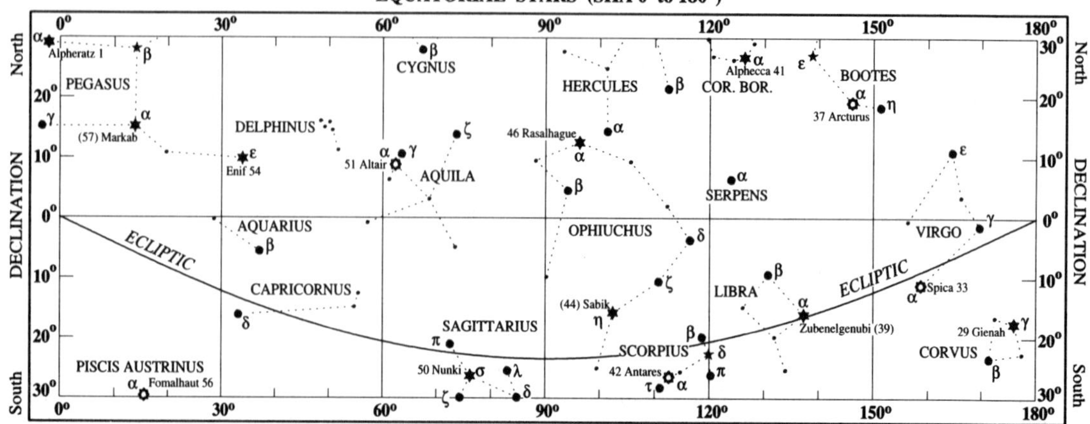

SIDEREAL HOUR ANGLE

SOUTHERN STARS

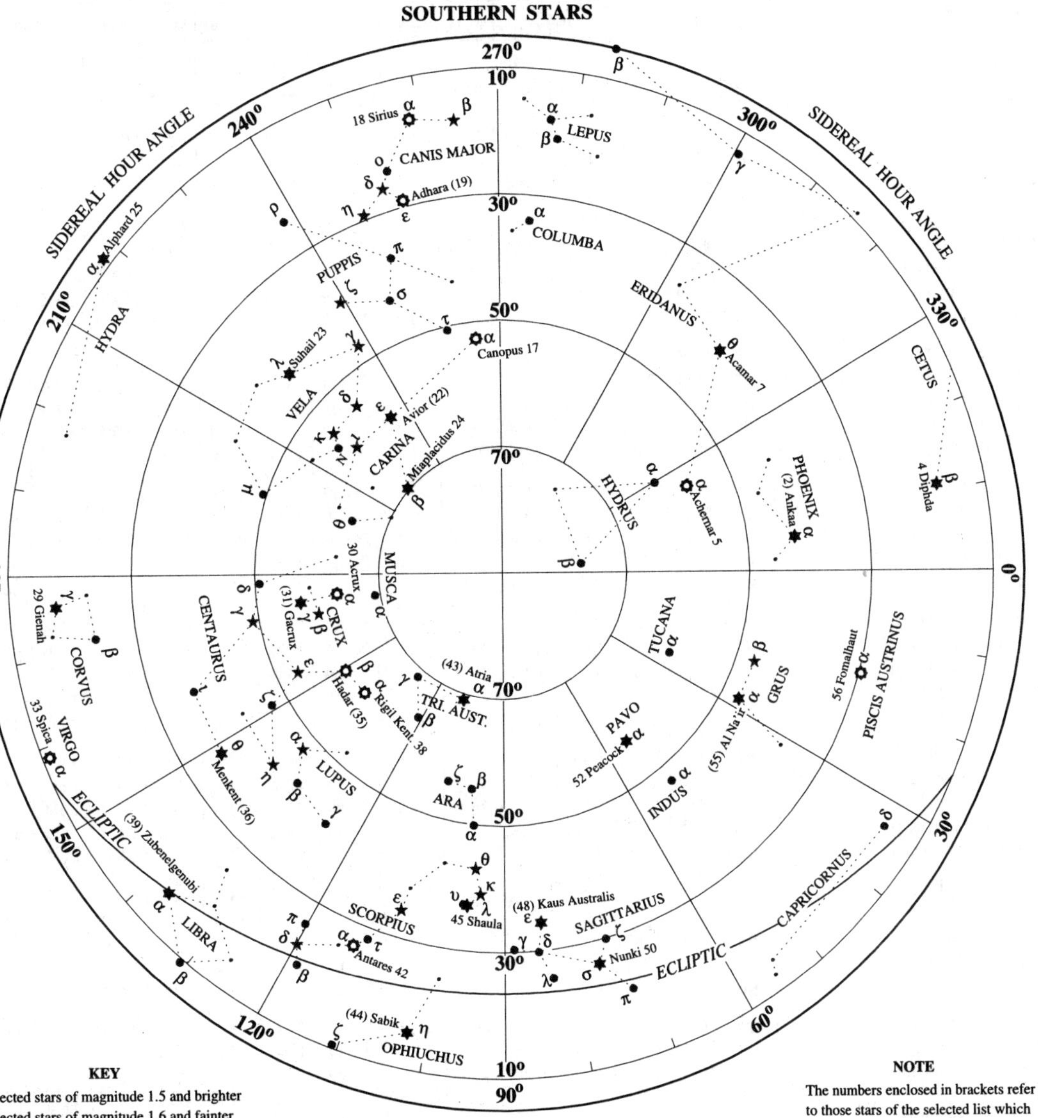

KEY

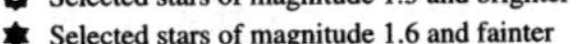

- Selected stars of magnitude 1.5 and brighter
- Selected stars of magnitude 1.6 and fainter
- Other tabulated stars of magnitude 2.5 and brighter
- Other tabulated stars of magnitude 2.6 and fainter
- Untabulated stars

NOTE

The numbers enclosed in brackets refer to those stars of the selected list which are not used in Sight Reduction Tables H.O. 249, A.P. 3270, N.P. 303.

EQUATORIAL STARS (SHA 180° to 360°)

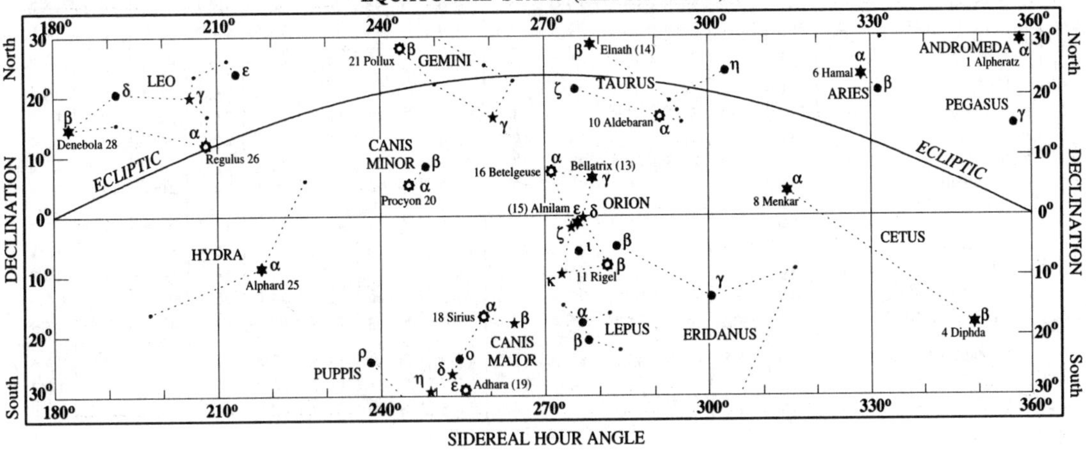

SIDEREAL HOUR ANGLE

Mag.	Name and Number		SHA							Declination						
				JAN.	FEB.	MAR.	APR.	MAY	JUNE		JAN.	FEB.	MAR.	APR.	MAY	JUNE
			°	′	′	′	′	′	′	°	′	′	′	′	′	′
3·2	γ Cephei		**5**	04·2	04·7	04·9	04·6	04·0	03·1	**N 77**	41·7	41·6	41·4	41·3	41·2	41·2
2·5	α Pegasi	57	**13**	41·0	41·1	41·0	40·9	40·7	40·5	**N 15**	15·7	15·6	15·6	15·6	15·6	15·7
2·4	β Pegasi		**13**	56·1	56·1	56·1	56·0	55·8	55·5	**N 28**	08·4	08·3	08·3	08·2	08·2	08·3
1·2	α Piscis Aust.	56	**15**	26·9	26·9	26·9	26·7	26·5	26·3	**S 29**	34·2	34·2	34·1	34·0	33·9	33·7
2·1	β Gruis		**19**	11·0	11·1	11·0	10·8	10·6	10·3	**S 46**	50·0	49·9	49·8	49·7	49·5	49·5
2·9	α Tucanæ		**25**	12·4	12·4	12·3	12·0	11·7	11·3	**S 60**	12·7	12·6	12·4	12·3	12·1	12·1
1·7	α Gruis	55	**27**	47·1	47·1	47·0	46·8	46·5	46·2	**S 46**	54·8	54·7	54·6	54·5	54·4	54·3
2·9	δ Capricorni		**33**	06·1	06·1	06·0	05·8	05·6	05·3	**S 16**	04·9	04·9	04·9	04·8	04·7	04·6
2·4	ε Pegasi	54	**33**	49·9	49·8	49·7	49·6	49·4	49·1	**N 9**	55·3	55·3	55·2	55·2	55·3	55·4
2·9	β Aquarii		**36**	58·7	58·7	58·6	58·4	58·2	57·9	**S 5**	31·6	31·6	31·6	31·6	31·5	31·4
2·4	α Cephei		**40**	18·3	18·4	18·2	17·9	17·5	17·1	**N 62**	37·9	37·7	37·6	37·5	37·5	37·6
2·5	ε Cygni		**48**	20·9	20·9	20·7	20·5	20·3	20·0	**N 34**	00·6	00·4	00·3	00·3	00·4	00·5
1·3	α Cygni	53	**49**	33·7	33·7	33·5	33·2	33·0	32·7	**N 45**	19·1	18·9	18·8	18·8	18·8	19·0
3·1	α Indi		**50**	26·1	25·9	25·7	25·5	25·1	24·8	**S 47**	15·4	15·3	15·2	15·1	15·1	15·0
1·9	α Pavonis	52	**53**	23·6	23·5	23·2	22·9	22·5	22·1	**S 56**	42·2	42·1	42·0	41·9	41·8	41·8
2·2	γ Cygni		**54**	21·4	21·4	21·2	21·0	20·7	20·4	**N 40**	17·4	17·2	17·1	17·1	17·2	17·3
0·8	α Aquilæ	51	**62**	11·0	10·9	10·7	10·5	10·3	10·1	**N 8**	53·7	53·6	53·6	53·6	53·7	53·8
2·7	γ Aquilæ		**63**	19·1	18·9	18·8	18·6	18·3	18·1	**N 10**	38·3	38·2	38·1	38·2	38·2	38·3
2·9	δ Cygni		**63**	41·0	40·9	40·7	40·4	40·2	39·9	**N 45**	09·3	09·2	09·1	09·1	09·1	09·3
3·1	β Cygni		**67**	13·3	13·2	13·0	12·8	12·5	12·3	**N 27**	58·8	58·7	58·6	58·6	58·7	58·9
2·9	π Sagittarii		**72**	24·7	24·5	24·3	24·1	23·8	23·6	**S 21**	00·5	00·5	00·4	00·4	00·4	00·3
3·0	ζ Aquilæ		**73**	32·0	31·9	31·7	31·5	31·3	31·1	**N 13**	52·7	52·6	52·5	52·5	52·6	52·7
2·6	ζ Sagittarii		**74**	11·3	11·1	10·9	10·7	10·4	10·2	**S 29**	51·9	51·9	51·9	51·8	51·8	51·8
2·0	σ Sagittarii	50	**76**	01·7	01·6	01·4	01·1	00·9	00·6	**S 26**	17·1	17·0	17·0	17·0	17·0	16·9
0·0	α Lyræ	49	**80**	41·1	40·9	40·7	40·4	40·2	40·0	**N 38**	47·5	47·4	47·3	47·3	47·4	47·6
2·8	λ Sagittarii		**82**	51·2	51·0	50·8	50·5	50·3	50·1	**S 25**	25·0	25·0	25·0	24·9	24·9	24·9
1·9	ε Sagittarii	48	**83**	47·5	47·3	47·0	46·7	46·5	46·3	**S 34**	22·8	22·7	22·7	22·7	22·7	22·7
2·7	δ Sagittarii		**84**	35·5	35·3	35·1	34·8	34·6	34·4	**S 29**	49·4	49·4	49·4	49·4	49·4	49·4
3·0	γ Sagittarii		**88**	23·2	23·0	22·8	22·5	22·3	22·1	**S 30**	25·4	25·4	25·4	25·4	25·4	25·4
2·2	γ Draconis	47	**90**	47·8	47·6	47·3	47·0	46·7	46·6	**N 51**	29·1	28·9	28·9	28·9	29·1	29·2
2·8	β Ophiuchi		**93**	60·5	60·3	60·1	59·9	59·7	59·6	**N 4**	33·7	33·6	33·6	33·6	33·7	33·8
2·4	κ Scorpii		**94**	12·3	12·0	11·8	11·5	11·2	11·1	**S 39**	02·1	02·0	02·0	02·0	02·1	02·1
1·9	θ Scorpii		**95**	29·4	29·2	28·9	28·6	28·3	28·1	**S 43**	00·2	00·2	00·2	00·2	00·2	00·3
2·1	α Ophiuchi	46	**96**	09·1	08·9	08·6	08·4	08·3	08·1	**N 12**	33·0	33·0	32·9	33·0	33·0	33·1
1·6	λ Scorpii	45	**96**	25·7	25·4	25·1	24·9	24·6	24·5	**S 37**	06·6	06·6	06·6	06·6	06·6	06·7
3·0	α Aræ		**96**	50·8	50·5	50·2	49·8	49·5	49·3	**S 49**	53·0	52·9	52·9	52·9	53·0	53·1
2·7	υ Scorpii		**97**	08·3	08·1	07·8	07·5	07·3	07·1	**S 37**	18·2	18·2	18·2	18·2	18·2	18·2
2·8	β Draconis		**97**	20·5	20·2	19·9	19·6	19·4	19·3	**N 52**	17·4	17·3	17·2	17·3	17·4	17·6
2·8	β Aræ		**98**	28·1	27·7	27·3	27·0	26·7	26·4	**S 55**	32·2	32·2	32·2	32·2	32·3	32·4
Var.‡	α Herculis		**101**	13·5	13·3	13·0	12·8	12·7	12·6	**N 14**	22·6	22·5	22·5	22·5	22·6	22·7
2·4	η Ophiuchi	44	**102**	15·7	15·5	15·2	15·0	14·8	14·7	**S 15**	44·3	44·3	44·3	44·3	44·3	44·3
3·1	ζ Aræ		**105**	08·3	07·9	07·5	07·2	06·9	06·7	**S 56**	00·2	00·2	00·2	00·3	00·3	00·4
2·3	ε Scorpii		**107**	17·8	17·5	17·2	17·0	16·8	16·6	**S 34**	18·6	18·7	18·7	18·7	18·7	18·8
1·9	α Triang. Aust.	43	**107**	34·2	33·6	33·1	32·5	32·1	31·9	**S 69**	02·6	02·5	02·6	02·6	02·7	02·9
2·8	ζ Herculis		**109**	35·1	34·9	34·6	34·4	34·3	34·2	**N 31**	34·8	34·7	34·7	34·8	34·9	35·0
2·6	ζ Ophiuchi		**110**	34·3	34·1	33·8	33·6	33·5	33·4	**S 10**	35·3	35·4	35·4	35·4	35·4	35·3
2·8	τ Scorpii		**110**	52·3	52·1	51·8	51·6	51·4	51·3	**S 28**	14·2	14·2	14·3	14·3	14·3	14·3
2·8	β Herculis		**112**	20·3	20·0	19·8	19·6	19·5	19·4	**N 21**	27·9	27·8	27·7	27·8	27·9	28·0
1·0	α Scorpii	42	**112**	29·6	29·3	29·1	28·9	28·7	28·6	**S 26**	27·2	27·3	27·3	27·3	27·4	27·4
2·7	η Draconis		**113**	58·4	58·1	57·7	57·4	57·2	57·2	**N 61**	29·2	29·1	29·0	29·1	29·3	29·5
2·7	δ Ophiuchi		**116**	16·9	16·6	16·4	16·2	16·1	16·0	**S 3**	43·3	43·4	43·4	43·4	43·4	43·3
2·6	β Scorpii		**118**	29·6	29·4	29·1	28·9	28·8	28·7	**S 19**	50·0	50·0	50·1	50·1	50·1	50·1
2·3	δ Scorpii		**119**	46·0	45·7	45·5	45·3	45·2	45·1	**S 22**	39·0	39·1	39·1	39·2	39·2	39·2
2·9	π Scorpii		**120**	08·0	07·8	07·5	07·3	07·2	07·1	**S 26**	08·6	08·6	08·7	08·7	08·7	08·8
2·8	β Trianguli Aust.		**120**	59·5	59·0	58·6	58·2	57·9	57·8	**S 63**	27·5	27·5	27·6	27·7	27·8	27·9
2·6	α Serpentis		**123**	48·5	48·3	48·0	47·9	47·8	47·7	**N 6**	23·5	23·4	23·4	23·4	23·5	23·5
2·8	γ Lupi		**126**	02·7	02·4	02·2	01·9	01·8	01·7	**S 41**	11·9	12·0	12·0	12·1	12·2	12·3
2·2	α Coronæ Bor.	41	**126**	13·3	13·0	12·8	12·6	12·5	12·5	**N 26**	40·6	40·5	40·5	40·6	40·7	40·8

‡ 2·9 — 3·6

Mag.	Name and Number		SHA °	JULY ′	AUG. ′	SEPT. ′	OCT. ′	NOV. ′	DEC. ′	Declination °	JULY ′	AUG. ′	SEPT. ′	OCT. ′	NOV. ′	DEC. ′
3·2	γ Cephei		**5**	02·4	01·8	01·5	01·6	02·0	02·7	N **77**	41·3	41·5	41·6	41·8	42·0	42·1
2·5	*Markab*	57	**13**	40·3	40·1	40·0	40·0	40·1	40·2	N **15**	15·8	15·9	16·0	16·1	16·1	16·1
2·4	*Scheat*		**13**	55·2	55·1	55·0	55·0	55·1	55·2	N **28**	08·4	08·6	08·7	08·8	08·8	08·8
1·2	*Fomalhaut*	56	**15**	26·0	25·8	25·7	25·8	25·9	26·0	S **29**	33·7	33·7	33·7	33·8	33·9	33·9
2·1	β Gruis		**19**	10·0	09·8	09·7	09·7	09·9	10·1	S **46**	49·4	49·5	49·6	49·7	49·7	49·8
2·9	α Tucanæ		**25**	10·9	10·7	10·6	10·7	11·0	11·2	S **60**	12·1	12·2	12·3	12·4	12·5	12·5
1·7	*Al Na'ir*	55	**27**	45·9	45·7	45·7	45·8	45·9	46·1	S **46**	54·3	54·3	54·4	54·5	54·6	54·6
2·9	δ Capricorni		**33**	05·1	05·0	05·0	05·0	05·1	05·2	S **16**	04·6	04·5	04·5	04·6	04·6	04·6
2·4	*Enif*	54	**33**	48·9	48·8	48·8	48·9	49·0	49·1	N **9**	55·5	55·6	55·7	55·7	55·7	55·7
2·9	β Aquarii		**36**	57·7	57·6	57·6	57·7	57·8	57·9	S **5**	31·3	31·3	31·2	31·2	31·2	31·3
2·4	*Alderamin*		**40**	16·8	16·7	16·8	17·1	17·4	17·7	N **62**	37·8	38·0	38·1	38·3	38·3	38·3
2·5	ε Cygni		**48**	19·9	19·8	19·8	20·0	20·1	20·3	N **34**	00·6	00·8	00·9	01·0	01·0	00·9
1·3	*Deneb*	53	**49**	32·5	32·5	32·6	32·7	32·9	33·1	N **45**	19·1	19·3	19·4	19·5	19·5	19·5
3·1	α Indi		**50**	24·6	24·5	24·5	24·7	24·9	25·0	S **47**	15·1	15·1	15·2	15·3	15·3	15·3
1·9	*Peacock*	52	**53**	21·9	21·8	21·9	22·1	22·3	22·5	S **56**	41·9	42·0	42·1	42·1	42·1	42·1
2·2	γ Cygni		**54**	20·3	20·3	20·4	20·5	20·7	20·8	N **40**	17·5	17·6	17·8	17·8	17·8	17·8
0·8	*Altair*	51	**62**	10·0	09·9	10·0	10·1	10·2	10·3	N **8**	53·9	54·0	54·0	54·0	54·0	54·0
2·7	γ Aquilæ		**63**	18·0	18·0	18·1	18·2	18·3	18·4	N **10**	38·4	38·5	38·6	38·6	38·6	38·5
2·9	δ Cygni		**63**	39·8	39·8	40·0	40·2	40·4	40·5	N **45**	09·5	09·6	09·7	09·8	09·8	09·7
3·1	*Albireo*		**67**	12·2	12·2	12·3	12·5	12·6	12·7	N **27**	59·0	59·1	59·2	59·3	59·2	59·1
2·9	π Sagittarii		**72**	23·5	23·5	23·6	23·7	23·8	23·8	S **21**	00·3	00·3	00·3	00·3	00·3	00·3
3·0	ζ Aquilæ		**73**	31·0	31·0	31·1	31·2	31·4	31·4	N **13**	52·9	52·9	53·0	53·0	53·0	52·9
2·6	ζ Sagittarii		**74**	10·1	10·1	10·1	10·3	10·4	10·4	S **29**	51·8	51·8	51·9	51·9	51·9	51·8
2·0	*Nunki*	50	**76**	00·5	00·5	00·6	00·8	00·9	00·9	S **26**	16·9	16·9	17·0	17·0	17·0	16·9
0·0	*Vega*	49	**80**	40·0	40·0	40·2	40·4	40·5	40·6	N **38**	47·7	47·9	47·9	47·9	47·9	47·7
2·8	λ Sagittarii		**82**	50·0	50·0	50·1	50·3	50·4	50·4	S **25**	24·9	24·9	24·9	24·9	24·9	24·9
1·9	*Kaus Australis*	48	**83**	46·2	46·2	46·3	46·5	46·6	46·6	S **34**	22·7	22·8	22·8	22·8	22·8	22·7
2·7	δ Sagittarii		**84**	34·3	34·3	34·4	34·5	34·6	34·6	S **29**	49·4	49·4	49·4	49·4	49·4	49·4
3·0	γ Sagittarii		**88**	22·0	22·1	22·2	22·3	22·4	22·4	S **30**	25·4	25·4	25·4	25·4	25·4	25·4
2·2	*Eltanin*	47	**90**	46·6	46·8	47·0	47·2	47·5	47·5	N **51**	29·4	29·5	29·6	29·6	29·5	29·3
2·8	β Ophiuchi		**93**	59·5	59·6	59·7	59·8	59·9	59·9	N **4**	33·8	33·9	33·9	33·9	33·9	33·8
2·4	κ Scorpii		**94**	11·0	11·0	11·2	11·3	11·4	11·4	S **39**	02·1	02·2	02·2	02·2	02·1	02·1
1·9	θ Scorpii		**95**	28·1	28·1	28·3	28·5	28·6	28·5	S **43**	00·3	00·4	00·4	00·4	00·3	00·2
2·1	*Rasalhague*	46	**96**	08·1	08·2	08·3	08·4	08·5	08·5	N **12**	33·2	33·3	33·3	33·3	33·3	33·2
1·6	*Shaula*	45	**96**	24·4	24·5	24·6	24·7	24·8	24·8	S **37**	06·7	06·8	06·8	06·7	06·7	06·7
3·0	α Aræ		**96**	49·3	49·4	49·5	49·7	49·8	49·8	S **49**	53·1	53·2	53·2	53·2	53·1	53·0
2·7	υ Scorpii		**97**	07·1	07·1	07·3	07·4	07·5	07·5	S **37**	18·3	18·3	18·3	18·3	18·3	18·2
2·8	β Draconis		**97**	19·3	19·5	19·7	20·0	20·2	20·2	N **52**	17·7	17·9	17·9	17·9	17·8	17·6
2·8	β Aræ		**98**	26·4	26·5	26·7	26·9	27·1	27·0	S **55**	32·5	32·5	32·6	32·5	32·4	32·3
Var.‡	α Herculis		**101**	12·5	12·6	12·7	12·9	12·9	12·9	N **14**	22·8	22·9	22·9	22·9	22·8	22·7
2·4	*Sabik*	44	**102**	14·7	14·7	14·8	15·0	15·0	15·0	S **15**	44·3	44·3	44·2	44·2	44·2	44·3
3·1	ζ Aræ		**105**	06·7	06·8	07·0	07·2	07·3	07·3	S **56**	00·5	00·6	00·6	00·5	00·5	00·4
2·3	ε Scorpii		**107**	16·6	16·7	16·9	17·0	17·0	17·0	S **34**	18·8	18·8	18·8	18·8	18·8	18·7
1·9	*Atria*	43	**107**	31·9	32·2	32·5	32·9	33·0	32·9	S **69**	03·0	03·0	03·1	03·0	02·9	02·7
2·8	ζ Herculis		**109**	34·2	34·4	34·5	34·7	34·8	34·7	N **31**	35·1	35·2	35·2	35·2	35·1	34·9
2·6	ζ Ophiuchi		**110**	33·4	33·4	33·5	33·7	33·7	33·6	S **10**	35·3	35·3	35·3	35·3	35·3	35·3
2·8	τ Scorpii		**110**	51·3	51·4	51·5	51·6	51·7	51·6	S **28**	14·3	14·4	14·3	14·3	14·3	14·3
2·8	β Herculis		**112**	19·4	19·5	19·7	19·8	19·8	19·8	N **21**	28·1	28·2	28·2	28·1	28·0	27·9
1·0	*Antares*	42	**112**	28·6	28·7	28·8	28·9	28·9	28·9	S **26**	27·4	27·4	27·4	27·4	27·3	27·3
2·7	η Draconis		**113**	57·4	57·7	58·0	58·3	58·5	58·5	N **61**	29·6	29·7	29·7	29·6	29·4	29·2
2·7	δ Ophiuchi		**116**	16·0	16·1	16·2	16·3	16·3	16·3	S **3**	43·3	43·3	43·2	43·2	43·3	43·3
2·6	β Scorpii		**118**	28·7	28·8	28·9	29·0	29·0	28·9	S **19**	50·1	50·1	50·1	50·1	50·1	50·1
2·3	*Dschubba*		**119**	45·1	45·2	45·3	45·4	45·4	45·3	S **22**	39·2	39·2	39·2	39·1	39·1	39·1
2·9	π Scorpii		**120**	07·1	07·2	07·3	07·4	07·4	07·3	S **26**	08·8	08·8	08·7	08·7	08·7	08·7
2·8	β Trianguli Aust.		**120**	57·9	58·1	58·4	58·6	58·7	58·5	S **63**	28·0	28·1	28·0	28·0	27·8	27·7
2·6	α Serpentis		**123**	47·7	47·8	47·9	48·0	48·0	47·9	N **6**	23·6	23·6	23·6	23·6	23·5	23·4
2·8	γ Lupi		**126**	01·7	01·9	02·0	02·1	02·1	02·0	S **41**	12·3	12·3	12·3	12·2	12·2	12·1
2·2	*Alphecca*	41	**126**	12·6	12·7	12·8	12·9	12·9	12·8	N **26**	40·9	40·9	40·9	40·8	40·7	40·6

‡ 2·9 — 3·6

Mag.	Name and Number		SHA							Declination						
				JAN.	FEB.	MAR.	APR.	MAY	JUNE		JAN.	FEB.	MAR.	APR.	MAY	JUNE
			°	′	′	′	′	′	′	°	′	′	′	′	′	′
3·1	γ Ursæ Minoris		**129**	49·6	49·1	48·5	48·2	48·1	48·3	N **71**	47·5	47·4	47·5	47·6	47·7	47·9
2·9	γ Trianguli Aust.		**130**	02·1	01·5	01·0	00·6	00·4	00·3	S **68**	42·8	42·8	42·9	43·0	43·2	43·3
2·6	β Libræ		**130**	36·7	36·4	36·2	36·0	35·9	35·9	S **9**	25·3	25·4	25·4	25·4	25·4	25·4
2·7	β Lupi		**135**	12·0	11·6	11·4	11·2	11·1	11·0	S **43**	10·4	10·4	10·5	10·6	10·7	10·8
2·8	α Libræ	39	**137**	08·3	08·1	07·9	07·7	07·6	07·6	S **16**	05·1	05·1	05·2	05·2	05·3	05·3
2·1	β Ursæ Minoris	40	**137**	20·0	19·4	18·8	18·5	18·5	18·8	N **74**	06·4	06·4	06·4	06·6	06·7	06·9
2·4	ε Bootis		**138**	38·5	38·3	38·1	37·9	37·9	37·9	N **27**	01·7	01·6	01·6	01·7	01·8	01·9
2·3	α Lupi		**139**	20·8	20·5	20·2	20·0	19·9	19·9	S **47**	25·8	25·8	25·9	26·0	26·1	26·2
−0·3	α Centauri	38	**139**	55·5	55·0	54·7	54·4	54·3	54·4	S **60**	52·4	52·5	52·6	52·7	52·8	53·0
2·3	η Centauri		**140**	57·6	57·3	57·0	56·9	56·8	56·8	S **42**	12·0	12·1	12·2	12·3	12·4	12·5
3·0	γ Bootis		**141**	52·6	52·4	52·2	52·0	52·0	52·0	N **38**	15·5	15·4	15·5	15·6	15·7	15·8
0·0	α Bootis	37	**145**	58·0	57·8	57·6	57·5	57·4	57·5	N **19**	07·5	07·5	07·5	07·5	07·6	07·7
2·1	θ Centauri	36	**148**	10·6	10·4	10·1	10·0	09·9	09·9	S **36**	25·1	25·2	25·3	25·4	25·5	25·5
0·6	β Centauri	35	**148**	51·7	51·3	51·0	50·7	50·7	50·7	S **60**	25·1	25·2	25·3	25·5	25·6	25·7
2·6	ζ Centauri		**150**	57·2	56·9	56·7	56·5	56·4	56·5	S **47**	20·2	20·3	20·4	20·5	20·6	20·7
2·7	η Bootis		**151**	12·3	12·1	11·9	11·8	11·8	11·8	N **18**	20·6	20·5	20·5	20·6	20·6	20·7
1·9	η Ursæ Majoris	34	**153**	00·8	00·4	00·2	00·1	00·1	00·2	N **49**	15·4	15·4	15·4	15·5	15·7	15·8
2·3	ε Centauri		**154**	51·8	51·5	51·2	51·1	51·0	51·1	S **53**	30·9	31·0	31·1	31·3	31·4	31·5
1·0	α Virginis	33	**158**	33·9	33·6	33·5	33·4	33·4	33·4	S **11**	12·9	13·0	13·1	13·1	13·1	13·1
2·3	ζ Ursæ Majoris		**158**	54·8	54·4	54·2	54·1	54·2	54·3	N **54**	52·0	51·9	52·0	52·1	52·3	52·4
2·8	ι Centauri		**159**	42·3	42·0	41·8	41·7	41·7	41·7	S **36**	45·9	46·0	46·1	46·2	46·3	46·3
2·8	ε Virginis		**164**	19·5	19·3	19·2	19·1	19·1	19·2	N **10**	54·1	54·0	54·0	54·0	54·1	54·1
2·9	α Canum Venat.		**165**	52·2	52·0	51·8	51·7	51·8	51·9	N **38**	15·5	15·5	15·5	15·6	15·7	15·8
1·8	ε Ursæ Majoris	32	**166**	22·6	22·2	22·0	22·0	22·1	22·3	N **55**	53·9	53·9	54·0	54·1	54·3	54·3
1·3	β Crucis		**167**	54·9	54·6	54·4	54·3	54·3	54·5	S **59**	44·5	44·6	44·8	44·9	45·1	45·1
2·9	γ Virginis		**169**	27·1	26·9	26·8	26·7	26·8	26·8	S **1**	30·4	30·5	30·6	30·6	30·6	30·5
2·2	γ Centauri		**169**	28·5	28·2	28·1	28·0	28·0	28·1	S **49**	00·8	00·9	01·1	01·2	01·3	01·4
2·7	α Muscæ		**170**	32·7	32·2	32·0	31·9	32·0	32·2	S **69**	11·3	11·4	11·6	11·8	11·9	12·0
2·7	β Corvi		**171**	15·9	15·7	15·6	15·5	15·5	15·6	S **23**	27·2	27·3	27·4	27·5	27·5	27·5
1·6	γ Crucis	31	**172**	03·7	03·4	03·2	03·1	03·2	03·3	S **57**	10·0	10·2	10·3	10·5	10·6	10·7
1·3	α Crucis	30	**173**	12·1	11·7	11·5	11·5	11·6	11·8	S **63**	09·1	09·3	09·5	09·6	09·8	09·8
2·6	γ Corvi	29	**175**	54·8	54·6	54·5	54·4	54·5	54·5	S **17**	35·9	36·0	36·1	36·2	36·2	36·2
2·6	δ Centauri		**177**	46·4	46·1	46·0	45·9	46·0	46·1	S **50**	46·6	46·8	46·9	47·1	47·2	47·2
2·4	γ Ursæ Majoris		**181**	24·1	23·8	23·7	23·7	23·8	24·0	N **53**	37·9	38·0	38·1	38·2	38·3	38·3
2·1	β Leonis	28	**182**	36·0	35·8	35·7	35·7	35·8	35·8	N **14**	30·7	30·7	30·7	30·7	30·7	30·8
2·6	δ Leonis		**191**	19·9	19·7	19·6	19·7	19·7	19·8	N **20**	27·9	27·8	27·8	27·9	27·9	28·0
3·0	ψ Ursæ Majoris		**192**	26·0	25·8	25·7	25·8	25·9	26·0	N **44**	26·3	26·3	26·4	26·5	26·6	26·6
1·8	α Ursæ Majoris	27	**193**	54·1	53·8	53·7	53·8	54·0	54·3	N **61**	41·4	41·5	41·6	41·8	41·8	41·9
2·4	β Ursæ Majoris		**194**	22·6	22·4	22·3	22·4	22·6	22·8	N **56**	19·3	19·4	19·5	19·6	19·7	19·7
2·7	μ Velorum		**198**	11·4	11·3	11·2	11·3	11·4	11·6	S **49**	28·3	28·5	28·7	28·8	28·9	28·9
2·8	θ Carinæ		**199**	09·6	09·4	09·4	09·5	09·8	10·1	S **64**	26·7	26·9	27·1	27·2	27·3	27·4
2·3	γ Leonis		**204**	51·6	51·4	51·4	51·4	51·5	51·6	N **19**	47·2	47·2	47·2	47·2	47·3	47·3
1·4	α Leonis	26	**207**	45·9	45·7	45·7	45·8	45·9	45·9	N **11**	54·9	54·8	54·8	54·9	54·9	54·9
3·0	ε Leonis		**213**	23·1	23·0	23·0	23·0	23·2	23·2	N **23**	43·5	43·5	43·5	43·5	43·6	43·6
3·1	N Velorum		**217**	06·4	06·4	06·4	06·6	06·9	07·1	S **57**	04·7	04·9	05·0	05·2	05·2	05·2
2·0	α Hydræ	25	**217**	58·2	58·1	58·2	58·2	58·4	58·4	S **8**	42·2	42·3	42·4	42·4	42·4	42·4
2·5	κ Velorum		**219**	23·0	22·9	23·0	23·2	23·4	23·6	S **55**	03·2	03·4	03·5	03·6	03·7	03·6
2·2	ι Carinæ		**220**	38·9	38·9	39·0	39·2	39·5	39·7	S **59**	19·0	19·2	19·4	19·5	19·5	19·5
1·7	β Carinæ	24	**221**	39·6	39·5	39·7	40·1	40·5	40·9	S **69**	45·5	45·6	45·8	45·9	46·0	45·9
2·2	λ Velorum	23	**222**	53·9	53·9	53·9	54·1	54·3	54·4	S **43**	28·4	28·6	28·7	28·8	28·8	28·8
3·1	ι Ursæ Majoris		**225**	00·8	00·7	00·7	00·9	01·1	01·2	N **47**	59·9	60·0	60·1	60·2	60·2	60·1
2·0	δ Velorum		**228**	44·6	44·6	44·7	45·0	45·2	45·4	S **54**	44·7	44·9	45·1	45·2	45·2	45·1
1·9	ε Carinæ	22	**234**	18·5	18·5	18·7	19·0	19·3	19·5	S **59**	32·5	32·7	32·8	32·9	32·9	32·8
1·8	γ Velorum		**237**	31·7	31·7	31·9	32·1	32·3	32·4	S **47**	22·0	22·2	22·3	22·4	22·4	22·3
2·8	ρ Puppis		**237**	59·8	59·8	59·9	60·0	60·2	60·2	S **24**	20·1	20·2	20·3	20·3	20·3	20·2
2·3	ζ Puppis		**239**	00·3	00·3	00·5	00·6	00·8	00·9	S **40**	01·9	02·1	02·2	02·3	02·2	02·2
1·1	β Geminorum	21	**243**	30·4	30·3	30·4	30·5	30·7	30·7	N **28**	00·0	00·0	00·1	00·1	00·1	00·1
0·4	α Canis Minoris	20	**245**	02·0	02·0	02·0	02·2	02·3	02·3	N **5**	11·9	11·8	11·8	11·8	11·8	11·8

Mag.	Name and Number		SHA							Declination						
				JULY	AUG.	SEPT.	OCT.	NOV.	DEC.		JULY	AUG.	SEPT.	OCT.	NOV.	DEC.
			°	′	′	′	′	′	′	°	′	′	′	′	′	′
3·1	γ Ursæ Minoris		**129**	48·6	49·2	49·7	50·1	50·3	50·1	N **71**	48·0	48·0	48·0	47·8	47·6	47·5
2·9	γ Trianguli Aust.		**130**	00·5	00·8	01·2	01·4	01·4	01·1	S **68**	43·4	43·4	43·4	43·3	43·1	43·0
2·6	β Libræ		**130**	35·9	36·0	36·1	36·2	36·2	36·1	S **9**	25·4	25·3	25·3	25·3	25·3	25·4
2·7	β Lupi		**135**	11·1	11·2	11·4	11·5	11·4	11·2	S **43**	10·8	10·8	10·8	10·7	10·6	10·6
2·8	*Zubenelgenubi*	39	**137**	07·6	07·7	07·8	07·9	07·9	07·7	S **16**	05·2	05·2	05·2	05·2	05·2	05·2
2·1	*Kochab*	40	**137**	19·2	19·8	20·4	20·8	20·9	20·7	N **74**	07·0	07·0	06·9	06·7	06·5	06·3
2·4	ε Bootis		**138**	37·9	38·1	38·2	38·3	38·2	38·1	N **27**	01·9	02·0	01·9	01·9	01·7	01·6
2·3	α Lupi		**139**	20·0	20·1	20·3	20·4	20·3	20·1	S **47**	26·3	26·3	26·2	26·1	26·0	26·0
−0·3	*Rigil Kent.*	38	**139**	54·5	54·8	55·0	55·1	55·1	54·8	S **60**	53·0	53·0	52·9	52·8	52·7	52·6
2·3	η Centauri		**140**	56·8	57·0	57·1	57·2	57·1	56·9	S **42**	12·5	12·5	12·4	12·3	12·3	12·2
3·0	γ Bootis		**141**	52·1	52·3	52·4	52·5	52·5	52·3	N **38**	15·9	15·9	15·8	15·7	15·6	15·4
0·0	*Arcturus*	37	**145**	57·5	57·6	57·8	57·8	57·7	57·6	N **19**	07·7	07·7	07·7	07·6	07·5	07·4
2·1	*Menkent*	36	**148**	10·0	10·2	10·3	10·3	10·2	10·0	S **36**	25·5	25·5	25·5	25·4	25·3	25·3
0·6	*Hadar*	35	**148**	50·9	51·2	51·4	51·4	51·3	51·0	S **60**	25·8	25·8	25·7	25·5	25·4	25·4
2·6	ζ Centauri		**150**	56·6	56·8	56·9	56·9	56·8	56·6	S **47**	20·7	20·7	20·6	20·5	20·4	20·4
2·7	η Bootis		**151**	11·9	12·0	12·1	12·1	12·0	11·9	N **18**	20·8	20·8	20·7	20·7	20·5	20·4
1·9	*Alkaid*	34	**153**	00·4	00·6	00·7	00·8	00·7	00·5	N **49**	15·8	15·8	15·7	15·6	15·4	15·2
2·3	ε Centauri		**154**	51·2	51·4	51·6	51·6	51·5	51·2	S **53**	31·5	31·5	31·4	31·3	31·2	31·2
1·0	*Spica*	33	**158**	33·5	33·6	33·6	33·6	33·5	33·3	S **11**	13·1	13·1	13·0	13·0	13·1	13·1
2·3	*Mizar*		**158**	54·5	54·7	54·9	55·0	54·8	54·6	N **54**	52·4	52·4	52·3	52·1	51·9	51·8
2·8	ι Centauri		**159**	41·8	42·0	42·0	42·0	41·9	41·7	S **36**	46·3	46·3	46·2	46·1	46·1	46·1
2·8	ε Virginis		**164**	19·2	19·3	19·4	19·4	19·3	19·1	N **10**	54·2	54·2	54·1	54·1	54·0	53·9
2·9	*Cor Caroli*		**165**	52·0	52·1	52·2	52·2	52·1	51·8	N **38**	15·8	15·8	15·7	15·6	15·4	15·3
1·8	*Alioth*	32	**166**	22·5	22·7	22·8	22·8	22·6	22·4	N **55**	54·3	54·3	54·2	54·0	53·8	53·7
1·3	*Mimosa*		**167**	54·7	54·9	55·0	55·0	54·8	54·4	S **59**	45·1	45·1	45·0	44·8	44·7	44·7
2·9	γ Virginis		**169**	26·9	27·0	27·0	27·0	26·8	26·6	S **1**	30·5	30·5	30·5	30·5	30·6	30·7
2·2	*Muhlifain*		**169**	28·3	28·4	28·5	28·5	28·3	28·0	S **49**	01·4	01·3	01·2	01·1	01·0	01·0
2·7	α Muscæ		**170**	32·6	32·9	33·1	33·1	32·8	32·2	S **69**	12·0	11·9	11·8	11·7	11·6	11·5
2·7	β Corvi		**171**	15·7	15·8	15·8	15·8	15·6	15·4	S **23**	27·5	27·4	27·4	27·3	27·3	27·4
1·6	*Gacrux*	31	**172**	03·5	03·7	03·8	03·8	03·5	03·2	S **57**	10·7	10·6	10·5	10·4	10·3	10·3
1·3	*Acrux*	30	**173**	12·0	12·3	12·4	12·3	12·0	11·6	S **63**	09·8	09·8	09·6	09·5	09·4	09·4
2·6	*Gienah*	29	**175**	54·6	54·7	54·7	54·6	54·5	54·2	S **17**	36·2	36·1	36·1	36·1	36·1	36·2
2·6	δ Centauri		**177**	46·3	46·4	46·5	46·4	46·2	45·9	S **50**	47·2	47·1	47·0	46·9	46·8	46·8
2·4	*Phecda*		**181**	24·2	24·3	24·4	24·3	24·1	23·7	N **53**	38·3	38·2	38·1	37·9	37·8	37·7
2·1	*Denebola*	28	**182**	35·9	36·0	36·0	35·9	35·7	35·5	N **14**	30·8	30·8	30·8	30·7	30·6	30·5
2·6	δ Leonis		**191**	19·9	19·9	19·9	19·8	19·6	19·4	N **20**	28·0	28·0	27·9	27·8	27·7	27·6
3·0	ψ Ursæ Majoris		**192**	26·2	26·2	26·2	26·1	25·8	25·5	N **44**	26·6	26·5	26·4	26·2	26·1	26·0
1·8	*Dubhe*	27	**193**	54·5	54·6	54·6	54·4	54·1	53·7	N **61**	41·8	41·7	41·5	41·3	41·2	41·1
2·4	*Merak*		**194**	22·9	23·0	23·0	22·8	22·5	22·2	N **56**	19·7	19·6	19·4	19·3	19·1	19·0
2·7	μ Velorum		**198**	11·8	11·8	11·8	11·6	11·4	11·0	S **49**	28·8	28·7	28·6	28·5	28·5	28·5
2·8	θ Carinæ		**199**	10·3	10·5	10·5	10·3	09·9	09·4	S **64**	27·3	27·2	27·0	26·9	26·9	26·9
2·3	*Algeiba*		**204**	51·7	51·7	51·6	51·5	51·2	51·0	N **19**	47·3	47·3	47·2	47·1	47·0	46·9
1·4	*Regulus*	26	**207**	46·0	46·0	45·9	45·8	45·5	45·3	N **11**	54·9	54·9	54·9	54·8	54·7	54·7
3·0	ε Leonis		**213**	23·3	23·3	23·2	23·0	22·7	22·5	N **23**	43·6	43·5	43·5	43·4	43·3	43·2
3·1	N Velorum		**217**	07·3	07·3	07·2	06·9	06·6	06·2	S **57**	05·1	04·9	04·8	04·7	04·7	04·8
2·0	*Alphard*	25	**217**	58·5	58·4	58·3	58·2	57·9	57·7	S **8**	42·3	42·3	42·2	42·3	42·3	42·4
2·5	κ Velorum		**219**	23·8	23·8	23·7	23·4	23·1	22·7	S **55**	03·5	03·4	03·3	03·2	03·2	03·3
2·2	ι Carinæ		**220**	39·9	39·9	39·8	39·5	39·1	38·7	S **59**	19·4	19·2	19·1	19·0	19·0	19·1
1·7	*Miaplacidus*	24	**221**	41·2	41·2	41·0	40·7	40·1	39·6	S **69**	45·8	45·7	45·5	45·5	45·5	45·6
2·2	*Suhail*	23	**222**	54·5	54·5	54·3	54·1	53·8	53·5	S **43**	28·7	28·5	28·4	28·4	28·4	28·5
3·1	ι Ursæ Majoris		**225**	01·2	01·1	01·0	00·7	00·4	00·0	N **47**	60·1	60·0	59·8	59·7	59·7	59·6
2·0	δ Velorum		**228**	45·5	45·5	45·3	45·0	44·7	44·4	S **54**	45·0	44·8	44·7	44·7	44·7	44·8
1·9	*Avior*	22	**234**	19·6	19·6	19·4	19·0	18·6	18·3	S **59**	32·7	32·6	32·4	32·4	32·4	32·6
1·8	γ Velorum		**237**	32·5	32·4	32·2	32·0	31·7	31·4	S **47**	22·1	22·0	21·9	21·8	21·9	22·0
2·8	ρ Puppis		**237**	60·2	60·2	60·0	59·8	59·5	59·3	S **24**	20·1	20·0	20·0	19·9	20·0	20·1
2·3	ζ Puppis		**238**	60·9	60·9	60·7	60·4	60·2	59·9	S **40**	02·0	01·9	01·8	01·8	01·8	02·0
1·1	*Pollux*	21	**243**	30·7	30·5	30·3	30·1	29·8	29·6	N **27**	60·0	60·0	59·9	59·9	59·8	59·8
0·4	*Procyon*	20	**245**	02·3	02·1	02·0	01·8	01·5	01·3	N **5**	11·9	11·9	11·9	11·9	11·8	11·7

Mag.	Name and Number		SHA							Declination						
				JAN.	FEB.	MAR.	APR.	MAY	JUNE		JAN.	FEB.	MAR.	APR.	MAY	JUNE
			°	′	′	′	′	′	′	°	′	′	′	′	′	′
1·6	α Geminorum		**246**	10·7	10·7	10·8	10·9	11·0	11·1	**N 31**	51·9	51·9	51·9	52·0	51·9	51·9
3·3	σ Puppis		**247**	36·1	36·2	36·3	36·5	36·7	36·8	**S 43**	19·4	19·5	19·6	19·7	19·6	19·5
2·9	β Canis Minoris		**248**	04·0	03·9	04·0	04·1	04·2	04·3	**N 8**	16·1	16·0	16·0	16·0	16·0	16·0
2·4	η Canis Majoris		**248**	52·0	52·0	52·2	52·3	52·5	52·5	**S 29**	19·4	19·6	19·6	19·7	19·6	19·5
2·7	π Puppis		**250**	36·9	37·0	37·1	37·3	37·5	37·5	**S 37**	07·0	07·1	07·2	07·3	07·2	07·1
1·8	δ Canis Majoris		**252**	47·4	47·4	47·6	47·7	47·9	47·9	**S 26**	24·6	24·8	24·8	24·8	24·8	24·7
3·0	ο Canis Majoris		**254**	07·8	07·8	07·9	08·1	08·2	08·2	**S 23**	51·0	51·1	51·1	51·2	51·1	51·0
1·5	ε Canis Majoris	19	**255**	14·1	14·1	14·3	14·4	14·6	14·6	**S 28**	59·2	59·4	59·4	59·4	59·4	59·3
2·9	τ Puppis		**257**	26·6	26·7	26·9	27·1	27·3	27·5	**S 50**	37·7	37·8	37·9	37·9	37·9	37·7
−1·5	α Canis Majoris	18	**258**	35·6	35·6	35·7	35·9	36·0	36·0	**S 16**	43·9	44·0	44·0	44·0	44·0	43·9
1·9	γ Geminorum		**260**	25·0	25·0	25·1	25·2	25·3	25·3	**N 16**	23·4	23·4	23·4	23·4	23·4	23·4
−0·7	α Carinæ	17	**263**	56·7	56·9	57·1	57·4	57·6	57·7	**S 52**	42·2	42·3	42·4	42·4	42·3	42·2
2·0	β Canis Majoris		**264**	12·3	12·3	12·5	12·6	12·7	12·7	**S 17**	57·7	57·8	57·9	57·9	57·8	57·7
2·6	θ Aurigæ		**269**	53·2	53·2	53·4	53·5	53·6	53·6	**N 37**	12·8	12·9	12·9	12·9	12·8	12·8
1·9	β Aurigæ		**269**	55·2	55·3	55·4	55·6	55·7	55·7	**N 44**	56·9	57·0	57·0	57·0	57·0	56·9
Var.‡	α Orionis	16	**271**	03·7	03·7	03·8	04·0	04·0	04·0	**N 7**	24·5	24·5	24·5	24·5	24·5	24·5
2·1	κ Orionis		**272**	55·9	56·0	56·1	56·3	56·3	56·3	**S 9**	40·0	40·1	40·1	40·1	40·1	40·0
1·9	ζ Orionis		**274**	40·5	40·5	40·6	40·8	40·8	40·8	**S 1**	56·3	56·3	56·4	56·3	56·3	56·2
2·6	α Columbæ		**274**	59·3	59·4	59·5	59·7	59·8	59·8	**S 34**	04·2	04·3	04·4	04·3	04·3	04·1
3·0	ζ Tauri		**275**	25·7	25·7	25·9	26·0	26·1	26·0	**N 21**	08·9	08·9	08·9	08·9	08·9	08·9
1·7	ε Orionis	15	**275**	48·6	48·6	48·8	48·9	49·0	48·9	**S 1**	11·8	11·8	11·8	11·8	11·8	11·7
2·8	ι Orionis		**276**	00·6	00·6	00·8	00·9	01·0	00·9	**S 5**	54·3	54·3	54·3	54·3	54·3	54·2
2·6	α Leporis		**276**	41·9	41·9	42·1	42·2	42·3	42·3	**S 17**	49·0	49·1	49·1	49·1	49·0	48·9
2·2	δ Orionis		**276**	51·6	51·7	51·8	51·9	52·0	52·0	**S 0**	17·5	17·6	17·6	17·6	17·6	17·5
2·8	β Leporis		**277**	49·3	49·4	49·5	49·7	49·8	49·7	**S 20**	45·2	45·3	45·3	45·3	45·2	45·1
1·7	β Tauri	14	**278**	15·4	15·5	15·6	15·8	15·8	15·8	**N 28**	37·0	37·0	37·0	37·0	37·0	36·9
1·6	γ Orionis	13	**278**	34·4	34·4	34·6	34·7	34·7	34·7	**N 6**	21·5	21·5	21·5	21·5	21·5	21·5
0·1	α Aurigæ	12	**280**	37·7	37·8	38·0	38·2	38·3	38·2	**N 46**	00·6	00·6	00·7	00·6	00·5	00·5
0·1	β Orionis	11	**281**	14·2	14·2	14·4	14·5	14·5	14·5	**S 8**	11·5	11·5	11·5	11·5	11·5	11·4
2·8	β Eridani		**282**	54·3	54·4	54·5	54·6	54·7	54·6	**S 5**	04·4	04·5	04·5	04·5	04·5	04·4
2·7	ι Aurigæ		**285**	34·6	34·7	34·8	35·0	35·0	34·9	**N 33**	11·0	11·0	11·0	11·0	10·9	10·9
0·9	α Tauri	10	**290**	52·0	52·1	52·2	52·3	52·3	52·2	**N 16**	31·8	31·8	31·8	31·8	31·8	31·8
2·9	ε Persei		**300**	21·5	21·6	21·7	21·9	21·9	21·7	**N 40**	02·5	02·6	02·5	02·5	02·4	02·4
3·0	γ Eridani		**300**	22·1	22·2	22·3	22·4	22·4	22·3	**S 13**	28·9	28·9	28·9	28·9	28·8	28·7
2·9	ζ Persei		**301**	18·0	18·1	18·2	18·3	18·3	18·2	**N 31**	55·0	55·0	54·9	54·9	54·8	54·8
2·9	η Tauri		**302**	58·2	58·3	58·5	58·6	58·6	58·4	**N 24**	08·3	08·3	08·3	08·2	08·2	08·2
1·8	α Persei	9	**308**	43·7	43·9	44·1	44·2	44·2	44·0	**N 49**	54·1	54·1	54·0	53·9	53·9	53·8
Var.§	β Persei		**312**	47·1	47·3	47·4	47·5	47·4	47·3	**N 40**	59·9	59·9	59·8	59·8	59·7	59·7
2·5	α Ceti	8	**314**	17·5	17·6	17·7	17·8	17·7	17·6	**N 4**	07·8	07·8	07·8	07·8	07·8	07·9
3·2	θ Eridani	7	**315**	20·0	20·1	20·3	20·4	20·4	20·3	**S 40**	16·0	16·0	16·0	15·9	15·7	15·6
2·0	α Ursæ Minoris		**318**	52·3	64·5	75·1	80·9	78·9	70·5	**N 89**	18·9	18·9	18·8	18·7	18·5	18·4
3·0	β Trianguli		**327**	27·5	27·6	27·7	27·8	27·7	27·4	**N 35**	02·3	02·3	02·2	02·2	02·1	02·1
2·0	α Arietis	6	**328**	03·5	03·7	03·7	03·8	03·7	03·5	**N 23**	30·8	30·7	30·7	30·7	30·6	30·7
2·3	γ Andromedæ		**328**	51·9	52·0	52·1	52·2	52·1	51·8	**N 42**	23·0	22·9	22·9	22·8	22·7	22·7
2·9	α Hydri		**330**	13·4	13·7	13·9	14·0	14·0	13·7	**S 61**	31·5	31·4	31·3	31·2	31·0	30·8
2·6	β Arietis		**331**	11·7	11·8	11·9	11·9	11·9	11·6	**N 20**	51·6	51·6	51·5	51·5	51·5	51·5
0·5	α Eridani	5	**335**	28·4	28·7	28·8	28·9	28·8	28·6	**S 57**	11·4	11·3	11·2	11·0	10·9	10·7
2·7	δ Cassiopeiæ		**338**	22·5	22·8	23·0	23·0	22·8	22·4	**N 60**	17·6	17·6	17·5	17·3	17·2	17·2
2·1	β Andromedæ		**342**	25·3	25·4	25·5	25·5	25·4	25·1	**N 35**	40·7	40·6	40·6	40·5	40·4	40·5
Var.‖	γ Cassiopeiæ		**345**	40·0	40·3	40·4	40·4	40·2	39·8	**N 60**	46·6	46·6	46·5	46·3	46·2	46·2
2·0	β Ceti	4	**348**	58·4	58·5	58·5	58·5	58·4	58·1	**S 17**	55·9	55·9	55·9	55·8	55·7	55·6
2·2	α Cassiopeiæ	3	**349**	43·7	43·9	44·0	43·9	43·7	43·3	**N 56**	35·9	35·8	35·7	35·6	35·5	35·5
2·4	α Phœnicis	2	**353**	18·2	18·3	18·3	18·3	18·1	17·8	**S 42**	15·2	15·2	15·1	14·9	14·8	14·6
2·8	β Hydri		**353**	26·0	26·6	26·8	26·8	26·4	25·7	**S 77**	12·1	12·0	11·8	11·6	11·4	11·3
2·8	γ Pegasi		**356**	33·6	33·6	33·6	33·6	33·4	33·2	**N 15**	14·5	14·5	14·4	14·4	14·4	14·5
2·3	β Cassiopeiæ		**357**	34·3	34·4	34·5	34·4	34·1	33·7	**N 59**	12·7	12·6	12·4	12·3	12·3	12·3
2·1	α Andromedæ	1	**357**	46·3	46·4	46·4	46·3	46·1	45·9	**N 29**	09·0	08·9	08·8	08·8	08·8	08·8

‡ 0·1 — 1·2 § 2·1 — 3·4 ‖ Irregular variable; 2008 mag. 2·2

Mag.	Name and Number		SHA							Declination						
				JULY	AUG.	SEPT.	OCT.	NOV.	DEC.		JULY	AUG.	SEPT.	OCT.	NOV.	DEC.
			°	′	′	′	′	′	′	°	′	′	′	′	′	′
1·6	*Castor*		**246**	11·0	10·9	10·7	10·4	10·1	09·9	N **31**	51·9	51·8	51·8	51·7	51·7	51·7
3·3	σ Puppis		**247**	36·8	36·7	36·5	36·2	36·0	35·8	S **43**	19·4	19·2	19·1	19·1	19·2	19·4
2·9	β Canis Minoris		**248**	04·2	04·1	03·9	03·7	03·5	03·3	N **8**	16·1	16·1	16·1	16·1	16·0	15·9
2·4	η Canis Majoris		**248**	52·5	52·4	52·2	52·0	51·7	51·5	S **29**	19·4	19·3	19·2	19·2	19·3	19·4
2·7	π Puppis		**250**	37·5	37·4	37·2	36·9	36·7	36·5	S **37**	07·0	06·8	06·8	06·8	06·8	07·0
1·8	*Wezen*		**252**	47·9	47·7	47·5	47·3	47·1	46·9	S **26**	24·6	24·5	24·4	24·4	24·5	24·6
3·0	o Canis Majoris		**254**	08·2	08·0	07·8	07·6	07·4	07·2	S **23**	50·9	50·8	50·7	50·7	50·8	51·0
1·5	*Adhara*	19	**255**	14·6	14·4	14·2	14·0	13·8	13·6	S **28**	59·2	59·0	59·0	59·0	59·1	59·2
2·9	τ Puppis		**257**	27·4	27·3	27·0	26·7	26·4	26·2	S **50**	37·6	37·4	37·3	37·3	37·4	37·6
−1·5	*Sirius*	18	**258**	35·9	35·8	35·6	35·3	35·1	35·0	S **16**	43·8	43·7	43·7	43·7	43·8	43·9
1·9	*Alhena*		**260**	25·2	25·1	24·9	24·6	24·4	24·2	N **16**	23·4	23·4	23·4	23·4	23·4	23·3
−0·7	*Canopus*	17	**263**	57·6	57·4	57·2	56·9	56·6	56·4	S **52**	42·0	41·8	41·8	41·8	41·9	42·1
2·0	*Mirzam*		**264**	12·6	12·5	12·3	12·1	11·8	11·7	S **17**	57·6	57·5	57·5	57·5	57·6	57·7
2·6	θ Aurigæ		**269**	53·4	53·2	52·9	52·7	52·4	52·2	N **37**	12·7	12·7	12·7	12·7	12·7	12·7
1·9	*Menkalinan*		**269**	55·5	55·3	55·0	54·7	54·4	54·2	N **44**	56·8	56·8	56·8	56·8	56·8	56·8
Var.‡	*Betelgeuse*	16	**271**	03·9	03·7	03·5	03·3	03·1	02·9	N **7**	24·6	24·6	24·6	24·6	24·6	24·5
2·1	κ Orionis		**272**	56·2	56·0	55·8	55·6	55·4	55·3	S **9**	39·9	39·8	39·8	39·8	39·9	40·0
1·9	*Alnitak*		**274**	40·7	40·5	40·3	40·0	39·9	39·7	S **1**	56·2	56·1	56·1	56·1	56·1	56·2
2·6	*Phact*		**274**	59·7	59·5	59·3	59·0	58·8	58·7	S **34**	04·0	03·9	03·8	03·8	03·9	04·1
3·0	ζ Tauri		**275**	25·9	25·7	25·4	25·2	25·0	24·8	N **21**	08·9	08·9	08·9	08·9	08·9	08·9
1·7	*Alnilam*	15	**275**	48·8	48·6	48·4	48·2	48·0	47·9	S **1**	11·7	11·6	11·6	11·6	11·6	11·7
2·8	ι Orionis		**275**	60·8	60·6	60·4	60·2	60·0	59·9	S **5**	54·1	54·0	54·0	54·0	54·1	54·2
2·6	α Leporis		**276**	42·1	42·0	41·7	41·5	41·3	41·2	S **17**	48·8	48·7	48·7	48·7	48·8	48·9
2·2	δ Orionis		**276**	51·8	51·7	51·4	51·2	51·0	50·9	S **0**	17·4	17·4	17·3	17·3	17·4	17·5
2·8	β Leporis		**277**	49·6	49·4	49·2	49·0	48·8	48·7	S **20**	45·0	44·9	44·8	44·8	44·9	45·1
1·7	*Elnath*	14	**278**	15·6	15·4	15·1	14·9	14·7	14·5	N **28**	36·9	36·9	36·9	37·0	37·0	37·0
1·6	*Bellatrix*	13	**278**	34·6	34·4	34·1	33·9	33·7	33·6	N **6**	21·6	21·6	21·7	21·7	21·6	21·6
0·1	*Capella*	12	**280**	38·0	37·7	37·4	37·1	36·8	36·6	N **46**	00·4	00·4	00·4	00·4	00·5	00·5
0·1	*Rigel*	11	**281**	14·4	14·2	13·9	13·7	13·5	13·4	S **8**	11·3	11·2	11·2	11·2	11·3	11·3
2·8	β Eridani		**282**	54·5	54·3	54·1	53·9	53·7	53·6	S **5**	04·3	04·2	04·2	04·2	04·3	04·3
2·7	ι Aurigæ		**285**	34·8	34·5	34·2	34·0	33·8	33·6	N **33**	10·9	10·9	10·9	11·0	11·0	11·0
0·9	*Aldebaran*	10	**290**	52·1	51·8	51·6	51·4	51·2	51·1	N **16**	31·8	31·9	31·9	31·9	31·9	31·9
2·9	ε Persei		**300**	21·5	21·2	20·9	20·6	20·5	20·4	N **40**	02·3	02·4	02·4	02·5	02·6	02·6
3·0	γ Eridani		**300**	22·1	21·9	21·7	21·5	21·4	21·3	S **13**	28·6	28·5	28·4	28·5	28·5	28·6
2·9	ζ Persei		**301**	18·0	17·7	17·4	17·2	17·0	17·0	N **31**	54·8	54·9	54·9	55·0	55·0	55·1
2·9	*Alcyone*		**302**	58·2	58·0	57·7	57·5	57·4	57·3	N **24**	08·2	08·3	08·3	08·4	08·4	08·4
1·8	*Mirfak*	9	**308**	43·7	43·4	43·0	42·8	42·6	42·5	N **49**	53·8	53·8	53·9	54·0	54·1	54·2
Var.§	*Algol*		**312**	47·0	46·7	46·4	46·2	46·1	46·0	N **40**	59·7	59·7	59·8	59·9	60·0	60·1
2·5	*Menkar*	8	**314**	17·4	17·2	16·9	16·8	16·7	16·7	N **4**	08·0	08·0	08·1	08·1	08·1	08·0
3·2	*Acamar*	7	**315**	20·0	19·8	19·5	19·4	19·3	19·3	S **40**	15·4	15·4	15·4	15·5	15·6	15·7
2·0	*Polaris*		**318**	57·7	42·9	29·4	19·9	15·9	19·6	N **89**	18·4	18·4	18·5	18·6	18·8	19·0
3·0	β Trianguli		**327**	27·2	26·9	26·7	26·5	26·4	26·5	N **35**	02·2	02·3	02·4	02·5	02·5	02·6
2·0	*Hamal*	6	**328**	03·2	03·0	02·8	02·6	02·6	02·6	N **23**	30·7	30·8	30·9	31·0	31·0	31·0
2·3	*Almak*		**328**	51·5	51·2	51·0	50·8	50·7	50·8	N **42**	22·7	22·8	22·9	23·0	23·1	23·2
2·9	α Hydri		**330**	13·4	13·0	12·7	12·5	12·5	12·7	S **61**	30·7	30·7	30·7	30·9	31·0	31·2
2·6	*Sheratan*		**331**	11·4	11·2	11·0	10·8	10·8	10·8	N **20**	51·6	51·7	51·8	51·8	51·9	51·9
0·5	*Achernar*	5	**335**	28·2	27·9	27·6	27·5	27·5	27·7	S **57**	10·6	10·6	10·6	10·8	10·9	11·0
2·7	*Ruchbah*		**338**	22·0	21·6	21·3	21·1	21·1	21·2	N **60**	17·2	17·3	17·5	17·6	17·8	17·9
2·1	*Mirach*		**342**	24·8	24·6	24·4	24·3	24·3	24·3	N **35**	40·5	40·6	40·8	40·9	41·0	41·0
Var.‖	γ Cassiopeiæ		**345**	39·4	39·0	38·7	38·6	38·6	38·8	N **60**	46·3	46·4	46·6	46·7	46·9	46·9
2·0	*Diphda*	4	**348**	57·9	57·7	57·5	57·5	57·5	57·6	S **17**	55·5	55·4	55·4	55·4	55·5	55·6
2·2	*Schedar*	3	**349**	43·0	42·6	42·4	42·3	42·4	42·5	N **56**	35·6	35·7	35·9	36·0	36·2	36·2
2·4	*Ankaa*	2	**353**	17·6	17·3	17·1	17·1	17·2	17·3	S **42**	14·6	14·5	14·6	14·7	14·8	14·9
2·8	β Hydri		**353**	24·9	24·2	23·8	23·8	24·1	24·8	S **77**	11·3	11·3	11·4	11·6	11·7	11·8
2·8	*Algenib*		**356**	32·9	32·7	32·6	32·6	32·6	32·7	N **15**	14·6	14·7	14·8	14·9	14·9	14·9
2·3	*Caph*		**357**	33·4	33·0	32·8	32·8	32·9	33·1	N **59**	12·3	12·5	12·7	12·8	13·0	13·0
2·1	*Alpheratz*	1	**357**	45·6	45·4	45·3	45·2	45·3	45·3	N **29**	08·9	09·1	09·2	09·3	09·3	09·3

‡ 0·1 — 1·2 § 2·1 — 3·4 ‖ Irregular variable; 2008 mag. 2·2

POLARIS (POLE STAR) TABLES, 2010

FOR DETERMINING LATITUDE FROM SEXTANT ALTITUDE AND FOR AZIMUTH

LHA ARIES	0° – 9°	10° – 19°	20° – 29°	30° – 39°	40° – 49°	50° – 59°	60° – 69°	70° – 79°	80° – 89°	90° – 99°	100° – 109°	110° – 119°
	a_0	a_0	a_0	a_0	a_0	a_0	a_0	a_0	a_0	a_0	a_0	a_0
°	° ′	° ′	° ′	° ′	° ′	° ′	° ′	° ′	° ′	° ′	° ′	° ′
0	0 27·8	0 23·5	0 20·3	0 18·3	0 17·5	0 18·0	0 19·7	0 22·7	0 26·7	0 31·8	0 37·6	0 44·1
1	27·4	23·2	20·1	18·2	17·5	18·1	20·0	23·0	27·2	32·3	38·3	44·8
2	26·9	22·8	19·8	18·0	17·5	18·2	20·2	23·4	27·7	32·9	38·9	45·5
3	26·4	22·5	19·6	17·9	17·5	18·4	20·5	23·8	28·2	33·5	39·5	46·2
4	26·0	22·1	19·4	17·8	17·6	18·5	20·8	24·2	28·6	34·0	40·2	46·9
5	0 25·6	0 21·8	0 19·2	0 17·7	0 17·6	0 18·7	0 21·1	0 24·6	0 29·1	0 34·6	0 40·8	0 47·6
6	25·1	21·5	19·0	17·7	17·6	18·9	21·4	25·0	29·7	35·2	41·5	48·3
7	24·7	21·2	18·8	17·6	17·7	19·1	21·7	25·4	30·2	35·8	42·1	49·0
8	24·3	20·9	18·6	17·6	17·8	19·3	22·0	25·8	30·7	36·4	42·8	49·7
9	23·9	20·6	18·4	17·5	17·9	19·5	22·3	26·3	31·2	37·0	43·5	50·4
10	0 23·5	0 20·3	0 18·3	0 17·5	0 18·0	0 19·7	0 22·7	0 26·7	0 31·8	0 37·6	0 44·1	0 51·1
Lat.	a_1	a_1	a_1	a_1	a_1	a_1	a_1	a_1	a_1	a_1	a_1	a_1
°	′	′	′	′	′	′	′	′	′	′	′	′
0	0·5	0·5	0·6	0·6	0·6	0·6	0·6	0·5	0·5	0·4	0·4	0·3
10	·5	·6	·6	·6	·6	·6	·6	·5	·5	·4	·4	·4
20	·5	·6	·6	·6	·6	·6	·6	·5	·5	·5	·4	·4
30	·5	·6	·6	·6	·6	·6	·6	·6	·5	·5	·5	·5
40	0·6	0·6	0·6	0·6	0·6	0·6	0·6	0·6	0·6	0·5	0·5	0·5
45	·6	·6	·6	·6	·6	·6	·6	·6	·6	·6	·6	·6
50	·6	·6	·6	·6	·6	·6	·6	·6	·6	·6	·6	·6
55	·6	·6	·6	·6	·6	·6	·6	·6	·6	·6	·6	·7
60	·6	·6	·6	·6	·6	·6	·6	·6	·7	·7	·7	·7
62	0·7	0·6	0·6	0·6	0·6	0·6	0·6	0·7	0·7	0·7	0·7	0·8
64	·7	·6	·6	·6	·6	·6	·6	·7	·7	·7	·8	·8
66	·7	·7	·6	·6	·6	·6	·6	·7	·7	·8	·8	·8
68	0·7	0·7	0·6	0·6	0·6	0·6	0·7	0·7	0·8	0·8	0·9	0·9
Month	a_2	a_2	a_2	a_2	a_2	a_2	a_2	a_2	a_2	a_2	a_2	a_2
	′	′	′	′	′	′	′	′	′	′	′	′
Jan.	0·7	0·7	0·8	0·8	0·8	0·8	0·8	0·8	0·7	0·7	0·7	0·7
Feb.	·6	·7	·7	·8	·8	·8	·8	·9	·9	·9	·8	·8
Mar.	·5	·6	·6	·7	·7	·8	·8	·9	·9	·9	·9	0·9
Apr.	0·4	0·4	0·5	0·5	0·6	0·7	0·7	0·8	0·8	0·9	0·9	1·0
May	·3	·3	·3	·4	·5	·5	·6	·7	·7	·8	·8	0·9
June	·2	·2	·3	·3	·3	·4	·4	·5	·6	·6	·7	·8
July	0·3	0·3	0·2	0·3	0·3	0·3	0·3	0·4	0·4	0·5	0·5	0·6
Aug.	·4	·4	·3	·3	·3	·3	·3	·3	·3	·4	·4	·4
Sept.	·6	·5	·5	·4	·4	·3	·3	·3	·3	·3	·3	·3
Oct.	0·8	0·7	0·6	0·6	0·5	0·5	0·4	0·4	0·3	0·3	0·3	0·2
Nov.	0·9	0·9	0·8	·8	·7	·6	·5	·5	·4	·4	·3	·3
Dec.	1·0	1·0	1·0	0·9	0·9	0·8	0·7	0·6	0·6	0·5	0·4	0·3
Lat.	AZIMUTH											
°	°	°	°	°	°	°	°	°	°	°	°	°
0	0·4	0·3	0·2	0·1	0·0	359·8	359·7	359·6	359·5	359·4	359·4	359·3
20	0·4	0·3	0·2	0·1	0·0	359·8	359·7	359·6	359·5	359·4	359·3	359·3
40	0·5	0·4	0·3	0·1	359·9	359·8	359·6	359·5	359·4	359·3	359·2	359·1
50	0·6	0·5	0·3	0·1	359·9	359·7	359·6	359·4	359·3	359·1	359·0	359·0
55	0·7	0·5	0·3	0·1	359·9	359·7	359·5	359·3	359·2	359·0	358·9	358·8
60	0·8	0·6	0·4	0·2	359·9	359·7	359·4	359·2	359·0	358·9	358·8	358·7
65	1·0	0·7	0·5	0·2	359·9	359·6	359·3	359·1	358·9	358·7	358·5	358·4

Latitude $=$ Apparent altitude (corrected for refraction) $-1° + a_0 + a_1 + a_2$

The table is entered with LHA Aries to determine the column to be used; each column refers to a range of 10°. a_0 is taken, with mental interpolation, from the upper table with the units of LHA Aries in degrees as argument; a_1, a_2 are taken, without interpolation, from the second and third tables with arguments latitude and month respectively. a_0, a_1, a_2, are always positive. The final table gives the azimuth of *Polaris*.

FOR DETERMINING LATITUDE FROM SEXTANT ALTITUDE AND FOR AZIMUTH

LHA ARIES	120°–129°	130°–139°	140°–149°	150°–159°	160°–169°	170°–179°	180°–189°	190°–199°	200°–209°	210°–219°	220°–229°	230°–239°
	a_0	a_0	a_0	a_0	a_0	a_0	a_0	a_0	a_0	a_0	a_0	a_0
°	° ′	° ′	° ′	° ′	° ′	° ′	° ′	° ′	° ′	° ′	° ′	° ′
0	0 51·1	0 58·2	1 05·4	1 12·4	1 18·9	1 24·9	1 30·0	1 34·2	1 37·3	1 39·3	1 40·1	1 39·6
1	51·8	59·0	06·1	13·1	19·6	25·4	30·5	34·6	37·6	39·5	40·1	39·5
2	52·5	0 59·7	06·8	13·7	20·2	26·0	30·9	34·9	37·8	39·6	40·1	39·4
3	53·2	1 00·4	07·5	14·4	20·8	26·5	31·4	35·3	38·1	39·7	40·1	39·2
4	53·9	01·1	08·2	15·1	21·4	27·0	31·8	35·6	38·3	39·8	40·1	39·1
5	0 54·6	1 01·8	1 08·9	1 15·7	1 22·0	1 27·5	1 32·2	1 35·9	1 38·5	1 39·9	1 40·0	1 38·9
6	55·4	02·6	09·6	16·4	22·6	28·1	32·7	36·2	38·7	39·9	40·0	38·7
7	56·1	03·3	10·3	17·0	23·2	28·6	33·1	36·5	38·9	40·0	39·9	38·6
8	56·8	04·0	11·0	17·7	23·7	29·1	33·5	36·8	39·0	40·0	39·8	38·4
9	57·5	04·7	11·7	18·3	24·3	29·5	33·8	37·1	39·2	40·1	39·7	38·1
10	0 58·2	1 05·4	1 12·4	1 18·9	1 24·9	1 30·0	1 34·2	1 37·3	1 39·3	1 40·1	1 39·6	1 37·9
Lat.	a_1	a_1	a_1	a_1	a_1	a_1	a_1	a_1	a_1	a_1	a_1	a_1
°	′	′	′	′	′	′	′	′	′	′	′	′
0	0·3	0·3	0·3	0·4	0·4	0·4	0·5	0·5	0·6	0·6	0·6	0·6
10	·4	·3	·4	·4	·4	·5	·5	·6	·6	·6	·6	·6
20	·4	·4	·4	·4	·5	·5	·5	·6	·6	·6	·6	·6
30	·4	·4	·5	·5	·5	·5	·5	·6	·6	·6	·6	·6
40	0·5	0·5	0·5	0·5	0·5	0·6	0·6	0·6	0·6	0·6	0·6	0·6
45	·6	·6	·6	·6	·6	·6	·6	·6	·6	·6	·6	·6
50	·6	·6	·6	·6	·6	·6	·6	·6	·6	·6	·6	·6
55	·7	·7	·7	·6	·6	·6	·6	·6	·6	·6	·6	·6
60	·7	·7	·7	·7	·7	·7	·6	·6	·6	·6	·6	·6
62	0·8	0·8	0·8	0·7	0·7	0·7	0·7	0·6	0·6	0·6	0·6	0·6
64	·8	·8	·8	·8	·7	·7	·7	·6	·6	·6	·6	·6
66	·9	·9	·8	·8	·8	·7	·7	·7	·6	·6	·6	·6
68	0·9	0·9	0·9	0·9	0·8	0·8	0·7	0·7	0·6	0·6	0·6	0·6
Month	a_2	a_2	a_2	a_2	a_2	a_2	a_2	a_2	a_2	a_2	a_2	a_2
	′	′	′	′	′	′	′	′	′	′	′	′
Jan.	0·7	0·6	0·6	0·6	0·5	0·5	0·5	0·5	0·4	0·4	0·4	0·4
Feb.	·8	·8	·7	·7	·6	·6	·6	·5	·5	·4	·4	·4
Mar.	0·9	0·9	0·9	0·8	·8	·7	·7	·6	·6	·5	·5	·4
Apr.	1·0	1·0	1·0	1·0	0·9	0·9	0·8	0·8	0·7	0·7	0·6	0·5
May	0·9	1·0	1·0	1·0	1·0	1·0	0·9	0·9	·9	·8	·7	·7
June	·8	0·9	0·9	1·0	1·0	1·0	1·0	1·0	0·9	·9	·9	·8
July	0·7	0·7	0·8	0·8	0·9	0·9	0·9	0·9	1·0	0·9	0·9	0·9
Aug.	·5	·5	·6	·7	·7	·8	·8	·8	0·9	·9	·9	·9
Sept.	·3	·4	·4	·5	·5	·6	·6	·7	·7	·8	·8	·9
Oct.	0·2	0·3	0·3	0·3	0·3	0·4	0·4	0·5	0·6	0·6	0·7	0·7
Nov.	·2	·2	·2	·2	·2	·2	·3	·3	·4	·4	·5	·6
Dec.	0·3	0·2	0·2	0·2	0·2	0·2	0·2	0·2	0·2	0·3	0·3	0·4
Lat.						AZIMUTH						
°	°	°	°	°	°	°	°	°	°	°	°	°
0	359·3	359·3	359·3	359·4	359·4	359·5	359·6	359·7	359·8	359·9	0·0	0·2
20	359·3	359·3	359·3	359·3	359·4	359·5	359·6	359·7	359·8	359·9	0·0	0·2
40	359·1	359·1	359·1	359·2	359·3	359·4	359·5	359·6	359·8	359·9	0·1	0·2
50	358·9	358·9	359·0	359·0	359·1	359·2	359·4	359·5	359·7	359·9	0·1	0·3
55	358·8	358·8	358·8	358·9	359·0	359·1	359·3	359·5	359·7	359·9	0·1	0·3
60	358·6	358·6	358·7	358·8	358·9	359·0	359·2	359·4	359·6	359·9	0·1	0·3
65	358·4	358·4	358·4	358·5	358·7	358·8	359·1	359·3	359·6	359·8	0·1	0·4

ILLUSTRATION

On 2010 April 21 at $23^h\ 18^m\ 56^s$ UT in longitude W 37° 14′ the apparent altitude (corrected for refraction), H_O, of *Polaris* was 49° 31′·6

From the daily pages:	° ′		° ′
GHA Aries (23^h)	194 54·4	H_O	49 31·6
Increment ($18^m\ 56^s$)	4 44·8	a_0 (argument 162° 25′)	1 20·5
Longitude (west)	−37 14	a_1 (Lat 50° approx.)	0·6
		a_2 (April)	0·9
LHA Aries	162 25	Sum − 1° = Lat =	49 53·6

POLARIS (POLE STAR) TABLES, 2010

FOR DETERMINING LATITUDE FROM SEXTANT ALTITUDE AND FOR AZIMUTH

LHA ARIES	240°–249°	250°–259°	260°–269°	270°–279°	280°–289°	290°–299°	300°–309°	310°–319°	320°–329°	330°–339°	340°–349°	350°–359°
	a_0	a_0	a_0	a_0	a_0	a_0	a_0	a_0	a_0	a_0	a_0	a_0
°	° ′	° ′	° ′	° ′	° ′	° ′	° ′	° ′	° ′	° ′	° ′	° ′
0	1 37·9	1 35·1	1 31·1	1 26·2	1 20·4	1 14·0	1 07·1	0 59·9	0 52·8	0 45·7	0 39·1	0 33·1
1	37·7	34·7	30·6	25·6	19·8	13·3	06·4	59·2	52·0	45·1	38·5	32·5
2	37·4	34·3	30·2	25·1	19·2	12·6	05·7	58·5	51·3	44·4	37·9	32·0
3	37·2	34·0	29·7	24·5	18·5	12·0	05·0	57·8	50·6	43·7	37·2	31·4
4	36·9	33·6	29·2	23·9	17·9	11·3	04·3	57·1	49·9	43·0	36·6	30·9
5	1 36·6	1 33·2	1 28·7	1 23·4	1 17·3	1 10·6	1 03·5	0 56·3	0 49·2	0 42·4	0 36·0	0 30·4
6	36·3	32·8	28·2	22·8	16·6	09·9	02·8	55·6	48·5	41·7	35·4	29·8
7	36·0	32·4	27·7	22·2	16·0	09·2	02·1	54·9	47·8	41·1	34·8	29·3
8	35·7	32·0	27·2	21·6	15·3	08·5	01·4	54·2	47·1	40·4	34·2	28·8
9	35·4	31·5	26·7	21·0	14·6	07·8	1 00·7	53·5	46·4	39·8	33·7	28·3
10	1 35·1	1 31·1	1 26·2	1 20·4	1 14·0	1 07·1	0 59·9	0 52·8	0 45·7	0 39·1	0 33·1	0 27·8
Lat.	a_1	a_1	a_1	a_1	a_1	a_1	a_1	a_1	a_1	a_1	a_1	a_1
°	′	′	′	′	′	′	′	′	′	′	′	′
0	0·6	0·5	0·5	0·4	0·4	0·3	0·3	0·3	0·3	0·4	0·4	0·4
10	·6	·5	·5	·4	·4	·4	·4	·3	·4	·4	·4	·5
20	·6	·5	·5	·5	·4	·4	·4	·4	·4	·4	·5	·5
30	·6	·6	·5	·5	·5	·5	·4	·4	·5	·5	·5	·5
40	0·6	0·6	0·6	0·5	0·5	0·5	0·5	0·5	0·5	0·5	0·5	0·6
45	·6	·6	·6	·6	·6	·6	·6	·6	·6	·6	·6	·6
50	·6	·6	·6	·6	·6	·6	·6	·6	·6	·6	·6	·6
55	·6	·6	·6	·6	·6	·7	·7	·7	·7	·6	·6	·6
60	·6	·6	·7	·7	·7	·7	·7	·7	·7	·7	·7	·7
62	0·6	0·7	0·7	0·7	0·7	0·8	0·8	0·8	0·8	0·7	0·7	0·7
64	·6	·7	·7	·7	·8	·8	·8	·8	·8	·8	·7	·7
66	·6	·7	·7	·8	·8	·8	·9	·9	·8	·8	·8	·7
68	0·7	0·7	0·8	0·8	0·9	0·9	0·9	0·9	0·9	0·9	0·8	0·8
Month	a_2	a_2	a_2	a_2	a_2	a_2	a_2	a_2	a_2	a_2	a_2	a_2
	′	′	′	′	′	′	′	′	′	′	′	′
Jan.	0·4	0·4	0·5	0·5	0·5	0·5	0·5	0·6	0·6	0·6	0·7	0·7
Feb.	·4	·3	·3	·3	·4	·4	·4	·4	·5	·5	·6	·6
Mar.	·4	·3	·3	·3	·3	·3	·3	·3	·3	·4	·4	·5
Apr.	0·5	0·4	0·4	0·3	0·3	0·2	0·2	0·2	0·2	0·2	0·3	0·3
May	·6	·5	·5	·4	·4	·3	·3	·2	·2	·2	·2	·2
June	·8	·7	·6	·6	·5	·4	·4	·3	·3	·2	·2	·2
July	0·9	0·8	0·8	0·7	0·7	0·6	0·5	0·5	0·4	0·4	0·3	0·3
Aug.	·9	·9	·9	·8	·8	·8	·7	·7	·6	·5	·5	·4
Sept.	·9	·9	·9	·9	·9	0·9	0·9	·8	·8	·7	·7	·6
Oct.	0·8	0·8	0·9	0·9	0·9	1·0	1·0	0·9	0·9	0·9	0·9	0·8
Nov.	·7	·7	·8	·8	·9	0·9	1·0	1·0	1·0	1·0	1·0	1·0
Dec.	0·5	0·6	0·6	0·7	0·8	0·9	0·9	1·0	1·0	1·0	1·0	1·0
Lat.	AZIMUTH											
°	°	°	°	°	°	°	°	°	°	°	°	°
0	0·3	0·4	0·5	0·6	0·6	0·7	0·7	0·7	0·7	0·6	0·6	0·5
20	0·3	0·4	0·5	0·6	0·7	0·7	0·7	0·7	0·7	0·7	0·6	0·5
40	0·4	0·5	0·6	0·7	0·8	0·9	0·9	0·9	0·9	0·8	0·8	0·7
50	0·4	0·6	0·7	0·9	1·0	1·0	1·1	1·1	1·0	1·0	0·9	0·8
55	0·5	0·7	0·8	1·0	1·1	1·1	1·2	1·2	1·2	1·1	1·0	0·9
60	0·5	0·8	0·9	1·1	1·2	1·3	1·4	1·4	1·3	1·3	1·2	1·0
65	0·6	0·9	1·1	1·3	1·4	1·6	1·6	1·6	1·6	1·5	1·4	1·2

Latitude = Apparent altitude (corrected for refraction) $-1° + a_0 + a_1 + a_2$

The table is entered with LHA Aries to determine the column to be used; each column refers to a range of 10°. a_0 is taken, with mental interpolation, from the upper table with the units of LHA Aries in degrees as argument; a_1, a_2 are taken, without interpolation, from the second and third tables with arguments latitude and month respectively. a_0, a_1, a_2, are always positive. The final table gives the azimuth of *Polaris*.

SIGHT REDUCTION PROCEDURES

METHODS AND FORMULAE FOR DIRECT COMPUTATION

1. *Introduction.* In this section formulae and methods are provided for *calculating* position at sea from observed altitudes taken with a marine sextant using a computer or programmable calculator.

The method uses analogous concepts and similar terminology as that used in *manual* methods of astro-navigation, where position is found by plotting position lines from their intercept and azimuth on a marine chart.

The algorithms are presented in standard algebra suitable for translating into the programming language of the user's computer. The basic ephemeris data may be taken directly from the main tabular pages of a current version of *The Nautical Almanac.* Formulae are given for calculating altitude and azimuth from the *GHA* and *Dec* of a body, and the estimated position of the observer. Formulae are also given for reducing sextant observations to observed altitudes by applying the corrections for dip, refraction, parallax and semi-diameter.

The intercept and azimuth obtained from each observation determine a position line, and the observer should lie on or close to each position line. The method of least squares is used to calculate the fix by finding the position where the sum of the squares of the distances from the position lines is a minimum. The use of least squares has other advantages. For example it is possible to improve the estimated position at the time of fix by repeating the calculation. It is also possible to include more observations in the solution and to reject doubtful ones.

2. *Notation.*

GHA = Greenwich hour angle. The range of *GHA* is from 0° to 360° starting at 0° on the Greenwich meridian increasing to the west, back to 360° on the Greenwich meridian.

SHA = sidereal hour angle. The range is 0° to 360°.

Dec = declination. The sign convention for declination is north is positive, south is negative. The range is from −90° at the south celestial pole to +90° at the north celestial pole.

Long = longitude. The sign convention is east is positive, west is negative. The range is −180° to +180°.

Lat = latitude. The sign convention is north is positive, south is negative. The range is from −90° to +90°.

LHA = $GHA + Long$ = local hour angle. The *LHA* increases to the west from 0° on the local meridian to 360°.

H_C = calculated altitude. Above the horizon is positive, below the horizon is negative. The range is from −90° in the nadir to +90° in the zenith.

H_S = sextant altitude.

H = apparent altitude = sextant altitude corrected for instrumental error and dip.

H_O = observed altitude = apparent altitude corrected for refraction and, in appropriate cases, corrected for parallax and semi-diameter.

Z = Z_n= true azimuth. Z is measured from true north through east, south, west and back to north. The range is from 0° to 360°.

I = sextant index error.

D = dip of horizon.

R = atmospheric refraction.

HP = horizontal parallax of the Sun, Moon, Venus or Mars.
PA = parallax in altitude of the Sun, Moon, Venus or Mars.
S = semi-diameter of the Sun or Moon.
p = intercept $= H_O - H_C$. Towards is positive, away is negative.
T = course or track, measured as for azimuth from the north.
V = speed in knots.

3. *Entering Basic Data.* When quantities such as *GHA* are entered, which in *The Nautical Almanac* are given in degrees and minutes, convert them to degrees and decimals of a degree by dividing the minutes by 60 and adding to the degrees; for example, if $GHA = 123° \; 45'\!.6$, enter the two numbers 123 and 45·6 into the memory and set $GHA = 123 + 45{\cdot}6/60 = 123°\!.7600$. Although four decimal places of a degree are shown in the examples, it is assumed that full precision is maintained in the calculations.

When using a computer or programmable calculator, write a subroutine to convert degrees and minutes to degrees and decimals. Scientific calculators usually have a special key for this purpose. For quantities like *Dec* which require a minus sign for southern declination, change the sign from plus to minus after the value has been converted to degrees and decimals, *e.g.* $Dec = \mathrm{S}\,0° \; 12'\!.3 = \mathrm{S}\,0°\!.2050 = -0°\!.2050$. Other quantities which require conversion are semi-diameter, horizontal parallax, longitude and latitude.

4. *Interpolation of GHA and Dec* The *GHA* and *Dec* of the Sun, Moon and planets are interpolated to the time of observation by direct calculation as follows: If the universal time is $a^h \; b^m \; c^s$, form the interpolation factor $x = b/60 + c/3600$. Enter the tabular value GHA_0 for the preceding hour (a) and the tabular value GHA_1 for the following hour ($a + 1$) then the interpolated value *GHA* is given by

$$GHA = GHA_0 + x(GHA_1 - GHA_0)$$

If the *GHA* passes through 360° between tabular values add 360° to GHA_1 before interpolation. If the interpolated value exceeds 360°, subtract 360° from *GHA*.

Similarly for declination, enter the tabular value Dec_0 for the preceding hour (a) and the tabular value Dec_1 for the following hour ($a+1$), then the interpolated value *Dec* is given by

$$Dec = Dec_0 + x(Dec_1 - Dec_0)$$

5. *Example.* (a) Find the *GHA* and *Dec* of the Sun on 2010 January 23 at $15^h \; 53^m \; 47^s$ UT.

The interpolation factor $x = 53/60 + 47/3600 = 0^h\!.8964$

page 25 $\quad 15^h \; GHA_0 = 42° \; 02'\!.1 = 42°\!.0350$

$16^h \; GHA_1 = 57° \; 01'\!.9 = 57°\!.0317$

$15^h\!.8964 \; GHA = 42{\cdot}0350 + 0{\cdot}8964(57{\cdot}0317 - 42{\cdot}0350) = 55°\!.4778$

$15^h \; Dec_0 = \mathrm{S}\,19° \; 22'\!.3 = -19°\!.3717$

$16^h \; Dec_1 = \mathrm{S}\,19° \; 21'\!.7 = -19°\!.3617$

$15^h\!.8964 \; Dec = -19{\cdot}3717 + 0{\cdot}8964(-19{\cdot}3617 + 19{\cdot}3717) = -19°\!.3627$

GHA Aries is interpolated in the same way as *GHA* of a body. For a star the *SHA* and *Dec* are taken from the tabular page and do not require interpolation, then

$$GHA = GHA \text{ Aries} + SHA$$

where *GHA* Aries is interpolated to the time of observation.

(b) Find the *GHA* and *Dec* of *Vega* on 2010 January 23 at $15^h\ 53^m\ 47^s$ UT.

The interpolation factor $x = 0^h\!.8964$ as in the previous example

page 24 $\quad 15^h\ GHA\ \text{Aries}_0 = 347°\ 50'\!.5 = 347°\!.8417$

$$16^h\ GHA\ \text{Aries}_1 = 2°\ 53'\!.0 = 362°\!.8833 \quad (360° \text{ added})$$

$$15^h\!.8964\ GHA\ \text{Aries} = 347{\cdot}8417 + 0{\cdot}8964(362{\cdot}8833 - 347{\cdot}8417) = 361°\!.3248$$

$$SHA = 80°\ 41'\!.0 = 80°\!.6833$$

$$GHA = GHA\ \text{Aries} + SHA = 82°\!.0082 \quad (\text{multiple of } 360° \text{ removed})$$

$$Dec = \text{N}\,38°\ 47'\!.4 = +38°\!.7900$$

6. *The calculated altitude and azimuth.* The calculated altitude H_C and true azimuth Z are determined from the *GHA* and *Dec* interpolated to the time of observation and from the *Long* and *Lat* estimated at the time of observation as follows:

Step 1. Calculate the local hour angle

$$LHA = GHA + Long$$

Add or subtract multiples of 360° to set *LHA* in the range 0° to 360°.

Step 2. Calculate S, C and the altitude H_C from

$$S = \sin Dec$$
$$C = \cos Dec \cos LHA$$
$$H_C = \sin^{-1}(S \sin Lat + C \cos Lat)$$

where $\sin^{-1}$ is the inverse function of sine.

Step 3. Calculate X and A from

$$X = (S \cos Lat - C \sin Lat)/ \cos H_C$$
$$\text{If } X > +1 \quad \text{set} \quad X = +1$$
$$\text{If } X < -1 \quad \text{set} \quad X = -1$$
$$A = \cos^{-1} X$$

where $\cos^{-1}$ is the inverse function of cosine.

Step 4. Determine the azimuth Z

$$\text{If } LHA > 180° \quad \text{then} \quad Z = A$$
$$\text{Otherwise} \quad Z = 360° - A$$

7. *Example.* Find the calculated altitude H_C and azimuth Z when

$$GHA = 53° \quad Dec = \text{S}\,15° \quad Lat = \text{N}\,32° \quad Long = \text{W}\,16°$$

For the calculation

$$GHA = 53°\!.0000 \quad Dec = -15°\!.0000 \quad Lat = +32°\!.0000 \quad Long = -16°\!.0000$$

Step 1. $\quad LHA = 53{\cdot}0000 - 16{\cdot}0000 = 37{\cdot}0000$

Step 2. $\quad S = -0{\cdot}2588$

$$C = +0{\cdot}9659 \times 0{\cdot}7986 = 0{\cdot}7714$$
$$\sin H_C = -0{\cdot}2588 \times 0{\cdot}5299 + 0{\cdot}7714 \times 0{\cdot}8480 = 0{\cdot}5171$$
$$H_C = 31°\!.1346$$

Step 3. $X = (-0{\cdot}2588 \times 0{\cdot}8480 - 0{\cdot}7714 \times 0{\cdot}5299)/0{\cdot}8560 = -0{\cdot}7340$

$A = 137^\circ\!.2239$

Step 4. Since $LHA \leq 180^\circ$ then $Z = 360^\circ - A = 222^\circ\!.7761$

8. *Reduction from sextant altitude to observed altitude.* The sextant altitude H_S is corrected for both dip and index error to produce the apparent altitude. The observed altitude H_O is calculated by applying a correction for refraction. For the Sun, Moon, Venus and Mars a correction for parallax is also applied to H, and for the Sun and Moon a further correction for semi-diameter is required. The corrections are calculated as follows:

Step 1. Calculate dip

$$D = 0^\circ\!.0293\sqrt{h}$$

where h is the height of eye above the horizon in metres.

Step 2. Calculate apparent altitude

$$H = H_S + I - D$$

where I is the sextant index error.

Step 3. Calculate refraction (R) at a standard temperature of 10° Celsius (C) and pressure of 1010 millibars (mb)

$$R_0 = 0^\circ\!.0167/\tan(H + 7{\cdot}32/(H + 4{\cdot}32))$$

If the temperature T° C and pressure P mb are known calculate the refraction from

$$R = fR_0 \qquad \text{where} \qquad f = 0{\cdot}28P/(T + 273)$$

$$\text{otherwise set} \qquad R = R_0$$

Step 4. Calculate the parallax in altitude (PA) from the horizontal parallax (HP) and the apparent altitude (H) for the Sun, Moon, Venus and Mars as follows:

$$PA = HP\cos H$$

For the Sun $HP = 0^\circ\!.0024$. This correction is very small and could be ignored.

For the Moon HP is taken for the nearest hour from the main tabular page and converted to degrees.

For Venus and Mars the HP is taken from the critical table at the bottom of page 259 and converted to degrees.

For the navigational stars and the remaining planets, Jupiter and Saturn set $PA = 0$.

If an error of 0′.2 is significant the expression for the parallax in altitude for the Moon should include a small correction OB for the oblateness of the Earth as follows:

$$PA = HP\cos H + OB$$

$$\text{where} \quad OB = -0^\circ\!.0032\sin^2 Lat\,\cos H + 0^\circ\!.0032\sin(2Lat)\cos Z\,\sin H$$

At mid-latitudes and for altitudes of the Moon below 60° a simple approximation to OB is

$$OB = -0^\circ\!.0017\cos H$$

Step 5. Calculate the semi-diameter for the Sun and Moon as follows:

Sun: S is taken from the main tabular page and converted to degrees.

Moon: $S = 0^\circ\!.2724HP$ where HP is taken for the nearest hour from the main tabular page and converted to degrees.

Step 6. Calculate the observed altitude

$$H_O = H - R + PA \pm S$$

where the plus sign is used if the lower limb of the Sun or Moon was observed and the minus sign if the upper limb was observed.

9. *Example.* The following example illustrates how to use a calculator to reduce the sextant altitude (H_S) to observed altitude (H_O); the sextant altitudes given are assumed to be taken on 2010 January 23 with a marine sextant, zero index error, at height 5·4 m, temperature −3° C and pressure 982 mb, the Moon sights are assumed to be taken at 10^h UT.

Body limb	Sun lower	Sun upper	Moon lower	Moon upper	Venus –	*Polaris* –
Sextant altitude:						
H_S	21·3283	3·3367	33·4600	26·1117	4·5433	49·6083
Step 1. Dip:						
$D = 0{\cdot}0293\sqrt{h}$	0·0681	0·0681	0·0681	0·0681	0·0681	0·0681
Step 2. Apparent altitude:						
$H = H_S + I - D$	21·2602	3·2686	33·3919	26·0436	4·4752	49·5402
Step 3. Refraction:						
R_0	0·0423	0·2256	0·0251	0·0338	0·1798	0·0142
f	1·0184	1·0184	1·0184	1·0184	1·0184	1·0184
$R = fR_0$	0·0431	0·2298	0·0256	0·0344	0·1831	0·0144
Step 4. Parallax:			(56′.4)	(56′.4)	(0′.1)	
HP	0·0024	0·0024	0·9400	0·9400	0·0017	–
Parallax in altitude:						
$PA = HP \cos H$	0·0022	0·0024	0·7848	0·8446	0·0017	–
Step 5. Semi-diameter:						
Sun : $S = 16{\cdot}3/60$	0·2717	0·2717	–	–	–	–
Moon : $S = 0{\cdot}2724HP$	–	–	0·2561	0·2561	–	–
Step 6. Observed altitude:						
$H_O = H - R + PA \pm S$	21·4910	2·7696	34·4072	26·5977	4·2938	49·5258

Note that for the Moon the correction for the oblateness of the Earth of about $-0^\circ\!.0017 \cos H$, which equals $-0^\circ\!.0014$ for the lower limb and $-0^\circ\!.0015$ for the upper limb, has been ignored in the above calculation.

10. *Position from intercept and azimuth using a chart.* An estimate is made of the position at the adopted time of fix. The position at the time of observation is then calculated by dead reckoning from the time of fix. For example if the course (track) T and the speed V (in knots) of the observer are constant then *Long* and *Lat* at the time of observation are calculated from

$$Long = L_F + t\,(V/60)\sin T/\cos B_F$$
$$Lat = B_F + t\,(V/60)\cos T$$

where L_F and B_F are the estimated longitude and latitude at the time of fix and t is the time interval in hours from the time of fix to the time of observation, t is positive if the time of observation is after the time of fix and negative if it was before.

The position line of an observation is plotted on a chart using the intercept

$$p = H_O - H_C$$

and azimuth Z with origin at the calculated position ($Long$, Lat) at the time of observation, where H_C and Z are calculated using the method in section 6, page 279. Starting from this calculated position a line is drawn on the chart along the direction of the azimuth to the body. Convert p to nautical miles by multiplying by 60. The position line is drawn at right angles to the azimuth line, distance p from ($Long, Lat$) towards the body if p is positive and distance p away from the body if p is negative. Provided there are no gross errors the navigator should be somewhere on or near the position line at the time of observation. Two or more position lines are required to determine a fix.

11. *Position from intercept and azimuth by calculation.* The position of the fix may be calculated from two or more sextant observations as follows.

If p_1, Z_1, are the intercept and azimuth of the first observation, p_2, Z_2, of the second observation and so on, form the summations

$$A = \cos^2 Z_1 + \cos^2 Z_2 + \cdots$$
$$B = \cos Z_1 \sin Z_1 + \cos Z_2 \sin Z_2 + \cdots$$
$$C = \sin^2 Z_1 + \sin^2 Z_2 + \cdots$$
$$D = p_1 \cos Z_1 + p_2 \cos Z_2 + \cdots$$
$$E = p_1 \sin Z_1 + p_2 \sin Z_2 + \cdots$$

where the number of terms in each summation is equal to the number of observations.

With $G = A\,C - B^2$, an improved estimate of the position at the time of fix (L_I, B_I) is given by

$$L_I = L_F + (A\,E - B\,D)/(G\cos B_F), \qquad B_I = B_F + (C\,D - B\,E)/G$$

Calculate the distance d between the initial estimated position (L_F, B_F) at the time of fix and the improved estimated position (L_I, B_I) in nautical miles from

$$d = 60\sqrt{((L_I - L_F)^2 \cos^2 B_F + (B_I - B_F)^2)}$$

If d exceeds about 20 nautical miles set $L_F = L_I$, $B_F = B_I$ and repeat the calculation until d, the distance between the position at the previous estimate and the improved estimate, is less than about 20 nautical miles.

12. *Example of direct computation.* Using the method described above, calculate the position of a ship on 2010 July 4 at $21^h\,00^m\,00^s$ UT from the marine sextant observations of the three stars *Regulus* (No. 26) at $20^h\,39^m\,23^s$ UT, *Antares* (No. 42) at $20^h\,45^m\,47^s$ UT and *Kochab* (No. 40) at $21^h\,10^m\,34^s$ UT, where the observed altitudes of the three stars corrected for the effects of refraction, dip and instrumental error, are 27°0481, 25°9944 and 47°5111 respectively. The ship was travelling at a constant speed of 20 knots on a course of 325° during the period of observation, and the position of the ship at the time of fix $21^h\,00^m\,00^s$ UT is only known to the nearest whole degree W 15°, N 32°.

Intermediate values for the first iteration are shown in the table. *GHA* Aries was interpolated from the nearest tabular values on page 132. For the first iteration set $L_F = -15°0000$, $B_F = +32°0000$ at the time of fix at $21^h\ 00^m\ 00^s$ UT.

	First Iteration		
Body	*Regulus*	*Antares*	*Kochab*
No.	26	42	40
time of observation	$20^h\ 39^m\ 23^s$	$20^h\ 45^m\ 47^s$	$21^h\ 10^m\ 34^s$
H_O	27·0481	25·9944	47·5111
interpolation factor	0·6564	0·7631	0·1761
GHA Aries	232·5948	234·1993	240·4123
SHA (page 132)	207·7667	112·4767	137·3167
GHA	80·3615	346·6760	17·7290
Dec (page 132)	+11·9150	−26·4567	+74·1150
t	−0·3436	−0·2369	+0·1761
Long	−14·9225	−14·9466	−15·0397
Lat	+31·9062	+31·9353	+32·0481
Z	267·4464	151·9306	358·9022
H_C	27·0250	25·6886	47·9112
p	+0·0231	+0·3058	−0·4001

$$A = 1{\cdot}7802 \quad B = -0{\cdot}3898 \quad C = 1{\cdot}2198 \quad D = -0{\cdot}6709 \quad E = 0{\cdot}1285 \quad G = 2{\cdot}0195$$

$$(A\,E - B\,D)/(G \cos B_F) = -0{\cdot}0192, \qquad (C\,D - B\,E)/G = -0{\cdot}3804$$

An improved estimate of the position at the time of fix is

$$L_I = L_F - 0{\cdot}0192 = -15{\cdot}0192 \quad \text{and} \quad B_I = B_F - 0{\cdot}3804 = +31{\cdot}6196$$

Since the distance between the previous estimated position and the improved estimate $d = 22{\cdot}8$ nautical miles set $L_F = -15{\cdot}0192$, and $B_F = +31{\cdot}6196$ and repeat the calculation. The table shows the intermediate values of the calculation for the second iteration. In each iteration the quantities H_O, *GHA*, *Dec* and *t* do not change.

	Second Iteration		
Body	*Regulus*	*Antares*	*Kochab*
No.	26	42	40
Long	−14·9420	−14·9660	−15·0587
Lat	+31·5258	+31·5549	+31·6677
Z	267·6298	151·8265	358·9178
H_C	27·0579	26·0164	47·5312
p	−0·0098	−0·0219	−0·0201

$$A = 1{\cdot}7784 \quad B = -0{\cdot}3938 \quad C = 1{\cdot}2216 \quad D = -0{\cdot}0003 \quad E = -0{\cdot}0002 \quad G = 2{\cdot}0174$$

$$(A\,E - B\,D)/(G \cos B_F) = -0{\cdot}0003, \qquad (C\,D - B\,E)/G = -0{\cdot}0002$$

An improved estimate of the position at the time of fix is

$$L_I = L_F - 0{\cdot}0003 = -15{\cdot}0194 \quad \text{and} \quad B_I = B_F - 0{\cdot}0002 = +31{\cdot}6194$$

The distance between the previous estimated position and the improved estimated position $d = 0{\cdot}02$ nautical miles is so small that a third iteration would produce a negligible improvement to the estimate of the position.

USE OF CONCISE SIGHT REDUCTION TABLES

1. *Introduction.* The concise sight reduction tables given on pages 286 to 317 are intended for use when neither more extensive tables nor electronic computing aids are available. These "NAO sight reduction tables" provide for the reduction of the local hour angle and declination of a celestial object to azimuth and altitude, referred to an assumed position on the Earth, for use in the intercept method of celestial navigation which is now standard practice.

2. *Form of tables.* Entries in the reduction table are at a fixed interval of one degree for all latitudes and hour angles. A compact arrangement results from division of the navigational triangle into two right spherical triangles, so that the table has to be entered twice. Assumed latitude and local hour angle are the arguments for the first entry. The reduction table responds with the intermediate arguments A, B, and Z_1, where A is used as one of the arguments for the second entry to the table, B has to be incremented by the declination to produce the quantity F, and Z_1 is a component of the azimuth angle. The reduction table is then reentered with A and F and yields H, P, and Z_2 where H is the altitude, P is the complement of the parallactic angle, and Z_2 is the second component of the azimuth angle. It is usually necessary to adjust the tabular altitude for the fractional parts of the intermediate entering arguments to derive computed altitude, and an auxiliary table is provided for the purpose. Rules governing signs of the quantities which must be added or subtracted are given in the instructions and summarized on each tabular page. Azimuth angle is the sum of two components and is converted to true azimuth by familiar rules, repeated at the bottom of the tabular pages.

Tabular altitude and intermediate quantities are given to the nearest minute of arc, although errors of 2′ in computed altitude may accrue during adjustment for the minutes parts of entering arguments. Components of azimuth angle are stated to 0°.1; for derived true azimuth, only whole degrees are warranted. Since objects near the zenith are difficult to observe with a marine sextant, they should be avoided; altitudes greater than about 80° are not suited to reduction by this method.

In many circumstances the accuracy provided by these tables is sufficient. However, to maintain the full accuracy (0′.1) of the ephemeral data in the almanac throughout their reduction to altitude and azimuth, more extensive tables or a calculator should be used.

3. *Use of Tables.*

Step 1. Determine the Greenwich hour angle (GHA) and Declination (Dec) of the body from the almanac. Select an assumed latitude (Lat) of integral degrees nearest to the estimated latitude. Choose an assumed longitude nearest to the estimated longitude such that the local hour angle

$$LHA = GHA \begin{matrix} - \text{west} \\ + \text{east} \end{matrix} \text{ longitude}$$

has integral degrees.

Step 2. Enter the reduction table with Lat and LHA as arguments. Record the quantities A, B and Z_1. Apply the rules for the sign of B and Z_1: B is minus if $90° < LHA < 270°$: Z_1 has the same sign as B. Set $A°$ = nearest whole degree of A and A' = minutes part of A. This step may be repeated for all reductions before leaving the latitude opening of the table.

Step 3. Record the declination Dec. Apply the rules for the sign of Dec: Dec is minus if the name of Dec (*i.e.* N or S) is contrary to latitude. Add B and Dec algebraically to produce F. If F is negative, the object is below the horizon (in sight reduction, this can occur when the objects are close to the horizon). Regard F as positive until step 7. Set $F°$ = nearest whole degree of F and F' = minutes part of F.

Step 4. Enter the reduction table a second time with $A°$ and $F°$ as arguments and record H, P, and Z_2. Set $P° =$ nearest whole degree of P and $Z_2° =$ nearest whole degree of Z_2.

Step 5. Enter the auxiliary table with F' and $P°$ as arguments to obtain $corr_1$ to H for F'. Apply the rule for the sign of $corr_1$: $corr_1$ is minus if $F < 90°$ and $F' > 29'$ or if $F > 90°$ and $F' < 30'$, otherwise $corr_1$ is plus.

Step 6. Enter the auxiliary table with A' and $Z_2°$ as arguments to obtain $corr_2$ to H for A'. Apply the rule for the sign of $corr_2$: $corr_2$ is minus if $A' < 30'$, otherwise $corr_2$ is plus.

Step 7. Calculate the computed altitude H_C as the sum of H, $corr_1$ and $corr_2$. Apply the rule for the sign of H_C: H_C is minus if F is negative.

Step 8. Apply the rule for the sign of Z_2: Z_2 is minus if $F > 90°$. If F is negative, replace Z_2 by $180° - Z_2$. Set the azimuth angle Z equal to the algebraic sum of Z_1 and Z_2 and ignore the resulting sign. Obtain the true azimuth Z_n from the rules

For N latitude, if	$LHA > 180°$	$Z_n = Z$
if	$LHA < 180°$	$Z_n = 360° - Z$
For S latitude, if	$LHA > 180°$	$Z_n = 180° - Z$
if	$LHA < 180°$	$Z_n = 180° + Z$

Observed altitude H_O is compared with H_C to obtain the altitude difference, which, with Z_n, is used to plot the position line.

4. *Example.* (a) Required the altitude and azimuth of *Schedar* on 2010 February 5 at UT 06ʰ 29ᵐ from the estimated position 5° east, 53° north.

1. Assumed latitude	$Lat =$ 53° N		
From the almanac	$GHA =$ 222° 17′		
Assumed longitude	4° 43′ E		
Local hour angle	$LHA =$ 227		
2. Reduction table, 1st entry $(Lat, LHA) = (53, 227)$	$A =$ 26 07	$A° = 26$, $A' = 7$	
	$B = -27$ 12	$Z_1 = -49{\cdot}4$,	$90° < LHA < 270°$
3. From the almanac	$Dec = +56$ 36		*Lat* and *Dec* same
Sum $= B + Dec$	$F = +29$ 24	$F° = 29$, $F' = 24$	
4. Reduction table, 2nd entry $(A°, F°) = (26, 29)$	$H =$ 25 50	$P° = 61$	
		$Z_2 = 76{\cdot}3, Z_2° = 76$	
5. Auxiliary table, 1st entry $(F', P°) = (24, 61)$	$corr_1 =$ +21		$F < 90°$, $F' < 29'$
Sum	26 11		
6. Auxiliary table, 2nd entry $(A', Z_2°) = (7, 76)$	$corr_2 =$ −2		$A' < 30'$
7. Sum = computed altitude	$H_C = +26°$ 09′		$F > 0°$
8. Azimuth, first component	$Z_1 = -49{\cdot}4$		same sign as B
second component	$Z_2 = +76{\cdot}3$		$F < 90°$, $F > 0°$
Sum = azimuth angle	$Z =$ 26·9		
True azimuth	$Z_n =$ 027°		N *Lat*, $LHA > 180°$

continued on page 318

SIGHT REDUCTION TABLE

B: (−) for 90° < LHA < 270°
Dec: (−) for Lat. contrary name

Z_1: same sign as B
Z_2: (−) for F > 90°

Lat. / A		0°			1°			2°			3°			4°			5°			Lat. / A	
LHA/F		A/H	B/P	Z_1/Z_2	A/H	B/P	Z_1/Z_2	A/H	B/P	Z_1/Z_2	A/H	B/P	Z_1/Z_2	A/H	B/P	Z_1/Z_2	A/H	B/P	Z_1/Z_2	LHA	
°	°	° ′	° ′	°	° ′	° ′	°	° ′	° ′	°	° ′	° ′	°	° ′	° ′	°	° ′	° ′	°	°	°
0	180	0 00	90 00	90·0	0 00	89 00	90·0	0 00	88 00	90·0	0 00	87 00	90·0	0 00	86 00	90·0	0 00	85 00	90·0	180	360
1	179	1 00	90 00	90·0	1 00	89 00	90·0	1 00	88 00	90·0	1 00	87 00	89·9	1 00	86 00	89·9	1 00	85 00	89·9	181	359
2	178	2 00	90 00	90·0	2 00	89 00	90·0	2 00	88 00	89·9	2 00	87 00	89·9	2 00	86 00	89·9	2 00	85 00	89·8	182	358
3	177	3 00	90 00	90·0	3 00	89 00	89·9	3 00	88 00	89·9	3 00	87 00	89·8	3 00	86 00	89·8	2 59	85 00	89·7	183	357
4	176	4 00	90 00	90·0	4 00	89 00	89·9	4 00	88 00	89·9	4 00	87 00	89·8	3 59	85 59	89·7	3 59	84 59	89·7	184	356
5	175	5 00	90 00	90·0	5 00	89 00	89·9	5 00	88 00	89·8	5 00	86 59	89·7	4 59	85 59	89·7	4 59	84 59	89·6	185	355
6	174	6 00	90 00	90·0	6 00	89 00	89·9	6 00	87 59	89·8	6 00	86 59	89·7	5 59	85 59	89·6	5 59	84 58	89·5	186	354
7	173	7 00	90 00	90·0	7 00	89 00	89·9	7 00	87 59	89·8	6 59	86 59	89·6	6 59	85 58	89·5	6 58	84 58	89·4	187	353
8	172	8 00	90 00	90·0	8 00	88 59	89·9	8 00	87 59	89·7	7 59	86 58	89·6	7 59	85 58	89·4	7 58	84 57	89·3	188	352
9	171	9 00	90 00	90·0	9 00	88 59	89·8	9 00	87 59	89·7	8 59	86 58	89·5	8 59	85 57	89·4	8 58	84 56	89·2	189	351
10	170	10 00	90 00	90·0	10 00	88 59	89·8	10 00	87 58	89·6	9 59	86 57	89·5	9 59	85 56	89·3	9 58	84 55	89·1	190	350
11	169	11 00	90 00	90·0	11 00	88 59	89·8	11 00	87 58	89·6	10 59	86 57	89·4	10 58	85 56	89·2	10 57	84 54	89·0	191	349
12	168	12 00	90 00	90·0	12 00	88 59	89·8	12 00	87 57	89·6	11 59	86 56	89·4	11 58	85 55	89·2	11 57	84 53	88·9	192	348
13	167	13 00	90 00	90·0	13 00	88 58	89·8	13 00	87 57	89·5	12 59	86 55	89·3	12 58	85 54	89·1	12 57	84 52	88·8	193	347
14	166	14 00	90 00	90·0	14 00	88 58	89·8	13 59	87 56	89·5	13 59	86 55	89·3	13 58	85 53	89·0	13 57	84 51	88·8	194	346
15	165	15 00	90 00	90·0	15 00	88 58	89·7	14 59	87 56	89·5	14 59	86 54	89·2	14 58	85 52	88·9	14 56	84 49	88·7	195	345
16	164	16 00	90 00	90·0	16 00	88 58	89·7	15 59	87 55	89·4	15 59	86 53	89·1	15 58	85 50	88·9	15 56	84 48	88·6	196	344
17	163	17 00	90 00	90·0	17 00	88 57	89·7	16 59	87 55	89·4	16 59	86 52	89·1	16 57	85 49	88·8	16 56	84 46	88·5	197	343
18	162	18 00	90 00	90·0	18 00	88 57	89·7	17 59	87 54	89·4	17 58	86 51	89·0	17 57	85 48	88·7	17 56	84 45	88·4	198	342
19	161	19 00	90 00	90·0	19 00	88 57	89·7	18 59	87 53	89·3	18 58	86 50	89·0	18 57	85 46	88·6	18 55	84 43	88·3	199	341
20	160	20 00	90 00	90·0	20 00	88 56	89·6	19 59	87 52	89·3	19 58	86 48	88·9	19 57	85 45	88·5	19 55	84 41	88·2	200	340
21	159	21 00	90 00	90·0	21 00	88 56	89·6	20 59	87 51	89·2	20 58	86 47	88·8	20 57	85 43	88·5	20 55	84 39	88·1	201	339
22	158	22 00	90 00	90·0	22 00	88 55	89·6	21 59	87 51	89·2	21 58	86 46	88·8	21 57	85 41	88·4	21 55	84 37	88·0	202	338
23	157	23 00	90 00	90·0	23 00	88 55	89·6	22 59	87 50	89·2	22 58	86 44	88·7	22 56	85 39	88·3	22 54	84 34	87·9	203	337
24	156	24 00	90 00	90·0	24 00	88 54	89·6	23 59	87 49	89·1	23 58	86 43	88·7	23 56	85 37	88·2	23 54	84 32	87·8	204	336
25	155	25 00	90 00	90·0	25 00	88 54	89·5	24 59	87 48	89·1	24 58	86 41	88·6	24 56	85 35	88·1	24 54	84 29	87·7	205	335
26	154	26 00	90 00	90·0	26 00	88 53	89·5	25 59	87 47	89·0	25 58	86 40	88·5	25 56	85 33	88·1	25 54	84 26	87·6	206	334
27	153	27 00	90 00	90·0	27 00	88 53	89·5	26 59	87 45	89·0	26 58	86 38	88·5	26 56	85 31	88·0	26 53	84 24	87·5	207	333
28	152	28 00	90 00	90·0	28 00	88 52	89·5	27 59	87 44	88·9	27 57	86 36	88·4	27 56	85 28	87·9	27 53	84 20	87·3	208	332
29	151	29 00	90 00	90·0	29 00	88 51	89·4	28 59	87 43	88·9	28 57	86 34	88·3	28 55	85 26	87·8	28 53	84 17	87·2	209	331
30	150	30 00	90 00	90·0	30 00	88 51	89·4	29 59	87 41	88·8	29 57	86 32	88·3	29 55	85 23	87·7	29 52	84 14	87·1	210	330
31	149	31 00	90 00	90·0	31 00	88 50	89·4	30 59	87 40	88·8	30 57	86 30	88·2	30 55	85 20	87·6	30 52	84 10	87·0	211	329
32	148	32 00	90 00	90·0	32 00	88 49	89·4	31 59	87 39	88·8	31 57	86 28	88·1	31 55	85 17	87·5	31 52	84 07	86·9	212	328
33	147	33 00	90 00	90·0	33 00	88 48	89·4	32 59	87 37	88·7	32 57	86 25	88·1	32 55	85 14	87·4	32 52	84 03	86·8	213	327
34	146	34 00	90 00	90·0	34 00	88 48	89·3	33 59	87 35	88·7	33 57	86 23	88·0	33 54	85 11	87·3	33 51	83 59	86·6	214	326
35	145	35 00	90 00	90·0	35 00	88 47	89·3	34 59	87 34	88·6	34 57	86 20	87·9	34 54	85 07	87·2	34 51	83 54	86·5	215	325
36	144	36 00	90 00	90·0	36 00	88 46	89·3	35 58	87 32	88·5	35 57	86 18	87·8	35 54	85 04	87·1	35 51	83 50	86·4	216	324
37	143	37 00	90 00	90·0	37 00	88 45	89·2	36 58	87 30	88·5	36 56	86 15	87·7	36 54	85 00	87·0	36 50	83 45	86·2	217	323
38	142	38 00	90 00	90·0	38 00	88 44	89·2	37 58	87 28	88·4	37 56	86 12	87·7	37 53	84 56	86·9	37 50	83 40	86·1	218	322
39	141	39 00	90 00	90·0	39 00	88 43	89·2	38 58	87 26	88·4	38 56	86 09	87·6	38 53	84 52	86·8	38 49	83 35	86·0	219	321
40	140	40 00	90 00	90·0	40 00	88 42	89·2	39 58	87 23	88·3	39 56	86 05	87·5	39 53	84 47	86·7	39 49	83 29	85·8	220	320
41	139	41 00	90 00	90·0	41 00	88 41	89·1	40 58	87 21	88·3	40 56	86 02	87·4	40 53	84 42	86·5	40 49	83 23	85·7	221	319
42	138	42 00	90 00	90·0	42 00	88 39	89·1	41 58	87 19	88·2	41 56	85 58	87·3	41 52	84 37	86·4	41 48	83 17	85·5	222	318
43	137	43 00	90 00	90·0	43 00	88 38	89·1	42 58	87 16	88·1	42 56	85 54	87·2	42 52	84 32	86·3	42 48	83 11	85·4	223	317
44	136	44 00	90 00	90·0	43 59	88 37	89·0	43 58	87 13	88·1	43 55	85 50	87·1	43 52	84 27	86·1	43 47	83 04	85·2	224	316
45	135	45 00	90 00	90·0	44 59	88 35	89·0	44 58	87 10	88·0	44 55	85 46	87·0	44 52	84 21	86·0	44 47	82 57	85·0	225	315

Lat. / A		0°			1°			2°			3°			4°			5°			Lat. / A	
LHA/F		A/H	B/P	Z_1/Z_2	A/H	B/P	Z_1/Z_2	A/H	B/P	Z_1/Z_2	A/H	B/P	Z_1/Z_2	A/H	B/P	Z_1/Z_2	A/H	B/P	Z_1/Z_2	LHA	
°	°	° ′	° ′	°	° ′	° ′	°	° ′	° ′	°	° ′	° ′	°	° ′	° ′	°	° ′	° ′	°	°	°
45	135	45 00	90 00	90·0	44 59	88 35	89·0	44 58	87 10	88·0	44 55	85 46	87·0	44 52	84 21	86·0	44 47	82 57	85·0	225	315
46	134	46 00	90 00	90·0	45 59	88 34	89·0	45 58	87 07	87·9	45 55	85 41	86·9	45 51	84 15	85·9	45 46	82 49	84·8	226	314
47	133	47 00	90 00	90·0	46 59	88 32	88·9	46 58	87 04	87·9	46 55	85 36	86·8	46 51	84 09	85·7	46 46	82 41	84·7	227	313
48	132	48 00	90 00	90·0	47 59	88 30	88·9	47 58	87 01	87·8	47 55	85 31	86·7	47 51	84 02	85·6	47 46	82 33	84·5	228	312
49	131	49 00	90 00	90·0	48 59	88 29	88·8	48 58	86 57	87·7	48 55	85 26	86·6	48 50	83 55	85·4	48 45	82 24	84·3	229	311
50	130	50 00	90 00	90·0	49 59	88 27	88·8	49 58	86 53	87·6	49 54	85 20	86·4	49 50	83 47	85·2	49 44	82 15	84·1	230	310
51	129	51 00	90 00	90·0	50 59	88 25	88·8	50 57	86 49	87·5	50 54	85 14	86·3	50 50	83 40	85·1	50 44	82 05	83·9	231	309
52	128	52 00	90 00	90·0	51 59	88 23	88·7	51 57	86 45	87·4	51 54	85 08	86·2	51 49	83 31	84·9	51 43	81 55	83·6	232	308
53	127	53 00	90 00	90·0	52 59	88 20	88·7	52 57	86 41	87·3	52 54	85 01	86·0	52 49	83 22	84·7	52 43	81 44	83·4	233	307
54	126	54 00	90 00	90·0	53 59	88 18	88·6	53 57	86 36	87·2	53 54	84 54	85·9	53 49	83 13	84·5	53 42	81 32	83·2	234	306
55	125	55 00	90 00	90·0	54 59	88 15	88·6	54 57	86 31	87·1	54 53	84 47	85·7	54 48	83 03	84·3	54 41	81 20	82·9	235	305
56	124	56 00	90 00	90·0	55 59	88 13	88·5	55 57	86 26	87·0	55 53	84 39	85·6	55 48	82 52	84·1	55 41	81 06	82·6	236	304
57	123	57 00	90 00	90·0	56 59	88 10	88·5	56 57	86 20	86·9	56 53	84 30	85·4	56 47	82 41	83·9	56 40	80 52	82·4	237	303
58	122	58 00	90 00	90·0	57 59	88 07	88·4	57 57	86 14	86·8	57 52	84 21	85·2	57 47	82 29	83·6	57 39	80 38	82·1	238	302
59	121	59 00	90 00	90·0	58 59	88 04	88·3	58 57	86 07	86·7	58 52	84 11	85·0	58 46	82 16	83·4	58 38	80 22	81·7	239	301
60	120	60 00	90 00	90·0	59 59	88 00	88·3	59 56	86 00	86·5	59 52	84 01	84·8	59 46	82 02	83·1	59 37	80 05	81·4	240	300
61	119	61 00	90 00	90·0	60 59	87 56	88·2	60 56	85 53	86·4	60 52	83 50	84·6	60 45	81 48	82·8	60 37	79 46	81·1	241	299
62	118	62 00	90 00	90·0	61 59	87 52	88·1	61 56	85 45	86·2	61 51	83 38	84·4	61 44	81 32	82·5	61 36	79 27	80·7	242	298
63	117	63 00	90 00	90·0	62 59	87 48	88·0	62 56	85 36	86·1	62 51	83 25	84·1	62 44	81 15	82·2	62 35	79 06	80·3	243	297
64	116	64 00	90 00	90·0	63 59	87 43	88·0	63 56	85 27	85·9	63 50	83 11	83·9	63 43	80 56	81·9	63 33	78 43	79·9	244	296
65	115	65 00	90 00	90·0	64 59	87 38	87·9	64 56	85 17	85·7	64 50	82 56	83·6	64 42	80 36	81·5	64 32	78 18	79·4	245	295
66	114	66 00	90 00	90·0	65 59	87 33	87·8	65 55	85 06	85·5	65 49	82 39	83·3	65 41	80 15	81·1	65 31	77 52	78·9	246	294
67	113	67 00	90 00	90·0	66 59	87 27	87·6	66 55	84 54	85·3	66 49	82 22	83·0	66 40	79 51	80·7	66 29	77 23	78·4	247	293
68	112	68 00	90 00	90·0	67 59	87 20	87·5	67 55	84 40	85·1	67 48	82 02	82·6	67 39	79 26	80·2	67 28	76 51	77·8	248	292
69	111	69 00	90 00	90·0	68 59	87 13	87·4	68 55	84 26	84·8	68 48	81 41	82·2	68 38	78 58	79·7	68 26	76 17	77·2	249	291
70	110	70 00	90 00	90·0	69 59	87 05	87·3	69 54	84 10	84·5	69 47	81 17	81·8	69 37	78 27	79·2	69 25	75 39	76·5	250	290
71	109	71 00	90 00	90·0	70 58	86 56	87·1	70 54	83 53	84·2	70 46	80 51	81·4	70 36	77 53	78·5	70 23	74 58	75·8	251	289
72	108	72 00	90 00	90·0	71 58	86 46	86·9	71 54	83 33	83·9	71 46	80 22	80·8	71 35	77 15	77·9	71 20	74 12	75·0	252	288
73	107	73 00	90 00	90·0	72 58	86 35	86·7	72 53	83 11	83·5	72 45	79 50	80·3	72 33	76 33	77·1	72 18	73 20	74·1	253	287
74	106	74 00	90 00	90·0	73 58	86 23	86·5	73 53	82 47	83·1	73 44	79 14	79·7	73 31	75 46	76·3	73 15	72 23	73·1	254	286
75	105	75 00	90 00	90·0	74 58	86 09	86·3	74 52	82 19	82·6	74 43	78 33	78·9	74 29	74 53	75·4	74 12	71 19	72·0	255	285
76	104	76 00	90 00	90·0	75 58	85 52	86·0	75 52	81 47	82·0	75 41	77 47	78·1	75 27	73 53	74·4	75 09	70 07	70·7	256	284
77	103	77 00	90 00	90·0	76 58	85 34	85·7	76 51	81 11	81·4	76 40	76 53	77·2	76 25	72 44	73·2	76 05	68 45	69·3	257	283
78	102	78 00	90 00	90·0	77 58	85 12	85·3	77 50	80 28	80·7	77 38	75 51	76·2	77 22	71 25	71·8	77 01	67 11	67·7	258	282
79	101	79 00	90 00	90·0	78 57	84 46	84·9	78 49	79 38	79·8	78 36	74 39	74·9	78 18	69 52	70·3	77 56	65 22	65·8	259	281
80	100	80 00	90 00	90·0	79 57	84 16	84·3	79 48	78 38	78·8	79 34	73 12	73·5	79 14	68 04	68·4	78 50	63 16	63·7	260	280
81	99	81 00	90 00	90·0	80 57	83 38	83·7	80 47	77 25	77·6	80 31	71 29	71·7	80 09	65 55	66·2	79 43	60 47	61·2	261	279
82	98	82 00	90 00	90·0	81 56	82 51	82·9	81 45	75 55	76·1	81 28	69 22	69·6	81 04	63 19	63·6	80 34	57 51	58·2	262	278
83	97	83 00	90 00	90·0	82 56	81 51	81·9	82 43	74 01	74·1	82 23	66 44	66·9	81 57	60 09	60·4	81 24	54 20	54·6	263	277
84	96	84 00	90 00	90·0	83 55	80 31	80·6	83 41	71 32	71·6	83 18	63 22	63·5	82 48	56 13	56·4	82 12	50 04	50·3	264	276
85	95	85 00	90 00	90·0	84 54	78 40	78·7	84 37	68 10	68·3	84 10	58 59	59·1	83 36	51 16	51·4	82 56	44 53	45·1	265	275
86	94	86 00	90 00	90·0	85 53	75 57	76·0	85 32	63 24	63·5	85 00	53 05	53·2	84 21	44 56	45·1	83 36	38 34	38·7	266	274
87	93	87 00	90 00	90·0	86 50	71 33	71·6	86 24	56 17	56·3	85 45	44 58	45·0	85 00	36 49	36·9	84 10	30 53	31·0	267	273
88	92	88 00	90 00	90·0	87 46	63 26	63·4	87 10	44 59	45·0	86 24	33 40	33·7	85 32	26 31	26·6	84 37	21 45	21·8	268	272
89	91	89 00	90 00	90·0	88 35	45 00	45·0	87 46	26 33	26·6	86 50	18 25	18·4	85 53	14 01	14·0	84 54	11 17	11·3	269	271
90	90	90 00	0 00	0·0	89 00	0 00	0·0	88 00	0 00	0·0	87 00	0 00	0·0	86 00	0 00	0·0	85 00	0 00	0·0	270	270

N. Lat: for LHA > 180° … $Z_n = Z$
for LHA < 180° … $Z_n = 360° - Z$

S. Lat.: for LHA > 180° … $Z_n = 180° - Z$
for LHA < 180° … $Z_n = 180° + Z$

SIGHT REDUCTION TABLE

B: (−) for 90° < LHA < 270°
Dec:(−) for Lat. contrary name

Z₁: same sign as B
Z₂: (−) for F > 90°

Lat. / A		6°			7°			8°			9°			10°			11°			Lat. / A	
LHA/F		A/H	B/P	Z_1/Z_2	A/H	B/P	Z_1/Z_2	A/H	B/P	Z_1/Z_2	A/H	B/P	Z_1/Z_2	A/H	B/P	Z_1/Z_2	A/H	B/P	Z_1/Z_2	LHA	
°	°	° ′	° ′	°	° ′	° ′	°	° ′	° ′	°	° ′	° ′	°	° ′	° ′	°	° ′	° ′	°	°	°
0	180	0 00	84 00	90·0	0 00	83 00	90·0	0 00	82 00	90·0	0 00	81 00	90·0	0 00	80 00	90·0	0 00	79 00	90·0	180	360
1	179	1 00	84 00	89·9	1 00	83 00	89·9	0 59	82 00	89·9	0 59	81 00	89·8	0 59	80 00	89·8	0 59	79 00	89·8	181	359
2	178	1 59	84 00	89·8	1 59	83 00	89·8	1 59	82 00	89·7	1 59	81 00	89·7	1 58	80 00	89·7	1 58	79 00	89·6	182	358
3	177	2 59	84 00	89·7	2 59	82 59	89·6	2 58	81 59	89·6	2 58	80 59	89·5	2 57	79 59	89·5	2 57	78 59	89·4	183	357
4	176	3 59	83 59	89·6	3 58	82 59	89·5	3 58	81 59	89·4	3 57	80 59	89·4	3 56	79 59	89·3	3 56	78 58	89·2	184	356
5	175	4 58	83 59	89·5	4 58	82 58	89·4	4 57	81 58	89·3	4 56	80 58	89·2	4 55	79 58	89·1	4 54	78 58	89·0	185	355
6	174	5 58	83 58	89·4	5 57	82 58	89·3	5 56	81 57	89·2	5 56	80 57	89·1	5 55	79 57	89·0	5 53	78 56	88·9	186	354
7	173	6 58	83 57	89·3	6 57	82 57	89·1	6 56	81 56	89·0	6 55	80 56	88·9	6 54	79 56	88·8	6 52	78 55	88·7	187	353
8	172	7 57	83 56	89·2	7 56	82 56	89·0	7 55	81 55	88·9	7 54	80 55	88·7	7 53	79 54	88·6	7 51	78 54	88·5	188	352
9	171	8 57	83 56	89·1	8 56	82 55	88·9	8 55	81 54	88·7	8 53	80 53	88·6	8 52	79 53	88·4	8 50	78 52	88·3	189	351
10	170	9 57	83 54	88·9	9 55	82 54	88·8	9 54	81 53	88·6	9 53	80 52	88·4	9 51	79 51	88·2	9 49	78 50	88·1	190	350
11	169	10 56	83 53	88·8	10 55	82 52	88·6	10 53	81 51	88·5	10 52	80 50	88·3	10 50	79 49	88·1	10 48	78 48	87·9	191	349
12	168	11 56	83 52	88·7	11 55	82 51	88·5	11 53	81 49	88·3	11 51	80 48	88·1	11 49	79 47	87·9	11 47	78 46	87·7	192	348
13	167	12 56	83 51	88·6	12 54	82 49	88·4	12 52	81 48	88·2	12 50	80 46	87·9	12 48	79 45	87·7	12 45	78 43	87·5	193	347
14	166	13 55	83 49	88·5	13 54	82 47	88·3	13 52	81 46	88·0	13 49	80 44	87·8	13 47	79 42	87·5	13 44	78 40	87·3	194	346
15	165	14 55	83 47	88·4	14 53	82 45	88·1	14 51	81 43	87·9	14 49	80 41	87·6	14 46	79 39	87·3	14 43	78 37	87·1	195	345
16	164	15 55	83 46	88·3	15 53	82 43	88·0	15 50	81 41	87·7	15 48	80 39	87·4	15 45	79 36	87·1	15 42	78 34	86·9	196	344
17	163	16 54	83 44	88·2	16 52	82 41	87·9	16 50	81 38	87·6	16 47	80 36	87·3	16 44	79 33	87·0	16 41	78 31	86·7	197	343
18	162	17 54	83 42	88·1	17 52	82 39	87·7	17 49	81 36	87·4	17 46	80 33	87·1	17 43	79 30	86·8	17 39	78 27	86·5	198	342
19	161	18 54	83 39	87·9	18 51	82 36	87·6	18 48	81 33	87·3	18 45	80 29	86·9	18 42	79 26	86·6	18 38	78 23	86·2	199	341
20	160	19 53	83 37	87·8	19 51	82 33	87·5	19 48	81 30	87·1	19 45	80 26	86·7	19 41	79 22	86·4	19 37	78 19	86·0	200	340
21	159	20 53	83 35	87·7	20 50	82 30	87·3	20 47	81 26	86·9	20 44	80 22	86·6	20 40	79 18	86·2	20 36	78 14	85·8	201	339
22	158	21 52	83 32	87·6	21 50	82 27	87·2	21 46	81 23	86·8	21 43	80 18	86·4	21 39	79 14	86·0	21 35	78 10	85·6	202	338
23	157	22 52	83 29	87·5	22 49	82 24	87·0	22 46	81 19	86·6	22 42	80 14	86·2	22 38	79 09	85·8	22 33	78 05	85·4	203	337
24	156	23 52	83 26	87·3	23 49	82 21	86·9	23 45	81 15	86·5	23 41	80 10	86·0	23 37	79 05	85·6	23 32	77 59	85·1	204	336
25	155	24 51	83 23	87·2	24 48	82 17	86·7	24 44	81 11	86·3	24 40	80 05	85·8	24 36	78 59	85·4	24 31	77 54	84·9	205	335
26	154	25 51	83 20	87·1	25 48	82 13	86·6	25 44	81 07	86·1	25 39	80 00	85·6	25 35	78 54	85·2	25 29	77 48	84·7	206	334
27	153	26 50	83 16	87·0	26 47	82 09	86·4	26 43	81 02	85·9	26 38	79 55	85·4	26 33	78 48	84·9	26 28	77 42	84·4	207	333
28	152	27 50	83 13	86·8	27 46	82 05	86·3	27 42	80 57	85·8	27 38	79 50	85·2	27 32	78 42	84·7	27 27	77 35	84·2	208	332
29	151	28 50	83 09	86·7	28 46	82 01	86·1	28 41	80 52	85·6	28 37	79 44	85·0	28 31	78 36	84·5	28 25	77 28	84·0	209	331
30	150	29 49	83 05	86·5	29 45	81 56	86·0	29 41	80 47	85·4	29 36	79 38	84·8	29 30	78 29	84·3	29 24	77 21	83·7	210	330
31	149	30 49	83 01	86·4	30 45	81 51	85·8	30 40	80 41	85·2	30 35	79 32	84·6	30 29	78 23	84·0	30 22	77 13	83·5	211	329
32	148	31 48	82 56	86·3	31 44	81 46	85·6	31 39	80 35	85·0	31 34	79 25	84·4	31 27	78 15	83·8	31 21	77 05	83·2	212	328
33	147	32 48	82 51	86·1	32 43	81 40	85·5	32 38	80 29	84·8	32 33	79 18	84·2	32 26	78 08	83·6	32 19	76 57	82·9	213	327
34	146	33 47	82 46	86·0	33 43	81 35	85·3	33 37	80 23	84·6	33 32	79 11	84·0	33 25	78 00	83·3	33 18	76 48	82·7	214	326
35	145	34 47	82 41	85·8	34 42	81 29	85·1	34 37	80 16	84·4	34 30	79 03	83·7	34 24	77 51	83·1	34 16	76 39	82·4	215	325
36	144	35 46	82 36	85·7	35 41	81 22	84·9	35 36	80 09	84·2	35 29	78 55	83·5	35 22	77 42	82·8	35 14	76 29	82·1	216	324
37	143	36 46	82 30	85·5	36 41	81 16	84·8	36 35	80 01	84·0	36 28	78 47	83·3	36 21	77 33	82·5	36 13	76 19	81·8	217	323
38	142	37 45	82 24	85·3	37 40	81 09	84·6	37 34	79 53	83·8	37 27	78 38	83·0	37 19	77 23	82·3	37 11	76 09	81·5	218	322
39	141	38 45	82 18	85·2	38 39	81 01	84·4	38 33	79 45	83·6	38 26	78 29	82·8	38 18	77 13	82·0	38 09	75 57	81·2	219	321
40	140	39 44	82 11	85·0	39 39	80 54	84·2	39 32	79 36	83·3	39 25	78 19	82·5	39 16	77 02	81·7	39 07	75 46	80·9	220	320
41	139	40 44	82 04	84·8	40 38	80 46	84·0	40 31	79 27	83·1	40 23	78 09	82·3	40 15	76 51	81·4	40 05	75 33	80·6	221	319
42	138	41 43	81 57	84·6	41 37	80 37	83·7	41 30	79 17	82·9	41 22	77 58	82·0	41 13	76 39	81·1	41 04	75 21	80·3	222	318
43	137	42 42	81 49	84·4	42 36	80 28	83·5	42 29	79 07	82·6	42 21	77 47	81·7	42 12	76 27	80·8	42 02	75 07	79·9	223	317
44	136	43 42	81 41	84·2	43 35	80 19	83·3	43 28	78 57	82·3	43 19	77 35	81·4	43 10	76 14	80·5	43 00	74 53	79·6	224	316
45	135	44 41	81 33	84·0	44 34	80 09	83·1	44 27	78 46	82·1	44 18	77 22	81·1	44 08	76 00	80·1	43 57	74 38	79·2	225	315

Lat. / A		6°			7°			8°			9°			10°			11°			Lat. / A	
LHA/F		A/H	B/P	Z_1/Z_2	A/H	B/P	Z_1/Z_2	A/H	B/P	Z_1/Z_2	A/H	B/P	Z_1/Z_2	A/H	B/P	Z_1/Z_2	A/H	B/P	Z_1/Z_2	LHA	
°	°	° ′	° ′	°	° ′	° ′	°	° ′	° ′	°	° ′	° ′	°	° ′	° ′	°	° ′	° ′	°	°	°
45	135	44 41	81 33	84·0	44 34	80 09	83·1	44 27	78 46	82·1	44 18	77 22	81·1	44 08	76 00	80·1	43 57	74 38	79·2	225	315
46	134	45 41	81 24	83·8	45 34	79 59	82·8	45 26	78 34	81·8	45 16	77 09	80·8	45 06	75 45	79·8	44 55	74 22	78·8	226	314
47	133	46 40	81 14	83·6	46 33	79 48	82·6	46 24	78 21	81·5	46 15	76 56	80·5	46 04	75 30	79·5	45 53	74 05	78·4	227	313
48	132	47 39	81 04	83·4	47 32	79 36	82·3	47 23	78 08	81·2	47 13	76 41	80·1	47 03	75 14	79·1	46 51	73 48	78·0	228	312
49	131	48 38	80 54	83·1	48 31	79 24	82·0	48 22	77 55	80·9	48 12	76 26	79·8	48 01	74 57	78·7	47 48	73 30	77·6	229	311
50	130	49 38	80 43	82·9	49 30	79 11	81·7	49 20	77 40	80·6	49 10	76 09	79·4	48 58	74 40	78·3	48 46	73 10	77·2	230	310
51	129	50 37	80 31	82·6	50 29	78 58	81·4	50 19	77 25	80·2	50 08	75 52	79·1	49 56	74 21	77·9	49 43	72 50	76·7	231	309
52	128	51 36	80 19	82·4	51 27	78 43	81·1	51 18	77 08	79·9	51 06	75 34	78·7	50 54	74 01	77·5	50 40	72 29	76·3	232	308
53	127	52 35	80 06	82·1	52 26	78 28	80·8	52 16	76 51	79·5	52 04	75 15	78·3	51 52	73 40	77·0	51 37	72 06	75·8	233	307
54	126	53 34	79 52	81·8	53 25	78 12	80·5	53 14	76 33	79·2	53 02	74 55	77·8	52 49	73 18	76·6	52 35	71 42	75·3	234	306
55	125	54 33	79 37	81·5	54 24	77 55	80·1	54 13	76 14	78·8	54 00	74 34	77·4	53 47	72 55	76·1	53 31	71 17	74·8	235	305
56	124	55 32	79 21	81·2	55 22	77 37	79·8	55 11	75 54	78·3	54 58	74 11	76·9	54 44	72 30	75·6	54 28	70 50	74·2	236	304
57	123	56 31	79 05	80·9	56 21	77 18	79·4	56 09	75 32	77·9	55 56	73 47	76·5	55 41	72 04	75·0	55 25	70 22	73·6	237	303
58	122	57 30	78 47	80·5	57 19	76 57	79·0	57 07	75 09	77·4	56 53	73 22	75·9	56 38	71 36	74·5	56 21	69 51	73·0	238	302
59	121	58 29	78 28	80·1	58 18	76 35	78·5	58 05	74 44	77·0	57 51	72 54	75·4	57 35	71 06	73·9	57 17	69 19	72·4	239	301
60	120	59 28	78 08	79·7	59 16	76 12	78·1	59 03	74 18	76·4	58 48	72 25	74·8	58 32	70 34	73·3	58 13	68 45	71·7	240	300
61	119	60 26	77 46	79·3	60 14	75 47	77·6	60 01	73 50	75·9	59 45	71 54	74·2	59 28	70 01	72·6	59 09	68 09	71·0	241	299
62	118	61 25	77 23	78·9	61 12	75 21	77·1	60 58	73 20	75·3	60 42	71 21	73·6	60 24	69 25	71·9	60 05	67 31	70·3	242	298
63	117	62 23	76 58	78·4	62 10	74 52	76·5	61 56	72 48	74·7	61 39	70 46	72·9	61 20	68 46	71·2	61 00	66 49	69·5	243	297
64	116	63 22	76 31	77·9	63 08	74 21	76·0	62 53	72 13	74·1	62 35	70 08	72·2	62 16	68 05	70·4	61 55	66 05	68·6	244	296
65	115	64 20	76 02	77·4	64 06	73 48	75·4	63 50	71 36	73·4	63 32	69 27	71·5	63 12	67 21	69·6	62 50	65 18	67·7	245	295
66	114	65 18	75 31	76·8	65 03	73 12	74·7	64 47	70 56	72·6	64 28	68 43	70·6	64 07	66 34	68·7	63 44	64 27	66·8	246	294
67	113	66 16	74 57	76·2	66 01	72 33	74·0	65 43	70 13	71·8	65 23	67 56	69·8	65 02	65 43	67·8	64 38	63 33	65·8	247	293
68	112	67 14	74 20	75·5	66 58	71 51	73·2	66 40	69 26	71·0	66 19	67 05	68·8	65 56	64 48	66·7	65 32	62 35	64·7	248	292
69	111	68 12	73 39	74·8	67 55	71 05	72·4	67 36	68 35	70·1	67 14	66 09	67·8	66 50	63 48	65·7	66 25	61 31	63·6	249	291
70	110	69 09	72 55	74·0	68 51	70 15	71·5	68 31	67 40	69·1	68 09	65 09	66·7	67 44	62 44	64·5	67 17	60 23	62·3	250	290
71	109	70 07	72 06	73·1	69 48	69 20	70·5	69 27	66 39	68·0	69 03	64 03	65·6	68 37	61 34	63·2	68 09	59 10	61·0	251	289
72	108	71 03	71 13	72·2	70 44	68 20	69·4	70 21	65 33	66·8	69 57	62 52	64·3	69 29	60 17	61·9	69 00	57 50	59·6	252	288
73	107	72 00	70 14	71·1	71 39	67 13	68·3	71 16	64 20	65·5	70 50	61 33	62·9	70 21	58 54	60·4	69 50	56 23	58·0	253	287
74	106	72 56	69 08	70·0	72 34	65 59	67·0	72 09	62 59	64·1	71 42	60 07	61·4	71 12	57 24	58·8	70 40	54 49	56·4	254	286
75	105	73 52	67 54	68·7	73 29	64 37	65·5	73 03	61 30	62·6	72 34	58 32	59·7	72 02	55 44	57·1	71 28	53 06	54·5	255	285
76	104	74 48	66 31	67·3	74 23	63 05	64·0	73 55	59 51	60·8	73 24	56 47	57·9	72 51	53 55	55·1	72 16	51 13	52·6	256	284
77	103	75 42	64 57	65·6	75 16	61 22	62·2	74 46	58 00	58·9	74 14	54 51	55·9	73 39	51 55	53·1	73 02	49 10	50·4	257	283
78	102	76 36	63 11	63·8	76 08	59 26	60·2	75 37	55 57	56·8	75 02	52 42	53·6	74 26	49 42	50·8	73 47	46 56	48·1	258	282
79	101	77 29	61 09	61·7	76 59	57 14	57·9	76 26	53 38	54·4	75 49	50 18	51·2	75 11	47 16	48·2	74 30	44 28	45·5	259	281
80	100	78 21	58 49	59·3	77 49	54 44	55·3	77 13	51 01	51·7	76 35	47 38	48·4	75 54	44 34	45·4	75 11	41 47	42·7	260	280
81	99	79 12	56 06	56·6	78 37	51 52	52·4	77 59	48 04	48·7	77 18	44 39	45·4	76 35	41 35	42·4	75 49	38 50	39·7	261	279
82	98	80 01	52 56	53·4	79 23	48 35	49·1	78 42	44 43	45·3	77 59	41 18	41·9	77 13	38 17	39·0	76 26	35 36	36·4	262	278
83	97	80 47	49 13	49·6	80 07	44 47	45·2	79 23	40 56	41·4	78 37	37 35	38·1	77 49	34 39	35·3	76 59	32 05	32·8	263	277
84	96	81 31	44 51	45·2	80 47	40 24	40·8	80 01	36 38	37·1	79 12	33 25	33·9	78 21	30 40	31·2	77 29	28 16	28·8	264	276
85	95	82 12	39 40	39·9	81 24	35 22	35·7	80 34	31 48	32·2	79 43	28 49	29·2	78 50	26 18	26·7	77 56	24 09	24·6	265	275
86	94	82 48	33 34	33·8	81 57	29 36	29·8	81 04	26 24	26·7	80 09	23 46	24·1	79 14	21 35	21·9	78 18	19 44	20·1	266	274
87	93	83 18	26 28	26·6	82 23	23 05	23·3	81 28	20 25	20·6	80 31	18 17	18·5	79 34	16 32	16·8	78 36	15 04	15·4	267	273
88	92	83 41	18 22	18·5	82 43	15 52	16·0	81 45	13 57	14·1	80 47	12 26	12·6	79 48	11 12	11·4	78 49	10 11	10·4	268	272
89	91	83 55	9 26	9·5	82 56	8 05	8·2	81 56	7 05	7·1	80 57	6 17	6·4	79 57	5 39	5·7	78 57	5 08	5·2	269	271
90	90	84 00	0 00	0·0	83 00	0 00	0·0	82 00	0 00	0·0	81 00	0 00	0·0	80 00	0 00	0·0	79 00	0 00	0·0	270	270

N. Lat: for LHA > 180° … $Z_n = Z$
for LHA < 180° … $Z_n = 360° - Z$

S. Lat.: for LHA > 180° … $Z_n = 180° - Z$
for LHA < 180° … $Z_n = 180° + Z$

SIGHT REDUCTION TABLE

B: (−) for 90° < LHA < 270°
Dec: (−) for Lat. contrary name

Z_1: same sign as B
Z_2: (−) for F > 90°

Lat. / A		12°			13°			14°			15°			16°			17°			Lat. / A	
LHA/F		A/H	B/P	Z_1/Z_2	A/H	B/P	Z_1/Z_2	A/H	B/P	Z_1/Z_2	A/H	B/P	Z_1/Z_2	A/H	B/P	Z_1/Z_2	A/H	B/P	Z_1/Z_2	LHA	
°	°	° ′	° ′	°	° ′	° ′	°	° ′	° ′	°	° ′	° ′	°	° ′	° ′	°	° ′	° ′	°	°	°
0	180	0 00	78 00	90·0	0 00	77 00	90·0	0 00	76 00	90·0	0 00	75 00	90·0	0 00	74 00	90·0	0 00	73 00	90·0	180	360
1	179	0 59	78 00	89·8	0 58	77 00	89·8	0 58	76 00	89·8	0 58	75 00	89·7	0 58	74 00	89·7	0 57	73 00	89·7	181	359
2	178	1 57	78 00	89·6	1 57	77 00	89·5	1 56	76 00	89·5	1 56	74 59	89·5	1 55	73 59	89·4	1 55	72 59	89·4	182	358
3	177	2 56	77 59	89·4	2 55	76 59	89·3	2 55	75 59	89·3	2 54	74 59	89·2	2 53	73 59	89·2	2 52	72 59	89·1	183	357
4	176	3 55	77 58	89·2	3 54	76 58	89·1	3 53	75 58	89·0	3 52	74 58	89·0	3 51	73 58	88·9	3 49	72 58	88·8	184	356
5	175	4 53	77 57	89·0	4 52	76 57	88·9	4 51	75 57	88·8	4 50	74 57	88·7	4 48	73 57	88·6	4 47	72 56	88·5	185	355
6	174	5 52	77 56	88·7	5 51	76 56	88·6	5 49	75 56	88·5	5 48	74 55	88·4	5 46	73 55	88·3	5 44	72 55	88·2	186	354
7	173	6 51	77 55	88·5	6 49	76 54	88·4	6 47	75 54	88·3	6 46	74 54	88·2	6 44	73 53	88·1	6 42	72 53	87·9	187	353
8	172	7 49	77 53	88·3	7 48	76 53	88·2	7 46	75 52	88·1	7 44	74 52	87·9	7 41	73 51	87·8	7 39	72 51	87·6	188	352
9	171	8 48	77 51	88·1	8 46	76 51	88·0	8 44	75 50	87·8	8 41	74 49	87·7	8 39	73 49	87·5	8 36	72 48	87·3	189	351
10	170	9 47	77 49	87·9	9 44	76 48	87·7	9 42	75 48	87·6	9 39	74 47	87·4	9 37	73 46	87·2	9 34	72 45	87·0	190	350
11	169	10 45	77 47	87·7	10 43	76 46	87·5	10 40	75 45	87·3	10 37	74 44	87·1	10 34	73 43	86·9	10 31	72 42	86·7	191	349
12	168	11 44	77 44	87·5	11 41	76 43	87·3	11 38	75 42	87·1	11 35	74 41	86·9	11 32	73 40	86·6	11 28	72 39	86·4	192	348
13	167	12 43	77 42	87·3	12 40	76 40	87·0	12 36	75 39	86·8	12 33	74 37	86·6	12 29	73 36	86·4	12 25	72 35	86·1	193	347
14	166	13 41	77 39	87·0	13 38	76 37	86·8	13 35	75 35	86·5	13 31	74 34	86·3	13 27	73 32	86·1	13 23	72 31	85·8	194	346
15	165	14 40	77 35	86·8	14 36	76 33	86·6	14 33	75 32	86·3	14 29	74 30	86·0	14 24	73 28	85·8	14 20	72 26	85·5	195	345
16	164	15 38	77 32	86·6	15 35	76 30	86·3	15 31	75 28	86·0	15 26	74 25	85·8	15 22	73 23	85·5	15 17	72 21	85·2	196	344
17	163	16 37	77 28	86·4	16 33	76 26	86·1	16 29	75 23	85·8	16 24	74 21	85·5	16 19	73 19	85·2	16 14	72 16	84·9	197	343
18	162	17 36	77 24	86·1	17 31	76 21	85·8	17 27	75 19	85·5	17 22	74 16	85·2	17 17	73 13	84·9	17 11	72 11	84·6	198	342
19	161	18 34	77 20	85·9	18 30	76 17	85·6	18 25	75 14	85·2	18 20	74 11	84·9	18 14	73 08	84·6	18 08	72 05	84·3	199	341
20	160	19 33	77 15	85·7	19 28	76 12	85·3	19 23	75 08	85·0	19 17	74 05	84·6	19 12	73 02	84·3	19 05	71 59	83·9	200	340
21	159	20 31	77 10	85·4	20 26	76 07	85·1	20 21	75 03	84·7	20 15	73 59	84·3	20 09	72 56	84·0	20 03	71 52	83·6	201	339
22	158	21 30	77 05	85·2	21 24	76 01	84·8	21 19	74 57	84·4	21 13	73 53	84·0	21 06	72 49	83·6	21 00	71 45	83·3	202	338
23	157	22 28	77 00	85·0	22 23	75 55	84·5	22 17	74 51	84·1	22 10	73 46	83·7	22 04	72 42	83·3	21 56	71 38	82·9	203	337
24	156	23 27	76 54	84·7	23 21	75 49	84·3	23 15	74 44	83·9	23 08	73 39	83·4	23 01	72 34	83·0	22 53	71 30	82·6	204	336
25	155	24 25	76 48	84·5	24 19	75 43	84·0	24 13	74 37	83·6	24 06	73 32	83·1	23 58	72 27	82·7	23 50	71 22	82·2	205	335
26	154	25 23	76 42	84·2	25 17	75 36	83·7	25 10	74 30	83·3	25 03	73 24	82·8	24 55	72 18	82·3	24 47	71 13	81·9	206	334
27	153	26 22	76 35	84·0	26 15	75 28	83·5	26 08	74 22	83·0	26 01	73 16	82·5	25 52	72 10	82·0	25 44	71 04	81·5	207	333
28	152	27 20	76 28	83·7	27 13	75 21	83·2	27 06	74 14	82·7	26 58	73 07	82·2	26 50	72 00	81·7	26 41	70 54	81·2	208	332
29	151	28 18	76 20	83·4	28 11	75 13	82·9	28 04	74 05	82·4	27 55	72 58	81·8	27 47	71 51	81·3	27 37	70 44	80·8	209	331
30	150	29 17	76 13	83·2	29 09	75 04	82·6	29 01	73 56	82·0	28 53	72 48	81·5	28 44	71 41	81·0	28 34	70 33	80·4	210	330
31	149	30 15	76 04	82·9	30 07	74 56	82·3	29 59	73 47	81·7	29 50	72 38	81·2	29 41	71 30	80·6	29 30	70 22	80·0	211	329
32	148	31 13	75 56	82·6	31 05	74 46	82·0	30 57	73 37	81·4	30 47	72 28	80·8	30 37	71 19	80·2	30 27	70 11	79·6	212	328
33	147	32 11	75 47	82·3	32 03	74 37	81·7	31 54	73 27	81·1	31 44	72 17	80·5	31 34	71 07	79·9	31 23	69 58	79·2	213	327
34	146	33 10	75 37	82·0	33 01	74 26	81·4	32 52	73 16	80·7	32 42	72 05	80·1	32 31	70 55	79·5	32 20	69 45	78·8	214	326
35	145	34 08	75 27	81·7	33 59	74 16	81·0	33 49	73 04	80·4	33 39	71 53	79·7	33 28	70 42	79·1	33 16	69 32	78·4	215	325
36	144	35 06	75 17	81·4	34 56	74 04	80·7	34 46	72 52	80·0	34 36	71 40	79·4	34 24	70 29	78·7	34 12	69 18	78·0	216	324
37	143	36 04	75 06	81·1	35 54	73 53	80·4	35 44	72 40	79·7	35 33	71 27	79·0	35 21	70 15	78·3	35 08	69 03	77·6	217	323
38	142	37 02	74 54	80·8	36 52	73 40	80·0	36 41	72 27	79·3	36 29	71 13	78·6	36 17	70 00	77·8	36 04	68 48	77·1	218	322
39	141	38 00	74 42	80·4	37 49	73 27	79·7	37 38	72 13	78·9	37 26	70 59	78·2	37 13	69 45	77·4	37 00	68 32	76·7	219	321
40	140	38 57	74 30	80·1	38 47	73 14	79·3	38 35	71 58	78·5	38 23	70 43	77·7	38 10	69 29	77·0	37 56	68 15	76·2	220	320
41	139	39 55	74 16	79·8	39 44	72 59	78·9	39 32	71 43	78·1	39 19	70 27	77·3	39 06	69 12	76·5	38 51	67 57	75·7	221	319
42	138	40 53	74 02	79·4	40 41	72 45	78·5	40 29	71 27	77·7	40 16	70 10	76·9	40 02	68 54	76·1	39 47	67 38	75·3	222	318
43	137	41 51	73 48	79·0	41 39	72 29	78·2	41 26	71 11	77·3	41 12	69 53	76·4	40 58	68 35	75·6	40 42	67 19	74·7	223	317
44	136	42 48	73 32	78·6	42 36	72 12	77·7	42 23	70 53	76·9	42 09	69 34	76·0	41 54	68 16	75·1	41 38	66 58	74·2	224	316
45	135	43 46	73 16	78·3	43 33	71 55	77·3	43 19	70 35	76·4	43 05	69 15	75·5	42 49	67 56	74·6	42 33	66 37	73·7	225	315

Lat. / A		12°			13°			14°			15°			16°			17°			Lat. / A	
LHA/F		A/H	B/P	Z_1/Z_2	A/H	B/P	Z_1/Z_2	A/H	B/P	Z_1/Z_2	A/H	B/P	Z_1/Z_2	A/H	B/P	Z_1/Z_2	A/H	B/P	Z_1/Z_2	LHA	
°	°	° ′	° ′	°	° ′	° ′	°	° ′	° ′	°	° ′	° ′	°	° ′	° ′	°	° ′	° ′	°	°	°
45	135	43 46	73 16	78·3	43 33	71 55	77·3	43 19	70 35	76·4	43 05	69 15	75·5	42 49	67 56	74·6	42 33	66 37	73·7	225	315
46	134	44 43	72 59	77·8	44 30	71 37	76·9	44 16	70 15	75·9	44 01	68 54	75·0	43 45	67 34	74·1	43 28	66 15	73·2	226	314
47	133	45 40	72 41	77·4	45 27	71 18	76·4	45 12	69 55	75·5	44 57	68 33	74·5	44 40	67 12	73·5	44 23	65 51	72·6	227	313
48	132	46 38	72 23	77·0	46 24	70 58	76·0	46 09	69 34	75·0	45 53	68 11	74·0	45 35	66 48	73·0	45 17	65 27	72·0	228	312
49	131	47 35	72 03	76·5	47 20	70 37	75·5	47 05	69 11	74·4	46 48	67 47	73·4	46 30	66 23	72·4	46 12	65 01	71·4	229	311
50	130	48 32	71 42	76·1	48 17	70 15	75·0	48 01	68 48	73·9	47 44	67 22	72·9	47 25	65 58	71·8	47 06	64 34	70·8	230	310
51	129	49 29	71 20	75·6	49 13	69 51	74·5	48 57	68 23	73·4	48 39	66 56	72·3	48 20	65 30	71·2	48 00	64 05	70·1	231	309
52	128	50 25	70 57	75·1	50 09	69 27	73·9	49 52	67 57	72·8	49 34	66 29	71·7	49 15	65 02	70·6	48 54	63 35	69·5	232	308
53	127	51 22	70 33	74·6	51 06	69 01	73·4	50 48	67 30	72·2	50 29	66 00	71·0	50 09	64 31	69·9	49 48	63 04	68·8	233	307
54	126	52 19	70 07	74·0	52 02	68 33	72·8	51 43	67 01	71·6	51 24	65 30	70·4	51 03	64 00	69·2	50 41	62 31	68·1	234	306
55	125	53 15	69 40	73·5	52 57	68 04	72·2	52 38	66 30	70·9	52 18	64 58	69·7	51 57	63 26	68·5	51 34	61 56	67·3	235	305
56	124	54 11	69 11	72·9	53 53	67 34	71·6	53 33	65 58	70·3	53 12	64 24	69·0	52 50	62 51	67·8	52 27	61 20	66·6	236	304
57	123	55 07	68 41	72·2	54 48	67 02	70·9	54 28	65 24	69·6	54 06	63 48	68·3	53 43	62 14	67·0	53 19	60 42	65·8	237	303
58	122	56 03	68 09	71·6	55 43	66 28	70·2	55 22	64 48	68·8	55 00	63 11	67·5	54 36	61 35	66·2	54 12	60 01	64·9	238	302
59	121	56 59	67 34	70·9	56 38	65 51	69·5	56 16	64 10	68·1	55 53	62 31	66·7	55 29	60 54	65·4	55 03	59 18	64·1	239	301
60	120	57 54	66 58	70·2	57 33	65 13	68·7	57 10	63 30	67·3	56 46	61 49	65·9	56 21	60 10	64·5	55 55	58 33	63·1	240	300
61	119	58 49	66 20	69·4	58 27	64 32	67·9	58 04	62 47	66·4	57 39	61 04	65·0	57 13	59 24	63·6	56 46	57 46	62·2	241	299
62	118	59 44	65 38	68·6	59 21	63 49	67·1	58 57	62 02	65·5	58 31	60 17	64·0	58 05	58 35	62·6	57 36	56 56	61·2	242	298
63	117	60 38	64 55	67·8	60 15	63 03	66·2	59 50	61 13	64·6	59 23	59 27	63·1	58 55	57 43	61·6	58 26	56 03	60·2	243	297
64	116	61 32	64 08	66·9	61 08	62 14	65·2	60 42	60 22	63·6	60 15	58 34	62·0	59 46	56 49	60·5	59 16	55 06	59·1	244	296
65	115	62 26	63 18	66·0	62 01	61 21	64·2	61 34	59 28	62·6	61 06	57 37	61·0	60 36	55 51	59·4	60 05	54 07	57·9	245	295
66	114	63 20	62 25	65·0	62 53	60 25	63·2	62 26	58 30	61·5	61 56	56 37	59·8	61 25	54 49	58·2	60 53	53 04	56·7	246	294
67	113	64 13	61 27	63·9	63 45	59 25	62·1	63 16	57 27	60·3	62 46	55 34	58·6	62 14	53 44	57·0	61 41	51 57	55·4	247	293
68	112	65 05	60 26	62·8	64 37	58 21	60·9	64 07	56 21	59·1	63 35	54 25	57·4	63 02	52 34	55·7	62 27	50 47	54·1	248	292
69	111	65 57	59 20	61·6	65 27	57 13	59·6	64 56	55 10	57·8	64 23	53 13	56·0	63 49	51 20	54·3	63 14	49 32	52·7	249	291
70	110	66 48	58 08	60·3	66 18	55 59	58·3	65 45	53 55	56·4	65 11	51 55	54·6	64 36	50 01	52·9	63 59	48 12	51·2	250	290
71	109	67 39	56 52	58·9	67 07	54 40	56·8	66 33	52 33	54·9	65 58	50 33	53·1	65 21	48 38	51·3	64 43	46 48	49·7	251	289
72	108	68 29	55 29	57·4	67 55	53 14	55·3	67 20	51 06	53·3	66 44	49 04	51·5	66 06	47 08	49·7	65 26	45 18	48·0	252	288
73	107	69 18	53 59	55·8	68 43	51 42	53·7	68 07	49 33	51·6	67 29	47 30	49·8	66 49	45 33	48·0	66 08	43 43	46·3	253	287
74	106	70 06	52 22	54·1	69 30	50 03	51·9	68 52	47 52	49·8	68 12	45 49	47·9	67 31	43 52	46·1	66 49	42 02	44·4	254	286
75	105	70 53	50 36	52·2	70 15	48 16	50·0	69 36	46 04	47·9	68 55	44 00	46·0	68 12	42 04	44·2	67 29	40 15	42·5	255	285
76	104	71 38	48 42	50·2	70 59	46 20	47·9	70 18	44 08	45·9	69 36	42 05	43·9	68 52	40 09	42·1	68 07	38 21	40·5	256	284
77	103	72 23	46 37	48·0	71 42	44 15	45·7	70 59	42 03	43·7	70 15	40 01	41·7	69 30	38 07	39·9	68 43	36 21	38·3	257	283
78	102	73 06	44 22	45·6	72 23	42 00	43·4	71 38	39 49	41·3	70 53	37 49	39·4	70 06	35 57	37·6	69 18	34 13	36·0	258	282
79	101	73 47	41 55	43·1	73 02	39 34	40·8	72 16	37 26	38·8	71 28	35 27	36·9	70 40	33 38	35·2	69 50	31 58	33·6	259	281
80	100	74 26	39 15	40·3	73 39	36 57	38·1	72 51	34 51	36·1	72 02	32 57	34·3	71 12	31 12	32·6	70 21	29 36	31·1	260	280
81	99	75 02	36 21	37·3	74 14	34 07	35·1	73 24	32 06	33·2	72 34	30 17	31·5	71 42	28 37	29·9	70 50	27 06	28·4	261	279
82	98	75 37	33 13	34·1	74 46	31 05	32·0	73 55	29 10	30·2	73 03	27 27	28·5	72 09	25 53	27·0	71 16	24 29	25·7	262	278
83	97	76 08	29 50	30·6	75 16	27 50	28·6	74 23	26 03	26·9	73 29	24 27	25·4	72 34	23 02	24·0	71 39	21 44	22·8	263	277
84	96	76 36	26 11	26·8	75 42	24 22	25·0	74 48	22 45	23·5	73 52	21 19	22·1	72 56	20 02	20·9	72 00	18 53	19·8	264	276
85	95	77 01	22 18	22·8	76 05	20 41	21·3	75 09	19 16	19·9	74 12	18 01	18·7	73 15	16 54	17·6	72 18	15 55	16·7	265	275
86	94	77 22	18 10	18·6	76 25	16 49	17·3	75 27	15 38	16·1	74 29	14 36	15·1	73 31	13 40	14·2	72 33	12 51	13·5	266	274
87	93	77 38	13 50	14·1	76 40	12 46	13·1	75 41	11 51	12·2	74 43	11 03	11·4	73 44	10 21	10·8	72 45	9 43	10·2	267	273
88	92	77 50	9 19	9·5	76 51	8 36	8·8	75 52	7 58	8·2	74 52	7 25	7·7	73 53	6 56	7·2	72 53	6 31	6·8	268	272
89	91	77 58	4 42	4·8	76 58	4 19	4·4	75 58	4 00	4·1	74 58	3 44	3·9	73 58	3 29	3·6	72 58	3 16	3·4	269	271
90	90	78 00	0 00	0·0	77 00	0 00	0·0	76 00	0 00	0·0	75 00	0 00	0·0	74 00	0 00	0·0	73 00	0 00	0·0	270	270

N. Lat: for LHA > 180° … $Z_n = Z$
for LHA < 180° … $Z_n = 360° - Z$

S. Lat.: for LHA > 180° … $Z_n = 180° - Z$
for LHA < 180° … $Z_n = 180° + Z$

SIGHT REDUCTION TABLE

B: (–) for 90° < LHA < 270°
Dec:(–) for Lat. contrary name

Z_1: same sign as B
Z_2: (–) for F > 90°

Lat. / A		18°			19°			20°			21°			22°			23°			Lat. / A	
LHA/F		A/H	B/P	Z_1/Z_2	A/H	B/P	Z_1/Z_2	A/H	B/P	Z_1/Z_2	A/H	B/P	Z_1/Z_2	A/H	B/P	Z_1/Z_2	A/H	B/P	Z_1/Z_2	LHA	
°	°	° ′	° ′	°	° ′	° ′	°	° ′	° ′	°	° ′	° ′	°	° ′	° ′	°	° ′	° ′	°	°	°
0	180	0 00	72 00	90·0	0 00	71 00	90·0	0 00	70 00	90·0	0 00	69 00	90·0	0 00	68 00	90·0	0 00	67 00	90·0	180	360
1	179	0 57	72 00	89·7	0 57	71 00	89·7	0 56	70 00	89·7	0 56	69 00	89·6	0 56	68 00	89·6	0 55	67 00	89·6	181	359
2	178	1 54	71 59	89·4	1 53	70 59	89·3	1 53	69 59	89·3	1 52	68 59	89·3	1 51	67 59	89·3	1 50	66 59	89·2	182	358
3	177	2 51	71 59	89·1	2 50	70 59	89·0	2 49	69 58	89·0	2 48	68 58	88·9	2 47	67 58	88·9	2 46	66 58	88·8	183	357
4	176	3 48	71 58	88·8	3 47	70 57	88·7	3 46	69 57	88·6	3 44	68 57	88·6	3 42	67 57	88·5	3 41	66 57	88·4	184	356
5	175	4 45	71 56	88·5	4 44	70 56	88·4	4 42	69 56	88·3	4 40	68 56	88·2	4 38	67 55	88·1	4 36	66 55	88·0	185	355
6	174	5 42	71 54	88·1	5 40	70 54	88·0	5 38	69 54	87·9	5 36	68 54	87·8	5 34	67 53	87·7	5 31	66 53	87·6	186	354
7	173	6 39	71 52	87·8	6 37	70 52	87·7	6 35	69 52	87·6	6 32	68 51	87·5	6 29	67 51	87·4	6 26	66 51	87·3	187	353
8	172	7 36	71 50	87·5	7 34	70 50	87·4	7 31	69 49	87·2	7 28	68 49	87·1	7 25	67 48	87·0	7 22	66 48	86·9	188	352
9	171	8 33	71 47	87·2	8 30	70 47	87·0	8 27	69 46	86·9	8 24	68 46	86·8	8 20	67 45	86·6	8 17	66 45	86·5	189	351
10	170	9 30	71 44	86·9	9 27	70 44	86·7	9 23	69 43	86·5	9 20	68 42	86·4	9 16	67 42	86·2	9 12	66 41	86·1	190	350
11	169	10 27	71 41	86·6	10 24	70 40	86·4	10 20	69 39	86·2	10 16	68 39	86·0	10 11	67 38	85·8	10 07	66 37	85·7	191	349
12	168	11 24	71 37	86·2	11 20	70 36	86·0	11 16	69 35	85·8	11 12	68 34	85·6	11 07	67 33	85·4	11 02	66 32	85·3	192	348
13	167	12 21	71 33	85·9	12 17	70 32	85·7	12 12	69 31	85·5	12 07	68 30	85·3	12 02	67 29	85·1	11 57	66 28	84·8	193	347
14	166	13 18	71 29	85·6	13 13	70 28	85·4	13 08	69 26	85·1	13 03	68 25	84·9	12 58	67 24	84·7	12 52	66 22	84·4	194	346
15	165	14 15	71 24	85·3	14 10	70 23	85·0	14 05	69 21	84·8	13 59	68 20	84·5	13 53	67 18	84·3	13 47	66 17	84·0	195	345
16	164	15 12	71 19	84·9	15 06	70 18	84·7	15 01	69 16	84·4	14 55	68 14	84·1	14 48	67 12	83·9	14 42	66 10	83·6	196	344
17	163	16 09	71 14	84·6	16 03	70 12	84·3	15 57	69 10	84·0	15 50	68 08	83·7	15 44	67 06	83·5	15 37	66 04	83·2	197	343
18	162	17 05	71 08	84·3	16 59	70 06	84·0	16 53	69 03	83·7	16 46	68 01	83·4	16 39	66 59	83·1	16 32	65 57	82·8	198	342
19	161	18 02	71 02	83·9	17 56	69 59	83·6	17 49	68 57	83·3	17 42	67 54	83·0	17 34	66 52	82·7	17 26	65 49	82·3	199	341
20	160	18 59	70 56	83·6	18 52	69 53	83·2	18 45	68 50	82·9	18 37	67 47	82·6	18 29	66 44	82·2	18 21	65 41	81·9	200	340
21	159	19 56	70 49	83·2	19 48	69 45	82·9	19 41	68 42	82·5	19 33	67 39	82·2	19 24	66 36	81·8	19 16	65 33	81·5	201	339
22	158	20 52	70 41	82·9	20 45	69 38	82·5	20 37	68 34	82·1	20 28	67 31	81·8	20 19	66 27	81·4	20 10	65 24	81·0	202	338
23	157	21 49	70 33	82·5	21 41	69 29	82·1	21 32	68 26	81·7	21 24	67 22	81·4	21 14	66 18	81·0	21 05	65 15	80·6	203	337
24	156	22 45	70 25	82·2	22 37	69 21	81·8	22 28	68 17	81·3	22 19	67 12	80·9	22 09	66 09	80·5	21 59	65 05	80·1	204	336
25	155	23 42	70 17	81·8	23 33	69 12	81·4	23 24	68 07	80·9	23 14	67 03	80·5	23 04	65 58	80·1	22 54	64 54	79·7	205	335
26	154	24 38	70 07	81·4	24 29	69 02	81·0	24 20	67 57	80·5	24 09	66 52	80·1	23 59	65 48	79·6	23 48	64 43	79·2	206	334
27	153	25 35	69 58	81·1	25 25	68 52	80·6	25 15	67 47	80·1	25 05	66 42	79·7	24 54	65 36	79·2	24 42	64 32	78·7	207	333
28	152	26 31	69 48	80·7	26 21	68 42	80·2	26 11	67 36	79·7	26 00	66 30	79·2	25 48	65 25	78·7	25 36	64 19	78·3	208	332
29	151	27 27	69 37	80·3	27 17	68 31	79·8	27 06	67 24	79·3	26 55	66 18	78·8	26 43	65 12	78·3	26 30	64 07	77·8	209	331
30	150	28 24	69 26	79·9	28 13	68 19	79·4	28 01	67 12	78·8	27 50	66 06	78·3	27 37	64 59	77·8	27 24	63 53	77·3	210	330
31	149	29 20	69 14	79·5	29 09	68 07	78·9	28 57	67 00	78·4	28 44	65 53	77·8	28 31	64 46	77·3	28 18	63 39	76·8	211	329
32	148	30 16	69 02	79·1	30 04	67 54	78·5	29 52	66 46	77·9	29 39	65 39	77·4	29 26	64 32	76·8	29 12	63 25	76·3	212	328
33	147	31 12	68 49	78·7	31 00	67 41	78·1	30 47	66 32	77·5	30 34	65 24	76·9	30 20	64 17	76·3	30 05	63 09	75·8	213	327
34	146	32 08	68 36	78·2	31 55	67 27	77·6	31 42	66 18	77·0	31 28	65 09	76·4	31 14	64 01	75·8	30 59	62 53	75·2	214	326
35	145	33 04	68 22	77·8	32 51	67 12	77·2	32 37	66 03	76·5	32 23	64 54	75·9	32 08	63 45	75·3	31 52	62 36	74·7	215	325
36	144	33 59	68 07	77·3	33 46	66 57	76·7	33 32	65 47	76·0	33 17	64 37	75·4	33 01	63 28	74·8	32 45	62 19	74·2	216	324
37	143	34 55	67 52	76·9	34 41	66 41	76·2	34 26	65 30	75·5	34 11	64 20	74·9	33 55	63 10	74·2	33 38	62 01	73·6	217	323
38	142	35 50	67 36	76·4	35 36	66 24	75·7	35 21	65 13	75·0	35 05	64 02	74·4	34 48	62 51	73·7	34 31	61 41	73·0	218	322
39	141	36 46	67 19	76·0	36 31	66 06	75·2	36 15	64 54	74·5	35 59	63 43	73·8	35 42	62 32	73·1	35 24	61 21	72·4	219	321
40	140	37 41	67 01	75·5	37 26	65 48	74·7	37 10	64 35	74·0	36 53	63 23	73·3	36 35	62 12	72·6	36 17	61 01	71·8	220	320
41	139	38 36	66 42	75·0	38 20	65 29	74·2	38 04	64 15	73·4	37 46	63 02	72·7	37 28	61 50	72·0	37 09	60 39	71·2	221	319
42	138	39 31	66 23	74·5	39 15	65 08	73·7	38 58	63 54	72·9	38 40	62 41	72·1	38 21	61 28	71·4	38 01	60 16	70·6	222	318
43	137	40 26	66 03	73·9	40 09	64 47	73·1	39 51	63 33	72·3	39 33	62 18	71·5	39 13	61 05	70·7	38 53	59 52	70·0	223	317
44	136	41 21	65 42	73·4	41 03	64 25	72·5	40 45	63 10	71·7	40 26	61 55	70·9	40 06	60 41	70·1	39 45	59 27	69·3	224	316
45	135	42 16	65 19	72·8	41 57	64 02	72·0	41 38	62 46	71·1	41 19	61 30	70·3	40 58	60 15	69·5	40 37	59 01	68·7	225	315

Lat. / A		18°			19°			20°			21°			22°			23°			Lat. / A	
LHA/F		A/H	B/P	Z_1/Z_2	A/H	B/P	Z_1/Z_2	A/H	B/P	Z_1/Z_2	A/H	B/P	Z_1/Z_2	A/H	B/P	Z_1/Z_2	A/H	B/P	Z_1/Z_2	LHA	
°	°	° ′	° ′	°	° ′	° ′	°	° ′	° ′	°	° ′	° ′	°	° ′	° ′	°	° ′	° ′	°	°	°
45	135	42 16	65 19	72·8	41 57	64 02	72·0	41 38	62 46	71·1	41 19	61 30	70·3	40 58	60 15	69·5	40 37	59 01	68·7	225	315
46	134	43 10	64 56	72·3	42 51	63 38	71·4	42 32	62 21	70·5	42 11	61 05	69·6	41 50	59 49	68·8	41 28	58 34	68·0	226	314
47	133	44 04	64 32	71·7	43 45	63 13	70·8	43 25	61 55	69·9	43 04	60 38	69·0	42 42	59 21	68·1	42 19	58 06	67·3	227	313
48	132	44 58	64 06	71·1	44 38	62 46	70·1	44 18	61 27	69·2	43 56	60 09	68·3	43 33	58 53	67·4	43 10	57 37	66·5	228	312
49	131	45 52	63 39	70·4	45 32	62 18	69·5	45 10	60 59	68·5	44 48	59 40	67·6	44 24	58 22	66·7	44 00	57 06	65·8	229	311
50	130	46 46	63 11	69·8	46 25	61 49	68·8	46 03	60 29	67·8	45 39	59 09	66·9	45 15	57 51	65·9	44 50	56 34	65·0	230	310
51	129	47 39	62 42	69·1	47 17	61 19	68·1	46 55	59 57	67·1	46 31	58 37	66·1	46 06	57 18	65·2	45 40	56 00	64·2	231	309
52	128	48 33	62 11	68·4	48 10	60 47	67·4	47 46	59 25	66·4	47 22	58 03	65·4	46 56	56 44	64·4	46 30	55 25	63·4	232	308
53	127	49 25	61 38	67·7	49 02	60 13	66·6	48 38	58 50	65·6	48 13	57 28	64·6	47 46	56 07	63·6	47 19	54 48	62·6	233	307
54	126	50 18	61 04	67·0	49 54	59 38	65·9	49 29	58 14	64·8	49 03	56 51	63·7	48 36	55 30	62·7	48 08	54 10	61·7	234	306
55	125	51 10	60 28	66·2	50 46	59 01	65·1	50 20	57 36	64·0	49 53	56 12	62·9	49 25	54 50	61·9	48 56	53 30	60·8	235	305
56	124	52 03	59 50	65·4	51 37	58 23	64·2	51 10	56 56	63·1	50 43	55 32	62·0	50 14	54 09	61·0	49 44	52 48	59·9	236	304
57	123	52 54	59 11	64·6	52 28	57 42	63·4	52 00	56 15	62·2	51 32	54 49	61·1	51 02	53 26	60·0	50 32	52 04	59·0	237	303
58	122	53 46	58 29	63·7	53 18	56 59	62·5	52 50	55 31	61·3	52 21	54 05	60·2	51 50	52 41	59·1	51 19	51 18	58·0	238	302
59	121	54 37	57 45	62·8	54 08	56 14	61·5	53 39	54 45	60·4	53 09	53 18	59·2	52 38	51 53	58·1	52 06	50 30	57·0	239	301
60	120	55 27	56 59	61·8	54 58	55 27	60·6	54 28	53 57	59·4	53 57	52 29	58·2	53 25	51 04	57·0	52 52	49 40	55·9	240	300
61	119	56 17	56 10	60·9	55 47	54 37	59·6	55 16	53 06	58·3	54 44	51 38	57·1	54 11	50 12	55·9	53 37	48 48	54·8	241	299
62	118	57 07	55 19	59·8	56 36	53 45	58·5	56 04	52 13	57·2	55 31	50 44	56·0	54 57	49 17	54·8	54 22	47 53	53·7	242	298
63	117	57 56	54 25	58·8	57 24	52 49	57·4	56 51	51 17	56·1	56 17	49 47	54·9	55 42	48 20	53·7	55 06	46 55	52·5	243	297
64	116	58 44	53 27	57·6	58 12	51 51	56·3	57 38	50 18	55·0	57 03	48 48	53·7	56 27	47 20	52·5	55 50	45 55	51·3	244	296
65	115	59 32	52 27	56·5	58 58	50 50	55·1	58 24	49 16	53·7	57 47	47 45	52·5	57 10	46 17	51·2	56 32	44 52	50·0	245	295
66	114	60 19	51 23	55·2	59 45	49 45	53·8	59 09	48 11	52·5	58 32	46 39	51·2	57 53	45 11	49·9	57 14	43 47	48·7	246	294
67	113	61 06	50 15	53·9	60 30	48 37	52·5	59 53	47 02	51·1	59 15	45 30	49·8	58 36	44 02	48·6	57 55	42 38	47·4	247	293
68	112	61 52	49 04	52·6	61 15	47 25	51·1	60 36	45 50	49·8	59 57	44 18	48·4	59 17	42 50	47·2	58 36	41 26	46·0	248	292
69	111	62 37	47 48	51·2	61 58	46 09	49·7	61 19	44 33	48·3	60 39	43 02	47·0	59 57	41 34	45·7	59 15	40 10	44·5	249	291
70	110	63 21	46 28	49·7	62 41	44 48	48·2	62 01	43 13	46·8	61 19	41 42	45·4	60 36	40 15	44·2	59 53	38 52	43·0	250	290
71	109	64 04	45 03	48·1	63 23	43 24	46·6	62 41	41 49	45·2	61 58	40 18	43·9	61 15	38 52	42·6	60 30	37 29	41·4	251	289
72	108	64 45	43 34	46·4	64 04	41 54	44·9	63 21	40 20	43·5	62 37	38 50	42·2	61 52	37 25	40·9	61 06	36 03	39·7	252	288
73	107	65 26	41 59	44·7	64 43	40 20	43·2	63 59	38 46	41·8	63 14	37 18	40·5	62 27	35 53	39·2	61 41	34 34	38·0	253	287
74	106	66 06	40 19	42·9	65 21	38 41	41·4	64 36	37 08	40·0	63 49	35 41	38·7	63 02	34 18	37·4	62 14	33 00	36·3	254	286
75	105	66 44	38 32	40·9	65 58	36 56	39·5	65 11	35 25	38·1	64 23	33 59	36·8	63 35	32 39	35·6	62 46	31 22	34·4	255	285
76	104	67 20	36 40	38·9	66 33	35 05	37·4	65 45	33 37	36·1	64 56	32 13	34·8	64 07	30 55	33·6	63 16	29 41	32·5	256	284
77	103	67 55	34 42	36·8	67 07	33 09	35·3	66 18	31 43	34·0	65 27	30 22	32·8	64 37	29 06	31·6	63 45	27 55	30·6	257	283
78	102	68 29	32 37	34·5	67 39	31 07	33·1	66 48	29 44	31·9	65 57	28 26	30·7	65 05	27 14	29·6	64 13	26 06	28·5	258	282
79	101	69 00	30 25	32·2	68 09	29 00	30·8	67 17	27 40	29·6	66 25	26 26	28·5	65 32	25 17	27·4	64 38	24 12	26·4	259	281
80	100	69 29	28 07	29·7	68 37	26 46	28·4	67 44	25 30	27·3	66 50	24 20	26·2	65 56	23 15	25·2	65 02	22 15	24·3	260	280
81	99	69 57	25 43	27·1	69 03	24 26	25·9	68 09	23 15	24·8	67 14	22 10	23·8	66 19	21 10	22·9	65 23	20 14	22·1	261	279
82	98	70 21	23 11	24·5	69 27	22 00	23·3	68 31	20 56	22·3	67 36	19 56	21·4	66 40	19 00	20·6	65 43	18 09	19·8	262	278
83	97	70 44	20 34	21·7	69 48	19 29	20·7	68 51	18 31	19·7	67 55	17 37	18·9	66 58	16 47	18·1	66 01	16 01	17·4	263	277
84	96	71 03	17 50	18·8	70 07	16 53	17·9	69 09	16 01	17·1	68 12	15 14	16·3	67 14	14 30	15·7	66 16	13 50	15·1	264	276
85	95	71 20	15 01	15·8	70 23	14 12	15·0	69 25	13 28	14·3	68 26	12 48	13·7	67 28	12 10	13·1	66 29	11 36	12·6	265	275
86	94	71 35	12 07	12·8	70 36	11 27	12·1	69 37	10 51	11·6	68 38	10 18	11·0	67 39	9 48	10·6	66 40	9 20	10·1	266	274
87	93	71 46	9 09	9·6	70 46	8 39	9·1	69 47	8 11	8·7	68 48	7 46	8·3	67 48	7 23	8·0	66 49	7 02	7·6	267	273
88	92	71 54	6 08	6·4	70 54	5 47	6·1	69 54	5 29	5·8	68 55	5 12	5·6	67 55	4 56	5·3	66 55	4 42	5·1	268	272
89	91	71 58	3 04	3·2	70 58	2 54	3·1	69 59	2 45	2·9	68 59	2 36	2·8	67 59	2 28	2·7	66 59	2 21	2·6	269	271
90	90	72 00	0 00	0·0	71 00	0 00	0·0	70 00	0 00	0·0	69 00	0 00	0·0	68 00	0 00	0·0	67 00	0 00	0·0	270	270

N. Lat: for LHA > 180° … $Z_n = Z$
for LHA < 180° … $Z_n = 360° - Z$

S. Lat.: for LHA > 180° … $Z_n = 180° - Z$
for LHA < 180° … $Z_n = 180° + Z$

SIGHT REDUCTION TABLE

B: (–) for 90° < LHA < 270°
Dec: (–) for Lat. contrary name

Z_1: same sign as B
Z_2: (–) for F > 90°

Lat. / A		24°			25°			26°			27°			28°			29°			Lat. / A	
LHA/F		A/H	B/P	Z_1/Z_2	A/H	B/P	Z_1/Z_2	A/H	B/P	Z_1/Z_2	A/H	B/P	Z_1/Z_2	A/H	B/P	Z_1/Z_2	A/H	B/P	Z_1/Z_2	LHA	
°	°	° ′	° ′	°	° ′	° ′	°	° ′	° ′	°	° ′	° ′	°	° ′	° ′	°	° ′	° ′	°	°	°
0	180	0 00	66 00	90·0	0 00	65 00	90·0	0 00	64 00	90·0	0 00	63 00	90·0	0 00	62 00	90·0	0 00	61 00	90·0	180	360
1	179	0 55	66 00	89·6	0 54	65 00	89·6	0 54	64 00	89·6	0 53	63 00	89·5	0 53	62 00	89·5	0 52	61 00	89·5	181	359
2	178	1 50	65 59	89·2	1 49	64 59	89·2	1 48	63 59	89·1	1 47	62 59	89·1	1 46	61 59	89·1	1 45	60 59	89·0	182	358
3	177	2 44	65 58	88·8	2 43	64 58	88·7	2 42	63 58	88·7	2 40	62 58	88·6	2 39	61 58	88·6	2 37	60 58	88·5	183	357
4	176	3 39	65 57	88·4	3 37	64 57	88·3	3 36	63 57	88·2	3 34	62 57	88·2	3 32	61 57	88·1	3 30	60 56	88·1	184	356
5	175	4 34	65 55	88·0	4 32	64 55	87·9	4 30	63 55	87·8	4 27	62 55	87·7	4 25	61 55	87·6	4 22	60 54	87·6	185	355
6	174	5 29	65 53	87·6	5 26	64 53	87·5	5 23	63 53	87·4	5 21	62 52	87·3	5 18	61 52	87·2	5 15	60 52	87·1	186	354
7	173	6 24	65 50	87·1	6 20	64 50	87·0	6 17	63 50	86·9	6 14	62 50	86·8	6 11	61 49	86·7	6 07	60 49	86·6	187	353
8	172	7 18	65 47	86·7	7 15	64 47	86·6	7 11	63 47	86·5	7 07	62 46	86·3	7 04	61 46	86·2	6 59	60 46	86·1	188	352
9	171	8 13	65 44	86·3	8 09	64 44	86·2	8 05	63 43	86·0	8 01	62 43	85·9	7 56	61 42	85·7	7 52	60 42	85·6	189	351
10	170	9 08	65 40	85·9	9 03	64 40	85·7	8 59	63 39	85·6	8 54	62 39	85·4	8 49	61 38	85·3	8 44	60 38	85·1	190	350
11	169	10 02	65 36	85·5	9 57	64 35	85·3	9 52	63 35	85·1	9 47	62 34	85·0	9 42	61 33	84·8	9 36	60 33	84·6	191	349
12	168	10 57	65 32	85·1	10 52	64 31	84·9	10 46	63 30	84·7	10 41	62 29	84·5	10 35	61 28	84·3	10 29	60 28	84·1	192	348
13	167	11 52	65 27	84·6	11 46	64 26	84·4	11 40	63 25	84·2	11 34	62 24	84·0	11 27	61 23	83·8	11 21	60 22	83·6	193	347
14	166	12 46	65 21	84·2	12 40	64 20	84·0	12 34	63 19	83·8	12 27	62 18	83·5	12 20	61 17	83·3	12 13	60 16	83·1	194	346
15	165	13 41	65 15	83·8	13 34	64 14	83·5	13 27	63 13	83·3	13 20	62 11	83·1	13 13	61 10	82·8	13 05	60 09	82·6	195	345
16	164	14 35	65 09	83·3	14 28	64 07	83·1	14 21	63 06	82·8	14 13	62 04	82·6	14 05	61 03	82·3	13 57	60 02	82·1	196	344
17	163	15 29	65 02	82·9	15 22	64 00	82·6	15 14	62 59	82·4	15 06	61 57	82·1	14 58	60 56	81·8	14 49	59 54	81·6	197	343
18	162	16 24	64 55	82·5	16 16	63 53	82·2	16 08	62 51	81·9	15 59	61 49	81·6	15 50	60 47	81·3	15 41	59 46	81·0	198	342
19	161	17 18	64 47	82·0	17 10	63 45	81·7	17 01	62 43	81·4	16 52	61 41	81·1	16 42	60 39	80·8	16 33	59 37	80·5	199	341
20	160	18 12	64 39	81·6	18 03	63 36	81·3	17 54	62 34	80·9	17 45	61 32	80·6	17 35	60 30	80·3	17 24	59 28	80·0	200	340
21	159	19 07	64 30	81·1	18 57	63 28	80·8	18 47	62 25	80·4	18 37	61 23	80·1	18 27	60 20	79·8	18 16	59 18	79·5	201	339
22	158	20 01	64 21	80·7	19 51	63 18	80·3	19 41	62 15	80·0	19 30	61 13	79·6	19 19	60 10	79·3	19 08	59 08	78·9	202	338
23	157	20 55	64 11	80·2	20 44	63 08	79·8	20 34	62 05	79·5	20 22	61 02	79·1	20 11	59 59	78·7	19 59	58 57	78·4	203	337
24	156	21 49	64 01	79·7	21 38	62 58	79·3	21 27	61 54	79·0	21 15	60 51	78·6	21 03	59 48	78·2	20 50	58 45	77·8	204	336
25	155	22 43	63 50	79·3	22 31	62 46	78·9	22 19	61 43	78·4	22 07	60 39	78·0	21 55	59 36	77·7	21 42	58 33	77·3	205	335
26	154	23 36	63 39	78·8	23 25	62 35	78·4	23 12	61 31	77·9	22 59	60 27	77·5	22 46	59 24	77·1	22 33	58 20	76·7	206	334
27	153	24 30	63 27	78·3	24 18	62 22	77·8	24 05	61 18	77·4	23 52	60 14	77·0	23 38	59 10	76·5	23 24	58 07	76·1	207	333
28	152	25 24	63 14	77·8	25 11	62 10	77·3	24 57	61 05	76·9	24 44	60 01	76·4	24 29	58 57	76·0	24 15	57 53	75·5	208	332
29	151	26 17	63 01	77·3	26 04	61 56	76·8	25 50	60 51	76·3	25 36	59 47	75·9	25 21	58 42	75·4	25 05	57 38	75·0	209	331
30	150	27 11	62 48	76·8	26 57	61 42	76·3	26 42	60 37	75·8	26 27	59 32	75·3	26 12	58 27	74·8	25 56	57 23	74·4	210	330
31	149	28 04	62 33	76·3	27 50	61 27	75·8	27 35	60 22	75·2	27 19	59 16	74·7	27 03	58 11	74·2	26 46	57 07	73·8	211	329
32	148	28 57	62 18	75·7	28 42	61 12	75·2	28 27	60 06	74·7	28 10	59 00	74·2	27 54	57 55	73·7	27 37	56 50	73·1	212	328
33	147	29 50	62 02	75·2	29 35	60 56	74·7	29 19	59 49	74·1	29 02	58 43	73·6	28 45	57 38	73·0	28 27	56 32	72·5	213	327
34	146	30 43	61 46	74·7	30 27	60 39	74·1	30 10	59 32	73·5	29 53	58 26	73·0	29 35	57 20	72·4	29 17	56 14	71·9	214	326
35	145	31 36	61 28	74·1	31 19	60 21	73·5	31 02	59 14	72·9	30 44	58 07	72·4	30 26	57 01	71·8	30 07	55 55	71·2	215	325
36	144	32 29	61 10	73·5	32 11	60 02	72·9	31 53	58 55	72·3	31 35	57 48	71·7	31 16	56 41	71·2	30 56	55 35	70·6	216	324
37	143	33 21	60 52	73·0	33 03	59 43	72·3	32 45	58 35	71·7	32 26	57 28	71·1	32 06	56 21	70·5	31 46	55 14	69·9	217	323
38	142	34 13	60 32	72·4	33 55	59 23	71·7	33 36	58 15	71·1	33 16	57 07	70·5	32 56	55 59	69·9	32 35	54 53	69·3	218	322
39	141	35 06	60 11	71·8	34 47	59 02	71·1	34 27	57 53	70·5	34 06	56 45	69·8	33 45	55 37	69·2	33 24	54 30	68·6	219	321
40	140	35 58	59 50	71·2	35 38	58 40	70·5	35 17	57 31	69·8	34 56	56 22	69·1	34 35	55 14	68·5	34 12	54 07	67·9	220	320
41	139	36 49	59 28	70·5	36 29	58 17	69·8	36 08	57 08	69·1	35 46	55 59	68·5	35 24	54 50	67·8	35 01	53 42	67·1	221	319
42	138	37 41	59 04	69·9	37 20	57 54	69·2	36 58	56 43	68·5	36 36	55 34	67·8	36 13	54 25	67·1	35 49	53 17	66·4	222	318
43	137	38 32	58 40	69·2	38 11	57 29	68·5	37 48	56 18	67·8	37 25	55 08	67·1	37 02	53 59	66·4	36 37	52 50	65·7	223	317
44	136	39 23	58 15	68·6	39 01	57 03	67·8	38 38	55 52	67·1	38 14	54 41	66·3	37 50	53 32	65·6	37 25	52 23	64·9	224	316
45	135	40 14	57 48	67·9	39 51	56 36	67·1	39 28	55 24	66·3	39 03	54 13	65·6	38 38	53 04	64·9	38 12	51 54	64·1	225	315

Lat. / A		24°			25°			26°			27°			28°			29°			Lat. / A	
LHA/F		A/H	B/P	Z_1/Z_2	A/H	B/P	Z_1/Z_2	A/H	B/P	Z_1/Z_2	A/H	B/P	Z_1/Z_2	A/H	B/P	Z_1/Z_2	A/H	B/P	Z_1/Z_2	LHA	
°	°	° ′	° ′	°	° ′	° ′	°	° ′	° ′	°	° ′	° ′	°	° ′	° ′	°	° ′	° ′	°	°	°
45	135	40 14	57 48	67·9	39 51	56 36	67·1	39 28	55 24	66·3	39 03	54 13	65·6	38 38	53 04	64·9	38 12	51 54	64·1	225	315
46	134	41 05	57 21	67·2	40 41	56 08	66·4	40 17	54 56	65·6	39 52	53 44	64·8	39 26	52 34	64·1	38 59	51 25	63·3	226	314
47	133	41 55	56 52	66·4	41 31	55 38	65·6	41 06	54 26	64·8	40 40	53 14	64·0	40 13	52 04	63·3	39 46	50 54	62·5	227	313
48	132	42 45	56 22	65·7	42 20	55 08	64·9	41 54	53 55	64·0	41 28	52 43	63·2	41 00	51 32	62·5	40 32	50 22	61·7	228	312
49	131	43 35	55 50	64·9	43 09	54 36	64·1	42 43	53 22	63·2	42 15	52 10	62·4	41 47	50 59	61·6	41 18	49 48	60·9	229	311
50	130	44 25	55 17	64·1	43 58	54 02	63·3	43 31	52 49	62·4	43 03	51 36	61·6	42 34	50 24	60·8	42 04	49 14	60·0	230	310
51	129	45 14	54 43	63·3	44 47	53 28	62·4	44 18	52 13	61·6	43 49	51 00	60·7	43 20	49 48	59·9	42 49	48 38	59·1	231	309
52	128	46 03	54 08	62·5	45 35	52 52	61·6	45 06	51 37	60·7	44 36	50 23	59·8	44 05	49 11	59·0	43 34	48 00	58·2	232	308
53	127	46 51	53 30	61·6	46 22	52 14	60·7	45 52	50 59	59·8	45 22	49 45	58·9	44 51	48 32	58·1	44 18	47 21	57·2	233	307
54	126	47 39	52 51	60·8	47 09	51 34	59·8	46 39	50 19	58·9	46 07	49 05	58·0	45 35	47 52	57·1	45 02	46 41	56·3	234	306
55	125	48 27	52 11	59·8	47 56	50 53	58·9	47 25	49 37	58·0	46 53	48 23	57·0	46 19	47 10	56·2	45 46	45 59	55·3	235	305
56	124	49 14	51 28	58·9	48 43	50 11	57·9	48 10	48 54	57·0	47 37	47 40	56·1	47 03	46 27	55·2	46 29	45 15	54·3	236	304
57	123	50 01	50 44	57·9	49 28	49 26	56·9	48 55	48 09	56·0	48 21	46 54	55·0	47 46	45 41	54·1	47 11	44 30	53·3	237	303
58	122	50 47	49 58	56·9	50 14	48 39	55·9	49 40	47 22	54·9	49 05	46 07	54·0	48 29	44 54	53·1	47 53	43 43	52·2	238	302
59	121	51 33	49 09	55·9	50 58	47 51	54·9	50 23	46 34	53·9	49 48	45 18	52·9	49 11	44 05	52·0	48 34	42 54	51·1	239	301
60	120	52 18	48 19	54·8	51 43	47 00	53·8	51 07	45 43	52·8	50 30	44 28	51·8	49 53	43 14	50·9	49 14	42 03	50·0	240	300
61	119	53 02	47 26	53·7	52 26	46 07	52·7	51 49	44 50	51·7	51 12	43 35	50·7	50 33	42 22	49·7	49 54	41 10	48·8	241	299
62	118	53 46	46 31	52·6	53 09	45 12	51·5	52 31	43 54	50·5	51 53	42 39	49·5	51 13	41 27	48·6	50 33	40 16	47·6	242	298
63	117	54 29	45 33	51·4	53 51	44 14	50·3	53 13	42 57	49·3	52 33	41 42	48·3	51 53	40 30	47·3	51 12	39 19	46·4	243	297
64	116	55 12	44 33	50·2	54 33	43 14	49·1	53 53	41 57	48·1	53 13	40 42	47·1	52 31	39 30	46·1	51 49	38 20	45·2	244	296
65	115	55 53	43 30	48·9	55 13	42 11	47·8	54 33	40 55	46·8	53 51	39 40	45·8	53 09	38 29	44·8	52 26	37 19	43·9	245	295
66	114	56 34	42 25	47·6	55 53	41 06	46·5	55 12	39 50	45·4	54 29	38 36	44·4	53 46	37 25	43·5	53 02	36 16	42·6	246	294
67	113	57 14	41 16	46·2	56 32	39 58	45·1	55 50	38 42	44·1	55 06	37 29	43·1	54 22	36 19	42·1	53 37	35 11	41·2	247	293
68	112	57 53	40 05	44·8	57 10	38 47	43·7	56 27	37 32	42·7	55 42	36 19	41·7	54 57	35 10	40·7	54 11	34 03	39·8	248	292
69	111	58 32	38 50	43·3	57 47	37 33	42·2	57 03	36 18	41·2	56 17	35 07	40·2	55 31	33 59	39·3	54 44	32 53	38·4	249	291
70	110	59 09	37 32	41·8	58 24	36 16	40·7	57 38	35 02	39·7	56 51	33 52	38·7	56 04	32 45	37·8	55 16	31 41	36·9	250	290
71	109	59 45	36 11	40·2	58 58	34 55	39·2	58 12	33 43	38·1	57 24	32 35	37·2	56 36	31 29	36·3	55 47	30 26	35·4	251	289
72	108	60 19	34 46	38·6	59 32	33 32	37·6	58 44	32 21	36·5	57 56	31 14	35·6	57 07	30 10	34·7	56 17	29 08	33·8	252	288
73	107	60 53	33 18	36·9	60 05	32 05	35·9	59 16	30 56	34·9	58 26	29 51	34·0	57 36	28 48	33·1	56 46	27 49	32·2	253	287
74	106	61 25	31 46	35·2	60 36	30 35	34·2	59 46	29 28	33·2	58 55	28 25	32·3	58 05	27 24	31·4	57 13	26 26	30·6	254	286
75	105	61 56	30 10	33·4	61 06	29 02	32·4	60 15	27 57	31·4	59 23	26 56	30·5	58 31	25 57	29·7	57 39	25 02	28·9	255	285
76	104	62 26	28 31	31·5	61 34	27 25	30·5	60 42	26 23	29·6	59 50	25 24	28·8	58 57	24 28	28·0	58 04	23 35	27·2	256	284
77	103	62 53	26 48	29·6	62 01	25 45	28·6	61 08	24 46	27·8	60 15	23 49	27·0	59 21	22 56	26·2	58 27	22 05	25·5	257	283
78	102	63 20	25 02	27·6	62 26	24 02	26·7	61 32	23 05	25·9	60 38	22 12	25·1	59 44	21 21	24·4	58 49	20 34	23·7	258	282
79	101	63 44	23 12	25·5	62 50	22 15	24·7	61 55	21 22	23·9	61 00	20 32	23·2	60 05	19 44	22·5	59 09	19 00	21·8	259	281
80	100	64 07	21 18	23·4	63 12	20 25	22·6	62 16	19 36	21·9	61 20	18 49	21·2	60 24	18 05	20·6	59 28	17 24	20·0	260	280
81	99	64 28	19 22	21·3	63 32	18 33	20·5	62 35	17 47	19·9	61 39	17 04	19·2	60 42	16 24	18·6	59 45	15 46	18·1	261	279
82	98	64 47	17 22	19·1	63 50	16 37	18·4	62 53	15 56	17·8	61 56	15 17	17·2	60 58	14 40	16·7	60 01	14 06	16·2	262	278
83	97	65 03	15 18	16·8	64 06	14 39	16·2	63 08	14 02	15·6	62 10	13 27	15·1	61 12	12 55	14·7	60 14	12 24	14·2	263	277
84	96	65 18	13 13	14·5	64 20	12 38	14·0	63 22	12 06	13·5	62 23	11 36	13·0	61 25	11 07	12·6	60 26	10 41	12·2	264	276
85	95	65 31	11 05	12·1	64 32	10 35	11·7	63 33	10 08	11·3	62 35	9 42	10·9	61 36	9 19	10·6	60 37	8 56	10·2	265	275
86	94	65 41	8 54	9·8	64 42	8 30	9·4	63 43	8 08	9·1	62 44	7 48	8·8	61 44	7 28	8·5	60 45	7 10	8·2	266	274
87	93	65 49	6 42	7·3	64 50	6 24	7·1	63 50	6 07	6·8	62 51	5 52	6·6	61 51	5 37	6·4	60 52	5 24	6·2	267	273
88	92	65 55	4 29	4·9	64 56	4 17	4·7	63 56	4 06	4·6	62 56	3 55	4·4	61 56	3 45	4·3	60 56	3 36	4·1	268	272
89	91	65 59	2 15	2·5	64 59	2 09	2·4	63 59	2 03	2·3	62 59	1 58	2·2	61 59	1 53	2·1	60 59	1 48	2·1	269	271
90	90	66 00	0 00	0·0	65 00	0 00	0·0	64 00	0 00	0·0	63 00	0 00	0·0	62 00	0 00	0·0	61 00	0 00	0·0	270	270

N. Lat: for LHA > 180° … $Z_n = Z$
for LHA < 180° … $Z_n = 360° - Z$

S. Lat.: for LHA > 180° … $Z_n = 180° - Z$
for LHA < 180° … $Z_n = 180° + Z$

SIGHT REDUCTION TABLE

B: (–) for 90° < LHA < 270°
Dec:(–) for Lat. contrary name

Z_1: same sign as B
Z_2: (–) for F > 90°

Lat. / A		30°			31°			32°			33°			34°			35°			Lat. / A	
LHA/F		A/H	B/P	Z_1/Z_2	A/H	B/P	Z_1/Z_2	A/H	B/P	Z_1/Z_2	A/H	B/P	Z_1/Z_2	A/H	B/P	Z_1/Z_2	A/H	B/P	Z_1/Z_2	LHA	
°	°	° ′	° ′	°	° ′	° ′	°	° ′	° ′	°	° ′	° ′	°	° ′	° ′	°	° ′	° ′	°	°	°
0	180	0 00	60 00	90·0	0 00	59 00	90·0	0 00	58 00	90·0	0 00	57 00	90·0	0 00	56 00	90·0	0 00	55 00	90·0	180	360
1	179	0 52	60 00	89·5	0 51	59 00	89·5	0 51	58 00	89·5	0 50	57 00	89·5	0 50	56 00	89·4	0 49	55 00	89·4	181	359
2	178	1 44	59 59	89·0	1 43	58 59	89·0	1 42	57 59	88·9	1 41	56 59	88·9	1 39	55 59	88·9	1 38	54 59	88·9	182	358
3	177	2 36	59 58	88·5	2 34	58 58	88·5	2 33	57 58	88·4	2 31	56 58	88·4	2 29	55 58	88·3	2 27	54 58	88·3	183	357
4	176	3 28	59 56	88·0	3 26	58 56	87·9	3 23	57 56	87·9	3 21	56 56	87·8	3 19	55 56	87·8	3 17	54 56	87·7	184	356
5	175	4 20	59 54	87·5	4 17	58 54	87·4	4 14	57 54	87·3	4 12	56 54	87·3	4 09	55 54	87·2	4 06	54 54	87·1	185	355
6	174	5 12	59 52	87·0	5 08	58 52	86·9	5 05	57 52	86·8	5 02	56 51	86·7	4 58	55 51	86·6	4 55	54 51	86·6	186	354
7	173	6 04	59 49	86·5	6 00	58 49	86·4	5 56	57 48	86·3	5 52	56 48	86·2	5 48	55 48	86·1	5 44	54 48	86·0	187	353
8	172	6 55	59 45	86·0	6 51	58 45	85·9	6 47	57 45	85·7	6 42	56 45	85·6	6 38	55 44	85·5	6 33	54 44	85·4	188	352
9	171	7 47	59 42	85·5	7 42	58 41	85·3	7 37	57 41	85·2	7 32	56 40	85·1	7 27	55 40	84·9	7 22	54 40	84·8	189	351
10	170	8 39	59 37	85·0	8 34	58 37	84·8	8 28	57 36	84·7	8 22	56 36	84·5	8 17	55 36	84·4	8 11	54 35	84·2	190	350
11	169	9 31	59 32	84·4	9 25	58 32	84·3	9 19	57 31	84·1	9 13	56 31	84·0	9 06	55 30	83·8	9 00	54 30	83·6	191	349
12	168	10 22	59 27	83·9	10 16	58 26	83·8	10 09	57 26	83·6	10 03	56 25	83·4	9 56	55 25	83·2	9 48	54 24	83·0	192	348
13	167	11 14	59 21	83·4	11 07	58 20	83·2	11 00	57 20	83·0	10 52	56 19	82·8	10 45	55 18	82·6	10 37	54 18	82·5	193	347
14	166	12 06	59 15	82·9	11 58	58 14	82·7	11 50	57 13	82·5	11 42	56 12	82·3	11 34	55 12	82·1	11 26	54 11	81·9	194	346
15	165	12 57	59 08	82·4	12 49	58 07	82·1	12 41	57 06	81·9	12 32	56 05	81·7	12 23	55 04	81·5	12 14	54 04	81·3	195	345
16	164	13 49	59 01	81·8	13 40	57 59	81·6	13 31	56 58	81·4	13 22	55 57	81·1	13 13	54 57	80·9	13 03	53 56	80·7	196	344
17	163	14 40	58 53	81·3	14 31	57 51	81·1	14 21	56 50	80·8	14 12	55 49	80·5	14 02	54 48	80·3	13 51	53 47	80·1	197	343
18	162	15 31	58 44	80·8	15 22	57 43	80·5	15 12	56 42	80·2	15 01	55 40	80·0	14 51	54 39	79·7	14 40	53 38	79·4	198	342
19	161	16 23	58 35	80·2	16 12	57 34	79·9	16 02	56 32	79·7	15 51	55 31	79·4	15 40	54 30	79·1	15 28	53 29	78·8	199	341
20	160	17 14	58 26	79·7	17 03	57 24	79·4	16 52	56 23	79·1	16 40	55 21	78·8	16 28	54 20	78·5	16 16	53 19	78·2	200	340
21	159	18 05	58 16	79·1	17 53	57 14	78·8	17 42	56 12	78·5	17 29	55 11	78·2	17 17	54 09	77·9	17 04	53 08	77·6	201	339
22	158	18 56	58 05	78·6	18 44	57 03	78·2	18 31	56 01	77·9	18 19	55 00	77·6	18 06	53 58	77·3	17 52	52 56	77·0	202	338
23	157	19 47	57 54	78·0	19 34	56 52	77·7	19 21	55 50	77·3	19 08	54 48	77·0	18 54	53 46	76·6	18 40	52 44	76·3	203	337
24	156	20 37	57 42	77·4	20 24	56 40	77·1	20 11	55 38	76·7	19 57	54 36	76·4	19 42	53 34	76·0	19 28	52 32	75·7	204	336
25	155	21 28	57 30	76·9	21 14	56 27	76·5	21 00	55 25	76·1	20 46	54 23	75·7	20 31	53 21	75·4	20 15	52 19	75·0	205	335
26	154	22 19	57 17	76·3	22 04	56 14	75·9	21 49	55 12	75·5	21 34	54 09	75·1	21 19	53 07	74·7	21 03	52 05	74·4	206	334
27	153	23 09	57 03	75·7	22 54	56 00	75·3	22 39	54 57	74·9	22 23	53 55	74·5	22 07	52 52	74·1	21 50	51 50	73·7	207	333
28	152	23 59	56 49	75·1	23 44	55 46	74·7	23 28	54 43	74·3	23 11	53 40	73·8	22 54	52 37	73·4	22 37	51 35	73·0	208	332
29	151	24 50	56 34	74·5	24 33	55 31	74·1	24 17	54 27	73·6	23 59	53 24	73·2	23 42	52 22	72·8	23 24	51 19	72·4	209	331
30	150	25 40	56 19	73·9	25 23	55 15	73·4	25 05	54 11	73·0	24 48	53 08	72·5	24 29	52 05	72·1	24 11	51 03	71·7	210	330
31	149	26 29	56 02	73·3	26 12	54 58	72·8	25 54	53 54	72·3	25 35	52 51	71·9	25 17	51 48	71·4	24 57	50 45	71·0	211	329
32	148	27 19	55 45	72·6	27 01	54 41	72·2	26 42	53 37	71·7	26 23	52 33	71·2	26 04	51 30	70·7	25 44	50 27	70·3	212	328
33	147	28 09	55 27	72·0	27 50	54 23	71·5	27 31	53 19	71·0	27 11	52 15	70·5	26 50	51 12	70·0	26 30	50 08	69·6	213	327
34	146	28 58	55 09	71·4	28 38	54 04	70·8	28 19	53 00	70·3	27 58	51 56	69·8	27 37	50 52	69·3	27 16	49 49	68·8	214	326
35	145	29 47	54 49	70·7	29 27	53 44	70·2	29 06	52 40	69·6	28 45	51 36	69·1	28 24	50 32	68·6	28 01	49 29	68·1	215	325
36	144	30 36	54 29	70·0	30 15	53 24	69·5	29 54	52 19	68·9	29 32	51 15	68·4	29 10	50 11	67·9	28 47	49 07	67·4	216	324
37	143	31 25	54 08	69·4	31 03	53 03	68·8	30 41	51 58	68·2	30 19	50 53	67·7	29 56	49 49	67·2	29 32	48 45	66·6	217	323
38	142	32 13	53 46	68·7	31 51	52 40	68·1	31 28	51 35	67·5	31 05	50 30	66·9	30 41	49 26	66·4	30 17	48 23	65·9	218	322
39	141	33 02	53 23	68·0	32 39	52 17	67·4	32 15	51 12	66·8	31 51	50 07	66·2	31 27	49 03	65·6	31 02	47 59	65·1	219	321
40	140	33 50	53 00	67·2	33 26	51 53	66·6	33 02	50 48	66·0	32 37	49 43	65·4	32 12	48 38	64·9	31 46	47 34	64·3	220	320
41	139	34 37	52 35	66·5	34 13	51 29	65·9	33 48	50 23	65·3	33 23	49 17	64·7	32 57	48 13	64·1	32 30	47 09	63·5	221	319
42	138	35 25	52 09	65·8	35 00	51 03	65·1	34 34	49 56	64·5	34 08	48 51	63·9	33 42	47 46	63·3	33 14	46 42	62·7	222	318
43	137	36 12	51 43	65·0	35 46	50 36	64·3	35 20	49 29	63·7	34 53	48 24	63·1	34 26	47 19	62·5	33 58	46 15	61·9	223	317
44	136	36 59	51 15	64·2	36 33	50 08	63·6	36 06	49 01	62·9	35 38	47 55	62·3	35 10	46 51	61·6	34 41	45 46	61·0	224	316
45	135	37 46	50 46	63·4	37 19	49 39	62·7	36 51	48 32	62·1	36 22	47 26	61·4	35 53	46 21	60·8	35 24	45 17	60·2	225	315

Lat. / A		30°			31°			32°			33°			34°			35°			Lat. / A	
LHA/F		A/H	B/P	Z_1/Z_2	A/H	B/P	Z_1/Z_2	A/H	B/P	Z_1/Z_2	A/H	B/P	Z_1/Z_2	A/H	B/P	Z_1/Z_2	A/H	B/P	Z_1/Z_2	LHA	
°	°	° ′	° ′	°	° ′	° ′	°	° ′	° ′	°	° ′	° ′	°	° ′	° ′	°	° ′	° ′	°	°	°
45	135	37 46	50 46	63·4	37 19	49 39	62·7	36 51	48 32	62·1	36 22	47 26	61·4	35 53	46 21	60·8	35 24	45 17	60·2	225	315
46	134	38 32	50 16	62·6	38 04	49 08	61·9	37 36	48 02	61·2	37 06	46 56	60·6	36 37	45 51	59·9	36 06	44 46	59·3	226	314
47	133	39 18	49 45	61·8	38 49	48 37	61·1	38 20	47 30	60·4	37 50	46 24	59·7	37 19	45 19	59·1	36 48	44 15	58·4	227	313
48	132	40 04	49 13	61·0	39 34	48 05	60·2	39 04	46 58	59·5	38 33	45 51	58·8	38 02	44 46	58·2	37 30	43 42	57·5	228	312
49	131	40 49	48 39	60·1	40 19	47 31	59·4	39 48	46 24	58·6	39 16	45 18	57·9	38 44	44 12	57·2	38 11	43 08	56·6	229	311
50	130	41 34	48 04	59·2	41 03	46 56	58·5	40 31	45 49	57·7	39 59	44 42	57·0	39 26	43 37	56·3	38 52	42 33	55·6	230	310
51	129	42 18	47 28	58·3	41 46	46 20	57·5	41 14	45 12	56·8	40 41	44 06	56·1	40 07	43 01	55·4	39 32	41 57	54·7	231	309
52	128	43 02	46 50	57·4	42 29	45 42	56·6	41 56	44 34	55·9	41 22	43 28	55·1	40 47	42 23	54·4	40 12	41 19	53·7	232	308
53	127	43 46	46 11	56·4	43 12	45 03	55·6	42 38	43 55	54·9	42 03	42 49	54·1	41 28	41 44	53·4	40 52	40 41	52·7	233	307
54	126	44 29	45 31	55·5	43 54	44 22	54·7	43 19	43 15	53·9	42 44	42 09	53·1	42 07	41 04	52·4	41 30	40 01	51·7	234	306
55	125	45 11	44 49	54·5	44 36	43 40	53·7	44 00	42 33	52·9	43 24	41 27	52·1	42 46	40 23	51·4	42 09	39 19	50·7	235	305
56	124	45 53	44 05	53·5	45 17	42 57	52·6	44 40	41 50	51·8	44 03	40 44	51·1	43 25	39 40	50·3	42 46	38 37	49·6	236	304
57	123	46 35	43 20	52·4	45 58	42 11	51·6	45 20	41 05	50·8	44 42	39 59	50·0	44 03	38 55	49·3	43 24	37 53	48·5	237	303
58	122	47 16	42 33	51·3	46 38	41 25	50·5	45 59	40 18	49·7	45 20	39 13	48·9	44 40	38 09	48·2	44 00	37 07	47·5	238	302
59	121	47 56	41 44	50·2	47 17	40 36	49·4	46 38	39 30	48·6	45 58	38 25	47·8	45 17	37 22	47·1	44 36	36 20	46·3	239	301
60	120	48 35	40 54	49·1	47 56	39 46	48·3	47 16	38 40	47·5	46 35	37 36	46·7	45 53	36 33	45·9	45 11	35 32	45·2	240	300
61	119	49 14	40 01	47·9	48 34	38 54	47·1	47 53	37 48	46·3	47 11	36 45	45·5	46 29	35 42	44·7	45 46	34 42	44·0	241	299
62	118	49 53	39 07	46·8	49 11	38 00	45·9	48 29	36 55	45·1	47 46	35 52	44·3	47 03	34 50	43·6	46 19	33 50	42·8	242	298
63	117	50 30	38 11	45·5	49 48	37 04	44·7	49 05	36 00	43·9	48 21	34 57	43·1	47 37	33 57	42·3	46 53	32 57	41·6	243	297
64	116	51 07	37 13	44·3	50 23	36 07	43·4	49 40	35 03	42·6	48 55	34 01	41·8	48 10	33 01	41·1	47 25	32 03	40·4	244	296
65	115	51 43	36 12	43·0	50 58	35 07	42·2	50 14	34 04	41·3	49 28	33 03	40·6	48 43	32 04	39·8	47 56	31 07	39·1	245	295
66	114	52 18	35 10	41·7	51 33	34 06	40·8	50 47	33 04	40·0	50 01	32 04	39·3	49 14	31 05	38·5	48 27	30 09	37·8	246	294
67	113	52 52	34 05	40·3	52 06	33 02	39·5	51 19	32 01	38·7	50 32	31 02	37·9	49 44	30 05	37·2	48 56	29 10	36·5	247	293
68	112	53 25	32 59	38·9	52 38	31 56	38·1	51 50	30 57	37·3	51 02	29 59	36·6	50 14	29 03	35·8	49 25	28 09	35·2	248	292
69	111	53 57	31 50	37·5	53 09	30 49	36·7	52 21	29 50	35·9	51 32	28 53	35·2	50 43	27 59	34·5	49 53	27 06	33·8	249	291
70	110	54 28	30 39	36·1	53 39	29 39	35·2	52 50	28 42	34·5	52 00	27 46	33·8	51 10	26 53	33·1	50 20	26 02	32·4	250	290
71	109	54 58	29 25	34·6	54 08	28 27	33·8	53 18	27 31	33·0	52 28	26 38	32·3	51 37	25 46	31·6	50 46	24 56	31·0	251	289
72	108	55 27	28 09	33·0	54 37	27 13	32·2	53 46	26 19	31·5	52 54	25 27	30·8	52 03	24 37	30·2	51 10	23 49	29·5	252	288
73	107	55 55	26 51	31·4	55 03	25 57	30·7	54 12	25 04	30·0	53 19	24 14	29·3	52 27	23 26	28·7	51 34	22 40	28·1	253	287
74	106	56 21	25 31	29·8	55 29	24 39	29·1	54 36	23 48	28·4	53 43	23 00	27·8	52 50	22 14	27·1	51 57	21 29	26·6	254	286
75	105	56 46	24 09	28·2	55 53	23 18	27·5	55 00	22 30	26·8	54 06	21 44	26·2	53 12	21 00	25·6	52 18	20 17	25·0	255	285
76	104	57 10	22 44	26·5	56 16	21 56	25·8	55 22	21 10	25·2	54 28	20 26	24·6	53 33	19 44	24·0	52 38	19 04	23·5	256	284
77	103	57 33	21 17	24·8	56 38	20 31	24·1	55 43	19 48	23·5	54 48	19 06	23·0	53 53	18 27	22·4	52 57	17 49	21·9	257	283
78	102	57 54	19 48	23·0	56 59	19 05	22·4	56 03	18 24	21·9	55 07	17 45	21·3	54 11	17 08	20·8	53 15	16 32	20·3	258	282
79	101	58 13	18 17	21·2	57 17	17 37	20·7	56 21	16 59	20·1	55 25	16 22	19·6	54 28	15 48	19·2	53 31	15 15	18·7	259	281
80	100	58 32	16 44	19·4	57 35	16 07	18·9	56 38	15 32	18·4	55 41	14 58	17·9	54 44	14 26	17·5	53 47	13 56	17·1	260	280
81	99	58 48	15 10	17·6	57 51	14 36	17·1	56 53	14 03	16·6	55 56	13 33	16·2	54 58	13 03	15·8	54 00	12 36	15·4	261	279
82	98	59 03	13 33	15·7	58 05	13 02	15·3	57 07	12 33	14·9	56 09	12 06	14·5	55 11	11 40	14·1	54 13	11 14	13·8	262	278
83	97	59 16	11 55	13·8	58 18	11 28	13·4	57 19	11 02	13·0	56 21	10 38	12·7	55 22	10 14	12·4	54 24	9 52	12·1	263	277
84	96	59 28	10 16	11·9	58 29	9 52	11·5	57 30	9 30	11·2	56 31	9 09	10·9	55 32	8 49	10·6	54 33	8 29	10·4	264	276
85	95	59 37	8 35	9·9	58 38	8 15	9·6	57 39	7 56	9·4	56 40	7 39	9·1	55 41	7 22	8·9	54 41	7 06	8·7	265	275
86	94	59 46	6 53	8·0	58 46	6 37	7·7	57 47	6 22	7·5	56 47	6 08	7·3	55 48	5 54	7·1	54 48	5 41	7·0	266	274
87	93	59 52	5 11	6·0	58 52	4 59	5·8	57 52	4 47	5·6	56 53	4 36	5·5	55 53	4 26	5·4	54 53	4 16	5·2	267	273
88	92	59 56	3 28	4·0	58 57	3 19	3·9	57 57	3 12	3·8	56 57	3 05	3·7	55 57	2 58	3·6	54 57	2 51	3·5	268	272
89	91	59 59	1 44	2·0	58 59	1 40	1·9	57 59	1 36	1·9	56 59	1 32	1·8	55 59	1 29	1·8	54 59	1 26	1·7	269	271
90	90	60 00	0 00	0·0	59 00	0 00	0·0	58 00	0 00	0·0	57 00	0 00	0·0	56 00	0 00	0·0	55 00	0 00	0·0	270	270

N. Lat: for LHA > 180° ... $Z_n = Z$
for LHA < 180° ... $Z_n = 360° - Z$

S. Lat.: for LHA > 180° ... $Z_n = 180° - Z$
for LHA < 180° ... $Z_n = 180° + Z$

SIGHT REDUCTION TABLE

B: (−) for 90° < LHA < 270°
Dec: (−) for Lat. contrary name

Z_1: same sign as B
Z_2: (−) for F > 90°

Lat. / A		36°			37°			38°			39°			40°			41°			Lat. / A	
LHA/F		A/H	B/P	Z_1/Z_2	A/H	B/P	Z_1/Z_2	A/H	B/P	Z_1/Z_2	A/H	B/P	Z_1/Z_2	A/H	B/P	Z_1/Z_2	A/H	B/P	Z_1/Z_2	LHA	
°	°	° ′	° ′	°	° ′	° ′	°	° ′	° ′	°	° ′	° ′	°	° ′	° ′	°	° ′	° ′	°	°	°
0	180	0 00	54 00	90·0	0 00	53 00	90·0	0 00	52 00	90·0	0 00	51 00	90·0	0 00	50 00	90·0	0 00	49 00	90·0	180	360
1	179	0 49	54 00	89·4	0 48	53 00	89·4	0 47	52 00	89·4	0 47	51 00	89·4	0 46	50 00	89·4	0 45	49 00	89·3	181	359
2	178	1 37	53 59	88·8	1 36	52 59	88·8	1 35	51 59	88·8	1 33	50 59	88·7	1 32	49 59	88·7	1 31	48 59	88·7	182	358
3	177	2 26	53 58	88·2	2 24	52 58	88·2	2 22	51 58	88·2	2 20	50 58	88·1	2 18	49 58	88·1	2 16	48 58	88·0	183	357
4	176	3 14	53 56	87·6	3 12	52 56	87·6	3 09	51 56	87·5	3 06	50 56	87·5	3 04	49 56	87·4	3 01	48 56	87·4	184	356
5	175	4 03	53 54	87·1	3 59	52 54	87·0	3 56	51 54	86·9	3 53	50 54	86·8	3 50	49 54	86·8	3 46	48 54	86·7	185	355
6	174	4 51	53 51	86·5	4 47	52 51	86·4	4 43	51 51	86·3	4 40	50 51	86·2	4 36	49 51	86·1	4 31	48 51	86·1	186	354
7	173	5 39	53 48	85·9	5 35	52 48	85·8	5 31	51 48	85·7	5 26	50 47	85·6	5 21	49 47	85·5	5 17	48 47	85·4	187	353
8	172	6 28	53 44	85·3	6 23	52 44	85·2	6 18	51 44	85·1	6 13	50 44	84·9	6 07	49 43	84·8	6 02	48 43	84·7	188	352
9	171	7 16	53 40	84·7	7 11	52 39	84·6	7 05	51 39	84·4	6 59	50 39	84·3	6 53	49 39	84·2	6 47	48 39	84·1	189	351
10	170	8 05	53 35	84·1	7 58	52 35	83·9	7 52	51 34	83·8	7 45	50 34	83·7	7 39	49 34	83·5	7 32	48 34	83·4	190	350
11	169	8 53	53 30	83·5	8 46	52 29	83·3	8 39	51 29	83·2	8 32	50 29	83·0	8 24	49 29	82·9	8 17	48 28	82·7	191	349
12	168	9 41	53 24	82·9	9 33	52 23	82·7	9 26	51 23	82·5	9 18	50 23	82·4	9 10	49 23	82·2	9 02	48 22	82·1	192	348
13	167	10 29	53 17	82·3	10 21	52 17	82·1	10 13	51 17	81·9	10 04	50 16	81·7	9 55	49 16	81·6	9 46	48 16	81·4	193	347
14	166	11 17	53 10	81·7	11 08	52 10	81·5	10 59	51 10	81·3	10 50	50 09	81·1	10 41	49 09	80·9	10 31	48 09	80·7	194	346
15	165	12 05	53 03	81·0	11 56	52 02	80·8	11 46	51 02	80·6	11 36	50 02	80·4	11 26	49 01	80·2	11 16	48 01	80·0	195	345
16	164	12 53	52 55	80·4	12 43	51 54	80·2	12 33	50 54	80·0	12 22	49 53	79·8	12 11	48 53	79·6	12 00	47 53	79·3	196	344
17	163	13 41	52 46	79·8	13 30	51 46	79·6	13 19	50 45	79·3	13 08	49 45	79·1	12 57	48 44	78·9	12 45	47 44	78·7	197	343
18	162	14 29	52 37	79·2	14 17	51 37	78·9	14 06	50 36	78·7	13 54	49 35	78·4	13 42	48 35	78·2	13 29	47 34	78·0	198	342
19	161	15 16	52 28	78·6	15 04	51 27	78·3	14 52	50 26	78·0	14 39	49 25	77·8	14 27	48 25	77·5	14 13	47 24	77·3	199	341
20	160	16 04	52 17	77·9	15 51	51 16	77·6	15 38	50 16	77·4	15 25	49 15	77·1	15 11	48 14	76·8	14 58	47 14	76·6	200	340
21	159	16 51	52 07	77·3	16 38	51 05	77·0	16 24	50 05	76·7	16 10	49 04	76·4	15 56	48 03	76·1	15 42	47 03	75·9	201	339
22	158	17 39	51 55	76·6	17 24	50 54	76·3	17 10	49 53	76·0	16 56	48 52	75·7	16 41	47 51	75·4	16 25	46 51	75·2	202	338
23	157	18 26	51 43	76·0	18 11	50 42	75·7	17 56	49 41	75·4	17 41	48 40	75·0	17 25	47 39	74·7	17 09	46 38	74·4	203	337
24	156	19 13	51 30	75·3	18 57	50 29	75·0	18 42	49 28	74·7	18 26	48 27	74·3	18 09	47 26	74·0	17 53	46 25	73·7	204	336
25	155	20 00	51 17	74·7	19 44	50 15	74·3	19 27	49 14	74·0	19 10	48 13	73·6	18 53	47 12	73·3	18 36	46 12	73·0	205	335
26	154	20 46	51 03	74·0	20 30	50 01	73·6	20 13	49 00	73·3	19 55	47 59	72·9	19 37	46 58	72·6	19 19	45 57	72·3	206	334
27	153	21 33	50 48	73·3	21 15	49 47	73·0	20 58	48 45	72·6	20 40	47 44	72·2	20 21	46 43	71·9	20 02	45 42	71·5	207	333
28	152	22 19	50 33	72·6	22 01	49 31	72·3	21 43	48 30	71·9	21 24	47 28	71·5	21 05	46 28	71·1	20 45	45 27	70·8	208	332
29	151	23 06	50 17	72·0	22 47	49 15	71·6	22 28	48 14	71·2	22 08	47 12	70·8	21 48	46 11	70·4	21 28	45 11	70·0	209	331
30	150	23 52	50 00	71·3	23 32	48 58	70·8	23 12	47 57	70·4	22 52	46 55	70·0	22 31	45 54	69·6	22 10	44 54	69·3	210	330
31	149	24 37	49 43	70·5	24 17	48 41	70·1	23 57	47 39	69·7	23 36	46 38	69·3	23 14	45 37	68·9	22 52	44 36	68·5	211	329
32	148	25 23	49 25	69·8	25 02	48 23	69·4	24 41	47 21	69·0	24 19	46 19	68·5	23 57	45 18	68·1	23 34	44 17	67·7	212	328
33	147	26 09	49 06	69·1	25 47	48 04	68·7	25 25	47 02	68·2	25 02	46 00	67·8	24 40	44 59	67·3	24 16	43 58	66·9	213	327
34	146	26 54	48 46	68·4	26 32	47 44	67·9	26 09	46 42	67·4	25 45	45 40	67·0	25 22	44 39	66·6	24 58	43 39	66·1	214	326
35	145	27 39	48 26	67·6	27 16	47 23	67·1	26 52	46 21	66·7	26 28	45 20	66·2	26 04	44 19	65·8	25 39	43 18	65·3	215	325
36	144	28 24	48 04	66·9	28 00	47 02	66·4	27 36	46 00	65·9	27 11	44 58	65·4	26 46	43 57	65·0	26 20	42 57	64·5	216	324
37	143	29 08	47 42	66·1	28 44	46 40	65·6	28 19	45 38	65·1	27 53	44 36	64·6	27 27	43 35	64·2	27 01	42 34	63·7	217	323
38	142	29 52	47 19	65·3	29 27	46 17	64·8	29 01	45 15	64·3	28 35	44 13	63·8	28 08	43 12	63·3	27 41	42 12	62·9	218	322
39	141	30 36	46 56	64·5	30 10	45 53	64·0	29 44	44 51	63·5	29 17	43 49	63·0	28 49	42 48	62·5	28 21	41 48	62·0	219	321
40	140	31 20	46 31	63·7	30 53	45 28	63·2	30 26	44 26	62·7	29 58	43 25	62·2	29 30	42 24	61·7	29 01	41 23	61·2	220	320
41	139	32 03	46 05	62·9	31 36	45 03	62·4	31 08	44 01	61·8	30 39	42 59	61·3	30 10	41 58	60·8	29 41	40 58	60·3	221	319
42	138	32 46	45 39	62·1	32 18	44 36	61·5	31 49	43 34	61·0	31 20	42 33	60·5	30 50	41 32	59·9	30 20	40 32	59·4	222	318
43	137	33 29	45 11	61·3	33 00	44 09	60·7	32 30	43 07	60·1	32 00	42 05	59·6	31 30	41 05	59·1	30 59	40 04	58·5	223	317
44	136	34 12	44 43	60·4	33 42	43 40	59·8	33 11	42 38	59·3	32 40	41 37	58·7	32 09	40 36	58·2	31 37	39 36	57·6	224	316
45	135	34 54	44 13	59·6	34 23	43 11	59·0	33 52	42 09	58·4	33 20	41 08	57·8	32 48	40 07	57·3	32 15	39 08	56·7	225	315

Lat. / A		36°			37°			38°			39°			40°			41°			Lat. / A	
LHA/F		A/H	B/P	Z_1/Z_2	A/H	B/P	Z_1/Z_2	A/H	B/P	Z_1/Z_2	A/H	B/P	Z_1/Z_2	A/H	B/P	Z_1/Z_2	A/H	B/P	Z_1/Z_2	LHA	
°	°	° ′	° ′	°	° ′	° ′	°	° ′	° ′	°	° ′	° ′	°	° ′	° ′	°	° ′	° ′	°	°	°
45	135	34 54	44 13	59·6	34 23	43 11	59·0	33 52	42 09	58·4	33 20	41 08	57·8	32 48	40 07	57·3	32 15	39 08	56·7	225	315
46	134	35 35	43 43	58·7	35 04	42 40	58·1	34 32	41 38	57·5	33 59	40 37	56·9	33 26	39 37	56·4	32 53	38 38	55·8	226	314
47	133	36 17	43 11	57·8	35 44	42 09	57·2	35 12	41 07	56·6	34 38	40 06	56·0	34 04	39 06	55·4	33 30	38 07	54·9	227	313
48	132	36 57	42 39	56·9	36 24	41 36	56·2	35 51	40 35	55·6	35 17	39 34	55·0	34 42	38 34	54·5	34 07	37 35	53·9	228	312
49	131	37 38	42 05	55·9	37 04	41 03	55·3	36 30	40 01	54·7	35 55	39 01	54·1	35 19	38 01	53·5	34 43	37 03	53·0	229	311
50	130	38 18	41 30	55·0	37 43	40 28	54·4	37 08	39 27	53·7	36 32	38 27	53·1	35 56	37 27	52·5	35 19	36 29	52·0	230	310
51	129	38 57	40 54	54·0	38 22	39 52	53·4	37 46	38 51	52·8	37 09	37 51	52·1	36 32	36 52	51·6	35 55	35 54	51·0	231	309
52	128	39 36	40 17	53·0	39 00	39 15	52·4	38 23	38 14	51·8	37 46	37 15	51·1	37 08	36 16	50·6	36 30	35 18	50·0	232	308
53	127	40 15	39 38	52·0	39 38	38 37	51·4	39 00	37 36	50·8	38 22	36 37	50·1	37 43	35 39	49·5	37 04	34 42	49·0	233	307
54	126	40 53	38 58	51·0	40 15	37 57	50·4	39 36	36 57	49·7	38 57	35 58	49·1	38 18	35 01	48·5	37 38	34 04	47·9	234	306
55	125	41 30	38 17	50·0	40 52	37 17	49·3	40 12	36 17	48·7	39 32	35 19	48·1	38 52	34 21	47·4	38 11	33 25	46·9	235	305
56	124	42 07	37 35	48·9	41 28	36 35	48·3	40 47	35 36	47·6	40 07	34 38	47·0	39 26	33 41	46·4	38 44	32 45	45·8	236	304
57	123	42 44	36 51	47·9	42 03	35 51	47·2	41 22	34 53	46·5	40 41	33 55	45·9	39 59	32 59	45·3	39 16	32 04	44·7	237	303
58	122	43 19	36 06	46·8	42 38	35 07	46·1	41 56	34 09	45·4	41 14	33 12	44·8	40 31	32 16	44·2	39 48	31 22	43·6	238	302
59	121	43 54	35 20	45·6	43 12	34 21	45·0	42 29	33 24	44·3	41 46	32 27	43·7	41 03	31 32	43·1	40 19	30 39	42·5	239	301
60	120	44 29	34 32	44·5	43 46	33 34	43·8	43 02	32 37	43·2	42 18	31 42	42·5	41 34	30 47	41·9	40 49	29 54	41·3	240	300
61	119	45 02	33 43	43·3	44 18	32 45	42·6	43 34	31 49	42·0	42 49	30 55	41·4	42 04	30 01	40·8	41 18	29 09	40·2	241	299
62	118	45 35	32 52	42·1	44 51	31 55	41·5	44 05	31 00	40·8	43 20	30 06	40·2	42 34	29 14	39·6	41 47	28 22	39·0	242	298
63	117	46 07	32 00	40·9	45 22	31 04	40·3	44 36	30 10	39·6	43 49	29 17	39·0	43 03	28 25	38·4	42 15	27 35	37·8	243	297
64	116	46 39	31 06	39·7	45 52	30 11	39·0	45 06	29 18	38·4	44 18	28 26	37·8	43 31	27 35	37·2	42 43	26 46	36·6	244	296
65	115	47 09	30 11	38·4	46 22	29 17	37·8	45 35	28 25	37·1	44 47	27 34	36·5	43 58	26 44	36·0	43 09	25 56	35·4	245	295
66	114	47 39	29 14	37·1	46 51	28 21	36·5	46 03	27 30	35·9	45 14	26 40	35·3	44 25	25 52	34·7	43 35	25 04	34·2	246	294
67	113	48 08	28 16	35·8	47 19	27 24	35·2	46 30	26 34	34·6	45 40	25 45	34·0	44 50	24 58	33·4	44 00	24 12	32·9	247	293
68	112	48 36	27 17	34·5	47 46	26 26	33·9	46 56	25 37	33·3	46 06	24 50	32·7	45 15	24 03	32·2	44 24	23 19	31·6	248	292
69	111	49 03	26 15	33·1	48 13	25 26	32·5	47 22	24 38	31·9	46 31	23 52	31·4	45 39	23 08	30·8	44 48	22 24	30·3	249	291
70	110	49 29	25 13	31·8	48 38	24 25	31·2	47 46	23 39	30·6	46 55	22 54	30·0	46 03	22 11	29·5	45 10	21 29	29·0	250	290
71	109	49 54	24 08	30·4	49 02	23 22	29·8	48 10	22 37	29·2	47 17	21 54	28·7	46 25	21 12	28·2	45 32	20 32	27·7	251	289
72	108	50 18	23 02	28·9	49 25	22 18	28·4	48 33	21 35	27·8	47 39	20 53	27·3	46 46	20 13	26·8	45 52	19 34	26·3	252	288
73	107	50 41	21 55	27·5	49 48	21 12	26·9	48 54	20 31	26·4	48 00	19 51	25·9	47 06	19 13	25·4	46 12	18 35	25·0	253	287
74	106	51 03	20 47	26·0	50 09	20 06	25·5	49 15	19 26	25·0	48 20	18 48	24·5	47 25	18 11	24·0	46 30	17 36	23·6	254	286
75	105	51 24	19 36	24·5	50 29	18 57	24·0	49 34	18 20	23·5	48 39	17 43	23·1	47 44	17 09	22·6	46 48	16 35	22·2	255	285
76	104	51 43	18 25	23·0	50 48	17 48	22·5	49 52	17 12	22·0	48 57	16 38	21·6	48 01	16 05	21·2	47 05	15 33	20·8	256	284
77	103	52 02	17 12	21·4	51 06	16 37	21·0	50 09	16 04	20·6	49 13	15 31	20·1	48 17	15 00	19·8	47 20	14 31	19·4	257	283
78	102	52 19	15 58	19·9	51 22	15 25	19·5	50 25	14 54	19·0	49 29	14 24	18·7	48 32	13 55	18·3	47 35	13 27	18·0	258	282
79	101	52 35	14 43	18·3	51 37	14 13	17·9	50 40	13 43	17·5	49 43	13 16	17·2	48 46	12 49	16·8	47 48	12 23	16·5	259	281
80	100	52 49	13 27	16·7	51 52	12 59	16·3	50 54	12 32	16·0	49 56	12 06	15·7	48 58	11 42	15·3	48 01	11 18	15·0	260	280
81	99	53 02	12 09	15·1	52 04	11 44	14·7	51 06	11 19	14·4	50 08	10 56	14·1	49 10	10 34	13·8	48 12	10 12	13·6	261	279
82	98	53 14	10 51	13·4	52 16	10 28	13·1	51 18	10 06	12·9	50 19	9 45	12·6	49 20	9 25	12·3	48 22	9 06	12·1	262	278
83	97	53 25	9 31	11·8	52 26	9 11	11·5	51 27	8 52	11·3	50 29	8 34	11·0	49 30	8 16	10·8	48 31	7 59	10·6	263	277
84	96	53 34	8 11	10·1	52 35	7 54	9·9	51 36	7 37	9·7	50 37	7 21	9·5	49 38	7 06	9·3	48 38	6 51	9·1	264	276
85	95	53 42	6 50	8·5	52 43	6 36	8·3	51 43	6 22	8·1	50 44	6 09	7·9	49 44	5 56	7·8	48 45	5 44	7·6	265	275
86	94	53 49	5 29	6·8	52 49	5 17	6·6	51 49	5 06	6·5	50 50	4 55	6·3	49 50	4 45	6·2	48 50	4 35	6·1	266	274
87	93	53 54	4 07	5·1	52 54	3 58	5·0	51 54	3 50	4·9	50 54	3 42	4·8	49 54	3 34	4·7	48 55	3 27	4·6	267	273
88	92	53 57	2 45	3·4	52 57	2 39	3·3	51 57	2 33	3·2	50 57	2 28	3·2	49 58	2 23	3·1	48 58	2 18	3·0	268	272
89	91	53 59	1 23	1·7	52 59	1 20	1·7	51 59	1 17	1·6	50 59	1 14	1·6	49 59	1 11	1·6	48 59	1 09	1·5	269	271
90	90	54 00	0 00	0·0	53 00	0 00	0·0	52 00	0 00	0·0	51 00	0 00	0·0	50 00	0 00	0·0	49 00	0 00	0·0	270	270

N. Lat: for LHA > 180° … $Z_n = Z$
for LHA < 180° … $Z_n = 360° - Z$

S. Lat.: for LHA > 180° … $Z_n = 180° - Z$
for LHA < 180° … $Z_n = 180° + Z$

SIGHT REDUCTION TABLE

B: (–) for 90° < LHA < 270°
Dec: (–) for Lat. contrary name

Z_1: same sign as B
Z_2: (–) for F > 90°

Lat. / A		42°			43°			44°			45°			46°			47°			Lat. / A	
LHA/F		A/H	B/P	Z_1/Z_2	A/H	B/P	Z_1/Z_2	A/H	B/P	Z_1/Z_2	A/H	B/P	Z_1/Z_2	A/H	B/P	Z_1/Z_2	A/H	B/P	Z_1/Z_2	LHA	
°	°	° ′	° ′	°	° ′	° ′	°	° ′	° ′	°	° ′	° ′	°	° ′	° ′	°	° ′	° ′	°	°	°
0	180	0 00	48 00	90·0	0 00	47 00	90·0	0 00	46 00	90·0	0 00	45 00	90·0	0 00	44 00	90·0	0 00	43 00	90·0	180	360
1	179	0 45	48 00	89·3	0 44	47 00	89·3	0 43	46 00	89·3	0 42	45 00	89·3	0 42	44 00	89·3	0 41	43 00	89·3	181	359
2	178	1 29	47 59	88·7	1 28	46 59	88·6	1 26	45 59	88·6	1 25	44 59	88·6	1 23	43 59	88·6	1 22	42 59	88·5	182	358
3	177	2 14	47 58	88·0	2 12	46 58	88·0	2 09	45 58	87·9	2 07	44 58	87·9	2 05	43 58	87·8	2 03	42 58	87·8	183	357
4	176	2 58	47 56	87·3	2 55	46 56	87·3	2 53	45 56	87·2	2 50	44 56	87·2	2 47	43 56	87·1	2 44	42 56	87·1	184	356
5	175	3 43	47 53	86·6	3 39	46 53	86·6	3 36	45 53	86·5	3 32	44 53	86·5	3 28	43 53	86·4	3 24	42 53	86·3	185	355
6	174	4 27	47 51	86·0	4 23	46 51	85·9	4 19	45 51	85·8	4 14	44 51	85·7	4 10	43 51	85·7	4 05	42 51	85·6	186	354
7	173	5 12	47 47	85·3	5 07	46 47	85·2	5 02	45 47	85·1	4 57	44 47	85·0	4 51	43 47	85·0	4 46	42 47	84·9	187	353
8	172	5 56	47 43	84·6	5 51	46 43	84·5	5 45	45 43	84·4	5 39	44 43	84·3	5 33	43 43	84·2	5 27	42 43	84·1	188	352
9	171	6 41	47 39	84·0	6 34	46 39	83·8	6 28	45 39	83·7	6 21	44 39	83·6	6 14	43 39	83·5	6 07	42 39	83·4	189	351
10	170	7 25	47 34	83·3	7 18	46 34	83·1	7 11	45 34	83·0	7 03	44 34	82·9	6 56	43 34	82·8	6 48	42 34	82·7	190	350
11	169	8 09	47 28	82·6	8 01	46 28	82·4	7 53	45 28	82·3	7 45	44 28	82·2	7 37	43 28	82·0	7 29	42 28	81·9	191	349
12	168	8 53	47 22	81·9	8 45	46 22	81·8	8 36	45 22	81·6	8 27	44 22	81·5	8 18	43 22	81·3	8 09	42 22	81·2	192	348
13	167	9 37	47 16	81·2	9 28	46 15	81·1	9 19	45 15	80·9	9 09	44 15	80·7	8 59	43 15	80·6	8 49	42 16	80·4	193	347
14	166	10 21	47 08	80·5	10 11	46 08	80·3	10 01	45 08	80·2	9 51	44 08	80·0	9 40	43 08	79·8	9 30	42 08	79·7	194	346
15	165	11 05	47 01	79·8	10 55	46 00	79·6	10 44	45 00	79·5	10 33	44 00	79·3	10 21	43 00	79·1	10 10	42 01	78·9	195	345
16	164	11 49	46 52	79·1	11 38	45 52	78·9	11 26	44 52	78·7	11 14	43 52	78·5	11 02	42 52	78·3	10 50	41 52	78·2	196	344
17	163	12 33	46 43	78·4	12 21	45 43	78·2	12 08	44 43	78·0	11 56	43 43	77·8	11 43	42 43	77·6	11 30	41 44	77·4	197	343
18	162	13 17	46 34	77·7	13 04	45 34	77·5	12 51	44 34	77·3	12 37	43 34	77·1	12 24	42 34	76·8	12 10	41 34	76·6	198	342
19	161	14 00	46 24	77·0	13 46	45 24	76·8	13 33	44 24	76·5	13 19	43 24	76·3	13 04	42 24	76·1	12 50	41 24	75·9	199	341
20	160	14 43	46 13	76·3	14 29	45 13	76·1	14 15	44 13	75·8	14 00	43 13	75·6	13 45	42 13	75·3	13 29	41 14	75·1	200	340
21	159	15 27	46 02	75·6	15 12	45 02	75·3	14 56	44 02	75·1	14 41	43 02	74·8	14 25	42 02	74·6	14 09	41 03	74·3	201	339
22	158	16 10	45 50	74·9	15 54	44 50	74·6	15 38	43 50	74·3	15 22	42 50	74·1	15 05	41 50	73·8	14 48	40 51	73·5	202	338
23	157	16 53	45 38	74·1	16 36	44 38	73·9	16 19	43 38	73·6	16 02	42 38	73·3	15 45	41 38	73·0	15 27	40 39	72·8	203	337
24	156	17 36	45 25	73·4	17 18	44 25	73·1	17 01	43 25	72·8	16 43	42 25	72·5	16 25	41 25	72·2	16 06	40 26	72·0	204	336
25	155	18 18	45 11	72·7	18 00	44 11	72·4	17 42	43 11	72·1	17 23	42 11	71·8	17 04	41 12	71·5	16 45	40 12	71·2	205	335
26	154	19 01	44 57	71·9	18 42	43 57	71·6	18 23	42 57	71·3	18 03	41 57	71·0	17 44	40 57	70·7	17 24	39 58	70·4	206	334
27	153	19 43	44 42	71·2	19 24	43 42	70·8	19 04	42 42	70·5	18 43	41 42	70·2	18 23	40 43	69·9	18 02	39 43	69·6	207	333
28	152	20 25	44 26	70·4	20 05	43 26	70·1	19 44	42 26	69·7	19 23	41 27	69·4	19 02	40 27	69·1	18 40	39 28	68·8	208	332
29	151	21 07	44 10	69·6	20 46	43 10	69·3	20 25	42 10	68·9	20 03	41 10	68·6	19 41	40 11	68·3	19 18	39 12	67·9	209	331
30	150	21 49	43 53	68·9	21 27	42 53	68·5	21 05	41 53	68·1	20 42	40 54	67·8	20 19	39 54	67·4	19 56	38 55	67·1	210	330
31	149	22 30	43 35	68·1	22 08	42 35	67·7	21 45	41 36	67·3	21 21	40 36	67·0	20 58	39 37	66·6	20 34	38 38	66·3	211	329
32	148	23 11	43 17	67·3	22 48	42 17	66·9	22 24	41 17	66·5	22 00	40 18	66·2	21 36	39 19	65·8	21 11	38 20	65·4	212	328
33	147	23 53	42 58	66·5	23 28	41 58	66·1	23 04	40 58	65·7	22 39	39 59	65·3	22 14	39 00	65·0	21 48	38 02	64·6	213	327
34	146	24 33	42 38	65·7	24 08	41 38	65·3	23 43	40 39	64·9	23 17	39 40	64·5	22 51	38 41	64·1	22 25	37 42	63·7	214	326
35	145	25 14	42 18	64·9	24 48	41 18	64·5	24 22	40 18	64·1	23 56	39 19	63·7	23 29	38 21	63·3	23 02	37 23	62·9	215	325
36	144	25 54	41 56	64·1	25 28	40 57	63·6	25 01	39 57	63·2	24 34	38 58	62·8	24 06	38 00	62·4	23 38	37 02	62·0	216	324
37	143	26 34	41 34	63·2	26 07	40 35	62·8	25 39	39 35	62·4	25 11	38 37	61·9	24 43	37 38	61·5	24 14	36 41	61·1	217	323
38	142	27 14	41 11	62·4	26 46	40 12	61·9	26 17	39 13	61·5	25 48	38 14	61·1	25 19	37 16	60·7	24 50	36 19	60·3	218	322
39	141	27 53	40 48	61·5	27 24	39 48	61·1	26 55	38 50	60·6	26 25	37 51	60·2	25 55	36 53	59·8	25 25	35 56	59·4	219	321
40	140	28 32	40 23	60·7	28 02	39 24	60·2	27 32	38 25	59·8	27 02	37 27	59·3	26 31	36 30	58·9	26 00	35 32	58·5	220	320
41	139	29 11	39 58	59·8	28 40	38 59	59·3	28 10	38 01	58·9	27 38	37 03	58·4	27 07	36 05	58·0	26 35	35 08	57·6	221	319
42	138	29 49	39 32	58·9	29 18	38 33	58·4	28 46	37 35	58·0	28 14	36 37	57·5	27 42	35 40	57·1	27 09	34 43	56·6	222	318
43	137	30 27	39 05	58·0	29 55	38 06	57·5	29 23	37 08	57·1	28 50	36 11	56·6	28 17	35 14	56·1	27 43	34 18	55·7	223	317
44	136	31 05	38 37	57·1	30 32	37 39	56·6	29 59	36 41	56·1	29 25	35 44	55·7	28 51	34 47	55·2	28 17	33 51	54·8	224	316
45	135	31 42	38 09	56·2	31 08	37 10	55·7	30 34	36 13	55·2	30 00	35 16	54·7	29 25	34 20	54·3	28 50	33 24	53·8	225	315

Lat. / A		42°			43°			44°			45°			46°			47°			Lat. / A	
LHA/F		A/H	B/P	Z_1/Z_2	A/H	B/P	Z_1/Z_2	A/H	B/P	Z_1/Z_2	A/H	B/P	Z_1/Z_2	A/H	B/P	Z_1/Z_2	A/H	B/P	Z_1/Z_2	LHA	
°	°	° ′	° ′	°	° ′	° ′	°	° ′	° ′	°	° ′	° ′	°	° ′	° ′	°	° ′	° ′	°	°	°
45	135	31 42	38 09	56·2	31 08	37 10	55·7	30 34	36 13	55·2	30 00	35 16	54·7	29 25	34 20	54·3	28 50	33 24	53·8	225	315
46	134	32 19	37 39	55·3	31 45	36 41	54·8	31 10	35 44	54·3	30 34	34 47	53·8	29 59	33 51	53·3	29 23	32 56	52·9	226	314
47	133	32 55	37 08	54·3	32 20	36 11	53·8	31 45	35 14	53·3	31 08	34 18	52·8	30 32	33 22	52·4	29 55	32 27	51·9	227	313
48	132	33 31	36 37	53·4	32 55	35 40	52·9	32 19	34 43	52·3	31 42	33 47	51·9	31 05	32 52	51·4	30 27	31 58	50·9	228	312
49	131	34 07	36 05	52·4	33 30	35 08	51·9	32 53	34 11	51·4	32 15	33 16	50·9	31 37	32 21	50·4	30 59	31 27	49·9	229	311
50	130	34 42	35 31	51·4	34 04	34 35	50·9	33 26	33 39	50·4	32 48	32 44	49·9	32 09	31 50	49·4	31 30	30 56	48·9	230	310
51	129	35 17	34 57	50·4	34 38	34 01	49·9	33 59	33 05	49·4	33 20	32 11	48·9	32 40	31 17	48·4	32 00	30 24	47·9	231	309
52	128	35 51	34 22	49·4	35 12	33 26	48·9	34 32	32 31	48·4	33 52	31 37	47·9	33 11	30 44	47·4	32 30	29 52	46·9	232	308
53	127	36 24	33 45	48·4	35 44	32 50	47·9	35 04	31 56	47·3	34 23	31 02	46·8	33 42	30 10	46·3	33 00	29 18	45·9	233	307
54	126	36 57	33 08	47·4	36 17	32 13	46·8	35 35	31 20	46·3	34 54	30 27	45·8	34 12	29 35	45·3	33 29	28 44	44·8	234	306
55	125	37 30	32 30	46·3	36 48	31 36	45·8	36 06	30 43	45·2	35 24	29 50	44·7	34 41	28 59	44·2	33 58	28 08	43·8	235	305
56	124	38 02	31 51	45·2	37 19	30 57	44·7	36 37	30 04	44·2	35 53	29 13	43·6	35 10	28 22	43·2	34 26	27 32	42·7	236	304
57	123	38 33	31 10	44·1	37 50	30 17	43·6	37 06	29 25	43·1	36 22	28 34	42·6	35 38	27 45	42·1	34 53	26 56	41·6	237	303
58	122	39 04	30 29	43·0	38 20	29 36	42·5	37 36	28 45	42·0	36 51	27 55	41·5	36 06	27 06	41·0	35 20	26 18	40·5	238	302
59	121	39 34	29 46	41·9	38 49	28 55	41·4	38 04	28 04	40·9	37 19	27 15	40·4	36 33	26 27	39·9	35 46	25 39	39·4	239	301
60	120	40 04	29 03	40·8	39 18	28 12	40·2	38 32	27 22	39·7	37 46	26 34	39·2	36 59	25 46	38·8	36 12	25 00	38·3	240	300
61	119	40 32	28 18	39·6	39 46	27 28	39·1	38 59	26 39	38·6	38 12	25 52	38·1	37 25	25 05	37·6	36 37	24 20	37·2	241	299
62	118	41 00	27 32	38·5	40 13	26 43	37·9	39 26	25 56	37·4	38 38	25 09	36·9	37 50	24 23	36·5	37 02	23 39	36·0	242	298
63	117	41 28	26 45	37·3	40 40	25 58	36·8	39 52	25 11	36·3	39 03	24 25	35·8	38 14	23 40	35·3	37 25	22 57	34·9	243	297
64	116	41 54	25 58	36·1	41 06	25 11	35·6	40 17	24 25	35·1	39 28	23 40	34·6	38 38	22 57	34·1	37 48	22 14	33·7	244	296
65	115	42 20	25 09	34·9	41 31	24 23	34·4	40 41	23 38	33·9	39 51	22 55	33·4	39 01	22 12	33·0	38 11	21 31	32·5	245	295
66	114	42 45	24 19	33·6	41 55	23 34	33·1	41 05	22 50	32·7	40 14	22 08	32·2	39 23	21 27	31·8	38 32	20 46	31·3	246	294
67	113	43 10	23 28	32·4	42 19	22 44	31·9	41 28	22 02	31·4	40 37	21 21	31·0	39 45	20 40	30·5	38 53	20 01	30·1	247	293
68	112	43 33	22 35	31·1	42 42	21 53	30·6	41 50	21 12	30·2	40 58	20 32	29·7	40 06	19 53	29·3	39 13	19 15	28·9	248	292
69	111	43 56	21 42	29·8	43 04	21 01	29·4	42 11	20 22	28·9	41 19	19 43	28·5	40 26	19 05	28·1	39 33	18 29	27·7	249	291
70	110	44 18	20 48	28·5	43 25	20 08	28·1	42 32	19 30	27·7	41 38	18 53	27·2	40 45	18 17	26·8	39 51	17 41	26·5	250	290
71	109	44 38	19 53	27·2	43 45	19 15	26·8	42 51	18 38	26·4	41 57	18 02	26·0	41 03	17 27	25·6	40 09	16 53	25·2	251	289
72	108	44 58	18 57	25·9	44 04	18 20	25·5	43 10	17 45	25·1	42 16	17 10	24·7	41 21	16 37	24·3	40 26	16 05	24·0	252	288
73	107	45 17	17 59	24·6	44 23	17 24	24·1	43 28	16 51	23·8	42 33	16 18	23·4	41 38	15 46	23·0	40 42	15 15	22·7	253	287
74	106	45 35	17 01	23·2	44 40	16 28	22·8	43 45	15 56	22·4	42 49	15 25	22·1	41 54	14 54	21·7	40 58	14 25	21·4	254	286
75	105	45 53	16 02	21·8	44 57	15 31	21·4	44 01	15 00	21·1	43 05	14 31	20·8	42 09	14 02	20·4	41 12	13 34	20·1	255	285
76	104	46 09	15 02	20·4	45 12	14 33	20·1	44 16	14 04	19·7	43 19	13 36	19·4	42 23	13 09	19·1	41 26	12 43	18·8	256	284
77	103	46 24	14 02	19·0	45 27	13 34	18·7	44 30	13 07	18·4	43 33	12 41	18·1	42 36	12 15	17·8	41 39	11 51	17·5	257	283
78	102	46 38	13 00	17·6	45 40	12 34	17·3	44 43	12 09	17·0	43 46	11 45	16·7	42 48	11 21	16·5	41 51	10 58	16·2	258	282
79	101	46 51	11 58	16·2	45 53	11 34	15·9	44 55	11 11	15·6	43 57	10 48	15·4	43 00	10 26	15·1	42 02	10 05	14·9	259	281
80	100	47 03	10 55	14·8	46 04	10 33	14·5	45 06	10 12	14·2	44 08	9 51	14·0	43 10	9 31	13·8	42 12	9 12	13·6	260	280
81	99	47 13	9 51	13·3	46 15	9 31	13·1	45 16	9 12	12·8	44 18	8 53	12·6	43 19	8 35	12·4	42 21	8 18	12·2	261	279
82	98	47 23	8 47	11·9	46 24	8 29	11·6	45 26	8 12	11·4	44 27	7 55	11·2	43 28	7 39	11·1	42 29	7 24	10·9	262	278
83	97	47 32	7 42	10·4	46 33	7 27	10·2	45 34	7 12	10·0	44 34	6 57	9·9	43 35	6 43	9·7	42 36	6 29	9·5	263	277
84	96	47 39	6 37	8·9	46 40	6 24	8·8	45 41	6 11	8·6	44 41	5 58	8·5	43 42	5 46	8·3	42 42	5 34	8·2	264	276
85	95	47 46	5 32	7·4	46 46	5 20	7·3	45 46	5 09	7·2	44 47	4 59	7·1	43 47	4 49	6·9	42 48	4 39	6·8	265	275
86	94	47 51	4 26	6·0	46 51	4 17	5·9	45 51	4 08	5·7	44 52	3 59	5·6	43 52	3 51	5·6	42 52	3 43	5·5	266	274
87	93	47 55	3 20	4·5	46 55	3 13	4·4	45 55	3 06	4·3	44 55	3 00	4·2	43 55	2 54	4·2	42 56	2 48	4·1	267	273
88	92	47 58	2 13	3·0	46 58	2 09	2·9	45 58	2 04	2·9	44 58	2 00	2·8	43 58	1 56	2·8	42 58	1 52	2·7	268	272
89	91	47 59	1 07	1·5	46 59	1 04	1·5	45 59	1 02	1·4	44 59	1 00	1·4	43 59	0 58	1·4	43 00	0 56	1·4	269	271
90	90	48 00	0 00	0·0	47 00	0 00	0·0	46 00	0 00	0·0	45 00	0 00	0·0	44 00	0 00	0·0	43 00	0 00	0·0	270	270

N. Lat: for LHA > 180° … $Z_n = Z$
for LHA < 180° … $Z_n = 360° - Z$

S. Lat.: for LHA > 180° … $Z_n = 180° - Z$
for LHA < 180° … $Z_n = 180° + Z$

SIGHT REDUCTION TABLE

B: (−) for 90° < LHA < 270°
Dec:(−) for Lat. contrary name

Z_1: same sign as B
Z_2: (−) for F > 90°

Lat. / A		48°			49°			50°			51°			52°			53°			Lat. / A	
LHA/F		A/H	B/P	Z_1/Z_2	A/H	B/P	Z_1/Z_2	A/H	B/P	Z_1/Z_2	A/H	B/P	Z_1/Z_2	A/H	B/P	Z_1/Z_2	A/H	B/P	Z_1/Z_2	LHA	
°	°	° ′	° ′	°	° ′	° ′	°	° ′	° ′	°	° ′	° ′	°	° ′	° ′	°	° ′	° ′	°	°	°
0	180	0 00	42 00	90·0	0 00	41 00	90·0	0 00	40 00	90·0	0 00	39 00	90·0	0 00	38 00	90·0	0 00	37 00	90·0	180	360
1	179	0 40	42 00	89·3	0 39	41 00	89·2	0 39	40 00	89·2	0 38	39 00	89·2	0 37	38 00	89·2	0 36	37 00	89·2	181	359
2	178	1 20	41 59	88·5	1 19	40 59	88·5	1 17	39 59	88·5	1 16	38 59	88·4	1 14	37 59	88·4	1 12	36 59	88·4	182	358
3	177	2 00	41 58	87·8	1 58	40 58	87·7	1 56	39 58	87·7	1 53	38 58	87·7	1 51	37 58	87·6	1 48	36 58	87·6	183	357
4	176	2 41	41 56	87·0	2 37	40 56	87·0	2 34	39 56	86·9	2 31	38 56	86·9	2 28	37 56	86·8	2 24	36 56	86·8	184	356
5	175	3 21	41 53	86·3	3 17	40 54	86·2	3 13	39 54	86·2	3 09	38 54	86·1	3 05	37 54	86·1	3 00	36 54	86·0	185	355
6	174	4 01	41 51	85·5	3 56	40 51	85·5	3 51	39 51	85·4	3 46	38 51	85·3	3 41	37 51	85·3	3 36	36 51	85·2	186	354
7	173	4 41	41 47	84·8	4 35	40 47	84·7	4 30	39 47	84·6	4 24	38 47	84·5	4 18	37 48	84·5	4 12	36 48	84·4	187	353
8	172	5 21	41 43	84·0	5 14	40 43	83·9	5 08	39 43	83·9	5 01	38 44	83·8	4 55	37 44	83·7	4 48	36 44	83·6	188	352
9	171	6 01	41 39	83·3	5 53	40 39	83·2	5 46	39 39	83·1	5 39	38 39	83·0	5 32	37 39	82·9	5 24	36 40	82·8	189	351
10	170	6 40	41 34	82·5	6 32	40 34	82·4	6 25	39 34	82·3	6 16	38 34	82·2	6 08	37 35	82·1	6 00	36 35	82·0	190	350
11	169	7 20	41 28	81·8	7 11	40 28	81·7	7 03	39 29	81·5	6 54	38 29	81·4	6 45	37 29	81·3	6 36	36 29	81·2	191	349
12	168	8 00	41 22	81·0	7 50	40 22	80·9	7 41	39 23	80·8	7 31	38 23	80·6	7 21	37 23	80·5	7 11	36 24	80·4	192	348
13	167	8 39	41 16	80·3	8 29	40 16	80·1	8 19	39 16	80·0	8 08	38 16	79·8	7 58	37 17	79·7	7 47	36 17	79·6	193	347
14	166	9 19	41 09	79·5	9 08	40 09	79·3	8 57	39 09	79·2	8 45	38 09	79·0	8 34	37 10	78·9	8 22	36 10	78·7	194	346
15	165	9 58	41 01	78·7	9 47	40 01	78·6	9 35	39 02	78·4	9 22	38 02	78·2	9 10	37 02	78·1	8 58	36 03	77·9	195	345
16	164	10 38	40 53	78·0	10 25	39 53	77·8	10 12	38 53	77·6	9 59	37 54	77·4	9 46	36 54	77·3	9 33	35 55	77·1	196	344
17	163	11 17	40 44	77·2	11 04	39 44	77·0	10 50	38 45	76·8	10 36	37 45	76·6	10 22	36 46	76·5	10 08	35 47	76·3	197	343
18	162	11 56	40 34	76·4	11 42	39 35	76·2	11 27	38 35	76·0	11 13	37 36	75·8	10 58	36 37	75·6	10 43	35 38	75·5	198	342
19	161	12 35	40 25	75·6	12 20	39 25	75·4	12 05	38 26	75·2	11 49	37 26	75·0	11 34	36 27	74·8	11 18	35 28	74·6	199	341
20	160	13 14	40 14	74·9	12 58	39 15	74·6	12 42	38 15	74·4	12 26	37 16	74·2	12 09	36 17	74·0	11 53	35 18	73·8	200	340
21	159	13 52	40 03	74·1	13 36	39 04	73·8	13 19	38 04	73·6	13 02	37 05	73·4	12 45	36 06	73·2	12 27	35 08	73·0	201	339
22	158	14 31	39 51	73·3	14 14	38 52	73·0	13 56	37 53	72·8	13 38	36 54	72·6	13 20	35 55	72·3	13 02	34 56	72·1	202	338
23	157	15 09	39 39	72·5	14 51	38 40	72·2	14 33	37 41	72·0	14 14	36 42	71·7	13 55	35 43	71·5	13 36	34 45	71·3	203	337
24	156	15 48	39 26	71·7	15 29	38 27	71·4	15 09	37 28	71·2	14 50	36 30	70·9	14 30	35 31	70·7	14 10	34 33	70·4	204	336
25	155	16 26	39 13	70·9	16 06	38 14	70·6	15 46	37 15	70·3	15 25	36 17	70·1	15 05	35 18	69·8	14 44	34 20	69·6	205	335
26	154	17 03	38 59	70·1	16 43	38 00	69·8	16 22	37 01	69·5	16 01	36 03	69·2	15 39	35 05	69·0	15 18	34 07	68·7	206	334
27	153	17 41	38 44	69·3	17 20	37 46	69·0	16 58	36 47	68·7	16 36	35 49	68·4	16 14	34 51	68·1	15 51	33 53	67·9	207	333
28	152	18 19	38 29	68·4	17 56	37 30	68·1	17 34	36 32	67·8	17 11	35 34	67·5	16 48	34 36	67·3	16 25	33 38	67·0	208	332
29	151	18 56	38 13	67·6	18 33	37 15	67·3	18 09	36 16	67·0	17 46	35 18	66·7	17 22	34 21	66·4	16 58	33 23	66·1	209	331
30	150	19 33	37 57	66·8	19 09	36 58	66·5	18 45	36 00	66·1	18 20	35 03	65·8	17 56	34 05	65·5	17 31	33 08	65·2	210	330
31	149	20 10	37 40	65·9	19 45	36 41	65·6	19 20	35 44	65·3	18 55	34 46	65·0	18 29	33 49	64·7	18 03	32 52	64·4	211	329
32	148	20 46	37 22	65·1	20 21	36 24	64·8	19 55	35 26	64·4	19 29	34 29	64·1	19 02	33 32	63·8	18 36	32 35	63·5	212	328
33	147	21 22	37 03	64·2	20 56	36 06	63·9	20 30	35 08	63·6	20 03	34 11	63·2	19 35	33 14	62·9	19 08	32 18	62·6	213	327
34	146	21 58	36 44	63·4	21 31	35 47	63·0	21 04	34 49	62·7	20 36	33 53	62·3	20 08	32 56	62·0	19 40	32 00	61·7	214	326
35	145	22 34	36 25	62·5	22 06	35 27	62·1	21 38	34 30	61·8	21 10	33 33	61·4	20 41	32 37	61·1	20 12	31 41	60·8	215	325
36	144	23 10	36 04	61·6	22 41	35 07	61·3	22 12	34 10	60·9	21 43	33 14	60·5	21 13	32 18	60·2	20 43	31 22	59·9	216	324
37	143	23 45	35 43	60·8	23 15	34 46	60·4	22 45	33 50	60·0	22 15	32 53	59·6	21 45	31 58	59·3	21 14	31 02	59·0	217	323
38	142	24 20	35 21	59·9	23 49	34 25	59·5	23 19	33 28	59·1	22 48	32 33	58·7	22 16	31 37	58·4	21 45	30 42	58·0	218	322
39	141	24 54	34 59	59·0	24 23	34 02	58·6	23 52	33 07	58·2	23 20	32 11	57·8	22 48	31 16	57·5	22 15	30 21	57·1	219	321
40	140	25 28	34 36	58·1	24 57	33 40	57·7	24 24	32 44	57·3	23 52	31 49	56·9	23 19	30 54	56·5	22 45	30 00	56·2	220	320
41	139	26 02	34 12	57·1	25 30	33 16	56·7	24 57	32 21	56·3	24 23	31 26	56·0	23 49	30 32	55·6	23 15	29 38	55·2	221	319
42	138	26 36	33 47	56·2	26 02	32 52	55·8	25 28	31 57	55·4	24 54	31 02	55·0	24 20	30 08	54·6	23 45	29 15	54·3	222	318
43	137	27 09	33 22	55·3	26 35	32 27	54·9	26 00	31 32	54·5	25 25	30 38	54·1	24 50	29 45	53·7	24 14	28 52	53·3	223	317
44	136	27 42	32 56	54·3	27 07	32 01	53·9	26 31	31 07	53·5	25 55	30 13	53·1	25 19	29 20	52·7	24 43	28 28	52·4	224	316
45	135	28 14	32 29	53·4	27 38	31 35	53·0	27 02	30 41	52·5	26 25	29 48	52·1	25 48	28 55	51·8	25 11	28 03	51·4	225	315

Lat. / A		48°			49°			50°			51°			52°			53°			Lat. / A	
LHA/F		A/H	B/P	Z_1/Z_2	A/H	B/P	Z_1/Z_2	A/H	B/P	Z_1/Z_2	A/H	B/P	Z_1/Z_2	A/H	B/P	Z_1/Z_2	A/H	B/P	Z_1/Z_2	LHA	
°	°	° ′	° ′	°	° ′	° ′	°	° ′	° ′	°	° ′	° ′	°	° ′	° ′	°	° ′	° ′	°	°	°
45	135	28 14	32 29	53·4	27 38	31 35	53·0	27 02	30 41	52·5	26 25	29 48	52·1	25 48	28 55	51·8	25 11	28 03	51·4	225	315
46	134	28 46	32 01	52·4	28 10	31 08	52·0	27 32	30 14	51·6	26 55	29 22	51·2	26 17	28 29	50·8	25 39	27 38	50·4	226	314
47	133	29 18	31 33	51·4	28 40	30 40	51·0	28 02	29 47	50·6	27 24	28 55	50·2	26 46	28 03	49·8	26 07	27 12	49·4	227	313
48	132	29 49	31 04	50·5	29 11	30 11	50·0	28 32	29 19	49·6	27 53	28 27	49·2	27 14	27 36	48·8	26 34	26 46	48·4	228	312
49	131	30 20	30 34	49·5	29 41	29 42	49·0	29 01	28 50	48·6	28 21	27 59	48·2	27 41	27 08	47·8	27 01	26 18	47·4	229	311
50	130	30 50	30 04	48·5	30 10	29 12	48·0	29 30	28 20	47·6	28 49	27 30	47·2	28 08	26 40	46·8	27 27	25 51	46·4	230	310
51	129	31 20	29 32	47·5	30 39	28 41	47·0	29 58	27 50	46·6	29 17	27 00	46·2	28 35	26 11	45·8	27 53	25 22	45·4	231	309
52	128	31 49	29 00	46·4	31 08	28 09	46·0	30 26	27 19	45·6	29 44	26 30	45·2	29 01	25 41	44·8	28 19	24 53	44·4	232	308
53	127	32 18	28 27	45·4	31 36	27 37	45·0	30 53	26 48	44·5	30 10	25 59	44·1	29 27	25 11	43·7	28 44	24 24	43·3	233	307
54	126	32 46	27 53	44·4	32 03	27 04	43·9	31 20	26 15	43·5	30 36	25 27	43·1	29 52	24 40	42·7	29 08	23 53	42·3	234	306
55	125	33 14	27 19	43·3	32 30	26 30	42·9	31 46	25 42	42·4	31 02	24 55	42·0	30 17	24 08	41·6	29 32	23 23	41·2	235	305
56	124	33 42	26 44	42·2	32 57	25 55	41·8	32 12	25 08	41·4	31 27	24 22	41·0	30 41	23 36	40·6	29 56	22 51	40·2	236	304
57	123	34 08	26 07	41·1	33 23	25 20	40·7	32 37	24 34	40·3	31 51	23 48	39·9	31 05	23 03	39·5	30 19	22 19	39·1	237	303
58	122	34 34	25 30	40·1	33 48	24 44	39·6	33 02	23 58	39·2	32 15	23 14	38·8	31 28	22 29	38·4	30 41	21 46	38·0	238	302
59	121	35 00	24 53	39·0	34 13	24 07	38·5	33 26	23 22	38·1	32 39	22 38	37·7	31 51	21 55	37·3	31 03	21 13	37·0	239	301
60	120	35 25	24 14	37·8	34 37	23 30	37·4	33 50	22 46	37·0	33 02	22 03	36·6	32 13	21 20	36·2	31 25	20 39	35·9	240	300
61	119	35 49	23 35	36·7	35 01	22 51	36·3	34 12	22 08	35·9	33 24	21 26	35·5	32 35	20 45	35·1	31 46	20 04	34·8	241	299
62	118	36 13	22 55	35·6	35 24	22 12	35·2	34 35	21 30	34·8	33 45	20 49	34·4	32 56	20 09	34·0	32 06	19 29	33·7	242	298
63	117	36 36	22 14	34·4	35 46	21 32	34·0	34 56	20 51	33·6	34 06	20 11	33·3	33 16	19 32	32·9	32 26	18 53	32·5	243	297
64	116	36 58	21 32	33·3	36 08	20 52	32·9	35 17	20 12	32·5	34 27	19 33	32·1	33 36	18 54	31·8	32 45	18 17	31·4	244	296
65	115	37 20	20 50	32·1	36 29	20 10	31·7	35 38	19 32	31·3	34 47	18 54	31·0	33 55	18 16	30·6	33 03	17 40	30·3	245	295
66	114	37 41	20 07	30·9	36 49	19 28	30·5	35 58	18 51	30·2	35 06	18 14	29·8	34 13	17 38	29·5	33 21	17 02	29·1	246	294
67	113	38 01	19 23	29·7	37 09	18 46	29·4	36 17	18 09	29·0	35 24	17 33	28·6	34 31	16 59	28·3	33 38	16 24	28·0	247	293
68	112	38 21	18 38	28·5	37 28	18 02	28·2	36 35	17 27	27·8	35 42	16 53	27·5	34 48	16 19	27·1	33 55	15 46	26·8	248	292
69	111	38 40	17 53	27·3	37 46	17 18	27·0	36 53	16 44	26·6	35 59	16 11	26·3	35 05	15 38	26·0	34 11	15 07	25·7	249	291
70	110	38 58	17 07	26·1	38 04	16 33	25·7	37 10	16 01	25·4	36 15	15 29	25·1	35 21	14 58	24·8	34 26	14 27	24·5	250	290
71	109	39 15	16 20	24·9	38 20	15 48	24·5	37 26	15 17	24·2	36 31	14 46	23·9	35 36	14 16	23·6	34 41	13 47	23·3	251	289
72	108	39 31	15 33	23·6	38 36	15 02	23·3	37 41	14 32	23·0	36 46	14 03	22·7	35 50	13 34	22·4	34 55	13 07	22·1	252	288
73	107	39 47	14 45	22·4	38 51	14 16	22·1	37 56	13 47	21·8	37 00	13 19	21·5	36 04	12 52	21·2	35 08	12 25	20·9	253	287
74	106	40 02	13 56	21·1	39 06	13 28	20·8	38 10	13 01	20·5	37 13	12 35	20·3	36 17	12 09	20·0	35 21	11 44	19·8	254	286
75	105	40 16	13 07	19·8	39 19	12 41	19·5	38 23	12 15	19·3	37 26	11 50	19·0	36 29	11 26	18·8	35 33	11 02	18·5	255	285
76	104	40 29	12 17	18·5	39 32	11 53	18·3	38 35	11 28	18·0	37 38	11 05	17·8	36 41	10 42	17·6	35 44	10 20	17·3	256	284
77	103	40 41	11 27	17·3	39 44	11 04	17·0	38 47	10 41	16·8	37 49	10 19	16·5	36 52	9 58	16·3	35 54	9 37	16·1	257	283
78	102	40 53	10 36	16·0	39 55	10 15	15·7	38 57	9 54	15·5	38 00	9 33	15·3	37 02	9 14	15·1	36 04	8 54	14·9	258	282
79	101	41 04	9 45	14·7	40 05	9 25	14·4	39 07	9 06	14·2	38 09	8 47	14·0	37 11	8 29	13·9	36 13	8 11	13·7	259	281
80	100	41 13	8 53	13·3	40 15	8 35	13·2	39 16	8 17	13·0	38 18	8 00	12·8	37 19	7 44	12·6	36 21	7 27	12·5	260	280
81	99	41 22	8 01	12·0	40 23	7 45	11·9	39 25	7 29	11·7	38 26	7 13	11·5	37 27	6 58	11·4	36 28	6 43	11·2	261	279
82	98	41 30	7 09	10·7	40 31	6 54	10·5	39 32	6 40	10·4	38 33	6 26	10·3	37 34	6 12	10·1	36 35	5 59	10·0	262	278
83	97	41 37	6 16	9·4	40 38	6 03	9·2	39 39	5 50	9·1	38 39	5 38	9·0	37 40	5 26	8·9	36 41	5 15	8·7	263	277
84	96	41 43	5 23	8·1	40 44	5 12	7·9	39 44	5 01	7·8	38 45	4 50	7·7	37 45	4 40	7·6	36 46	4 30	7·5	264	276
85	95	41 48	4 29	6·7	40 49	4 20	6·6	39 49	4 11	6·5	38 49	4 02	6·4	37 50	3 54	6·3	36 50	3 45	6·3	265	275
86	94	41 52	3 36	5·4	40 53	3 28	5·3	39 53	3 21	5·2	38 53	3 14	5·1	37 53	3 07	5·1	36 54	3 01	5·0	266	274
87	93	41 56	2 42	4·0	40 56	2 36	4·0	39 56	2 31	3·9	38 56	2 26	3·9	37 56	2 20	3·8	36 56	2 16	3·8	267	273
88	92	41 58	1 48	2·7	40 58	1 44	2·6	39 58	1 41	2·6	38 58	1 37	2·6	37 58	1 34	2·5	36 58	1 30	2·5	268	272
89	91	42 00	0 54	1·3	41 00	0 52	1·3	40 00	0 50	1·3	39 00	0 49	1·3	38 00	0 47	1·3	37 00	0 45	1·3	269	271
90	90	42 00	0 00	0·0	41 00	0 00	0·0	40 00	0 00	0·0	39 00	0 00	0·0	38 00	0 00	0·0	37 00	0 00	0·0	270	270

N. Lat: for LHA > 180° ... $Z_n = Z$
for LHA < 180° ... $Z_n = 360° - Z$

S. Lat.: for LHA > 180° ... $Z_n = 180° - Z$
for LHA < 180° ... $Z_n = 180° + Z$

SIGHT REDUCTION TABLE

B: (−) for 90° < LHA < 270°
Dec:(−) for Lat. contrary name

Z_1: same sign as B
Z_2: (−) for F > 90°

Lat. / A		54°			55°			56°			57°			58°			59°			Lat. / A	
LHA/F		A/H	B/P	Z_1/Z_2	A/H	B/P	Z_1/Z_2	A/H	B/P	Z_1/Z_2	A/H	B/P	Z_1/Z_2	A/H	B/P	Z_1/Z_2	A/H	B/P	Z_1/Z_2	LHA	
°	°	° ′	° ′	°	° ′	° ′	°	° ′	° ′	°	° ′	° ′	°	° ′	° ′	°	° ′	° ′	°	°	°
0	180	0 00	36 00	90·0	0 00	35 00	90·0	0 00	34 00	90·0	0 00	33 00	90·0	0 00	32 00	90·0	0 00	31 00	90·0	180	360
1	179	0 35	36 00	89·2	0 34	35 00	89·2	0 34	34 00	89·2	0 33	33 00	89·2	0 32	32 00	89·2	0 31	31 00	89·1	181	359
2	178	1 11	35 59	88·4	1 09	34 59	88·4	1 07	33 59	88·3	1 05	32 59	88·3	1 04	31 59	88·3	1 02	30 59	88·3	182	358
3	177	1 46	35 58	87·6	1 43	34 58	87·5	1 41	33 58	87·5	1 38	32 58	87·5	1 35	31 58	87·5	1 33	30 58	87·4	183	357
4	176	2 21	35 56	86·8	2 18	34 56	86·7	2 14	33 56	86·7	2 11	32 56	86·6	2 07	31 56	86·6	2 04	30 56	86·6	184	356
5	175	2 56	35 54	86·0	2 52	34 54	85·9	2 48	33 54	85·9	2 43	32 54	85·8	2 39	31 54	85·8	2 34	30 54	85·7	185	355
6	174	3 31	35 51	85·1	3 26	34 51	85·1	3 21	33 51	85·0	3 16	32 51	85·0	3 11	31 52	84·9	3 05	30 52	84·9	186	354
7	173	4 06	35 48	84·3	4 00	34 48	84·3	3 54	33 48	84·2	3 48	32 48	84·1	3 42	31 48	84·1	3 36	30 49	84·0	187	353
8	172	4 42	35 44	83·5	4 35	34 44	83·4	4 28	33 44	83·4	4 21	32 45	83·3	4 14	31 45	83·2	4 07	30 45	83·1	188	352
9	171	5 17	35 40	82·7	5 09	34 40	82·6	5 01	33 40	82·5	4 53	32 41	82·4	4 45	31 41	82·3	4 37	30 41	82·3	189	351
10	170	5 51	35 35	81·9	5 43	34 35	81·8	5 34	33 36	81·7	5 26	32 36	81·6	5 17	31 36	81·5	5 08	30 37	81·4	190	350
11	169	6 26	35 30	81·1	6 17	34 30	81·0	6 08	33 31	80·8	5 58	32 31	80·7	5 48	31 31	80·6	5 38	30 32	80·5	191	349
12	168	7 01	35 24	80·2	6 51	34 24	80·1	6 41	33 25	80·0	6 30	32 25	79·9	6 20	31 26	79·8	6 09	30 27	79·7	192	348
13	167	7 36	35 18	79·4	7 25	34 18	79·3	7 14	33 19	79·2	7 02	32 19	79·0	6 51	31 20	78·9	6 39	30 21	78·8	193	347
14	166	8 11	35 11	78·6	7 59	34 12	78·5	7 46	33 12	78·3	7 34	32 13	78·2	7 22	31 14	78·1	7 09	30 15	77·9	194	346
15	165	8 45	35 04	77·8	8 32	34 04	77·6	8 19	33 05	77·5	8 06	32 06	77·3	7 53	31 07	77·2	7 40	30 08	77·1	195	345
16	164	9 19	34 56	76·9	9 06	33 57	76·8	8 52	32 58	76·6	8 38	31 58	76·5	8 24	31 00	76·3	8 10	30 01	76·2	196	344
17	163	9 54	34 47	76·1	9 39	33 48	75·9	9 25	32 49	75·8	9 10	31 50	75·6	8 55	30 52	75·5	8 40	29 53	75·3	197	343
18	162	10 28	34 39	75·3	10 13	33 40	75·1	9 57	32 41	74·9	9 41	31 42	74·8	9 25	30 43	74·6	9 09	29 45	74·4	198	342
19	161	11 02	34 29	74·4	10 46	33 30	74·2	10 29	32 32	74·1	10 13	31 33	73·9	9 56	30 35	73·7	9 39	29 36	73·6	199	341
20	160	11 36	34 19	73·6	11 19	33 21	73·4	11 02	32 22	73·2	10 44	31 24	73·0	10 27	30 25	72·8	10 09	29 27	72·7	200	340
21	159	12 10	34 09	72·7	11 52	33 10	72·5	11 34	32 12	72·3	11 15	31 14	72·2	10 57	30 15	72·0	10 38	29 17	71·8	201	339
22	158	12 43	33 58	71·9	12 24	33 00	71·7	12 06	32 01	71·5	11 46	31 03	71·3	11 27	30 05	71·1	11 07	29 07	70·9	202	338
23	157	13 17	33 46	71·0	12 57	32 48	70·8	12 37	31 50	70·6	12 17	30 52	70·4	11 57	29 54	70·2	11 37	28 57	70·0	203	337
24	156	13 50	33 34	70·2	13 29	32 36	70·0	13 09	31 38	69·7	12 48	30 41	69·5	12 27	29 43	69·3	12 06	28 46	69·1	204	336
25	155	14 23	33 22	69·3	14 02	32 24	69·1	13 40	31 26	68·9	13 18	30 29	68·6	12 56	29 31	68·4	12 34	28 34	68·2	205	335
26	154	14 56	33 09	68·5	14 34	32 11	68·2	14 11	31 14	68·0	13 49	30 16	67·8	13 26	29 19	67·5	13 03	28 22	67·3	206	334
27	153	15 29	32 55	67·6	15 06	31 58	67·3	14 42	31 00	67·1	14 19	30 03	66·9	13 55	29 06	66·6	13 31	28 10	66·4	207	333
28	152	16 01	32 41	66·7	15 37	31 44	66·5	15 13	30 47	66·2	14 49	29 50	66·0	14 24	28 53	65·7	14 00	27 57	65·5	208	332
29	151	16 33	32 26	65·8	16 09	31 29	65·6	15 44	30 32	65·3	15 19	29 36	65·1	14 53	28 39	64·8	14 28	27 43	64·6	209	331
30	150	17 05	32 11	65·0	16 40	31 14	64·7	16 14	30 17	64·4	15 48	29 21	64·2	15 22	28 25	63·9	14 55	27 29	63·7	210	330
31	149	17 37	31 55	64·1	17 11	30 58	63·8	16 44	30 02	63·5	16 17	29 06	63·3	15 50	28 10	63·0	15 23	27 15	62·7	211	329
32	148	18 09	31 38	63·2	17 42	30 42	62·9	17 14	29 46	62·6	16 47	28 51	62·3	16 19	27 55	62·1	15 50	27 00	61·8	212	328
33	147	18 40	31 21	62·3	18 12	30 25	62·0	17 44	29 30	61·7	17 15	28 34	61·4	16 47	27 39	61·2	16 17	26 45	60·9	213	327
34	146	19 11	31 04	61·4	18 42	30 08	61·1	18 13	29 13	60·8	17 44	28 18	60·5	17 14	27 23	60·2	16 44	26 29	60·0	214	326
35	145	19 42	30 46	60·5	19 12	29 50	60·2	18 42	28 55	59·9	18 12	28 01	59·6	17 42	27 06	59·3	17 11	26 12	59·0	215	325
36	144	20 13	30 27	59·6	19 42	29 32	59·2	19 11	28 37	58·9	18 40	27 43	58·6	18 09	26 49	58·4	17 37	25 55	58·1	216	324
37	143	20 43	30 07	58·6	20 12	29 13	58·3	19 40	28 19	58·0	19 08	27 25	57·7	18 36	26 31	57·4	18 03	25 38	57·1	217	323
38	142	21 13	29 48	57·7	20 41	28 53	57·4	20 08	27 59	57·1	19 35	27 06	56·8	19 02	26 13	56·5	18 29	25 20	56·2	218	322
39	141	21 43	29 27	56·8	21 10	28 33	56·4	20 36	27 40	56·1	20 03	26 47	55·8	19 29	25 54	55·5	18 55	25 02	55·2	219	321
40	140	22 12	29 06	55·8	21 38	28 13	55·5	21 04	27 20	55·2	20 30	26 27	54·9	19 55	25 35	54·6	19 20	24 43	54·3	220	320
41	139	22 41	28 44	54·9	22 06	27 51	54·5	21 31	26 59	54·2	20 56	26 07	53·9	20 21	25 15	53·6	19 45	24 24	53·3	221	319
42	138	23 10	28 22	53·9	22 34	27 29	53·6	21 58	26 37	53·3	21 22	25 46	52·9	20 46	24 55	52·6	20 10	24 04	52·3	222	318
43	137	23 38	27 59	53·0	23 02	27 07	52·6	22 25	26 15	52·3	21 48	25 24	52·0	21 11	24 34	51·7	20 34	23 43	51·4	223	317
44	136	24 06	27 36	52·0	23 29	26 44	51·7	22 51	25 53	51·3	22 14	25 02	51·0	21 36	24 12	50·7	20 58	23 23	50·4	224	316
45	135	24 34	27 11	51·0	23 56	26 20	50·7	23 17	25 30	50·3	22 39	24 40	50·0	22 00	23 50	49·7	21 21	23 01	49·4	225	315

Lat. / A		54°			55°			56°			57°			58°			59°			Lat. / A	
LHA/F		A/H	B/P	Z_1/Z_2	A/H	B/P	Z_1/Z_2	A/H	B/P	Z_1/Z_2	A/H	B/P	Z_1/Z_2	A/H	B/P	Z_1/Z_2	A/H	B/P	Z_1/Z_2	LHA	
°	°	° ′	° ′	°	° ′	° ′	°	° ′	° ′	°	° ′	° ′	°	° ′	° ′	°	° ′	° ′	°	°	°
45	135	24 34	27 11	51·0	23 56	26 20	50·7	23 17	25 30	50·3	22 39	24 40	50·0	22 00	23 50	49·7	21 21	23 01	49·4	225	315
46	134	25 01	26 47	50·0	24 22	25 56	49·7	23 43	25 06	49·4	23 04	24 17	49·0	22 24	23 28	48·7	21 45	22 39	48·4	226	314
47	133	25 28	26 22	49·1	24 48	25 32	48·7	24 08	24 42	48·4	23 28	23 53	48·0	22 48	23 05	47·7	22 08	22 17	47·4	227	313
48	132	25 54	25 56	48·1	25 14	25 06	47·7	24 33	24 17	47·4	23 53	23 29	47·0	23 11	22 41	46·7	22 30	21 54	46·4	228	312
49	131	26 20	25 29	47·1	25 39	24 40	46·7	24 58	23 52	46·4	24 16	23 05	46·0	23 34	22 17	45·7	22 52	21 31	45·4	229	311
50	130	26 46	25 02	46·0	26 04	24 14	45·7	25 22	23 26	45·3	24 40	22 39	45·0	23 57	21 53	44·7	23 14	21 07	44·4	230	310
51	129	27 11	24 34	45·0	26 28	23 47	44·7	25 45	23 00	44·3	25 02	22 14	44·0	24 19	21 28	43·7	23 36	20 43	43·4	231	309
52	128	27 36	24 06	44·0	26 52	23 19	43·6	26 09	22 33	43·3	25 25	21 48	43·0	24 41	21 03	42·7	23 57	20 18	42·3	232	308
53	127	28 00	23 37	43·0	27 16	22 51	42·6	26 32	22 06	42·3	25 47	21 21	41·9	25 02	20 37	41·6	24 17	19 53	41·3	233	307
54	126	28 24	23 07	41·9	27 39	22 22	41·6	26 54	21 38	41·2	26 09	20 54	40·9	25 23	20 10	40·6	24 37	19 27	40·3	234	306
55	125	28 47	22 37	40·9	28 01	21 53	40·5	27 16	21 09	40·2	26 30	20 26	39·9	25 44	19 43	39·5	24 57	19 01	39·2	235	305
56	124	29 10	22 07	39·8	28 24	21 23	39·5	27 37	20 40	39·1	26 50	19 57	38·8	26 04	19 16	38·5	25 17	18 34	38·2	236	304
57	123	29 32	21 35	38·8	28 45	20 52	38·4	27 58	20 10	38·1	27 11	19 29	37·8	26 23	18 48	37·4	25 35	18 07	37·1	237	303
58	122	29 54	21 03	37·7	29 06	20 21	37·3	28 19	19 40	37·0	27 31	18 59	36·7	26 42	18 19	36·4	25 54	17 40	36·1	238	302
59	121	30 15	20 31	36·6	29 27	19 50	36·3	28 38	19 09	35·9	27 50	18 30	35·6	27 01	17 50	35·3	26 12	17 12	35·0	239	301
60	120	30 36	19 58	35·5	29 47	19 18	35·2	28 58	18 38	34·9	28 09	17 59	34·5	27 19	17 21	34·2	26 29	16 43	34·0	240	300
61	119	30 56	19 24	34·4	30 07	18 45	34·1	29 17	18 06	33·8	28 27	17 29	33·5	27 37	16 51	33·2	26 46	16 14	32·9	241	299
62	118	31 16	18 50	33·3	30 26	18 12	33·0	29 35	17 34	32·7	28 45	16 57	32·4	27 54	16 21	32·1	27 03	15 45	31·8	242	298
63	117	31 35	18 15	32·2	30 44	17 38	31·9	29 53	17 02	31·6	29 02	16 26	31·3	28 10	15 50	31·0	27 19	15 15	30·7	243	297
64	116	31 53	17 40	31·1	31 02	17 04	30·8	30 10	16 28	30·5	29 19	15 53	30·2	28 27	15 19	29·9	27 35	14 45	29·6	244	296
65	115	32 11	17 04	30·0	31 19	16 29	29·7	30 27	15 55	29·4	29 35	15 21	29·1	28 42	14 48	28·8	27 50	14 15	28·5	245	295
66	114	32 29	16 28	28·8	31 36	15 54	28·5	30 43	15 20	28·2	29 50	14 48	28·0	28 57	14 16	27·7	28 04	13 44	27·4	246	294
67	113	32 45	15 51	27·7	31 52	15 18	27·4	30 59	14 46	27·1	30 05	14 14	26·8	29 12	13 43	26·6	28 18	13 13	26·3	247	293
68	112	33 01	15 14	26·5	32 08	14 42	26·3	31 14	14 11	26·0	30 20	13 40	25·7	29 26	13 10	25·5	28 31	12 41	25·2	248	292
69	111	33 17	14 36	25·4	32 23	14 05	25·1	31 28	13 35	24·8	30 34	13 06	24·6	29 39	12 37	24·4	28 44	12 09	24·1	249	291
70	110	33 32	13 57	24·2	32 37	13 28	24·0	31 42	12 59	23·7	30 47	12 31	23·5	29 52	12 04	23·2	28 57	11 37	23·0	250	290
71	109	33 46	13 18	23·1	32 51	12 51	22·8	31 55	12 23	22·6	31 00	11 56	22·3	30 04	11 30	22·1	29 09	11 04	21·9	251	289
72	108	33 59	12 39	21·9	33 04	12 13	21·6	32 08	11 46	21·4	31 12	11 21	21·2	30 16	10 56	21·0	29 20	10 31	20·8	252	288
73	107	34 12	12 00	20·7	33 16	11 34	20·5	32 20	11 09	20·2	31 23	10 45	20·0	30 27	10 21	19·8	29 30	9 58	19·6	253	287
74	106	34 24	11 19	19·5	33 28	10 55	19·3	32 31	10 32	19·1	31 34	10 09	18·9	30 37	9 46	18·7	29 41	9 24	18·5	254	286
75	105	34 36	10 39	18·3	33 39	10 16	18·1	32 42	9 54	17·9	31 44	9 32	17·7	30 47	9 11	17·5	29 50	8 50	17·4	255	285
76	104	34 46	9 58	17·1	33 49	9 37	16·9	32 52	9 16	16·7	31 54	8 56	16·6	30 57	8 36	16·4	29 59	8 16	16·2	256	284
77	103	34 56	9 17	15·9	33 59	8 57	15·7	33 01	8 38	15·6	32 03	8 19	15·4	31 05	8 00	15·2	30 07	7 42	15·1	257	283
78	102	35 06	8 35	14·7	34 08	8 17	14·5	33 10	7 59	14·4	32 11	7 41	14·2	31 13	7 24	14·1	30 15	7 07	13·9	258	282
79	101	35 14	7 54	13·5	34 16	7 37	13·3	33 18	7 20	13·2	32 19	7 04	13·0	31 21	6 48	12·9	30 22	6 32	12·8	259	281
80	100	35 22	7 11	12·3	34 24	6 56	12·1	33 25	6 41	12·0	32 26	6 26	11·9	31 27	6 12	11·7	30 29	5 57	11·6	260	280
81	99	35 29	6 29	11·1	34 30	6 15	10·9	33 32	6 01	10·8	32 33	5 48	10·7	31 34	5 35	10·6	30 35	5 22	10·5	261	279
82	98	35 36	5 46	9·9	34 37	5 34	9·7	33 37	5 22	9·6	32 38	5 10	9·5	31 39	4 58	9·4	30 40	4 47	9·3	262	278
83	97	35 41	5 04	8·6	34 42	4 53	8·5	33 43	4 42	8·4	32 43	4 32	8·3	31 44	4 21	8·2	30 45	4 11	8·2	263	277
84	96	35 46	4 21	7·4	34 47	4 11	7·3	33 47	4 02	7·2	32 48	3 53	7·1	31 48	3 44	7·1	30 49	3 36	7·0	264	276
85	95	35 51	3 37	6·2	34 51	3 30	6·1	33 51	3 22	6·0	32 52	3 14	6·0	31 52	3 07	5·9	30 52	3 00	5·8	265	275
86	94	35 54	2 54	4·9	34 54	2 48	4·9	33 54	2 42	4·8	32 55	2 36	4·8	31 55	2 30	4·7	30 55	2 24	4·7	266	274
87	93	35 57	2 11	3·7	34 57	2 06	3·7	33 57	2 01	3·6	32 57	1 57	3·6	31 57	1 52	3·5	30 57	1 48	3·5	267	273
88	92	35 58	1 27	2·5	34 59	1 24	2·4	33 59	1 21	2·4	32 59	1 18	2·4	31 59	1 15	2·4	30 59	1 12	2·3	268	272
89	91	36 00	0 44	1·2	35 00	0 42	1·2	34 00	0 40	1·2	33 00	0 39	1·2	32 00	0 37	1·2	31 00	0 36	1·2	269	271
90	90	36 00	0 00	0·0	35 00	0 00	0·0	34 00	0 00	0·0	33 00	0 00	0·0	32 00	0 00	0·0	31 00	0 00	0·0	270	270

N. Lat: for LHA > 180° … $Z_n = Z$
for LHA < 180° … $Z_n = 360° - Z$

S. Lat.: for LHA > 180° … $Z_n = 180° - Z$
for LHA < 180° … $Z_n = 180° + Z$

SIGHT REDUCTION TABLE

B: (−) for 90° < LHA < 270°
Dec:(−) for Lat. contrary name

Z_1: same sign as B
Z_2: (−) for F > 90°

Lat. / A		60°			61°			62°			63°			64°			65°			Lat. / A	
LHA/F		A/H	B/P	Z_1/Z_2	A/H	B/P	Z_1/Z_2	A/H	B/P	Z_1/Z_2	A/H	B/P	Z_1/Z_2	A/H	B/P	Z_1/Z_2	A/H	B/P	Z_1/Z_2	LHA	
°	°	° ′	° ′	°	° ′	° ′	°	° ′	° ′	°	° ′	° ′	°	° ′	° ′	°	° ′	° ′	°	°	°
0	180	0 00	30 00	90·0	0 00	29 00	90·0	0 00	28 00	90·0	0 00	27 00	90·0	0 00	26 00	90·0	0 00	25 00	90·0	180	360
1	179	0 30	30 00	89·1	0 29	29 00	89·1	0 28	28 00	89·1	0 27	27 00	89·1	0 26	26 00	89·1	0 25	25 00	89·1	181	359
2	178	1 00	29 59	88·3	0 58	28 59	88·3	0 56	27 59	88·2	0 54	26 59	88·2	0 53	25 59	88·2	0 51	24 59	88·2	182	358
3	177	1 30	29 58	87·4	1 27	28 58	87·4	1 24	27 58	87·4	1 22	26 58	87·3	1 19	25 58	87·3	1 16	24 58	87·3	183	357
4	176	2 00	29 56	86·5	1 56	28 56	86·5	1 53	27 57	86·5	1 49	26 57	86·4	1 45	25 57	86·4	1 41	24 57	86·4	184	356
5	175	2 30	29 54	85·7	2 25	28 54	85·6	2 21	27 55	85·6	2 16	26 55	85·5	2 11	25 55	85·5	2 07	24 55	85·5	185	355
6	174	3 00	29 52	84·8	2 54	28 52	84·7	2 49	27 52	84·7	2 43	26 52	84·6	2 38	25 53	84·6	2 32	24 53	84·6	186	354
7	173	3 30	29 49	83·9	3 23	28 49	83·9	3 17	27 49	83·8	3 10	26 50	83·8	3 04	25 50	83·7	2 57	24 50	83·7	187	353
8	172	3 59	29 45	83·1	3 52	28 46	83·0	3 45	27 46	82·9	3 37	26 46	82·9	3 30	25 47	82·8	3 22	24 47	82·7	188	352
9	171	4 29	29 42	82·2	4 21	28 42	82·1	4 13	27 42	82·0	4 04	26 43	82·0	3 56	25 43	81·9	3 47	24 44	81·8	189	351
10	170	4 59	29 37	81·3	4 50	28 38	81·2	4 41	27 38	81·2	4 31	26 39	81·1	4 22	25 39	81·0	4 13	24 40	80·9	190	350
11	169	5 28	29 33	80·4	5 18	28 33	80·4	5 08	27 34	80·3	4 58	26 34	80·2	4 48	25 35	80·1	4 38	24 36	80·0	191	349
12	168	5 58	29 27	79·6	5 47	28 28	79·5	5 36	27 29	79·4	5 25	26 29	79·3	5 14	25 30	79·2	5 02	24 31	79·1	192	348
13	167	6 27	29 22	78·7	6 16	28 22	78·6	6 04	27 23	78·5	5 52	26 24	78·4	5 40	25 25	78·3	5 27	24 26	78·2	193	347
14	166	6 57	29 15	77·8	6 44	28 16	77·7	6 31	27 17	77·6	6 18	26 18	77·5	6 05	25 20	77·4	5 52	24 21	77·3	194	346
15	165	7 26	29 09	76·9	7 13	28 10	76·8	6 59	27 11	76·7	6 45	26 12	76·6	6 31	25 14	76·5	6 17	24 15	76·4	195	345
16	164	7 55	29 02	76·1	7 41	28 03	75·9	7 26	27 04	75·8	7 11	26 06	75·7	6 56	25 07	75·5	6 41	24 09	75·4	196	344
17	163	8 24	28 54	75·2	8 09	27 56	75·0	7 53	26 57	74·9	7 38	25 59	74·8	7 22	25 00	74·6	7 06	24 02	74·5	197	343
18	162	8 53	28 46	74·3	8 37	27 48	74·1	8 20	26 50	74·0	8 04	25 51	73·9	7 47	24 53	73·7	7 30	23 55	73·6	198	342
19	161	9 22	28 38	73·4	9 05	27 40	73·2	8 48	26 41	73·1	8 30	25 43	72·9	8 12	24 45	72·8	7 55	23 48	72·7	199	341
20	160	9 51	28 29	72·5	9 33	27 31	72·3	9 14	26 33	72·2	8 56	25 35	72·0	8 37	24 37	71·9	8 19	23 40	71·7	200	340
21	159	10 19	28 19	71·6	10 00	27 22	71·4	9 41	26 24	71·3	9 22	25 26	71·1	9 02	24 29	71·0	8 43	23 32	70·8	201	339
22	158	10 48	28 10	70·7	10 28	27 12	70·5	10 08	26 15	70·4	9 48	25 17	70·2	9 27	24 20	70·0	9 07	23 23	69·9	202	338
23	157	11 16	27 59	69·8	10 55	27 02	69·6	10 34	26 05	69·5	10 13	25 08	69·3	9 52	24 11	69·1	9 30	23 14	69·0	203	337
24	156	11 44	27 49	68·9	11 22	26 51	68·7	11 00	25 54	68·5	10 38	24 58	68·4	10 16	24 01	68·2	9 54	23 04	68·0	204	336
25	155	12 12	27 37	68·0	11 49	26 40	67·8	11 27	25 44	67·6	11 04	24 47	67·4	10 41	23 51	67·3	10 17	22 55	67·1	205	335
26	154	12 40	27 26	67·1	12 16	26 29	66·9	11 53	25 33	66·7	11 29	24 36	66·5	11 05	23 40	66·3	10 41	22 44	66·2	206	334
27	153	13 07	27 13	66·2	12 43	26 17	66·0	12 18	25 21	65·8	11 54	24 25	65·6	11 29	23 29	65·4	11 04	22 34	65·2	207	333
28	152	13 35	27 01	65·3	13 09	26 05	65·1	12 44	25 09	64·9	12 18	24 13	64·7	11 53	23 18	64·5	11 27	22 23	64·3	208	332
29	151	14 02	26 48	64·4	13 36	25 52	64·1	13 09	24 56	63·9	12 43	24 01	63·7	12 16	23 06	63·5	11 49	22 11	63·3	209	331
30	150	14 29	26 34	63·4	14 02	25 39	63·2	13 35	24 43	63·0	13 07	23 49	62·8	12 40	22 54	62·6	12 12	21 59	62·4	210	330
31	149	14 55	26 20	62·5	14 28	25 25	62·3	14 00	24 30	62·1	13 31	23 36	61·8	13 03	22 41	61·6	12 34	21 47	61·4	211	329
32	148	15 22	26 05	61·6	14 53	25 11	61·3	14 24	24 16	61·1	13 55	23 22	60·9	13 26	22 28	60·7	12 56	21 35	60·5	212	328
33	147	15 48	25 50	60·6	15 19	24 56	60·4	14 49	24 02	60·2	14 19	23 08	59·9	13 49	22 15	59·7	13 18	21 22	59·5	213	327
34	146	16 14	25 35	59·7	15 44	24 41	59·5	15 13	23 47	59·2	14 42	22 54	59·0	14 11	22 01	58·8	13 40	21 08	58·6	214	326
35	145	16 40	25 19	58·8	16 09	24 25	58·5	15 37	23 32	58·3	15 06	22 39	58·0	14 34	21 47	57·8	14 02	20 54	57·6	215	325
36	144	17 05	25 02	57·8	16 33	24 09	57·6	16 01	23 17	57·3	15 29	22 24	57·1	14 56	21 32	56·9	14 23	20 40	56·6	216	324
37	143	17 31	24 45	56·9	16 58	23 53	56·6	16 25	23 00	56·4	15 51	22 09	56·1	15 18	21 17	55·9	14 44	20 26	55·7	217	323
38	142	17 56	24 28	55·9	17 22	23 36	55·7	16 48	22 44	55·4	16 14	21 53	55·2	15 39	21 01	54·9	15 05	20 11	54·7	218	322
39	141	18 20	24 10	55·0	17 46	23 18	54·7	17 11	22 27	54·4	16 36	21 36	54·2	16 01	20 46	54·0	15 25	19 55	53·7	219	321
40	140	18 45	23 52	54·0	18 09	23 00	53·7	17 34	22 10	53·5	16 58	21 19	53·2	16 22	20 29	53·0	15 46	19 39	52·7	220	320
41	139	19 09	23 33	53·0	18 33	22 42	52·8	17 56	21 52	52·5	17 20	21 02	52·2	16 43	20 13	52·0	16 06	19 23	51·8	221	319
42	138	19 33	23 13	52·1	18 56	22 23	51·8	18 19	21 34	51·5	17 41	20 44	51·3	17 03	19 55	51·0	16 26	19 07	50·8	222	318
43	137	19 56	22 54	51·1	19 18	22 04	50·8	18 40	21 15	50·5	18 02	20 26	50·3	17 24	19 38	50·0	16 45	18 50	49·8	223	317
44	136	20 19	22 33	50·1	19 41	21 44	49·8	19 02	20 56	49·5	18 23	20 08	49·3	17 44	19 20	49·0	17 04	18 33	48·8	224	316
45	135	20 42	22 12	49·1	20 03	21 24	48·8	19 23	20 36	48·6	18 43	19 49	48·3	18 03	19 02	48·1	17 23	18 15	47·8	225	315

Lat. / A		60°			61°			62°			63°			64°			65°			Lat. / A	
LHA/F		A/H	B/P	Z_1/Z_2	A/H	B/P	Z_1/Z_2	A/H	B/P	Z_1/Z_2	A/H	B/P	Z_1/Z_2	A/H	B/P	Z_1/Z_2	A/H	B/P	Z_1/Z_2	LHA	
°	°	° ′	° ′	°	° ′	° ′	°	° ′	° ′	°	° ′	° ′	°	° ′	° ′	°	° ′	° ′	°	°	°
45	135	20 42	22 12	49·1	20 03	21 24	48·8	19 23	20 36	48·6	18 43	19 49	48·3	18 03	19 02	48·1	17 23	18 15	47·8	225	315
46	134	21 05	21 51	48·1	20 25	21 04	47·8	19 44	20 16	47·6	19 04	19 29	47·3	18 23	18 43	47·1	17 42	17 57	46·8	226	314
47	133	21 27	21 30	47·1	20 46	20 43	46·8	20 05	19 56	46·6	19 24	19 10	46·3	18 42	18 24	46·1	18 00	17 39	45·8	227	313
48	132	21 49	21 07	46·1	21 07	20 21	45·8	20 25	19 35	45·6	19 43	18 50	45·3	19 01	18 04	45·1	18 18	17 20	44·8	228	312
49	131	22 10	20 45	45·1	21 28	19 59	44·8	20 45	19 14	44·6	20 02	18 29	44·3	19 19	17 45	44·0	18 36	17 01	43·8	229	311
50	130	22 31	20 22	44·1	21 48	19 37	43·8	21 05	18 52	43·5	20 21	18 08	43·3	19 37	17 24	43·0	18 53	16 41	42·8	230	310
51	129	22 52	19 58	43·1	22 08	19 14	42·8	21 24	18 30	42·5	20 40	17 47	42·3	19 55	17 04	42·0	19 10	16 21	41·8	231	309
52	128	23 12	19 34	42·1	22 28	18 51	41·8	21 43	18 08	41·5	20 58	17 25	41·2	20 13	16 43	41·0	19 27	16 01	40·8	232	308
53	127	23 32	19 10	41·0	22 47	18 27	40·7	22 01	17 45	40·5	21 15	17 03	40·2	20 30	16 21	40·0	19 44	15 41	39·7	233	307
54	126	23 52	18 45	40·0	23 06	18 03	39·7	22 19	17 21	39·4	21 33	16 40	39·2	20 46	16 00	39·0	20 00	15 20	38·7	234	306
55	125	24 11	18 19	39·0	23 24	17 38	38·7	22 37	16 58	38·4	21 50	16 17	38·2	21 03	15 38	37·9	20 15	14 58	37·7	235	305
56	124	24 29	17 54	37·9	23 42	17 13	37·6	22 54	16 34	37·4	22 07	15 54	37·1	21 19	15 15	36·9	20 31	14 37	36·7	236	304
57	123	24 48	17 27	36·9	23 59	16 48	36·6	23 11	16 09	36·3	22 23	15 31	36·1	21 34	14 53	35·8	20 46	14 15	35·6	237	303
58	122	25 05	17 01	35·8	24 17	16 22	35·5	23 28	15 44	35·3	22 39	15 07	35·0	21 49	14 29	34·8	21 00	13 53	34·6	238	302
59	121	25 23	16 34	34·8	24 33	15 56	34·5	23 44	15 19	34·2	22 54	14 42	34·0	22 04	14 06	33·8	21 14	13 30	33·5	239	301
60	120	25 40	16 06	33·7	24 50	15 29	33·4	23 59	14 53	33·2	23 09	14 18	32·9	22 19	13 42	32·7	21 28	13 07	32·5	240	300
61	119	25 56	15 38	32·6	25 05	15 03	32·4	24 15	14 27	32·1	23 24	13 53	31·9	22 33	13 18	31·7	21 42	12 44	31·5	241	299
62	118	26 12	15 10	31·5	25 21	14 35	31·3	24 29	14 01	31·1	23 38	13 27	30·8	22 46	12 54	30·6	21 55	12 21	30·4	242	298
63	117	26 27	14 41	30·5	25 36	14 08	30·2	24 44	13 34	30·0	23 52	13 01	29·8	22 59	12 29	29·5	22 07	11 57	29·3	243	297
64	116	26 42	14 12	29·4	25 50	13 39	29·1	24 57	13 07	28·9	24 05	12 35	28·7	23 12	12 04	28·5	22 19	11 33	28·3	244	296
65	115	26 57	13 43	28·3	26 04	13 11	28·1	25 11	12 40	27·8	24 18	12 09	27·6	23 25	11 39	27·4	22 31	11 09	27·2	245	295
66	114	27 11	13 13	27·2	26 17	12 42	27·0	25 24	12 12	26·8	24 30	11 43	26·6	23 36	11 13	26·4	22 43	10 44	26·2	246	294
67	113	27 24	12 43	26·1	26 30	12 13	25·9	25 36	11 44	25·7	24 42	11 16	25·5	23 48	10 47	25·3	22 54	10 20	25·1	247	293
68	112	27 37	12 12	25·0	26 43	11 44	24·8	25 48	11 16	24·6	24 54	10 48	24·4	23 59	10 21	24·2	23 04	9 55	24·0	248	292
69	111	27 50	11 41	23·9	26 55	11 14	23·7	26 00	10 47	23·5	25 05	10 21	23·3	24 09	9 55	23·1	23 14	9 29	23·0	249	291
70	110	28 01	11 10	22·8	27 06	10 44	22·6	26 11	10 18	22·4	25 15	9 53	22·2	24 20	9 28	22·0	23 24	9 04	21·9	250	290
71	109	28 13	10 39	21·7	27 17	10 14	21·5	26 21	9 49	21·3	25 25	9 25	21·1	24 29	9 01	21·0	23 33	8 38	20·8	251	289
72	108	28 24	10 07	20·6	27 27	9 43	20·4	26 31	9 20	20·2	25 35	8 57	20·0	24 38	8 34	19·9	23 42	8 12	19·7	252	288
73	107	28 34	9 35	19·4	27 37	9 12	19·3	26 41	8 50	19·1	25 44	8 28	18·9	24 47	8 07	18·8	23 50	7 46	18·6	253	287
74	106	28 44	9 03	18·3	27 47	8 41	18·2	26 50	8 20	18·0	25 52	8 00	17·8	24 55	7 39	17·7	23 58	7 19	17·6	254	286
75	105	28 53	8 30	17·2	27 55	8 10	17·0	26 58	7 50	16·9	26 01	7 31	16·7	25 03	7 12	16·6	24 06	6 53	16·5	255	285
76	104	29 01	7 57	16·1	28 04	7 38	15·9	27 06	7 20	15·8	26 08	7 02	15·6	25 10	6 44	15·5	24 13	6 26	15·4	256	284
77	103	29 09	7 24	14·9	28 11	7 06	14·8	27 13	6 49	14·7	26 15	6 32	14·5	25 17	6 16	14·4	24 19	5 59	14·3	257	283
78	102	29 17	6 51	13·8	28 18	6 34	13·7	27 20	6 19	13·5	26 22	6 03	13·4	25 23	5 47	13·3	24 25	5 32	13·2	258	282
79	101	29 24	6 17	12·7	28 25	6 02	12·5	27 27	5 48	12·4	26 28	5 33	12·3	25 29	5 19	12·2	24 31	5 05	12·1	259	281
80	100	29 30	5 44	11·5	28 31	5 30	11·4	27 32	5 17	11·3	26 33	5 03	11·2	25 35	4 50	11·1	24 36	4 38	11·0	260	280
81	99	29 36	5 10	10·4	28 37	4 57	10·3	27 38	4 45	10·2	26 38	4 33	10·1	25 39	4 22	10·0	24 40	4 10	9·9	261	279
82	98	29 41	4 36	9·2	28 41	4 25	9·1	27 42	4 14	9·0	26 43	4 03	9·0	25 44	3 53	8·9	24 44	3 43	8·8	262	278
83	97	29 45	4 01	8·1	28 46	3 52	8·0	27 46	3 42	7·9	26 47	3 33	7·8	25 48	3 24	7·8	24 48	3 15	7·7	263	277
84	96	29 49	3 27	6·9	28 50	3 19	6·9	27 50	3 11	6·8	26 50	3 03	6·7	25 51	2 55	6·7	24 51	2 47	6·6	264	276
85	95	29 52	2 53	5·8	28 53	2 46	5·7	27 53	2 39	5·7	26 53	2 33	5·6	25 54	2 26	5·6	24 54	2 20	5·5	265	275
86	94	29 55	2 18	4·6	28 55	2 13	4·6	27 56	2 07	4·5	26 56	2 02	4·5	25 56	1 57	4·4	24 56	1 52	4·4	266	274
87	93	29 57	1 44	3·5	28 57	1 40	3·4	27 57	1 36	3·4	26 58	1 32	3·4	25 58	1 28	3·3	24 58	1 24	3·3	267	273
88	92	29 59	1 09	2·3	28 59	1 06	2·3	27 59	1 04	2·3	26 59	1 01	2·2	25 59	0 59	2·2	24 59	0 56	2·2	268	272
89	91	30 00	0 35	1·2	29 00	0 33	1·1	28 00	0 32	1·1	27 00	0 31	1·1	26 00	0 29	1·1	25 00	0 28	1·1	269	271
90	90	30 00	0 00	0·0	29 00	0 00	0·0	28 00	0 00	0·0	27 00	0 00	0·0	26 00	0 00	0·0	25 00	0 00	0·0	270	270

N. Lat: for LHA > 180° … $Z_n = Z$
for LHA < 180° … $Z_n = 360° - Z$

S. Lat.: for LHA > 180° … $Z_n = 180° - Z$
for LHA < 180° … $Z_n = 180° + Z$

SIGHT REDUCTION TABLE

B: (−) for 90° < LHA < 270°
Dec:(−) for Lat. contrary name

Z_1: same sign as B
Z_2: (−) for F > 90°

Lat. / A		66°			67°			68°			69°			70°			71°			Lat. / A	
LHA/F		A/H	B/P	Z_1/Z_2	A/H	B/P	Z_1/Z_2	A/H	B/P	Z_1/Z_2	A/H	B/P	Z_1/Z_2	A/H	B/P	Z_1/Z_2	A/H	B/P	Z_1/Z_2	LHA	
°	°	° ′	° ′	°	° ′	° ′	°	° ′	° ′	°	° ′	° ′	°	° ′	° ′	°	° ′	° ′	°	°	°
0	180	0 00	24 00	90·0	0 00	23 00	90·0	0 00	22 00	90·0	0 00	21 00	90·0	0 00	20 00	90·0	0 00	19 00	90·0	180	360
1	179	0 24	24 00	89·1	0 23	23 00	89·1	0 22	22 00	89·1	0 22	21 00	89·1	0 21	20 00	89·1	0 20	19 00	89·1	181	359
2	178	0 49	23 59	88·2	0 47	22 59	88·2	0 45	21 59	88·1	0 43	20 59	88·1	0 41	19 59	88·1	0 39	18 59	88·1	182	358
3	177	1 13	23 58	87·3	1 10	22 58	87·2	1 07	21 58	87·2	1 04	20 58	87·2	1 02	19 58	87·2	0 59	18 59	87·2	183	357
4	176	1 38	23 57	86·3	1 34	22 57	86·3	1 30	21 57	86·3	1 26	20 57	86·3	1 22	19 57	86·2	1 18	18 57	86·2	184	356
5	175	2 02	23 55	85·4	1 57	22 55	85·4	1 52	21 55	85·4	1 47	20 56	85·3	1 42	19 56	85·3	1 38	18 56	85·3	185	355
6	174	2 26	23 53	84·5	2 20	22 53	84·5	2 15	21 53	84·4	2 09	20 54	84·4	2 03	19 54	84·4	1 57	18 54	84·3	186	354
7	173	2 50	23 50	83·6	2 44	22 51	83·6	2 37	21 51	83·5	2 30	20 51	83·5	2 23	19 52	83·4	2 16	18 52	83·4	187	353
8	172	3 15	23 48	82·7	3 07	22 48	82·6	2 59	21 48	82·6	2 52	20 49	82·5	2 44	19 49	82·5	2 36	18 50	82·4	188	352
9	171	3 39	23 44	81·8	3 30	22 45	81·7	3 22	21 45	81·6	3 13	20 46	81·6	3 04	19 46	81·5	2 55	18 47	81·5	189	351
10	170	4 03	23 41	80·8	3 53	22 41	80·8	3 44	21 42	80·7	3 34	20 42	80·7	3 24	19 43	80·6	3 14	18 44	80·5	190	350
11	169	4 27	23 36	79·9	4 17	22 37	79·9	4 06	21 38	79·8	3 55	20 39	79·7	3 45	19 40	79·6	3 34	18 41	79·6	191	349
12	168	4 51	23 32	79·0	4 40	22 33	78·9	4 28	21 34	78·9	4 16	20 35	78·8	4 05	19 36	78·7	3 53	18 37	78·6	192	348
13	167	5 15	23 27	78·1	5 03	22 28	78·0	4 50	21 29	77·9	4 37	20 30	77·8	4 25	19 32	77·8	4 12	18 33	77·7	193	347
14	166	5 39	23 22	77·2	5 25	22 23	77·1	5 12	21 24	77·0	4 58	20 26	76·9	4 45	19 27	76·8	4 31	18 28	76·7	194	346
15	165	6 03	23 16	76·2	5 48	22 18	76·1	5 34	21 19	76·0	5 19	20 21	76·0	5 05	19 22	75·9	4 50	18 24	75·8	195	345
16	164	6 26	23 10	75·3	6 11	22 12	75·2	5 56	21 13	75·1	5 40	20 15	75·0	5 25	19 17	74·9	5 09	18 19	74·8	196	344
17	163	6 50	23 04	74·4	6 34	22 06	74·3	6 17	21 08	74·2	6 01	20 09	74·1	5 44	19 11	74·0	5 28	18 14	73·9	197	343
18	162	7 13	22 57	73·5	6 56	21 59	73·3	6 39	21 01	73·2	6 21	20 03	73·1	6 04	19 06	73·0	5 46	18 08	72·9	198	342
19	161	7 37	22 50	72·5	7 19	21 52	72·4	7 00	20 54	72·3	6 42	19 57	72·2	6 24	18 59	72·1	6 05	18 02	72·0	199	341
20	160	8 00	22 42	71·6	7 41	21 45	71·5	7 22	20 47	71·4	7 02	19 50	71·2	6 43	18 53	71·1	6 24	17 56	71·0	200	340
21	159	8 23	22 34	70·7	8 03	21 37	70·5	7 43	20 40	70·4	7 23	19 43	70·3	7 02	18 46	70·2	6 42	17 49	70·1	201	339
22	158	8 46	22 26	69·7	8 25	21 29	69·6	8 04	20 32	69·5	7 43	19 35	69·3	7 22	18 39	69·2	7 00	17 42	69·1	202	338
23	157	9 09	22 17	68·8	8 47	21 21	68·7	8 25	20 24	68·5	8 03	19 28	68·4	7 41	18 31	68·3	7 19	17 35	68·1	203	337
24	156	9 31	22 08	67·9	9 09	21 12	67·7	8 46	20 16	67·6	8 23	19 19	67·4	8 00	18 24	67·3	7 37	17 28	67·2	204	336
25	155	9 54	21 58	66·9	9 30	21 03	66·8	9 07	20 07	66·6	8 43	19 11	66·5	8 19	18 15	66·3	7 55	17 20	66·2	205	335
26	154	10 16	21 49	66·0	9 52	20 53	65·8	9 27	19 57	65·7	9 02	19 02	65·5	8 37	18 07	65·4	8 12	17 12	65·2	206	334
27	153	10 38	21 38	65·0	10 13	20 43	64·9	9 48	19 48	64·7	9 22	18 53	64·6	8 56	17 58	64·4	8 30	17 03	64·3	207	333
28	152	11 00	21 28	64·1	10 34	20 33	63·9	10 08	19 38	63·8	9 41	18 43	63·6	9 14	17 49	63·5	8 48	16 55	63·3	208	332
29	151	11 22	21 17	63·1	10 55	20 22	63·0	10 28	19 28	62·8	10 00	18 34	62·6	9 33	17 39	62·5	9 05	16 46	62·3	209	331
30	150	11 44	21 05	62·2	11 16	20 11	62·0	10 48	19 17	61·8	10 19	18 23	61·7	9 51	17 30	61·5	9 22	16 36	61·4	210	330
31	149	12 06	20 53	61·2	11 37	20 00	61·1	11 07	19 06	60·9	10 38	18 13	60·7	10 09	17 20	60·5	9 39	16 27	60·4	211	329
32	148	12 27	20 41	60·3	11 57	19 48	60·1	11 27	18 55	59·9	10 57	18 02	59·7	10 27	17 09	59·6	9 56	16 17	59·4	212	328
33	147	12 48	20 29	59·3	12 17	19 36	59·1	11 46	18 43	58·9	11 15	17 51	58·8	10 44	16 58	58·6	10 13	16 06	58·4	213	327
34	146	13 09	20 16	58·4	12 37	19 23	58·2	12 06	18 31	58·0	11 34	17 39	57·8	11 02	16 47	57·6	10 29	15 56	57·5	214	326
35	145	13 29	20 02	57·4	12 57	19 10	57·2	12 24	18 19	57·0	11 52	17 27	56·8	11 19	16 36	56·7	10 46	15 45	56·5	215	325
36	144	13 50	19 49	56·4	13 17	18 57	56·2	12 43	18 06	56·0	12 10	17 15	55·9	11 36	16 24	55·7	11 02	15 34	55·5	216	324
37	143	14 10	19 34	55·5	13 36	18 44	55·3	13 02	17 53	55·1	12 27	17 03	54·9	11 53	16 12	54·7	11 18	15 23	54·5	217	323
38	142	14 30	19 20	54·5	13 55	18 30	54·3	13 20	17 40	54·1	12 45	16 50	53·9	12 09	16 00	53·7	11 34	15 11	53·5	218	322
39	141	14 50	19 05	53·5	14 14	18 15	53·3	13 38	17 26	53·1	13 02	16 37	52·9	12 26	15 48	52·7	11 49	14 59	52·6	219	321
40	140	15 09	18 50	52·5	14 33	18 01	52·3	13 56	17 12	52·1	13 19	16 23	51·9	12 42	15 35	51·7	12 05	14 47	51·6	220	320
41	139	15 29	18 34	51·5	14 51	17 46	51·3	14 14	16 57	51·1	13 36	16 09	50·9	12 58	15 22	50·8	12 20	14 34	50·6	221	319
42	138	15 48	18 18	50·6	15 09	17 30	50·3	14 31	16 43	50·1	13 52	15 55	49·9	13 14	15 08	49·8	12 35	14 21	49·6	222	318
43	137	16 06	18 02	49·6	15 27	17 15	49·4	14 48	16 28	49·2	14 09	15 41	49·0	13 29	14 54	48·8	12 50	14 08	48·6	223	317
44	136	16 25	17 46	48·6	15 45	16 59	48·4	15 05	16 12	48·2	14 25	15 26	48·0	13 45	14 40	47·8	13 04	13 55	47·6	224	316
45	135	16 43	17 29	47·6	16 02	16 42	47·4	15 22	15 57	47·2	14 41	15 11	47·0	14 00	14 26	46·8	13 19	13 41	46·6	225	315

Lat. / A		66°			67°			68°			69°			70°			71°			Lat. / A	
LHA/F		A/H	B/P	Z_1/Z_2	A/H	B/P	Z_1/Z_2	A/H	B/P	Z_1/Z_2	A/H	B/P	Z_1/Z_2	A/H	B/P	Z_1/Z_2	A/H	B/P	Z_1/Z_2	LHA	
°	°	° ′	° ′	°	° ′	° ′	°	° ′	° ′	°	° ′	° ′	°	° ′	° ′	°	° ′	° ′	°	°	°
45	135	16 43	17 29	47·6	16 02	16 42	47·4	15 22	15 57	47·2	14 41	15 11	47·0	14 00	14 26	46·8	13 19	13 41	46·6	225	315
46	134	17 01	17 11	46·6	16 19	16 26	46·4	15 38	15 41	46·2	14 56	14 56	46·0	14 15	14 11	45·8	13 33	13 27	45·6	226	314
47	133	17 18	16 53	45·6	16 36	16 09	45·4	15 54	15 24	45·2	15 12	14 40	45·0	14 29	13 56	44·8	13 46	13 13	44·6	227	313
48	132	17 36	16 35	44·6	16 53	15 51	44·4	16 10	15 08	44·2	15 27	14 24	44·0	14 43	13 41	43·8	14 00	12 58	43·6	228	312
49	131	17 53	16 17	43·6	17 09	15 34	43·4	16 25	14 51	43·2	15 42	14 08	43·0	14 58	13 26	42·8	14 13	12 44	42·6	229	311
50	130	18 09	15 58	42·6	17 25	15 16	42·4	16 41	14 33	42·1	15 56	13 52	41·9	15 11	13 10	41·8	14 27	12 29	41·6	230	310
51	129	18 26	15 39	41·6	17 41	14 57	41·3	16 56	14 16	41·1	16 10	13 35	40·9	15 25	12 54	40·8	14 39	12 14	40·6	231	309
52	128	18 42	15 20	40·5	17 56	14 39	40·3	17 10	13 58	40·1	16 24	13 18	39·9	15 38	12 38	39·7	14 52	11 58	39·6	232	308
53	127	18 57	15 00	39·5	18 11	14 20	39·3	17 24	13 40	39·1	16 38	13 00	38·9	15 51	12 21	38·7	15 04	11 42	38·6	233	307
54	126	19 13	14 40	38·5	18 26	14 01	38·3	17 39	13 22	38·1	16 51	12 43	37·9	16 04	12 05	37·7	15 16	11 26	37·5	234	306
55	125	19 28	14 20	37·5	18 40	13 41	37·3	17 52	13 03	37·1	17 04	12 25	36·9	16 16	11 48	36·7	15 28	11 10	36·5	235	305
56	124	19 42	13 59	36·4	18 54	13 21	36·2	18 06	12 44	36·0	17 17	12 07	35·8	16 28	11 30	35·7	15 40	10 54	35·5	236	304
57	123	19 57	13 38	35·4	19 08	13 01	35·2	18 19	12 25	35·0	17 29	11 49	34·8	16 40	11 13	34·6	15 51	10 37	34·5	237	303
58	122	20 11	13 17	34·4	19 21	12 41	34·2	18 31	12 05	34·0	17 42	11 30	33·8	16 52	10 55	33·6	16 02	10 20	33·5	238	302
59	121	20 24	12 55	33·3	19 34	12 20	33·1	18 44	11 45	32·9	17 53	11 11	32·8	17 03	10 37	32·6	16 12	10 03	32·4	239	301
60	120	20 37	12 33	32·3	19 47	11 59	32·1	18 56	11 25	31·9	18 05	10 52	31·7	17 14	10 19	31·6	16 23	9 46	31·4	240	300
61	119	20 50	12 11	31·2	19 59	11 38	31·1	19 08	11 05	30·9	18 16	10 33	30·7	17 24	10 00	30·5	16 33	9 29	30·4	241	299
62	118	21 03	11 48	30·2	20 11	11 16	30·0	19 19	10 44	29·8	18 27	10 13	29·7	17 35	9 42	29·5	16 42	9 11	29·4	242	298
63	117	21 15	11 26	29·2	20 22	10 54	29·0	19 30	10 24	28·8	18 37	9 53	28·6	17 45	9 23	28·5	16 52	8 53	28·3	243	297
64	116	21 27	11 03	28·1	20 34	10 32	27·9	19 41	10 03	27·7	18 47	9 33	27·6	17 54	9 04	27·4	17 01	8 35	27·3	244	296
65	115	21 38	10 39	27·0	20 44	10 10	26·9	19 51	9 41	26·7	18 57	9 13	26·5	18 03	8 45	26·4	17 10	8 17	26·3	245	295
66	114	21 49	10 16	26·0	20 55	9 48	25·8	20 01	9 20	25·7	19 07	8 52	25·5	18 12	8 25	25·4	17 18	7 58	25·2	246	294
67	113	21 59	9 52	24·9	21 05	9 25	24·8	20 10	8 58	24·6	19 16	8 32	24·5	18 21	8 06	24·3	17 26	7 40	24·2	247	293
68	112	22 09	9 28	23·9	21 14	9 02	23·7	20 19	8 36	23·5	19 24	8 11	23·4	18 29	7 46	23·3	17 34	7 21	23·1	248	292
69	111	22 19	9 04	22·8	21 24	8 39	22·6	20 28	8 14	22·5	19 33	7 50	22·4	18 37	7 26	22·2	17 42	7 02	22·1	249	291
70	110	22 28	8 39	21·7	21 32	8 16	21·6	20 37	7 52	21·4	19 41	7 29	21·3	18 45	7 06	21·2	17 49	6 43	21·1	250	290
71	109	22 37	8 15	20·7	21 41	7 52	20·5	20 45	7 30	20·4	19 48	7 07	20·2	18 52	6 45	20·1	17 56	6 24	20·0	251	289
72	108	22 45	7 50	19·6	21 49	7 28	19·4	20 52	7 07	19·3	19 56	6 46	19·2	18 59	6 25	19·1	18 02	6 04	19·0	252	288
73	107	22 53	7 25	18·5	21 56	7 04	18·4	21 00	6 44	18·2	20 03	6 24	18·1	19 05	6 04	18·0	18 08	5 45	17·9	253	287
74	106	23 01	7 00	17·4	22 04	6 40	17·3	21 06	6 21	17·2	20 09	6 02	17·1	19 12	5 44	17·0	18 14	5 25	16·9	254	286
75	105	23 08	6 34	16·3	22 10	6 16	16·2	21 13	5 58	16·1	20 15	5 40	16·0	19 17	5 23	15·9	18 20	5 06	15·8	255	285
76	104	23 15	6 09	15·3	22 17	5 52	15·2	21 19	5 35	15·1	20 21	5 18	15·0	19 23	5 02	14·9	18 25	4 46	14·8	256	284
77	103	23 21	5 43	14·2	22 23	5 27	14·1	21 24	5 12	14·0	20 26	4 56	13·9	19 28	4 41	13·8	18 30	4 26	13·7	257	283
78	102	23 27	5 17	13·1	22 28	5 03	13·0	21 30	4 48	12·9	20 31	4 34	12·8	19 33	4 20	12·7	18 34	4 06	12·7	258	282
79	101	23 32	4 51	12·0	22 33	4 38	11·9	21 35	4 24	11·8	20 36	4 11	11·8	19 37	3 58	11·7	18 38	3 46	11·6	259	281
80	100	23 37	4 25	10·9	22 38	4 13	10·8	21 39	4 01	10·8	20 40	3 49	10·7	19 41	3 37	10·6	18 42	3 25	10·6	260	280
81	99	23 41	3 59	9·8	22 42	3 48	9·8	21 43	3 37	9·7	20 44	3 26	9·6	19 45	3 16	9·6	18 45	3 05	9·5	261	279
82	98	23 45	3 33	8·7	22 46	3 23	8·7	21 46	3 13	8·6	20 47	3 03	8·6	19 48	2 54	8·5	18 48	2 45	8·5	262	278
83	97	23 49	3 06	7·7	22 49	2 58	7·6	21 50	2 49	7·5	20 50	2 41	7·5	19 51	2 32	7·4	18 51	2 24	7·4	263	277
84	96	23 52	2 40	6·6	22 52	2 32	6·5	21 52	2 25	6·5	20 53	2 18	6·4	19 53	2 11	6·4	18 54	2 04	6·3	264	276
85	95	23 54	2 13	5·5	22 54	2 07	5·4	21 55	2 01	5·4	20 55	1 55	5·4	19 55	1 49	5·3	18 55	1 43	5·3	265	275
86	94	23 56	1 47	4·4	22 56	1 42	4·3	21 57	1 37	4·3	20 57	1 32	4·3	19 57	1 27	4·3	18 57	1 23	4·2	266	274
87	93	23 58	1 20	3·3	22 58	1 16	3·3	21 58	1 13	3·2	20 58	1 09	3·2	19 58	1 05	3·2	18 58	1 02	3·2	267	273
88	92	23 59	0 53	2·2	22 59	0 51	2·2	21 59	0 48	2·2	20 59	0 46	2·1	19 59	0 44	2·1	18 59	0 41	2·1	268	272
89	91	24 00	0 27	1·1	23 00	0 25	1·1	22 00	0 24	1·1	21 00	0 23	1·1	20 00	0 22	1·1	19 00	0 21	1·1	269	271
90	90	24 00	0 00	0·0	23 00	0 00	0·0	22 00	0 00	0·0	21 00	0 00	0·0	20 00	0 00	0·0	19 00	0 00	0·0	270	270

N. Lat: for LHA > 180° … $Z_n = Z$
for LHA < 180° … $Z_n = 360° - Z$

S. Lat.: for LHA > 180° … $Z_n = 180° - Z$
for LHA < 180° … $Z_n = 180° + Z$

SIGHT REDUCTION TABLE

B: (−) for 90° < LHA < 270°
Dec:(−) for Lat. contrary name

Z_1: same sign as B
Z_2: (−) for F > 90°

Lat. / A		72°			73°			74°			75°			76°			77°			Lat. / A	
LHA/F		A/H	B/P	Z_1/Z_2	A/H	B/P	Z_1/Z_2	A/H	B/P	Z_1/Z_2	A/H	B/P	Z_1/Z_2	A/H	B/P	Z_1/Z_2	A/H	B/P	Z_1/Z_2	LHA	
°	°	° ′	° ′	°	° ′	° ′	°	° ′	° ′	°	° ′	° ′	°	° ′	° ′	°	° ′	° ′	°	°	°
0	180	0 00	18 00	90·0	0 00	17 00	90·0	0 00	16 00	90·0	0 00	15 00	90·0	0 00	14 00	90·0	0 00	13 00	90·0	180	360
1	179	0 19	18 00	89·0	0 18	17 00	89·0	0 17	16 00	89·0	0 16	15 00	89·0	0 15	14 00	89·0	0 13	13 00	89·0	181	359
2	178	0 37	17 59	88·1	0 35	16 59	88·1	0 33	15 59	88·1	0 31	14 59	88·1	0 29	14 00	88·1	0 27	13 00	88·1	182	358
3	177	0 56	17 59	87·1	0 53	16 59	87·1	0 50	15 59	87·1	0 47	14 59	87·1	0 44	13 59	87·1	0 40	12 59	87·1	183	357
4	176	1 14	17 58	86·2	1 10	16 58	86·2	1 06	15 58	86·2	1 02	14 58	86·1	0 58	13 58	86·1	0 54	12 58	86·1	184	356
5	175	1 33	17 56	85·2	1 28	16 56	85·2	1 23	15 57	85·2	1 18	14 57	85·2	1 12	13 57	85·1	1 07	12 57	85·1	185	355
6	174	1 51	17 54	84·3	1 45	16 55	84·3	1 39	15 55	84·2	1 33	14 55	84·2	1 27	13 56	84·2	1 21	12 56	84·2	186	354
7	173	2 09	17 52	83·3	2 03	16 53	83·3	1 56	15 53	83·3	1 48	14 54	83·2	1 41	13 54	83·2	1 34	12 54	83·2	187	353
8	172	2 28	17 50	82·4	2 20	16 51	82·3	2 12	15 51	82·3	2 04	14 52	82·3	1 56	13 52	82·2	1 48	12 53	82·2	188	352
9	171	2 46	17 48	81·4	2 37	16 48	81·4	2 28	15 49	81·3	2 19	14 49	81·3	2 10	13 50	81·3	2 01	12 51	81·2	189	351
10	170	3 05	17 45	80·5	2 55	16 45	80·4	2 45	15 46	80·4	2 35	14 47	80·3	2 24	13 48	80·3	2 14	12 49	80·3	190	350
11	169	3 23	17 41	79·5	3 12	16 42	79·5	3 01	15 43	79·4	2 50	14 44	79·4	2 39	13 45	79·3	2 28	12 46	79·3	191	349
12	168	3 41	17 38	78·6	3 29	16 39	78·5	3 17	15 40	78·5	3 05	14 41	78·4	2 53	13 42	78·3	2 41	12 44	78·3	192	348
13	167	3 59	17 34	77·6	3 46	16 35	77·5	3 33	15 37	77·5	3 20	14 38	77·4	3 07	13 39	77·4	2 54	12 41	77·3	193	347
14	166	4 17	17 30	76·7	4 03	16 31	76·6	3 49	15 33	76·5	3 35	14 34	76·5	3 21	13 36	76·4	3 07	12 38	76·3	194	346
15	165	4 35	17 25	75·7	4 20	16 27	75·6	4 05	15 29	75·6	3 50	14 31	75·5	3 35	13 32	75·4	3 20	12 34	75·4	195	345
16	164	4 53	17 21	74·7	4 37	16 23	74·7	4 21	15 25	74·6	4 05	14 27	74·5	3 49	13 29	74·5	3 33	12 31	74·4	196	344
17	163	5 11	17 16	73·8	4 54	16 18	73·7	4 37	15 20	73·6	4 20	14 22	73·5	4 03	13 25	73·5	3 46	12 27	73·4	197	343
18	162	5 29	17 10	72·8	5 11	16 13	72·7	4 53	15 15	72·7	4 35	14 18	72·6	4 17	13 20	72·5	3 59	12 23	72·4	198	342
19	161	5 46	17 05	71·9	5 28	16 07	71·8	5 09	15 10	71·7	4 50	14 13	71·6	4 31	13 16	71·5	4 12	12 19	71·5	199	341
20	160	6 04	16 59	70·9	5 44	16 02	70·8	5 25	15 05	70·7	5 05	14 08	70·6	4 45	13 11	70·5	4 25	12 14	70·5	200	340
21	159	6 21	16 52	69·9	6 01	15 56	69·8	5 40	14 59	69·7	5 19	14 03	69·7	4 58	13 06	69·6	4 37	12 10	69·5	201	339
22	158	6 39	16 46	69·0	6 17	15 50	68·9	5 56	14 53	68·8	5 34	13 57	68·7	5 12	13 01	68·6	4 50	12 05	68·5	202	338
23	157	6 56	16 39	68·0	6 34	15 43	67·9	6 11	14 47	67·8	5 48	13 51	67·7	5 25	12 56	67·6	5 03	12 00	67·5	203	337
24	156	7 13	16 32	67·1	6 50	15 36	66·9	6 26	14 41	66·8	6 03	13 45	66·7	5 39	12 50	66·6	5 15	11 55	66·5	204	336
25	155	7 30	16 25	66·1	7 06	15 29	66·0	6 41	14 34	65·9	6 17	13 39	65·8	5 52	12 44	65·7	5 27	11 49	65·6	205	335
26	154	7 47	16 17	65·1	7 22	15 22	65·0	6 56	14 27	64·9	6 31	13 32	64·8	6 05	12 38	64·7	5 40	11 43	64·6	206	334
27	153	8 04	16 09	64·1	7 38	15 14	64·0	7 11	14 20	63·9	6 45	13 26	63·8	6 18	12 32	63·7	5 52	11 37	63·6	207	333
28	152	8 20	16 00	63·2	7 53	15 06	63·0	7 26	14 12	62·9	6 59	13 19	62·8	6 31	12 25	62·7	6 04	11 31	62·6	208	332
29	151	8 37	15 52	62·2	8 09	14 58	62·1	7 41	14 05	61·9	7 13	13 11	61·8	6 44	12 18	61·7	6 16	11 25	61·6	209	331
30	150	8 53	15 43	61·2	8 24	14 50	61·1	7 55	13 57	61·0	7 26	13 04	60·9	6 57	12 11	60·7	6 27	11 18	60·6	210	330
31	149	9 09	15 34	60·3	8 40	14 41	60·1	8 10	13 49	60·0	7 40	12 56	59·9	7 09	12 04	59·8	6 39	11 12	59·7	211	329
32	148	9 25	15 24	59·3	8 55	14 32	59·1	8 24	13 40	59·0	7 53	12 48	58·9	7 22	11 56	58·8	6 51	11 05	58·7	212	328
33	147	9 41	15 15	58·3	9 10	14 23	58·2	8 38	13 31	58·0	8 06	12 40	57·9	7 34	11 49	57·8	7 02	10 57	57·7	213	327
34	146	9 57	15 05	57·3	9 25	14 13	57·2	8 52	13 22	57·0	8 19	12 31	56·9	7 46	11 41	56·8	7 14	10 50	56·7	214	326
35	145	10 13	14 54	56·3	9 39	14 04	56·2	9 06	13 13	56·1	8 32	12 23	55·9	7 59	11 33	55·8	7 25	10 43	55·7	215	325
36	144	10 28	14 44	55·4	9 54	13 54	55·2	9 19	13 04	55·1	8 45	12 14	54·9	8 11	11 24	54·8	7 36	10 35	54·7	216	324
37	143	10 43	14 33	54·4	10 08	13 43	54·2	9 33	12 54	54·1	8 58	12 05	53·9	8 22	11 16	53·8	7 47	10 27	53·7	217	323
38	142	10 58	14 22	53·4	10 22	13 33	53·2	9 46	12 44	53·1	9 10	11 55	53·0	8 34	11 07	52·8	7 58	10 19	52·7	218	322
39	141	11 13	14 10	52·4	10 36	13 22	52·2	9 59	12 34	52·1	9 22	11 46	52·0	8 45	10 58	51·8	8 08	10 10	51·7	219	321
40	140	11 27	13 59	51·4	10 50	13 11	51·3	10 12	12 23	51·1	9 35	11 36	51·0	8 57	10 49	50·8	8 19	10 02	50·7	220	320
41	139	11 42	13 47	50·4	11 04	13 00	50·3	10 25	12 13	50·1	9 47	11 26	50·0	9 08	10 39	49·9	8 29	9 53	49·7	221	319
42	138	11 56	13 34	49·4	11 17	12 48	49·3	10 38	12 02	49·1	9 58	11 16	49·0	9 19	10 30	48·9	8 39	9 44	48·7	222	318
43	137	12 10	13 22	48·4	11 30	12 36	48·3	10 50	11 51	48·1	10 10	11 05	48·0	9 30	10 20	47·9	8 49	9 35	47·7	223	317
44	136	12 24	13 09	47·4	11 43	12 24	47·3	11 02	11 39	47·1	10 21	10 55	47·0	9 40	10 10	46·9	8 59	9 26	46·7	224	316
45	135	12 37	12 56	46·4	11 56	12 12	46·3	11 14	11 28	46·1	10 33	10 44	46·0	9 51	10 00	45·9	9 09	9 16	45·7	225	315

Lat. / A		72°			73°			74°			75°			76°			77°			Lat. / A	
LHA/F		A/H	B/P	Z_1/Z_2	A/H	B/P	Z_1/Z_2	A/H	B/P	Z_1/Z_2	A/H	B/P	Z_1/Z_2	A/H	B/P	Z_1/Z_2	A/H	B/P	Z_1/Z_2	LHA	
°	°	° ′	° ′	°	° ′	° ′	°	° ′	° ′	°	° ′	° ′	°	° ′	° ′	°	° ′	° ′	°	°	°
45	135	12 37	12 56	46·4	11 56	12 12	46·3	11 14	11 28	46·1	10 33	10 44	46·0	9 51	10 00	45·9	9 09	9 16	45·7	225	315
46	134	12 51	12 43	45·4	12 08	11 59	45·3	11 26	11 16	45·1	10 44	10 33	45·0	10 01	9 50	44·9	9 19	9 07	44·7	226	314
47	133	13 04	12 30	44·4	12 21	11 47	44·3	11 38	11 04	44·1	10 55	10 21	44·0	10 11	9 39	43·9	9 28	8 57	43·7	227	313
48	132	13 17	12 16	43·4	12 33	11 34	43·3	11 49	10 52	43·1	11 05	10 10	43·0	10 21	9 28	42·9	9 37	8 47	42·7	228	312
49	131	13 29	12 02	42·4	12 45	11 21	42·3	12 00	10 39	42·1	11 16	9 58	42·0	10 31	9 17	41·9	9 46	8 37	41·7	229	311
50	130	13 42	11 48	41·4	12 57	11 07	41·3	12 11	10 27	41·1	11 26	9 46	41·0	10 41	9 06	40·9	9 55	8 26	40·7	230	310
51	129	13 54	11 33	40·4	13 08	10 53	40·3	12 22	10 14	40·1	11 36	9 34	40·0	10 50	8 55	39·8	10 04	8 16	39·7	231	309
52	128	14 06	11 19	39·4	13 19	10 40	39·2	12 33	10 01	39·1	11 46	9 22	39·0	10 59	8 44	38·8	10 13	8 05	38·7	232	308
53	127	14 17	11 04	38·4	13 30	10 26	38·2	12 43	9 47	38·1	11 56	9 10	38·0	11 08	8 32	37·8	10 21	7 55	37·7	233	307
54	126	14 29	10 49	37·4	13 41	10 11	37·2	12 53	9 34	37·1	12 05	8 57	36·9	11 17	8 20	36·8	10 29	7 44	36·7	234	306
55	125	14 40	10 33	36·4	13 51	9 57	36·2	13 03	9 20	36·1	12 14	8 44	35·9	11 26	8 08	35·8	10 37	7 33	35·7	235	305
56	124	14 51	10 18	35·3	14 02	9 42	35·2	13 13	9 07	35·1	12 23	8 31	34·9	11 34	7 56	34·8	10 45	7 21	34·7	236	304
57	123	15 01	10 02	34·3	14 12	9 27	34·2	13 22	8 53	34·0	12 32	8 18	33·9	11 42	7 44	33·8	10 52	7 10	33·7	237	303
58	122	15 12	9 46	33·3	14 21	9 12	33·2	13 31	8 38	33·0	12 41	8 05	32·9	11 50	7 32	32·8	11 00	6 58	32·7	238	302
59	121	15 22	9 30	32·3	14 31	8 57	32·1	13 40	8 24	32·0	12 49	7 51	31·9	11 58	7 19	31·8	11 07	6 47	31·7	239	301
60	120	15 31	9 14	31·3	14 40	8 41	31·1	13 49	8 10	31·0	12 57	7 38	30·9	12 06	7 06	30·8	11 14	6 35	30·6	240	300
61	119	15 41	8 57	30·2	14 49	8 26	30·1	13 57	7 55	30·0	13 05	7 24	29·8	12 13	6 54	29·7	11 21	6 23	29·6	241	299
62	118	15 50	8 40	29·2	14 58	8 10	29·1	14 05	7 40	28·9	13 13	7 10	28·8	12 20	6 41	28·7	11 27	6 11	28·6	242	298
63	117	15 59	8 23	28·2	15 06	7 54	28·0	14 13	7 25	27·9	13 20	6 56	27·8	12 27	6 27	27·7	11 34	5 59	27·6	243	297
64	116	16 08	8 06	27·2	15 14	7 38	27·0	14 21	7 10	26·9	13 27	6 42	26·8	12 34	6 14	26·7	11 40	5 47	26·6	244	296
65	115	16 16	7 49	26·1	15 22	7 22	26·0	14 28	6 55	25·9	13 34	6 28	25·8	12 40	6 01	25·7	11 46	5 34	25·6	245	295
66	114	16 24	7 32	25·1	15 29	7 05	25·0	14 35	6 39	24·9	13 41	6 13	24·7	12 46	5 47	24·6	11 52	5 22	24·6	246	294
67	113	16 32	7 14	24·1	15 37	6 49	23·9	14 42	6 24	23·8	13 47	5 59	23·7	12 52	5 34	23·6	11 57	5 09	23·5	247	293
68	112	16 39	6 56	23·0	15 44	6 32	22·9	14 48	6 08	22·8	13 53	5 44	22·7	12 58	5 20	22·6	12 02	4 57	22·5	248	292
69	111	16 46	6 38	22·0	15 50	6 15	21·9	14 55	5 52	21·8	13 59	5 29	21·7	13 03	5 06	21·6	12 07	4 44	21·5	249	291
70	110	16 53	6 20	20·9	15 57	5 58	20·8	15 01	5 36	20·7	14 05	5 14	20·6	13 08	4 52	20·6	12 12	4 31	20·5	250	290
71	109	16 59	6 02	19·9	16 03	5 41	19·8	15 06	5 20	19·7	14 10	4 59	19·6	13 13	4 38	19·5	12 17	4 18	19·5	251	289
72	108	17 05	5 44	18·9	16 09	5 24	18·8	15 12	5 04	18·7	14 15	4 44	18·6	13 18	4 24	18·5	12 21	4 05	18·4	252	288
73	107	17 11	5 26	17·8	16 14	5 06	17·7	15 17	4 48	17·6	14 20	4 29	17·6	13 23	4 10	17·5	12 25	3 52	17·4	253	287
74	106	17 17	5 07	16·8	16 19	4 49	16·7	15 22	4 31	16·6	14 24	4 13	16·5	13 27	3 56	16·5	12 29	3 38	16·4	254	286
75	105	17 22	4 48	15·7	16 24	4 31	15·7	15 26	4 15	15·6	14 29	3 58	15·5	13 31	3 42	15·4	12 33	3 25	15·4	255	285
76	104	17 27	4 30	14·7	16 29	4 14	14·6	15 31	3 58	14·5	14 33	3 43	14·5	13 35	3 27	14·4	12 36	3 12	14·4	256	284
77	103	17 31	4 11	13·6	16 33	3 56	13·6	15 35	3 41	13·5	14 36	3 27	13·4	13 38	3 13	13·4	12 40	2 58	13·3	257	283
78	102	17 36	3 52	12·6	16 37	3 38	12·5	15 38	3 25	12·5	14 40	3 11	12·4	13 41	2 58	12·4	12 43	2 45	12·3	258	282
79	101	17 39	3 33	11·6	16 41	3 20	11·5	15 42	3 08	11·4	14 43	2 56	11·4	13 44	2 43	11·3	12 45	2 31	11·3	259	281
80	100	17 43	3 14	10·5	16 44	3 02	10·4	15 45	2 51	10·4	14 46	2 40	10·3	13 47	2 29	10·3	12 48	2 18	10·3	260	280
81	99	17 46	2 55	9·5	16 47	2 44	9·4	15 48	2 34	9·4	14 49	2 24	9·3	13 49	2 14	9·3	12 50	2 04	9·2	261	279
82	98	17 49	2 35	8·4	16 50	2 26	8·4	15 50	2 17	8·3	14 51	2 08	8·3	13 52	1 59	8·2	12 52	1 50	8·2	262	278
83	97	17 52	2 16	7·4	16 52	2 08	7·3	15 53	2 00	7·3	14 53	1 52	7·2	13 54	1 44	7·2	12 54	1 37	7·2	263	277
84	96	17 54	1 57	6·3	16 54	1 50	6·3	15 55	1 43	6·2	14 55	1 36	6·2	13 55	1 30	6·2	12 56	1 23	6·2	264	276
85	95	17 56	1 37	5·3	16 56	1 32	5·2	15 56	1 26	5·2	14 56	1 20	5·2	13 57	1 15	5·2	12 57	1 09	5·1	265	275
86	94	17 57	1 18	4·2	16 57	1 13	4·2	15 58	1 09	4·2	14 58	1 04	4·1	13 58	1 00	4·1	12 58	0 55	4·1	266	274
87	93	17 58	0 58	3·2	16 59	0 55	3·1	15 59	0 52	3·1	14 59	0 48	3·1	13 59	0 45	3·1	12 59	0 42	3·1	267	273
88	92	17 59	0 39	2·1	16 59	0 37	2·1	15 59	0 34	2·1	14 59	0 32	2·1	13 59	0 30	2·1	13 00	0 28	2·1	268	272
89	91	18 00	0 19	1·1	17 00	0 18	1·0	16 00	0 17	1·0	15 00	0 16	1·0	14 00	0 15	1·0	13 00	0 14	1·0	269	271
90	90	18 00	0 00	0·0	17 00	0 00	0·0	16 00	0 00	0·0	15 00	0 00	0·0	14 00	0 00	0·0	13 00	0 00	0·0	270	270

N. Lat: for LHA > 180° … $Z_n = Z$
for LHA < 180° … $Z_n = 360° - Z$

S. Lat.: for LHA > 180° … $Z_n = 180° - Z$
for LHA < 180° … $Z_n = 180° + Z$

SIGHT REDUCTION TABLE

B: (−) for 90° < LHA < 270°
Dec:(−) for Lat. contrary name

Z_1: same sign as B
Z_2: (−) for F > 90°

Lat. / A		78°			79°			80°			81°			82°			83°			Lat. / A	
LHA/F		A/H	B/P	Z_1/Z_2	A/H	B/P	Z_1/Z_2	A/H	B/P	Z_1/Z_2	A/H	B/P	Z_1/Z_2	A/H	B/P	Z_1/Z_2	A/H	B/P	Z_1/Z_2	LHA	
°	°	° ′	° ′	°	° ′	° ′	°	° ′	° ′	°	° ′	° ′	°	° ′	° ′	°	° ′	° ′	°	°	°
0	180	0 00	12 00	90·0	0 00	11 00	90·0	0 00	10 00	90·0	0 00	9 00	90·0	0 00	8 00	90·0	0 00	7 00	90·0	180	360
1	179	0 12	12 00	89·0	0 11	11 00	89·0	0 10	10 00	89·0	0 09	9 00	89·0	0 08	8 00	89·0	0 07	7 00	89·0	181	359
2	178	0 25	12 00	88·0	0 23	11 00	88·0	0 21	10 00	88·0	0 19	9 00	88·0	0 17	8 00	88·0	0 15	7 00	88·0	182	358
3	177	0 37	11 59	87·1	0 34	10 59	87·1	0 31	9 59	87·0	0 28	8 59	87·0	0 25	7 59	87·0	0 22	6 59	87·0	183	357
4	176	0 50	11 58	86·1	0 46	10 58	86·1	0 42	9 59	86·1	0 38	8 59	86·0	0 33	7 59	86·0	0 29	6 59	86·0	184	356
5	175	1 02	11 57	85·1	0 57	10 58	85·1	0 52	9 58	85·1	0 47	8 58	85·1	0 42	7 58	85·0	0 37	6 58	85·0	185	355
6	174	1 15	11 56	84·1	1 09	10 56	84·1	1 02	9 57	84·1	0 56	8 57	84·1	0 50	7 57	84·1	0 44	6 58	84·0	186	354
7	173	1 27	11 55	83·2	1 20	10 55	83·1	1 13	9 56	83·1	1 06	8 56	83·1	0 58	7 56	83·1	0 51	6 57	83·1	187	353
8	172	1 39	11 53	82·2	1 31	10 54	82·1	1 23	9 54	82·1	1 15	8 55	82·1	1 07	7 55	82·1	0 58	6 56	82·1	188	352
9	171	1 52	11 51	81·2	1 43	10 52	81·2	1 33	9 53	81·1	1 24	8 53	81·1	1 15	7 54	81·1	1 06	6 55	81·1	189	351
10	170	2 04	11 49	80·2	1 54	10 50	80·2	1 44	9 51	80·1	1 33	8 52	80·1	1 23	7 53	80·1	1 13	6 54	80·1	190	350
11	169	2 16	11 47	79·2	2 05	10 48	79·2	1 54	9 49	79·2	1 43	8 50	79·1	1 31	7 51	79·1	1 20	6 52	79·1	191	349
12	168	2 29	11 45	78·3	2 16	10 46	78·2	2 04	9 47	78·2	1 52	8 48	78·1	1 39	7 50	78·1	1 27	6 51	78·1	192	348
13	167	2 41	11 42	77·3	2 28	10 43	77·2	2 14	9 45	77·2	2 01	8 46	77·2	1 48	7 48	77·1	1 34	6 49	77·1	193	347
14	166	2 53	11 39	76·3	2 39	10 41	76·2	2 24	9 43	76·2	2 10	8 44	76·2	1 56	7 46	76·1	1 41	6 48	76·1	194	346
15	165	3 05	11 36	75·3	2 50	10 38	75·3	2 35	9 40	75·2	2 19	8 42	75·2	2 04	7 44	75·1	1 48	6 46	75·1	195	345
16	164	3 17	11 33	74·3	3 01	10 35	74·3	2 45	9 37	74·2	2 28	8 39	74·2	2 12	7 42	74·1	1 56	6 44	74·1	196	344
17	163	3 29	11 29	73·4	3 12	10 32	73·3	2 55	9 34	73·2	2 37	8 37	73·2	2 20	7 39	73·2	2 03	6 42	73·1	197	343
18	162	3 41	11 26	72·4	3 23	10 28	72·3	3 05	9 31	72·3	2 46	8 34	72·2	2 28	7 37	72·2	2 09	6 40	72·1	198	342
19	161	3 53	11 22	71·4	3 34	10 25	71·3	3 14	9 28	71·3	2 55	8 31	71·2	2 36	7 34	71·2	2 16	6 37	71·1	199	341
20	160	4 05	11 18	70·4	3 45	10 21	70·3	3 24	9 24	70·3	3 04	8 28	70·2	2 44	7 31	70·2	2 23	6 35	70·1	200	340
21	159	4 16	11 13	69·4	3 55	10 17	69·4	3 34	9 21	69·3	3 13	8 25	69·2	2 52	7 28	69·2	2 30	6 32	69·1	201	339
22	158	4 28	11 09	68·4	4 06	10 13	68·4	3 44	9 17	68·3	3 22	8 21	68·2	2 59	7 25	68·2	2 37	6 30	68·1	202	338
23	157	4 40	11 04	67·5	4 17	10 09	67·4	3 53	9 13	67·3	3 30	8 18	67·3	3 07	7 22	67·2	2 44	6 27	67·2	203	337
24	156	4 51	10 59	66·5	4 27	10 04	66·4	4 03	9 09	66·3	3 39	8 14	66·3	3 15	7 19	66·2	2 50	6 24	66·2	204	336
25	155	5 02	10 54	65·5	4 38	9 59	65·4	4 13	9 05	65·3	3 47	8 10	65·3	3 22	7 16	65·2	2 57	6 21	65·2	205	335
26	154	5 14	10 49	64·5	4 48	9 55	64·4	4 22	9 00	64·3	3 56	8 06	64·3	3 30	7 12	64·2	3 04	6 18	64·2	206	334
27	153	5 25	10 43	63·5	4 58	9 50	63·4	4 31	8 56	63·4	4 04	8 02	63·3	3 37	7 08	63·2	3 10	6 15	63·2	207	333
28	152	5 36	10 38	62·5	5 08	9 44	62·4	4 41	8 51	62·4	4 13	7 58	62·3	3 45	7 04	62·2	3 17	6 11	62·2	208	332
29	151	5 47	10 32	61·5	5 18	9 39	61·4	4 50	8 46	61·4	4 21	7 53	61·3	3 52	7 00	61·2	3 23	6 08	61·2	209	331
30	150	5 58	10 26	60·5	5 28	9 33	60·5	4 59	8 41	60·4	4 29	7 49	60·3	3 59	6 56	60·2	3 30	6 04	60·2	210	330
31	149	6 09	10 20	59·6	5 38	9 28	59·5	5 08	8 36	59·4	4 37	7 44	59·3	4 07	6 52	59·2	3 36	6 00	59·2	211	329
32	148	6 20	10 13	58·6	5 48	9 22	58·5	5 17	8 30	58·4	4 45	7 39	58·3	4 14	6 48	58·3	3 42	5 57	58·2	212	328
33	147	6 30	10 06	57·6	5 58	9 16	57·5	5 26	8 25	57·4	4 53	7 34	57·3	4 21	6 43	57·3	3 48	5 53	57·2	213	327
34	146	6 41	10 00	56·6	6 08	9 09	56·5	5 34	8 19	56·4	5 01	7 29	56·3	4 28	6 39	56·3	3 54	5 49	56·2	214	326
35	145	6 51	9 53	55·6	6 17	9 03	55·5	5 43	8 13	55·4	5 09	7 24	55·3	4 35	6 34	55·3	4 00	5 45	55·2	215	325
36	144	7 01	9 45	54·6	6 26	8 56	54·5	5 51	8 07	54·4	5 17	7 18	54·3	4 42	6 29	54·3	4 06	5 40	54·2	216	324
37	143	7 11	9 38	53·6	6 36	8 49	53·5	6 00	8 01	53·4	5 24	7 13	53·3	4 48	6 24	53·3	4 12	5 36	53·2	217	323
38	142	7 21	9 31	52·6	6 45	8 43	52·5	6 08	7 55	52·4	5 32	7 07	52·3	4 55	6 19	52·3	4 18	5 32	52·2	218	322
39	141	7 31	9 23	51·6	6 54	8 35	51·5	6 16	7 48	51·4	5 39	7 01	51·3	5 01	6 14	51·3	4 24	5 27	51·2	219	321
40	140	7 41	9 15	50·6	7 03	8 28	50·5	6 25	7 42	50·4	5 46	6 55	50·3	5 08	6 09	50·3	4 30	5 22	50·2	220	320
41	139	7 50	9 07	49·6	7 11	8 21	49·5	6 32	7 35	49·4	5 53	6 49	49·4	5 14	6 03	49·3	4 35	5 18	49·2	221	319
42	138	8 00	8 59	48·6	7 20	8 13	48·5	6 40	7 28	48·4	6 01	6 43	48·4	5 21	5 58	48·3	4 41	5 13	48·2	222	318
43	137	8 09	8 50	47·6	7 29	8 05	47·5	6 48	7 21	47·4	6 07	6 36	47·4	5 27	5 52	47·3	4 46	5 08	47·2	223	317
44	136	8 18	8 42	46·6	7 37	7 58	46·5	6 56	7 14	46·4	6 14	6 30	46·4	5 33	5 46	46·3	4 51	5 03	46·2	224	316
45	135	8 27	8 33	45·6	7 45	7 50	45·5	7 03	7 06	45·4	6 21	6 23	45·4	5 39	5 41	45·3	4 57	4 58	45·2	225	315

Lat. / A		78°			79°			80°			81°			82°			83°			Lat. / A	
LHA/F		A/H	B/P	Z_1/Z_2	A/H	B/P	Z_1/Z_2	A/H	B/P	Z_1/Z_2	A/H	B/P	Z_1/Z_2	A/H	B/P	Z_1/Z_2	A/H	B/P	Z_1/Z_2	LHA	
°	°	° ′	° ′	°	° ′	° ′	°	° ′	° ′	°	° ′	° ′	°	° ′	° ′	°	° ′	° ′	°	°	°
45	135	8 27	8 33	45·6	7 45	7 50	45·5	7 03	7 06	45·4	6 21	6 23	45·4	5 39	5 41	45·3	4 57	4 58	45·2	225	315
46	134	8 36	8 24	44·6	7 53	7 41	44·5	7 11	6 59	44·4	6 28	6 17	44·4	5 45	5 35	44·3	5 02	4 53	44·2	226	314
47	133	8 45	8 15	43·6	8 01	7 33	43·5	7 18	6 51	43·4	6 34	6 10	43·4	5 51	5 28	43·3	5 07	4 47	43·2	227	313
48	132	8 53	8 06	42·6	8 09	7 25	42·5	7 25	6 44	42·4	6 41	6 03	42·4	5 56	5 22	42·3	5 12	4 42	42·2	228	312
49	131	9 02	7 56	41·6	8 17	7 16	41·5	7 32	6 36	41·4	6 47	5 56	41·4	6 02	5 16	41·3	5 17	4 36	41·2	229	311
50	130	9 10	7 47	40·6	8 24	7 07	40·5	7 39	6 28	40·4	6 53	5 49	40·3	6 07	5 10	40·3	5 21	4 31	40·2	230	310
51	129	9 18	7 37	39·6	8 32	6 58	39·5	7 45	6 20	39·4	6 59	5 42	39·3	6 13	5 03	39·3	5 26	4 25	39·2	231	309
52	128	9 26	7 27	38·6	8 39	6 49	38·5	7 52	6 12	38·4	7 05	5 34	38·3	6 18	4 57	38·3	5 31	4 19	38·2	232	308
53	127	9 33	7 17	37·6	8 46	6 40	37·5	7 58	6 03	37·4	7 11	5 27	37·3	6 23	4 50	37·3	5 35	4 14	37·2	233	307
54	126	9 41	7 07	36·6	8 53	6 31	36·5	8 05	5 55	36·4	7 16	5 19	36·3	6 28	4 43	36·3	5 39	4 08	36·2	234	306
55	125	9 48	6 57	35·6	9 00	6 22	35·5	8 11	5 47	35·4	7 22	5 11	35·3	6 33	4 37	35·3	5 44	4 02	35·2	235	305
56	124	9 56	6 47	34·6	9 06	6 12	34·5	8 17	5 38	34·4	7 27	5 04	34·3	6 38	4 30	34·3	5 48	3 56	34·2	236	304
57	123	10 03	6 36	33·6	9 13	6 03	33·5	8 22	5 29	33·4	7 32	4 56	33·3	6 42	4 23	33·3	5 52	3 50	33·2	237	303
58	122	10 09	6 26	32·6	9 19	5 53	32·5	8 28	5 20	32·4	7 37	4 48	32·3	6 47	4 16	32·3	5 56	3 43	32·2	238	302
59	121	10 16	6 15	31·6	9 25	5 43	31·5	8 34	5 11	31·4	7 42	4 40	31·3	6 51	4 08	31·2	6 00	3 37	31·2	239	301
60	120	10 22	6 04	30·6	9 31	5 33	30·5	8 39	5 02	30·4	7 47	4 32	30·3	6 55	4 01	30·2	6 04	3 31	30·2	240	300
61	119	10 29	5 53	29·5	9 36	5 23	29·5	8 44	4 53	29·4	7 52	4 23	29·3	6 59	3 54	29·2	6 07	3 24	29·2	241	299
62	118	10 35	5 42	28·5	9 42	5 13	28·4	8 49	4 44	28·4	7 56	4 15	28·3	7 04	3 46	28·2	6 11	3 18	28·2	242	298
63	117	10 41	5 31	27·5	9 47	5 03	27·4	8 54	4 35	27·4	8 01	4 07	27·3	7 07	3 39	27·2	6 14	3 11	27·2	243	297
64	116	10 46	5 19	26·5	9 52	4 52	26·4	8 59	4 25	26·3	8 05	3 58	26·3	7 11	3 32	26·2	6 17	3 05	26·2	244	296
65	115	10 52	5 08	25·5	9 57	4 42	25·4	9 03	4 16	25·3	8 09	3 50	25·3	7 15	3 24	25·2	6 20	2 58	25·2	245	295
66	114	10 57	4 56	24·5	10 02	4 31	24·4	9 08	4 06	24·3	8 13	3 41	24·3	7 18	3 16	24·2	6 24	2 52	24·2	246	294
67	113	11 02	4 45	23·5	10 07	4 21	23·4	9 12	3 56	23·3	8 17	3 32	23·3	7 22	3 09	23·2	6 26	2 45	23·2	247	293
68	112	11 07	4 33	22·4	10 11	4 10	22·4	9 16	3 47	22·3	8 20	3 24	22·2	7 25	3 01	22·2	6 29	2 38	22·1	248	292
69	111	11 12	4 21	21·4	10 16	3 59	21·4	9 20	3 37	21·3	8 24	3 15	21·2	7 28	2 53	21·2	6 32	2 31	21·1	249	291
70	110	11 16	4 09	20·4	10 20	3 48	20·3	9 23	3 27	20·3	8 27	3 06	20·2	7 31	2 45	20·2	6 35	2 24	20·1	250	290
71	109	11 20	3 58	19·4	10 24	3 37	19·3	9 27	3 17	19·3	8 30	2 57	19·2	7 34	2 37	19·2	6 37	2 17	19·1	251	289
72	108	11 24	3 45	18·4	10 27	3 26	18·3	9 30	3 07	18·3	8 33	2 48	18·2	7 36	2 29	18·2	6 39	2 10	18·1	252	288
73	107	11 28	3 33	17·4	10 31	3 15	17·3	9 34	2 57	17·2	8 36	2 39	17·2	7 39	2 21	17·2	6 42	2 03	17·1	253	287
74	106	11 32	3 21	16·3	10 34	3 04	16·3	9 37	2 47	16·2	8 39	2 30	16·2	7 41	2 13	16·1	6 44	1 56	16·1	254	286
75	105	11 35	3 09	15·3	10 37	2 53	15·3	9 39	2 37	15·2	8 41	2 21	15·2	7 44	2 05	15·1	6 46	1 49	15·1	255	285
76	104	11 38	2 57	14·3	10 40	2 42	14·3	9 42	2 27	14·2	8 44	2 12	14·2	7 46	1 57	14·1	6 47	1 42	14·1	256	284
77	103	11 41	2 44	13·3	10 43	2 30	13·2	9 44	2 16	13·2	8 46	2 02	13·2	7 48	1 49	13·1	6 49	1 35	13·1	257	283
78	102	11 44	2 32	12·3	10 45	2 19	12·2	9 47	2 06	12·2	8 48	1 53	12·1	7 49	1 40	12·1	6 51	1 28	12·1	258	282
79	101	11 47	2 19	11·2	10 48	2 07	11·2	9 49	1 56	11·2	8 50	1 44	11·1	7 51	1 32	11·1	6 52	1 21	11·1	259	281
80	100	11 49	2 07	10·2	10 50	1 56	10·2	9 51	1 45	10·2	8 52	1 35	10·1	7 53	1 24	10·1	6 54	1 13	10·1	260	280
81	99	11 51	1 54	9·2	10 52	1 45	9·2	9 53	1 35	9·1	8 53	1 25	9·1	7 54	1 16	9·1	6 55	1 06	9·1	261	279
82	98	11 53	1 42	8·2	10 53	1 33	8·1	9 54	1 24	8·1	8 55	1 16	8·1	7 55	1 07	8·1	6 56	0 59	8·1	262	278
83	97	11 55	1 29	7·2	10 55	1 21	7·1	9 55	1 14	7·1	8 56	1 06	7·1	7 56	0 59	7·1	6 57	0 51	7·1	263	277
84	96	11 56	1 16	6·1	10 56	1 10	6·1	9 57	1 03	6·1	8 57	0 57	6·1	7 57	0 50	6·1	6 58	0 44	6·0	264	276
85	95	11 57	1 04	5·1	10 57	0 58	5·1	9 58	0 53	5·1	8 58	0 47	5·1	7 58	0 42	5·0	6 58	0 37	5·0	265	275
86	94	11 58	0 51	4·1	10 58	0 47	4·1	9 59	0 42	4·1	8 59	0 38	4·0	7 59	0 34	4·0	6 59	0 29	4·0	266	274
87	93	11 59	0 38	3·1	10 59	0 35	3·1	9 59	0 32	3·0	8 59	0 28	3·0	7 59	0 25	3·0	6 59	0 22	3·0	267	273
88	92	12 00	0 26	2·0	11 00	0 23	2·0	10 00	0 21	2·0	9 00	0 19	2·0	8 00	0 17	2·0	7 00	0 15	2·0	268	272
89	91	12 00	0 13	1·0	11 00	0 12	1·0	10 00	0 11	1·0	9 00	0 10	1·0	8 00	0 08	1·0	7 00	0 07	1·0	269	271
90	90	12 00	0 00	0·0	11 00	0 00	0·0	10 00	0 00	0·0	9 00	0 00	0·0	8 00	0 00	0·0	7 00	0 00	0·0	270	270

N. Lat: for LHA > 180° … $Z_n = Z$
for LHA < 180° … $Z_n = 360° - Z$

S. Lat.: for LHA > 180° … $Z_n = 180° - Z$
for LHA < 180° … $Z_n = 180° + Z$

SIGHT REDUCTION TABLE

B: (−) for 90° < LHA < 270°
Dec:(−) for Lat. contrary name

Z_1: same sign as B
Z_2: (−) for F > 90°

Lat. / A		84°			85°			86°			87°			88°			89°			Lat. / A	
LHA/F		A/H	B/P	Z_1/Z_2	A/H	B/P	Z_1/Z_2	A/H	B/P	Z_1/Z_2	A/H	B/P	Z_1/Z_2	A/H	B/P	Z_1/Z_2	A/H	B/P	Z_1/Z_2	LHA	
°	°	° ′	° ′	°	° ′	° ′	°	° ′	° ′	°	° ′	° ′	°	° ′	° ′	°	° ′	° ′	°	°	°
0	180	0 00	6 00	90·0	0 00	5 00	90·0	0 00	4 00	90·0	0 00	3 00	90·0	0 00	2 00	90·0	0 00	1 00	90·0	180	360
1	179	0 06	6 00	89·0	0 05	5 00	89·0	0 04	4 00	89·0	0 03	3 00	89·0	0 02	2 00	89·0	0 01	1 00	89·0	181	359
2	178	0 13	6 00	88·0	0 10	5 00	88·0	0 08	4 00	88·0	0 06	3 00	88·0	0 04	2 00	88·0	0 02	1 00	88·0	182	358
3	177	0 19	6 00	87·0	0 16	5 00	87·0	0 13	4 00	87·0	0 09	3 00	87·0	0 06	2 00	87·0	0 03	1 00	87·0	183	357
4	176	0 25	5 59	86·0	0 21	4 59	86·0	0 17	3 59	86·0	0 13	3 00	86·0	0 08	2 00	86·0	0 04	1 00	86·0	184	356
5	175	0 31	5 59	85·0	0 26	4 59	85·0	0 21	3 59	85·0	0 16	2 59	85·0	0 10	2 00	85·0	0 05	1 00	85·0	185	355
6	174	0 38	5 58	84·0	0 31	4 58	84·0	0 25	3 59	84·0	0 19	2 59	84·0	0 13	1 59	84·0	0 06	1 00	84·0	186	354
7	173	0 44	5 57	83·0	0 37	4 58	83·0	0 29	3 58	83·0	0 22	2 59	83·0	0 15	1 59	83·0	0 07	1 00	83·0	187	353
8	172	0 50	5 57	82·0	0 42	4 57	82·0	0 33	3 58	82·0	0 25	2 58	82·0	0 17	1 59	82·0	0 08	0 59	82·0	188	352
9	171	0 56	5 56	81·0	0 47	4 56	81·0	0 38	3 57	81·0	0 28	2 58	81·0	0 19	1 59	81·0	0 09	0 59	81·0	189	351
10	170	1 02	5 55	80·1	0 52	4 55	80·0	0 42	3 56	80·0	0 31	2 57	80·0	0 21	1 58	80·0	0 10	0 59	80·0	190	350
11	169	1 09	5 53	79·1	0 57	4 55	79·0	0 46	3 56	79·0	0 34	2 57	79·0	0 23	1 58	79·0	0 11	0 59	79·0	191	349
12	168	1 15	5 52	78·1	1 02	4 53	78·0	0 50	3 55	78·0	0 37	2 56	78·0	0 25	1 57	78·0	0 12	0 59	78·0	192	348
13	167	1 21	5 51	77·1	1 07	4 52	77·0	0 54	3 54	77·0	0 40	2 55	77·0	0 27	1 57	77·0	0 13	0 58	77·0	193	347
14	166	1 27	5 49	76·1	1 12	4 51	76·1	0 58	3 53	76·0	0 44	2 55	76·0	0 29	1 56	76·0	0 15	0 58	76·0	194	346
15	165	1 33	5 48	75·1	1 18	4 50	75·1	1 02	3 52	75·0	0 47	2 54	75·0	0 31	1 56	75·0	0 16	0 58	75·0	195	345
16	164	1 39	5 46	74·1	1 23	4 48	74·1	1 06	3 51	74·0	0 50	2 53	74·0	0 33	1 55	74·0	0 17	0 58	74·0	196	344
17	163	1 45	5 44	73·1	1 28	4 47	73·1	1 10	3 50	73·0	0 53	2 52	73·0	0 35	1 55	73·0	0 18	0 57	73·0	197	343
18	162	1 51	5 42	72·1	1 33	4 45	72·1	1 14	3 48	72·0	0 56	2 51	72·0	0 37	1 54	72·0	0 19	0 57	72·0	198	342
19	161	1 57	5 41	71·1	1 38	4 44	71·1	1 18	3 47	71·0	0 59	2 50	71·0	0 39	1 53	71·0	0 20	0 57	71·0	199	341
20	160	2 03	5 38	70·1	1 42	4 42	70·1	1 22	3 46	70·0	1 02	2 49	70·0	0 41	1 53	70·0	0 21	0 56	70·0	200	340
21	159	2 09	5 36	69·1	1 47	4 40	69·1	1 26	3 44	69·0	1 04	2 48	69·0	0 43	1 52	69·0	0 22	0 56	69·0	201	339
22	158	2 15	5 34	68·1	1 52	4 38	68·1	1 30	3 43	68·0	1 07	2 47	68·0	0 45	1 51	68·0	0 22	0 56	68·0	202	338
23	157	2 20	5 32	67·1	1 57	4 36	67·1	1 34	3 41	67·1	1 10	2 46	67·0	0 47	1 50	67·0	0 23	0 55	67·0	203	337
24	156	2 26	5 29	66·1	2 02	4 34	66·1	1 38	3 39	66·1	1 13	2 44	66·0	0 49	1 50	66·0	0 24	0 55	66·0	204	336
25	155	2 32	5 26	65·1	2 07	4 32	65·1	1 41	3 38	65·1	1 16	2 43	65·0	0 51	1 49	65·0	0 25	0 54	65·0	205	335
26	154	2 38	5 24	64·1	2 11	4 30	64·1	1 45	3 36	64·1	1 19	2 42	64·0	0 53	1 48	64·0	0 26	0 54	64·0	206	334
27	153	2 43	5 21	63·1	2 16	4 27	63·1	1 49	3 34	63·1	1 22	2 40	63·0	0 54	1 47	63·0	0 27	0 53	63·0	207	333
28	152	2 49	5 18	62·1	2 21	4 25	62·1	1 53	3 32	62·1	1 24	2 39	62·0	0 56	1 46	62·0	0 28	0 53	62·0	208	332
29	151	2 54	5 15	61·1	2 25	4 23	61·1	1 56	3 30	61·1	1 27	2 37	61·0	0 58	1 45	61·0	0 29	0 52	61·0	209	331
30	150	3 00	5 12	60·1	2 30	4 20	60·1	2 00	3 28	60·1	1 30	2 36	60·0	1 00	1 44	60·0	0 30	0 52	60·0	210	330
31	149	3 05	5 09	59·1	2 34	4 17	59·1	2 04	3 26	59·1	1 33	2 34	59·0	1 02	1 43	59·0	0 31	0 51	59·0	211	329
32	148	3 11	5 06	58·1	2 39	4 15	58·1	2 07	3 24	58·1	1 35	2 33	58·0	1 04	1 42	58·0	0 32	0 51	58·0	212	328
33	147	3 16	5 02	57·1	2 43	4 12	57·1	2 11	3 21	57·1	1 38	2 31	57·0	1 05	1 41	57·0	0 33	0 50	57·0	213	327
34	146	3 21	4 59	56·1	2 48	4 09	56·1	2 14	3 19	56·1	1 41	2 29	56·0	1 07	1 39	56·0	0 34	0 50	56·0	214	326
35	145	3 26	4 55	55·1	2 52	4 06	55·1	2 18	3 17	55·1	1 43	2 27	55·0	1 09	1 38	55·0	0 34	0 49	55·0	215	325
36	144	3 31	4 52	54·1	2 56	4 03	54·1	2 21	3 14	54·1	1 46	2 26	54·0	1 11	1 37	54·0	0 35	0 49	54·0	216	324
37	143	3 36	4 48	53·2	3 00	4 00	53·1	2 24	3 12	53·1	1 48	2 24	53·0	1 12	1 36	53·0	0 36	0 48	53·0	217	323
38	142	3 41	4 44	52·2	3 05	3 57	52·1	2 28	3 09	52·1	1 51	2 22	52·0	1 14	1 35	52·0	0 37	0 47	52·0	218	322
39	141	3 46	4 40	51·2	3 09	3 53	51·1	2 31	3 07	51·1	1 53	2 20	51·0	1 16	1 33	51·0	0 38	0 47	51·0	219	321
40	140	3 51	4 36	50·2	3 13	3 50	50·1	2 34	3 04	50·1	1 56	2 18	50·0	1 17	1 32	50·0	0 39	0 46	50·0	220	320
41	139	3 56	4 32	49·2	3 17	3 47	49·1	2 37	3 01	49·1	1 58	2 16	49·0	1 19	1 31	49·0	0 39	0 45	49·0	221	319
42	138	4 01	4 28	48·2	3 21	3 43	48·1	2 41	2 58	48·1	2 00	2 14	48·0	1 20	1 29	48·0	0 40	0 45	48·0	222	318
43	137	4 05	4 24	47·2	3 24	3 40	47·1	2 44	2 56	47·1	2 03	2 12	47·0	1 22	1 28	47·0	0 41	0 44	47·0	223	317
44	136	4 10	4 19	46·2	3 28	3 36	46·1	2 47	2 53	46·1	2 05	2 10	46·0	1 23	1 26	46·0	0 42	0 43	46·0	224	316
45	135	4 14	4 15	45·2	3 32	3 32	45·1	2 50	2 50	45·1	2 07	2 07	45·0	1 25	1 25	45·0	0 42	0 42	45·0	225	315

Lat. / A		84°			85°			86°			87°			88°			89°			Lat. / A	
LHA/F		A/H	B/P	Z_1/Z_2	A/H	B/P	Z_1/Z_2	A/H	B/P	Z_1/Z_2	A/H	B/P	Z_1/Z_2	A/H	B/P	Z_1/Z_2	A/H	B/P	Z_1/Z_2	LHA	
°	°	° ′	° ′	°	° ′	° ′	°	° ′	° ′	°	° ′	° ′	°	° ′	° ′	°	° ′	° ′	°	°	°
45	135	4 14	4 15	45·2	3 32	3 32	45·1	2 50	2 50	45·1	2 07	2 07	45·0	1 25	1 25	45·0	0 42	0 42	45·0	225	315
46	134	4 19	4 11	44·2	3 36	3 29	44·1	2 53	2 47	44·1	2 09	2 05	44·0	1 26	1 23	44·0	0 43	0 42	44·0	226	314
47	133	4 23	4 06	43·2	3 39	3 25	43·1	2 55	2 44	43·1	2 12	2 03	43·0	1 28	1 22	43·0	0 44	0 41	43·0	227	313
48	132	4 27	4 01	42·2	3 43	3 21	42·1	2 58	2 41	42·1	2 14	2 01	42·0	1 29	1 20	42·0	0 45	0 40	42·0	228	312
49	131	4 31	3 57	41·2	3 46	3 17	41·1	3 01	2 38	41·1	2 16	1 58	41·0	1 31	1 19	41·0	0 45	0 39	41·0	229	311
50	130	4 36	3 52	40·2	3 50	3 13	40·1	3 04	2 34	40·1	2 18	1 56	40·0	1 32	1 17	40·0	0 46	0 39	40·0	230	310
51	129	4 40	3 47	39·2	3 53	3 09	39·1	3 06	2 31	39·1	2 20	1 53	39·0	1 33	1 16	39·0	0 47	0 38	39·0	231	309
52	128	4 43	3 42	38·2	3 56	3 05	38·1	3 09	2 28	38·1	2 22	1 51	38·0	1 35	1 14	38·0	0 47	0 37	38·0	232	308
53	127	4 47	3 37	37·2	3 59	3 01	37·1	3 12	2 25	37·1	2 24	1 48	37·0	1 36	1 12	37·0	0 48	0 36	37·0	233	307
54	126	4 51	3 32	36·1	4 03	2 57	36·1	3 14	2 21	36·1	2 26	1 46	36·0	1 37	1 11	36·0	0 49	0 35	36·0	234	306
55	125	4 55	3 27	35·1	4 06	2 52	35·1	3 17	2 18	35·1	2 27	1 43	35·0	1 38	1 09	35·0	0 49	0 34	35·0	235	305
56	124	4 58	3 22	34·1	4 09	2 48	34·1	3 19	2 14	34·1	2 29	1 41	34·0	1 39	1 07	34·0	0 50	0 34	34·0	236	304
57	123	5 02	3 17	33·1	4 12	2 44	33·1	3 21	2 11	33·1	2 31	1 38	33·0	1 41	1 05	33·0	0 50	0 33	33·0	237	303
58	122	5 05	3 11	32·1	4 14	2 39	32·1	3 23	2 07	32·1	2 33	1 35	32·0	1 42	1 04	32·0	0 51	0 32	32·0	238	302
59	121	5 08	3 06	31·1	4 17	2 35	31·1	3 26	2 04	31·1	2 34	1 33	31·0	1 43	1 02	31·0	0 51	0 31	31·0	239	301
60	120	5 12	3 00	30·1	4 20	2 30	30·1	3 28	2 00	30·1	2 36	1 30	30·0	1 44	1 00	30·0	0 52	0 30	30·0	240	300
61	119	5 15	2 55	29·1	4 22	2 26	29·1	3 30	1 56	29·1	2 37	1 27	29·0	1 45	0 58	29·0	0 52	0 29	29·0	241	299
62	118	5 18	2 49	28·1	4 25	2 21	28·1	3 32	1 53	28·1	2 39	1 25	28·0	1 46	0 56	28·0	0 53	0 28	28·0	242	298
63	117	5 21	2 44	27·1	4 27	2 16	27·1	3 34	1 49	27·1	2 40	1 22	27·0	1 47	0 54	27·0	0 53	0 27	27·0	243	297
64	116	5 23	2 38	26·1	4 30	2 12	26·1	3 36	1 45	26·1	2 42	1 19	26·0	1 48	0 53	26·0	0 54	0 26	26·0	244	296
65	115	5 26	2 33	25·1	4 32	2 07	25·1	3 37	1 42	25·1	2 43	1 16	25·0	1 49	0 51	25·0	0 54	0 25	25·0	245	295
66	114	5 29	2 27	24·1	4 34	2 02	24·1	3 39	1 38	24·1	2 44	1 13	24·0	1 50	0 49	24·0	0 55	0 24	24·0	246	294
67	113	5 31	2 21	23·1	4 36	1 57	23·1	3 41	1 34	23·1	2 46	1 10	23·0	1 50	0 47	23·0	0 55	0 23	23·0	247	293
68	112	5 34	2 15	22·1	4 38	1 53	22·1	3 42	1 30	22·0	2 47	1 07	22·0	1 51	0 45	22·0	0 56	0 22	22·0	248	292
69	111	5 36	2 09	21·1	4 40	1 48	21·1	3 44	1 26	21·0	2 48	1 05	21·0	1 52	0 43	21·0	0 56	0 22	21·0	249	291
70	110	5 38	2 04	20·1	4 42	1 43	20·1	3 46	1 22	20·0	2 49	1 02	20·0	1 53	0 41	20·0	0 56	0 21	20·0	250	290
71	109	5 40	1 58	19·1	4 44	1 38	19·1	3 47	1 18	19·0	2 50	0 59	19·0	1 53	0 39	19·0	0 57	0 20	19·0	251	289
72	108	5 42	1 52	18·1	4 45	1 33	18·1	3 48	1 14	18·0	2 51	0 56	18·0	1 54	0 37	18·0	0 57	0 19	18·0	252	288
73	107	5 44	1 46	17·1	4 47	1 28	17·1	3 49	1 10	17·0	2 52	0 53	17·0	1 55	0 35	17·0	0 57	0 18	17·0	253	287
74	106	5 46	1 40	16·1	4 48	1 23	16·1	3 51	1 06	16·0	2 53	0 50	16·0	1 55	0 33	16·0	0 58	0 17	16·0	254	286
75	105	5 48	1 33	15·1	4 50	1 18	15·1	3 52	1 02	15·0	2 54	0 47	15·0	1 56	0 31	15·0	0 58	0 16	15·0	255	285
76	104	5 49	1 27	14·1	4 51	1 13	14·1	3 53	0 58	14·0	2 55	0 44	14·0	1 56	0 29	14·0	0 58	0 15	14·0	256	284
77	103	5 51	1 21	13·1	4 52	1 08	13·0	3 54	0 54	13·0	2 55	0 41	13·0	1 57	0 27	13·0	0 58	0 13	13·0	257	283
78	102	5 52	1 15	12·1	4 53	1 03	12·0	3 55	0 50	12·0	2 56	0 37	12·0	1 57	0 25	12·0	0 59	0 12	12·0	258	282
79	101	5 53	1 09	11·1	4 54	0 57	11·0	3 56	0 46	11·0	2 57	0 34	11·0	1 58	0 23	11·0	0 59	0 11	11·0	259	281
80	100	5 55	1 03	10·1	4 55	0 52	10·0	3 56	0 42	10·0	2 57	0 31	10·0	1 58	0 21	10·0	0 59	0 10	10·0	260	280
81	99	5 56	0 57	9·0	4 56	0 47	9·0	3 57	0 38	9·0	2 58	0 28	9·0	1 59	0 19	9·0	0 59	0 09	9·0	261	279
82	98	5 56	0 50	8·0	4 57	0 42	8·0	3 58	0 33	8·0	2 58	0 25	8·0	1 59	0 17	8·0	0 59	0 08	8·0	262	278
83	97	5 57	0 44	7·0	4 58	0 37	7·0	3 58	0 29	7·0	2 59	0 22	7·0	1 59	0 15	7·0	1 00	0 07	7·0	263	277
84	96	5 58	0 38	6·0	4 58	0 31	6·0	3 59	0 25	6·0	2 59	0 19	6·0	1 59	0 13	6·0	1 00	0 06	6·0	264	276
85	95	5 59	0 31	5·0	4 59	0 26	5·0	3 59	0 21	5·0	2 59	0 16	5·0	2 00	0 10	5·0	1 00	0 05	5·0	265	275
86	94	5 59	0 25	4·0	4 59	0 21	4·0	3 59	0 17	4·0	3 00	0 13	4·0	2 00	0 08	4·0	1 00	0 04	4·0	266	274
87	93	6 00	0 19	3·0	5 00	0 16	3·0	4 00	0 13	3·0	3 00	0 09	3·0	2 00	0 06	3·0	1 00	0 03	3·0	267	273
88	92	6 00	0 13	2·0	5 00	0 10	2·0	4 00	0 08	2·0	3 00	0 06	2·0	2 00	0 04	2·0	1 00	0 02	2·0	268	272
89	91	6 00	0 06	1·0	5 00	0 05	1·0	4 00	0 04	1·0	3 00	0 03	1·0	2 00	0 02	1·0	1 00	0 01	1·0	269	271
90	90	6 00	0 00	0·0	5 00	0 00	0·0	4 00	0 00	0·0	3 00	0 00	0·0	2 00	0 00	0·0	1 00	0 00	0·0	270	270

N. Lat: for LHA > 180° … $Z_n = Z$
for LHA < 180° … $Z_n = 360° - Z$

S. Lat.: for LHA > 180° … $Z_n = 180° - Z$
for LHA < 180° … $Z_n = 180° + Z$

AUXILIARY TABLE

Sign of $corr_1$ for F′. *Reverse* sign if $F > 90°$. ↓

Sign for $corr_2$ for A′. ↓

F′ + −	1 59	2 58	3 57	4 56	5 55	6 54	7 53	8 52	9 51	10 50	11 49	12 48	13 47	14 46	15 45	16 44	17 43	18 42	19 41	20 40	21 39	22 38	23 37	24 36	25 35	26 34	27 33	28 32	29 31	□ 30	− A′ +
P°	′	′	′	′	′	′	′	′	′	′	′	′	′	′	′	′	′	′	′	′	′	′	′	′	′	′	′	′	′	′	$Z_2°$
1	0	0	0	0	0	0	0	0	0	0	0	0	0	0	0	0	0	0	0	0	0	0	0	0	0	0	0	0	1	1	89
2	0	0	0	0	0	0	0	0	0	0	0	0	0	0	1	1	1	1	1	1	1	1	1	1	1	1	1	1	1	1	88
3	0	0	0	0	0	0	0	0	0	1	1	1	1	1	1	1	1	1	1	1	1	1	1	1	1	1	1	1	2	2	87
4	0	0	0	0	0	0	0	1	1	1	1	1	1	1	1	1	1	1	1	1	1	2	2	2	2	2	2	2	2	2	86
5	0	0	0	0	0	1	1	1	1	1	1	1	1	1	1	1	1	2	2	2	2	2	2	2	2	2	2	2	3	3	85
6	0	0	0	0	1	1	1	1	1	1	1	1	1	1	2	2	2	2	2	2	2	2	2	3	3	3	3	3	3	3	84
7	0	0	0	0	1	1	1	1	1	1	1	1	2	2	2	2	2	2	2	2	3	3	3	3	3	3	3	3	4	4	83
8	0	0	0	1	1	1	1	1	1	1	2	2	2	2	2	2	2	3	3	3	3	3	3	3	3	4	4	4	4	4	82
9	0	0	0	1	1	1	1	1	1	2	2	2	2	2	2	3	3	3	3	3	3	3	4	4	4	4	4	4	5	5	81
10	0	0	1	1	1	1	1	1	2	2	2	2	2	2	3	3	3	3	3	3	4	4	4	4	4	5	5	5	5	5	80
11	0	0	1	1	1	1	1	2	2	2	2	2	2	3	3	3	3	3	4	4	4	4	4	5	5	5	5	5	6	6	79
12	0	0	1	1	1	1	1	2	2	2	2	2	3	3	3	3	4	4	4	4	4	5	5	5	5	5	6	6	6	6	78
13	0	0	1	1	1	1	2	2	2	2	2	3	3	3	3	4	4	4	4	4	5	5	5	5	6	6	6	6	7	7	77
14	0	0	1	1	1	1	2	2	2	2	3	3	3	3	4	4	4	4	5	5	5	5	6	6	6	6	7	7	7	7	76
15	0	1	1	1	1	2	2	2	2	3	3	3	3	4	4	4	4	5	5	5	5	6	6	6	6	7	7	7	8	8	75
16	0	1	1	1	1	2	2	2	2	3	3	3	4	4	4	4	5	5	5	6	6	6	6	7	7	7	7	8	8	8	74
17	0	1	1	1	1	2	2	2	3	3	3	4	4	4	4	5	5	5	6	6	6	6	7	7	7	8	8	8	8	9	73
18	0	1	1	1	2	2	2	2	3	3	3	4	4	4	5	5	5	6	6	6	6	7	7	7	8	8	8	9	9	9	72
19	0	1	1	1	2	2	2	3	3	3	4	4	4	5	5	5	6	6	6	7	7	7	7	8	8	8	9	9	9	10	71
20	0	1	1	1	2	2	2	3	3	3	4	4	4	5	5	5	6	6	6	7	7	8	8	8	9	9	9	10	10	10	70
21	0	1	1	1	2	2	3	3	3	4	4	4	5	5	5	6	6	6	7	7	8	8	8	9	9	9	10	10	10	11	69
22	0	1	1	1	2	2	3	3	3	4	4	4	5	5	6	6	6	7	7	7	8	8	9	9	9	10	10	10	11	11	68
23	0	1	1	2	2	2	3	3	4	4	4	5	5	5	6	6	7	7	7	8	8	9	9	9	10	10	11	11	11	12	67
24	0	1	1	2	2	2	3	3	4	4	4	5	5	6	6	7	7	7	8	8	9	9	9	10	10	11	11	11	12	12	66
25	0	1	1	2	2	3	3	3	4	4	5	5	5	6	6	7	7	8	8	8	9	9	10	10	11	11	11	12	12	13	65
26	0	1	1	2	2	3	3	4	4	4	5	5	6	6	7	7	7	8	8	9	9	10	10	11	11	11	12	12	13	13	64
27	0	1	1	2	2	3	3	4	4	5	5	5	6	6	7	7	8	8	9	9	10	10	10	11	11	12	12	13	13	14	63
28	0	1	1	2	2	3	3	4	4	5	5	6	6	7	7	8	8	8	9	9	10	10	11	11	12	12	13	13	14	14	62
29	0	1	1	2	2	3	3	4	4	5	5	6	6	7	7	8	8	9	9	10	10	11	11	12	12	13	13	14	14	15	61
30	0	1	1	2	2	3	3	4	4	5	5	6	6	7	7	8	8	9	9	10	10	11	11	12	12	13	13	14	14	15	60
31	1	1	2	2	3	3	4	4	5	5	6	6	7	7	8	8	9	9	10	10	11	11	12	12	13	13	14	14	15	15	59
32	1	1	2	2	3	3	4	4	5	5	6	6	7	7	8	8	9	10	10	11	11	12	12	13	13	14	14	15	15	16	58
33	1	1	2	2	3	3	4	4	5	5	6	7	7	8	8	9	9	10	10	11	11	12	13	13	14	14	15	15	16	16	57
34	1	1	2	2	3	3	4	4	5	6	6	7	7	8	8	9	10	10	11	11	12	12	13	13	14	15	15	16	16	17	56
35	1	1	2	2	3	3	4	5	5	6	6	7	7	8	9	9	10	10	11	11	12	13	13	14	14	15	15	16	17	17	55
36	1	1	2	2	3	4	4	5	5	6	6	7	8	8	9	9	10	11	11	12	12	13	14	14	15	15	16	16	17	18	54
37	1	1	2	2	3	4	4	5	5	6	7	7	8	8	9	10	10	11	11	12	13	13	14	14	15	16	16	17	17	18	53
38	1	1	2	2	3	4	4	5	6	6	7	7	8	9	9	10	10	11	12	12	13	14	14	15	15	16	17	17	18	18	52
39	1	1	2	3	3	4	4	5	6	6	7	8	8	9	9	10	11	11	12	13	13	14	14	15	16	16	17	18	18	19	51
40	1	1	2	3	3	4	4	5	6	6	7	8	8	9	10	10	11	12	12	13	13	14	15	15	16	17	17	18	19	19	50

F′ +/−	1	2	3	4	5	6	7	8	9	10	11	12	13	14	15	16	17	18	19	20	21	22	23	24	25	26	27	28	29	□	−/+ A′
	59	58	57	56	55	54	53	52	51	50	49	48	47	46	45	44	43	42	41	40	39	38	37	36	35	34	33	32	31	30	
P°	′	′	′	′	′	′	′	′	′	′	′	′	′	′	′	′	′	′	′	′	′	′	′	′	′	′	′	′	′	′	Z_2°
41	1	1	2	3	3	4	5	5	6	7	7	8	9	9	10	10	11	12	12	13	14	14	15	16	16	17	18	18	19	20	49
42	1	1	2	3	3	4	5	5	6	7	7	8	9	9	10	11	11	12	13	13	14	15	15	16	17	17	18	19	19	20	48
43	1	1	2	3	3	4	5	5	6	7	8	8	9	10	10	11	12	12	13	14	14	15	16	16	17	18	18	19	20	20	47
44	1	1	2	3	3	4	5	6	6	7	8	8	9	10	10	11	12	13	13	14	15	15	16	17	17	18	19	19	20	21	46
45	1	1	2	3	4	4	5	6	6	7	8	8	9	10	11	11	12	13	13	14	15	16	16	17	18	18	19	20	21	21	45
46	1	1	2	3	4	4	5	6	6	7	8	9	9	10	11	12	12	13	14	14	15	16	17	17	18	19	19	20	21	22	44
47	1	1	2	3	4	4	5	6	7	7	8	9	10	10	11	12	12	13	14	15	15	16	17	18	18	19	20	20	21	22	43
48	1	1	2	3	4	4	5	6	7	7	8	9	10	10	11	12	13	13	14	15	16	16	17	18	19	19	20	21	22	22	42
49	1	2	2	3	4	5	5	6	7	8	8	9	10	11	11	12	13	14	14	15	16	17	17	18	19	20	20	21	22	23	41
50	1	2	2	3	4	5	5	6	7	8	8	9	10	11	11	12	13	14	15	15	16	17	18	18	19	20	21	21	22	23	40
51	1	2	2	3	4	5	5	6	7	8	9	9	10	11	12	12	13	14	15	16	16	17	18	19	19	20	21	22	23	23	39
52	1	2	2	3	4	5	6	6	7	8	9	9	10	11	12	13	13	14	15	16	17	17	18	19	20	20	21	22	23	24	38
53	1	2	2	3	4	5	6	6	7	8	9	10	10	11	12	13	14	14	15	16	17	18	18	19	20	21	22	22	23	24	37
54	1	2	2	3	4	5	6	6	7	8	9	10	11	11	12	13	14	15	15	16	17	18	19	19	20	21	22	23	23	24	36
55	1	2	2	3	4	5	6	7	7	8	9	10	11	11	12	13	14	15	16	16	17	18	19	20	20	21	22	23	24	25	35
56	1	2	2	3	4	5	6	7	7	8	9	10	11	12	12	13	14	15	16	17	17	18	19	20	21	22	22	23	24	25	34
57	1	2	3	3	4	5	6	7	8	8	9	10	11	12	13	13	14	15	16	17	18	18	19	20	21	22	23	23	24	25	33
58	1	2	3	3	4	5	6	7	8	8	9	10	11	12	13	14	14	15	16	17	18	19	20	20	21	22	23	24	25	25	32
59	1	2	3	3	4	5	6	7	8	9	9	10	11	12	13	14	15	15	16	17	18	19	20	21	21	22	23	24	25	26	31
60	1	2	3	3	4	5	6	7	8	9	10	10	11	12	13	14	15	16	16	17	18	19	20	21	22	23	23	24	25	26	30
61	1	2	3	3	4	5	6	7	8	9	10	10	11	12	13	14	15	16	17	17	18	19	20	21	22	23	24	24	25	26	29
62	1	2	3	4	4	5	6	7	8	9	10	11	11	12	13	14	15	16	17	18	19	19	20	21	22	23	24	25	26	26	28
63	1	2	3	4	4	5	6	7	8	9	10	11	12	12	13	14	15	16	17	18	19	20	20	21	22	23	24	25	26	27	27
64	1	2	3	4	4	5	6	7	8	9	10	11	12	13	13	14	15	16	17	18	19	20	21	22	22	23	24	25	26	27	26
65	1	2	3	4	5	5	6	7	8	9	10	11	12	13	14	15	15	16	17	18	19	20	21	22	23	24	24	25	26	27	25
66	1	2	3	4	5	5	6	7	8	9	10	11	12	13	14	15	16	16	17	18	19	20	21	22	23	24	25	26	26	27	24
67	1	2	3	4	5	6	6	7	8	9	10	11	12	13	14	15	16	17	17	18	19	20	21	22	23	24	25	26	27	28	23
68	1	2	3	4	5	6	6	7	8	9	10	11	12	13	14	15	16	17	18	19	19	20	21	22	23	24	25	26	27	28	22
69	1	2	3	4	5	6	7	7	8	9	10	11	12	13	14	15	16	17	18	19	20	21	21	22	23	24	25	26	27	28	21
70	1	2	3	4	5	6	7	8	8	9	10	11	12	13	14	15	16	17	18	19	20	21	22	23	23	24	25	26	27	28	20
71	1	2	3	4	5	6	7	8	9	9	10	11	12	13	14	15	16	17	18	19	20	21	22	23	24	25	26	26	27	28	19
72	1	2	3	4	5	6	7	8	9	10	10	11	12	13	14	15	16	17	18	19	20	21	22	23	24	25	26	27	28	29	18
73	1	2	3	4	5	6	7	8	9	10	11	11	12	13	14	15	16	17	18	19	20	21	22	23	24	25	26	27	28	29	17
74	1	2	3	4	5	6	7	8	9	10	11	12	12	13	14	15	16	17	18	19	20	21	22	23	24	25	26	27	28	29	16
75	1	2	3	4	5	6	7	8	9	10	11	12	13	14	14	15	16	17	18	19	20	21	22	23	24	25	26	27	28	29	15
76	1	2	3	4	5	6	7	8	9	10	11	12	13	14	15	16	16	17	18	19	20	21	22	23	24	25	26	27	28	29	14
77	1	2	3	4	5	6	7	8	9	10	11	12	13	14	15	16	17	18	19	19	20	21	22	23	24	25	26	27	28	29	13
78	1	2	3	4	5	6	7	8	9	10	11	12	13	14	15	16	17	18	19	20	21	22	22	23	24	25	26	27	28	29	12
79	1	2	3	4	5	6	7	8	9	10	11	12	13	14	15	16	17	18	19	20	21	22	23	24	25	26	27	27	28	29	11
80	1	2	3	4	5	6	7	8	9	10	11	12	13	14	15	16	17	18	19	20	21	22	23	24	25	26	27	28	29	30	10

For P > 80°, use 80°

For $Z_2 < 10°$, use 10°

USE OF CONCISE SIGHT REDUCTION TABLES (continued)

4. *Example.* (b) Required the altitude and azimuth of *Vega* on 2010 July 29 at UT 04^{h} 49^{m} from the estimated position 152° west, 15° south.

1. Assumed latitude	$Lat =$	15° S		
From the almanac	$GHA =$	99° 39′		
Assumed longitude		151° 39′ W		
Local hour angle	$LHA =$	308		
2. Reduction table, 1st entry				
$(Lat, LHA) = (15, 308)$	$A =$	49 34	$A° = 50,\ A' = 34$	
	$B =$	+66 29	$Z_1 = +71{\cdot}7,$	$LHA > 270°$
3. From the almanac	$Dec =$	−38 48		*Lat* and *Dec* contrary
Sum $= B + Dec$	$F =$	+27 41	$F° = 28,\ F' = 41$	
4. Reduction table, 2nd entry				
$(A°, F°) = (50, 28)$	$H =$	17 34	$P° = 37$	
			$Z_2 = 67{\cdot}8, Z_2° = 68$	
5. Auxiliary table, 1st entry				
$(F', P°) = (41, 37)$	$corr_1 =$	−11		$F < 90°,\ F' > 29'$
Sum		17 23		
6. Auxiliary table, 2nd entry				
$(A', Z_2°) = (34, 68)$	$corr_2 =$	+10		$A' > 30'$
7. Sum = computed altitude	$H_C =$	+17° 33′		$F > 0°$
8. Azimuth, first component	$Z_1 =$	$+71{\cdot}7$		same sign as B
second component	$Z_2 =$	$+67{\cdot}8$		$F < 90°,\ F > 0°$
Sum = azimuth angle	$Z =$	$139{\cdot}5$		
True azimuth	$Z_n =$	040°		S *Lat*, $LHA > 180°$

5. *Form for use with the Concise Sight Reduction Tables.* The form on the following page lays out the procedure explained on pages 284-285. Each step is shown, with notes and rules to ensure accuracy, rather than speed, throughout the calculation. The form is mainly intended for the calculation of star positions. It therefore includes the formation of the Greenwich hour of Aries (*GHA* Aries), and thus the Greenwich hour angle of the star (*GHA*) from its tabular sidereal hour angle (*SHA*). These calculations, included in step 1 of the form, can easily be replaced by the interpolation of *GHA* and *Dec* for the Sun, Moon or planets.

The form may be freely copied, however, acknowledgement of the source is requested.

Date & UT of observation h m s	**Body**	**Estimated Latitude & Longitude** ° ′ ° ′

Step	**Calculate Altitude & Azimuth**		**Summary of Rules & Notes**
Assumed latitude	$Lat =$ °		Nearest estimated latitude, integral number of degrees.
Assumed longitude	$Long =$ ° ′		Choose $Long$ so that LHA has integral number of degrees.
1. From the almanac:	$Dec =$ ° ′		Record the Dec for use in Step 3.
GHA Aries h	= ° ′		Needed if using SHA. Tabular value.
Increment m s	= ° ′		for minutes and seconds of time.
SHA	$SHA =$ ° ′		
$GHA = GHA\ Aries + SHA$	$GHA =$ ° ′		Remove multiples of 360°.
Assumed longitude	$Long =$ ° ′		West longitudes are negative.
$LHA = GHA + Long$	$LHA =$ °		Remove multiples of 360°.
2. Reduction table, 1st entry			
$(Lat, LHA) = (\ \ °,\ \ °)$	$A =$ ° ′	$A° =$ °	nearest whole degree of A.
record A, B and Z_1.		$A' =$ ′	minutes part of A.
	$B =$ ° ′		B is minus if $90° < LHA < 270°$.
		$Z_1 =$ °	Z_1 has the same sign as B.
3. From step 1	$Dec =$ ° ′		Dec is minus if contrary to Lat.
$F = B + Dec$	$F =$ ° ′		Regard F as positive until step 7.
		$F° =$ °	nearest whole degree of F.
		$F' =$ ′	minutes part of F.
4. Reduction table, 2nd entry			
$(A°, F°) = (\ \ °,\ \ °)$	$H =$ ° ′	$P° =$ °	nearest whole degree of P.
record H, P and Z_2.		$Z_2 =$ °	
5. Auxiliary table, 1st entry			
$(F', P°) = (\ \ ′,\ \ °)$	$corr_1 =$ ′		$corr_1$ is minus if $F < 90°$ & $F' > 29'$,
record $corr_1$			or if $F > 90°$ & $F' < 30'$.
6. Auxiliary table, 2nd entry			$Z_2°$ nearest whole degree of Z_2.
$(A', Z_2°) = (\ \ ′,\ \ °)$	$corr_2 =$ ′		$corr_2$ is minus if $A' < 30'$.
record $corr_2$			
7. Calculated altitude =	$H_C =$ ° ′		H_C is minus if F is negative, and
$H_C = H + corr_1 + corr_2$			object is below the horizon.
8. Azimuth, 1st component	$Z_1 =$ °		Z_1 has the same sign as B.
2nd component	$Z_2 =$ °		Z_2 is minus if $F > 90°$. If F is negative, $Z_2 = 180° - Z_2$
$Z = Z_1 + Z_2$	$Z =$ °		Ignore the sign of Z.
		N Lat:	If $LHA > 180°$, $Z_n = Z$, or if $LHA < 180°$, $Z_n = 360° - Z$,
		S Lat:	If $LHA > 180°$, $Z_n = 180° - Z$, or if $LHA < 180°$, $Z_n = 180° + Z$.
True azimuth	$Z_n =$ °		©HMNAO

For use with *The Nautical Almanac's* Concise Sight Reduction Tables pages 284-318.

CONVERSION OF ARC TO TIME

0°–59°		60°–119°		120°–179°		180°–239°		240°–299°		300°–359°			0′·00	0′·25	0′·50	0′·75
°	h m	°	h m	°	h m	°	h m	°	h m	°	h m	′	m s	m s	m s	m s
0	0 00	**60**	4 00	**120**	8 00	**180**	12 00	**240**	16 00	**300**	20 00	**0**	0 00	0 01	0 02	0 03
1	0 04	**61**	4 04	**121**	8 04	**181**	12 04	**241**	16 04	**301**	20 04	**1**	0 04	0 05	0 06	0 07
2	0 08	**62**	4 08	**122**	8 08	**182**	12 08	**242**	16 08	**302**	20 08	**2**	0 08	0 09	0 10	0 11
3	0 12	**63**	4 12	**123**	8 12	**183**	12 12	**243**	16 12	**303**	20 12	**3**	0 12	0 13	0 14	0 15
4	0 16	**64**	4 16	**124**	8 16	**184**	12 16	**244**	16 16	**304**	20 16	**4**	0 16	0 17	0 18	0 19
5	0 20	**65**	4 20	**125**	8 20	**185**	12 20	**245**	16 20	**305**	20 20	**5**	0 20	0 21	0 22	0 23
6	0 24	**66**	4 24	**126**	8 24	**186**	12 24	**246**	16 24	**306**	20 24	**6**	0 24	0 25	0 26	0 27
7	0 28	**67**	4 28	**127**	8 28	**187**	12 28	**247**	16 28	**307**	20 28	**7**	0 28	0 29	0 30	0 31
8	0 32	**68**	4 32	**128**	8 32	**188**	12 32	**248**	16 32	**308**	20 32	**8**	0 32	0 33	0 34	0 35
9	0 36	**69**	4 36	**129**	8 36	**189**	12 36	**249**	16 36	**309**	20 36	**9**	0 36	0 37	0 38	0 39
10	0 40	**70**	4 40	**130**	8 40	**190**	12 40	**250**	16 40	**310**	20 40	**10**	0 40	0 41	0 42	0 43
11	0 44	**71**	4 44	**131**	8 44	**191**	12 44	**251**	16 44	**311**	20 44	**11**	0 44	0 45	0 46	0 47
12	0 48	**72**	4 48	**132**	8 48	**192**	12 48	**252**	16 48	**312**	20 48	**12**	0 48	0 49	0 50	0 51
13	0 52	**73**	4 52	**133**	8 52	**193**	12 52	**253**	16 52	**313**	20 52	**13**	0 52	0 53	0 54	0 55
14	0 56	**74**	4 56	**134**	8 56	**194**	12 56	**254**	16 56	**314**	20 56	**14**	0 56	0 57	0 58	0 59
15	1 00	**75**	5 00	**135**	9 00	**195**	13 00	**255**	17 00	**315**	21 00	**15**	1 00	1 01	1 02	1 03
16	1 04	**76**	5 04	**136**	9 04	**196**	13 04	**256**	17 04	**316**	21 04	**16**	1 04	1 05	1 06	1 07
17	1 08	**77**	5 08	**137**	9 08	**197**	13 08	**257**	17 08	**317**	21 08	**17**	1 08	1 09	1 10	1 11
18	1 12	**78**	5 12	**138**	9 12	**198**	13 12	**258**	17 12	**318**	21 12	**18**	1 12	1 13	1 14	1 15
19	1 16	**79**	5 16	**139**	9 16	**199**	13 16	**259**	17 16	**319**	21 16	**19**	1 16	1 17	1 18	1 19
20	1 20	**80**	5 20	**140**	9 20	**200**	13 20	**260**	17 20	**320**	21 20	**20**	1 20	1 21	1 22	1 23
21	1 24	**81**	5 24	**141**	9 24	**201**	13 24	**261**	17 24	**321**	21 24	**21**	1 24	1 25	1 26	1 27
22	1 28	**82**	5 28	**142**	9 28	**202**	13 28	**262**	17 28	**322**	21 28	**22**	1 28	1 29	1 30	1 31
23	1 32	**83**	5 32	**143**	9 32	**203**	13 32	**263**	17 32	**323**	21 32	**23**	1 32	1 33	1 34	1 35
24	1 36	**84**	5 36	**144**	9 36	**204**	13 36	**264**	17 36	**324**	21 36	**24**	1 36	1 37	1 38	1 39
25	1 40	**85**	5 40	**145**	9 40	**205**	13 40	**265**	17 40	**325**	21 40	**25**	1 40	1 41	1 42	1 43
26	1 44	**86**	5 44	**146**	9 44	**206**	13 44	**266**	17 44	**326**	21 44	**26**	1 44	1 45	1 46	1 47
27	1 48	**87**	5 48	**147**	9 48	**207**	13 48	**267**	17 48	**327**	21 48	**27**	1 48	1 49	1 50	1 51
28	1 52	**88**	5 52	**148**	9 52	**208**	13 52	**268**	17 52	**328**	21 52	**28**	1 52	1 53	1 54	1 55
29	1 56	**89**	5 56	**149**	9 56	**209**	13 56	**269**	17 56	**329**	21 56	**29**	1 56	1 57	1 58	1 59
30	2 00	**90**	6 00	**150**	10 00	**210**	14 00	**270**	18 00	**330**	22 00	**30**	2 00	2 01	2 02	2 03
31	2 04	**91**	6 04	**151**	10 04	**211**	14 04	**271**	18 04	**331**	22 04	**31**	2 04	2 05	2 06	2 07
32	2 08	**92**	6 08	**152**	10 08	**212**	14 08	**272**	18 08	**332**	22 08	**32**	2 08	2 09	2 10	2 11
33	2 12	**93**	6 12	**153**	10 12	**213**	14 12	**273**	18 12	**333**	22 12	**33**	2 12	2 13	2 14	2 15
34	2 16	**94**	6 16	**154**	10 16	**214**	14 16	**274**	18 16	**334**	22 16	**34**	2 16	2 17	2 18	2 19
35	2 20	**95**	6 20	**155**	10 20	**215**	14 20	**275**	18 20	**335**	22 20	**35**	2 20	2 21	2 22	2 23
36	2 24	**96**	6 24	**156**	10 24	**216**	14 24	**276**	18 24	**336**	22 24	**36**	2 24	2 25	2 26	2 27
37	2 28	**97**	6 28	**157**	10 28	**217**	14 28	**277**	18 28	**337**	22 28	**37**	2 28	2 29	2 30	2 31
38	2 32	**98**	6 32	**158**	10 32	**218**	14 32	**278**	18 32	**338**	22 32	**38**	2 32	2 33	2 34	2 35
39	2 36	**99**	6 36	**159**	10 36	**219**	14 36	**279**	18 36	**339**	22 36	**39**	2 36	2 37	2 38	2 39
40	2 40	**100**	6 40	**160**	10 40	**220**	14 40	**280**	18 40	**340**	22 40	**40**	2 40	2 41	2 42	2 43
41	2 44	**101**	6 44	**161**	10 44	**221**	14 44	**281**	18 44	**341**	22 44	**41**	2 44	2 45	2 46	2 47
42	2 48	**102**	6 48	**162**	10 48	**222**	14 48	**282**	18 48	**342**	22 48	**42**	2 48	2 49	2 50	2 51
43	2 52	**103**	6 52	**163**	10 52	**223**	14 52	**283**	18 52	**343**	22 52	**43**	2 52	2 53	2 54	2 55
44	2 56	**104**	6 56	**164**	10 56	**224**	14 56	**284**	18 56	**344**	22 56	**44**	2 56	2 57	2 58	2 59
45	3 00	**105**	7 00	**165**	11 00	**225**	15 00	**285**	19 00	**345**	23 00	**45**	3 00	3 01	3 02	3 03
46	3 04	**106**	7 04	**166**	11 04	**226**	15 04	**286**	19 04	**346**	23 04	**46**	3 04	3 05	3 06	3 07
47	3 08	**107**	7 08	**167**	11 08	**227**	15 08	**287**	19 08	**347**	23 08	**47**	3 08	3 09	3 10	3 11
48	3 12	**108**	7 12	**168**	11 12	**228**	15 12	**288**	19 12	**348**	23 12	**48**	3 12	3 13	3 14	3 15
49	3 16	**109**	7 16	**169**	11 16	**229**	15 16	**289**	19 16	**349**	23 16	**49**	3 16	3 17	3 18	3 19
50	3 20	**110**	7 20	**170**	11 20	**230**	15 20	**290**	19 20	**350**	23 20	**50**	3 20	3 21	3 22	3 23
51	3 24	**111**	7 24	**171**	11 24	**231**	15 24	**291**	19 24	**351**	23 24	**51**	3 24	3 25	3 26	3 27
52	3 28	**112**	7 28	**172**	11 28	**232**	15 28	**292**	19 28	**352**	23 28	**52**	3 28	3 29	3 30	3 31
53	3 32	**113**	7 32	**173**	11 32	**233**	15 32	**293**	19 32	**353**	23 32	**53**	3 32	3 33	3 34	3 35
54	3 36	**114**	7 36	**174**	11 36	**234**	15 36	**294**	19 36	**354**	23 36	**54**	3 36	3 37	3 38	3 39
55	3 40	**115**	7 40	**175**	11 40	**235**	15 40	**295**	19 40	**355**	23 40	**55**	3 40	3 41	3 42	3 43
56	3 44	**116**	7 44	**176**	11 44	**236**	15 44	**296**	19 44	**356**	23 44	**56**	3 44	3 45	3 46	3 47
57	3 48	**117**	7 48	**177**	11 48	**237**	15 48	**297**	19 48	**357**	23 48	**57**	3 48	3 49	3 50	3 51
58	3 52	**118**	7 52	**178**	11 52	**238**	15 52	**298**	19 52	**358**	23 52	**58**	3 52	3 53	3 54	3 55
59	3 56	**119**	7 56	**179**	11 56	**239**	15 56	**299**	19 56	**359**	23 56	**59**	3 56	3 57	3 58	3 59

The above table is for converting expressions in arc to their equivalent in time; its main use in this Almanac is for the conversion of longitude for application to LMT (*added* if *west*, *subtracted* if *east*) to give UT or vice versa, particularly in the case of sunrise, sunset, etc.

m 0	SUN PLANETS	ARIES	MOON	v or d	Corr^n	v or d	Corr^n	v or d	Corr^n
s	° ′	° ′	° ′	′	′	′	′	′	′
00	0 00·0	0 00·0	0 00·0	0·0	0·0	6·0	0·1	12·0	0·1
01	0 00·3	0 00·3	0 00·2	0·1	0·0	6·1	0·1	12·1	0·1
02	0 00·5	0 00·5	0 00·5	0·2	0·0	6·2	0·1	12·2	0·1
03	0 00·8	0 00·8	0 00·7	0·3	0·0	6·3	0·1	12·3	0·1
04	0 01·0	0 01·0	0 01·0	0·4	0·0	6·4	0·1	12·4	0·1
05	0 01·3	0 01·3	0 01·2	0·5	0·0	6·5	0·1	12·5	0·1
06	0 01·5	0 01·5	0 01·4	0·6	0·0	6·6	0·1	12·6	0·1
07	0 01·8	0 01·8	0 01·7	0·7	0·0	6·7	0·1	12·7	0·1
08	0 02·0	0 02·0	0 01·9	0·8	0·0	6·8	0·1	12·8	0·1
09	0 02·3	0 02·3	0 02·1	0·9	0·0	6·9	0·1	12·9	0·1
10	0 02·5	0 02·5	0 02·4	1·0	0·0	7·0	0·1	13·0	0·1
11	0 02·8	0 02·8	0 02·6	1·1	0·0	7·1	0·1	13·1	0·1
12	0 03·0	0 03·0	0 02·9	1·2	0·0	7·2	0·1	13·2	0·1
13	0 03·3	0 03·3	0 03·1	1·3	0·0	7·3	0·1	13·3	0·1
14	0 03·5	0 03·5	0 03·3	1·4	0·0	7·4	0·1	13·4	0·1
15	0 03·8	0 03·8	0 03·6	1·5	0·0	7·5	0·1	13·5	0·1
16	0 04·0	0 04·0	0 03·8	1·6	0·0	7·6	0·1	13·6	0·1
17	0 04·3	0 04·3	0 04·1	1·7	0·0	7·7	0·1	13·7	0·1
18	0 04·5	0 04·5	0 04·3	1·8	0·0	7·8	0·1	13·8	0·1
19	0 04·8	0 04·8	0 04·5	1·9	0·0	7·9	0·1	13·9	0·1
20	0 05·0	0 05·0	0 04·8	2·0	0·0	8·0	0·1	14·0	0·1
21	0 05·3	0 05·3	0 05·0	2·1	0·0	8·1	0·1	14·1	0·1
22	0 05·5	0 05·5	0 05·2	2·2	0·0	8·2	0·1	14·2	0·1
23	0 05·8	0 05·8	0 05·5	2·3	0·0	8·3	0·1	14·3	0·1
24	0 06·0	0 06·0	0 05·7	2·4	0·0	8·4	0·1	14·4	0·1
25	0 06·3	0 06·3	0 06·0	2·5	0·0	8·5	0·1	14·5	0·1
26	0 06·5	0 06·5	0 06·2	2·6	0·0	8·6	0·1	14·6	0·1
27	0 06·8	0 06·8	0 06·4	2·7	0·0	8·7	0·1	14·7	0·1
28	0 07·0	0 07·0	0 06·7	2·8	0·0	8·8	0·1	14·8	0·1
29	0 07·3	0 07·3	0 06·9	2·9	0·0	8·9	0·1	14·9	0·1
30	0 07·5	0 07·5	0 07·2	3·0	0·0	9·0	0·1	15·0	0·1
31	0 07·8	0 07·8	0 07·4	3·1	0·0	9·1	0·1	15·1	0·1
32	0 08·0	0 08·0	0 07·6	3·2	0·0	9·2	0·1	15·2	0·1
33	0 08·3	0 08·3	0 07·9	3·3	0·0	9·3	0·1	15·3	0·1
34	0 08·5	0 08·5	0 08·1	3·4	0·0	9·4	0·1	15·4	0·1
35	0 08·8	0 08·8	0 08·4	3·5	0·0	9·5	0·1	15·5	0·1
36	0 09·0	0 09·0	0 08·6	3·6	0·0	9·6	0·1	15·6	0·1
37	0 09·3	0 09·3	0 08·8	3·7	0·0	9·7	0·1	15·7	0·1
38	0 09·5	0 09·5	0 09·1	3·8	0·0	9·8	0·1	15·8	0·1
39	0 09·8	0 09·8	0 09·3	3·9	0·0	9·9	0·1	15·9	0·1
40	0 10·0	0 10·0	0 09·5	4·0	0·0	10·0	0·1	16·0	0·1
41	0 10·3	0 10·3	0 09·8	4·1	0·0	10·1	0·1	16·1	0·1
42	0 10·5	0 10·5	0 10·0	4·2	0·0	10·2	0·1	16·2	0·1
43	0 10·8	0 10·8	0 10·3	4·3	0·0	10·3	0·1	16·3	0·1
44	0 11·0	0 11·0	0 10·5	4·4	0·0	10·4	0·1	16·4	0·1
45	0 11·3	0 11·3	0 10·7	4·5	0·0	10·5	0·1	16·5	0·1
46	0 11·5	0 11·5	0 11·0	4·6	0·0	10·6	0·1	16·6	0·1
47	0 11·8	0 11·8	0 11·2	4·7	0·0	10·7	0·1	16·7	0·1
48	0 12·0	0 12·0	0 11·5	4·8	0·0	10·8	0·1	16·8	0·1
49	0 12·3	0 12·3	0 11·7	4·9	0·0	10·9	0·1	16·9	0·1
50	0 12·5	0 12·5	0 11·9	5·0	0·0	11·0	0·1	17·0	0·1
51	0 12·8	0 12·8	0 12·2	5·1	0·0	11·1	0·1	17·1	0·1
52	0 13·0	0 13·0	0 12·4	5·2	0·0	11·2	0·1	17·2	0·1
53	0 13·3	0 13·3	0 12·6	5·3	0·0	11·3	0·1	17·3	0·1
54	0 13·5	0 13·5	0 12·9	5·4	0·0	11·4	0·1	17·4	0·1
55	0 13·8	0 13·8	0 13·1	5·5	0·0	11·5	0·1	17·5	0·1
56	0 14·0	0 14·0	0 13·4	5·6	0·0	11·6	0·1	17·6	0·1
57	0 14·3	0 14·3	0 13·6	5·7	0·0	11·7	0·1	17·7	0·1
58	0 14·5	0 14·5	0 13·8	5·8	0·0	11·8	0·1	17·8	0·1
59	0 14·8	0 14·8	0 14·1	5·9	0·0	11·9	0·1	17·9	0·1
60	0 15·0	0 15·0	0 14·3	6·0	0·1	12·0	0·1	18·0	0·2

m 1	SUN PLANETS	ARIES	MOON	v or d	Corr^n	v or d	Corr^n	v or d	Corr^n
s	° ′	° ′	° ′	′	′	′	′	′	′
00	0 15·0	0 15·0	0 14·3	0·0	0·0	6·0	0·2	12·0	0·3
01	0 15·3	0 15·3	0 14·6	0·1	0·0	6·1	0·2	12·1	0·3
02	0 15·5	0 15·5	0 14·8	0·2	0·0	6·2	0·2	12·2	0·3
03	0 15·8	0 15·8	0 15·0	0·3	0·0	6·3	0·2	12·3	0·3
04	0 16·0	0 16·0	0 15·3	0·4	0·0	6·4	0·2	12·4	0·3
05	0 16·3	0 16·3	0 15·5	0·5	0·0	6·5	0·2	12·5	0·3
06	0 16·5	0 16·5	0 15·7	0·6	0·0	6·6	0·2	12·6	0·3
07	0 16·8	0 16·8	0 16·0	0·7	0·0	6·7	0·2	12·7	0·3
08	0 17·0	0 17·0	0 16·2	0·8	0·0	6·8	0·2	12·8	0·3
09	0 17·3	0 17·3	0 16·5	0·9	0·0	6·9	0·2	12·9	0·3
10	0 17·5	0 17·5	0 16·7	1·0	0·0	7·0	0·2	13·0	0·3
11	0 17·8	0 17·8	0 16·9	1·1	0·0	7·1	0·2	13·1	0·3
12	0 18·0	0 18·0	0 17·2	1·2	0·0	7·2	0·2	13·2	0·3
13	0 18·3	0 18·3	0 17·4	1·3	0·0	7·3	0·2	13·3	0·3
14	0 18·5	0 18·6	0 17·7	1·4	0·0	7·4	0·2	13·4	0·3
15	0 18·8	0 18·8	0 17·9	1·5	0·0	7·5	0·2	13·5	0·3
16	0 19·0	0 19·1	0 18·1	1·6	0·0	7·6	0·2	13·6	0·3
17	0 19·3	0 19·3	0 18·4	1·7	0·0	7·7	0·2	13·7	0·3
18	0 19·5	0 19·6	0 18·6	1·8	0·0	7·8	0·2	13·8	0·3
19	0 19·8	0 19·8	0 18·9	1·9	0·0	7·9	0·2	13·9	0·3
20	0 20·0	0 20·1	0 19·1	2·0	0·1	8·0	0·2	14·0	0·4
21	0 20·3	0 20·3	0 19·3	2·1	0·1	8·1	0·2	14·1	0·4
22	0 20·5	0 20·6	0 19·6	2·2	0·1	8·2	0·2	14·2	0·4
23	0 20·8	0 20·8	0 19·8	2·3	0·1	8·3	0·2	14·3	0·4
24	0 21·0	0 21·1	0 20·0	2·4	0·1	8·4	0·2	14·4	0·4
25	0 21·3	0 21·3	0 20·3	2·5	0·1	8·5	0·2	14·5	0·4
26	0 21·5	0 21·6	0 20·5	2·6	0·1	8·6	0·2	14·6	0·4
27	0 21·8	0 21·8	0 20·8	2·7	0·1	8·7	0·2	14·7	0·4
28	0 22·0	0 22·1	0 21·0	2·8	0·1	8·8	0·2	14·8	0·4
29	0 22·3	0 22·3	0 21·2	2·9	0·1	8·9	0·2	14·9	0·4
30	0 22·5	0 22·6	0 21·5	3·0	0·1	9·0	0·2	15·0	0·4
31	0 22·8	0 22·8	0 21·7	3·1	0·1	9·1	0·2	15·1	0·4
32	0 23·0	0 23·1	0 22·0	3·2	0·1	9·2	0·2	15·2	0·4
33	0 23·3	0 23·3	0 22·2	3·3	0·1	9·3	0·2	15·3	0·4
34	0 23·5	0 23·6	0 22·4	3·4	0·1	9·4	0·2	15·4	0·4
35	0 23·8	0 23·8	0 22·7	3·5	0·1	9·5	0·2	15·5	0·4
36	0 24·0	0 24·1	0 22·9	3·6	0·1	9·6	0·2	15·6	0·4
37	0 24·3	0 24·3	0 23·1	3·7	0·1	9·7	0·2	15·7	0·4
38	0 24·5	0 24·6	0 23·4	3·8	0·1	9·8	0·2	15·8	0·4
39	0 24·8	0 24·8	0 23·6	3·9	0·1	9·9	0·2	15·9	0·4
40	0 25·0	0 25·1	0 23·9	4·0	0·1	10·0	0·3	16·0	0·4
41	0 25·3	0 25·3	0 24·1	4·1	0·1	10·1	0·3	16·1	0·4
42	0 25·5	0 25·6	0 24·3	4·2	0·1	10·2	0·3	16·2	0·4
43	0 25·8	0 25·8	0 24·6	4·3	0·1	10·3	0·3	16·3	0·4
44	0 26·0	0 26·1	0 24·8	4·4	0·1	10·4	0·3	16·4	0·4
45	0 26·3	0 26·3	0 25·1	4·5	0·1	10·5	0·3	16·5	0·4
46	0 26·5	0 26·6	0 25·3	4·6	0·1	10·6	0·3	16·6	0·4
47	0 26·8	0 26·8	0 25·5	4·7	0·1	10·7	0·3	16·7	0·4
48	0 27·0	0 27·1	0 25·8	4·8	0·1	10·8	0·3	16·8	0·4
49	0 27·3	0 27·3	0 26·0	4·9	0·1	10·9	0·3	16·9	0·4
50	0 27·5	0 27·6	0 26·2	5·0	0·1	11·0	0·3	17·0	0·4
51	0 27·8	0 27·8	0 26·5	5·1	0·1	11·1	0·3	17·1	0·4
52	0 28·0	0 28·1	0 26·7	5·2	0·1	11·2	0·3	17·2	0·4
53	0 28·3	0 28·3	0 27·0	5·3	0·1	11·3	0·3	17·3	0·4
54	0 28·5	0 28·6	0 27·2	5·4	0·1	11·4	0·3	17·4	0·4
55	0 28·8	0 28·8	0 27·4	5·5	0·1	11·5	0·3	17·5	0·4
56	0 29·0	0 29·1	0 27·7	5·6	0·1	11·6	0·3	17·6	0·4
57	0 29·3	0 29·3	0 27·9	5·7	0·1	11·7	0·3	17·7	0·4
58	0 29·5	0 29·6	0 28·2	5·8	0·1	11·8	0·3	17·8	0·4
59	0 29·8	0 29·8	0 28·4	5·9	0·1	11·9	0·3	17·9	0·4
60	0 30·0	0 30·1	0 28·6	6·0	0·2	12·0	0·3	18·0	0·5

m 2	SUN PLANETS	ARIES	MOON	v or d	Corrn	v or d	Corrn	v or d	Corrn
s	° ′	° ′	° ′	′	′	′	′	′	′
00	0 30·0	0 30·1	0 28·6	0·0	0·0	6·0	0·3	12·0	0·5
01	0 30·3	0 30·3	0 28·9	0·1	0·0	6·1	0·3	12·1	0·5
02	0 30·5	0 30·6	0 29·1	0·2	0·0	6·2	0·3	12·2	0·5
03	0 30·8	0 30·8	0 29·3	0·3	0·0	6·3	0·3	12·3	0·5
04	0 31·0	0 31·1	0 29·6	0·4	0·0	6·4	0·3	12·4	0·5
05	0 31·3	0 31·3	0 29·8	0·5	0·0	6·5	0·3	12·5	0·5
06	0 31·5	0 31·6	0 30·1	0·6	0·0	6·6	0·3	12·6	0·5
07	0 31·8	0 31·8	0 30·3	0·7	0·0	6·7	0·3	12·7	0·5
08	0 32·0	0 32·1	0 30·5	0·8	0·0	6·8	0·3	12·8	0·5
09	0 32·3	0 32·3	0 30·8	0·9	0·0	6·9	0·3	12·9	0·5
10	0 32·5	0 32·6	0 31·0	1·0	0·0	7·0	0·3	13·0	0·5
11	0 32·8	0 32·8	0 31·3	1·1	0·0	7·1	0·3	13·1	0·5
12	0 33·0	0 33·1	0 31·5	1·2	0·1	7·2	0·3	13·2	0·6
13	0 33·3	0 33·3	0 31·7	1·3	0·1	7·3	0·3	13·3	0·6
14	0 33·5	0 33·6	0 32·0	1·4	0·1	7·4	0·3	13·4	0·6
15	0 33·8	0 33·8	0 32·2	1·5	0·1	7·5	0·3	13·5	0·6
16	0 34·0	0 34·1	0 32·5	1·6	0·1	7·6	0·3	13·6	0·6
17	0 34·3	0 34·3	0 32·7	1·7	0·1	7·7	0·3	13·7	0·6
18	0 34·5	0 34·6	0 32·9	1·8	0·1	7·8	0·3	13·8	0·6
19	0 34·8	0 34·8	0 33·2	1·9	0·1	7·9	0·3	13·9	0·6
20	0 35·0	0 35·1	0 33·4	2·0	0·1	8·0	0·3	14·0	0·6
21	0 35·3	0 35·3	0 33·6	2·1	0·1	8·1	0·3	14·1	0·6
22	0 35·5	0 35·6	0 33·9	2·2	0·1	8·2	0·3	14·2	0·6
23	0 35·8	0 35·8	0 34·1	2·3	0·1	8·3	0·3	14·3	0·6
24	0 36·0	0 36·1	0 34·4	2·4	0·1	8·4	0·4	14·4	0·6
25	0 36·3	0 36·3	0 34·6	2·5	0·1	8·5	0·4	14·5	0·6
26	0 36·5	0 36·6	0 34·8	2·6	0·1	8·6	0·4	14·6	0·6
27	0 36·8	0 36·9	0 35·1	2·7	0·1	8·7	0·4	14·7	0·6
28	0 37·0	0 37·1	0 35·3	2·8	0·1	8·8	0·4	14·8	0·6
29	0 37·3	0 37·4	0 35·6	2·9	0·1	8·9	0·4	14·9	0·6
30	0 37·5	0 37·6	0 35·8	3·0	0·1	9·0	0·4	15·0	0·6
31	0 37·8	0 37·9	0 36·0	3·1	0·1	9·1	0·4	15·1	0·6
32	0 38·0	0 38·1	0 36·3	3·2	0·1	9·2	0·4	15·2	0·6
33	0 38·3	0 38·4	0 36·5	3·3	0·1	9·3	0·4	15·3	0·6
34	0 38·5	0 38·6	0 36·7	3·4	0·1	9·4	0·4	15·4	0·6
35	0 38·8	0 38·9	0 37·0	3·5	0·1	9·5	0·4	15·5	0·6
36	0 39·0	0 39·1	0 37·2	3·6	0·2	9·6	0·4	15·6	0·7
37	0 39·3	0 39·4	0 37·5	3·7	0·2	9·7	0·4	15·7	0·7
38	0 39·5	0 39·6	0 37·7	3·8	0·2	9·8	0·4	15·8	0·7
39	0 39·8	0 39·9	0 37·9	3·9	0·2	9·9	0·4	15·9	0·7
40	0 40·0	0 40·1	0 38·2	4·0	0·2	10·0	0·4	16·0	0·7
41	0 40·3	0 40·4	0 38·4	4·1	0·2	10·1	0·4	16·1	0·7
42	0 40·5	0 40·6	0 38·7	4·2	0·2	10·2	0·4	16·2	0·7
43	0 40·8	0 40·9	0 38·9	4·3	0·2	10·3	0·4	16·3	0·7
44	0 41·0	0 41·1	0 39·1	4·4	0·2	10·4	0·4	16·4	0·7
45	0 41·3	0 41·4	0 39·4	4·5	0·2	10·5	0·4	16·5	0·7
46	0 41·5	0 41·6	0 39·6	4·6	0·2	10·6	0·4	16·6	0·7
47	0 41·8	0 41·9	0 39·8	4·7	0·2	10·7	0·4	16·7	0·7
48	0 42·0	0 42·1	0 40·1	4·8	0·2	10·8	0·5	16·8	0·7
49	0 42·3	0 42·4	0 40·3	4·9	0·2	10·9	0·5	16·9	0·7
50	0 42·5	0 42·6	0 40·6	5·0	0·2	11·0	0·5	17·0	0·7
51	0 42·8	0 42·9	0 40·8	5·1	0·2	11·1	0·5	17·1	0·7
52	0 43·0	0 43·1	0 41·0	5·2	0·2	11·2	0·5	17·2	0·7
53	0 43·3	0 43·4	0 41·3	5·3	0·2	11·3	0·5	17·3	0·7
54	0 43·5	0 43·6	0 41·5	5·4	0·2	11·4	0·5	17·4	0·7
55	0 43·8	0 43·9	0 41·8	5·5	0·2	11·5	0·5	17·5	0·7
56	0 44·0	0 44·1	0 42·0	5·6	0·2	11·6	0·5	17·6	0·7
57	0 44·3	0 44·4	0 42·2	5·7	0·2	11·7	0·5	17·7	0·7
58	0 44·5	0 44·6	0 42·5	5·8	0·2	11·8	0·5	17·8	0·7
59	0 44·8	0 44·9	0 42·7	5·9	0·2	11·9	0·5	17·9	0·7
60	0 45·0	0 45·1	0 43·0	6·0	0·3	12·0	0·5	18·0	0·8

m 3	SUN PLANETS	ARIES	MOON	v or d	Corrn	v or d	Corrn	v or d	Corrn
s	° ′	° ′	° ′	′	′	′	′	′	′
00	0 45·0	0 45·1	0 43·0	0·0	0·0	6·0	0·4	12·0	0·7
01	0 45·3	0 45·4	0 43·2	0·1	0·0	6·1	0·4	12·1	0·7
02	0 45·5	0 45·6	0 43·4	0·2	0·0	6·2	0·4	12·2	0·7
03	0 45·8	0 45·9	0 43·7	0·3	0·0	6·3	0·4	12·3	0·7
04	0 46·0	0 46·1	0 43·9	0·4	0·0	6·4	0·4	12·4	0·7
05	0 46·3	0 46·4	0 44·1	0·5	0·0	6·5	0·4	12·5	0·7
06	0 46·5	0 46·6	0 44·4	0·6	0·0	6·6	0·4	12·6	0·7
07	0 46·8	0 46·9	0 44·6	0·7	0·0	6·7	0·4	12·7	0·7
08	0 47·0	0 47·1	0 44·9	0·8	0·0	6·8	0·4	12·8	0·7
09	0 47·3	0 47·4	0 45·1	0·9	0·1	6·9	0·4	12·9	0·8
10	0 47·5	0 47·6	0 45·3	1·0	0·1	7·0	0·4	13·0	0·8
11	0 47·8	0 47·9	0 45·6	1·1	0·1	7·1	0·4	13·1	0·8
12	0 48·0	0 48·1	0 45·8	1·2	0·1	7·2	0·4	13·2	0·8
13	0 48·3	0 48·4	0 46·1	1·3	0·1	7·3	0·4	13·3	0·8
14	0 48·5	0 48·6	0 46·3	1·4	0·1	7·4	0·4	13·4	0·8
15	0 48·8	0 48·9	0 46·5	1·5	0·1	7·5	0·4	13·5	0·8
16	0 49·0	0 49·1	0 46·8	1·6	0·1	7·6	0·4	13·6	0·8
17	0 49·3	0 49·4	0 47·0	1·7	0·1	7·7	0·4	13·7	0·8
18	0 49·5	0 49·6	0 47·2	1·8	0·1	7·8	0·5	13·8	0·8
19	0 49·8	0 49·9	0 47·5	1·9	0·1	7·9	0·5	13·9	0·8
20	0 50·0	0 50·1	0 47·7	2·0	0·1	8·0	0·5	14·0	0·8
21	0 50·3	0 50·4	0 48·0	2·1	0·1	8·1	0·5	14·1	0·8
22	0 50·5	0 50·6	0 48·2	2·2	0·1	8·2	0·5	14·2	0·8
23	0 50·8	0 50·9	0 48·4	2·3	0·1	8·3	0·5	14·3	0·8
24	0 51·0	0 51·1	0 48·7	2·4	0·1	8·4	0·5	14·4	0·8
25	0 51·3	0 51·4	0 48·9	2·5	0·1	8·5	0·5	14·5	0·8
26	0 51·5	0 51·6	0 49·2	2·6	0·2	8·6	0·5	14·6	0·9
27	0 51·8	0 51·9	0 49·4	2·7	0·2	8·7	0·5	14·7	0·9
28	0 52·0	0 52·1	0 49·6	2·8	0·2	8·8	0·5	14·8	0·9
29	0 52·3	0 52·4	0 49·9	2·9	0·2	8·9	0·5	14·9	0·9
30	0 52·5	0 52·6	0 50·1	3·0	0·2	9·0	0·5	15·0	0·9
31	0 52·8	0 52·9	0 50·3	3·1	0·2	9·1	0·5	15·1	0·9
32	0 53·0	0 53·1	0 50·6	3·2	0·2	9·2	0·5	15·2	0·9
33	0 53·3	0 53·4	0 50·8	3·3	0·2	9·3	0·5	15·3	0·9
34	0 53·5	0 53·6	0 51·1	3·4	0·2	9·4	0·5	15·4	0·9
35	0 53·8	0 53·9	0 51·3	3·5	0·2	9·5	0·6	15·5	0·9
36	0 54·0	0 54·1	0 51·5	3·6	0·2	9·6	0·6	15·6	0·9
37	0 54·3	0 54·4	0 51·8	3·7	0·2	9·7	0·6	15·7	0·9
38	0 54·5	0 54·6	0 52·0	3·8	0·2	9·8	0·6	15·8	0·9
39	0 54·8	0 54·9	0 52·3	3·9	0·2	9·9	0·6	15·9	0·9
40	0 55·0	0 55·2	0 52·5	4·0	0·2	10·0	0·6	16·0	0·9
41	0 55·3	0 55·4	0 52·7	4·1	0·2	10·1	0·6	16·1	0·9
42	0 55·5	0 55·7	0 53·0	4·2	0·2	10·2	0·6	16·2	0·9
43	0 55·8	0 55·9	0 53·2	4·3	0·3	10·3	0·6	16·3	1·0
44	0 56·0	0 56·2	0 53·4	4·4	0·3	10·4	0·6	16·4	1·0
45	0 56·3	0 56·4	0 53·7	4·5	0·3	10·5	0·6	16·5	1·0
46	0 56·5	0 56·7	0 53·9	4·6	0·3	10·6	0·6	16·6	1·0
47	0 56·8	0 56·9	0 54·2	4·7	0·3	10·7	0·6	16·7	1·0
48	0 57·0	0 57·2	0 54·4	4·8	0·3	10·8	0·6	16·8	1·0
49	0 57·3	0 57·4	0 54·6	4·9	0·3	10·9	0·6	16·9	1·0
50	0 57·5	0 57·7	0 54·9	5·0	0·3	11·0	0·6	17·0	1·0
51	0 57·8	0 57·9	0 55·1	5·1	0·3	11·1	0·6	17·1	1·0
52	0 58·0	0 58·2	0 55·4	5·2	0·3	11·2	0·7	17·2	1·0
53	0 58·3	0 58·4	0 55·6	5·3	0·3	11·3	0·7	17·3	1·0
54	0 58·5	0 58·7	0 55·8	5·4	0·3	11·4	0·7	17·4	1·0
55	0 58·8	0 58·9	0 56·1	5·5	0·3	11·5	0·7	17·5	1·0
56	0 59·0	0 59·2	0 56·3	5·6	0·3	11·6	0·7	17·6	1·0
57	0 59·3	0 59·4	0 56·6	5·7	0·3	11·7	0·7	17·7	1·0
58	0 59·5	0 59·7	0 56·8	5·8	0·3	11·8	0·7	17·8	1·0
59	0 59·8	0 59·9	0 57·0	5·9	0·3	11·9	0·7	17·9	1·0
60	1 00·0	1 00·2	0 57·3	6·0	0·4	12·0	0·7	18·0	1·1

4^m s	SUN PLANETS ° ′	ARIES ° ′	MOON ° ′	v or d ′	Corr^n ′	v or d ′	Corr^n ′	v or d ′	Corr^n ′
00	1 00·0	1 00·2	0 57·3	0·0	0·0	6·0	0·5	12·0	0·9
01	1 00·3	1 00·4	0 57·5	0·1	0·0	6·1	0·5	12·1	0·9
02	1 00·5	1 00·7	0 57·7	0·2	0·0	6·2	0·5	12·2	0·9
03	1 00·8	1 00·9	0 58·0	0·3	0·0	6·3	0·5	12·3	0·9
04	1 01·0	1 01·2	0 58·2	0·4	0·0	6·4	0·5	12·4	0·9
05	1 01·3	1 01·4	0 58·5	0·5	0·0	6·5	0·5	12·5	0·9
06	1 01·5	1 01·7	0 58·7	0·6	0·0	6·6	0·5	12·6	0·9
07	1 01·8	1 01·9	0 58·9	0·7	0·1	6·7	0·5	12·7	1·0
08	1 02·0	1 02·2	0 59·2	0·8	0·1	6·8	0·5	12·8	1·0
09	1 02·3	1 02·4	0 59·4	0·9	0·1	6·9	0·5	12·9	1·0
10	1 02·5	1 02·7	0 59·7	1·0	0·1	7·0	0·5	13·0	1·0
11	1 02·8	1 02·9	0 59·9	1·1	0·1	7·1	0·5	13·1	1·0
12	1 03·0	1 03·2	1 00·1	1·2	0·1	7·2	0·5	13·2	1·0
13	1 03·3	1 03·4	1 00·4	1·3	0·1	7·3	0·5	13·3	1·0
14	1 03·5	1 03·7	1 00·6	1·4	0·1	7·4	0·6	13·4	1·0
15	1 03·8	1 03·9	1 00·8	1·5	0·1	7·5	0·6	13·5	1·0
16	1 04·0	1 04·2	1 01·1	1·6	0·1	7·6	0·6	13·6	1·0
17	1 04·3	1 04·4	1 01·3	1·7	0·1	7·7	0·6	13·7	1·0
18	1 04·5	1 04·7	1 01·6	1·8	0·1	7·8	0·6	13·8	1·0
19	1 04·8	1 04·9	1 01·8	1·9	0·1	7·9	0·6	13·9	1·0
20	1 05·0	1 05·2	1 02·0	2·0	0·2	8·0	0·6	14·0	1·1
21	1 05·3	1 05·4	1 02·3	2·1	0·2	8·1	0·6	14·1	1·1
22	1 05·5	1 05·7	1 02·5	2·2	0·2	8·2	0·6	14·2	1·1
23	1 05·8	1 05·9	1 02·8	2·3	0·2	8·3	0·6	14·3	1·1
24	1 06·0	1 06·2	1 03·0	2·4	0·2	8·4	0·6	14·4	1·1
25	1 06·3	1 06·4	1 03·2	2·5	0·2	8·5	0·6	14·5	1·1
26	1 06·5	1 06·7	1 03·5	2·6	0·2	8·6	0·6	14·6	1·1
27	1 06·8	1 06·9	1 03·7	2·7	0·2	8·7	0·7	14·7	1·1
28	1 07·0	1 07·2	1 03·9	2·8	0·2	8·8	0·7	14·8	1·1
29	1 07·3	1 07·4	1 04·2	2·9	0·2	8·9	0·7	14·9	1·1
30	1 07·5	1 07·7	1 04·4	3·0	0·2	9·0	0·7	15·0	1·1
31	1 07·8	1 07·9	1 04·7	3·1	0·2	9·1	0·7	15·1	1·1
32	1 08·0	1 08·2	1 04·9	3·2	0·2	9·2	0·7	15·2	1·1
33	1 08·3	1 08·4	1 05·1	3·3	0·2	9·3	0·7	15·3	1·1
34	1 08·5	1 08·7	1 05·4	3·4	0·3	9·4	0·7	15·4	1·2
35	1 08·8	1 08·9	1 05·6	3·5	0·3	9·5	0·7	15·5	1·2
36	1 09·0	1 09·2	1 05·9	3·6	0·3	9·6	0·7	15·6	1·2
37	1 09·3	1 09·4	1 06·1	3·7	0·3	9·7	0·7	15·7	1·2
38	1 09·5	1 09·7	1 06·3	3·8	0·3	9·8	0·7	15·8	1·2
39	1 09·8	1 09·9	1 06·6	3·9	0·3	9·9	0·7	15·9	1·2
40	1 10·0	1 10·2	1 06·8	4·0	0·3	10·0	0·8	16·0	1·2
41	1 10·3	1 10·4	1 07·0	4·1	0·3	10·1	0·8	16·1	1·2
42	1 10·5	1 10·7	1 07·3	4·2	0·3	10·2	0·8	16·2	1·2
43	1 10·8	1 10·9	1 07·5	4·3	0·3	10·3	0·8	16·3	1·2
44	1 11·0	1 11·2	1 07·8	4·4	0·3	10·4	0·8	16·4	1·2
45	1 11·3	1 11·4	1 08·0	4·5	0·3	10·5	0·8	16·5	1·2
46	1 11·5	1 11·7	1 08·2	4·6	0·3	10·6	0·8	16·6	1·2
47	1 11·8	1 11·9	1 08·5	4·7	0·4	10·7	0·8	16·7	1·3
48	1 12·0	1 12·2	1 08·7	4·8	0·4	10·8	0·8	16·8	1·3
49	1 12·3	1 12·4	1 09·0	4·9	0·4	10·9	0·8	16·9	1·3
50	1 12·5	1 12·7	1 09·2	5·0	0·4	11·0	0·8	17·0	1·3
51	1 12·8	1 12·9	1 09·4	5·1	0·4	11·1	0·8	17·1	1·3
52	1 13·0	1 13·2	1 09·7	5·2	0·4	11·2	0·8	17·2	1·3
53	1 13·3	1 13·5	1 09·9	5·3	0·4	11·3	0·8	17·3	1·3
54	1 13·5	1 13·7	1 10·2	5·4	0·4	11·4	0·9	17·4	1·3
55	1 13·8	1 14·0	1 10·4	5·5	0·4	11·5	0·9	17·5	1·3
56	1 14·0	1 14·2	1 10·6	5·6	0·4	11·6	0·9	17·6	1·3
57	1 14·3	1 14·5	1 10·9	5·7	0·4	11·7	0·9	17·7	1·3
58	1 14·5	1 14·7	1 11·1	5·8	0·4	11·8	0·9	17·8	1·3
59	1 14·8	1 15·0	1 11·3	5·9	0·4	11·9	0·9	17·9	1·3
60	1 15·0	1 15·2	1 11·6	6·0	0·5	12·0	0·9	18·0	1·4

5^m s	SUN PLANETS ° ′	ARIES ° ′	MOON ° ′	v or d ′	Corr^n ′	v or d ′	Corr^n ′	v or d ′	Corr^n ′
00	1 15·0	1 15·2	1 11·6	0·0	0·0	6·0	0·6	12·0	1·1
01	1 15·3	1 15·5	1 11·8	0·1	0·0	6·1	0·6	12·1	1·1
02	1 15·5	1 15·7	1 12·1	0·2	0·0	6·2	0·6	12·2	1·1
03	1 15·8	1 16·0	1 12·3	0·3	0·0	6·3	0·6	12·3	1·1
04	1 16·0	1 16·2	1 12·5	0·4	0·0	6·4	0·6	12·4	1·1
05	1 16·3	1 16·5	1 12·8	0·5	0·0	6·5	0·6	12·5	1·1
06	1 16·5	1 16·7	1 13·0	0·6	0·1	6·6	0·6	12·6	1·2
07	1 16·8	1 17·0	1 13·3	0·7	0·1	6·7	0·6	12·7	1·2
08	1 17·0	1 17·2	1 13·5	0·8	0·1	6·8	0·6	12·8	1·2
09	1 17·3	1 17·5	1 13·7	0·9	0·1	6·9	0·6	12·9	1·2
10	1 17·5	1 17·7	1 14·0	1·0	0·1	7·0	0·6	13·0	1·2
11	1 17·8	1 18·0	1 14·2	1·1	0·1	7·1	0·7	13·1	1·2
12	1 18·0	1 18·2	1 14·4	1·2	0·1	7·2	0·7	13·2	1·2
13	1 18·3	1 18·5	1 14·7	1·3	0·1	7·3	0·7	13·3	1·2
14	1 18·5	1 18·7	1 14·9	1·4	0·1	7·4	0·7	13·4	1·2
15	1 18·8	1 19·0	1 15·2	1·5	0·1	7·5	0·7	13·5	1·2
16	1 19·0	1 19·2	1 15·4	1·6	0·1	7·6	0·7	13·6	1·2
17	1 19·3	1 19·5	1 15·6	1·7	0·2	7·7	0·7	13·7	1·3
18	1 19·5	1 19·7	1 15·9	1·8	0·2	7·8	0·7	13·8	1·3
19	1 19·8	1 20·0	1 16·1	1·9	0·2	7·9	0·7	13·9	1·3
20	1 20·0	1 20·2	1 16·4	2·0	0·2	8·0	0·7	14·0	1·3
21	1 20·3	1 20·5	1 16·6	2·1	0·2	8·1	0·7	14·1	1·3
22	1 20·5	1 20·7	1 16·8	2·2	0·2	8·2	0·8	14·2	1·3
23	1 20·8	1 21·0	1 17·1	2·3	0·2	8·3	0·8	14·3	1·3
24	1 21·0	1 21·2	1 17·3	2·4	0·2	8·4	0·8	14·4	1·3
25	1 21·3	1 21·5	1 17·5	2·5	0·2	8·5	0·8	14·5	1·3
26	1 21·5	1 21·7	1 17·8	2·6	0·2	8·6	0·8	14·6	1·3
27	1 21·8	1 22·0	1 18·0	2·7	0·2	8·7	0·8	14·7	1·3
28	1 22·0	1 22·2	1 18·3	2·8	0·3	8·8	0·8	14·8	1·4
29	1 22·3	1 22·5	1 18·5	2·9	0·3	8·9	0·8	14·9	1·4
30	1 22·5	1 22·7	1 18·7	3·0	0·3	9·0	0·8	15·0	1·4
31	1 22·8	1 23·0	1 19·0	3·1	0·3	9·1	0·8	15·1	1·4
32	1 23·0	1 23·2	1 19·2	3·2	0·3	9·2	0·8	15·2	1·4
33	1 23·3	1 23·5	1 19·5	3·3	0·3	9·3	0·9	15·3	1·4
34	1 23·5	1 23·7	1 19·7	3·4	0·3	9·4	0·9	15·4	1·4
35	1 23·8	1 24·0	1 19·9	3·5	0·3	9·5	0·9	15·5	1·4
36	1 24·0	1 24·2	1 20·2	3·6	0·3	9·6	0·9	15·6	1·4
37	1 24·3	1 24·5	1 20·4	3·7	0·3	9·7	0·9	15·7	1·4
38	1 24·5	1 24·7	1 20·7	3·8	0·3	9·8	0·9	15·8	1·4
39	1 24·8	1 25·0	1 20·9	3·9	0·4	9·9	0·9	15·9	1·5
40	1 25·0	1 25·2	1 21·1	4·0	0·4	10·0	0·9	16·0	1·5
41	1 25·3	1 25·5	1 21·4	4·1	0·4	10·1	0·9	16·1	1·5
42	1 25·5	1 25·7	1 21·6	4·2	0·4	10·2	0·9	16·2	1·5
43	1 25·8	1 26·0	1 21·8	4·3	0·4	10·3	0·9	16·3	1·5
44	1 26·0	1 26·2	1 22·1	4·4	0·4	10·4	1·0	16·4	1·5
45	1 26·3	1 26·5	1 22·3	4·5	0·4	10·5	1·0	16·5	1·5
46	1 26·5	1 26·7	1 22·6	4·6	0·4	10·6	1·0	16·6	1·5
47	1 26·8	1 27·0	1 22·8	4·7	0·4	10·7	1·0	16·7	1·5
48	1 27·0	1 27·2	1 23·0	4·8	0·4	10·8	1·0	16·8	1·5
49	1 27·3	1 27·5	1 23·3	4·9	0·4	10·9	1·0	16·9	1·5
50	1 27·5	1 27·7	1 23·5	5·0	0·5	11·0	1·0	17·0	1·6
51	1 27·8	1 28·0	1 23·8	5·1	0·5	11·1	1·0	17·1	1·6
52	1 28·0	1 28·2	1 24·0	5·2	0·5	11·2	1·0	17·2	1·6
53	1 28·3	1 28·5	1 24·2	5·3	0·5	11·3	1·0	17·3	1·6
54	1 28·5	1 28·7	1 24·5	5·4	0·5	11·4	1·0	17·4	1·6
55	1 28·8	1 29·0	1 24·7	5·5	0·5	11·5	1·1	17·5	1·6
56	1 29·0	1 29·2	1 24·9	5·6	0·5	11·6	1·1	17·6	1·6
57	1 29·3	1 29·5	1 25·2	5·7	0·5	11·7	1·1	17·7	1·6
58	1 29·5	1 29·7	1 25·4	5·8	0·5	11·8	1·1	17·8	1·6
59	1 29·8	1 30·0	1 25·7	5·9	0·5	11·9	1·1	17·9	1·6
60	1 30·0	1 30·2	1 25·9	6·0	0·6	12·0	1·1	18·0	1·7

6^m	SUN PLANETS	ARIES	MOON	v or d	Corr^n	v or d	Corr^n	v or d	Corr^n
s	° ′	° ′	° ′	′	′	′	′	′	′
00	1 30·0	1 30·2	1 25·9	0·0	0·0	6·0	0·7	12·0	1·3
01	1 30·3	1 30·5	1 26·1	0·1	0·0	6·1	0·7	12·1	1·3
02	1 30·5	1 30·7	1 26·4	0·2	0·0	6·2	0·7	12·2	1·3
03	1 30·8	1 31·0	1 26·6	0·3	0·0	6·3	0·7	12·3	1·3
04	1 31·0	1 31·2	1 26·9	0·4	0·0	6·4	0·7	12·4	1·3
05	1 31·3	1 31·5	1 27·1	0·5	0·1	6·5	0·7	12·5	1·4
06	1 31·5	1 31·8	1 27·3	0·6	0·1	6·6	0·7	12·6	1·4
07	1 31·8	1 32·0	1 27·6	0·7	0·1	6·7	0·7	12·7	1·4
08	1 32·0	1 32·3	1 27·8	0·8	0·1	6·8	0·7	12·8	1·4
09	1 32·3	1 32·5	1 28·0	0·9	0·1	6·9	0·7	12·9	1·4
10	1 32·5	1 32·8	1 28·3	1·0	0·1	7·0	0·8	13·0	1·4
11	1 32·8	1 33·0	1 28·5	1·1	0·1	7·1	0·8	13·1	1·4
12	1 33·0	1 33·3	1 28·8	1·2	0·1	7·2	0·8	13·2	1·4
13	1 33·3	1 33·5	1 29·0	1·3	0·1	7·3	0·8	13·3	1·4
14	1 33·5	1 33·8	1 29·2	1·4	0·2	7·4	0·8	13·4	1·5
15	1 33·8	1 34·0	1 29·5	1·5	0·2	7·5	0·8	13·5	1·5
16	1 34·0	1 34·3	1 29·7	1·6	0·2	7·6	0·8	13·6	1·5
17	1 34·3	1 34·5	1 30·0	1·7	0·2	7·7	0·8	13·7	1·5
18	1 34·5	1 34·8	1 30·2	1·8	0·2	7·8	0·8	13·8	1·5
19	1 34·8	1 35·0	1 30·4	1·9	0·2	7·9	0·9	13·9	1·5
20	1 35·0	1 35·3	1 30·7	2·0	0·2	8·0	0·9	14·0	1·5
21	1 35·3	1 35·5	1 30·9	2·1	0·2	8·1	0·9	14·1	1·5
22	1 35·5	1 35·8	1 31·1	2·2	0·2	8·2	0·9	14·2	1·5
23	1 35·8	1 36·0	1 31·4	2·3	0·2	8·3	0·9	14·3	1·5
24	1 36·0	1 36·3	1 31·6	2·4	0·3	8·4	0·9	14·4	1·6
25	1 36·3	1 36·5	1 31·9	2·5	0·3	8·5	0·9	14·5	1·6
26	1 36·5	1 36·8	1 32·1	2·6	0·3	8·6	0·9	14·6	1·6
27	1 36·8	1 37·0	1 32·3	2·7	0·3	8·7	0·9	14·7	1·6
28	1 37·0	1 37·3	1 32·6	2·8	0·3	8·8	1·0	14·8	1·6
29	1 37·3	1 37·5	1 32·8	2·9	0·3	8·9	1·0	14·9	1·6
30	1 37·5	1 37·8	1 33·1	3·0	0·3	9·0	1·0	15·0	1·6
31	1 37·8	1 38·0	1 33·3	3·1	0·3	9·1	1·0	15·1	1·6
32	1 38·0	1 38·3	1 33·5	3·2	0·3	9·2	1·0	15·2	1·6
33	1 38·3	1 38·5	1 33·8	3·3	0·4	9·3	1·0	15·3	1·7
34	1 38·5	1 38·8	1 34·0	3·4	0·4	9·4	1·0	15·4	1·7
35	1 38·8	1 39·0	1 34·3	3·5	0·4	9·5	1·0	15·5	1·7
36	1 39·0	1 39·3	1 34·5	3·6	0·4	9·6	1·0	15·6	1·7
37	1 39·3	1 39·5	1 34·7	3·7	0·4	9·7	1·1	15·7	1·7
38	1 39·5	1 39·8	1 35·0	3·8	0·4	9·8	1·1	15·8	1·7
39	1 39·8	1 40·0	1 35·2	3·9	0·4	9·9	1·1	15·9	1·7
40	1 40·0	1 40·3	1 35·4	4·0	0·4	10·0	1·1	16·0	1·7
41	1 40·3	1 40·5	1 35·7	4·1	0·4	10·1	1·1	16·1	1·7
42	1 40·5	1 40·8	1 35·9	4·2	0·5	10·2	1·1	16·2	1·8
43	1 40·8	1 41·0	1 36·2	4·3	0·5	10·3	1·1	16·3	1·8
44	1 41·0	1 41·3	1 36·4	4·4	0·5	10·4	1·1	16·4	1·8
45	1 41·3	1 41·5	1 36·6	4·5	0·5	10·5	1·1	16·5	1·8
46	1 41·5	1 41·8	1 36·9	4·6	0·5	10·6	1·1	16·6	1·8
47	1 41·8	1 42·0	1 37·1	4·7	0·5	10·7	1·2	16·7	1·8
48	1 42·0	1 42·3	1 37·4	4·8	0·5	10·8	1·2	16·8	1·8
49	1 42·3	1 42·5	1 37·6	4·9	0·5	10·9	1·2	16·9	1·8
50	1 42·5	1 42·8	1 37·8	5·0	0·5	11·0	1·2	17·0	1·8
51	1 42·8	1 43·0	1 38·1	5·1	0·6	11·1	1·2	17·1	1·9
52	1 43·0	1 43·3	1 38·3	5·2	0·6	11·2	1·2	17·2	1·9
53	1 43·3	1 43·5	1 38·5	5·3	0·6	11·3	1·2	17·3	1·9
54	1 43·5	1 43·8	1 38·8	5·4	0·6	11·4	1·2	17·4	1·9
55	1 43·8	1 44·0	1 39·0	5·5	0·6	11·5	1·2	17·5	1·9
56	1 44·0	1 44·3	1 39·3	5·6	0·6	11·6	1·3	17·6	1·9
57	1 44·3	1 44·5	1 39·5	5·7	0·6	11·7	1·3	17·7	1·9
58	1 44·5	1 44·8	1 39·7	5·8	0·6	11·8	1·3	17·8	1·9
59	1 44·8	1 45·0	1 40·0	5·9	0·6	11·9	1·3	17·9	1·9
60	1 45·0	1 45·3	1 40·2	6·0	0·7	12·0	1·3	18·0	2·0

7^m	SUN PLANETS	ARIES	MOON	v or d	Corr^n	v or d	Corr^n	v or d	Corr^n
s	° ′	° ′	° ′	′	′	′	′	′	′
00	1 45·0	1 45·3	1 40·2	0·0	0·0	6·0	0·8	12·0	1·5
01	1 45·3	1 45·5	1 40·5	0·1	0·0	6·1	0·8	12·1	1·5
02	1 45·5	1 45·8	1 40·7	0·2	0·0	6·2	0·8	12·2	1·5
03	1 45·8	1 46·0	1 40·9	0·3	0·0	6·3	0·8	12·3	1·5
04	1 46·0	1 46·3	1 41·2	0·4	0·1	6·4	0·8	12·4	1·6
05	1 46·3	1 46·5	1 41·4	0·5	0·1	6·5	0·8	12·5	1·6
06	1 46·5	1 46·8	1 41·6	0·6	0·1	6·6	0·8	12·6	1·6
07	1 46·8	1 47·0	1 41·9	0·7	0·1	6·7	0·8	12·7	1·6
08	1 47·0	1 47·3	1 42·1	0·8	0·1	6·8	0·9	12·8	1·6
09	1 47·3	1 47·5	1 42·4	0·9	0·1	6·9	0·9	12·9	1·6
10	1 47·5	1 47·8	1 42·6	1·0	0·1	7·0	0·9	13·0	1·6
11	1 47·8	1 48·0	1 42·8	1·1	0·1	7·1	0·9	13·1	1·6
12	1 48·0	1 48·3	1 43·1	1·2	0·2	7·2	0·9	13·2	1·7
13	1 48·3	1 48·5	1 43·3	1·3	0·2	7·3	0·9	13·3	1·7
14	1 48·5	1 48·8	1 43·6	1·4	0·2	7·4	0·9	13·4	1·7
15	1 48·8	1 49·0	1 43·8	1·5	0·2	7·5	0·9	13·5	1·7
16	1 49·0	1 49·3	1 44·0	1·6	0·2	7·6	1·0	13·6	1·7
17	1 49·3	1 49·5	1 44·3	1·7	0·2	7·7	1·0	13·7	1·7
18	1 49·5	1 49·8	1 44·5	1·8	0·2	7·8	1·0	13·8	1·7
19	1 49·8	1 50·1	1 44·8	1·9	0·2	7·9	1·0	13·9	1·7
20	1 50·0	1 50·3	1 45·0	2·0	0·3	8·0	1·0	14·0	1·8
21	1 50·3	1 50·6	1 45·2	2·1	0·3	8·1	1·0	14·1	1·8
22	1 50·5	1 50·8	1 45·5	2·2	0·3	8·2	1·0	14·2	1·8
23	1 50·8	1 51·1	1 45·7	2·3	0·3	8·3	1·0	14·3	1·8
24	1 51·0	1 51·3	1 45·9	2·4	0·3	8·4	1·1	14·4	1·8
25	1 51·3	1 51·6	1 46·2	2·5	0·3	8·5	1·1	14·5	1·8
26	1 51·5	1 51·8	1 46·4	2·6	0·3	8·6	1·1	14·6	1·8
27	1 51·8	1 52·1	1 46·7	2·7	0·3	8·7	1·1	14·7	1·8
28	1 52·0	1 52·3	1 46·9	2·8	0·4	8·8	1·1	14·8	1·9
29	1 52·3	1 52·6	1 47·1	2·9	0·4	8·9	1·1	14·9	1·9
30	1 52·5	1 52·8	1 47·4	3·0	0·4	9·0	1·1	15·0	1·9
31	1 52·8	1 53·1	1 47·6	3·1	0·4	9·1	1·1	15·1	1·9
32	1 53·0	1 53·3	1 47·9	3·2	0·4	9·2	1·2	15·2	1·9
33	1 53·3	1 53·6	1 48·1	3·3	0·4	9·3	1·2	15·3	1·9
34	1 53·5	1 53·8	1 48·3	3·4	0·4	9·4	1·2	15·4	1·9
35	1 53·8	1 54·1	1 48·6	3·5	0·4	9·5	1·2	15·5	1·9
36	1 54·0	1 54·3	1 48·8	3·6	0·5	9·6	1·2	15·6	2·0
37	1 54·3	1 54·6	1 49·0	3·7	0·5	9·7	1·2	15·7	2·0
38	1 54·5	1 54·8	1 49·3	3·8	0·5	9·8	1·2	15·8	2·0
39	1 54·8	1 55·1	1 49·5	3·9	0·5	9·9	1·2	15·9	2·0
40	1 55·0	1 55·3	1 49·8	4·0	0·5	10·0	1·3	16·0	2·0
41	1 55·3	1 55·6	1 50·0	4·1	0·5	10·1	1·3	16·1	2·0
42	1 55·5	1 55·8	1 50·2	4·2	0·5	10·2	1·3	16·2	2·0
43	1 55·8	1 56·1	1 50·5	4·3	0·5	10·3	1·3	16·3	2·0
44	1 56·0	1 56·3	1 50·7	4·4	0·6	10·4	1·3	16·4	2·1
45	1 56·3	1 56·6	1 51·0	4·5	0·6	10·5	1·3	16·5	2·1
46	1 56·5	1 56·8	1 51·2	4·6	0·6	10·6	1·3	16·6	2·1
47	1 56·8	1 57·1	1 51·4	4·7	0·6	10·7	1·3	16·7	2·1
48	1 57·0	1 57·3	1 51·7	4·8	0·6	10·8	1·4	16·8	2·1
49	1 57·3	1 57·6	1 51·9	4·9	0·6	10·9	1·4	16·9	2·1
50	1 57·5	1 57·8	1 52·1	5·0	0·6	11·0	1·4	17·0	2·1
51	1 57·8	1 58·1	1 52·4	5·1	0·6	11·1	1·4	17·1	2·1
52	1 58·0	1 58·3	1 52·6	5·2	0·7	11·2	1·4	17·2	2·2
53	1 58·3	1 58·6	1 52·9	5·3	0·7	11·3	1·4	17·3	2·2
54	1 58·5	1 58·8	1 53·1	5·4	0·7	11·4	1·4	17·4	2·2
55	1 58·8	1 59·1	1 53·3	5·5	0·7	11·5	1·4	17·5	2·2
56	1 59·0	1 59·3	1 53·6	5·6	0·7	11·6	1·5	17·6	2·2
57	1 59·3	1 59·6	1 53·8	5·7	0·7	11·7	1·5	17·7	2·2
58	1 59·5	1 59·8	1 54·1	5·8	0·7	11·8	1·5	17·8	2·2
59	1 59·8	2 00·1	1 54·3	5·9	0·7	11·9	1·5	17·9	2·2
60	2 00·0	2 00·3	1 54·5	6·0	0·8	12·0	1·5	18·0	2·3

8m s	SUN PLANETS ° ′	ARIES ° ′	MOON ° ′	v or d ′	Corrⁿ ′	v or d ′	Corrⁿ ′	v or d ′	Corrⁿ ′
00	2 00·0	2 00·3	1 54·5	0·0	0·0	6·0	0·9	12·0	1·7
01	2 00·3	2 00·6	1 54·8	0·1	0·0	6·1	0·9	12·1	1·7
02	2 00·5	2 00·8	1 55·0	0·2	0·0	6·2	0·9	12·2	1·7
03	2 00·8	2 01·1	1 55·2	0·3	0·0	6·3	0·9	12·3	1·7
04	2 01·0	2 01·3	1 55·5	0·4	0·1	6·4	0·9	12·4	1·8
05	2 01·3	2 01·6	1 55·7	0·5	0·1	6·5	0·9	12·5	1·8
06	2 01·5	2 01·8	1 56·0	0·6	0·1	6·6	0·9	12·6	1·8
07	2 01·8	2 02·1	1 56·2	0·7	0·1	6·7	0·9	12·7	1·8
08	2 02·0	2 02·3	1 56·4	0·8	0·1	6·8	1·0	12·8	1·8
09	2 02·3	2 02·6	1 56·7	0·9	0·1	6·9	1·0	12·9	1·8
10	2 02·5	2 02·8	1 56·9	1·0	0·1	7·0	1·0	13·0	1·8
11	2 02·8	2 03·1	1 57·2	1·1	0·2	7·1	1·0	13·1	1·9
12	2 03·0	2 03·3	1 57·4	1·2	0·2	7·2	1·0	13·2	1·9
13	2 03·3	2 03·6	1 57·6	1·3	0·2	7·3	1·0	13·3	1·9
14	2 03·5	2 03·8	1 57·9	1·4	0·2	7·4	1·0	13·4	1·9
15	2 03·8	2 04·1	1 58·1	1·5	0·2	7·5	1·1	13·5	1·9
16	2 04·0	2 04·3	1 58·4	1·6	0·2	7·6	1·1	13·6	1·9
17	2 04·3	2 04·6	1 58·6	1·7	0·2	7·7	1·1	13·7	1·9
18	2 04·5	2 04·8	1 58·8	1·8	0·3	7·8	1·1	13·8	2·0
19	2 04·8	2 05·1	1 59·1	1·9	0·3	7·9	1·1	13·9	2·0
20	2 05·0	2 05·3	1 59·3	2·0	0·3	8·0	1·1	14·0	2·0
21	2 05·3	2 05·6	1 59·5	2·1	0·3	8·1	1·1	14·1	2·0
22	2 05·5	2 05·8	1 59·8	2·2	0·3	8·2	1·2	14·2	2·0
23	2 05·8	2 06·1	2 00·0	2·3	0·3	8·3	1·2	14·3	2·0
24	2 06·0	2 06·3	2 00·3	2·4	0·3	8·4	1·2	14·4	2·0
25	2 06·3	2 06·6	2 00·5	2·5	0·4	8·5	1·2	14·5	2·1
26	2 06·5	2 06·8	2 00·7	2·6	0·4	8·6	1·2	14·6	2·1
27	2 06·8	2 07·1	2 01·0	2·7	0·4	8·7	1·2	14·7	2·1
28	2 07·0	2 07·3	2 01·2	2·8	0·4	8·8	1·2	14·8	2·1
29	2 07·3	2 07·6	2 01·5	2·9	0·4	8·9	1·3	14·9	2·1
30	2 07·5	2 07·8	2 01·7	3·0	0·4	9·0	1·3	15·0	2·1
31	2 07·8	2 08·1	2 01·9	3·1	0·4	9·1	1·3	15·1	2·1
32	2 08·0	2 08·4	2 02·2	3·2	0·5	9·2	1·3	15·2	2·2
33	2 08·3	2 08·6	2 02·4	3·3	0·5	9·3	1·3	15·3	2·2
34	2 08·5	2 08·9	2 02·6	3·4	0·5	9·4	1·3	15·4	2·2
35	2 08·8	2 09·1	2 02·9	3·5	0·5	9·5	1·3	15·5	2·2
36	2 09·0	2 09·4	2 03·1	3·6	0·5	9·6	1·4	15·6	2·2
37	2 09·3	2 09·6	2 03·4	3·7	0·5	9·7	1·4	15·7	2·2
38	2 09·5	2 09·9	2 03·6	3·8	0·5	9·8	1·4	15·8	2·2
39	2 09·8	2 10·1	2 03·8	3·9	0·6	9·9	1·4	15·9	2·3
40	2 10·0	2 10·4	2 04·1	4·0	0·6	10·0	1·4	16·0	2·3
41	2 10·3	2 10·6	2 04·3	4·1	0·6	10·1	1·4	16·1	2·3
42	2 10·5	2 10·9	2 04·6	4·2	0·6	10·2	1·4	16·2	2·3
43	2 10·8	2 11·1	2 04·8	4·3	0·6	10·3	1·5	16·3	2·3
44	2 11·0	2 11·4	2 05·0	4·4	0·6	10·4	1·5	16·4	2·3
45	2 11·3	2 11·6	2 05·3	4·5	0·6	10·5	1·5	16·5	2·3
46	2 11·5	2 11·9	2 05·5	4·6	0·7	10·6	1·5	16·6	2·4
47	2 11·8	2 12·1	2 05·7	4·7	0·7	10·7	1·5	16·7	2·4
48	2 12·0	2 12·4	2 06·0	4·8	0·7	10·8	1·5	16·8	2·4
49	2 12·3	2 12·6	2 06·2	4·9	0·7	10·9	1·5	16·9	2·4
50	2 12·5	2 12·9	2 06·5	5·0	0·7	11·0	1·6	17·0	2·4
51	2 12·8	2 13·1	2 06·7	5·1	0·7	11·1	1·6	17·1	2·4
52	2 13·0	2 13·4	2 06·9	5·2	0·7	11·2	1·6	17·2	2·4
53	2 13·3	2 13·6	2 07·2	5·3	0·8	11·3	1·6	17·3	2·5
54	2 13·5	2 13·9	2 07·4	5·4	0·8	11·4	1·6	17·4	2·5
55	2 13·8	2 14·1	2 07·7	5·5	0·8	11·5	1·6	17·5	2·5
56	2 14·0	2 14·4	2 07·9	5·6	0·8	11·6	1·6	17·6	2·5
57	2 14·3	2 14·6	2 08·1	5·7	0·8	11·7	1·7	17·7	2·5
58	2 14·5	2 14·9	2 08·4	5·8	0·8	11·8	1·7	17·8	2·5
59	2 14·8	2 15·1	2 08·6	5·9	0·8	11·9	1·7	17·9	2·5
60	2 15·0	2 15·4	2 08·9	6·0	0·9	12·0	1·7	18·0	2·6

9m s	SUN PLANETS ° ′	ARIES ° ′	MOON ° ′	v or d ′	Corrⁿ ′	v or d ′	Corrⁿ ′	v or d ′	Corrⁿ ′
00	2 15·0	2 15·4	2 08·9	0·0	0·0	6·0	1·0	12·0	1·9
01	2 15·3	2 15·6	2 09·1	0·1	0·0	6·1	1·0	12·1	1·9
02	2 15·5	2 15·9	2 09·3	0·2	0·0	6·2	1·0	12·2	1·9
03	2 15·8	2 16·1	2 09·6	0·3	0·0	6·3	1·0	12·3	1·9
04	2 16·0	2 16·4	2 09·8	0·4	0·1	6·4	1·0	12·4	2·0
05	2 16·3	2 16·6	2 10·0	0·5	0·1	6·5	1·0	12·5	2·0
06	2 16·5	2 16·9	2 10·3	0·6	0·1	6·6	1·0	12·6	2·0
07	2 16·8	2 17·1	2 10·5	0·7	0·1	6·7	1·1	12·7	2·0
08	2 17·0	2 17·4	2 10·8	0·8	0·1	6·8	1·1	12·8	2·0
09	2 17·3	2 17·6	2 11·0	0·9	0·1	6·9	1·1	12·9	2·0
10	2 17·5	2 17·9	2 11·2	1·0	0·2	7·0	1·1	13·0	2·1
11	2 17·8	2 18·1	2 11·5	1·1	0·2	7·1	1·1	13·1	2·1
12	2 18·0	2 18·4	2 11·7	1·2	0·2	7·2	1·1	13·2	2·1
13	2 18·3	2 18·6	2 12·0	1·3	0·2	7·3	1·2	13·3	2·1
14	2 18·5	2 18·9	2 12·2	1·4	0·2	7·4	1·2	13·4	2·1
15	2 18·8	2 19·1	2 12·4	1·5	0·2	7·5	1·2	13·5	2·1
16	2 19·0	2 19·4	2 12·7	1·6	0·3	7·6	1·2	13·6	2·2
17	2 19·3	2 19·6	2 12·9	1·7	0·3	7·7	1·2	13·7	2·2
18	2 19·5	2 19·9	2 13·1	1·8	0·3	7·8	1·2	13·8	2·2
19	2 19·8	2 20·1	2 13·4	1·9	0·3	7·9	1·3	13·9	2·2
20	2 20·0	2 20·4	2 13·6	2·0	0·3	8·0	1·3	14·0	2·2
21	2 20·3	2 20·6	2 13·9	2·1	0·3	8·1	1·3	14·1	2·2
22	2 20·5	2 20·9	2 14·1	2·2	0·3	8·2	1·3	14·2	2·2
23	2 20·8	2 21·1	2 14·3	2·3	0·4	8·3	1·3	14·3	2·3
24	2 21·0	2 21·4	2 14·6	2·4	0·4	8·4	1·3	14·4	2·3
25	2 21·3	2 21·6	2 14·8	2·5	0·4	8·5	1·3	14·5	2·3
26	2 21·5	2 21·9	2 15·1	2·6	0·4	8·6	1·4	14·6	2·3
27	2 21·8	2 22·1	2 15·3	2·7	0·4	8·7	1·4	14·7	2·3
28	2 22·0	2 22·4	2 15·5	2·8	0·4	8·8	1·4	14·8	2·3
29	2 22·3	2 22·6	2 15·8	2·9	0·5	8·9	1·4	14·9	2·4
30	2 22·5	2 22·9	2 16·0	3·0	0·5	9·0	1·4	15·0	2·4
31	2 22·8	2 23·1	2 16·2	3·1	0·5	9·1	1·4	15·1	2·4
32	2 23·0	2 23·4	2 16·5	3·2	0·5	9·2	1·5	15·2	2·4
33	2 23·3	2 23·6	2 16·7	3·3	0·5	9·3	1·5	15·3	2·4
34	2 23·5	2 23·9	2 17·0	3·4	0·5	9·4	1·5	15·4	2·4
35	2 23·8	2 24·1	2 17·2	3·5	0·6	9·5	1·5	15·5	2·5
36	2 24·0	2 24·4	2 17·4	3·6	0·6	9·6	1·5	15·6	2·5
37	2 24·3	2 24·6	2 17·7	3·7	0·6	9·7	1·5	15·7	2·5
38	2 24·5	2 24·9	2 17·9	3·8	0·6	9·8	1·6	15·8	2·5
39	2 24·8	2 25·1	2 18·2	3·9	0·6	9·9	1·6	15·9	2·5
40	2 25·0	2 25·4	2 18·4	4·0	0·6	10·0	1·6	16·0	2·5
41	2 25·3	2 25·6	2 18·6	4·1	0·6	10·1	1·6	16·1	2·5
42	2 25·5	2 25·9	2 18·9	4·2	0·7	10·2	1·6	16·2	2·6
43	2 25·8	2 26·1	2 19·1	4·3	0·7	10·3	1·6	16·3	2·6
44	2 26·0	2 26·4	2 19·3	4·4	0·7	10·4	1·6	16·4	2·6
45	2 26·3	2 26·7	2 19·6	4·5	0·7	10·5	1·7	16·5	2·6
46	2 26·5	2 26·9	2 19·8	4·6	0·7	10·6	1·7	16·6	2·6
47	2 26·8	2 27·2	2 20·1	4·7	0·7	10·7	1·7	16·7	2·6
48	2 27·0	2 27·4	2 20·3	4·8	0·8	10·8	1·7	16·8	2·7
49	2 27·3	2 27·7	2 20·5	4·9	0·8	10·9	1·7	16·9	2·7
50	2 27·5	2 27·9	2 20·8	5·0	0·8	11·0	1·7	17·0	2·7
51	2 27·8	2 28·2	2 21·0	5·1	0·8	11·1	1·8	17·1	2·7
52	2 28·0	2 28·4	2 21·3	5·2	0·8	11·2	1·8	17·2	2·7
53	2 28·3	2 28·7	2 21·5	5·3	0·8	11·3	1·8	17·3	2·7
54	2 28·5	2 28·9	2 21·7	5·4	0·9	11·4	1·8	17·4	2·8
55	2 28·8	2 29·2	2 22·0	5·5	0·9	11·5	1·8	17·5	2·8
56	2 29·0	2 29·4	2 22·2	5·6	0·9	11·6	1·8	17·6	2·8
57	2 29·3	2 29·7	2 22·5	5·7	0·9	11·7	1·9	17·7	2·8
58	2 29·5	2 29·9	2 22·7	5·8	0·9	11·8	1·9	17·8	2·8
59	2 29·8	2 30·2	2 22·9	5·9	0·9	11·9	1·9	17·9	2·8
60	2 30·0	2 30·4	2 23·2	6·0	1·0	12·0	1·9	18·0	2·9

10ᵐ	SUN PLANETS	ARIES	MOON	v or d	Corrⁿ	v or d	Corrⁿ	v or d	Corrⁿ
s	° ′	° ′	° ′	′	′	′	′	′	′
00	2 30·0	2 30·4	2 23·2	0·0	0·0	6·0	1·1	12·0	2·1
01	2 30·3	2 30·7	2 23·4	0·1	0·0	6·1	1·1	12·1	2·1
02	2 30·5	2 30·9	2 23·6	0·2	0·0	6·2	1·1	12·2	2·1
03	2 30·8	2 31·2	2 23·9	0·3	0·1	6·3	1·1	12·3	2·2
04	2 31·0	2 31·4	2 24·1	0·4	0·1	6·4	1·1	12·4	2·2
05	2 31·3	2 31·7	2 24·4	0·5	0·1	6·5	1·1	12·5	2·2
06	2 31·5	2 31·9	2 24·6	0·6	0·1	6·6	1·2	12·6	2·2
07	2 31·8	2 32·2	2 24·8	0·7	0·1	6·7	1·2	12·7	2·2
08	2 32·0	2 32·4	2 25·1	0·8	0·1	6·8	1·2	12·8	2·2
09	2 32·3	2 32·7	2 25·3	0·9	0·2	6·9	1·2	12·9	2·3
10	2 32·5	2 32·9	2 25·6	1·0	0·2	7·0	1·2	13·0	2·3
11	2 32·8	2 33·2	2 25·8	1·1	0·2	7·1	1·2	13·1	2·3
12	2 33·0	2 33·4	2 26·0	1·2	0·2	7·2	1·3	13·2	2·3
13	2 33·3	2 33·7	2 26·3	1·3	0·2	7·3	1·3	13·3	2·3
14	2 33·5	2 33·9	2 26·5	1·4	0·2	7·4	1·3	13·4	2·3
15	2 33·8	2 34·2	2 26·7	1·5	0·3	7·5	1·3	13·5	2·4
16	2 34·0	2 34·4	2 27·0	1·6	0·3	7·6	1·3	13·6	2·4
17	2 34·3	2 34·7	2 27·2	1·7	0·3	7·7	1·3	13·7	2·4
18	2 34·5	2 34·9	2 27·5	1·8	0·3	7·8	1·4	13·8	2·4
19	2 34·8	2 35·2	2 27·7	1·9	0·3	7·9	1·4	13·9	2·4
20	2 35·0	2 35·4	2 27·9	2·0	0·4	8·0	1·4	14·0	2·5
21	2 35·3	2 35·7	2 28·2	2·1	0·4	8·1	1·4	14·1	2·5
22	2 35·5	2 35·9	2 28·4	2·2	0·4	8·2	1·4	14·2	2·5
23	2 35·8	2 36·2	2 28·7	2·3	0·4	8·3	1·5	14·3	2·5
24	2 36·0	2 36·4	2 28·9	2·4	0·4	8·4	1·5	14·4	2·5
25	2 36·3	2 36·7	2 29·1	2·5	0·4	8·5	1·5	14·5	2·5
26	2 36·5	2 36·9	2 29·4	2·6	0·5	8·6	1·5	14·6	2·6
27	2 36·8	2 37·2	2 29·6	2·7	0·5	8·7	1·5	14·7	2·6
28	2 37·0	2 37·4	2 29·8	2·8	0·5	8·8	1·5	14·8	2·6
29	2 37·3	2 37·7	2 30·1	2·9	0·5	8·9	1·6	14·9	2·6
30	2 37·5	2 37·9	2 30·3	3·0	0·5	9·0	1·6	15·0	2·6
31	2 37·8	2 38·2	2 30·6	3·1	0·5	9·1	1·6	15·1	2·6
32	2 38·0	2 38·4	2 30·8	3·2	0·6	9·2	1·6	15·2	2·7
33	2 38·3	2 38·7	2 31·0	3·3	0·6	9·3	1·6	15·3	2·7
34	2 38·5	2 38·9	2 31·3	3·4	0·6	9·4	1·6	15·4	2·7
35	2 38·8	2 39·2	2 31·5	3·5	0·6	9·5	1·7	15·5	2·7
36	2 39·0	2 39·4	2 31·8	3·6	0·6	9·6	1·7	15·6	2·7
37	2 39·3	2 39·7	2 32·0	3·7	0·6	9·7	1·7	15·7	2·7
38	2 39·5	2 39·9	2 32·2	3·8	0·7	9·8	1·7	15·8	2·8
39	2 39·8	2 40·2	2 32·5	3·9	0·7	9·9	1·7	15·9	2·8
40	2 40·0	2 40·4	2 32·7	4·0	0·7	10·0	1·8	16·0	2·8
41	2 40·3	2 40·7	2 32·9	4·1	0·7	10·1	1·8	16·1	2·8
42	2 40·5	2 40·9	2 33·2	4·2	0·7	10·2	1·8	16·2	2·8
43	2 40·8	2 41·2	2 33·4	4·3	0·8	10·3	1·8	16·3	2·9
44	2 41·0	2 41·4	2 33·7	4·4	0·8	10·4	1·8	16·4	2·9
45	2 41·3	2 41·7	2 33·9	4·5	0·8	10·5	1·8	16·5	2·9
46	2 41·5	2 41·9	2 34·1	4·6	0·8	10·6	1·9	16·6	2·9
47	2 41·8	2 42·2	2 34·4	4·7	0·8	10·7	1·9	16·7	2·9
48	2 42·0	2 42·4	2 34·6	4·8	0·8	10·8	1·9	16·8	2·9
49	2 42·3	2 42·7	2 34·9	4·9	0·9	10·9	1·9	16·9	3·0
50	2 42·5	2 42·9	2 35·1	5·0	0·9	11·0	1·9	17·0	3·0
51	2 42·8	2 43·2	2 35·3	5·1	0·9	11·1	1·9	17·1	3·0
52	2 43·0	2 43·4	2 35·6	5·2	0·9	11·2	2·0	17·2	3·0
53	2 43·3	2 43·7	2 35·8	5·3	0·9	11·3	2·0	17·3	3·0
54	2 43·5	2 43·9	2 36·1	5·4	0·9	11·4	2·0	17·4	3·0
55	2 43·8	2 44·2	2 36·3	5·5	1·0	11·5	2·0	17·5	3·1
56	2 44·0	2 44·4	2 36·5	5·6	1·0	11·6	2·0	17·6	3·1
57	2 44·3	2 44·7	2 36·8	5·7	1·0	11·7	2·0	17·7	3·1
58	2 44·5	2 45·0	2 37·0	5·8	1·0	11·8	2·1	17·8	3·1
59	2 44·8	2 45·2	2 37·2	5·9	1·0	11·9	2·1	17·9	3·1
60	2 45·0	2 45·5	2 37·5	6·0	1·1	12·0	2·1	18·0	3·2

11ᵐ	SUN PLANETS	ARIES	MOON	v or d	Corrⁿ	v or d	Corrⁿ	v or d	Corrⁿ
s	° ′	° ′	° ′	′	′	′	′	′	′
00	2 45·0	2 45·5	2 37·5	0·0	0·0	6·0	1·2	12·0	2·3
01	2 45·3	2 45·7	2 37·7	0·1	0·0	6·1	1·2	12·1	2·3
02	2 45·5	2 46·0	2 38·0	0·2	0·0	6·2	1·2	12·2	2·3
03	2 45·8	2 46·2	2 38·2	0·3	0·1	6·3	1·2	12·3	2·4
04	2 46·0	2 46·5	2 38·4	0·4	0·1	6·4	1·2	12·4	2·4
05	2 46·3	2 46·7	2 38·7	0·5	0·1	6·5	1·2	12·5	2·4
06	2 46·5	2 47·0	2 38·9	0·6	0·1	6·6	1·3	12·6	2·4
07	2 46·8	2 47·2	2 39·2	0·7	0·1	6·7	1·3	12·7	2·4
08	2 47·0	2 47·5	2 39·4	0·8	0·2	6·8	1·3	12·8	2·5
09	2 47·3	2 47·7	2 39·6	0·9	0·2	6·9	1·3	12·9	2·5
10	2 47·5	2 48·0	2 39·9	1·0	0·2	7·0	1·3	13·0	2·5
11	2 47·8	2 48·2	2 40·1	1·1	0·2	7·1	1·4	13·1	2·5
12	2 48·0	2 48·5	2 40·3	1·2	0·2	7·2	1·4	13·2	2·5
13	2 48·3	2 48·7	2 40·6	1·3	0·2	7·3	1·4	13·3	2·5
14	2 48·5	2 49·0	2 40·8	1·4	0·3	7·4	1·4	13·4	2·6
15	2 48·8	2 49·2	2 41·1	1·5	0·3	7·5	1·4	13·5	2·6
16	2 49·0	2 49·5	2 41·3	1·6	0·3	7·6	1·5	13·6	2·6
17	2 49·3	2 49·7	2 41·5	1·7	0·3	7·7	1·5	13·7	2·6
18	2 49·5	2 50·0	2 41·8	1·8	0·3	7·8	1·5	13·8	2·6
19	2 49·8	2 50·2	2 42·0	1·9	0·4	7·9	1·5	13·9	2·7
20	2 50·0	2 50·5	2 42·3	2·0	0·4	8·0	1·5	14·0	2·7
21	2 50·3	2 50·7	2 42·5	2·1	0·4	8·1	1·6	14·1	2·7
22	2 50·5	2 51·0	2 42·7	2·2	0·4	8·2	1·6	14·2	2·7
23	2 50·8	2 51·2	2 43·0	2·3	0·4	8·3	1·6	14·3	2·7
24	2 51·0	2 51·5	2 43·2	2·4	0·5	8·4	1·6	14·4	2·8
25	2 51·3	2 51·7	2 43·4	2·5	0·5	8·5	1·6	14·5	2·8
26	2 51·5	2 52·0	2 43·7	2·6	0·5	8·6	1·6	14·6	2·8
27	2 51·8	2 52·2	2 43·9	2·7	0·5	8·7	1·7	14·7	2·8
28	2 52·0	2 52·5	2 44·2	2·8	0·5	8·8	1·7	14·8	2·8
29	2 52·3	2 52·7	2 44·4	2·9	0·6	8·9	1·7	14·9	2·9
30	2 52·5	2 53·0	2 44·6	3·0	0·6	9·0	1·7	15·0	2·9
31	2 52·8	2 53·2	2 44·9	3·1	0·6	9·1	1·7	15·1	2·9
32	2 53·0	2 53·5	2 45·1	3·2	0·6	9·2	1·8	15·2	2·9
33	2 53·3	2 53·7	2 45·4	3·3	0·6	9·3	1·8	15·3	2·9
34	2 53·5	2 54·0	2 45·6	3·4	0·7	9·4	1·8	15·4	3·0
35	2 53·8	2 54·2	2 45·8	3·5	0·7	9·5	1·8	15·5	3·0
36	2 54·0	2 54·5	2 46·1	3·6	0·7	9·6	1·8	15·6	3·0
37	2 54·3	2 54·7	2 46·3	3·7	0·7	9·7	1·9	15·7	3·0
38	2 54·5	2 55·0	2 46·6	3·8	0·7	9·8	1·9	15·8	3·0
39	2 54·8	2 55·2	2 46·8	3·9	0·7	9·9	1·9	15·9	3·0
40	2 55·0	2 55·5	2 47·0	4·0	0·8	10·0	1·9	16·0	3·1
41	2 55·3	2 55·7	2 47·3	4·1	0·8	10·1	1·9	16·1	3·1
42	2 55·5	2 56·0	2 47·5	4·2	0·8	10·2	2·0	16·2	3·1
43	2 55·8	2 56·2	2 47·7	4·3	0·8	10·3	2·0	16·3	3·1
44	2 56·0	2 56·5	2 48·0	4·4	0·8	10·4	2·0	16·4	3·1
45	2 56·3	2 56·7	2 48·2	4·5	0·9	10·5	2·0	16·5	3·2
46	2 56·5	2 57·0	2 48·5	4·6	0·9	10·6	2·0	16·6	3·2
47	2 56·8	2 57·2	2 48·7	4·7	0·9	10·7	2·1	16·7	3·2
48	2 57·0	2 57·5	2 48·9	4·8	0·9	10·8	2·1	16·8	3·2
49	2 57·3	2 57·7	2 49·2	4·9	0·9	10·9	2·1	16·9	3·2
50	2 57·5	2 58·0	2 49·4	5·0	1·0	11·0	2·1	17·0	3·3
51	2 57·8	2 58·2	2 49·7	5·1	1·0	11·1	2·1	17·1	3·3
52	2 58·0	2 58·5	2 49·9	5·2	1·0	11·2	2·1	17·2	3·3
53	2 58·3	2 58·7	2 50·1	5·3	1·0	11·3	2·2	17·3	3·3
54	2 58·5	2 59·0	2 50·4	5·4	1·0	11·4	2·2	17·4	3·3
55	2 58·8	2 59·2	2 50·6	5·5	1·1	11·5	2·2	17·5	3·4
56	2 59·0	2 59·5	2 50·8	5·6	1·1	11·6	2·2	17·6	3·4
57	2 59·3	2 59·7	2 51·1	5·7	1·1	11·7	2·2	17·7	3·4
58	2 59·5	3 00·0	2 51·3	5·8	1·1	11·8	2·3	17·8	3·4
59	2 59·8	3 00·2	2 51·6	5·9	1·1	11·9	2·3	17·9	3·4
60	3 00·0	3 00·5	2 51·8	6·0	1·2	12·0	2·3	18·0	3·5

12^m	SUN PLANETS	ARIES	MOON	v or d	Corr^n	v or d	Corr^n	v or d	Corr^n
s	° ′	° ′	° ′	′	′	′	′	′	′
00	3 00·0	3 00·5	2 51·8	0·0	0·0	6·0	1·3	12·0	2·5
01	3 00·3	3 00·7	2 52·0	0·1	0·0	6·1	1·3	12·1	2·5
02	3 00·5	3 01·0	2 52·3	0·2	0·0	6·2	1·3	12·2	2·5
03	3 00·8	3 01·2	2 52·5	0·3	0·1	6·3	1·3	12·3	2·6
04	3 01·0	3 01·5	2 52·8	0·4	0·1	6·4	1·3	12·4	2·6
05	3 01·3	3 01·7	2 53·0	0·5	0·1	6·5	1·4	12·5	2·6
06	3 01·5	3 02·0	2 53·2	0·6	0·1	6·6	1·4	12·6	2·6
07	3 01·8	3 02·2	2 53·5	0·7	0·1	6·7	1·4	12·7	2·6
08	3 02·0	3 02·5	2 53·7	0·8	0·2	6·8	1·4	12·8	2·7
09	3 02·3	3 02·7	2 53·9	0·9	0·2	6·9	1·4	12·9	2·7
10	3 02·5	3 03·0	2 54·2	1·0	0·2	7·0	1·5	13·0	2·7
11	3 02·8	3 03·3	2 54·4	1·1	0·2	7·1	1·5	13·1	2·7
12	3 03·0	3 03·5	2 54·7	1·2	0·3	7·2	1·5	13·2	2·8
13	3 03·3	3 03·8	2 54·9	1·3	0·3	7·3	1·5	13·3	2·8
14	3 03·5	3 04·0	2 55·1	1·4	0·3	7·4	1·5	13·4	2·8
15	3 03·8	3 04·3	2 55·4	1·5	0·3	7·5	1·6	13·5	2·8
16	3 04·0	3 04·5	2 55·6	1·6	0·3	7·6	1·6	13·6	2·8
17	3 04·3	3 04·8	2 55·9	1·7	0·4	7·7	1·6	13·7	2·9
18	3 04·5	3 05·0	2 56·1	1·8	0·4	7·8	1·6	13·8	2·9
19	3 04·8	3 05·3	2 56·3	1·9	0·4	7·9	1·6	13·9	2·9
20	3 05·0	3 05·5	2 56·6	2·0	0·4	8·0	1·7	14·0	2·9
21	3 05·3	3 05·8	2 56·8	2·1	0·4	8·1	1·7	14·1	2·9
22	3 05·5	3 06·0	2 57·0	2·2	0·5	8·2	1·7	14·2	3·0
23	3 05·8	3 06·3	2 57·3	2·3	0·5	8·3	1·7	14·3	3·0
24	3 06·0	3 06·5	2 57·5	2·4	0·5	8·4	1·8	14·4	3·0
25	3 06·3	3 06·8	2 57·8	2·5	0·5	8·5	1·8	14·5	3·0
26	3 06·5	3 07·0	2 58·0	2·6	0·5	8·6	1·8	14·6	3·0
27	3 06·8	3 07·3	2 58·2	2·7	0·6	8·7	1·8	14·7	3·1
28	3 07·0	3 07·5	2 58·5	2·8	0·6	8·8	1·8	14·8	3·1
29	3 07·3	3 07·8	2 58·7	2·9	0·6	8·9	1·9	14·9	3·1
30	3 07·5	3 08·0	2 59·0	3·0	0·6	9·0	1·9	15·0	3·1
31	3 07·8	3 08·3	2 59·2	3·1	0·6	9·1	1·9	15·1	3·1
32	3 08·0	3 08·5	2 59·4	3·2	0·7	9·2	1·9	15·2	3·2
33	3 08·3	3 08·8	2 59·7	3·3	0·7	9·3	1·9	15·3	3·2
34	3 08·5	3 09·0	2 59·9	3·4	0·7	9·4	2·0	15·4	3·2
35	3 08·8	3 09·3	3 00·2	3·5	0·7	9·5	2·0	15·5	3·2
36	3 09·0	3 09·5	3 00·4	3·6	0·8	9·6	2·0	15·6	3·3
37	3 09·3	3 09·8	3 00·6	3·7	0·8	9·7	2·0	15·7	3·3
38	3 09·5	3 10·0	3 00·9	3·8	0·8	9·8	2·0	15·8	3·3
39	3 09·8	3 10·3	3 01·1	3·9	0·8	9·9	2·1	15·9	3·3
40	3 10·0	3 10·5	3 01·3	4·0	0·8	10·0	2·1	16·0	3·3
41	3 10·3	3 10·8	3 01·6	4·1	0·9	10·1	2·1	16·1	3·4
42	3 10·5	3 11·0	3 01·8	4·2	0·9	10·2	2·1	16·2	3·4
43	3 10·8	3 11·3	3 02·1	4·3	0·9	10·3	2·1	16·3	3·4
44	3 11·0	3 11·5	3 02·3	4·4	0·9	10·4	2·2	16·4	3·4
45	3 11·3	3 11·8	3 02·5	4·5	0·9	10·5	2·2	16·5	3·4
46	3 11·5	3 12·0	3 02·8	4·6	1·0	10·6	2·2	16·6	3·5
47	3 11·8	3 12·3	3 03·0	4·7	1·0	10·7	2·2	16·7	3·5
48	3 12·0	3 12·5	3 03·3	4·8	1·0	10·8	2·3	16·8	3·5
49	3 12·3	3 12·8	3 03·5	4·9	1·0	10·9	2·3	16·9	3·5
50	3 12·5	3 13·0	3 03·7	5·0	1·0	11·0	2·3	17·0	3·5
51	3 12·8	3 13·3	3 04·0	5·1	1·1	11·1	2·3	17·1	3·6
52	3 13·0	3 13·5	3 04·2	5·2	1·1	11·2	2·3	17·2	3·6
53	3 13·3	3 13·8	3 04·4	5·3	1·1	11·3	2·4	17·3	3·6
54	3 13·5	3 14·0	3 04·7	5·4	1·1	11·4	2·4	17·4	3·6
55	3 13·8	3 14·3	3 04·9	5·5	1·1	11·5	2·4	17·5	3·6
56	3 14·0	3 14·5	3 05·2	5·6	1·2	11·6	2·4	17·6	3·7
57	3 14·3	3 14·8	3 05·4	5·7	1·2	11·7	2·4	17·7	3·7
58	3 14·5	3 15·0	3 05·6	5·8	1·2	11·8	2·5	17·8	3·7
59	3 14·8	3 15·3	3 05·9	5·9	1·2	11·9	2·5	17·9	3·7
60	3 15·0	3 15·5	3 06·1	6·0	1·3	12·0	2·5	18·0	3·8

13^m	SUN PLANETS	ARIES	MOON	v or d	Corr^n	v or d	Corr^n	v or d	Corr^n
s	° ′	° ′	° ′	′	′	′	′	′	′
00	3 15·0	3 15·5	3 06·1	0·0	0·0	6·0	1·4	12·0	2·7
01	3 15·3	3 15·8	3 06·4	0·1	0·0	6·1	1·4	12·1	2·7
02	3 15·5	3 16·0	3 06·6	0·2	0·0	6·2	1·4	12·2	2·7
03	3 15·8	3 16·3	3 06·8	0·3	0·1	6·3	1·4	12·3	2·8
04	3 16·0	3 16·5	3 07·1	0·4	0·1	6·4	1·4	12·4	2·8
05	3 16·3	3 16·8	3 07·3	0·5	0·1	6·5	1·5	12·5	2·8
06	3 16·5	3 17·0	3 07·5	0·6	0·1	6·6	1·5	12·6	2·8
07	3 16·8	3 17·3	3 07·8	0·7	0·2	6·7	1·5	12·7	2·9
08	3 17·0	3 17·5	3 08·0	0·8	0·2	6·8	1·5	12·8	2·9
09	3 17·3	3 17·8	3 08·3	0·9	0·2	6·9	1·6	12·9	2·9
10	3 17·5	3 18·0	3 08·5	1·0	0·2	7·0	1·6	13·0	2·9
11	3 17·8	3 18·3	3 08·7	1·1	0·2	7·1	1·6	13·1	2·9
12	3 18·0	3 18·5	3 09·0	1·2	0·3	7·2	1·6	13·2	3·0
13	3 18·3	3 18·8	3 09·2	1·3	0·3	7·3	1·6	13·3	3·0
14	3 18·5	3 19·0	3 09·5	1·4	0·3	7·4	1·7	13·4	3·0
15	3 18·8	3 19·3	3 09·7	1·5	0·3	7·5	1·7	13·5	3·0
16	3 19·0	3 19·5	3 09·9	1·6	0·4	7·6	1·7	13·6	3·1
17	3 19·3	3 19·8	3 10·2	1·7	0·4	7·7	1·7	13·7	3·1
18	3 19·5	3 20·0	3 10·4	1·8	0·4	7·8	1·8	13·8	3·1
19	3 19·8	3 20·3	3 10·7	1·9	0·4	7·9	1·8	13·9	3·1
20	3 20·0	3 20·5	3 10·9	2·0	0·5	8·0	1·8	14·0	3·2
21	3 20·3	3 20·8	3 11·1	2·1	0·5	8·1	1·8	14·1	3·2
22	3 20·5	3 21·0	3 11·4	2·2	0·5	8·2	1·8	14·2	3·2
23	3 20·8	3 21·3	3 11·6	2·3	0·5	8·3	1·9	14·3	3·2
24	3 21·0	3 21·6	3 11·8	2·4	0·5	8·4	1·9	14·4	3·2
25	3 21·3	3 21·8	3 12·1	2·5	0·6	8·5	1·9	14·5	3·3
26	3 21·5	3 22·1	3 12·3	2·6	0·6	8·6	1·9	14·6	3·3
27	3 21·8	3 22·3	3 12·6	2·7	0·6	8·7	2·0	14·7	3·3
28	3 22·0	3 22·6	3 12·8	2·8	0·6	8·8	2·0	14·8	3·3
29	3 22·3	3 22·8	3 13·0	2·9	0·7	8·9	2·0	14·9	3·4
30	3 22·5	3 23·1	3 13·3	3·0	0·7	9·0	2·0	15·0	3·4
31	3 22·8	3 23·3	3 13·5	3·1	0·7	9·1	2·0	15·1	3·4
32	3 23·0	3 23·6	3 13·8	3·2	0·7	9·2	2·1	15·2	3·4
33	3 23·3	3 23·8	3 14·0	3·3	0·7	9·3	2·1	15·3	3·4
34	3 23·5	3 24·1	3 14·2	3·4	0·8	9·4	2·1	15·4	3·5
35	3 23·8	3 24·3	3 14·5	3·5	0·8	9·5	2·1	15·5	3·5
36	3 24·0	3 24·6	3 14·7	3·6	0·8	9·6	2·2	15·6	3·5
37	3 24·3	3 24·8	3 14·9	3·7	0·8	9·7	2·2	15·7	3·5
38	3 24·5	3 25·1	3 15·2	3·8	0·9	9·8	2·2	15·8	3·6
39	3 24·8	3 25·3	3 15·4	3·9	0·9	9·9	2·2	15·9	3·6
40	3 25·0	3 25·6	3 15·7	4·0	0·9	10·0	2·3	16·0	3·6
41	3 25·3	3 25·8	3 15·9	4·1	0·9	10·1	2·3	16·1	3·6
42	3 25·5	3 26·1	3 16·1	4·2	0·9	10·2	2·3	16·2	3·6
43	3 25·8	3 26·3	3 16·4	4·3	1·0	10·3	2·3	16·3	3·7
44	3 26·0	3 26·6	3 16·6	4·4	1·0	10·4	2·3	16·4	3·7
45	3 26·3	3 26·8	3 16·9	4·5	1·0	10·5	2·4	16·5	3·7
46	3 26·5	3 27·1	3 17·1	4·6	1·0	10·6	2·4	16·6	3·7
47	3 26·8	3 27·3	3 17·3	4·7	1·1	10·7	2·4	16·7	3·8
48	3 27·0	3 27·6	3 17·6	4·8	1·1	10·8	2·4	16·8	3·8
49	3 27·3	3 27·8	3 17·8	4·9	1·1	10·9	2·5	16·9	3·8
50	3 27·5	3 28·1	3 18·0	5·0	1·1	11·0	2·5	17·0	3·8
51	3 27·8	3 28·3	3 18·3	5·1	1·1	11·1	2·5	17·1	3·8
52	3 28·0	3 28·6	3 18·5	5·2	1·2	11·2	2·5	17·2	3·9
53	3 28·3	3 28·8	3 18·8	5·3	1·2	11·3	2·5	17·3	3·9
54	3 28·5	3 29·1	3 19·0	5·4	1·2	11·4	2·6	17·4	3·9
55	3 28·8	3 29·3	3 19·2	5·5	1·2	11·5	2·6	17·5	3·9
56	3 29·0	3 29·6	3 19·5	5·6	1·3	11·6	2·6	17·6	4·0
57	3 29·3	3 29·8	3 19·7	5·7	1·3	11·7	2·6	17·7	4·0
58	3 29·5	3 30·1	3 20·0	5·8	1·3	11·8	2·7	17·8	4·0
59	3 29·8	3 30·3	3 20·2	5·9	1·3	11·9	2·7	17·9	4·0
60	3 30·0	3 30·6	3 20·4	6·0	1·4	12·0	2·7	18·0	4·1

14ᵐ	SUN PLANETS	ARIES	MOON	v or d	Corrⁿ	v or d	Corrⁿ	v or d	Corrⁿ
s	° ′	° ′	° ′	′	′	′	′	′	′
00	3 30·0	3 30·6	3 20·4	0·0	0·0	6·0	1·5	12·0	2·9
01	3 30·3	3 30·8	3 20·7	0·1	0·0	6·1	1·5	12·1	2·9
02	3 30·5	3 31·1	3 20·9	0·2	0·0	6·2	1·5	12·2	2·9
03	3 30·8	3 31·3	3 21·1	0·3	0·1	6·3	1·5	12·3	3·0
04	3 31·0	3 31·6	3 21·4	0·4	0·1	6·4	1·5	12·4	3·0
05	3 31·3	3 31·8	3 21·6	0·5	0·1	6·5	1·6	12·5	3·0
06	3 31·5	3 32·1	3 21·9	0·6	0·1	6·6	1·6	12·6	3·0
07	3 31·8	3 32·3	3 22·1	0·7	0·2	6·7	1·6	12·7	3·1
08	3 32·0	3 32·6	3 22·3	0·8	0·2	6·8	1·6	12·8	3·1
09	3 32·3	3 32·8	3 22·6	0·9	0·2	6·9	1·7	12·9	3·1
10	3 32·5	3 33·1	3 22·8	1·0	0·2	7·0	1·7	13·0	3·1
11	3 32·8	3 33·3	3 23·1	1·1	0·3	7·1	1·7	13·1	3·2
12	3 33·0	3 33·6	3 23·3	1·2	0·3	7·2	1·7	13·2	3·2
13	3 33·3	3 33·8	3 23·5	1·3	0·3	7·3	1·8	13·3	3·2
14	3 33·5	3 34·1	3 23·8	1·4	0·3	7·4	1·8	13·4	3·2
15	3 33·8	3 34·3	3 24·0	1·5	0·4	7·5	1·8	13·5	3·3
16	3 34·0	3 34·6	3 24·3	1·6	0·4	7·6	1·8	13·6	3·3
17	3 34·3	3 34·8	3 24·5	1·7	0·4	7·7	1·9	13·7	3·3
18	3 34·5	3 35·1	3 24·7	1·8	0·4	7·8	1·9	13·8	3·3
19	3 34·8	3 35·3	3 25·0	1·9	0·5	7·9	1·9	13·9	3·4
20	3 35·0	3 35·6	3 25·2	2·0	0·5	8·0	1·9	14·0	3·4
21	3 35·3	3 35·8	3 25·4	2·1	0·5	8·1	2·0	14·1	3·4
22	3 35·5	3 36·1	3 25·7	2·2	0·5	8·2	2·0	14·2	3·4
23	3 35·8	3 36·3	3 25·9	2·3	0·6	8·3	2·0	14·3	3·5
24	3 36·0	3 36·6	3 26·2	2·4	0·6	8·4	2·0	14·4	3·5
25	3 36·3	3 36·8	3 26·4	2·5	0·6	8·5	2·1	14·5	3·5
26	3 36·5	3 37·1	3 26·6	2·6	0·6	8·6	2·1	14·6	3·5
27	3 36·8	3 37·3	3 26·9	2·7	0·7	8·7	2·1	14·7	3·6
28	3 37·0	3 37·6	3 27·1	2·8	0·7	8·8	2·1	14·8	3·6
29	3 37·3	3 37·8	3 27·4	2·9	0·7	8·9	2·2	14·9	3·6
30	3 37·5	3 38·1	3 27·6	3·0	0·7	9·0	2·2	15·0	3·6
31	3 37·8	3 38·3	3 27·8	3·1	0·7	9·1	2·2	15·1	3·6
32	3 38·0	3 38·6	3 28·1	3·2	0·8	9·2	2·2	15·2	3·7
33	3 38·3	3 38·8	3 28·3	3·3	0·8	9·3	2·2	15·3	3·7
34	3 38·5	3 39·1	3 28·5	3·4	0·8	9·4	2·3	15·4	3·7
35	3 38·8	3 39·3	3 28·8	3·5	0·8	9·5	2·3	15·5	3·7
36	3 39·0	3 39·6	3 29·0	3·6	0·9	9·6	2·3	15·6	3·8
37	3 39·3	3 39·9	3 29·3	3·7	0·9	9·7	2·3	15·7	3·8
38	3 39·5	3 40·1	3 29·5	3·8	0·9	9·8	2·4	15·8	3·8
39	3 39·8	3 40·4	3 29·7	3·9	0·9	9·9	2·4	15·9	3·8
40	3 40·0	3 40·6	3 30·0	4·0	1·0	10·0	2·4	16·0	3·9
41	3 40·3	3 40·9	3 30·2	4·1	1·0	10·1	2·4	16·1	3·9
42	3 40·5	3 41·1	3 30·5	4·2	1·0	10·2	2·5	16·2	3·9
43	3 40·8	3 41·4	3 30·7	4·3	1·0	10·3	2·5	16·3	3·9
44	3 41·0	3 41·6	3 30·9	4·4	1·1	10·4	2·5	16·4	4·0
45	3 41·3	3 41·9	3 31·2	4·5	1·1	10·5	2·5	16·5	4·0
46	3 41·5	3 42·1	3 31·4	4·6	1·1	10·6	2·6	16·6	4·0
47	3 41·8	3 42·4	3 31·6	4·7	1·1	10·7	2·6	16·7	4·0
48	3 42·0	3 42·6	3 31·9	4·8	1·2	10·8	2·6	16·8	4·1
49	3 42·3	3 42·9	3 32·1	4·9	1·2	10·9	2·6	16·9	4·1
50	3 42·5	3 43·1	3 32·4	5·0	1·2	11·0	2·7	17·0	4·1
51	3 42·8	3 43·4	3 32·6	5·1	1·2	11·1	2·7	17·1	4·1
52	3 43·0	3 43·6	3 32·8	5·2	1·3	11·2	2·7	17·2	4·2
53	3 43·3	3 43·9	3 33·1	5·3	1·3	11·3	2·7	17·3	4·2
54	3 43·5	3 44·1	3 33·3	5·4	1·3	11·4	2·8	17·4	4·2
55	3 43·8	3 44·4	3 33·6	5·5	1·3	11·5	2·8	17·5	4·2
56	3 44·0	3 44·6	3 33·8	5·6	1·4	11·6	2·8	17·6	4·3
57	3 44·3	3 44·9	3 34·0	5·7	1·4	11·7	2·8	17·7	4·3
58	3 44·5	3 45·1	3 34·3	5·8	1·4	11·8	2·9	17·8	4·3
59	3 44·8	3 45·4	3 34·5	5·9	1·4	11·9	2·9	17·9	4·3
60	3 45·0	3 45·6	3 34·8	6·0	1·5	12·0	2·9	18·0	4·4

15ᵐ	SUN PLANETS	ARIES	MOON	v or d	Corrⁿ	v or d	Corrⁿ	v or d	Corrⁿ
s	° ′	° ′	° ′	′	′	′	′	′	′
00	3 45·0	3 45·6	3 34·8	0·0	0·0	6·0	1·6	12·0	3·1
01	3 45·3	3 45·9	3 35·0	0·1	0·0	6·1	1·6	12·1	3·1
02	3 45·5	3 46·1	3 35·2	0·2	0·1	6·2	1·6	12·2	3·2
03	3 45·8	3 46·4	3 35·5	0·3	0·1	6·3	1·6	12·3	3·2
04	3 46·0	3 46·6	3 35·7	0·4	0·1	6·4	1·7	12·4	3·2
05	3 46·3	3 46·9	3 35·9	0·5	0·1	6·5	1·7	12·5	3·2
06	3 46·5	3 47·1	3 36·2	0·6	0·2	6·6	1·7	12·6	3·3
07	3 46·8	3 47·4	3 36·4	0·7	0·2	6·7	1·7	12·7	3·3
08	3 47·0	3 47·6	3 36·7	0·8	0·2	6·8	1·8	12·8	3·3
09	3 47·3	3 47·9	3 36·9	0·9	0·2	6·9	1·8	12·9	3·3
10	3 47·5	3 48·1	3 37·1	1·0	0·3	7·0	1·8	13·0	3·4
11	3 47·8	3 48·4	3 37·4	1·1	0·3	7·1	1·8	13·1	3·4
12	3 48·0	3 48·6	3 37·6	1·2	0·3	7·2	1·9	13·2	3·4
13	3 48·3	3 48·9	3 37·9	1·3	0·3	7·3	1·9	13·3	3·4
14	3 48·5	3 49·1	3 38·1	1·4	0·4	7·4	1·9	13·4	3·5
15	3 48·8	3 49·4	3 38·3	1·5	0·4	7·5	1·9	13·5	3·5
16	3 49·0	3 49·6	3 38·6	1·6	0·4	7·6	2·0	13·6	3·5
17	3 49·3	3 49·9	3 38·8	1·7	0·4	7·7	2·0	13·7	3·5
18	3 49·5	3 50·1	3 39·0	1·8	0·5	7·8	2·0	13·8	3·6
19	3 49·8	3 50·4	3 39·3	1·9	0·5	7·9	2·0	13·9	3·6
20	3 50·0	3 50·6	3 39·5	2·0	0·5	8·0	2·1	14·0	3·6
21	3 50·3	3 50·9	3 39·8	2·1	0·5	8·1	2·1	14·1	3·6
22	3 50·5	3 51·1	3 40·0	2·2	0·6	8·2	2·1	14·2	3·7
23	3 50·8	3 51·4	3 40·2	2·3	0·6	8·3	2·1	14·3	3·7
24	3 51·0	3 51·6	3 40·5	2·4	0·6	8·4	2·2	14·4	3·7
25	3 51·3	3 51·9	3 40·7	2·5	0·6	8·5	2·2	14·5	3·7
26	3 51·5	3 52·1	3 41·0	2·6	0·7	8·6	2·2	14·6	3·8
27	3 51·8	3 52·4	3 41·2	2·7	0·7	8·7	2·2	14·7	3·8
28	3 52·0	3 52·6	3 41·4	2·8	0·7	8·8	2·3	14·8	3·8
29	3 52·3	3 52·9	3 41·7	2·9	0·7	8·9	2·3	14·9	3·8
30	3 52·5	3 53·1	3 41·9	3·0	0·8	9·0	2·3	15·0	3·9
31	3 52·8	3 53·4	3 42·1	3·1	0·8	9·1	2·4	15·1	3·9
32	3 53·0	3 53·6	3 42·4	3·2	0·8	9·2	2·4	15·2	3·9
33	3 53·3	3 53·9	3 42·6	3·3	0·9	9·3	2·4	15·3	4·0
34	3 53·5	3 54·1	3 42·9	3·4	0·9	9·4	2·4	15·4	4·0
35	3 53·8	3 54·4	3 43·1	3·5	0·9	9·5	2·5	15·5	4·0
36	3 54·0	3 54·6	3 43·3	3·6	0·9	9·6	2·5	15·6	4·0
37	3 54·3	3 54·9	3 43·6	3·7	1·0	9·7	2·5	15·7	4·1
38	3 54·5	3 55·1	3 43·8	3·8	1·0	9·8	2·5	15·8	4·1
39	3 54·8	3 55·4	3 44·1	3·9	1·0	9·9	2·6	15·9	4·1
40	3 55·0	3 55·6	3 44·3	4·0	1·0	10·0	2·6	16·0	4·1
41	3 55·3	3 55·9	3 44·5	4·1	1·1	10·1	2·6	16·1	4·2
42	3 55·5	3 56·1	3 44·8	4·2	1·1	10·2	2·6	16·2	4·2
43	3 55·8	3 56·4	3 45·0	4·3	1·1	10·3	2·7	16·3	4·2
44	3 56·0	3 56·6	3 45·2	4·4	1·1	10·4	2·7	16·4	4·2
45	3 56·3	3 56·9	3 45·5	4·5	1·2	10·5	2·7	16·5	4·3
46	3 56·5	3 57·1	3 45·7	4·6	1·2	10·6	2·7	16·6	4·3
47	3 56·8	3 57·4	3 46·0	4·7	1·2	10·7	2·8	16·7	4·3
48	3 57·0	3 57·6	3 46·2	4·8	1·2	10·8	2·8	16·8	4·3
49	3 57·3	3 57·9	3 46·4	4·9	1·3	10·9	2·8	16·9	4·4
50	3 57·5	3 58·2	3 46·7	5·0	1·3	11·0	2·8	17·0	4·4
51	3 57·8	3 58·4	3 46·9	5·1	1·3	11·1	2·9	17·1	4·4
52	3 58·0	3 58·7	3 47·2	5·2	1·3	11·2	2·9	17·2	4·4
53	3 58·3	3 58·9	3 47·4	5·3	1·4	11·3	2·9	17·3	4·5
54	3 58·5	3 59·2	3 47·6	5·4	1·4	11·4	2·9	17·4	4·5
55	3 58·8	3 59·4	3 47·9	5·5	1·4	11·5	3·0	17·5	4·5
56	3 59·0	3 59·7	3 48·1	5·6	1·4	11·6	3·0	17·6	4·5
57	3 59·3	3 59·9	3 48·4	5·7	1·5	11·7	3·0	17·7	4·6
58	3 59·5	4 00·2	3 48·6	5·8	1·5	11·8	3·0	17·8	4·6
59	3 59·8	4 00·4	3 48·8	5·9	1·5	11·9	3·1	17·9	4·6
60	4 00·0	4 00·7	3 49·1	6·0	1·6	12·0	3·1	18·0	4·7

16m	SUN PLANETS	ARIES	MOON	v or d	Corrn	v or d	Corrn	v or d	Corrn
s	° ′	° ′	° ′	′	′	′	′	′	′
00	4 00·0	4 00·7	3 49·1	0·0	0·0	6·0	1·7	12·0	3·3
01	4 00·3	4 00·9	3 49·3	0·1	0·0	6·1	1·7	12·1	3·3
02	4 00·5	4 01·2	3 49·5	0·2	0·1	6·2	1·7	12·2	3·4
03	4 00·8	4 01·4	3 49·8	0·3	0·1	6·3	1·7	12·3	3·4
04	4 01·0	4 01·7	3 50·0	0·4	0·1	6·4	1·8	12·4	3·4
05	4 01·3	4 01·9	3 50·3	0·5	0·1	6·5	1·8	12·5	3·4
06	4 01·5	4 02·2	3 50·5	0·6	0·2	6·6	1·8	12·6	3·5
07	4 01·8	4 02·4	3 50·7	0·7	0·2	6·7	1·8	12·7	3·5
08	4 02·0	4 02·7	3 51·0	0·8	0·2	6·8	1·9	12·8	3·5
09	4 02·3	4 02·9	3 51·2	0·9	0·2	6·9	1·9	12·9	3·5
10	4 02·5	4 03·2	3 51·5	1·0	0·3	7·0	1·9	13·0	3·6
11	4 02·8	4 03·4	3 51·7	1·1	0·3	7·1	2·0	13·1	3·6
12	4 03·0	4 03·7	3 51·9	1·2	0·3	7·2	2·0	13·2	3·6
13	4 03·3	4 03·9	3 52·2	1·3	0·4	7·3	2·0	13·3	3·7
14	4 03·5	4 04·2	3 52·4	1·4	0·4	7·4	2·0	13·4	3·7
15	4 03·8	4 04·4	3 52·6	1·5	0·4	7·5	2·1	13·5	3·7
16	4 04·0	4 04·7	3 52·9	1·6	0·4	7·6	2·1	13·6	3·7
17	4 04·3	4 04·9	3 53·1	1·7	0·5	7·7	2·1	13·7	3·8
18	4 04·5	4 05·2	3 53·4	1·8	0·5	7·8	2·1	13·8	3·8
19	4 04·8	4 05·4	3 53·6	1·9	0·5	7·9	2·2	13·9	3·8
20	4 05·0	4 05·7	3 53·8	2·0	0·6	8·0	2·2	14·0	3·9
21	4 05·3	4 05·9	3 54·1	2·1	0·6	8·1	2·2	14·1	3·9
22	4 05·5	4 06·2	3 54·3	2·2	0·6	8·2	2·3	14·2	3·9
23	4 05·8	4 06·4	3 54·6	2·3	0·6	8·3	2·3	14·3	3·9
24	4 06·0	4 06·7	3 54·8	2·4	0·7	8·4	2·3	14·4	4·0
25	4 06·3	4 06·9	3 55·0	2·5	0·7	8·5	2·3	14·5	4·0
26	4 06·5	4 07·2	3 55·3	2·6	0·7	8·6	2·4	14·6	4·0
27	4 06·8	4 07·4	3 55·5	2·7	0·7	8·7	2·4	14·7	4·0
28	4 07·0	4 07·7	3 55·7	2·8	0·8	8·8	2·4	14·8	4·1
29	4 07·3	4 07·9	3 56·0	2·9	0·8	8·9	2·4	14·9	4·1
30	4 07·5	4 08·2	3 56·2	3·0	0·8	9·0	2·5	15·0	4·1
31	4 07·8	4 08·4	3 56·5	3·1	0·9	9·1	2·5	15·1	4·2
32	4 08·0	4 08·7	3 56·7	3·2	0·9	9·2	2·5	15·2	4·2
33	4 08·3	4 08·9	3 56·9	3·3	0·9	9·3	2·6	15·3	4·2
34	4 08·5	4 09·2	3 57·2	3·4	0·9	9·4	2·6	15·4	4·2
35	4 08·8	4 09·4	3 57·4	3·5	1·0	9·5	2·6	15·5	4·3
36	4 09·0	4 09·7	3 57·7	3·6	1·0	9·6	2·6	15·6	4·3
37	4 09·3	4 09·9	3 57·9	3·7	1·0	9·7	2·7	15·7	4·3
38	4 09·5	4 10·2	3 58·1	3·8	1·0	9·8	2·7	15·8	4·3
39	4 09·8	4 10·4	3 58·4	3·9	1·1	9·9	2·7	15·9	4·4
40	4 10·0	4 10·7	3 58·6	4·0	1·1	10·0	2·8	16·0	4·4
41	4 10·3	4 10·9	3 58·8	4·1	1·1	10·1	2·8	16·1	4·4
42	4 10·5	4 11·2	3 59·1	4·2	1·2	10·2	2·8	16·2	4·5
43	4 10·8	4 11·4	3 59·3	4·3	1·2	10·3	2·8	16·3	4·5
44	4 11·0	4 11·7	3 59·6	4·4	1·2	10·4	2·9	16·4	4·5
45	4 11·3	4 11·9	3 59·8	4·5	1·2	10·5	2·9	16·5	4·5
46	4 11·5	4 12·2	4 00·0	4·6	1·3	10·6	2·9	16·6	4·6
47	4 11·8	4 12·4	4 00·3	4·7	1·3	10·7	2·9	16·7	4·6
48	4 12·0	4 12·7	4 00·5	4·8	1·3	10·8	3·0	16·8	4·6
49	4 12·3	4 12·9	4 00·8	4·9	1·3	10·9	3·0	16·9	4·6
50	4 12·5	4 13·2	4 01·0	5·0	1·4	11·0	3·0	17·0	4·7
51	4 12·8	4 13·4	4 01·2	5·1	1·4	11·1	3·1	17·1	4·7
52	4 13·0	4 13·7	4 01·5	5·2	1·4	11·2	3·1	17·2	4·7
53	4 13·3	4 13·9	4 01·7	5·3	1·5	11·3	3·1	17·3	4·8
54	4 13·5	4 14·2	4 02·0	5·4	1·5	11·4	3·1	17·4	4·8
55	4 13·8	4 14·4	4 02·2	5·5	1·5	11·5	3·2	17·5	4·8
56	4 14·0	4 14·7	4 02·4	5·6	1·5	11·6	3·2	17·6	4·8
57	4 14·3	4 14·9	4 02·7	5·7	1·6	11·7	3·2	17·7	4·9
58	4 14·5	4 15·2	4 02·9	5·8	1·6	11·8	3·2	17·8	4·9
59	4 14·8	4 15·4	4 03·1	5·9	1·6	11·9	3·3	17·9	4·9
60	4 15·0	4 15·7	4 03·4	6·0	1·7	12·0	3·3	18·0	5·0

17m	SUN PLANETS	ARIES	MOON	v or d	Corrn	v or d	Corrn	v or d	Corrn
s	° ′	° ′	° ′	′	′	′	′	′	′
00	4 15·0	4 15·7	4 03·4	0·0	0·0	6·0	1·8	12·0	3·5
01	4 15·3	4 15·9	4 03·6	0·1	0·0	6·1	1·8	12·1	3·5
02	4 15·5	4 16·2	4 03·9	0·2	0·1	6·2	1·8	12·2	3·6
03	4 15·8	4 16·5	4 04·1	0·3	0·1	6·3	1·8	12·3	3·6
04	4 16·0	4 16·7	4 04·3	0·4	0·1	6·4	1·9	12·4	3·6
05	4 16·3	4 17·0	4 04·6	0·5	0·1	6·5	1·9	12·5	3·6
06	4 16·5	4 17·2	4 04·8	0·6	0·2	6·6	1·9	12·6	3·7
07	4 16·8	4 17·5	4 05·1	0·7	0·2	6·7	2·0	12·7	3·7
08	4 17·0	4 17·7	4 05·3	0·8	0·2	6·8	2·0	12·8	3·7
09	4 17·3	4 18·0	4 05·5	0·9	0·3	6·9	2·0	12·9	3·8
10	4 17·5	4 18·2	4 05·8	1·0	0·3	7·0	2·0	13·0	3·8
11	4 17·8	4 18·5	4 06·0	1·1	0·3	7·1	2·1	13·1	3·8
12	4 18·0	4 18·7	4 06·2	1·2	0·4	7·2	2·1	13·2	3·9
13	4 18·3	4 19·0	4 06·5	1·3	0·4	7·3	2·1	13·3	3·9
14	4 18·5	4 19·2	4 06·7	1·4	0·4	7·4	2·2	13·4	3·9
15	4 18·8	4 19·5	4 07·0	1·5	0·4	7·5	2·2	13·5	3·9
16	4 19·0	4 19·7	4 07·2	1·6	0·5	7·6	2·2	13·6	4·0
17	4 19·3	4 20·0	4 07·4	1·7	0·5	7·7	2·2	13·7	4·0
18	4 19·5	4 20·2	4 07·7	1·8	0·5	7·8	2·3	13·8	4·0
19	4 19·8	4 20·5	4 07·9	1·9	0·6	7·9	2·3	13·9	4·1
20	4 20·0	4 20·7	4 08·2	2·0	0·6	8·0	2·3	14·0	4·1
21	4 20·3	4 21·0	4 08·4	2·1	0·6	8·1	2·4	14·1	4·1
22	4 20·5	4 21·2	4 08·6	2·2	0·6	8·2	2·4	14·2	4·1
23	4 20·8	4 21·5	4 08·9	2·3	0·7	8·3	2·4	14·3	4·2
24	4 21·0	4 21·7	4 09·1	2·4	0·7	8·4	2·5	14·4	4·2
25	4 21·3	4 22·0	4 09·3	2·5	0·7	8·5	2·5	14·5	4·2
26	4 21·5	4 22·2	4 09·6	2·6	0·8	8·6	2·5	14·6	4·3
27	4 21·8	4 22·5	4 09·8	2·7	0·8	8·7	2·5	14·7	4·3
28	4 22·0	4 22·7	4 10·1	2·8	0·8	8·8	2·6	14·8	4·3
29	4 22·3	4 23·0	4 10·3	2·9	0·8	8·9	2·6	14·9	4·3
30	4 22·5	4 23·2	4 10·5	3·0	0·9	9·0	2·6	15·0	4·4
31	4 22·8	4 23·5	4 10·8	3·1	0·9	9·1	2·7	15·1	4·4
32	4 23·0	4 23·7	4 11·0	3·2	0·9	9·2	2·7	15·2	4·4
33	4 23·3	4 24·0	4 11·3	3·3	1·0	9·3	2·7	15·3	4·5
34	4 23·5	4 24·2	4 11·5	3·4	1·0	9·4	2·7	15·4	4·5
35	4 23·8	4 24·5	4 11·7	3·5	1·0	9·5	2·8	15·5	4·5
36	4 24·0	4 24·7	4 12·0	3·6	1·1	9·6	2·8	15·6	4·6
37	4 24·3	4 25·0	4 12·2	3·7	1·1	9·7	2·8	15·7	4·6
38	4 24·5	4 25·2	4 12·5	3·8	1·1	9·8	2·9	15·8	4·6
39	4 24·8	4 25·5	4 12·7	3·9	1·1	9·9	2·9	15·9	4·6
40	4 25·0	4 25·7	4 12·9	4·0	1·2	10·0	2·9	16·0	4·7
41	4 25·3	4 26·0	4 13·2	4·1	1·2	10·1	2·9	16·1	4·7
42	4 25·5	4 26·2	4 13·4	4·2	1·2	10·2	3·0	16·2	4·7
43	4 25·8	4 26·5	4 13·6	4·3	1·3	10·3	3·0	16·3	4·8
44	4 26·0	4 26·7	4 13·9	4·4	1·3	10·4	3·0	16·4	4·8
45	4 26·3	4 27·0	4 14·1	4·5	1·3	10·5	3·1	16·5	4·8
46	4 26·5	4 27·2	4 14·4	4·6	1·3	10·6	3·1	16·6	4·8
47	4 26·8	4 27·5	4 14·6	4·7	1·4	10·7	3·1	16·7	4·9
48	4 27·0	4 27·7	4 14·8	4·8	1·4	10·8	3·2	16·8	4·9
49	4 27·3	4 28·0	4 15·1	4·9	1·4	10·9	3·2	16·9	4·9
50	4 27·5	4 28·2	4 15·3	5·0	1·5	11·0	3·2	17·0	5·0
51	4 27·8	4 28·5	4 15·6	5·1	1·5	11·1	3·2	17·1	5·0
52	4 28·0	4 28·7	4 15·8	5·2	1·5	11·2	3·3	17·2	5·0
53	4 28·3	4 29·0	4 16·0	5·3	1·5	11·3	3·3	17·3	5·0
54	4 28·5	4 29·2	4 16·3	5·4	1·6	11·4	3·3	17·4	5·1
55	4 28·8	4 29·5	4 16·5	5·5	1·6	11·5	3·4	17·5	5·1
56	4 29·0	4 29·7	4 16·7	5·6	1·6	11·6	3·4	17·6	5·1
57	4 29·3	4 30·0	4 17·0	5·7	1·7	11·7	3·4	17·7	5·2
58	4 29·5	4 30·2	4 17·2	5·8	1·7	11·8	3·4	17·8	5·2
59	4 29·8	4 30·5	4 17·5	5·9	1·7	11·9	3·5	17·9	5·2
60	4 30·0	4 30·7	4 17·7	6·0	1·8	12·0	3·5	18·0	5·3

18m s	SUN PLANETS ° ′	ARIES ° ′	MOON ° ′	v or d ′	Corrⁿ ′	v or d ′	Corrⁿ ′	v or d ′	Corrⁿ ′
00	4 30·0	4 30·7	4 17·7	0·0	0·0	6·0	1·9	12·0	3·7
01	4 30·3	4 31·0	4 17·9	0·1	0·0	6·1	1·9	12·1	3·7
02	4 30·5	4 31·2	4 18·2	0·2	0·1	6·2	1·9	12·2	3·8
03	4 30·8	4 31·5	4 18·4	0·3	0·1	6·3	1·9	12·3	3·8
04	4 31·0	4 31·7	4 18·7	0·4	0·1	6·4	2·0	12·4	3·8
05	4 31·3	4 32·0	4 18·9	0·5	0·2	6·5	2·0	12·5	3·9
06	4 31·5	4 32·2	4 19·1	0·6	0·2	6·6	2·0	12·6	3·9
07	4 31·8	4 32·5	4 19·4	0·7	0·2	6·7	2·1	12·7	3·9
08	4 32·0	4 32·7	4 19·6	0·8	0·2	6·8	2·1	12·8	3·9
09	4 32·3	4 33·0	4 19·8	0·9	0·3	6·9	2·1	12·9	4·0
10	4 32·5	4 33·2	4 20·1	1·0	0·3	7·0	2·2	13·0	4·0
11	4 32·8	4 33·5	4 20·3	1·1	0·3	7·1	2·2	13·1	4·0
12	4 33·0	4 33·7	4 20·6	1·2	0·4	7·2	2·2	13·2	4·1
13	4 33·3	4 34·0	4 20·8	1·3	0·4	7·3	2·3	13·3	4·1
14	4 33·5	4 34·2	4 21·0	1·4	0·4	7·4	2·3	13·4	4·1
15	4 33·8	4 34·5	4 21·3	1·5	0·5	7·5	2·3	13·5	4·2
16	4 34·0	4 34·8	4 21·5	1·6	0·5	7·6	2·3	13·6	4·2
17	4 34·3	4 35·0	4 21·8	1·7	0·5	7·7	2·4	13·7	4·2
18	4 34·5	4 35·3	4 22·0	1·8	0·6	7·8	2·4	13·8	4·3
19	4 34·8	4 35·5	4 22·2	1·9	0·6	7·9	2·4	13·9	4·3
20	4 35·0	4 35·8	4 22·5	2·0	0·6	8·0	2·5	14·0	4·3
21	4 35·3	4 36·0	4 22·7	2·1	0·6	8·1	2·5	14·1	4·3
22	4 35·5	4 36·3	4 22·9	2·2	0·7	8·2	2·5	14·2	4·4
23	4 35·8	4 36·5	4 23·2	2·3	0·7	8·3	2·6	14·3	4·4
24	4 36·0	4 36·8	4 23·4	2·4	0·7	8·4	2·6	14·4	4·4
25	4 36·3	4 37·0	4 23·7	2·5	0·8	8·5	2·6	14·5	4·5
26	4 36·5	4 37·3	4 23·9	2·6	0·8	8·6	2·7	14·6	4·5
27	4 36·8	4 37·5	4 24·1	2·7	0·8	8·7	2·7	14·7	4·5
28	4 37·0	4 37·8	4 24·4	2·8	0·9	8·8	2·7	14·8	4·6
29	4 37·3	4 38·0	4 24·6	2·9	0·9	8·9	2·7	14·9	4·6
30	4 37·5	4 38·3	4 24·9	3·0	0·9	9·0	2·8	15·0	4·6
31	4 37·8	4 38·5	4 25·1	3·1	1·0	9·1	2·8	15·1	4·7
32	4 38·0	4 38·8	4 25·3	3·2	1·0	9·2	2·8	15·2	4·7
33	4 38·3	4 39·0	4 25·6	3·3	1·0	9·3	2·9	15·3	4·7
34	4 38·5	4 39·3	4 25·8	3·4	1·0	9·4	2·9	15·4	4·7
35	4 38·8	4 39·5	4 26·1	3·5	1·1	9·5	2·9	15·5	4·8
36	4 39·0	4 39·8	4 26·3	3·6	1·1	9·6	3·0	15·6	4·8
37	4 39·3	4 40·0	4 26·5	3·7	1·1	9·7	3·0	15·7	4·8
38	4 39·5	4 40·3	4 26·8	3·8	1·2	9·8	3·0	15·8	4·9
39	4 39·8	4 40·5	4 27·0	3·9	1·2	9·9	3·1	15·9	4·9
40	4 40·0	4 40·8	4 27·2	4·0	1·2	10·0	3·1	16·0	4·9
41	4 40·3	4 41·0	4 27·5	4·1	1·3	10·1	3·1	16·1	5·0
42	4 40·5	4 41·3	4 27·7	4·2	1·3	10·2	3·1	16·2	5·0
43	4 40·8	4 41·5	4 28·0	4·3	1·3	10·3	3·2	16·3	5·0
44	4 41·0	4 41·8	4 28·2	4·4	1·4	10·4	3·2	16·4	5·1
45	4 41·3	4 42·0	4 28·4	4·5	1·4	10·5	3·2	16·5	5·1
46	4 41·5	4 42·3	4 28·7	4·6	1·4	10·6	3·3	16·6	5·1
47	4 41·8	4 42·5	4 28·9	4·7	1·4	10·7	3·3	16·7	5·1
48	4 42·0	4 42·8	4 29·2	4·8	1·5	10·8	3·3	16·8	5·2
49	4 42·3	4 43·0	4 29·4	4·9	1·5	10·9	3·4	16·9	5·2
50	4 42·5	4 43·3	4 29·6	5·0	1·5	11·0	3·4	17·0	5·2
51	4 42·8	4 43·5	4 29·9	5·1	1·6	11·1	3·4	17·1	5·3
52	4 43·0	4 43·8	4 30·1	5·2	1·6	11·2	3·5	17·2	5·3
53	4 43·3	4 44·0	4 30·3	5·3	1·6	11·3	3·5	17·3	5·3
54	4 43·5	4 44·3	4 30·6	5·4	1·7	11·4	3·5	17·4	5·4
55	4 43·8	4 44·5	4 30·8	5·5	1·7	11·5	3·5	17·5	5·4
56	4 44·0	4 44·8	4 31·1	5·6	1·7	11·6	3·6	17·6	5·4
57	4 44·3	4 45·0	4 31·3	5·7	1·8	11·7	3·6	17·7	5·5
58	4 44·5	4 45·3	4 31·5	5·8	1·8	11·8	3·6	17·8	5·5
59	4 44·8	4 45·5	4 31·8	5·9	1·8	11·9	3·7	17·9	5·5
60	4 45·0	4 45·8	4 32·0	6·0	1·9	12·0	3·7	18·0	5·6

19m s	SUN PLANETS ° ′	ARIES ° ′	MOON ° ′	v or d ′	Corrⁿ ′	v or d ′	Corrⁿ ′	v or d ′	Corrⁿ ′
00	4 45·0	4 45·8	4 32·0	0·0	0·0	6·0	2·0	12·0	3·9
01	4 45·3	4 46·0	4 32·3	0·1	0·0	6·1	2·0	12·1	3·9
02	4 45·5	4 46·3	4 32·5	0·2	0·1	6·2	2·0	12·2	4·0
03	4 45·8	4 46·5	4 32·7	0·3	0·1	6·3	2·0	12·3	4·0
04	4 46·0	4 46·8	4 33·0	0·4	0·1	6·4	2·1	12·4	4·0
05	4 46·3	4 47·0	4 33·2	0·5	0·2	6·5	2·1	12·5	4·1
06	4 46·5	4 47·3	4 33·4	0·6	0·2	6·6	2·1	12·6	4·1
07	4 46·8	4 47·5	4 33·7	0·7	0·2	6·7	2·2	12·7	4·1
08	4 47·0	4 47·8	4 33·9	0·8	0·3	6·8	2·2	12·8	4·2
09	4 47·3	4 48·0	4 34·2	0·9	0·3	6·9	2·2	12·9	4·2
10	4 47·5	4 48·3	4 34·4	1·0	0·3	7·0	2·3	13·0	4·2
11	4 47·8	4 48·5	4 34·6	1·1	0·4	7·1	2·3	13·1	4·3
12	4 48·0	4 48·8	4 34·9	1·2	0·4	7·2	2·3	13·2	4·3
13	4 48·3	4 49·0	4 35·1	1·3	0·4	7·3	2·4	13·3	4·3
14	4 48·5	4 49·3	4 35·4	1·4	0·5	7·4	2·4	13·4	4·4
15	4 48·8	4 49·5	4 35·6	1·5	0·5	7·5	2·4	13·5	4·4
16	4 49·0	4 49·8	4 35·8	1·6	0·5	7·6	2·5	13·6	4·4
17	4 49·3	4 50·0	4 36·1	1·7	0·6	7·7	2·5	13·7	4·5
18	4 49·5	4 50·3	4 36·3	1·8	0·6	7·8	2·5	13·8	4·5
19	4 49·8	4 50·5	4 36·6	1·9	0·6	7·9	2·6	13·9	4·5
20	4 50·0	4 50·8	4 36·8	2·0	0·7	8·0	2·6	14·0	4·6
21	4 50·3	4 51·0	4 37·0	2·1	0·7	8·1	2·6	14·1	4·6
22	4 50·5	4 51·3	4 37·3	2·2	0·7	8·2	2·7	14·2	4·6
23	4 50·8	4 51·5	4 37·5	2·3	0·7	8·3	2·7	14·3	4·6
24	4 51·0	4 51·8	4 37·7	2·4	0·8	8·4	2·7	14·4	4·7
25	4 51·3	4 52·0	4 38·0	2·5	0·8	8·5	2·8	14·5	4·7
26	4 51·5	4 52·3	4 38·2	2·6	0·8	8·6	2·8	14·6	4·7
27	4 51·8	4 52·5	4 38·5	2·7	0·9	8·7	2·8	14·7	4·8
28	4 52·0	4 52·8	4 38·7	2·8	0·9	8·8	2·9	14·8	4·8
29	4 52·3	4 53·1	4 38·9	2·9	0·9	8·9	2·9	14·9	4·8
30	4 52·5	4 53·3	4 39·2	3·0	1·0	9·0	2·9	15·0	4·9
31	4 52·8	4 53·6	4 39·4	3·1	1·0	9·1	3·0	15·1	4·9
32	4 53·0	4 53·8	4 39·7	3·2	1·0	9·2	3·0	15·2	4·9
33	4 53·3	4 54·1	4 39·9	3·3	1·1	9·3	3·0	15·3	5·0
34	4 53·5	4 54·3	4 40·1	3·4	1·1	9·4	3·1	15·4	5·0
35	4 53·8	4 54·6	4 40·4	3·5	1·1	9·5	3·1	15·5	5·0
36	4 54·0	4 54·8	4 40·6	3·6	1·2	9·6	3·1	15·6	5·1
37	4 54·3	4 55·1	4 40·8	3·7	1·2	9·7	3·2	15·7	5·1
38	4 54·5	4 55·3	4 41·1	3·8	1·2	9·8	3·2	15·8	5·1
39	4 54·8	4 55·6	4 41·3	3·9	1·3	9·9	3·2	15·9	5·2
40	4 55·0	4 55·8	4 41·6	4·0	1·3	10·0	3·3	16·0	5·2
41	4 55·3	4 56·1	4 41·8	4·1	1·3	10·1	3·3	16·1	5·2
42	4 55·5	4 56·3	4 42·0	4·2	1·4	10·2	3·3	16·2	5·3
43	4 55·8	4 56·6	4 42·3	4·3	1·4	10·3	3·3	16·3	5·3
44	4 56·0	4 56·8	4 42·5	4·4	1·4	10·4	3·4	16·4	5·3
45	4 56·3	4 57·1	4 42·8	4·5	1·5	10·5	3·4	16·5	5·4
46	4 56·5	4 57·3	4 43·0	4·6	1·5	10·6	3·4	16·6	5·4
47	4 56·8	4 57·6	4 43·2	4·7	1·5	10·7	3·5	16·7	5·4
48	4 57·0	4 57·8	4 43·5	4·8	1·6	10·8	3·5	16·8	5·5
49	4 57·3	4 58·1	4 43·7	4·9	1·6	10·9	3·5	16·9	5·5
50	4 57·5	4 58·3	4 43·9	5·0	1·6	11·0	3·6	17·0	5·5
51	4 57·8	4 58·6	4 44·2	5·1	1·7	11·1	3·6	17·1	5·6
52	4 58·0	4 58·8	4 44·4	5·2	1·7	11·2	3·6	17·2	5·6
53	4 58·3	4 59·1	4 44·7	5·3	1·7	11·3	3·7	17·3	5·6
54	4 58·5	4 59·3	4 44·9	5·4	1·8	11·4	3·7	17·4	5·7
55	4 58·8	4 59·6	4 45·1	5·5	1·8	11·5	3·7	17·5	5·7
56	4 59·0	4 59·8	4 45·4	5·6	1·8	11·6	3·8	17·6	5·7
57	4 59·3	5 00·1	4 45·6	5·7	1·9	11·7	3·8	17·7	5·8
58	4 59·5	5 00·3	4 45·9	5·8	1·9	11·8	3·8	17·8	5·8
59	4 59·8	5 00·6	4 46·1	5·9	1·9	11·9	3·9	17·9	5·8
60	5 00·0	5 00·8	4 46·3	6·0	2·0	12·0	3·9	18·0	5·9

m 20 s	SUN PLANETS ° ′	ARIES ° ′	MOON ° ′	v or d ′	Corrⁿ ′	v or d ′	Corrⁿ ′	v or d ′	Corrⁿ ′
00	5 00·0	5 00·8	4 46·3	0·0	0·0	6·0	2·1	12·0	4·1
01	5 00·3	5 01·1	4 46·6	0·1	0·0	6·1	2·1	12·1	4·1
02	5 00·5	5 01·3	4 46·8	0·2	0·1	6·2	2·1	12·2	4·2
03	5 00·8	5 01·6	4 47·0	0·3	0·1	6·3	2·2	12·3	4·2
04	5 01·0	5 01·8	4 47·3	0·4	0·1	6·4	2·2	12·4	4·2
05	5 01·3	5 02·1	4 47·5	0·5	0·2	6·5	2·2	12·5	4·3
06	5 01·5	5 02·3	4 47·8	0·6	0·2	6·6	2·3	12·6	4·3
07	5 01·8	5 02·6	4 48·0	0·7	0·2	6·7	2·3	12·7	4·3
08	5 02·0	5 02·8	4 48·2	0·8	0·3	6·8	2·3	12·8	4·4
09	5 02·3	5 03·1	4 48·5	0·9	0·3	6·9	2·4	12·9	4·4
10	5 02·5	5 03·3	4 48·7	1·0	0·3	7·0	2·4	13·0	4·4
11	5 02·8	5 03·6	4 49·0	1·1	0·4	7·1	2·4	13·1	4·5
12	5 03·0	5 03·8	4 49·2	1·2	0·4	7·2	2·5	13·2	4·5
13	5 03·3	5 04·1	4 49·4	1·3	0·4	7·3	2·5	13·3	4·5
14	5 03·5	5 04·3	4 49·7	1·4	0·5	7·4	2·5	13·4	4·6
15	5 03·8	5 04·6	4 49·9	1·5	0·5	7·5	2·6	13·5	4·6
16	5 04·0	5 04·8	4 50·2	1·6	0·5	7·6	2·6	13·6	4·6
17	5 04·3	5 05·1	4 50·4	1·7	0·6	7·7	2·6	13·7	4·7
18	5 04·5	5 05·3	4 50·6	1·8	0·6	7·8	2·7	13·8	4·7
19	5 04·8	5 05·6	4 50·9	1·9	0·6	7·9	2·7	13·9	4·7
20	5 05·0	5 05·8	4 51·1	2·0	0·7	8·0	2·7	14·0	4·8
21	5 05·3	5 06·1	4 51·3	2·1	0·7	8·1	2·8	14·1	4·8
22	5 05·5	5 06·3	4 51·6	2·2	0·8	8·2	2·8	14·2	4·9
23	5 05·8	5 06·6	4 51·8	2·3	0·8	8·3	2·8	14·3	4·9
24	5 06·0	5 06·8	4 52·1	2·4	0·8	8·4	2·9	14·4	4·9
25	5 06·3	5 07·1	4 52·3	2·5	0·9	8·5	2·9	14·5	5·0
26	5 06·5	5 07·3	4 52·5	2·6	0·9	8·6	2·9	14·6	5·0
27	5 06·8	5 07·6	4 52·8	2·7	0·9	8·7	3·0	14·7	5·0
28	5 07·0	5 07·8	4 53·0	2·8	1·0	8·8	3·0	14·8	5·1
29	5 07·3	5 08·1	4 53·3	2·9	1·0	8·9	3·0	14·9	5·1
30	5 07·5	5 08·3	4 53·5	3·0	1·0	9·0	3·1	15·0	5·1
31	5 07·8	5 08·6	4 53·7	3·1	1·1	9·1	3·1	15·1	5·2
32	5 08·0	5 08·8	4 54·0	3·2	1·1	9·2	3·1	15·2	5·2
33	5 08·3	5 09·1	4 54·2	3·3	1·1	9·3	3·2	15·3	5·2
34	5 08·5	5 09·3	4 54·4	3·4	1·2	9·4	3·2	15·4	5·3
35	5 08·8	5 09·6	4 54·7	3·5	1·2	9·5	3·2	15·5	5·3
36	5 09·0	5 09·8	4 54·9	3·6	1·2	9·6	3·3	15·6	5·3
37	5 09·3	5 10·1	4 55·2	3·7	1·3	9·7	3·3	15·7	5·4
38	5 09·5	5 10·3	4 55·4	3·8	1·3	9·8	3·3	15·8	5·4
39	5 09·8	5 10·6	4 55·6	3·9	1·3	9·9	3·4	15·9	5·4
40	5 10·0	5 10·8	4 55·9	4·0	1·4	10·0	3·4	16·0	5·5
41	5 10·3	5 11·1	4 56·1	4·1	1·4	10·1	3·5	16·1	5·5
42	5 10·5	5 11·4	4 56·4	4·2	1·4	10·2	3·5	16·2	5·5
43	5 10·8	5 11·6	4 56·6	4·3	1·5	10·3	3·5	16·3	5·6
44	5 11·0	5 11·9	4 56·8	4·4	1·5	10·4	3·6	16·4	5·6
45	5 11·3	5 12·1	4 57·1	4·5	1·5	10·5	3·6	16·5	5·6
46	5 11·5	5 12·4	4 57·3	4·6	1·6	10·6	3·6	16·6	5·7
47	5 11·8	5 12·6	4 57·5	4·7	1·6	10·7	3·7	16·7	5·7
48	5 12·0	5 12·9	4 57·8	4·8	1·6	10·8	3·7	16·8	5·7
49	5 12·3	5 13·1	4 58·0	4·9	1·7	10·9	3·7	16·9	5·8
50	5 12·5	5 13·4	4 58·3	5·0	1·7	11·0	3·8	17·0	5·8
51	5 12·8	5 13·6	4 58·5	5·1	1·7	11·1	3·8	17·1	5·8
52	5 13·0	5 13·9	4 58·7	5·2	1·8	11·2	3·8	17·2	5·9
53	5 13·3	5 14·1	4 59·0	5·3	1·8	11·3	3·9	17·3	5·9
54	5 13·5	5 14·4	4 59·2	5·4	1·8	11·4	3·9	17·4	5·9
55	5 13·8	5 14·6	4 59·5	5·5	1·9	11·5	3·9	17·5	6·0
56	5 14·0	5 14·9	4 59·7	5·6	1·9	11·6	4·0	17·6	6·0
57	5 14·3	5 15·1	4 59·9	5·7	1·9	11·7	4·0	17·7	6·0
58	5 14·5	5 15·4	5 00·2	5·8	2·0	11·8	4·0	17·8	6·1
59	5 14·8	5 15·6	5 00·4	5·9	2·0	11·9	4·1	17·9	6·1
60	5 15·0	5 15·9	5 00·7	6·0	2·1	12·0	4·1	18·0	6·2

m 21 s	SUN PLANETS ° ′	ARIES ° ′	MOON ° ′	v or d ′	Corrⁿ ′	v or d ′	Corrⁿ ′	v or d ′	Corrⁿ ′
00	5 15·0	5 15·9	5 00·7	0·0	0·0	6·0	2·2	12·0	4·3
01	5 15·3	5 16·1	5 00·9	0·1	0·0	6·1	2·2	12·1	4·3
02	5 15·5	5 16·4	5 01·1	0·2	0·1	6·2	2·2	12·2	4·4
03	5 15·8	5 16·6	5 01·4	0·3	0·1	6·3	2·3	12·3	4·4
04	5 16·0	5 16·9	5 01·6	0·4	0·1	6·4	2·3	12·4	4·4
05	5 16·3	5 17·1	5 01·8	0·5	0·2	6·5	2·3	12·5	4·5
06	5 16·5	5 17·4	5 02·1	0·6	0·2	6·6	2·4	12·6	4·5
07	5 16·8	5 17·6	5 02·3	0·7	0·3	6·7	2·4	12·7	4·6
08	5 17·0	5 17·9	5 02·6	0·8	0·3	6·8	2·4	12·8	4·6
09	5 17·3	5 18·1	5 02·8	0·9	0·3	6·9	2·5	12·9	4·6
10	5 17·5	5 18·4	5 03·0	1·0	0·4	7·0	2·5	13·0	4·7
11	5 17·8	5 18·6	5 03·3	1·1	0·4	7·1	2·5	13·1	4·7
12	5 18·0	5 18·9	5 03·5	1·2	0·4	7·2	2·6	13·2	4·7
13	5 18·3	5 19·1	5 03·8	1·3	0·5	7·3	2·6	13·3	4·8
14	5 18·5	5 19·4	5 04·0	1·4	0·5	7·4	2·7	13·4	4·8
15	5 18·8	5 19·6	5 04·2	1·5	0·5	7·5	2·7	13·5	4·8
16	5 19·0	5 19·9	5 04·5	1·6	0·6	7·6	2·7	13·6	4·9
17	5 19·3	5 20·1	5 04·7	1·7	0·6	7·7	2·8	13·7	4·9
18	5 19·5	5 20·4	5 04·9	1·8	0·6	7·8	2·8	13·8	4·9
19	5 19·8	5 20·6	5 05·2	1·9	0·7	7·9	2·8	13·9	5·0
20	5 20·0	5 20·9	5 05·4	2·0	0·7	8·0	2·9	14·0	5·0
21	5 20·3	5 21·1	5 05·7	2·1	0·8	8·1	2·9	14·1	5·1
22	5 20·5	5 21·4	5 05·9	2·2	0·8	8·2	2·9	14·2	5·1
23	5 20·8	5 21·6	5 06·1	2·3	0·8	8·3	3·0	14·3	5·1
24	5 21·0	5 21·9	5 06·4	2·4	0·9	8·4	3·0	14·4	5·2
25	5 21·3	5 22·1	5 06·6	2·5	0·9	8·5	3·0	14·5	5·2
26	5 21·5	5 22·4	5 06·9	2·6	0·9	8·6	3·1	14·6	5·2
27	5 21·8	5 22·6	5 07·1	2·7	1·0	8·7	3·1	14·7	5·3
28	5 22·0	5 22·9	5 07·3	2·8	1·0	8·8	3·2	14·8	5·3
29	5 22·3	5 23·1	5 07·6	2·9	1·0	8·9	3·2	14·9	5·3
30	5 22·5	5 23·4	5 07·8	3·0	1·1	9·0	3·2	15·0	5·4
31	5 22·8	5 23·6	5 08·0	3·1	1·1	9·1	3·3	15·1	5·4
32	5 23·0	5 23·9	5 08·3	3·2	1·1	9·2	3·3	15·2	5·4
33	5 23·3	5 24·1	5 08·5	3·3	1·2	9·3	3·3	15·3	5·5
34	5 23·5	5 24·4	5 08·8	3·4	1·2	9·4	3·4	15·4	5·5
35	5 23·8	5 24·6	5 09·0	3·5	1·3	9·5	3·4	15·5	5·6
36	5 24·0	5 24·9	5 09·2	3·6	1·3	9·6	3·4	15·6	5·6
37	5 24·3	5 25·1	5 09·5	3·7	1·3	9·7	3·5	15·7	5·6
38	5 24·5	5 25·4	5 09·7	3·8	1·4	9·8	3·5	15·8	5·7
39	5 24·8	5 25·6	5 10·0	3·9	1·4	9·9	3·5	15·9	5·7
40	5 25·0	5 25·9	5 10·2	4·0	1·4	10·0	3·6	16·0	5·7
41	5 25·3	5 26·1	5 10·4	4·1	1·5	10·1	3·6	16·1	5·8
42	5 25·5	5 26·4	5 10·7	4·2	1·5	10·2	3·7	16·2	5·8
43	5 25·8	5 26·6	5 10·9	4·3	1·5	10·3	3·7	16·3	5·8
44	5 26·0	5 26·9	5 11·1	4·4	1·6	10·4	3·7	16·4	5·9
45	5 26·3	5 27·1	5 11·4	4·5	1·6	10·5	3·8	16·5	5·9
46	5 26·5	5 27·4	5 11·6	4·6	1·6	10·6	3·8	16·6	5·9
47	5 26·8	5 27·6	5 11·9	4·7	1·7	10·7	3·8	16·7	6·0
48	5 27·0	5 27·9	5 12·1	4·8	1·7	10·8	3·9	16·8	6·0
49	5 27·3	5 28·1	5 12·3	4·9	1·8	10·9	3·9	16·9	6·1
50	5 27·5	5 28·4	5 12·6	5·0	1·8	11·0	3·9	17·0	6·1
51	5 27·8	5 28·6	5 12·8	5·1	1·8	11·1	4·0	17·1	6·1
52	5 28·0	5 28·9	5 13·1	5·2	1·9	11·2	4·0	17·2	6·2
53	5 28·3	5 29·1	5 13·3	5·3	1·9	11·3	4·0	17·3	6·2
54	5 28·5	5 29·4	5 13·5	5·4	1·9	11·4	4·1	17·4	6·2
55	5 28·8	5 29·7	5 13·8	5·5	2·0	11·5	4·1	17·5	6·3
56	5 29·0	5 29·9	5 14·0	5·6	2·0	11·6	4·2	17·6	6·3
57	5 29·3	5 30·2	5 14·3	5·7	2·0	11·7	4·2	17·7	6·3
58	5 29·5	5 30·4	5 14·5	5·8	2·1	11·8	4·2	17·8	6·4
59	5 29·8	5 30·7	5 14·7	5·9	2·1	11·9	4·3	17·9	6·4
60	5 30·0	5 30·9	5 15·0	6·0	2·2	12·0	4·3	18·0	6·5

22^m	SUN PLANETS	ARIES	MOON	v or d	Corr^n	v or d	Corr^n	v or d	Corr^n
s	° ′	° ′	° ′	′	′	′	′	′	′
00	5 30·0	5 30·9	5 15·0	0·0	0·0	6·0	2·3	12·0	4·5
01	5 30·3	5 31·2	5 15·2	0·1	0·0	6·1	2·3	12·1	4·5
02	5 30·5	5 31·4	5 15·4	0·2	0·1	6·2	2·3	12·2	4·6
03	5 30·8	5 31·7	5 15·7	0·3	0·1	6·3	2·4	12·3	4·6
04	5 31·0	5 31·9	5 15·9	0·4	0·2	6·4	2·4	12·4	4·7
05	5 31·3	5 32·2	5 16·2	0·5	0·2	6·5	2·4	12·5	4·7
06	5 31·5	5 32·4	5 16·4	0·6	0·2	6·6	2·5	12·6	4·7
07	5 31·8	5 32·7	5 16·6	0·7	0·3	6·7	2·5	12·7	4·8
08	5 32·0	5 32·9	5 16·9	0·8	0·3	6·8	2·6	12·8	4·8
09	5 32·3	5 33·2	5 17·1	0·9	0·3	6·9	2·6	12·9	4·8
10	5 32·5	5 33·4	5 17·4	1·0	0·4	7·0	2·6	13·0	4·9
11	5 32·8	5 33·7	5 17·6	1·1	0·4	7·1	2·7	13·1	4·9
12	5 33·0	5 33·9	5 17·8	1·2	0·5	7·2	2·7	13·2	5·0
13	5 33·3	5 34·2	5 18·1	1·3	0·5	7·3	2·7	13·3	5·0
14	5 33·5	5 34·4	5 18·3	1·4	0·5	7·4	2·8	13·4	5·0
15	5 33·8	5 34·7	5 18·5	1·5	0·6	7·5	2·8	13·5	5·1
16	5 34·0	5 34·9	5 18·8	1·6	0·6	7·6	2·9	13·6	5·1
17	5 34·3	5 35·2	5 19·0	1·7	0·6	7·7	2·9	13·7	5·1
18	5 34·5	5 35·4	5 19·3	1·8	0·7	7·8	2·9	13·8	5·2
19	5 34·8	5 35·7	5 19·5	1·9	0·7	7·9	3·0	13·9	5·2
20	5 35·0	5 35·9	5 19·7	2·0	0·8	8·0	3·0	14·0	5·3
21	5 35·3	5 36·2	5 20·0	2·1	0·8	8·1	3·0	14·1	5·3
22	5 35·5	5 36·4	5 20·2	2·2	0·8	8·2	3·1	14·2	5·3
23	5 35·8	5 36·7	5 20·5	2·3	0·9	8·3	3·1	14·3	5·4
24	5 36·0	5 36·9	5 20·7	2·4	0·9	8·4	3·2	14·4	5·4
25	5 36·3	5 37·2	5 20·9	2·5	0·9	8·5	3·2	14·5	5·4
26	5 36·5	5 37·4	5 21·2	2·6	1·0	8·6	3·2	14·6	5·5
27	5 36·8	5 37·7	5 21·4	2·7	1·0	8·7	3·3	14·7	5·5
28	5 37·0	5 37·9	5 21·6	2·8	1·0	8·8	3·3	14·8	5·6
29	5 37·3	5 38·2	5 21·9	2·9	1·1	8·9	3·3	14·9	5·6
30	5 37·5	5 38·4	5 22·1	3·0	1·1	9·0	3·4	15·0	5·6
31	5 37·8	5 38·7	5 22·4	3·1	1·2	9·1	3·4	15·1	5·7
32	5 38·0	5 38·9	5 22·6	3·2	1·2	9·2	3·5	15·2	5·7
33	5 38·3	5 39·2	5 22·8	3·3	1·2	9·3	3·5	15·3	5·7
34	5 38·5	5 39·4	5 23·1	3·4	1·3	9·4	3·5	15·4	5·8
35	5 38·8	5 39·7	5 23·3	3·5	1·3	9·5	3·6	15·5	5·8
36	5 39·0	5 39·9	5 23·6	3·6	1·4	9·6	3·6	15·6	5·9
37	5 39·3	5 40·2	5 23·8	3·7	1·4	9·7	3·6	15·7	5·9
38	5 39·5	5 40·4	5 24·0	3·8	1·4	9·8	3·7	15·8	5·9
39	5 39·8	5 40·7	5 24·3	3·9	1·5	9·9	3·7	15·9	6·0
40	5 40·0	5 40·9	5 24·5	4·0	1·5	10·0	3·8	16·0	6·0
41	5 40·3	5 41·2	5 24·7	4·1	1·5	10·1	3·8	16·1	6·0
42	5 40·5	5 41·4	5 25·0	4·2	1·6	10·2	3·8	16·2	6·1
43	5 40·8	5 41·7	5 25·2	4·3	1·6	10·3	3·9	16·3	6·1
44	5 41·0	5 41·9	5 25·5	4·4	1·7	10·4	3·9	16·4	6·1
45	5 41·3	5 42·2	5 25·7	4·5	1·7	10·5	3·9	16·5	6·2
46	5 41·5	5 42·4	5 25·9	4·6	1·7	10·6	4·0	16·6	6·2
47	5 41·8	5 42·7	5 26·2	4·7	1·8	10·7	4·0	16·7	6·3
48	5 42·0	5 42·9	5 26·4	4·8	1·8	10·8	4·1	16·8	6·3
49	5 42·3	5 43·2	5 26·7	4·9	1·8	10·9	4·1	16·9	6·3
50	5 42·5	5 43·4	5 26·9	5·0	1·9	11·0	4·1	17·0	6·4
51	5 42·8	5 43·7	5 27·1	5·1	1·9	11·1	4·2	17·1	6·4
52	5 43·0	5 43·9	5 27·4	5·2	2·0	11·2	4·2	17·2	6·5
53	5 43·3	5 44·2	5 27·6	5·3	2·0	11·3	4·2	17·3	6·5
54	5 43·5	5 44·4	5 27·9	5·4	2·0	11·4	4·3	17·4	6·5
55	5 43·8	5 44·7	5 28·1	5·5	2·1	11·5	4·3	17·5	6·6
56	5 44·0	5 44·9	5 28·3	5·6	2·1	11·6	4·4	17·6	6·6
57	5 44·3	5 45·2	5 28·6	5·7	2·1	11·7	4·4	17·7	6·6
58	5 44·5	5 45·4	5 28·8	5·8	2·2	11·8	4·4	17·8	6·7
59	5 44·8	5 45·7	5 29·0	5·9	2·2	11·9	4·5	17·9	6·7
60	5 45·0	5 45·9	5 29·3	6·0	2·3	12·0	4·5	18·0	6·8

23^m	SUN PLANETS	ARIES	MOON	v or d	Corr^n	v or d	Corr^n	v or d	Corr^n
s	° ′	° ′	° ′	′	′	′	′	′	′
00	5 45·0	5 45·9	5 29·3	0·0	0·0	6·0	2·4	12·0	4·7
01	5 45·3	5 46·2	5 29·5	0·1	0·0	6·1	2·4	12·1	4·7
02	5 45·5	5 46·4	5 29·8	0·2	0·1	6·2	2·4	12·2	4·8
03	5 45·8	5 46·7	5 30·0	0·3	0·1	6·3	2·5	12·3	4·8
04	5 46·0	5 46·9	5 30·2	0·4	0·2	6·4	2·5	12·4	4·9
05	5 46·3	5 47·2	5 30·5	0·5	0·2	6·5	2·5	12·5	4·9
06	5 46·5	5 47·4	5 30·7	0·6	0·2	6·6	2·6	12·6	4·9
07	5 46·8	5 47·7	5 31·0	0·7	0·3	6·7	2·6	12·7	5·0
08	5 47·0	5 48·0	5 31·2	0·8	0·3	6·8	2·7	12·8	5·0
09	5 47·3	5 48·2	5 31·4	0·9	0·4	6·9	2·7	12·9	5·1
10	5 47·5	5 48·5	5 31·7	1·0	0·4	7·0	2·7	13·0	5·1
11	5 47·8	5 48·7	5 31·9	1·1	0·4	7·1	2·8	13·1	5·1
12	5 48·0	5 49·0	5 32·1	1·2	0·5	7·2	2·8	13·2	5·2
13	5 48·3	5 49·2	5 32·4	1·3	0·5	7·3	2·9	13·3	5·2
14	5 48·5	5 49·5	5 32·6	1·4	0·5	7·4	2·9	13·4	5·2
15	5 48·8	5 49·7	5 32·9	1·5	0·6	7·5	2·9	13·5	5·3
16	5 49·0	5 50·0	5 33·1	1·6	0·6	7·6	3·0	13·6	5·3
17	5 49·3	5 50·2	5 33·3	1·7	0·7	7·7	3·0	13·7	5·4
18	5 49·5	5 50·5	5 33·6	1·8	0·7	7·8	3·1	13·8	5·4
19	5 49·8	5 50·7	5 33·8	1·9	0·7	7·9	3·1	13·9	5·4
20	5 50·0	5 51·0	5 34·1	2·0	0·8	8·0	3·1	14·0	5·5
21	5 50·3	5 51·2	5 34·3	2·1	0·8	8·1	3·2	14·1	5·5
22	5 50·5	5 51·5	5 34·5	2·2	0·9	8·2	3·2	14·2	5·6
23	5 50·8	5 51·7	5 34·8	2·3	0·9	8·3	3·3	14·3	5·6
24	5 51·0	5 52·0	5 35·0	2·4	0·9	8·4	3·3	14·4	5·6
25	5 51·3	5 52·2	5 35·2	2·5	1·0	8·5	3·3	14·5	5·7
26	5 51·5	5 52·5	5 35·5	2·6	1·0	8·6	3·4	14·6	5·7
27	5 51·8	5 52·7	5 35·7	2·7	1·1	8·7	3·4	14·7	5·8
28	5 52·0	5 53·0	5 36·0	2·8	1·1	8·8	3·4	14·8	5·8
29	5 52·3	5 53·2	5 36·2	2·9	1·1	8·9	3·5	14·9	5·8
30	5 52·5	5 53·5	5 36·4	3·0	1·2	9·0	3·5	15·0	5·9
31	5 52·8	5 53·7	5 36·7	3·1	1·2	9·1	3·6	15·1	5·9
32	5 53·0	5 54·0	5 36·9	3·2	1·3	9·2	3·6	15·2	6·0
33	5 53·3	5 54·2	5 37·2	3·3	1·3	9·3	3·6	15·3	6·0
34	5 53·5	5 54·5	5 37·4	3·4	1·3	9·4	3·7	15·4	6·0
35	5 53·8	5 54·7	5 37·6	3·5	1·4	9·5	3·7	15·5	6·1
36	5 54·0	5 55·0	5 37·9	3·6	1·4	9·6	3·8	15·6	6·1
37	5 54·3	5 55·2	5 38·1	3·7	1·4	9·7	3·8	15·7	6·1
38	5 54·5	5 55·5	5 38·4	3·8	1·5	9·8	3·8	15·8	6·2
39	5 54·8	5 55·7	5 38·6	3·9	1·5	9·9	3·9	15·9	6·2
40	5 55·0	5 56·0	5 38·8	4·0	1·6	10·0	3·9	16·0	6·3
41	5 55·3	5 56·2	5 39·1	4·1	1·6	10·1	4·0	16·1	6·3
42	5 55·5	5 56·5	5 39·3	4·2	1·6	10·2	4·0	16·2	6·3
43	5 55·8	5 56·7	5 39·5	4·3	1·7	10·3	4·0	16·3	6·4
44	5 56·0	5 57·0	5 39·8	4·4	1·7	10·4	4·1	16·4	6·4
45	5 56·3	5 57·2	5 40·0	4·5	1·8	10·5	4·1	16·5	6·5
46	5 56·5	5 57·5	5 40·3	4·6	1·8	10·6	4·2	16·6	6·5
47	5 56·8	5 57·7	5 40·5	4·7	1·8	10·7	4·2	16·7	6·5
48	5 57·0	5 58·0	5 40·7	4·8	1·9	10·8	4·2	16·8	6·6
49	5 57·3	5 58·2	5 41·0	4·9	1·9	10·9	4·3	16·9	6·6
50	5 57·5	5 58·5	5 41·2	5·0	2·0	11·0	4·3	17·0	6·7
51	5 57·8	5 58·7	5 41·5	5·1	2·0	11·1	4·3	17·1	6·7
52	5 58·0	5 59·0	5 41·7	5·2	2·0	11·2	4·4	17·2	6·7
53	5 58·3	5 59·2	5 41·9	5·3	2·1	11·3	4·4	17·3	6·8
54	5 58·5	5 59·5	5 42·2	5·4	2·1	11·4	4·5	17·4	6·8
55	5 58·8	5 59·7	5 42·4	5·5	2·2	11·5	4·5	17·5	6·9
56	5 59·0	6 00·0	5 42·6	5·6	2·2	11·6	4·5	17·6	6·9
57	5 59·3	6 00·2	5 42·9	5·7	2·2	11·7	4·6	17·7	6·9
58	5 59·5	6 00·5	5 43·1	5·8	2·3	11·8	4·6	17·8	7·0
59	5 59·8	6 00·7	5 43·4	5·9	2·3	11·9	4·7	17·9	7·0
60	6 00·0	6 01·0	5 43·6	6·0	2·4	12·0	4·7	18·0	7·1

m 24	SUN PLANETS	ARIES	MOON	v or d	Corrⁿ	v or d	Corrⁿ	v or d	Corrⁿ
s	° ′	° ′	° ′	′	′	′	′	′	′
00	6 00·0	6 01·0	5 43·6	0·0	0·0	6·0	2·5	12·0	4·9
01	6 00·3	6 01·2	5 43·8	0·1	0·0	6·1	2·5	12·1	4·9
02	6 00·5	6 01·5	5 44·1	0·2	0·1	6·2	2·5	12·2	5·0
03	6 00·8	6 01·7	5 44·3	0·3	0·1	6·3	2·6	12·3	5·0
04	6 01·0	6 02·0	5 44·6	0·4	0·2	6·4	2·6	12·4	5·1
05	6 01·3	6 02·2	5 44·8	0·5	0·2	6·5	2·7	12·5	5·1
06	6 01·5	6 02·5	5 45·0	0·6	0·2	6·6	2·7	12·6	5·1
07	6 01·8	6 02·7	5 45·3	0·7	0·3	6·7	2·7	12·7	5·2
08	6 02·0	6 03·0	5 45·5	0·8	0·3	6·8	2·8	12·8	5·2
09	6 02·3	6 03·2	5 45·7	0·9	0·4	6·9	2·8	12·9	5·3
10	6 02·5	6 03·5	5 46·0	1·0	0·4	7·0	2·9	13·0	5·3
11	6 02·8	6 03·7	5 46·2	1·1	0·4	7·1	2·9	13·1	5·3
12	6 03·0	6 04·0	5 46·5	1·2	0·5	7·2	2·9	13·2	5·4
13	6 03·3	6 04·2	5 46·7	1·3	0·5	7·3	3·0	13·3	5·4
14	6 03·5	6 04·5	5 46·9	1·4	0·6	7·4	3·0	13·4	5·5
15	6 03·8	6 04·7	5 47·2	1·5	0·6	7·5	3·1	13·5	5·5
16	6 04·0	6 05·0	5 47·4	1·6	0·7	7·6	3·1	13·6	5·6
17	6 04·3	6 05·2	5 47·7	1·7	0·7	7·7	3·1	13·7	5·6
18	6 04·5	6 05·5	5 47·9	1·8	0·7	7·8	3·2	13·8	5·6
19	6 04·8	6 05·7	5 48·1	1·9	0·8	7·9	3·2	13·9	5·7
20	6 05·0	6 06·0	5 48·4	2·0	0·8	8·0	3·3	14·0	5·7
21	6 05·3	6 06·3	5 48·6	2·1	0·9	8·1	3·3	14·1	5·8
22	6 05·5	6 06·5	5 48·8	2·2	0·9	8·2	3·3	14·2	5·8
23	6 05·8	6 06·8	5 49·1	2·3	0·9	8·3	3·4	14·3	5·8
24	6 06·0	6 07·0	5 49·3	2·4	1·0	8·4	3·4	14·4	5·9
25	6 06·3	6 07·3	5 49·6	2·5	1·0	8·5	3·5	14·5	5·9
26	6 06·5	6 07·5	5 49·8	2·6	1·1	8·6	3·5	14·6	6·0
27	6 06·8	6 07·8	5 50·0	2·7	1·1	8·7	3·6	14·7	6·0
28	6 07·0	6 08·0	5 50·3	2·8	1·1	8·8	3·6	14·8	6·0
29	6 07·3	6 08·3	5 50·5	2·9	1·2	8·9	3·6	14·9	6·1
30	6 07·5	6 08·5	5 50·8	3·0	1·2	9·0	3·7	15·0	6·1
31	6 07·8	6 08·8	5 51·0	3·1	1·3	9·1	3·7	15·1	6·2
32	6 08·0	6 09·0	5 51·2	3·2	1·3	9·2	3·8	15·2	6·2
33	6 08·3	6 09·3	5 51·5	3·3	1·3	9·3	3·8	15·3	6·2
34	6 08·5	6 09·5	5 51·7	3·4	1·4	9·4	3·8	15·4	6·3
35	6 08·8	6 09·8	5 52·0	3·5	1·4	9·5	3·9	15·5	6·3
36	6 09·0	6 10·0	5 52·2	3·6	1·5	9·6	3·9	15·6	6·4
37	6 09·3	6 10·3	5 52·4	3·7	1·5	9·7	4·0	15·7	6·4
38	6 09·5	6 10·5	5 52·7	3·8	1·6	9·8	4·0	15·8	6·5
39	6 09·8	6 10·8	5 52·9	3·9	1·6	9·9	4·0	15·9	6·5
40	6 10·0	6 11·0	5 53·1	4·0	1·6	10·0	4·1	16·0	6·5
41	6 10·3	6 11·3	5 53·4	4·1	1·7	10·1	4·1	16·1	6·6
42	6 10·5	6 11·5	5 53·6	4·2	1·7	10·2	4·2	16·2	6·6
43	6 10·8	6 11·8	5 53·9	4·3	1·8	10·3	4·2	16·3	6·7
44	6 11·0	6 12·0	5 54·1	4·4	1·8	10·4	4·2	16·4	6·7
45	6 11·3	6 12·3	5 54·3	4·5	1·8	10·5	4·3	16·5	6·7
46	6 11·5	6 12·5	5 54·6	4·6	1·9	10·6	4·3	16·6	6·8
47	6 11·8	6 12·8	5 54·8	4·7	1·9	10·7	4·4	16·7	6·8
48	6 12·0	6 13·0	5 55·1	4·8	2·0	10·8	4·4	16·8	6·9
49	6 12·3	6 13·3	5 55·3	4·9	2·0	10·9	4·5	16·9	6·9
50	6 12·5	6 13·5	5 55·5	5·0	2·0	11·0	4·5	17·0	6·9
51	6 12·8	6 13·8	5 55·8	5·1	2·1	11·1	4·5	17·1	7·0
52	6 13·0	6 14·0	5 56·0	5·2	2·1	11·2	4·6	17·2	7·0
53	6 13·3	6 14·3	5 56·2	5·3	2·2	11·3	4·6	17·3	7·1
54	6 13·5	6 14·5	5 56·5	5·4	2·2	11·4	4·7	17·4	7·1
55	6 13·8	6 14·8	5 56·7	5·5	2·2	11·5	4·7	17·5	7·1
56	6 14·0	6 15·0	5 57·0	5·6	2·3	11·6	4·7	17·6	7·2
57	6 14·3	6 15·3	5 57·2	5·7	2·3	11·7	4·8	17·7	7·2
58	6 14·5	6 15·5	5 57·4	5·8	2·4	11·8	4·8	17·8	7·3
59	6 14·8	6 15·8	5 57·7	5·9	2·4	11·9	4·9	17·9	7·3
60	6 15·0	6 16·0	5 57·9	6·0	2·5	12·0	4·9	18·0	7·4

m 25	SUN PLANETS	ARIES	MOON	v or d	Corrⁿ	v or d	Corrⁿ	v or d	Corrⁿ
s	° ′	° ′	° ′	′	′	′	′	′	′
00	6 15·0	6 16·0	5 57·9	0·0	0·0	6·0	2·6	12·0	5·1
01	6 15·3	6 16·3	5 58·2	0·1	0·0	6·1	2·6	12·1	5·1
02	6 15·5	6 16·5	5 58·4	0·2	0·1	6·2	2·6	12·2	5·2
03	6 15·8	6 16·8	5 58·6	0·3	0·1	6·3	2·7	12·3	5·2
04	6 16·0	6 17·0	5 58·9	0·4	0·2	6·4	2·7	12·4	5·3
05	6 16·3	6 17·3	5 59·1	0·5	0·2	6·5	2·8	12·5	5·3
06	6 16·5	6 17·5	5 59·3	0·6	0·3	6·6	2·8	12·6	5·4
07	6 16·8	6 17·8	5 59·6	0·7	0·3	6·7	2·8	12·7	5·4
08	6 17·0	6 18·0	5 59·8	0·8	0·3	6·8	2·9	12·8	5·4
09	6 17·3	6 18·3	6 00·1	0·9	0·4	6·9	2·9	12·9	5·5
10	6 17·5	6 18·5	6 00·3	1·0	0·4	7·0	3·0	13·0	5·5
11	6 17·8	6 18·8	6 00·5	1·1	0·5	7·1	3·0	13·1	5·6
12	6 18·0	6 19·0	6 00·8	1·2	0·5	7·2	3·1	13·2	5·6
13	6 18·3	6 19·3	6 01·0	1·3	0·6	7·3	3·1	13·3	5·7
14	6 18·5	6 19·5	6 01·3	1·4	0·6	7·4	3·1	13·4	5·7
15	6 18·8	6 19·8	6 01·5	1·5	0·6	7·5	3·2	13·5	5·7
16	6 19·0	6 20·0	6 01·7	1·6	0·7	7·6	3·2	13·6	5·8
17	6 19·3	6 20·3	6 02·0	1·7	0·7	7·7	3·3	13·7	5·8
18	6 19·5	6 20·5	6 02·2	1·8	0·8	7·8	3·3	13·8	5·9
19	6 19·8	6 20·8	6 02·5	1·9	0·8	7·9	3·4	13·9	5·9
20	6 20·0	6 21·0	6 02·7	2·0	0·9	8·0	3·4	14·0	6·0
21	6 20·3	6 21·3	6 02·9	2·1	0·9	8·1	3·4	14·1	6·0
22	6 20·5	6 21·5	6 03·2	2·2	0·9	8·2	3·5	14·2	6·0
23	6 20·8	6 21·8	6 03·4	2·3	1·0	8·3	3·5	14·3	6·1
24	6 21·0	6 22·0	6 03·6	2·4	1·0	8·4	3·6	14·4	6·1
25	6 21·3	6 22·3	6 03·9	2·5	1·1	8·5	3·6	14·5	6·2
26	6 21·5	6 22·5	6 04·1	2·6	1·1	8·6	3·7	14·6	6·2
27	6 21·8	6 22·8	6 04·4	2·7	1·1	8·7	3·7	14·7	6·2
28	6 22·0	6 23·0	6 04·6	2·8	1·2	8·8	3·7	14·8	6·3
29	6 22·3	6 23·3	6 04·8	2·9	1·2	8·9	3·8	14·9	6·3
30	6 22·5	6 23·5	6 05·1	3·0	1·3	9·0	3·8	15·0	6·4
31	6 22·8	6 23·8	6 05·3	3·1	1·3	9·1	3·9	15·1	6·4
32	6 23·0	6 24·0	6 05·6	3·2	1·4	9·2	3·9	15·2	6·5
33	6 23·3	6 24·3	6 05·8	3·3	1·4	9·3	4·0	15·3	6·5
34	6 23·5	6 24·5	6 06·0	3·4	1·4	9·4	4·0	15·4	6·5
35	6 23·8	6 24·8	6 06·3	3·5	1·5	9·5	4·0	15·5	6·6
36	6 24·0	6 25·1	6 06·5	3·6	1·5	9·6	4·1	15·6	6·6
37	6 24·3	6 25·3	6 06·7	3·7	1·6	9·7	4·1	15·7	6·7
38	6 24·5	6 25·6	6 07·0	3·8	1·6	9·8	4·2	15·8	6·7
39	6 24·8	6 25·8	6 07·2	3·9	1·7	9·9	4·2	15·9	6·8
40	6 25·0	6 26·1	6 07·5	4·0	1·7	10·0	4·3	16·0	6·8
41	6 25·3	6 26·3	6 07·7	4·1	1·7	10·1	4·3	16·1	6·8
42	6 25·5	6 26·6	6 07·9	4·2	1·8	10·2	4·3	16·2	6·9
43	6 25·8	6 26·8	6 08·2	4·3	1·8	10·3	4·4	16·3	6·9
44	6 26·0	6 27·1	6 08·4	4·4	1·9	10·4	4·4	16·4	7·0
45	6 26·3	6 27·3	6 08·7	4·5	1·9	10·5	4·5	16·5	7·0
46	6 26·5	6 27·6	6 08·9	4·6	2·0	10·6	4·5	16·6	7·1
47	6 26·8	6 27·8	6 09·1	4·7	2·0	10·7	4·5	16·7	7·1
48	6 27·0	6 28·1	6 09·4	4·8	2·0	10·8	4·6	16·8	7·1
49	6 27·3	6 28·3	6 09·6	4·9	2·1	10·9	4·6	16·9	7·2
50	6 27·5	6 28·6	6 09·8	5·0	2·1	11·0	4·7	17·0	7·2
51	6 27·8	6 28·8	6 10·1	5·1	2·2	11·1	4·7	17·1	7·3
52	6 28·0	6 29·1	6 10·3	5·2	2·2	11·2	4·8	17·2	7·3
53	6 28·3	6 29·3	6 10·6	5·3	2·3	11·3	4·8	17·3	7·4
54	6 28·5	6 29·6	6 10·8	5·4	2·3	11·4	4·8	17·4	7·4
55	6 28·8	6 29·8	6 11·0	5·5	2·3	11·5	4·9	17·5	7·4
56	6 29·0	6 30·1	6 11·3	5·6	2·4	11·6	4·9	17·6	7·5
57	6 29·3	6 30·3	6 11·5	5·7	2·4	11·7	5·0	17·7	7·5
58	6 29·5	6 30·6	6 11·8	5·8	2·5	11·8	5·0	17·8	7·6
59	6 29·8	6 30·8	6 12·0	5·9	2·5	11·9	5·1	17·9	7·6
60	6 30·0	6 31·1	6 12·2	6·0	2·6	12·0	5·1	18·0	7·7

26m	SUN PLANETS	ARIES	MOON	v or d	Corrn	v or d	Corrn	v or d	Corrn
s	° ′	° ′	° ′	′	′	′	′	′	′
00	6 30·0	6 31·1	6 12·2	0·0	0·0	6·0	2·7	12·0	5·3
01	6 30·3	6 31·3	6 12·5	0·1	0·0	6·1	2·7	12·1	5·3
02	6 30·5	6 31·6	6 12·7	0·2	0·1	6·2	2·7	12·2	5·4
03	6 30·8	6 31·8	6 12·9	0·3	0·1	6·3	2·8	12·3	5·4
04	6 31·0	6 32·1	6 13·2	0·4	0·2	6·4	2·8	12·4	5·5
05	6 31·3	6 32·3	6 13·4	0·5	0·2	6·5	2·9	12·5	5·5
06	6 31·5	6 32·6	6 13·7	0·6	0·3	6·6	2·9	12·6	5·6
07	6 31·8	6 32·8	6 13·9	0·7	0·3	6·7	3·0	12·7	5·6
08	6 32·0	6 33·1	6 14·1	0·8	0·4	6·8	3·0	12·8	5·7
09	6 32·3	6 33·3	6 14·4	0·9	0·4	6·9	3·0	12·9	5·7
10	6 32·5	6 33·6	6 14·6	1·0	0·4	7·0	3·1	13·0	5·7
11	6 32·8	6 33·8	6 14·9	1·1	0·5	7·1	3·1	13·1	5·8
12	6 33·0	6 34·1	6 15·1	1·2	0·5	7·2	3·2	13·2	5·8
13	6 33·3	6 34·3	6 15·3	1·3	0·6	7·3	3·2	13·3	5·9
14	6 33·5	6 34·6	6 15·6	1·4	0·6	7·4	3·3	13·4	5·9
15	6 33·8	6 34·8	6 15·8	1·5	0·7	7·5	3·3	13·5	6·0
16	6 34·0	6 35·1	6 16·1	1·6	0·7	7·6	3·4	13·6	6·0
17	6 34·3	6 35·3	6 16·3	1·7	0·8	7·7	3·4	13·7	6·1
18	6 34·5	6 35·6	6 16·5	1·8	0·8	7·8	3·4	13·8	6·1
19	6 34·8	6 35·8	6 16·8	1·9	0·8	7·9	3·5	13·9	6·1
20	6 35·0	6 36·1	6 17·0	2·0	0·9	8·0	3·5	14·0	6·2
21	6 35·3	6 36·3	6 17·2	2·1	0·9	8·1	3·6	14·1	6·2
22	6 35·5	6 36·6	6 17·5	2·2	1·0	8·2	3·6	14·2	6·3
23	6 35·8	6 36·8	6 17·7	2·3	1·0	8·3	3·7	14·3	6·3
24	6 36·0	6 37·1	6 18·0	2·4	1·1	8·4	3·7	14·4	6·4
25	6 36·3	6 37·3	6 18·2	2·5	1·1	8·5	3·8	14·5	6·4
26	6 36·5	6 37·6	6 18·4	2·6	1·1	8·6	3·8	14·6	6·4
27	6 36·8	6 37·8	6 18·7	2·7	1·2	8·7	3·8	14·7	6·5
28	6 37·0	6 38·1	6 18·9	2·8	1·2	8·8	3·9	14·8	6·5
29	6 37·3	6 38·3	6 19·2	2·9	1·3	8·9	3·9	14·9	6·6
30	6 37·5	6 38·6	6 19·4	3·0	1·3	9·0	4·0	15·0	6·6
31	6 37·8	6 38·8	6 19·6	3·1	1·4	9·1	4·0	15·1	6·7
32	6 38·0	6 39·1	6 19·9	3·2	1·4	9·2	4·1	15·2	6·7
33	6 38·3	6 39·3	6 20·1	3·3	1·5	9·3	4·1	15·3	6·8
34	6 38·5	6 39·6	6 20·3	3·4	1·5	9·4	4·2	15·4	6·8
35	6 38·8	6 39·8	6 20·6	3·5	1·5	9·5	4·2	15·5	6·8
36	6 39·0	6 40·1	6 20·8	3·6	1·6	9·6	4·2	15·6	6·9
37	6 39·3	6 40·3	6 21·1	3·7	1·6	9·7	4·3	15·7	6·9
38	6 39·5	6 40·6	6 21·3	3·8	1·7	9·8	4·3	15·8	7·0
39	6 39·8	6 40·8	6 21·5	3·9	1·7	9·9	4·4	15·9	7·0
40	6 40·0	6 41·1	6 21·8	4·0	1·8	10·0	4·4	16·0	7·1
41	6 40·3	6 41·3	6 22·0	4·1	1·8	10·1	4·5	16·1	7·1
42	6 40·5	6 41·6	6 22·3	4·2	1·9	10·2	4·5	16·2	7·2
43	6 40·8	6 41·8	6 22·5	4·3	1·9	10·3	4·5	16·3	7·2
44	6 41·0	6 42·1	6 22·7	4·4	1·9	10·4	4·6	16·4	7·2
45	6 41·3	6 42·3	6 23·0	4·5	2·0	10·5	4·6	16·5	7·3
46	6 41·5	6 42·6	6 23·2	4·6	2·0	10·6	4·7	16·6	7·3
47	6 41·8	6 42·8	6 23·4	4·7	2·1	10·7	4·7	16·7	7·4
48	6 42·0	6 43·1	6 23·7	4·8	2·1	10·8	4·8	16·8	7·4
49	6 42·3	6 43·4	6 23·9	4·9	2·2	10·9	4·8	16·9	7·5
50	6 42·5	6 43·6	6 24·2	5·0	2·2	11·0	4·9	17·0	7·5
51	6 42·8	6 43·9	6 24·4	5·1	2·3	11·1	4·9	17·1	7·6
52	6 43·0	6 44·1	6 24·6	5·2	2·3	11·2	4·9	17·2	7·6
53	6 43·3	6 44·4	6 24·9	5·3	2·3	11·3	5·0	17·3	7·6
54	6 43·5	6 44·6	6 25·1	5·4	2·4	11·4	5·0	17·4	7·7
55	6 43·8	6 44·9	6 25·4	5·5	2·4	11·5	5·1	17·5	7·7
56	6 44·0	6 45·1	6 25·6	5·6	2·5	11·6	5·1	17·6	7·8
57	6 44·3	6 45·4	6 25·8	5·7	2·5	11·7	5·2	17·7	7·8
58	6 44·5	6 45·6	6 26·1	5·8	2·6	11·8	5·2	17·8	7·9
59	6 44·8	6 45·9	6 26·3	5·9	2·6	11·9	5·3	17·9	7·9
60	6 45·0	6 46·1	6 26·6	6·0	2·7	12·0	5·3	18·0	8·0

27m	SUN PLANETS	ARIES	MOON	v or d	Corrn	v or d	Corrn	v or d	Corrn
s	° ′	° ′	° ′	′	′	′	′	′	′
00	6 45·0	6 46·1	6 26·6	0·0	0·0	6·0	2·8	12·0	5·5
01	6 45·3	6 46·4	6 26·8	0·1	0·0	6·1	2·8	12·1	5·5
02	6 45·5	6 46·6	6 27·0	0·2	0·1	6·2	2·8	12·2	5·6
03	6 45·8	6 46·9	6 27·3	0·3	0·1	6·3	2·9	12·3	5·6
04	6 46·0	6 47·1	6 27·5	0·4	0·2	6·4	2·9	12·4	5·7
05	6 46·3	6 47·4	6 27·7	0·5	0·2	6·5	3·0	12·5	5·7
06	6 46·5	6 47·6	6 28·0	0·6	0·3	6·6	3·0	12·6	5·8
07	6 46·8	6 47·9	6 28·2	0·7	0·3	6·7	3·1	12·7	5·8
08	6 47·0	6 48·1	6 28·5	0·8	0·4	6·8	3·1	12·8	5·9
09	6 47·3	6 48·4	6 28·7	0·9	0·4	6·9	3·2	12·9	5·9
10	6 47·5	6 48·6	6 28·9	1·0	0·5	7·0	3·2	13·0	6·0
11	6 47·8	6 48·9	6 29·2	1·1	0·5	7·1	3·3	13·1	6·0
12	6 48·0	6 49·1	6 29·4	1·2	0·6	7·2	3·3	13·2	6·1
13	6 48·3	6 49·4	6 29·7	1·3	0·6	7·3	3·3	13·3	6·1
14	6 48·5	6 49·6	6 29·9	1·4	0·6	7·4	3·4	13·4	6·1
15	6 48·8	6 49·9	6 30·1	1·5	0·7	7·5	3·4	13·5	6·2
16	6 49·0	6 50·1	6 30·4	1·6	0·7	7·6	3·5	13·6	6·2
17	6 49·3	6 50·4	6 30·6	1·7	0·8	7·7	3·5	13·7	6·3
18	6 49·5	6 50·6	6 30·8	1·8	0·8	7·8	3·6	13·8	6·3
19	6 49·8	6 50·9	6 31·1	1·9	0·9	7·9	3·6	13·9	6·4
20	6 50·0	6 51·1	6 31·3	2·0	0·9	8·0	3·7	14·0	6·4
21	6 50·3	6 51·4	6 31·6	2·1	1·0	8·1	3·7	14·1	6·5
22	6 50·5	6 51·6	6 31·8	2·2	1·0	8·2	3·8	14·2	6·5
23	6 50·8	6 51·9	6 32·0	2·3	1·1	8·3	3·8	14·3	6·6
24	6 51·0	6 52·1	6 32·3	2·4	1·1	8·4	3·9	14·4	6·6
25	6 51·3	6 52·4	6 32·5	2·5	1·1	8·5	3·9	14·5	6·6
26	6 51·5	6 52·6	6 32·8	2·6	1·2	8·6	3·9	14·6	6·7
27	6 51·8	6 52·9	6 33·0	2·7	1·2	8·7	4·0	14·7	6·7
28	6 52·0	6 53·1	6 33·2	2·8	1·3	8·8	4·0	14·8	6·8
29	6 52·3	6 53·4	6 33·5	2·9	1·3	8·9	4·1	14·9	6·8
30	6 52·5	6 53·6	6 33·7	3·0	1·4	9·0	4·1	15·0	6·9
31	6 52·8	6 53·9	6 33·9	3·1	1·4	9·1	4·2	15·1	6·9
32	6 53·0	6 54·1	6 34·2	3·2	1·5	9·2	4·2	15·2	7·0
33	6 53·3	6 54·4	6 34·4	3·3	1·5	9·3	4·3	15·3	7·0
34	6 53·5	6 54·6	6 34·7	3·4	1·6	9·4	4·3	15·4	7·1
35	6 53·8	6 54·9	6 34·9	3·5	1·6	9·5	4·4	15·5	7·1
36	6 54·0	6 55·1	6 35·1	3·6	1·7	9·6	4·4	15·6	7·2
37	6 54·3	6 55·4	6 35·4	3·7	1·7	9·7	4·4	15·7	7·2
38	6 54·5	6 55·6	6 35·6	3·8	1·7	9·8	4·5	15·8	7·2
39	6 54·8	6 55·9	6 35·9	3·9	1·8	9·9	4·5	15·9	7·3
40	6 55·0	6 56·1	6 36·1	4·0	1·8	10·0	4·6	16·0	7·3
41	6 55·3	6 56·4	6 36·3	4·1	1·9	10·1	4·6	16·1	7·4
42	6 55·5	6 56·6	6 36·6	4·2	1·9	10·2	4·7	16·2	7·4
43	6 55·8	6 56·9	6 36·8	4·3	2·0	10·3	4·7	16·3	7·5
44	6 56·0	6 57·1	6 37·0	4·4	2·0	10·4	4·8	16·4	7·5
45	6 56·3	6 57·4	6 37·3	4·5	2·1	10·5	4·8	16·5	7·6
46	6 56·5	6 57·6	6 37·5	4·6	2·1	10·6	4·9	16·6	7·6
47	6 56·8	6 57·9	6 37·8	4·7	2·2	10·7	4·9	16·7	7·7
48	6 57·0	6 58·1	6 38·0	4·8	2·2	10·8	5·0	16·8	7·7
49	6 57·3	6 58·4	6 38·2	4·9	2·2	10·9	5·0	16·9	7·7
50	6 57·5	6 58·6	6 38·5	5·0	2·3	11·0	5·0	17·0	7·8
51	6 57·8	6 58·9	6 38·7	5·1	2·3	11·1	5·1	17·1	7·8
52	6 58·0	6 59·1	6 39·0	5·2	2·4	11·2	5·1	17·2	7·9
53	6 58·3	6 59·4	6 39·2	5·3	2·4	11·3	5·2	17·3	7·9
54	6 58·5	6 59·6	6 39·4	5·4	2·5	11·4	5·2	17·4	8·0
55	6 58·8	6 59·9	6 39·7	5·5	2·5	11·5	5·3	17·5	8·0
56	6 59·0	7 00·1	6 39·9	5·6	2·6	11·6	5·3	17·6	8·1
57	6 59·3	7 00·4	6 40·2	5·7	2·6	11·7	5·4	17·7	8·1
58	6 59·5	7 00·6	6 40·4	5·8	2·7	11·8	5·4	17·8	8·2
59	6 59·8	7 00·9	6 40·6	5·9	2·7	11·9	5·5	17·9	8·2
60	7 00·0	7 01·1	6 40·9	6·0	2·8	12·0	5·5	18·0	8·3

m 28	SUN PLANETS	ARIES	MOON	v or d	Corrn	v or d	Corrn	v or d	Corrn
s	° ′	° ′	° ′	′	′	′	′	′	′
00	7 00·0	7 01·1	6 40·9	0·0	0·0	6·0	2·9	12·0	5·7
01	7 00·3	7 01·4	6 41·1	0·1	0·0	6·1	2·9	12·1	5·7
02	7 00·5	7 01·7	6 41·3	0·2	0·1	6·2	2·9	12·2	5·8
03	7 00·8	7 01·9	6 41·6	0·3	0·1	6·3	3·0	12·3	5·8
04	7 01·0	7 02·2	6 41·8	0·4	0·2	6·4	3·0	12·4	5·9
05	7 01·3	7 02·4	6 42·1	0·5	0·2	6·5	3·1	12·5	5·9
06	7 01·5	7 02·7	6 42·3	0·6	0·3	6·6	3·1	12·6	6·0
07	7 01·8	7 02·9	6 42·5	0·7	0·3	6·7	3·2	12·7	6·0
08	7 02·0	7 03·2	6 42·8	0·8	0·4	6·8	3·2	12·8	6·1
09	7 02·3	7 03·4	6 43·0	0·9	0·4	6·9	3·3	12·9	6·1
10	7 02·5	7 03·7	6 43·3	1·0	0·5	7·0	3·3	13·0	6·2
11	7 02·8	7 03·9	6 43·5	1·1	0·5	7·1	3·4	13·1	6·2
12	7 03·0	7 04·2	6 43·7	1·2	0·6	7·2	3·4	13·2	6·3
13	7 03·3	7 04·4	6 44·0	1·3	0·6	7·3	3·5	13·3	6·3
14	7 03·5	7 04·7	6 44·2	1·4	0·7	7·4	3·5	13·4	6·4
15	7 03·8	7 04·9	6 44·4	1·5	0·7	7·5	3·6	13·5	6·4
16	7 04·0	7 05·2	6 44·7	1·6	0·8	7·6	3·6	13·6	6·5
17	7 04·3	7 05·4	6 44·9	1·7	0·8	7·7	3·7	13·7	6·5
18	7 04·5	7 05·7	6 45·2	1·8	0·9	7·8	3·7	13·8	6·6
19	7 04·8	7 05·9	6 45·4	1·9	0·9	7·9	3·8	13·9	6·6
20	7 05·0	7 06·2	6 45·6	2·0	1·0	8·0	3·8	14·0	6·7
21	7 05·3	7 06·4	6 45·9	2·1	1·0	8·1	3·8	14·1	6·7
22	7 05·5	7 06·7	6 46·1	2·2	1·0	8·2	3·9	14·2	6·7
23	7 05·8	7 06·9	6 46·4	2·3	1·1	8·3	3·9	14·3	6·8
24	7 06·0	7 07·2	6 46·6	2·4	1·1	8·4	4·0	14·4	6·8
25	7 06·3	7 07·4	6 46·8	2·5	1·2	8·5	4·0	14·5	6·9
26	7 06·5	7 07·7	6 47·1	2·6	1·2	8·6	4·1	14·6	6·9
27	7 06·8	7 07·9	6 47·3	2·7	1·3	8·7	4·1	14·7	7·0
28	7 07·0	7 08·2	6 47·5	2·8	1·3	8·8	4·2	14·8	7·0
29	7 07·3	7 08·4	6 47·8	2·9	1·4	8·9	4·2	14·9	7·1
30	7 07·5	7 08·7	6 48·0	3·0	1·4	9·0	4·3	15·0	7·1
31	7 07·8	7 08·9	6 48·3	3·1	1·5	9·1	4·3	15·1	7·2
32	7 08·0	7 09·2	6 48·5	3·2	1·5	9·2	4·4	15·2	7·2
33	7 08·3	7 09·4	6 48·7	3·3	1·6	9·3	4·4	15·3	7·3
34	7 08·5	7 09·7	6 49·0	3·4	1·6	9·4	4·5	15·4	7·3
35	7 08·8	7 09·9	6 49·2	3·5	1·7	9·5	4·5	15·5	7·4
36	7 09·0	7 10·2	6 49·5	3·6	1·7	9·6	4·6	15·6	7·4
37	7 09·3	7 10·4	6 49·7	3·7	1·8	9·7	4·6	15·7	7·5
38	7 09·5	7 10·7	6 49·9	3·8	1·8	9·8	4·7	15·8	7·5
39	7 09·8	7 10·9	6 50·2	3·9	1·9	9·9	4·7	15·9	7·6
40	7 10·0	7 11·2	6 50·4	4·0	1·9	10·0	4·8	16·0	7·6
41	7 10·3	7 11·4	6 50·6	4·1	1·9	10·1	4·8	16·1	7·6
42	7 10·5	7 11·7	6 50·9	4·2	2·0	10·2	4·8	16·2	7·7
43	7 10·8	7 11·9	6 51·1	4·3	2·0	10·3	4·9	16·3	7·7
44	7 11·0	7 12·2	6 51·4	4·4	2·1	10·4	4·9	16·4	7·8
45	7 11·3	7 12·4	6 51·6	4·5	2·1	10·5	5·0	16·5	7·8
46	7 11·5	7 12·7	6 51·8	4·6	2·2	10·6	5·0	16·6	7·9
47	7 11·8	7 12·9	6 52·1	4·7	2·2	10·7	5·1	16·7	7·9
48	7 12·0	7 13·2	6 52·3	4·8	2·3	10·8	5·1	16·8	8·0
49	7 12·3	7 13·4	6 52·6	4·9	2·3	10·9	5·2	16·9	8·0
50	7 12·5	7 13·7	6 52·8	5·0	2·4	11·0	5·2	17·0	8·1
51	7 12·8	7 13·9	6 53·0	5·1	2·4	11·1	5·3	17·1	8·1
52	7 13·0	7 14·2	6 53·3	5·2	2·5	11·2	5·3	17·2	8·2
53	7 13·3	7 14·4	6 53·5	5·3	2·5	11·3	5·4	17·3	8·2
54	7 13·5	7 14·7	6 53·8	5·4	2·6	11·4	5·4	17·4	8·3
55	7 13·8	7 14·9	6 54·0	5·5	2·6	11·5	5·5	17·5	8·3
56	7 14·0	7 15·2	6 54·2	5·6	2·7	11·6	5·5	17·6	8·4
57	7 14·3	7 15·4	6 54·5	5·7	2·7	11·7	5·6	17·7	8·4
58	7 14·5	7 15·7	6 54·7	5·8	2·8	11·8	5·6	17·8	8·5
59	7 14·8	7 15·9	6 54·9	5·9	2·8	11·9	5·7	17·9	8·5
60	7 15·0	7 16·2	6 55·2	6·0	2·9	12·0	5·7	18·0	8·6

m 29	SUN PLANETS	ARIES	MOON	v or d	Corrn	v or d	Corrn	v or d	Corrn
s	° ′	° ′	° ′	′	′	′	′	′	′
00	7 15·0	7 16·2	6 55·2	0·0	0·0	6·0	3·0	12·0	5·9
01	7 15·3	7 16·4	6 55·4	0·1	0·0	6·1	3·0	12·1	5·9
02	7 15·5	7 16·7	6 55·7	0·2	0·1	6·2	3·0	12·2	6·0
03	7 15·8	7 16·9	6 55·9	0·3	0·1	6·3	3·1	12·3	6·0
04	7 16·0	7 17·2	6 56·1	0·4	0·2	6·4	3·1	12·4	6·1
05	7 16·3	7 17·4	6 56·4	0·5	0·2	6·5	3·2	12·5	6·1
06	7 16·5	7 17·7	6 56·6	0·6	0·3	6·6	3·2	12·6	6·2
07	7 16·8	7 17·9	6 56·9	0·7	0·3	6·7	3·3	12·7	6·2
08	7 17·0	7 18·2	6 57·1	0·8	0·4	6·8	3·3	12·8	6·3
09	7 17·3	7 18·4	6 57·3	0·9	0·4	6·9	3·4	12·9	6·3
10	7 17·5	7 18·7	6 57·6	1·0	0·5	7·0	3·4	13·0	6·4
11	7 17·8	7 18·9	6 57·8	1·1	0·5	7·1	3·5	13·1	6·4
12	7 18·0	7 19·2	6 58·0	1·2	0·6	7·2	3·5	13·2	6·5
13	7 18·3	7 19·4	6 58·3	1·3	0·6	7·3	3·6	13·3	6·5
14	7 18·5	7 19·7	6 58·5	1·4	0·7	7·4	3·6	13·4	6·6
15	7 18·8	7 20·0	6 58·8	1·5	0·7	7·5	3·7	13·5	6·6
16	7 19·0	7 20·2	6 59·0	1·6	0·8	7·6	3·7	13·6	6·7
17	7 19·3	7 20·5	6 59·2	1·7	0·8	7·7	3·8	13·7	6·7
18	7 19·5	7 20·7	6 59·5	1·8	0·9	7·8	3·8	13·8	6·8
19	7 19·8	7 21·0	6 59·7	1·9	0·9	7·9	3·9	13·9	6·8
20	7 20·0	7 21·2	7 00·0	2·0	1·0	8·0	3·9	14·0	6·9
21	7 20·3	7 21·5	7 00·2	2·1	1·0	8·1	4·0	14·1	6·9
22	7 20·5	7 21·7	7 00·4	2·2	1·1	8·2	4·0	14·2	7·0
23	7 20·8	7 22·0	7 00·7	2·3	1·1	8·3	4·1	14·3	7·0
24	7 21·0	7 22·2	7 00·9	2·4	1·2	8·4	4·1	14·4	7·1
25	7 21·3	7 22·5	7 01·1	2·5	1·2	8·5	4·2	14·5	7·1
26	7 21·5	7 22·7	7 01·4	2·6	1·3	8·6	4·2	14·6	7·2
27	7 21·8	7 23·0	7 01·6	2·7	1·3	8·7	4·3	14·7	7·2
28	7 22·0	7 23·2	7 01·9	2·8	1·4	8·8	4·3	14·8	7·3
29	7 22·3	7 23·5	7 02·1	2·9	1·4	8·9	4·4	14·9	7·3
30	7 22·5	7 23·7	7 02·3	3·0	1·5	9·0	4·4	15·0	7·4
31	7 22·8	7 24·0	7 02·6	3·1	1·5	9·1	4·5	15·1	7·4
32	7 23·0	7 24·2	7 02·8	3·2	1·6	9·2	4·5	15·2	7·5
33	7 23·3	7 24·5	7 03·1	3·3	1·6	9·3	4·6	15·3	7·5
34	7 23·5	7 24·7	7 03·3	3·4	1·7	9·4	4·6	15·4	7·6
35	7 23·8	7 25·0	7 03·5	3·5	1·7	9·5	4·7	15·5	7·6
36	7 24·0	7 25·2	7 03·8	3·6	1·8	9·6	4·7	15·6	7·7
37	7 24·3	7 25·5	7 04·0	3·7	1·8	9·7	4·8	15·7	7·7
38	7 24·5	7 25·7	7 04·3	3·8	1·9	9·8	4·8	15·8	7·8
39	7 24·8	7 26·0	7 04·5	3·9	1·9	9·9	4·9	15·9	7·8
40	7 25·0	7 26·2	7 04·7	4·0	2·0	10·0	4·9	16·0	7·9
41	7 25·3	7 26·5	7 05·0	4·1	2·0	10·1	5·0	16·1	7·9
42	7 25·5	7 26·7	7 05·2	4·2	2·1	10·2	5·0	16·2	8·0
43	7 25·8	7 27·0	7 05·4	4·3	2·1	10·3	5·1	16·3	8·0
44	7 26·0	7 27·2	7 05·7	4·4	2·2	10·4	5·1	16·4	8·1
45	7 26·3	7 27·5	7 05·9	4·5	2·2	10·5	5·2	16·5	8·1
46	7 26·5	7 27·7	7 06·2	4·6	2·3	10·6	5·2	16·6	8·2
47	7 26·8	7 28·0	7 06·4	4·7	2·3	10·7	5·3	16·7	8·2
48	7 27·0	7 28·2	7 06·6	4·8	2·4	10·8	5·3	16·8	8·3
49	7 27·3	7 28·5	7 06·9	4·9	2·4	10·9	5·4	16·9	8·3
50	7 27·5	7 28·7	7 07·1	5·0	2·5	11·0	5·4	17·0	8·4
51	7 27·8	7 29·0	7 07·4	5·1	2·5	11·1	5·5	17·1	8·4
52	7 28·0	7 29·2	7 07·6	5·2	2·6	11·2	5·5	17·2	8·5
53	7 28·3	7 29·5	7 07·8	5·3	2·6	11·3	5·6	17·3	8·5
54	7 28·5	7 29·7	7 08·1	5·4	2·7	11·4	5·6	17·4	8·6
55	7 28·8	7 30·0	7 08·3	5·5	2·7	11·5	5·7	17·5	8·6
56	7 29·0	7 30·2	7 08·5	5·6	2·8	11·6	5·7	17·6	8·7
57	7 29·3	7 30·5	7 08·8	5·7	2·8	11·7	5·8	17·7	8·7
58	7 29·5	7 30·7	7 09·0	5·8	2·9	11·8	5·8	17·8	8·8
59	7 29·8	7 31·0	7 09·3	5·9	2·9	11·9	5·9	17·9	8·8
60	7 30·0	7 31·2	7 09·5	6·0	3·0	12·0	5·9	18·0	8·9

30ᵐ	SUN PLANETS	ARIES	MOON	v or d	Corrⁿ	v or d	Corrⁿ	v or d	Corrⁿ
s	° ′	° ′	° ′	′	′	′	′	′	′
00	7 30·0	7 31·2	7 09·5	0·0	0·0	6·0	3·1	12·0	6·1
01	7 30·3	7 31·5	7 09·7	0·1	0·1	6·1	3·1	12·1	6·2
02	7 30·5	7 31·7	7 10·0	0·2	0·1	6·2	3·2	12·2	6·2
03	7 30·8	7 32·0	7 10·2	0·3	0·2	6·3	3·2	12·3	6·3
04	7 31·0	7 32·2	7 10·5	0·4	0·2	6·4	3·3	12·4	6·3
05	7 31·3	7 32·5	7 10·7	0·5	0·3	6·5	3·3	12·5	6·4
06	7 31·5	7 32·7	7 10·9	0·6	0·3	6·6	3·4	12·6	6·4
07	7 31·8	7 33·0	7 11·2	0·7	0·4	6·7	3·4	12·7	6·5
08	7 32·0	7 33·2	7 11·4	0·8	0·4	6·8	3·5	12·8	6·5
09	7 32·3	7 33·5	7 11·6	0·9	0·5	6·9	3·5	12·9	6·6
10	7 32·5	7 33·7	7 11·9	1·0	0·5	7·0	3·6	13·0	6·6
11	7 32·8	7 34·0	7 12·1	1·1	0·6	7·1	3·6	13·1	6·7
12	7 33·0	7 34·2	7 12·4	1·2	0·6	7·2	3·7	13·2	6·7
13	7 33·3	7 34·5	7 12·6	1·3	0·7	7·3	3·7	13·3	6·8
14	7 33·5	7 34·7	7 12·8	1·4	0·7	7·4	3·8	13·4	6·8
15	7 33·8	7 35·0	7 13·1	1·5	0·8	7·5	3·8	13·5	6·9
16	7 34·0	7 35·2	7 13·3	1·6	0·8	7·6	3·9	13·6	6·9
17	7 34·3	7 35·5	7 13·6	1·7	0·9	7·7	3·9	13·7	7·0
18	7 34·5	7 35·7	7 13·8	1·8	0·9	7·8	4·0	13·8	7·0
19	7 34·8	7 36·0	7 14·0	1·9	1·0	7·9	4·0	13·9	7·1
20	7 35·0	7 36·2	7 14·3	2·0	1·0	8·0	4·1	14·0	7·1
21	7 35·3	7 36·5	7 14·5	2·1	1·1	8·1	4·1	14·1	7·2
22	7 35·5	7 36·7	7 14·7	2·2	1·1	8·2	4·2	14·2	7·2
23	7 35·8	7 37·0	7 15·0	2·3	1·2	8·3	4·2	14·3	7·3
24	7 36·0	7 37·2	7 15·2	2·4	1·2	8·4	4·3	14·4	7·3
25	7 36·3	7 37·5	7 15·5	2·5	1·3	8·5	4·3	14·5	7·4
26	7 36·5	7 37·7	7 15·7	2·6	1·3	8·6	4·4	14·6	7·4
27	7 36·8	7 38·0	7 15·9	2·7	1·4	8·7	4·4	14·7	7·5
28	7 37·0	7 38·3	7 16·2	2·8	1·4	8·8	4·5	14·8	7·5
29	7 37·3	7 38·5	7 16·4	2·9	1·5	8·9	4·5	14·9	7·6
30	7 37·5	7 38·8	7 16·7	3·0	1·5	9·0	4·6	15·0	7·6
31	7 37·8	7 39·0	7 16·9	3·1	1·6	9·1	4·6	15·1	7·7
32	7 38·0	7 39·3	7 17·1	3·2	1·6	9·2	4·7	15·2	7·7
33	7 38·3	7 39·5	7 17·4	3·3	1·7	9·3	4·7	15·3	7·8
34	7 38·5	7 39·8	7 17·6	3·4	1·7	9·4	4·8	15·4	7·8
35	7 38·8	7 40·0	7 17·9	3·5	1·8	9·5	4·8	15·5	7·9
36	7 39·0	7 40·3	7 18·1	3·6	1·8	9·6	4·9	15·6	7·9
37	7 39·3	7 40·5	7 18·3	3·7	1·9	9·7	4·9	15·7	8·0
38	7 39·5	7 40·8	7 18·6	3·8	1·9	9·8	5·0	15·8	8·0
39	7 39·8	7 41·0	7 18·8	3·9	2·0	9·9	5·0	15·9	8·1
40	7 40·0	7 41·3	7 19·0	4·0	2·0	10·0	5·1	16·0	8·1
41	7 40·3	7 41·5	7 19·3	4·1	2·1	10·1	5·1	16·1	8·2
42	7 40·5	7 41·8	7 19·5	4·2	2·1	10·2	5·2	16·2	8·2
43	7 40·8	7 42·0	7 19·8	4·3	2·2	10·3	5·2	16·3	8·3
44	7 41·0	7 42·3	7 20·0	4·4	2·2	10·4	5·3	16·4	8·3
45	7 41·3	7 42·5	7 20·2	4·5	2·3	10·5	5·3	16·5	8·4
46	7 41·5	7 42·8	7 20·5	4·6	2·3	10·6	5·4	16·6	8·4
47	7 41·8	7 43·0	7 20·7	4·7	2·4	10·7	5·4	16·7	8·5
48	7 42·0	7 43·3	7 21·0	4·8	2·4	10·8	5·5	16·8	8·5
49	7 42·3	7 43·5	7 21·2	4·9	2·5	10·9	5·5	16·9	8·6
50	7 42·5	7 43·8	7 21·4	5·0	2·5	11·0	5·6	17·0	8·6
51	7 42·8	7 44·0	7 21·7	5·1	2·6	11·1	5·6	17·1	8·7
52	7 43·0	7 44·3	7 21·9	5·2	2·6	11·2	5·7	17·2	8·7
53	7 43·3	7 44·5	7 22·1	5·3	2·7	11·3	5·7	17·3	8·8
54	7 43·5	7 44·8	7 22·4	5·4	2·7	11·4	5·8	17·4	8·8
55	7 43·8	7 45·0	7 22·6	5·5	2·8	11·5	5·8	17·5	8·9
56	7 44·0	7 45·3	7 22·9	5·6	2·8	11·6	5·9	17·6	8·9
57	7 44·3	7 45·5	7 23·1	5·7	2·9	11·7	5·9	17·7	9·0
58	7 44·5	7 45·8	7 23·3	5·8	2·9	11·8	6·0	17·8	9·0
59	7 44·8	7 46·0	7 23·6	5·9	3·0	11·9	6·0	17·9	9·1
60	7 45·0	7 46·3	7 23·8	6·0	3·1	12·0	6·1	18·0	9·2

31ᵐ	SUN PLANETS	ARIES	MOON	v or d	Corrⁿ	v or d	Corrⁿ	v or d	Corrⁿ
s	° ′	° ′	° ′	′	′	′	′	′	′
00	7 45·0	7 46·3	7 23·8	0·0	0·0	6·0	3·2	12·0	6·3
01	7 45·3	7 46·5	7 24·1	0·1	0·1	6·1	3·2	12·1	6·4
02	7 45·5	7 46·8	7 24·3	0·2	0·1	6·2	3·3	12·2	6·4
03	7 45·8	7 47·0	7 24·5	0·3	0·2	6·3	3·3	12·3	6·5
04	7 46·0	7 47·3	7 24·8	0·4	0·2	6·4	3·4	12·4	6·5
05	7 46·3	7 47·5	7 25·0	0·5	0·3	6·5	3·4	12·5	6·6
06	7 46·5	7 47·8	7 25·2	0·6	0·3	6·6	3·5	12·6	6·6
07	7 46·8	7 48·0	7 25·5	0·7	0·4	6·7	3·5	12·7	6·7
08	7 47·0	7 48·3	7 25·7	0·8	0·4	6·8	3·6	12·8	6·7
09	7 47·3	7 48·5	7 26·0	0·9	0·5	6·9	3·6	12·9	6·8
10	7 47·5	7 48·8	7 26·2	1·0	0·5	7·0	3·7	13·0	6·8
11	7 47·8	7 49·0	7 26·4	1·1	0·6	7·1	3·7	13·1	6·9
12	7 48·0	7 49·3	7 26·7	1·2	0·6	7·2	3·8	13·2	6·9
13	7 48·3	7 49·5	7 26·9	1·3	0·7	7·3	3·8	13·3	7·0
14	7 48·5	7 49·8	7 27·2	1·4	0·7	7·4	3·9	13·4	7·0
15	7 48·8	7 50·0	7 27·4	1·5	0·8	7·5	3·9	13·5	7·1
16	7 49·0	7 50·3	7 27·6	1·6	0·8	7·6	4·0	13·6	7·1
17	7 49·3	7 50·5	7 27·9	1·7	0·9	7·7	4·0	13·7	7·2
18	7 49·5	7 50·8	7 28·1	1·8	0·9	7·8	4·1	13·8	7·2
19	7 49·8	7 51·0	7 28·4	1·9	1·0	7·9	4·1	13·9	7·3
20	7 50·0	7 51·3	7 28·6	2·0	1·1	8·0	4·2	14·0	7·4
21	7 50·3	7 51·5	7 28·8	2·1	1·1	8·1	4·3	14·1	7·4
22	7 50·5	7 51·8	7 29·1	2·2	1·2	8·2	4·3	14·2	7·5
23	7 50·8	7 52·0	7 29·3	2·3	1·2	8·3	4·4	14·3	7·5
24	7 51·0	7 52·3	7 29·5	2·4	1·3	8·4	4·4	14·4	7·6
25	7 51·3	7 52·5	7 29·8	2·5	1·3	8·5	4·5	14·5	7·6
26	7 51·5	7 52·8	7 30·0	2·6	1·4	8·6	4·5	14·6	7·7
27	7 51·8	7 53·0	7 30·3	2·7	1·4	8·7	4·6	14·7	7·7
28	7 52·0	7 53·3	7 30·5	2·8	1·5	8·8	4·6	14·8	7·8
29	7 52·3	7 53·5	7 30·7	2·9	1·5	8·9	4·7	14·9	7·8
30	7 52·5	7 53·8	7 31·0	3·0	1·6	9·0	4·7	15·0	7·9
31	7 52·8	7 54·0	7 31·2	3·1	1·6	9·1	4·8	15·1	7·9
32	7 53·0	7 54·3	7 31·5	3·2	1·7	9·2	4·8	15·2	8·0
33	7 53·3	7 54·5	7 31·7	3·3	1·7	9·3	4·9	15·3	8·0
34	7 53·5	7 54·8	7 31·9	3·4	1·8	9·4	4·9	15·4	8·1
35	7 53·8	7 55·0	7 32·2	3·5	1·8	9·5	5·0	15·5	8·1
36	7 54·0	7 55·3	7 32·4	3·6	1·9	9·6	5·0	15·6	8·2
37	7 54·3	7 55·5	7 32·6	3·7	1·9	9·7	5·1	15·7	8·2
38	7 54·5	7 55·8	7 32·9	3·8	2·0	9·8	5·1	15·8	8·3
39	7 54·8	7 56·0	7 33·1	3·9	2·0	9·9	5·2	15·9	8·3
40	7 55·0	7 56·3	7 33·4	4·0	2·1	10·0	5·3	16·0	8·4
41	7 55·3	7 56·6	7 33·6	4·1	2·2	10·1	5·3	16·1	8·5
42	7 55·5	7 56·8	7 33·8	4·2	2·2	10·2	5·4	16·2	8·5
43	7 55·8	7 57·1	7 34·1	4·3	2·3	10·3	5·4	16·3	8·6
44	7 56·0	7 57·3	7 34·3	4·4	2·3	10·4	5·5	16·4	8·6
45	7 56·3	7 57·6	7 34·6	4·5	2·4	10·5	5·5	16·5	8·7
46	7 56·5	7 57·8	7 34·8	4·6	2·4	10·6	5·6	16·6	8·7
47	7 56·8	7 58·1	7 35·0	4·7	2·5	10·7	5·6	16·7	8·8
48	7 57·0	7 58·3	7 35·3	4·8	2·5	10·8	5·7	16·8	8·8
49	7 57·3	7 58·6	7 35·5	4·9	2·6	10·9	5·7	16·9	8·9
50	7 57·5	7 58·8	7 35·7	5·0	2·6	11·0	5·8	17·0	8·9
51	7 57·8	7 59·1	7 36·0	5·1	2·7	11·1	5·8	17·1	9·0
52	7 58·0	7 59·3	7 36·2	5·2	2·7	11·2	5·9	17·2	9·0
53	7 58·3	7 59·6	7 36·5	5·3	2·8	11·3	5·9	17·3	9·1
54	7 58·5	7 59·8	7 36·7	5·4	2·8	11·4	6·0	17·4	9·1
55	7 58·8	8 00·1	7 36·9	5·5	2·9	11·5	6·0	17·5	9·2
56	7 59·0	8 00·3	7 37·2	5·6	2·9	11·6	6·1	17·6	9·2
57	7 59·3	8 00·6	7 37·4	5·7	3·0	11·7	6·1	17·7	9·3
58	7 59·5	8 00·8	7 37·7	5·8	3·0	11·8	6·2	17·8	9·3
59	7 59·8	8 01·1	7 37·9	5·9	3·1	11·9	6·2	17·9	9·4
60	8 00·0	8 01·3	7 38·1	6·0	3·2	12·0	6·3	18·0	9·5

32m s	SUN PLANETS ° ′	ARIES ° ′	MOON ° ′	v or d ′	Corrⁿ ′	v or d ′	Corrⁿ ′	v or d ′	Corrⁿ ′
00	8 00·0	8 01·3	7 38·1	0·0	0·0	6·0	3·3	12·0	6·5
01	8 00·3	8 01·6	7 38·4	0·1	0·1	6·1	3·3	12·1	6·6
02	8 00·5	8 01·8	7 38·6	0·2	0·1	6·2	3·4	12·2	6·6
03	8 00·8	8 02·1	7 38·8	0·3	0·2	6·3	3·4	12·3	6·7
04	8 01·0	8 02·3	7 39·1	0·4	0·2	6·4	3·5	12·4	6·7
05	8 01·3	8 02·6	7 39·3	0·5	0·3	6·5	3·5	12·5	6·8
06	8 01·5	8 02·8	7 39·6	0·6	0·3	6·6	3·6	12·6	6·8
07	8 01·8	8 03·1	7 39·8	0·7	0·4	6·7	3·6	12·7	6·9
08	8 02·0	8 03·3	7 40·0	0·8	0·4	6·8	3·7	12·8	6·9
09	8 02·3	8 03·6	7 40·3	0·9	0·5	6·9	3·7	12·9	7·0
10	8 02·5	8 03·8	7 40·5	1·0	0·5	7·0	3·8	13·0	7·0
11	8 02·8	8 04·1	7 40·8	1·1	0·6	7·1	3·8	13·1	7·1
12	8 03·0	8 04·3	7 41·0	1·2	0·7	7·2	3·9	13·2	7·2
13	8 03·3	8 04·6	7 41·2	1·3	0·7	7·3	4·0	13·3	7·2
14	8 03·5	8 04·8	7 41·5	1·4	0·8	7·4	4·0	13·4	7·3
15	8 03·8	8 05·1	7 41·7	1·5	0·8	7·5	4·1	13·5	7·3
16	8 04·0	8 05·3	7 42·0	1·6	0·9	7·6	4·1	13·6	7·4
17	8 04·3	8 05·6	7 42·2	1·7	0·9	7·7	4·2	13·7	7·4
18	8 04·5	8 05·8	7 42·4	1·8	1·0	7·8	4·2	13·8	7·5
19	8 04·8	8 06·1	7 42·7	1·9	1·0	7·9	4·3	13·9	7·5
20	8 05·0	8 06·3	7 42·9	2·0	1·1	8·0	4·3	14·0	7·6
21	8 05·3	8 06·6	7 43·1	2·1	1·1	8·1	4·4	14·1	7·6
22	8 05·5	8 06·8	7 43·4	2·2	1·2	8·2	4·4	14·2	7·7
23	8 05·8	8 07·1	7 43·6	2·3	1·2	8·3	4·5	14·3	7·7
24	8 06·0	8 07·3	7 43·9	2·4	1·3	8·4	4·6	14·4	7·8
25	8 06·3	8 07·6	7 44·1	2·5	1·4	8·5	4·6	14·5	7·9
26	8 06·5	8 07·8	7 44·3	2·6	1·4	8·6	4·7	14·6	7·9
27	8 06·8	8 08·1	7 44·6	2·7	1·5	8·7	4·7	14·7	8·0
28	8 07·0	8 08·3	7 44·8	2·8	1·5	8·8	4·8	14·8	8·0
29	8 07·3	8 08·6	7 45·1	2·9	1·6	8·9	4·8	14·9	8·1
30	8 07·5	8 08·8	7 45·3	3·0	1·6	9·0	4·9	15·0	8·1
31	8 07·8	8 09·1	7 45·5	3·1	1·7	9·1	4·9	15·1	8·2
32	8 08·0	8 09·3	7 45·8	3·2	1·7	9·2	5·0	15·2	8·2
33	8 08·3	8 09·6	7 46·0	3·3	1·8	9·3	5·0	15·3	8·3
34	8 08·5	8 09·8	7 46·2	3·4	1·8	9·4	5·1	15·4	8·3
35	8 08·8	8 10·1	7 46·5	3·5	1·9	9·5	5·1	15·5	8·4
36	8 09·0	8 10·3	7 46·7	3·6	2·0	9·6	5·2	15·6	8·5
37	8 09·3	8 10·6	7 47·0	3·7	2·0	9·7	5·3	15·7	8·5
38	8 09·5	8 10·8	7 47·2	3·8	2·1	9·8	5·3	15·8	8·6
39	8 09·8	8 11·1	7 47·4	3·9	2·1	9·9	5·4	15·9	8·6
40	8 10·0	8 11·3	7 47·7	4·0	2·2	10·0	5·4	16·0	8·7
41	8 10·3	8 11·6	7 47·9	4·1	2·2	10·1	5·5	16·1	8·7
42	8 10·5	8 11·8	7 48·2	4·2	2·3	10·2	5·5	16·2	8·8
43	8 10·8	8 12·1	7 48·4	4·3	2·3	10·3	5·6	16·3	8·8
44	8 11·0	8 12·3	7 48·6	4·4	2·4	10·4	5·6	16·4	8·9
45	8 11·3	8 12·6	7 48·9	4·5	2·4	10·5	5·7	16·5	8·9
46	8 11·5	8 12·8	7 49·1	4·6	2·5	10·6	5·7	16·6	9·0
47	8 11·8	8 13·1	7 49·3	4·7	2·5	10·7	5·8	16·7	9·0
48	8 12·0	8 13·3	7 49·6	4·8	2·6	10·8	5·9	16·8	9·1
49	8 12·3	8 13·6	7 49·8	4·9	2·7	10·9	5·9	16·9	9·2
50	8 12·5	8 13·8	7 50·1	5·0	2·7	11·0	6·0	17·0	9·2
51	8 12·8	8 14·1	7 50·3	5·1	2·8	11·1	6·0	17·1	9·3
52	8 13·0	8 14·3	7 50·5	5·2	2·8	11·2	6·1	17·2	9·3
53	8 13·3	8 14·6	7 50·8	5·3	2·9	11·3	6·1	17·3	9·4
54	8 13·5	8 14·9	7 51·0	5·4	2·9	11·4	6·2	17·4	9·4
55	8 13·8	8 15·1	7 51·3	5·5	3·0	11·5	6·2	17·5	9·5
56	8 14·0	8 15·4	7 51·5	5·6	3·0	11·6	6·3	17·6	9·5
57	8 14·3	8 15·6	7 51·7	5·7	3·1	11·7	6·3	17·7	9·6
58	8 14·5	8 15·9	7 52·0	5·8	3·1	11·8	6·4	17·8	9·6
59	8 14·8	8 16·1	7 52·2	5·9	3·2	11·9	6·4	17·9	9·7
60	8 15·0	8 16·4	7 52·5	6·0	3·3	12·0	6·5	18·0	9·8

33m s	SUN PLANETS ° ′	ARIES ° ′	MOON ° ′	v or d ′	Corrⁿ ′	v or d ′	Corrⁿ ′	v or d ′	Corrⁿ ′
00	8 15·0	8 16·4	7 52·5	0·0	0·0	6·0	3·4	12·0	6·7
01	8 15·3	8 16·6	7 52·7	0·1	0·1	6·1	3·4	12·1	6·8
02	8 15·5	8 16·9	7 52·9	0·2	0·1	6·2	3·5	12·2	6·8
03	8 15·8	8 17·1	7 53·2	0·3	0·2	6·3	3·5	12·3	6·9
04	8 16·0	8 17·4	7 53·4	0·4	0·2	6·4	3·6	12·4	6·9
05	8 16·3	8 17·6	7 53·6	0·5	0·3	6·5	3·6	12·5	7·0
06	8 16·5	8 17·9	7 53·9	0·6	0·3	6·6	3·7	12·6	7·0
07	8 16·8	8 18·1	7 54·1	0·7	0·4	6·7	3·7	12·7	7·1
08	8 17·0	8 18·4	7 54·4	0·8	0·4	6·8	3·8	12·8	7·1
09	8 17·3	8 18·6	7 54·6	0·9	0·5	6·9	3·9	12·9	7·2
10	8 17·5	8 18·9	7 54·8	1·0	0·6	7·0	3·9	13·0	7·3
11	8 17·8	8 19·1	7 55·1	1·1	0·6	7·1	4·0	13·1	7·3
12	8 18·0	8 19·4	7 55·3	1·2	0·7	7·2	4·0	13·2	7·4
13	8 18·3	8 19·6	7 55·6	1·3	0·7	7·3	4·1	13·3	7·4
14	8 18·5	8 19·9	7 55·8	1·4	0·8	7·4	4·1	13·4	7·5
15	8 18·8	8 20·1	7 56·0	1·5	0·8	7·5	4·2	13·5	7·5
16	8 19·0	8 20·4	7 56·3	1·6	0·9	7·6	4·2	13·6	7·6
17	8 19·3	8 20·6	7 56·5	1·7	0·9	7·7	4·3	13·7	7·6
18	8 19·5	8 20·9	7 56·7	1·8	1·0	7·8	4·4	13·8	7·7
19	8 19·8	8 21·1	7 57·0	1·9	1·1	7·9	4·4	13·9	7·8
20	8 20·0	8 21·4	7 57·2	2·0	1·1	8·0	4·5	14·0	7·8
21	8 20·3	8 21·6	7 57·5	2·1	1·2	8·1	4·5	14·1	7·9
22	8 20·5	8 21·9	7 57·7	2·2	1·2	8·2	4·6	14·2	7·9
23	8 20·8	8 22·1	7 57·9	2·3	1·3	8·3	4·6	14·3	8·0
24	8 21·0	8 22·4	7 58·2	2·4	1·3	8·4	4·7	14·4	8·0
25	8 21·3	8 22·6	7 58·4	2·5	1·4	8·5	4·7	14·5	8·1
26	8 21·5	8 22·9	7 58·7	2·6	1·5	8·6	4·8	14·6	8·2
27	8 21·8	8 23·1	7 58·9	2·7	1·5	8·7	4·9	14·7	8·2
28	8 22·0	8 23·4	7 59·1	2·8	1·6	8·8	4·9	14·8	8·3
29	8 22·3	8 23·6	7 59·4	2·9	1·6	8·9	5·0	14·9	8·3
30	8 22·5	8 23·9	7 59·6	3·0	1·7	9·0	5·0	15·0	8·4
31	8 22·8	8 24·1	7 59·8	3·1	1·7	9·1	5·1	15·1	8·4
32	8 23·0	8 24·4	8 00·1	3·2	1·8	9·2	5·1	15·2	8·5
33	8 23·3	8 24·6	8 00·3	3·3	1·8	9·3	5·2	15·3	8·5
34	8 23·5	8 24·9	8 00·6	3·4	1·9	9·4	5·2	15·4	8·6
35	8 23·8	8 25·1	8 00·8	3·5	2·0	9·5	5·3	15·5	8·7
36	8 24·0	8 25·4	8 01·0	3·6	2·0	9·6	5·4	15·6	8·7
37	8 24·3	8 25·6	8 01·3	3·7	2·1	9·7	5·4	15·7	8·8
38	8 24·5	8 25·9	8 01·5	3·8	2·1	9·8	5·5	15·8	8·8
39	8 24·8	8 26·1	8 01·8	3·9	2·2	9·9	5·5	15·9	8·9
40	8 25·0	8 26·4	8 02·0	4·0	2·2	10·0	5·6	16·0	8·9
41	8 25·3	8 26·6	8 02·2	4·1	2·3	10·1	5·6	16·1	9·0
42	8 25·5	8 26·9	8 02·5	4·2	2·3	10·2	5·7	16·2	9·0
43	8 25·8	8 27·1	8 02·7	4·3	2·4	10·3	5·8	16·3	9·1
44	8 26·0	8 27·4	8 02·9	4·4	2·5	10·4	5·8	16·4	9·2
45	8 26·3	8 27·6	8 03·2	4·5	2·5	10·5	5·9	16·5	9·2
46	8 26·5	8 27·9	8 03·4	4·6	2·6	10·6	5·9	16·6	9·3
47	8 26·8	8 28·1	8 03·7	4·7	2·6	10·7	6·0	16·7	9·3
48	8 27·0	8 28·4	8 03·9	4·8	2·7	10·8	6·0	16·8	9·4
49	8 27·3	8 28·6	8 04·1	4·9	2·7	10·9	6·1	16·9	9·4
50	8 27·5	8 28·9	8 04·4	5·0	2·8	11·0	6·1	17·0	9·5
51	8 27·8	8 29·1	8 04·6	5·1	2·8	11·1	6·2	17·1	9·5
52	8 28·0	8 29·4	8 04·9	5·2	2·9	11·2	6·3	17·2	9·6
53	8 28·3	8 29·6	8 05·1	5·3	3·0	11·3	6·3	17·3	9·7
54	8 28·5	8 29·9	8 05·3	5·4	3·0	11·4	6·4	17·4	9·7
55	8 28·8	8 30·1	8 05·6	5·5	3·1	11·5	6·4	17·5	9·8
56	8 29·0	8 30·4	8 05·8	5·6	3·1	11·6	6·5	17·6	9·8
57	8 29·3	8 30·6	8 06·1	5·7	3·2	11·7	6·5	17·7	9·9
58	8 29·5	8 30·9	8 06·3	5·8	3·2	11·8	6·6	17·8	9·9
59	8 29·8	8 31·1	8 06·5	5·9	3·3	11·9	6·6	17·9	10·0
60	8 30·0	8 31·4	8 06·8	6·0	3·4	12·0	6·7	18·0	10·1

34m	SUN PLANETS	ARIES	MOON	v or d	Corrn	v or d	Corrn	v or d	Corrn
s	° ′	° ′	° ′	′	′	′	′	′	′
00	8 30·0	8 31·4	8 06·8	0·0	0·0	6·0	3·5	12·0	6·9
01	8 30·3	8 31·6	8 07·0	0·1	0·1	6·1	3·5	12·1	7·0
02	8 30·5	8 31·9	8 07·2	0·2	0·1	6·2	3·6	12·2	7·0
03	8 30·8	8 32·1	8 07·5	0·3	0·2	6·3	3·6	12·3	7·1
04	8 31·0	8 32·4	8 07·7	0·4	0·2	6·4	3·7	12·4	7·1
05	8 31·3	8 32·6	8 08·0	0·5	0·3	6·5	3·7	12·5	7·2
06	8 31·5	8 32·9	8 08·2	0·6	0·3	6·6	3·8	12·6	7·2
07	8 31·8	8 33·2	8 08·4	0·7	0·4	6·7	3·9	12·7	7·3
08	8 32·0	8 33·4	8 08·7	0·8	0·5	6·8	3·9	12·8	7·4
09	8 32·3	8 33·7	8 08·9	0·9	0·5	6·9	4·0	12·9	7·4
10	8 32·5	8 33·9	8 09·2	1·0	0·6	7·0	4·0	13·0	7·5
11	8 32·8	8 34·2	8 09·4	1·1	0·6	7·1	4·1	13·1	7·5
12	8 33·0	8 34·4	8 09·6	1·2	0·7	7·2	4·1	13·2	7·6
13	8 33·3	8 34·7	8 09·9	1·3	0·7	7·3	4·2	13·3	7·6
14	8 33·5	8 34·9	8 10·1	1·4	0·8	7·4	4·3	13·4	7·7
15	8 33·8	8 35·2	8 10·3	1·5	0·9	7·5	4·3	13·5	7·8
16	8 34·0	8 35·4	8 10·6	1·6	0·9	7·6	4·4	13·6	7·8
17	8 34·3	8 35·7	8 10·8	1·7	1·0	7·7	4·4	13·7	7·9
18	8 34·5	8 35·9	8 11·1	1·8	1·0	7·8	4·5	13·8	7·9
19	8 34·8	8 36·2	8 11·3	1·9	1·1	7·9	4·5	13·9	8·0
20	8 35·0	8 36·4	8 11·5	2·0	1·2	8·0	4·6	14·0	8·1
21	8 35·3	8 36·7	8 11·8	2·1	1·2	8·1	4·7	14·1	8·1
22	8 35·5	8 36·9	8 12·0	2·2	1·3	8·2	4·7	14·2	8·2
23	8 35·8	8 37·2	8 12·3	2·3	1·3	8·3	4·8	14·3	8·2
24	8 36·0	8 37·4	8 12·5	2·4	1·4	8·4	4·8	14·4	8·3
25	8 36·3	8 37·7	8 12·7	2·5	1·4	8·5	4·9	14·5	8·3
26	8 36·5	8 37·9	8 13·0	2·6	1·5	8·6	4·9	14·6	8·4
27	8 36·8	8 38·2	8 13·2	2·7	1·6	8·7	5·0	14·7	8·5
28	8 37·0	8 38·4	8 13·4	2·8	1·6	8·8	5·1	14·8	8·5
29	8 37·3	8 38·7	8 13·7	2·9	1·7	8·9	5·1	14·9	8·6
30	8 37·5	8 38·9	8 13·9	3·0	1·7	9·0	5·2	15·0	8·6
31	8 37·8	8 39·2	8 14·2	3·1	1·8	9·1	5·2	15·1	8·7
32	8 38·0	8 39·4	8 14·4	3·2	1·8	9·2	5·3	15·2	8·7
33	8 38·3	8 39·7	8 14·6	3·3	1·9	9·3	5·3	15·3	8·8
34	8 38·5	8 39·9	8 14·9	3·4	2·0	9·4	5·4	15·4	8·9
35	8 38·8	8 40·2	8 15·1	3·5	2·0	9·5	5·5	15·5	8·9
36	8 39·0	8 40·4	8 15·4	3·6	2·1	9·6	5·5	15·6	9·0
37	8 39·3	8 40·7	8 15·6	3·7	2·1	9·7	5·6	15·7	9·0
38	8 39·5	8 40·9	8 15·8	3·8	2·2	9·8	5·6	15·8	9·1
39	8 39·8	8 41·2	8 16·1	3·9	2·2	9·9	5·7	15·9	9·1
40	8 40·0	8 41·4	8 16·3	4·0	2·3	10·0	5·8	16·0	9·2
41	8 40·3	8 41·7	8 16·5	4·1	2·4	10·1	5·8	16·1	9·3
42	8 40·5	8 41·9	8 16·8	4·2	2·4	10·2	5·9	16·2	9·3
43	8 40·8	8 42·2	8 17·0	4·3	2·5	10·3	5·9	16·3	9·4
44	8 41·0	8 42·4	8 17·3	4·4	2·5	10·4	6·0	16·4	9·4
45	8 41·3	8 42·7	8 17·5	4·5	2·6	10·5	6·0	16·5	9·5
46	8 41·5	8 42·9	8 17·7	4·6	2·6	10·6	6·1	16·6	9·5
47	8 41·8	8 43·2	8 18·0	4·7	2·7	10·7	6·2	16·7	9·6
48	8 42·0	8 43·4	8 18·2	4·8	2·8	10·8	6·2	16·8	9·7
49	8 42·3	8 43·7	8 18·5	4·9	2·8	10·9	6·3	16·9	9·7
50	8 42·5	8 43·9	8 18·7	5·0	2·9	11·0	6·3	17·0	9·8
51	8 42·8	8 44·2	8 18·9	5·1	2·9	11·1	6·4	17·1	9·8
52	8 43·0	8 44·4	8 19·2	5·2	3·0	11·2	6·4	17·2	9·9
53	8 43·3	8 44·7	8 19·4	5·3	3·0	11·3	6·5	17·3	9·9
54	8 43·5	8 44·9	8 19·7	5·4	3·1	11·4	6·6	17·4	10·0
55	8 43·8	8 45·2	8 19·9	5·5	3·2	11·5	6·6	17·5	10·1
56	8 44·0	8 45·4	8 20·1	5·6	3·2	11·6	6·7	17·6	10·1
57	8 44·3	8 45·7	8 20·4	5·7	3·3	11·7	6·7	17·7	10·2
58	8 44·5	8 45·9	8 20·6	5·8	3·3	11·8	6·8	17·8	10·2
59	8 44·8	8 46·2	8 20·8	5·9	3·4	11·9	6·8	17·9	10·3
60	8 45·0	8 46·4	8 21·1	6·0	3·5	12·0	6·9	18·0	10·4

35m	SUN PLANETS	ARIES	MOON	v or d	Corrn	v or d	Corrn	v or d	Corrn
s	° ′	° ′	° ′	′	′	′	′	′	′
00	8 45·0	8 46·4	8 21·1	0·0	0·0	6·0	3·6	12·0	7·1
01	8 45·3	8 46·7	8 21·3	0·1	0·1	6·1	3·6	12·1	7·2
02	8 45·5	8 46·9	8 21·6	0·2	0·1	6·2	3·7	12·2	7·2
03	8 45·8	8 47·2	8 21·8	0·3	0·2	6·3	3·7	12·3	7·3
04	8 46·0	8 47·4	8 22·0	0·4	0·2	6·4	3·8	12·4	7·3
05	8 46·3	8 47·7	8 22·3	0·5	0·3	6·5	3·8	12·5	7·4
06	8 46·5	8 47·9	8 22·5	0·6	0·4	6·6	3·9	12·6	7·5
07	8 46·8	8 48·2	8 22·8	0·7	0·4	6·7	4·0	12·7	7·5
08	8 47·0	8 48·4	8 23·0	0·8	0·5	6·8	4·0	12·8	7·6
09	8 47·3	8 48·7	8 23·2	0·9	0·5	6·9	4·1	12·9	7·6
10	8 47·5	8 48·9	8 23·5	1·0	0·6	7·0	4·1	13·0	7·7
11	8 47·8	8 49·2	8 23·7	1·1	0·7	7·1	4·2	13·1	7·8
12	8 48·0	8 49·4	8 23·9	1·2	0·7	7·2	4·3	13·2	7·8
13	8 48·3	8 49·7	8 24·2	1·3	0·8	7·3	4·3	13·3	7·9
14	8 48·5	8 49·9	8 24·4	1·4	0·8	7·4	4·4	13·4	7·9
15	8 48·8	8 50·2	8 24·7	1·5	0·9	7·5	4·4	13·5	8·0
16	8 49·0	8 50·4	8 24·9	1·6	0·9	7·6	4·5	13·6	8·0
17	8 49·3	8 50·7	8 25·1	1·7	1·0	7·7	4·6	13·7	8·1
18	8 49·5	8 50·9	8 25·4	1·8	1·1	7·8	4·6	13·8	8·2
19	8 49·8	8 51·2	8 25·6	1·9	1·1	7·9	4·7	13·9	8·2
20	8 50·0	8 51·5	8 25·9	2·0	1·2	8·0	4·7	14·0	8·3
21	8 50·3	8 51·7	8 26·1	2·1	1·2	8·1	4·8	14·1	8·3
22	8 50·5	8 52·0	8 26·3	2·2	1·3	8·2	4·9	14·2	8·4
23	8 50·8	8 52·2	8 26·6	2·3	1·4	8·3	4·9	14·3	8·5
24	8 51·0	8 52·5	8 26·8	2·4	1·4	8·4	5·0	14·4	8·5
25	8 51·3	8 52·7	8 27·0	2·5	1·5	8·5	5·0	14·5	8·6
26	8 51·5	8 53·0	8 27·3	2·6	1·5	8·6	5·1	14·6	8·6
27	8 51·8	8 53·2	8 27·5	2·7	1·6	8·7	5·1	14·7	8·7
28	8 52·0	8 53·5	8 27·8	2·8	1·7	8·8	5·2	14·8	8·8
29	8 52·3	8 53·7	8 28·0	2·9	1·7	8·9	5·3	14·9	8·8
30	8 52·5	8 54·0	8 28·2	3·0	1·8	9·0	5·3	15·0	8·9
31	8 52·8	8 54·2	8 28·5	3·1	1·8	9·1	5·4	15·1	8·9
32	8 53·0	8 54·5	8 28·7	3·2	1·9	9·2	5·4	15·2	9·0
33	8 53·3	8 54·7	8 29·0	3·3	2·0	9·3	5·5	15·3	9·1
34	8 53·5	8 55·0	8 29·2	3·4	2·0	9·4	5·6	15·4	9·1
35	8 53·8	8 55·2	8 29·4	3·5	2·1	9·5	5·6	15·5	9·2
36	8 54·0	8 55·5	8 29·7	3·6	2·1	9·6	5·7	15·6	9·2
37	8 54·3	8 55·7	8 29·9	3·7	2·2	9·7	5·7	15·7	9·3
38	8 54·5	8 56·0	8 30·2	3·8	2·2	9·8	5·8	15·8	9·3
39	8 54·8	8 56·2	8 30·4	3·9	2·3	9·9	5·9	15·9	9·4
40	8 55·0	8 56·5	8 30·6	4·0	2·4	10·0	5·9	16·0	9·5
41	8 55·3	8 56·7	8 30·9	4·1	2·4	10·1	6·0	16·1	9·5
42	8 55·5	8 57·0	8 31·1	4·2	2·5	10·2	6·0	16·2	9·6
43	8 55·8	8 57·2	8 31·3	4·3	2·5	10·3	6·1	16·3	9·6
44	8 56·0	8 57·5	8 31·6	4·4	2·6	10·4	6·2	16·4	9·7
45	8 56·3	8 57·7	8 31·8	4·5	2·7	10·5	6·2	16·5	9·8
46	8 56·5	8 58·0	8 32·1	4·6	2·7	10·6	6·3	16·6	9·8
47	8 56·8	8 58·2	8 32·3	4·7	2·8	10·7	6·3	16·7	9·9
48	8 57·0	8 58·5	8 32·5	4·8	2·8	10·8	6·4	16·8	9·9
49	8 57·3	8 58·7	8 32·8	4·9	2·9	10·9	6·4	16·9	10·0
50	8 57·5	8 59·0	8 33·0	5·0	3·0	11·0	6·5	17·0	10·1
51	8 57·8	8 59·2	8 33·3	5·1	3·0	11·1	6·6	17·1	10·1
52	8 58·0	8 59·5	8 33·5	5·2	3·1	11·2	6·6	17·2	10·2
53	8 58·3	8 59·7	8 33·7	5·3	3·1	11·3	6·7	17·3	10·2
54	8 58·5	9 00·0	8 34·0	5·4	3·2	11·4	6·7	17·4	10·3
55	8 58·8	9 00·2	8 34·2	5·5	3·3	11·5	6·8	17·5	10·4
56	8 59·0	9 00·5	8 34·4	5·6	3·3	11·6	6·9	17·6	10·4
57	8 59·3	9 00·7	8 34·7	5·7	3·4	11·7	6·9	17·7	10·5
58	8 59·5	9 01·0	8 34·9	5·8	3·4	11·8	7·0	17·8	10·5
59	8 59·8	9 01·2	8 35·2	5·9	3·5	11·9	7·0	17·9	10·6
60	9 00·0	9 01·5	8 35·4	6·0	3·6	12·0	7·1	18·0	10·7

36m	SUN PLANETS	ARIES	MOON	v or d	Corrn	v or d	Corrn	v or d	Corrn
s	° ′	° ′	° ′	′	′	′	′	′	′
00	9 00·0	9 01·5	8 35·4	0·0	0·0	6·0	3·7	12·0	7·3
01	9 00·3	9 01·7	8 35·6	0·1	0·1	6·1	3·7	12·1	7·4
02	9 00·5	9 02·0	8 35·9	0·2	0·1	6·2	3·8	12·2	7·4
03	9 00·8	9 02·2	8 36·1	0·3	0·2	6·3	3·8	12·3	7·5
04	9 01·0	9 02·5	8 36·4	0·4	0·2	6·4	3·9	12·4	7·5
05	9 01·3	9 02·7	8 36·6	0·5	0·3	6·5	4·0	12·5	7·6
06	9 01·5	9 03·0	8 36·8	0·6	0·4	6·6	4·0	12·6	7·7
07	9 01·8	9 03·2	8 37·1	0·7	0·4	6·7	4·1	12·7	7·7
08	9 02·0	9 03·5	8 37·3	0·8	0·5	6·8	4·1	12·8	7·8
09	9 02·3	9 03·7	8 37·5	0·9	0·5	6·9	4·2	12·9	7·8
10	9 02·5	9 04·0	8 37·8	1·0	0·6	7·0	4·3	13·0	7·9
11	9 02·8	9 04·2	8 38·0	1·1	0·7	7·1	4·3	13·1	8·0
12	9 03·0	9 04·5	8 38·3	1·2	0·7	7·2	4·4	13·2	8·0
13	9 03·3	9 04·7	8 38·5	1·3	0·8	7·3	4·4	13·3	8·1
14	9 03·5	9 05·0	8 38·7	1·4	0·9	7·4	4·5	13·4	8·2
15	9 03·8	9 05·2	8 39·0	1·5	0·9	7·5	4·6	13·5	8·2
16	9 04·0	9 05·5	8 39·2	1·6	1·0	7·6	4·6	13·6	8·3
17	9 04·3	9 05·7	8 39·5	1·7	1·0	7·7	4·7	13·7	8·3
18	9 04·5	9 06·0	8 39·7	1·8	1·1	7·8	4·7	13·8	8·4
19	9 04·8	9 06·2	8 39·9	1·9	1·2	7·9	4·8	13·9	8·5
20	9 05·0	9 06·5	8 40·2	2·0	1·2	8·0	4·9	14·0	8·5
21	9 05·3	9 06·7	8 40·4	2·1	1·3	8·1	4·9	14·1	8·6
22	9 05·5	9 07·0	8 40·6	2·2	1·3	8·2	5·0	14·2	8·6
23	9 05·8	9 07·2	8 40·9	2·3	1·4	8·3	5·0	14·3	8·7
24	9 06·0	9 07·5	8 41·1	2·4	1·5	8·4	5·1	14·4	8·8
25	9 06·3	9 07·7	8 41·4	2·5	1·5	8·5	5·2	14·5	8·8
26	9 06·5	9 08·0	8 41·6	2·6	1·6	8·6	5·2	14·6	8·9
27	9 06·8	9 08·2	8 41·8	2·7	1·6	8·7	5·3	14·7	8·9
28	9 07·0	9 08·5	8 42·1	2·8	1·7	8·8	5·4	14·8	9·0
29	9 07·3	9 08·7	8 42·3	2·9	1·8	8·9	5·4	14·9	9·1
30	9 07·5	9 09·0	8 42·6	3·0	1·8	9·0	5·5	15·0	9·1
31	9 07·8	9 09·2	8 42·8	3·1	1·9	9·1	5·5	15·1	9·2
32	9 08·0	9 09·5	8 43·0	3·2	1·9	9·2	5·6	15·2	9·2
33	9 08·3	9 09·8	8 43·3	3·3	2·0	9·3	5·7	15·3	9·3
34	9 08·5	9 10·0	8 43·5	3·4	2·1	9·4	5·7	15·4	9·4
35	9 08·8	9 10·3	8 43·8	3·5	2·1	9·5	5·8	15·5	9·4
36	9 09·0	9 10·5	8 44·0	3·6	2·2	9·6	5·8	15·6	9·5
37	9 09·3	9 10·8	8 44·2	3·7	2·3	9·7	5·9	15·7	9·6
38	9 09·5	9 11·0	8 44·5	3·8	2·3	9·8	6·0	15·8	9·6
39	9 09·8	9 11·3	8 44·7	3·9	2·4	9·9	6·0	15·9	9·7
40	9 10·0	9 11·5	8 44·9	4·0	2·4	10·0	6·1	16·0	9·7
41	9 10·3	9 11·8	8 45·2	4·1	2·5	10·1	6·1	16·1	9·8
42	9 10·5	9 12·0	8 45·4	4·2	2·6	10·2	6·2	16·2	9·9
43	9 10·8	9 12·3	8 45·7	4·3	2·6	10·3	6·3	16·3	9·9
44	9 11·0	9 12·5	8 45·9	4·4	2·7	10·4	6·3	16·4	10·0
45	9 11·3	9 12·8	8 46·1	4·5	2·7	10·5	6·4	16·5	10·0
46	9 11·5	9 13·0	8 46·4	4·6	2·8	10·6	6·4	16·6	10·1
47	9 11·8	9 13·3	8 46·6	4·7	2·9	10·7	6·5	16·7	10·2
48	9 12·0	9 13·5	8 46·9	4·8	2·9	10·8	6·6	16·8	10·2
49	9 12·3	9 13·8	8 47·1	4·9	3·0	10·9	6·6	16·9	10·3
50	9 12·5	9 14·0	8 47·3	5·0	3·0	11·0	6·7	17·0	10·3
51	9 12·8	9 14·3	8 47·6	5·1	3·1	11·1	6·8	17·1	10·4
52	9 13·0	9 14·5	8 47·8	5·2	3·2	11·2	6·8	17·2	10·5
53	9 13·3	9 14·8	8 48·0	5·3	3·2	11·3	6·9	17·3	10·5
54	9 13·5	9 15·0	8 48·3	5·4	3·3	11·4	6·9	17·4	10·6
55	9 13·8	9 15·3	8 48·5	5·5	3·3	11·5	7·0	17·5	10·6
56	9 14·0	9 15·5	8 48·8	5·6	3·4	11·6	7·1	17·6	10·7
57	9 14·3	9 15·8	8 49·0	5·7	3·5	11·7	7·1	17·7	10·8
58	9 14·5	9 16·0	8 49·2	5·8	3·5	11·8	7·2	17·8	10·8
59	9 14·8	9 16·3	8 49·5	5·9	3·6	11·9	7·2	17·9	10·9
60	9 15·0	9 16·5	8 49·7	6·0	3·7	12·0	7·3	18·0	11·0

37m	SUN PLANETS	ARIES	MOON	v or d	Corrn	v or d	Corrn	v or d	Corrn
s	° ′	° ′	° ′	′	′	′	′	′	′
00	9 15·0	9 16·5	8 49·7	0·0	0·0	6·0	3·8	12·0	7·5
01	9 15·3	9 16·8	8 50·0	0·1	0·1	6·1	3·8	12·1	7·6
02	9 15·5	9 17·0	8 50·2	0·2	0·1	6·2	3·9	12·2	7·6
03	9 15·8	9 17·3	8 50·4	0·3	0·2	6·3	3·9	12·3	7·7
04	9 16·0	9 17·5	8 50·7	0·4	0·3	6·4	4·0	12·4	7·8
05	9 16·3	9 17·8	8 50·9	0·5	0·3	6·5	4·1	12·5	7·8
06	9 16·5	9 18·0	8 51·1	0·6	0·4	6·6	4·1	12·6	7·9
07	9 16·8	9 18·3	8 51·4	0·7	0·4	6·7	4·2	12·7	7·9
08	9 17·0	9 18·5	8 51·6	0·8	0·5	6·8	4·3	12·8	8·0
09	9 17·3	9 18·8	8 51·9	0·9	0·6	6·9	4·3	12·9	8·1
10	9 17·5	9 19·0	8 52·1	1·0	0·6	7·0	4·4	13·0	8·1
11	9 17·8	9 19·3	8 52·3	1·1	0·7	7·1	4·4	13·1	8·2
12	9 18·0	9 19·5	8 52·6	1·2	0·8	7·2	4·5	13·2	8·3
13	9 18·3	9 19·8	8 52·8	1·3	0·8	7·3	4·6	13·3	8·3
14	9 18·5	9 20·0	8 53·1	1·4	0·9	7·4	4·6	13·4	8·4
15	9 18·8	9 20·3	8 53·3	1·5	0·9	7·5	4·7	13·5	8·4
16	9 19·0	9 20·5	8 53·5	1·6	1·0	7·6	4·8	13·6	8·5
17	9 19·3	9 20·8	8 53·8	1·7	1·1	7·7	4·8	13·7	8·6
18	9 19·5	9 21·0	8 54·0	1·8	1·1	7·8	4·9	13·8	8·6
19	9 19·8	9 21·3	8 54·3	1·9	1·2	7·9	4·9	13·9	8·7
20	9 20·0	9 21·5	8 54·5	2·0	1·3	8·0	5·0	14·0	8·8
21	9 20·3	9 21·8	8 54·7	2·1	1·3	8·1	5·1	14·1	8·8
22	9 20·5	9 22·0	8 55·0	2·2	1·4	8·2	5·1	14·2	8·9
23	9 20·8	9 22·3	8 55·2	2·3	1·4	8·3	5·2	14·3	8·9
24	9 21·0	9 22·5	8 55·4	2·4	1·5	8·4	5·3	14·4	9·0
25	9 21·3	9 22·8	8 55·7	2·5	1·6	8·5	5·3	14·5	9·1
26	9 21·5	9 23·0	8 55·9	2·6	1·6	8·6	5·4	14·6	9·1
27	9 21·8	9 23·3	8 56·2	2·7	1·7	8·7	5·4	14·7	9·2
28	9 22·0	9 23·5	8 56·4	2·8	1·8	8·8	5·5	14·8	9·3
29	9 22·3	9 23·8	8 56·6	2·9	1·8	8·9	5·6	14·9	9·3
30	9 22·5	9 24·0	8 56·9	3·0	1·9	9·0	5·6	15·0	9·4
31	9 22·8	9 24·3	8 57·1	3·1	1·9	9·1	5·7	15·1	9·4
32	9 23·0	9 24·5	8 57·4	3·2	2·0	9·2	5·8	15·2	9·5
33	9 23·3	9 24·8	8 57·6	3·3	2·1	9·3	5·8	15·3	9·6
34	9 23·5	9 25·0	8 57·8	3·4	2·1	9·4	5·9	15·4	9·6
35	9 23·8	9 25·3	8 58·1	3·5	2·2	9·5	5·9	15·5	9·7
36	9 24·0	9 25·5	8 58·3	3·6	2·3	9·6	6·0	15·6	9·8
37	9 24·3	9 25·8	8 58·5	3·7	2·3	9·7	6·1	15·7	9·8
38	9 24·5	9 26·0	8 58·8	3·8	2·4	9·8	6·1	15·8	9·9
39	9 24·8	9 26·3	8 59·0	3·9	2·4	9·9	6·2	15·9	9·9
40	9 25·0	9 26·5	8 59·3	4·0	2·5	10·0	6·3	16·0	10·0
41	9 25·3	9 26·8	8 59·5	4·1	2·6	10·1	6·3	16·1	10·1
42	9 25·5	9 27·0	8 59·7	4·2	2·6	10·2	6·4	16·2	10·1
43	9 25·8	9 27·3	9 00·0	4·3	2·7	10·3	6·4	16·3	10·2
44	9 26·0	9 27·5	9 00·2	4·4	2·8	10·4	6·5	16·4	10·3
45	9 26·3	9 27·8	9 00·5	4·5	2·8	10·5	6·6	16·5	10·3
46	9 26·5	9 28·1	9 00·7	4·6	2·9	10·6	6·6	16·6	10·4
47	9 26·8	9 28·3	9 00·9	4·7	2·9	10·7	6·7	16·7	10·4
48	9 27·0	9 28·6	9 01·2	4·8	3·0	10·8	6·8	16·8	10·5
49	9 27·3	9 28·8	9 01·4	4·9	3·1	10·9	6·8	16·9	10·6
50	9 27·5	9 29·1	9 01·6	5·0	3·1	11·0	6·9	17·0	10·6
51	9 27·8	9 29·3	9 01·9	5·1	3·2	11·1	6·9	17·1	10·7
52	9 28·0	9 29·6	9 02·1	5·2	3·3	11·2	7·0	17·2	10·8
53	9 28·3	9 29·8	9 02·4	5·3	3·3	11·3	7·1	17·3	10·8
54	9 28·5	9 30·1	9 02·6	5·4	3·4	11·4	7·1	17·4	10·9
55	9 28·8	9 30·3	9 02·8	5·5	3·4	11·5	7·2	17·5	10·9
56	9 29·0	9 30·6	9 03·1	5·6	3·5	11·6	7·3	17·6	11·0
57	9 29·3	9 30·8	9 03·3	5·7	3·6	11·7	7·3	17·7	11·1
58	9 29·5	9 31·1	9 03·6	5·8	3·6	11·8	7·4	17·8	11·1
59	9 29·8	9 31·3	9 03·8	5·9	3·7	11·9	7·4	17·9	11·2
60	9 30·0	9 31·6	9 04·0	6·0	3·8	12·0	7·5	18·0	11·3

38m	SUN PLANETS	ARIES	MOON	v or d	Corrn	v or d	Corrn	v or d	Corrn
s	° ′	° ′	° ′	′	′	′	′	′	′
00	9 30·0	9 31·6	9 04·0	0·0	0·0	6·0	3·9	12·0	7·7
01	9 30·3	9 31·8	9 04·3	0·1	0·1	6·1	3·9	12·1	7·8
02	9 30·5	9 32·1	9 04·5	0·2	0·1	6·2	4·0	12·2	7·8
03	9 30·8	9 32·3	9 04·7	0·3	0·2	6·3	4·0	12·3	7·9
04	9 31·0	9 32·6	9 05·0	0·4	0·3	6·4	4·1	12·4	8·0
05	9 31·3	9 32·8	9 05·2	0·5	0·3	6·5	4·2	12·5	8·0
06	9 31·5	9 33·1	9 05·5	0·6	0·4	6·6	4·2	12·6	8·1
07	9 31·8	9 33·3	9 05·7	0·7	0·4	6·7	4·3	12·7	8·1
08	9 32·0	9 33·6	9 05·9	0·8	0·5	6·8	4·4	12·8	8·2
09	9 32·3	9 33·8	9 06·2	0·9	0·6	6·9	4·4	12·9	8·3
10	9 32·5	9 34·1	9 06·4	1·0	0·6	7·0	4·5	13·0	8·3
11	9 32·8	9 34·3	9 06·7	1·1	0·7	7·1	4·6	13·1	8·4
12	9 33·0	9 34·6	9 06·9	1·2	0·8	7·2	4·6	13·2	8·5
13	9 33·3	9 34·8	9 07·1	1·3	0·8	7·3	4·7	13·3	8·5
14	9 33·5	9 35·1	9 07·4	1·4	0·9	7·4	4·7	13·4	8·6
15	9 33·8	9 35·3	9 07·6	1·5	1·0	7·5	4·8	13·5	8·7
16	9 34·0	9 35·6	9 07·9	1·6	1·0	7·6	4·9	13·6	8·7
17	9 34·3	9 35·8	9 08·1	1·7	1·1	7·7	4·9	13·7	8·8
18	9 34·5	9 36·1	9 08·3	1·8	1·2	7·8	5·0	13·8	8·9
19	9 34·8	9 36·3	9 08·6	1·9	1·2	7·9	5·1	13·9	8·9
20	9 35·0	9 36·6	9 08·8	2·0	1·3	8·0	5·1	14·0	9·0
21	9 35·3	9 36·8	9 09·0	2·1	1·3	8·1	5·2	14·1	9·0
22	9 35·5	9 37·1	9 09·3	2·2	1·4	8·2	5·3	14·2	9·1
23	9 35·8	9 37·3	9 09·5	2·3	1·5	8·3	5·3	14·3	9·2
24	9 36·0	9 37·6	9 09·8	2·4	1·5	8·4	5·4	14·4	9·2
25	9 36·3	9 37·8	9 10·0	2·5	1·6	8·5	5·5	14·5	9·3
26	9 36·5	9 38·1	9 10·2	2·6	1·7	8·6	5·5	14·6	9·4
27	9 36·8	9 38·3	9 10·5	2·7	1·7	8·7	5·6	14·7	9·4
28	9 37·0	9 38·6	9 10·7	2·8	1·8	8·8	5·6	14·8	9·5
29	9 37·3	9 38·8	9 11·0	2·9	1·9	8·9	5·7	14·9	9·6
30	9 37·5	9 39·1	9 11·2	3·0	1·9	9·0	5·8	15·0	9·6
31	9 37·8	9 39·3	9 11·4	3·1	2·0	9·1	5·8	15·1	9·7
32	9 38·0	9 39·6	9 11·7	3·2	2·1	9·2	5·9	15·2	9·8
33	9 38·3	9 39·8	9 11·9	3·3	2·1	9·3	6·0	15·3	9·8
34	9 38·5	9 40·1	9 12·1	3·4	2·2	9·4	6·0	15·4	9·9
35	9 38·8	9 40·3	9 12·4	3·5	2·2	9·5	6·1	15·5	9·9
36	9 39·0	9 40·6	9 12·6	3·6	2·3	9·6	6·2	15·6	10·0
37	9 39·3	9 40·8	9 12·9	3·7	2·4	9·7	6·2	15·7	10·1
38	9 39·5	9 41·1	9 13·1	3·8	2·4	9·8	6·3	15·8	10·1
39	9 39·8	9 41·3	9 13·3	3·9	2·5	9·9	6·4	15·9	10·2
40	9 40·0	9 41·6	9 13·6	4·0	2·6	10·0	6·4	16·0	10·3
41	9 40·3	9 41·8	9 13·8	4·1	2·6	10·1	6·5	16·1	10·3
42	9 40·5	9 42·1	9 14·1	4·2	2·7	10·2	6·5	16·2	10·4
43	9 40·8	9 42·3	9 14·3	4·3	2·8	10·3	6·6	16·3	10·5
44	9 41·0	9 42·6	9 14·5	4·4	2·8	10·4	6·7	16·4	10·5
45	9 41·3	9 42·8	9 14·8	4·5	2·9	10·5	6·7	16·5	10·6
46	9 41·5	9 43·1	9 15·0	4·6	3·0	10·6	6·8	16·6	10·7
47	9 41·8	9 43·3	9 15·2	4·7	3·0	10·7	6·9	16·7	10·7
48	9 42·0	9 43·6	9 15·5	4·8	3·1	10·8	6·9	16·8	10·8
49	9 42·3	9 43·8	9 15·7	4·9	3·1	10·9	7·0	16·9	10·8
50	9 42·5	9 44·1	9 16·0	5·0	3·2	11·0	7·1	17·0	10·9
51	9 42·8	9 44·3	9 16·2	5·1	3·3	11·1	7·1	17·1	11·0
52	9 43·0	9 44·6	9 16·4	5·2	3·3	11·2	7·2	17·2	11·0
53	9 43·3	9 44·8	9 16·7	5·3	3·4	11·3	7·3	17·3	11·1
54	9 43·5	9 45·1	9 16·9	5·4	3·5	11·4	7·3	17·4	11·2
55	9 43·8	9 45·3	9 17·2	5·5	3·5	11·5	7·4	17·5	11·2
56	9 44·0	9 45·6	9 17·4	5·6	3·6	11·6	7·4	17·6	11·3
57	9 44·3	9 45·8	9 17·6	5·7	3·7	11·7	7·5	17·7	11·4
58	9 44·5	9 46·1	9 17·9	5·8	3·7	11·8	7·6	17·8	11·4
59	9 44·8	9 46·4	9 18·1	5·9	3·8	11·9	7·6	17·9	11·5
60	9 45·0	9 46·6	9 18·4	6·0	3·9	12·0	7·7	18·0	11·6

39m	SUN PLANETS	ARIES	MOON	v or d	Corrn	v or d	Corrn	v or d	Corrn
s	° ′	° ′	° ′	′	′	′	′	′	′
00	9 45·0	9 46·6	9 18·4	0·0	0·0	6·0	4·0	12·0	7·9
01	9 45·3	9 46·9	9 18·6	0·1	0·1	6·1	4·0	12·1	8·0
02	9 45·5	9 47·1	9 18·8	0·2	0·1	6·2	4·1	12·2	8·0
03	9 45·8	9 47·4	9 19·1	0·3	0·2	6·3	4·1	12·3	8·1
04	9 46·0	9 47·6	9 19·3	0·4	0·3	6·4	4·2	12·4	8·2
05	9 46·3	9 47·9	9 19·5	0·5	0·3	6·5	4·3	12·5	8·2
06	9 46·5	9 48·1	9 19·8	0·6	0·4	6·6	4·3	12·6	8·3
07	9 46·8	9 48·4	9 20·0	0·7	0·5	6·7	4·4	12·7	8·4
08	9 47·0	9 48·6	9 20·3	0·8	0·5	6·8	4·5	12·8	8·4
09	9 47·3	9 48·9	9 20·5	0·9	0·6	6·9	4·5	12·9	8·5
10	9 47·5	9 49·1	9 20·7	1·0	0·7	7·0	4·6	13·0	8·6
11	9 47·8	9 49·4	9 21·0	1·1	0·7	7·1	4·7	13·1	8·6
12	9 48·0	9 49·6	9 21·2	1·2	0·8	7·2	4·7	13·2	8·7
13	9 48·3	9 49·9	9 21·5	1·3	0·9	7·3	4·8	13·3	8·8
14	9 48·5	9 50·1	9 21·7	1·4	0·9	7·4	4·9	13·4	8·8
15	9 48·8	9 50·4	9 21·9	1·5	1·0	7·5	4·9	13·5	8·9
16	9 49·0	9 50·6	9 22·2	1·6	1·1	7·6	5·0	13·6	9·0
17	9 49·3	9 50·9	9 22·4	1·7	1·1	7·7	5·1	13·7	9·0
18	9 49·5	9 51·1	9 22·6	1·8	1·2	7·8	5·1	13·8	9·1
19	9 49·8	9 51·4	9 22·9	1·9	1·3	7·9	5·2	13·9	9·2
20	9 50·0	9 51·6	9 23·1	2·0	1·3	8·0	5·3	14·0	9·2
21	9 50·3	9 51·9	9 23·4	2·1	1·4	8·1	5·3	14·1	9·3
22	9 50·5	9 52·1	9 23·6	2·2	1·4	8·2	5·4	14·2	9·3
23	9 50·8	9 52·4	9 23·8	2·3	1·5	8·3	5·5	14·3	9·4
24	9 51·0	9 52·6	9 24·1	2·4	1·6	8·4	5·5	14·4	9·5
25	9 51·3	9 52·9	9 24·3	2·5	1·6	8·5	5·6	14·5	9·5
26	9 51·5	9 53·1	9 24·6	2·6	1·7	8·6	5·7	14·6	9·6
27	9 51·8	9 53·4	9 24·8	2·7	1·8	8·7	5·7	14·7	9·7
28	9 52·0	9 53·6	9 25·0	2·8	1·8	8·8	5·8	14·8	9·7
29	9 52·3	9 53·9	9 25·3	2·9	1·9	8·9	5·9	14·9	9·8
30	9 52·5	9 54·1	9 25·5	3·0	2·0	9·0	5·9	15·0	9·9
31	9 52·8	9 54·4	9 25·7	3·1	2·0	9·1	6·0	15·1	9·9
32	9 53·0	9 54·6	9 26·0	3·2	2·1	9·2	6·1	15·2	10·0
33	9 53·3	9 54·9	9 26·2	3·3	2·2	9·3	6·1	15·3	10·1
34	9 53·5	9 55·1	9 26·5	3·4	2·2	9·4	6·2	15·4	10·1
35	9 53·8	9 55·4	9 26·7	3·5	2·3	9·5	6·3	15·5	10·2
36	9 54·0	9 55·6	9 26·9	3·6	2·4	9·6	6·3	15·6	10·3
37	9 54·3	9 55·9	9 27·2	3·7	2·4	9·7	6·4	15·7	10·3
38	9 54·5	9 56·1	9 27·4	3·8	2·5	9·8	6·5	15·8	10·4
39	9 54·8	9 56·4	9 27·7	3·9	2·6	9·9	6·5	15·9	10·5
40	9 55·0	9 56·6	9 27·9	4·0	2·6	10·0	6·6	16·0	10·5
41	9 55·3	9 56·9	9 28·1	4·1	2·7	10·1	6·6	16·1	10·6
42	9 55·5	9 57·1	9 28·4	4·2	2·8	10·2	6·7	16·2	10·7
43	9 55·8	9 57·4	9 28·6	4·3	2·8	10·3	6·8	16·3	10·7
44	9 56·0	9 57·6	9 28·8	4·4	2·9	10·4	6·8	16·4	10·8
45	9 56·3	9 57·9	9 29·1	4·5	3·0	10·5	6·9	16·5	10·9
46	9 56·5	9 58·1	9 29·3	4·6	3·0	10·6	7·0	16·6	10·9
47	9 56·8	9 58·4	9 29·6	4·7	3·1	10·7	7·0	16·7	11·0
48	9 57·0	9 58·6	9 29·8	4·8	3·2	10·8	7·1	16·8	11·1
49	9 57·3	9 58·9	9 30·0	4·9	3·2	10·9	7·2	16·9	11·1
50	9 57·5	9 59·1	9 30·3	5·0	3·3	11·0	7·2	17·0	11·2
51	9 57·8	9 59·4	9 30·5	5·1	3·4	11·1	7·3	17·1	11·3
52	9 58·0	9 59·6	9 30·8	5·2	3·4	11·2	7·4	17·2	11·3
53	9 58·3	9 59·9	9 31·0	5·3	3·5	11·3	7·4	17·3	11·4
54	9 58·5	10 00·1	9 31·2	5·4	3·6	11·4	7·5	17·4	11·5
55	9 58·8	10 00·4	9 31·5	5·5	3·6	11·5	7·6	17·5	11·5
56	9 59·0	10 00·6	9 31·7	5·6	3·7	11·6	7·6	17·6	11·6
57	9 59·3	10 00·9	9 32·0	5·7	3·8	11·7	7·7	17·7	11·7
58	9 59·5	10 01·1	9 32·2	5·8	3·8	11·8	7·8	17·8	11·7
59	9 59·8	10 01·4	9 32·4	5·9	3·9	11·9	7·8	17·9	11·8
60	10 00·0	10 01·6	9 32·7	6·0	4·0	12·0	7·9	18·0	11·9

40m s	SUN PLANETS ° ′	ARIES ° ′	MOON ° ′	v or d ′	Corrn ′	v or d ′	Corrn ′	v or d ′	Corrn ′
00	10 00·0	10 01·6	9 32·7	0·0	0·0	6·0	4·1	12·0	8·1
01	10 00·3	10 01·9	9 32·9	0·1	0·1	6·1	4·1	12·1	8·2
02	10 00·5	10 02·1	9 33·1	0·2	0·1	6·2	4·2	12·2	8·2
03	10 00·8	10 02·4	9 33·4	0·3	0·2	6·3	4·3	12·3	8·3
04	10 01·0	10 02·6	9 33·6	0·4	0·3	6·4	4·3	12·4	8·4
05	10 01·3	10 02·9	9 33·9	0·5	0·3	6·5	4·4	12·5	8·4
06	10 01·5	10 03·1	9 34·1	0·6	0·4	6·6	4·5	12·6	8·5
07	10 01·8	10 03·4	9 34·3	0·7	0·5	6·7	4·5	12·7	8·6
08	10 02·0	10 03·6	9 34·6	0·8	0·5	6·8	4·6	12·8	8·6
09	10 02·3	10 03·9	9 34·8	0·9	0·6	6·9	4·7	12·9	8·7
10	10 02·5	10 04·1	9 35·1	1·0	0·7	7·0	4·7	13·0	8·8
11	10 02·8	10 04·4	9 35·3	1·1	0·7	7·1	4·8	13·1	8·8
12	10 03·0	10 04·7	9 35·5	1·2	0·8	7·2	4·9	13·2	8·9
13	10 03·3	10 04·9	9 35·8	1·3	0·9	7·3	4·9	13·3	9·0
14	10 03·5	10 05·2	9 36·0	1·4	0·9	7·4	5·0	13·4	9·0
15	10 03·8	10 05·4	9 36·2	1·5	1·0	7·5	5·1	13·5	9·1
16	10 04·0	10 05·7	9 36·5	1·6	1·1	7·6	5·1	13·6	9·2
17	10 04·3	10 05·9	9 36·7	1·7	1·1	7·7	5·2	13·7	9·2
18	10 04·5	10 06·2	9 37·0	1·8	1·2	7·8	5·3	13·8	9·3
19	10 04·8	10 06·4	9 37·2	1·9	1·3	7·9	5·3	13·9	9·4
20	10 05·0	10 06·7	9 37·4	2·0	1·4	8·0	5·4	14·0	9·5
21	10 05·3	10 06·9	9 37·7	2·1	1·4	8·1	5·5	14·1	9·5
22	10 05·5	10 07·2	9 37·9	2·2	1·5	8·2	5·5	14·2	9·6
23	10 05·8	10 07·4	9 38·2	2·3	1·6	8·3	5·6	14·3	9·7
24	10 06·0	10 07·7	9 38·4	2·4	1·6	8·4	5·7	14·4	9·7
25	10 06·3	10 07·9	9 38·6	2·5	1·7	8·5	5·7	14·5	9·8
26	10 06·5	10 08·2	9 38·9	2·6	1·8	8·6	5·8	14·6	9·9
27	10 06·8	10 08·4	9 39·1	2·7	1·8	8·7	5·9	14·7	9·9
28	10 07·0	10 08·7	9 39·3	2·8	1·9	8·8	5·9	14·8	10·0
29	10 07·3	10 08·9	9 39·6	2·9	2·0	8·9	6·0	14·9	10·1
30	10 07·5	10 09·2	9 39·8	3·0	2·0	9·0	6·1	15·0	10·1
31	10 07·8	10 09·4	9 40·1	3·1	2·1	9·1	6·1	15·1	10·2
32	10 08·0	10 09·7	9 40·3	3·2	2·2	9·2	6·2	15·2	10·3
33	10 08·3	10 09·9	9 40·5	3·3	2·2	9·3	6·3	15·3	10·3
34	10 08·5	10 10·2	9 40·8	3·4	2·3	9·4	6·3	15·4	10·4
35	10 08·8	10 10·4	9 41·0	3·5	2·4	9·5	6·4	15·5	10·5
36	10 09·0	10 10·7	9 41·3	3·6	2·4	9·6	6·5	15·6	10·5
37	10 09·3	10 10·9	9 41·5	3·7	2·5	9·7	6·5	15·7	10·6
38	10 09·5	10 11·2	9 41·7	3·8	2·6	9·8	6·6	15·8	10·7
39	10 09·8	10 11·4	9 42·0	3·9	2·6	9·9	6·7	15·9	10·7
40	10 10·0	10 11·7	9 42·2	4·0	2·7	10·0	6·8	16·0	10·8
41	10 10·3	10 11·9	9 42·4	4·1	2·8	10·1	6·8	16·1	10·9
42	10 10·5	10 12·2	9 42·7	4·2	2·8	10·2	6·9	16·2	10·9
43	10 10·8	10 12·4	9 42·9	4·3	2·9	10·3	7·0	16·3	11·0
44	10 11·0	10 12·7	9 43·2	4·4	3·0	10·4	7·0	16·4	11·1
45	10 11·3	10 12·9	9 43·4	4·5	3·0	10·5	7·1	16·5	11·1
46	10 11·5	10 13·2	9 43·6	4·6	3·1	10·6	7·2	16·6	11·2
47	10 11·8	10 13·4	9 43·9	4·7	3·2	10·7	7·2	16·7	11·3
48	10 12·0	10 13·7	9 44·1	4·8	3·2	10·8	7·3	16·8	11·3
49	10 12·3	10 13·9	9 44·4	4·9	3·3	10·9	7·4	16·9	11·4
50	10 12·5	10 14·2	9 44·6	5·0	3·4	11·0	7·4	17·0	11·5
51	10 12·8	10 14·4	9 44·8	5·1	3·4	11·1	7·5	17·1	11·5
52	10 13·0	10 14·7	9 45·1	5·2	3·5	11·2	7·6	17·2	11·6
53	10 13·3	10 14·9	9 45·3	5·3	3·6	11·3	7·6	17·3	11·7
54	10 13·5	10 15·2	9 45·6	5·4	3·6	11·4	7·7	17·4	11·7
55	10 13·8	10 15·4	9 45·8	5·5	3·7	11·5	7·8	17·5	11·8
56	10 14·0	10 15·7	9 46·0	5·6	3·8	11·6	7·8	17·6	11·9
57	10 14·3	10 15·9	9 46·3	5·7	3·8	11·7	7·9	17·7	11·9
58	10 14·5	10 16·2	9 46·5	5·8	3·9	11·8	8·0	17·8	12·0
59	10 14·8	10 16·4	9 46·7	5·9	4·0	11·9	8·0	17·9	12·1
60	10 15·0	10 16·7	9 47·0	6·0	4·1	12·0	8·1	18·0	12·2

41m s	SUN PLANETS ° ′	ARIES ° ′	MOON ° ′	v or d ′	Corrn ′	v or d ′	Corrn ′	v or d ′	Corrn ′
00	10 15·0	10 16·7	9 47·0	0·0	0·0	6·0	4·2	12·0	8·3
01	10 15·3	10 16·9	9 47·2	0·1	0·1	6·1	4·2	12·1	8·4
02	10 15·5	10 17·2	9 47·5	0·2	0·1	6·2	4·3	12·2	8·4
03	10 15·8	10 17·4	9 47·7	0·3	0·2	6·3	4·4	12·3	8·5
04	10 16·0	10 17·7	9 47·9	0·4	0·3	6·4	4·4	12·4	8·6
05	10 16·3	10 17·9	9 48·2	0·5	0·3	6·5	4·5	12·5	8·6
06	10 16·5	10 18·2	9 48·4	0·6	0·4	6·6	4·6	12·6	8·7
07	10 16·8	10 18·4	9 48·7	0·7	0·5	6·7	4·6	12·7	8·8
08	10 17·0	10 18·7	9 48·9	0·8	0·6	6·8	4·7	12·8	8·9
09	10 17·3	10 18·9	9 49·1	0·9	0·6	6·9	4·8	12·9	8·9
10	10 17·5	10 19·2	9 49·4	1·0	0·7	7·0	4·8	13·0	9·0
11	10 17·8	10 19·4	9 49·6	1·1	0·8	7·1	4·9	13·1	9·1
12	10 18·0	10 19·7	9 49·8	1·2	0·8	7·2	5·0	13·2	9·1
13	10 18·3	10 19·9	9 50·1	1·3	0·9	7·3	5·0	13·3	9·2
14	10 18·5	10 20·2	9 50·3	1·4	1·0	7·4	5·1	13·4	9·3
15	10 18·8	10 20·4	9 50·6	1·5	1·0	7·5	5·2	13·5	9·3
16	10 19·0	10 20·7	9 50·8	1·6	1·1	7·6	5·3	13·6	9·4
17	10 19·3	10 20·9	9 51·0	1·7	1·2	7·7	5·3	13·7	9·5
18	10 19·5	10 21·2	9 51·3	1·8	1·2	7·8	5·4	13·8	9·5
19	10 19·8	10 21·4	9 51·5	1·9	1·3	7·9	5·5	13·9	9·6
20	10 20·0	10 21·7	9 51·8	2·0	1·4	8·0	5·5	14·0	9·7
21	10 20·3	10 21·9	9 52·0	2·1	1·5	8·1	5·6	14·1	9·8
22	10 20·5	10 22·2	9 52·2	2·2	1·5	8·2	5·7	14·2	9·8
23	10 20·8	10 22·4	9 52·5	2·3	1·6	8·3	5·7	14·3	9·9
24	10 21·0	10 22·7	9 52·7	2·4	1·7	8·4	5·8	14·4	10·0
25	10 21·3	10 23·0	9 52·9	2·5	1·7	8·5	5·9	14·5	10·0
26	10 21·5	10 23·2	9 53·2	2·6	1·8	8·6	5·9	14·6	10·1
27	10 21·8	10 23·5	9 53·4	2·7	1·9	8·7	6·0	14·7	10·2
28	10 22·0	10 23·7	9 53·7	2·8	1·9	8·8	6·1	14·8	10·2
29	10 22·3	10 24·0	9 53·9	2·9	2·0	8·9	6·2	14·9	10·3
30	10 22·5	10 24·2	9 54·1	3·0	2·1	9·0	6·2	15·0	10·4
31	10 22·8	10 24·5	9 54·4	3·1	2·1	9·1	6·3	15·1	10·4
32	10 23·0	10 24·7	9 54·6	3·2	2·2	9·2	6·4	15·2	10·5
33	10 23·3	10 25·0	9 54·9	3·3	2·3	9·3	6·4	15·3	10·6
34	10 23·5	10 25·2	9 55·1	3·4	2·4	9·4	6·5	15·4	10·7
35	10 23·8	10 25·5	9 55·3	3·5	2·4	9·5	6·6	15·5	10·7
36	10 24·0	10 25·7	9 55·6	3·6	2·5	9·6	6·6	15·6	10·8
37	10 24·3	10 26·0	9 55·8	3·7	2·6	9·7	6·7	15·7	10·9
38	10 24·5	10 26·2	9 56·1	3·8	2·6	9·8	6·8	15·8	10·9
39	10 24·8	10 26·5	9 56·3	3·9	2·7	9·9	6·8	15·9	11·0
40	10 25·0	10 26·7	9 56·5	4·0	2·8	10·0	6·9	16·0	11·1
41	10 25·3	10 27·0	9 56·8	4·1	2·8	10·1	7·0	16·1	11·1
42	10 25·5	10 27·2	9 57·0	4·2	2·9	10·2	7·1	16·2	11·2
43	10 25·8	10 27·5	9 57·2	4·3	3·0	10·3	7·1	16·3	11·3
44	10 26·0	10 27·7	9 57·5	4·4	3·0	10·4	7·2	16·4	11·3
45	10 26·3	10 28·0	9 57·7	4·5	3·1	10·5	7·3	16·5	11·4
46	10 26·5	10 28·2	9 58·0	4·6	3·2	10·6	7·3	16·6	11·5
47	10 26·8	10 28·5	9 58·2	4·7	3·3	10·7	7·4	16·7	11·6
48	10 27·0	10 28·7	9 58·4	4·8	3·3	10·8	7·5	16·8	11·6
49	10 27·3	10 29·0	9 58·7	4·9	3·4	10·9	7·5	16·9	11·7
50	10 27·5	10 29·2	9 58·9	5·0	3·5	11·0	7·6	17·0	11·8
51	10 27·8	10 29·5	9 59·2	5·1	3·5	11·1	7·7	17·1	11·8
52	10 28·0	10 29·7	9 59·4	5·2	3·6	11·2	7·7	17·2	11·9
53	10 28·3	10 30·0	9 59·6	5·3	3·7	11·3	7·8	17·3	12·0
54	10 28·5	10 30·2	9 59·9	5·4	3·7	11·4	7·9	17·4	12·0
55	10 28·8	10 30·5	10 00·1	5·5	3·8	11·5	8·0	17·5	12·1
56	10 29·0	10 30·7	10 00·3	5·6	3·9	11·6	8·0	17·6	12·2
57	10 29·3	10 31·0	10 00·6	5·7	3·9	11·7	8·1	17·7	12·2
58	10 29·5	10 31·2	10 00·8	5·8	4·0	11·8	8·2	17·8	12·3
59	10 29·8	10 31·5	10 01·1	5·9	4·1	11·9	8·2	17·9	12·4
60	10 30·0	10 31·7	10 01·3	6·0	4·2	12·0	8·3	18·0	12·5

m 42	SUN PLANETS	ARIES	MOON	v or d	Corr^n	v or d	Corr^n	v or d	Corr^n
s	° ′	° ′	° ′	′	′	′	′	′	′
00	10 30·0	10 31·7	10 01·3	0·0	0·0	6·0	4·3	12·0	8·5
01	10 30·3	10 32·0	10 01·5	0·1	0·1	6·1	4·3	12·1	8·6
02	10 30·5	10 32·2	10 01·8	0·2	0·1	6·2	4·4	12·2	8·6
03	10 30·8	10 32·5	10 02·0	0·3	0·2	6·3	4·5	12·3	8·7
04	10 31·0	10 32·7	10 02·3	0·4	0·3	6·4	4·5	12·4	8·8
05	10 31·3	10 33·0	10 02·5	0·5	0·4	6·5	4·6	12·5	8·9
06	10 31·5	10 33·2	10 02·7	0·6	0·4	6·6	4·7	12·6	8·9
07	10 31·8	10 33·5	10 03·0	0·7	0·5	6·7	4·7	12·7	9·0
08	10 32·0	10 33·7	10 03·2	0·8	0·6	6·8	4·8	12·8	9·1
09	10 32·3	10 34·0	10 03·4	0·9	0·6	6·9	4·9	12·9	9·1
10	10 32·5	10 34·2	10 03·7	1·0	0·7	7·0	5·0	13·0	9·2
11	10 32·8	10 34·5	10 03·9	1·1	0·8	7·1	5·0	13·1	9·3
12	10 33·0	10 34·7	10 04·2	1·2	0·9	7·2	5·1	13·2	9·4
13	10 33·3	10 35·0	10 04·4	1·3	0·9	7·3	5·2	13·3	9·4
14	10 33·5	10 35·2	10 04·6	1·4	1·0	7·4	5·2	13·4	9·5
15	10 33·8	10 35·5	10 04·9	1·5	1·1	7·5	5·3	13·5	9·6
16	10 34·0	10 35·7	10 05·1	1·6	1·1	7·6	5·4	13·6	9·6
17	10 34·3	10 36·0	10 05·4	1·7	1·2	7·7	5·5	13·7	9·7
18	10 34·5	10 36·2	10 05·6	1·8	1·3	7·8	5·5	13·8	9·8
19	10 34·8	10 36·5	10 05·8	1·9	1·3	7·9	5·6	13·9	9·8
20	10 35·0	10 36·7	10 06·1	2·0	1·4	8·0	5·7	14·0	9·9
21	10 35·3	10 37·0	10 06·3	2·1	1·5	8·1	5·7	14·1	10·0
22	10 35·5	10 37·2	10 06·5	2·2	1·6	8·2	5·8	14·2	10·1
23	10 35·8	10 37·5	10 06·8	2·3	1·6	8·3	5·9	14·3	10·1
24	10 36·0	10 37·7	10 07·0	2·4	1·7	8·4	6·0	14·4	10·2
25	10 36·3	10 38·0	10 07·3	2·5	1·8	8·5	6·0	14·5	10·3
26	10 36·5	10 38·2	10 07·5	2·6	1·8	8·6	6·1	14·6	10·3
27	10 36·8	10 38·5	10 07·7	2·7	1·9	8·7	6·2	14·7	10·4
28	10 37·0	10 38·7	10 08·0	2·8	2·0	8·8	6·2	14·8	10·5
29	10 37·3	10 39·0	10 08·2	2·9	2·1	8·9	6·3	14·9	10·6
30	10 37·5	10 39·2	10 08·5	3·0	2·1	9·0	6·4	15·0	10·6
31	10 37·8	10 39·5	10 08·7	3·1	2·2	9·1	6·4	15·1	10·7
32	10 38·0	10 39·7	10 08·9	3·2	2·3	9·2	6·5	15·2	10·8
33	10 38·3	10 40·0	10 09·2	3·3	2·3	9·3	6·6	15·3	10·8
34	10 38·5	10 40·2	10 09·4	3·4	2·4	9·4	6·7	15·4	10·9
35	10 38·8	10 40·5	10 09·7	3·5	2·5	9·5	6·7	15·5	11·0
36	10 39·0	10 40·7	10 09·9	3·6	2·6	9·6	6·8	15·6	11·1
37	10 39·3	10 41·0	10 10·1	3·7	2·6	9·7	6·9	15·7	11·1
38	10 39·5	10 41·3	10 10·4	3·8	2·7	9·8	6·9	15·8	11·2
39	10 39·8	10 41·5	10 10·6	3·9	2·8	9·9	7·0	15·9	11·3
40	10 40·0	10 41·8	10 10·8	4·0	2·8	10·0	7·1	16·0	11·3
41	10 40·3	10 42·0	10 11·1	4·1	2·9	10·1	7·2	16·1	11·4
42	10 40·5	10 42·3	10 11·3	4·2	3·0	10·2	7·2	16·2	11·5
43	10 40·8	10 42·5	10 11·6	4·3	3·0	10·3	7·3	16·3	11·5
44	10 41·0	10 42·8	10 11·8	4·4	3·1	10·4	7·4	16·4	11·6
45	10 41·3	10 43·0	10 12·0	4·5	3·2	10·5	7·4	16·5	11·7
46	10 41·5	10 43·3	10 12·3	4·6	3·3	10·6	7·5	16·6	11·8
47	10 41·8	10 43·5	10 12·5	4·7	3·3	10·7	7·6	16·7	11·8
48	10 42·0	10 43·8	10 12·8	4·8	3·4	10·8	7·7	16·8	11·9
49	10 42·3	10 44·0	10 13·0	4·9	3·5	10·9	7·7	16·9	12·0
50	10 42·5	10 44·3	10 13·2	5·0	3·5	11·0	7·8	17·0	12·0
51	10 42·8	10 44·5	10 13·5	5·1	3·6	11·1	7·9	17·1	12·1
52	10 43·0	10 44·8	10 13·7	5·2	3·7	11·2	7·9	17·2	12·2
53	10 43·3	10 45·0	10 13·9	5·3	3·8	11·3	8·0	17·3	12·3
54	10 43·5	10 45·3	10 14·2	5·4	3·8	11·4	8·1	17·4	12·3
55	10 43·8	10 45·5	10 14·4	5·5	3·9	11·5	8·1	17·5	12·4
56	10 44·0	10 45·8	10 14·7	5·6	4·0	11·6	8·2	17·6	12·5
57	10 44·3	10 46·0	10 14·9	5·7	4·0	11·7	8·3	17·7	12·5
58	10 44·5	10 46·3	10 15·1	5·8	4·1	11·8	8·4	17·8	12·6
59	10 44·8	10 46·5	10 15·4	5·9	4·2	11·9	8·4	17·9	12·7
60	10 45·0	10 46·8	10 15·6	6·0	4·3	12·0	8·5	18·0	12·8

m 43	SUN PLANETS	ARIES	MOON	v or d	Corr^n	v or d	Corr^n	v or d	Corr^n
s	° ′	° ′	° ′	′	′	′	′	′	′
00	10 45·0	10 46·8	10 15·6	0·0	0·0	6·0	4·4	12·0	8·7
01	10 45·3	10 47·0	10 15·9	0·1	0·1	6·1	4·4	12·1	8·8
02	10 45·5	10 47·3	10 16·1	0·2	0·1	6·2	4·5	12·2	8·8
03	10 45·8	10 47·5	10 16·3	0·3	0·2	6·3	4·6	12·3	8·9
04	10 46·0	10 47·8	10 16·6	0·4	0·3	6·4	4·6	12·4	9·0
05	10 46·3	10 48·0	10 16·8	0·5	0·4	6·5	4·7	12·5	9·1
06	10 46·5	10 48·3	10 17·0	0·6	0·4	6·6	4·8	12·6	9·1
07	10 46·8	10 48·5	10 17·3	0·7	0·5	6·7	4·9	12·7	9·2
08	10 47·0	10 48·8	10 17·5	0·8	0·6	6·8	4·9	12·8	9·3
09	10 47·3	10 49·0	10 17·8	0·9	0·7	6·9	5·0	12·9	9·4
10	10 47·5	10 49·3	10 18·0	1·0	0·7	7·0	5·1	13·0	9·4
11	10 47·8	10 49·5	10 18·2	1·1	0·8	7·1	5·1	13·1	9·5
12	10 48·0	10 49·8	10 18·5	1·2	0·9	7·2	5·2	13·2	9·6
13	10 48·3	10 50·0	10 18·7	1·3	0·9	7·3	5·3	13·3	9·6
14	10 48·5	10 50·3	10 19·0	1·4	1·0	7·4	5·4	13·4	9·7
15	10 48·8	10 50·5	10 19·2	1·5	1·1	7·5	5·4	13·5	9·8
16	10 49·0	10 50·8	10 19·4	1·6	1·2	7·6	5·5	13·6	9·9
17	10 49·3	10 51·0	10 19·7	1·7	1·2	7·7	5·6	13·7	9·9
18	10 49·5	10 51·3	10 19·9	1·8	1·3	7·8	5·7	13·8	10·0
19	10 49·8	10 51·5	10 20·2	1·9	1·4	7·9	5·7	13·9	10·1
20	10 50·0	10 51·8	10 20·4	2·0	1·5	8·0	5·8	14·0	10·2
21	10 50·3	10 52·0	10 20·6	2·1	1·5	8·1	5·9	14·1	10·2
22	10 50·5	10 52·3	10 20·9	2·2	1·6	8·2	5·9	14·2	10·3
23	10 50·8	10 52·5	10 21·1	2·3	1·7	8·3	6·0	14·3	10·4
24	10 51·0	10 52·8	10 21·3	2·4	1·7	8·4	6·1	14·4	10·4
25	10 51·3	10 53·0	10 21·6	2·5	1·8	8·5	6·2	14·5	10·5
26	10 51·5	10 53·3	10 21·8	2·6	1·9	8·6	6·2	14·6	10·6
27	10 51·8	10 53·5	10 22·1	2·7	2·0	8·7	6·3	14·7	10·7
28	10 52·0	10 53·8	10 22·3	2·8	2·0	8·8	6·4	14·8	10·7
29	10 52·3	10 54·0	10 22·5	2·9	2·1	8·9	6·5	14·9	10·8
30	10 52·5	10 54·3	10 22·8	3·0	2·2	9·0	6·5	15·0	10·9
31	10 52·8	10 54·5	10 23·0	3·1	2·2	9·1	6·6	15·1	10·9
32	10 53·0	10 54·8	10 23·3	3·2	2·3	9·2	6·7	15·2	11·0
33	10 53·3	10 55·0	10 23·5	3·3	2·4	9·3	6·7	15·3	11·1
34	10 53·5	10 55·3	10 23·7	3·4	2·5	9·4	6·8	15·4	11·2
35	10 53·8	10 55·5	10 24·0	3·5	2·5	9·5	6·9	15·5	11·2
36	10 54·0	10 55·8	10 24·2	3·6	2·6	9·6	7·0	15·6	11·3
37	10 54·3	10 56·0	10 24·4	3·7	2·7	9·7	7·0	15·7	11·4
38	10 54·5	10 56·3	10 24·7	3·8	2·8	9·8	7·1	15·8	11·5
39	10 54·8	10 56·5	10 24·9	3·9	2·8	9·9	7·2	15·9	11·5
40	10 55·0	10 56·8	10 25·2	4·0	2·9	10·0	7·3	16·0	11·6
41	10 55·3	10 57·0	10 25·4	4·1	3·0	10·1	7·3	16·1	11·7
42	10 55·5	10 57·3	10 25·6	4·2	3·0	10·2	7·4	16·2	11·7
43	10 55·8	10 57·5	10 25·9	4·3	3·1	10·3	7·5	16·3	11·8
44	10 56·0	10 57·8	10 26·1	4·4	3·2	10·4	7·5	16·4	11·9
45	10 56·3	10 58·0	10 26·4	4·5	3·3	10·5	7·6	16·5	12·0
46	10 56·5	10 58·3	10 26·6	4·6	3·3	10·6	7·7	16·6	12·0
47	10 56·8	10 58·5	10 26·8	4·7	3·4	10·7	7·8	16·7	12·1
48	10 57·0	10 58·8	10 27·1	4·8	3·5	10·8	7·8	16·8	12·2
49	10 57·3	10 59·0	10 27·3	4·9	3·6	10·9	7·9	16·9	12·3
50	10 57·5	10 59·3	10 27·5	5·0	3·6	11·0	8·0	17·0	12·3
51	10 57·8	10 59·6	10 27·8	5·1	3·7	11·1	8·0	17·1	12·4
52	10 58·0	10 59·8	10 28·0	5·2	3·8	11·2	8·1	17·2	12·5
53	10 58·3	11 00·1	10 28·3	5·3	3·8	11·3	8·2	17·3	12·5
54	10 58·5	11 00·3	10 28·5	5·4	3·9	11·4	8·3	17·4	12·6
55	10 58·8	11 00·6	10 28·7	5·5	4·0	11·5	8·3	17·5	12·7
56	10 59·0	11 00·8	10 29·0	5·6	4·1	11·6	8·4	17·6	12·8
57	10 59·3	11 01·1	10 29·2	5·7	4·1	11·7	8·5	17·7	12·8
58	10 59·5	11 01·3	10 29·5	5·8	4·2	11·8	8·6	17·8	12·9
59	10 59·8	11 01·6	10 29·7	5·9	4·3	11·9	8·6	17·9	13·0
60	11 00·0	11 01·8	10 29·9	6·0	4·4	12·0	8·7	18·0	13·1

44m s	SUN PLANETS ° ′	ARIES ° ′	MOON ° ′	v or d ′	Corrn ′	v or d ′	Corrn ′	v or d ′	Corrn ′
00	11 00·0	11 01·8	10 29·9	0·0	0·0	6·0	4·5	12·0	8·9
01	11 00·3	11 02·1	10 30·2	0·1	0·1	6·1	4·5	12·1	9·0
02	11 00·5	11 02·3	10 30·4	0·2	0·1	6·2	4·6	12·2	9·0
03	11 00·8	11 02·6	10 30·6	0·3	0·2	6·3	4·7	12·3	9·1
04	11 01·0	11 02·8	10 30·9	0·4	0·3	6·4	4·7	12·4	9·2
05	11 01·3	11 03·1	10 31·1	0·5	0·4	6·5	4·8	12·5	9·3
06	11 01·5	11 03·3	10 31·4	0·6	0·4	6·6	4·9	12·6	9·3
07	11 01·8	11 03·6	10 31·6	0·7	0·5	6·7	5·0	12·7	9·4
08	11 02·0	11 03·8	10 31·8	0·8	0·6	6·8	5·0	12·8	9·5
09	11 02·3	11 04·1	10 32·1	0·9	0·7	6·9	5·1	12·9	9·6
10	11 02·5	11 04·3	10 32·3	1·0	0·7	7·0	5·2	13·0	9·6
11	11 02·8	11 04·6	10 32·6	1·1	0·8	7·1	5·3	13·1	9·7
12	11 03·0	11 04·8	10 32·8	1·2	0·9	7·2	5·3	13·2	9·8
13	11 03·3	11 05·1	10 33·0	1·3	1·0	7·3	5·4	13·3	9·9
14	11 03·5	11 05·3	10 33·3	1·4	1·0	7·4	5·5	13·4	9·9
15	11 03·8	11 05·6	10 33·5	1·5	1·1	7·5	5·6	13·5	10·0
16	11 04·0	11 05·8	10 33·8	1·6	1·2	7·6	5·6	13·6	10·1
17	11 04·3	11 06·1	10 34·0	1·7	1·3	7·7	5·7	13·7	10·2
18	11 04·5	11 06·3	10 34·2	1·8	1·3	7·8	5·8	13·8	10·2
19	11 04·8	11 06·6	10 34·5	1·9	1·4	7·9	5·9	13·9	10·3
20	11 05·0	11 06·8	10 34·7	2·0	1·5	8·0	5·9	14·0	10·4
21	11 05·3	11 07·1	10 34·9	2·1	1·6	8·1	6·0	14·1	10·5
22	11 05·5	11 07·3	10 35·2	2·2	1·6	8·2	6·1	14·2	10·5
23	11 05·8	11 07·6	10 35·4	2·3	1·7	8·3	6·2	14·3	10·6
24	11 06·0	11 07·8	10 35·7	2·4	1·8	8·4	6·2	14·4	10·7
25	11 06·3	11 08·1	10 35·9	2·5	1·9	8·5	6·3	14·5	10·8
26	11 06·5	11 08·3	10 36·1	2·6	1·9	8·6	6·4	14·6	10·8
27	11 06·8	11 08·6	10 36·4	2·7	2·0	8·7	6·5	14·7	10·9
28	11 07·0	11 08·8	10 36·6	2·8	2·1	8·8	6·5	14·8	11·0
29	11 07·3	11 09·1	10 36·9	2·9	2·2	8·9	6·6	14·9	11·1
30	11 07·5	11 09·3	10 37·1	3·0	2·2	9·0	6·7	15·0	11·1
31	11 07·8	11 09·6	10 37·3	3·1	2·3	9·1	6·7	15·1	11·2
32	11 08·0	11 09·8	10 37·6	3·2	2·4	9·2	6·8	15·2	11·3
33	11 08·3	11 10·1	10 37·8	3·3	2·4	9·3	6·9	15·3	11·3
34	11 08·5	11 10·3	10 38·0	3·4	2·5	9·4	7·0	15·4	11·4
35	11 08·8	11 10·6	10 38·3	3·5	2·6	9·5	7·0	15·5	11·5
36	11 09·0	11 10·8	10 38·5	3·6	2·7	9·6	7·1	15·6	11·6
37	11 09·3	11 11·1	10 38·8	3·7	2·7	9·7	7·2	15·7	11·6
38	11 09·5	11 11·3	10 39·0	3·8	2·8	9·8	7·3	15·8	11·7
39	11 09·8	11 11·6	10 39·2	3·9	2·9	9·9	7·3	15·9	11·8
40	11 10·0	11 11·8	10 39·5	4·0	3·0	10·0	7·4	16·0	11·9
41	11 10·3	11 12·1	10 39·7	4·1	3·0	10·1	7·5	16·1	11·9
42	11 10·5	11 12·3	10 40·0	4·2	3·1	10·2	7·6	16·2	12·0
43	11 10·8	11 12·6	10 40·2	4·3	3·2	10·3	7·6	16·3	12·1
44	11 11·0	11 12·8	10 40·4	4·4	3·3	10·4	7·7	16·4	12·2
45	11 11·3	11 13·1	10 40·7	4·5	3·3	10·5	7·8	16·5	12·2
46	11 11·5	11 13·3	10 40·9	4·6	3·4	10·6	7·9	16·6	12·3
47	11 11·8	11 13·6	10 41·1	4·7	3·5	10·7	7·9	16·7	12·4
48	11 12·0	11 13·8	10 41·4	4·8	3·6	10·8	8·0	16·8	12·5
49	11 12·3	11 14·1	10 41·6	4·9	3·6	10·9	8·1	16·9	12·5
50	11 12·5	11 14·3	10 41·9	5·0	3·7	11·0	8·2	17·0	12·6
51	11 12·8	11 14·6	10 42·1	5·1	3·8	11·1	8·2	17·1	12·7
52	11 13·0	11 14·8	10 42·3	5·2	3·9	11·2	8·3	17·2	12·8
53	11 13·3	11 15·1	10 42·6	5·3	3·9	11·3	8·4	17·3	12·8
54	11 13·5	11 15·3	10 42·8	5·4	4·0	11·4	8·5	17·4	12·9
55	11 13·8	11 15·6	10 43·1	5·5	4·1	11·5	8·5	17·5	13·0
56	11 14·0	11 15·8	10 43·3	5·6	4·2	11·6	8·6	17·6	13·1
57	11 14·3	11 16·1	10 43·5	5·7	4·2	11·7	8·7	17·7	13·1
58	11 14·5	11 16·3	10 43·8	5·8	4·3	11·8	8·8	17·8	13·2
59	11 14·8	11 16·6	10 44·0	5·9	4·4	11·9	8·8	17·9	13·3
60	11 15·0	11 16·8	10 44·3	6·0	4·5	12·0	8·9	18·0	13·4

45m s	SUN PLANETS ° ′	ARIES ° ′	MOON ° ′	v or d ′	Corrn ′	v or d ′	Corrn ′	v or d ′	Corrn ′
00	11 15·0	11 16·8	10 44·3	0·0	0·0	6·0	4·6	12·0	9·1
01	11 15·3	11 17·1	10 44·5	0·1	0·1	6·1	4·6	12·1	9·2
02	11 15·5	11 17·3	10 44·7	0·2	0·2	6·2	4·7	12·2	9·3
03	11 15·8	11 17·6	10 45·0	0·3	0·2	6·3	4·8	12·3	9·3
04	11 16·0	11 17·9	10 45·2	0·4	0·3	6·4	4·9	12·4	9·4
05	11 16·3	11 18·1	10 45·4	0·5	0·4	6·5	4·9	12·5	9·5
06	11 16·5	11 18·4	10 45·7	0·6	0·5	6·6	5·0	12·6	9·6
07	11 16·8	11 18·6	10 45·9	0·7	0·5	6·7	5·1	12·7	9·6
08	11 17·0	11 18·9	10 46·2	0·8	0·6	6·8	5·2	12·8	9·7
09	11 17·3	11 19·1	10 46·4	0·9	0·7	6·9	5·2	12·9	9·8
10	11 17·5	11 19·4	10 46·6	1·0	0·8	7·0	5·3	13·0	9·9
11	11 17·8	11 19·6	10 46·9	1·1	0·8	7·1	5·4	13·1	9·9
12	11 18·0	11 19·9	10 47·1	1·2	0·9	7·2	5·5	13·2	10·0
13	11 18·3	11 20·1	10 47·4	1·3	1·0	7·3	5·5	13·3	10·1
14	11 18·5	11 20·4	10 47·6	1·4	1·1	7·4	5·6	13·4	10·2
15	11 18·8	11 20·6	10 47·8	1·5	1·1	7·5	5·7	13·5	10·2
16	11 19·0	11 20·9	10 48·1	1·6	1·2	7·6	5·8	13·6	10·3
17	11 19·3	11 21·1	10 48·3	1·7	1·3	7·7	5·8	13·7	10·4
18	11 19·5	11 21·4	10 48·5	1·8	1·4	7·8	5·9	13·8	10·5
19	11 19·8	11 21·6	10 48·8	1·9	1·4	7·9	6·0	13·9	10·5
20	11 20·0	11 21·9	10 49·0	2·0	1·5	8·0	6·1	14·0	10·6
21	11 20·3	11 22·1	10 49·3	2·1	1·6	8·1	6·1	14·1	10·7
22	11 20·5	11 22·4	10 49·5	2·2	1·7	8·2	6·2	14·2	10·8
23	11 20·8	11 22·6	10 49·7	2·3	1·7	8·3	6·3	14·3	10·8
24	11 21·0	11 22·9	10 50·0	2·4	1·8	8·4	6·4	14·4	10·9
25	11 21·3	11 23·1	10 50·2	2·5	1·9	8·5	6·4	14·5	11·0
26	11 21·5	11 23·4	10 50·5	2·6	2·0	8·6	6·5	14·6	11·1
27	11 21·8	11 23·6	10 50·7	2·7	2·0	8·7	6·6	14·7	11·1
28	11 22·0	11 23·9	10 50·9	2·8	2·1	8·8	6·7	14·8	11·2
29	11 22·3	11 24·1	10 51·2	2·9	2·2	8·9	6·7	14·9	11·3
30	11 22·5	11 24·4	10 51·4	3·0	2·3	9·0	6·8	15·0	11·4
31	11 22·8	11 24·6	10 51·6	3·1	2·4	9·1	6·9	15·1	11·5
32	11 23·0	11 24·9	10 51·9	3·2	2·4	9·2	7·0	15·2	11·5
33	11 23·3	11 25·1	10 52·1	3·3	2·5	9·3	7·1	15·3	11·6
34	11 23·5	11 25·4	10 52·4	3·4	2·6	9·4	7·1	15·4	11·7
35	11 23·8	11 25·6	10 52·6	3·5	2·7	9·5	7·2	15·5	11·8
36	11 24·0	11 25·9	10 52·8	3·6	2·7	9·6	7·3	15·6	11·8
37	11 24·3	11 26·1	10 53·1	3·7	2·8	9·7	7·4	15·7	11·9
38	11 24·5	11 26·4	10 53·3	3·8	2·9	9·8	7·4	15·8	12·0
39	11 24·8	11 26·6	10 53·6	3·9	3·0	9·9	7·5	15·9	12·1
40	11 25·0	11 26·9	10 53·8	4·0	3·0	10·0	7·6	16·0	12·1
41	11 25·3	11 27·1	10 54·0	4·1	3·1	10·1	7·7	16·1	12·2
42	11 25·5	11 27·4	10 54·3	4·2	3·2	10·2	7·7	16·2	12·3
43	11 25·8	11 27·6	10 54·5	4·3	3·3	10·3	7·8	16·3	12·4
44	11 26·0	11 27·9	10 54·7	4·4	3·3	10·4	7·9	16·4	12·4
45	11 26·3	11 28·1	10 55·0	4·5	3·4	10·5	8·0	16·5	12·5
46	11 26·5	11 28·4	10 55·2	4·6	3·5	10·6	8·0	16·6	12·6
47	11 26·8	11 28·6	10 55·5	4·7	3·6	10·7	8·1	16·7	12·7
48	11 27·0	11 28·9	10 55·7	4·8	3·6	10·8	8·2	16·8	12·7
49	11 27·3	11 29·1	10 55·9	4·9	3·7	10·9	8·3	16·9	12·8
50	11 27·5	11 29·4	10 56·2	5·0	3·8	11·0	8·3	17·0	12·9
51	11 27·8	11 29·6	10 56·4	5·1	3·9	11·1	8·4	17·1	13·0
52	11 28·0	11 29·9	10 56·7	5·2	3·9	11·2	8·5	17·2	13·0
53	11 28·3	11 30·1	10 56·9	5·3	4·0	11·3	8·6	17·3	13·1
54	11 28·5	11 30·4	10 57·1	5·4	4·1	11·4	8·6	17·4	13·2
55	11 28·8	11 30·6	10 57·4	5·5	4·2	11·5	8·7	17·5	13·3
56	11 29·0	11 30·9	10 57·6	5·6	4·2	11·6	8·8	17·6	13·3
57	11 29·3	11 31·1	10 57·9	5·7	4·3	11·7	8·9	17·7	13·4
58	11 29·5	11 31·4	10 58·1	5·8	4·4	11·8	8·9	17·8	13·5
59	11 29·8	11 31·6	10 58·3	5·9	4·5	11·9	9·0	17·9	13·6
60	11 30·0	11 31·9	10 58·6	6·0	4·6	12·0	9·1	18·0	13·7

46^m	SUN PLANETS	ARIES	MOON	v or d	Corr^n	v or d	Corr^n	v or d	Corr^n
s	° ′	° ′	° ′	′	′	′	′	′	′
00	11 30·0	11 31·9	10 58·6	0·0	0·0	6·0	4·7	12·0	9·3
01	11 30·3	11 32·1	10 58·8	0·1	0·1	6·1	4·7	12·1	9·4
02	11 30·5	11 32·4	10 59·0	0·2	0·2	6·2	4·8	12·2	9·5
03	11 30·8	11 32·6	10 59·3	0·3	0·2	6·3	4·9	12·3	9·5
04	11 31·0	11 32·9	10 59·5	0·4	0·3	6·4	5·0	12·4	9·6
05	11 31·3	11 33·1	10 59·8	0·5	0·4	6·5	5·0	12·5	9·7
06	11 31·5	11 33·4	11 00·0	0·6	0·5	6·6	5·1	12·6	9·8
07	11 31·8	11 33·6	11 00·2	0·7	0·5	6·7	5·2	12·7	9·8
08	11 32·0	11 33·9	11 00·5	0·8	0·6	6·8	5·3	12·8	9·9
09	11 32·3	11 34·1	11 00·7	0·9	0·7	6·9	5·3	12·9	10·0
10	11 32·5	11 34·4	11 01·0	1·0	0·8	7·0	5·4	13·0	10·1
11	11 32·8	11 34·6	11 01·2	1·1	0·9	7·1	5·5	13·1	10·2
12	11 33·0	11 34·9	11 01·4	1·2	0·9	7·2	5·6	13·2	10·2
13	11 33·3	11 35·1	11 01·7	1·3	1·0	7·3	5·7	13·3	10·3
14	11 33·5	11 35·4	11 01·9	1·4	1·1	7·4	5·7	13·4	10·4
15	11 33·8	11 35·6	11 02·1	1·5	1·2	7·5	5·8	13·5	10·5
16	11 34·0	11 35·9	11 02·4	1·6	1·2	7·6	5·9	13·6	10·5
17	11 34·3	11 36·2	11 02·6	1·7	1·3	7·7	6·0	13·7	10·6
18	11 34·5	11 36·4	11 02·9	1·8	1·4	7·8	6·0	13·8	10·7
19	11 34·8	11 36·7	11 03·1	1·9	1·5	7·9	6·1	13·9	10·8
20	11 35·0	11 36·9	11 03·3	2·0	1·6	8·0	6·2	14·0	10·9
21	11 35·3	11 37·2	11 03·6	2·1	1·6	8·1	6·3	14·1	10·9
22	11 35·5	11 37·4	11 03·8	2·2	1·7	8·2	6·4	14·2	11·0
23	11 35·8	11 37·7	11 04·1	2·3	1·8	8·3	6·4	14·3	11·1
24	11 36·0	11 37·9	11 04·3	2·4	1·9	8·4	6·5	14·4	11·2
25	11 36·3	11 38·2	11 04·5	2·5	1·9	8·5	6·6	14·5	11·2
26	11 36·5	11 38·4	11 04·8	2·6	2·0	8·6	6·7	14·6	11·3
27	11 36·8	11 38·7	11 05·0	2·7	2·1	8·7	6·7	14·7	11·4
28	11 37·0	11 38·9	11 05·2	2·8	2·2	8·8	6·8	14·8	11·5
29	11 37·3	11 39·2	11 05·5	2·9	2·2	8·9	6·9	14·9	11·5
30	11 37·5	11 39·4	11 05·7	3·0	2·3	9·0	7·0	15·0	11·6
31	11 37·8	11 39·7	11 06·0	3·1	2·4	9·1	7·1	15·1	11·7
32	11 38·0	11 39·9	11 06·2	3·2	2·5	9·2	7·1	15·2	11·8
33	11 38·3	11 40·2	11 06·4	3·3	2·6	9·3	7·2	15·3	11·9
34	11 38·5	11 40·4	11 06·7	3·4	2·6	9·4	7·3	15·4	11·9
35	11 38·8	11 40·7	11 06·9	3·5	2·7	9·5	7·4	15·5	12·0
36	11 39·0	11 40·9	11 07·2	3·6	2·8	9·6	7·4	15·6	12·1
37	11 39·3	11 41·2	11 07·4	3·7	2·9	9·7	7·5	15·7	12·2
38	11 39·5	11 41·4	11 07·6	3·8	2·9	9·8	7·6	15·8	12·2
39	11 39·8	11 41·7	11 07·9	3·9	3·0	9·9	7·7	15·9	12·3
40	11 40·0	11 41·9	11 08·1	4·0	3·1	10·0	7·8	16·0	12·4
41	11 40·3	11 42·2	11 08·3	4·1	3·2	10·1	7·8	16·1	12·5
42	11 40·5	11 42·4	11 08·6	4·2	3·3	10·2	7·9	16·2	12·6
43	11 40·8	11 42·7	11 08·8	4·3	3·3	10·3	8·0	16·3	12·6
44	11 41·0	11 42·9	11 09·1	4·4	3·4	10·4	8·1	16·4	12·7
45	11 41·3	11 43·2	11 09·3	4·5	3·5	10·5	8·1	16·5	12·8
46	11 41·5	11 43·4	11 09·5	4·6	3·6	10·6	8·2	16·6	12·9
47	11 41·8	11 43·7	11 09·8	4·7	3·6	10·7	8·3	16·7	12·9
48	11 42·0	11 43·9	11 10·0	4·8	3·7	10·8	8·4	16·8	13·0
49	11 42·3	11 44·2	11 10·3	4·9	3·8	10·9	8·4	16·9	13·1
50	11 42·5	11 44·4	11 10·5	5·0	3·9	11·0	8·5	17·0	13·2
51	11 42·8	11 44·7	11 10·7	5·1	4·0	11·1	8·6	17·1	13·3
52	11 43·0	11 44·9	11 11·0	5·2	4·0	11·2	8·7	17·2	13·3
53	11 43·3	11 45·2	11 11·2	5·3	4·1	11·3	8·8	17·3	13·4
54	11 43·5	11 45·4	11 11·5	5·4	4·2	11·4	8·8	17·4	13·5
55	11 43·8	11 45·7	11 11·7	5·5	4·3	11·5	8·9	17·5	13·6
56	11 44·0	11 45·9	11 11·9	5·6	4·3	11·6	9·0	17·6	13·6
57	11 44·3	11 46·2	11 12·2	5·7	4·4	11·7	9·1	17·7	13·7
58	11 44·5	11 46·4	11 12·4	5·8	4·5	11·8	9·1	17·8	13·8
59	11 44·8	11 46·7	11 12·6	5·9	4·6	11·9	9·2	17·9	13·9
60	11 45·0	11 46·9	11 12·9	6·0	4·7	12·0	9·3	18·0	14·0

47^m	SUN PLANETS	ARIES	MOON	v or d	Corr^n	v or d	Corr^n	v or d	Corr^n
s	° ′	° ′	° ′	′	′	′	′	′	′
00	11 45·0	11 46·9	11 12·9	0·0	0·0	6·0	4·8	12·0	9·5
01	11 45·3	11 47·2	11 13·1	0·1	0·1	6·1	4·8	12·1	9·6
02	11 45·5	11 47·4	11 13·4	0·2	0·2	6·2	4·9	12·2	9·7
03	11 45·8	11 47·7	11 13·6	0·3	0·2	6·3	5·0	12·3	9·7
04	11 46·0	11 47·9	11 13·8	0·4	0·3	6·4	5·1	12·4	9·8
05	11 46·3	11 48·2	11 14·1	0·5	0·4	6·5	5·1	12·5	9·9
06	11 46·5	11 48·4	11 14·3	0·6	0·5	6·6	5·2	12·6	10·0
07	11 46·8	11 48·7	11 14·6	0·7	0·6	6·7	5·3	12·7	10·1
08	11 47·0	11 48·9	11 14·8	0·8	0·6	6·8	5·4	12·8	10·1
09	11 47·3	11 49·2	11 15·0	0·9	0·7	6·9	5·5	12·9	10·2
10	11 47·5	11 49·4	11 15·3	1·0	0·8	7·0	5·5	13·0	10·3
11	11 47·8	11 49·7	11 15·5	1·1	0·9	7·1	5·6	13·1	10·4
12	11 48·0	11 49·9	11 15·7	1·2	1·0	7·2	5·7	13·2	10·5
13	11 48·3	11 50·2	11 16·0	1·3	1·0	7·3	5·8	13·3	10·5
14	11 48·5	11 50·4	11 16·2	1·4	1·1	7·4	5·9	13·4	10·6
15	11 48·8	11 50·7	11 16·5	1·5	1·2	7·5	5·9	13·5	10·7
16	11 49·0	11 50·9	11 16·7	1·6	1·3	7·6	6·0	13·6	10·8
17	11 49·3	11 51·2	11 16·9	1·7	1·3	7·7	6·1	13·7	10·8
18	11 49·5	11 51·4	11 17·2	1·8	1·4	7·8	6·2	13·8	10·9
19	11 49·8	11 51·7	11 17·4	1·9	1·5	7·9	6·3	13·9	11·0
20	11 50·0	11 51·9	11 17·7	2·0	1·6	8·0	6·3	14·0	11·1
21	11 50·3	11 52·2	11 17·9	2·1	1·7	8·1	6·4	14·1	11·2
22	11 50·5	11 52·4	11 18·1	2·2	1·7	8·2	6·5	14·2	11·2
23	11 50·8	11 52·7	11 18·4	2·3	1·8	8·3	6·6	14·3	11·3
24	11 51·0	11 52·9	11 18·6	2·4	1·9	8·4	6·7	14·4	11·4
25	11 51·3	11 53·2	11 18·8	2·5	2·0	8·5	6·7	14·5	11·5
26	11 51·5	11 53·4	11 19·1	2·6	2·1	8·6	6·8	14·6	11·6
27	11 51·8	11 53·7	11 19·3	2·7	2·1	8·7	6·9	14·7	11·6
28	11 52·0	11 53·9	11 19·6	2·8	2·2	8·8	7·0	14·8	11·7
29	11 52·3	11 54·2	11 19·8	2·9	2·3	8·9	7·0	14·9	11·8
30	11 52·5	11 54·5	11 20·0	3·0	2·4	9·0	7·1	15·0	11·9
31	11 52·8	11 54·7	11 20·3	3·1	2·5	9·1	7·2	15·1	12·0
32	11 53·0	11 55·0	11 20·5	3·2	2·5	9·2	7·3	15·2	12·0
33	11 53·3	11 55·2	11 20·8	3·3	2·6	9·3	7·4	15·3	12·1
34	11 53·5	11 55·5	11 21·0	3·4	2·7	9·4	7·4	15·4	12·2
35	11 53·8	11 55·7	11 21·2	3·5	2·8	9·5	7·5	15·5	12·3
36	11 54·0	11 56·0	11 21·5	3·6	2·9	9·6	7·6	15·6	12·4
37	11 54·3	11 56·2	11 21·7	3·7	2·9	9·7	7·7	15·7	12·4
38	11 54·5	11 56·5	11 22·0	3·8	3·0	9·8	7·8	15·8	12·5
39	11 54·8	11 56·7	11 22·2	3·9	3·1	9·9	7·8	15·9	12·6
40	11 55·0	11 57·0	11 22·4	4·0	3·2	10·0	7·9	16·0	12·7
41	11 55·3	11 57·2	11 22·7	4·1	3·2	10·1	8·0	16·1	12·7
42	11 55·5	11 57·5	11 22·9	4·2	3·3	10·2	8·1	16·2	12·8
43	11 55·8	11 57·7	11 23·1	4·3	3·4	10·3	8·2	16·3	12·9
44	11 56·0	11 58·0	11 23·4	4·4	3·5	10·4	8·2	16·4	13·0
45	11 56·3	11 58·2	11 23·6	4·5	3·6	10·5	8·3	16·5	13·1
46	11 56·5	11 58·5	11 23·9	4·6	3·6	10·6	8·4	16·6	13·1
47	11 56·8	11 58·7	11 24·1	4·7	3·7	10·7	8·5	16·7	13·2
48	11 57·0	11 59·0	11 24·3	4·8	3·8	10·8	8·6	16·8	13·3
49	11 57·3	11 59·2	11 24·6	4·9	3·9	10·9	8·6	16·9	13·4
50	11 57·5	11 59·5	11 24·8	5·0	4·0	11·0	8·7	17·0	13·5
51	11 57·8	11 59·7	11 25·1	5·1	4·0	11·1	8·8	17·1	13·5
52	11 58·0	12 00·0	11 25·3	5·2	4·1	11·2	8·9	17·2	13·6
53	11 58·3	12 00·2	11 25·5	5·3	4·2	11·3	8·9	17·3	13·7
54	11 58·5	12 00·5	11 25·8	5·4	4·3	11·4	9·0	17·4	13·8
55	11 58·8	12 00·7	11 26·0	5·5	4·4	11·5	9·1	17·5	13·9
56	11 59·0	12 01·0	11 26·2	5·6	4·4	11·6	9·2	17·6	13·9
57	11 59·3	12 01·2	11 26·5	5·7	4·5	11·7	9·3	17·7	14·0
58	11 59·5	12 01·5	11 26·7	5·8	4·6	11·8	9·3	17·8	14·1
59	11 59·8	12 01·7	11 27·0	5·9	4·7	11·9	9·4	17·9	14·2
60	12 00·0	12 02·0	11 27·2	6·0	4·8	12·0	9·5	18·0	14·3

m 48	SUN PLANETS	ARIES	MOON	v or d	Corrn	v or d	Corrn	v or d	Corrn
s	° ′	° ′	° ′	′	′	′	′	′	′
00	12 00·0	12 02·0	11 27·2	0·0	0·0	6·0	4·9	12·0	9·7
01	12 00·3	12 02·2	11 27·4	0·1	0·1	6·1	4·9	12·1	9·8
02	12 00·5	12 02·5	11 27·7	0·2	0·2	6·2	5·0	12·2	9·9
03	12 00·8	12 02·7	11 27·9	0·3	0·2	6·3	5·1	12·3	9·9
04	12 01·0	12 03·0	11 28·2	0·4	0·3	6·4	5·2	12·4	10·0
05	12 01·3	12 03·2	11 28·4	0·5	0·4	6·5	5·3	12·5	10·1
06	12 01·5	12 03·5	11 28·6	0·6	0·5	6·6	5·3	12·6	10·2
07	12 01·8	12 03·7	11 28·9	0·7	0·6	6·7	5·4	12·7	10·3
08	12 02·0	12 04·0	11 29·1	0·8	0·6	6·8	5·5	12·8	10·3
09	12 02·3	12 04·2	11 29·3	0·9	0·7	6·9	5·6	12·9	10·4
10	12 02·5	12 04·5	11 29·6	1·0	0·8	7·0	5·7	13·0	10·5
11	12 02·8	12 04·7	11 29·8	1·1	0·9	7·1	5·7	13·1	10·6
12	12 03·0	12 05·0	11 30·1	1·2	1·0	7·2	5·8	13·2	10·7
13	12 03·3	12 05·2	11 30·3	1·3	1·1	7·3	5·9	13·3	10·8
14	12 03·5	12 05·5	11 30·5	1·4	1·1	7·4	6·0	13·4	10·8
15	12 03·8	12 05·7	11 30·8	1·5	1·2	7·5	6·1	13·5	10·9
16	12 04·0	12 06·0	11 31·0	1·6	1·3	7·6	6·1	13·6	11·0
17	12 04·3	12 06·2	11 31·3	1·7	1·4	7·7	6·2	13·7	11·1
18	12 04·5	12 06·5	11 31·5	1·8	1·5	7·8	6·3	13·8	11·2
19	12 04·8	12 06·7	11 31·7	1·9	1·5	7·9	6·4	13·9	11·2
20	12 05·0	12 07·0	11 32·0	2·0	1·6	8·0	6·5	14·0	11·3
21	12 05·3	12 07·2	11 32·2	2·1	1·7	8·1	6·5	14·1	11·4
22	12 05·5	12 07·5	11 32·4	2·2	1·8	8·2	6·6	14·2	11·5
23	12 05·8	12 07·7	11 32·7	2·3	1·9	8·3	6·7	14·3	11·6
24	12 06·0	12 08·0	11 32·9	2·4	1·9	8·4	6·8	14·4	11·6
25	12 06·3	12 08·2	11 33·2	2·5	2·0	8·5	6·9	14·5	11·7
26	12 06·5	12 08·5	11 33·4	2·6	2·1	8·6	7·0	14·6	11·8
27	12 06·8	12 08·7	11 33·6	2·7	2·2	8·7	7·0	14·7	11·9
28	12 07·0	12 09·0	11 33·9	2·8	2·3	8·8	7·1	14·8	12·0
29	12 07·3	12 09·2	11 34·1	2·9	2·3	8·9	7·2	14·9	12·0
30	12 07·5	12 09·5	11 34·4	3·0	2·4	9·0	7·3	15·0	12·1
31	12 07·8	12 09·7	11 34·6	3·1	2·5	9·1	7·4	15·1	12·2
32	12 08·0	12 10·0	11 34·8	3·2	2·6	9·2	7·4	15·2	12·3
33	12 08·3	12 10·2	11 35·1	3·3	2·7	9·3	7·5	15·3	12·4
34	12 08·5	12 10·5	11 35·3	3·4	2·7	9·4	7·6	15·4	12·4
35	12 08·8	12 10·7	11 35·6	3·5	2·8	9·5	7·7	15·5	12·5
36	12 09·0	12 11·0	11 35·8	3·6	2·9	9·6	7·8	15·6	12·6
37	12 09·3	12 11·2	11 36·0	3·7	3·0	9·7	7·8	15·7	12·7
38	12 09·5	12 11·5	11 36·3	3·8	3·1	9·8	7·9	15·8	12·8
39	12 09·8	12 11·7	11 36·5	3·9	3·2	9·9	8·0	15·9	12·9
40	12 10·0	12 12·0	11 36·7	4·0	3·2	10·0	8·1	16·0	12·9
41	12 10·3	12 12·2	11 37·0	4·1	3·3	10·1	8·2	16·1	13·0
42	12 10·5	12 12·5	11 37·2	4·2	3·4	10·2	8·2	16·2	13·1
43	12 10·8	12 12·8	11 37·5	4·3	3·5	10·3	8·3	16·3	13·2
44	12 11·0	12 13·0	11 37·7	4·4	3·6	10·4	8·4	16·4	13·3
45	12 11·3	12 13·3	11 37·9	4·5	3·6	10·5	8·5	16·5	13·3
46	12 11·5	12 13·5	11 38·2	4·6	3·7	10·6	8·6	16·6	13·4
47	12 11·8	12 13·8	11 38·4	4·7	3·8	10·7	8·6	16·7	13·5
48	12 12·0	12 14·0	11 38·7	4·8	3·9	10·8	8·7	16·8	13·6
49	12 12·3	12 14·3	11 38·9	4·9	4·0	10·9	8·8	16·9	13·7
50	12 12·5	12 14·5	11 39·1	5·0	4·0	11·0	8·9	17·0	13·7
51	12 12·8	12 14·8	11 39·4	5·1	4·1	11·1	9·0	17·1	13·8
52	12 13·0	12 15·0	11 39·6	5·2	4·2	11·2	9·1	17·2	13·9
53	12 13·3	12 15·3	11 39·8	5·3	4·3	11·3	9·1	17·3	14·0
54	12 13·5	12 15·5	11 40·1	5·4	4·4	11·4	9·2	17·4	14·1
55	12 13·8	12 15·8	11 40·3	5·5	4·4	11·5	9·3	17·5	14·1
56	12 14·0	12 16·0	11 40·6	5·6	4·5	11·6	9·4	17·6	14·2
57	12 14·3	12 16·3	11 40·8	5·7	4·6	11·7	9·5	17·7	14·3
58	12 14·5	12 16·5	11 41·0	5·8	4·7	11·8	9·5	17·8	14·4
59	12 14·8	12 16·8	11 41·3	5·9	4·8	11·9	9·6	17·9	14·5
60	12 15·0	12 17·0	11 41·5	6·0	4·9	12·0	9·7	18·0	14·6

m 49	SUN PLANETS	ARIES	MOON	v or d	Corrn	v or d	Corrn	v or d	Corrn
s	° ′	° ′	° ′	′	′	′	′	′	′
00	12 15·0	12 17·0	11 41·5	0·0	0·0	6·0	5·0	12·0	9·9
01	12 15·3	12 17·3	11 41·8	0·1	0·1	6·1	5·0	12·1	10·0
02	12 15·5	12 17·5	11 42·0	0·2	0·2	6·2	5·1	12·2	10·1
03	12 15·8	12 17·8	11 42·2	0·3	0·2	6·3	5·2	12·3	10·1
04	12 16·0	12 18·0	11 42·5	0·4	0·3	6·4	5·3	12·4	10·2
05	12 16·3	12 18·3	11 42·7	0·5	0·4	6·5	5·4	12·5	10·3
06	12 16·5	12 18·5	11 42·9	0·6	0·5	6·6	5·4	12·6	10·4
07	12 16·8	12 18·8	11 43·2	0·7	0·6	6·7	5·5	12·7	10·5
08	12 17·0	12 19·0	11 43·4	0·8	0·7	6·8	5·6	12·8	10·6
09	12 17·3	12 19·3	11 43·7	0·9	0·7	6·9	5·7	12·9	10·6
10	12 17·5	12 19·5	11 43·9	1·0	0·8	7·0	5·8	13·0	10·7
11	12 17·8	12 19·8	11 44·1	1·1	0·9	7·1	5·9	13·1	10·8
12	12 18·0	12 20·0	11 44·4	1·2	1·0	7·2	5·9	13·2	10·9
13	12 18·3	12 20·3	11 44·6	1·3	1·1	7·3	6·0	13·3	11·0
14	12 18·5	12 20·5	11 44·9	1·4	1·2	7·4	6·1	13·4	11·1
15	12 18·8	12 20·8	11 45·1	1·5	1·2	7·5	6·2	13·5	11·1
16	12 19·0	12 21·0	11 45·3	1·6	1·3	7·6	6·3	13·6	11·2
17	12 19·3	12 21·3	11 45·6	1·7	1·4	7·7	6·4	13·7	11·3
18	12 19·5	12 21·5	11 45·8	1·8	1·5	7·8	6·4	13·8	11·4
19	12 19·8	12 21·8	11 46·1	1·9	1·6	7·9	6·5	13·9	11·5
20	12 20·0	12 22·0	11 46·3	2·0	1·7	8·0	6·6	14·0	11·6
21	12 20·3	12 22·3	11 46·5	2·1	1·7	8·1	6·7	14·1	11·6
22	12 20·5	12 22·5	11 46·8	2·2	1·8	8·2	6·8	14·2	11·7
23	12 20·8	12 22·8	11 47·0	2·3	1·9	8·3	6·8	14·3	11·8
24	12 21·0	12 23·0	11 47·2	2·4	2·0	8·4	6·9	14·4	11·9
25	12 21·3	12 23·3	11 47·5	2·5	2·1	8·5	7·0	14·5	12·0
26	12 21·5	12 23·5	11 47·7	2·6	2·1	8·6	7·1	14·6	12·0
27	12 21·8	12 23·8	11 48·0	2·7	2·2	8·7	7·2	14·7	12·1
28	12 22·0	12 24·0	11 48·2	2·8	2·3	8·8	7·3	14·8	12·2
29	12 22·3	12 24·3	11 48·4	2·9	2·4	8·9	7·3	14·9	12·3
30	12 22·5	12 24·5	11 48·7	3·0	2·5	9·0	7·4	15·0	12·4
31	12 22·8	12 24·8	11 48·9	3·1	2·6	9·1	7·5	15·1	12·5
32	12 23·0	12 25·0	11 49·2	3·2	2·6	9·2	7·6	15·2	12·5
33	12 23·3	12 25·3	11 49·4	3·3	2·7	9·3	7·7	15·3	12·6
34	12 23·5	12 25·5	11 49·6	3·4	2·8	9·4	7·8	15·4	12·7
35	12 23·8	12 25·8	11 49·9	3·5	2·9	9·5	7·8	15·5	12·8
36	12 24·0	12 26·0	11 50·1	3·6	3·0	9·6	7·9	15·6	12·9
37	12 24·3	12 26·3	11 50·3	3·7	3·1	9·7	8·0	15·7	13·0
38	12 24·5	12 26·5	11 50·6	3·8	3·1	9·8	8·1	15·8	13·0
39	12 24·8	12 26·8	11 50·8	3·9	3·2	9·9	8·2	15·9	13·1
40	12 25·0	12 27·0	11 51·1	4·0	3·3	10·0	8·3	16·0	13·2
41	12 25·3	12 27·3	11 51·3	4·1	3·4	10·1	8·3	16·1	13·3
42	12 25·5	12 27·5	11 51·5	4·2	3·5	10·2	8·4	16·2	13·4
43	12 25·8	12 27·8	11 51·8	4·3	3·5	10·3	8·5	16·3	13·4
44	12 26·0	12 28·0	11 52·0	4·4	3·6	10·4	8·6	16·4	13·5
45	12 26·3	12 28·3	11 52·3	4·5	3·7	10·5	8·7	16·5	13·6
46	12 26·5	12 28·5	11 52·5	4·6	3·8	10·6	8·7	16·6	13·7
47	12 26·8	12 28·8	11 52·7	4·7	3·9	10·7	8·8	16·7	13·8
48	12 27·0	12 29·0	11 53·0	4·8	4·0	10·8	8·9	16·8	13·9
49	12 27·3	12 29·3	11 53·2	4·9	4·0	10·9	9·0	16·9	13·9
50	12 27·5	12 29·5	11 53·4	5·0	4·1	11·0	9·1	17·0	14·0
51	12 27·8	12 29·8	11 53·7	5·1	4·2	11·1	9·2	17·1	14·1
52	12 28·0	12 30·0	11 53·9	5·2	4·3	11·2	9·2	17·2	14·2
53	12 28·3	12 30·3	11 54·2	5·3	4·4	11·3	9·3	17·3	14·3
54	12 28·5	12 30·5	11 54·4	5·4	4·5	11·4	9·4	17·4	14·4
55	12 28·8	12 30·8	11 54·6	5·5	4·5	11·5	9·5	17·5	14·4
56	12 29·0	12 31·1	11 54·9	5·6	4·6	11·6	9·6	17·6	14·5
57	12 29·3	12 31·3	11 55·1	5·7	4·7	11·7	9·7	17·7	14·6
58	12 29·5	12 31·6	11 55·4	5·8	4·8	11·8	9·7	17·8	14·7
59	12 29·8	12 31·8	11 55·6	5·9	4·9	11·9	9·8	17·9	14·8
60	12 30·0	12 32·1	11 55·8	6·0	5·0	12·0	9·9	18·0	14·9

m 50	SUN PLANETS	ARIES	MOON	v or d	Corrn	v or d	Corrn	v or d	Corrn
s	° ′	° ′	° ′	′	′	′	′	′	′
00	12 30·0	12 32·1	11 55·8	0·0	0·0	6·0	5·1	12·0	10·1
01	12 30·3	12 32·3	11 56·1	0·1	0·1	6·1	5·1	12·1	10·2
02	12 30·5	12 32·6	11 56·3	0·2	0·2	6·2	5·2	12·2	10·3
03	12 30·8	12 32·8	11 56·5	0·3	0·3	6·3	5·3	12·3	10·4
04	12 31·0	12 33·1	11 56·8	0·4	0·3	6·4	5·4	12·4	10·4
05	12 31·3	12 33·3	11 57·0	0·5	0·4	6·5	5·5	12·5	10·5
06	12 31·5	12 33·6	11 57·3	0·6	0·5	6·6	5·6	12·6	10·6
07	12 31·8	12 33·8	11 57·5	0·7	0·6	6·7	5·6	12·7	10·7
08	12 32·0	12 34·1	11 57·7	0·8	0·7	6·8	5·7	12·8	10·8
09	12 32·3	12 34·3	11 58·0	0·9	0·8	6·9	5·8	12·9	10·9
10	12 32·5	12 34·6	11 58·2	1·0	0·8	7·0	5·9	13·0	10·9
11	12 32·8	12 34·8	11 58·5	1·1	0·9	7·1	6·0	13·1	11·0
12	12 33·0	12 35·1	11 58·7	1·2	1·0	7·2	6·1	13·2	11·1
13	12 33·3	12 35·3	11 58·9	1·3	1·1	7·3	6·1	13·3	11·2
14	12 33·5	12 35·6	11 59·2	1·4	1·2	7·4	6·2	13·4	11·3
15	12 33·8	12 35·8	11 59·4	1·5	1·3	7·5	6·3	13·5	11·4
16	12 34·0	12 36·1	11 59·7	1·6	1·3	7·6	6·4	13·6	11·4
17	12 34·3	12 36·3	11 59·9	1·7	1·4	7·7	6·5	13·7	11·5
18	12 34·5	12 36·6	12 00·1	1·8	1·5	7·8	6·6	13·8	11·6
19	12 34·8	12 36·8	12 00·4	1·9	1·6	7·9	6·6	13·9	11·7
20	12 35·0	12 37·1	12 00·6	2·0	1·7	8·0	6·7	14·0	11·8
21	12 35·3	12 37·3	12 00·8	2·1	1·8	8·1	6·8	14·1	11·9
22	12 35·5	12 37·6	12 01·1	2·2	1·9	8·2	6·9	14·2	12·0
23	12 35·8	12 37·8	12 01·3	2·3	1·9	8·3	7·0	14·3	12·0
24	12 36·0	12 38·1	12 01·6	2·4	2·0	8·4	7·1	14·4	12·1
25	12 36·3	12 38·3	12 01·8	2·5	2·1	8·5	7·2	14·5	12·2
26	12 36·5	12 38·6	12 02·0	2·6	2·2	8·6	7·2	14·6	12·3
27	12 36·8	12 38·8	12 02·3	2·7	2·3	8·7	7·3	14·7	12·4
28	12 37·0	12 39·1	12 02·5	2·8	2·4	8·8	7·4	14·8	12·5
29	12 37·3	12 39·3	12 02·8	2·9	2·4	8·9	7·5	14·9	12·5
30	12 37·5	12 39·6	12 03·0	3·0	2·5	9·0	7·6	15·0	12·6
31	12 37·8	12 39·8	12 03·2	3·1	2·6	9·1	7·7	15·1	12·7
32	12 38·0	12 40·1	12 03·5	3·2	2·7	9·2	7·7	15·2	12·8
33	12 38·3	12 40·3	12 03·7	3·3	2·8	9·3	7·8	15·3	12·9
34	12 38·5	12 40·6	12 03·9	3·4	2·9	9·4	7·9	15·4	13·0
35	12 38·8	12 40·8	12 04·2	3·5	2·9	9·5	8·0	15·5	13·0
36	12 39·0	12 41·1	12 04·4	3·6	3·0	9·6	8·1	15·6	13·1
37	12 39·3	12 41·3	12 04·7	3·7	3·1	9·7	8·2	15·7	13·2
38	12 39·5	12 41·6	12 04·9	3·8	3·2	9·8	8·2	15·8	13·3
39	12 39·8	12 41·8	12 05·1	3·9	3·3	9·9	8·3	15·9	13·4
40	12 40·0	12 42·1	12 05·4	4·0	3·4	10·0	8·4	16·0	13·5
41	12 40·3	12 42·3	12 05·6	4·1	3·5	10·1	8·5	16·1	13·6
42	12 40·5	12 42·6	12 05·9	4·2	3·5	10·2	8·6	16·2	13·6
43	12 40·8	12 42·8	12 06·1	4·3	3·6	10·3	8·7	16·3	13·7
44	12 41·0	12 43·1	12 06·3	4·4	3·7	10·4	8·8	16·4	13·8
45	12 41·3	12 43·3	12 06·6	4·5	3·8	10·5	8·8	16·5	13·9
46	12 41·5	12 43·6	12 06·8	4·6	3·9	10·6	8·9	16·6	14·0
47	12 41·8	12 43·8	12 07·0	4·7	4·0	10·7	9·0	16·7	14·1
48	12 42·0	12 44·1	12 07·3	4·8	4·0	10·8	9·1	16·8	14·1
49	12 42·3	12 44·3	12 07·5	4·9	4·1	10·9	9·2	16·9	14·2
50	12 42·5	12 44·6	12 07·8	5·0	4·2	11·0	9·3	17·0	14·3
51	12 42·8	12 44·8	12 08·0	5·1	4·3	11·1	9·3	17·1	14·4
52	12 43·0	12 45·1	12 08·2	5·2	4·4	11·2	9·4	17·2	14·5
53	12 43·3	12 45·3	12 08·5	5·3	4·5	11·3	9·5	17·3	14·6
54	12 43·5	12 45·6	12 08·7	5·4	4·5	11·4	9·6	17·4	14·6
55	12 43·8	12 45·8	12 09·0	5·5	4·6	11·5	9·7	17·5	14·7
56	12 44·0	12 46·1	12 09·2	5·6	4·7	11·6	9·8	17·6	14·8
57	12 44·3	12 46·3	12 09·4	5·7	4·8	11·7	9·8	17·7	14·9
58	12 44·5	12 46·6	12 09·7	5·8	4·9	11·8	9·9	17·8	15·0
59	12 44·8	12 46·8	12 09·9	5·9	5·0	11·9	10·0	17·9	15·1
60	12 45·0	12 47·1	12 10·2	6·0	5·1	12·0	10·1	18·0	15·2

m 51	SUN PLANETS	ARIES	MOON	v or d	Corrn	v or d	Corrn	v or d	Corrn
s	° ′	° ′	° ′	′	′	′	′	′	′
00	12 45·0	12 47·1	12 10·2	0·0	0·0	6·0	5·2	12·0	10·3
01	12 45·3	12 47·3	12 10·4	0·1	0·1	6·1	5·2	12·1	10·4
02	12 45·5	12 47·6	12 10·6	0·2	0·2	6·2	5·3	12·2	10·5
03	12 45·8	12 47·8	12 10·9	0·3	0·3	6·3	5·4	12·3	10·6
04	12 46·0	12 48·1	12 11·1	0·4	0·3	6·4	5·5	12·4	10·6
05	12 46·3	12 48·3	12 11·3	0·5	0·4	6·5	5·6	12·5	10·7
06	12 46·5	12 48·6	12 11·6	0·6	0·5	6·6	5·7	12·6	10·8
07	12 46·8	12 48·8	12 11·8	0·7	0·6	6·7	5·8	12·7	10·9
08	12 47·0	12 49·1	12 12·1	0·8	0·7	6·8	5·8	12·8	11·0
09	12 47·3	12 49·4	12 12·3	0·9	0·8	6·9	5·9	12·9	11·1
10	12 47·5	12 49·6	12 12·5	1·0	0·9	7·0	6·0	13·0	11·2
11	12 47·8	12 49·9	12 12·8	1·1	0·9	7·1	6·1	13·1	11·2
12	12 48·0	12 50·1	12 13·0	1·2	1·0	7·2	6·2	13·2	11·3
13	12 48·3	12 50·4	12 13·3	1·3	1·1	7·3	6·3	13·3	11·4
14	12 48·5	12 50·6	12 13·5	1·4	1·2	7·4	6·4	13·4	11·5
15	12 48·8	12 50·9	12 13·7	1·5	1·3	7·5	6·4	13·5	11·6
16	12 49·0	12 51·1	12 14·0	1·6	1·4	7·6	6·5	13·6	11·7
17	12 49·3	12 51·4	12 14·2	1·7	1·5	7·7	6·6	13·7	11·8
18	12 49·5	12 51·6	12 14·4	1·8	1·5	7·8	6·7	13·8	11·8
19	12 49·8	12 51·9	12 14·7	1·9	1·6	7·9	6·8	13·9	11·9
20	12 50·0	12 52·1	12 14·9	2·0	1·7	8·0	6·9	14·0	12·0
21	12 50·3	12 52·4	12 15·2	2·1	1·8	8·1	7·0	14·1	12·1
22	12 50·5	12 52·6	12 15·4	2·2	1·9	8·2	7·0	14·2	12·2
23	12 50·8	12 52·9	12 15·6	2·3	2·0	8·3	7·1	14·3	12·3
24	12 51·0	12 53·1	12 15·9	2·4	2·1	8·4	7·2	14·4	12·4
25	12 51·3	12 53·4	12 16·1	2·5	2·1	8·5	7·3	14·5	12·4
26	12 51·5	12 53·6	12 16·4	2·6	2·2	8·6	7·4	14·6	12·5
27	12 51·8	12 53·9	12 16·6	2·7	2·3	8·7	7·5	14·7	12·6
28	12 52·0	12 54·1	12 16·8	2·8	2·4	8·8	7·6	14·8	12·7
29	12 52·3	12 54·4	12 17·1	2·9	2·5	8·9	7·6	14·9	12·8
30	12 52·5	12 54·6	12 17·3	3·0	2·6	9·0	7·7	15·0	12·9
31	12 52·8	12 54·9	12 17·5	3·1	2·7	9·1	7·8	15·1	13·0
32	12 53·0	12 55·1	12 17·8	3·2	2·7	9·2	7·9	15·2	13·0
33	12 53·3	12 55·4	12 18·0	3·3	2·8	9·3	8·0	15·3	13·1
34	12 53·5	12 55·6	12 18·3	3·4	2·9	9·4	8·1	15·4	13·2
35	12 53·8	12 55·9	12 18·5	3·5	3·0	9·5	8·2	15·5	13·3
36	12 54·0	12 56·1	12 18·7	3·6	3·1	9·6	8·2	15·6	13·4
37	12 54·3	12 56·4	12 19·0	3·7	3·2	9·7	8·3	15·7	13·5
38	12 54·5	12 56·6	12 19·2	3·8	3·3	9·8	8·4	15·8	13·6
39	12 54·8	12 56·9	12 19·5	3·9	3·3	9·9	8·5	15·9	13·6
40	12 55·0	12 57·1	12 19·7	4·0	3·4	10·0	8·6	16·0	13·7
41	12 55·3	12 57·4	12 19·9	4·1	3·5	10·1	8·7	16·1	13·8
42	12 55·5	12 57·6	12 20·2	4·2	3·6	10·2	8·8	16·2	13·9
43	12 55·8	12 57·9	12 20·4	4·3	3·7	10·3	8·8	16·3	14·0
44	12 56·0	12 58·1	12 20·6	4·4	3·8	10·4	8·9	16·4	14·1
45	12 56·3	12 58·4	12 20·9	4·5	3·9	10·5	9·0	16·5	14·2
46	12 56·5	12 58·6	12 21·1	4·6	3·9	10·6	9·1	16·6	14·2
47	12 56·8	12 58·9	12 21·4	4·7	4·0	10·7	9·2	16·7	14·3
48	12 57·0	12 59·1	12 21·6	4·8	4·1	10·8	9·3	16·8	14·4
49	12 57·3	12 59·4	12 21·8	4·9	4·2	10·9	9·4	16·9	14·5
50	12 57·5	12 59·6	12 22·1	5·0	4·3	11·0	9·4	17·0	14·6
51	12 57·8	12 59·9	12 22·3	5·1	4·4	11·1	9·5	17·1	14·7
52	12 58·0	13 00·1	12 22·6	5·2	4·5	11·2	9·6	17·2	14·8
53	12 58·3	13 00·4	12 22·8	5·3	4·5	11·3	9·7	17·3	14·8
54	12 58·5	13 00·6	12 23·0	5·4	4·6	11·4	9·8	17·4	14·9
55	12 58·8	13 00·9	12 23·3	5·5	4·7	11·5	9·9	17·5	15·0
56	12 59·0	13 01·1	12 23·5	5·6	4·8	11·6	10·0	17·6	15·1
57	12 59·3	13 01·4	12 23·8	5·7	4·9	11·7	10·0	17·7	15·2
58	12 59·5	13 01·6	12 24·0	5·8	5·0	11·8	10·1	17·8	15·3
59	12 59·8	13 01·9	12 24·2	5·9	5·1	11·9	10·2	17·9	15·4
60	13 00·0	13 02·1	12 24·5	6·0	5·2	12·0	10·3	18·0	15·5

52m	SUN PLANETS	ARIES	MOON	v or d	Corrn	v or d	Corrn	v or d	Corrn
s	° ′	° ′	° ′	′	′	′	′	′	′
00	13 00·0	13 02·1	12 24·5	0·0	0·0	6·0	5·3	12·0	10·5
01	13 00·3	13 02·4	12 24·7	0·1	0·1	6·1	5·3	12·1	10·6
02	13 00·5	13 02·6	12 24·9	0·2	0·2	6·2	5·4	12·2	10·7
03	13 00·8	13 02·9	12 25·2	0·3	0·3	6·3	5·5	12·3	10·8
04	13 01·0	13 03·1	12 25·4	0·4	0·4	6·4	5·6	12·4	10·9
05	13 01·3	13 03·4	12 25·7	0·5	0·4	6·5	5·7	12·5	10·9
06	13 01·5	13 03·6	12 25·9	0·6	0·5	6·6	5·8	12·6	11·0
07	13 01·8	13 03·9	12 26·1	0·7	0·6	6·7	5·9	12·7	11·1
08	13 02·0	13 04·1	12 26·4	0·8	0·7	6·8	6·0	12·8	11·2
09	13 02·3	13 04·4	12 26·6	0·9	0·8	6·9	6·0	12·9	11·3
10	13 02·5	13 04·6	12 26·9	1·0	0·9	7·0	6·1	13·0	11·4
11	13 02·8	13 04·9	12 27·1	1·1	1·0	7·1	6·2	13·1	11·5
12	13 03·0	13 05·1	12 27·3	1·2	1·1	7·2	6·3	13·2	11·6
13	13 03·3	13 05·4	12 27·6	1·3	1·1	7·3	6·4	13·3	11·6
14	13 03·5	13 05·6	12 27·8	1·4	1·2	7·4	6·5	13·4	11·7
15	13 03·8	13 05·9	12 28·0	1·5	1·3	7·5	6·6	13·5	11·8
16	13 04·0	13 06·1	12 28·3	1·6	1·4	7·6	6·7	13·6	11·9
17	13 04·3	13 06·4	12 28·5	1·7	1·5	7·7	6·7	13·7	12·0
18	13 04·5	13 06·6	12 28·8	1·8	1·6	7·8	6·8	13·8	12·1
19	13 04·8	13 06·9	12 29·0	1·9	1·7	7·9	6·9	13·9	12·2
20	13 05·0	13 07·1	12 29·2	2·0	1·8	8·0	7·0	14·0	12·3
21	13 05·3	13 07·4	12 29·5	2·1	1·8	8·1	7·1	14·1	12·3
22	13 05·5	13 07·7	12 29·7	2·2	1·9	8·2	7·2	14·2	12·4
23	13 05·8	13 07·9	12 30·0	2·3	2·0	8·3	7·3	14·3	12·5
24	13 06·0	13 08·2	12 30·2	2·4	2·1	8·4	7·4	14·4	12·6
25	13 06·3	13 08·4	12 30·4	2·5	2·2	8·5	7·4	14·5	12·7
26	13 06·5	13 08·7	12 30·7	2·6	2·3	8·6	7·5	14·6	12·8
27	13 06·8	13 08·9	12 30·9	2·7	2·4	8·7	7·6	14·7	12·9
28	13 07·0	13 09·2	12 31·1	2·8	2·5	8·8	7·7	14·8	13·0
29	13 07·3	13 09·4	12 31·4	2·9	2·5	8·9	7·8	14·9	13·0
30	13 07·5	13 09·7	12 31·6	3·0	2·6	9·0	7·9	15·0	13·1
31	13 07·8	13 09·9	12 31·9	3·1	2·7	9·1	8·0	15·1	13·2
32	13 08·0	13 10·2	12 32·1	3·2	2·8	9·2	8·0	15·2	13·3
33	13 08·3	13 10·4	12 32·3	3·3	2·9	9·3	8·1	15·3	13·4
34	13 08·5	13 10·7	12 32·6	3·4	3·0	9·4	8·2	15·4	13·5
35	13 08·8	13 10·9	12 32·8	3·5	3·1	9·5	8·3	15·5	13·6
36	13 09·0	13 11·2	12 33·1	3·6	3·2	9·6	8·4	15·6	13·7
37	13 09·3	13 11·4	12 33·3	3·7	3·2	9·7	8·5	15·7	13·7
38	13 09·5	13 11·7	12 33·5	3·8	3·3	9·8	8·6	15·8	13·8
39	13 09·8	13 11·9	12 33·8	3·9	3·4	9·9	8·7	15·9	13·9
40	13 10·0	13 12·2	12 34·0	4·0	3·5	10·0	8·8	16·0	14·0
41	13 10·3	13 12·4	12 34·2	4·1	3·6	10·1	8·8	16·1	14·1
42	13 10·5	13 12·7	12 34·5	4·2	3·7	10·2	8·9	16·2	14·2
43	13 10·8	13 12·9	12 34·7	4·3	3·8	10·3	9·0	16·3	14·3
44	13 11·0	13 13·2	12 35·0	4·4	3·9	10·4	9·1	16·4	14·3
45	13 11·3	13 13·4	12 35·2	4·5	3·9	10·5	9·2	16·5	14·4
46	13 11·5	13 13·7	12 35·4	4·6	4·0	10·6	9·3	16·6	14·5
47	13 11·8	13 13·9	12 35·7	4·7	4·1	10·7	9·4	16·7	14·6
48	13 12·0	13 14·2	12 35·9	4·8	4·2	10·8	9·5	16·8	14·7
49	13 12·3	13 14·4	12 36·2	4·9	4·3	10·9	9·5	16·9	14·8
50	13 12·5	13 14·7	12 36·4	5·0	4·4	11·0	9·6	17·0	14·9
51	13 12·8	13 14·9	12 36·6	5·1	4·5	11·1	9·7	17·1	15·0
52	13 13·0	13 15·2	12 36·9	5·2	4·6	11·2	9·8	17·2	15·1
53	13 13·3	13 15·4	12 37·1	5·3	4·6	11·3	9·9	17·3	15·1
54	13 13·5	13 15·7	12 37·4	5·4	4·7	11·4	10·0	17·4	15·2
55	13 13·8	13 15·9	12 37·6	5·5	4·8	11·5	10·1	17·5	15·3
56	13 14·0	13 16·2	12 37·8	5·6	4·9	11·6	10·2	17·6	15·4
57	13 14·3	13 16·4	12 38·1	5·7	5·0	11·7	10·2	17·7	15·5
58	13 14·5	13 16·7	12 38·3	5·8	5·1	11·8	10·3	17·8	15·6
59	13 14·8	13 16·9	12 38·5	5·9	5·2	11·9	10·4	17·9	15·7
60	13 15·0	13 17·2	12 38·8	6·0	5·3	12·0	10·5	18·0	15·8

53m	SUN PLANETS	ARIES	MOON	v or d	Corrn	v or d	Corrn	v or d	Corrn
s	° ′	° ′	° ′	′	′	′	′	′	′
00	13 15·0	13 17·2	12 38·8	0·0	0·0	6·0	5·4	12·0	10·7
01	13 15·3	13 17·4	12 39·0	0·1	0·1	6·1	5·4	12·1	10·8
02	13 15·5	13 17·7	12 39·3	0·2	0·2	6·2	5·5	12·2	10·9
03	13 15·8	13 17·9	12 39·5	0·3	0·3	6·3	5·6	12·3	11·0
04	13 16·0	13 18·2	12 39·7	0·4	0·4	6·4	5·7	12·4	11·1
05	13 16·3	13 18·4	12 40·0	0·5	0·4	6·5	5·8	12·5	11·1
06	13 16·5	13 18·7	12 40·2	0·6	0·5	6·6	5·9	12·6	11·2
07	13 16·8	13 18·9	12 40·5	0·7	0·6	6·7	6·0	12·7	11·3
08	13 17·0	13 19·2	12 40·7	0·8	0·7	6·8	6·1	12·8	11·4
09	13 17·3	13 19·4	12 40·9	0·9	0·8	6·9	6·2	12·9	11·5
10	13 17·5	13 19·7	12 41·2	1·0	0·9	7·0	6·2	13·0	11·6
11	13 17·8	13 19·9	12 41·4	1·1	1·0	7·1	6·3	13·1	11·7
12	13 18·0	13 20·2	12 41·6	1·2	1·1	7·2	6·4	13·2	11·8
13	13 18·3	13 20·4	12 41·9	1·3	1·2	7·3	6·5	13·3	11·9
14	13 18·5	13 20·7	12 42·1	1·4	1·2	7·4	6·6	13·4	11·9
15	13 18·8	13 20·9	12 42·4	1·5	1·3	7·5	6·7	13·5	12·0
16	13 19·0	13 21·2	12 42·6	1·6	1·4	7·6	6·8	13·6	12·1
17	13 19·3	13 21·4	12 42·8	1·7	1·5	7·7	6·9	13·7	12·2
18	13 19·5	13 21·7	12 43·1	1·8	1·6	7·8	7·0	13·8	12·3
19	13 19·8	13 21·9	12 43·3	1·9	1·7	7·9	7·0	13·9	12·4
20	13 20·0	13 22·2	12 43·6	2·0	1·8	8·0	7·1	14·0	12·5
21	13 20·3	13 22·4	12 43·8	2·1	1·9	8·1	7·2	14·1	12·6
22	13 20·5	13 22·7	12 44·0	2·2	2·0	8·2	7·3	14·2	12·7
23	13 20·8	13 22·9	12 44·3	2·3	2·1	8·3	7·4	14·3	12·8
24	13 21·0	13 23·2	12 44·5	2·4	2·1	8·4	7·5	14·4	12·8
25	13 21·3	13 23·4	12 44·7	2·5	2·2	8·5	7·6	14·5	12·9
26	13 21·5	13 23·7	12 45·0	2·6	2·3	8·6	7·7	14·6	13·0
27	13 21·8	13 23·9	12 45·2	2·7	2·4	8·7	7·8	14·7	13·1
28	13 22·0	13 24·2	12 45·5	2·8	2·5	8·8	7·8	14·8	13·2
29	13 22·3	13 24·4	12 45·7	2·9	2·6	8·9	7·9	14·9	13·3
30	13 22·5	13 24·7	12 45·9	3·0	2·7	9·0	8·0	15·0	13·4
31	13 22·8	13 24·9	12 46·2	3·1	2·8	9·1	8·1	15·1	13·5
32	13 23·0	13 25·2	12 46·4	3·2	2·9	9·2	8·2	15·2	13·6
33	13 23·3	13 25·4	12 46·7	3·3	2·9	9·3	8·3	15·3	13·6
34	13 23·5	13 25·7	12 46·9	3·4	3·0	9·4	8·4	15·4	13·7
35	13 23·8	13 26·0	12 47·1	3·5	3·1	9·5	8·5	15·5	13·8
36	13 24·0	13 26·2	12 47·4	3·6	3·2	9·6	8·6	15·6	13·9
37	13 24·3	13 26·5	12 47·6	3·7	3·3	9·7	8·6	15·7	14·0
38	13 24·5	13 26·7	12 47·9	3·8	3·4	9·8	8·7	15·8	14·1
39	13 24·8	13 27·0	12 48·1	3·9	3·5	9·9	8·8	15·9	14·2
40	13 25·0	13 27·2	12 48·3	4·0	3·6	10·0	8·9	16·0	14·3
41	13 25·3	13 27·5	12 48·6	4·1	3·7	10·1	9·0	16·1	14·4
42	13 25·5	13 27·7	12 48·8	4·2	3·7	10·2	9·1	16·2	14·4
43	13 25·8	13 28·0	12 49·0	4·3	3·8	10·3	9·2	16·3	14·5
44	13 26·0	13 28·2	12 49·3	4·4	3·9	10·4	9·3	16·4	14·6
45	13 26·3	13 28·5	12 49·5	4·5	4·0	10·5	9·4	16·5	14·7
46	13 26·5	13 28·7	12 49·8	4·6	4·1	10·6	9·5	16·6	14·8
47	13 26·8	13 29·0	12 50·0	4·7	4·2	10·7	9·5	16·7	14·9
48	13 27·0	13 29·2	12 50·2	4·8	4·3	10·8	9·6	16·8	15·0
49	13 27·3	13 29·5	12 50·5	4·9	4·4	10·9	9·7	16·9	15·1
50	13 27·5	13 29·7	12 50·7	5·0	4·5	11·0	9·8	17·0	15·2
51	13 27·8	13 30·0	12 51·0	5·1	4·5	11·1	9·9	17·1	15·2
52	13 28·0	13 30·2	12 51·2	5·2	4·6	11·2	10·0	17·2	15·3
53	13 28·3	13 30·5	12 51·4	5·3	4·7	11·3	10·1	17·3	15·4
54	13 28·5	13 30·7	12 51·7	5·4	4·8	11·4	10·2	17·4	15·5
55	13 28·8	13 31·0	12 51·9	5·5	4·9	11·5	10·3	17·5	15·6
56	13 29·0	13 31·2	12 52·1	5·6	5·0	11·6	10·3	17·6	15·7
57	13 29·3	13 31·5	12 52·4	5·7	5·1	11·7	10·4	17·7	15·8
58	13 29·5	13 31·7	12 52·6	5·8	5·2	11·8	10·5	17·8	15·9
59	13 29·8	13 32·0	12 52·9	5·9	5·3	11·9	10·6	17·9	16·0
60	13 30·0	13 32·2	12 53·1	6·0	5·4	12·0	10·7	18·0	16·1

54m	SUN PLANETS	ARIES	MOON	v or d	Corrn	v or d	Corrn	v or d	Corrn
s	° ′	° ′	° ′	′	′	′	′	′	′
00	13 30·0	13 32·2	12 53·1	0·0	0·0	6·0	5·5	12·0	10·9
01	13 30·3	13 32·5	12 53·3	0·1	0·1	6·1	5·5	12·1	11·0
02	13 30·5	13 32·7	12 53·6	0·2	0·2	6·2	5·6	12·2	11·1
03	13 30·8	13 33·0	12 53·8	0·3	0·3	6·3	5·7	12·3	11·2
04	13 31·0	13 33·2	12 54·1	0·4	0·4	6·4	5·8	12·4	11·3
05	13 31·3	13 33·5	12 54·3	0·5	0·5	6·5	5·9	12·5	11·4
06	13 31·5	13 33·7	12 54·5	0·6	0·5	6·6	6·0	12·6	11·4
07	13 31·8	13 34·0	12 54·8	0·7	0·6	6·7	6·1	12·7	11·5
08	13 32·0	13 34·2	12 55·0	0·8	0·7	6·8	6·2	12·8	11·6
09	13 32·3	13 34·5	12 55·2	0·9	0·8	6·9	6·3	12·9	11·7
10	13 32·5	13 34·7	12 55·5	1·0	0·9	7·0	6·4	13·0	11·8
11	13 32·8	13 35·0	12 55·7	1·1	1·0	7·1	6·4	13·1	11·9
12	13 33·0	13 35·2	12 56·0	1·2	1·1	7·2	6·5	13·2	12·0
13	13 33·3	13 35·5	12 56·2	1·3	1·2	7·3	6·6	13·3	12·1
14	13 33·5	13 35·7	12 56·4	1·4	1·3	7·4	6·7	13·4	12·2
15	13 33·8	13 36·0	12 56·7	1·5	1·4	7·5	6·8	13·5	12·3
16	13 34·0	13 36·2	12 56·9	1·6	1·5	7·6	6·9	13·6	12·4
17	13 34·3	13 36·5	12 57·2	1·7	1·5	7·7	7·0	13·7	12·4
18	13 34·5	13 36·7	12 57·4	1·8	1·6	7·8	7·1	13·8	12·5
19	13 34·8	13 37·0	12 57·6	1·9	1·7	7·9	7·2	13·9	12·6
20	13 35·0	13 37·2	12 57·9	2·0	1·8	8·0	7·3	14·0	12·7
21	13 35·3	13 37·5	12 58·1	2·1	1·9	8·1	7·4	14·1	12·8
22	13 35·5	13 37·7	12 58·3	2·2	2·0	8·2	7·4	14·2	12·9
23	13 35·8	13 38·0	12 58·6	2·3	2·1	8·3	7·5	14·3	13·0
24	13 36·0	13 38·2	12 58·8	2·4	2·2	8·4	7·6	14·4	13·1
25	13 36·3	13 38·5	12 59·1	2·5	2·3	8·5	7·7	14·5	13·2
26	13 36·5	13 38·7	12 59·3	2·6	2·4	8·6	7·8	14·6	13·3
27	13 36·8	13 39·0	12 59·5	2·7	2·5	8·7	7·9	14·7	13·4
28	13 37·0	13 39·2	12 59·8	2·8	2·5	8·8	8·0	14·8	13·4
29	13 37·3	13 39·5	13 00·0	2·9	2·6	8·9	8·1	14·9	13·5
30	13 37·5	13 39·7	13 00·3	3·0	2·7	9·0	8·2	15·0	13·6
31	13 37·8	13 40·0	13 00·5	3·1	2·8	9·1	8·3	15·1	13·7
32	13 38·0	13 40·2	13 00·7	3·2	2·9	9·2	8·4	15·2	13·8
33	13 38·3	13 40·5	13 01·0	3·3	3·0	9·3	8·4	15·3	13·9
34	13 38·5	13 40·7	13 01·2	3·4	3·1	9·4	8·5	15·4	14·0
35	13 38·8	13 41·0	13 01·5	3·5	3·2	9·5	8·6	15·5	14·1
36	13 39·0	13 41·2	13 01·7	3·6	3·3	9·6	8·7	15·6	14·2
37	13 39·3	13 41·5	13 01·9	3·7	3·4	9·7	8·8	15·7	14·3
38	13 39·5	13 41·7	13 02·2	3·8	3·5	9·8	8·9	15·8	14·4
39	13 39·8	13 42·0	13 02·4	3·9	3·5	9·9	9·0	15·9	14·4
40	13 40·0	13 42·2	13 02·6	4·0	3·6	10·0	9·1	16·0	14·5
41	13 40·3	13 42·5	13 02·9	4·1	3·7	10·1	9·2	16·1	14·6
42	13 40·5	13 42·7	13 03·1	4·2	3·8	10·2	9·3	16·2	14·7
43	13 40·8	13 43·0	13 03·4	4·3	3·9	10·3	9·4	16·3	14·8
44	13 41·0	13 43·2	13 03·6	4·4	4·0	10·4	9·4	16·4	14·9
45	13 41·3	13 43·5	13 03·8	4·5	4·1	10·5	9·5	16·5	15·0
46	13 41·5	13 43·7	13 04·1	4·6	4·2	10·6	9·6	16·6	15·1
47	13 41·8	13 44·0	13 04·3	4·7	4·3	10·7	9·7	16·7	15·2
48	13 42·0	13 44·3	13 04·6	4·8	4·4	10·8	9·8	16·8	15·3
49	13 42·3	13 44·5	13 04·8	4·9	4·5	10·9	9·9	16·9	15·4
50	13 42·5	13 44·8	13 05·0	5·0	4·5	11·0	10·0	17·0	15·4
51	13 42·8	13 45·0	13 05·3	5·1	4·6	11·1	10·1	17·1	15·5
52	13 43·0	13 45·3	13 05·5	5·2	4·7	11·2	10·2	17·2	15·6
53	13 43·3	13 45·5	13 05·7	5·3	4·8	11·3	10·3	17·3	15·7
54	13 43·5	13 45·8	13 06·0	5·4	4·9	11·4	10·4	17·4	15·8
55	13 43·8	13 46·0	13 06·2	5·5	5·0	11·5	10·4	17·5	15·9
56	13 44·0	13 46·3	13 06·5	5·6	5·1	11·6	10·5	17·6	16·0
57	13 44·3	13 46·5	13 06·7	5·7	5·2	11·7	10·6	17·7	16·1
58	13 44·5	13 46·8	13 06·9	5·8	5·3	11·8	10·7	17·8	16·2
59	13 44·8	13 47·0	13 07·2	5·9	5·4	11·9	10·8	17·9	16·3
60	13 45·0	13 47·3	13 07·4	6·0	5·5	12·0	10·9	18·0	16·4

55m	SUN PLANETS	ARIES	MOON	v or d	Corrn	v or d	Corrn	v or d	Corrn
s	° ′	° ′	° ′	′	′	′	′	′	′
00	13 45·0	13 47·3	13 07·4	0·0	0·0	6·0	5·6	12·0	11·1
01	13 45·3	13 47·5	13 07·7	0·1	0·1	6·1	5·6	12·1	11·2
02	13 45·5	13 47·8	13 07·9	0·2	0·2	6·2	5·7	12·2	11·3
03	13 45·8	13 48·0	13 08·1	0·3	0·3	6·3	5·8	12·3	11·4
04	13 46·0	13 48·3	13 08·4	0·4	0·4	6·4	5·9	12·4	11·5
05	13 46·3	13 48·5	13 08·6	0·5	0·5	6·5	6·0	12·5	11·6
06	13 46·5	13 48·8	13 08·8	0·6	0·6	6·6	6·1	12·6	11·7
07	13 46·8	13 49·0	13 09·1	0·7	0·6	6·7	6·2	12·7	11·7
08	13 47·0	13 49·3	13 09·3	0·8	0·7	6·8	6·3	12·8	11·8
09	13 47·3	13 49·5	13 09·6	0·9	0·8	6·9	6·4	12·9	11·9
10	13 47·5	13 49·8	13 09·8	1·0	0·9	7·0	6·5	13·0	12·0
11	13 47·8	13 50·0	13 10·0	1·1	1·0	7·1	6·6	13·1	12·1
12	13 48·0	13 50·3	13 10·3	1·2	1·1	7·2	6·7	13·2	12·2
13	13 48·3	13 50·5	13 10·5	1·3	1·2	7·3	6·8	13·3	12·3
14	13 48·5	13 50·8	13 10·8	1·4	1·3	7·4	6·8	13·4	12·4
15	13 48·8	13 51·0	13 11·0	1·5	1·4	7·5	6·9	13·5	12·5
16	13 49·0	13 51·3	13 11·2	1·6	1·5	7·6	7·0	13·6	12·6
17	13 49·3	13 51·5	13 11·5	1·7	1·6	7·7	7·1	13·7	12·7
18	13 49·5	13 51·8	13 11·7	1·8	1·7	7·8	7·2	13·8	12·8
19	13 49·8	13 52·0	13 12·0	1·9	1·8	7·9	7·3	13·9	12·9
20	13 50·0	13 52·3	13 12·2	2·0	1·9	8·0	7·4	14·0	13·0
21	13 50·3	13 52·5	13 12·4	2·1	1·9	8·1	7·5	14·1	13·0
22	13 50·5	13 52·8	13 12·7	2·2	2·0	8·2	7·6	14·2	13·1
23	13 50·8	13 53·0	13 12·9	2·3	2·1	8·3	7·7	14·3	13·2
24	13 51·0	13 53·3	13 13·1	2·4	2·2	8·4	7·8	14·4	13·3
25	13 51·3	13 53·5	13 13·4	2·5	2·3	8·5	7·9	14·5	13·4
26	13 51·5	13 53·8	13 13·6	2·6	2·4	8·6	8·0	14·6	13·5
27	13 51·8	13 54·0	13 13·9	2·7	2·5	8·7	8·0	14·7	13·6
28	13 52·0	13 54·3	13 14·1	2·8	2·6	8·8	8·1	14·8	13·7
29	13 52·3	13 54·5	13 14·3	2·9	2·7	8·9	8·2	14·9	13·8
30	13 52·5	13 54·8	13 14·6	3·0	2·8	9·0	8·3	15·0	13·9
31	13 52·8	13 55·0	13 14·8	3·1	2·9	9·1	8·4	15·1	14·0
32	13 53·0	13 55·3	13 15·1	3·2	3·0	9·2	8·5	15·2	14·1
33	13 53·3	13 55·5	13 15·3	3·3	3·1	9·3	8·6	15·3	14·2
34	13 53·5	13 55·8	13 15·5	3·4	3·1	9·4	8·7	15·4	14·2
35	13 53·8	13 56·0	13 15·8	3·5	3·2	9·5	8·8	15·5	14·3
36	13 54·0	13 56·3	13 16·0	3·6	3·3	9·6	8·9	15·6	14·4
37	13 54·3	13 56·5	13 16·2	3·7	3·4	9·7	9·0	15·7	14·5
38	13 54·5	13 56·8	13 16·5	3·8	3·5	9·8	9·1	15·8	14·6
39	13 54·8	13 57·0	13 16·7	3·9	3·6	9·9	9·2	15·9	14·7
40	13 55·0	13 57·3	13 17·0	4·0	3·7	10·0	9·3	16·0	14·8
41	13 55·3	13 57·5	13 17·2	4·1	3·8	10·1	9·3	16·1	14·9
42	13 55·5	13 57·8	13 17·4	4·2	3·9	10·2	9·4	16·2	15·0
43	13 55·8	13 58·0	13 17·7	4·3	4·0	10·3	9·5	16·3	15·1
44	13 56·0	13 58·3	13 17·9	4·4	4·1	10·4	9·6	16·4	15·2
45	13 56·3	13 58·5	13 18·2	4·5	4·2	10·5	9·7	16·5	15·3
46	13 56·5	13 58·8	13 18·4	4·6	4·3	10·6	9·8	16·6	15·4
47	13 56·8	13 59·0	13 18·6	4·7	4·3	10·7	9·9	16·7	15·4
48	13 57·0	13 59·3	13 18·9	4·8	4·4	10·8	10·0	16·8	15·5
49	13 57·3	13 59·5	13 19·1	4·9	4·5	10·9	10·1	16·9	15·6
50	13 57·5	13 59·8	13 19·3	5·0	4·6	11·0	10·2	17·0	15·7
51	13 57·8	14 00·0	13 19·6	5·1	4·7	11·1	10·3	17·1	15·8
52	13 58·0	14 00·3	13 19·8	5·2	4·8	11·2	10·4	17·2	15·9
53	13 58·3	14 00·5	13 20·1	5·3	4·9	11·3	10·5	17·3	16·0
54	13 58·5	14 00·8	13 20·3	5·4	5·0	11·4	10·5	17·4	16·1
55	13 58·8	14 01·0	13 20·5	5·5	5·1	11·5	10·6	17·5	16·2
56	13 59·0	14 01·3	13 20·8	5·6	5·2	11·6	10·7	17·6	16·3
57	13 59·3	14 01·5	13 21·0	5·7	5·3	11·7	10·8	17·7	16·4
58	13 59·5	14 01·8	13 21·3	5·8	5·4	11·8	10·9	17·8	16·5
59	13 59·8	14 02·0	13 21·5	5·9	5·5	11·9	11·0	17·9	16·6
60	14 00·0	14 02·3	13 21·7	6·0	5·6	12·0	11·1	18·0	16·7

ᵐ 56 ˢ	SUN PLANETS ° ′	ARIES ° ′	MOON ° ′	v or d ′	Corrⁿ ′	v or d ′	Corrⁿ ′	v or d ′	Corrⁿ ′
00	14 00·0	14 02·3	13 21·7	0·0	0·0	6·0	5·7	12·0	11·3
01	14 00·3	14 02·6	13 22·0	0·1	0·1	6·1	5·7	12·1	11·4
02	14 00·5	14 02·8	13 22·2	0·2	0·2	6·2	5·8	12·2	11·5
03	14 00·8	14 03·1	13 22·4	0·3	0·3	6·3	5·9	12·3	11·6
04	14 01·0	14 03·3	13 22·7	0·4	0·4	6·4	6·0	12·4	11·7
05	14 01·3	14 03·6	13 22·9	0·5	0·5	6·5	6·1	12·5	11·8
06	14 01·5	14 03·8	13 23·2	0·6	0·6	6·6	6·2	12·6	11·9
07	14 01·8	14 04·1	13 23·4	0·7	0·7	6·7	6·3	12·7	12·0
08	14 02·0	14 04·3	13 23·6	0·8	0·8	6·8	6·4	12·8	12·1
09	14 02·3	14 04·6	13 23·9	0·9	0·8	6·9	6·5	12·9	12·1
10	14 02·5	14 04·8	13 24·1	1·0	0·9	7·0	6·6	13·0	12·2
11	14 02·8	14 05·1	13 24·4	1·1	1·0	7·1	6·7	13·1	12·3
12	14 03·0	14 05·3	13 24·6	1·2	1·1	7·2	6·8	13·2	12·4
13	14 03·3	14 05·6	13 24·8	1·3	1·2	7·3	6·9	13·3	12·5
14	14 03·5	14 05·8	13 25·1	1·4	1·3	7·4	7·0	13·4	12·6
15	14 03·8	14 06·1	13 25·3	1·5	1·4	7·5	7·1	13·5	12·7
16	14 04·0	14 06·3	13 25·6	1·6	1·5	7·6	7·2	13·6	12·8
17	14 04·3	14 06·6	13 25·8	1·7	1·6	7·7	7·3	13·7	12·9
18	14 04·5	14 06·8	13 26·0	1·8	1·7	7·8	7·3	13·8	13·0
19	14 04·8	14 07·1	13 26·3	1·9	1·8	7·9	7·4	13·9	13·1
20	14 05·0	14 07·3	13 26·5	2·0	1·9	8·0	7·5	14·0	13·2
21	14 05·3	14 07·6	13 26·7	2·1	2·0	8·1	7·6	14·1	13·3
22	14 05·5	14 07·8	13 27·0	2·2	2·1	8·2	7·7	14·2	13·4
23	14 05·8	14 08·1	13 27·2	2·3	2·2	8·3	7·8	14·3	13·5
24	14 06·0	14 08·3	13 27·5	2·4	2·3	8·4	7·9	14·4	13·6
25	14 06·3	14 08·6	13 27·7	2·5	2·4	8·5	8·0	14·5	13·7
26	14 06·5	14 08·8	13 27·9	2·6	2·4	8·6	8·1	14·6	13·7
27	14 06·8	14 09·1	13 28·2	2·7	2·5	8·7	8·2	14·7	13·8
28	14 07·0	14 09·3	13 28·4	2·8	2·6	8·8	8·3	14·8	13·9
29	14 07·3	14 09·6	13 28·7	2·9	2·7	8·9	8·4	14·9	14·0
30	14 07·5	14 09·8	13 28·9	3·0	2·8	9·0	8·5	15·0	14·1
31	14 07·8	14 10·1	13 29·1	3·1	2·9	9·1	8·6	15·1	14·2
32	14 08·0	14 10·3	13 29·4	3·2	3·0	9·2	8·7	15·2	14·3
33	14 08·3	14 10·6	13 29·6	3·3	3·1	9·3	8·8	15·3	14·4
34	14 08·5	14 10·8	13 29·8	3·4	3·2	9·4	8·9	15·4	14·5
35	14 08·8	14 11·1	13 30·1	3·5	3·3	9·5	8·9	15·5	14·6
36	14 09·0	14 11·3	13 30·3	3·6	3·4	9·6	9·0	15·6	14·7
37	14 09·3	14 11·6	13 30·6	3·7	3·5	9·7	9·1	15·7	14·8
38	14 09·5	14 11·8	13 30·8	3·8	3·6	9·8	9·2	15·8	14·9
39	14 09·8	14 12·1	13 31·0	3·9	3·7	9·9	9·3	15·9	15·0
40	14 10·0	14 12·3	13 31·3	4·0	3·8	10·0	9·4	16·0	15·1
41	14 10·3	14 12·6	13 31·5	4·1	3·9	10·1	9·5	16·1	15·2
42	14 10·5	14 12·8	13 31·8	4·2	4·0	10·2	9·6	16·2	15·3
43	14 10·8	14 13·1	13 32·0	4·3	4·0	10·3	9·7	16·3	15·3
44	14 11·0	14 13·3	13 32·2	4·4	4·1	10·4	9·8	16·4	15·4
45	14 11·3	14 13·6	13 32·5	4·5	4·2	10·5	9·9	16·5	15·5
46	14 11·5	14 13·8	13 32·7	4·6	4·3	10·6	10·0	16·6	15·6
47	14 11·8	14 14·1	13 32·9	4·7	4·4	10·7	10·1	16·7	15·7
48	14 12·0	14 14·3	13 33·2	4·8	4·5	10·8	10·2	16·8	15·8
49	14 12·3	14 14·6	13 33·4	4·9	4·6	10·9	10·3	16·9	15·9
50	14 12·5	14 14·8	13 33·7	5·0	4·7	11·0	10·4	17·0	16·0
51	14 12·8	14 15·1	13 33·9	5·1	4·8	11·1	10·5	17·1	16·1
52	14 13·0	14 15·3	13 34·1	5·2	4·9	11·2	10·5	17·2	16·2
53	14 13·3	14 15·6	13 34·4	5·3	5·0	11·3	10·6	17·3	16·3
54	14 13·5	14 15·8	13 34·6	5·4	5·1	11·4	10·7	17·4	16·4
55	14 13·8	14 16·1	13 34·9	5·5	5·2	11·5	10·8	17·5	16·5
56	14 14·0	14 16·3	13 35·1	5·6	5·3	11·6	10·9	17·6	16·6
57	14 14·3	14 16·6	13 35·3	5·7	5·4	11·7	11·0	17·7	16·7
58	14 14·5	14 16·8	13 35·6	5·8	5·5	11·8	11·1	17·8	16·8
59	14 14·8	14 17·1	13 35·8	5·9	5·6	11·9	11·2	17·9	16·9
60	14 15·0	14 17·3	13 36·1	6·0	5·7	12·0	11·3	18·0	17·0

ᵐ 57 ˢ	SUN PLANETS ° ′	ARIES ° ′	MOON ° ′	v or d ′	Corrⁿ ′	v or d ′	Corrⁿ ′	v or d ′	Corrⁿ ′
00	14 15·0	14 17·3	13 36·1	0·0	0·0	6·0	5·8	12·0	11·5
01	14 15·3	14 17·6	13 36·3	0·1	0·1	6·1	5·8	12·1	11·6
02	14 15·5	14 17·8	13 36·5	0·2	0·2	6·2	5·9	12·2	11·7
03	14 15·8	14 18·1	13 36·8	0·3	0·3	6·3	6·0	12·3	11·8
04	14 16·0	14 18·3	13 37·0	0·4	0·4	6·4	6·1	12·4	11·9
05	14 16·3	14 18·6	13 37·2	0·5	0·5	6·5	6·2	12·5	12·0
06	14 16·5	14 18·8	13 37·5	0·6	0·6	6·6	6·3	12·6	12·1
07	14 16·8	14 19·1	13 37·7	0·7	0·7	6·7	6·4	12·7	12·2
08	14 17·0	14 19·3	13 38·0	0·8	0·8	6·8	6·5	12·8	12·3
09	14 17·3	14 19·6	13 38·2	0·9	0·9	6·9	6·6	12·9	12·4
10	14 17·5	14 19·8	13 38·4	1·0	1·0	7·0	6·7	13·0	12·5
11	14 17·8	14 20·1	13 38·7	1·1	1·1	7·1	6·8	13·1	12·6
12	14 18·0	14 20·3	13 38·9	1·2	1·2	7·2	6·9	13·2	12·7
13	14 18·3	14 20·6	13 39·2	1·3	1·2	7·3	7·0	13·3	12·7
14	14 18·5	14 20·9	13 39·4	1·4	1·3	7·4	7·1	13·4	12·8
15	14 18·8	14 21·1	13 39·6	1·5	1·4	7·5	7·2	13·5	12·9
16	14 19·0	14 21·4	13 39·9	1·6	1·5	7·6	7·3	13·6	13·0
17	14 19·3	14 21·6	13 40·1	1·7	1·6	7·7	7·4	13·7	13·1
18	14 19·5	14 21·9	13 40·3	1·8	1·7	7·8	7·5	13·8	13·2
19	14 19·8	14 22·1	13 40·6	1·9	1·8	7·9	7·6	13·9	13·3
20	14 20·0	14 22·4	13 40·8	2·0	1·9	8·0	7·7	14·0	13·4
21	14 20·3	14 22·6	13 41·1	2·1	2·0	8·1	7·8	14·1	13·5
22	14 20·5	14 22·9	13 41·3	2·2	2·1	8·2	7·9	14·2	13·6
23	14 20·8	14 23·1	13 41·5	2·3	2·2	8·3	8·0	14·3	13·7
24	14 21·0	14 23·4	13 41·8	2·4	2·3	8·4	8·1	14·4	13·8
25	14 21·3	14 23·6	13 42·0	2·5	2·4	8·5	8·1	14·5	13·9
26	14 21·5	14 23·9	13 42·3	2·6	2·5	8·6	8·2	14·6	14·0
27	14 21·8	14 24·1	13 42·5	2·7	2·6	8·7	8·3	14·7	14·1
28	14 22·0	14 24·4	13 42·7	2·8	2·7	8·8	8·4	14·8	14·2
29	14 22·3	14 24·6	13 43·0	2·9	2·8	8·9	8·5	14·9	14·3
30	14 22·5	14 24·9	13 43·2	3·0	2·9	9·0	8·6	15·0	14·4
31	14 22·8	14 25·1	13 43·4	3·1	3·0	9·1	8·7	15·1	14·5
32	14 23·0	14 25·4	13 43·7	3·2	3·1	9·2	8·8	15·2	14·6
33	14 23·3	14 25·6	13 43·9	3·3	3·2	9·3	8·9	15·3	14·7
34	14 23·5	14 25·9	13 44·2	3·4	3·3	9·4	9·0	15·4	14·8
35	14 23·8	14 26·1	13 44·4	3·5	3·4	9·5	9·1	15·5	14·9
36	14 24·0	14 26·4	13 44·6	3·6	3·5	9·6	9·2	15·6	15·0
37	14 24·3	14 26·6	13 44·9	3·7	3·5	9·7	9·3	15·7	15·0
38	14 24·5	14 26·9	13 45·1	3·8	3·6	9·8	9·4	15·8	15·1
39	14 24·8	14 27·1	13 45·4	3·9	3·7	9·9	9·5	15·9	15·2
40	14 25·0	14 27·4	13 45·6	4·0	3·8	10·0	9·6	16·0	15·3
41	14 25·3	14 27·6	13 45·8	4·1	3·9	10·1	9·7	16·1	15·4
42	14 25·5	14 27·9	13 46·1	4·2	4·0	10·2	9·8	16·2	15·5
43	14 25·8	14 28·1	13 46·3	4·3	4·1	10·3	9·9	16·3	15·6
44	14 26·0	14 28·4	13 46·5	4·4	4·2	10·4	10·0	16·4	15·7
45	14 26·3	14 28·6	13 46·8	4·5	4·3	10·5	10·1	16·5	15·8
46	14 26·5	14 28·9	13 47·0	4·6	4·4	10·6	10·2	16·6	15·9
47	14 26·8	14 29·1	13 47·3	4·7	4·5	10·7	10·3	16·7	16·0
48	14 27·0	14 29·4	13 47·5	4·8	4·6	10·8	10·4	16·8	16·1
49	14 27·3	14 29·6	13 47·7	4·9	4·7	10·9	10·4	16·9	16·2
50	14 27·5	14 29·9	13 48·0	5·0	4·8	11·0	10·5	17·0	16·3
51	14 27·8	14 30·1	13 48·2	5·1	4·9	11·1	10·6	17·1	16·4
52	14 28·0	14 30·4	13 48·5	5·2	5·0	11·2	10·7	17·2	16·5
53	14 28·3	14 30·6	13 48·7	5·3	5·1	11·3	10·8	17·3	16·6
54	14 28·5	14 30·9	13 48·9	5·4	5·2	11·4	10·9	17·4	16·7
55	14 28·8	14 31·1	13 49·2	5·5	5·3	11·5	11·0	17·5	16·8
56	14 29·0	14 31·4	13 49·4	5·6	5·4	11·6	11·1	17·6	16·9
57	14 29·3	14 31·6	13 49·7	5·7	5·5	11·7	11·2	17·7	17·0
58	14 29·5	14 31·9	13 49·9	5·8	5·6	11·8	11·3	17·8	17·1
59	14 29·8	14 32·1	13 50·1	5·9	5·7	11·9	11·4	17·9	17·2
60	14 30·0	14 32·4	13 50·4	6·0	5·8	12·0	11·5	18·0	17·3

m 58	SUN PLANETS	ARIES	MOON	v or d	Corrⁿ	v or d	Corrⁿ	v or d	Corrⁿ
s	° ′	° ′	° ′	′	′	′	′	′	′
00	14 30·0	14 32·4	13 50·4	0·0	0·0	6·0	5·9	12·0	11·7
01	14 30·3	14 32·6	13 50·6	0·1	0·1	6·1	5·9	12·1	11·8
02	14 30·5	14 32·9	13 50·8	0·2	0·2	6·2	6·0	12·2	11·9
03	14 30·8	14 33·1	13 51·1	0·3	0·3	6·3	6·1	12·3	12·0
04	14 31·0	14 33·4	13 51·3	0·4	0·4	6·4	6·2	12·4	12·1
05	14 31·3	14 33·6	13 51·6	0·5	0·5	6·5	6·3	12·5	12·2
06	14 31·5	14 33·9	13 51·8	0·6	0·6	6·6	6·4	12·6	12·3
07	14 31·8	14 34·1	13 52·0	0·7	0·7	6·7	6·5	12·7	12·4
08	14 32·0	14 34·4	13 52·3	0·8	0·8	6·8	6·6	12·8	12·5
09	14 32·3	14 34·6	13 52·5	0·9	0·9	6·9	6·7	12·9	12·6
10	14 32·5	14 34·9	13 52·8	1·0	1·0	7·0	6·8	13·0	12·7
11	14 32·8	14 35·1	13 53·0	1·1	1·1	7·1	6·9	13·1	12·8
12	14 33·0	14 35·4	13 53·2	1·2	1·2	7·2	7·0	13·2	12·9
13	14 33·3	14 35·6	13 53·5	1·3	1·3	7·3	7·1	13·3	13·0
14	14 33·5	14 35·9	13 53·7	1·4	1·4	7·4	7·2	13·4	13·1
15	14 33·8	14 36·1	13 53·9	1·5	1·5	7·5	7·3	13·5	13·2
16	14 34·0	14 36·4	13 54·2	1·6	1·6	7·6	7·4	13·6	13·3
17	14 34·3	14 36·6	13 54·4	1·7	1·7	7·7	7·5	13·7	13·4
18	14 34·5	14 36·9	13 54·7	1·8	1·8	7·8	7·6	13·8	13·5
19	14 34·8	14 37·1	13 54·9	1·9	1·9	7·9	7·7	13·9	13·6
20	14 35·0	14 37·4	13 55·1	2·0	2·0	8·0	7·8	14·0	13·7
21	14 35·3	14 37·6	13 55·4	2·1	2·0	8·1	7·9	14·1	13·7
22	14 35·5	14 37·9	13 55·6	2·2	2·1	8·2	8·0	14·2	13·8
23	14 35·8	14 38·1	13 55·9	2·3	2·2	8·3	8·1	14·3	13·9
24	14 36·0	14 38·4	13 56·1	2·4	2·3	8·4	8·2	14·4	14·0
25	14 36·3	14 38·6	13 56·3	2·5	2·4	8·5	8·3	14·5	14·1
26	14 36·5	14 38·9	13 56·6	2·6	2·5	8·6	8·4	14·6	14·2
27	14 36·8	14 39·2	13 56·8	2·7	2·6	8·7	8·5	14·7	14·3
28	14 37·0	14 39·4	13 57·0	2·8	2·7	8·8	8·6	14·8	14·4
29	14 37·3	14 39·7	13 57·3	2·9	2·8	8·9	8·7	14·9	14·5
30	14 37·5	14 39·9	13 57·5	3·0	2·9	9·0	8·8	15·0	14·6
31	14 37·8	14 40·2	13 57·8	3·1	3·0	9·1	8·9	15·1	14·7
32	14 38·0	14 40·4	13 58·0	3·2	3·1	9·2	9·0	15·2	14·8
33	14 38·3	14 40·7	13 58·2	3·3	3·2	9·3	9·1	15·3	14·9
34	14 38·5	14 40·9	13 58·5	3·4	3·3	9·4	9·2	15·4	15·0
35	14 38·8	14 41·2	13 58·7	3·5	3·4	9·5	9·3	15·5	15·1
36	14 39·0	14 41·4	13 59·0	3·6	3·5	9·6	9·4	15·6	15·2
37	14 39·3	14 41·7	13 59·2	3·7	3·6	9·7	9·5	15·7	15·3
38	14 39·5	14 41·9	13 59·4	3·8	3·7	9·8	9·6	15·8	15·4
39	14 39·8	14 42·2	13 59·7	3·9	3·8	9·9	9·7	15·9	15·5
40	14 40·0	14 42·4	13 59·9	4·0	3·9	10·0	9·8	16·0	15·6
41	14 40·3	14 42·7	14 00·1	4·1	4·0	10·1	9·8	16·1	15·7
42	14 40·5	14 42·9	14 00·4	4·2	4·1	10·2	9·9	16·2	15·8
43	14 40·8	14 43·2	14 00·6	4·3	4·2	10·3	10·0	16·3	15·9
44	14 41·0	14 43·4	14 00·9	4·4	4·3	10·4	10·1	16·4	16·0
45	14 41·3	14 43·7	14 01·1	4·5	4·4	10·5	10·2	16·5	16·1
46	14 41·5	14 43·9	14 01·3	4·6	4·5	10·6	10·3	16·6	16·2
47	14 41·8	14 44·2	14 01·6	4·7	4·6	10·7	10·4	16·7	16·3
48	14 42·0	14 44·4	14 01·8	4·8	4·7	10·8	10·5	16·8	16·4
49	14 42·3	14 44·7	14 02·1	4·9	4·8	10·9	10·6	16·9	16·5
50	14 42·5	14 44·9	14 02·3	5·0	4·9	11·0	10·7	17·0	16·6
51	14 42·8	14 45·2	14 02·5	5·1	5·0	11·1	10·8	17·1	16·7
52	14 43·0	14 45·4	14 02·8	5·2	5·1	11·2	10·9	17·2	16·8
53	14 43·3	14 45·7	14 03·0	5·3	5·2	11·3	11·0	17·3	16·9
54	14 43·5	14 45·9	14 03·3	5·4	5·3	11·4	11·1	17·4	17·0
55	14 43·8	14 46·2	14 03·5	5·5	5·4	11·5	11·2	17·5	17·1
56	14 44·0	14 46·4	14 03·7	5·6	5·5	11·6	11·3	17·6	17·2
57	14 44·3	14 46·7	14 04·0	5·7	5·6	11·7	11·4	17·7	17·3
58	14 44·5	14 46·9	14 04·2	5·8	5·7	11·8	11·5	17·8	17·4
59	14 44·8	14 47·2	14 04·4	5·9	5·8	11·9	11·6	17·9	17·5
60	14 45·0	14 47·4	14 04·7	6·0	5·9	12·0	11·7	18·0	17·6

m 59	SUN PLANETS	ARIES	MOON	v or d	Corrⁿ	v or d	Corrⁿ	v or d	Corrⁿ
s	° ′	° ′	° ′	′	′	′	′	′	′
00	14 45·0	14 47·4	14 04·7	0·0	0·0	6·0	6·0	12·0	11·9
01	14 45·3	14 47·7	14 04·9	0·1	0·1	6·1	6·0	12·1	12·0
02	14 45·5	14 47·9	14 05·2	0·2	0·2	6·2	6·1	12·2	12·1
03	14 45·8	14 48·2	14 05·4	0·3	0·3	6·3	6·2	12·3	12·2
04	14 46·0	14 48·4	14 05·6	0·4	0·4	6·4	6·3	12·4	12·3
05	14 46·3	14 48·7	14 05·9	0·5	0·5	6·5	6·4	12·5	12·4
06	14 46·5	14 48·9	14 06·1	0·6	0·6	6·6	6·5	12·6	12·5
07	14 46·8	14 49·2	14 06·4	0·7	0·7	6·7	6·6	12·7	12·6
08	14 47·0	14 49·4	14 06·6	0·8	0·8	6·8	6·7	12·8	12·7
09	14 47·3	14 49·7	14 06·8	0·9	0·9	6·9	6·8	12·9	12·8
10	14 47·5	14 49·9	14 07·1	1·0	1·0	7·0	6·9	13·0	12·9
11	14 47·8	14 50·2	14 07·3	1·1	1·1	7·1	7·0	13·1	13·0
12	14 48·0	14 50·4	14 07·5	1·2	1·2	7·2	7·1	13·2	13·1
13	14 48·3	14 50·7	14 07·8	1·3	1·3	7·3	7·2	13·3	13·2
14	14 48·5	14 50·9	14 08·0	1·4	1·4	7·4	7·3	13·4	13·3
15	14 48·8	14 51·2	14 08·3	1·5	1·5	7·5	7·4	13·5	13·4
16	14 49·0	14 51·4	14 08·5	1·6	1·6	7·6	7·5	13·6	13·5
17	14 49·3	14 51·7	14 08·7	1·7	1·7	7·7	7·6	13·7	13·6
18	14 49·5	14 51·9	14 09·0	1·8	1·8	7·8	7·7	13·8	13·7
19	14 49·8	14 52·2	14 09·2	1·9	1·9	7·9	7·8	13·9	13·8
20	14 50·0	14 52·4	14 09·5	2·0	2·0	8·0	7·9	14·0	13·9
21	14 50·3	14 52·7	14 09·7	2·1	2·1	8·1	8·0	14·1	14·0
22	14 50·5	14 52·9	14 09·9	2·2	2·2	8·2	8·1	14·2	14·1
23	14 50·8	14 53·2	14 10·2	2·3	2·3	8·3	8·2	14·3	14·2
24	14 51·0	14 53·4	14 10·4	2·4	2·4	8·4	8·3	14·4	14·3
25	14 51·3	14 53·7	14 10·6	2·5	2·5	8·5	8·4	14·5	14·4
26	14 51·5	14 53·9	14 10·9	2·6	2·6	8·6	8·5	14·6	14·5
27	14 51·8	14 54·2	14 11·1	2·7	2·7	8·7	8·6	14·7	14·6
28	14 52·0	14 54·4	14 11·4	2·8	2·8	8·8	8·7	14·8	14·7
29	14 52·3	14 54·7	14 11·6	2·9	2·9	8·9	8·8	14·9	14·8
30	14 52·5	14 54·9	14 11·8	3·0	3·0	9·0	8·9	15·0	14·9
31	14 52·8	14 55·2	14 12·1	3·1	3·1	9·1	9·0	15·1	15·0
32	14 53·0	14 55·4	14 12·3	3·2	3·2	9·2	9·1	15·2	15·1
33	14 53·3	14 55·7	14 12·6	3·3	3·3	9·3	9·2	15·3	15·2
34	14 53·5	14 55·9	14 12·8	3·4	3·4	9·4	9·3	15·4	15·3
35	14 53·8	14 56·2	14 13·0	3·5	3·5	9·5	9·4	15·5	15·4
36	14 54·0	14 56·4	14 13·3	3·6	3·6	9·6	9·5	15·6	15·5
37	14 54·3	14 56·7	14 13·5	3·7	3·7	9·7	9·6	15·7	15·6
38	14 54·5	14 56·9	14 13·8	3·8	3·8	9·8	9·7	15·8	15·7
39	14 54·8	14 57·2	14 14·0	3·9	3·9	9·9	9·8	15·9	15·8
40	14 55·0	14 57·5	14 14·2	4·0	4·0	10·0	9·9	16·0	15·9
41	14 55·3	14 57·7	14 14·5	4·1	4·1	10·1	10·0	16·1	16·0
42	14 55·5	14 58·0	14 14·7	4·2	4·2	10·2	10·1	16·2	16·1
43	14 55·8	14 58·2	14 14·9	4·3	4·3	10·3	10·2	16·3	16·2
44	14 56·0	14 58·5	14 15·2	4·4	4·4	10·4	10·3	16·4	16·3
45	14 56·3	14 58·7	14 15·4	4·5	4·5	10·5	10·4	16·5	16·4
46	14 56·5	14 59·0	14 15·7	4·6	4·6	10·6	10·5	16·6	16·5
47	14 56·8	14 59·2	14 15·9	4·7	4·7	10·7	10·6	16·7	16·6
48	14 57·0	14 59·5	14 16·1	4·8	4·8	10·8	10·7	16·8	16·7
49	14 57·3	14 59·7	14 16·4	4·9	4·9	10·9	10·8	16·9	16·8
50	14 57·5	15 00·0	14 16·6	5·0	5·0	11·0	10·9	17·0	16·9
51	14 57·8	15 00·2	14 16·9	5·1	5·1	11·1	11·0	17·1	17·0
52	14 58·0	15 00·5	14 17·1	5·2	5·2	11·2	11·1	17·2	17·1
53	14 58·3	15 00·7	14 17·3	5·3	5·3	11·3	11·2	17·3	17·2
54	14 58·5	15 01·0	14 17·6	5·4	5·4	11·4	11·3	17·4	17·3
55	14 58·8	15 01·2	14 17·8	5·5	5·5	11·5	11·4	17·5	17·4
56	14 59·0	15 01·5	14 18·0	5·6	5·6	11·6	11·5	17·6	17·5
57	14 59·3	15 01·7	14 18·3	5·7	5·7	11·7	11·6	17·7	17·6
58	14 59·5	15 02·0	14 18·5	5·8	5·8	11·8	11·7	17·8	17·7
59	14 59·8	15 02·2	14 18·8	5·9	5·9	11·9	11·8	17·9	17·8
60	15 00·0	15 02·5	14 19·0	6·0	6·0	12·0	11·9	18·0	17·9

TABLES FOR INTERPOLATING SUNRISE, MOONRISE, ETC.

TABLE I—FOR LATITUDE

Tabular Interval			Difference between the times for consecutive latitudes															
10°	**5°**	**2°**	5m	10m	15m	20m	25m	30m	35m	40m	45m	50m	55m	60m	1h05m	1h10m	1h15m	1h20m
° ′	° ′	° ′	m	m	m	m	m	m	m	m	m	m	m	m	h m	h m	h m	h m
0 30	**0 15**	**0 06**	0	0	1	1	1	1	1	2	2	2	2	2	0 02	0 02	0 02	0 02
1 00	**0 30**	**0 12**	0	1	1	2	2	3	3	3	4	4	4	5	05	05	05	05
1 30	**0 45**	**0 18**	1	1	2	3	3	4	4	5	5	6	7	7	07	07	07	07
2 00	**1 00**	**0 24**	1	2	3	4	5	5	6	7	7	8	9	10	10	10	10	10
2 30	**1 15**	**0 30**	1	2	4	5	6	7	8	9	9	10	11	12	12	13	13	13
3 00	**1 30**	**0 36**	1	3	4	6	7	8	9	10	11	12	13	14	0 15	0 15	0 16	0 16
3 30	**1 45**	**0 42**	2	3	5	7	8	10	11	12	13	14	16	17	18	18	19	19
4 00	**2 00**	**0 48**	2	4	6	8	9	11	13	14	15	16	18	19	20	21	22	22
4 30	**2 15**	**0 54**	2	4	7	9	11	13	15	16	18	19	21	22	23	24	25	26
5 00	**2 30**	**1 00**	2	5	7	10	12	14	16	18	20	22	23	25	26	27	28	29
5 30	**2 45**	**1 06**	3	5	8	11	13	16	18	20	22	24	26	28	0 29	0 30	0 31	0 32
6 00	**3 00**	**1 12**	3	6	9	12	14	17	20	22	24	26	29	31	32	33	34	36
6 30	**3 15**	**1 18**	3	6	10	13	16	19	22	24	26	29	31	34	36	37	38	40
7 00	**3 30**	**1 24**	3	7	10	14	17	20	23	26	29	31	34	37	39	41	42	44
7 30	**3 45**	**1 30**	4	7	11	15	18	22	25	28	31	34	37	40	43	44	46	48
8 00	**4 00**	**1 36**	4	8	12	16	20	23	27	30	34	37	41	44	0 47	0 48	0 51	0 53
8 30	**4 15**	**1 42**	4	8	13	17	21	25	29	33	36	40	44	48	0 51	0 53	0 56	0 58
9 00	**4 30**	**1 48**	4	9	13	18	22	27	31	35	39	43	47	52	0 55	0 58	1 01	1 04
9 30	**4 45**	**1 54**	5	9	14	19	24	28	33	38	42	47	51	56	1 00	1 04	1 08	1 12
10 00	**5 00**	**2 00**	5	10	15	20	25	30	35	40	45	50	55	60	1 05	1 10	1 15	1 20

Table I is for interpolating the LMT of sunrise, twilight, moonrise, etc., for latitude. It is to be entered, in the appropriate column on the left, with the difference between true latitude and the nearest tabular latitude which is *less* than the true latitude; and with the argument at the top which is the nearest value of the difference between the times for the tabular latitude and the next higher one; the correction so obtained is applied to the time for the tabular latitude; the sign of the correction can be seen by inspection. It is to be noted that the interpolation is not linear, so that when using this table it is essential to take out the tabular phenomenon for the latitude *less* than the true latitude.

TABLE II—FOR LONGITUDE

Long. East or West	Difference between the times for given date and preceding date (for east longitude) or for given date and following date (for west longitude)																	
	10m	20m	30m	40m	50m	60m	1h + 10m	1h + 20m	1h + 30m	1h + 40m	1h + 50m	1h + 60m	2h10m	2h20m	2h30m	2h40m	2h50m	3h00m
°	m	m	m	m	m	m	m	m	m	m	m	m	h m	h m	h m	h m	h m	h m
0	0	0	0	0	0	0	0	0	0	0	0	0	0 00	0 00	0 00	0 00	0 00	0 00
10	0	1	1	1	1	2	2	2	2	3	3	3	04	04	04	04	05	05
20	1	1	2	2	3	3	4	4	5	6	6	7	07	08	08	09	09	10
30	1	2	2	3	4	5	6	7	7	8	9	10	11	12	12	13	14	15
40	1	2	3	4	6	7	8	9	10	11	12	13	14	16	17	18	19	20
50	1	3	4	6	7	8	10	11	12	14	15	17	0 18	0 19	0 21	0 22	0 24	0 25
60	2	3	5	7	8	10	12	13	15	17	18	20	22	23	25	27	28	30
70	2	4	6	8	10	12	14	16	17	19	21	23	25	27	29	31	33	35
80	2	4	7	9	11	13	16	18	20	22	24	27	29	31	33	36	38	40
90	2	5	7	10	12	15	17	20	22	25	27	30	32	35	37	40	42	45
100	3	6	8	11	14	17	19	22	25	28	31	33	0 36	0 39	0 42	0 44	0 47	0 50
110	3	6	9	12	15	18	21	24	27	31	34	37	40	43	46	49	0 52	0 55
120	3	7	10	13	17	20	23	27	30	33	37	40	43	47	50	53	0 57	1 00
130	4	7	11	14	18	22	25	29	32	36	40	43	47	51	54	0 58	1 01	1 05
140	4	8	12	16	19	23	27	31	35	39	43	47	51	54	0 58	1 02	1 06	1 10
150	4	8	13	17	21	25	29	33	38	42	46	50	0 54	0 58	1 03	1 07	1 11	1 15
160	4	9	13	18	22	27	31	36	40	44	49	53	0 58	1 02	1 07	1 11	1 16	1 20
170	5	9	14	19	24	28	33	38	42	47	52	57	1 01	1 06	1 11	1 16	1 20	1 25
180	5	10	15	20	25	30	35	40	45	50	55	60	1 05	1 10	1 15	1 20	1 25	1 30

Table II is for interpolating the LMT of moonrise, moonset and the Moon's meridian passage for longitude. It is entered with longitude and with the difference between the times for the given date and for the preceding date (in east longitudes) or following date (in west longitudes). The correction is normally *added* for west longitudes and *subtracted* for east longitudes, but if, as occasionally happens, the times become earlier each day instead of later, the signs of the corrections must be reversed.

INDEX TO SELECTED STARS, 2010

Name	No	Mag	SHA	Dec
			°	°
Acamar	**7**	3·2	315	S 40
Achernar	**5**	0·5	335	S 57
Acrux	**30**	1·3	173	S 63
Adhara	**19**	1·5	255	S 29
Aldebaran	**10**	0·9	291	N 17
Alioth	**32**	1·8	166	N 56
Alkaid	**34**	1·9	153	N 49
Al Na'ir	**55**	1·7	28	S 47
Alnilam	**15**	1·7	276	S 1
Alphard	**25**	2·0	218	S 9
Alphecca	**41**	2·2	126	N 27
Alpheratz	**1**	2·1	358	N 29
Altair	**51**	0·8	62	N 9
Ankaa	**2**	2·4	353	S 42
Antares	**42**	1·0	112	S 26
Arcturus	**37**	0·0	146	N 19
Atria	**43**	1·9	108	S 69
Avior	**22**	1·9	234	S 60
Bellatrix	**13**	1·6	279	N 6
Betelgeuse	**16**	Var.*	271	N 7
Canopus	**17**	−0·7	264	S 53
Capella	**12**	0·1	281	N 46
Deneb	**53**	1·3	50	N 45
Denebola	**28**	2·1	183	N 15
Diphda	**4**	2·0	349	S 18
Dubhe	**27**	1·8	194	N 62
Elnath	**14**	1·7	278	N 29
Eltanin	**47**	2·2	91	N 51
Enif	**54**	2·4	34	N 10
Fomalhaut	**56**	1·2	15	S 30
Gacrux	**31**	1·6	172	S 57
Gienah	**29**	2·6	176	S 18
Hadar	**35**	0·6	149	S 60
Hamal	**6**	2·0	328	N 24
Kaus Australis	**48**	1·9	84	S 34
Kochab	**40**	2·1	137	N 74
Markab	**57**	2·5	14	N 15
Menkar	**8**	2·5	314	N 4
Menkent	**36**	2·1	148	S 36
Miaplacidus	**24**	1·7	222	S 70
Mirfak	**9**	1·8	309	N 50
Nunki	**50**	2·0	76	S 26
Peacock	**52**	1·9	53	S 57
Pollux	**21**	1·1	244	N 28
Procyon	**20**	0·4	245	N 5
Rasalhague	**46**	2·1	96	N 13
Regulus	**26**	1·4	208	N 12
Rigel	**11**	0·1	281	S 8
Rigil Kentaurus	**38**	−0·3	140	S 61
Sabik	**44**	2·4	102	S 16
Schedar	**3**	2·2	350	N 57
Shaula	**45**	1·6	96	S 37
Sirius	**18**	−1·5	259	S 17
Spica	**33**	1·0	159	S 11
Suhail	**23**	2·2	223	S 43
Vega	**49**	0·0	81	N 39
Zubenelgenubi	**39**	2·8	137	S 16

No	Name	Mag	SHA	Dec
			°	°
1	*Alpheratz*	2·1	358	N 29
2	*Ankaa*	2·4	353	S 42
3	*Schedar*	2·2	350	N 57
4	*Diphda*	2·0	349	S 18
5	*Achernar*	0·5	335	S 57
6	*Hamal*	2·0	328	N 24
7	*Acamar*	3·2	315	S 40
8	*Menkar*	2·5	314	N 4
9	*Mirfak*	1·8	309	N 50
10	*Aldebaran*	0·9	291	N 17
11	*Rigel*	0·1	281	S 8
12	*Capella*	0·1	281	N 46
13	*Bellatrix*	1·6	279	N 6
14	*Elnath*	1·7	278	N 29
15	*Alnilam*	1·7	276	S 1
16	*Betelgeuse*	Var.*	271	N 7
17	*Canopus*	−0·7	264	S 53
18	*Sirius*	−1·5	259	S 17
19	*Adhara*	1·5	255	S 29
20	*Procyon*	0·4	245	N 5
21	*Pollux*	1·1	244	N 28
22	*Avior*	1·9	234	S 60
23	*Suhail*	2·2	223	S 43
24	*Miaplacidus*	1·7	222	S 70
25	*Alphard*	2·0	218	S 9
26	*Regulus*	1·4	208	N 12
27	*Dubhe*	1·8	194	N 62
28	*Denebola*	2·1	183	N 15
29	*Gienah*	2·6	176	S 18
30	*Acrux*	1·3	173	S 63
31	*Gacrux*	1·6	172	S 57
32	*Alioth*	1·8	166	N 56
33	*Spica*	1·0	159	S 11
34	*Alkaid*	1·9	153	N 49
35	*Hadar*	0·6	149	S 60
36	*Menkent*	2·1	148	S 36
37	*Arcturus*	0·0	146	N 19
38	*Rigil Kentaurus*	−0·3	140	S 61
39	*Zubenelgenubi*	2·8	137	S 16
40	*Kochab*	2·1	137	N 74
41	*Alphecca*	2·2	126	N 27
42	*Antares*	1·0	112	S 26
43	*Atria*	1·9	108	S 69
44	*Sabik*	2·4	102	S 16
45	*Shaula*	1·6	96	S 37
46	*Rasalhague*	2·1	96	N 13
47	*Eltanin*	2·2	91	N 51
48	*Kaus Australis*	1·9	84	S 34
49	*Vega*	0·0	81	N 39
50	*Nunki*	2·0	76	S 26
51	*Altair*	0·8	62	N 9
52	*Peacock*	1·9	53	S 57
53	*Deneb*	1·3	50	N 45
54	*Enif*	2·4	34	N 10
55	*Al Na'ir*	1·7	28	S 47
56	*Fomalhaut*	1·2	15	S 30
57	*Markab*	2·5	14	N 15

*0·1 — 1·2

ALTITUDE CORRECTION TABLES 0°–35°— MOON

App. Alt.	0°–4° Corrⁿ	5°–9° Corrⁿ	10°–14° Corrⁿ	15°–19° Corrⁿ	20°–24° Corrⁿ	25°–29° Corrⁿ	30°–34° Corrⁿ	App. Alt.
′	° ′	° ′	° ′	° ′	° ′	° ′	° ′	′
00	**0** 34·5	**5** 58·2	**10** 62·1	**15** 62·8	**20** 62·2	**25** 60·8	**30** 58·9	**00**
10	36·5	58·5	62·2	62·8	62·2	60·8	58·8	**10**
20	38·3	58·7	62·2	62·8	62·1	60·7	58·8	**20**
30	40·0	58·9	62·3	62·8	62·1	60·7	58·7	**30**
40	41·5	59·1	62·3	62·8	62·0	60·6	58·6	**40**
50	42·9	59·3	62·4	62·7	62·0	60·6	58·5	**50**
00	**1** 44·2	**6** 59·5	**11** 62·4	**16** 62·7	**21** 62·0	**26** 60·5	**31** 58·5	**00**
10	45·4	59·7	62·4	62·7	61·9	60·4	58·4	**10**
20	46·5	59·9	62·5	62·7	61·9	60·4	58·3	**20**
30	47·5	60·0	62·5	62·7	61·9	60·3	58·2	**30**
40	48·4	60·2	62·5	62·7	61·8	60·3	58·2	**40**
50	49·3	60·3	62·6	62·7	61·8	60·2	58·1	**50**
00	**2** 50·1	**7** 60·5	**12** 62·6	**17** 62·7	**22** 61·7	**27** 60·1	**32** 58·0	**00**
10	50·8	60·6	62·6	62·6	61·7	60·1	57·9	**10**
20	51·5	60·7	62·6	62·6	61·6	60·0	57·8	**20**
30	52·2	60·9	62·7	62·6	61·6	59·9	57·8	**30**
40	52·8	61·0	62·7	62·6	61·6	59·9	57·7	**40**
50	53·4	61·1	62·7	62·6	61·5	59·8	57·6	**50**
00	**3** 53·9	**8** 61·2	**13** 62·7	**18** 62·5	**23** 61·5	**28** 59·7	**33** 57·5	**00**
10	54·4	61·3	62·7	62·5	61·4	59·7	57·4	**10**
20	54·9	61·4	62·7	62·5	61·4	59·6	57·4	**20**
30	55·3	61·5	62·8	62·5	61·3	59·5	57·3	**30**
40	55·7	61·6	62·8	62·4	61·3	59·5	57·2	**40**
50	56·1	61·6	62·8	62·4	61·2	59·4	57·1	**50**
00	**4** 56·4	**9** 61·7	**14** 62·8	**19** 62·4	**24** 61·2	**29** 59·3	**34** 57·0	**00**
10	56·8	61·8	62·8	62·4	61·1	59·3	56·9	**10**
20	57·1	61·9	62·8	62·3	61·1	59·2	56·9	**20**
30	57·4	61·9	62·8	62·3	61·0	59·1	56·8	**30**
40	57·7	62·0	62·8	62·3	61·0	59·1	56·7	**40**
50	58·0	62·1	62·8	62·2	60·9	59·0	56·6	**50**

HP	L U	L U	L U	L U	L U	L U	L U	HP
′	′ ′	′ ′	′ ′	′ ′	′ ′	′ ′	′ ′	′
54·0	0·3 0·9	0·3 0·9	0·4 1·0	0·5 1·1	0·6 1·2	0·7 1·3	0·9 1·5	**54·0**
54·3	0·7 1·1	0·7 1·2	0·8 1·2	0·8 1·3	0·9 1·4	1·1 1·5	1·2 1·7	**54·3**
54·6	1·1 1·4	1·1 1·4	1·1 1·4	1·2 1·5	1·3 1·6	1·4 1·7	1·5 1·8	**54·6**
54·9	1·4 1·6	1·5 1·6	1·5 1·6	1·6 1·7	1·6 1·8	1·8 1·9	1·9 2·0	**54·9**
55·2	1·8 1·8	1·8 1·8	1·9 1·8	1·9 1·9	2·0 2·0	2·1 2·1	2·2 2·2	**55·2**
55·5	2·2 2·0	2·2 2·0	2·3 2·1	2·3 2·1	2·4 2·2	2·4 2·3	2·5 2·4	**55·5**
55·8	2·6 2·2	2·6 2·2	2·6 2·3	2·7 2·3	2·7 2·4	2·8 2·4	2·9 2·5	**55·8**
56·1	3·0 2·4	3·0 2·5	3·0 2·5	3·0 2·5	3·1 2·6	3·1 2·6	3·2 2·7	**56·1**
56·4	3·3 2·7	3·4 2·7	3·4 2·7	3·4 2·7	3·4 2·8	3·5 2·8	3·5 2·9	**56·4**
56·7	3·7 2·9	3·7 2·9	3·8 2·9	3·8 2·9	3·8 3·0	3·8 3·0	3·9 3·0	**56·7**
57·0	4·1 3·1	4·1 3·1	4·1 3·1	4·1 3·1	4·2 3·2	4·2 3·2	4·2 3·2	**57·0**
57·3	4·5 3·3	4·5 3·3	4·5 3·3	4·5 3·3	4·5 3·3	4·5 3·4	4·6 3·4	**57·3**
57·6	4·9 3·5	4·9 3·5	4·9 3·5	4·9 3·5	4·9 3·5	4·9 3·5	4·9 3·6	**57·6**
57·9	5·3 3·8	5·3 3·8	5·2 3·8	5·2 3·7	5·2 3·7	5·2 3·7	5·2 3·7	**57·9**
58·2	5·6 4·0	5·6 4·0	5·6 4·0	5·6 4·0	5·6 3·9	5·6 3·9	5·6 3·9	**58·2**
58·5	6·0 4·2	6·0 4·2	6·0 4·2	6·0 4·2	6·0 4·1	5·9 4·1	5·9 4·1	**58·5**
58·8	6·4 4·4	6·4 4·4	6·4 4·4	6·3 4·4	6·3 4·3	6·3 4·3	6·2 4·2	**58·8**
59·1	6·8 4·6	6·8 4·6	6·7 4·6	6·7 4·6	6·7 4·5	6·6 4·5	6·6 4·4	**59·1**
59·4	7·2 4·8	7·1 4·8	7·1 4·8	7·1 4·8	7·0 4·7	7·0 4·7	6·9 4·6	**59·4**
59·7	7·5 5·1	7·5 5·0	7·5 5·0	7·5 5·0	7·4 4·9	7·3 4·8	7·2 4·8	**59·7**
60·0	7·9 5·3	7·9 5·3	7·9 5·2	7·8 5·2	7·8 5·1	7·7 5·0	7·6 4·9	**60·0**
60·3	8·3 5·5	8·3 5·5	8·2 5·4	8·2 5·4	8·1 5·3	8·0 5·2	7·9 5·1	**60·3**
60·6	8·7 5·7	8·7 5·7	8·6 5·7	8·6 5·6	8·5 5·5	8·4 5·4	8·2 5·3	**60·6**
60·9	9·1 5·9	9·0 5·9	9·0 5·9	8·9 5·8	8·8 5·7	8·7 5·6	8·6 5·4	**60·9**
61·2	9·5 6·2	9·4 6·1	9·4 6·1	9·3 6·0	9·2 5·9	9·1 5·8	8·9 5·6	**61·2**
61·5	9·8 6·4	9·8 6·3	9·7 6·3	9·7 6·2	9·5 6·1	9·4 5·9	9·2 5·8	**61·5**

DIP

Ht. of Eye	Corrⁿ	Ht. of Eye	Ht. of Eye	Corrⁿ	Ht. of Eye
m		ft.	m		ft.
2·4		8·0	9·5		31·5
	−2·8			−5·5	
2·6		8·6	9·9		32·7
	−2·9			−5·6	
2·8		9·2	10·3		33·9
	−3·0			−5·7	
3·0		9·8	10·6		35·1
	−3·1			−5·8	
3·2		10·5	11·0		36·3
	−3·2			−5·9	
3·4		11·2	11·4		37·6
	−3·3			−6·0	
3·6		11·9	11·8		38·9
	−3·4			−6·1	
3·8		12·6	12·2		40·1
	−3·5			−6·2	
4·0		13·3	12·6		41·5
	−3·6			−6·3	
4·3		14·1	13·0		42·8
	−3·7			−6·4	
4·5		14·9	13·4		44·2
	−3·8			−6·5	
4·7		15·7	13·8		45·5
	−3·9			−6·6	
5·0		16·5	14·2		46·9
	−4·0			−6·7	
5·2		17·4	14·7		48·4
	−4·1			−6·8	
5·5		18·3	15·1		49·8
	−4·2			−6·9	
5·8		19·1	15·5		51·3
	−4·3			−7·0	
6·1		20·1	16·0		52·8
	−4·4			−7·1	
6·3		21·0	16·5		54·3
	−4·5			−7·2	
6·6		22·0	16·9		55·8
	−4·6			−7·3	
6·9		22·9	17·4		57·4
	−4·7			−7·4	
7·2		23·9	17·9		58·9
	−4·8			−7·5	
7·5		24·9	18·4		60·5
	−4·9			−7·6	
7·9		26·0	18·8		62·1
	−5·0			−7·7	
8·2		27·1	19·3		63·8
	−5·1			−7·8	
8·5		28·1	19·8		65·4
	−5·2			−7·9	
8·8		29·2	20·4		67·1
	−5·3			−8·0	
9·2		30·4	20·9		68·8
	−5·4			−8·1	
9·5		31·5	21·4		70·5

MOON CORRECTION TABLE

The correction is in two parts; the first correction is taken from the upper part of the table with argument apparent altitude, and the second from the lower part, with argument HP, in the same column as that from which the first correction was taken. Separate corrections are given in the lower part for lower (L) and upper(U) limbs. All corrections are to be **added** to apparent altitude, *but 30′ is to be subtracted from the altitude of the upper limb.*

For corrections for pressure and temperature see page A4.

For bubble sextant observations ignore dip, take the mean of upper and lower limb corrections and subtract 15′ from the altitude.

App. Alt. = Apparent altitude = Sextant altitude corrected for index error and dip.

ALTITUDE CORRECTION TABLES 35°–90°— MOON

App. Alt.	35°–39° Corrⁿ	40°–44° Corrⁿ	45°–49° Corrⁿ	50°–54° Corrⁿ	55°–59° Corrⁿ	60°–64° Corrⁿ	65°–69° Corrⁿ	70°–74° Corrⁿ	75°–79° Corrⁿ	80°–84° Corrⁿ	85°–89° Corrⁿ	App. Alt.
′	° ′	° ′	° ′	° ′	° ′	° ′	° ′	° ′	° ′	° ′	° ′	′
00	**35** 56·5	**40** 53·7	**45** 50·5	**50** 46·9	**55** 43·1	**60** 38·9	**65** 34·6	**70** 30·0	**75** 25·3	**80** 20·5	**85** 15·6	**00**
10	56·4	53·6	50·4	46·8	42·9	38·8	34·4	29·9	25·2	20·4	15·5	**10**
20	56·3	53·5	50·2	46·7	42·8	38·7	34·3	29·7	25·0	20·2	15·3	**20**
30	56·2	53·4	50·1	46·5	42·7	38·5	34·1	29·6	24·9	20·0	15·1	**30**
40	56·2	53·3	50·0	46·4	42·5	38·4	34·0	29·4	24·7	19·9	15·0	**40**
50	56·1	53·2	49·9	46·3	42·4	38·2	33·8	29·3	24·5	19·7	14·8	**50**
00	**36** 56·0	**41** 53·1	**46** 49·8	**51** 46·2	**56** 42·3	**61** 38·1	**66** 33·7	**71** 29·1	**76** 24·4	**81** 19·6	**86** 14·6	**00**
10	55·9	53·0	49·7	46·0	42·1	37·9	33·5	29·0	24·2	19·4	14·5	**10**
20	55·8	52·9	49·5	45·9	42·0	37·8	33·4	28·8	24·1	19·2	14·3	**20**
30	55·7	52·8	49·4	45·8	41·9	37·7	33·2	28·7	23·9	19·1	14·2	**30**
40	55·6	52·6	49·3	45·7	41·7	37·5	33·1	28·5	23·8	18·9	14·0	**40**
50	55·5	52·5	49·2	45·5	41·6	37·4	32·9	28·3	23·6	18·7	13·8	**50**
00	**37** 55·4	**42** 52·4	**47** 49·1	**52** 45·4	**57** 41·4	**62** 37·2	**67** 32·8	**72** 28·2	**77** 23·4	**82** 18·6	**87** 13·7	**00**
10	55·3	52·3	49·0	45·3	41·3	37·1	32·6	28·0	23·3	18·4	13·5	**10**
20	55·2	52·2	48·8	45·2	41·2	36·9	32·5	27·9	23·1	18·2	13·3	**20**
30	55·1	52·1	48·7	45·0	41·0	36·8	32·3	27·7	22·9	18·1	13·2	**30**
40	55·0	52·0	48·6	44·9	40·9	36·6	32·2	27·6	22·8	17·9	13·0	**40**
50	55·0	51·9	48·5	44·8	40·8	36·5	32·0	27·4	22·6	17·8	12·8	**50**
00	**38** 54·9	**43** 51·8	**48** 48·4	**53** 44·6	**58** 40·6	**63** 36·4	**68** 31·9	**73** 27·2	**78** 22·5	**83** 17·6	**88** 12·7	**00**
10	54·8	51·7	48·3	44·5	40·5	36·2	31·7	27·1	22·3	17·4	12·5	**10**
20	54·7	51·6	48·1	44·4	40·3	36·1	31·6	26·9	22·1	17·3	12·3	**20**
30	54·6	51·5	48·0	44·2	40·2	35·9	31·4	26·8	22·0	17·1	12·2	**30**
40	54·5	51·4	47·9	44·1	40·1	35·8	31·3	26·6	21·8	16·9	12·0	**40**
50	54·4	51·2	47·8	44·0	39·9	35·6	31·1	26·5	21·7	16·8	11·8	**50**
00	**39** 54·3	**44** 51·1	**49** 47·7	**54** 43·9	**59** 39·8	**64** 35·5	**69** 31·0	**74** 26·3	**79** 21·5	**84** 16·6	**89** 11·7	**00**
10	54·2	51·0	47·5	43·7	39·6	35·3	30·8	26·1	21·3	16·4	11·5	**10**
20	54·1	50·9	47·4	43·6	39·5	35·2	30·7	26·0	21·2	16·3	11·4	**20**
30	54·0	50·8	47·3	43·5	39·4	35·0	30·5	25·8	21·0	16·1	11·2	**30**
40	53·9	50·7	47·2	43·3	39·2	34·9	30·4	25·7	20·9	16·0	11·0	**40**
50	53·8	50·6	47·0	43·2	39·1	34·7	30·2	25·5	20·7	15·8	10·9	**50**
HP	**L U**	**L U**	**L U**	**L U**	**L U**	**L U**	**L U**	**L U**	**L U**	**L U**	**L U**	**HP**
′	′ ′	′ ′	′ ′	′ ′	′ ′	′ ′	′ ′	′ ′	′ ′	′ ′	′ ′	′
54·0	1·1 1·7	1·3 1·9	1·5 2·1	1·7 2·4	2·0 2·6	2·3 2·9	2·6 3·2	2·9 3·5	3·2 3·8	3·5 4·1	3·8 4·5	**54·0**
54·3	1·4 1·8	1·6 2·0	1·8 2·2	2·0 2·5	2·2 2·7	2·5 3·0	2·8 3·2	3·1 3·5	3·3 3·8	3·6 4·1	3·9 4·4	**54·3**
54·6	1·7 2·0	1·9 2·2	2·1 2·4	2·3 2·6	2·5 2·8	2·7 3·0	3·0 3·3	3·2 3·5	3·5 3·8	3·8 4·0	4·0 4·3	**54·6**
54·9	2·0 2·2	2·2 2·3	2·3 2·5	2·5 2·7	2·7 2·9	2·9 3·1	3·2 3·3	3·4 3·5	3·6 3·8	3·9 4·0	4·1 4·3	**54·9**
55·2	2·3 2·3	2·5 2·4	2·6 2·6	2·8 2·8	3·0 2·9	3·2 3·1	3·4 3·3	3·6 3·5	3·8 3·7	4·0 4·0	4·2 4·2	**55·2**
55·5	2·7 2·5	2·8 2·6	2·9 2·7	3·1 2·9	3·2 3·0	3·4 3·2	3·6 3·4	3·7 3·5	3·9 3·7	4·1 3·9	4·3 4·1	**55·5**
55·8	3·0 2·6	3·1 2·7	3·2 2·8	3·3 3·0	3·5 3·1	3·6 3·3	3·8 3·4	3·9 3·6	4·1 3·7	4·2 3·9	4·4 4·0	**55·8**
56·1	3·3 2·8	3·4 2·9	3·5 3·0	3·6 3·1	3·7 3·2	3·8 3·3	4·0 3·4	4·1 3·6	4·2 3·7	4·4 3·8	4·5 4·0	**56·1**
56·4	3·6 2·9	3·7 3·0	3·8 3·1	3·9 3·2	3·9 3·3	4·0 3·4	4·1 3·5	4·3 3·6	4·4 3·7	4·5 3·8	4·6 3·9	**56·4**
56·7	3·9 3·1	4·0 3·1	4·1 3·2	4·1 3·3	4·2 3·3	4·3 3·4	4·3 3·5	4·4 3·6	4·5 3·7	4·6 3·8	4·7 3·8	**56·7**
57·0	4·3 3·2	4·3 3·3	4·3 3·3	4·4 3·4	4·4 3·4	4·5 3·5	4·5 3·5	4·6 3·6	4·7 3·6	4·7 3·7	4·8 3·8	**57·0**
57·3	4·6 3·4	4·6 3·4	4·6 3·4	4·6 3·5	4·7 3·5	4·7 3·5	4·7 3·6	4·8 3·6	4·8 3·6	4·8 3·7	4·9 3·7	**57·3**
57·6	4·9 3·6	4·9 3·6	4·9 3·6	4·9 3·6	4·9 3·6	4·9 3·6	4·9 3·6	4·9 3·6	5·0 3·6	5·0 3·6	5·0 3·6	**57·6**
57·9	5·2 3·7	5·2 3·7	5·2 3·7	5·2 3·7	5·2 3·7	5·1 3·6	5·1 3·6	5·1 3·6	5·1 3·6	5·1 3·6	5·1 3·6	**57·9**
58·2	5·5 3·9	5·5 3·8	5·5 3·8	5·4 3·8	5·4 3·7	5·4 3·7	5·3 3·7	5·3 3·6	5·2 3·6	5·2 3·5	5·2 3·5	**58·2**
58·5	5·9 4·0	5·8 4·0	5·8 3·9	5·7 3·9	5·6 3·8	5·6 3·8	5·5 3·7	5·5 3·6	5·4 3·6	5·3 3·5	5·3 3·4	**58·5**
58·8	6·2 4·2	6·1 4·1	6·0 4·1	6·0 4·0	5·9 3·9	5·8 3·8	5·7 3·7	5·6 3·6	5·5 3·5	5·4 3·5	5·3 3·4	**58·8**
59·1	6·5 4·3	6·4 4·3	6·3 4·2	6·2 4·1	6·1 4·0	6·0 3·9	5·9 3·8	5·8 3·6	5·7 3·5	5·6 3·4	5·4 3·3	**59·1**
59·4	6·8 4·5	6·7 4·4	6·6 4·3	6·5 4·2	6·4 4·1	6·2 3·9	6·1 3·8	6·0 3·7	5·8 3·5	5·7 3·4	5·5 3·2	**59·4**
59·7	7·1 4·7	7·0 4·5	6·9 4·4	6·8 4·3	6·6 4·1	6·5 4·0	6·3 3·8	6·1 3·7	6·0 3·5	5·8 3·3	5·6 3·2	**59·7**
60·0	7·5 4·8	7·3 4·7	7·2 4·5	7·0 4·4	6·9 4·2	6·7 4·0	6·5 3·9	6·3 3·7	6·1 3·5	5·9 3·3	5·7 3·1	**60·0**
60·3	7·8 5·0	7·6 4·8	7·5 4·7	7·3 4·5	7·1 4·3	6·9 4·1	6·7 3·9	6·5 3·7	6·3 3·5	6·0 3·2	5·8 3·0	**60·3**
60·6	8·1 5·1	7·9 5·0	7·7 4·8	7·6 4·6	7·3 4·4	7·1 4·2	6·9 3·9	6·7 3·7	6·4 3·4	6·2 3·2	5·9 2·9	**60·6**
60·9	8·4 5·3	8·2 5·1	8·0 4·9	7·8 4·7	7·6 4·5	7·3 4·2	7·1 4·0	6·8 3·7	6·6 3·4	6·3 3·2	6·0 2·9	**60·9**
61·2	8·7 5·4	8·5 5·2	8·3 5·0	8·1 4·8	7·8 4·5	7·6 4·3	7·3 4·0	7·0 3·7	6·7 3·4	6·4 3·1	6·1 2·8	**61·2**
61·5	9·1 5·6	8·8 5·4	8·6 5·1	8·3 4·9	8·1 4·6	7·8 4·3	7·5 4·0	7·2 3·7	6·9 3·4	6·5 3·1	6·2 2·7	**61·5**

Imray
Best selling Charts & Books for World Cruising
GREEK WATERS PILOT
Grenada to the Virgin Islands
A Cruising Guide to the Lesser Antilles
NORIE'S NAUTICAL TABLES
OCEAN PASSAGES AND LANDFALLS
CRUISING ROUTES OF THE WORLD
Rod Heikell and Andy O'Grady
B2
Caribbean Sea
Barbados
METRIC EDITION
WGS 84 DATUM
Imray-Iolaire
CHARTS FOR THE EASTERN CARIBBEAN
www.imray.com